世界军事年鉴 1992

WORLD MILITARY YEARBOOK

军事科学院《世界军事年鉴》编辑部

解 放 军 出 版 社

(京)新登字117号

版式设计　刘泽振
封面设计　李　戎

《世界军事年鉴》创办于1986年,本版为第7版

《世界军事年鉴1985》(应为《世界军事年鉴1986》),1986年12月出版,12元

《世界军事年鉴1987》,1988年9月出版,27元

《世界军事年鉴1988》,1989年6月出版,44元

《世界军事年鉴1989》,1990年5月出版,43.50元

《世界军事年鉴1990》,1991年2月出版,49元

《世界军事年鉴1991》,1991年12月出版,59元

《世界军事年鉴1992》,1992年11月出版

世界军事年鉴
1992
于新阜　主编

解放军出版社出版发行
(北京平安里3号)
(邮政编码100035)
新华书店经销
一二〇一工厂印刷

787×1092毫米　16开本　47.5印张　24插图　1575千字
1992年11月第1版　1992年11月(北京)第1次印刷
印数1—2 500
ISBN7-5065-2142-3/E・1112
定价:59.00元
社编号:01—0140

《世界军事年鉴》编审委员会

主任编委 宋文中

副主任编委 杨　毅　王振西（常务）

委　　员 宇文治　李运之　徐根初　陈丹淮
尹静山　王祖尧　张希光　赵锡君
高文远　姬胜德　徐维文　亢拱北
陈本梴　霍恩俊　杨千里　黄旦群
张　晶　王普丰　刘永祥　王志毅
李维民　于新阜　张　杰

《世界军事年鉴》编辑部

主　　编 于新阜

副 主 编 王文昌（常务）　范传新

编　　辑 谢　钢　王谊民　田小文　孙华民
周克定　赵　博

资 料 员 马彩鸾

责任编辑 王成刚

《世界军事年鉴 1992》主要撰稿人

（以姓氏笔划为序）

丁建华	丁前星	卜寒奇	刁望钦	于 玲	于守信	于延民	于汝波
于信源	卫福成	弓金贝	王 立	王 羊	王 京	王 忠	王 萍
王 峰	王文昌	王文明	王文龙	王少川	王书勤	王立群	王玉玲
王成刚	王达余	王亦军	王全永	王凤才	王传顺	王保存	王益民
王连奎	王康胜	王通信	王湘江	王树森	王瑜瑰	方 宁	方川汉
尹 铭	尹红生	尹承魁	孔国生	孔繁金	卞荣萱	叶 征	叶信荣
长 弓	白 琼	巨文新	申健一	冯爱旺	龙信国	石之英	刘 庆
刘 杉	刘义昌	刘小英	刘先中	刘永明	刘凤棠	刘礼全	刘明涛
刘国君	刘剑飞	刘春达	刘效兰	刘桂兰	刘海鹰	刘继贤	朱 钧
朱少鹏	朱文清	孙叔林	孙培德	江 英	亦 尘	许 平	任 杰
许小海	吕志英	乔德春	成义民	毕京三	华人杰	全寿文	李 铭
李 鑫	李小彤	李正全	李红炬	李执中	李荣怀	李庚起	李俊锁
李贵堂	李春玉	李智舜	李维泽	李殿选	李诗海	李鸿飞	吴子勇
吴文革	吴巨红	吴树凡	吴惠芳	余汉民	余志佳	闵振范	杜 健
宋鲁成	何铁矛	肖爱群	陈 力	陈方明	陈让林	陈光荣	陈廷宪
陈荣弟	陈素贞	陈燕平	杨 鲁	杨少云	杨立明	杨可怡	杨抗美
杨学军	杨国华	周 洁	周以蕴	周玉珠	周克定	周璞芬	林水成
武爱琴	季广智	邹可可	庞延东	张 伟	张 林	张 杰	张大禾
张卫新	张令钟	张召忠	张成名	张有谟	张洲军	张邦栋	张连国
张青森	张春山	张清文	张国昌	张钦贞	张家裕	张延藏	张维德
张搏江	张瑞泉	赵 畅	赵学真	赵金祥	赵严芳	赵联敏	郑明哲
郑珠滨	胡国理	胡嘉海	陆 章	顾 辉	项波逸	洪锦珠	钟学良
封长虹	闻中华	施建叔	徐 丽	徐文林	徐法林	徐国权	徐跃军
姚 成	姚江宁	姚云竹	袁 耀	袁孝华	钱寿根	钱俊德	海 浪
神 赋	姜绍崇	侯善智	莫毅强	耿成宽	高舜礼	韩生民	贾巨善
翁金祥	聂和兴	诸葛永松	黄远模	黄金鹏	黄殿伟	梁月槐	梁朝晖
继 先	夏 兵	职延明	曹连成	常学强	彭玉成	彭训厚	敬 恩
集 思	温味儿	隋东升	董新成	董科军	葛缘珮	詹正嵩	黎 云
蔡惠玉	颜春亮	薛建湘	魏丕立	魏世杰			

编 辑 说 明

一、《世界军事年鉴》是一部逐年编纂出版，以记述年度内世界各国军事新情况、新进展为主要内容的信息密集型学术性资料性工具书。其任务是，以马列主义、毛泽东思想为指针，坚持四项基本原则，面向现代化、面向世界、面向未来，有选择有重点地系统介绍中国和世界其他国家的军事基本情况和动态。主要服务对象是各总部机关、军事科学研究单位、院校和部队的官兵，同时也顾及对军事问题感兴趣的广大读者。

二、本版《年鉴》同上版一样，设 9 个栏目：军事要事；各国军事概况；军事理论研究；军事技术；军事建设；国际组织、会议、条约；世界军事大事记；特辑；彩色图片。

三、本版《年鉴》所收资料的时限：一般是从 1991 年 1 月至 12 月；少数截至 1992 年 3 月底为止；某些专题资料和首次设立的类（项、条）目，为了给读者以较系统较全面的信息，收载了 1991 年以前的一些资料。

四、"各国军事概况"栏共收入 147 个有军队或军事组织的国家和地区。各个国家和地区分洲排列，次序是亚洲、非洲、欧洲、美洲、大洋洲；洲内各个国家和地区则按其名称的汉语拼音字母顺序排列。本栏选用的资料和数据，主要是作者对该国情况进行研究的成果，有些则直接引自各国官方公布的 1991 年度的材料，同时还参考了下述资料：中国《关于 1991 年国民经济和社会发展的统计公报》，中国《世界知识年鉴（1990～1991）》，英国伦敦国际战略研究所《军事力量对比（1991～1992）》，美国《不列颠年鉴（1991）》等。为了尽量减少与前几版内容上的重复，本版仍重点突出武装力量部分，删去了一些变化不大的条目（如科研体制、军工生产、军队节日和图表等）。同时，为减少篇幅，对一些变化不大的非洲和美洲国家，则采用了表格的形式来表述其简况。读者如需要参考上述被删去的条目和被简化的国家资料，可查阅本《年鉴》的前几版。

五、本版《年鉴》所用资料来源不尽相同，一些专业术语也因国家不同而异，某些专名的译名亦不尽统一，在编辑过程中虽注意订正和统一，但前后不一致之处尚未能完全避免。为便于读者进行对比研究，有个别条目特地收录了不同来源的资料。为增强条目内容的可信度，并便于读者进一步查考，编纂者尽量注明资料来源："综述"条目的"主要资料来源"附在文后，而信息条目的资料出处则见于文内。

六、本版《年鉴》在编辑过程中，曾得到总参谋部、总政治部、总后勤部有关单位和各军区、军兵种、武警总部、军事院校，以及中国社会科学院等单位的支持和帮助；全书完稿后还约请王羊研究员、华人杰教授、姚宏德研究员、尹承魁副教授、温味儿副研究员等专家学者参加了本书的审阅工作。在此谨表谢意。

七、本《年鉴》涉及军事科学的方方面面，我们水平有限、经验不足，缺点和错误难免存在，欢迎广大读者批评指正。

军事科学院外国军事研究部

《世界军事年鉴》编辑部

1992 年 6 月

《世界军事年鉴 1992》目录

军　事　要　事

亚洲军事要事

非洲军事要事

欧洲军事要事

美洲军事要事

各　国　军　事　概　况

亚洲国家军事概况

非洲国家军事概况

欧洲国家军事概况

美洲国家军事概况

大洋洲国家军事概况

军 事 理 论 研 究

军事思想与军事论著研究

战争和军事战略理论研究

作战理论研究

军兵种理论研究

军队建设理论研究

军事历史研究

其他军事学科理论研究

简　讯

军　事　技　术

隐形技术的发展

轻 武 器

装甲兵武器装备

炮兵武器装备

工程兵技术装备

海军武器装备

空军武器装备

战略导弹

战略防御武器系统

军用航天技术

核 武 器

化学战装备

指挥控制通信情报系统

电子对抗装备

后勤装备

军 事 建 设

建军方针、计划与方案

军队编制

军队政治工作

军事训练与教育

军事后勤

军事法制

国际组织、会议、条约

国际组织

国际会议

国际条约

1991 年世界军事大事记

特　辑

专　文

1990～1991 年新上任军界要人简介

1991 年中外军事交往

彩　色　图　片

军事要事

亚洲军事要事

中国参加《不扩散核武器条约》 中华人民共和国国务院总理李鹏于1991年8月11日宣布，为了推动实现全面禁止和彻底销毁核武器这一目标，中国已原则决定参加不扩散核武器条约。李鹏总理是11日下午在人民大会堂与日本首相海部俊树举行正式会谈时作出这一宣布的。李鹏总理说，中国一向不主张、不鼓励、不从事核扩散。中国拥有少量的核武器完全是为了自卫，而且第一个公开宣布不首先使用核武器。1991年12月中国第七届全国人大常委会第23次会议通过中国加入《不扩散核武器条约》。

由于《不扩散核武器条约》加入书的保存者为英国、苏联(现俄罗斯)和美国3国政府，依照惯例程序，中国国务委员兼外交部长钱其琛1992年3月9日在访问英国时，将中国参加条约的加入书递交英国首相梅杰；中国驻俄罗斯大使王荩卿于3月12日将加入书递交俄罗斯外交部副部长库纳泽；中国驻美大使朱启祯3月12日将加入书递交美国代理国务卿伊格尔伯格。中国外交部于3月11日在北京公布了中国参加《不扩散核武器条约》的加入书。加入书全文如下：

"我谨通知你，根据中华人民共和国全国人民代表大会常务委员会1991年12月29日的决定，中华人民共和国加入1968年7月1日订于伦敦、莫斯科和华盛顿的《不扩散核武器条约》(以下简称《条约》)，并声明如下：

一、中国奉行独立自主的和平外交政策，一贯主张全面禁止和彻底销毁核武器。为了推动实现这一目标，维护国际和平、安全与稳定，并考虑到广大无核国家的愿望和要求，中国决定加入《条约》。

二、中国奉行不主张、不鼓励、不从事核武器扩散，不帮助别国发展核武器的政策。中国支持《条约》确定的目标，即：防止核武器扩散、推动核裁军、促进和平利用核能的国际合作，并认为这三个目标是相互联系的。

三、中国认为，防止核武器扩散本身并不是目的，而是实现全面禁止和彻底销毁核武器过程中的措施和步骤。防止核武器扩散与核裁军应相辅相成；只有在核裁军领域取得大幅度进展，才是制止核武器扩散的最有效途径，才能切实加强核不扩散制度的权威性；同时，保持一个有效的核不扩散制度，有助于实现全部消除核武器的目标。为实现全面禁止和彻底销毁核武器这一崇高目标，拥有最大核武库的国家应当切实履行其特殊义务，率先停止试验、生产和部署核武器，并大幅度削减它们在国内外部署的各类核武器。它们在所有这些方面的实际进展，将为召开包括全部核武器国家参加的具有广泛代表性的核裁军国际会议创造条件。

四、中国主张，为了改进和加强核不扩散制度，推动实现全面禁止和彻底销毁核武器的目标，还应采取以下具体措施：

(一)所有核武器国家都承担在任何时候和任何情况下不首先使用核武器的义务；为此缔结一项关于不首先使用核武器的国际协定。

(二)所有核武器国家都承诺不对无核武器国家和无核武器区使用或威胁使用核武器；为此缔结一项关于不对无核武器国家和无核武器区使用或威胁使用核武器的国际法律文书。

(三)所有核武器国家都承诺支持建立无核武器区的主张，并尊重无核武器区的地位，承担相应的义务。

(四)所有在国外部署核武器的国家将这些武器全部撤回本国。

(五)空间大国停止外空军备竞赛，停止发展外空武器，尤其是与核有关的外空武器。

五、台湾当局以中国名义分别于1968年7月1日和1970年1月27日对该条约的签署和批准是非法和无效的。"

《不扩散核武器条约》于1968年7月1日签订，1970年3月生效，现有140多个缔约国，其中包括中、美、英、俄4个拥用核武器的国家。法国已宣布将参加"条约"。"条约"主要内容有三：一、防止扩散核武器。

"条约"规定拥有核武器的缔约国承诺不向无核国家转让核武器或其他核爆炸装置，不协助、不鼓励、不引导无核国家获取核武器或其他核爆炸装置；无核武器的缔约国承诺不获取不制造核武器或其他核爆炸装置，其全部和平核活动接受国际原子能机构的保障监督。二、停止核军备竞赛，推动核裁军。"条约"规定各缔约国就停止核军备竞赛和实现核裁军认真进行谈判。三、促进和平利用核能的国际合作。"条约"规定所有缔约国有权不受歧视地参加这种合作，有能力的国家应为这种合作作出贡献。这3项内容被称为"条约"的3大目标，已为国际社会普遍接受。"条约"尽管存在一些缺点和不足，但总的来看，在防止核武器扩散方面起了重要作用，有利于维护世界和平与稳定，是有积极意义的。

中国一贯主张全面禁止和彻底销毁核武器。为了推动实现这一目标，维护国际和平、安全与稳定，并考虑到广大无核国家的愿望和要求，多年来，中国赞同并奉行不主张、不鼓励、不从事核扩散，不帮助别国发展核武器的政策。1984年，中国加入国际原子能机构后，更明确宣布，中国的核出口严格执行3项原则，即保证用于和平目的；接受国际原子能机构的保障监督；未经中国同意不得转让给第3国。1990年9月，中国作为观察员出席了"条约"第4次审议会，明确表示支持"条约"的3大目标。中国的这些政策和实践与"条约"的规定是一致的。中国加入"条约"有利于推动"条约"更好地发挥其维护世界和平与稳定的积极作用。中国在加入书中所附的声明中阐明了对不扩散核武器问题的全面立场，具有重要意义。这一立场得到国际社会的广泛赞同和支持。

（边　骥）

中国阐明关于军事装备出售的三原则

随同中国总理李鹏访问中东6国的中国外交部发言人吴建民于1991年7月6日在约旦首都安曼阐明中国政府在军事装备出售方面遵循的3项原则。吴建民是应一些约旦及外国记者采访的要求而向他们宣布这3项原则的。他说："中东地区之所以出现军备竞赛的现象，其原因在于中东地区冲突主要是阿以冲突长期得不到解决。在世界各国向中东地区出售的武器中，中国只占很小的比例。在军事装备出售方面，中国一贯遵循以下原则：1.所出售武器的目的是帮助进口国进行自卫；2.出售时要考虑到不打破地区平衡；3.不利用出售武器干涉它国内政。"他希望那些向中东地区大量出售武器的国家采取克制态度。

（傅珠鞭）

柬埔寨问题的全面政治解决取得重大进展

1991年，在政治解决柬埔寨问题上取得重大进展。在国际社会及柬埔寨四方的共同努力下，经过多次会议磋商，于1991年10月23日由参加柬埔寨巴黎会议的18个国家的政府代表和柬埔寨全国最高委员会成员签署了《柬埔寨冲突全面政治解决协定》等文件。柬埔寨迎来了和平的新曙光。但由于柬各方对协定中的某些原则在理解上存在着差异，协定的贯彻执行还将有艰巨的斗争。

一、柬埔寨爱国力量三方继续团结战斗

政治解决柬埔寨问题的条件自1990年下半年以来日臻成熟。1990年8月28日，联合国安理会5个常任理事国经磋商后，最终达成了《柬埔寨冲突全面解决框架》文件。1990年11月26日，5个常任理事国和巴黎会议两主席（法国、印尼）在框架文件的基础上制定了《关于全面政治解决柬埔寨冲突协定结构的建议》（简称"协定草案"）。上述文件给柬埔寨问题的全面政治解决奠定了基础。但由于柬四方对协定草案中关于过渡时期临时政权、各派军队的处置、联合国的作用等实质问题，仍存在严重分歧，主要是金边政权方面有较大保留，政治解决进程因而受阻。

在政治解决停滞不前的情况下，战场上的军事斗争仍在继续。1991年元旦，柬埔寨负责外交事务的副主席乔森潘发表新年文告说，1990年在促进全面政治解决柬埔寨问题方面取得了重大进展。但越南和金边政权仍拒绝执行联合国安理会文件精神。在此情况下，柬埔寨爱国军民和全国人民必须继续联合起来，团结战斗。1991年1月23日，西哈努克亲王撰文指出，金边政权以红色高棉拥有联合国无法发现的大量武器秘密储藏地点为借口，拒不接受联合国的武装计划。这种说法是站不住脚的。金边政权部队至少拥有比红色高棉更多的秘密武器储藏点。西哈努克亲王强调，红色高棉领导人乔森潘、宋成都已作出保证，只要柬各派无例外地解除武装，销毁全部武器，只要在柬埔寨不再有越南军队，那么联合国可以到红色高棉所有地方核查，并销毁他们的全部武器装备。西哈努克亲王表示拒绝金边政权提出的所谓"就地停火"建议。西哈努克亲王说，这一建议的真正目的是要原封不动地维持现状，保住金边政权及其军队武器等，从而使联合国的和平计划无法实施。1991年2月6日，西哈努克亲王写信给柬三方抵抗力量领导人号召柬各爱国武装力量继续战斗，解放全国。3月23日，西哈努克亲王呼吁巴黎和会两主席和联合国安理会对越南施加压力，促使其立即全部从柬埔寨撤军，并完全接受安理会的和平计划。

据民柬电台报道，自1990年底至1991年3月，侵柬越军和金边政权军数千人，在坦克、火炮和火箭发射

器的配合下，沿10号公路向西部马德望省拜林地区的柬抵抗力量发动了3次大规模“扫荡”。抵抗力量英勇抗击，打死越军680人，打伤1000多人，击毁坦克31辆，击伤5辆，击毁火炮8门和2具火箭发射器。1991年3月9日，约2500名越军和4000名金边政权军队向柬马德望省的高棉人民民族解放阵线阵地发动大规模进攻。约8000名高棉人民民族解放阵线战士在其他抵抗力量的支持下打退了敌军的进攻。1991年3月12日，金边政权军队再次向柬西部的高棉人民民族解放阵线前沿阵地发起猛烈进攻，遭到高棉人民民族解放阵线部队的激烈抗击。

1991年4月22日，巴黎柬埔寨国际会议两主席和联合国秘书长发表联合声明呼吁柬四方从5月1日起停火，而且停火至少应持续到1991年6月初雅加达会议开完，以便使结束柬埔寨内战的计划付诸实施。西哈努克派和宋双派在曼谷的发言人立即表示欢迎。红色高棉领导人也表示接受呼吁。越南和金边当局1991年4月27日也分别发表声明，表示欢迎对柬交战各方停火的呼吁。

停火生效后，军事斗争仍持续了一段时间。1991年5月14日、16日，约1900名越南和金边政权军在坦克、火炮掩护下向暹粒芝灵的柬抵抗力量大举进攻，但遇到抵抗力量的反击。这是金边军队大规模的违反停火的军事行动。1991年6月6日，柬国民军下令各战场停止执行5月1日的临时停火协议，继续打击侵柬越军和金边军队。命令说，之所以作出这一决定是由于越南和金边政权仍拒不接受联合国安理会通过的有关全面政治解决柬埔寨问题的框架文件。此后，随着柬问题政治解决逐步取得进展，柬战场基本平静下来。帕塔亚柬全国最高委员会会议于6月24日就各方实行无限期停火以及停止接受外国军事援助达成了协议。

二、签订《柬埔寨冲突全面政治解决协定》

1990年6月以来，随着国际形势发生深刻的变化，柬埔寨冲突有关各方取得共识，即柬问题的最终解决不能通过军事手段，只能通过政治手段和和平方式。西哈努克亲王主持的全国最高委员会相继在雅加达、帕塔亚、北京和纽约举行了几次会议，各方作出了妥协和让步，就签订协议草案中几个分歧最大的问题达成一致，从而使政治解决取得突破性进展，为巴黎会议复会、签署全面政治解决协定铺平了道路。现将1991年，政治解决柬问题的具体进程分述如下：

（一）柬抵抗力量多次呼吁推动和平进程。1991年1月15日柬民族政府总理宋双、负责外交事务的副主席乔森潘、西哈努克派负责人诺罗敦·拉那烈联名写信给巴黎国际会议两主席，要求迅速召开柬埔寨问题国际会议协调委员会会议，以便推动柬埔寨的和平进程。1月29日，乔森潘对民柬国民军电台发表谈话，呼吁关于柬埔寨问题的巴黎国际会议尽早复会，呼吁国际社会继续向越南施加压力，迫使越南接受安理会制定的和平计划。3月5日，柬埔寨民族政府外交部发表声明，呼吁再次召开柬问题巴黎国际会议协调委员会会议，以便推动政治解决柬埔寨问题的进程。抵抗力量全面支持在雅加达再次召开柬埔寨四方会议。

（二）关于柬埔寨问题的雅加达会议。1991年6月2～4日，柬全国最高委员会雅加达会议如期召开。会议由柬问题巴黎国际会议两主席印尼外长阿拉塔斯和法国外交国务秘书维维安主持，柬抵抗力量三方代表宋双、乔森潘、诺罗敦·拉那烈和金边政权代表洪森参加了会议。阿拉塔斯和维维安强调，联合国安理会5个常任理事国通过的框架文件是全面政治解决柬埔寨问题的良好基础。阿拉塔斯指出，可以对文件作某些建设性的改动，以便能使冲突各方和柬问题巴黎国际会议的所有与会者都能接受。但应绝对避免另起炉灶，使已经付出艰苦劳动而完成的协议草案成为废案，使整个谈判进程倒退。宋双指出，如果会议仍无法就安理会框架文件达成协议，将是对柬埔寨人民的犯罪。他呼吁柬四方接受安理会文件，以使柬全国最高委员会能在西哈努克亲王领导下有效地运转。乔森潘指出，金边政权本已表示接受联合国安理会文件就不应该再表示反对。拉那烈表示，他毫无保留地支持以联合国安理会的文件和巴黎会议制订的协议草案作为解决柬埔寨问题的基础。然而，洪森在发言时一再要求对联合国安理会文件进行“具体的修改”，特别要加进所谓防止“种族灭绝”问题。民柬方面对此据理驳斥，指出金边政权既然提出“红色高棉”威胁问题，那就应同意解除柬所有派别的武装和遣散他们的军队。与此同时，西哈努克亲王以印尼总统苏哈托的客人身份到达雅加达同洪森就柬最高委员会领导人选问题进行会晤。雅加达会议结束时，阿拉塔斯说，会议的进展比预期的要小，希望讨论继续进行下去。

（三）柬全国最高委员会帕塔亚会议。西哈努克参加全国最高委员会后，决定亲自出面充当解决各派分歧的“桥梁”。在泰国总理阿南支持和协助下，西哈努克亲王邀请全国最高委员会成员于1991年6月24～26日在泰国旅游胜地帕塔亚召开会议。为了打破僵局，西哈努克亲王在会前于6月22日在曼谷提出了关于解决柬问题的新建议，主要内容有：1. 柬全国最高委员会将自己看成是独立统一柬埔寨的“联合主席”，并指定一名秘书长，这位秘书长可以是诺罗敦·西哈努克。秘书长作为高棉各派之间的协调人和桥梁、全国最高委员会会议报告起草人、全国最高委员会与国际组织、世界各国及其政府交往的首席代表，将负责接受友好国家大使国书和代表全国最高委员会在联合国大会等场合宣读报告和讲话等。2.全国最高委员会占据柬在联合国及各国际组织中的席位；通过协商派出驻各国际组织和友好国家的大使，人员比例，抵抗力量和金边方面各占50%。3.大选前保持以乔森潘和宋双为首的柬埔寨民族政府和以洪森为首的柬埔寨国政府。全国最高委员会是柬最高权力机构，其总部设在金边。4.在帕塔亚会议开幕当天，即6月24日，开始实行无限期停火。

6月24～26日，帕塔亚会议顺利召开。由于柬全国最高委员会12名成员的共同努力，会议取得了重要进展，主要表现在以下几个方面：1.就全国最高委员会的地位和职能达成共识。一致同意它是柬最高权力机关，有权向外国、世界组织和其他所有国际机构派遣大使和代表，有权接受外国大使的国书。在没有主席的情况下，西哈努克亲王将以会议主席身份主持该委员会的所有会议，西哈努克亲王将率代表团出席联大会议。2.一致同意将总部设在金边。条件是所有成员在金边有自己的住宅，联合国秘书长的特派代表或代表必须在总部设立常驻代表处，柬问题巴黎国际会议两主席、安理会5个常任理事国必须同时在总部设常驻代表处。3.6月24日起在全国实施停火和停止接受外国军援。由联合国派出军事小组帮助监督停火。

另一方面，本次会议在如何执行联合国和平计划，如何发挥联合国作用，如何执行巴黎国际会议协定草案等问题上仍存在分歧。全国最高委员会一致同意将这些问题留交下次会议讨论解决。

（四）柬全国最高委员会北京工作会议。帕塔亚会议后，西哈努克亲王实际上发挥了全国最高委员会主席的作用，他提出一个月之内在北京举行最高委员会工作会议。中国政府立即表示欢迎，并允诺为会议提供一切必要的方便。1991年7月14～15日，包括洪森在内的各方代表陆续抵达北京。中国总理李鹏7月16日会见与会代表，听取了各方意见，恳切希望他们以民族大义为重，捐弃前嫌，实现民族和解，推动柬问题公正合理的政治解决。1991年7月16～17日，柬全国最高委员会工作会议在北京举行，取得了重要进展。7月17日晚，西哈努克亲王举行记者招待会宣读了会议最后公报。会议的主要成果是：1.柬埔寨全国最高委员会一致同意选举西哈努克亲王为其主席。为了充分发挥全国最高委员会主席的作用，西哈努克亲王决定辞去柬埔寨民族抵抗运动主席和柬埔寨民族政府主席等所有职务，并决定自即日起作为一个调解人保持中立，不属于任何派别和政党。2.决定于1991年8月26～28日在泰国举行全国最高委员会下一次正式会议，并派代表团参加第46届联大。3.决定向联合国秘书长呈交由西哈努克签署的一封信，重申完全接受联合国安理会5个常任理事国达成的框架文件，请求联合国派遣调查小组研究监督的方式并派遣适量的联合国人员在柬全国最高委员会军事工作小组的配合下监督停火和停止外国军事援助。4.派代表团参加于1991年8月召开的湄公河委员会特别会议及11月召开的委员会全体会议。5.任命全国最高委员会书记处的6名官员。这个书记处将在1991年8月曼谷会议召开前一周开始工作。6.建立全国最高委员会工作小组，起草这个委员会的议事规则，柬埔寨新宪法的原则及选举法，并审议在金边设立全国最高委员会总部的形式。7.请求联合国秘书长在解决难民问题上予以帮助。西哈努克亲王和参加会议的柬全国最高委员会成员在公报中感谢中国政府和人民为这次会议的成功召开所提供的慷慨帮助。

巴黎会议两主席、安理会5个常任理事国和联合国秘书长的代表也同时在北京举行了磋商。在1991年7月17～18日的会议中对柬全国最高委员会的努力和取得的成果作出积极评价，并对政治解决柬问题的进程的发展前景作了评估。大家一致认为，柬和平协定草案可根据四方一致的意见进行必要的修改。但不应违反框架文件精神，并敦促最高委员会在下次会议上就实质问题进行具体探讨，尽快达成一致意见。

（五）柬全国最高委员会第2次帕塔亚会议。1991年8月26～28日，柬埔寨全国最高委员会第2次正式会议在泰国帕塔亚举行。这次会议取得的主要成果是：1.就军事安排达成了协议。全国最高委员会一致同意将柬四派军队和武器装备都裁减70%。各方剩余的军队和武器装备，由联合国临时机构控制。各方被裁减的部队将全部解散，并没收其被裁减的武器装备。这是一项重大成果。此前，金边方面主张各派裁减40%的部队，乔森潘建议抵抗力量和金边方面各保持6000人的部队。双方相持不下。通过这次会议，各方达成妥协，这就排除了在柬和平进程中的一个重大障碍。2.就柬全国最高委员会与联合国驻柬临时机构的关系达成了协议。协议决定，在柬埔寨和平协定签订后，最高委员会将向联合国驻柬临时机构提出建议；联合国秘书长的特别代表将执行这些建议，条件是这些建议是最高委员会一致通过的，并符合柬和平协议精神。联合国秘书长的特别代表将确认这些建议是否符合和平协议。如果最高委员会在某一问题上有分歧，西哈努克亲王将努力促使委员会成员就此问题达成一致意见。

如不能达成一致，西哈努克亲王将有权同委员会成员交换意见后作出最后裁决。这就为以后最高委员会和联合国驻柬机构在大选前过渡时期管理柬埔寨机制规定了原则和方法。3.金边方面放弃了在协议草案中加上所谓“种族灭绝”的词句，从而解决了长期争论不休的问题。4.就有关大选、社会制度、政党组成问题达成协议。一致同意在柬实行自由政治制度，组成多党制国家。人们可以自由组织政党。年满18岁的公民享有选举权。人数5000人以上的政党可参加自由公正的大选。5.一致同意西哈努克亲王提议的，把1991年6月24日停火日作为柬埔寨新的统一的国庆日。

（六）柬全国最高委员会纽约会议。1991年9月中、下旬，在出席第46届联大之际，柬埔寨全国最高委员会在纽约召开会议。经过协商和妥协，柬四方终于对遗留下的所有问题达成一致，从而为下一步签署全面政治解决柬埔寨问题协议排除了最后障碍。会议主要成果是：1.在选举制度问题上，四方一致同意将根据以省为单位的比例代表制在18个月内举行全国大选。2.关于军事安排，各派剩余的30%的部队将被解除武装，至于是编入将来新组建的部队还是解散，要由大选后的新政府来决定。3.将保留1支由“联合国柬埔寨过渡时期权力机构”(UNTAC)控制的民警，以维护社会治安。4.关于最后裁决权问题，西哈努克亲王致函联合国秘书长进一步澄清了裁决程序，西哈努克亲王保证，在事先未同“联合国柬埔寨过渡时期权力机构”代表磋商的情况下，他将不对该机构及其活动的有关问题行使最后裁决权。如果他不在柬埔寨，因病或因其他原因不愿作最后裁决，他将把这一权力转交给“联合国柬埔寨过渡时期权力机构”。

在柬全国最高委员会开会的同时，联合国安理会5个常任理事国等有关方面也就柬问题进行了磋商。各方还举行了联席会议，并召开了巴黎柬埔寨国际会议成员的非正式会议。联合国安理会5个常任理事国对纽约会议取得的成果表示欢迎，并认为政治解决柬埔寨问题的进程已进入最后阶段。

（七）巴黎国际会议协调委员会工作会议。为了给柬埔寨问题巴黎国际会议第2阶段部长级会议准备最后文件，1991年10月21～22日在巴黎召开工作会议。安理会5个常任理事国、东盟6国、印支3国以及印度、南斯拉夫、津巴布韦、澳大利亚、加拿大、日本等20国以及联合国秘书长的代表参加了会议。协调委员会是1989年秋柬埔寨巴黎国际会议休会时成立的一个专门机构，负责在巴黎会议休会期间的日常事务。此次协调委员会会议由巴黎会议两主席主持，与会代表本着积极解决问题的态度对《柬埔寨冲突全面政治解决协定》、《关于柬埔寨主权、独立、领土完整及不可侵犯、中立和国家统一的协定》、《柬埔寨恢复与重建宣言》等3个文件和5个附件进行了最后审议，并通过了新起草的《巴黎会议最后文件》。

（八）柬埔寨问题巴黎国际会议第2阶段会议。巴黎国际会议在中断了26个月之后于1991年10月23日在巴黎克莱贝尔国际会议中心隆重开幕。参加会议的有中国、澳大利亚、文莱、加拿大、美国、法国、印度尼西亚、印度、日本、老挝、马来西亚、菲律宾、英国、新加坡、泰国、苏联、越南、南斯拉夫18国外长，以西哈努克亲王为首的柬埔寨全国最高委员会全体成员及联合国秘书长德奎利亚尔；上届不结盟运动主席津巴布韦领导人以观察员身份出席了会议。参加柬埔寨问题巴黎国际会议的18国外长代表各自政府在柬埔寨和平协定上签字。柬全国最高委员会成员及其他与会代表也在文件上签了字。协议的签字标志着和平曙光将出现在柬埔寨的大地上。

三、贯彻巴黎协定的进程中仍有曲折和斗争

柬埔寨巴黎协定签字后，西哈努克亲王于1991年11月14日从北京乘专机抵达金边，受到40万群众热烈隆重的欢迎。自此，柬全国最高委员会在西哈努克亲王领导下开始正式运作。最高委员会成员也陆续聚集金边，以便共商落实巴黎协定和重建家园的大事。但就在这一重要时刻，全国最高委员会民柬方面成员乔森潘11月27日刚到达金边下榻的宾馆不到5分钟，就发生了暴徒冲进乔森潘和宋成的住所，打伤全国最高委员会成员的严重暴力事件。这一事件严重干扰了柬埔寨和平协定的执行，原定于1991年12月4日在金边举行的最高委员会不得不推迟。在西哈努克亲王提议下，柬全国最高委员会于1991年12月3日在泰国帕塔亚举行了第3次会议，专门讨论该委员会民柬方面成员安全返回金边生活和参加委员会工作等问题。会议进展基本顺利，并取得了一些成果。1.最高委员会成员一致同意不允许11月27日事件再次发生；2.民柬方面成员将尽早返回金边；3.全国最高委员会秘书处将尽早在金边开始工作。第3次帕塔亚会议能够成功，一个重要原因是国际社会对金边方面施加了强大压力。联合国安理会5个常任理事国代表、巴黎会议两主席代表、联合国驻柬权力机构先遣团负责人及泰国政府都作了推动工作，特别是西哈努克亲王作了许多努力，最后促使金边方面洪森公开承认自已对发生暴力事件“负有责任”，“严重防碍了柬埔寨问题巴黎协定的执行”，并保证类似事件今后不再重演。另外，民柬方面表现出极大克制，尽管发生流血事件，他们仍然顾全

大局，重申只要安全有保证，愿意尽快返回金边，在西哈努克亲王领导下，履行全国最高委员会的职责，为落实巴黎和平协定作出自己的努力。第3次帕塔亚会议克服了在执行巴黎和平协定中出现的一次严重的干扰，为落实和平协定维持和创造了一个信任、中立和良好的环境。

另一方面也应该看到，落实执行柬埔寨和平协定是一项十分繁重复杂的工作。柬埔寨战乱10余年各派力量积怨很深，对和平协定中的一些原则问题在理解上仍存在着差异，正如西哈努克亲王指出的"柬埔寨的和平仍然是很脆弱的。"柬和平协定在执行和落实过程中还会有曲折和艰巨的斗争。

（职延明）

阿富汗内战仍在继续进行 1991年是苏联从阿富汗撤军后的第3年。阿富汗的内战仍在继续进行。游击队频频发动攻势，喀布尔政府军则防中有攻，双方数度激战、仍然势均力敌，无法摆脱僵持局面。与此同时，围绕政治解决阿富汗问题所展开的外交活动再度活跃起来，阿富汗问题的政治解决出现了新的希望。

一、战场较量依然激烈，游击队首次夺占重要城镇

1989年2月苏军全部撤离阿富汗后，游击队为实现用武力推翻喀布尔政权的战略目标，先后多次对首都喀布尔和第二大城市坎大哈发动大规模进攻，特别是1989年春季，调集重兵发动了贾拉拉巴德战役，但均未能得手。1990年底，游击队召开各地区司令官联系会议，总结军事斗争屡屡失利的经验教训，制定统一的军政战略，于1991年在广泛开展游击战的同时，发动了攻打霍斯特、加德兹和贾拉拉巴德等重要城镇的三大战役。

（一）霍斯特战役

1991年元旦刚过，游击队随即对首都喀布尔和东部的楠格哈尔、帕克蒂亚，南部的坎大哈、赫尔曼德，中部的拉格曼、瓦尔达克、查布尔等省的政府军控制区，广泛发动以火箭袭击为主的攻击行动。与此同时，加紧进行发起霍斯特战役的作战准备。成立由哈利斯派游击队司令贾拉勒丁·哈卡尼为首、各派游击队司令参加的战役指挥部；向霍斯特附近调集了兵力2万余人，制定了攻城计划。1991年3月14日，攻城战役正式开始。游击队利用喀布尔政府单方面宣布斋月停火之机，首先用火箭和重型火炮对霍斯特进行猛烈轰击。集结在市郊的游击队在炮火支援下从多方向对霍斯特守军发起猛烈攻击，包围霍斯特机场、切断了该市与外界的联系，迅速攻占霍斯特城外的一些政府军据点，直逼霍斯特城下。游击队的凌厉攻势遭到政府军顽强抵抗和猛烈反击。游击队又迅速调整部署，于1991年3月29日集中兵力对霍斯特城实施南北夹击，一举攻占霍斯特城北的机场，并于3月31日下午攻入城内，全面控制了霍斯特市，结束了这场历时半个多月的激战。在这次战役中，游击队打死打伤政府军近1000人，俘虏政府军官兵2000余名，缴获了政府军一些飞机、坦克和大批武器弹药。喀布尔政府军在霍斯特失守后，凭借空中优势，多次对游击队进行反扑，但未能从游击队手中夺回霍斯特。

霍斯特战役是1989年苏军撤离之后，游击队多次发动城市攻坚战，首次获胜的重大战役。尽管霍斯特紧靠阿巴边境，远离交通干线，战略地位并非十分重要，但它是游击队攻占的第一个重要城镇，这次战役的胜利显示了游击队具有攻占重要城市的能力，极大地鼓舞了游击队的士气，对阿富汗形势的发展具有重要影响。

（二）加德兹战役

游击队攻占霍斯特之后，按原订计划准备立即向首都喀布尔的南大门加德兹进军，以扩大已有的战果。由于喀布尔政府军在霍斯特失守后，迅速调整部署，加强了对包括加德兹在内的战略要地的防御，并借助空中优势对霍斯特地区的游击队实施狂轰滥炸，造成游击队的重大伤亡，加上游击队在攻占霍斯特后因战利品分配不均出现内讧，在这种情况下游击队被迫暂时放弃了立即攻打加德兹的计划。

1991年6月间，阿圣战者组织根据国际上要求政治解决阿富汗问题的压力逐步增大，美国、沙特阿拉伯对游击队的援助逐步减少的形势，决定通过在战场上取得进一步胜利，显示力量增强地位，吸引国际社会注意，以争取更多的外援。此后，即展开了发起加德兹战役的准备工作。组成了以指挥霍斯特战役的司令官贾拉勒丁·哈卡尼为首的战役指挥部，向加德兹外围山头调集了由6个游击队组织组成的万余名地面部队，将从原驻霍斯特政府军手中缴获的坦克、装甲车也调至加德兹前线。同时，逼迫俘虏的政府军士兵挖掘通向加德兹的坑道。针对游击队声势浩大的战场准备，喀布尔政府鉴于加德兹是帕克蒂亚省首府，是喀布尔的南大门，战略地位重要，而且又是纳吉布拉总统的家乡，政治意义很大。因此，纳吉布拉下达了不惜任何代价全力保卫加德兹的命令，并从赫拉特、坎大哈调集援军将加德兹的防守兵力增至1万2千人。在该市外围的各制高点部署了大量坦克和火炮，构筑了包括堑壕、地堡、铁丝网和地雷阵在内的防御工事，做好了应战准

备。1991年9月上旬，敌对双方在加德兹外围展开激战。游击队经过半个月的进攻，毫无建树，随于9月30日凌晨发起总攻，游击队的重炮和火箭从远距离猛轰政府军阵地，数千名游击队员分4路向加德兹冲击。一度攻占了政府军18个外围哨所。游击队的25辆坦克也曾逼近加德兹城下，但政府军凭借火力优势，大量使用“飞毛腿”导弹、“风暴”火箭和重型大炮攻击游击队，而地面部队则稳扎稳打，终于击退了游击队进攻。在这次战役中，游击队被打死1千多人，损失了大批轻型武器，政府军伤亡也十分严重。

（三）贾拉拉巴德战役

游击队在加德兹战役失败后，又迅速调集1万3千多地面部队，数十辆坦克和大批重型火炮、火箭，于1991年10月中旬发起了贾拉拉巴德战役。在为时5天的进攻中，游击队向贾拉拉巴德市发射了1千多枚火箭弹，组织了多次地面进攻，但驻守贾拉拉巴德市的政府军是屡经大战的精锐部队，且具有坚固的城市防御工事。在击退游击队多次进攻后，政府军组织了3次大规模反击，终于使游击队发起的这次战役又一次以失败告终。在这次战役中，游击队伤亡2500多人，损失坦克10余辆、火炮13门，10个弹药库被摧毁。

二、政治解决阿富汗问题取得新进展

1991年国际形势发生重大变化，海湾战争爆发，苏联逐步解体，美苏间冷战结束，政治解决柬埔寨问题取得重大进展，这一切对阿富汗形势的发展产生了重大影响。

（一）阿富汗内战有关各方调整政策

美国和苏联作为1988年阿富汗问题日内瓦协议的两个保证国，在1989年苏军撤离阿富汗之后，仍然奉行“对等军事援助”的原则，向各自支持的一方提供军事援助，成为阿富汗内战一直不能平息的主要原因之一。美国原希望通过加紧对游击队的军事援助，能够帮助游击队一举摧毁喀布尔政权，建立一个亲美的中立政府。但两年多战场形势的发展表明，游击队用武力推翻喀布尔政权困难较大，特别是国际形势的发展变化，使阿富汗的战略意义有所下降。海湾危机爆发后，美国为了在联合国得到苏联的配合，在阿富汗问题上作出了让步。随着美苏关系进一步缓和，美国的战略目标逐步转移，对政治解决阿富汗问题兴趣增大。而苏联从阿富汗全部撤军后，为确保其在阿富汗的既得利益和影响，一直在政治、军事和经济上源源不断向喀布尔政府提供强有力支持，每月向喀布尔政权提供的军援都在2～3亿美元。1991年苏联国内局势持续动荡，经济困难日益严重，再也无暇顾及阿富汗，急于摆脱每年提供数十亿美元的沉重负担，希望通过在阿富汗问题上做出妥协让步，为争取美国等西方国家向苏联提供大规模经济援助创造良好气氛。

巴基斯坦和伊朗这两个国家是阿富汗的近邻。阿富汗战争爆发后，巴基斯坦和伊朗两国一共接纳了500多万阿富汗难民。他们分别支持阿富汗的穆斯林逊尼派和穆斯林什叶派游击队，向他们提供后勤援助和庇护所。在苏军撤离阿富汗后，在阿问题上都奉行既支持军事解决又争取政治解决的双轨政策。国际社会对阿富汗难民的援助日趋减少，使巴基斯坦和伊朗两国都难以承受阿富汗难民带来的巨大经济压力。因此，在阿问题上采取了更为现实的态度，决定把解决阿富汗问题的重点由支持军事解决转向政治解决。

喀布尔政府和阿富汗游击队作为阿富汗内战的敌对双方，在解决阿富汗问题的方式上，过去立场一直严重对立。纳吉布拉政府为了巩固执政地位，在过去的两年里一再作出和解姿态，积极推动阿富汗问题的和平解决。但他提出的停火、谈判、和解、选举等多种建议，均遭到了游击队和有关国家的拒绝。其后，纳吉布拉政府又进一步调整政策，改人民民主党为祖国党，强调民族主义和伊斯兰精神，提倡政治多元化、民主化，实行经济自由主义、市场经济，鼓励私人经济发展，对游击队大力开展政治攻势，进行分化瓦解。阿富汗游击队在苏军撤离阿富汗之后，发誓要用武力推翻苏联扶植起来的纳吉布拉政权。但连年征战，屡屡失利。国际社会的援助逐步减少，游击队内部派系林立、内讧不止，加上喀布尔政府的政治攻势，游击队已开始分化，主张接受政治解决的派别逐步增多，在1991年3月份霍斯特战役获胜后，游击队温和派认为，这一仗的胜利加强了游击队同喀布尔政权谈判的地位，政治解决阿富汗问题的时机已经到来。

（二）联合国秘书长提出5点和平建议，为政治解决阿问题奠定了基础

霍斯特战役后，阿富汗有关方面从各自利益出发纷纷抓住这一有利时机，大力开展政治外交活动。其中，对阿问题极为关注的巴基斯坦活动最为活跃。巴驻联合国使节写信给联合国秘书长德奎利亚尔，希望他能亲自出面在各方之间进行斡旋。巴外交部还与支持游击队各派的伊朗、沙特阿拉伯和美国进行了接触，希望他们能为政治解决阿富汗问题作出努力。在巴基斯坦积极行动的同时，与阿富汗问题有关的其他各方包括联合国、喀布尔政府、苏联、美国、沙特阿拉伯、伊朗以及游击队中的温和派，都对政治解决表现出比以往更为积极的态度。在这种情况下，联合国秘书长德奎利亚尔于1991年5月正式提出政治解决阿富汗问题的5点建议：1.保持阿富汗的主权、领土完整、政治独立

和不结盟以及伊斯兰特征；2.阿富汗人民拥有决定未来政府形式以及政治、经济和社会制度的权利；3.过渡时期的各种细节问题应该通过内部各派的对话得到解决，最终建立一个基础广泛的政府。过渡时期所有的敌对活动应该停止；4.停止对阿富汗各派的武器供应；5.继续向阿富汗难民提供人道主义援助。德奎利亚尔表示他将与有关各方磋商，为制定实施各项建议的详细计划提供方便。联合国秘书长提出5点建议后，立即得到有关各方的重视和响应。游击队也没像过去那样一口回绝，而是表示有条件的接受。政治解决阿富汗问题开始出现转机。

(三)有关各方频繁开展外交活动，推动政治解决的进程

联合国秘书长5点和平建议提出后，有关各方围绕政治解决阿富汗问题所展开的外交活动逐步活跃。1991年7、8月间，阿富汗什叶派和逊尼派游击队双方先后在伊斯兰堡和德黑兰举行两次会谈，双方一致同意接受联合国建议，作为解决阿富汗问题基础。游击队还表示同意与苏联和联合国秘书长进行直接对话。巴基斯坦在此期间也对阿富汗问题的政治解决作出主动姿态。巴总统访问伊朗，两国总统就阿富汗问题达成共识：苏联撤军后，阿富汗国土上的战争已不是“圣战”，而是“内战”。1991年8月中旬，苏联副外长科济列夫访问巴基斯坦，双方讨论了联合国秘书长提出的5点和平建议，缩小了分歧，在阿富汗问题应该实行政治解决这一点上取得了共识。1991年9月13日，苏联外长潘金和美国国务卿贝克在莫斯科发表联合声明宣布：1.两国将从1992年1月1日起，停止向阿富汗交战双方提供武器；2.支持联合国秘书长关于阿富汗问题的5点建议；3.一致认为停止战争行动是阿富汗在过渡时期进行和平选举和实现政治解决的必要前提；过渡时期的细节问题由阿富汗人通过对话决定。两国外长还表示，希望参与阿富汗冲突的其他国家以美苏为榜样，限制对阿富汗的除人道主义目的以外的援助。美苏协议宣布后，纳吉布拉立即分别致电美苏两国总统称赞该协议是一个重要而有价值的协议。在巴基斯坦的游击队领导人也对此协议表示了“审慎”的欢迎。巴基斯坦外交秘书萨哈利亚·汗则表示希望阿富汗有关各方最好在2、3个月内制定出停火时间表和过渡政府形式的一揽子方案。

1991年11月10日，阿富汗游击队派代表团访问苏联，与苏联领导人举行自阿富汗战争爆发13年以来的首次直接会谈。11月15日，双方在莫斯科发表联合声明，对苏联派兵入侵阿富汗进行了谴责，宣布双方就以下问题达成协议：1.必须将阿富汗的政权转交给伊斯兰政府；2.两年后在伊斯兰会议组织和联合国的促进下进行选举；3.1978年以来苏联与喀布尔政权签定的协议和条约的命运同样要由阿富汗游击队临时政府来决定；4.阿富汗游击队代表团答应在1992年1月1日前释放第一批苏联战俘；5.苏联方面表示打算自1992年1月1日起停止向喀布尔政权提供武器、战斗技术装备以及军事设施需用的燃料，同时决定采取措施大力削减驻阿富汗的苏军人员，直至将其全部召回；6.苏方宣布，苏联参加阿富汗战后恢复工作的义务仍然有效；7.双方决定在一个月内组成一个联合委员会，以保证履行这次莫斯科会谈所达成的协议。此后，联合国和伊斯兰会议组织均表示，支持并愿意协助这些协议的实施。1991年12月5日，联合国大会一致通过了由巴基斯坦和苏联联合提出的关于争取政治解决阿富汗问题的政治决议。12月12日结束的伊斯兰会议组织首脑会议作出决议，支持阿富汗问题政治解决。12月中旬俄罗斯联邦副总统鲁茨科伊出访伊朗、巴基斯坦和阿富汗，提出一项倡议，建议在尽可能短的时间内，在喀布尔建立一个地区性机构，监督联合国制定的和平计划的实施。

三、各方分歧依然不少，结束内战还有障碍

1991年，在有关各方共同努力下，阿富汗问题虽然已开始朝着全面政治解决的方向发展，但在政治解决的道路上仍然存在着如下障碍：

(一)停火问题

美苏达成停止对阿富汗交战双方提供武器援助，为政治解决阿富汗问题创造了有利的外部环境，但并不能使交战双方在短期内实现停火。一些游击队组织的领导人在美苏协议宣布后声称，他们早已预料到外国停止武器供应的日子迟早会到来，并为此做好了准备。现已储备了足够游击队打好几年的武器弹药，在实现武器自给方面做了努力，学会了自造轻武器，修理坦克、火炮。喀布尔政权亦宣称，它拥有足够使用2年的武器装备，如有必要，它还可以动用储存在纽约联邦储备银行的黄金去购买武器。此外，交战双方特别是游击队都仍然希望通过取得战场上的胜利增强自己的谈判地位。因此，直至1991年冬季来临，双方在战场上依然没有停火。

(二)纳吉布拉的去留问题

1991年，巴基斯坦、伊朗、沙特阿拉伯以及阿富汗游击队各派在一系列同意政治解决阿富汗问题的声明中，仍然坚持与喀布尔政权进行任何形式的谈判，都必须排除纳吉布拉。而纳吉布拉和喀布尔政府总理哈利克亚尔1991年9、10月间，多次表示拒绝游击队提出

的纳吉布拉必须在政治谈判开始前下台的条件，坚持敌对双方先坐下来谈判，通过谈判解决纳吉布拉去留问题。

(三)过渡政府的组成问题

纳吉布拉 1991 年 9 月 25 日提出的组成阿富汗过渡性全国联合政府的建议中指出，这个政府应由喀布尔现政府、在巴基斯坦和伊朗的游击队代表、国内游击队的指挥官、流亡在国外的人士和前国王查希尔·沙阿组成。苏联也提出由游击队和喀布尔政府中的非党人士哈利克亚尔总理领导的分权联盟政府。但游击队坚持过渡政府绝对不能有纳吉布拉及其政府中的高级官员的位置。巴基斯坦、沙特阿拉伯、美国以及阿游击队都比较倾向于组成由游击队占支配地位，包括部分无党派政界人士在内的过渡联合政府，把喀布尔现政府排除在外。

(四)游击队内部的矛盾分歧问题

游击队内部矛盾错综复杂，从教派上说存在着逊尼派和什叶派之别，从对待政治解决问题的态度上又有温和派和强硬派之分，此外还存在民族和部族的差异。从实力上说，基地建在巴基斯坦的逊尼派力量远远大于基地设在伊朗的什叶派，而国内一些部族武装虽在武器装备上不如上述两派，但各自认为在反击苏军的作战中出力不小。1991 年，游击队各派武装为与喀布尔现政权争权，曾在加强相互间联合上做出了一定努力，但收效不大。逊尼派和什叶派 1991 年 7、8 月间在巴基斯坦和伊朗的促成下举行了两次会谈，但因在临时政府的席位分配问题，一直争吵不休而未能联合。温和派和强硬派分歧更大。以穆贾迪迪、盖拉尼等人为代表的温和派主张在没有纳吉布拉参加的情况下，可以与喀布尔政权进行谈判，以组成基础广泛的过渡性政府。而以希克马蒂亚尔为首的强硬派则坚决表示，即使纳吉布拉不参加联合政府，也不同纳吉布拉控制的执政党祖国党言和，对联合国秘书长提出的 5 点建议一口回绝，并反复强调要把“圣战”进行到底。截至 1991 年 12 月底，虽然温和派对政治解决比较积极，但实力有限，很难发挥决定性作用；而实力雄厚的强硬派仍寄希望于军事解决，对温和派派团访苏、积极参与政治解决的一些活动一概不予认可。游击队内部难以调和的矛盾和斗争必将拖延阿富汗问题的全面解决。

(武爱琴)

印度调整对外军事政策 长期以来，印度一直把苏联视为亲密的盟友，印度军事装备的 70%从苏联购买。1991 年由于苏联的解体，使印防务系统处境艰难；为摆脱被动局面，印度正采取对策，克服苏联解体给印度军事带来的影响。

一、苏联解体对印度军事的影响

(一)印苏条约的军事结盟性质已名存实亡。1971 年，印度同苏联签署了为期 20 年的含有安全条款的印苏条约。条约规定，缔约双方中的某一方受到攻击，另一方就有义务与之磋商并采取适当的有效措施。1991 年，印苏条约又顺延 20 年。据西方报刊报道，苏联的解体使印苏条约不再具有军事结盟性质。印度国防部长沙拉德·帕瓦尔、国防国务部长克里希纳库马尔 1991 年 11 月在议会说，苏联的剧变“可能打乱印苏双边防务合作协定”，“可能影响印度的防御合作安排”。《日本经济新闻》1991 年 12 月撰文称，苏联的解体使印度失去了军事后盾。为探讨印度同原苏联各共和国的关系，1992 年 1 月，印度派一高级代表团访问俄罗斯与乌克兰，并同俄罗斯就签订一个新条约以代替印苏条约达成了初步协议。与原有的条约相比，新条约删去了彼此提供安全保障的条款。俄罗斯认为，印俄条约要适应冷战后的世界形势，需要“非意识形态化”，因此，对印度提出印俄条约应写上“若一国受到攻击，两国应彼此磋商”的要求没有答应。

(二)停止用卢比—卢布软贷款方式优惠购买苏武器装备的协议，使部分印军装备陷于瘫痪。据西方报刊报道，为成为亚洲军事大国，印度在 80 年代从瑞典、英国、法国、联邦德国、苏联等国购置 180 亿美元的先进武器装备，从西方国家购买的武器用硬通货进行，同苏联的武器交易是以卢比—卢布软贷款方式。当时，由于苏联愿出售优良装备，价格便宜，利息较低，因此，印度的军事装备 70%从苏联进口。苏政局发生剧变后，打断了对印度的武器供应。两国间原定 1995 年届满的软贷款协定，因苏联希望印度支付硬通货，而提前 4 年宣告结束。印度国防部长沙拉德·帕瓦尔担心，苏联的剧变中断苏向印提供武器和零部件的计划，莫斯科已无法如期交付武器。由于苏联部份工厂生产陷于停顿，以至于印度的某些军工部门无法运转，一些从苏进口的米格—21、米格—29 战斗机因零部件短缺而停飞。部分西方外交官说，到 1992 年 1 月，印度大部分飞机陷入停飞状态，并有 1/3 的海军舰船在停泊中。

(三)苏政局剧变和印外汇危机，使印度防务系统处境艰难。美国《洛杉矶时报》1991 年 9 月报道说，由于苏联的解体和印度经济陷入困境，印度建造第 3 艘航空母舰计划实际上已废弃了，使得印度海军军事力量大为削弱。前印度空军准将贾西特·辛格说：“这些事态发展使印度的防务系统今后面临非常艰难的时代。”

二、印度采取的应变对策

(一)向原苏联各加盟共和国寻找防务装备来源。

印度政府1991年11月中旬说，苏联的剧变迫使印度寻找防务装备的其他来源，并与脱离苏联的各共和国结成直接的贸易联系。印度官方代表团在1991年11、12月份分别访问乌兹别克、哈萨克、吉尔吉斯、俄罗斯、乌克兰共和国，在谈判贸易的同时，开辟新的武器装备来源。俄罗斯官员表示，印度是原苏联武器的最大买主，如果不卖，俄国许多工人会失业，但要采用新的结算方式进行军火交易。印度代表团并同乌克兰共和国讨论了购买军事装备等问题。

（二）与美国加强军事合作并取得进展。据印度报刊报道，印美两国在加强军事合作方面已取得了相当进展。印美联合研制一种轻型作战飞机的计划已开始实施，1992年有可能生产这种飞机的样机，到1994～1995年，这种先进的战斗机可能会装备印度空军。与此同时，印美还在探讨扩大军事合作问题。美国太平洋司令基克莱克将军1991年4月访问印度，带去一份加强两国军事关系的建议。该建议的目标是“为了寻求一项共同政策，以逐渐加强两国关系。”具体建议共分14项，其中包括：每年由两国参谋长轮流互访；建立一个印美军队执行指导委员会；定期举行战略研讨会；军队单位进行培训交流并观摩培训演习；联合进行培训计划；交流参谋情报等。印度军方对此作出积极反应。印度陆军参谋长苏·弗·罗德里格斯上将1991年8月对美国进行为期两周的访问，与美国国防部、国务院、美太平洋司令部举行会谈，印度希望实施一项“到90年代末扩展合作与伙伴关系”的计划。罗德里格斯参谋长与美国军、政官员详细讨论了一些战略性问题。罗德里格斯参观了美军曾在海湾战争中使用过的一些秘密武器装备。罗德里格斯访问美国后，美印一致同意开展军事人员互访，并讨论两国海军在印度洋海域举行联合演习事宜。

然而，印美双方在核问题特别是导弹扩散问题上存在重大分歧，美印两国都清楚它们共同利益是有限度的，由于美国反对核武器扩散，两国也不可能在这个问题上取得完全一致。

（三）向德国、日本等经济大国寻求购买武器的资金。为取代苏联又避免过份依赖美国，印度政府正打算改善同其他经济大国的关系，印度总理拉奥1991年9月访问德国，便是这项战略计划的一部分。印度财政部长曼莫汉·辛格还访问了日本、南朝鲜，以便促进其贸易与投资。德国总理科尔对来访的拉奥总理说，鉴于印度军费开支如此之高，1992年德国对印度的援助将削减25%。英国首相梅杰和加拿大总理在哈拉雷举行的英联邦首脑会议上同印度总理拉奥交谈时都谈到了印度军费开支过高问题。日本政府也谈到要把援助资金同武器控制问题联系起来。

（四）通过出口军事装备赚取外汇的方法解决购买外国武器的巨额开支。印度国防部长1991年9月8日说，印度的外汇储备耗尽已影响了国防建设，迫使国防部减少进口。他敦促国营工业部门通过出口军事产品来赚取硬通货，支付购买外国武器装备的巨额开支。据说，印度8家公营部门公司正更新设备与技术，生产出口军事装备，以开辟外汇来源。与此同时，印度还准备向发展中国家出售核研究技术和燃料后处理设施来赚取外汇。据西方记者报道，1990年印度出口武器赚取7900万美元，而同年却花掉14.7亿美元购买武器装备。

（五）努力实现武器零部件国产化。印度国防部长1991年8月下旬说，鉴于来自苏联的零件不足，他强调必须使武器零件印度化，他预计印度将用3年时间完成武器零部件印度化的进程。

三、印度对战争观念和军事政策的认识出现新变化

苏联的解体，使苏美争霸世界的战略格局发生变化。为了适应国际安全环境的变化，根据自身经济困难的情况，印度军界、政界、知识界人士对传统的战争观念和军事政策的认识出现一些新的变化。据印度报刊报道，归纳起来，大致有3点：

（一）关于武装力量的对外职能，由强调“征服与占领”逐渐变为起“威慑作用”。印度《三军杂志》1991年载文称，第二次世界大战后，世界帝国逐渐消亡，从而使征服者霸占领土的时代结束。那种想通过战争去摧毁军事力量、掠夺领土、征服意志的战争观已经过时，武装部队的对外职能由强调“征服与占领”逐渐改变为重在强调“威慑作用”。从印度目前的经济、军事力量来看，“征服与占领”是不现实的。

1. 从经济上，印度打不起一场低强度战争。以1971年印巴战争为例，如战争延续6周，将使印度耗费2700亿卢比，它将使印度经济倒退10年。

2. 从实力上，印对巴、中作战不具备取胜条件。《印度防务评论》杂志主编托马斯中将认为，印度要采取大规模军事占领方式战胜巴基斯坦非常困难，印度想采取军事取胜的政策对付中国，也是不现实的。可行的办法是举行印巴军控谈判和在中印边界一线部署最低“威慑标准”的军队。

（二）认为威胁印度安全的主要是国内而不是国外。在全球以谈判解决争端使对抗得以缓解的影响下，印度报刊认为，印度同中国、巴基斯坦的分歧是可以通过外交谈判解决，因为印度与其邻国都有通过和平方式解决安全问题的愿望，诉诸武力是不可取的。由于苏

联的解体，巴基斯坦在美国的战略地位下降并被停止援助，使印度松了一口气。苏联、南斯拉夫发生内乱后，印度认为削弱国家权力的威胁主要是国内的暴动和少数民族闹事。克什米尔、旁遮普、阿萨姆邦的分离主义势力的增长、印度教徒和穆斯林的宗教冲突范围广泛，印度要想避免在苏联、南斯拉夫出现的动乱，就需要强化国内的政治手段，加强内部军事力量和进行经济改革，来消除这种威胁。

（三）拟通过削减军费开支、加强经济实力的作法，在国际上发挥作用。80年代，印度依靠苏联的援助，通过加强军事实力走地区军事大国的道路，以在国际事务中发挥其影响。苏联的解体，打乱了印度的计划。拉奥政府1991年执政后，在世界裁减军备的影响和印度经济陷于困难的情况下，被迫第一次削减了国防开支。印度防务专家说，拉奥总理1991年11月初要求印度武装部队自行节约开支，否则将提出削减开支的方案。印度财政部长说，1991年，印度的国防开支占国民生产总值的2.8%，它在预算总额中所占的百分比由16.5%降至16.1%。西方报刊认为，印度如想在政治上发挥作用，就需要加强其经济实力，没有经济力量作后盾，想当地区军事强国是不可能的。

（曹连成）

巴基斯坦关于建立南亚无核区建议遭印拒绝　*一、巴提出在南亚建立无核区和印度的核立场*　据西方新闻媒介报道，巴基斯坦总理谢里夫1991年6月6日在拉瓦尔品第提出一项关于南亚无核区建议，说巴基斯坦准备同印度签订一项双边协议或建立一种区域武器控制机制，以使南亚地区杜绝大规模破坏性武器。谢里夫呼吁在南亚地区均衡裁减地区常规武器，使常规武器处于较低水平。该建议并要求美国、苏联、中国参加旨在阻止印、巴开展核竞赛的会谈。嗣后，巴又派出由参议院议长萨贾德和外交部长阿克拉姆·扎基率领的代表团访问美国，会晤美国副总统奎尔、国防部长切尼、国务卿贝克、国家安全顾问斯考克罗夫特，众议院议长等。巴外交部长扎基说：“我们已向朋友们保证，任何限制，只要我们的邻国接受，巴都愿意接受，但是要巴单方面解除武装是办不到的”，因为巴感到易受印度射程较远的导弹的攻击。《华盛顿邮报》认为，巴提出建立南亚无核区建议并走访美国的目的是：修补因巴发展核武器计划而中断的巴美关系，消除巴、美间的“误会”，扭转美对巴援助的决定“为两国的相互利益加强联系”。

印度拒绝美、巴支持的使南亚成为无核区的建议。印度外交部发言人1991年11月下旬说，印度领导人告诉访印的美国助理国务卿雷金纳德·巴塞洛缪，“印度愿意考虑他的建议，听取各种意见，但更愿与巴达成协议，而不愿意让美国、苏联、中国参加一次区域性协议”。印度官员认为，巴关于在南亚建立无核区的建议是“宣传花招”，因为谢里夫1991年5月在一次讲话中曾说，巴宁可“每天吃一片面包”也不会放弃或为取得小利而牺牲他们的和平核计划。印度认为巴无核建议有问题，是因为它没有考虑中国的核武器、在印度洋的舰载核武器或已在这个地区的核扩散。同时，印度认为，不扩散核武器的条约“不公正”，因为它只限定联合国5个常任理事国可拥有核武器，虽然印度坚持它只拥有生产核武器的能力，而无意生产核武器，但是印度拒绝把自己束缚起来。

据西方新闻媒介分析，印度拒绝巴基斯坦的南亚无核区建议和拒绝在核不扩散条约签字，主要有以下考虑：（一）发展核武器，可提高其外交地位。印度防务专家K·苏布拉姆尼亚姆说：“世界每6个人中就有1个印度人，在任何民主组织中，印度都应有发言权。但在西方人设计的世界秩序中，作为世界人口第2大国的印度竟然不是联合国常任理事国，这确实是一个重要的遗漏”。这反映了印度普遍存在的一种观点，即印度应不惜财力发展核武器，以提高其外交地位。苏布拉姆尼亚姆认为，如果你生活在一个充满核武器国家的世界上，你就必须拥有核武器，如果世界能容纳五、六个核国家，它照样能容纳十多个核国家。（二）发展核武器，是印度较合算的防务抉择。以较小的风险和代价在战争需要的时机向邻国发射核弹头，这既能起威慑作用，又制约邻国不敢贸然使用核武器。（三）出售核设施，赚取外汇。印度巴巴原子研究中心小组主任梅达1991年8月中旬说，印度计划向发展中国家出售核反应堆，以赚取极需的外汇。

二、印、巴竞相研制核武器情况

据英国《外事报道》周刊1991年1月透露，印度、巴基斯坦正加紧进行原子竞赛。法国核专家说，印度在这方面仍遥遥领先，根据印、巴两国钚和浓缩铀生产能力估计，印度拥有足够生产70～90颗原子弹的钚，而巴基斯坦拥有能生产10～15颗原子弹的浓缩铀。另据美国专家估计，印度有可以使用的核弹20～100枚，而巴至少拥有12枚以上。印度在运载方面也处于领先地位。双方都有可用于携带核武器的远程飞机，但是印度更多些。印度有50架米格－29型飞机（已获生产许可证，不久就将在印度生产）和49架幻影2000型战斗轰炸机，巴基斯坦只有39架F－16型飞机可携带核武器。到1988年，印度已选定3个可投放核武器的米格－23和米格－27型飞行中队。印度在导弹技术方面也处于优势。印度已拥有丰富的航空火箭技术经验。它生产的“普里特维”导弹(射程250公里)既精确又可靠,并在1988年初试之后开始部署。印度在1989年还成功地试制了“火”式导弹(射程为2500公里),并打算使其成为射程为5000公里的导弹先驱。巴基斯坦于1989年试验发射了“哈特夫”1型(射程为80公里)和“哈特夫”2型(射程500公里)导弹,但尚未大规模生产和部署这些武器。巴基斯坦现已能够装配由其F—16型飞机携带的自由下落炸弹,并正努力使原子弹小型化,使它们适用于地对地导弹。在导弹开发方面,印度也走在巴基斯坦的前面。印度准备开发的系列导弹有反坦克(“耐格”)、地对空导弹(“特里绍”和“阿卡石”)、地对地导弹(“普里特维”)以及中程弹道导弹(“火”)。除去战略方面的考虑,还有一些技术原因使得印度感到有必要开发导弹项目。印度防务科学顾问阿鲁纳恰拉姆1991年初发表文章说,印度已经生产了价值12.2亿美元的军用导弹,印度正加紧研制目前只有北约拥有的“灵敏”弹药和电子战系统,它们将在90年代中期正式使用,并计划到90年代中期部署不同的导弹系统。而巴基斯坦目前正处于试图使其导弹核化阶段。印度还想在核燃料方面保持领先地位,印不仅已走向用钚制造原子弹的道路,而且在孟买附近的达巴原子研究中心也在研究浓缩铀的技术,以使核燃料多样化。

三、美苏支持巴的无核区建议和美在南亚防止核扩散战略

美国务院发言人塔特怀勒说,美国认为,巴总理纳瓦兹·谢里夫1991年6月6日提出的在南亚“不扩散大规模杀伤武器的均衡裁减地区常规武器”的建议具有“建设性的意义”,因而美国“支持这一设想”。1991年11月中旬,美国又派助理国务卿雷金纳德·巴塞洛缪与印度举行会谈,巴塞洛缪敦促印度重新考虑巴关于举行5国会议,讨论在次大陆建立一个无核武器体制的建议。1991年11月11日,苏联在联合国大会的一个委员会表决时,赞成巴基斯坦提出的并得到孟加拉国附议的关于在南亚建立无核区的建议。这件事使印度大吃一惊,这是苏联头一次在联合国里站在反对印度的一边。

据一位美国外交官透露,美国在南亚的防止核扩散战略是:放慢印、巴核计划和弹道导弹计划,阻止印、巴成为核大国。自从美国武器控制战略的重点从强调东西方问题转移到多边防止核扩散问题以来,印度、巴基斯坦等国便已成为美国政策关注的主要国家。美国对于南亚地区的导弹竞赛公开表示了不安,美国助理国务卿巴塞洛缪向印巴官员谈了阻止在次大陆进行核武器的方法。美向印施加压力,要其不要进一步试验“火”式中程弹道导弹,并对印向伊朗出售一个小型核研究反应堆一事表示不满。巴塞洛缪还与巴举行两天会谈,美坚持要巴放弃生产铀的努力。因巴一直在坚决地实行其核计划和导弹计划,美于1990年10月中止对巴大约6亿美元的军事和经济援助,迄1991年年底,仍未恢复援助。

(曹连成)

菲美终止军事基地协定　一、菲参议院否决菲美安全条约　《菲美军事基地协定》是两国政府于1947年签订的,协定规定美国对菲律宾基地使用期为99年,1966年两国又将使用租期改为25年,到1991年9月16日租期届满。美国为在租期届满后继续使用这些基地,同菲进行多轮谈判。至1991年7月17日,两国政府经过14个月,共7轮谈判,达成一项美国继续租用苏比克海军基地的协议。协议的达成是双方相互妥协的结果。前6轮谈判久拖不决主要卡在租金和租期上,这次谈成的原因,在于菲律宾火山爆发促使两国都不得不从实际出发,力图尽快达成协议。由于菲火山爆发,给克拉克空军基地和苏比克海军基地以很大的破坏,但几经权衡,美国认为这些军事设施仍有重大战略价值,出于政治、军事、经济利益的考虑,美国还是要保留破坏性较轻的苏比克基地。菲方考虑到,同美国达成协议,不仅在经济上有收益,同时也有助于菲律宾的稳定,吸引外国投资。由于上述原因,双方签署了新的协议。协议规定,由于皮纳图博火山造成的破坏,美国放弃租用克拉克空军基地,美国租用苏比克海军基地的租金每年由3.6亿美元减为2.03亿美元,租期为10年。1991年8月27日,菲美两国政府签署了菲美友好、合作和安全条约。根据菲律宾宪法,该条约需经由23位参议员组成的菲参议院2/3多数批准生效。1991年9月16日,是菲美军事基地届满之日,菲律宾参议院经过一整天的激烈辩论,以12票反对、11票赞成,否决了菲美友好、合作和安全条约。1991年11月26日下午,美国将克拉克空军基地正式移交给菲律宾政府。1991年12月31日,菲政府宣布,终止菲美军事基地协定,限美军在1992年12月31日前撤出苏比克海军基地。美驻菲大使威斯纳表示,鉴于美军已经分散了它在亚洲的军事力量,因此,美将不会就租用苏比克基地问题与菲举行新的谈判。至此,美国不得不放弃在海外最大的维持了近一个世纪的军事基地,结束了美军自1898年在菲律宾的驻防。

二、菲美终止军事基地协定的原因

菲美终止军事基地协定的表面原因,是菲参议院

否决美菲政府签署的美国继续租用苏比克海军基地协议所致，但实际上，对双方来说，仍有更深层次的缘由。从美国方面说，主要有以下3点：(一)火山爆发促成其忍痛割爱。1991年6月19日，皮纳图博火山在沉寂600多年后突然喷发，火山岩灰石铺天盖地压向克拉克空军基地，造成至少175幢基地建筑物严重被毁，500多栋房屋需要清扫。专家预计，火山灰将继续威胁基地至少5年，基地修复至少需耗资6～8亿美元。基地的机场无法使用，清扫跑道根本无用，因为一逢下雨，新的火山灰便又洒落一地。美军留下的11.5万件多余设备中，包括汽车、电视录像设备都被盗贼劫掠而去。美国特别行动队从1991年6月份起发现盗贼2000余名，拘捕370多人。鉴此，美国不得不永远放弃苦心经营的战略基地。(二)冷战结束，降低了基地的价值。美国防部及国会官员和专家认为，由于苏联海军撤出了越南金兰湾，已经减弱了苏对美在太平洋地区的挑战地位，美国进入新加坡及这些地区其他盟国港口的权利扩大，也削弱了菲设施不可替代的论调，菲律宾军事基地的价值进一步降低。(三)美国经济困难，要收缩其驻外军事基地。美国1991年制订了今后10年分3个阶段削减驻亚太地区美军计划。第一阶段，在1992年12月前，将美国在亚洲的13.5万驻军减少11%，即减少15250人，其中从菲撤出2000人，以减轻其经济困难。从菲律宾方面看，主要有以下3点原因：(一)菲律宾朝野要求收回基地的呼声日益高涨。特别是反对基地协定的参议员，坚持民族主义立场，维护国家主权和民族尊严，主张结束外国在菲驻军的历史。参院议长萨隆加在投票反对美菲军事基地新协议后说："我们终于鼓足政治意志，挺身而出，投票结束外国在菲驻军470年的历史。"(二)认为美国利用火山爆发，将租金降低得难以接受。菲国民说，美在谈判中"骄横跋扈"，"趁危打劫"，对菲在租金上"大杀价"，使菲国民十分气愤。(三)菲总统担心举行公民投票否决参议院的决定对其不利。1991年9月10日，科·阿基诺总统动员"人民力量"，在马尼拉中心广场举行了近百万人参加的群众大会。会后科·阿基诺总统冒着大雨率众步行到参议院请愿，要求参议院批准条约。参议院否决条约后，按菲律宾宪法，菲政府将可依据人民创制权条文或公民投票方式，否决参议院的决议。该条文规定，只需全国总选民的10%联署一项议案，经全民投票多数通过，该议案即成立。据路透社驻马尼拉记者报道，一些议员劝说阿基诺总统，上述行动要冒被弹劾的风险，阿基诺总统被迫放弃公民投票的做法。

三、菲美终止军事基地协定后美军的去向

美国在克拉克空军基地和苏比克海军基地共驻有1.7万余名军事人员，克拉克是第13航空队的大本营，驻有两个中队的"F—4"鬼怪式战斗机，苏比克是第7舰队第73特遣队司令部和后勤司令部所在地。早在1991年5月，美国战略制定者说，驻菲律宾的美国军队可以重新部署到新加坡、日本和美国在太平洋的领土关岛。据外电报道，1991年，驻菲美军止计划逐步撤出。已知：美国第13航空队将由克拉克撤往关岛的安德森空军基地，美驻克拉克空军基地的特殊行动飞行队将从菲律宾移驻日本。据英国《军事力量平衡》透露，驻克拉克美空军特殊行动飞行队拥有MC－130E运输机3架、MH－53J型直升机5架。该飞行队系空中游击战的扫荡部队。在海湾战争中，该飞行队在轰炸开始前首先潜入伊拉克境内，破坏伊拉克的雷达和通讯网，使空袭产生理想的效果。权威军事专家认为，这是美日双方达成的"事实上进驻"的协议。美国总统布什访问新加坡时，双方达成一项关于美军使用新加坡军事基地的协议。协议中说，原驻菲律宾苏比克的美海军后勤司令部和第7舰队第73特遣队司令部移驻新加坡；根据1990年11月双方达成的谅解备忘录，新加坡允许美军使用其军港，允许6架美F－16型机使用其空军基地，允许95名美军常驻新加坡。

四、各方对菲美终止军事基地协定的看法

(一)印尼认为关闭美驻菲基地不会危及东南亚的安全。印尼武装部队司令苏特里斯诺将军1991年10月10日在招待会上说："美国从菲律宾的苏比克湾撤军不会对东南亚的安全产生影响，因为东南亚各国将能够在美国仍然考虑在该地区驻军的方法时实现地区的稳定与安全。"

(二)马来西亚认为美在菲的军事基地应当拆除。马来西亚外交部部长1991年6月14日说："我们始终认为，我们不希望看到这个地区有外国军事基地，而不管这些基地是美国人的，还是其他人的。"马来西亚国防部长拉扎克1991年9月11日表示，如果美国单方被迫放弃菲基地，马愿意扩大同美国的双边军事合作。

(三)泰国不愿向美国军队提供任何设施。泰国外交部长沙拉信说，泰国不愿向美国提供设施。泰国国家安全委员会秘书长素他努贡1991年9月11日说，泰国"绝不可能"让美国在泰修建基地。

(四)新加坡主张保留美在菲军事基地。新加坡总理吴作栋1991年4月中旬在访问菲律宾时，要求科·阿基诺总统保留美国在菲的军事基地，以遏制地区冲突和保障亚洲经济的发展。吴作栋说，尽管冷战已经结束，但是地区冲突可能"扰乱世界和平与稳定"。同时，他又指出新加坡表示愿意让美国武装部队使用它的某些军事设施。

（五）新西兰认为苏比克之争无助于解决澳新美安全条约的争吵。新西兰总理吉姆·博尔杰1991年9月20日访问新加坡时说，关闭美驻菲基地将不会对美国通过已废止的澳新美安全条约恢复同其他国家的防务关系提供任何新动力。他说，澳新美安全条约已中断6年，它的恢复“现在还没有当作任何特殊的议事日程提出来”。博尔杰说，围绕澳新美安全条约争议的这些情况“没有随着美菲基地不协调而变成更为重要的问题”。

（六）苏驻菲大使表示苏必须保持在越南的军事存在。苏驻马尼拉大使1991年9月26日对记者说，尽管冷战已结束，美从菲撤走，但苏联必须在越南保留金兰湾海军基地，因为金兰湾对从欧洲到亚洲航行的苏联军舰来说，是一个理想的再补给和维修港。这位大使说，苏在越南的海军力量不能同美在苏比克的海军力量相比，因为莫斯科已从金兰湾撤走了它的大部分军舰。

（曹连成）

马、菲、越在中国南沙群岛的新动向 海湾战争结束后，马来西亚、菲律宾、越南利用南沙海区局势缓和的时机，在政治、外交上大造舆论，在军事上，进行海、空军建设，企图使其侵占中国领土南沙岛礁“合法化”。

一、马、菲、越在其侵占的南沙岛礁采取新措施

（一）马来西亚将所占南沙岛礁开辟为旅游区。据合众国际社驻吉隆坡记者报道，马来西亚文化、艺术和旅游部长萨巴鲁丁·奇克1991年6月中旬说，马来西亚政府决定在南沙群岛弹丸礁（1983年被马占领）开设天然游览地。为此，马修筑约1000平方米的人造陆地，用马本土的泥土和淤泥将这个珊瑚礁变成了一个小岛，并在岛上建有17间屋子的度假设施和两个海水淡化厂，拥有一些可以载30人的小艇，以便吸引来自美国、欧洲、日本和澳大利亚的游客到这个新的游览胜地来。马来西亚国防部长纳吉布·敦·拉扎克说，弹丸礁成为旅游地后，驻扎在这一地区的马来西亚军队予以保留，不允许游客进入军事区，以对弹丸礁进行控制。

（二）菲律宾内阁委员会建议通过法律确认菲对南沙一些岛屿拥有主权。据路透社驻马尼拉记者1991年11月报道，菲律宾内阁委员会在一份备忘录中要求科·阿基诺总统建议国会通过法律使菲已占的南沙群岛“合法化”。菲驻马来西亚大使鲁道夫·塞韦里诺表示，在南沙资源归属问题上应该采用哪一国法律来仲裁的问题很重要，菲必须立即解决主权归属问题。

（三）越南在南沙群岛架设广播天线。据《日本经济新闻》报道，越南一方面抗议马来西亚在弹丸礁开设旅游设施侵犯了“越南领土”，一方面在越南占领的南沙群岛岛屿上架设能够接收越南本土广播或电讯的抛物面天线。加紧控制已占岛屿。

二、菲、马加强海空军现代化建设，为南海可能爆发武装冲突作准备

菲律宾武装部队参谋长利桑德罗·阿瓦迪亚将军1991年6月下旬说，柬埔寨战争结束后，“有明确的迹象表明，未来的冲突场所可能转向海域，具体地说是关于斯普拉特利群岛（南沙群岛）归属的领土争端。”菲国防部长德比利亚说，美国放弃在亚洲的军事基地会加剧南中国海和朝鲜半岛的紧张局势，菲还未作好充分准备对付南沙群岛可能爆发的武装冲突。在这一国防建设思想指导下，菲军队建设重点从“安内转为御外”，发动为期10年的军队现代化运动。现代化的重点主要是海军和空军。菲律宾武装部队计划在5年内耗资5亿多美元购买护卫舰、快速攻击艇等，为集中资金发展海、空军，菲政府决定压缩陆军，使陆军部队从16万人逐步减至6万～7.5万人左右。科·阿基诺总统说：“我们必须保持一支可靠的空军力量和海军力量来保卫我们的空中边界和海上边界。”菲律宾军事首脑利桑德罗·阿瓦迪亚将军对记者说，菲律宾计划在南沙群岛建立小型空军、海军基地，以提高菲在南沙群岛的防御能力。菲将花费2亿比索（合740万美元）改善其已占8个岛屿上的设施，其中包括建立通信和预警系统，完善指挥体系。

马来西亚也加强部队建设，增强其在南沙的“防御力量”。马来西亚武装部队领导人哈希姆·穆赫德·阿里1991年6月7日说，南中国海“有可能成为亚洲地区下一次冲突的爆发点”。他说：“由于南中国海诸如石油、天然气和鱼类等自然资源丰富，更重要的是由于它作为海上至关重要的交通线所具有的战略地位，任何一场武装冲突都有可能迅速被有关方面轻而易举地加以利用，更为糟糕的是，这会招致外部势力的干涉。”对此，马来西亚大量购买舰艇、飞机，加强防御能力。1991年，马花费5亿美元购买4艘瑞典潜艇，花7.65亿美元向英国购买28架隼式战斗机和教练机。

三、马、菲、越在南沙群岛加紧活动的原因

（一）制造拥有主权的既成事实。《日本经济新闻》记者认为，马来西亚在其所占据的南沙群岛开设旅游设施，成为第一个利用“有争议”的岛屿发展旅游的国家，越南等有关国家对此提出了抗议。这类现象助长了

一些国家制造拥有主权的既成事实。这些国家将奉行“控制即主权”的方针，在巩固既得利益的同时，在主权的问题上“继续与中国进行争夺”。另据路透社报道，由于东西方关系的缓和以及苏联在亚太地区驻军的减少，南海周边国家越来越将注意力集中“在一些悬而未决的争执上”。

（二）加紧掠夺开采南海石油资源。据西方国家专家分析，远东迅猛的经济增长，以及海湾战争后大家都争着要取得近海石油和天然气以减少对中东的依赖，这促使他们开发近海海底资源。马来西亚的石油储备预计在21世纪初有可能会被开采干净。马来西亚一副教授说：“每一个国家都想要开采南中国海的资源，都想要尽可能快地占领它们。”

（三）力图使南沙问题国际化。据西方报刊报道，菲、马、越等国在南沙岛礁问题上，企图联合对付中国，通过谈判或国际仲裁，使南沙问题国际化。马来西亚外长艾哈迈德·巴达维1992年年初说，马来西亚和越南通过谈判，已经一致同意联合开发南海有争议的群岛，越南“采取了比较通融的态度”，“理解马来西亚的立场”。印尼政府提出了“变南海潜在冲突为友谊合作”的主张，倡议有关国家按“南极模式”，搁置主权争端，联合开发南海资源。为此，1991年7月在万隆召开“南海问题研讨会”，参加会议的不仅有南海周边国家，还有美国、英国、加拿大等国的官员和学者，企图使南沙问题国际化。

（曹连成）

斯里兰卡政府军重创“猛虎”组织游击队

1991年，斯里兰卡在印度的配合下，对泰米尔伊拉姆“猛虎”组织（简称“猛虎”组织）游击队采取战、和两手策略，取得成效。斯政府军在贾夫纳半岛野象谷、穆赖蒂夫两大战役中重创“猛虎”组织，使“猛虎”游击队伤亡惨重。目前，斯政府军已处于优势。但“猛虎”组织仍拒绝放下武器与政府和谈，采取游击战术与斯政府军周旋。

一、斯政府采用战、和两手策略对付“猛虎”组织

（一）在军事方面：1. 扩充实力，增加国防开支。据英国国际战略研究所《1991～1992年度军事力量对比》一书中指出，斯里兰卡陆军为同贾夫纳半岛的“猛虎”组织激战，陆军兵员已增加了2万人，组建了3个步兵旅和1个特种部队旅。空军增加了数架FT—S喷气教练机和攻击直升机。斯里兰卡官员1991年11月11日说，在1992年度预算中，国防摆在优先地位，因为军队必须打仗。1991年斯的国防开支大约为117亿卢比（2.78亿美元），1992年的国防开支将增至153亿卢比（3.64亿美元），1992年度所增加的36亿卢比用于作战，以便早日结束对“猛虎”组织游击队的战争。

2. 对“猛虎”组织进行清剿，取得成效。据斯里兰卡军方发言人宣布，1991年，斯政府军多次袭击“猛虎”组织，使其伤亡惨重。1月26日，斯政府军出动空军炸毁“猛虎”组织设在穆赖蒂夫的一个重要基地。该组织电台承认，在这次空袭中，“猛虎”组织有25人被打死，武器装备遭受严重损失。1991年3月，斯政府军与“猛虎”组织在西北部马纳尔的两座军营附近进行了3天激战，有300多名游击队员被打死，政府军损失23人。1991年9月份，斯政府军又对东北部的“猛虎”游击队发动了“闪击战”，打死600人，政府军有60人死亡。一位西方记者走访了贾夫纳半岛后报道说，斯政府军1991年7月、9月分别在野象谷和穆赖蒂夫丛林两大战役中给“猛虎”游击队以重创，使“猛虎”游击队失去了昔日的威风。斯军方发言人萨拉特·穆纳辛格上校1991年年底说，与年初相比，斯政府军强大多了，“猛虎”组织只能使用传统的游击战方式与政府军周旋。

3. 与印度合作，共同对付“猛虎”游击队。据西方记者报道，斯里兰卡同印度政府就联合对付“猛虎”游击队曾多次磋商，达成共识。印度摧毁了“猛虎”游击队设在印度泰米尔纳德邦的后勤基地，断绝了该组织的外援。1991年1月，印度政府对在印度南部的泰米尔纳德邦的“猛虎”组织成员采取了行动，逮捕了700多名，并限制了泰米尔纳德邦对“猛虎”组织的支持行动，使“猛虎”组织几乎断绝了外援。1991年5月，印度前总理拉·甘地在该邦竞选时遭暗杀后，印度海军切断了“猛虎”组织越过保克海峡通往印度南部的路线，印度并对“猛虎”组织在该邦的支持者进行了镇压，使“猛虎”游击队员的军火供应、粮食补给等后勤运输受到了很大影响。

（二）斯政府在政治方面加紧劝降活动。斯总统普雷马达萨1991年3月下旬在“猛虎”游击队受政府军袭击时发表讲话，重新向游击队提出和平建议，并敦促游击队结束战斗，参加在贾夫纳半岛地区举行的选举。普雷马达萨总统说：“如果泰米尔伊拉姆猛虎解放组织放弃暴力，政府准备立即在东北省举行新选举，选出东北省议会和地方政府机构。”

二、“猛虎”组织拒绝放下武器，准备与斯政府军继续战斗

（一）拒绝斯政府和谈建议，谋求国际上承认“泰米尔国”。据西方记者报道，斯总统普雷马达萨提出举行新的选举以结束分离主义战争建议后，立即遭到“猛虎”组织的拒绝，声称他们决不放下武器，坚持建立独立的“泰米尔国”。据“猛虎”组织的发言人1991年3月

17日说，“猛虎”组织已经就此问题同许多国家交换了意见，以谋求国际上承认。

（二）进行恐怖活动。负责指挥对“猛虎”组织作战的斯里兰卡国防国务部长兰詹·维杰拉特纳1991年3月2日在科伦坡发生的一起汽车炸弹爆炸事件中丧生，据说这是“猛虎”组织所为。1991年6月21日，斯国防部作战总部附近发生一起大爆炸，使70人伤亡。斯军方人士称，这是“猛虎”组织干的。1991年12月份，游击队埋设一颗地雷，炸死斯陆军1名准将和1名高级军官。印度前总理拉·甘地在竞选中遇刺身亡，“猛虎”组织供认，这也是他们所为。

三、斯政府军在军事上取得优势的原因

（一）斯政府孤立“猛虎”游击队的政策得当。斯政府利用各党派及人民要统一、不要分裂，要和平、不要战争，要发展经济、不要动乱的强烈要求，特别是利用贾夫纳半岛教育界、佛教组织、商人对“猛虎”组织搞“独立国”的不满情绪，孤立“猛虎”游击队，为政府军在军事上发动进攻制造舆论。1991年初，泰米尔“猛虎”组织宣布停火后，斯总统普雷马达萨召集10个政党开会征求意见，研究对策。各政党一致表示，对“猛虎”组织的停火行动表示欢迎，要求政府在下列基础上同其谈判。1.“猛虎”组织要放弃“独立国”的主张，承认斯里兰卡的统一与完整；2.必须交出武器，停止一切暴力行动；3.尽快达成一致协议，以使斯北方、东方地区恢复正常秩序；4.“猛虎”组织与各政党和组织通过和谈解决争执问题。另据美国报刊4月报道，普雷马达萨总统大力发展商业的政策得到贾夫纳半岛穆斯林商人的支持，该岛商人过去对“猛虎”组织成立“泰米尔国”搞分裂活动采取中立态度，而现在他们是该岛的商业支柱，他们不赞成游击队采取暴力行动，因为这会影响经商。斯军方发言人说，斯军队利用贾夫纳半岛商人对“猛虎”组织日益不满的情绪，于1991年12月解除了经济封锁，允许商人经商，孤立了游击队。

（二）印军切断“猛虎”组织后方支援，为斯政府军取得优势提供了重要保障。据西方记者报道，印斯官员为对付泰米尔分裂者制定联合战略。由于印军摧毁“猛虎”组织设在印度泰米尔纳德邦的地下军火库及其他供给网络，使得“猛虎”组织后勤供应不足，弹药粮食匮乏，很难支撑一场战役。

（三）“猛虎”组织过高估计自己力量，与斯政府军打阵地战，是其军事失利的重要因素。据法新社1991年12月报道，泰米尔“猛虎”组织领导层由于过高估计自身力量，而改变了传统的游击战，直接正面进攻斯政府军，战术上的这一变化使他们伤亡惨重，并且损害了他们作为传奇般勇士的声誉。他们自己的统计数据表明，“猛虎”组织在进攻北方战略要地埃勒芬特帕斯政府军营地历时1个月的战役中，损失500多人，军方虽然伤亡173人，但是成功地打退了猛虎组织的进攻。至此，猛虎组织处境极为困难。

（曹连成）

日本向海外派兵法案与向海湾派遣扫雷舰队　自1990年8月以来，日本政府多次向国会提交向海外派兵法案，最初称为《联合国和平行动合作法》草案，以后改名为《联合国维持和平行动合作法》草案，迄1991年年底，日本国会已3次召开会议审议此提案，均以废案而搁浅。与此同时，日本政府不顾国内外舆论的反对于1991年4月首次向海湾派出扫雷舰队参加扫雷活动。这次派遣舰只扫雷未经国会讨论，是第二次世界大战结束以来日本向海外派遣的第一支作战部队。

一、日本向海外派兵案多次搁浅

自1990年8月至1991年年底，日本政府已3次向国会提交向海外派兵法案。

第一次审议情况　1990年8月初，海湾发生危机，8月27日日本自民党首脑人物在研究如何为中东问题作出“贡献”时，有人提出了制定“联合国和平行动合作法”草案、向海外派遣自卫队的构想。1990年10月15日日本政府向国会提交了该草案的最终方案及其纲要。在日本国内及亚洲各国的强烈反对下，1990年11月8日，执政的自民党和在野的社会党、公明党、民社党的干事长或书记长在国会内举行联席会议，一致认为，此法案在众议院会议审议完毕，被确认为废案。自民党自己认为国会闭幕临近，此案已无希望通过，因而决定收回此案，并办理了结束审议手续。此案作废后的当天，自民党、公明党和民社党三党达成一项协议，同意就联合国和平行动合作法问题继续进行协商，并拟订新的法案。1990年11月10日国会闭幕，至此，第一次审议以废案而告终。

第二次审议情况　第一次审议“结束”后，日本政府从1991年3月开始根据1990年11月8日三党协议的精神又着手研商此事。1991年5月7日，日本自民党、公明党和民社党三党召开联席会议就建立联合国维持和平行动合作组织问题达成协议，并一致同意“尽快提出成熟的方案”。1991年6月15日，日本政府确定了日本自卫队参加联合国维持和平行动合作新组织基本方针：（一）同意自卫队参加新组织但身份是兼任；（二）自卫队可以参加联合国维持和平部队；（三）自卫队不参加诉诸武力和武力威胁的活动；（四）当执行任务地区的停火状态发生变化时，自卫队要撤离该地

区。1991年6月26日，日本政府正式提出日本自卫队参加联合国维持和平行动草案。该草案主要内容有四，(一)自卫队规模及其任务；(二)指挥系统；(三)自卫队队员的身份；(四)向海外派遣。1991年8月2日，自民党原则上表示同意上述草案，但同时又认为草案中有些内容是不现实的，并决定继续就有分歧的部分进行协商。1991年9月17日，日本政府公布了《联合国维持和平行动合作法》草案的全文，规定自卫队队员将以兼任的身份参加。该草案由5章27条以及附则、附表组成，其主要内容有派遣指导原则、派遣目的、组织指挥、主要任务、兵力组成以及武器配备等。与1990年的草案相比，这次草案有4点重大变化：(一)法案名称及其制订的牵头单位发生了变化。该法案名称由《联合国和平行动合作法》改为《联合国维持和平行动合作法》，牵头单位由防卫厅和外务省改为内阁官房；(二)自卫队规模扩大一倍。新草案中规定派遣自卫队队员人数以2000人为上限，而旧草案规定为1000人以内；(三)对自卫队员携带武器作了新的规定。新草案只规定了自卫队队员使用武器仅限于保护自身，没有明确规定携带武器的范围，而旧草案规定自卫队队员只能携带护身用的手枪等小型武器；(四)对自卫队队员撤回提出了新的原则。新草案只规定外国停战状态改变时，由日本首相决定是否撤回，而旧草案明确规定了自卫队队员撤回的原则。1991年9月20日，日本政府召开内阁会议通过了《联合国维持和平行动合作法》草案以及其他有关的事宜，并决定提交国会审议。9月24日，日本国会第121届临时会议开始审议该法案，迄1991年10月4日两院审议仍毫无结果，当天国会以“下次国会会议继续审议”为由，宣告国会闭幕。至此，该法案又暂时搁置。

第三次审议情况　日本国会于1991年11月18日召开第122届临时会议，再次对《联合国维持和平行动合作法》草案进行审议。1991年11月27日日本众议院国际和平合作特别委员会依靠自民党和公明党在议院中占有多数席位强行通过了该法案。这时，会场上发生了斗殴，赞成派与反对派议员在怒吼声中展开了搏斗，乱作一团，警察进入会场后，才制止了冲突。1991年12月3日日本众议院召开全体会议通过了这一法案，并于当天交到参议院审议。12月4日，日本参议院召开全体会议进行审议，直到1991年12月21日本届会议结束，法案仍未审理完毕。这时国会再次以“继续审理”为由，宣布闭会。在国会审议期间，社会党和共产党等在野党再次表示强烈反对；首相宫泽等人游说公明党企图强行通过，但结果受挫，公明党态度发生变化，由赞成转向慎重，使法案审议受到重大影响；日本全国各地的工人、学生、妇女、僧侣等纷纷举行集会、游行、静坐、签名等活动，强烈反对日本政府制定违反宪法的派兵法案；南朝鲜、菲律宾等表示反对并担心日本再次走上军国主义道路。至此，经过一个多月的争吵，该法案再度搁浅。

日本向海外派兵法案之所以一再搁浅，其原因归纳起来主要有3点，一是在野党对自民党的掣肘。日本社会党、共产党两党从一开始就持反对态度，对该法案发起了猛烈攻势，并坚持斗争到底。他们不仅利用国会这块阵地反对通过此法案，而且还在国会外组织国民游行示威，不断向国会施加压力。公明党、民社党态度暧昧，经常发生变化，使该法案难于在参院通过。日本有些人士认为，这个法案虽在众议院强行获得通过，但在参议院通过存在较大困难。这是因为在野党在参议院占有多数席位所致。二是该法案违背了日本新宪法，违背了1954年国会的决议，违背了自卫队法和专守防卫政策，也违背了1956年日本加入联合国的公开声明。三是日本大多数国民及亚洲众多国家强烈反对。这个法案违背了当前世界和平与发展潮流，违背了各国特别是亚洲国家爱好和平人民的心愿。

二、日本向海湾派遣扫雷舰队

日本政府在向国会提交向海外派兵法案的同时，不顾国内外舆论的反对于1991年4月下半月向海湾派出由扫雷供应舰“早濑”号、扫雷艇“由利岛”号、“彦岛号”、“佐久岛”号、“粟岛”号以及补给舰“常盘”号共6只舰艇及511名人员组成的扫雷舰队，参加海湾扫雷活动。该舰队于1991年4月26日从日本启航，5月25日驶抵海湾，6月5日起与多国扫雷部队一起遂行扫雷任务，1991年9月10日完成任务后驶抵当地国家休整和访问，9月27日离阿曼回国，10月30日返抵日本吴港。这次共清扫水雷34枚，占美国等9个国家清扫水雷总数1281枚的2.7%，总计耗资13亿日元，平均每枚水雷的处理费达3800多万日元。在扫雷过程中，日本舰队首次动用了水下排雷机器人(S－4)，它是目前世界上水平最高的扫雷链。该舰队在往返途中，还先后访问了菲律宾、新加坡、马来西亚、斯里兰卡、巴基斯坦等国港口，并得到了补给。在归国时，遭到了日本国民的强烈反对。广岛等地市民从1991年10月20日起在吴港市内及外海上举行了游行示威，反对政府向海外派遣扫雷舰队，反对政府为其回国举行欢迎仪式。示威者们高举着横幅，上面写着“不许为自卫队海外派兵开辟道路，反对通过联合国维持和平合作法案。”为了防止事态扩大，广岛县动员了2500名警察人员，加强警戒，头戴钢盔，手持警棍，24小时不间断地在吴港基地周围进行巡逻。

日本当局向海外派遣扫雷舰队是一次有组织有计划的向海外派兵活动。早在1990年8月海湾危机发生后不久，日本政府就曾多次表示了这种意向。由于国内外的一致反对，当时未能成行。海湾战争结束后，日本派兵的主张再次抬头。这次派遣活动是从1991年3月开始准备的，刚开始时，日本政府严格保密。1991年4月10日，日本政府通过防卫厅有意向外透露了扫雷舰队组成情况。4月15日日本海上自卫队组织该舰队在日本北海道地区进行了出国前综合扫雷训练。1991年4月19日日本政府制定了向海湾派遣扫雷舰艇方案，并派内阁官房长官坂本拜访前首相竹下登及宫泽喜一等人，要他们对派遣一事给予理解，这些人表示予以支持。1991年4月22日，日本举行政府、自民党首脑会议就派遣一事达成一致意见，接着日本防卫厅宣布已为扫雷舰队制定了派遣计划概要，并称扫雷舰队已做好启航的准备。4月23日，日本自民党召开朝野党领导人协商会议，请求各在野党在派遣扫雷舰队问题上予以合作。1991年4月24日，日本政府召开国家安全保障会议和临时内阁会议正式作出派遣决定，同一天日本首相海部向新闻界公布了此事，并就有关问题发表了5点声明，在声明中强调说，“这次派遣是根据自卫队法第99条采取的海上警备行动，不是伴有诉诸武力的海外派兵，按现行法律派遣扫雷舰艇仅限于这一次；日本政府谋求得到国内外谅解与合作”；1991年4月26日，日本扫雷舰队按照预定计划分别从日本横须贺、佐世保、吴港三地出发，前往海湾执行扫雷任务。

对日本向海外派遣扫雷舰队，日本国内舆论及亚洲许多邻国均表示不安和担心。日本国内舆论认为，“这实际上是向海外派遣自卫队，可能会使日本安全保障政策发生重大变化，导致无法控制的向海外派兵。”日本在野党表示，日本政府未经国会讨论就向海外派遣扫雷舰队，“既不符合宪法也不符合自卫队法”。亚洲一些有识之士认为，日本利用海湾危机，竭力争取向海外派遣自卫队人员，名义上是为了履行国际义务，保障国家经济利益，实质上是想借机突破国内法律有关向海外派兵的限制，其长远目标是使日本不仅以经济、外交，而且以军事力量在国际事务中发挥作用，并为今后进一步扩张，充当名符其实的“政治大国”和“军事大国”创造条件。

（温味儿）

朝鲜半岛无核化问题取得突破性进展

1992年1月30日，民主朝鲜与国际原子能机构正式签订了不扩散核武器条约所规定的核保障协定。在1992年2月19日举行的第6次北南高级会谈中，朝鲜北南方在1991年12月31日草签的《关于朝鲜半岛无核化的共同宣言》正式生效。历经波折的朝鲜半岛无核化问题终于取得了突破性进展。

1957年，美国开始在南朝鲜部署陆基战术核武器，将朝鲜半岛置于核战争阴影之下。朝鲜半岛的核问题由此开始。从70年代开始，民主朝鲜为消除朝鲜半岛的核威胁进行了不懈的努力。1974年9月民主朝鲜加入国际原子能机构。1976年8月在“朝鲜问题东京紧急会议”上，民主朝鲜首次提出建立朝鲜半岛无核区的主张。此后，民主朝鲜于1985年12月正式加入《不扩散核武器条约》，并于1986年6月23日提出“协商朝鲜半岛非核地区化”的建议，建议把朝鲜半岛变成无核和平区，宣布民主朝鲜将不试验、不生产、不储存和不引进核武器，同时呼吁美国撤走其部署在南朝鲜的核武器。1989年11月，民主朝鲜又建议举行有北、南朝鲜和美国参加的“三方会谈”，讨论撤走朝鲜半岛的核武器等问题。民主朝鲜加入《不扩散核武器条约》后，围绕及时与国际原子能机构签署核保障协定，接受该机构对其核设施的检查问题（1968年的《不扩散核武器条约》委托国际原子能机构，对参加该条约的无核武器国家履行条约义务的情况进行核查。该条约第3条第4款规定，该条约成员国须在条约生效后180天内与国际原子能机构开始进行缔结核保障协定的谈判。核保障协定必须在谈判开始后的18个月内生效），民主朝鲜与南朝鲜和以美国为首的西方国家不时发生激烈的争论。1990年秋天，美国向日本和南朝鲜公开了其侦察卫星拍摄的民主朝鲜在宁边（位于平壤以北约90公里处）的核设施的照片。在美国国会就民主朝鲜的核能力问题举行的听证会上，部分美国核专家声称，民主朝鲜已建成一座30到40兆瓦的天然气——石墨式核反应堆，现正使用其本国开采的天然铀，每年生产7公斤可用于原子弹的核物质——钚。此外，民主朝鲜还在建造另一座约50～200兆瓦的核反应堆、核再处理设施和铀浓缩设施。

在民主朝鲜为实现朝鲜半岛无核化的目标进行积极努力的过程中，美国和南朝鲜也曾做出过一些姿态。70年代，在美国的压力下，南朝鲜被迫放弃了发展核武器的计划，随后又于1987年加入《禁止生产和部署核生化武器条约》，并参加了在日内瓦举行的裁军会议。但它和美国一直对其境内是否部署有核武器一事讳莫如深，采取“既不承认，也不否认”的态度。同时，南朝鲜为了保留美国的核保护伞，一直反对朝鲜半岛无核区的主张。

海湾战争后，美国在总结海湾战争的经验教训时认为，“随着冷战的结束和苏联的解体，潜在的地区冲突已成为对西方国家安全利益的最大威胁。在东北亚地区，处于严重对峙状态的朝鲜半岛是今后可能发生冲突的热点地区。如果北朝鲜拥有了核武器，就会改变朝鲜半岛的军事平衡，危及东北亚地区的安全和稳定。”因此，必须阻止民主朝鲜发展核武器的努力。南朝鲜为了巩固它在目前朝鲜半岛力量对比中的地位，并为在美国逐步减少驻南朝鲜美军数量的形势下，确保自身的“安全”，更是积极地与美国相配合，在这一问题上大做文章，极力渲染说，民主朝鲜“违背它所承担的国际义务，不接受国际原子能机构核检查的举动，不能不令人怀疑它正在秘密研制核武器”。

为了促使民主朝鲜接受核检查，南朝鲜以及美国、日本等西方国家采取政治、经济、甚至军事威胁等手段，要求民主朝鲜尽快与国际原子能机构签定核保障协定，无条件接受其核检查。南朝鲜国防部长官在1991年4月发出威胁，声称要对民主朝鲜的核设施实施突然袭击。

面对来自南朝鲜和美国等西方国家的各种“压力”，民主朝鲜在许多场合多次申明，首先，它开发核能完全出于和平目的，既没有发展核武器的能力，也没有这种意图，它“反对核武器的立场始终是坚定不移的”，它“现在没有一枚核武器”。第二，美国部署在南朝鲜的核武器对民主朝鲜构成了核威胁。在这一现实威胁存在的情况下要求它单方面接受检查是不公正的，这是对其内政的干涉，是不能接受的。只有美国全部撤出这些核武器，并做出不对朝鲜进行核威胁的保证后，它才接受国际组织的核检查，而且南朝鲜也应同时接受检查。由于双方的立场严重分歧，彼此间在这一问题上僵持不下。

民主朝鲜一方面反复阐述自己的原则立场，另一方面也为解决这一问题采取了积极的行动。在1991年6月举行的国际原子能机构理事会上，民主朝鲜表示将在9月之前同国际原子能机构签署核保障协定。经过协商，民主朝鲜于1991年7月12日与国际原子能机构确定了核保障协定文本的内容，并且再次提出了建立朝鲜半岛无核区的建议。围绕民主朝鲜接受核检查问题形成的紧张空气出现了缓解的迹象。但在1991年9月10～13日在维也纳举行的国际原子能机构理事会上，美国、日本等国促使会议通过了敦促民主朝鲜尽快签署并批准核保障协定的决议。民主朝鲜以这一决议只要求其单方面履行义务，是对其施加压力为由，拒绝签署已谈妥的协定文本。美国中央情报局向日本和南朝鲜通报说，民主朝鲜在1993年就将制造出原子弹。南朝鲜国防部长李钟九再次威胁要对民主朝鲜的核设施进行袭击。美国国防部长切尼宣布暂停执行第2阶段撤出驻朝美军的计划，并扬言要扩大1992年度“协作精神”军事演习的规模。

为打破这一僵局，民主朝鲜在1991年9月间提出建议，与美国就撤出在南朝鲜的美国核武器和美国保证不对朝鲜使用核武器的问题进行会谈。与此同时，美国与南朝鲜在檀香山举行会议，重新评估了对民主朝鲜的政策和在南朝鲜的美国核武器的地位。1991年9月21日，民主朝鲜副外长姜锡柱又在会见南朝鲜记者时表示，愿与南朝鲜就实现朝鲜半岛无核化问题举行直接协商。9月下旬，朝鲜半岛核问题的解决终于迎来了转机。

1991年9月27日，美国总统布什宣布将撤出部署在国外的核武器。1991年11月8日，南朝鲜总统卢泰愚，也改变立场，发表了“实现朝鲜半岛非核化声明”，宣布南朝鲜将和平利用核能，不制造、不保留、不储存、不配备和不使用核武器；表示它将遵守不扩散核武器条约和同国际原子能机构签定的核安全协定，接受对其国内的核设施、核物质的国际调查，不拥有核再处理设施和核浓缩设施；遵守有关国际协议；并呼吁民主朝鲜采取与其对应的措施。1991年12月18日，南朝鲜又宣布，在南朝鲜任何地方都已不存在核武器。南朝鲜的军事基地将接受国际检查。美国总统布什对此宣言“不持异议”，间接表示美已从南朝鲜全部撤走了核武器。美国国务院也宣布，美将对北南朝鲜相互检查予以配合。南朝鲜国防部长李钟九同时表示，如果民主朝鲜同意接受检查，南朝鲜将缩小1992年与美国联合进行的“协作精神”军事演习的规模，甚至可以取消这次演习。

根据美国和南朝鲜立场的变化，民主朝鲜也采取了灵活的作法。在1991年10月23日恢复举行的第4次北南朝鲜总理会谈中，民主朝鲜提出建立朝鲜半岛无核区的9点建议。11月25日，民主朝鲜外交部副部长田仁彻又宣布了在这一问题上的4点最新主张，表示只要美国开始从南朝鲜撤走核武器，民主朝鲜就在核安全协定上签字；并提出下述建议：1. 对南朝鲜是否存在美国核武器和朝鲜的核设施同时进行调查；2. 朝美双方就同时核调查和消除对朝鲜的核威胁问题进行协商；3. 朝鲜北南双方就不开发核武器和建立朝鲜半岛无核区问题进行接触。在第5次北南高级会谈中，民主朝鲜同意与南朝鲜就朝鲜半岛无核化问题进行协商。1991年12月22日，鉴于第5次北南高级会谈签署了《北南和解、互不侵犯和交流合作协议书》，北南会谈取得重大突破，南朝鲜又宣布其境内已没有核武器，民主朝鲜外交部宣布，朝鲜将签署核保障协定，并通过有关程序，接受核检查。同时，继续要求同美国就有关问题进行协商。1991年12月26至31日，在朝鲜北南方的代表就此进行的3轮接触中,民主朝鲜方面放弃了它原先提出的禁止载有核武器的飞机、舰只在各自的领空、领海通过、着陆、停泊等要求,同时接受了南朝鲜方面提出的不保存核再处理设施和浓缩铀设施等主张。南朝鲜也接受了民主朝鲜的要求,同意在最后的协议中不写入要朝在1992年1月15日以前签署核保障协定,并接受国际组织对其核设施进行检查的内容。经过双方的共同努力,在1991年的最后一天,终于草签了《关于朝鲜半岛无核化的共同宣言》。在美国和南朝鲜1992年1月7日宣布停止该年度的“协作精神”联合军事演习后,民主朝鲜也在当日做出了不久将同国际原子能机构签署核保障协定的承诺。1992年1月22日,朝美两国又在纽约就朝鲜半岛无核化和双边关系等问题举行了40多年来的第一次高级会谈。1992年1月30日,民主朝鲜与国际原子能机构正式签署了核保障协定。

1992年2月19日,在第6次北南高级会谈中,北南朝鲜的总理互换了《关于朝鲜半岛无核化的共同宣言》文本,宣言正式生效。宣言中说,“为了通过朝鲜半岛无核化来消除核战争的威胁,创造有利的条件,创造有助于和平和我国和平统一的气氛,促进亚洲和世界和平与稳定,北南朝鲜特此发表宣言如下:

一、北南朝鲜将不试验、不制造、不生产、不接受、不拥有、不储存、不部署和不使用核武器。

二、北南朝鲜将只把核能用于和平目的。

三、北南朝鲜将不拥有核再处理设施和铀浓缩设施。

四、为了核查朝鲜半岛实现无核化的情况,北南双方应当彼此检查对方挑选的、双方都同意的场所,检查程序和方法将由北南核控制联合委员会来决定。

五、为了履行此宣言,北南双方将在本宣言生效后的一个月之内成立北南核控制联合委员会并开始工作。

六、本宣言将从北南朝鲜采取必要的步骤及互换批准书之日起开始生效。”

至此,朝鲜半岛无核化问题在半年多的时间里取得了突破性的进展。

《关于朝鲜半岛无核化的共同宣言》是继《北南和解、互不侵犯和交流合作协议书》之后,北南朝鲜和解进程中的又一重要文件。它反映了冷战结束后,随着国际形势的进一步缓和,朝鲜北南方特别是民主朝鲜以民族大义为重,努力谋求和解的愿望,是双方互谅互让的成果。这一宣言的生效,对于消除朝鲜半岛的核威胁,增加北南朝鲜之间的相互信任,具有积极的作用,将进一步促进朝鲜北南和解与和平统一的进程。同时,由于美国和日本都把民主朝鲜签署核保障协定,接受核检查作为同朝改善关系的前提条件,民主朝鲜签署这一协定就使得美、日提出的条件基本上失去了作用,从而有利于朝日和朝美关系的正常化进程。此外,朝鲜半岛实现无核化也将增强整个亚太地区的和平与稳定。

但朝鲜半岛的无核化进程还刚刚开始。有关各方仍存在意见分歧。美国是否已全部撤出其部署在南朝鲜的核武器还有待证实;美国、日本和南朝鲜在对民主朝鲜签定核保障协定表示欢迎的同时,又都强调朝签署核保障协定只是第一步。第6次北南朝鲜高级会谈未能在核检查问题上取得进展。这说明,朝鲜半岛无核化问题仍很复杂,今后的进程仍将是曲折的。

(王　忠)

海湾战争　1991年初,由伊拉克侵占科威特所引发的海湾危机终于演变成举世瞩目的海湾战争。这场战争共历时42天,经过大规模空袭和地面作战两个阶段,结果以美国为首的多国部队收复科威特、伊拉克军队败退而实现停火。虽然双方胜负明显,但战争遗留的问题并未终结,斗争仍然激烈。海湾战争是世界战略格局发生重大变化后爆发的第一场大规模局部战争,它不仅使中东地区格局出现深刻的变化,也对国际形势有较大的影响。

一、战前双方军事对峙日趋严重

(一)美国等以武力解决海湾危机的条件日臻完备。

美国自1990年8月7日开始执行“沙漠盾牌”军事计划,用3个月的时间完成了第1阶段向海湾派兵的部署,以明显的海、空优势和足以防止伊拉克军队进攻沙特阿拉伯的地面部队,对伊施加军事压力,迫伊从科撤军。在伊不肯撤军情况下,布什政府1990年11月决定再度大规模增兵海湾,作第2阶段的部署,将原已部署的兵力和装备数量翻番,着手对伊发动进攻的实战准备。迄1991年1月15日海湾战争爆发前夕,美国在海湾地区集结的总兵力已达41.5万人,坦克近2000辆,包括6艘航母在内的各型舰只100余艘,各型作战飞机近1400架;当时正开往海湾地区的美军和预备役部队还有近13万人。美军最终参战兵力为54.5万人,其中陆军参战部队31万多人,编成2个军(第7和第18军)、7个师(第1骑兵师、第1机械化师、第1、3装甲师、第24机步师、第82空降师和第101空中突击师)和16个旅(7个野炮旅、2个航空旅、2个工兵旅、3个机械化装甲旅〔团〕和2个防空旅),装备各型坦克2300余辆、装甲车2800多辆、野炮3100余门;海军陆战队9.5万人,编成2个陆战师和2个陆战远征旅,装备轻型坦克250多辆、作战飞机140多架;海军8.2万人,编成6支航空母舰队、2支战列舰大队和3支两栖攻击舰编队,装备各型舰只120多艘(含航母6艘、核攻击潜艇6艘)、舰载飞机450架、巡航导弹500枚;空军5.6万人,作战飞机1300余架(含F-117隐形战斗机40多架、F-111战斗轰炸机约100架、B-52型战略轰炸机近60架),支援飞机460多架,另有直升机1700多架。

在美国动员和沙特阿拉伯等国的要求下,有40多国参加反伊联盟的多国部队。迄1991年1月15日,美军以外的多国部队已达26.5万人,其中:英军3.7万人(后增至4.3万人),有第1装甲师等部队,主要装备坦克300多辆、装甲车280多辆、作战飞机70多架、直升机40多架、各型舰艇20余艘;法国有第6轻型装甲师等部队2万余人,主要装备坦克约120辆、装甲车180多辆、武装直升机120多架、作战飞机60余架、舰艇13艘;加拿大总兵力1850人,作战飞机24架、驱逐舰2艘和补给船1艘;意大利作战飞机10架、作战舰只11艘和供应舰船2艘;比利时作战飞机18架、护卫舰与补给船各1艘;荷兰作战飞机10架,护卫舰2艘,补给船1艘;德国作战飞机18架,各型舰船19艘;澳大利亚驱逐舰2艘和补给船1艘;丹麦导弹护卫舰1艘;希腊护卫舰2艘;西班牙护卫舰3艘;挪威快艇1艘;葡萄牙后勤供应舰1艘;埃及约4万人,有第4装甲师和第3机械化步兵师等部队,装备坦克近500辆;叙利亚1.9万人,有第9装甲师等部队,坦克270辆;摩洛哥近2000人;科威特约7000人,作战飞机35架;沙特阿拉伯等海湾合作委员会5国总兵力15万人,坦克800多辆,作战飞机330多架,而参加多国部队的兵力为6.2万人,作战飞机近200架,坦克约200辆;巴基斯坦1.1万人;孟加拉国2000人;阿富汗游击队300人;塞内加尔500人;尼日尔480人;塞拉利昂200人;阿根廷100多人及驱逐舰、护卫舰各1艘;捷克和斯洛伐克与罗马尼亚各有1支防化和医疗分队;匈牙利、保加利亚、新加坡、新西兰、菲律宾、瑞典和南朝鲜等国各有1支数量不等的医疗队。另,土耳其在土伊边境地区驻有12万人的部队。

多国部队可用于同伊拉克军队作战的部队计29国、近80万人(如加上土耳其驻土伊边境部队及海湾6国总兵力则为30国、100多万人),作战坦克3700多辆、装甲车4000多辆、野战火炮约4000门、各型飞机2790架(作战飞机约2000架)、直升机2000余架、各型舰只210余艘。不仅对伊拉克形成强大的海、空优势,还在地面部队数量上同伊在科威特战区(伊南部浅近纵深及科地区)所集结的部队大致持平,并在装备上优于伊军,足以对伊发动一场大规模局部战争。

在实施进攻性部署的同时,美国等多国部队实战准备工作基本就绪。美国同沙特阿拉伯就多国部队战时指挥机制达成协议,美驻海湾部队司令施瓦茨科普夫上将指挥美、英等国部队,沙特阿拉伯的哈立德中将指挥其他多国部队,相互间建有协调机构。驻海湾各部队反复进行了各种战前演练,仅美军就已5次组织以夺取科威特为背景的大规模两栖登陆作战演习;落实了足以打60天中等强度战争所需的作战物资和战地救护等后勤保障措施;部分部队已进入前沿阵地等。

在其他发动战争的必备条件方面,1990年11月29日联合国安理会通过的第678号决议,已使美国等获得在1991年1月15日以后对伊动武的权利。1991年1月12日,美国参议院以52对47票、众议院以250对183票通过决议,授权布什政府在国际制裁不能迫伊从科撤军之后采取军事行动。此外,美国还从其盟国谋求到545亿美元战争捐款的承诺,使美战争费用有了着落。

(二)伊拉克积极作大战准备,同时又力图阻止美对其实施军事打击。

伊拉克针对美国等国在海湾地区的军事集结行动,于1990年10月下旬基本完成了与美国等对阵的军事部署。除在科战区集结27个师43万人的部队外,还在科沙、伊沙边界地区筑起"萨达姆防线"(长240公里、宽7~8公里,由沙堤、铁丝网、雷区、反坦克壕、半地下坦克和炮兵阵地组成,其中还有一道储油壕沟,遇敌进攻时可点火形成火墙,阻敌进攻)。在美再度大规模增兵后,伊当局也宣布向科战区投入更多的兵力。迄战争爆发时,伊在科战区及其附近已部署42个师54万多人的部队,装备坦克4200多辆、装甲车2870多辆、火炮2900多门、蛙-7战术火箭发射架约30部、飞毛腿-B型导弹发射架14部、武装直升机125架。其中驻科部队为16个师、25万人。伊拉克倾其全军总兵力一半,成密集型部署在仅有5万多平方公里的科战区,表明它已作好发挥其地面部队的优势与美国等多国部队作战的准备。

与此同时,伊拉克当局进一步加强了国内全面战争动员工作。命令所有17~33岁的男性公民参军,扩大后备役部队。在首都及其他大城市频繁进行民防教育、防空袭等演练。在土耳其要求北约组织向土伊边境地区派兵后,伊拉克也加强了相应的防范措施。此外,伊军还多次对其拥有的弹道导弹进行实弹射击演练。

在准备大战的过程中,伊拉克也想方设法力求阻止美国的军事打击。1990年圣诞节之前,伊无条件全部释放被扣留当作战争盾牌的外国人质,以期减少美国对其动武的借口。此后，伊拉克则不断加强对美国等开展心理战：宣传伊已作好大战准备，美对伊开战将要付出沉重的代价；伊将袭击、破坏沙特等国石油设施，造成西方石油供应紧张，引发经济危机；伊将攻击以色列，使战争范围扩大；伊将使用化学武器，大规模杀伤美国等多国部队，并将在世界范围内对美国及其盟国的利益开展恐怖活动等。

二、各方和平努力无效，战争终于爆发

（一）美、伊双边直接会谈失败。

1990年11月30日，联合国安理会通过第678号决议第2天，美国总统布什即提出美、伊两国外长互访、商讨和平解决海湾危机的倡议。虽然伊拉克方面很快同意这一做法，但双方在美国务卿贝克访伊同萨达姆会谈的日期上争执不下。几经周折，双方最终确定两国外长于1991年1月9日在日内瓦会谈。经6小时的会谈，结果双方不欢而散，和平努力失败。

美、伊和谈失败的主要原因是双方立场尖锐对立。美国从其限制和削弱伊军事力量及长久控制中东地区的利益出发，坚持不把同伊会谈当作谈判、不接受伊从科部分撤军的妥协方案、不同意伊将解决中东问题与海湾危机挂钩的要求和不打算给萨达姆退让的体面台阶等四不政策，名为和谈，实为劝降；而伊拉克则力图最大限度地保留侵科成果，至少也要争取保存基本国力。因此，在双边会谈中，美国国务卿贝克一味以严重后果相警告，伊拉克外长阿齐兹则不予置理，态度强硬，和谈走入死胡同。

（二）国际各方调解未能使伊拉克妥协退让。

联合国安理会第678号决议通过之后，海湾军事形势日趋严重，国际各方出自不同的考虑都希望能和平解决争端，制止战争的爆发。为此，包括中国在内的世界许多国家都严正声明，只要还有一线希望，都要努力和平解决海湾危机，避免诉诸武力。除了劝说美国要最大限度克制外，许多国家均以不同方式重点对伊进行劝解，要其立即接受联合国的决定，在有关决议限期前从科撤军。直至战争爆发前夕，赞比亚、约旦、巴基斯坦等国仍在积极开展调解斡旋活动；德国、意大利、加拿大和法国等还在不断提出各自的调解方案。然而，伊拉克仍一意孤行，美国立场毫不松动，各方和平努力均付之东流。

（三）联合国最后努力未果。

在战争一触即发的形势下，联合国秘书长德奎利亚尔于1991年1月13日亲赴巴格达与萨达姆会谈，为和平解决海湾危机作最后努力。但萨达姆在会谈中对和平解决未作出积极反应。联合国安理会于1月14日晚到15日晨召开紧急会议，听取秘书长访伊之行的报告，并试图再作新的和平努力，但因美、英等国态度强硬，未取得任何成果。会后，秘书长宣布，限定伊于1月15日前从科撤军的日期不可能延长，他以个人名义呼吁伊从科撤军，以免发生战争。伊方对此仍无动于衷，战争终于不可避免。

（四）美国等决定开始“沙漠风暴”战争行动。

1991年1月16日，布什总统正式签署了作战命令，决定于17日巴格达时间凌晨3点（北京时间8点）开始代号为“沙漠风暴”行动，旨在将伊拉克军队逐出科威特，并对伊军事潜力给予沉重打击。美国决定开战的主要考虑是：经5个半月的国际制裁和军事压力未能迫使萨达姆退让；美在军事上已作了充分准备，认为有打胜的把握；在政治上，美有对伊动武的理由，国际反伊联盟立场比较一致，美国内舆论支持率较高；在战略利益方面，美为控制中东地区有必要摧毁伊战争能力；在作战时机上，1月17日至20日既是无月日，又是海湾涨潮期，便于美军夜战与登陆作战。

三、战争的进程和结局

（一）大规模空袭阶段。

1991年1月17日北京时间8时（巴格达时间凌晨3时）布什总统发表讲话，宣布代号为“沙漠风暴”的解放科威特的战争已经开始。此前半小时，美、英、法、意、加、沙、科等多国部队已开始对伊、科地区的军事目标实施大规模空袭，揭开了海湾战争的序幕。

美国等多国部队对伊空袭作战自1月17日至2月23日共历时38天。美、英、法、意、加、沙、科及后来参战的卡塔尔、巴林和阿联酋等10国部队共出动飞机9.4万架次（整个海湾战争期间，多国部队出动飞机11万多架次），投弹量达10多万吨（整个海湾战争中投弹量约14万吨），其中，美国出动飞机架次占总数的80%，美空军则占60%，投弹量88500吨。美空军投弹量中，常规炸弹占93%；精确制导炸弹占7%，约6520吨。此外，美军还从海上舰艇向伊发射战斧式巡航导弹280多枚。

美国等多国部队飞机分别从沙特阿拉伯、土耳其等国的基地及海上航母起飞，首先重点袭击伊国内和科战区的指挥控制和通讯系统，空军机场和防空体系，地地导弹基地，核生化武器仓库及生产研制设施、电力和石油等生产系统等；继而侧重打击科战区伊军地面部队，破坏其后勤补给线，摧毁伊海军基地及舰艇等。美国等起初对空袭效果较乐观，以为空袭作战只需7～10天即可完成任务，对伊采取地下防护工程和伪装措施保存有生力量的做法估计不足，从而被迫放弃空战制胜、速战速决的企图，改为长时间持续大规模空袭。

伊拉克方面对美军及多国部队第一次空袭几乎未作任何有力的抗击。在以后的空袭中，伊防空火力有所加强，空军战斗机也有为数不多的几次迎战。虽然伊军方宣称击落敌方飞机和巡航导弹近400架(枚)，但实际上远非如此。伊在空战方面处于明显弱势情况下，除依靠地面防空火力被动防御外，还采取了以下抵抗措施：一是凭借战前构筑的大量地下或半地下防御工事及伪装设施，保存有生力量；设置许多假目标，分散敌方火力；让100多架飞机和部分海军舰船去伊朗避难等。二是用导弹袭击以色列和沙特阿拉伯。38天空袭作战中，伊使用其保存下来的“飞毛腿－B”及其改进型“侯赛因”式导弹机动发射架，先后17次袭击以色列，发射了40枚导弹，有17枚击中目标或在低空爆炸，造成4人死亡，230多人受伤，毁坏房屋1万多幢。伊力图以此把以色列拖入战争，造成反伊联盟内部发生分裂。但结果未达目的。与此同时，伊还16次向沙特阿拉伯发射了40枚导弹，虽大部未击中目标或被美“爱国者”防空导弹所拦截，但其中1枚落在美军驻达兰的一座营房上，造成美军死28人、伤90多人；另1枚在沙特首都低空爆炸，毁坏一些建筑物；还有2枚落在沙特北部哈法尔巴廷地区，使一些建筑物受到损坏。此外，伊还在地面交战前夕向巴林发射了2枚导弹，未击中目标。三是引爆焚烧科威特部分油田，造成黑烟云，影响美空袭效果；并警告美国等，如强行夺取科威特，伊将使科玉石俱焚。与此同时，驻科伊军还不断向科沿海倾倒石油(共约600万桶)，造成大面积海水污染，企图阻止多国部队海上登陆行动和使沙特等国发生水源困难。四是策动国外人员广泛袭击美国等反伊联盟国家驻外目标，以牵制在海湾的军事行动。整个海湾战争期间，这类活动达73起。五是组织有限规模地面部队出击，既侦察对方地面进攻准备情况，又想把美等在未准备就绪之时拖入地面较量。其中，1991年1月29日伊军驻科部队3个装甲营出击，有1个营的兵力突入离沙科边界约20公里的沙特海滨城镇哈夫吉，激战达数天之久。此外，伊还继续针对美军怕死的特点开展神经战，不时威胁要对多国部队使用化学武器和暗指核装置之类的大规模杀伤性“秘密武器”。

伊军的种种努力虽在延长战争进程方面取得了一定的收效，但并不能改变其在战局中处于被动的严重不利处境。据美国等军方宣布，38天的空袭作战，使伊军3/4的指挥控制系统和100多个空军机场、防空体系、非常规武器基地及其生产研究设施等目标受到严重破坏；伊军损失坦克1600多辆、装甲车900多辆、火炮1400多门、作战飞机260多架(空战中损失35架、地面摧毁86架、在掩体中被炸毁140多架)、机动和固定地地导弹发射架48部、各型舰艇57艘；伊空军基本丧失战斗力，海军几乎不复存在；科战区伊军地面部队后勤补给线被切断，其一线部队实力损失50%，二线部队损失25～50%。从而使美国等多国部队认为发动地面进攻的时机已经成熟。

(二)地面进攻阶段。

美国为首的多国部队在对伊拉克进行持续空袭作战的同时，积极准备对驻科伊军发起地面进攻。迄1991年2月23日，美国等已集结地面部队近60万人，战场准备就绪，并已在“萨达姆防线”多处打开缺口。伊方在空袭中遭到严重损失后，曾于2月15日宣布准备执行联合国安理会要伊无条件从科撤军、恢复科合法政府的第660号决议。此后，伊又派出副总理等要员赴苏联等国活动，寻求早日结束海湾战争，并于2月22日由苏联出面劝说美国等在伊从科撤军的情况下同意停战。布什当局虽表示愿接受苏的调停，但又对伊提出苛刻条件，限伊一周内全部撤出科。伊未接受美条件，从而使地面交战箭在弦上。事实上，美国等此时已无意给伊任何体面撤军的机会，决心发展空袭战果，以地面进攻重创伊军事力量。

1991年2月24日北京时间上午9时(巴格达时间凌晨4时)，以美军为首的11国部队(美、英、法、埃、叙和海湾合作委员会6国)对伊发起大规模地面进攻，多国部队空、海军则每日出动3000架次以上的飞机协同作战。

空袭作战开始前，美国及其盟军的地面部队主力部署在沙科边境地区，使伊误认为美军主攻方向限于沙科边界；美海军多次举行大规模登陆作战演练，使伊军十分注意科沿海地区的防守力量。空袭作战开始后，美在夺取战场制空权、摧毁伊空中侦察能力情况下，将其主力西调至伊军设防薄弱的科威特以西的沙伊边境，将该方向作为地面作战的主要突击方向。美国的战役意图是声东击西，以部分部队从沙科边界作正面进攻，而主力则从沙伊边界突破，快速向伊纵深推进，实施战略迂回，切断科战区伊军部队退路，尔后对其进行围歼。

地面战斗打响后，首先是美2个陆战队师由美第2装甲师1个旅及第82空降师一部协同，在海上两栖登陆部队佯动配合下，分两路从沙科边界中段实施突破，向科威特市进击。沙特部队从沙科边界东段，埃、叙、科等阿拉伯部队从沙科边界西段分别突破伊军防线，在美陆战队的两侧牵制伊军并向科市方向推进。两天后，这些部队均进至科市城郊，并在行进中歼灭伊军一线部队约10个师(均缺员严重)。在陆战队开始行动的同时，美第18空降军(辖第101空中突击师、第24

机步师和第82空降师大部)及法军第6轻装师,则从远离科威特的沙伊边界发起进攻,充分利用其快速机动的特点和伊军防御薄弱的条件,迅速向伊纵深推进,两天内前进约160公里,第3天即临近幼发拉底河,切断了科战区伊军退路。在此期间,第101和第82师先后在伊纵深地区实施机降和空降,建立了蛙跳式前进基地。在上述部队开始行动后的2月24日下午,美军主力部队第7军(辖第1、3装甲师、第1骑兵师、第1机步师和第2装甲师一部)及英军第1装甲师,由沙伊边界靠近科威特的方向发起全线攻击,在伊科边境西部先向北、后向东推进,直逼伊军在科战区纵深的共和国卫队师等精锐部队,其先头部队两天内即进至巴士拉郊外。美第18空降军和第7军等部队在行进中共歼灭伊军11个师(大多不满员)。

1991年2月26日,多国部队对科战区伊军基本形成包围态势。伊总统萨达姆曾亲临伊南部前线组织反击,结果未获成功,遂下令其驻科部队全部撤出科威特,向伊境内南部地区收缩。在后撤过程中,伊许多部队又遭多国部队空袭受重创,他们后撤的道路后来被称为"死亡之路"。2月27日,多国部队收复科威特市,并在伊南部巴士拉地区及科西北部地区围歼伊共和国卫队师等精锐部队,战斗至2月28日上午基本结束。

1991年2月28日北京时间上午10时,布什总统宣布,"科威特已解放",对伊作战的"军事目标已经实现",多国部队决定于地面作战满100小时之际(28日北京时间下午1时)停止进攻性作战行动。这一决定很快得到伊方响应,于是海湾战争至此告一段落。1991年3月2日,联合国安理会通过第686号决议,确定海湾战争临时停火条件。伊方接受决议后,派出高级将领同多国部队领导人进行了3次会谈,实现了临时停火的安排。4月3日,安理会通过海湾战争长久停火的第687号决议,伊拉克人民议会于4月6日表决同意接受这一决议。1991年4月11日,联合国安理会主席宣布,鉴于伊拉克已正式接受第687号决议,海湾战争停火即日正式生效。

(三)交战双方损失情况。

海湾战争使伊拉克在军事上、经济上都受到严重损失。据美国等多国部队在战争结束时宣布,6周的战争使伊海军几乎全军覆没;空军基本失去作战能力;两个核反应堆被摧毁,核生化武器和地地导弹研制生产设施大部被炸毁;伊军16个地面指挥设施、75%的地面指挥通讯系统、95%的防空雷达、44个军用机场、48个地地导弹发射架等被毁坏;歼灭或重创伊军驻科战区部队约29~41个师;使伊军失去坦克3700辆、装甲车2400辆、火炮2600门、作战飞机近400架(含飞往伊朗的100多架);被俘伊军6万多人(如包括缴械后未被收容者则达17.5万人)。另据伊官方宣布,伊全国10多个城市遭空袭,其中首都巴格达和巴士拉两地损坏程度最为严重;全国115座桥梁遭到不同程度的毁坏;工业、石油和电力设施受损程度为80~90%,各种经济损失超过2000亿美元。据联合国赴伊调查组报告,战争使伊90%的产业工人失业,损坏住宅9000多幢,其中巴格达占2500幢,巴士拉占1900幢,约7.2万人无家可归。至于伊拉克在战争中的伤亡人数,据伊新闻部1992年2月宣称,被多国部队空袭炸死的平民约8000人。伊前副总理哈马迪在空袭作战过程中称,多国部队空袭26天中,伊军民有2万人丧生,6万多人受伤。综合各方战后估计,伊在这场战争的死伤人数约15万人左右。此外,伊南部约2.6万平方公里的国土曾一度被多国部队占领。

美军及多国部队在整个战争过程中损失较小。据美军等方面公布,美及多国部队伤亡、被俘与失踪人员总共1200多人,其中美军死389人(战斗死亡187人,非战斗死亡201人),伤458人,被俘21人;英军死47人,伤43人,被俘12人;法军死2人,伤25人;埃军死14人,伤120人;沙军死44人,伤数十人,被俘9人;多国部队的其他国家部队死13人,伤43人,被俘3人。多国部队共损失各型固定翼飞机45架(美32架,英7架,沙3架,法、科、意各1架),直升机19架。美两栖攻击舰和巡洋舰各1艘触雷受损。在战争费用方面,美在战争刚结束时称,共耗资426亿美元,几个月后又改称611亿美元,其盟国允诺承担费用共545亿多美元(其中,沙特阿拉伯168亿,科威特160亿,阿联酋40亿,德国66亿,日本107亿,南朝鲜3.85亿),并于1991年底前基本支付完毕。英国共花费54亿美元(含部队薪金、调动等各方面费用),战争结束不久已从盟国收入22.5亿美元。法国耗资约25亿美元,也得到了足够的补偿。

科威特在战争中遭受破坏、损失也很严重。据科官方宣布,科陆、海、空三军设施85%被毁坏,940口油井中有732口被伊军点燃焚烧,被烧掉的石油价值80多亿美元,8个月完成灭火工作,耗资15亿美元,油井燃烧曾造成严重的环境污染。此外,科所有炼油、发电、海水淡化等设施及港口均遭严重破坏,王宫、议会大厦在内的许多建筑变成残垣断壁,各种经济损失约600亿美元。科为应付海湾危机及支付美军等战争费用还支出约230亿美元。此外,沙特阿拉伯等海湾石油富国也为海湾战争付出了昂贵的代价,仅沙特阿拉伯共耗资500多亿美元。

四、战争特点及胜败原因

(一)主要作战特点:

1.现代化战争对作战理论和军事思想提出了更高的要求。美军在这场战争中,首次实战运用80年代初提出的"空地一体战"的作战理论,通过持续大规模的空袭、远距离的地面迂回包抄、机降和空降部队纵深突袭、轻装师的快速穿插等战役行动,达成了空地一体的有效协同,经受了战争的检验,赢得了战争的胜利。而伊军基本是以阵地战为主的消极防御,作战理论与军事思想还停留在第二次世界大战中苏军防御作战及80年代两伊战争经验基础上,寄希望于"萨达姆防线"及地面人海抗击,结果始终处于被动挨打的境地,惨遭失败。

2.地面作战仍是结束战争的最终手段,但空中作战具有明显的重要作用。海湾战争中,空袭作战约占整个作战行动时间的90%。美国等多国部队正是首先夺取并完全掌握制空权,才得以顺利地进行战略空袭和地面进攻。经38天的空袭,伊作战能力受到沉重打击,空、海军失去战斗力,通讯联络和后勤补给线基本被切断,伊在科战区的许多地面部队战斗力已被削弱25~50%,所有这些均表明空袭作战为通过地面进攻结束战争铺平了道路。

3.高技术兵器特别是精确制导武器在战争中作用突出。美军为首的多国部队在这场战争中大量使用了除核生化武器以外的几乎所有最现代化的武器装备,这些高技术兵器在战争中发挥了明显的优势。精确制导炸弹占美空军全部投弹量的7%,而命中率高达90%以上,其余普通炸弹的命中率仅在25%以下。使用精确制导炸弹毁坏巴格达市内目标几十个,但附近的民用建筑受损有限。美F—117隐形战斗机仅占美军作战飞机的3%,但伊军被毁目标中43%是由该型机遂行的,在破坏伊军指挥控制中心、防空系统及其它战略目标方面发挥了重要作用。美海军发射的"战斧"式巡航导弹命中率据称也达90%。首次实战使用的"爱国者"防空导弹对伊所发射的82枚地地导弹中的53枚进行了拦截,成功率达80%。此外,"阿帕奇"武装直升机及M—1A1坦克均在这场战争中发挥了它们的长处。

4.电子战空前激烈,增大了现代战场环境的复杂性。美军在这次战争中大量使用电子战手段,先后投入电子战、反雷达等作战行动的飞机120多架和许多电子干扰设备,在海湾的电子战部队达5000余人。战前,美军开始对伊实施长时间全面电子干扰,扰乱了伊军战略防空预警系统和无线电侦察与通讯。开战后,美又出动大量电子干扰机实施更为强烈的电子干扰,瘫痪了伊军的防空指挥系统,使伊多数雷达迷盲,无法监视来袭飞机,地空导弹无法截获空中目标,歼击机部队无雷达引导而无法作战。所有这些表明在高技术战争中夺取"制电磁权"是夺取战争胜利的重要保证。

5.现代化战争中情报与反情报斗争仍是重要环节。在这次海湾战争中,美国等动用各种侦察卫星33颗,部署使用各种专业侦察飞机70多架,集指挥、监视和侦察功能于一体的E—8、E—3和E—2预警机32架,并向伊军腹地和后方派出特种部队11个单位约3000人。此外,美军还充分发挥各种人力情报侦察活动。通过这些手段的综合运用,美国等多国部队对伊军动向、主要战略目标等情报掌握较好,较有力地保证了作战行动的实施。相比之下,伊方情报侦察手段有限,在多国部队打击下更加软弱无力。无论对多国部队空袭作战开始前的迷惑性措施,还是对地面进攻前美国等主力部队大规模调动,伊军均未察觉,从而使美军取得了战役进攻的突然性。

6.现代战争中的后勤任务艰巨。美国此次出兵海湾,规模大且路途远,运输保障难度前所罕见,其后勤补给也是美军有史以来最为艰巨的行动,一个月的运输量就超过朝鲜战争时一年运输量。美用6个多月的时间在海湾集结50多万部队及800万吨装备和物资,这些繁重的后勤保障任务的完成,除了美军自身努力外,其盟国提供多方援助也是一个重要因素。伊方尽管对后勤保障做了大量准备工作,但在多国部队猛烈空袭下,前线部队后勤补给线基本被切断,作战部队连饮食都发生困难,士气和作战能力受到很大打击,表明了现代战争中后勤保障任务的重要性。

7.地下防护工程等措施有助于保存有生力量。海湾战争情况表明,地面设施在现代空袭作战中难以保存,但地下工程和洞库等设施却能起到较好的防护作用。伊拉克正是利用其战前多年营造的地下防护工程,在多国部队长时间大规模空袭中,仍然保存了其指挥中枢、大部分作战飞机及相当的有生力量。在丧失制空权等劣势情况下,伊拉克利用设置假目标和伪装措施,在分散敌空袭火力方面也发挥了作用。此外,伊拉克的机动雷达和导弹发射架的生存能力较高。美在空袭作战中以5000多架次飞机专门打击伊机动导弹发射架,效果并不理想。

(二)交战双方胜败的主要原因。

1.伊拉克失道寡助。由于战争起因是伊公开违反国际法准则侵吞科威特,这使伊在政治上极为孤立,经济上遭到国际社会的严厉制裁,军事上孤军作战,民心士气受到很大影响。而美国虽怀有众所周知的战略企图,却举起反对伊侵科的旗帜,广泛争取国际舆论,同时推动联合国通过授权对伊动武的决议,使美国在政治上赢得一定程度的主动,部队士气也较好。

2. 交战双方实力对比悬殊。此次战争是世界头号军事超级大国美国及多国部队同第三世界中等军事强国伊拉克之间较量,双方综合战争实力和军事技术水平相距甚远,而且伊在战前经5个多月的国际制裁,综合国力已受到较大的削弱。就战场态势而言,多国部队在空、海军方面对伊具有压倒优势;在地面部队实力上也占据上风,装备水平遥遥领先。这种力量对比悬殊的情况,决定了伊军处境困难险恶。地面战斗打响前,多国部队对伊大规模空袭使伊丧失制空权,自始至终被动挨打。伊虽采取了一些对抗措施,但作用有限,不可能改变战局发展趋势。加之战场为开阔平原沙漠地带的特定条件,也便于美国等发挥空中优势及装甲机械化部队机动性强的特点;伊军既无空中保护和空中侦察力量,又面临大量通讯联络中断的困难,难以脱离阵地作大规模机动,不能不陷于厄运之中。

3. 伊拉克战略决策一再严重失误,军事水平不适应现代化战争的需要。战前,伊拉克过高估计自己的力量,低估了美国发动战争的决心,过分相信国际反伊联盟内部会发生有利于伊的变化,对国际战略格局的变化缺乏正确的判断,冒险与美国等军事对抗。在安理会通过对伊动武决议后,伊虽有意从科撤军,但又继续玩弄边缘政策,谋求体面撤军,未能掌握和平解决的时机。在地面战斗即将开始的关键时刻,伊又企图借助苏联的影响制止或推迟美军行动,宣布准备从科撤军,结果事与愿违,只能起到向敌示弱和涣散军心的作用,致使伊军在丧失斗志的情况下投入地面战斗,终于造成前线部队一触即溃的严重局面。在作战理论与军事思想方面,伊因循守旧,指战员的军事素质也不能适应现代化战争的需要。

由上可见,海湾战争特定的性质和条件决定了这场战争的结局。美国一些高级军事评论家都承认,美国在海湾战争中以极小代价取得大胜有一定的偶然性,称这样的战果前所未见,今后也难以再现。虽然美军现代化作战经验与高技术兵器对战争进程有着不可忽视的重要作用,但决定战争胜负的关键因素还在于人心的向背和士气的高低以及指战员的军事素质。

(三)美军在海湾战争中暴露的弱点。

美在海湾战争中虽显示了其军事实力,但各方评论,美军优势只是相对而言,高技术兵器并非万能。战后,各方已经揭露出的美军主要弱点有:(1)后勤保障与军费开支应付中等强度战争尚有困难,离不开盟国的多方援助与慷慨解囊。而且,美国为对付伊拉克,即已动用了其现役陆军的一半、空军驻本土作战飞机的46%、海军战备值班舰艇的1/3,使美军已难应付其他地区重大突发事件。(2)目标侦察有局限性。美国虽有多种最先进的侦察手段,但对隐藏地下或伪装严密且又机动的目标仍不易发现。(3)空袭作战规模虽大,总体命中率尚不足30%,对摧毁地面坚固目标或地下目标的能力有限。(4)先进飞机也易遭普通高炮射击,且受不良气象条件的影响。多国部队作战损失37架飞机中,已知被"萨姆"防空导弹击中的有9架,而被高炮等普通防空火力击落的有18架,在战区出现阴雨浓雾的几天里,美机突击效果大为降低,不少美机载弹无功而返。(5)高技术兵器价格昂贵,数量有限。"战斧"式巡航导弹每枚130万美元,美在海湾共部署500枚,占其总装备数一半,使用280枚,使美军武库中减少1/4以上。"爱国者"防空导弹每枚价格为110万美元,拦截1枚"飞毛腿"改进型导弹,通常需发2枚以上"爱国者"导弹,代价为"飞毛腿"导弹的4.5倍以上;而且其在低空拦截时,爆炸造成的损失不亚于"飞毛腿"导弹落地爆炸造成的损失。(6)害怕人员伤亡是美军的致命弱点。美军之所以迟迟不敢发起地面进攻,关键在于担心战斗中出现过多伤亡。如果伊拉克在地面战斗阶段不是自乱阵脚,如此迅速溃散,而给美军造成一定的伤亡,美军士气即会受到很大影响,美国内舆论也会发生对布什政府不利的变化。

五、战后双方斗争仍较激烈

(一)萨达姆政权度过难关,并不屈服。

海湾战争未能使萨达姆政权垮台,但引发了伊拉克国内大规模动乱。战争停火之初,伊北部库尔德族反政府武装和南部什叶派穆斯林宗教势力即掀起大规模武装夺权运动,并且迅猛发展。在2周多时间内,库族反政府武装就已控制了伊北方6省约8万多平方公里地区;南方宗教势力反政府活动蔓延到伊中、南部6、7个省,控制40多个城镇。面对全国2/3地区的动乱与失控形势,萨达姆当局调集伊军精锐力量——共和国卫队南征北战,先于1991年3月中旬平息了南方宗教势力的动乱,后在4月初将库族反政府武装赶回北部边境山区。这一动乱形势的大起大落,显示了萨达姆政权控制国内局势的实力。

萨达姆政权熬过了海湾战争,平息了国内动乱之后,又面临国际制裁和美国等反伊联盟多种打击等重重难关,不仅没有垮台,而且站稳了脚跟。其主要原因:一是控制军队较牢固。战后,伊虽宣布取消1个军和15个师的编制,并解散了自1974年以来逐步组建起来的85万人民军民兵武装,经精简整编后的伊军仍有40多万人的兵力,装备坦克2300多辆、作战飞机300多架、各型直升机400余架,具有较强的稳定内部局势的实力。二是萨达姆调整领导集团较及时。战后萨达姆3次更换国防部长，2次任命新总理和内政部长，对国家政权的关键岗位作了大幅度调整，使领导集团内部尚能同舟共济。三是注意调整经济政策，着眼于保障人民生活基本需要。战后，伊当局有限度地实行经济改革，发展多种经营，突出农业生产和修复、重建国计民生的急需项目，能够维持广大人民低水平的基本生活需要。四是注意发挥复兴党组织及内部治安力量。伊复兴党成员有100多万，组织较严密，多数能发挥维护政权的作用。伊内部治安力量历来控制较严，战后的形势又使它有进一步加强。五是反对派力量分散，政见不同，背景各异，难以形成统一的反对力量。其中实力影响较大的为库族反政府武装与什叶派宗教势力，前者带有民族分裂倾向，后者具有伊斯兰原教旨主义色彩，在伊国内和国际上所受支持均有一定限度。美国等反伊联盟虽千方百计要搞垮萨达姆，但一时又找不到合适的替代对象。

萨达姆政权虽在海湾战争中遭受沉重的打击，但并未对美国等完全屈服。伊虽被迫承认军事上被打败，但仍坚持宣传伊作为第三世界小国，抵抗了头号超级大国美国为首的30多国的军事打击，而且并未垮台，虽败犹胜。伊对联合国武器检查措施虽最终都予以合作，但不时玩弄边缘政策，图谋 最大限度地保存实力。对国际经济制裁，则以人民生活困苦等为由，劝说国际社会缓解压力，但并不接受那些有丧权辱国性质的缓解措施。

（二）美国等国仍在积极促使萨达姆下台。

布什当局在击败科战区伊军部队后即宣布海湾战争实行停火，原以为萨达姆政权会在国内动乱中垮台。然而萨达姆政权出其意料地继续存在，反使布什政府有所被动。美国内外舆论界多有海湾战争胜利不充分之言。沙特阿拉伯、科威特等反伊联盟国家也心有余悸。这些国家认为伊现在仍为地区强国，只要萨达姆还在台上，伊就存在东山再起的可能。加之，沙、科自身武装力量单薄，更使它们感到有使萨达姆政权下台的必要。

美国等反伊联盟国家不仅有倒萨的必要，也还具有倒萨的一些有利条件。萨达姆政权虽然仍能坚持，但毕竟受到很大的削弱，困难重重。伊国内不利于萨政权的因素在增长，国际上对伊制裁步调还较一致。

（三）美国等国倒萨活动的主要做法。

1. 政治上，美国等国不时煽动鼓励伊国内力量、尤其是军队起事推翻萨达姆政权，甚至不惜与伊反对派势力建立联系，共商倒萨计宜。美国表示只要萨达姆还在台上，就不同伊改善关系，不取消国际制裁措施。如伊军队进行倒萨活动，美国必将予以支持和援助。

2. 利用国际制裁是美等倒萨另一主要手段。海湾战争停火后，迄1991年10月，联合国安理会在美等推动下接连通过12个针对伊拉克的决议。1991年3月2日通过第686号决议，要求伊全部接受安理会在海湾危机期间通过针对伊的12个决议等，并以此作为临时停火的先决条件。4月3日的第687号决议则为海湾长久停火对伊规定了许多具体条件：要伊遵守伊科于1963年10月4日签订的边界协议；在国际监督下无条件销毁生化武器及150公里以上射程的弹道导弹并拆除有关研制生产设施；无条件同意不谋求或发展核武器；重申伊对侵科造成的直接损失负有赔偿责任；伊要表示不再支持国际恐怖活动等。1991年4月5日的第688号决议谴责伊对库尔德族与什叶派穆斯林的镇压。4月9日的第689号决议决定组成1440人的联合国观察员部队进驻伊科边境。5月20日的第692号决议为伊赔偿侵科损失规定了总的轮廓。6月17日第699号决议规定伊必须承担联合国销毁其大规模杀伤性武器所需费用。同日通过的第700号决议要求各国继续禁止向伊出售武器。1991年8月15日通过的第705、706、707号决议，分别规定伊石油收入中用于战争赔款的最高限额为30%；允许伊在6个月内出口16亿美元的石油，以购买急需的食物与药品，但不取消对伊经济禁运。9月19日的第712号决议，规定允许伊出口16亿美元的石油收入及进口食物、药品要由联合国控制进行。10月11日通过的第715号决议，规定联合国无限期对伊实施武器检查措施并给予有关核查小组在伊有最大限度的行动自由，如伊不服从，联合国可使用武力强迫伊执行等。根据联合国有关决议，伊与美等多国部队间已于1991年3月底互换战俘完毕，伊于1991年9月中旬已遣返完毕所扣押的6234名科战俘与平民，而科指责伊还扣有2000多名科威特人。联合国驻伊科边境观察员部队于4月中旬到位。伊于8月中旬向科交还其侵占科期间所掠夺的财富；联合国对伊武器核查小组于4月中旬开始工作，迄1991年底，已先后赴伊20多次，开始逐步销毁伊"飞毛腿"及其改进型弹道导弹及弹头61枚、化学武器4.6万件和化学毒剂3000吨、超级大炮2门，查明伊有552公斤核材料，查封了伊37公斤浓缩铀及伊核研究设施，夺取了伊有关核发展计划档案材料等。尽管如此，美国等还认为伊隐藏了大批弹道导弹，尚未完全交代其藏匿的核设施，指责伊在销毁有关非常规武器研究生产设施方面不能完全同联合国合作。

3. 美国等在利用联合国制裁措施的同时，仍然对伊不断施加军事压力。美、英、法等国占领伊南部地区的部队在联合国驻伊科边境观察员进驻前后相继从伊撤出，但随即又于1991年4月中旬以保护库尔德难民的名义向伊北部派兵，占伊近1万平方公里的国土，总兵力最高时达2.17万人，直至1991年7月中旬才撤走。美国等多国部队虽逐步从海湾地区撤离，但美军仍留驻2.6万人的部队，装备数百辆坦克，200多架作战飞机及2艘航母在内的20多艘舰只，并于1991年7月和10月两次因伊拒绝同联合国武器核查小组合作而公开威胁要对伊实施第2次军事打击。此外，美国等海军舰只自1990年8月至1992年2月，共拦截了进出伊拉克的船只1.3万艘。

六、战争对地区与国际形势的影响

海湾战争实际上是整个中东和海湾地区各种矛盾的集中爆发。战后，地区形势虽出现了一些缓和迹象，但原有许多矛盾并未解决，而且还引发了一些新的不稳定因素。

(一)地区性对抗形势有所好转。

1.美苏在中东地区由对抗转为伙伴。海湾危机至海湾战争期间，美拉苏建立联合解决地区争端的合作关系，打破了过去多年各支持一方进行军事、政治对抗的局面。海湾战争后美苏这种合作关系仍然保持，并有新发展。如在阿、以和谈问题上，美不仅不排斥苏，还拉苏一起成为中东和会的两个发起国。苏则不遗余力，积极劝说阿拉伯方面接受美所倡导的中东和会方案。西方报刊评论，苏在中东已成为美国的一个伙伴。

2.阿、以和解出现一线转机。海湾战争进一步打破了阿、以对抗力量的平衡。阿方在战与和的选择问题上余地更为减少，和谈趋向增加；以色列在战争中遭伊导弹袭击的教训及战后美、阿关系变化等形势使其对和平解决争端的必要性有新的认识。与此同时，海湾战争使美在中东处于较为有利的地位，为进一步控制中东、海湾地区，美也需要使中东和平进程有所突破。因此，战后7个月时间里，美国经过广泛而曲折的努力，促成了中东和会及阿、以双边谈判，为和平解决阿、以争端带来一线希望。

3.战争威胁有所减少。海湾危机期间，伊拉克与伊朗实现两国关系正常化，结束了战争状态。海湾战争则使中东地区军事强国伊拉克大为削弱，在国际制裁与武器核查之中处境困难，西方评论认为伊拉克战败不仅消除了中东地区一个重要的战争根源，也给地区其他国家以深刻的教训，不敢贸然挑起地区性武装冲突。

4.国家间关系有所改善。海湾战争后，沙特阿拉伯等海湾阿拉伯国家与伊朗的关系有不同程度的改善与发展。叙利亚、伊朗等传统激进国家对美国等西方国家政策有所调整，并在很大程度上减少了对传统恐怖活动的支持。海湾战争后，被扣押在黎巴嫩的西方人质问题接近全部解决，其中伊朗与叙利亚起了积极的作用。继伊拉克公开宣布不再支持恐怖活动后，利比亚也表示不再插手恐怖活动，并采取措施关闭了一些在利的激进组织活动场所。

(二)地区原有热点问题的解决不容乐观，新的不稳定因素正在增长。

1.阿、以争端的解决仍将是一个漫长而复杂的过程。海湾战后形势虽促成了阿、以和谈的开展，但马德里中东和会开幕式及其以后两轮阿、以双边会谈情况表明，阿、以间矛盾由来已久，根深蒂固，互相缺乏信任，且在领土争议、巴勒斯坦独立建国等原则问题上立场尖锐对立，因此双方谈判将经历漫长而曲折的过程。

2.地区军备竞赛难以控制。海湾战后，国际上对中东军备竞赛问题日益重视。安理会5个常任理事国已多次开会，就防止非常规武器扩散及向中东出口军品问题作出了一些规定。但中东军控并未实现，军备竞赛反而有新的增长势头。第一，美国等方面推行的中东军控计划具有明显的偏向性，表面上要约束所有向中东地区出售武器的国家，而实际上并未束缚美国等自己手脚。据西方报刊报道，海湾战后，美在中东军火市场独占鳌头，已做成的军火交易高达200多亿美元，远远超出其他国家。第二，在拥有非常规武器方面，名列前茅的地区军事强国以色列并未受到实际的制约，单方面限制与其对阵的国家既不公平，也不能服人。第三，在常规武器方面，海湾战争使地区各国增强了国防观念，加强军备建设、谋取先进武器装备已成为许多地区国家的共识。战后，沙特等一些海湾国家，正在积极进行扩充军队。第四，美、苏等国的经济对军火工业有较大的依赖性，仍离不开中东军火市场。各方认为，战后的中东仍是世界上兴旺的军火市场。

3.地区争雄势头不减，并有新的发展。据西方报刊报道，伊拉克在海湾战争中遭惨败，而伊朗、土耳其、埃及等地区大国却从中得到很大收益，势力均有所增大，早已存在的地区称雄之心又有新的发展。伊朗和埃及在争夺海湾地区安全安排中表现为势不两立，相互公开指责对方有野心。土耳其不仅力争在中东事务中发挥更大作用，还在苏联中亚地区扩张势力，公开鼓吹建立“大土耳其邦联”。伊朗与沙特阿拉伯等则积极向苏穆斯林地区进行伊斯兰宗教渗透。

4.海湾形势仍不稳定，并出现新的问题。海湾战争遗留问题因萨达姆仍在执政而未能终结。美国等对伊各方面的压力一直没有缓解，从而使伊国内政局不稳。美国等不时威胁要对伊第2次动武也使海湾形势不断出现紧张。在海湾地区安全安排问题上，各方斗争较激烈。美想独家垄断未成，而通过与科威特、巴林等国签订双边长期防务合作协定的方式，使其能在海湾长期保持军事存在。伊朗对此加以公开指责。海湾合作委员会6国虽在战争结束之初即与埃、叙签订大马士革宣言，准备以埃、叙部队作为海湾国家的主要保护力量，但后因内部意见分歧而搁浅。此外，伊拉克内乱中，库尔德少数民族问题东山再起。伊拉克镇压库族叛乱过程中所造成的难民问题曾一度引起国际上较大的关注。与此同时，土耳其在土、伊边境地区多次清剿反政府库族武装的军事行动也较令人注目。库族问题在中东诸多复杂问题中的地位有所上升。

5. 阿拉伯贫富矛盾难以解决，伊斯兰原教旨主义势力有所抬头。海湾战争中，阿拉伯穷国大多站在伊拉克一边，这也影响它们得到来自海湾石油富国的经济援助。经济困难不断引发社会动乱与政局不稳，也为伊斯兰原教旨主义势力的发展创造了条件。阿尔及利亚政局动荡除经济社会问题这一根本原因外，主要是伊斯兰原教旨主义势力争夺国家权力活动所致。由于伊斯兰原教旨主义势力不仅在北非阿拉伯国家盛行，并在西亚地区发展，而且向中亚地区蔓延，美国及西方国家均把伊斯兰原教旨主义势力的发展看作海湾战后影响中东地区安宁的一个重要因素。

(三)战争对国际形势的影响。

海湾战争不仅使中东与海湾地区局势发生深刻的变化，也对国际形势的发展产生较大的影响。其中主要有：

1. 美国力图"领导世界新秩序"的欲望膨胀，但力不从心。

海湾危机期间，美国通过大规模出兵海湾和组织反伊联盟，建立了以美为主导的解决地区争端的机制，并经受了海湾战争的检验。战后，美极力以此为样板，公开主张在世界范围内建立"以美国为领导的世界新秩序"，其在国际事务中的"新干涉主义"与强权政治有所发展，与此同时，无论海湾战争还是战后形势均表明，美国野心太大而力不从心。海湾战争期间，美在政治上离不开盟国及联合国的支持，军事上有求于西方盟国的多方援助，经济上则更加依赖盟国的战争捐款。海湾战争被称为历史上首次"盟国出钱，美国出兵"的战争，反映了美国在国际事务中力量的衰落。战后，美在推行其海湾安全安排或中东和会方案过程中，也显露了其独家垄断地区事务野心大而力不从心的状况，不得不寻求各有关方面的支持。美国企图"领导"全世界的做法，不仅同中东地区国家间的矛盾有新的发展，而且在世界范围内与西方盟国之间的分歧也日益增多。这些也反映世界格局中随着两极体制解体，多极化趋势已成为必然。

2. 世界军事形势出现新的复杂局面。

海湾战争表明，随着世界格局两极体制的解体，新的军事干涉主义也在抬头。这一状况使世界许多国家都在调整各自的军事战略，以适应新形势的需要。许多国家认识到，在强权政治与霸权主义仍然存在情况下，军事力量仍是实现国家意志、维护国家安全的有效手段。因此，各国都对继续加强国防建设较前关注。一些经济富有而国防薄弱的国家和处于多事地区的国家尤为如此。

海湾战争中现代化军事理论的实际应用，高技术、先进兵器的大量投入及其实战结果，促使世界各国军队都在认真从中总结经验教训，修改各自军事理论，努力发展和引进高技术、先进武器装备。重视质量建军也成为世界各国的共识。

3. 世界经济中的南北差距较前拉大。

海湾危机前期，由于伊、科石油出口中断，国际石油市场日供应量减少400多万桶，世界石油价格曾一度从每桶20美元升至40多美元的高峰，不仅对发达国家的经济造成冲击，对第三世界贫油国家的经济影响也大。海湾战争虽然使美国等西方国家程度不同地增加了经费开支，但都还在西方经济可承受的限度之内；况且在海湾战后中东地区重建工作中，军火贸易机会急剧增多，受益者主要是美国等西方国家。对大多数贫困的发展中国家来说，海湾危机中因石油价格上涨、劳务市场紧缩等方面原因所造成的经济损失难以弥补，而且战后发达国家与中东富有国家的贷款都有较大减少，从而使它们的经济更加困难。

(孙培德)

两伊关系充满矛盾和斗争 1990年下半年的海湾危机期间，伊拉克为对付来自反对伊拉克联盟的强大军事压力，主动向伊朗作出重大让步，致使两伊军事对抗迅速走向和解，两国恢复正常外交关系。1991年，随着海湾战争及战后形势的发展变化，两伊关系起伏波动，双方虽继续维持正常外交往来，但也充满着矛盾与斗争，反映了两伊争端并未终结。

一、海湾战争期间两伊关系较微妙

伊拉克以放弃边境领土之争换取同伊朗实现和解后，继续积极致力于进一步改善和发展两伊双边关系。在努力保持两伊边界平安无事、避免两线作战的同时，还企图争取伊朗的同情与支持，共同对付美国为首的反对伊拉克联盟的军事压力和打击。为此，1991年初，在海湾战争爆发前，伊拉克当局曾派出革命指挥委员会副主席易卜拉欣，对伊朗进行了为期3天的正式访问，同伊朗最高领导人广泛会谈了发展双边关系与处理海湾危机等问题。海湾战争爆发后，伊拉克在遭到美国为首的多国部队长时间大规模空袭而损失惨重之际，其什叶派副总理哈马迪又于1991年2月初率团赴德黑兰作为时一周的访问，争取伊朗向伊拉克提供人道主义等援助，磋商停止海湾战争的出路等事宜。伊拉克这些努力起到一定的作用：海湾战争期间，两伊边境平安无事；伊朗在战争爆发后不久曾向伊拉克提供人道主义援助，运送了一些食品与药品，仅1991年2月1日伊朗官方宣布即有150吨；伊朗舆论界始终反对美国为首的多国部队进驻海湾地区并对伊拉克实施残酷的军事打击，还主张全世界穆斯林共同支持伊拉克抗击美国为首的多国部队；甚至一些伊朗官方领导人也有为伊拉克鼓劲打气的公开讲话。据西方报刊报道，战争开始数天后，伊拉克有近150架作战与民用飞机、数艘海军艇船投奔伊朗。这反映了两伊之间关系微妙。

就伊朗官方立场而言，无论在海湾危机还是海湾战争期间，始终执行与伊拉克保持距离的中立政策。一方面，伊朗谴责伊拉克顽固坚持侵占科威特的立场；另一方面，又反对美国为首的多国部队在海湾地区大动干戈。为避免海湾战争事态扩大并影响到自身的安全，伊朗政府曾多次倡议和平解决争端、尽早结束战争，并进行了双边与多边的努力。由于得不到交战双方的响应，伊朗的和平努力未能奏效。在伊朗国内舆论要求出兵伊拉克，进行伊斯兰圣战抗击美国之际，伊朗当局冷静地分析形势，断然重申对海湾战争持中立立场。伊朗总统拉夫桑贾尼1991年1月25日表示，伊朗在海湾战争中"既不会为伊拉克流血，使其染指海湾；也不会替美国人卖命，帮他们打赢这场战争"。

二、围绕伊拉克内乱问题两伊斗争较尖锐

海湾战争未使萨达姆下台，但在停火的第2天伊拉克国内即发生大规模动乱。南部的什叶派宗教势力和北部的库尔德反政府武装互相策应、相继起事。在短短两周内，这种以推翻巴格达中央政权为目标的动乱迅速席卷伊拉克2/3地区，严重地威胁萨达姆政权的生存。后来，伊拉克当局动用其精锐部队共和国卫队南征北战，很快平息了这场空前的动乱。

围绕伊拉克这场内乱，两伊斗争较为尖锐，两国关系重新有所交恶。据西方新闻媒介报道，其主要原因是伊朗直接或间接地插手了伊拉克内部事务。伊拉克南部动乱的主要领导和组织者是伊拉克伊斯兰革命最高委员会，该组织在两伊战争期间由流亡在伊朗的伊拉克什叶派等反政府力量组成，直接得到伊朗的政治、军事和经济援助，其号称4万多人的武装力量还曾配合伊朗军队对伊拉克作战。海湾战争刚停火，他们就由两伊边界潜入伊拉克境内开展旨在推翻萨达姆政权的活动。在伊拉克内乱期间，伊朗朝野均对伊拉克什叶派宗教势力给予道义上的支持。伊朗总统拉夫桑贾尼1991年3月8日公开要求萨达姆"顺应民意下台"，呼吁伊拉克反对派团结一致推翻复兴党政权。1991年3月16日，伊朗最高国家安全委员会会议声明在否认伊朗干涉伊拉克内政的同时，宣称"拯救伊拉克的唯一出路是政府向人民意愿投降"。在伊拉克军队平息动乱过程中，伊朗则不时谴责伊拉克当局，甚至警告对方不要在卡尔巴拉和纳贾夫等什叶派宗教圣地采取镇压行动，否则，伊朗不会坐视不管。与此同时，两伊边界武装冲突与摩擦时有发生。据伊拉克驻联合国大使向德奎利亚尔秘书长报告称，伊朗军队在1991年3月6日至17日期间，曾13次侵犯伊拉克边境，大批伊朗士兵越过停火线在伊拉克境内修筑工事，同伊拉克军队多次交火，还派直升机多次进入伊拉克领空侦察。同日，以伊拉克边境地区为基地的伊朗反对派武装宣称，他们越过两伊边界对伊朗境内政府军发动了一次袭击，这是对10天来伊朗军队越界袭击其基地进行报复。1991年4月14日，伊拉克再度向联合国指控伊朗部队4月9日越过两伊停火线，打死1名、俘虏9名伊拉克士兵。伊朗则于4月15日致函联合国秘书长，指控伊拉克军队越界进入伊朗北部占据3公里地区，不断炮击伊朗境内，并在边界上集结军事人员，要求对方立即撤军，并对造成的人员伤亡与物质损失负责。1991年5月19日，伊拉克又致函联合国，谴责伊朗游击队侵入伊拉克国境打死100多人。此后，两伊类似的指控还有多次。

三、两伊争端在新形势下再度发展

两伊在伊拉克内乱问题上的尖锐斗争虽未导致双边关系的破裂，两国外交关系依旧维持，两伊边境地区亦未发生重大军事变化，但在伊拉克平息内乱、萨达姆政权有所稳定后，双方矛盾逐步有所增多，不仅未能解决互相支持对方反政府势力的问题，而且使原已降温的两伊战争遗留问题重新发展。

（一）互换战俘问题未能了结。据伊朗总统拉夫桑贾尼1991年6月1日称，伊拉克仍扣留约5000名伊朗战俘，要对方就他们的命运作出答复。同时，他也承认伊朗手中还有一批伊拉克战俘。伊拉克方面认为，它已全部交还了手中的伊朗战俘，相反伊朗还扣押其在两伊战争中失踪人员近3万人。据西方记者分析，互换战俘问题在两伊外交关系正常化后本不难解决，其问题症结并不在于双方手中究竟扣押了多少战俘，而在于双方统计并不精确，而且在两伊战争期间，两国均动员了对方一些战俘加入反政府组织，不便再将他们作为战俘交换。

（二）在伊朗的伊拉克飞机问题。海湾战后伊拉克

当局声称，海湾战争期间，为躲避美国为首的多国部队的空袭，曾将150架军用民用飞机飞往伊朗机场避难。伊朗则声称，在其境内的伊拉克飞机只有23架，除将伊拉克从科威特掠夺的客机归还外，对伊拉克飞机则要作为两伊战争对伊朗的赔偿之用。

(三)在发动两伊战争罪责问题上纠缠不休。伊朗坚持伊拉克负有发动战争的罪责，因为伊拉克在1980年9月22日率先对伊朗发动大规模入侵行动，导致两伊战争爆发。伊拉克则强调两伊战争爆发于1980年9月4日，伊朗炮击伊拉克在先，伊拉克地面进攻在后，挑起战争的罪责在伊朗一方。然而，联合国秘书长德奎利亚尔1991年12月9日向联合国安理会报告，称伊拉克在1980年9月22日违背联合国宪章与国际法准则，向伊朗发动进攻，应对两伊战争负责。伊拉克对此拒不接受。

(四)战争赔款问题重新抬头。应伊朗要求，联合国专家小组于1991年5月底抵伊朗，对两伊战争给伊朗造成的损失作出估价。1991年6月9日，伊朗宣称，历时8年的两伊战争使它直接与间接损失共达9340亿美元。然而，联合国秘书长根据专家小组的评估向安理会报告中指出，在8年两伊战争中，伊拉克给伊朗造成的直接损失为972亿美元，间接损失528亿美元。伊朗最高国家安全委员会于1991年12月下旬作出决定，将进一步努力迫使伊拉克赔偿这笔约1500亿美元的战争损失。

(孙培德)

阿以争端出现转折　1991年，在国际和中东地区形势发生重大变化的情况下，阿拉伯—以色列争端出现转折。1991年10月马德里中东和会的召开及后来双边会谈的继续，标志着中东和平进程进入一个新的阶段，使政治解决以巴勒斯坦问题为核心的阿以争端有了一线希望。但阿以矛盾根深蒂固、错综复杂，中东和平进程仍是艰难、曲折和漫长的。

一、政治解决阿以争端问题在海湾战后重新突出

(一)阿以双方对和平解决争端的需要增加。

阿拉伯方面早有通过和谈解决阿以争端的愿望。在70年代末和80年代初，埃及主动与以色列单独媾和以及巴勒斯坦解放组织在黎巴嫩遭重大挫折后，阿拉伯国家逐步面对现实，选择走和平解决之路；巴解放组织也适时调整战略，把政治解决巴勒斯坦问题上升到首位。苏联与东欧局势剧变及海湾战争的结局，使阿拉伯同以色列力量的对比变得对以有利，争取通过和平谈判结束军事对抗、收复失地和恢复巴勒斯坦民族权利的愿望与日俱增。

以色列方面虽然对阿以争端的立场较强硬，但也并未完全摒弃和平解决之路。近年来，以色列国内第二大党工党及其他派别要求和平解决阿以争端的呼声也不断增高。沙米尔政府曾在1989年5月提出过以、巴和谈计划，并与巴方进行过一系列间接谈判。海湾战争后，中东战略格局发生重大变化，促使以色列寻求和平解决的因素也有所增加：一是中东地区非常规武器的扩散，尤其是海湾战争中遭伊拉克弹道导弹袭击的教训，使以色列当局进一步认识到，原有的“安全边界”国防观念已过时，只有与阿拉伯国家和平共处才能保持长治久安；二是以色列国内要求和谈的呼声进一步上升，马德里中东和会前的一次民意测验表明，以色列公民支持和谈的比例高达91%，在美国的犹太人中支持和平解决阿以争端者也高达73%；三是海湾战后阿拉伯总体实力受到削弱，和谈时机对以色列最为有利。

(二)国际社会更加重视和平解决阿以争端。

海湾战争的爆发是中东各种矛盾激化的结果，其中重要原因之一是阿以争端长期得不到解决。伊拉克从海湾危机到海湾战争期间，自始至终坚持把解决阿以争端作为其妥协退让的重要条件，该地区许多国家表示赞同，国际社会在调解海湾争端的努力中也难以回避对伊侵科与以色列侵占阿拉伯领土存在双重标准的问题。海湾危机期间以色列同巴勒斯坦斗争激烈的事实，再度使国际各方认识到阿以争端是中东地区动乱的重要根源。海湾战争爆发前夕的1990年12月间，联合国曾三度开会，接连作出5个关于解决阿以争端的决议。其最主要的内容是召开联合国主持下、安理会常任理事国与阿以争端有关各方参加的中东国际和会，解决以巴勒斯坦为核心的中东问题。由于海湾战争的爆发，联合国有关决议被搁置。海湾战争后，阿以争端的地位重新上升。国际社会从海湾战争的教训中认识到，地区争端处理不好就有可能引起对国际形势有重大影响的局部战争；为根除中东动乱根源，实现地区永久和平，解决阿以争端势在必行。包括中国在内的国际各方，在海湾战后对和平解决阿以争端的重视程度均有所增加，并为此作出了不同程度的努力。

(三)美国推动和平解决阿以争端有其必要性和有利条件。

美国利用伊拉克侵占科威特的不义之举，趁机通过组织国际反伊联盟和向海湾派驻重兵，确立了美国为主导的解决海湾危机的机制，并顺利地赢得了海湾战争，保证了其控制中东石油资源和扩大美国军、政影响的战略利益。海湾战后，美国为巩固和发展其在海湾战争中取得的成果，其战略方针转为力求保持中东局

势稳定，使之朝着有利于美国的缓和方向发展。美国总统布什在海湾战争停火伊始即明确指出，美今后在中东有4个至关重要的挑战，其中最主要的是政治解决阿以争端，推进中东和平进程。

海湾战后的形势也使美具备推进中东和平的有利条件：其一，美、苏在中东由对抗转为伙伴；其二，美同多数阿拉伯国家改善了关系，使其影响力扩大；其三，以色列所受安全威胁减少，使美国有可能对它施加一定的压力；其四，巴解放组织的地位和影响因在海湾战争中倾向萨达姆而受到较大的削弱，地区激进国家因苏联与东欧局势剧变而调整政策，使美推进中东和平进程的阻力大为减少；其五，对中东传统影响较大的西欧等方面尚无力与美抗争，一时也拿不出能使阿以双方都能接受的方案。

二、中东和会的召开经历了艰难曲折的过程

(一)美国推行其中东和会方案遇到重重障碍。

美国自海湾战争结束不久即着手推进阿以问题的解决，直至1991年10月30日马德里中东和会的召开，前后历时近7个月，经受了艰难曲折的考验。为推行以美国为主导的中东和会方案，布什政府在国际范围内开展了广泛的外交活动。布什总统本人同其盟国及苏联进行了反复磋商，并于1991年7月31日在莫斯科以美、苏两国总统名义发表声明，宣布10月份召开由美、苏联合主持的中东和会。美国务卿贝克在1991年3月8日至10月18日期间，曾8次走访中东等许多国家，贝克前4次中东之行收获不大，只是在1991年7月14日叙总统阿萨德致函美国表示愿意接受美国倡导的中东和会后，事态才出现实质性进展。美国的努力得到了埃及、苏联等方面的大力支持才取得成果，这也反映了美国独揽中东事务仍是力不从心。

在美国推行其中东和会方案过程中所遇到的主要障碍有：1.和会形式问题。以色列坚持阿、以分别单独进行双边直接谈判；阿方大部分国家认为在联合国主持下，安理会常任理事国及阿、以争端有关各方参加的谈判为最佳方案。2.出席和会的对象问题。以色列反对联合国与欧共体等方面的代表与会；阿拉伯方面则坚持要他们出席。3.巴勒斯坦谈判成员问题。以色列坚持只同被占领的约旦河西岸与加沙地带的巴勒斯坦人民代表谈判，既不接受巴解放组织成员，也不让耶路撒冷地区的阿拉伯人代表参加；巴勒斯坦与阿拉伯方面则表示反对。4.谈判基础问题。阿拉伯方面坚持以安理会第242号和338号决议为基础，以土地换和平；以色列对这2个决议另有解释，认为以色列归还埃及领土后已不存在归还其他领土问题。5.犹太移民问题。以色列继续在阿被占领区新建犹太移民点，引起阿方强烈反对，认为以色列违反国际法准则，缺乏和谈诚意。

(二)美国确立的中东和会方案的主要内容。

1991年5月10日至16日，美国国务卿贝克第4次中东之行时，美国推行的中东和会方案已大体成形。经后来4次访问中东与阿、以双方反复磋商修改后，该方案主要内容大体如下：1.和会由美、苏联合主持，叙、黎、约、巴与以色列等阿以争端各方派代表参加，联合国、欧共体、埃及与海湾阿拉伯国家等派代表列席。2.巴勒斯坦参加谈判的代表须是以色列能够接受的人士，而且与约旦代表组成联合代表团。3.和会分3个阶段进行，第1阶段为马德里全会，为时两天，各方代表在会上阐述各自对解决争端的原则主张；第2阶段为以色列分别同叙、黎和约—巴联合代表团进行直接的双边会谈，谈判解决相互间的争议问题；第3阶段为多边会谈，除出席马德里全会各方外，还广泛邀请与中东问题有关各方参加，讨论解决地区性军控、水源之争、难民安置及经济发展等问题。4.和会的谈判基础是联合国安理会第242号与338号决议。

(三)中东和会的召开是阿、以各方妥协退让的结果。

从美国国务卿贝克8次中东之行所遇到的重重障碍及最后确定的中东和会方案中，可以明显看出中东和会得以召开是阿、以各方妥协退让的结果，其中阿拉伯方面妥协退让更多一些。海湾阿拉伯国家本不愿参加同以色列会谈，后在美国劝说下改变了做法，同意以观察员身份与会。叙利亚等国在以色列并未保证归还戈兰高地等被占领土情况下，仍同意出席和会与双边直接谈判。巴解放组织不仅放弃了由其单独组团与会的要求，而且接受与会巴代表为以色列能同意的人选。以色列方面在和会带有一定国际性的问题上作了退让，对巴勒斯坦谈判代表事实上与巴解放组织有密切关系予以默认。联合国与欧共体方面虽对美实际上独揽阿以问题的做法有所不满，但也接受以观察员身份参与和会。各方这么做是不愿轻易开罪于美，也不想承担阻碍中东和平进程的责任，以免使自己陷于外交上的孤立与被动。阿拉伯方面无法通过其他途径收复失地与恢复巴民族权利，因此寄希望于和会，促美压以退让，争取最大限度的收益，至少可暴露以色列的顽固态度，使它陷于外交上的被动与孤立。以色列则想通过接受和会改善国际孤立处境，与苏联等方面复交；利用当前阿拉伯实力不足的时机在和谈中以最小代价换取阿拉伯对以色列事实上的承认和打破阿拉伯对以色列的经济制裁等。

阿、以各方妥协退让主要是出于自身利益的需要，但也有美国居中诱压的因素。美公开强调的是当前和谈时机最为有利，任何一方失去这一良机就将会一无所得；私下里则使用了经济手段与许愿承诺的方式。如布什政府针对以色列坚持兴建犹太移民点的做法，推迟了对美向以提供100亿美元贷款作担保；对约日参加和会，用恢复美经援作鼓励等。在阿、以双方关于以土地换和平的原则争议上，美则采取同阿、以各方分别签署备忘录的形式，保证美将努力使各方要求得到一定程度的满足。

三、阿、以和谈步履维艰，实质性进展有限

(一)阿、以双方已事实上相互有所承认，但立场仍尖锐对立。

马德里中东和会的召开及后来阿、以双边单独直接谈判的进行，使历时43年的敌对双方首次共聚一堂，这不仅表明了双方共同承认军事对抗不能解决问题，和平谈判才是唯一出路；而且也使以色列事实上承认存在巴勒斯坦民族问题，阿拉伯方面则实际上确认了以色列的生存权。但这并不意味着问题的解决，双方斗争仍很尖锐。从马德里中东和会上阿、以各方代表发言看，一是阿、以争端由来已久，民族与宗教矛盾错综复杂，5次大规模战争与无数的武装冲突使双方仇恨较深，彼此缺乏信任感；二是双方在以土地换和平等原则问题上立场尖锐对立，以色列在放弃1967年战争以来所占阿拉伯领土问题上毫无松口，阿拉伯方面退让余地极小，矛盾难以调和。加之，双方内部均存在反对妥协退让的较强的牵制力量，从而展示了和会必将经历艰难曲折而且漫长的过程。以土地换和平的关键在于以色列，而以色列对和平解决的愿望远不如阿拉伯方面迫切。以色列较善于马拉松式的谈判，谋取最高要价。例如以色列同埃及为面积仅1平方公里的塔巴领土，谈判就达4年之久。现在所面临的戈兰高地、约旦河西岸与加沙地带，对以安全远比埃及西奈领土重要，以所索要的代价必然会高得多，谈判时间也会拖得更长。

(二)两轮阿、以双边会谈未取得实质性进展。

马德里中东和会闭幕后，1991年11月3日以色列即在原地分别同叙、黎和约一巴联合代表团进行了首轮双边直接会谈。据报道，这轮会谈并未涉及实质性问题，仅谈了双边谈判的地点与程序问题，以色列同约一巴联合代表团会晤5小时后，联合声明称“气氛友好和务实”，今后将采取双轨式谈判，即以、巴谈在被占领土实行为期5年过渡性自治问题，以、约谈双边关系问题。以同黎、叙双边谈判的开始均比预定时间有所推迟。与黎方谈判的以色列代表称，以黎谈判在“友好气氛中进行”。以叙谈判情况则不如其他方面那么融洽。各方面会谈结果都未能在双边谈判地点上达成一致协议。以色列主张在中东地区进行双边谈判，以显示中东国家自我解决争端；阿拉伯方面则反对，希望在华盛顿进行。据西方新闻界分析，这一地点之争，反映了以色列不愿让阿拉伯国家便于借助美国压以退让；而阿拉伯国家则不愿在一无所获情况下进一步在政治上承认以色列。

在阿、以双方争执不下的情况下，几经反复，美国务院于1991年11月23日宣布，美正式建议第2轮阿、以双边会谈于12月4日在华盛顿举行，并向各方发出书面邀请。美这一举动受到阿拉伯方面欢迎，各有关代表团都按时抵美；而以色列则对美这种事前未同以色列商量的做法表示反感，虽最终同意赴美，但比预定时间推迟了6天，致使第2轮双边会谈于1991年12月10日开始。3天会谈在毫无进展情况下休会3天，又于12月16日恢复会谈了2天，最终于12月18日结束。这轮会谈除宣布第3轮会谈于1992年1月7日举行外，仍未能就其他任何问题达成协议。主要争执之一还是双方在双边谈判地点问题上仍固执己见；其二是以色列未能履行诺言与巴方单独会谈，致使其同约、巴交谈始终未进入会场，只在走廊上进行；其三是以同叙、黎谈判条件仍相距甚远。

四、阿以军事斗争仍在继续

(一)阿、以军备竞赛禁而不止。

由于阿、以争端尚未真正解决，海湾战争刺激了中东地区国家加强军事实力和谋求先进武器装备的需要，因此，尽管中东和会在进行，地区与国际上对中东军控的要求日益加紧，但阿、以双方军备竞赛仍禁而不止。

以色列经海湾战争，从美国获取了64枚“爱国者”防空导弹和10架F—15型战斗机，价值近10亿美元。以在国内经济困难、国家预算中其他开支均有不同程度削减情况下，唯独国防费用反而有所增加，比上一年度的53亿美元增加了5亿美元。以国防部长阿伦斯称，增加预算将用于购买和发展武器系统，使以色列军事技术水平与阿拉伯国家相比占居优势，以色列新任总参谋长巴拉克中将上台后亦表示要大力发展高技术武器装备。1991年内，以色列研制弹道导弹工作还在加紧进行，并取得新的发展。1991年3月下旬，以色列在靠近地中海的平原地区试射了一枚新型的“箭”式反弹道导弹，以军事专家称，这种导弹比美“爱国者”导弹更完善。1991年8月17日，以军方发言人宣布，以又成功地试射了一枚海军用“巴拉克”型反弹道导弹。

阿拉伯国家在发展军备方面也不甘落后。与以对

阵的叙利亚与上一年度相比，先后增加350辆T－72型坦克，20部"飞毛腿"式地地导弹发射架，70架苏－22型战斗机和4艘"黄蜂"级导弹快艇。其他阿拉伯国家在海湾战争后扩充军备更比叙利亚幅度大。据报道，仅美国就同阿拉伯国家签了近240亿美元的军火合同，其中沙特阿拉伯120亿，科威特50亿，埃及30多亿，阿联酋20亿，巴林10亿，摩洛哥2.5亿，阿曼1.5亿；所购军火中，M－1等型坦克1000多辆，布雷德利等型装甲车数百辆，F－15、F－16、F－18等型战斗机200多架，武装直升机近百架和大批各型导弹。海湾国家扩充军备虽并非针对以色列，但以色列认为对其安全也有影响。

(二)以、巴军事斗争还在发展。

自1987年12月开始的巴被占领土人民的起义活动一直持续不断，反对以色列占领的示威游行、罢工罢市及投掷石块与燃烧瓶等斗争时有发生。在与以军警冲突中，双方死伤人数逐年增加。由于这种起义活动较普遍，以军警虽采取了许多措施仍不解决问题。阿、以和谈开始后，巴解放组织公开宣布，这种起义不但不会中止，还会增加，直至结束以色列对巴的占领。1991年起义活动有新的发展，主要表现在对犹太移民的安全也有所威胁，用来抗议以色列当局顽固坚持大量接受犹太移民并在被占领土新建移民点。如1991年12月下旬发生打死一名犹太移民事件，以国防部长随即下令驱逐12名巴勒斯坦人，从而引起国际上普遍的谴责，联合国安理会也为此作出第762号决议，要以色列停止驱逐巴人的做法。此外，巴游击队武装袭以事件虽比上一年度有所减少，但也未完全中止。

(三)黎、以边境地区武装冲突较前有所增加。

1991年以色列针对黎南部地区反以武装和巴勒斯坦游击队驻地进行的炮击、小分队袭击与飞机空袭等侵黎事件，据不完全统计，共达26起，比上一年度增加了7起。其中，1991年10月中旬的武装冲突中，还与黎政府军发生了炮战。11月初，以对黎南部的武装侵犯行动使黎政府被迫威胁要采取退出中东和会的行动进行抗议。此外，在黎、叙签订两国特殊关系条约之际，以色列借口该条约有损于以的安全而在以黎边境集结部队，造成局势一度较为紧张。

(孙培德)

黎巴嫩国内局势进一步缓和 1990年10月，黎巴嫩当局在叙利亚帮助下一举击垮黎前军队司令奥恩势力后，继而顺利地实施了大贝鲁特安全计划，国内局势由动乱转向缓和。1991年，这一缓和趋势又有新的发展，动乱因素有所减少。与此同时，黎巴嫩内、外矛盾斗争仍较激烈，一些不稳定因素还严重存在，黎巴嫩问题仍是中东地区热点之一。

一、政权机构逐步健全，军队恢复统一

1990年12月，黎巴嫩组成了以奥马尔·卡拉米为总理的民族团结政府。30名内阁成员中，伊斯兰和基督教两大教派人士平分秋色。他们当中多为历时15年半内战里的各派头面人物，既有同叙利亚关系密切者，也有对叙持不同政见的主角。尽管如此，除3人抵制内阁会议外，其余部长均能在政府中履行职责，为黎政权恢复统一作出努力。1991年1月9日，新内阁在议会中以多数票获取信任，此后一直处于正常运转状态，主要致力于解散各派武装民兵、实现民族和解、重建国家经济和争取以色列从黎南部边境撤军等项工作。

1991年6月，长期缺员的黎巴嫩议会进行了补选和增选。按1989年10月在沙特阿拉伯塔伊夫达成的"全国和解文件"精神，新议会由原来99名议员的编制增加到108个席位，由伊斯兰与基督教两大教派均分。至此，黎立法机构也恢复了健全状态。

黎巴嫩军队一度分裂成相互对立的两部分，在奥恩势力被打垮后，即重新进行整顿。1991年2月，黎军在原穆斯林部队司令部的基础上，整编了原属奥恩控制下的基督教部队，使军队恢复统一。不仅军队司令部领导班子配齐，还重组了最高国防和军事委员会，对各级部队主官进行了调整。1991年3月前，黎军总兵力达3万余人，编有10个旅的地面部队，拥有200多辆坦克，足以在黎境内起到维护治安、保障政府扩大行使主权范围的作用。此外，黎巴嫩当局还决定从被解散的民兵武装中吸取部分人员参加军队和治安部队。迄1991年6月，已有约6000名原民兵人员入伍。

由于政权机构逐步健全、军队恢复职能等因素，在黎巴嫩政府能行使主权的地区，治安形势明显好转，人民生活与工作秩序基本恢复正常，战乱的恐惧感大为消退，战后重建亦有所起步。

二、武装割据状况大为改观

黎巴嫩党派林立，300多万人口中竟有100多个政党组织。在内战中，这些政党相继组建了30多个民兵武装，多则上万人，少则数百人，总数约3万人。它们各自割据地盘，经常相互交战，使山河支离破碎。黎政府为行使主权、恢复法治、重建家园，在消除武装割据方面作了大量工作。1991年3月28日，黎政府会议通过决议，宣布解散黎境内所有民兵和武装组织，命令他们在1个月内向政府交出武器，尔后由政府军在4个月内分阶段进驻各武装割据地区。与此同时，叙利亚表示，为协助黎政府此举，将其驻黎军队3.5万人置于黎最高当局支配之下。

由于黎实行法治为大势所趋，民心思定；黎内阁由各党派头面人物组成，对解散民兵武装意见比较一致；黎政府军统一后有较强的实力，且有叙驻黎部队作后盾；因此，解散民兵和收缴武器计划实施基本顺利。1991年4月底至6月下旬，“黎巴嫩力量”、“社会进步党”、“阿迈勒运动”、“巨人旅”等民兵组织先后向黎政府军交出大部分武器装备和割据的阵地。黎政府军控制范围迅速扩大。

在解散民兵较为成功的基础上，黎总统赫拉维于1991年6月13日宣布，政府军计划在6月底进驻黎南部以巴勒斯坦武装为主的控制区。为避免冲突，黎当局曾事先与巴解放组织进行过协商，但未能得到巴方响应。因此，黎政府军只好强行实施既定计划。1991年7月1日，黎军调集5个旅约1.5万人的部队，在100余辆坦克的支援下向黎南部地区开进。在两天多的强行进驻过程中，黎军同近万名巴解放组织武装、穆斯林逊尼派民兵发生多次激战，双方动用了重炮和火箭，黎军死3人、伤56人，巴方死65人、伤100多人、被俘200多人。最后，双方通过谈判实现停火。黎军得以控制巴难民营在内的黎南部地区，巴方重型、中型武器装备部分交给黎军，部分由海上运出黎境；黎方同意扩大在黎的50多万巴勒斯坦人的就业自由，取消过去对巴侨民在黎51种职业的限制。

黎军在解决黎南部巴勒斯坦武装后，又于1991年8月下旬进驻黎北部的黎波里等地区。至此，黎政府基本控制了黎全境1/3的地区。其余地区大部在叙驻黎部队3.5万人的控制下，另有约1100平方公里的国土被以色列占领和由亲以的“南黎巴嫩军”盘踞。

总的来看，黎政府解散民兵武装并不彻底：有些民兵组织藏匿了部分武器装备，“真主党”在黎南部边境地区以抵抗以色列侵略为由拒不交出武器与阵地，亲以色列的“南黎巴嫩军”问题一时无法解决。但黎过去那种到处是武装割据的状况还是大为改观，有利于黎实行法治的安全与稳定。

三、西方在黎被扣押人质接近全部释放

西方人质问题始于1984年初。自1984年3月1名美国外交官在黎被绑架后，迄1989年底，先后在黎被绑架的西方人员共约40人。其中9人遭杀害。长期被扣作人质的有21人，他们是9名美国人、5名德国人、4名英国人、2名瑞士人和1名爱尔兰人。另有3名比利时和法国人在地中海被绑架后扣押在黎巴嫩。据报道，绑架西方人质的组织主要有：黎巴嫩的“伊斯兰圣战组织”、“革命正义组织”和巴勒斯坦的“法塔赫革命委员会”（阿布·尼达尔组织）等。它们的目的，除极个别组织旨在谋取高额赎金外，主要还是配合政治斗争的需要，或是逼西方国家对以色列施加压力，或是要求交换这些组织在西方国家被指控从事恐怖活动而扣押的人员。这些组织大都与伊朗、叙利亚有联系，个别同利比亚关系较好。

西方人质问题曾多次引起国际社会的普遍关注。1990年以来，随着国际形势的变化，绑架人质行径在国际上日益不得人心，西方人质问题逐步趋向解决。至1991年初，在黎被扣押的西方人质降为10人。联合国秘书长德奎利亚尔在1991年期间出面努力解决西方人质问题。德奎利亚尔及其代表经同以色列、伊朗、叙利亚和黎巴嫩等方面反复磋商，使人质问题获得突破性进展。1991年8月至12月，5名美国人和3名英国人质全部获释，仅剩下2名德国人仍被扣押。作为回报，以色列方面释放了被关押在黎南部“以色列安全地带”的90多名黎巴嫩穆斯林。由于仍有2名德国人质未获释，西方人质问题尚未全部解决，联合国方面还在继续努力。其中主要难题，一是扣押人质的组织要求德国释放2名被指控从事恐怖活动的黎巴嫩人，德方难以同意；二是以色列借口其在黎失踪的几名士兵至今下落不明，不愿履约释放被其扣押的其他200多名黎巴嫩人，包括与“伊斯兰圣战组织”关系密切的黎“真主党”领导人奥贝德。

四、黎、叙以法律形式确定双边特殊关系

1991年，黎、叙双方政府经反复磋商后，两国总统于5月22日在叙首都大马士革签署了“兄弟合作与协调条约”，确认黎、叙两国具有特殊的兄弟关系；规定双方在所有领域进行最大限度的合作与协调；叙承认黎为一个独立的主权国家，有权要求叙提供军事援助，叙军将继续驻黎贝卡谷地直至黎政府在全国各地行使国家权力和以色列从黎南部边境地区撤军。1991年5月27日和28日，黎、叙两国议会先后批准这一条约，使之正式生效。

黎、叙以法律形式确定双边特殊关系，各方反应大相径庭。黎巴嫩国内多数认为这一条约首次使叙正式承认黎为独立主权国家，有助于黎的安全与稳定；但基督教派一些领导人则称它为不平等条约，担心黎最终被叙吞并。叙国内欢呼这一条约是“一项历史性文件，为两国更光明的前途铺平了道路”。阿盟和苏联等国认为此举符合黎、叙两国利益；西方和多数阿拉伯国家则持沉默态度。国际舆论界看法是，该条约虽有助于黎内部局势的稳定，但也使叙可依据条约干预黎内部事务。反应最为强烈的是以色列，反复谴责该条约使叙武装占黎永久化，对以安全构成威胁，甚至一度在以、黎边境集结重兵，制造军事紧张。

1991年9月1日，黎、叙两国国防部长与内政部

长又根据“兄弟合作与协调条约”签订“安全与防务协定”，进一步明确黎在军事、安全、外交、情报、新闻等各方面不得有任何对叙不利的活动和举措，实际上将黎置于叙保护之下，并使黎与叙完全保持一致。

五、黎、以矛盾上升，斗争较前激烈

以色列是黎动乱的一个重要外部因素，且长期占有黎南部边境地区850平方公里的国土。双方斗争持续不断。1991年，黎政权逐步完善，其恢复国内法治的首要目标之一是要求以色列无条件执行联合国安理会第425号决议，从黎撤军。根据黎、叙条约，叙在黎驻军撤离的先决条件是以色列撤出黎南部边境地区。黎要真正恢复国家主权与领土完整，以色列撤军至关重要。此外，黎什叶派“真主党”等民兵以反对以色列侵占黎领土为借口，至今拒不交出武器装备和在黎南部地区控制的据点，并不时对以色列采取一些袭击行动；以方也经常空袭和炮击黎一些地区，使黎南部局势不时处于紧张状态。鉴于上述情况，黎当局在国内武装割据状况改观与内部形势趋于缓和之后，对以斗争态度较前强硬。除反复呼吁以色列从黎南部撤军外，还广泛开展了一系列外交活动，寻求国际社会的支持，敦促以色列无条件执行安理会425号决议。

以色列方面虽声称对黎巴嫩无领土要求，可以从黎撤军，但又附加一些对方难以做到的先决条件：一要叙先从黎撤军，解除对以色列的军事威胁；二要黎确能控制黎南部地区，禁止民兵和巴解放组织武装对以色列开展任何袭击活动，保证以色列北部边境安全；三要黎单独与以签订和平条约，从而使双方政治斗争相持不下，国际社会也不易发挥作用。与此同时，以色列对黎武装侵犯行动较1990年度有所增加。据统计，以军1991年对黎进行各种形式的侵犯活动达26次，比上一年度增加37%。其中有2个高潮：一是黎、叙签订“兄弟合作与协调条约”之际；二是在中东和会召开前后黎南部袭以活动有所增加之时。

1991年10月马德里中东和会开幕，黎、以双方均出席，并继而在1991年底前进行了两轮面对面的双边和谈。由于双方要价悬殊、以色列同叙利亚和谈尚无任何实质性进展，因而黎、以媾和时机亦未成熟。黎、以之间斗争仍然继续，边境地区局势还不安宁。

六、黎国内不稳定因素还严重存在

1991年黎巴嫩局势总体上是进一步趋于缓和，但并不平静，仍存在严重的不稳定因素。除黎南部地区局势不时动荡、消除武装割据时一度有所紧张外，还存在下列几个主要问题：

1. 宗派争权夺利斗争在继续。黎政权机构在逐步健全过程中，基督教与伊斯兰两大教派平分政府部门公职的问题较为棘手。多年来基督教派一直在公职中占较大比例，现实行同伊斯兰教派平分，不仅感情上难以接受，在具体实行中也是障碍重重。基督教马龙派、伊斯兰教逊尼派和什叶派三大势力分别占有总统、总理与议长的职位，都在利用自己手中权力为各自的势力谋取利益，明争暗斗不止。政府内阁由各大政党派系头面人物组成，难免在一些重大问题上意见相左。其中较为突出的是基督教派对黎同叙发展特殊关系愤愤不平。

2. 动乱根源尚未彻底消除。武装割据局面改观后，各种敌对势力之间的宿怨旧仇并不因此而一笔勾销。各大民兵武装除“真主党”外都已交出重型、中型武器装备及大部分轻型武器，但其中不少派系仍藏匿了一些武器，民间武器扩散还较广泛，对社会治安有较大的威胁。恐怖活动仍然时有发生。1991年发生4次汽车炸药爆炸事件，年底在贝鲁特发生的爆炸事件中，至少有150人伤亡，受伤者中有黎前总理瓦赞。

3. 经济困难严重，国家重建工作步履维艰。据黎巴嫩官方宣布，近16年的内乱使黎经济损失约250亿美元；通货膨胀指数惊人，人民生活水平不断下降；战前1美元仅合3黎镑，人均收入约170美元；战后1美元可兑换1200黎镑，人均收入仅65美元；黎国债达20亿美元，人均负债600多美元；重建费用至少需要150亿美元。面对如此严重的经济困难，黎政府自身无法解决，只有依靠外援。然而，1991年黎所获各种外援十分有限，海湾危机前阿拉伯国家答应给黎的10多亿美元，因海湾战争而无着落；世界银行1991年底前在巴黎开会决定由欧美和海湾11国向黎提供的经援总额才7亿美元。所有这些，使黎战后重建工作步履艰难，人民不满情绪与日俱增，也孕育着新的不稳定因素。

（孙培德）

非洲军事要事

索马里国内战乱不止　索马里联合大会党1991年1月下旬推翻穆罕默德·西亚德·巴雷政权后单方面建立临时政府，遭到其在反对西亚德政权时期的主要合作者、控制着南部大片土地的索马里爱国运动等组织的坚决反对，双方多次发生武装冲突。曾是反西亚德政权主力、控制着北部地区的索马里民族运动对联合大会党“独自掌握国家政权”也十分不满，于1991年5月18日宣布北部独立，建立“索马里兰共和国”。在意大利和一些非洲国家的调解下，联合大会党1991年7月与爱国运动等5派实现和解，建立起由6方代表组成的临时政府。但随后联合大会党内两派矛盾激化，导致兵戎相见。至1991年底，双方仍激战不止。

一、联合大会党攻克首都，单方面建立新政权

1990年8月，索马里联合大会党、民族运动和爱国运动等反政府组织，在推翻西亚德政权的旗帜下实现联合，开始协调行动，共同打击西亚德政府军。其中，民族运动负责北部地区作战；爱国运动负责南部地区作战；联合大会党武装部队则由中部地区发起进攻，直逼首都摩加迪沙。

1991年1月27日，联合大会党武装部队攻占摩加迪沙，推翻西亚德政权。次日，联合大会党未与民族运动和爱国运动等组织协商，就单方面宣布建立新政权，任命阿里·马赫迪·穆罕默德为索马里临时总统。马赫迪1969年前曾任索马里议会议员，后弃官经商。他被联合大会党推举为临时总统的主要原因有两个：一是在联合大会党反对西亚德政权的过程中，马赫迪慷慨解囊，大力资助；二是联合大会党主席兼武装部队总司令穆罕默德·法拉赫·艾迪德根据当时形势的需要，认为自己暂时不便亲自出面，而让未在联合大会党内担任重要职务的马赫迪出任临时总统，有助于其他各派承认新政权和尽快稳定索马里局势。马赫迪上任后，立即组建政权机构，于1991年2月3日宣布成立临时政府，任命奥马尔·阿尔特·加利卜为临时政府总理。与此同时，新政权积极筹备召开所有反西亚德政权组织参加的大会，以争取早日实现全国和解。

二、爱国运动和民主救国阵线等以武力反对新政权

索马里爱国运动和另一个活跃于南部地区的政治组织——索马里民主救国阵线，对联合大会党单方面建立新政权极为不满，表示“坚决不予承认”。爱国运动和民主救国阵线均得到达罗德部族的大力支持。两派经过协商，决定联合起来，“誓为达罗德族人而战”，推翻主要由哈威伊族人组成的联合大会党的新统治。

1991年2月9日，爱国运动武装部队在摩加迪沙以南地区首先与联合大会党武装部队开战。随后，爱国运动和民主救国阵线的武装部队从南部、西部和北部分3路向摩加迪沙发起进攻。南路部队约有8000人，1991年3月22日攻占摩加迪沙以南90公里处的沙兰博德后，沿海岸线北进，4月10日到达摩加迪沙以南14公里处的杰拉齐；西路部队有1万人，经过激战，于1991年4月8日控制摩加迪沙以西30公里处的阿弗戈伊，接着推进到摩加迪沙以西16公里处；北路部队也有1万人，由摩加迪沙以北350公里处的布尔发起进攻，4月上旬夺取摩加迪沙以北30公里处的巴拉德大桥。至此，爱国运动和民主救国阵线的武装部队控制了索马里南部大部地区和中部部分地区，对摩加迪沙形成包围之势。面对这一严峻形势，联合大会党武装部队组织猛烈反攻，于1991年4月12日击退爱国运动和民主救国阵线的武装部队的进攻，打破了对摩加迪沙的包围。

三、摩加迪沙遭到战争破坏，秩序极为混乱

摩加迪沙昔日被誉为“印度洋明珠”，但经历战乱遭到严重破坏，弹痕累累，废墟满城，电力短缺，食品匮乏，通信不畅。社会秩序极为混乱，枪炮声和爆炸声终日不断。在爱国运动和民主救国阵线两个组织与联合大会党的矛盾激化后，摩加迪沙城内的哈威伊人和达罗德人时常发生斗殴厮杀，造成大量人员伤亡。绝大多数达罗德人，纷纷逃往南方避难。

摩加迪沙还成了土匪组织进行恐怖活动的天下。该市约有土匪组织20个。它们装备精良，弹药充足，都有防守坚固的基地。其成员四出活动，寻机抢劫车辆、洗劫商店和公寓、暗杀对其有威胁的人物，平均每天约

有20人遭暗杀。摩加迪沙武器交易活动猖獗，且价格低廉，为土匪组织从事恐怖活动提供了条件。火箭炮、机枪甚至坦克等都很容易买到。摩加迪沙还有许多私人开设的武器制造厂。其中六七家工厂制造的名叫“勇士之路”的战车受到土匪组织的欢迎。这种战车是将抢来的四轮卡车去掉顶篷，在上边架设1门106毫米口径反坦克炮，在底盘上装1挺重机枪改装而成。联合大会党武装部队也装备有大量此种战车，并曾广泛用于进攻西亚德政府军和反击爱国运动、民主救国阵线的武装部队，收到较好效果。

针对摩加迪沙的混乱状况，联合大会党抽调5000名武装人员加强首都的警察力量(4000人)，开展收缴武器运动，打击恐怖活动，但收效甚微。

四、“民族运动”宣布北部地区独立，成立“索马里兰共和国”

主要由伊萨族人组成、控制着北部地区的“索马里民族运动”，对联合大会党单方面建立新政权也十分不满，因而主张与索马里中部和南部地区分离，在北部地区单独建立一个国家。为此，该运动领导人多次与北部地区其它3个部族——加达布尔西族、多尔博汉塔族和瓦尔桑格利族的领导人举行谈判，达成共识。1991年5月18日，民族运动正式宣布北部地区独立，成立名叫“索马里兰共和国”的国家，恢复1960年以前的边界。

1960年以前的边界是英国和意大利对索马里实行殖民统治时划定的。19世纪末，英、法、意3国相继入侵非洲之角。英国最先侵占靠近亚丁湾的索马里海岸，即现在的索马里北部地区。法国接着占领英属索马里以西地区，即1977年宣布独立的吉布提。意大利则从索马里东南侵占沿印度洋的海岸地区及内地，即现在索马里中部和南部地区。1960年6月26日和7月1日，英属索马里和意属索马里先后宣布独立，并于7月1日合并为现在的索马里。民族运动宣布成立的“索马里兰共和国”，即为独立前的英属索马里，面积约17.6万平方公里。

民族运动同时还宣布：该运动领导人阿卜杜拉赫曼·艾哈迈德·阿里担任“索马里兰共和国”临时总统；新国家将实行多党制和建立市场经济，两年内举行自由选举；尊重各个部族间的平等，保证在各个部族间分配权力。

五、联合大会党在一些国家调解下，与“爱国运动”等5个派别实现和解

索马里战乱不仅给本国造成严重破坏，也给邻国带来严重社会问题。对此，一些国家和国际组织十分关注，纷纷进行调解，并取得重大进展。首先，在意大利和埃及的调解下，联合大会党与“爱国运动”、民主救国阵线于1991年5月上旬达成停止战斗、举行和谈的协议。接着，非洲统一组织及肯尼亚、埃及、吉布提、乌干达、尼日利亚等非洲国家领导人出面调解，促成联合大会党、爱国运动、民主救国阵线、民主联盟、民主阵线、联合阵线6个派别的代表，于1991年7月15日至21日在吉布提举行和解会议。据吉布提外交和合作部长巴敦·法拉赫在此次会议的闭幕式上宣布，6派代表达成如下协议：彻底实现停火；暂时实施被西亚德政权废除的1960年颁布的索马里宪法，在两年内以此宪法为基础制定颁布新的宪法；建立新政府，组成有128个席位的议会；在6个派别间合理分配权力，由联合大会党攻占摩加迪沙后任命的临时总统马赫迪继续担任为期两年的临时总统，副总统、总理和议会领导人则由其他派别的人员担任；统一军事力量，消灭仍在索马里南部地区活动的西亚德政权的支持者。北部地区的索马里民族运动不接受调解，没有参加此次和会，但在会后表示：“北部地区和民族运动不久将回到索马里祖国的怀抱。”

六、联合大会党内两派矛盾激化，导致兵戎相见

马赫迪出任为期两年的临时总统虽然得到吉布提和会6派代表的一致同意，但遭到最早推举马赫迪任临时总统的联合大会党主席兼武装部队总司令法拉赫的坚决反对。马赫迪不顾法拉赫反对，于1991年8月17日宣誓就职，并于10月份组成新政府，且未让法拉赫入阁，更加引起法拉赫的强烈不满。马赫迪和法拉赫虽同属哈威伊族，但来自不同部落。马赫迪来自阿布加尔部落，法拉赫则来自哈巴吉迪尔部落。历史上，这两个部落一直不和，武装冲突时有发生。由于法拉赫和马赫迪在权力分配问题上斗争激烈，各不相让，矛盾迅速激化，导致兵戎相见。

1991年9月5日至8日，支持马赫迪的部队和支持法拉赫的部队在摩加迪沙展开激战，动用了机枪、火箭炮和106毫米火炮等武器，造成约500人死亡和约1500人受伤。在第三方调解下，双方停止战斗，但未解决矛盾。法拉赫在此次战斗后称，其部队(7000余人)已控制摩加迪沙90%的地区。1991年11月15日，马赫迪部队(1万余人)调集火炮等武器巩固其在摩加迪沙的阵地。11月17日，法拉赫部队发起进攻，次日占领由马赫迪部队控制的国家电台、总统府、国际机场和港口等重要设施和目标，控制了除卡兰和利多2个区之外的摩加迪沙其他城区。马赫迪被迫前往摩加迪沙以北30公里处的沃西克村调集部队，组织反攻。11月

19日，马赫迪部队攻入摩加迪沙的西北区，与法拉赫部队展开激战。至1991年12月底，战斗仍未停息，双方处于僵持状态。在40余天的战斗中，有3000余人丧生，5000余人受伤，摩加迪沙进一步遭到破坏，90万居民受到饥饿的严重威胁。

（张钦贞）

埃塞俄比亚内战导致政权更迭 1991年2月下旬，埃塞俄比亚人民革命民主阵线、厄立特里亚人民解放阵线和奥罗莫解放阵线等主要反政府组织，联合对政府军作战，在不到3个月的时间内，控制了全国绝大部分地区，包围了首都亚的斯亚贝巴。埃塞俄比亚总统门格斯图于1991年5月21日乘飞机逃往津巴布韦；副总统特斯法耶·加布雷·基丹出任代总统。5月27日和28日，对亚的斯亚贝巴实施包围的人民革命阵线，一举攻占亚的斯亚贝巴，推翻门格斯图留下的政府；后又经一个多月的努力，与其他派别组织共同建立了过渡政府，埃塞俄比亚开始出现和平与稳定的局面。在上述战斗中，有数万人死亡。

一、埃塞主要反政府组织实现联合，向政府军发动全面进攻

在长期的内战中，埃塞俄比亚相继出现许多反对门格斯图政权的反政府组织，其中实力较强、影响较大的有厄立特里亚人民解放阵线（简称“厄阵”）、奥罗莫解放阵线（简称“奥阵”）、提格雷人民解放阵线（简称“提阵”）等。“厄阵”成立于1961年，主要活跃于北部的厄立特里亚省，拥有武装力量2万人，目标是“实现厄立特里亚独立”。“奥阵”成立于1976年，主要由奥罗莫族人组成，拥有武装力量1万人，目标是“建立一个独立的奥罗莫国家”。奥罗莫族占全国约5000万人口的40%，主要分布在埃塞俄比亚西南部、南部和东南部。“提阵”成立于1975年，主要活跃于北部提格雷、沃洛和贡德尔省，目标是“推翻门格斯图政权，建立新型的埃塞俄比亚”。经过十几年的斗争，“提阵”认识到，孤军作战难以取胜，必须与其他反政府组织联合起来，才能推翻门格斯图政权。为此，它与埃塞俄比亚人民民主运动、奥罗莫人民民主组织和埃塞俄比亚民主官员革命运动等实现联合，建立了统一的“埃塞俄比亚人民革命民主阵线”（简称“民阵”），由“提阵”领导人梅莱塞·泽纳韦任民阵主席。“民阵”成立后发展很快，至1990年底，其武装力量已逾20万人。1991年1月17日至23日，“民阵”举行首届全国代表大会，选举了领导机构，修改了纲领。其新纲领的主要政治内容是：推翻门格斯图政权，建立真正的人民民主国家；维护人民民主权益；保障民族自决权；建设强大的人民军队等。与此同时，“民阵”与“厄阵”和“奥阵”等就在战场上联合打击政府军达成默契：“厄阵”游击队主要负责厄立特里亚省的作战；“民阵”游击队从北部和西部向首都亚的斯亚贝巴进军；“奥阵”游击队则在其他方向与政府军作战；最后实现彻底打垮政府军，推翻门格斯图政权，共商埃塞俄比亚前途的目的。

1991年2月23日，装备有大量坦克、火炮等重型武器的“民阵”游击队，首先在埃塞俄比亚西北地区向政府军发动猛烈攻势。仅交战3天，就占领巴赫达尔重镇，切断亚的斯亚贝巴通往北部地区的3条公路。3月2日，攻占戈贾姆省；3月9日，又夺取贡德尔省；至4月中旬，推进到距亚的斯亚贝巴不足160公里的地区。“厄阵”游击队则沿埃塞俄比亚红海海岸由北向南迅速推进，1991年3月11日占领战略重镇埃德，至4月20日已占领厄立特里亚省95%的地区，缩小了对省会阿斯马拉和战略港口城市阿萨布的包围圈。与此同时，“奥阵”游击队等在绍阿等省与政府军展开激战，也取得一定战果。据埃塞俄比亚各反政府组织游击队1991年4月中旬公布的战报统计，在近2个月的战斗中，共消灭政府军5个师，合计4万人。

二、埃塞当局退让求和，门格斯图逃往国外

面对各反政府组织游击队的强大攻势和政府军节节败退的状况，埃塞俄比亚当局被迫退让求和。1991年4月19日，门格斯图发表广播讲话说，如果有助于恢复和保持国家的和平与统一，他愿意辞职。4月22日至23日，埃塞俄比亚国民议会召开紧急会议，提出无条件停火建议，并决定实行包括各反政府组织参加的“过渡统治”。4月26日，门格斯图任命被认为是温和派的外交部长特斯法耶·丁卡为总理（此前这一职位空缺）；同时，解除被认为是强硬派的副总统菲塞哈·德斯塔和执政的埃塞俄比亚工人党政治局成员莱盖塞·阿斯富的职务，任命持温和立场的特斯法耶·加布雷·基丹为新的副总统；还指示政治局成员阿莱穆·阿贝贝紧急成立一个新党——埃塞俄比亚民主团结党，以造成民主气氛。1991年5月9日，埃塞俄比亚政府正式成立“和平委员会”，开始积极寻求与各反政府组织和解的途径。

作为对埃塞俄比亚当局退让求和的回答，各反政府组织也表示：为了拯救埃塞俄比亚，准备参加包括现政权在内的“民族团结政府”，但先决条件是门格斯图必须下台。与此同时，各反政府组织游击队并未放松对政府军的进攻。1991年4月26日，“民阵”游击队占领距亚的斯亚贝巴105公里的安博；5月中旬，在亚的斯亚贝巴附近的北部和西部地区与政府军展开激战；5

月 21 日晨，夺取距亚的斯亚贝巴仅 70 公里的舍诺。在门格斯图统治集团内部，许多人此时已对门格斯图不抱任何希望，强烈要求他尽快辞职。美国和大多数欧洲国家也积极要求门格斯图尽快离开埃塞俄比亚。1991 年 5 月 21 日上午，门格斯图见大势已去，被迫宣布辞职，尔后乘坐埃塞俄比亚航空公司的一架飞机逃往津巴布韦。副总统基丹出任埃塞俄比亚代总统。

三、美国调解埃塞内战，“民阵”游击队包围首都

在埃塞俄比亚反政府组织游击队日益逼近亚的斯亚贝巴和门格斯图政权惶惶不可终日的情况下，美国开始出面调解埃塞俄比亚内乱。1991 年 5 月上旬，美国总统布什派特使鲁迪·博斯蒂奇前往亚的斯亚贝巴，就埃塞俄比亚内战问题与门格斯图进行会谈，要求门格斯图尽快离开埃塞俄比亚，以便各派早日实现和解，“拯救整个国家”。双方就此问题(包括门格斯图出走细节)达成一致。接着，美国负责非洲事务的助理国务卿赫尔曼·科恩在埃塞俄比亚政府和“民阵”、“厄阵”、“奥阵”四方之间积极进行斡旋，使该四方同意于 1991 年 5 月 27 日在英国首都伦敦举行和谈，讨论有关停火、建立过渡政府、修改埃塞俄比亚宪法及国家和平与政治稳定等问题。

基丹出任埃塞俄比亚代总统后，积极接受美国调解，呼吁各反政府组织立即停火，保证和平、民主地解决所有问题，保证在即将建立的过渡政府中与各反政府组织实现分权。为了表示诚意，基丹责成埃塞俄比亚工人党中央委员会和国务委员会批准了建立过渡政府的主张，并宣布释放 180 名政治犯，其中包括参与 1989 年 5 月未遂军事政变的 7 名将军和 2 名学者。

“民阵”、“厄阵”和“奥阵”也保证参加美国倡议的于 1991 年 5 月 27 日在伦敦举行的埃塞俄比亚和谈。但它们对门格斯图下台并未感到满足，认为门格斯图的离开只是清除了“一个坏人”，并不表明政府有重大改变；基丹一直与门格斯图关系密切，是政府军最高司令部领导人，曾负责制定政府军对付反政府组织的军事战略，因此不可信任。这些反政府组织决心将战斗进行到底，直到门格斯图留下的政府彻底垮台为止。“民阵”游击队借门格斯图出走使政府军更加无心抵抗之机，加紧对亚的斯亚贝巴的包围。1991 年 5 月 21 日，占领亚的斯亚贝巴以西 55 公里处的阿迪斯阿莱姆镇；5 月 25 日，挺进到亚的斯亚贝巴西面 9 公里处和北面 10 公里处；5 月 26 日，夺取亚的斯亚贝巴东南约 50 公里处埃塞俄比亚最大的空军基地德卜勒泽特，缴获大量飞机(包括数十架米格－23 型战斗机)，从而摧毁政府军的空军主力；5 月 27 日，攻占亚的斯亚贝巴以东 8 公里处的国际机场和该市东南的一个军用机场，切断了通往亚的斯亚贝巴的最后一条空陆通道，使亚的斯亚贝巴完全处于包围之中。“厄阵”游击队也向政府军发起更加猛烈的进攻，于 1991 年 5 月 24 日打败拥有 10 万人的政府军第 2 军，占领埃塞俄比亚第 2 大城市、厄立特里亚省会阿斯马拉；5 月 25 日，又夺取红海港口城市阿萨布，切断了从海岸到亚的斯亚贝巴的最后一条供应线。至此，“厄阵”游击队控制了整个厄立特里亚省。“奥阵”游击队则在西部和南部地区与政府军展开激战，其中在攻打西部城市登比多洛的战斗中，歼灭政府军第 28 师，于 1991 年 5 月 26 日占领该市。

四、“民阵”游击队攻占首都，埃塞产生新政权

根据美国的安排，埃塞俄比亚总理丁卡于 1991 年 5 月 25 日率团由亚的斯亚贝巴飞往伦敦，参加与“民阵”、“厄阵”和“奥阵”代表进行的和谈。5 月 27 日，美助理国务卿科恩分别与埃塞俄比亚四方代表进行预备性会谈；科恩在与丁卡会谈后，双方达成一项关于埃塞俄比亚交战各方立即停止战斗的协议；但是，在与“民阵”代表会谈时，科恩却建议“民阵”游击队“尽快开进亚的斯亚贝巴维持社会秩序，制止已经出现抢劫的混乱局面”。“民阵”游击队不失时机，立即向亚的斯亚贝巴发起进攻，当天占领距市中心数公里的政府军总部。1991 年 5 月 28 日晨，动用坦克、多管火箭炮等武器向位于山顶上的总统府发动进攻，遇到门格斯图亲手建立起来的精锐警卫部队(约 3000 人)的抵抗。经过 3 小时激战，总统府内的弹药库被击中爆炸，警卫部队“弹尽力竭”，被迫逃散，基丹和其他 5 名高级官员逃往意大利大使馆寻求避难(几天后全部自杀)，总统府被民阵游击队占领。同时，“民阵”游击队还占领政府大楼、警察局、电台、中央广场和主要街道等，基本控制亚的斯亚贝巴的局势。接着，“民阵”游击队乘胜追击，于 1991 年 6 月初夺取政府军控制的最后 3 个城市——东部的德雷达瓦、哈勒尔和季季加，彻底摧毁了政府军的残余部队。

丁卡对科恩建议“民阵”游击队开进亚的斯亚贝巴强烈不满，于 1991 年 5 月 27 日宣布退出“美国操纵的埃塞俄比亚和谈”，以示抗议。对此，科恩未予“理睬”，于 5 月 28 日继续主持由“民阵”、“厄阵”、“奥阵”三方代表参加的和谈。经过数小时讨论，3 方代表达成一项协议：在成立过渡政府之前，埃塞俄比亚暂时由“民阵”控制。据此，“民阵”在占领亚的斯亚贝巴后，立即宣布成立临时政府。

但是，“厄阵”对“民阵”“暂时独掌政权”十分不安，为使自己长期追求的关于厄立特里亚独立的目标不致

落空，1991年5月29日宣布在厄立特里亚省建立自己的临时政府。“奥阵”也对“民阵”“暂时独掌政权”感到担心，声称要为“自由的奥罗莫”战斗到底。还有一些党派于5月29日组织数千人到亚的斯亚贝巴的主要场所和美国大使馆前进行示威，抗议“民阵”“与美国相勾结窃取埃塞俄比亚的国家权力”，遭到“民阵”游击队开枪镇压，有8人被打死。面对这些情况，“民阵”领导人泽纳韦多次发表讲话，保证尽快组建多党过渡政府，呼吁各派为此进行协商。1991年6月初，“民阵”与“厄阵”、“奥阵”再次举行谈判，就建立一个基础广泛的过渡政府达成协议。1991年7月2日至6日，埃塞俄比亚24个政治组织在亚的斯亚贝巴举行“和平、民主过渡全国会议”。非洲统一组织也派代表出席会议。与会代表从实现全国和平的大局出发，采取了妥协、合作的态度，一致同意建立一个由各派参加的过渡政府，并通过了过渡时期宪章。宪章规定：过渡政府任期2年或更长一点时间，然后举行全国大选，组成新政府和制定新宪法；过渡时期的总统、副总统、总理等5个主要领导人分别由不同民族的代表担任。对于“厄阵”要求厄立特里亚省独立问题，会议决定在2年内通过公民投票方式来解决。“厄阵”对此表示同意。由于此次会议取得了成功，埃塞俄比亚开始出现和平与稳定的局面。

（张钦贞）

苏丹国内武装冲突仍较频繁　1991年，苏丹巴希尔军政府粉碎两起试图推翻其统治的军事政变，惩处了政变的主要策划者和参与者；同时，积极采取措施，分化和打击苏丹人民解放军，取得较为明显的成果。人民解放军发生分裂，但该组织中的约翰·加朗一派依然得到许多方面的支持，仍有较强实力，并持续不断地向政府军发动攻势。

一、军政府粉碎两起军事政变

据西方报刊报道，巴希尔1989年6月发动军事政变推翻迈赫迪政府时曾得到伊斯兰民族阵线（简称伊阵）的大力支持，因此，他上台后在内外政策上对伊阵“言听计从”。苏丹政治、经济、军事、文化、教育和宣传等部门的权力都落入伊阵手中。而伊阵的目标是把苏丹建成一个伊斯兰国家，用伊斯兰教规指导社会生活的各个方面。1991年3月22日，巴希尔军政府不考虑前总统尼迈里因1983年推行伊斯兰法而倒台的“沉痛教训”，宣布在北方各州实施“伊斯兰刑法”。

对于巴希尔“完全投靠”伊阵和极力推行伊斯兰法的做法，苏丹国民党、民主联合党及军队内部的一些势力等极为不满，曾多次发动旨在推翻巴希尔的军事政变，但均未成功。1991年4月中旬，一些军官策划新的军事政变，被巴希尔军政府事前侦破，有20名军官遭到处决。内政部长费萨尔·阿布·萨利赫等高级官员，因对这20名军官只经简单审讯就被处决表示反对而被革职查办。1991年8月中旬，国民党、民主联合党的领导人和一些军官再次策划军事政变，准备在政变成功后处决巴希尔和伊阵领袖哈桑·图拉比等人，宣布取消伊斯兰法，推行“面向世界，特别是面向阿拉伯国家”的外交政策。但也被巴希尔军政府事前侦破。1991年8月20日，巴希尔军政府逮捕了政变的主要策划者和参与者，其中有10名现役军官和一些退役军官，还有国民党第3号人物、前教育部长巴克里·阿代尔，民主联合党领导成员、前卫生国务部长艾哈迈德·巴米尔等人。

二、军政府采取措施分化、打击人民解放军

活跃于南方的苏丹人民解放军一直是巴希尔军政府的“心腹大患”。为了分化瓦解和打击人民解放军，1991年巴希尔军政府采取了以下措施：

（一）大讲“和解”。强调南方问题不是因宗教信仰不同和种族各异引起的，而是由于发展不平衡、财富和权力分配不均造成的；南方问题不能靠武力来解决，只能通过和平谈判的方式来解决。为使人民解放军接受和解，巴希尔军政府允诺在南方3个州不实行伊斯兰法，在全国推行人民代表大会制，自由选举国家总统等。1991年5月，人民解放军领导人加朗根据当时形势的需要，主动提出与军政府进行和谈。对此，军政府积极响应，并委托非统组织主席、尼日利亚总统班吉达出面进行斡旋调解。非统组织、美国和法国等相继提出和谈计划。但因后来人民解放军发生分裂，双方和谈1991年内未能举行。

（二）开展“攻心战”。召集居住在首都喀土穆的南方人士举行座谈会，大张旗鼓地宣传军政府对南方问题的立场；宣布对参与“南方叛乱”的人实行大赦；在南方各州建立一批和平村，专门用于安置逃离人民解放军控制地区的“回归者”；对持枪“回归者”发放5000苏丹镑奖金，并适当安置工作。

（三）积极改善同周边国家的关系，企图断绝人民解放军的外援。苏丹革命指挥委员会成员、和平外交局局长哈里发上校先后对埃塞俄比亚、肯尼亚、乌干达、中非、扎伊尔、乍得进行访问，同这些国家签订或恢复了边界协定，还就不允许苏丹人民解放军在这些国家领土上设立电台、从事反对苏丹现政权的活动等达成协议。

（四）组建民防军协同正规军对人民解放军作战。巴希尔军政府总结过去与人民解放军作战的经验教训，认识到单纯依靠政府正规军作战难以取胜。因此，军政府在苏丹各地特别是南方各州组建了大批民防军，协同政府正规军作战。民防军基本上由当地人组成，熟悉地形地貌，了解人民解放军的活动情况，既能与政府正规军协同作战，又能为政府正规军提供准确的情报，使人民解放军在战场上处于不利的境地。

三、苏丹人民解放军发生分裂

1991年6、7月份，苏丹人民解放军首次发生大规模分裂：1万多名官兵表示与加朗决裂，向巴希尔军政府投降。9月初，人民解放军再次公开分裂：其3位领导人拉姆·艾库尔、里克·马歇尔和卡比努·阿尔卡图突然向英国广播电视记者发表谈话，宣布推翻加朗的统治，接管对人民解放军的领导权；与此同时，加朗一派则在肯尼亚首都内罗毕发表声明，宣布加朗仍控制着人民解放军。接着，两派部队发生武装冲突，造成大量人员伤亡。

人民解放军之所以发生分裂，除了巴希尔军政府对其分化和打击等外部原因外，更重要的原因是其内部矛盾的激化。

（一）在斗争目标上存有严重分歧。加朗为之奋斗的目标是不仅要“解放南方”，而且要“解放北方”，以武装斗争改变苏丹政权，把苏丹变成“一个民主的、平等的和自由进步的新苏丹”。但是，经过多年的艰苦努力，此目标没能实现，人民解放军处境日益艰难。对此，人民解放军部分领导人由怀疑逐渐发展到强烈不满和反对。他们主张“南北方暂时分离”，先使南方独立，“将南方建成一个政教分离的世俗国家”。

（二）对加朗实行“独裁统治”，许多人表示不满。人民解放军既没有完整的政治体制，也没有司法机构。所有大权全掌握在加朗一人手中。加朗“生性多疑，作风拔扈，容不得持不同政见者”，经常对反对他的人进行清洗和镇压。据统计，从1983年至1991年，加朗共清洗、关押和处决人民解放军中有影响的领导人102名。加朗这种行为，使领导层内部人人自危，敢怒不敢言，最终导致公开分裂。

（三）部族矛盾日益尖锐。苏丹南方有大、小部落500多个，大的上百万人，小的仅数百人。各部落语言和宗教信仰不尽相同。除在反对信奉伊斯兰教的北方政府方面较为一致之外，大小、强弱部落之间，不同的政治派别之间存在着深刻矛盾，部族冲突时有发生。人民解放军正是由这些部落的人组成的。加朗来自南方人口最多、势力最强的丁卡族。他未按“民族平等”的原则行事，而是重用本族人，打击排挤其他部族的人士，促使人民解放军部族矛盾日益尖锐，加速了人民解放军的分裂进程。

（四）军事上的失利使部分人员丧失信心。人民解放军自1983年成立后，一直得到埃塞俄比亚门格斯图政府的大力支持，势力发展很快。它利用苏丹和埃塞俄比亚边界线长、回旋余地大的有利条件，采取灵活多变的游击战术，频繁向政府军发动攻势，曾取得一些重大胜利。但1991年5月门格斯图政权倒台后，苏丹人民解放军无法再利用埃塞俄比亚的边境地区从事武装活动。为了保住南方的地盘，人民解放军被迫与巴希尔政府军打阵地战，在战斗中接连失利，人员和武器装备损失较大，士气受到很大影响。

四、加朗部队继续不断向政府军发动攻势

虽然苏丹人民解放军遭到内部分裂、政府军进攻和失去一些外援等方面的严重打击，但加朗派作为反政府的“主流派”，仍有3万多名武装人员，并继续得到许多方面的支持。巴希尔军政府受伊阵控制，极力推行伊斯兰法，使一些“深受伊斯兰原教旨主义分子困扰”的邻国极为反感和恐慌。而加朗部队坚决反对在苏丹推行伊斯兰法，是阻止“伊斯兰教原教旨主义”向苏丹邻国“渗透”的屏障。因此，这些国家虽表面上表示不支持加朗部队，但暗中继续向加朗部队提供大量援助。西方国家及教会组织对巴希尔军政府推行伊斯兰法、实行“独裁统治”和“践踏人权”等更为不满，通过各种手段向加朗部队提供援助，以牵制和削弱巴希尔军政府的力量。1991年9月，法国内阁成员比尔纳德·库希尼尔两次拒绝巴希尔军政府的访问邀请，却抵达苏丹南方会见加朗，并公开指责巴希尔军政府“阻挠南方救济工作”。

加朗部队未因人民解放军的分裂而一蹶不振。他们总结经验教训，继续不断地向政府军发动攻势，以图“夺回损失，重振军威”。1991年10月，加朗向所属部队下达“向白尼罗河东西两岸进军、把战火扩大到北方”的命令，并提出“在1年内结束战斗”的口号。11月下旬，加朗部队向朱巴发动大规模进攻，对该城进行了猛烈炮击。由于驻朱巴政府军多达2万人，防守坚固，加朗部队经过数日苦战未能攻克该城。与此同时，加朗部队还向朱巴北面的一个政府军阵地发动进攻，也未取得大的战果。

（张钦贞）

马里发生动乱和军事政变　1991年1月和3月，马里先后发生动乱和军事政变，执政22年多的穆萨·特拉奥雷政权被推翻，有200余人死亡，1000余人受伤。7月中旬，马里又发生一起试图推翻新政权的未遂军事政变。

一、马里发生大规模动乱。特拉奥雷是1968年11月19日发动军事政变上台的。1979年3月，马

里成立唯一政党——人民民主联盟，特拉奥雷任总书记。1991年1月21日和22日，马里首都巴马科2万余人举行示威集会，强烈要求特拉奥雷下台和实行多党制。马里当局出动军队和警察予以阻止，与示威人员发生冲突，造成2人死亡，数十人受伤。随后，动乱迅速蔓延到全国。1991年3月22日至24日，巴马科发生更大规模的动乱：数万名青年学生和市民冲向街头，呼喊"打倒特拉奥雷"等口号，袭击和抢劫商店、工厂企业和政府大楼，切断铁路公路联系。军队和警察开枪镇压。双方发生激烈冲突。据法新社报道，动乱中有200余人丧生，1000余人受伤。

二、特拉奥雷退让求和未奏效。在动乱发生初期，特拉奥雷主要采取了出动军警予以阻止、在主要城市中实行紧急状态和宵禁等强硬做法，试图恢复局势稳定。但这更激起示威者的不满，动乱进一步扩大。在此情况下，特拉奥雷被迫"退让求和"。1991年3月22日，特拉奥雷宣布将尽快召开人民民主联盟会议，讨论实行多党制问题。3月24日，代表特拉奥雷政权的专门委员会与代表各反对派组织的协调委员会就马里政局问题举行谈判。专门委员会由人民民主联盟执行局成员和政府成员组成。协调委员会由马里全国工人联合会、人权协会、民主协会、全国民主倡议委员会、民主与进步青年协会等组织的代表组成。双方就取消在主要城市中实行的紧急状态和宵禁、释放在动乱中所有被拘留的人员等达成一致意见。但是，特拉奥雷坚决拒绝协调委员会提出的"特拉奥雷及其政府必须辞职、解散国民议会和组成一个民主过渡的人民拯救委员会"的要求。协调委员会对此十分不满，继续在巴马科等主要城市组织大规模示威活动。全国工人联合会则号召全国工人从1991年3月25日起举行无限期大罢工。

三、一批军官发动政变推翻特拉奥雷政权。1991年3月25日，一批马里军官发动政变，逮捕了特拉奥雷和一些高级官员，宣布推翻"残忍的、腐败的政权"，成立以阿马杜·苏马尼·杜尔中校为首的由15名军人和2名警察组成的全国和解委员会。该委员会发表的一项公报说：发动政变的原因是，特拉奥雷政权对待人民的"合法愿望"采取"蔑视态度"，"不惜一切手段顽固地保护自己的权力"，以致于国家发生了"大屠杀"；马里军队决定同"民主组织联合起来，为在最短的期限内建立一种完整的民主制度创造条件；为了"避免抢劫和其他破坏活动"，暂时关闭边界和国际机场。巴马科成千上万的市民听到特拉奥雷被推翻的广播后，"欢呼雀跃"，燃放烟火以示庆贺。马里局势由此渐趋平静。1991年3月27日，全国和解委员会开始同"民主组织"举行会谈。经过3天协商，双方同意建立一个由25名成员组成的"人民救国过渡委员会"，其中文职人员15名，军人10名。杜尔中校被选为该委员会主席。该委员会的主要任务是，在1992年1月1日之前的过渡时期里，负责组织"自由选举"，承担立法职能，制定国家政策，保证各政党公开参与国家宣传媒介的活动等。

四、新政权粉碎一起军事政变。1991年7月14日，以拉米纳·迪亚比拉少校为首的一批军官发动军事政变，试图推翻以杜尔为首的新政权。拉米纳·迪亚比拉曾任廷巴克图地区长官，"在经济发展方面的能力较强"，与杜尔"关系密切"，被杜尔选为其政府成员。7月15日上午，马里主要军事基地卡蒂一些支持拉米纳·迪亚比拉的军人，沿卡蒂公路向巴马科"进军"，一度接近库卢巴总统府。忠于杜尔的军队进行反击，逮捕了迪亚比拉等8名军官，很快平息了这次"军事叛乱"。

（张钦贞）

西撒和解有较大进展 1990年至1991年，西撒哈拉问题的和解进程取得较大进展。

一、联合国安理会通过和平解决西撒问题的决议。为使1976年以来武装冲突一直不断的西撒问题获得和平解决，联合国秘书长德奎利亚尔等进行了多方努力。1990年3月下旬，德奎利亚尔再次访问摩洛哥、西撒人阵总部和一直积极支持西撒人阵的阿尔及利亚，就和平解决西撒问题同三方领导人进行了会谈，取得"一些十分重要的进展"。根据此次访问成果，德奎利亚尔提出一项"在联合国监督下解决西撒哈拉争端"的和平计划。该计划建议在西撒实行停火，并在停火生效6个月后举行公民投票，以最终决定西撒的前途；整个和解过程由联合国维持和平部队和文职官员进行监督。1990年6月27日，联合国安理会通过决议批准该和平计划。7月上旬，德奎利亚尔在日内瓦就如何落实和平计划问题，分别同摩洛哥和西撒人阵的代表进行磋商，取得"令人乐观"的成果。1991年4月29日，联合国安理会一致通过实施和平解决西撒问题计划的第690号决议。该决议规定：在联合国维持和平部队和文职官员的监督下，西撒冲突双方尽快交换战俘和释放被捕的西撒平民，随后举行公民投票，让西撒人民自由选择西撒是独立还是与摩洛哥合并。此计划分两个阶段实施：第一阶段为16个星期，包括审查参加投票选民的身份，组成选举团，最终实行全面停火；第二阶段为20个星期，包括遣返西撒难民，将摩洛哥在西撒的驻军削减到与西撒人阵的武装力量相等的人数(6.5万人),组织公民投票,宣布投票结果,最后撤出联合国维持和平部队。对于这项决议,摩洛哥、西撒人阵和阿尔及利亚三方都表示欢迎,先后宣布将尊重联合国的监督和公民投票的结果。

二、摩洛哥和西撒人阵达成停火协议,联合国维持和平部队抵达西撒。在联合国推动下,摩洛哥、西撒人阵和阿尔及利亚三方也为和平解决西撒问题积极行动起来。1991年5月下旬,摩洛哥国王哈桑二世访问阿尔及利亚,与沙德利总统举行了3天会谈,就解决双方在西撒问题上的分歧达成协议。1991年7月,西撒人阵和摩洛哥签署停火协议,同意从1991年9月6日起实现正式停火,在联合国监督下于1992年1月底举行最终决定西撒归属的公民投票。1991年9月6日格林尼治时间6时,停火协议开始生效。西撒人阵总书记穆罕默德·阿卜杜拉·阿齐兹为此发表声明称,西撒人阵将"完全无条件地遵守停火";摩洛哥外交和合作大臣菲拉利也发表讲话说,摩洛哥决心遵守停火;阿尔及利亚对西撒停火表示欢迎,认为"停火是西撒历史新阶段的开端"。与此同时,联合国维持和平部队分批进驻西撒开展工作。进驻西撒的联合国维持和平部队共有1700人,包括550名军事观察员、700人组成的1个步兵营、4架飞机和8架直升机及110名机组人员组成的1个空中支援小组、45人组成的1个通信小队、50人组成的1个医疗队、200人组成的后勤营及40名宪兵等。这些人员分别来自36个国家。

三、摩洛哥和西撒人阵仍存在严重分歧,西撒和平解决尚有一些障碍。西撒和解虽已取得较大进展,但仍存在着一些障碍。(一)摩洛哥和西撒人阵在公民资格问题上分歧严重。据西撒人阵驻阿尔及利亚大使哈基姆1991年10月5日在记者招待会上说,西撒地区的摩洛哥人和西撒人之比约为9比1,即摩洛哥人约60.5万,其中驻军20万人,警察和治安人员3万人,1975年向西撒移民20万人,1991年又向西撒移民17.5万人;而西撒人不足7万。如果上述人员均有公民资格,那么投票结果将对摩洛哥极为有利。因此,摩洛哥主张由"司法确认的"现有公民进行投票表决;西撒人阵则主张前西撒殖民统治者西班牙1974年登记的7万西撒人为有资格的公民。联合国官员多次就此问题与双方代表进行磋商,至1991年底未取得实质性结果。(二)摩洛哥不愿承认有战俘问题。联合国安理会第690号决议规定,西撒实现停火后,冲突双方应尽快交换战俘。对此,西撒人阵表现积极,在停火协议生效后马上向外界展示了350名摩洛哥战俘,并称它共关押着2000多名摩洛哥战俘,表示愿将这些战俘遣返摩洛哥。而摩洛哥担心"交换战俘将意味着承认西撒独立",因此,不愿提供西撒人阵战俘的名单,并拒绝西撒人阵向其遣返摩洛哥战俘。(三)摩洛哥对联合国维持和平部队的态度发生变化。摩洛哥原以为联合国维持和平部队只部署在用于隔离交战双方部队的"防护墙"沿线,但第1批联合国维持和平部队部署在西撒人阵控制区中部的两个小镇,这使摩洛哥的态度发生一些变化。摩洛哥国务大臣穆拉伊·艾哈迈德·阿拉维1991年9月7日发表文章说:摩洛哥接受在联合国监督下进行公民投票的原则,但对联合国维持和平部队的使命、部署和在西撒的权限"有些建议和保留";"国际部队的存在不是非有不可的,不应出现撒哈拉被外国军队占领的局面";联合国维持和平部队"应该光明正大地同撒哈拉政府、警察局进行合作"。此外,摩洛哥和西撒人阵在停火协议生效后不久,还相互指责对方违反协议。摩洛哥指责西撒人阵从"邻国"向西撒调集部队;西撒人阵则指责摩洛哥不断派飞机进入该阵线控制区上空侦察。

(张钦贞)

扎伊尔发生军人骚乱 1991年9月和10月,扎伊尔接连发生其历史上罕见的大规模抢劫事件:首都金沙萨及其他大城市的军人成群结队,带头哄抢商店、仓库、工厂企业、富人住宅等,造成250余人死亡,数千人受伤,使扎伊尔经济造成"灾难性后果",并引发蒙博托总统与反对派领导人在权力分配特别是军权控制问题上的激烈争斗。

一、经济严重恶化,军人生活难以维持

据西方报刊报道,扎伊尔总统蒙博托1965年11月执政后,为争取经济独立和发展曾做出过积极努力。但在70年代后,由于管理不善,国民经济日趋衰落。特别是1989年后,工农业生产一蹶不振,国民生产总值连续两年出现负增长,财政赤字猛增。1990年,美国和比利时又相继宣布取消对扎伊尔的经济援助,国际金融机构也中止向扎伊尔提供新的贷款,致使扎伊尔政府被迫放弃实施经济发展计划。至1991年9月,扎伊尔外债高达93亿美元,通货膨胀率高达1000%。

在严峻的经济形势之下,扎伊尔军人过着"极其艰苦的生活"。他们月薪平均仅为10万扎伊尔(合3美元多),在进入1991年后数月领不到薪金。扎伊尔士兵都是拖家带口的职业兵,过低的薪饷使他们难以维持生计。为此,他们多次强烈要求增加10倍薪金并能按时得到薪饷,但迟迟未得到答复。

二、军人带头洗劫金沙萨,蒙博托采取措

施予以制止

扎伊尔军人由于生活无保障，不满情绪急剧增长。与此同时，一些反对派组织借机在军人中散发传单，传播蒙博托及其政府官员“大肆侵吞国家财产”的消息，煽动军人起来造反。在此情况下，许多军人的不满情绪很快达到顶点。1991年9月23日凌晨3时，扎伊尔第31伞兵旅突然出动，一举占领金沙萨恩吉利国际机场进行抢劫；紧接着，金沙萨的宪兵、国民卫队也纷纷出动，冲向商店，打碎门窗玻璃，抢劫物品。9月24日清晨，许多军人和市民再次出动，对商品仓库、食品冷库、工厂企业、富人住宅等进行抢劫。所到之处，物品和钱财被一扫而光。在2天的洗劫中，共有117人丧命，1500余人受伤；金沙萨的工业和商业几乎全被破坏，工商业活动被迫中断。

为了制止抢劫活动，扎伊尔武装部队最高指挥部9月24日发表公报，要求不值勤的军人立即返回各自的兵营，市民不要上街；同时，组织武装巡逻，对5人以上聚集在街道上的任何人群实施严厉镇压。1991年9月25日，蒙博托主持召开内阁特别会议，决定从9月26日起在金沙萨等城市实行宵禁，命令私自持有武器弹药者立即把武器弹药上交其所在地区的军事当局。另一方面，蒙博托答应士兵增加工资的要求，并表示宽恕他们的抢劫行为。法国和比利时分别派兵300人和500人于9月24日抵金沙萨，帮助扎伊尔当局恢复秩序，保护本国工作人员和侨民的安全。

三、蒙博托与反对派组织在权力分配特别是军权控制问题上斗争激烈

金沙萨遭洗劫后，扎伊尔反对派组织抓住时机，向蒙博托展开猛烈政治攻势，强烈要求由人民革命运动成员组成的政府立即下台。法国、比利时等西方国家也积极要求蒙博托继1990年4月宣布实行多党制后，进一步“开放民主”。迫于内外压力，蒙博托就权力分配问题与反对派组织进行了艰难的谈判，于1991年9月30日颁布法令，任命最强烈反对他的人之一齐塞克迪为新总理。

齐塞克迪上任后，与蒙博托就新政府的组成问题展开激烈斗争。双方对由谁担任国防部长和安全部长职务，意见严重对立。齐塞克迪极力反对蒙博托继续控制军队；而蒙博托一再表示，根据扎伊尔宪法，他有权控制军队。由于齐塞克迪坚持己见，毫不妥协，蒙博托极为不满，于1991年10月21日宣布撤销齐塞克迪的总理职务，任命另一个反对派人士迪亚卡为总理。但齐塞克迪对此不予理睬，继续筹组新政府。1991年11月1日，扎伊尔出现了两个总理并存的场面：迪亚卡和齐塞克迪分别宣誓就任总理、任命政府官员。

四、冲突和抢劫等蔓延到全国各大城市，塞内加尔派员到金沙萨进行调解

随着蒙博托与齐塞克迪权力斗争的发展，金沙萨的局势更加紧张。支持蒙博托的人和支持齐塞克迪的人分别上街示威，两派时常发生冲突。军队站在蒙博托一边，出动坦克、装甲车等加强对总统府和其他重点目标的保卫；同时，对支持齐塞克迪的示威活动坚决予以制止，并对总理府实施包围，阻止齐塞克迪进入总理府办公。1991年10月25日，蒙博托的一处别墅和新任总理迪亚卡在金沙萨的家同时遭到抢劫。11月10日，一枚炸弹在金沙萨一家酒吧爆炸，造成17人死亡。其他几个大城市受金沙萨局势的影响，也逐渐失去控制。11月21日，扎伊尔北部的基桑加尼，中部的金刚石城姆布吉—马伊，南部的铜矿城科卢韦齐、卢本巴希、利卡西等，均发生士兵持枪与老百姓一起抢劫商店、工厂企业、仓库等严重事件。

对于上述情况，塞内加尔政府十分关注。为了帮助扎伊尔恢复秩序、稳定局势，塞内加尔国务部长阿卜杜拉那·瓦代1991年11月中旬抵金沙萨，在蒙博托和反对派组织之间进行调解；经过5天努力，终于促使双方就重新在反对派组织中挑选一名政府总理问题达成一致意见。据此，蒙博托于11月25日任命反对派人士恩古扎·卡尔·伊邦德为总理。但反对派组织对此并未感到满足。11月29日，金沙萨再次发生反对蒙博托的示威。军队开枪镇压，打伤数人。

（张钦贞）

多哥发生兵变　1990年9月下旬起，多哥一些反对派组织连续在首都洛美组织示威、罢工，要求埃亚德马总统结束“独裁统治”，实行多党制。为了稳定政局，埃亚德马满足了反对派的绝大部分要求。1991年7月8日至8月28日，多哥举行长达52天的全国会议，反对派组织占据上风，“和平剥夺埃亚德马实权”，建立了过渡政府。多哥军队对此极为不满，于1991年10月上旬至12月上旬多次发动支持埃亚德马的兵变；最后一次取得成功，迫使过渡政府总理科库·科菲戈与埃亚德马共同宣布组建一个临时政府。

一、洛美连续发生示威、罢工和动乱

埃亚德马1967年1月13日发动军事政变推翻格鲁尼茨基政府，同年4月出任总统兼国防部长。1969年11月，建立多哥唯一合法政党——人民联盟。埃亚德马执政后，为多哥的稳定与发展作出了积极努力，将多哥建设成非洲“安定的绿洲”，洛美也因治安良好经常接待国际性会议而被誉为“非洲日内瓦”。但是，由于

近几年来经济发展速度缓慢,贫富两极分化,失业问题严重,埃亚德马在建设上被认为"重北轻南",在军队、政党和行政机构中只重用北方人等,多哥国内矛盾日益突出。1990年9月下旬,一些反对派组织在洛美发动大规模示威游行,与前来制止的军队发生冲突,一些人被逮捕。这是埃亚德马执政20多年来多哥首次发生的大规模"动乱"。1991年3月12日,多哥贝宁大学及洛美一些中学大批学生罢课,与军队发生冲突。"多哥人权同盟"等10余个反对派组织,则借声援学生之机,于3月14日成立名叫"复兴联合阵线"的组织,提出"加快民主化进程"的要求。3月16日,数千名大学生和洛美市民在复兴联合阵线鼓动下上街示威,再次与军队发生冲突,造成2人死亡,数人受伤。1991年4月上旬,大批学生和洛美市民再次举行示威,企图砸毁市中心的埃亚德马铜像,遭到军队开枪镇压,多人受伤,2人死亡。4月11日,洛美泻湖中发现20余具尸体。反对派组织指责说,这些人是军队所杀。愤怒的人群与军队紧张对峙3天。接着,多哥主要出口创汇企业——磷酸盐公司的工人及国际机场安全人员、电力公司工人等举行无限期罢工,要求增加工资、"开放民主"、召开决定政权问题的全国会议等。

二、埃亚德马对反对派组织步步退让

面对日益恶化的国内局势,埃亚德马虽然动用了军队但未对反对派组织实施镇压,更多的是在利用军队控制局势的同时,采取了"以让求和"、"以让求稳"的做法。1990年9月洛美"动乱"平息后的第10天,埃亚德马就下令释放所有在"动乱"中被捕的人员。同年10月底,宣布在1991年内实行多党制。1991年1月,宣布允许流亡国外的反对派回国。3月18日,埃亚德马会见复兴联合阵线代表,表示同意实行大赦、进行政治改革和就国家政治前途问题举办"对话的全国论坛"。洛美泻湖死人事件发生后,埃亚德马在坚决否认"军队所为"的同时,向泻湖死亡人员的家属发放巨额抚恤金,宣布1991年4月16日为全国哀悼日。埃亚德马还授意国民议会于4月12日通过大赦法案和实行多党制的政党宪章。1991年6月12日,埃亚德马为使已给多哥经济造成重大损失的罢工活动早日结束,被迫与反对派组织达成"召开全国会议决定政权问题"的协议。协议特别规定,埃亚德马将无权否决全国会议所制定的大政方针。

三、多哥举行全国会议"和平剥夺埃亚德马的实权"

1991年7月8日,多哥全国会议在洛美正式举行。埃亚德马出席会议开幕式。包括人民联盟在内的22个政党、多哥独立以来不同时期的政府成员、各部族的酋长及其他各界人士共900多名代表参加了会议。政府方面由于在代表数量上处于劣势,支持它的政治团体不多,在会议初期就处于被动地位。1991年7月16日,会议选出由反对派组织控制的大会主席团,并通过"大会可行使全权,即会议通过的各项决议具有法律效力"的"第1号行动纲领"。这实际上剥夺了埃亚德马政府的权力。政府和军队的30名代表对此十分不满,当日退出会议;国防部长阿梅杰发表声明,强调军队坚决支持埃亚德马,以此向会议施加压力。但这些做法均无济于事。7天后,政府和军队的代表在美、法、德等国驻多哥大使的劝说下宣布与会。1991年7月25日,会议通过第3号行动纲领,宣布冻结人民联盟及政府控制的全国劳动者联合会的全部财产。8月24日,会议通过过渡时期基本法,提出过渡时期总理拥有军权,并对外代表国家;而总统只是国家独立与统一的象征。这意味着埃亚德马不再拥有任何实权。埃亚德马对此极为不满,决定中止会议进程;下令关闭边境,并切断洛美与外界联系数小时;军队再次发表声明支持埃亚德马,气氛一度十分紧张。但是,会议置埃亚德马的禁令于不顾,于1991年8月26日下午至次日凌晨选举大会主席团副主席、多哥人权同盟主席、律师出身的科库·科菲戈为过渡政府总理,并让其立即宣誓就职;同时,选举产生了过渡时期议会,通过了政治声明及解散人民联盟的决议。对此,埃亚德马迫于西方国家的压力,未敢采取断然措施,于1991年8月27日与大会主席团进行磋商,双方都作出一些让步:在基本法中增加总统为军队统帅、对外代表国家的内容,取消总理拥有军权的有关条款;埃亚德马接受科菲戈为总理。8月28日,长达52天的多哥全国会议以反对派组织的胜利而宣告结束。1991年9月7日,科菲戈建立过渡政府,将埃亚德马政权的内阁成员全部撤换。为了掌握军权,科菲戈亲自担任国防部长,专门设立由其牵头、包括军队总参谋长参加的国防委员会负责军队的领导和指挥,同时任命一批"倾向民主化"、支持过渡政府的军官担任军队要职。9月26日,科菲戈又签署一项法令,以总统应为文官为由,宣布暂停埃亚德马的军籍。

四、军队多次发动支持埃亚德马的兵变

多哥军队约有1.2万人,其中70%的士兵与埃亚德马同族,大多数中上层军官为埃亚德马的"亲信"。他们对全国会议的结果和科菲戈的所做所为极为不满,决心推翻科菲戈的过渡政府,恢复埃亚德马的权力。1991年10月1日9时,几十名军人突然占领国家电台和电视台,用枪胁迫电台工作人员中断正常广播,发表一项要求解散过渡时期议会和政府的公报。约1小

时后，这些军人应埃亚德马的要求撤回兵营。但同时，洛美市数千名南方居民上街示威支持过渡政府，与军队发生冲突，造成5人死亡，多人受伤。1991年10月8日凌晨，一支部队突然冲入科菲戈居住的洛美"2月2日旅馆"，企图逮捕科菲戈。因科菲戈不在旅馆，这支部队搜查完后空手而归。此消息传出后，洛美市支持科菲戈的南方居民再次上街示威，并抢砸原埃亚德马政府官员的寓所；有的还冲入支持埃亚德马的北方人居住区，双方发生冲突，造成7人死亡，数十人受伤。1991年11月26日，过渡时期议会宣布埃亚德马领导的人民联盟是非法组织，禁止其从事一切活动。这进一步引起军队的不满。1991年11月27日，约100名军人突然占领国家电台和电视台，要求解除对人民联盟的禁令。但数小时后，这些军人自动撤离。而洛美市的南、北两派居民再次发生激烈冲突，造成数十人丧生，100多人受伤。11月28日清晨，多哥第2机械化营出动装甲车第3次占领国家电台和电视台，宣布接管政权，要求埃亚德马任命一位新总理接替科菲戈；同时，该营还出动坦克包围了总理府，遭到总理府卫队的抵抗。法国驻多哥大使布律诺·德莱得知消息后，立即前往多哥总理府"陪伴"科菲戈，以表示"在道义上"支持科菲戈。11月29日，法国应科菲戈请求，从中非共和国和乍得调遣300名法国士兵前往离洛美只有150公里的贝宁首都科托努，向多哥军队施加压力。鉴此，埃亚德马当晚发表讲话，宣布他"支持和信任科菲戈"，命令军队结束兵变返回军营。11月30日晨，兵变部队全部离开市区回到军营。1991年12月3日晨，几百名步兵在数辆装甲车和多门火炮支援下，突然向总理府发动猛攻，击败总理卫队，控制总理府，抓获科菲戈，并将其带至埃亚德马官邸。科菲戈受到埃亚德马的"接待"。双方进行了会谈。科菲戈说："为了避免流血，我决定投降。"他与埃亚德马共同宣布组建一个临时政府。当晚，科菲戈在一些军人"护送下"回到家中，此次兵变共造成17人死亡。多哥10余个反对党为了表示抗议，呼吁举行无限期总罢工，被科菲戈制止。法国对此次兵变感到不满，但未打算进行武装干涉。

（张钦贞）

南非局势发生重要变化　1991年是南非国内发生重要变化的一年。南非当局在国内外的强大压力下，被迫废除了一些种族主义制度的支柱法律，在民主改革的道路上迈出了重要一步。但是南非当局在大谈改革的同时，并没有放松对黑人群众的镇压。反种族隔离组织加强团结，结成广泛的爱国阵线，与南非当局展开了各种形式的斗争，并取得了初步胜利。

一、南非当局废除种族制度支柱法律

1991年，在南非当局废除的数十项法律中，最引人瞩目的是1991年6月5日和17日宣布的废除土地法、集团住区法和人口登记法，这3项法律是南非种族隔离制度的支柱。土地法是1913年制定的，这项法律规定，南非87%的土地属于白人，剩余13%的土地属于黑人。1951年实施的集团住区法把南非居民按肤色分为若干集团，各集团分区居住，白人享有特权，非白人不得在白人居住区占有土地、房屋等。1950年开始的人口登记法将南非人分为白种人、亚洲人、有色人（混血种人）和非洲人四等。这3项种族主义的基本法废除后，绝大多数黑人的生活并未发生根本变化，一些剥夺黑人权利的立法依然存在，黑人至今仍无选举权，生命财产依然没有保障。

除了废除上述3项种族主义支柱法律外，南非当局还在释放政治犯等方面采取了一些实际行动，主要有：1991年3月6日，南非当局宣布近3000名流亡在外的政治犯已获准回国，他们将被免于起诉。3月21日，南非当局释放31名政治犯，其中包括被判无期徒刑的2名非洲人国民大会（简称非国大）成员，并对1833名国内外政治犯实行大赦。南非司法部长宣布于3月31日取消禁止公众集会的禁令。1991年5月2日，南非总统德克勒克宣布对南非的治安法规进行重大修改，将过去治安法规中不经审判的拘留期由无限期改为最多10天，并第一次规定法院有权否决拘捕令。这些改动，对警察任意关押、虐待黑人是个限制。1991年7月上旬南非释放了大约4200名犯人。8月16日，南非当局决定让4万名流亡国外的政治犯回国而不受起诉，这是南非政府和联合国难民署经过16个月谈判达成的协议。

二、南非当局镇压黑人手段更加阴险狡猾

南非当局在高喊改革的口号下并没有放松对黑人群众的镇压。仅1991年2月8日至9日，出动军队和警察3万人，在全国各地开展了一次突然的大搜捕，从警方公布的结果看，被捕的一万多人中，真正属于刑事犯罪的人数并不多，绝大多数人是无辜的黑人群众，支持非国大的人占多数，非国大认为这只是镇压广大黑人反对派的一个借口。除了公开的镇压行动外，南非当局近年来采用的更加阴险狡猾的一手，就是利用非国大与英卡塔自由党（简称英卡塔）之间的矛盾，暗中支持英卡塔反对非国大，挑动黑人群众相互厮杀，致使暴力冲突屡屡发生，愈演愈烈。"英卡塔门"事件的败露就是一个佐证。1991年7月19日，南非《每日邮报》揭发说，1989年11月和1990年2月，南非政府两次共资助英卡塔25万兰特（约合9万美元）。政府对英卡塔的秘密支持，被人们称为"英卡塔门"丑闻。非国大等组织和群众对此表示强烈义愤，纷纷要求对这件丑闻查个水落石出，并解除与此有牵连的政府部长的职务。1991年7月20日晚的电视辩论中，南非法律和秩序部长韦洛克被迫承认了报纸揭发的事情属实，而且还承认在过去5年里向英卡塔控制的南非联合大会组织提供150万兰特(约合50万美元)的秘密资助。除了提供资助外，南非军队还对大批英卡塔成员秘密进行军事训练；警察纵容、偏袒英卡塔，任其成员携带长矛、大刀、斧头等凶器在黑人城镇武装示威、打杀非国大支持者；军警以制止暴力冲突为借口，肆意向支持非国大的人群开枪，雇佣叛乱分子和暗杀组织成员，在黑人城镇和交通工具上滥杀无辜，煽动黑人间部族仇恨等。

“英卡塔门”丑闻败露后，南非当局陷入了严重的政治危机，德克勒克政府不得不于1991年7月22日至24日召开秘密会议，最后决定撤换与此事有牵连的民愤较大的军警头目国防部长马兰、法律和秩序部长韦洛克的高级内阁部长职务(由原情报部部长鲁洛夫·迈耶出任国防部长)，外交部长博塔和财政部长杜普莱西斯也被报纸点名批评。英卡塔为了改善被动处境，只好将该组织领导人布特莱齐私人秘书库马洛抛出来作为替罪羊，并将所接受的25万兰特资助费退还政府。“英卡塔门”丑闻曝光，使德克勒克当局信誉下降，英卡塔声誉跌落，非国大威信上升：

三、签定制止暴力冲突的和平协议

1991年9月14日，南非总统德克勒克、非国大主席曼德拉和英卡塔领导人布特莱齐及其他20多个组织在约翰内斯堡召开了全国和平大会，并签署了一项谋求结束暴力冲突的“卡尔顿和平协议”，这项协议的主要内容是成立一个由多党派组成的全国和平委员会；规定警察和政治党派的行动规则、建立特别机构以调查警察的失当行为或政治暴力行动；呼吁各政治派别避免诉诸暴力，不准携带武器参加政治活动等。近年来暴力冲突的阴影一直笼罩南非，造成了人员和财产的巨大损失，据南非种族关系研究所公布的数字，自1984年非国大和英卡塔支持者之间在纳塔尔省首次发生冲突以来，南非全国已有11748人丧生，其中1991年死亡2510人，重灾区纳塔尔省死亡1248人。暴力冲突的原因很复杂，既有部族矛盾，也有党派之争，但归根结底，罪恶的种族隔离制度是孕育暴力的温床。1991年1月和3月，非国大和英卡塔领导人就暴力冲突进行了两轮会谈，实现了暴力冲突双方领导人高层会晤，揭开了通过谈判解决暴力问题的序幕。1991年5月份，来自政府、解放组织、宗教界、商界等各阶层人士200多人，参加了政府主持的关于结束暴力冲突的会议。此次会议虽未形成一致意见，但为后来南非政府、非国大和英卡塔三方就结束暴力冲突达成协议奠定了基础。

四、反种族隔离组织结成爱国阵线

1991年10月25日至27日，由非国大和阿扎尼亚泛非主义者大会(简称泛非大)联合发起的爱国阵线会议在德班举行。约90多个政党和组织的500名代表出席，会议就南非过渡阶段的若干重大问题进行了讨论，达成广泛的共识，会议发表了一项宣言，其要点是：

(一)强调过渡进程的战略目标是实现权力向人民转移，即由少数人统治向多数人统治过渡。非国大副主席西苏鲁在会议开幕式上讲话时称这一问题是“不可谈判的和不能妥协的”。(二)认为现政府没有资格监督过渡进程，要求成立临时政府或过渡机构，以防德克勒克政权滥用手中掌握的国家权力，主宰或操纵过渡进程。临时政府将拥有最高权力，至少控制治安部队、选举进程、新闻媒介和财政预算等。临时政府将存在18个月，并不得执行种族隔离法律。(三)要求在一人一票的基础上通过普选产生制宪议会，由其替代现在的三院制议会。制宪议会负责起草和批准南非民主新宪法。(四)呼吁尽早召开由所有党派参加的多党会议。多党会议将就制宪原则、临时政府、黑人家园重返南非、建立民主秩序的时间和国际社会的参与作用等问题进行谈判并最终达成协议。(五)决定继续保留由爱国阵线会议召集人组成的联合联络委员会。其任务是协调爱国阵线内部事务，筹组协调论坛和为在半年内召开另一次爱国阵线会议做准备。

爱国阵线会议的召开对南非的和平进程将产生积极影响。(一)会议基本达到了团结一切可以团结力量的既定目标。与会者具有广泛的代表性，既有议会内政党，又有议会外政党；既有政界、商界和宗教界组织，又有工会、妇女和青年组织；既有体育、文化和行业组织，又有黑人家园组织，代表着南非1500万人口。(二)非国大和泛非大捐弃前嫌，握手言和，协调行动，共同对敌，不仅将加强反种族隔离力量间的团结，而且也会极大增强他们在同政府谈判中的实力地位。非国大和泛非大是南非两个最大的解放组织，共有成员约120万，与其结盟或以其为背景的南非工会大会和全国工会理事会是南非两个最大的工会组织，共有成员180万人。它们的联合是南非政坛一支举足轻重的政治力量。(三)泛非大态度发生了实质性变化，一改只能用武力推翻种族主义政权而不同其对话的强硬立场。决定参加南非和谈进程。(四)为举行多党会议铺平了道路。爱国阵线会议清楚地表明，通过政治谈判解决南非问题已成为南非绝大多数政党和组织的共识。它们迫切要求尽快召开所有党派参加的多党会议，就过渡阶段的一系列重大问题进行谈判。同时,南非政府也希望召开多党派会议,并同意将爱国阵线会议所提要求列入多党会议议程。多党会议的召开,标志着制宪谈判阶段的开始,南非问题的政治解决将进入新的历史阶段。

五、南非人民开展反对种族主义的斗争

南非解放组织和广大黑人群众对种族主义政权展开了各种形式的斗争。

1991 年 3 月 21 日,南非全国各地成千上万的黑人群众举行各种活动,纪念沙佩维尔惨案 31 周年。非国大在这一天发起一场声势浩大的签名运动,要求成立临时政府,制订一个没有种族歧视的新宪法。

1991 年 6 月 16 日,支持非国大的数千名群众在南非各地举行示威游行,抗议政府对非国大提出的有关结束黑人城镇暴力冲突的要求置之不理,并高喊要求就业,和平和自由的口号。

1991 年 7 月 1 日至 5 日,非国大第 48 届全国代表大会在南非海滨城市德班举行,这是 30 多年来非国大首次在国内举行这样的代表大会。来自全国各地的 2000 名代表出席,大约 40 个国家的代表团与会,中国共产党的代表、中联部副部长朱善卿在大会上宣读了中共中央的贺词。这次大会制定了新的战略方针,选出了新的领导班子,曼德拉当选为非国大新主席,接替身患重病的坦博。坦博担任全国主席,这是专门为他设立的荣誉职务。沃尔特·西苏鲁和哈里·瓜拉当选为非国大副主席。

1991 年 7 月 13 日,非国大主席曼德拉宣布非国大将继续在南非以外的地点训练武装人员,“作为保卫人民不可缺少的力量”。

1991 年 8 月 9 日,非国大军事力量“民族之矛组织”在约翰内斯堡以北 475 公里处的黑人家园文达举行会议,约 200 名成员出席会议。非国大主席曼德拉在开幕式讲话中说:“民族之矛是一支真正的民族军队,南非人民的军队。民族之矛应在全国各地各阶层建立组织。非国大有义务将民族之矛组织作为一支战斗力量来保存和发展。直到通过一部民主宪法,使该组织的成员加入到新的防御力量中去。”会议决定哈尼继续担任民族之矛领导职务。1991 年 11 月 4 日,南非 300 多万黑人举行大罢工,抗议政府的税收政策。

六、国际社会支持南非人民的正义斗争

在西方国家和一些国际机构放松甚至取消了对南非的部分制裁时,联合国、非统组织和广大第三世界国家对南非人民反对种族主义斗争继续给予有力支持。

(一)联合国

1991 年 3 月 21 日是“消除种族歧视国际日”,联合国秘书长佩雷斯·德奎利亚尔发表声明纪念“消除种族歧视国际日”,声明呼吁国际社会继续努力,支持南非人民为消除种族隔离制度所进行的斗争。中国政府总理李鹏也在这一天打电报给联合国反对种族隔离特别委员会主席甘巴里,表示中国政府将一如既往,坚决支持南非人民反对种族歧视和种族隔离制度的正义斗争。

(二)非统组织

1991 年 2 月 8 日,非统组织南非问题特别委员会在哈拉雷举行会议,讨论对南非的制裁问题。会议发表的一项公报呼吁国际社会继续对南非实行制裁,直到它同意起草和通过一部新宪法,实行真正的公正平等的选举。

1991 年 3 月 1 日,非统组织部长理事会第 53 次会议通过关于南非问题的决议,决议谴责南非当局继续监禁反种族隔离运动组织领导人和积极分子,煽动黑人城镇的暴力活动。

1991 年 6 月 6 日,非统组织第 27 届首脑会议通过关于南非问题的声明。声明说,非洲领导人认为保持对南非的制裁十分重要,它有助于推动南非朝着民主国家方向前进。声明要求南非当局立即采取行动结束暴力冲突并尽一切可能保护南非所有人的生命财产安全,呼吁南非所有政治组织停止派别冲突,结束暴力活动。

1991 年 7 月 29 日,非统组织南非问题特别委员会在阿布贾举行会议。这次会议是应本届非统组织执行主席、尼日利亚总统巴班吉达的要求召开的,所有前线国家和 7 个其他非洲国家领导人或代表出席会议,南非非国大主席曼德拉和泛非大代表也参加了会议。会议发表的公报对一些国家单方面过早地解除对南非的制裁表示遗憾,对那些尚未取消制裁的国家表示赞赏,希望他们继续保持制裁。公报敦促欧共体、美国和日本向南非当局施加压力,以便尽快制订出在南非实现民主化的计划。

(王达余)

安哥拉结束内战走向和平 1991 年,安哥拉国内形势发生了历史性的转折,安政府与反对派争取安哥拉彻底独立全国联盟(简称安盟)签署了和平协议,结束了长达 16 年之久的内战,开始走上和平之路。

一、和解前的战场形势

(一)政府军的军事活动。在安盟频繁攻击面前,政府军被迫采取军事行动。1991 年 2 月下旬,政府军在首都以北 100 公里处的油港安布里奇市与安盟展开激战,击退了安盟的攻势,重新控制了安布里奇市。在中部省区,政府军从安盟手中夺回了被占城镇。1991 年 4 月上旬,政府军与安盟在莫希哥省卢埃纳一带激战,政

府军击退安盟的进攻,安盟损失约2000人。1991年5月上旬,双方在卢埃纳再度激战,安盟再次惨败,损失400余人。

(二)安盟的军事活动。从1991年2月份开始,安盟恢复对政府军的进攻和破坏活动。2月7日,安盟在首都罗安达和安哥拉、扎伊尔边境从事破坏活动,部分供水设施和储油装置被毁坏。2月10日,安盟在油港安布里奇市向政府军发动进攻,一度攻占该市。在中部比耶省,安盟进攻省会库伊托被政府军击退。在万博省,安盟攻占了省会库安巴。在马兰热、威热和南宽扎三省,安盟出动1500人进攻政府军,打死打伤数十人,并抢得一批武器装备。2月14日,安国防部宣布,约900名原西南非洲防暴警察和西南非洲领土部队成员在安南部宽多库邦省编入安盟武装,安盟军事力量进一步扩大。1991年3月12日,安盟在总部然巴召开第7次全国代表大会,萨文比再次当选主席,并被推选为未来全国大选的总统候选人。4、5月份,安盟在与政府军的军事较量中接连失败,损失惨重,不得不停止军事行动,重新回到谈判桌上。

二、古巴完成从安哥拉撤军

据安哥拉国防部宣布,最后一批古巴军队于1991年5月25日离开安哥拉回国。在最后一批古巴军队撤离前,举行了隆重的欢送仪式,安哥拉总统若泽·爱德华多·多斯桑托斯和古巴国务委员会副主席胡安·阿尔梅达·博斯克斯以及负责监督古巴撤军的联合国核查团团长、巴西将军费雷拉、戈麦斯等出席仪式。安、古双方对古巴军队为"维护安独立所作出的贡献表示高度赞赏,对牺牲的烈士表示深切的怀念。"古巴军队是在安内战爆发后,应安人运政府的要求进驻安哥拉的,在15年多的时间里,先后有35万古巴军队到过安哥拉,帮助人运政府作战,大约有1000多名古巴士兵在安哥拉的战争中丧生。1988年12月,安哥拉交战双方以及古巴、南非、美国、苏联等在纽约签订了关于解决西南部非洲问题的和平协议,协议规定古巴驻安哥拉的5万军队,从1989年4月1日起27个月内分阶段全部撤走。为监督古巴撤军,联合国专门成立了一个核查团,成员分别来自巴西、阿根廷、印度、挪威等10个国家。据核查团团长戈麦斯将军证实,在最后一批116名古巴士兵离开后,撤离安哥拉的古巴军队正好是5万人,比协议规定的期限1991年7月1日提前36天完成了撤军计划。

三、政府与安盟签订和平协议

1991年5月31日,安哥拉总统多斯桑托斯和安盟主席萨文比在里斯本正式签署了关于安哥拉和平的协议,从而结束了长达16年的内战。由于该协议是双方代表1991年5月1日在里斯本附近的旅游胜地埃斯托里尔草签的,因此又称"埃斯托里尔协议"。葡萄牙总理席尔瓦主持了正式签字仪式,参加仪式的有联合国秘书长德奎利亚尔,非统组织执行主席、乌干达总统穆塞韦尼、美国国务卿贝克和苏联外长别斯梅尔特内赫等。协议包括4个文件:1.停火协议;2.在安哥拉恢复和平的原则;3.解决安政府与安盟之间悬而未决问题的意见;4.埃斯托里尔议定书。协议在签字后立即生效。

根据协议,双方正式停止一切敌对行动,并要求联合国派遣维持和平部队监督停火;双方将立即在首都罗安达成立负责和平进程的政治军事联合委员会,美国、苏联和葡萄牙将派观察员参加该委员会;1992年9月至11月举行联合国监督下的多党制大选;在过渡阶段组建由政府军和安盟军队混合组成的统一的国民军。在签字仪式上,安总统多斯桑托斯表示,政府保证尊重和平协议,并呼吁国际社会支持安哥拉"建设新的未来"。安盟主席萨文比认为这个协议是"安哥拉和平与民主的基础"。葡萄牙总理赞扬这个协议"具有历史意义,标志着安哥拉开始了一个新时期"。美国务卿贝克说协议对安人民来说"代表着极为重要的时期,对非洲大陆南部的稳定是件大好事"。苏联外长别斯梅尔特内赫认为协议的签署"是一个真正伟大的事件"。

安哥拉和平协议是在葡萄牙的调停下,安交战双方经过整整一年的艰苦谈判才达成的,是安哥拉人民和国际社会共同努力的结果。安哥拉于1975年摆脱葡萄牙的殖民统治获得独立。由于国内几派民族解放组织存在严重分歧,刚独立就发生武装冲突。1975年11月安哥拉人民解放运动单独组成政府,宣布成立安哥拉人民共和国,遭到其他解放组织的反对,内战逐步升级,安哥拉政府获得苏联和古巴的支持,古巴派遣5万军队进驻安哥拉。美国和南非则支持安盟对抗人运政府。外部势力的插手使安哥拉成为世界上热点之一。长期的内战给安哥拉人民带来深重灾难。据不完全统计,独立至今,战乱已造成10万人死亡、6万人致残、60万人流离失所,物质损失高达250亿美元,工农业生产不能正常进行,经济陷于严重危机。国际形势的变化,美、苏关系的缓和,为安哥拉问题的政治解决创造了有利的条件,一些非洲国家积极斡旋,促成了多斯桑托斯和萨文比于1989年4月22日在扎伊尔的巴多利特握手言和。在葡萄牙的调解下,安哥拉双方于1990年4月开始在里斯本举行直接会谈。1990年底,安政府和安盟在美苏代表的参与下,在华盛顿拟订一项5点计划,确定了和平协议的总框架。经过7轮谈判,双方都做出了让步。安盟先是放弃要古巴首先撤军的先决条件,后又承认安政府的合法地位，不再坚持短期内举行大选的要求，放弃选举前参政和分享权利，最后同意军队合并。安政府也放弃要萨文比离开安哥拉的先决条件，同意安盟作为政治实体参加政治活动，最终接受在联合国监督下举行大选。因此和平协议的签订是安交战双方互相妥协和国际社会共同努力的结果。

四、和平进程不可逆转

根据和平协议，安盟承认了安政府，安政府也承认了安盟的合法性。由政府、安盟、葡萄牙、美国和苏联代表组成的政治军事联合委员会于1991年6月开始运转，负责处理与和平进程有关的事务。联合国负责检查和监督停火的500多名军人和警察，从6月上旬起陆续抵达安哥拉。萨文比及其他安盟领导人于1991年9月29日走出丛林，回到首都罗安达。安盟总部随之迁到罗安达。截止1991年12月底，停火协议一直得到严格遵守，安政府与安盟之间未发生大的冲突。但是两派成员之间由于互相猜疑和不信任，发生过一些不愉快的事情，经过政治军事联合委员会调解，得到较好的解决。

（王达余）

莫桑比克内战双方和解有进展 一、政府军的军事活动 1991年莫桑比克战场形势比较平静，政府军未对反政府武装莫桑比克全国抵抗运动（简称“抵运”）采取较大规模的围剿行动，但较小规模的军事行动仍时有发生。

1991年3月30日，政府军在索法拉省森加向“抵运”发动进攻，摧毁了“抵运”的一个通信中心，同时政府军还攻占了“抵运”在伊内扬巴内省龙龙德内的一个指挥所。1991年4月10日，政府军在索法拉和伊内扬巴内两省再次对“抵运”发动进攻，打死55人，打伤49人。1991年9月16日莫军总参谋部发表战报称，政府军上半年对“抵运”的围剿行动中，共歼敌2250人，摧毁了“抵运”在戈龙戈萨的大本营。10月26日，莫军总参谋部的战报称，在过去的一周内，政府军共歼灭“抵运”76人，俘虏80人，摧毁营地18个，缴获了一批武器装备。

二、“抵运”的军事活动

1991年，“抵运”在全国的军事行动规模不大，但仍相当频繁。1月28日，抵运一小分队袭击南非－马普托供电线路，致使首都大部分地区一度停电。2月8日，“抵运”在津巴布韦－莫桑比克－马拉维公路太特省地段袭击政府军运粮队，打死政府军38人。1991年4月下旬，“抵运”在楠普拉省纳卡拉铁路线一带攻占了4个村镇。5月16日，“抵运”实行军衔制，官兵开始着制式军服并佩戴军衔。“抵运”主席德拉卡马被授予四星将军衔。8月9日，“抵运”在加扎省袭击政府军驻地希布托，打死41人，打伤77人，并抢走一批物资。1991年8月12日，“抵运”与政府军在楠普拉省北部拉劳交战，“抵运”出动600名武装人员，一度攻占该地。9月10日，“抵运”再次对拉劳发动大规模进攻，企图夺取该地并在此建立新的大本营。1991年10月14日，随着与政府在罗马的和谈取得进展，“抵运”主席德拉卡马下令停止在林波波河一带的军事行动。11月10日，约100名“抵运”武装人员袭击莫第二大海港城市贝拉国际机场控制中心，打死1人，造成经济损失数十万美元。

三、莫政府与“抵运”的和谈及其进展。

在意大利政府以及意、莫宗教团体的斡旋下，莫桑比克政府与“抵运”第5轮谈判于1991年1月29日在罗马举行，由于双方缺乏信任，谈判开始2天便中断，政府指责“抵运”袭击贝拉和林波波走廊违反了停火协议。“抵运”则指责政府未将津巴布韦援军按规定全部撤到指定区域。第6轮谈判在经过两度推迟后于1991年5月6日在罗马举行，莫政府代表是交通部长格布扎，“抵运”代表是多明戈，谈判围绕“抵运”政党化、大选时间、国际监督、组建新军队等问题展开，因双方分歧太大，未能取得进展。1991年5月31日，莫电台实况转播安哥拉和平协议签字仪式后，希萨诺总统发表讲话，号召“抵运”效仿安盟，同政府早日停火，实现全国和解。1991年8月9日，莫政府与“抵运”的第7轮谈判破裂，“抵运”声称不再承认现政府的合法性。1991年10月7日，莫政府与“抵运”的第8轮谈判在罗马举行，经过10多天的讨价还价，双方于10月18日达成了相互政治承认和保证议定书，作为总的和平协定的组成部分之一，故称为第一号议定书。“抵运”在议定书中保证立即停火，承认莫现政府的合法性，保证只作为政治反对派在现有政治框架内发挥作用；莫政府则保证不就双方正在谈判中的任何问题进行立法。1991年11月13日，双方就政党的组建、登记等达成一致，亦称第二号议定书。双方同意政府有权对所有政党进行选举登记，一旦和平协议签署后，“抵运”将立即被承认作为一个政党存在。同时，所有政党都无权怀疑莫桑比克的领土完整和国家统一，莫政府与“抵运”在第8轮和谈中取得的共识，是双方和解的重要转折点，为在莫最终结束内战，走向和平打下了基础。1991年12月18日至20日，莫政府与“抵运”的第9轮谈判继续在罗马举行，主要讨论进行多党制选举问题。由于双方认识还有较大分歧，此次会谈未达成协议，但在发表的联合公报中，双方均表示要将和谈继续进行下去。

（王达余）

莱索托发生军事政变 莱索托王国位于非洲南部，面积只有30万平方公里，四面被南非包围，是个名副其实的国中之国。独立前称巴苏陀兰，19世纪巴苏陀族酋长莫舒舒一世统一各部族，建立了王国。为了抵抗荷裔南非人的入侵，莫舒舒一世于1843年接受了英国的保护。1868年英国正式宣布巴苏陀兰为其"保护地"。1966年10月4日宣布独立，定名莱索托王国，实行君主立宪制。莫舒舒二世为国王，莱布阿·乔纳森为首相。1986年1月20日，准军事部队司令贾斯廷·莱卡尼亚少将发动政变，推翻乔纳森政府，成立军事委员会，自任主席，下辖大臣会议(内阁)，从此莱卡尼亚成为这个山地王国的铁腕人物。

1991年4月30日凌晨，约一个营的装甲部队包围了军委会主席莱卡尼亚少将在首都马塞卢的寓所，上午10时，莱双手高举被士兵们武装押解到国家电台，用颤抖的声音宣布辞去军委会主席职务，从而结束了他的政治生涯，解甲归田。5月1日，军委会成员伊莱亚斯·拉迈马上校宣布就任军委会主席，成为这个山地小国的新的领导人。

这次政变的导火线是军饷问题。1991年3月份通过的财政预算中，高级军官薪水增加逾100%，均在1万兰特以上，而中下级军官薪金仅增加20%，平均只有500兰特，根本不够应付通货膨胀。1991年4月29日，官兵们再次要求加薪，遭到莱卡尼亚的断然拒绝，盛怒之下，官兵们发动了这次不流血的政变。然而官兵们要求加薪只是表面现象，军内外对莱卡尼亚的专制独裁和腐败早有不满，军方指控财政大臣塞克尼亚那和外交大臣塔巴内贪污受贿，将国家大量资产窃为己有，要求莱卡尼亚解除他们的职务。但莱千方百计包庇袒护，忍无可忍的中下级军官们便以加薪不公为由揭竿而起，把莱卡尼亚、塞克尼亚那和塔巴内等人一起赶下台。

(王达余)

欧洲军事要事

苏联军事情况发生变化 1990年以来，由于苏联国内局势发生重大变化，苏军先后提出的军事改革方案大都未及实施；1991年苏联解体，使苏军陷入被各独立国家分割的困境之中；部分地区还不时发生了武装冲突。

一、一些军事改革方案未及实施

1990年3月苏联实行总统制后，社会上出现一股舆论，要求修改苏军条例条令，减少军队对外义务，裁减军费和军队员额。1990年11月，苏联国防部提出一个军事改革构想草案，上报戈尔巴乔夫和最高苏维埃。在军队建设方面，草案规定，1996年前5大军种结构不变，以后随着条件变化合并在作战任务和装备方面近似的军兵种；裁减部队、院校、科研机关的数量，撤消重叠的指挥机构，优化编制，把合成集团军和坦克集团军改变为结构统一的集团军，从合成师编成中撤消20～40%的坦克；裁减50%的战略核力量；将军队总员额减至300～320万，集团军以上指挥人员减少15～20%；提高军队职业化水平，实行合同制与义务兵役制相结合的人员补充体制等。由于发生了8.19事件，这个方案未及全面执行。

8.19事件后，10余个共和国宣布独立，6个国家组建了国防部或本国武装力量，军队改革面临新的情况。新任国防部长沙波什尼科夫和总参谋长洛博夫分别提出两套改革苏军领导体制的方案。两案的共同点是：都主张保持统一的联盟军队，统一的防务政策，正规军由联盟统一掌握，各共和国可组建只装备轻武器的小规模国民警卫队；裁减军队数量，提高职业化水平等。两案的分歧主要集中于如何界定国防部与总参谋部的职能。沙波什尼科夫的方案设想，联盟国防部仍是在苏联总统领导下全面负责军事事务的实权机构。国防部下设军事政治、军事经济、军人社会和法律保护、同新闻媒介联络等委员会，其中负责军事事务的一个委员会由总司令或总参谋长领导。各独立国家不设国防部，成立相应的委员会，参与军事政策的制定和实施，共同解决国防预算、培养后备力量、组织征集新兵等工作。各国同联盟国防部签约，驻在各国境内的联盟军队只守卫外部边界，不干预共和国内部事务，演习调动要预先征得共和国同意。洛博夫的方案则设想，在苏联总统之下设置两套班子，两个指挥渠道：一个为最高统帅(苏联总统)——联盟国防部——各共和国国防部——某机关或地方执委会代表。这个系统由文职人员组成，负责制定和实施军事政策，决定军事预算，负责制定干部政策、训练后备力量、征兵、后勤保障。另一渠道为最高统帅——总参谋部——部队指挥官。这个系统负责管理部队，组织业务培训和军事训练，保障部队具有现代化战斗技术装备等纯军事问题。各共和国可各成一个军区，高加索3国设一个军区。军种结构改为战略遏制力量、地面防御力量、空军、海军（1991年11月12日，苏联总统颁布命令，正式组建战略遏制部队，包括原战略火箭军、原防空军的导弹预警系统、宇宙空间监视系统和反导弹防御系统以及国防部航天部队。空、海军战略核力量战时也归其指挥）。围绕这两个方案，苏军上层形成两股势力。斗争的结果国防部长占了上风。1991年12月初，洛博夫被解除总参谋长职务。沙波什尼科夫在解释洛博夫免职原因时说，洛博夫被解职主要是因为他坚持把最高军事指挥领导分裂为两个并行机构，使总参谋部和军队摆脱国防部长的控制。由于苏联的逐步解体，沙案也未能实施。

二、独联体成立前后的军事情况

苏联解体前，一些宣布独立的共和国要求在军事上自立门户的情绪就已十分强烈。8.19事件刚刚结束，乌克兰议会就于1991年8月24日宣布要建立自己的军队。9月，乌克兰成立国防部。10月22日，乌克兰通过《国防法》、《武装力量法》草案，宣布接管境内苏军。12月12日，乌克兰总统克拉夫丘克宣布自任乌武装力量总司令。独联体成立前，宣布建立国防部、组建本国军队的国家还有白俄罗斯、摩尔多瓦、格鲁吉亚、阿塞拜疆、亚美尼亚。在这些国家中，乌克兰建军态度最坚决。但是截止1991年底，各国均未能实际接管境内苏军。苏联国防部仍然保持着对各地驻军的指挥关系。

1991年12月21日，俄罗斯、乌克兰等11国元首在阿拉木图签署建立独联体的协议，以俄罗斯为首的多数国家赞成保留统一的防务空间，将原苏军改组为跨国联合武装力量，由原国防部长沙波什尼科夫任临时总司令。乌克兰提出保留意见。12月30日，11国元首再次聚会明斯克，签署“战略力量协定”、“武装力量和边防军协定”等文件。为防止原苏军主要部分被各国分割，协定规定：战略力量包括战略火箭部队、空军、海军、防空军、宇航部门、空降兵、战略战役侦察部门的指挥机关、核技术部队及保障战略力量的部队、装备和其他军事设施；对战略力量、核武器和其他大规模毁灭性武器实施统一指挥和控制；在两个月内研究解决各国彻底实施建立本国武装力量的权利问题。乌克兰虽在文件上签了字，但对其中一些条款始终持保留态度。在乌克兰的努力下，文件中同时写入了乌克兰从1992年1月3日起建军的内容。这些文件实际上没有解决俄乌之间根本的分歧，而是相互妥协的产物。1992年1月3日，乌克兰依据后一条内容宣布正式接管基辅、奥德萨、喀尔巴阡3个军区和黑海舰队除战略核力量之外的所有部队，规定1992年1月底以前所有军人宣誓“效忠乌克兰人民”。与此同时，3个军区与联合武装力量司令部的通信联络中断，退出后者的指挥系统。但黑海舰队以海军为战略力量不属于某一国家为由，拒绝归属乌克兰。

俄罗斯对乌克兰急于建军，特别是企图接管黑海舰队的举动强烈不满。在俄罗斯各界人士指责乌克兰违反独联体有关协定的同时，叶利钦力图说服乌克兰加入联合武装力量。1992年1月16日、2月14日、3月20日，独联体国家元首又3次开会，每次会议都涉及军事问题，但俄、乌分歧很大，难以取得一致。乌克兰仅于1992年2月14日在关于战略力量的协定上签了字，而对其他所有涉及常规力量的文件一律拒绝签字。克拉夫丘克多次声明，乌克兰不想加入任何军事联盟，1994年底从乌克兰撤出所有核武器后，乌克兰将退出独联体。俄、乌之间在黑海舰队归属问题上，矛盾也日趋尖锐。叶利钦声称，任何人也不能把黑海舰队从俄罗斯夺走。克拉夫丘克则指责俄罗斯“怀有帝国野心”。经过双方政府、议会代表多次谈判，俄罗斯最终同意最多可将黑海舰队20～30%的兵力划归乌克兰，而乌克兰却坚持要求得到90%。两国立场仍然相去甚远，难以达成一致。俄、乌黑海舰队之争的背后，还有个克里米亚半岛的归属问题。1992年1月，俄罗斯议会曾提出审查1954年赫鲁晓夫将克里米亚州从俄罗斯划归乌克兰是否符合宪法的动议。乌克兰议会则发表声明批评俄罗斯干涉乌克兰内政，违反独联体国家关于现有边界不可更改的有关协定。1992年2月下旬，克里米亚自治共和国最高苏维埃在讨论宪法草案时取消了克里米亚作为乌克兰组成部分的条款；2月29日，乌克兰议会主席团立即发表公开信表示反对。

独联体成立后，尽管签署了许多军事协定书，但军队合与分的问题始终没有得到真正解决。1992年3月以来的一系列事件，又将军队向被分割的道路上推进了一大步。3月14日，俄罗斯国防问题国家委员会副主席洛帕京向日本记者透露了全面解散原苏军、由俄罗斯接管创建俄罗斯自己军队的构想，称将来可以各国军队为基础，构筑像北约那样的集团安全保障体制。3月16日，叶利钦下令成立俄罗斯国防部，叶代行国防部长职务。同日，哈萨克总统纳扎尔巴耶夫下令组建共和国卫队，自任司令。3月18日，白俄罗斯议会决定从3月20日起组建本国武装力量。3月20日，叶利钦宣布：位于新地岛的核试验场为俄罗斯财产；波罗的海沿岸边防军划归俄罗斯管辖；外高加索军区和里海区舰队划归俄罗斯管辖，并将同阿塞拜疆、亚美尼亚和格鲁吉亚就上述单位在该地驻扎期间的法律地位进行谈判。3月25日，乌兹别克总统下令成立边防军和边界保卫局。同日，克拉夫丘克下达总统令，要求在阿塞拜疆、亚美尼亚、摩尔多瓦驻军中服役的乌克兰籍军人在1992年5月20日前返回乌克兰，军官在1992～1993年期间返回。3月26日，独联体驻乌克兰境内空军第106战略轰炸机师师长宣誓效忠乌克兰，独联体空军司令下令撤消其职务，但遭到乌克兰方面的拒绝。这些事件相互影响，不断加速独联体军队分化的进程。

苏联解体后，原苏联拥有的核武器如何处理，引起国际上的普遍关注。美国政界人士曾提出一个由美国拿出4亿美元帮助独联体国家销毁全部核武器的设想。白俄罗斯和乌克兰在独立之初即宣布将成为无核国家。白俄罗斯于1991年底开始将境内核武器陆续运往俄罗斯销毁。乌克兰曾宣布于1992年7月1日前将战术核武器、1994年底前将战略核武器全部拆除，运往俄罗斯销毁。然而1992年1月29日，叶利钦未与其他3国领导人协商便发表关于战略导弹声明，提出与美国对等地大幅度削减核军备的一系列建议。2月22日，叶又单独与美达成协议使双方核武器处于零戒备，即双方核武器都不再对准对方目标。叶的举动引起了其他3国尤其是乌克兰的不满。3月12日，克拉夫丘克曾一度下令中止向俄罗斯运送核武器，请求西方援助在乌境内销毁，并要求作为单独一方参加有关核裁军的谈判。哈萨克也宣布愿意成为无核国家，但拒绝把核武器运往俄罗斯销毁，要求与俄、中、美3个核大国同时销毁自己的核武器。俄罗斯宣布将履行原苏联承担的包括限制和裁减核军备在内的一切国际义务。根据独联体国家元首会议的决定，目前独联体境内的核武器处于统一控制之下，有关核武器的一切问题由俄、乌、哈、白俄4国元首协商决定。

三、发生武装冲突的地区情况

（一）纳卡冲突　纳戈尔诺－卡拉巴赫自治州居民主体为亚美尼亚人（占70%），但行政上归阿塞拜疆管辖。自1923年自治州建立之日起，信奉基督教的亚美尼亚人就抱怨信奉伊斯兰教的阿塞拜疆人歧视他们，因而一直谋求并入亚美尼亚加盟共和国。1988年2月，纳卡州苏维埃通过决议正式要求并入亚美尼亚，从而激化了亚阿两族矛盾，导致武装冲突。当局不得不出动军队暂时控制了局势。随后中央政府进行了调解，同意给予该州更多的自主权，但不同意其脱离阿塞拜疆。1989年1月，中央决定成立纳卡州特别管理委员会，直接隶属于中央，把问题搁置起来。但是两族群众的对立情绪并未平息。1989年6月，纳卡州宣布独立，武装冲突再度爆发。1990年1月15日，苏联政府宣布在纳卡州实行紧急状态。但是双方的武装战斗队继续抢夺武器弹药，使局势更加恶化。苏联解体后，纳卡冲突发展为阿、亚两国军队在该地区的战斗，双方均使用了火箭炮、装甲车辆、直升机等武器装备，并多次发生袭击独联体驻军兵营，扣押其军官作人质索要武器装备的事件。独联体、欧共体、联合国秘书长、土耳其、伊朗都作出调解努力，但阿、亚战火时停时续，难以平息。

（二）南奥塞梯冲突　南奥塞梯自治州位于格鲁吉亚东北部，东面与属于俄罗斯管辖的北奥塞梯自治州接壤。近年来，当地奥塞梯人与格鲁吉亚人的民族关系逐渐恶化。1990年9月20日，南奥塞梯自治州苏维埃宣布退出格鲁吉亚，成立隶属于苏联的“南奥塞梯苏维埃民主共和国”。1991年10月28日，格鲁吉亚总统宣布对南奥塞梯实行紧急状态，并决定该地区所有武装和执法机关归总统的全权代表管辖。格鲁吉亚当局对该地区实施了切断电力、食品供应和交通运输等制裁措施。当地非正式武装不断与格鲁吉亚武装发生小规模冲突。独联体成立后，武装冲突仍时有发生，南首府茨欣瓦利仍受到经济、交通封锁。1992年1月25日格临时政府代表团前往茨欣瓦利同南谈判，作为政治解决争端的第一步，建议实施停火，恢复能源和食品供应。南当局表示愿在解除封锁的条件下与格当局谈判。

（三）格鲁吉亚内战　1990年10月，“自由格鲁吉亚圆桌会议”在竞选中获胜，发表独立宣言。新上台的加姆萨胡尔季阿总统搞个人专制，中断与其他共和国原有的经济联系，建立自己的武装。1991年9月下旬，反对派企图以武力推翻加姆萨胡尔季阿政权失败。12月21日，加姆萨胡尔季阿拒绝加入独联体。12月22日，反对派借机再次发动攻势，加姆萨胡尔季阿下令解除反对派武装，由此爆发激烈武装冲突。从12月23日起，反对派动用装甲车、火箭炮等重型装备攻打议会大厦。1992年1月6日，加姆萨胡尔季阿逃出议会大厦，前往亚美尼亚政治避难。后又转到车臣－印古什共和国，号召支持自己的力量继续战斗。加逃亡后，以前总理西古阿为首成立的临时政府和军事委员会接管了共和国权力。两派力量在一些地区仍不断发生冲突。与此同时，军事委员会与加的代表开始谈判，力求找到政治解决方案。谢瓦尔德纳泽于1992年3月6日返回第比利斯并于3月11日出任国务委员会主席。格鲁吉亚国内局势趋于缓和。

（四）德涅斯特河沿岸地区民族冲突　德涅斯特河沿岸地区位于摩尔多瓦境内。摩尔多瓦居民主要由3大部分组成：摩尔多瓦人占64%，与相邻的罗马尼亚人同文同族；乌克兰族占14.2%，俄罗斯族占12.8%，这两个民族构成德涅斯特河沿岸讲俄语居民区，摩尔多瓦的工业大多分布在这一地区；加告兹族占3.5%。1990年8月，加告兹人宣布成立"加告兹共和国"。接着，讲俄语居民宣布成立"德涅斯特河沿岸共和国"，并决定退出摩尔多瓦。摩当局宣布上述举动为非法。"加"、"德"两共和国曾提出组建联邦或邦联式国家，摩尔多瓦总统只同意在有关地区建立自由贸易区。1991年8月27日，摩尔多瓦宣布独立后，国内局势始终不稳，"摩"、"德"两共和国之间时常发生小规模冲突，双方都建立了自己的武装。1992年3月初，摩尔多瓦警察向德涅斯特河左岸的杜萨雷地区发动进攻，力图攻占该据点，切断由北向南穿越该地区的战略公路，与德涅斯特河沿岸地区国民卫队发生战斗，双方伤亡数十人。事件发生后，摩尔多瓦、俄罗斯、乌克兰、罗马尼亚4国外长就和平解决德涅斯特河沿岸武装冲突问题多次举行会晤，呼吁永久性停火。但截止1992年4月初，冲突双方仍保持对峙局面。

（许小海）

南斯拉夫国内发生武装冲突　综合西方报刊报道，1990年以来，南斯拉夫国内局势日趋紧张。1991年6月25日，斯洛文尼亚和克罗地亚正式宣布独立。随后，在斯洛文尼亚境内，爆发了南斯拉夫人民军（以下简称人民军）与斯洛文尼亚武装力量的冲突；在克罗地亚境内，爆发了人民军和塞尔维亚族武装共同对付克罗地亚武装力量的激战。战火不断扩大升级。为了平息南斯拉夫战乱，欧洲共同体和联合国多次调解，成效甚微。截止1991年12月底，克罗地亚境内的武装冲突仍在激烈进行。战场呈犬牙交错状态。这场武装冲突已给南斯拉夫造成数百亿美元的经济损失，上万人丧生，40多万人流离失所。

一、克罗地亚和斯洛文尼亚局势紧张

克罗地亚是南斯拉夫第二大共和国，面积和人口各占全国的22.1%和20.5%。境内450万人口中有60万塞尔维亚族人。1990年8月10日至9月2日塞族聚居区举行公民投票，通过克罗地亚境内的塞族人实行自治的决议。但遭到克罗地亚当局的坚决反对。为此，塞族人举行大规模反对克罗地亚当局的示威活动。1990年9月底，塞族人先后在佩特里尼亚、格利纳、德沃尔、奥布罗瓦茨和下拉帕茨等地举行抗议集会，并冲进公安局抢走大批武器。为"制止动乱和追回武器"，克罗地亚内务部派特种警察部队前往用催泪弹和警棍驱散示威人群，拘捕一些塞族人。克罗地亚当局认为，塞族人闹事是塞尔维亚当局"蓄意制造的"，目的是"搞乱克罗地亚"。塞尔维亚当局并不隐瞒自己支持克罗地亚境内塞族人"争取平等和公民权斗争"的立场，要求联邦主席团立即采取紧急措施，保护塞族人免遭克罗地亚人的"镇压"。

克罗地亚境内紧张局势未得缓和，斯洛文尼亚境内又起风波。1990年10月4日，人民军第5军区奉命派16名军事警察进住位于卢布尔雅那市中心的斯洛文尼亚地方防御部队指挥部大楼，加强那里的警卫。次日清晨，斯洛文尼亚电台突然宣布：人民军4日夜间"占领"斯洛文尼亚地方防御部队指挥部大楼。此消息立即在斯洛文尼亚人中引起强烈不满，许多市民闻讯赶到指挥部大楼门前表示抗议。斯洛文尼亚领导人数小时后出面澄清事实，呼吁人们不必惊慌，但指责人民军加强警卫措施是"危险的挑衅"，是想"非法篡夺共和国的职权"，要求人民军人员立即撤出指挥部大楼。

二、南联邦主席团下令"解散非法武装力量"

随着各种矛盾日趋尖锐和国内局势不断恶化，南斯拉夫一些共和国和自治省加速从国外购买武器，壮大自己的武装实力。克罗地亚国防部长斯佩盖利1991年年初宣称，克罗地亚警察、预备队和特种部队已有三、四万人配备从国外进口的新式自动武器；还准备建立一支拥有四、五万人的"共和国军队"。斯洛文尼亚国防部长也公开宣称，在1990年5月位于塞尔维亚的军工厂停止向斯洛文尼亚供应武器后，他们已从国外购买了大量武器装备。科索沃的阿尔巴尼亚人也加速发展本族武装力量，并按"每户一支枪"的原则，积极通过卢布尔雅那和萨格勒布等渠道从国外购买武器。

面对这种情况，联邦主席团于1991年1月9日根据联邦国防部长卡迪耶维奇的提议召开会议，通过如下决定：为避免民族冲突和武装暴动，解散南斯拉夫境内所有"非法武装力量"，凡属要解散的"非法武装力量"必须将自己的武器上交人民军；人民军负责监督此项决定的执行。塞尔维亚和黑山表示严格执行决定，支持人民军采取相应行动。克罗地亚境内的塞族人也表示愿同人民军合作，并交出一些武器。而科索沃的阿尔巴尼亚人不承认自己有"非法武装力量"，拒绝交出任何武器。斯洛文尼亚国防部发表声明说，其地方防御部队是根据联邦和本共和国的法令组建的，根本不属于"非法武装力量"。克罗地亚国防部和维护宪法制度委员会称：在克罗地亚境内，除塞族人聚居区外没有"非法武装力量"。1991年1月22日，斯洛文尼亚和克罗地亚发表联合声明称：解散"非法武装力量"的决定已使人民军"威胁"到各共和国的完整和主权，联邦主席团应立即制止人民军破坏法制的一切活动；一旦人民军动用武力，两共和国将协调作出反应。

为落实联邦主席团的决定，联邦国防部采取了重点突破的办法，于1991年1月23日发表声明，公开对克罗地亚提出批评，要求克罗地亚立即解散"非法建立的武装力量"，停止对人民军"采取各种恐怖活动"；同时，人民军奉命"进入战备状态"。1991年1月24日，克罗地亚政府召开紧急会议，要求联邦国防部撤销上述声明，强调在其境内只能执行与克罗地亚宪法不相抵触的联邦法令。1月25日，克罗地亚总统图季曼在克罗地亚议会举行的非常会议上，指责联邦国防部的声明是"向克罗地亚宣战"，声称要对军事干预克罗地亚的任何行为坚决予以反击。同时，克罗地亚现役和预备役警察部队进入戒备状态，加强对各重要设施的警卫，在人民军兵营周围设置路障，与人民军形成紧张对峙的局面。

在此关键时刻，联邦总理马尔科维奇进行紧急斡旋，促使联邦主席团3名成员与图季曼、卡迪耶维奇等坐在一起研究解决上述问题。经过9个小时激烈辩论，终于达成协议：从1991年1月26日12时起，克罗地亚把已动员起来的预备役警察复员回家；人民军有关部队的战备水平恢复到正常状态。

三、斯洛文尼亚和克罗地亚宣布独立，人民军与斯洛文尼亚部队发生激战

1991年6月25日，克罗地亚和斯洛文尼亚同时宣布独立，并表示相互承认，建立两国联盟。斯洛文尼亚还接管与奥地利、意大利和匈牙利接壤的斯洛文尼亚境内的南斯拉夫边界口岸。对此，南斯拉夫联邦议会和政府当晚分别召开紧急会议，宣布克罗地亚和斯洛文尼亚单方面宣布独立是"非法"的，并命令国家安全机构和人民军采取措施，制止任何改变南斯拉夫边界现状的行为。

1991年6月27日凌晨，驻斯洛文尼亚和克罗地亚境内的人民军第5军区奉命出动装甲和伞兵部队近2000人，与460名联邦警察和270名联邦海关人员一起，在空军的配合下，分批分路从各军营向南斯拉夫与奥地利、意大利接壤的边境地区进发。为阻止人民军的行动，斯洛文尼亚军队（以下简称斯军）在各交通要道设置路障，埋设地雷；装备自动武器、迫击炮、反坦克武器、防空武器的斯军进入阵地，并抢先占领卢布尔雅那、马里博尔和波日托罗日的机场。当日，人民军与斯军的战斗在奥尔莫日和新梅斯托首先打响，随后迅速发展到边境地区、卢布尔雅那机场和特雷布涅、德拉沃格勒、马里博尔、留托梅尔等地。双方不断增兵，动用坦克、装甲车、火炮和飞机等重武器参战。经过2天激战，人民军于1991年6月28日下午3时控制斯洛文尼亚境内的全部南斯拉夫边境。

欧洲共同体对南斯拉夫局势的变化极为关注，派遣由卢森堡、荷兰和意大利三国（即被称为"三驾马车"的欧共体前任、现任和下任主席国）外长组成的"和平使团"于1991年6月底两次赴南斯拉夫，分别与塞尔维亚、克罗地亚、斯洛文尼亚的领导人及联邦总理马尔科维奇等进行会谈，促使有关各方达成停火协议，同意选举梅西奇为联邦主席团主席。梅西奇上任后，于7月1日主持召开主席团会议，作出"立即无条件停止一切冲突和敌对活动"、冲突各方部队立即撤回原驻地等6项决定。

根据上述协议和决定，人民军准备撤出战斗，返回军营。但斯军仍向人民军开火，包围人民军军营，并重新控制边界各口岸。1991年7月1日，双方激战再起。2日晨，人民军为解救在克拉科夫戈兹德林附近被围困数日的一支装甲部队，出动飞机对该地斯军实施猛烈轰炸，其步兵在坦克和火炮的支援下同斯军展开一场自发生武装冲突以来最激烈的战斗。当晚，冲突双方再次达成停火协议。斯洛文尼亚当局表示愿让人民军返回原驻地。此后，斯洛文尼亚境内的武装冲突呈减少、减弱趋势。

据双方发表的战报统计，上述武装冲突，使斯洛文尼亚的180多处地面设施（包括机场）遭到破坏，多架飞机被毁，经济损失达数十亿美元；有62人在战斗中被打死，280多人受伤；人民军还损失坦克和军车20余辆，直升机4架。

四、人民军从斯洛文尼亚全部撤出，主战场转入克罗地亚

正当斯洛文尼亚境内交战犹酣之时，克罗地亚境内的紧张气氛也在迅速升级。1991年7月3日凌晨，人民军一支由180辆坦克和装甲车组成的部队在飞机掩护下从贝尔格莱德出发，向克罗地亚首府萨格勒布方向挺进，"准备前往斯洛文尼亚参加作战"。克罗地亚当局认为这是对克罗地亚的武装挑衅，立即命令克罗地亚军队（以下简称克军）在有关路口设置路障，挡住人民军的去路。7月5日，克罗地亚境内塞族区武装冲突再起，有83人伤亡。克罗地亚官员就此发表讲话说：继斯洛文尼亚发生激战后，克罗地亚境内的"一场新的风暴正在到来"；战争的爆发点就在克罗地亚的塞族区。为此，克罗地亚国防部已进入紧急状态，设立了民防机构和隐蔽所，并制定了再动员10万至15万人参军的计划。1991年7月7日，人民军为制止克罗地亚境内塞族区的武装冲突，派部队进入战斗最激烈的泰尼亚村，在"试图建立一个缓冲地带"时与克军交火。双方动用火炮和机枪，激战约10个小时后停火，造成数十人死亡。7月17日，克罗地亚成立9人战时内阁，同时宣称有3支人民军装甲部队正从波黑和伏伊伏丁那

向克罗地亚进攻。

在此情况下，联邦主席团于1991年7月18日召开紧急会议，研究解决国内问题的措施。根据卡迪耶维奇和斯洛文尼亚代表德尔诺夫舍克的建议，会议作出了人民军从即日起在3个月内全部撤出斯洛文尼亚的决定。会后，主席团成员约维奇说，做出此项决定的主要原因是，人民军“不应驻守在那些把他们视为占领军的地方”。德尔诺夫舍克说，此决定具有历史意义，斯洛文尼亚从此可以开始调整经济和向世界开放。但克罗地亚领导人视此决定为“最大威胁”，认为人民军由此可以倾全力对付克罗地亚，因此，梅西奇作为克罗地亚代表，在对决定表决时投了反对票。

人民军从斯洛文尼亚全部撤出的决定宣布后，斯洛文尼亚境内武装冲突基本停止，而克罗地亚境内战事更加频繁紧张，并形成了人民军和塞族武装共同对付克军的局面。1991年7月30日下午，约2000名塞族武装人员向巴尼亚地区的战略重镇科斯塔伊尼察发动进攻，被克军击退。接着，人民军出动2架飞机对该镇进行猛烈轰炸。翌日，塞族武装发动新的进攻，夺取该镇。1991年8月1日晚，人民军40余辆坦克越过多瑙河进入克罗地亚，汇同塞武装向达利、埃尔杜特和阿利马斯三镇发动进攻，经过10小时激战夺取该三镇。克军则于8月3日晨夺回科斯塔伊尼察。

五、南联邦主席团多次下令停火不奏效，战火日益扩大

1991年7月26日，联邦主席团召开扩大会议，决定立即停止克罗地亚境内的一切武装冲突和敌对行动，并为此要求克罗地亚以后不得向塞族区派遣任何武装力量，但遭到克罗地亚坚决反对。1991年8月3日和6日，联邦主席团又两次作出关于克罗地亚境内必须立即停火的决定，并设立专门委员会确保停火决定的落实。但战场仅保持数日相对平静，随后战火重新燃起，并且不断扩大。8月13日，西斯拉沃尼亚地区塞族居民大国民议会通过决议，宣布脱离克罗地亚，成立归属塞尔维亚的自治区，使局势骤然紧张。当晚，塞族武装和克军在贝利马纳斯蒂尔和博甸沃纳塞利耶两镇发生战斗。随后，人民军动用重型武器参加对克军作战。8月16日，人民军出动2架战斗机轰炸了旧格拉迪什卡和克军阵地；同时，派一支由数十辆坦克、装甲车及其他车辆组成的部队进入奥库尼查地区，同该地以北50公里处的达鲁瓦尔地区的另一支坦克部队会合，试图切断西斯拉沃尼亚地区同克罗地亚其他地区的联系。8月22日，人民军和塞族武装经过激战控制奥西耶克镇周围绝大多数村庄，逼近这个拥有10万余人的城镇。此后，战火迅速扩大到半个克罗地亚。至8月底，人民军和塞族武装又攻占基耶沃等城镇，包围武科瓦尔和奥西耶克，控制克罗地亚大片土地。

六、欧共体和平努力屡遭失败，克罗地亚境内战斗全面展开

克罗地亚境内发生武装冲突后，欧共体多次召开会议研究解决办法，竭力进行调解，先后促使冲突各方签署10余个停火协议，但未能达到平息战火的目的。往往是一项新的停火协议签署后，随之而来的是规模更大、战斗更激烈的军事冲突。欧共体官员多次公开表示，他们对和平解决南斯拉夫问题深感力不从心。

1991年7月下旬和8月上旬，欧共体先后派“三驾马车”四赴南斯拉夫进行调解，并对南斯拉夫采取了武器禁运、停止财政援助等措施，但未取得任何结果。8月27日，欧共体召开12国外长会议，确定解决南斯拉夫问题的三原则：不能以武力单方面改变各共和国边界；维护各族人民的权利；全面考虑各族人民的合法愿望。在此基础上，欧共体主席国荷兰外交大臣范登布鲁克再赴南斯拉夫，促使有关各方于1991年9月1日签署在克罗地亚境内实现停火的协议。但仅数小时后，人民军和克军就在佩特里尼亚重新开战。尤其是争夺萨格勒布至贝尔格莱德公路控制权的战斗异常激烈。1991年9月上中旬，欧共体12国外长连续两次在海牙召开会议，寻求和平解决南斯拉夫问题的途径，也未取得任何实质性效果。而且随着战火的扩大和升级，克军加强了对其境内人民军军营的包围和封锁。人民军则命令海军出动战舰对斯普利特港、普拉港、里耶卡港、扎达尔港、希贝尼克港、杜布罗夫尼克港和普洛切港等实行严密封锁，切断了克罗地亚沿海的经济命脉；同时，陆、空军加强对克军阵地的攻击和轰炸。

在上述和平努力失败后，德国、法国和意大利等国建议欧共体向南斯拉夫派遣维持和平部队，强迫各方停火。但英国和荷兰表示反对，担心此举有陷入南斯拉夫内战的危险。鉴此，欧共体决定继续进行调解工作。1991年9月17日，欧共体特使卡林顿勋爵赴南斯拉夫，经过4小时会谈，促使图季曼、米洛舍维奇、卡迪耶维奇共同达成一项新的停火协议。但18日克军向其境内已被包围的人民军军营发动猛攻，一举占领30多个目标。人民军立即组织大规模反击。双方交战在克罗地亚境内全面展开。其中武科瓦尔、温科夫齐、奥库查尼、奥西耶克、新格拉迪斯卡等城镇及沿海城市希贝尼克的战斗最为激烈。萨格勒布也发生战斗，人民军驻该市第5军区总部大楼和一些军营遭到克军攻击。为了彻底“解救被围困的部队”，人民军紧急从塞尔维亚、黑山等共和国征召6万名补充兵员；9月19日出动一支由300辆坦克和装甲车组成的部队沿贝尔格莱德至萨

格勒布的公路向西挺进;同时,其他几支机械化部队分别从塞尔维亚和波黑进入克罗地亚。在此情况下,克罗地亚宣布于9月22日中午起结束对其境内的人民军军营的封锁和包围。应图季曼请求,图季曼和卡迪耶维奇达成“绝对保证停火”的协议。欧共体借此机会,于1991年9月26日在海牙主持召开包括与克罗地亚境内武装冲突有关各方代表参加的南斯拉夫和平会议,就加速解决危机问题达成一致意见。但战场只保持数日相对平静,克军和人民军1991年9月底就在别洛瓦尔、帕克拉茨、奥西耶克、武科瓦尔等地重新开战。10月1日晨,人民军陆海空三军和塞族武装向克军发动大规模进攻,经过数日战斗,基本控制或包围了武科瓦尔、温科夫齐和被联合国视为“世界宝库”的杜布罗夫尼克等城镇;同时还加紧攻打卡尔洛瓦茨和锡萨克,从西南和东南两个方向向萨格勒布逼近。

1991年10月8日,欧共体以“如不停火,就实行经济制裁”为压力,促使人民军和克罗地亚当局达成一项全面停火协议,内容包括克军解除对人民军军营的封锁、人民军携带武器装备离开在克罗地亚的所有军营等。10月10日,在范登布鲁克调解下,图季曼、米洛舍维奇和卡迪耶维奇三人在海牙签署新的和平协议,规定如果在南斯拉夫能找到政治解决办法,人民军将在1个月内全部撤出克罗地亚。10月15日,图季曼和米洛舍维奇应邀访问苏联,在苏联戈尔巴乔夫总统斡旋下达成一项和解协议。同日,图季曼和米洛舍维奇又在欧共体调解下达成一项“无条件停火”的协议。但这些协议也未能阻止遍布克罗地亚境内的激战。为了从根本上寻求解决问题的途径,欧共体于1991年10月18日和28日两次召开南斯拉夫和会,提出一项使南斯拉夫变成一个独立的主权共和国的自由联盟的和平计划;并决定,如果此项计划得不到实行,欧共体将对南斯拉夫实行严厉的经济制裁。对此,南斯拉夫有5个共和国表示赞同,唯塞尔维亚坚决反对,认为这是“践踏联合国宪章的有关条款”。同时,人民军和塞族武装重点加强了对杜布罗夫尼克、武科瓦尔等重要城镇的进攻。欧共体1991年11月8日正式决定对南斯拉夫实行经济制裁,并得到美国的支持。11月15日,在欧共体官员的调解下,人民军同克罗地亚当局达成冲突爆发以来的第13个停火协议。但随着更加紧张激烈的交战继续进行,此协议也变成了一纸空文。1991年11月17日和18日,人民军先后夺取博罗沃、博罗沃纳塞列、米特尼察、斯尔德、尼耶姆齐和被围困近3个月的武科瓦尔等城镇村庄,尔后加紧围攻奥西耶克、祖帕尼亚、弗尔波列等地。至此,人民军和塞族武装已占领以塞族聚居区为主的1/3的克罗地亚地区。

七、联合国调停至1991年底未获成果,克罗地亚境内激战继续进行

欧共体国家感到单靠自己的力量难以和平解决南斯拉夫问题,强烈要求联合国“紧急表态”,利用自己的权威对南斯拉夫进行干预。南斯拉夫联邦领导人也积极呼吁联合国关注和帮助平息南斯拉夫国内的战火。梅西奇并于1991年9月17日最早提出请联合国派和平部队到南斯拉夫帮助恢复和平的主张。

1991年9月25日,联合国安理会通过对南斯拉夫实行武器禁运的决议,要求世界各国立即完全停止向南斯拉夫运送武器装备。10月12日,美国前国务卿万斯以德奎利亚尔私人代表身分赴南斯拉夫“了解情况”。此后两个月内,万斯又三赴南斯拉夫,与有关各方领导人磋商联合国向南斯拉夫派遣和平部队问题,并在欧共体通力合作下,促使图季曼、米洛舍维奇、卡迪耶维奇共同签署爆发武装冲突以来的第14个停火协议。11月27日,联合国安理会通过决议,表示全力支持万斯为使南斯拉夫恢复和平而采取的行动。12月15日,安理会又通过一项决议:向南斯拉夫派遣一个由18人组成的联合国观察员小组,以便为在南斯拉夫部署一支约1万人的联合国和平部队准备条件。但是,万斯对上述努力屡屡受阻感到失望。其原因主要有两个:一是克罗地亚与塞尔维亚、人民军在联合国和平部队进驻的时间和地点问题上各有打算,分歧严重。克罗地亚要求联合国在人民军全部撤出克罗地亚之后,把和平部队部署在克罗地亚与塞尔维亚、波黑、黑山的现有边界之间,并建立缓冲地带,以使克罗地亚的独立和现有边界“实际上得到国际承认”。而塞尔维亚和人民军则要求联合国在克军完全停止对人民军的封锁和攻击后,以人民军不撤出塞族区为条件,把和平部队部署在克罗地亚境内的危机区,在交战双方之间建立缓冲区,以保证实现停火和保护塞族人的安全。二是克罗地亚境内激战仍然不断地进行。在第14个停火协议签署的当天及次日,奥西耶克、拉斯洛沃、埃尔内斯蒂诺沃、新格拉迪什卡、卡尔洛瓦茨等城镇发生更加激烈的争夺战。1991年12月6日,正当万斯在南斯拉夫努力调解时,人民军加强了对杜布罗夫尼克和奥西耶克等城镇的炮击,万斯对此提出强烈抗议。12月7日至10日,克军经过激战夺取利皮克市,并向帕克拉茨地区发动大规模进攻,攻占一些村庄。

八、欧共体决定有条件地承认南斯拉夫宣布独立的共和国,南局势更加复杂化

在数月和平努力连遭失败的情况下,欧共体12国外长1991年12月17日举行会议,根据德国等国的一

再提议，决定1992年1月15日承认南斯拉夫宣布独立的共和国。斯洛文尼亚、克罗地亚、马其顿和波黑4个共和国随即表示热烈欢迎和完全响应。而塞尔维亚和人民军对欧共体的决定表示强烈不满，称欧共体已失去信用，无必要再同其讨论任何问题。1991年12月18日，仅剩下塞尔维亚、伏伊伏丁那、科索沃和黑山代表的联邦主席团呼吁联合国安理会讨论欧共体的决定给南斯拉夫局势造成的不良影响，要求采取措施确保南斯拉夫的领土完整和主权，同时重申在克罗地亚和波黑境内的塞族同样享有自决权和分离权。这些情况的出现使南斯拉夫局势更加复杂化。12月19日，克罗地亚境内塞族聚居区克拉伊纳塞族自治省议会通过新宪法，宣布成立"塞尔维亚克拉伊纳共和国"。12月21日，波黑境内的塞族领导人也宣布要在1992年1月15日前成立自己的国家。12月26日，联邦主席团宣布建立新的小南斯拉夫的计划。据科斯蒂奇谈称，这个新联邦将由塞尔维亚、黑山两个共和国及克罗地亚、波黑境内实行自治的塞族聚居区组成。而图季曼发誓要为收复被人民军和塞族武装占去的克罗地亚土地战斗到底，并坚决保护波黑境内的克罗地亚人不受歧视。波黑总统伊泽特贝戈维奇也发表讲话反对波黑境内的任何民族建立本民族国家。

与此同时，克罗地亚境内的交战继续激烈进行。1991年12月19日，人民军再次猛烈炮击奥西耶克、新格拉迪什卡等城镇，并出动数支步兵部队袭击克军阵地。12月21日，人民军出动飞机对戈斯皮附近的佩鲁希奇、萨格勒布东南120公里处的奥托查茨、卡尔洛瓦茨附近的斯托尔、扎达尔西边的德拉切瓦奇、奥西耶克附近的奥拉霍维查实施大规模空袭，并首次轰炸了伊斯特拉半岛。12月27日至29日，人民军为切断萨格勒布与克罗地亚沿海的联系，重点向萨格勒布东南和西南两个方向发动攻势。除加强地面作战外，动用大炮、飞机猛轰卡尔洛瓦茨，并向萨格勒布东南方的克军阵地发射10余枚地对地导弹，这是自开战以来人民军首次使用此种武器。克军则在反击作战中使用了多管火箭炮，收到较好效果。截止12月30日，克罗地亚各地的所有战线都在展开激战。

（张钦贞）

苏联继续从东欧撤军 1991年，苏联从匈牙利和捷克斯洛伐克撤出全部驻军；完成了当年从原民主德国撤军的计划；在未与波兰达成全部撤军协议的情况下，苏联单方面从波兰撤出部分驻军。主要情况如下：

一、从匈牙利撤出全部驻军

1991年6月19日下午3时，驻匈牙利苏军最后一名士兵越过匈苏边界匈方的扎霍尼边防站进入苏境，标志着苏联已从匈牙利撤出全部驻军，从而结束了苏联在匈牙利驻军长达37年的历史。匈牙利报纸把这一天称为"匈牙利获得完整主权和完全独立"的一天。苏联是1990年3月与匈牙利签署"全部撤军协定"并根据该协定正式开始从匈牙利撤军的。协定规定完成撤军计划的最后日期是1991年6月30日。驻匈牙利苏军全部撤出的实际日期，比规定日期提前11天。在这一年多的时间里，苏联总共从匈牙利撤出官兵、职工和家属10万余人，坦克860辆，自动火炮600门，步兵战车1500辆，其他军用物资数十万吨。

虽然驻匈牙利苏军已全部撤出，但双方尚未解决苏军留在匈牙利的财产（包括军营、部队生活和文化设施、军用机场等）问题。按照双方签署的"全部撤军协定"，该问题应在苏军全部撤出之前得到解决。双方代表曾为此举行过多次谈判，均因分歧严重，未能达成任何协议。进入1991年，双方分歧进一步增大。苏联提高对匈牙利赔偿苏军财产损失的要价，由原来的500亿福林提高到1000亿福林，并要求匈牙利折合成美元或建筑材料、农产品等赔偿。匈牙利对苏联的要求进行了反驳，认为苏联要匈牙利支付未经匈方同意就在匈方土地上搞起的建筑物的费用是极不合理的；同时，匈牙利进一步向苏联提出反要求：（一）苏联在匈牙利土地上搞建筑，必须支付土地费；这些建筑物年久失修，苏联还必须支付维修费。（二）苏联在匈牙利驻军几十年，给匈方环境造成严重污染，必须赔偿此种损失（匈牙利为此已拟定长达1万余页的索赔文件）。（三）苏军还必须赔偿在1956年所谓"帮助匈牙利工农革命政府粉碎纳吉·伊姆雷的暴乱中"给匈造成的损失。

二、从捷克斯洛伐克撤出全部驻军

1991年6月19日，驻捷克斯洛伐克苏军最后一批部队（917名军人和83名家属）离开在米洛维采的驻地，撤回苏联境内，从而结束了苏联自1968年以来在捷克斯洛伐克驻军的历史。苏联是1990年2月下旬与捷签署"全部撤军协议"并根据该协议正式开始从捷撤军的。协议规定完成撤军计划的最后日期是1991年6月30日。驻捷苏军全部撤出的实际日期比规定日期提前11天。在这一年多的时间里，苏联从捷撤出官兵7.3万人、家属约4万人。

正当苏联从捷克斯洛伐克撤军之时，捷首都布拉格第五区议会和政府于1991年1月21日作出一项决定：拆除矗立在该区斯米霍夫广场上的象征着1945年解放布拉格的苏军坦克纪念碑，并将此坦克公开拍卖。此决定公布后，立即引起有关各方的强烈反应。苏联外交部发言人丘尔金当日在莫斯科举行的记者招待会上谴责布拉格有关当局作出此种决定，并发表声明说：当年为解放捷克斯洛伐克，苏联坦克部队作出了重要贡献，苏联红军有14万多名战士献出了生命；“苏联相信，1945年5月将永远是苏联和捷克斯洛伐克两国人民关系史上最光辉的一页，任何人也不能把它从世世代代人们的记忆中抹掉”。一些参加过1945年5月解放布拉格的苏联老红军为此给捷总统哈韦尔写信，表示对上述决定的“义愤心情”。布拉格市民得知要拆除苏军坦克纪念碑的消息后，议论纷纷，许多人自发地到该纪念碑前拍照留念，进而发起大规模签名运动，抗议拆除苏军坦克纪念碑的“错误决定”。捷总统哈韦尔、总理皮特哈尔特、联邦议会主席杜布切克、国防部长多布罗夫等先后发表讲话，也反对拆除苏军坦克纪念碑，指出“谁也不能决定更改与历史有关的街道名称或者拆除纪念碑”。此外，捷克斯洛伐克许多政党、运动和组织等也纷纷就此发表声明，程度不同地谴责了关于拆除苏军坦克纪念碑的决定。由于遭到各方的强烈反对，布拉格第五区议会和政府的上述决定未得到实施，也未影响苏联从捷克斯洛伐克撤军的进度。

三、完成1991年从原民主德国撤军计划

根据1990年10月12日苏联与德国签署的苏联在原民主德国地区驻军与从该地区撤军的条约，苏联于1990年12月底向德国递交了苏联在4年内完成从原民主德国地区撤出全部驻军54.6万人(含文职人员)的具体计划，得到德国认可。根据该计划，苏联从1991年到1993年每年撤回30%的部队。其中，1991年撤回5个师，计15万人(10万官兵和5万名文职人员)，1000辆坦克，2500余辆装甲车，1000余门火炮，1700余辆其他车辆；1992年再撤回5个师；1993年撤回4个师和大部分空军部队。1994年苏联撤回剩余的约10%的部队，即2个师部队，完成整个撤军行动。同时，计划还规定德国出资78亿马克，为撤回苏境的驻德苏军建造3.6万套住宅，其中1991年必须建成3000套。

1991年初，苏联开始按计划从原民主德国地区撤军。但当首批驻德苏军乘专列抵达德国与波兰边界准备穿越波境撤回苏境时，遭到波兰阻拦。波兰要求苏联首先向其支付过境费，否则不准苏军从波境通行。原来，波兰于1990年下半年退出了国际联运。从1991年1月1日起，波兰与苏联之间的铁路运输正式开始用外汇结算。苏联每从波境通过一列列车，必须付给波兰5500美元；加上“名目繁多的服务费用”，实际要付2万美元以上。军列则需支付更多的外汇。波兰有关部门认为，军列载有一系列易爆易燃物品，危险性大。因此，按照国际惯例，苏军必须在普通列车交费的基础上，向波兰加付一倍的外汇。苏方曾就此问题与波方多次进行交涉，因分歧严重，均未取得结果。为使撤军行动进行下去，苏联代表于1991年3月上旬就撤军路线等问题与德国代表举行谈判。经过反复磋商，德方同意用德国马克支付从海路把苏联军队运送回国的费用。此后，苏联一面以海路为主实施从原民主德国撤军计划，一面继续就过境问题与波兰进行交涉。

驻德苏军从海路撤离较为顺利。1991年7月，应德国的要求，苏联从原民主德国撤出12枚核导弹，提前实现在德国领土上无苏联核武器的目标。德国联邦国防军负责与苏联武装力量联络的小组1991年8月22日宣布，在不到8个月的时间内，苏联就完成全年撤军计划的70%，其中撤出士兵8万人，文职人员2.5万人，装甲车1800辆，火炮714门，其他车辆1200辆。撤出坦克的数量则超出全年计划(1000辆)，达1240辆。至1991年底，全年撤军计划顺利完成。

四、在未与波兰达成全部撤军协议的情况下，苏联仍从波撤出部分部队

1990年，苏联和波兰两国外交部代表曾就苏联全部从波兰撤军一事多次举行谈判，并在绝大多数问题上取得一致意见，但由于在撤军最后期限等问题上分歧严重，未能签署任何协议。1991年，双方代表又多次进行谈判，也未能达成一致意见。1991年2月中旬，波兰外交部和国防部的代表与苏联北方军队集群司令部代表举行会谈。波方代表根据完全禁止化学武器的日内瓦公约，“为确保在波兰领土上没有任何化学武器”，提出由波方有关专家对驻波苏军进行检查。苏方代表对此表示同意。2月21日，波兰有关专家开始对驻波苏军实施检查，但苏联北方军队集群司令部改变初衷，以“司令员杜贝宁将军暂时不在”为由予以拒绝。这进一步加深了波兰与苏联在撤军问题上的分歧。波兰一军事专家认为，杜贝宁“反对检查”，并不意味着驻波苏军装备有化学武器，而是因为涉及到政治主权问题。

尽管苏、波未就全部撤军问题达成协议，但苏联仍单方面决定1991年从波兰撤出部分驻军。1991年4月9日，苏联将1个由1200名官兵组成的战术导弹近卫旅从波兰撤回国内。此后，又撤回一些空军部队和分队、通信兵和工程兵部队和分队、坦克和炮兵分队，共计1万余人。此外，苏联还将7个营房连同宿舍、学校和医院等移交给波兰方面。

(弓全贝)

西方6国开始从德国撤军　美国、英国、法国、比利时、荷兰和加拿大6国正在根据有关条约和协议，从1991年开始分期分批从德国撤军，计划到90年

代中期，驻德外国军队由目前 40.3 万人减至 13.2 万人，迄 1990 年年底 6 国驻德军队情况及其具体撤军计划是：

美国 驻德美军共 24.66 万人，其中陆军 1 个集团军军部、2 个军部、4 个师，共装备各型坦克 1800 辆；空军 2 个航空队，共装备作战飞机 320 架。美军计划 5 年至 10 年内将其驻德部队减至 7.5 万人至 10 万人，作为裁减的第 1 步将首先撤回 1 个军部、2 个师以及 2 个战术战斗机联队。截止 1992 年 1 月底，美国已从欧洲撤出部队 1 万多人，2 个师已正式宣布撤编，并计划 1992 年前 9 个月再撤出 6 万多人。

英国 驻德英军为 6.72 万人，其中陆军编为 1 个莱茵军司令部、1 个军部、3 个师、2 个步兵旅，共装备各型坦克 850 辆；空军 11 个战斗机中队，作战飞机 160 架；海军作战舰只 75 艘。英军计划到 1995 年把驻德总兵力减至 2.5 万人，其中，陆军部队人员将减少一半，减少 2 个师；空军减少 4 个战斗机中队，并关闭一半的军事基地。

法国 驻德法军为 5.27 万人，全部为地面部队，编为 1 个集团军司令部、1 个军部、3 个师、2 个步兵团，共装备各型坦克 530 辆。法国从 1991 年开始撤军，计划到 1992 年年底共撤出 2 万人，到 1995 年时，除保留德法混合旅中的 1200 余名法军外，其余的部队将全部撤回本国。

比利时 驻德比军为 2.49 万人，全部为地面部队，编为 1 个军部、1 个装甲旅和 1 个机械化步兵旅，下辖 3 个炮兵营、1 个地地导弹营、4 个地空导弹营、3 个工兵营和 3 个陆军轻型直升机中队，共装备各型坦克 200 辆。比利时政府计划在 90 年代中期撤回其全部驻军。

荷兰 驻德荷军为 5700 人，编为 1 个装甲旅，下辖 2 个装甲步兵营、1 个坦克营、1 个侦察营和 1 个工兵营，装备有各型坦克 105 辆，155 毫米自行炮 18 门，各型反坦克导弹发射装置 30 部。荷军已于 1990 年先撤回了一支 700 人的部队，并宣布 1992 年再撤回 2 个营。

加拿大 驻德加军为 4400 人。加拿大政府 1991 年决定在 1995 年之前将其驻德总兵力减至 1100 人，并关闭在德国的两个空军基地。1992 年 2 月，加拿大政府通知北约组织说，因财政预算困难，拟取消在欧洲继续保持一支 1100 人的驻军计划，并决定提前撤军。但截至 1992 年 4 月底为止，北约组织未表示同意。

（温味凡）

苏联宣布从古巴撤军 1991 年 9 月 11 日，苏联总统戈尔巴乔夫在莫斯科同美国国务卿贝克联合举行的记者招待会上宣布，苏联不久将同古巴讨论撤走驻古苏军教导旅，并把苏、古关系变为纯粹的政治和经济关系。

古巴对此反应强烈。1991 年 9 月 11 日，古巴外交部发表声明，指责苏联未经同古巴磋商就宣布从古撤军，无论从国际关系准则还是从两国现存协议的角度看，苏方的做法是不恰当的。9 月 14 日，古巴外交部又发表公报，称苏撤军决定是“单方面的，是无条件的让步，为美国实施入侵古巴的计划开了绿灯”。

1991 年 9 月 20 日和 11 月 15 日，苏联先后派副外长尼古拉延科和外交官乌斯基诺夫赴古巴谈判撤军事宜。古方建议，在联合国监督下，就苏军撤离和美军同时撤离关塔那摩海军基地进行谈判，以期达成国际协议。古巴认为，如朋友离去而敌人留下，这将会增加对古巴安全的威胁。苏方认为，苏军撤出并不意味着会削弱古巴的防卫力量，并称此事与美军是否留驻关塔那摩基地毫无关系。由于意见分歧，双方未能达成一致意见，但将继续进行商谈。伦敦国际战略研究所估计，驻古巴苏军共 7700 人，其中军事顾问 2800 人、1 个教导旅 2800 人、军事通讯情报人员 2100 人。美国在关塔那摩基地驻有约 2500 名海军人员。

苏联宣布从古撤军一事在国际上、特别是在美国产生了很大反响。1991 年 9 月 11 日，美国国务卿贝克说“这是个非常重要的步骤”，白宫发言人对此表示欢迎，并要求苏联放弃对古巴的支持。国际舆论普遍认为，此举表明苏古战略结盟关系将不复存在，美苏自 60 年代以来在拉美地区以古巴为焦点的军事对抗行将消失。

（刘永明）

美洲军事要事

美苏军事关系发生重大变化 1991 年，以苏联“8.19 事件”为转折点，美苏军事关系发生了重大变化。事件发生之前,美苏军事关系继续沿着缓和的道路发展,但它们之间的军事对抗仍然是很明显的;事件结束之后,美苏之间在军事上虽然仍有戒心和疑虑,但它们之间的军事对抗基本消失。

一、"8.19 事件"以前

美苏军事关系继续朝缓和方向发展。在海湾战争中,苏联基本上采取了支持美国的态度。1991 年 1 月 17 日,海湾战争爆发后,苏联总统戈尔巴乔夫发表声明称:"这一悲剧性的转变是伊拉克领导拒绝执行国际社会要其从科威特撤军要求所挑起的。"1991 年 1 月 29 日,苏联外长与美国务卿又在华盛顿发表联合声明说:"两国外长重申他们的国家致力于联合国安理会有关伊拉克入侵科威特的决议的执行。美苏对联合国、其他国际组织、各个国家以及他们的使者的众多努力都遭到伊拉克的断然拒绝表示遗憾。伊拉克领导人拒绝接受国际社会提出的从科威特撤军的明确而合法的要求,造成了联合国授权的军事行动。"在美国 1991 年 2 月 23 日发动大规模地面进攻前夕,苏联总统发言人明确表示,苏联不会谴责美国的这一行动。舆论认为,苏联的这种立场解除了美国的后顾之忧,是美国取得海湾战争胜利的重要因素。《华盛顿邮报》1991 年 3 月 2 日发表评论称,苏联的支持,是美国取得胜利的 4 个重要原因之一(其他 3 个原因是:美国的技术、盟军的作用、国际上的财政援助)。苏联在海湾战争中的态度,受到了美国的称赞。1991 年 2 月 24 日,美国务卿贝克对记者说,苏联"是反伊联盟的坚定成员",美国对苏联"心怀感激之情"。美国总统布什 1991 年 5 月 9 日在记者招待会上说:"苏联和美国在海湾战争期间第一次在这种问题上采取了协调一致的行动,我为此给戈尔巴乔夫总统以极高的赞誉。"

在裁军问题上,美国和苏联继续削减军费和压缩武装部队规模。苏联总统顾问阿赫罗梅耶夫元帅 1991 年 2 月 7 日在《苏维埃俄罗斯报》上发表文章称,苏联与美国的关系大大改善,对于苏联来说,紧张局势和军事威胁已大为降低,因此,1991 年苏联军事预算又削减 8%,为 969 亿卢布。据塔斯社报道,苏联军队规模将进一步减少,1991 年将单方面裁减 50 万人。美国的国防费用也将逐年下降。据美国《幸福》杂志 1991 年第 3 期报道,到 1996 年美国军事开支将减少到 2830 亿美元,比 1985 年减少 34%,仅占国民生产总值的 3.6%。这一百分比是第二次世界大战以来的最低水平。据合众社 1991 年 3 月 16 日报道,美国防部长切尼计划把美国现役部队削减 25%,其中陆军现役师将由 18 个减少到 12 个。1991 年美苏在裁军问题上最重要的事件是双方于 7 月 31 日签署了削减战略武器条约。该条约规定,双方部署的战略运载工具不得超过 1600 件,部署在 1600 件运载工具上的核弹头不得超过 6000 枚。舆论认为,由于削减战略武器条约将使美苏战略核武器进行较大幅度削减,因此它有助于抑制双方核军备竞赛。

在地区问题上,美苏降低对抗水平,合作解决地区冲突。在欧洲,1991 年 3 月 26 日苏军宣布已开始从波兰撤军;3 月 31 日华约军事组织正式解散;1991 年 6 月 30 日,驻捷克斯洛伐克和匈牙利的苏军全部撤出;驻德苏军计划 1994 年底以前全部撤出。由于华约解体和驻东欧苏军迅速撤出,美苏在欧洲的军事对峙已经瓦解,美国完全不必再为保护欧洲免受苏联侵犯而投入大量军队和装备。因此,北约盟军总司令高尔文 1991 年 3 月 7 日在美国国会作证时说,美国打算在 1995 年之前,将驻欧美军撤出一半,减少到 15 万人。对非洲的武装冲突,美苏外长于 1991 年 6 月 1 日发表联合声明称:"两国打算在制止非洲冲突方面,发挥建设性作用,并将在促进政治解决争端、加强民主和经济发展、同饥荒和疾病作斗争以及改善环境方面进行合作。"对中美洲问题,1991 年 7 月 31 日美苏外长发表了在中美洲协调行动促进地区稳定的声明。该声明强调,中美洲出现坐在谈判桌旁解决区域争端和通过民族和解缓和紧张局势的趋向。美苏欢迎萨尔瓦多内战双方达成谈判解决冲突的协议,以及危地马拉冲突双方开始对话。美苏外长还于 1991 年 8 月 15 日联合致函联合国秘书长德奎利亚尔,敦促他在恢复已陷入僵局的关于结束萨尔瓦多内战的谈判上发挥积极作用。美官员说,这封信表明美苏愿意协调努力,促进和平谈判,显示了双方共同努力解决地区性冲突的愿望。对南斯拉夫和中东问题,美苏于 1991 年 7 月 31 日发表了两项声明。关于南斯拉夫的声明中指出:"苏联和美国深为担忧地注意到南斯拉夫局势悲剧性的发展。它们谴责动用武力来解决政治分歧,呼吁所有方面遵守停火协议。"声明还说:"苏联和美国支持欧安会成员国所作出的努力,其中包括欧共体为解决南斯拉夫问题所采取的步骤。"关于中东问题的声明指出:"双方坚决致力于促进在阿拉伯国家、以色列和巴勒斯坦人之间建立和平与真正的和解事业。双方认为,现在存在着开始进行可能会导致公正而持久的和平、导致中近东问题全面解决的进程这样一个历史性的机会。苏联和美国有责任尽其所能,来推动和支持和平进程。"

在发展双边军事关系问题上,美苏双方高级领导人交往频繁。1991 年 1 月至 8 月期间,布什和戈尔巴乔夫举行了两次首脑会晤,仅公开透露的两人之间的互致信件和通过热线电话交谈的次数就多达 12 次;双方外长举行了8次会谈;苏军总参谋长和美参谋长联席会议主席进行了互访。在这些交往中,军事问题均占突出地位。特别是1991年7月底布什和戈尔巴乔夫在莫斯科的会晤,双方签订了削减战略武器条约,达成了空间合作协议,讨论了下一阶段裁军进程,一致主张尽快完成化学武器公约的起草工作,对不扩散大规模杀伤武器给予了应有的关注,讨论了推动全球战略稳定问题,发表了共同努力解决南斯拉夫问题、中东问题和中美洲问题的声明,从而进一步推动了美苏军事关系进一步走向缓和。除了高层接触之外,美苏之间的军人交往也急剧增加。据法新社7月报道,美苏军官之间的交往已成倍增加。美参谋长联席会议主席鲍威尔1991年7月25日接受记者采访时对美苏军事交往给予了高度的评价。他说,美苏之间不仅有牢固的政治关系,同时也有牢固的军事关系,美苏还有可能举行联合军事演习。

在美苏关系进一步缓和的同时,它们之间的军事对抗仍然是很明显的。这种对抗主要表现在:

在军事上美苏之间仍然互为对手。对此,苏官方报刊和高级官员都有明确的阐述。1991年1月26日,苏联《真理报》发表文章说,华约已发生变化,而以美国为首的北约依然未动,有人想在欧洲建立一堵新的墙,代替已倒塌的柏林墙,并想把墙向东移到苏联边境。苏联总统顾问马拉申科在1991年5月出版的《国际生活》杂志上发表文章称,苏联仍是唯一能够对美国造成威胁的大国。苏联总统顾问阿赫罗梅耶夫元帅1991年7月间与苏联《新时代》杂志编辑人员谈话时说:“苏联目前面临来自美国和北约的军事危险。”美国也十分重视苏联的威胁。1991年2月7日,美参谋长联席会议主席鲍威尔在国会作证时说:“苏联的军事力量不容忽视。无论现在还是将来,苏联都是能够在不到30分钟内摧毁美国的唯一国家。”1991年5月16日美国防情报局给国会的报告中说:“苏军仍在欧亚大陆占支配地位。”1991年6月25日,美国务院官员伊格尔伯格发表讲话说:“北约应警惕苏联仍然存在的威胁。”

在海湾战争中,虽然苏联对美国发动这场战争给予了支持,但自始至终对美国存有戒心。苏联政府官员和官方报纸不断对美国的战争行动提出质疑和批评。海湾战争爆发的当天,苏联总统戈尔巴乔夫发表声明说:“我们懂得使用大量军队和现代化军事技术装备的战争,对阿拉伯各国人民、对美国人民、对整个国际形势孕育着多么严重的后果,我们对未能避免军事冲突深表遗憾。”1991年1月24日,苏《红星报》发表评论称,海湾战争表明:“指望绝对依靠武力解决不寻常的国际问题,有引起成千上万人死亡的危险,而不能保证冲突的解决。”1991年2月7日,苏外交部发言人丘尔金称:“目前最紧迫的任务是不能允许海湾战争升级和扩大。”2月15日,苏《消息报》发表评论称,“沙漠风暴”是沙漠大屠杀,美国在这场战争中,强迫别人服从自己的路线,想怎么打就怎么打,并用共同的委托加以掩饰。1991年2月23日,苏国防部长亚佐夫发表谈话称:“不能为萨达姆辩解,但美国也超越了安理会的授权。”1991年2月26日,苏国防部发言人茹尔边科少将对记者说:“多国部队展开的地面军事行动,已经超出了联合国安理会的授权,实质上变成了摧毁伊拉克这个国家。”对于苏联提出的质疑和批评,美国官方不予理睬,而是按照既定的战争计划行事。美国总统布什、国防部长切尼、总统国家安全事务助理斯考克罗夫特先后表示,将继续执行预定作战计划。在发动地面进攻前夕,也是苏联批评美国最激烈的时候,美国官方公开表示,苏联在海湾的目标与美国大不相同,美国“决心按照盟国的条件和时间表结束战争”。美国舆论界对苏联提出的批评反应则很强烈。1991年2月3日《芝加哥论坛报》称:“苏联正设法通过与反伊联盟保持距离的办法,避免激怒这个地区传统的盟友。”1991年2月18日《纽约时报》称,海湾危机以来的情况表明,美苏在海湾的目标分歧很大。苏联在伊拉克仍保留顾问,并向伊提供有限军事援助。2月25日,美《基督教科学箴言报》发表评论称:“中东是苏联的后院,今后要注意美苏冷战是否会在海湾问题上复燃。”

在削减战略武器谈判中,美苏双方都想削弱对方的优势,而保持自己的长处。因此,在谈判中讨价还价是很激烈的,即使在一些技术问题上也不轻易让步。在谈判中,取得任何进展都是经过艰苦努力的。据透露,7月中旬苏外长访美时,经过长时间的谈判也未能就全部技术问题达成妥协,只好留待戈尔巴乔夫和布什在伦敦会晤时决定。

在古巴问题上,美苏之间有尖锐分歧。针对美国要苏联从古巴撤军的要求,苏联外交部拉美司司长尼克拉恩科1991年4月15日在记者招待会上说,苏联将保持其在古巴的军事存在,并谴责美国敌视古巴,要求美国同古巴合作而不是对立。西方舆论于1991年6月初传出,苏联以某种形式向美国承担了减少对古巴援助的义务。为了批驳这种传说,苏外交部发言人1991年6月10日在新闻发布会上说,苏联始终不渝地奉行发展同古巴的友好关系的方针。他还强调,苏联和古巴的友好关系与合作,是两国主权范围内的事,苏联“坚决反对为了收缩同古巴的合作而向苏联施加压力的任何企图”。1991年7月30日,正在苏联访问的美国总统布什在克里姆林宫发表讲话时,再次要求苏联停止对古巴的军事和经济援助。而苏联总统发言人却在记者招待会上说，苏联"将继续履行"与古巴签署的协定。

二、"8.19事件"以后

苏联发生"8.19事件"之后，由于它迅速走向解体，以及日趋严重的经济困难，使美苏军事关系发生了重大变化，它们之间的军事对抗从总体上看已经基本结束。这首先表现在美苏之间的敌意基本消除。1991年8月30日，苏联新任国防部长沙波什尼科夫说，苏联同美国和西方的军事关系将在"信任、互相谅解、合理妥协"的基础上得到发展。不久，美国对苏联的态度也发生了重大变化。1991年9月9日，美国防部长切尼在电视讲话中说："苏联已不再是个威胁。"10月初，美政府根据苏联的变化情况，得出"苏联会成为一个更加合作的国家"的结论。美国舆论界也认为，美苏关系发生了很大变化。《纽约时报》等报刊指出，8.19事件之后苏联已成为美国的"顺从伙伴"。

美苏军事关系发生重大变化的第2个方面的表现是，军事往来与合作进一步发展。1991年8月27日，苏联首次派出米格飞机，前往美国进行巡回表演。9月10日，28名苏联高级军官进入美国哈佛大学肯尼迪政治学院，接受为期两周的训练。他们所学课程包括美国的法律制度、武器控制战略、未来美国对欧洲安全的作用。苏联军官接受美国的训练，这在苏联历史上还是第一次。1991年9月中旬，美参谋长联席会议主席鲍威尔写信给苏军新任总参谋长洛博夫称，美将致力于两国间的军事交流。1991年10月3日，美国务卿贝克和德国外长根舍发表联合声明，建议北约同苏联建立正式联系渠道，使苏联官员能参加北约举行的一些规划北约前途的会议。根据这一建议，1991年11月7日北约首脑会议决定成立包括北约国家、东欧国家和苏联在内的"北大西洋合作委员会"。1991年10月初，苏联情报局领导人普里马科夫提出美苏之间进行情报合作的建议。美中央情报局代局长克尔答复说，中央情报局"非常愿意与克格勃就共同感兴趣的领域"进行合作，不管是恐怖主义问题、毒品问题，还是武器扩散问题。1991年12月19日，苏联核部门的官员表示，为了促使美国参加苏联武器的销毁工作，苏有可能让美国对苏联贮存放射性核武器部件的设施实施某种控制。此前，美国已决定向苏联提供用于销毁核武器的4亿美元的援助。

美苏军事关系发生重大变化的第3个方面的表现是，美苏单方面裁军的势头增强。1991年7月底，美苏签署削减战略武器条约之后，美方曾暗示，美不打算短期内进一步削减战略核武器。但"8.19事件"之后，美国改变了这一想法，在核裁军方面采取了"更加迅速、更加大胆的行动"。美国总统布什1991年9月27日晚发表的电视讲话提出了一系列范围广泛的单方面核裁军倡议，其中包括：1.消除美国安置在世界各地的所有陆基短程核武器，即战术核武器，把所有核炮弹和短程弹道导弹弹头运回美国并销毁。2.美国所有战略轰炸机立刻脱离警戒状态。3.使根据削减战略武器条约将要销毁的洲际弹道导弹脱离警戒状态。4.将停止"和平维持者"移动式洲际弹道导弹的研制工作和小型洲际弹道导弹中移动式部分的研制工作。5.取消目前为战略轰炸机制造一种短程核攻击导弹的代替物的计划。6.美苏尽快达成协议，消除两国所有多弹头洲际弹道导弹。

10月5日，苏联总统戈尔巴乔夫就布什的上述核裁军倡议，作了正式答复，其主要内容如下：1.苏联销毁所有核炮弹和战术导弹上的核弹头，取消各部队防空火箭上的核弹头并销毁其中一部分，销毁一切核地雷。2.苏联重型轰炸机不再进行战斗值班，机上核武器安放在军队仓库内。3.停止研制用于苏联重轰炸机上的改进型短程核导弹。4.苏联停止研制机动小型洲际弹道导弹。5.不增加铁路基洲际弹道导弹的发射装置，也不进一步完善这种导弹，并将这些导弹存放在固定部署的地方。6.取消503枚洲际弹道导弹的战斗值班，其中134枚是多弹头的。7.已经从战斗编制中撤出3艘核导弹潜艇(拥有44个发射装置)，还将撤出3艘核导弹潜艇(拥有48个发射装置)。8.削减战略武器条约的7年削减期期满后，苏联战略核弹头的数量不是条约规定的6000个，而是5000个。9.削减战略武器条约生效后，立即着手进行削减1/2战略核武器的谈判。10.从10月5日起，单方面暂停核试验一年。11.将苏军人数减少70万。

舆论认为，美国提出的单方面核裁军的倡议和苏联的答复，增强了美国和苏联的裁军势头。美联社1991年10月6日的新闻分析称，美苏裁军倡议，"超越了数十年标志着美苏武器谈判的方式"，代之以宣布单方面采取步骤以缓和紧张局势和减少军备。10月6日，美官员称："我们上周得到的结果比我们谈判5年得到的结果还多。"

美苏军事关系发生重大变化的第4个方面的表现是，在古巴和阿富汗等问题上的分歧很快消除。苏联在"8.19事件"之后，对撤出驻古苏军和苏对古的援助问题的立场发生了很大变化，不再坚持在古巴驻军的立场。戈尔巴乔夫1991年9月6日对美电视记者说，苏联将逐步撤出驻古苏军。并称，苏古关系正在变成另一种性质，将具有经济性质。同日，苏外长潘金在记者招待会上说，苏联同古巴的关系"将加以重新考虑"。美对苏从古巴撤军表示欢迎。白宫发言人菲茨沃特1991年9月11日对记者说："这是一个非常有益的、朝正确方向跨出的一步。他们应该取消对古巴的支持。"关于阿富汗问题，长期未能得到解决的美苏向阿交战双方提供军援问题，也得到迅速解决。9月13日，美苏发表了关于阿富汗问题的声明。该声明说，双方对政治解决阿富汗问题的立场是协调一致的。美国和苏联从1992年1月1日起，停止向阿富汗冲突双方提供武器。同日，苏外长潘金说，"在1992年1月1日之前，美苏双方都不对阿富汗任何一方增加武器供应。苏联希望在这段时间里解决释放苏联战俘问题。"美国打算尽最大努力解决这一人道主义问题。美苏双方对这一声明给予很高评价。

美苏军事关系发生重大变化的第5个方面的表现是，苏联急剧收缩海外兵力。苏联除继续从波兰、德国撤军外，还于1991年9月16日宣布撤出驻古苏军，1991年10月7日宣布苏军将在1995年前撤出亚洲地区。苏驻菲律宾大使10月7日还说："我们打算在1995年以前结束在别国领土驻扎军队的现象。"

尽管"8.19事件"后，美苏军事关系发生重大变化，它们之间的军事对抗基本结束，但是，美苏之间的疑虑和戒心仍然存在。1991年10月3日，美国防部长切尼对《洛杉矶时报》记者谈称："谁也不会很热心地向仍然有2.3万枚核弹头，而且其中很多对准我们的一个国家提供大量经济援助。"1991年10月4日切尼又撰文称，苏联仍旧是一个超级核大国，强大的军事力量继续存在，苏联在继续发生暴乱和混乱，核武器有失去控制的危险。这在安全方面向美国及其盟国提出了新的挑战。同日，美国防部发表的文件《变化中的苏联军事力量》称："由于苏联动荡不稳，目前不能准确地预言它的军队的规模、形态和总的能力。"该文件还说，苏联"仍然保持着欧洲最大规模的一般任务部队，它的战略核力量将继续造成可怕的威胁"。苏联，特别是军方对美国的戒心也没有消除。1991年9月2日，苏远东军区司令诺沃吉洛夫对法国记者称："在某种程度上，美国是苏联的潜在敌人。"

美苏在裁军问题上，彼此间的戒心仍然严重存在，它们都想削弱对方的优势，保持自己的长处。1991年10月6日，美联社的新闻分析称："虽然布什和戈尔巴乔夫提出的裁军倡议在主要目标上是一致的，但他们作出的允诺分别侧重于对自己国家有利的方面。"《朝日新闻》1991年10月7日发表的评论指出，戈尔巴乔夫提出拆除部分核潜艇上的弹道导弹是美国难以做到的。路透社1991年10月14日报道，分析家们说，美苏在裁减核武器问题上仍有很大分歧。美国建议销毁苏联占优势的陆基多弹头洲际弹道导弹，而不削减美国占优势的潜艇发射的弹道导弹。

（继　先）

美苏签署削减战略武器条约　在1991年7月31日的美苏首脑莫斯科会晤期间，双方签署了削减战略武器条约，从而使历时9年，经过15轮艰苦谈判的美苏战略武器会谈告一段落。这是继中导条约、欧洲常规武装力量条约之后，美苏在裁军领域又一重大突破。国际舆论认为，虽然条约迈出的步子不够大、不够快，远没有达到人们所期望的水平，就连美苏双方1987年达成的削减50%战略武器的初步协议也没有兑现，但它毕竟是美苏之间第一个削减战略核武器条约，在一定程度上抑制了美苏核军备竞赛，减少了核战争危险，因而还是值得欢迎的。

一、曲折的谈判过程

在1990年5月29日至6月3日美苏首脑华盛顿会晤期间，美苏就已达成了削减战略武器条约的基本框架，1990年12月10～11日的美苏外长会谈中，又消除了双方之间的一些重要分歧，仅剩下少量的技术和措词问题有待最后解决。因此，人们普遍认为，在预定1991年2月在莫斯科举行的美苏首脑会谈中，双方签署削减战略武器条约已是"例行公事"。但是，由于戈尔巴乔夫在处理波罗的海3国发生的骚乱等国内问题上的政策转向强硬，美苏双边关系变冷，首脑会谈推迟，历来被视为美苏关系晴雨表的军备控制谈判也发生了微妙变化。美国一再指责苏联违背了欧洲常规裁军条约，并将苏联的违约行为与战略武器会谈联系起来，放慢了削减战略武器谈判的速度，使会谈陷入僵局。苏联出于国内外政策需要，在1991年1月至4月期间，曾利用苏联外长别斯梅尔特内赫访美（1月下旬）、苏联副外长奥布霍夫在日内瓦会晤美副国务卿（2月上旬）、美国务卿贝克访苏（3月中旬）等机会，试图推进战略武器谈判，但终因美国态度强硬，未能打破僵局。双方在条约中的一些数据，交换有关导弹试验的情报，以及发展何种新式导弹等技术问题上的分歧迟迟得不到解决。

1991年4月24日，苏联中央政府与9个加盟共和国就联盟条约问题达成"9+1"协议，同时，戈尔巴乔夫取得叶利钦支持，戈、叶之间建立了伙伴关系。此后，曾一度冷淡的美苏关系迅速转暖，战略武器谈判也随即摆脱了僵局。1991年4月25日，美国务卿贝克宣布，他与苏联外长在当天的会谈中，双方在欧洲常规裁军条约解释上的一些分歧已经消除，从而为双方签订削减战略武器条约"扫清了道路"。1991年5月11日在戈尔巴乔夫与布什的电话交谈中，双方一致认为，削减战略武器条约尚存的一些技术问题，“并不构成麻烦”。至此，美苏双方最高当局排除了会谈中的政治障碍，但由于战略核力量是美苏军事力量的基础，对于双方国家安全至关重要，因此，具体解决这些技术问题的最后谈判仍然是相当艰难的。从戈尔巴乔夫与布什1991年5月11日在推动战略武器谈判问题上取得共识，至7月31日签署条约，美苏两国除通过谈判代表进行艰苦的反复讨价还价外，双方还通过多次首脑间的电话交谈、捎口信、互致信件和伦敦会晤，3次外长间的会谈，以及苏外长和总参谋长访美等高层渠道，频繁进行谈判和磋商。在这些谈判和磋商中，取得任何进展，都是要“经过艰苦努力”的。据透露，苏外长7月中旬访美时，双方外长进行了多次长时间的讨价还价。其中1991年7月11日的会谈延长到深夜，也未能找到解决最后3个技术问题的妥协方案。这3个问题是：允许发展什么样的新式导弹，怎样监测对方的导弹试验，以及如何计算从导弹上拆除但不销毁的核弹头数目。在这种情况下，苏联外长在美的逗留时间不得不延长到7月14日，以便解决上述问题。尽管如此，其中的第3个问题仍未能最后解决。此后，双方在7月15～17日举行的伦敦西方7国首脑会议（戈尔巴乔夫应邀列席会议）期间继续就遗留问题进行会谈。直到7月17日布什和戈尔巴乔夫会晤后才宣布，两国就削减战略武器条约剩下的技术问题最终达成一致，并商定两国首脑1991年7月底在莫斯科会晤时签署该条约。

二、条约的主要内容

美苏于1991年7月31日签署的削减战略武器条约由条约文本、以及谈判记录和单方面声明等相关文件组成，共有700多页（条约文本450页）。其内容非常繁杂，概括起来主要有以下10个方面：

（一）关于武器的最高限额。

条约对每一方部署的战略核力量的数量和弹道导弹的投掷重量规定了相同的最高限额，其中主要的最高限额有：

1.每方部署的战略核运载工具（洲际弹道导弹、潜射弹道导弹、重型轰炸机）总数不得超过1600件，其中重型洲际弹道导弹不得超过154枚。

2.每方部署在1600件战略核运载工具上的弹头总数不得超过6000个：其中战略轰炸机机载核弹头数不得超过1100个，部署在洲际和潜射弹道导弹上的核弹头数不得超过4900个。

3.在4900个洲际和潜射弹道导弹核弹头中，重型洲际弹道导弹核弹头不得超过1540个，机动洲际弹道导弹核弹头不得超过1100个。

4.部署的洲际弹道导弹和潜射弹道导弹的总投掷重量大约相当于苏联现有总投掷重量的54%。

（二）关于减少弹道导弹携带弹头的数量。

条约允许减少部署在某些弹道导弹上的弹头数量。

1.美国可将“民兵”Ⅲ型导弹的3个弹头减少1个或2个。

2.苏联将它的SS－N－18潜艇发射弹道导弹的7个弹头减少4个。

3.每一方还都可以将另外两种现有弹道导弹上的弹头减少500个。

4.从减少弹头携带量的导弹上拆下来的弹头的数量不得超过1250个。

（三）对发展新型弹道导弹的限制。

条约对新型弹道导弹所载弹头的数量和发射重量的计算方法做了明确的规定。

1.计算新型弹道导弹所载的弹头数目时，不得少于根据在这种导弹上试验的最轻分弹头的重量所确定的数目。

2.计算新型弹道导弹的投掷重量时，不得少于这种导弹在规定的基准射程（洲际弹道导弹的基准射程为11000公里，潜艇发射的弹道导弹的基准射程为9500公里）内的发射重量。

（四）对重型洲际弹道导弹的限制。

1.把苏联的SS—18重型洲际弹道导弹的数量减少50%，即154枚（美国没有重型洲际弹道导弹）。

2.不得研制新的重型洲际弹道导弹。

3.禁止减少重型洲际弹道导弹的载荷。

4.禁止研制潜艇发射的重型弹道导弹和可移动的重型洲际弹道导弹。

（五）关于重型轰炸机。

由于重型轰炸机发动突然袭击的能力比弹道导弹小等方面的原因，所以条约对重轰炸机上的武器所使用的计算规则与弹道导弹弹头的计算规则不同。

1.每架重轰炸机都作为一件战略武器运载工具来计算。

2.每架装有短程导弹或自由下落炸弹的重轰炸机则作为6000个限额以内的一个弹头计算。

3.美国可以装载20枚空中发射的远程核巡航导弹的美国重轰炸机（限额为150架）每架按10枚弹头计算；苏联可以装载16枚空中发射的核巡航导弹的重轰炸机（限额为180架）每架则按8枚弹头计算。

4.超过规定限额而部署的装载空中发射的远程核巡航导弹的任何轰炸机，都要说明实际上装载的导弹的数量。

5.苏联“逆火”式轰炸机不受该条约的限制，但苏联已发表了具有政治约束力的声明，说明它部署的“逆火”式轰炸机将不超过300架，并且不使这些轰炸机具有洲际远航能力。

（六）关于空中发射巡航导弹。

条约不直接计算或限制空中发射的巡航导弹，而是通过这种导弹与重型轰炸机的联系而被间接加以限制的。

1.条约只涉及射程超过600公里的空中发射的远程核巡航导弹；

2.与射程超过600公里的空中发射的远程核巡航导弹不同，装备常规弹头的空中发射的远程巡航导弹不受条约限制；

3.空中发射的远程核巡航导弹不得放在空军基地上供没有说明可装备这种导弹的重轰炸机携带；

4.不得研制装载多弹头的空中发射的远程核巡航导弹。

（七）关于海上发射巡航导弹。

海上发射的巡航导弹不受条约限制，但是各方已就它要部署的海上巡航导弹的计划发表了具有政治约束力的声明。常规弹头的海上发射巡航导弹不受声明限制。

1.各方每年都要申报它在以后5年间计划部署的射程超过600公里的海上发射的核巡航导弹的最大数目；

2.上述最大数目不能超过800枚；

3.射程为300公里至600公里的海上发射的核巡航导弹的情况，将在每年一度的机密资料交流活动中加以说明。

（八）关于将战略武器转让第三国问题。

1.条约禁止将进攻性战略武器转让给第三国，但已有合作协定者除外；

2.不得在本国领土以外，建立永久性的进攻性战略武器基地。

（九）关于核查制度。

为了能够察觉对方的违约行为，条约中有内容广泛的核查条款。

1.禁止在进行弹道导弹飞行试验时将遥测信息编成密码和密封起来，以及进行其他形式的信息封锁。但是，条约允许敏感研究项目的试验飞行例外。

2.条约规定了12种不同的现场核查方式。

3.条约要求双方都必须将生产、试验、移动、部署和销毁进攻性战略武器的情况通知对方，其通知方式达60种之多。

（十）关于条约的期限。

如果没有新的协议取代，条约的有效期为15年。经双方同意，期满以后条约可按5年1期的方式延续下去。条约生效后7年内完成超过限额的进攻性战略核武器的削减工作。届时，每一方部署的进攻性战略核武器运载工具不超过1600件，弹头不超过6000个。

三、签署削减战略武器条约的意义

削减战略武器条约使美苏战略核武器进行较大幅度的削减，有助于抑制双方核军备竞赛和进一步改善两国关系。

（一）推动美苏关系进一步改善。

削减战略武器条约是近年来美苏不断改善双边关系的产物，同时它也有助于今后双方关系的进一步发展。美国总统布什1991年7月31日在签署削减战略武器条约仪式上说：“在美苏关系日益友好的时候，这个条约既是因又是果。更重要的是，条约使美苏朝着驱散半个世纪以来笼罩在两国之间的不信任阴云的方向迈出了一大步。通过建立互相信任，我们铺平了通向和平的道路。”同时，苏联总统戈尔巴乔夫在布什为他举行的宴会上称，削减战略武器条约是推动美苏关系“前进的因素”。他还说：“我确信，苏美做了现在可以说是最好的，而且对于今后前进来说又是必要的一件事。”路透社在评论削减战略武器条约时说，它开创了美苏关系的“一个新的合作时代”。

（二）使美苏现役战略核武器切实减少。

以前，美苏达成的战略武器协议，都不是减少武器的数量，而是限制武器数量增长的幅度，致使双方战略核武器的规模不断扩大，都保持着能“多次毁灭地球生命的超杀能力”。而削减战略武器条约第一次规定双方将战略武器作较大削减。据推算，条约生效后7年，美苏部署的战略核武器运载工具将分别减少29%和36%；核弹头将分别减少43%和41%；弹道导弹弹头将分别减少40%和48%。据《纽约新闻日报》1991年7月31日报道，专家们一致认为，削减战略武器条约的主要成就在于使双方切实削减战略武器的数量。美国前军备控制代表加特霍夫说：“削减战略武器条约在某种程度上的确限制了军备竞赛。”

（三）减少了核战争的危险。

削减战略武器条约的签署加强了美苏之间战略上的稳定和相互信任。美国白宫1991年7月31日发表的一项声明说：“削减战略武器条约将以3种主要方式加强战略稳定。首先，将集中减少危险最大和最不稳定的武器系统，即战略弹道导弹。第二，鼓励进一步依靠重型轰炸机和潜艇发射的弹道导弹，减少对洲际弹道导弹的依靠，促使双方调整战略力量结构，使战略核武器的危险性减少，生存能力加强。第三，为了确保每一方都遵守条约，规定了前所未有的、各种不同的、要求越来越高的核查措施。这些措施将有助于建立相互信任和减少不确定因素。”由于条约有助于战略稳定和相互信任，因而减少了核战争危险。苏军第一副总参谋长奥梅利切夫 1991 年 7 月 31 日说：“条约生效以后，可以增强战略稳定，并以此减少核冲突的可能性。”美国总统布什在签署条约仪式上强调：“条约极其复杂，但其中心思想却可以概括为一句话——战略武器的削减减少了核战争的危险。”

四、削减战略武器条约的局限性

尽管削减战略武器条约对美苏现役战略核武器进行较大的削减，减少了核战争的危险，但条约仍然有很大的局限性，主要表现在以下 3 个方面：

（一）美苏双方还都将继续保持庞大的核武库。条约规定，每方保持核弹头的最高限额为 6000 枚。这种规模，仍然具有远远超过实际需要的“超杀能力”。据美国前国防部长麦克纳马拉计算，美苏各有 400 枚核弹头就足以摧毁对方。一些军备控制专家还指出，条约为重轰炸机和海上发射的巡航导弹规定的限额太高，从美苏目前的实际装备情况和发展计划看，其限额几乎没有限制意义。

（二）条约最高限额的计算方法有较大漏洞。例如，条约规定，现役运载工具的最高限额为 1600 枚，弹头的最高限额为 6000 枚，每个运载工具所携带的弹头平均为 3.7 枚。但目前美苏绝大多数运载工具实际能携带弹头的数量，远远超过 3.7 枚。因此，万一发生危机，需要增加弹头时，每一方都可能把每个运载工具携带弹头的数量增加至最大限度，从而大大增加弹头。再如，条约没有把海上发射的核巡航导弹 880 枚的限额包括在 6000 枚弹头的总限额之内，而且目前美国拥有这种导弹只有约 350 枚，苏联比美国更少，因此，条约为海上发射的核巡航导弹留有较大的发展余地。

（三）条约对战略武器质量的限制不严格。条约除禁止发展新的重型洲际弹道导弹和多弹头巡航导弹等个别武器外，不限制双方发展新的战略武器，并允许对现有武器进行改进。因此，美苏在战略核武器质量方面的竞赛将继续下去。华盛顿军备控制协会高级分析家洛克伍德说：“条约对武器更新几乎没有限制。双方仍然可以试验和部署隐蔽性较强、命中精度较高、杀伤力较大的导弹和飞机。”

（继　先）

中美洲各国讨论裁军问题　1990 年，中美洲各国总统决定成立“中美洲安全委员会”，旨在裁减中美洲国家军备。该委员会由危地马拉、洪都拉斯、萨尔瓦多、尼加拉瓜和哥斯达黎加 5 国外交部副部长和国防部副部长组成，巴拿马派观察员参加。中美洲国家的裁军愿望得到美国的支持，墨西哥、委内瑞拉和哥伦比亚等邻国亦表示给予合作。1990 年 7 月 13 日，该委员会在哥斯达黎加首都圣何塞举行首次会议，会议要求检查各国军事人员和军备情况，建议各国军队应在人数和装备上保持“合理的平衡”，以便不构成“对其邻国的威胁”，并提议建立一种在联络、合作和承担对付外来军事干涉基础上的“新的防务关系模式”。

迄 1991 年 11 月 7 日，“中美洲安全委员会”共举行了 5 次会议。在会上，各国代表都表示希望实现中美洲地区非军事化，但由于各国国情和安全环境不同，在裁军问题上意见不一。萨尔瓦多、危地马拉两国由于本国内战尚未结束，表示目前不能裁军。洪都拉斯表示在萨、危两个邻国内部冲突未能结束的情况下也不能裁军。尼加拉瓜在 1990 年 4 月正式宣告内战结束后即开始裁军，军队人数至 1991 年底已由 9.6 万人裁减到 2 万人，哥伦比亚希望加快地区非军事化进程，并认为裁军是推动地区经济一体化进程的关键。巴拿马表示支持地区非军事化进程，但强调要尊重各国主权。

中美洲国家的裁军会议虽未取得任何具体成果，但各国政治家均认识到只有裁减军备才能加速经济发展。随着中美洲和平进程的发展，该地区的裁军进程将继续前进。

（刘永明）

危地马拉谈判停止内战　危地马拉政府和“全国革命联盟”（简称“全革联”）的和谈进程在 1991 年有了较大进展。1991 年 4 月 24 日，在墨西哥政府和联合国调解下，塞拉诺政府和“全革联”在墨西哥举行首次谈判，至 1991 年 10 月共举行了 5 轮会谈。危地马拉全国和解委员会主席克萨达主教称，双方通过谈判同意政治解决武装冲突以寻求和平，危政府承认游击队控制的区域，“全革联”同意放弃武装斗争，双方愿意就实现国家政治民主化、改组军队、尊重人权、修改宪法等问题继续进行谈判。由于政府不同意尽快采取措施调查严重的侵犯人权问题，谈判一度陷入僵局。据天主教会透露，危地马拉 31 年内战，已使近 20 万人丧生，4 万人失踪，100 万人背井离乡。仅在 1991 年中，危地马拉发生了谋杀、失踪、拷打等各种侵犯人权事件 1000 余起，受害者达数千人。危国内暴力恐怖活动猖獗，使墨西哥、英国和意大利等国驻危国际通讯分社被迫暂时关闭。后经调解，危政府和“全革联”决定于 1992 年恢复谈判。

（刘永明）

萨尔瓦多签署“和平协定”　萨尔瓦多政府和“法拉本多·马蒂民族解放阵线”（以下简称“民解阵”）经过 7 年多的政治谈判，于 1992 年 1 月 16 日在墨西哥城签署“和平协定”，宣告了长达 11 年多的内战行将结束。这是继尼加拉瓜之后中美洲地区和平进程的又一重大进展。

1991 年 4 月，萨尔瓦多政府和“民解阵”代表在墨西哥城举行会谈，在修改宪法问题上达成协议，扫除了和平进程中的一大障碍。1991 年 9 月 25 日，在联合国秘书长德奎利亚尔的调解下，双方在纽约联合国总部签署了实现和平的框架协议，在改组军队、联合国监督下实现停火、保障游击队员参与国家政治生活等问题上原则上达成一致意见。1991 年 10 月 11 日，萨政府、“民解阵”和 6 个政党的代表在墨西哥城签署了全国和平委员会在过渡时期作为国家正式机构的文件。文件规定，该委员会由 2 名政府代表、2 名“民解阵”代表和 6 个政党各派 1 名代表组成，其职能是监督和平框架协议执行情况。10 月 12 日，萨政府和“民解阵”在框架协议的基础上，在墨西哥城举行新的一轮会谈，并就取消陆军情报局达成协议。1991 年 11 月 14 日“民解阵”宣布从 16 日起单方面停止对城市的军事进攻和破坏经济设施的行动。11 月 21 日萨总统克里斯蒂亚尼宣布停止使用空军和炮兵对付游击队。11 月 25 日，双方继续在墨西哥城举行会谈，讨论组建国民警察、削减和清洗军队等问题。由于谈判没有进展，1991 年 12 月 6 日萨政府又用重炮攻击游击区，12 月 18 日“民解阵”也决定恢复“有限军事行动”以对付政府军的进攻。1991 年 12 月 31 日，在德奎利亚尔再次出面调解下，萨政府和“民解阵”签署了“纽约纪要”。1992 年 1 月 5 日，双方在纽约举行新的会谈，制定落实纪要的日程和方式，并于 1992 年 1 月 14 日达成一致意见。

1992 年 1 月 16 日，萨政府谈判代表团 6 名成员和“民解阵”10 名军事官员在墨西哥城签署了长达 100 多页的“和平协定”。萨总统克里斯蒂亚尼也在协定书上签了字。联合国新任秘书长加利，墨西哥、哥伦比亚、委内瑞拉、危地马拉、尼加拉瓜、洪都拉斯、哥斯达黎加和巴拿马等拉美 8 国总统，西班牙首相，美国国务卿，古巴外长，美洲国家组织秘书长等国际社会要人出席了隆重的签字仪式。

“和平协定”对萨尔瓦多结束内战、恢复国家正常秩序作了原则规定和具体安排，主要内容是：从 1992 年 2 月 1 日起，政府军和“民解阵”领导的游击队实行正式停火。今后两年内政府军将从目前的 6.3 万人裁减至 3.1 万人，其中受过美国训练、严重侵犯人权的 5 个快速反应步兵营将在 1992 年 11 月 30 日前解散。协定还对今后军队的职能作了明确规定，仅限于对付外来侵略和保卫国家主权。1992 年 10 月 31 日前解散国民警卫队。立即组建国民警察，其中原国民警卫队成员和原游击队员各占一定比例。1992 年 10 月 31 日前遣散约 1 万余人的游击队。从 1992 年 5 月 1 日起，“民解阵”将作为一个合法政党参与国家政治生活。在今后 6 个月内，政府承诺通过议会立法使原游击区内居民所占土地合法化。1992 年 10 月 31 日前，政府实行政治、选举、司法和经济改革。

萨尔瓦多政府和“民解阵”经过 7 年多的艰苦谈判，签署和平协定，主要原因是：一、萨政府在军队不能消灭游击队的情况下，希望通过政治谈判结束内战实现和平，以集中力量进行经济建设。二、“民解阵”在苏联解体、尼加拉瓜“桑地诺民族解放阵线”不再执政、古巴经济严重困难的形势下，自感势单力薄，于是决定寻求政治解决。三、持续 11 年多的内战，使人民饱受战乱之苦。战争造成 7.5 万人死亡。经济损失达 18 多亿美元。停止内战，重建国家已成为萨尔瓦多全国人心所向。四、国际社会对萨和平进程发挥了重要的推动作用。由墨西哥、秘鲁、巴西等拉美一些大国组成的“孔塔多拉集团”、“利马集团”和“里约集团”，对萨实现和平都作出了很大的努力。1990 年 4 月以来，联合国前秘书长德奎利亚尔两次在纽约亲自出面做工作，对萨“和平协定”的签署起了重大作用。此外，美国为巩固中美洲地区的“民主化进程”，推动布什提出的“美洲事业倡议”的落实，以停止经援、军援相要挟，压萨尔瓦多政府和军队在后期谈判中作出让步，也是一个重要原因。

萨尔瓦多“和平协定”的签署，是继尼加拉瓜之后中美洲地区和平进程的又一重大进展，也是国际社会的一件大事。国际社会对此纷纷表示赞扬和祝贺。联合国秘书长加利在签字仪式上发表讲话，称“和平协定”是通过谈判实现的一场革命，要求国际社会协助协定的执行，并支持萨尔瓦多战后重建工作。联合国安理会于 1992 年 1 月 14 日通过决议，派遣 1000 多名军事观察员和警察前往萨核查“和平协定”执行情况。墨西哥总统萨利纳斯、委内瑞拉总统佩雷斯、哥伦比亚总统加维里亚、西班牙首相冈萨雷斯等也在仪式上发表讲话，称协定的签署是历史性事件，竞相表示愿对协定的执行和萨战后重建提供合作。萨尔瓦多形势的变化，对中美洲地区的裁军、政治“民主化”和经济一体化的进程，以及对危地马拉、哥伦比亚等国政府和本国游击队的和平谈判，都将产生积极的影响。

国际舆论普遍认为，今后在联合国军事观察团实地监督下，萨尔瓦多“和平协定”将会逐步得以落实。但由于协定内容复杂和日程紧张，其实施将是十分艰巨的。尤其是在裁减军队和遣散游击队两个重要问题上，双方互为条件，看一步走一步，如一方拖延，必定成为对方效仿的借口。因此，“和平协定”确定的各项任务很难在指定的日期内完成。萨尔瓦多的和平进程将在曲折的道路上前进。

（刘永明）

尼加拉瓜国内一度发生武装冲突 1991年4月始，尼加拉瓜约600名前反政府武装分子重新拿起武器，在北部地区不时袭击桑地诺解放阵线影响下的农业合作社，抢夺警察枪支弹药，骚扰社会秩序。他们要求查莫罗政府兑现分给他们土地的承诺，要求桑地诺人民军和警察从他们影响较大的地区撤出。前反政府武装分子得到"尼加拉瓜反对派联盟"中极右政治势力和流亡美国迈阿密的前索摩查家族势力的暗中支持，企图以武力推翻查莫罗政府。

与此同时，一些没有得到安置的桑地诺人民军的退伍军人和警察也不时集会，要求政府履行诺言。而另一部分退役军人则重新拿起武器，对付重新武装起来的前反政府分子。双方在北部山区经常发生武装冲突，造成一些伤亡。

面对上述形势，查莫罗政府未接受"桑解阵"提出的武力解决的建议，主张谈判解决问题。1991年10月17日，查莫罗总统委派内政部长乌尔塔多同重新武装的前反政府组织举行会谈，并决定成立裁军委员会，在北部地区实行非军事化进程，将设在该地区的军事基地改为民用。至1992年初，谈判双方在马那瓜达成协议，规定实行无限期停火，政府许诺继续裁减军队，逐步满足反政府武装组织的合理要求，反政府武装组织同意放下武器，重返国家政治生活。1992年1月21日，163名重新武装起来的前反政府武装分子和前桑地诺人民军退伍军人向尼政府交出武器。

（刘永明）

海地发生军事政变 1991年9月29日晚，海地武装部队总司令拉乌尔·塞德拉斯将军发动军事政变。政变部队占领国家电台，进攻阿里斯蒂德总统官邸。政变发生后，总统在由法国驻海地大使迪富尔组建的私人卫队保护下乘装甲车前往总统府。政变部队获悉后立即攻打总统府。在总统府附近，政变部队和拥护总统的数千名市民发生冲突，造成100多人死亡，近千人受伤。1991年9月30日下午，政变部队占领总统府，扣押总统。当晚，塞德拉斯将军宣布军队已掌权，将尊重宪法秩序，保障民主、自由。塞还下令在首都和全国各地实行宵禁，关闭机场和港口，封锁与邻国多米尼加共和国的边界。

经美、法两国驻海地大使同政变军人谈判，军方同意阿里斯蒂德总统出国。1991年10月1日阿乘飞机去委内瑞拉，后去美国，并在美洲国家组织外长会议和联合国安理会会议上先后发表讲话，寻求国际社会对海地恢复民主进程的支持。关于政变原因，军方声称阿里斯蒂德执政后不尊重宪法，滥用总统权力，干涉司法部门和议会独立行事，改组军队，组建总统特别卫队，排斥异己，培植亲信，实行文人独裁，损害了武装部队在国家政治生活中的传统地位和利益。

1991年10月2日，塞德拉斯将军宣布，他无意掌权，将把权力移交给议会。10月7日，议会在军队威胁下推举最高法院大法官约瑟夫·内雷特为临时总统。10月8日，内雷特宣誓就职，并宣布塞德拉斯将军继续担任武装部队总司令，将根据宪法规定在90天内组织大选。同日，议会宣布解除勒内·普雷瓦尔的内阁总理职务和政府各部长的职务。10月10日，军方宣布阿里斯蒂德任命的前首都警察司令谢吕班中校、陆军司令阿内中校等人将全部退役并离开海地。1991年10月15日，海地捍卫公众自由中心创始人和领导人让·雅克·奥诺拉特出任临时总理。10月16日，海地临时内阁就职，仪式由临时总理兼外长奥诺拉特主持，在军方监护下进行。临时内阁由11名部长和4名国务秘书组成。1991年10月25日，海地临时政府谴责美洲国家组织对该国实行经济封锁，并宣称封锁不利于创造对话环境。1991年11月8日，海地临时政府下令逮捕流亡国外的阿里斯蒂德总统。同日，以法国驻海地大使迪富尔出言不逊、损害了海地国家尊严为由，要求法国政府立即召回该大使。在法国政府不予答复的情况下，海地临时政府11月14日宣布迪富尔为"不受欢迎的人"，并限其在48小时内出境。11月28日，海地临时总统内雷特宣布将于1991年12月5日成立选举委员会，定于1992年1月5日举行总统选举。12月24日，海地临时政府宣布，对1991年1月7日因发动未遂政变企图阻止当选总统阿里斯蒂德上台而被囚禁的人员，实行大赦。

阿里斯蒂德总统是神父出身，在1990年12月16日的大选中获胜，于1991年2月7日宣誓就职。海地军事政变推翻民选总统，在国际社会产生了巨大反响。委内瑞拉、古巴、阿根廷、巴西、墨西哥等拉美国家，美国、法国等西欧国家，日本等亚洲国家以及苏联等国纷纷发表声明或公报，谴责军事政变，要求恢复海地"民主化进程"。一、美国的反应最为强烈。1991年9月30日，美国驻海地使馆发表新闻公报，要求政变分子立即返回军营，尊重宪法，服从总统的命令。10月1日，美政府决定中断在1991财政年度向海地提供8860万美元经济援助和220万美元军事援助的计划。10月2日，美向其设在古巴的关塔那摩海军基地派出了一支由500人组成的海军陆战队特别分队，为可能在海地采取军事行动作准备。美海军的22艘舰只正在海地附近水域游弋，并于10月底撤离在海地的约7000名美国侨民。1991年10月4日，布什决定不使用武力挫败海地政变以恢复宪法秩序，宣称只有当美国侨民的生命受到威胁时，美国才会动武。同日，布什在白宫接见了被推翻的海地总统阿里斯蒂德，并下令冻结海地政府在美国的银行存款，不向海地政变当局提供任何款项。10月29日布什颁发命令，从1991年11月5日起禁止美国同海地的所有商业往来。日本于9月30日宣布中断向海地提供1050万美元无偿经援的计划。欧共体于10月3日发表公报，决定停止在今后5年中提供1.6亿美元经援的计划。法国于10月9日决定冻结海地在法财产对海地实行禁运。二、联合国对海地发生军事政变十分关注。1991年10月1日秘书长德奎利亚尔对政变表示遗憾，对局势表示"十分担忧"。10月3日，安理会就海地问题进行磋商，并发表声明谴责政变当局破坏民主化进程，呼吁国际社会共同努力尽快恢复阿里斯蒂德总统领导的合法政府。三、美洲国家组织对海地军事政变不仅反应强烈，而且采取了一系列具体行动。1991年9月30日，该组织理事会举行会议，并作出决议要求海地政变当局立即恢复总统权力。10月2日，美洲国家组织举行紧急外长会议，决定派出一个以该组织秘书长若奥·克莱门特为首，由委内瑞拉、玻利维亚、阿根廷、哥斯达黎加等8国外长组成的代表团前往海地，与政变当局谈判恢复民选总统的地位。10月4日至6日，上述外长级代表团在海地的外交斡旋失败。10月8日，美洲国家组织外长再次开会，重申对被推翻的阿里斯蒂德总统的支持，要求各成员国立即对海地实行贸易和金融封锁，决定成立一个由文官组成的"民主使团"以推动在海地重建法制和民主，呼吁联合国各成员国采取与其相同的立场。在美洲国家组织决议的感召下，墨西哥和委内瑞拉10月8日决定中断对海地的石油供应。10月10日，美洲国家组织"民主使团"抵达海地，会见了议会、政府和军方领导人，进行外交斡旋。10月13日，"民主使团"和议会发表联合声明，称关于解决海地危机的决定将由议会作出，军方只起咨询作用。在"民主使团"协助下，10月22～25日，阿里斯蒂德和议会领导人在哥伦比亚卡塔赫纳市举行会谈，由于在恢复阿总统地位和取消美洲国家组织对海地封锁两个重要问题上双方各持己见，未能达成任何协议。12月3日，"里约集团"第5次首脑会议发表声明，称海地政变当局是"非法的"，定于1992年1月5日举行总统选举事也是"不能接受的"，并要求欧共体对海地实行禁运。1992年1月22日，美洲国家组织成立"特别委员会"，负责监督各成员国对海地实行贸易封锁的执行情况。1992年2月23日，在美洲国家组织调解下，海地前总统阿里斯蒂德、参院主席贝利泽尔、众院主席梅达尔、美洲国家组织秘书长苏亚雷斯和该组织"民主使团"团长奥坎波在华盛顿签署了一项协议，海地议会同意阿里斯蒂德重新执政，阿里斯蒂德承认政变以来海地议会作出的各项决定的合法性，其中包括塞德拉斯将军为海地武装部队总司令。

（刘永明）

南美洲大国放弃核、生、化武器的研制

1990年以来，巴西、阿根廷、智利等南美洲大国，为集中力量发展经济及改善对美国的关系，决定放弃核武器和生化武器的研制计划。

1990年11月28日，巴西总统科洛尔和阿根廷总统梅内姆签署核合作协定，双方同意对两国现有的铀、钚等核材料、核装置共同进行清点，于1991年1月15日由两国政府交换清单，于1991年5月开始实行集中登记制度下的相互监督，并将清单交给联合国国际原子能机构。1991年12月3日，巴西、阿根廷两国大使在维也纳签署了一项同意实行相互监督核设备及有关活动的协议，参加签字的还有巴、阿两国"核材料控制和统计机构"秘书长同联合国国际原子能机构总干事。巴西总统科洛尔和阿根廷总统梅内姆出席了签字仪式。此项协议由巴、阿两国核材料控制和统计机构具体实施，进行技术性监督，联合国国际原子能机构也将参与这一监控活动。巴、阿两国除在国际原子能机构参与下对双方的核材料、核设备及有关活动进行相互监督外，1991年7月18日，两国总统签署了一项关于放弃研制核武器的协议。此项协议禁止在两国领土上试验和制造任何形式的核武器，并承诺不接受、不储存和不部署任何第三国的核武器。巴、阿两国在签署核监督和禁核协议的同时，声明仍然拥有和平利用原子能的权利。目前，巴西拥有1座核电站，阿根廷拥有2座核电站。

1991年9月5日，巴西、阿根廷、智利三国发表一项共同声明，承诺禁止研究、制造和使用生、化武器，控制出售可能被用来制造生、化武器的原料和技术。

巴西政府于1979年制定了核技术秘密发展计划。1987年，巴西掌握了提炼浓缩铀的技术。90年代初，巴西已建有3座科学实验核反应堆，并拥有制造核武器所需的科学技术和工业能力。由军方领导的阿拉马尔工厂在6天内能生产100多公斤浓度为20%的铀。如充分利用全国的超离心力工业设备，可在1个月内将铀的浓度提高到90%，并有能力生产一颗小型原子弹。此外，巴西还制定了核动力潜艇的研制计划，准备在21世纪初制造3艘排水量为3000吨至5000吨级的核动力潜艇。但近两年来，巴西政府的核政策发生了

重大变化。1990年9月,巴西总统科洛尔在联大宣布,巴将不进行核试验,包括为和平目的进行的核试验。

阿根廷的核工业始于50年代初,但发展缓慢,至1983年才能提炼出浓缩铀。90年代初,阿拥有6个科学实验核反应堆,在首都附近的埃塞萨建有一个进行核燃料后处理以分离出钚的工厂,并在埃及和伊拉克资助下制定了发展"秃鹰"2型中程导弹计划。但近年来,阿根廷政府的核政策发生了重大变化。1991年5月29日,阿国防部长冈萨雷斯宣布放弃该导弹发展计划。

美国等西方工业化国家对巴、阿两国放弃发展核武器的决定反应谨慎,表示如巴、阿两国尔后批准防止在拉美核扩散的"特拉特洛尔科条约",将考虑解除对他们出售超级计算机等高技术产品的封锁。

(刘永明)

各国军事概况

亚洲国家军事概况

中　国

国　　名　中华人民共和国。

主要统计　面积约 960 万平方公里。人口 115823 万人(1991 年底)。国民生产总值 18600 亿元(1991 年)。国防费 330.29 亿元(1991 年国防开支),370 亿元(1992 年国防预算)。钢 7057 万吨(1991 年)。原煤 10.9 亿吨(1991 年)。原油 1.39 亿吨(1991 年)。天然气 160.7 亿立方米(1991 年)。发电量 6750 亿千瓦小时(1991 年)。粮食 43524 万吨(1991 年)。货物周转量 28007 亿吨公里(其中铁路 10972 亿吨公里、公路 3398 亿吨公里、水运 13000 亿吨公里、管道 627 亿吨公里、空运 10 亿吨公里)(1991 年)。旅客周转量 6077 亿人公里(其中铁路 2827 亿人公里、公路 2778 亿人公里、水运 171 亿人公里、空运 301 亿人公里)(1991 年)。

国防政策　中华人民共和国是发展中的社会主义国家。从建国起就为维护世界和平促进人类进步事业而努力,坚持永远不称霸、不做超级大国、不侵略别国。国防政策是巩固国防,抵御外敌侵略,捍卫国家主权和领土完整,确保国家安全。国防建设要服从和服务于国家经济建设,增强国家的综合国力,逐步提高军队的防卫作战能力;其重点是发展国防科学技术,加强军队现代化建设,加强后备力量建设,逐步增强国防实力和潜力。坚持平战结合、军民结合的方针,在独立自主、自力更生的原则下,有重点有选择地引进国外一些先进技术。努力发展与各国军队的友好关系,通过加强国防科学技术和军事学术等方面的交流,不断增强彼此之间的了解和友谊。

军事战略　中华人民共和国为抵御外敌侵略,保卫国家独立和安全,维护世界和平,一贯实行积极防御的战略。其基本点是坚持自卫立场,坚持后发制人,坚持人民战争。这个战略要求军队在长期和平环境中始终保持良好的战备状态,遏制战争的爆发。在遭到敌人的局部入侵时,要本着有理、有利、有节的方针,予以有力的还击。一旦国家遭到大规模侵略,迅速动员人民群众和国家战争潜力,采取灵活的作战样式,逐步改变战争形势,适时转入战略反攻和进攻,最后战胜敌人。

国防体制　领导机构　**中国共产党中央军事委员会**　《中国共产党章程》规定,党的中央军事委员会组成人员由中央委员会决定。现任中共中央军事委员会主席江泽民、中共中央军事委员会第一副主席杨尚昆、中共中央军事委员会副主席刘华清上将、中共中央军事委员会秘书长杨白冰上将。

中华人民共和国中央军事委员会　《中华人民共和国宪法》规定,中华人民共和国中央军事委员会领导全国武装力量。中央军事委员会由主席、副主席若干人、委员若干人组成,实行主席负责制。主席由全国人民代表大会选举产生,对全国人民代表大会及其常务委员会负责。其他组成人员由全国人民代表大会或其常务委员会根据中央军委主席的提名决定。任期与每届全国人民代表大会任期相同。现任中华人民共和国中央军事委员会主席江泽民,副主席杨尚昆、刘华清上将,委员杨白冰上将、秦基伟上将、迟浩田上将、赵南起上将。

人民武装委员会　从中央到县各级建立的群众武装建设的专门机构。主要任务是:研究贯彻党中央、国务院、中央军委有关民兵建设的各项方针、政策和指示;根据上级地方党委和军事机关的有关指示,结合本地区情况,研究解决民兵工作中的重大问题;研究贯彻有关兵员动员和转业、复员、退伍战士安置工作的方针、政策。中央军委人民武装委员会由中央军委、国家机关有关部门、人民解放军各总部和有关人民团体的负责人组成。办事机构设在中国人民解放军总参谋部动员部。省(直辖市、自治区)、地、县(市)党委人民武装委员会由各级党委吸收有关部门的负责同志组成,主任由同级党委指定一名书记担任。办事机关分别为省军区、军分区、县(市)人民武装部。

中华人民共和国国防部 中华人民共和国国务院的军事部门。根据中华人民共和国宪法规定,国务院领导和管理国防建设事业。具体工作由国防部负责。需要国防部办理的事宜,由总参谋部、总政治部、总后勤部分别办理。现任国防部长秦基伟上将。

中国人民解放军总参谋部 中央军委领导下负责组织武装力量建设和作战指挥的军事领导机关。设有作战、情报、通信、训练、军务、装备、动员、炮兵、装甲兵、工程兵、防化、电子对抗、陆航、测绘、机要、外事等部门。现任总参谋长迟浩田上将,副总参谋长徐信上将、徐惠滋中将、韩怀智中将、何其宗中将。

中国人民解放军总政治部 中央军委领导下负责全军政治工作的领导机关。设有组织、干部、宣传、保卫、纪律检查、文化、联络、群众工作等部门。现任总政治部主任杨白冰上将(兼),副主任周文元中将、于永波中将、李继耐少将。

中国人民解放军总后勤部 中央军委领导下负责全军后勤工作的领导机关。设有财务、军需、卫生、军械、军交、车船、油料、物资、基建营房、生产管理等专业勤务部门。现任总后勤部部长赵南起上将,政治委员周克玉中将,副部长刘明璞中将、张彬中将、李伦中将,副政治委员许胜中将。

中国人民解放军国防科学技术工业委员会 亦称中华人民共和国国防科学技术工业委员会(简称国防科工委),受国务院、中央军委双重领导。设有国防科学技术委员会、办公厅、司令部、政治部、综合计划部、科学技术部、后勤部、外事局等部门。现任国防科工委主任丁衡高中将,政治委员邢永宁中将。

中国人民解放军军区领导机关 是各战略区域合成军队的领导机关,直属中央军委领导。设有司令部、政治部、后勤部。现有7个军区。

沈阳军区 司令员刘精松中将,政治委员宋克达中将。

北京军区 司令员王成斌中将,政治委员张工中将。

兰州军区 司令员傅全有中将,政治委员曹芃生中将。

济南军区 司令员张万年中将,政治委员宋清渭中将。

南京军区 司令员固辉中将,政治委员史玉孝中将。

广州军区 司令员朱敦法中将,政治委员张仲先中将。

成都军区 司令员李九龙中将,政治委员谷善庆中将。

中国人民解放军海军领导机关 设有司令部、政治部、后勤部、装备技术部、装备修理部和航空兵部。现任海军司令员张连忠海军中将,政治委员魏金山海军中将。

中国人民解放军空军领导机关 设有司令部、政治部、后勤部、航空工程部。现任空军司令员王海空军上将,政治委员朱光空军中将。

中国人民解放军第二炮兵领导机关 设有司令部、政治部、后勤部、技术装备部。现任第二炮兵司令员李旭阁中将,政治委员刘安元中将。

最高军事学术研究机关和学府

中国人民解放军军事科学院 中央军委领导下的军事学术研究机关,是全军军事科学的研究中心,是中央军委和总部从军事理论高度指导军队建设的助手。基本任务是进行军事基础理论和国防建设、军队建设重大问题的研究;为军委和总部决策提供战略性建议和咨询,提供军事学术研究方面的信息;组织协调全军的军事学术研究工作等。设有战略、战役战术、军制、军事历史、外国军事、军事百科全书、毛泽东军事思想研究、军事运筹分析、军队政治工作等研究部门。拥有一支具有相应水平和实践经验的研究队伍。编写出版了大量军事研究论著和各种条令、条例、教令,译注了大量中外军事名著、军事工具书,并编辑出版《中国军事科学》、《军事学术》、《外国军事学术》等多种学术刊物。军事科学院注重同国内外各界的学术交流。现任军事科学院院长蒋顺学中将,政治委员杨永斌中将。

中国人民解放军国防大学 中央军委领导下的最高军事学府,是一所具有综合性、研究性、开放性特点的合成指挥大学。基本任务是招收经过中级指挥院校培训的优秀师、旅职军官,实施高层次的综合教育,同时培训高级参谋、高级理论研究人员和国家有关部门的领导干部,并从事有关战略和国防现代化建设问题的研究,为军委和总部决策起咨询作用。教学指导思想是以培养政治上合格的适应国防现代化建设和未来战争要求的高级人才为目标;坚持培养"通才";坚持"高、新、宽、深"的教学内容;坚持自学为主,实行研究式、启发式的教学方法。设有国防研究系、进修系、基本系、留学生系、师资培训班和研究生院,还设有科学研究部和下属的战略研究所、马克思主义研究所、军队建设研究所等科研机构。国防大学坚持对国内外开放,积极开展学术交流，力求用世界最新科技和军事信息、成果，充实和丰富教学内容。现任国防大学校长兼政治委员张震上将。

作战指挥系统　中央军委通过中国人民解放军总参谋部对各军区、海军、空军、第二炮兵实施作战指挥。驻各军区的陆军集团军和兵种部队归所在军区建制领导和指挥。部署在各军区的海军、空军部队，建制归海、空军，受军区和军委海、空军的双层领导。军区内三军联合作战行动由军区统一指挥。第二炮兵在军委集中领导下，实施垂直指挥。省军区、军分区隶属军队系统，归所在军区建制领导，同时又是所在省、地党委的军事工作部门和政府的兵役机关。县（市）人民武装部的军事工作受省军区、军分区领导。

武装力量　中华人民共和国武装力量由中国人民解放军、中国人民武装警察部队和民兵组成。这三部分武装力量是一个有机的整体。中国人民解放军是中华人民共和国武装力量的主要组成部分；中国人民武装警察部队是中华人民共和国武装力量中担负国内安全保卫任务的武装部队；民兵是人民解放军的助手和后备力量。《中华人民共和国宪法》规定，中国武装力量的基本任务是巩固国防，抵抗侵略，保卫祖国，保卫人民的和平劳动，参加国家建设事业，努力为人民服务。1990 年 12 月 30 日中共中央十三届七次全会通过的《中共中央关于制定国民经济和社会发展十年规划和“八五”计划的建议》第 71 条指出：人民武装力量必须继续加强革命化、现代化、正规化建设，提高政治素质和军事素质，增强战斗力。切实加强民兵和预备役部队的建设，大力开展国防教育，增强全民国防意识。坚决捍卫国家的神圣主权和领土完整，坚决维护社会安定和保护人民利益，保卫社会主义现代化建设的顺利进行。

中国人民解放军　由陆军、海军、空军和第二炮兵部队组成。根据 1990 年 11 月 6 日国家统计局公布，现有军人 3199100 人。

中国人民解放军坚持注重质量建设，走有中国特色的精兵之路的方针，努力实现中央军委主席江泽民提出的“政治合格、军事过硬、作风优良、纪律严明、保障有力”的总要求。

陆军　中国人民解放军陆军经过 60 多年的建设，由单一兵种逐步发展成为一支具有强大火力、突击力和高度机动能力的诸兵种合成军种。编有步兵、炮兵、装甲兵、工程兵、通信兵、防化兵等专业兵种，还编有电子对抗、测绘和航空兵部队。步兵有山地步兵、摩托化步兵、机械化步兵；炮兵包括地面炮兵、高射炮兵和地空导弹部队；装甲兵部队在编制上以坦克部队为主体，还编有装甲步兵、炮兵、工程兵、防化兵及其他勤务保障部队，装备除主战坦克外，还有水陆坦克、轻型坦克、扫雷坦克、反坦克导弹发射车等；工程兵包括工兵、舟桥、建筑、工程维护、伪装、野战给水工程等专业部（分）队；通信兵由野战通信、固定台站通信、通信工程和军邮勤务等专业部（分）队组成；防化兵由防化、喷火、发烟等部（分）队组成。陆军的编制序列一般是：集团军、师（旅）、团、营、连、排、班。

海军　中国人民解放军海军是 1949 年 4 月 23 日正式成立的。主要任务是独立地或协同陆军、空军防御敌人从海上入侵，保卫领海主权，维护海洋权益。经过 40 余年的建设和发展，中国人民解放军海军部队已成为一支兵种齐全、常规和尖端武器兼备，具有立体攻防能力，能有效地保卫国家领海的战斗力量。主要由水面舰艇部队、潜艇部队、航空兵、岸防兵和陆战队等兵种以及各种保障部队组成。中国人民解放军海军编有北海、东海、南海三个舰队和海军航空兵部，以及各类院校、科研、试验机构、预备役部队和军民联防单位。海军的编制序列是：海军，舰队、航空兵部，基地，水警区，舰艇支队，舰艇大队，舰艇中队。海军的武器装备正向着导弹化、电子化和自动化的方向发展。随着中国人民解放军海军远航能力的提高，对外交往逐渐增多。

空军　中国人民解放军空军是 1949 年 11 月 11 日正式成立的。主要任务是：担负国土防空，支援陆、海军作战，对敌后方实施空袭，进行空运和航空侦察。兵种有：航空兵、高射炮兵、地空导弹兵、雷达兵、空降兵等。空军的编制序列是：空军、军区空军、空军军、师（旅）、团、飞行大队（营）、飞行中队（连）。经过 40 多年的建设和发展，中国人民解放军空军体制编制在精干、合成、效能方面不断改进，武器装备现代化水平逐步提高。具备了执行空中突击、空中支援、空中运输、航空侦察和防空等任务的能力，成为一支既能独立完成国土防空任务，又能协同陆、海军作战的战斗力量。

第二炮兵　中国人民解放军中装备地地战略导弹武器系统，遂行战略核反击任务的部队。主要任务是遏制敌人对中国使用核武器，在敌人对中国发动核袭击时，遵照统帅部的命令，独立地或与其他军种的战略核部队共同对敌人实施有效的自卫反击，打击敌人的重要战略目标。第二炮兵部队由近程、中程、远程和洲际导弹部队以及工程、情报、侦察、测地、计算、气象、通信、防化、伪装等作战保障、技术保障和后勤保障部队组成，是一支具有一定规模和实战能力的主要核威慑和战略核反击力量。中国发展核武器，组建战略核部队，是为了防御，是为了打破核垄断，反对核讹诈，遏制核战争。核反击是被迫的，最终目的是消灭核武器和核战争，维护中国的独立和安全。中国政府一再郑重声明，中国在任何情况下，都不会首先使用核武器，不对无核武器国家和无核武器地区使用核武器。但是，如果遭到核袭击，将毫不犹豫地实施核反击，进行有效的核报复。

中国人民武装警察部队 是中华人民共和国武装力量的组成部分，是人民民主专政的工具之一，担负国内安全保卫任务。其职能是捍卫中国共产党的领导，捍卫社会主义制度。基本使命是维护国家主权和尊严，维护社会稳定，保卫重要目标和人民生命财产安全。中国人民武装警察部队于1983年组建，属国家公安系统，在各级党委和公安部门的领导下进行工作。在部队建设的大政方针上又受党中央、国务院、中央军委领导，执行中华人民共和国兵役法和中国人民解放军的条令、条例，享受中国人民解放军的同等待遇。

中国人民武装警察部队设有总部，各省、自治区、直辖市设有武装警察部队总队（师级）；各地、市、州、盟设有支队（团级）或大队（营级）；县（市、旗）设有中队（连级）。中国人民武装警察部队以内卫部队为主体，包括列入武装警察部队序列的公安边防部队、公安消防部队、公安警卫系统；担负生产建设任务的水电部队、交通部队、黄金部队；担负护林防火、灭火任务的森林警察部队。内卫部队的基本任务是：警卫党政机关和外国使（领）馆；守卫重要机场、电台、电视台、通信枢纽、工厂、仓库、科研机构等重要目标；守护重要桥梁、隧道；担负看守所、监狱、劳改场所的外围武装看押任务和押解罪犯，追捕逃犯；对大城市和特定地区实施治安巡查警戒；参与处置各种突发事件。边防部队的主要任务是：担负边境地区的治安管理；在对外开放的港口、机场、国境车站和孔道以及特许的进口岸，对出入境人员和交通工具实施边防检查；对国际国内航班乘客及携带物品实施安全检查；在领海线内实施巡逻。消防部队的主要任务是：向人民群众宣传安全防火常识，协助有关单位建立防火措施，搞好消防监督和检查，扑救火灾，保卫国家经济建设和人民生命财产的安全。中国人民武装警察部队总部设有武警部队指挥学院、技术学院和专科学校，总队一级设有初级指挥学校和有关专业技术学校。现任武警部队司令员周玉书武警中将，第一政治委员陶驷驹（公安部长兼）、政治委员徐寿增武警中将。

民兵 是中国共产党领导的不脱离生产的群众武装，是中华人民共和国武装力量的组成部分，是中国人民解放军的助手和后备力量。1990年12月24日发布的《民兵工作条例》规定，民兵工作的任务是：（一）建立和巩固民兵组织，提高民兵军政素质，配备和管理民兵武器装备，储备战时所需的后备兵员；（二）发动民兵参加社会主义现代化建设，组织民兵担负战备执勤，维护社会治安；（三）组织民兵参军参战，支援前线，抵抗侵略，保卫祖国。民兵工作应当贯彻人民战争的思想，坚持劳武结合，坚持民兵制度与预备役制度、民兵工作与战时兵员动员准备工作的结合。全国的民兵工作在国务院、中央军委领导下，由中国人民解放军总参谋部主管。军区按照上级赋予的任务，负责本区域的民兵工作。省军区（卫戍区、警备区）、军分区、县（市）人民武装部负责本区域的民兵工作。《中华人民共和国兵役法》规定，凡18岁至35岁符合服兵役条件的男性公民，除应征服现役以外，编入民兵组织服预备役。民兵分基干民兵和普通民兵。28岁以下的退出现役的士兵和经过军事训练的人员，以及选定参加军事训练的人员编为基干民兵；其余18至35岁符合服兵役条件的男性公民编为普通民兵。根据需要吸收女性公民参加基干民兵。陆海边疆、少数民族地区和城市有特殊情况的单位，基干民兵的年龄适当放宽。随着国防现代化建设的发展，民兵组织已由单一的步兵发展成为包括高炮、地炮、通信、工兵、防化、侦察以及海军、空军等专业技术分队在内的基干民兵队伍。民兵的武器装备实现了国产制式化。

预备役部队 为了建立符合中国国情的战时快速动员体制，中央军委决定建立预备役部队。从1983年开始，各军区及军兵种普遍组建预备役部队，现在已是一支具有数十个师兵力的预备力量。预备役部队以少数现役军人为骨干，以预备役军官和士兵为基础，按照人民解放军的统一编制组建，属于人民解放军序列。基本任务是按照总参谋部的计划进行定期军事训练，努力提高军事素质，不断增强现代条件下快速动员能力，切实做好战时动员准备，一旦需要立即转为现役部队。

兵役制度 中华人民共和国宪法规定："保卫祖国、抵抗侵略是中华人民共和国每一个公民的神圣职责。依照法律服兵役和参加民兵组织是中华人民共和国公民的光荣义务。"凡中华人民共和国公民，不分民族、种族、职业、家庭出身、宗教信仰和教育程度，都有依法服兵役的义务。参加中国人民解放军的为服现役，没有服现役的公民进行兵役登记服预备役或者编入预备役部队。参加民兵组织，以及学生接受军事训练等都是履行兵役义务。1984年颁布的兵役法规定："中华人民共和国实行义务兵役制为主体的义务兵与志愿兵相结合、民兵与预备役相结合的兵役制度。"

士兵服役制度 中国人民解放军的现役士兵由义务兵和志愿兵组成。义务兵服役期限：陆军3年，海、空军4年。超期服役期限：陆军1至2年，海、空军1年。

志愿兵包括专业军士和军士长。专业军士是由服现役满5年,已成为专业技术骨干超期服役的义务兵,根据部队需要和本人自愿申请,经师以上机关批准改成;军士长是由义务兵经考试合格进入士官学校培训毕业后提升。志愿兵服役期限:从改为志愿兵之日起,至少8年,至多12年,年龄不超过35岁,如有特殊需要,本人自愿,经军以上机关批准,可适当延长。志愿兵实行工资制与供给制相结合的制度,除免费按照义务兵的标准供应伙食和被装外,另按不同级别发给工资。志愿兵每年均有探亲假期,退出现役后由原征集地的政府安排工作。

军官服役制度　根据《中国人民解放军军官服役条例》规定,中国人民解放军现役军官是被任命为排级以上或者初级以上专业技术职务并被授予相应军衔的现役军人。按性质分为军事军官、政治军官、后勤军官和专业技术军官。军官的选拔和使用,坚持任人唯贤、德才兼备、注重实绩的原则,实行经院校培训提拔军官的制度。优秀士兵经过院校培养也可以提拔为军官。军官服役最高年龄:作战部队军官,排级30岁、连级35岁、营级40岁、团级45岁、师级50岁、军级55岁;在舰艇上服役的营、团级军官的服役最高年龄可放宽5岁;省军区(卫戍区、警备区)系统、后勤基地和分部、院校、科技单位的师、军级军官最高服役年龄可放宽5岁;总部机关的团以上军官最高服役年龄可放宽5岁;大军区机关的团级军官最高服役年龄可放宽3岁,师、军级军官可放宽5岁。专业技术军官的最高服役年龄:担任初级专业技术职务的43岁,中级专业技术职务的48岁,高级专业技术职务的60岁,少数中、高级专业技术职务的军官,因工作需要按任免权限批准可放宽5岁。军官达到最高服役年龄的应当退出现役作转业、退休、离休安置。军官服现役(或参加工作)满30年或者年龄满50周岁以上,本人提出申请,组织批准,可作退休安置。中国人民解放军军官实行职务薪金、军衔薪金和军龄薪金相结合、以职务薪金为主的结构薪金制度,并对在特殊地区、特殊岗位工作的军官给予补贴。

现役军人及其家属的优待　兵役法和《军人抚恤优待条例》规定,现役军人、革命伤残军人、复员退伍军人、革命烈士家属、因公牺牲军人家属、病故军人家属、现役军人家属,应当受到社会的尊重,受到国家和人民群众的优待,在与地方群众同等条件下,享有就业、入学、救济、贷款、分配住房的优先权。革命伤残军人乘坐国营的火车、轮船、长途公共汽车和国内民航飞机,凭《革命伤残军人证》准予优先购票和享受票价优待。义务兵从部队发出的平信免费邮寄,家居农村的义务兵家属,采取平均负担的办法给予优待;家居城镇的义务兵家属,生活困难的给予适当补助。现役军人牺牲、病故,按照条例规定,发给其家属一次性抚恤金和定期抚恤金。

退伍军人的安置　兵役法规定,义务兵退出现役后,按照"从哪里来,回哪里去"的原则,回到原入伍的地区,由当地政府安排他们的生产和生活。机关、团体、企业事业单位招收职工时,对他们给予照顾。入伍前是国家正式职工的,允许复工、复职。报考高等院校和中等专业学校的,在和其他考生同等条件下优先录取。志愿兵退出现役后,由原征集地的政府安排工作。自愿回乡参加农业生产的,给予鼓励,增发安家补助费。志愿兵在服现役期间,参战或者因公致残、积劳成疾基本丧失工作能力的,办理退休手续,由原征集地或其直系亲属所在地政府接收安置。退出现役的特等、一等革命残废军人,由国家供养终身,其余的由政府安排力所能及的工作,或转业地方工作,或作退休处理。

军衔　中国人民解放军军官军衔分为3等11级,即将官4级(一级上将、上将、中将、少将)、校官4级(大校、上校、中校、少校)、尉官3级(上尉、中尉、少尉)。根据军官所属军种和技术特点,在海军、空军和专业技术军官军衔前分别冠以"海军"、"空军"、"专业技术"名称。志愿兵役制士兵设军士长、专业军士军衔;义务兵役制士兵设上士、中士、下士、上等兵、列兵军衔。

文职制度　中国人民解放军中的文职干部是军队编制定额内的不授予军衔的干部,是军队建设的重要力量,是国家干部队伍的重要组成部分。由现役军官改任文职干部的保留军籍。文职干部编制范围:军队中科学研究、工程技术、医疗卫生、教学、新闻、出版、文化艺术、体育等单位的部分专业技术干部职务,以及机关、院校、医院等单位内部服务的部分行政事务、生活保障干部职务。文职干部的职务等级:从事专业技术工作的文职干部的专业技术职务设高、中、初三级;从事非专业技术工作的文职干部的职务名称按编制执行,分为正局级、副局级、正处级、副处级、正科级、副科级、一级科员、二级科员、办事员。文职干部的待遇基本与现役军官的待遇相同。

抗洪救灾　1991年夏,中国有19个省市遭受了严重的自然灾害,特别是江淮地区和太湖流域发生了历史上罕见的特大洪涝灾害。在中共中央、国务院、中央军委的领导和关怀下,中国人民解放军、武警部队和民兵与全国人民团结一致,努力奋战,夺取了抗洪救灾的胜利。解放军在抗洪救灾中,发扬人民军队为人民、爱人民的光荣传统,为保卫国家财产和人民生命安全,帮助灾区人民恢复生产做出了重大贡献。据不完全统计,共动用兵力近75万人次,出动了大批车辆、船艇和飞机。武警部队也投入兵力17万余人次，车辆3.2万余台次。民兵和预备役部队成建制地投入抗洪救灾，据不完全统计，自水灾发生到8月上旬，共出动1100多万人，抢救和转移被洪水围困的群众200多万人，抢救物资193万多吨，加固堤坝71万多公里，为夺取抗洪救灾的胜利作出了应有贡献。1991年抗洪救灾的胜利，充分体现了中国共产党领导的坚强有力，充分反映了社会主义协作和友爱精神，充分显示了军政军民团结的强大威力。

国防科技与国防工业 1991年国防科技工业着重抓好制订"八五"计划、确保重点项目、搞好结构调整、提高经济效益、加强技术基础，以及发挥思想政治工作优良传统等六个方面的工作。一年来，各部门、各地区和广大企事业单位，紧密结合实际，认真抓落实，并根据形势的发展，积极探索和采取新的对策，各方面工作取得了新的进展。

一、根据中央专委关于武器装备发展方针和国家财政的实际情况，国防科工委组织各军兵种和军工部门，经过充分调查研究、分析论证和综合平衡，编制了"八五"国防科研计划，并按计划开展了工作。中央专委确定的"八五"重点武器装备和主要武器装备研制项目进展顺利。国防科工委还组织军内外专家和各军工部门，通过多种形式广泛深入地开展了对海湾战争的研究，对制订中国国防科技和武器装备发展战略，提供了重要借鉴和深刻启示。针对国外国防科学技术和武器装备的最新发展趋势，重点加强了国防科技预先研究和高技术研究工作。经过专家论证，确定了"八五"国防科技预先研究的关键技术和研究重点，其中有的项目已取得显著进展并有新的突破。

二、1991年12月28日，在西昌卫星发射中心，用长征3号运载火箭发射了1颗自行制造的通信卫星。火箭第1、2级飞行正常，第3级第1次点火后正常飞行，但第2次点火后，因发动机提前熄火，卫星未能进入预定轨道。经地面控制，星上发动机将卫星送入远地点高35176公里的大椭圆轨道。卫星各系统工作正常，并处于地面测控系统的调控之中。这颗卫星虽未进入预定轨道，不能成为通信卫星，但星上有充分的燃料，可在一定范围内调整卫星的状态，卫星还可以在现行轨道上运行多年，可以利用此星做多种科学研究。故障发生第2天，专家们就通过遥测数据分析出故障发生的原因，并认为，故障原因既已查明，完全可以采取相应措施防止这种故障再次发生。

三、1991年完成了一批战略、战术导弹和184项常规兵器试验任务，进行了130项风洞试验。同时，还加强了对在轨的4颗应用卫星的测控管理，积累了宝贵的数据和经验。北京海事卫星测控站正式承担第3颗国际海事卫星的测控管理工作。此外，1991年10月和11月，在北京和香港先后举办了中国航天科技展览会，展示了在航天技术领域的重大成就。

四、1991年是国防科技获奖较多的一年：如国防专用项目获国家科技奖的有127项。在国家级科技进步奖502项中，国防专用获奖90项，占17.9%，其中特等奖1项、一等奖12项、二等奖26项、三等奖51项。《长征4号A运载火箭》是1991年唯一的特等奖。在国家发明奖209项中，国防专用获奖36项，占17.2%。此外，《热核反应系统非热动平衡理论》被评为国家自然科学二等奖。

五、国防科技工业面向国内外两个市场，积极推动军民结合进一步发展。1991年军品生产任务完成得比较好，军品产值完成全年计划的110%，产品质量有所提高。民品发展的计划性进一步增强。国家综合部门选定一些有重大影响的技术和产品开发项目，由国防科技工业承担，并纳入国家"八五"计划。民用飞机、民用船舶、铁路货车、煤炭综合设备、医疗器械等5种指令性计划产品，都完成了全年计划。民品出口大幅度增加，外贸民品产值比1990年上升13.5%。特别是航空工业1991年民品出口交付可达到近4亿美元，比去年增加30%以上。军工部门组成22个贸易团参加了广州交易会，成交额为5.5亿美元，比1990年增加10%。军工高新技术的应用范围迅速扩大。1991年12月15日，秦山核电站并网发电一次成功，结束了中国大陆无核电的历史，开创了中国和平利用原子能的新时代。

六、在"质量、品种、效益年"活动中，严格贯彻军工产品质量第一的方针，始终把提高质量摆在突出地位。1991年10月份召开的"质量工作会议"，确定了"八五"质量工作的奋斗目标：一要全面开展可靠性、可维修性设计和优化设计，求得武器装备良好性能和最佳全寿命费用；二要实施质量保证体系认证管理，建立质保体系合格单位名单；三要继续加快产品研制、生产、使用全过程的质量管理，着重抓好新型号的研制质量；四要在民品的开发和生产上，以占领国际国内市场为目标，确立以质量取胜的战略，努力提高经济效益。

七、1991年12月16～21日，在北京召开了全国国防科技工业工作会议。会议强调指出，国防科技工业今后一个时期的工作重点是：把增强军工骨干企事业单位活力摆到突出位置；在继续改善外部条件的同时，通过改革内部机制、加强管理和依靠科技进步来挖掘潜力，提高效益；充分利用有限经费，集中力量打歼灭战，确保重点武器装备科研生产任务的完成；抓好产品结构调整，大力开发生产高技术、高质量、高附加值产品和出口创汇产品，加快科研成果商品化、产业化的进程；以提高整体效益为中心，不断完善和深化国防科技工业运行机制以及其他方面的配套改革；进一步扩大对外开放，抓住一切有利时机，多方位地开拓国际市场，多渠道地引进技术和智力。

（孔繁金、黄远模）

阿　富　汗

国　　名　阿富汗共和国。

主要统计　面积652300平方公里。人口2083.6万人（其中，13～17岁男120.32万人，女115.67万人；18～22岁男102.27万人，女98.06万人；23～32岁男158.27万人，女151.03万人）。国内生产总值1872.2亿阿富汗尼，合37亿美元（1988年）。国防费145亿阿富汗尼，合2.8656亿美元（1985年）。原煤13.8万吨（1988年）。天然气3亿立方米（1989年）。发电量11.09亿度（1988年）。粮食346万吨（1989年）。民航能力，固定航班机场2处、客运量1.747亿人公里、货运量810万吨公里（1990年）。

国防体制　执政的祖国党设最高军事委员会，党主席兼任该委员会主席、武装力量总司令。武装力量由正规军（陆军和空军两个军种）和准军事部队组成。政府设国防部，武装力量总司令通过国防部对军队实施指挥。

领导人物　阿富汗祖国党总书记兼武装力量总司令沙尔·纳吉布拉（1986年上任）。国防部长瓦坦贾尔（1990年3月上任）。参谋长迪利瓦尔（1989年上任）。

武装力量　**兵力**　现役部队5.8万人。

陆军　5万人。编有5个军部、16个步兵师、3个装甲旅、5个特别防卫旅、1个机械化步兵师（旅）、5个突击旅、1个炮兵旅。

主战坦克：800辆（T－54和T－55型500辆、T－62型300辆）。轻型坦克：PT－76型60辆。步兵战车БМП－1、БМП－2型400辆。装甲侦察车：БРДМ－1型和2型75辆。装甲输送车：БТР－40/－60/－70/－80/－152型850辆。牵引炮：2000余门，口径为76毫米、85毫米、100毫米、122毫米、130毫米、152毫米。火箭炮：122毫米、140毫米和220毫米若干门。迫击炮：1000余门，其中120毫米100门、82毫米和107毫米若干门。地地导弹："飞毛腿"10部、FROG－7型12部。反坦克导弹："甲鱼"AT－1和"耐火箱"AT－3若干具。无坐力炮：73毫米、82毫米若干门。高炮（机枪）：600余门（挺），口径为14.5毫米、23毫米、37毫米、57毫米、85毫米、100毫米。

空军　8000人。编有9个攻击战斗机中队、7个战斗机中队、8个武装直升机中队、3个运输机中队。作战飞机253架，武装直升机90余架。

攻击战斗机：米格－23型30架、苏－7/－17/－22型80架。战斗机：米格－21型100架。武装直升机：米－8型25架、米－17型35架、米－25型30架。侦察机：安－30型1架。运输机：伊尔－18D型专机2架、安－2型10架、安－12型10架、安－26型20架、米－4型直升机12架。教练机：L－39型25架、米格－21型18架。空空导弹AA－2型若干枚。

防空部队　1个师，编有2个地空导弹旅（每旅3个营），装备SA－2型导弹115部、SA－3型导弹110部；1个高炮旅（2个营），装备37毫米、85毫米、100毫米高炮若干门；1个雷达旅（3个营）。

准军事部队　边防部队（由陆军领导）约3万人，编有10个旅；国家安全部队1.2万人（估）；地方民兵6万余人；内政部控制的武装部队1.2万人（估）。

部署　阿军兵力主要部署在大城市和阿、巴（基斯坦）及阿、伊（朗）边境地区。陆军5个军部分别驻喀布尔、加德兹、坎大哈、赫拉特（其中1个军部驻地不明）。空军战斗部队主要部署在喀布尔西北巴格拉姆和西部的信丹德基地。

兵役制度　义务兵和志愿兵两种，男性公民服役年龄15至55岁。士兵服役期：志愿兵2年，义务兵3年以上，服役期满后转入预备役22年，每年受训2个月，实际上大部分士兵均需在部队超期服役。

军衔　军官分3等13级，即高级军官5级（元帅、上将、中将、少将、准将），校官3级（上校、中校、少校），尉官5级（大尉、上尉、中尉、少尉、准尉）。

阿富汗抵抗组织　总实力约14万人，是一支以宗教部落武装为基础组成的武装力量，主要由三大部分组成：一是国内地区性部落武装；二是总部设在巴基斯坦境内白沙瓦的由七个穆斯林组织组成的"临时政府",1989年底伊斯兰党希克马蒂亚尔派拉出单干,致使七党联盟变为六党联盟;三是总部设在伊朗德黑兰的"八党联盟",即:胜利组织、伊斯兰运动、伊斯兰圣战卫士、伊斯兰革命联合阵线、伊斯兰呼声、伊斯兰党、伊斯兰力量和真主党,该联盟成立于1987年9月,主要活动在阿中部和西部地区。

(武爱琴)

阿拉伯联合酋长国

国　　名　阿拉伯联合酋长国。

主要统计　面积85000平方公里。人口170.86万人(一说230万人,其中,13～17岁男6.97万人,女6.47万人;18～22岁男5.56万人,女4.1万人;23～32岁男15.84万人,女14.07万人)。国内生产总值1236亿迪拉姆,合336.7亿美元(1990年)。国防费179.88亿迪拉姆,合49亿美元(1991年国防预算估计)。原油6.67亿桶(1989年)。天然气219.8亿立方米(1989年)。发电量131.5亿度(1988年)。粮食0.5万吨(1989年)。海运能力,商船(载重100吨以上)248艘、总载重量131.57万吨(1989年)。民航能力,固定航班机场5处、客运量33.81亿人公里、货运量1.181亿吨公里(1990年)。

国防体制　根据联邦最高委员会的决定,联邦总统兼任武装力量最高统帅。最高军事决策机构是1976年5月成立的"武装力量总司令部"。最高行政机关是国防部。武装力量由正规军和准军事部队组成。正规军分陆、海、空三个军种。联邦总统通过武装力量总司令部、国防部和陆海空三军司令部领导和指挥全军。

领导人物　联邦总统兼武装力量最高统帅扎耶德·本·苏尔坦·阿勒纳哈扬(1976年上任)。武装力量总司令苏丹·本·扎耶德(1989年6月上任)。副总司令、王储哈利法·本·扎耶德(1976年上任)。国防部长穆罕默德·本·拉希德·阿勒马克图姆(1972年上任)。参谋长穆罕默德·赛义德·巴迪准将(1983年9月上任)。

武装力量　**兵力**　现役部队4.4万人(外籍军人约占30%)。

陆军　4万人(包括迪拜6000人)。编有3个军区:西部军区(阿布扎比)、中部军区(迪拜)和北部军区(哈伊马角),辖1个王室警卫旅、1个装甲旅、1个机械化步兵旅、2个步兵旅、1个炮兵旅。在迪拜另驻有1个步兵旅。

主战坦克:AMX—30型95辆、OF—40MK2型36辆。轻型坦克:"蝎子"76辆。装甲侦察车:AML—90型90辆、"萨拉丁"70辆、"白鼬"60辆。步兵战车:AMX—10P型30辆。装甲运输车:AMXVCI式30辆、VCR式82辆、"庞阿尔"M—3型300辆、VAB式20辆、EE—11"蝰蛇"66辆、"萨拉逊"12辆。牵引炮:105毫米77门。自行炮:155毫米20门。火箭炮:70毫米18门、122毫米40门。迫击炮:81毫米80门、120毫米21门。反坦克导弹:"米兰"和"警戒"45具、"陶"式和"霍特"25具。无坐力炮:84毫米若干门。高炮:20毫米48门、30毫米12门。

海军　0.15万人。

海岸巡逻作战舰艇:17艘,其中轻型护卫舰2艘、海岸巡逻艇9艘、导弹快艇6艘。两栖舰艇:坦克登陆舰2艘。支援舰:4艘。

空军　0.25万人(包括迪拜700人)。编有2个攻击战斗机中队、1个战斗机中队、1个防暴机中队。作战飞机100架,武装直升机19架。

攻击战斗机:29架,其中"幻影"ⅢEAD型14架、"隼"式MK—63型15架。战斗机:34架,其中"幻影"5AD型12架、"幻影"2000EA型22架。防暴机:11架,其中MB—339A型5架、MB—326型6架。改装训练机15架,其中"幻影"2000DAD型6架、"隼"式MK—61型7架、MB—339A型2架。侦察机:11架,其中"幻影"5R型3架、"幻影"2000RAD型8架。电子战机:C—212型4架。攻击直升机:AS—332F型2架、SA—342K型10架、SA—316/319型7架。运输直升机:33架。运输机:BN—2型1架、C—130H型4架、L—100—30型2架、G—212型1架。教练机:PC—7型24架、SF—260型6架。地空导弹:"霍克"导弹(5个连)若干部、"轻剑"12部、"响尾蛇"8部、RBS—70型13部。空空导弹:R—550"魔术"和AIM—9L型若干枚。空地导弹:"霍特"、AS—11、AS—12、AS—15TT、AM—39"飞鱼"等若干枚。

准军事部队　海岸警卫队若干人,装备舰船32艘。

部署 陆军西部军区司令部驻阿布扎比、中部军区司令部驻迪拜、北部军区司令部驻哈伊马角。海军基地有10处：代勒马岛、扎耶德港、阿治曼、拉希德港、贾贝勒·阿里港、富查伊拉、萨克尔港、哈立德港、古尔·法坎、塔维拉（正在修建中）。

兵役制度 实行志愿兵役制。 （刘国君）

阿　曼

国　名 阿曼苏丹国。

主要统计 面积30万平方公里。人口约154.06万人（其中，13～17岁男8.39万人，女8.16万人；18～22岁男6.96万人，女6.44万人；23～32岁男12.53万人，女10.1万人）。国内生产总值35.22亿里亚尔，合91.6亿美元（1990年）。国防费5.53亿里亚尔，合14.4亿美元（1991年国防预算）。原油2.26亿桶（1989年）。天然气27.9亿立方米（1989年）。发电量38.95亿度（1989年）。粮食0.2万吨（1989年）。海运能力，商船（载重100吨以上）29艘、总载重量1.31万吨（1989年）。民航能力，固定航班机场6处、客运量15.22亿人公里、货运量4010万吨公里（1990年）。

国防体制 最高军事决策机构为国防委员会，由国家元首卡布斯苏丹兼国防委员会主席。国防部是最高军事行政机关。武装力量由正规军、预备役和准军事部队组成。正规军分陆、海、空三个军种。国家元首通过国防部指挥陆、海、空三军。

领导人物 国家元首兼首相、国防委员会主席、外交、国防和财政大臣卡布斯·本·赛义德（1970年7月23日上任）。负责安全和国防事务的副首相法赫尔·本·泰木尔·赛义德（1979年5月上任）。武装部队总司令哈米德·本·赛义德·乌菲中将。陆军司令纳西卜·本·萨利姆·拉瓦希少将（1989年6月上任）。海军司令赫尔利·马克洛海军准将（1989年6月上任）。空军司令埃里克·彼德·贝内特空军少将（英国人）。

武装力量 **兵力** 现役部队3.04万人（含王室卫队和3700名外籍人员）。

陆军 2万人。编有1个师部、2个旅部、1个装甲团、2个炮兵团、1个高炮连、1个装甲侦察团、8个步兵团、1个步兵侦察团、2个独立侦察连、1个野战工兵团、1个伞兵团。

主战坦克：M—60A1型6辆、M—60A3型43辆、“酋长”33辆。轻型坦克：“蝎子”式30辆、VBC—90型6辆。步兵战车：VABPC式2辆。装甲运输车：VABVCI型6辆。牵引炮：105毫米39门、130毫米12门、155毫米12门。自行炮：155毫米12门。迫击炮：81毫米若干门、107毫米12门、120毫米12门。反坦克导弹：“陶”式10具、“米兰”50具。高炮：20毫米若干门、23毫米4门、40毫米12门。地空导弹：“吹管”和SA—7若干部、“轻标枪”28部。

海军 0.34万人。

海岸巡逻舰：12艘，其中导弹快艇“行省级”4艘、巡逻艇8艘（“瓦菲”炮艇4艘、近岸巡逻艇4艘）。两栖舰艇：3艘，其中坦克登陆舰2艘、车辆人员登陆艇1艘。另有机械化登陆舰3艘，通用登陆艇2艘。后勤支援舰3艘。

空军 0.3万人。编有2个攻击战斗机中队、1个攻击兼侦察机中队、1个防暴兼教练机中队、3个运输机中队、2个直升机中队、2个防空中队。作战飞机57架。

攻击战斗机：22架，其中“美洲虎”式S(O)MK—1型17架、GR—1型1架、T—2型4架。攻击兼侦察机16架，其中“猎人”FGA—73型13架、T—67型3架。防暴兼教练机：19架。运输机：21架。运输直升机：26架。防空武器：“轻剑”地空导弹28部、“圆形小石堡”雷达若干部。空地导弹：AM—39“飞鱼”若干枚。空空导弹：“魔术”、“响尾蛇”若干枚。

王室卫队 0.4万人。编有1个王室警卫旅（3000人）、1个特种部队团（500人）、皇家游艇（3800吨）1艘（150人）、皇家专机13架（250人）。

预备役部队 国民志愿预备役部队约1000人。

准军事部队 部族国土卫队3500人，海上警察卫队400人，警察航空联队100人（各型飞机和直升机17架）。

军事基地 7处，其中海军基地有马斯喀特、雷伊苏特、加纳姆岛、乌达姆·阿勒瓦，空军基地有西卜、萨姆里特·马拉西、萨拉拉。

兵役制度 实行志愿兵役制。

（刘国君）

巴 基 斯 坦

国　　名　巴基斯坦伊斯兰共和国。

主要统计　面积 796095 平方公里。人口 11498.34 万人(其中,13～17 岁男 683.56 万人,女 610.31 万人;18～22 岁男 594.56 万人,女 532.22 万人;23～32 岁男 930.87 万人,女 841.24 万人)。国内生产总值 8624.5 亿卢比,合 397.3 亿美元(1990 年)。国防费 709.5 亿卢比,合 31.9 亿美元(1991 年国防预算)。原煤 272.3 万吨(1988 年)。原油 1700 万桶(1989 年)。天然气 134.5 亿立方米(1989 年)。发电量369.4 亿度(1988 年)。粮食 2090.8 万吨(1989 年)。海运能力,商船(载重 100 吨以上)72 艘、总载重量52.57万吨(1989 年)。民航能力,固定航班机场 32 处,客运量 87.43亿人公里、货运量 3.888 亿吨公里(1990 年)。

国防政策　巴基斯坦国防政策的基本点是:维护国家独立、主权和领土完整;反对印度称霸南亚,争取同南亚小国加强军事合作、共同抗衡印度;主张建立“南亚无核区”,同印度签订互不侵犯条约;反对原苏联在南亚扩张、渗透,支持阿富汗游击队反对苏联及苏扶植的喀布尔政权的斗争;创造对巴有利的周边环境,努力建设一支与巴的“安全环境”相适应的巴武装力量,稳步提高国防费用,重点提高武器装备现代化水平;武器来源贯彻引进与自产相结合的方针,不断发展国防工业,努力提高自力更生能力;不排除发展核武器的选择,以制约印度;在加强正规军建设的同时,积极发展准军事部队,保持充足的预备役兵源。

军事战略　80 年代,巴基斯坦面对东(印度)西(苏联、阿富汗)两面受敌的不利局面,逐步形成了其独特的“东抗西堵”的军事战略。“东抗”印度的军事威胁,这是巴战略始终不渝的主导方面;“西堵”苏联通过阿富汗南下扩张,这是巴军战略的重要组成部分。为此,巴将 70%的兵力部署在东部边境,将 20%的兵力部署在西部边境。90 年代,随着苏军从阿富汗撤出,巴集中力量将主要兵力用于对付印度。在作战指导思想上,巴鉴于本身国土狭长、纵深浅的特点,强调“先发制人”、“速战速决”战术,避免久拖不决的消耗战。在武装力量建设上,实行稳步扩军的方针,并力争实现军队武器装备现代化,设法在兵力数量上与当面对手保持“势均力敌”,而在武器装备上则力争胜对手一筹。在发展核武器问题上,巴采取既不生产又要做必要准备的方针,以防印度可能出现的核威胁。

国防体制　总统为武装力量最高统帅。内阁防务委员会为最高决策机关,其主席由总统兼任,成员包括国防、外交、财政、内政等部长。参谋长联席会议主席、三个军种参谋长、国防部秘书长等一般均出席防务委员会会议。国防部是贯彻执行内阁防务委员会决议的最高军事行政领导机构,主要负责三军的财务管理、武器生产与采购。国防部首脑为部长,但主持日常工作的为国防部秘书长。国防部下设防务局、生产局和国防情报局。参谋长联席会议在行政上受国防部领导,但军事指挥上直属总统,主要负责拟定三军联合战略计划、研究武装力量的兵力与编成,向内阁防务委员会提供国防咨询,其成员有三军参谋长和国防部秘书长,主席由三军参谋长轮流担任,任期三年。武装力量由正规军、准军事部队和预备役部队组成,正规军分陆、海、空三军。总统通过国防部和参谋长联席会议领导和指挥全军。

领导人物　总统兼武装部队最高统帅伊沙克·汗(1988 年 12 月 13 日上任)。国防部长赛义德·古斯·阿里·沙阿(1991 年 9 月上任)。陆军参谋长阿西夫·纳瓦兹上将(1991 年 8 月上任)。海军参谋长赛义德·穆哈默德·克汗海军中将(1991 年 11 月上任)。空军参谋长法鲁克·汗上将(1991 年 12 月上任)。参联会主席萨敏·阿拉姆·汗上将(1991 年 8 月上任)。

武装力量　**兵力**　现役部队 56.5 余万人。

陆军　50 余万人。编有 9 个军部、1 个地区司令部、2 个装甲师、19 个步兵师、6 个独立装甲旅、6 个独立步兵旅、7 个炮兵旅、4 个高炮旅、5 个工程兵旅、3 个装甲侦察团、1 个特种勤务团(3 个营)、1 个飞行中队、4 个直升机中队、1 个独立空中观察队。

主战坦克:1980 余辆,其中 M—47 型 150 辆、M—48A5 型 280 辆、T—54/—55 型 50 辆、其他型 1500 辆。装甲输送车:M—113 型 800 辆。牵引炮:1405 门,其中 85 毫米 200 门、88 毫米 200 门、105 毫米 350 门、122 毫米 200 门、130 毫米 200 门、140 毫米 45 门、155 毫米 190 门、203 毫米 20 门。自行火炮:215 门,其中,

105毫米50门,155毫米125门、203毫米40门。火箭炮:122毫米36门。迫击炮:81、120毫米若干门。地地导弹:若干部。反坦克导弹:“眼镜蛇”200具、“陶”式224具、其他型若干具。无坐力炮:75、106毫米若干门。高炮(机枪):14.5毫米和35毫米200门、37毫米若干门、40毫米100门、57毫米若干门。地空导弹:“毒刺”和“红眼睛”100部、RBS—70型144部、“安扎”500部。飞机:航测机1架、联络机83架、观测机90架。攻击直升机20架、运输直升机102架。

海军　2万人(包括海军航空兵)。基地设在卡拉奇(舰队司令部)。

潜艇:6艘,其中“初日”级2艘、“汉格尔”级4艘。驱逐舰:3艘,其中“雄狮”级1艘,“征服者”级2艘。护卫舰:10艘,其中导弹护卫舰4艘、常规护卫舰6艘。导弹快艇:8艘。鱼雷快艇:4艘。巡逻艇:13艘。扫雷艇:2艘。供应船和其他船:5艘。

海军航空兵装备作战飞机6架,武装直升机10架。

空军　4.5万人。编有8个攻击战斗机中队、9个战斗机中队、1个侦察机中队、2个运输机中队、1个救援直升机中队、1个运输直升机中队。装备有作战飞机327架。

攻击战斗机:“幻影”76架、Q—5型50架。战斗机:F—16型39架、其他型150架。侦察机:“幻影”ⅢRP型12架。运输机:C—130型12架、L—100型1架、波音—707型3架、“猎鹰”20型30架、F—27—200型2架。救援直升机:SA—319型4架。运输直升机:SA—316型12架、SA—321型4架。教练机:136架。地空导弹:“响尾蛇”6部、SA—2型6部。空地导弹:AM—39“飞鱼”若干枚。空空导弹:AIM—7“麻雀”、AIM—9“响尾蛇”等若干枚。

预备役部队　51.3万人,其中陆军50万人、海军5000人、空军8000人。

准军事部队　国民警卫队15万人;边防部队6.5万人,装备装甲输送车45辆;巴基斯坦别动队(内务部)2.3万人。

军衔　军官军衔分3等11级,即将官4级(上将、中将、少将、准将)、校官3级(上校、中校、少校)、尉官4级(上尉、中尉、少尉、准尉)。

外国驻军　联合国秘书长驻阿富汗、巴基斯坦代表处观察员10人。

(武爱琴)

巴　勒　斯　坦

国　　名　巴勒斯坦国。

主要统计　面积约27000平方公里(1947年11月分治前巴勒斯坦地区的总面积,分治后的阿拉伯领土面积约13000平方公里;目前巴勒斯坦人的居住地区——被以色列占领的约旦河西岸和加沙地带的面积为5800平方公里)。人口500多万人(主要分布在以色列、约旦河西岸、加沙地区、约旦和黎巴嫩等十几个国家或地区,其中在以色列大约有80万人,在约旦河西岸和加沙地区大约有175万人,在约旦大约有150万人,在黎巴嫩约有50万人,在沙特大约有20万人,在伊拉克约有17万人)。

国防体制　巴勒斯坦解放组织(巴解组织)军事最高决策机构为巴解执委会军事部。巴解执委会主席、巴勒斯坦国总统、革命武装力量总司令亚西尔·阿拉法特任军事部主任。武装力量有陆军、空军及一些游击队组织。

武装力量　**巴勒斯坦解放军**　于1964年8月成立,当时由恩杰鲁特(艾因贾卢德)、哈坦(希丁)、库德西耶赫(卡迪西亚)、巴德尔4个旅组成,兵力约6000余人,司令部在叙利亚。哈坦和库德西耶赫两旅驻在叙利亚,恩杰鲁特旅驻在埃及,巴德尔旅驻在约旦。巴解放军装备有一些苏制坦克、反坦克武器及导弹等。

巴勒斯坦解放组织空军　于1969年成立,取名为“第14部队”。这是一支游击队性质的空军,成员基本上都分散在别的国家。1982年6月以色列军队大规模入侵黎巴嫩南部以前,“第14部队”的大部分飞行员及主要空军基地在叙利亚和黎巴嫩。此后,该部队人员及装备便转移到阿拉伯也门、伊拉克、民主也门、苏丹、利比亚和阿尔及利亚等国,飞行员便在这些国家的空军服役。巴解空军现有200余名飞行员(即在上述阿拉伯国家空军服役的飞行员),着空军制服,戴空军徽章,有军衔。巴解空军没有战斗机,仅装备有福克—27型运输机和贝尔—206型直升机,但飞行员有驾驶米格—21、米格—23型战斗机,米—8、米—24、贝尔—206、CH

—47、AS—321 型直升机及运输机和波音客机的能力。

另外，巴解执委会主席阿拉法特的私人部队叫“第17 部队”，驻在突尼斯市南郊。

巴勒斯坦民族人民军 于 1988 年 12 月巴勒斯坦国宣告成立后成立。兵力约有数千人，负责维护治安和保卫巴勒斯坦国土。

巴勒斯坦游击队 60 年代末 70 年代初曾一度发展到 5 万人左右，主要集中在约旦、叙利亚和黎巴嫩 3 个国家。1970 年 9 月至 1971 年 7 月，约巴发生冲突，其间巴游击队共损失 4 至 5 千人，并失去了在约旦的最后几个基地。1982 年 6 月以色列大举入侵黎巴嫩南部，大部分巴游击队战士被迫从黎撤出，1985 年后又陆续潜回黎南部。1991 年 3 月，黎巴嫩政府为了实现全国民族和解，要求在黎所有民兵组织交出武装。为此，在黎南部的大约 1 万名巴游击队战士于同年 7 月从黎撤走。目前巴游击队组织主要有：(一)巴勒斯坦民族解放运动(简称“法塔赫”)，武装力量称“暴风突击队”，约 12000 余人(1992.1)，领导人亚西尔·阿拉法特。(二)人民解放战争先锋队(简称“闪电”)，武装力量 2000 人，领导人伊萨姆·卡迪。(三)解放巴勒斯坦人民阵线(简称“人阵”)，武装力量 800 余人，现已拥有伊朗制造的地空导弹，领导人乔治·哈巴什。(四)解放巴勒斯坦民主阵线(简称“民阵”)，武装力量 100 余人，领导人纳耶夫·哈瓦特迈赫。(五)解放巴勒斯坦阿拉伯阵线(简称“阿解阵”)，武装力量 400 余人，领导人阿卜杜勒·拉希姆·艾哈迈德。(六)解放巴勒斯坦人民阵线(总指挥部)，简称“人阵总部”，武装力量约 300 人，领导人艾哈迈德·贾布里勒。(七)巴勒斯坦解放阵线(简称“巴解阵”)，武装力量约 200 人(1992.1)，1989 年底该阵线从伊朗获得射程为 150 公里的地地导弹，领导人塔勒阿·雅古卜。(八)巴勒斯坦人民斗争阵线(简称“人斗阵”)，武装力量约 300 人，领导人萨米尔·古什。

(刘国君)

巴　林

国　　名 巴林国。

主要统计 面积 662 平方公里。人口 49.86 万人(含外国侨民 15.5 万人)，其中，13～17 岁男 2.21 万人，女 2.21 万人；18～22 岁男 2.04 万人，女 1.93 万人；23～32 岁男 4.58 万人，女 3.6 万人。国内生产总值 15.07 亿第纳尔，合 40.1 亿美元(1990 年)。国防费 0.729 亿第纳尔，合 1.9393 亿美元(1991 年国防预算)。原油 1500 万桶(1989 年)。天然气 52.7 亿立方米(1989 年)。发电量 33.2 亿度(1988 年)。海运能力，商船(载重 100 吨以上)90 艘、总载重量 6.47 万吨(1989 年)。民航能力，固定航班机场 2 处、客运量 15.22 亿人公里、货运量 4010 万吨公里(1990 年)。

国防体制 埃米尔(酋长)为武装部队最高统帅，王储兼国防部长直接指挥陆、海、空三军。武装力量主要由现役部队和准军事部队组成，现役部队分陆、海、空三军。

领导人物 埃米尔(酋长)伊萨·本·萨勒曼·阿勒哈利法(1961 年 12 月 16 日即位)。王储兼国防大臣哈马德·本·伊萨·阿勒哈利法(1975 年 8 月 25 日上任)。

武装力量 **兵力** 现役部队 7450 人。

陆军 6000 人。编有 1 个旅，下辖 2 个步兵营、1 个坦克营、1 个特种兵营、1 个装甲车辆中队、2 个炮兵连、2 个迫击炮连。

坦克：M—60A3 型 81 辆。装甲侦察车：AML—90 型 22 辆。装甲输送车：AT—105“撒克逊”约 10 辆、“庞阿尔”M—3 型 110 辆。牵引炮：105 毫米 8 门、155 毫米 14 门。迫击炮：81 毫米 9 门。反坦克导弹：BGM—71A “陶”式 15 具。无坐力炮：106 毫米 30 门、120 毫米 6 门。地空导弹：RBS—70 型 40 余部、“毒刺”60 余部。

海军 1000 人。

小型护卫舰：AL“麦纳麦”级 2 艘。导弹攻击快艇：“艾哈迈德·莱·法特赫”级 4 艘。巡逻艇：7 艘。

空军 450 人。编有 1 个攻击战斗机中队、1 个战斗机中队、1 个直升机中队。作战飞机 24 架，武装直升机 12 架。

攻击战斗机：F—5E 型 8 架、F—5F 型 4 架。战斗机：F—16C 型 8 架、F—16D 型 4 架。运输机：“湾流”2 架。武装直升机：AB—212 型 8 架、BO—105 型 4 架。直升机：AB—212 型 4 架。空地导弹：AS—11、AS—12 若干枚。空空导弹：AIM—9P“响尾蛇”若干枚。

准军事部队 9250 人。其中海岸警卫队 250 人，装备有巡逻快艇6艘、登陆艇3艘、汽垫船1艘;警察9000人,装备有直升机5架。

兵役制度 实行志愿兵役制。

（刘桂兰）

不　丹

国　　名 不丹王国。

主要统计 面积46000余平方公里。人口142万人(1988年)。国内生产总值25亿努尔聪(1986～1987年)。发电量0.21亿度(1988年)。粮食19.8万吨(1989年)。民航能力,固定航班机场1处、客运量440万人公里(1990年)。

国防体制 国王为不丹皇家陆军统帅。陆军总参谋长(少将衔)为国王掌管军队的全权代表。不丹皇家军队只有陆军。

领导人物 国王兼陆军统帅吉格梅·辛格·旺楚克(1972年7月24日即位,1974年6月2日加冕)。

武装力量 **兵力** 皇家陆军总兵力为1万人。编有7个中队(相当于营),40个连队。军队装备主要是印军淘汰的装备,有步枪、冲锋枪、机枪、迫击炮等。印度在不丹的"军事训练团"约4000人。

部署 兵力主要部署在不丹西部中国不丹边境地区。

兵役制度 1968年开始实行征兵制度,规定15～40岁的男子都应服兵役。

军衔 共分4等12级,即将军1级(少将)、校官3级(上校、中校、少校)、尉官3级(上尉、中尉、少尉)、士兵5级(军士长、上士、中士、下士、兵)。军官晋升须经考核。

（武爱琴）

朝　鲜

国　　名 朝鲜民主主义人民共和国。

主要统计 面积122762平方公里。人口2327.56万人(其中,13～17岁男129.11万人,女123.44万人;18～22岁男117.13万人,女113.97万人;23～32岁男194.98万人,女199.49万人)。国内生产总值477亿朝鲜元,合479.4亿美元(1990年估计)。国防费52亿朝鲜元,合52.3亿美元(1990年国防预算估计)。粗钢685万吨(1989年)。原煤5250万吨(1988年)。发电量530亿度(1988年)。粮食1204万吨(1989年)。海运能力,商船(载重100吨以上)82艘、总载重量52.88万吨(1989年)。民航能力,固定航班机场3处、客运量8400万人公里、货运量200万吨公里(1988年)。

国防体制 朝鲜劳动党中央委员会总书记、党中央军事委员会委员长、共和国主席兼国防委员会委员长为武装力量最高统帅。劳动党中央设有军事部,共和国政府设人民武装力量部。常备武装力量为人民军,分陆、海、空三个军种,常设领导机关为总参谋部和总政治局。

领导人物 劳动党中央军事委员会委员长、共和国主席兼国防委员会委员长金日成元帅。国防委员会第一副委员长、人民军最高司令官金正日元帅(1991年12月上任、1992年4月20日晋升元帅衔)。人民武装力量部部长吴振宇次帅。总参谋长崔光大将(1988年上任)。总政治局局长由吴振宇兼任。

武装力量 **兵力** 根据伦敦国际战略研究所的资料,朝鲜人民军现役部队111.1万人。

陆军 100万人。编有17个军(其中1个装甲军、5个机械化军、1个步兵军、8个合成军、2个炮兵军)、25个步兵/摩托化步兵师、15个装甲旅、30个摩托化步兵旅、3个独立步兵旅;1个特种作战军部:6万人,辖22个旅(其中包括3个突击团、4个侦察团、1个渡河作战团、3个两栖作战营、3个空降营、22个轻步兵营,以及特种部队侦察局所属8个营)。

坦克：T－34型200辆、T－54/－55型1600辆、T－62型1500辆、其他型175辆。轻型坦克：约650辆。装甲侦察车：BA－64型140辆。步兵战车：БМП－1/БМП－2型200辆。装甲输送车：БТР－40/－50/－60/－152型4000辆，其他若干辆。牵引炮：76毫米、85毫米、100毫米、122毫米、130毫米、152毫米共2500门。自行炮：122毫米、130毫米、152毫米、180毫米约3300门。火箭炮：107毫米、122毫米、130毫米、200毫米、240毫米共2300门。迫击炮：82毫米、120毫米共11000门。地地导弹：FROG－3/－5/－7型54枚、"飞毛腿"B型约15枚。反坦克导弹：AT－1"甲鱼"和AT－3"耐火箱"若干具。无坐力炮：107毫米1000门。反坦克炮：37毫米、57毫米、85毫米若干门，苏－76型、苏－100型800门。高炮(枪)：14.5毫米、23毫米、37毫米、57毫米、85毫米、100毫米共8000门(挺)。地空导弹：SA－7若干部。

海军　4.1万人。编有2个舰队司令部。

潜艇：苏制R级等18艘、苏制W级4艘。护卫舰："罗津"级等3艘。轻型护卫舰："沙里院"级3艘。导弹快艇：苏制"黄蜂"级、"蚊子"级等36艘。鱼雷艇：苏制"大胡蜂"级3艘，小于100吨的约170艘。巡逻艇：大小共154艘，小于100吨的约110艘。扫雷艇：约20艘(小于100吨)。登陆艇：机械化登陆艇24艘、通用登陆艇7艘、步兵登陆艇约100艘(小于100吨)。支援及其他船只：远洋拖轮2艘、潜艇补给船1艘、调查船4艘。岸防部队："幼鲑"地舰导弹团2个(6个发射场)；122毫米、130毫米、152毫米火炮若干门。

空军　7万人。编有3个轻型轰炸机团、10个攻击歼击机团、12个歼击机团、10个运输机团、4个地空导弹旅。

作战飞机732架、武装直升机50架。

轰炸机：轻型80架。攻击歼击机：苏－7型20架、苏－25型36架、其他290架。歼击机：米格－21型120架、米格－23型46架、米格－29型30架、其他型180架。攻击直升机：米－24型50架。运输机：安－24型10架、伊尔－14型5架、伊尔－18型5架、伊尔－62M型4架、图－134型2架、图－154型4架、其他型250架。直升机：休斯300C型1架、休斯500D型80架、休斯500E型6架、米－2型100架、米－8/－17型60架、其他型30架。教练机：各型200余架。空空导弹：AA－2"环礁"、AA－7"顶尖"若干枚。地空导弹：SA－2型72部(分布在45个发射场)、SA－3型约32部、SA－5型约72部。

预备役部队　54万人，其中陆军50万人，海军4万人。

准军事部队　安全和边防部队(安全部)20万人；工农赤卫队约380万人，最大年龄为50岁，建立于道、市、村镇，指挥机构为旅——营——连——排，装备有轻武器、迫击炮和高炮。

兵役制度　实行义务兵役制。服役期：陆军5～8年，海军5～10年，空军3～4年。

军衔　共分5等20级，即将官以上6级(元帅、次帅、大将、上将、中将、少将)、校官4级(大校、上校、中校、少校)、尉官4级(大尉、上尉、中尉、少尉)、士官4级(特务上士、上士、中士、下士)、兵2级(上等兵、下等兵)。

(刘桂兰)

菲　律　宾

国　　名　菲律宾共和国。

主要统计　面积29.97万平方公里。人口6287.54万人(其中，13～17岁男361.6万人，女350.5万人；18～22岁男315.91万人，女307.01万人；23～32岁男528.4万人，女511.68万人)。国内生产总值438.6亿美元(1990年)。国防费9.684亿美元(1991年国防预算)。原煤133.9万吨(1988年)。原油200万桶(1989年)。发电量245.38亿度(1988年)。粮食1398.1万吨(1989年)。海运能力，商船(载重100吨以上)1424艘、总载重量1546.82万吨(1989年)。民航能力，固定航班机场16处、客运量86.26亿人公里、货运量2.918亿吨公里(1990年)。

国防政策　菲律宾支持把东南亚地区建成一个"和平、自由和中立区"的主张。近年来，菲为维护国家的独立，逐步摆脱对美国的军事依赖。1990年5月至1991年5月，菲与美国就美驻菲军事基地问题进行了6轮谈判，双方达成初步协议(菲政府于1991年9月美菲基地协议期满后接管克拉克空军基地及其他4个军事设施；苏比克海军基地使用期延长7年)。但由于菲议会的否决，菲政府于1991年12月31日正式宣布终止1949年菲美两国签订的军事基地协定，要求美军事人员在1992年年底之前全部撤出苏比克基地。为减少由于美军撤出给菲防务带来的不利影响，菲决定加速军队现代化建设，已制定了自1991至2000年10年内耗资50亿美元从多渠道购买先进武器装备的计划，其中空军将投资12.6亿美元，海军投资5.8亿美元。与此同时，菲积极发展同东盟国家的军事合作，提高联防能力。

菲律宾坚持对所占中国的南沙岛礁拥有主权的立场，其基本政策是：保卫已占岛礁、争取谈判解决。

军事战略 实行"重点防御"战略。近年来，菲根据国际、国内形势的变化及海湾战争的启示，对国家总体防御战略进行了调整，战略重心由"维护国内安全"转向"抵御外部侵略"，重点是加强海上，特别是南沙当面的西部海区的防卫。为此，菲大力加强海、空军的现代化建设，积极进行军事演练，提高支援海上作战和快速反应能力。

国防体制 宪法规定，总统为武装力量最高统帅。国防部为政府中的一个部，是最高军事行政机关，负责制定和实施国防计划和政策。武装力量由正规军和准军事部队组成。正规军分陆、海、空三个军种。最高军事指挥机构为武装力量司令部，总参谋长是总统之下的最高指挥官。总统通过国防部和武装部队司令部对全国武装力量实施领导和指挥。

领导人物 总统兼武装力量最高统帅科拉松·阿基诺(1986年上任)。国防部长雷纳托·德比利亚上将(1991年上任)。总参谋长利萨德罗·阿巴迪亚少将(1991年4月上任，1991年1月至4月罗道福·比阿松任该职)。陆军司令阿图罗·恩里莱尔准将(1991年上任)。海军司令马里亚诺·杜曼卡斯海军少将(1990年上任)。空军司令罗维诺·阿巴迪亚空军准将(1991年上任)。

武装力量 **兵力** 现役部队10.65万人。

陆军 6.8万人。编有6个军区、8个步兵师、1个轻装甲旅、3个工程兵旅、1个建筑营、8个炮兵营、1个特种勤务旅、1个总统保安队。

轻型坦克："蝎子"41辆。步兵战车：YPR—765PRI型85辆。装甲输送车：M—113型100辆；"恰米特"20辆、V—150型165辆。牵引炮：105毫米230门、155毫米12门。迫击炮：81毫米若干门、107毫米40门。无坐力炮：75毫米、90毫米、106毫米若干门。

海军 2.3万人(含陆战队和海岸警卫队)。编有6个海军区。

护卫舰："坎农"级1艘。巡逻舰艇：37艘。两栖舰艇：7艘。后勤支援舰船：8艘。

陆战队 8500人。编有4个旅(10个营)，装备有装甲输送车85辆、105毫米火炮150门。

海军航空兵装备有作战飞机5架、海上侦察和搜救飞机18架。

海岸警卫队 2000人。装备有巡逻艇65艘、轻型飞机2架。

空军 1.55万人。编有2个战斗机中队、4个防暴机中队、1个总统专机联队、7个运输机中队、1个联络机中队、4个教练机中队。作战飞机44架，武装直升机79架。

战斗机：F—5型9架。防暴机：T—28D型8架。防暴直升机：贝尔UH—1H/M型55架、AUH—76型16架、休斯500/520MD型8架。海上侦察机：F—27M型2架。侦察机：RT—33A型3架。救援机：HU—16型4架、BO—105C直升机10架。专用飞机：F—27型1架、F—28型1架。专用直升机：贝尔212型1架、S—70A型2架、SA—330型2架。运输机：C—130H型3架、L—100—20型3架、C—47型3架、F—27型7架、BN—2"岛民"10架、N—22B"办事能手"9架。运输直升机：贝尔205型15架、UH—1H型17架。联络机：色斯纳180型6架、色斯纳—210型2架、色斯纳310型1架、DHC—2型5架、U—17A/B型15架。教练机：T—33型5架、RT—33型3架、T—41D型20架、SF—260MP型14架、SF—260WP型9架、S—211型18架。空空导弹："响尾蛇"若干枚。

预备役部队 12.8万人，其中陆军10万人、海军1.2万人、空军1.6万人。

准军事部队 13.5万人。其中保安军9万人，编有14个地区司令部、234个连，国民自卫军4.5万人。

部署 菲律宾军队重点加强首都及西部南沙海区的防卫。有半数以上的舰艇和陆战队部署在西部海区。全国海空军基地主要有5处，其中空军基地3处(克拉克、库比岬、马尼拉)，海军基地2处(三格莱/卡维特、三宝颜)。

兵役制度 实行志愿兵役制，服役年限3年以上。

军衔 分5等17级，即将官4级(上将、中将、少将、准将)、校官3级(上校、中校、少校)、尉官3级(上尉、中尉、少尉)、军士4级(军士长、上士、中士、下士)、兵3级(上等兵、一等兵、二等兵)。

外国驻军 美国驻军8000人。其中陆军200人；空军2200人；海军5000人，基地设在苏比克湾，另有海军陆战队600人。

(蔡惠玉)

韩　国

国　　名　大韩民国。

主要统计　面积11万多平方公里。人口4433.82万人(其中,13～17岁男215.64万人,女205.19万人;18～22岁男221.65万人,女208.43万人;23～32岁男451.31万人,女423.22万人)。国内生产总值1697010亿南朝鲜元,合2397.7亿美元(1990年)。国防费79000亿朝鲜元,合109.5亿美元(1991年国防预算)。粗钢2187万吨(1989年)。原煤2429.5万吨(1988年)。发电量854.62亿度(1988年)。粮食889.2万吨(1989年)。海运能力,商船(载重量100吨以上)1974艘、总载重量1233.55万吨(1989年)。民航能力,固定航班机场10处、客运量181.68亿人公里、货运量24.13亿吨公里(1990年)。

国防体制　仍实行"总力安全保障"体制。总统为武装力量最高统帅。国家安全保障会议为最高决策机构,由总统任主席,其成员包括总理、国防部长、国家安全企划部部长、参谋长联席会议主席和政府有关部长。1990年10月1日根据"国军组织法修正案"规定,将现行的陆、海、空三军并立体制改为联合体制,即国防部是总统统率武装力量的最高行政机构,主要负责制订国防政策和军队建设计划,国防部长在总统领导下掌握武装部队的指挥、控制大权。新设的国防参谋本部是国防部的办事机构,下设5个直属室,其中民事心理战室、指挥统制室、战略态势室和秘书室的室长均由少将级军官担任,军事研究室室长由文官担任。参谋长联席会议改为三军最高作战指挥机构,统辖陆、海、空三军主要作战部队。陆、海、空三军本部仅拥有本军种的人事、教育、训练、军需、预算、监察等军政权。参谋长联席会议设1名上将级主席和3名中将级副主席(陆、海、空军各一名),下设战略企划、作战、情报和支援4个本部,其中战略企划本部、作战本部和情报本部部长均由陆军中将担任,支援本部部长由海军中将担任。上述4个本部共设11个参谋部,各有1名少将级军官担任参谋部部长。参谋长联席会议的行政机关联合参谋本部的职能由三军协调机构改为办事机构。

领导人物　总统兼国家安全保障会议主席卢泰愚(1988年2月25日上任)。国防部长崔世昌上将(1991年12月上任)。参谋长联席会议主席李弼燮上将(1991年11月29日上任)。陆军参谋总长金镇劳上将(1991年11月29日上任)。海军参谋总长金铁宇上将(1991年8月上任)。空军参谋总长韩周上将(1990年9月8日上任)。

武装力量　**兵力**　现役部队75万人。

陆军　65万人。编有3个集团军部、8个军部、2个机械化步兵师、19个步兵师、2个独立步兵旅、7个特种作战旅、2个地地导弹营、2个高炮旅、2个地空导弹旅、1个航空兵旅。

坦克:88型250辆、M—47型350辆、M—48A5型950辆。步兵战车:约530辆。装甲输送车:共约1550辆,其中M—113型450辆、"菲亚特"6614/KM—900/—901型400辆。牵引炮:105毫米、155毫米、203毫米共约4000门。自行炮:155毫米100门、175毫米和203毫米若干门。火箭炮:"九龙"130毫米140门。迫击炮:81毫米、107毫米共5300门。反坦克导弹:"陶"式若干具。地地导弹:"诚实约翰"12部。无坐力炮:57毫米、75毫米、90毫米、106毫米若干门。反坦克炮:76毫米8门、90毫米50门。高炮:600门,其中,20毫米60门、35毫米20门、40毫米80门,其他若干门。地空导弹:"轻标枪"100部、"红眼睛"若干部、"毒刺"130部、"霍克"110部、"奈基"200部。

陆军航空兵:装备有O—IA型飞机10架;攻击直升机AH—IF/—J型48架、休斯500MD型50架;运输机14架。通用运输机(直升机):休斯500型144架、KH—4型3架、UH—IB型30架、UH—IH型70架。

海军　6万人(其中海军陆战队2.5万人)。编有3个舰队司令部。

潜艇:KSS—1"海豚"级近海潜艇3艘、GeT—209/1400型1艘。驱逐舰:"忠北"级(美制"基林"级)7艘、"大邱"级(美制"萨姆纳"级)2艘。护卫舰:"蔚山"级7艘、"渤海"级19艘。轻型护卫舰:"东海"级4艘。导弹艇:"白鸥"—52型8艘、"白鸥"—51型1艘、"大雁"—71型2艘。近海巡逻艇:"大雁"—11型32艘、"海鹰"—51型36艘。扫雷艇:"燕"级1艘、"昆圣"级8艘。登陆舰:"纹风"级(美制LST—511型)7艘、"巨文"级(美制LSM—1型)7艘、坦克登陆艇6艘、机械化登陆艇10艘、车辆人员登陆艇约20艘。支援和其他舰只:支援油船3艘、远洋拖轮2艘、调查船(民用部门控制)约

4艘。

海军航空兵编有2个反潜中队，作战飞机25架、武装直升机35架。

海军陆战队2.5万人，编有2个师、1个旅、若干个支援分队。装备有坦克M—47型40辆，装甲输送车LVTP—7型60辆，牵引炮105毫米、155毫米若干门。地地导弹"鱼叉"若干。

空军　4万人。编有攻击战斗机中队8个、战斗机中队4个、防暴机中队1个、侦察机中队1个、搜索与救援直升机中队1个、运输机联队2个(5个中队)。作战飞机405架。

攻击战斗机：F—16型48架、F—5型144架。战斗机：F—4D/E型96架。防暴机：A—37B型23架、T—28D型6架。引导机：O—1型20架、O—2A型10架、OA—37B型25架。侦察机：RF—4C型18架，RF—5A型10架。搜索与救援直升机：贝尔UH—1B型15架、UH—1N型2架。运输机：BAe748(要员专机)2架。波音737(要员专机)1架、C—54型9架、C—118型1架、C—123J/K型10架、C—130H型10架、"空中指挥官"3架。运输直升机：贝尔212型7架、贝尔412型3架、UH—ID型5架、UH—H型5架。教练机：F—5B型25架、F—5F型35架、T—33A型25架、T—37型14架、T—41D型20架。空地导弹："小牛"若干枚。空空导弹："麻雀"和"响尾蛇"若干枚。

预备役部队　450万人(正在重新组织)。

准军事部队　民防部队(50岁以下)350万人；海岸警卫队约3500人，装备有大型巡逻艇13艘("马山湖"级7艘、"海龙"/"海鲸"级6艘)，海岸巡逻艇24艘("海狼"/"鲨鱼"级22艘、"北汉山"级2艘)，近海巡逻艇"海鸥"级等38艘，直升机休斯500D型9架。

兵役制度　实行普遍征兵法和招募志愿兵。各军种的服役期限为30～36个月，其中陆军和海军陆战队的服役期为2.5年，空军和海军为3年。

军衔　共分5等15级，即将官4级(上将、中将、少将、准将)、校官3级(上校、中校、少校)、尉官4级(上尉、中尉、少尉、准尉)、军士3级(上士、中士、下士)、兵1级。

外国驻军　美国驻军41800人，其中陆军31500人，编有1个军部、1个步兵师、1个地地导弹连，空军10300人，编有1个师、2个联队，装备有作战飞机90架。

(刘桂兰)

柬埔寨

国　　名　柬埔寨(1978年底越南侵柬后，柬先后出现了四派拥有自己武装力量的政权，即由越南扶植的金边政权〔又称"柬埔寨人民共和国"〕；由波尔布特〔现为乔森潘〕领导的"民主柬埔寨"〔又称"红色高棉"〕；由诺罗敦·西哈努克〔现为诺罗敦·那拉烈王子〕领导的"争取柬埔寨独立、中立、和平与合作民族团结阵线"；由宋双领导的"高棉人民民族解放阵线"。其中，后三派是抗击越南侵略的政权，1981年9月组成"民主柬埔寨联合政府"〔后改为"柬埔寨民族政府"〕，并得到国际社会的承认。1990年9月，在国际社会推动下，柬四派建立唯一代表柬主权的"柬埔寨全国最高委员会"，但迄1991年底，柬四派政权仍独立存在)。

主要统计　面积181035平方公里。人口834.42万人(其中，13～17岁男29.9万人，女30.2万人；18～22岁男39.9万人，女39.23万人；23～32岁男78.96万人，女76.56万人)。金边政权：工业总产值179976亿瑞尔，约合51亿美元(1991年)。粮食总产量约200万吨(1991年)；发电量1.8亿度(1989年)；海陆运输能力，总载货物量20.85万吨、总客运量980万人次(1991年)；空运能力，固定航班4处(1991年)。柬民族政府三派：控制区主要在山区农村，无工业，除进行部分物资的生产自救外，主要消耗依靠国际援助。1991年政治解决柬问题取得实质性进展，国际援助大幅度减少，但仍能满足三派生存的基本需要。

国防体制　柬四派虽实现了政治联合，但尚未组成统一的军队。四派仍拥有各自独立的武装力量，即"民主柬埔寨国民军"；"高棉人民民族解放军"；"西哈努克民族军"；"柬埔寨人民军"。其中，(1)民柬国民军：最高决策机构是柬共中央最高军事委员会，主要成员有波尔布特、宋成、农谢、切春和乔森潘等，总司令部是最高指挥机构，负责全军的作战、政治和后勤等工作。民柬武装力量由正规军和准军事部队组成，正规军只有陆军，没有海军和空军。最高军委通过总司令部领导和指挥武装力量。(2)西哈努克民族军和(3)高棉人民民族解放军：最高决策机构均为总司令部，最高指挥机构均为总参谋部，都只有陆军一个军种。两军总司令都通过总参谋部对其部队实施领导和指挥。柬民族政府三派军队还组成有“国防协调委员会”,其主要任务是负责协调三派军事工作。(4)金边政权军队:最高国防决策机构为中央军事委员会,柬人民党总书记(现称主席)兼任中央军委书记。国防部既是中央军委的办事机构,又是军队的最高行政机关,下辖总参谋部、总政治局、总后勤局和总技术局。四总部(局)分别负责全军的作战指挥、政治教育、后勤供应和技术保障。武装力量由正规军、地方部队和准军事部队组成,正规军又称主力部队,分为陆军、海军和防空空军三个军种。人民党主席兼军委书记通过国防部对所有武装力量实施领导和指挥。

领导人物 民柬国民军最高军委主席波尔布特,总司令宋成(1985年9月上任);高棉人民民族解放军总司令沙索沙康(1985年5月上任),总参谋长潘泰;西哈努克民族军总司令诺罗敦·那拉烈王子(1986年1月上任),总参谋长诺罗敦·夏卡朋王子;金边政权军委书记谢辛(1991年9月上任),国防部长迪班(1988年8月上任),总参谋长波尔沙伦(1988年8月上任)。

武装力量 **兵力** 柬四派于1991年8月达成了各裁减70%军队的协议,但未予以实施。迄1991年底,柬四派现役部队共有兵力20万人。

陆军 民柬国民军7万人,编成24个师。高棉人民民族解放军1.5万人,划分为7个军区,估计编有30个旅、7个突击大队。西哈努克民族军约1.2万人,编有7个旅、6个团、5个突击大队。金边政权陆军5.55万人,划分为5个军区,编有6个步兵师、3个独立步兵团、1个骑兵团、4个坦克营、若干个独立侦察营、炮兵营和防空营。

装备 金边政权陆军:坦克:T－54/－55型60辆、PT－76型10辆。装甲输送车:БТР－40/－60/－152型170辆、M－113型若干辆。牵引炮:76毫米、122毫米和130毫米约350门。火箭炮:107毫米、122毫米、132毫米和140毫米若干门。迫击炮:82毫米、120毫米、160毫米若干门。无坐力炮:82毫米、107毫米若干门。高炮(机枪):14.5毫米、37毫米、57毫米若干门(挺)。地空导弹:SA－7型若干部。民柬国民军:迫击炮:60毫米、82毫米、100毫米、120毫米若干门。无坐力炮:75毫米、82毫米若干门。加农炮:85毫米若干门。火箭炮:107毫米若干门。高炮:37毫米若干门。地空导弹:SA－7型若干部。高棉人民民族解放军和西哈努克民族军:主要装备轻武器。

海军 金边政权海军估计1000人,编有内河巡逻和沿海防御部队。其他三派军队无海军。

巡逻作战船艇:金边海军有苏制“图利亚”级水翼鱼雷快艇2艘、苏制“斯坚卡”级近海巡逻艇4艘,小于100吨的巡逻艇5艘。

空军 金边政权防空空军约800人,其中飞行员80人。编有1个飞行团、1个防空团。其他三派军队无空军。

飞机:金边空军有战斗机:米格－21型17架。武装直升机:米－24型3架。运输机:安－24型3架、安－2型2架、图－134型若干架。直升机:米－8型、米－17型11架。

地方部队 金边政权省地方部队约2.25万人。每省有数个独立营至数个独立团,每个县有数个独立连或独立营。

准军事部队(民兵游击队) 金边政权有30万人,以连为单位编成。民柬国民军在控制区建有县、乡、村游击队,每个县400人,编成1个营或2个连;每个乡40人,编成1个排;每个村5人,编成1个班。

兵役制度 柬四派军队均实行义务兵役制度。金边军队服役期5年,服役年龄18～35岁;民兵与正规军一起服役3～6个月。

军衔 民柬国民军不设军衔,其余三派军队军衔均分为将、校、尉三等。

外国驻军 据民柬电台1991年12月广播,越军在柬埔寨仍驻有2.37万人(越南当局自称已于1989年9月“全部”撤军),其中作战人员1.52万人、顾问7820人、技术人员500人。

(钟学良)

卡塔尔

国　　名 卡塔尔国。

主要统计 面积11437平方公里(官方公布材料)。人口43.74万人(含外国侨民约30万人),其中,13～17岁男1.74万人,女1.51万人;18～22岁男

1.78万人，女1.29万人；23～32岁男4.564万人，女2.37万人。国内生产总值256.6亿里亚尔，合70.5亿美元(1990年)。国防费34亿里亚尔，合9.3407亿美元(1991年国防预算估计)。原油1.38亿桶(1989年)。天然气60.9亿立方米(1989年)。发电量45亿度(1988年)。粮食3000吨(1989年)。海运能力，商船(载重100吨以上)65艘、总载重量45.91万吨(1989年)。民航能力，固定航班机场1处、客运量15.22亿人公里、货运量4010万吨公里(1989年)。

国防体制 埃米尔(酋长)为国家元首，掌管国家的最高权力，为武装力量最高统帅。武装力量由正规军和准军事部队组成。正规军分陆、海、空三个军种。

领导人物 埃米尔兼武装力量最高统帅谢赫哈利法·本·哈马德·阿勒萨尼(1972年2月22日即位)。王储兼国防大臣哈马德·本·哈利法·阿勒萨尼(1972年2月上任)。

武装力量 **兵力** 现役部队7500人。

陆军 6000人。编有1个王室警卫团、1个坦克营、3个机械化步兵营、1个特种兵营、1个野战炮兵团、1个地空导弹连。

坦克：AMX－30型24辆。装甲侦察车："白鼬"10辆。步兵战车：AMX－10P型30辆。装甲输送车：VAB型160辆、"突击队员"V－150型8辆。牵引炮：88毫米8门。自行炮：155毫米6门。迫击炮：81毫米若干门。反坦克导弹："米兰"、"霍特"100具。无坐力炮：84毫米若干门。地空导弹："轻剑"、"吹管"12部、"毒刺"约12部。

海军 700人(含海上警察)。

导弹攻击快艇："斗士"级3艘。巡逻艇："巴尔赞"级6艘。登陆艇：1艘。

空军 800人。编有1个战斗机中队、1个运输机中队。

作战飞机18架，武装直升机20架。

攻击战斗机："阿尔法喷气"式6架。战斗机："幻影"F－1型12架。运输机："波音"707型2架、"波音"727型1架。攻击直升机：SA－342L型12架、"突击队员"MK－3型8架。运输直升机："突击队员"型4架。通信联络直升机：SA－341G型2架。空地导弹：AM－39"飞鱼"、"霍特"式若干枚。地空导弹："罗兰"6部。

准军事部队 警察若干人，装备有2架直升机。

兵役制度 实行志愿兵役制。

(刘桂兰)

科 威 特

国　　名 科威特国。

主要统计 面积17818平方公里。人口209.78万人(一说170万人)，其中，13～17岁男10.96万人，女10.6万人；18～22岁男9.47万人，女8.95万人；23～32岁男17.51万人，女13.76万人。国内生产总值75.93亿第纳尔，合253.1亿美元(1990年)。国防费37.9亿第纳尔，合111.4亿美元(1991年国防预算)。原油6.61亿桶(1989年)。天然气81.6亿立方米(1989年)。发电量199.98亿度(1988年)。粮食0.3万吨(1989年)。海运能力，商船(载重100吨以上)220艘、总载重量288.68万吨(1989年)。民航能力，固定航班机场1处、客运量38.93亿人公里、货运量2.334亿吨公里(1990年)。

国防体制 国家元首、科威特埃米尔为武装力量最高统帅。国防部是最高军事行政机构，负责国防行政事务。武装力量由正规军和准军事部队组成。正规军分陆、海、空3个军种，准军事部队为内政部下属的国民警卫队。

领导人物 埃米尔兼武装力量最高统帅贾比尔·艾哈迈德·萨巴赫(1977年12月上任)。国防大臣阿里·萨巴赫·萨利姆(1991年4月上任)。

武装力量 **兵力** 现役部队约0.82万人。

陆军 约0.7万人。编有2个机械化步兵旅。

主战坦克：约36辆，其中M－84型21辆，"酋长"15辆。装甲侦察车："白鼬"若干辆。步兵战车БМП－2型若干辆。装甲输送车：70辆，其中M－113型35辆、"法赫德"35辆。牵引炮：105毫米8门。自行炮：155毫米3门。迫击炮：81毫米若干门。反坦克导弹："霍特"、"陶"式和改进型"陶"式若干具。无坐力炮：84毫米200门。地空导弹：SA－14型若干部。

海军 约200人。导弹快艇2艘。

空军 约0.1万人。作战飞机34架，武装直升机12架。攻击战斗机：A－4"天鹰"19架。战斗机："幻影"F－1CK和F－1BK型15架。直升机(3个中队)：运输直升机 12 架，其中 AS－332 型 6 架、SA－330 型 6 架；教练兼攻击直升机 SA－342 型 12 架，装备有“霍特”反坦克导弹。

预备役部队　法律规定退出现役后服预备役 14 年。

准军事部队　国民警卫队(包括宫廷卫队和边防卫队)0.15 万人，装备 V－150 型和 V－300“突击队员”式装甲输送车。

兵役制度　实行义务兵役制。士兵服役 2 年。大学生实行 1 年的军训。

外国驻军　根据 1991 年 4 月 11 日联合国决议，组建伊科边界联合国维持和平部队，由来自 33 个国家的 1440 人参加，其中有 300 名军事观察员和 680 名步兵，于 1991 年 4 月进驻伊科边界非军事区。

(周　洁)

老　挝

国　　名　老挝人民民主共和国。

主要统计　面积 236800 平方公里。人口 424.8 万人(其中，13～17 岁男 25.1 万人，女 24.8 万人；18～22 岁男 23.1 万人，女 23.3 万人；23～32 岁男 27.3 万人，女 27.8 万人)。国民生产总值 3790.8 亿基普，合 5.22 亿美元(1990 年估计)。国防费 105 亿基普，合 1894 万美元(1989 年估计)。发电量 8.31 亿千瓦(1990 年)。粮食 120 万吨(1991 年)。民航能力，固定航班机场 7 处，客运量 900 万人公里，货运量 10 万吨公里(1991 年)。

国防体制　老挝最高人民议会 1991 年 8 月通过的第一部宪法规定，“国家主席是人民武装力量的统帅”。最高军事决策机构是人民革命党中央军事委员会，党的总书记同时兼任国家主席和军委主席。国防部既是中央军委的办事机构，又是军队的最高行政管理机构，下辖总司令部、总参谋局、总政治局、总后勤局、总技术局。总司令部负责全军的作战指挥，总司令为最高军事指挥员。总参谋局是总司令部的作战指挥参谋机构，负责协调全军的训练、作战等事宜。武装力量由正规军、地方部队和准军事部队组成，正规军又称主力部队，分为陆军和空军两个军种。军委主席通过国防部对全国武装力量实施领导和指挥。

领导人物　人民革命党总书记兼国家主席、军委主席凯山·丰威汉。国防部长兼总司令坎代·西潘顿上将。总参谋长西沙瓦·乔奔潘上将。总参谋局局长艾·苏里雅盛中将。总政治局主任俄沙甘·汤马特瓦中将。总后勤局局长纳坤·西沙嫩中将。总技术局局长普温·乔汶龙中将。

武装力量　**兵力**　现役部队 5.26 万人。

陆军　5 万人。编有 5 个步兵师、7 个独立步兵团、1 个工程兵团、2 个建筑团、5 个炮兵营、9 个高炮营、65 个独立步兵连、1 个轻型联络飞机小队。

坦克：T－54/－55 型 30 辆、T－34 型若干辆、PT－76 型 25 辆。装甲输送车：БТР－40/－60/－152 型共 70 辆。牵引炮：105 毫米 25 门、122 毫米 40 门、130 毫米 10 门、155 毫米若干门。迫击炮：81 毫米、82 毫米、107 毫米、120 毫米若干门。无坐力炮：57 毫米、75 毫米、106 毫米、107 毫米若干门。高炮(机枪)：14.5 毫米、23 毫米、37 毫米、57 毫米若干门(挺)。地对空导弹：SA－3、SA－7 型若干部。

内河水兵部队　约 600 人，以连为单位编成，每连辖若干艇队，配属陆军指挥。

江河巡逻艇：100 吨以下 40 艘，另有木船若干艘。

空军　2000 人。编有 1 个攻击歼击机团、1 个运输机大队、1 个直升机大队、10 余个机场地勤部队。作战飞机 34 架。

攻击歼击机：米格－21 型 30 架。运输机：安－24 型 5 架、安－26 型 2 架、雅克－40 型 2 架、安－2 型、C－47 型和 DC－4 型 6 架。直升机：米－8 型 10 架、米－6 型 2 架、H－34 型若干架。教练机：米格－21 型 4 架、雅克－18 型 8 架。空空导弹：AA－2“环礁”若干枚。

地方部队　2 万余人，由省、市、县军事指挥部指挥，每省编成 1～3 个独立营和若干个独立连，有的省还编有炮兵营(连)、高炮连、侦察连、通信连、特工连、工兵连等。

准军事部队　即民兵自卫队，分普通、机动和防空民兵三种。普通民兵每村编有 1～2 个班，每班 7～9 人；机动民兵编成排或连，每连 75～85 人，辖 2～3 个排，每排 23～29 人。防空民兵每个县城建立 1 个连，由县军事指挥部直接指挥。

兵役制度 实行义务兵役制度，战士服役期至少18个月。民兵服役年龄为男16～45岁，女16～35岁。

军衔 军官军衔分三等10级，即将官4级(上将、中将、少将、准将)、校官3级(上校、中校、少校)、尉官3级(上尉、中尉、少尉)。

(钟学良)

黎巴嫩

国　名 黎巴嫩共和国。

主要统计 面积10.452平方公里。人口267.44万人(其中，13～17岁男15.6万人，女15.23万人；18～22岁男15.53万人，女15.4万人；23～32岁男20.42万人，女23.94万人)。国内生产总值23400亿黎镑，合37.7亿美元(1990年估计)。国防费974.8亿黎镑，合1.40亿美元(1990年国防预算)。发电量45.05亿度(1988年)。粮食3万吨(1989年)。海运能力，商船(载重100吨以上)191艘、总载重量59.31万吨(1989年)。民航能力，固定航班机场1处、客运量8.919亿人公里、货运量2470万吨公里(1990年)。

国防体制 宪法规定，总统为武装力量最高统帅。最高国防决策机构为最高国防委员会，成员有总统、内阁全体部长、军队司令、参谋长等，由总统任主席。国防部为政府中的一个部，是最高军事行政机关，负责军队与地方部门的协调，提供防务咨询和建议，进行国际交往等工作。武装力量由正规军和准军事部队组成。正规军分陆、海、空三个军种。最高军事指挥机构为军队司令部。总统通过国防部和军队司令部对全国武装力量实施领导和指挥。

领导人物 总统兼武装力量最高统帅埃利亚斯·赫拉维(1989年上任)。国防部长米歇尔·穆尔。军队司令埃米勒·拉胡德中将(1989年上任)。代参谋长里亚德·塔基丁准将(1991年2月上任)。作战副参谋长萨拉迈·苏莱曼准将。海军司令阿伯托·古莱卜准将。空军司令马哈茂德·马塔尔准将。

武装力量 **兵力** 现役部队1.88万人。

陆军 1.75万人。编有11个旅。

坦克：M－48A1/A5型175辆、T－54/－55型70辆、AMX－13型32辆。装甲侦察车："萨拉丁"50辆、"白鼬"10辆。装甲输送车：M－113型250辆、"萨拉逊"若干辆、VAB－VTT型40辆、AMX－VCI型若干辆。牵引炮：105毫米15门、122毫米18门、130毫米15门、155毫米64门。迫击炮：81毫米150门、120毫米30门。反坦克导弹："安塔克"式、"米兰"式若干具、"陶"式20具。火箭筒：85毫米、89毫米若干具。无坐力炮：106毫米若干门。高炮：20毫米、23毫米、30毫米若干门、40毫米15门。

海军 约500人。

巡逻艇：15艘。登陆艇：3艘。

空军 约800人。作战飞机3架、武装直升机2架。

战斗机："猎人"F－70型2架、"猎人"T－66型1架。教练机："大斗犬"3架、CM－170型3架。运输机："鸽"式1架、"涡轮指挥官"－690A型1架。攻击直升机：SA－342型2架。直升机：AB－212型4架、SA－330型6架、SA－313型2架、SA－319型3架。

准军事部队 9000人，为内部治安军，装备有"突击队"装甲输送车30辆。

教派民兵武装 1991年3月28日，黎巴嫩政府作出了解散境内一切民兵和武装组织的决定，下令各民兵和武装组织在4月30日之前把武器上交政府。黎大部分民兵和武装组织先后宣布解散，交出了武器。政府军接管了难民营以外的巴勒斯坦游击队基地。但"真主党"以抵抗以色列占领为由拒不缴出武器；"南黎巴嫩军"背靠以色列，仍占据着黎南部850平方公里的"安全带"。

"真主党" 穆斯林什叶派原教旨主义组织，有武装民兵15000人，其中基干民兵3500人。装备有：装甲输送车、压制火炮、高炮和反坦克导弹。精神领袖穆罕默德·侯赛因·法德拉拉。

"南黎巴嫩军" 以色列在黎巴嫩南部边境地区扶植的傀儡武装，兵力约2500人。装备有：M－4型坦克40辆、T－54/－55型坦克30辆、M－113型装甲输送车若干辆和122、130、155毫米牵引炮若干门。司令安东·拉赫德少将。

军事基地 海军基地1处(朱尼耶)。

兵役制度 实行义务兵役制，并招募部分志愿兵。士兵服役期1年6个月。

军衔 军官分3等9级，即将官3级(中将、少将、准将)、校官3级(上校、中校、少校)、尉官3级(上尉、中尉、少尉)。

外国驻军 联合国驻黎巴嫩临时部队约5900人;叙利亚驻军3万人(驻贝鲁特1个装甲旅、7个特种部队团;驻麦顿1个机械化旅;驻贝卡谷地1个军部、1个步兵旅、1个机步旅;驻特里波利2个特种部队团和人民军)。 (周玉珠)

马来西亚

国　　名 马来西亚。

主要统计 面积329757平方公里。人口1773.02万人(其中,13~17岁男94.57万人,女90.48万人;18~22岁男86.74万人,女83.43万人;23~32岁男160万人,女155.25万人)。国内生产总值412.6亿美元(1990年)。国防费17.4亿美元(1991年国防预算)。原煤:2.2万吨(1988年)。原油2.14亿桶(1989年)。天然气171.6亿立方米(1989年)。发电量192.87亿度(1988年)。粮食173.1万吨(1989年)。海运能力,商船(载重100吨以上)491艘、总载重量236.42万吨(1989年)。民航能力,固定航班机场39处、客运量101.05亿人公里、货运量4.037亿吨公里(1990年)。

国防体制 宪法规定,国家元首为武装力量最高统帅。最高决策机构为国家安全委员会,总理兼任主席。内阁设国防部,为最高军事行政机关。武装力量由正规军和准军事部队组成。正规军分陆、海、空三个军种,各军种均设参谋部。最高军事指挥机构为武装力量司令部。

领导人物 国家元首兼武装力量最高统帅阿兹兰·沙阿苏丹(1989年上任)。总理兼国家安全委员会主席马哈蒂尔·穆罕默德(1981年上任)。国防部长M·纳吉布·拉扎克(1990年上任)。武装力量总司令达图·莫赫、加扎利·泽·马特(1985年上任)。总参谋长哈希姆·穆罕默德·阿里上将(1987年上任)。陆军司令阿布·巴卡尔中将(1989年上任)。海军司令达图·沙里夫·伊斯哈克中将(1990年上任)。空军司令达托·莫赫德·恩加(1984年上任)。

武装力量 **兵力** 现役部队12.79万人。

陆军 10.5万人。编有1个军、4个师、1个防暴安全指挥部、9个步兵旅(含36个步兵营、4个装甲团、5个野战炮兵团、2个高炮团、5个工程兵团、1个特种勤务团)。

轻型坦克:“蝎子”26辆。装甲侦察车:SIBMAS式162辆、AML—60/—90型140辆、“白鼬”92辆。装甲输送车:V—100/—150“突击队员”184辆、“攻击者”25辆、“神鹰”460辆。牵引炮:105毫米246门、155毫米9门。迫击炮:81毫米若干门。反坦克导弹:SS—11型若干具。火箭筒:89毫米若干具。无坐力炮:84毫米若干门、106毫米150门、120毫米5门。高炮:35毫米8门、40毫米36门。地空导弹:“标枪”48部、“轻剑”12部。

海军 1.05万人。编有东、西2个海军司令部。

护卫舰:“卡斯图里”级2艘、“汉都亚”级1艘、“拉玛”级1艘。导弹攻击快艇:“汉达兰”级4艘,“柏达那”级4艘。巡逻艇:29艘。扫雷艇:5艘。两栖舰艇:2艘。登陆艇:33艘。后勤支援舰船:3艘。

海军航空兵装备有6架武装直升飞机。

空军 1.24万人。编有2个空军司令部、2个攻击战斗机中队、1个战斗机中队、1个侦察机中队、1个海上侦察机中队、8个运输机中队(其中4个直升机运输中队)、4个教练机中队、1个机场防卫中队。作战飞机67架。

攻击战斗机:A—4型32架。战斗机:F—5E型13架、F—5F型4架。侦察机:RF—5E型2架、F—5F型2架。海上侦察机:C—130HMP型3架。运输机:C—130H型6架、DHC—4型14架、BAe—125型2架、“猎鹰”900型专机1架,HU—16型2架、色斯纳402B型12架、NAS—332型直升机1架、S—61A型直升机31架、SA—316B型直升机17架。教练机:81架。空空导弹:“响尾蛇”若干枚。

预备役部队 4.06万人,其中陆军3.8万人、海军2000人、空军600人。

准军事部队 20余万人,其中警察1.8万人、地区治安警察3500人、边境侦察部队1200人、人民志愿团18万人。

部署 马来西亚以东经109度线为界把其本土和所属海域分为东、西两部分。海军分设两个军区,分界线以西为第一海军区(司令部驻关丹),以东为第二海军区(司令部驻拉布安)。空军也在东、西部分设两个军区。全国主要海、空军基地7处,其中海军基地4处(卢马特、关丹、伍德兰兹、拉布安),空军基地3处(吉隆坡、亚罗士打、吉打)。

兵役制度 实行志愿兵役制。

驻外兵力 参加联合国驻安哥拉撤军核查团观察员若干人;参加联合国驻伊拉克、科威特军事观察团观察员8人。

外国驻军 澳大利亚陆军1个步兵连,空军1个分遣队(飞机3架)。

(蔡惠玉)

蒙古

国　　名 蒙古人民共和国。

主要统计 面积156.65万平方公里。人口220.96万人(其中,13～17岁男12.46万人,女12.11万人;18～22岁男11.1万人,女11.02万人;23～32岁男17.38万人,女17.42万人)。国民生产总值71亿图格里克(1991年)。国防费约5亿图格里克(1991年)。原煤710万吨(1990年)。发电量28亿度(1990年)。粮食70万吨(1990年)。民航能力,固定航班机场1处、客运量5.32亿人公里、货运量1060万吨公里(1990年)。

国防体制 宪法规定,总统是武装力量最高统帅。国防部长会议是武装力量最高集体决策机构,由国防部长、总参谋长、人民军政治教育部主任、后勤部长、民防司令等组成,国防部长兼任国防部长会议主席。国防部是人民军的最高领导机关,下设总参谋部、政治教育部、后勤部和民防局。国防部通过各部(局)对各军种部队实施统一管理。武装力量由陆军、空军和准军事部队组成。

领导人物 总统兼武装力量最高统帅彭·奥其尔巴特(1990年上任)。国防部长沙·扎丹巴中将(1990年上任)。国防部第一副部长兼总参谋长拉·嘎瓦少将(1990年上任)。人民军政治教育部部长鲁·普日布道尔吉少将(1990年上任)。人民军后勤部部长策·达希哲博格(1990年上任)。国家民防司令贡·达木丁苏荣(1990年上任)。

武装力量 **兵力** 现役部队1.45万人。

陆军 1.4万人。编有4个摩步师。

坦克:T－54/－55/－62型650辆。装甲侦察车:БРДМ－2型135辆。步兵战车:БМП－1型420辆。装甲输送车:БТР－40/－60/－152型300辆。牵引炮:122毫米、130毫米、152毫米共300门。火箭炮:122毫米135门。迫击炮:82毫米、120毫米、160毫米共140门。反坦克炮:100毫米若干门。高炮(机枪):14.5毫米、37毫米、57毫米共100门(挺)。地空导弹:SA－7型300部。

空军 500人。编有1个歼击机团、2个运输机中队、1个直升机中队。作战飞机15架,武装直升机10架。

歼击机:米格－21型12架。武装直升机:米－24型10架。运输机:安－2型15架、安－24型18架、安－26型3架、安－32型1架、图－154型1架。直升机:米－8型4架、米－4型10架。教练机:米格－15型2架、米格－21型3架、PZL－104型3架、雅克－11/－18型6架。

预备役部队 陆军20万人。

准军事部队 1.6万人,其中边防和内卫部队1万人,警察6000人。

兵役制度 实行义务兵役制。征兵年龄18～28岁,士兵服役年限1年。军官服役最高年龄:尉官45岁,校官55岁,将官60岁,预备役人员由退役军官和未服现役的人员组成。预备役军官服役年限比同级现役军官延长5年。

军衔 分4等14级,即将官3级(元帅、中将、少将)、校官3级(上校、中校、少校)、尉官3级(大尉、上尉、中尉)、士兵5级(上士、中士、下士、上等兵、列兵)。

外国驻军 苏联驻军约3000人(无作战部队,计划至1992年底前全部撤出)。

(刘效兰)

孟 加 拉 国

国　　名　孟加拉人民共和国。

主要统计　面积143998平方公里。人口11588.08万人(其中,13～17岁男714.32万人,女691.76万人;18～22岁男647.87万人,女605.33万人;23～32岁男892.89万人,女847.68万人)。国内生产总值7200亿塔卡,合208.3亿美元(1990年估计)。国防费111亿塔卡,合3.1014亿美元(1991年国防预算)。原油30万桶(1989年)。天然气46.5亿立方米(1989年)。发电量68.66亿度(1988年)。粮食2751.8万吨(1989年)。海运能力,商船(载重100吨以上)305艘、总载重量58.72万吨(1989年)。民航能力,固定航班机场7处,客运量19.67亿人公里,货运量8380万吨公里(1990年)。

国防体制　宪法规定,总统为武装力量最高统帅。国防部由文官掌握,负责军事预算、军工生产、装备采购等行政事宜,对军队无指挥权。作战指挥权分属陆、海、空三军种参谋长。正规军分陆、海、空三个军种。准军事部队属内政部管辖,平时负责边、海防和内卫治安,战时配合正规军作战。

领导人物　总统兼武装力量最高统帅A·R·比斯瓦斯中将(1991年10月上任)。陆军参谋长M·诺鲁丁·汗上将(1990年8月上任)。海军参谋长阿米尔·阿梅德·穆斯塔法少将(1990年8月上任)。空军参谋长索塔兹·艾哈迈德少将(1987年7月1日上任)。

武装力量　**兵力**　现役部队10.6万人。

陆军　9.3万人。编有6个步兵师、14个步兵旅(约26个营)、1个装甲旅(2个装甲团)、6个炮兵团、6个工程兵营。

主战坦克:T—54/—55型30辆、其他型20辆。轻型坦克:约40辆。牵引炮:105毫米136门、122毫米20门。迫击炮:81毫米若干门、82毫米若干门、120毫米50门。无坐力炮:106毫米30门。反坦克炮:57毫米18门、76毫米50门。高炮:37毫米、57毫米若干门。

海军　7500人。基地设在吉大港(司令部)、达卡、库尔纳、卡普塔。

护卫舰:4艘。导弹快艇:8艘。鱼雷快艇:4艘。海岸巡逻艇:5艘。近岸巡逻艇:13艘。江河船艇:5艘。两栖登陆艇:8艘。运输船和其他船只:3艘。

空军　6000人。编有3个攻击战斗机中队、2个战斗机中队、1个运输机中队、3个直升机中队。作战飞机85架。

攻击战斗机:Q—5型16架、苏—7BM型12架、其他型18架。战斗机:米格—21MF型16架、米格—21U型2架、其他型17架。

运输机:安—24型1架、安—26型4架、DHC—3型1架。直升机:贝尔206L型2架、贝尔212型10架、米—8型6架、UH—1N型3架。教练机:39架。

准军事部队　孟加拉步枪队3万人(边防卫队,编成37个营);武装警察5000人;保安部队2万人。

兵役制度　实行志愿兵役制。陆军士兵一般需服役20年。

军衔　军官分3等8级,即将官2级(少将、准将)、校官3级(上校、中校、少校)、尉官3级(上尉、中尉、少尉);军士3级(上士、中士、下士);兵3级(一等兵、二等兵、三等兵)。

驻外兵力　参加联合国驻伊朗、伊拉克观察团观察员7人。

(武爱琴)

缅　　甸

国　　名　缅甸联邦。

主要统计　面积676581平方公里。人口4146.98万人(其中,13～17岁男226.16万人,女222.08万人;18～22岁男210.82万人,女207.65万人;23～32岁男347.63万人,女344.53万人)。国内生产总值253.7亿美元(1990年估计)。国防费10.6亿美元(1990年国防预算)。原煤6.5万吨(1988年)。原油500万桶(1989年)。天然气10.9亿立方米(1989年)。发电量22.72亿度(1988年)。粮食1423.6万吨(1989年)。海运能力,商船(载重100吨以上)131艘、总载重量90.72万吨(1989年)。民航能力,固定航班机场21处、客运量2.15亿人公里、货运量210万吨公里(1990年)。

国防体制 1988年9月由军人组成的"国家治安建设委员会"上台执政,该委员会主席即为国防军总司令。国防部为军政府中一个部,为国防军最高统帅机关,统管作战、训练和军工等重大事务。武装力量由正规军和准军事部队组成,正规军分陆、海、空三个军种。总参谋部为最高军事指挥机关。"国家治安建设委员会"主席通过国防部和总参谋部对全国武装力量实施领导和指挥。

领导人物 "国家治安建设委员会"主席、国防军总司令、总理兼国防部长和总参谋长苏貌大将(1988年上任)。"国家治安建设委员会"副主席、国防军副总司令、副总参谋长丹瑞上将(1988年上任)。陆军司令苗纽少将。海军司令貌貌钦中将(1985年上任)。空军司令丁吞中将(1985年上任)。

武装力量 **兵力** 现役部队28万人。

陆军 25.9万人。编有9个轻装步兵师师部、10个军区司令部、59个战术指挥部、223个步兵营、5个炮兵营、2个装甲营和1个高炮营。

主战坦克:"彗星"26辆。装甲侦察车:"白鼬"45辆、"马自达"30辆。装甲输送车:"亨伯"40辆、"日野"若干辆。牵引炮:76毫米120门、88毫米50门、105毫米96门、140毫米若干门。火箭炮:122毫米若干门。迫击炮:120毫米80门。无坐力炮:84毫米500门、106毫米若干门。反坦克炮:57毫米和76.2毫米60门。高炮:37毫米24门、40毫米10门、57毫米12门。

海军 1.2万人(含陆战队)。编有3个海军区、6个海军基地、1个战略舰队和3个艇队。

小型护卫舰:"PCE"级和"极妙"级各1艘。巡逻艇:44艘。两栖船只:5艘。支援船:3艘。

陆战队800人。

空军 9000人。编有6个空军基地、1个战斗机中队、2个防暴机中队、4个直升机中队、4个雷达中队。作战飞机25架。

战斗机:F—7型12架。防暴机:PC—7型15架、"超海鸥"6架、PC—9型4架。运输机:PC—6A/—B型7架、FH—227型4架、F—27型1架。联络机:色斯纳180型6架、色斯纳550型1架。直升机:贝尔205型12架、贝尔206型6架、SA—316型9架。

准军事部队 8.525万人,其中人民警察5万人、民兵3.5万人、渔业部门250人及12艘巡逻艇。

兵役制度 实行志愿兵役制。

军衔 军官分3等11级,即将官5级(大将、上将、中将、少将、准将)、校官3级(上校、中校、少校)、尉官3级(上尉、中尉、少尉)。

(张清文)

尼　泊　尔

国　　名 尼泊尔王国。

主要统计 面积147181平方公里。人口1935.32万人(其中,13～17岁男110.26万人,女104.45万人;18～22岁男93.91万人,女90.52万人;23～32岁男144.44万人,女138.78万人)。国内生产总值849亿尼泊尔卢比,合28.9亿美元(1990年)。国防费12.4亿尼泊尔卢比,合3965万美元(1991年国防预算)。原煤0.8万吨(1986年)。发电量5.89亿度(1988年)。粮食479.8万吨(1989年)。民航能力,固定航班机场5处,客运量4.08亿人公里、货运量1090万吨公里(1990年)。

国防体制 国王为武装力量最高统帅。国王通过王宫军事秘书处、皇家军事司令部和国防部指挥和管理军队。王宫军事秘书处是国王的军事参谋机构。皇家军事司令部是国王统帅军队的指挥机构,由参谋长领导。国防部由文官组成,对军队无指挥权,主要负责军费预算、武器装备和军需物资的供应,办理外国的军事援助,确定兵源补充,并对军官的提升、任免提出建议。武装力量主要由正规军和准军事部队组成。正规军只有陆军。

领导人物 武装力量最高统帅比兰德拉国王。国防大臣杰里贾·普拉萨德·柯伊拉腊(1991年5月上任)。陆军参谋长拉纳上将(1991年上任)。

武装力量 **兵力** 现役部队3.5万人。

陆军 3.48万人。编有1个皇家警卫旅(含1个骑兵中队、1个守备营)、5个步兵旅、1个支援旅(含空降营)、1个炮兵团、1个工程兵营、1个装甲侦察中队、1个后勤旅。

装甲侦察车:“白鼬”25辆。牵引炮:75毫米6门、94毫米5门、105毫米6门。迫击炮:81毫米若干门、120毫米18门。高射机枪:14.5毫米30挺。高射炮:40毫米2门。

航空兵200人,装备有:飞机BAe—748型1架、“空中货车”2架、“双水獭”1架、直升机AS—332(皇家专机)2架、贝尔206L型1架、“猎豹”2架、SA—330型2架。

准军事部队 武装警察2.8万人。

部署 尼泊尔陆军主要部署在加德满都和尼泊尔与印度边境一带。

兵役制度 实行志愿兵役制度。士兵服役期一般为15年。各级军官最高服役年限:将官60岁、校官55岁、尉官52岁。

军衔 分3等10级,即将官4级(上将、中将、少将、准将)、校官3级(上校、中校、少校)、尉官3级(上尉、中尉、少尉)。

驻外兵力 参加联合国秘书长驻阿富汗、巴基斯坦代表处1人,参加联合国驻黎巴嫩临时部队1个步兵营(857人)。

(武爱琴)

日 本

国 名 日本国。

主要统计 面积37.7万余平方公里。人口12409.6万人(其中,13～17岁男469.26万人,女449.18万人;18～22岁男479.42万人,女458.28万人;23～32岁男852.32万人,女820.06万人)(1991年7月1日)。国民生产总值4596000亿日元(1991年度预算)。国防费43860亿日元(1991年度预算),占国民生产总值的0.954%,占政府财政支出的6.2%(1991年度预算)。粗钢11033.9万吨(1990年度)。原煤826.3万吨(1990年度)。原油63.2万千公升(1990年度)。天然气204400万立方米(1990年度)。发电量7576.1亿度(1990年度)。主要农作物总产量约1250万吨(1990年度)。海运能力,商船(100吨以上)7668艘,总吨位2519万吨(1990年度)。民航能力,固定航班机场90处,客运量,国内航线516.24亿人公里、国际航线474.48亿人公里,货运量,国内航线6.3504亿吨公里、国际航线44.4002亿吨公里(1990年度)。

国防政策 日本政府宣称,日本的国防政策是根据日本国宪法和1957年国防会议通过的《国防基本方针》制定的。日本政府强调有效地建设和管理自卫队、坚持日美安全保障体制和进一步提高其可靠性是其国防政策的“两大支柱”。国防政策和基本方针的主要内容包括:遵循战后和平宪法,贯彻“专守防卫”的战略方针,不作威胁他国的军事大国;加强国际间的协调与合作,遏制侵略,实现世界和平;确立保障国家安全所必需的国防基础;根据国力和国情,在自卫所必要的限度内,建设一支适度规模的防卫力量;坚持日美军事同盟,确立能对付任何样式侵略的防卫体制,防止侵略于未然。日本坚持由议会和内阁审议、决定国防重大问题,由文职的防卫厅长官统辖自卫队的“文官治军”原则。坚持“无核3原则”,即不拥有、不制造、不运进核武器。坚持行使自卫权的“3条件”,即只在遭到侵略时,无其他手段排除侵略时,行使武力控制在必要的最低限度时,才允许行使自卫权。坚持不参加“集体自卫”,禁止向国外派遣军队。禁止装备战略性进攻武器。实行“禁止出口武器3原则”,即不向社会主义国家、不向联合国决议中禁止向其出口武器的国家、不向国际纠纷或可能发生国际纠纷的当事国出口和提供武器,等等。

随着经济实力的迅速增长,特别是进入80年代以后,日本日益感到自己在国际事务中的地位与其经济大国的地位不相称,因而对积极发展军事实力,“在国际事务中发挥更大作用”,充当以一定军事实力为后盾的政治大国的欲望日益强烈。日本政府首脑近年来多次声称,日本必须在经济、外交、对外援助和国际合作中作出努力,使日本在国际事务中获得更多的发言权;在军事上,必须建立一支与国力相称的武装力量。日本当局一方面慑于国内外舆论的压力而口头上宣称继续坚持宪法指导下的既定国防方针和政策,实际上却在谋求或正在对其国防政策进行修正。近年来日本国防政策中出现的一些引人注目的变化，就是这种思想和行动的体现。1987年，中曾根内阁取消了军费不得超过国民生产总值1%的限额，使当年度军费达到国民生产总值的1.004%，1988年度达1.013%，1989年度达1.006%。多年来，日本政府一直默许携带核武器的美国舰艇使用日本港口，突破了“无核3原则”。1988年以来，日本声称，为了国际合作，保护海外日本的利益和为维护和平作出贡献，将研究向海外派出自卫队的问题。为此，日本政府和议会曾为向海湾地区派遣扫雷艇以及为向日本运输钚的商船提供海上护航而派出自卫队舰艇的问题大造舆论。1990年8月海湾危机发生后，日本政府借口为解决海湾危机“作贡献”，提出“联合国和平合作法”，拟向海湾地区派出自卫队组成的“联合国和平合作队”，这一法案因遭到国内有识之士和亚洲各国人民的反对而未能成立。然而，日本当局并未就此作罢，采取歪曲解释宪法有关条文和修改自卫队法等手法，继续在向海外派兵的问题上大做文章。1991年4月，日本安全保障会议和临时内阁会议不顾国内外舆论的谴责，终于决定向海湾派遣由4艘新式扫雷艇和2艘补给供应舰船组成的扫雷舰队，迈出了第二次世界大战后向海外派兵的第一步。与此同时，日本当局仍继续进行研究和策划，终于在1991年11月27日的众院特别委员会上强行通过“联合国维持和平行动合作法”，继而又在12月3日的众院全体会议上通过该法案，并提交参议院准备继续审议，企图为日本向海外派兵合法化制造“完备的”法律依据。以上情况说明日本当局在为突破战后以来所奉行的军事政策方面正在采取日益严重的步骤。日本还宣布，要保护1000海里海上交通线，从而扩大“防区范围”，改变了“专守防卫”的原有含义。日本承诺为上述海域的美国舰艇护航，并在战时与美军联合作战，从而改变了不参加“集体自卫”的方针。1983年日美达成协议，日本同意向美国转让武器装备技术，放弃了“禁止出口武器3原则”。日本国防基本方针和政策发生的这些变化，不能不引起国际社会尤其是亚洲各国人民的关注和不安。

军事战略　日本地处亚洲东部，过去一直是美国在亚太地区与苏联进行争夺的战略前沿和基地。日本的经济、科技高度发达，是世界第二经济大国，但资源贫乏，对外依赖程度很高。日本又是第二次世界大战的战败国，其军事力量的发展受到种种条件的制约，一直不敢明目张胆地进行大规模扩军。这种特殊的环境和条件决定了日本军事战略的特点和内容。

日本政府认为，近两年来，国际形势发生急剧变化，世界已进入“超越冷战的新时代”，但在这一缓和的进程中，仍然存在着许多不稳定的因素，发生局部军事对抗和冲突的可能性在增长。苏联虽已解体，但其军事力量的指挥控制、体制编制、兵力裁减及今后的军事政策和建军方针等一系列问题目前尚不明确。原苏联在亚洲尤其是在远东地区的军事存在给这一地区造成的军事压力和严峻的军事形势尚无明显改变。根据对国际形势的这种判断和认识，日本既定的军事战略目前还不会有明显变化。

一、以北海道为战略重点方向，注重对付来自“北方”的威胁。70年代以后，日本改变了过去一直把中、苏、朝作为假想敌，把中国作为其主要作战对象的军事战略，认为苏联对日本既有侵略意图，又有侵略能力，严重威胁日本的安全。它长期霸占日本北方四岛，而且不断在日本周边地区增强军事力量，加强军事活动。苏联在解体前曾提出在远东方向裁减军备的方案，但日本对这些方案能否付诸实施持观望和怀疑态度。实际上，苏在解体前一直通过裁减一些破旧装备或把削减下来的一些新式装备转移到远东地区等手法，重新调整远东苏军的部署，加快远东军事力量现代化的步伐。日本为顺应国际上对缓和潮流的基本认识，从1990年起删掉了《防务白皮书》中沿用10年的“远东苏军是潜在威胁”的措辞，但这并不意味着日本对来自“北方”的军事威胁的认识有实质性变化。1991年版《防务白皮书》仍然强调“远东苏军的动向给日本周围地区造成的严峻的军事形势并没有根本改变”。

在过去苏美争霸、东西方尖锐对立的时代，日本对苏联在亚洲地区及日本周边的军事活动保持高度警惕，认为苏军选择北海道作为重点进攻方向的可能性最大，因而一直在努力加强北海道地区的兵力部署，把北海道作为其主要防御方向。

苏联解体以后，日本也同美国及其他西方国家一样，随即表示欢迎，但对苏解体后产生和遗留下的一系列军事问题也倍感担心和忧虑。例如，各共和国如何瓜分原来的军事力量，核武器能否得到严密控制，能否按已达成的协议予以销毁，能否按计划裁减亚洲地区的军事力量等等。日本已经意识到，一个掌握和控制着绝大部分原苏联军事力量的强大俄罗斯就在自己的身旁。在上述情况下，日本需要“静观”事态的发展，在当前一段时期内不会匆忙改变把北海道作为战略重点方向，以对付来自“北方”威胁的军事战略。与此同时，随着苏联的解体，其军事力量向防御型的转变，以及在亚洲地区裁军计划的进一步贯彻落实和同俄罗斯及独联体其他各国关系的不断改善，日本今后有可能把亚洲邻国看作是“对日构成直接威胁”的国家，从而调整其战略部署,加强其西部方向的防御。

二、以日美军事同盟为日本"国防的基础",强调加强"自主防卫"能力。日本当局认为,当前靠日本自己来对付任何样式和规模的侵略是不可能的,只有在保持一支适度规模的军事力量的同时,依靠与美国的安全保障体制,才能在日本遭到侵略时,有效地对付核威胁和对日本发动的大规模常规侵略战争,保障日本的安全。因此,日美安全保障体制"对日本的生存和发展是必不可少的"。

在美苏激烈争夺、尖锐对立和剑拔弩张的时代已经过去,东西方关系趋向缓和的情况下,日美两国对日美安全战略也相应进行了重大调整。两国军事首脑曾在1991年4月举行过秘密会谈,一致同意把日美安全条约的作用由"对付苏联威胁"转到"稳定地区局势"上来,并认为继续加强日美同盟关系符合各自的战略利益。1992年1月,美国总统布什访日时,日美双方签署的《关于日美全球伙伴关系的东京宣言》中重申,两国在冷战后的新时代,应进一步加强政治、经济、科技、文化及军事等各个领域的合作,强调为扩大自卫队和美军之间的合作,促进双方军事技术交流采取有效措施。

另一方面,自70年代起日本就提出加强"自主防卫"、与美国区分防务责任的战略思想,以改变过去在军事上过分依赖美国的状况;里根上台以后,美国出于减轻自己防务负担的考虑,强烈要求日本政府加强军事力量建设,更多地承担防务责任。在这种情况下,中曾根任首相以后,更加强调向"自主防卫"过渡的必要性。他认为,1957年制定的《国防基本方针》有军事上过分依赖美国的倾向,应修改为首先依靠本国的力量击退敌人的武装进攻,必要时才依靠与美国的合作。他甚至提出"建立一支能有效而灵活地对付未来发生的任何事态的自卫队"。中曾根以后的历届日本政府首脑都强调日本在维持日美安全条约的同时,要"依靠自己的力量保卫自己的国家"。这表明,日本在着力增强其在日美军事同盟中的"自主对等"性,提高在集体防务中的地位。

三、继续强调以"专守防卫"为基本战略方针,但日益重视积极主动的战略原则。日本政府为避免因其保持武装力量而遭到国内外舆论的谴责,为"自卫队"的存在寻求法律依据,多年来一直对宪法第9条进行变通解释。日本政府认为,日本既然是个独立国家,其作为主权国家的自卫权就应得到承认,因而"保持一支保证行使自卫权所必需的最小限度的实力"是宪法所允许的。既然这是一支为行使自卫权所必需的最小限度的自卫力量,那么"专守防卫"就应是日本的基本国防政策和战略方针。所谓"专守防卫",按《防务白皮书》的解释为:"只有遭到对方武力进攻时才行使武力,行使武力必须限制在自卫所必需的最小限度,国家所保持的武装力量也必须限制在自卫所必需的最小限度。这是遵照宪法精神的被动的防卫战略。"日本历届政府都强调把"专守防卫"作为日本的基本战略方针。但许多情况表明,日本正在逐步打破"专守防卫"的框框,日益重视战略方针的积极性和主动性原则,表现出其"专守防卫"的军事战略向"攻势防卫"转变的倾向。军界首脑曾多次表示"行使武力的地理范围不一定仅限于日本的领土、领海、领空",并提出"远方迎敌"、"海上击破"的原则,强调在距日本尽可能远的地方歼灭敌人。1991年4月,日本政府在"联合国和平合作法"被否决后,决定派遣扫雷舰队到中东协助扫除波斯湾的水雷,违背了海部首相1990年10月自己许下的在他任期内不向海外派自卫队的诺言。1991年7月防卫厅又决定,1992年秋季将在美国夏威夷进行陆上自卫队综合实战演习,开创了自卫队在海外进行实兵演习的先例。自卫队不发展和装备战略性进攻武器是"专守防卫"的一条重要原则,空中加油机、轻型航母等,曾被认为属于战略性进攻武器而由日本自己列入不准发展的装备项目。然而,自卫队当局已经决定90年代中期装备空中加油机,并正在研究装备搭载垂直起降战斗机的轻型航母的计划。这些武器将使自卫队战斗机的活动范围进一步扩大,作战半径大大增加,空中和海上进攻能力大大提高。

四、以"建设高质量的自卫队"为建军的基本方针,强调军事力量的威慑力。战后在新宪法和国内外舆论的抑制下,日本不得不把以"自卫"名义建立起来的军事力量的数量控制在较小的规模和较低的水平上,而把更多的财力投入到经济发展上。随着经济的迅速发展,日本当局认为,必须建设一支与自己经济大国地位相称的军事力量。但是在近期内大规模扩充军队数量是不现实的,因而只有在现有兵力的基础上加强质量,增强其威慑力。基于这种认识,日本政府把"根据国力和国情,在自卫所需限度内,逐步发展有效的防卫力量"作为建军的基本方针,强调自卫队必须具备"防止侵略于未然的威慑力"。为贯彻这一建军方针,日本政府采取了一系列措施。首先保持高额军费开支。1987年军费开支首次突破占国民生产总值1%的限额,达35174亿日元,1991年度达43860亿日元(按1美元兑换130日元换算,约合337亿美元)。如此高额的军费,为不足30万人的自卫队实现现代化提供了雄厚的物质基础。其次,注重武器装备的更新换代。在有计划地对一些旧式武器装备进行改装的同时,加紧研制和引进先进武器装备,加快自卫队武器装备的更新速度。再次，改革自卫队指挥、编制体制，提高作战运用中的效率性和灵活性。在目前的军事改革中，把理顺指挥、编制体制关系作为改革的一个重点。上从防卫厅、参谋长联席会议、三自卫队参谋部，下至作战部队，都在根据以往军队建设的经验教训和未来战争的要求进行改组和改编。最后，改革教育训练体制，完善和严格各项教育训练制度，加强对官兵的培养教育，为建设一支“精强的、具有威慑力的自卫队”提供和输送高素质的人才。

国防体制 **统帅机构** 日本国防组织的最高领导人、自卫队的最高统帅是内阁总理大臣，他代表内阁对自卫队行使最高指挥监督权。内阁会议是国防问题的最高决策机构，负责对提交国会审议的有关国防问题的法律草案、预算草案作出决定，制定有关政令，决定有关国防的重大方针和计划。安全保障会议是国防问题的最高审议机构，它由以下人员组成：根据《内阁法》第9条的规定预先指定的国务大臣、外务大臣、大藏大臣、内阁官房长官、国家公安委员会委员长、防卫厅长官、经济计划厅长官，由内阁总理大臣任主席。当主席认为必要时，可让其他有关国务大臣、参谋长联席会议主席及其他有关人员列席会议、陈述意见。安全保障会议的职责是：审议有关国防的重要事项及处置重大紧急事态的重要问题，其中包括：国防基本方针、国防计划大纲、国防产业等调整计划大纲、作战行动及内阁总理大臣认为必要的其他有关事项。防卫厅是在内阁总理大臣领导下处理国防事务的行政机关，其任务是“管理、指挥陆上、海上、航空自卫队，处理与此有关的事务，以保卫日本的和平与独立，维护国家的安全”。防卫厅直属总理府，防卫厅长官由内阁总理大臣任命，在内阁总理大臣的指挥与监督下领导防卫厅的工作，统管防卫厅的业务，并通过陆海空自卫队参谋长指挥自卫队。参谋长联席会议是辅佐防卫厅长官的合议体参谋机构，主要任务是统一和协调陆海空自卫队的运用。职责是：制定合同作战计划、合同后勤计划和合同训练计划，统一、协调自卫队军事行动的指挥命令，协助防卫厅长官指挥两个以上军种的合成部队的作战行动，搜集情报、调查研究，以及防卫厅长官交办的其他事项。参谋长联席会议由自卫队现役军人中资历最深、军衔最高者任主席，主持和领导参谋长联席会议的工作。会议每月召开两次，必要时可临时召集。陆、海、空自卫队各参谋长出席会议，必要时可让防卫厅有关人员列席。事务局负责处理会议的事务。

日本的武装力量由现役部队、在军事部门服务的文职人员和预备役部队组成。正规部队分为陆上自卫队、海上自卫队、航空自卫队。

作战指挥系统 内阁总理大臣是陆、海、空自卫队的最高指挥官。防卫厅是内阁总理大臣对陆、海、空自卫队实施指挥的职能机关。防卫厅长官在内阁总理大臣的指挥监督下，统一领导和指挥陆、海、空自卫队。陆海空各自卫队分别设有参谋部，作为防卫厅长官的参谋机构和各自卫队的指挥管理机构，负责制定各自的作战计划、教育训练计划及编制、装备、后勤保障、情报搜集、卫生保健、人事等计划。它既是防卫厅长官的参谋机构，又是管理和运用各自卫队的执行机构。防卫厅长官通过各自卫队参谋长对陆、海、空自卫队实施领导和指挥。参谋长联席会议主席协助防卫厅长官对自卫队的运用进行统一和协调。

领导人物 内阁总理大臣兼自卫队最高统帅宫泽喜一(1991年11月5日上任)。国务大臣、防卫厅长官宫下创平(1991年11月5日上任)。参谋长联席会议主席佐久间一上将(1991年7月1日上任)。陆上自卫队参谋长志摩笃上将(1990年3月16日上任)。海上自卫队参谋长冈部文雄上将(1991年7月1日上任)。航空自卫队参谋长铃木昭雄上将(1990年7月9日上任)。

武装力量 **兵力** 现役部队274652人(1991年度末预算编制员额，不含文职，下同)。

陆上自卫队 180000人。编成5个军区、12个步兵师、1个坦克师、2个混成旅、1个空降旅、1个炮兵旅、1个坦克群、5个工兵旅、8个“霍克”防空导弹群。截至1991年3月底，共装备坦克1205辆，其中74型873辆、61型302辆、90型30辆；装甲车690辆(60型、73型)；各型火炮6000余门，其中203毫米85门、75型155毫米201门、74型105毫米20门、M－2型155毫米27门、M－2A1型105毫米214门、FH－70型155毫米273门；各型飞机435架；反坦克导弹发射架约450部，其中79型约160部、87型约70部、64型约220部；防空导弹发射架约200部。

海上自卫队 46520人。编成1个自卫舰队、1个护卫舰队、1个航空集团、1个潜艇舰队、5个地方队。截至1991年3月底，共装备各型作战舰艇170艘，舰艇总吨位约31.9万吨，其中驱逐舰、护卫舰61艘，约16.9万吨，潜艇14艘，约3.1万吨；各型作战飞机170架。

航空自卫队 47967人。编成1个航空总队、3个航空方面队、1个航空混成团、6个战斗航空团、6个防空导弹群、1个航空支援集团、1个航空教育集团、2个训练航空团、3个飞行教育团、1个航空开发实验集团等。截至1991年3月，共装备各型飞机约870架，其中截击机267架、强击轰炸机74架、侦察机14架、运输机 66 架、预警机 8 架、教练机 365 架、救护机等 74 架。

文职人员　25754 人。

预备役部队　50900 人。其中陆上自卫队 48000 人、海上自卫队 1600 人、航空自卫队 1300 人。

部署　陆上自卫队参谋部驻东京都。北部军区所辖防区为北海道地区，司令部驻扎幌市，辖 4 个师、1 个炮兵旅、1 个“霍克”防空导弹旅、1 个坦克群、1 个工兵旅。其中第 2 步兵师师部设在旭川，下辖第 3、9、25、26 步兵团。第 5 步兵师师部设在带广，下辖第 4、6、27 步兵团。第 7 坦克师师部设在东千岁，下辖第 71、72、73 坦克团，第 11 机械化步兵团。第 11 步兵师师部设在真驹内，下辖第 10、18、28、29 步兵团。第 1 炮兵旅旅部设在北千岁，辖第 1、4 炮兵群。第 1“霍克”防空导弹旅旅部设在东千岁，辖第 1、4“霍克”防空导弹群。第 1 坦克群和第 3 工兵旅分别部署在北惠庭和南惠庭。

东北部军区所辖防区在本州地区东北部，司令部驻仙台市，辖 2 个师、1 个炮兵群、1 个“霍克”防空导弹群、1 个工兵旅。其中第 6 步兵师师部设在神町，辖第 20、21、22、44 步兵团。第 9 步兵师师部设在青森市，辖第 5、38、39 步兵团。第 2 炮兵群、第 5“霍克”防空导弹群、第 2 工兵旅分别部署在仙台、八户、船冈。

东部军区所辖防区在本州地区中部，司令部驻东京都市谷，下辖 2 个师、1 个空降旅、1 个“霍克”防空导弹群、1 个工兵旅。其中第 1 师师部设在东京都练马，辖第 1、31、32、34 步兵团。第 12 步兵师师部设在相马原，辖第 2、13、30 步兵团。第 1 空降旅、第 2“霍克”防空导弹群、第 1 工兵旅分别部署在习志野、松户、朝霞。

中部军区所辖防区在本州地区西南部，司令部驻伊丹市，辖 3 个师、1 个混成旅、1 个“霍克”防空导弹群、1 个工兵旅。其中第 3 步兵师师部设在千僧，下辖第 7、36、37、45 步兵团。第 10 步兵师师部设在守山，下辖第 14、33、35 步兵团。第 13 步兵师师部设在海田市，下辖第 8、17、46 步兵团。第 2 混成旅、第 8“霍克”防空导弹群、第 4 工兵旅分别部署在善通寺、青野原、大久保。

西部军区所辖防区在九州和冲绳地区，司令部驻健军，辖 2 个师、1 个混成旅、1 个“霍克”防空导弹旅、1 个炮兵群、1 个工兵旅。其中第 4 步兵师师部设在福冈，下辖第 16、19、40、41 步兵团。第 8 步兵师师部设在北熊本，下辖第 12、24、42、43 步兵团。第 1 混成旅、第 2“霍克”防空导弹旅、第 3 炮兵群、第 5 工兵旅分别部署在那霸、饭塚、汤布院、小郡。

防卫厅长官直辖的第 1 直升机旅部署在木更津，通信旅部署在东京都市谷。

海上自卫队参谋部驻东京都。分为横须贺、吴港、佐世保、舞鹤、大凑 5 个警备区。在横须贺警备区的横须贺基地部署有护卫舰队的第 1 和第 4 护卫队群、潜艇舰队的第 2 潜艇队群、第 2 扫雷队群及横须贺地方队。自卫舰队、护卫舰队、潜艇舰队、练习舰队及开发指导队群的司令部均设在横须贺。航空集团司令部及其所属的第 4 航空群、第 51 航空队、第 61 航空队部署在厚木，第 21 航空群部署在馆山。教育航空集团司令部及其所属的下总教育航空群、航空集团的第 111 航空队部署在下总。在吴港警备区的吴港基地部署有潜艇舰队的第 1 潜艇队群、第 1 扫雷队群以及吴港地方队。航空集团的第 31 航空群部署在岩国。教育航空集团的德岛教育航空群部署在德岛。在佐世保警备区的佐世保基地部署有护卫舰队的第 2 护卫队群和佐世保地方队。航空集团的第 1 航空群和教育航空集团的第 211 教育航空队部署在鹿屋。航空集团的第 22 航空群部署在大村。第 5 航空群部署在冲绳岛那霸市。教育航空集团的小月教育航空群部署在小月。在舞鹤警备区的舞鹤基地部署有护卫舰队的第 3 护卫队群和舞鹤地方队。在大凑警备区的大凑基地部署有大凑地方队。航空集团的第 2 航空群部署在八户。

航空自卫队参谋部驻东京都。北部防区：千岁部署有第 2 航空团、第 3 防空导弹群、第 1 基地防空群；三泽部署有北部航空方面队司令部、第 3 航空团、北部航空警戒管制团、第 6 防空导弹群。中部防区：浜松、小松、百里分别部署有第 1、第 6 和第 7 航空团；歧阜部署有第 4 防空导弹群；入间部署有第 1 防空导弹群、中部航空警戒管制团、航空开发实验集团司令部、航空救护团；航空总队、中部航空方面队、航空教育集团的司令部分别设在府中、入间、浜松。西部防区：新田原、筑城分别部署有第 5、第 8 航空团；春日部署有第 2 防空导弹群、西部航空警戒管制团，西部航空方面队司令部也设在春日。西南防区：冲绳岛那霸市设有西南航空混成团司令部，并部署有第 83 航空队、第 5 防空导弹群、西南航空警戒管制队。

日本自卫队兵力部署的主要特点是：陆上自卫队兵力部署的重点在北海道；海上和航空自卫队兵力部署的重点在日本中部基地和防区，一旦发生紧急事态，海、空自卫队可利用其机动速度快的特点，迅速向各个方向实施支援。

兵役制度　日本实行志愿兵役制，又称募兵制。上等兵（含）以下实行任期制：陆上自卫队为 2 年（专业技术兵为 3 年），海上和航空自卫队为 3 年。任期届满后，根据本人志愿并经审查合格后可继续延长 2 年任期；军士和军官为职业军人，实行退休制。1990 年之前，下士和中士的退休年龄为 50 岁，上士为 52 岁，军士长、准尉、少尉、中尉、上尉为53岁，少校和中校为54岁，上校为55岁，少将为56岁，中将和上将为58岁。为保留经验丰富的指挥员和技术骨干，自1990年10月起，将官退休年龄一律延长至60岁，下士、中士、上士一律延长至53岁，担任医师、牙科医师、药剂师及从事音乐工作的上校至军士长的退休年龄延长1岁，今后将把从事上述工作的上校至下士的退休年龄逐次延长至60岁。

军衔 日本自卫队军衔共分6等18级，即将官3级(上将、中将、少将)、校官3级(上校、中校、少校)、尉官3级(上尉、中尉、少尉)、准尉1级、军士4级(军士长、上士、中士、下士)、兵4级(上等兵、一等兵、二等兵、三等兵)。

(黄全鹏)

塞浦路斯

国　　名 塞浦路斯共和国。

主要统计 面积9251平方公里。人口70.22万人(其中，13～17岁男2.69万人，女2.54万人；18～22岁男2.45万人，女2.34万人；23～32岁男5.7万人，女5.35万人)。国内生产总值24.8亿塞浦路斯镑，合54.2亿美元(1990年)。国防费0.7656亿塞浦路斯镑，合1.5529亿美元(1989年国防预算)。发电量16.68亿度(1988年)。粮食13.8万吨(1988年)。海运能力，商船(载重100吨以上)1278艘、总载重量3269.88万吨(1989年)。民航能力，固定航班机场1处、客运量21.51亿人公里、货运量2.26亿吨公里(1990年)。

国防体制 总统通过国防部统帅全国武装力量。武装力量由国民警卫队、乡土警卫队和武装警察等组成。国民警卫队司令和一些高级军官由希腊军官担任。

领导人物 总统兼武装力量统帅乔治·瓦西利乌(1988年2月上任)。国防部长斯太里奥斯·卡柴里斯(1983年2月上任)。

武装力量 **兵力** 现役部队1万人。

国民警卫队 1万人。编有1个军部、2个师部、2个旅部、1个装甲旅、13个步兵营、1个特种兵营、7个炮兵营。

坦克：AMX—30B—2型40辆。装甲侦察车：EE—9“响尾蛇”126辆、EE—3型36辆。步兵战车：VAB—VCI型27辆。装甲输送车：“利奥尼达斯”32辆、VAB—VTT型81辆。牵引炮：75毫米4门、76毫米54门、88毫米18门、100毫米36门、105毫米36门。火箭炮：128毫米24门。迫击炮：81毫米72门、82毫米80门、107毫米12门。反坦克导弹：“米兰”、“霍特”若干具。火箭筒：89毫米450具。无坐力炮：57毫米216门、106毫米144门。高炮：共155门，其中20毫米27门、35毫米8门、40毫米和94毫米若干门。地空导弹：SA—7型24部、“西北风”18部。海上巡逻艇1艘。海上巡逻机：BN—2A“海上防御者”1架、PC—9型2架、PA—22型1架。直升机：贝尔206型2架、休斯500型2架、SA—342“小羚羊”4架。

预备役部队 10.8万人，其中第一类预备役6.5万人(20～34岁)，第二类预备役4.3万人(35～50岁)。

准军事部队 武装警察3700人，装备有装甲车若干辆及巡逻艇2艘。

兵役制度 实行义务兵役制。士兵服役26个月，最高服役年龄为50岁。军官服役最高年龄为65岁。

外国驻军 希腊驻军950人；英国驻军4200人；联合国维持和平部队约2300人，3个步兵营(奥地利、加拿大、丹麦各1)。

(刘桂兰)

沙特阿拉伯

国　　名 沙特阿拉伯王国。

主要统计 面积2149690平方公里。人口1060

万人(其中,13～17 岁男 58.58 万人,女 40.36 万人;18～22 岁男 47.35 万人,女 44.02 万人;23～32 岁男 84.14 万人,女 65.25 万人)。国内生产总值 3294.48 亿里亚尔,合 879.7 亿美元(1990 年)。国防费 1004 亿里亚尔,合 268.1 亿美元(1991 年国防预算)。原油 18.9亿桶(1989 年)。天然气 298 亿立方米(1989 年)。发电量 422.01 亿度(1988 年)。粮食 354.6 万吨(1989 年)。海运能力,商船(载重 100 吨以上)312 艘、总载重量 353.54 万吨(1989 年)。民航能力,固定航班机场 23 处、客运量 156.95 亿人公里、货运量 60470 万吨公里(1990 年)。

国防体制 国王为皇家军队最高统帅。最高国防决策机构为高级防务委员会,成员有国王、国防与航空大臣、财政与经济大臣、通信与外交大臣和武装力量参谋长,由国王任主席。国防部为最高军事行政机构。武装力量由正规军和准军事部队组成。正规军分陆、海、空军和防空军四个军种。最高军事指挥机构为总参谋部。国王通过国防部和总参谋部对全国武装力量实施领导和指挥。

领导人物 国王兼武装力量最高统帅法赫德·本·阿卜杜勒·阿齐兹(1982 年上任)。国防与航空大臣苏尔坦·本·阿卜杜勒·阿齐兹亲王(1982 年上任)。总参谋长穆罕默德·萨利赫·哈马德(1982 年上任)。

武装力量 **兵力** 现役部队 7.65 万人。

陆军 4.5 万人。编有 2 个装甲旅、4 个机械化旅、1 个步兵旅、1 个空降旅、1 个王室警卫团、5 个炮兵营。

主战坦克:700 辆(AMX—30 型 300 辆、M—60A3 型 400 辆)。装甲侦察车:AML—60 和 AML—90 型 240 辆。步兵战车:700 余辆(AMX—10P 型 500 余辆、M—2“布雷德利”200 辆)。装甲输送车:1880 辆(M—113 型 1700 辆、EE—11“蝰蛇”30 辆、M—3“庞阿尔”150 辆)。牵引炮:224 门(105 毫米 64 门、155 毫米 160 门)。自行炮:155 毫米 275 门。火箭炮:60 门。迫击炮:107 毫米 360 门。反坦克导弹:“陶”式、“龙”式和“霍特”若干具。无坐力炮:75 毫米、90 毫米、106 毫米若干门,84 毫米 450 门。地空导弹:“红眼睛”式 500 部、“毒刺”式等若干部。地地导弹:若干枚。直升机:18 架。

海军 0.95 万人(包括陆战队 0.15 万人)。编有 2 个舰队。

护卫舰:8 艘。导弹快艇:9 艘。鱼雷快艇:3 艘。海岸扫雷艇:4 艘。登陆艇:12 艘(通用登陆艇 4 艘、机械化装备登陆艇 8 艘)。辅助舰船:7 艘(油船 2 艘、远洋拖船 3 艘、打捞船 1 艘、王室游艇 1 艘)。

陆战队 0.15 万人,编有 1 个海军步兵团,装备步兵战车 140 辆。

海军航空兵装备有 AS—365N 型直升机 24 架,其中 20 架为武装直升机。

空军 约 1.8 万人。编有 6 个攻击战斗机中队、5 个战斗机中队、2 个直升机中队、1 个侦察机中队、1 个预警机中队、3 个运输机中队。作战飞机 253 架。

攻击战斗机:80 架(F—5E 型 52 架、“旋风”IDS 式 28 架)。战斗机:84 架(F—15C 型 60 架、“旋风”ADV 式 24 架)。侦察机:RF—5E 型 10 架。空中预警机:E—3A 型 5 架。加油机:15 架(KE—3A 型 8 架、KC—130H 型 7 架)。运输机:81 架(C—130E 型 7 架、C—130H 型 34 架、L—100—30HS 型医院机 5 架、C—212 型 35 架)。直升机:55 架(AB—205 型 8 架、AB—206B 型 13 架、AB—212 型 27 架、KV—107 型 7 架)。教练机:72 架。皇家专机:24 架(飞机 21 架、直升机 3 架)。空空、空地导弹若干枚。

防空军 0.4 万人。编有 33 个地空导弹连。

高炮:420 门(20 毫米 92 门、30 毫米 50 门、35 毫米 128 门、40 毫米 150 门)。地空导弹:269 部(“夏安”141 部、MIM—23B“霍克”改进型 128 部)。

准军事部队 7.05 万人。其中国民警卫队 5.5 万人(现役 3.5 万人、部族部队 2 万人),编有 2 个机械化步兵旅、4 个步兵旅、1 个骑兵仪仗队,装备有装甲输送车 1100 辆、牵引炮 34 门、无坐力炮若干门;边防部队 1.05 万人;海岸警卫队 0.45 万人,装备有海岸快速巡逻艇 4 艘、海岸巡逻艇 30 艘、气垫船 16 艘、王室游艇 1 艘、小型巡逻艇 400 艘;特种安全部队 0.05 万人,装备有装甲输送车若干辆。民防部门装备有直升机 10 架。

兵役制度 平时实行志愿兵役制,战时实行义务兵役制。18～35 岁男子经批准参军,服役期限一般为 3 年。

外国驻军 “半岛之盾”部队约 2000 人,编有 1 个步兵旅(由海湾合作委员会成员国派出)。

(张连国)

斯 里 兰 卡

国　　名　斯里兰卡民主社会主义共和国。

主要统计　面积65610平方公里。人口1753.46万人(其中,13～17岁男88.24万人,女85.96万人;18～22岁男86.54万人,女85.84万人;23～32岁男154.76万人,女157.96万人)。国内生产总值3210.6亿卢比,合80.1亿美元(1990年)。国防费176亿卢比,合4.3931亿美元(1990年国防预算)。发电量27.99亿度(1988年)。粮食199.4万吨(1989年)。海运能力,商船(载重100吨以上)93艘、总载重量37.05万吨(1989年)。民航能力,固定航班机场1处、客运量26.76亿人公里、货运量0.772亿吨公里(1989年)。

国防体制　宪法规定,总统为武装力量总司令,最高国防决策机构为国家安全委员会,成员有国防部长,国家安全部长,陆、海、空三军司令,警察总监等,主席由总统兼任。国防部为最高军事行政机构。武装力量由正规军和警察组成。正规军分陆海空三个军种。总统通过国家安全委员会、国防部和陆海空三军司令部对全军实施领导和指挥。

领导人物　总统兼武装力量总司令拉纳辛哈·普雷马达萨。陆军参谋长哈米尔顿·瓦拉辛赫少将(1991年2月上任)。空军参谋长戈纳瓦德内少将。

武装力量　**兵力**　总兵力约8.85万人(含应召再服现役的预备役人员)。现役部队2.2万人。

陆军　7万人(含应召再服现役预备役人员)。编有3个师部、9个步兵旅、1个独立特遣旅(含1个突击团、1个独立特遣团)、2个侦察团(含1个后备团)、4个野战炮团(含1个后备团)、4个野战工程兵团。

装甲侦察车:"萨拉丁"18辆、"白鼬"15辆、"野狗"12辆。装甲输送车:БТР－152型10辆、其他型号96辆。牵引炮:72毫米12门、85毫米10门、88毫米25门、105毫米10门、130毫米12门。迫击炮:82毫米12门、107毫米10门、120毫米若干门。无坐力炮:82毫米、106毫米若干门。高炮:40毫米24门、94毫米24门。

海军　8500人。基地设在亭可马里(司令部)、卡赖纳加、科伦坡、唐加拉、卡南皮提亚。装备有海岸巡逻作战舰艇43艘(其中海上巡逻艇2艘、近海巡逻艇41艘)、登陆艇2艘、勤务船3艘。

空军　1万人(含应召再服现役的预备役人员1000人)。编有1个海上侦察机中队、1个运输机中队,另有1个后备飞行团(3个中队)、1个机场建设团(1个中队)。作战飞机13架、武装直升机17架。

防暴机:SF－260TP型13架。攻击直升机:贝尔－212型13架、贝尔－412型4架。海上侦察机:色斯纳337型6架、SA－365型直升机2架。运输机:各型15架。运输直升机:贝尔206型7架。教练机:12架。

预备役部队　约1.2万人,其中陆军2500人、海军1000人、空军8500人。

准军事部队　警察部队3万人(含1000名妇女),国民志愿军1.2万人,国民卫队1.8万人。

兵役制度　实行志愿兵役制。

(武爱琴)

泰　　国

国　　名　泰王国。

主要统计　面积513115平方公里。人口5748.14万人(其中,13～17岁男313.16万人,女300.76万人;18～22岁男313.62万人,女301.16万人;23～32岁男536.2万人,女521.14万人)。国内生产总值801.7亿美元(1990年)。国防费24亿美元(1991年国防预算)。原煤725.9万吨(1988年)。原油1400万桶(1989年)。天然气53.3亿立方米(1989年)。发电量339.64亿度(1988年)。粮食2599.6万吨(1989年)。海运能力,商船(载重100吨以上)272艘、总载重量80.47万吨(1989年)。空运能力,固定航班机场24处、客运量166.8亿人公里、货运量6.216亿吨公里(1990年)。

国防政策 泰国积极支持把东南亚地区建成一个“和平、自由和中立区”的主张，反对任何国家以武力入侵他国领土。泰国赋予其武装部队的任务是维护国内安全和抵御外敌入侵，强调“先发制人，迅速有效，决策周密”，对任何入侵之敌，要当机立断，给予坚决回击。1991年海湾战争后，为了适应现代战争及国家战略防御的需要，根据将泰武装力量建设成为“数量较少、训练有素、装备精良”并具有“强大预备役部队”的现代化军队的建军方针，大力加强部队的现代化建设：一是提高部队的快速、机动能力。泰陆军加速部队的现代化改编，在继续实施将单一的步兵师改编为轻型步兵师和机械化、摩托化步兵师的同时，1991年已开始组建快速机动部队。为加速质量建军，泰陆军决定裁减现役部队员额，计划自1992年起10年内裁军25%。二是大力发展防空力量。为抵御未来战争来自空中的突然打击，泰将建立南北、空地一体的防空体系。泰空军决定在3年内耗资8亿美元购买先进的战斗机和防空系统，提高空军的整体实力；泰陆军已开始在总部和各部域军组建防空中心。三是加强预备役部队建设。泰军已将加强预备役建设纳入国防总体建设规划，计划至1995年预备役部队将从目前的50万人增加到100万人。四是密切同东盟国家的军事合作。泰国武装部队通过举行联合军事演习和人员互访，不断密切同东盟国家的军事合作关系，以提高协同作战和联合防御能力。此外，泰军还重视提高军队在国家建设中的地位和作用，已在各部域军组建了经济开发师。

军事战略 泰国实行“总体防御战略”，其防御力量由单纯依靠现役部队转向实行全民“总体防御”，逐步建立由正规部队、预备役部队和民兵三位一体的防御力量。其总体防御战略要求达到“既具备防御能力，又具备反攻击能力”。近年来，随着越南从柬埔寨撤军和柬问题政治解决取得进展以及泰经济迅速发展和东南沿海新兴工业区的开发建设，泰军防御重点已从与老挝、柬埔寨交界的东部地区转向东部、南部沿海新兴工业区和能源基地。为此，泰军制定了保卫经济目标的战略防御计划，大力加强东部和南部沿海地区的防卫。

国防体制 宪法规定，国王为武装力量最高统帅。最高国防决策机构为国家安全委员会，隶属于国务院，总理兼任主任。最高咨询机构为国防委员会，隶属于国防部。国防部为政府中的一个部，是最高军事行政机关，负责制定、实施国防政策和计划。武装力量由正规军和准军事部队组成。正规军分陆、海、空三个军种。最高军事指挥机构为最高司令部。国王名义上是三军统帅，实际上是国务院通过国防部和最高司令部对全国武装力量实施领导和指挥。

领导人物 国王兼武装力量最高统帅普密蓬·阿杜德(1946年继位)、国家安全委员会主席顺通·空颂蓬(1991年上任，1991年2月23日，泰武装部队最高司令顺通·空颂蓬率陆海空三军司令宣布接管差猜·春哈旺政权，成立“泰国国家安全委员会”，顺通任该委员会主席)。国防部长巴帕·格萨拉赞海军上将(1991年上任)。最高司令兼陆军司令素金达·甲巴允上将(1991年上任)。总参谋长披西·萨立库空军上将(1990年上任)。海军司令威策·嘎伦耶瓦尼海军上将(1991年上任)。空军司令甲社·洛乍那尼空军上将(1989年上任)。

武装力量 **兵力** 现役部队28.3万人。

陆军 19万人。编有4个部域军、2个军、1个骑兵师、1个机械化步兵师、7个步兵师、2个特战师、1个炮兵师、1个高炮师、19个工程兵营、1个独立骑兵团、8个独立步兵营、4个侦察连、3个空中机动连。

主战坦克：M—48A5型100辆、其他60余辆。轻型坦克：“蝎子”154辆、M—41型200辆、M—24型20辆、“缸”约106辆。装甲侦察车：“肖兰”MK—3型32辆。装甲输送车：M—113、M—3A1/M—16型340辆、V—150“突击队员”150辆、“萨拉逊”20辆、YW—531型112辆、其他300辆。牵引炮：105毫米244门、130毫米30门、155毫米150门。反坦克导弹：“龙”式300具。无坐力炮：57毫米和75毫米若干门、106毫米150门。高炮：20毫米48门、37毫米30门、40毫米108门、57毫米24门。地空导弹：“红眼睛”若干部。运输机：“山毛榉”99型1架、C—47型4架、色斯纳208型10架、肖特330型1架、“超级空中大王”1架。联络机：O—1A型63架、O—1E型17架、T—41A型5架、U—17A型13架。直升机：攻击直升机AH—1F型4架、运输直升机贝尔206型10架、贝尔212型9架、贝尔214型6架、UH—1H型70架。教练机：休斯300C型36架、OH—13型3架、TH—55型7架。

海军 5万人(含陆战队和航空兵)。编有1个作战舰队、5个基地。

护卫舰：“玛古·拉差古曼”级1艘、“达比”级2艘、“波莱士”级2艘，其他型1艘。小型护卫舰：“拉坦纳凯辛”级2艘、“哈姆罗辛”级1艘。导弹快艇：“拉差立”级3艘、“布拉巴拉巴”级3艘。巡逻舰艇：44艘。扫雷舰艇：7艘。两栖舰艇：8艘。后勤支援舰船：7艘。

陆战队 2万人。编有1个师、7个团、2个营。装备有装甲输送车33辆、155毫米牵引炮18门、“龙”式反坦克导弹若干具。

海军航空兵　900人，装备有作战飞机26架、武装直升机8架。

空军　4.3万人。编有1个攻击战斗机中队、2个战斗机中队、8个防暴机中队、1个电子侦察机中队、3个运输机中队、1个教练机中队、2个直升机中队、4个高炮营。作战飞机167架。

攻击战斗机：F－5A型9架、F－5B型4架、F－16A型14架、F－16B型4架。战斗机：F－5E型38架、F－5F型6架。防暴机：A－37B型15架、AC－47型7架、AU－23A型24架、N－22B"办事能手"15架、OV－10C型25架。侦察机：RF－5A型3架、RT－33A型3架、IAI－201型3架。航测飞机："指挥官"690型1架、"利尔杰特"35A型3架、"默林"IAV型2架、"空中女王"2架。运输机：C－130H型3架、C－130H－30型3架、DC－8－62F型3架、C－123B/－K型10架、BAe－748型6架、C－47型10架。要员专机：波音737－200型2架、"空中大王"200型1架、"默林"IV型3架、贝尔412型直升机2架。教练机：CT－4型24架、"空中旅客"V－600型16架、SF－260型16架、T－33A型10架、T－37B型13架、T－37C型6架、T－41型11架、D－1A型4架。联络机："指挥官"3架、"空中大王"E90型2架、O－1型30架。直升机：S－58T型18架、UH－1H型22架。空空导弹："响尾蛇"若干枚。地空导弹："吹管"若干部。

预备役部队　50万人。编有4个步兵师。

准军事部队　14.17万人，其中"猎勇"部队1.85万人、国家安全志愿团4.3万人、海上警察1700人、航空警察500人、边境巡逻警察2.8万人、地方警察5万人。

部署　陆军按4个部域军部署，重点部署在中部和东南部地区。海军部署在各海军基地，陆战队驻梭桃邑海军基地。空军各飞行大队分别驻各空军基地。共有军事基地18处，其中海军基地5处（曼谷、宋卡、攀牙、梭桃邑、达叻）；空军基地13处（廊曼、柯叻、打卡里、华富里等）。

兵役制度　实行义务兵役制，服役期2年。泰国从1988年起对其兵役制进行改革，拟改为以志愿兵役制为主，服役期延长到5至8年。

军衔　军官分为3等10级，即将官4级（上将、中将、少将、准将）、校官3级（上校、中校、少校）、尉官3级（上尉、中尉、少尉）。

驻外兵力　派往联合国驻伊拉克、科威特军事观察团观察员7人。

（蔡惠玉）

土耳其

国　名　土耳其共和国。

主要统计　面积781000平方公里。人口5698.18万人（其中，13～17岁男297.18万人，女290.824万人；18～22岁男285.252万人，女275万人；23～32岁男492.96万人，女472.936万人）。国内生产总值3005785亿土耳其里拉，合1142.9亿美元（1990年）。国防费149700.46亿土耳其里拉，合44亿美元（1991年国防预算）。原煤3911.6万吨（1988年）。原油2000万桶（1989年）。天然气1.7亿立方米（1989年）。发电量480.48亿度（1988年）。粮食2296.6万吨（1989年）。海运能力，商船（载重100吨以上）855艘、总载重量547.71万吨（1989年）。民航能力，固定航班机场14处、客运量38.1亿人公里、货运量38650万吨公里（1990年）。

国防体制　宪法规定，总统为武装力量最高统帅。最高国防决策机构为国家安全委员会，成员有总统、总理、总参谋长、国防部长、内政部长、外交部长和宪兵司令，由总统任主席，基本任务是制定战争动员计划、议决国家军事政策和其他有关国家安全的重大问题。武装力量的最高决策机构为最高军事委员会，由总理、总参谋长和陆、海、空军司令以及宪兵司令组成，任务是讨论和决定武装部队各级军官任免和调动、晋升和退休、国防费用的计划和分配、军队编制和军法军纪等问题。国防部为政府中一个部，是最高军事行政机构，设部长、副部长等，部长由总理任命的文职官员担任，任务是负责武装部队的征兵、武器装备、后勤补给、军工生产等工作。武装力量由正规军和准军事部队组成。正规军分陆、海、空三个军种。最高军事指挥机构为总参谋部，总参谋长由总统根据总理提名在担任过陆、海、空军司令的上将中任命，任期4年。总统通过国防部和总参谋部对全国武装力量实施领导和指挥。

领导人物　总统兼武装力量最高统帅图尔古特·厄扎尔（1989年11月上任）。国防部长奈夫扎特

·阿亚兹(1991年11月上任)。总参谋长居雷斯·多安(1990年11月上任)。陆军司令奥格卢·费松上将(1991年上任)。海军司令伊尔方·特纳兹上将(1991年上任)。空军司令西亚米·塔什坦上将(1990年上任)。

武装力量 **兵力** 现役部队57.92万人。

陆军 47万人。编有4个集团军司令部、10个军司令部、1个机械化师、13个步兵师、7个独立装甲旅、6个独立机械化旅、10个独立步兵旅、1个空降旅、2个突击旅、5个海防营。军直属部队有10个坦克营和50个炮兵营。

主战坦克:约3783辆(M—47型523辆、M—48A1/A2型1130辆、M—48A5型1980辆、"豹"式1A3型约150辆)。轻型坦克:M—24型114辆。装甲侦察车:M—8型若干辆。装甲输送车:3560辆(M—59型500辆、M—113型2460辆、M—2和M—3型600辆)。牵引炮:1724门(105毫米830门、150毫米104门、155毫米650门、203毫米140门)。自行炮:528门(105毫米326门、155毫米150门、175毫米36门、203毫米16门)。火箭炮:26门(227毫米6门、70毫米20门)。迫击炮:3429门(81毫米1500门、107毫米1429门、120毫米500门)。海岸炮:240毫米20门。反坦克导弹:1608具("眼镜蛇"400具、SS—11型300具、"陶"式516具、"米兰"392具)。无坐力炮:3426门(57毫米1631门、106毫米1795门)。高炮:1285门(20毫米200门、35毫米260门、40毫米825门)。地空导弹:"轻剑"12部、"毒刺"和"红眼睛"150部。此外,还装备有各型飞机163架、直升机273架。

海军 5.2万人。

常规潜艇15艘、驱逐舰12艘、护卫舰8艘、导弹快艇16艘、鱼雷快艇2艘、巡逻艇29艘、布雷舰艇4艘、反水雷舰艇33艘、两栖舰艇7艘、辅助舰船26艘。

海军航空兵装备有武装直升机15架,空军配属作战飞机22架。

海军陆战队1个团,约4000人。

空军 5.72万人。设有2个战术空军司令部、1个运输司令部、1个训练司令部。编有17个攻击战斗机中队、2个战斗机中队、1个反潜机中队、4个运输机中队、3个教练机中队、10个地空导弹中队、13个联络飞行小队。作战飞机530架(另有120架储备)。

攻击战斗机:416架(F—4E型105架、F—5A型48架、F—5B型6架、NF—5A/B型60架、F—16C/D型57架、F—104G型130架、TF—104G型10架)。战斗机:20架(F—104S型18架、TF—104G型2架)。侦察机:28架(RF—4E型6架、F—5B型4架、RF—5A型18架)。改装训练机:44架(F—4E型30架、F—16D型14架)。反潜机:S—2A/E和TS—2A型22架(配属海军)。运输机:C—47、C—130、C—160D等型69架。直升机:UH—1H和AS—330型49架。地空导弹:152部("奈基"128部、"轻剑"24部)。

预备役部队 110.7万人,其中陆军95万人,海军8.4万人,空军7.3万人。

准军事部队 12.11万人,其中宪兵和国民警卫队12万人(现役7万人、预备役5万人),海岸警卫队0.11万人。

兵役制度 实行义务兵役制,士兵服役期18个月。

军衔 军官分3等11级,即将官4级(上将、中将、少将、准将)、校官3级(上校、中校、少校)、尉官4级(上尉、中尉、少尉、准尉)。

驻外兵力 驻塞浦路斯1个军,辖2个步兵师,共3万人。装备有坦克300辆、装甲输送车200辆、牵引炮188门、自行炮24门、迫击炮114门、高射炮84门、飞机8架、直升机12架。参加联合国驻伊拉克和科威特军事观察团观察员7人。

外国驻军 美国驻军4900人,其中陆军1300人,空军3600人。此外,还驻有北约盟军东南欧陆军司令部和第6战术空军司令部。

(张连国)

文 莱

国　　名 文莱达鲁萨兰国。

主要统计 面积5765平方公里。人口27.5万人(其中,13～17岁男1.2万人,女1.24万人;18～22岁男1.13万人,女1.14万人;23～32岁男2.68万人,女2.02万人)。国内生产总值34.9亿美元(1990年估计)。国防费2.29亿美元(1988年国防预算)。原油4800万桶(1989年)。天然气10.9亿立方米(1989年)。发电量10.3亿度(1988年)。粮食1000吨(1989

年）。海运能力，商船（载重100吨以上）40艘、总载重量34.63万吨（1989年）。民航能力，固定航班机场1处、客运量3.79亿人公里、货运量840万吨公里（1990年）。

国防体制 国家元首（苏丹）为武装力量统帅，内阁设国防大臣。国家元首通过国防大臣对武装力量实施领导。但实际上根据文莱与英国签订的防务协定，英对文莱军队拥有作战指挥权。文莱皇家马来军团司令和参谋长仍由英籍军官担任。武装力量由正规军和准军事部队组成。正规军分陆、海、空三个军种。

领导人物 国家元首（苏丹）兼武装力量统帅穆达·哈桑纳尔·博尔基亚·穆伊扎丁·瓦达乌拉爵士（1967年10月即位）。国防大臣苏丹穆达·奥马尔·阿里·赛福丁爵士（1984年上任）。文莱皇家马来军团司令约翰·布里伯杰准将。

武装力量 **兵力** 现役部队4250人。

陆军 3400人。编有2个步兵营、1个装甲侦察中队、1个地空导弹连、1个工程兵中队。

轻型坦克："蝎子"16辆。装甲输送车："桑凯"AT—104型24辆、VAB式26辆。地空导弹："轻剑"12部。

海军 550人。编有2个分队，海军基地设于穆阿拉。

导弹快艇："瓦斯帕达"级3艘。巡逻艇："佩尔维拉"级3艘。两栖舰船：2艘。

空军 300人。编有1个防暴机中队、1个直升机中队。作战飞机4架，武装直升机7架。

防暴直升机：Bo—105型7架。直升机：贝尔212型10架、贝尔214型1架、S—70型专机2架。教练机：SF—260W型4架、贝尔206B型直升机2架。

预备役部队 900人，编有1个营。

准军事部队 约2650人，其中警察部队1750人，廓尔喀后备队900余人。

兵役制度 实行义务兵役制。

外国驻军 英国驻军约800人（包括1个廓尔喀步兵营、1个直升机分队）。新加坡驻军约500人（建有1所训练学校，配有1个直升机分遣队、UH—1型直升机5架）。

（蔡惠玉）

新 加 坡

国　　名 新加坡共和国。

主要统计 面积622.6平方公里。人口271.92万人（其中，13～17岁男10.46万人，女9.81万人；18～22岁男11.08万人，女10.44万人；23～32岁男26.69万人，女25.34万人）。国内生产总值335.7亿美元（1990年）。国防费21.2亿美元（1991年国防预算）。发电量130.18亿度（1988年）。海运能力，商船（载重量100吨以上）712艘、总载重量1188.76万吨（1989年）。民航能力，固定航班机场1处、客运量304.11亿人公里、货运量16.44亿吨公里（1990年）。

国防体制 宪法规定，总统为武装力量最高统帅。国防部为政府中的一个部，对武装部队拥有领导和管理权。武装力量由正规军和准军事部队组成。正规军分陆、海、空三个军种。最高军事指挥机构为总参谋部。

领导人物 总统兼武装力量最高统帅黄金辉（1985年上任）。总理兼国防部长吴作栋（1984年任第一副总理兼国防部长，1990年任总理兼国防部长）。国防部第二部长李显龙（1987年上任，主管军务）。国防部第二部长杨林丰（1988年上任，主管策划）。武装力量总参谋长朱维良少将。

武装力量 **兵力** 现役部队5.55万人。

陆军 4.5万人。编有1个混合师（辖2个步兵旅、1个装甲旅、1个侦察营、2个炮兵营、1个高炮营、1个工程兵营）、1个机械化旅、1个突击营、1个炮兵营、1个迫击炮营、1个工程兵营。

轻型坦克：AMX—13SM1型约350辆。装甲输送车：M—113型720辆。V—100型30辆。V—150/—200"突击队员"250辆。牵引炮：155毫米78门。迫击炮：81毫米若干门、120毫米50门、160毫米12门。反坦克导弹："米兰"30具。火箭筒：89毫米若干具。无坐力炮：84毫米若干门、106毫米90门。高炮：20毫米30门。地空导弹：RBS—70型若干部。

海军 4500人。编有1个导弹快艇中队、2个岸防巡逻艇中队、1个快速巡逻艇中队、1个混合舰艇队。

小型护卫舰："胜利"级6艘。导弹快艇："海狼"级6艘。巡逻艇：20艘。两栖舰船：5艘。后勤支援舰船：

1艘。

空军　6000人。编有5个攻击战斗机中队、2个战斗机中队、1个侦察机中队、1个空中预警中队、5个运输机中队(其中3个直升机运输中队)、3个教练机中队、3个高炮营、2个地空导弹营、1个炮兵营、1个机场防卫中队。作战飞机193架,武装直升机6架。

攻击战斗机:A－4S/SI型62架、TA－4S/SI型13架、"猎狗"F－74型20架、T－75型4架、F－16型8架。战斗机:F－5E型31架、F－5F型9架。侦察机:"猎狗"FR－74型4架。预警机:E－2C型4架。运输机:C－130B型4架、C－130H型6架、"空中货车"3M型6架。直升机:AS－350型6架、UH－1B型18架、AB－205型4架、贝尔205型5架、AS－332M型22架。教练机56架。地空导弹:"轻剑"10部,"霍克"改进型8部。高炮:35毫米若干门。空空导弹:"响尾蛇"若干枚。

预备役部队　26.2万人,其中陆军25万人,海军4500人,空军7500人,人民防卫队3万人。

准军事部队　11.16万人。其中警察部队1.16万人(包括廓尔喀警卫营750人),民兵10万人。

部署　全国共有军事基地3处,其中海军基地1处(三巴旺),空军基地2处(丁加和巴耶黎巴)。

兵役制度　实行义务兵役制,服役期限24至30个月。

驻外兵力　驻文莱部队500人,包括1个直升机分遣队(直升机5架)。驻台湾1个训练营。参加联合国驻安哥拉核查团观察员若干人;参加联合国驻伊拉克、科威特军事观察团观察员7人。

外国驻军　新西兰20人,编有1个支援单位。

(蔡惠玉)

叙　利　亚

国　　名　阿拉伯叙利亚共和国。

主要统计　面积185180平方公里。人口1278.48万(其中,13～17岁男76.6万人,女75.29万人;18～22岁男62.78万人,女60.6万人;23～32岁男98.65万人,女92.78万人)。国内生产总值4351.96亿叙镑,合174.1亿美元(1990年估计)。国防费406亿叙镑,合16.2亿美元(1990年估计)。原油1.16亿桶(1989年)。天然气10亿立方米(1989年)。发电量81.1亿度(1988年)。粮食140.5万吨(1989年)。海运能力,商船(载重100吨以上)62艘、总载重量10.25万吨(1989年)。民航能力,固定航班机场5处、客运量8.33亿人公里、货运量990万吨公里(1990年)。

国防体制　1973年3月12日通过的现行宪法规定,总统为武装力量总司令。最高军事统帅机关是武装力量总司令部,下辖国防部和总参谋部。国防部是最高军事行政机关,主管部队的行政、训练和军工生产等项工作。武装力量由正规军和准军事部队组成。正规军分陆、海、空三个军种。总参谋部在总司令部和国防部领导下,平时主要负责陆军工作,临战或战时则根据总司令的命令协调陆、海、空三军的作战行动。叙军政治局负责全军政治宣传工作,受总司令部和叙复兴社会党总部的领导。总统通过国防部、总参谋部和三军司令部对全军实施领导和指挥。

领导人物　总统兼武装力量总司令哈菲兹·阿萨德中将(1973年3月上任)。副总理兼国防部长和武装力量副总司令穆斯塔法·塔拉斯中将(1984年3月上任)。总参谋长希克迈特·谢哈比中将(1984年3月上任)。副总参谋长阿里·阿斯兰中将(1984年7月上任)。副总参谋长哈桑·图克马尼少将(1987年1月上任)。海军司令苏布哈·哈达德海军少将。特种部队司令阿里·海达尔将军(1984年3月上任)。空军司令穆罕默德·扈利将军。总统卫队指挥阿德南·马赫卢夫(1984年3月上任)。

武装力量　**兵力**　现役部队40.4万人。

陆军　30万人。编有2个军部、5个装甲师、3个机械化师、1个特种部队师、4个独立机械化步兵旅、2个独立炮兵旅、8个独立特种团、3个地地导弹旅、1个海防岸舰导弹旅、1个海防师(含3个海防旅)、1个边防旅、2个独立防坦克团。

主战坦克:4350辆,其中T－54、T－55型2050辆、T－62M/K型1000辆、T－72、T－72M型1300辆。装甲侦察车:БРДМ－2型500辆。步兵战车:БМП－1型2250辆。装甲输送车:БТР－40、БТР－50、БТР－60、БТР－152和OT－64型1500辆。牵引炮:约2000门,其中122毫米750门、130毫米650门、152毫米50门、180毫米10门。自行炮:186门,其中122毫米136门、152毫米50门。火箭炮:122毫米280门。迫击

炮:82毫米、120毫米、160毫米和240毫米约500门。反坦克导弹:AT—3"耐火箱"700具、AT—4"塞子"200具、"米兰"200具。高炮:23毫米800门、37毫米300门、57毫米685门、100毫米若干门。地地导弹发射架:FROG—7型18部、SS—21型约18部、"飞毛腿"B/C型38部。地空导弹:SA—13型20部、SA—7和SA—9型若干部。

海军　约0.4万人(包括海军陆战队和海军航空兵)。

潜艇:苏制R级常规动力鱼雷攻击潜艇3艘。护卫舰:别佳Ⅱ级小型护卫舰2艘。海岸巡逻作战舰艇:25艘(苏制导弹快艇16艘、苏制巡逻艇9艘)。扫雷舰:9艘(苏制T—43级1艘、苏制索尼亚级1艘、苏制瓦尼亚级2艘、苏制叶夫根尼亚级5艘)。两栖舰艇:3艘。

海军航空兵装备武装直升机17架(米—14型12架、KA—25型5架)。

空军　4万人。编有10个攻击战斗机中队、18个战斗机中队。

作战飞机651架,武装直升机100架。

攻击战斗机:苏—24型22架、苏—22型70架、苏—20型20架、米格—23型60架。战斗机:米格—21型172架、米格—23型80架、米格—25型30架、米格—29型30架。侦察机:米格—25型6架。电子战机:米—8型10架。运输机:安—12型6架、安—24型4架、安—26型5架、伊尔—76型4架、雅克—40型7架、"猎鹰"20型2架。攻击直升机:米—25型50架、SA—342L型50架。运输直升机:米—2型10架、米—6型10架、米—8型130架、米—17型40架。反潜直升机:KA—25型4架、米—14型20架。教练机:拉—39型90架、拉—29型10架、MBB—223型20架、米格—21型50架、米格—23型16架、米格—25型5架。空空导弹:AA—2、AA—6、AA—7、AA—8、AA—10等若干枚。空地导弹:AT—2"蝇拍"式、AS—7、AS—12、"霍特"式若干枚。

防空部队　约6万人。编有22个防空旅、2个地空导弹团。地空导弹:SA—2和SA—3约392部、SA—6约200部、SA—5和SA—8约108部。

预备役部队　40万人,其中陆军39.2万人(编有9个机械化旅),海军8000人。

准军事部队　宪兵队8000人;国民卫队1万人;巴勒斯坦解放军4500人,编有2个旅,装备有T—54、T—55型主战坦克90辆,以及火箭炮、榴弹炮、AT—3"耐火箱"反坦克导弹、SA—7地空导弹等。

军事基地10余处,其中陆军坦克基地有凯塔纳,海军基地有拉塔基亚、塔尔图斯、米奈特、贝达等,空军基地有阿勒颇、大马士革、杜马、里萨法、迈扎等。

兵役制度　实行义务兵役制,士兵服役期30个月。预备役的服役年限为45岁。

驻外兵力　驻黎巴嫩3至4万人,编有1个军部、1个装甲旅、2个机械化旅、1个步兵旅、8个特种部队团、2个炮兵旅。驻黎叙军的司令部设在黎叙边界上的杰迪达亚布斯镇,部队主要分布在黎北部、东部和贝鲁特地区。

外国驻军　由澳大利亚、加拿大、芬兰和波兰等国参加的联合国维持和平部队约1300人;苏联军事顾问约1800人。

(刘国君)

也　门

国　　名　也门共和国。

(1990年5月22日阿拉伯也门共和国和也门民主人民共和国实现了统一,建立了也门共和国。现其武装力量正在重新组建,已知空军和防空部队已合归为一个指挥部统一领导,海军已集结于亚丁,其他情况尚不清楚。)

主要统计　面积336869平方公里。人口1150万人(其中,13～17岁男53.82万人,女53.24万人;18～22岁男47.36万人,女46.99万人;23～32岁男72.54万人,女73.2万人)。国内生产总值957.5亿里亚尔,合79.8亿美元(1990年估计)。国防费127亿里亚尔,合10.6亿美元(1991年国防预算)。发电量13.3亿度(1988年)。原油7400万桶(1988年)。粮食94.9万吨(1989年)。海运能力,商船(载重100吨以上)33艘、总载重量41.96万吨(1989年)。民航能力,固定航班机场13处、客运量6.845亿人公里、货运量6200万吨公里(1990年)。

领导人物　国防部长海赛姆·加西姆·塔希尔准将(1991年上任)。总参谋长阿卜杜拉·侯赛因·巴希尔(1991年上任)。

武装力量 **兵力** 现役部队6.5万人。

陆军 6万人。编有9个装甲旅、19个步兵旅、5个机械化旅、2个特种兵旅、5个空降突击队旅、7个炮兵旅、2个地地导弹旅。

坦克:T－34型250辆、T－54和T－55型725辆、T－62型250辆、M－60A1型50辆。装甲侦察车:AML－90型125辆、AML－245型60辆、БРДМ－2型150辆。步兵战车:БМП－1/2型300辆。装甲输送车:M－113型70辆、БТР－40/－60/－152型600辆。牵引炮:85毫米100门、105毫米35门、122毫米270门、130毫米90门、152毫米40门、155毫米12门。自行炮:85毫米20门、100毫米70门。火箭炮:122毫米290门、132毫米50门、140毫米30门、240毫米35门。迫击炮:81毫米250门、82毫米和120毫米共110门。160毫米100门。地地导弹:"飞毛腿"6部、SS－21型17部、FROG－7型12部。反坦克导弹:"陶"式12具、"龙"式24具、"耐火箱"AT－3式若干具。火箭筒:66毫米若干具。无坐力炮:75、82毫米若干门。反坦克炮:100毫米40门。高炮:20毫米72门、23毫米200门、37毫米200门、57毫米120门。地空导弹:SA－7、SA－9若干部。

海军 约3000人。

轻型护卫舰:"Tarantul"级2艘。导弹攻击快艇:"黄蜂"级6艘。海岸巡逻艇:19艘。扫雷舰艇:6艘,其中苏制"娜佳"级1艘、苏制"叶夫根尼亚"级5艘。登陆舰艇:苏制"蟾蜍"级1艘、苏制"北方"级2艘、苏制"Ondatra"级2艘。支援和杂务船1艘。

空军 2000人。编有4个攻击战斗机中队、4个战斗机中队、12个地空导弹连。作战飞机101架、武装直升机20架。

攻击战斗机:F－5E型11架、苏－20/－22型37架。战斗机:米格－21型47架。运输机:安－12型3架、安－24型1架、安－26型10架、C－130H型2架、C－47型4架、"双水獭"3架、F－27型2架、"空中货车"3M型2架。直升机:AB－212型5架、AB－214型2架、米－8型40架、米－24/－35型(攻击)20架。教练机:F－5B型3架、米格－21型3架。空地导弹:SA－7、SA－9、AT－2、AT－6若干枚。空空导弹:AA－2"环礁"、AIM－9"响尾蛇"若干枚。地空导弹:SA－2、SA－3、SA－6若干部。

预备役部队 约4万人。

准军事部队 4万人,其中国家安全部队2万人、部族部队至少2万人。

兵役制度 实行义务兵役制,服役期2年。

(刘桂兰)

伊 拉 克

国　　名 伊拉克共和国。

主要统计 面积438446平方公里。人口1985.46万人(其中,13～17岁男116.91万人,女111.74万人;18～22岁男94.54万人,女90.75万人;23～32岁男140.87万人,女135.4万人)。国内生产总值196.6亿第纳尔,合407.8亿美元(1990年估计)。国防费41.5亿第纳尔,合86.1亿美元(1990年)。原油10.55亿桶(1989年)。天然气61亿立方米(1989年)。发电量234.5亿度(1988年)。粮食137.1万吨(1989年)。海运能力,商船(载重100吨以上)141艘、总载重量181.27万吨(1989年)。民航能力,固定航班机场3处,客运量15.7亿人公里,货运量5460万吨公里(1990年)。

国防体制 伊拉克革命指挥委员会的主席为共和国总统和武装力量总司令。伊拉克复兴社会党地区领导机构军事局是国家最高军事决策机关,它在武装力量总司令的领导下工作,负责制定国防政策、战略方针等重大事宜。国防部是最高军事行政机关。总参谋部是最高军事指挥机构。国防部和总参谋部在武装力量总司令和军事局的领导下各负其责。武装力量由正规军、预备役和准军事部队组成。正规军分陆、海、空三个军种。全国分3个军区:第1、第2、第3军区,亦称北部、中部、南部军区。

领导人物 革命指挥委员会主席、总统兼武装力量总司令萨达姆·侯赛因(1979年7月上任)。革命委员会副主席兼武装力量副总司令易卜拉欣(1991年初上任)。总统军事顾问萨阿迪·图马·阿巴斯(1991年4月6日上任)。国防部长阿里·哈桑·马吉德上将(1991年11月上任)。总参谋长侯赛因·拉希德上将(1990年11月上任),共和国卫队司令侯赛因·拉希德。

武装力量 **兵力** 现役部队 38.25 万人。

陆军 35 万人。编有 7 个军部、24 个装甲师、机械化师和步兵师、4 个共和国卫队师、20 余个特种作战旅。

(伊陆军在海湾战争中损失严重,无法对现有武器按每个型号列出其数量。伊军共损失坦克 3000 辆,装甲输送车 1860 辆,各型火炮 2140 门。)

主战坦克:约 2300 辆,包括 T—54、T—55 和 M—77 型、T—62 型、T—72 型、M—47、M—60 及 MK3/5 型等。装甲侦察车:约 1500 辆,其中有 БРДМ—2 型、EE—9 型、EE—3 型、AML—90、AML—60 型等。步兵战车:БМП 型约 900 辆。装甲输送车:约 2000 辆,其中有 БТР—50、БТР—60、БТР—152、M—113A1/A2、EE—11"蝰蛇"、OT—62、OT—64 型等。牵引炮:约 1000 门,口径有 105 毫米、122 毫米、130 毫米、155 毫米等。自行炮:122 毫米、152 毫米、155 毫米若干门。火箭炮:约 250 门,口径有 107 毫米、122 毫米、127 毫米、132 毫米等。迫击炮:81 毫米、120 毫米、160 毫米和 240 毫米若干门。反坦克导弹:AT—3"耐火箱"、AT—4"塞子"、SS—11、"米兰"、"霍特"等若干具。无坐力炮:73 毫米、82 毫米和 107 毫米若干门。反坦克炮:85 毫米、100 毫米若干门。地地导弹:6 个活动发射装置、32 个固定发射装置、"飞毛腿"导弹若干枚,"侯赛因"导弹 51 枚(根据联合国 1991 年 4 月 5 日通过的 687 号海湾正式停火决议,伊拉克必须销毁射程超过 150 公里的弹道导弹)。

直升机:约 450 架,包括武装直升机 120 架,其中有 BO—105 型(装备 AS—11 或"霍特"式反坦克导弹)、米—24"雌鹿"式、SA—316 型(装备 AS—12 反坦克导弹)、SA—321"超级黄蜂"式(部分安装 AM—38"飞鱼"式导弹)、SA—342 等。运输直升机:330 架,其中有米—6、米—4、米—8、米—17、AS—61、SA—330、贝尔 214ST、AB—212、BK—117、休斯 300 型等。高炮:3200 门,口径有 23 毫米、37 毫米、57 毫米、85 毫米、100 毫米和 130 毫米。地空导弹:SA—6、SA—7、SA—8、SA—9、SA—14 和"罗兰"等若干部。

海军 0.25 万人。

护卫舰:5 艘,其中"狼"级 4 艘(安装携空地导弹的 AB—212 型直升机 1 架、"奥托马特"舰对舰导弹 8 枚及机枪等,另一艘估为教练舰)、海岸巡逻艇:6 艘,为轻型护卫舰。支援舰:1 艘。

空军 3 万人(包括 1.5 万人防空部队)。编有 2 个轰炸机中队、22 个强击机中队、17 个战斗机中队、1 个侦察机中队、2 个运输机中队。作战飞机约 250 架(伊空军在海湾战争中损失严重:35 架战斗机在空战中被击落,100 余架在地面被摧毁,115 架飞往伊朗。这些飞机均未统计在内)。

轰炸机:6 架,有 H—6D、图—16 和图—22 型。强击机:约 130 架,有米格—23、"幻影"、苏—7、苏—20、苏—24、苏—25 型等。战斗机:125 架,有米格—25、米格—21、"幻影"、米格—29 型等。预警机:伊尔—76 型等。侦察机:米格—21、米格—25 等。运输机:安—2、安—12、安—24、安—26、伊尔—76 型等。教练机:L—39 型约 30 架、L—29 型约 20 架、PC—9 型约 30 架,以及 AS—202、EMB—312、MB—233、"幻影"和 PC—7 型等若干架。空空导弹:R—530、R—550 型、AA—2、AA—6、AA—7、AA—8 型若干枚。空地导弹:AS—30、AM—39"飞鱼"、C—601、AS—11、AS—12、AS—4"厨房"、AS—5"鲑鱼"等若干枚。

预备役部队 人民军约 85 万人。

准军事部队 边防卫队若干人、保安部队 4800 人。

军事基地 海军基地有巴士拉、乌姆卡斯尔;空军基地有哈巴尼亚、基尔库克、摩苏尔、提克里特、舒也巴。

兵役制度 实行义务兵役制,士兵服役期 21～24 个月。

外国驻军 根据 1991 年 4 月 11 日联合国决议,组建伊科边界联合国维持和平部队,由来自 33 个国家的 1440 人参加,其中 300 名军事观察员和 680 名步兵等,于 1991 年 4 月进驻伊科边界非军事区。

(周 洁)

伊 朗

国 名 伊朗伊斯兰共和国。

主要统计 面积 1645000 平方公里。人口 5376.64 万人(其中,13～17 岁男 307.82 万人,女 288.42万人;18～22 岁男 265.86 万人,女252.78万

人;23～32岁男418.24万人,女405.11万人)。国内生产总值345900亿里亚尔,合594.9亿美元(1990年)。国防费12000亿里亚尔,合37.7亿美元(1991年国防预算)。粗钢108万吨(1989年)。原煤126万吨(1988年)。原油10.77亿桶(1989年)。天然气222亿立方米(1989年)。发电量387.7亿度(1988年)。粮食967.7万吨(1989年)。海运能力,商船(载重100吨以上)386艘、总载重量868.53万吨(1989年)。民航能力,固定航班机场24处、客运量45.25亿人公里、货运量9200万吨公里(1990年)。

国防体制 伊朗宪法规定政教统一,宗教领袖为武装力量总司令。最高国防委员会是领袖领导下的军事决策机关,成员有总统、国防部长、总参谋长、革命卫队司令以及领袖的两名代表组成。武装力量主要由正规军、革命卫队和准军事部队组成。正规军分陆、海、空三个军种。革命卫队由地面部队、海上部队、陆战队和航空部队组成。1989年7月正规军和革命卫队合并,组成松散的联合。

领导人物 宗教领袖、武装力量总司令兼最高国防委员会主席霍贾特伊斯兰·赛义德·阿里·哈梅内伊(1989年6月上任)。总统兼武装力量代总司令拉夫桑贾尼(1989年8月上任)。国防部长阿克巴尔·托坎(1989年8月上任)。总参谋长赛义德·哈桑·费鲁茨·阿巴迪准将。陆军司令阿卜杜拉·纳贾菲准将(1991年5月上任)。空军司令曼苏尔·萨塔里准将(1989年9月上任)。海军司令穆罕默德·侯赛因·马立利-扎德甘海军准将(1989年9月上任)。革命卫队总参谋长阿里-礼萨·阿夫沙尔(1989年9月上任)。革命卫队司令穆赫辛·雷扎耶(1989年9月上任)。卫队陆军司令穆斯塔法·伊扎迪准将。卫队空军司令穆罕默德·侯赛因·贾拉利(1992年1月20日上任)。宗教领袖在最高国防委员会中的代表是艾哈迈德·霍梅尼和哈桑·鲁哈尼(1988年8月上任)。

武装力量 **兵力** 现役部队52.8万人。

陆军 30.5万人。编有3个军、4个装甲师、7个步兵师、1个空降旅、1个特种部队师、若干独立装甲旅和步兵旅、5个炮群。

主战坦克:约700辆,其中有T－59、T－54、T－55、T－62、T－72型、M－47、M－48型、M－60A1型和MK－3/－5型等。轻型坦克:"蝎子"40辆。装甲侦察车:"响尾蛇"130辆。步兵战车:БМП－1型150余辆。装甲输送车:约600辆,有БТР－50、БТР－60和M－113型。牵引炮:105毫米和122毫米若干门、130毫米200门、155毫米248门、203毫米约30门。自行炮:155毫米约95门、175毫米30门、203毫米10门。火箭炮:107毫米40门、122毫米65门、230毫米、333毫米和355毫米若干门。迫击炮:120毫米3000门、81毫米和107毫米若干门。反坦克导弹:"安塔克"、SS－11、SS－12、"陶"式和AF－3"耐火箱"若干具。地地导弹:"飞毛腿"若干枚。无坐力炮:57毫米若干门。高炮:共1500门,其中35毫米92门、23毫米、37毫米和57毫米若干门。地空导弹:SA－7和HN－5型若干部。飞机:色斯纳40余架、F－27型2架、"猎鹰"20型2架、PC－6型15架、"空中指挥官"式5架。直升机:AH－1J型100架、CH－47C型31架、贝尔214A型100架、AB－205A型20架、AB－206型50架。

海军 1.8万人(包括海军陆战队和海军航空兵)。主要作战舰艇:8艘,其中驱逐舰3艘、护卫舰5艘("沃斯珀"MK－5型3艘、PF－103型小型护卫舰2艘)。海岸作战舰只:29艘,其中"石弩"级导弹快艇10艘、海岸巡逻艇19艘。扫雷艇:3艘。登陆艇:10艘。布雷舰:3艘。支援及其他舰只:13艘。

海军航空兵装备武装直升机9架,即反潜机SH－3D型3架、AB－212型6架。扫雷机:RH－53D型机2架。运输机:"空中指挥官"4架、F－27型4架、"猎鹰"20型1架、AB－205型和AB－206型机若干架。

陆战队3个营。

空军 3.5万人。编有8个攻击战斗机中队、5个战斗机中队、1个侦察机中队、1个加油兼运输机中队、5个运输机中队、12个地空导弹营和5个地空导弹中队。作战飞机约213架。攻击战斗机:120架,其中F－4D/E型60架、F－5E/F型60架。战斗机:80架,其中F－14型60架、米格－29型20架。侦察机:8架,其中RF－5型5架、RF－4E型3架。加油兼运输机:波音707型4架。运输机:波音747F型9架、波音707型11架、波音727型1架、C－130型约20架、F－27型9架、"空中指挥官"690型3架、"猎鹰"20型2架。直升机:AB－206A型2架、贝尔－214C型39架、CH－47型5架。教练机:"山毛榉"26架、T－33型7架、PC－7型45架、EMB－312型40架。地空导弹:"霍克"改进型30部、"轻剑"30部、"山猫"25部、SA－5型若干部、其他35部。空空导弹:AIM－54"不死鸟"、"响尾蛇"、"麻雀"若干枚。空地导弹:"小牛"若干枚。

革命卫队 地面卫队:约15万人。编有11个军区、24个步兵师、4个装甲师及若干独立营,包括步兵、装甲兵、特种部队、炮兵、防空和边防等兵种。编制松散,以营为基本建制,每营人数不定。

海上卫队:约2万人。装备有40艘瑞典造小艇,艇上安装反坦克导弹和机枪,据称还装有意大利制舰舰导弹，另有一些海岸防御分队、炮兵分队和导弹。

海上陆战卫队：据悉有3个旅。

空中卫队：装备有飞机70架。

预备役部队 陆军35万人。

准军事部队 "民众动员军"，参加者多为青年，战时曾高达100万人，编成500个营，每营300～350人，分为3个连；宪兵：4.5万人（包括边防部队）。

兵役制度 实行义务兵役制，士兵服役期24个月。

驻外兵力 革命卫队驻黎巴嫩450至1000人，驻苏丹2000人。

（周 洁）

以色列

国　　名 以色列国。

主要统计 面积20700平方公里（此系1948年巴勒斯坦战争后以色列实际控制的面积。1947年联合国分治决议规定以色列的面积为14000平方公里。1967年"六·五"战争后，以色列又侵占了约旦河西岸、加沙地区、戈兰高地和耶路撒冷阿拉伯区约7000余平方公里的土地，至今未撤，使其实际控制面积达28000平方公里）。人口482.2万人（其中，13～17岁男24.43万人，女23.3万人；18～22岁男22.16万人，女21.03万人；23～32岁男37.77万人，女35.65万人）。国内生产总值1032.7亿新谢克尔，合512.2亿美元（1990年）。国防费124.27亿新谢克尔，合61.6亿美元（1990年国防预算）。原煤339.7万吨（1987年）。原油10万桶（1989年）。天然气0.4亿立方米（1989年）。发电量195.6亿度（1988年）。粮食23.2万吨（1989年）。海运能力，商船（载重100吨以上）58艘、总载重量58.6万吨（1989年）。民航能力，固定航班机场6处、客运量77.19亿人公里、货运量8.985亿吨公里（1990年）。

国防体制 总理为武装力量最高统帅。最高军事决策机构为国防委员会，成员有总统、总理以及国防、外交、内政、财政、交通、邮电部部长和总参谋长等，由总理兼任主席。战时，则成立以总理为首的战时内阁，成员有国防、外交、财政、交通和邮电等部部长。国防部为政府中的一个部，是最高军事行政机关，部长由文官担任，平时负责兵力的动员、国防预算、国防科研与军工生产、军队规章制度的颁布等军事行政和技术业务；战时可行使总司令职权。武装力量由正规部队和准军事部队组成，正规部队分陆、海、空三个军种。最高军事指挥机构为总参谋部，总参谋长为最高军事指挥官，在总理领导下通过三个军区司令部、两个军种司令部及其所属的14个兵种司令部对全军实施指挥。

领导人物 总理兼国防委员会主席、武装力量最高统帅伊扎克·沙米尔（1987年10月20日上任）。国防部长摩西·阿伦斯（1990年6月11日上任）。总参谋长艾胡德·巴拉克少将（1991年4月1日上任）。副总参谋长兼作战部长艾姆努恩·沙哈克少将（1991年春上任）。海军司令米哈·拉姆少将（1989年2月1日上任）。空军司令海莰勒·布丁格少将（1992年1月1日上任）。

武装力量 **兵力** 现役部队14.1万人。

陆军 10.4万人（动员后可达59.8万人）。编有2个军部、3个装甲师、3个步兵师部（边防）、5个机械化步兵旅、4个营。

坦克："百人队长"1080辆、M—48A5型550辆、M—60/A1型1000辆、M—60A3型600辆、T—54/—55型488辆、T—62型110辆、"战车"Ⅰ/Ⅱ/Ⅲ型660辆。装甲侦察车："拉姆塔"RBY、M—2/—3、БРДМ—2等型共约400辆。装甲输送车：M—113A1/A2型5900辆、"纳格马肖特"约80辆、БТР—50П型若干辆、M—2/—3型4400辆。牵引炮：105毫米70门、122毫米100门、130毫米109门、155毫米300门。自行炮：105毫米35门、155毫米630门、175毫米140门、203毫米36门。火箭炮：122毫米、160毫米、240毫米、290毫米若干门。迫击炮：81毫米、160毫米若干门、120毫米约250门。地地导弹："长矛"12具、"杰里科"1/2型若干具。反坦克导弹："陶"式、"龙"式、AT—3"耐火箱"、"马帕莰"等若干具。火箭筒：82毫米若干具。无坐力炮：84毫米若干门、106毫米250门。高炮：20毫米850门、23毫米60门、37毫米、40毫米等若干门。地空导弹："红眼睛"若干部。

海军 0.9万人（动员后可达1万人）。

潜艇："盖尔"级3艘。导弹攻击快艇："阿利亚"级2艘、"罗马"级3艘、"雷谢夫"级8艘、"米夫塔奇"/"萨尔"级6艘、"西姆雷特"（弗拉格斯塔夫）级2艘、

“德沃拉”级1艘。巡逻艇:43艘。登陆艇:7艘。

陆战队　300人。

空军　2.8万人(动员后可达3.7万人)。编有1个联队、20个中队、19个防空导弹连。作战飞机591架,武装直升机94架。

攻击战斗机兼战斗机:F-4E型112架、F-15A型20架、F-15B型2架、F-15C型18架、F-15D型7架、F-16A型57架、F-16B型7架、F-16C型59架、F-16D型26架、“幼狮”C2/C7型95架。攻击战斗机:A-4H/N型121架。侦察机:RF-4E型14架。空中预警机:E-2C型4架。电子战机:波音707型6架、C-130H型1架、EV-1E型2架、IAI-201型4架、RC-12D型4架、RC-21D型6架、RU-21A型3架。海上侦察机:IAI-1124“海上扫描”5架。加油机:波音-707型5架、KC-130H型2架。联络机:“岛民”型4架、色斯纳U-206型41架、色斯纳172型2架、色斯纳180型2架、Do-27型6架、Do-28D型9架、“空中女王”80型12架。教练机:色斯纳152型6架、CM-170“画眉”80架、F-4E型16架、“幼狮”TC-2/7型5架、“超级幼熊”式35架、TA-4H型20架、TA-4J型7架。运输机:波音707型3架、C-47型19架、C-130H型24架、IAI-201型10架、IAI-1124型3架。攻击直升机:AH-1G/S型40架、休斯500MD型35架、AH-64A型19架。直升机:141架。地空导弹:“霍克”改进型若干部。空地导弹:“小牛”等若干枚。空空导弹:“麻雀”、“响尾蛇”等若干枚。

预备役部队　50.4万人,其中陆军49.4万人(编有10个师、14个旅),海军0.1万人,空军0.9万人。

准军事部队　边防警察0.6万人,装备有“瓦利德”型装甲输送车600辆、БТР-152型装甲输送车若干辆;海岸警卫队若干人,装备舰船4艘。

军事基地　海军基地3处(海法、阿什杜德、埃拉特)。

兵役制度　实行义务兵役制,军官服役期4年;士兵服役期男性3年,女性2年。此后作为预备役人员每年进行训练,男性直至54岁,女性至24岁。

军衔　军官分3等9级,即将官3级(中将、少将、准将)、校官3级(上校、中校、少校)、尉官3级(上尉、中尉、少尉)。

驻外兵力　派往埃塞俄比亚专家和技术人员125名。

(张令钟)

印　度

国　名　印度共和国。

主要统计　面积297.47万平方公里。人口8.5796亿人(其中,13～17岁男4837.9万人,女4581.48万人;18～22岁男4393.1万人,女4016.97万人;23～32岁男7083.46万人,女6481.19万人)。国内生产总值49590亿卢比,合2833.1亿美元(1990年估计)。国防费1685亿卢比,约合89.6亿美元(1991年国防预算,国防修正预算则减少了50亿卢比,为1635亿卢比)。粗钢1443万吨(1989年)。原煤19756.5万吨(1988年)。原油2.56亿桶(1989年)。天然气106.2亿立方米(1989年)。发电量2378亿度(1988年)。粮食19251.6万吨(1989年)。海运能力,商船(载重100吨以上)834艘,总载重量1020.69万吨(1989年)。民航能力,固定航班机场99处、客运量180.12亿人公里、货运量67260万吨公里(1990年)。

国防政策　1991年6月,国大党受命组成以纳拉辛哈·拉奥为首的少数党政府。1989年和1991年的两次大选结果表明,印度政治格局正发生重大变化,国大党一党统治的局面已经让位于多种政治力量依存的格局。这种多党角逐的局面不仅是印度当今政坛的一大特点,而且对印度的内外政策产生了重大的影响。随着苏联的解体和美国对印度与巴基斯坦两国政策的变化,印度调整其国防政策,逐步摆脱对原苏联的依赖,加强同西方特别是美国的军事合作关系,同时注意缓和与周边各国的关系,近期争取做一个“区域性超级大国”,将来发展成为一个“世界军事强国”,并在国际新秩序中扮演一个“与其大国地位相适应”的角色。在这种思想指导下,印度继续奉行保持高额军费、提高军队质量、相对稳定数量、加强武器装备研制、加速国防现代化建设的国防政策。

在军队建设方面,1991～1992年度,印度实际军费比上一年度虽有所下降,但仍维持在一个较高的水平。随着苏制武器装备特别是武器零配件的供应日趋紧张,印度更加强调仿制和自制武器,以尽快摆脱在武器装备供应上长期受制于人的状况,走自力更生发展国防的道路。

在国防工业方面，印度着眼于发展国防潜力，实行寓军于民、以民养军、相互促进的方针，以较少的投资获取较大的效益。主要强调两个方面，一是大力发展军民结合、以军为主的国防国营企业，二是积极发展以民为主、军民兼顾的工业(如核能和航天工业)。

军事战略 在立足南亚、称雄印度洋、争当世界军事强国的思想指导下，印度推行"地区性有限威慑"的军事战略。依据这种战略，印度平时把45%左右的陆、空兵力部署在西部边境，突出"进攻态势"的特点；把25%左右的兵力部署在北部边境，保护其"既得利益"；把30%的兵力部署在纵深地区，作为战略预备队和内部治安力量。海军在沿海部署东、西两支舰队，活跃于孟加拉湾和阿拉伯海，重点放在西部，对付与其利益相冲突的国家并保护自己的海上经济利益和石油通道。空军重点部署在西部和首都附近。

在"地区性有限威慑"的军事战略指导下，印度的作战原则不断完善和发展，其特点是：

1. 强调快速闪击、速战速决。印军认为，现代常规战争利在快速，弊在胶着。在主要作战方向上要集中优势兵力，先敌发起进攻，在战争初期最大限度地使用一切力量，全力突破，在较短的时间内消灭敌战略、战役第一梯队，速战速决，力求一次战争决定胜负。

2. 强调实施机械化、大纵深、立体式的进攻。随着机械化程度的不断提高，印军日益重视在平原地区采取由武装直升机与机械化部队结为一体、大纵深突入和立体推进的作战方式。

3. 强调全面夺取空中优势，掌握战区主动权。印度防务专家认为，在情况复杂的现代战争中，空军的运用将是决定战争胜负的重要因素。地面作战固然主要取决于机械化大兵团的运用，但若无空军强有力的支援，就不可能取得战场的主动权，因此也就无法在短期内取得胜利。所以，必须充分发挥空军高度机动灵活和强大的攻击能力。在山地作战中，空军尤其显得重要。

4. 强调诸军、兵种协同作战。印军要求诸军、兵种在战争全过程中进行密切协同，特别注重陆、空协同作战。印军规定，在通常情况下，应根据步兵的任务来组织其他军、兵种的行动。在强调陆、空联合作战的同时，也注重步、炮、坦诸兵种的协同作战。

国防体制 印度宪法规定总统为武装力量最高统帅。最高决策机构为内阁政治事务委员会，成员有国防、内政、财政等主要内阁部长，由总理任主席。三军参谋长、国防秘书和财政顾问等可视情列席会议。国防咨询机构有国防部长委员会、国防部长生产与供应委员会、国防研究与发展委员会、国防计划委员会等。除国防计划委员会由内阁秘书任主席外，其余委员会均由国防部长任主席，并吸收国务部长、三军参谋长、国防秘书、国防财政顾问和有关单位负责人参加，负责制定有关政策及其落实与检查。国防部长委员会负责制定和提出有关三军建设和民防、空防、边防和海防政策，提出有关作战、情报和国家安全等问题的咨询意见。该委员会下设国防电子、首席人事官、首席供应官和参谋长等委员会。参谋长委员会由三军参谋长组成，由其中任职最长的委员任主席，负责在职权范围内就重大国际问题向国防部长委员会提出报告。参谋长委员会下设10个分委员会，由三军参谋军官联合组成，轮流任主席，分别处理有关三军联合作战、计划、训练、通信、情报、电子战、装备政策与国防计划等方面的咨询事务。国防部长是最高军事行政长官，由两名国防国务部长协助工作。国防部下设国防局、国防生产与供应局和国防科研局等3个常设办事机构(均由国防秘书任局长)，以及财政顾问处(由财政部派出的国防财政顾问任领导)和国防计划协调与执行委员会(由国防秘书任主席)。

印度的武装力量由正规军、准军事部队和后备力量组成。正规军分陆、海、空三个军种。三军没有统一的作战指挥机构。总统通过内阁总理及其领导下的内阁政治事务委员会对全国武装力量实施领导。三军统一作战指挥权平时直属内阁总理，通过内阁秘书处和国防部行使；战时通常授权主要军种参谋长实施统一指挥。军种司令部为各军种最高作战指挥与行政管理机构，最高领导人为军种参谋长，配有三名副参谋长协助工作，分别负责第一和第二参谋局的作战指挥与兵种领导业务以及军兵种作战协调等工作。军种参谋长通过所属军区司令部对部队实施战区作战指挥与控制。除地区司令部外，陆军还设训练司令部，空军也设有训练和保养两个专业司令部，海军的南部海军司令部履行海军训练司令部的职能，负责全部海军水面和水下训练舰艇的指挥与控制，并主管海军人员的基础训练与专业训练工作。驻果阿的海军航空兵司令部主管海军航空兵的训练等工作。驻维沙卡帕特南的海军潜艇司令部负责海军潜艇的训练等工作。

领导人物 总统兼武装力量最高统帅拉瓦斯瓦米·文卡塔拉曼(1987年7月25日上任)。总理纳拉辛哈·拉奥(1991年6月21日上任)。国防部长初由拉奥兼任，后由沙拉德·帕瓦尔接任(1991年6月26日)。陆军参谋长S·F·罗德里格斯上将(1990年7月1日上任)。海军参谋长L·拉姆达斯上将(1990年11月30日上任)。空军参谋长N·C·苏里上将(1991年7月31日上任)。

武装力量 **兵力** 现役部队126.5万人。

陆军 110万人。编有5个军区(相当于集团军)、11个军部和34个师(2个装甲师、1个机械化师、20个步兵师、11个山地师)以及24个独立旅、5个防空旅、4个工兵旅,共有56个坦克团(营)、25个机械化步兵营、332个步兵营、9个伞兵/突击营、8个陆军航空兵中队辖32个分队、190个炮团(营)(其中包括1个重炮团、5个火箭炮团、50个中型炮团、39个山炮团和69个野炮团)、29个高炮团、10个地空导弹大队、7个校射中队、25个空中观察分队、4个联络直升机中队、6个反坦克直升机中队。

坦克:3200辆,其中"常胜者"1700辆、T—72型900辆、T—55型500辆、PT—76型100辆。步兵战车:БМП—1和БМП—2型800辆。装甲输送车:OT—62型和OT—64型400辆、БТР—60型50辆。牵引炮:4310门,其中75/76毫米1115门、88毫米1000门(即将退役)、100毫米185门、105毫米900门、130毫米550门、140毫米150门(即将退役)、155毫米410门。自行炮:105毫米80门、130毫米100门。火箭炮:122毫米80门。迫击炮:120毫米1000门、160毫米200门。无坐力炮:106毫米1000门。高炮:2750门,其中23毫米215门、40毫米2035门、94毫米500门。地空导弹:SA—6型26部、SA—7型620部、SA—9A/B型20部、SA—13和SA—16若干部、"山猫"25部。直升机:120架。

海军 5.5万人(含海军航空兵和海军陆战队)。编有3个地区司令部、东部和西部2个舰队、33个舰艇中队以及14个航空兵中队。装备各型舰艇140余艘,其中轻型航母2艘、潜艇17艘、护卫舰21艘、驱逐舰5艘以及导弹艇、巡逻艇、扫雷艇、登陆艇等作战舰只40艘,还有支援舰只若干艘。

海军航空兵5000余人,编有1个攻击机中队、6个反潜直升机中队、2个海上侦察机中队、1个通信机中队、1个搜索救援直升机中队、2个教练机中队,装备有作战飞机46架、武装直升机75架。

海军陆战队是按美国"海豹"队的模式组建的,目前骨干力量有600人,编有3个分队,每个分队200人,分别驻扎在印度南部的3个地区。此外,该部队还拥有1200名两栖登陆队员。海军陆战队是印度各特种作战部队中战斗力较强且适应性较好的部队,曾大量地参与印度驻斯里兰卡维持和平部队的行动。印军计划将该部队的骨干力量(不包括两栖登陆部队)由目前的3个分队扩展至10个分队,每个分队仍编200人。

空军 11万人。编有5个地区司令部和空军训练、空军保养2个专业司令部,辖45个联队(飞行联队39个、导弹联队6个)、90个中队,装备各型飞机1225架(其中作战飞机630架),直升机200架(其中武装直升机36架)。计有1个轻型轰炸机中队(9架"堪培拉"),26个攻击战斗机中队(80架"美洲虎"、112架米格—21、54架米格—23、56架米格—27),17个战斗机中队(182架米格—21、26架米格—23、54架米格—29、36架"幻影2000"),2个攻击直升机中队(18架米—25、18架米—35),3个侦察机中队(8架"堪培拉"、6架米格—25、4架HS—748),12个运输机中队(15架安—12、108架安—32、16架BAe—748、30架Do—228、24架伊尔—76),11个运输直升机中队(80架米—8、50架米—17、10架米—26),1个专机中队(2架波音707、4架波音737、7架BAe),以及362架教练机、24架教练直升机、8架海上攻击机、4架海上侦察与测量机、16架联络机。此外,还编有30个地空导弹营,装备280具导弹发射架以及空地、空空导弹若干枚。

准军事部队 印度准军事部队的种类比例庞杂,驻地分散,可担负快速突击和独立机动作战任务,具有编制精干、装备轻便的特点。这些部队基本上按正规军编制,通常可分为部队、营、中队(连)、排、哨所5级。部队最高领导为总监,一般为现役中将级军官,以下各级军官一般也都是现役军官。营或中队(连)为基本的作战单位,每营根据辖区的大小辖若干个中队(连)不等,中队(连)以下为三三制编组到班。目前,印度准军事部队约有兵力60余万人,其中国防保安部队3万人,隶属国防部;拉达克侦察部队5000人,隶属国防部;边境保安部队9万人,隶属内政部;(印藏)特种边境部队1万人,隶属内政部;中央后备警察部队9万人,隶属内政部;中央工业保安部队7.1万人,隶属内政部;阿萨姆步枪队4万人,隶属内政部;印藏边境警察部队1.4万人,隶属内政部;国家安全警卫队3000人;铁路警卫队7万人,隶属铁道部;邦武装警察25万人,隶属印度各邦;国家步枪队定编1万人,正在组建中;海岸警卫队2500人,隶属国防部,主要装备舰船41艘、飞机16架、直升机4架,其主要任务是遂行海上巡逻、搜索、救援和缉私等任务。

后备力量 印度的后备力量是指不脱产的民间武装,印度称为第一线防务力量和第二线防务力量。从组织体制上讲,一线、二线防务力量组织比较松散,每年只进行短期军事集训,但受训期间,其待遇与现役官兵相同。平时,这支后备力量协助警察维持社会治安和参加抢险救灾;战时,担负民防任务或补入正规军。经费开支一般由印度中央政府和邦(中央直辖区)按一定比例分摊。第一线防务力量包括陆军预备役、空军预备役、海军志愿预备役部队。陆军预备役现有兵力30万人,海军和空军预备役兵力不详。第二线防务力量主要是民间志愿军事组织,包括国土军(又称地方军)16万人、国民学兵团112万人、民防组织52.3万人、家乡卫队45万多人和消防队若干,共有人员225万余人。

部署 陆军分5个军区,部队主要部署在印巴边境和中印边境地区。北部军区司令部设在印占克什米尔的乌达姆普尔。该军区辖2个军,其中1个军辖2个步兵师、1个山地师、1个山地旅、1个独立步兵旅、1个独立炮兵旅;另1个军辖4个步兵师、2个独立装甲旅、1个独立步兵旅和2个独立炮兵旅;可能还有2个陆军航空兵中队部署在该军区。西部军区司令部设在西姆拉西南侧的昌迪曼迪尔。该军区下辖3个军,其中1个军辖1个装甲师、1个机械化步兵师;另1个军辖2个步兵师;还有1个军辖3个步兵师;另有3个陆军航空兵中队部署在该军区。南部军区司令部设在浦那。该军区辖1个军,4个步兵师。东部军区司令部设在加尔各答。该军区辖3个军另1个陆军航空兵中队,每个军辖3个山地师。中部军区司令部设在勒克瑙。该军区下辖2个军,其中1个军辖1个装甲师和2个步兵师;另1个军辖3个步兵师。

海军按印度半岛东、西、南三面海域相应划分为东部、西部和南部3个海军地区司令部。另有海军航空兵司令部(驻地果阿)和海军潜艇司令部(驻地维沙卡帕特南)。海军部署重点在西部和东部沿海。西部海军司令部设在孟买,下辖西部舰队,编成13个舰艇中队和2个航空兵中队,拥有1艘航母,还有约占海军半数的护卫舰、驱逐舰和潜艇,其基地有孟买、果阿、拉克代夫群岛和卡尔瓦尔,在奥卡设有海军站。东部海军司令部设在维沙卡帕特南,下辖东部舰队,编成11个舰艇中队和1个航空兵中队,拥有航母1艘以及其他舰船和潜艇,其基地有维沙卡帕特南、布莱尔港,在马德拉斯和加尔各答设有海军站。南部海军司令部兼海军训练司令部的职能,司令部设在科钦,下辖3个舰艇中队和13个航空兵中队,主要基地有科钦。

空军编5个地区司令部,部署重点在西部和首都附近。

兵役制度 实行募兵制。服役期:兵15年,军士21～33年,准尉26～33年。各级军官最高服役年限:将官为60岁,校官55岁,尉官50岁。

军衔 分7等20级,即元帅1级(只在战时授予有特殊功勋的军种参谋长)、将官4级(上将、中将、少将、准将)、校官3级(上校、中校、少校)、尉官3级(上尉、中尉、少尉)、准尉3级(一级准尉、二级准尉、三级准尉)、军士3级(上士、中士、下士)、兵3级(一等兵、二等兵、三等兵)。准尉以下军衔,三军之间略有不同。

驻外兵力 主要是参加联合国观察员部队:驻安哥拉观察员6人、驻中美洲观察员22人、驻伊拉克/科威特观察员8人。

(杜　健)

印度尼西亚

国　　名 印度尼西亚共和国。

主要统计 面积1904569平方公里。人口1.822698亿人(其中,13～17岁男1064.36万人,女1019.16万人;18～22岁男960.55万人,女912.46万人;23～32岁男1467.74万人,女1479.15万人)。国内生产总值963亿美元(1990年估计)。国防费15.7亿美元(1991年国防预算)。原煤274.1万吨(1988年)。原油5.14亿桶(1989年)。天然气403.4亿立方米(1989年)。发电量370.1亿度(1988年)。粮食4989.3万吨(1989年)。海运能力,商船(载重100吨以上)1722艘、总载重量274.23万吨(1989年)。民航能力,固定航班机场134处、客运量89.4亿人公里、货运量2.887亿吨公里(1990年)。

国防政策 印尼支持把东南亚地区建设成为"和平、自由和中立区"的主张,反对任何国家以武力入侵他国领土。根据当前国际、国内形势的变化和发展,印尼赋予其武装部队的任务是:能完成保卫国家建设和领土(海)安全的低强度和中、小规模的作战任务。根据第4个国防战略计划(1989～1993年),印尼确立和平时期的建军方针是:建设一支"兵力精干、机构合理","具有高度机动和威慑能力","拥有现代化武器装备和专业人员"的军队。据此,印尼计划在今后几年内将扩展武装力量,增加军费开支,购买大批先进武器装备,大力发展国内军工生产,加强部队训练,并密切同外国的军事合作,以提高部队的现代化水平及快速反应和协同作战能力。

军事战略 实行积极的"逐岛防御"战略。即,以大岛为核心,以群岛为基地,建立内外兼顾,独立防守与机动作战相结合的防御体系,独立保卫本岛领土完整和维护社会治安。根据这一战略思想,为了加强作战指挥,提高部队快速反应能力,印尼武装部队确立其战区划分的原则是:陆军与行政区划保持一致,全国分为10个军区;海、空军将全国划分为东、西两个战区,由武装部队司令部直接指挥作战。其战略方针是:国防建设服务于国家建设,以确保海洋及领土主权和海洋经济权益为中心,突出发展海上力量,加强海上防御,全面提高海上作战能力。鉴于近年来过往南中国海和马六甲海峡的外国舰船日益增多,海上犯罪活动不断发生,为维护海洋权益和保障经济开发区的安全,印尼武装部队特别重视加强西部海区的防务力量。

国防体制 宪法规定,总统为武装力量最高统帅。实行国防与内卫合一的武装体制。国防安全部负责制定国防政策,武装部队司令部负责作战指挥。武装力量由正规军和准军事部队组成。正规军分陆、海、空三个军种。总统通过国防安全部和武装部队司令部对全国武装力量实施领导和指挥。

领导人物 总统兼武装力量最高统帅苏哈托(1968年上任)。国防安全部长本尼·穆达尼上将(1988年上任)。武装部队司令特里·苏特里斯诺上将(1988年上任)。陆军参谋长埃迪·苏德拉贾特上将(1988年上任)。海军参谋长穆罕默德·阿里芬中将(1989年上任)。空军参谋长西文中将(1990年上任)。

武装力量 **兵力** 现役部队27.8万人。

陆军 21.2万人。编有1个战略后备部队司令部和10个军区司令部。战略后备部队编有2个步兵师、3个步兵旅、3个空降兵旅、2个野战炮兵团、1个高炮团、2个工程兵营。10个军区编有65个步兵营、8个骑兵营、8个野战炮兵营、8个高炮营、8个工程兵营、1个混合航空兵中队、1个直升机中队、2个特战大队。

轻型坦克:AMX—13型约125辆、PT—76型30辆。装甲侦察车:"萨拉丁"60辆、"白鼬"45辆。装甲输送车:AMX—VCI型200辆、"萨拉逊"45辆、V—150"突击队员"200辆、"突击队员守卫者"20辆、БТР—40型140辆、БТР—50型25辆。牵引炮:76毫米若干门、105毫米170门。迫击炮:81毫米800门、120毫米75门。无坐力炮:90毫米90门、106毫米45门。高炮:20毫米125门、40毫米90门、57毫米200门。地空导弹:"轻剑"25部、RBS—70型40部。飞机:BN—2"岛民"1架、C—47型2架、NC—212型4架、色斯纳310型2架、"指挥官"680型2架、"吉拉提克"18架。直升机:贝尔205型10架、BO—105型13架、NB—412型10架、休斯300C型10架。登陆舰艇:21艘。运输舰艇:14艘。

海军 4.2万人(含陆战队和航空兵)。编有东、西两个舰队司令部。

潜艇:"卡克赖"级2艘。护卫舰:"阿迈德燕尼"级6艘、"法塔希拉"级3艘、"提亚哈胡"级3艘。"沙玛迪昆"级4艘、"哈加尔达温塔拉"级1艘。巡逻舰艇:43艘。扫雷舰艇:2艘。两栖舰艇:14艘。后勤支援舰船:18艘。

陆战队 1.2万人。编有3个团,装备有轻型坦克80辆、装甲侦察车20辆、步兵战车10辆、装甲输送车100辆、牵引炮122毫米40门、火箭炮和高炮若干门。

海军航空兵 1000人,装备有作战飞机18架、武装直升机15架,其中反潜直升机9架、海上侦察机18架,另有其他飞机16架、直升机9架。

空军 2.4万人。编有2个空军作战司令部、2个攻击战斗机中队、1个战斗机中队、2个防暴机中队、1个海上侦察机中队、4个运输机中队、3个直升机中队、4个教练机中队,还有机场卫队5个营。作战飞机81架。

攻击战斗机:A—4型28架、F—16型12架。战斗机:F—5型14架。防暴机:"霍克"MK—53型15架、OV—10F型12架。海上侦察机:波音737—200型3架、C—130H—MP型2架、HU—16型4架。空中加油机:KC—130B型2架。运输机:C—130型19架、波音707型1架、C—47型7架、色斯纳401型5架、色斯纳402型2架、F—27—400M型7架、F—28—1000型1架、NC—212型10架、"空中货车"1架。直升机:S—58T型12架、贝尔204B型2架、贝尔206B型2架、休斯500型10架、NBo—105型12架、NSA—330型13架、SE—3160型3架。教练机:AS—202型40架、C—47型2架、色斯纳172型2架、色斯纳207型5架、T—34C型23架、T—41D型10架。

预备役部队 80万人。

准军事部队 48万人,其中国防安全部下辖18万人(包括特种警察防暴部队和警察机动旅部队1.2万人),民兵30万人。

部署 印尼陆军10个军区划分与地方行政机构辖区基本一致。海军东部舰队司令部驻泗水,西部舰队司令部驻雅加达。空军2个作战司令部分别负责东、西部空防任务。全国共有军事基地42处,其中空军基地26处(主要有雅加达、朱安达、乌戎潘当等),海军基地16处(主要有雅加达、丹绒槟榔、腊太港、比东、泗水、沙璜等)。

兵役制度 实行义务兵和志愿兵相结合的兵役

制。义务兵服役2年。军官最高服役年龄55岁。

军衔 军官分为4等13级，即将官4级(上将、中将、少将、准将)、校官3级(上校、中校、少校)、尉官3级(上尉、中尉、少尉)、士官3级(预备军官、1级准尉、2级准尉)。士兵分2等6级，即军士4级(军士长、上士、中士、下士)、兵2级(一等兵、二等兵)。

驻外兵力 参加联合国驻两伊军事观察团观察员7人。

(蔡惠玉)

约　旦

国　　名 约旦哈希姆王国。

主要统计 面积96188平方公里(包括约旦河西岸)。人口427.52万人(其中，13～17岁男26.8万人，女24.88万人；18～22岁男23.81万人，女21.63万人；23～32岁男37.12万人，女31.5万人)。国内生产总值25.67亿第纳尔，合38.7亿美元(1990年)。国防费3.935亿第纳尔，合5.8731亿美元(1991年国防预算)。原油10万桶(1989年)。天然气1.1亿立方米(1989年)。发电量32.62亿度(1988年)。粮食6.8万吨(1989年)。海运能力，商船(载重100吨以上)4艘、总载重量4.77万吨(1989年)。民航能力，固定航班机场3处、客运量36.78亿人公里、货运量2.065亿吨公里(1990年)。

国防体制 1952年1月颁布的宪法规定，国王兼任陆、海、空三军统帅，拥有宣布战争、军管、缔结和约的权力。下设"最高国防委员会"，由国防、外交、财政、内政大臣和军队总司令等人组成，通常由国防大臣召集会议，制定国防政策和监督国防计划的实施。国防部是内阁中的一个部，主要负责制定国防预算、后勤保障，与军队司令部共同发布有关军队的行政命令，但对军队无调动和指挥权。军队总司令部是国王统帅军队的办事机构，其成员有总司令、总司令助理和武装部队总监各1人。总司令代表国王处理军队日常事务。总司令部下设总参谋部，其成员有总参谋长及主管作战计划、情报、人力、行政管理等的副总长。此外，还设有"国防委员会"和"军官委员会"。前者负责军队的编制、装备、征兵等具体计划和建议；后者负责对军官的考核、提升和调动提出建议。武装力量由正规军和准军事部队组成。正规军分陆、海、空三个军种。

领导人物 国王兼武装力量最高统帅侯赛因·伊本·塔拉勒(1952年8月上任)。首相兼国防大臣夏里夫·扎耶德·本·沙克尔(1991年11月16日上任)。军队总司令法塔西·阿布·塔列布少将(1989年9月上任)。军队总司令助理塔伊希·扎罗尔准将。军队总参谋长阿卜杜勒·哈迪·马贾赫(1989年9月上任)。皇家空军司令伊桑·哈米德·舒尔丹中将。

武装力量 **兵力** 现役部队10.13万人。

陆军　9万人。编有2个装甲师、2个机械化步兵师、1个独立皇家卫队旅、1个特种部队旅、1个野战炮兵旅。

主战坦克：约1131辆，其中M－47、M－48A5型260辆、M－60A1、M－60A3型218辆、"酋长"360辆、"百人队长"293辆。轻型坦克："蝎子"19辆。装甲侦察车："白鼬"130辆。步兵战车：БМП－2型约25辆。装甲输送车：M－113型1160辆、"萨拉逊"34辆、EE－11"蝰蛇"约50辆。牵引炮：89门，其中105毫米M－101A1型36门、155毫米49门、203毫米4门。自行炮：373门，其中105毫米30门、155毫米243门、203毫米100门。火箭筒：94毫米、112毫米若干具。无坐力炮：106毫米330门。高炮：共408门，其中20毫米100门、23毫米44门、40毫米264门。反坦克导弹：640具，其中"陶"式330具、"龙"式310具。地空导弹：SA－7B2型若干部、SA－8型23部、SA－13型20部、SA－14型若干部、"红眼睛"若干部。

海军　0.03万人。基地设在亚喀巴。巡逻艇1艘，其他船若干艘。

空军　1.1万人。编有4个攻击战斗机中队、2个战斗机中队、1个运输机中队、5个直升机中队、1个王室专机中队、2个防空旅。作战飞机113架，武装直升机24架。

攻击战斗机：F－5型62架。战斗机："幻影"F－1型32架。改装训练机：18架，其中F－5A型14架、F－5B型4架。运输机：9架，其中C－130型机6架、C－212A型3架。王室专机：8架，其中波音727型2架、S－76型直升机4架、"湾流"2架。攻击直升机：AH－1S型24架。运输直升机：33架。教练机：68架。地空导弹："霍克"改进型126枚。空空导弹："魔术"R－530、R－550型、AIM－9"响尾蛇"若干枚。空地导弹："陶"式和AGM－65"小牛"若干枚。

预备役部队 3.5万人，其中陆军3万人。

准军事部队 治安部队6000人，民兵（“人民军”）2.25万人（男16～65岁，女16～45岁），巴勒斯坦解放军1200人。

兵役制度 实行志愿兵和义务兵相结合的制度。志愿兵实行薪金制，招收14岁以上的男性公民。义务兵招收18岁以上的男性公民，服役期2年。

（刘国君）

越　　南

国　　名 越南社会主义共和国。

主要统计 面积329566平方公里。人口7021.7万人（其中，13～17岁男384.2万人，女375.3万人；18～22岁男360.6万人，女347.4万人；23～32岁男625万人，女612.7万人）。国民生产总值145.12亿美元（1991年）。国防费13.4亿美元（1991年）。粗钢14.22万吨（1991年），原油395.68万吨（1991年）。天然气196亿立方米、原煤560吨（1987年）。发电量91.92亿度（1991年）。粮食2170万吨（1991年）。海运能力，商船（载重100吨以上）164艘、总载重量50.15万吨（1988年）。民航能力，固定航班机场15处、客运量约104亿人公里、货运量600多万吨公里（1991年）。

国防政策 1991年6月召开的越共“七大”，根据新的国际国内形势，制定了“适应新环境的国防政策”，其主要内容是：本着“独立自主、自力自强”的精神，巩固全民国防，建设一支高质量的人民武装力量，“坚决维护和平，稳定和发展社会经济”；不断提高革命警惕性，“随时粉碎帝国主义企图在越南取消社会主义制度的阴谋，打败一切侵略战争”，保卫越南的独立、主权和领土完整，保卫越南共产党和社会主义制度。

国防与经济紧密结合，国家与地方对国防和经济进行统一规划，保证经济与国防同步发展；军队积极参加经济建设，为国防和经济建设作出贡献；巩固和逐步发展国防工业，使之符合国家经济的发展，有利于提高国防潜力。

巩固人民战争阵势，加强全民国防教育，促进预备役工作，加强省市防御区建设，继续在重点区域建设必需的坚固防御工程，有效执行“保卫”长沙（即中国的南沙）群岛的计划。

大力加强党对军队和国防事业的领导，巩固党在军队中的领导地位，建设政治上坚定的武装力量，提高干部、党员和整个部队的社会主义觉悟、战斗意志和组织纪律意识，保证武装力量在任何情况下都政治立场坚定，永远绝对地忠于祖国、忠于人民，始终是党的中坚力量。

按照革命化、正规化、逐步现代化的方向建设一支数量合理和高质量的常备军。同时积极建设一支预备役民兵自卫队力量，使管理和训练工作走上正轨，保证一旦需要就能按计划迅速动员预备役力量。制定装备规划，保证武装力量有越来越好的装备；重视对干部战士的培训，加强技术保障工作。

在党和政府领导下，依靠全军、全民的力量，保证国家安全和政治稳定，维护社会治安。建设强大的人民公安力量，使之真正成为国家锐利、可靠的专政工具。巩固和提高边防力量的质量。注重开展保卫人民安全的运动，形成牢固的治安联防网，与各种敌对势力作斗争，坚决制止暴乱，挫败敌人的“和平演变”阴谋。

巩固和发展与老挝、柬埔寨的团结、友谊和特殊合作关系，保持与社会主义国家的友好合作关系，与本地区各国建立友好合作关系，继续履行新形势下的“国际主义义务”。

军事战略 1986年12月召开的越共“六大”认为，越周边环境已处于和平状态，在以后相当长时间内有可能在越北部、西南边境地区和海上方向发生中、小规模战争，但不会爆发针对越的全面破坏性战争。因此，决定从1987年初开始调整军事战略，以实现发展经济的国家战略。迄1991年底，越军事战略已由“南攻北防”改为“积极防御”。

战略目标由侵占柬埔寨、控制老挝、建立印支联邦，变为稳住北部边境防御、保证西南边境安全，集中力量侵占、扼守中国南沙岛礁，为国家集中力量发展经济、提高地区大国地位创造条件。

战略方针由“陆攻海守”转为“陆缩海进”。在北部边境，主动后撤、减少边境驻军；“不主动惹事”，停止对峙、对抗，力避发生武装冲突，确保边境稳定。在南沙方向，攻防结合：加紧抢占岛礁，加强已占岛礁防御；增加支援南沙作战的兵力，加强以支援南沙作战为背景的演练。在柬埔寨，军事上逐步脱身，以配合政治解决柬问题：从柬撤走建制单位，留下少量人员配合金边军队作战，继续为金边提供武器装备、培训军事人员。

战略部署由"北重南轻"转为南北兼顾、重点设防：调整后，陆、海、空军部署在北部地区的兵力略有减少，部署在中、南部地区的兵力有所增加；北部地区部署的陆军、防空军分别占总兵力的60%、72%，西南部边境地区部署的陆军占中、南部总兵力的80%，东南沿海地区部署有海军5/6的部队和主要作战舰艇，空军2/3的部队和70%的飞机。

建军方针由大力扩充实力转为压缩数量、提高质量，建立一支中等规模的正规化、现代化军队。先后撤销部分建制单位，将一些作战部队转为经济建设部队，调整部分部队隶属关系；将裁减下来的部分人员编入预备役部队，使总数达300万人，并加强重要地区的民兵建设；从国外购买大批先进作战飞机、导弹和计算机、传真机、电传机等，提高海空军武器装备现代化和通信指挥自动化水平；加强政治教育和军事演练，提高政治素质，增强战术技术水平和协同作战、快速反应能力。

国防体制　越共中央军事党委是最高军事决策机构，军委书记由越共中央总书记兼任，通过国防部对全国武装力量实行统一领导和指挥。国防部既是越共中央军委的办事机构，又是越军的最高军事行政机关，下辖总参谋部、总政治局、总后勤局、总技术局、国防工业和经济总局。上述五总部(局)分别负责全军的军事指挥、政治思想教育、后勤供应、技术保障、军工及生产经营。国防部直属单位还有军事科学委员会、军事监察委员会、军事检查院、外事局和规划局等。武装力量由正规军、地方部队、预备役部队和民兵自卫队等组成。正规军又称主力部队，分陆军、海军、空军和防空军四个军种。

领导人物　越共中央总书记兼中央军事党委书记杜梅(1991年6月上任)。国防部长段奎大将(1991年8月10日上任)。总参谋长陶庭练上将(1991年9月10日上任)。总政治局主任黎可漂中将(1991年9月10日上任)。总后勤局主任阮仲川中将(1990年上任)。总技术局主任阮葵少将(1991年上任)。国防工业和经济总局主任潘秋中将(1989年3月上任)。海军司令黄友泰都督。空军司令范青银少将。防空军司令陈文忍中将。

武装力量　**兵力**　现役部队104.1万人(1991年6月越共"七大"政治报告称，越军总兵力已由原来的120万人减为60万人)。

陆军　90万人。编有14个军部、62个步兵师、3个机械化师、10个装甲旅、15个独立步兵团、若干特种作战部队(包括空降和爆破工兵)、约10个野战炮兵旅、8个工程兵师、10～16个经济建设师、20个独立工程兵旅。

主战坦克：T－34/－54/－55型1300辆、T－62型100辆、其他型350辆。轻型坦克：PT－76型500辆、其他型号若干辆。装甲侦察车：БРДМ－1/－2型80辆。步兵战车：БМП型120辆。装甲输送车：БТР－40/－50/－60/－152型1100辆、YW－531和M－113型若干辆。牵引炮：100毫米120门、105毫米500门、122毫米800门、130毫米200门、152毫米220门、155毫米130门。自行炮：152毫米250门，另100毫米、122毫米、175毫米若干门。火箭炮：107毫米320门、122毫米350门、140毫米若干门。迫击炮：81毫米、82毫米、120毫米、160毫米若干门。反坦克导弹：AT－3"耐火箱"式若干具。无坐力炮：57毫米、75毫米、82毫米、88毫米等若干门。高炮(机枪)：14.5毫米、23毫米、30毫米、37毫米、57毫米、85毫米、100毫米等共8000门(挺)。地空导弹：SA－6/－7/－9型若干部。

海军　3.1万人(含海军陆战队2.1万人)。划分为4个沿海区。

护卫舰："范五老"(美制"巴奈加特")1艘、"别佳"Ⅱ级5艘、"陈庆余"(美制"萨维奇"级)1艘。巡逻艇和小型快艇64艘：其中苏制"黄蜂"－Ⅱ级导弹快艇8艘、苏制"图利亚"级水翼鱼雷艇5艘、"大胡蜂"级鱼雷快艇16艘、美制"极眇"级2艘、苏制SO－1级8艘、美制PGM－59/－71级10艘。巡逻艇：小于100吨的近海巡逻艇15艘。扫雷舰："尤尔卡"级2艘、"索尼亚"级沿海扫雷舰4艘、"叶夫根尼亚"级近海猎雷艇3艘、小于100吨的近海扫雷艇50艘。登陆舰：美制LST－511坦克登陆舰3艘、LSM－1中型登陆舰1艘、苏制"北方"级中型登陆舰3艘。小型登陆艇：24艘。

空军　1万人。编有4个航空师、2个攻击歼击机团、5个歼击机团、3个运输团、1个直升机师(3个团)、3个教练机团。作战飞机185架，武装直升机28架。

攻击歼击机：苏－17型20架、苏－22型40架。歼击机：米格－21比斯型125架。攻击直升机：米－24型20架。海上侦察机：贝－12型4架。反潜直升机：卡－25型8架。运输机：安－2型12架、安－24型4架、安－26型30架、图－134型8架、雅克－40型14架等。直升机：米－6型5架、米－8型30架、其他型165架。教练机：拉－39型、米格－21型等共53架。空空导弹：AA－2"环礁"若干枚。

防空军　10万人。编有14个防空师、4个高炮旅、

6个雷达旅。装备有SA－2/－3型地空导弹66部；37毫米、57毫米、85毫米、100毫米、130毫米高炮1000门；雷达100部。

地方部队　由省、市、县军事指挥部指挥；每个边境省（市）编有若干个独立团，所属各县编有若干个独立营，约50万人。

预备役部队　越南《军事义务条例》规定，男18～45岁，女18～40岁的退伍军人和依照法律应服兵役而未入伍的公民，都要编入预备役部队。迄1991年底，越预备役部队已达300万人。

准军事部队　民兵自卫队一般编成连、排，最大编成营；已由单一的步兵扩大到工兵、防化兵、通信兵、侦察兵等诸兵种，主要担负维护社会治安任务，约有260万人；"战术后方部队"约50万人。

兵役制度　实行义务兵役制度。服役年龄18～27岁。服役年限，士官和士兵2年，士官指挥员、军队培训的专业技术士官和士兵、海军舰艇士官和士兵均为3年，需要时可延长半年。尉级军官服役年限为38岁，少校43岁，中校48岁，上校52岁，大校55岁，少将（海军准都督）60岁，中将（海军副都督）以上军官不规定服役年限。

军衔　越南军官军衔分为3等12级，即将官4级（大将、上将或海军都督、中将或海军副都督、少将或海军准都督）、校官4级（大校、上校、中校、少校）、尉官4级（大尉、上尉、中尉、少尉）。军官晋衔年限：少尉升中尉2年，中尉升上尉3年，上尉升大尉3年，大尉升少校4年，少校升中校4年，中校升上校4年，上校升大校4年，将官晋升不规定时限。士官分3级（上士、中士、下士），士兵分2级（上等兵、列兵）。

驻外部队　据民柬电台1991年12月广播，越军在柬埔寨仍驻有2.37万人（越南当局自称已于1989年9月从柬"全部"撤军），其中作战人员1.52万人、军事顾问7820人、专业技术人员约500人。

外国驻军　苏军驻越南金兰湾海军基地1000～4000人。1991年苏联解体后，越苏军事联盟亦解体，越要求俄罗斯每年支付4亿美元的基地租金，但俄只同意支付4000万美元。鉴此，越要求俄尽快从越撤走全部军事人员，俄已决定1992年6月前完成撤军。

（钟学良）

非洲国家军事概况

阿尔及利亚

国　　名　阿尔及利亚民主人民共和国。

主要统计　面积2381741平方公里。人口2628.82万人（其中，13～17岁男158.01万人，女149.15万人；18～22岁男136.67万人，女129.15万人；23～32岁男208.7万人，女197.19万人）。国内生产总值4069.8亿第纳尔，合454.3亿美元（1990年）。国防费103.49亿第纳尔，合6.6亿美元（1991年国防预算）。原煤1万吨（1988年）。原油2.58亿桶（1989年）。天然气484亿立方米（1989年）。发电量139.66亿度（1988年）。粮食177.8万吨（1989年）。海运能力，商船（载重100吨以上）146艘、总载重量96.43万吨（1989年）。民航能力，固定航班机场24处、客运量22.48亿人公里、货运量1060万吨公里（1990年）。

国防体制　宪法规定，总统为武装力量最高统帅。最高国防决策机构为国家最高安全委员会，由总统任主席。国防部为政府中的一个部，是最高军事行政机关。武装力量由正规军和准军事部队组成。正规军分陆、海、空三个军种。最高军事指挥机构为国家人民军参谋部。总统通过国防部和国家人民军参谋部对武装力量实施领导和指挥。

领导人物　总统兼武装力量最高统帅沙德利·本·杰迪德（1979年2月上任）。国防部长卡莱德·纳扎尔少将（1990年7月上任）。国家人民军参谋长阿卜杜勒·马立克·格奈齐亚少将（1990年上任）。

武装力量　**兵力**　现役部队12.55万人。

陆军　10.7万人。编有6个军区、3个装甲旅、8个机械化旅、9个摩托化步兵旅、1个特别空降旅、31个独立步兵营、4个空降营、7个独立炮兵营、5个防空营、4个工程兵营、12个沙漠部队连。

坦克：T－54/－55型330辆、T－62型330辆、T－72型300辆。装甲侦察车：БРДМ－2型120辆。步兵战车：БМП－1型690辆、БМП－2型225辆。装甲输送车：БТР－50/－60型460辆。牵引炮：122毫米345门、130毫米10门、152毫米60门。自行炮：122毫米150门、152毫米50门。火箭炮：122毫米48门、140毫米50门、240毫米30门。反坦克导弹："耐火箱"和"米兰"若干具。无坐力炮：82毫米120门、107毫米58门。迫击炮：120毫米350门。反坦克炮：57毫米156门、75毫米85门、100毫米50门。高炮（机枪）：14.5毫米65挺、20毫米100门、23毫米310门、37毫米150门、57毫米75门、85毫米20门、100毫米150门、130毫米10门。地空导弹：SA－7/－8/－9型若干部。

海军　6500人。

潜艇：K级2艘、R级2艘。护卫舰："科尼"级3艘、"纳奴契卡"级3艘。导弹攻击快艇："黄蜂"级11艘。巡逻艇：6艘。登陆艇：3艘。扫雷艇：1艘。支援舰：3艘。

海岸警卫队500人。装备有巡逻艇22艘。

空军　1.2万人。编有3个攻击战斗机中队、10个战斗机中队、1个侦察机中队、1个海上侦察机中队、2个运输机中队、4个武装直升机中队、2个运输直升机中队。作战飞机241架、武装直升机58架。

攻击战斗机：米格－17型30架、米格－23型17架、苏－24型6架。战斗机：米格－21型95架、米格－25型14架、米格－23型40架。侦察机：米格－25型3架。海上侦察机："超级空中大王"B－2207型2架。运输机：安－12型6架、C－130H型14架、SE－210型3架。"空中指挥官"1架、伊尔－18型1架、"猎鹰"20型2架、"湾流"3架、"超级空中大王"2架、伊尔－76型4架、F－27型3架。攻击直升机：米－24型38架、米－8/　17型20架。运输直升机：米－6型5架、米－4型1架、米－8/－17型9架。教练机：米格－15型3架、米格－17型25架、米格－21型3架、米格－23型5架、米格－25型3架、雅克－11型19架、T－34C型6架、L－39型24架。

防空部队　编有3个高炮旅和3个地空导弹团。装备有85毫米、100毫米和130毫米高炮若干门，地空导弹SA－2型30部、SA－3型21部、SA－6型若干部。

预备役部队　陆军预备役部队约15万人。

准军事部队　5.3万人，其中宪兵2.3万人、警察2.5万人、共和国卫队5000人。

兵役制度　实行义务兵和志愿兵相结合的兵役制度。士兵服役期18个月。

军衔　分6等17级，即将官2级（少将、准将）、校官3级（上校、中校、少校）、尉官3级（上尉、中尉、少尉）、准尉2级（一级准尉、二级准尉）、军士2级（军士长、军士）、士兵5级（上士、中士、下士、上等兵、列兵）。

驻外兵力　参加联合国驻安哥拉军事观察员若干人。

（毕京三）

埃　及

国　　名　阿拉伯埃及共和国。

主要统计　面积100.2万平方公里，人口5601.88万人（其中，13～17岁男304.56万人，女288.62万人；18～22岁男262.38万人，女246.48万人；23～32岁男454.24万人，女423.38万人）。国内生产总值788.9亿埃镑，合394.5亿美元（1990年）。国防费33亿埃镑，合16.5亿美元（1991年国防预算）。原煤125万吨（1987年）。原油3.19亿桶（1989年）。天然气77.4亿立方米（1989年）。发电量354.1亿度（1988年）。粮食1028.7万吨（1989年）。海运能力，商船（载重100吨以上）426艘，总载重量179.57万吨（1989年）。民航能力，固定航班机场11处、客运量55.08亿人公里、货运量1.219亿吨公里（1990年）。

国防体制　总统为武装部队最高统帅，最高军事决策机构为国防委员会，由总统任主席。总统下设武装力量总司令，由国防部长兼任。武装力量由正规军和准军事部队组成。正规军分陆、海、空和防空军四个军种。最高军事指挥机构为总参谋部，统辖各军种、军团和军区。最高统帅和总司令通过总参谋部指挥全军。

领导人物　总统兼武装部队最高统帅穆罕默德·胡斯尼·穆巴拉克（1987年10月连任）。武装力量总司令兼国防和军工生产部长穆罕默德·侯赛因·坦塔维上将（1991年5月20日上任）。总参谋长萨拉赫·穆·阿提亚·哈拉比中将(1991年5月20日上任)。海军司令艾哈迈德·阿里·法迪勒中将(1990年10月13日上任)。空军司令艾哈迈德·阿卜杜勒·拉赫曼·纳斯尔中将(1990年4月上任)。防空军司令穆罕默德·扎希尔·阿卜杜勒·拉赫曼中将(1990年12月3日上任)。

武装力量 **兵力** 现役部队42万人。

陆军 29万人。编有2个军团司令部、12个师、31个旅、7个大队。

坦克:T—54/—55型1040辆、T—62型600辆、M—60A1型700辆、M—60A3型850辆。装甲侦察车:БРДМ—2型300辆。步兵战车:БМП—1型220辆,BMR—600P型约250辆。装甲输送车:"瓦利德"650辆,"法赫德"165辆,БТР—50/OT—62型1075辆、M—113A2型1000辆。牵引炮:122毫米668门、130毫米440门。自行炮:155毫米150门。无坐力炮:122毫米216门。迫击炮:82毫米50门、120毫米450门、160毫米60门。地地导弹:FROG—7型12部、"飞毛腿"B型9部。反坦克导弹:AT—1"甲鱼"、AT—2"蝇拍"共1000具、AT—3"耐火箱"1400具、"米兰"220具、"旋火"200具、"陶"式520具。火箭筒:107毫米若干具。高炮:23毫米622门、37毫米150门、57毫米340门。地空导弹:SA—7型1300部、SA—9型若干部,"小檞树"26部。

海军 2万人。

潜艇:"R"级4艘。驱逐舰:"法塔赫"级1艘。护卫舰:"苏伊士"级2艘、"胜利者"级2艘。导弹艇:"拉马丹"级6艘、"黄蜂"—I级3艘、"十月"级6艘、"蚊子"级6艘。巡逻艇:18艘。布雷舰:3艘。反水雷舰:9艘。两栖舰:3艘。支援与杂务船:21艘。

海军航空兵装备有武装直升机17架。

岸防部队装备有130毫米火炮和"奥托马特"、"幼鲑"等型岸舰导弹30具。

空军 3万人。编有44个中队。作战飞机495架,武装直升机74架。

攻击战斗机和战斗机:"阿尔法喷气"14架、F—4E型33架、"幻影"5E2型16架、F—16A型33架、F—16C型34架、米格—21型83架、"幻影"5E型54架、"幻影"2000C型16架、其他型128架。侦察机:"幻影"5SDR型6架、米格—21型14架。电子战机:C—130H型2架、"山毛榉"1900型4架、"突击队员"2E型(直升机)4架。空中预警机:E—2C型5架。海上侦察机:"山毛榉"1900C型2架。教练机:"阿尔法喷气"式28架、DHC—5型4架、EMB—312型54架、F—16B型6架、F—16D型6架、"共和国"36架、JJ—6型16架、L—29型40架、L—39型10架、米格—21型若干架、"幻影"5SDD型5架、"幻影"2000B型3架、PZL—104型10架、Z—526型若干架。运输机:C—130H型19架、DHC—5D型5架、"超级空中大王"式1架。攻击直升机:SA—342K/—L型74架。直升机:CH—47C型14架、米—8型40架、"突击队员"1型5架、S—70型2架、"突击队员"2型17架、"突击队员"2B型3架、米—4型12架、UH—12E型17架、"猎豹"10架。

防空军 8万人。编有5个师、232个营、36个连。

高炮:20毫米、23毫米、37毫米、40毫米、57毫米、85毫米、100毫米等共约2000门。地空导弹:SA—2型约360部、SA—3型240部、SA—6型60部、"霍克"改进型72部、"响尾蛇"24部。防空系统:"太阳神"式约12套、"西奈"23型(短程)若干套。

预备役部队 60.4万人,其中陆军50万人、海军1.4万人、空军2万人、防空军7万人。

准军事部队 37.4万人,其中海岸警卫队约2000人,装备有巡逻艇29艘;中央公安部队30万人;国民警卫队6万人,装备有"瓦利德"装甲输送车;边防部队1.2万人,编有13个边防团。

军事基地 海军基地6处:亚历山大、塞得港、马特鲁赫港、萨法卡、陶菲克港和胡尔加答。

兵役制度 实行义务兵和志愿兵相结合的兵役制度。义务兵服役期3年。

军衔 军官分4等11级。即元帅1级、将官4级(上将、中将、少将、准将)、校官3级(上校、中校、少校)、尉官3级(上尉、中尉、少尉)。

驻外兵力 向阿曼、沙特阿拉伯、索马里、苏丹和扎伊尔派有军事顾问;参加联合国驻安哥拉撤军核查团观察员若干人。

外国驻军 联合国多国和平部队与观察员约2600人。

(张令钟)

埃塞俄比亚

国　　名　埃塞俄比亚人民民主共和国。

主要统计　面积1223600平方公里。人口5062.82万人（其中，13～17岁男288.73万人，女279.92万人；18～22岁男244.64万人，女238.94万人；23～32岁男377.79万人，女369.64万人）。国内生产总值60.7亿美元（1990年）。国防费5.36亿美元（1989年国防预算估计）。发电量8.15亿度（1988年）。粮食592.5万吨（1989年）。海运能力，商船（载重100吨以上）29艘、总载重量9.36万吨（1989年）。民航能力，固定航班机场36处、客运量6.66亿人公里、货运量2.49亿吨公里（1990年）。

国防体制　1991年5月，埃塞俄比亚人民革命民主阵线和厄立特里亚人民解放阵线推翻前政府并解散前政府军后，尚未组建统一的国家武装力量。

武装力量　据估计，上述两个组织的军事实力：

埃塞俄比亚人民革命民主阵线　65000人，其中55000人为提格雷人民解放阵线的成员，其余10000人属于奥摩罗人民民主组织及其他小团体。

厄立特里亚人民解放阵线　约6000人。

原政府军的装备大部分被埃人阵和厄解阵获得，下面各种装备的数量为估计数。

陆军　坦克：300辆，包括T－34、T－54/－55、T－62、M－47等型。装甲侦察车/步兵战车/装甲输送车：350辆，包括БРДМ、БМП、БТР－60/－152、M－113等型。牵引炮：85毫米、122毫米、130毫米若干门。火箭炮：若干门。迫击炮：81毫米、82毫米、120毫米若干门。反坦克导弹：AT－3"耐火箱"若干具。无坐力炮：82毫米、107毫米若干门。高炮：23毫米、37毫米、57毫米、100毫米若括门。地空导弹：SA－2型20部、SA－3型30部、SA－7/－9型若干部。

海军　原政府军为3500人，基地设在马萨瓦和阿萨布，目前还没有正规的部队组织。1991年春埃人阵和厄解阵向政府军发动进攻之前，埃塞海军原有29艘舰船（见下）。随着厄立特里亚诸港口的陷落，作战舰船全部逃走。据报道，这些舰船中有些到了也门、沙特阿拉伯或其他国家；还有一些舰船停留在远离埃塞的国际水域；非作战舰船在港口被凿沉。

护卫舰："别佳"级2艘。导弹攻击快艇："黄蜂"级4艘。鱼雷快艇：6艘。近海巡逻艇：6艘。两栖舰艇："北方"级中型登陆舰2艘（每艘可载100人、6辆坦克）、坦克登陆艇3艘、机械化部队登陆艇4艘。运输和教练舰各1艘。

空军　作战飞机68架、武装直升机18架。尚无正规部队组织。1991年春反政府武装发动攻势前，各种装备完好率均已低于50%。现存的飞行器型号及数量如下，其中包括飞到吉布提的6架固定翼飞机和11架直升机。

攻击机：米格－21型50架、米格－23型18架。运输机：安－12型6架、DH－6型2架、L－100－30型2架、U－17型（联络机）3架、雅克－40型1架。教练机：L－39型14架。攻击直升机：米－24型18架。运输直升机：IAR－330型1架、米－8型30架、UH－1型3架、米－14型2架。

（李鸿飞）

安哥拉

国　　名　安哥拉人民共和国。

主要统计　面积1246700平方公里。人口1032.36万人（其中，13～17岁男57.82万人，女57.89万人；18～22岁男48.2万人，女48.68万人；23～32岁男72.99万人，女74.64万人）。国内生产总值75.6亿美元（1989年估计）。国防费26.9亿美元（1989年国防开支）。粗钢7000吨（1988年）。原油1.68亿桶（1989年）。天然气4.3亿立方米（1989年）。发电量18.1亿度(1988 年)。粮食 28.7 万吨(1989 年)。海运能力,商船(载重 100 吨以上)111 艘、总载重量 12.2 万吨(1989 年)。民航能力,固定航班机场 17 处、客运量 9.75亿人公里、货运量 3390 万吨公里(1990 年)。

国防体制 宪法规定,总统为武装力量最高统帅。最高国防决策机构为政治和军事协调委员会,由总统任主席。国防部为政府中一个部,是最高军事行政机关。武装力量由正规军、预备役部队和准军事部队组成。正规军分陆、海、空三个军种;预备役部队有全国民兵;准军事部队有边防军。最高军事指挥机构为总参谋部。总统通过国防部和总参谋部对全国武装力量实施领导和指挥。

领导人物 总统兼武装力量最高统帅若泽·爱德华多·多斯桑托斯大将(1979 年上任,1990 年 11 月起兼任总参谋长)。国防部长佩德罗·托哈·佩达勒上校(1991 年 3 月 5 日上任)。海军司令安东尼奥·孔德萨·德卡瓦略少将。空军司令阿尔贝托·内托上校。

武装力量 **兵力** 现役部队约 9.6 万人(政府军解散前情况)。

陆军 约 9.15 万人。编有 15 个军区(其中某些可能是野战司令部)、73 个旅(每旅约 1000 人,根据需要编入步兵、坦克、装甲车、炮兵及防空部队)。

坦克:T－34 型约 100 辆、T－54/－55 型 300 辆、T－62 型 100 余辆。轻型坦克:PT－76 型约 25 辆。步兵战车:БМП 型 100 余辆。装甲侦察车:БРДМ－2 型 100 余辆。装甲输送车:БТР－60/－152 型 300 辆。牵引炮:76 毫米、85 毫米、122 毫米、130 毫米共 500 门。火箭炮:122 毫米若干门。迫击炮:82 毫米 100 门、120 毫米 40 余门。反坦克导弹:AT－3“耐火箱”若干具。无坐力炮:82 毫米、107 毫米共 500 门。高炮(机枪):14.5 毫米、23 毫米、37 毫米、57 毫米等 300 余门(挺)。地空导弹:SA－7/－14 型若干部。

海军 约 1500 人。基地设在罗安达、洛比托和纳米贝。

导弹攻击快艇:“黄蜂”II 级 6 艘。鱼雷快艇:“大胡蜂”级 4 艘。巡逻艇:7 艘。水雷战舰艇:“叶夫根尼亚”级 2 艘。两栖舰艇:“北方”级登陆舰 3 艘(每艘可载 100 人、6 辆坦克)、坦克登陆艇 1 艘、机械化登陆艇约 8 艘。岸防部队:“萼片”岸舰导弹若干枚(基地设在罗安达)。

空军 约 3000 人。作战飞机 160 架,武装直升机 40 架。

攻击战斗机:米格－17 型 25 架、米格－23 型 51 架、苏－22 型 15 架、苏－25 型 10 架。战斗机:米格－21 型 35 架。防暴兼侦察机:PC－7 型 16 架。海上侦察机:EMB－111 型 2 架、F－27MPA 型 1 架。攻击直升机:米－25/35 型 28 架、SA－365M 型 6 架、SA－342 型 6 架。运输机:2 个中队,安－12 型 12 架、安－26 型 20 架、BN－2 型 6 架、C－47 型 3 架、C－212 型 6 架、L－100－20 型 2 架、PC－6B 型 4 架。直升机:2 个中队,IAR－316 型 30 架、SA－316 型 10 架、米－8 型 25 架、米－17 型 13 架、SA－315 型 1 架、SA－365 型 10 架。联络机:安－2 型 10 架、Do－27 型 5 架。教练机:色斯纳 172 型 3 架、米格－15 型 3 架、米格－21 型 6 架、苏－22 型 5 架、雅克－11 型 6 架。地空导弹:SA－2 型 40 部、SA－3 型 12 部、SA－6 型 75 部、SA－8 型 15 部、SA－9 型 20 部、SA－13 型若干部。空地导弹:“霍特”若干枚。空空导弹:AA－2“环礁”若干枚。

预备役部队 5 万人,为全国民兵(亦称“人民防御组织”),其中 1 万人编入陆军服役。

准军事部队 7000 人,为边防军。

兵役制度 实行征兵制,服役期 2 年。

驻外兵力 驻圣多美和普林西比部队约 500 人(1 个营)。

外国驻军 苏联顾问及技术人员 1000 人(人数在不断减少);非国大 250 人;联合国军事观察员 350 人,警察观察员 90 人。

(李鸿飞)

刚　果

国　名 刚果共和国(1991 年 6 月改现名)。

主要统计 面积 342000 平方公里。人口 232.98万人(其中,13～17 岁男 12.66 万人,女12.56 万人;18～22 岁男 11.05 万人,女 11 万人;23～32 岁男 16.36 万人,女 16.58 万人)。国内生产总值19.7亿美元(1990 年)。国防费 1 亿美元(1987 年国防预算)。原油 5500 万桶(1989 年)。天然气 3400 万立方米(1986 年)。发电量 2.92 亿度(1988 年)。粮食 1 万吨

(1989年)。海运能力,商船(载重100吨以上)21艘、总载重量1.08万吨(1989年)。民航能力,固定航班机场6处、客运量2.086亿人公里、货运量3520万吨公里(1990年)。

国防体制 1991年6月起,刚果进入为期一年的过渡期。过渡政府总理为武装部队总司令,过渡政府设有国防部,是最高军事行政机关。武装力量由正规军和准军事部队组成。正规军分陆、海、空三个军种。最高军事指挥机构为总参谋部。过渡政府总理通过国防部和总参谋部对全国武装力量实施领导和指挥。

领导人物 过渡政府总理兼武装部队总司令安德烈·米隆戈。国防部长雷蒙·达马斯·恩戈洛准将(1992年1月上任)。总参谋长穆科科准将(1987年上任)。

武装力量 **兵力** 现役部队11000人。

陆军 1万人。编有2个装甲营、2个合成步兵营(每营含一支轻型坦克部队和1个炮连)、1个步兵营、1个工程兵营、1个炮兵分队、1个空降/突击营。

坦克:T—54/—55型25辆、其他型15辆。轻型坦克:PT—76型3辆、其他型10辆。装甲侦察车:БРДМ—1/—2型25辆。装甲输送车:M—3型若干辆、БТР—50型30辆、БТР—60型30辆、БТР—152型20辆。牵引炮:100毫米10门、122毫米10门、130毫米5门、152毫米若干门。火箭炮:122毫米8门、140毫米若干门。迫击炮:82毫米若干门、120毫米10门。无坐力炮:57毫米若干门。反坦克炮:57毫米5门。高炮(机枪):14.5毫米、23毫米、37毫米、57毫米各若干门(挺)。

海军 约500人。基地设在黑角。

巡逻艇:12艘。内河船只若干。

空军 500人。作战飞机32架。

攻击战斗机:米格—17型20架、米格21型12架。运输机:安—24型5架、安—26型1架、波音727型1架、N—2501型1架。教练机:L—39型4架、米格—15型1架。直升机:SA—316型2架、SA—318型2架、SA—365型1架。

准军事部队 6100人。其中,宪兵1400人,编有20个连;民兵4700人。

兵役制度 实行志愿兵役制,服役期2年。

驻外兵力 驻安哥拉军事观察员若干人。

(李鸿飞)

几 内 亚

国　　名 几内亚共和国。

主要统计 面积245857平方公里。人口711.8万人(其中,13～17岁男35.32万人,女36.86万人;18～22岁男30.55万人,女32.05万人;23～32岁男50.12万人,女52.85万人)。国内生产总值24.4亿美元(1989年)。发电量5.12亿度(1988年)。粮食83.9万吨(1989年)。海运能力,商船(载重100吨以上)22艘、总载重量2800吨(1989年)。民航能力,固定航班机场1处、客运量2880万人公里、货运量250万吨公里(1989年)。

国防体制 宪法规定,总统为武装力量最高统帅。国防部为政府中的一个部,是最高军事行政机关。武装力量由正规军和准军事部队组成。正规军分陆、海、空三个军种;准军事部队有宪兵、民兵和共和国卫队。最高军事指挥机构为武装力量参谋部。总统通过国防部和武装力量参谋部对全国武装力量实施领导和指挥。

领导人物 总统兼武装力量最高统帅萨纳·孔戴少将(1984年4月上任)。国防部长阿布杜拉哈马纳·蒂亚罗中校(1991年2月上任)。总参谋长费南多·蒂奈上校。

武装力量 **兵力** 现役部队9700人。

陆军 8500人。编有1个装甲营、1个突击营、1个步兵营、1个特种营、1个炮兵营、1个工程兵营、1个高炮营。

主战坦克:T—34型30辆、T—54型8辆。轻型坦克:PT—76型20辆。装甲侦察车:БРДМ—1/—2型25辆、AML—90型2辆。装甲输送车:БТР各型40辆。牵引炮:76毫米8门、85毫米6门、122毫米12门。迫击炮:82毫米若干门、120毫米20门。无坐力炮:82毫米若干门。反坦克炮:57毫米若干门。高炮:30毫米若干门、37毫米8门、57毫米12门、100毫米4门。地空导弹:SA—7若干部。

海军 400人。基地设在科纳克里、卡坎达。

海岸巡逻艇:9艘。

空军 800人,作战飞机12架。

攻击战斗机：米格—17型4架、米格—21型8架。运输机：安—12型2架、安—14型4架。教练机：L—29型2架、米格—15型2架、雅克—18型6架。直升机：IAR—330型1架、米—4型4架、SA—316/—330/—342型各1架。

准军事部队　9600人，其中民兵7000人、宪兵1000人、共和国卫队1600人。

兵役制度　实行征兵制，服役期2年。

驻外兵力　参加西非国家驻利比里亚维持和平部队约600人。

（李鸿飞）

几内亚比绍

国　　名　几内亚比绍共和国。

主要统计　面积36125平方公里。人口100.42万人（其中，13～17岁男5.91万人，女5.44万人；18～22岁男5.05万人，女4.71万人；23～32岁男6.98万人，女7.5万人）。国内生产总值1.41亿美元（1989年估计）。国防费443万美元（1989年国防预算）。发电量1500万度（1988年）。粮食24.8万吨（1989年）。海运能力，商船（载重100吨以上）17艘、总载重量1800吨（1989年）。民航能力，固定航班机场2处、客运量900万人公里、货运量100万吨公里（1990年）。

国防体制　国务委员会主席为武装力量最高统帅。最高国防决策机构为革命委员会。武装力量部（相当于国防部）为政府中的一个部，是最高军事行政机关。武装力量由正规军和准军事部队组成。正规军分陆、海、空三个军种。最高军事指挥机构为武装力量总参谋部。国务委员会主席通过武装力量部和总参谋部对全国武装力量实施领导和指挥。

领导人物　国务委员会主席兼武装力量最高统帅若奥·贝尔纳多·维埃拉准将（1984年5月上任）。国务委员会第一副主席兼武装力量部部长雅法伊·卡马拉上校（1991年3月连任）。国防国务秘书乔斯·马克·维埃拉上校（1991年3月连任）。武装力量总参谋长安苏梅恩·梅恩上校（1990年3月上任）。

武装力量　**兵力**　现役部队7200人。

陆军　6800人。编有1个装甲营、5个步兵营、1个炮兵营、1个侦察连、1个工程兵连。

主战坦克：T—34型10辆。轻型坦克：PT—76型20辆。装甲侦察车：БРДМ—2型10辆。装甲输送车：БТР—40/—60/—152型共35辆、其他型20辆。牵引炮：85毫米8门、122毫米18门。迫击炮：82毫米若干门、120毫米8门。火箭筒：89毫米若干具。无坐力炮：75毫米若干门、82毫米若干门。高炮：23毫米18门、37毫米6门、57毫米10门。地空导弹：SA—7型若干部。

海军　300门。基地设在比绍。

巡逻艇：11艘。

空军　100人，作战飞机3架。

战斗机：米格—17型3架。直升机：SA—318型1架、SA—319型2架。

准军事部队　宪兵2000人。

兵役制度　实行选征兵役制。

（李鸿飞）

加　　纳

国　　名　加纳共和国。

主要统计　面积239460平方公里。人口1542.72万人（其中，13～17岁男88.09万人，女87.89万人；18～22岁男72.74万人，女73.02万人；23～32岁男108.04万人，女110.13万人）。国内生产总值56.7亿美元（1990年）。国防费4539万美元（1990年国防预算）。发电量47.5亿度（1988年）。粮食124.7万吨（1989年）。海运能力，商船（载重100吨以上）140艘、总载重量11.43万吨（1989年）。民航能力，固定航班机场3处、客运量2.86亿人公里、货运量1210万吨公里(1990年)。

国防体制 宪法规定,加纳临时全国保卫委员会为最高军事决策机构,负责制定各项重大防务和军事政策。该委员会主席为武装力量总司令。临时全国保卫委员会下设国防参谋部,负责全军作战、训练、后勤等具体事务。武装力量由正规军和准军事部队组成。正规军分陆、海、空三个军种。准军事部队主要为民兵。国防参谋部下设陆军、海军和空军参谋部,分管本军种部队的作战、训练和行政领导。政府设国防部,为行政机关。

领导人物 临时全国保卫委员会主席兼武装力量总司令杰里·约翰·罗林斯上尉(1982年1月上任)。武装力量总司令蒙萨·沃德少将(1990年6月上任)。国防部长姆哈马·伊德里苏。总参谋长阿诺尔德·凯诺。

武装力量 **兵力** 现役部队1.19万人。

陆军 1万人。编有2个司令部、2个旅(辖6个营及支援部队)、1个侦察营(辖两个连)、1支空降部队(含1个伞兵连)、1个独立步兵营、1个炮兵团、1个野战工程兵团。

装甲侦察车:“萨拉丁”3辆、EE—9“响尾蛇”3辆。步兵战车:“剪刀鱼”50辆。迫击炮:81毫米50门、120毫米28门。无坐力炮:84毫米50门。

海军 约1100人。编有2个司令部(东部和西部)。基地设在塞康第、特马。

巡逻艇:4艘。

空军 800人。作战飞机18架。

防暴机:MB—326K型4架、MB—339型2架。运输机:F—27型5架、F—28型1架、C—212型1架、“空中货车”6架。直升机:贝尔212型2架、米—2型2架、SA—318型4架。教练机:“大斗犬”10架、L—29型12架。

准军事部队 民兵5000人。

兵役制度 志愿兵役制。

驻外兵力 参加西非国家驻利比里亚维持和平部队约1500人;参加联合国驻黎巴嫩临时部队1个营(980人)、驻阿富汗和巴基斯坦观察员1人、驻伊拉克和科威特观察员8人。

(李鸿飞)

津 巴 布 韦

国　　名 津巴布韦共和国。

主要统计 面积390759平方公里。人口1027万人(其中,13～17岁男58.21万人,女58.13万人;18～22岁男50.81万人,女50.85万人;23～32岁男76.89万人,女77.6万人)。国内生产总值51.6亿美元(1990年)。国防费3.614亿美元(1990年国防预算)。粗铜1.93万吨(1988年)。原煤506.5万吨(1988年)。发电量77.5亿度(1988年)。粮食247.1万吨(1989年)。民航能力,固定航班机场8处、客运量7.09亿人公里、货运量1240万吨公里(1990年)。

国防体制 宪法规定,总统为武装力量最高统帅。最高国防决策机构为国防委员会。国防部为政府中一个部,是最高军事行政机关,负责国防预算、军事行政和对外军事关系等工作。武装力量由正规军和准军事部队组成。正规军分陆、空两个军种;准军事部队有警察部队、警察支援部队和全国民兵。总统通过国防部长和陆、空军司令对全国武装力量实施领导和指挥。

领导人物 总统兼武装力量最高统帅罗伯特·穆加贝(1987年12月上任)。国防部长理查德·霍(1990年4月上任)。陆军司令塔普夫马奈伊·穆朱鲁中将(1981年8月上任)。空军司令乔西亚·通加米莱中将(1986年1月上任)。

武装力量 **兵力** 现役部队5.46万人。

陆军 5.16万人。编有7个旅(含1个总统卫队)、1个装甲团、26个步兵营(含3个警卫营、1个机械化营、1个突击营、2个伞兵营、1个山地营)、2个炮兵团(1个地炮团、1个高炮团)、1个工程兵支援团。

主战坦克:T—54型8辆、其他型35辆。装甲侦察车:“响尾蛇”EE—9型90辆、“大羚羊”AML—90型28辆。装甲输送车:YW—531型10辆。UR—416型约40辆、“鳄鱼”约50辆。牵引炮:122毫米30门。火箭炮:107毫米40门。迫击炮:81毫米若干门、120毫米4门。无坐力炮:106毫米12门。高炮(机枪):14.5毫米、23毫米、37毫米各若干门(挺)。地空导弹:SA—7型若干部。

空军 3000人。编有2个攻击战斗机兼防暴机中队、3个战斗机中队、1个防暴兼侦察机中队、1个教练兼侦察和联络中队、1个运输机中队、2个直升机中队。作战飞机81架(实际堪用64架)。

攻击战斗机和战斗机:“猎人”FGA—90型10架、“隼”MK—60型6架、T—81型1架、其他型48架。防暴兼侦察机:色斯纳—337型16架。教练兼侦察和联络机:SF—260C/W型13架、SF—260TP型5架。运输机:BN—2型7架、C—212—200型11架、C—47型7架。直升机:AB—205型6架、SA—316型10架、AB—412型10架。

准军事部队　3.8万人,其中警察1.5万人、警察支援部队3000人、民兵2万人。

兵役制度　实行征兵制。

驻外兵力　驻莫桑比克约3000~8000人(人数经常变动)。参加联合国驻安哥拉军事观察员若干人。

(李鸿飞)

喀麦隆

国　　名　喀麦隆共和国。

主要统计　面积475422平方公里。人口1257.38万人(其中,13~17岁男68.02万人,女68.06万人;18~22岁男52.72万人,女53.07万人;23~32岁男80.29万人,女81.92万人)。国内生产总值89.9亿美元(1989年)。国防费1.91亿美元(1990年国防预算)。原煤1000吨(1988年)。原油6200万桶(1989年)。发电量23.95亿度(1988年)。粮食86.6万吨(1989年)。海运能力,商船(载重100吨以上)44艘、总载重量3.86万吨(1989年)。民航能力,固定航班机场10处、客运量5.8亿人公里、货运量1.11亿吨公里(1990年)。

国防体制　宪法规定,总统为武装力量最高统帅。最高国防决策机构为武装力量部。武装力量由正规军和准军事部队组成。正规军分陆、海、空三个军种,准军事部队有宪兵。最高军事指挥机构为武装力量总参谋部。总统通过总参谋部对全国武装力量实施领导和指挥。

领导人物　总统兼武装力量最高统帅保罗·比亚(1982年11月上任)。总统府负责国防事务的国务部长爱德华·阿卡梅·姆夫姆(1991年4月上任)。总参谋长皮埃尔·赛芒盖少将。

武装力量　**兵力**　现役部队约7700人。

陆军　6600人。编有3个军区、7个军分区、总统卫队(辖1个警卫营、1个装甲侦察营)、3个步兵连、1个空降/突击营、5个步兵营(含1个训练营)、1个工程兵营、1个炮兵营(辖5个炮连)、1个高炮营(辖6个连)。

装甲侦察车:“白鼬”M—8型8辆、“突击队员”V—150型8辆、VBL M—11型5辆。步兵战车:“突击队员”V—150型12辆。装甲输送车:“突击队员”V—150型29辆、M—3(半履带)型12辆。牵引炮:75毫米6门、105毫米16门。迫击炮:81毫米若干门、120毫米16门。反坦克导弹:“米兰”若干具。火箭筒:89毫米若干具。无坐力炮:57毫米13门、106毫米40门。高炮(机枪):14.5毫米18挺、35毫米18门、37毫米18门。

海军　约800人。基地设在杜阿拉、林贝、克里比。

导弹快艇:1艘。巡逻艇:1艘。两栖舰艇:机械化登陆艇2艘、车辆人员登陆艇5艘,另有内河船只若干。

空军　300人。编有1个混成中队、1个总统专机小队。作战飞机16架,武装直升机4架。

攻击战斗兼防暴机:“阿尔法喷气”5架、CM—170型11架。海上侦察机:Do—128D—6型2架。攻击直升机:SA—342L型4架。运输机:C—130H/—H—30型3架、DHC—4型1架、DHC—5D型4架、IAI—201型1架、PA—23型2架。直升机:贝尔206型3架、SE—3130型3架、SA—318型1架、SA—319型4架。

准军事部队　宪兵4000人。编有10个地区分队,装备有内河巡逻船只10艘。

兵役制度　实行志愿兵役制。

(李鸿飞)

肯　尼　亚

国　　名　肯尼亚共和国。

主要统计　面积582646平方公里。人口2602.42万人(其中,13~17岁男156.54万人,女156.88万人;18~22岁男123.05万人,女123.85万人;23~32岁男172.02万人,女174.04万人)。国内生产总值85.5亿美元(1990年)。国防费2.75亿美元(1988年)。发电量28.44亿度(1988年)。粮食346万吨(1989年)。海运能力,商船(载重100吨以上)27艘、总载重量4800吨(1989年)。民航能力,固定航班机场16处、客运量7.54亿人公里、货运量9990万吨公里(1990年)。

国防体制　宪法规定,总统为武装力量最高统帅。武装力量由正规军和准军事部队组成。正规军分陆、海、空三个军种,准军事部队有警察勤务总队等。总参谋部为全军指挥机关。总统通过总参谋部对全国武装力量实施领导和指挥。

领导人物　总统兼武装力量最高统帅丹尼尔·阿拉普·莫伊(1979年11月上任)。总参谋长哈吉·穆罕默德上将(1986年2月上任)。陆军司令詹姆斯·伦吉斯中将(1986年4月上任)。海军司令基布瓦纳少将(1988年4月上任)。空军司令邓肯·瓦齐拉少将。

武装力量　**兵力**　现役部队2.36万人。

陆军　1.9万人。编有1个装甲旅(辖2个装甲营)、2个步兵旅(辖5个步兵营、2个装甲侦察营、4个炮兵营)、1个工程兵旅、5个步兵营(架子)、2个工程兵营、1个空降营、1个独立空中骑兵营、1个高炮营。

坦克:“维克斯”Mk-3型76辆。装甲侦察车:AML-60/-90型共40辆、“肖兰”式8辆。装甲输送车:UR-416型30辆、“庞阿尔”M-3型10辆。牵引炮:105毫米56门。迫击炮:81毫米20门、120毫米10门。反坦克导弹:“米兰”若干具、“旋火”8具。无坐力炮:84毫米80门、120毫米若干门。高炮:20毫米50门。

海军　1100人。基地设在蒙巴萨。

导弹快艇:6艘。巡逻艇:1艘。

空军　3500人。作战飞机28架,武装直升机38架。

攻击战斗机:F-5E型9架、F-5F型2架。防暴机:“打击能手”MK-87型5架、“隼”MK-52型12架。运输机:DHC-5D型8架、Do-28D型7架、PA-32型1架。教练机:“大斗犬”103/127型8架。攻击直升机:休斯500MD型15架、休斯500ME型8架、休斯500型38架。运输直升机:IAR-330型9架、SA-330型3架、SA-342型1架。教练直升机:休斯500D型2架。空地导弹:AGM-65“小牛”和“陶”式若干枚。空空导弹:AIM-9“响尾蛇”若干枚。

准军事部队　警察勤务总队4000人;警察航空分队若干人,装备色斯纳轻型飞机7架、贝尔206L型直升机1架、贝尔47G型直升机2架;警察海上分队若干人,装备巡逻艇及其他船只若干艘。

兵役制度　实行志愿兵役制。

驻外兵力　联合国驻伊拉克/科威特边境军事观察员8名。

(李鸿飞)

利　比　亚

国　　名　大阿拉伯利比亚人民社会主义民众国。

主要统计　面积176万平方公里。人口476.56万人(其中,13~17岁男27.14万人,女26.2万人;18~22岁男22.52万人,女21.41万人;23~32岁男17.04万人,女31.9万人)。国内生产总值78.16亿第纳尔,合289.6亿美元(1990年估计)。国防费4.4亿第纳尔,合15.1亿美元(1989年国防预算估计)。原油4.07亿桶(1989年)。天然气60亿立方米(1989年)。发电量160亿度(1988年)。粮食30.2万吨(1989年)。

海运能力，商船（载重100吨以上）109艘、总载重量146.25万吨（1989年）。民航能力，固定航班机场11处、客运量14.47亿人公里、货运量350万吨公里（1990年）。

国防体制 利比亚“九·一”革命领导人为武装力量最高统帅。最高国防决策机构为革命指挥委员会。防御总委员会是最高军事行政和指挥机关。武装力量由正规军和准军事部队组成。正规军分陆、海、空三个军种。总参谋部隶属防御总委员会，负责作战、训练、情报和侦察等工作。最高统帅通过防御总委员会对全国武装力量实施领导和指挥。

领导人物 “九·一”革命领导人兼武装力量最高统帅穆阿迈尔·卡扎菲上校（1969年9月1日上任）。武装力量总司令尤尼斯·贾比尔准将。总参谋长阿卜杜拉赫曼·隋德上校。

武装力量 **兵力** 现役部队8.5万人。

陆军 5.5万人。编有4个军区、11个装甲旅、11个机械化旅、5个步兵旅、1个国家警卫旅、42个坦克营、48个机械化步兵营、19个伞兵突击营、53个炮兵营、14个高炮营、7个地地导弹旅、3个地空导弹旅。

坦克：T—54/—55/—62型1850辆、T—72型300辆。装甲侦察车：БРДМ—2型270辆、EE—9型380辆。步兵战车：БМП—1型1000辆。装甲输送车：БТР—50/—60型和OT—62/—64型940辆、M—113型40辆、EE—11型100辆。牵引炮：105毫米60门、122毫米330门、130毫米330门。自行炮：122毫米130门、152毫米60门、155毫米180门。火箭炮：107毫米和122毫米650门。迫击炮：82毫米、120毫米、160毫米和240毫米若干门。地地导弹：FROG—7型40部、“飞毛腿”B型80部。反坦克导弹：“警戒”、“米兰”、“耐火箱”共3000具。无坐力炮：106毫米220门。高炮：23毫米、30毫米、40毫米共600门、57毫米92门。地空导弹：SA—7/—9/—13型若干部、“响尾蛇”24部。直升机：CH—47型18架、AB—206型5架、SA—316型11架。

海军 8000人（包括海岸警卫队）。

潜艇：F级6艘。护卫舰：“达特·萨瓦里”级1艘、“科尼”级2艘。小型护卫舰：“阿萨德”级4艘、“纳奴契卡”级3艘。导弹快艇：“战士”级9艘、“黄蜂”级12艘、“苏萨”级3艘。巡逻艇：14艘。扫雷艇：8艘。登陆艇：5艘。支援和杂务船：4艘。

海军航空兵编有2个直升机中队，装备有米—14型直升机25架、SA—321型直升机12架。

空军 2.2万人（包括防空军）。编有1个轰炸机中队、7个攻击战斗机中队、9个战斗机中队、1个防暴机中队、1个侦察机中队、2个运输机中队、9个直升机中队和4个教练机中队。作战飞机409架、武装直升机45架。

轰炸机：图—22型5架。攻击战斗机：“幻影”5D/DE型22架、“幻影”5DD型10架、“幻影”F—1AD型8架、米格—23型28架、苏—20/22型45架、苏—24型10架。战斗机：“幻影”F—1ED型12架、F—1BD型6架、米格—21型50架、米格—23型112架、米格—25型58架。防暴机：J—1型30架。侦察机：“幻影”5DR型6架、米格—25型7架。运输机：安—26型11架、C—130H型7架、L—110—20型2架、L—100—30型3架、G—222型20架、伊尔—76型16架、L—410型15架。直升机：米—24型35架、米—35型10架、CH—47C型18架、米—8型7架、米—2型10架、米—4型50架、SA—316型4架。教练机：G—2型89架、米—2型20架、图—22型2架、L—39型70架、SF—260型77架。空空导弹：AA—2型、AA—6型、AA—7型、AA—8型、R—530型、R—550型若干枚。空地导弹：AT—2型若干枚。

防空军 隶属空军，编成1个指挥控制系统和3个区域防空部队。编有3个SA—5A导弹旅、2个SA—2导弹旅、2～3个SA—3导弹旅、3个SA—6/—8导弹旅。装备有SA—5A导弹36部、SA—2导弹36部、SA—3导弹24～36部、SA—6/—8导弹约70余部。

预备役部队 人民民兵4万人。

准军事部队 伊斯兰泛非军团2500人，革命卫队、人民骑兵、海关和边防部队若干人。

兵役制度 实行选征兵役制，士兵服役期限2～4年。

军衔 军官军衔分3等9级，即将官3级（中将、少将、准将）、校官3级（上校、中校、少校）、尉官3级（上尉、中尉、少尉）。

驻外兵力 驻乍得、喀麦隆共2000人。

外国驻军 苏联、东欧国家、朝鲜民主主义人民共和国、巴基斯坦、意大利、叙利亚、南斯拉夫、法国等国派有军事顾问和专家。

（毕京三）

马达加斯加

国　　名　马达加斯加民主共和国。

主要统计　面积627000平方公里。人口1239.86万人(其中,13～17岁男70.52万人,女69.65万人;18～22岁男58.78万人,女57.53万人;23～32岁男89.07万人,女86.64万人)。国内生产总值22.1亿美元(1990年估计)。国防费3663万美元(1991年国防预算)。发电量5.16亿度(1988年)。粮食251.2万吨(1989年)。海运能力,商船(载重100吨以上)76艘、总载重量8.78万吨(1989年)。民航能力,固定航班机场40处、客运量4.358亿人公里、货运量6520万吨公里(1990年)。

国防体制　宪法规定,总统为武装力量最高统帅。国防部为政府中一个部,是最高军事行政机关。武装力量由正规军和准军事部队组成。正规军分陆、海、空三个军种;准军事部队为宪兵部队。总参谋部为全军指挥机关。总统通过国防部和总参谋部对全国武装力量实施领导和指挥。

领导人物　总统兼武装力量最高统帅迪迪埃·拉齐拉卡(1975年12月上任)。国防部长列翁·埃瓦里斯特·拉查费汤波将军(1991年2月上任)。人民军总参谋长让·克劳德·拉萨莫埃利纳准将(1987年7月上任)。

武装力量　**兵力**　现役部队2.1万人。

陆军　2万人。编有2个合成营、1个勤务团、1个工程兵团、7个基建团、1个通信团。

轻型坦克:PT—76型12辆。装甲侦察车:M—8型8辆、M—3A1型约20辆、"白鼬"10辆、БРДМ—2型约35辆。装甲输送车:M—3A1约30辆。牵引炮:76毫米12门、105毫米若干门、122毫米12门。迫击炮:82毫米若干门、120毫米8门。火箭筒:89毫米若干具。无坐力炮:106毫米若干具。高炮(机枪):14.5毫米50挺、37毫米20门。

海军　约500人(含100名海军陆战队)。基地设在迪耶果-苏瓦雷斯、塔马塔夫、多凡堡、图莱亚尔、马任加。

巡逻艇:1艘。两栖舰艇:中型登陆舰1艘(可载30人、4辆坦克)、坦克登陆艇、突击登陆艇和车辆人员登陆艇各1艘。支援及多用途艇:运输兼教练艇1艘。

空军　500人。编有1个攻击战斗机中队、1个直升机中队。作战飞机12架。

攻击战斗机:米格—17型4架、米格—21型8架。运输机:安—26型4架、BN—2型3架、C—212型2架、雅克—40型专机2架。直升机:米—8型6架。联络机:色斯纳310型1架、色斯纳337型2架、PA—23型1架。教练机:色斯纳172型4架。

准军事部队　宪兵7500人(其中包括海上警察,装备有5艘巡逻艇)。

兵役制度　实行征兵制,服役期18个月。

(李鸿飞)

马　拉　维

国　　名　马拉维共和国。

主要统计　面积118485平方公里。人口855.08万人(其中,13～17岁男48.35万人,女48.61万人;18～22岁男39.44万人,女40.24万人;23～32岁男57.26万人,女61.52万人)。国内生产总值18.6亿美元(1990年)。国防费2073万美元(1988年国防预算)。发电量5.83亿度(1988年)。粮食158.8万吨(1989年)。海运能力,商船(载重100吨以上)1艘、总载重量0.03万吨(1989年)。民航能力,固定航班机场4处、客运量0.869亿人公里、货运量970万吨公里(1990年)。

国防体制　宪法规定,总统为武装力量最高统帅。武装力量由正规军、预备役部队和准军事部队组成。正规军分陆、海、空三个军种;准军事部队为警察部队。总统通过陆军司令对全国武装力量实施领导和指挥。

领导人物 总统兼武装力量最高统帅海斯廷斯·卡穆祖·班达(1966年7月上任)。陆军司令麦尔温·马卢达·康加少将。

武装力量 **兵力** 7250人。

陆军 7000人,编有3个步兵营、1个支援营(其中含1个侦察中队)。

装甲侦察车:"狐狸"20辆、"白鼬"10辆、"大羚羊"4辆。牵引炮:105毫米12门。迫击炮:81毫米若干门。火箭筒:89毫米若干具。无坐力炮:57毫米若干门。高射机枪:14.5毫米50挺。地空导弹:"吹管"12部。

海军 100人。基地设在芒基巴(尼亚萨湖)。

巡逻艇:1艘。其他船只若干。

空军 150人。武装直升机4架。

运输机:Do—228型4架、C—47型2架、HS—125—800型专机1架、"空中之王"C—90型1架。攻击直升机:AS—350型4架。运输直升机:SA—330/—365型共4架。

预备役部队 约1000人(陆军)。根据法律,凡退役士兵均有义务在陆军服预备役5年。

准军事部队 500人,为警察部队,装备有BN—2T"防御者"飞机3架、"空中货车"3M型飞机1架、AS—350型直升机1架。

兵役制度 实行志愿兵役制,服役期7年。

驻外兵力 驻莫桑比克约800人。

(李鸿飞)

马 里

国　　名 马里人民共和国。

主要统计 面积1241238平方公里。人口851万人(其中,13～17岁男48.9万人,女49万人;18～22岁男42.8万人,女42.6万人;23～32岁男52.8万人,女56.6万人)。国内生产总值21.4亿美元(1990年估计)。国防费6382万美元(1988年国防预算估计)。发电量2.05亿度(1988年)。粮食215.4万吨(1989年)。民航能力,固定航班机场1处、客运量1.1亿人公里、货运量60万吨公里(1990年)。

国防体制 1991年3月,以原伞兵司令杜尔中校为首的一批军人发动政变,夺取了政权,宣布国家进入为期一年的过渡期。过渡期内,以杜尔为首的救民过渡委员会为国家最高权力机关,杜尔行使国家元首职权。1991年4月1日成立的政府中设有国防和内务安全部。

领导人物 国家元首杜尔中校(1991年3月上任)。国防和内务安全部部长蒂埃库拉·杜姆比亚中校(1991年4月上任)。

武装力量 **兵力** 现役部队约7350人。

陆军 6900人。编有2个坦克营、4个步兵营、2个炮兵营、1个工程兵营、1个特种部队营、1个空降兵营、2个高炮连、1个地空导弹连。

坦克:T—34型21辆。轻型坦克:18辆。装甲侦察车:БРДМ—2型20辆。装甲输送车:БТР—40型30辆、БТР—152型10辆、БТР—60型10辆。牵引炮:85毫米6门、100毫米6门、122毫米8门。火箭炮:122毫米2门。迫击炮:82毫米若干门、120毫米30门。高炮:37毫米6门、57毫米6门。地空导弹:SA—3型12部。

海军 约50人。基地设在巴马科、莫普蒂、塞古、廷巴克图。

巡逻艇:3艘。

空军 400人,作战飞机16架。

攻击战斗机:米格—17型5架。战斗机:米格—21型11架。运输机:安—2/—24/—26型各2架。教练机:L—29型6架、米格—15型1架、雅克—11型4架、雅克—18型2架。直升机:米—4型2架、米—8型1架。

准军事部队 7800人,其中宪兵1800人(8个连)、共和国卫队2000人、民兵3000人、国民警察1000人。

兵役制度 实行征兵制,服役期2年。

(李鸿飞)

毛里塔尼亚

国　　名　毛里塔尼亚伊斯兰共和国。

主要统计　面积103万平方公里。人口198.3万人(其中,13～17岁男11.14万人,女10.7万人;18～22岁男9.6万人,女9.28万人;23～32岁男13.56万人,女14.12万人)。国内生产总值9.4亿美元(1989年估计)。发电量1.21亿度(1988年)。粮食13.5万吨(1989年)。海运能力,商船(载重100吨以上)119艘、总载重量2.22万吨(1989年)。民航能力,固定航班机场10处、客运量2.086亿人公里、货运量3520万吨公里(1990年)。

国防体制　最高国防决策机构为救国军事委员会,其主席为武装力量最高统帅。国防部为政府中一个部,是最高军事行政机关。武装力量由正规军和准军事部队组成。正规军分陆、海、空三个军种;准军事部队有宪兵、国民卫队和边防卫队。总参谋部为全军指挥机关。救国军事委员会主席通过国防部和总参谋部对全国武装力量实施领导和指挥。

领导人物　救国军事委员会主席兼武装力量最高统帅、国防部长马维亚·乌尔德·塔亚上校(1984年12月上任)。救国军事委员会常务秘书莱米尼·乌尔德·恩迪内中校(1990年10月上任)。国民卫队司令威拉德·乌尔德·海米杜中校(1990年10月上任)。

武装力量　**兵力**　现役部队11750人。

陆军　11000人。编有6个军区、3个摩托化步兵营、1个伞兵突击营、1个炮兵营、2个骆驼营、1个装甲侦察中队、4个高炮连、1个工程兵连。

装甲侦察车:AML－60型39辆、AML－90型20辆、"萨拉丁"40辆。牵引炮:105毫米10门、122毫米30门。迫击炮:81毫米100门、120毫米15门。反坦克导弹:"米兰"4具。无坐力炮:57毫米、75毫米、106毫米各若干门。反坦克炮:85毫米12门。高炮:23毫米50门、37毫米25门、100毫米12门。地空导弹:SA－7若干部。

海军　500人。基地设在努瓦迪布。

巡逻艇:6艘。.

空军　250人。作战飞机7架。

防暴机:"防卫者"BN－2型5架、FTB－337型2架。海上侦察机:"齐恩尼"Ⅱ型2架。运输机:色斯纳F－337型2架、DHC－5D型1架、"湾流"Ⅱ型1架、"空中货车"3M型1架。

准军事部队　宪兵1800人(编有6个地方连队,属内政部);国民卫队2800人及辅助部队1000人;边防卫队100人。

兵役制度　实行征兵制,服役期2年。

(李鸿飞)

摩洛哥

国　　名　摩洛哥王国。

主要统计　面积459000平方公里(未包括西撒哈拉266000平方公里)。人口2544.44万人(其中,13～17岁男144.84万人,女139.45万人;18～22岁男135.91万人,女131.01万人;23～32岁男210.77万人,女139.03万人)。国内为生产总值2090.11亿迪拉姆,合253.6亿美元(1990年)。国防费110.1亿迪拉姆,合13.4亿美元(1990年国防预算估计)。原煤63.7万吨(1988年)。原油10万桶(1989年)。天然气0.6亿立方米(1989年)。发电量88.34亿度(1988年)。粮食74.39万吨(1989年)。海运能力,商船(载重100吨以上)359艘、总载重量59.41万吨(1989年)。民航能力,固定航班机场15处、客运量24.36亿人公里、货运量5010万吨公里(1990年)。

国防体制　宪法规定,国王为武装力量最高统帅。由政党领袖组成的国家安全委员会以及由主要大臣与军队领导人组成的最高防务委员会是国王的国家安全咨询机构。不设国防部,只设一个国防行政机构,负责军队的行政管理事务。武装力量由正规军和准军事部队组成。正规军分陆、海、空三个军种。国王在军队总协调员(由王储兼任)和国防行政机构秘书长的协助下,直接领导和指挥全国武装力量。

领导人物 国王兼武装力量最高统帅穆莱·哈桑二世(1961年3月3日即位)。王储兼军队总协调员西迪·穆罕默德。国防行政机构秘书长穆罕默德·阿卡巴尔准将。

武装力量 **兵力** 现役部队19.55万人。

陆军 17.5万人。编有3个军区(南部军区、西北阿特拉斯军区和边境军区)、3个机械化步兵旅、2个伞兵旅、11个机械化步兵团、10个独立炮兵群、1个独立高炮群、3个独立骆驼营、3个独立骑兵营、9个独立装甲营、1个独立山地营、37个独立步兵营、4个独立工程兵营、1个皇家卫队(1个营和1个机动中队)。

坦克:M－48A5型224辆、M－60A1型60辆、AMX－13型58辆、SK－105型100辆。装甲侦察车:EBR－75型16辆、AMX－10RC型80辆、AML－90型190辆、AML－60－7型38辆。步兵战车:"非洲獾"30辆,VAB－VC1型45辆。装甲输送车:M－113型420辆、VAB－VTT型320辆、OT－62/－64型45辆。牵引炮:105毫米106门、130毫米18门、155毫米20门。自行炮:155毫米142门。迫击炮:81毫米1100门、120毫米600门。火箭炮:122毫米40门。反坦克导弹:"米兰"80具、"龙"式440具、"陶"式150枚。无坐力炮:106毫米350门。反坦克炮:90毫米28门、100毫米8门。高炮(机枪):14.5毫米180挺、20毫米100门、23毫米90门、37毫米25门、100毫米12门。地空导弹:"小檞树"37部、SA－7若干部。

海军 7000人(含陆战队)。

护卫舰:"侦察"级1艘。导弹快艇:"拉萨加"级4艘。巡逻艇:23艘。登陆艇:3艘。支援舰:3艘。

陆战队1500人,编有1个陆战营。

空军 1.35万人。编有2个攻击战斗机中队、1个战斗机中队、2个防暴机中队、1个侦察机中队、1个运输机中队。作战飞机90架、武装直升机24架。

攻击战斗机:"幻影"F－1EH型14架、F－5E型15架、F－5F型3架。战斗机:"幻影"F－1CH型15架。防暴机:"阿尔法喷气"23架、CM－170型23架。侦察机:OV－10型4架、C－130H型2架。电子战机:C－130H型1架、"猎鹰"20型1架。运输机:C－130H型11架、"猎鹰"1架、"湾流"1架、"空中大王"8架、CN－235型7架、Do－28型3架。加油机:波音707型1架、KC－130H型3架。直升机:SA－342型24架、CH－47型7架、SA－330型27架、AB－205A型27架、AB－206型20架、AB－212型3架。教练机:AS－202型10架、CAP－10型2架、CAP－230型4架、T－34C型12架。联络机:2架。空空导弹:"响尾蛇"和"魔术"若干枚。空地导弹:"小牛"和"霍特"若干部。

预备役部队 10万人。

准军事部队 4万人,其中宪兵1万人、辅助部队3万人。

兵役制度 实行义务兵和志愿兵相结合的兵役制度,服役期为18个月,入伍者多为志愿兵。

军衔 军官军衔分4等13级,即将官4级(上将、中将、少将、准将)、校官4级(大校、上校、中校、少校)、尉官3级(上尉、中尉、少尉)、准尉2级(一级准尉、二级准尉)。

驻外兵力 驻赤道几内亚360人(1个营);向阿联酋派有5000名陆军、宪兵和警察人员(含1个伞兵营);参加联合国驻安哥拉军事观察员若干人。

外国驻军 美、法等国派有军事顾问和专家。

(毕京三)

莫 桑 比 克

国　　名 莫桑比克共和国(1990年12月起用现名)。

主要统计 面积799380平方公里。人口1638.6万人(其中,13～17岁男89万人,女92.5万人;18～22岁男75.68万人,女78.97万人;23～32岁男117.06万人,女122.94万人)。国内生产总值10.6亿美元(1990年估计)。国防费1.13亿美元(1990年国防预算估计)。原煤4.5万吨(1988年)。发电量4.75亿度(1988年)。粮食54万吨(1989年)。海运能力,商船(载重100吨以上)109艘、总载重量2.71万吨(1989年)。民航能力,固定航班机场2处、客运量1.56亿人公里、货运量370万吨公里(1990年)。

国防体制　宪法规定，总统为武装力量最高统帅。最高军事决策机构为莫桑比克解放阵线中央防务部。解放阵线主席兼任防务部部长。国防部为政府中一个部，是最高军事行政机关。武装力量由正规军和准军事部队组成。正规军分陆、海、空三个军种；准军事部队有边防卫队、民兵和村镇自卫队。最高军事指挥机构为总参谋部。总统通过国防部和总参谋部对全国武装力量实施领导和指挥。

领导人物　总统兼武装力量最高统帅若阿金·阿尔贝托·希萨诺少将（1986年11月上任）。国防部长阿尔贝托·若阿金·希潘德大将（1975年7月上任）。国防部副部长兼总参谋长安东尼奥·哈马·泰中将（1987年6月上任）。国防部副部长兼全国武装力量政委爱德华多·达西尔瓦·尼赫亚少将（1987年12月上任）。陆军司令托拜厄斯·戴中将（1987年12月上任）。海军司令曼纽尔·凯塔诺上尉（1987年6月上任）。空军司令努尔·亨格瓦纳上校（1987年6月上任）。

武装力量　**兵力**　现役部队58000人（包括边防卫队）。

陆军　约45000人。编有10个省军区、1个坦克旅、7个步兵旅、1个轻装步兵旅、6个高炮营、若干独立作战营、战斗支援营及治安分队。

坦克：T－54/－55型约80辆。装甲侦察车：БРДМ－1/－2型30辆。步兵战车：БМП－1型40辆。装甲输送车：БТР－60型100余辆、БТР－152型100辆。牵引炮：76毫米200门、85毫米、100毫米、105毫米、122毫米各若干门、130毫米24门、152毫米20门。火箭炮：122毫米30门。迫击炮：82毫米、120毫米各若干门。无坐力炮：75毫米、81毫米、107毫米若干门。高炮：20毫米、23毫米、37毫米、57毫米等合计400门。地空导弹：SA－7型若干部。

海军　约1000人。基地设在马普托、贝拉、纳卡拉、彭巴、伊尼扬、奎利马内、梅坦古拉（尼亚萨湖）。

巡逻艇：12艘。扫雷艇：苏制"叶甫根尼亚"级2艘。两栖舰艇：通用登陆艇2艘。

空军　7000人（含防空部队）。编有5个攻击战斗机中队、1个运输机中队。作战飞机43架、武装直升机6架。

攻击战斗机：米格－21型43架。运输机：安－26型5架、C－121型2架、色斯纳152/172型3架。攻击直升机：米－24型6架。运输直升机：米－8型5架。教练机：色斯纳182型4架、PA－32型4架。地空导弹：SA－2型若干部、SA－3型10部。

准军事部队　边防卫队5000人，编有1个旅；省属地方部队9个营（除尼亚萨省之外每省编有1个营）。

兵役制度　实行征兵制，服役期2年，紧急状态下可以延长服役期。

外国驻军　津巴布韦驻军，据报道有2000人，经训练的约1000人，编有8个营；马拉维驻军800人；苏联和朝鲜分别派有军事顾问75人和40人。

（李鸿飞）

南　非

国　　名　南非共和国。

主要统计　面积1222161平方公里（不包括沃尔维斯湾）。人口3735.42万人（其中，13～17岁男202.31万人，女200.9万人；18～22岁男178.54万人，女176.89万人；23～32岁男287.72万人，女287.32万人）。国内生产总值1015.7亿美元（1990年）。国防费43.2亿美元（1990年国防开支），41.1亿美元（1991年国防预算）。原煤1.78亿吨（1988年）。发电量1579亿度（1988年）。粮食1524.4万吨（1989年）。海运能力，商船（载重100吨以上）236艘、总载重量35.16万吨（1989年）。民航能力，固定航班机场37处、客运量88.08亿人公里、货运量2.57亿吨公里（1990年）。

国防体制　宪法规定，总统为武装力量最高统帅。最高国防决策机构为国家安全委员会，成员有总统、国防部长、外交部长、内务部长、财政部长、司法部长和国防军司令等，由总统任主席。国防部为政府中一个部，是最高军事统帅机构。武装力量由正规军、预备役部队和准军事部队组成。正规军分陆、海、空三个军种和医务部队；预备役部队分两类：第一类预备役为国民军，第二类预备役为国民军预备役和地方突击队（相当于地方自卫队），部分预备役部队要编入正规军服役;准军事部队分警察和警察预备队。南非4个独立的"黑人家园"武装力量实际上也为南非当局所控制。总统通过国防部对全国武装力量实施领导和指挥。

领导人物 总统兼武装力量最高统帅弗雷德里克·德克勒克(1989年10月上任)。国防部长鲁洛夫·麦耶(1991年9月上任)。国防军司令凯特·利本伯格上将(1990年11月上任)。国防军参谋长伯特·贝克尔中将(1990年11月上任)。陆军司令乔治·梅林中将(1990年11月上任)。海军司令德利埃斯·普特中将(1989年上任)。空军司令简·洛吉伦伯格中将(1989年上任)。警察部队司令范·德尔·默威将军(1990年1月上任)。

武装力量 **兵力** 现役部队7.24万人(含医务部队)。

陆军 4.99万人,包括正规部队(约1.89万人)和执行现役任务的预备役部队(约3.1万人)。其中,正规部队编有13个军(地区)司令部、1个空降旅(辖1个正规营、1个训练营、2个国民军空降营、1个国民军炮兵营)、特种部队5个装甲侦察营(其中4个正规部队营、1个国民军营)、9个步兵营(2个有色人营、7个黑人营)。训练部队(均具备作战能力)有:2个装甲营、9个步兵营(其中2个白人机械化营、6个白人摩托化营、1个黑人摩托化营)、2个炮兵团、1个高炮团、1个工程兵团。预备役部队中的国民军编有1个军部(正规化管理),下辖3个师(每师辖1个装甲旅、2个机械化旅,其中装甲旅辖2个装甲团、2个机械化步兵营;机械化旅每旅下辖3个步兵营。各旅均编有1个装甲侦察团、1个炮兵团、1个工程兵团)和若干独立部队(2个装甲侦察团、2个高炮团、16个步兵营、3个工程兵团、2个炮兵团);地方突击队编有约250个步兵营。

主战坦克:"百人队长"/"号角"约250辆。装甲侦察车:"大羚羊"60/90型1600辆、"白鼬"和"山猫"若干辆。步兵战车:"非洲獾"20/60/90型共1500辆。装甲输送车:"水牛"、"卡斯皮尔"等1500辆。牵引炮:共350门,其中88毫米30门、140毫米75门、155毫米40余门。自行炮:155毫米10余门。火箭炮:130门,其中127毫米(40管)120门。迫击炮:81毫米4000门、120毫米120余门。反坦克导弹:SS—11型若干具、"安塔克"120具、"斯威夫特"若干具。无坐力炮:106毫米若干门。反坦克炮:90毫米若干门。高炮:500门,其中20毫米若干门、35毫米150门、40毫米25门。地空导弹:"仙人掌"20部、"山猫"30部。尚有若干缴获来的SA—7/—8/—9/—13/—14型地空导弹。

海军 4500人。司令部设在比勒陀利亚。编有潜艇、攻击、扫雷三支舰队。基地设在西蒙斯敦、德班和沃尔维斯湾。

潜艇:"桂树神"级3艘。导弹攻击快艇:"雷谢夫"级9艘。扫雷艇:9艘。支援及勤务船:4艘。

空军 1万人。编有2个本土军区、1个防空司令部、1个战术支援司令部、1个后勤司令部、1个训练司令部、7个攻击战斗机中队、1个战斗机中队、1个电子战飞机中队、1个海上侦察中队、3个运输机中队、7个直升机中队、1个联络和引导机中队、5所航校。作战飞机259架、武装直升机约14架。

攻击战斗机:"英帕拉"Ⅱ型75架、"幻影"F—1AZ型29架、"猎豹"E型12架。战斗机:"幻影"F—1CZ型14架。电子战飞机:波音707—320型4架。海上侦察机:C—47型8架。运输机:C—130B型7架、C—160Z型9架、HS—125型4架、"空中之王"200型2架、"嘉奖"1架、"子爵"781型1架、C—47型19架、Dc—4型4架。直升机:SA—316/—319型63架(含武装直升机)、SA—330型63架。联络/引导机:AM—3C型34架。教练机:C—47型12架、"猎豹"D型14架、T—6G"哈佛"ⅡA/Ⅲ型130架(其中80架将改装)、"英帕拉"Ⅰ型115架。教练直升机:SE—3130型30架、SA—316型7架。空地导弹:AS—11/—20/—30型若干枚。空空导弹:R—530、R—550"魔术"、AIM—9"响尾蛇"、V—3C"海鲫"、V—3A/B"库克利刀"各若干枚。地空导弹:"仙人掌"20部、"山猫"54部、SA—8/—9/—13型若干部。

医务部队 8000人。作为南非国防军的一支独立部队,部署在全国各地,支援陆、海、空三军。

预备役部队 第一类预备役国民军36万人;第二类预备役即国民军预备役13.5万人;地方突击队约14万人。

准军事部队 南非警察6万人,警察预备队3.7万人。

兵役制度 对白人实行征兵制,服役期1年。服现役期满后,一律转入第一类预备役即国民军中继续服役。服现役的国民军士兵一般编入陆军,作为陆军现役部队的组成部分。国民军间断性的服役期为12年。在此期间,以2年为一轮,每轮须进行60天的军事训练。12年期满后,或改为志愿兵继续在国民军中服役至55岁,或自愿到第二类预备役即国民军预备役中服役5年。此后,有可能抽调到地方突击队,每年服役12天,服役至55岁。非白人可以自愿到正规军、国民军和地方突击队中服役。

黑人"家园武装" 约7000人,其中:

博普塔茨瓦纳"家园武装" 约3100人。编有1个步兵营、1个空降/特种分队、2～3个独立步兵连、1个侦察机小队、1个轻型运输机小队、1个直升机小队。

装甲输送车："水牛"若干辆。迫击炮：81毫米若干门。飞机：C—212—200型2架、P—68型2架、PC—7型1架。直升机：AS—355型1架、BK—117型2架、SA—316型2架。

西斯凯"家园武装"　约1000人。编有1个步兵营、1个空降连。

装甲输送车："水牛"若干辆。迫击炮：81毫米若干门。飞机：BN—2型2架、IAI—1124型1架、"空中货车"2架。直升机：BK—117型3架、Bo—105型1架。

特兰斯凯"家园武装"　约2000人。编有1个步兵营、1个特种兵团（辖1个特种连、1个空降连、1个山地中队、1个海军陆战队小队）、1个飞行小队。

迫击炮：81毫米若干门。飞机：C—212型2架。直升机：BK—117型2架。

文达"家园武装"　约900人。编有1个步兵营、1个工程兵小队、1个飞行小队。

装甲输送车："水牛"若干辆。迫击炮：81毫米若干门。直升机：BK—117型2架、SA—316B型1架。

（李鸿飞）

尼日利亚

国　名　尼日利亚联邦共和国。

主要统计　面积923768平方公里。人口12251.9万人（其中，13～17岁男697.41万人，女698.05万人；18～22岁男570.7万人，女574.65万人；23～32岁男842.26万人，女859.776万人）。国内生产总值273.3亿美元（1990年估计）。国防费2.5491亿美元（1991年国防预算）。原煤13.5万吨（1988年）。原油5.86亿桶（1989年）。天然气47亿立方米（1989年）。发电量99.25亿度（1988年）。粮食1118.3万吨（1989年）。海运能力，商船（载重100吨以上）242艘、总载重量73.69万吨（1989年）。民航能力，固定航班机场13处、客运量11.4亿人公里、货运量3090万吨公里（1990年）。

国防体制　宪法规定，总统为武装力量总司令。武装力量执委会为最高军事决策机构，负责制定国防政策、建军方针、军事预算等。国防部是武装力量最高行政机构。武装力量由陆军、海军和空军组成。总统通过国防部和国防参谋长对全国武装力量实施领导和指挥。

领导人物　总统兼武装力量总司令易卜拉欣·巴达莫西·巴班吉达上将（1985年8月上任）。国防部长兼国防参谋长萨尼·阿巴查上将（1990年8月上任）。陆军参谋长萨利胡·易卜拉欣中将（1990年1月上任）。空军参谋长恩·奥·尤素福中将（1989年12月上任）。警察总监阿·阿·阿塔少将（1989年12月上任）。

武装力量　**兵力**　现役部队9.45万人。

陆军　8万人。编有1个装甲师（辖2个装甲旅、1个机械化旅）、1个合成师（含1个空降旅、1个空中机动旅、1个两栖旅）、2个机械化师（每师辖3个机械化旅）、1个防空旅。上述各师均编有1个炮兵旅、1个工程兵旅和1个侦察营。

主战坦克：T—55型60辆、"维克斯"72辆。轻型坦克："蝎子"100辆。装甲侦察车："萨拉丁"20辆、AML—60/—90型约180辆、"狐狸"55辆。装甲输送车："萨拉逊"10辆、4K—7FA型300辆。牵引炮：105毫米200门、122毫米200门、155毫米24门。自行炮：155毫米25门。迫击炮：81毫米200门。无坐力炮：84毫米、106毫米各若干门。高炮：20毫米约60门、23毫米30余门、40毫米若干门。地空导弹："吹管"48部、"罗兰"16部。

海军　5000人。编有2个司令部。基地设在阿帕帕、卡拉巴、沃瑞、哈科特港。

护卫舰："阿拉杜"（德"梅科"级）1艘、"奥布马"1艘。小型护卫舰："埃林米"级2艘、"奥托博"级1艘。导弹攻击快艇："锡里"级3艘、"埃克佩"级3艘。巡逻艇：45艘。扫雷艇：2艘。两栖舰：坦克登陆舰2艘。支援及勤务舰艇：7艘。

海军航空兵装备有直升机"大山猫"Mk89MR/SAR型2架。

空军　9500人。编有3个攻击兼战斗机中队、1个搜索救援中队、2个运输机中队、3个轻型运输机中队。作战飞机95架，武装直升机16架。

攻击兼战斗机："阿尔法喷气"22架、米格—21型22架、"美洲虎"15架。防暴兼教练机：L—39MS型23架、MB—339AN型12架。攻击直升机：Bo—105D型15架。海上侦察搜索机：F—27MR型2架、Bo—105D

型4架。运输机:C—130H型6架、C—130—H—30型3架、Do—228型专机3架、G—222型5架、波音727型专机1架、“猎鹰”专机1架、BAe—125—700型专机1架、“湾流”专机2架。轻型运输机:Do—28D型18架、Do—128—6型18架。直升机:AS—322型4架、Bo—105CB型4架、SA—300型2架。教练机:“大斗犬”25架、休斯300型14架。空空导弹:“环礁”AA—2型若干枚。

准军事部队　海岸警卫队,装备有10艘巡逻艇、60余艘小船;港口治安警察12000人;治安和民防部队,属内务部,装备有装甲车辆、飞机、直升机、小艇、汽垫船等。

兵役制度　实行志愿兵役制。

驻外兵力　驻利比里亚约5000人,为西非国家维持和平部队的主力;驻塞拉利昂800人;驻安哥拉联合国军事观察员若干人;驻伊拉克/科威特边境联合国军事观察员7人。

(李鸿飞)

塞内加尔

国　　名　塞内加尔共和国。

主要统计　面积196722平方公里。人口788.5万人(其中,13～17岁男44.98万人,女44.95万人;18～22岁男37万人,女37.45万人;23～32岁男55.5万人,女56.17万人)。国内生产总值58.1亿美元(1990年估计)。国防费1.12亿美元(1990年国防预算)。发电量7.63亿度(1988年)。粮食107.2万吨(1989年)。海运能力,商船(载重100吨以上)161艘、总载重量3.64万吨(1989年)。民航能力,固定航班机场10处、客运量2.086亿人公里、货运量3520万吨公里(1989年)。

国防体制　宪法规定,总统为武装力量最高统帅。最高国防决策机构为国防委员会。武装力量部(相当于国防部)为政府中一个部,是最高军事行政机关。武装力量由正规军和准军事部队两部分组成。正规军分陆、海、空三个军种。最高军事指挥机构为武装力量总参谋部。总统通过武装力量部和总参谋部对全国武装力量实施领导和指挥。

领导人物　总统兼武装力量最高统帅阿卜杜·迪乌夫(1981年上任)。武装力量部部长梅杜纳·法尔(1991年4月连任)。武装力量总参谋长马马杜·曼苏尔·塞克空军少将。

武装力量　**兵力**　现役兵力9700人。

陆军　8500人。编有4个军区司令部、1个装甲营、6个步兵营、1个空降营、1个突击营、1个炮兵营、1个工程兵营、1个总统骑兵卫队、3个基建连。

装甲侦察车:M—8/—20型14辆、AML—60/—90型57辆。装甲输送车:“庞阿尔”M—3型约16辆、M—3型(半履带)12辆。牵引炮:75毫米、105毫米、155毫米各6门。迫击炮:81毫米、120毫米各8门。反坦克导弹:“米兰”若干具。火箭筒:89毫米若干具。高炮:20毫米21门、40毫米12门。

海军　700人。基地设在达喀尔、卡萨芒斯。

巡逻作战艇:10艘。两栖艇:坦克登陆艇、机械化部队登陆艇各2艘。

空军　500人。编有1个防暴机中队、1个运输机中队。作战飞机9架。

防暴机:CM—170型5架、“游击战士”R—235型4架。海上侦察/搜索机:EMB—111型1架。运输机:F—27—400M型6架、MH—1521型2架、PA—23型(联络机)1架。直升机:SA—318C/—330/—341H型共5架。教练机:“运动会”160/235A型共4架。

准军事部队　宪兵若干人,装备有装甲车12辆;海关侦缉队若干人,装备有2艘小艇及其他船只。

驻外兵力　参加联合国驻伊拉克/科威特边境军事观察员若干人;驻安哥拉军事观察员7人。

外国驻军　法国驻军1200人(1个海军陆战队团,装备海上侦察兼运输的飞机和直升机若干架)。

(李鸿飞)

苏　丹

国　　名　苏丹共和国。

主要统计　面积2505813平方公里。人口2608.32万人(其中,13～17岁男150.71万人,女142.62万人;18～22岁男125.26万人,女118.56万人;23～32岁男190万人,女183.37万人)。国内生产总值1483.02亿苏丹镑,合110.3亿美元(1990年)。国防费43亿苏丹镑,合3.2亿美元(1990年国防预算估计)。原油737万桶(1987年)。发电量10.61亿度(1988年)。粮食236.9万吨(1989年)。海运能力,商船(载重100吨以上)25艘、总载重量12.71万吨(1989年)。民航能力,固定航班机场10处、客运量6.72亿人公里、货运量1180万吨公里(1990年)。

国防体制　苏丹救国革命指挥委员会主席为武装力量总司令。国防部为政府的一个部。武装力量由正规军和准军事部队组成。正规军分陆、海、空三个军种。全国划分为6个军区。最高军事指挥机构为武装力量总司令部。参谋长负责军队日常工作。

领导人物　救国革命指挥委员会主席、武装力量总司令、总理兼国防部长奥马尔·哈桑·艾哈迈德·巴希尔中将(1989年7月1日上任)。参谋长伊沙克·易卜拉欣·奥马尔中将(1989年7月1日上任)。作战副参谋长哈桑·阿卜杜勒·拉赫曼·阿里中将(1989年7月1日上任)。行政副参谋长哈桑·穆罕默德·哈桑·阿拉姆中将(1989年7月1日上任)。军需副参谋长易卜拉欣·苏莱曼·哈桑中将(1989年7月1日上任)。海军司令赛义德·胡斯尼·阿卜杜勒·凯里姆准将。空军司令阿里·尤素福·艾哈迈德·巴德里少将。

武装力量　**兵力**　现役部队7.15万人。

陆军　6.5万人。编有8个师、1个装甲师部、26个旅、3个团、1个营。

坦克:T—54/—55型200辆、M—60A3型20辆、其他型80辆。装甲侦察车:AML—90型6辆、“萨拉丁”15辆、“白鼬”50辆、БРДМ—1/—2型30辆。装甲输送车:БТР—50/—152型40辆、OT—62/—64型30辆、M—113型36辆、V—100/—150型80辆、“瓦利德”100辆。牵引炮:105毫米24门、122毫米70门、130毫米27门、152毫米4门、155毫米12门。自行炮:155毫米6门。火箭炮:122毫米4门。迫击炮:81毫米若干门、120毫米36门。反坦克导弹:“旋火”4具。无坐力炮:106毫米若干门。反坦克炮:76毫米18门、100毫米20门。高炮:20毫米、23毫米、85毫米、100毫米等若干门、37毫米120门、40毫米60门。地空导弹:SA—7型和“红眼睛”若干部。

海军　500人。基地设在苏丹港。

巡逻艇:2艘。登陆艇:2艘。

空军　0.6万人。编有2个中队、5个连。作战飞机51架,武装直升机2架。

攻击战斗机和战斗机:F—5E型7架、F—5F型2架、米格—21型8架、米格—23型3架、其他型25架。防暴机:BAC—167MK90型3架、“喷气大教堂”55型3架。海上侦察机:C—212型2架。运输机:安—24型5架、C—130H型5架、C—212型4架、DHC—5D型2架、EMB—110P型6架、F—27型1架、“猎鹰”20/50型2架。教练机:米格—15型4架、米格—21型4架、JJ—5型2架、JJ—6型2架。直升机:AB—412型11架、IAR/SA—330型15架、米—4型4架、米—8型14架、米—24型(武装)2架。地空导弹:SA—2型18部。空空导弹:AA—2“环礁”若干枚。

准军事部队　0.3万人,其中国民警卫队500人;边防卫队2500人,编有1个师部、10个营;民防部队若干人。

兵役制度　实行志愿兵役制,服役期3年。

军衔　军官分4等11级,即元帅1级、将官4级(上将、中将、少将、准将)、校官3级(上校、中校、少校)、尉官3级(上尉、中尉、少尉)。

(张令钟)

索马里

国　　名　索马里共和国。

主要统计　面积637657平方公里。人口644.6万人(其中,13～17岁男35.26万人,女33.51万人;18～22岁男28.5万人,女28.96万人;23～32岁男43.84万人,女45.42万人)。国内生产总值6.018亿美元(1989年估计)。国防费1805万美元(1989年国防预算估计)。发电量2.57亿度(1988年)。粮食60.8万吨(1989年)。海运能力,商船(载重100吨以上)24艘、总载重量1.41万吨(1989年)。民航能力,固定航班机场5处、客运量1.361亿人公里、货运量200万吨公里(1990年)。

编者按　1991年1月,西亚德政权被推翻后,没有组建国家武装力量。南部地区,索马里联合大会的武装占领了首都摩加迪沙,该组织领导人迈赫迪出任临时总统,该组织武装力量领导人法拉赫出任联合大会的主席和议长。从1991年11月起,联合大会内部发生分裂,支持迈赫迪的武装和支持法拉赫的武装在首都地区发生大规模武装冲突,一直持续到1992年春;北部地区,索马里民族运动宣布索北方独立,成立索马里兰共和国。原西亚德政府军的武器装备现分散在各派武装之手,装备完好率很低,大部分已无法使用。原兵力和武器装备情况请参阅本《年鉴》1991年版。

(李鸿飞)

坦桑尼亚

国　　名　坦桑尼亚联合共和国。

主要统计　面积945087平方公里(其中桑给巴尔2657平方公里)。人口2756.74万人(其中,13～17岁男152.5万人,女155.4万人;18～22岁男126.28万人,女129.79万人;23～32岁男180.4万人,女186.92万人)。国内生产总值28.6亿美元(1989年)。国防费1.192亿美元(1989年国防预算估计)。原煤0.3万吨(1988年)。发电量8.79亿度(1988年)。粮食463.4万吨(1989年)。海运能力,商船(载重100吨以上)39艘、总载重量3.21万吨(1989年)。民航能力,固定航班机场19处、客运量2.373亿人公里、货运量270万吨公里(1990年)。

国防体制　宪法规定,总统为武装力量最高统帅。最高国防决策机构为革命党中央国防安全委员会,由革命党主席任主席,政府总理任书记。国防部为政府中一个部,是最高军事行政机关,全称为国防和国民服务部。武装力量由正规军、预备役和准军事部队组成。正规军分陆、海、空三个军种;预备役为全国武装民兵;准军事部队有警察、国民服务队和普通民兵。最高军事指挥机构为人民国防军司令部。总统通过国防部和国防军司令部对全国武装力量实施领导和指挥。

领导人物　总统兼武装力量最高统帅阿里·哈桑·姆维尼(1985年10月上任)。政府总理兼国防委员会书记约翰·马来西拉(1990年11月上任)。总统办公室负责国防和国民服务事务的国务部长阿姆拉尼·马亚吉拉(1990年11月上任)。人民国防军司令欧内斯特·基亚罗上将(1988年9月上任)。人民国防军参谋长图马伊内尔·基韦卢中将(1988年9月上任)。

武装力量　**兵力**　现役部队4.68万人。

陆军　4.5万人。编有3个师、8个步兵旅、1个坦克旅、2个野炮营、2个高炮营(辖6个连)、2个迫击炮营、2个反坦克营、1个地空导弹营。

坦克:T—62型30辆、其他型30辆。轻型坦克:“蝎子”36辆、其他30辆。装甲侦察车:БРДМ—2型20辆。装甲输送车:БТР—40/—152型共45辆、其他30辆。牵引炮:76毫米45门、85毫米80门、122毫米220门、130毫米50门。火箭炮:122毫米50门。迫击炮:82毫米300门、120毫米50门。无坐力炮:75毫米540门。高炮(机枪):14.5毫米280挺、23毫米40门、37

毫米120门。地空导弹:SA—3型9部、SA—6型12部、SA—7型若干部。

海军　800人。基地设在达累斯萨拉姆、桑给巴尔、姆万扎(维多利亚湖)。

鱼雷快艇:4艘。巡逻艇:17艘。

空军　1000人。编有3个战斗机中队、1个运输机中队。作战飞机24架。

战斗机:各式24架。运输机:DHC—5D等型6架。直升机:AB—205型4架。联络机:色斯纳310/404型共9架、PA—28/—32型共6架、贝尔206B直升机2架。教练机:米格—15型2架、PA—28型5架。

准军事部队　警察野战部队1400人;警察飞行小队若干人,装备有飞机色斯纳U206型1架、直升机AB—206A/—B型4架、贝尔—47G/—206L型4架。警察海上分队100人;全民普通民兵10万人。

兵役制度　实行征兵制,服役期2年。

军衔　军官军衔分4等11级,即将官4级(上将、中将、少将、准将)、校官3级(上校、中校、少校)、尉官3级(上尉、中尉、少尉)、准尉。

(李鸿飞)

突尼斯

国　　名　突尼斯共和国。

主要统计　面积164150平方公里。人口819.12万人(其中,13～17岁男46.7万人,女43.83万人;18～22岁男43.48万人,女40.46万人;23～32岁男71.7万人,女69.54万人)。国内生产总值109.1亿第纳尔,合124.2亿美元(1990年)。国防费4.03亿第纳尔,合4.686亿美元(1991年国防预算)。原油3400万桶(1989年)。天然气3.6亿立方米(1989年)。发电量51.69亿度(1988年)。粮食63.6万吨(1989年)。海运能力,商船(载重100吨以上)74艘、总载重量44.68万吨(1989年)。民航能力,固定航班机场6处、客运量15.72亿人公里、货运量1960万吨公里(1990年)。

国防体制　宪法规定,总统为武装力量最高统帅。最高国防决策机构是国防委员会。国防部为内阁中的一个部,是最高军事行政机关。武装力量由正规军和准军事部队组成。正规军分陆、海、空三个军种。国民军参谋部隶属国防部,负责全军的作战、训练和后勤等工作。总统通过国防部长对全军实施领导和指挥。

领导人物　总统兼武装力量最高统帅本·阿里(1987年11月上任)。国防部长阿卜杜勒·阿齐兹·本·达希亚(1991年10月上任)。国民军参谋长尤素福·巴拉卡特中将。

武装力量　**兵力**　现役部队3.5万人。

陆军　2.7万人。编有2个机械化旅、1个撒哈拉旅、1个伞兵突击旅、1个防空旅、1个装甲侦察团、1个反坦克团、1个野战炮兵团、1个工程兵团。

坦克:M—60A3型54辆、M—60A1型30辆、SK—105"屈拉西尔"55辆。装甲侦察车:"萨拉丁"24辆、AML—90型35辆。装甲输送车:M—113A1/—2型140辆、EE—11型18辆、F—6614型110辆。牵引炮:105毫米48门、155毫米69门。自行炮:105毫米10门、155毫米18门。迫击炮:81毫米95门、107毫米40门、120毫米18门。反坦克导弹:"陶"式65具、"米兰"500具。无坐力炮:57毫米140门、106毫米70门。高炮:20毫米100门、37毫米10门。地空导弹:RBS—70型48部、MIM—72"小槲树"25部。

海军　4500人。

护卫舰:"野人"级1艘。导弹快艇:"战士"级3艘,"比塞大"级3艘。巡逻艇:14艘。

空军　3500人。作战飞机53架,武装直升机18架。

攻击战斗机:F—5E型15架、F—5F型15架。防暴机:MB—326K型7架、MB—326L型4架。运输机:C—130H型2架。联络机:S—208M型2架。教练机:SF—260型21架、MB—326B型8架。直升机:SA—341型5架、SA—313型6架、SA—316型5架、UH—1型6架、AB—205型13架、AS—350型6架、AS—365F型1架。空空导弹:AIM—9J"响尾蛇"若干枚。

准军事部队　1.35万人,其中宪兵3500人、国民警卫队1万人。

兵役制度　实行选征兵役制,士兵服役期1年。

军衔　军官军衔分4等11级,即将官3级(中将、少将、准将)、校官3级(上校、中校、少校)、尉官3级(上尉、中尉、少尉)、准尉2级(一级准尉、二级准尉)。

(毕京三)

乌　干　达

国　　名　乌干达共和国。

主要统计　面积241038平方公里。人口1781.6万人(其中,13～17岁男102.77万人,女102.67万人;18～22岁男84.33万人,女84.88万人;23～32岁男122.91万人,女125.88万人)。国内生产总值37.1亿美元(1990年估计)。国防费7413万美元(1990年国防预算估计)。发电量5.99亿度(1988年)。粮食97万吨(1989年)。海运能力,商船(载重100吨以上)3艘、总载重量8600吨(1989年)。民航能力,固定航班机场1处、客运量1.3亿人公里、货运量1600万吨公里(1990年)。

国防体制　宪法规定,总统为武装力量最高统帅。国防部为政府中一个部,是最高军事行政机关。总统通过国防部和军队司令对全国武装力量实施领导和指挥。

领导人物　总统兼武装力量最高统帅和国防部长约韦里·穆塞维尼中将(1986年1月上任)。负责国防事务的国务部长戴维·提尼富扎少将(1989年11月上任)。军队司令穆吉沙·蒙图少将(1989年11月上任)。军队参谋长弗里德·纳勇巴中校(1989年11月上任)。

武装力量　**兵力**　国民抵抗军约7万人。编有6个旅、若干个营。

坦克:T—54/—55型若干辆。装甲输送车:БТР—60型若干辆、OT—64SKOT型4辆。牵引炮:76毫米60门、122毫米20门。迫击炮:82毫米、120毫米若干门。反坦克导弹:AT—3"耐火箱"40具。高炮(机枪):14.5毫米若干挺、23毫米、37毫米若干门。地空导弹:SA—7型若干部。攻击战斗机:米格—17型8架。战斗机:米格—21型5架。教练机:L—29型5架、P—149型5架、S—211型4架、SF—260/—260W型8架。攻击直升机:AB—412型2架。运输直升机:贝尔—47/—205/—206/—214型共12架、米—8型2架。联络机:PA—23型2架、"超级幼熊"11架。警察飞行队装备:DHC—2/—4/—6型飞机共3架、贝尔—206/—212型直升机6架。

兵役制度　实行志愿兵役制。

(李鸿飞)

赞　比　亚

国　　名　赞比亚共和国。

主要统计　面积752617平方公里。人口829.74万人(其中,13～17岁男48.18万人,女47.45万人;18～22岁男39.53万人,女39.96万人;23～32岁男57.2万人,女58.98万人)。国内生产总值31.4亿美元(1989年)。国防费2.1339亿美元(1990年国防预算估计)。粗铜48.9万吨(1989年)。原煤46万吨(1988年)。发电量84.85亿度(1988年)。粮食198.5万吨(1989年)。民航能力,固定航班机场10处、客运量6.09亿人公里、货运量2570万吨公里(1990年)。

国防体制　宪法规定,总统为武装力量最高统帅。最高国防决策机构为国防安全委员会。国防部为政府中一个部,是最高军事行政机关。武装力量由正规军和准军事部队组成。正规军分陆、空两个军种;准军事部队有警察机动分队和警察准军事分队。最高军事指挥机构为国防军总部,总统通过国防部和国防军总部对全国武装力量实施领导和指挥。

领导人物　总统兼武装力量总司令弗里德里克·奇卢巴(1991年11月上任)。国防部长兼总参谋长本加明·姆维拉(1991年11月上任)。陆军司令西姆贝叶少将(1991年11月上任)。空军司令昔卡帕瓦夏中将(1991年11月上任)。

武装力量　**兵力**　现役部队约1.8万人。

陆军　约1.6万人。编有1个装甲团(含1个装甲侦察营)、9个步兵营(其中3个预备役营)、3个炮兵连、2个高炮连、1个工程兵营。

坦克：T－54/55型10辆、其他型20辆。轻型坦克PT－76型30辆，装甲侦察车БРДМ－1/－2型88辆。装甲输送车：БТР－60型13辆。牵引炮：76毫米35门、105毫米18门、122毫米25门、130毫米25门。火箭炮：122毫米50门。反坦克导弹："耐火箱"AT－3型若干具。无坐力炮：57毫米12门、75毫米、84毫米若干门。高炮：20毫米50门、37毫米40门、57毫米55门、85毫米16门。地空导弹：SA－7型若干部。

空军　约2000人。编有1个攻击战斗机中队、1个战斗机中队、1个运输机中队、1个直升机中队。作战飞机81架、武装直升机若干架。

攻击战斗机和战斗机：米格－21型12架、其他型12架。防暴兼教练机：G－2"海鸥"5架、J－1"隼"式4架、MB－326型18架、MFI－17型20架、SF－260型8架。侦察机：RJ－1E"隼"式2架。运输机：安－26型4架、C－47型4架、DC－6B型2架、DHC－5D型5架。HS－748型专机1架、雅克－40型专机3架。联络机：Do－28型6架。教练机：米格－21型等12架。直升机：AB－205型13架、AB－212型2架、米－8型7架、AB－47G型15架。空地导弹："耐火箱"AT－3型若干枚。地空导弹：SA－3型若干部。

准军事部队　1200人，其中警察机动分队700人（编有1个营，辖4个连）、警察准军事分队500人（编有1个营，辖3个连）。

兵役制度　实行志愿兵役制。

（李鸿飞）

扎　伊　尔

国　　名　扎伊尔共和国。

主要统计　面积2344885平方公里。人口3675.92万人（其中，13～17岁男205.86万人，女206.04万人；18～22岁男171.57万人，女171.38万人；23—32岁男261.04万人，女260.19万人）。国内生产总值32.4亿美元（1990年估计）。国防费6682万美元（1988年国防预算）。粗铜47.22万吨（1989年）。原煤12.3万吨（1988年）。原油1000万桶（1989年）。发电量53.92亿度（1988年）。粮食97万吨（1989年）。海运能力，商船（载重100吨以上）30艘、总载重量7.59万吨（1989年）。民航能力，固定航班机场25处、客运量5.06亿人公里、货运量5530万吨公里（1990年）。

国防体制　宪法规定，总统为武装力量最高统帅。最高国防决策机构为最高国防委员会。国防部为政府中一个部，全称是国防、领土安全和退伍军人部，是最高军事行政机关。武装力量由正规军和准军事部队组成。正规军分陆、海、空三个军种；准军事部队有宪兵和民卫队。最高军事指挥机构为总参谋部。总统通过国防部和总参谋部对全国武装力量实施领导和指挥。

领导人物　总统兼武装力量最高统帅蒙博托·塞塞·塞科元帅。国防、领土安全和退伍军人部部长恩戈邦达·恩赞博·科·阿通巴（1991年11月28日上任）。总参谋长芒赞贝·马·埃邦加中将（1990年1月上任）。

武装力量　**兵力**　现役部队5.07万人（含宪兵）。

陆军　2.2万人。分3个军区，编有1个步兵师（辖3个步兵旅）、1个伞兵旅（辖3个伞兵营、1个支援营）、1个特种（突击/防暴）旅、2个总统警卫旅、1个独立装甲旅、2个独立步兵旅（每旅辖3个步兵营，1个支援营）。

坦克：约80辆。装甲侦察车：AML－60/－90型共260辆。装甲输送车：M－113型12辆、YW－531型12辆、M－3型60辆。牵引炮：75毫米30门、85毫米20门、122毫米50门、130毫米8门。火箭炮：107毫米20门、122毫米若干门。迫击炮：81毫米、107毫米若干门、120毫米50门。无坐力炮：57毫米、75毫米、106毫米各若干门。高炮（机枪）：14.5毫米、37毫米、40毫米各若干门（挺）。地空导弹：SA－7型若干部。

海军　1200人（含海军陆战队600人）。基地设在巴纳纳（海港）、博马、马塔迪、金沙萨（河港）和卡莱米（坦噶尼喀湖）。

海岸巡逻艇：4艘。

空军　2500人。编有1个攻击/战斗机中队、1个防暴机中队和1个直升机中队。作战飞机28架。

攻击/战斗机："幻影"5M/5DM共8架。防暴机：MB－326/－K型共14架、AT－6G型6架。运输机：波音707－320型1架、BN－2型1架、C－47型8架、C－130H型5架、DHC－5型3架。直升机：AS－332型

1架、SA－316型7架、SA－330型9架。联络机：色斯纳310R型6架、Mu－2J型2架。教练机：色斯纳150/310型15架、SF－260C型9架、贝尔47型（直升机）6架。

准军事部队 3.5万人，其中宪兵2.5万人（40个营）、民卫队1万人。

兵役制度 实行志愿兵役制。

军衔 军官军衔分5等14级，即元帅1级、将官4级（上将、中将、少将、准将）、校官3级（上校、中校、少校）、尉官3级（上尉、中尉、少尉）、准尉3级（一级准尉、二级准尉、三级准尉）。

（李鸿飞）

乍得

国　　名 乍得共和国。

主要统计 面积1284000平方公里。人口582.74万人（其中，13～17岁男30.18万人，女30.24万人；18～22岁男26.04万人，女26.25万人；23～32岁男42.04万人，女42.68万人）。国内生产总值11.1亿美元（1990年估计）。国防费5799万美元（1989年国防预算）。发电量5200万度（1988年）。粮食67.7万吨（1989年）。民航能力，固定航班机场1处、客运量2.09亿人公里、货运量3520万吨公里（1990年）。

国防体制 1990年12月，以伊德里斯·代比为首的反政府武装攻入首都，夺取了政权。代比任总统。1991年3月成立的政府中设有国防部。其他情况不详。

领导人物 总统伊德里斯·代比（1990年12月上任）。国防部长吉布里纳·达赛尔（1991年3月上任）。国防国务秘书卢姆·伊努苏·莱纳（1991年3月上任）。

武装力量 **兵力** 现役部队约1.72万人。

陆军 约1.7万人。编有7个军区。

步兵战车：“庞阿尔”ERC－90型4辆、AML－60/－90型约50辆、V－150型9辆。牵引炮：105毫米5门。迫击炮：81毫米、120毫米若干门。反坦克导弹：“米兰”若干具。火箭筒：89毫米若干具。无坐力炮：106毫米、112毫米若干门。高炮：20毫米、30毫米若干门。地空导弹：“毒刺”10部。

空军 200人。作战飞机4架。

防暴机：PC－7型2架、SF－260W型2架。运输机：C－47型3架、C－130A/－B/－H型共4架、C－212型1架、DC－4型2架。直升机：SA－330型4架、SA－341型1架。联络机：PC－6B型2架、色斯纳FTB－337型5架。

准军事部队 约5700人。其中、国家宪兵和地方宪兵若干人，警察800人。

兵役制度 实行征兵制，服役期3年。

外国驻军 法国驻军1100人（3个步兵连和一些高炮部队，配备有作战和运输用飞机和直升机若干架）。

（李鸿飞）

欧洲国家军事概况

阿尔巴尼亚

国　　名 阿尔巴尼亚共和国（1991年4月26日起改现名）。

主要统计 面积28748平方公里。人口329.1万人（其中，13～17岁男17.3万人，女16.5万人；18

～22岁男16.1万人，女15.4万人；23～32岁男29.5万人，女28.5万人）。国民生产总值244亿列克，合38亿美元（1989年估计）。国防费8.95亿列克，合1.294亿美元（1991年国防预算估计）。原煤240万吨（1988年）。原油1100万桶（1989年）。天然气7亿立方米（1989年）。发电量41亿度（1988年）。粮食104.2万吨（1989年）。海运能力，商船（载重100吨以上）20艘，总载重量6.29万吨（1989年）。民航能力，固定航班机场1处（1990年）。

国防体制　1991年4月《宪法要则》规定，阿尔巴尼亚共和国总统为武装力量最高统帅。最高国防决策机构为国防委员会，成员有部长会议主席、国防部长、总参谋长等9人，由总统任主席。国防部为部长会议中的一个部，是最高军事行政机关，负责处理军事行政事务、国防建设等项工作。武装力量由正规军和准军事部队组成。正规军分陆、海、空三个军种。最高军事指挥机构为总参谋部。总统通过国防部和总参谋部对全国武装力量实施领导和指挥。

领导人物　总统兼武装力量最高统帅拉米兹·阿利雅（1991年4月上任）。国防部长阿尔夫雷德·莫伊休（1991年12月上任）。总参谋长科斯塔奇·卡洛利（1991年上任）。

武装力量　**兵力**　现役部队4.8万人。

陆军　3.5万人。编有1个坦克旅、4个步兵旅、3个炮兵团、6个轻型岸炮营、1个工程兵团。

坦克：T—34、T—54型190辆。装甲侦察车：БРДМ—1型13辆。装甲输送车：БТР—40/—50/—152型等120辆。牵引炮：122毫米、130毫米、152毫米若干门。火箭炮：107毫米若干门。迫击炮：82毫米、120毫米、160毫米若干门。无坐力炮：82毫米若干门。反坦克炮：45毫米、57毫米、85毫米若干门。高炮：23毫米、37毫米、57毫米、85毫米共80门。

海军　0.2万人

潜艇："威士忌"级2艘。鱼雷艇：29艘。巡逻艇：8艘。扫雷艇：1艘。油船：1艘。

空军　1.1万人，编有9个飞行中队，作战飞机95架。

攻击歼击机：45架。歼击机：50架。运输机：安—2型10架、伊尔—14型3架、里—2型6架。直升机：20架。教练机：24架。地空导弹：SA—2型22部。

预备役部队　15.5万人，其中陆军15万人，海、空军0.5万人。

准军事部队　1.2万人，其中，内卫部队0.5万人，边防军0.7万人。另有人民自卫志愿部队（民兵）若干万人。

兵役制度　实行义务兵役制。士兵服役期为18个月。

军衔　1991年11月28日恢复军衔，设有将官、校官、尉官等。

（魏世杰）

爱尔兰

国　　名　爱尔兰。

主要统计　面积70282平方公里。人口373.7万人（其中，13～17岁男17.62万人，女16.84万人；18～22岁男17.46万人，女16.81万人；23～32岁男31.47万人，女30.3万人）。国内生产总值255.62亿爱镑，合423.9亿美元（1990年）。国防费3.17亿爱镑，合5.526亿美元（1991年国防预算）。原煤4.2万吨（1988年）。天然气22.8亿立方米（1989年）。发电量132.28亿度（1988年）。粮食207.2万吨（1989年）。海运能力，商船（载重100吨以上）175艘、总载重量17.82万吨（1989年）。民航能力，固定航班机场9处、客运量42.96亿人公里、货运量1.205亿吨公里（1990年）。

国防体制　宪法规定，总统为武装力量最高统帅。最高咨询机构为国防委员会，成员有负责国防的国务部长、国防部长、参谋长、军务部长和军需部长。武装力量由陆、海、空三个军种组成，由国防部长直接领导。

领导人物　总统兼武装力量最高统帅玛丽·鲁宾逊（1990年12月上任）。副总理兼国防部长布莱恩·勒尼汉（1990年上任）。

武装力量　**兵力**　现役部队1.29万人。

陆军　1.12万人。编有1个步兵队（辖2个步兵营）、4个步兵旅部、11个步兵营、3个野战炮团、1个防空团。

坦克："蝎子"14辆。装甲侦察车：AML—90型19辆、AML—60型32辆。装甲输送车："庞阿尔"VTT/

M—3型60辆、"蒂蒙尼"10辆。牵引炮:88毫米48门、105毫米12门。迫击炮:81毫米400门、120毫米72门。反坦克导弹:"米兰"21具。无坐力炮:84毫米444门、90毫米96门。高炮:40毫米26门。地空导弹:RBS—70型7部。

海军 900人。

巡逻艇:7艘。

空军 800人。编有3个联队、6个中队。作战飞机13架,武装直升机8架。

防暴机:CM—170—2型"超级教师"6架。防暴兼教练机:SF—260型8架、SA—342型2架。运输机:HS—125型1架、"超级空中大王"200型1架、"湾流"1架。直升机:SA—316B型8架、SA—365型5架。联络机:7架。

预备役部队 1.61万人,其中陆军1.48万人,海军300人。

部署 陆军划分为4个军区(东部军区、南部军区、西部军区和克拉军区)。海军基地1处(科克)。

兵役制度 实行志愿兵役制。士兵服役期:正规军最短3年(海军最短4年),预备役6年。各级军官最高服役年限,正规军:军官为56~65岁;预备役:军官为57~65岁。

驻外兵力 参加联合国维持和平部队807人。其中,驻阿富汗和巴基斯坦1人、驻中美洲19人、驻塞浦路斯8人、驻伊拉克和科威特8人、驻黎巴嫩750人、驻中东21人、驻安哥拉若干人。 (庞廷东)

奥地利

国　名 奥地利共和国。

主要统计 面积83853平方公里。人口754.62万人(其中,13~17岁男23.87万人,女22.81万人;18~22岁男27.94万人,女26.78万人;23~32岁男62.52万人,女60.52万人)。国内生产总值17905.38亿先令,合1574.8亿美元(1990年估计)。国防费181.09亿先令,合16.8亿美元(1991年国防预算)。粗钢471.76万吨(1990年)。原煤231.76万吨(1990年)。原油115.79万吨(1990年)。天然气12.6亿立方米(1988年)。发电量501.7亿度(1990年)。粮食490.6万吨(1990年)。海运能力,商船(载重100吨以上)33艘、总载重量35.48万吨(1989年)。民航能力,固定航班机场6处、客运量29.52亿人公里、货运量4700万吨公里(1990年)。

国防体制 宪法规定,总统为武装力量最高统帅。最高国防决策机构为内阁。最高咨询机构为总理府所属的国防委员会。国防部是政府中的一个部,是最高军事行政机关,负责全军的建设、战备和训练工作。国防部下辖部队总监部、法律部、人事部、训练与军务部、后勤部。武装力量由正规军和预备役部队组成。正规军分为陆军和空军两个军种。总统通过国防部长对武装力量实施领导和指挥。

领导人物 总统兼武装力量最高统帅库尔特·瓦尔德海姆(1986年上任)。国防部长维尔纳·法斯尔阿本特(1990年上任)。部队总监卡尔·马耶岑上将(1990年上任)。

武装力量 **兵力** 现役部队4.4万人。

陆军 3.8万人。常备部队1.5万人,编有1个装甲步兵师。基干部队编有2个军部,辖9个军区、30个基干团。

坦克:M—60A3型159辆。装甲输送车:"绍勒尔"4K4E/F型460辆。牵引炮:105毫米108门、155毫米24门。自行炮:155毫米54门。要塞炮:155毫米24门。火箭炮:128毫米18门。反坦克导弹:RBS—56型38具。无坐力炮:74毫米、106毫米446门。反坦克炮:85毫米、90毫米、105毫米725门。迫击炮:81毫米551门、107毫米80门、120毫米200门。高炮:20毫米、35毫米、40毫米672门。

空军 0.6万人。编有3个航空兵师,辖3个航空兵团、1个高炮团。作战飞机54架。

攻击战斗机:"萨布"105型30架。战斗机:J—35Oe型24架。直升机:24架。教练机:38架。高炮:20毫米、35毫米54门。

文职人员 9000人。

预备役部队 24.2万人,均属陆军。

部署 陆军作战部队的部署逐步由战略要地和重要通道转至边境地区。航空兵部署在内地。

兵役制度 实行义务兵役制。服役期为6个月。服役期满后的15年内共需参加复训60天。

军衔 军官为3等11级，即将官4级(上将、中将、少将、准将)、校官3级(上校、中校、少校)、尉官4级(大尉、上尉、中尉、准尉)；士官分6级(上士、一级中士、二级中士、三级中士、一级下士、二级下士)；兵分3级(一等兵、二等兵、三等兵)。

驻外兵力 参加联合国驻塞浦路斯部队1个营410人；驻伊拉克/伊朗军事观察团7人；驻中东停战监督组17人；驻叙利亚脱离接触观察部队1个营530人。

(张青森)

保 加 利 亚

国　　名 保加利亚共和国(1990年11月15日起改现名)。

主要统计 面积110911.5平方公里。人口908万人(其中，13～17岁男33.62万人，女32.092万人；18～22岁男32.656万人，女31.088万人；23～32岁男63.144万人，女60.404万人)。国民生产总值460亿美元(1990年)。国防费19.8亿美元(1991年国防预算)。粗钢289.9万吨(1989年)。原煤3580.1万吨(1989年)。原油70万桶(1989年)。天然气10.9亿立方米(1989年)。发电量443.24亿度(1989年)。粮食966.1万吨(1989年)。海运能力，商船(载重100吨以上)200艘、总载重量195.6万吨(1989年)。民航能力，固定航班机场13处、客运量38.76亿人公里、货运量4500万吨公里(1990年)。

国防体制 总统安全委员会(1990年8月成立)为最高军事决策机构和最高领导机关，由主席、副主席和若干委员组成，主席由总统担任，副主席由副总统担任，委员包括：总理和外交、内务、国防部长及国防部副部长、总参谋长、军兵种司令等。该委员会负责制订与武装力量有关的对内对外政策，包括军队建设、武器装备发展和军事训练等，战时制订反对外来侵略的方针政策。国防部是政府对武装力量的行政领导机关，主要负责制定和实施国防建设、军队建设、军事法律的计划。总参谋部是平时和战时的主要指挥机关，负责协调国防部下属各部和各军兵种的工作。武装力量由正规军和准军事部队组成。正规军分陆、海、空三个军种。总统通过国防部和总参谋部对全国武装力量实施领导和指挥。

领导人物 总统兼总统安全委员会主席柳·热列夫(1992年1月再次当选总统)。国防部长迪米特尔·卢杰夫(1991年11月上任)。国防部第一副部长兼总参谋长柳本·彼得洛夫上将(1991年9月上任)。

武装力量 **兵力** 现役部队10.7万人。

陆军 7.5万人。编有3个军，下辖8个摩步旅、4个坦克旅、4个地地导弹旅、1个地空导弹旅、3个炮兵团、3个高炮团、1个空降团。

坦克：2149辆，其中T－34型670辆，T－55型1145辆、T－72型334辆。装甲侦察车：БРДМ－1/－2型共450辆。步兵战车：БМП－1型29辆、БМП－23型114辆。装甲输送车БТР－60型765辆、MT－LB型1123辆。牵引炮：100毫米15门、122毫米314门、130毫米72门、152毫米315门。自行炮：122毫米748门、152毫米13门。火箭炮：122毫米222门、130毫米24门。迫击炮：107毫米63门、120毫米359门、160毫米88门。地地导弹：FROG－7型28部、“飞毛腿”36部、SS－23型2部。反坦克导弹：AT－3“耐火箱”200具。反坦克炮：85毫米150门、100毫米200门。高炮：23毫米、57毫米、85毫米、100毫米共400门。地空导弹：SA－4/－6/－13型共50部。

海军 1万人。编有1个黑海舰队、1个多瑙河分舰队。

潜艇：“胜利”级3艘。护卫舰：“里加”级2艘。小型护卫舰：5艘。导弹快艇：6艘。鱼雷快艇：4艘。巡逻艇：7艘。反水雷舰艇：33艘。登陆舰艇：2艘。支援和其他舰只：9艘。

海军航空兵 装备武装直升机12架。

空军 2.2万人。编有2个航空师、7个作战团。作战飞机266架、武装直升机44架。

攻击歼击机：苏－25型39架。歼击机：米格－23型26架、米格－21型105架、米格－29型22架。侦察机：米格－21型18架、米格－25型5架、苏－22型20架。运输机：安－2型4架、安－24型5架、安－26型5架、拉－410型1架、雅克－40型专机1架。航测机：安－30型2架。直升机：米－2型14架、米－8型30架、米－24型44架。教练机：拉－29型70架、拉－39型37架、米格－21型15架、米格－23型16架、雅克－18型16架。空地导弹：AS－7“乳牛”若干枚。空空导弹;AA－2型"环礁"、AA－7型"顶尖"、AA－8型"蚜虫"等若干枚。地空导弹:SA－2/－3/－5/－10型共280部。

预备役部队　47.25万人。其中陆军42万人、海军0.75万人、空军4.5万人。

准军事部队　16.6万人。其中边防部队1.2万人、治安警察0.4万人、地方民兵15万人。

兵役制度　实行义务兵役制。士兵服役期为18个月。

军衔　军官军衔共分3等11级,即将官4级(大将、上将、中将、少将)、校官3级(上校、中校、少校)、尉官4级(大尉、上尉、中尉、少尉)。

(赵严芳)

比　利　时

国　　名　比利时王国。

主要统计　面积30519平方公里。人口986.08万人(其中13～17岁男31.7万人,女30.38万人;18～22岁男34.58万人,女33.22万人;23～32岁男77.33万人,女74.69万人)。国内生产总值65044.5亿比利时法郎,合1946.4亿美元(1990年)。国防费1023.94亿比利时法郎,合32.5亿美元(1991年国防预算)。粗钢1095万吨(1989年)。原煤248.7万吨(1988年)。天然气2900万立方米(1989年)。发电量646亿度(1988年)。粮食424.6万吨(1989年)。海运能力,商船(载重100吨以上)333艘、总载重量328万吨(1989年)。空运能力,固定航班机场4个、客运量65.28亿人公里、货运量6.75亿吨公里(1990年)。

国防体制　宪法规定,国王为武装力量最高统帅。平时国王授权国防大臣领导全国武装力量。内阁防务委员会是最高军事决策机构,同时也是国王的最高防务咨询机构,由首相、国防大臣、外交大臣、内务大臣等组成,首相任主席。"国内防务问题委员会"是协调内阁各部防务事宜的机构,由军人、外交官和公职人员专家组成,直接对首相负责,平时为内阁防务委员会会议做准备工作,战时改名为"防务技术秘书处",协助内阁协调防务问题的决策。国防部是内阁的一个部,是国防的最高行政领导机关。国防大臣在首相领导下,负责制定和执行防务政策,领导国防和军队建设。武装力量由正规军和准军事部队组成。正规军分陆、海、空三个军种。总参谋部是最高军事指挥机构。国王通过国防部和总参谋部对全国武装力量实施领导和指挥(因比军大部分兵力平时已编入北约中欧盟军司令部序列,故战时实际上归北约盟军最高司令部指挥)。

领导人物　国王兼武装力量最高统帅博杜安一世(1951年7月即位)。首相维尔弗里德·德马尔腾斯(1981年上任)。国防大臣居伊·高埃姆(文职,1988年上任)。总参谋长让·夏利埃中将(1988年7月上任)。陆军参谋长让·贝兰中将(1988年7月上任)。海军参谋长约瑟夫·德·维尔德中将(1989年10月上任)。空军参谋长范海克中将(1991年3月上任)。

武装力量　**兵力**　现役部队85450人。

陆军　62700人(含三军卫生勤务部队)。编有1个军部、2个师部、3个机械化步兵旅、1个装甲旅、1个伞兵突击团、1个侦察团、1个独立坦克营、3个自行炮营、1个地地导弹营、2个地空导弹营、2个高炮营、4个工程兵营和3个航空兵中队。

坦克:492辆,其中"豹"式334辆、"蝎"式133辆、M－41式25辆。装甲侦察车:"大弯刀"153辆。步兵战车:AIFV－B型514辆。装甲输送车:1421辆,其中M－113型525辆、"斯巴达人"266辆、AMX－VCI型510辆、M－75型77辆、BDX型43辆。牵引炮:105毫米21门。自行炮:105毫米28门、155毫米168门、203毫米11门。迫击炮:107毫米130门、120毫米18门、81毫米285门。地地导弹:"长矛"5部。反坦克导弹:"米兰"420具、"旋火"43具。反坦克炮:90毫米80门。高炮:20毫米136门、35毫米54门。地空导弹:改进型"霍克"39部。飞机:"岛民"10架。直升机:51架。

海军　4550人。编有1个小型舰队和2个分舰队。设有奥斯坦德、泽布吕日和卡洛3处海军基地。

护卫舰:"维林根"级4艘。反水雷舰艇:22艘,其中"范·哈韦比克"级6艘、"紫菀"级10艘、"赫斯塔尔"级4艘、"斯达维洛德"级2艘。后勤支援舰:2艘。考察测量船:1艘。直升机:SA－318型3架。

空军　18200人。编有战术、防空和支援训练3个司令部,下辖5个攻击战斗机中队、2个战斗机中队、1个侦察机中队、2个运输机中队、1个联络机中队、3个教练机中队和1个直升机中队。作战飞机144架。

攻击战斗机："幻影"5BA 型 18 架、F－16A/B 型 72 架。战斗机：F－16A/B 型 36 架。侦察机："幻影"5BR 型 18 架。运输机：C－130 型 12 架、波音 727 型 2 架、HS－748 型 3 架。联络机：CM－170 型 18 架。教练机："阿尔法喷气"等 59 架。直升机："海王"5 架。空空导弹："响尾蛇"若干枚。

三军卫生勤务部队　约 5000 人（正在调整）。

文职人员　3896 人。其中编入陆军 1698 人、海军 143 人、空军 278 人、卫生勤务部队 463 人、总部机关 1314 人。

预备役部队　23.4 万人（陆军 14.74 万人、海军 1.15 万人、空军 4.07 万人、卫生兵部队 3.44 万人），其中在过去三年服过役的约 14.64 万人。

准军事部队　宪兵 1.68 万人，装备有各型装甲车 142 辆、直升机 8 架。

部署　陆军作战部队主要沿本土东部和北部一线部署。空军作战飞机主要驻首都布鲁塞尔以东地区。全国共有军事基地 15 处，其中陆军基地 6 处、海军 3 处、空军 6 处。

兵役制度　实行义务兵与志愿兵相结合的兵役制度。义务兵服役期：驻本土部队为 11 个月，驻德国部队为 10 个月（从 1992 年起将统一改为 10 个月）。志愿兵的服役期为 2～9 年。军官最高服役年龄为：将官 61 岁，校官 56 岁，尉官 51 岁。

军衔　分 5 等 17 级，即将官 2 级（中将、少将）、校官 3 级（上校、中校、少校）、尉官 4 级（大尉、上尉、中尉、少尉）、军士 6 级（军士长、军士、一级上士、上士、中士、下士）、兵 2 级（一等兵、二等兵）。

驻外兵力　驻德国（原联邦德国地区）部队 2.6 万人，编有 1 个军部、1 个装甲步兵旅和 1 个机械化步兵旅，下辖 3 个炮兵营、1 个地地导弹营、4 个地空导弹营、3 个工程兵营和 3 个轻型陆航直升机中队，共装备各型坦克 200 辆；参加联合国驻中东停战监督组织观察员 4 人。

外国驻军　北大西洋公约组织总部（驻布鲁塞尔）；北大西洋公约组织欧洲盟军最高司令部（驻蒙斯市）；美国驻军 2700 人。

（尹红生）

波　兰

国　名　波兰共和国（1989 年 12 月 29 日起改现名）。

主要统计　面积 312683 平方公里。人口 3803.8 万人（其中，13～17 岁男 155.5 万人，女 148.65 万人；18～22 岁男 129.83 万人，女 123.82 万人；23～32 岁男 288.45 万人，女 283.08 万人）。国内生产总值 8282330 亿兹罗提，合 1409 亿美元（1990 年）。国防费 232747 亿兹罗提，合 21.1 亿美元（1991 年国防预算）。粗钢 1710 万吨（1987 年）。原煤 26650.4 万吨（1988 年）。原油 100 万桶（1989 年）。天然气 53.8 亿立方米（1989 年）。发电量 1443.72 亿度（1988 年）。粮食 2695.8 万吨（1989 年）。海运能力，商船（载重 100 吨以上）710 艘、总载重量 448.95 万吨（1989 年）。民航能力，固定航班机场 12 处、客运量 48.84 亿人公里、货运量 3060 万吨公里（1990 年）。

国防体制　最高国防决策机构为国防委员会，由总统任主席，并设有若干副主席：部长会议主席任第一副主席、内务部长任国内安全事务副主席、财政部长任经济事务副主席、国防部长任武装力量及国防战略规划事务副主席，成员还有议会议长、参议院议长、外交部长、运输和海洋经济部长、总统办公厅主任、国务部长、国防部常务副部长、总参谋长、内务部第一副部长以及民防司令（兼任国防委员会秘书）。国防委员会直属由议会和参议院组成的国民大会，其职责是制定国家安全与防御方针，为国民大会决定国家实施战时状态、紧急状态或发布动员令提出建议。国防部为政府中的一个部，是最高军事行政机关。国防部设有军事委员会和政治磋商委员会。军事委员会成员包括各总部及军、兵种负责人，由国防部长任主席。政治磋商委员会是国防部的咨询机构。国防部负责制定并实施国防和军队建设计划，完善军队体制，领导军队训练与教育，保障武装力量的技术和物资供应，确定职业军官的服役原则，制定武装力量科研工作计划，参与民防建设的规划和实施。各地兵役部门也受国防部领导。武装力量由正规军和准军事部队组成。正规军分陆军、海军、空军防空军三个军种。最高军事指挥机构为总参谋部，其主要职责是制定战略计划和组织战略指挥，协调国防部各部局、军兵种司令部的工作。总统（国防委员会主席）通过国防部和总参谋部对全国武装力量实施领导和指挥。

领导人物 共和国总统、国防委员会主席兼武装力量最高首长莱赫·瓦文萨(1990年上任)。国防部长(文职)扬·巴雷斯(1991年12月上任)。总参谋长兹季斯瓦夫·斯泰尔玛舒克中将(1990年10月上任)。海军司令罗姆阿尔德·瓦加海军少将(1990年上任)。空军防空军司令耶日·戈托娃瓦中将(1990年上任)。

武装力量 **兵力** 现役部队30.5万人。

陆军 19.95万人。编有9个摩步师、1个空降旅、1个两栖突击旅、3个炮兵旅、3个地地导弹旅、3个反坦克团。

坦克:2880辆,其中T—54和T—55坦克2093辆,T—72坦克757辆、PT—76型30辆。装甲侦察车:БРДМ—2型631辆。步兵战车:БМП—1型1391辆。装甲输送车:928辆,其中OT—64A7辆、OT—64C(1)型170辆、OT—64C(2)型679辆、OT—62C72辆。牵引炮:883门,其中122毫米715门、152毫米168门。自行炮:599门,其中122毫米498门、152毫米93门、203毫米8门。火箭炮:262门,其中122毫米262门。迫击炮:120毫米556门。反坦克导弹:436具,其中AT—3型296具、AT—4型115具、AT—5型18具、AT—6型7具。反坦克炮:725门。高炮:903门,其中23毫米双联装242门、23毫米4联装87门,57毫米574门。地空导弹:SA—6、SA—7、SA—8、SA—9、SA—13型共若干部。

海军 1.95万人。编有3个区舰队。

潜艇:3艘。驱逐舰:1艘。护卫舰:1艘。小型护卫舰:4艘。导弹快艇:8艘。巡逻艇:8艘。登陆艇:19艘。反水雷舰艇:23艘。支援舰艇:10艘。

海军航空兵(2300人),编有1个师,装备有武装直升机4架、直升机21架(其中米—14型11架,米—8型10架)。

空军防空军 8.6万人。编有2个航空兵师、3个攻击歼击机团、8个歼击机团、1个运输机团、3个直升机团。作战飞机506架,武装直升机29架。

攻击歼击机:苏—20型20架、苏—22型105架。战斗机:米格—21型259架、米格—23型23架、米格—29型12架。侦察机:米格—21型31架。运输机:安—2型10架、安—12型1架、安—26型12架、伊尔—14型4架。专机:图—134型2架、雅克—40型12架、图—154型1架、米—8型4架。直升机:米—2型134架、米—8型21架、米—17型3架、米—24型29架。教练机:米格—21型30架、米格—23U型6架、米格—29UB型4架、PZL—130型7架、苏—22型20架、TS—8型50架、TS—11型120架。地空导弹:SA—2、SA—3、SA—5共700部。空军和空地导弹若干枚。

预备役部队 50.7万人,其中陆军42万人、海军1.7万人、空军7万人。

准军事部队 3.3万人,其中内务部所属的边防军及海岸警卫部队1.5万人、警察预备队1.8万人。

兵役制度 实行义务兵役制。士兵服役期:1年6个月。

军衔 分7等25级,即波兰元帅1级、将官4级(大将、上将、中将、少将)、校官3级(上校、中校、少校)、尉官3级(大尉、上尉、中尉)、准尉5级(一级准尉、二级准尉、三级准尉、四级准尉、五级准尉)、军士7级(一级上士、二级上士、三级上士、四级上士、一级下士、二级下士、三级下士)、兵2级(上等兵、列兵)。

驻外兵力 参加联合国驻阿富汗维持和平部队1人、驻伊科军事观察员7人、驻叙利亚脱离接触观察部队154人,参加驻朝鲜中立国监督委员会若干人。

(王树森)

丹　麦

国　　名 丹麦王国。

主要统计 面积43092平方公里(不包括格陵兰和法罗群岛)。人口508.18万人(其中,13～17岁男17.03万人,女16.3万人;18～22岁男19.01万人,女18.17万人;23～32岁男39.36万人,女37.74万人)。国内生产总值8101.1亿丹麦克朗,合1308.9亿美元(1990年)。国防费167.25亿丹麦克朗,合28.5亿美元(1991年国防预算)。粗钢52.8万吨(1990年)。原油517.3万桶(1990年)。天然气24.9亿立方米(1989年)。发电量257.9亿度(1989年)。粮食880.8万吨(1989年)。海运能力,商船(载重100吨以上)1256艘、总载重量692.59万吨(1989年)。民航能力,固定航班机场12处、客运量42.22亿人公里、货运量1.382亿吨公里(1990年)。

国防体制 宪法规定,国王(现为女王)为武装力量最高统帅。最高国防决策机构为内阁。国防安全政策由议会审定。国防部在内阁的领导下负责执行议会确定的政策。国防委员会为国防大臣的政策咨询及助理机构,由国防司令、国防参谋长、作战部队司令、国民警卫队司令和陆、海、空军三位总监组成。武装力量由陆、海、空军和国民警卫队组成。由国防司令统一指挥陆、海、空三军。最高军事指挥机构由国防司令和国防参谋部组成。陆、海、空军总监均为国防参谋部成员。另设作战部队司令(兼任北约波罗的海通道司令部司令),直属国防司令领导。丹麦是北约成员国,并加入了北约军事一体化组织,战时丹军主力亦转归北约指挥。届时经议会批准,国防司令将向作战部队司令移交对上述部队的作战指挥权。战时国防司令只是负责本土防务和部队后勤保障,作战部队司令则率部队受领北约赋予的作战任务。

领导人物 女王兼武装力量最高统帅玛格利特二世(1974年1月继位)。国防大臣克努德·英高(1989年6月上任)。国防司令约恩·林上将(1989年11月上任)。国防参谋长汉斯·加德中将(1989年11月上任)。作战部队司令摩根·汉森中将(1990年8月上任)。陆军总监约恩·艾斯曼少将(1987年6月上任)。海军总监泰林少将(1986年6月上任)。空军总监拉森少将(1984年9月上任)。国民警卫队司令勒德·戈特里布少将(1984年9月上任)。

武装力量 **兵力** 现役部队2.94万人。

陆军 1.79万人。野战部队(由平时部队经部分补充并动员部分后备役部队组成)设2个军区。编有1个师部、5个机械化步兵旅、3个步兵旅、2个侦察营、1个陆航分队(辖8个小队);地方防御部队(架子单位)设7个地方司令部、5个战斗团队;执行联合国维持和平任务步兵营1个。

坦克:"豹"IA3型230辆、"百人队长"216辆、M—41DK—1型53辆。装甲输送车:M—113型595辆。牵引炮:105毫米184门、155毫米121门、203毫米12门。自行炮:155毫米76门。迫击炮:81毫米388门、120毫米160门。反坦克导弹:"陶"式140具。无坐力炮:84毫米1117门、106毫米150门。高炮:40毫米36门。地空导弹:"哈姆雷特"("红眼睛")若干部。飞机:8架。直升机:26架。

陆上国民警卫队:5.5万人。

海军 5000人。编有1个舰队(辖4个分舰队)。潜艇:"图姆勒伦"级2艘、"诺瓦伦"级2艘。护卫舰:"尼尔斯"级3艘。导弹艇:"威伦姆斯"级10艘。巡逻艇:27艘。扫雷和布雷舰艇:9艘。支援舰艇:7艘。直升机:8架。

海岸防御要塞2座,岸炮150毫米若干门、高炮40毫米若干门、岸防雷达若干部。

海上国民警卫队 5000人,巡逻艇:37艘。

空军 6500人。编有1个战术空军司令部(辖5个攻击战斗机兼战斗机中队、1个攻击战斗机兼侦察机中队、1个运输机中队、1个搜索/救援中队);1个防空导弹群(辖2个地空导弹营);1个控制/预警系统(辖5个雷达站);1所飞行学校。作战飞机:106架。

攻击战斗机和战斗机:F—16A/B型63架、F—35型16架。侦察机:RF—35型18架。教练机:TF—35型9架、"萨布"T—17型23架。运输机:C—130H型3架、"湾流"Ⅲ型3架。联络机:"萨布"T—17型6架。直升机:S—61型8架。空空导弹:"响尾蛇"若干枚。空地导弹:AGM—12型若干枚。地空导弹:"霍克"改进型36部。

防空国民警卫队 1万人。

文职人员 8200人。

预备役部队 7.27万人,其中陆军5.4万人,海军0.59万人,空军1.28万人。

部署 陆军主力部署在日德兰半岛和西兰岛。海军基地3处(哥本哈根、腓德烈港、科尔塞)。空军基地6处(奥尔堡、卡鲁普、范德尔、斯克鲁斯鲁普、特斯鲁普、凡尔吕色)。

兵役制度 实行义务兵与志愿兵相结合的兵役制度。义务兵服役期:一般为9至12个月,最高可达27个月;志愿兵陆、海、空军分别为54、63、72个月。服役期满后转入动员部队18个月,或转入预备役部队5年。

军官服役制度:各级军官晋升前在上一级军阶的最低任期为27个月。最高服役年限:将官为60岁、校官48岁、尉官38岁。

文职人员制度:同国家公务人员,退休年龄男60岁,女55岁。

军衔 军官为3等10级,即将官3级(上将、中将、少将)、校官3级(上校、中校、少校)、尉官4级(上尉、中尉、少尉、准尉);军士分5级(一级军士长、二级军士长、上士、中士、下士);兵分3级(一等兵、二等兵、新兵)。

驻外兵力 参加联合国驻塞浦路斯350人、驻阿富汗1人、驻印度/巴基斯坦6人,驻伊拉克/科威特32人、驻中东11人。

(张 林)

德 国

国　　名　德意志联邦共和国(1990年10月两德统一后用此名)。

主要统计　面积356957.44平方公里。人口7960万人(其中,13～17岁男215.8万人,女206.4万人;18～22岁男275.7万人,女263.7万人;23～32岁男648.3万人,女615.8万人)。国内生产总值24255亿马克,合15065亿美元(1990年)。国防费525.35亿马克,合328亿美元(1991年国防预算)。粗钢3843.4万吨(1990年)。原煤10752.5万吨(1990年)。原油3606万吨(1990年)。天然气141.826亿立方米(1990年)。发电量5299.12亿度(1990年)。粮食3750.4万吨(1990年)。海运能力,商船(载重100吨以上)1603艘、总载重量680万吨(1990年)。民航能力,固定航班机场31处、客运量370亿人公里、货运量37.15亿吨公里(1990年)。

国防政策　欧洲安全环境的变化已使德国从原来的"前线国家"变为"欧洲的中心",使德国面临的"直接军事威胁变为难以预测的危险"。从一定意义上来说,"这种危险使德国国防政策的内涵扩大了,涉及的地理范围也扩大了"。因而在国防政策上主张:(1)在北约、欧共体和欧安会三大支柱之上构造未来的欧洲安全结构,并以其有利的地缘政治优势在东西欧之间"发挥桥梁作用"。(2)在防务上实行"多方位防御",其任务:一是"对付在欧洲范围内由于民族矛盾和边界纠纷而导致的武装冲突";二是"参加北约多国部队担负的军事行动";三是"修改基本法后,在联合国的旗帜下派兵海外,执行国际军事任务"。

军事战略　根据北约新战略思想,德国军事战略已调整为:(1)在继续奉行"对敌威慑"的同时增加"危机处理手段",也就是变北约原来的两阶段指导思想("对敌威慑,一旦失灵立即战而胜之")为三阶段指导思想("对敌威慑,一旦失灵立即部署快速反应部队进行危机处理,一旦危机处理失败再遂行战而胜之")。(2)奉行"灵活的反集中"作战原则,即同时运用"空间、时间和力量三要素对付集中优势兵力的来犯之敌"。与北约盟军一起,使用高度灵活的机动部队在预先获悉、判明敌情的情况下,在"任何时间、地点将入侵之敌诱逼到预设战场并予以歼灭"。(3)实行"均衡兵力部署",即在平时将部队较为均衡地分散部署在全国各地,并实行不同的战备等级。只有在发生危机的情况下,"才将部队调遣至相关的边界地区或使部队集中遂行相应的军事任务"。

国防体制　基本法规定,联邦总理为武装力量最高统帅。最高国防决策机构为联邦安全委员会,成员有联邦总理,国防、内政、外交、财政和经济部部长,由联邦总理任主席。联邦国防军总监察长(相当于军队总参谋长)列席该委员会会议。国防部为政府中的一个部,是最高军事行政机关,负责军队建设、战备和训练工作。武装力量分陆、海、空三个军种。联邦总理通过国防部和三个军种的指挥参谋部对武装力量实施领导和指挥。

领导人物　联邦总理兼武装力量最高统帅赫尔穆特·科尔(1982年上任)。国防部长吕厄(1992年3月31日上任)。联邦国防军总监察长克劳斯·诺曼上将(1991年上任)。陆军监察长赫尔格·汉森中将(1992年初上任)。海军监察长彼得·迈伊尔海军中将(1991年上任)。空军监察长汉斯·约尔根·库巴尔特中将(1991年上任。)

武装力量　**兵力**　现役部队48万人。

陆军　33万人。其中野战陆军兵力26万人,编为3个军、12个师、36个旅、161个营;本土陆军兵力为7万人,编为3个本土陆军司令部、8个军区司令部、18个乡土防卫旅、15个乡土防卫团。共装备有坦克7133辆、装甲车9598辆、火炮4644门、武装直升机208架。

海军　4.67万人。编有1个舰队司令部、19个分舰队。装备有潜艇24艘、驱逐舰7艘、护卫舰9艘、小型护卫舰10艘、导弹快艇53艘、登陆艇22艘、两栖登陆舰12艘、反水雷舰艇77艘、布雷艇42艘、支援勤务舰65艘。海军航空兵编有1个航空师,辖5个联队,装备作战飞机129架、武装直升机49架。

空军　10.33万人。编有1个航空队司令部、6个师部,装备有作战飞机917架、运输机205架、武装直升机100架、直升机115架。另有6个地空导弹团(导弹422部)。

部署　陆军主要部署在北德平原和中部地区。海军部署在北海沿岸和波罗的海通道一线。空军重点部署在中部和南部地区，共有军事基地约 300 余处。

兵役制度 实行普遍义务兵役制，士兵服役期为12个月。各级军官最高服役年限：将官均为 60 岁，上校为 58 岁，中校为 56 岁，少校为 54 岁，尉官均为 52 岁。

军衔 军官军衔分 3 等 10 级，即将官 4 级（上将、中将、少将、准将）、校官 3 级（上校、中校、少校）、尉官 3 级（上尉、中尉、少尉）；士官 7 级（一级上士、二级上士、三级上士、一级中士、二级中士、一级下士、二级下士）；兵 4 级（一等兵、二等兵、三等兵、四等兵）。

外国驻军 美军 24.58 万人、英军 6.97 万人、法军 5 万人、比军 2.6 万人、荷军 0.55 万人、加军 0.7 万人、苏军 28 万人。

（余汉民）

法　国

国　　名 法兰西共和国。

主要统计 面积 551208 平方公里。人口5665.58万人（其中，13～17 岁男 201.03 万人，女192.24万人；18～22 岁男 210.85 万人，女 202.3 万人；23～32 岁男 434.48 万人，女 419.52 万人）。国内生产总值 64644.1 亿法郎，合 11871.5 亿美元（1990年）。国防费 1954.8 亿法郎，合 375.9 亿美元（1992 年国防预算）。粗钢 1933.5 万吨（1989 年）。原煤 1366.6 万吨（1989 年）。原油 2700 万桶（1989 年）。天然气44.1 亿立方米（1989 年）。发电量 3831.9 亿度（1989年）。粮食 5714 万吨（1989 年）。海运能力，商船（载重100 吨以上）921 艘、总载重量 665.3 万吨（1989 年）。民航能力，固定航班机场 60 处、客运量 494.5 亿人公里、货运量 39.4 亿吨公里（1990 年）。

国防政策 法国是北约集团成员国，但于 1966年 7 月退出了北约军事一体化组织，推行独立的防务政策和军事战略。由于国际局势特别是欧洲地区形势发生了一系列深刻的变化，法国正在积极酝酿对其国防政策和军事战略进行调整。目前法国防政策的要点是：

（一）主张维持力量平衡，确保欧洲的战略稳定。维持均势乃是历来法国防务政策的基本点之一，其目标是通过维持东西方之间的力量平衡，确保法国的战略安全。华约解散、苏联解体以及欧洲第一阶段常规裁军条约的签订，彻底改变了欧洲地区的力量对比状况，法国采取了较前更为积极和灵活的政策，表示将来一旦条件具备，法有可能参加核裁军谈判，同时提出在全欧洲范围内，所有国家共同参加，有计划、按比例地裁减常规军事力量，达到低水平的均衡，减少以至消除发生大规模武装冲突和持久战争的可能性，从而确保欧洲的安全与稳定。

（二）强调依靠核威慑来遏制入侵。法国认为，“核武器作为低限度的威慑工具仍是必不可少的”，核威慑战略“是目前唯一可以避免战争的战略”。其核心思想是：战略防御、遏制入侵、力求避免战争。法作为中等强国，不可能也没必要与超级大国追求核武器数量上的平等，只需建立一支可靠的“有限规模的核力量”来确保本国的安全。如遇对法发动大规模进攻，危及法国安全，法将动用战略核力量对敌人境内目标进行还击，使敌人因担心蒙受巨大损失而放弃入侵。为确保核威慑的可靠性，法公开宣称法国绝不能承担“不首先使用核武器”的义务。

（三）积极推动西欧防务联合。法国认为，西欧国家应对欧洲共同防务负担更大责任。在欧洲联合进程中，不仅要建立经济联盟，更重要的是建立政治联盟，使欧洲有共同的防务政策。法极力主张在以欧共体为基础的泛欧体系中建立未来欧洲安全新秩序，特别强调加强西欧联盟的建设，使其成为欧共体的防务机构，具体落实有关防务的问题。为推动欧洲防务联合，法国提出了将法、英核威慑力量用于欧洲共同防务的可能性问题，并与德国联合倡议在法、德混合旅基础上组建“欧洲军”。法国不断加强同德、英等国就安全战略和防务政策进行磋商，并使之制度化、具体化。法还同意大利、西班牙签订双边协定，初步形成地中海安全合作网。

（四）加强与北约的军事合作，但仍不重返北约军事一体化组织。法支持北约集团继续存在，指出可靠的欧洲安全仍不能排除美国的参与。近年来，法频繁参加北约组织的军事演习，加强同北约在军事领域的合作。但法仍强调不重返北约军事一体化组织，平时不接受北约关于防区任务的分工，战时即使同盟国并肩作战，法军也将置于本国指挥之下。法还反对北约在新形势下过多发挥政治职能，强调要加强北约内的“欧洲支柱”，突出西欧的防务特性。

（五）调整军队建设方针，使之适应形势发展。1990年7月，法国政府决定实施“2000年军队”计划，目的是将法军建设成适应形势变化，既能在欧洲地区作战，又能进行海外干涉，确保法本土及海外利益的现代化军队。“2000年军队”计划的要点是：(1)发展以战略导弹核潜艇为主体的核威慑力量，逐步降低对陆基战略战术核武器的依赖。(2)重新划分防区，成立统一本土防御司令部，使本土防御体系更加合理。(3)压缩部队规模，计划到1995年法军总兵力将在现有基础上裁减10%左右。(4)改组陆军编成，加强质量建军，提高部队战斗力。(5)缩短义务兵役期，从1991年10月起，义务兵服役期由12个月改为10个月。(6)保持军费在国民生产总值中占有一定比例，重点发展高技术武器系统，在加强常规力量建设同时，推迟、延缓部队装备计划，压缩一些武器装备的订货数量。

（六）维持在海外的重点部署，同时依靠当地力量保护法传统势力范围。作为历史上的老牌殖民帝国，法国在海外至今仍有较大的利益范围。目前法国与非洲20多个国家签有军事协定，在非洲、印度洋地区有海、空军基地和可使用的港口、机场10余处，常驻军队2万多人，在印度洋经常保持舰只10余艘。另外，法在南太平洋的穆鲁罗瓦岛建有核试验基地，并针对该地区一些国家反对核试验呼声日高和法属殖民地人民要求独立情绪不断增长的情况，法近年来还增加了在这一地区的兵力，以加强控制。

军事战略　法国奉行“有限核威慑战略”，其概念是：依靠本国独立的、具有足够威慑作用的有限的核力量，遏制敌人可能对法国发动的军事进攻。基于这一战略，法采用“逐步反应”的作战原则，即在战争初期，动用常规部队配合北约集团进行抵抗；在敌军逼近法边境时，动用战术核武器向敌发出警告，令其后撤；如敌军继续深入并危及法根本利益时，法将作出使用战略核武器的决定。总之，重点是确保核威慑的有效性，同时建设一支既能适应在欧洲战场作战，又能在海外进行干涉的精干的现代化常规力量。

国防体制　宪法规定，总统为武装力量最高统帅。总统下设内阁会议、国防委员会、限制性国防委员会和高级国防会议。内阁会议负责制定全面的防务政策，其成员有总理和所有内阁成员，由总统 任主席。国防委员会负责具体防务问题的决策，其成员有总理、外交、国防、内政和财经部长等，由总统任主席。限制性国防委员会负责军事问题的决策，由总理和总理指定的人员组成，总统任主席。高级国防会议为咨询机构。总理负责贯彻既定防务政策。国防部为内阁中的一个部，国防部长在总理领导下负责防务工作，下设三军参谋部和陆、海、空军军种参谋部以及武器装备部等单位。武装力量由陆、海、空三军和宪兵组成。最高军事指挥机构为三军参谋部。总统通过国防部和三军参谋部对全国武装力量实施领导和指挥。

领导人物　总统兼武装力量最高统帅弗朗索瓦·密特朗(1988年5月连任)。总理埃迪特·克勒松夫人(1991年5月上任)。国防部长皮埃尔·若克斯(文职，1991年1月上任)。三军参谋长雅克·朗萨德上将(1991年4月上任)。陆军参谋长伊夫·蒙夏尔上将(1991年4月上任)。海军参谋长阿兰·科阿塔内阿上将(1990年11月上任)。空军参谋长樊尚·拉纳塔上将(1991年12月上任)。

武装力量　**兵力**　现役部队45.31万人(含行政机关和直属部队人员)。

陆军　28.03万人。编有1支快速行动部队和1个集团军，辖2个军、15个师。

坦克：AMX—30型1349辆、AMX—13型143辆。装甲侦察车：AMX—10RC型313辆、“萨盖”ERC—90型192辆、AML式588辆、VBLM—11型55辆。步兵战车：AMX—10P型817辆。装甲输送车：AMX—13VTT型174辆、VAB式3500辆。牵引炮：105毫米149门、155毫米206门。自行炮：155毫米371门。火箭炮：227毫米11门。迫击炮：120毫米622门。反坦克导弹：“米兰”1396具、“雷特”825具。高炮：20毫米880门、30毫米388门。地地导弹：“冥王星”40部。地空导弹：“霍克”69部、“罗兰”181部、“西北风”95部。直升机：704架。飞机：10架。

海军　6.53万人(含陆战队和航空兵)。编有2个舰队。

航母：“克莱蒙梭”级2艘。直升机航母：“圣女贞德”级1艘。战略导弹核潜艇：“可畏”级6艘。潜艇：“红宝石”级4艘、“阿戈斯塔”级4艘、“桂树神”级5艘。巡洋舰：“科尔贝尔”级1艘。护卫舰：“乔治·莱格”级7艘、“图尔维尔”级3艘、“迪佩雷”级1艘、“乌头”级1艘、“里维埃指挥官”级5艘、“德蒂安纳·多尔韦”级17艘。驱逐舰：“卡萨尔”级2艘、“絮弗伦”级2艘。巡逻舰(艇)：24艘。登陆舰(艇)：9艘。扫布雷舰(艇)：22艘。

陆战队　2600人。装备有89毫米反坦克火箭筒、120毫米迫击炮、VAB式装甲输送车、P—4型吉普车等。

海军航空兵　400人，作战飞机156架、武装直升机52架。

空军　9.29万人。编有18个联队、66个中队。作战飞机845架。

轰炸机："幻影"4P型18架。攻击战斗机："幻影"3E型82架、"幻影"5F型39架、"幻影"2000N型54架、"美洲虎"121架。战斗机："幻影"F－1C型135架、"幻影"2000B/C型97架、"美洲虎"35架。运输机：C－160型132架、C－130型12架、"猎鹰"15架、DHC－6型10架。侦察机："幻影"F－1CR型53架、"幻影"4A型2架。教练机："阿尔法喷气"式159架。直升机：135架。空地和空空导弹若干枚。

战略核力量　18700人（其编制分属各军种）。装备有战略导弹核潜艇："可畏"级6艘、潜射导弹96枚。中程弹道导弹：S3型18枚。战略轰炸机："幻影"4P型18架。

宪兵　8.93万人，装备有装甲车337辆、迫击炮288门、直升机44架。

文职人员　128417人。

预备役部队　41.9万人，其中陆军32.5万人、海军2.4万人、空军7万人。

准军事部队　警察12.7万人。

部署　陆军主要部署在法、德边境和北部地区，海军重点部署在地中海和大西洋沿岸一带，空军主要部署在东北和中部地区。共有军事基地73处，其中陆军基地16处（马伊、穆尔默隆、锡索讷等），海军基地7处（土伦、瑟堡、布勒斯特等），空军基地50处（兰斯、斯特拉斯堡、图尔等）。

兵役制度　实行义务兵和募兵相结合的兵役制度，以义务兵为主。士兵服役期为10个月，各级军官最高服役年限：将官为62岁，校官为57岁，尉官为52岁。

军衔　分5等20级，即将官4级（上将、中将、少将、准将）、校官3级（上校、中校、少校）、尉官4级（上尉、中尉、少尉、准尉）、军士6级（总军士长、军士长、准军士长、上士、中士、下士）、兵3级（上等兵、下等兵、列兵）。

驻外兵力　驻德国（原联邦德国地区）约5万人、驻非洲地区8800人、驻南太平洋地区10100人、驻印度洋地区3300人、驻安德列斯地区8800人。派往第三世界国家军事顾问、专家264人。参加联合国中东维持和平行动565人。

（尹红生）

芬　兰

国　　名　芬兰共和国。

主要统计　面积338145平方公里。人口502.32万人（其中，13～17岁男15.97万人，女15.26万人；18～22岁男16.74万人，女16.1万人；23～32岁男38.13万人，女36.83万人）。国内生产总值5268亿芬兰马克，合1377.8亿美元（1990年）。国防费89.09亿芬兰马克，合24.2亿美元（1991年国防预算）。粗钢292万吨（1989年）。发电量507.65亿度（1989年）。粮食307万吨（1989年）。海运能力，商船（载重100吨以上）260艘、总载重量94.92万吨（1989年）。民航能力，固定航班机场24处、客运量46.25亿人公里、货运量13748万吨公里（1990年）。

国防体制　宪法规定，总统为武装力量最高统帅。最高国防决策机构为内阁国防委员会，成员有国防、外交、内政、财政、工商等部长和国防军司令、总参谋长等，由总理任主席。内阁总理和国防军司令在总统授权下领导国防建设。国会国防委员会是最高行政当局和最高立法当局之间酝酿、论证中长期国防建设规划的临时性机构，不定期地由政府任命并向政府负责，在芬兰国防最高决策体系中发挥着重要作用，成员均为国会各党派议员，顾问有外交、军事专家及社会名流和知名学者等。国防部是政府中的一个部，是最高军事行政机关，负责制定与贯彻国家防务政策并为国防军活动提供全面保障。武装力量由国防军和准军事部队（即平时属内政部战时可纳入国防军的边防军）组成。国防军分为陆、海、空三个军种。最高军事指挥机构为总参谋部。总统通过国防部和总参谋部对全国武装力量实施领导和指挥。

领导人物　总统兼武装力量最高统帅毛诺·科伊维斯托（1982年上任，1988年连任）。国防部长伊丽莎白·列恩（女，1990年6月上任）。国防军司令扬·克伦伯格上将（1990年3月上任）。总参谋长古斯塔夫·黑格伦德中将（1990年3月上任）。海军司令萨卡里·维萨少将（1990年1月上任）。空军司令赫伊基·尼古宁少将（1991年1月上任）。边防军司令玛蒂·奥迪欧少将（1989年3月上任）。

武装力量　**兵力**　现役部队3.18万人。

陆军　2.73万人。编有1个装甲训练旅、10个步兵训练旅、2个独立步兵营、1个炮兵团、2个海岸炮兵团、3个独立海岸炮兵营(其中1个为机动炮兵营)、4个防空团、2个工程兵营。

坦克:T—55型60辆、T—72型60辆、PT—76型15辆。步兵战车:БМП—1型40辆、БМП—2型32辆。装甲输送车:БТР—50P型31辆、БТР—60型87辆、БТР—80型2辆、A—180型153辆、MT—LB型213辆。牵引炮:105毫米252门、122毫米276门、152毫米72门、155毫米36门。岸炮:100毫米若干门、122毫米若干门、130毫米170门、152毫米240门。岸舰导弹:RBS—15型若干部。火箭炮:122毫米若干门。迫击炮:81毫米880门、120毫米614门。反坦克导弹:M—82型24具、M—83型12具、AT—5型若干具。无坐力炮:55毫米、74毫米、112毫米若干门、95毫米100门。高炮:20毫米、23毫米、30毫米、35毫米若干门、40毫米100门、57毫米24门。地空导弹:SA—3、SA—7、SA—14、SA—16若干部。

海军　2000人。编有1个联合舰队(下辖4个分舰队)。

小型护卫舰:"图伦马"级2艘。导弹攻击艇:"赫尔辛基"级4艘、"图伊马"级4艘、"拉乌马"级1艘。巡逻艇:11艘。布雷舰:2艘。扫雷艇:6艘。两栖登陆艇:14艘。支援和杂务船:13艘。

空军　2500人。编有3个空防区、3个战斗机联队、1个运输机中队、1个直升机小队。作战飞机:118架。

战斗机:米格—21型20架、J—35型40架、"隼"MK—51型30架。改装训练机:米格-21型4架、"萨布"SK—35C型4架。侦察机:"隼"MK—51型、米格-21型若干架(包括在战斗机中队)。航测兼拖靶机:"利尔杰特"35A型3架。运输机:F—27型3架。直升机:休斯500型2架、米—8型7架。教练机:"隼"MK—51型20架、"文卡"L—70型28架。联络机:"派波"15架。

文职人员　1.12万人。

预备役部队　70万人。

准军事部队　边防军4400人(经动员可达2.4万人)。

部署　芬兰陆军划分为7个军区:北部军区(奥鲁)、波赫扬玛军区(瓦沙)、中部军区(迪卡科斯基)、沙卡军区(库奥皮欧)、东南军区(科浮拉)、西南军区(土尔库)、南部军区(哈门林纳)。海军重点部署在南部沿海地带,司令部设在赫尔辛基。海军基地2处(波尔卡拉,土尔库)。空军主要部署在中南部,司令部设在迪卡科斯基,有空军基地9处。

兵役制度　实行普遍义务兵役制。士兵服役期8至11个月。军官最高服役年龄:上将为65岁,中、少将和上校60岁,中、少校55岁,上尉、高级中尉和中尉为50岁。

军衔　军官分3等10级,即将官3级(上将、中将、少将)、校官3级(上校、中校、少校)、尉官4级(上尉、高级中尉、中尉、少尉);军士分4级(军士长、上士、中士、下士)。

驻外兵力　参加联合国维持和平部队人数共995人。其中,驻阿富汗1人、驻塞浦路斯7人、驻印度/巴基斯坦5人、驻伊拉克/科威特7人、驻黎巴嫩543人、驻中东21人、驻叙利亚411人。

(张　林)

荷　兰

国　　名　荷兰王国。

主要统计　面积41863平方公里。人口1481.08万人(其中,13～17岁男49.54万人,女47.46万人;18～22岁男57.66万人,女55.27万人;23～32岁男126.9万人,女121.36万人)。国内生产总值5075.87亿荷兰盾,合2787.6亿美元(1990年)。国防费143.18亿荷兰盾,合82.9亿美元(1991年国防预算)。粗钢568万吨(1989年)。原油2800万桶(1989年)。天然气718.7亿立方米(1989年)。发电量696.11亿度(1988年)。粮食136.8万吨(1989年)。海运能力,商船(100吨以上)1124艘,总载重量455.7万吨(1989年)。民航能力,固定航班机场4处,客运量235.92亿人公里、货运量19.67亿吨公里(1990年)。

国防体制　宪法规定,女王是荷兰武装力量的最高统帅。战时首相是武装力量的最高司令,平时通过国防大臣行使职权。国防委员会是最高国防决策机构,由国防大臣、国防国务秘书、国防部秘书长、国防参谋长、各军种司令和国防部各总局局长等组成,国防大臣任主席。国防部是政府中的一个部，是最高国防行政领导机构。武装力量由正规军和准军事部队组成。正规军分陆、海、空三个军种和宪兵，由各军种司令和宪兵司令分别指挥。国防参谋部是最高军事指挥机构。女王和首相通过国防部和国防参谋部对全国武装力量实施领导和指挥。

领导人物 国家元首兼武装力量总司令贝亚特丽克丝女王(1980年4月即位)。首相鲁道夫·吕贝尔斯(1982年4月上任)。国防大臣勒吕斯·特尔贝克(文职，1989年11月上任)。国防参谋长皮特·赫拉夫上将(1989年12月上任)。陆军司令兼陆军参谋长威尔明克中将(1988年12月上任)。海军司令兼海军参谋长琼克海尔·范·福雷斯特少将(1988年6月上任)。空军司令兼空军参谋长卢维尔斯中将(1989年12月上任)。

武装力量 **兵力** 现役部队101400人(含皇家军警3900人，总部机关800人)。

陆军 64100人。编有1个军部、3个机械化师师部、3个装甲旅(其中1个架子旅)、6个机械化步兵旅(其中2个架子旅)和1个架子独立步兵旅。作战部队共编成17个机械化步兵营、2个步兵营、12个坦克营、4个侦察营、17个炮兵营、1个地地导弹营、5个防空营和3个直升机中队。

坦克:913辆，其中"豹"IA4型468辆、"豹"Ⅱ型445辆。步兵战车:984辆，其中YPR—765型718辆、M—113C型和M—113R型266辆。装甲输送车:2232辆，其中M—113型476辆、YPR—765型1120辆、YP—408型636辆。牵引炮:165门，其中105毫米42门、155毫米123门。自行炮:298门，其中155毫米222门、203毫米76门。火箭炮:227毫米22门。迫击炮:339门，其中107毫米194门、120毫米145门。地地导弹:"长矛"7部。反坦克导弹:753具，其中"龙"式427具、YPR—765型和"陶"式326具。无坐力炮:106毫米185门。高炮:226门，其中35毫米95门、40毫米131门。地空导弹:"毒刺"474部。直升机:91架，其中SA—316型62架、BO—105型29架。坦克运输艇1艘、海岸巡逻艇3艘、内河巡逻艇15艘。

海军 16600人。编有1个潜艇中队、3个护航中队和3个扫雷中队。

潜艇:5艘，其中"海豹"级1艘、"旗鱼"级2艘、"海豚"级2艘。导弹驱逐舰:4艘，其中"特罗姆普"级2艘、"范·赫姆斯克"级2艘。导弹护卫舰:11艘，其中"科顿艾尔"级10艘、"卡瑞·多尔曼"级1艘。扫雷艇:26艘，其中"阿尔克马尔"级15艘、"杜库姆"级11艘。登陆艇:12艘。辅助船:9艘，其中后勤供应船2艘、测量船3艘、布雷勤务艇1艘、教练船2艘、杂务船1艘。

海军航空兵 1600人，编有1个海上侦察机中队、2个海上侦察兼反潜机中队和2个反潜兼救援直升机中队，装备有"猎户座"P-3C型飞机13架、"大山猫"直升机22架。

海军陆战队 2800人，编有2个两栖突击大队和1个山地与寒带作战连。

空军 16000人。编有4个攻击战斗机中队、4个战斗机中队、1个侦察机中队、2个海上侦察机中队(归海军指挥)、1个运输机中队、1个改装训练机中队、1个救援直升机小队和12个防空导弹连。作战飞机181架。

攻击战斗机:F—16A型146架、F—16B型12架。战斗机:F—16A型64架、F—16B型14架。侦察机:F—16A型20架。海上侦察机:F—27型2架。运输机:F—2714架。直升机:SA—316型4架。空空导弹:"响尾蛇"若干枚。地空导弹:"霍克"48部、"爱国者"20部、"毒刺"100部。高炮:40毫米100门。

文职人员 24381人，其中编入陆军11775人，海军5862人，空军2694人，宪兵100人，总部机关3950人。

预备役部队 15.24万人(经战时动员72小时后可达40万人)。其中陆军13.22万人、海军0.9万人、空军1.12万人。

准军事部队 4170人，其中皇家军警3900人、机动民防团270人(经战时动员后可达18500人)。

部署 陆军作战部队主要部署在东部地区。第1军军部设在阿佩尔多恩，3个师部分别驻斯哈尔斯贝亨、哈尔德威克、阿恩海姆。陆军共有军事基地12处(其中国内11处)。海军基地有登海尔德、鹿特丹、弗里辛恩、瓦尔克堡、德库伊5处。空军作战飞机中队主要部署在东部地区。防空导弹部队全部部署在德国。战术空军司令部设在首都海牙。空军有沃尔克尔、吕伐登、特文特等9处基地。

兵役制度 实行志愿兵和义务兵相结合的兵役制度。志愿兵服役期为2～9年。义务兵服役期:陆、空军为12～14个月，海军为12～15个月。

军衔 分5等20级，即将官4级(上将、中将、少将、准将)、校官3级(上校、中校、少校)、尉官5级(上尉、中尉、少尉、一级准尉、二级准尉)、军士6级(军士长、上士、一级中士、中士、一级下士、下士)、兵2级(一等兵、二等兵)。

驻外兵力 驻德国(原联邦德国地区)5500人，编有1个装甲旅，下辖2个装甲步兵营、1个坦克营、1个侦察营和1个工程兵营，装备有各型坦克122辆、155

毫米自行炮 18 门、各型反坦克导弹发射装置 30 具；驻荷属安得列斯群岛护卫舰 1 艘、F—27MPA 型海上巡逻机 2 架、1 个两栖作战连和 1 个海军陆战连、驻冰岛 30 人，配有 P—3C 型反潜巡逻机 1 架；参加联合国驻埃及西奈半岛多国部队 1 个轻装步兵连共 105 人；参加联合国驻中东地区停战监督组织观察员 15 人。

外国驻军 北约中欧盟军司令部；美国驻军 2750 人（其中陆军 750 人、空军 2000 人），1 个战术空军中队。

（尹红生）

捷克斯洛伐克

国　　名 捷克和斯洛伐克联邦共和国（1990 年 4 月 20 日起改现名，可简称捷克斯洛伐克）。

主要统计 面积 127905 平方公里。人口 1574．04万人（其中，13～17 岁男 65．57 万人，女 63．3 万人；18～22 岁男 59．68 万人，女 57．47 万人；23～32 岁男110．96万人，女 107．19 万人）。国民生产总值 1215 亿美元（1990 年）。国防费 28 亿美元（1991 年国防预算）。粗钢 1546．5 万吨（1989 年）。原煤 12347．7 万吨（1988 年）。原油 100 万桶（1989 年）。天然气 8．4 亿立方米（1989 年）。发电量 892．55 亿度（1989 年）。粮食1204．7万吨（1989 年）。海运能力，商船（载重 100 吨以上）20 艘、总载重量 27．86 万吨（1989 年）。民航能力，固定航班机场 14 处、客运量 26．26 亿人公里、货运量 6610 万吨公里（1990 年）。

国防体制 宪法规定，总统为武装力量最高统帅。最高国防决策机构为国防委员会，成员有联邦政府总理、负责经济计划工作的副总理、外交部长、国防部长、内务部长、总参谋长等，由联邦政府总理任主席，总参谋长任秘书长。国防部为政府中一个部，是最高军事行政机关，负责处理军事行政事务和国防建设等工作。武装力量由正规军和准军事部队组成。正规军分陆军、空军防空军两个军种。最高军事指挥机构为总参谋部。总统通过国防部和总参谋部对全国武装力量实施领导和指挥。

领导人物 总统兼武装力量最高统帅瓦茨拉夫·哈维尔（1989 年 12 月上任）。国防部长卢博什·多布罗夫斯基（1990 年 10 月上任）。总参谋长卡雷尔·佩兹尔少将（1991 年 5 月上任）。

武装力量 **兵力** 现役部队 15．4万人（含总部及直属部队 2．19 万人）。

陆军　8．73 万人。编有 2 个集团军、1 个军、5 个摩步师、5 个坦克师、1 个炮兵师、2 个炮兵旅、3 个地地导弹旅、1 个地空导弹旅、6 个工程兵旅、2 个反坦克团等。

坦克：T—34 型 373 辆、T—55 型 1927 辆、T—72 型 900 辆。装甲侦察车：БРДМ 各型 480 辆、OT—65A 型 300 辆、其他 500 辆。步兵战车：БМП—1 型 1250 辆、БМП—2 型 310 辆。装甲输送车：OT—62A/B 型、OT—64A/C 型、OT—65 型、OT—810 型共 1900 辆。牵引炮：100 毫米 559 门、122 毫米 1261 门、130 毫米 11 门、152 毫米 18 门。自行炮：122 毫米 148 门、152 毫米 358 门、203 毫米 12 门。火箭炮：122 毫米 446 门、130 毫米 388 门。迫击炮：120 毫米 237 门、240 毫米 8 门。地地导弹："FROG" 26 部、SS—21 型 8 部、"飞毛腿" 30 部、SS—23 型 4 部。反坦克导弹：AT—3 "耐火箱"、AT—4 "塞子"、AT—5 "拱肩" 共 566 具。反坦克炮：100 毫米 250 门。高炮：30 毫米、57 毫米共 575 门。地空导弹：SA—4/—6/—8/—9/—13型 210 部、SA—7 型若干部。

空军防空军　4．48 万人。编有 1 个混合航空兵军、1 个攻击歼击机师、3 个防空师、10 个防空团。作战飞机 297 架、武装直升机 56 架。

攻击歼击机：米格—23 型 28 架、苏—22 型 36 架、苏—25 型 36 架。歼击机：米格—21 型 46 架、米格—23 型 29 架、米格—29 型 18 架、拉—39 型 8 架。电子对抗机：图—134 型 2 架。侦察机：拉—29 型 4 架、米格—21 型 20 架、苏—22 型 14 架。运输机：安—12 型 2 架、安—24型 6 架、伊尔—14 型 5 架、拉—410M 型 13 架、图—134 型 1 架、图—154 型 2 架、雅克—40 型 1 架。直升机：米—2 型 50 架、米—8 型 75 架、米—24 型 56 架。教练机：各型 220 架。地空导弹：SA—2/—3/—5 型 250 部。空空导弹：AA—2 "环礁"、AA—7 "顶点"、AA—8 "蚜虫" 等若干部。

准军事部队　3．42 万人，其中边防军 1．3 万人、联邦边防警察 0．9 万人、国家安全部队 0．9 万人、民防部队 0．32 万人。

兵役制度　实行义务兵役制。士兵服役期18个月。各级军官最高服役年限：将官为55岁，校官为45～50岁，尉官为40岁。

军衔　分6等21级，即将官4级（大将、上将、中将、少将）、校官3级（上校、中校、少校）、尉官4级（大尉、上尉、中尉、少尉）、准尉6级（一级准尉、二级准尉、三级准尉、四级准尉、五级准尉、六级准尉）、军士3级（上士、中士、下士）、兵1级（列兵）。

驻外兵力　参加联合国驻安哥拉军事观察员若干人，驻朝鲜中立国监督委员会若干人。

（徐文林）

卢　森　堡

国　　名　卢森堡大公国。

主要统计　面积2586.36平方公里。人口36.48万人（其中，13～17岁男1.1万人，女1.05万人；18～22岁男1.24万人，女1.19万人；23～32岁男2.82万人，女2.77万人）。国内生产总值2548亿卢森堡法郎，合76.2亿美元（1990年）。国防费33.49亿卢森堡法郎，合1.002亿美元（1990年国防预算）。粗钢411.3万吨（1989年）。发电量13.31亿度（1988年）。粮食45.9万吨（1987年）。海运能力，商船（载重100吨以上）2艘、总载重量5650吨（1989年）。民航能力，固定航班机场1处、客运量9263.3万人公里、货运量8.86亿吨公里（1990年）。

国防体制　宪法规定，国家元首大公是全国武装力量最高统帅。平时，国家元首授权国防大臣领导武装力量。国防部是政府的一个部，是武装力量的最高领导机关。武装力量由正规军和准军事部队组成。正规军仅有陆军一个军种。陆军司令部为最高军事指挥机构。大公通过国防大臣和陆军司令对全国武装力量实施领导和指挥。

领导人物　国家元首兼武装力量最高统帅让大公（1964年即位）。首相雅克·桑特尔（1984年上任）。国防大臣玛克·费施巴赫（1984年上任）。陆军司令莱伊上校。宪兵司令哈尔普斯上校。警察司令荻德里希上校。

武装力量　**兵力**　现役部队800人。编有1个轻装步兵营。装备有“突击队员”装甲输送车5辆、“陶”式反坦克导弹6具、“劳”式反坦克火箭筒若干具。本国无海、空军建制，但北约1个预警机中队基地设在卢森堡，18架E－3A型预警飞机和2架波音707型飞机以卢森堡国籍注册。

文职人员　110人。

准军事部队　宪兵560人。

兵役制度　实行志愿兵役制，服役期3～10年。

军衔　分4等16级，即校官3级（上校、中校、少校）、尉官3级（上尉、中尉、少尉）、军士6级（总军士长、军士长、军士、上士、一级中士、中士）、兵4级（一级下士、下士、上等兵、列兵）。

（尹红生）

罗　马　尼　亚

国　　名　罗马尼亚（1989年12月28日起改现名）。

主要统计　面积23.75万平方公里。人口2340.46万人（其中，13～17岁男97.75万人，女93.55万人；18～22岁男98.84万人，女94.98万人；23～32岁男167.76万人，女161.84万人）。国民生产总值860亿美元（1989年）。国防费15.7亿美元（1990年国防开支）。粗钢1441.5万吨（1989年）。原煤6646.2万吨（1989年）。原油917.3万吨（1989年）。天然气329.5亿立方米（1989年）。发电量758.5亿度（1989年）。粮食1838万吨（1989年）。海运能力，商船（载重100吨以上）468艘、总载重量571.0707万吨（1989年）。民航能力，固定航班机场15处、客运量16.46亿人公里、货运量1450万吨公里（1990年）。

国防体制 宪法规定，总统为武装力量最高统帅。最高国防决策机构为最高国防委员会，由国家总统任主席，政府总理任副主席，成员有主管工业和贸易的国务部长、国防部长、内务部长、外交部长、情报局长、国务秘书兼总参谋长等。国防部为政府中的一个部，是组织、领导和协调国防工作的中央权力执行机构，负责实施最高国防委员会所制定的各项军事政策。武装力量由正规军和准军事部队组成。正规军分陆、海、空三个军种。最高军事指挥机构为总参谋部。总统通过最高国防委员会和国防部、总参谋部对全国武装力量实施领导和指挥。

领导人物 总统兼武装力量统帅扬·伊利埃斯库（1990年6月上任）。国防部长尼·斯皮罗尤中将（1991年4月上任）。总参谋长杜·乔夫利纳中将（1991年5月上任）。

武装力量 **兵力** 现役部队20.08万人。

陆军 16.18万人。编有4个集团军，下辖7个摩步师、2个坦克师、1个坦克旅、5个山地旅、3个炮兵旅、6个反坦克旅、4个高炮旅、1个高炮团、4个地空导弹团、2个地地导弹旅、3个空降旅。

坦克：T－34型1059辆、T－55型756辆、T－72型30辆、TR－85型617辆、TR－580型413辆。突击炮（车）：SU－76型326辆、SU－100型66辆、ISU－152型20辆。装甲侦察车：БРДМ－2型139辆。步兵战车：MLI－84型156辆。装甲输送车：БТР－60型50辆、TAB－77型155辆、TABC－79型441辆、TAB－71型1872辆、MLVM型57辆。牵引炮：100毫米、105毫米、122毫米、130毫米、150毫米、152毫米共1583门。自行炮：122毫米32门。火箭炮：122毫米442门、130毫米36门。迫击炮：120毫米、160毫米、240毫米共1743门。地地导弹：FROG式15部、“飞毛腿”13部。反坦克导弹：AT－1“甲鱼”、AT－3型“耐火箱”534具。反坦克炮：57毫米、85毫米、100毫米共1450门。高炮：30毫米、37毫米、57毫米、85毫米、100毫米共1118门。地空导弹：SA－6、SA－7、SA－8型共62部。

海军 1.92万人。编有1个黑海舰队、1个多瑙河分舰队和岸防部队。主要基地有曼加利亚、康斯坦察、布勒伊拉、朱尔朱、苏利纳和土耳恰。

潜艇：苏制K级鱼雷攻击潜艇1艘。驱逐舰：“蒙特尼亚”级1艘。护卫舰：“科尼”级4艘、“波蒂”级3艘。导弹攻击快艇：“黄蜂”I型6艘。鱼雷快艇：42艘。巡逻艇：53艘。布雷艇：2艘。扫雷艇：43艘。支援和其他舰只：10艘。

岸防部队（0.66万人），编有4个岸炮连和10个高炮连。

空军 1.98万人。编有3个师、7个作战团、1个运输机团、2个直升机团。作战飞机465架、武装直升机104架。

攻击歼击机：米格－17型19架、IAR－93型59架、米格－15型72架。歼击机：米格－29型13架、米格－23型36架、米格－21型189架。侦察机：伊尔－28型14架、米格－21型10架。运输机：安－24型9架、安－26型14架、伊尔－18型2架、波音－707型2架、ROMBAC 1－11型1架。航测机：安－30型3架。直升机：IAR－316B型104架、IAR－330－H型82架、米－8型28架、米－17型2架、SA－365N型4架。教练机：IAR－823型32架、IAR－28型10架、IAR－93型14架、拉－29型45架、拉－39型32架、米格－21型39架。米格－29型2架、IAR－99型6架、米格－23型6架、安－2型17架。空空导弹：AA－2“环礁”、AA－7“顶点”等若干枚。地空导弹：SA－2型135部。

预备役部队 62.6万人，其中陆军56.5万人、海军4万人、空军2.1万人。

准军事部队 边防部队1.84万人，宪兵3.48万人，爱国卫队正在改组。

兵役制度 实行义务兵役制。陆、空军士兵服役期为12个月，海军为18个月。军官最高服役年限：将官、校官60岁、尉官45岁。

军衔 军官军衔分3等11级，即将官4级（大将、上将、中将、少将）、校官3级（上校、中校、少校）、尉官4级（大尉、上尉、中尉、少尉）。

驻外兵力 参加联合国驻伊拉克/科威特军事观察员7人。

（王少川）

马耳他

国　　名　马耳他共和国。

主要统计　面积316平方公里。人口35.52万人(其中,13～17岁男1.42万人,女1.32万人;18～22岁男1.2万人,女1.19万人;23～32岁男2.74万人,女2.44万人)。国内生产总值7.85亿马耳他里拉,合24.76亿美元(1990年)。国防费751万马耳他里拉,合2473万美元(1991年国防预算)。发电量10.3亿度(1988年)。粮食9000吨(1989年)。海运能力,商船(载重100吨以上)410艘、总载重量569.1万吨(1989年)。民航能力,固定航班机场1处、客运量6.96人公里、货运量538.8万吨公里(1990年)。

国防体制　政府中不设国防部,武装力量由内政部负责管辖,由正规军和准军事部队组成。正规军即"马耳他武装力量",不分陆、海、空军三个军种,也不设参谋部。战时,总理经内政部对其武装力量实施指挥。

领导人物　总统文森特·塔博恩(1987年上任)。总理爱德华·菲尼奇·阿达米(1987年上任)。副总理兼内政、司法部长圭多·德马科(1987年上任)。

武装力量　**兵力**　"马耳他武装力量"现役部队1650人。编有1个司令部,辖第1团:1个步兵连、1个海上陆战中队、2个机场警卫连和1个直升机中队;第2团:1个高炮连、1个总务连、1个警戒连和1个电机工程连。装备有400毫米高炮39门、14.5毫米四联装高射机枪50挺、81毫米、82毫米迫击炮和火箭筒若干,巡逻艇9艘,直升机7架。

兵役制度　实行志愿兵役制。

外国驻军　意大利驻有2架AB－212型搜索救援直升机及50名机组人员。

(王　立)

南斯拉夫

国　　名　南斯拉夫社会主义联邦共和国。

主要统计　面积255804平方公里。人口2390.18万人(其中,13～17岁男94.25万人,女89.94万人;18～22岁男97.79万人,女88.18万人;23～32岁男185.2万人,女179.3万人)。社会生产总值14283.4亿第纳尔,合1178亿美元(1990年)。国防费344亿第纳尔,合29.04亿美元(1990年国防预算)。粗钢450万吨(1989年)。原煤7086.1万吨(1988年)。原油2500万桶(1989年)。天然气28.7亿立方米(1989年)。发电量827.75亿度(1989年)。粮食1611.3万吨(1989年)。海运能力,商船(载重100吨以上)500艘、总载重量581.48万吨(1989年)。民航能力,固定航班机场20处、客运量79.74亿人公里、货运量15427.3万吨公里(1990年)。

国防体制　宪法规定,联邦主席团为全国武装力量集体最高领导,联邦主席团主席为名义上的最高统帅。最高国防决策机构为国防委员会,成员有联邦执行委员会主席(总理)、联邦议会主席、联邦国防部长、联邦外交部长和联邦内务部长等,由联邦主席团主席任主席。联邦国防部为联邦执行委员会中的一个部,是最高军事行政机关,负责南斯拉夫人民军和地方防御部队的行政管理、编制、发展和动员等项工作。武装力量由正规军和准军事部队组成。正规军分陆、海、空军防空军三个军种。最高军事指挥机关为南斯拉夫武装力量总参谋部。联邦主席团通过联邦国防部和武装力量总参谋部对全国武装力量实施领导和指挥。

领导人物　联邦主席团主席梅西奇(1991年上任,已离职)。联邦国防部长卡迪耶维奇大将(1988年5月上任)。武装力量总参谋长阿季奇上将(1989年9月上任)。

武装力量　**兵力**　现役部队16.9万人。

陆军　12.9万人。编有4个军区、17个军部、1个机械化步兵师部、6个坦克旅、11个机械化旅、24个摩托化步兵旅、1个山地旅、1个两栖旅、1个空降旅、4个炮兵旅、4个反坦克炮兵旅、5个炮兵团、2个反坦克炮兵团、4个高炮团、6个地空导弹团。

坦克:T—54/55型850辆、M—84和T—72型约300辆、T—34型约400辆、M—4型300辆、PT—76轻型13辆。装甲侦察车:M—3A1型92辆、M—8型18辆、БРДМ—2型约130辆。步兵战车:M—80型490辆。装甲输送车:БТР—40/50型200辆、M—60P型300辆。牵引炮:105毫米400门、122毫米532门、130毫米186门、152毫米240门、155毫米576门。自行炮:105毫米和122毫米若干门。火箭炮:128毫米160门、262毫米若干门。迫击炮:82毫米3400门、120毫米3000门。地地导弹:FROG—7型4部。反坦克导弹:"耐火箱"AT—3型、"塞子"AT—4型和"拱肩"AT—5型若干具。无坐力炮:57毫米1550门、82毫米2000门、105毫米650门。反坦克炮:75毫米748门、90毫米540门、100毫米511门。高炮:20毫米2300门、30毫米620门、37毫米418门、40毫米128门、57毫米304门、85毫米260门、90毫米210门、94毫米46门。地空导弹:SA—6/—7/—9/—13型若干部。

海军　1.1万人。

潜艇:"萨瓦河"级2艘、"英雄"级3艘、"乌纳"级6艘。护卫舰:"科托尔"级2艘、"斯普利特"级2艘。导弹攻击快艇:"拉德·康查尔"级6艘、"米塔尔·阿采夫"级("黄蜂"级)9艘。鱼雷攻击快艇:"托西达尔"级("大胡蜂"级)14艘。巡逻艇:36艘。登陆艇:46艘。扫雷艇:14艘。支援和勤务船:7艘。

海军陆战队(900人)2个旅(各辖2个团)。

岸防部队(2300人)。编有25个海岸炮兵连。岸炮:85毫米45门、88毫米55门、122毫米75门、130毫米85门、152毫米85门。反舰导弹:"柚子"SS—C—3型和"布罗姆"SS—N—2型若干枚。

空军　2.9万人。编有3个空军军、3个防空师、41个飞行中队、14个地空导弹营、15个高炮团。作战飞机489架、武装直升机165架。

攻击战斗机:"兀鹰"P—2型69架、"隼"式50架、"超级海鸥"式25架、"鹰"2型69架。战斗机:米格—21型115架、米格—29型26架。侦察机:"海鸥"30架、"隼"式15架、"鹰"1型20架。武装直升机:米—8型45架、"小羚羊"120架。反潜直升机:卡—25型6架、米—8型10架。运输机:安—12型11架、安—26型15架、CL—215型4架、"猎鹰"50型2架、"利尔杰特"25型2架、PC—6型6架、雅克—40型6架。运输直升机:米—8型和"小羚羊"若干架。联络机:"乌特瓦"式46架、"游击队员"式直升机14架。教练机:"超级海鸥"和"隼"式70架、"乌特瓦"75/76型100架、"小羚羊"直升机20架。空空导弹:"环礁"AA—2型、"蚜虫"AA—8型、"阿拉莫"AA—10型、"箭手"AA—11型若干枚。空地导弹:"小牛"AGM—65型、"乳牛"AS—7型若干枚。地空导弹:SA—2/—3型若干部。

预备役部队　51万人,其中陆军44万人,海军4.3万人,空军2.7万人。

准军事部队　边防军1.4万人,警察若干人。另有地方防御部队(民兵)动员后可达200万人。

兵役制度　实行义务兵役制。士兵服役期限为1年。各级军官最高服役年限:大将为65岁、上将60岁、中将58岁、少将56岁、上校52岁、中校以下50岁。

军衔　军官分4等13级,即将官4级(大将、上将、中将、少将)、校官3级(上校、中校、少校)、尉官4级(大尉、上尉、中尉、少尉)、准尉2级(一级准尉、二级准尉)。士官4级(一级上士、上士、中士、下士)。

(魏世杰)

挪　威

国　　名　挪威王国。

主要统计　面积386958平方公里(包括斯瓦巴德群岛、扬马延岛等属地)。人口420.78万人(其中,13～17岁男14.75万人,女14万人;18～22岁男16.47万人,女15.6万人;23～32岁男33.2万人,女31.44万人)。国内生产总值6686.8亿挪威克朗,合1068.2亿美元(1990年)。国防费224.29亿挪威克朗,合37.6亿美元(1991年国防预算)。粗钢91万吨(1988年)。原煤40万吨(1988年)。原油43183万桶(1989年)。天然气297.89亿立方米(1989年)。发电量1093.5亿度(1988年)。粮食125.2万吨(1989年)。海运能力,商船(载重100吨以上)2304艘、总载重量1559.69吨(1990年)。民航能力,固定航班机场48处、客运量56.28亿人公里、货运量141528万吨公里(1990年)。

国防体制 宪法规定，国王为武装力量最高统帅。最高国防决策机构为国防理事会，成员有国防、外交、司法、财政、航运和交通大臣，外交和国防部的秘书长、国防司令、北部军区和南部军区司令及民航局长等，由首相任主席。国防部是政府中的一个部，是最高军事行政机关，负责制定国防政策、掌管军费、采购武器装备、组织军事科研、实施兵役动员和处理军民关系等工作。最高军事指挥机构为国防司令部。国防司令部在国防部的领导下组织战备建设和统率部队。武装力量由正规军和国民警卫队组成。正规军分为陆、海、空三个军种。国王通过国防部和国防司令部，并经过南、北两个军区司令部对全国武装力量实施领导和指挥。挪威是北约成员，战时靠盟军支援，届时挪军主力亦转归北约指挥。

领导人物 国王兼武装力量最高统帅哈罗德维（1991 年 1 月继位）。国防大臣约翰·约尔根·霍尔斯特（1991 年 11 月上任）。国防司令莱茵上将（1989 年 9 月上任）。国防参谋长拉斯摩森中将（1991 年 8 月上任）。陆军总监苏利少将（1989 年 9 月上任）。海军总监佩德森少将（1989 年 11 月上任）。空军总监斯梅德斯维格少将（1991 年 8 月上任）。国民警卫队总监马蒂森少将（1991 年 6 月上任）。

武装力量 **兵力** 现役部队 3.27 万人（含 400 名联合勤务机构和 500 名国民警卫队在编人员）。

陆军 1.59 万人。分南、北两个军区，编有 1 个加强机械化旅、1 个边防守备营、1 个加强特遣步兵营、1 个步兵营和一些独立部队。

坦克："豹"I 型 78 辆、M－48A5 型 55 辆、NM－116 型 78 辆。步兵战车：NM－135 型 53 辆。装甲输送车：M－113 型 150 辆。牵引炮：105 毫米 228 门、155 毫米 48 门。自行炮：155 毫米 126 门。迫击炮：81 毫米 28 门、107 毫米 97 门。反坦克导弹："陶"式若干具、NM－142 型若干具。无坐力炮：57 毫米、84 毫米、106 毫米若干门。高炮：20 毫米和 40 毫米若干门。地空导弹：RBS－70 型 108 部。

陆上国民警卫队 8 万人。编有 18 个军区，每个军区分为 2～6 个军分区，共约 470 个分队（排）。

海军 0.73 万人（含 0.2 万海岸炮兵）。编有 8 个海上/海岸防御司令部。

潜艇："乌拉"级 3 艘、"科本"级 8 艘。护卫舰："奥斯陆"级 5 艘。导弹攻击艇："隼"级 14 艘、"暴风"级 15 艘、"伶俐"级 6 艘。扫雷和布雷舰艇：10 艘。两栖舰艇：5 艘。支援舰艇：2 艘。

海上国民警卫队 0.7 万人。动员后划归上述 8 个海上/海岸防御司令部。装备有鱼雷快艇 7 艘、登陆艇 2 艘、渔轮 400 艘。海岸防御有 32 个要塞，编有 34 个炮兵连和一些水雷、鱼雷连。

空军 0.95 万人。编有 12 个中队。作战飞机 85 架。

战斗机：F－5A/B20 架、F－16A 型 49 架、F－16B 型 12 架。运输机：C－130H 型 6 架、"猎鹰"20C 型 3 架、DHC－6 型 3 架、MFI－15 型 18 架。海上侦察机：P－3C 型 4 架、P－3N 型 2 架。直升机：贝尔 412SP 型 18 架、"大山猫"MK－86 型 6 架、"海王"MK－43 型 9 架。空地导弹："大斗犬"若干枚。空空导弹："响尾蛇"若干枚。高炮：40 毫米 96 门。地空导弹："奈基"若干部。

防空国民警卫队 0.3 万人，编有 2 个营（9 个连），动员后归空军指挥。

文职人员 1.16 万人。

预备役部队 28.5 万人。其中陆军 14.6 万人，海军 2.6 万人，空军 2.8 万人，国民警卫队战时约 8.5 万人，另有第二线预备役部队 6 万人。

部署 陆军部署在挪威与瑞典、挪威与芬兰和挪威与苏联边界上和沿海地区。海军军事基地 4 处（奥拉夫斯万、拉姆松、哈康斯万和特隆姆瑟）。空军基地 14 处（安纳欧亚、巴拿克、巴尔多优斯、博多、欧尔兰、万尔纳斯、加德莫恩、奥斯陆、列格、托尔普、弗莱斯兰、斯塔万格、苏拉、里斯塔）。

兵役制度 实行普遍义务兵役制。士兵服役期：陆军、空军及海岸炮兵为 12 个月，海军为 15 个月。军官最高服役年龄：将官、校官、尉官均为 60 岁。

军衔 军官分 3 等 10 级，即将官 4 级（上将、中将、少将、准将），校官 3 级（上校、中校、少校），尉官 3 级（上尉、中尉、少尉）。军士 2 级（中士、下士）。士兵 2 级（2 等兵、新兵）。

驻外兵力 参加联合国驻安哥拉观察员若干人、驻埃及参谋人员若干人、驻印度/巴基斯坦观察员 5 人、驻伊拉克/科威特观察员和医务人员 58 人、驻黎巴嫩 1 个步兵营和勤务连等 896 人、驻中东观察员 18 人。

（张 林）

葡萄牙

国　名　葡萄牙共和国。

主要统计　面积92072平方公里，其中大陆面积88941平方公里，亚速尔群岛面积2335平方公里，马德拉群岛面积796平方公里。人口1056.12万人(其中，13～17岁男42.16万人，女41.06万人；18～22岁男43.11万人，女41.77万人；23～32岁男87.38万人，女85.41万人)。国内生产总值85315亿埃斯库多，合598.5亿美元(1990年)。国防费2191.3亿埃斯库多，合15.4亿美元(1990年国防预算)。钢铁62.4万吨(1989年)。原煤23万吨(1988年)。发电量224.15亿度(1988年)。粮食263.9万吨(1989年)。海运能力，商船(载重100吨以上)313艘、总载重量110.24万吨(1989年)。民航能力，固定航班机场21处、客运量56.8亿人公里、货运量1.54亿吨公里(1990年)。

国防体制　宪法规定，总统为武装力量最高统帅。最高国防决策机构为国家最高国防委员会，成员有总理、副总理和外交、国防、内政、财政、计划、工业、能源、交通部长、总参谋长及三军种参谋长，由总统任主席。最高咨询机构为最高军事委员会。国防部为政府中一个部，是最高军事行政机关。武装力量由正规军和准军事部队组成。正规军分陆、海、空三个军种。最高军事指挥机构为总参谋部。总统、总理通过国防部和总参谋部对全国武装力量实施领导和指挥。

领导人物　总统兼武装力量最高统帅马里奥·苏亚雷斯(1986年上任)。总理卡瓦戈·席尔瓦(1985年上任)。国防部长费尔南多·诺格拉(1990年3月上任)。总参谋长索阿雷斯·卡尔内罗陆军上将(1989年上任)。陆军参谋长洛雷罗·多斯·桑托斯上将(1991年3月上任)。海军参谋长富泽特·达·篷特上将(1991年3月上任)。空军参谋长孔塞桑·席尔瓦上将(1988年上任)。

武装力量　**兵力**　现役部队6.18万人。

陆军　3.31万人。编有6个军区、1个混编旅、3个步兵旅、1个轻型空降旅、3个骑兵团、15个步兵团、1个野炮团、1个高炮团、1个岸炮团、2个工程兵团。

坦克：M—47型60辆、M—48A5型86辆。装甲侦察车："萨拉丁"29辆、AML—60型55辆、V—150型15辆、EBR—75型21辆、ULTRAV　M—11型14辆、"白鼬"MK—4型32辆。装甲输送车：M—113型172辆、V—200"突击队"81辆、EBR型2辆。牵引炮：105毫米78门、140毫米24门、155毫米40门。自行炮：155毫米6门。迫击炮：107毫米58门、120毫米100门。岸炮：150毫米15门、152毫米6门、234毫米6门。反坦克导弹："米兰"45具、SS—11型31具、"陶"式46具。无坐力炮：90毫米112门、106毫米128门。高炮：20毫米、40毫米共105门。地空导弹："吹管"12部。

海军　1.53万人(含陆战队)。编有3个司令部。

潜艇："大青蛙鱼"(法"桂树神")级3艘。护卫舰："瓦斯科·达·伽马"级2艘、"贝洛"(法"里维埃司令官")级4艘、"巴蒂斯塔·德安得拉德"级4艘。巡逻艇：25艘。两栖舰艇：15艘。

陆战队　2500人。装备有7艘登陆艇、"突击队"式装甲输送车和迫击炮等。

空军　1.34万人。编有1个作战司令部、4个攻击战斗机中队、1个航测机中队、1个海上侦察机中队、6个运输机中队、2个搜索与救援机中队、1个联络机中队、4个教练机中队。作战飞机83架。

攻击战斗机："阿尔法喷气"10架、A—7型32架、G—91型24架。海上侦察机：P—3P型6架。运输机：C—130H型5架、C—212A型16架、"猎鹰"20型3架、"猎鹰"50型3架。联络机：色斯纳337型22架。改装训练机：C—212A型4架。电子对抗机：C—212A型2架。航测机：C—212B型4架。教练机：各种型号共80余架。直升机：SA—330型10架、SA—316型35架。

预备役部队　19万人。

准军事部队　4.35万人，其中国民警卫队1.67万人、公安警察1.88万人、边防部队0.8万人。

兵役制度　实行义务兵役制。服役期陆军、海军12～15个月，空军18～20个月。

军衔　军官分3等9级，即将官3级(上将、中将、少将)、校官3级(上校、中校、少校)、尉官3级(上尉、中尉、少尉)。

外国驻军　美国驻军1600人(海军400人，空军1200人)；德国派驻贝雅基地1个空军中队(装备18架"阿尔法喷气"战斗机)；北约的伊比利亚司令部设在里斯本。

(王　立)

瑞　典

国　　名　瑞典王国。

主要统计　面积 449964 平方公里。人口 834.02万人(其中,13～17 岁男 26.8 万人,女25.52万人;18～22 岁男29.14万人,女27.69万人;23～32 岁男 58.84万人,女56.16万人)。国内生产总值 13492 亿瑞典克朗,合2193.6亿美元(1990 年)。国防费 355 亿瑞典克朗,合62.4亿美元(1991 年国防预算)。粗钢 469 万吨(1989 年)。原煤 3 万吨(1988 年)。原油2.17万桶(1987 年)。天然气1.36亿立方米(1986 年)。发电量 1465.34亿度(1988 年)。粮食450.5万吨(1989 年)。海运能力,商船(载重 100 吨以上)644 艘、总载重量 216.69万吨(1989 年)。民航能力,固定航班机场 43 处、客运量78.29亿人公里、货运量 17122 万吨公里(1990 年)。

国防体制　宪法规定,国王为武装力量最高统帅。最高国防决策机构为内阁。由三军总司令任主席,各军种司令参加的军事指导委员会负责协调三军关系,并向国防大臣提供咨询意见。国防部是政府中的一个部,是最高军事行政机关,负责制定国防政策、确定军费,并根据军事指导委员会的建议,审批部队的编制、装备和训练计划等工作。武装力量由正规军和准军事部队组成。正规军分为陆、海、空三个军种。最高军事指挥机构为总参谋部。国王通过国防部和总参谋部对全国武装力量实施领导和指挥。

领导人物　国王兼武装力量最高统帅卡尔十六世·古斯塔夫(1973 年 9 月即位)。国防大臣安德斯·比尤尔克(1991 年 10 月上任)。三军总司令本特·古斯塔夫松上将(1986 年 10 月上任)。国防参谋长欧·韦克托林中将(1991 年 7 月上任)。陆军司令沃克·沙洛林中将(1990 年 4 月上任)。海军司令狄克·伯尔耶松中将(1990 年 7 月上任)。空军司令劳什·艾利克·恩格隆德中将(1988 年 10 月上任)。

武装力量　**兵力**　现役部队 6.3 万人。

陆军　4.35 万人。平时编有 41 个团。战时经动员可扩充为 70 万人,其中:野战部队 35 万人,编为 15 个旅、100 个独立的装甲、步兵、炮兵和防空营、1 个陆航营、9 个炮兵航空排;地方部队 25 万人,编为 60 个独立营、400～500 个独立连;国民警卫队 10 万人,包括步兵、炮兵、固定炮兵和防空兵等。

坦克:STRV—101 型 340 辆、“百人队长”110 辆、STRV—103B 型 335 辆、IKV—91 型 200 辆。装甲输送车:PBV—302 型 600 辆。牵引炮:105 毫米 550 门、150 毫米 140 门、155 毫米 300 门。自行炮:155 毫米 30 门。迫击炮:81 毫米 1000 门、120 毫米 500 门。反坦克导弹:“矮脚鸡”、“陶”式若干具。无坐力炮:74 毫米、84 毫米和 90 毫米若干门。高炮:20 毫米 114 门、40 毫米 600 门。地空导弹:“红眼睛”、RBS—70 型和 RB—77 型若干部。飞机:19 架。直升机:79 架。

海军　1.2 万人。编有 1 个海岸舰队(下辖 4 个分舰队)。

潜艇:“韦斯特哥特兰德”级 4 艘、“水怪”级 2 艘、“索尔门”级 5 艘。导弹攻击快艇:“斯德哥尔摩”级 2 艘、“休金”级 16 艘、“诺尔切平”级 12 艘、“哥德堡”级 1 艘。巡逻艇:11 艘。布雷舰:3 艘。扫雷艇:23 艘。登陆艇:12 艘。支援船:12 艘。

海军航空兵编有反潜作战飞机 1 架,武装直升机 14 架、各型联络直升机 9 架(3 个直升机中队)。

海岸防御部队　2650 人。编有 5 个岸炮旅、12 个机动岸炮营、53 个守备营(含 2 个两栖岸防营,以及岸炮营、设障营、布雷中队等)。

空军　7500 人。编有 1 个作战司令部、4 个空防区、12 个联队(下辖 22 个中队)。作战飞机 470 架。

攻击战斗机:AJ—37 型 81 架、SK—37 型 18 架。战斗机:J—35 型 68 架、SK—35C 型 11 架、JA—37 型 139 架。侦察机:SH/SK—37 型 48 架。电子战机:2 架。专机:5 架。运输机:C—130E/H 型 8 架。救援机:24 架。通用直升机:8 架。教练机:207 架。空空导弹、空地导弹和高炮各若干。

文职人员　2.25 万人。

预备役部队　70.9 万人,其中陆军 55 万人、海军 10.2 万人、空军 5.7 万人。

准军事部队　海岸警卫队 600 人、民防人员约 100 万人(16 至 25 岁居民均有参加民防的义务)、志愿服务组织 3.5 万人(摩托车和无线电专业人员)。

部署　陆军部署在 5 个军区(上诺尔兰军区、下诺尔兰军区、中部军区、西部军区、南部军区)。海军主要部署在波罗的海沿岸。空军主要部署在中、南部地区。

海军基地10处、空军基地12处。

兵役制度 实行普遍义务兵役制。服役期:陆、海军为7.5～15个月,空军为8～12个月。退役后有5次的复训任务,预备役人员复训时间为军官31天、军士24天、士兵17天。每年征召新兵5万人,复训预备役人员6～10万人。

军衔 分3等10级,即将官4级(上将、中将、少将、准将)、校官3级(上校、中校、少校)、尉官3级(上尉、中尉、少尉)。

驻外兵力 参加联合国驻阿富汗/巴基斯坦6人、驻安哥拉若干人、驻中美洲若干人、驻塞浦路斯若干人、驻印度/巴基斯坦若干人、驻伊拉克/科威特8人、驻朝鲜若干人、驻黎巴嫩645人、驻中东若干人。

(张　林)

瑞　士

国　名 瑞士联邦。

主要统计 面积41293.1平方公里。人口675.6万人(1990年,其中13～17岁男19.8万人,女18.7万人;18～22岁男22.9万人,女21.7万人;23～32岁男50.1万人,女48.3万人)。国内生产总值3167亿瑞士法郎,合2279.72亿美元(1990年)。国防费52.35亿瑞士法郎,合41亿美元(1991年国防预算)。粗钢82.5万吨(1988年)。天然气720.1万立方米(1989年)。发电量516.6亿度(1989年)。粮食158.1万吨(1989年)。海运能力,商船(载重100吨以上)25艘、总载重量36.3万吨(1989年)。民航能力,固定航班机场5处、客运量158.04亿人公里、货运量8.88亿吨公里(1990年)。

国防政策 自1815年《维也纳宣言》正式承认瑞士为"永久中立国"迄今,瑞士一直维持着其中立国的地位,并奉行"武装中立"的安全防务政策,未参加第一次和第二次世界大战,至今也未参加任何政治、军事集团,同时是联合国和欧洲经济共同体的非成员国。瑞士根据其国小、人少的特点,实行独具特色的全民皆兵的民兵制军队。和平时期,瑞士无常备军,但建立了一整套平战结合、系统完善和行之有效的动员制度和民兵体制,因而保证了战时经48小时动员后可组织起一支62.5万人的武装力量。瑞士民兵军队的体制编制严密,装备精良,训练严格有素,战备程度高。每年平均有近44万人参加军训。

军事战略 瑞士多年来一直推行以"军事防御"为核心的政治、经济、军事三位一体的"总体防御"战略。总的作战思想是防御性的。一旦发生战争,将对全国各方面力量立即进行战争总动员,并迅速转入战时状态,实行全民皆兵。瑞士认为,战时瑞士虽然不是交战双方的重要进攻对象,但由于其所处欧洲腹地的战略和地理位置十分重要,交战双方很可能为取道瑞士而使瑞士成为必争之地和激烈战场。但近年来,由于冷战的结束和欧洲裁军进程的加快,过去长时期内两大军事集团紧张对峙的局面已不复存在,瑞士的安全环境也随之得到明显的改善。鉴此,瑞士正根据对其安全构成潜在威胁的军事的和其他多方面的新因素及新特点,对其军事战略和作战方针作适时调整。首先在军事思想上实现转变,决定将过去以阵地战、消耗战为主的"全面防御"改变为灵活反应的"积极防御"方针,使瑞军具有应付各种危机的能力。在发生战端的情况下,既能凭借坚固工事和易守难攻的有利地形迅速组织有效的多层次、大纵深的阵地密集防御,又能集中一定数量的兵力加强对重要目标和重点防区的保护,同时还能灵活机动地进行一定规模的战役行动。

国防体制 瑞士是联邦议会制国家。宪法规定,联邦议会是国家最高权力机构。国家战争总动员、对外宣战或结盟、国家安全防务政策、国防预算、军队体制编制、武器装备的研制、采购和出口等重大防务与军事问题均须经议会批准并立法。联邦议会的国民院和联邦院各设一军事委员会,是议会有关军事问题的最高咨询机构。宪法规定,瑞士联邦委员会(即联邦政府)是国家最高行政机构。全国武装力量的最高指挥权属联邦政府。联邦政府主席为国家元首兼政府首脑,是全国武装力量的最高统帅。联邦主席由联邦政府7名部长轮流担任,任期1年。在联邦政府内由联邦军事部长(即国防部长)、司法警察部长和财政部长组成联邦军事委员会(即"三人小组"),代表联邦政府负责处理日常军事问题。联邦政府负责起草国家安全防务政策和防务计划,经联邦议会讨论通过后执行。除战时任命瑞军总司令需经联邦议会外,其余高级将领平、战时的任免权均属联邦政府。联邦政府下设"防御参谋部"和"中央防御办公厅"两个日常办事机构和一个咨询机构

——“防御委员会”。联邦军事部(即国防部)为联邦政府中的一个部,是最高军事行政机关,负责起草国防预算、军费开支、军队体制编制、武器装备研制和采购计划等,经联邦政府讨论通过后报请联邦议会审议批准。军事部还负责军队日常管理、军事训练以及中、下级军官的任免等工作。联邦军事部下设联邦军事办公厅、总参谋部、训练部、装备部、空军与防空部队司令部和陆军4个野战军军部。战时,由联邦政府提名,经联邦议会核准任命一名上将(瑞军平时最高军衔为中将)为瑞军总司令,直属联邦政府,统一指挥全军作战。同时,由总司令提名,经联邦政府核准任命一名中将总参谋长和一名中将首席军法执行官,协助总司令指挥全军作战和执行军法。武装力量由民兵正规军、民兵预备役部队和准军事部队(即民防部队)三部分组成。民兵正规军和民兵预备役部队分陆、空军两个军种,但按瑞军传统,空军未自成体系,仍隶属于陆军。军事最高指挥机构是总参谋部。平时,联邦政府通过联邦军事部和总参谋部对全国武装力量实施领导和指挥。

领导人物 瑞士联邦1992年度国家元首兼政府首脑(即联邦主席)勒内·费尔贝(1992年1月1日上任)。联邦军事部长卡斯帕尔·维利格(文职,1989年2月上任)。联邦军事办公厅主任汉斯·乌尔里希·恩斯特(文职,1979年3月上任)。总参谋长海因茨·哈斯勒中将(1990年1月上任)。训练部长让·鲁多夫·克里斯滕中将(1992年1月上任)。装备部长弗里克斯·维特林(文职,1985年7月上任)。空军与防空部队司令韦尔纳·容中将(1990年1月上任)。

武装力量 **兵力** 现役民兵部队4.25万人(战时经48小时动员后可达62.5万人)。

陆军 现役民兵部队3.35万人(战时经48小时动员后可达56.5万人)。编有3个野战军军部和1个山地军军部,下辖3个机械化师、6个野战步兵师、3个山地步兵师、6个领土区司令部(即后勤部队,编有若干个后勤团、运输团、卫生勤务团和抢险救灾团)、11个边防独立旅、3个防空团、3个工程兵团、3个炮兵营、5个独立团、1个机场警卫独立团、1个机场警卫独立营、1个轻型陆军航空兵小队、4个直升机中队和20个要塞警卫连。

坦克:870辆,其中“豹”式II型180辆、“百人队长”150辆、PZ—68型390辆、PZ—61型150辆。步兵战车:M—63型和M—73型625辆。装甲输送车:M—63型、M—64型和M—73型725辆。牵引炮:105毫米900门。自行炮:155毫米473门。火箭炮:81毫米若干门。迫击炮:81毫米和120毫米共2750门。反坦克导弹:“陶”II型40具、“矮脚鸡”和“龙”式800具。火箭筒:83毫米5500具。反坦克炮:90毫米850门。无坐力炮:106毫米600门。高炮:20毫米1700门、35毫米260门。地空导弹:“轻剑”60部。巡逻艇:“宝瓶座”11艘。

空军与防空部队 现役民兵部队9000人(战时经48小时动员后可达6万人)。编有1个航空兵旅(辖3个飞行团和1个常备空中警戒大队。计有:8个攻击战斗机中队、8个战斗机中队、1个侦察机中队、1个空中联络兼救援机中队、11个教练机中队和7个直升机中队)、1个基地旅(辖3个高炮团,每团编制4个高炮营,每营辖4个高炮连)和1个防空旅(辖1个地空导弹团,编制2个导弹营,每营辖2个导弹连;7个高炮团,每团编制3个高炮连)。作战飞机289架。

攻击战斗机:“猎犬”F—58型126架、“猎犬”T—68型7架。战斗机:F—5E型92架、F—5F型12架、“幻影”ⅢS/BS型34架。侦察机:“幻影”ⅢRS型18架。空中联络兼救援机:“利尔杰特”36型2架、PC—6型18架。教练机:“隼”式MK66型20架、PC—3型66架、PC—7型40架、PC—9型4架。直升机:AS—332型9架、SA—315型26架、SA—316型70架。高炮:20毫米192门、35毫米148门。空地导弹:“小牛”等若干枚。空空导弹:“猎鹰”和“响尾蛇”若干枚。地空导弹:“警犬”式64部。

文职人员 瑞士军队实行民兵制,全军仅有职业军官和士官1500余名(其中职业军官700余名、职业士官800余名),主要是总部机关准将以上、部队少将以上军官,总部和部队少数参谋军官以及各军校教官和部分专业技术军官。其他长期在总部和师以上部队机关工作的人员主要由民兵军官和联邦官员(即文职人员)担任。联邦官员经军事部门严格审选、由双方自愿签订合同后成为军队文职人员,一般工作至65岁退休。目前,在总部和师以上部队机关工作的文职人员约占工作人员总数的80%。

预备役部队 即民兵预备役部队,经战时48小时动员后可达58.25万人,其中陆军53.15万人、空军与防空部队5.1万人。

准军事部队 民防部队48万人,其中经过全面军事训练的约30万人。

部署 陆军野战部队兵力主要部署在北部、东北部、中部和西部地区;山地部队全部部署在阿尔卑斯山地区;11个独立旅全部沿北部、东北部和东南部边境地区部署;空军与防空部队的航空兵旅和基地旅驻中部地区,防空旅部署在重点保护目标、主要军事设施和军用机场附近地区。

兵役制度 瑞士实行独特的民兵制,和平时期无常备军。全军除1500余名职业军人外，其他军人都是非职业军人。非职业军人平时从事民间职业，仅定期短时间离职进行军事集训，到新兵学校参加新兵训练或到部队参加复训。瑞士实行义务兵役制。联邦宪法规定，凡20～50岁身体健康的男性公民（民兵军官到55岁）都有义务服兵役。妇女可自愿服妇女辅助役。凡有正当理由不宜服兵役者除须交纳本人收入的1.5%作为免役税外，还要依照联邦有关法律服民役，但联邦议员、政府部长、联邦办公厅主任、警察、法官和神父享有免役权。联邦兵役法规定，每年春、秋季各征兵一次，全年共征召新兵3.4万人。凡年满19岁的男性青年必须到就近征兵处报名并体检，合格者20周岁入伍。入伍第一年在所属军兵种新兵学校接受为期17周的军事基础训练，此后分3个阶段到部队参加复训，直到50周岁：(1)21～32岁在野战部队复训，12年内共8次，每次3周；(2)33～42岁在守备部队复训，10年内共3次，每次2周；(3)43～50岁在后勤部队复训，8年内共2次，每次1周。合计起来，士兵20～50岁总共服役331天。服役期间和退役之后，单兵武器装备均由个人保管。军士和军官一生中服役的时间比士兵多，因从士兵到军士、从军士到军官以及各级军官的晋升均须经各级军校培训。如中士一生中服役557天，少、中尉929天，上尉1191天，少校1370天，中校1402天，上校1549天。

瑞士每年经新兵学校和各级部队复训的人员多达43.85万人。

服役年限：(1)职业军官和职业士官：少、中将最高服役年限为62周岁；准将、上校和一级上士为58周岁；中校为54周岁；少校、上尉、中尉、少尉、二级上士、一级中士、二级中士和下士为50周岁。(2)民兵军官最高服役年限为55周岁，军士和士兵均为50周岁。(3)文职人员（即联邦官员）最高服役年限为65周岁。

军衔 分5等15级，即将官3级（中将、少将、准将）、校官3级（上校、中校、少校）、尉官3级（上尉、中尉、少尉）、军士5级（一级上士、二级上士、一级中士、二级中士、下士）、兵1级（列兵）。

民防体制 经多年的不懈努力，瑞士民防建设已逐步走向法律化、正规化、制度化、规范化和全民化，现已建成统一、完善的现代化民防体系，其民防工程也颇为先进。(1)法律化、全民化。1962年3月瑞士联邦政府颁布的《瑞士联邦民防法》规定，平时，凡不适合服兵役的和已退出现役的20～60岁的男性公民，均有义务在民防系统服役；年满16岁的男子和已过60岁的民防人员可自愿在民防系统服役；妇女可自愿在民防系统服役。战时，凡不到部队当兵的16～65岁的男子均应到民防系统服役。按上述规定，战时瑞士在民防系统服役者可达62.5万人。平时实际在民防服役的有48万人，其中妇女2.5万人。瑞士1971～1990年民防费为67.5亿瑞士法郎，年人均80瑞士法郎。1991年民防费为6.7亿瑞士法郎，人均高达100瑞士法郎（约合70美元）。(2)正规化。瑞士的民防实行联邦、州、市（镇）三级领导体制。民防最高指挥权属联邦政府。联邦司法警察部民防局为全国民防最高执行机构。各州、市（镇）政府领导本州、市（镇）的民防工作，其下属的各级民防局负责处理日常事务。各州、市（镇）编有民防部队，最高建制单位为团，编成各专业分队，配备民防器材和轻型自卫武器。民防部队每年定期训练，并经常举行各级和全国性民防实战演习。(3)规范化。联邦民防工事建筑法规定，所有民防工事的防护力至少能抗住3个大气压，保证万吨级核弹在600米距离爆炸时，工事内人员不遭杀伤，物资器材不遭损坏。并要求工事内各种设备齐全配套，要能藏、能生活、能医疗、能打、能撤离。截至1990年为止，全国已建成的达标地下掩蔽所可容纳580万人（瑞士1990年底总人口为675.6万人）。辅助性掩蔽所可容纳210万人。计划到1992年（原计划到1990年）全国每人有一个达标地下掩蔽位置。现在瑞士已建成各种地下民防工事1500多处，地下医院135个，地下卫生所和急救站1200多个，共有地下病床10万多张。(4)制度化。《联邦民防工事建筑法》明确规定，凡今后新建公、私办公楼、厂房、住宅等必须同时建有具备“三防”能力的地下配套工事。对违者，联邦一律不予批准修建。为了备战需要，《民防法》规定，瑞士每个家庭必须储备14公斤/人的地下食品，并要求每隔3个月更换一次。另外，瑞士还对民防专用器材和装备实行标准化和统一化制造、管理和维修。(5)特种部队。瑞士还拥有一支特种部队——抢险救灾部队。该部队组建于1952年，直属总参救灾部队局，其部队分别编入6个领土区司令部，主要任务是配合各州政府和民防部队进行平、战时的抢险救灾。兵力3.5万人，最高建制单位为团。现有10个团辖29个营和13个独立连，装备有各种抢险救灾器材和轻型自卫武器。

（赵全祥）

苏　联

国　　名　苏维埃社会主义共和国联盟(至1991年12月25日)。

国防体制　1991年“8.19”事件前，苏联人民代表大会是苏联国防决策的最高国家权力机关，负责决定有关国防和军队的基本方针。1991年9月5日，苏联第5次非常人民代表大会决定，撤销1989年5月建立的苏联人民代表大会，建立新的最高权力机关——由苏联总统和各加盟共和国的最高领导人组成的国务委员会，“协商解决涉及各共和国共同利益的内外政策问题”。这样，苏联国防的最高决策机关已不是人民代表大会，而是国务委员会。

1991年12月21日，俄罗斯等11个加盟共和国首脑在阿拉木图举行会议，通过了《阿拉木图宣言》和关于《武装力量的议定书》，宣告成立“独立国家联合体”和苏联不复存在。从此，“独立国家联合体成员国首脑会议”成为独联体国防和武装力量的最高领导机关。

1991年12月25日，戈尔巴乔夫辞去苏联总统和苏联武装力量最高统帅职务，并把核控制权交给了俄罗斯总统叶利钦。

1991年12月30日，独联体11国首脑在明斯克举行会议，签署了《关于战略力量的协定》和《关于武装力量和边防军的协定》，决定将战略武装力量(战略火箭军、空军、海军、防空军、空降兵和航天部队等)直接隶属于独联体成员国首脑会议，并由“统一指挥部”指挥，“统一指挥部”内设立由独联体所有成员国的国防部长(国防委员会主席)组成的“国防部长理事会”，负责协调解决防御问题和制定防御政策；除乌克兰、阿塞拜疆、摩尔多瓦3国决定单独指挥驻在本国领土上的常规武装力量外，其余8国同意其境内的常规武装力量接受“统一指挥部”指挥；独联体各成员国有权建立本国的武装力量。

领导人物　总统兼武装力量最高统帅戈尔巴乔夫(1991年12月25日辞职)。国防部长亚佐夫苏联元帅(1991年8月22日被解除职务)。代理国防部长莫伊谢耶夫大将(1991年8月22～23日)。国防部长沙波什尼科夫空军元帅(1991年8月23日～12月30日)。独立国家联合体武装力量临时总司令沙波什尼科夫(1991年12月30日～1992年2月14日)。独立国家联合体联合武装力量总司令沙波什尼科夫(1992年2月14日上任)。总参谋长莫伊谢耶夫大将(至1991年8月22日)。总参谋长洛博夫大将(1991年8月23日～12月7日)。总参谋长萨姆索诺夫(1991年12月7日～1992年3月20日)。独立国家联合体联合武装力量总参谋长萨姆索诺夫(1992年3月20日上任)。总政治部主任什利亚加上将(1991年3月16日改任总军事政治部主任，1991年8月29日被解除职务)。国防部副部长兼战略火箭军总司令马克西莫夫大将(在“8.19”事件后留任原职，苏联解体后，留任独联体战略火箭军总司令，1992年3月20日被任命为独立国家联合体战略武装力量司令)。国防部副部长兼陆军总司令瓦连尼科夫大将(1991年8月31日被解除职务，同日任命原后贝加尔军区司令谢苗诺夫上将为国防部副部长兼陆军总司令，苏联解体后，留任独联体陆军总司令，1992年3月20日，谢苗诺夫被任命为独立国家联合体常规武装力量司令)。国防部副部长兼防空军总司令特列季雅克大将(1991年8月31日被解除职务，同日任命原莫斯科防空区司令普鲁特尼科夫空军上将为国防部副部长兼防空军总司令，苏联解体后，留任独联体防空军总司令)。国防部副部长兼空军总司令沙波什尼科夫空军上将(8月23日改任国防部长，8月31日任命原空军第一副总司令杰伊涅金空军上将为国防部副部长兼空军总司令，苏联解体后留任独联体空军总司令)。国防部副部长兼海军总司令切尔纳温海军元帅(在“8.19”事件后继续留任原职，苏联解体后留任独联体海军总司令)。

武装力量　**兵力**　现役部队约340万人。

战略火箭军　14.6万人。编有5个火箭集团军。

洲际导弹：1388枚，其中SS－11型300枚、SS－13型40枚、SS－17(PC－16)型50枚、SS－18(PC－20)型308枚、SS－19(PC－18)型300枚、SS－24型约90枚、SS－25(PC－12M)型约300枚。

陆军　140万人。编有14个军区、2个驻外军队集群、146个师(摩步师100个、坦克师32个、空降师7个、机枪炮兵师3个、后方地域警卫师4个)，另有13个炮兵师、约38个炮兵旅(团)、约7个重炮旅、约9个空降突击旅、12个特种部队旅。

坦克：主战坦克约5.44万辆，其中T－80型5400

辆、T—72L/—M 型 9000 辆、T—64A/—B 型约 4900 辆、T—62 型 8500 辆、T—54—55 型约 1.06 万辆，另有储存待处理的约 1.6 万辆。轻型坦克 ПТ—76 型 1000 辆。装甲侦察车：8000 辆，其中 БРДМ—2 型约 2500 辆。步兵战车：2.8 万辆，其中 БМП—3 型约 700 辆、БМД 型伞兵战车约 3000 辆。装甲输送车：5 万余辆，其中 МТ—ЛБ 型 4500 辆，其余为 БТР—50П 型、БТР—60П 型、БТР—70 型、БТР—80 型、БТР—152 型。各型火炮：6.42 万门，其中牵引炮约 3.3 万门，包括 100 毫米、122 毫米、130 毫米、152 毫米、203 毫米口径；自行炮约 9000 门，包括 122 毫米、152 毫米、203 毫米口径；直射曲射两用炮约 1200 门；迫击炮约 1.3 万门，包括 120 毫米、160 毫米、240 毫米口径；火箭炮约 8000 门，包括 122 毫米、140 毫米、220 毫米、240 毫米、300 毫米口径。战役战术导弹：1350 部，其中 FROG（"月亮"）式约 500 部，SS—21（"圆点"）型 300 部，"飞毛腿"（P—17）B 型和 C 型 550 部。反坦克导弹：AT—2 型、AT—3 型、AT—4 型、AT—5 型、AT—6 型和 AT—7 型若干具。反坦克炮：57 毫米、76 毫米、85 毫米、100 毫米口径共约 8000 门。高炮：23 毫米、30 毫米、37 毫米、57 毫米、85 毫米、100 毫米、130 毫米口径共约 1.2 万门。地空导弹：约 4960 部，其中 SA—4A 型和 B 型 1350 部、SA—6 型 850 部、SA—8 型约 950 部、SA—9 型 430 部、SA—11 型 300 部、SA—12A 型 70 余部、SA—13 型 860 部、SA—15 型 20 部、SA—17 型和 SA—19 型 130 部。另有肩射式 SA—7 型 1.85 万部、SA—14 型 2500 部、SA—16 型 3500 部。直升机：约 4500 架，其中战斗直升机约 2050 架：米—8 型 340 架、米—17 型 290 架、米—24 型 1420 架，运输直升机 1510 架：米—6 型 450 架、米—8 型 1000 架、米—26 型 50 架、米—10 型 10 架，电子战直升机米—8 型 200 架，通用直升机米—2、米—8 型共 680 架。

防空军　47.5 万人。编有 5 个防空集团军。

反弹道导弹：100 枚。防空截击机：约 2370 架，其中米格—23 型 890 架、米格—25 型 480 架、米格—31 型 270 架、苏—15 型 500 架、苏—27 型 230 架。预警与控制飞机：伊尔—76 型 15 架。地空导弹：约 8650 部，其中 SA—1 型 1600 部、SA—2 型 2400 部、SA—3 型 1000 部、SA—5 型 1950 部、SA—10 型 1700 部。

空军　42 万人。编有 16 个军区和驻外军队集群空军部队。作战飞机约 4905 架。

战略轰炸机：587 架，其中远程轰炸机 177 架：图—95B 型、G 型和 H 型 162 架，图—160 型 15 架；中程轰炸机 410 架：图—16 型 120 架、图—22 型 100 架、图—26（图—22M）型 190 架。歼击轰炸机：约 2240 架，其中米格—27 型 610 架、苏—17 型和苏—22 型 330 架、苏—24 型 840 架、苏—25 型 460 架。歼击机：约 2130 架，其中米格—21 型 550 架、米格—23 型 590 架、米格—25 型 110 架、米格—29 型 700 架、苏—27 型 180 架。侦察机：约 475 架，其中米格—21 型 35 架、米格—25 型 130 架、苏—17 型 130 架、苏—24 型 180 架。电子战飞机：雅克—28 型 60 架。直升机：米—24 型 220 架。运输机：约 620 架，其中安—12 型 100 架、伊尔—76 型 435 架、安—22 型 55 架、安—124 型 29 架。空空导弹和空地导弹若干枚。

海军　45 万人。编有 4 个舰队和 1 个区舰队。

弹道导弹潜艇：60 艘，携载弹道导弹 912 枚，其中"台风"级 6 艘，携载弹道导弹 120 枚；D—Ⅳ级 7 艘，携载弹道导弹 112 枚；D—Ⅲ级 14 艘，携载弹道导弹 224 枚；D—Ⅱ级 4 艘，携载弹道导弹 64 枚；D—Ⅰ级 18 艘，携载弹道导弹 216 枚；Y—Ⅰ级 11 艘，携载弹道导弹 176 枚。攻击潜艇：221 艘，其中："奥斯卡"级 8 艘、C—Ⅱ级 6 艘、C—Ⅰ级 9 艘、E—Ⅱ级 18 艘、Y 级 3 艘、"阿库拉"级 7 艘、"赛拉"级 3 艘、A 级 6 艘、V—Ⅲ级 25 艘、V—Ⅱ级 7 艘、V—Ⅰ级 16 艘、Y 级 1 艘、J 级 15 艘、"基洛"级 18 艘、T 级 18 艘、F 级 38 艘、W 级 20 艘、R 级 3 艘、其他潜艇 16 艘。航空母舰：5 艘，其中"库兹涅佐夫"级 1 艘、"戈尔什科夫"级 1 艘、"基辅"级 3 艘。巡洋舰：38 艘，其中"基洛夫"级 3 艘、"莫斯科"级 2 艘、"光荣"级 3 艘、"勇敢"级 11 艘、"尼古拉耶夫"（"卡拉"）级 7 艘、"喀琅施塔得"（"克列斯塔"—Ⅱ）级 10 艘、"佐祖利亚海军上将"（"克列斯塔"—Ⅰ）级 2 艘。驱逐舰：29 艘，其中"现代"级 13 艘、"威严"（"肯达"）级 2 艘、"镇静"（"卡辛"改进型）级 3 艘、"乌克兰共青团员"（"卡辛"）级 10 艘、"厉害"（"基尔丁"）级 1 艘。护卫舰：146 艘，其中"淘气"（"克里瓦克"—Ⅱ）级 11 艘、"警惕"（"克里瓦克"—Ⅰ）级 21 艘、"无畏"（"科尼"）级 1 艘、"里加"级 5 艘、"格里沙"—Ⅰ、—Ⅲ、Ⅴ级 63 艘、P—Ⅱ级 12 艘、"米尔卡"Ⅰ、Ⅱ级 11 艘、"别佳"级 22 艘。导弹艇：158 艘，其中"塔兰图尔"级 40 艘、"纳努契卡"级 36 艘、"黄蜂"级 65 艘、"蝗虫"级 1 艘、"蜂王"级 16 艘。鱼雷艇：32 艘。巡逻艇：192 艘。登陆舰：78 艘，其中"罗戈夫"级 3 艘、"蟾蜍"级 25 艘、"鳄鱼"级 14 艘、"北方"级 36 艘。登陆艇：约 120 艘。

海军步兵 1.4 万人，编有 1 个师和 4 个独立旅，装备有中型、轻型坦克、装甲侦察车、装甲输送车、步兵战车、迫击炮、自行榴弹炮、高炮和地空导弹等。

海军航空兵 7.5 万人，约 1354 架作战飞机和 312 架战斗直升机。

海岸火箭兵和炮兵 7500 人，编有 1 个海岸炮兵师，装备有130毫米岸炮和岸舰导弹若干。

海岸防御部队2万人，编有4个摩步师、1个炮兵旅、2个炮兵团、1个机炮营，装备有坦克810辆、步兵战车640辆、装甲输送车160辆、各种火炮830门。

边防军　23万人，内卫军35万人（分别由国家安全委员会和内务部领导）。

预备役人员　近5年服过现役者约523.9万人，其中战略火箭军50.2万人、陆军275万人、防空军75万人、空军72.5万人、海军51.2万人。

部署　苏联武装力量划分为4个战区、1个独立战略方向、1个统帅部预备队、13个军区、3个驻外军队集群。

北方独立战略方向辖列宁格勒军区和北方舰队。

列宁格勒军区：司令部驻列宁格勒。1个集团军、2个军、6个摩步师、1个空降师、1个炮兵师、3个炮兵旅（团）、5个"飞毛腿"战役战术导弹旅、1个空降突击旅、1个特种部队旅、1个战斗直升机团、1个空军集团军。装备1700辆主战坦克、600辆步兵战车、1400门火炮、88部FROG、SS—21、"飞毛腿"地地战役战术导弹发射架、95架作战飞机、20架战斗直升机、2个海军步兵旅、1个岸防摩步师、1个岸防炮兵团。

北方舰队：司令部驻北莫尔斯克。潜艇140艘、主要水面作战舰只67艘、海军航空兵作战飞机253架和战斗直升机83架、2个海军步兵旅、1个岸防步兵师。

西部战区：司令部驻累格尼察。3个驻外集群、2个军区、1个空军集团军、1个舰队、47个师（19个坦克师、23个摩步师、3个空降师、2个后方地域警卫师）、5个炮兵师。装备1.18万辆主战坦克、9900辆步兵战车、7700余门火炮、368部FROG、SS—21、"飞毛腿"式地地战役战术导弹发射架、1885架作战飞机和800架战斗直升机。

苏军西部集群（驻德国东部）：33.8万人。5个集团军、1个空军集团军、7个坦克师、6个摩步师、1个炮兵师、12个战役战术导弹旅、5个炮兵旅、10个战斗直升机团、675架作战飞机。

苏军北部集群（驻波兰）：3.5万人。1个坦克师、1个摩步师、1个战斗直升机团、作战飞机35架。

苏军西北部集群（1991年11月15日由波罗的海沿岸军区改称此名）：司令部驻加里宁格勒。1个集团军、1个空军集团军、3个坦克师、4个摩步师、2个空降师、1个炮兵师、3个炮兵旅（团）、3个战役战术导弹旅、1个空降突击旅、1个特种部队旅、2个战斗直升机团、作战飞机205架。

白俄罗斯军区：司令部驻明斯克。3个集团军、1个空军集团军、6个坦克师、3个摩步师、1个空降师、1个炮兵师、9个炮兵旅（团）、5个战役战术导弹旅、1个独立装甲坦克旅、1个空降突击旅、1个特种部队旅、2个战斗直升机团、作战飞机305架。

喀尔巴阡军区：司令部驻利沃夫。3个集团军、1个空军集团军、1个炮兵军、2个坦克师、9个摩步师、2个后方地域警卫师、2个炮兵师、4个炮兵旅（团）、5个战役战术导弹旅、1个空降突击旅、6个战斗直升机团、作战飞机235架。

波罗的海舰队：司令部驻加里宁格勒。潜艇30艘、主要水面作战舰只42艘、海军航空兵335架作战飞机和45架战斗直升机、1个海军步兵旅、1个岸防摩步师。

西南战区：司令部驻乌克兰贝尔采。2个军区、1个空军集团军、1个舰队、12个师（2个坦克师、8个摩步师、1个空降师、1个后方地域警卫师）、1个炮兵师。装备3600辆主战坦克、2400辆步兵战车、2100余门火炮、144部FROG、SS—21、"飞毛腿"战役战术导弹发射架、765架作战飞机和55架战斗直升机。

基辅军区：司令部驻基辅。2个集团军、1个空军集团军、2个坦克师、4个摩步师、4个炮兵旅（团）、2个战役战术导弹旅、作战飞机390架。

敖德萨军区：司令部驻敖德萨。4个摩步师、1个空降师、1个后方地域警卫师、1个炮兵师、3个炮兵旅（团）、1个空降突击旅、1个特种部队旅、1个战斗直升机团、作战飞机90架。

黑海舰队：司令部驻塞瓦斯托波尔。潜艇28艘、主要水面作战舰只46艘（含航空母舰1艘）、海军航空兵作战飞机151架、战斗直升机85架、1个海军步兵旅、1个岸防摩步师、1个岸防炮兵旅。

南方战区：司令部驻巴库。3个军区、2个空军集团军、27个师（1个坦克师、25个摩步师、1个空降师）、1个炮兵师。装备5300辆主战坦克、3000辆步兵战车、4700门火炮、208部战役战术导弹发射架、1080架作战飞机和190架战斗直升机。

北高加索军区：司令部驻罗斯托夫。3个军、3个摩步师、1个炮兵师、4个炮兵旅（团）、2个战役战术导弹旅、作战飞机470架。

南高加索军区：司令部驻第比利斯。2个集团军、1个空军集团军、1个军、10个摩步师、1个空降师、4个筑垒地域、4个炮兵旅（团）、4个战役战术导弹旅、1个空降突击旅、2个特种部队旅、1个战斗直升机团、作战飞机260架。

土耳其斯坦军区：司令部驻塔什干。1个军、1个空军集团军、1个坦克师、12个摩步师、2个炮兵旅（团）、1个战役战术导弹旅、2个特种部队旅、3个战斗直升机团、作战飞机350架。

远东战区：司令部驻赤塔。3个军区、驻蒙苏军、4个空军集团军、1个舰队、42个师(7个坦克师、35个摩步师)、3个机枪炮兵师、4个炮兵师。装备9700辆主战坦克、9500门火炮、220部战役战术导弹发射架、710架作战飞机和550架战斗直升机。

西伯利亚军区：司令部驻新西伯利亚。8个摩步师、2个炮兵师、1个特种部队旅。

后贝加尔军区：司令部驻赤塔。2个集团军、1个空军集团军、4个坦克师、9个摩步师、1个机枪炮兵师、1个炮兵师、1个特种部队旅、2个战斗直升机团、作战飞机220架。

远东军区：司令部驻哈巴罗夫斯克。4个集团军、3个空军集团军、3个坦克师、18个摩步师、2个机枪炮兵师、1个炮兵师、1个空降突击旅、3个战役战术导弹旅、1个特种部队旅、8个战斗直升机团、作战飞机470架。

驻蒙苏军：司令部驻乌兰巴托。1个集团军(3000人)。

太平洋舰队：司令部驻符拉迪沃斯托克(海参崴)。潜艇98艘(含战略导弹潜艇24艘)、主要水面作战舰只63艘、海军航空兵作战飞机240架和战斗直升机99架、1个海军步兵师、1个岸防摩步师。

统帅部预备队：司令部驻莫斯科。2个军区、8个师(3个坦克师、3个摩步师、1个空降师、1个后方地域警卫师)、1个炮兵训练师。装备2500辆主战坦克、2000辆步兵战车、1200余门火炮、54部战役战术导弹发射架、520架作战飞机和490架战斗直升机。

莫斯科军区：司令部驻莫斯科。1个军、3个坦克师、1个摩步师、1个空降师、1个后方地域警卫师、1个炮兵训练师、4个炮兵旅(团)、2个战役战术导弹旅、1个特种部队旅、1个战斗直升机团、作战飞机520架。

伏尔加河沿岸—乌拉尔军区：司令部驻古比雪夫。2个摩步师、1个战役战术导弹训练旅，1个战斗直升机团。

驻外兵力 驻德国东部苏军集群33.8万人。驻波兰苏军集群3.5万人。驻蒙苏军3000人。驻越南金兰湾海军基地2800人。驻古巴6000人。派往下列国家的军事顾问和技术人员分别为：阿尔及利亚700人、阿富汗若干人、安哥拉1000人、刚果75人、印度500人、柬埔寨500人、老挝500人、利比亚1500人、马里75人、莫桑比克75人、尼加拉瓜100人、秘鲁50人、叙利亚1800人、也门1000人、其他非洲国家600人。参加联合国驻伊拉克/科威特军事观察员20人、驻中东军事观察员若干人。

附：各共和国建军情况

“8．19”事件后，各加盟共和国在宣布独立的同时，纷纷建立自己的国防部、军队或国民卫队。苏联统一的武装力量变成了独立国家联合体联合武装力量和某些国家的独立武装力量。目前各共和国建军情况是：

俄罗斯 1990年6月12日发表主权宣言，1991年12月8日与白俄罗斯、乌克兰发表联合声明，宣布成立独立国家联合体。1992年3月16日正式宣布组建俄罗斯联邦国防部，国防部长由叶利钦总统暂时代理。俄罗斯联邦的武装力量(初步计划军队总人数不超过150万)编入独联体的联合武装力量，作战时受联合体武装力量总司令部指挥。在此之前，俄罗斯曾宣布，组建一支7～8万人的“国民卫队”。

乌克兰 1990年7月16日发表主权宣言，1991年8月24日宣布独立。1991年9月建立国防部，任命莫罗佐夫为国防部长。1991年10月22日，乌克兰议会原则通过《乌克兰国防法》、《乌克兰武装力量法》草案，以及《国民卫队法》、《边防军法》。1991年12月12日，乌克兰总统克拉夫丘克就任乌克兰武装力量总司令，并签发了关于乌克兰武装力量的总统令。根据这项命令，乌克兰武装力量将在原苏军基辅军区、敖德萨军区、喀尔巴阡军区、黑海舰队和驻扎在乌境内的其他部队的基础上建立，初定军队总人数不超过24万。1991年12月27日，乌克兰开始组建约3万人的“国民卫队”，任命库哈列茨为司令。1992年2月14日，开始组建约2.5万人的边防军，任命瓦·古边科为司令。

白俄罗斯 1990年7月27日发表主权宣言，1991年8月25日宣布独立。1991年9月23日，白俄罗斯议会提出在原苏军白俄罗斯军区的基础上建立一支8～9万人的军队，后任命乔斯为白俄罗斯代理国防部长。1992年1月12日，白俄罗斯议会决定其境内常规武装力量归共和国政府管辖。1992年3月18日，白俄罗斯议会决定从3月20日起组建本国武装力量。在此之前，白俄罗斯已组建了国民卫队。

格鲁吉亚 1990年10月底发表独立宣言，

1991年4月9日宣布独立。1991年初组建"国民卫队"。成立国防部，吉奥尔加泽任代理国防部长。1991年8月22日，格鲁吉亚总统颁布命令，宣布未经他允许，该国境内的任何军事调动均属非法。1991年9月20日，任命皮尔茨哈拉伊什维奇为国防部长。1992年3月开始组建军队。

阿塞拜疆 1990年8月30日宣布独立。成立了国防部，任命埃尤布—奥格雷为国防部长。1991年10月10日，阿塞拜疆议会决定没收在阿境内的原苏军装备和设施，准备在南高加索军区第4集团军的基础上建立本国军队。

亚美尼亚 1991年9月23日宣布独立。建立了国防部和3个边防军区，并任命萨尔基相为国防部长，准备在南高加索军区第7集团军的基础上建立本国军队。

摩尔多瓦 1991年8月27日宣布独立。1990年11月上旬建立官方军事组织，与此同时，摩境内自己宣布独立的"加告兹共和国"和"德涅斯特河沿岸共和国"也开始建立军事组织。1992年3月中旬，摩尔多瓦议会通过了《国防法》、《武装力量法》、《摩尔多瓦公民兵役法》。1992年3月20日，摩尔多瓦总统斯涅古尔签发命令，决定把驻在其领土上的原苏联军队、武器、技术装备和营房设施转归摩尔多瓦，准备在敖德萨军区第14集团军的基础上建立本国军队。

哈萨克 1990年10月25日发表主权宣言，1991年12月16日宣布独立。1992年3月16日，开始组建"共和国国民卫队"，卫队司令由纳扎尔巴耶夫总统兼任。

土库曼 1991年10月27日宣布独立。1992年1月6日，土库曼总统尼亚佐夫宣布，驻土境内的原苏联军队受他指挥。1992年1月7日，成立国防部，统管内务部队、卫戍部队、民防和国民卫队。

塔吉克 1991年9月9日宣布独立。1991年12月建立了国民卫队，拉赫诺夫任国民卫队司令。1992年1月6日，建立了"国防委员会"，总统纳比耶夫任主席。

乌兹别克 1990年6月20日发表主权宣言，1991年8月31日宣布独立。成立了"国防事务部"，建立了"民族近卫军"，任命乌尔曼诺维奇为乌兹别克国防事务部长兼民族近卫军司令。

（闫振范）

西 班 牙

国　　名 西班牙。

主要统计 面积504783平方公里。人口4008.34万人（其中13～17岁男167.49万人，女158.78万人；18～22岁男168.04万人，女160.5万人；23～32岁男317.53万人，女306.93万人）。国内生产总值49.388万亿比塞塔，合4845.4亿美元（1990年）。国防费7858.83亿比塞塔，合78.5亿美元（1992年国防预算）。粗钢1181万吨（1987年）。原煤4351.1万吨（1988年）。原油1110万桶（1988年）。天然气9.2亿立方米（1988年）。发电量1355.68亿度（1988年）。粮食2366万吨（1988年）。海运能力，商船（载重100吨以上）2341艘、总载重量646.14万吨（1989年）。民航能力，固定航班机场31处、客运量228.48亿人公里、货运量7.64亿吨公里（1990年）。

国防体制 宪法规定，国王为武装力量最高统帅。最高国防决策机构为国防委员会，成员有首相，副首相，国防、内政、外交大臣，国防参谋长及三军种参谋长等，由国王任主席。最高咨询机构为参谋长联席会议。国防部为政府中的一个部，是最高军事行政机关。武装力量由正规军和准军事部队组成。正规军分陆、海、空三个军种。国防参谋部是最高军事组织机构。国王、首相通过国防部和国防参谋部对全国武装力量实施领导和指挥。

领导人物 国王兼武装力量最高统帅胡安·卡洛斯一世（1975年11月22日登基）。内阁首相费利佩·冈萨雷斯（1982年上任）。国防大臣加西亚（1991年3月上任）。国防参谋长马丁·格兰尼索海军上将（1990年5月上任）。陆军参谋长拉蒙·波格拉斯中将（1990年5月上任）。海军参谋长比拉·米兰德海军上将（1990年5月上任）。空军参谋长费尔南德斯·塞古伊罗斯中将（1990年5月上任）。

武装力量 **兵力** 现役部队25.74万人。

陆军 18.2万人。编有8个军区、5个师、3个旅、6个独立作战营、5个独立工兵营。

坦克：AMX－30型299辆、M－47E1型329辆、M－47E2型46辆、M－48A5E型164车辆。装甲侦察车：BMR－VEC型340辆、BMR－625型100辆。装甲输送车：M－133型1201辆、BMR－600型541辆。牵引炮：105毫米454门、122毫米160门、155毫米84门、203毫米24门。自行炮：105毫米48门、155毫米96门、203毫米12门。岸炮：305毫米16门、381毫米17门。火箭炮：140毫米12门。迫击炮：81毫米1200门、120毫米465门。反坦克导弹："米兰"442具、"霍特"28具。无坐力炮：106毫米654门。高炮：20毫米329门、35毫米92门、40毫米274门。地空导弹：改进型"霍克"24部、"罗兰"13部、"空中卫士"13部。直升机：189架（含武装直升机68架）：HU－8型3架、HU－10B型59架、HA－15型68架、HU－18型6架、HR－12B型17架、HT－21型18架、HT－17型18架。

海军　3.98万人（含陆战队）。编有1个舰队司令部、4个军区司令部。

潜艇："加勒内风"（法"阿古斯塔"）级4艘、"海豚"（法"桂树神"）级4艘。航母："阿斯图里亚斯王子"级1艘。驱逐舰："丘鲁卡"（美"基林"）级4艘。护卫舰："圣玛丽娅"（美"佩里"）级4艘、"巴利阿里"级5艘、"侦察"级6艘。海岸巡逻舰艇：62艘。扫雷舰：12艘。两栖舰只：4艘。辅助舰只：26艘。

陆战队　7500人，编有1个陆战团、5个守备团，装备有M－48E型坦克16辆、各型装甲车80辆、105毫米牵引炮12门、105毫米自行炮12门、155毫米自行炮6门、106毫米无坐力炮68门、"陶"式反坦克导弹12具、"龙"式反坦克导弹18具等。

海军航空兵　编有9个中队，作战飞机21架，武装直升机35架。

空军　3.56万人。编有中央空军司令部，辖4个联队（5个战斗机中队、4个运输机中队）；东部空军司令部，辖2个联队（4个战斗机中队、2个运输机中队）；加那利群岛司令部，辖3个联队（2个攻击战斗机中队、2个改装训练机中队、1个海上侦察机中队）；直布罗陀海峡空军司令部，辖1个联队（1个攻击战斗机中队，1个运输机中队、1个搜索与救援中队）；运输司令部，辖3个联队（6个中队）；物资司令部，辖1个联队；训练司令部（13个中队）；空军司令部直属群（辖2个运输中队、3个搜索与救援中队、2个支援中队、2个联络中队）。作战飞机247架。

战斗机和攻击战斗机："幻影"型80架、F－5型47架、EF－18型72架、F－4型40架。反潜巡逻机：P－3型8架。运输机：波音707型3架、C－130H型12架、C－212型26架、C－101型85架、DHC－4型18架、"猎鹰"6架。加油机：KC－130H型5架。直升机：AB－205型12架、SA－319型5架、SA－330型5架、SA－332型10架、TH－55A型17架。

预备役部队　24.96万人，其中陆军14.27万人、海军4.77万人、空军5.92万人。

准军事部队　民防军6.3万人。

兵役制度　实行义务兵与志愿兵相结合的兵役制度。义务兵服役期12个月，志愿兵服役期16～36个月。

军衔　分6等17级，即将官4级（上将、中将、少将、准将）、校官3级（上校、中校、少校）、尉官3级（上尉、中尉、少尉）、准尉、军士5级（军士长、上士、中士、一级下士、二级下士）、兵1级（列兵）。

驻外兵力　参加联合国驻安哥拉军事观察员6人，驻中美洲军事观察员58人。

外国驻军　美国驻军8700人，其中海军3700人、空军5000人（1个战术联队，作战飞机72架）。

（王文明）

希　腊

国　　名　希腊共和国。

主要统计　面积131990平方公里，其中岛屿面积24796平方公里。人口1017.44万人（其中，13～17岁男36.92万人，女34.81万人；18～22岁男38.5万人，女36.36万人；23～32岁男76.2万人，女72.73万人）。国内生产总值106460.64亿德拉克马，合671.6亿美元（1990年）。国防费7772.18亿德拉克马，合45.2亿美元（1991年国防预算）。粗钢97万吨（1988年）。原煤4832.3万吨（1988年）。原油700万桶（1989年）。天然气1.2亿立方米（1989年）。发电量331.67亿度（1988年）。粮食531.1万吨（1989年）。海运能力，商船（载重100吨以上）1893艘、总载重量3846.54万吨（1989年）。民航能力，固定航班机场33处、客运量75.36亿人公里、货运量1.145亿吨公里（1990年）。

国防体制 宪法规定,总统为武装力量最高统帅。最高国防决策机构为最高国防委员会,成员有总理、副总理及国防、外交、公共秩序、协调部长和国防总参谋长,由总理任主席,副总理任副主席。最高咨询机构为参谋长委员会,由国防参谋长任主席,成员为陆、海、空军参谋长。国防部为政府中一个部,是最高军事行政机关,负责执行政府制定的国防政策和对部队的管理等工作。武装力量由正规军和准军事部队组成。正规军分陆、海、空三个军种。最高军事指挥机构为国防总参谋部。总统、总理通过国防部和国防总参谋部对全国武装力量实施领导和指挥。

领导人物 总统兼武装力量最高统帅康斯坦丁·卡拉曼利斯(1990年4月上任)。总理兼最高国防委员会主席康斯坦丁·米佐塔斯基(1990年4月上任)。国防部长瓦尔维齐奥蒂斯(1990年4月上任)。国防总参谋长韦利瓦季斯陆军上将(1990年5月上任)。陆军参谋长斯卡尔维利斯中将(1990年5月上任)。海军参谋长加拉加斯中将(1990年7月上任)。空军参谋长斯塔西阿斯中将(1990年5月上任)。

武装力量 **兵力** 现役部队15.85万人。

陆军 11.3万人。编有1个集团军部、4个军部、1个装甲师、1个机械化师、9个步兵师、1个伞兵突击师、5个独立装甲旅、2个独立机械化旅、1个海军陆战旅、4个装甲侦察营、10个野战炮兵营、6个高炮营、2个地空导弹营、2个陆军航空兵营、1个突击团、1个独立航空兵连、1个别动队。

坦克:M—47型396辆、M—48型1220辆、AMX—30型154辆、"豹"式1A3型109辆、M—24轻型198辆。装甲输送车:"狮座"110辆、M—2型114辆、M—3型403辆、M—59型372辆、M—113型996辆。装甲侦察车:M—8型48辆。步兵战车:AMX—10P型96辆。牵引炮:105毫米487门、140毫米32门、155毫米271门、203毫米85门。自行炮:105毫米76门、155毫米183门、175毫米12门、203毫米28门。迫击炮:81毫米690门、107毫米734门。反坦克导弹:"陶"式、"米兰"式等共394具。无坐力炮:90毫米1057门、106毫米763门。高炮:20毫米101门、30毫米24门、40毫米322门。地空导弹:"霍克"改进型42部。轻型飞机:"超级空中大王"2架、"空中指挥官"3架、U—17A型20架。直升机:CH—47C型8架、UH—H/AB—205型77架、UH—IN/AB—21Q型1架、OH—58/AB—206型11架、OH—13HS型14架。

海军 1.95万人。编有1个舰队司令部,辖5个支队、11个分队。

潜艇:"灰鱼"级8艘、"卡特桑尼斯"级2艘。驱逐舰:"泰米斯托克勒斯"级7艘、"米亚奥利斯"级1艘、"盾牌"级3艘。护卫舰:"埃利"级2艘、"天鹰"级4艘、"爱琴海"级1艘。导弹攻击艇:"拉斯科斯"级14艘、"斯塔莫"级2艘。鱼雷快艇:"赫斯佩罗斯"级6艘、"不平庸"级4艘。巡逻艇:"阿马托洛斯"级2艘、"托尔米"级2艘、PCI型6艘。布雷艇:"阿克蒂昂"级2艘。扫雷艇:"翠鸟"级9艘、"阿塔兰蒂"级5艘。登陆艇:"纳夫克拉托萨"级1艘、"因奥塞"级2艘、"伊卡里亚岛"级5艘、"伊波利亚霍斯—格里戈罗波洛斯"级4艘。

海军航空兵 编有1个师部,下辖3个航空兵中队,装备有AB—212型反潜、电子对抗直升机14架、SA—319型反潜直升机4架。

空军 2.6万人。编有1个战术空军司令部、7个作战飞机联队和1个运输机联队,下辖10个攻击战斗机中队、9个战斗机中队、2个侦察机中队、1个海上侦察机中队、3个运输机中队、3个直升机中队、1个防空营、1个空军训练司令部。作战飞机375架。

攻击战斗机:A—7H型47架、TA—7H型5架、F—104G型70架、TF—104G型8架、F—5A型36架、F—5B型6架、F—4E型17架、F—16型36架。战斗机:F—5A型24架、F—5B型4架、F—4E型15架、"幻影"F—1CG型32架、"幻影"2000E型24架。侦察机:RF—104G型18架、RF—4E型5架。海上侦察机:HU—16B型8架。运输机:C—130型11架、YS—11—200型6架、C—47型8架、CL—215型14架、DO—28型15架。运输直升机:AB—205A型15架、AB—206A型1架、AB—212型4架、贝尔—47G型11架。地空导弹:"奈基"Ⅱ型36部、"麻雀"40部。空空、空地导弹若干。

预备役部队 40.6万人。其中陆军约35万人、海军约2.4万人、空军约3.2万人。

准军事部队 3.05万人,其中宪兵2.65万人、海岸警卫队和海关部队0.4万人。

兵役制度 实行义务兵役制。士兵服役期:陆军17个月、海军21个月、空军19个月(自1991年1月1日起执行)。

军衔 分5等17级,即将官4级(上将、中将、少将、准将)、校官3级(上校、中校、少校)、尉官3级(上尉、中尉、少尉)、军士5级(准尉、军士长、上士、中士、下士)、兵2级(上等兵、列兵)。

驻外兵力 驻塞浦路斯2250人;参加联合国驻伊科边界军事观察员7人。

外国驻军 美国驻军1950人,其中陆军250人、海军200人、空军1500人。

(王 立)

匈 牙 利

国　　名　匈牙利共和国(1989年10月18日起改现名)。

主要统计　面积93031平方公里。人口1055.54万人(其中,13～17岁男40.648万人,女38.692万人;18～22岁男38.524万人,女36.512万人;23～32岁男70.772万人,女67.616万人)。国内生产总值2.1325万亿福林,合593亿美元(1990年)。国防费544亿福林,合12.3亿美元(1991年国防预算)。粗钢331.7万吨(1989年)。原煤2190万吨(1988年)。原油1300万桶(1989年)。天然气61.9亿立方米(1989年)。发电量292.33亿度(1989年)。粮食1537.2万吨(1989年)。海运能力,商船(载重100吨以上)15艘、总载重量10.8万吨(1989年)。民航能力,固定航班机场4处、客运量15.22亿人公里、货运量1430万吨公里(1990年)。

国防体制　1989年10月通过的宪法修正案规定,共和国总统兼任武装力量总司令。战时成立国防委员会,成员包括总统、议会主席、总理、国防部长、内务部长、外交部长和国防军司令、总参谋长等,由总统任主席。国防部为政府中一个部,是最高军事行政机关,负责制定有关国防问题的政策、法律和规定。武装力量由正规军和准军事部队组成。正规军分陆军和防空军－空军两个军种,没有海军,只有一个多瑙河区舰队(旅级),1968年编入陆军序列。1989年12月开始实施新军事指挥体制,成立国防军司令部,作为军队最高指挥机关。总统通过国防部和国防军司令部对全国武装力量实施领导和指挥。

领导人物　总统根茨·阿尔巴德(1990年8月上任)。国防部长费尔·拉约什(1990年5月上任)。国防军司令吕林茨·卡尔曼上将(1989年12月上任)。国防军第一副司令兼总参谋长戴阿克·亚诺什中将(1991年11月上任)。

武装力量　**兵力**　现役部队8.65万人。

陆军　6.64万人。编有1个陆军司令部和4个军区。每军区辖3个摩步旅、1个坦克旅、1个炮兵旅、1个反坦克导弹团、1个地空导弹团。集团军直属部队有1个炮兵旅、1个反坦克导弹旅、1个地空导弹旅、1个火箭炮团、1个高炮团、1个空降营。另有1个多瑙河区舰队。

坦克:1482辆,其中T－34型62辆、T－54型143辆、T－55型1139辆、T－72型138辆。轻型坦克:PT－76型7辆。装甲侦察车:БРДМ－2型160辆、FUGD－442型171辆。步兵战车:БМП－1型502辆。装甲输送车:БТР－80型148辆、FUGD－442型40辆、PSZHD－944型1042辆、MF－LB型31辆。牵引炮:122毫米234门、152毫米357门。自行炮:122毫米154门、152毫米17门。火箭炮:122毫米62门。迫击炮:120毫米263门。地地导弹:FROG－7型18部、"飞毛腿"9部。反坦克导弹:AT－3"耐火箱"117具、AT－4"塞子"21具、AT－5"拱肩"174具。反坦克炮:85毫米162门、1000毫米106门。高炮:23毫米14门、57毫米144门。地空导弹:SA－4型18部、SA－6型44部、SA－9型44部、SA－13型4部、SA－7型240部、SA－14型54部。反水雷舰艇6艘、快艇若干艘。

防空军-空军　2.01万人。编有1个防空军司令部、1个地空导弹旅、2个歼击机团和1个歼击机中队、1个侦察机中队、3个直升机团。作战飞机111架、武装直升机39架。

歼击机:米格－21型60架、米格－23型11架。侦察机:苏－22型11架。运输机:安－24型2架、安－26型12架、拉－410型1架、伊尔－18型1架。直升机:米－24型39架、米－8/－17型23架、米－8型25架、米－2型35架。教练机:米格－21型25架、米格－23型3架、苏－22型3架。空空导弹:AA－2型"环礁"若干枚。地空导弹:SA－2/－3/－5型共120部。

预备役部队　21万人,其中陆军19.2万人、防空军－空军1.8万人。

准军事部队　1.88万人,其中边防军1.8万人、建筑部队800人。

兵役制度　实行义务兵役制。士兵服役期为12个月。各级军官最高服役年限均为55岁,担任重要职务的高级将领可适当延长。

军衔　分6等19级,即将官4级(大将、上将、中将、少将)、校官3级(上校、中校、少校)、尉官4级(大尉、上尉、中尉、少尉)、准尉2级(一级准尉、准尉)、军士3级(上士、中士、下士)、兵3级(上等兵、一等兵、二等兵)。

驻外兵力 参加联合国驻伊科观察员7人、驻安哥拉军事观察员若干人。

(赵严芳)

意 大 利

国　名 意大利共和国。

主要统计 面积301279平方公里。人口5732.2万人(其中,13～17岁男200.1万人,女190.09万人;18～22岁男222.4万人,女211.93万人;23～32岁男449.42万人,女431.7万人)。国内生产总值1306.833万亿里拉,合10907.5亿美元(1990年)。国防费26.56万亿里拉,合221.3亿美元(1992年国防预算)。粗钢2518吨(1989年)。原煤104万吨(1988年)。原油3100万桶(1989年)。天然气169.8亿立方米(1989年)。发电量2006.9亿度(1988年)。粮食1693.5万吨(1989年)。海运能力,商船(载重100吨以上)1571艘,总载重量1152.39万吨(1989年)。民航能力,固定航班机场34处、客运量210.96亿人公里、货运量11.46亿吨公里(1990年)。

国防体制 宪法规定,总统为武装力量最高统帅。最高国防决策机构为国防最高委员会,成员有总统、总理及国防、外交、内政、国库、预算、工业、农业部长和国防参谋长,由总统任主席、总理任副主席。最高咨询机构为武装力量高级委员会,下设陆、海、空三个小组,主席由三名组长中军衔最高、资历最深者担任。国防部为政府中的一个部,为最高军事行政机关,负责武装力量的建设与管理等工作。武装力量由正规军和准军事部队组成。正规军分陆军(含宪兵)、海军、空军三个军种。最高军事指挥机构为国防参谋部,下设陆、海、空军参谋部。总统通过总理、国防部和陆、海、空军参谋部对武装力量实施领导和指挥。

领导人物 总统兼武装力量最高统帅弗朗切斯科·科西加(1985年上任)。国防部长维尔吉利奥·罗尼奥尼(1990年7月上任)。国防参谋长多麦尼科·科尔乔奈陆军中将(1990年4月上任)。海军参谋长菲利普·鲁杰罗中将(1989年上任)。空军参谋长斯泰利奥·纳尔迪尼中将(1990年4月上任)。国防秘书长兼全国军备主任卢恰诺·梅洛尼空军中将(1991年4月上任)。

武装力量 **兵力** 现役部队47.26万人(含宪兵)。

陆军　34.56万人(含宪兵)。编有7个军区、3个军部、19个旅,其中11个机械化旅、4个山地旅、2个装甲旅、1个伞兵旅和1个导弹旅。

坦克:M－60AI型300辆、"豹"式920辆。装甲侦察车:"半人马座"6辆。装甲输送车:M－113型2183辆、VCC－1/－2型1667辆、菲亚特－6614型14辆、LVTP－715辆。牵引炮:105毫米357门、155毫米587门、203毫米23门。自行炮:155毫米260门、203毫米23门。火箭炮:227毫米2门。迫击炮:81毫米1205门、120毫米700门。地地导弹:"长矛"导弹发射架6具。反坦克导弹:"陶"式432具、"米兰"式1000具。火箭筒:1000具。无坐力炮:80毫米720门。高炮25毫米50门、40毫米252门。地空导弹:"霍克"126部、"毒刺"145部。飞机:SM－1019型48架、O－IE型12架。直升机:A－109型28架、A－129型6架、AB－205A型92架、AB－206型136架、AB－212型14架、AB－412型17架、CH－47C型30架。

海军　4.9万人(含陆战队和航空兵)。编有6个军区、1个作战舰队司令部、4个分舰队、2个潜艇大队。

潜艇:"佩劳希"级2艘、"萨乌罗"级4艘、"托蒂"级3艘。航母:"加里波第"号轻型航母1艘。巡洋舰:"维托里奥·维内托"级1艘、"安德雷阿·多里亚"级1艘。驱逐舰:"大胆"级2艘、"无畏"级1艘。护卫舰:"西北风"级8艘、"狼"级4艘、"山地步兵"级2艘、"智慧女神"级8艘、"德·克里斯托法罗"级4艘。轻型护卫舰:"信天翁"级3艘。导弹攻击舰:"鹞鹰"级7艘。巡逻艇:8艘。扫雷舰艇:15艘。登陆艇:2艘。支援舰艇:34艘。

水下袭击部队(600人)装备有:"突击蛙人"快艇2艘。

陆战队(800人)装备有VCC－1型装甲输送车30辆、LVTP－7型装甲登陆车10辆、81毫米迫击炮16门、106毫米无坐力炮8门、"米兰"反坦克导弹6具。

海军航空兵(1500人)编有5个反潜直升机中队,装备有直升机SH－3D型36架、AB－212型60架,"火星"MK－2型空舰导弹若干。

空军　7.8万人。编有3个军区、1个作战司令部、4个近距空中支援中队、6个攻击战斗机中队、7个战斗机中队、1个侦察机中队、2个海上侦察机中队、1个电子战机中队、1个救援机中队、3个运输机中队、1个校准机中队、8个"奈基"地空导弹大队和12个"斯帕达"地空导弹连。作战飞机449架。

攻击战斗机和战斗机："狂风"式81架、F－104S型126架、G－91Y型40架、MB－339型85架、AMX式52架。侦察机：RF－104G型34架、G91R型18架。海上侦察机："大西洋"18架。电子对抗机：G－222GE型1架、PD－808型8架。运输机：波音707型1架、C－130型12架、G－222型42架、PD－808型10架、DC－9型2架、"猎鹰"50型4架、"湾流"Ⅲ型2架。联络机：P－166型17架、SIAI－208型36架。救援直升机：54架。其他直升机：75架。地空导弹："奈基"96部。空空和空地导弹：若干枚。

宪兵　11.4万人(属陆军编制)。编有1个总司令部，下辖本土宪兵与机动宪兵。本土宪兵编为9个旅、24个团、101个营、1个训练旅。机动宪兵编为2个旅、13个营、1个机载营、1个骑兵团和若干海、空宪兵队。装甲车："菲亚特"6616M型48辆。装甲输送车：M－113型119辆、VCC－2型92辆、M－106型24辆。直升机：A－109型22架、AB－205型4架、AB－206型40架、AB－412型9架。

文职人员　6.7万人，其中职员1.5万人，职工5.2万人。

预备役部队　58.4万人，其中陆军52万人、海军3.6万人、空军2.8万人。

准军事部队　13.34万人，其中公安警察8.04万人，财政警察5.3万人。

兵役制度　实行义务兵与志愿兵相结合的兵役制度。陆、海、空军义务兵服役期1年。志愿兵的服役期限由所签合同而定。各级军官最高服役年限：将官为65岁、校官为57岁、尉官为50岁。

军衔　分5等19级，即将官4级(四星中将、中将、少将、准将)、校官3级(上校、中校、少校)、尉官3级(上尉、中尉、少尉)、军士6级(军士长、一级上士、二级上士、三级上士、中士、下士)、兵3级(一等兵、二等兵、列兵)。

驻外兵力　参加联合国驻埃及(西奈多国和平部队)90人和4艘巡逻艇；驻黎巴嫩52人；驻纳米比亚过渡时期援助团94人；驻伊/科军事观察员7人；驻印/巴军事观察员6人；驻马耳他2架直升机及其机组人员。

外国驻军　北约在意驻有南欧盟军司令部和战术空军司令部；美在意驻军1.41万人，其中，陆军约3900人另1个空降营，海军约6000人另陆战队300人，空军3900人；美第6舰队司令部设在那不勒斯附近的加埃塔，美核潜艇基地设于撒丁岛东北端的马达莱纳。

(王文明)

英　国

国　名　大不列颠及北爱尔兰联合王国。

主要统计　面积244110平方公里。人口5667.08万人(其中，13～17岁男185.88万人，女176.64万人；18～22岁男209.79万人，女199.62万人；23～32岁男443.79万人，女426.46万人)。国内生产总值5528.59亿英镑，合9867.2亿美元(1990年)。国防费228亿英镑，合435.5亿美元(1991年国防预算)。粗钢1874万吨(1989年)。原煤10179.1万吨(1988年)。原油6.27亿桶(1989年)。天然气447.5亿立方米(1989年)。发电量3082.3亿度(1988年)。粮食2325.9万吨(1989年)海运能力，商船(载重100吨以上)2053艘、总载重量1025.196万吨(1989年)。民航能力，固定航班机场55处，客运量689.52亿人公里、货运量23.52亿吨公里(1990年)。

国防政策　保持一支独立的核力量；保卫英国本土；参加北约的集体防务；维护海外利益。

军事战略　依靠北约的集体防务，并参与欧洲的联合军事行动，以保护英国的利益。一向奉行北约的军事战略(该战略正在酝酿调整之中)。

国防体制　英法律规定，女王为武装力量名义上的最高统帅。最高国防决策机构为"国防与海外政策委员会"。该委员会成员有首相、国防大臣、外交与联邦事务大臣、内政大臣和财政大臣等，由首相任主席，必要时，可请国防参谋长和军种参谋长列席会议。国防部为政府中的一个部，是最高军事行政机关，负责具体贯彻和执行首相和"国防与海外政策委员会"的指示和决议，负责制定政策、预算、三军的作战指挥、人事管理、装备采购等工作。武装力量由正规军和准军事部队组成。正规军分陆、海、空三个军种。最高军事指挥机构为国防参谋部。首相通过国防部和国防参谋部对全国武装力量实施领导和指挥。战时则组成战时内阁，指挥作战。

领导人物 女王兼武装力量名义最高统帅伊丽莎白二世(1952年即位，1953年加冕)。国防大臣汤姆·金(1989年上任)。国防参谋长理查德·文森特元帅(1991年4月上任)。陆军参谋长约翰·查帕尔上将(1988年9月上任)。海军参谋长朱利安·奥斯瓦尔德海军上将(1989年5月上任)。空军参谋长彼得·哈丁上将(1988年11月上任)。

武装力量 **兵力** 现役部队30.01万人。

陆军 14.96万人。编有1个军部、4个师、58个团、55个营。

坦克："挑战者"426辆、"酋长"850辆、"百人队长"38辆、FV－101"蝎子"275辆。装甲侦察车：FV－107"大弯刀"315辆、"白鼬"1000辆、"狐狸"350辆、FV－601"萨拉丁"13辆。步兵战车："勇士"510辆、FV－432"拉登"13辆。装甲输送车：FV432型2000辆、FV－603"萨拉逊"250辆、FV－103"斯巴达人"405辆、AT－105"萨克森"527辆、"亨伯"313辆。牵引炮：105毫米264门、140毫米9门、155毫米72门。自行炮：105毫米200门、155毫米114门、175毫米37门、203毫米16门。火箭炮：227毫米26门。迫击炮：81毫米500门。地地导弹："长矛"14部。反坦克导弹："米兰"1100具、"旋火"48具、"陶"式若干具。地空导弹："轻剑"120部、"标枪"、"吹管"若干部。飞机：46架。直升机：329架。登陆艇：46艘。

海军 6.18万人(含陆战队和航空兵)。编有1个舰队、3个分舰队。

航母："无敌"级3艘。潜艇："北极星"级4艘、"特拉法尔加"级6艘、"快速"级6艘、"勇士"级1艘、"丘吉尔"级1艘、"支持者"级1艘、"奥伯隆"级6艘。护卫舰："康沃尔"级4艘、"大刀"级10艘、"诺福克"级3艘、"女将"级6艘、"利安德"级11艘。驱逐舰："伯明翰"级12艘。巡逻艇：34艘。扫雷艇：35艘。两栖登陆舰：7艘。各种支援舰船：35艘。

陆战队7400人，装备有"米兰"反坦克导弹，"标枪"、"吹管"地空导弹若干部，SA－314型直升机8架、"大山猫"AH－1型直升机6架。

海军航空兵7500人，装备有作战飞机45架、武装直升机153架。

空军 8.87万人。编有3个联队、38个作战中队、8个运输中队、8个直升机中队。作战飞机530架。

轰炸机："旋风"GR－1型156架、"海盗"34架。战斗机和攻击战斗机："狂风"F－2/3型78架。"美洲虎"44架、"鹞"式56架、"鬼怪"54架、"隼"式144架。预警机：E－3D型2架。电子战机：15架。海上侦察机：24架。运输机："三星"9架、VC－10型22架、"大力士"60架。加油机：12架。直升机：169架。地空导弹："警犬"64部。空空和空地导弹若干枚。

战略核力量 (2000人)。"北极星"级导弹核潜艇4艘。A－3TK型潜射战略导弹48枚。

文职人员 16.87万人。

预备役部队 34.72万人，其中陆军20.88万人、海军3.53万人、空军4.31万人。

部署 陆军主要部署在德国境内和英格兰地区。海军重点部署在英吉利海峡沿岸一线及直布罗陀。空军集中部署在德国境内和英格兰地区。共有军事基地108处，其中陆军基地12处(阿尔德肖特、威尔顿等)、海军基地7处(普茨茅斯、克莱德湾、罗斯赛等)、空军基地89处(海威克姆、马汉姆、布莱兹诺顿等)。根据英已宣布的裁军计划，至1995年，英将关闭部分军事基地，如驻德陆军基地将减到2处，空军基地将减到2处。其军事部署情况也将随之有所变化，范围将收缩，基地将减少。

兵役制度 实行志愿兵役制。士兵服役按本人与军方签定的合同而定，分为3年、6年、9年、12年、15年、22年。各级军官最高服役年限：元帅和上将为60岁、中将59岁、少将57岁、准将至少校55岁。尉官从授予军衔起，16年内若不能晋升至少校军衔就必须退役。此外，为保留人才，一些专业技术军官的最高服役年限规定较宽，如医务、军法等将、校军官可服役至60岁。

军衔 分8等19级，即元帅1级、将官3级(上将、中将、少将)、准将1级、校官3级(上校、中校、少校)、尉官3级(上尉、中尉、少尉)、准尉2级(一级准尉、二级准尉)、军士3级(上士、中士、下士)、兵3级(一等兵、二等兵、新兵)。

驻外兵力 驻德国部队6.97万人；驻香港部队6500人；驻塞浦路斯部队4200人；驻直布罗陀部队1600人；驻马尔维纳斯群岛部队1600人；驻伯利兹部队1500人；驻文莱部队800人；驻加拿大1支陆军训练和联络部队、1个"旋风"战斗机小队；驻尼泊尔部队1200人。派往33国军事顾问、专家600人。参加联合国驻塞浦路斯维持和平部队785人、驻埃及西奈多国部队行政和后勤人员38人、驻伊拉克/科威特军事观察员20人。

外国驻军 美国驻军2.44万人(海军0.24万人、空军2.2万人);德国和意大利驻有1个三国“旋风”战斗机训练中队。

(庞廷东)

美洲国家军事概况

阿 根 廷

国　　名 阿根廷共和国。

主要统计 面积2776889平方公里。人口3308.24万人(其中,13～17岁男152.88万人,女149.26万人;18～22岁男133.64万人,女130.73万人;23～32岁男236.32万人,女232.24万人)。国内生产总值4394730亿奥斯特拉尔,合646.9亿美元(1990年)。国防费52377亿奥斯特拉尔,合7.7098亿美元(1990年国防预算估计)。粗钢389万吨(1989年)。原煤51.1万吨(1988年)。原油1.64亿桶(1989年)。天然气203.8亿立方米(1989年)。发电量530.62亿度(1988年)。粮食1727.4万吨(1989年)。海运能力,商船(载重100吨以上)465艘、总载重量276.37万吨(1989年)。民航能力,固定航班机场63处、客运量82.56亿人公里、货运量1.99亿吨公里(1990年)。

国防体制 宪法规定,总统为武装力量最高统帅。最高军事决策机构为国家安全委员会,成员有总统、副总统和内政、外交、国防、经济部部长等,由总统任主席。国防部为政府中一个部,是最高军事行政机关,负责管理国防预算、军工生产、后勤、征兵动员和民防等工作。武装力量由正规军和准军事部队组成。正规军分陆、海、空三个军种。军事委员会为最高军事指挥机构,由国防部长、联合参谋长和三个军种的参谋长组成,联合参谋长任主席。联合参谋部是军事委员会的工作机构,隶属国防部,平时协助国防部长管理部队,战时协调三军联合作战。三个军种的参谋长为各军种的最高军事长官。总统通过国防部和联合参谋部对武装力量实施领导和指挥。

领导人物 总统兼武装力量最高统帅卡洛斯·梅内姆(1989年5月上任)。国防部长安东尼奥·厄尔曼·冈萨雷斯(1991年1月上任)。武装力量联合参谋长埃米略·何塞·奥塞斯海军上将(1990年上任)。陆军参谋长马丁·安东尼奥·巴尔萨中将(1991年11月上任)。海军参谋长豪尔赫·奥斯瓦尔多·费雷尔中将(1990年上任)。空军参谋长何塞·安东尼奥·胡利亚中将(1989年上任)。

武装力量 **兵力** 现役部队8.3万人。

陆军　4.5万人。编有3个军部、2个装甲旅、2个机械化步兵旅、2个山地步兵旅、2个步兵旅、1个丛林旅、1个伞兵旅和一些直属部队。

坦克:“坦姆”150辆、M－4“谢尔曼”100辆、AMX－13型60辆。装甲侦察车:AML－90型50辆。步兵战车:AMX－VCI型45辆、“坦姆”VCTP式175辆。装甲输送车:M－3型100辆、M－113型240辆、“罗兰”70辆。牵引炮:105毫米200门、155毫米126门。自行炮:155毫米125门。火箭炮:105毫米和127毫米若干门。迫击炮:81毫米1000门、120毫米130门。反坦克导弹:SS－11/－12型600具、“眼镜蛇”若干具、“马珞哥”2000具。无坐力炮:75毫米75门、90毫米100门、105毫米若干门。反坦克炮:105毫米106门。高炮:20毫米130门、30毫米40门、35毫米15门、40毫米80门、90毫米20门。地空导弹:“山猫”、“吹管”、“罗兰”、SA－7若干部。

海军　2.5万人(含陆战队和海军航空兵)。划分为3个海区,编有3个舰队、5个海军基地。

潜艇:TR－1700型2艘、“萨尔塔”级2艘。航母:“巨人”级1艘。驱逐舰:UK－42型2艘、“梅科”360型4艘。护卫舰:“梅科”140型4艘、A－69型3艘。鱼雷快艇:2艘。巡逻快艇:11艘。扫雷艇:4艘。猎雷艇:2艘。登陆舰艇:21艘。保障勤务舰艇:9艘。

陆战队0.5万人。装备有装甲侦察车12辆、装甲输送车64辆、105毫米和155毫米牵引炮21门、81毫米迫击炮20门、89毫米火箭筒60具、反坦克导弹50具、105毫米无坐力炮30门、30毫米高炮10门、地空导弹若干部。

海军航空兵0.2万人，编有7个中队，装备有作战飞机41架，武装直升机10架，空空、空地导弹若干枚。

空军　1.3万人。编有9个空军旅、17个中队、10个高炮连、1个空降连。作战飞机176架、武装直升机14架。

轰炸机："堪培拉"B—62型4架、T—64型2架。战斗机兼攻击战斗机："幻影"ⅢC型20架、"幻影"ⅢEA型15架、"幻影"5P型8架、"鹰"式23架。攻击战斗机：A—4P型16架。防暴机：IA—58A型36架、IA—63型18架、MS—760型24架、休斯MD—500型11架、UH—1H型3架。运输机：波音707型3架、C—47型6架、C—130型5架、L—100—30型1架、DHC—6型6架、F—27型12架、F—28型6架、IA—50型15架、"默林"IVA型2架、DHC—6型1架、LC—47型1架。运输直升机：9架。海上侦察机：1架。加油机：4架。救援机：4架。航测机：7架。联络机：21架。教练机：82架。空地、空空导弹若干。

预备役部队　37.7万人，其中陆军25万人（国民警卫队20万人、国土警卫队5万人）、海军7.7万人、空军5万人。

准军事部队　2.8万人，其中宪兵（隶属国防部）1.5万人、海岸警卫队1.3万人。

兵役制度　实行义务兵役制。士兵服役期：陆军6～12个月，海军14个月，空军12个月。将军最高服役年限35年（自军校毕业后任职算起）。

军衔　分5等20级，即将官3级（上将、中将、少将）、校官3级（上校、中校、少校）、尉官4级（上尉、中尉、少尉、准尉）、军士7级（一级军士长、二级军士长、一级上士、二级上士、三级上士、中士、下士）、兵3级（上等兵、二等兵、三等兵）。　（杨可怡）

巴　拉　圭

国　　名　巴拉圭共和国。

主要统计　面积406752平方公里。人口439.64万人（其中，13～17岁男24.13万人，女23.22万人；18～22岁男21.62万人，女20.78万人；23～32岁男37.04万人，女35.6万人）。国内生产总值67210亿瓜拉尼，合55亿美元（1990年）。国防费640亿瓜拉尼，合0.6059亿美元（1989年国防预算估计）。发电量29亿度（1989年）。粮食176.4万吨（1989年）。海运能力，商船（载重100吨以上）39艘、总载重量4.39万吨（1989年）。民航能力，固定航班机场1处、客运量8.727亿人公里、货运量620万吨公里（1990年）。

国防体制　宪法规定，总统为武装力量最高统帅。最高国防决策机构为国防委员会，成员有总统、全体内阁部长、武装力量参谋长和陆、海、空三军司令，由总统任主席。国防部为政府中一个部，是最高军事行政机关。武装力量由正规军和准军事部队组成。正规军分陆、海、空三个军种。最高军事指挥机构为武装力量参谋部。总统通过国防部和武装力量参谋部对全国武装力量实施领导和指挥。

领导人物　总统兼武装力量最高统帅安德烈斯·罗德里格斯（1989年5月上任）。国防部长阿道弗·萨马涅戈将军（1989年2月上任）。武装力量参谋长欧莱得奥·贝尔纳尔·希门尼斯将军（1989年2月上任）。

武装力量　**兵力**　现役部队1.7万人。

陆军　1.25万人。编有3个军部、9个师部、6个步兵团、4个骑兵团、6个边防营、2个炮兵营、1个装甲骑兵团、5个工程兵营、1个机械化骑兵团。

坦克：M—4A3型5辆、M—3A1型18辆。装甲侦察车：M—8型8辆、M—3型5辆、EE—9"响尾蛇"30辆。装甲输送车：EE—11"蝰蛇"10辆。牵引炮：75毫米40门、105毫米48门、152毫米6门。迫击炮：81毫米75门。无坐力炮：75毫米若干门。高炮：20毫米20门、40毫米10门。直升机：UH—1B型3架、UH—12型2架。

海军　0.35万人（含陆战队和海军航空兵）。

海岸巡逻艇：6艘；江河巡逻艇：1艘。运输舰：2艘。中型登陆艇：1艘。教练船：1艘。测量船：1艘。

陆战队500人，编有1个陆战营、1个突击营。

海军航空兵50人，装备有各型飞机13架，其中作战飞机2架。

空军　0.1万人。编有1个混合中队、1个运输机中队。作战飞机10架、武装直升机5架。

防暴机：AT—26型5架。武装直升机：HB—350型3架、UH—1B型2架。直升机：UH—12型4架。运输机：C—47型5架、C—212型4架、DC—6B型3架、DHC—6型1架。联络机：7架。教练机：31架。

预备役部队　4.5万人。

准军事部队　特种警察0.8万人。

兵役制度　实行义务兵役制。士兵服役期为1.5至2年。

（杨可怡）

巴拿马

国　　名　巴拿马共和国。

主要统计　面积77082平方公里(包括运河区)。人口243.84万人(其中,13～17岁男13.53万人,女13.08万人;18～22岁男12.71万人,女12.27万人;23～32岁男21.57万人,女20.49万人)。国内生产总值47.1亿巴波亚,合47.1亿美元(1990年)。国防费0.75亿巴波亚,合0.75亿美元(1991年国防预算)。发电量27.78亿度(1989年)。粮食30.6万吨(1989年)。海运能力,商船(载重100吨以上)5121艘、总载重量7535.98万吨(1989年)。民航能力,固定航班机场8处、客运量5.052亿人公里、货运量930万吨公里(1990年)。

国防体制　1989年12月20日美军入侵巴拿马后扶植起来的恩达拉政权于1990年2月宣布解散国防军,并正式组建公安部队。公安部队分国民警察、国民海上服务队和国民航空服务队。巴拿马新的法令规定,共和国总统为公安部队最高统帅。公共安全与国防委员会为总统咨询机构,成员有外交部长、内政与司法部长、公安部队司令。公安部队由内政与司法部长直接领导。总统通过内政与司法部长及公安部队司令指挥全国公安力量。

领导人物　总统兼公安部队最高统帅吉列尔莫·恩达拉·加利马尼(1989年12月上任)。内政与司法部长切瓦利埃尔(1991年4月上任)。公安部队司令费尔南多·克萨达中校(1990年8月上任)。

武装力量　**兵力**　现役公安部队11650人。

国民警察　11000人。没有重型装备,只有一些轻武器。

国民海上服务队　300人。

大型巡逻艇:1艘。海岸巡逻艇:1艘。登陆艇:2艘。

国民航空服务队　350人。作战飞机3架。

海上侦察机:C—212型3架。运输机:CN—235—2A型1架。直升机:13架。教练机:10架。

兵役制度　实行志愿兵役制。

外国驻军　美国驻巴拿马运河部队9900人,其中陆军7100人(1个步兵旅)、海军500人(另有陆战队200人)、空军2100人(1个航空兵师)。

（吴惠芳）

巴西

国　　名　巴西联邦共和国。

主要统计　面积8511965平方公里。人口15307.14万人(其中,13～17岁男790.48万人,女785.64万人;18～22岁男722.62万人,女721.11万人;23～32岁男1310.4万人,女1310.57万人)。国内生产总值378526.2亿克鲁扎多,合3302.9亿美元(1990年)。国防费22000.6亿克鲁扎多,合10.4亿美元(1991年国防预算)。粗钢2502万吨(1989年)。原煤733.1万吨(1988年)。原油2.17亿桶(1989年)。天然气34.4亿立方米(1989年)。发电量2141.17亿度(1988年)。粮食4370.1万吨(1989年)。海运能力,商船(载重100吨以上)716艘、总载重量1006.3万吨(1989年)。民航能力,固定航班机场110处、客运量235.17亿人公里、货运量12.16亿吨公里(1990年)。

国防体制　宪法规定,总统为武装力量最高统帅。最高国防决策机构为国家安全委员会,成员有总统、副总统、全体内阁成员、武装力量参谋长及陆、海、空军参谋长,由总统任主席。最高咨询机构为武装力量参谋部,参谋长由陆、海、空军上将衔军官轮流担任,任期一年。巴西没有国防部,内阁设陆军部、海军部和空军部,三军部长即三军司令。武装力量由正规军和准军事部队组成。正规军分陆、海、空三个军种。最高军事领导和指挥机构为武装力量最高指挥部。总统通过该指挥部对全国武装力量实施领导和指挥。

领导人物 总统兼武装力量最高统帅费尔南多·科洛尔·德梅洛(1990年3月上任)。陆军部长卡洛斯·蒂诺科·里贝罗·戈麦斯上将(1990年2月上任)。海军部长马里奥·塞萨尔·弗洛雷斯上将(1990年2月上任)。空军部长索克拉特斯·达科斯塔·蒙特罗上将(1990年2月上任)。武装力量参谋长安东尼奥·路易斯·罗沙·维内乌陆军上将(1991年4月上任)。陆军参谋长安东尼奥·若阿金·苏亚雷斯·莫雷拉上将(1990年5月上任)。海军参谋长若奥·巴普蒂斯塔·保列洛上将(1991年4月上任)。空军参谋长莱利奥·维亚纳·洛博上将(1990年4月上任)。

武装力量 **兵力** 现役部队29.67万人。

陆军 19.6万人。编有7个军事司令部、12个军区、8个师部、1个装甲骑兵旅、3个装甲步兵旅、4个机械化骑兵旅、12个摩托化步兵旅、1个山地旅、2个丛林旅、1个边防旅、1个伞兵旅、2个海岸高炮旅、3个骑兵警卫团、28个炮兵群、2个工程兵大队。

坦克:M—3型150辆、X—1A型80辆、X—1A2型40辆、M—41C型250辆。装甲侦察车:EE—9"响尾蛇"200辆、EE—3"哈拉拉卡"60辆、M—8型30辆。装甲输送车:EE—11"蝰蛇"175辆、M—59型20辆、M—113型600辆。牵引炮:105毫米420门、155毫米150门。自行炮:105毫米120门。海岸炮:57毫米、75毫米、120毫米、150毫米、152毫米和305毫米共240门。火箭炮:108毫米、180毫米和300毫米若干门。迫击炮:81毫米、107毫米和120毫米若干门。反坦克导弹:"眼镜蛇"300具。无坐力炮:57毫米240门、75毫米20门、105毫米和106毫米若干门。高炮:20毫米若干门、35毫米38门、40毫米60门。地空导弹:"罗兰"Ⅱ型4部、"博菲"防空系统若干部。直升机:SA—365型36架、HB—350型10架。

海军 5万人(含陆战队和海军航空兵)。编有1个舰队、1个潜艇分舰队、1个水面作战舰艇分舰队、1个巡逻艇分舰队、1个扫雷艇分舰队、1个两栖分舰队、1个支援分舰队。

航母:"巨人"级1艘。潜艇:T—209级1艘、"奥伯隆"级3艘、"食蚊鱼"Ⅲ级1艘。驱逐舰:"基林"级2艘、"艾伦·萨姆纳"级4艘。护卫舰:"加西亚"级4艘、"尼泰罗伊"ASW级4艘、"尼泰罗伊"GP级2艘、"印哈马"级1艘。大型巡逻艇:"皇家水兵"级9艘、"格劳尼亚"级2艘、"皮拉提尼"级6艘、"搜索者"级4艘。江河巡逻艇:6艘。扫雷艇:"射手座"级6艘。船坞型登陆舰:"托马斯顿"级2艘。坦克登陆舰:"德索托县"级1艘。通用登陆艇:3艘。机械化登陆艇:3艘。车辆人员登陆艇:30艘。油船:1艘。修理舰:1艘。运输舰:4艘。测量船:7艘。教练船:1艘。

陆战队 1.5万人。编有1个两栖师、5个增援营(其中工程兵营和特种作战营各1个)、6个地区安全大队。装备有装甲侦察车6辆、装甲输送车42辆、牵引炮18门、火箭筒若干具、无坐力炮若干门、高炮6门。

海军航空兵700人。编有5个中队。装备有飞机25架、武装直升机15架、直升机16架。

空军 5.07万人。编有5个司令部(防空、战术、海上、运输、训练)、21个大队、2个战斗机中队、3个攻击战斗机中队、3个防暴机中队、2个侦察机中队、7个联络机中队、1个反潜机中队、3个搜索与救援机中队、13个运输机中队。作战飞机313架、武装直升机8架。

战斗机:"幻影"Ⅲ EBR型14架、"幻影"Ⅲ DBR型4架。攻击战斗机:F—5E型49架、F—5B型4架、F—5F型4架、AMX型21架。防暴机:AT—26型48架、T—27型30架。侦察机:RC—95型等23架。运输机:C—130E型9架、C—130H型5架、KC—130H型2架、KC—137型4架、C—91型12架、C—95A/B/C型23架、C—115型12架。专机:VC—91型1架、VC/VU—93型10架、VC—96型2架、VC—97型5架、VU—9型5架、VH—4型直升机3架。地区运输机:C—115型7架、C—95A/B/C型82架、EC—9型6架。运输直升机:AS—332型9架、AS—355型13架、贝尔206型2架、SA—330型6架、SA—350型30架、SH—1H型6架。联络机:160架。反潜机:11架。搜索与救援机:21架。航测机:8架。教练机:350架。

预备役部队 134万人。其中第1类预备役111.5万人(40万人可立即征召)、第2类预备役22.5万人。

准军事部队 公安部队24.3万人(受陆军领导,可视作陆军预备役部队)。

兵役制度 实行义务兵役制。士兵服役期1年,特种兵可延长6个月。

军衔 军官分3等10级,即将官3级(上将、中将、少将)、校官3级(上校、中校、少校)、尉官4级(上尉、中尉、少尉、准尉);军士4级(军士长、上士、中士、下士);兵2级(上等兵、列兵)。

驻外兵力 参加联合国驻中美洲观察员组21人,驻安哥拉核查撤军观察员6人。

(杨可怡)

秘　鲁

国　名　秘鲁共和国。

主要统计　面积1285215平方公里。人口2117.06万人(其中,13～17岁男118.39万人,女116.42万人;18～22岁男113.14万人,女110.37万人;23～32岁男176.51万人,女181.63万人)。国内生产总值84538.7亿新印第,合172.2亿美元(1990年)。国防费1206.1149亿新印第,合6.4194亿美元(1990年国防预算)。原煤13万吨(1988年)。原油5200万桶(1989年)。天然气11.5亿立方米(1989年)。发电量141.35亿度(1988年)。粮食243.7万吨(1989年)。海运能力,商船(载重100吨以上)616艘、总载重量84.13万吨(1988年)。民航能力,固定航班机场24处、客运量20.52亿人公里、货运量1.081亿吨公里(1990年)。

国防体制　宪法规定,总统为武装力量最高统帅。最高国防决策机构为部长特别会议,成员有全体内阁部长、三军总司令和国防秘书长,会议由总统主持。国防部是内阁中一个部,为最高军事行政机关,负责国防预算、征兵动员、民防及军工生产等。武装力量由正规军和准军事部队组成。正规军分陆、海、空三个军种。最高军事指挥机构为武装力量联合指挥部,其主席由三军总司令轮流担任。总统通过国防部和武装力量联合指挥部对全国武装力量实施领导和指挥。

领导人物　总统兼武装力量最高统帅阿尔维托·藤森(1990年7月上任)。国防部长豪尔赫·托雷斯·阿西戈退役少将(1990年7月上任)。武装力量联合指挥部主席阿纳尔多·贝拉尔德·拉米雷斯空军上将(1991年1月上任)。陆军总司令佩德罗·比利亚努埃瓦·巴尔迪比亚上将(1991年1月上任)。海军总司令阿尔弗雷多·阿尔纳伊斯·安布罗西亚尼上将(1991年1月上任)。空军总司令阿纳尔多·贝拉尔德·拉米雷斯上将(1990年7月上任)。

武装力量　**兵力**　现役部队10.5万人。

陆军　7.2万人。划分有5个军区,编有1个伞兵师、1个总统警卫团、1个高炮大队、2个装甲师、1个装甲大队、1个骑兵师、8个步兵师、1个丛林师、2个中型火炮大队、2个野战炮兵大队、1个独立步兵营、1个独立工程兵营、3个直升机中队。

坦克:T－54/－55型350辆、AMX－13型110辆。装甲侦察车:M－8/－20型60辆、菲亚特6616型20辆、БРДМ－2型15辆。装甲输送车:M－113型300辆、UR－416型225辆。牵引炮:105毫米180门、122毫米30门、130毫米30门、155毫米36门。自行炮:155毫米24门。火箭炮:122毫米14门。迫击炮:120毫米300门、81毫米和107毫米若干门。无坐力炮:106毫米若干门。高炮:23毫米35门、40毫米40门。地空导弹:SA－7型若干部。飞机:11架。直升机:57架。

海军　1.8万人(含陆战队和海军航空兵)。编有3个舰队。

潜艇:T－209型6艘、“食蚊鱼”I级1艘、“阿夫塔奥”级3艘。巡洋舰:“德鲁伊特尔”级2艘。驱逐舰:“果敢”级2艘、“弗里斯兰”级4艘。护卫舰:“狼”级4艘。导弹快艇:6艘。坦克登陆舰:“特尔邦教区”级4艘。油船:5艘。运输舰:2艘。测量船:1艘。炮艇:6艘。巡逻艇:6艘。

陆战队2500人,编有2个营、2个连,装备有装甲侦察车若干辆、装甲输送车60辆,无坐力炮、火箭筒、迫击炮和高炮若干。

海军航空兵编有4个中队,装备有作战飞机8架、武装直升机14架。

空军　1.5万人。编有6个大队、13个中队。作战飞机113架、武装直升机10架。

轰炸机:“堪培拉”15架。攻击战斗机:苏－22型41架、色斯纳A－37B型29架。战斗机:“幻影”2000P型10架、“幻影”2000DP型2架、“幻影”5P型14架、“幻影”5DP型2架。攻击直升机:米－25型10架。侦察机:“利尔杰特”25B型2架、“利尔杰特”36A型2架。加油机:波音707型1架。运输机:安－32型14架、C－130A型4架、C－130D型6架、L－100－20型5架、DC－8－62F型2架、DHC－5型12架、DHC－6型8架、FH－227型1架、PC－6型9架。总统专机:F－28型1架、“猎鹰”20F型1架。直升机:贝尔206型8架、贝尔212型15架、贝尔214型5架、贝尔412型1架、BO－105C型10架、米－6型5架、米－8型5架、SA－316型5架。联络机:34架。教练机:92架。

预备役部队　18.8万人(均为陆军)。

准军事部队　7.06万人,其中国民警察7万人、海岸警备队600人、民兵若干人。

兵役制度 实行义务兵役制。士兵服役期为2年。

军衔 分5等18级，即将官3级（上将、中将、少将）、校官3级（上校、中校、少校）、尉官3级（上尉、中尉、少尉）、军士6级（一级军士长、二级军士长、一级上士、二级上士、中士、下士）、兵3级（一等兵、二等兵、三等兵）。

（杨可怡）

玻 利 维 亚

国　　名 玻利维亚共和国。

主要统计 面积1098581平方公里。人口743.58万人（其中，13～17岁男42.07万人，女41.79万人；18～22岁男35.42万人，女35.78万人；23～32岁男53.88万人，女56.01万人）。国内生产总值155.6亿玻利维亚诺，合51.3亿美元（1990年估计）。国防费4.831亿玻利维亚诺，合1.7953亿美元（1989年国防预算）。原油700万桶（1989年）。天然气30.4亿立方米（1989年）。发电量18.83亿度（1988年）。粮食72.1万吨（1989年）。海运能力，商船（载重100吨以上）1艘、总载重量1.58万吨（1989年）。民航能力，固定航班机场18处、客运量11.11亿人公里、货运量2590万吨公里（1990年）。

国防体制 宪法规定，总统为武装力量最高统帅。最高国防决策机构为国家安全委员会，成员有外交、内政、司法、国防各部部长以及武装力量总司令和陆、海、空三军司令，由总统任主席。国防部为政府中一个部，是最高军事行政机关，负责国防预算、征兵动员和军队福利等工作。武装力量由正规军和准军事部队组成。正规军分陆、海、空三个军种。最高军事指挥机构为武装力量联合司令部。总统通过国防部和武装力量联合司令部对全国武装力量实施领导和指挥。

领导人物 总统兼武装力量最高统帅海梅·帕斯·萨莫拉（1989年上任）。国防部长阿尔伯托·萨恩斯·科林斯基海军上将（1991年8月上任）。武装力量总司令亚历杭德罗·坎波诺沃·乌略阿空军上将（1991年11月上任）。陆军司令奥斯卡·埃斯科瓦尔上将（1991年11月上任）。海军司令罗兰多·埃雷拉·阿尔瓦上将（1991年1月上任）。空军司令达尔多·戈麦斯·加西亚上将（1991年11月上任）。

武装力量 **兵力** 现役部队3.1万人。

陆军 2.3万人。编有10个师、8个骑兵大队、1个摩托化步兵团、22个步兵营、3个装甲营、1个炮兵团（营）、5个炮兵大队（连）、1个伞兵团（营）、6个工程兵营、1个机械化骑兵团、1个总统警卫团。

坦克：SK—105型36辆。装甲侦察车：EE—9“响尾蛇”24辆。装甲输送车：M—113型50辆、V—100“突击队员”15辆、“莫瓦格·罗兰”24辆、EE—11“蝰蛇”24辆。牵引炮：75毫米6门、105毫米4门。迫击炮：81毫米250门、107毫米若干门。无坐力炮：90毫米和106毫米共50门。飞机：9架。

海军 0.4万人（含陆战队）。划分为6个海区、8个基地，编有1个舰队。

江河巡逻艇：10艘。运输舰：1艘。内河艇船：20艘。

陆战队0.12万人，编有1个营另5个连。

海军航空兵装备有飞机2架。

空军 0.4万人。编有1个战斗机中队、1个特种作战机中队、1个救援机中队、1个航测机中队、3个运输机中队。作战飞机50架、武装直升机10架。

战斗机：AT—33N型12架、F—86F型4架。防暴机：AT—6G型2架、PC—7型12架。特种作战机：休斯500M型10架。救援机：HB—315B型4架、SA—315B型1架、UH—1型1架。航测机：色斯纳206型1架、色斯纳210型1架、色斯纳402型1架、“利尔杰特”25型2架、PA—31型1架。运输机：L—188型1架、“军刀”1架、“超级空中大王”2架、C—130型9架、“康维尔”440型1架、F—27—400型4架、IAI—210型1架、“空中大王”2架。联络机：36架。教练机：47架。

准军事部队 1.385万人，其中国民警察1.3万人、缉毒警察850人。

兵役制度 实行义务兵役制。士兵服役期为1年。军官服役期限为30年。

军衔 分6等20级，即将官3级（上将、中将、少将）、校官3级（上校、中校、少校）、尉官3级（上尉、中尉、少尉）、准尉5级（特级准尉、高级准尉、一级准尉、二级准尉、初级准尉）、军士3级（上士、中士、下士）、士兵3级（一等兵、上等兵、士兵）。

（杨可怡）

多米尼加共和国

国　　名　多米尼加共和国。

主要统计　面积48442平方公里。人口732.74万人(其中,13～17岁男40.84万人,女39.58万人;18～22岁男38.45万人,女37.19万人;23～32岁男65.39万人,女62.53万人)。国内生产总值605.6亿多米尼加比索,合49.5亿美元(1990年)。国防费3.843亿多米尼加比索,合0.6062亿美元(1989年国防预算)。发电量53亿度(1988年)。粮食60.2万吨(1989年)。海运能力,商船(载重100吨以上)33艘、总载重量6.76万吨(1989年)。民航能力,固定航班机场6处、客运量2.479亿人公里、货运量400万吨公里(1990年)。

国防体制　宪法规定,总统为武装力量最高统帅。国家安全最高决策机构为内阁。武装力量部为内阁中一个部,是最高军事行政机构。平时由三个军种参谋部负责各自军种的领导与指挥。战时由总统通过武装力量部和三军参谋部对全国武装力量实施领导和指挥。

领导人物　总统兼武装力量最高统帅华金·巴拉格尔(1990年8月上任)。

武装力量　**兵力**　现役部队2.32万人。

陆军　1.5万人。编有4个步兵旅(共17个营)、1个炮兵营、1个装甲营、1个总统警卫营、1个工程兵营。

坦克:AMX－13型2辆、M－41A1型12辆。装甲侦察车:V－150"突击队员"8辆。装甲输送车:M－16型20辆。牵引炮:105毫米22门。迫击炮:120毫米24门、81毫米若干门。无坐力炮:106毫米若干门。高炮:40毫米20门。

海军　4000人(含海军陆战队)。

护卫舰:"江河"级1艘。轻型护卫舰:"科霍斯"级3艘、"钦佩"级2艘。大型巡逻艇:7艘。海岸巡逻艇:5艘。通用登陆艇:1艘。测量船:1艘。油船:1艘。教练船:5艘。拖船:8艘。

空军　4200人。编有1个防暴机中队、1个运输机中队、1个空降兵中队、1个高炮营。作战飞机10架。

防暴机:A－37B型8架。运输机:C－47型3架、"指挥官"680型1架、MU－2型1架。联络机:9架。直升机:12架。教练机:11架。

准军事部队　国家警察1.5万人,其中特种作战部队1000人。

兵役制度　实行志愿兵役制。士兵服役期4年。

(吴惠芳)

厄瓜多尔

国　　名　厄瓜多尔共和国。

主要统计　面积281341平方公里。人口1103.68万人(其中,13～17岁男62.73万人,女61.15万人;18～22岁男55.75万人,女54.54万人;23～32岁男89万人,女87.6万人)。国内生产总值82820亿苏克雷,合107.9亿美元(1990年)。国防费2730亿苏克雷,合2.9043亿美元(1991年国防预算估计)。原油1.02亿桶(1989年)。天然气0.8亿立方米(1989年)。发电量56.03亿度(1988年)。粮食132.4万吨(1989年)。海运能力,商船(载重100吨以上)159艘、总载重量53.07万吨(1989年)。民航能力,固定航班机场16处、客运量9.79亿人公里、货运量6000万吨公里(1990年)。

国防体制　宪法规定,总统为武装力量最高统帅。最高国防决策机构为国家安全委员会,由总统任主席,成员有副总统、内政部长、外交部长、国防部长、武装力量联合指挥部司令和三军司令。国防部为政府中一个部,是最高军事行政机关,负责国防预算、征兵动员等工作。武装力量由正规军和准军事部队组成。正规军分陆、海、空三个军种。最高军事指挥机构为武装力量联合指挥部。总统通过国防部和武装力量联合指挥部对全国武装力量实施领导和指挥。

领导人物 总统兼武装力量最高统帅罗德里戈·博尔哈·塞瓦略斯(1988年8月上任)。国防部长豪尔赫·费利克斯中将(1988年上任)。武装力量联合指挥部司令兼陆军司令豪尔赫·阿科斯塔·布里奥内斯中将(1988年上任)。海军司令费尔南多·埃切维里亚中将(1988年上任)。空军司令卡洛斯·哈拉米略中将(1988年上任)。

武装力量 **兵力** 现役部队5.78万人。

陆军 5万人。划分4个防区,编有1个步兵师、1个装甲旅、4个步兵旅、3个丛林旅、1个伞兵旅、1个高炮大队、1个陆军航空兵大队、3个工程兵营。

坦克:M—3型45辆、AMX—13型108辆。装甲侦察车:AML—60/—90型35辆、EE—9"响尾蛇"10辆。装甲输送车:M—113型20辆、AMX—VCI型60辆、EE—11"蝰蛇"20辆。牵引炮:105毫米50门、155毫米10门。自行炮:155毫米10门。迫击炮:81毫米和107毫米共288门、160毫米12门。无坐力炮:90毫米和106毫米共400门。高炮:20毫米20门、35毫米30门、40毫米30门。地空导弹:"吹管"220具。飞机:13架。直升机:48架。

海军 0.48万人(含陆战队)。编有1个海区司令部、2个内河区司令部。设有3个基地。

潜艇:T—209/1300型2艘。护卫舰:"利安德"级2艘。小型护卫舰:"埃斯梅拉尔达斯"级6艘。导弹快艇:"基多"级3艘、"曼塔"级3艘。坦克登陆舰:1艘。测量船:1艘。油船:1艘。运水船:1艘。炮艇:2艘。教练船:1艘。

陆战队 0.15万人,编有3个营。

海军航空兵装备有飞机10架、直升机5架。

空军 0.3万人。编有2个攻击战斗机中队、1个战斗机中队、2个防暴机中队。作战飞机79架。

攻击战斗机:"美洲虎"S型8架、"美洲虎"B型1架、"幼狮"C—2型9架、"幼狮"TC—2型1架。战斗机:"幻影"F—1JE型13架、"幻影"F—1JB型1架。防暴机:A—37B型14架、"打击能手"MK89型9架。运输机:波音727型4架、BAe—748型2架、C—130H型1架、DHC—6型3架、F—28型1架、L—100—30型1架、波音707—720型3架、波音707型4架、DC—10—30型1架。联络机:"空中大王"E90型1架、"刀鞘"1架、AS—332型2架、贝尔212型1架、SA—316B型6架、SA—330型1架、UH—1B型2架、UH—1H24架。教练机:71架。

预备役部队 10万人,年龄为18～55岁。

准军事部队 海岸警卫队200人,巡逻艇5艘。

兵役制度 实行选征兵制,士兵服役期为1年。

驻外兵力 参加联合国驻中美洲观察员组21人。

(杨可怡)

哥 伦 比 亚

国　　名 哥伦比亚共和国。

主要统计 面积1141748平方公里。人口3174.24万人(其中,13～17岁男169.82万人,女165.63万人;18～22岁男162.75万人,女159.89万人;23～32岁男291.09万人,女290.55万人)。国内生产总值197837亿比索,合393.9亿美元(1990年)。国防费4540.7亿比索,合9.0406亿美元(1990年国防预算)。原煤1510.1万吨(1988年)。原油1.44亿桶(1989年)。天然气41.3亿立方米(1989年)。发电量383.38亿度(1988年)。粮食381.1万吨(1989年)。海运能力,商船(载重100吨以上)100艘、总载重量54.6万吨(1989年)。民航能力,固定航班机场67处、客运量42.12亿人公里、货运量3.633亿吨公里(1990年)。

国防体制 宪法规定,总统为武装力量最高统帅。最高国防决策机构为最高国防委员会,成员有总统、外交部长、经济部长、国防部长等内阁成员,由总统任主席。最高咨询机构为高级军事委员会。国防部为政府中一个部,是最高军事行政机关,负责武装力量的领导和管理。武装力量由正规军和准军事部队组成。正规军分陆、海、空三个军种。最高军事指挥机构为武装力量总司令部,下设联合参谋部。总统通过国防部和武装力量总司令部对全国武装力量实施领导和指挥。

领导人物 总统兼武装力量最高统帅塞萨尔·加维里亚(1990年8月上任)。国防部长拉斐尔·帕尔多·鲁埃达(1991年8月上任)。联合参谋长彼德罗·内尔·莫拉诺·巴内加斯陆军中将(1988年11月上任)。陆军司令曼努埃尔·穆里略·冈萨雷斯上将。海军司令曼努埃尔·费尔南多·阿文达尼奥·加尔维斯中将(1988年11月上任)。空军司令阿方索·阿马亚·马尔多纳多上将(1988年11月上任)。国民警察司令何塞·吉列尔莫·梅迪纳·桑切斯上将。

武装力量 **兵力** 现役部队13.4万人。

陆军 11.5万人。编有4个师部、15个步兵旅、2个防暴旅、1个教导旅、1个总统警卫营、1个机械化大队、1个伞兵营、1个突击营、1个别动营、1个高炮营。

坦克:M—3A1型12辆。装甲侦察车:M—8型20辆、EE—9"响尾蛇"120辆。装甲输送车:M—113型50辆、EE—11"蝰蛇"76辆。牵引炮:105毫米70门。迫击炮:81毫米125门、107毫米148门、120毫米120门。反坦克导弹:"陶"式若干具。无坐力炮:75毫米和106毫米若干门。高炮:40毫米30门。

海军 1.2万人(含陆战队)。编有1个舰队、1个潜艇分舰队、1个护卫舰分舰队、1个巡逻艇分舰队、1个勤务分舰队。

潜艇:T—209型2艘。护卫舰:FS1500型4艘、"科特尼"级1艘。巡逻攻击快艇:"阿什维尔"级2艘、"阿劳卡"级3艘、其他巡逻艇11艘。运输舰:1艘。测量船:2艘。教练船:1艘。

陆战队6000人,编有5个陆战营、2个海警营,将装备EE—9"响尾蛇"装甲侦察车和EE—11"蝰蛇"装甲输送车。

海军航空兵装备有飞机6架、直升机4架。

空军 0.7万人。编有6个司令部、2个攻击战斗机中队、1个防暴机中队、1个侦察机中队、1个运输机中队。作战飞机68架、武装直升机51架。

攻击战斗机:"幻影"5COA型11架、"幻影"5COD型2架、"幻影"5COR型2架、"幼狮"C2型11架、"幼狮"TC2型2架。防暴机:AC—47型1架、AT—33型10架、IA—58型3架、A—37B型25架、OA—37B型4架、UH—1B型6架、UH—1H型23架、OH—6型12架、休斯500MG型18架。侦察机:RT—33A型3架、侦察直升机11架。运输机:BAe748型1架、波音707型1架、C—47型8架、C—54型4架、C—130B型2架、C—130E型1架、C—130H型2架、色斯纳310型2架、色斯纳340型1架、色斯纳404型4架、"指挥官"560A型1架、DC—6型4架、DHC—2型10架、F—28型2架、IAI—201型2架、PA—31型2架、PA—32型1架、PA—34型1架、PA—44型1架、PC—6B型5架、"空中女王"式4架。运输直升机:贝尔205型10架、贝尔212型3架、贝尔412型2架、UH—60型8架。教练机:66架。空空导弹:"麻雀"和R—530型若干枚。

预备役部队 11.69万人,其中陆军10万人,海军1.5万人,空军0.19万人。

准军事部队 8.15万人,其中国民警察8万人(装备有飞机35架、直升机25架)、海岸警卫队0.15万人(装备有小艇2艘)。

兵役制度 实行义务兵役制。士兵服役期1～2年。

军衔 军官分3等9级,即将官3级(上将、中将、少将)、校官3级(上校、中校、少校)、尉官3级(上尉、中尉、少尉)。

驻外兵力 参加联合国驻埃及西奈多国观察员部队500人,驻中美洲观察员12人。

(杨可怡)

古　巴

国　　名 古巴共和国。

主要统计 面积110860平方公里。人口1071.22万人(其中,13～17岁男46.42万人,女44.36万人;18～22岁男55.08万人,女52.63万人;23～32岁男103.92万人,女98.92万人)。社会生产总值270.5亿比索,合338.4亿美元(1990年估计)。国防费14亿比索,合18.3亿美元(1989年国防预算估计)。粗钢41.2万吨(1986年)。原油500万桶(1989年)。天然气3200万立方米(1989年)。发电量145.43亿度(1988年)。粮食64.6万吨(1989年)。海运能力,商船(载重100吨以上)407艘、总载重量119.84万吨(1989年)。民航能力,固定航班机场12处、客运量26.27亿人公里、货运量3650万吨公里(1990年)。

国防体制 古巴共产党中央第一书记兼国务委员会主席为武装力量最高统帅。革命武装力量部为政府中一个部,是最高军事行政机关,也是最高军事指挥机构，负责武装力量的指挥和管理，下设总参谋部、总政治部、后勤部等机构。武装力量由正规军和准军事部队组成。正规军分陆军、海军、空军与防空军三个军种。准军事部队有劳动青年军、民防部队、地方民兵、国家保安队和边防警卫队。古共中央第一书记兼国务委员会主席通过革命武装力量部对全国武装力量实施领导和指挥。

领导人物 古共中央第一书记、国务委员会主席兼武装力量最高统帅菲德尔·卡斯特罗·鲁斯总司令(1959年上任)。革命武装力量部部长劳尔·卡斯特罗·鲁斯大将(1959年上任)。革命武装力量部第一副部长兼总参谋长乌利塞斯·罗萨莱斯·德尔托罗中将。总政治部主任塞尔希略·佩雷斯·莱斯卡诺少将。革命武装力量部副部长兼后勤部部长胡利奥·费尔南德斯·佩雷斯少将。革命武装力量部副部长兼海军司令佩德罗·贝当古·佩雷斯海军少将。革命武装力量部副部长兼空军与防空军司令鲁文·马丁内斯·普恩特少将。

武装力量 **兵力** 现役部队18.05万人(含第1类预备役1.5万人)。

陆军 14.5万人(含第1类预备役1.5万人)。编有4个军区司令部、4个军部、9个步兵师、13个机步师、1个装甲师、8个独立步兵旅、1个独立装甲旅、1个空降旅以及高炮团和地空导弹旅。

坦克：T—54/—55型900辆、T—62型300辆、PT—76型70辆。装甲侦察车：БРДМ—1/—2型200辆。步兵战车：БМП型300辆。装甲输送车：БТР—40/—60/—152型800辆。牵引炮：76毫米、122毫米、130毫米、152毫米若干门。自行炮：122毫米、152毫米若干门。火箭炮：122毫米、140毫米、240毫米若干门。迫击炮：82毫米、120毫米若干门。固定防御炮：122毫米15门、100毫米若干门。反坦克炮：85毫米、100毫米若干门。高炮：23毫米、30毫米、37毫米、57毫米、85毫米、100毫米等共计1600门。反坦克导弹：AT—1“甲鱼”、AT—3“耐火箱”若干具。地空导弹：SA—6型12部、SA—7/—9/—13/—14型若干部。

海军 1.35万人。编有3个舰队(共7个分舰队)、3个海防大队(共10个分队)、2个独立分舰队。

潜艇：F级3艘。护卫舰：“科尼”级3艘。小型护卫舰：“保克”级1艘。导弹攻击快艇：“黄蜂”级18艘。水翼攻击快艇：“图利亚”级9艘。巡逻攻击快艇：“斯坚卡”级3艘、“甲虫”级23艘。扫雷舰：“索尼亚”级4艘。猎雷舰：“叶夫根尼亚”级10艘。中型登陆舰：“北方”级2艘。登陆艇：2艘。巡逻艇：9艘。支援和勤务船：16艘。

陆战队(550人)，编有1个两栖突击营。

海岸防卫队编有1个海防团(1个岸舰导弹营、1个岸炮营)，装备有岸舰导弹50部，以及122毫米、130毫米、152毫米火炮若干门。

空军与防空军 2.2万人。编有4个师，下辖2个攻击歼击机中队、4个歼击机中队、8个直升机中队、4个运输机中队、3个教练机中队以及10个高炮团。作战飞机162架、武装直升机85架。

攻击歼击机：米格—23型20架。歼击机：米格—21型80架、米格—23型40架、米格—29型6架。攻击直升机：米—8型10架、米—17型40架、米—25型30架。反潜直升机：米—14型5架。运输机：安—2型8架、安—24型3架、安—26型21架、安—32型2架、伊尔—76型2架、雅克—40型4架。运输直升机：米—8型36架。教练机：米格—15型30架、米格—21型10架、米格—23型4架、Z—326型20架、L—39型25架。空地导弹：AT—2型、AT—3型若干枚。空空导弹：AA—2型“环礁”、AA—8型“蚜虫”若干枚。地空导弹：SA—2/—3/—6/—9/—13型共200余部。

预备役部队 陆军13.5万人。

准军事部队 146.9万人。其中劳动青年军10万人、民防部队5万人、地方民兵130万人、国家保安队1.5万人(归内政部领导)、边防警卫队0.4万人(归内政部领导)。

兵役制度 实行义务兵役制。士兵服役期2年。

军衔 分6等16级，即总司令(相当于元帅)、将官4级(大将、上将、中将、少将)、校官3级(上校、中校、少校)、尉官4级(大尉、上尉、中尉、少尉)、军士2级(军士长、军士)、兵2级(上等兵、列兵)。

外国驻军 苏联驻军6000人，其中作战部队2800人(1个摩步旅)、通信情报人员2100人、军事顾问1100人；美国驻关塔那摩部队2300人，其中海军1900人、陆战队400人(1个加强陆战连)。

(吴惠芳)

洪 都 拉 斯

国　　名　洪都拉斯共和国。

主要统计　面积112088平方公里。人口531.98万人(其中,13～17岁男32.09万人,女30.7万人;18～22岁男27.46万人,女27.32万人;23～32岁男39.88万人,女40.01万人)。国内生产总值116.6亿伦皮拉,合40.4亿美元(1990年)。国防费2.47亿伦皮拉,合1.235亿美元(1990年国防预算)。发电量10.9亿度(1988年)。粮食64.9万吨(1989年)。海运能力,商船(载重100吨以上)677艘、总载重量98.17万吨(1989年)。民航能力,固定航班机场9处、客运量4.838亿人公里、货运量1590万吨公里(1990年)。

国防体制　宪法规定,总统为武装力量最高统帅。最高国防决策机构为最高国防委员会,总统为委员会主席,成员有外交部长、国防与公安部长、武装力量总司令等。最高军事咨询机构为武装力量最高委员会,由武装力量总司令、联合参谋长、武装力量总监和各军种司令组成,武装力量总司令任主席。国防与公安部为政府中一个部,是最高军事行政机关,负责军内行政事务的管理。武装力量由正规军和准军事部队组成。正规军分陆、海、空三个军种。最高军事指挥机构为武装力量总司令部,成员有武装力量总司令、联合参谋长等。总统通过国防与公安部和武装力量总司令部对全国武装力量实施领导和指挥。

领导人物　总统兼武装力量最高统帅拉斐尔·莱昂纳多·卡列哈斯(1990年1月上任)。国防与公安部长弗朗西斯科·塞佩达·安迪诺上校(1990年1月上任)。武装力量总司令路易斯·阿隆索·迪斯库阿少将。

武装力量　**兵力**　现役部队1.75万人。

陆军　1.44万人。编有4个步兵旅、1个炮兵旅(相当于团)、1个特种部队营和1个工程兵营。

坦克:"蝎子"12辆。装甲侦察车:"大弯刀"3辆、"苏尔坦"1辆、"萨拉丁"72辆、RBYMK—1型12辆。牵引炮:105毫米24门、155毫米4门。迫击炮:60毫米和81毫米400门、120毫米60门、160毫米30门。无坐力炮:106毫米80门。火箭筒:84毫米120具。高炮:20毫米80门。

海军　1000人(含陆战队)。编有2个分舰队。

攻击快艇:"褐雨燕"105FT级3艘。海岸巡逻艇:"褐雨燕"65FT级5艘、"卫士"级2艘、"查梅莱孔"号1艘。江河巡逻艇:"奥乌特拉赫"级10艘、"剪刀鱼"级8艘。登陆艇:1艘。运输艇:9艘。浮标供应船:1艘。

陆战队500人,编有1个营。

空军　2100人。编有2个攻击战斗机中队、1个战斗机中队、1个运输机中队、1个联络机中队、1个直升机中队、1个教练机中队。作战飞机48架。

攻击战斗机:A—37B型13架、F—5E/—F型10架。战斗机:"超级神秘"B—2型8架。运输机:C—47型9架、C—123型1架、C—130A型2架、DHC—5型2架、L—188型1架、IAI—201/—1123/—1124型4架。联络机:17架。直升机:39架。教练机:26架。

预备役部队　6万人。

准军事部队　公安部队5000人(2个旅)。

兵役制度　实行义务兵役制。士兵服役期2年。军官最高服役年限为30年(不包括在军官学校学习时间)。

军衔　军官分3等8级,即将官2级(中将、少将)、校官3级(上校、中校、少校)、尉官3级(上尉、中尉、少尉)。

外国驻军　美国陆军800人。联合国驻中美洲观察团观察员若干人。

(吴惠芳)

加 拿 大

国　　名　加拿大。

主要统计　面积9970610平方公里。人口

2682.08万人(其中,13～17岁男94.44万人,女90.28万人;18～22岁男98.62万人,女94.36万人;23～32岁男238.11万人,女229.05万人)。国内生产总值5919.8亿美元(1990年)。国防费114.2亿美元(1991年国防预算)。粗钢1546万吨(1989年)。原煤7064.4万吨(1988年)。原油5.7亿桶(1989年)。天然气1040.8亿立方米(1989年)。发电量5042.85亿度(1988年)。粮食4795.5万吨(1989年)。海运能力,商船(载重100吨以上)1227艘、总载重量318.08万吨(1989年)。民航能力,固定航班机场65处、客运量503.4亿人公里、货运量14.74亿吨公里(1990年)。

国防体制 宪法规定,总督代表英国女王,为形式上的武装力量最高统帅。最高国防决策机构为内阁,总理是事实上的最高军事领导人。国防部为内阁中的一个部,由文官和军人组成,是最高军事行政和指挥机构,负责人事管理、经费分配、武器装备采购、武装力量建设等工作。国防参谋长由军人担任,是国防部长的最高军事顾问。在内阁决策下,国防部长通过国防参谋长领导和指挥全军。武装力量由正规军、预备役部队和准军事部队组成。实行全军统一体制,国防部下直接设立机动(相当于陆军)、海上(相当于海军)、空中(相当于空军)、驻欧部队、通信和训练6大司令部。

领导人物 形式上的加拿大武装力量最高统帅总督拉蒙·纳蒂辛(1989年10月上任)。实际上的最高统帅加拿大总理马丁·布赖恩·马尔罗尼(1984年9月上任)。国防部长马赛尔·马斯(1991年4月上任)。国防参谋长切斯特林上将(1989年9月上任)。海上部队司令约翰·安德森中将(1991年8月上任)。机动部队司令詹姆斯·格尔瓦埃斯中将(1991年8月上任)。空中部队司令戴维·汉德尔斯顿中将(1991年8月上任)。

武装力量 **兵力** 现役部队8.66万人。

机动部队 3.58万人。编有4个旅群、1个防空团和1支相当于旅的特种勤务部队(共4000人)。

坦克:“豹”C型114辆。装甲侦察车:“大山猫”174辆、“美洲狮”195辆。装甲输送车:M－113型881辆、M－577型55辆、“灰熊”269辆、“野牛”200辆。牵引炮:255门,其中105毫米201门、155毫米54门。自行炮:155毫米76门。迫击炮:81毫米150门。反坦克导弹:“陶”式150具。无坐力炮:84毫米780门。高炮:35毫米20门、40毫米57门。地空导弹:“吹管”111部、“阿达茨”14部、“标枪”14部。

海上部队 1.74万人。编有2个舰队(5个中队)、1个海上航空大队(10个中队)。

潜艇:“奥吉布瓦”级3艘。护卫舰:“哈尼法克斯”级1艘、“安纳波利斯”级1艘、“圣劳伦特”级4艘、“雷斯蒂古什”改进型4艘、“麦肯齐”级4艘。驱逐舰:“易洛魁”级反潜驱逐舰4艘。巡逻艇:12艘。反水雷舰艇:2艘。登陆艇:2艘。支援和杂务船:7艘。

空中部队 2.3万人(含驻欧部队内的空中部队)。编有6个战斗机中队、6个海上侦察机中队、6个运输机中队、11个战术直升机中队和3个教练机中队。作战飞机185架(含储存60架)、武装直升机99架。

战斗机:CF－18型127架、CF－5型58架。运输机:CC－130E/H型32架、CC－137型5架、CC－109型7架、CC/E－144型4架、CC－138型8架、CC－115型14架、CC/T－142型2架。电子战机:CC/E－144型7架。教练机:CT－133型36架、CT－114型108架、CT－134型20架、CC/T－142型6架。联络机:CT－133型24架。直升机:CH－124型32架、CH－135型44架、CH－136型64架、CH－118型9架、CH－139型13架。

此外,现役部队中还有通信部队、宪兵等不按军种划分的军人1.04万人。

文职人员 3.28万人。

预备役部队 2.92万人,其中机动部队(含民兵)2.4万人、海上部队3600人、空中部队1600人。

准军事部队 0.57万人,主要是海岸警卫队。

部署 机动部队主要部署在魁北克省和阿尔伯塔省;海上部队重点部署在大西洋和太平洋沿岸地区;空中部队主要部署在中部和东部地区。机动部队主要基地有卡尔加里、瓦尔卡提尔等;海上部队主要基地有哈尼法克斯、埃斯基莫尔等;空中部队主要基地有北湾、波戈特维尔、冷湖等。

兵役制度 实行志愿兵役制。士兵基本服役期4年。各级军官最高服役年限一律为55岁。

军衔 分6等17级,即将官4级(上将、中将、少将、准将)、校官3级(上校、中校、少校)、尉官3级(上尉、中尉、少尉)、准尉3级(一级准尉、二级准尉、准尉)、军士3级(上士、中士、下士)、兵1级(列兵)。

驻外兵力 驻德国7000人(北约军事一体化部队)。参加联合国秘书长驻阿富汗和巴基斯坦代表处观察员1人、驻中美洲观察员45人、驻安哥拉撤军核查团观察员若干人、驻叙利亚/以色列隔离与观察部队240人、驻塞浦路斯部队572人、驻埃及(多国和平部队)136人、驻伊/科边境军事观察员1人、驻中东其他地区停火监督机构22人。

(陈方明)

美　国

国　　名　美利坚合众国。

主要统计　面积 9363123 平方公里。人口 25034.88 万人(其中,13～17 岁男 861.62 万人,女 828.32 万人;18～22 岁男 891.36 万人,女 858.9 万人;23～32 岁男 2076.04 万人,女 2026.54 万人)。国内生产总值 54234 亿美元(1990 年)。国防费 2729.5 亿美元(1991 年国防预算)。粗钢 8841 万吨(1989 年)。原煤 86160.9 万吨(1988 年)。原油 285200 万桶(1989 年)。天然气 4836.4 亿立方米(1989 年)。发电量 28566.24 亿度(1988 年)。粮食 28424.8 万吨(1989 年)。海运能力,商船(载重 100 吨以上)6304 艘、总载重量 2934.7 万吨(1989 年)。民航能力,固定航班机场 834 处、客运量 7055.29 亿人公里、货运量 147.2 亿吨公里(1990 年)。

国防政策　鉴于华约解体、东欧和苏联政局剧变、海湾战争的影响以及美国面临的巨额财政赤字,急需削减国防预算等情况,布什政府执政的第 3 年进一步调整美国的国防政策。其主要内容是:

(一)强调美国的防务政策着眼于对付地区性局部冲突和苏联军事力量的"潜在威胁"。1991 年美《国防报告》指出:"由于苏联正在从东欧撤退,华约作为一个军事组织已崩溃,冷战期间长期存在的华约大规模入侵西欧并升级为全球大战的危险已不复存在"。布什政府认为,在苏联全球威胁下降的同时,美国面临的威胁变得多样化了。过去长期被冷战掩盖着的民族矛盾、宗教斗争、边界领土纠纷和地区冲突日益突出。地区性局部冲突已上升为对美国"最直接和最现实的威胁"。由于核、生、化武器制造技术的扩散,对一些地区的安全将产生严重的威胁。1991 年美《国防报告》指出,"核、生、化武器及其运载工具的扩散前景令人严重不安","估计到 2000 年,至少有 15 个发展中国家将掌握制造弹道导弹的技术(其中 8 个国家将拥有或即将拥有核力量),30 个国家将拥有化学武器,10 个国家将拥有生物武器。这些威胁已清楚地出现在地平线上"。据此,布什总统提出:美国防务计划的重点将从对付苏联的全球威胁转向对付重要的地区性突发事件。另一方面,布什政府认为,"尽管苏联目前在政治方面已发生了极为重大的变化","苏联对美国的威胁正在减少",但"苏联仍然是一个超级核大国,拥有强大的军事力量",苏联"对美国及其盟国仍是一种潜在威胁"。美参联会主席鲍威尔 1991 年 10 月 9 日在大西洋条约协会发表的题为《"前沿军事存在"是美国军事力量结构的焦点》的讲话中也强调"苏联仍然是地球上唯一有能力用热核武器在半个小时内摧毁西方文明的国家"。国防部长切尼在 1991 年《国防报告》中也提出"保持为应付全球战争而重新组建部队的能力","作为一种防备手段","以防苏联的战略发生大的逆转"。为此,美国打算调整现有直属国防部的 10 个大司令部,其中包括增设 1 个"重建部队司令部"。

(二)主张通过竞争和裁军谈判,削弱对手,取得军事优势地位。布什政府强调,90 年代美国仍将以"增强实力地位"作为其安全政策的支柱。为此,布什政府继续推行"竞争战略"。1991 年美《国家安全战略》报告指出,虽然美苏关系已缓和,但"美苏关系的基本特征仍将是竞争性的,重新对立的危险始终是存在的"。主张发挥美国在关键性技术、武器系统方面的优势,以保证在美国国防经费日益受到限制的情况下,充分发挥美军事力量的威慑作用。"竞争战略"要求美国的军队建设有针对性和竞争性,强调加强对武器装备和军事技术的研究、开发和采购。1991 年尽管美国国防经费有所削减,但研究发展新型武器系统的费用仍有较大增加,重点发展航天、精确制导、超导和微电子等既能军用,又能民用的技术,以保持竞争优势。

布什政府还力图利用军备控制和裁军谈判,削弱苏联的军力,以利于美国取得军事优势地位。为此,布什政府坚持"非对称裁减"原则,力求在苏占优势领域谋取"低水平均衡",以强化美军备的质量优势地位。在战略武器谈判中,美国使苏比美多裁约 2000 枚弹头,从而削弱了苏联的陆基多弹头洲际导弹和机动弹道导弹,同时保留美占优势的潜射弹道导弹和机载核武器,以获取对苏的核优势地位。在常规裁军谈判中,美国通过设置"共同限额",使华约裁减的坦克比北约约多 8 倍,使苏在东欧撤出的军队比美多约 30 万人,从而使苏丧失了在东欧地区的常规力量优势地位。1991 年 9 月 27 日布什提出美苏双方裁减短程核武器的建议,旨在进一步削减苏核力量,防止因苏政局不稳出现核武器失控和扩散的危险,同时裁减过时的短程核武器不仅不会削弱美核力量，而且可节省美军费开支。

（三）贯彻精兵方针，调整武装力量结构，适应现实防务需要。鉴于苏美关系转向缓和，苏联军事力量有较大幅度削减，加之美国经济不允许军费的持续增长，布什政府贯彻精兵方针，适当削减军费，压缩部队数量。美国国防预算1991财政年度（2730亿美元）比1990财政年度实际下降约11.3%，1992财政年度比1991财政年度实际下降约0.9%。1993至1995财政年度计划继续逐年削减，使美国国防预算进入一个负增长阶段。在削减军费的同时，布什政府计划从1991至1995财政年度裁减兵员25%（约44万人），使美军兵力降至约160万人。届时，陆军师将由28个减至18个；海军航母编队由14个减至12个，海军作战舰只由545艘减至451艘；空军战术战斗机联队由36个减至26个，战略轰炸机由268架减至181架。

为了贯彻精兵方针，有效发挥武装力量的整体威力，适应对付地区性冲突的需要，美国国防部提出调整美国武装力量结构的方案。美国武装力量将根据地区和任务的不同分编为下述4种军事力量：(1)由核进攻力量和战略防御力量组成的战略威慑力量。其任务是"慑止拥有强大核力量的苏联发动核攻击"。(2)大西洋部队。其主要任务是"保持欧洲、中东、西南亚以及有关海域的安全与稳定"，能对该地区发生的意外事件和危机作出反应。它将由部署在欧洲和大西洋地区的陆、海军部队和驻美本土用于增援欧洲、中东和西南亚地区的重型部队组成。(3)太平洋部队。其主要任务是对太平洋地区发生的意外事件和危机作出反应。它包括部署在太平洋地区的陆军部队和海军部队，以及驻在美国本土的陆、海、空军增援部队。(4)应急部队。其主要任务是对世界任何地区发生的冲突能作出快速反应。它由驻美国本土的各军种轻型部队联合编成，包括陆军轻型师和空降师，陆战队远征旅、特种作战部队以及战术空军联队。此外，美国要求拥有对付大规模战争而重新组建部队的能力，保留国防工业和兵员动员基础，加强军事科研和运输力量。

（四）调整国防管理体制，提高管理效率。针对美国国防高层管理体制、武器装备采购和后勤保障系统存在的问题，美国防部采取了下列几项加强国防管理的主要措施：(1)改善高层国防管理体制。美国防部进一步明确和调整了国防高层领导人员的职权及一些机构的职能。重新区分了3个副国防部长的职责。国防部增设了一个新的高层咨询机构，即行政委员会。该机构由国防部长领导，负责审查整个国防部的政策。国防部高层领导人员可在该委员会就一些重大问题定期进行商讨，交换看法，提出咨询意见。此外，还进一步明确了国防计划与资源委员会、国防采购委员会和物资需求联合审查委员会的职能。(2)改进国防采购机制。为了建立畅通的采购管理渠道，国防部除了由负责采购的副国防部长主管全面的国防采购工作外，还在各军种建立了由3个层次组成的精干的管理系统。对一些重大的武器采购项目，采取了"多年采购"制度，使订购的军火批量增大，比每年签订一次合同的办法可节省大量经费。仅国会已批准的40份"多年采购"合同，就比过去每年签订一次合同的办法节省60多亿美元。此外，国防部还精简了采购文件，在约500种与采购有关的国防部文件中，建议全部取消、合并或修改的有400种文件。目前列入应取消的文件已取消了50%。(3)加强对后勤系统的集中统一管理。为了提高后勤补给的效益，节省开支，美国防部决定改变由三个军种部和国防后勤局分头管理补给仓库的做法，而由一名国防部领导人员统一负责美国本土一般补给仓库的物资供应。在一些仓库密集的地区，采取合并仓库，统一进行补给的措施。为了提高维修设施的效益，国防维修设施委员会决定关闭不必要的维修设施，要求充分利用现有维修设施的容量，在维修工作方面加强各军种间及其与私营部门间的竞争。为减少消费补给品的浪费，节省开支，国防部决定将消费补给品改由国防后勤局下属的各物资控制处统一管理。约260万种消费品已完成移交工作。为了提高国防部财务管理的总体效益，国防部成立了由审计长直接领导的国防财会局，统一管理国防部的财会工作。同时该机构还统管陆军、海军、空军、海军陆战队的财会工作。为了加强信息管理，提高信息系统的质量，国防部成立了由私营部门和国防部的专家组成的信息管理行政小组、信息技术小组和一般信息业务小组，分别就信息管理方针、信息技术和业务问题向国防部长提出咨询和建议，确保将计算、电信和信息等管理工作有机地结合起来。

（五）进一步调整联盟战略，加强联盟机制。布什政府主张美国在推行"世界新秩序"构想中，要更多借重盟国的合力，以减轻美国的负担和弥补自身力量之不足。1991年美《国防报告》指出，"在冷战后时期的安全环境中，坚强的联盟依然十分重要，既可共同对当前的危机作出反应，又可应付长期的战备需要"。海湾战争是二次大战后卷入国家最多的一次联盟战争，而且战争的大部分经费由美国的盟国承担，美国只负担小部分经费。有鉴于此，美国强调吸取海湾战争中运用盟国力量的经验，进一步调整联盟战略，加强联盟机制。其主要措施是：(1)力图实行一种多领域、多层次，以美国为核心、以北约为基础、充分运用盟国财政支持的联盟战略。(2)继续保留美国在北约一定数量的驻军，"支持西欧政治、经济、军事一体化”，与欧共体、欧安会建立更为密切的关系，进一步扩大美国和西欧盟国对东欧国家的影响。在亚太地区，美国继续保留其前沿兵力部署，加强与日本、南朝鲜、菲律宾等国的“防务合作”关系。鉴于亚洲政治与地理条件复杂，美国不准备像在欧洲那样撤军太多。在中东，美国力图建立一种新的“安全体系”，在该地区获取基地使用权。(3)“建立更为平等的伙伴关系”，要求盟国“分担共同防务责任”。在欧洲地区的防务，要求盟国发挥主要作用，美国主要负责西欧的空中和海上防务。另一方面，试图让北约在冷战后时期采取一种新的“消防队”战略，能随时派出部队到欧洲以外地区执行任务。在亚洲地区，要求日本、南朝鲜增加防务开支，扩大所承担的防务范围，并为驻当地美军支付更多的费用。

军事战略 布什政府执政第3年，美国军事战略有了明显的调整，其主要内容是：(一)战备重点转向对付第三世界地区的局部战争，应付突发事件。布什政府认为，第三世界地区的局部战争是“最有可能危及美国利益的一种战争样式”，美国应将对付海外的局部战争放在突出位置。1991年美《国防报告》指出，“冷战后时期的挑战主要来自像伊拉克入侵科威特所显示出来的重要地区性威胁”。“这种地区性威胁能在事先得不到警报的情况下突然发生”。美国防部长切尼在1991年9月23日答记者问时指出，今后美军的作战指标将由“一个半战争”降为“半个战争”，即“保持在再打一场海湾战争所需的水平上”。1991年美《国防报告》指出，“由于先进武器包括大规模毁灭性武器的扩散，地区性危机具有的危险性增大”。布什政府声称，对中东、南亚和南美一些国家的先进武器扩散，美国要予以干涉和禁止；对重要地区出现的动乱，美国将加强它在该地区的军事存在，甚至派兵进行武装干涉。布什政府强调，美军要根据海湾战争的经验，进一步加强“对主要地区冲突和危机作出快速反应的能力”。

(二)常规力量建设突出发展高技术常规武器和加强快速反应能力。布什政府强调建立一支能在威慑失效时发挥实战作用，对付地区性局部战争的常规力量。其常规力量建设突出两个重点。一是发展高技术常规武器。美国防部认为，80年代以来美军参与的几次局部战争，尤其是海湾战争，显示了高技术常规武器的威力，美国要进一步加强常规武器的高技术化。1991年美《国防报告》称，“美国必须保持军事技术领先地位”，“现在就应着眼于21世纪新兴军事技术对美国可能构成的挑战”。美国将着重加强研究精确制导、高命中精度、隐形、电子干扰与抗干扰等高、新技术，用于提高常规武器的质量。二是提高部队快速反应能力。1991年美《国防报告》强调根据海湾战争经验大力增强美军“对主要地区冲突和危机作出快速反应的能力”。为此，美军采取了一系列措施：(1)加强轻步兵师和特种部队的建设。美陆军改变过去侧重发展重型师的做法，而重点转向加强轻步兵师，进一步提高轻步兵师装备的现代化水平，使其不仅具有快速、灵活、轻便的特点，而且具有较强的战斗力。美军特种部队主要用于“反游击战”、“应急作战”、“反恐怖活动”等低强度冲突。美国在各军兵种普遍裁减兵力的同时，计划进一步加强特种作战部队建设。如美陆军特种作战大队，已增至5个。(2)提高部队战备水平。美军认为，增强对付地区性局部战争的快速反应能力，关键在于提高部队的战备水平。在军费削减，部队训练计划压缩的情况下，美军强调通过加大训练强度，提高部队战备水平。如美军“联合战备训练中心”1990年轮训了10个营，而1992年计划轮训20个营。此外，要求部队平时保持武器装备的完好率，提高飞机、舰艇的出动率。(3)加强战略机动能力。美军强调对海湾战争这样的地区性冲突作出快速反应将依靠有效的战略机动力量。美国防部决定为战略机动计划拨出较多款额，进一步加强海、空运输力量。战略海运部队计划到1994年将后备役船队的货、油运输船由96艘增至142艘。战略运输部队计划逐步采购可在短距跑道上起降的C—17新型运输机，并延长C—141运输机的服役期限，旨在1995年前保持日运输7725万吨公里的能力。此外，布什政府还采取加强商船队和民用后备航空队，以弥补现役部队运输力量的不足。

(三)调整战略核力量和战略防御系统发展计划，强调切实发挥战略威慑力量的作用。鉴于海湾战争中伊拉克所显示的现实和潜在的“导弹威胁”，以及核、生、化武器及其运载工具逐步扩散的趋势，美国强调今后其核力量应具有对付多方面核威胁的能力，既能对付全球性“威胁”，又能对付地区性“威胁”。美国1991年《国防报告》指出，“鉴于全球范围弹道导弹的扩散及其投掷核武器能力的发展，美国在设法遏止核冲突的同时，必须保持能对任何水平的攻击作出适当而有效反应的能力，即可以在使用核武器的时机和规模上作出各种选择，能在最低冲突水平上恢复威慑态势”。根据上述要求，在战略核力量发展方面，美国将建立更加机动、灵活和更有生存能力的核武器系统，即建立以陆基机动弹道导弹系统、海基和空基巡航导弹及隐形轰炸机相结合的核力量体系。在战略防御系统方面，鉴于建立针对全面核大战的国土反导弹防御体系需要巨额经费，技术上难以实现，战略上又不迫切需要的情况，布什政府对“星球大战”战略防御计划作了调整。1991

年1月29日布什在《国情咨文》中指出，战略防御计划的重点要重新放在提供对付有限的弹道导弹袭击的防御手段上。据此，美国国防部在1991年《国防报告》中提出，将战略防御计划和战区导弹防御计划合并，成为一个"对付有限袭击的全球防御系统"。美国参众两院已批准了此项计划，决定以250亿美元的资金，在90年代内部署陆基反导弹体系。此项新计划与里根政府在1983年提出的战略防御计划(SDI)相比，有以下几个特点：(1)在防御的对象上，新计划不是原来设想的防御苏联成千上万枚核弹头的进攻，而是重点对付"意外发生的"和"不负责任的国家"进行的有限的导弹袭击。(2)在防御的目标上，不是为美国本土提供全面对导弹防御，而是为加固的导弹发射井和地下指挥中心等硬目标提供点状防御。(3)在防御的方式上，将主要以地面为基地，而不是以太空为基地。(4)在防御的手段上，将由以激光等定向能武器为主要截击手段，回到仍以反导弹导弹为主要手段。(5)在防御的时机上，将由空间助推段拦截为主，转向以空中和地面再入段拦截为主。

(四)压缩海外兵力部署，依靠本土投送兵力对付海外地区的局部冲突。1991年美《国防报告》称：美国现在既没有必要也没有可能死守着"前沿部署战略"不放，一个切实可行的解决办法就是要转而采取"兵力投送战略"，即一旦发生威胁美国或美国有重大利益的地区的危机时，主要依靠从美国本土投送兵力，而不是依靠前沿部署部队。为此，美军采取了如下措施：(1)从海外收缩兵力。美军准备有计划地撤回海外部分驻军，推行"前沿存在"方针。欧洲是裁减的重点。根据与苏联达成的欧洲常规部队裁军条约，驻欧美军将由目前的30余万人，到1995年裁减至22.5万人。美参谋长联席会议主席鲍威尔1991年10月9日称："将来驻欧美军将为1个军，共2个师，并编入多国部队，而不是2个军共4个师的纯美国部队。此外，那里将驻扎不到4个战术战斗机联队而不是8个以上的联队。"美国在亚太地区的驻军将适当减少，主要是裁减约10%的后勤和支援部队。在削减海外驻军的情况下，美国的"前沿存在"的任务将更多地由海军舰艇部队承担。(2)减少海外基地。1991年4月，美国防部长切尼宣布：在今后5年内，美国在大规模裁减海外驻军的同时，将关闭或收缩一批海外军事基地和设施。这些基地和设施主要分布在意大利、德国、英国、希腊、土耳其和南朝鲜。(3)增强投送兵力的能力。90年代美国对付海外地区的冲突将逐步从依靠前沿部署兵力转向从美国本土投送兵力为主。为此，美军要求部署在美国本土的增援部队具有快速机动和灵活反应的能力；要求保持必要的海上和空中输送力量；要求在可能发生冲突的要害地区预先储备物资。

国防体制　美国总统兼任武装力量总司令，是美军的最高统帅。平时，总统通过国家安全委员会、国防部统率全军；紧急时，可越级指挥第一线部队。战略核袭击兵器的使用权集中控制在总统手中。

国家安全委员会是美国防最高决策机构。其成员包括总统、副总统、国务卿、国防部长、参谋长联席会议主席、中央情报局局长以及其他总统认为必要的资深官员。

国防部是最高军事机关，是美国政府中组织机构最庞大的一个部。其主要职责是：为全军制定统一的政策和负责军队的作战指挥；制定全军的军事预算和建军计划；统一领导全军科学技术的研究和后勤供应工作；对外负责制定对外军事政策，进行军事谈判，设立军事基地，派遣军事顾问团，对外国进行军事援助与培训外国军事人员等。

美国防部由3大系统组成：国防部本部系统、军事部系统和作战指挥系统。

国防部本部系统(国防部长办公厅)　主要负责全军的政策、财务和共同性业务，并协调各军事部的计划。该系统包括政策、武器装备采购、研究与工程、人事、后备役、生产与后勤、公共事务、卫生事务、情报、监察、立法、规划、分析与鉴定等部门。其中政策部门、武器装备采购部门各有一名副部长主管。

军事部系统　包括陆军部、空军部和海军部3个军事部。各军事部只负责本军种范围的行政管理、训练、教育、军事科研、武器装备和后勤保障，无作战指挥权。其主要职责是为各作战司令部提供训练有素、装备齐全的部队，并保障这些部队的勤务和后勤支援。3个军事部部长均为文职官员，是国防部武装力量政策委员会和部长联席会议的成员。陆军参谋长、空军参谋长、海军作战部长和海军陆战队司令是各自军种的最高长官。

作战指挥系统　总统通过国防部长和参谋长联席会议以及联合司令部、特种司令部指挥全军作战部队。

参谋长联席会议是总统、国家安全委员会和国防部长的主要军事咨询和作战指挥机构。参谋长联席会议主席由总统从陆、海、空三军高级将领中任命。他是美国武装力量的最高军事长官，是总统和国防部长的首席军事顾问。参谋长联席会议的正式成员还有参谋长联席会议副主席，陆、空军参谋长和海军作战部长、海军陆战队司令。参谋长联席会议下设联合参谋部，其主要职责是处理参谋长联席会议的日常工作，特别是拟制战略计划和统一各军种的战略行动。联合参谋部设正、副主任，参谋人员由陆军、海军、空军和海军陆战队的军官组成。参谋长联席会议还设立"联合战略目标计划参谋部"，在总统和参谋长联席会议的直接领导下，负责对战略导弹部队、战略轰炸机部队和导弹潜艇部队实施集中指挥和统一使用。其职责是：选定战略核攻击目标，排列打击目标的次序，确定攻击各种目标的核力量，拟定战略核袭击部队的统一作战计划。

联合司令部和特种司令部是美军高级作战指挥机构，根据总统的指令设立，受参谋长联席会议指挥，并就完成受领的任务向国防部长负责。联合司令部按战区(或职能)划分，由2个以上军种部队组成。特种司令部按专业职能划分，通常由单一军种部队组成。目前美军设有太平洋总部、欧洲总部、大西洋总部、南方总部、中央总部、特种作战司令部、航天司令部和运输司令部8个联合司令部以及战略空军司令部和部队司令部2个特种司令部。

美国武装力量主要由现役正规部队、后备役部队和在军内工作的文职人员3部分组成。美军现役正规部队分陆军、空军、海军和海军陆战队4个军种，分属陆军部、空军部和海军部三大军种部领导。美军后备役部队按组织系统分为国民警卫队和联邦后备队两部分；按动员准备程度分为第1类后备役、第2类后备役和第3类后备役。其中第一类后备役又分编组的和非编组的2种。第2、第3类后备役均由非编组的后备役人员组成。

领导人物　总统兼武装力量总司令乔治·布什(1989年1月20日上任)。国防部长理查德·切尼(1989年3月21日上任)。参谋长联席会议主席科林·鲍威尔陆军上将(1989年10月1日上任)。陆军部长迈克尔·斯通(1989年7月上任)。陆军参谋长戈登·沙利文上将(1991年上任)。空军部长唐纳德·赖斯(1989年5月30日上任)。空军参谋长梅里尔·麦克皮克上将。海军部长劳伦斯·加勒特(1989年5月30日上任)。海军作战部长弗兰克·凯尔索上将。海军陆战队司令卡尔·芒迪上将(1991年上任)。欧洲总部司令约翰·高尔文陆军上将(1987年6月上任)。太平洋总部司令查尔斯·拉森海军上将(1991年上任)。大西洋总部司令利昂·埃德尼海军上将(1991年上任)。南方总部司令乔治·朱尔万陆军上将(1991年上任)。中央总部司令约瑟夫·霍尔上将(1991年上任)。航天司令部司令唐纳德·库泰纳空军上将。特种作战司令部司令卡尔·斯蒂纳陆军上将。运输司令部司令汉斯福德·约翰逊空军上将(1989年上任)。战略空军司令部司令乔治·巴特勒空军上将(1991年上任)。部队司令部司令埃德温·伯巴陆军上将(1989年9月上任)。

武装力量　**兵力**　现役正规部队总数为202.9万余人(1991年)。

陆军　73.1万余人。编有7个集团军司令部、6个军部、16个作战师(装甲师3个、机械化师6个、步兵师1个、轻步兵师4个、空中突击师1个、空降师1个)、27个作战旅(团)、25个战术导弹营(地地导弹营7个、地空导弹营18个)。

主战坦克：M－48A5型1013辆、M－60/M－60A1型2385辆、M－60A3型5151辆、M－1/M－1A1型7036辆，合计15585辆。轻型坦克：M－551型1265辆。步兵战车：M－2/M－3型5524辆。装甲输送车：总数约26480辆，其中M－577型4805辆、M－113型12900辆，其他型号8775辆。牵引炮：105毫米1203门、155毫米1120门，合计2323门。自行炮：155毫米2437门、203毫米1029门，合计3466门。火箭炮：227毫米426门。迫击炮：107毫米2612门、120毫米若干门。地地导弹："长矛"65部。反坦克导弹："陶"式10600具、"龙"式7700具，合计18300具。无坐力炮：84毫米、90毫米和106毫米3590门。高炮：20毫米(牵引)90门、20毫米(自行)245门，合计335门。地空导弹"报仇者"(车载"毒刺"地空导弹)45部、"小檞树"432部、"霍克"改进型400部、"爱国者"303部、"剑"式4部。两栖舰船18艘。飞机：各种侦察机、运输机和教练机约534架。直升机：各种直升机8458架，其中武装直升机1653架。

海军　58万余人。编有4个舰队，即第2舰队(大西洋)、第3舰队(太平洋)、第6舰队(地中海)和第7舰队(西太平洋)。

潜艇：战略导弹潜艇34艘("俄亥俄"级12艘、"富兰克林"级12艘、"麦迪逊"级8艘、"拉菲特"级2艘)、战术潜艇86艘("洛杉矶"级核动力导弹潜艇15艘、"洛杉矶"级核动力攻击潜艇31艘、"鲟鱼"级核动力攻击潜艇35艘、"大鲹鱼"级核动力攻击潜艇4艘、"一角鲸"号核动力攻击潜艇1艘)、"豪斯顿"号特种用途核动力潜艇1艘，合计121艘。航空母舰：核动力5艘("尼米兹"级5艘)、常规动力8艘("小鹰"级2艘、"肯尼迪"号1艘、"福莱斯特"级4艘、"中途岛"号1艘)，合计13艘。战列舰："依阿华"级2艘。巡洋舰：核动力导弹巡洋舰9艘("弗吉尼亚"级4艘、"加里福尼亚"级2艘、"特拉克斯顿"号1艘、"长滩"号1艘、"班布里奇"号1艘)、导弹巡洋舰37艘("提康德罗加"级19艘、"贝尔纳普"级9艘、"莱希"级9艘)，合计46艘。驱逐舰：导弹驱逐舰18艘("阿莱格·伯克"号1艘、"基德"级4艘、"孔茨"级5艘、"亚当斯"级8艘)、"斯普鲁恩斯"级31艘，合计49艘。护卫舰："奥利弗·哈泽德·佩里"级导弹护卫舰 51 艘、"诺克斯斯"级 46 艘，合计 97 艘。导弹攻击快艇："飞马座"6 艘。巡逻艇 24 艘。登陆舰艇 65 艘。扫雷舰艇 28 艘。

海军陆战队：19.5 万余人。编有 3 个陆战师、3 个航空联队，装备有主战坦克 716 辆、步兵战车 416 辆、装甲输送车 1323 辆、自行炮 238 门、牵引炮 872 门、迫击炮 473 门、反坦克导弹 3016 枚、无坐力炮 1417 门、地空导弹 1929 枚。作战飞机 162 架、直升机 156 架。

海军航空兵：编有舰载航空联队 13 个、作战飞机 1242 架、武装直升机 416 架。

空军　51.7 万余人。编有 6 个战略导弹联队（下辖 20 个战略导弹中队）、14 个战略轰炸机联队（下辖 B—1B 轰炸机联队 4 个、B—52H 轰炸机联队 4 个、B—52G 轰炸机联队 6 个）、24 个战斗机和攻击机联队（下辖 94 个战斗机和攻击机中队）。

战略轰炸机：B—52 型 187 架、B—1B 型 96 架，合计 283 架。战斗机：3813 架，主要有 F—4 型 515 架、F—15 型 923 架、F—16 型 1384 架、F—111 型 294 架、F—117 型 45 架、A—7 型 270 架、A—10A 型 382 架。运输机：C—5 型 115 架、C—141B 型 250 架、C—130 型 518 架、C—135 型 12 架、VC—137 型 7 架、C—9A 型 23 架、C—12 型 86 架、C—22 型 5 架、C—26A 型 13 架，合计 1029 架。直升机：201 架。空空和空地导弹若干枚。

战略核力量　战略导弹潜艇 34 艘（"俄亥俄"级 12 艘、"富兰克林"级 12 艘、"麦迪逊"级 8 艘、"拉菲特"级 2 艘）、潜射弹道导弹 640 枚（"三叉戟"D—5 型 96 枚、"三叉戟"C—4 型 384 枚。"海神"C—3 型 160 枚）、洲际弹道导弹 1000 枚（"民兵"Ⅱ型 450 枚、"民兵"Ⅲ型 500 枚、"和平维护者"式 50 枚）、战略轰炸机 283 架（B—1B 型 96 架、B—52H 型 84 架、B—52G 型 103 架）。

文职人员（直接雇员）　总数 100.6 万人。

后备役人员　（第一类后备役）168 万余人（不包括海岸警卫队），其中陆军国民警卫队 45.36 万人、空军国民警卫队 11.66 万人、陆军后备队 63.01 万人、海军后备队 24.74 万人、海军陆战队后备队 8.09 万人、空军后备队 15.25 万人。

部署　根据 1991 年 9～10 月美《防务》杂志专刊报道，1991 年初美国本土部署的现役部队共 134.3 万余人。其中主要的有：驻美国大陆 104.6 万人，驻阿拉斯加 2.19 万人，驻夏威夷 3.91 万人，驻关岛 6880 人。以美本土港口为基础的海军部队编有第 2 和第 3 舰队，共 16.88 万人。

美军在欧洲部署的现役部队 24.95 万人，其中主要的有：驻德国 17.1 万余人（一说约 25 万人——编注），驻英国 2.46 万余人，驻意大利 1.4 万余人，驻西班牙 6976 人。在荷兰、比利时、冰岛、葡萄牙和希腊等国亦驻有少量部队。驻该地区舰上部队 1.61 万人。

美军在太平洋、东亚地区部署的现役部队 12.6 万余人，其中主要有：驻日本（包括冲绳）4.24 万人，驻南朝鲜 4.2 万余人，驻菲律宾 1.48 万余人，驻太平洋的舰上部队 2.58 万余人。

美军在非洲、中东和南亚地区部署的兵力 9.73 万人，其中主要有：驻埃及 1147 人，驻沙特阿拉伯 5.19 万人，驻巴林 4128 人，驻迪戈加西亚 1310 人，驻该地区舰上部队 3.83 万人。

美军部署在拉丁美洲的兵力 1.68 万余人，其中主要的有：驻巴拿马 9948 人，驻古巴（关塔那摩湾）2328 人，驻洪都拉斯 1015 人，驻该地区舰上部队 1003 人。

军事基地　1990 年美军拥有军事基地和主要军事设施共 631 个，其中美国大陆 485 个，占 77%；海外 146 个，占 23%。按军种和部门分，陆军基地和设施 165 个，海军基地和设施 173 个，陆战队基地和设施 26 个，空军基地和设施 260 个，国防部直属机构的基地和设施 7 个。

兵役制度　美国平时实行志愿兵役制。凡志愿应募的青年须与军方签订服役合同。

军衔　分 6 等 24 级，即将官 5 级（五星上将、四星上将、中将、少将、准将）、校官 3 级（上校、中校、少校）、尉官 3 级（上尉、中尉、少尉）、准尉 4 级（一级准尉、二级准尉、三级准尉、四级准尉）、军士 6 级（一级军士长、二级军士长、三级军士长、上士、中士、下士）、兵 3 级（一等兵、二等兵、三等兵）。

（钱俊德）

墨西哥

国　　名　墨西哥合众国。

主要统计　面积 1972546 平方公里。人口 9102.4 万人(其中,13～17 岁男 547 万人,女 530.6 万人;18～22 岁男 492.55 万人,女 479.2 万人;23～32 岁男 756.46 万人,女 746.44 万人)。国内生产总值 6422715 亿比索,合 1938.4 亿美元(1990 年)。国防费 19080 亿比索,合 6.7841 亿美元(1990 年国防预算估计)。粗钢 779 万吨(1989 年)。原煤 1127.5 万吨(1988 年)。原油 9.46 亿桶(1989 年)。天然气 262.1 亿立方米(1989 年)。发电量 1108.76 亿度(1988 年)。粮食 1863.4 万吨(1989 年)。海运能力,商船(载重 100 吨以上)642 艘、总载重量 188.31 万吨(1989 年)。民航能力,固定航班机场 78 处、客运量 122.52 亿人公里、货运量 7830 万吨公里(1990 年)。

国防体制　宪法规定,总统为武装力量最高统帅。国防部和海军部分别为政府中一个部,是最高军事行政机关,也是最高军事指挥机构。国防部领导和指挥陆、空军和准军事部队;海军部领导和指挥海军。国防部长和海军部长经总统任命,由现役高级将领担任。正规军分陆、海、空三个军种。总统通过国防部和海军部对全国武装力量实施领导和指挥。

领导人物　总统兼武装力量最高统帅卡洛斯·萨利纳斯·德戈塔里(1988 年 12 月上任)。国防部长安东尼奥·里维略·巴桑上将(1988 年 12 月上任)。海军部长路易斯·卡洛斯·鲁亚诺·安古洛上将(1990 年 7 月上任)。

武装力量　**兵力**　现役部队 17.5 万人。

陆军　13 万人。编有 3 个步兵旅、1 个装甲旅、1 个总统警卫旅、1 个空降旅、1 个机械化步兵团、19 个摩托化骑兵团、3 个炮兵团、1 个装甲团、80 个步兵营,以及若干高炮、工程兵和支援分队。

装甲侦察车:M－8 型 50 辆、ERC－90F“大山猫”120 辆、M－11VBL 型 40 辆、DN－3/－5“卡瓦略”70 辆、“莫瓦格”30 辆。装甲输送车:HWK－11 型 40 辆、M－3 型 30 辆、VCR/TT 型 40 辆。牵引炮:75 毫米 18 门、105 毫米 100 门。自行炮:75 毫米 5 门。迫击炮:81 毫米等共 1500 门。反坦克炮:37 毫米 30 门。高炮(机枪):12.7毫米 40 门(挺)。反坦克导弹:“米兰”若干具。

海军　3.7 万人。编有 2 个舰队、14 个分舰队。

驱逐舰:“基林”级 2 艘、“弗莱彻”级 1 艘。护卫舰:“埃德索尔”级 1 艘、“杜兰戈”级 1 艘、“查尔斯·劳伦斯”级和“克罗斯利”级 3 艘。巡逻舰:“游隼”级 6 艘、“阿吉拉”级 4 艘、“海鸦”级 17 艘、“钦佩”级 12 艘、“瓜纳胡安托”号 1 艘。大型巡逻艇:“阿孜特克”级 31 艘、“角”级 2 艘。海岸巡逻艇:6 艘。江河巡逻艇:18 艘。部队运输船:2 艘。坦克登陆舰:2 艘。后勤支援舰:4 艘。教练舰:1 艘。测量和勤务船:12 艘。

陆战队(8000 人),编有 3 个营、15 个大队,装备有两栖车辆 25 辆、105 毫米牵引炮 8 门、81 毫米等迫击炮 100 门、106 毫米无坐力炮若干门。

海军航空兵(500 人),编有 4 个中队,装备有飞机和直升机 59 架。

空军　8000 人(含空降旅 1500 人)。编有 1 个战斗机中队、9 个防暴机中队、5 个运输机中队、1 个摄影侦察中队。作战飞机 113 架、武装直升机 25 架。

战斗机:F－5E 型 9 架、F－5F 型 2 架。防暴机:PC－7 型 70 架、AT－33 型 12 架、IAI－201 型 10 架。防暴直升机:贝尔 205 型 5 架、贝尔 206 型 5 架、贝尔 212 型 15 架。运输机:BN－2 型 2 架、C－47/－54 型 16 架、C－117/－118 型 10 架、C－130A 型 9 架、“嘉奖”1 架、“指挥官”500/680 型 6 架、“空中货车”3 架、波音 727/737 型 9 架、T－39 型 5 架、其他型 6 架。运输直升机:10 架。联络机:6 架。摄影侦察机:10 架。教练机:95 架。

文职人员　3000 人。

预备役部队　30 万人。

准军事部队　农防民兵 1.4 万人。

兵役制度　实行志愿兵役制。士兵服役期 3 年。各级军官最高服役年限将官为 65 岁,校官为 58 岁,尉官为 52 岁。

军衔　分 5 等 15 级,即将官 3 级(上将、中将、少将)、校官 3 级(上校、中校、少校)、尉官 4 级(一级上尉、上尉、中尉、少尉)、军士 3 级(上士、中士、下士)、兵 2 级(上等兵、列兵)。

(吴惠芳)

尼 加 拉 瓜

国　　名　尼加拉瓜共和国。

主要统计　面积13万平方公里。人口392.36万人(其中,13～17岁男23.69万人,女22.98万人;18～22岁男20.05万人,女19.64万人;23～32岁男30.24万人,女30.14万人)。国内生产总值24.6亿美元(1990年估计)。国防费0.786亿美元(1991年国防预算估计)。发电量10.68亿度(1988年)。粮食47.5万吨(1989年)。海运能力,商船(载重100吨以上)21艘、总载重量2900吨(1989年)。民航能力,固定航班机场1处、客运量9200万人公里、货运量120万吨公里(1990年)。

国防体制　总统为武装力量最高统帅。国防部为政府中一个部,是最高军事行政机关,也是最高军事指挥机构。总参谋部是国防部长的最高计划和协调机构。武装力量由正规军和准军事部队组成。正规军分陆军、海军、空军与防空军三个军种。总统通过国防部和内政部对全国武装力量实施领导和指挥。

领导人物　总统兼武装力量最高统帅和国防部长比奥莱塔·巴里奥斯·德查莫罗(1990年4月上任)。内政部长卡洛斯·乌尔塔多·卡夫雷拉(1990年4月上任)。桑地诺人民军总司令温贝托·奥尔特加·萨维德拉大将。总参谋长华金·夸德拉·拉卡约中将。海军司令曼努埃尔·里瓦斯·瓜特马拉中校。空军与防空军司令曼努埃尔·萨尔瓦铁拉·里维拉上校。

武装力量　**兵力**　现役部队3.05万人。

陆军　2.7万人。编有2个装甲旅、2个摩步旅、1个炮兵旅、2个边防旅、8个地区炮兵大队、20个步兵营、4个工程兵营。

坦克:T—54/—55型130辆、PT—76型27辆。装甲侦察车:БРДМ—2型90辆。装甲输送车:БТР—60型19辆、БТР—152型120辆。牵引炮:122毫米36门、152毫米60门。火箭炮:107毫米16门、122毫米35门。迫击炮:82毫米625门、120毫米42门。反坦克炮:57毫米354门、76毫米84门、100毫米24门。反坦克导弹:AT—3“耐火箱”若干具。地空导弹:SA—7/—14/—16型500余部。

海军　1500人。编有太平洋防区和大西洋防区。

猎雷艇:“叶夫根尼亚”级4艘。扫雷艇:K—8级4艘。巡逻艇:“甲虫”级8艘、“辛亨格”级9艘、“金吉”级4艘、“达伯”级2艘、“图亚坎”级2艘、法国制2艘。

空军与防空军　2000人。编有1个防暴机中队、1个运输机中队、1个直升机中队以及2个高炮营。作战飞机16架、武装直升机9架。

防暴机:色斯纳337型6架、L—39ZO型6架、SF—260WL型4架。攻击直升机:米—25型9架。运输机:安—26型5架、C—212型1架。直升机:米—8/—17型38架。联络机:26架。教练机:17架。空地导弹:AT—2“蝇拍”若干枚。高炮(机枪):14.5毫米、23毫米、37毫米、57毫米和100毫米共计700余门(挺)。

预备役部队　若干人。

准军事部队　国家警察6000人(属内政部领导)。

兵役制度　实行志愿兵役制。士兵服役期1年半～3年。

军衔　分5等16级,即将官4级(大将、上将、中将、少将)、校官3级(上校、中校、少校)、尉官4级(大尉、上尉、中尉、少尉)、军士3级(上士、中士、下士)、兵2级(上等兵、列兵)。

外国驻军　联合国驻中美洲观察团若干人。

(吴惠芳)

萨 尔 瓦 多

国　　名　萨尔瓦多共和国。

主要统计　面积21393平方公里。人口536.06万人(其中,13～17岁男34.74万人,女33.71万人;18～22岁男29.28万人,女28.66万人;23～32岁男

36.05万人，女39.32万人)。国内生产总值410.6亿科朗，合51.1亿美元(1990年)。国防费11.5亿科朗，合1.4383亿美元(1990年国防预算)。发电量18.7亿度(1988年)。粮食80万吨(1989年)。海运能力，商船(载重100吨以上)14艘、总载重量3200吨(1989年)。民航能力，固定航班机场1处、客运量8.38亿人公里、货运量650万吨公里(1990年)。

国防体制 宪法规定，总统为武装力量最高统帅。国防与公安部为政府中一个部，是最高军事行政机关。部长通常由资格最老、职务最高的军官担任。两名副部长，一名主管军内行政事务，一名主管公安部队。武装力量由正规军和准军事部队组成。正规军分陆、海、空三个军种。准军事部队有国民警卫队、国家警察、财政警察和民防部队。最高军事指挥机构为联合参谋部。总统通过国防与公安部和联合参谋部对全国武装力量实施领导和指挥。

领导人物 总统兼武装力量最高统帅阿尔弗雷多·克里斯蒂亚尼(1989年6月上任)。国防与公安部长雷内·埃米利奥·庞塞上校(1990年9月上任)。联合参谋长希乐贝托·鲁比奥上校。

武装力量 **兵力** 现役部队4.36万人。

陆军 4万人。编有6个步兵旅(20个步兵营)、7个步兵特遣队(18个步兵营)、1个炮兵旅、1个机械化骑兵团(2个营)、5个快速行动营、1个工程兵特遣队(2个步兵营、1个工程兵营)、1个工程兵营、1个空降营(归空军指挥)、1个高炮营(归空军指挥)、1个特种作战大队(归空军指挥)、1个基地补给营(归空军指挥)。

坦克：M－3A1型5辆。装甲侦察车：AML－90型5辆。装甲输送车：M－37B1型66辆、M－114型20辆、UR－416型8辆。牵引炮：105毫米56门。迫击炮：81毫米300门、120毫米60门。无坐力炮：90毫米400门、106毫米20门。高炮：20毫米28门。

海军 1200人(包括陆战队700人)。编有2个分队。

巡逻艇 “保护者”级10艘、“剪刀鱼”级6艘、“快艇”级1艘、“默库加”级10艘、“坎克拉夫特”级3艘。机械化登陆艇：3艘。拖船：1艘。

空军 2400人(包括防空部队)。编有1个战斗机中队、1个防暴机中队、1个直升机中队、1个运输机大队。作战飞机42架、武装直升机27架。

战斗机：“暴风”8架。防暴机：A－37B型11架、AC－47型5架、O－2A型12架。武装直升机：休斯－500型10架、UH－1M型17架。直升机：UH－1H型42架。运输机：C－47/－123K型6架、“指挥官”1架、DC－6B型1架、IAI－201型3架、“默林”1架、“运动会”10架。联络机：16架。教练机：10架。

准军事部队 3.6万人，其中国民警卫队4000人、国家警察6000人、财政警察2000人、民防队2.4万人。

兵役制度 实行义务兵役制。士兵服役期2年。军官最高服役年限为30年。

军衔 军官分3等7级，即将官1级(少将)、校官3级(上校、中校、少校)、尉官3级(上尉、中尉、少尉)。

外国驻军 联合国驻中美洲观察团观察员200人。

(吴惠芳)

危地马拉

国　　名 危地马拉共和国。

主要统计 面积108889平方公里。人口932.92万人(其中，13～17岁男56.62万人，女54.94万人；18～22岁男46.88万人，女45.44万人；23～32岁男69.38万人，女67.76万人)。国内生产总值338.9亿格查尔，合75.6亿美元(1990年)。国防费3.22亿格查尔，合0.7178亿美元(1990年国防预算)。原油140万桶(1989年)。发电量17.85亿度(1988年)。粮食172.1万吨(1989年)。海运能力，商船(载重100吨以上)6艘、总载重量6800吨(1989年)。民航能力，固定航班机场2处、客运量1.648亿人公里、货运量1190万吨公里(1990年)。

国防体制 宪法规定，总统为武装部队总司令。最高军事咨询机构为最高国防委员会，成员有国防部长、国防参谋长和陆、海、空军参谋长等。国防部为政府中一个部，是最高军事行政机关，由军衔最高、资历最深的军官担任部长。武装力量由正规军和准军事部队组成。正规军分陆、海、空三个军种。准军事部队有国家警察、财政警察和地方民兵。最高军事指挥机构为国防参谋部。总统通过国防部和国防参谋部对全国武装力量实施领导和指挥。

领导人物 总统兼武装部队总司令豪尔赫·塞拉诺·埃利亚斯(1991年1月上任)。国防部长何塞·加西业·萨乌约业(1991年上任)。国防参谋长劳尔·贝多亚(1991年上任)。

武装力量 **兵力** 现役部队3.96万人。

陆军 3.7万人。编有39个步兵营、1个工程兵营、3个战略预备旅(各2个营)。

坦克:M—41A3型10辆。装甲侦察车:M—8型10辆、RBY—1型10辆。装甲输送车:M—113型9辆、V—150"突击队员"7辆、"犰狳"18辆。牵引炮:75毫米10门、105毫米68门。迫击炮:81毫米55门、107毫米12门、120毫米18门。无坐力炮:106毫米若干门。高炮:20毫米20门。

海军 1200人(包括陆战队600人)。编有2个分队。

海岸巡逻艇:"大刀"级1艘、"西沃德"级2艘、"弯刀"级5艘。江河巡逻艇:17艘。部队运输船:2艘。

空军 1400人。编有1个防暴机中队、1个运输机中队、1个联络机中队、1个直升机中队、1个安全战术大队(3个连)。作战飞机16架、武装直升机6架。

防暴机:色斯纳A—37B型8架、PC—7型8架。攻击直升机:贝尔212/412型6架。运输机:C—47型6架、F—27型3架、IAI—201型6架、"超级空中大王"1架、G—222型2架。联络机:4架。直升机:17架。教练机:6架。

预备役部队 陆军4500人,海军若干人,空军200人。

准军事部队 国家警察8000人,财政警察2100人,地方民兵50万人(其中少数人有武装)。

兵役制度 实行义务兵役制。士兵服役期2.5年。

军衔 军官分3等9级,即将官2级(中将、少将)、校官3级(上校、中校、少校)、尉官4级(上尉、中尉、少尉、准尉)。 (吴惠芳)

委内瑞拉

国　　名 委内瑞拉共和国。

主要统计 面积916700平方公里。人口2005.74万人(其中,13~17岁男110.14万人,女106.63万人;18~22岁男99.57万人,女96.43万人;23~32岁男170.73万人,女165.72万人)。国内生产总值22372亿玻利瓦,合477亿美元(1990年)。国防费974亿玻利瓦,合16.2亿美元(1991年国防预算)。粗钢339万吨(1989年)。原煤6.5万吨(1988年)。原油6.31亿桶(1989年)。天然气195.5亿立方米(1989年)。发电量578亿度(1988年)。粮食168.4万吨(1989年)。海运能力,商船(载重100吨以上)288艘、总载重量172.75万吨(1989年)。民航能力,固定航班机场26处、客运量51.96亿人公里、货运量2.203亿吨公里(1990年)。

国防体制 宪法规定,总统为武装力量最高统帅。最高国防决策机构为国家安全与防务委员会,成员有总统、国防部长、内政部长、外交部长、财政部长、武装力量总监、联合参谋长等,由总统任主席。国防部为政府中一个部,是最高军事行政机关,负责武装力量的管理、训练、装备和军工生产等工作。武装力量由正规军和准军事部队组成。正规军分陆、海、空军和国民警卫队(亦称合作武装力量)四个军种。最高军事指挥机构为全国武装力量最高委员会,成员有国防部长、武装力量总监、联合参谋长及陆、海、空军和国民警卫队司令,由国防部长任主席。总统通过国防部和全国武装力量最高委员会对全国武装力量实施领导和指挥。

领导人物 总统兼武装力量最高统帅卡洛斯·安德列斯·佩雷斯(1989年2月上任)。国防部长费尔南多·安东尼奥·奥乔亚·安蒂茨陆军中将(1991年7月上任)。武装力量总监埃利亚斯·拉斐尔·丹尼尔斯·埃尔南德斯海军中将(1991年7月上任)。联合参谋长伊万·达里奥·希门尼斯·桑切斯空军中将(1991年7月上任)。陆军司令佩德罗·雷米希奥·兰赫·罗哈斯中将(1991年7月上任)。海军司令伊格纳西奥·佩尼亚·西马罗中将(1991年7月上任)。空军司令欧蒂米奥·何塞·福格特·博雷加雷斯中将(1991年7月上任)。国民警卫队司令弗雷蒂斯·本图拉·马亚·卡尔多纳中将(1991年7月上任)。

武装力量 **兵力** 现役部队7.5万人。

陆军 3.4万人。编有6个步兵师、1个装甲旅、1

个骑兵旅、7个步兵旅、1个伞兵旅、1个别动旅、1个陆军航空兵团。

坦克:AMX－30型100辆、M－18型35辆、AMX－13型36辆、"蝎子"约50辆。装甲侦察车:AML－245型10辆、M－8型25辆。装甲输送车:AMX－VCI型25辆、V－100型100辆、V－150型30辆、"龙"式100辆。牵引炮:105毫米80门、155毫米12门。自行炮:155毫米15门。火箭炮:160毫米20门。迫击炮:81毫米165门、120毫米65门。反坦克导弹:AT－4型和AS－11型若干具。无坐力炮:106毫米若干门。飞机:9架。直升机:21架。

海军　1.1万人(含陆战队、海军航空兵和海岸警卫队)。编有1个舰队、1个潜艇分舰队、1个护卫舰分舰队、1个巡逻艇分舰队、1个两栖分舰队、1个勤务分舰队。

潜艇:T－209型2艘。护卫舰:"狼"级6艘。导弹快艇:6艘。江河巡逻艇:4艘。坦克登陆舰:5艘。通用登陆舰:2艘。车辆人员登陆艇:11艘。后勤舰:1艘。运输舰:2艘。测量船:1艘。教练船:1艘。

陆战队6000人,编有4个步兵营、1个炮兵营、1个两栖车辆营,装备有装甲输送车51辆、105毫米牵引炮18门、40毫米高炮6门。

海军航空兵2000人,编有2个中队,装备有各型飞机24架,其中作战飞机5架、武装直升机6架。

海岸警卫队750人,装备有轻型护卫舰2艘、炮艇2艘、小艇15艘。

空军　0.7万人。编有3个战斗机兼攻击战斗机大队、1个防暴机大队、1个武装直升机大队、1个教练机大队。作战飞机106架、武装直升机26架。

战斗机兼攻击战斗机:F－5A型10架、F－5B型10架、T－2D型19架、"幻影"2EV型4架、"幻影"5V型2架、"幻影"5DV型2架、"幻影"50EV型5架、F－16A型18架、F－16B型6架。防暴机:EMB－312型12架、OV－10E型11架。攻击直升机:SA－316型10架、UH－1D型12架、UH－1H型4架。运输机:C－47型5架、C－123型7架、C－130H型6架、G－222型8架、HS－748型2架。运输直升机:贝尔214型3架、贝尔412型4架、AS－332B型5架、UH－1N型5架。要员专机:波音737等7架。联络机:35架。教练机:45架。空空导弹:若干枚。高炮:20毫米、35毫米、40毫米110门。地空导弹:"罗兰"10部。

国民警卫队　(合作武装力量)　2.3万人。装备有步兵战车25辆、装甲输送车204辆、迫击炮110门、飞机21架、直升机21架、巡逻艇22艘。

兵役制度　实行义务兵役制。士兵服役期2年(海军2年半)。各级军官最高服役年限为:上将无年限、中将59岁、少将57岁、上校54岁、中校50岁、少校46岁、上尉42岁、中尉37岁、少尉32岁。

军衔　军官分3等9级,即将官3级(上将、中将、少将)、校官3级(上校、中校、少校)、尉官3级(上尉、中尉、少尉)。军士7级(军士长、副军士长、一级上士、二级上士、三级上士、中士、下士)。兵4级(一级上等兵、二级上等兵、上等兵、列兵)。

驻外兵力　参加联合国驻中美洲观察员组14人,驻伊科军事观察员7人。

(杨可怡)

乌　拉　圭

国　　名　乌拉圭东岸共和国。

主要统计　面积176215平方公里。人口314.62万人(其中,13～17岁男13.46万人,女13.06万人;18～22岁男12.73万人,女12.34万人;23～32岁男23.71万人,女23.16万人)。国内生产总值107048亿新比索,合91.4亿美元(1990年估计)。国防费228.3亿新比索,合1.5019亿美元(1986年国防预算)。发电量69.98亿度(1988年)。粮食141.4万吨(1989年)。海运能力,商船(载重100吨以上)86艘、总载重量15.54万吨(1989年)。民航能力,固定航班机场7处、客运量3.893亿人公里、货运量3700万吨公里(1990年)。

国防体制　宪法规定,总统为武装力量最高统帅。最高国防决策机构为内阁。最高咨询机构为国防委员会。国防部为政府中一个部,是最高军事行政机关。武装力量由正规军和准军事部队组成。正规军分陆、海、空三个军种。最高军事指挥机构为联合参谋部。总统通过国防部和联合参谋部对全国武装力量实施领导和指挥。

领导人物　总统兼武装力量最高统帅路易斯·阿尔韦托·拉卡列(1990年上任)。国防部长马里亚诺·罗米欧·布里托(1990年3月上任)。陆军司令卡洛斯·贝罗伊斯将军(1987年上任)。海军司令里卡多·拉赫尔将军(1986 年上任)。空军司令费尔南多·阿尔贝将军(1985 年上任)。

武装力量 **兵力** 现役部队 2.3 万人。

陆军 1.6 万人。划分为 4 个军区,编有 1 个独立步兵旅、1 个工程兵旅、15 个步兵营、10 个骑兵营、6 个炮兵营、6 个工程兵营。

坦克:M－24 型 17 辆、M－3A1 型 28 辆、M－41A1 型 22 辆。装甲侦察车:FN－4－RM－62 型 20 辆、EE－3"哈拉拉卡"18 辆、EE－9"响尾蛇"15 辆。装甲输送车:M－113 型 15 辆、"秃鹰"50 辆。牵引炮:75 毫米 12 门、105 毫米 25 门、155 毫米 5 门。迫击炮:81 毫米 40 门、107 毫米 5 门。反坦克导弹:"米兰"10 具。无坐力炮:57 毫米 30 门、106 毫米 10 门。高炮:20 毫米 6 门、40 毫米 2 门。

海军 0.35 万人(含陆战队和海军航空兵)。编有 1 个舰队。

护卫舰:"里维埃司令官"级 3 艘、"迪利"级 1 艘。小型护卫舰:"海鸦"级 1 艘。巡逻快艇:5 艘。机械化登陆艇:3 艘。车辆人员登陆艇:3 艘。油船:1 艘。教练船:1 艘。救生船:1 艘。

陆战队 500 人,编有 1 个营。

海军航空兵 330 人,编有 1 个小队,装备有各型飞机 22 架,其中作战飞机 6 架。

空军 0.35 万人。编有 2 个防暴机中队、1 个搜索与救援中队、3 个运输机中队。作战飞机 33 架。

防暴机:A－37B 型 8 架、AT－33 型 6 架、IA－58B 型 6 架、T－33A 型 6 架。搜索与救援机:C－212 型 1 架、U－17 型 8 架、贝尔 212 型 2 架、UH－1B 型 2 架、UH－1H 型 4 架。运输机:C－212 型 4 型、EMB－110C 型 4 架、F－27 型 2 架、FH－227 型 2 架。联络机:10 架。航测机:2 架。教练机:42 架。

准军事部队 3150 人,其中城市卫队 650 人、共和国卫队 500 人、海岸警卫队 2000 人。

兵役制度 实行义务兵役制。士兵服役期为 1～2 年,也可自愿延长。

军衔 军官分 3 等 10 级,即将官 2 级(中将、少将)、校官 3 级(上校、中校、少校)、尉官 5 级(上尉、一级中尉、二级中尉、少尉、准尉)。

驻外兵力 参加联合国驻埃及西奈多国观察员部队 70 人,驻伊科军事观察团 8 人,驻印巴军事观察团顾问 1 人。

(杨可怡)

智　利

国　　名 智利共和国。

主要统计 面积 756626 平方公里(含岛屿)。人口 1312.4 万人(其中,13～17 岁男 61.15 万人,女 59.59万人;18～22 岁男 58.71 万人,女 57.29 万人;23～32 岁男 116.54 万人,女 114.91 万人)。国内生产总值 84310 亿比索,合 276.4 亿美元(1990 年)。国防费1948.9亿比索,合 5.7287 亿美元(1991 年国防预算估计)。原煤 196.3 万吨(1988 年)。原油 800 万桶(1989 年)。天然气16.1亿立方米(1989 年)。发电量 169.14亿度(1988 年)。粮食 314.8 万吨(1989 年)。海运能力,商船(载重 100 吨以上)304 艘、总载重量 87.56万吨(1989 年)。民航能力,固定航班机场 18 处、客运量20.08亿人公里、货运量 3.324 亿吨公里(1990 年)。

国防体制 宪法规定,总统为武装力量最高统帅。国家安全委员会是国家安全事务的最高决策机构,成员有总统、国防、外交、内政、经济、财政各部部长和陆军、海军、空军、警察司令。国防部是政府中一个部,为最高军事行政机关。国防参谋部是国防部的执行机构,负责国防预算、情报、征兵动员等工作。武装力量由正规军和准军事部队组成。正规军分陆、海、空三个军种。三军实行分权独立,无统一的军事指挥机构。各军种司令为本军种最高军事长官。总统通过各军种司令和国防部对武装力量实施领导和指挥。

领导人物 总统兼武装力量最高统帅帕特里西奥·艾尔文·阿索卡尔(1990 年上任)。国防部长帕特里西奥·罗哈斯·萨阿韦德拉(1990 年上任)。陆军总司令奥古斯托·皮诺切特·乌加特上将(1973 年上任)。海军总司令豪尔赫·马丁内斯·布什上将(1990 年上任)。空军总司令拉蒙·维加·伊达尔戈上将(1991 年上任)。警察司令斯坦赫·奥尔克斯·鲁道夫上将(1985 年上任)。

武装力量 **兵力** 现役部队 9.18 万人。

陆军 5.4 万人。编有 2 个军部、6 个师、1 个旅、8

个步兵团、5个摩托化步兵团、12个山地步兵团、10个装甲骑兵团、7个炮兵团、7个工程兵团、1个陆军航空兵团、1个反坦克营、1个突击营、1个侦察中队。

坦克:M—4A3型60辆、M—51型150辆、AMX—30型21辆、M—24型60辆、M—41型50辆、AMX—13型47辆。装甲侦察车:EE—9"响尾蛇"200辆。步兵战车:"莫瓦格·皮兰哈"20辆。装甲输送车:M—113型50辆、"莫瓦格·皮兰哈"200辆、EE—11"蝰蛇"250辆。牵引炮:105毫米108门、155毫米30门。自行炮:155毫米10门。迫击炮:81毫米300门、120毫米110门。反坦克导弹:"米兰"/"马姆巴"若干具。火箭筒:89毫米若干具。无坐力炮:57毫米和106毫米若干门。高炮:20毫米若干门。地空导弹:"吹管"和"轻标枪"若干部。飞机:42架。直升机:46架。

海军　2.5万人(含海军航空兵、陆战队和海岸警卫队)。编有3个(舰队、潜艇和运输)司令部、4个海军基地。

潜艇:"奥伯隆"级2艘、T—209型2艘。巡洋舰:"布鲁克林"级1艘。驱逐舰:"诺福克"级4艘、"海军上将"级2艘。护卫舰:"利安德"级3艘。导弹快艇:4艘。鱼雷快艇:4艘。巡逻艇:2艘。中型登陆舰:3艘。坦克登陆艇:2艘。油船:2艘。潜艇供应舰:1艘。运输舰:1艘。测量船:1艘。

陆战队0.52万人。编有4个大队、1个两栖营,装备有装甲输送车70辆、牵引炮52门、海岸炮16门、迫击炮100门、地空导弹若干部。

海军航空兵500人。编有4个中队,装备有作战飞机6架、武装直升机4架。

海岸警卫队1600人。装备有巡逻艇15艘、直升机1架。

空军　1.28万人。编有5个空军旅、4个联队、6个中队。作战飞机107架。

攻击战斗机:"猎人"33架、F—5E型13架、F—5F型3架。防暴机:A—37B型25架、A—36型20架。战斗兼侦察机:"幻影"50型15架。运输机:波音707型2架、C—130H型2架、"比奇"99型3架、DHC—6型14架、SA—315B型5架。侦察机:5架。联络机:10架。教练机:136架。

预备役部队　陆军4.5万人。

准军事部队　2.7万人(警察)。

兵役制度　实行义务兵役制。士兵服役期均为2年。将军的最高服役年限为40年,上校的最高服役年限为32年。

军衔　分5等19级,即将官3级(上将、中将、少将)、校官3级(上校、中校、少校)、尉官4级(上尉、中尉、少尉、准尉)、军士6级(一级军士长、二级军士长、上士、中士、一级下士、二级下士)、兵3级(一等兵、二等兵、三等兵)。

(杨可怡)

大洋洲国家军事概况

澳　大　利　亚

国　　名　澳大利亚联邦。

主要统计　面积768.23万平方公里。人口1690.6万人(其中,13～17岁男66.84万人,女63.88万人;18～22岁男69.56万人,女65.93万人;23～32岁男145.68万人,女135.05万人)。国内生产总值3008亿美元(1990年)。国防费75.7亿美元(1991年国防预算)。粗钢673万吨(1989年)。原煤1.78亿吨(1988年)。原油1.79亿桶(1989年)。天然气160.3亿立方米(1989年)。发电量1393.56亿度(1988年)。粮食2174.3万吨(1989年)。海运能力,商船(载重100吨以上)706艘、总载重量370.79万吨(1989年)。民航能力,固定航班机场441处、客运量261.84亿人公里、货运量10.88亿吨公里(1990年)。

国防体制　总督为武装力量总司令。国防部为政府中的一个部,为武装力量最高统帅机构。国防委员会为总司令的参谋机构,国防部长任主席。国防军司令为国防部长的首席军事顾问。武装部队由现役部队和预备役部队组成,分陆、海、空三个军种。

领导人物 总督兼武装部队总司令威廉·乔治·海登(1989年2月上任)。总理保罗·基廷(1991年12月上任)。国防部长罗伯特·雷(1990年4月上任)。国防军司令彼得·格雷森上将。陆军参谋长H·J·科特斯中将。海军参谋长迈克尔·赫德森上将。空军参谋长雷·芬内尔上将。

武装力量 **兵力** 现役部队6.83万人。

陆军 3.03万人。编有1个野战部队司令部、6个军区及1个北方司令部、1个步兵师(1个机械化旅和2个步兵旅)、1个防空团、1个特种部队团、1个侦察团、1个装甲输送车团、2个工程兵团、2个航空团和3个炮兵团。

主战坦克:"豹"1A3型103辆。步兵战车:M—113型53辆。装甲输送车:M—113型725辆、LAV型15辆。牵引炮:105毫米205门、155毫米34门。迫击炮:81毫米294门。无坐力炮:84毫米597门、106毫米68门。反坦克导弹:"米兰"10具。地空导弹:"轻剑"20部、"RBS—70"19部。飞机:N—22B"办事能手"13架、PC—6型14架。直升机:OH—58型44架、S—70型35架、UH—1H型6架。两栖船只:101艘。

海军 1.57万人(含航空兵)。编有1个近海司令部、1个支援司令部、6个海区司令部和4个海军基地。

潜艇:"奥克斯利"级6艘。导弹驱逐舰:"佩思"级3艘。导弹护卫舰:"阿德莱德"级4艘。护卫舰:"斯旺"级2艘、"帕拉马塔"级1艘。坦克登陆舰:"托布鲁克"级1艘。巡逻艇:18艘。扫雷艇:6艘。支援及杂务船:10艘。

舰队航空兵900人,直升机26架(其中武装直升机15架)。

空军 2.23万人。编有2个攻击战斗机兼侦察机中队、3个战斗机兼攻击战斗机中队、2个海上侦察机中队、2个教练机中队、7个运输机中队、1个前进指挥导引小队及1个改装训练分队。作战飞机158架。

攻击战斗机兼侦察机:F—111C型18架、RF—111C型4架。战斗机兼攻击战斗机:F—18A型50架、F—18B型3架。海上侦察机:P—3C型19架。加油机:波音707型4架。运输机:C—130E型12架、C—130H型12架、波音707型6架、DHC—4型21架、"猎鹰"900型5架、HS—748型10架。前进指挥导引机:CA—25型"温吉尔"4架。改装训练机:F—18B型18架。教练机:133架。支援机:8架。空地和空空导弹若干。

文职人员 2.5万人。

预备役部队 2.92万人,其中陆军2.6万人、海空军各1600人。

准军事部队 海关总局N—22B"搜索能手"海上侦察机10架及小船6艘。

兵役制度 实行志愿兵役制。

驻外兵力 驻马来西亚("五国联防"组织)1个步兵连及1个空军分遣队,驻巴布亚新几内亚100人及顾问85人,驻柬埔寨(联合国驻柬先遣团)40人,驻中东(联合国停战监督组织)13人,派往印度尼西亚、所罗门群岛、瓦努阿图、汤加、西萨摩亚和基里巴斯等国顾问若干人。

外国驻军 美国驻军720人(其中海军450人、空军270人),新西兰空军驻有飞机6架。

(张清文)

巴布亚新几内亚

国　　名 巴布亚新几内亚独立国。

主要统计 面积461693平方公里。人口403.5万人(其中,13～17岁男23.36万人,女21.65万人;18～22岁男21.43万人,女19.52万人;23～32岁男33.57万人,女28.97万人)。国内生产总值35.4亿美元(1990年估计)。国防费4982万美元(1990年国防开支)。发电量17.45亿度(1988年)。粮食3000吨(1989年)。海运能力,商船(载重100吨以上)82艘、总载重量4.15万吨(1989年)。民航能力,固定航班机场167处、客运量6.48亿人公里、货运量1420万吨公里(1990年)。

国防体制 总督为武装力量司令。国防部为政府中的一个部,为武装力量最高统帅机构。武装力量主要是陆军,还有少量海、空军。总督通过国防部长统率全军。

领导人物 总督兼武装力量司令韦瓦·科洛维(1991年11月上任)。总理拉比·纳马柳(1988年7月上任)。国防部长贝尼亚斯·萨布梅(1989年上任)。国防军司令肯·诺加准将。

武装力量 **兵力** 现役部队3840人。

陆军　3400人。编有2个步兵团(营)和1个工程兵营。

海军　300人。编有2个海军基地。巡逻艇:5艘。坦克登陆艇:2艘。

空军　140人。作战飞机3架。

海上侦察机:N—22B“搜索能手”B型3架。运输机:C—47型5架、N—22B“办事能手”1架。直升机:7架。

兵役制度　实行志愿兵役制。

外国驻军　澳大利亚驻军100人和顾问85人。

(张清文)

斐　济

国　　名　斐济共和国。

主要统计　面积18333平方公里。人口75.32万人(其中,13～17岁男4.09万人,女3.88万人;18～22岁男3.83万人,女3.68万人;23～32岁男6.56万人,女6.53万人)。国内生产总值13.7亿美元(1990年)。国防费2658万美元(1991年国防预算)。发电量4.2亿度(1988年)。粮食3.6万吨(1989年)。海运能力,商船(载重100吨以上)64艘、总载重量6.35万吨(1989年)。民航能力,固定航班机场18处、客运量8.02亿人公里、货运量5020万吨公里(1990年)。

国防体制　总统为武装力量统帅。武装力量由现役部队和预备役部队组成。现役部队分为陆军和海军。总统通过武装部队司令领导和指挥全军。

领导人物　总统兼武装力量统帅佩纳亚·卡纳坦巴图·加尼劳(1987年12月上任)。总理卡米塞塞·马拉(1987年12月上任)。副总理兼内政部长、武装部队司令西蒂韦尼·兰布卡少将(1987年上任)。

武装力量　**兵力**　现役部队5000人。

陆军　4700人。编有4个步兵营和1个工程兵连。

迫击炮:81毫米12门。

海军　300人。编有1个海军基地。

巡逻艇:4艘。海洋调查船:1艘。

预备役部队　约5000人(2个步兵营)。

兵役制度　实行志愿兵役制。

驻外兵力　驻黎巴嫩(联合国维持和平部队)726人,驻埃及(西奈多国部队)400人,驻伊拉克和科威特(联合国伊、科观察团)8人,驻阿富汗和巴基斯坦(联合国秘书长代表处)顾问1人。

(张清文)

新　西　兰

国　　名　新西兰。

主要统计　面积268112平方公里。人口337.64万人(其中,13～17岁男13.8万人,女13.2万人;18～22岁男14.74万人,女14.01万人;23～32岁男29.58万人,女28.02万人)。国内生产总值443.7亿美元(1990年)。国防费8.1亿美元(1991年国防预算)。原煤228万吨(1988年)。原油1400万桶(1989年)。天然气45.3亿立方米(1989年)。发电量298.95亿度(1988年)。粮食67.1万吨(1989年)。海运能力,商船(载重100吨以上)129艘、总载重量29.87万吨(1989年)。民航能力,固定航班机场36处、客运量105.61亿人公里、货运量3.25亿吨公里(1990年)。

国防体制　总督为武装力量司令。国防部为政府中一个部,为武装力量最高统帅机构。国防委员会为政府在国防政策方面的咨询机构,由国防部长任主席,国防秘书长和国防参谋长任副主席,成员有陆、海、空三军参谋长等。武装力量由现役部队和预备役部队组成,分陆、海、空三个军种。

领导人物　总督兼武装力量司令凯瑟林·蒂泽德(女,1990年2月上任)。总理吉姆·博尔杰(1990年10月上任)。国防部长沃伦·库珀(1990年10月上任)。国防秘书长麦克莱恩。国防参谋长约翰·梅斯中将。陆军参谋长布鲁斯·麦德伦少将。海军参谋长S·F·提格尔少将。空军参谋长彼得·安德森中将。

武装力量 **兵力** 现役部队1.13万人。

陆军 4900人。编有2个步兵营、1个轻型装甲中队、1个特种部队中队和1个野战炮兵连。

轻型坦克:"蝎子"26辆。装甲输送车:M—113型76辆。牵引炮:105毫米44门。迫击炮:81毫米72门。无坐力炮:84毫米61门。

海军 2500人。编有1个海军基地和1个舰队司令部。

护卫舰:"怀卡托"级4艘。巡逻艇:8艘。支援与杂务船:4艘。武装直升机:HAS—1型"黄蜂"7架。

空军 3900人。编有2个攻击战斗机中队、1个海上侦察机中队、1个轻型攻击兼教练机中队、3个运输机中队、1个通信机小队和1个教练机联队。作战飞机41架。

攻击战斗机:A—4K型16架、TA—4K型5架。海上侦察机:P—3K型"猎户座"6架。轻型攻击兼教练机:BAC—167型14架。运输机:C—130H型5架、波音727型2架、"安多弗"9架。直升机:UH—1H型14架。通信机:色斯纳421C型3架。教练机:29架。"小牛"空地导弹和"响尾蛇"空空导弹若干。

预备役部队 9624人。其中正规军2928人(陆军1640人、海军1060人、空军228人),地方军6696人(陆军5722人、海军519人、空军455人)。

兵役制度 实行志愿兵役制。

驻外兵力 驻埃及(西奈多国部队)25人,驻柬埔寨(联合国驻柬先遣团)22人,驻新加坡("五国联防"组织)20人,驻中东(联合国停战监督组织)观察员4人,驻澳大利亚飞机6架,驻安哥拉(联合国安哥拉核查团)观察员若干人。

(张清文)

非洲和美洲一些国家武装力量简况

国名	现役部队					主要武器装备								预备役部队	准军事部队（宪兵、民兵、警察等）
	总人数	陆军	海军	空军	其他	装甲战斗车辆	火炮	反坦克导弹	地空导弹	飞机	直升机	舰艇	其他		
贝宁	4350	3800	200	350		44	4			10	5	2	迫击炮、火箭筒若干		约 4000
博茨瓦纳	4500	4500		属陆军		52	10	若干		28	7		迫击炮、高炮若干		1000
布基纳法索	8700（含宪兵）	7000		200		96	8		若干	32	4		迫击炮、高炮若干		1750
布隆迪	约 7200（含宪兵）	5500	50	150		54	15			14	7	3	迫击炮 18		1500
赤道几内亚	1300	1100	100	100		16				1		3			2000
多哥	约 5100	4800	100	250		68	31			25	5	2	迫击炮 20 高炮 43		750
佛得角	1300	1000	200	100		8				2		6	迫击炮 8		
冈比亚	900	820	80									3	轻武器		700
吉布提	约 3400（含宪兵）	2600	90	80		55	18			6	6	8	迫击炮 24		1800
加蓬	4750	3250	500	1000		105	8	4		26	13	4	迫击炮 39		4800
科摩罗	700～800	700～800											轻武器		
科特迪瓦	7100	5500	700	900		57	4			9	8	5	迫击炮 16 高炮 21	12000	7800
莱索托	2000	2000				10					5		迫击炮若干		
利比里亚	内战后统一武装力量已不复存在					被破坏或不堪使用									

（续表）

国　　名	总人数	陆军	海军	空军	其他	装甲战斗车辆	火炮	反坦克导弹	地空导弹	飞机	直升机	舰艇	其　　他	预备役部队	准军事部队
卢旺达	5200	5000		200		44	6			9	13		迫击炮 8 高炮 6		1200
尼日尔	3300	3200		100		54	14			11			迫击炮 45 高炮 10		5200
塞拉利昂	3150	3000	150			14			若干		3	6	迫击炮若干		
塞舌尔	1300	1000	200	100		18	5		10	5	2	7	迫击炮 6		800
圣多美和普林西比	1000												轻武器		
斯威士兰	约 2650												轻武器		
中非	6500 （含宪兵）	3500		300		53	14			19	2	9	迫击炮 12		2700
巴巴多斯	154												轻武器		154
伯利兹	约 660	600	50	15			8			3		2	迫击炮 8	500	
哥斯达黎加	7500	4300			3200					15	3	6	轻武器		
格林纳达													轻武器		600
圭亚那	1700	1400	100	200		3	6		若干	8	6	2	迫击炮 12	2000	2150
海地	7400	7000	250	150		11	29			12		1	迫击炮 36 高炮 16		
苏里南	2200	1900	200	100		30	若干			6	2	5	迫击炮 6		
特立尼达和多巴哥	2650	2000	600	50			若干			3		9	迫击炮 46		4000
牙买加	3350	3000	180	170		15				5	10	5	迫击炮 12		870

（周克定）

军事理论研究

军事思想与军事论著研究

中国关于马克思恩格斯军事理论研究

1991年马克思恩格斯军事理论研究，在学科前沿的几个重要学术问题上取得进展。这些问题是：战争胜负和经济条件的关系、科学技术对军事的全面性影响、巴黎公社失败在军事上的教训、党对军队的绝对领导。

战争胜负和经济条件的关系 战争胜负和经济条件的关系是马克思主义战争观中的一个极为重要的内容。1991年6月鲍世修应《解放军报》“军事论坛”专栏之约在该版对马克思主义经典作家关于这方面的基本理论的主要观点作了专门论述。

经济条件是战争的物质基础 恩格斯曾经提出一个最为人们熟知的命题：经济条件是战争的物质基础，缺乏这一基础，战争就无法取得胜利。为了说明这一思想，恩格斯在《反杜林论》中有一段非常著名的论述：“军队的全部组织和作战方式以及与之有关的胜负，取决于物质的即经济的条件……”（《马克思恩格斯军事文集》第1卷第17页）

“经济条件”既包括物又包括人 作者认为，恩格斯在这里所说的“物质的即经济的条件”，同我们通常所说的“物质”、“经济”有着不同的含义。恩格斯所说的“物质条件”或经济条件，本身就包括着人的因素。关于这一点，他在同篇著作中明确表示，他所说的“物质的即经济的条件”，指的是“人和武器这两种材料”，指的是“居民的质与量”和“技术”。

人不仅有精神属性，更有物质属性和社会属性 按照彻底的辩证唯物主义观点，战争中的人，首先是一个物质实体，是一种具有物质活动、可以作用于其他物、改变其他物的状态的客观力量。也就是说，战争中的人不仅具有精神属性，更具有物质属性。“多兵之旅必胜”，讲的也正是这个道理。所以，恩格斯说，战争的胜负取决于人，取决于居民的“质”和“量”。至于说到人为什么又可以被看作是“经济条件”，这同恩格斯提出的关于战争的胜负同时取决于居民的“质”有关。因为人的质在很大程度上是由他在社会中的经济地位决定的。在战争中，处于不同经济地位的士兵总是会表现出不同的战斗素质。这实际上也正是人的经济属性在战争中的一定反映。

在决定战争胜负的双重因素中，人的作用更为重要 恩格斯在考察决定战争胜负的有关因素时，首先想到的是军队的战斗力，而军队战斗力的构成则是人和武器的有机结合。因而，战争中人和武器的关系，在恩格斯看来，是统一的，是互补短长的。但需要说明的是，在军队战斗力这一决定战争胜负的双重因素中，恩格斯认为人的作用，特别是人在战争中的主观能动性和勇敢精神，更为重要。例如，19世纪50年代下半期，速射的针发枪开始在欧洲几个主要国家大量装备部队。一些军界人士过分信赖这种武器的作用，认为对使用针发枪进行快速连续齐射的分队，进行冲锋是完全无效的。恩格斯不同意这种看法。他指出，1859年意大利战争告诉人们，现代步枪的火力对勇猛冲锋的部队来说，早已不再是那样可怕；“赢得战斗胜利的是人而不是枪”。再如，当1866年普奥战争结束后，许多军事评论家都把普军取得胜利的原因，单单归之于速射针发枪的威力。恩格斯再一次批驳了这种错误认识。他在充分肯定了这种新式武器的巨大作用后强调指出：“枪自己是不会动的，需要有勇敢的心和强有力的手来使用它们。”（《马克思恩格斯军事文集》第2卷第229页、第5卷第81页）

恩格斯强调“经济条件”的作用，有其特定历史背景和需要 对恩格斯关于物质是第一性的、是本原的这一唯物主义原理的论述，早在他在世时，就有一些读者产生过疑问甚至误解。为此，恩格斯晚年做过不少解释工作。1890年9月21日，他在给柏林大学的一个学生约·布洛赫的信中写道：“我们在反驳我们的论敌时，常常不得不强调被他们否认的主要原则，并且不是始终都有时间、地点和机会来给其他参预交互作用的因素以应有的重视。”又说：“根据唯物史观，历史过程中的决定因素归根到底是现实生活的生产和再生产。

无论马克思或我都从来没有肯定过比这更多的东西。如果有人在这里加以歪曲，说经济因素是唯一决定性的因素，那末他就是把这个命题变成毫无内容的、抽象的、荒诞无稽的空话。经济状况是基础，但是对历史斗争的进程发生影响并且在许多情况下主要是决定着这一斗争的形式的，还有上层建筑的各种因素：阶级斗争的各种政治形式和这个斗争的成果……”（《马克思恩格斯选集》第4卷第479、477页）可见恩格斯有时在自己的论著中把物质的作用提到十分突出的地位，往往是为了更有力地捍卫遭到论敌否定的正确原则，决不意味着只重视物而看不到人的作用。“暴力论”是恩格斯在《反杜林论》中专为批判杜林的历史唯心主义反动暴力观而写的重要章节。杜林暴力观的要害在于：把政治暴力看作是第一性的、本原的东西，把经济关系看作是第二性的、派生的东西，并据此无限夸大暴力在历史中的作用，用暴力来解释私有制和阶级的起源，把暴力说成是社会发展的主要动力，是生活的源泉，是一切社会变革的原因。为了有力地反驳杜林竭力颠倒理论是非的种种谬论，恩格斯不得不在自己的答辩性论著中把物质条件即经济条件的决定作用提到一个十分突出的地位。他运用大量的历史事实说明，社会发展的根本的和决定的力量是物质生产。暴力，包括军事方面的暴力，归根到底是出现了有可能占有别人的劳动成果乃至占有劳动力本身的结果，是出现私有财产的结果。也就是说，人对人的奴役不是产生于“直接的暴力”，而是产生于经济的原因。了解了上述写作背景，再读一读前面提到的恩格斯写给约·布洛赫的那封信，对恩格斯在“暴力论”中那样强调物的重要性的做法，也就比较容易理解了。（鲍世修《战争胜负和经济条件的关系》，《解放军报》1991年6月15日）

毛泽东关于战争中人和物关系的论述同恩格斯的思想并不矛盾　毛泽东关于战争中决定的因素是人不是物这一论断的本意，曾一度被林彪、江青一伙肆意篡改。他们无视人作为一个实体的客观存在，把人和物关系中的人完全抽象化，从而把这里的人单纯归结为精神因素，提出要用“精神力量代替和超过物质力量”。这当然是极其荒谬的。这不属于一般认识上的问题，而是一种反革命政治的需要。另一种情况是，有的同志曾把毛泽东的上述论断拿来同恩格斯说的“暴力的胜利是以武器的生产为基础的”、“较完善的战胜较不完善的”等进行简单对比，认为毛泽东重视精神，恩格斯只注重物质。这说明了我们认识上的某种片面性。

熟悉中国近代史的人都知道，战争中决定的因素是人不是物这一论断，毛泽东是在抗日战争早期特定的历史条件下，针对当时国民党政府为其不抵抗政策辩解的错误理论——唯武器论提出来的。毛泽东说：“所谓‘唯武器论’，是战争问题中的机械论，是主观地片面地看问题的意见。我们的意见与此相反，不但看到武器，而且看到人力。武器是战争的重要因素，但不是决定的因素，决定的因素是人不是物。力量对比不但是军力和经济力的对比，而且是人力和人心的对比。军力和经济力是要人去掌握的。”（《毛泽东选集》1991年版，第2卷第469页）读了这段话，对照看一看恩格斯在《反杜林论》中的“暴力论”一章中的有关论述，再联系两篇文章各自的写作背景，我们就会发现，尽管从大的方面看，两位经典著作家所讲的内容都涉及战争中人和物的关系，但他们各自想说明的问题是不一样的。十分明显，毛泽东在这里所要解决的不是社会存在和社会意识在战争问题上谁是第一性的问题，而是只想说明人和武器这两种社会存在在战争中谁更能左右武装斗争结局。毛泽东对战争中“人”的看法，也像恩格斯一样，既是唯物的，又是辩证的。他在这里同时提到了“人力”和“人心”两个概念。这最能说明他论述中所说的“人”并不仅指人的精神属性，而且也指物质方面。这同恩格斯所说的“居民的质与量”在意义上是极其接近的。不仅如此，他们在回答人和武器在战争中谁更能左右武装斗争结局的问题上，看法也是一致的。前面已经提及，恩格斯所说的“赢得战斗胜利的是人而不是枪”、“枪自己是不会动的，需要有勇敢的心和强有力的手来使用它们”等论断，同毛泽东所说的“决定的因素是人不是物”、“军力和经济力是要人去掌握的”等命题，在内容实质上一点没有两样。这里是没有任何矛盾可言的。

军事技术越先进，对人的素质的要求就越高　恩格斯认为：军事技术越先进，对人的素质的要求就越高，越应当抓好军事训练。他早在19世纪50年代就曾指出，“在今天，任何军队没有军事知识就无法作战”。到了80～90年代，随着科学技术的进步，武器制造业有了更大的发展，不少兵器的性能大为提高，从而对作战人员提出了许多新要求。当时，德国军方的一些人跟不上形势，在部队训练上仍拘泥于老的一套做法。恩格斯批评了这种现象。1893年2月，他在一篇文章中指出，“现在未必能找到另一个像军事这样革命的领域”，“技术每天都在无情地把一切东西、甚至是刚刚开始使用的东西当作无用的东西加以抛弃”，可是德国军界的上层人物“五年前还在强行给自己的军队灌输早已从战场上消失了的老弗里茨（指普鲁士国王弗里德里希二世——引者）的线式战术的各种传统礼仪和惊险技艺”，这当然是不行的。恩格斯接着说，“当技术革命的浪潮正在四周汹涌澎湃的时候，……我们需要更新、更勇敢的头脑”。他强调，要根据客观情况的变化，“只教给兵士们在打仗时有用的东西，而使他们不在任何传统的旧事物上白白浪费时间”。(《马克思恩格斯军事文集》第4卷第171页，第2卷第488页)恩格斯的这些论述，使我们看到了战争中人和武器关系这一复杂结构中又一层次的表现，同时也启迪我们，应努力学会辩证法思想去研究、分析军事领域的各种现象。(鲍世修《战争胜负和经济条件的关系》,《解放军报》1991年7月5日)

科学技术对军事的全面性影响 战争与科学技术，军事与科学技术，是马克思主义战争观的重要内容之一，也是当前马克思恩格斯军事理论研究中，学术界比较关注的问题之一。1991年学者们发表了许多观点和意见。其中，有的学者从以下5个方面比较全面地探讨了马克思恩格斯关于科学技术与军事的关系的论述。

科学技术在军事领域是一种起推动作用的革命的力量 1883年3月17日，恩格斯说过这样一句话："在马克思看来，科学是一种在历史上起推动作用的、革命的力量。”(《马克思恩格斯选集》第3卷第575页)实际上这也是恩格斯本人对科学技术的看法。

出于指导国际工人运动军事斗争的需要，马克思恩格斯对科学技术在军事变革中的作用给予高度重视。19世纪70年代，恩格斯在驳斥杜林颠倒暴力与经济条件之间关系的有关谬论时指出：“没有什么东西比陆军和海军更依赖于经济前提。装备、编成、编制、战术和战略，首先依赖于当时的生产水平和交通状况。这里起变革作用的，不是天才统帅的‘悟性的自由创造’，而是更好的武器发明和兵士成分的改变。”又说：“在14世纪，火药和火器传到了西欧和中欧。现在，每一个小学生都知道，这种纯技术的进步，使整个作战方法发生了革命。”(《马克思恩格斯军事文集》第1卷第12～40页)可见，科学技术在马克思恩格斯的心目中，对军事领域诸事物的运动，也是一种起推动作用的、革命的力量。

科学技术进步将引起武器的改进和军队中各种关系的改变 恩格斯系统地考证了历史上科学技术发展同武器装备演进之间的有机联系，以及同军队体制编制变化的因果关系。他发现，欧洲军队中15世纪步兵的复兴(在中世纪骑兵曾一度成为欧洲军队的主宰)，以及后来炮兵作为一个新兵种的兴起，都直接同火器的改进和大量装备部队有关。对此马克思在1847年12月曾作过一段非常精辟的阐述：“随着新作战工具即射击火器的发明，军队的整个内部组织就必然改变了，各个人借以组成军队并能作为军队行动的那些关系就改变了，各个军队相互间的关系也发生了变化。”(《马克思恩格斯军事文集》第1卷第53页)

科学技术进步将带来作战方式方法的变化 恩格思通过对热兵器取代冷兵器过程的考察，研究了中世纪步兵和骑兵的机动作战战术向滑膛火器时代线式战术的历史演变，又通过对滑膛火器向线膛火器过渡的考察，研究了散兵和纵队战术代替线式战术的前后经历。恩格斯列举大量历史事实，告诉大家：历史上作战方式方法的更替演进，从来离不开武器的发展和科学技术的进步。恩格斯认为，拿破仑作战方式(以散兵和纵队相配合行动为特征)之所以得以产生，除士兵成分的变化外，“还需要两个非常重要的技术前提：第一，格里博瓦尔设计的较轻便的野炮架，它使野炮能以现在所要求的速度转移；第二，1777年法国采用的按照猎枪仿造的弯曲的枪托(以前作为枪管延长部分的枪托是直的)它使射手能够向某个人瞄准而不会屡击不中。如果没有这些进步，那末使用旧式武器是不能进行散兵战的”。(《马克思恩格斯军事文集》第1卷第15页)在马克思恩格斯看来，科学技术进步对作战方式方法改进的影响，是一种不以人们主观意志为转移的客观规律。他们指出：“一旦技术上的进步可以用于军事目的并且已经用于军事目的，它们便立刻几乎强制地，而且往往是违反指挥官的意志而引起作战方式上的改变甚至变革。”(《马克思恩格斯军事文集》第1卷第17页)

科学技术进步将影响军队的运动以及指挥和保障方式 1851年春，恩格斯在展望未来军队的战场行动的特点时指出，对于一支人数众多的军队来说，“如无完备的铁路网，这样庞大的人数便无法集中，无法供给粮食和弹药，无法由一地转运至他地。而不采用电报，就绝对不可能指挥他们”。(《马克思恩格斯军事文集》第1卷第186页)由于电报的出现，战略家和战术家便有可能在作战指挥上作出新的分工，即：战略行动由一个中枢地点用电报线路来指挥，战术行动则由各战场指挥员现地指挥。在实际作战行动中，运动方式的变化，往往能使军队先敌进入战场，占据有利地位，从而为促成战争胜利创造条件。1859年春，他在评论法军在意大利战争中抢先进入皮蒙特(意大利当时的一个小国)一事时，曾把这次成功的机动归功于蒸汽机。他写道：“法军就是因为掌握有铁路和轮船，才得以在奥地利发出最后通牒到他们入侵的五天内把相当数量的兵力运到皮蒙特，使奥军对皮蒙特阵地的一切攻击毫无结果……”(《马克思恩格斯军事文集》第4卷第378页)

和平时期军事学术的发展通常落后于科技进步给

武器带来的改进 1853～1856年克里木战争期间，英法联军对俄国在克里木半岛的重要要塞塞瓦斯托波尔实施围攻，但久攻不下。1855年1月，马克思在分析发生这种现象的原因时指出："塞瓦斯托波尔的围攻无论如何证明了长期的和平使得军事学术的倒退同工业发展给兵器带来的改进成正比。"(《马克思恩格斯军事文集》第3卷第441页)实际情况的确是这样。自1815年拿破仑战争结束到1853年克里木战争爆发，如果不计1848～1849年的各次小规模战争行动，欧洲出现了将近40年的相对和平。在此期间，武器随着科学技术的进步有了很大改进，但作战方法却仍停留在20年代的水平。之所以会出现这种情况，主要是当时欧洲各国军界的当权人物思想保守，不求进取。从1871年普法战争结束到恩格斯逝世(1895年)，欧洲又出现过20年左右的相对平静时期。恩格斯非常关心这一时期武器发展对军事学术的影响。1893年6月，他在接受英国《每日纪事报》记者采访时指出："新式速射武器的准确性和远射程以及无烟火药的运用，标志着军事上发生了这样的变革，以致谁也不能说，在这些新条件下，正确的战术应该是什么样的。"(《马克思恩格斯全集》第22卷第634页)

作者认为，在马克思恩格斯的思想里，科学技术对军事的发展具有全方位的影响，决不仅仅是一个"决定战术"的问题。(鲍世修《科学技术对军事具有全面性的影响》，《解放军报》1991年8月9日)

巴黎公社失败在军事上的教训 1991年5月，适逢巴黎公社120周年纪念，学术界在总结19世纪下半叶巴黎公社武装起义这一伟大历史事件的经验教训时，注重研究马克思恩格斯当时观察和分析巴黎公社进程的思想活动轨迹，以及他们关于武装起义的理论在公社实践中验证的情况。有的作者从军事角度探讨了马克思恩格斯在巴黎公社问题上所作的理论贡献。文章认为，巴黎公社的失败，在军事上有3条教训。即：(1)拒绝乘胜进军凡尔赛，丧失了一举全歼敌人的大好时机；(2)不懂得动员、组织群众，进行人民战争来对抗反动政府的正规军队；(3)按年龄档次编组作战部队和驻防部队，削弱了整个防卫力量。作者认为，每条教训都是公社领导人违背马克思恩格斯关于武装起义及人民战争思想的必然结果。(鲍世修《巴黎公社失败在军事上的教训》，《解放军报》1991年4月12日)

党对军队的绝对领导 1991年夏，某些国家推行"军队非党化"，引起了军事理论界的关注。有的作者通过对一百多年来，国际共产主义运动史的简要回顾，从理论和实践的结合上，深刻揭示了党对军队绝对领导命题的科学价值和客观真理性，探讨了党对军队绝对领导这一无产阶级建军理论的思想源头。认为，党对军队的绝对领导这一思想，本来就是马克思主义建军学说的题中之义，而且是这一学说的核心内容。(鲍世修《马克思主义建军学说的题中之义》，《人民日报》1991年7月29日)

(滋　恩)

中国关于毛泽东军事思想研究 1991年，毛泽东军事思想研究继续向深度和广度发展。尤其是一批军队高级干部积极著文对毛泽东军事思想的基本原理及其在新时期如何坚持与发展等问题，进行了深入探讨，从而使学术研究空气更趋浓厚，并取得了新的成果。

关于毛泽东军事思想的科学体系 对这个在学术界长期争论的问题，本年度有的学者提出了一些新的见解。蒋顺学著文认为，毛泽东军事思想的科学体系，是指主要由毛泽东阐明的、经过实践检验已证明其真理性的、关于中国革命战争和人民军队等方面的基本原理原则所构成并有着内在联系的、系统的军事理论。认为："一个科学理论体系的构成，应是对该理论本身最本质、最核心内容的高度概括，并按其属性和内在联系所作的科学划分，是对其所揭示的规律体系的集中反映，是一个具有严密逻辑顺序的有机整体。"基于这种认识，作者倾向毛泽东军事思想科学体系由军事辩证法、人民战争、人民军队、人民战争的战略战术四部分组成。认为这四部分既能反映毛泽东军事思想的本质特色，涵盖其全部基本原理原则，构成了较为严密的逻辑关系和相互联系的有机整体，也较符合人们长期以来的传统看法，反映了人们对科学体系认识的深化。关于国防建设理论，作者认为，建国后，毛泽东在这方面确有大量的论述，但其内容主要还是关于人民战争准备和人民军队建设等方面的论述，与建国前形成的毛泽东军事思想科学体系的内容一脉相承，是其合乎逻辑的发展。如将其单独作为一个部分与上述四部分并列，其外延难免与其它部分，特别是"人民军队"和"人民战争"交叉重叠。(《毛泽东军事思想的科学体系与地位作用》，《中国军事科学》1991年第4期)方国良等认为：毛泽东军事思想揭示了中国革命战争和国防现代化建设的客观规律，是具有中国特色的发展了的马克思主义军事理论，是一个完整的科学体系。其主要内容包括无产阶级的战争观和方法论、人民军队、人民战争、人民战争的战略战术、国防建设等五部分。各个组成部分是一个互相联系不可分割的整体。作者认为，国防建设理论是毛泽东军事思想在建国后的开拓性发展，它阐明了国防建设的重要性，提出了国防建设的指导思想、方针和原则，是实现国防现代化的指南。(《毛泽东军事思想发展史》，解放军出版社 1991 年 11 月版）姜思毅认为，毛泽东军事思想的科学体系，主要包括战争观、人民军队、人民战争及其战略战术、研究与指导战争的科学方法论。并强调，毛泽东把唯物辩证法运用于军事领域，对诸多范畴及其相互关系作了精辟的论述，把军事辩证法，贯穿于他的全部军事著作，为在军事实践中运用和发展马克思主义认识论和辩证法提供了最光辉的范例。他认为，作为毛泽东军事思想的科学体系，还应包含中华人民共和国成立后，毛泽东等老一辈无产阶级革命家，组织指挥作战、领导国防现代化建设、军队建设等内容。（《认真学习毛泽东军事思想》，《解放军报》1991 年 7 月 3 日）

关于毛泽东军事思想的特色、特点与特征 一些作者抓住一个“特”字，从不同角度对毛泽东军事思想的特色、特点与特征阐明各自的观点。有的认为，毛泽东军事思想作为马克思主义中国化的理论形态，它的形成具有鲜明的中国特色：一是在半殖民地、半封建社会的特殊历史条件下形成的；二是在敌强我弱、敌大我小的险恶环境中形成的；三是在长期广泛的斗争实践基础上形成的；四是以毛泽东为主要代表的全党全军集体智慧的结晶。（蒋顺学《毛泽东军事思想的科学体系与地位作用》，《中国军事科学》1991 年第 4 期）有的认为，毛泽东军事思想的发展，有其鲜明的特点。首先，它贯穿了一切从实际出发、理论联系实际、实事求是的思想路线。其次，它是同错误路线、错误思想相斗争、相比较中发展起来的，是经过实践检验的真理。再次，它是一个开放的科学体系，总是随着实际情况的发展而发展的。最后，它是全党全军集体智慧的结晶。（姜思毅《认真学习毛泽东军事思想》，《解放军报》1991 年 7 月 3 日）有的认为，毛泽东军事思想具有下述重要特征：它是马克思列宁主义基本原理和中国革命战争具体实践相结合的产物；是中国人民革命战争和国防建设实践经验的总结；是中国共产党集体智慧的结晶。（方国良等《毛泽东军事思想发展史》，解放军出版社 1991 年 11 月版）有的将毛泽东军事思想与克劳塞维茨的《战争论》和《孙子兵法》作对比性研究后认为，毛泽东军事思想具有三大基本特征。第一，科学性。它以马克思主义的世界观和方法论为指导思想，正确地反映了中国革命战争的特殊规律和一般战争规律，并形成了一个科学的完整的理论体系。第二，革命性。它是被压迫阶级和被压迫民族争取解放的军事学说，具有鲜明的阶级性和人民性。第三，实践性。它是在中国革命战争的长期实践中产生和发展起来的，是人民解放军作战经验的科学总结，具有很强的针对性，并随着实践的发展而发展。（张海啸《毛泽东军事思想的三大基本特征》，《毛泽东军事思想研究》1991 年第 3 期）

关于毛泽东军事思想的立场、观点和方法 有的学者著文提出，学习毛泽东军事思想，最重要的是在完整、准确的基础上，深入学习和把握这一科学理论体系的立场、观点和方法。它是贯穿于毛泽东军事思想整个理论体系中的活的灵魂，也是其中最本质、最核心、最稳定的部分。作者将毛泽东军事思想的立场、观点和方法视为一个不可分割的整体，并从四个基本方面加以概括：(1)战争是流血的政治。这一思想突出强调无产阶级政党研究和指导一切军事活动，必须坚持无产阶级的立场和政治观点。它是毛泽东军事思想关于无产阶级战争观的理论基石，确定了无产阶级军事和政治的高度统一性，规定了无产阶级军队必须坚持正确的政治方向。(2)兵民是胜利之本。这是以毛泽东为代表的中国共产党人，运用历史唯物主义的基本原理，研究和指导军事斗争的根本思想。它强调无产阶级政党和军队的军事斗争，必须坚持一切为了人民群众，而又必须充分动员和坚决依靠人民群众进行战争。揭示了正确的政治观点与群众观点的一致性，发掘了战争之伟力的最深厚根源存在于群众之中的真理，正确地阐明了人与武器的辩证关系。(3)主观指导与客观实际相结合。这是毛泽东军事理论与实践的一个显著特征，是党的实事求是思想路线在军事领域的生动体现，是毛泽东军事思想的精髓所在。它从世界观、认识论和方法论的高度解决了研究和指导军事的根本问题，是毛泽东军事思想全部立场、观点和方法的哲学基础，也是其具有旺盛生命力的源泉。(4)敢于斗争敢于胜利。其实质是军事斗争中无产阶级革命精神和科学态度的统一，是上述三个基本方面的必然结论，也是在夺取新时期军事斗争胜利的重要精神支柱。以上四点都是毛泽东军事思想最宝贵的精华所在。不论过去、现在和将来，它对于人民军队的军事斗争都具有根本的指导意义。（王厚卿《毛泽东军事思想的立场、观点和方法》，《国防大学学报》1991 年第 4 期）

关于人民军队 对于毛泽东人民军队建军原则的研究，不少学者结合中国共产党建党七十周年发表了大量文章，侧重对坚持中国共产党的绝对领导，确保人民军队的无产阶级性质这个根本问题进行了深入探讨；也有一些学者对如何加强人民军队的现代化建设，提高质量建军等问题作了研究。杨永斌认为，确立和保持人民军队的无产阶级性质，是军队建设的核心内容和根本，它决定和影响着人民军队建设的目标和方向。中国人民解放军是共产党缔造和领导的，以马克思主义、毛泽东思想武装起来的人民军队，确立和保持它的无产阶级性质，是毛泽东建军思想的根本。而坚持党对军队的绝对领导，则是确立和保持人民军队无产阶级性质的根本保证。这是建设新型人民军队必须遵循的客观规律。(《始终不渝地坚持我军的无产阶级性质》，《中国军事科学》1991 年第 2 期)有的从总结中国共产党对人民军队实行绝对领导的基本经验的角度提出，在新的历史条件下，坚持中国共产党对人民军队的绝对领导，必须不断强化党对军队绝对领导的意识，增强党对军队绝对领导的观念，把党对军队的绝对领导作为军队建设的首要任务；必须把军队的最高领导权和指挥权集中于党中央和中央军委，坚决维护党中央和中央军委的最高权威；必须坚持党委统一的、集体领导下的首长分工负责的根本制度，使之成为党在军队中团结与领导的核心；必须加强党在军队中的政治工作，它是人民军队的生命线；必须同一切取消或削弱党对军队绝对领导的敌对势力和错误思潮作坚决斗争，使枪杆子永远掌握在忠实可靠的人手中。(张驭涛《论中国共产党对军队实行绝对领导的基本经验》，《军事历史研究》1991 年第 2 期)有的作者提出，要实现人民军队的现代化，就必须加强质量建军。即重视改善武器装备，加紧军政教育训练，发展军事理论科学，改革编制体制，求得在军队保持一定数量的基础上，把提高军事素质与增强军队凝聚力有机地结合起来，逐步把人民军队的质量提高到新水平。(肖天亮《坚持和发展毛泽东质量建军思想》，《毛泽东军事思想研究》1991 年第 3 期)而有的作者认为，实现质量建军和军队现代化的关键，必须先从武器装备“化”起。唯有如此，军队编制、人才培养、军事训练和战术思想的现代化，才有针对性，才有基础。(计炎发《军队现代化建设应先从何“化”起》，《毛泽东军事思想研究》1991 年第 3 期)

关于人民战争　在现代条件下如何坚持与发展人民战争思想，始终是军事学术界探讨的一个重要课题。特别是在海湾战争之后，更加引起学者们的重视。普遍认为，在高技术条件下，中国人民在今后仍然可以用人民战争打败一切侵略者，因为现代战争并没有改变人民战争的性质。人民战争固有的革命性、群众性及条件上的优越性，既未过时，也未失效。一些学者分别从不同角度阐明各自的观点：有的认为，海湾战争证明，“如果有人把战争强加在我们头上，我们仍然要发动人民战争来打败侵略者，这是我们党的性质和社会主义国家的性质决定的。(徐鸣《如何认识高技术武器在战争中的作用》，《毛泽东军事思想研究》1991 年第 2 期)有的认为，毛泽东人民战争思想仍将是中国共产党领导的高技术条件下革命战争的根本指导思想。因为高技术战争只能改变战争的外在形式，没有也不可能改变战争的本质和规律。高技术战争的实质仍然是政治的继续，战争的目的仍然是“保存自己，消灭敌人”，仍有正义与非正义之别，战争胜负的决定因素仍是人不是物。当然，高技术条件下的人民战争决不是历史的简单重复。因此，必须根据高技术战争的特点，从国防建设的有关领域中，寻求人民战争思想发展的新思路。(韩嘉和、王光明《高技术战争条件下坚持和发展毛泽东人民战争思想的思考》，《毛泽东军事思想研究》1991 年第 3 期)有的作者认为，毛泽东人民战争思想，反映了马克思主义唯物史观的基本原理，即人民群众是战争实践活动的主体，对战争胜负起着决定性作用。人民群众仍然是现代战争的政治、军事、经济、精神等力量的源泉，现代战争更须充分发挥人民战争的巨大优势。也更能显示出人民战争的真理性。(王作鼎《现代条件下坚持毛泽东人民战争思想初探》，《毛泽东军事思想研究》1991 年第 2 期)有的作者认为，现代战争的总体战、立体战、合同战等特点，使三种武装力量相结合的人民战争体制显示出更大生命力；现代战争破坏性强，消耗巨大，后勤保障任务艰巨复杂，只有动员和依靠人民群众，才能胜利完成；现代战争所具有的突然性和快速性，要求军队和人民群众都必须具有快速反应能力，才能顺利转入战时体制；未来的反侵略战争，其性质是正义的、进步的，一定会得到广大人民群众的拥护和支援。因此，发生在现代条件下的无论是全面的、或局部的反侵略战争，都必须坚持以毛泽东人民战争思想为指导。当然，在新的条件下，对人民战争理论亦应不断加以丰富和发展。(赵荣《现代战争更需要人民战争》，《毛泽东军事思想研究》1991 年第 1 期)

(张家裕)

中国关于毛泽东国防思想研究　有的作者认为，毛泽东国防思想，是毛泽东军事思想的重要组成部分，是新的历史条件下进行国防建设的指针。毛泽东国防思想的内容极为丰富，主要的包含有以下几个基本观点：

巩固的国防是保卫人民利益的需要　国防是维护国家安全的基石，是保卫人民利益的实际需要。毛泽东指出：没有巩固的国防，便没有人民的利益，便没有国家的富强。因此“国防不可不有”(《毛泽东选集》第 5 卷第 271 页)。作者认为，毛泽东国防思想，首先体现在国防与人民利益的一致性上。为着人民的利益，为着国家的富强，这是毛泽东国防思想的根本出发点，也是毛泽东国防思想最本质的特征。作者回顾建国初期，为了保卫人民的胜利果实，为了维护新生的革命政权，为了巩固新中国的国防，毛泽东亲自主持召开军委会议，专门研究国防问题，并成立了国防研究小组。根据当时的情况，毛泽东宣布，中国人民解放战争已基本结束，国家的经济建设和文化建设工作已开始。指出人民解放军的任务，除必须解放西藏、台湾及剿灭残匪外，主要的就是进行国防建设，准备对付帝国主义的侵略，维护国内治安，巩固人民民主专政。后来，毛泽东多次强调要建设正规化、现代化的国防力量，号召为建设现代化国防而努力奋斗。为此，中国建立健全了国防领导体制，规定了国防建设的大政方针，实行了很多相互配套的重大改革，逐步展开了军队的现代化、正规化和革命化建设。

建设强大的国防要依赖于全体军民 中国的国防是人民的国防，需要依靠人民的力量来建设。毛泽东指出："中国必须建设强大的国防军，必须建设强大的经济力量，这是两件大事。这两件大事都依赖于同志们和全体人民解放军的指挥员、战斗员一道，和全国工人、农民及其他人民一道，协同努力，方能达到目的。"（《毛泽东选集》第5卷第30至31页）作者认为，在革命的战争年代，动员和依靠人民群众参加与支援革命战争；在相对和平时期，动员和依靠人民群众参加与支援国防建设，这些都是毛泽东群众路线的充分体现，也是毛泽东国防思想的重要内容。作者回顾：为了充分发挥人民群众在国防建设中的作用，毛泽东要求国家和政府要关心国防现代化建设，把国防建设的一些重大项目纳入国家计划。在制定国家五年计划时，毛泽东提出要统筹考虑国防建设问题。他还多次提醒和督促各级党委和政府领导同志要亲自过问和落实国防建设的问题，他曾讲过第一书记要亲自抓军事，不能只管抓钱，不管国防，地方的同志要和军队的同志结合起来，共同努力，不断地把国防现代化事业推向前进。在毛泽东国防思想的指引下，中国建立了军民结合、军民兼容的国防建设模式，促进了国防建设事业的不断发展，充分体现了军民共建现代化国防的重要作用。

国防建设必须与经济建设协调发展 国防建设和国家安全是经济建设和国家发展的保障，而国家发展又为国防建设和国家安全提供必要的物质基础。毛泽东指出，有了现代化工业，现代化国防就好办了。因此，陆、海、空军的建设和其他各军兵种的建设，以及其它的国防项目，都必须在国家财力允许的前提下有计划地发展。毛泽东还强调，没有工业，便没有巩固的国防。只有经济建设发展得更快了，国防建设才能够有更大的进步。"我们一定要加强国防，因此，一定要首先加强经济建设。"（《毛泽东选集》第5卷第271页）为此，毛泽东多次指示，军队要裁减。裁减的总原则是服从国家经济建设与国防建设的需要，并使二者有机地结合起来。毛泽东提出把国防建设与经济建设的关系作为我国社会主义建设必须统筹解决的重要矛盾之一，要求全党全军从全局高度认真地加以研究和解决。为了贯彻落实毛泽东的指示，中央军委召开扩大会议，专门讨论了加强国民经济建设与加强国防建设的关系问题，并通过了《关于裁减军队数量加强质量的决定》。总的要求是：国防建设必须服从国家经济建设的大局，国防系统要关心和支持国家的经济建设；国家应对国防给予必要的经费和技术等方面的投入，使国防建设在国家经济建设不断发展的基础上得到加强，以保障国家的安全和经济建设的顺利进行。

从实际情况出发建设现代化的国防 从实际出发就是从国情军情出发，按照自己的国情军情进行国防现代化建设。毛泽东指出："建设社会主义，原来要求是工业现代化、农业现代化、科学文化现代化，现在要加上国防现代化。"（《关于建国以来党的若干历史问题的决议注释本》第625页）他还提出，要实现国防现代化，就必须从我国我军的实际情况出发。中国的国防现代化建设是整个社会主义建设的一个重要方面，是在党中央和政府的统一领导下进行的，有许多的有利因素，它决定着国防现代化建设有可能得到较大的发展。但是，中国的工农业还不够发达，科学技术水平还不够高，国土辽阔且海防线边防线很长，国防任务艰巨，这些不利的因素，又决定着中国的国防现代化建设的长期性和艰巨性。作者认为，按照毛泽东的一贯思想，分析这些有利因素和不利因素对国防现代化建设的影响和制约，就是要尽可能地化不利因素为有利因素，以推动国防现代化建设的不断发展。毛泽东认为，从国情军情的实际情况出发，要坚持走中国自己的道路，同时要注意学习和借鉴外国经验，把现代化建设的一般规律同国情军情的具体情况结合起来，但最重要的是要坚持独立自主、自力更生的方针，依靠自己的力量建设有中国特色的现代化国防。

在突出重点的前提下进行全面建设 没有重点就没有政策，要以重点带动全面建设。毛泽东指出，必须依据国防发展规律和实际需要来确定建设重点。作者回顾1958年毛泽东提出要"搞一点原子弹、氢弹、洲际导弹"。1960年毛泽东强调"要下决心搞尖端技术"。1962年在国家经济状况比较困难的时候，毛泽东及时地指示，在科学研究中，对尖端武器的试制工作，仍应抓紧进行，不能放松和下马。1965年，毛泽东又对发展中国自己的洲际导弹做了重要指示。毛泽东始终强调，国防建设要以常规武器和尖端武器相结合为发展目标，并且把重点放在优先发展核武器方面。毛泽东认为，必须敢于跨越国防现代化建设的一些发展阶段，尽快地在尖端武器方面赶上世界先进水平，从而带动整个国防现代化建设的发展。与此同时，毛泽东指示要加强轻武器和重装备研制工作，使常规武器的发展与核力量的发展相配合。毛泽东指出，为了防御帝国主义的侵略，单靠军队和武器装备的现代化是不够的。未来的反侵略战争，将是现代条件下的人民战争。为此，中国的国防力量必须采取现代化军队与强大的民兵相结合的形式，以提高国家的整体防卫能力。

作者认为，学习和运用毛泽东国防思想，不仅要努力掌握以上基本观点，而且要坚持科学的态度和方法。在学习和运用过程中，要把学习毛泽东国防思想与学习邓小平新时期国防建设论述结合起来，紧密联系中国国防建设的实际，努力"实现现代化的国防"。学习的目的全在于应用，在于创造性地解决国防建设中的实际问题。为此，要坚持理论联系实际的原则，实事求是，解放思想，大胆创新，为丰富和发展毛泽东国防思想，为实现中国的国防现代化做出贡献。（刘继贤《学习和运用毛泽东国防思想》，《国防》杂志 1991 年第 10 期）

（刘　健）

中国关于邓小平新时期国防与军队建设理论研究　1991 年 11 月 5 日至 9 日，军事科学院和中国军事科学学会在北京召开了"邓小平新时期国防建设军队建设理论研讨会"。提交会议的论文 66 篇。现将会议的主要学术观点综述如下。

关于邓小平国防与军队建设理论的概括

学者们就以下 5 个方面进行了讨论。

国防建设的理论　一种意见认为，邓小平的新时期国防建设理论可以从准则、中心、方针三个角度予以概括，即：以国家利益为最高准则，以军队现代化建设为中心，以自力更生为主，争取外援为辅为方针。另一种意见认为，邓小平的新时期国防建设理论可以概括为"四论"：(1)主题论。这是邓小平对国际战略形势及其发展趋势做出的"和平与发展是当代世界两大问题"的科学结论，为中国制定正确的国家战略和国防政策奠定了理论基础。(2)国力论。这是邓小平提出的以发展经济为中心全面增强国家力量的理论，是他关于国防建设要以整个国力为基础、与经济建设协调发展思想的依据。(3)特色论。这是邓小平从国情出发，提出的主要依靠自己的力量加强国防建设的理论，是他关于新时期加强具有中国特色的国防现代化建设指导思想的理论依据。(4)改革论。这是邓小平提出的新时期加强中国国防建设必须走改革之路的理论，是实现国防现代化的根本措施。

军队建设的理论　归纳起来有以下 4 个方面：(1)新时期加强军队建设的根本依据。这种依据可以概括为"三个必须"，即：必须始终不渝地坚持人民军队的性质；必须更好地履行军队的根本职能；必须适应军队建设指导思想的战略性转变。(2)新时期军队建设的总目标。就是邓小平指出的："要把我军建设成为一支强大的现代化、正规化的革命军队。"对"三化"关系也有不同的理解和提法：第一种意见是，革命化建设是为了确保我军政治上永远合格；现代化建设是为了解决我军面临的主要矛盾，适应现代战争的要求；正规化建设是为了保证革命化、现代化建设的顺利进行。第二种意见是，革命化是根本，现代化是中心，正规化是重点。第三种意见是，革命化是先导，现代化是中心，正规化是保障。第四种意见是，革命化是保证，现代化是中心，正规化是条件。(3)新时期军队建设的道路。这次研讨会上有如下提法：与国民经济协调发展之路、改革之路、质量建军之路、精兵之路、科技兴军之路、依法治军之路、人才为本之路等等。一些学者认为，这些提法都有一定道理，但"走具有中国特色的注重质量建设的精兵之路"这一概括，既涵盖了上述内容，也更为科学、准确。(4)新时期军队建设必须采取的全局性措施。概括起来是"六个必须"：一是必须加强政治建设，确保军队在政治上永远合格；二是必须发展国防科技和国防工业，有计划、有步骤、有重点地改善武器装备；三是必须把教育训练提高到战略地位，全面提高部队战斗力；四是必须依法治军、从严治军，推进部队的正规化建设；五是必须贯彻干部队伍建设"四化"方针，坚决把"革命化"放在首位；六是必须加强军事学术研究，繁荣和发展军事理论。

国防与军队建设理论的基本内容　一些学者认为，邓小平的国防建设理论和军队建设理论是紧密相连的，其基本内容可以概括为 4 个方面：(1)关于战争与和平问题和新时期国防建设军队建设指导思想实行战略性转变的论述；(2)关于国防建设军队建设与国家经济建设关系的论述；(3)关于国防建设军队建设总目标的论述；(4)关于注重质量建设，走精兵之路的论述。

邓小平国防与军队建设理论的意义　与会学者主要从以下 4 个方面加以认识：(1)继承和发展了毛泽东军事思想，丰富了毛泽东军事思想的理论宝库。表现为：一是坚定不移地捍卫了毛泽东军事思想的指导地位。二是继承和发展了毛泽东军事思想的基本原理原则。三是结合新的情况，提出了一些新的思想、原则、方针和政策。(2)符合客观规律，为新时期国防建设军队建设指明了方向。(3)适应现代战争发展的客观要求，为实行现代条件下的人民战争奠定了理论基础。(4)为保持军队的无产阶级性质，抵制资产阶级自由化思潮的影响提供了锐利的武器。

关于把握当代世界主题和战争与和平问

题的思想　学者们认为，邓小平关于当代世界两大主题的论断，有其科学依据，具有现实意义。

基本含义和科学依据　当代世界主题，是指当今国际社会的政治经济基本矛盾的实质和发展趋势。80年代中期，邓小平系统地论述过当今世界战略格局、战争与和平问题，做出了“和平和发展是当代世界的两大问题”的科学论断。这一论断的科学性在于：从政治经济相统一的原则出发，运用马克思主义历史唯物论，系统地考察历史时代的发展，全面地观察历史时代的特征，分析了当今世界的主要矛盾，揭示了战后世界政治经济新格局，做出了符合实际的科学判断。

在正确把握当代世界主题的基础上，邓小平还对当今世界战争与和平问题做出了科学分析。1985年6月，他在军委扩大会议上明确指出：“我们改变了原来认为战争的危险很迫近的看法。我们希望能够在一个比较长的时间内，至少在本世纪内，不要发生世界战争。这是可能的，不是空话。”邓小平的这一论断，是建立在科学分析和预测基础之上的。第一，它反映了当今世界形势的新变化，得出了符合实际的新结论；第二，对有资格打世界战争的美苏两国军事力量做了客观辩证的分析，指出二者互相制约，谁也不敢先动手；第三，深刻分析了美苏双方的全球战略部署，指出他们都受到了挫折，都没有完成；第四，客观分析了世界和平力量与战争力量的消长情况，指出和平力量的增长超过了战争力量的增长；第五，指明霸权主义是当代战争的主要根源，战争危险依然存在；第六，对世界战争与局部战争加以区别，指出对局部战争要有足够的警惕。

现实意义　当前，国际形势发生了很大变化，接连发生了苏联东欧剧变、两德统一、海湾战争等一系列重大事件，这些变化是否改变了当代世界主题？与会同志认为，和平与发展的时代主题并未改变。这是因为：第一，国际格局由两极向多极发展，世界大战的可能性减少了，而不是增加了。第二，目前，世界上一些国家和局部地区动荡较为剧烈，原因是多方面的，但很重要的一个原因是经济问题。第三，世界各国都在重视经济的发展。因此，邓小平关于时代主题的论断和对世界战争与和平问题的判断，仍然是正确的，当前国际形势虽然仍然有由紧张转向缓和、对抗转向对话的趋势，但缓和并不等于紧张状态消失，对话并不等于对抗不存在了，对此必须提高警惕，克服和平麻痹思想。这也是邓小平关于时代主题论断的应有之义。

关于国防与军队建设服从国家建设大局的思想　学者们主要从以下3个方面进行探讨。

服从国家建设大局思想的基本内容　(1)军队要忍耐，要在国家建设大局下行动；(2)国防建设与经济建设要协调发展，军队要在服从大局的前提下有所作为；(3)军队要积极参加和支援国家建设。

服从国家建设大局思想的依据　(1)马克思主义关于经济是基础的基本原理，是服从大局思想的理论依据；(2)建国以来军队建设正反两方面的经验，是服从大局思想的历史依据；(3)党的以经济建设为中心的基本路线，是服从大局思想的现实依据。

服从国家建设大局思想的现实意义　(1)经济上，有利于国民经济持续稳定协调发展；(2)政治上，有利于保障我国社会的安定团结；(3)军事上，有利于从根本上加强军队的现代化建设；(4)理论上，丰富和发展了毛泽东建军思想。

关于国防与军队建设的指导思想实行战略性转变的思想　与会学者关于这一问题的讨论，主要集中在以下两个方面。

战略性转变思想的基本含义　1985年，邓小平根据当时的国际形势及其发展趋势和中国及其军队的实际情况，果断确定中国国防建设军队建设的指导思想实行战略性转变。对这一转变的实质，有两种表述意见：一种认为，这一转变的实质是：要求军队的工作从立足于“早打、大打、打核战争”的临战状态，真正转到和平时期建设的轨道上来，充分利用今后较长时间内大仗打不起来的相对和平环境，在服从国家经济建设大局的前提下，抓紧时间，有计划、有步骤地加强以现代化为中心的根本建设，提高军政素质，增强军队在现代战争条件下的自卫能力。另一种意见认为，这一转变的实质是：充分利用相对和平环境，真正转到国防建设以现代化为中心、军队建设以革命化、现代化、正规化为目标的注重质量建设的轨道上来，牢固树立现代化意识，各项工作都必须从增强国防能力和军队战斗力出发，把质量第一作为加强国防建设军队建设的根本大计。

战略性转变思想的科学依据　(1)依据对当代世界主题的科学分析；(2)依据对当代战争与和平问题的科学判断；(3)依据国防建设军队建设必须服从国家经济建设大局的需要；(4)依据军队在新的历史条件下履行根本职能的要求。

关于注重军队质量建设的思想　学者们对这一问题的讨论主要集中在以下3个内容上。

军队质量建设的概念　第一种意见认为，军队质量建设，是相对和平时期加强军队军政素质建设的一种思想体系，是提高军队战斗力的必由之路；第二种意见认为，军队质量建设，是提高建军效益的理论、方针、原则的总和；第三种意见认为，军队质量建设，是提高建军效益，把军队建设成为政治合格、军事过硬、作风优良、纪律严明、保障有力的武装集团的理论、方针、原则的总和；第四种意见认为，军队质量建设，是关于军队战斗力诸因素有效合成的理论。与上述四种意见不同的一种观点是："军队质量建设"的提法不够明确，还是提"质量建军"更为鲜明。

军队质量建设的内容　对于邓小平关于军队质量建设的思想所包含的内容，有如下几种认识：第一种意见认为，军队质量建设所包含的内容有4点：坚持质量第一；把教育训练提高到战略地位；科学技术现代化是国防现代化的关键；贯彻"精兵、合成、高效"的原则。第二种意见认为，军队质量建设所包含的内容也有4点：要把确保官兵政治上合格摆在首位；要坚持军事训练的高标准；要认真贯彻依法治军、从严治军的原则；要充分发挥现有装备的效能，努力挖掘现有装备的潜力。第三种意见认为，军队质量建设所包含的内容有6点：编制上合成；政治上合格；军事上过硬；科技利器，即发展科技，改善装备；办校精干；依法治军。第四种意见认为，军队质量建设所包含的内容有5点：政治合格；精兵合成；装备精良；训练有素；作风过硬。第五种意见认为，军队质量建设所包含的内容也有5点：政治合格；军事过硬；纪律严明；作风优良；保障有力。第六种意见认为，军队的质量构成，主要包括三个方面的内容：一是要有素质优良的指战员；二是要有精良的现代化武器装备；三是要把人和武器很好地结合起来，就是科学编成和严格训练。

军队质量建设的意义　军队的质量是军队的生命。质量建设，维系着军队的生存和发展，是军队自身价值的本质反映，是战斗力标准的内在要求。军队的各项工作，归根结蒂都是为了提高部队战斗力。注重军队的质量建设，是邓小平关于军队建设理论的核心，是对毛泽东建军思想的重大发展。

关于把教育训练提高到战略地位的思想　学者们普遍认为，提出"把教育训练提高到战略地位"，是邓小平的首创。

把教育训练提高到战略地位的思想的意义　一些学者认为，从邓小平首次提出教育训练战略地位的历史背景和后来的一系列论述看，这一思想有4个基本的着眼点：一是着眼于军队建设指导思想的拨乱反正。邓小平把教育训练放到战略位置，是着眼于"军队要整顿"，"要准备打仗"，是把它作为消除和抵制林彪、"四人帮"的干扰破坏，实现军队建设指导思想拨乱反正的一项重要方针和措施提出来的。二是着眼于实现国防现代化的宏伟目标。三是着眼于提高军队现代条件下的作战能力。四是着眼于国家建设大局。邓小平要求通过教育训练培养"军队和地方都合用的干部"。另一些学者认为邓小平的这一思想有如下意义：(1)"把军队的教育训练提高到战略地位"，是提高部队战斗力的根本途径和主要手段。(2)是保证军队有效履行根本职能的需要。(3)是改变部队训练现状的要求。一些学者认为，把教育训练提高到战略地位的意义还在于：抓住了推动部队全面建设的中心工作；找到了和平时期军事人才成长的必由之路。有的学者还认为这一思想的意义就在于以训强军。这是一条极端重要的建军原则。党的领导是立军之本，教育训练是强军之路。

把教育训练提高到战略地位的思想的科学性　(1)是对毛泽东教育训练思想的重大发展。(2)是解决军队建设面临的主要矛盾的最现实的选择。(3)是实现精兵目标的重要途径。(4)是军队建设经验教训的科学总结。

关于军事法制建设的思想　邓小平的军事法制思想内容十分丰富，构成了具有中国特色的军事法制思想体系，对于这一问题的讨论主要集中在以下几个方面。

邓小平军事法制建设思想的基本内容　第一种意见认为其要点是：(1)提出了一手抓建设，一手抓法制，建设与法制同步的思想。(2)提出了有法可依，健全规章制度，完善军事法规的思想。(3)提出了有法必依，执法必严，违法必究，从严治军的思想。(4)提出了加强法制教育，增强广大官兵法律意识的思想。第二种意见认为，邓小平的军事法制思想的内容主要有：(1)依法治军，从严治军，是军队法制建设的基本方针；(2)坚持党对军队的绝对领导，是军队法制建设的根本原则；(3)有法可依，有法必依，执法必严，违法必究，是军事法制建设的基本要求；(4)改革军队体制编制，是军事法制建设的重要内容；(5)深入进行军事法制教育，是军事法制建设的重要途径。

邓小平军事法制建设思想的特点　(1)鲜明的无产阶级党性。强调坚持党对军队的绝对领导，并要求用法律形式予以肯定。(2)从国情军情出发的独创性。(3)高度的社会主义民主性。要求法规、纪律必须建立在有组织、有领导的"三大民主"的基础上。(4)高度的权威性。

关于从严治军、加强管理的思想　学者们主要从以下几方面进行探讨。

从严治军思想的基本内容　(1)从严治军必须严格纪律。不仅军事纪律、组织纪律、群众纪律、财经纪律等要严，政治纪律更要严，要把政治纪律放在第一位。(2)从严治军必须严格训练。离开了严格训练，从严治军就缺少实际内容和可靠保障。(3)从严治军必须从领导严起。邓小平指出:"我们说治军要严,首先对领导班子要严,对高级干部要严。"(4)从严治军必须严得科学。要严格执行条令条例的规定,做到严之有据,严之有理,严之适度。

贯彻从严治军思想的意义 (1)坚持从严治军是军队经受"三个考验"的需要所决定的。(2)坚持从严治军是提高部队战斗力所需要的。(3)坚持从严治军是当前部队建设的现状所要求的。部队正规化的内部秩序,要通过从严治军来建立;正规化的军事训练,要通过从严治军来保证;优良的战斗作风,要通过从严治军来培养;高度的组织纪律性,要通过从严治军来维护;现代化的军事人才,要通过从严治军来造就。

坚持从严治军必须加强军队管理 从严治军,要靠科学的管理来实现。邓小平的管理思想,具有丰富的内容,只有坚决贯彻落实,才能真正做到从严治军。学者们主要对这一思想的基本内容和特点进行了探讨。(1)邓小平的军事管理思想的基本内容。有的同志认为,邓小平关于军队管理的论述含有丰富的辩证法思想,主要表现在管人与管物、纪律与民主、严上与严下、内容与形式、奖励与惩戒、严格要求与耐心说服等诸种对立统一的关系上。(2)邓小平的军队管理思想的特点。一是继承性。把坚持人民军队的性质、坚持党对军队绝对领导、发扬人民军队的优良传统,作为搞好新时期军队管理工作的根本内容,并坚持了中国人民解放军在长期革命战争中形成的一整套管理原则和方法。二是时代性。他十分注意研究新情况,解决新问题,提出要分析军队面临的国际国内环境的变化,分析军队管理工作对象的变化。强调要坚持依法治军。加强思想政治工作,改革管理方法,提高管理能力。三是科学性。他坚持实事求是的思想路线,不断解决军队管理中的矛盾,按照军队管理的客观规律,提出了一系列科学管理理论和方法。四是实践性。他始终把解决实际问题,纠正军队管理中的弊端,做为搞好军队管理工作的基本着眼点。

此外,这次学术会议还探讨了邓小平的关于人民军队性质的思想;关于加强政治工作,确保政治合格的思想;关于军队院校建设的思想;关于加强军队后勤工作的思想;关于军事人才的思想;关于发展国防科技工业的思想;关于后备力量建设的思想;关于军事改革的思想;关于科学领导的思想以及邓小平整个国防建设军队建设理论的哲学基础和客观基础。

(李正全　方　宁)

中国当代著名人物军事思想与军事理论研究 1990年即有一些学者研究和探讨了中国老一辈无产阶级军事家周恩来、朱德、彭德怀、刘伯承、贺龙、陈毅、徐向前、聂荣臻、罗荣桓等的军事理论及其对毛泽东军事思想形成和发展的重大贡献。1991年又有更多的学者发表文章对这一课题作了深入广泛的探讨。现将研究情况分别综述如下。

周恩来军事理论研究 对周恩来军事实践和军事理论的研究,主要集中在对他早期的军事实践和理论及军事指导艺术两个方面。胡小蓉著文认为,周恩来在第一次国内革命战争时期的军事活动和理论指导,主要是积极从事创建和开展革命军队的政治工作,以他卓越的政治工作才能为中国共产党创建军队积累了宝贵经验;注重培养共产党的军事、政治干部,积极创建党所领导的革命武装,为后来创建红军,开展独立的武装斗争奠定了坚实基础;重视革命武装与工农运动相结合,认为只有依靠人民的支援,才能夺取革命的胜利。而工农阶级则起着决定性作用。(《周恩来早期的军事理论与实践》,《毛泽东军事思想研究》1991年第1期)刘子明认为,周恩来是中国共产党最早从事军事工作的领导人并长期主持中央军委工作,在指导中国革命战争和人民军队建设中积累了丰富经验,对毛泽东军事思想的形成和发展作出了重大贡献。在实践中他所提出的建军与作战原则与毛泽东军事思想是一致的,都是马克思列宁主义的基本原理与中国革命战争的具体实践相结合的产物。(《周恩来对毛泽东军事思想早期形成的贡献》,《军事历史研究》1991年第1期)璞玉霍认为,1928年8月21日由周恩来根据中共中央政治局的精神,所起草的《中共中央给红四军前委的指示信》,对人民军队初创时期的建军思想有着重要贡献。它所提出的基本理论,不但指明了建军的根本方向,而且对以后几十年人民军队的党委制和政治工作制度的完善与发展,都产生了深远影响。(《周恩来在我军初创时期对建军思想的贡献》,《军事历史研究》1991年第4期)一些作者对周恩来的作战指导和军事领导艺术作了较深入的研究。任少伟认为,周恩来在长期的中国革命战争指导实践中,充分显示了他卓越的军事指挥才能,积累了丰富的作战指挥经验,形成了自己独特的军事思想。并从机动灵活的战略战术、依据客观形势发展运用作战形式、按照作战规律科学周密的筹划战略、政治斗争与军事打击相结合等4个方面进行了具体阐述。(《周恩来作战指导思想浅析》,《毛泽东军事思想研究》1991年第4期)张家裕认为,周恩来在中国革命的长期战争实践中,先后直接参与领导或协助毛泽东制定战略方针、组织与实施战争指导,充分显示出他杰出的军事领导艺术。集中反映在:(1)观全局、看大势,善于依据实际情况提出和制定战略方针;(2)树集中、倡民主，重视调动广大官兵的积极性去夺取战争的胜利；(3)重实践、善总结，长于及时、系统、实在地总结实际经验来指导战争全局；(4)多谋略、细筹划，坚定灵活地贯彻中央军委的战略意图和决策；(5)军事打、政治谈，巧妙结合，运用灵活的斗争策略夺取革命战争的胜利。(《周恩来的军事领导艺术》,《领导科学》1991年第8期)

朱德军事理论研究　一些作者侧重对朱德军事理论与毛泽东军事思想的关系及其哲学特色作了较深入研究。王淼生认为，朱德在中国民主革命战争时期，运用马克思主义的原理解决中国革命战争的实际问题，对毛泽东军事思想的形成和发展做出了历史性贡献。第一，朱德的战争实践，实际是参与毛泽东军事思想的创建活动。在井冈山斗争时期与毛泽东共同总结并提出了“敌进我退，敌驻我扰，敌疲我打，敌退我追”的十六字诀游击作战原则。在“诱敌深入”方针指导下，又共同指挥中央红军实行游击性的运动战，连续取得了三次反“围剿”作战的胜利。遵义会议后，逐步形成了以毛泽东、周恩来、朱德等为核心的中共中央领导集体，在战胜了张国焘的分裂主义后的抗日战争和解放战争时期，长期担任人民解放军的总司令，协助毛泽东组织军队建设和指导战争，对毛泽东军事思想的形成和发展，身当其时，身当其事，作出了不可磨灭的贡献。第二，朱德在军事工作方面的经验总结和卓越见解，或是对毛泽东的观点作了精辟的阐述，或用以说明新问题，或与之交相辉映，或在某些方面加以丰富和发展，成为毛泽东军事思想的有机内容。第三，朱德在战争年代，就注重研究和宣传毛泽东军事思想，并用以指导全军的实践活动。他研究、撰写的关于毛泽东军事思想的论著和报告，不仅为我们研究毛泽东军事思想提供了认识论和方法论，而且为我们树立了一个光辉典范。他最先从理论高度概述了毛泽东军事思想中关于人民军队、人民战争、人民战争的战略战术三个组成部分的主要内容；他最早号召全党全军学习、掌握和应用毛泽东军事思想。(《朱德与毛泽东军事思想》,《军事历史研究》1991年第3期)高巨文、陈恒淳认为，朱德军事实践和理论的哲学特色，同毛泽东军事哲学思想交相辉映，是毛泽东军事思想的重要组成部分。作者从4个方面进行阐述：(1)从客观实际情况出发，唯“具体条件”制定战略战术。其军事实践和理论首先是建筑在唯物论基础之上的。(2)坚持军事实践和军事理论的“融合”，科学而有效地指导战争。集中表现在他既是战争实践和理论的统一论者，又是卓有成效的革命战争的实践者和著述者。(3)总结和借鉴中外战争经验，创造有自己特色的军事理论。他实事求是地对待古今中外传统的军事理论与经验，坚持随着战争实践的发展而发展，反对战争问题上的机械论和教条主义，从而创造和形成了具有中国特色的战争理论。(4)提倡“随机应变，变化无穷”的主观指导，发挥自觉的能动性。在绝对的不确定性的战争中认识和把握相对的确定性，成为争取主动、趋利避害，指导战争不断取得胜利的“军事艺术指挥大师”。(《试论朱德军事实践和军事理论的哲学特色》,《毛泽东军事思想研究》1991年第2期)

彭德怀军事理论研究　王承光认为，彭德怀是中国人民解放军的创建者之一。他丰富的军事实践和著述，从一个重要方面反映了中国人民解放军从小到大，从弱到强的光辉战斗历程。深入研究其军事理论，对深刻理解毛泽东军事思想，指导人民军队的现代化建设具有重要意义。他认为，彭德怀的军事理论主要反映在以下3方面：第一，按照人民军队的特征建设军队。认为只有建立一支新型的、为人民服务的人民军队，革命战争才能胜利。中国人民解放军的主要特征是：党的绝对领导；坚强的政治工作；同人民群众永远保持鱼水关系；官兵一致，互相尊重，团结友爱的内部关系。同时强调重视根据地建设。第二，善于从中国革命战争的实际出发，灵活机动地指导战争。彭德怀紧紧把握了中国革命战争敌我力量对比十分悬殊的特点，善于发挥人民军队长于集中和机动的优势，夺取战役战术上的优势地位，积战术胜利为战役胜利，进而改变战略态势。他认为在敌强我弱条件下，主要作战形式必然是游击战争。提出游击战的主要原则是“以分散对集中，以集中对分散”，主要手段是袭击战。强调在运动战中必须坚定地树立毛泽东提出的诱敌深入的作战方针，实行集中兵力，各个歼敌的指导思想。随着战争形势的发展，彭德怀在战争实践中对游击战、运动战和阵地战理论都有了成功的运用和发展，特别是在抗美援朝战争中把阵地战提高到重要位置，成功地进行了一系列阵地防御战和阵地进攻战，取得了现代战争中以弱制强的新经验。第三，在建设与巩固国防方面，彭德怀强调加强国防力量，维护和平建设，防御外敌入侵，是人民解放军和全国人民在夺取政权后的重要任务，因而提出了一系列在“积极防御”战略方针指导下的加强国防的战略措施。诸如：国防建设的步骤必须从中国国力的实际出发，服从国家经济建设的全局；国防事业的发展应坚持奋发图强，自力更生的方针；改善兵役制度，增强国防后备力量；有计划、有步骤地建设诸军兵种合成的现代化军队；人民军队的现代化建设应当着眼于提高质量，必须解决好军队的组织体制和编制；把部队训练作为全军工作的中心；积极开展军事学术和军事技术研究，逐步建立具有中国特点的军事学术。(《彭德怀的军事理论概述》,《军事历史》1991年第1期)邢庆洲认为,彭德怀对军事教育不但卓有建树,而且还具有鲜明的军事教育思想。即重视提高干部的军政素质,全面致力于教育训练的正规化,并将其作为军队建设的中心;从严治军,德威并重,宽严相济,将严厉批评与诚挚爱护部队融为一体。充分体现了一个无产阶级杰出的军事家的优秀风格和鲜明个性,在人民军队建设的光辉历史上,留下了不可磨灭的一页。(《彭德怀军事教育活动的特点》,《毛泽东军事思想研究》1991年第1期)

刘伯承军事理论研究 阜辛认为,刘伯承一生从事革命的军事工作,具有丰富的实践经验,同时勤奋钻研马克思主义军事理论和毛泽东军事思想,善于结合战争实践进行理论概括,形成了富有特色的军事理论,在毛泽东军事思想的结晶中,占有重要的地位。他认为,刘伯承对于人民军队建设、人民战争、人民战争战略战术的论述中,最具独创性的是关于军队政治方向、作战指导和军事教育思想。反映在:(1)强调坚持正确的政治方向,是军队建设的根本,而坚持党对军队的绝对领导则是根本保证。不断提高指战员的政治觉悟是提高军队战斗力的重要措施。兵民密切结合是克敌制胜的法宝。(2)其作战指导思想是:面对点、线的战略;敌进我退的作战方针;机动灵活、寻机歼敌的作战原则;反对平均使用兵力;切实把握任务、敌情、我情、时间、地点五要素;从具体条件出发,灵活辩证地运用游击战、运动战、阵地战三种基本作战形式;运用主力军、地方军和民兵、游击队组成的游击集团,发挥人民战争的固有战斗力;周密组织协同动作是指挥员的一种指挥艺术等。(3)明确提出军事教育的目的和目标就是要培养有德有才的干部;建设正规的军校制度;认真学习诸军兵种的军事学术;学术研究要"博而约"("博"是博大、宽广的意思;"约"是深的意思。——编者注);采用经纬交织,螺旋上升的教学方法;培养一支精通业务的高水平的教员队伍和建立科学、适用的教材体系;贯彻鲜明、实效即理论与实际相结合;练多于训和教学相长的教学原则。(《刘伯承军事思想概述》,《党的文献》1991年第2期)陈石平认为,在中国人民解放军的建军史上,刘伯承曾创建和领导过一系列的军事院校,提出了全面、系统的军事理论。即"四个坚持":坚持把军队的教育训练摆在首位,这是关系到军队生存与发展的大事;坚持用毛泽东军事思想指导训练,从实战需要出发,发扬"以战教战"的训练传统;坚持从严练兵原则,创建人民军队的训练法规;坚持以"训练干部为中心之中心"的方针。总之,就是要培养德才兼备的指挥员,"第一有德,就是政治品质、思想方法,忠实于马列主义、毛泽东思想;第二有才,就是要学会带兵、养兵、练兵、用兵。"(《刘伯承的教育训练理论与实践》,《中国军事科学》1991年第3期)陈斐琴、杨远富从军校建设的角度把刘伯承的军事教育思想概括为:治军必先治校;治校一定要严;院校工作必须以训练为中心;新时期的院校教育要面向现代化,面向未来;重视学术研究,特别是军事科学研究,坚持理论联系实际的原则;院校要在不断改革中发展。(《略论刘伯承军校建设的理论和实践》,《军事历史研究》1991年第1期)

贺龙军事理论研究 顾永忠认为,贺龙是中国人民解放军的创建人和领导人之一。他关于武装斗争、人民军队、建立巩固根据地、从严治军和建设现代化国防工业等一系列思想,对毛泽东军事思想的丰富和发展,作出了重要贡献。作者对贺龙的军事理论作了以下概括:(1)穷人要翻身,必须抓枪杆子,建立人民的武装。(2)人民的武装力量,必须是由共产党绝对领导的全心全意为人民服务的、官兵平等的人民军队。这支党的军队必须"听从党的领导,绝对服从党的命令"而决不允许"军权高于一切"的向党闹独立性的倾向发生。这支军队来自人民,属于人民,必须紧密地联系人民,全心全意为人民服务,任何时候决不脱离群众。人民军队内部必须实行民主制度,建立官兵平等的新型关系。(3)人民军队要生存和发展,必须建立巩固的革命根据地。军队要帮助地方搞好党组织和政权建设;搞好党政军民的团结;搞好经济建设及地方武装和民兵的建设。(4)必须从严治军。严格训练,严格要求,以提高军队的军政素质和战术技术水平,养成顽强的战斗作风。(5)在武装斗争中,要采用机动灵活的战略战术,扬长避短,克敌制胜。高级指挥员在战略上,要胸怀全局,深谋远虑。各级指挥员在战术上,要机动灵活,敌变我变,掌握主动;充分准备,不打无把握之仗;要量敌用兵,集中兵力打歼灭战;要善用谋略,调动敌人,以攻其不备;利用天候、地理等自然条件,趋利避害。(6)建设现代化国防,建立独立完整的国防工业体系。人民军队只有用现代化装备武装起来,才能无敌于天下。坚持走独立自主,自力更生发展国防工业的道路和实行军民结合的方针。(《贺龙的军事理论概述》,《军事历史》1991年第2期)

陈毅军事理论研究 吴克斌认为,陈毅是中国人民解放军的创建人和领导人之一。其军事理论是他对中国共产党领导的中国革命战争的理性认识。在建军、建立根据地、军事战略战术等方面,贯穿着他的革命战争观、方法论,且多是他实践经验的科学总结。他对于毛泽东军事思想的丰富和发展作出了重要贡献。吴克斌将陈毅的军事理论的主要内容概括为:(1)关于革命的军事学。要站在中国人民的革命立场,面对国内外的强大敌人，根据现有条件，去发现和掌握中国革命军事的总规律，其根本目的在于研究革命人民及其军队如何能以少胜多，以小敌大，以弱胜强。把军事问题当作社会现象总体的一部分加以考察研究，以提出尽可能完整的中国革命的军事政策。强调善于使用军事力量和政治力量的密切配合，以多种形式相结合去战胜敌人。(2)关于把握中国革命战争的特点。武装斗争是中国革命的特点，而农民革命战争又是武装斗争中特点的特点。武装斗争，统一战线，党的建设三大法宝，都是以农民为中心的，只有掌握了这个特点，才能指导并赢得中国革命战争。(3)关于建军。毛泽东所提出的一系列建军的方针和原则，是在开展思想上两条战线斗争的艰苦过程中获得的。必须在实践中坚决贯彻，加以创造性发展。(4)关于战略战术。正确的军事战略产生于正确的政治战略，即"政治先行，军事后盾"。要善于从实践中总结经验来决定自己的战略战术。毛泽东军事战略战术思想的核心是歼灭战，只有进行运动战才能实现歼灭战，并随着中国革命战争的发展而发展。陈毅军事理论的基本特点是：高度自觉地以毛泽东军事思想为指导，注重调查研究，实事求是地解决现实斗争问题；运用唯物辩证法分析问题，解决问题；既重视胜利的经验，也不讳忌失败的教训，坚持以正反两方面的经验来指导建军和作战。(《陈毅的军事理论概述》，《军事历史》1991年第2期)

粟裕军事理论研究 有众多学者著文论述了粟裕的军事理论与实践及其对中国革命战争的历史贡献。张震认为，粟裕戎马一生，身经百战，为中国人民的解放事业立下了彪炳千古的历史功勋。他创造性地运用毛泽东军事思想指导作战，为丰富和发展毛泽东军事思想作出了重要贡献。(《创造性地运用毛泽东军事思想指导作战的典范》，《中国军事科学》1991年第3期)蒋顺学认为，粟裕是中国人民解放军出类拔萃的一代名将，并以其杰出的指挥艺术而著称于世。他潜心学习和创造性地运用马列主义、毛泽东思想，在指挥大兵团作战方面，不仅创造了众多蜚声中外的辉煌战绩，而且以其独特的理论建树，为毛泽东军事思想的科学体系增添了丰富而生动的内容，树立了实事求是地指导作战的典范。(《实事求是指导作战的典范》，《中国军事科学》1991年第2期)一些学者较全面系统地论述了粟裕的军事理论与实践。蒋顺学在同一篇论文中从五个方面作了概述：一是立足战争全局，筹划战区行动，紧密结合战区实际，创造性地实现中央军委的战略意图。二是注重把握战区、战役转折，能动地促使战局向有利的方向发展。他创造性地提出了关于把握战区、战役转折的思想，强调充分发挥主观能动性，争取战区和战役转折的尽早实现。三是实行完全主动的作战，一切调度如选择和开辟作战地区，创造和捕捉战机，选择有利于转换战场形势的作战目标等，都须着眼于歼灭敌人有生力量。四是适应战争形势的特点和发展，灵活地调度和使用战区力量，最大限度地发挥人民军队的优势，把胜利建立在可靠的客观物质基础之上。五是以谋制敌，慎重用兵。既积极求战，又不穷兵黩武；既与敌人斗勇，更与敌人斗谋。力争以最小的代价换取最大的胜利。张震著文认为，学习粟裕的军事理论与实践，主要是学习他对待军事问题的立场、观点和方法，才能更好地坚持和发展毛泽东军事思想。第一，依据战争内在规律和敌我双方的实际情况，寻求克敌制胜的办法。粟裕曾说："这条道理，使我终身受益"。第二，掌握辩证法，正确处理作战中的各种关系。粟裕认为，毛泽东军事思想的灵魂是唯物辩证法，战争中一切作战行动都必须以时间、地点、条件为转移。第三，结合实际情况，创造性地执行上级指示。粟裕认为，一个优秀的指挥员必须把高度的组织纪律性和积极主动的创造精神结合起来。作者认为，粟裕的用兵特点是："深思熟虑，机断专行，在战役指导上用奇谋，出奇兵，建奇功。"吴玉谦、刘长富将粟裕的用兵艺术高度概括为："着眼全局、机动灵活、不拘一格"。(《学习粟裕着眼全局、机动灵活、不拘一格的用兵艺术》，《中国军事科学》1991年第3期)

(张家裕)

中国近代著名人物军事思想研究

1991年，中国近代军事思想研究呈现出更注重宏观归纳的发展趋势，对一些著名军事人物思想的分析也日益深入，现将其主要成果分类介绍如下：

关于林则徐、魏源的军事思想 林则徐是近代著名爱国主义思想家，过去史学界对其军事思想多有评述。有的作者撰文指出，林则徐虽然被誉为中国近代"开眼看世界"的第一人，但他了解世界也有一个由表及里，去伪存真的过程，从而直接影响到他在鸦片战争中制敌方略的变化。鸦片战争爆发之际，他对英国的侵略意图、战略部署和作战计划并不了解。认识上还没有突破战前朝野普遍持有的英国志在通商，通商必不启衅的看法，所以提出在沿海各口进行军事防御，固守藩篱，严禁鸦片走私并断其接济，使其坐困，穷而自返。外交上仍以怀柔之礼的"以守为款"的制敌方略。定海失陷后，他看出英国"早蓄逆谋"，却仍以为英军不善陆战，又提出不与之海上交锋，设法诱敌登岸而歼之的"以守为战"战略。随着清军的节节惨败，他通过亲身见闻，进一步明确和完善了抗敌救国的方案，即造船铸炮，建立新式水军，与敌海战。这是林则徐在鸦片战争中反复思考研究的结晶，提供了前辈所没有提供的新东西,对中国近代军事思想是一项重要贡献。(杨国祯《鸦片战争中林则徐对英认识和制敌方略的转变》,《福州师专学报》1991年第2期)对与林则徐齐名的另一位爱国主义思想家魏源的军事思想,有的作者认为,魏源在鸦片战争后,总结清朝惨败的沉痛教训,第一个系统提出“师夷长技以制夷”的战略主张,主旨是增强经济实力,壮大国防力量,达到抵御、战胜外国侵略者的目的。其主要观点有:建立独立的近代军事工业,才能改变部队武器装备落后的局面;确定战法要扬长避短,才能克敌制胜;广辟财源,才能使富国强兵政策有可靠的物质保证。上述思想虽然没有完全付诸实践,但对后来中国近代史上的洋务运动、戊戌变法和日本明治维新均有较大的影响。(江墨林《魏源富国强兵思想初探》,《军事历史研究》1991年第1期)

关于左宗棠的军事思想 以收复新疆而名垂青史的近代爱国将领左宗棠在军事思想上也颇有独到见解。有的作者撰文,将其军事思想分为建军治军和战争指导两部分。指出其建军治军指导思想主要有下述内容:慎选将卒,知人善任;注意兵种建设,重视改善武器装备;整顿部队,精兵节饷;忠勇为上,以志帅气,以德驭众;既重视平时训练,又重视实践锻炼;严肃军纪,赏罚分明。在战争指导上,左宗棠注意详察军情地形,审慎制定用兵方略;通常采取远势包围,渐逼渐进,先披枝叶,后顾根本的作战方针;注重后路设防,以备敌军抄袭;剿抚兼施,妥办善后。核心是“慎战”。这与同时代的曾国藩、胡林翼、李鸿章等人的作战指导思想相比较,其内容更丰富、思虑更周密。他对前攻与后防、战略决策与战役战斗指挥、奖励与惩处、筹兵与筹粮饷、整军与作战、人与武器、军事与吏事等相互关系的辩证认识和正确处理,都是其慎战思想生动、具体的反映。(施渡桥《试论左宗棠的军事思想》,《军事历史研究》1991年第2期)

关于蔡锷的军事思想 有的作者撰文分析了蔡锷的军制思想,认为他继承并发展了中国近代资产阶级的军事思想,谋求改革国家的兵役制度、武装力量体系和陆军结构,是对孙中山早期军制思想的继承和发扬。他倡导的实行义务兵役制与国防教育的思想,曾在社会各界广泛传播,影响是很大的。此外,作者还认为蔡锷的关于战争是政治冲突的结果,战争要从国情出发并服从于政略等观点,正确地论述了战争与政治的关系,这正是他高于前辈和同辈人之处。他谋求军事统一的思想,对于反对军阀混战,促进国家统一,也有积极意义。(孙君琪、王建华《略论蔡锷的军制思想》,《军事历史研究》1991年第4期)

关于杨杰的军事思想 对民国时期著名的军事理论家杨杰,有的作者撰文指出,他能联系中国实际,始终以经济理论作为研究国防问题的理论基础,比较正确地阐明了国防建设中物质与精神、经济基础与上层建筑的关系,强调积极地独立自主地建设适应总体作战的现代国防。他认为国防的产生和消亡是和阶级的出现与消灭不可分割的。只要国家没有消亡,就不会出现永久和平,暂时的和平在一定条件下还会转化为战争。他根据第二次世界大战的战争实践,指出世界军事发展的总趋向是随着科学技术的进步,机械化力量的增强,新式武器装备的大量涌现,战争必然向着总体方向发展。总体国防是军事、政治、经济、文化诸方面的结晶体。军事是结晶体的顶点,是国防建设的核心。政治是国防建设的重要因素。经济是结晶体的基础。文化建设既是实现国家现代化和国防现代化的必备条件,又是加强国家战斗力的手段。而要实现总体国防,首先要实行农业国家的工业化。在国防建设的基本指导思想上,他认为国防不仅要保卫国家生存,也要保卫国家发展,所以要提倡攻势国防,反对消极守土。平时必须积蓄战争潜力,一旦敌人入侵,初期就能支持得住,并抓住有利时机转入战略反攻,积极主动地将敌予以全歼。杨杰的军事思想受无产阶级革命思想的影响很大,从总体上体现了科学的唯物的世界观和方法论,是值得重视的。(董亚文《浅谈杨杰国防思想》,《军事历史研究》1991年第2期)

关于太平天国的军事思想 波澜壮阔的太平天国起义是近代最重要的军事活动之一。惟对其军事思想,史学界一直缺乏总的归纳。有的作者为填补这一空白而撰文,说太平天国的战略指导思想具有争取战争主动权,掌握战争灵活性的特点,常常可以化劣势为优势;遇有失利,立即改向有瑕可乘之地转进;进攻坚城,则取远势包围,待其自困而后攻取。具体作战时,善用间谍充分了解敌情地形,以便分别施展不同战法:或伏击,或劫营,或以走制敌,进行游击性运动战,或筑城寨坚守,或挖掘地道攻城。这些思想来源于丰富的战争实践,体现了革命战争中广大群众的智慧,对中国古代兵学和历代农民起义战法也有所继承和发展,达到了中国农民战争军事思想的高峰。(罗尔纲《太平天国兵法》,《社会科学战线》1991年第1期)也有的作者专门分析了太平天国的水战战略,认为它在太平军与清军争夺长江控制权的斗争中,发挥了重要作用。太平天国的水战战略,确立于建都金陵(今南京)以后,当时太平军水营拥众12万余人,有船上万只,故制定了配合西征,确保长江控制权,同时控制长江中下游交通线,保障后方供给的方针。但由于水营没有成为一支独立的作战部队,完全受制于陆营,在战斗中不能发挥应有的作用。水营组织系统混乱，肩负作战和运输的双重任务，却没有对所属船只作出严格分工，结果常常因抽调船只影响作战，又因作战失利导致水上交通线被敌方控制。在战术上，水营多采取消极防御，放弃主动出击的有利时机。特别是太平天国领导集团定都后不久就放慢甚至完全停止水营建设，阻碍了水营作战能力在太平天国后期的发展和提高，最终导致水营的失败，也是太平天国军事上失败的一个不可忽视的因素。（王国平《论太平军的水战战略》，《云南学术探索》1991 年第 2 期）

关于中国近代海防思想 有的作者指出，1875 年海防大讨论以后，清朝海防建设的基本指导思想是：重点设防，以拱卫京都安全为主要目标；以发展新式海军为主，同时加强陆上防务，实现水陆相依；学习西方长技，师夷制夷。本着上述方针所从事的北洋海防建设，对抵御西方资本主义列强，特别是日本的海上侵略具有积极意义。但也存在着海防战略上的消极保守，缺乏制海权思想，整个国民海权观念比较淡薄，海防建设和海军发展得不到全社会的关心和支持等弊病。这也是清末北洋海防建设最终未获成功的一个原因。（史滇生《论清末北洋海防建设》，《军事历史研究》1991 年第 2 期）也有作者指出，北洋海军的创建者李鸿章也认识到确保一国海防安全的最好办法是建立一支能守住敌国海口，不容其船出入的强大海军。但由于中国的国力、财力不足，整个社会处于“华夷混一”的局面，海岸线又漫长，一时无法建立。中法战争后，李鸿章决心建立一支积极防御型的强大海军，获取北起朝鲜南至台湾绵延万里的海上主权，力争同来犯之敌“决胜海上”，确保国家海疆安宁。这个思想未被清廷全盘接受。在甲午战争中，李鸿章本人为保存实力也背离这一思想，采取单纯防御的战略方针，扼杀了北洋舰队应有的机动力和攻击力。当然，与同时期的日本相比，中国近代海防理论的缺陷就更为明显。（黄新田《论李鸿章在创建中国近代海军中的作用》，《徐州师院学报》1991 年第 1 期）有的作者撰文认为，中日两国的近代海防理论，基本都是受到欧美列强的压迫而提出的。但中国对近代海防理论的研究完全是一种被动式反应，日本的海防理论则带有积极挑战的倾向。中国海防理论的主要特点是注重防守；专守近海，不争制海权；重视陆军在海防中的作用，对海军在海防中的战略地位认识不足；主要针对欧美列强，尤其是对日本，而没有一个宏大的战略目标。日本则重视海防中的主动进攻，主张御敌于国门之外；注重对外洋和海口的防守；把掌握制海权看成是海防战略的关键；提倡发展海防武装的“农兵论”。由于两国海防理论的实质和内容相去甚远，致使两国的海防建设走上了不同的发展道路，出现了截然相反的历史结局。（马金旗《中日两国近代海防理论和政策之比较》，《军事历史》1991 年第 5 期）

关于中国近代国防观念 1840 年以后，中国的国防观念发生了较大的变化，这些变化究竟表现在什么地方？有的作者撰文指出，清军在鸦片战争中的失败，使一些忧患国防之士不能不重新审视自己陈旧的国防观，改变中国传统的国防政策。中法战争后，清廷的国防战略从海防、塞防之争走向全面防卫。国防建设上不再固守传统的耕战思想，而是仿效西人致富之本，大力发展工商业，为传统的富国强兵政策注入新的生机。在国防外交上，由维护名存实亡的宗藩体制转向维护国家的战略边疆，与周边被侵略国家一道抵抗西方列强的侵略，即所谓“藩篱政策”。（刘庆《中法战争与晚清国防政策的转变》，《学术论坛》1991 年第 3 期）

（刘　庆）

中国古代兵书与著名人物军事思想研究

1991 年中国古代兵书和著名人物军事思想研究的热点仍集中在《孙子兵法》上。所见研究文章近 20 篇，另有 10 多本专著出版，是建国后有关《孙子》著述出版最多的一年。国外结合海湾战争研究亦有文章发表。《孙子兵法》正在走向世界，预料“孙子热”还会持续升温。相比之下，其他兵书和人物军事思想的研究则显得有些薄弱。少量文章着眼于整个断代兵学或军事思想的概括和纵向大跨度的专题性研究，则是一可喜的现象。

关于《周易》中的军事思想 有的作者认为，《周易·师卦》等是对西周及其以前的战争实践经验的基本概括和总结，或者是为灭殷立周而制定的军事纲领和军事路线。其军事思想主要体现在 8 个方面：(1)认为战争起源于讼争，“讼必有众起，故受之以师”；(2)坚持战争的正义性，为正义而战者胜，“师：贞，丈人，吉无咎”；(3)强调军队要爱护民众，“君子以容民畜众”；(4)严格军纪，主张慎战，“师出以律，否臧凶”，没有纪律，即使侥幸取胜，也会遭到失败；(5)对将帅要授以专权，将帅要刚柔适中，国君要经常给予鼓励，“在师中，吉无咎，王三锡命”；(6)用兵要从实际出发，有进有退，“师左次，无咎”，“左次”为退舍之意；(7)战后要论功行赏，选贤治国，“大君有命，开国承家，小人勿用”，“开国”谓封诸侯，“承家”是立大夫，“小人”是指战争中有功而缺乏“德行”的人；(8)战争与和平是互相转化的，“众必有比，故受之以比”，“众”是军队、战事，“比”是亲近、和平，谓战争之后接着是和平。通过以上分析，可以看出，《周易》中的军事思想具有丰富性和相对完整性；政治占居主导地位；朴素的唯物论、辩证法是其军事思想的

灵魂;是宗教神学与军事科学的奇特糅合。(苏文聪《〈周易·师卦〉与西周军旅之学初探》,《军事历史研究》1991年第3期)

关于《孙子兵法》的精髓 有的作者研究归纳认为,目前至少有4种说法:一种是日本服部千春在《孙子兵法校解》中提出的:避实击虚是《孙子》十三篇的精髓;一种是潘嘉玢在《略论〈孙子兵法〉在国际的影响及启示》中讲到的:孙子所阐述的战争哲学和朴素辩证法是十三篇的精髓;一种是许多学者认为的:"不战而屈人之兵"是《孙子》的精髓;还有一种是李洪喜、李炳众在《〈孙子〉的精髓是战争的主动权》一文中所阐述的:掌握战争的主动权是《孙子》的精髓。(李洪喜《〈孙子〉精髓辨》,《东岳论丛》1991年第1期)

关于《孙子兵法》的哲学思想 有的作者认为,孙子的"兵者诡道"是对当时"礼信"战争指导理论的否定,他吸收了前人和同时代人关于仁与诈两种思想的合理成份,最早创立了仁诈辩证统一的战争指导理论。其"诈"乃是"仁诈",而非"不仁"之诈,是"诈"敌人,而非"诈"自己。其仁是智者之仁,而非迂腐之仁。仁和诈互相为用,辩证统一,缺一不可。作者还认为,《孙子兵法》谈论的主题是战争的方法论问题,故以主要篇幅谈诡道,但它并没有因此排斥仁。忽视《孙子兵法》仁的思想而只讲诡诈,不符合《孙子兵法》的本来面目,其客观效果也是有害的。(于汝波《略谈〈孙子兵法〉的仁诈辩证统一思想》,《军事历史研究》1991年第3期)有的作者认为,《孙子兵法》之所以具有强大的生命力,其主要原因之一是它成功地运用一系列范畴揭示了战争的某些本质和规律,体现了辩证思维的一般原则。如"速"与"久"是辩证思维具体性原则、全面性原则的体现;"虚"与"实"是辩证思维灵活性原则的体现;"强"与"弱","攻"与"守"是辩证思维对立统一原则的体现等。这些原则是主体把握客观现象的重要思维法则。(王向清《论〈孙子兵法〉的主要范畴》,《湘潭大学学报》1991年第2期)

关于《孙子兵法》的战略地理思想 有的作者著文指出,《孙子》认为,地理条件是构成战略力量的物质基础之一,是战略决策的一个重要因素。"示形"的成功与否,造势是否得法,集中兵力和确定攻守方向,远距离运输等,都受地理因素的制约。《孙子》不但对战术行动层次的地理类型进行了划分,而且还划分有战争战略行动层次的地理类型,其中散地、轻地、争地、交地、衢地、重地等地区的定义和处置方针,接近现代战略地理思想,至今仍有重要的指导意义。《孙子》强调地理环境在战争活动中的重要性,同时又认为它只是"兵之助",对其作用的认识辩证而合理。它所论述的许多战略地理思想,奠定了战略地理学的基础。(倪齐生、陈力《〈孙子〉的战略地理思想》,《中国军事科学》1991年第3期)

关于《孙子兵法》的系统思想 有的作者认为,《孙子兵法》具有朴素的系统论思想。它把战争和军事当做一个系统(整体)看待,着眼事物的整体,综合分析战争的各个方面及其相互关系。其论述符合系统论关于客观系统要具有目的性、层次性、相关性和有序性等特点,兼备确定目的和实现目的两种功能。它主张总体方案优化,具体讲求效益;强调因敌而变,灵活反馈,表明了它把战争看作是动态变化的系统。(孙柏林《孙子的系统和运筹思想》,《军事历史研究》1991年第2期)有的作者还认为,系统论中的整体性原则、最优化原则、相关性原则、历时性原则、定量分析法、层次分析法、预测法等,在《孙子兵法》中都有所体现。(李智舜《〈孙子兵法〉系统思想浅探》,《军事系统工程》1991年第2期)

关于《孙子兵法》与西方军事著作的比较研究 有的作者研究认为,《孙子兵法》与古希腊、罗马军事著作相比,有以下区别:著作样式上,前者严格按军事理论体系的内在逻辑要求确立结构,后者则多以记史的方式反映其军事观点;军事学术传统上,中国早就形成了独立的兵家学派,古希腊、罗马军事学则长期充当史学的附庸;作者的经历和著述目的上,孙武是驰骋沙场的军人,著述目的为了指导军事斗争,古希腊的军事作家多为学人,著述目的是为了用史学惩恶劝善;思维形式上,前者概括出一整套军事范畴,后者则使用了大量军事术语;思想方法上,前者偏重于哲学思辨,直觉顿悟,后者则偏重于逻辑推理,求实索真;思想内容上,前者重道尚谋,后者更注重具体战法和军事技术。(刘庆《〈孙子〉与古希腊、罗马军事著作的比较》,《管子学刊》1991年第2期)

关于孙武、孙膑战争观之比较 有的作者研究认为,在对战争的态度上,《孙子兵法》仅言及慎重,未再做进一步阐发。孙膑继承了这一观点,同时又反对以消极的态度对待分裂割据,主张"战胜而强立",用战争手段实现统一,既反对随心所欲的轻率用兵,又赞成统一的、进步的战争。在战争靠什么取胜的问题上,他们都强调战备的重要性,都重视经济与政治因素对战争的重要作用。但在分析论证时,孙膑比孙武更为深入,特别是"富国强兵"和"战而有义"的思想,把孙武的战争观大大推进了一步,对后世的军事思想乃至政治思想的发展,产生了积极而深远的影响。(岳玉玺《孙武、孙膑战争观之比较》,《东岳论丛》1991年第5期)

关于《孙子兵法》与海湾战争 海湾战争之后,许多国家的作者运用《孙子兵法》来研究这次战争的实践。法国作者认为，多国部队实施“沙漠风暴行动”对伊拉克军队采取的正是中国2500年前的军事战略家孙子说过的话：“凡战者，以正合，以奇胜。”头38天，盟军出动飞机9.4万架次，用激光制导炸弹和其他精密武器对伊军、武器库和后勤设施口夜轰炸，这就是孙子所说的“正兵”。在巴格达丧失了进行空中侦察的能力之后，施瓦茨科普夫采取“万福玛丽娅”行动，把几十万快速反应部队迅速调到西线，完成对伊军的切割包围，这就是孙子所说的“奇兵”。(〔法〕彼得·麦克勒《百时地面战》，《参考消息》1991年3月20日转载)日本作者认为，孙子指出，战争胜利需要5个基本条件，除了上下一心的“道”之外，还有天气和季节等的“天”；作战距离和范围等的“地”；具备才智、威信、仁爱、英雄和威严这5种德性的“将”；规定部队纪律及装备等的“法”。萨达姆总统似乎缺乏“道”和“将”这两大条件。(〔日〕黑岩彻《从〈孙子兵法〉看海湾战争》，《每日新闻》1991年2月5日，《参考消息》1991年2月10日转载)

关于《尉缭子》 有的作者认为，《尉缭子》是战国中期之尉缭为企图挽回魏国的败局、图谋中兴的梁惠王开列的一剂药方。此书开篇就抓住鬼神与人事等唯心与唯物的问题进行议论，使兵书带有浓厚的哲学色彩，鲜明地批判了唯心主义的天命观，维护了军事唯物主义传统。此书对农业、商业、法制等均有论述，是对“百家”学说的初步综合。它注意考察战争运动的规律；从联系中研究战争；重视战争中的主体作用；对城市攻防的认识有新的发展。(刘先廷《〈尉缭子〉军事学之我见》，《军事历史研究》1991年第2期)

关于崔浩的军事思想 崔浩(381～450)是北魏前期杰出的政治家、军事家和学者。有的作者认为，他的军事思想的一个突出特点是，注重从天时、地利、人事三个方面系统地考察军事斗争的形势，论证得失，预见发展趋势，提出正确的军事对策。他的战略思想是先北后南，即先平定北方割据政权和敌对势力，再对付南敌，主张各个击灭，反对两面树敌。在战术上，他强调发挥骑兵的作用，以已之长击敌之短；坐观成败，斗两虎而收长利；拆散敌盟，攻其薄弱，“击蛇先破头”等。崔浩的军事思想是当时汉族士族与拓跋族统治者相结合、汉族传统军事思想与少数民族战争实践相结合的产物，是中国民族融合的一个表征，给传统的中国兵学注入了新的成份。(黎虎《崔浩军事思想述论》，《北朝研究》1990年总第3期)

关于唐代兵学 有的作者研究认为，唐代兵学是冷兵器时代末期军事思想、军事学术、军事技术的理论结晶。其特点是：兵学发展呈“兴——衰——兴”马鞍形；在轻骑兵代替重甲骑兵、战场地域扩大等新形势下，战略战术思想有新的创见；兵家思想与诸子思想特别是道家思想进一步融合；兵学研究向总结性、具体性、实用性等方面发展；兵学研究与人才培养结合紧密等。《卫公兵法》、《李卫公问对》是反映唐代军事思想的代表性著作。《太白阴经》注重人谋，强调“主有道德”，国致富强，重视谋胜等，是唐代一部集成和创新兼具的重要兵书。《道德经论兵要义述》是以《老子》各章观点立论，儒、道思想杂糅，着重论述不战而胜，不争而取，戢兵去战的颇具特色的兵书。《射经》则是对射箭技巧做了系统总结的“兵技巧”类兵书。唐代对《孙子》等古兵书研究也多有新的创见，如主张积极防御，持久弊之，穷追猛打等，发展了《孙子》的思想。《十一家注孙子》中唐人就占了5家。另外还有一些非兵书著作中也存有大量的谈兵内容，有代表性的有《通典·兵典》、《长短经·兵权》、《唐六典》中关于军制的记载，以及《樊川文集》中的论兵篇章和军事地理图书等。这些都是研究唐代军事制度、军事思想、兵学的重要资料。唐代兵学对后世产生了深远影响。(于汝波《唐代兵学述要》，《中国军事科学》1991年第3期)

关于周世宗的军事谋略 周世宗为结束五代十国分裂割据局面，实现国家统一，先后对北汉、契丹、后蜀、南唐发动战争。有的作者认为，他统一全国的战略决策是先南后北，再由北往南，积极稳妥，以专击分。在战役指挥上，着眼于确定主要进攻目标，夺取全局胜利；主张抓紧时机，用兵神速，但也不放弃必要的持久战；灵活运用军事进攻和政治招降两种手段，使之相辅相成，夺取胜利。注意发动群众，争取人民对战争的支持。(方积六《周世宗南征北战的军事谋略》，《湖北大学学报》1991年第1期)

(于汝波)

关于宋初的战略思想 有作者撰文指出，宋太祖赵匡胤是一个深谋远虑、具有卓越指挥艺术的军事谋略家。为了结束自“安史之乱”以后200多年的分裂割据历史，完成统一大业，他制定了“先南后北”、“先弱后强”、“南攻北守”的方略，并在平定南方诸割据政权的过程中采取了乘机而入、假途灭虢、声东击西、围点打援等谋略。这是他能够顺利统一中国的重要因素。(郭春宣《试论赵匡胤在统一战争中的谋略运用》，《兵家史苑》1991年第3辑)也有的作者指出，过去史学界常以为宋初统一战争是后周柴荣领导的统一战争的延伸和继续，其实是误解。宋朝君臣通过对柴荣显德年间作战实践的认真分析，并正确估价了敌我双方国力，发觉了“先南后北”战略的局限性，从而发挥其合理部分，纠正其错误部分，推出了“南征北御”这一有效战略。内容包括：选任边将和建立三大防区，拱卫中原；运用多种手段减耗北汉国力；将有力自卫与主动缔和相结合，以求与辽建立缓和的边境气氛。宋初能完成统一，很大程度上仰赖于"南征北御"战略的正确制定与有效实施。（丁放《试论宋初的"北御"之策》，《历史教学》1991 年第 3 期）

关于范仲淹的军事思想　有作者认为，范仲淹既是一位著名的政治改革家和出色的文学家，同时也具有丰富的军事思想。他重视文治武备，强调慎择将帅，裁汰冗兵，寓兵于农。在防御边疆少数民族侵扰时，主张任用土兵，羁縻诸羌，战和相济，持久、稳妥、积极、灵活地进行战略防御，攻则取其近，守则图其久，而不是冒然进攻。他的上述思想切合宋朝军事的实际情况，对当时流行的一些错误观点也有批评，在宋代军事思想史上具有重要意义。（张富祥《范仲淹军事思想初探》，《兵家史苑》1991 年第 3 辑）

关于王安石的军事思想　有作者认为，宋代著名政治改革家、军事战略家王安石军事思想的基本出发点是兵农并重；制胜之道是"修吾刑政，使将吏称职，财谷富，兵强。"为此，他在改革中实行场输、青苗等理财措施，采取了保甲、保马、将兵等强化治安和国防的有效办法。为了改变宋朝长期以来不能最终制服西夏和辽的被动局面，他提出从易处着手，断契丹和党项之右臂，逐渐将其制服的长远设想。在具体攻防策略上，则主张静重待敌，寻机而动，反对轻举进攻。他的强兵路线是整编军队，裁汰冗弱，精简及强化军队指挥系统及其职能，废除耕戍制度，加强军事训练。同时改善武器装备及战马供应状况，以逐步提高军队素质，缩减军费开支，建设一支能攻善守的武装力量。以期逐步改变北宋行之既久的募兵制，向兵农合一的征兵制过渡。（张富祥《王安石的军事思想》，《军事历史研究》1991 年第 3 期）

关于《登坛必究》的军事思想　《登坛必究》是中国古代军事类型的著作，有的作者撰文，将它与宋代同类兵书《武经总要》相比，认为有以下几个特点：一是《登坛必究》在内容编排上，放弃宋人较粗放的方法，把性质相近的各篇列为一卷，把性质相近的各卷按先后顺序排列，使前后关联，史论结合，系统性较强。二是每篇篇首增加辑说，概括全篇意旨，提出编者个人的思想。三是更注重图像解说。这些长处多为其后《武备志》的编撰者所采纳。（廖德清《中国古兵书〈登坛必究〉述评》，《兵家史苑》1991 年第 3 辑）

（刘　庆）

中国古代军事经济思想研究　中国古代军事经济思想发展的分期　就静止特征或存在方式而论，中国古代军事经济思想是一个恢弘严整的思想体系。就动态分析而论，它具有在缓慢发展中上升的连续性和阶段性的特征。其发展经历了四个阶段：先秦阶段，为古代军事经济思想起源和发展时期；秦汉阶段，为封建军事经济思想形成和发展时期；隋至明中期，为封建军事经济思想继续发展并全面完善时期；明后期至清前期，军事经济对商品经济的依赖性增强，出现了一些新的思想。我国古代军事经济思想的基本特征是对农业经济基础的依赖性，而重农的根本目的是为了富国强兵，为军事经济开辟物质源泉。（毕东岭《我国古代军事经济思想的基本特征》，《军事经济研究》1991 年第 7 期）

（于汝波）

先秦时期国家安全经济思想研究　国家安全经济思想（也有些学者称之为军事经济思想或国防经济思想）是关于国家安全问题上的经济因素的理性认识。是治国安邦思想中最为基础的成分。中国是世界四大文明古国之一，治国安邦思想遗产十分丰富，国家安全经济思想具有鲜明的特色。在中国古代国家安全经济思想的形成和发展过程中，先秦时期（公元前 21 世纪～前 221 年）的国家安全经济思想，占有极为重要的地位。先秦是中国奴隶制形成、发展和走向衰落，封建制与奴隶制进行激烈斗争并最终确立的历史时期。中国历史上的第 1 次社会大变革和第 1 次文化高潮，就发生在这一历史时期。有的学者认为，正是在这样深刻的经济、政治、军事、文化社会背景之下，中国国家安全经济思想得以萌芽、兴盛、发展并成熟起来。夏、商、西周时代，是其萌芽时期；春秋时代，是其兴盛时期；战国时代，是其发展成熟时期。这一历史时期，中国国家安全经济思想的主要观点和流派已经基本形成。

夏、商、西周时代国家安全经济思想的萌芽　夏、商、西周（公元前 21 世纪～前 771 年，以下简称"三代"）是中国奴隶制从产生到发展完善的时期。这一时期的基本特点是：以天命观为精神支柱，以宗族为核心，经济、政治、军事组织及其活动与制度，朴素地结合在一起。中国的国家安全经济思想，正是在这样的社会条件下开始萌芽，主要反映在有关典籍之中。

《尚书》中所反映的朴素的国家安全经济思想　《尚书》是一部最早把中国古代奴隶社会资料汇编起来的历史文献，是研究"三代"经济、政治、军事、文化的宝贵资料。一些学者认为，《尚书》中反映的关于国家安全经济思想的主要观点是：经济对于政治和军事具有基础性作用。《尚书》《洪范》篇指出，治理国家有"八政"：食、货、祀、司空、司徒、司寇、宾、师。《十三经注疏》解：

“八政者，人主施政教于民有八事也。一曰食，教民使勤农业也；二曰货，教民使求资用也；三曰祀，教民使敬鬼神也；四曰司空之官，主空土以居民也；五曰司徒之官，教民以礼义也；六曰司寇之官，诘治民之奸盗也；七曰宾，教众民以礼以待宾客相往来也；八曰师，立师防寇贼以安保民也。八政如此次序者，人不食则死，食于人最急，故教为先也。”“八政”的第1、2、4项指的是经济；第8项指的是军事；其余4项指的是政治。也就是说，“八政”是从不同侧面指出经济、政治、军事是关系到国家安危存亡的大事。它之所以把经济事项摆在重要位置，尤其是把农业列在首位，其理由是“人不食则死，食于人最急，故教为先也。”实质上是把经济（核心是农业）作为政治和军事的基础来看待的。

《诗经》中所表现的朴素的国家安全经济思想。《诗经》是中国第1部诗歌总集，它收集了从西周初年到春秋中叶约五百年间的诗歌305篇。学者们普遍认为，《诗经》中所表现出来的国家安全经济思想，核心是军事对于经济的反作用的认识。主要观点有：(1)正义和进步的战争有利于社会经济发展和国家安定。如《周颂·桓》说：诛暴安定了万邦，多次获得了年丰穰。天命为善不懈怠，有威武的是武王。保有这片好国土，于是用武于四方。这首诗向人们揭示了正义和进步的战争有利于社会经济发展和国家安定的道理。(2)穷兵黩武和繁重兵役有害于社会经济和人民生活。史载，西周中后期，统治阶级穷兵黩武，暴虐侈傲，使社会经济遭到了严重破坏，“民不堪命”，引起了社会各阶级、阶层的不满。《诗经》中有不少诗篇反映了这方面的思想内容。

《司马法》的国家安全经济思想。不少学者经过对《司马法》有关内容和其他资料的考证认为，《司马法》乃成书于战国，但其内容多为反映春秋以前的军事思想的兵书，是现存中国兵书中保存资料最古者。《司马法》的国家安全经济思想，主要观点是：经济是军事的基础。《司马法》强调指出，“天下虽安，忘战必危。”（《司马法》《仁本》篇）任何时候都不可丧失战争警惕性，要扎扎实实地做好战备工作，加强军事力量；而加强军事力量的基础和保证，一是经济，二是政治。由于战争“以甲固，以兵胜”（《司马法》《严位》篇），所以军队必须有精良的武器装备，这就需要国家有雄厚的经济作基础，“众有”、“有财”、“阜财”、“有善”（《司马法》《定爵》篇）。

春秋时代国家安全经济思想的兴盛 春秋（公元前770年～前403年）是中国奴隶制逐渐走向衰落，封建制逐渐萌芽发展，奴隶制和封建制进行激烈斗争的时期。这一时期的基本特点是：周王室日趋衰落，诸侯坐大，大国争霸；社会经济发展，井田制解体，土地私有制萌芽；天命观开始动摇，敬天信鬼思想渐隐，重民重人事思想上升。中国历史上的第1次文化高潮，就发生在这一时期及其后的战国时期。正是在这样的社会背景下，中国的国家安全经济思想日益兴盛起来，其重要代表是儒家的创始人孔子，道家的创始人老子，墨家的创始人墨子，兵家的创始人孙子。

孔子的国家安全经济思想。孔子（公元前551年～前479年）姓孔名丘字仲尼，春秋末期的思想家、教育家。有的学者认为，孔子的国家安全经济思想主要有两个方面的内容。(1)利民富民教民而治。孔子的最高理想是“道”，他声称自己终生“志于道”（《论语·述而》），“朝闻道，夕死可矣。”（《论语·里仁》）“道”是指事物的存在发展规律、法则、道理，包括宇宙本原发展规律的“天道”和社会领域中人们共同遵守的原则、规律的“人道”，孔子所志之“道”重点是“人道”。而“道”的现实目标和实际体现是“礼”，即恢复周王朝正常的统治秩序，“为东周”（《语论·阳货》），“克己复礼”（《论语·颜渊》），“兴灭国，继绝世，举逸民”（《论语·尧曰》。因此，他最关心的是统治阶级的利益，并认为只要使统治秩序得以巩固，统治阶级就能获得最根本的“利”。“礼以行义，义以生利。”（《孔子家语·正论解》）孔子还认为，如果只关心统治阶级的利益而根本不顾及人民群众的利益。就势必会危及统治阶级本身。所以，他反复告诫统治阶级，务必要重视关心人民群众的“利”。提出：“利以平民”（《孔子家语·正论解》）；“知为吏者，奉法以利民”（《孔子家语·辨政》）；“因民之利而利之”（《论语·尧曰》）。而人民群众的“利”，根本在于物质生活之“富”。所以，“政之急者，莫大于使民富”（《孔子家语·贤君》）。更重要的是，“百姓足，君孰与不足？”（《论语·颜渊》）“民富”的根本是发展农业生产，因此必须坚持“农为本”（《孔子家语·六本》），“使民以时”（《论语·学而》），保证农民的生产时间。(2)足食足兵教民（兵）而强。孔子认为，要使国家安全有更可靠的保证，就还必须有足够的军事力量来作后盾，做到“有文事者必有武备”（《孔子家语·相鲁》）。其措施是“足食足兵”（《论语·颜渊》），即在加强以农业为中心的经济建设的基础上，充实军队粮秣，改善其武器装备。

老子的国家安全经济思想。老子姓李名耳，字聃，其生卒年不详，一般认为约与孔子同时代，春秋末期思想家。有的学者认为，老子的国家安全经济思想的基本观点是，“无为”而治，民富民朴而国安。集中反映在《老子》（又称《道德经》）一书中。老子思想的最高范畴也是“道”，但重点在于“天道”，主张按照“天道”之“自然”（《老子》第25章）规律处理人事，“无为”（《老子》第37章）而治。认为统治阶级“无为”，“少私寡欲”（《老子》第19章），就不会穷奢极欲，对内争权夺利，对外争战攻

杀；劳动人民进行生产（这里主要是指农民进行农业生产）就有保证，也就会富裕；“民富”的根本在于农业，所以，统治者“治人事天莫若啬”（《老子》第59章）；人民集中精力进行生产不想或很少想如何对付统治阶级，也就必然朴实。这就是“我无为而民自富”，“我无欲而民自朴”（《老子》第57章）。民富且朴，也就不会“作乱”或“为盗”，国家也就安全稳定了。

墨子的国家安全经济思想。墨子（约公元前468年～前376年）姓墨名翟，春秋战国之际的思想家。有的学者认为，墨子的国家安全经济思想的主要观点是，民富国备天下安。集中反映在《墨子》一书中。墨子认为，国家长治久安的根本大计是求“富”治“贫”，“民富国治”（《墨子》《辞过》篇），“贫且乱政之本”（《墨子》《非儒下》篇）。主要措施是“固本”和“节用”，即加强农业生产和勤俭节约。“固本而用财则财足”（《墨子》《七患》篇）；“农事缓则贫”（《墨子》《辞过》篇）。“其用财节，其自养俭，民富国治”；“富贵者奢侈，孤寡者冻馁”，“虽欲无乱，不可得也”（《墨子》《辞过》篇）。墨子还主张，国家平时要积极做好反侵略战争的准备工作，指出：“备者国之重也，食者国之宝也，兵者国之爪也，城者所以自守也，此三者国之具也”；“国无三年之食者，国非其国也”，“此之谓国备。”（《墨子》《七患》篇）国家实现了“民富”和“国备”，安全就有了可靠保证。

孙子的国家安全经济思想。孙子姓孙名武字长卿，其生卒年不详，约与孔子同时代，春秋末期军事家。其国家安全经济思想集中反映在《孙子》（又称《孙子兵法》）一书中。孙子指出，军事直接关系到国家安全和生死存亡，是“国之大事”（《孙子》《计篇》）；而军事谋划和行动的物质基础和保障是经济。因此，考虑军事问题和进行军事斗争一刻也离不开经济。其基本观点是：（1）战略谋划，以国家经济实力为基础。着眼于战争是“日费千军”（《孙子》《作战篇》）的斗争实际，把握“地生度，度生量，量生数，数生称，称生胜”（《孙子》《形篇》）的相互关系，认识客观物质条件对于战争胜负的制约作用，根据敌我双方力量的大小，决定战略方针。（2）战役战术思考，以军事经济保障为前提。由于两军相争，“无辎重则亡，无粮食则亡，无委积则亡”（《孙子》《军争篇》），所以必须十分重视军事经济尤其是粮食保障问题，在任何情况下都要千方百计地保障“三军足食”（《孙子》《九地篇》），并破坏敌军的后勤保障尤其是粮食供应，使敌军“饥之”（《孙子》《虚实篇》），形成“以饱待饥”（《孙子》《军争篇》）之势。（3）军事指导，坚持节省人力、物力、财力的原则。由于战争的巨大耗费，所以，“久暴师则国用不足”（《孙子》《作战篇》）。有鉴于此，坚持军事指导的重要原则之一是重视军事经济效益，诸如“兵贵胜，不贵久”（《孙子》《作战篇》）；“因粮于敌”（《孙子》《作战篇》）；“不战而屈人之兵”（《孙子》《谋攻篇》）等等。

许多学者认为，以孔子、老子、墨子、孙子为创始人的儒家、道家、墨家、兵家国家安全经济思想的形成，标志着春秋时期国家安全经济思想的勃兴。

战国时代国家安全经济思想的发展 战国（公元前403年～前221年）是中国封建制开始确立，在与奴隶制残余进行斗争中日益兴盛发展的时期。这一时期的基本特点是：周王室已名存实亡；革新变法之风日兴，土地私有制形成；强国称雄，战争频仍；科学文化蓬勃发展，学术研究空前繁荣。儒、道、墨、兵家在原来的基础上不断发展、分化和演变，法、名、杂、阴阳、纵横等新的学派迭出蜂起。“儒分为八，墨离为三”（《韩非子·显学》），新秀辈出，百家争鸣。诸子虽各引一端，推其所长，崇其所善，在许多问题上甚至在同一问题上常常反映出不同的思维和相异的见解；但各种观点又往往表现出“相反而相成”，“同归而殊涂（途），一致而百虑”（《汉书·诸子略》），互相影响、渗透、融合的情形。有的学者认为，这种情形反映国家安全经济思想的发展上，主要是三大流派的形成：一是以“王道”为指导的国家安全思想流派的形成；二是以“霸道”为指导的国家安全经济思想流派的形成；三是以“霸王之道”相兼为指导的国家安全经济思想流派的形成并逐渐成为主流。这标志着中国国家安全经济思想的蓬勃发展和趋于成熟。“王道”派的主要代表人物是孔子之后的儒学大师孟轲（约公元前372年～前289年），其思想集中反映在《孟子》一书中；“霸道”派的主要代表人物是新兴的法家政治家商鞅（约公元前390年～前338年），其思想集中反映在《商君书》中。二者的基本特点和区别是：在指导思想上，“王道”崇德、尚文、重守；“霸道”崇力、尚武、重攻。在中心内容上，“王道”主张“富民教民”；“霸道”主张“富国强兵”。在伦理基础上，“王道”为“性善论”；“霸道”为“名利论”。

孟轲的国家安全经济思想。孟轲认为，“王道”“德（仁）政”是国家的根本，“王道”、“仁政”的基本内容是“富民”和“教民”，为此，孟子主张，第一，“制民之产”（《梁惠王》）和“正经界”（《孟子》《滕文公上》篇）。“夫仁政必自经界始，经界不正，井地不钧，谷禄不平。经界既正，分田制禄，可坐而定也。”（《孟子》《滕文公上》篇）第二，轻税赋。“请野九一而助，国中什一使自赋。”（《孟子》《滕文公上》篇）第三，抓教育。“谨庠序之教，申之以孝悌之义。”（《孟子》《梁惠王上》篇）第四，正君臣。使“君正”、“臣直”，国君怀“保民而王”之心（《孟子》《梁惠王上》篇），臣子“怀仁义以事其君”之心（《孟子》《告子下》篇)。这样,必然会得人心,士、农、工、商都会拥护,国内国外都会支持,国治国安,天下无敌。“行仁政而王,莫之能御也。”(《孟子》《公孙丑上》篇)“保民而王,莫之能御也。”(《孟子》《梁惠王上》篇)

商鞅的国家安全经济思想。商鞅认为,在列国纷争,征战攻杀频仍之“争于气力”的时代,国家安危存亡之关键在于“实力”而不在于“道德”。“国好力者以难攻,以难攻者必兴。”(《商君书》《农政》篇)“力生强,强生威,威生德,德生于力。”(《商君书》《勒令》篇)“国之所以重,主之所以尊者,力也。”(《商君书》《慎法》篇)因此,“凡明君之治也,任其力不任其德”(《商君书》《错法》篇),行“霸道”,施“强国之术”(《史记·商君列传》),这就是所谓“霸道”、“力政”。其基本内容是“富国强兵”。“治国者,其抟力也,以富国强兵也。”(《商君书》《壹言》篇)强调实行“农(耕)战”政策。“国之所以兴者,农战也”;“国待农战而安,主待农战而尊”(《商君书》《农战》篇);“境内之民莫不先务耕战而后得其乐,故地少粟多,民少兵强。能行二者于境内,则霸王之道毕矣”(《商君书》《慎法》篇);“故圣人之为国也,入令民以属农,出令民以计战”(《商君书》《算地》篇);“边利尽归于兵,市利尽归于农。边利归于兵者强,市利归于农者富”(《商君书》《内外》篇)。商鞅为此提出的根本措施是实行“法制”,“以法相司”(《商君书》《画策》篇),重刑赏。其具体手段是:重赏战功,“能战者践富贵之门;鼓励农种,“仓廪虽满,不偷于农”(《商君书》《农战》篇);抑制儒言,“淫道必塞,为辩者不贵,游宦者不任,文学私名不显”(《商君书》《内外》篇);抑制工商,“不农之征必多,市利之租必重”(《商君书》《内外》篇)。

“霸王之道”相兼的国家安全经济思想代表及其观点。“王道”崇德尚文和“霸道”崇力尚武的主张,从实质和渊源来说,是各自强调了孔子关于“利民富民教民而治”和“足食足兵教兵(民)而强”,“有文事者必有武备”和“有武事者必有文备”理论的一个侧面。因此,可以称“王道”派为“文安”派;“霸道”派为“武安”派;“霸王之道”相兼派为“文武”派。在实践中,“德”与“力”,“文”与“武”是不可能截然分开的,所以,“霸王之道”相兼为指导的国家安全经济思想,不可避免地要发展成为时代的主流。其代表人物是荀况,其代表著作有“管子”、“六韬”等。

荀况的国家安全经济思想。荀况(约公元前313年～前238年)是战国后期的大思想家,其思想源于孔子,同时也批判地吸取了道、墨、法、兵等各家的优长,是先秦诸子学术精华之集大成者,其国家安全经济思想,集中反映在《荀子》一书中。荀况认为,圣王贤君要治国安邦,仁义爱人,就必须兴利除害;要兴利除害,就必须有强盛的军事力量,而强盛的军事力量的基础是经济,是“民富”、“国富”、“上下俱富”。因此,要建设强盛的军事力量,首先要在发展经济,“强本而节用”,“养备而动时”(《荀子》《天论》篇);“开其源”,“节其流”;“轻田野之税,平关市之征,省商贾之数,罕举力役,无夺农时。”“如是则国富矣”(《荀子》《富国》篇)。这样,就可以“实仓廪,便备用,上下一心,三军同力。”(《荀子》《富国》篇)荀况还指出,在此基础上,还须加强政治建设。因为“刑政平而百姓归之,礼义备而君子归之”(《荀子》《致士》篇)。“隆礼尊贤而王,重法爱民而霸”(《荀子》《强国》篇)。反之,“上不隆礼则兵弱,上不爱民则兵弱,已诺不信则兵弱,庆赏不渐则兵弱”。(《荀子》《富国》篇)所以,必须坚持“霸王之道”相兼、“文武之道”兼备的指导思想,“以不敌之威,辅服人之道,故不战而胜,不攻而得,甲兵不劳而天下服。”(《荀子》《王制》篇)

《管子》的国家安全经济思想。《管子》是西汉末刘向编定的由众多作者撰写的一部托管仲之名的集道、法、儒家等各学派观点的汇编性著作。其基本体系完成于战国中后期。其国家安全经济思想的基本观点是“富国强兵”。认为“国富兵强,则诸侯服其政,邻敌畏其威”,主要内容是:(1)富民是前提。认为“凡治国之道,必先富民,民富则易治也,民贫则难治也。”(《管子》《治国》篇)“民财足,国富”(《五行》);“国富者兵强”(《治国》)。(2)农业是中心。指出:“甲兵之本,必先于田宅”(《侈靡》);“五谷蕃息,六畜殖,而甲兵强”(《四时》);“地之守在城,城之守在兵,兵之守在人,人之守在粟”(《权修》);“小民笃于农,则财厚而备足”(《君臣下》);“民事农则田垦,田垦则粟多,粟多则国富,国富者兵强,兵强者战胜”(《治国》)。发展农业的根本措施是“强本事,去无用”(《五辅》)和“禁害农事”(《治国》)。(3)政治是关键。认为“不方之政,不可以为国”(《侈靡》);“法变行则国治,私意行则国乱”(《明法解》);“非号令无以使下”(《版法解》)。(4)制度是保证。强调“制天下有分”(《制分》),“作内政而寓军令”,“定民之居,成民之事”,“武政听属,文政听乡,各保而听”(《小匡》),建立经济、政治、军事紧密结合的制度,寓军于民。

《六韬》的国家安全经济思想。《六韬》是一部托名姜太公撰,实为战国末期无名氏所写的兵书,较多地吸取了先秦兵家和诸子论兵之精华,颇兼有儒、法、兵家之特色。其国家安全经济思想的基本观点和内容是:(1)爱民利民以安国。认为统治者行“爱民”之政,给人民以“利”,对百姓“利而无害,成而勿败,生而勿杀,与而无夺,乐而无苦,喜而无怒”(《六韬》《国务》篇),使民众生活安定,国家才能有安全之基础。(2)兵农合一以强国。认为“天下虽安，忘战必危”(《司马法·仁本》)，国家之强，须以强盛的军事实力作后盾，其可靠有效的办法是“兵农合一”。(3)积粮备械以壮军。指出军队“多积粮食”(《六韬》《临境》篇)，方可胜敌；“器械为宝”(《必出》)，“夫攻守之具，各有料品，此兵之大威也。”(《军用》)(4)弱敌经济以辅战。指出敌国经济实力弱，就无力图战。因此，要千方百计地削弱敌国的经济力量，等等。

(薛建湘)

中国关于克劳塞维茨战争哲学思想研究

夏征难在中国《外国军事学术》1991 年第 5 期发表文章，概述了近年来中国学术界对克劳塞维茨战争哲学思想的研究情况。

关于克劳塞维茨战争哲学思想渊源的问题 第一种观点认为，克劳塞维茨《战争论》的哲学方法论基础，主要是基瑟韦特的唯物主义哲学。理由是：(1)克劳塞维茨曾以极大的兴趣研究过基瑟韦特的哲学课程，并且是通过基瑟韦特的著作间接地领会康德哲学的；(2)基瑟韦特哲学与康德哲学有很大的不同，在基瑟韦特的哲学代表作中，已把康德哲学改造成为一种通俗易懂、基本上属于唯物主义性质的学说；(3)在被称为《战争论》“习作”的一系列军事论文中，可以找出一系列与基瑟韦特唯物主义哲学思想相近的战争哲学观点。

第二种观点认为，克劳塞维茨战争哲学思想主要渊源于康德哲学。理由是：(1)克劳塞维茨早在柏林军官学校学习期间，就特别爱听当时在柏林有名望的康德主义者基瑟韦特教授的哲学讲演；(2)综观《战争论》全书的内容、语言，处处可以看出由康德开始的德国哲学革命的影响；(3)列宁在阅读《战争论》时，不仅作了“从克劳塞维茨在其纯理论的著作中所运用的思维方法中，尚可看出基瑟韦特辩证方法的痕迹”的摘录，而且还在一旁批注：“＝康德主义者”；(4)列宁关于克劳塞维茨“受胎于黑格尔”的论述，主要是针对克劳塞维茨“战争无非是政治通过另一种手段的继续”这一战争定义而言的。

第三种观点认为，克劳塞维茨战争哲学思想深受18 世纪和 19 世纪初德国古典唯心主义辩证法的影响。早期，曾深受康德哲学及费希特哲学的影响。但在后期，对其战争哲学思想影响最大的是黑格尔哲学。理由是：(1)从基本概念上看，康德所谓自在之物，是集中表现康德哲学调和妥协性的二元论的概念，而克劳塞维茨所提出的“绝对战争”，是客观唯心主义一元论的概念，二者并不存在着必然的联系，相反，“绝对战争”与黑格尔所谓“绝对观念”倒是极为近似；(2)从哲学性质上看，康德哲学是以不可知论为代表形式的先验唯心主义，黑格尔哲学是客观唯心主义一元论，克劳塞维茨战争哲学则是客观唯心主义二元论，从他根据绝对战争研究现实战争的方法看，更接近于黑格尔哲学，只是在某种程度上背离了黑格尔哲学客观唯心主义一元论的性质；(3)从哲学方法上看，由于康德哲学有关矛盾的辩证思想，无不是以引向形而上学的解决而结束的，因而克劳塞维茨只能从康德哲学中领略到辩证的敏锐，不可能学到辩证的方法，而黑格尔哲学与克劳塞维茨战争哲学最重要的成果则都是辩证的方法；(4)从产生影响的条件上看，克劳塞维茨与黑格尔是同时代人，当克劳塞维茨致力于《战争论》的著述时，正值黑格尔哲学在德国处于主宰地位；(5)从列宁的有关论述看，列宁对克劳塞维茨所作的“＝康德主义者”的批注，仅仅是一个转述的形式，并不完全代表列宁本人的看法，之后关于克劳塞维茨“受胎于黑格尔”的论述，则是列宁经过深思熟虑作出的独特的结论。

关于“绝对战争和现实战争”学说的问题 一种观点认为，克劳塞维茨的这个学说，所使用的是“思想实验”的方法。理由是：(1)克劳塞维茨青年时代在柏林军官学校受过严格的自然科学训练，中晚年很注意研究科学的方法论问题；(2)克劳塞维茨在建构战争理论时，首先确立最抽象的“绝对战争”概念是符合从抽象上升到具体的方法论要求的；(3)“绝对战争”学说并非单纯逻辑推演的产物，它是有客观原型的，本质上是对拿破仑战争形态的一种反映和概括；(4)克劳塞维茨提出的从“绝对战争”到“现实战争”，再到“具有绝对战争形态的现实战争”学说，既标志着其完整理论体系的形成，又通过追究历史上战争形态等变化的内在原因，把问题引向应用性的战略决策方法。

另一种观点认为，克劳塞维茨提出的根据绝对战争研究现实战争的学说，具有唯心主义的性质。理由是：(1)克劳塞维茨所提出的“绝对战争”概念，就相当于黑格尔的“绝对观念”，是一种客观精神的东西；(2)所谓“绝对战争”的抽象，是从唯心主义前提出发，对战争性质所作的一种预设的、不可检验的逻辑推论，带有神秘的性质，因而是一种非科学的抽象；(3)克劳塞维茨从“绝对战争”的原始概念出发阐述其战争哲学理论体系的方法，同黑格尔建立客观唯心主义理论体系的方法在基本点上如出一辙；(4)克劳塞维茨并未把拿破仑战争作为“绝对战争”的原型，而是视拿破仑战争为一种“具有绝对形态的现实战争”；(5)克劳塞维茨虽然试图把“绝对战争”作为其战争哲学思想体系的基本出发点和必然归宿，但又没有完全局限于这一纯概念的抽象领域考察战争，而是旋即转入现实战争的分析，由此表现出其战争哲学思想的二元性质。

关于"先研究简单再研究复杂"方法的问题 一种观点认为,克劳塞维茨所表述的"先研究简单再研究复杂"的方法,同现代系统论与系统工程方法惊人的一致,事实上是系统方法和从抽象上升到具体方法的紧密结合。理由是:(1)克劳塞维茨的研究途径,不是把战争分解为几个孤立的部分,从部分求整体,而是开辟了崭新的道路,即从整体到部分,再从部分到整体;(2)研究战争既要从整体开始,又不能直接从整体开始,因而克劳塞维茨把综合和分析、整体和部分巧妙地结合起来,采取了一种从解剖"搏斗"入手,首先概括地揭露战争整体性质,然后联系整体的性质分析战争的各个要素、部分或环节,最后就战争的各个要素、部分或环节的内在联系研究战争整体的方法;(3)克劳塞维茨研究战争的基本方法,与近代传统科学以分析为主的"分析——综合"程序不同,而是从综合出发,在综合的基础上进行分析,再回到综合的"综合——分析——综合"的思维程序。

另一种观点认为,克劳塞维茨关于"先研究简单再研究复杂"的方法,实际上就是指从抽象上升到具体的法则。理由是:(1)克劳塞维茨的从整体到部分,再从部分到整体的思维方法,包括了把完整的对象分解为各个独立的要素、部分,以及把认识对象作为整体在思维中再现出来的分析和综合两个过程;(2)克劳塞维茨关于从整体到部分的表述,指的就是把完整的对象分解为各个独立的要素和部分,加以分别的考察,进而由感性具体升华为理性抽象的认识过程;(3)克劳塞维茨关于从部分到整体的表述,是指把认识对象作为整体在思维中再现出来的叙述过程;(4)尽管克劳塞维茨认为,我们的思想不是从抽象的研究而是从整个战争现象给我们的印象中得来的,但同时又认为,不能运用综合的方法直接把握战争的整体,而必须先把各个问题看作彼此分开的几个部分来研究,以便比较清楚的认识它们;(5)在如何进行分析的问题上,克劳塞维茨既重视分析和综合的外在联系,同时又很重视二者的内在联系,注重在分析之中运用综合;(6)克劳塞维茨的这个研究方法,不是黑格尔从抽象上升到具体方法的简单移用,而是作了自发唯物主义的颠倒。

关于战争"概然性规律"的问题 第一种看法认为,在《战争论》中存在着不可知论的幽灵。主要理由是:(1)在战争属性问题上,克劳塞维茨虽然也在几处提到了战争中的必然性,但却把它贬到了微不足道的地位,与此同时,克劳塞维茨又把战争中的偶然性和不确实性夸大到荒唐的程度,并认为,战争无论就其客观性质还是就其主观性质来看都近似赌博;(2)克劳塞维茨在谈到"绝对战争"时,虽然认为存在着三种相互作用的规律,然而,当转入现实战争后,他便竭力贬低、否定法则了,断言"法则"即"最普遍的规定"在战争中是"多余的"、"没有的",这就否定了人们认识和掌握战争规律的必要性和可能性。

第二种看法认为,《战争论》非但不是战争问题的不可知论,倒恰恰是更为深刻的战争问题的可知论。其主要理由是:(1)克劳塞维茨仅仅是在把战争作为一种单纯的军事活动来分析时才认为战争近似赌博,但又一再强调战争并不是一种单纯的军事活动,在战争中自始至终贯穿着政治的必然规律,故战争绝不是赌博;(2)克劳塞维茨在《战争论》中所着力批判的,恰恰是战争的赌博论,在这个问题上,克劳塞维茨正确地揭示了在战争运动中,除了有"确实可靠的"东西外,确实还有"不确实"、"不可靠"的东西。

第三种看法认为,克劳塞维茨是一位不彻底的战争问题的可知论者。其主要理由是:(1)克劳塞维茨曾公然申明,战争这个对象没有超出我们的认识能力,因而"能阐明"并"可以弄清楚"其内在联系,他在《战争论》中虽讲了许多偶然性,并大谈战争是一种赌博,但这并不是他要强调的重点;(2)克劳塞维茨为了把"强调必然"与"注意偶然"协调起来,创造性地提出了"概然性规律"的概念,这一概念完全符合规律的近似、不完全等特性,符合辩证唯物主义关于必然性与偶然性是辩证统一体的精神;(3)当然,克劳塞维茨对战争的偶然性也讲了一些过头话,对此应加以剔除。

第四种看法认为,克劳塞维茨是以不可知论为主导倾向的在战争规律问题上的二元论者。主要理由是:(1)克劳塞维茨曾在唯心主义的基础上较自觉地指出,战争是有其自身内在规律的,并认为,人们可以根据战争现象所提供的材料,来推断那些应该知道而尚未知道的将要发生的事情,战争的规律或多或少是可以被弄清楚的;(2)克劳塞维茨虽在反对用机械的思维方法寻找战争规律的基础上,揭示了战争所固有的特性,正确地指出了战争认识的特殊性,但又过份夸大了战争的不确实性和偶然性的特性,作出了"战争是以可能性、概然性、幸运和不幸运的赌博为基础的"错误结论,这在无形中就等于否定了战争的规律性和可知性,其结果,只能导致战争问题的不可知论。

关于"消灭敌人军队与保存自己军队"目的的问题 一种看法认为,克劳塞维茨在军事学术史上,第一次较为系统而完整地论述了消灭敌人军队与保存自己军队的辩证关系。理由是:(1)克劳塞维茨认为,"消灭敌人军队与保存自己军队"是一个不可分割的、相互影响和相辅相成的对立统一体;(2)他正确指出,当"保存自己军队"的企图占据矛盾的主要方面时,确实具有消极的意图，而且容纳了“消灭敌人军队”的积极手段，并将最终让位给“消灭敌人军队”的积极目的；(3)他始终强调，在“消灭敌人军队与保存自己军队”的关系中，消灭敌人军队是第一位的，实质上占据矛盾的主要方面。

另一种看法认为，克劳塞维茨并未科学地阐明消灭敌人军队与保存自己军队的战争目的问题。理由是：(1)具有唯心的性质。克劳塞维茨对战争目的的探讨，未能摆脱其所谓“绝对战争”和“现实战争”的框架，他所论述的“消灭敌人军队”是与以“绝对战争”为基本前提的“使敌人无力抵抗”的所谓抽象的战争目的相吻合的；(2)表述不确切。克劳塞维茨虽曾认为“消灭敌人军队与保存自己军队”是同一意图的不可缺少的两个方面，并较为辩证地探讨了二者的关系问题，但在考察二者的地位时，却又使用了“积极的目的”和“消极的目的”的字眼，这样，它们似乎就不是同一目的的两个方面，而是性质不同的两个目的了；(3)结论片面。克劳塞维茨在比较“消灭敌人军队与保存自己军队”的地位之后，得出结论说：“总之，在战争所能追求的目的中，消灭敌人军队永远是最高目的”，这在无形中把保存自己军队排斥在战争目的之外了，即便把“最高目的”的表述作为矛盾的主要方面来理解，但“永远”字眼的使用，也在一定程度上否定了“消灭敌人军队与保存自己军队”矛盾双方转化的可能性。

（鞭　骥）

战争和军事战略理论研究

中国关于战争和军事战略理论研究　关于战争理论的研究　中国在战争基本理论的研究方面，已逐渐形成了战争理论和局部战争理论两大领域。1991年，在战争理论方面的研究，主要集中于以下几个问题。

关于战争本质问题　有的作者运用反证法论证了“战争是政治的继续”这一马克思主义战争观的基本原理的普遍真理性，并列举了在这一问题上学术界出现过的3种观点：一是“否定论”，这种意见认为“战争是政治的继续”的论断，从来就不是马克思主义的基本原理；二是“局限论”，认为“战争是政治的继续”，只适用于一定的历史阶段和一定的战争范围；三是“折衷论”，这种意见对“战争是政治的继续”在本质上肯定，在功能上否定，从而总起来肯定一点而否定另一点。作者认为“‘战争是政治的继续’在当代并没有失去真理性与普遍适用性。所谓‘否定论’、‘局限论’、‘折衷论’都是错误的。不管是人类历史上最早的战争，还是对人类文明构成威胁的核大战，它们在本质上都仍然是政治的继续。”(张文杰《论“战争是政治的继续”的普遍适用性》，《国防大学学报》1991年第2期)有的作者从马克思和恩格斯的著作中，提取了这样几个观点：第一，战争是统治阶级通过暴力手段推行其平时政治的继续，政治决定战争的全过程；第二，各政治集团之间的社会政治矛盾决定了战争的性质；第三，战争对政治具有巨大的反作用；第四，战争具有特殊性，并非完全等同于政治。从马克思、恩格斯的这些观点中不难看出，“战争是政治的继续”一向是马克思、恩格斯用以观察和分析战争的基本观点。同时，作者还指出，列宁关于政治的概念是多种具体内容的统一，至少包括阶级斗争、国家政权、经济的集中表现、民族之间的关系、国家建设，而且列宁所指的政治概念不是固定不变的，而是随客观条件的变化而变化。从而为“战争是政治的继续”这一论断的普遍适用性提供了根本的理论证据。(张树德《正确理解马克思主义经典作家关于战争本质的论述》，《军事辩证法研究通讯》1991年第1期)

在战争本质方面也还存在着一些其他看法。有的作者认为，战争的本质有3个方面。即“生产关系决定政治暴力”的战争的经济本质，“战争是政治的继续”这一战争的政治本质，以及“保存自己，消灭敌人”这一区别于战争政治目的的军事行动本质。

总之，在战争本质问题上，1991年学术界进行了广泛而深入的探讨，基本上取得了共识，普遍认为，“战争是政治的继续”的论断今天仍然是分析研究战争的普遍适用的理论。

（刘先中）

关于核战争的政治属性问题　1991年中国的军事理论界，继续就核战争的政治属性问题进行讨论。仍然存在两种不同意见，一种意见认为，由于核武器的巨大杀伤破坏威力，核战争已不再是政治的继续。其理由是，相互摧毁效应使这种战争没有胜利者，也不可能达到任何政治目的。另一种意见认为，核武器不能抹煞战争的政治属性，核战争仍然是政治的继续。这种意见占主导地位。他们认为，战争的本质是通过战争的政治目的及其政治属性表现出来的，它不受战争手段以及战争技术的制约。核武器的出现，只是核战争与非核战争在方法、手段、效力上的不同，帝国主义、霸权主义发动或挑起战争的动因，仍然是为了达成政治目的。至于政治目的能否通过核战争来实现，这与核战争有无政治目的不是同一个问题，不能用战争的现实结局来否定战争的政治动因。历史上没有达到目的的战争很多，现在没有爆发核战争，恰恰是因为没有自取灭亡的政治，这种现象正是核战争是政治的继续的一种有力反证。作者还认为，核战争仍然是政治的继续，并非仅仅指某一时代或某一历史阶段的某一战争类型(形态或样式)的政治的继续，而是指整个人类社会发展进程中的政治的继续。持这种意见的作者承认，核武器具有巨大杀伤和破坏威力，对世界政治以及战争与和平有着重大影响，核武器在一定程度上成为制约世界战争的一个重要因素。但武器威力的大小和战争形态的变化，不能也不可能改变战争的政治本质，战争的本质完全取决于战争的社会原因和政治目的。(张培高《核武器不能抹煞战争的政治属性》，《解放军报》1991年10月4日)

(姚　成)

关于战争根源问题　帝国主义和霸权主义是现代战争的根源，这是关于现代战争根源问题的两个重要论断。学术界对此提出了许多见解，也引起一些争议。有的作者认为，“现代战争产生于帝国主义”的论断并没有过时。因为这一科学论断，是以列宁关于帝国主义的基本经济特征、基本矛盾的发展及其政治经济发展的不平衡性的深刻剖析为论据的。而通过对现实资本主义社会的客观分析，则可发现列宁的这些论据仍然站得住脚，资本主义的基本矛盾依然存在，垄断的本质特征并未改变，帝国主义仍旧是现代战争爆发的根源。作者接着分析了霸权主义与帝国主义之间的本质联系，并指出在战争根源问题上的上述两个论断是一致的，并不矛盾。认为“霸权主义作为一种国家行为，其外延要比帝国主义作为一种社会经济政治制度的外延宽泛得多。”作者还认为，霸权主义是当代战争的主要根源的论断，揭示了在当代社会不仅推行霸权主义的帝国主义国家必然发动战争，而且推行强权政治的其他社会制度的国家也是战争爆发的根源。可见，这一论断是对列宁关于“现代战争产生于帝国主义”论断的演化和发展，是现代条件下对战争根源的新的理论概括。(廖国良《现代战争根源的两个重要论断》，《中国军事科学》1991年第1期)

关于战争形态问题　有的作者以海湾战争为例，把高技术常规战争视为现代战争的一种完整的战争形态。他提出高技术常规战争的定义为：以非核高技术兵器和装备为主要手段而进行的现代战争。认为高技术常规战争与传统常规战争的区别在于：电子对抗已成为真正的第四维战场；制导武器逐渐成为作战的主要武器，导弹战和反导弹战越来越成为主要攻防作战样式；作战效能大大提高，交战节奏大大加快；高技术战争同时还是一场空前规模的信息战。此外，作者还论述了高技术常规战争与传统常规战争之间的联系，并指出高技术常规战争是传统战争的继承和发展，而不是对传统战争的完全否定。

现代战争中人和武器的关系　近些年来，学术界对于现代战争中究竟人和武器的关系怎样，是人的因素决定战争的胜负，还是高技术武器装备发挥了这种决定作用，发表了种种意见。1991年，许多作者运用马克思主义战争观的基本原理，结合海湾战争的实践，对此进行了有益的探讨。有的作者肯定了在高技术战争条件下，人的因素仍然是战争胜负的决定因素，并提出了3点理由：人是最活跃、最生动的因素，而武器则没有自觉意识和思维能力；武器虽然先进，但不可能尽善尽美，只有人才能发挥扬长避短的能动作用；战争正义与否也是由人的因素决定的，而战争的性质又注定了战争的成败。作者还结合实际运用人是战争胜负的决定因素这一科学论断来分析海湾战争双方的成败。并从以下7个方面论证了决定海湾战争胜负的因素是人而不是高技术武器装备：一是物质的决定力量与人的决定因素的统一性；二是人的因素不仅仅是指人的勇敢精神；三是人的因素包含了质和量两个方面；四是武器的劣势并非就等于人的因素的优势；五是人的因素的优劣可互相转化；六是人的因素不仅在短兵相接的战争中体现出来；七是人的因素并非仅指军队的素质。因此，人的因素是一个综合概念。

(刘先中)

关于局部战争理论研究　第二次世界大战结束以来，一些地区和国家连绵不断的战争，引起了学术界对局部战争这一特殊的战争形态的研究，特别是近期所发生的几场战争，以其显著的特点，给人们留下了更为深刻的印象和启示，推动了局部战争研究的深化和发展。现将1991年学术界关于局部战争研究情况综述如下。

关于现代局部战争的起因问题　近年来，随着美苏关系的缓和，人们对现代局部战争的起因出现了几种不同看法。

*霸权主义依然是现代局部战争的根源。*许多学者认为，尽管冷战结束，标志着第二次世界大战以来两强

争霸的局面已不复存在，但并不意味着霸权主义这个战争因素就不再起作用。首先，美国的霸权主义政策没有改变，相反，乘苏联削弱之机，美国加紧扩张势力范围的行动更加明目张胆，这无疑是缓和背景下最主要的不安定因素。其次，一些地区性强国趁机扩张，力图填补苏联退出后留下的真空，在本地区谋求称霸，这种挑战必然同美国的霸权主义政策产生尖锐矛盾。此外，从美国在海湾战争后对中东地区所作的政治安排，也可清楚地看出其霸权主义的实质，即通过海湾战争来实现由美国为霸主的所谓“国际新秩序”。因此，尽管海湾战争中美国打出的是主持“正义”的旗号，但依然掩盖不住霸权主义的争斗是海湾战火真实起因的事实。（参见刘义昌、汪庆荣《综合国力面面观》，《中国军事科学》1991 年第 4 期；廖国良《现代战争根源的两个重要论断》，《中国军事科学》1991 年第 1 期）

*战略力量对比的失衡是导致局部战争的重要原因。*有些学者认为，在以往美苏处于战略均势的时期，美国虽然参加了一些局部战争，但因担心苏联的介入会引发大战，往往有所克制，对中东等热点地区更是小心翼翼。近年来，苏联对美国力量对比上的失衡，助长了美国插手中东，建立以自己为主导的“国际新秩序”的野心，海湾战争就是两极体制向多极格局过渡时期的一种必然现象。（参见翟志钢《富国焉能不强兵》，《国防》1991 年第 3 期；胡文龙《试论当今世界格局的变化与发展》，《中国军事科学》1991 年第 1 期）还有一种看法认为，海湾战争是由于伊拉克侵略一个主权国家造成的。但多数学者认为这种看法仅就战争的表面现象看问题，未能揭示出导致战争的深层原因。（参见《海湾战争的教训》，《海湾战争评说》，新华社参考新闻编辑部 1991 年 3 月出版；军事科学院外国军事研究部翻译《美国国防部报告——海湾战争》（前言），军事科学出版社 1991 年 12 月出版）

关于局部战争定义及其分类问题　第二次世界大战后所发生的战争，由于规模和持续时间不一，以及人们观察战争时的角度不一，人们对于局部战争的定义也未能取得一致认识。有的学者从是否使用核武器的角度观察问题，主张将局部战争划分为核局部战争（即有节制地使用核武器的局部战争）和非核局部战争（即使用除核武器以外作战手段的局部战争）两种；有的则从战争的规模和程度的角度观察问题，主张将局部战争划分为 3 个层次：(1)世界性局部战争。认为它在局部战争中规模最大、范围最广。如海湾战争中参战国家有 28 个，遍及 5 个洲；参加对伊制裁的国家有 125 个，直接或间接参战的国家数目与两次世界大战相差无几。由于超级大国参加，及其与地区性军事强国之间有明显的力量差距，从而使战争不会扩大到世界更多的地区。(2)地区性局部战争。是指在某一地区爆发，由该地区几个或更多国家参与的战争，其规模和程度稍逊于世界性局部战争。由于这种战争往往受到超级大国的操纵和控制，因此，其目的、规模和时间都是有限的，并具有明显的可控性。(3)国家间的局部战争。是指相互对立的两个国家间发生的战争，由于超级大国的操纵，或直接介入，使其可控性、有限性更为明显。尽管有的战争时间拖得很久，但其规模、范围和强度都与地区性局部战争有明显的区别。(4)战斗式局部战争。这种战争规模之小、时间之短，介于战争与战术行动之间，反映了局部战争的战略与战斗向一体化转化的新趋向。如 1985 年 10 月 1 日，以色列对巴勒斯坦解放组织设在突尼斯的总部的袭击，以其“战斗式战争”和“战争式战斗”的特点被人们视为局部战争形态中的新现象。（陈洪武《局部战争演变现象初探》，《国防》1991 年第 5 期）有学者从高技术武器运用的多少观察问题，主张将局部战争分为常规局部战争、高技术常规局部战争以及核局部战争。认为高技术把常规局部战争推进到一个新阶段，使之具有了特殊的国际背景和“世界性震动”的影响和作用，同时又可将战争控制在一定规模和层次上。也有些学者认为，高技术兵器的使用会刺激和加剧核武器的扩散，一些不具备发展高技术物质基础的国家，可能加快发展核力量，通过尽快掌握核技术与高技术威慑相对抗，使常规战争转化为核战争的可能性增大。（陈洪武《局部战争演变现象初探》，《国防》1991 年第 5 期）

关于局部战争的主要作战样式问题　近期几场局部战争所呈现出的各不相同的作战样式，引起了学术界的极大关注，并就局部战争的主要作战样式展开了研究和讨论，出现了几种不同看法。

*“外科手术式”的作战样式将占重要地位。*第一种看法认为，由于当今局部战争的目的大多有限，战略攻击的目标比较明确；加之高技术武器在军事领域的应用，拉大了超级大国与其他国家在军事实力上的差距，从而使得通过“瞬间”空中打击即能除掉要害部位的“外科手术式”的战争样式成为可能。这种战争样式既能迅速有效地实现战争目的，又能大大缩短战争时间，避免持久战争所带来的诸多麻烦，因此，在一些军事大国备受推崇，并很可能成为今后军事大国对付中小国家采取的主要作战样式。（参见吴鹏《“外科手术式”战争》，《国防》1991 年第 11 期；谢朝晖、罗庆旺主编《美国与利比亚冲突的前前后后》，《战后世界重大事件始末》，军事科学出版社 1991 年 1 月出版）

*空袭作战是局部战争的主要作战样式。*第二种看

法认为，仅靠“外科手术式”的空中袭击来实现战略目的的战争，并不具有普遍性，然而大规模空袭作战却反映了作战样式的必然发展趋势。持这种观点的人指出，现代科学技术的迅猛发展，已使空中力量具有前所未有的威力。海湾战争中，多国部队仅38天空袭作战就削弱对方地面部队约50%的作战能力，并在一定程度上直接达成战争目的的事实表明，空军已成为决定现代战争胜负的主要力量，空袭作战已成为局部战争的主要作战样式，而地面作战在战争中则首次沦为“配角”的地位。（参见陈伯江《现代空袭样式的主要特征及其对防空作战的影响》，《中国军事科学》1991年第4期）值得注意的是，有的作者极力夸大空袭作战作用，并提出空军单军种制胜论。这种观点的代表人物是美国空军上校约翰·沃登。他在《空中战役：制定作战计划》一书中探讨了单一军种战区战役的问题，对杜黑的“空军制胜论”作了进一步发挥，提出仅靠空军力量就可以在局部战争中克敌制胜，独立的空袭作战将成为局部战争的基本作战样式。这种观点目前在美空军中有一定影响。（华沙、刘思中译校《影响空中作战的单军种制胜论》，《外军资料》专辑，1991年3月20日）

地面作战在局部战争中仍起决定性作用。第三种看法认为，空中袭击可使一个国家陷于十分被动的地位，但并不能彻底摧毁一个国家的军事力量。持这种看法的人以海湾战争中，伊军在多国部队38天的猛烈空袭面前没有投降，而当多国部队发起地面攻击后不久即宣布投降的事实说明，无论高技术武器怎样发展，都改变不了陆军在战争中的“主角”地位，地面作战将始终是局部战争的主要作战样式。（参见姚跃旋《陆军，战争的利剑》，《国防》1991年第2期）

空地一体作战将成为局部战争的主要作战样式之一。第四种看法认为，过分强调哪个军种的作用，都不现实，夺取战争胜利，关键要靠各军兵种密切配合、协同作战所产生的整体合力。美军所提出的“空地一体战”理论就展示了这样一种崭新的作战样式，海湾战争就是这种理论的首次“亮相”和成功试验。目前，这种观点已引起西方和一些第三世界国家的高度重视。（参见李佑义、李岩岩、杨中成《高技术常规武器的发展及对未来战争的影响》（续），《国防》1991年第5期）

人民战争仍是战争的主要作战样式之一。还有一种看法认为，人民战争将成为第三世界国家抵御大国侵略的主要作战样式。这种作战样式因国情各异而表现形式不一，但其本质特点都是：紧密依靠本国的人民群众，采取游击战和机动战相结合的战法，以持久战逐渐消耗大国国力，进而达到战而胜之的目的。越南人民的抗美斗争就是小国采取人民战争的形式，战胜大国的一个成功范例。持这种看法的人强调，即使在高技术的条件下，这种作战样式依然大有用场。大力开展高技术条件下人民战争战法的研究将是今后第三世界国家军事学术研究的一个重要课题。（参见谢国良等《试析新时期邓小平军事战略思想》，《中国军事科学》1990年第4期）

关于高技术武器对局部战争的影响问题 从高技术武器在英阿马岛战争中初露头角，到海湾战争中的大量运用，高技术武器对战争的影响问题已成为人们对局部战争研究中的一个热点。对此，目前主要有这样几种意见：

高技术武器在现代局部战争中具有极其重要的地位和作用。一些学者认为，高技术在战争中的广泛应用，大大提高了军队的作战能力，给战争指导、战争进程和结局都带来深刻的影响。首先，它使电子对抗成为重要的第四维战场，电磁优势与制电磁权对于制空权以致战争主动权的夺取具有比以往更大的意义。其次，以激光制导、红外制导、电视制导等多种精确制导武器，正在成为交战兵器中的主角，导弹战与反导弹战正成为攻防作战的重要方式。其三，空中袭击的突然性可能轻易达成。具有高速突防能力的隐形飞机投入战场，电子战飞机和各种电子干扰设备所实施的“软杀伤”，精确制导的反雷达导弹的使用，使以往依靠多种战略欺骗、伪装、佯动等谋略手段才能实现的突袭得以轻易实现，也使人们对空袭突然性的认识大为改观。同时，大规模连续的空袭作战，也使地面交战和战争的进程大大加快。其四，以军用通信卫星、预警卫星、预警指挥飞机和高速计算机网络构成的高度自动化的指挥系统，对在各种复杂情况下实施有效的战场指挥控制，起到了巨大的作用，保证了连续战略空袭和空地协同作战的有序进行。其五，增大了交战的空间距离，缩短了地面作战的时间，从而最大限度地减少了人员的伤亡。因此，战争中拥有高技术优势的一方将更多地掌握着战争的主动权，并具有赢得战争的最大可能性。（参见王普丰《高技术战争的特征及影响》，《世界军事》1991年第3期；柯斯《海湾战争初探》，《世界知识》1991年第3期）

高技术武器并不是战争胜负的决定因素。另一种意见认为，尽管高技术武器装备在现代战争中所起的作用愈加显著，但并非十全十美，仍存在着一些明显的弱点：一是目标侦察有局限性。卫星在侦察地面目标方面虽神通广大，但对隐蔽于地下深层或伪装巧妙的目标却不易发现。二是摧毁地下目标的能力有限。海湾战争中，伊拉克曾采用“深挖洞”的原始防护方法，有效地保护了相当一批武器装备。三是许多先进武器装备

容易受到气象、地理条件的制约。四是先进的武器装备对先进的武器装备有制约作用，对一般性武器却起不了作用。如先进的飞机可以使地空导弹失灵，而对那些只依靠人工瞄准的高射炮却没有办法。五是高技术武器只有与其他武器配合使用，其优越性才能得到充分发挥。六是高技术武器造价昂贵，使用国一般负担不起。因此，对高技术武器应有一个全面的认识，既要看到其优势的一面，也要看到其弱点的一面，进而找出克制高技术武器的方法来。（参见何惠《评说海湾攻防战》，《世界军事》1991 年第 3 期；李爱忠《冷战后遗症》，《世界军事》1991 年第 2 期）

*高技术武器装备不能改变人的因素对战争胜负所起的决定性作用。*还有一种意见认为，现代战争中，高技术的影响和作用增大了，但它并不能改变人与物的关系，任何武器都是由人发明和操纵的，高技术武器也不例外，而且技术越先进，人的作用就越突出。人的素质决定武器装备效能发挥的程度，离开人，再先进的武器也难以派上用场。所以，决定战争胜负的不可能是一两件新式武器，而是能有效地发挥武器作用的人。对此必须有一个正确的认识，才不致于陷入“唯武器论”的泥坑。此外，在强调人的因素时，还应注意不要把人的因素仅仅理解为一个量的概念。人的质量是构成人的因素的重要成分，特别是在高技术的条件下，质量的优劣比数量的多寡更具有优势。从这个意义上说，质量建军可说是高技术条件下军队建设的必由之路。（参见晓湖《对海湾战争结局的一点思索》，《世界知识》1991 年第 7 期；李佑义、李岩岩、杨中成《高技术常规武器的发展及对未来战争的影响》（续），《国防》1991 年第 5 期）

关于高技术条件下局部战争的后勤保障问题　高技术武器装备大批投入使用，给战争的后勤保障工作带来不少新问题。对此，学术界主要有两种看法。

*高技术条件下战争的后勤供给难以保障。*一些学者认为，由于“外科手术式”的空袭作战持续时间短、准备时间充分，后勤保障方面的问题尚不明显，而在较大规模的高技术战争中，后勤保障方面的问题将变得十分突出。首先，军运能力难以满足战争需求。根据不同时期装甲师后勤供应量的统计表明，当今装甲师的后勤需求已远远超过第二次世界大战时的水平。第二次世界大战时，装甲师日需求量为 500 吨弹药和 3000 吨其他物资；而“沙漠风暴”行动期间，装甲师日需求为 5000 吨弹药，55.5 万加仑油料，30 万加仑水和其他多种物资。巨大的物资需求量，需要从万里之外的美国运送，使得军运能力居世界之首的美国也感到力不从心。美一研究机构指出，美军要支持一场大规模的海外战争，至少需 650 艘现代化远洋轮，但目前其海运司令部加上航商船队尚不足 440 艘，而且许多船只老化，运输组织方面存在某些紊乱现象，也对军运能力产生严重影响。此外，美军战略空运能力在运输高峰阶段也只能满足 80% 的战争需求。其次，技术保障的负担难以承受。先进的武器装备，往往容易受到气候、地理等环境因素影响。如海湾沙漠环境的影响，曾使美军的先进武器装备战术技术性能降低了 10%，尽管美军增加了维修和保养的次数，使用和维修保养比例高达 1∶10 以上，武器装备的机械事故仍不断发生，以致美军不得不一再减少飞行次数和坦克开动次数，以减轻维修保养工作的沉重负担。其三，高技术战争耗资巨大，不堪负担。其主要原因在于高技术武器价格十分昂贵。如“战斧”式巡航导弹每枚 130 万美元，“爱国者”导弹每枚 100 万美元，F－15 战斗轰炸机每架 5000 万美元。海湾战争的第一天，美国仅发射 120 枚“战斧”式巡航导弹就耗资 1.56 亿美元。据统计，海湾战争平均日直接耗资达 10 亿美元，是越南战争日耗资额的 5 倍，甚至超过了以损失惨重而著称的第 4 次中东战争。可见，高技术战争就是高消耗战争，它使包括美国在内的任何国家都难于负担。（参见王勇、康炳清《对美国“沙漠盾牌”行动的几点看法》，《外国军事学术》1991 年第 3 期；张宇《多国部队的军费筹措》，《世界知识》1991 年第 4 期）

*海湾战争为高技术战争的后勤保障提供了有益的经验。*有些学者认为，现代战争从某种意义上说是在打后勤，大规模高技术战争则对后勤保障提出了更高的要求。他们认为，海湾战争中，美国的做法为人们研究和解决这一问题提供了成功的经验。(1)采取多种手段保障战略运输。首先是空运和海运相结合。美军为保证“沙漠盾牌”行动的尽快实施，先将首批应急部队和轻装备实施空运，仅 17 小时即抵达 1 万余公里外的沙特，随后海运船队将 95% 以上的油料、物资和重装部队陆续运到。这样，仅 5 周时间，驻沙特美军就具备了将伊军赶出科威特的作战能力。同侵朝战争和侵越战争时相比，美军部署兵力的能力已相当于那两次战争的 3 倍或 3 倍以上。其次是军民结合。为将海湾所需的大批物资及时运抵作战地区，美军在发掘军队现有运输潜力的同时，还征用了民用飞机百余架和运输船只 270 余艘，动员车皮 2600 节，租用运货卡车 6700 辆，从而大大增强了战略运输能力。再次，是借助盟国的运输力量。美国在要求沙特、德、法等国提供机场、途中加油和维修服务的同时，租用了大批外国船只和运货卡车，有效地弥补了本国运输力量的不足。(2)多方筹措战争经费。在筹集海湾战争所需的 560 亿美元巨额经费时，美国主要通过三个途径加以解决：一是由盟

国(主要是沙特、科威特等中东巨富和日本、德国等经济大国)提供大部分美元援助;二是请求国会批准战争拨款;三是由英、法等国分摊一定数额的款项。(3)加紧国防工业动员。"沙漠盾牌"的命令发布后,美国防部采购部门迅速同国防工业有关公司签订合同,使前线急需装备、物资尽快投产,送往前线。仅三周时间,就为前线官兵制作沙漠战斗服20万套,随后又赶制出各类军用地图3500万份,大批防化装备和各类武器零部件等,有力地支持了战争的进行。(4)注意改进战地后勤供给方法。为解决数十万大军的后勤保障问题,美军在沙特沙漠上建起大批各类物资补给站、军械修理所、战地医院和淡水加工厂等。地面战争开始后,美军又以设立机载前沿加油站和前进补给基地等"蛙跳"式供应新方法,较好地解决了现代战争条件下机动部队保障难的难题。(刘书礼《从"沙漠盾牌行动"看美军建设》,《国防》1991年第3期)

关于《孙子》对现代局部战争的指导意义 随着近年来人们对《孙子》兵法的深入研究,许多学者对《孙子》与局部战争的作战指导之间的联系进行了初步探讨,现将主要观点综述如下。

孙子"不战而屈人之兵"的思想是指导局部战争的基本策略。有的学者提出以下几点看法:(1)"必以全争天下"已成为现代局部战争追求的重要目标。具体表现:其一,"伐谋""伐交"等战略策略被广泛运用。这种通过政治、外交、军事的综合效益来赢得多数国家支持,孤立和瓦解敌人,进而使之不战而屈就的战争策略已在现代战争中得到普遍重视,并被奉为应遵循的原则。其二,"以镒称铢"的作用明显提高。"以镒称铢"是强调必须以绝对优势的力量对比,迫使敌国处于孤立地位,进而谋求战争的胜利。这一思想指出了提高综合国力,保持强大军力和常备不懈的重要意义。其三,"重战"思想引起普遍重视。"重战"思想是孙子基于天下存在战争威胁的实际情况提出的,其现实意义在于告诫人们,在发展经济的同时,绝不能忘记应有的战争准备,唯此才能有效地制止战争,并对经济发展起到维护和推动作用。(2)"非利不动,非得不用,非危不战"已成为现代局部战争决策的重要依据。这一古朴的战争功利观告诉人们:决定一场战争打与不打的最高准则在于,看其是否符合国家的根本利益,国家能否获取实惠,是否到了非战不可的危急关头。(3)"夫兵久而利国者,未之有也"已成为把握现代局部战争规模和进程的重要着眼点。这一思想告诫人们,不要随意扩大战争规模,不能轻易提高战争等级。力求以达成战略目的为前提,尽量缩短战争时间,缩小战争规模。当年美军侵越作战部队司令威斯特摩兰将军在给美国国防部的一份报告中曾引用《孙子》的这段话,提出应尽早从越南撤军的主张。

孙子"奇袭、速胜,因情用兵"的思想是局部战争作战的重要原则。有的学者认为,这一原则主要包括:(1)"攻其不备、出其不意"的原则。它告诉人们,只有突然袭击才能使敌因准备不足而丧失有效抵抗,在战争一开始就处于被动地位。在现代战争中,达成战争突然性已成为进攻一方力求取得优势而普遍采用的重要手段。(2)"兵贵胜、不贵久"的原则。这是孙子从战争对人力、物力、财力的依赖关系出发提出的速战速胜方针。纵观第二次世界大战后的百多场局部战争,在作战指导上大都强调速战速决。美国侵越战争、两伊战争也从反面证实了这一思想的正确性。(3)"因敌制敌"思想。这一思想要求根据敌情的变化发展,不断变化作战方略,以达成战略目的。反对经验主义和固守老一套作战模式。

孙子"兵众孰强""士卒孰练"的思想是局部战争作战准备的先决条件。有的学者认为,第一,这一思想首次把"兵众",也就是武器装备的优劣提高到战略地位来认识,对今天的人们仍不失启迪意义。在高技术广泛应用于军事领域的情况下,武器的优势已成为夺取战争主动权以及战争胜利的重要条件。第二,这一思想强调了对"士卒",即全体官兵的训练,现代战争则对作战人员的素质提出了更高的要求。美军袭击利比亚、以色列袭击伊拉克核设施时准确无误的攻击行动表明,要赢得现代战争的胜利,既要靠先进的武器装备,又要靠具有良好素质的作战人员。(参见王建民《〈孙子〉对现代局部战争的指导意义》,《中国军事科学》1991年第2期)

(王湘江)

关于军事战略基础理论研究 学术界在关于军事战略基础理论研究方面主要集中于以下几个问题。

军事战略概念 关于军事战略概念,存在着两种观点。一种观点认为:战略是对军事斗争全局的筹划和指导。主要理由是,相对和平时期的军事战略,其内容应该更加宽泛,必须包括边海防斗争和应付其他突发事件。它可能导致战争,但也可能不会引发战争,而这些都是在军事斗争的领域内。另一种观点认为:战略是筹划和指导战争全局的方略。因为战略研究的对象没有发生变化,战略概念的基本属性没有变。此外如果把范围扩大到军事斗争全局,还易把战略学混为军事科学。(《军事百科通讯·增页》1991年第78期)

军事战略的性质 有的作者认为,世界上所有国家的军事战略,按其性质可分为两种:进攻战略和防御战略。前者是指筹划国家武装力量对外进行侵略扩张的方略，后者则是国家谋求反侵略，保卫主权和独立的方略。前者的特征是侵略扩张、军国主义，迷信武器的优势，先发制人和突然袭击；后者的特征是自卫与后发制人，爱国主义，人民群众观点。这是两种截然相反的战略，是由国家的内外政治决定的。（王金城《正确认识分析两种不同性质的军事战略》，《国防大学学报》1991年第1期）

积极防御战略思想 在新的历史条件下，积极防御战略思想在进一步发展和深化。有的作者就积极防御战略思想，在新的历史条件下的深化问题，提出了三个方面意见。第一，把制止战争作为战略指导上的一个基本思想，并把它放到了优先考虑的位置上；第二，从现实的军事斗争新情况出发，根据新的战略形势，把可能发生的局部战争和军事冲突的研究摆到突出的位置；第三，这一思想在两个层次上同时得到发展。在国防和军事政策这个层次上，它已经大大超出了一般的攻防作战辩证关系的范畴，而是在更高的层次上进行准备战争、实施战争和制止战争三者之间的有机结合；在战略作战这个层次上，它仍是一种建立在积极的攻防行动基础上的攻势防御、决战防御，但其具体内容也发生了许多变化。另外，作者还提出了积极防御战略思想在指导范围上的三种变化。一是不仅包括战争的准备和实施，而且包括和平时期多种形式的军事斗争；二是不仅包括当前面临的现实斗争，而且包括未来的长远斗争；三是不仅包括军事力量的使用，而且包括军事力量的建设。（马平《在新的历史条件下运用和发展毛泽东积极防御战略思想》，《国防大学学报》1991年第2期）

战略威慑理论 结合海湾战争威慑与实战的具体情况，学术界对威慑的功能、威慑与实战的关系等理论问题提出了一些新的见解。有的作者认为："在当今世界错综复杂的形势下，战争仍然是解决矛盾的一种重要手段。'不战而屈人之兵'的威慑，在战略上并不能完全代替战争的功能。"战略威慑功能在实践中会受到多种限制，核威慑不能代替常规战争；威慑也会因种种原因而失灵，真正有效的威慑必须有绝对可靠的实战基础。威慑、实战两面观，即"威慑作为战争力量运用的一种方式，只能服从于战争的规律，而不能凌驾于战争规律之上。当矛盾发展到非以战争解决问题不可的时候，威慑是起不到制止战争的作用的"。

关于军事战略应用理论研究 学术界在军事战略应用理论方面，重点放在战略环境、战略指导和关于军种的战略运用等问题上。

战略环境 1991年，世界形势发生了深刻的变化。战略环境成为学术界研究的热点，归纳起来有以下几点。

关于国际战略格局问题。多数人的观点是，旧的战略格局已经瓦解，新的格局尚未形成。有的作者认为，旧的战略格局的瓦解表现为：苏联解体及其战略收缩；东欧剧变；美国地位相对突出；德国的统一；日本的崛起；中国的发展；地区霸权的形成，等等。有的作者则从三个世界理论入手，分析旧的战略格局瓦解的具体表现：一是苏联解体引起苏美争霸格局的瓦解；二是第二世界中新生力量的崛起，打破了原有的世界力量平衡格局；三是第三世界力量中出现的若干新情况，对旧格局的瓦解产生重大影响。认为在世界旧的战略格局瓦解过程中，起主导作用的，仍是三个世界的矛盾斗争，特点是美苏争霸和世界各国人民的反霸斗争。三个世界的其他矛盾，即第二世界与第三世界的矛盾，第二世界各国之间的矛盾，第三世界各国之间的矛盾，也都起着不可忽略的作用，然而，与主要矛盾相比则处于次要地位，且都是在主要矛盾左右下发生作用。作者认为，在新格局的形成过程中，影响未来世界战略格局变化的重要因素有以下几种：美苏矛盾的发展情况；争霸与反霸的矛盾；美国与第二世界国家间的矛盾；第二世界国家各国的矛盾；地区霸权主义。（胡文龙《试论当今世界格局的变化与发展》，《中国军事科学》1991年第1期）许多作者对新的战略格局进行了预测。有的作者提出90年代五大战略力量在三个不同层次上所构成的战略格局。五大战略力量包括美、苏、中、日、西欧。三个力量结构层次，包括影响战略全局的主导层次，经济领域内的力量层次，世界政治中的力量层次。（顾德欣《90年代战略力量结构三层次》，《国防大学学报》1991年第5期）有的作者则提出，未来的战略格局将由两极向多极发展，其间很可能出现一个一极多元的过渡时期。（胡文龙《试论当今世界格局的变化与发展》，《中国军事科学》1991年第1期）

关于世界军事形势问题。有的作者认为，全球军事形势的主流是缓和，爆发世界大战的可能性进一步减小；地区性军事危机更加突出。不稳定的地区大多出现在利益交汇区，资源密集区，战略枢纽区，宗教重迭区，领土争议区，民族对立区。有的作者除发表与上述意见相同的观点以外，还认为，东西方军事力量对比，西方占明显优势；世界新的军事战略格局正在形成；世界各主要大国将进入军事思想和军事战略调整的活跃时期。（王仲春《当前世界军事形势的几个特征》，《国防大学学报》1991年第1期）

关于亚太格局和军事形势。有的作者认为，亚太形势与世界形势一样，总的趋势是缓和，但不稳定因素仍很突出。亚太地区的安全问题存在着以下几个特点：一是亚太地区国家安全的首要问题是反对侵略和干涉；二是亚太地区无明显的集团对峙；三是该地区不大可能成为爆发世界大战的根源，但局部战争相对频繁。局部战争的起因表现在：外国力量在该地区的存在；本地区内地区性强国军事力量不断增长；该地区内国家间的领土、边界、民族、教派等矛盾尖锐。有的作者则提出，亚太地区的地区战略格局与欧洲相比，呈现出相对稳定性。这种稳定性主要表现在：大国在亚太地区的军事对峙，不如欧洲那样能迅速得到缓解；亚太的美、苏、中“大三角”格局没有发生根本变化；亚洲社会主义国家具有较强的生命力，等等。（徐纬地《近年来亚太战略形势浅析与展望》，《国防大学学报》1991年第1期）

战略指导 关于战略指导问题，1991年，学术界主要提出了以下一些观点。有的作者认为，把打赢战争和推迟战争辩证地统一起来，注重发挥遏制战争的战略指导功能；把战略空间进一步扩展向陆、海、空、天的多维空间，使军事战略释放出全方位、整体的指导效能；进一步关注局部战争、军事冲突、高技术军事打击以及国内可能的突发性事件，进一步重视多种斗争方式的综合使用。（崔杰《和平时期我国军事战略应着眼于国家利益》，《国防大学学报》1991年第4期）还有的作者则认为，新时期的战略指导，必须突出提高周边防卫能力。作者谈到了提高周边防卫能力的必要性和迫切性，应确立的指导思想以及需要着重解决的几个问题。

（刘先中）

中国的核战略及其特点 过去一个较长时期，中国对本国核政策和核战略的研究，一直采取谨慎态度。近几年来，特别是1991年，在公开发行的报刊上，发表了不少研究文章，有的作者认为，中国的核战略是“有限核威慑”战略。有以下5个特点：

明显的防御性质。有的作者认为，中国的社会主义制度，从根本上消灭了对外扩张、侵略的社会根源。这就决定了中国的军事战略和核战略是防御性的，而不是进攻性的。中国发展核武器完全是被迫的、自卫的。在世界各有核国家中，中国是第1个承担义务不首先使用核武器的国家。中国发展核武器，完全是为了打破超级大国的核垄断，遏制超级大国对中国使用核武器，具有明显的防御性质。

发挥威慑作用。核力量的主要作用在于威慑。有的作者指出，当今世界，任何一个国家的核力量，其威慑作用远远大于其实战作用。作者认为，中国核力量也不例外。所谓威慑作用，即用可靠的核报复力量及实现报复的意志和决心，使侵略者在权衡发动核战争得失时，必须考虑所要承受的核报复后果和风险。中国的核威慑是针对对中国构成核威胁的核国家，而不是针对无核国家。中国严格区分“威慑”和“威胁”，从根本上反对诉诸武力（包括核武力）和以武力（包括核武力）相威胁。

行使报复权利。有的作者认为，不首先使用核武器，既是中国的一项国策，也是中国核战略运用最基本的原则。作者认为，不首先使用核武器，并不是不使用核武器，它意味着，(1)在战争中不首先使用核武器；(2)中国一旦遭到核武器的攻击，必定要依据国际法和《联合国宪章》的有关规定，正当而合法地行使国家所拥有的报复的自然权利，以自己的核力量给予有效的核还击，因此，中国的核反击是后发的、合乎国际法的行动。

有限和有效性。有的作者认为，中国是一个发展中国家，国力有限，必须集中力量发展国民经济。即使将来中国的国力强盛了，也决不会与核大国进行核军备竞赛。作者认为，中国的核力量在数量、规模上是有限的；进行核反击所要达成的战略目的、作战手段与打击的战略目标，也是有限的。但是，鉴于核武器的巨大杀伤破坏威力，这支精干有限的核力量又是极其有效的。作者认为，中国的核力量已经具有一定规模和实战能力，一旦遭到核攻击就能实施有效的核反击。在军事上给敌方的战略力量以沉重打击；在经济上，使敌遭受到难以承受的损失，破坏其继续进行战争的潜力；在政治上，给敌以强大震撼，动摇其意志和决心，造成敌方在国际斗争中的被动地位。

独立自主性。有的作者认为，中国的核力量从总体来说，虽然还不够强大，但是由于中国奉行独立自主的外交政策，有独立运用自己核力量的意志和能力，不受任何外来力量的支配和干涉，因此，在世界战略格局中，具有特殊作用。（杨旭华《威慑论》，国防大学出版社1990年7月）

（姚　成）

美国军事战略问题研究 1991年，世界军事形势继续出现急剧而深刻的变化。海湾战争的爆发、华约的解散，尤其是苏联的解体，促使美国加快其军事战略调整的步伐。根据一年来美国政府高级官员及专家学者发表的报告、讲话、文章，以及美军的实际变化，可以看出，美国军事战略的调整仍是遵循布什总统1990年8月2日在科罗拉多州阿斯彭学会讲话中提出的新的防务战略的基本思想，并且在原有基础上进一步深化和具体化。现将1991年美国军事战略调整的内容分专题介绍如下：

关于战略目标问题 战后，美国历届政府制定的军事战略均以"遏制苏联的威胁"为主要目标，而在美国防部提交的1991年《国防报告》中则明确指出，由于苏联和东欧形势的变化、德国的统一、华约的解体、苏联从东欧撤军等因素，美国和北约盟国将不再面临以欧洲为中心的全球战争的传统威胁。而随着苏联全球性威胁的减少，在一些重大地区对美国利益的威胁将不断增加。这些威胁包括恐怖活动、毒品走私、颠覆叛乱、武器扩散以及局部冲突等等。因此，美国军事战略的重点将从对付全球性战争转为对付地区性冲突。实际上，也就是美国军事战略的主要目标从"遏制苏联的威胁"转为"对付地区性的冲突"。对于这一点，美国朝野上下的意见几乎没有什么分歧。但在对待苏联军事力量的问题上，美国防部仍坚持认为，苏联的军事威胁虽然大大减少，但其依然是世界上唯一能够摧毁美国的国家。因此，美国仍需严密注视苏联军事力量的发展变化。但一些专家学者则认为，应根据苏联的变化采取全新的对策。美前副国防部长伊克尔在1991年12月13日《纽约时报》上发表的文章中主张，华盛顿应与莫斯科合作，创建美一俄防御共同体。从而结束核对峙，消除核对抗，着手建立持久的和平。

关于战争准备问题 鉴于美国军事战略的目标发生了变化，因此美国要求重点加强对付低、中强度战争的准备。特别是年初海湾战争之后，美军方更是强调要着重研究对付海外地区发生的局部冲突问题。在作战理论上，尽管美军早在1982年就已提出空地一体作战理论，但在实战中大规模运用并取得成功，海湾战争还是第一次。目前，美军正在总结经验，吸取教训，进一步研究如何在未来作战中更好地应用空地一体作战理论。在作战规模和样式上，美军方估计，未来地区冲突的规模将会比海湾战争的规模小，应付未来地区冲突可以遵循此次海湾战争的样式，即：首先，轻装师和空降师作出反应，同时，在发生突发事件的区域部署航母舰队，作为地面部队的前驱；其次，如果必要，将部署海军陆战队远征旅；最后，再使用重型部队。尽管战争准备和作战理论历来都是引起美国军界和防务专家进行争论的问题，但由于1991年苏联彻底走向解体的结局已经明朗，再加上年初美军成功地实施了海湾作战行动，因此美国各界有关人士在这个问题上的意见基本趋于一致。但值得注意的是，美军在立足打低、中强度战争的同时，还强调要保持应付高强度战争的能力。美国防部长切尼多次指出，美国要保留军队实力中最难以重新组建的部分，如优秀的人才、发达的工业和先进的技术，以便拥有在出现高强度冲突时重新组成一支强大军队的能力。

关于军费预算问题 布什总统于1991年2月向国会提交了1992财年的国防预算报告，经国会参众两院的论证之后，于11月批准了1992财年的国防预算法案。该法案规定1992财年的军费开支为2910亿美元，扣除通货膨胀因素，将比1991财年减少2%，仍继续保持下降趋势。随着苏联在1991年逐步走向解体，以及美国面临的经济形势日趋严重，美国内关于军费预算是否要大幅度削减的辩论亦日益激烈。许多专家学者、国会议员及广大公众都强烈要求大幅度削减军费预算。前美国防部长麦克纳马拉在1991年9月20日在对法国记者的谈话中认为，美国计划5年内每年削减2%的军费预算是远远不够的，考虑到国际新格局，美军费预算可在几年内削减50%以上，"可以毫无危险地削减军费预算1500亿美元。"而大多数政府高级官员则认为目前的计划已足够，大幅度削减军费预算的时机还未成熟。众议员军事委员会主席阿斯平认为，对削减军费预算问题作出重大决定至少要一年以后，即在国会讨论1993年度国防预算时再认真考虑。布什总统在1991年8月29日的一次讲话中也强调，现在就大幅度削减军费预算还"为时太早、太早"。

关于军队建设问题 美国防部1991年度《国防报告》中明确提出，由于美国军事战略的重点正发生新变化，因此，美军可以开始减少部队的数量。同时规定，裁减后的部队必须符合下述四项基本要求，即：维持前沿存在；保持一支能在和平时期进行军事干预、能对危机作出反应和对付地区冲突的多样化常规力量；保持重组部队的能力，以对付可能重新出现的全球威胁；以及为美国和盟国提供攻防兼备的战略威慑"保护伞"。为此，美军制订了缩小部队规模的计划。规定以1990年度的军事力量水平为标准，到1995年度，陆军现役师由18个减至12个；海军航母由16艘减至13艘，作战舰艇由545艘减至451艘；空军现役战术战斗机联队由24个减至15个，战略轰炸机由268架减至181架。届时美军总人数将减少25%，从而使部队总兵力降至165万人左右，将是自1950年以来美武装力量规模所处的最低水平。美军在缩小部队规模的同时，为了更有效地发挥部队的整体作战效能和适应未来海外应急作战的需要，开始酝酿对部队结构进行调整。综合美军方高级官员及防务专家的观点和意见，计划中的美国武装力量将由按地区和任务编组的四支基本部队组成，即：战略部队、大西洋部队、太平洋部队和应急部队。其中，战略部队的任务是保持战略威慑，为美国及其盟国提供攻防兼备的战略威慑"保护伞"。其他三支常规力量部队应具有在世界范围进行威慑和对危机作出快速反应的能力。大西洋部队包括用于欧洲的前沿部署陆基部队和海上部队，以及驻在美国本土用于欧洲、中东和波斯湾地区的重型增援部队；太平洋部队包括太平洋地区的前沿部署陆基部队和海上部队，以及驻在美国的陆、海、空军增援部队；应急部队由驻在美国本土的陆、海、空军部队组成，包括特种作战部队。机动的海上部署部队支援上述三部分部队。美军认为，采用这种部队结构能对付同时发生的一个以上的重大地区性意外事件。在关于美军缩小规模和调整结构的问题上，针对部分民主党议员提出的因苏联政局剧变和东西方关系缓和而有可能加速裁军的建议，美国防部长切尼于9月在电视讲话中指出，“苏联仍然存在着捉摸不定的形势，在全世界还面临着同苏联毫无关系的军事需要”，“美国已制订了一个好的计划，必须坚持这个计划”。他还强调，美国目前制订的为90年代后半期计划的部队结构是准备在任何情况下考虑的最低水平，或者几乎是最低水平。

关于前沿部署问题　美国防部坚持认为，尽管随着世界范围内威胁程度的降低，美军可以减少前沿部署的兵力，但前沿部署仍是美新的军事战略中的关键因素。美军将坚持在欧洲、亚太及西南亚地区的军事部署。欧洲地区：由于华约解散，苏联军事威胁降低，美军方已决定加快收缩步伐。1991年已有4万名官兵撤离欧洲。根据计划，到1995年，美军在欧洲的4个师将削减到2个师。亚太地区：1991年变化较大的是关于美驻菲律宾基地的问题。在6月份菲皮纳图博火山爆发毁坏了克拉克空军基地之后，美军撤离了该基地。又由于续签租用苏比克海军基地的协议遭菲拒绝，美国防部年底被迫宣布，将在菲规定的1992年12月31日截止期限之前撤离苏比克基地。在美国防部提交的《亚太地区的战略构想》报告中，明确指出亚太地区的总体军事威胁程度已经降低，但最后的结论是美国在西太平洋地区的武装部队“应该保持目前水平”。其原因是“美国在该地区的军事部署并不仅仅是针对苏联”，主要的目的是充当“地区平稳力量”，起“无可替代的平衡轮”作用。在关于驻日美军的问题上，美国内存在几种不同的观点。一种是部分议员和公众的观点，他们认为应从日本撤军。主要理由是“既然日本在财政上正在超过美国，美国为什么还要每年花费70亿美元保护他们”；另一种是美政府官员的私下观点，认为日本是美国在亚太地区的潜在威胁，应保持在日驻军，以达到控制日本的目的；还有一种是学者们的观点，他们认为美太平洋政策存在着矛盾，既然视日本为潜在威胁，那么为什么美国政府还不断敦促日本增加军事开支呢？西南亚地区：随着海湾战争的胜利，美国在中东地区的影响力明显上升。军事部署上也一改往昔之相对薄弱的态势。特别是在9月与科威特签署了为期10年的双边防务协议后，其在中东地区的战略态势更是大为改观。相对而言，美军调整海外军事部署的特点是欧洲地区收缩幅度较大；亚太地区谨慎调整；西南亚地区加强存在。

关于武器装备发展问题　美军武器装备发展的原则是减少数量，提高质量，保持和发展在军事技术领域中的优势。尽管由于苏联威胁的降低、国防预算的缩减、以及军备控制条约的签订等因素，美军已开始大批淘汰、更换旧装备，并停止许多武器的研制计划和减少武器的采购数量，但美军依然强调武器装备的研究和发展是美国军事战略的关键组成部分。海湾战争的胜利使美军更加重视高技术兵器的研究和发展。1992财年的研究和发展费用比1991财年增加53亿美元，是美国防预算中唯一大幅度增加经费的项目。在战略进攻武器方面，美政府官员仍强调核威慑政策，但考虑到苏联的变化，美国防部已决定停止“MX”多弹头洲际弹道导弹的现代化计划，仅保留“侏儒”式小型单弹头洲际弹道导弹的研制计划。逐步减少战略导弹潜艇和战略轰炸机的数量。尽管如此，许多专家学者仍纷纷发表不同意见。美陆军军事学院高级研究员萨默斯认为，核时代已经过去，因而陆基、海基和战略轰炸机三位一体的战略思想过时了。前国防部长麦克纳马拉的观点是，美国“只要有500个核弹头就可以取得威慑力量”。在战略防御力量方面，美国防部在1991年度的《国防报告》中指出，由于弹道导弹扩散引起的威胁不断增长，政治局势不稳定会增加使用弹道导弹的潜在可能，以及美国继续致力于战略武器的削减等因素，战略防御力量的作用在变化着的环境中将更加重要。为此，美国防部在原有战略防御计划的基础上，又提出一个“对付有限打击的全球防护系统”（GPALS）。该防御系统将原有的战略防御计划和国防部的战区导弹防御计划结合在一起。这个经过重新调整的战略防御计划的首要目标是保护美国部署在海外的部队、力量投送部队、美国的盟友及美国自身遭意外的和有限的弹道导弹的打击，而并不是主要针对苏联的打击。对于这项计划，美国会表示支持，并在通过的1992财年国防预算法案中批准为该计划拨款41.5亿美元，比1991年度猛增29%左右。同以往一样，GPALS计划的提出立即引起美国各界的关注，特别是在苏联“8.19”事件后，争论更加激烈。持赞同意见的一方坚持加强这个计划的发展。退役陆军中将格雷厄姆领导的“开拓高空疆域”组织一直竭力促进战略防御计划。他们认为，“苏联的未遂政变比以往任何时候都更加迫切需要一个导弹防御系统，以应付一个更加危险的世界上的严峻现实”。持异议的一方则认为，所谓“意外的导弹袭击”几乎不可能发生，而为此进行费用昂贵的战略防御计划不值得。军备控制协会的邦恩认为，苏联“现在在台上的是改革派政府，将更加注重恰当地控制和保护他们的核力量”。此外，新计划还涉及一个与1972年反导弹条约相抵触的问题。按美苏签订的该项条约，各方仅能建立一个反导弹基地，而新计划则要求建立5至6个反导弹基地。因此，今后关于这项经过调整后的战略防御计划的争论必将在美国国内、国外进一步发展。除战略武器系统外，美军在常规武器系统方面将根据海湾实战中总结出的经验教训，完善现有高技术装备，有重点地发展适于海外应急作战的先进武器系统和远程投送装备。

关于军备控制问题 布什总统8月提出的1991年《国家安全战略》报告明确指出，军备控制是减少造成全球紧张局势的根本原因，以及缓和其致命影响的均势战略的重要组成部分。美国的目的仍然是达成既能加强国际稳定，又能增强美国及其盟国安全的协议。并提出军备控制的三项要求，即：减少能成为发动攻击诱因的军事能力；提高军队规模和结构的可预言性，以减少对侵略意图的恐惧；以及通过有效核查，保证对遵守条约的信心。1991年，核裁军领域的变化最为显著。美苏于7月31日正式签署《削减战略武器条约》，条约规定双方在7年内各自削减30%的战略核武器。对于该条约的签署，美国内、国外舆论均表示支持。但与此同时，许多专家学者亦纷纷发表不同意见，指出该条约规定削减的仅是需要淘汰的陈旧武器，并未禁止生产更具威胁性的新武器。在《削减战略武器条约》签署之后，关于下一步核军备控制的发展成为美国内争论的焦点，主要有三种意见。第一，少部分政府高级官员认为应暂时停止进行新的谈判，并怀疑会达成进一步削减核武器数目的协议。第二，部分议员和学者认为，由于冷战业已结束，应迅速缩小核武库的数量。第三种则代表了美国政府的观点，即在武器控制问题上完全采取新的、更加适合于“苏联正在分裂的时代”的方法。布什总统的观点就是“签订好这一个条约，再看下一步做些什么”。随着苏联“8.19”事件的发生及解体的过程加快，再加上美国内要求裁军的强大压力，布什又于1991年9月底单方面提出核裁军建议，决定消除美安置在世界各地的陆基短程核武器，把所有核炮弹和短程弹道导弹的弹头运回国内销毁。同时要求苏联采取对应步骤。10月5日，苏联总统戈尔巴乔夫也宣布了苏联对布什建议的7点“对应步骤”。这样，在军备控制和裁军问题上又向前迈进了一步。

总之，美国军事战略在1991年仍处在一个变革性的调整阶段，这是由于世界格局在过渡时期存在的不稳定性和不确定性所决定的。今后，美国的军事战略将随着国际形势的变化，特别是受到1991年底苏联的彻底解体，以及美国国内政治、经济、科技等诸多因素的影响而继续其新的调整。

（朱文清）

关于美国的核战略 陈锋、陈小功撰文认为，在当前的国际形势下，美国仍继续推行核威慑战略，并强调核力量应具有对付多方面核威胁的能力，增强核威慑效果。作者指出，布什政府认为，90年代，世界“存在严重的不确定因素”，局势依然“十分动荡”，“超过45年来的东西方对抗的新威胁正在出现”；美国不仅继续面临着苏联的威胁，而且面临新的地区大国的威胁；不仅面临常规武器的威胁，而且面临核武器、导弹武器和生化武器进一步扩散的威胁。因此，主张“不应匆忙地全面修改美国的军事战略，调整军事力量结构，放弃军事装备的现代化计划。”而应继续推行核威慑战略。作者指出，布什政府重申，“核威慑是美国国防政策的核心”；“遏止核进攻依然是保障美国国家安全的基石”；“增强核力量的综合威慑能力仍是美国核战略的当务之急”。鉴于在海湾战争中，伊拉克所显示的现实的和潜在的导弹威胁，针对核、生、化武器及运载工具逐步扩散的趋势，美国强调其核力量应具有对付多方面核威胁的能力，既能对付全球性的威胁，又能对付地区性威胁。美国1992财年《国防报告》指出，“鉴于全球范围弹道导弹的扩散及其投掷核武器能力的发展，美国在设法遏制核冲突的同时，必须保持对任何水平的攻击作出适当而有效反应的能力，即可以在使用核武器的时机和规模上作出各种选择，能在最低冲突的水平上恢复威慑态势。”这表明当前美国继续推行核威慑战略。

作者还指出，在强调进攻性核威慑的同时，更加重视反导弹防御性威慑。布什政府认为，虽然美国现在仍需依靠战略进攻核力量来推行威慑战略，但从长远看，先进的反导弹防御系统，是更为有效的威慑手段，它将大大削弱战略核武器的作用，使对手确信核攻击不能取胜，从而慑止它发动核战争。（陈锋、陈小功《世界正处在新旧战略格局交替的过渡时期》，《解放军报》1991年1月4日）

（姚　成）

海湾战争对美国军事战略产生重大影响 中国《解放军报》1991年3月25日载文指出，海湾战争虽然结束了，但美国的全球军事战略在这次战争中也遇到了严峻的挑战。1991年3月美国《时代周刊》发表一篇题为《美国能打几场战争》的文章论述了这个问题。

作者指出，按照五角大楼的战略计划，一旦欧洲发生战争，在10天之内，美国就能把6个装甲师和步兵师从美国本土空运或海运到前线。然而，在这次“沙漠风暴”行动中，美国费了九牛二虎之力才把 52.5 万部队部署到海湾，而且部署时间长达 6 个月。作者列举了以下事实：美军在海湾地区的军事集结，牵动了美国在国内和海外的所有军事基地，动用了全部战争机器。仅从德国，就有 7 万陆军部队、4000 辆坦克，以及大批火炮和其它军用装备被运到沙特。部署在北约战区的 6 个装甲或机械化师也出动了 4 个师。此外，约占海军陆战队总兵力一半的 9 万部队开到了海湾地区；占美国空军飞机总数 1/4 的 1400 架作战飞机，以及差不多全部 B－52G 远程战略轰炸机参加了这次行动；13 艘航母有 6 艘开到了海湾战区；驻守远东和太平洋地区的特种作战部队也有不少来到了海湾。连后备役和国家自卫队也都动员起来了。作者指出，尽管美国在这次海湾战争中差不多已竭尽全力，弄得十分紧张，出现的问题难以计数，但是，五角大楼仍然坚信，美国及其北约盟国能够在欧洲打一场战争的同时，还可以应付其他地区出现的挑战。目前，不少人对此种说法持怀疑态度。布鲁金斯大学的一位军事专家和一位前国防部军事人力问题专家说：“从美军这次的军事部署情况来看，这种说法根本站不住脚。”华盛顿防务分析家斯提温·坎毕也忧心忡忡地说：“让我们为美国今后不在其他地方遇到新的威胁而祈祷吧！”

那么，美国今后的军事战略又将如何发展呢？作者指出，由于美军在这次海湾战争中暴露出许多后勤和人力方面的难题，人们普遍预料，五角大楼可能在今后几年扩大军备，增强军事实力。前不久，五角大楼决策人切尼和鲍威尔在一次听证会上，就竭力为他们的新的军备方案辩解。该方案虽然计划在 1995 年前，要裁减 25％的军事人员，降低 4％的防务开支，以及限制一些曾在这次战争中发挥了重大作用的武器的生产。但是，这个新的方案一点也不会削弱美国的军事力量，相反，还会增强美军的作战和快速反应能力。该方案的核心是裁减那些破旧、作战效果较差的武器，生产更先进、更具威力的尖端武器。五角大楼在准备大量减少美国部署在欧洲和太平洋地区前沿部队的同时，在国内却建立一支强大的机动部队。尽管陆军将从 28 个师减少到 20 个师，但其快速空运和海运能力却会得到很大的提高，而且战时还将得到第 82 空降师和两个装甲师的有力支援。总之，方案的实质是降低数量，提高质量。

在武器发展方面，“星球大战”计划和一些高技术尖端武器仍是发展和研制的重点。尽管在海湾战争中发挥了重要作用的“爱国者”导弹，早在“星球大战”计划出笼之前就研制成功，但一些“星球大战”计划的支持者说：“‘爱国者’拦截导弹的成功战例，又向我们提出了一个新的课题，那就是我们更有必要作好拦截洲际弹道导弹的准备。”国防部长切尼也说：“你们看到的只是发生在特拉维夫和利雅得上空的拦截‘飞毛腿’导弹的成功战例，更重要的是要认识到他国的洲际导弹仍是我们的一大威胁”。五角大楼已提议将“星球大战”计划的研究费用从目前的 32 亿美元提高到 42 亿美元。隐形飞机 F－117A 和“战斧”巡航导弹也是将来的重点发展项目。

分析家认为，这次海湾战争对美国的全球军事战略产生了重大影响，提出了严峻的挑战。因此，美国今后的全球军事战略将会根据国际形势作出相应的调整。

（晓　锋）

法国关于核威慑战略问题的讨论　法国 60 年代建立的独立的核威慑体系，其目标是指向苏联的。20 多年后，世界形势发生巨大变化，核武器体系也开始落后于时代的发展，核威慑战略何去何从？

法国有人对这一体系提出否定意见。理由是，整个体系在欧洲范围内虽然还有效，也就是说导弹能够打到莫斯科，但由于德国统一，东欧国家向西方靠拢，东西欧矛盾缓和，因此核威慑存在的意义大大减小。再则，海湾战争又一次表明，对那些决心打仗的地区“狂人”，大国的核武器是吓不倒他们的。倒是出于政治原因，大国无法对无核小国使用核武器，正如在海湾战争中，法国宣布不对伊拉克使用核武器。既然如此，法国保留几艘核潜艇也就够了。

法国官方认为核威慑战略不能改变，使核武器现代化是必要的。法国核武器由 3 个部分组成：核潜艇，布置在法国南部阿比翁基地的 S－3 地对地导弹和“幻影”4 飞机携带的空地导弹。由于核潜艇计划已经确定，如今争论主要集中在后两部分。

专家们认为理想的方案是用已开始研制的 S－45 导弹取代阿比翁基地的 S－3 导弹。S－45 可以用卡车运载，平时放在空军基地，发生情况时转入隐蔽地，苏联向伊拉克提供的“飞毛腿”的可移动性，在海湾战争中显示了优越性。另外，幻影 4 飞机由“旋风”ASLP 取代，这种飞机可携带一颗射程 1500 公里的超音速巡航导弹，“幻影”4 携带的导弹射程仅为 300 公里。

由于人们对苏联的威胁产生怀疑，再加上上述两项更新计划预算都在 300 亿法郎以上，出于这双重原因，政界、军界和军工方面都有人主张选择一项，放弃一项。若是这样，问题就在于选择哪一项。在这个问题上说话颇有分量的空军和军备总代表团明确表示倾向选择 ASLP 系统，空军认为导弹由飞机携带方便。ASLP 的弱点是飞机必须深入苏联领土发起进攻，这样危险性大。不过英国有参加 ASLP 计划的意向，这将能减少资金方面的困难。

据说还有一种方案正在小范围内研究，就是将法国核威慑建立在核潜艇和“亚战略”(prestrategiques)武器基础上，暂不考虑另外两部分核武器的现代化问题。法国新一代核潜艇将于1994年开始研制，在此之前，3艘装备16枚6弹头导弹的潜艇可终日巡逻，潜艇上的导弹可射向苏联的心脏地区。核威慑体系的其他作用可由“亚战略”武器来发挥：即幻影2000N，携带中程空地导弹的“超级军旗”，以及陆军的“哈德斯”式导弹。

（晓　锋）

日本关于战争和防卫战略理论研究

海湾战争具有“第2.5次世界大战”的性质　日本《钻石》周刊1991年3月9日载文指出，中东问题的关键因素，可以归纳为下述3点：石油、伊斯兰、巴勒斯坦。应该把这次海湾危机和战争看作是一次综合体现上述3种要素的国际事件。也就是说，这场战争并不单纯是海湾地区的地区纠纷。作者认为，从所投入的兵力、高技术武器以及非参战国所提供的资金及后方援助的规模等方面看，这是一场可与第二次世界大战相匹敌的战争，因此具有“第2.5次世界大战”的性质。此外，从这场战争造成的杀伤和破坏的规模、不同文化间的冲突和民族间相互憎恨的程度来看，也呈现出了可称之为“第2.5次世界大战”的局面。同时，这还是一场因世界观不同而导致的新型战争。作者认为，造成这场战争的背景因素有以下4个方面：

第一，危机是因伊拉克向科威特这个“异教徒(英国)划定的国界，人为地制造的国家”提出奥斯曼帝国时代的领土要求而产生的。这里包含着基督教与伊斯兰教之间因世界观不同而导致的“文化战争”的性质。

第二，从第一次中东战争到今天的半个世纪以来，围绕着对“黄金水”的统治权的争斗一直没有结束。这场海湾战争也是一场“石油战争”。它反映了伊斯兰世界的民众对新老石油统治者的不满。

第三，随着柏林墙的倒塌，立在东西方之间的金融、技术壁垒，以及民族和国家间的壁垒也相继开始崩溃。与此同时，跨国公司的世界性网络——金融、技术网络开始向新领域扩展。当“东欧现象”开始在中东地区露出端倪的形势下，美国为实现70年代以来建立“海湾防御条约机构”的愿望而引发了海湾危机。

第四，这场战争的主要背景因素是以色列与巴勒斯坦问题。阿拉伯民众对英美扶植的以色列，以及对此采取默认态度的联合国，一直心怀不满。巴勒斯坦问题在某种意义上不仅迎合了要恢复伊斯兰文化的阿拉伯民众的心愿，而且也与阿拉伯人要对石油资源进行公正分配这种经济自主的思想合拍。这些因素促进了阿拉伯人反美反发达国家的情感的激化。

此外，作者还指出，“第2.5次世界大战”结束后，战后处理问题的难度将超过第二次世界大战。世界将面临“3个寒冬”：基督教与伊斯兰教世界的对立；以色列与巴勒斯坦的对立和阿拉伯世界的分裂；地球环境的破坏。此外还面临着恢复伊拉克和科威特经济等问题。这场具有世界大战性质的战争悲剧将为今后改写世界史留下一个课题。业已丧失了威信的联合国必须解决这些难题。

（晓　锋）

关于战略的层次划分　第二次世界大战前，日本所谓的战略主要是指军事战略。战略、战术、后勤同为兵术的基本概念之一。战略分国家战略与防务战略，防务战略之下无层次之分。日军重建后的一个长时期内，在学术上基本承袭了旧日军关于战略的理论，其军事战略(即日本所说的防卫战略)仍无明确的层次划分，但内容有了拓展。

80年代中期以来，由于有必要明确各军种在防卫作战中的地位和作用，并恰当认识作战和战斗的关系，日军加强了对战略基础理论的研究。目前，在有关材料中日本正式对战略的层次作了区分，将战略区分为国家安全战略、防务战略、实战战略3层。国家安全战略的定义是：为保障国家安全，在平时和战时发展并有效运用国家综合力量的方略。防务战略的定义是：为遏制对方威胁，为在战时达成战争目的，维持、保持并运用国家军事力量的方略。实战战略的定义是：为达成作战目的而运用大部队的方略。日军认为，国家安全战略是制定防务战略的依据，实战战略又是防务战略的具体化。国家安全战略既考虑应付各种威胁，又要考虑应付武力进攻，但其侧重点在于运用外交、经济、军事、科技等领域的各种力量，防止侵略于未然，努力实现和平，保障国家的安全。军事战略侧重考虑早期排除武力进攻问题，其基本内容包括建设与保持恰当的军事力量，坚持日美安全保障体制，排除侵略等。

关于威胁的判断　长期以来，日本根据“能力加意图”的威胁判断理论，一直将苏联视为主要威胁。在战略上将苏联作为主要作战对象，重视对北方的防卫。进入90年代，苏联形势急剧动荡，不少西方国家认为来自苏联的威胁在减小。日本虽然对这一问题十分关注，一直在跟踪研究有关动向，以判断威胁的消长，但从目前官方发表的言论看，关于主要威胁来自苏联的观点，尚无重大变化，表现得极为谨慎。例如，1991年版《日本防卫白皮书》仍认为，远东苏军虽然数量有所减少，但质量却在逐步提高：一年来，部署在远东的核力量有了加强，“逆火”式轰炸机由85架增到125架，并新配备了可以发射携核弹头的巡航导弹的“图－95”轰炸机；地面部队兵力虽已减少至38个师34万人，但开始装备T－80坦克，并继续装备步兵战车、多管火箭炮、武装直升机等新型装备；太平洋舰队淘汰了55艘老式舰艇，装备了10艘新型舰艇。目前，该舰队共拥有各型舰艇820艘、212万吨，其中主要作战舰艇约180艘、90万吨；苏远东空军淘汰了270架老式飞机，但第4代战斗机(按中国划分标准，称之为第3代战斗机——编者)在作战飞机中所占的比例，却由1990年的20%上升为1991年的25%。此外，远东舰、机在日周围的活动虽有所减少，但减少幅度不大。由此得出的结论是：“与以往相比，虽然苏联对他国发动侵略战争越来越困难，但上述远东苏军的动向表明，日本周边军事形势依然是严峻的。”

在对苏联保持警惕的同时，日本也在研究其他邻国的情况，其中，日本相当关注的是所谓中国和朝鲜的“威胁”问题。日本经济评论家长谷川庆太郎认为，日本的防卫必须尽早地由面向北转为面向西，必须正确认识对日本的军事威胁正在由苏联转向中国这个事实。(〔日〕长谷川庆太郎《新的世界秩序和日本》，《日讲谈社》1990年)日本前防卫厅次官西广整辉在1991年5月1日出版的《新国策》杂志上撰文称，中国在亚洲地区拥有强大力量，在东亚同日本争夺势力的主要对手是中国，不能因为苏联不成为威胁了，就说日美安全条约失去了价值。在这个问题上，日本官方虽未公开发表意见，但正如英国《简氏防务周刊》1991年8月10日发表的题为《反对日本加强国防的计划》的文章指出的那样：在战略上，日本对中国和朝鲜“感到担忧”。另外，据报道，日防卫厅人士曾表示，要加强西部的防卫，逐步改变人员及装备主要部署在北海道的现状。这些情况表明，随着苏联的解体，日本对所谓“威胁”的判断及其军事部署将可能发生某些变化。

(长　弓)

北约军事战略研究　1991年是北约继续调整军事战略的一年。北约1967年以来一直奉行“灵活反应”的军事战略，随着80年代中期以后苏联的变化和美苏缓和，特别是1989年东欧剧变，北约的安全环境及其面临的威胁发生了根本的变化，从而导致北约战略指导思想和战略目标的改变，构成了北约调整军事战略的依据，加快了北约调整军事战略的步伐。1990年7月北约伦敦首脑会议发表了《伦敦宣言》，正式作出调整军事战略的决定。会后不到1个月，北约成立了战略回顾小组，在伦敦宣言的基础上，经过一年多的努力，以及1991年北约国防部长会议、外长会议等若干次会议的协商讨论，于1991年11月罗马北约首脑会议签署了《联盟新战略概念》、《关于和平与合作的罗马宣言》以及《关于苏联局势的声明》等4个文件，从而向世界宣布经过重大调整的北约新的军事战略的诞生，引起了世界舆论和有关专家学者的关注。

1991年国内外专家学者对北约军事战略的论述内容可从时间上略作区分。年初的两、三个月内发表的文章，主要涉及1990年北约伦敦首脑会议对北约军事战略调整的看法。大部分作者认为，这次会议对北约军事战略的修改有两个主要之点。一是放弃“灵活反应”战略，将核武器作为“最后求助的武器”。认为这是在东西方缓和，苏联从东欧撤军和裁减军备，北约感到苏联对西欧的常规优势已不复存在的情况下作出的调整。二是与柏林墙拆除、中欧前线的概念已不复存在的情况相适应，放弃“前沿防御”，考虑代之以“全方位防御”，拟组建规模较小、但更为机动的多国部队，以便在可能发生危机或冲突时实施机动作战。(陈立能《华约行将解散，北约面临新的抉择》，《国际展望》1991年第6期)5月底北约国防部长会议和11月北约罗马首脑会议前后，一些报刊及有关专家学者主要围绕两次会议，对北约军事战略的进一步调整发表了许多意见和论述，其内容主要包括以下几方面：

关于北约军事战略调整的背景　许多作者指出，北约军事战略的调整有其深刻的国际背景。东欧剧变、华约解体、两德统一导致雅尔塔体制的解体，北约失去了对立面，因而其本身的存在面临挑战。为适应变化了的安全形势，1990年7月北约首脑会议发表了《伦敦宣言》，宣告北约由军事政治组织变为政治军事组织，采取了一系列“化敌为友”的行动，并决定对其军事战略进行调整。另一方面，在东西方缓和、冷战结束的新形势下，虽然苏联、华约的大规模军事威胁消除，但由于种种原因，欧洲内部和周边地区爆发局部冲突和突发事件成为突出的危险，海湾战争就是存在这种危险的现实证明。在以上的背景和海湾战争的推动下，以《伦敦宣言》为指导，经过一年的反复磋商，先由1991年5月底国防部长会议提出，后经11月初罗马首脑会议通过，形成了北约军事战略的基本框架。还有的作者认为，北约军事战略历来受美国军事战略的影响。1991年初，布什政府拟定了美国新的军事战略，将防务重点从对付苏联的全球挑战转向针对地区性局部冲突。此次北约军事战略的调整，也是受美国这一军事战略调整影响的结果。(萨本望《北约调整军事战略》，《世界知识》1991年第13期；燕襄君《北约的战略调整与走向》，《现代国际关系》1991年第3期)

关于北约军事战略调整的意图　一些作者认为，除了军事目的之外，北约还希望达到若干政治目的。第一,通过组建多国部队,首先可以使两个关键性的盟国——德国和美国——同欧洲安全的关系更加密切,以避免美军全部撤离,体现欧洲的安全与美国的安全密不可分,并减轻人们对统一的德国可能再次成为欧洲心脏地区"祸害"的担忧;其次可以阻止北约诸国大幅度削减国防经费从而削弱集体军事安全。第二,北约军事战略的调整既向盟国内部的人们,也向苏联的强硬派证明,北约正在适应变化了的情况。第三,还有的作者认为,北约的军事改组旨在阻止欧共体发展独立防务能力;亦有人认为,北约决定削减80%战术核武器的目的,在于使苏联大幅度削减其战术核武器,以使核武器易于管理,防止苏联因内部混乱而使用战术核武器。(记者尼古拉斯·道蒂,路透社布鲁塞尔1991年5月29日电;记者艾伦·赖丁《北约:仍是欧洲的盔甲》,美国《纽约时报》1991年5月30日;日本《北大西洋条约组织国防部长会议达成的协议旨在削弱苏联的核武器》,《朝日新闻》1991年10月18日)

关于北约军事战略的变化　一些作者认为,北约军事战略的根本变化是战略指导思想和战略目标的变化——从以前对付苏联、华约发动突然袭击的大战为主,转变为应付来自多方面的危机为主。许多作者认为,北约军事战略的变化主要有以下几方面。一是对手变了。原来的对手是苏联、华约,北约曾视之为唯一的威胁。现在没有一个明显的主要对手,而且威胁变成了多样化的危险。二是战争样式有变化。原来重点准备欧洲大战,现侧重准备应付局部冲突。三是作战思想、防务重点与军事部署改变。从"前沿防御"变为"机动防御";以前以中欧地区防御为主,现在谋求具有"从北极到地中海"全方位应付危机的能力,比以前更重视南北两翼,尤其是南翼地区;从前沿部署兵力到保持"前沿军事存在"。四是武装力量的规模和结构发生了变化。北约仍然坚持核与常规力量结合的原则,但将大量减少现役常规军备的数量,并减少对核武器的依赖,决定削减80%战术核武器。重新组建的北约部队采用多国混编方式,按任务分成快速反应部队、主要防御部队和增援(扩编)部队等。变化后的北约部队将更加短小精干,机动灵活,既有着力加强危机处理的能力和全方位的快速反应能力,又有必要时实行大规模增援的能力。关于调整后的北约核战略,不同作者除对坚持核与常规力量结合、大量削减战术核武器、减少对核武器的依赖这几点有共识外,也有某些不同。有的作者仍看重1990年北约首脑会议把核力量作为"最后手段"的提法。但有的作者指出,1991年的北约首脑会议已不再强调这一提法,而是强调联盟核力量的"根本目的是政治性的"。(王乃成《从北约罗马首脑会议看冷战后美欧矛盾发展趋向》,《战略研究》1991年第4期;萨本望《北约军事战略调整》,《世界知识》1991年7月第13期;乡田丰《北大西洋公约组织谋求战略转换》,日本《世界日报》1991年10月18日)

关于北约新的军事战略的名称　目前尚未见到北约给调整后的军事战略命名。只是在不同的文章中,见到以下几种不同的提法:"快速反应战略"(燕襄君《北约的战略调整与走向》,《现代国际关系》1991年第3期),"危机控制战略"(陈宣圣《耐人寻味的北约新战略》,《世界知识》1991年第23期),"全方位的应急战略"(魏崴《北约的一次战略大调整》,《人民日报》1991年11月15日),"灵活机动战略"(李肇东、穆方顺《一次关系北约前途的首脑会议》,《光明日报》1991年11月7日)等。

北约军事战略调整与美欧关系　许多作者认为,目前欧洲还无力形成脱离美国的独立欧洲防务。因此,北约罗马首脑会议通过的新战略基本上是按美国的意图"改造"了北约,北约新军事战略与调整后的美国军事战略有相似之处,在重组后的北约军事力量结构中,也继续保持了美国对北约的最高军事指挥权,重申了美国在欧洲防务中的领导地位。但是,在欧洲力量增长,冷战结束,大规模军事威胁消失的情况下,欧洲对美国的依赖已有所减弱,美国已很难再像冷战时期那样驾驭欧洲,其在欧洲的军事地位已受到严重挑战,北约战略有呈现欧洲化的趋向。有些作者还认为北约新军事战略的基本点是处理危机,而不是原先那样对付大规模军事进攻;新战略还将大量削减核武器,减少对核武器的依赖。这些都使具有超级军事力量并以核武器作为控制西欧盟国"王牌"的美国,对欧洲安全的重要性有所下降,为北约军事战略的"欧洲化"开辟了新的前景。而北约新军事战略的军事结构中,西欧军队一跃成为十分突出的角色(作为北约对付未来危机的主要作战力量的快速反应部队将由英国担任指挥,美军只负责空中支援,7个军团的防御部队中,只有一个由美国指挥;由各国武装力量组成的后备部队平时基本上是架子部队)。一旦90年代中期新结构方案实行后,在北约常规力量中,西欧盟国将上升为主力,加之西欧联盟作为西欧国家的军事组织发挥作用,北约的"欧洲支柱"将进一步得到加强,欧洲在北约军事结构中的地位和作用将进一步上升。这些都是北约战略趋向欧洲化的体现。尽管美欧相对地位和作用的改变,力量的消长,北约战略的欧洲化需要一个过程,但是,正在发生的变化将使美欧争夺欧洲主导权,特别是未来欧洲防务主导权的斗争日趋激烈。(陈宣圣《北约战略趋向欧洲化》,《世界知识》1991年第19期;王乃成《从北约罗

马首脑会议看冷战后美欧矛盾发展趋向》,《战略研究》1991年第4期)

苏联对北约新军事战略的论述 苏联舆论界在“8.19”事件的前后,对北约新军事战略的看法存在差别。据新华社驻莫斯科记者6月中旬报道,在北约1991年5月底国防部长会议和6月初北约外长会议之后,苏联舆论对北约军事战略调整的反应,总的基调是鼓励并肯定其积极的变化,但也提出了某些怀疑和批评。主要观点是:对建立快速反应部队计划的目的提出质疑,说“第三世界”一些国家的人们猜测,这些快速反应部队是否将成为国际干涉行动的工具;对北约依然把具有“巨大的军事潜力”的苏联看作是对西方安全的一个“危险因素”表示不悦;说北约在其新的战略思想中并未准备改变海上力量占优势的状况,这当然引起苏联的忧虑;对北约还要继续在欧洲部署核武器和欧洲核武器现代化的问题提出疑问等。(记者竺承军,新华社莫斯科1991年6月15日电)

“8.19”事件之后,特别是11月北约罗马会议之后,苏联或从苏联独立出来的一些共和国的官方和舆论界(特别是官方)对北约新军事战略的反应则积极、肯定的成分更多。其主要观点,一是肯定罗马首脑会议通过的战略构想是新的,已是认真改革过了的构想;二是视北约为纯防御性联盟,说北约所声明的“除了防务目的之外决不使用自己的武装力量,也不把自己看作任何人的敌人”,认为这样的立场是“与我们足够防御理论是相吻合的”;三是认为北约“是使欧洲和全世界稳定的机构之一”,“正日益成为潜在的和现实的伙伴”,因此“希望同这个机构合作并加入这个联盟”,或把加入北约作为长期的奋斗目标。(记者竺承军,新华社莫斯科1991年11月15日电;塔斯社莫斯科1991年12月23日电《俄罗斯联邦外长谈同北约的相互关系》;记者尼古拉·道蒂《现在甚至连俄罗斯也在加入申请北约的队伍》,路透社布鲁塞尔12月20日英文电)

北约军事战略调整后的某些遗留问题 北约罗马首脑会议批准了北约新的军事战略,但不是所有问题都得到了解决。有的作者指出,由于各成员国的利益地位不同,“共同军事战略”往往不能完全贯彻实施。如法国奉行独立自主的防务政策,既不参加国防部长会议,也不以任何形式参加北约快速反应部队。而且,关于北约防务与欧洲防务的关系问题,在罗马首脑会议上虽然求得了妥协,但分歧的根源尚在,美欧争夺欧洲领导权和欧洲防务领导权的斗争将日益激烈,这些都将对北约新军事战略的顺利实施产生不利影响。此外,北约在一些重要问题上还未取得一致。例如,扩大北约防区的问题没有解决。美国为使北约成为其推行世界新秩序的工具,主张扩大,得到英国的支持,但法国为首的一些国家则表示反对。密特朗总统宣称,北约不能“充当世界警察”,法国不会“自动卷入”北约防区以外的战争。1991年12月北约国防部长会议商定,将拟定在北约领土以外,在危机时期使用北约资源(机场、设施、物资、可以帮助决策的一些北约委员会等,不包括使用北约军队)的行动计划,但必须得到所有16国的一致同意。一些作者认为,不参加北约防务计划,对美国领导该联盟表示不满的法国,是否会松动在政治上反对这种主张的立场还要等着瞧。(萨本望《北约调整军事战略》,《世界知识》1991年第13期;王乃成《从北约罗马首脑会议看冷战后美欧矛盾发展趋向》,《战略研究》1991年第4期;记者尼古拉·道蒂《北约为在世界上可能发挥更大的军事作用奠定基础》,路透社布鲁塞尔1991年12月13日电)

(闻中华)

北约从海湾战争中可得出8条军事结论 德国《世界报》1991年2月27日发表洛塔尔·吕尔的文章指出,对海湾战争的军事教训看得还不完全,但对常规部队的一些主要教训已经可以看清了。作者认为,对于欧洲北约部队来说,可以从海湾战争中得出8条结论:(1)作战飞机仍然是发动攻势的主要承担者,并且是为地面战役提供大范围灵活而频繁的支持的工具。它也仍然是以常规武器对敌人后方进行战略性攻击的主要承担者。如果它有相应的电子装备,并且受到战场上大规模电子战的支持,那么它仍有能力对付强大的地对空防御力量。因此,北约对削减其空军不感兴趣,认为今后进行迅速干预和在战役上控制防区的最大优势就在于空军。(2)地面机动导弹系统十分重要,如果它投入战斗的能力同对目标产生的效果能联系在一起的话。只是伊拉克导弹的命中率差,因为它达不到最现代化的技术水平,所以它对军事目标的作用才是有限的。海湾美国军舰上命中率高的巡航导弹证明,西方先进的导弹用常规弹头也可以完成攻击距离很远的硬目标的任务。(3)在地面用像爱国者导弹这样有限的防空自卫能力的武器系统,建立一种联合的防空和反导弹防御力量是必要的。(4)对于一切现代化武装力量来说,保证电信和指挥设备的安全,仍是一项重要的任务。这包括加固这些设施和在防御安排方面进行地下的电信联系。进行电子战和抵御敌方电子战的能力必须与此相联系。(5)侦察手段必须进一步精密化和加强防干扰的能力。必须用电子侦察、电信联系与雷达联系来补充卫星对冲突现场的侦察,以及飞机对其他作战区域的侦察。(6)北约在欧洲,西欧联盟伙伴在欧洲以外,需要有可迅速提供使用的大容量的运输飞机以及这方面的有效后勤工作。必须保留在西欧和南欧(如土耳其)的空军基地,同时要有相应的地面防空力量和加固的掩体。必须进一步扩大这些基地的容量。(7)在任何情况下都必须维持零配件和新型弹药的储备。(8)在欧洲需要有由陆、空、海部队组成的、可迅速提供使用并可靠地投入战斗的干预部队,这些部队要能够有效地参加对危机的控制。必须建立相应的武装力量结构。

(晓　锋)

作战理论研究

中国作战理论研究　关于战役理论研究

战役起源问题　从1991年的学术动向看,战役起源于古代的观点已逐渐在中国军事理论界得到了普遍的认同;但有的学者认为,这一观点由于缺乏系统的理论认识和透辟的历史分析,尚不如战役起源于近代的观点能自圆其说,需从理论和历史的结合上,作深入的研究。

《论古代战役》一文认为,战役起源于古代的观点之所以没有达到历史和逻辑的统一,主要是传统的战役概念上存有错误造成的。传统的观点把"军队快速性和指挥效能"的增强看作是战役产生的决定因素,这就模糊了战役这一形式的根本特征,势必把人们的认识紧紧固着在近代的范畴,从而把近、现代的某些战役特点普遍化、绝对化,割断了战役产生、发展的全部历史。该文提出,战役的根本特征在于它是构成战争的局部和统帅战斗的全局,只要战争有了若干局部,局部又再次区分为若干小的局部,战役这个中间环节便应运而生。根据这一认识,该文认为发生在公元前506年冬的吴楚柏举之战,是中国历史记载最早的一次战役。(干前进,《中国军事科学》1991年第2期)同意柏举之战是战役初始的还有《试论我国古代战役的产生》一文,该文认为,战役产生在这一时期,是人类战争发展到一定阶段的必然结果,与当时的政治经济状况、兵器兵制因素、战争及作战形态、军事理论的影响有直接关系。(杨国传,《国防大学学报》1991年第4期)《对战役产生和发展的管见》一文基本也持上述观点,但对战役产生的时代存有异议。该文认为,生产的发展是产生战役总的前提条件;人数众多的军队的建立,是产生战役的直接物质基础;战争规模的扩大,是产生战役的历史要求。从中国历史上看,这3项产生战役的基本条件,在商周之交时便已具备了。因此,公元前1027年周武王灭商的牧野之战,是有史以来记载最早的战役雏形。(吴政宏,《军事百科通讯》1991年第16期)

战役发展问题　1991年,对这一问题的研究很活跃,在战役古而有之、分阶段发展这一认识的基础上,很多学者大胆探讨,出现了一些较为新颖具体的认识。

在战役发展阶段的划分问题上,《战役发展史略述》一文既沿袭了按历史将战役划分为古代战役、近代战役、现代战役的传统分期划分方法,同时又从技术决定战术的角度,按影响战役发生重大变革的技术兵器的出现时期,将战役的发展区分为冷兵器时代战役、冷热兵器并用时代战役和热兵器时代战役3个阶段。该文认为,冷兵器时代战役大体起于公元前6世纪初,止于12世纪北宋年间;接着出现了冷热兵器并用时代战役;在19世纪末20世纪初,战役进入了热兵器时代。(展学习,《国防大学学报》1991年第4期)《对战役产生和发展的管见》一文则独辟蹊径,创立新说,将战役从产生到现在划分为冷兵器、火器、机动兵器和核武器4个发展阶段。该文认为,冷兵器时期的战役起于公元前11世纪商周之交,止于17世纪;火器时期的战役,即18～20世纪初进行的战役;机动兵器时期的战役,即第一、二次世界大战时期进行的战役;20世纪50年代以后进行的战役,是核武器时期的战役。(吴政宏,《军事百科通讯》1991年第16期)这一观点,在学术界引起了一定的反响。

在战役发展的动因问题上,《浅说影响战役发展的主要因素》一文认为,战役作为社会和战争发展到一定阶段的产物,其自身的发展也受到社会和战争诸多因素的制约和影响,其中最主要最直接的是政治、经济、军事和人的因素。这4个因素是决定战役发展的直接动力。(张兴业、王朝田,《国防大学学报》1991年第4期)这一认识,为人们从总体上去揭示和把握战役发展的内部规律,更好地指导战役实践提供了新的思路。

一些学者还侧重研究了中国人民解放军战役实践和理论的发展问题,成为1991年战役发展问题研究的一个特色。《战役发展史略述》一文认为,中国人民解放军的战役实践和理论始于1927年8月1日南昌起义,经历了一个由简单到复杂的发展过程,分为土地革命战争时期、抗日战争时期、解放战争时期、抗美援朝战争时期、保卫社会主义建设时期等5个阶段，每个阶段都有鲜明的特色。(展学习，《国防大学学报》1991年第4期)《我军战役理论的形成与发展》一文则把中国人民解放军战役实践和理论的发展划分为两大阶段，中华人民共和国成立之前的时期为第一阶段，建国后的时期为第二阶段。第一阶段是战役理论的发展阶段，初创于30年代初，在1936～1939年有了重要发展，40年代得以全面的发展；第二阶段是合同战役理论的发展阶段，提出于50年代，60年代正式创立，70、80年代得以完善。(董建华，《军事百科通讯》1991年第13期)另外，还有些学者认为我军战役理论发展已经历了4个阶段：即游击战役理论从起步向成熟阶段(起于建军初期)；正规战役理论的基本形成阶段(起于解放战争)；诸军兵种合同战役理论的建立阶段(起于50年代)和向未来战役理论进军阶段(起于1985年)。这些研究成果，对认识中国人民解放军战役的发展脉络，进一步完善中国人民解放军的战役理论有较大的意义。

战役基本要素　战役基本要素的确定，是战役理论研究中一个重要的学术问题，它是研究和把握战役本质和规律的基础。目前，学术界对这一问题尚存有分歧，主要是从何角度来确定战役要素的认识不一。代表性的观点有两种，一种认为应从战役这一客观事物的角度确定战役的要素；另一种认为应从打赢一次战役要把握的问题或从武器发展决定战役形态的角度确定战役要素。角度的不同，得出的结论也就不同。

学术界多数倾向于前一种观点，但在具体要素的确定上看法各异。《战役基本要素刍议》一文认为，战役是由战役目的、战役力量、战役战场、战役保障、战役行动5个基本要素构成的。其中“战役目的”又包含战役企图和战役指挥两个因素，是战役的直接动因和归宿；“战役力量”包含兵力和火力两个因素，是战役的物质基础；“战役战场”，是战役的运动空间；“战役保障”包含战役作战保障、战役后方工作和战役政治工作3个方面的内容，是战役力量生存和达成战役目的的基本保证；“战役行动”包含机动和交战两个因素，是实现战役目的的基本途径。(叶征，《军事百科通讯》1991年第16期)《试论我国古代战役的产生》一文认为，战役的力量、目的、时间、空间、指挥及行动等6个要素，既是对战役本质属性的规定，亦是衡量一种作战形态是否是战役的主要标准和标志。(杨国传，《国防大学学报》1991年第4期)《论古代战役》一文则认为战役力量、战役目的、统一计划和指挥、一定的空间和时间、一系列战斗、交战的总和是战役的要素。在这5个要素中，只有战役目的和围绕目的所进行的一系列战斗、交战的总和两个要素从本质上反映了战役这一作战形式主观见于客观的矛盾运动过程。(于前进，《中国军事科学》1991年第2期)

部分持后一种观点的学者，则把战役要素确定为“战役力量、战役战场、战役指导、战役保障、后勤保障”或“情报战、电子战、火力战、坦克战、空降与反空降、制空权、机动”。(孙继章《战役学基础》，国防大学出版社1990年版)

针对这些分歧，《战役基本要素刍议》一文认为，战役这一事物含有众多的要素，但按其性质区分并不在一个层次上，应将其中最能直接体现战役本质，并始终影响战役行动的要素定为第一层次的要素，即基本要素。不从战役这一事物的本身的角度来认识构成战役的要素，势必将不同层次的要素混在一起，从而模糊了关于战役的最本质的东西。(叶征，《军事百科通讯》1991年第16期)这一认识得到了许多学者的认同。

战役学与战役法的关系　学术界经过研讨，对战役学与战役法是两个不同的概念的认识已趋于一致，但对战役学和战役法的关系仍众说不一。比较有代表性的意见有4种：一是认为二者是基础理论与应用理论的关系，即战役学是基础理论，战役法是应用理论；二是认为二者是研究对象与研究结论的关系，即战役法是战役学的研究对象，战役学是对战役法的研究结论；三是认为二者是一般与特殊的关系，即战役学以一般战役为研究对象，战役法以具体战役为研究对象；四是认为二者是整体与部分的关系，即战役学是研究包括战役法在内的有关战役知识体系的学科，战役法是战役学科的组成部分。目前，持第四种观点的学者较多，最具代表性的是《战役学与战役法的关系是整体与部分的关系》一文。文章认为，战役学的理论体系，既包括基础理论又包括应用理论，而战役法仅属于应用理论范畴；战役学的研究对象，既有一般战役又有具体战役，而战役法的研究对象只是具体战役；战役学的研究任务，不仅要揭示战役规律，而且要揭示战役指导规律，而战役法的研究任务是确立指导和进行战役的法则；战役学的研究领域既包括战役理论又包括科学体系和研究方法，而战役法仅是战役理论中着重于应用的部分。因此，得出的结论是，战役法的客观性质决定它只能是战役学的一个组成部分。(乔杰，《军事百科通讯》1991年第16期)该文具有较强的说服力，对深入认识战役学与战役法相互之间的联系与区别起到了推进作用。

大型战役问题　对方面军规模以上的大型战役的研究，是一个比较新的课题，随着现代战争的发展，已日益引起军事学术界的重视。

《略论系列战役》一文把这种方面军以上规模的大型战役称作系列战役，并对这类战役的特点及指导方法作了较为深入的研讨。该文认为，系列战役是战役发展过程中的高级形态，在现代战争中，战略任务单靠“一系列战斗所组成”的战役往往很难完成，常常需要在统一计划和指挥下，进行若干次密切联系的战役才能实现，于是系列战役作为一个新的作战层次便应运而生了。系列战役将在现代战争中广泛应用，成为达成战争战略目的或战略性目的的主要方式。（郁树胜、柴进峰，《国防大学学报》1991 年第 5 期）该文提出的“系列战役”的概念较为新颖，文内观点也有独到之处。但有的学者认为，这种提法反映的是些大型战役的外部表现形态，在反映大型战役的本质上还欠推敲。《认真从理论上探讨战区战役》一文则从传统的观点出发，把战区战役视为战役的最高层次，探讨了战区战役在现代战争条件下的位置、作用、若干具体理论问题以及对战区战役的研究方法。（杨志华，《国防大学学报》1991 年第 5 期）该文具有一定的启发性，不失为一篇研讨大型战役的力作。

进攻战役问题　1991 年，学术界对进攻战役的研究较活跃，尤其对“纵深打击”与“突破”的研究更为集中，一定程度上反映了现代高技术条件下对战役应用理论研究的新要求。

《纵深打击与战役理论研究》一文认为，未来战役的纵深性越来越突出，实施纵深打击无疑成为战役作战的大趋势。造成这一变化的原因，一是兵器已具有更大的远程作战能力，能够对对方纵深目标实施有效的打击；二是地面部队已具有更强的纵深突击能力，能够快速进入对方纵深地区作战；三是空中力量已具有更快的广泛机动能力，能够超越前沿障碍迅速投入纵深交战；四是战场监视系统已具有更高的侦察“透视”能力，能够及时探明对方纵深的目标动态。该文进而提出，中国人民解放军远距离作战能力与发达国家军队相比虽存有差距，但从作战需要出发，同样应确立纵深打击思想，并结合实际，创造出适合己情的独特战法来。（张庞，《解放军报》1990 年 12 月 28 日）

一些学者认为，重视对“纵深打击”研究的同时，也不能由此忽视对“突破”的研究。《不应轻视对突破的研究》一文认为，“大纵深”理论是现代战争的物质条件发展的结果，但这并不意味着纵深攻击可以取代突破。纵深打击与突破同处于进攻作战的统一体中，两者互相依存，不可分割。从整个作战进程上看，突破是前提，成功的突破可以为纵深打击提供有力的保障；有效的纵深打击，又是对突破的有力支援，它们这种相辅相成的关系，在现代战争中并没有变。（徐涛、吕汉文，《解放军报》1991 年 7 月 26 日）上述观点，在学术界具有一定的普遍性；1991 年，出现了许多从历史、现实、理论、实践等不同角度研究突破问题的佳作。

另外，进攻战役研究中，在如何达成进攻战役的突然性、如何把握进攻战役中的防御行动以及如何组织外线作战等问题上，也都有文章见诸于报刊，其中不乏一些独到见解。

防御战役问题　防御战役历来是学术界研究的重点，1991 年对这一问题的研究，较多地集中在局部战争条件下的防御战役上。有的学者把局部战争条件下的防御战役与全面战争条件下的防御战役作了深入比较，认为局部战争条件下的防御战役有 5 个主要不同特点：一是既设战场作战的机会减少，作战地区的随机性增强；二是阵地抗击的作用减弱，寓守于攻的作用增强；三是战役本身价值没有改变，但战役的战略性价值却显著提高；四是作战布势上前重后轻的做法逐渐改变，战役的一体性明显突出；五是人员密集性的特征减弱，技术密集性的特征增强。有的学者则进一步分析了局部战争条件下边境防御战役的特点，认为一是防御地位的从属性，服务于进攻，为进攻创造条件；二是防御规模的局限性，空间狭小，战略目的有限；三是防御的临时性，一旦主力进入战区，形成反击部署，防御即告结束；四是战役指挥的制约性，受制于战略需要，自主性和灵活性均有限。（翟东景《局部战争条件下边境防御战役特点》，《国防大学学报》1991 年第 5 期）还有的学者则进一步探讨了局部战争条件下防御战役如何组织机动以及制止敌人大纵深立体突贯等问题，一定程度上丰富了局部战争条件下实施防御战役的理论。

（叶　征）

关于战术理论研究　1991 年，战术理论研究的突出特点是：着眼于本学科建设，加强了对战术基本概念的研究；在战斗实践方面，突出了对局部战争中的战斗，尤其是对海湾作战的研究；在攻防战术方面，侧重于对突破、防御体系等重点和难点问题的研究。战术理论研究所涉及的范围相对集中，在一定程度上反映了学术研究逐步深化的趋势。

战术基础理论研究　1991 年，在战术基础理论领域，学术界研究的主要问题有以下两点。

战术的概念　一切科学的理性认识都必须借助于概念，正确的概念是形成正确理论的基础。“战术”是军事学术中的一个基本概念，其是否准确、规范，将直接影响战术理论的研究与发展。鉴此，有的学者对目前理论界关于“战术”的概念，着重从形式逻辑的角度，指出了存在的问题。认为在概念内涵方面，“战术”被定义为“指导和进行战斗的方法”，犯了“交叉并列不当”的逻

辑错误。因为“指导战斗的方法”与“进行战斗的方法”两者间存在交叉关系，将其简单地并列于定义项中，既造成了不必要的重复，也容易引起误解。在概念外延方面，“战术”被定义为“主要包括：基本原则以及战斗部署、协同动作、战斗指挥、战斗行动、战斗保障、后勤保障和技术保障”，也存在若干逻辑错误。一是种属关系不确切，按划分规则，外延中的各项，都应是“指导和进行战斗的方法”，但事实上，这种关系或判断是不能成立的，如“基本原则”只是“指导和进行战斗的方法”的组成部分，“战斗指挥”既是“指导和进行战斗的方法”，也是“战斗的组织领导活动”等；二是子项未穷尽，定义使用了“主要包括”这一用语，这表明尚有子项未被列入，可以任意扩展，这不符合“子项之和应与母项全同”的划分规则；三是子项相溶，“战斗行动”作为外延中的一个子项，与“战斗部署、协同动作、战斗指挥、战斗保障”各项之间存在包含关系，“战斗指挥”与“协同动作”间也存在着交叉关系。以上错误的存在，容易造成本学科及相关理论的混乱。

该学者还认为，对战术概念的界定，要反映中国人民解放军长期的战术经验积累，批判地吸收外军有关的战术理论，从内涵和外延上严格把握“战术”的准确含义，这样才有利于促进战术研究的深化。对概念内容的表述，应明确“战术等于战法”，“战术是战术学中的一个重要概念或基本概念”。（吕克谋《浅析“战术”释义》，《军事百科通讯》1991年第14期）

现代战斗特点及发展趋势　有的学者指出，在现代战争中，由于新技术在军事上的广泛应用和人的主观意识的拓宽，使现代战斗具有了新的特点：一是随着战争局部化和速决性趋势的发展，战斗的地位与日俱增，战斗已不仅限于“达成战役或战争目的的基本手段”，局部战争常常强制性地把战役、战略的任务赋予战斗，突出地表现在现代战斗不仅完成歼灭和摧毁任务，同时还能完成威慑任务，战斗的结果直接影响战争全局，战斗成了各决策层研究的对象；二是由于技术兵器的发展和指挥手段的变革，使战斗地幅的稳定性出现了变异，战斗常常是在双方移动中，由难以预料的突然接触所引发的，从最初兵力兵器配置到不断移动、直至战斗终结，构成了现代战斗地幅的新概念；三是战斗的地位和作用的提高，迫使战略战役决策者参与战斗的组织，战役、战略武器“下放”参加战斗，各军兵种以及特种作战部队的精华部分被派作战斗的一员，这既加剧了战斗的激烈程度，同时也影响了战斗样式。从总体上看，现代进攻更占有优势和主动，往往能在行动暴露的情况下达成突然性，在有限的空间内实施包括电子战在内的快速立体纵深攻击。防御中单纯以固守来抗击敌人进攻的现象大为减少，普遍采用预先设防与广泛机动相结合的防御样式。攻中有防，防中有攻，只有攻防战斗的阶段性，没有攻防战斗的专一性的发展趋势，正成为区别现代战斗与以往战斗的重要标志。（陈洪武《现代战斗特点透视》，《解放军报》1991年6月7日）

1991年年初爆发的海湾战争，引起了战术理论界的极大关注。许多学者认为，海湾战争是一场典型的现代局部战争，尽管有其特殊性和局限性的一面，但它却在揭示现代局部战争的一些规律的同时，反映了现代战斗的特点和发展趋势。一是作战背景处于核化条件威胁下，使作战性质带有更多的不确定性。海湾战争可以说是在核化阴影笼罩下进行的，这种条件对作战行动产生了一系列影响，最为突出的是带来了作战规模、强度、方式、手段、消耗的不确定性，使作战双方不得不从常规作战和非常规作战两方面着手应战。二是空袭兵器大量使用，使短兵相接的对抗减少，强度降低。海湾战争一开始，伊军就声称要在地面与多国部队“拼刺刀”，然而直至战争结束，也很少出现以往那种短兵相接的战斗场面。原因是多方面的，但多国部队大量使用空袭兵器，极大地削弱了伊军地面部队的战斗力起到了主导作用。随着空袭兵器的发展和高技术的采用，空袭已成为一种相对独立的作战行动，在为地面作战创造条件的同时，也可直接达成作战目的。三是电磁斗争在全时空展开，夺取制电磁权将成为掌握作战控制权的先决条件。海湾战争中的电子战，无论规模、手段，都是第二次世界大战以来任何一场局部战争不能比拟的。作战实践表明，谁拥有制电磁权，谁就会变得“耳聪目明”；谁失去制电磁权，谁就会丧失对作战的有效控制。在未来作战中，围绕争夺制电磁权的斗争将更加激烈。四是C^3I系统在作战中的地位和作用越来越突出，成为影响作战指挥乃至全局的重要因素。海湾战争再次从实践中证明了C^3I系统在维系战争机器运转中所起到的“中枢”作用和高效能。今后，世界各国军队在作战中广泛使用C^3I系统，将成为必然趋势。（郝柏东《从海湾战争看现代作战特点》，《军事百科通讯》1991年第15期）

进攻战术研究　1991年学术界在进攻战术领域，主要就突破问题展开了研讨，基本学术观点如下：

突破的定义。有的学者在将现行定义与外军关于突破的定义进行比较后认为，把突破界定为“在敌防御阵地或防线（也有称作战部署的）中打开缺口的作战行动”是比较准确的。将“作战行动”确立为定义的属概念，较之苏军的“进攻方式”、美军的“机动样式”，更能反映突破的本质，且具有涵盖性。既能涵盖“机动”与

“突击”这两类突破中的必然行动，也能涵盖突击过程中的诸多行动。将“防御阵地或防线（作战部署）中打开缺口”作为定义的种差，较之外军只强调“防御阵地”，更能全面反映突破的内容。

有的学者对现行定义持有异议，认为应把突破定义中的“防御阵地”改为“防御空间”。理由是：现代防御是立体防御，其空中防御不能讲“阵地”；现代条件下的突破，仅在地面防御阵地上打开缺口实现不了突破，还必须在敌阵地上空打开“缺口”并形成立体封锁；电子斗争已成为影响突破的重要因素，如不能在一定空间与敌进行有效的电子战，干扰其指挥系统和高新技术兵器威力的发挥，要达成突破是非常困难的。因此，只有用“空间”来取代“阵地”，才能反映现代突破行动所具有的多维性。

许多学者还指出，突破定义的内涵虽言简意赅，但若要正确理解这一概念，尚需着眼于实际，进一步明确达成突破的关联条件。有的认为，谈到突破，至少应有以下含义，即消灭和摧毁敌兵力兵器，占领或控制一定地幅，并使其保持一定时间。否则，就不能视为突破。有的认为，突破必须贯穿于本级任务全纵深，贯穿于进攻战斗的全过程。通常应包括两个阶段：第一阶段突破敌一线支撑点或前沿阵地，完成当前任务，称为“前沿突破”；第二阶段突破敌纵深支撑点或纵深阵地，完成后续任务，称为“纵深突破”。关于“突破就是前沿战斗”的认识，实际上是把“突破”与“突入”这两种不同性质的作战行动混为一谈了，是对突破的误解。有的认为，突破是由一系列作战行动构成的一个进攻作战阶段。作为行动，主要是突破敌立体防御的坚硬“外壳”，即破“四圈”（障碍、火力、装甲、电磁圈）；作为阶段，主要包括从火力准备开始到扩大和巩固突破口为止。不能不加分析地把攻歼敌人的所有行动都纳入突破范围。

突破的方式。突破方式，是进攻军队实施突破所采取的方法和样式。由于在进攻战斗中，突破方式的选择对突破成败具有关键作用，因此对这一问题的研究，是当前的“热点”。

有的学者通过对突破发展史的回顾指出：突破方式，是随着军事技术和军事学术的发展而不断丰富和完善的，经历了一个由简单到复杂、由单一到合成、由低级到高级的发展过程。早期的突破方式，多以步兵为主，在少量兵种的配合支援下，沿进攻正面强攻，靠近战、甚至白刃格斗打开口子。后来，以摩托（机械）化步兵、坦克兵为主的合成军队实施的突破，重视对主要突击方向和突破口的选择；强调集中兵力、兵器，重点突击；注意发挥各军兵种的优长，密切协同；主张突破时火力、爆破和突击行动的紧密结合与连续进行。现代的突破方式更加灵活多样，突出表现为突破行动溶各种战术、技术手段为一体，具有立体性、纵深性和坚决性，并在此基础上继续发展。

有的学者主张，现代进攻战斗面临的新情况，对突破方式提出了更高的要求，需要更新或强化已有的观念。一是以袭击战法达成突破的可能性减小，要确立以强行突破为主的观念。所谓“强”，就是力量要强，意志要强。二是平面突破面临挑战，要确立立体突破的观念。即在地面突破的同时，使用各种突击力量和手段，对敌进行全纵深、多层次打击，配合地面突破。三是突破将遭敌快速、顽强阻截，要确立连续突破的观念。就是不局限于对敌一道阵地或进行一次性的突击，应着眼于对敌多道阵地的连续突破和对某道阵地的反复突击，建立多波次的突破部署。四是突破更有赖于整体力量的发挥，要确立合力突破的观念。即要通过周密地计划组织，使诸军兵种的突破行动始终围绕总的意图协调一致，依靠整体的力量达成突破。

有的学者认为，突破方式受客观因素的影响和制约，不同情况下的突破所采用的方式是不一样的。对突破方式的选择，如何作到主客观相一致，需要熟悉和了解其特点和规律，掌握选择恰当的突破方式的要领。其一，突破方式随着武器装备的发展而发展，选择突破方式要与自身武器装备的现状相适应；其二，突破方式本身各有其优长和不足，选择突破方式要从实际出发，有利于扬长避短；其三，各次战斗的敌我情况和地形条件等因素千差万别，选择突破方式要权衡利弊，因情而定。

理论界在重点研究突破问题的同时，还就进攻中的反空降战斗、登陆战斗，热带山岳丛林地战斗的特点和战法等问题进行了研究，丰富和活跃了进攻战术理论的研讨。

防御战术研究　在防御战术领域，1991 年着重研究了防御体系，主要探讨的问题如下：

现代防御体系的特点。有的学者指出，武器装备的发展和进攻战术的变化，对防御战斗产生了极大的影响，作为组织实施防御战斗的基础和前提的防御体系，具有一些新的特点：一是建立大纵深多梯次的防御部署，合理提高兵力兵器密度。进攻军队突击力和机动力的提高，迫使防御一方必须通过增大防御纵深，增强防御力量来保证防御的弹性和韧性。二是火力配系带有更大的立体性。进攻军队“重点突破”和“立体攻击”等手段的广泛运用，要求防御一方必须着眼于“三维”空间增强防御的抗击力，不仅能有效抗击敌地面进攻，而且能对付敌空中突击。三是整体功能的优化，成为构建防御体系的总要求。现代防御，靠整体合力制胜。为做到这一点，既要强化各要素的功能，又要密切防御体系诸要素间的联系。四是防御体系模式灵活多样，使防御具有更高的积极性。为适应复杂多变的战场情况，防御一方必须立足于争取主动和灵活应变来构建防御体系，使之形成防反结合，特别是有利于实施各种攻势行动的内部机制。

构建防御体系的指导思想。关于这一问题，理论界有几种认识。有的学者认为，构建防御体系应着眼于积极防御。积极防御，既是防御的指导思想，也是防御行动的基本要求。从思想上看，以积极防御思想为指导的构建防御体系，从根本上确立了人的因素在防御中的主导作用。由于人的主观能动性直接反映着防御体系的积极性，决定着防御体系功能的积极发挥，因此，构建防御体系必须立足于此。从行动要求上看，以人为主体的积极的防御行动，是夺取防御战斗胜利的关键，而防御体系又是防御行动的基础，因此，积极的防御行动要求有与之相适应的防御体系，也就是说，构建防御体系，应有助于保障积极防御行动的进行和保障各种情况下都能充分运用各种防御手段。

有的学者认为，构建防御体系时，在指导思想上必须强调有利于实现防御的稳定性。首先，这是由防御的根本目的决定的。任何时期的防御作战，无论其体系结构和功能发生什么变化，都不会脱离稳定防御这一根本目的。不能确保防御稳定的防御体系，不会成为先进、科学的防御体系。其次，这是保持防御作战的主动权所要求的。防御的主动权，是建立在稳定的防御体系的基础之上的，只有自身先“稳住阵脚”，才有可能积极主动地有效地抗击敌人的进攻。再次，稳定性是实现防御体系既有功能的保证。现代防御，要求以整体抗力取胜，要实现这一点，防御体系自身必须具有良好的稳定机制，即打有可靠的依托，抗有坚强的“盾牌”，协同有顺畅的信道，机动有便利的条件等。否则，防御体系的既有功能将难以发挥。

有的学者认为，构建防御体系必须着眼敌进攻作战特点，这是由攻防战斗矛盾运动的规律所决定的。敌对双方的战术总是相生相克，在“斗法”中发展的。进攻条件的每一重大变化，进攻方式的每一重大改进，都必然引起防御方式的相应变革，这是不以人的意志为转移的。因此，着眼敌进攻作战特点构建防御体系，可使之具有更强的针对性和适应性，这在敌进攻能力大为提高，进攻方式不断发展的今天，尤显必要。

防御体系的要素。有的学者认为，防御体系是由防御的有关要素有机结合组成的防御整体。对防御体系的研究，不能脱离防御要素，而对防御要素的研究，则必须从认识其基本特征入手，并就防御体系诸要素的特征提出了如下看法：一是功能上的独立性，即防御体系诸要素是相对独立的，它们各自对防御稳定和强固起着重要的作用；二是作用上的全程性，即防御体系基本要素的作用是贯彻于防御的组织准备与实施的全过程的，防御体系诸要素虽不是直接的作战行动，但它们却是产生一系列防御作战行动的物质条件；三是结构上的相关性，即防御体系的结构是诸要素之间各种联系的总和，任何一个防御要素在系统中有无和是否有效运行，都与其他要素密切相关，每一个基本要素正是由于和其他要素保持着相互联系，才得以存在，否则防御体系结构就可能松散以至被破坏，其整体功能就难以形成；四是与作战环境的适应性，即防御体系诸要素是与防御作战环境相适应的，并随着战场条件的变化而变化。从防御要素的上述特征出发，在研究具体的防御要素时，必须用历史、现实、未来相结合的观点进行设计和验证，这样才能创立出更有生命力的防御要素方面的理论。

对防御体系各要素的认识还有两种不同观点。一种认为防御体系的构成仍为“五大要素”，但为适应现代防御战斗而建立的有重点的、纵深立体的、稳固而积极的防御体系的要求，须从形式和内容上对各要素加以研究和改进。另一种认为，应在原有基本要素的基础上，增加新的要素。有的提出，随着电子斗争在现代战斗中地位的提高，应将“电磁配系”列为防御体系不可或缺的基本要素之一。有的提出，“伪装”应作为现代防御体系的一个基本要素，这不仅是现代防御战斗的客观需要，也是伪装的相对独立性及其在防御体系中的特殊作用所决定的。

在深入研讨防御体系的同时，防御战术领域还就如何制止大纵深立体突贯，怎样实施火力反准备、坑道战等具体战法，以及高寒、沙漠、海岸、岛礁等特殊条件下的防御战术问题，进行了广泛的研究。

（姚江宁　侯善智）

关于军队指挥理论研究　1991年，中国军队指挥理论研究所取得的一项突出成就，是《中国军事百科全书·军队指挥》的问世。该分册共收集条目310个，释文29万余字，图表63幅。与《中国大百科全书·军事》“军队指挥”相比，其内容有较大的扩展和充实，并具有较强的思想性、科学性和相对稳定性。该分册充分反映了中国人民解放军60多年来丰富的军队指挥实践经验和理论，重点体现了毛泽东军事思想的重要组成部分——军队指挥理论及其在新的历史条件下的继承和发展，并着眼于指导未来反侵略战争的需要，介绍了当代世界军事科学研究的新成就，现代科学技术在军事上的应用与对军队指挥的影响。该分册的问世，对军队各级指挥员及其指挥机关学习军队指挥知识，掌握指挥规律，加强军队指挥系统的现代化建设，都具有重要的参考价值和促进作用。此外，还有一批反映军队指挥理论研究最新成果的论文相继发表。这些论文，内容涉及军队指挥理论的方方面面，其热点是军事决策理论和指挥体制问题。

军队指挥学学科体系　如何建构军队指挥学学科体系，一直是本学科理论研究的热点。从1991年发表的有关论文看，人们对此问题的认识仍很不一致。有的作者认为，确立该学科体系，应从其结构、层次和分类入手。按指挥学科的从属关系，可将军队指挥学的学科体系分为三个层次：第一层次为军队指挥学；第二层次为作战指挥学、军事情报学、军事通信学、军事密码学、军事运筹学；第三层次为军事决策学、作战力量组合学、军事调度学、军事协同学、战场控制学等。此外，作者还提出，根据指挥活动中事物属性的异同，还可参照中国人民解放军现行武装力量体制，将指挥分为合成军队指挥学、海军指挥学、空军指挥学、第二炮兵指挥学和后勤指挥学等。但对军队指挥学的层次与分类之间的关系，作者未作进一步说明。(杨金华《关于加强军队指挥学学科理论建设的思考》,《国防大学学报》1991年第4期)有的作者对此提出了不同的看法。认为，这种分类方法不仅使军队指挥学与作战指挥学在概念上难以区分，而且将第二层次的所有二级学科并列也值得研究。为此，他提出了纵向分二个层次、横向分三个部分的模式。纵向的第一层次是军队指挥学，第二层次由横向三个部分的若干二级学科构成。横向的三个部分，一是指挥基础理论，包括：军队指挥哲学、军队指挥科学学、指挥员素质学、军队指挥职能学、军队指挥心理学、军队指挥历史学以及军队指挥谋略学、军队指挥机构学等学科；二是指挥应用理论，包括：战略指挥学、战役指挥学、战术指挥学、海军指挥学、空军指挥学、第二炮兵指挥学、后勤指挥学、司令部工作等学科；三是指挥技术理论，包括：军事情报学、电子对抗学、军事密码学、军事通信学、军事预测学、军事决策学、指挥自动化学等学科。作者特别提出，虽然指挥学的体系可由二个层次、三个部分组成，但指挥技术理论与基础理论、应用理论是不能简单并列的。因为它们具有不同的性质和特点。前者是保障理论，属于自然科学或自然科学与社会科学相结合的交叉学科范畴，具有工具的性质。而后两者则是学术性理论，属于社会科学的范畴，具有明显的社会属性。(薛彦绪《军队指挥学体系结构问题浅议》,《国防大学学报》1991年第4期)有的作者则认为，军队指挥学的学科体系，按指挥任务范围，可分为战略指挥学、战役指挥学、战斗指挥学；按军兵种部队，可分为合成军队指挥学、海军指挥学、空军指挥学、战略导弹部队指挥学以及炮兵、坦克兵、防空兵等兵种指挥学。(隗福临《军队指挥学》，载于《中国军事百科全书·军队指挥》一书，军事科学出版社1991年版)

尽管现在对军队指挥学学科体系的认识仍很不一致，但综合起来看，观点渐趋以下两种：一是将所有的指挥保障学科均划在本学科体系范围之内，并在此基础上对学科体系作纵向的层次和横向的结构划分，体系构成复杂；二是将学科体系范围严格限定在“指挥”范畴之内，纵向层次和横向结构均较简明。

军队指挥历史阶段的划分　如何划分军队指挥历史阶段，也是本学科理论研究中争议较大的问题之一。多数人主张以指挥机构的组织形式的演变为标准，将军队指挥的历史划分为统帅直接指挥、统帅与幕僚指挥、统帅与司令部指挥和“人—机”系统指挥等4个时期。也有人主张以兵器的发展水平为断代依据，将军队指挥的历史划分为冷兵器、冷兵器与火器并用、火器等3个时期，并将第二次世界大战后的军队指挥作为火器时期的一个新的阶段。(杨得志《军队指挥》，载于《中国军事百科全书·军队指挥》一书，军事科学出版社1991年版)有些作者提出不同意见，他们认为，人们对军队指挥历史发展阶段的划分之所以分歧较大，结论各异，原因在于对划分阶段的依据认识不一致。作者提出，指挥者、指挥对象、指挥手段这三个军队指挥的基本要素，在军队指挥的发展中所起的作用是不同的。其中，指挥手段是军队指挥发展的制约因素，指挥对象是军队指挥发展的原动力，而指挥者的发展水平，则取决于并反映指挥手段、指挥对象的发展水平，在一定的指挥对象和指挥手段的基础之上，指挥者的发展水平越高，军队指挥的发展水平也就越高。因此，指挥手段是划分军队指挥历史发展阶段的主要依据。以指挥手段的发展演变为依据，作者将军队指挥的历史发展划分为4个阶段：军队指挥的起源阶段，没有专门的指挥器材或只有极为简单的指挥器材，指挥手段极为落后；军队指挥的初级阶段，出现了音响、目视指挥器材，指挥手段产生了从无到有的飞跃；军队指挥的成熟阶段，电子通信器材广泛运用于军队指挥之中，指挥手段发生了根本性的变革；现代军队指挥阶段，集信息收集、传递、处理功能于一身的指挥自动化系统步入指挥领域，指挥手段再次产生质的飞跃。

指挥与控制　控制一词引入军队指挥领域后，众多学者对指挥与控制的关系进行了探讨，出现了各种不同的认识。有人认为，控制是指挥的同义词，在指挥理论中引入控制一词无实际意义；有人认为，控制大于指挥，比指挥层次高，内涵更丰富；有人则认为相反，指挥包含控制。从1991年发表的论文看，多数人倾向于最后一种观点。有的作者认为，就两者的关系而言，指挥包括控制，控制是实现指挥的手段。但两者也有一定的区别，主要表现为：运行机制不同。指挥的运行机制是筹划、决策、造势、协调、控制；控制的运行机制是确定控制标准、监督反馈、衡量实绩、纠正偏差。作用阶段不同。指挥贯穿作战过程的始终，控制主要作用于作战实施过程中。特性不同。指挥具有诡诈性和风险性，而控制却要求具有规范性及程序性。因此，指挥是一种更高层次的活动，控制则是用固定的措施保证指挥顺利实施的手段。

军队指挥方式 对军队指挥方式的探讨，主要集中在两个问题上。一是关于如何区分不同类型的指挥方式。有的作者认为，军队指挥方式是一个众多指挥方法和形式的集合体，而集中指挥和分散指挥仅仅是这个集合体中的一部分，因此，将军队指挥方式简单地区分为集中指挥和分散指挥，实质上是以偏盖全，把部分当作整体，极不恰当。作者提出，应根据不同指挥方法和形式的性质，按照统一的标准或参照系进行归结。以指挥权限的控制程度为标准，可分为集中指挥和分散指挥；以指挥过程中主体对客体所跨越的梯阶数为标准，可分为按级指挥、越级指挥；以所运用的指挥手段为标准，可分为简易信号指挥、无线电指挥、有线电指挥、自动化指挥等；以指挥机构所处的状态为标准，可分为定点指挥、运动指挥；以指挥机构所处的空间位置为标准，可分为靠前指挥、后方指挥、地面指挥、空中指挥、海上指挥等。二是关于委托式指挥与分散指挥的关系。对两者的关系，仍存在两种不同的认识。一种观点认为，两者是在不同国度的军队里所形成的作战指挥方式，有着本质的区别；另一种观点则认为，两者在本质上并无区别。从1991年发表的论文看，多数人倾向于后一种观点。有的学者认为，委托式指挥与分散指挥，既有相同之处，也有差异。两者的内涵及特征基本相同，两者的优点和缺陷相同。其差异主要表现为，委托式指挥着眼于下级主动性、灵活性和创造性的发挥，强调指挥权应尽量下放；分散指挥则着眼于部队战斗力的发挥，强调该集中的要集中，不宜集中的则分散。委托式指挥在西方军队中占有重要地位，曾被作为基本指挥方式而广泛使用；分散指挥一般只作为集中指挥的一种辅助指挥方式。但两者在本质上是一致的，因此可以看作等同概念。有的作者，一方面认为“委托式指挥法”实际上是一种分散指挥的方式。同时还提出，“委托式指挥法”并不是毛奇的独创，它早已存在于古今中外的战争实践中，从孙武的“将在外，君命有所不受”这句名言中，即可窥到其最早的踪迹。（王天华《试析两种指挥方式之异同》，《军事百科通讯》1991年第5期）

军事决策理论 军事决策理论的研究，是1991年军队指挥理论研究的热点问题之一，发表的论文较多，内容涉及军事决策的特点、性质、方法以及谋略运用等诸多方面。反映了军事决策理论研究日趋深入，研究领域不断扩展的趋向。

有的作者认为，军事决策的特点，主要表现为：决策往往受制于对方，需要根据敌情的变化而修正或重新决策；受严格的时间制约，不像非军事决策那样可以有较充裕的时间作保证；军事决策无法进行反复试验论证，只能最终由战争实践进行检验；军事决策具有较大的风险性和诡诈性。有的作者认为，由于影响军事活动的因素越来越多，军事活动越来越复杂，指挥员在组织实施军事行动时，应以科学决策代替经验决策。以此为前提，作者提出了军事指挥员实施科学决策的一般程序，以及军事指挥员运用科学决策方法进行决策时应着力把握的几个问题。有的作者从现代思维科学和军事指挥实践出发，对军事直觉思维的发生机制、表现形式、作用与缺陷等问题进行了研究。在肯定了直觉思维在军队指挥中具有重要作用的同时，指出了直觉思维的缺陷。作者指出，这些缺陷是：没有足够的逻辑理论作根据；需要丰富的实践经验作基础，易发生经验主义的偏差；对事物的认识不够精细等。（岳岚《简论直觉思维在作战指挥中的作用和意义》，《军事教育学院学报》1991年第4期）有的作者在剖析军事决策的程序、内容的基础上，提出军事决策阶段是将人们对军事实践真理性的认识具体化的阶段，既不等同于真理性认识本身，也不等同于实践。科学的军事决策是理论通往实践活动的现实桥梁，是认识到实践过程的重要环节。

（陈荣弟）

关于军事运筹与系统工程理论在作战中的运用 1991年，学术界关于军事运筹与系统工程的研究的主要内容有，决策与系统分析，作战模拟，C^3I理论，军力的宏观度量，以及《孙子》的系统与运筹思想等，现综述如下。

决策与系统分析 随着人们对军事系统工程理论和方法、作战模拟系统、军事专家系统等方面研究的深入，以及对现有成果的应用和反思，在注意研究中低层次，即战役、战术、武器系统的运用的同时，也开始重视高层次的战略决策研究。有的作者指出：高层次战略决策应用是军事系统工程的一个重要应用领域，在该领域中如果很好地应用军事系统工程的理论和方法解决实际问题，将会产生极大的社会效益、军事效益和经济效益，因此军事系统工程进入高层次决策领域是该学科发展成熟及广泛应用的标志。作者认为:各类宏观决策咨询系统功能不尽相同,但应具备如下四个基本功能:(1)提供信息咨询。系统可向决策者提供决策所需的基础资料、数据信息,同时也可对基础信息进行统计或综合,以提供综合性或推论性信息。(2)比较分析。比较分析通常应包括两个方面:一是对某些信息进行直接的或综合比较,以认识现状、发现问题;二是对决策者提出的多个决策方案从不同角度、用不同准则进行比较分析,以提供决策参考。(3)提供方便且友好的人机接口。系统不仅要使人机交互简单而直观,而且要使整个咨询过程灵活地适应决策者的决策思路。(4)系统对决策者是透明的。系统应使决策者不仅可了解系统中重要信息的来源和依据,而且可了解系统对信息的处理方法,以提高决策者对系统的信任度。宏观决策咨询系统实质上是一个计算机软件系统,但有别于一般软件工程的开发办法,常常用快速原型法,即在短期内设计出一个具有良好可扩充性的原型系统,再根据用户的建议不断修改,逐步实现一个具有分析、评估、优化等较高级功能的完整系统。(江敬灼《宏观决策咨询系统》,载于《军事决策与军事系统工程》一书,军事科学出版社 1991 年版)

关于冲突理论　有的作者提出:"所有战略问题,本质上都是在冲突局势背景下提出的。"传统的冲突理论通常包括军备竞赛、威慑战略、低强度冲突等所有有关国际事务各个领域冲突现象的研究。作者认为有必要把冲突理论看作是以应用形式推理和数学方法为特征,研究冲突模式,寻求冲突解决途径的软科学理论。它是近 40 年来现代自然科学的一系列成果(如运筹学、系统工程、计算机技术和人工智能等)注入到冲突研究之中,有力推动实际冲突问题解决的结果。在战略问题研究中,应用冲突理论,从定性研究抽出冲突模式,用形式化方法加以分析研究,将大大提高战略问题研究的深度和质量。冲突理论对战略问题研究的作用有以下两个方面:(1)提供定量分析战略问题的方法,不仅从定性方法而且从定量方面把握冲突演变的客观规律;(2)把定性分析中的公理性思维形式化,为应用现代计算机技术,增强人们对复杂战略问题进行全面分析的能力提供有效的支持。冲突理论的研究迄今不过 40 年左右,其进展主要不是体现形成传统学术意义的理论上,而是体现在取得一系列研究实际冲突的方法上。这些方法尽管五花八门,但基本上可分为三类:合理选择法、系统构模法和经验理论结合法。属于合理选择法的有对策论、冲突分析、谈判理论、决策论等;属于系统构模法的有动态构模法、突变论法等;属于经验理论结合法的有经验数据分析法和人工智能仿真模型法。(张最良《冲突理论与战略问题研究》,《军事系统工程》1991 年第 4 期)

作战模拟　(1)兰彻斯特型方程。发展经典兰彻斯特方程一直是军事运筹学较活跃的研究课题之一。有的作者撰文对用杜普伊(Dupuy)提出的在特殊条件下确定的作战指数来分析敌我力量对比,预测战斗格局的合理性提出质疑及改进方法,即把作战指数与火力分配放到战场环境中考虑,根据当时参与实际战斗的各类武器装备和作战单位的作战效果来确定其作战指数。按此思路较好地解决了多兵种与多兵种交战中的战术问题,其中一系列结论,对于定性的分析结果不仅是很好的补充和精确化,同时也是进一步的深化。文章最后提出建立数理战术学的观点供大家讨论。(沙基昌《作战指数与火力分析统一处理的方法和意义》,载于《军事决策与军事系统工程》一书,军事科学出版社 1991 年版)有的作者提出用体现战斗力某种指数的战斗单元来代替传统模拟中的兵力数,建立一种带有软对抗因素的战斗模型;有的作者还定义了灰色兰彻斯特方程,用在一定范围内变化的灰数来描述双方战斗效率,用灰色微分方程描述双方兵力的削弱,更接近于实际战斗过程的情况。(崔全会《灰色兰彻斯特方程初探》,载于《军事决策与军事系统工程》一书,军事科学出版社 1991 年版)(2)智能化作战模拟。有的作者提出:过去的作战模拟主要是对作战过程的各种数量关系建立数学模型,即所谓"模型模拟法"。随着人工智能的发展和在军事领域中的运用,特别是军事专家系统的诞生,解决了过去众多不可量化的问题,将人工智能(AI)和模型模拟结合,产生一个智能化作战模拟系统,才能较好地将作战这一半结构化问题加以仿真。作者认为,"智能模拟"体现在以下几个方面:一是自动决策,系统能根据战场态势、敌我双方实力模仿某一级首长加以决策;二是决心论证功能,根据军事原则、事实、军事专家知识、模型的运行结果,对决心加以评估、论证;三是动态显示战斗全程功能,根据给定初始态势系统,应用各种知识、模型的推理、运算,实时显示作战双方态势和最终结果;四是解释功能,系统对一些结论的给出、模型运用能给出解释;五是人工干预功能,根据用户的需要,如改变决策方案,或比较几个方案时可实施干预。智能化作战模拟系统一般应包括:人机界面、问题处理中心、模型单元、数据单元、知识单元、推理机、解释子系统。(李洁、刘德铭《智能化作战模拟探究》,载于《军事决策与军事系统工程》一书,军事科学出版社 1991 年版)

C^3I(指挥、通信、控制和情报)的理论研究　有的作者提出:C^3I 是一门独立学科的观点。作者认为 C^3I

有无独立的理论，能否成为独立的分支学科，其核心问题是有没有特有的某一矛盾。而自动化系统与现代战争指挥要求之间的矛盾，构成了 C^3I 的特殊矛盾，反映了 C^3I 的特殊本质，二者互为前提与目的，在一定条件下可相互转换。作者认为 C^3I 是一种装备，也是一个信息系统，但又有别于一般的装备和信息系统，它是一个遍及全国的指挥保障体系，是用于作战指挥的系统工程。管理的是整个战场。因而，C^3I 必须受任何战场情况的影响与制约，其特点也不能从一般的装备和系统工程的共同特点中去寻找，必须从对矛盾的分析中得出。作者总结出 C^3I 系统的基本特点是：(1)寿命周期的不稳定性；(2)更新状态的严峻性；(3)人的最高决策的不可替代性；(4)系统结构的两重性；(5)系统的脆弱性。作者找出 C^3I 系统与一般装备发展规律的不同。一般装备的发展规律是：研制——装备——淘汰——再研制——再装备——再淘汰；而 C^3I 系统的发展规律是：渐进成型(成型是指能满足目前和近期作战要求)——装备使用——更新演变，这个规律将影响我们的部分技术政策。(王国底《对作战 C^3I 理论的几点认识》，《军队指挥自动化》1991 年第 4 期)作者还提出，指挥所自动化系统的建设的要点有如下几个方面：(1)与各类型战争相一致的使用方式；(2)清晰的人工系统与自动化系统的界面；(3)灵活有效、多样科学的内部信息交换系统，以及在此基础上的高度可信的辅助决策；(4)友好的人机界面；(5)有利于思维的首长指挥室；(6)具有良好兼容性的系统结构。(王国底《指挥所自动化系统的地位和建设重点》，《军事系统工程》1991 年第 2 期)C^3I 系统均是建立在一个错综复杂的大系统中，其任务异常庞杂，因此，对 C^3I 系统模型的分析与预测，以及对其可靠性的评价是十分重要的。把模糊数学的思想引入其中，是目前军事系统工程和军事运筹学工作者努力探索的方向之一。有的作者在传统的柯布—道格拉斯(Cobb-Douglas)函数基础上，引入灰色系统理论中灰色关联分析方法及模糊数学中模糊推理方法，提出了一个定性定量相结合，对 C^3I 系统全面、客观分析预测的方法。(赵平、牛晓云《C^3I 模型分析及预测系统》，载于《军队指挥自动化》1991 年第 2 期)通信系统是 C^3I 系统中重要的子系统之一，连通性是其可靠性评价的一个重要准则。有的作者发展了模糊随机网络的理论，考虑了链路失效概率的模糊性。文章提出用模糊性概率来表征链路失效的模糊性，从而融随机性和模糊性于一体，为 C^3I 这样复杂大系统的通信系统的性能评价，提出了一个较新颖的理论方法。(刘锡荟等《C^3I 通信网的可靠性分析》，《军队指挥自动化》1991 年第 3 期)

军力的宏观度量　军力即军事力量，其表现形态有两种，一种是物的形态，即人与各种武器装备、军事设施及其组合；另一种是价值形态，即人与各种武器装备、军事设施，总是存在着同社会生产水平相对应的价值，这部分价值是指在一定时间内，把用于军力建设的人力、物力、财力，投入本国的经济建设所应产生的经济效益价值，这是一种并未实现的“潜在价值”，有的作者称之为军力的潜价值。认为它是军力的价值构成和水平高低的综合反映，是解决军力宏观度量问题的关键。作者遵循马克思主义劳动价值论的思路，把军力的结构水平(即人与武器的组合方式)与军事科学技术进步联系在一起，采用国际上常用的技术进步水平度量法，柯布—道格拉斯函数法，从而得出军力的宏观度量理论和方法。结果表明：军力潜价值的增长率与军事系统中的管理、指挥、平均文化程度、总员额、作战资料总值的变化率有关，其中前两项是由军事技术进步水平决定的、无须直接投资而形成潜价值增长的主要方面。这说明在军费开支不可能大幅度提高的情况下，提高官兵的文化素质，加强军事技术训练，提高指挥管理水平，改良部队组织结构，提高部队协同作战能力，加速军事技术进步，同样也是提高军力水平的主要途径。(宋瑞玉、韩韧《军力及其潜价值的宏观度量》，《军事系统工程》1991 年第 3 期)

《孙子》中系统和运筹思想研究　《孙子兵法》是倍受推崇、最具有创造精神并且具有鲜明的系统和运筹思想的中国古代兵书。近几年来，人们开始自觉地研究《孙子》中的系统和运筹思想。有的作者从孙子的系统和运筹思想，及其历史背景和现实意义等方面加以研讨，认为“现代系统论的基本思路和主要观点，大多能在孙子的活动及其著作中找到它们的原始状态”。“孙子的运筹帷幄，策划谋略；权衡利弊，预见胜负；选将任势，理兵料敌；筹算费用，保障供给等方面都有丰富而生动的运筹思想的论述”。如《孙子》认为战争是人类社会大系统中的一个子系统，战争的发生与发展是人类社会大系统中的政治、经济、外交、军事诸因素发展到一定阶段的必然产物，是不以人们的意志为转移的客观规律，人类社会的更迭，必然会通过战争来推动；孙子的明确战争目的，强调智战为上，体现了系统论中目的性、层次性、相关性和有序性等特点；战前进行“庙算”，预测战争结局，通过层次分析来优选用兵方案等体现了军事运筹学中定量分析的思想。《孙子兵法》的深远意义与重大价值不止于此，有待人们从各个不同角度去进一步探讨和研究。(孙柏林《孙子的系统和运筹思想》，《军事历史研究》1991 年第 2 期)

(吴巨红)

苏联作战理论研究　苏集团军进攻战役研究　苏军作者著文对进攻战役的定义、目的、任务、特点，进攻战役的准备，以及进攻战役的实施等问题进行论述。

进攻战役的定义、目的和任务　苏军有的作者认为，集团军进攻战役是由诸兵种合成（坦克）集团军在方面军的兵力兵器及其他军种军团、兵团和部队的协同下，按照统一的企图和计划实施的在目的、任务、地点和时间上协调一致的进攻交战、战斗、突击和机动的总和。集团军进攻战役的目的，是粉碎当面的敌人集团及其战役预备队，攻占具有重要意义的地域、地区和目标。苏联现代军事学术把集团军进攻战役看成是方面军反攻（进攻）战役的组成部分。军事行动开始后，它可在击退敌人入侵后实施，以便恢复原态势。在独立方向上，它也可单独实施。

集团军进攻战役通常包括第1和第2梯队兵团的部队、火箭兵和炮兵、航空兵、防空兵、集团军直属兵团和部队以及集团军诸预备队的战斗行动。空降兵（登陆兵）的空降（登陆）和战斗行动也可能是集团军进攻战役的组成部分。

进攻战役的特点　作者指出，根据80年代末发达国家军队的看法，集团军进攻战役同第二次世界大战时期相比具有如下特点：空间规模大，目的坚决，机动性高，能够在敌战役布势全纵深同时并迅速毁伤敌集团；军队和军事技术装备损失大，情况变化迅速而急剧；沿相互隔绝的方向实施战斗行动，专业技术保障和后勤保障困难较大。装备威力很大的毁伤兵器的诸兵种合成（坦克）集团军能够以更高的速度向大纵深实施进攻战役。集团军进攻战役取得胜利的基本条件是：在选定的方向上建立兵力兵器优势，在战役全纵深对敌实施有效的火力毁伤，逐个坚决粉碎敌集团，迅猛向纵深和两翼发展胜利，通过空降兵（登陆兵）的空降（登陆）以及利用脱离主力行动的兵团在敌防御纵深建立积极的作战正面。根据情况和规定的任务，集团军进攻可能对防御之敌、进攻之敌或退却之敌实施。合围、分割和各个歼灭防御军队的基本集团是粉碎敌人最坚决的方法。

进攻战役的准备　作者认为，首次集团军进攻战役的准备通常在防御过程中进行，后续战役的准备则在完成前次集团军进攻战役时于发展进攻过程中进行。集团军进攻战役的准备包括：(1)定下决心。集团军进攻战役的决心是进行各项战役准备工作和组织战斗行动的基础。决心包括：战役企图，军队的任务，协同动作的原则，保障的原则和指挥的组织。确定主要突击和其他突击方向、粉碎敌主要集团和其他集团的顺序和方法、对敌火力毁伤的程序、军队部署和战役布势等是企图的基础。(2)下达任务。集团军各部队的战斗任务应根据战役企图加以规定。在现代条件下，根据许多国家武装力量的指南和条令，集团军的当前任务可能是，粉碎当面敌人战役和战役战术集团第一梯队，攻占经夺取后能破坏战役防御稳定性和为尔后发展进攻创造条件的地区和地域。尔后任务（在某些国家的军队中称为后续任务）可能是，粉碎敌人第二梯队和战役预备队，以及攻占经夺取后能达成集团军战役目的的地域和地区。在大多数军队中，对使用和不使用核武器的行动都规定同样的任务，但完成任务的方法和时限可能不同。(3)制定战役计划。拟制集团军进攻战役计划就是详细制定军队遂行规定任务的内容和顺序，按方向区分军队的力量，规定协同动作程序、保障程序和军队指挥程序。在大多数发达国家军队中，采用根据仅使用常规武器作战和可能使用各种毁伤兵器包括核武器作战而拟制集团军进攻战役计划的方法。(4)组织对敌火力毁伤。组织对敌火力毁伤是集团军进攻战役准备的一个复杂问题。火力毁伤在整个战役过程中实施。在伟大卫国战争年代，这项任务是在炮兵进攻和航空兵进攻过程中完成的，90年代之前在现代军队中是通过实施首次和后续密集火力突击的方法完成的，而在突破每一道防御地区时，则是在军队由纵深开进的火力保障、冲击的火力准备、冲击的火力支援和军队在防御纵深进攻的火力护送过程中完成的。为防敌人转入使用核武器，规定可实施核回击。在任何情况下，综合使用各种火力毁伤兵器有着重要意义。(5)组织协同动作。集团军进攻战役中的协同动作应根据集团军主要集团的需要按任务、遂行任务的方法、方向、地区（目标）和时间在战役全纵深组织。在任何情况下，军队的行动应与各种可能的毁伤兵器的使用协调一致。当前任务纵深内的协同动作，特别是战役第一日的协同动作的组织要最详细。组织协同动作时，应协调好报知、识别、目标指示、指挥和通信联络的组织问题。(6)建立兵力部署和战役布势。集团军军队（兵力）部署和战役布势应按照战役企图建立。集团军的部署包括：主要突击集团和其他突击集团，火箭兵集团，炮兵集团，航空兵集团，防空兵集团，专业兵集团和后勤集团。集团军的战役布势通常包括集团军第一和第二梯队、火箭兵和炮兵集团、军队防空集团、航空兵集团、空降兵（在濒海方向上还包括登陆兵）、合成预备队、集团军专业兵集团、集团军后勤和其他组成部分。(7)组织各种保障。集团军进攻战役的保障包括战役保障、技术保障和后勤保障，旨在使军队保持高度战斗准备，保存其战斗力和为顺利而及时地完成规定任务创造有利条件。它由集团军司令部、各兵种司令员、专业兵和后勤主任根据司令员的决心(指示)组织,并制定成相应的计划。应特别注意组织侦察、军队对大规模杀伤破坏性武器的防护、无线电电子斗争、战役伪装、工程保障、化学保障、水文气象保障及其他种类的战役保障。(8)关于军队指挥。为了在集团军进攻战役中指挥军队,集团军应开设指挥所和建立通信系统。在现代条件下,为了指挥军队,集团军应建立指挥所、预备指挥所和后方指挥所。前进移动指挥所和空中指挥所是指挥所的组成部分。(9)关于政治工作。战役的胜利在很大程度上决定于组织良好和目的明确的政治工作。政治工作的基本任务是:动员军人完成所规定的战斗任务,达成高速度进攻、行动的积极性和坚决性;向全体人员说明情况特点和军队面临的任务;提高对有效地使用武器和技术兵器的责任心。政治工作的形式应当是具体的,应根据情况和兵团及部队在战役中要遂行的任务而定。

进攻战役的实施　战役可能在仅使用常规毁伤兵器或使用各种武器包括核武器(如果敌人首先使用核武器的话)的不同条件下开始和进行。集团军进攻战役的实施包括对敌火力毁伤和对其无线电电子器材和系统的无线电电子压制,军队转入进攻和发展进攻,突破防御的行动,分割、合围和粉碎当面敌集团,抗击反突击,集团军夺取指定的地区。

*军队转入进攻前实施密集火力突击。*苏联军事学术界认为,在战争初期,集团军进攻战役可能在抗击敌人侵略过程中开始。在此种情况下,集团军可在方面军反攻战役过程中首先实施反攻战役,然后实施进攻战役。在战争过程中,集团军进攻战役可能在防御以后发展进攻时实施。转入进攻可从与敌直接接触情况下或军队由纵深开进后实施。在任何情况下,军队转入进攻之前将对敌战役布势全纵深实施密集的火力突击(火箭-炮兵突击和航空兵突击)。

*转入进攻及突破防御。*作者认为,集团军可能在方面军其他集团军、航空兵和防空兵的协同下以部分兵力或全部兵力转入进攻。由纵深开进后转入进攻时,集团军第一梯队的兵团(部队)可在先遣支队和前卫的掩护下成纵队开进,实施开进的火力保障。在开进过程中,集团军第一梯队各兵团展开成临战队形,作好增强先遣支队和前卫力量的准备。转入对进攻之敌的进攻时,可对敌实施迎击。当敌进行占领防御时,通常组织从行进间突破防御地区。如果从行进间夺取防御地区未果,则以集团军第一梯队主力经适当准备后突破防御地区。

*分割、合围和粉碎敌军集团。*作者指出,战争经验表明,在进攻战役过程中,集团军可合围敌个别的战术集团和战役战术集团,也可同方面军其他集团军一起参加合围敌重兵集团,在合围的对内或对外正面作战。

*抗击敌之反突击。*作者提出,在集团军进攻战役过程中,集团军可抗击敌人的反突击。战争年代,抗击反突击往往是通过集团军部分兵力或全部兵力转入防御的方法实施的,而很少采用迎击来抗击敌反突击的集团。战后军事学术理论规定,以广泛使用火力毁伤兵器和随后军队的迎击来抗击反突击。

*夺取指定地区。*作者认为,战役实施时,在整个进攻地带内或个别方向上,可能触发遭遇交战。遭遇战斗和交战可能发生在战争初期抗击敌人入侵时,也可能发生在战役过程中粉碎敌人反突击集团时。集团军进攻战役发展顺利时,敌人可能企图有组织地将自己的军队撤到新的更有利的地区。在现代条件下,在集团军进攻战役过程将夺取的重要地域和地区,应当以集团军第一梯队的部分兵力和预备队,并吸收工程兵参加,予以巩固。(姚宏德《苏军集团军进攻战役》,《外国军事学术》1991年第10期)

(集　思)

苏集团军防御战役研究　**防御战役的定义、目的和任务**　苏学者著述认为,集团军防御战役是诸兵种合成(坦克)集团军在方面军和其他军种的军团、兵团和部队协同下,按统一企图实施的在目的、任务、地点和时间上协调一致的防御交战、战斗、突击和机动的总和。集团军防御战役的目的,是击退敌人进攻,杀伤敌人,扼守所占领的地域和地区,为转入反攻(进攻)赢得时间和创造条件。

集团军防御战役通常是方面军防御战役,有时是方面军反攻(进攻)战役的组成部分。在独立的、被隔绝的战役方向上,集团军可单独实施防御战役。集团军防御战役通常包括:参加火力回击和火力反准备;在保障地带实施战斗行动;第一和第二梯队兵团的防御行动;集团军反突击;火箭兵和炮兵、航空兵、防空兵、集团军直属兵团和部队以及集团军诸预备队的战斗行动。在集团军防御战役过程中,同敌空降兵(登陆兵)作斗争,以及使用空降兵和登陆兵(反空降和抗登陆兵力)将成为常见现象。在敌人使用核武器的情况下,参加方面军的首次核回击是集团军防御战役的组成部分。

防御战役的特点　作者认为,现代集团军防御战役具有下列特点:战役规模扩大,兵力兵器作纵深梯次部署和分散配置,防御的方法多样化,阵地异常坚固,火力、障碍物与军队广泛机动相结合,情况变化急剧,同时在几个方向和不同纵深内作战。在防御中,集团军不仅要对抗敌航空兵、炮兵、坦克和摩托化步兵的密集突击,而且要对付敌可能实施的核突击,还要同敌空降兵、侦察破坏组和空中机动部队作斗争。在敌人广泛使用高精度武器、战斗直升机、无线电电子斗争器材、远距离布雷器材及其他器材条件下，同航空兵－火箭突击对抗，提高集团军防御的战役稳定性，是集团军防御战役的崭新课题。

防御战役的准备　集团军防御战役的准备决定于战役开始时的条件，通常包括定下决心，给军队下达任务，制定战役计划，建立防御部署，组织对敌火力毁伤和兵力兵器的协同，军队和指挥机关作好遂行战斗任务的准备，进行防御地带的工程构筑，组织各种战役保障、技术保障、后勤保障和军队指挥，军队展开和占领防御，组织并进行政治工作，监督军队对战斗行动的准备情况。在遭敌突然袭击、抗击敌反突击（反攻）和遭遇交战失利等场合，集团军防御战役的准备尤为复杂。在这种情况下，必须把集团军第一梯队军队的态势稳定下来，其方法是：首先以现有的全部兵器对敌突击集团实施突击，迅速机动军队建立防御部署，在短时间内组织好火力配系，进行主要防御地带（阵地）工程构筑和设置各种障碍物。然后，定下决心，制定战役的详细计划，建立第二梯队和预备队，进行纵深内各防御地区（地带）的工程构筑和组织各种战役保障、技术保障和后勤保障。

防御地区和阵地配系。作者指出，根据发达国家军队当局的看法，在集团军防御地区和阵地配系中可能有：保障地带（前进阵地）；由主要防御地带（第一防御地区）和第二（中间）地带组成的战术防御地幅；包括集团军防御地区在内的战役防御地幅。每个地带（地区）由阵地、独立的防御地域和枢纽部，以及中间和斜切防御地区和阵地组成。

关于火力配系。作者认为，在组织集团军防御的火力配系时应规定：在防御的远接近地上对敌实施火力突击；在前沿前、翼侧和防御纵深内，建立由各种火力组成的绵密的多层火制地带；消灭敌战术核袭击兵器和炮兵的火力，击退敌坦克和步兵的密集冲击的火力；进行密集（集中）射击，以便杀伤威胁最大方向上、各防御地域和各支撑点之间的间隙地以及防御纵深内的敌进攻集团。火力配系应建立在集团军各种常规毁伤兵器密切协同的基础上，并与航空兵突击、工程障碍物配系协调一致，而在使用核武器时还应与核突击协调一致。

关于工程作业。作者认为，在组织工程作业时应规定：在集团军所有防御地带，在火箭兵和炮兵、防空兵的发射阵地地域，在第二梯队和预备队配置地域以及军队展开地区构筑各种筑城工事；修筑各种掩蔽所和机动道路；设置障碍物和完成其他措施。

防御战役的实施　作者认为，集团军防御战役可能从抗击敌人空中袭击及其陆军的进攻开始。军队行动的内容、性质和方法，取决于集团军转入防御的条件和敌人所使用的兵器。但是，在各种条件下，集团军防御战役都将在敌人拥有数量优势和主动权的复杂情况下进行。

实施火力反准备。作者提出，为了在防御的远接近地上，在敌人突击集团集结和开进时袭击敌人，可使用航空兵、常规火箭以及远战炮兵。当敌人进到保障地带时，防守保障地带的部队及支援炮兵应毁伤敌先遣部队，迫使敌人展开和将主力投入战斗，削弱和疲惫敌主力，消灭其核袭击兵器。对正在集结或已做好进攻准备的敌人主要集团可实施火力反准备，以便削弱或阻止敌人的突击。

抗击敌对防御前沿的冲击。作者认为，抗击敌人对防御前沿的冲击是集团军防御战役最紧张、最关键的时刻。防御军队应以各种火力使冲击之敌遭受最大限度的损失，击退其主力的进攻，制止其突破前沿。集团军防空兵器应在歼击航空兵的协同下抗击空中之敌的突击，并同在飞行航线上和机降（空投）地域内的敌空降兵作斗争。当敌人楔入防御时，集团军应广泛机动兵力兵器，继续扼守重要地域或阵地。为了加强受威胁方向上的防御，可使用各种预备队以及未遭受冲击地段的兵力兵器。对楔入防御的敌军，可以用航空兵突击、火箭和炮兵突击，坦克、反坦克兵器和其他兵器的火力，以及第一梯队军队的坚决反冲击予以毁伤。对已着陆的空降兵可以用航空兵突击和炮兵火力加以消灭；为了将其彻底粉碎，可以使用具有高度快速力的预备队和配置在空降着陆地域附近的军队。当敌优势兵力楔入防御时，集团军第一梯队军队依托既设阵地和障碍物配系，通过顽强的防御战斗疲惫进攻的敌军，阻止其前进，使其遭受重大损失，为集团军实施反突击创造条件。

实施反突击。作者认为，反突击通常在最重要方向上，在争夺第二防御地带的斗争中，有时也在争夺集团军防御地区的斗争中，由第二梯队的兵力和第一梯队的部分兵力实施。

关于军队指挥。作者提出，在集团军防御战役中，为了指挥军队，可开设集团军指挥所、预备指挥所和后方指挥所。前进指挥所和空中指挥所可能是指挥所的组成部分。在特殊条件下，为了指挥在独立方向上作战的兵团和部队，还可开设辅助指挥所。

在自然地理条件特殊的地区（山地、沙漠地、森林沼泽地、北极地区等）以及在濒海方向上，集团军防御战役，因地形不同而有许多特点，在组织和实施防御时

应加以考虑。(姚宏德摘译《苏军集团军防御战役》,《外国军事学术》1991 年第 9 期)

(集　思)

苏军机动防御理论研究　苏И·Н·沃罗比约夫少将撰文对苏军机动防御的以下几个理论问题进行了探讨。

机动防御的实质　作者认为,恢复"机动防御"这一概念,具有客观必要性。由于战后长达 40 多年的时间里缺乏机动防御的科学思想,忽视机动防御的军事理论,因而至今对这一概念仍有模糊认识,如将机动防御与防御中的机动行动混为一谈,认为机动防御的实质就是广泛实施机动,而阵地防御中似乎就不存在机动。作者指出,现代防御没有机动行动是不可能的,而机动、机动行动在机动防御中却可起到更大的作用。机动防御的主要目的是赢得时间,在丧失部分领土的情况下保存自己的力量。为此,需要用多种方式建立战斗队形,选择防御地区和阵地,建立火力配系和障碍物配系,等等。

以往那种所谓"统一防御"的思想,只是给防御行动硬性规定坚守某些阵地,而摈弃了其他方法。但卫国战争的经验证明,有时就没有必要为坚守阵地去牺牲许多人。有不少这样的战例,即暂时放弃部分领土,保存自己的军队;或运用军事计谋将某个地段的军队调往防御纵深,诱敌进入圈套(火袋或战役口袋),尔后将其粉碎。

在现代条件下,在许多方向上实施机动防御可能与实施阵地防御一样,是一种常见现象。但决不能把机动防御与阵地防御同等看待,后者以前是、现在仍然是防御的基本类型。只有坚固的阵地防御和军队顽强持久的抵抗才能击破敌之突击,保障防御的稳定性。

机动防御的强点和弱点　作者认为,机动防御有其强点也有其弱点:强点是,防御军队需要从敌打击下撤出时,可在有利地区以阻滞行动疲惫和削弱进攻之敌;可广泛实施佯动和施展军事计谋;弱点是,允许放弃部分领土,使军队精神心理上受到打击。因此,尽管机动防御的必要性在增长,但它不可能取代阵地防御。

在现代条件下,实施机动防御时,必须考虑到军队在抗击敌地面和空中突击方面具有一定的脆弱性。造成这种情况的因素是:部队和分队占领的不都是预有准备的地区,还有未进行工程构筑的地区;战斗中的部队大部分时间处于运动之中和在掩蔽工事之外;在宽大正面上建立基点式防御时,因各支撑点、地区和阵地之间存在很大间隙,这就为进攻者提供了迅速向纵深突破和广泛实施包围、迂回以及分割防御的可能性;兵团(部队)防御地带(地段)机动道路的距离加大,为敌空降兵、强击群和侦察－破坏组切断交通线提供了方便;进攻者会在防御军队的后方突然布设地雷爆炸性障碍物,制造火灾区,给防御军队的机动、变更部署和后方工作造成极大困难。

提高机动防御的稳定性和积极性　提高机动防御的稳定性和积极性对于取得现代防御的胜利有极重要的意义。为此,运用以下一些手段显得十分重要。

环形防御。在建立机动防御部署方面应考虑到,由于部队和分队可能在被合围和在长时间脱离主力的情况下实施战斗,因此必须建立环形防御,以保障战斗队形各个组成部分(包括各兵种、专业兵分队和后勤)的战术独立性,使强大的高度机动的预备队做好准备。

对敌火力毁伤。对敌实施综合火力毁伤具有特别重要的意义。卫国战争中,在为扼守每个防御地区的战斗中对敌连续多次地实施不断增强的火力突击,是完成机动防御任务的主要方法。但当时由于火炮的射程不远,火力战斗主要在近距离上进行。现代火器的远战能力比那时提高了 1.5～3 倍,防御者完全能够对防御远接近地上的敌人实施火力毁伤,使尚在集中地域或展开地区之敌遭到巨大损失。

设伏。这种与敌斗争的有效方法在现代防御战役中可能得到更广泛的运用。苏军在卫国战争中善于采取设伏行动,但当时多半在前沿附近、间隙地、支撑点翼侧组织设伏。现在,参加设伏的不仅有坦克和摩步分队,而且有战斗直升机、步兵战斗车、装甲输送车、反坦克导弹综合系统、高炮综合系统和自行火炮。直升机可在防御的远接近地设伏,其他兵力兵器则可在防御的所有地带(地段)设伏。

游动。坦克、步兵战斗车、装甲输送车、火炮和迫击炮的游动对提高机动防御的积极性具有重要作用。广泛使用这些兵器实施游动可提高在设伏中的支撑点和阵地间隙地上的火力毁伤效能和军队的生存力,可迷惑敌侦察和建立火袋。

进攻行动。在机动防御过程中可广泛采取进攻行动,如空降兵在敌后空降;强击群、迂回支队和奔袭支队实施反冲击;对敌行军纵队、指挥所、火器、防空兵器、无线电电子战器材、侦察器材和后方设施等目标实施突然袭击;其中空降－强击支队对敌后方实施灵活果敢的奔袭特别有效。进攻行动能够打乱敌行动,使敌难以机动,并能破坏敌军队指挥系统和火器控制系统。反冲击,应以较少兵力近距离实施,主要目的是保障分队撤出战斗,通常不发展胜利。

迷惑敌人。机动防御的胜利在许多方面取决于突然性因素。卫国战争中,苏军指挥员十分重视在防御编成上迷惑敌人,将敌进攻引向防御最坚固的方向,这在一定程度上弥补了兵力兵器的不足，迫敌在不利条件下实施战斗行动。迷惑敌人的措施有：灵活、独创的防御编成；建立假前沿；模拟各种设施（目标）；实施佯动性变更部署；防止战斗队形、防御地区和阵地配系的公式化；将军队主要力量集中在出敌不意的方向上；在敌可能运动的道路上建立火袋，组织设伏，设置工程障碍物和布设圈套；巧妙地采取伪装措施；利用复杂气象和夜暗；施放烟雾以隐蔽机动；实施突然的反冲击；掩护分队撤出战斗；善于运用新的战术手段和行动方法；与敌侦察进行积极斗争；转移敌对重要目标和地域的注意力。

机动防御的理论与实践在武装斗争物质技术基础发生变化的影响下，出现了许多新的问题，将有待进一步研究。（陈玺、朱达译编《机动防御的理论与实践问题》，《外国军事学术》1991 年第 6 期）

（集　思）

美国作战理论研究　美军战役理论研究

1991 年，美军战役理论研究的特点是：继续对战役理论中的重大问题进行探索；与总结海湾战争经验相结合，不断开拓战役理论新内涵；深入研究未来战役课题。

现代战役的基本特征　陆军指挥与参谋学院高级研修学校教授施内德尔对现代战役的基本特征进行了研究。他认为，现代战役法与拿破仑时代古典战略的一个最明显的不同是，前者主张“在一个作战区实施分布式兵力自由机动”，即在特定时间和空间分开机动兵力，实施一系列交战，战役持续时间长；而后者主张“在一个作战区实施集中的（向心）兵力机动”，战役通常持续时间短，一役即决定整个战争的胜利。现代战役的这一性质决定它具有以下特征：（1）由联合军种司令部对作战区内各军种部队实施统一指挥，战役的最终规模主要取决于作战区的大小。（2）与战役作战部署纵深相适应，建立适当的后勤配置纵深，确保后勤体系有效运营。（3）根据战争计划规定的战区战略目的，建立战争区，并通过战区战局计划把战略目的化为具体的战役任务，进一步划分作战区。（4）战役初期，军队即作横向展开，但不一定形成绵亘的战线。许多部队很快进入交战，整个战场出现非线式交战行动。交战之初，多为遭遇战性质，但很快升级为纵深较大的战术交战行动。（5）所有战斗部队都参与大纵深作战行动。（6）作战部队采取类似装甲骑兵团的合成编组，师将变成一级控制机构，控制若干加强的旅级战斗群实施交战。（7）师（旅）以上各级指挥官均须具有“战役眼光”，能将上级意图具体化为适当的目标，制定作战计划，坚决实现预定目标。（8）战役过程中及时使用战役预备队，发展胜利。（9）为达成战役的高速度，发挥部属主动性和灵活性，注重高度分散实施指挥，并强调高效情报保障。（10）力求在不使用核武器条件下实施战役，达成目的。（〔美〕J·施内德尔《战役法的理论意义》，美陆军《军事评论》杂志 1990 年 9 月号）

关于力量重心问题　美国陆军中校马尔希认为，美陆军作战理论对力量重心的理解不当。力量重心“是作战力量最大集中处”，但陆军作战理论却误解为“平衡点，一种上层结构或框架”，并把力量重心与约米尼的“决定点”混淆起来。实际上，约米尼的“决定点”是指敌方的关键性弱点。它和力量重心的关系应当是：军队通过集中兵力打击敌方的“决定点”，取得有利的战役地位，最后打击和粉碎敌方的作战力量重心。（〔美〕S·A·马尔希《战役法：初学入门》，美陆军《军事评论》杂志 1990 年 9 月号）

关于“联合精确遮断袭击”的新观点　美空军中校霍夫曼主张在非线式战场上充分发挥高技术兵器的优点，对敌纵深 150 公里范围内的目标实施打击。作者指出，这一新作战方式并不取代北约“打击后续部队”的作战方式，而是为其注入新成份，扩大其功能。其要点是：（1）建立一种心态，即确认战场的非线性，战场将更加简单地区分为监视地域、作战地域和配置地域，战场到处充满交战点，而没有绵亘的战线。（2）攻击矛头直接指向敌军部队，而不是占领某个地域和战线。（3）注重以高技术精确遮断打击兵器攻击敌全纵深内的重要目标，破坏其机动，削弱其力量，为己方先敌集中兵力、实施决定性打击创造战机。（4）前沿前方将配置更强大的掩护部队，并以强大的战役预备队作后盾。（5）己方的机动主要表现在机动预备队实施反突击，最终击败敌军。（6）防御战役中更加突出机动战的地位。这种机动防御的成功有赖于己方在机动力上相当或超过敌方；用高技术打击兵器为战场创造足够的纵深，以化解敌进攻锐势，并保证己方战斗部队的迅速集中、攻击和分散行动；建立和保持能抗干扰的高效 C^3I 系统。（〔美〕空军中校霍夫曼等《欧洲常规裁军后环境中的联合精确遮断袭击》，美陆军《军事评论》杂志 1991 年 7 月号）

关于建立战役突击火力问题　为了使纵深作战更加有效，一些作者提出了建立单独的战役“突击火力”的观点。美陆军炮校的一份模拟想定指出，在军一级建立专门的战役纵深突击火力具有重大意义。其要点是：综合使用多种远程打击兵器组成火力重叠的包含多层火网的纵深火力打击体系；广泛使用各种精导武器、未制导子母弹药及面积杀伤弹药，以扩大覆盖范围和突击威力；纵深突击火力与高技术侦察系统、电子战系统、C^3I系统及其他支援系统相结合，形成一体化侦察——压制——打击体系；纵深突击火力与战役机动密切结合，互相加强，相辅相成。(〔美〕陆军中校里顿豪斯《火力突击作战》，美陆军《野战炮兵》杂志1991年2月号)

研究海湾战争经验，发展战役理论　美军学术研究人员普遍认为，海湾战争是一场真正的联合军种和多国联军作战，为美军在今后出国作战，应付地区冲突提供了样板。他们在承认高技术兵器和空军的重大作用的同时，认为海湾作战的胜利是成功地运用空地一体作战理论的结果，是“战役法的胜利”。这次实战证明和肯定了美军现行战役法的许多基本观点的正确性，同时又极大地丰富了其战役理论的内容。他们认为，从发展战役理论角度看，这次战争提供了以下新启示：(1)用最新技术武装起来的空军在联合军种战役中的作用进一步提高，特别是在应急作战中，空军已成为弥补作战初期地面兵力不足、稳定局势的主要力量。而在整个战局中，空军已成为发动攻势作战的主要承担者，成为为地面部队提供大范围、灵活支援的主要力量。空军可单独实施空中战役，完成某些战役任务，决定性地夺取战区空中和地面行动自由权。“谁拥有空中优势，谁就能迅速干预战役进程，控制整个战场。”(2)战局计划要特别注重发挥战略与战术优势，火力与机动的有效结合，军种间的密切协调。在这些方面，中央司令部的战局计划便是一个样板。战役指挥官要首先下大力精心制定切实可行的战局计划。(3)在战役层次上，高技术兵器提供了新的战斗力。美军战役法和空地一体作战理论的灵魂和基础是机动速度、灵活性、欺骗、军种协同、统一指挥。高技术兵器的广泛运用为这些要素注入了新的机能。围绕高技术兵器发展适用的战役指导思想、原则和方法，进一步发挥高技术兵器的作用是今后美军战役理论设计的重要方面。以往战役中那种单纯依赖众多的装甲坦克和炮兵作战的观念已经过时。军队体现在技术装备上的质量及实战中的效费比，已成为战役法关注的重大问题之一。(4)确立应急作战中的战局观念。随着军队使命的变化，紧急向海外投送部队，并在到达战区后立即能投入战斗，已成为未来应急战局不可缺少的组成部分。应急战局观念要求美军迅速在冲突地区建立临时战区，制定战局计划，统筹各军种的战役行动。应急战局的组织实施已成为战役理论研究的重要内容。(5)坚持目标原则。“目标原则是战争的第一原则。”正确地规定了目标之后，便可以明确何时何地使用何种军事力量来实现目标，处理目标与手段之间的关系，以及确定战区作战计划中使用不同军事力量的原则和标准。(6)必须预先搞好战役准备，这在应付地区冲突中具有更加重要的意义。美中央司令部空军部队司令霍纳指出，超前准备，预做思考，是战役成功的主要因素之一。在长期准备方面，包括改进训练，提高指战员军事素质、作战技能和士气，改进编制装备，提高部队综合战斗力，改革作战理论，更新作战思想，改进战争计划工作，加强合同作战机制；在近期准备方面，包括研究确定战略与战役打击目标、选择适当类型和数量的作战资源，指挥的组织与后勤准备、军种间协调、核生化防护、空中战役与地面战役的结合，以及考虑战区作战指导方针等。(7)从战役理论上确立建立单独的战役火力的必要性。海湾战争进一步证明在战役理论中应确立不同于一般支援火力的战役火力的原则和方法。这是因为高技术兵器作用的发挥有赖于正确的使用方法和指导原则。美海军陆战队少校爱迪生指出，“火力战”已成为与机动战并重的一种作战形式。20余年来火力上的革命已使军队能单独用选定的火力来完成某些战役任务，为战役机动和战役制胜创造条件。有系统的“火力战”不是狂轰滥炸，而是有选择地精确打击敌方与维持作战潜力有关的重要目标，并能取得决定性战果，而不会导致“消耗战”。美军战役法应强调“火力战”的地位作用，并规定组织实施“火力战”的原则和方法。(〔美〕海军陆战队中校G·威尔逊《海湾战争、机动战与战役法》；爱德逊上校《对“沙漠风暴”的一种看法》，美《海军陆战队》杂志1991年6月号)

(姜绍崇)

美陆军军进攻战役主要作战原则　有的作者撰文指出，美陆军军可在上级集团和联合兵团编成内或独立地实施空地一体作战，能完成战役或战术任务。作者认为，美陆军军战役进攻的主要作战原则是：

始终争取主动　战役进攻的主要特点是，发挥和保持主动性。军长应要求下属指挥官充分发挥攻势主动性，并利用有利机会迅速转变主要进攻方向，适时投入预备队，以保持进攻锐势，尽量深入并迅速摧毁敌防御体系。为争取主动，军应以1个旅以上的兵力编成掩护部队，以便及早查明敌军的具体部署，并相机发展态势，确保主力不间断地向前机动和免遭敌军突然袭击。主力要在掩护部队之后的一定距离上跟进，迅速机动，一俟同敌接触，应尽量从行进间发起进攻，以求突破，若受挫则转为预有准备的进攻。军下属交战部队更应毫不迟疑地实施攻击，发展态势，为军长提供组织与发展进攻的主动权。

充分保持灵活　军长对战场情况的不确定性应有足够的估计，在制订和执行计划过程中均须保持灵活性，以便放弃无益的交战，适时变更作战方向和作战目标，启用预先准备的接敌路线和目标，执行应急作战计划，对付敌可能的核生化突击。各师长必须拥有充分的自由，以利用其地带内出现的有利战机达成军的有利态势，十分灵活地指挥战役和战斗。为在战场上保持灵活性，军长应积极运用以下手段：对敌后方实施核突击；运用装甲师或机械化步兵师实施纵深突破；实施空降、空中机动或两栖作战行动；组织协调一致的常规与非常规作战行动。

以歼灭敌军为主要目标 军的任务通常包含夺取敌防御地域和歼灭敌特定部队，但两者相比，歼灭敌军是主要目标，即使需要夺取某地域，也只有在歼灭或挫败敌军后才能实现。军长应根据敌情、地形等条件，确定采取正面进攻、突破、包围或迂回等具体的机动作战样式，以便达到歼灭敌军的目的。

着眼于摧毁敌防御的整体性 军在制订进攻计划时，应着眼于歼灭敌重点部队，夺取决定性地形和实施包围、迂回等瓦解敌整个防御体系的机动作战行动。美陆军在进攻作战中，通常主张实施包围和迂回等机动作战样式。军长应组织指挥下属部队，广泛实施包围、迂回，以便分割和逐一挫败敌军，瓦解敌整个防御体系，并向敌后方迅速扩张战果。

对敌纵深实施攻击 军应在影响地域范围内，尽量攻击敌纵深的预备队、炮兵、指挥所和后勤设施，以震撼敌军，使其丧失活动能力，削弱敌增援和支援能力，阻止其有秩序地撤退。为了有效地进行纵深攻击，在进攻之前和进攻过程中应对该地域纵深实施广泛的侦察和监视。尔后，运用航空兵、导弹与火箭，或运用空降部队、空中机动部队、机械化部队对选定的重要目标实施纵深攻击。

避实就虚击敌之弱点 进攻作战中，应避实就虚，最大程度地以己之长，击敌之短，通常应攻击敌最薄弱的部位。还应迂回敌坚固防御阵地，运用核武器突击暴露和集结之敌，利用步兵在复杂地形上对敌机械化部队的防御地域实施突破。军下属各级指挥官都应运用某种样式的包围行动，以回避直接接近敌防御阵地的不利条件，充分利用向敌翼侧或后方的接近达成局部优势。

在主要方向集中优势兵力 在主要进攻方向必须达成兵力兵器的明显优势，而在辅助进攻方向采取节省兵力的原则。当部队靠近接敌地域时，主攻部队可集中在狭窄正面，向敌翼侧实施突破。若在主攻方向实施包围行动，应在其他方向运用助攻行动迷惑和牵制敌军，以确保在主攻方向对敌形成兵力兵器的优势。在战斗过程中，可采用迅速机动的方法，达成集中优势兵力克服敌军抵抗的目的。同时，对主攻部队应优先给予火力支援，防空、工程构筑、情报支援，电子战支援，后勤支援，以及兵力增援。

实施多路进攻迅速制胜 为了充分利用发展胜利的有利战机，通常运用若干师和旅对敌发起多路进攻，同时利用侦察部队、监测手段和辅助攻击对付敌间隙与弱点。后续部队可通过这些薄弱环节进入敌防御地域纵深。进攻过程中，必须指挥有关部队迅速夺取重点目标，促使整个态势发生剧变，使敌军来不及作出有效反应。

广泛采取欺骗措施迷惑敌军 美军认为，欺骗行动可增加火力与机动作战的效果。因此，进攻前，军和师都应制订欺骗计划。实施预有准备进攻时，欺骗计划尤为重要。欺骗计划的内容通常包括伪装、佯动、佯攻、计谋、电子战、烟幕战及其他欺骗措施。

组织好军兵种的协同动作 在进攻前或进攻过程中，必须组织好各军兵种部队的协同动作，以确保不断取得胜利。军组织协同动作时，应重点解决以下问题：运用空降、空中突击、两栖作战和非常规战等手段实施纵深攻击，以配合和提高地面进攻的速度；利用核化及常规火力支援战斗部队的机动作战行动和掩护侧翼的安全；对增援或撤离之敌及纵深重要目标实施战场空中遮断；将工程兵、通信兵和宪兵靠前部署，以确保战斗部队迅速机动；战斗勤务支援部队应向战斗部队提供急需的补给和其他战场勤务保障。（吴杰《美陆军军战役进攻主要作战原则》，《外国军事学术》1991 年第 1 期）

（晓　锋）

美陆军军防御战役主要作战原则　有的作者撰文指出，美军有的专家学者认为，军若处于被动地位，缺乏主动权，需要避免对己不利条件下进行决定性交战，或者军被赋予防守一地区的任务时，可根据空地一体作战原则，实施战役防御，组织防御战斗，利用各种手段，阻止敌军，挫败其进攻，夺取主动权，为转入进攻创造条件。军在防御过程中，必须运用主动、纵深、灵活和协同的原则，尽力取得对敌相对优势，确保防御战斗的胜利。主要的作战原则是：

准确判明敌军企图，以各种手段打击敌军 掌握敌情是取得防御战斗胜利的首要条件。军应利用建制和加强的情报搜集手段，对整个关心地域实施全面和细致的侦察、监视，掌握准确的敌情，摸清其兵力、装备、作战能力、进攻时机、方向和目标，特别是应判明敌预备队和核投掷工具情况，为交战部队提供预警，使指挥员有效和成功地指挥战斗。即使在战斗的混乱情况下，军指挥员仍应设法排除敌军的欺骗和诱惑，准确判明其进攻企图，广泛利用地面和空中的机动作战部队、预设阵地上的部队、建制和加强的火力,充分发挥突然性,打击进攻之敌。

迫敌分散兵力,逐一击败敌军 军应运用欺骗行动、战斗警戒、近距离战斗和纵深战斗等方法,迫敌分散兵力,耗尽其资源,阻止敌军在战场的某时某地全力以赴地实施进攻。同时,军还可根据敌我双方情况,选择有利的防御战斗样式,例如以固定地域防御为主的防御战斗样式、以机动防御为主的防御战斗样式、固定地域和机动防御相结合的防御战斗样式。无论采取何种战斗样式,当敌先头进攻部队被分割和孤立时,军即应以机动作战行动,各个歼灭敌军。

最大限度地减少损失,保持战斗凝聚力 军在防御战斗中,虽可采取一定冒险行动,但必须注意最大限度地减少损失,保存实力,维持军的战斗凝聚力。为此,军应合理使用兵力,将各部队配置在同其作战能力相适应的地形上。以装甲为主的部队适于防守开阔地,以步兵为主的部队适于防守森林、城镇、沼泽地和断裂地形。对不能通行的地区和机动受限制的地区,应采取节省兵力的原则,部署骑兵团或独立旅,有时还可使用空中和电子监测手段。同时,军应保持一支较大规模的预备队,其兵力可达机动作战部队的1/3以上。

关键地形要防守,但着眼于歼灭敌军 若防守宽大地区,军可在威胁较小的若干地域采取节省兵力的原则,甚至师与师之间留有间隙,但应增加机动作战的部队,以歼灭突入之敌。军若在防守纵深较浅的地区,或需要控制的战斗地域,则应加强坚守阵地的部队,争取在阵地之前多歼敌军,但仍应适当利用机动作战歼灭敌人。即使在防守特别重要的关键地形时,军指挥员也应着眼于歼灭敌军,挫败敌军之进攻,而不要以防守地形支配防御战斗的进程。

坚持纵深战斗,削弱进攻之敌的锐势 纵深战斗是军防御战役中最先开始的一种战斗形式,并贯穿于整个防御战役之中。在对战场作出细致的情报分析的基础上,军可利用空、海军与炮兵的火力和纵深的机动作战部队,对己方部队前沿线之前150公里范围内敌后续梯队、战斗支援及战斗勤务支援部队、指挥控制系统等重要目标进行打击,孤立先头部队,迟滞、瓦解和歼灭其后续部队,削弱敌进攻锐势,为军创造机会,以利各级预备队对被分割之敌实施攻势行动。

防止敌大规模突破,维护总体防御的完整性 在战场上,军的某些下属部队有可能被敌军迂回、突破或包围,但应坚决阻止敌军实现威胁防御完整性的大规模突破。为此,军必须首先利用阵地与据点制止、阻挡或诱逼进攻之敌,尔后使用各级机动预备队,在战术空军飞机和攻击直升机的支援下,实施频繁的反冲击和反突击,歼灭和挫败敌军的进攻,确保军总体防御的完整性。

给敌军以重大杀伤,坚决粉碎进攻之敌的决心 军必须避免消耗战,不断给敌先头部队和后续部队以重大杀伤,对敌军整体保持强大压力,要运用空海军和炮兵的火力,以及机动作战部队,先后或同时在纵深战斗地域、掩护部队地域、主要战斗地域和后方地域对敌军实施全面打击,以摧毁敌军指挥员的进攻决心,破坏敌军的士气。(吴杰《美陆军军防御战役主要作战原则》,《外国军事学术》1991年第4期)

(集　思)

美陆军未来空地一体作战理论研究　美陆军从1987年开始研究"未来空地一体作战"理论,经过3年的论证、讨论与修改,已于1990年确定了它的基本内容。"未来空地一体作战"理论是美陆军在未来15年中指导作战与部队建设的理论,计划从1995年起开始推行。

新的空地一体作战理论的主要变化 有的作者认为,美陆军的这一新理论是现行空地一体作战理论的继续,仍然保留现行理论的基本作战原则,主要变化是:(1)强调未来战场将更加空旷,兵力间将出现巨大空隙,为了集中兵力实施决战,常常要冒广大地域缺少兵力的风险。(2)注重非线式作战,而不是像现行理论那样注重制止敌后续梯队连续通过前沿的正面作战。也就是说,未来战场的结构将是不规则的,将更加流动,在作战中将更加强调机动战,力避消耗战,侦察与作战的纵深也将有所扩大。作战的着眼点是歼灭敌军,而不是争夺地区。作战中将更加重视欺骗与冒险。(3)强调实时获取、综合与分发情报,精确打击远距离上的高价值目标,以达成更大的杀伤力,同时以新的方法提高己方部队的生存力。(4)改革编制,以提高作战部队的机动性和灵敏性。营将由目前的4连制或5连制改为3连制或4连制。旅将改为实行固定的合成编制。师的编成将缩小,远程炮兵和直升机部队将集中由军一级掌握。(5)更新后勤支援思想。将由自二次大战沿用至今的补给站分发制改为单位分发制,将后勤职能集中到军和旅两级,以大大减轻其他几级部队的后勤职责,使它们能具备作战所需的快速性和灵敏性。现在,美陆军正在修订《作战纲要》和其他作战条令,以反映新的作战理论并使之具体化。(《外国军事学术》1991年第7期"未来空地一体作战"栏编者)

新理论强调的几个新思想 美国陆军训练与条令司令部司令约·福斯上将撰文指出,"未来空地一体作战"理论是在现行"空地一体作战"理论的基础上发展起来的,它既保留了现行理论的精华(如四项基本作战原则)，又提出了许多新思想。(1)在未来非线式战场上，战役作战将按一定程序循环往复进行。这个程序是：到达指定地区后分散配置部队；通过侦察发现敌人，然后集中火力(包括多管火箭炮、空军飞机、陆军攻击直升机火力)打击敌军，必要时使用机动部队实施高度协调一致的战斗；再分散配置部队，进行休整补充、变更部署。(2)非线式作战和结构不规则的战场与线式作战和结构严整的战场有许多不同。各军兵种和各级部队必须逐渐适应在非线式战场组织实施战斗的方法，不仅能实施线式战斗，而且也能实施非线式战斗，在实施非线式战斗情况下，需要时也要能顺利地转入线式战斗，未来战场将更加空旷，部队在这种战场上作战必须更加机动，更加灵活，即能够随时实施机动，迅速形成战斗力。(3)在未来战场上，远程火力(如多管火箭炮、陆军战术导弹和重型攻击直升机火力)集中在军一级使用，效果更佳，因而也最可取。(4)在未来空地一体作战战场上，后勤保障具有更大的意义。然而，后勤面临的问题也更多，要从根本上更新后勤支援思想和原则。在非线式作战条件下，要充分利用先进的通信工具和自动化系统，保障后勤机构为作战部队提供有效的支援。(5)在非线式战场上作战，伪装和欺骗的作用更加突出，必须严防敌人查知己方的作战部署和意图，同时要确保己方不断充分了解敌方重兵集团的位置，并采取有力措施识破敌方的欺骗企图。(6)从战役角度看，战役任务的确立要比线式作战条件下具有更重要的意义。实际上，战役任务的确立将成为战术级和战役级指挥官要解决的重点问题。(7)在非线式战场上，战役级作战的目的是夺取和保持主动权。在非线式战场上，绝不允许指挥官对敌行动被动地作出反应。不管是在进攻中，还是在防御中，都要力求及早夺取主动权。

鉴于未来陆军的主要任务是应付突发事件，新理论所强调的上述新思想也要在应急作战中认真贯彻执行。

新理论的基本设想 “未来空地一体作战”理论对未来非线式战场及其他有关问题做了如下基本设想：

战场的划分。未来非线式战场将自前而后区分为4个地域：(1)监视与侦察地域，这一地域位于作战地域前方，纵深约400公里；(2)作战地域，纵深为100公里；(3)部队分散配置地域，由于部队具有良好的机动性，一旦接到命令可立即向指定地区集中，进行作战；(4)后勤地域，配置在该地域内的后勤部队具有很强的机动性，需要时可迅速向前方部队提供后勤支援。

作战行动的区分。未来空地一体的战役级作战将区分为4个阶段：第一阶段：实施监视、侦察与准备打击。最重要的是，战役指挥官要在这一阶段决定战役行动方案。第二阶段：创造决战条件。在这一阶段，要在一开始就着力夺取和保持战场主动权，并开始为下一阶段的决战创造必要的条件。第三阶段：实施决战。军长将在密集火力的支援下，从各个分散配置地区调集机动部队，在选定的地点、时间和对自己有利的条件下将其投入战斗，以取得决定性战果。这一阶段的重点是确保战役任务的完成，因此，下级指挥官必须明确领会上级指挥官的作战意图，避免陷入意义不大的战术消耗战。第四阶段：休整与调整部署。上一场交战结束后，各部队即向前方或后方疏开配置，休整补充，调整部署，为下一步的作战做好准备。

作战部队的新结构。组建适合在未来非线式战场上作战的部队，是“未来空地一体作战”理论的一个很重要的要求。未来部队结构的任何调整都要以能提高灵敏性和快速展开能力，同时不削弱其杀伤能力为准。从技术上说，现在的师是战斗部队、战斗支援部队和战斗勤务支援部队混编在一起的最完整的合成单位，但未来的诸兵种合成旅将成为混编有这三类部队的更低一级单位，以使其成为适应未来空地一体作战要求的主要作战部队。未来的合成旅通常辖3个战斗营(也可辖4个)，1个直接支援防空连、1个炮兵营、1个工兵营与1个前方支援营。各战斗营一般辖3个战斗连(也可辖4个)。整个战斗营具有更强的灵敏性、快速机动能力，并能进行线式与非线式作战。

在“未来空地一体作战”中，师的编成将缩小。师的基础部队将主要履行C^3I职能。师司令部将负责控制、协调作战，充当军与旅之间的战斗支援与战斗勤务支援的中间联系纽带。

军将保留必要的基础单位，以便组织未来陆军部队按“未来空地一体作战”理论的要求作战。远程炮兵和攻击直升机部队集中由军一级掌握使用。这样，军炮兵指挥官的任务将发生变化，即主要负责根据目标情报计划远程火力。由于将把攻击直升机部队集中到军一级，军航空旅的规模将扩大(拥有更多攻击直升机团)，使军长在战斗初期或纵深战斗中在集中使用这些武器方面具有更大的灵活性。在军的编成中，炮兵、航空兵和其他部队的数量，将根据军的作战任务和隶属师的数量而定。

后勤支援思想的更新。未来非线式战场上的后勤支援将向单位分发制转变。为此，军支援司令部的组织体制也将作某些新调整。军支援司令部将编配若干个多功能支援群来支援投入作战的各师。

情报侦察。为保证充分了解和分析非线式战场的情况，要求美军建立完备的情报与目标搜索系统，这个系统要具备更强的准确侦察能力，侦察范围要更远。目

前正在发展的陆空军监视与目标攻击雷达系统将具有重要意义。它与准确的杀伤力强的远程火力相结合，将发挥重要作用。此外，为军配备改进型信息与数据处理系统，也是必要的。

指挥与控制的改进。由于未来陆军军或战役一级的决策周期将大大缩短，必须进一步加强师、旅指挥所在运动期间的指挥能力，保证战斗指挥的不间断，包括利用更加优良的战斗车辆和指挥器材，在普遍使用电子器材的环境中，为了增强监视能力和加强各作战部队之间的联络，军、师两级将广泛采用遥控无人驾驶飞行器，以防止在战场上突然同敌人发生遭遇战。

作战部队近战能力的加强。虽然远战火力具有重大作用，但未来战场仍将要求战斗部队接近敌军交战，以取得决定性战果，或者不得不在线式战场上同敌卷入近战。为此，战斗部队要配备一系列近战武器，如主战坦克、步兵战斗车和战斗工兵车等，以便用以歼灭敌人，保存自己。此外，作战部队还将装备配有“长弓”式目标定位与攻击雷达的轻型直升机，以及具有精确搜索目标、强大攻击能力和便于展开的轻型攻击直升机。

对未来作战装备的总要求。为适应在未来非线式战场上作战，陆军将大力发展便于快速部署的武器装备。它将采用小型精干的高效通信系统以及其他武器，这些装备必须有助于加强作战部队的杀伤力，与部队担负的使命相适应。根据这些要求，陆军空降兵和轻型步兵部队将装备装甲火炮系统一类的武器，这些武器既可以用作步兵支援武器，又可以用作反装甲武器。作战部队还需要装备一种更加便于快速部署的火力强的多管火箭炮。

训练方面的要求。实行新理论、新的部队结构和采用新装备，要求为部队培养能干的领导者和指挥官。他们要能在未来非线式战场上迅速查明敌情，在没有上级指示的情况下迅速而正确地决策。因此，在平时就要采用先进的模拟训练器材训练各级指挥官，使他们深刻理解指挥与控制艺术，善于通过任务式命令实施指挥（包括向下级清楚地说明自己的意图，实施集中指挥和分散指挥）。未来战场上的指挥官必须经过基本与高级指挥课程、合成军队参谋学校和指挥与参谋学院的培训，并经过作战指挥训练演习及战斗训练中心的磨练，切实掌握未来非线式战场作战的指挥艺术。（蔺寿东、姜绍崇译校《美陆军未来空地一体作战理论》，《外国军事学术》1991 年第 7 期）

（集　思）

美军战术理论研究　1991 年，美军学术界继续开展战术理论的应用研究，重点研究未来空地一体作战中战术战场的行动，纵深攻击战术以及低强度冲突和局部战争的基本战术等。

空地一体作战的战术战场　有的作者撰文指出，未来战场除了更加空旷、更加流动以外，还将具有大得多的杀伤力。杀伤力增大的原因主要不是直瞄火力系统能力的增强，而是作战部队获取敌军情报、实时综合与分发情报、特别精确地打击远距离高价值目标的能力的极大增强。由于存在着这些能力，敌我双方的任何部队都可能在它进入直瞄武器射程之前不久就被发现并遭到攻击。为了在兵力密度较小、杀伤力更大的战场上生存下去并获得胜利，要求发展某些新的程序，并完善某些旧的技术。第一，没有投入战斗行动的部队必须在作战地域后方保持良好的疏开状态，并避免暴露电磁辐射征候和红外征候，以提高生存力。第二，各部队不仅必须频繁运动，而且必须在运动中有效地作战。第三，各部队必须能够在多条路线上秘密而快速地运动，以便快速集中。为了达成战役目标，必须强调机动的重要性，力避“硬碰硬”的消耗战；在实施攻击时，要强调打击敌军的翼侧和后方；无论何时，都将主要打击敌军部队，很少攻击地形目标。目的是夺取和保持主动权，坚持进攻，即便处在战役防御之中也是如此。

未来作战的 4 个阶段　监视、侦察与准备阶段。监视、侦察和准备实际上是一种连续的过程。指挥官要利用战略和战役级情报系统收集敌军情报，查明敌军活动的规模，使用一切可用的手段完成对特定敌军部队定位与识别的任务。地面或空中侦察部队将核实哪里有敌军，哪里没有敌军。在依赖电子传感器的时代，指挥官必须通过加强分散配置来保证自己部队的隐蔽，他们还必须使用装甲骑兵建立屏护线，以确保部队安全并对付敌军的欺骗行动。在这个阶段中，进入军地域的各师将疏开配置，开始进行战斗准备和计划。各部队必须保持分散和不易被发现的状态，以保证它们的运动自由，并使敌人得不到情报。

在这一阶段中，各部队将使自己习惯于在新的环境中作战，研究它们的敌人，并继续进行训练。训练应以基础性科目为重点，包括多梯队的联合和联军作战，以及在战斗训练中心学到的增援战术、技术和程序，并使用模拟器来提高战斗技能。

装甲骑兵分队和远程监视分队将前出至侦察地域，以弥补无人操纵的传感器的不足。骑兵将在一定程度上保证可能前出的远程射击武器的安全。各部队将长时间地驻止以进行再补给，但仍保持机动能力。后勤计划人员将利用这个阶段使后勤支援适应于部队的任务。他们根据预期的战斗与交战预测未来的需要，确定对补给和装备的要求。到监视、侦察与准备阶段结束时，指挥官将确定能在整个攻防战役、交战、战斗中夺取和保持主动权的作战方案。

创造决战条件阶段。在确定作战方案之后，便着手为决战创造条件。在这一阶段中，指挥官将使用战术空军、陆军战术导弹系统、其他远程炮兵系统和攻击直升机，按照预想的作战进程创造战场条件，并在空间和时间上分割敌军，以便实施决战。其中包括：控制远程火力，削弱敌军，使己方部队能够实施突破（在进攻中）或达成决定性的战果（在战役防御中）；实施欺骗行动，以便在我军进攻或机动的时间、地点方面迷惑敌情报收集系统。在这一阶段中，目的在于夺取和保持主动权，直到出现有利于下一阶段行动的条件和时机。

骑兵分队和远程监视分队将继续对作战地域以及监视与侦察地域进行侦察和监视。地面和空中骑兵将协助创造战场条件，在战术部队向阵地开进时给予支援，并阻止敌侦察分队获取情报。工兵分队和其他选定的战斗支援分队将在创造战场条件方面起关键作用。在创造出全部必要条件之前可能就要开始实施有助于机动作战的运动。

决战阶段。在这一阶段，以往注重特定地形目标和遂行有限任务的思想，将让位于更多地按照指挥官的意图作战，以及能够利用战场上出现的有利态势。这意味着给下属指挥官以更多的权力在更大的范围内作战，必要时允许他们冒更大的风险。机动是决战的必要组成部分。由大量战术空军、军炮兵和攻击直升机兵力支援的战术部队将实施机动，以取得有利态势，并粉碎敌人。在进攻中，这种机动可能是在查明或造成缺口后实施的突破。在防御中，这可能是对遭到严重削弱的敌军实施的一种破坏性进攻类型的机动。

休整与调整部署阶段。决战之后，各战术机动部队将重新建立对部队的警戒，疏开配置，并准备下一步的作战行动。战斗勤务支援分队将向部队输送油料、弹药和其他补给品。战场维修部门将集中力量修复回收的车辆，并将不堪使用的车辆退回后方进行大修。

在各机动部队进行再补给和准备下一步作战行动时，骑兵和其他侦察分队将继续遂行侦察任务，并提供警戒。（美陆军训练与条令司令部副参谋长西尔瓦瑟少将《未来空地一体作战的战术战场》，杨士华译，《外国军事学术》1991 年第 7 期）

（姜绍宗）

空地一体进攻作战条件下扩张战果的基本方式

有的作者撰文指出，美军认为，扩张战果行动是在初战得手后，趁敌防御体系被削弱或被瓦解之机而实施的一种进攻行动，是进攻战役中极为重要的阶段。其目的是破坏敌军重新调整部署和组织新的防线，在敌纵深内造成流动性局面，阻止敌军退却，夺取纵深目标，分割与合围敌军集团。扩张战果行动的实质是把战术胜利发展为战役胜利，把进攻行动引向敌防御纵深，着眼于暴露敌防御作战重心，尔后以猛烈的打击摧毁之。

美军扩张战果行动的基本方式。扩张战果行动是由诸军兵种实施的联合行动，它围绕着暴露和打击敌防御重心而展开。这种行动的表现方式主要是：沿全正面多路猛烈实施，以空地联合力量“全纵深同时突击敌整个防御部署”。强调综合运用空中纵深打击、空中机动作战和地面纵深奔袭来实施一体化的扩张战果行动。作者指出，美军要求在初战得手后，以扩张战果部队多路迅速向敌纵深挺进。空中机动部队（空降兵）应进行大规模空中机动作战和空降作战，在敌深远后方着重打击敌要害目标；战术空军应实施战场空中遮断和近距离空中支援；攻击直升机应对地面扩张战果部队实施密切支援，歼灭敌反冲击部队。美军认为：“装甲和机械化特遣部队最适合于地面扩张战果行动。在占领隘路、越过障碍以及利用其机动力攻击陷入混乱的敌军、断敌退路方面，空中机动部队显得极其重要。攻击直升机部队可以遮断和骚扰缓慢退却的敌装甲部队。”在扩张战果行动阶段，诸军兵种的作战力量可在敌防御配置的全纵深同时实施作战。空地之间、纵深与近距之间、火力与机动之间、攻与防之间可形成真正的一体作战，合力打击敌战役全纵深。

美军认为，地面扩张战果行动较典型的方法是：以一个预备队兵团（军团）越过新突破的地域，向敌后纵深内目标区域大胆推进；另以一个兵团（军团）随后跟进，以支援先头扩张战果部队。当敌防线较为薄弱时，进行突破的部队可以直接转入扩张战果行动，完成突破和扩张战果两项任务。这种部队通常是具有强大突击力的装甲部队。

美军扩张战果行动的特点。作者认为，进攻作战中的扩张战果行动充分反映了美军作战行动的主动性和进攻精神，具有以下鲜明的特点：（1）高速挺进。扩张战果部队为完成任务须昼夜不停地高速向敌纵深地区挺进，但“不得为了取得微小的战术胜利或为了消灭小股敌军而耗费作战力量”。目的是应尽快以最大兵力抵达预定目标。为此，常常绕过敌阵地和部队，以便尽快达成打击敌防御重心之目的。美军认为，高速挺进可减少暴露翼侧受敌袭击的可能性。对于那些对扩张战果部队构成威胁的敌方兵力或阵地，应以攻击直升机部队打乱其战斗队形，以地面扩张战果的部分兵力从行进间加以歼灭，主力则继续向纵深高速挺进。（2）自主行动。美军认为，扩张战果部队的指挥官必须享有尽可能大的行动自由。在扩张战果过程中，由于大部队在敌防御纵深内快速推进，以及由此而常常必须绕过敌阵地

和部队，各部队之间进攻的发展是不平衡和不集中的。因此，扩张战果部队必须积极主动，灵活大胆，根据作战形势的发展自主行动，机断专行地遂行上级赋予的任务。(3)分散指挥。由于扩张战果部队高速挺进和各部队在敌纵深的机动作战中发展不平衡，扩张战果部队的指挥官不可避免地要冒兵力过于分散的风险。因此，强调给扩张战果部队指挥官规定的任务应当简要明确，并赋予临时处置之权，以便于其掌握战机分割和消灭敌人。上级指挥官的主要任务则是在指挥分散的状态下确保各部队为完成同一战役任务而共同努力，使主攻方向不减其攻击锐势，并运用各种手段支援和协调各部队的行动。为了有效地保障由于分散而给扩张战果部队带来的空中掩护效果下降的空域，空军应保持局部空中优势；同时给高速挺进的扩张战果部队提供可靠而不间断的后勤补给。(4)非线式作战。扩张战果行动是在敌战役纵深内的机动作战，具有明显的不平衡和非线式作战特点，是对线式战术的一种否定。扩张战果行动本身就是一种变线式战场为非线式战场、变结构规则战场为不规则战场、创造非线式作战局面的一种作战行动。它要求在敌配置的全纵深展开一系列的空降作战、奔袭作战、空中遮断袭击，把战场分割成数段，彻底割裂敌整个防御体系，充分发挥空中优势和作战部队的高速机动力，各个击破纵深内的敌军集团。作者认为，扩张战果行动是达成暴露和打击敌防御重心，实施“全纵深同时突击”，具有“高速挺进”、“自主行动”、“指挥分散”、“非线式作战”等特色的一种作战方式。它充分体现了美军空地一体作战的精髓——主动性和进攻精神，是空地一体纵深打击的行动的重要组成部分。(李维亚《浅析美军空地一体进攻作战的扩张战果行动》，《外国军事学术》1992年第1期)

(姜绍崇)

美军纵深作战的基本观点 有的作者认为，美军纵深作战以克劳塞维茨、富勒、利德尔-哈特等军事家的理论为基础，经历了一个长期发展过程，至80年代末形成了较完整的理论体系。其基本观点是：(1)纵深作战是空地一体作战纵深原则在作战中的体现。美军要求指挥官树立全面的纵深观念，反对在时间上只顾眼前、在力量上没有后劲、在空间上只注重前沿的做法。认为最能体现纵深观念的作战行动就是与近距离作战、后方作战紧密配合的纵深作战。(2)纵深作战的目的在于影响实施未来近距离作战行动时的条件。纵深作战是服务于近距离作战的。纵深作战的目标是敌军的后续梯队、预备队、战斗支援部队、战斗勤务支援部队等。打击这些兵力，就能打乱敌第1梯队与后续部队的协同，阻敌增援，孤立第1梯队，各个击破，最终阻止敌军作战目标的达成。(3)在战役和战术级攻防作战中都同样重视纵深作战。纵深作战行动是“统一的战术活动中协调一致的部分”。空地一体作战理论不仅要求在进攻中实施纵深作战，而且要求在防御中实施纵深作战，这也是美军对纵深作战认识的一个发展。攻防纵深作战行动要求纵深作战与近战、后方作战密切配合，战术纵深作战与战役纵深作战有机结合，形成全纵深打击体系。(4)纵深作战比较符合现代条件下集中兵力的要求。传统作战中，只要求在空间上集中使用兵力兵器，而纵深作战思想主张扩大战场空间，其着眼点在于：一是尽可能多地展开作战力量同时对敌实施打击，以提高战斗力；二是使敌在时间上分散兵力，即在同一时间遭到全面打击，必须同时应付之；三是比较符合现代条件下集中兵力的要求，既能在时间上保证集中兵力，又可在一定条件下保证在空间上集中兵力，还可保证在兵力密度不太大的条件下充分发挥战斗力。(5)从改进编制、装备和作战方法等方面来提高纵深作战能力。纵深作战思想已经对美陆军的编制和装备产生了突出的指导作用。在编制上，一些重型师和军已经或正在按照这一思想进行改编。在武器装备上，美国正在研制各种纵深侦察系统和纵深攻击武器系统，使其纵深作战手段较之以前更加全面。包括火炮、舰炮、导弹、直升机、轰炸机实施的火力纵深遮断与打击；地面和空中机动部队及登陆部队实施的纵深打击；用电子战、非正规战等手段实施的纵深攻击。他们认为，综合运用各种手段可取得最佳效果。(涂西华《美军纵深作战思想发展概述》，《外国军事学术》1992年第1期)

攻防战斗中空中突击师的战术运用 有的作者认为，美军空中突击师是具有较强的空中机动力、突击力和灵活性的突击作战力量。它可以完成重要的战役任务，还可以在军的编成内独立地或与重型师协同遂行攻防战术任务。作者认为，进攻战斗中，空中突击师可在军第1梯队或第2梯队编成内担负多种战斗任务。(1)在军的第1梯队内行动时，可以在次要方向上或在最适合发挥步兵、陆军航空兵战斗效能的地区或最适合空中突击师、战术空军与装甲机械化部队协同作战的地区实施机动突击。(2)空中机动突击通常以旅为单位，采取“蛙跳”式跃进和连续突击的方式实施。空中突击师更适合在准备充分的进攻中使用，以突破敌纵深梯次配置的防御。(3)为快速发展军的胜利，力求从行进间发起突击，阻止敌主力退却。(4)空中突击师比较适合用来追击退却之敌。在追击过程中，通常利用敌暴露的翼侧、间隙实施空中机动，夺取并扼守敌退却道路上的重要地点，建立阻击阵地；或以袭击手段破坏敌后方的桥梁、渡口、隘路，消灭敌警戒分队，摧毁敌指挥所,从而迫使退却之敌拥挤在一起,尔后以火力突击之;在预有准备进攻中,充当上级预备队,准备深入敌后方,寻求机动作战,配合主力发展进攻。防御战斗中,空中突击师可在100～150公里的正面上,担负独立掩护军主力的任务,阻滞敌进攻,也可在次要方向上用来保障后方地域的安全或实施反冲击。当空中突击师在军的第1梯队编成内实施阵地防御时,其战术运用有以下特点:(1)以攻击直升机营为核心分别建立反坦克和反空降预备队;(2)必要时以攻击直升机连配属或支援空中突击旅,以建立反坦克预备队;师的诸兵种合成预备队,通常由1～2个空中机动步兵营和1个用于直接支援的运输直升机营编成;机动防御中,充当上级机动力量,准备对楔入的敌军实施反冲击,反冲击时通常采取侧后机降与攻击直升机火力突击的方式实施;集中使用师反坦克预备队、反空降预备队和诸兵种合成预备队,或某个加强空中突击旅渗入敌后,依托隐蔽的支援基地广泛实施袭击战。(〔苏〕B·沃罗布耶夫上校《美军第101空中突击师的战斗使用》,《外国军事学术》1991年第8期)

预有准备进攻战斗中装甲(机械化)旅达成突破的战术 有的作者认为,对筑有纵深达500米、由多道障碍物构成的障碍体系的筑垒阵地实施突破,是一项十分困难的任务。装甲(机械化)旅必须精心组织,制定周密的计划,搞好协同,才能突破敌阵地。作者认为,为实现突破战斗中的协调一致,装甲(机械化)旅必须坚决贯彻以下4项基本原则:周密地组织力量和制定详细的计划;向部属下达明确的指示;建立有效的指挥控制;结合实战环境进行预演。突破计划通常按行动的反顺序制定:明确目标区内的行动;确定敌之弱点;选定突破口;确定对支援队的要求;制定机动方案。旅通常应采取下述突破战斗编组:支援队。一般由以坦克为主的营特遣队担任,其任务是以火力摧毁敌阻止己方进行破障的能力;战斗中先占领火力攻击阵地,尔后以火力掩护突破队破障。突破队。由步坦比例均衡的或以步兵为主的营特遣队担任,其任务是在火力掩护下开辟通路(2～3条)和占领敌第1道堑壕。突破队又进一步区分为支援群、突破群和冲击群。冲击队。由步坦比例均衡的或以步兵为主的营特遣队担任,其任务是通过突破口夺取1000～1500米距离上的敌阵地,掩护旅的后续分队发展进攻。整个突破行动分4个阶段实施:向突破地段运动和展开;突破障碍地带;向敌防御阵地发起冲击;继续进攻。突破战斗中,旅长要率指挥组亲临一线指挥。(〔美〕陆军少校库尔等《预有准备进攻中旅的突破战斗》,美陆军《工兵杂志》1991年10月号)

步兵反坦克战术十项要诀 步兵反坦克战术仍是美军战术理论应用研究的要点。作者认为,步兵反坦克战斗的成功有赖于综合运用以下10项要诀:(1)要有坚强意志,坚持战斗守住阵地的决心和高昂的士气。(2)指挥官要具备高超的领导与指挥艺术,要有积极进取心,善于灵活运用战术。(3)士兵和部(分)队要有高水平的训练素质,熟悉装甲坦克的性能和战术。(4)要善于运用炮兵火力,步炮密切协同,切断敌步坦联系,各个击破。(5)要善于利用有利地形,边战斗边加强工事,形成环形坚固支撑点,尽量迫敌坦克暴露于开阔地,以发扬火力。(6)要始终贯彻进攻精神,积极寻求阵地机动,从敌坦克侧后方攻击之。(7)要结合利用不良天候条件、隐蔽、伪装和欺骗手段,突然接近敌坦克,发扬现有反坦克武器的火力,消灭敌坦克。(8)当敌坦克准备退却或队形混乱时,要适时出动反坦克预备队对敌坦克实施决定性打击。(9)为弥补反坦克兵器与兵力的不足,要注重灵活运用战术,如正确配置兵力兵器,确保其安全,适时向有利地形、咽喉要点机动兵力兵器,制止敌坦克机动,使其搞不清己方意图和部署。(10)要组织有效的空中支援,力求从远距离上削弱敌坦克力量,保障步兵近战获胜。(〔美〕M·克拉克《步兵对装甲与机械化部队进攻的防御》,美陆军《军事评论》杂志1991年7月号)

(姜绍崇)

美军在低强度战争中达成速决的手段 有的作者著文指出,美军在80年代共打了三场低强度战争,即1983年入侵格林纳达、1986年袭击利比亚和1989年入侵巴拿马。这三场低强度战争都是持续时间很短的速决战,和60～70年代美军侵越战争的那种旷日持久、深陷泥潭的低强度战争大不相同。作者认为,美军在这三场低强度战争中达成速决的主要作战手段是:

荫蔽企图与行动,力求突然袭击。在三场低强度战争中,采用以下方法达成了战略、战役的突然性。(1)利用舆论工具,转移对方视线。为有效地荫蔽作战企图,美军广泛运用宣传舆论工具大造声势,如指责利比亚总统卡扎菲搞恐怖暗杀活动,巴拿马国防军司令诺列加贩毒等,把"热点"视线引到敌对一方,在外交谴责的掩护下,秘密开展作战准备。在入侵格林纳达前,美国则以位于贝鲁特参加黎巴嫩多国维持和平部队的美海军陆战队总部挨炸事件为由,扬言要对叙利亚进行报复。美海军第6舰队特混编队不惜绕道千里,按正常航线向中东驶去,把世界关注的视线移到了局势紧张的中东,使进攻格林纳达的部队完成了战役展开。之后,第6舰队突然折回直扑格林纳达,达到了战略突然性的效果。(2)利用演习活动,秘密完成集结。美军进行的三场低强度作战,都是以演习为名完成部分兵力集

结的。在袭击利比亚的第二阶段，美军通过频繁的“和平自由航行与飞越”海空联合军事演习，暗中完成了三个航母特混舰队的集结。入侵格林纳达时，美军别动队75团的两个营，为不过早暴露企图，在入侵的前一天，以参加加勒比海六国警察部队“联合演习”的名义，由本国空运到离格林纳达140海里的巴巴多斯前进基地，完成了集结任务，并为进攻做好了准备。(3)利用夜幕掩护，凌晨发起攻击。入侵格林纳达和巴拿马都是凌晨开始的。美军选择凌晨为开战时机有三点考虑：首先是利用夜幕作掩护，完成兵力兵器的最后集结和做好作战准备；其次，凌晨时节正是对方战备警戒疲惫的时候，便于达成出其不意的效果；再次，凌晨开战后，可利用良好的白天条件发挥突然袭击的强大火力的优势，先发制人，迫使对方在无准备或临战准备时间极度短促的情况下，仓促应战，增加防御者组织战斗的困难，迫使其不能有效地进行反击，从而一战而胜。

集中优势兵力兵器，打击要害目标。美军强调在作战地区形成数倍于对方的兵力，依靠强大的火力，即集中优势兵力兵器打击对方政治、军事要害目标，以达成速决。入侵格林纳达时，美军出动战斗人员8000人，各种舰载机和陆基攻击飞机、武装直升机230架、战斗舰艇5艘，古巴和格林纳达抵抗力量的战斗人员约2000人，使美军与格军形成了战斗人员为4：1、飞机为230：0、舰艇5：0的悬殊比例。入侵巴拿马时，美军从本土增调1.2万人，加之原驻巴的1.3万人，使总兵力达到了2.5万人；巴拿马国防军为1.5万人，美军在局部上形成了数量的相对优势。更主要的是，在兵力兵器质量方面，对方更是无法匹敌，为速决作战提供了一定的基础。美军选择攻击的目标，都是政治敏感性很强的，以使有限的军事行动直接达成政治目标。美军入侵巴拿马的军事行动目标是捉拿诺列加，并推翻其政府；美军入侵格林纳达的军事行动目标是攻占首都圣乔治，推翻亲苏政府，建立亲美政权。在打击政治敏感性强的目标的同时，美军把一些攻击目标选择在兵营和机场及指挥首脑机关，破坏对方的指挥程序和指挥枢纽，打击有生力量。美军袭击利比亚，在30多个目标中，精选了5个要害而敏感的目标，其中有2个高级指挥所，1个利比亚的C^3I中心。集中兵器摧毁了利比亚的作战指挥中心和“突击队训练中心”，达到了作战目的。

使用先进技术兵器，增大袭击效果。美军把低强度战场当成新式武器的试验场，一方面检验其新武器性能和威力；另一方面靠新武器增大袭击破坏效果，给对方以军事和精神打击，迫使对方面对新武器束手无策，精神上濒临崩溃，进而迅速结束战争。在三场低强度战争中，美军每次都有新武器新技术“露脸”。入侵格林纳达时，首次使用了AC－130攻击运输机，该机装有全天候搜寻雷达、瞄准雷达和红外夜视仪等，能及时发现目标和准确射击。机上三种火炮，可同时对地面目标实施火力压制。在空降萨林斯机场过程中，第2、3架飞机伞降时遭到地面防空兵器的猛烈射击，被迫在机场周围绕圈，最后在AC－130攻击运输机的火力掩护下，才实施了低空跳伞。袭击利比亚时，美军使用了三种高技术兵器，一是FB－111型战斗轰炸机，该机是美空军第一流可变翼全天候战斗机，装有一部地形匹配雷达，可于夜间在60米超低空依地形起伏飞行，能有效地躲避雷达的监视。二是FB－111型轰炸机投掷的激光炸弹，该炸弹一般为200磅级，装有电视制导和红外制导设备。在夜暗条件下，美军在低空、超低空投射的制导炸弹，有75%命中了目标。三是使用了“哈姆”型反雷达导弹，该导弹专门用于攻击防空基地上的雷达站。“哈姆”发射距离在45公里以上，反雷达导弹距离的增大，保障了美军在攻击时摧毁利比亚的地空导弹和高炮阵地，命中率达到100%。入侵巴拿马时，美军首次动用了F－117“隐形”战斗轰炸机，该机成功地躲避了巴拿马军队雷达系统的监视，轰炸了巴拿马国防军基地——里奥哈托，消灭了巴军的抵抗力量。

实施空降和空袭，加速作战进程。美军在三场低强度战争中，广泛使用了空降部队作战。在入侵格林纳达和巴拿马作战中，使用空降部队均在5000人以上。在夺占巴拿马的5个攻击目标时，除2个攻击目标在巴拿马城内不便于使用空降兵外，其余进行了伞降和机降。在攻击巴拿马国防军基地里奥哈托时，使用了伞兵营；在巴拿马城东面的托里霍斯国际机场，美军使用了1个多旅的空降兵力占领机场后，迅速投入了地面战斗；在科隆地区，美军1个营实施了伞降和机降，在地面和空中火力的打击下，巴拿马国防军很快就失去了作战能力。在这三场战争中，直升机主要用于遂行下列任务：实施快速空中机动，袭击对方部队阵地和其他军事设施；在地面部队无法通行的或遥远的山区进行空中搜索或机动作战；使用直升机直接占领机场；实施垂直登陆。在入侵格林纳达时，美军动用了50多架不同型号的运输直升机，在60多架舰载攻击机的配合下，一举夺占了“珍珠”和萨林斯机场。美军还广泛地进行了远程奔袭作战。在第二阶段袭击利比亚的美军攻击机群的33架飞机中，有24架轰炸机由英国基地起飞，绕道大西洋，进行了长达5188公里的远航，经过多次空中加油，由直布罗陀海峡进入地中海，在100多架警戒、掩护和引导飞机的支援下，将远航奔袭的轰炸机分成3个组，对卡扎菲住地、利比亚总参谋部所在地阿齐

齐耶兵营、的黎波里国际机场军用区、首都西迪比拉勒港兵营“突击队训练中心”实施了猛烈突击，达成了速战速决。（宋玉平《美军在低强度战争中达成速决的几个手段》，《外国军事学术》1991年第1期）

（晓　锋）

日本作战理论研究　**确立“空地作战”理论**　经过几年的研究，日军正式提出“空地作战”的理论，其主要内容包括空中和地面部队围绕“有利于地面作战”的目标密切协同动作；空军要为地面作战提供直接航空支援，实施战场遮断和空中侦察；空、地部队之间的指挥关系是协同关系。为有效实施“空地作战”，日军强调：首先，地空部队密切协同的基础是相互理解。航空部队要根据地面部队的请求行动，地面部队则应充分利用航空部队的作战效果。其次，地面部队要熟知航空部队的作战运用特点和能力的限度，并根据任务的需要和航空兵部队的能力提出恰当的航空支援申请，同时，地面部队要多方采取措施，对航空兵部队的行动给予积极的支援。再次，要加强指挥控制。“空地作战”指挥机构的规模及配置，通常由陆上自卫队军区司令和航空方面队司令协调而定。

日“空地作战”理论与美“空地一体作战”理论的区别　有的作者认为，日军的“空地作战”理论与美军“空地一体作战”理论的不同点主要在于，日军未明确提出打击敌后续梯队的问题，但这并不表明日军“空地作战”理论不包含这一思想。在现阶段，日军的作战理论和行动还受多种政治因素制约，因此，还不能强调打击对方的纵深力量。同时，按日美1978年签署的《防务合作方针》的规定，打击进攻之敌后续梯队和基地的任务由美军承担，因此，日军“空地作战”理论中，不必再专门强调打击对方后续梯队的问题。

从日本刊物反映的情况看，“空地作战”理论应适应“歼敌于海上”的作战方针的需要。这反映了日军现阶段的作战能力。这一理论刚刚提出，尚不完善。

强调集中战斗力　“集中”是日军一贯坚持的作战原则。以往规定，“集中就是在情况许可的条件下，将兵力兵器在重要时机集中用于重要地点”。也就是说，以往的集中主要是指兵力兵器的集中。近年来，日军对“集中”的内涵作了进一步拓展，更为强调集中“各种有形无形的战斗力”。权威的表述是，“集中”就是“综合各种有形无形的战斗力，在与敌决胜的关键时机和地点集中发挥”。日军这里所谓的“有形无形的战斗力”，不仅仅是指兵力兵器的数量，更重要的还在于集中发挥兵力兵器的质量、部队的战术和技术、指挥素质、士气及地形等方面的整体威力。为切实集中战斗力，日军强调：(1)指挥官应时刻保持冷静，使自己的意志不受外界的干扰与束缚。(2)努力追求战斗力特别是兵力兵器的使用效益，力避平均使用力量。(3)力求通过灵活的机动来达成兵力兵器的集中。(4)把集中火力作为集中战斗力的重要内容和方式。在现代条件下，由于武器装备的性能有很大提高，有时通过机动火力就可能收到与机动兵力同等的效果。(5)重视地形的选择和利用，力争将地形条件转化为战斗力。

日军强调集中战斗力的实质在于，第一，适应现代战争的要求，力求通过发挥战斗力诸因素的综合作用战胜对手；第二，潜藏着高技术制胜的观点。

关于兵种的地位和作用　有的文章认为，炮兵以往属战斗支援兵种。在现代条件下，随着武器装备和作战理论的发展，炮兵应成为战斗兵种或陆军的骨干兵种。其理由是，第一，从任务的角度看，炮兵除担负传统的歼敌任务外，还可担负迟滞、拦阻敌人的任务；第二，从火力打击的作用看，随着作战思想的发展，火力打击在现代条件下将上升为作战和战斗制胜的主要因素，机动部队将处于诱敌并将其阻止在某一地域的协同地位。也就是说，炮兵是火力打击的主力，其地位、作用将随火力打击作用的提高而提高。这一讨论反映了日军对火力的重视。

关于抗登陆作战问题　以往日军一直把抗登陆、反空降看作特殊条件下的战斗。经过几年的研究与讨论，日军事理论界许多学者主张将抗登陆作战等从特殊作战样式改为一般作战样式。其理由是：第一，日本是个岛国，多山。一旦遭到进攻，战争将可能从空袭开始。登陆抗登陆、空降反空降作战将贯穿战争全过程。也就是说，抗登陆、反空降作战将成为常见的、多发的一般类型作战。第二，现代条件下的登陆抗登陆、空降反空降作战实质上是遭遇战。他们认为，随着军队输送工具的发展，登陆抗登陆、空降反空降行动将成为双方向关键地域集中兵力的竞赛，具有遭遇战的性质，因此，主张根据一般遭遇战的原则指导此类战斗。

关于夜战问题　夜战是日军一贯坚持的传统战法。过去日军将其视为特殊条件下的作战行动，现在随着高性能夜视器材的大量装备，昼夜之间的差别缩小了，因此，许多作者主张不要把夜战作为特殊条件下的战斗，而将其列为一般战斗行动。

日军将抗登陆、反空降、夜间战斗作为一般作战样式提出来，实际上是提高了这些作战样式的地位，有利于加强这些作战行动的训练。

（长　弓）

海湾战争中多国部队电子战研究　在海湾战争中，多国部队运用以“电子战斗”为特征的大纵深立体软硬一体化高技术战，展现了现代战争的基本作战样式，揭示了现代战争的重要规律，引起了各国军事理论界极大的关注。现将1991年国内外学者关于电子战在海湾战争中的地位和战役战术运用问题综述如下。

电子对抗在现代战役中的地位　电子对抗在海湾战争中以其突出的作战效果，表明了它的理论和实践已经发展到一个崭新的阶段：它不仅是一支极为重要的作战保障力量，而且已成为现代战役的一支独立作战力量。这主要表现在以下几个方面：

电子对抗成为现代战役中一个新的独立作战阶段　在海湾危机开始不久，双方军队还在部署或调动之际，一场激烈的“电子战争”已经打响。美国使用了多种侦察卫星、几十架侦察飞机和分布在几个国家的地面侦察站开展了一场全空域的电子侦察情报战。而伊军则以大量的假目标和巧妙的伪装来迷惑对方。随后，战争爆发之前，武器尚未开火，多国部队动用了近百架电子对抗飞机和各种地面电子对抗设备，连续24小时对伊军实施迄今为止规模最大、强度最高的“电子轰炸”，造成伊军雷达迷盲，通信中断，指挥失灵，无法组织有效的抵抗。这长达几个月的战前电子侦察与反侦察，临战前24小时的最大强度的电子干扰与反干扰，是任何其他作战力量无法取代的，标志着一个新的战役阶段的诞生与成熟。

按照传统观点，制空权是战役行动开始时双方首先争夺的焦点，空袭和防空是合同作战的开始。海湾战争则是在这之前又增加了一个电子对抗作战序幕。可以讲，现代合同战役的基本模式应是：电子对抗（争夺制电磁权）——空袭与防空（争夺制空权）——地面攻防作战（决战）。

电子对抗已经渗透、贯穿于现代战役的各个阶段　海湾战争中电子对抗的作用，不仅体现在战前多国部队准确地掌握了伊军的部署和作战意图的电子侦察和情报战之中，更重要的是体现在依靠电子战争夺制电磁权，依靠电子压制争夺制空权，以及在地面攻防作战中部队依靠电子压制，极其隐蔽地进行大规模集结和机动，达成战役目的。电子对抗已经贯穿于合同战役中的各个阶段，成为取得作战胜利的重要因素。

电子对抗的许多特征与战役的一些特征相似　一是电子对抗部队已经成为战役军团的一支独立的重要组成部分。其人员和装备的数量在不断增加，其质量也在不断提高。二是电子对抗的作战空间无比广阔，是任何其他作战力量难以达到的。它已经从空中、海上、地面发展到外层空间，同时又开辟了“电磁场”这第四维空间的战场。三是电子对抗的作战贯穿于战役的全过程，并有着自己独立的作战时间。就是在和平时期，它仍然在进行着看不见的战斗。四是电子对抗的作战方法十分丰富。它把侦察与反侦察、干扰与反干扰、摧毁与反摧毁有机地结合在一起，在不同的作战阶段突出不同的对抗，辅以其他对抗。它同样具有攻与防（电子进攻与电子防御）的分类。它既以软杀伤为主，又有致命的硬杀伤。它同样要利用巧妙的谋略和高超的指挥艺术以取得最大的作战效果。电子对抗具有鲜明的整体性和合成性。它的有效实施有赖于有效的统一指挥。只有做到了统一、合成、整体，才能有序、有效地达到战役目的。电子对抗的丰富战法还将随着更先进的电子对抗装备的问世而不断发展。五是电子对抗已成为一种有效的作战手段。它的目标是最大限度地破坏对方军用电子装备的战斗力，最终达到削弱、瓦解对方作战能力。电子对抗的实质是对电磁频谱使用权和控制权的争夺。（陈丹淮《从海湾战争看电子对抗在现代战役中的新地位》，《电子对抗学术》1991年第3期）

（全寿文）

电子战的战术运用　在海湾战争中，多国部队以电子战斗为特征，以电子战系统为软武器，以主、被动电子侦察为先导，以电子战佯攻和“电子轰炸”为前奏，以C^3对抗为首战并贯穿战争全过程；高、中、低空突防并举，外科手术式与地毯式轰炸相结合，依赖战役电子制胜，并成功地运用电子战斗作为高技术战的基本作战样式，通过瘫痪对方的C^3I（指挥－控制－通信－情报）瓦解对方的整体作战能力。这是C^3对抗的成功战例。软硬高技术武器与大纵深立体战的结合，产生了新的作战样式——电子战斗。根据美国空军手册《AFM Ⅰ》的规定，其内涵包括电子战、C^3对抗和压制敌方防空系统3部分。其战术程式如下：

战前周密的多源电子侦察　早在海湾战争爆发前，整个海湾地区一直处于美国战略电子情报网的严密监视之下。1990年8月2日伊拉克入侵科威特前夕，伊拉克在边界附近的一部长期不开机的“高王”雷达，于1990年7月29日突然开机工作时，其信号为美国的电子侦察卫星及时截获，经过处理得到“伊拉克可能入侵科威特的首批报警情报”，为布什采取“沙漠盾牌”行动的决策提供了重要依据。通过外交途径解决海湾冲突的一个星期以前，美军就已开始对伊军的电子战斗序列实施先期侦察并时断时续地干扰。在开战前一个星期，其战斗机就多次闯入伊拉克领空，诱使伊军防空C^3I系统开机工作，以便实施临战电子情报印证。

多国部队通过电子侦察卫星、地面窃听站、各种电子侦察飞机以及战术车载电子侦察系统等多源电子侦察网的严密侦察，对伊军的电磁威胁了如指掌。能在0.02～100千兆赫频段和全空域内，昼夜24小时不间断地监视伊军的电磁态势，以用于更新电子干扰系统的威胁数据库和调准反辐射导弹的寻的频率，为夺取海湾战争主动权创造了必要条件。法国国防部长指出："海湾战争中，美国航天系统的经验证明，在未来的冲突中，对情报的需求高于一切。"

电子战佯攻和"电子轰炸" 按照常规战术，现代空袭总是以大规模远距离支援压制干扰为前奏，大规模压制性干扰一旦开始，过 5～6 分钟主攻机群的空袭行动便接踵而来，远距离干扰实际上相当于向敌方发出空袭警报。多国部队的参谋部打破这一常规战术，精心策划了一场佯攻电子战。早在开战前一周内，多国部队就断断续续多次实施迷惑性干扰，以麻痹伊军。在开战前 24 小时，比联合国限定伊拉克从科威特撤军的最后限期提前 5 小时，于巴格达时间 16 日凌晨 3 点就开始对伊拉克防空系统实施大规模"电子轰炸"，以麻痹和疲惫伊军，迫使其雷达关机。通过无线电欺骗，制造美国海军陆战队在科威特海岸强行登陆的假象，实际上，美国的两栖作战兵力已秘密转移到陆战攻击方向上。

在"沙漠军刀"的地面进攻之前，多国部队为了达到声东击西的目的，在科沙边境中段距科威特城仅 50 公里的凹部附近集结大量部队，同时以频繁的无线电活动实施电子欺骗，诱惑伊军筑成"萨达姆防线"。可是，在发动地面进攻的一两天之前，多国部队却避实就虚，采取"金蝉脱壳"战术，把大部分兵力隐蔽地向西机动了 300 公里，而保持原驻地的无线电台照常活动，施展"空城计"。

无线电静默 在"沙漠风暴"突防前夕和全过程中，禁止无线电通信和机载雷达开机，作战飞机在预警指挥控制飞机的引导下突防和接敌，只有进入攻击状态发射导弹时，机载火控雷达才开机瞄准。在"沙漠军刀"地面进攻之前声东击西的机动中也保持无线电静默。F－117A 在突防和空袭全过程中，完全保持无线电静默。在无线电静默中，JTIDS 联合战术信息分发系统和 PLRS 定位报告系统可以照常工作，不在禁止开机之列，因为这两个无线电系统采用扩频技术体制，其信号以伪噪声形式淹没在噪声电平之下，处于伪"静默"状态。

远距离支援干扰 由数架 EA－6B 电子战飞机和首次运用 2 架 EC－130H 大型 C^3 对抗飞机，在伊军防空火力屏障之外，实施远距离支援"电子轰炸"。旨在：(1)瘫痪对方的 C^3I，迷盲防空雷达网和中断通信网，使截击引导失效；(2)掩护突击机群起飞编队和突防意图；(3)掩护飞机安全突防和返航。EA－6B 电子战飞机能压制 230 公里纵深内的防空雷达和防空通信系统，其雷达对抗频段及其主要干扰目标见下表。单部干扰机的输出功率 1～2 千瓦。EC－130H 大型 C^3 对抗飞机能以 5～10 千瓦功率，在 20～1000 兆赫的频段内压制 130 公里纵深的伊军通信网。

表　AN/ALQ—99 战术干扰系统的频段及其干扰目标

频段	频率范围	干　扰　目　标
1/2	64～150～270 兆赫	苏联"匙架"雷达、"刀架"雷达、"鱼网"雷达。
4	0.5～1.05 千兆赫	苏联"平面"雷达、"大网"雷达、"顶帆"雷达。
5/6	1.1～2.7 千兆赫	苏联"背网"雷达、"长迹"雷达、"闩锁"雷达、"残碟"雷达、"大网"雷达。
7	2.6～4.5 千兆赫	苏联"扇歌"雷达、"大闩"雷达、"闩锁"雷达、"预网"雷达、"火罐"雷达。
8	4.3～7.5 千兆赫	苏联"扇歌"C/E 雷达、"拍手"雷达、"前灯"雷达。
9	7～10.5 千兆赫	苏联"平流"雷达、"炮盘"雷达、"低吹"雷达、"桔皮群"雷达、"大鼻子"雷达、"下垂舱"雷达、"蘑菇"雷达。
10	10～18 千兆赫	苏联 I/J 波段雷达，包括"壁虎"雷达、"炮盘"雷达、"萨姆－6"制导雷达等。

随队和近距离支援干扰 由美国空军的 EF－111A 和海军的 EA－6B 飞机遂行随队和近距离支援干扰。"沙漠风暴"行动开始前，EF－111A 电子战飞机率先半小时侵入伊拉克领空纵深 32 公里，掩护突防机群起飞编队，实施随队支援干扰，对突防的机群护航，并于指定的开战时间之前 9 分钟实施大功率"电子轰炸"。EF－111A 在接近目标 48 公里的空域以 1 万米以上的飞行高度实施近距离支援。EF－111A 与主攻机群混合编队样式一般有二种：一种是以 2 架 EF－111A 为 22～24 架 F－111(夜间)、F－15 或 F－16(昼间)大机群护航；另一种是以 1∶3 的比例为小分队护航。由 EF－111A 护航的大机群通常编成如下：以 8 架 F－15C 清空小分队为先头部队，相继是 8 架 F－4G 和 F－16"野鼬鼠"反雷达攻击小分队。该编队正面宽 13～16 公里，纵深长 65 公里，除F－15C 飞机的飞行高度为7600～13000 米外，其他小分队均在7000～11000 米高度飞行。另外，在伊拉克国境外，有 4 架F－15C 或F－16 护航飞机在7600～13000 米高空盘旋，为 8 架KC－135 加油飞机和 1 架E－3A 预警指挥控制飞机护航。

EA－6B 主要为 A－7E、A－6 等强击机护航。1 月 17 日夜，3 架 EA－6B 为袭击位于伊拉克境内塞勒曼和迪瓦尼耶 H－3 机场的化学武器贮存库的攻击编队，实施随队支援干扰护航任务。该编队由10架F—14护航战斗机，4架携带JP233反跑道子母炸弹的“旋风”战斗轰炸机和3架EA—6B组成。此外，EH—60通信电子战直升机在低空压制40公里范围内2～76兆赫的陆军通信网。

运用电子战无人机 美军在海湾战争中由A—6飞机共发射137架ADM—141A滑翔无人机作为空射假目标，其中海军及其陆战队各发射100和30多个，包括射频型(反射—辐射式)、干扰丝型和红外型，用来遮断伊军防空武器的跟踪，吸引火力，掩护突防机群。曾运用其中30架干扰丝型无人机部署了38架BQM—74C型靶机作为假目标，欺骗伊军雷达和吸引火力，以便于反辐射导弹攻击雷达。

此外，多国部队大量运用以电视摄像机和红外仪为传感器的战场图象侦察/监视无人机，其中包括美军的88架“先锋”、20架“短毛猎犬”、50～60架“埃克思雄风”无人机(Exdrone)、“瞄准手”无人机等，配属在陆军、海军陆战队和两艘战列舰上。英军和法军也分别投入CL—289和MART无人机。其中“先锋”无人机出动533架次、飞行1688小时，有26～28架被击伤和击落。无人机为寻找隐蔽未开机的雷达起了重要作用。

对敌C^3I中心和雷达实施硬摧毁 多国部队在海湾战争中，以雷达、雷达截击引导中心和指挥通信中心为首要战略目标，并把C^3对抗的硬压制行动作为“沙漠风暴”行动的先期阶段，运用多种硬武器实施摧毁。而且，为C^3对抗所投入的硬压制力量比以往任何一次局部战争都强大得多。仅F—4G、EA—6B、F/A—18、A—7E、F—117A等美国战术飞机就在海湾战争中发射了1000多枚AGM—88“哈姆”高速反辐射导弹，命中率为87%。英军飞机还发射了100枚ALARM伞悬待机式反辐射导弹。1991年1月17日凌晨2点38分，美军特种部队的MH—53直升机率领8架陆军“阿帕奇”武装直升机分两组，经过15小时飞行1750公里的航程，潜入伊拉克西南部境内，用“海尔法”激光制导炸弹、70毫米火箭100枚和30毫米机关炮弹4000发摧毁了伊军两个前哨预警雷达站，为后续突防机群开辟了10公里宽的安全走廊。

F—117A从高空袭击C^3I中心和雷达站。1991年1月17日巴格达凌晨2点51分，第一波10架F—117A隐形飞机投下第一枚2000磅GBU—27激光制导炸弹，摧毁位于巴格达西南260公里的雷达截击引导中心。保持完全无线电静默60秒后，另一枚GBU—27摧毁了位于伊拉克西部距约旦边境48公里的另一个雷达设施。在13分钟内共投了18枚以上的炸弹，还炸毁了位于巴格达的电信中心，切断伊拉克与其他国家的通信，有一枚炸弹命中100多米高的天线塔，还炸毁了总统府、国防部、空军司令部等战略目标。F—4G“反雷达职业杀手”以2～4架编队，为主攻机群开辟安全突防走廊。黎明后由机动性能优良的F/A—18飞机接替F—4G遂行反雷达攻击任务。“战斧”巡航导弹对战略目标实施超低空突击，并摧毁了伊军设在科威特的指挥通信中心。美海军运用舰炮摧毁伊军设在科威特海岸的雷达站。

自卫干扰 多国部队在海湾战争中大量运用机载和舰载自卫软武器系统近百种，主要用于对抗火控、炮瞄和制导雷达，并与机动规避相配合，以提高平台的生存力。美军1架F—4G反雷达攻击机，在伊拉克南部上空曾遭到6枚地空导弹拦截，但却安然无恙。1991年2月7日，MH—60直升机深入伊拉克境内80公里，援救一跳伞的空军驾驶员时，伊军从其南面24公里之外向该直升机发射32枚红外寻的导弹，但自卫红外干扰机使之改变了方向，偏离该直升机；还通过AN/APR—39A(V)1告警接收机告警，规避了右前方的射频威胁。

机载有源雷达干扰装备主要有AN/ALQ—119、126、165、284、“幻影”、DB—3163等；机载箔条/红外诱饵投放装备主要有AN/ALE—39、40、45、47、M—130、“无花果”、BOZ100等；机载雷达告警装备主要有AN/ALR—45、56、67、69等；机载红外干扰装备主要有AN/SLQ—32(V)，ARBB31/32等；舰载箔条/红外诱饵投放装备主要有MK36、“达盖”、“鸟雅座”等。

地面作战阶段的电子对抗 在“沙漠军刀”的地面作战中，多国部队大量运用车载和机载通信电子战系统，重点压制伊军的战术通信网，以及前线与伊军总部之间的通信。所用的主要通信电子战装备包括：EH—60A电子战直升机、RU—21通信侦察飞机、AN/TSQ—114和AN/TLQ—17A等车载通信电子战系统。多国部队还运用EA—6B电子战飞机、EH—1直升机载多目标雷达干扰系统AN/ALQ—143、AN/ALQ—133机载雷达电子战系统以及AN/MSQ—103车载雷达对抗侦察系统，重点侦察并干扰伊军的战场监视雷达和炮瞄雷达。(姬国良、李春玉《海湾战争中的电子战斗》，载于《海湾战争中电子技术应用论文集》一书，1991年版；〔美〕少将约翰·科德《海湾战争中的电子战斗》，美《电子防御杂志》1991年第5期；全寿文、李春玉《海湾战争中的电子战》，《现代军事》1991年第6期)

(李春玉)

军兵种理论研究

中国海军理论研究 1991年中国人民解放军海军军事理论研究，具有以下特点：(1)结合海湾战争的研究，注重对高技术条件下现代海战理论的探讨；(2)紧密结合海军建设和作战的需要，针对急需解决的现实问题进行研究；(3)在对海军军事理论各领域的内容进行广泛研究的基础上，编写并出版了系列理论专著；(4)运用定量分析的方法对战役战术基本理论进行研究，修改并完善基本战法。

海军作战理论的层次划分 海军作战理论应该有几个层次，各层次包括哪些概念，归纳起来有两种意见。一种意见认为是"三个层次、六个概念"，即战争层次上的两个概念：海上战争、海军战略(学)；战役层次上的两个概念：海军战役、海军战役法(学)；战斗层次上的两个概念：海上战斗、海军战术(学)。另一种意见认为应该是"三个层次、九个概念"。关于三个层次，与前一种意见相同，只是每个层次包括3个概念：即战争层次上包括海上战争、海上战略、海军战略学；战役层次上包括海军战役、海军战役法、海军战役学；战斗层次上包括海上战斗、海军战术、海军战术学。持前一种意见的作者认为：三个层次六个概念构成了中国人民解放军海军的传统作战理论，比较简炼清楚。外军的海军作战理论也基本上是三个层次六个概念。"略"、"法"、"术"同"学"实质上是一回事，很难严格分清。持后一种意见的作者认为：三个层次九个概念体现了概念范围的合理区分，上下配套，逻辑上相对应，理论上成体系。是理论体系分类研究的一种深化，一个发展。其基本观点如下。

海上战争层次 海上战争，是濒海国家或国家集团之间，为实现一定的政治、经济和军事目的而在海上进行的武装斗争。海军战略，是从全局上谋划与指导海军建设和作战的方略，是军事战略的组成部分。海军战略学，是研究海上战争规律及战争指导规律的学科，是战略学的一个分支，是海军军事学术理论的最高层次。

海上战役层次 海上战役，是海军战役军团单独或与其他军种联合，为达成海上战争局部或带全局性的目的，在统一计划和指导下，在预定的海上战略战役方向和时限内进行的、协调一致和相互联系的一系列海上战斗的总和。海军战役法，是海军战役军团遂行和指导海军战役作战的方法。海军战役学，是研究海军战役规律及战役指导规律的学科，是战役学的一个分支，是海军军事学术理论的中间层次，起承上启下的作用。

海上战斗层次 海上战斗，是交战双方的海军兵力在海上战场进行的武装冲突。包括水面舰艇、潜艇、航空兵、岸防兵、陆战部队，由编队、分队或单舰(艇)、单机所进行的有组织的进攻和防御行动。海军战术，是指导海军兵力进行海上战斗的方法。海军战术学，是研究海上战斗规律及战斗指导规律的学科，是战术学的一个分支，是海军军事学术的重要组成部分。

三个层次的相互关系 (1)海上战争、海上战役和海上战斗，是在作战目的、使用兵力、斗争规模和指挥级别上的三个不同层次，是海上武装斗争的实践形态。其基本特征是实践性，反映了海上武装斗争的客观物质运动，是海军军事学术理论的源泉。(2)海军战略、海军战役法和海军战术，分别是海上战争、海上战役和海上战斗的筹划和指导方略及方法。它源于实践又高于实践，是人们能动地认识客观事物而形成的对海上军事行动的主观指导。(3)海军战略学、海军战役学和海军战术学，分别是研究海上战争、海军战役和海上战斗的理论体系。分别以海上武装斗争的三个层次的实践及其指导方法为研究对象，研究各自领域的实践的客观规律，以及实施战争、战役、战斗的指导规律。"略"、"法"、"术"同"学"，在渊源上有同一性，都根据实践；在理论上有相对性。两者的目的、任务、范围、角度、性质、功能、体系、出发点及其归宿点都不一致。后者是在前者的基础上升华为系统理论，反过来又可作为前者的理论指导。前者通常反映海上武装斗争的特殊规律，属作战的指导规律范畴；后者反映海上作战的一般规律，属研究战争的客观规律范畴。"学"中虽然也有应用理论，但它是一般意义上的应用理论；而"略"、"法"、"术"的应用理论是针对各国具体情况的应用理论，两者不能互相代替。(蒋圣功《海军作战理论的三个层次》，《军事百科通讯》1991年第13期)

海军战略问题研究 1991年海军战略理论研究的重点，依然是根据国家新时期军事战略，搞好海军战略转变问题，以及海军兵力的战略运用问题。

关于战略转变的基本理论 海军战略转变是海军在其所处的客观环境发生巨大变化的情况下，对海军的作战任务、作战样式、作战对象、兵力构成等海军战略的方方面面进行全面调整的一项复杂工作。有的作者认为,海军战略转变的目标,是为了尽快的形成能适应未来海战需要的战略,而海军战略转变的实质,则是为了使海军兵力在建设及使用上,能够与其所处的新的客观环境和所具备的物质条件相吻合。影响海军战略转变的环境因素主要有政治背景、军事战略、军事经济、军事技术、海上威胁、军事地理等(军事地理一般不会有大的突变,可不作重点考虑)。当这些因素发生重大变化时,旧的战略便不相适应,从而导致了海军战略的转变和新的战略的产生。在这些因素中,占主导地位的是政治因素,它决定了海军战略的政治属性,国家内外政策的根本变化,是影响海军战略转变的最根本原因。其次是军事战略,军事战略的变化调整,既是促使海军战略转变的最直接的原因,也是海军战略各项具体内容确定的最主要的依据。军事经济、军事技术是实现海军战略手段的物质基础和前提条件,它的发展状况对海军战略转变进行的顺利与否也至关重要。而海上威胁则是在确定海军战略任务、战略手段和战略使用样式时所必须针对的,海上威胁性质特点的变化,常常导致海军作战任务、作战对象、作战样式等一系列变化。

作者认为,由于海军战略的转变是一项关于对海军兵力构成、作战任务、作战样式等一系列问题进行全面调整的复杂工作,所以有一个较长的过程,这一过程通常包括:过渡时期、形成时期和发展完善时期。(1)过渡时期。当客观环境发生巨大变化时,建立在过去环境背景基础上的海军战略便不相适应,需作出相应的转变。由于旧的战略思想存在着一定的惯性,并且转变伊始,关于确立海军战略的理论认识水平及物质基础条件都不够成熟,所以,在战略转变的开始通常有一个过渡时期。这一时期的长短取决于思想理论的认识水平和经济技术能力,应愈快愈好。(2)形成时期。在过渡时期确立的思想认识及物质技术手段的基础上,海军战略转变进入了实质阶段,即形成时期。这一时期海军战略任务、兵力结构、兵力部署、战略使用样式等方面都开始了根本性调整。形成时期是海军战略转变的关键时期。海军战略转变的实践表明,在此时期保持政策的稳定性,有足够的经费,确立科学合理的战略理论等至关重要。(3)发展完善时期。海军战略转变进入这一时期,就意味着海军的各项工作已在新的战略指导下全面开展,战略手段的完善和战略理论的成熟标志着海军战略转变的顺利完成。在这一时期,海军兵力构成将有大的变化。海军战略的转变一般都有这样三个过程。从理论和实践上把握之,将有助于我们在指导海军战略转变时能突出重点,抓住主要矛盾。

海军战略的转变,实际上是战略任务、战略手段、战略使用样式这三要素的变化。由于三要素在本质上的差异,因此它们在转变过程中表现出不同的变化规律并相互影响。海军战略任务的变化是战略转变的先行者,它受政治、军事战略、海上威胁的影响而预先得以体现。当然,海军战略任务的预先确定并未能说明海军就可胜任这一任务,这还要取决于战略手段的形成。战略手段的形成,一方面要依据战略任务提出来的要求,另一方面也要看当时的军事经济潜力和军事技术水平,获得战略手段常常需要较长一段时间。海军战略使用样式的确定,是海军战略转变的核心问题。战略使用样式的形成,是在对海军学术理论的不断研究和探讨中,针对军事战略、海上威胁的性质和军事地理等客观因素,并参照转变过程中海军战略任务的内容和战略手段的特点,经过深入分析、综合判断,逐步确定的。它规定了海军战略使用和兵力使用的指导原则和根本方法,是海军战略转变的关键。

海军战略转变是有一定的规律可循的,所以,在指导海军战略转变时,必须遵循一定规则。一般说来,指导海军战略转变的程序是:明确海军战略转变的客观现实;依据各环境因素发展变化的规律特点,分析和思考未来海战的规律特点;根据海上战略环境的变化及新的军事战略的要求,确定海军在未来海战中担负的任务;依据海军现有的实力,国家军事经济潜力和对未来海战的分析,确定海军兵力未来发展的规划,并实施这一规划;进行海军学术理论研究,逐步形成一具体明确的海军兵力使用方针、原则及方法;确立新的海军战略使用样式,并依此指导海军兵力的训练、演习,协调海军的发展。

指导海军战略转变的几个重要原则包括:要有科学态度、整体观念和长远规划;应把握住战略转变的时机,尽快确定海军兵力建设及海军学术发展的方向;遂行海军战略转变要积极主动,并尽可能做到"快、稳";要保持海军政策的稳定性,并力求发展道路的切实性和战略理论的科学性。

有的作者着重从国家军事战略的调整对海军的影响角度论述了新时期海军战略的有关问题。其主要内容有:(1)国家军事战略基本任务的调整,要求海军以维护和平的海洋环境、捍卫国家领海和海洋权益为主要战略目标;(2)国家军事战略防卫空间的扩展,要求海军战略由沿岸防御型向近海防御型转变;(3)国家军事战略兼顾现实威胁和潜在威胁,要求海军加强重点斗争方向的建设,同时保持全局部署的稳定;(4)国家军事战略着重准备应付局部战争,增大海军独立作战的机会;(5)国家军事战略以遏制战争与准备战争并重，要求海军充分发挥应有的威慑作用，作战时则要择战机，速战速胜。

有的作者从新时期海洋与海军的关系角度论述了海军战略的有关问题。其主要观点是：周边濒海国家在领海划界、大陆架和专属经济区范围的确定，岛礁归属，公海资源共享和自由通航等问题上，充满了极其错综复杂的矛盾。在这种形势下，中国作为亚太地区的一个重要国家，必须要从民族的生存发展和世界经济发展的大趋势，来认识开发、利用和控制海洋的重要意义，要争取和维护民族和国家应得的利益。必须要着眼于周边战略环境的特点和发展，正确把握海洋政策的走向，继续服从国家独立自主的和平外交政策，坚持与亚太地区绝大多数国家建立和保持比较稳定的关系，维护该地区的和平和稳定。必须正确分析对国家安全和发展面临的威胁，进一步提高海军建设的战略地位，从而显著改变国家战略的海洋安全环境，对亚太地区和世界和平产生积极的影响。

关于海军的战略运用问题 有的作者着重从"战略威慑"的角度论述了海军威慑的有关问题。其主要内容是：中国是威慑理论的发源地。海军威慑作为国家军事战略的一个重要组成部分，是新时期国家军事战略转变的背景下产生的理论问题。威慑的形成取决于三个相互关联的基本要素：第一、能够给对方造成利益损害的力量和手段；第二、运用这些力量和手段的决心和意志；第三、对方对上述两点的感知。要估计出海军的威慑效果，就必须明确潜在对手在海洋方向上的企图，并针对不同的企图向对方传递不同的威慑信息。通常可将潜在对手的企图分为三类：第一类是从海上对大陆国土的进犯。对此，海军威慑的目的是使敌方不敢进攻，它传递给对方的信息是：一旦进犯大陆国土，就触犯了国家最根本的利益，必将遭到最激烈的报复，这种报复对潜在敌方造成的损害将大于其从进犯中得到的好处。第二类是对国家海洋权益、岛屿的领土主权的侵害。对此，应向潜在敌方传递的信息是：我方的利益已经受到十分严重的侵害，我方握有随时对这种侵害做出多种反应的权利，这种反应会对潜在敌方造成很大的损失。第三类是在海洋方向上对国家统一的破坏。对分裂国家势力的威慑信息是：分裂国家的行动是绝对不能容许的，不排除使用武力制止此类行动的可能性，而这种局面是双方都不愿看到的。海军威慑是在国家军事战略整体威慑的基础上，对海洋方向潜在敌方的一种威慑，是达成国家战略目标的一种有效的手段，并与其他手段紧密相联系。

海军战术理论研究 1991年海军战术研究继续向深、广方向发展，着重结合近期的几次局部战争——特别是海湾战争——中海军兵力的运用，探讨高技术条件下海上作战的基本战术问题。

关于小兵力群袭击和集中突击问题 小兵力群袭击或称小群攻击是指以小兵力群，甚至单舰单机在电子技术侦察引导下进行的奇袭作战。集中突击或称饱和攻击是指短时间内集中较多数量的兵力、兵器对舰艇编队实施攻击，使得编队的抗击系统处于"饱和状态"，从而提高武器的突防能力和击毁能力。小群攻击以往仅作为牵制、袭扰敌人的辅助、佯攻的手段，随着精确制导武器的出现，使小群攻击战术作为一种主要进攻作战样式提供了现实可能。精确制导武器具有威力大、突防能力强、命中概率高的特点。小兵力群行动灵活，隐蔽性好，组织简便，战斗出动快，易于捕捉战机。小群攻击战术融合了精确制导武器的大威力、高命中率和小兵力群的上述优点，使其小群攻击战术成为一种主要的海上进攻作战样式。但是，由于小兵力群攻击时难以突破敌大纵深防御；对大型目标或编队缺乏足够的综合打击威力，因此，饱和攻击作为一种重要战术手段，是决定海战胜负的主要战术手段。饱和攻击通常使用多兵种、多方向、多层次、多种不同兵器对敌实施综合打击，因而能够集中优势兵力、兵器形成巨大的综合打击威力，是对具有大纵深、多层次、立体防御能力的大、中型舰艇编队实施打击的有效战术手段。但是，这种攻击具有需要的兵力、兵器数量多，难以取得攻击隐蔽性以及组织指挥、协同较复杂等缺点。

有的作者认为，小兵力群的袭击战术具有明显的局限性，海湾战争清楚地表明这一点。小批次飞机、舰艇在敌方有预警机的情况下，根本无法接敌。利比亚的大型导弹艇，伊拉克的小型导弹艇、米格—29等性能先进的飞机都无法接敌攻击。因此，还是要以有利条件下的集中突击为主，这样才能对全局发挥重大影响。持有相同看法的作者认为：由于被打击目标的防护和生命力加强、电子对抗技术大量应用和敌方对兵力指挥、火控系统制造各种干扰，所以突然、密集地攻击，有利于彻底粉碎敌方兵力集团，减少敌方还击的可能性，便于先发制人地在最短时间内完成主要任务。还有的作者认为，为便于取得攻击的隐蔽突然性，有利于先敌发现、先敌发射、先机制敌，在有可靠引导保障情况下，宜采取预先展开，小群多路，分进合击的形式实施多方向多阵位攻击。将小群攻击与集中攻击两种样式结合起来，通过小兵力的分散隐蔽机动和密切协同，达成对目标的集中突击。

关于现代海战中的夜战问题 夜战是中国人民解放军海军的传统战法，随着现代化夜视器材的迅速发展及在军事领域的广泛应用，特别是出现了全球海洋监视卫星和远距离的探测设备，使得现代海战中的夜战出现了新的特点。传统的夜间海战有四难，一是观察发现难；二是使用武器难；三是组织指挥难；四是战术协同难。因此夜间海战有以下主要特点：(1)夜战以偷袭或遭遇战的样式为主；(2)夜战参战兵力多为小兵力群或单一兵种，一般不组织复杂协同；(3)夜战与近战密不可分；(4)夜战是以劣胜优，以少胜多的一种战法；(5)夜战要有充分准备，良好的训练，隐蔽、迅速、灵活的战法和勇敢的战斗精神，夜战的主动权往往掌握在训练有素一方之手。现代海上夜战已发生了“质”的变化，其特点表现为：(1)侦察、预警、夜视、夜瞄等先进装备器材的使用，提高了夜间观察发现能力；(2)武器装备增大了打击距离和作战纵深，夜战不一定是近战；(3)先进情报系统和自动化指挥系统的应用，使指挥员能适时掌握战场情况，实现正确的组织和指挥；(4)夜战已由小兵力群的作战行动发展为诸兵种合同作战，密切协同；(5)夜战的组织指挥和保障更加复杂，对参战人员的素质要求更高；(6)装备优劣，加大了双方夜战能力的差距，主动权往往掌握在装备优势一方之手。根据这些新的特点，应建立新的海上夜战观念和研究新的战法。首先要树立“夜战不等于近战”的观念，其次要认识到昼夜间作战的差别已经大大缩小。但夜战的基本原理还应是以己之长击敌之短，避敌之长补己之短。根据这一原理，夜间海上作战一定要有充分准备，要认真分析作战对象的夜间作战能力，从分析装备、训练水平和戒备状态入手，寻求在其意想不到的情况下发起夜间突袭。要充分利用海区地理、自然条件，争取夜战的主动。要采用具有隐蔽性好、机动灵活、便于协同的小兵力群攻击的战法，取得以少胜多，以弱胜强的效果。要加强海上夜战的训练，改进夜战装备，使之与现代条件下的夜间海战相适应。(丁一平《更新海上夜战观念》，《解放军报》1991年4月12日)

(朱少鹏)

中国工程兵理论研究 *工程保障理论研究* 1991年，中国工程兵对工程保障理论的研究，集中在局部战争机动工程保障、海湾战争工程保障和国防工程建设理论研究等方面，发表了许多著述，现综述如下。

局部战争机动工程保障问题 对局部战争机动工程保障的理论研究，继1990年之后不断深入，日趋集中，并产生了一些比较统一的认识。主要观点如下：

机动保障是局部战争工程保障的首要任务。“行动自由是军队的命脉”。军队机动是否顺畅直接关系到战役、战斗的进程和结局，在局部战争中更是如此。由于局部战争的突发性和交战双方都将投入大量技术装备，力争以最快的速度推进，在较短的时间内结束战争，因而，战争一开始必将出现一个以争夺战场主动权为目的的兵力、兵器机动大竞赛。许多作者认为，部队机械化、摩托化程度的改善和提高，并未能减小军队行动对机动工程保障的依赖性。事实证明，部队有了较强的机动能力并不等于实现了快速机动，而实现快速机动还要靠及时的工程保障，尤其是道路保障，包括克服江河障碍和在敌障碍物中开辟通路等。所以，机动工程保障是局部战争工程保障的首要任务。

*现代局部战争对机动工程保障提出了更高的要求。*第一，机动工程保障要适应局部战争的发展趋势。高技术运用于战场，军队的机动速度和突击能力空前提高，使局部战争中机动交战与交战机动紧密融合，要求部队必须在行进间实施和完成攻击、突破、攻占要点(地)、反击或反突击等主要作战行动。因此机动工程保障不仅在作战准备阶段是不可或缺的，而且在对敌实施包围、迂回、穿插、分割、渗透以及追歼等作战行动中，也是十分重要的。第二，作战机动的灵活、频繁和立体化，要求开拓多层次、多渠道的保障途径，必须加强地面、水上、空中三结合的立体机动工程保障，尤其要能够在各种条件下为诸军兵种的合同作战机动提供必要数量的道路和机场(机降场)。第三，必须有高质量的保障机动的工程设施和工具。实践资料证明，在一般坚硬土质的道路上，每通行轮式车辆150～200台次或履带式车辆80～100台次，路基就会下陷，路面严重受损，地下水位较高时，还会出现翻浆。因此要适应大运输量的要求，必须提高运输工具和道路的技术标准，并要有完善的加油、抢修、待避、伪装等技术保障设施和维护组织。

*必须注重研究恶劣条件下的机动工程保障。*现代局部战争的突发性、随机性及时效性等特点，特别是在地理条件复杂，环境恶劣的情况下，使机动工程保障十分复杂、困难，因此，必须加强对战场环境恶劣条件下的机动工程保障的研究。

*实施局部战争机动工程保障，必须坚持“整体保障”、“突出重点”的原则。*许多文章提出，现代局部战争的交战双方将在作战区域的全纵深实施机动，因此，除应修筑完善的地面道路网以外，构筑和抢修野战机场、渡场、海港码头等已成为重要任务；必须建立全方位的立体保障体系，协调运用军队和地方的机动工程保障力量，采取有力的组织形式和措施，在作战的全过程实施有效的机动工程保障，特别要准确地把握机动工程保障的时机，集中主要兵力、器材，确保那些对战役战斗全局具有制约作用的主要作战方向和地域的交通枢纽、桥梁、渡口、隘路、机场、码头的畅通。有作者认为，

应从空间角度确定机动工程保障的重点。为此，提出战区划分为3个保障区：一是中区，从己方纵深延伸至敌方地空火力控制的地区；二是前区，从中区前沿向敌方纵深延伸的地区；三是后区，从中区后向己方纵深延伸至部队集结地域的地区。根据三个保障区的关系、位置和对部队行动的影响程度，中区应作为机动工程保障的重点。

海湾战争工程保障的启示 海湾战争充分证明，现代高技术战争对工程保障的依赖性不是减小而是增大了；在合同作战中，工程保障不仅直接影响到诸军兵种战斗力的发挥，而且成为影响战争进程和结局的至关重要的因素。战争的实践为理论工作者和部队指战员，探讨现代战争工程保障的特点和对作战行动的影响等问题，提供了丰富的材料，为此展开了热烈讨论，发表了许多文章。

有些学者认为，海湾战争工程保障的主要特点：一是以巧妙的伪装隐蔽军队配置和战役企图。处于防御和弱者地位的伊拉克巧施隐真示假的伪装，对隐蔽其真实配置，保存有生力量和军事装备发挥了极其重要的作用。多国部队拥有当代最先进的侦察手段，而伊拉克采取把飞机隐蔽在工事里，制造假目标，把军事目标伪装成民用设施，甚至点燃油井制造烟幕等手段，欺骗、迷惑多国部队，降低了多国部队的火力突袭效果。与此同时，具有极大优势的多国部队也十分重视以伪装隐蔽其战役布势和行动企图。开始多国部队显示出要在科威特实施大规模两栖登陆的企图，而实际采取了陆上两翼长距离突入，一举成功。二是伊拉克以强固的设防工程对付多国部队的攻击。在海湾战争中，伊军不仅装备的数质量是绝对劣势，而且处于完全被动的战略守势。但是，他们依靠从80年代初开始营建的坚固完善的首脑指挥工程，飞机、导弹等防护工程，以及边境设防阵地工程和民防工程，抵御多国部队猛烈火力的突击达一个多月，为提高部队的战场生存能力和指挥的稳定，发挥了重要作用。三是以地面机动与反机动的工程措施来保障合同作战行动。伊军设置了大量高强度的障碍地带对付多国部队的进攻，甚至将整个科威特战区布成了一个巨大的地雷阵，有效地延缓、迟滞了多国部队发起地面进攻。多国部队则极力轰炸伊军机动道路、桥梁和机场，瘫痪其交通，破坏其机动，使伊军陷于被动。四是充分发挥工程兵的技术骨干作用。伊军之所以能在武器劣势、战略被动的情况下坚持了40余天，一条重要原因是由于以工程兵为骨干的工程保障力量所实施高效保障。在多国部队的诸军兵种合成军队编成中，工程兵同样是其中的重要组成部分之一，如美陆军中工程兵占总兵力的11%。工程兵在保障多国部队的长途跋涉、紧急集结、战场机动中都发挥了重要作用。

有的作者指出，海湾战争工程保障对战略决策和战役、战斗行动的影响，达到了前所未有的程度。伊军面对多国部队的空中突袭，依靠坚固、完整的防护工程体系保证战争机器"砸不烂"；面对先进侦察技术和精确制导武器，采取严密伪装措施让敌人"打不着"；面对轮番持续的轰炸，实施不间断的随机抢修，保障"炸不瘫"。因此，削弱了多国部队空袭效果，对稳定指挥、保障生存、迟滞多国部队的地面进攻发挥了重要作用。而多国部队在待机地域突击构工，确保了地面部队"站得住"；空地一体联合破障，确保地面作战"突得破"；对穿插、迂回作战部队实施伴随保障，确保钳形攻势"合得拢"。从而极大地削弱了萨达姆防线的防御作用，为打开"沙漠要塞"的大门，保障地面部队高速推进，加快战争进程起了巨大作用。正如多国部队的一位指挥官所言："我们的地面进攻，能在短短4天里取得如此辉煌的成绩，有效的工程支援，是通向胜利的保证。"

国防工程建设理论研究 海湾战争之后，出现了两种截然不同的观点：一种观点认为，现代战争就是高技术武器的较量，修工事把钱埋在地下，不合算；第二种观点认为，国防工程建设必须与国防现代化的各项建设协调发展，充分发挥其在国防威慑力量总组成中的重要作用。有的作者就第二种观点撰文提出：国防工程之所以能成为国防总威慑力量的重要组成部分，完全是由于其内在功能和在军事实力中所具有的特殊作用所决定的。第一，国防工程是被称为国家和军队大脑的战略指挥系统安全与稳定的重要保证。在现代战争中，战略指挥系统一旦被摧毁，就意味整体作战力量的瘫痪与瓦解，因而必须依靠坚固的防护工程提高其生存力，以保证战时不间断的指挥。第二，国防工程可以保证战略核武器的反击能力。核威慑力量的大小，不仅表现在拥有战略核武器的数量和实施首次打击的能力上，更重要的表现在遭受核打击后，能有效地保存核武器的数量，从而保持强大的核反击能力。第三，国防工程可以弥补武器装备之不足，提高综合作战能力，为"以劣胜优"创造条件。实战和研究证明，工事不仅能提高人员和武器装备的生存力，而且可以增强工事中人员的战斗信心，提高武器的命中精度。据美国学者研究认为，有筑城准备比无筑城准备的综合战斗力可提高3.7倍。因此，设防工程不仅是构成战斗力的重要因素，而且是战斗力的倍增器。越来越多的军事家认为，未来战争的胜利者，将是在战略打击下能保存并能迅速恢复国民经济和支援战争的民族。可见，发挥国防工程的这些特殊功能，对于武器装备处于劣势的国家，对于执行积极防御战略方针的国家，显得极为重要，而且是效费比最高的一种战略选择。

作者认为伊拉克在建造和运用国防工程上的失误：第一，在国防工程建设的总体指导上，片面着眼于“藏”，没有很好地把掩蔽工事与火力工事紧密结合起来，多数工事，只能用于藏，不能用于打。这就不可能为保存自己、消灭敌人创造条件。第二，防御地带和“沙漠要塞”，大都为一线式野战筑城，又无险可屏，工事抗力低，障碍强度差，缺少防空火力工事和防坦克阵地设施，更无保障机动作战的工程准备，没有构成纵深、梯次、环形、立体的防御阵地体系。因而，当多国部队空地一体攻击和声东击西迂回包围时，显得异常脆弱无力。第三，伊拉克没有在无制空权条件下，抓住多国部队集结时防护力低等弱点，依托既设阵地，充分发挥游击战的优势，采取“你打你的，我打我的”作战方针，以渗透袭击战术破坏敌人的营地、指挥机构、通信枢纽、后勤补给和技术保障系统等“软目标”。第四，一些掩蔽部埋深过浅、跨度过大，经受不住高强度的轰炸。第五，许多国防工程由外国承建或充任技术专家，不利于保守机密。

工程兵战术理论研究　现代战术学，把指导工程兵部（分）队在战斗过程中遂行工程保障任务和以工程手段遂行战斗任务的行动方法统称为工程兵战术。因此，对工程兵战术的研究被理论界普遍重视。有的作者著书对工程兵战术的形成、发展，工程兵的战斗任务、运用原则、战斗行动特点和工程兵战术的发展趋势等问题，作了系统的论述。

工程兵战术的形成和发展　军事装备、技术，尤其是工程装备、技术的发展，对工程兵战术的形成和发展有决定性的影响；同时军事战略和合同战术的发展，对工程兵战术的发展起了重要的导向和规范作用。随着1927年“八一”南昌起义而诞生的中国人民解放军工兵（1955年后改称工程兵），其战术随着不同革命战争时期主要作战形式的演变而不断创新和发展，土地革命战争时期，总结出适应游击战和反“围剿”的工程兵战术；抗日战争时期，创造了适应游击战与运动战相结合和反“扫荡”的工程兵战术；解放战争时期，形成了适应大规模运动战和诸兵种合同作战的工程兵战术；保卫社会主义建设时期，全面发展了具有中国特色和适应现代战争的工程兵战术。

工程兵的基本任务　工程兵作为遂行工程保障任务和以工程手段遂行战斗任务的技术骨干力量，其基本任务是：实施工程侦察；构筑和维护指挥所及重要的、技术复杂的工事；构筑和设置障碍物，实施破坏作业；排除障碍，开辟通路；构筑和维护道路、渡场，架设和抢修桥梁；实施工程伪装，构筑和设置假目标；侦察水源，构筑野战给水站；以地雷爆破器材和工程手段直接消灭敌人；担负对其他军兵种、民兵和人民群众实施工程保障作业和开展地雷战进行技术指导。

工程兵的运用原则　在合同作战中运用工程兵，主要应掌握以下原则：集中主要兵力和工程器材，保障重点；根据各专业部（分）队的技术特长合理运用；掌握预备力量，适时机动兵力和工程器材；周密组织工程兵与其他兵种的协同动作；加强工程器材保障和技术保障。为了便于合成军队指挥员指挥运用工程兵，可靠地保障部队的作战行动，合成军队在部署兵力时，通常根据敌情、地形、任务和兵力、装备等情况，将工程兵编组为运动保障队、障碍设置队、障碍排除队和工程兵预备队。此外，还要根据不同的作战类型、作战样式提出的不同工程保障任务，随机编组一些专项作业分队，遂行不同的任务。

工程兵战斗行动的特点　作者从本质属性上分析，提出工程兵战斗行动的主要特点是：第一，保障性与战斗性兼容。这是由于工程兵在合成军队作战编成中，参与或伴随被保障部（分）队实施攻、防作战，其行动本身就是合同作战的重要组成部分；同时工程兵能以地雷、爆破器材和各种工程手段，直接杀伤、破坏敌有生力量和技术兵器、军事设施。因此工程兵的行动，既具有保障诸军兵种合同作战的性质，又具有直接同敌战斗的特性。许多国家军队都强调工程兵既是保障兵种又是战斗兵种。第二，战斗行动与战役性目标统一。工程兵在遂行工程保障任务时，其战斗编组规模较小，遂行工程保障任务，均属战斗行动。但是，工程兵的战斗行动却往往直接源于战役企图，直接受命于战役指挥官，为战役目的服务，其行动涉及的范围经常超出某一战术地幅，横跨战役地幅。因此，要求工程兵指挥员在遂行战斗任务时，不仅要执行战斗行动的原则，而且要服从战役原则、战役企图和战役计划。第三，技术化与专业化突出。工程兵是一个技术化和专业化的兵种，其遂行不同任务的战术本质差异，就在于运用专业技术和实现的直接技术目的不同，而与战斗类型和战斗样式无根本关系。这就要求紧紧抓住各种不同专业分队遂行不同工程保障任务的技术特点，进行科学编组，优化组织结构，形成专业技术合力，保障合成军队战役、战斗企图的实现。第四，对工程器材保障和技术保障的依赖性大。工程器材是工程兵遂行各种任务的物质基础，是构成战斗力不可缺少的要素；如果失去了工程器材保障，也就失去了工程兵的基本特色。特别是在现代战争中，工程兵遂行任务对工程器材保障的依赖性更加突出，工程器材保障的程度和时效对工程兵完成作战任务有重大影响。作者提出，以保持和恢复工程装备良好的技术状态，最大限度地修复损坏的工程装备，充分发挥其使用效能为目的所进行的技术保障，与工程器材保障同等重要。因此，在组织工程兵战斗行动时，必须有周密可靠的工程器材保障和技术保障。第五，指挥关系复杂，指挥方式多样。工程兵遂行任务有很大的依赖性，它以保障合成军队作战的胜利为唯一目标，而不可能脱离合成军队单独行动。因此，工程兵在战斗中大都处于配属或支援的地位，而且这种关系往往随作战进程、作战样式的转换，工程保障重点的变化等情况而随时改变。这种不稳定的指挥关系，有时持续的时间相当长，势必使工程兵部(分)队在执行任务时，主要接受被配属单位指挥的同时，又不能完全脱离原建制单位领导，尤其是在干部配备、工程装备保障和技术保障方面。对列入合成军队战斗编成之中的工程兵部(分)队多采取命令式指挥；对未列入合成军队战斗编成之中的独立、分散执行任务的专业分队，多采取委托式指挥。

工程兵战术的发展趋势　这是军事理论家关注的问题。作者认为，新技术革命和合同作战理论的发展，使工程兵战术出现以下新趋势。第一，全纵深、全方位的立体保障战术行动强化。第二，快速反应、高效保障成为工程兵战术发展的焦点。第三，运用工程手段实施袭击的战术行动具有突出地位。第四，工程保障集群和工程保障队相结合(群队合一)成为战斗编组的主要形式。随着工程兵部队在编制上专业化、战斗化的日益增强，为按建制地运用工程兵创造了条件，所以，有的发达国家军队在作战时，已不再对工程兵进行临时战斗编组。(参见于守诚《现代军兵种战术》，军事科学出版社 1991 年版)

（海　浪）

中国防化兵理论研究　1991 年，防化兵理论研究有了较大发展，研究的重点集中在化学战基础理论，以及核化条件下作战理论等方面。

化学战的基础理论研究　学术界主要对化学战的特点、化学武器使用的特点，以及化学战发展规律等问题进行了深入的探讨：

化学战特点　有的学者认为现代化学战有以下特点：(1)非常规性。化学战具有非常规性，被称为非常规性战争。表现为：首先是武器的非常规性。化学战所使用的武器是一种杀伤力比常规武器大得多的非常规性的化学武器。被列为大规模杀伤武器。第二，是决策的层次高。在战争中是否使用化学武器，多由化学武器拥有国的最高当局决策，对使用的规模和袭击的地区也加以严格限制。第三，是化学军备的非常规性。在战争中使用化学武器，历来受到国际舆论的谴责。然而，现有的化学武器公约，虽然禁止在战争中使用化学武器，但在禁止研制、生产、储存、扩散以及核查和惩处方面还很不完备。也不禁止报复性使用的权利和非缔约国使用的权利。因此，化学军备得不到有效的控制，化学武器的研制、生产、储存和扩散仍在继续。一些掌握高科技的国家为了规避国际公约的限制和国际舆论的谴责，采取极为秘密和特殊的手段，研制、生产和储存用现代科学技术难以核查的杀伤力更大的二元化学武器，或更先进的化学武器。(2)战场效应特殊。化学武器的战场效应不同于常规武器，主要体现在杀伤范围广，作用空间流动性大，杀伤途径多，伤害时间长等特点。在战场上表现为：大量杀伤有生力量，攻击常规武器不易发挥作用的目标；长时间的伤害作用能改变战场环境而造成军队行动困难；突出的心理作用，迫使军队长时间防护而降低战斗力等。(3)广泛的适应性。化学武器的不断发展，使其成为各军兵种都能参与使用的作战手段。历史经验表明，它不仅适用于阵地攻击战，也适用于运动战；不仅适用于进攻，也适用于防御；不仅可以完成战役战斗任务，也可以袭击战略后方目标；不仅适用于正规战，也适用于游击战等特种作战。(4)具有威慑作用。现代化学战不仅具备实战能力，而且也具备一定的威慑作用。第二次世界大战中，欧洲战场未发生大规模化学战的主要原因之一，是交战双方都具备一定的化学战能力。而亚洲战场的日军对中国军民大肆使用化学武器的主要原因之一，是中国军民并无化学战能力。第二次世界大战结束后，美苏的战略威慑武器中，化学武器也是重要手段之一。在战略格局发生重大变化后的今天，化学武器已成为中小国家抗衡大国核化威慑的重要手段，有“穷国的原子弹”之称。(5)从属性和局限性。化学武器产生时，曾有人希望它能独立地改变战争形势、决定战争命运，但无数次化学战实践证明，它只能是合同作战的组成部分，是其中一种特殊的手段和作战形式，它离不开常规武器的支援和地面作战部队的配合，需要各军兵种的密切协同，才能取得满意的效果。同时，现代化学武器使用，是由各军兵种参加共同实施的，化学火力是合成军队火力的一个组成部分。另一方面，化学战受天气、地形等影响较大，使用有一定的局限性，对有充分防护准备的部队使用，杀伤效果有限，只有充分利用气象和地形等有利条件才能起到应有的作用。(纪学仁、宗佳虎《化学战的特点及其发展规律》，《防化学报》1991 年第 3 期)

局部战争中化学武器使用的特点　有的学者认为，第二次世界大战后，局部战争中使用化学武器有以下特点：(1)目的有限。第二次世界大战后，局部战争的化学武器使用时机，一般都是在常规作战不能迅速取胜，时间拖得较长，为迅速结束战争而诉诸于化学武器。使用的决心、目的、具体时机都是经过周密考虑之后，由最高当局确定的。一旦使用了化学武器，标志着战争有了升级，但都保持有效的控制，在选择打击的目标、时间、地点、规模上都有所节制。(2)规模逐步升级。局部战争的化学战，起初规模都比较小。随着战争规模的扩大，化学武器的使用规模呈逐步升级状态。使用的毒剂也由单一向多种类型转化，毒剂的性质也从非致死剂向致死剂转化；打击的目标，也逐步广泛，开始一般为战术目标，逐步升级为战役或战略目标。(3)方法灵活多变。局部战争中化学武器的使用方法，比一次大战更为灵活。有集中使用，也有分散使用，有突然使用，也有连续使用，有秘密地准备而使用，也有公开准备以进行威胁，有时是单兵种参与的使用，也有时是多兵种、军种参与的使用。方法不规则，表现出极大的灵活性。(4)与常规武器结合使用。由于化学武器具有可防护性、低破坏性、受地形和气候影响的特点，因此在战争中一般都与常规武器结合使用，以相互弥补不足，提高杀伤效果。结合使用的方法也表现为两种，一种是交替使用，一种是混合作用。在结合的种类上有与地面火力的结合使用，也有与航空火力的结合使用，有时海军也参与这一活动。(5)多处于被动时使用。化学武器使用的时机，一般都是处于被动或不利时使用。如久攻不克、进攻受挫，防御时难以御敌进攻锐势，战争限于僵持，进攻速度减缓或停顿，主要攻击集团被困、处于不利，对方准备实施化学武器袭击，对方防护条件差，防护松懈时，目标区气象条件有利于使用时等。这些时机的选择有时是单相条件具备即可使用，有时是多相条件满足时才使用。(李力纲《战后局部战争化学武器使用研究》,《防化学报》1991年第3期)

化学战的发展规律 有的学者认为，现代化学战是生产力和科学技术发展的必然产物，它作为人类战争史上的特殊战争现象而客观存在，有其自身的发生、发展和消亡的过程，有着不依人们意志为转移的客观规律。这些规律是：(1)化学战随着攻防作战的矛盾斗争而发展。化学战的进攻与防御，是化学战统一体中矛盾的两个方面，二者因相互对立而依存，因矛盾斗争而发展。在化学战攻防技术方面，随着各种化学武器用于战场，对这种武器的防护技术也相继出现和不断发展。由于不断发展的防护技术而使旧的化学武器杀伤效果不断降低，这又刺激化学武器不断更新和发展，这种相互对立和矛盾斗争的关系促使化学战攻防技术交替发展，不断更新。在化学战的攻防战术方面，不仅伴随新毒剂的出现而变化，也随着战场上对化学武器的使用方法、手段的不断改进而发展。(2)化学军备在限制和反限制的矛盾斗争中不断升级。战争中使用化学武器，一直遭到世界舆论的谴责和国际公约的禁止，但由于种种原因，却屡禁不止，化学武器的研制、生产、储存与扩散不断走向新的阶段。历史经验告诉我们，在战争中由于种种原因，冲破各种限制而使用化学武器的可能性完全存在，化学军备正是在这种限制与反限制、裁减与反裁减、扩散与反扩散的矛盾斗争中不断发展，而且在当前这些矛盾的斗争，比以往任何时候都更加尖锐复杂，化学战有可能在新的一场限制与反限制的斗争中从一个台阶走向更高的台阶。(3)随着战争样式的演变而变化。化学战是一种特殊的战争手段，它随着战争而产生，也随着战争的演变而变化，第一次世界大战时期的化学战，主要运用于阵地攻击战，第一次世界大战后，主要运用于运动战和游击战；第二次世界大战以后，更多地是运用于游击战和特种作战。在现代战争中，化学战有在高速度、大纵深的集中攻击中运用的趋势。(4)化学战水平随着科学技术的发展而提高。化学战的装备技术和实施方法，依赖于科学技术的进步和发展。75年来，化学武器的发展一直是依赖于化学工业的发展，施放手段与军队装备技术水平相适应，防护技术则是一门综合性技术，它依赖于多方面技术的发展。总之，每一次工业革命，都带来武器技术装备的更新。同时也促进了化学武器装备技术和施放手段的发展。

化学战的发展客观规律告诫人们：化学战的威胁是存在的，国际公约的约束力是有限的，全面禁止和彻底销毁化学武器，还需要人们做长期艰苦的努力和斗争。(纪学仁、宗佳虎《化学战的特点及发展规律》,《防化学报》1991年第3期)

核化条件下作战理论研究 战争的“核化威胁条件”，已引起世界各国的重视，“核化威胁条件”下作战已成为现代战争的一种比较典型的样式。对此许多作者进行了专题研究。

关于“核化威胁条件”的概念 “核化威胁条件”是指交战一方或双方在战场上进行核化武器实战部署，未实际使用而对双方作战行动造成特殊影响的一种作战环境。它具有4个基本特征。一是“核化威胁条件”的主体是战场上进行核化武器的部署者，这种战场的实战部署造成了使用的现实可能性；二是以至少一方进行核化武器的实战部署为前提；三是在实战部署的条件下做好使用的准备，但实际并未使用；四是给双方的作战行动造成一系列的巨大影响，且这种影响的波及面大于战场范围。

“核化威胁条件”与其相关3个术语的区别 一是

与“核化威慑”的区别。核化威慑是以整个核化实力为基础，对对方进行战略遏制的一种类型，具有战略性和谋略性。“核化威胁条件”则突出地表现为实战性和战役战术性，是一种客观的战场环境。二是与“核化威胁”的区别。“核化威胁”是指国家以核化作战能力的客观存在对别国安全构成的威胁，它与使用和决心不构成直接的联系。而“核化威胁条件”则是在实力基础上又具备了战场的实战部署和使用的准备。三是与“核化条件”的区别。主要是使用和未使用的区别。

“核化威胁条件”对战争的影响　学者们认为，海湾战争比较典型地显露了“核化威胁条件”下战争的特点，揭示了这种条件对战争的一系列影响，主要的一是增大了战争准备的工作量和复杂性；二是影响战争的进程；三是增大了战争的强度；四是规定了战争的作战样式；五是增加了指挥的难度；六是迫使交战双方的军队在防护条件下遂行战斗任务，从而加速了战斗力的消耗；七是参战人员的心理压力增大；八是战争消耗增大；九是次核生化危害的后果严重；十是全民防护而引起国际社会的震撼。

“核化威胁条件”的特点　学者们认为，这些特点：一是由美苏核化大国之间的全球性对抗向地区性对抗转化。从目前国际形势的变化和海湾战争的情况看，核化大国之间的“核化威胁条件”下的战争可能性相对减少，而“核化威胁条件”下地区性局部战争的可能性增大。二是“核化威胁条件”的公开化。以往核化武器的战场部署是隐蔽的，而海湾战争则是公开进行的。三是“核化威胁条件”表现形式趋于多样化和复杂化，从种类上说有“核威胁条件”，“核化威胁条件”，“化学威胁条件”；从强度上分可有高中低三种；从层次上分可能有战略、战役、战斗之分。四是“核化威胁条件”的产生向“核化条件”的转化，具有不确定性，它取决于战争的战场情况，极难预料。

核威胁条件下常规战争的基本涵义　核威胁条件下的常规战争既不同于核战争，也不同于一般意义上的常规战争，就核威胁条件下常规战争本身来讲，它的确是一种常规战争。在这种战争中，使用的是非核武器，决定战争胜负的也只是常规力量，核武器尚未被使用。因此它不同于核战争。然而，在一般意义上的常规战争中，不管进行到多么激烈的程度，也不管战争可能的结局如何，整个战争只能是以常规战争开始以常规战争结束，谈不上常规战争升级为核战争的问题。核威胁下的常规战争则不同，即在战争开始的一个阶段内使用常规武器，由于某种原因，战局一旦发生变化，就可能使用核武器，使常规战争升级为核战争。因此，就核威胁条件下的常规战争的本质来说，是一种蕴含着升级为核战争的可能性的常规战争。

核威胁条件下常规战争发生的条件，是核力量均势的敌对双方的一种共识，当两个核力量均势的国家交战时，“核门槛”可能会相对高一些；而当两个核力量相差悬殊的国家之间进行战争时，“核门槛”也可能相对低一些，核威胁条件下常规战争时间的长与短与“核门槛”的高低是成反比的。

有人认为，核威胁条件下的常规战争发展到后期必然发展到使用核武器，从而使战争演变为核战争；也有人认为，核威胁条件下的常规战争就是常规战争，因为核武器并没有使用。所以它与常规战争没有区别。作者认为，应该看到两种可能，核威胁条件下的常规战争，既是常规战争，又时刻笼罩着核武器的阴影，存在着核升级的可能性。(郭开铎、陈荣弟《对核威胁条件下的常规战的几点认识》，《防化学报》1991年第3期)

(彭玉成)

苏联战略核力量理论研究　1991年，苏联战略核力量研究主要有组建战略遏制部队的意义、目的和作用；裁减核武器的实质；核武器和核设施的控制与管理等问题。

关于战略遏制部队　1991年11月21日，《解放军报》发表了题为《苏联组建战略遏制部队》的未署名文章。文章指出，苏军于1991年11月，根据苏联总统的命令，组建了一个新的军种——战略遏制部队，由前战略火箭军总司令马克西莫夫担任总司令。这个新的军种是在战略火箭军、导弹进攻预警系统、外层空间监督系统、反导弹防御系统、国防部航天部队的基础上建立起来的。空军和海军的战略核力量也将“灵活地”归战略遏制部队总司令指挥。文章认为，苏联战略火箭军的这一改组对有效提高战略导弹部队的作战能力和生存能力，对更好地协调使用“三位一体”的战略核力量，具有十分重要的意义。文章指出，苏军许多作者认为，未来世界上一旦发生核战争，进攻性战略武器、防御性战略武器、空间武器、电子武器等各种威力巨大的现代武器都可能使用。未来世界战争将是立体战争，将在地面、海洋、空中，甚至外层空间展开。文章还指出，从苏军战略突击原则和过去的核战争演习情况看，各种战略核力量的运用是互相配合，协同作战，而不是单一地依靠一种核力量。地地战略导弹部队、潜地战略导弹部队、战略轰炸机部队3种战略核力量各有所长，结为一体，密切配合，协同作战，可以增强核攻击能力。战略遏制部队的建立，就从组织体制上解决了3种战略核力量以及战略防御部队的相互配合协同问题。

苏联裁减核武器的实质和原因　有的作者认为，苏联按照“合理足够”的国防力量建设原则，主张把军事力量限制在足以防御和足以反击可能受到侵略的限度内。它包括保持一支足以遏制美国对苏联发动战争的核打击力量，而不再谋求本国的核军备一定要等于美国和所有西方国家总和。作者指出苏联提出衡量核军备“合理足够”的主要标准，一是对于核袭击，确保在任何条件下，必须遭到应有的惩罚；二是切实保持已形成的战略均势。正如苏联前国防部长亚佐夫所表明的，“在现阶段，对于苏联的战略核力量来说，足够性的实质就是在任何情况下，甚至在最不利的情况下，也不允许对方不受惩罚地发动核进攻。”苏联战略火箭军总司令马克西莫夫也强调指出，“苏联加强和平政策的实质，并不是使武器装备保持在现有水平上，而是不断地裁减军备。这里所讲的并不是单方面裁军，而是指降低核对抗水平，这对双方都有利，因为只有降低核对抗水平，才能缩小使用核武器的威胁。要想通过回击行动给侵略者以‘严厉惩罚’，这就必须在减少数量的前提下，提高战略火箭军技术装备的质量及其战备程度。”（田源《核裁军将走向何方？》，《解放军报》1991 年 12 月 19 日）

1991 年，苏联政局急剧变化，在经济上遇到严重困难，为了表示与西方的合作姿态，经济上得到其援助，于 1991 年 7 月 31 日，美苏签署了第 1 个削减战略武器条约，从而打破了 20 年的核裁军僵局；1991 年 10 月 5 日，戈尔巴乔夫代表苏联政府宣布，对美国总统布什 1991 年 9 月提出的大规模裁减核武器计划采取“对应步骤”。苏联核裁军的内容包括：在战术核武器方面，将销毁所有核炮弹、核地雷、战术导弹核弹头；从军舰和潜艇上拆除所有战术核武器；并建议美国完全销毁海军的战术核武器；呼吁其他核大国采取同样步骤。在战略核武器方面，将尽快批准削减战略核武器条约；重型轰炸机将不进行战斗值班；停止研制短程现代化核导弹和小型机动洲际导弹；不增加厢轨式洲际导弹发射架数量；将 503 枚洲际导弹退出战斗值勤；6 艘核潜艇（共有 92 个导弹发射架）将退役；7 年内战略核弹头减至 5000 枚。在核试验方面，从 1991 年 10 月 5 日起，将暂停核试验 1 年，并希望其他核国家也这样做；苏联主张所有核大国发表联合声明，不首先使用核武器。建议美苏举行最高级会晤。（沈法良《苏联对美核裁军倡议采取“对应步骤”》，《解放军报》1991 年 10 月 7 日）

苏联核武器和核设施的控制与管理　1991 年苏联政局混乱，加上军队及国家安全委员会的重大改组，世界上有的国家对苏联的核武器和核设施控制与管理及其存在的问题，发表了许多意见，有的作者撰文对此进行了评述。

战略核武器。战略火箭军的 29 个基地，洲际弹道导弹的 75％部署在俄罗斯共和国境内，大部分沿莫斯科到远东的铁路线附近分布；其余 25％的洲际弹道导弹分别部署在乌克兰共和国的 2 个基地和哈萨克的 2 个基地上。在白俄罗斯还部署有机动发射的洲际弹道导弹。战略轰炸机基地有 8 个，俄罗斯共和国境内有 5 个、乌克兰共和国境内有 2 个、哈萨克共和国境内 1 个；装有潜射弹道导弹的潜艇部队部署在北方舰队和太平洋舰队，都在俄罗斯共和国境内。

苏联对战略核武器的控制与管理，原来是十分严密的，除了弹头与弹体分开贮存保管外，发射按钮的密码也由数人控制。据苏联核问题专家 B·布雷阿称：“苏联核管理最大的特点是高度中枢化，自动化，就连总统也不能单独发射。严密的发射系统把政治权力和军队完全分开，在规定的时间内输入 12 位数的暗号，总参谋部的计算机自动处理，如果一致的话，就直接向阵地发出命令。”苏联解体后，其战略核武器的管理仍然比较严密，据乌克兰共和国总统克拉夫丘克在 1991 年 12 月的一次记者招待会上说，“现在建立了另一种体系，若要使导弹飞起来，必须同时启动 3 个按钮。独立国家联合体中有核的每一个成员国分别控制一个按钮，主权国家的任何一位总统都没有可能以某种方式使用核武器”。1991 年 12 月 24 日戈尔巴乔夫向叶利钦交权时，独立国家联合体中在自己领土上拥有核武器的 4 个共和国在阿拉木图达成协议，将核按钮的权力交俄罗斯，12 月 25 日晚戈尔巴乔夫已将核按钮移交叶利钦。作者认为就眼前的情势而言，战略核武器倒不是世界各国担忧的重点。但是，不少美国专家指出，实际管理苏联核武器的是克格勃，各共和国权力扩大，不免对克格勃的指令系统产生影响，再加上战略轰炸机基地及核武器工厂分散在其他共和国境内，日后势必会出现管理上的混乱。（《苏国防部长谈苏军问题》，《解放军报》1991 年 12 月 15 日；《戈尔巴乔夫和叶利钦讨论交权问题》，《解放军报》1991 年 12 月 24 日）

战术核武器。陆军核力量遍布全国，180 个师分别拥有“蛙”式导弹大队和炮兵连队。军级单位有“飞毛腿”导弹旅、炮兵师和炮兵旅。在莫斯科周围部署了装核弹头的“橡皮套鞋”、“小羚羊”反导系统。在重要地区还有地对空导弹基地，使用装有“格拉布尔”、“欺诈”等核弹头的地空导弹。能装载核炸弹的米格－27、苏－17、苏－24 等战术轰炸机和装载空中发射巡航导弹的飞机场遍布全国。巡航导弹、鱼雷等广泛分布在从基辅级航母、基洛夫核动力导弹巡洋舰到“塔兰丘尔”级反潜轻巡洋舰的各种舰船上。作者指出，俄罗斯总统叶利钦公开表明：“部署在宣布非核化各共和国的所有核武器将转移到俄罗斯。”另外，叶利钦的国防部长沙波什尼科夫提出，不允许各共和国拥有核武器。叶利钦还要求俄罗斯对独联体使用核武器具有否决权。但是在自己领土上拥有核武器的其他共和国，大多不同意叶利钦的这一要求，例如哈萨克共和国总统纳扎尔巴耶夫就提出要拥有核武器的最高权限等。

作者认为，今后部署在乌克兰、哈萨克、白俄罗斯等国的战略核武器有可能被运到俄罗斯，或者作为削减战略武器条约的削减对象被削减掉；而战略潜艇、战略轰炸机这些战略核力量将管理在俄罗斯的范围内。但战术核武器的控制与管理将会遇到许多问题：(1)由于战术核武器的数量太大又太分散，武器的转移需要严密保护和秘密的运送手段，还应有必要的收藏场所和保护设施等，因此在短期内转移到俄罗斯有许多困难；(2)随着苏共党政机关的解体，以及军队、克格勃、治安部队的重大改编对战术核武器的控制与管理将会产生混乱。(3)核武器，特别是易于机动和转移的战术核武器将向各共和国扩散；(4)各共和国内反动势力，民族激进分子等的核讹诈和政治威胁；(5)民族矛盾引发的纠纷和武装冲突有使核武器失控的危险；(6)向别国出售等。此外，原来的核生产设施的管理也存在问题，原来的核开发科学家、工作人员都处于克格勃的严格管理之下，今后管理体制改变、管理放松，有核开发、生产能力的人才可能会外流。(《乌克兰总统说联合体将集体控制核武器》,《解放军报》1991 年 12 月 11 日)

(姚　成)

苏陆军火箭兵和炮兵部署中的定位突击系统和定位火力系统　该系统是苏军为对付美国陆军的空地一体作战，提高火箭兵和炮兵的总体快速反应能力而提出的一种新的作战手段。其使命是尽快地对威胁己军的最重要目标进行定位并予以消灭。定位突击系统和定位火力系统是由指挥自动化系统把现有的侦察、指挥和毁伤手段联合成一体的定位毁伤综合系统。定位突击系统在方面军和集团军级建立，属方面军和集团军火箭兵部署的组成部分。它包括由现代自动化指挥系统联合起来的一定数量的战术火箭(导弹)营、战役战术导弹营、多联装火箭炮和航空兵分队以及必要的侦察手段。定位突击系统的侦察手段主要有：无人驾驶飞行器、侦察飞机和无线电技术侦察分队。定位突击系统的任务是对其责任侦察毁伤区实施不间断的侦察，及时发现和立即毁伤敌精确制导武器、指挥机构、核和火力毁伤兵器和军队集团。定位火力系统在集团军和军级建立，属集团军和军炮兵部署的组成部分。它包括从集团军、军和师炮兵群中抽调的一定数量的炮兵营(火箭炮兵营)和综合编入的侦察和指挥手段。定位火力系统的侦察手段主要有：无人驾驶飞行器、直升机、无线电技术侦察和地面侦察分队。定位火力系统的任务是对其责任侦察毁伤区实施不间断的侦察，及时发现和立即毁伤敌核袭击兵器、精确制导武器、炮兵、指挥机构和电子战器材。(〔英〕《苏联军事研究》1990 年第 6 期)

(李执中)

苏联工程兵理论研究　工程保障理论研究

苏军工程兵司令库兹涅佐夫上将在苏《军事通报》撰文认为：现代战争中，工程保障的内容已发生变化。工程保障的目的仍然是，为有效使用各种武器、提高军队对敌现代化兵器的防护能力、迟滞敌军行动，使敌遭到更大的损失创造必要的条件。但工程保障的内容却已发生变化。如今，工程保障的首要任务是，对军队防御阵地、防御地带、防御地区、配置地域和后方目标进行工程构筑。其次在工程障碍物方面，其内容也有所变化。过去主要是牵制敌机动和迟滞敌进攻，如今工程兵由于装备了威力大、效力高的弹药，因而能同其他兵种一样对敌实施火力杀伤。例如，实施远距离布雷，可以消灭敌战斗队形和战役布势全纵深内的兵力兵器。这已超出了对战斗行动实施单纯保障的范围。最后在工程伪装方面，其内容也发生了变化。过去，工程伪装主要起防护作用，现在，工程伪装的这种作用虽仍不能忽视，但它却有了更加积极主动的形式。对己方军队的活动进行以假乱真的综合模拟，将敌火力引诱到假目标上来，可以大大降低火力攻击的效果。从这一意义上讲，工程伪装已发展成为一种特殊的“武器”。(刘晓松、李木兰译编《苏军的工程保障问题》,《外国军事学术》1991 年第 4 期)

关于防护工程问题　苏军十分重视防护工程的构筑，认为：现代战争中，预先进行国防工程准备，对胜利实施战略防御起着至关重要的作用。有的作者指出：有人以马奇诺防线、克里木土耳其壁垒以及西部国境线上的基辅等筑垒地域为例，试图证明现代战争中预设工事的做法是不对的。作者认为，这种观点是不正确的。卫国战争的经验和 1939～1940 年苏芬战争的结果恰恰证明，国境线上所构筑的各种筑垒地域(阵地)，如果彻底建成，并有常备守军驻守，野战部队及时占领，那么，它完全能够完成所担负的任务。同时还应看到，西方一直非常重视国防工程的建设，不断发展交通网、仓库网和机场网；大力建立各种障碍和拦阻地带。(刘晓松、李木兰译编《苏军的工程保障问题》,《外国军事学术》1991 年第 4 期)

科学区分工程兵和各兵种的工程保障任务　苏军有的学者认为，现代战争中，鉴于工程兵的工程构筑任务很重，今后工程兵将不再担负专业技术要求不高、不需要使用专用技术装备即可完成的工程保障任务;诸如对所占领的阵地和地域的工程构筑和伪装、工程障碍物的设置和克服,给水、净水、徒涉、渡口和浮渡构筑等任务。为此,各兵种应装备有小型机械化器材,同时应加强工程训练。工程兵本身则负责完成各兵种无力完成的工程构筑任务,平时则侧重完成大型国防工程防护的构筑任务。

关于工程兵的组织编制和结构 苏军作者认为,鉴于工程保障作用的提高,其作业量明显加大,而且其任务的内容已发生较大变化,要求工程兵在军队中所占的比例应为10%以上。工程兵的组织编制在不增加总人数的前提下,应适当增加工程兵,工程伪装部队和分队的数量。组建工程抢险机动部队。作者指出,切尔诺贝利核事故和亚美尼亚大地震的经验教训证明,在发生严重天灾、重大工业事故等特殊情况下,只有工程兵才能完成此类抢险救灾任务。因此,已在工程兵中组建了几支专门用于此目的的工程抢险机动部队,并配备防护性能很高的技术装备,其中包括机器人。(刘晓松、李木兰译编《苏军的工程保障问题》,《外国军事学术》1991年第4期)

(季广智)

美国海军理论研究 美国海上战略的理论体系形成于1986年,其主要内容是威慑、前沿防御和与盟国合作。它要求美国海军事先在前沿部署海上力量,威慑制止战争,一旦威慑失灵立即展开部队,夺取海上优势,实施反攻,达到美国的作战目的。进入20世纪90年代以后,国际形势和世界军事力量对比发生了变化,美国海上战略及海军建设的理论也正在发生变化。

关于美国海上战略 第二次世界大战后美国海上战略一直是对苏联实施遏制。1991年国际形势发生重大变化之后,美国海军准备重新调整力量结构。海军认为在当前调整力量结构的情况下,自己有双重责任:(1)保持必要的海上力量,以保证国家安全;(2)通过保持达到上述目的所必需的武装力量的调整,来帮助解决国家的财政困难。于伊拉克入侵科威特的同一天,布什总统在科罗拉多州阿斯彭的一次演讲中便为美国勾划出了新的国家防务战略。该战略包括四个部分:威慑、前沿部署、危机反应以及一旦全球出现再次危及和平的威胁时,组建武装部队的能力等。美国的海上战略也必将在其国家防务战略的指导下发展和变化。

威慑,包括核威慑和常规威慑,它将继续成为美国防务战略的重要组成部分。由于威慑比直接打一场战争要廉价得多,所以,美国仍将继续依靠核威慑作为其战略威慑的主要手段之一,而作为美国战略威慑力量中生存能力最强、机动性最好的部分则是弹道导弹潜艇。前沿部署可以为威慑失灵时提供危机反应所必需的手段。随着美国海外基地数量的减少和永久性设施保养费用的降低,海军将在美国前沿部署方面发挥日益重要的作用,航母作战群和两栖作战群将成为前沿部署的主要力量,同时,也必将成为其常规威慑的主要手段之一。美国海军将继续加强与盟国的合作,以保护美国在海外的利益和财产,并通过前沿部署,保持美国在世界各地的军事存在。

根据防务战略的需要,美国海军部队在危机中可作出广泛的反应,除发挥威慑作用外,还可以迅速出现在热点地区执行经济禁运、投放兵力并参加作战。由于具有快速部署能力和很长的持续能力,在大型联合或协同作战中,水面舰艇部队还可以为地面部队和空军提供掩护和支援。

一旦遇到全球性的威胁,根据防务战略的要求,海军部队和正在建造中的舰只完全可以提供进行威慑和危机反应所必需的基数兵力。并在此基础上建立大型舰队。海军认为在真正的全球性威胁出现之前,会有一个相当长时间的预警期,在此期间,美国海军可以启用某些转入预备役的舰只对付这一威胁。如在今后五年中,海军准备将40艘“诺克斯”级护卫舰转入预备役,一旦出现危机,这些军舰将随时可以参战。此外,美国认为,作战舰艇的平均建造时间为5到7年,服役寿命为30多年,建立和维持一支海军是一项长期工程,不可能在短期内很快见效。因此,海军的重建在物质上不同于其他军种的重建工作,现有海军部队不仅代表了现在的作战能力,而且是国家安全的一项持续性投资。

关于美国海军建设 80年代,美国海军提出了600艘舰的海军发展计划。随着世界形势的变化,美国对海军发展计划做了重大调整。美海军作战部长凯尔索上将提出:“为实现国家战略目标,未来的海军需要一支大约450艘现役舰艇和预备役舰艇组成的部队。”他认为要靠这样规模的海军来保持海上优势必须做到以下4点:(1)舰种比例适当,保持核威慑和前沿部署的态势;(2)继续实施人员计划,吸引和保留优秀人才;(3)提高效率,增强海军部队对各种危机进行的反应能力;(4)不断研究开发新技术,走质量建军的道路。

凯尔索上将是这样描述未来的美国海军力量的:一旦某个国家拥有打击美国或美国驻海外部队的核武器攻击能力时,美国便需要核威慑。为此,美国必须保持一支充足的战略弹道导弹核潜艇部队,以防止其攻击。在当前国际形势下,美国可以在本世纪末,将“三叉戟”型战略弹道导弹核潜艇减少到18艘。但是美国必须仍然将兵力保持在对手的兵力水平之上。如果美国将现役的攻击型潜艇在其服役寿命结束时退役,并建造具有小型反应堆堆芯的“海狼”级(SSN－21)核动力攻击潜艇，以保持美国的工业基础和技术上的领先地位的话，美国将在下一世纪具有一支相当可观的攻击潜艇部队。

航母作战群仍将是美国前沿部署的主力。连同两栖作战群一道，这些能独立作战、具有自给能力的部队，可以在极短的时间内，在世界任何地方进行兵力投放、集结或作战。到1995财政年度，美国计划将航母减少到12艘，并保留11个现役和两个预备役航母舰载机联队。随着新型、作战能力更强的水面作战舰艇加入舰队，航母作战群的机动能力将大大增强。在威胁程度和任务许可时，这些部队可以在没有航空母舰的情况下，以小型作战群的形式出击，以应付危机形势。下一世纪初，随着新一代舰载攻击机的问世，美国海军舰队的攻击能力还将会得到更进一步加强。他们还认为作战能力的提高不能取代足够的数量。必须拥有足够的航空母舰、两栖舰艇、水面作战舰艇和潜艇，才能保证和平时期在若干地区同时部署，并具有对严重危机进行反应的能力。美军还十分重视加强两栖作战能力，美国未来的两栖作战部队将以具有不同规模和不同成份的海军陆战队和空陆特混部队为目标进行建设。在许多情况下，美国将以两栖舰只和水面舰只组成的作战群对地区性危机作出反应。

美军还认为，任何在沿海进行的军事行动都会涉及到水雷战。水雷造价低、敷设简便，但却可以给舰艇造成极大的威胁。因此，未来美国海军还要建设一支由14艘高性能扫雷舰组成的扫雷部队。新的“鹗”级海洋扫雷艇还将大大改善海军对港口和航道上的锚雷和沉底雷进行侦察、分类和摧毁的能力。此外，他们将继续研究并发展先进的水雷对抗技术，包括激光测雷和水下遥控灭雷具；继续改进布雷能力。

美国从“沙漠盾牌”行动中意识到，在临战情况下及战时，要保证及时地将装备和军需品运至所有可能的战场是很困难的。必须全面考虑预警时间、距离以及港口、机场的利用率等实际情况，建设一支有效的海运和空运力量，必要时，建立一支由快速海运、预置舰艇、空运、预备役部队运送以及战时商船征用等组成的综合运送能力，以适应未来的作战运输需要。(〔美〕弗兰克·B·凯尔索《美国海军的未来发展概略》，美《海上力量》1991年4月)

(张博江)

美国战略核力量理论研究　美国“星球大战”计划(SDI)的重点改变　有的作者撰文指出，1983年美国总统里根提出“星球大战”计划的主要目的，是建立一个用于对付全面核大战的美国本土反导弹防御体系，从而使苏联的核武器成为“不起作用的和过时的东西”。然而，1991年初美国确定将该计划的重点转向建立“对付有限打击的全球防护系统”(GPALS)。作者认为，该系统与“星球大战”计划的原设想相比，具有3个特点：一是目标发生变化。由纯粹对付苏联的核导弹威胁，转变为既能对付苏联可能进行意外的导弹袭击，又能对付第三世界的弹道导弹。二是规模缩小。由原来设想要建立一个在大规模核导弹攻击条件下都不会被穿透的全面保护网，转变为建立一个对小规模核袭击和弹道导弹攻击的有限防御体系。其费用也由原来估计的1460亿美元降低为410亿美元。三是作用范围扩大。由原来主要为美国本土提供一个安全防护罩，改变为“保护美国海外驻军、派赴海外的增援部队、美国的盟友及美国本土免遭弹道导弹的袭击”。

美国的“对付有限打击的全球防护系统”主要包括3个组成部分，一是在太空低轨道部署1000枚代号为“智能卵石”的小型智能化截击导弹；二是在美国本土部署1～2个陆基反弹道导弹系统(包括750枚陆基反弹道导弹，以及与之相配套的50颗监视跟踪卫星和地面雷达)；三是发展战区反战术导弹系统。作者指出，美国建立这个全球防护系统主要有以下几个原因：其一，美国认为当前美苏的军事对抗程度正在逐步降级，它们之间爆发核大战的危险已大大减少。但苏联仍拥有大量先进的战略核武器，苏联国内局势的不稳定又增加了对美国进行意外导弹袭击的可能性。其二，美国认为第三世界国家拥有的弹道导弹对美国利益构成的威胁越来越大。美国军备控制专家估计，现在已有18个第三世界国家拥有弹道导弹，到90年代末将会增加到24个国家，其中有6个国家将可能拥有射程至少为2400公里的导弹。这有可能对美国在国外驻军和基地、美国盟军甚至美国本土构成威胁。其三，“星球大战”计划的原设想耗资巨大，美国的经济力难以承受。美国政府企图寻找一个既省钱又实用的新的反导弹防御体系，而“对付有限打击的全球防御系统”的设想，正好适应了这一需要。因此，美国正加快这一系统的研制工作。国防部提出1992财年“星球大战”计划的预算比1991财年增加60%，达46亿美元。对此，许多美国专家提出不同意见，一些专家指出，该系统将耗资410亿美元的估算是极不可靠的。通货膨胀和其他因素可能会使费用增加一倍。一些美国议员认为，在美国财政赤字压力越来越大的情况下，美国国会难以批准建立该系统所需的全部资金。还有一些专家对建立“对付有限打击的全球防御系统”可能引起的军备竞赛在质量方面的升级感到担心。(夏立平、王东明《美国“星球大战”计划的新重点》，《解放军报》1991年5月27日)

美国裁减核武器的原因 有的作者指出，布什总统于1991年9月，宣布了一项裁减核武器的计划，决定从欧洲和亚洲撤出并销毁1300枚核炮弹和850枚短程弹道导弹的核弹头，而且还要撤回在潜艇和军舰上装载的大约500枚战术核武器。同时，命令战略空军着手解除部分洲际弹道导弹的戒备状态，于1991年底首先解除了部署在南达科他州埃尔斯沃思空军基地的150枚民兵Ⅱ导弹，以及部署在蒙大拿州马姆斯特罗姆空军基地和密苏里州怀特曼空军基地的300枚民兵Ⅱ导弹的戒备状态。美国之所以如此裁减核武器，作者认为有以下几个原因。

其一，形势发展变化的需要。随着东欧及苏联局势的变化，使原来部署的核武器过去所针对的目标已失去了意义。而要保持和维护这些武器却需要耗费大量的财力和人力。从政治上看，一些过去支持美国在其领土上部署战术核武器的西欧国家，由于担心这些核武器的存在会使本国处在危险之中，因而不再欢迎美国的这些核武器了。其二，美国所要削减的是“过时的”核武器。正如美国报界所指出的，美国将要削减的核武器是“过时的”、已经变得“最没有用处的”武器。其三，削减核武器是为了发展更加先进的核武器。作者指出，从经济上看，布什的这一核裁军计划大约可为美国节约军费开支20亿美元，占军费总支出的1%左右，这样做既可以缓和国内要求削减国防预算的压力，又可以把更多的钱用在发展更为先进的核武器系统和常规武器上。作者认为，正如布什在宣布这项计划时所说的：“我所谋求的和平红利不是用美元来计算的。在近期内，有些措施甚至会花更多的钱”。他说，美国这样做的目的是要“确保我们有必要的资金去调整我们的（战略）力量”，这就是用全力去发展B—2隐形轰炸机和“对付有限打击的全球防护系统”。其四，换取苏联的响应。作者认为，正如美国报纸指出的，由于担心苏联的分裂将会使它的大量核武器出现失控，从而加剧“核扩散”和“核大战”的危险。因此，美国急于销毁射程在150公里以内的战术核武器，并希望能通过自己的主动行动来换取苏联采取相应措施，避免苏联国内在核武器管理方面出现中央失控的局面。作者认为，美国提出的核裁军计划的根本目的，在于利用苏联政局动荡和全面收缩的时机，进一步削弱苏联的力量；利用这一“历史的机遇”全面调整美国的战略，巩固优势并使美国的核力量进一步现代化。（魏国强《美国裁减战术核武器的背后》，《解放军报》1991年10月2日）

关于非核战略力量的防御理论 有的作者指出，美国政府已认识到，由于高技术兵器的发展，如定向能武器、精确制导武器、智能武器以及外空武器的发展，有可能使日本和德国避开国际上对其发展核力量的限制，跃过核阶梯，通过发展在太空部署的智能化非核武器，具备战略威慑能力。倘若出现这种情况，世界军事力量的对比将严重失衡，必然给整个世界军事斗争形势带来非常复杂的因素。（陈锋、陈小功《世界正处在新旧战略格局交替的过渡时期》，《解放军报》1991年1月4日）因此，美国在调整“星球大战”计划重点的同时，正努力寻求一种非核战略力量的全新防御理论。作者指出，美国认为，要在世界范围内实施可靠的威慑，就要求美国的非核战略力量在军事上具有威力，而且要让所有的潜在对手都认识到这一点。鉴此，美国把非核战略武器部署在它的多种军舰上。美国国防部还力求发展一种新型的战术武器系统，即短程攻击战术导弹（SRAM—T），以实现现有非核战略力量的现代化。美国还加紧研制“三军巡航攻击导弹”。这种导弹具有以下优点：(1)极高的精度。可以击中特定建筑物的门、窗和长度在数米之内的小型桥梁。(2)很强的灵活性。根据不同的使用要求，可以安装常规弹头，也可以安装核弹头。(3)较好的隐蔽性。美国五角大楼的官员说，这种导弹具有较好的隐形特性，其隐形特性是美武装部队中现有的任何导弹都无法比拟的。(4)不受现有国际条约的限制。五角大楼称，“三军巡航攻击导弹”既不受中导条约的限制，也不受削减战略武器条约的限制。与此同时，美已着手将原库存的战斧式导弹改制成战斧式BLOCKⅡ型常规对陆攻击导弹，改进后的射程和精度都将有较大提高。（兰文宣、钱俊德《美国核力量与战略防御力量发展规划》，《外国军事学术》1991年第9期）

（姚　成）

美国炮兵理论研究

1991年美军野战炮兵和防空炮兵根据美国军事战略的变化，继续深入研究未来空地一体作战理论，总结海湾战争的作战经验，探讨野战炮兵和防空炮兵任务、编制及装备的发展方向，使其适应规模压缩后的合成军队应急作战需要。

野战炮兵兵力结构将进行调整 美军的军事战略正在从世界范围的前沿部署战略转变为应急作战中的兵力投送战略。随着战略方针的变化，陆军将压缩规模，并将更多地部署在本土。预计到1995年，陆军将由4个军和20个师组成。野战炮兵也将随之而调整。1990年美军野战炮兵有5个军炮兵、30个野战炮兵旅和28个师炮兵，到1995年将减少为4个军炮兵、20个野战炮兵旅和20个师炮兵。4年间，野战炮兵现役部队将减少42%，后备役部队将减少36%。初看上去，压缩的比例比陆军其他部门要高，但是这里面包括了已经执行或正在执行的裁减计划，例如根据中导条约撤编的“潘兴”导弹部队。另外，野战炮兵在欧洲常规武装力量条约签定之前以及陆军削减预算之前，已将一部分战斗部(分)队转入军械部队。再者，野战炮兵已宣布将“长矛”导弹营压缩为3×4编制，并于1988年决定用多管火箭炮和陆军战术导弹系统取代203毫米榴弹炮和“长矛”导弹。美军野战炮兵缩减之后，军、师两级的火力支援杀伤威力并没有减少。3×8门制155毫米榴弹炮营将换装M－09A6“帕拉丁”榴弹炮和先进野战炮兵系统，多管火箭炮营将陆续纳编。野战炮兵的杀伤威力、灵活性和生存能力都将得到大幅度提高。先进武器也提高了野战炮兵的效率。多管火箭炮的人员与火炮比率是16∶1，而“长矛”导弹和203毫米榴弹炮则分别为75∶1和28∶1。美军认为，野战炮兵兵力结构调整后，火力支援威力更大，效率更高。(〔美〕马蒂少将《1991年兵种状况报告》，美《野战炮兵》1991年12月)

野战炮兵发展趋向 美军野战炮兵学校作战研究部根据陆军部的指示进行了一项专题研究，探讨了野战炮兵装备、任务及编制的发展趋势，提出了野战炮兵的发展方向。他们认为，在当前军事战略方针改变、部队缩编的形势下，野战炮兵的编制装备必须适应规模压缩的合成部队的应急作战需要。主要观点是：(1)充分发挥精确制导武器的潜力。火力将主宰未来战场，而精确制导武器则是火力的先锋。对部队来说，精确攻击并毁伤敌高价值的目标具有极其重要的意义，计算机模拟分析和海湾战争实战经验都证明了这一点。使用精确制导武器可以在取得决定性胜利的同时减少己方伤亡。他们认为采用精确制导武器及其他先进技术是战争样式的一场革命。(2)野战炮兵的传统使命将有所变化。野战炮兵的传统任务是摧毁、压制或遏制敌军。现在，不断涌现的先进技术已使野战炮兵大幅度提高了在远距离上摧毁目标的能力，使野战炮兵的射击任务扩展到战役目标，并且也改变了野战炮兵的战法。与此同时，敌军也在不断提高杀伤威力。一旦敌军使用精密制导武器，将给美军造成难以承受的损失。因此，在未来冲突中越来越强调野战炮兵火力支援系统要能摧毁目标。要击毁敌军先进的火力支援系统，必须综合攻击其目标侦察手段、指挥控制设施和发射平台。(3)重视侦察、情报和电子战。侦察情报、监视和目标侦察是火力支援系统不可缺少的目标指示手段。由于火力支援武器射程增大，威力提高，可选择的目标更多，更加需要及时的目标指示。过去炮兵依靠自己的前方观察员和炮位侦察雷达提供目标。今后，情报与电子战系统将提供大量目标。(4)调整野战炮兵编制，以适应变化了的军事战略的要求。最明显的调整是野战炮兵的火力控制机构。技术火控(计算射击诸元)将分散到每一个发射平台实施，射击指挥中心仅负责计算精确射击和集中射击所需的信息，如气象诸元。战术火力控制将更多地由被支援部队指挥所的火力支援协调组实施。由于在非线性战场上分散作战，为了保持协调，野战炮兵的指挥控制也将与装甲兵、步兵更加相似。所有这些都意味着野战炮兵指挥所将变得更小，更机动，侧重于运用和保护火力支援资源而不是计算射击诸元。美陆军未来的合成旅与现在的装甲旅或步兵旅相似，每个合成旅由一个直接支援野战炮兵营提供近距离火力支援。师的火力支援仍由师炮兵司令部控制。野战炮兵旅用于加强师的火力，重点担负战术纵深的火力支援任务，并通常充当反炮兵战指挥部。此外，野战炮兵旅还将担负加强直接支援炮兵营和军属装甲骑兵团炮兵的任务。今后每个军将控制1个由3～5个多管火箭炮营组成的野战炮兵旅。该旅与支援师的野战炮兵旅不同，主要担负战役级和军级火力支援任务。(〔美〕罗斯少校《野战炮兵发展方向》，美《野战炮兵》1991年12月)

未来空地一体作战阶段的区分 美陆军训练与条令司令部把陆军未来空地一体作战行动区分为4个阶段：监视、侦察与准备阶段；创造决战条件阶段；决战阶段；休整与调整部署阶段。鉴于90年代陆军可能大部分驻在本土，作战前将有一个应急部署过程。防空炮兵有人认为在4个作战阶段前还应该加上进驻和扩展2个阶段，统称为部署阶段。在进驻阶段应建立卸载航空港和海港，并对这些设施采取安全保护措施。航空港和海港应位于关心地域(指挥官关注的地域)附近，具体位置取决于威胁程度，可以直接建立在战区内，或建立在邻近地区。港口附近应有一定的空间和设施供集结部队使用。在扩张阶段，部队开始向进驻地区以外展开，准备实施有限战斗。这些战斗，无论是进攻还是防御，都比航空港和海港周围地区的战斗规模大，可能包括建立前方中转基地、战术集结地域、后勤保障系统及指挥控制设施等。(〔美〕利特尔准将《步入21世纪》，美《防空炮兵》1991年度专刊)

防空炮兵在未来空地一体作战中的作用 美陆军未来空地一体作战理论的假设之一是美军拥有空中优势。那么防空炮兵将发挥什么作用呢？美军防空炮兵在海湾战争中的作战经验所提供的启示是：(1)海湾战争期间，美军享有全面空中优势，但伊军仍然能够不断发射“飞毛腿”导弹。空军无法发现和有效摧毁移动式导弹发射架。如果没有防空炮兵的“爱国者”防空导弹，多国部队的进攻就会遭到很大的遏阻，甚至改变战争的进程。(2)空军难以对付巡航导弹。一旦世界上许多国家意识到美军已具备足够的反战术弹道导弹能力，就会转而使用巡航导弹，而发展或改进巡航导弹所需要的技术水平远低于战术弹道导弹。(3)空军不能有效地对付无人驾驶飞行器。这些飞行器体积小，外形特征不明显，使空军不易发现和攻击。这些飞行器是简单、有效的空中侦察工具，而且任何能制造模型飞机的国家都有能力制造无人驾驶飞行器。(4)攻击直升机是空军难以对付的另一种威胁。未来的攻击直升机很可能被各国选作近距离空中支援武器。直升机是一种良好的火力支援平台，又能在某种程度上避开高性能截击机的攻击。空军截击机若为了拦截直升机而作低空飞行，它本身将成为地面防空武器和直升机载武器的有利攻击目标。(5)空军不能百分之百保证没有突防进入的空中威胁。空军能够很好地完成许多任务，但也有一些任务不能完成。防空炮兵在未来冲突中必须与空军互相补充，集中力量担负空军不能完成的任务。(〔美〕利特尔准将《步入 21 世纪》，美《防空炮兵》1991 年度专刊)

军属防空炮兵的编制和运用　美陆军军属防空炮兵的编制方案已写入陆军条令。美军现有 3 个现役军属防空炮兵旅，均驻在本土。驻欧洲的 2 个军由集团军属防空炮兵旅支援。军属防空炮兵旅下辖 2～6 个防空炮兵营，主要装备“爱国者”、“霍克”、“小檞树”防空导弹。由于陆军在近几年内将继续裁减，防空炮兵的编制装备也将作一些调整。预计今后在本土部署的防空炮兵比例将增大，驻欧洲的一个集团军属防空炮兵旅可能调回本土成为军属防空炮兵旅。驻本土的每个军属防空炮兵旅除已编制的“霍克”和“小檞树”防空导弹营外，都将增编 1 个“爱国者”防空导弹营。海湾战争期间，由于战区兵力结构最高限额的限制，美军未能成建制部署军属防空炮兵旅，但是参战的第 7 军和第 18 空降军都得到了 1 个由建制内“霍克”和“爱国者”防空导弹营或混编而成的特遣队的支援。第 18 空降军属第 11 防空炮兵旅组成“毒蝎”特遣队，由 1 个“霍克”防空导弹营和 3 个“爱国者”防空导弹连编成。第 7 军的防空炮兵特遣队由 4 个“爱国者”防空导弹连和 2 个“霍克”防空导弹连编成，由第 11 防空炮兵旅对其实施战术控制。军属防空炮兵担负军的反战术导弹和常规防空任务。主要掩护部队集结待命区域、大部队远距离战役机动、军的战斗支援部队和战斗勤务支援部队，重点掩护军属火力支援武器，包括多管火箭炮和陆军战术导弹系统以及陆军攻击直升机的前方补给点和机场。(〔美〕利奥内蒂少将《前途》，美《防空炮兵》1991 年专刊)

防空炮兵的部署时机　美军有的作者认为，在战略部署阶段，应根据任务、敌情、己情、地形和时间条件及早部署防空炮兵，为美军卸载航空港和海港提供要地防空掩护。防空炮兵装备的“爱国者”防空导弹既可防飞机，又可防战术弹道导弹，是有效的要地防空武器。“爱国者”防空导弹与“霍克”防空导弹混编组成特遣队，可对付低空飞机和巡航导弹的威胁。如果航空港与海港还可能面临攻击直升机的威胁，可部署前方地域防空系统。伊拉克入侵科威特时，布什总统决定出兵。美军中央总部的作战计划人员立即注意到，伊拉克拥有战术弹道导弹攻击能力，美军的卸载航空港和海港可能会成为伊军攻击的有利目标。因此，中央总部在向沙特派出第 82 空降师战备值班旅之后不久，即命令第 11 防空炮兵旅的“爱国者”防空导弹发射连进驻沙特，以保卫美军使用的航空港和海港。为了尽快到达作战地区，先将该连的作战人员和装备空运至沙特，其他维修保障人员和装备则通过海运陆续抵达沙特。考虑到在沙特可能面临的各种威胁，还为“爱国者”导弹发射连配属了“毒刺”防空导弹小组，并加强了地面防御力量。在战略部署阶段，第 11 防空炮兵旅共部署了 6 个“爱国者”防空导弹连，在达兰设立了旅前方指挥所。战略部署阶段防空炮兵的指挥与控制比较特殊。如果部队主要使用航空港，防空炮兵应加入战区所在国的地面防空指挥控制网和美国空军的指挥控制系统。如果主要使用海港，防空炮兵则应与战区所在国和美国海军协调。协调措施应提前计划，以便建立适当的通信联络。(〔美〕利特尔准将《步入 21 世纪》，美《防空炮兵》1991 年度专刊)

防空炮兵的反战术导弹任务　海湾战争期间，美陆军防空炮兵的“爱国者”防空导弹成功地拦截了伊军发射的“飞毛腿”导弹，首次在实战中检验了防空导弹的反战术弹道导弹能力，引起世人注目。多年来美防空炮兵人士一直在考虑防空炮兵的反导问题，认为战术弹道导弹将是未来冲突中的先进武器，不仅大国使用，第三世界国家也将使用，因此，防空炮兵必须具备反导能力。海湾战争证实了这一点。也曾有人推断，战术弹道导弹发射架将是空战的有利目标，在冲突头几天就会被轻易地摧毁。海湾战争证明这一推论是明显错误的。尽管多国部队在空中作战阶段集中力量搜寻和摧毁战术弹道导弹发射架，伊军的移动式发射架直至战争结束仍具备发射导弹的能力。这说明在未来冲突中，防空炮兵将担负相当一部分反战术弹道导弹任务。防空炮兵将不仅担负战役战术层次的防空任务，而且将要担负一定的战区—战略防御任务，保护居民区和非军事设施。从“爱国者”防空导弹目前的反导能力来看，还不能满足未来战争的需要。为了对付各种空中威胁，需要建立完整绵密的区域防空体系。目前，美军防空炮兵成立了一个特别工作组，与陆军战略防御司令部密切合作，从作战使用的角度对正在发展中的战区高空导弹防御系统、PAC－3 型“爱国者”防空导弹和军属防空导弹提出战术要求。(〔美〕利奥内蒂少将《前途》，美《防空炮兵》1991 年度专刊)

防空炮兵的反空中侦察任务 美军认为，反侦察斗争是保证己方集结部队安全和确保战斗进程顺利发展的重要环节。防空炮兵的反侦察任务和掩护重点随不同作战时节而变化。在战略部署阶段，防空炮兵除提供要地防空掩护外，必须重点掩护己方战术集结待命区域，制止敌方对己方集结部队的空中侦察。防空炮兵不仅要制止有人驾驶侦察机，而且要制止无人驾驶侦察机甚至侦察卫星的侦察活动。转入作战阶段后，防空炮兵应及时转移其掩护重点。在侦察准备阶段，防空炮兵的掩护重点是集结地域的部队和正在运动的部队，着重掩护指挥控制系统和侦察监视器材。防空炮兵应与地面侦察分队配合行动，提供反侦察火力，确保己方部队不被敌空中侦察手段所发现。在这一阶段，防空炮兵应使用机载传感器和军属中、高空监视系统，使师属侦察监视器材保持无线电静默，以避免暴露。当部队为创造决战条件实施机动时，防空炮兵应重点保证机动道路的空中安全，防止敌空中侦察。一部分防空分队最好与先头警戒分队配合行动，及时制止敌方对己方部队前进道路的空中侦察。(〔美〕利特尔准将《步入 21 世纪》，美《防空炮兵》1991 年度专刊)

(项波逸)

美国化学战研究 **美国化学战政策的重大变化** 1991 年 6 月 10 日中国《解放军报》报道，美国专职裁军大使奉总统布什的指示，向日内瓦裁军谈判会议提出关于禁止化学武器的新立场，表示美将放弃报复使用化学武器的权利，承诺无条件地销毁所拥有的全部化学武器。这与美国春季的立场有根本的转变。在此之前，美国化学战政策的核心是化学威慑。在化学武器裁军谈判中，一直坚持对于在战争中使用化学武器的一方，保留实施同类武器报复的权利，并坚持在所有拥有化学武器的国家加入禁止化学武器条约之前，美国将保留其化学武器的 2% 的立场。布什 1991 年 5 月 13 日的声明等于放弃了这一政策。有的作者认为，美国改变化学战政策的原因主要有三：第一，可以得到以下好处：一是获得重大的政治利益，特别是对布什个人具有重要意义；二是可以遏制化学军备的竞赛势头，以保持美国在这一领域里已有的技术优势；三是有利于阻止化学武器向中小国家和无核国家扩散。化学武器的扩散对美国构成威胁，缔结条约至少可以减弱这种扩散的势头。第二，海湾战争的经验表明，美国在高技术方面的巨大优势，使它对化学武器的依赖减少。也就是说，美国化学战政策的改变是基于对化学武器作用评价的改变。第三，海湾战争表明，化学威慑不是遏制化学战的唯一因素，实际起主要作用的还有其他因素，如摧毁敌方的化学战能力，用核威慑、核化报复，以及制电磁权、制空权等综合因素。有鉴于此，美国才改变了过去的化学战政策(李巍民，《国外化学战科技动态》1991 年第 10 期)。有的作者分析，美国放弃这些条件的主要原因：一是通过海湾战争的实践证明，先进的常规武器可以阻止对方使用化学武器；二是国内外强大的政治压力；三是在布什的总统竞选前，政府做出的姿态。但是，美国将以什么样的具体行动来贯彻新立场尚有待观察。(卫星《美国为何调整化学武器谈判问题的立场》，《解放军报》1991 年 6 月 10 日)

在海湾战争中美军的化学战对策 海湾战争爆发后，美、伊双方都以化学战实力相威胁，海湾地区上空笼罩着化学战阴影。美国政府针对伊拉克的化学战威胁，采取了一系列对策。主要有以下 4 点：

进行积极的防护准备。进驻海湾的美军士兵，每人防护服三套，面具一个，外套一件，套靴一双，手套一副。在行军或巡逻中，每人的胳臂和腿上各贴一张侦检纸，一旦遇有化学战剂就会改变颜色，做为化学袭击的报警手段。士兵还携带着手持式化学侦毒器和医务急救盒。防护态势分 4 等。在沙特阿拉伯的阵地上，采取的是第二等防护态势。即士兵将配备的防护服穿在身上，把所有防护装具带在身上，而穿在身上的防护服不必系扣。全套防护装具重约 10 磅，价值为 194 美元。美军使用的是标准的 M－17 型面具，该面具有饮水连接器和送话器。驻沙特的每一个分队还有远程战场毒剂检测器。在毒剂出现时，这种器材会有极其刺耳的声音发出，以指导部队及时做出防护。德国还给美军提供了 10 台狐式侦察车。这是一种全自动化学侦察车，对空气和土壤自动取样，发现有毒物质即自动报警，还能对毒区自动做出标志。(郎宗享《海湾美军的防化装备》，《国外化学战科技动态》1991 年第 3 期)

进行严格的防化训练。海湾危机一爆发，美国就针对伊拉克可能使用化学武器，进行了专门训练。如美军第 82 空降师在进驻沙特前，就在美国西部类似沙漠地区的条件，穿着全身防护服进行高强度的防化训练。进驻沙特的海军陆战队，在沙特东北的沙漠中，以全身防护进行沙漠、高温的适应性训练。这些训练有效地提高了美军在化学条件下作战的能力。

以积极的手段摧毁对方的化学武器设施、工厂和仓库。在海湾战争最初 30 多天的空袭中，美军以伊军

的化学武器基地为空中突击的重点，对伊拉克的化学武器工厂、化学弹药装填车间和核、化学设施进行频繁轰炸，约有50%以上的化学武器制造厂和核化设施遭到严重破坏。伊拉克外长哈迈德·侯赛因向联合国安理会提交的核化武器报告中，曾提到有16个化学武器研制、生产、储存点被炸毁，这也是美军对核化武器防护的积极手段之一。

以核化实力相威慑。为了制止伊拉克使用化学武器，美国采取了以核化实力相威慑的政策。布什总统警告说："伊拉克如果使用化学武器，它将受到毁灭性打击。"国防部长切尼说："多国部队做好了一切准备，可能包括化学战和核战。"以色列总理沙米尔也说："不能坐视伊拉克的袭击，如果使用化学武器，这场战争将严重升级。"同时，国防部授权海湾前线指挥部，在某种情况下对伊军和战俘使用非致死性毒剂，并说不久可得到这些武器。同时有消息说，美军在海湾部署了近千件战术核武器，用以遏制伊拉克使用化学武器。（孙玉锁《海湾战争中伊未使用化学武器的原因分析》，《国外化学战科技动态》1991年第12期）

从美国在海湾战争的化学战对策可以看出，美国的化学战威慑政策主要由严密的防护组织和装备，严格的防护训练，强大的核化实力威慑，以及积极的破坏和打击组成。

美国销毁陈旧的化学武器　美国国防部向国会递交的1990/1991财年化学弹药销毁计划，预计于1997年前将现有的一元化学武器全部销毁。国防部负责化学弹药的大规模销毁，陆军部仅仅负责具体销毁事务。用于销毁的1991财年经费为3.14亿美元。计划的主要内容有：研制与试验毒剂监测设备；研制与发展销毁设备；研究销毁设备的使用方法和维修保养措施；研究化学弹药安全运输措施；研究化学弹药渗漏的处理方法；研究销毁设备的洗消和拆除方法。主要销毁储存在美国本土的8个储存点和太平洋的约翰斯顿岛，以及美国在联邦德国基地内的化学弹药。

1991财年主要是为销毁下述库存点的化学毒剂和弹药进行设备采购和安装：图埃勒陆军仓库、派因布拉夫兵工厂、乌马蒂拉陆军仓库和安尼斯顿陆军仓库。在选择化学弹药销毁场地时考虑到国家环境保护法有关条款。陆军部接收了卫生公共服务部、环保局、交通运输部、联邦应急措施管理局、环保鉴定委员会的援助，并成立了政府间协商协调委员会。该委员会主要给陆军当顾问，以指导化学武器的销毁工作。（陈让林《美国弹药销毁计划（1990/1991财年）》，《国外化学战科技动态》1991年第2期）

根据美苏1990年签署的双边化学武器条约的规定，双方从1992年开始销毁化学武器，到1999年至少削减50%，到2002年减到500吨。目前，美国的这项工作正在约翰斯顿岛的化学武器销毁基地进行，该基地存放有2.5万桶化学脱叶剂，以及几千枚神经性毒气弹头和芥子气弹头。从1990年7月开始至今，共销毁1万枚化学毒剂火箭弹和几千发其他毒剂弹头，销毁了215万磅化学毒剂。这项工作预计于1994年底结束。届时，该岛的销毁装置可能被拆除，原因是该装置的设计能力主要用于销毁从日本冲绳岛运来的30万枚化学弹头，以及从德国运来的近10万枚化学毒剂火箭弹、炮弹、地雷等。被销毁的化学武器的数量不足美国化学武器总数的7%。（韦伟、李文敏《揭开约翰斯顿岛的神秘面纱》，《解放军报》1991年3月18日）

（彭玉成）

日军炮兵理论研究　1991年日军认真吸取海湾战争的经验与教训，研究炮兵在现代化战争中的运用问题，并注意探讨炮兵未来的发展趋势，以不断提高炮兵的作战能力。

21世纪的炮兵火力　日军有的作者认为，当前迫切需要探讨90年代至21世纪炮兵火力的多种可能性。这是因为考虑到未来的战场将变得非常复杂，而且这种情况是过去所不曾预料的。未来的战场不仅部门错综复杂，而且战场的作战活动，以时间和空间为尺度的流动性也越来越广泛，越来越迅速。在机动性很强的未来战场上，炮兵的目标众多，而且这些目标（从弹药堆积所和司令部等软目标到坦克装甲车等硬目标）均分布在广阔的范围内。因此，给炮兵带来了必须准确掌握情况、迅速机动、恰当使用弹药等等难题，过去的那种炮兵体系是无法对付敌方威胁的。今后的炮兵火力对炮兵系统的要求越来越高，其中特别重要的是：提高目标侦察和情报搜集能力；提高火炮系统的性能；提高指挥与控制能力；发展新型弹种；对炮兵战术进行重新认识。

目标侦察　日军有的作者认为，仅仅是发现目标，对于实际的战斗行动几乎毫无作用。由于炮兵的敌方几乎都位于己方视界之外，对敌攻击方法也以间接瞄准射击为主，因此，对于炮兵来说，准确获取敌方情报（包括敌规模、目标位置等），并且准确掌握己方位置坐标，是进行作战的最重要因素。为此，战场上要实施不间断的侦察。但是，过去实施侦察的方法大部分是依赖人的眼、耳等视听和感觉进行的。虽然雷达等仪器设备的使用也在不断发展，但终归是辅助手段，无法取代人。随着技术的发展和战场流动性的增强，用这种方法已不能完全有效地对付敌人。特别是对远距离之敌，炮兵无法通过直接观察来捕捉目标。因此，需要采取某种方法来实时获取动态的战场情报。目前，正在考虑用包括无人驾驶飞行器、音响传感器、雷达等综合侦察系统。另外，由于目标机动速度不断提高，迫切要求在短时间内为实施有效的射击提供目标情报。作者认为，情报搜集量从其必要性（射击能力和范围增大）来看需增大10～20倍，从其可能性（侦察机构的能力提高）来看将增大数倍以上。

指挥与控制　日军有的作者认为，目前炮兵侦察手段在不断发展，能够迅速而大量地获取战场情报。过去靠地图进行的火炮定位作业，现在可通过利用人造卫星的全球定位系统以很高的精度实时地进行。由于获取情报的信息量的增大，因此，带来了情报的错综复杂和混乱。指挥官必须处理的情报，不仅有来自卫星、无人驾驶飞行器、飞机和侦察分队等各种方法和手段传递来的关于敌我双方作战所需的各种情报、信息和数据，而且这些情报信息和数据时刻都在发生变化。因此，对于未来的炮兵来说，提高指挥与控制能力，迅速准确地处理各种情报，是至关重要的。今后，要求炮兵具有很强的情报处理能力，不仅要能迅速准确地获取情报，而且要能掌握其瞬息的变化，预测目标的位置，并在此基础上不断更新射击数据，准确地实施射击，提高首发命中率。他们认为，人工智能在情报处理中的应用是颇为引人注目的，但炮兵在这方面的研究尚不充分，实现人工智能化还有许多课题尚待进一步研究。

加强军炮兵　日陆军师炮兵一般区分为全般支援炮兵和直接支援炮兵。日军事理论界有一种观点主张师炮兵只完成直接支援任务，而由军炮兵担任全部全般支援任务，为此必须扩大军炮兵的规模，除军属炮兵旅和炮兵群外，还应组建军直属炮兵团。为了对师实施全般支援，各军至少需要编2个155毫米榴弹炮团，每团编3个营，每营编3个连，每连装备6门火炮（日军认为，从火力运用考虑，6门制是最合适的）。这样，军属炮兵团共装备54门155毫米榴弹炮，军可直接掌握的155毫米榴弹炮至少有108门。而且，军炮兵旅和炮兵群还装备有多管火箭炮和203毫米自行榴弹炮。因此，他们认为加强军炮兵可使其炮兵火力与美军和原苏军相比毫不逊色。

重迫击炮连的运用　随着日陆军师、团等编成和装备及其运用思想的变化，重迫击炮连的运用也发生了若干变化。(1)重迫击炮连在最后拦阻射击中的运用。最后拦阻射击，由机枪射击和火炮及迫击炮的弹幕射击构成，用以在阵地前粉碎敌人的突击。日军将最后拦阻射击区分为反步兵和反装甲最后拦阻射击。反步兵最后拦阻射击，是为粉碎敌步兵的突击而在防御阵地前对最后拦阻线进行的机枪射击和火炮及迫击炮的弹幕射击。这与以前的最后拦阻射击的概念是相同的。重迫击炮连在反步兵最后拦阻射击中的运用没有变化。反装甲最后拦阻射击是日军根据敌突击部队已实现装甲化的实际情况提出的。这种射击是将坦克、反坦克武器以及火炮和迫击炮的火力集中指向预先准备的反坦克摧毁地区，以便在阵地前摧毁开始突击的敌装甲部队。进行反装甲最后拦阻射击时，重迫击炮承担以下任务：随伴装甲部队，压制对己方反坦克火器实施射击的敌步兵；实施发烟弹射击，以妨害敌装甲部队的射击，并摧毁在己方阵地前清除反坦克障碍之敌。重迫击炮连实施的上述射击，是作为反装甲最后拦阻射击的一个环节，以使坦克和反坦克火器等能够有效地实施反装甲射击，而不是直接摧毁敌坦克和装甲车等。因此，有的作者认为，在反装甲最后拦阻射击中，重迫击炮火力以及直接支援炮兵营火力，同反装甲射击实施密切的协调是非常重要的。(2)重迫击炮连在山地进攻中的运用。他们认为，重迫击炮具有曲射弹道的特性，是山地作战中有效的火力战斗手段。山地进攻通常是局部的战斗，需要对第一线连实施巧妙的火力支援。在山地作战需要充分发挥迫击炮的特性，为此，必须进行充分的准备，以使火力能连续地指向直瞄火器的射界受到限制的地域。在山地进攻中，重迫击炮连通常担负团的全般支援任务，或者由重迫击炮排对第一线连以及特别编成的山地行动部队，实施直接支援或配属其使用。由于地形的特点，一般来说，山地进攻情况错综复杂，因此日军强调在实施突击支援射击时，应根据需要向团长提出设立射击安全线的建议，以防误伤己方部队。

提高生存能力　日军有的作者认为，在由猛烈的火力所控制的现代化战场上，炮兵往往是敌人的首要攻击目标。在多数情况下，交战首先从炮击开始。火力战中的胜者就能成为战场的支配者。战场上最重要的是如何保证兵员的生命安全。因此，他们认为，要提高炮兵的生存力，就必须实现火炮操作的自动化，最终目标是实现完全无人化和机器人化，人员从安全的地点通过有线或无线操作火炮。这样不仅可以大大提高生存能力，而且也可大大减轻兵员的疲劳程度，以便更加专心于火炮的指挥和控制。

防空作战的地位和作用　海湾战争后，有的作者总结伊军防空作战的经验教训，认为防空作战在现代战争中占有重要的地位。第一，在现代战争中，防空兵和航空兵要担负首战任务，防空作战对空战和夺取空中优势以及地面作战具有重大影响，进而影响战争全局。此次海湾战争，如果伊军防空部队在多国部队空袭阶段使其遭受重大损失，也许会改变战争的进程。因此，战争初期的防空作战具有重要的战略意义。正是由于海湾战争初战的成功，美国获得的战争支持率由64%提高到86%。第二，航空兵和防空兵虽然均担负防空任务，但在战略守势情况下，防空作战的作用大大提高。第三，防空武器的反导弹作用值得大书一笔。在巡航导弹和战术弹道导弹威胁日益增大的现代战争中，防空武器已成为反导弹防御的一种手段。巡航导弹和战术弹道导弹是飞机难以对付的，各国都在研究用防空武器对付这两种导弹的可能性。海湾战争中“爱国者”防空导弹成功拦截“飞毛腿”导弹，充分体现出防空作战的新作用。

综合提高防空效能 日军有作者主张综合提高防空效能，为此强调做好以下几点。(1)发挥防空导弹和战斗机的各自特点，区分空域，合理分担防空任务。因此，必须解决防空导弹最大射程的空域区分要领，以及战斗机从防空导弹火网内起飞的行动要领等问题。(2)防空导弹和战斗机划分空域实施防空战斗时，需要在两个方面协同。一是整个地域内的全部防空导弹相互协同，综合运用。为此，必须建立C^3I系统，以便能够对多种多样的防空火力实施实时的指挥与控制。与该系统相连接的多部传感器应包括中程和近程搜索雷达以及制导雷达等。二是防空导弹系统必须与战斗机的防空系统相互协调。两者间应进行远距离目标情报、目标识别情报和己方交战情况的交换，这对于有效地遂行防空作战是不可缺少的。防空导弹系统与战斗机防空系统的情报交换，应以每一要地的防空导弹系统为单位一元化地进行，防空配系中的所属部队不能个别进行情报交换，以防止防空配系产生不必要的混乱。(3)提高防空兵力兵器的质量，质量不能由数量来弥补。所谓提高质量，就是要提高以对空火力为中心的防空C^3I系统和防空电子战的性能，使之能与对方相匹敌。海湾战争已充分说明，失去电子战的优势，就意味着防空作战的失败。但是，防空兵力兵器质量的提高并不意味着仅仅是兵器的高度电子化。在军事技术高度发达的现代条件下，不应忘记原始的兵器也会取得意外的效果。

防空武器使用区分 日军有的作者认为，防空武器多种多样，其射程从几公里至几百公里，使用时应合理地进行区分。一般来说，在要地防空中，应使用远程防空导弹进行空域掩护，使用近程防空导弹进行直接掩护。根据掩护对象的特点和具体情况，有时也用中程防空导弹进行直接掩护，用近程防空导弹进行空域掩护。日军高射炮兵有关人士对各种防空武器和火力的使用做如下区分：

远程防空导弹。在要地防空中，以下4种情况适合使用远程防空导弹。(1)对非用远程防空导弹不能射击的目标实施射击时。这些目标包括：对地域目标发射远程空地导弹的轰炸机、远距离干扰机、各种远距离飞机以及使用制导炸弹和空地导弹从超高空实施攻击的轰炸机、战斗轰炸机、战略侦察机等超高飞行目标。(2)需要对分散在广阔地域的掩护对象构成广域火网时。当对各掩护对象不能构成充足火网时，需要用远程防空导弹的广域火网来补充直接掩护火网。(3)需要纵深火力时。对岛屿和滨海地域实施掩护，可使用远程防空导弹力求在海上打击敌航空兵。(4)需要在掩护对象的外围击落敌机时。当掩护对象为城市时，为避免被击毁的敌机落到市内，应力求在远方击毁敌机。

中程防空导弹。中程防空导弹主要用来对付通用战斗机。这种目标在远距离攻击能力和高空轰炸能力方面不如轰炸机，往往多架飞机同时实施攻击，要求防空网的火力密度要高，适于用中程防空导弹对付。此外，中程防空导弹也对市中心的重要掩护对象进行直接掩护。在城市防空中，由于视界和射界受建筑物影响，而且适于做阵地的地点有限，难以高密度地配置小型防空导弹。因此，对于特别重要的掩护对象，需要用中程防空导弹取代近程防空导弹进行直接掩护。在这种情况下，中程防空导弹应配置在掩护对象附近，以很高的发射速度构成绵密的火网。

近程防空导弹。近程防空导弹因掩护对象的不同，既可进行空域掩护，也可进行直接掩护。当工业地区、城市等作战地域掩护对象的宽度与近程防空导弹的射程大致相同时，近程防空导弹可作为直接掩护武器使用。与此相反，当掩护对象为建筑物和工程构筑物等点状物体时，应使用近距离火力进行直接掩护，近程防空导弹则适于空域掩护。在任何情况下，近程防空导弹均可用于阻止近程空地导弹的攻击和构成纵深火网。

近距离火力。近程导弹系统以及各种高射机关炮等近程武器，应配置在要地内的掩护对象附近，进行直接掩护。由于这些武器射程近，交战时间极短，因此当目标进入有效射程后应以最大发射速度实施射击，保证掩护对象不受损伤。

便携式防空导弹。一般地面部队装备的便携式防空导弹，在侦察能力和连续射击能力方面，不如专门的防空部队装备的防空武器，因此不能作为正式的防空手段。但是，便携式防空导弹数量大，一旦发射，其能力与近距离火力基本相同，可作为近距离火力的补充。(〔日〕《装甲》杂志1991年5月号等)

(朱　钧)

伊拉克化学战研究 **伊拉克拥有大量的化学武器** 伊拉克拥有较强的化学战实力，西方评论说：

“伊拉克是目前世界上第四个化学武器大国。”拥有的化学战剂种类有芥子气、塔崩、沙林,并推测可能有维埃克斯。毒剂的贮存量已证实的有芥子气 800 吨、神经性毒剂沙林和塔崩 300 吨。使用的武器已被证实的有 250 公斤化学炸弹,90 毫米空—地火箭(直升机使用),122 毫米多管火箭弹(为 BM-21 型火箭炮使用)。可能还有 500 公斤化学炸弹,130 毫米、152 毫米、155 毫米化学炮弹,122 毫米化学迫击炮弹。伊拉克化学武器使用的手段主要依靠空军、火箭、导弹,而不是依靠地面炮兵兵器。伊拉克化学武器基本上为一元弹,可能的二元弹仅为维埃克斯和梭曼。关于伊拉克导弹化学弹头也有报道:“蛙”7 型火箭弹化学弹头,“飞毛腿”B 型导弹化学弹头。射程为 600 公里的“侯赛因”导弹化学弹头,射程为 800 公里的“阿巴斯”导弹化学弹头(陈冀胜《关于伊拉克化学战能力》,《国外化学战科技动态》1991 年第 5 期)。路透社 1991 年 4 月 19 日报道了伊拉克外长艾哈迈德·侯赛因致联合国的信件摘要,从信件中公布的数字可以推算出伊拉克化学毒剂约为 1127 吨。有毒剂炮弹 9525 枚,毒剂炸弹 1576 枚,侯赛因导弹化学弹头 30 枚。上述数字是伊拉克自已公布的数字,实际的毒剂储备可能还要大于这个数字。

伊拉克化学武器生产能力较强 早在 1974 年,伊拉克就开始研制并生产化学武器,尔后逐步具备了一定的实战能力。两伊战争期间,伊拉克化学武器的研制和生产得到了极快的发展,先后制成了爆炸型、燃烧型和布洒型三类化学弹药。据西方调查报告称,伊拉克已花费了 25 亿美元用于化学武器的研制和生产。有多达 207 家西方公司参与了这一活动。在两伊战争期间,被指控使用的化学武器,主要靠进口国外技术、设备和原料。化学武器的生产工厂有 5～6 个,这些工厂可生产塔崩、沙林、芥子气和路易氏气,年产的毒剂足以装填 50 万枚化学弹。

伊拉克的化学防护能力较弱 伊拉克军队的防护能力与之化学战实力相比,是比较弱的,防护装备主要依靠从国外购买,两伊战争期间就购买了几十万套防毒面具和各种防护器材,只有主要部队装备了个人防护器材。军队的防护训练是在苏联顾问的指导下进行的,先培训三防教官,这些教官再组织部队训练。伊拉克总统卫队的防护装备和防护训练素质要比其他部队好一些。

伊拉克化学武器使用原则 伊拉克在原苏联军事顾问的指导下,以苏军化学武器使用条令为基础,结合伊拉克军队的具体条件,制定了化学武器使用原则:一是出其不意地突然使用;二是有选择地集中使用;三是在战争最为困难时使用。使用的具体方法是突然使用和持续使用相结合;持久性毒剂和暂时性毒剂混合使用。使用的时机多为夜晚和早晨。在战争中,伊拉克一般在防御战役中使用持久性毒剂,目标一般是进攻的集团目标,迟滞对方前进而封锁桥梁、山隘口、水陆交通要道和枢纽。在进攻作战中,多使用暂时性毒剂,造成对方战斗伤亡,或迫使对方戴面具,以增加负担,降低战斗力。(孙玉锁《浅谈伊拉克化学战能力》,《国外化学战科技动态》1991 年第 6 期)

海湾战争中伊拉克未使用化学武器的原因 在海湾战争爆发之前,伊拉克曾扬言要对以美国为首的多国部队使用化学武器,但直至战争结束,也未使用。对此,不少军事专家撰文分析原因,概括起来主要有以下几点:(1)慑于美国强大的化学战威慑力。伊拉克在海湾战争中面对的是美国、英国和法国,它虽然有相当强的化学战实力和化学战的经验,但与美英法相比则处于劣势。而美国化学战的威慑的核心是保持强大的化学反击能力,且报复手段是多种多样的。美国也曾警告:如果伊拉克使用化学武器,美国将可能进行核、化报复。国防部也授权可以使用非致死性毒剂,并有报道说美国在海湾部署了近千件核武器。伊拉克可能慑于核、化报复而未使用化学武器。(2)美国及多国部队的防护严密。以美国为首的多国部队配备了性能良好的防化装备器材,又进行了严格的防化训练。对具有良好的防护素质和装备的部队使用化学武器,是难以取得较好的杀伤效果的。这可能是伊拉克未使用化学武器的第二个原因。(3)伊拉克化学武器及其设施、工厂和仓库遭受严重破坏。在多国部队空袭的 30 多天里,伊拉克的化学武器设施、工厂及其仓库,核武器设施和工厂一直是轰炸的重点目标之一,据报道有 50%的核、化设施遭到严重破坏。这可能是伊拉克未使用化学武器的第三个原因。(4)多国部队地面高速度推进和空中优势,可能使伊军丧失了使用化学武器的机会。整个海湾战争,伊军始终未能掌握制空权,所以伊空军的化学武器丧失了使用的机会。地面作战时,多国部队仅用了 100 个小时就结束了地面战争,从而使伊军丧失了地面战斗使用化学武器的机会。(孙玉锁《海湾战争伊未使用化学武器的原因分析》,《国外化学战科技动态》1991 年第 12 期)

(彭玉成)

军队建设理论研究

中国人民解放军政治工作理论研究

1991年是中国共产党诞生70周年。中国人民解放军是中国共产党缔造和领导的革命军队,军队政治工作理论研究,依据当前国内外形势的发展变化和军队的实际情况,针对国际上出现的“军队非党化”、“军队国家化”、“党军分家”、“军队中立”等思潮及其在国内外的影响,紧紧围绕坚持党的领导,加强党组织建设和经常性的思想工作,从各个方面开展了广泛深入的研究。

坚持党对军队的绝对领导　关于这一方面,学者们集中讨论了以下几个问题。

党对军队绝对领导的基本含义　有的作者认为,所谓“绝对领导”,就是除中国共产党外,其他任何党派、政治组织、政治团体都无权领导和指挥军队,自然也不能在军队中建立和发展他们的组织;军队的重大问题,全军性的由党中央、中央军委做出决定,各部队各单位的由相应的党组织依据上级党组织的指示精神和本部队本单位的实际情况做出决定。有的作者认为:党对军队的绝对领导,是高度集中的领导。要求军队一切行动听从党中央和中央军委的指挥调动,不允许任何组织和个人向党闹独立性,未经党中央和中央军委授权,任何人不得擅自调动和指挥军队。党中央是党的最高领导和决策机构,中央军委是党在军队中的最高领导机构,只有党中央和中央军委才能行使军队的最高领导权和指挥权,把军队无条件置于党的领导之下。作者还认为,党对军队的绝对领导,在政治思想上必须坚持用马列主义、毛泽东思想教育军队,不允许各种非无产阶级的意识形态在军队中传播;必须坚持用党的纲领、路线、方针、政策统一军队的思想和行动,不允许有与之相悖的言论和行为。这是因为军队是阶级及政党的工具。无产阶级的军队,只有无产阶级及其政党掌握它,并在政治上武装它,才能使它为无产阶级的政治服务。(刘庆忠、吴学陵《试论党对军队绝对领导的基本特征》,《中国军事科学》1991年第2期)

党对军队绝对领导的基本特征　有的作者认为,党对军队绝对领导的基本特征:一是绝对领导实质上就是无产阶级的领导。党的绝对领导,取决于党的无产阶级的性质。中国共产党是无产阶级政党,代表着无产阶级的根本利益和阶级意志。党对军队的绝对领导,就是要求军队必须坚决执行党的纲领路线,成为实现和维护无产阶级利益和阶级意志的工具。作者还指出:党对军队的领导是无产阶级的领导,就是以国家形式对军队实施的领导也同样是无产阶级的领导。列宁说:“国家是阶级统治的机关,是一个阶级压迫另一个阶级的机关”。(《列宁全集》第3卷176页)党和国家阶级属性的一致,使党领导军队和国家领导军队这两个不同的概念,在无产阶级的领导这个根本问题上得到了统一。作者认为,正确认识党对军队领导的实质是无产阶级的领导,能帮助深化党和国家领导军队一致性的认识,识破资产阶级自由化代表人物鼓吹的“军队非党化”、“军队国家化”的阴谋,坚定党对军队绝对领导的信念。二是党对军队的绝对领导,是共产党独立的领导。党对军队的独立领导,从党的角度讲,就是实行中国共产党对军队的一党领导;从军队的角度讲,就是只接受中国共产党的唯一领导。马克思主义认为,军队是阶级斗争的工具,它依附于一定的阶级,为一定阶级的政治斗争服务,同时为两个对立阶级领导的军队是没有的。历史的经验教训证明了一个真理:对于无产阶级政党来说,放弃对军队的独立领导,即使有再好的纲领也无法实现。共产党只有独立地领导人民军队,革命才能从胜利走向胜利。三是党对军队的绝对领导,是全面统一的领导。党对军队绝对领导的全面统一性,是指党必须从政治上、思想上、组织上领导军队中的一切组织、一切人员、一切工作。在军队中,无论是首长、机关、共青团组织还是军人委员会;无论是军事训练、政治工作、后勤保障、行政管理,都必须由党委统一领导。任何组织和个人,都不能违背党委决议和决定,不能摆脱党委的领导,不能取代党委,更不能凌驾于党委之上。党对军队的领导必须是“一元”的,但不能把这种“一元化”在实际工作中扭曲成为党组织包揽一切,应该是“执政不施政”,“总揽不包揽”。党组织决策之后的工作,应由军政首长去组织实施。(刘庆忠、吴学陵《试论党对军队绝对领导的基本特征》,《中国军事科学》1991年第2期)

党的绝对领导是军队建设的根本　有的作者认为:党对军队的绝对领导,作为一条根本的建军原则,在军队诞生之初就已经确立起来了。几十年来,军队在坚持这一原则上,是毫不动摇,一以贯之的。现在,新的形势给坚持这一原则提出了一些新的问题。我们要在世界社会主义事业遇到暂时挫折的情况下，坚持走有中国特色的社会主义道路；要在国际敌对势力加紧推行和平演变战略的攻势面前，坚守社会主义阵地；要在部队领导班子实行新老交替和部队成员不断更新的过程中，使军队优良传统代代相传，都必须解决好坚持党对军队绝对领导这一重大的历史性课题。作者指出：有了一个坚持马列主义路线、同人民群众保持血肉联系的执政党，有了一支由这样的党领导和指挥的坚强的人民军队，那么，在今后的征程中，不管有多少雄关险隘，不论遇到什么风风雨雨，都能临难不惧，正是我们不怕鬼、不信邪，不屈服任何霸权主义和强权政治的压力，不吞下任何有损于国家利益苦果的力量之所在；是我们能够战胜重重困难，排除各种干扰，实现既定目标之所在。正是从这个意义上说，坚持党的绝对领导，是军队的命脉。作者还指出：在新的历史时期，军队建设需要解决的问题是多方面的，但从全局来看，保证军队始终置于党的领导之下，则是带根本性的、关系长远建设的问题。（杨白冰《党的绝对领导是我们的建军之魂立军之本》，《解放军报》1991 年 6 月 24 日）

树立党对军队绝对领导的观念 有的作者认为：坚持党对军队的绝对领导，无条件听从党的指挥，是军队在长期斗争中培养形成的观念和意识，是用鲜血换来的革命真理。军队并不是与生俱来的，而是人类社会发展到出现阶级进而形成国家的阶段的产物。军队一经出现，便是阶级的有组织的暴力。根据马克思主义这一观点，无产阶级军队的特征，显然是无产阶级的有组织的暴力，即阶级性、组织性、暴力作用。正是这 3 个因素，决定了无产阶级军队必须无条件地接受其政党的绝对领导和指挥。从阶级性上看，无产阶级军队只能接受本阶级政党的领导，如果其他政党也可以领导无产阶级军队，这支军队就不称其为无产阶级军队。从这个意义上讲，军队的阶级性也就是排他性。从组织性上看，军队严密的组织纪律，只有通过无产阶级政党的领导才能实现。这是因为，无产阶级政党本身首先是有组织的部队，它具有“铁一般的纪律，铁一般的组织”。同时，无产阶级政党铁的纪律又是自觉的纪律，执行纪律的人有着以马克思主义信仰为基础的思想觉悟。这样一个党领导的军队，必然是有组织有纪律的军队。从暴力作用上看，无产阶级军队在国家政权中具有重要的地位和作用，它必须紧紧掌握在党的手中。马克思指出：“无产阶级专政的首要条件就是无产阶级的军队。”军队作为阶级的暴力工具，究竟对社会起何种作用，关键就看它掌握在谁的手中。军队只有掌握在无产阶级政党手中，才能起到摧毁旧政权、建立和巩固新政权的作用，并顺应历史规律，推动社会的发展。作者指出：要坚持党对军队的绝对领导，首先就要坚定党的领导信念。只有坚定对党的领导的信念，才能坚持党的领导，维护党的领导，做到与党心连心。（戴诗炜、魏艾民《牢固树立党对军队绝对领导的观念》，《解放军报》1991 年 6 月 26 日）

维护党对军队的绝对领导 有的作者指出：党的绝对领导，是军队的命根子。60 多年的建军历史表明，没有中国共产党的领导，就不可能有无产阶级性质的、具有严格组织纪律的、同人民群众密切联系的人民解放军。在新的历史时期，为胜利实现党赋予军队的历史使命，必须继续坚持和维护党的绝对领导。作者认为，维护党的绝对领导，首先要坚持用党的路线、方针和政策统一全军思想，指导全军行动；用马列主义、毛泽东思想教育部队，提高官兵的政治觉悟，树立起全心全意为人民服务的革命人生观，做有理想、有道德、有文化、有纪律的四有新人。其次是要从政治、思想、组织上把部队党委建设为统一领导和团结的核心，保证部队在政治上、思想上、行动上同党中央保持高度一致。要严格党的生活制度，严格党的纪律，加强党风建设，建立健全党内监督制度和群众监督制度。每一个共产党员都要增强党的观念，真正成为英勇作战的模范，执行命令的模范，遵守纪律的模范，政治工作的模范和内部团结统一的模范，使党对军队的绝对领导通过军队各级党的组织以及每个共产党员的模范行动得到直接的实现。再次，必须严格执行一系列重要制度。如军队的最高领导权和指挥权集中于党中央、中央军委；党委统一的集体领导下的首长分工负责制；支部建在连上，等等。只要军队的各级党组织、每个共产党员认真落实党对军队领导的一系列方针、原则、制度，严格各项政治纪律，按照党规党纪办事，完成好自己所担负的任务，就能保证军队永远置于党的绝对领导之下，永远立于不败之地。（安思山、汪智《坚持党对军队绝对领导是我军的根本原则》，《解放军报》1991 年 4 月 17 日）

加强军队党的建设 针对国内外出现的关于在无产阶级军队中，要不要党的组织，要不要加强党的建设的争论，专家学者们重点探讨了以下几个问题。

加强军队党的建设的意义 有的作者认为：只有加强党的建设，使军队中党委领导班子立场坚定，贯彻党的路线、方针、政策才能坚定不移；只有党委领导班子团结齐心，执行党的路线、方针、政策才能步调一致；只有党委领导班子素质好、水平高，执行党的路线、方针、政策才能准确无误。正如邓小平同志所说：“领导班子就是作战指挥部”，“指挥部不强，作战就没有力量”，“领导班子问题，是关系到党的路线贯彻执行的问题，如果这个问题解决得不好，不要说带领群众前进，就是开步走都困难”。可见加强党委领导班子的建设，是保证党对军队绝对领导的关键。作者还认为，当前，国际形势发生了深刻变化。世界正处在新旧战略格局的更换时期，旧的格局已经打破，新的格局尚未形成。虽然总的趋势是缓和，但地区性的动荡、危机和冲突却不断加剧。特别是国际敌对势力对社会主义国家加紧推行“和平演变”战略，社会主义国家面临和平演变的威胁，比以往任何时候都更为严峻。由于中国继续坚持四项基本原则和改革开放的政策，社会主义现代化建设不断发展，因此，国际敌对势力更把中国作为其推行“和平演变”战略的重要目标。国内坚持资产阶级自由化的人，也同国际敌对势力遥相呼应，反对共产党的领导，否定社会主义制度，妄图制造新的动乱。在这样的形势下，军队必须进一步加强党的建设，保证党的绝对领导，才能履行其对外反侵略，对内防颠覆的职能。（杨永斌《坚持党对武装力量的领导》，《国防》1991 年第 7 期）

把学习放在党委建设的首位 有的作者指出：加强党的建设，首要的是加强思想建设，而思想建设离不开学习，只有抓好学习，才能把党委班子建设的其他方面带起来。作者认为：加强学习，一是能提高党委一班人的思想素质、理论水平和领导水平，增强班子的战斗力。党委领导班子肩负组织指挥部队的重任，只有加强学习，不断提高班子成员的素质，才能正确认识和处理好面临的新形势新问题。学习的内容很多，其中重要的是学习和掌握马克思主义基本理论。因为马克思主义是人类迄今为止最科学、最完整的世界观和方法论，是“伟大的认识工具”。二是能坚定党委一班人的社会主义信念和共产主义理想。无数事实表明，坚定政治信念不能光凭朴素的阶级感情和个人经验，必须借助于理论的力量。只有学习和掌握马克思主义这一科学理论，坚定共产主义信念，才能面对风云多变的国际形势，作出自己的正确判断，坚定不移地走社会主义道路。三是能保证党委决策的正确性和科学性。在共产党的历史上，一切正确的决策，都是马克思主义理论同中国革命具体实践相结合的产物，都是建立在科学和民主的基础上的。经验证明，党在理论上的提高，是党的领导的正确性、科学性的根本保证。只有坚持不懈地抓好马克思主义理论和科学文化学习，才能增强工作中的原则性、系统性、预见性和创造性，提高党委的领导水平。（李挺康《把学习放在党委班子建设的首位》，《解放军报》1991 年 7 月 31 日）

增强党委领导班子的团结 有的作者认为：搞好团结，是党委班子充分发挥领导作用的基础。党委班子本是一个领导集体，党委实行的是集体领导，党委的领导作用必须表现为整体合力。没有班子的团结，没有思想和行动上的一致，就不可能把党委建设好。作者指出：团结，应是在马克思主义基础上的团结，在党性原则基础上的团结。所以，一定要用正确的标准建立团结，也一定要用正确的标准衡量什么是不团结。如果把“一团和气”、“自由主义”看成是团结，必然把原则问题上的分歧和斗争看成是不团结；而如果把必要的同志团结、谅解、友谊当成“一团和气”，也会把闹无原则纠纷当成是积极的、正常的思想斗争。这都不是对团结的正确认识和态度。所以要提倡用正确的标准建立和维护党委班子的团结。（姜思毅《加强军队党的建设的几个问题》，《中国军事科学》1991 年第 3 期）还有的作者认为：开展积极的思想斗争，进行批评与自我批评，是达到党内团结的武器，是党和军队几十年斗争经验的科学总结。坚持积极的思想斗争，是在坚持党性原则的基础上，善意的、坦诚的、同志式的思想交流，是从团结的愿望出发，经过批评与自我批评，在既坚持原则、分清是非，又统一认识、团结同志的基础上，达到新的团结。作者指出：能否正确的开展党内思想斗争，坚持批评与自我批评的原则，党委一班人中，正副书记的工作方法十分重要。如果正副书记不仅能够带头开展批评，而且能够虚心接受批评，同时能在行动上改正缺点和错误，这个班子就能正常开展党内的思想斗争，从而搞好班子团结。如果正副书记不愿听批评意见，甚至听了批评意见搞打击报复，那就无法正确开展党内思想斗争，还会造成矛盾愈积愈多，破坏党内团结。（史玉孝《开展积极思想斗争，增强领导班子团结》，《解放军报》1991 年 5 月 24 日）

加强党委领导班子的廉政建设 有的作者认为：廉政问题、党风问题说到底是党群关系问题。党风通过党在解决主观世界同客观世界的关系，党同人民群众的关系，党组织内部的关系中体现出来。群众是以党员的言行、作风来衡量党好不好，决定他对党的态度。党风的好坏决定人心背向，人心背向决定革命和党本身的命运。作者指出：反和平演变，必须坚持不懈地开展反腐败斗争。腐败现象只是在少数党员身上存在，但也决不可轻视。因为它损害党的威信，破坏党群关系。它同敌对势力的和平演变和资产阶级思想自由泛滥有密切关系，反过来又成为国内外敌对势力进攻党的口实。党委成员如果只乐意叫人奉承，听不得一点逆耳之言，这就可能为某些表面忠顺，而心怀叵测的投机分子提供施展手段的条件。所以，反腐败是非常重要的。毛泽东在《论联合政府》中写了“比较”一节，把国民党政府和军队与解放区八路军、新四军作了一个比较：国民党那里虽然客观条件优越，但却造成严重危机，军队节节败退；解放区虽然条件极端艰苦，但却搞得欣欣向荣，军队不断取得胜利。这是什么道理？毛泽东概括道："利用抗战发国难财，官吏即商人，贪污成风，廉耻扫地，这是国民党区域的特点之一。艰苦奋斗，以身作则，工作之外，还要生产，奖励廉洁，禁绝贪污，这是中国解放区的特色之一。"1949 年美国驻国民党大使司徒雷登对国民党的司令们说："共产党战胜你们的不是飞机大炮，是廉洁，以及廉洁换来的民心。"作者还指出：必须贯彻从严治党，以好的党风带出一个好的军风和社会风气。杜绝以权谋私行为，只靠一般号召和思想教育是不行的，要克服有法不依、执法不严、官官相护的不良风气。现在主要的不是法规不足，而是动真格的不够。战争时期一个"三大纪律八项注意"就治出一支越战越强的纪律严明的胜利之师，现在我们有那么好的、条款精细严明的党章、《准则》和法规，只要依法办事，完全能够治出纪律严明、作风优良的党。（姜思毅《加强军队党的建设的几个问题》，《中国军事科学》1991 年第 3 期）

坚持党委统一的集体领导下的首长分工负责制　有的作者认为：军队在长期革命斗争中形成并完善起来的党委统一的集体领导下的首长分工负责制，是实现党对军队绝对领导的一项根本制度。坚持这一制度，可以保证党对军队实施政治、思想和组织领导，从政治上、思想上、组织上把军队置于党的绝对领导之下。（解正轩《实现党对军队绝对领导的一项根本制度》，《解放军报》1991 年 8 月 7 日）有的作者认为：贯彻这一根本制度，需要注意以下几个问题：一是加强政治领导，着眼全局议大事。二是加强集体领导，坚持民主集中制，重大问题一定要由集体讨论决定。三是加强制度建设，使党委统一意志通过首长分工负责体现出来。坚持党委统一集体领导，实行首长分工负责制，归根到底是要加强党委建设，增强党委领导效能，通过军政首长和部门领导的实际工作，最终体现和实践党委的集体意志。应当指出，强调党委统一和集体领导，并不是不管不问落实情况，只是不包揽具体的行政事务。部队的重大问题经党委集体讨论形成决议后，一般都由军政首长具体分工组织实施，属于谁分管的工作谁就负责落实。这样，才能形成合力，促使整个班子成员都为抓好落实，实现党委的决心尽职尽责。（姜殿奎《对党委集体领导下的首长分工负责制的思考》，《解放军报》1991 年 5 月 15 日）

加强基层党支部建设　有的作者认为：在抓好部队党委建设的同时，还必须下大力抓好基层党支部的建设。连队是军队的基层组织，连队工作的好坏，首先决定于党支部的工作好坏。历史经验证明，加强党支部建设，是保证军队政治上永远合格，永远听党指挥的重要措施。只有加强党支部建设，充分发挥党支部的战斗堡垒作用和党员的先锋模范作用，提高基层党组织的凝聚力和战斗力，才能使党的绝对领导在基层得到落实。（杨永斌《坚持党对武装力量的领导》，《国防》1991 年第 7 期）有作者认为：加强基层党支部建设，必须紧紧把握："着眼建设，贯穿教育，注重帮助，普遍提高"的原则。着眼建设，体现了基层党支部建设要抓根本的思想，是抓好党支部建设的出发点。贯穿教育，主要是贯穿党对军队绝对领导，"支部建在连上"的教育，使广大党员和党组织领导成员牢固树立坚持党对军队绝对领导的观念，更多地掌握党的知识，学会做党的工作，这是抓好基层党支部建设的中心环节。注重帮助，主要是要求各级领导和机关，通过培训和传帮带等，帮助基层党支部成员解决"不懂不会"的问题，帮助党支部克服薄弱环节，提高解决自身问题和领导连队全面建设这两个能力，这是抓好党支部建设的基本方法。普遍提高，就是不仅要使个别后进支部改变面貌，而且要使好的和一般的支部都能在原有水平上有所提高；不仅要使党支部在一两个方面有所加强，而且要在各个方面都有所进步；不仅要使全军基层党支部建设提高到一个新的水平，而且要在加强基层党支部建设的过程中，使团以上党委自身建设也上一个新台阶。这是抓好基层党支部建设的根本目的，也是检验这项工作搞得好与不好的主要标志。（《解放军报》1991 年 3 月 14 日社论）

提高党员队伍的素质　有的作者认为，党的基础在党员，加强党的建设，就要下功夫提高党员队伍的素质。党员队伍素质的高低，同党的事业和党的命运联系在一起。（《下功夫提高党员队伍素质》，《解放军报》1991 年 5 月 15 日评论员文章）有的作者提出，应当强化党员的"模范意识"，因为强烈的"模范意识"，是共产党人的优秀品格的集中体现。为此，第一位的是要搞好共产主义理想教育，要大力表彰先进，树立学习标杆，造成人人学先进、做模范的良好风气。此外，还要加强对党员管理监督，切实拿起批评和自我批评的武器，与违背党员标准的错误倾向作坚决斗争，并要把党内个别腐败分子及时清除出去，从而使每一个共产党员都成为自觉为党的事业冲锋陷阵的英勇战士。（苑新江《强化党员的"模范意识"》，《解放军报》1991 年 6 月 29 日）

做好经常性思想工作　1991 年，针对军队中削弱、取消还是加强经常性思想工作的问题，专家学者们进行了热烈的探讨。现将讨论的主要内容综述如下。

经常性思想工作的地位和作用　有的作者指出：

加强和改进经常性思想工作，是大力加强政治建设，保证军队在政治上永远合格的又一重要的实际步骤，是一贯强调的打基础、抓落实的继续和深化，也是切实转变作风、把工作重心真正放在基层的继续和深化。它的地位和作用：第一，经常性思想工作是军队的起家本钱、看家本领、传家法宝，是军队的一个重要的政治优势。第二，经常性思想工作是军队政治工作的重要组成部分，是实现服务保证作用的一项基础性工作。干部战士正确世界观、人生观的树立，良好品德、作风的形成，离不开日常点点滴滴的培养、熏陶和实际磨练。部队中积极因素的扶持，消极因素的克服，各种矛盾的化解，事故隐患的消除，都有赖于这项工作发挥作用。第三，经常性思想工作有其自身的规律和特点，是一门必须下功夫才能掌握的学问，它充满了辩证法。这项工作看似平常，实则关系到培养什么样的人，关系到保持军队的性质和宗旨；看似细小，实则关系到部队的基础建设、长远建设，关系到战斗力的巩固和提高；看似简单，实则是一门很深的学问，需要潜心研究，努力探索。任何忽视和放松这项工作的想法和做法，对部队建设都是有害的。（杨白冰《在全军政治工作座谈会上的讲话》，《解放军报》1991 年 9 月 13 日）

经常性思想工作的特点　有的作者认为：要抓好经常性思想工作，就要下功夫研究和把握经常性思想工作的特点，并根据其特点做好工作。第一，经常性思想工作具有艰苦性的特点，必须有真抓实做的干劲。第二，经常性思想工作具有持久性的特点，必须发扬持之以恒的韧劲。第三，经常性思想工作具有渗透性的特点，必须有善于结合的巧劲。第四，经常性思想工作具有群众性的特点，必须形成“大家来做”的合力。经常性思想工作是一项群众性的工作，内容多、范围广、难度大，单靠哪个部门、哪几个人做是不成的，必须依靠广大官兵一起来做，形成人人做思想工作的局面。另外，还要建立一支以党团员为核心的思想工作骨干队伍，并把他们做经常性思想工作的实绩，作为考察、使用、入党入团、选改志愿兵的一个重要条件，以调动大家齐心协力做好思想工作的积极性。（赵承凤《研究把握经常性思想工作的特点》，《解放军报》1991 年 8 月 28 日）

经常性思想工作贵在经常　思想工作为什么要坚持经常？有的作者认为，人的思想问题和认识问题，解决起来要有一个过程，谈一次两次不行，甚至需要再三再四。这就需要经常地、耐心地做工作，积以时日，功到自然成。还要看到，人的思想千变万化，老的问题解决了，还会因各种情况的变化，随时产生新的问题；一个思想认识问题此时解决了，还会随着时间推移，环境变化而有反复。思想政治工作者，要善于研究和掌握人们思想发展和变化的规律，在人们通常认为没啥思想工作可做的时候，经常有的放矢地做卓有成效的工作，以显潜移默化之功，收防微杜渐之效。这里的关键在于对官兵有深厚的感情，对部队建设有高度负责的精神。心里有群众，眼里就有工作，加上正确的方法，这项工作就没有做不好的。（《贵在经常》，《解放军报》1991 年 5 月 7 日评论员文章）

经常性思想工作要注重提高人的素质　有的作者指出：经常性思想工作要把重点放在提高官兵基本素质上，切实做好固本奠基的工作。一是要抓好基本政治素质培养，提高官兵对各种错误思潮的抵御能力。二是要强化思想道德素质的培养，提高官兵对美丑荣辱的辨别能力。三是要注重科学思维素质的培养，提高官兵对客观事物的辩证认识能力。四是要进行良好的心理素质的培养，提高官兵对行为后果的自我调控能力。凡是心理素质好、自我调控能力强的官兵，对在日常工作生活中遇到的问题、碰到的矛盾，都能正确地对待处理，作出理智的选择。因此，培养官兵的心理素质，提高他们自我调控能力，也是经常性思想工作至关重要的问题。（杜铁环《经常性思想工作要注意提高人的素质》，《解放军报》1991 年 9 月 4 日）

经常性思想工作要着力解决老大难问题　有的作者认为，一些老大难问题长期困扰基层，得不到及时解决，这是经常性思想工作薄弱的一个突出表现。加强经常性思想工作，就是要在解决老大难问题上下真功夫、硬功夫、实功夫。一是抓好边远、分散、小单位的思想建设。二是做好后进战士的转化工作。三是做好伤、病、残战士的工作。四是处理好突发性思想问题。对突发性的思想问题，要及时把情况摸透、弄清，多方面、多渠道地开展工作，切忌按部就班、慢慢来，拖延时间是要出事的。要带着感情去帮，将心比心，用感情的暖流去感化其心灵。同时，还要尽其所能地帮助他们解决一些实际问题。只要工作及时、周到，就能妥善处理好一切突发性问题，保证部队的思想稳定。（刘书田《经常性思想工作要着力解决老大难问题》，《解放军报》1991 年 8 月 14 日）

经常性思想工作要与管理工作相结合　有的作者认为：经常性思想工作与管理工作，虽然具体分工不同，但都是保证部队战斗力提高的不可缺少的重要组成部分。管理中有思想教育，思想工作中有管理，二者是相辅相成、不可分割的。经常性思想工作以说服、教育、疏导为主要形式，是军队特有的政治优势。搞好经常性思想工作，可以为行政管理工作提供思想基础和动力；行政管理工作以部队的条令、条例和各项法规制度为依据，带有强制性。搞好行政管理工作，又可以为经常性思想工作提供良好的环境和条件，只有把两者结合起来，双管齐下，才能真正发挥思想政治工作的优势，提高它的有效性，促进部队的全面建设。经常性思想工作要紧密结合管理工作去做，一要党委重视，把二者作为部队建设的重要内容列入议事日程，有布置，有检查，发动各级首长、主管部门密切配合，形成合力，共同抓好。二要基层政工干部学点管理学，努力提高管理工作的能力。特别要针对部队的新情况，不断研究改进思想工作和管理工作的方法，使基层干部既会做思想工作，又懂得管理，从而把工作做到点子上。三要把经常性思想工作渗透到部队管理工作的各个环节和各个方面，发现管理工作出现什么矛盾，及时做工作，以提高官兵遵纪守法、执行条令条例的自觉性，更好地完成部队的各项任务。（丁明发《把经常性思想工作与管理工作结合起来》，《解放军报》1991 年 10 月 23 日）

（刘凤棠）

中国军队军事教育和训练理论研究

1991 年，中国军队军事教育和训练理论研究主要是围绕坚持战斗力标准，实现政治上合格、军事上过硬这个新时期军事工作的目标进行的，在基础理论和应用理论研究方面有新进展。现将一年来的研究情况和成果综述如下。

军事教育理论研究　**关于军事教育定义的表述问题**　学术界对军事教育定义的表述，观点还不尽一致。比较有代表性的观点是“军事教育是按战争的需要，有目的、有计划、有组织地向现役和预备役军人和军人集体传授军事知识和技能，发展能力和体力，培养思想品德和战斗作风，提高其作战能力的教育实践活动。”（朱如珂《军事教育学》，解放军出版社 1988 年 12 月版）有的作者对此表述作了修正和补充，认为“所谓军事教育，是军事教育工作者按照部队建设和战争发展的需要，遵循受教育者身心发展的特点和规律，有目的、有计划、有组织地通过军事知识和技能的教学活动，促进受教育者能力、体力以及思想品德等诸方面的发展，培养符合平时部队建设和未来反侵略战争需要的军事人才的工作。”主要理由是：军事教育活动是由教育者、受教育者、教育内容和教育手段四个要素构成，如果只有受教育者，而没有教育者，就不成其为教育。按照战争发展的需要，与遵循受教育者身心发展的特点，是军事教育的两个基本规律，对军事教育定义的表述，不宜只提一个规律。（王屏振《关于军事教育定义表述的补充和修正》，《军事教育学院学报》1991 年第 2 期）关于军队院校教育定义的表述，有的作者认为应是：军队院校教育，是根据军队建设和战争的需要，按照各级各类人才培养规格的具体要求，有目的、有组织、有计划地向学员传授军事知识、技能、培养思想作风、发展能力、体力的过程。（徐舫艇、程希和《军队院校办学思想的理论研究》，总参军训部、国防大学训练部编印，1991 年 2 月）

关于军事教育指导思想和基本原则　比较一致的看法是，军队的教育训练必须以毛泽东军事思想为指导。有的作者认为，坚持以毛泽东军事思想为指导，是由毛泽东军事思想自身的科学价值决定的，是中国人民解放军教育训练工作的历史延续，是新时期教育训练特点的客观要求。因此，必须把毛泽东军事思想作为教育训练的必修课，坚决贯彻毛泽东等老一辈无产阶级革命家为中国人民解放军教育训练制定的一系列重要方针和原则，用毛泽东军事思想的立场、观点和方法研究解决教育训练中的现实问题。在当前，应当着重研究解决的问题：一是要运用毛泽东同志关于“战争是流血的政治”的思想，研究解决如何提高我军的政治素质，保证党对军队的绝对领导问题。二是运用毛泽东关于“兵民是胜利之本”的思想，研究解决在现代战争中如何以劣势装备战胜优势装备之敌的问题。（王厚卿《教育训练必须以毛泽东军事思想为指导》，《军事教育》1991 年第 8 期）有的作者提出，军事教育遵循的原则，主要包括从实战需要出发的原则，理论联系实际的原则，教书育人的原则。（肖宝昆《试论我军教育训练的基本原则》，《军事教育》1991 年第 8 期）有的作者认为，军事教育的原则包括从难从严、从实战出发的原则；培养受教育者个体素质和提高集体合同作战能力相结合的原则；自觉性与强制性相结合的原则；规范性原则，熟练性原则。（周满平《再论军队院校教育的若干特点》，《军事教育研究》1991 年第 2 期）

关于军队院校办学指导思想问题　在军队院校办学指导思想问题上，学术界的认识尚有分歧。有的作者提出，院校教育既要为军队建设服务，又要为地方经济建设服务，并使两者并重；有的认为院校教育与部队建设要相互适应。多数同志不同意上述看法。他们认为，军队院校必须始终坚持为部队建设服务的方向，这是军校教育的一条基本规律。在人类教育的发展史上，军校教育作为一种特殊的教育形式，就是在一般性教育满足不了军队建设特殊需要的情况下出现的，它从一开始就带有鲜明的为部队建设服务的性质。（张德成《军队院校必须始终坚持为部队建设服务的方向》，《中国军事科学》1991 年第 11 期）有的作者认为，军队院校办学指导思想应当是总部提出的“院校教育必须为军队建设服务，适应和平时期部队建设的需要，适应未来战争的需要”。简称“一个服务、两个适应”的办学思想。“一个服务”是办学思想的主体,它阐明了办学的宗旨和目的,指明了院校教育发展的根本方向。“两个适应”是办学思想的重要组成部分,是对“一个服务”的进一步说明和具体化。(胡长发《坚持“一个服务、两个适应”的办学思想培养高质量的军队建设人才》,《军事教育》1991年第2期)有的作者认为,“一个服务、两个适应”的办学思想是一个内涵极为丰富的思想体系,由七个方面的内容组成:(1)坚持把提高人才的政治素质放在首位;(2)坚持按部队的需求培养各级各类人才;(3)正确处理人才培养上当前与未来的关系;(4)坚持院校教育与部队建设相结合;(5)坚持以教学为中心;(6)坚持从严治校、严谨治学;(7)坚持自力更生,勤俭办校。(张贵文《培养新时期建军人才的根本指导思想》,《军事教育》1991年第2期)有的作者则认为,现阶段办学思想应作如下理解:坚持“三个面向”;坚持“一个服务、两个适应”;坚持培养全面发展的人才。贯彻这一思想应把握三个带方向性的问题:一是培养人才要立足现实,着眼未来;教育内容上要突出重点又要有利于促进学员全面发展;推行院校与部队相结合,走合力育人的道路。(朱如珂《试析现阶段军校办学指导思想》,《军事教育》1991年第4期)

关于军事人才培养的目标问题 这个问题在理论上尚有争议。有的强调为21世纪培养人才;有的强调满足部队现实需要,认为部队当前需要什么,就训什么;还有的认为院校教育主要是打好理论基础,实践性的内容可以到部队后自己去掌握。有的作者提出,在人才培养目标上,需要处理好现实与未来的关系。要立足现实,着眼未来,首先满足学员第一任职的需要,又要具有一定的发展潜力。因为军队各级领导干部都是从初级军官成长的;现代科学技术的发展,客观上要求每个军官只有不断学习,才能适应发展。如果只考虑当前急需,势必使培养的人才不能适应军队建设的发展变化。(胡长发《坚持“一个服务、两个适应”的办学思想培养高质量的军队建设人才》,《军事教育》1991年第2期)有的作者认为,满足第一任职需要,应当处理好四个关系:(1)第一任职训练与全面打基础、全面发展的关系;(2)课堂教学和第二课堂的关系;(3)理论性教学与实践性教学的关系;(4)院校教育与部队实践的关系。(李玉华《妥善处理学员第一任职训练的四种关系》,《军事教育》1991年第7期)

关于军队院校教育基本规律 比较有代表性的意见是:军事教育必须适应一定战争的客观需要;必须促进军人素质的全面发展和军人集体作战能力的提高。(朱如珂《军事教育学》,解放军出版社1988年12月版)有的作者提出新的看法,认为,军队院校教育有外部规律和内部规律之分。外部规律是指外界因素制约军队院校教育,以及军队院校教育反作用于外界因素和军队建设的基本规律。主要表现在军队院校教育,受军队性质制约,为军队建设服务;受武器装备和军费现实状况的制约,并促进武器装备的发展;受战争制约,为战争服务;受军队建设指导思想的制约,并为实现指导思想服务。军队院校教育的内部规律,主要揭示在培育军事人才的过程中,教与学的矛盾的运动规律。可概括为三点:一是必须促进军事人才素质的全面发展;二是必须促进军事人才培养目标的实现;三是要适应学员身心发展的特点。(徐舫艇、程希和《军队院校办学思想的理论研究》,总参军训部、国防大学训练部编印,1991年2月)

军事训练理论研究

关于军事过硬的内涵 有的作者认为,军事上过硬的基本要求是,战斗队伍思想牢固,战备工作落实,技术战术精湛,组织纪律严明,战斗作风顽强,能够做到一声令下,开得动、打得准、联得上、合得成。其核心是要提高部队的军事素质,增强部队的整体作战能力。(曲方恒《落实训练中心地位,努力实现军事过硬》,《中国军事科学》1991年第1期)有的作者认为,军事过硬的实质是质量过硬。训练质量是军事训练本质的量度。一定程度的训练数量,标志着一定程度的训练质量;一定程度的训练质量,反映了一定程度的训练数量。就其本质内涵来讲,训练数量主要反映训练的规模和发展,它受质量的制约,是一种不显著的非根本性的变化。训练质量的变化是一种显著的根本性变化,它可使训练发生突变和飞跃。刘精松认为,军事上过硬的核心是提高战斗力。(《军事要过硬训练须落实》,《军事教育》1991年第5期)宋双来认为,所谓军事上过硬,就是要狠抓训练和管理两个重点,使军队各方面的工作,都达到一个较高的标准,不断巩固和提高战斗力,保证在关键时刻能够圆满完成党赋予的各项任务。(《着眼于提高教育质量,下大力培养过硬的军事人才》,《军事教育》1991年第4期)方登华认为,军事过硬,就是在新时期军队的全面建设中,坚持战斗力标准,加强军事训练,实现官兵素质过硬、训练质量过硬,武器装备精良,军事理论先进,国防科技领先,体制编制科学等。其核心是军人的军事素质过硬。(《对军事过硬的思考》,《军事教育》1991年第9期)

关于开发军事训练的动力问题 比较一致的看法是,要提高军事训练的质量,首先要进一步开发训练的动力。有的作者认为,开发军事训练的动力,一是要强化舆论导向,激发军事训练的内在动力。要抓好军队职能教育,强化习武意识;搞好形势战备教育,强化忧患意识;搞好奉献教育,强化献身意识。二是规范训练行为，增强军事训练的外部动力。要严格依法施训，强化训练行动的约束力；要摆在中心位置，强化训练行为的关注力；加强整体协调，强化训练行为的凝聚力。三是要理顺利益关系，调动军事训练的直接动力。有的作者认为，要从履行我军根本职能的需要上，从实现政治上合格军事上过硬的重大意义上，从战斗力生成的客观规律上，深刻理解和平时期搞好军事训练的重要性和必要性，进而开发军事训练的动力。（杨国屏《当前在军事训练指导上应把握的问题》，《国防》1991年第8期）有的作者认为，要加强思想政治工作，发掘军事训练的内动力，集中力量解决好为谁练兵的问题，增强贯彻落实军委训练方针的自觉性。要正确地把握和运用“三个杠杆”，即训练的考核、检查、评比，加强军事训练的外动力。（陈希滔《提高军事训练质量需把握好的几个问题》，《军事教育》1991年第8期）

关于提高军事训练质量问题 有的作者认为，提高军事训练质量的实质是提高训练效益。军事训练“四落实”的核心是效果落实。对人员、时间、内容等各项训练的投入，都要以实际的训练效益来检验，这样才能使部队的训练活动按照战斗力形成的内在规律循序渐进，逐步达到合格的要求。有的作者认为，要进一步完善正规的战役训练体系。一是计划体系，加强对战役训练的宏观控制和整体协调。二是内容体系，紧密结合作战任务，考虑不同层次的受训对象的实际，做到理论性与实践性结合，层次性与系统性结合，普遍性与系统性结合，稳定性与动态性结合，指令性与灵活性结合。三是方法体系，遵循先理论后实践，先基础后应用，先室内后现地，先分练后合练的组训规律实施。有的作者认为，提高基础训练质量应抓住三个环节：在训练对象上，抓住新兵这个环节；在训练内容上，要抓好共同训练这个环节；在训练组织上，要抓好教练员这个环节。要发挥三种作用：一是要发挥训练竞赛的激励作用；二是训练考核的杠杆作用；三是评比表彰的导向作用。（石昭玉、孙学顺《提高基础训练质量应着重注意的几个问题》，《军事教育》1991年第4期）关于战役训练的质量问题。有的作者认为，战役训练的本质是提高高层首长、机关谋略和决策指挥水平的军事实践活动。战役训练的主要任务，就是要求战役首长、机关站在战役指导的高度去观察、认识、分析和思考问题，把握战役全局，学会如何选择战场，确定战役目标，制定战役方针，组织战役力量，合理区分、明确作战任务，灵活巧妙地运用战役手段，精心运筹，正确果断实施追踪决策，指挥和协同。（余凯辉、谢新远《对我军战役训练本质的浅识》，《军事教育》1991年第4期）

关于军事正规化训练问题 关于正规化训练的内涵和实质，至今没有形成较为一致的认识。有些作者认为，新时期正规化训练，应是指国家充分利用相对稳定的和平环境，根据形势的发展和现代战争的要求，从本国的国情、军情出发，对军队实施稳定、严格、正规、统一、系统、规范的军事理论教育和作战技能的教练活动。其基本内容包括：稳定的训练体制，严格的训练管理，正规的训练秩序，统一的训练方法，系统的训练内容，规范的训练保障。（朱艾华、王甲武、李辉《新时期正规化训练的内涵》，《军事工作》1991年第3期）有的作者认为，开展正规化训练，从本质上讲，就是要依法治训、按纲施训，按照条例等一系列训练法规的要求，进行全面和统一的训练。有的作者认为，正规化训练，就是按照军委、总部颁发的条令、条例等训练法规组织实施严格、统一、正规的训练。正规化训练的核心是全面系统地贯彻落实各项训练法规。（张万年《大力加强部队的正规化训练》，《军事教育》1991年第7期）

（郑珠滨、于延民）

中国军制与军制学研究 1991年，军事学术研究机构、军事院校和部队对中国军制与军制学的研究十分活跃。据不完全统计，各类报刊发表学术论文近百篇，学术研讨会也多次召开。现将一年来主要研究情况和有关成果综述如下。

关于军队体制编制 军队的体制编制，是军制的主要组成部分，是军制学研究的重点。不少作者认为，中国人民解放军的体制编制经过建国后几十年的不断建立、调整和完善，作战部队的编组和武器装备依据各战区的特点有很大改进，军队的体制编制日趋合理，但也存在着许多问题。如在军种比例上，陆军份额过重；技术兵种力量不足，远距离作战能力差；作战部队编组单一，不能适应多种作战方式的要求等。为此，必须从调整和优化军队总体结构入手，大力增强中国人民解放军的实力建设。有的作者认为，从本世纪末和下一世纪初的国家安全利益着眼，局部战争是中国安全的主要威胁；与此相适应，中国人民解放军总体结构的调整上，应侧重提高应付局部战争的能力和维护海上权益的能力。为此，应做好以下几点：第一，在军兵种比例关系上，着重加强海、空军建设，尤其是海军；第二，在常规力量与核力量的建设上，应坚持以常规力量为主，适当发展核力量的原则；第三，在作战部队编组构成上，应强调两点。首先，应重视编组的灵活性和多样性。如，在编制类型上，采取野战部队、守备部队和边防部队的构成方式；野战部队根据地域的差异，可有针对性地编制不同的重装部队和轻装部队；按作战任务和使用要求的不同，区分快速反应部队、作战值班部队和一般部队等。其次，在战斗部队和战斗保障部队的比例关系上，应重视加强战斗保障部队建设。（崔杰《试论国家利益与我军的总体建设》，《国防大学学报》1991年第1期）有的作者认为，中国人民解放军的规模及其内部结构的优化，必须从国情出发。确定结构优化的基本原则、目标及步骤，切不可脱离中国的国情，贪快求洋，盲目地追随西方的现代化和高技术化。为此，必须做到以下几点：(1)适应国家的军事战略，确定国土防御型的结构模式；(2)适应国家经济发展战略，采取高、中、低档武器装备并重的方针；(3)适应军费长期存在的严重供需矛盾的情况，适时进行武器装备的更新换代；(4)适应中国的地理环境特点，采取多样化的编制结构；(5)适应中国周边环境特点，注重快速反应部队的基础建设。（孙柏林、马占魁《对未来军队编制体制结构优化的思考》，《军事展望》1991年第4期）有的作者认为，中国人民解放军体制编制的改革工作，必须从中国国情、军情出发，服从国家大局，积极稳妥地进行。为此，应着重考虑几个问题：(1)要着眼于军队的根本职能进行改革。中国人民解放军的根本职能是维护国家领土主权和海洋权益，保卫国家经济建设和改革开放，使国家有一个安全稳定的内外环境。因而，要把提高现代化作战能力，作为体制编制改革的出发点和立足点。(2)要从中国人民解放军的特点出发，坚持战斗力标准，在中央军委的绝对领导下，有计划分步骤进行。凡属重大改革，必须坚持自上而下，分期分批实施。(3)要深入调查研究和搞好系统论证，提高决策的科学性。体制编制改革是一项复杂的系统工程，要加强宏观指导和整体协调，统筹兼顾，对每一项改革做到成熟一个出台一个，使各项改革都有利于提高中国人民解放军平时和战时的应变及作战能力，使之充分发挥最佳的整体效益。有的作者认为，军队体制编制的直接功能是使人与武器装备获得最佳的结合。体制编制应随着武器装备的发展而有所变化。这是军队建设的内在需要。改革军队体制编制，搞好平战结合、精兵合成，既为大战作准备，又能应付局部战争和突发事变，成为考虑军队体制编制的一个重要原则。（秦耀祁等《邓小平新时期军队建设思想概论》，解放军出版社1991年版）

关于兵役制度 中国现行的以"义务兵役制为主体的义务兵与志愿兵相结合、民兵与预备役相结合的兵役制度"，是1984年5月31日第六届全国人民代表大会第二次会议通过的《中华人民共和国兵役法》规定的。这一制度自实行以来，显示了很大的优越性，对于保证兵员动员工作的顺利进行，满足军队的兵员需要，保留专业技术骨干，加强部队的基层建设和国防后备力量建设，都起到了很重要的作用。但是，许多作者认为，现行兵役制度在实行中还有许多不尽人意的地方，必须不断改进和完善。有的作者指出，军官预备役制度是国家兵役制度的重要组成部分。建立完善这一制度，是平时储备大量后备军官，以应战时之需的基本途径，应当予以尽快建立和完善。为此，作者提出以下几点设想：(1)建立登记统计制度。军官预备役登记的对象是《兵役法》明确的5种人员：退出现役的军官，确定服军官预备役的退伍士兵，高等院校毕业生，专职人民武装干部，民兵干部及非军事部门的干部和专业技术人员。(2)制定职衔任授制度。退出现役的军官可根据其原来职务和军衔，视情况平任或高任并授予预备役军职和军衔。退伍士兵一般任排职职务，授预备役少尉军衔。人武干部和非军事部门干部任与现任职务相应的职务，授予相当的军衔。(3)建立教育训练制度。训练时间为每年1个月；初级指挥员晋升中级指挥员，应入校培训或进修3个月以上。训练形式，可采取在职分散训练与离职集中训练、部队培训与地方培训相结合的办法进行。(4)建立组织管理制度。编入预备役部队和预编入现役部队的预备役军官无需再建立其他组织。其余人员可以县（市、区）为单位建预备役军官连、队，或编入民兵组织。(5)福利优待制度。预备役军官参加教育训练应照发工资、照常评奖、照常调职调级（指在地方的职级），并由军事部门负责往返路费、途中补贴和伙食补贴等。（曾子德《建立军官预备役制度之管见》，《国防》1991年第6期）

（隋东升）

中国战争动员理论研究 1991年军事学术界有关战争动员理论探讨的"热点"，集中于战争动员准备、军队后勤动员、战时经济动员、战争动员法制建设等方面。

关于战争动员准备 军事学术界围绕如何从国情出发做好战争动员准备的问题，在深入探讨中提出了许多有价值的理论观点。有的作者认为，根据中国的基本国情，动员准备应当特别注重以下几个方面的工作：第一，充分发挥人力资源丰富的优势，加强后备兵员的训练和储备，战时"为军队输送数量足、质量高的兵员"。特别要以毛泽东兵员动员思想为指导，坚持民兵与预备役相结合的制度，在加强民兵动员建设的同时，重点抓好预备役部队兵员结构的调整、武器装备的改善和训练质量的提高。第二，根据地域广阔的特点，建立国家统一领导下的战区动员体制。平时要明确和赋予各战区的任务，制定有关计划、措施和方案，搞好主要战略、战役方向上的兵员动员基地和物资储备基地的建设，并进行必要的动员演练。第三，坚持党管武装的传统，完善动员领导体制。现有的动员领导体制，"贯彻了党对动员工作领导的根本原则，继承了党管武装的光荣传统”,是加强动员建设的根本保证。但是,还要在现有体制基础上,从县、地、省以至中央,逐级建立由党政军主要领导共同组成的负责战争动员的专职领导机构,在各级党组织的直接领导下对各级的战争动员工作进行领导、组织与实施。第四,充分发挥政治优势,深入开展全民国防教育。这“不仅是动员建设的一项基本内容,而且是实施战争动员的思想基础”。为此,必须在全社会广泛深入地进行国防教育,强化全民国防观念。(徐福安《从实际出发加强战争动员建设》,《中国军事科学》1991 年第 4 期);阎琢《预备役部队要向正规化方向发展》,《中国军事科学》1991 年第 3 期)

后勤动员对战争的胜负影响极大 有的作者认为,由于现代战争对作战物资的需要量越来越大,要求越来越高,因而使得后勤动员对战争胜负具有举足轻重的作用。首先,战场物资消耗量的增大,使军队后勤组织形成了指挥、供应、运输和医疗卫生等独立系统,后勤人员在军队总兵力中所占的比例也越来越大。其次,战争指导者作出决策、实施组织指挥的重要依据之一,是后勤保障能力,而这种能力主要是依靠后勤动员来组织的,因而后勤动员便成为现代战争决策和组织指挥的重要依据。第三,现代战争的进行,多采用诸军兵种协同作战。这一特点对后勤动员提出了很高的要求,交战双方的后勤动员能力,直接制约着战争的胜负。(马磊《浅谈现代战争对后勤动员的依赖性》,见《问题·对策·展望》一书,解放军出版社 1990 年版)有的作者针对在对待武装力量组织结构的问题上,重视作战系统、忽视后勤保障系统的偏向,指出:“后勤(保障)系统是现代化军队不可分割的组成部分。后勤(保障)系统是否健全,其素质高低、保障能力强弱,对作战胜负有着直接影响。”因此,“现代条件下的后勤动员问题必须引起我们高度的重视。”(夏鹤《现代战争动员应改变的几个观念》,见《问题·对策·展望》一书,解放军出版社 1990 年版)

后勤动员体制的改革和完善 作者们提出了许多设想,主要论点是:第一,后勤动员要采取有利于平战转换的新的组织形式。首先在平时将地方的部分专业技术人员登记编号,战时统一纳入军队后勤系统;其次把国民经济的各种不同门类与军队后勤的相应专业紧密结合起来,从内容到形式建立联系;再次将军队后勤保障的某一项目委托地方有关部门统管,战时由该部门统一指挥调动。第二,后勤动员要建立在平战结合的生产与储备体系的基础之上。为此,必须搞好宏观控制,重要基建项目要根据平时生产和战时动员的需要,统一规划,统筹实施;必须提高生产与储备的起点,特别是对军工生产项目的确定和发展,要经过科学论证,寻求最佳方案;必须提高军品与民品的通用化、标准化,促进军工技术与民用技术的相互渗透;必须建立“软件”与“硬件”相结合的储备体系,既要有一定数量的武器装备和作战物资储备,又要重视生产技术、生产线的储备。第三,后勤动员要拟制一整套切实可行的计划、方案,包括后勤组织机构扩编方案、组织指挥方案和后勤保障各类专业的动员计划等。(宋干洪《从国外后勤动员体制看我国后勤动员体制的改革》等文,见《问题·对策·展望》一书,解放军出版社 1990 年版)

战时经济总动员的基本理论 有的作者对这一问题作了较为系统、全面的探讨,主要观点是:第一,实施经济总动员的意义,在于使国民经济从平时状态转为战时状态,充分发挥经济实力对军事斗争的积极作用。第二,把握动员时机、提高动员速度,是经济总动员中极为重要的问题。动员时机的选择必须提高预见性。动员速度主要取决于战时经济与平时经济的衔接状况和动员的组织效率。第三,经济总动员的基本任务,一是改组国民经济再生产体系,即按照国家动员计划对生产力配置、资源分配比例和产业结构等进行调整;二是改组国民经济管理体制,以适应战时经济体制。第四,经济总动员的基本内容,一是财政金融动员,包括财政动员、金融动员和物价、工资动员;二是资源分配动员,包括物力、人力两个方面;三是产业动员,包括工业、农业、交通运输、邮电通信和科学技术动员。(曹智英主编《战时经济论》,南开大学出版社 1991 年版)

局部战争的经济动员 具有代表性的观点是:第一,现代局部战争对经济动员的依赖性更大,经济动员能力的强弱和动员保障措施的完善程度,对战争的胜负有着愈来愈大的影响。第二,战略防御国家必须特别重视做好经济动员准备,国家应当在平时建立起与战时经济动员相适应的经济体制,拥有相对独立的军事工业和合理的经济结构,把国防经济的立足点放在自力更生上。(戴松林《研究海湾战争,探索我国经济动员体制》,《军事经济研究》1991 年第 9 期)

军队在经济动员中的任务 有的作者提出:军队必须积极参加和支持国家在战时实施的经济动员,以保护战争的经济力量。其主要任务有 3 项:一是在战争初期以积极、顽强的军事行动掩护国家顺利转入战时状态,为经济动员赢得时间和空间。同时,要有适度规模的作战物资储备,以满足战争初期的物资消耗,延长经济动员的时限。二是周密预测战争规模、特点和各军兵种的地位、作用,向国家提供军队组建、扩编、作战所需的各种武器和物资的数量,为制定经济动员计划提供直接依据,以减少经济动员的盲目性。三是在作战行动中以较小的消耗获得最大的军事效益,即通过消灭敌人,以补偿经济动员的耗费,减轻经济动员的负担。(陈兆仁《军队在经济动员中的任务》,见《问题·对策·展望》一书,解放军出版社 1990 年版)

战争动员法制化的意义 有的作者指出,在中国,建立严密和完善的动员法制体系,作为调整战争动员中各种社会关系的准则,有着重要的国防价值。(1)中国动员法制的社会主义性质,体现了中国战争动员的先进性,是保卫祖国、战胜侵略的基础。(2)动员法制是上升为国家意志的统治阶级的意志,它的强制性能够保证战争动员的最高权威,从而使和平时期的动员准备和战时的动员实施,获得强有力的可靠保障。(3)动员法制的规范性和程序性,是国家适应现代战争特点,迅速实现平战转换的制度保障。它通过一系列的法律和法规,明确国家机器各层次、各部门的职能和任务,从而实现战时动员实施的快速、有序、高效。(4)动员法制的稳定性,是经济建设和国防建设同步稳定发展的保障。这种稳定性,主要表现为法制所调整的经济建设与国防建设的关系,非经法定程序不得改变。这就能够有效地防止因人设事或因人废事的现象。(袁兴华《战争动员法制化的国防价值》,《国防》1991 年第 12 期)

动员法规制度的分类 有的作者认为,动员法规可以分为两大类:一类为基本法,即根据国家宪法,从宏观上对战争动员的总体要求和全局性措施作出规定,并指定和授予有关机构实施战争动员和制定专门性法令的权限的法律。另一类是专门性法令,即根据动员基本法对各方面、各门类动员工作的具体规定。至于动员制度,从中国的情况看,目前需要制定后备兵员预编、训练、储备制度;战时军队后备兵员动员、补充制度;武器装备平时储备和战时调运制度;战时交通运输工具征用和补偿制度等。(徐福安《从实际出发加强战争动员建设》,《中国军事科学》1991 年第 4 期)

(吴子勇)

中国军事法学研究 1991 年,军事法学的研究日趋活跃,相继出版了《中华人民共和国军事法规汇编》(中央军委法制局编)、《战争法概论》、《军事行政法概论》、《军事行政法实用手册》、《中国军人法律手册》等专著和法规汇编;据不完全统计,各种报刊杂志发表有关学术论文 100 余篇;军事科学院、中央军委法制局、北京市军事法学会等单位多次召开军事法学基础理论讨论会;中国军法代表团于 6 月首次参加在比利时布鲁塞尔举行的国际军事法和战争法学会第 12 届大会并向大会提交了《中华人民共和国军民法律关系》等 3 篇论文。年末,中国法学会军事法学研究会在北京正式成立。现将一年来的研究情况和主要成果综述如下。

军事法学基础理论研究 1991 年,军事法学界围绕军事法学基础理论的一些基本问题,进行深入地研究和探讨。北京市军事法学会还专门组织召开了“军事法学基础理论讨论会”。

关于军事法定义的表述 目前学术界仍未能就军事法定义的表述取得统一认识。主要观点有 6 种:(1)军事法是国家制定或认可并由国家强制实施的调整国家关于国防和武装力量建设活动中的社会关系的法律规范的总和;(2)军事法是中国社会主义法律体系中的一个法律部门,它是调整国家军事活动中各种社会关系的法律规范的总称;(3)军事法是国家制定或认可,并由国家强制力保证其实施的,用以调整军事领域内各种社会关系的法律规范的总和,是法的体系中一个独立的综合性的法律部门;(4)军事法是调整武装力量活动过程中的社会关系的法律规范的总称;(5)军事法是调整国防军事关系和武装力量内外关系的法律规范的总和;(6)军事法是调整涉及社会军事现象和国家安全利益的社会关系的专门性法律规范的总称。军事法概念上的众说纷纭,一方面反映了军事法学研究正在日益展开并深入,另一方面也反映了军事法学界应该明确回答并力求统一军事法的概念。

关于军事法调整的对象 多数意见认为,军事法调整的对象是一类特殊的社会关系,即军事领域内的社会关系。这是军事法所以成为一个独立的法律部门的基本依据,也是区分军事法与其他法律部门的重要标志。但对军事法的调整范围如何界定却有不同看法。(1)有的作者认为,军事法调整的是军事领域内的各种社会关系,包括军事领域中的国防建设、武装力量建设、作战训练、兵役动员、军队行政管理、军队政治工作、军事后勤保障、军事科研中的社会关系。(2)有的作者认为,军事法调整的必须是符合军事领域内实际存在的社会关系,即武装力量的内部和外部关系。武装力量的内部关系包括军队、武装警察、民兵三者之间的关系和三者各自的内部关系,这种独特的社会关系只能由军事法来调整;武装力量的外部关系包括军队与地方政府、社会团体、平民的关系和武装力量与国家政权的关系。武装力量外部的社会关系是军事领域与其他社会活动领域共有的一种交叉性的社会关系,既受军事法调整,也受其他部门法调整。(3)有的作者认为,军事法调整的范围除了武装力量内外关系,还应加上国防军事关系,即在保卫国家主权、领土完整和安全、防御外来的武装侵略和颠覆中采取的一切措施中所产生的社会关系。(4)有的作者认为,军事领域中具有交叉性的社会关系并不一律(也不可能)都由军事法来调整。如果把此类交叉的社会关系都作为军事法的调整范围，把军事法作为调整诸多不同性质的社会关系的综合性法律部门，实际上否定了军事法调整对象的特殊性，从而也否定了军事法是一个独立的法律部门。(5)有的作者认为，军事法的调整范围不能把战争法排除在外，国家之间的战争或武装冲突以及涉外方面的军事关系，也需要军事法来调整。

关于军事法的特征 有以下几种不同意见。(1)有的作者认为，军事法的特征应从两个方面加以揭示：一是法律特征，包括国家意志性、国家强制性、调整对象的特殊性、调整内容的广泛性、高度的集中统一性；二是逻辑特征，包括客观性和主观性的统一，内涵和外延的统一，普遍性和特殊性的统一，确定性和灵活性的统一。(2)有的作者认为，军事法的特征是指“军事法与其他部门法的质的区别之处”。凡属法的共同特征，不能算为军事法的特征。作者认为军事法的特征应为：特殊的强制性与严格性、某种程度的保密性、法律形式的多样性。(3)有的作者认为，军事法有3个特征：一是维护统治阶级的特殊利益形态——国家安全利益；二是调整社会现象中特殊的社会关系——与军事有关的社会关系；三是运用特殊保障机制——包括专门的法律形式和法律机构、严格的法定义务和法律后果。3个特征缺一不可。（张建田《军事法学基础理论讨论会研讨问题综述》，《解放军报》1991年7月29日）

军事法分支部门研究 1991年许多作者对军事行政法、军事诉讼法、军事刑法、国防动员法等军事法分支部门的有关理论进行了研究和探讨，许多意见具有新意。

军事行政法 关于军事行政法的概念，学术界主要有两种意见。一种意见认为，军事行政法是一切有关军事行政组织管理活动的法律规范的总称。它主要包括军事行政机关的组织原则、法律地位、职责权限、活动准则和军人的权利义务。军事行政法调整的对象是军事行政机关在行使职权进行行政管理活动过程中所发生的各种军事关系，这种军事关系亦称为军事行政法律关系。(张俊《军事行政法概论》，长青出版社1991年版)另一种观点认为，军事行政法是调整国家、军队军事行政关系的法律规范的总和。其主要内容是规定军事行政管理活动中的组织、职责、原则程序及权利义务等。（许继棠、周健《简论军事行政法》，《法学杂志》1991年第4期)关于军事行政法的基本原则，有的作者认为主要包括：(1)高度集中统一的原则；(2)依法管理、按级负责的原则；(3)发扬民主、提高效率的原则；(4)教养一致、训管结合的原则。军事行政法律关系的主体(当事人)是指在军事行政法律关系中依法享有权利并承担义务的组织或个人，通常包括国家机关、军队各级领导机关及其职能部门和军人。军事行政法律关系的内容，指由军事行政法所确认并保护的法律主体的权利、义务。军事行政法律关系的客体是指军事行政法律关系的主体(当事人)的权利、义务所指的对象，包括财物、任务和行为。（胡留元、许继棠主编《军事行政法实用手册》，陕西人民出版社1991年）

关于军事行政诉讼制度问题 《中华人民共和国行政诉讼法》颁布实施后，关于这一法律制度在军队中是否适用，以及在军事法体系中要不要确立军事行政诉讼制度，制定颁布军事行政诉讼法等问题，引起了争论。目前主要有3种意见：第1种意见认为，在中国实行军事行政诉讼制度不仅是十分必要的，而且已有了一定的基础，是完全可行的。作者认为，确立军事行政诉讼目的在于，保护军职人员和军事单位及其他公民和组织的合法权益，保障和监督军事行政机关及其军官严格依法行政。所谓军事行政诉讼是指：公民(主要是军职人员)或组织(主要是军队单位)以军队机关和军官的军事行政行为违法或不当，致使其合法权益受到侵害为理由，向有关法院提起诉讼，请求撤销或变更该军事行政行为，有关法院对双方当事人争议的行政行为的合法性与合理性作出裁判的法律制度。作者认为，军事行政诉讼的基本原则应是：军事法院独立行使行政审判的原则；以事实为根据，以法律为准绳的原则；对具体军事行政行为的合法性进行审查的原则；双方当事人在行政诉讼中法律地位平等的原则；效益原则；军事检察院对审判活动实行法律监督的原则。因此建议国家权力机关依法授予军事法院独立审理行政诉讼案件的权力，并使其得到充分保障。（周卫平、徐高、张明杰《试论建立我国军事行政诉讼制度》，《中国法学》1991年第1期)第2种意见认为，军队中不宜适用国家的行政诉讼法，主要理由是：(1)国家的行政诉讼法第12条明确规定：“国防、外交等国家行为和行政机关对行政机关工作人员的奖惩、任免等决定，不属于人民法院的受案范围”。(2)中国的军事机关不隶属于国家行政机关。而行政诉讼是以国家行政机关为被告的，军事机关不具有行政诉讼中被告的资格。(3)军队是执行特殊任务的武装集团，军队要求实行高度的集中统一和铁的纪律，强调军人要绝对服从命令听从指挥，只有这样才能维护和巩固军队的战斗力。(4)目前世界上大多数国家武装力量内部未实行行政诉讼制度，少数实行行政诉讼制度的国家，其受案范围也很狭小。第3种意见认为，目前军队内部实行行政诉讼制度的条件尚不具备，但可在军队内部建立军事行政仲裁委员会，以防止和纠正军事机关滥用军事行政职权，保障被侵权人的控告、申诉等民主权利。

关于军内民事和经济诉讼 根据有关规定，军事法院已开始受理双方当事人均为军内法人或军人的民事和经济案件。这是军事法院管辖案件的一个新突破。对此，有的作者认为，军内民事诉讼应遵循以下原则：合法原则、诉讼两便原则、审判任务均衡原则、与刑事管辖相协调原则。军内民事和经济案件的管辖，在级别管辖中应按标的额的大小、当事人的规格、案件影响大小确定。在地域管辖上，一般应由被告人所属部队或被诉单位所在地的军事法院管辖。具体来说：(1)在边海、防工作的当事人，如双方均系军职人员提起离婚诉讼的，一般由其部队所在地的军事法院管辖。(2)如双方当事人因距本部军事法院路途遥远、诉讼不便，双方自愿，也可由当地人民法院管辖。(3)非军职人员到部队承包、承揽加工、代购代销、租赁、借贷发生经济纠纷，法律行为发生在军内，原则上由军事法院管辖。(4)民事或经济法律行为发生在军队内部，但其中一方当事人退伍、转业、辞职、解雇等离开部队后发生纠纷的，原则上由军事法院管辖。(5)跨大军区或军兵种的重大民事或经济案件，由被告所在单位或部队的大军区级军事法院管辖。大军区之间因管辖发生争议协商解决不了时，报请解放军军事法院确定。(6)军内双方当事人因知识产权提起的诉讼，一般由大军区级军事法院管辖。(7)军事禁区或作战区发生的民事经济案件，当事人一方或双方系军职人员的，应由军事法院管辖。(8)战争期间因参战下落不明的军职人员或民兵、民工申请宣告失踪或死亡的，由被宣告人所在部队或战区的军事法院管辖。(王光华、蒋志忠《军内民事经济案件管辖问题初探》，《解放军报》1991年2月11日)

关于国防动员法 国防动员法，是指由国家权力机关制定的，为做好战争动员准备，保证由平时状态迅速转入战时状态，统一调动人力、物力、财力以保障战争需要的各种法律规范的总称，是平时进行战争动员准备，战时实施动员的法律依据。有的作者认为，国防动员工作的许多方面还处于无法可依的状态，很不适应国防建设的需要，应加强国防动员立法。加强国防动员立法，一是有利于实施战争动员，保障战争需求；二是有利于保证国家潜力向军事实力的迅速转化；三是有利于强化战时的集中统一领导，充分发挥全体公民在战争中的作用。(金友发《应加强国防动员立法》，《解放军报》1991年6月10日)

关于战争法的研究 战争法是国际法中的一个分支部门，但是否属于军事法的范畴，有不同意见。有的作者认为，不能把战争法排除于军事法之外。有的作者认为军事法属国内法范畴，战争法属国际法范畴，战争法不应包括在军事法之内。多数意见认为，军事法的调整范围与军事法学的研究范围是有区别的，军事法学应当研究战争法或武装冲突法。

关于战争法定义的表述 主要有4种不同观点：(1)有的作者认为，战争法是国家之间在战争或武装冲突期间适用的法律；(2)有的作者认为，战争法是国家与国家之间在战争或武装冲突期间适用的国际性条约、惯例等具有一定约束力的法律规范的总和；(3)有的作者认为，战争法是规范交战国之间有关战争的行为及其与中立国或非交战国关系的原则，规则和规章制度的总称；(4)有的作者认为，战争法是在战争或武装冲突期间，以条约和惯例的形式，调整交战国之间、交战国与中立国或非交战国之间关系以及作战行为的原则、规则和规章制度的总称。它的主要内容：一是关于战争、武装冲突的开始和结束以及交战国之间，交战国与中立国或非交战国之间法律关系的规定；二是关于作战手段和作战方法以及军人、平民和战争受难者在战争中的地位的规定。

关于战争法的渊源和基本原则 普遍认为，从战争法产生、发展的历史看，战争法的主要渊源是国际惯例和国际条约，此外，还有法学著作理论和军事法庭的判例。也有的学者认为，将法学著作理论和军事法庭判例作为战争法的渊源经不起推敲。如勉强作为军事法的渊源，也应有主从关系之分，法学家的著作和军事法庭的判例，只能是战争法的辅助渊源。关于战争法的基本原则，有的认为是在战争中长期发展形成的、为各国公认的、具有普遍意义、具有广泛法律效力的、构成战争法基础的法律原则。有的则认为，从其本义上讲，应是共同讨论、制定或以某种形式提出的、带有全局性、普遍性的原则。但从战争法的实际情况看，还没有此种意义上的基本原则。有的认为，战争法中的人道原则、区分原则、保护原则、限制原则可列为战争法所遵循的基本原则，至于比例原则、军事必要原则则不应列为战争法的基本原则。(张建田、桑石《军事法学科战争法学研讨综述》，《法学杂志》1991年第6期)

(莫毅强)

苏联军事法理论研究 1991年，围绕苏联武装力量法制建设中的几个重大理论和实践问题，军事法学界展开了争论，出现了一些较为新颖的影响较大的观点。

法律与军事改革 苏法学博士、司法少将斯特列科佐夫指出："我们现在社会制度的种种灾难，正是以法律虚无主义的统治为前提的。"他认为，从实践上说，法律虚无主义大概是极权主义存在和行政命令体制统治的必要条件。摧毁这一体制，不恢复法律的权威不行。在法制民主国家，越出公正的法律准则便无法实施国家政策。符合社会发展客观要求的法律是调整个人与国家关系的手段。斯特列科佐夫少将还认为，迫切需要的国防法和军人地位法所以迟迟未能通过，首要原因是在苏联缺乏唯一的最高立法机关。鉴于“得不到法律的确认，进行军事改革将极为困难”，斯特列科佐夫建议：(1)苏联最高苏维埃建立一个议会专门委员会制定包括经济、生态、信息—心理范畴的法令，而不仅仅是制定国防和国家安全总构想，并得到法律确认。对退役军人的社会经济帮助计划亦应如此，这在今天具有特殊的重要性。(2)需要制定具有最高法律效力的专门法令，以确认苏联军事学说的基本原则，包括军事技术、军事战略、军事经济、军事法律等等。在苏联的整个历史上从没有这样的法令。在党的文件里，在普遍义务兵役法里，在诸兵种合成军队条令和教令里，也只是反映了个别的原则。(3)在国家结构范围内建立军人社会保护和法律保护机关，应成为军事改革的内容之一。该机关将保障实施这一重要任务中的领导和协调工作，首先是通过规定范畴内的一系列法令。(〔苏〕司法少校C·塔拉索夫《法律与军事改革》，《红星报》1991年11月26日)

关于撤军的法律条件　对苏军从东欧的撤离，在苏军事法学界有两种不同的观点。一些人认为是“政治新思维”的重要胜利。另一些人则认为是苏联人道德上的完全失败，是政治家企图依靠军人及其家庭的颠沛流离来争取进行关于世界共同体的尝试。卡赞切夫和日丹诺夫认为，许多事例和证据表明：今日的撤军完全是在抽象的法律条件下进行的，其理由是：(1)制定撤军政策时未能充分考虑军人的权利。作者指出，加拿大驻德军队总数有1万左右(6600名军人，3100名文职雇员)，预计到1995年撤完。苏联则决定一年内撤出几万军人。戴维斯将军曾经说过，撤军时的第一问题便是“您要撤出的士兵怎么办?”而苏联的师团却被撤到没有住房、学校和幼儿园不足的地区。西部集群撤回弗拉季高加索的军人，直到第一个团抵达那里一年之后才开始建造住房。(2)和过去一样，政治决定和声明总是赶在有关部门对撤军的相应计算和“编进”过程之前。关于古巴撤军一事，军人和外交官是与古巴人同时得知的。苏军从波罗的海沿岸国家的闪电撤离要求，也使国防部陷入类似的窘境。但是，仅一个空降师从考纳斯撤出，需要的经费就不少于20亿卢布，而且耗时不是几星期，甚至不是几个月的问题。(3)对军事领域国际法义务的忽视导致谈判过程的“非正常化”。作者认为，不签订有关撤军的政府间协定是无法着手实施撤军行动的——在协定条文里，应使整个撤军时间和诸如经济的、生态的、财政等项结算得到法律确认。只是在类似协定获得法律效力之后，第一个士兵方可撤离其驻扎国的领土。而苏联在组织此类活动时，却是在从匈牙利、捷克斯洛伐克全部撤军后，现在才试图解决苏匈、苏捷之间的财产和财政问题。

这些过失很容易推诿给政治家和外交家。作者认为，有许多问题，国防部的确应服从国家的政治方针。但这不应成为它与军人法律权益对立的理由。对于军人及其家属而言，具有决定意义的正是这样一些细节，何时撤军；撤到何地；那里有无住房、粮食；有无正常的服役条件；发展前途如何……军队及其家属的这些权益首先应该得到保护。

作者指出，总参谋部成立了条约法律局，其使命在于按照武器限制、裁军及军事领域信任原则进行谈判。但在这个机构里没有一个国际法专家。据掌握的资料，在与从东欧撤军及制定相应文件有关的谈判过程中，仅有一名军事法学家参加。在国际裁军谈判时，竟没有军事法学家参加。作者认为，所有这些事例的要害在于，很少有人从法律观点看待撤军一类问题。(〔苏〕尤·卡赞切夫、尤·日丹诺夫《政策与法律》，苏《红星报》1991年11月30日)

命令与法律　“8·19”事件发生以后，命令与法律的关系一时成为军事法学界乃至广大军人们讨论的热门话题。国防部长、空军元帅沙波什尼科夫接受采访时明确提出：需要普遍做到军队的一切命令都要合乎法律。在戈尔巴乔夫总统辞职前夕签发的《关于修改苏联武装力量纪律条令的命令》中指出，为在苏联武装力量中加强法纪，提高军人执行命令的责任感，遵照苏联最高苏维埃1991年8月30日《关于防止政变的首要措施的决定》，对1975年7月30日苏联最高苏维埃主席团颁布批准的苏联武装力量纪律条令第6条作了新的表述。其中规定，指挥官(首长)的命令应该绝对、准确、按时完成。指挥官(首长)对其下达的每个命令的合法性及执行命令的后果负责，对不采取执行命令的措施负责。

命令与法律关系中的最大难题集中在如何对待不合乎法律的命令并如何就此立法。苏有的作者撰文专门探讨了“违法命令”的问题，并详细介绍了它在俄苏历史上的来龙去脉及目前状况。

(1)关于“违法命令”的演变。1724年彼得大帝发布专门法令，要求部属“应在不违反法令的一切方面听从自己的指挥官。如果违反法令，则绝对不应执行……但是……应向自己的指挥官阐明，那是违反法令的。如果对方不听，则应提出抗议并向他的上级指挥官报告。”在1869年军人惩罚条令中，对部属执行“违法命令”应负的责任也做了规定。到了1911年，列兵、哥萨克骑兵和炮手的内务条令则直接禁止执行违反军人誓词，以及对沙皇和国家不忠的违法的命令。类似规定不仅存在于1917年前的俄罗斯军事法律，而且存在于1919年、1925年苏维埃初期的军事条令。这种正式规定最后一次写进工农红军内务条令是在1937年。随着1940年红军纪律条令及1946年苏联武装力量内务条令的实行，有关"违法命令"的规定终被取消。责成军人完成明显违法命令除外的一切命令，警告发布或者执行"违法命令"者应负法律责任的条令条款被正式删掉。从实质上说，军人在类似情况下失去了选择的权力，但正是由于这种选择权力，才能将士兵与机器区别开来；将自觉服从与绝对服从和盲目服从区别开来。

(2)有关法律的一个原则性的修正意见。作者认为，军队长期以来拒绝使用军人对违法命令提出怀疑的权力，军人被授予的只是盲目执行的权力，结果成了这样或那样政治野心、政治冒险和政治欲望的人质。教授、法学博士哈桑·穆巴拉科维奇·艾哈迈德申指出，司法上将、总军事检察长戈尔内1972年对这一问题提出了一个正确的意见。其内容是：为使命令具有巨大的道德和法律效力，并做到绝对必须执行，那么，命令应该随时合乎法律、合乎条令。命令的发布只是为了国家的利益，而且应具备完成命令所准许的方法和手段。如果违反上述要求中的任何一条，命令就应废止。总军事检察长强调："法律——责成军事检察官对这样的命令表示异议并提出犯罪者的责任问题。显而易见，对违法命令不按程序、不符合国家利益的发布和执行，应该承担责任的首先是命令的发布者……看来，全面研究这一问题的时机已经成熟。它是由指挥实践中贯彻严格法律这一利益而引起的。"

(3)近年来有关违法命令问题的立法尝试。不论当时，还是后来，均未能实现戈尔内的主张。反常的是，尽管军队从普通列兵到国防部长都在受到绝对服从命令的教育，但在生活里却找不到对"首长的命令即是对部属的法律"这一条令公式不发生怀疑的军人。1989年讨论新的诸兵种合成军队条令时，军队非常强烈地怀疑命令乃法律一类绝对服从原则的无懈可击。军队当时坚决地发出了警告：在命令与法律两个概念的辩证关系里，一切并不是那样简单，并不是只有一个涵义。但是，没有人倾听这一警报信号。当时的实际情况是，只要有人稍微触动违法命令问题便被宣布为企图侵犯一长制。直到1991年8月19日，从士兵到元帅才不得不痛苦而艰难地在命令与法律之间进行选择。"8·19"事件之前，军事学院阿尔塔莫诺夫教授等人曾经就有关违法命令的规定做出立法努力，但未能如愿。

(4)当前问题的症结所在及对未来的预测。作者认为，"违法命令"这一概念尚未在任何一个行政法律文件加以具体化，以至造成军人在接受违法命令时，必须"绝对、准确、按时"地完成。现在的问题是如何保证对绝对服从原则进行理智而又早已成熟的纠正，同时还要防止对指挥员任何一个命令的怀疑。为此，军事法学家提出：第一，纯属服役方面的命令必须执行；第二，明显的违法命令不予执行。但是，作者认为这仍然不是避免军人执行违法命令的可靠机制。(〔苏〕C·波波夫少校《命令与法律——为什么军人如此经常地处于两者中间，就像处于铁锤与铁砧之间一样》，苏《红星报》1991年10月17日)

关于护法机关 第一种观点认为，武装力量中不需要军事检察官。俄罗斯的检察院，系彼得大帝1711年借鉴西方国家经验所建立。军事检察官的职位则是作为1864年至1867年法律改革的结果而设置。在苏联武装力量中，军事检察院从1924年就已存在。有人说，包括军事检察院在内的整个护法体系，都曾可耻地为反人民的制度服务。但是，即使在30年代、40年代至50年代也有许多军事检察官与专制勇敢斗争，并因此受到迫害和镇压。不少指挥官也主张不要设军事检察官，其目的在于更容易掩饰违法行为。(〔苏〕退役司法少将伊瓦赫纽克《军事检察官在干挠谁》，苏《红星报》1991年10月5日)

第二种观点认为，军事法庭也需要改革。问题在于采取什么形式。大多数专家认为，应该扩大军事法庭保护军人权利，避免军事官员的违法行为，加强法庭独立于行政机关的保证。但也有人建议，甚至要求从整体上取消军事司法。作者认为，他们的理由不能成立。在新的审判员地位法中规定，行政指挥机构不得干涉司法机构对具体案件的审查，不得向法庭施加压力。(〔苏〕司法中将、军事法庭局局长穆拉诺夫《是否需要军事法庭?》，苏《红星报》1991年9月28日)

第三种观点认为，取消军事司法机关将是一个重大错误。只有在整个军事及军事法律方面受过训练的专家，才能解决与军内违法行为进行斗争这种极为复杂而特殊的问题，才能保护军人的权益。但绝对需要将军事司法机关从以前的惩罚机关变为军人及其家属权益的保护机关。人事工作机关体系中专门从事军人社会保护和法律保护的机关应该发挥重大作用。(〔苏〕司法少将斯特列科佐夫答记者问，苏《红星报》1991年11月26日)

(吕志英)

美国战争动员能力研究 **较强的快速动员能力** 海湾战争在一定程度上展示了美国的战争动员能力。专家们普遍认为，美国在海湾战争中的动员，是它自从第二次世界大战结束以来，在短时间内实施的规模最大的一次动员。实践表明美国具有较强的快速动员能力。表现在：第一，动员组织机构比较健全。二战后，美国的动员机构几经调整层次分明、分工明确，对动员工作的开展起了重要的作用。第二，动员准备计划比较周密，既有总体方案，又有一整套具体计划，各部门还有更具体的落实计划。这就使得国家能够缩短平战转换的过程，达成快速动员。第三，后备役部队战备程度较高，已成为美军"总体兵力"的有机组成部分。第四，作战物资储备比较充足，既有用于保障部队平时战备训练的储备，又有保障战时需要的基地储备和集中储备。第五，动员法规比较系统、完备，形成一个结构严密、系统性很强的动员法规体系，保证了战时动员的有效性和快速性。（陈瑞祥《从海湾战争看美国的战争动员准备》，载《海湾战争》一书，军事科学出版社1991年6月版）

兵员动员能力　多数专家、学者认为，美军在海湾战争中实施的后备役动员，是一次较为成功的兵员动员，它显示了美国拥有数量足够的后备兵员和较高的动员效率。这种动员能力主要由4个因素构成：一是有法律保障。宪法和法律明确规定，总统作为国家武装力量的总司令官，在国家进入紧急状态前后，有根据不同需要征召不同数量后备役人员转服现役的权限。二是后备兵员素质较高。后备役平时注重专业技术兵员的合成储备，不仅兵种、专业门类齐全，而且训练时间较长，因而对专业技术比较熟练，一经征召并进行必要的强化训练后，即可补入现役部队完成各种作战、保障任务。三是兵员动员能够与作战部署同步进行。后备役动员的数量、时限，往往根据作战计划而定，动员征召转服现役后立即部署到需要的战场上。四是有必要的动员保障措施，包括各种精神、舆论措施和物质刺激措施。（姜绍崇《从海湾危机看美国的军事战略和军队建设》，载《海湾战争》一书，军事科学出版社1991年6月版）也有一些专家、学者认为，美国现行的兵员动员体制并不能满足应急动员的需要。他们指出，美军自1973年由征兵制改为募兵制以来，一直把现役和后备役看作是"总体兵力"建设的两个不可分割的部分。但是，此次海湾行动却暴露了后备役体制的弱点，即一些后备役部队战备水平较低，不能迅速、及时地转为现役；而部分后备役人员素质又比较差，严重地削弱部队的整体作战能力。为此，许多美军专家要求，今后现役部队应该由100%的现役编成，后备役部队只能单独投入使用。（刘书礼《从"沙漠盾牌行动"看美国军队建设》，载《海湾战争》一书，军事科学出版社1991年6月版）美国的一些作者也提出了相同的看法，认为美军动员征召的后备役人员不能马上转为作战部队，"并非是个小问题，因为驻扎在美国国内的9个现役陆军师中有6个师的1/3的作战力量是国民警卫队"。这种情况，导致陆军对待后备役部队态度的重大变化，"决定放弃后备役部队在未来的冲突中接到命令立即投入实际作战的计划"；五角大楼也"越来越倾向于组建具有快速反应能力的重型作战部队，而这意味着将更多地依赖现役部队"。（〔美〕布鲁斯·奥斯特《从海湾战争看美军后备役部队》，《美国新闻与世界报道》1991年1月28日）

军队后勤动员能力　有的作者认为，美国在海湾战争中，具有较强的军队后勤动员能力，形成这种动员能力的因素，一是通过政府要员到西方和中东盟国游说，广泛筹集战争经费，以弥补本国财力的不足；二是通过动员征召大量专业技术后备兵员送往前线，担负运输、修理、医疗、供应等任务，以加强军队的后勤保障力量；三是通过动员征用民间运输力量，增强快速输送能力，以保证军队对武器装备和作战物资的需求；四是通过实施军工动员，加紧生产海湾部队吃、住、行、用、打等方面的紧缺物资，以保证为军队提供不间断的后勤补给；五是通过利用驻在国的军事设施和物力资源，实行后勤物资的"就地筹措"，以克服美军远离本土作战给后勤保障带来的重重困难。这些都说明，美国的军队后勤动员能力是比较强的。但也暴露出一些弱点，最主要的是战略运输能力未能满足大规模军事行动的需要。（曹绍柱《美国在海湾战争中的后勤动员》，《军事经济研究》1991年第7期）

（吴子勇）

法国讨论军队建设若干问题　海湾战争于1991年2月28日基本结束后，法国总统密特朗在对全国发表的一次电视讲话中，提出要就国防军事问题展开一场辩论。在此次讲话后的一个多月中（至1991年4月上旬止），法国报刊接连发表文章，军事专家及政界人士对法国国防问题广泛发表意见。现就其中对军队建设的有关意见综述于下。

关于兵役制度问题　法国实行义务兵和募兵相结合的兵役制度。凡年满18岁，身体健康的男性青年都有服兵役的义务，服役期1年。法国军队中职业军人占44.9%，义务兵占36.1%，20%是文职人员。法国虽有30万军队，但海湾战争中费了九牛二虎之力才派出1.4万人，原因是密特朗总统曾向国民保证，不向海湾派一名义务兵。为了派兵海湾，一些建制单位被迫拆散重新组合，抽出义务兵，安排职业军人，配备懂专业的后勤人员更是颇费工夫。这次海湾行动确实表明法国现行的兵役制度不适宜军队执行远离法国国土的军事行动。

人们对兵役制问题提出几种意见：一是花大本钱投资，建立职业军队，但这笔投资数额巨大，不是近期内能实现的，况且密特朗已声明，如果是保卫国土和为欧洲防务做贡献，义务兵参战是必要的，言外之意国民服兵役不能取消。二是维持现状，限制军队的远征行动，但这种想法与法国希望做"大国"的雄心不相符合。海湾战争已经表明，要维持法国的"国际地位"，不能对军事冲突一概不参与。最后一种意见是做义务兵的工作，必要时将他们派往前线，但这牵扯的人太多、面太广，做起来很困难。

综合各家意见，主张采取"两条腿走路"的意见占上风，即在维持现行兵役制的同时，建立一支拉得出、上得去的有战斗力的职业快速反应部队，以应付在欧洲以外法国军事行动的需要。法国目前有一支4万人的快速反应部队，其中有1.8万是义务兵。据说国防部正在研究一项计划，打算由重装甲部队和由职业军人组成的后勤部队来加强这支队伍，取代义务兵。快速反应部队的目标单一，主要执行海外远征任务，官兵将有良好的军人生涯，优厚的物质待遇，驻地应该设在热带地区和法国南部城市。

要建立职业快速反应部队，又不能增加陆军中职业军人的总数，这是目前存在的一个矛盾。法国陆军中61.8%都是义务兵，而海军和空军分别只占29.24%和38.16%。法国陆军有28万人，预计今年减少3万，到本世纪末，维持在20万左右。另外经费也是一大难题，如果增加2.5万职业军人，每年的军费开支将应增加60亿法郎左右。

关于军费问题　法国1991年军费预算为1950亿法郎，占国内生产总值的3.37%，是1974年以来的最低点。美国军费开支占国内生产总值的5.9%，英国为4.2%。近年来，法国议会和政府的一些人以东西方关系缓和为由一再主张削减军费。比如，去年决定的1991年军事装备拨款为1031亿法郎，比前年只增加1.03%，还赶不上通货膨胀率。去年7月，密特朗又宣布将几个月前刚刚决定的装备预算再减少70亿法郎，引起军界许多人不满。增加还是削减军费问题在法国也早有争论。

海湾战争中，法国的"美洲虎"战斗机在技术和装备上已明显不如美国的F－15或F－18飞机以及英国的"旋风"式飞机。法国空军的尖刀部队——战术空军部队的14个空军中队中，有11个中队的装备都是60年代的老飞机："幻影"ⅢE，"美洲虎"和"幻影"V。海军的形势也并不乐观，由于缺少经费，本世纪末前，海军将减少1/4的部队。如果一切顺利的话，那艘已进入"老年期"的航空母舰"克莱蒙梭"号将在1998年被"戴高乐"号取代。陆军的装备更糟糕。法国的AWX－30装甲车在北约部队中可算是最陈旧的，新型的"勒克莱尔"装甲车可望在90年代中期投入使用，每辆造价3000万法郎，大概只能生产600～800辆，这数字还不及东欧小国保加利亚所拥有坦克数量的1/3。有关专家认为，法国若想使自己的军队保持大国军队的地位，军费得增长25%。

海湾战争是否给增加军费带来了希望，专家们认为目前没有这种迹象，因为明年的军费预算以及1992～1996年军事规划法案的准备工作已在进行之中，据一位从事这方面工作的人士透露，军事装备预计可能略有增加，但最多只比通货膨胀率高上一个百分点。

三军目前不同程度地处于同一困境，不少重大项目目前还在研究和制造阶段，很快将面临订货。资金在何处？据说当1991年陆军装备预算通过时，80%的经费已经用掉，资金问题只能依靠政府。

近几年内，陆军更新的主要装备有"勒克莱尔"装甲车，AEC3G第3代反坦克导弹，电子指挥系统，中程地空导弹等。空军等待着"阵风"战斗机及其一系列配套体系，"迈卡"空空导弹和"阿帕奇"式地空导弹，以及"幻影"2000战斗机所需的空中加油机。此外，战略核威慑是法国的重要军事目标，资金问题依然是最突出的问题。

（晓　锋）

军事历史研究

中国人民解放军军战史研究　1991年是纪念中国共产党成立70周年，中共党史和中国人民解放军军战史研究呈现出空前活跃的景象。史料挖掘日益深入，理论视野更为开阔，研究方法不断更新，大批成果涌现。由中共中央文献编辑委员会编辑、修订的《毛泽东选集》第一至第四卷第二版，由人民出版社正式出版，为军战史研究提供了理论指导和史实依据。中央文献研究室编《毛泽东选集一至四卷注释校订本》（中央文献出版社 1991 年版）一书，提供了史学研究的重要研究成果。中共中央党史研究室著《中国共产党历史（上卷）》（人民出版社 1991 年版）和胡绳主编、中共中央党史研究室著《中国共产党的七十年》（中共党史出版社 1991 年版），是具有权威性和广泛影响的党史新著，对促进军战史研究具有重要作用。中共中央党史研究室一室编著《〈中国共产党历史（上卷）〉注释集》（中共党史出版社 1991 年版）、《〈中国共产党历史（上卷）〉若干问题说明》（中共党史出版社 1991 年版）对一些重要历史问题作了阐明。军战史研究方面，在战史研究继续深入的同时，军史和军事思想史研究也取得了重要进展。主要著述有：姜思毅主编《中国共产党军队政治工作七十年史》第一至第四卷（解放军出版社 1991 年版）、徐庆儒主编《中国人民解放军革命战争后勤史简编》（金盾出版社 1991 年版）、苏士甲等著《中国人民解放军院校发展史》（国防大学出版社 1991 年版）和廖国良等主编《毛泽东军事思想发展史》（解放军出版社 1991 年版）等。军事人物方面重要著述有：当代人物丛书《陈毅传》、《徐向前传》和《罗荣桓传》（当代中国出版社 1991 年版）等。现分阶段按土地革命战争时期、抗日战争时期、解放战争时期将有关研究动态及成果综述如下：

土地革命战争时期军战史研究 土地革命战争时期军战史研究，本年度又有新的进展。据不完全统计，报刊发表的各类学术论文达百余篇，论著、资料集也多有出版。一些学术问题的研究和讨论逐步深入。

关于各地武装起义和农村革命根据地的建立 邓小平等领导的百色和龙州起义是继南昌起义等三大起义之后规模、影响较大的武装起义。陈德欣著文探讨了百色和龙州起义的策略思想。作者认为：这些思想具有创造性、开拓性，为中国革命积累了宝贵的经验。（《军事历史》1991 年第 1 期）关于井冈山斗争的研究是经久不衰的一个课题。邓启沛、唐永宁撰文对萍乡、安源革命斗争与井冈山根据地的关系作了分析（《萍乡教育学院学报》1991 年第 1 期）；杜玉麟著文就井冈山斗争对湘赣苏区的影响进行了探讨（《党史文苑》1991 年第 1 期）。研究各地武装起义的文章还见有：陈思明《枪杆子里面出政权的提出及其最初实践》（《党的文献》1991 年第 2 期），李雁鹰《广州起义与共产国际的关系》（《湘潭大学学报》1991 年第 3 期）等。

关于中央苏区肃反和“AB”团问题 这曾是党史、军战史研究中比较敏感和长期争论的问题。许多文章指出：苏区的肃反斗争犯了严重扩大化的错误。当时“AB”团已经解体，“社会民主党”在中国从未有过。故苏区肃清“AB”团和“社会民主党”的斗争是严重的臆测和逼供信的产物，混淆了敌我，造成了许多冤、假、错案。有的作者分析这一错误产生的根源是：对“AB”团性质认识不清，导致过度恐惧；“争取江西”的急切心理导致对赣西南党的错误估计；对知识分子的偏见造成对赣西南党的领导人的不信任；用对敌斗争方法解决党内矛盾使大规模冲突难以避免；将“立三路线”执行者当成“AB”团分子，使肃“AB”团行动急剧升级，造成肃反扩大化。作者认为，肃“AB”团和富田事变的发生，不仅与当时全党“左”倾情绪滋长有关，也是赣西南党内外矛盾长期演化的结果。这一错误的发生，为我们党留下了深刻的教训。（单人麟《试析肃“AB”团的复杂原因》，《争鸣》1990 年第 6 期）有人不同意上述观点，就此提出商榷。

关于红军第四次、第五次反“围剿”问题 中央苏区第四次反“围剿”的战略方针，是进攻路线、先发制人，还是诱敌深入，积极防御？对这一问题的认识直接影响到对第四次反“围剿”的评价。对此有的作者指出：应当依照战争进程实事求是地加以分析，而不宜简单地认定非此即彼。在这次反“围剿”中，进攻路线、先发制人曾经一度占过上风，并造成过损失；但纵观全局，特别是在具有决定意义的战争阶段，诱敌深入、积极防御则占据主导，因而取得最后胜利。正确的作战原则如集中兵力、各个歼灭敌人、运动战、速决战、歼灭战等，在战争实践中也得到充分体现。与第一、二、三次反“围剿”一样，党史特别是军史上应当给予它应有的地位。（赵平《尊重历史 实事求是——评述中央苏区第四次反“围剿”的战略方针与历史地位》，《党的文献》1991 年第 4 期）在中央红军第五次反“围剿”中，曾两次有人提出向外线转移的战略建议。建议者究竟是谁？有的作者指出：从周恩来、邓小平等人回忆看，这两次建议是毛泽东提出来的。（李安葆《第五次反“围剿”中向外线转移的战略建议是谁提出的？》，《教学与研究》1991 年第 4 期）有的作者不同意这种看法，认为向东进行战略外线作战的建议，是彭德怀、张闻天首先以不同的方式提出来的。当时的建议虽不够完善周详，但正是在此基础上，经过实践，形成了毛泽东以后有关论述的基本观点，形成了红军军事战略作战原则的更高总结。（丁长清《毛泽东是否提出过利用福建事件实行战略外线作战的建议》，《探索》1991 年第 4 期）

关于革命根据地的政治经济建设 农村革命根据地是红军建军作战的强大依托，政权建设是土地革命战争的重要内容。本年度有大量文著对革命根据地建设作了探讨。为纪念中华苏维埃共和国成立 60 周年，有的作者著文回忆红军赣州战役(方强,《人民日报》1991年9月29日),有的作者阐述了中华苏维埃共和国的创立及其伟大意义(尹世洪,《江西人大工作》1991年第10期)。有的研究者著文指出,在革命斗争实践中,井冈山、苏区、延安是一以贯之的几个中心环节,不能因为苏区时期曾受王明错误的干扰,就对提"苏区革命传统"表示怀疑。"苏区革命传统"是党的思想建设和作风建设的精华,是中华民族的瑰宝(彭业明,《赣南社会科学》1991年第2期)。以往军战史对经济问题研究得不够充分,现在逐步得到加强。"打土豪筹款"是红军的基本任务之一,是红军和革命根据地得以存在和发展的重要因素,有的作者分阶段对这一斗争的方式、特点和作用进行了探究。(秦俊鹰《土地革命战争时期"打土豪筹款"问题纵谈》,《党史研究资料》1991年第12期)

关于长征 近年来,关于红军长征又发掘和公布了一些新的史料。1990年第6期《党的文献》杂志首次公布了陆定一所写的《长征大事记》,引起了史学界的关注。钱江发表回忆材料,详细开列了长征中中央军委行军日程,对军战史研究具有参考价值。(《党的文献》1991年第6期)由国民党将领回忆录集成的《围追堵截红军长征亲历记》(中国文史出版社1991年版),从另一个侧面为研究红军长征提供了有益的资料。

关于突破敌第一道封锁线问题。红军长征初期,突破第一道封锁线较为顺利。有的作者从统战工作的角度对这一问题进行了分析,指出这与红军同国民党南路"围剿"军总司令陈济棠进行秘密谈判有直接关系。1934年11月,在周恩来、朱德等的布置下,红军代表同陈济棠的代表进行谈判,达成就地停战、互通情报、必要时可以互相借道等五项协议。红军突围长征时,陈济棠部让出了一条通道,这样,未经过激烈战斗,红军就突破了敌人的封锁线。(刘学民《红军与陈济棠的秘密谈判》,《军事历史》1991年第3期)

关于四渡赤水战略目标问题。以往学术界的主要观点是:红军这一行动的目标是为了跳出敌军围追堵截,或是为了入川建立新的根据地。有的作者就此提出了新的看法,认为四渡赤水的战略目标,是争取创建川滇黔边区新根据地。文中指出:四渡赤水的战略目标虽未能实现,但其意义并未稍有逊色。长征初期,红军在总体上处于战略退却地位,敌人则处于战略进攻的地位。遵义会议后,红军由消极防御转变为积极防御,充分发挥运动战待机而动的特点,主动而从容地作了战略大方向的转移,这是一个根本性的改变。在既定目标不能实现时迅速转换方案,这是遵义会议后恢复党的实事求是路线在军事上的生动体现。(陈集忍《四渡赤水战略目标再探》,《党的文献》1991年第1期)有人认为,"四渡赤水"这一概念是以后形成的。就这一作战行动本身来说,有一个逐步发展的过程,实际并无完整的计划和既定的目标,故上述提法不准确。

关于调动云南敌军问题。以往党史、军战史的传统说法是,红军南渡乌江,佯攻贵阳,蒋介石急调援军,从而调动了云南敌军,为红军突破围堵创造了条件。有的作者提出质疑,称:红军南渡乌江后,离贵阳城最近处约有50公里,贵阳并非危在旦夕;滇军当时距贵阳约300公里,而湘军则近得多,用不着滇军"保驾"。蒋介石令滇军南下并非救援贵阳,而是担任侧翼堵截,防止红军从黔西或清镇突出包围圈。(元江《关于中央红军南渡乌江转战云南几件史实的订正》,《南开学报》1990年第5期)有的作者著文分析了蒋介石与滇系军阀龙云的矛盾,指出这一矛盾客观上为红军抢渡金沙江创造了有利时机。(张国星《蒋滇矛盾与红军巧渡金沙江》,《党史研究资料》1991年第4期)

关于红军开展民族工作问题。执行党的民族政策是红军历史,特别是长征史研究中又一个重要课题。1990年底在贵阳举行了"红军长征时期党的民族政策学术讨论会"。会议着重就长征前党的民族纲领、长征中党的民族政策的理论与实践、少数民族对长征的贡献等问题进行了研讨,在许多问题上取得了一致的看法。(顾大全整理《红军长征时期党的民族政策学术讨论会综述》,《贵州民族研究》1991年第1期)有的作者对长征中党和红军有关民族政策的文献进行了详细分析,认为这一时期的民族工作有下述特点:第一,冲破了教条主义的严重束缚,注意把马列主义民族理论同中国革命的具体实践紧密结合起来;第二,紧紧围绕党的中心工作,制定与实施民族政策。(殷子贤、井家卓《红军长征时期党的民族政策文献辑要》,《党的文献》1991年第3期)有的作者对红军长征中民族工作的成功经验作了论述,即:以解放各族人民为宗旨处理民族问题;坚持民族平等和民族团结;帮助少数民族建立革命武装;动员少数民族参加红军;进行民族区域自治的大胆尝试;贯彻宗教政策、统战政策,尊重少数民族风俗;培养少数民族干部,尊重少数民族语言文字。正确实行党的民族政策,是红军取得长征胜利的重要保证。(吴启权《红军长征过四川时的民族政策和民族工作》,《中共党史研究》1991年第6期)

关于南方三年游击战争中的反经济封锁斗争问题 有的作者指出:由于国民党在"清剿"中实行军事、政治、经济同时并举的方针,红军和游击队不得不全方位地进行反"清剿"斗争。与军事、政治斗争紧密结合的反经济封锁的斗争是南方三年游击战争的一个重要方面。其主要内容有：开展反“移民并村”、反“封山”斗争；尽可能设法打破敌人“济匪者杀”的条规；深入敌人后方筹措物资和经费；调整对土豪、对商人的政策，兼顾筹款与发展经济；创办新型合作社，保障游击区的物资供应；依靠人民支援。反经济封锁斗争丰富了人民军队关于加强军事经济和后勤建设的经验和思想，是人民战争思想宝库的一个组成部分。（姜廷玉《南方三年游击战争期间反经济封锁斗争述略》，《党史研究资料》1991年第5期）

关于西安事变 以前一种流行的说法认为，中共中央关于和平解决西安事变的方针是根据共产国际的指示作出的。根据对有关档案的周密研究，许多文章指出：中共中央关于和平解决西安事变的决定是独立自主地作出的。起先共产国际虽曾致电中共中央，但因电码错乱，未能译出。在此期间，周恩来在致中央电中提到“答应保蒋安全是可以的”，中共中央在致国民党中央的电文中也公开提出可以保障蒋介石的安全自由。后来中共中央才收到并译出共产国际重新拍发的电文。（中共中央党史研究室编著《中国共产党历史》（上卷），1991年版）和平解决西安事变，不仅是一场政治斗争，而且必须辅之以相应的军事行动。有的作者著文指出：西安事变发生后，中共中央确定了军事、政治“两手”“双管齐下”的策略，一方面在西安多方斡旋，一方面保持同东北军、第十七路军三位一体，积极备战，文武配合，打击了国民党主战派的气焰，有力地促进了西安事变的和平解决。作者认为，对于“武”的一面也应有足够的重视和研究。（宋毅军《略述西安事变前后的任弼时和彭德怀》，《军事史林》1991年第6期）

关于东北抗日义勇军问题 中国现代史上的东北抗日义勇军应否包括共产党领导的东北抗日武装？以往的一些史著中大都作了否定性的叙述。有的作者对此提出商榷。他们认为，东北抗日义勇军是东北各种名义的抗日武装的总称，不能把共产党领导的东北抗日武装人为地排除在外。“九一八”事变后，共产党直接领导创建的十余支抗日游击队，是义勇军的一部分。经过艰苦斗争在此基础上发展起来的东北人民革命军，及尔后改称的东北抗日联军是义勇军的中坚力量，是义勇军的主体。作者认为，把共产党领导的东北抗日武装排除在义勇军之外的观点，未能准确地反映东北抗日游击战争这个重大历史事件的真相及其内部联系，未能准确地反映共产党领导的抗日武装在东北抗日游击战争中的地位，是不确切的。（王汉鸣、刘庭华《关于中国共产党领导的东北抗日武装与义勇军关系问题的商榷》，《军事历史》1991年第1期）

关于军事人物研究 1927年至1935年间在周恩来直接领导下创建和发展起来的“中央特科”，是党中央的政治保卫机关，是一个执行特殊使命的武装组织。在极其严酷复杂的斗争环境中，为保卫党组织的安全，开展对敌斗争、惩办叛徒、获取情报、发展通讯联络等方面起到了重要作用。有的作者著文对周恩来在创建和领导“中央特科”过程中的贡献作了较为全面的论述（林浓《周恩来与“中央特科”》，《军事史林》1991年第2期）。有的作者著文对项英在中央苏区的功与过进行分析，认为项英是一位功大于过的重要领导人。其功绩与贡献主要为：领导组建了苏区中央局；在中央苏区最终取消了表现立三路线的组织形式，较好地处理了“富田事变”；参加筹建中华苏维埃共和国，主持临时中央政府的日常工作；与陈毅一起领导了南方三年游击战争。其主要错误为：曾一度附和与执行了“左”倾冒险主义的军事路线。在三年游击战争的过渡阶段没有及时地转变斗争方式，开展分散的游击战争；秘密处决了一批“人犯”，使一些革命同志蒙受了不白之冤。作者认为，项英犯错误的主观原因是文化、理论水平不高，缺乏辨别真假马克思主义的能力。他对革命事业赤胆忠心，具有坚强的组织纪律性，但没有系统学过马列，只知“唯书”、“唯上”，结果做了教条主义的俘虏。（刘勉玉《项英在中央苏区的功与过》，《江西大学学报》1991年第1期）宁都起义后成立的红五军团，对中国革命事业做出过重大贡献，而一些史著中却没有提及总指挥季振同的名字。有的作者认为，季振同是宁都起义主要领导人之一，其起义动机是纯正的；起义后协助整编部队、经受反“围剿”考验；与敌策反阴谋作斗争，并光荣入党。季振同被错杀，是党的重大损失。（李直《有关季振同的几个问题》，《军事历史》1991年第6期）

（江　英）

抗日战争时期军战史研究 1991年，抗日战争时期中国人民解放军的军战史研究继续向深广方向发展。各类杂志发表的论文及出版的书籍，据不完全统计共有200余种(册)，所涉及的问题主要有以下几个方面。

关于抗日战争的起点 这一问题是学术界争论已久而始终没能形成统一认识的问题。以前主要有两种观点：一是抗日战争应从“七七”事变算起。理由是：“七七”事变前中国的抗日斗争是局部的、间断的，没有形成全民族抗战的形势，尤其是蒋介石正在进行“围剿红军”的内战，国内阶级矛盾大于民族矛盾，因此，“七七”之前的抗日斗争只能是抗日战争的序幕。二是抗日战争应从“九·一八”事变算起。理由是：自1931年起，日本已把征服中国从计划变为行动；中国的国内阶级矛盾已降到次要地位，民族矛盾已上升为主要矛盾，因此，抗日战争应从“九·一八”事变为起点。有作者撰文提出了一种新的观点，认为：抗日战争史有两种含义，一是中国人民的抗日战争史，这是专史，可以叫作狭义的抗日战争史；另一种是中国通史上的抗日战争时期，它是中国通史的一个阶段。

狭义的抗日战争史，着眼于中日战争或与战争直接有关的事情。作为通史的抗日战争则着眼于中国的整体，除了战争的发展变化外，还着眼于全国政治、经济、文化的发展变化。作为专史，抗日战争可以从“九·一八”事变开始。因为从“九·一八”之后，中国人民的抗日斗争一直持续不断。作为中国现代史一个特定时期的抗日战争史，即作为中国通史一个阶段的抗日战争史，则应从“七七”事变开始。因为从整个国家的政治、经济、军事、文化、国际关系、国内阶级关系这个综合体来看，“七七”事变以前对日抗战还不是整个国家政治生活的中心，还不是中国各阶级各党派各政治军事集团共同的政治活动中心。国内阶级矛盾是主要矛盾。从“七七”事变以后，全国进入抗战状态，抗日成为中国各阶级、各政治集团、各军事集团的主要任务。从地域上说，全国绝大部分地区都直接间接地卷入战争，抗日战争成为全国各族人民的中心任务。所以，从通史的角度讲抗日战争应该从“七七”事变开始。作者认为：根据抗日战争史的两种含义，它们的起点和所经历的时间也可以不同，两种主张可以并存。（王桧林《有关抗日战争史的三个问题》，《中国现代史》月刊 1991 年第 8 期）

（耿成宽）

关于抗日战争的战场 有的作者不同意把中国抗日战争说成是完全由共产党领导的抗战；也不同意有些港台作者把抗日战争说成是完全由国民党领导的抗战；也不同意那种认为是由国共两党各自领导和分别进行的抗日战争的观点，提出了“一个战争、两个战场、三种政权”的看法。一个战争，是指全中国人民进行的一场抗击日本侵略的民族解放战争，即抗日战争。“两个战场”指的一个是中共领导的抗日军民同日军作战的战场；另一个是国民党军队与日军作战的战场。这是当时中国抗战最大的特点。这种状况难免消耗一部分中国军队的战斗力，但也使日军不论在前方或后方都处于中国军队的包围中疲于奔命，这是日军失败的重大因素之一。“三种政权”是指抗日战争时期，在中国并存的代表不同政治经济文化制度的三种政权，即共产党政权、国民党政权、日伪政权。这是中国抗日战争时期特有的历史现象。作者认为，这样概括更符合整个抗日战争时期的中国历史。（王桧林《抗日战争时期的中国总格局》，《抗日战争研究》1991 年第 2 期）

关于中国抗日战争的地位和作用 以往对中国抗日战争的伟大意义和作用估价不够充分，有些国家的作者甚至违背历史事实，抹杀中国人民在抗日战争中对世界反法西斯战争所作的贡献。许多作者对此进行了充分论述，通过大量史实和数据指出，从“九一八”事变到 1935 年，在中国军民抗击下，日军死伤总数达 17 万多人；1937 年抗日战争全面爆发后，战区面积达 160 万平方公里，战区人口达 1.5 亿，直接、间接参战的约 4 亿人，实际上是第二次世界大战在亚洲的总爆发。在 14 年的抗日战争中，中国军队会战 22 次，重要战役 200 余次，大小战斗近 20 万次；日军被歼 150 余万、投降 128 万；中国军队伤亡达 380 余万，人民死伤 1800 余万，战争损耗达 1000 多亿美元。这一切表明，在打败日本帝国主义的过程中，中国人民作出了巨大牺牲，承担了这一历史重任。中国的抗战，使日本花费了 1800 余亿日元军费（含太平洋战争），耗尽了国力，这对于日本帝国主义的崩溃具有决定意义；中国的抗战还牵制了大量日军，使苏联避免了东西两线作战并最终战败德国，也减轻了美英在太平洋战场的压力，对世界人民反法西斯战争的胜利作出了重大贡献。（罗焕章《中国抗日战争对打败日本帝国主义的伟大贡献》，《抗日战争研究》1991 年第 2 期；聂月岩《中国战场在世界反法西斯战争中的地位和作用》，《社会科学辑刊》1991 年第 5 期）

（陈　力）

关于中国共产党在抗日战争中的地位和作用 有的作者撰文从正面和敌后两个战场，在八年抗战的逐年对比中，对抗日游击战争的历史地位，即中国共产党在民族革命战争中的历史地位作了全面的阐述。认为：中共领导的敌后抗日游击战争，从全国抗战一开始就开创了一个最活跃、最有生机的独立自主的敌后战场。战略上处于外线作战的八路军、新四军向着敌人的后方展开了广泛地进攻，牵制了大量日军，阻止了日军的进攻。进入战略相持阶段后，日本主要进攻目标指向共产党领导的敌后战场。八路军、新四军在敌占区发动群众，组织抗日武装，建立抗日根据地，广泛开展游击战，粉碎了日军的连续“扫荡”，给入侵之敌以沉重打击，胜利渡过了最困难的时期，使敌后战场的游击战成为中国抗战的中流砥柱。在战略反攻阶段，八路军、新四军举行了持续 20 个月的攻势作战，在中华民族抗日战争史上留下了光辉的一页。（张宏志《中国共产党是抗日战争的中流砥柱——论抗日游击战争的历史地位》，《人文杂志》（西安）1991 年第 4 期）

关于抗日战争战略指导问题 有的作者认为：中国共产党在抗日战争战略指导上提出了全民族的抗战

路线，持久战的战略方针以及挺进敌后开辟战场等战略决策。作者认为，中国抗日游击战争的规模及指导艺术，在战争史上是空前的。敌后游击战争是中国坚持持久抗战、转弱为强，最后战胜日本的最有效的作战形式，具有重要的战略地位。（罗焕章《中国抗日战争对打败日本帝国主义的伟大贡献》，《抗日战争研究》1991年第2期）

关于中国共产党的对美政策　有的作者撰文对中共的对美政策作了系统地研究，认为从全面抗战开始到太平洋战争爆发，中共提出了与美国建立反日统一战线的主张，即：一方面力争美国援助中国抗战，并通过它对国民党政府的影响，支持中国共产党提出的团结抗日和国民党实行民主改革的主张；另一方面坚决反对美国对日本的妥协绥靖政策。从太平洋战争爆发到1944年11月赫尔利访问延安，这是抗日战争时期中共与美国关系较好的阶段。从赫尔利访问延安到抗日战争胜利，这一时期，中国共产党在继续争取与美国建立抗日合作关系，维持国际反法西斯统一战线不致破裂的同时，又增加了反对美国的扶蒋反共政策、防止美国在战后控制中国等新内容。作者认为，抗日战争时期中共对美政策虽几经变化，但始终以争取美国的同情和支持、与其建立友好关系为中心，其根本原因就是为了联合一切可能联合的力量，壮大人民革命武装，制止内战，完成打败日本侵略者、建立新中国的双重历史使命。（袁振武《抗日战争时期中国共产党的对美政策述论》，《西北大学学报》哲学版1991年第1期）有的作者对中共对美政策的起源与确立作了探讨，认为：从1936年的中期至1941年底，是中共对美政策的起始阶段。在这个阶段，中共与美国官方人士的联系微乎其微，同美国的关系实际上是一种间接的关系。在经历了一个曲折的摸索过程之后，以太平洋战争的爆发为标志，最终确立了与美英等国建立反日统一战线的政策。（章百家《抗日战争前期中共对美政策的起源与确立》，《近代史研究》1991年第5期）有的作者则认为：在抗日战争前期，中共与美国虽然未建立正式的官方关系，但中共坚定不移地实行建立国际抗日统一战线的策略，对美国开展了卓有成效的民间外交，从而影响了美国的舆论，也在一定程度上影响了美国政府对华政策。（陶文钊《抗日战争前期中国共产党与美国的关系》，《中共党史研究》1991年第1期）还有人撰文对抗日战争时期中共对外政策的演变过程及其特征作了较全面的探讨。（牛军《抗战时期中共对外政策的演变》，《抗日战争研究》1991年第1期）

关于皖南事变发生的原因和背景　1991年是皖南事变50周年，先后于1990年12月在安徽省泾县召开了“纪念皖南事变50周年学术讨论会”；于1991年4月在河南省洛阳市召开了“新四军历史事件学术讨论会”。关于皖南事变发生的原因和背景，有的作者把这一事件放在当时的国际、国内的客观环境中去考察。他们认为：在皖南事变爆发前，苏联从本国利益出发，为了确保东部边界的安全以全力对付德国，决定大力支持和援助国民党政府，借助蒋介石的力量去减轻日本对苏联的军事压力。在一定程度上助长了国民党顽固派的反共气焰，成为皖南事变发生的重要原因之一。皖南事变发生后，共产国际根据苏联的需要，又极力主张采取息事宁人的态度，在对国民党顽固派进行质问和谴责的同时，要求中国共产党对蒋介石让步，以退让求团结。中国共产党坚持独立自主的原则，采纳了共产国际和苏联的意见中正确的部分，确定了在政治上取攻势，军事上取守势的策略，维护了国共合作的抗日民族统一战线。（刘以顺《共产国际与苏联在皖南事变前后》，《安徽省委党校学报》1991年第1期）

关于抗日民族统一战线　有的作者对中共抗日民族统一战线策略方针的确立，尤其是对由抗日反蒋到逼蒋抗日策略方针的转变，作了探讨。认为：从“九·一八”事变至遵义会议前，中共实行的是“左”倾关门主义的错误方针，未能真正确立抗日民族统一战线的策略方针。中共抗日民族统一战线策略方针的初步确立，始于“八一宣言”，完成于瓦窑堡会议，最后完善则是由抗日反蒋转向逼蒋抗日。西安事变的和平解决和国民党五届三中全会的召开，标志着中共逼蒋抗日方针的实现。作者还认为：中共之所以能实现由抗日反蒋到逼蒋抗日策略方针的转变，是因为：第一，瓦窑堡会议后经过中共的不断努力，全国范围的抗日民族统一战线已初具规模，并且日益扩大，这就为逼蒋抗日打下了基础；第二，对蒋介石的政治态度及其在国民党中的作用和影响有了进一步了解。（张大军《浅谈中国共产党抗日民族统一战线策略方针的确立》，《河北师院学报》（社科版）1991年第2期）有作者对国共两党在抗日战争爆发前后五次谈判的大致过程进行了较详细的叙述及分析，并从中总结了这些谈判的历史经验。认为：五次谈判无结果而终了的主要症结，在于作为谈判一方的国民党，始终抱有取消中共独立性及单方面接收中共领导的武装力量这一不合理的目标。五次谈判虽无结果而终了，但却在中国抗日民族统一战线的具体形式下发挥了不容忽视的积极的历史作用。这些谈判使国共两党有了对话和了解对方意见及立场的机会，并为国共两党提供了重要的联系纽带。八年抗战国共联合抗日的局面未致破裂，这与谈判所起的作用是分不开的。（汪新《抗日战争时期国共谈判的历史经验和启

示》,《统一论坛》1991年第5、6期)

(耿成宽)

解放战争时期军战史研究 1991年,中国人民解放军解放战争时期军战史研究取得较大进展。各类报刊、各种学术会议发表有关论文近百篇;出版了许多重要专著和传记,现将有关论者涉及的重要而新颖的观点和主要内容综述如下。

关于过渡阶段中共中央的斗争策略和方针问题 有的作者针对一些论著把毛泽东提出的"针锋相对,寸土必争"的方针当作中共在整个过渡阶段的全般指导方针的观点提出了不同意见。指出:中共在抗战胜利后提出的是"和平、民主、团结"的指导方针。其基本精神是力争和平民主,准备自卫战争。随着国际国内形势的变化,中共中央的注意力和工作重点也有变化。这样的表述,是以史实和档案为依据的,恢复了历史的本来面目。(中共中央党史研究室著《中国共产党历史(上卷)》,人民出版社1991年版)有的作者还对毛泽东、中共中央在过渡阶段斗争实践中总结出的一整套和平谈判和武装斗争相互配合的理论和策略作了概括。(廖国良等著《毛泽东军事思想发展史》,解放军出版社1991年)

关于国共调处机构的名称问题 一些作者将过渡阶段国共谈判中出现的三人会议(又称三人委员会或三人小组)、军事三人小组(又称三人军事小组或军事小组)和军事调处执行部(简称军调部)三个调停机构的名称、成员、任务、活动时间混为一谈。有的作者著述对之作了区别。作者写道:三人会议是国共双方为解决争端协议组成的机构。其成员是国民党代表张群(后为张治中、陈诚、徐永昌)、共产党代表周恩来和美国代表马歇尔,马歇尔任主席。其职责为处理有关停战、恢复交通和受降事宜,方法采取协商一致的方式,每方都有否决权。其活动时间是1946年1月7日至1947年1月底。军事三人小组是根据国共双方协议成立的。其成员是张治中、周恩来和马歇尔,马歇尔担任顾问。其职责是讨论整编国共军队,并提出整编方案。它于1946年1月23日成立,同年2月下旬结束。军事调处执行部是为了贯彻实施停战协定成立的执行机构。由国民党代表郑介民、共产党代表叶剑英和美国代表罗伯逊为委员组成。各委员有表决权和互商权,美方代表为主席,一切事宜均须由三方委员一致通过。其活动时间是1946年1月14日至1947年1月底。(中共中央党史研究室一室编著《〈中国共产党历史(上卷)〉注释集》,中共党史出版社1991年;何平《关于战后国共谈判有关问题的探讨》,《学海》1991年第3期)

关于东北早期谈判方针 易飞先认为,中共解决东北问题的总方针是:在国民党承认共产党地位的前提下,与国民党在东北合作,争取和平解决东北问题。对此,周恩来与中共中央的意见是一致的。但在要不要承认国民党有权进驻苏军撤退区的问题上,作者提出一种新观点,即中共中央和周恩来之间存在分歧。中共中央的态度是决不轻易让出东北民主联军现有地盘,反对国民党接管苏撤区,保持中共在东北的优势地位。而周恩来根据1945年8月14日苏联与国民党签订的《中苏友好同盟条约》和国共双方于1946年1月10日签订的停战协定的有关规定,建议中共中央从谈判和宣传上考虑,同意"国军为恢复主权,可接收中长铁路及苏军撤退区",并在未接到中共中央复电的情况下,与国民党代表达成六点协议。其中第4点规定,国民党有权派兵进驻苏撤区,"包括长春路两侧各三十华里在内"。后来根据中共中央和东北局的意见,周恩来对第4点规定作了修改。(《周恩来在国共谈判期间对东北和宪草问题的几点看法》,《党史研究资料》1991年第10期)

关于战略防御阶段中共中央的指导方针问题 80年代以来,一些论著对战略防御阶段中共中央的基本方针和作战方针的名称及其形成经过进行了深入的研究。有的作者认为,在战略防御阶段,中共中央确定的基本方针是以自卫战争粉碎蒋介石的军事进攻,并在实施过程中作了具体的调整。其表现为三个变化:一是从自卫战争到全国解放战争的变化。全面内战爆发前后,中共的口号是"自卫战争",旨在以自卫战争争取议和。全面内战爆发后,中共中央逐步准备以长期的战争来打败蒋介石。到1947年3月,国民党军攻占延安后,中共中央的基本指导思想转变为以人民解放战争推翻国民党的统治。二是从外线出击到内线防御作战方针的变化。1946年6月下旬,中共中央拟定了一个以主力部队南北两线大举外线出击、夺取城市和以地方部队去扩大解放区的作战计划。到1946年9月16日,以毛泽东为首的中共中央根据战争的实际情况,提出"以歼灭敌军有生力量为主要目标,不以保守或夺取地方为主要目标"的作战原则,逐渐放弃外线出击,改取内线防御的方针。三是在国共谈判中从努力争取和平到着重揭露国民党、教育群众的变化。(中共中央党史研究室一室编著《〈中国共产党历史(上卷)〉若干问题说明》,中共党史出版社1991年版)

关于战略进攻阶段 关于毛泽东接受粟裕暂缓渡江建议的问题。全国解放战争战略进攻阶段,毛泽东、中共中央军委为改变中原战场的拉锯形势,制定了派华东野战军主力纵队南渡长江,在湘赣浙闽诸省执行宽大机动作战的计划(又称"向江南作战略跃进"方案)。有的作者对之作了详细论述。(1)关于方案形成的时间。作者写道:跃进江南方案是由毛泽东亲自拟定的。最早形成于1947年7月23日毛泽东致刘伯承、邓小平的电报。当时是作为整个战略反攻计划的一翼加以布置的,计划派华东野战军2个纵队出闽浙赣;10月15日,毛泽东电令陈毅、粟裕在1948年4月以1至2个纵队出皖浙赣;11月28日,毛泽东致电粟裕,将计划改为1948年8月以后,派一部分部队渡江南进;到1948年2月初,毛泽东经和陈毅、粟裕反复商议,最终定下了派华东野战军3个纵队于同年3月下旬渡江南进的方案。(2)关于暂不实施渡江南进方案的确定。作者写道:毛泽东非常钟爱渡江跃进的方案,认为此举必将促使蒋介石统治迅速崩溃。对此方案,陈毅是赞成的。但粟裕于1948年1月31日给中共中央军委复电,在提出南渡具体时间、路线的同时,建议将当时在中原的3支部队交刘邓指挥,采取忽集忽散战法,打几个歼灭战。4月18日,粟裕经再三权衡,向中共中央军委发出长电,建议暂缓渡江。此后,毛泽东召见陈毅、粟裕面商,并接受了粟裕的建议。实践证明,"歼敌主力于长江以北"是更有利的。(《陈毅传》,当代中国出版社1991年版)也有作者认为,粟裕早在1948年1月22日致中共中央军委的"子养电"中已提出了改变中原战局、发展战略进攻的设想,并认为它是3个纵队暂不渡江南进建议的蓝本。(张效琳《试析粟裕改变中原战局的构想——子养电》,见《论粟裕的军事理论与实践》一书,国防大学出版社1991年版)

关于中共中央书记处1948年5月会议(即城南庄会议)。由于至今尚未发现这次会议的正式记录,一些论著对之仅作了泛泛的介绍。李明华则采用中共中央档案馆有关材料,撰文对这次会议作了比较详细、全面的论述。(1)关于会议时间。一般认为是4月30日至5月7日。作者认为有关人员全体出席会议的时间是5月3日。(2)关于会议的主要议题。作者认为是毛泽东提出的"军队向前进,生产长一寸,加强纪律性"的方针。这三条方针具有战略意义,是这次会议的基本精神,也是夺取全国胜利的基本方针。(3)关于会议的评价。作者认为这是中共中央部署夺取全国胜利的一次重要会议。(《部署夺取全国胜利的一次重要会议——城南庄会议述评》,《党的文献》1991年第5期)

关于战略决战阶段 关于战略决战作战方针形成的时间问题。有的作者认为,"1948年秋决定";有的作者认为,在三大战役前中共中央已确立同国民党进行战略决战的思想。《〈中国共产党历史(上卷)〉若干问题的说明》一书在吸取80年代以来史学界研究战略决战历史的成果的基础上,指出:在三大战役以前,中共中央既没有把将要展开的作战称为"战略决战",也不可能明确提出将要举行三个战役和各个战役的具体方针。三大战役和各个战役的作战方针,是随着战争实践的发展不断总结作战经验,渐次推进、逐步演化形成的。

关于济南战役。大多数论著对济南战役的研究侧重于作战方面。有的作者则从另一个侧面对济南战役进行了研究。作者认为,济南战役不仅开创了人民解放军夺取大城市的先例,而且还开创了人民解放军接管大城市的先例。并概括了5条经验:(1)组成军事管制委员会,实行军管;(2)攻城部队、警备部队和接管人员认真学习和贯彻城市政策,严守纪律;(3)接管人员必须紧随攻城部队前进;(4)安定人心是军管会的首要工作;(5)正确处理国民党家属人员和接管其物资。(周宏雁《济南战役首创夺取与接管大城市之先例》,《军事历史》1991年第5期)

关于淮海战役。《毛泽东选集·第四卷》(人民出版社1991年版)关于《关于淮海战役的作战方针》电文的注释,参考了史学界80年代以来的最新研究成果,对1964年版注释中对淮海战役作战方针的形成过程未作说明的不足作了补充,阐述了由小淮海战役方案到大淮海战役方案的战略认识的演变过程。此外,有的作者还从战役时间少于原来的预计、战役胜利对渡江战役的影响大于预计、歼灭国民党军总数多于估计、人民解放军伤亡人数低于预计等方面对中共中央军委在淮海战役中的战略指导进行了深入的探讨。(周军《淮海战役的伟大胜利与中央军委对战局的估计》,《党史研究资料》1991年第8期)

关于平津战役。对1949年1月31日新华社广播的《林彪、罗荣桓为敦促和平解决北平问题致傅作义函》(又称通牒)的必要性,史学界存在着两种绝然相反的意见。一种意见认为发此通牒没有必要,因为当时北平问题已经和平解决,发此通牒会对傅作义起消极影响。持不同意见的赵友慈则认为发此通牒十分必要。理由有三:一是形势所需。通谍可促使处于犹豫观察的国民党军政要员认清大局,丢掉幻想;二是向傅作义敲警钟;三是减轻国民党中央军和特务对傅作义的压力。(《北平和平解放时一件通牒》,《中共党史研究》1991年第2期)

关于"紫石英号事件" 全国解放战争时期,人民解放军在渡江战役中与英国军舰发生冲突,史称"紫石英号事件"。对于这一事件,史学界存在不同看法。(1)国民党军舰有无卷入。《毛泽东选集·一卷本》(人民出版社1964年版)注释说:"侵入我国内河长江的紫石英号等四艘英国军舰和国民党的军舰一道向我开炮,……我军进行还击”(第1350～1351页)。人民出版社1991年版《毛泽东选集·第四卷》改为:“侵入中国内河长江的紫石英号等四艘军舰先后驶向人民解放军防区,妨碍渡江,中英双方发生了军事冲突”(第1461～1462页)。这里否认了国民党军舰曾参与此事。(2)谁先开炮。许多论著称是英军舰先开炮。《中国共产党历史(上卷)》记述为“英国‘紫石英’号等4艘军舰闯进长江人民解放军防线,不顾解放军鸣炮警告,强行溯江上驶,双方发生激烈炮战”。

(杨学军)

中国近代军战史研究　鸦片战争时期

1991年,鸦片战争时期军战史的研究,主要集中在以下几个问题上。

关于中国近代史的开端问题　1840年发生的鸦片战争是中国近代史的开端的观点,已为学术界所公认。但有些外国学者却把它提前到宋代、明清之际或清代康熙年间;有些中国学者也发表了诸如开端在1644年、1839年、1861年、1905年等不同意见。对此,有研究者进行了综合归纳和评述:

(1)关于“1839年开端说”。论据有二,一是中国在这一年开始禁烟,与侵略者展开了正面的斗争;二是英国决定出兵远征中国,并发生了进攻中国水师的战斗。作者认为事实并非完全如此,因为:①清政府查禁鸦片并非始于1839年,早在1836年就已开始;②从中外历史上看,确定重大历史时期的起点,都不是以战前的偷袭和挑衅事件为标志。

(2)关于“1644年开端说”,即“清朝入关开端说”。其理由是,此时恰好与世界近代史的上限——17世纪40年代相吻合。作者认为,这种观点是违背历史事实的。因为,世界不同地区、国家、民族间的历史和社会发展是不平衡的,所以,各国近代史的开端也不一样。1644年清兵入关,建立了满汉地主阶级的联合专政,但中国封建社会的性质并没有改变。这与1640年的英国资产阶级革命是有本质区别的。如果将这时定为中国近代史的开端,就掩盖了西方侵华而引起的中国社会性质变化的事实。

(3)关于“1861年开端说”。理由是1840—1861年间,中国社会性质并未发生根本变化,只是到1861年辛酉政变后确立了大地主阶级、大买办阶级统治的政权,内外政策才随之发生变化,在中国形成了半殖民地半封建的统治秩序。作者指出,实际上,自1840年鸦片战争后,中国社会性质就发生了根本性的变化,“实为数千年来未有之变局”,认为未有根本变化是不符合历史事实的。当然,变化有个过程,说中国从鸦片战争起“开始”进入半殖民地半封建社会,并不是说此时就完全形成了这种社会形态。作者认为,“开端”与“形成”是有区别的。

(4)关于“1905年开端说”。论据是以鸦片战争为近代史开端,有悖于“近代”这一历史概念的科学含义。从中外各国历史演进的共性来说,应把1905年同盟会的建立作为近代史的开端。作者认为,历史学上的“近代”并不是一个科学概念。在国际上,习惯将资本主义社会时期称为近代社会。但在中国历史上由于没有单纯的这个社会时期,只有相当于资本主义社会范畴的半殖民地半封建的社会形态,因此,以鸦片战争为中国近代史的开端是符合历史实际的。如果“1905年开端说”成立的话,那么此前60多年的历史无疑属于封建社会,这就势必掩盖西方国家侵华所造成的半殖民地半封建社会的历史罪行。

至于把中国近代史开端提前到宋代、明清之际或清代康熙时,只是个别研究中国史的外国学者,把资本主义萌芽现象任意曲解为资本主义社会的产生,从而造成的错觉。(徐立亭《评中国近代开端说》,《史学集刊》1991年第3期)

关于中国的军事近代化问题　有研究者认为,中国军事近代化发端于19世纪60年代开始的清军的洋枪洋炮装备和洋式操练,发展于19世纪80年代中国近代海军的建立,全面推行于19世纪90年代至20世纪初新军的编练。作者提出,中国军事近代化有4个特点:它的起步是以民族矛盾和民族斗争日益尖锐为前提,并不完全依赖于经济的发展,具有鲜明的反侵略爱国性;不断推进军事近代化的最根本动因是民族危机的日益加深,具有鲜明的军事救国的特点;主要的途径是“师夷长技”,从总体上看是机械、生硬地照搬与模仿;在儒家思想、传统观念的制约和影响下,使这一活动打上了“中国传统”的印记。所有这些都是由19世纪40年代后特定的国际环境和中国的经济、政治、思想文化所决定的。(季云飞《简论中国军事近代化的特点》,《历史教学》1991年第8期)

关于禁烟运动中的“严禁派”与“弛禁派”问题　学术界一般认为,在禁烟问题的态度上,清朝统治阶级内部分为“严禁”与“弛禁”两派,并把1838年因黄爵滋上奏引发的围绕禁烟展开的大讨论,说成是两派间的一场激烈斗争。对此,有研究者提出了不同看法,认为,把凡不赞成将吸食鸦片者论死的人,都说成是“弛禁派”,是缺乏足够论据的。关于这次大讨论,无论是从问题的提出来看,还是讨论的过程和结果来看,都是为了禁止鸦片的贩运和吸食,并不是一次禁烟与反禁烟的争论,更没有在政治上形成两派。(杜江南《鸦片战争150周年学术研讨观点综述》,《社科信息》1990年第12期)

太平天国时期　1991年是太平天国革命运动140周年，国内外学者对这一时期历史的研究比以往更加深入，学术探讨和争鸣也十分活跃。

关于洪秀全学习西方问题　有研究者认为，在睁眼看世界问题上，洪秀全应与林则徐并驾齐驱；在向西方学习问题上，洪秀全比林则徐还早。他们睁眼看世界虽然都是由于西方侵略引起的，但林则徐代表的是统治阶级，目的在于"师夷长技以制夷"，以挽救封建朝廷；而洪秀全则是借上帝与基督之剑，斩除邪恶，推翻清朝。可以说在此问题上，前者重"物质"，后者重"精神"，二者是对立统一的。研究者认为，洪秀全因为利用了西方的基督教，使得太平天国染上了近代色彩。他是近代史上中国第一个提出完整的方案试图改造中国的人，他的改革是先从意识形态入手，这比林则徐的"师夷长技"要高明。他之所以能够将基督教"中国化"，是因为鸦片战争造成的反效应。（方志钦、许丽娟《鸦片战争的两极反效应》，《广东社会科学》1991年第4期）

关于太平天国的兵法　有研究者认为，太平天国的兵法是在战争实践中总结出来的，它达到了中国农民战争兵法的最高峰。从它的全部战史看，其战略指导思想是争取战争的主动权与掌握战争的灵活性；从它的战术看，非常重视间谍、行军、埋伏、劫营、撤退和游击性的运动战；从它的阵法看，主要有防袭击和遭遇战的"牵线阵"、三队平行配置的战斗队形"螃蟹阵"、使用疑兵的"百鸟阵"、隐蔽伏击的"伏地阵"。为了适应战争需要，还创造了许多新颖的筑城办法，以营寨的构筑为例，就有夹江、夹河、阻山、夹市、以村庄构筑、包营、包城为营，以及木排水城等8种。另外，还有与其配套使用的望楼、浮桥、地道等。（罗尔纲《太平天国的兵法》，《社会科学战线》1991年第1期）

关于天京内讧问题　学术界历来认为，天京内讧造成了太平天国最大的致命伤，损失了大量的骨干力量。对此，有研究者提出了不同的看法，即"内讧实力未损失说"。作者认为，内讧前，太平天国的绝大部分兵力已奔赴京外的战场，天京城里除了留下的城防守军（多消耗在当时与江南大营的围城战斗中）外，并没有很多精锐武装。当时只有东王府有大批官吏，天王府有土营守卫，此外，就剩各官各衙了。韦昌辉部众洗劫东王府，杀人总是有限度的，那就是为东王作伥的亲信。至于石达开率部出走，也决不可能是五七万之众。一是当时天京没有这么多兵力；二是自1855年取消男女分营后，官兵也不愿举家从征。对于内讧，不能仅说是诸王相轧，实际上是以他们为代表的各家各派权力和财产的再分配。要说最大的损害，那就是石达开的出走，造成了领袖信仰的危机，影响了内部的凝聚力。（盛巽昌《太平天国天京内讧实力未损失说》，《江西社会科学》1991年第4期）

关于太平天国与中国近代化　在此问题上，由于研究者所持的标准不同，或以"阶级斗争"观点为依据，或以"生产力"标准为尺度，因此，在结论上有很大分歧。一种观点认为，评价太平天国历史作用的总体标准应当是，是否有利于走出中世纪，实现近代化。从经济、政治、文化、思想方面来分析，太平天国对近代化的积极作用大于消极作用。（叶继元《论太平天国的历史作用》，《江海学刊》1991年第2期）洪秀全领导的太平天国革命是以反封建、反侵略为目标的，这是中国走向近代化的首要条件；洪仁玕的《资政新篇》是继魏源《海国图志》后的第2部关于中国近代化的著作，为中国描绘了首幅较为完整、系统的近代化蓝图；太平天国革命，迫使清王朝地方实力派"自强"，洋务运动随之发生，中国近代工业开始出现。因此，太平天国革命推进了中国的近代化。另一种意见认为，太平天国革命只是中国传统农民战争的继续，同近代化没有本质联系。其理由：一是《资政新篇》与太平天国没有内在的必然联系，它只不过是洪仁玕个人偶然经历的产物；二是作为太平军主体的农民，不是社会革新的体现者，无意于求索中国的近代化。（方忠美《太平天国与中国近代化》，《文汇报》1991年12月14日）

（高舜礼）

民国时期军战史研究　1991年史学界关于民国时期军战史的研究，主要集中在民国抗日战争史和军阀史等方面。

民国抗日战争史研究　1991年值"九一八"事变60周年，学术界关于民国抗日战争史的研究热烈，学术活动颇多。中国抗日战争史学会于1月在京成立，9月出版了会刊《抗日战争研究》（季刊）；纪念"九一八"事变60周年国际学术讨论会在沈阳召开，各地也都举办了有关的学术研讨活动；一些重要专著问世；各报刊先后发表了一系列研究和纪念文章。现将研究的主要内容和成果综述如下。

关于"七七"事变前中国局部抗战问题　有的作者认为，形成局部抗战局面的外部原因，是日本的综合国力不足以一举发动全面侵华战争；英美法等国的"绥靖政策"和"不承认主义"的"非军事干涉"政策则助长了法西斯国家向中间地区进攻。内部原因则是蒋介石的"攘外必先安内"政策和不抵抗主义，使中国无法实现举国一致的抗日阵线。整个局部抗战时期的历史可分为3个阶段、3次高潮和5次挫败：即"九一八"事变至淞沪抗战为第一阶段，其间由东北军部分爱国官兵的抗战、东北义勇军的抗战及第19路军和第五军的淞沪抗战汇成了第一次高潮；1933 年 1 月榆关抗战到同年 10 月抗日同盟军失败为第二阶段，以华北地区为中心，以长城抗战和察哈尔抗战为标志，汇成第二次高潮；1935 年冬到 1937 年上半年是第三阶段，其间的绥远抗战和全国援绥运动则是局部抗战的第三次高潮。东北义勇军的瓦解，淞沪抗战、榆关抗战、长城抗战的失败和察哈尔抗日同盟军的被扼杀是局部抗战时期的 5 次挫败。作者认为，作为特殊形态的民族自卫战争，局部抗战具有 4 个特点：(1)各次抗战是由不同的政治力量领导的，因而在政治、军事的指导方针上形成极其复杂的情况，影响甚至决定了各次抗战的结局。(2)历次作战的地域和参战成分都是局部性的。(3)主要有三种各具特点的战争形式：对日军大规模抗击的阵地战，对伪军进行反击的运动战，对日伪军进行反“讨伐”、反“扫荡”的游击战。由于当时的历史条件，使各种作战形式和各次战役呈现分割、孤立状态，未能形成统一的战略布局。(4)国民党政府领导和指挥的战争，基本上是单纯的政府和军队的抗战；共产党独立领导或参与领导的战争，则是军队与人民群众相结合的抗战。作者还分析了国民党政府在局部抗战时期指导方针的变化，认为实际上经历了从“消极抗战，积极谋和”，到“积极抵抗，以战迫和”的演变；在军事上则经历了从消极防御到积极防御的变化。淞沪、长城、绥远 3 次局部抗战，最为集中地体现了这种指导方针的演变。由于这种作战方针的演变，加上其他种种因素，使绥远抗战成为局部抗战中绝无仅有的一次较大规模战役的完全胜利。作者认为，局部抗战的历史地位，体现在 4 个方面：揭开了世界反法西斯战争的序幕，是反法西斯战争序战的主要组成部分；揭开了抗日民族解放战争的序幕，是中国抗日战争的序战；打击了日本侵略者，在民族自己的正义事业中作出了贡献；推动了民众抗日救亡运动的发展，振奋了民族精神。(余子道《中国局部抗战综论》，《抗日战争研究》1991 年第 1 期)

国民党在抗日战争中的战略指导方针　有些作者认为，尽管抗战伊始，在持久战略问题上国民党与共产党取得了接近一致的认识，但在坚决抵抗、全面抗战、积极防御这 3 个持久战略的关键问题上，南京政府决策错误，致使国民党正面战场的作战从一开始就蕴含了失败的危机。武汉失守后，正面战场在蒋介石“两期抗战”思想指导下转守为攻，这与持久战方针相悖，因而必然在实践中碰壁，1939 年冬至 1940 年 1 月的冬季攻势的失败，主要原因正在于此。太平洋战争爆发后正面战场更见消沉。原因有二：一是以盟国军援和盟军参战作为继续抗战的条件；二是保存实力以备战后继续控制中国并影响远东。为此，蒋介石在正面战场上对敌采取“招架战法”。这种消极避战的指导方针不仅使国民党军战不能胜、守不能固，且伪化现象严重，致使支撑抗战的历史重任不得不由共产党独立担负。(费正、李作民《论抗日战争时期国共两党的战略指导方针及其相互关系》，《民国档案》1991 年第 2 期)

关于“九一八”事变和张学良的不抵抗主义　郎维成认为，“九一八”时日本的侵略阴谋能够轻易得逞，与蒋介石发动“四一二”反革命政变，造成国共分裂、大革命夭折、国内军阀混战不已的局势分不开；也与蒋介石的不抵抗政策有关。根据当时中日双方军事力量对比，东北军如坚决抵抗，是能够遏制关东军入侵的。(《“九一八”事变的教训》，《东北师大学报》1991 年第 5 期)对张学良之所以在“九一八”时不抵抗，国内学者一般认为是执行蒋介石命令的结果。台湾学者则认为主要是张学良自己不抵抗，蒋介石对张的不抵抗只是默认；而且蒋介石亦曾准备作必要的抵抗，但未获张的支持。张学良与蒋介石在不抵抗问题上的基本态度是大体相同的，不抵抗的原因也有相似之处。现有论著中有关蒋令张不要抵抗的材料，几乎都是事变前就中村、万宝山事件致张的电文和指示，运用这些论据来证明事变后的“不抵抗主义”当然是无可非议的，但不够全面，尚需运用事变后张与蒋的言论指令和资料才能更全面准确地说明问题。作者认为，据现有的关于张学良致蒋介石的电文，“九一八”事变爆发后，张学良只向蒋介石和南京政府汇报日军入侵东北的情况，但没有一封电文有请求“抵抗”一词和反对蒋不抵抗令的痕迹；而事变爆发后蒋与张往来的电文材料中也见不到“不抵抗”一词；相反在防守锦州问题上，蒋介石和南京政府数次令张抵抗，但张却悄悄撤兵，致使日军几乎不流血地占领了锦州。这一事实说明，当时张学良的不抵抗并非完全被迫。由此可见，如果结合事变前后的史料，全面地分析，就会发现，张学良和蒋介石当时对日军入侵东北的态度及其所作出的反应，基本是一致的，即都是主张“不抵抗”。因此，“九一八”事变的“不抵抗”的责任不仅在于蒋介石和南京政府，而张学良本人也有其不可推卸的责任。(俞辛焞《“九一八”时期的张学良与蒋介石》，《抗日战争研究》1991 年第 1 期)

关于军阀史研究　作为民国军事史重要内容之一的军阀史研究，近年来愈益受到学术界的重视。1991 年主要讨论了以下几个问题。

关于民国军阀的分类及其形成原因　日本作者波多野善大，将民国军阀分为北洋系和非北洋系。又将非北洋系分为 4 类：第 1 类是清末巡防队统帅或是其部下将校出身者，如张作霖、陆荣廷、龙济光等；第 2 类为清末各省新军统帅出身者如闫锡山、唐继尧等，此类人多为日本陆军士官学校留学生；第3类为上述新军的下级将校上升者，如唐生智、何键、李宗仁等，他们多为清末设立的各种军事学堂的毕业生；第4类为孙文广州军政府组织的武装的统帅或其部下将校出身者，如陈炯明、蒋介石、张发奎、蔡廷锴等。作者认为，能否成为军阀，"就看那个军人能否组织起对其忠诚的私兵集团"，这种私兵集团一般是"以地缘结合的同乡集团"。"某军阀的强大，就是基于那个军阀有谱系集团的忠诚与强大的武力"。作者还具体分析了段祺瑞军阀集团的构成和吴佩孚军阀集团的形成过程。（伍恒俊译《民国军阀的形成》，《承德师专学报》1991年第2期）

关于四川军阀产生的原因及其特征 有的作者认为，四川军阀的产生，除毛泽东所分析的中国近代军阀产生的两个共性的原因，即地方的农业经济（不是统一的资本主义经济）和帝国主义划分势力范围分裂剥削政策之外，还与四川独特的历史、经济、地理等条件有关：土地广大物产丰富，各地区经济上可以自给自足；四面环山夔门深锁，地理条件有利于割据；人口众多，产业不发达，大量游民无产者的存在，为四川军阀提供了足够兵源。而形成军阀割据的重要条件是中央政府对地方控制权的削弱或丧失。辛亥革命以后的四川正是如此。熊克武划分"防区"，是四川军阀割据局面形成的标志。作者还分析了四川军阀长期存在发展的原因，以及消亡的历史必然性；将四川军阀与北洋军阀及其他省区军阀作了比较，认为，四川军阀的产生和发展具有如下特征：①强烈的封建性，②防区林立，内斗不止，③对省外军阀既依靠又排斥，④与帝国主义联系不很紧密。（匡珊吉、杨光彦主编《四川军阀史》，四川人民出版社，1991年版）

关于北方实力派和西南地方实力派 有的作者认为，以闫锡山、盛世才、马步芳为代表的北方实力派与以滇系、桂系为代表的西南地方实力派相比较，前者虽然在民族矛盾上升时，有过反帝抗日的表现，但最终都投入蒋介石集团，以反共反人民为归宿。而后者却十分值得注意：北伐时国民革命军八个军的军长，基本皆出自西南；抗战时西南各省军事头目绝大多数都投入抗日，且表现英勇；抗战胜利后，西南地方实力派主要代表人物，多向民主进步方面转变，走向人民阵营。作者认为，地理因素对造成南北实力派之间的差异有很大关系。近代以来，资本主义经济在南方产生较早，民主主义思想在南方影响较深，孙中山领导的资产阶级民主革命是以南方为基础的，中共领导的新民主主义革命也在南方有相当基础，这些不能不对西南实力派产生影响。至于西南实力派与西南军阀的关系，作者认为前者与后者是一脉相承的。不同的是，后者是西南封建地主阶级利益的代表，前者则代表了资产阶级、地方开明绅士等阶级阶层的利益，后者向前者转化的关节点是卢沟桥事变。（谢本书《论地方实力派》，《社会科学》1991年第2期）

关于新桂系军阀的"骑墙政治" 有的作者认为，1930年至"七七"事变前，是新桂系从受挫到复起的阶段。在此期间，新桂系从自身利益出发，在蒋介石与共产党之间实行"骑墙政治"。当其利益与蒋一致时，他们联蒋反共，当与蒋发生利益冲突时，又联共反蒋。反蒋既是权欲争斗，又有历史旧仇；反共则是阶级利益所致。实行"骑墙政治"并不等于说桂系是骑墙派，他们最终还是转到反共方向去了。但"骑墙政治"使桂系达到了挫败蒋的军事进攻、增强军事实力的目的。（曹裕文《论抗战前夕新桂系的"骑墙政治"》，《学术论坛》1991年第1期）

桂系与皖南事变的关系 有的作者认为桂系以实力助蒋，是蒋介石敢于发动皖南事变的重要原因。桂系的目的是欲借蒋之力将新四军逐出江淮地区以便独占，但蒋在背后捣鬼和日军的威逼，使桂系非但未能得利反而受损，不得不改变反共内战的态度。（谭肇毅《桂系与皖南事变》，《中国现代史月刊》1991年第1期）曹光哲《新桂系与皖南事变》一文，也就这一问题作了探讨。（《安徽史学》1991年第1期）

桂系在抗日战争中的表现和作用 有些作者认为，"九一八"事变至"七七"事变这一阶段，桂系在政治上反对蒋介石的独裁统治，对日寇侵略主张坚决抵抗。李宗仁于1936年4月17日在广州讲话首次提出"焦土抗战"口号，这是桂系抗日态度的集中表现。"七七"事变至武汉失守，是桂系军事上政治上表现最出色的时期，几乎将军队的全部主力都投入抗日战场，且作战勇敢，战前准备充分，战略战术得法，政治上也比较开明。武汉失守至抗战胜利时期，桂系在继续抗日的同时，逐渐与蒋介石同流合污限共反共，最终与蒋介石一样，走上保存实力，消极抗战，等待胜利的道路。但总的来看，桂系在抗战中的表现有其积极意义，他们始终坚持抗日，在防御范围，交战次数及战绩等各方面，均超过其他地方实力派。他们的抗战举动又直接促使了其他地方实力派积极投入抗战；桂系广大官兵的爱国主义热情和民族气节捍卫了民族尊严。与此同时，作者还指出，桂系在抗战中的举动，既是出于民族义愤，也有扩大自身影响、扩充实力的一面。（赵万钧、纪青《抗战中的桂系》，《中国现代史月刊》1991年第1期）

（陈　力）

第二次世界大战史研究 中国第二次世界大战史研究　1991年中国对第二次世界大战史

的研究，主要有以下几个方面。

关于第二次世界大战史研究的成绩及其存在的问题 1991年，有的作者撰文对中国史学界关于第二次世界大战史研究的成绩和存在的问题进行了归纳、总结和综述。作者指出：半个世纪以来，苏联和西方国家（包括战败国）对第二次世界大战的研究经久不衰，每年公开出版的有关档案、文件、书信、日记、回忆录及专著有四五百种之多。中国是第二次世界大战（以下简称二战）的主要参战国之一，中华民族为世界反法西斯战争的胜利付出了高昂的代价，作出了巨大的贡献。中国对二战史的研究，始于50年代初，60年代停顿，1979年7月，在哈尔滨召开了具有全国规模的学术讨论会。1980年8月，在昆明成立了中国二战史研究会（1985年加入二战史国际委员会）。此后，该研究会组织召开了4次全国大型学术讨论会和10次专题学术讨论会。史学界翻译出版了国外有关二战史的著作约90部（含回忆录），出版了二战史通史著作8部、中日战争史3部、论文集10部以及若干部专题性论述、工具书和文献资料集。作者认为，这些著述有一个鲜明的特点，即冲破了西方中心论和苏联中心论的樊篱，本着实事求是的原则，充分反映和肯定了中国抗日战场及其他战场在二战中的地位与作用。此外，据作者的不完全统计，自1979年至今，全国各级各类刊物发表的有关文章902篇，其中主要的有：二战起源研究11篇、法西斯主义研究91篇、绥靖政策研究59篇、有关国家外交政策或战略研究31篇、起点研究15篇、性质研究10篇、战争初期的经验教训研究18篇、战争样式与重大战役研究13篇、战争经济研究20篇、人物研究13篇、中国抗日战争在二战中的地位和作用研究30篇、各国抵抗运动研究20篇、国际关系研究87篇、对战争结局与影响的研究14篇，从而为进一步深入研究第二次世界大战史奠定了良好的基础。

作者指出，多年来，中国学者运用马列主义唯物主义理论武器，在二战史研究领域努力探索，辛勤耕耘，特别是在二战起源、法西斯主义、绥靖主义和中国抗日战争史的研究方面取得了一系列重要成果。但从世界范围来看，仍有差距。主要表现在以下两个方面：第一，从研究课题看，涉及的面较窄，不够全面。就纵向而言，中国学者研究的侧重点仍集中于战争初期，对战争的中期转折和结局，以及对战后世界的影响研究得不够，著述较少。从横向来讲，中国学者仍偏重于国际政治和国际关系的研究，而忽视了一些重要专题的研究，例如，关于战争经济问题。对战争而言，经济具有决定性作用，对于这样一个重要方面的研究，近年来虽有进展，但还不够。关于各国的反法西斯抵抗运动，到目前为止，仅有一本介绍欧洲人民反法西斯斗争情况的著作和10多篇论文，而对亚洲除中国外的各国抗日斗争的研究较少，尚无一本专论。对非洲、大洋洲和拉丁美洲国家的反法西斯斗争则研究更少。关于人物研究方面，二战期间涌现出一大批正反阵营的风云人物，本应成为我们研究的对象，他们的军事思想、外交方略等可以为我们批判地借鉴，可惜至今专论阙如，文章寥寥。关于战争方式与战役，学者们已开始对法西斯国家的闪击战略、速战速决战略进行研究，但仍需深化。对反法西斯国家采取的多种多样的战争样式如游击战、海空战、登陆战等研究不够。虽已注意到对重大战役的研究，但对一些局部战场起牵制作用的战役则较少顾及。关于战争经验总结，虽已出版了一本专论性著作，但偏重于军事方面，对政治、经济、思想意识形态等方面的经验教训探讨较少。关于战争的影响，二战虽是人类的空前浩劫，然而对战后世界的影响是多方面的，例如对世界政治格局的演变、两大对立阵营的形成、亚非拉民族解放运动的崛起、资本主义经济的发展、科学技术、军事技术、文化艺术、意识形态等方面均有影响，但研究不够。第二，从研究方法上看，中国学者们较为注重实证研究，在尽可能收集资料方面显得不足。有的研究人员仅仅依据一般性的二、三手材料。在运用理论武器方面，还有待于进一步学习马列主义关于战争与和平的理论，掌握历史唯物主义和辩证唯物主义的立场、观点和方法，把握事实的总和。（崔剑《近年来我国第二次世界大战史研究述评》，《世界史研究动态》1991年第12期）

（彭训厚）

关于第二次世界大战起点问题 关于这一问题，史学界长期以来存在分歧，主要有3种意见：其一，有的学者认为，1931年9月18日日军侵占中国东北，为第二次世界大战的起点，即“九一八”事变起点说；其二，有的学者认为，1937年7月7日卢沟桥事变，应为第二次世界大战的起点，即“七七”事变起点说；其三，有的作者则引用苏联和西方学者的观点认为，1939年9月1日德国进攻波兰是第二次世界大战的起点。1991年有的作者撰文认为，“九一八”事变和“七七”事变起点说两种观点都具有片面性，其主要理由有5点：(1)只看到二战与一战时代的不同，未看到两者所处时代的基本特征没有变。(2)只强调二战时两大帝国主义集团组成政治军事同盟有一个从形成到发展巩固的过程，而忽略了战前两大帝国主义集团，实际上已经形成各自的政治军事同盟的事实。(3)只看到局部战争与世界大战的联系，却混淆了两者的区别。(4)只强调二战前夕法西斯与反法西斯的矛盾，忽视了战前帝国主义之间的矛盾仍是主要矛盾。(5)只引用斯大林、毛泽东有利于自己论点的论述部分,没有完整全面地理解其论述的精神实质。因此,作者认为,把"九一八"事变和"七七"事变作为第二次世界大战的起点是不妥当的。比较起来,还是把1939年9月1日作为起点更科学。(刘士田《第二次世界大战起点"九一八"和"七七"说质疑》,《军事历史》1991年第4期)

(彭训厚)

关于法西斯主义的研究 关于德、意法西斯运动和政党的性质,是国内外一直争论不休的问题。许多西方学者认为,法西斯运动是中间阶层的运动,法西斯政党是小资产阶级的政党。有些国家的学者以往多认为法西斯政党从一开始就是垄断资产阶级的工具或代理人,属于资产阶级反动政党;由这个政党领导的运动,当然是资产阶级性质的运动。有的作者在肯定上述观点的合理成分的基础上,指出其未全面、准确地把握和反映法西斯运动和政党的本质等不足。作者认为,不论是意大利的国家法西斯党,还是德国纳粹党,都经历了一个由小资产阶级政党转化为资产阶级政党的演变过程。在意大利,这种转折发生在1920年5月战斗的意大利法西斯第二次代表大会。在德国,决定性的转折是在1925年2月希特勒重建纳粹党。作者具体分析了意大利法西斯党的3个纲领和纳粹党的《二十五点纲领》,论述了它们同各社会阶级、阶层关系的演变,揭示了它们在国内阶级斗争中实际地位的改变和转化过程。这一论点具有新意,引起学术界的关注。(朱庭光主编《法西斯新论》,重庆出版社1991年4月版)

(彭训厚、王玉玲)

关于意大利的法西斯主义 法西斯主义是本世纪初出现的一种国际范围的反动历史现象。其中意大利法西斯先声夺人,以暴力恐怖手段,建立了世界上第1个法西斯政权。但这个在第二次世界大战中首先宣告垮台的法西斯国家,其法西斯主义在战后的意大利并未销声匿迹,而是自1946年起就重新组成"意大利社会运动"和"墨索里尼行动小分队"等各种名目的法西斯组织,力图死灰复燃,卷土重来。到20世纪70年代初,"意大利社会运动"已发展成全国第4个最有实力的政党,在众参两院分别占有56个和26个议席,公开宣布"要恢复原本的法西斯主义"。因此,深入研究意大利法西斯主义问题,对于我们从总体上把握这一世界性现象的兴亡和演变,以及防止它东山再起都具有一定的意义。有的学者指出,作为历史现象的法西斯主义,虽然存在着共同的特征,但也有一些极为重要的差异。作者认为,意大利法西斯主义有以下4个主要特点:一是以暴力夺取政权。意大利法西斯夺取政权的方式既不同于日本法西斯,也不同于德国纳粹党。日本是在军国主义(或军部)法西斯化的过程中,在对原有体制和机构进行改造的基础上,逐步夺取政权的;德国纳粹党是通过一种"后门"阴谋取得政权的。而意大利法西斯则是以暴力手段从统治集团手中夺取政权的。二是意大利法西斯主义具有先天的软弱性。墨索里尼的统治地位从来不像希特勒那样巩固。这主要是受下述3方面因素牵制的结果:(1)意大利法西斯主义缺乏内部的稳定,表现在国家法西斯党内一直存在着激烈的派系斗争,几次危及法西斯党的存在。1943年7月25日墨索里尼被推翻与此不无关系。(2)法西斯统治时期一直保存君主制。虽然墨索里尼竭力想成为意大利独揽全权的统治者,但是国内仍保存着君主制,在法律上国王仍然是国家元首。(3)法西斯统治时期位于意大利首都的梵蒂冈一直作为主权国发挥作用。教皇国和教会在意大利法西斯极权统治确立后,仍然作为独立的政治力量存在。三是建立地区霸权。称霸是执政的法西斯共有的特性。因此,从表面上看,墨索里尼与希特勒的称霸似乎没有什么两样,但实际上却有很大的差别。墨索里尼的称霸完全受他的"罗马帝国"观念的支配。具体表现在,自上台到覆没,始终是以恢复古罗马的霸业为目标,而不是像希特勒要征服世界。这主要与意大利的资源缺乏、经济落后和财政虚弱有关。四是以职团制(旧译"组合制")实行极权独裁统治是意大利法西斯有别于其他法西斯的又一重要特点。职团的最高权力机构是全国职团评议会及其中央执行委员会。墨索里尼不仅是这两个机构的议长,而且按规定他还以职团大臣的头衔兼任了22个全国职团联合会的会长,控制着它们的全部活动。职团制使墨索里尼集党权、政权和财政经济大权于一身,用陶里亚蒂的话说,职团使墨索里尼"得以控制国家的一切"。作者认为,意大利法西斯主义正是以其自身的这些特点对国际法西斯运动产生了巨大影响。这一影响大体集中在两个方面:一是意大利法西斯以它向罗马进军的轻易取胜促使了欧洲,乃至世界各地法西斯运动的泛滥;二是多数国家的法西斯运动所依据的思想与理论通常是照搬意大利法西斯的职团主义。在国际学术界,许多学者之所以称意大利法西斯主义为"正统"或"典型"法西斯主义与此不无关系。(陈祥超《意大利法西斯主义若干特点考察》,《世界史研究动态》1991年第7期)

(彭训厚)

美国关于第二次世界大战起点的新观点

关于这一问题,在美国一般说来有两种意见,一种意见认为,1939年9月1日德国进攻波兰,为第二次世界大战的起点;另一种意见认为,1941年太平洋战争爆发，为第二次世界大战的起点。1991年，美国第二次世界大战史委员会主席和国际第二次世界大战史委员会副主席、美国南伊利诺伊大学历史系教授戴德华(Donald S. Detwiler)撰文提出：1937年7月7日卢沟桥事变的发生是第二次世界大战的开始。据我们所知，在西方知名学者中，以专文论述这一问题，戴德华教授还是第一人。他指出，“在西方，人们一般认为第二次世界大战并非始于1937年，而是始于1939年。许多美国人甚至认为它是1941年开始的。第二次中日战争(在西方，中国抗日战争被称为第二次中日战争)则往往被视为一场地区性的冲突，甚至最后才同联合国家在东南亚与太平洋地区的对日作战汇合到一起。”他说，“作为一个在德国受过教育的历史学家及美国第二次世界大战史委员会的主席，我不会有一个亚洲背景的历史学家在这一问题上可能产生的偏见。”“我认为，西方学者对于第二次中日战争作为第二次世界大战起点这一问题的忽略，反映了一种带有根本性质的失误，那就是，西方国家的人们未能理解具有世界性影响的冲突并非自1939年或1941年才开始，而是在1937年就开始了。”作者指出，“从国际政治对抗的角度来看，九·一八事件实质上标志着有关各方为争夺东亚大陆控制权的生死斗争进入了一个决定性的阶段。涉及这一斗争的主要行为者有日本，苏联，蒋介石领导的国民党，以及中国共产党。从本世纪以来便在中国事务中起着重要作用的美国，自40年代初也卷入到这一斗争中来——尽管是不甚情愿地卷进来的。”“1945年，当中国与联合国家的对日战争取得决定性的胜利后，第二次世界大战也随之结束。”作者认为，“第二次中日战争不仅是起始于1937年、结束于1945年的第二次世界大战的一个重要组成部分，也是各方为争夺东亚大陆控制权的斗争发展的一个决定性阶段。如果我们以20世纪的世界历史发展为背景，则不难发现，这种对于东亚大陆控制权的争夺，又是20世纪政治权力结构重新组合在东亚地区的反映。”作者指出，“事实上，第二次世界大战的发生，也正是由于世界各种力量无法以和平途径解决权力结构重新组合的问题。从这一意义上说，日本对中国的战争行动不仅影响着东亚的前途，也关联着种种世界范围的大问题。因此，第二次中日战争应被视为第二次世界大战的起点。”作者认为，“战后美、英史学界对于欧战的强调是同战时美、英领导层对于同德、意的战争予以优先考虑分不开的。在美国，由于通晓汉语与日语的人远比懂得德语及其他欧洲语种的人要少，这就使过分强调欧战的现象更趋严重。很大程度上是由于语言与文化隔阂的存在，西方学者对于亚洲及太平洋战争所从事的基础研究远不及对于欧战所作的探讨。有关亚洲-太平洋战事的中文著作也极少译成英文。例如，台湾1966年出版的一本八年抗战史，直至成书14年后，才于1980年由台湾国防研究院译成英文出版。中国大陆学者关于第二次世界大战史及抗日战争史的论著，则几乎从未被译介到西方国家来。”(〔美〕戴德华著、陈兼译《第二次世界大战起于卢沟桥事变》，《世界史研究动态》1991年第4期)

苏联关于第二次世界大战起点的新观点

关于第二次世界大战起点问题，苏联历来意见比较一致，一直认为，其起点是1939年9月1日德国进攻波兰之日。然而近年来，出现了不同意见。苏著名二战史学者在其新出版的二战史著作中则提出，“1931年9月18日应视为第二次世界大战的起点。”(〔苏〕沃尔科夫著，彭训厚等译《第二次世界大战内幕》，中国军事科学出版社1991年版)

(彭训厚)

德国关于第二次世界大战史有关问题的研究

关于第二次世界大战起源的研究 德国著名历史学家赖因哈德·屈恩尔教授为《军事历史》撰文，在第二次世界大战起源问题上提出了自己独到的见解。作者提出，“第二次世界大战实际上是第一次世界大战的继续，但是，由于第一次世界大战后国际关系格局发生了深刻变化，所以第二次世界大战又不是第一次世界大战的简单继续。”作者认为，第二次世界大战之所以爆发，起决定性作用的是在这期间国际社会中出现了两种现象：第一种现象是，在工业发达而扩张能力有限的资本主义国家里，那些认为只有通过足够的军事力量才能保证对外扩张的经济界和军界的头面人物在制定对内政策方面重新得势。在这些国家建立起来的法西斯政权千方百计集中国家的一切力量进行扩军备战，并拚命把一切反战力量消灭于战争的准备阶段。德国帝国主义的战争目标不仅要征服从大西洋到乌拉尔的整个欧洲，利用其财富和劳动力来为德国的工业服务，而且在一个阶段要同盎格鲁撒克逊国家争夺世界霸权。意大利企图在北非创建一个殖民帝国，并欲将巴尔干地区攫为己有。日本帝国主义的目标则是征服东亚和东南亚广大地区。这3个法西斯国家要想实现其目的，必然会同西方民主国家的根本利益发生冲突，不可避免地要引起战争。第二种现象在西方民主国家中得势的是那些一心要和法西斯主义作出某种妥协的人。对这些国家的政策起决定性作用的有两个因素。其一，英法两国无论如何不愿被卷入一场欧洲大战，这是两国领导人急欲达到的目标。这样一场战争在他们看来必定会消耗掉他们现有的在世界各地维持现状必须具备的力量。即使他们取得战争的胜利，其经济和军事实力也会大大削弱，从而无法维持其殖民大国地位。英国首相张伯伦1939年8月26日在内阁会议上还声称："主要想法基于下述考虑：倘若大不列颠让希特勒先生在其地盘（东欧）里得到安生，他也会让我们得到安生。"其二，西方国家的大部分领导人似乎都认为法西斯有可资利用之处。由于法西斯国家在国内实行铲除共产党的政策，在国际上执行反共、反苏的外交政策，将侵略矛头对准苏联，因此，在英法等国看来，法西斯国家的这些政策和行动可以为英法所利用，从而实现它们在1918年之后通过干涉性战争未实现的在国际范围内消除"共产主义的危险"的目标。当然，所有这一切均须在他们的国家不受德国帝国主义扩张欲望之害，德国向东欧和东南欧扩张时尤应在充分考虑到英法的利益的条件下进行。双方的第一笔交易是1933年7月15日法、英两国政府与法西斯国家签订的《谅解和合作条约》（该条约未获法国议会批准）。接着德、英两国于1935年签订了海军协定，英、法、德、意1938年签订了慕尼黑协定。作者认为，恰恰因为德国的傲慢和自恃自己所具有的优势，不肯充分考虑英、法的利益，并在1939年占领捷克斯洛伐克的残存领土和同年9月1日进攻波兰。此时，英、法政府如果不想让德意志帝国当着全世界的面抽打耳光、不想毫无反抗地放弃大国地位的话，除明确表明态度外毫无选择。于是，他们于9月3日递交了宣战书。但继这种姿态性行动之后并未采取任何措施。实际上，英、法政府并未完全放弃原来的观点：只要表示可以作出足够的让步，在反对布尔什维主义的基础上肯定可以同法西斯主义做出某种妥协。直到1940年春季，西方国家的军事计划所考虑的主要问题依然是，如何有效地对付苏联，是通过轰炸高加索的油田来使苏联屈服呢，还是通过其他手段。只有当法西斯主义通过其1940年春季的侵略行动将屠刀架在他们脖子上时，他们才转而采取真正的军事行动。但为时已晚。当主张坚决抗击法西斯主义的丘吉尔上台时，法西斯主义已控制了从芬兰到西班牙的大半个欧洲。作者指出，"尽管有人认为，无人能阻止希特勒发动战争，但我想如果在这之前就存在一个反战同盟，后果则会完全不同。在那种情况下极有可能发生军界和政界领导人物对希特勒的公开反叛。"而"英、法等国奉行的反共重于维护和平的政策，是战前反战同盟难以形成的主要障碍。""是西方国家领导人根深蒂固的反共思想蒙住了他们的双眼，使他们看不清战争危险的真正根源和即将爆发的战争可能造成的后果，甚至也妨碍了它们对自己的利益进行现实的估计和认识。于是，便出现了使德国法西斯主义为发动一场大规模的掠夺性战争一步步创造前提条件的局面。"（〔德〕赖因哈德·屈恩尔著、李广起译《第二次世界大战何以爆发？》，《军事历史》1991年第5期）

关于法西斯主义的研究　德国有的学者出版专著，系统地阐述了研究法西斯主义的意义；剖析了德国法西斯主义产生的原因、统治制度和组织结构，以及民族社会主义；揭示了普鲁士军国主义与法西斯主义之间的延续性；探讨了两次世界大战期间普遍出现的法西斯主义，以及德国法西斯主义的特征；介绍了1945年以来联邦德国关于法西斯主义讨论情况和战后出现的新法西斯主义。作者从经济基础和上层建筑的辩证关系上对法西斯主义进行了考察，提出了如下重要观点：(1)德国法西斯主义与资本主义结成联盟。针对西方资产阶级保守派学者中广为流行的法西斯主义与资本主义无关论，作者提出了联盟论，即德国法西斯政党领导集团与当时的权力机构、军队和大工业界领导集团之间结成联盟，因此法西斯政党得以上台，且共同居于社会权力的垄断地位，共同制定政治方针，这是法西斯运动和法西斯制度的阶级特征。(2)政治集团与经济界有着共同的利益和目标。针对长期以来学术界争论不休的政治集团与经济界究竟谁控制谁的问题，是经济优先还是政治优先的问题，作者认为，这是两个相当独立的联盟伙伴，各自具有独特的影响、独特的能力，当时也各自拥有独特的权力基础。两者和衷共济、不存在一方是另一方工具的问题。原因在于它们有共同的利益和目标，两者互有所需。但是，它们并非在一切方面都意见一致。因此，我们不能用极权主义概念来解释法西斯政治的真正政策和真正内容。(3)德国法西斯主义及其政权采取镇压和民族社会主义等手段争取了广大民众，有着比较广泛的群众基础。作者针对以往有些国家在对法西斯主义研究中忽视法西斯主义群众运动和法西斯政权的群众基础等问题，提出德国法西斯主义之所以发展得如此强大，1933年之后其群众基础之所以如此可观，该政权之所以能够成功地动员大量民众积极承担义务，是因为法西斯党除了运用镇压手段外，还运用了民族社会主义中的"社会主义"手段争取大量群众，使这些群众与这一制度融为一体。关于法西斯主义制度的群众基础，作者认为，同以往一样，主要由中间阶层构成。1933年以后，中间阶层中的群众基础更加广泛、更加巩固，从一种单纯、偶尔的选民投票，发展为多方面地、直接狂热地为政权承担义务。相反，法西斯政权并未成功地从质的方面渗入到在此之前已经组织起来的工人阶级的较为广泛的阶层之中。总的来说，虽然大多数工人群众在很大程度上退出了积极的、有组织的抵抗斗争，但是各种各样的消极抵抗形式依然存在。和工人阶级的其余部分相比，抵抗小组处于相对孤立的地位。作者认为，与其他国家的法西斯主义相比，德国的法西斯主义拥有强大的群众基础，建立了一种有效的恐怖和毁灭制度，这必须从德国帝国主义的侵略性和德国人的非凡程度的仆从精神两个方面来解释。而两者均源于德国历史的特殊条件。德国的特征是落后性和现代性极为奇特的混合。落后性表现在政治和精神状况方面，现代性表现在国家和军队的效能方面，后来也表现在工业结构的效能方面。这种落后性与现代性极为奇特的混合，同样也是日本的特征。此外，作者还论述了法西斯主义的现实性，揭示了二战后新法西斯主义产生的原因和行动的可能性。作者的这些独到的、具有启发性的见解，对于国际史学界深入研究法西斯主义和第二次世界大战史，具有重要学术价值。(〔德〕赖因哈德·屈恩尔著、邸文、李广起译《法西斯主义剖析》，中国军事科学出版社 1991 年版)

(彭训厚)

日本关于法西斯主义的研究　关于战前特别是太平洋战争时期的日本政治体制的性质问题，在日本的专家学者之中，一直存在不同观点。有的认为当时日本政治体制的性质是法西斯主义，即所谓法西斯主义存在论；有的则认为，不是法西斯主义性质，只不过是战时体制，即所谓否定论。围绕日本法西斯主义存在与否的争论已有 40 年的历史。初期争论的焦点在于是法西斯主义还是绝对主义。随着对“法西斯主义”研究的深入，对国家政治体制性质的确定也复杂化、多样化了。1963 年，日本学者安部博纯曾把“日本法西斯主义”归纳为 7 大类，细分为 17 小类。后来由于研究的进展以及现实政治状况变化的影响，有关法西斯主义的理论研究，在学术界发生了相当大的变动。至 70 年代后半期，甚至出现了新型的否定论，以及进而否定法西斯主义这一概念的主张。

否定论　日本的否定法西斯主义存在论可归纳为：(1)绝对主义说；(2)权威主义体制说；(3)发展独裁说；(4)战时体制说；(5)国防国家说；(6)欠缺理论；(7)法西斯主义概念否定说。

存在论　日本学者安部博纯认为，日本在战前和战争期间的政治体制是法西斯主义。其理由是，15 年战争期间尤其是 1940 年以后的日本政治体制，符合法西斯主义的基本标志：一是以世界经济危机(1929 年)和伦敦海军裁军条约(1930 年)为契机，日本统治阶层内部围绕摆脱危机的措施，对立激化，在历经各种局面和阶段之后，最终发展成称为“高度国防国家体制”的日本型法西斯主义体制。二是这种体制的任务在于对内构筑以极权主义原则为基础的“新体制”，对外形成以日本为盟主的“大东亚新秩序”，以救日本资本主义摆脱内外危机，保证日本帝国的稳定与繁荣。三是为了根除反体制力量，依靠“天皇归一”式极权主义和“上意下达”式领袖原则建立专制体制，并以此种方式使明治宪法和通过大正民主运动建立的近代国家原则遭到破坏。(1)利用强化治安维持法和特高警察等治安体制以及国家总动员法等统治立法来压迫国民的自由与权利。(2)利用国家总动员法的委任立法和加强首相权限(“东条独裁”是其极限形态)等将权力集中于行政机关。(3)用恐怖行动(5.15 事件)破坏政党政治，最终以大政翼赞会形式建立实际上的“一党独裁”。(4)成立产业报国会等组织，使自主的组织机构解体，利用国家权力实行统一改组。(5)将部落会、町内会等地区组织及产业报国会、商业报国会、农业报国会联盟等职业性组织，纳为大政翼赞会的基层组织——国家对市民社会实行全面统制和包容。四是对于外部的危机实行法西斯主义的解决措施：(1)以“满蒙生命线”论等口号要求“生存空间”；推进从“东亚新秩序”到“大东亚共荣圈”的“新秩序建设”；作为重新瓜分世界的协议和“世界新秩序”协议，缔结日德意三国同盟。(2)使以实现“新秩序”为目的的战争合理化(称“圣战”)。(3)极端军国主义化——通过编组国民义勇队实现“国家兵营”化，建立“国防国家”，使总体战体制持久化。五是在“国体”观念以及“一亿一心”、“非国民”等魔术性的口号之下，强制推行同质化和划一化；建立从国民精神总动员运动到大政翼赞会、国民义务队的大众动员体制；推行以“皇国”、“皇道”为核心的超国家主义。通过以上种种措施使人变成傀儡。

作者认为，至迟在 1940 年以后，日本的政治体制几乎具备了与意大利和德意志相同的法西斯主义基本特征。这恐怕只能称之为法西斯主义。(〔日〕安部博纯著、徐勇译《日本没有法西斯主义吗？》，《世界史研究动态》1991 年第 6 期)

(彭训厚)

其他军事学科理论研究

军事测绘理论研究　中国军事数字摄影测量研究　海湾战争中，卫星摄影与数字测图所发挥的重要作用，使数字摄影测量技术在军事上的研究和应用，越来越引起世界各国的注意。因为，事实上现代战争的快速反应要求和 C^3I 系统的发展与完善，都离不开数字测绘。国际学术界普遍认为，数字摄影测量学代表着摄影测量学的未来。1991 年，中国军队关于数字摄影测量理论和技术的研究取得了进展。例如在利用 SPOT 卫星图象的轨道数据联合平差中提出横移改正原理，给出了光束法联合平差的基本数学模型，通过试验证明可进行无控制点的联合平差；（陈鹰《利用 SPOT 图象的轨道数据联合平差》，《测绘科技》1991 年第 1 期）利用卫星象片测制数字地图已作了若干试验，并对误差来源作了探讨，提出了控制量测误差的实际方法；（王云华《卫星象片测制数字图的粘度探讨》，《测绘科技》1991 年第 1 期）发展了计算卫星象片姿态角的联机计算系统；（段洪云、蔡文富《卫星象片姿态角联机计算系统》，《测绘科技》1991 年第 1 期）研究了地形的连续匹配问题，提出了随机匹配的优化原理和方法。（张永生《随机立体匹配》，《解放军测绘学院学报》1991 年第 2 期）此外，解析测图仪器和数字测图仪器都在研制。由中国人民解放军研制的 APS 式解析测图仪已装备部队，并已成为商品在国内出售。

由于计算机图形与图象技术的发展，可以利用各种功能的软件综合解决摄影测量中的数字图象处理问题，生成数字地形模型，建立空间图象数据库和地理信息系统，进而解决一系列非传统的测量领域中的许多问题，如无人驾驶战车、目标实时定位、质量自动控制、机器视觉与导航等，使数字摄影测量的研究和应用领域不断扩大。著名学者王之卓教授等人认为，目前的“摄影测量与遥感”这一学科概念，将越来越难以全面概括其丰富内容。为适应摄影测量学未来的发展，提出“影象信息学”这一新的概念，以代替沿用至今的摄影测量学，使之名符其实地表达其为信息学的一个分支学科将更为恰当。（王任享《摄影测量发展动态》，《测绘科技》1991 年第 4 期）

（胡国理）

苏联军事数字摄影测量研究　苏军对数字摄影测量的理论也有较多研究，主要涉及数字摄影测量的一般理论，如数字影象处理技术、各种功能软件设计以及数字摄影测量工作站的设计方案与要求等。对数字地形模型（DTM）在军事上的应用也很重视，研究了根据 DTM 计算地形通视性和通行性及其在坦克兵中的应用问题。Стереанграф 解析测图仪、ASK－1 机助测图系统、Онега－2 自动记录系统等较先进的仪器已经装备部队。对建立专用地图数据库和航空航天摄影数据库，已在理论和方法研究的基础上开始转入实施阶段。这将为数字摄影测量的实际应用创造条件。海湾战争中，苏军利用侦察卫星、Ресурс-ф 系列和 Ресурс-О 系列地球资源卫星与 KFA－1000 摄影测量卫星，搜集双方的军事情报，其中也试测了一些数字化地图。但在苏联国内市场“尚无生产数字地图的高效新工艺设备，必须从国外进口”。苏联局势的动荡，可能将对其研究计划产生重大影响。（《苏联 1990 年测绘任务完成的基本情况》，《军事测绘情报》1991 年第 4 期）

苏联全球定位导航卫星（GLONASS）计划　苏联 1991 年也继续在发射与美国全球定位系统（GPS）类似的全球定位导航卫星（GLONASS 卫星）。到 1991 年已有 12 颗工作型卫星在轨道上飞行。关于 GPS 与 GLONASS 的比较，可参见下表。苏联的用户接收机在国际市场尚未有商品出售。其精码（相当于美国的 P 码）接收机仅作为军用装备部队。

项　　目	GLONASS	GPS
卫星数	21＋3	21＋3
轨道面	3	6
倾角	64.8	53°
高度	19100	20180 公里
周期	11 时 45 分 44 秒	12 时 04 分
历书数据表示法	地心直角坐标系	S/C 轨道刻普勒参数
大地坐标系	СГС－85	WGS－84
测距信号相位锁定	至 GLONASS 系统同步装置	至 GPS 系统同步装置
世界时改正	UTC (SU)	UTC (USNO)
预报星历内容	120 bit	152 bit
星历发送时间	2.5 秒	12.5 秒
卫星信号区分法频带	频分 (1602.5625～1615.5)±0.5	码分 1575.42±1MHz

项目	GLONASS	GPS
测距码格式	最大长度序列	哥德码
码元数	511	1023
相邻通道电平串扰	－48	－21.6dB
同步码重复周期	2	6s
码频率	0.511	1.023MHz
同步码位数	30	8
信息字符获取的双二进制编码能力	有	无

在理论上，美苏两个卫星导航定位系统一旦完成，在军事上和民用上将给全球各地用户带来很大方便和效益。由于可以同时观测到更多的导航卫星，可在各种条件下，增加观测机会和精度。但要同时观测两个系统的卫星，必须有相应的用户接收机。因此，美苏两国的一些公司和研制单位正在寻求一系列合作，以试验和生产混合型的 GPS/GLONASS 接收机。如全苏无线电设备科研所与美国霍尼韦尔公司拟生产的 10 通道 GPS/GLONASS 样机，美国麻省理工学院林肯试验室与美国马格纳维克斯公司准备研制的 GPS/GLONASS 接收机，苏联空间局测量仪器研究所与美国阿斯特公司研制的 6 通道 GPS/GLONASS 接收机等等。这些产品虽大部分供民用，但亦可在军事部门中应用。（胡国理《苏联 ГЛОНАСС 全球导航卫星系统的发展概况》，《测绘科技》1991 年第 1 期）

美国军事数字摄影测量研究　美军正在开展“数字测绘革命”。在数字摄影测量方面的重点研究对象是数字地形数据（DTD）的开发和利用。美军自动化指挥系统及大部分高技术武器（如“爱国者”导弹、巡航导弹等）都使用了数字化测绘数据。

海湾战争中，美国防测绘局利用法国的 SPOT 卫星和美国陆地卫星相片进行海湾地区测图。在标准地形图未制作完成之前，预先提供了海湾地区的所谓“过渡性专用与危机支援测绘产品”。生产了 122 幅涉及沙特、伊拉克和科威特的卫星影象地图。海空军都为战术航空任务计划系统使用了 SPOT 卫星图象数据。美国海军 AV－8B、F/A－18、V－22 和 A－12 等飞机上装备了数字动态地图系统（DMS），并将卫星数据与数字高程数据、海岸附近深度和海流数据联合使用，提供目标透视图。美陆军工程兵司令 H. J. 哈奇指出，在海湾战争中，测绘的参予，“使野战指挥官进入了数字测绘和电子定位的新时代”。以陆军“机动用户设备系统（MSE）”为例，它能藉助控制系统中心（SCC）直接和三军作战通信系统联系，进行作战指挥和兵力布署。而该中心配备的关键设备则是美国防测绘局提供的数字地形高程和地物数据以及陆军重要点位数据（HPD）构成的数字地图数据库（DMDB），它一方面可以经过通讯网络即时获知部队的所在位置；另一方面可使部队现地进行地形分析。

美军有作者认为，当前数字摄影测量中带普遍性的问题，一是数据转换问题；另一个是数据标准化问题。例如，海湾战争中配置的许多保障系统，都不能直接使用现有介质的（如 CD－ROM 光盘、WORM 光盘、磁盘、盒式磁带等）和不同数据来源的数字数据。为使这些系统能使用数字测绘数据，就需要进行数据格式转换或介质转换。在标准化方面，包括如何维护和更新国防测绘局的数字地形数据，如何将通常需要的软件标准化，以及实现操作标准化（如从 24 位到 8、6、4 位的彩色压缩）。这些问题如不能很好解决，则所装备的战场系统就不能兼容，而不能兼容就不能在技术上准确回答战场指挥所面临的战术问题。

美国防测绘局局长詹姆斯（James）指出，今后美军仍有必要加强卫星测绘数据的搜集和利用，像陆地卫星这样的系统亦需进一步支持其发展，但“有效的军事测图，要求系统必需有 3～5 米的地面分辨力、5 波段多光谱摄影、精确的量测数据、立体覆盖和大范围的数据搜集能力”。（美国《航空和航天工程周报》1991 年 7 月 1 日）

美国全球定位系统（GPS）计划　**计划的实施**　由美国国防部执行的全球定位系统（GPS）计划，从 1990 年末开始已在加速进行，并在海湾战争中首次经过实战检验，取得很大成功。

（1）1991 年，美军新发射了 3 颗 Block Ⅱ GPS 工作卫星。至此，总共已发了 12 颗这种型号的卫星。加上原来的 5 颗 Block Ⅰ 试验卫星，共有 17 颗可以工作。从而在全球大部分地区实现了两维覆盖。美军新发射的 GPS 卫星入轨后，其调试启动期也大大缩短，由原来的一个多月缩短至半个月。

（2）受海湾战争的影响，GPS 用户接收机开始走上“全速生产”阶段。海湾战争中，美军估计需要 7 万多台接收机以应需要。但当时经过努力实际采购量只达 3 万台左右，只能部分满足需要。这些接收机在以美国为首的多国部队陆海空军中应用，被认为起到了四两拨千斤的“战斗力杠杆”作用。海湾战争结束后，美军 GPS 联合计划办公室（JPO）提出申请购买 10 万台 P 码 GPS 接收机，并立即签订了 1.75 亿美元的舰载与机载接收机合同，在军事用户设备市场上引起很大轰动。JPO 证实，它计划获取 P 码轻型 GPS 接收机（PLGR）作为非研制项目（DDI）而不是作为军事标准装备

(milspec),并打算签订一个大约3万台的PLGR生产合同,在1994和1997财年再购买7万台。

(3)到1991年止,GPS除了主要在陆军工程兵、炮兵、装甲兵、侦察兵等兵种及海空军中应用外,特别引人注目的是在指挥系统中的应用。例如,美军正在试验将GPS并入到陆军战术C^3I系统中,利用标准的陆军计算机与通讯设备以支持GPS的实时位置跟踪,使分散活动的部队位置信息,能自动传输到指挥所,实时地显示在计算机彩色地图屏幕上。美军认为,由陆军战术指挥与控制系统(ATCCS)和GPS合成的这种跟踪系统(GATS)对指挥员具有很大的指挥与控制意义。尤其在未来空地一体作战时,可以使各种执行任务的小部队在广大战场上分散活动而不会失去联系,使战术指挥员可以更精确地机动专行而同步使用兵力,同时也减少了陆军指挥所的通讯(喊话)噪音。(〔美〕H·蒙哥马利《战争与和平时期的GPS》,《GPS世界》1991年5月;H·蒙哥马利《一个胜利者布什的GPS预算》,《GPS世界》1991年4月)

关于全球定位系统(GPS)政策的争论 80年代中期以来,美国全球定位系统(GPS)计划的成功,受到世界各国的注目,1991年GPS定位和导航不仅在军事部门,而且在民用部门使用范围日渐扩大。因而围绕GPS的使用政策,在美国军事和民用部门也开始了激烈的争论。此类政策主要有两项:一是所谓选择可用性(SA)政策,一是反欺骗政策(AS)。争论的焦点是前者。

GPS采用两种代码信号:一种是C/A码(又称SPS——标准定位服务),一种是P码(又称PPS——精密定位服务)。所谓反欺骗政策,是为了军事目的将GPS的精密定位服务(PPS)加密编译的一种技术措施。所谓选择可用性政策是美军为了保证其精密实时的C/A数据仅为美军(加上盟国部队和包括民用部门在内的被授权的用户)所用而采取的技术措施。它最早是1982年由国防部长办公室(OSD)、参谋长联席会议(JCS)、军事情报局、国防测绘局等单位的代表组成的总体研究小组委员会研究后确定的。1983年6月28日美国防部正式决定,除执行反欺骗政策,让P码仅提供给军事部门(包括盟国军队)和授权的民用用户外,使C/A码的精度今后在95%的时间内降低到100米。但这一"选择可用性"政策在1990年未正式实行前,实际上由于卫星信号和接收机功能的提高,C/A码定位的精度可达到20～30米。1990年3月,美国防部以保卫国家安全为理由,正式宣布启动SA,将C/A的精度降格,由20～30米降至上述国防部宣布的水平。而且国防部还告知,由SA引起的误差还可能根据情况变动,如当美军认为受到使用GPS辅助的武器或战术的敌人严重威胁时,总统可以下令再附带"增加SA误差等级",使其引起的误差超过和平时期的100米。

美军实行SA主要采取两项技术措施:一是有目的地使卫星导航电文中的轨道信息变坏;二是操纵或"抖动"卫星时钟的频率(所谓δ过程)。这两项措施合在一起,使GPS的C/A码定位精度在95%的时间内减少到100米,在其余5%的时间内可能减少到300米,速度精度也随之变坏。

美国防部此举不仅限制了美军及盟国军队以外的各国军事用户,而且尤其是影响了包括美国在内的各国民航、海运、测绘等民用部门,影响到GPS产业部门在美国及全世界的商业利益。根据美国民航部门1989至1991年的统计,GPS的民用用户已达20万以上,至于潜在的用户则可能上千万,大大超过美国及盟国的军事用户。因此,从1990年起,美国民用部门和企业界纷纷写信或打电话给国会和总统,强烈批评国防部的SA政策,甚至在军事部门内部也有人对实行SA政策有一定的保留看法。尤其对和平时期是否有必要实行SA,反对和赞成的双方各执一词。

反对者的意见认为,无论在危机时期与和平时期,SA使许多民用部门无法享用较精确的GPS信息,尤其给民航等部门造成巨大损失。1983年南朝鲜客机被击落等类事件说明,如果没有完好的GPS数据辅助导航,则今后这类事件仍是不可避免的。实行SA就会使GPS的精度满足不了民航的要求。因为这意味着即使到1993年21颗GPS卫星全部布署完成后,一天之内除大部分时间精度为100米外,另还有72分钟精度远远低于100米。这是许多民航和海运作业的导航人员所无法接受的,例如在港口导航时,按照联邦无线电导航计划(FRP)的规定,这类精度应为8到20米。民航部门指出,如果这一问题得不到解决,则美国纳税人甚至还不得不额外拿出很多钱再搞一个系统,例如GPS Block ⅢR系统。

然而,美国军方(当然也有军外官员)压倒多数的意见是SA不能不搞。这类意见中,颇有代表性的是美军航天司令部作战处威索基的一篇文章(〔美〕《GPS世界》1991年第4期)。作者指出,最近的海湾战争给人们评价GPS的军事应用价值提供了极好的机会。他认为,虽然沙漠风暴作战的成功要归功于许多因素,但其中一个重要的因素是GPS。在未来的冲突中,美军大概将面临着有GPS辅助的敌方武器从地面、海上和空中的袭击。在这种情况下,敌军使不使用未降格的代码,其差别是非常关键的。在未来的沙漠风暴中,敌军可能将GPS用于活动导弹发射架的快速精确测量中,改善发射方案和战术,使美国或联军的目标定位复杂化。利用GPS后，军事上并不太重要的“飞毛腿”威胁造成的损失将会比现在大得多。精确定位可以达成更有效的战术目的，如果不给GPS发射信号以限制，则在精确的战场侦察和机动性方面，美军和联军对装备有GPS的敌军将无优势可言。因此，SA是美国及其盟国保持精确的位置、速度和时间的战场优势的唯一手段。文章进一步指出，现在有些作者认为，SA政策可以用一种“差分技术”来对付，美国国防部也承认差分GPS可以校正SA引起的误差，并且许多军事部门也正在研究和使用这一技术。但这仍不是取消SA的理由。因为SA的军事价值是阻止敌方利用GPS用户设备直接开发实时的GPS的精度。如果实行SA会迫使敌方发展差分GPS辅助的武器，那么SA也就至少收到了部分功效，使敌方在经济和资源上付出更多代价。同时，差分GPS虽在静态条件较易实现，但在高动态条件下(如导弹制导)，必须采用实时通信。这实际上是不现实的，它将会受到美军电子战干扰，不仅C/A码信号本身可能受干扰，在实行SA时，即使敌方使用P码接收机也是靠不住的。

文章指出，有人认为，苏联的GLONASS可供敌方应用，从而也可以抵消SA政策。事实上GLONASS的定位精度现在也大约是100米。其频率L_2也是采用密码调制，不为国际社会所用。这种显然类似SA的做法表明，苏联也是想限制其系统而仅供本国军队使用。还有人认为，和平时期可以不实行SA，但是：(1)这不符合练为战的原则，实行SA是和平时期训练的需要；(2)对掌握GPS定位的恐怖分子和紧急事件无法快速作出反应。如和平时期不实行，则很难使总统在危机时刻快速批准实行。

以上争论还在继续，它能否导致SA取消或修改，美国军方的压倒多数意见是否定的。但随着GPS卫星布署接近完成以及用户接收机的大量生产和广泛使用，民用部门的反对意见将会有增无减。据原在美军GPS联合计划办公室的官员V·本内夫报导，到1991年止，差分GPS服务包括已有的和计划中的，已覆盖整个北美，它很容易消除SA的影响。这些差分接收机不仅在民间，而且在州和联邦政府单位都在计划使用。他认为，已建立的差分GPS的数量如此之大，以致美国防部都无法在危机时刻很快终止这些服务。敌人也可能用最少的工程力量和后勤力量在美国的战略要地附近建立差分GPS系统。甚至海岸警卫队也在计划以5米的精度围绕全国建立差分GPS服务。但这些因素是否将会被最高决策机构考虑，尚有待分晓。(〔美〕《GPS世界》1991年第5期)

(胡国理)

苏美等国海洋测深的方法与理论　海洋测深，一般又称之为海底地形测量。现代战争中，由于海底地形测绘数据对舰船航行和作战，以及海洋划界、军事工程、港湾建设和资源开发，均有重要意义，所以各国海军都投入很大力量加速测绘。一些海洋国家，除在大规模开展大陆架地形测图外，还在研究试验快速、精确的深海测图方法与手段，工艺技术水平以美国、加拿大、澳大利亚、苏联等发达国家最为先进。

现代海洋测深方法大致分舰船海洋测深与航空航天海洋测深两大类，但根据其所用的原理、手段和信息处理技术，具体可分为以下9种：(1)航空航天摄影直接测深法；(2)重力波形分析法；(3)激光直接测深法；(4)航空电磁测深法；(5)声学探测法；(6)合成孔径雷达测深法；(7)航空多传感器综合测深法；(8)舰船多传感器综合测深法；(9)多光谱扫描和多波束扫描测深法。一般来说，平时海洋测深主要利用舰船进行。在战争条件下，由于受技术、战术条件与时间的限制，在上述9种方法中，最适用的是航空与航天海洋测深，而其中航空航天摄影直接测深和激光测深尤为重要，常为美、苏等国军队所采用。

航空航天摄影直接测深法　此法是直接利用空中摄影，由透过水质的光线从海底反射回来，在胶片上成像并以此来测定海底深度。它和陆地航摄不同的是，光线要穿过水和空气双重介质，因之常称之为双介质摄影测量。根据苏联学者波坦琴柯等人的推导，其基本测深公式为：

$$Z=\frac{H\Delta P}{F(b+\Delta P)}$$

式中Z为深度，H为航高，ΔP为左右视差较，b为摄影基线，F为立体象对左右相片的值：

$$F=\frac{1}{n}:\sqrt{1+\frac{n^2-1}{n^2f^2}r^2}$$

其中n为水的折射系数，f为航摄仪焦距，r为由待测点至像中心的距离。

研究表明，海底航空摄影测深有一系列严格要求。例如，它的每个立体象对应至少有4个高程识别点。由于影响航摄可测深度和精度的最大问题，是光线在水介质中的穿透力和折射，而穿透力又取决于胶片、滤光片的不同组合类型、水的表面反射、太阳照射角以及水的混浊度等因素，故应尽量采用感光度好、反差大的胶片。摄影比例尺以1：5000为最佳，航摄仪焦距为70～200毫米，摄影高度可选择在210至1400米范围。

根据美国海军标准，海洋测深在20米以内深度时，精度应达到0.3米，登陆艇作战要求应在0.3米以内。按英国皇家海军的要求，在深度31米以内时，精度应为±0.3米;31米以上时应为深度的1%。实际工作表明,立体摄影测量方法测深,在水的透明度达到5~20米时,其精度一般只能达到0.28米~0.4米。在1:1万模拟测图仪作业中,90%的情况下可达到0.3米,采用解析测图仪时可优于0.3米。

1990~1991年间,美军在海湾战争中,曾利用法国SPOT卫星和美国Geosat等卫星对该区海洋摄影,获得了该地区深达30米以内的海底地形图和影象地图,为海军拟订行动计划提供了依据。美军认为,用航天手段获得的海底地图,虽精度比航测低(低于1%深度),但覆盖面大,速度快,即使对精确的军事测图来说,亦可作为勘测设计依据和作业的重要参考。一般来说,根据水的透明度情况,航空和航天摄影,大多只能适用于20米以内水深;只有透明度极佳时方可达30~40米。(〔美〕P·A·吉尔马丁《法国的SPOT卫星摄影图象帮助美国派遣空军进行海湾战争》,《航空和航天周报》1991年7月1日)

航空激光测深法 激光由于单色性好,功率大,散度小,对水的穿透力强,测量深度大,且无需像航摄那样顾及各种严格的外部条件,故最近十多年来在美、苏、加、英等国已获得了广泛的应用。

激光测深的原理在于测量激光信号由水面反射的起始时刻与由海底反射时刻之间的时间间隔。例如美军ABS航空测深系统的激光测深仪,其激光脉冲功率2mj,反射镜以6.5赫的频率旋转,使激光在水面成椭圆扫描。在航高500米时测深扇面达270米。当其以5~6毫秒的间隔同时发射波长为532nm(蓝绿光)和1064nm(红外)的两种脉冲时,1064nm波长的脉冲不能穿透水介质而由水面反射,从而可测定飞机至水面的距离;532nm波长的脉冲,其强度的97%可穿过水介质而到达海底,反射回来后也到达接收机。由两种反射波的接收时刻差,即可求出水深。

激光的可测深度一般可达50米,个别情况可达100米甚至更多,精度可达0.3米以内。类似的系统在美国还有PLADS、AOL、ERIN8、ALMS等等。

美军认为,海洋测深的发展方向是多传感器的组合。美海军为获得良好的测深效果,一般多采用激光测深仪与航摄仪结合进行。为提高效益和精度,另外还配上多光谱扫描仪和GPS接收机。据美海军海洋研究与发展局(NORDA)研究证明,这种多传感器组合的机载测深系统(如ABS系统)实用性强,可满足海洋条件下的各种技战术要求。如再配备合成孔径雷达利用微波图象测图,不仅可在各种天候条件下作业,且可探测出深海中的潜艇位置和陆地地形与目标。美军曾得出结论,海湾战争中用此雷达探测"飞毛腿"导弹的活动发射架比卫星摄影效果更佳。

至1991年,美军海洋测深已向自动化方向发展。国防测绘局已利用各种测深资料建立了水深数据库(BDB),采用测深数据处理系统(BDRS),完成了模拟资料的数字化。由该局拨款进行软件研制并由海洋研究与发展局和海道测量局完成的海测信息处理系统(HIHAN),能对以上方法获得的数据自动进行预处理和拼接,具有交互图形编辑功能。(胡国理《浅海测深的遥感方法与手段》,《测绘科技》1990年第4期与1991年第1期)

(胡国理)

军事气象理论研究 1991年在军事气象理论研究方面,加强了对气象因素在现代战争中的作用和现代作战气象保障特点的研究。同时,在改进军事气象技术手段,提高气象保障能力方面,重视高新技术在军事气象领域中的应用研究。

中国军事气象理论研究 1991年,中国军事气象理论研究,主要是在气象保障与现代战争;气象因素对军事活动的影响;军事气候和新技术在军事气象中的应用等4个方面。

气象保障的定义、任务和属性 有的作者撰文对气象保障的定义、任务和属性作了比较全面的论述,颇具新意。作者认为:"气象保障的真正含义应由军事行动对气象的需求和军事气象工作的基本使命决定"。基于这种考虑,作者对军事气象保障的定义作了如下的表述:气象保障是应用军事气象科学技术,为保障军队建设,遂行作战和完成其他任务而提供气象情报和相应气象措施的专业活动,是军队作战保障的组成部分。作者认为,气象保障的使命是通过一系列的军事气象业务工作,推进军队建设,保持和增强军队战斗力,保障军队作战胜利和安全、顺利地完成各项任务。气象保障的任务,可以集中地概括为:提供军事气象情报和采取相应的气象措施。关于气象保障的属性,作者认为,现代战争战术、技术的复杂性,决定了气象保障应具有科学技术属性;专业勤务属性;系统属性和战斗力属性。其中气象保障的战斗力属性具有复合性。它一方面表现为气象部门遂行保障的能力;另一方面表现为气象保障能力转化为战斗部队的战斗力。气象保障在现代战争中占有重要地位,具有其他手段无法替代的作用。(曲延禄《军事气象的定义、任务和属性》,《军事气象》杂志1991年第6期)

气象保障在现代战争中的作用 学术界在这方面的研究重点是:气象保障对于交战双方在战略决策,战机选择和战役组织实施中的运用,以及在现代战争中,人员、武器装备受气象条件的影响。学者们认为:(1)气象条件过去、现在是，将来仍然是影响战争进程的重要因素。(2)现代高技术武器系统仍然无法完全克服气象条件的制约。(3)现代战争的技术性越强，对大气环境条件的要求越高，更加需要有效的气象保障。(4)积累完整的、系统的战区气象资料，进行战区军事气候研究是保障战略决策和战役、战斗顺利实施的重要条件。(5)现代作战气象保障的重点是利用各种技术手段拓宽气象情报来源，特别要重视发展气象卫星等空间气象侦察技术。(6)现代作战气象保障必须拥有机动能力强，技术手段完备并能与战区自然环境相适应的气象保障系统。

气象因素对军事活动影响的量化研究　针对现代战争的特点，有的作者对大气环境对武器装备和军事行动影响进行了定量化研究。定量化研究是指用理论的、统计的，以及经验和半经验的方法，建立武器性能因子、人员体力和健康因子、军事行动效益因子对敏感气象要素的定量依赖关系或定量模型，并将其应用于武器系统评估、作战模拟、指挥决策等系统中，使客观存在的环境影响以系统效益或战斗力的形式体现出来的一整套研究工作。环境影响定量化研究的目的是真实评估武器系统、军事行动在实际的大气环境中的性能和效益，从而为选定和设计具体环境下的军用设备，开发利用军事大气环境资源；为协助完成在考虑了环境影响下的最优决策；充分发挥环境因子作为“兵力倍增器”的作用。

军事气候研究　1991年完成了《军用设备气候极值》的研究工作，同时开始着手军事气候应用的研究。《军用设备气候极值》是中国军用标准系列的组成部分，是制定军用设备和器材的设计、试验和工作与环境条件有关的具体标准的基础，也是开发军事气候资源的重要依据。中国幅员辽阔，气候复杂，各地气象要素的极值差异很大，制定适合中国国情的军用设备气候极值标准不仅可保障武器装备和军用设施的研制、试验和正常使用，而且可充分开发利用中国的军事气候资源。《军用设备气候极值》的研究以大量数据为基础，根据数据代表性的大小，选用了130，150，200，330，671以至2180个测站资料，对20项气象要素的分布进行了统计和分析计算。结合中国的实际，研究解决了面积风险率的计算；极值统计推断；稳定风速随高度变化的表达方式；阵风因子的统计以及建立瞬时降水强度的气候模型等技术难点。这项研究对于提高武器装备和军用设施的地域和季节适应能力，充分发挥其威力和效能，节省武器装备的研制费用，降低贮存和运输的失效率有重要意义。(大气环境研究所《军用设备气候极值》，1991年)

军事气候应用研究主要有：西藏地区军事气候研究，西沙群岛航空气候分析以及中国军事气候区划研究等。根据战区的气候状况，结合该区的地形、植被、水文、道路和交通状况分析其对军事活动的影响。从提高战斗力出发，针对各战区的不同气候特点，提出部队进入前应进行的适应性训练和武器装备应采取的防护措施。

新技术在军事气象中的应用　1991年在遥感技术与信息交互和处理技术在军事气象领域中的应用方面取得了进展。主要是成功地研制了：具有雷达图像实时处理功能的C波段数字化天气雷达；适合于基层气象台站使用的天气图自动填图和客观分析系统；用于上级气象中心的天气预报工作站；气象卫星云图接收处理系统和气象情报接收机等。这些设备投入业务使用，使军事气象系统在大气环境数据的获取、处理和传输能力上有了明显的增强。

美国军事气象研究　1991年美国的军事气象研究在气象与现代战争；大气环境与武器系统相互作用的规律；气象保障自动化以及新技术在军事气象中的应用等几个方面有以下的进展。

气象与现代战争　海湾地区发生的现代局部战争中，由于战场的沙漠气候，对美军的作战行动造成了严重的影响。因此，战后美军在总结作战的经验和教训时很重视气象问题。美国作者J·D·摩洛科在《航空周刊与空间技术》1991年4月号杂志上撰文指出：“海湾地区的恶劣天气是造成盟军改变作战计划的两个未预见到的因素之一。在空中战役期间，天气情况恶劣，至少比预报的坏两倍。盟军飞机，包括F－117A，常常不能透过云层发现目标，不得不带弹返回基地”。说明了在以高技术对抗为特点的现代战争中，天气仍然是需要认真对待的因素。(曹毅风译《海湾战争将改造军事学说，但经验是有限的》，《外国空军学术》1991年第5期)1991年3月22日，美空军新任气象局长G·L·弗莱德里克上校，在就职仪式上发表演说时强调：“军事气象人员的任务就是要使作战指挥官了解天气及其对任务的影响，以便使他能够运用全部作战威力对付敌人，迅速的取得决定性的胜利”。说明在依靠“空地一体作战”的整体威力，速战速决的现代战争对气象保障提出了更高的要求。弗莱德里克还指出，当前的首要任务是从“沙漠风暴”行动中吸取经验，分析研究在训练和装备方面哪些做得好，哪些还需要改进。同时还要用更多的时间和精力加强气象支援的全面质量管理(TQM)，以便在现代战争中有效地进行气象支援。海湾战争之后，美军加强了气象部门在战略、战役决策中的作用，将空军气象局由美军军事空运司令部下属的一个勤务单位改为直属空军司令部的作战执行机构(Field Operating Agency)。同时在空军司令部中增设了一个由48名参谋军官组成的气象处,受美空军负责计划和作战的副参谋长领导。其主要任务是负责有关军事气象方面的政策,计划的制定和资源管理。(〔美〕《空军气象局改作战单位》,《国家天气文摘》1991年第2期,美国国家天气协会出版)

大气环境与人和武器系统相互作用的规律 海湾战争推动了美军对战场环境影响的研究。在海湾战争中,美军的作战能力受到恶劣沙漠气候的严峻考验。在"沙漠盾牌"行动中,沙漠地区的酷暑、风沙和沙尘对美军作战人员的战斗适应能力,飞机、坦克、战斗车辆的行动,常规武器和高技术武器系统的威力造成了多方面的影响。针对这些问题,美军研究了沙漠作战的特点,对人员和武器装备采取了一些相应的防护措施。例如:规定士兵每日必须饮用23升水,服用3片盐片;改进了伪装作战服和坦克乘员、空地勤人员的防护服;研制了新型间歇性多人降温系统;改进坦克驾驶舱内的布局,加装了集体防核生化系统和空调系统;对电子系统采取防高温措施;发动机增加了沙尘防护罩;增加对设备的清洗、检修次数和准备充分的零备件等等。这些措施在不同程度上发挥了一定的作用。在"沙漠风暴"行动中,阴雨和云雾严重地妨碍了空中作战行动,降低了精确制导武器系统的作战能力和对轰炸效果的侦察能力,不得不对目标进行反复的攻击,延长了空中作战时间。海湾战争暴露出来的环境影响问题,促使美军进一步重视气象条件对高技术武器的影响,战后,美陆军实验室司令部提出一份《陆军技术倡议》,列出了应该在90年代后期优先研究的10个技术领域,其中有一项就是加强战场环境影响研究。(谢培智《沙漠战》,《现代军事》1991年第4期)

新技术在军事气象中的应用 在新技术应用方面,美军十分重视利用空间遥感技术,继续提高国防气象卫星(DMSP)的探测能力。国防气象卫星是支援美军作战的重要气象侦察手段。在以往几次局部战争中都发挥过重要作用。在海湾战争期间,美军一共使用了3颗布洛克5D-2型国防气象卫星,由于交战双方都实施了气象情报封锁,国防气象卫星为多国部队提供了大量气象情报。从80年代末开始进行研制的新型国防气象卫星布洛克5D-3,到1991年已研制完毕。布洛克5D-3卫星的重要改进是载有新的专用传感器微波成像仪(SSMIS)。SSMIS是一种被动式传感器,共有19个通道,兼有探测温度、水汽和成像3种功能。可提供从地表到30公里高的大气温度和水汽廓线,海面风速,降水率和海冰等资料,探测精度进一步提高。对原来的业务行扫描系统(OLS)也做了改进,将探测通道增加到9个,提高了夜间对云状、低云和薄卷云以及海面温度和降水的探测精度。布洛克5D-3将从1995年起投入使用。与此同时,美军就下一代国防气象卫星的发展提出了设想。下一代国防气象卫星将携带激光雷达等主动式探测仪器,星体将具有抗陆基、天基激光武器和核爆电磁脉冲的能力。(颜春亮《美国的国防气象卫星》,《中国航天》1991年第10期)

气象保障自动化 随着作战指挥自动化的发展和精确的电光武器及其他新式武器的大量投入使用,美军继续在改进和提高战场战术气象支援能力。考虑到在未来战场上,作战和战术决策要依据能够满足指挥官需要的、精确而及时的天气资料和环境影响辅助决策系统。为此美军于1986年批准了集成气象系统(IMETS)的研制计划。研制任务由美陆军大气科学实验室(ASL)承担。系统的基本功能是:(1)接收来自系统本身和其他遥感系统的气象数据;(2)处理气象资料,提供天气报告、预报和天气影响的情报;(3)利用区域通信系统传递气象情报;(4)接收和显示卫星图像;(5)接收来自中心和上级单位的气象资料;(6)向中心和上级单位发送气象观测报告和天气预报;(7)利用合适的高频、卫星或通信网独立工作,向用户分发天气气象产品。

该系统有两个主要部分:预报员工作站和战术辅助决策工作站。预报员工作站可制作各种气象图表,其典型的产品是天气图与卫星云图的叠加。战术辅助决策工作站与预报员工作站相连,利用预报员工作站的产品进行地面等值线分析,地面风分析,高空分析和天气影响矩阵计算,在显示器上用绿、黄、红3种颜色分别表示气象要素对某种作战行动有利、临界和不利。系统包括核生化防护、武器系统功能和夜视仪功能等三个辅助决策部分,可提供烟幕的影响效应;各种电光武器、夜视器材的搜索识别距离;核生化作战危险地区预报;航空危险天气预报以及天气对武器装备和作战行动影响的预报。该系统于1991年完成了原理性样机的试验论证。(〔美〕美军大气科学实验室J·E·哈里斯、R·C·布朗《美军集成化气象系统》,见《气象、海洋和水文情报交互处理系统第六次国际会议论文集》一书,美国气象学会1991年出版)

(刘春达　颜春亮)

军事方法学研究(中国) 综述　军事方法学是一门新兴的学科。尽管军事方法随着战争与军事活动的产生而产生,人们在不同的范围里早已接触和熟悉各种具体的军事方法,而且有关军事方法的观念经历了一个历史的发展、演变过程,但把军事方法学作为军事科学的一门独立学科加以系统研究，还是近些年的事情。

现代战争与军事的整体化发展和军事方法的不断科学化，不仅对军事方法学的研究提出了客观要求，而且为其逐步成为独立学科创造了有利条件。正是在这种情况下，世界各国日益注目于方法科学与军事科学的结合，重视起科学军事方法的研究与运用。如原苏联，长期以来很注意从马列主义哲学上来研究军事理论与实践的方法论，特别在70年代以后，结合现代科学技术和军事上发生的变化，出版了一系列这方面的科学专著。美国等西方国家，则一直注意把现代科学技术方法移植于军事领域，用以解决武器发展、战略计划与作战指挥上的复杂问题，并取得了许多重要的成果。在中国，除了以往比较偏重于具体军事方法和军事辩证法理论研究外，进入80年代以来，还同全国学术界开始关注一般科学方法论的探讨一样，对现代科学方法在军事领域的运用研究也明显加强，先后发表、出版了许多有价值的论文与专著。在继承、概括前人有关军事方法研究成果，并对大量新的军事科学事实进行广泛分析研究的基础上，1990～1991年梁必骎提出确立军事方法学的建议，并撰写出版了《军事方法学》专著，引起学术界的关注。高体乾认为该书"是一部具有创新意义的军事科学论著"。(《〈军事方法学〉评介》,《解放军报》1991年1月3日)现将这一专著的主要内容及观点介绍如下。

军事方法学的基本理论　军事方法学的研究对象　作者提出，军事方法学是一门关于军事方法的本质、规律及其运用的科学。以军事认识与实践活动的方式、途径、程序与手段即以军事方法为研究对象。目的在于为人们认识与改造军事世界提供有效的科学方法和武器。属于方法科学与军事科学相结合的交叉学科。一方面，它是方法科学的特殊应用领域。它与方法科学之间是一种特殊与一般的关系。方法科学所揭示的一般方法的本质、规律和运用原则，无疑也适用于军事活动这一特殊的领域。而军事方法学所揭示的方法的本质、规律和运用原则，既有一般方法科学的共性因素，又有其自身的特点，是方法科学的重要分支。另一方面，它又是军事科学的重要组成部分。军事方法学既同军事科学的各个门类、学科紧密相联，要以军事活动的各个领域和各门学科作为自己存在的基础，不断从各种具体的、专门的方法中吸取营养，离开了这一切，军事方法学也就成了空中楼阁；同时，军事方法学的研究对象及其所揭示的科学内容，又远远超出了各个具体的军事领域和学科，不能归于其中的那一个部分，只能作为军事科学的新学科而单独存在。它与某些相近的学科，诸如军事哲学、军事思维学、军事学术等等，尽管联系得更为紧密些，但在研究对象和任务上毕竟有着严格的区别，不能混为一谈。(梁必骎《军事方法学》，国防大学出版社1990年版)

军事方法学的知识体系及内容　作者认为，军事方法学的知识体系主要包括3个方面：(1)基本原理。包括军事方法学的定义、研究对象、任务、本质、规律，以及军事方法构成的基本要素。(2)科学军事方法论是军事方法学知识体系中的主要部分，包括4种主要的方法论：第1种是军事总体方法论。它是关于认识和改造军事世界的思想方法体系，是军事方法学中具有最普遍指导意义的方法论。它主要是客观反映军事与社会联系及其自身矛盾运动的一般规律，探讨从事军事认识和实践活动的一般程序，为认识和指导军事活动提供基本的方法原则。第2种是军事基础方法论。主要论述最常用的军事观察方法、军事实验方法和军事调研方法的特性、作用、类型及其运用程序。第3种是军事思维方法论。主要论述军事逻辑方法、军事直觉方法和军事运筹方法等科学思维方法的性质、作用理论基础及其运用特点。第4种是军事系统科学方法论。主要论述军事信息方法、军事反馈方法、军事黑箱方法和军事系统工程方法的特点和适用范围。(3)军事方法的实际运用。主要是解决理论与实践的统一问题。(梁必骎《浅论军事方法学》，《解放军报》1991年12月13日)

科学军事方法的本质及其构成要素　作者提出，科学军事方法的本质是指人们创造、选择、运用一定的媒介，来达到认识与改造军事世界目的的行为方式。关于军事方法的构成要素，则有以下3种：(1)主体要素。主体要素中之主体包括人和集体(如一个小组、委员会或一支军队)。而主体要素则主要是指主体的知识水平、思维方式和实际能力等方面。它构成了军事方法的主观方面，起着主导和驾驭的作用。(2)客体要素。客体是军事方法所指向的对象及其存在状态。而客体要素，主要指军事认识与选择对象的性质、结构、功能和所处环境条件等因素。它构成了军事方法的客观方面，起着前提和指向的作用。(3)媒介要素。概括起来媒介要素分为两大类：即物化媒介，如工具、武器、物资、仪器、资料等等；智化媒介，如门路、样式、程式、步骤等等。这两类媒介共同构成主体联结客体、实现方法效能的现实条件。媒介要素在军事方法的系统结构中，起着联结主体与客体的纽带作用。

科学军事方法的规律　作者认为，军事方法与其他事物一样，具有自身的规律。其主要的、普遍的规律有：(1)军事方法的客观存在规律。军事活动及其规律是客观存在的，这就从根本上决定了科学军事方法也是客观存在的。同时，由于军事活动中主观能动性的作用非常明显，因此科学军事方法必须强调客观性与主观性的统一。(2)军事方法的不断发展规律。随着社会生产力、科学技术和军事活动、军事科学的发展，军事方法也一直处于变革之中。其动力，在于军事方法内部的矛盾性。在一定的条件下，采取分化与综合两种不同形式来开辟发展前进的道路。(3)军事方法的优化选择规律。"一事多法"、"一法多用"和在诸多方法中总有一个最佳方法，这是选择军事方法的客观基础。只有坚持从军事活动的实际需要出发，根据各种科学军事方法的特性和作用，考虑到运用的可行性、效益性与方便性，并不断选优，才能达到优化选择的目的。(4)军事方法的综合运用规律。军事活动的综合性质及其对方法的要求，是军事方法综合运用的客观依据。军事方法之间的相互联系及其构成的有机整体，是军事方法综合运用的现实条件。综合运用形式灵活多样，但必须遵循实事求是、整体优化、动态平衡和不断创新的原则。(梁必骎《军事方法学》，国防大学出版社 1990 年版)

关于普遍适用性方法论　梁必骎提出普遍性方法论主要有以下几类：

军事总体方法论　这是关于认识和改造军事世界的思想方法体系，是军事方法学中具有最普遍指导意义的方法论。其主要任务是，客观反映军事与社会联系及其自身矛盾运动的一般规律，探讨从事军事认识与实践活动的一般程序，为认识和指导军事活动提供基本的方法原则。军事总体方法论与军事哲学联系密切，军事哲学是军事总体方法论的理论基础，军事哲学的概念、范畴、规律和理论体系，对于军事总体方法论来说都是适用的；而军事总体方法论，则是军事哲学在方法上的展开和发展。军事总体方法论的主要内容包括：(1)军事的社会基础。军事活动是一种特殊的社会活动，它同整个社会历史和社会环境的发展，诸如经济、政治、文化、科学技术等各个方面的发展，有着十分密切的联系，只有把军事同社会联系起来考察，才能从总体上全局地把握军事活动的基础和变革方向。(2)军事领域的矛盾运动。认识和指导军事活动的根本途径，在于认真分析研究其自身的矛盾运动及其规律，它的基本矛盾是敌我之间的对抗，在一定的社会背景和时空条件下，围绕着基本矛盾而展开了敌我武装力量的斗争，或进攻或防御，形成了胜与败的结局。(3)军事活动的普遍程序。军事活动尽管是一种极其复杂的动态过程，但通常遵循着一个普遍性轨迹，军事认识主要经过感知阶段、思维阶段和验证阶段等三个前后相联的程序，军事实践主要经过准备阶段、行动阶段、结束阶段三个前后相联的程序，而且作为一个总过程，军事认识与军事实践始终处于辩证的统一体中。

军事基础方法论　这是关于人们在军事实践活动中，通过自身的感觉器官或借助其它工具，感知各种军事现象、事件和过程，取得有关对象的事实材料和经验知识的方法体系理论。其主要类型有以下几种：(1)军事观察方法。系指人们根据军事活动的目的，通过感觉器官或借助观察工具，有计划、有步骤地感知军事现象、事件与过程，获取所需的军事情报、信息和科学事实的科学军事方法。军事观察主要包括侦察、勘察、考察和测量等各种形式。(2)军事试验方法。系指人们根据军事活动的目的，通过一定的科学仪器、设施、手段和程序，有计划、有步骤地人为变革、控制和模拟军事现象、事件与过程及其环境条件，来考察军事客观对象的性质、变化与结果的科学军事方法。军事试验大的方面可分为军事社会试验方法、军事学术试验方法、军事技术试验方法，具体如野外试验、实物试验、靶场试验、实验室试验、实兵演习、检验性演习、图上作业、沙盘作业、电子计算机模拟试验等方法。(3)军事调研方法。系指为了达到预定的军事目的，深入到军事客观对象中实地了解情况，获取关于该对象的信息与科学事实，并收集其它有关的文献资料，综合地进行分析研究，从而把握客观对象的科学军事方法。它可分为全面型军事调研方法、典型军事调研方法和专题军事调研方法等类型。

军事思维方法论　这是关于军事思维的一般规律、形式和方式的理论。它告诉人们如何正确地、科学地进行思考、分析和理论概括，将直观的经验认识上升为抽象的理性认识，进而逐步达到真理性认识的高度。其主要类型有以下几种：(1)军事逻辑方法。系指军事认识过程中如何正确进行逻辑思维的方法。它既以一般的思维形式及其规律作为理论基础，又始终须以特殊的军事活动内容为运用对象，具有概念的明确性、判断的准确性、推理的严密性、思维过程的敏捷性等特点。(2)军事直觉方法。系指人们在军事活动中，对于事实材料、感性经验和已有知识进行思考时，通过运用想象、灵感、理性直观等形式，直接领悟、洞察事物本质及其发展变化规律的一种科学军事方法。其主要特点：一是非逻辑性和逻辑性相结合；二是突发性和渐变性相结合；三是随机性和必然性相结合。(3)军事运筹方法。系指运用数学理论工具和计算技术，对军事认识对象进行数量方面的分析、描述和运算筹划，从质和量的结合上把握军事认识对象的本质和规律的科学军事方法。它是数学科学与军事科学相结合的产物，具有高度抽象性、逻辑性和精确性等特点。

军事系统科学方法论 这是指运用系统科学的基本原理和军事科学理论，从整体和全局出发，对军事事物、过程和问题进行系统分析、研究和处理的科学军事方法。它具有整体考察性、动态平衡性和寻求最佳性等特点，既能作为确定军事活动目标的方法，又能作为实现军事活动目标的方法。这种方法的问世，为研究解决复杂的军事系统问题提供了可能手段，为现代军事学术和军事技术科学的发展开辟了新的途径，是进行军事预测、决策和组织指挥活动的重要工具。军事系统科学方法作为对传统的科学军事方法的突破，不仅表现在理论原则所具有的方法论价值上，而且还表现在为军事认识和实践活动提供了一套行之有效的新方法，诸如军事信息方法、军事反馈方法、军事黑箱方法和军事系统工程方法，等等。（梁必骎《军事方法学》，国防大学出版社 1990 年版）

关于科学军事方法的运用 梁必骎认为，在军事认识与实践活动的一切领域，都有一个方法运用问题。并就军事科研、军事预测和军事决策等几项常见的、带普遍性的活动的方法运用问题，从理论上作了阐述。

军事科研及其方法运用 军事科研活动是一项以战争及其有关问题为对象，研究、探讨其规律的活动。它不同于经常性的一般军事认识，而是一种比较复杂的、高层次的、系统化的科学认识活动。军事科研活动的基本方式有：撰写军事科学著作、编写军事教科书与教材、拟定条令与教令、写学术论文；召开军事科学会议、学术讨论会、专题研究会、学术报告会；通过训练和演习来考察、检验军事学术方面提出的新问题；组织新式武器装备的试验与评估活动；总结教育训练和实际作战的经验，等等。军事科研的基本程序是：第一步，选定军事科研课题。主要是依据军事活动的需要与主、客观的可能条件，运用军事总体方法、军事调研方法和军事系统科学方法在充分掌握信息和学术动态的基础上，提出、论证和确定军事科研的具体题目。第二步，获取军事科学事实。主要是针对军事科研课题，运用军事观察、军事试验、军事调研等方法，广泛搜集有关的资料与数据，充分掌握教育训练、演习、试验、实验、战史等提供的实在情况，有条件时还应尽可能地通过实战获取新的事实材料。第三步，提出军事科学假说。主要是根据大量的资料和经验事实，运用军事总体方法、军事思维方法、军事系统科学方法，经过比较、分类、归纳、演绎、分析、综合、假说等一系列思维加工活动，找出反映研究对象本质和规律性的东西。第四步，检验军事科研结论。主要是根据军事科研课题的性质、内容、要求和可能条件，运用一种或多种恰当的科学检验方法，对所得出的军事科学假说，进行实践检验和逻辑论证，使之向军事科学理论转化。第五步，编写军事科学论著。主要是针对军事科研课题的特点和要求，运用一定的逻辑体系、表达形式和生动语言，整理、阐述和用确凿的事实论证所得出的全部科学结论，形成军事科研的成果。

军事预测及其方法运用 军事预测是对尚未感知的现在军事事物、已知军事事物的未来发展变化和将来可能出现的新军事事物所作出的预见性见解。根据军事预测的性质、内容、具体任务和时空要求，可以把它分成许多类型，诸如探索性预测与规范性预测、战略性预测与战术性预测、理论性预测与实用性预测、短期性预测与长期性预测、宏观性预测与微观性预测，等等。这些不同类型的军事预测，所运用的方法各有各的特点，但就一些基本方法来说，还是相通的，如无论那一种军事预测，都要以军事总体方法论的理论、原则、方法作指导，都要运用到军事基础方法获取有关的信息资料，运用军事思维方法和军事系统科学方法进行思考、分析与研究等，只不过针对具体对象的不同而侧重点有所不同而已。同时，进行军事预测还要用到许多专门方法，从方法的性质上来分，主要包括定性的军事预测方法、定量的军事预测方法、综合的军事预测方法 3 种。实施军事预测的一般程序是：第一步，明确军事预测任务；第二步，搜集军事预测资料；第三步，选择军事预测方法；第四步，获取军事预测结论；第五步，评估军事预测成果。

军事决策及其方法运用 所谓科学的军事决策，是指人们为了达到一定的军事目的或目标，运用军事科学和决策科学的理论、原则、方法和现代科学技术，在掌握大量有关军事信息的基础上，严格按照科学的军事决策程序，选择最佳的军事行动方案，并予以实施和控制的过程。根据不同的区分标准，可以将军事决策分成不同的类型。例如，按军事决策目标的不同，可分为战略性决策、战役性决策、战术性决策；按决策的内容不同，可分为定性决策、定量决策和指令性决策；按决策的条件和结果不同，可分为确定性决策、风险性决策和不确定性决策等。进行军事决策的方法不是单一的，必须综合运用军事总体方法、军事基础方法、军事思维方法、军事系统科学方法和军事预测方法；同时，还有反映军事决策特殊需要的专门方法，主要包括确定型军事决策方法、风险型军事决策方法、不确定型军事决策方法和对抗型军事决策方法等。各种军事决策，由于所涉问题的性质、内容和范围的不同，在决策程序和步骤上不完全一样。但一般来说，科学的军事决策过程通常包括以下几个步骤：第一步，提出军事问题；第二步，明确决策目标；第三步，拟定行动方案；第四步，方案评审选优；第五步，实施军事决策。但必须明确，在各个决策步骤之间，经常会出现及时的反馈现象，尤其在实施军事决策时，往往还要通过军事实践的反馈进一步完善军事决策，直至最终实现决策目标。（梁必骎《军事方法学》，国防大学出版社 1990 年版）

（尹　铭）

简　讯

军事理论研究活动及学术会议信息　**“七五”期间中国人民解放军军事科学研究情况简介**　作为军队建设重要组成部分的军事科学研究工作，在中央军委正确领导和三总部的指导下，获得较大发展。全军广大军事科研人员认真贯彻中央军委关于军事科研工作的指导思想，坚持四项基本原则，坚持改革开放，解放思想，振奋精神，积极探索，勇于创新，完成了一批有价值的研究成果，现综述如下。

开展了马克思恩格斯军事理论、毛泽东军事思想的研究。校译了马克思恩格斯全集中的军事著作，选编了《毛泽东军事文集》（多卷本）、《邓小平论国防》和老一辈无产阶级革命家关于军队建设和作战方面的论著；编写了《马恩军事理论研究》、《毛泽东军事思想发展史》、《邓小平新时期军队建设思想概论》等一批重要理论著述。

开展了国防建设、军队建设、战略问题和作战理论的研究。全军各有关单位和院校开展了 2000 年国防建设规划研究、军队建设重大问题研究及系统调查论证；完成了中国人民解放军共同条令、合成军队战斗条令和政治工作条例的修订工作；根据现代军事科学的发展和军队建设与作战的实际需要，着重进行了军事思想、战略、战役、战术、军队指挥、军制、军队教育训练、军队政治工作、军事后勤、军事地理等学科的研究；开展了军事运筹理论研究，研制了一批战略、战役和战术模型，以及军事专家系统、模拟系统和英汉机器翻译系统；编纂了《军事科学概论》、《军事科学与未来国防》、《军事理论与未来作战》、《战略学》、《战役学》、《合同战术学》、《国家军制学》、《军事教育学》、《军队政治工作学》、《军事后勤学》和《军事地理学》等一批重要理论专著，同时，还开辟了一些新的研究领域，并推出了一批研究成果。

开展了中国人民解放军战史、中国历代军事史和第一次、第二次世界大战史等方面的研究。编写了《中国人民解放军六十年大事记》、《中国人民解放军军战史》、《中国人民志愿军抗美援朝战史》、《中国火器史》和《第二次世界大战大事记要》等一批重要军事史书。

开展了外国军事研究。着重进行了苏、美、日、印、越等国军事思想和军事战略等重要课题的研究，推出了一批外国军事研究成果，组织翻译了一批外国军事著作和大量的外军资料。

继续进行军事百科和辞书的研究编纂工作。研究编写了《中国大百科全书·军事》、《辞海·军事分册》、《世界军事年鉴》和《中国军事年鉴》等多种军事工具书。目前正在进行研究编纂的《中国军事百科全书》，已陆续出版学科分册。《军用主题词表》3 个卷本已颁发全军实行。《军语》（增补本）等重要工具书也正在加紧编纂。

编辑发行了《中国军事科学》、《国防》、《军事教育》、《军事历史》、《军事史林》、《外国军事学术》、《国防大学学报》等 100 多种军事学术刊物；解放军出版社、军事译文出版社、长征出版社、国防工业出版社、军事科学出版社、国防大学出版社等军内主要出版单位出版发行了一大批军事图书。

结合军队建设和作战所面临的一些重要问题，还适时地在全军范围组织召开各种不同规模、不同类型的学术讨论会、报告会和座谈会。一些专业研究单位和院校，加强了同地方科研单位和国外学术界的学术交流与联系。应邀出国进行学术访问、讲学、参加国际学术会议，出国考察、留学的人数增多；外国专家学者和军方人士来访、参观和座谈也日渐频繁，并同国外的一些著名学术研究机构，建立了学术联系，扩大了学术信息渠道，拓宽了军事科研人员的视野。随着军事科学研究横向联系的发展，全军相继建立了 40 多个群众性的学术团体和组织，尤其是中国军事科学学会的成立，进一步推动了群众性的学术研究和交流活动。军事科学院积极组织全军范围的科研协作，为全军提供科研工作信息，沟通全军科研机构之间的联系，较好地发挥了全军科研力量的整体优势。

这一时期军事科研工作的主要特点。(1)认真贯彻中央军委提出的军事科研指导思想,坚持和运用马克思主义的立场、观点和方法,坚持四项基本原则,坚持改革开放,自觉抵制资产阶级自由化思潮的影响,及时澄清军事研究领域的一些重大理论是非,保证了军事科研工作的正确方向,使军事科研工作健康发展。(2)各级领导科学决策意识不断增强,注意发挥军事理论对决策的指导作用,军事科研工作开始纳入各级党委和领导的议事日程,加速了研究成果转化为部队战斗力的进程,促进了我军革命化、现代化、正规化建设。(3)坚持既出成果又出人才的方针,努力培养军事科研骨干,初步形成了一支以部队为基础,以专业科研单位和院校为主体、军政素质较好的马克思主义军事科研队伍,为军事科研工作持续发展创造了条件。(4)加强科研管理,制订了全军军事科研工作计划,明确提出了军事科研工作的发展目标、任务分工和措施要求。陆续制订和颁发了军事科研计划管理、学术成品审查、评审与奖励,以及科研协作与交流等军事科研管理制度和规定,使全军军事科研工作逐步走上了有计划、有组织、协调发展的轨道。(5)坚持科研部门与职能部门相结合、专职研究人员与群众科研活动相结合、个人独立研究与集体协作攻关相结合等多种研究方式,不断改进研究方法和手段,加强横向联系和学术交流,活跃了学术思想,提高了军事科研工作的效率和科研成品的质量。

(*刘继贤　王益民*)

中国军事科学学会在京成立　经中央军委批准,旨在联络团结军内外科研力量、协调组织国内外学术交流的中国人民解放军第一个全军性群众学术团体——中国军事科学学会于1991年1月13日在军事科学院成立。

中央军委领导同志杨尚昆、刘华清、秦基伟、迟浩田、赵南起为学会题词。担任名誉会长的刘华清发来了贺信。贺信指出:中国军事科学学会的成立是我军军事科研战线上的一件大事,它对推动军事科学研究工作的全面深入发展,必将起到积极的促进作用并产生重要影响。从1991年到2000年,是我军革命化、现代化、正规化建设历史进程中非常关键的时期。刚刚诞生的中国军事科学学会作为军事科学研究的高层次的群众性学术团体,面临着光荣而繁重的研究任务,我们一定要紧密结合我国我军的实际,坚持四项基本原则,坚持"双百"方针,坚持理论联系实际的学风,为国防和军队建设服务。使学会成为密切联系专业与广大业余军事科学工作者的桥梁,成为捍卫与发展无产阶级军事理论的坚强阵地,成为培养军事科研人才的摇篮。

大会讨论通过了《中国军事科学学会章程》草案。选举军事科学院院长蒋顺学为学会会长,韩怀智、于永波、李九龙、李际均、杨永斌等10人为副会长,选举产生常务理事29人,理事120人。王平、王诚汉、伍修权、肖克、杨成武、杨得志、余秋里、李德生、张震、郑文翰、洪学智、郭化若、郭林祥、梁必业被聘为学会高级顾问。

中国军事科学学会下设会员代表大会、理事会、常务理事会。会员代表大会是学会最高权力机构,理事会是会员代表大会闭会期间的执行机构,常务理事会是理事会的常设机构,在理事会闭会期间行使理事会职权。学会下设办公室、学术工作委员会、国际学术交流工作委员会、编辑出版工作委员会、组织工作委员会、基金管理工作委员会。

学会的主要任务是:结合全军军事科研工作规划和军队建设的实际需要,组织群众性的军事学术研究活动,开展军事理论和国防建设、军队建设重大现实问题的研究,举办学术讨论会,组织协作交流和推广军事科研成果。开展国际军事学术交流,发展同国外有关学术团体和学者的学术联系,组织学术研究成果的评审和奖励工作,编辑出版军事学术书刊。

中国军事科学学会会长蒋顺学在会上发表了"开展群众性学术研究,繁荣中国军事科学"的讲话。他说:中国军事科学学会是在中央军委领导下的从事军事科学研究的最高层次的学术团体,它的成立是我军军事科研战线上的一件大事,也是一件新事,必将有力地推动军事科学研究工作的深入开展,对完成新时期军事科研历史使命将起到积极的促进作用。我们必须认真遵守学会的章程,始终如一地贯彻学会宗旨,深入广泛地组织和开展群众性的军事学术研究活动,积极为我军建设提供有价值的研究成果,为繁荣军事科学、为国防现代化建设服务。

中国史学会、中国未来研究会等16家学术团体和组织发来了贺电(信)。

(晓　锋)

全军军事科学研究工作会议在京召开　中国人民解放军全军军事科学研究工作会议于1991年1月10日至12日在军事科学院隆重举行。解放军三总部以及各大军区、海军、空军、二炮、国防科工委、军事科学院、国防大学、武警总部及全军指挥院校的领导和专家、学者共226人出席了会议。参加会议的还有中宣部、国家计委、国务院国际问题研究中心、外交部和中国社会科学院等有关方面的负责人。军事科学院副院长姜思毅中将致开幕词。军事科学院院长蒋顺学中将作工作报告。1月12日,中央军委领导同志出席会议并接见了全体代表，刘华清副主席作了重要讲话。军事科学院政委杨永斌中将致闭幕词。

会议遵照中央军委关于加强全军军事科学研究工作的计划和组织协调的指示精神，对“七五”期间的军事科研工作给予了充分的肯定。

刘副主席代表江主席、杨副主席、杨秘书长向会议表示祝贺并作了重要指示。他强调指出：无产阶级军事科学是军队战斗力的重要组成部分，是我军建设和作战及各项工作的先导。在新的历史时期，我国国防建设、军队建设和未来反侵略战争面临着许多重大问题，需要从理论上进行研究、探讨和回答。全军军事科研任务越来越重，军事科学院要很好地计划组织和协调全军的军事科研工作。军事科研工作者任重道远，应当发奋图强，积极探索，勇于创新，刻苦攻关，以第一流的科研成果为国防和军队建设服务。

军事科学院院长蒋顺学作了题为《以马列主义、毛泽东思想作指导，科学计划全军“八五”期间的军事科学研究工作》的报告。报告指出，“八五”期间军事科研工作的指导思想是：坚定不移地以马列主义、毛泽东思想为指导，实事求是，理论联系实际，以新时期军事战略为依据，面向现代化、面向世界、面向未来，发扬学术民主、开展学术争鸣，认真总结我军的历史经验，重视和吸收外军有益经验，研究现代条件下的人民战争，发展和完善无产阶级军事科学，为国防建设和未来反侵略战争服务。“八五”期间军事科研工作的发展目标是：以研究马列主义军事理论、毛泽东军事思想和邓小平军事论述为重点，围绕贯彻新时期军事战略，开展对国际战略形势与国家安全环境及其对我国军事战略影响的研究，着重从理论高度探讨国防建设、军队建设和作战等重要的现实问题。进一步理顺全军军事科研体制，加强科研队伍建设，逐步完善和发展无产阶级军事科学体系。

“八五”期间全军科研工作的基本任务是：继续开展马列主义军事理论和毛泽东军事思想研究，加强国防理论和军事战略的研究，重视战役战术和军队指挥等作战理论研究，加强军事法理论和军事法规研究，深化军队建设理论与实践的研究，重视开展军事史理论与军事历史的研究，继续进行外国军事研究和掌握外军学术信息，加强军事运筹和作战模拟研究，认真搞好军事辞书、军事刊物和军事图书的研究与编辑出版工作，加强军事科研的组织领导与管理工作。

会议代表对“八五”计划（草案）进行了认真的讨论和审议。一致认为，经过反复酝酿而成的“八五”计划（草案），指导思想明确，目的任务清楚，要求措施可行，是全军军事科研工作的一个重要的指导性文件（经中央军委批准后，将是全军军事科研工作的重要依据，具有法规性和权威性）。各大单位表示要认真贯彻执行，按时保质保量地完成任务。

这次会议的召开，不仅对发展我国的军事科学事业有重大意义，而且对我国军队建设和国防建设有深远的影响。它必将推动全军军事科研全面深入地开展，更好地为军队的革命化、现代化、正规化建设服务。

（晓　锋）

邓小平国防和军队建设理论研讨会在京举行　1991年11月5～9日，军事科学院和中国军事科学学会共同举办了“邓小平新时期国防建设军队建设理论研讨会”。中央军委副主席刘华清到会讲话，中央军委委员、总参谋长迟浩田及中国军事科学学会高级顾问王平、李德生、杨得志等出席了会议。

研讨会共收到全军各大单位提交的论文60篇，论文内容丰富，涉及邓小平国防建设、军队建设理论的方方面面。研讨的主要问题有：关于邓小平国防与军队建设理论；关于把握当代世界主题及战争与和平问题的思想；关于国防与军队建设要服从国家建设大局的思想；国防与军队建设指导思想实行战略性转变的思想；注重质量建军的思想；关于把教育训练提高到战略地位的思想；关于军事法制建设的思想；关于从严治军和加强管理的思想等。基本上反映了近年来全军关于这方面的研究成果和学术水平，是对邓小平军事理论研究成果的一次检阅。

（李智舜）

中国人民解放军代表参加纪念中国共产党成立70周年全国学术讨论会　由中共中央宣传部、中共中央党史研究室、中共中央党校、中国中共党史学会联合举办的全国性的纪念中国共产党成立70周年学术讨论会，于1991年6月26日至7月1日在北京举行。这次会议重点讨论党史、党建问题，同时也反映了中国人民解放军军战史和军队建设理论研究的最新成果。军队参加这次学术讨论会，共有24篇论文，位于全国各参选单位榜首。这些论文的征集和评选，是在总政治部统一部署下进行的，得到各部队、院校的重视，经过反复评审、修改，因而具有较高质量。讨论会上，军队代表姜思毅、邵维正、张驭涛、徐健全就学习毛泽东军事思想、坚持党对军队的绝对领导、继承和发扬我军政治工作的优良传统等问题作了发言。讨论会期间，军队代表还就党的建设与军队建设的关系问题，围绕军委秘书长杨白冰的《党的绝对领导是我们的建军之魂立军之本》的文章，集中进行了讨论，加深了党对军队绝对领导这个重要问题的认识。

（江　英）

《红一方面军史》编审委员会第 4 次、第 5 次会议在京举行 1991 年 5 月和 10 月,《红一方面军史》编审委员会在北京召开第 4 次、第 5 次会议,审议《红一方面军史》送审稿。编委会主任杨得志主持了这两次会议。与会同志对史稿进行了认真的审议,作出了肯定的评价,并提出了 些修改意见。第 4 次编审会议期间,聂荣臻元帅和中央军委副主席杨尚昆分别接见了编审委员会部分成员,对这部史书的编写给予了极大关注。受到接见的委员有:杨得志、王平、萧克、方强、冯文彬、刘志坚、孙毅、张震、贺晋年、莫文骅、曹里怀、蒋顺学和特邀编审李质忠。《红一方面军史》编辑室的全体同志也受到接见。接见中,聂荣臻亲切勉励大家,一定要把红一方面军史写好,给后人留下宝贵的精神财富,为全面加强部队建设提供历史经验。杨尚昆说,红一方面军史是中共党史、中国人民解放军军史的重要组成部分,通过编写和学习这部史书,要更好地继承和发扬党和军队的优良传统,全面加强军队建设。

中国工农红军第一方面军,是主力红军之一,是毛泽东、朱德、周恩来等亲自创建、直接领导的革命武装力量,在土地革命战争中起了非常重要的作用,有着光荣的历史。1987 年 11 月聂荣臻亲笔给军委副主席杨尚昆写信,提议编写红一方面军史,军委对此非常赞同。1988 年 3 月组成了红一方面军史编委会。通过几年的努力,1991 年已完成《红一方面军史》送审稿。经审议修改后,预计 1992 年下半年将正式出版发行。

(马千里、江 英)

第 2 届中国抗日根据地史国际学术讨论会在天津召开 1991 年 8 月 1～4 日,在天津南开大学举行了第 2 届中国抗日根据地史国际学术讨论会。与会者包括中国学者 50 余人和来自美国、日本、法国、澳大利亚、英国、荷兰等国的学者 34 人。会议收到论文近 70 篇。会议讨论了有关抗日根据地的各种问题,诸如敌后抗日游击战争的军事战略、抗日根据地的社会性质和政权、抗日根据地的经济、抗日根据地内中共与农民的关系、毛泽东思想与抗日根据地的关系等。学术讨论会结束后,8 月 5～8 日,南开大学还组织部分中外学者前往太行山区原八路军总部和晋冀鲁豫边区政府旧址参观考察。(《抗日战争研究》1991 年第 2 期)

(彭训厚、王玉玲)

中国第二次世界大战史研究会第 3 届第 4 次会议在京举行 中国第二次世界大战史研究会第 2 届理事会第 4 次会议于 1991 年 12 月下旬在北京国防大学举行。会议听取了关于第二次世界大战(以下简称二战)史研究会进行社团登记的情况报告、章程修订报告、1990 年以来的会务工作报告、经费情况报告以及今后学术活动初步安排的报告等,经过讨论,形成如下决议:(1)通过修订的中国二战史研究会章程。(2)对二战史研究会理事会常务领导机构进行了局部人事调整。(3)中国二战史研究会会址从上海市华东师大迁至北京市国防大学科研部,成立由法人代表、秘书长张海麟主持的秘书处。(4)调整 1992～1994 年的学术活动计划,经会议讨论决定:中国二战史研究会于 1992 年春夏与国防大学科研部联合筹办"二战对战后世界的影响"专题学术讨论会;1992 年夏与中国社会科学院世界史所法西斯研究课题组联合筹办"法西斯主义体制研究"专题学术讨论会;1993 年与军事科学院军史部联合筹办"二战的战略转折"专题学术讨论会;1994 年与武汉大学等单位联合筹办"第二次世界大战与战后世界性社会进步"(暂定)专题学术讨论会。(5)1995 年力争举办一次国际学术讨论会,以纪念世界反法西斯战争胜利 50 周年。此外,对会员的登记和管理、会刊《二战史通讯》,以及《会员手册》的编辑印发等作了具体规定。

(彭训厚、王玉玲)

中日学生联合举行"日本侵华战争"学术讨论会

1991 年 8 月 15 日是日本战败投降 46 周年纪念日,日本"日中学生会议"访华团一行 20 余人,在日本外务省、日本"日中友好协会"的协助下,对北京大学、南京大学和复旦大学等校进行了友好访问,并与南京大学学生代表团共同举行了"日本侵华战争"学术讨论会。两国学生代表进行了坦诚的思想交流。会议期间,双方代表还参观了江东门侵华日军南京大屠杀遇难同胞纪念馆。

双方代表一致认为,日本侵华战争给中国人民带来了深重的灾难,作为这场灾难最惨痛的一幕,南京大屠杀是真实存在的。日本侵华战争也给日本人民留下了巨大的创伤。对于创巨痛深的两幕,中国人民忘不了南京大屠杀,日本人民也永远不会忘记广岛、长崎的原子弹灾难。日本侵华这场非正义的战争是无比罪恶的,中日两国人民应该牢记战争的教训,绝不能让过去的历史重演。(《抗日战争研究》1991 年第 2 期)

(彭训厚、王玉玲)

"二战"期间日军 731 部队罪证展览在京举办

1991 年 9 月,为纪念"九一八"事变 60 周年,中国人民抗日战争纪念馆与哈尔滨的日军 731 部队罪证陈列馆联合在北京中国人民抗日战争纪念馆举办了日军 731 部队罪证展览。日军 731 部队是第二次世界大战期间最大的一支细菌部队,它以推行细菌战为目的,大肆进行细菌武器生产和各种生理试验。日军 731 部队罪行展览,以大量无可辩驳的历史文献、资料、照片和实物,展示了日军731部队从组建到覆亡的过程和它的各种罪恶活动。展览还模拟复原了毒气试验和活人解剖试验的现场。这次展览在北京引起人们关注，来自台湾、港澳地区和日本、美国、苏联等国家的观众，也对这个展览给予了极高的评价。(《抗日战争研究》1991年第2期)

(彭训厚、王玉玲)

“二战”期间被害犹太人达529万人以上 中国《光明日报》1991年7月13日报道，纳粹统治时期，究竟有多少犹太人遭到杀害，是人们一直关心的问题。最近，欧洲18位历史学家经过10年的艰苦研究，终于得出了一个比较确切的数字。根据他们现已掌握的材料，二战期间，在德国以及当时被德国占领的国家，纳粹法西斯至少屠杀了529万犹太人。如果加上尚未掌握其材料的死者，这个数字可能突破600万。这一研究成果于最近成书出版。

(晓 锋)

欧洲安全问题国际研讨会在巴黎举行 1991年4月中旬，法国陆军高等军事学校举办了题为“21世纪初欧洲将有什么样的安全”的大型国际研讨会。这是继1990年欧洲安全和合作会议首脑会议以来，在巴黎召开的又一次关于欧洲安全问题的重要国际会议。参加研讨会的除法国军政界、战略研究界、知识界、企业界和宗教界等人士外，还包括中、美、苏在内的17个外国军事院校的代表团和30多个国家的国际知名人士，共2300人。法国防部长若克斯和总统密特朗分别到会致开幕词和闭幕词。北大西洋公约组织秘书长韦尔纳、西欧联盟议会秘书长埃克兰、苏总统外交事务顾问扎格拉金、前西德总理施密特、美国华盛顿国际战略研究中心顾问鲁特瓦克、英国伦敦国际战略研究所所长海斯布尔等都出席了会议。法三军高级将领及法各主要研究所所长等直接参加了辩论。大会还专门租用了卫星转播线路，现场转播了会议主持人与美国总统国家安全事务助理斯考克罗夫特和苏联总统戈尔巴乔夫的军事顾问、前苏军总参谋长阿赫罗梅耶夫元帅所进行的直接讨论。

这次大会围绕“21世纪初的欧洲安全”这一主题，对欧洲安全环境及其面临的挑战、未来欧洲安全新秩序的构想、技术进步与军备控制、经济发展与国防人力资源管理，以及舆论与欧洲安全的关系等问题进行了广泛的讨论。

(晓 锋)

美空军设立现代空中力量研究分院 蒋建平在1991年7月15日中国《解放军报》载文报道，鉴于空中力量在现代战争中的地位日趋重要，美国空军最近在空军大学新设立了一所现代空中力量研究分院，于1991年7月22日正式开学。该院负责人指出，分院的成立，旨在将有发展前途的少校、上尉军官培养成擅长空战战术的杰出人才，以适应未来空战的需要。

据悉，该院位于美国亚拉巴马的马克斯韦尔空军基地，今年首届将招一个班，学员25名，学期为11个月。课程分历史和现代两大部分。历史部分侧重研究军事理论家有关空中力量的论述及理论的应用；现代部分主要是探索空战战术与空间作战的问题。为了配合形势，还将开设海湾战争的有关课程。

学校官员介绍说，学员都是目前在空军系统中服役的优秀少校与上尉。课程的大部分主要是独立研究，在209个教学日中，48天为纯研究性工作。学员每天晚上规定要阅读150页的书。毕业时，学员们还必需写出一篇具有一定水平的论文，并进行答辩。通过者，可获得硕士学位。

近年来，随着高科技的迅速发展，军队武器现代化、军官专业化水平日趋上升，导致具有对历史军事理论持独特见解的指挥员越来越少，引起了军中的严重不安。为此，美空军遂决定成立该学院，意在通过重点施教，培养出一批能应付任何形势、提出最佳判断与结论的思考型指挥官，改变目前的落伍状况。

据称，为了更好地搞好教学，学院特从军内外聘用了9位具有丰富教学经验的教员施教，着重培养学员具有独立分析问题与处理问题的能力。学校也将设立人事跟踪系统，对毕业学员进行长期观察，看其学习的知识是否能与工作实际相联系，以不断提高教学质量。

(晓 锋)

军事理论专著出版信息 1991年解放军出版社出版的部分军事理论著作评介 近年来，解放军出版社坚持为人民服务，为社会主义服务，为国防现代化服务的出版方针，立足部队，面向基层，面向全国，面向世界，注重出“精品”，把社会效益放在首位，取得了令人瞩目的成果。为部队的教育训练，拓宽军事理论和军事学术研究眼界，传播优秀的军事成果，增强全民的国防意识，弘扬和积累军事文化等作出了贡献。1991年出版的军事图书近百种，现就几种主要军事图书评介如下。

记录人民军队丰功伟绩的历史画卷——《中国人民解放军历史资料丛书》出版。《中国人民解放军历史资料丛书》是经中共中央军事委员会批准编纂出版的，到1991年底，已出版发行《红军长征》、《新四军》、《八路军》、《南方三年游击战争》、《淮海战役》等卷，近800万字，其他各卷(册)将陆续出版。从已出版的各卷看，丛书史料翔实，全面、完整、系统、准确地反映了毛泽

东、周恩来、朱德等老一辈无产阶级革命家在创建人民军队，以及在人民革命武装斗争中的伟大功勋和建树，为丰富和发展毛泽东军事思想作出的伟大贡献；反映了人民军队在中国共产党领导下，从无到有，从小到大，从弱到强，在夺取政权和保卫政权的斗争中，不断成长壮大，从胜利走向胜利的光辉战斗历程；反映了各个革命历史时期军队建设的重大问题和重大事件，重要战役、战斗，以及军队中党的工作、军事工作、群众工作、瓦解敌军工作等的成功经验；在各卷的“回忆史料”部分，作者根据自己的亲身经历，运用大量的史料，对人民军队在建军、创建革命根据地和作战等方面的经验进行了总结，讴歌了部队指挥员机智果断和机动灵活的指挥艺术，以及广大指战员的英雄气概，热情地颂扬了人民军队的光荣传统和优良作风。

这套丛书的特点是：内容丰富，各卷内容包括综述、历史文献、回忆史料、大事记、图表、照片、烈士名录等，图文并茂，再现了人民军队在各个革命历史时期波澜壮阔的斗争场面。史料珍贵，丛书所选用的文献，主要是电报和文件，其中绝大部分是首次公开。重要史料编者还作了考证和核实。因此，它是中国共产党人、广大指战员和人民群众智慧的结晶，是中国人民极为宝贵的精神财富。所以丛书具有重要的学术价值、史料价值和实用价值。为研究中国人民解放军军史、战史，研究中国革命武装斗争，研究毛泽东军事思想提供了宝贵材料。同时，也为对部队指战员和全国人民进行爱国主义、革命英雄主义和光荣传统教育提供了生动教材。

*《军事谋略丛书》的出版，在军内外引起强烈反响。*谋略丛书已经出版《三十六计新编》、《兵家权谋》、《说三国话权谋》、《说东周话权谋》、《军事谋略学》、《纵横捭阖——伐谋与伐交》、《斗智的学说》等。这套丛书的出版说明，建立军事科学的一个分支学科——“军事谋略学”的条件日渐成熟。这一学科是以军事谋略为研究对象的理论体系，它的基本任务是研究军事谋略的产生、发展、内容、形式、本质和作用，揭示其规律，阐明原理，为军事谋略的制定和实施提供理论依据。在这方面，李炳炎和孙兢合著的《军事谋略学》是一次有益的尝试，受到军内外理论界、学术界的称赞。尤其难能可贵的是，他们提出的“活力对抗论”，为建立军事谋略学的理论体系，奠定了逻辑的起点。同时也揭示了施计用谋的本质。从这套丛书的内容看，作者不仅着眼于军事谋略知识的普及，而且也着眼于军事谋略理论的提高；不仅着眼于对前人智慧的整理和挖掘，而且也注重为指导实践服务；不仅注意克服我国传统兵学中重谋略轻技术的观点，而且注意探讨现代条件下的施谋手段和方法。因而这套丛书的出版，受到了广大读者的欢迎。有的一版再版，如《三十六计新编》再版10次，累计印数达161万册。更为令人欣喜的是，当前出现的学习军事谋略、研究军事谋略、运用军事谋略“热”，使军事谋略的应用领域拓宽，它涉及到军事、政治、外交，企业、商业、外贸、体育等各个领域，军事家们的智慧之光，已结出丰硕之果。军事谋略的运用，势必成为新的历史时期，加速中国现代化建设的“催化剂”。中国兵书在世界上久负盛名，军事谋略是中国军事文化的瑰宝，最具魅力，我们更希望它在中国人民解放军的现代化建设中大放异彩。

一本独具特色的军事理论专著——《现代防空论》面世。《现代防空论》是一部开创性的军事理论专著。作者站在社会和战争发展的宏观高度，从战略、战役层次，系统地论述了现代防空理论与实践的基本问题。它的出版，不仅填补军事理论读物中一项空白，更重要的是填补了中国现代防空理论的空白，为领率机关决策和防空建设、部队作战训练提供了理论依据。

本书的基本内容可以概括为以下3个部分。(1)关于防空的基本理论问题。主要探讨了现代防空体系和基本分类，空袭与防空的相关规律，防空武器的发展对防空作战的划时代影响，现代防空指导思想的共同趋向，以及现代防空的基本原则等。(2)关于现代防空的实践问题。主要探讨现代防空体系的构成，确立现代防空总体结构的基本要求、原则和方法；现代防空部署的种类、特点、原则和方法及其制约因素；防空指挥的特点、要求，指挥体制的制约因素和宏观结构，以及指挥内容、程序、方式，指挥自动化的系统结构和发展趋势；论述了反空袭行动是防空作战最重要行动，国民防空在现代防空中的重要战略地位等。(3)关于防空发展战略方向问题。作者针对当今世界现状和未来防空发展趋势，论述了现代防空建设的重要性和迫切性，以及应遵循的原则；对防空武装力量建设，防空科技、人才、国民防空建设等重大问题进行了探讨，颇有参考价值。总之，本书概括了国内外防空领域70余年的历史和发展情况，阐述了其理论渊源，并注入了现代防空的新情况、新信息，它所呈现给读者的是一个全新的、完整的防空理论概貌。

本书的特点一是提出了一些新观点和新见解。主要是在防空及其理论的形成和发展问题上，提出早期防空、近代防空和现代防空的分期问题；对防空规律问题，提出空袭与防空相关律、防空目的层次律、系统组合效能律；在现代防空思想上，主张积极、整体、灵活等；在现代防空部署方式上，提出目标防空部署、区域防空部署、大区域防空部署等。二是总结和吸取了国内外现代防空作战的经验。既总结了我国国土防空作战的经验，又吸取了近年来世界上局部战争中防空作战的新经验，特别是海湾战争的作战经验，因而本书具有鲜明的时代特征。三是在论述防空理论与实践的各种问题时，作者以马克思主义、毛泽东思想为指导，运用历史唯物主义和辩证唯物主义的立场、观点和方法，运用无产阶级战争观，从宏观的高度，正确地阐述了战争与防空、人与武器、历史与现实、现实与未来等方面的关系，从而使本书有很强的思想性、理论性和可读性。对于国防建设，尤其是防空现代化建设有一定的指导意义。因此具有鲜明的中国军队特色。

总的看，该书所阐述的问题，不仅直接关系到国家的主权和安全，同时与国防发展战略和军事发展战略密切相关。一切关心、从事国防和现代防空建设的人们都应该读一读这本军事理论著作。

（王成刚）

1991年军事科学出版社军事图书出版情况简介

1991年，军事科学出版社在党中央“一手抓整顿，一手抓繁荣”方针的指导下，紧紧围绕着“调整结构、优化选题、减少品种、提高质量”这一中心目标，坚持社会效益第一的原则，圆满地完成了全年各项编辑出版任务，共出书92种，取得了较好的社会效益和经济效益。

压缩选题，突出重点。为了贯彻新闻出版署“调整结构、优化选题、减少品种、提高质量”的十六字方针，军事科学出版社大力压缩了选题数量。经过反复研究论证，层层把关，将选题计划由上一年的120个压缩到80余个，减少30%，为突出重点选题打下了基础。1991年确定出版的有《军用主题词表》、《邓小平新时期军事哲学思想》、《高技术战略》、《中国火器史》、《简明中国人民解放军战史》、《军事科学概论》、《政治工作大词典》、《中国人民解放军政治工作条例》、《中国军事史略》以及《中国军事百科全书》分册等重点选题。由于确立了一个好的选题计划，出版了一批好书，取得较好的社会效益和影响。

抓好重点图书，提高图书质量。1991年，军事科学出版社把抓好重点图书的出版做为突破口，大力抓好全面提高图书出版质量的工作。对于重点书稿，在编辑、校对、印刷等各环节坚持各项规章制度，严格审查，精心编辑，认真校对，层层把关，严防错情。如1991年出版的500万字的《军用主题词表》一书，收词5.25万个，是我军第一部大型综合性主题词表，是列入国家哲学社会科学“七五”规划的军事学科重点课题。对于这部字数多、规模大的重点图书，该社下大气力抓出版质量。该书出版后，以上乘的质量、精美的印刷得到了军内外专家学者和广大读者的一致肯定。重点图书质量的提高，极大地带动了其他图书质量的提高，为军事科学出版社赢得了声誉。

突出优势，强化出版特色。军事科学出版社注意充分发挥编辑人员军事学术功底好的业务特长，并以军事科学院军事科研人才密集、学科齐全为依托，十分注重提高书稿编审质量，严谨治学，强化特色，为促进军事科研和国防现代化建设做贡献。(1)注重选择出版对军队建设中现实问题研究的著作。军科出版社出版了《邓小平新时期军事哲学思想》、《高技术战略》等图书，引导军事理论研究对现实问题的关注，为国防建设和部队建设服务。《高技术战略》一书通过大量事实，从横的方面论述评介了世界各国高技术发展战略、策略选择和经验教训；从纵的方面对各高技术领域的形成、沿革、应用及其产业化的发展进行了剖析。宋健同志为本书做了序。该书还被选为全国科技宣传工作会议的参考材料，受到军内外各界人士的欢迎。(2)把部队现实需要做为确立选题和安排出版的重点，扎扎实实为部队建设服务。为了配合学习贯彻新条令，军事科学出版社编辑出版了《中国人民解放军纪律条令学习辅导材料》、《中国人民解放军内务条令学习辅导材料》、《政治工作条例学习问答》、《民兵工作条令学习手册》等图书，受到部队广大指战员的好评。(3)深化和开拓选题范围，填补军事学科出版空白。在出版中国军事历史和战争史方面图书时，注意不断开辟新的课题。先后出版了《中国人民志愿军抗美援朝战史》、《中国人民解放军组织沿革和各级领导成员名录》、《中国火器史》等填补学科研究空白的著作。其中《中国人民志愿军抗美援朝战史》是我国第一本公开出版的抗美援朝战史，它以详实的材料，严谨的结论，对这场战争进行了科学的总结。(4)注意选择出版对现实国际战略形势问题研究的著述。1991年军事科学出版社注意国际形势的变化及时出版了《防止第三次世界大战：现实大战略》、《国家的命运》等图书，对国家战略形势进行了分析。海湾战争爆发后，又及时出版了《海湾战争》等书，请军内外的有关专家学者笔谈对这场举世瞩目的战争的认识，通过认真的研究和科学的总结，为我军建设提供经验和借鉴。(5)注意借鉴外国的军事理论著作。为此，军事科学出版社组织翻译出版了《战争与当代现实》、《战略欺骗》、《第一次世界大战史纲》、《作战原则》、《在五角大楼关键的七年》、《夺回生产优势》等图书，有选择地介绍和借鉴外国军事理论中对我们有参考价值的成份。(6)通过抓几套丛书来强化自己的出版特色。丛书最能体现不同的出版风格和特色，为此军事科学出版社精心选择出版了《孙子兵法大全系列丛书》、《国防建设研究丛书》、《国防后备力量建设研究丛书》和《中国历代名将丛书》。以这种通俗读物的形式出版的军事读物在广大读者当中产生了很大影响，受到欢迎和好评。

1991年军事科学出版社出版的图书受到广大读者的普遍好评，有不少图书在军内外图书评奖中获奖：6种图书分别荣获由《光明日报》举办的首届"光明杯"优秀哲学社会科学学术专著评奖的二等奖和三等奖；1种图书荣获一年一度的全国"金钥匙"图书评奖的优胜奖；11种图书分别荣获"当代军人喜爱的军版图书"评奖的一、二、三等奖；有几种图书分获各大单位的教学成果奖。

（刘义昌、张大禾）

《中国军事百科全书》编纂概况　编纂《中国军事百科全书》是发展繁荣中国军事科学，丰富军事理论宝库，提高全军官兵的军事、政治素质和科学文化水平，适应军队革命化、现代化、正规化建设需要，为国防现代化服务，同时向全国普及国防教育，向国外介绍中国军事知识的一项崭新事业。

综述。《中国军事百科全书》的编纂工作，筹划于1982年7月召开的《中国大百科全书·军事》编委会第二次会议。会议提出要抓紧有利时机，在完成编纂《中国大百科全书》军事卷之后，着手进行编纂出版《中国军事百科全书》工作。是年9月，中央军委决定编纂《中国军事百科全书》，新华社播发了消息。1984年8月，中央军委向全军批转了军事卷编委会关于编纂《中国军事百科全书》筹备工作的请示报告和初步方案。中央军委在批示中强调指出："编纂《中国军事百科全书》，是一项繁重巨大的工程，它涉及社会科学、自然科学、哲学的各个领域，内容广、要求高、难度大，是关系我军建设的一件大事。承担编纂任务的有关干部、专家、专业工作者，要认真负责，勇于探索，克服各种困难，争取高质量地完成我国、我军的第一部军事百科全书。"1986年3月，在军事卷编委会第四次会议上，总结了军事卷编纂工作经验，并在全军范围部署和展开了《全书》编纂工作。同年6月，中央军委明确指示，军事百科工作由军事科学院负责组织实施。1986年7月9日，邓小平亲自为《中国军事百科全书》题写了书名。编纂工作展开后，党和军队主要领导同志及时批转《全书》编纂工作的有关文件，亲自为《全书》撰写条目，审定重大学术问题，体现了党中央和中央军委对军事百科工作的重视和关怀。1989年11月16日，经中央军委批准在北京召开的《全书》编委会第一次会议，审议了《全书》编审室工作报告，分析了编纂工作形势，为保证高质量完成任务采取了一系列重大措施。为贯彻落实编委会决定，《全书》编审室于1990年2月24日和1991年11月19日先后召开了两次编辑工作会议，具体研究解决编纂工作有关问题，推动编纂工作顺利进行。6年来，《中国军事百科全书》编纂工作在中央军委的关怀下，在《全书》编委会和军事科学院领导下，在全军各大单位支持下，在全体百科专业工作者和军内外一大批专家学者的共同努力下，进行了大量艰苦细致的开创性工作，健全和完善了编纂工作法规，周密制订了编纂工作规划和年度撰审出版计划。严格执行了审稿制度，基本完成了撰写、初审任务，从1991年起，陆续开始编审出版各个学科分册，并为《全书》的总编工作进行了学术准备和组织准备。

基本规模。《中国军事百科全书》是在军事领域全面系统介绍军事科学知识的现代型专业军事百科全书。按照军事科学体系分类，区分为军事思想、军事学术、军队政治工作、军事后勤、军事技术、军事历史和军事地理7个门类，56个学科，共收条1.1万多个，释文1100万字左右，插图附表7000余幅。全面涵盖了军事科学各个领域。在编辑出版学科分册的基础上，将总编成12个卷本（含总索引卷）在国内外公开发行。

编纂工作的指导思想。指导思想是统领编纂全过程的"灵魂"。在《编纂条例（试行稿）》和正式颁发的《编纂工作条例》中，以法规形式明确的编纂《全书》的指导思想：一是以马克思列宁主义、毛泽东思想为指针，坚持辩证唯物主义和历史唯物主义，对古今中外军事领域的基本事实、基本概念、基本理论进行科学的介绍和阐述。二是突出中国特点和风格，充分反映中国几千年来，中国人民解放军半个多世纪以来，丰富的军事实践和军事理论，特别是毛泽东军事思想及其在新的历史条件下的继承和发展。三是为国防现代化服务，着眼于今后反侵略战争需要，反映军队革命化、现代化、正规化建设的新发展，介绍当代世界军事科学研究的新成就，特别是现代科学技术在军事上的运用与影响。6年来，《全书》编纂工作始终贯彻和坚持了这一指导思想，排除了资产阶级自由化思潮的影响，保持了编纂工作的正确方向。

组织机构。1986年3月12日，经中央军委批准，中国军事百科全书编审委员会由全军各大单位的35位领导组成，主任为宋时轮（已逝世），副主任有：萧克、张震、梁必业、朱光亚、韩怀智、周克玉、郑文翰、奚原（常务副主任），实行集体领导，分工负责，议决《全书》编纂中重大事情和编审定稿。下有常设工作机构——中国军事百科全书编审室，并由全军各大单位从司令部或有关业务部门选定一位领导担任《全书》编审室兼职副主任，以加强指导协调全军参与编纂工作的集体领导。按照中央军委批准的"全军动手，专业对口，军地结合，分工合作"的原则，三总部和各大单位分别担任56个学科的主编单位和副主编单位，并相应设立了各自的编研室(组),负责撰审工作的组织实施。建立了军事百科专业队伍,从组织上保证了百科事业的顺利发展。编纂工作展开以来,陆续在全军范围聘请了4000余位专家、学者和专业工作者,参加《全书》释文的撰写,并聘请相当数量的全国著名专家学者参加各学科审稿,实际形成了领导、百科专业干部、条目撰审人三结合的体制,确保能高效率地开展编纂工作。

编纂出版情况。经中央军委批准,中国军事百科全书要在1995年前后完成编纂出版任务。各学科主编单位按照编审委员会“抓紧时机,好中求快,质量第一”的要求和编纂出版计划,截止到1991年底,90%以上的条目已完成撰写,多数学科已进入编审,已经出版《装甲兵技术分册》、《军事通信技术分册》、《核武器分册》、《化学、生物武器和防核、化学、生物武器技术分册》、《军队指挥学分册》、《军事航天技术分册》、《古代兵器分册》、《军事测绘学分册》、《国防经济学分册》、《火炸药、弹药分册》、《轻武器分册》、《军事气象学分册》,计划至1992年底,学科分册出版可达到42个。《全书》总编工作也将陆续展开。从已经出版发行的学科分册看,质量是好的,受到了部队基层官兵和有关科研单位、院校的欢迎。为使《全书》征集到更多的珍贵军事历史照片和反映部队建设、军事科学发展的照片,从1990年6月~1991年11月,在全国范围举办了《中国军事百科全书》摄影征稿大奖赛,征集到万余幅有价值的摄影作品,进一步提高了《全书》的整体质量,扩大了军事百科全书的影响。

《中国军事百科全书》是一部军事知识浩瀚,总结中国优秀军事文化和在中国共产党领导下以毛泽东为代表的无产阶级军事思想、军事理论、军事实践,介绍世界其他国家军事领域知识的巨著,是中国第一部军事百科全书。它的编纂,已引起军内外和国内外各界人士的关注,必将效益于当今,流传于青史。

(张　杰)

中国人民解放军军战史研究有关著作出版信息

1991年,为纪念中国共产党成立70周年,一批毛泽东思想研究和中共党史研究的重要著作出版。其中,关于毛泽东军事思想和中国人民解放军军战史研究的内容占有一定比重。这些重要著作既体现了人民解放军军战史研究的重要成果,也为今后军战史研究的继续深入创造了条件。同时,人民解放军军战史研究的一些专题著述也相继问世。

毛泽东著作、毛泽东思想研究著作和中共党史著作。毛泽东著作是人民解放军军战史研究最重要的依据。1991年6月,人民出版社出版了由中共中央文献编辑委员会编辑、修订的《毛泽东选集》第1～4卷第2版。这次修订,以1966年7月人民出版社出版的《毛泽东选集》横排本为底本,经修订后,既保持了第1版的原貌和特色,又根据历史事实、文献资料和新的研究成果作了一些必要的校订和补充,因而在某些方面比第1版更加完善和准确。为配合《毛泽东选集》第2版的出版,中央文献出版社出版的由中央文献研究室编辑的《毛泽东选集1～4卷注释校订本》,全书45万字。本书汇编了经过校订后的360多条新注文和校订说明,并附77条新增加的重要注释,以及《毛泽东选集》第2版1000多条注释的索引。该书有下列特点:一是订正了原注中的失实之处;二是修正了原注中对某些人物、事件所做的不恰当的断语和评价;三是吸收了当今学术界的最新研究成果;四是公布了一些有重要价值的文献资料。人民出版社出版了中共中央党史研究室著《中国共产党历史(上卷)》,全书56.4万字。本书是一部具有较高权威性和广泛影响的中共党史专著。其中系统地论述了党领导人民取得新民主主义革命胜利的全过程,不仅是党史学习的重要课本,也是军战史研究的重要参考读物。继此以后中共党史出版社出版了中共中央党史研究室一室编著的《〈中国共产党历史(上卷)〉若干问题说明》(24万字)、《〈中国共产党历史(上卷)〉注释集》(31.4万字)。中共党史出版社出版了中共中央党史研究室著、胡绳主编《中国共产党的七十年》,邓小平题写书名,胡乔木作《题记》,全书48万字。本书全面论述中国共产党成立70年来的战斗历程,实事求是地评价重大事件和重要人物,科学总结历史经验,是一部高水平的中共党史简明读本。在理论和史实上,都为军战史研究提供了依据。经中共中央批准,由中央党史研究室、新华社、中央档案馆共同编辑了大型画册《中国共产党七十年》,向国内外发行。画册精心选编了党史上的珍贵照片、图片和文献资料,展现了党领导人民进行革命和建设的壮丽图景,其中部分图片资料是第一次发表。解放军出版社出版了廖国良、李士顺、徐焰主编的《毛泽东军事思想发展史》(57万字)。本书是军事学首次列入国家哲学社会科学“七五”规划的重要课题,是国内第一部从军事史角度研究毛泽东军事思想的专著。它以中国共产党领导中国革命战争和国防现代化建设的历史为线索,史论结合,实事求是地阐述了毛泽东军事思想的产生、形成和发展过程、科学体系、历史地位及指导意义,比较系统地论述了毛泽东等老一辈革命家的建军、战争和作战、国防建设的理论及其实践,对十一届三中全会以来毛泽东军事思想的发展作了阐述和肯定,比较恰当地反映了党和军队高级领导人对形成毛泽东军事思想的贡献。本书对于学习和研究毛泽东军事思想,对于指导军队建设和探

讨未来战争规律，具有较高的理论价值、应用价值和学术价值。

中国人民解放军军史著作。主要有：解放军出版社出版、姜思毅主编《中国共产党军队政治工作七十年史》(六卷本)第1～4卷。本书系统阐述中国共产党自1921年建党以后，在军队中从事的革命政治工作。其中第1卷叙述党在军队中的政治工作在北伐战争中萌芽，在土地革命战争中奠基；第2卷叙述八路军、新四军在八年抗战的人民战争中，政治工作保障了造成“陷敌于灭顶之灾的汪洋大海”。政治工作理论本身，在抗日战争中达到成熟。第3卷叙述在解放战争各个阶段中，中国人民解放军有声有色的政治工作的伟大创造和丰富发展。第4卷叙述政治工作保证抗美援朝战争胜利和现代化革命军队建设的历史。本书是一部具有开拓性的学术专著。金盾出版社出版了徐庆儒主编的《中国人民解放军革命战争后勤史简编》，全书40.6万字。本书第一次系统介绍了人民解放军在革命战争年代后勤工作的沿革及经验。第1编土地革命战争时期介绍了红军初创时期、反“围剿”时期、长征中、三大主力会师后及南方八省三年游击战争的后勤工作，以及东北抗日联军的后勤工作。第2编抗日战争时期，介绍了抗战初期、巩固和发展抗日根据地、战胜困难坚持敌后抗战，以及开展攻势作战举行战略反攻阶段的后勤工作。第3编解放战争时期，介绍了过渡阶段、战略防御、战略进攻、战略决战、战略追击各阶段的后勤工作，介绍了空军和海军初建时期的后勤工作。本书内容丰富，资料翔实，受到读者欢迎。国防大学出版社出版了苏士甲、康景海著《中国人民解放军院校发展史》，全书35万字。这是第一部中国人民解放军院校发展史。其中介绍了红军时期，从教导队到红军随营学校、红军正规学校、长征中的红军院校情况，介绍了抗日战争中的抗大和其他各类学校，介绍了解放战争时期遍布各大战略区的军政大学，介绍了新中国成立后军事院校大发展、高等军事学院及军兵种高级院校的建立等。本书指出：中国革命战争之所以胜利，重要原因之一是加强军队建设，培养优秀干部。重温军队院校创立、发展的历史，对于促进人民解放军革命化、现代化、正规化建设具有重要意义。

中国人民解放军战史著作。较为重要的有安徽人民出版社出版的陈廉著《决战的历程》。徐向前题写书名，张震作序，全书65万字。本书以叙事文体按时间顺序记述了人民解放战争的重大战役，特别突出记述了中共中央、中央军委以及大战略区、野战军领率机关指挥战争的战略方针、计划以及战役部署与组织，充分反映党的路线方针政策、战略与策略、经验和教训。本书严格遵循历史唯物主义的原则，客观地反映战争全貌，讲正确也讲错误，讲胜利也讲失败，讲战绩也讲伤亡，力争反映战争的本来面目，探讨其客观规律。阅读本书，对于深刻领会以毛泽东军事学说为代表的党的军事思想，继往开来，具有意义。

军事人物著作。当代中国出版社出版的《陈毅传》、《罗荣桓传》和《徐向前传》是本年度军事人物研究代表性著作。这3本传记同属《当代人物传记》丛书，邓小平题写书名。《陈毅传》由南京军区《陈毅传》编写组编写，共51万字；《罗荣桓传》由总政治部《罗荣桓传》编写组编写，共49.2万字；《徐向前传》由国防大学《徐向前传》编写组编写，共45.8万字。这3部传记以丰富的史料和生动的笔触，记叙了3位功绩卓著的无产阶级革命家、军事家，中国人民解放军重要领导人所走过的历程及其光辉业绩，阐明了他们对人民解放军创建、发展和毛泽东军事思想的杰出贡献，是具有重要历史价值和学术价值的传记著作。

（江　英）

隐形技术的发展

综述 在现代战争中,为了更有效地"保存自己,消灭敌人",侦察与反侦察的斗争愈演愈烈。由于军事信息技术的发展,侦察技术手段发生了质的飞跃。在现代战场上,从水下、地(海)面、空中直至太空都布满了各种侦察平台。它们利用雷达、电子、红外、可见光、声波等各种探测技术装备,共同构成立体化、大覆盖面的侦察、监视与预警网,将覆盖整个陆海空乃至太空战场。同时,由于精确制导武器的大量使用,杀伤手段向"发现即命中"方向发展,使侦察技术手段在战争中的地位和作用大大提高。侦察技术手段的发展,必然刺激反侦察技术手段的发展。所以,作为反侦察技术的隐形技术倍受重视,并迅速发展起来。

隐形技术又称为低可探测技术或目标特征控制技术。它是改变武器装备等目标的可探测信息特征,使敌方探测系统不易发现或发现距离缩短的综合性技术。作为一门交叉性学科,它综合了诸如流体动力学、材料学、电子学、光学、声学等众多领域的技术,是二次大战以后新出现的重大军事技术项目之一。特别是70年代以来,美、苏、日、英、法、德、意、加拿大、以色列等国都投入大量人力、物力和财力研究隐形技术,并取得了突破性进展,已由基础理论研究阶段进入实用阶段。目前,隐形技术已被应用于研制隐形飞机、隐形导弹、隐形坦克、隐形舰船等各种隐形武器装备,有的已研制成功并投入战场使用。同时,其它重要目标乃至人体的隐形也在加紧研究。可以预见,21世纪初的战场上,将出现大量的各种隐形武器装备,在战争中将起到举足轻重的作用。隐形技术的应用,将大大提高军事目标的隐蔽性能,增强武器的突防和攻击能力,打破已形成的攻防平衡态势,促使防御系统中的各种探测系统发生重大变革,刺激反隐形技术的发展。

隐形技术及其发展现状 作为改变目标可探测信息特征、使敌方各种探测系统难以发现的隐形技术,主要包括有源隐形技术和无源隐形技术两类。有源隐形技术主要是利用光或电子干扰手段隐蔽己方目标,例如施放光或电子干扰使敌方光或电子探测系统迷盲,施放诱饵使敌方探测系统跟踪假目标等。这类技术靠增加而不是减少目标的可探测信息特征来达到目标隐形的目的。对这类隐形技术本年鉴已有专门介绍,本文不作赘述。

目前人们所说的隐形技术,主要是指无源隐形技术。它是靠减少武器装备等目标的可探测信息特征,使敌方各种探测系统不能发现或发现概率极低,致使等到发现时防御系统已来不及反击的技术。由于现代战场上侦察探测系统主要有雷达、电子、红外、可见光、声波等探测系统,所以,隐形技术也相应地包括反雷达探测、反电子探测、反红外探测、反可见光探测、反声波探测等隐形技术。至今,上述各种隐形技术的研究均取得了不同程度的进展,其中反雷达探测和反红外探测隐形技术是当前发展的重点,并取得了突破性进展,已应用于研制隐形侦察机、隐形轰炸机、隐形战斗机、隐形巡航导弹,且已获得成功。

反雷达探测隐形技术 根据雷达在无干扰时自由空间的测距方程:

$$R_t^4 = P_t G_t^2 \lambda^2 \sigma / (4\pi)^3 Prmin$$

(其中Rt为雷达探测距离,Pt为雷达发射功率,Prmin为雷达最小接收功率,Gt为雷达天线增益,λ为雷达工作波长,σ为目标的雷达散射截面积),对于具有一定性能参数的雷达来说,其探测目标的能力,是由目标在雷达波照射下,在雷达接收天线方向上产生的电磁散射信号强度即雷达散射截面积决定的;雷达探测距离Rt与目标(例如飞行器)的雷达散射截面积σ的4次方根成正比。以美国现代中等功率的监视雷达为例,对雷达散射截面积≤1米^{2}的目标的探测距离见表1:

表1

σ(平方米)	1	0.1	0.01	0.001	0.0001
Rt(公里)	116	65.2	36.7	20.1	11.5

因此，要想缩短雷达探测距离，就要减小目标的雷达散射截面积即降低雷达回波的信号强度。为达此目的，目前研究出的反雷达探测隐形技术主要包括下列内容：

隐形外形技术　电磁波的散射与散射体的几何形状密切相关。例如投影面积相同的方形体和球形体，前者的雷达散射截面积比后者大4个数量级。因此，合理设计目标的外形，是减小雷达散射截面积的重要措施。以隐形飞行器为例，其外形设计的原则是：(1)消除产生角反射器效应的外形组合，避免出现任何边缘、棱角、尖端、缺口等垂直相交的接面，如采用三角机翼或弧形机翼，机身和机翼改用翼身融合体，单垂尾改为内倾式双垂尾等；(2)消除镜面反射的表面设计，避免出现较大平面，用边缘衍射代替镜面反射；(3)降低雷达波后向散射强度，如增加前机翼前缘后掠角和前缘圆滑度等；(4)合理设计发动机进气和排气系统，如采用平齐进气口、较长的弯曲进气管和用吸波材料制造二维喷管等；(5)减少散射源数量，尽量消除外露突起部分，如采用内嵌式机舱、保形天线，取消外挂吊舱，使机身形成平滑过渡的曲线形体等；(6)采用遮挡结构，如将发动机安装在机翼内侧或机背上，加大发动机短舱外侧的弦长来遮挡发动机短舱等；(7)缩小飞行器尺寸，采用高密度燃油及适应这种燃油的发动机，在缩小或不增加尺寸的情况下增大航程；等等。

隐形材料技术　隐形材料技术是反雷达探测隐形技术的关键技术。目前研制出的隐形材料主要有雷达吸波材料和雷达透波材料。如果军事目标或其蒙皮采用隐形材料制造，则照射其上的雷达波，或被吸收，或被透过，从而减小雷达回波强度，达到目标隐形目的。雷达吸波材料是对雷达波吸收能力很强的新型材料。按其工作原理可分为3类：一是雷达波作用于材料时，材料产生电导损耗、高频介质损耗和磁滞损耗等，使电磁能转换为热能而散发；二是使雷达波能量分散到目标表面的各部位，减少雷达接收天线方向上散射的电磁能；三是使雷达波在材料表面的反射波与进入材料后在材料底层的反射波叠加发生干涉，相互抵消。目前研制的吸波材料主要采用碳、铁氧体、石墨和新型塑料化合物等，按所用材料类型可分为橡胶型、塑料型、陶瓷型、铁氧体型和复合型等。雷达透波材料是能透过雷达波的一类材料。目前正在研制的碳纤维玻璃钢就是一种良好的透波材料。

用于研制隐形武器装备的隐形材料，按其使用方法可分为涂料型和结构型。涂料型用以涂在目标表面；结构型用以制造目标壳体和构件。目前已广泛应用的涂料型隐形材料是各种铁氧体材料，即氧化铁类陶瓷材料加入少量的锂、镍等过渡金属，如美国研制成功的锂—镉铁氧体、锂—锌铁氧体、镍—镉铁氧体和陶瓷铁氧体等一系列涂料。日本研制的用于吸收宽频带电磁波的铁氧体混合涂料，厚度在1.7～2.5毫米时，可使5～10吉赫的电磁波衰减达30分贝以上。近几年又研制出一些性能更好的新型隐形涂料。例如，美国研制的席夫碱视黄基盐类涂料，可使飞机的雷达散射波衰减80%，而重量只有铁氧体的1/10；“铁球”涂料包含有大量极微小的铁球，可通过弱电流传导将雷达波能量分散到整个飞机的外表面；“超黑色”涂料可吸收99%的雷达波；等离子体型涂料以钋—210、锔—242、锶—90等放射性同位素为原料，可使飞行器表面外空气形成等离子体层，不仅可吸收无线电波，还能吸收红外辐射，且具有吸收频带宽、吸收率高、使用简单、寿命长等优点，但要适当选择辐射源和控制辐射剂量，以免放射性对人体产生伤害。实验证明，涂上0.025毫米厚的钋—210，对1吉赫电磁波的吸收率可达10～20%。

使用涂料型隐形材料存在着影响飞行器的气动性能、容易脱落、吸波频带窄等缺点，所以又发展了结构型隐形材料。结构型隐形材料是以非金属为基体，填充吸波材料形成的既能减弱电磁波的散射又能承受一定载荷的结构复合材料，通常采用环氧树脂和热塑性材料为基体，填充铁氧体、石墨、碳墨等吸波材料。它比一般金属（如钢、铝等）重量轻、强度高、韧性好，可用来制造机身、机翼、导弹壳体等。目前美、苏、日等国在研究结构型隐形材料方面取得了长足进展。碳纤维/环氧树脂、石墨/热塑性材料、硼纤维/环氧树脂、石墨/环氧树脂等复合结构型材料已获得广泛应用。美国研制的轻、强型结构吸波板，由数层交错排列的塑料蜂窝板（隔离层）和电阻片（损耗层）组成，可将宽频带电磁波衰减约20分贝。苏联在研究电热丝与铁氧体结合使用方面已取得重要进展。这种材料可使敌方采用频率捷变技术的雷达失效。日本研制的一种陶瓷磁性材料，电波吸收率高达99.2%。

自适应阻抗加载技术　在金属体目标（如飞行器）表面开多条缝隙、洞或接腔体，并在其上接以分布或集中参数的阻容元件，在不影响气动外形的前提下，改变蒙皮表面的电流分布，使其产生与雷达回波频率、极化、辐值相等但相位相反的附加辐射波。这一附加辐射波在雷达接收天线方向上可与雷达回波相抵消，从而达到减小目标雷达散射截面积的目的。值得指出的是，当飞行器特征尺寸L与雷达工作波长λ满足$0.5<2\pi L/\lambda<30$关系式，即目标谐振区和光学区低端时，这种自适应阻抗加载技术可以有效地减小飞行器的雷达散射截面积，而一般隐形外形技术和隐形吸波涂层技术对这种波长基本上无效。目前，自适应加载技术正在

研制和发展之中。

微波传播指示技术 这种技术是利用计算机预测雷达波束在不同大气条件下的覆盖范围。大气层温度、湿度等变化能使雷达波束的传播发生畸变，使其覆盖范围产生“空隙”，并产生波瓣延伸；同时，雷达波在大气层传播时将形成“传输波道”，其能量集中于“波道”内，“波道”外几乎没有能量。因此，如果利用计算机预测出雷达波在大气中传播情况，使突防飞行器在雷达波覆盖区的“空隙”、“盲区”或“波道”外飞行，就可避开敌方雷达的探测，顺利突防。目前美国海军航空系统司令部和英国费兰蒂计算机有限公司，正在研究这种技术，并在防空和突防的应用中进行了试验。

上述反雷达探测隐形技术，都存在着一定的局限性。例如通过外形设计可降低飞行器的雷达散射截面积，但会影响其气动性能，使飞机的机动性能降低；发动机进气口形状改为向后倾斜，采用S形进气管，会降低发动机的功率，从而影响飞行器的航程和负载能力；飞行器取消外挂吊舱，只靠机身内部携载，将降低武器的携带量；飞行器外表面涂敷吸波材料，会增加其重量，影响其载荷能力，等等。因此，各项隐形技术要使用得当，不可过之，否则其局限性会更加明显。所以，采用各种隐形技术，只能降低目标的被探测概率，不能达到完全隐形。

反红外探测隐形技术 随着红外侦察、探测、制导和热成像处理技术的发展，反红外探测隐形技术也越来越重要。反红外探测隐形技术除采取红外干扰措施外，主要是抑制武器装备在敌方红外探测系统方向上的红外辐射。这些目标的红外辐射源，主要是发动机本身的热辐射及其排出的热气流，其次是其荷载的武器、设备散发的热辐射和在运行中与周围介质摩擦产生的热辐射等。所以，抑制目标的红外辐射的主要措施是：

采用散发热量较小的发动机 如飞机采用高涵道比的涡轮风扇发动机，坦克采用绝热式发动机等。

改进发动机结构 如用金属-石棉-金属夹层材料隔热；改善燃烧室设计使燃油充分燃烧，以减弱红外辐射等。

改进发动机喷管的设计 如用碳或陶瓷复合材料制造喷管；喷口处安置红外挡板或以目标体遮挡，加装红外衰减装置或在排出气体中引入冷空气混合降温；采用S形二元喷管可滤除90%的红外辐射；采用可改变红外辐射波长的异型喷管使敌方红外探测器失谐等。

研制新的燃料 如使用特殊燃料以降低排气的红外辐射；在燃料中加入特殊的添加剂以改变排气的红外辐射波长等。

采用吸热、隔热材料和涂料 用以抑制目标表面温升以减弱红外辐射。

采用闭合环路冷却的环境控制系统 用以降低荷载设备的工作温度。

利用气溶胶屏蔽发动机尾焰的红外辐射 如将含有金属化合物微粒（直径为1～100微米）的环氧树脂、聚乙烯树脂等可发泡的高分子物质热气流，随喷气流一起喷出，在空气中遇冷雾化形成悬浮状泡沫塑料微粒；或将含有易电离的钨、钠、钾、铯等金属粉末的物质喷入发动机尾焰，高温加热电离，形成等离子区。它们在尾喷流周围形成气溶胶屏蔽层，不仅可屏蔽红外辐射，而且是对雷达波、激光和可见光探测非常好的全频谱的无源干扰物。

目前，反红外探测隐形技术的重要性仅次于反雷达探测隐形技术，各国研制的隐形武器基本上都综合采用了上述反红外探测隐形措施。据报道，如果同时采用这些隐形技术，可抑制90%以上的红外辐射。

反电子探测隐形技术 为了使目标不被性能越来越高的电子侦察系统发现，作为抑制目标电磁信号特征的反电子探测隐形技术，是隐形技术的重要领域之一。武器装备等目标自身的电磁辐射源主要包括其构成中的和荷载的各种电子设备，如雷达及其它电子探测系统、通信系统、控制系统、伺服机构执行部件、电子对抗系统、无线电信标等。通常采用的抑制目标自身电磁辐射的主要技术措施是：

减少无线电设备 如用红外设备代替多普勒雷达；用激光高度表代替雷达高度表；用全球定位系统或天文惯导系统代替无线电导航系统等。

采用低截获概率技术改进电子设备 如采用发射功率自动管理技术，雷达一旦捕获到目标，使其发射功率立刻降至跟踪目标所需功率最小值，并随着接近目标继续自动降低发射功率；在时间、空间和频谱方面控制无线电设备的电磁波发射，采用频率捷变技术，以降低信号被识别的概率；采用多基地/双基地雷达等电子探测系统，武器装备等目标采用被动雷达等电子探测系统，使其处于无源状态等。

减小电缆的电磁辐射 如尽量缩短各种电子设备间的距离；用光缆取代电缆连接各种电子设备等。

避免电子设备天线的被动反射 如将天线做成能嵌入目标体内的结构，不使用时将天线收回体内等。

对电子设备进行屏蔽 如改进武器装备的结构，采用特殊材料或涂料，以减少向外辐射电磁能等。

反可见光探测隐形技术 控制目标的电磁散射、辐射和红外辐射特征，虽可对雷达、电子、红外探测系统发生作用，达到隐形目的，但对可见光波段的光学探测、跟踪、瞄准系统则达不到隐形目的，所以，反可见光探测隐形技术也在研究和发展。可见光探测系统的探测效果决定于目标与背景之间的亮度、色度、运动这3个视觉信号参数的对比特征，其中目标与背景之间的亮度比是最重要的因素。目标的结构体和表面的光反射，发动机喷口的喷焰、尾流和烟迹，灯光以及照明光等均为目标的主要亮度源。如果目标亮度与背景亮度对比差别非常大，就容易被视觉探测发现。当目标与背景的亮度相当时，则它们之间的色度对比便成为目标的重要目视识别特征。当目标对背景呈现强烈的亮度、色度时，人们很容易观测到目标相对背景的运动，如飞机旋桨的闪光等。采用反可见光探测隐形技术的目的，就是通过减少目标与背景之间亮度、色度和运动的对比特征，达到对目标视觉信号的控制，从而降低敌方可见光光学探测系统的探测概率。目前研究提出的反可见光探测的隐形技术措施主要有：

改进目标外形的光反射特征 如飞机采用平板或近似平板外形的座舱罩代替曲面外形的座舱罩，以减小太阳光反射的角度范围和光学探测器瞄准、跟踪的时间等。

控制目标的亮度和色度 如在目标表面涂敷迷彩涂料或挂伪装网，使目标与背景的亮度和色度匹配；正在研制的一种涂料能随环境亮度变化而改变自身亮度与色度，以保证目标与背景随时处于一致的状态；还在研究一种有源光，用于照亮目标低亮度部位，以消除目标不同部位的亮度对比，达到整个目标与背景亮度的匹配等。

控制目标发动机喷口的火焰和烟迹信号 如采用不对称喷口降低喷焰温度，从而降低喷焰光强；采用转向喷口或进行遮挡，以使目标在探测方向上减小发光暴露区；改进燃烧室设计，使燃料充分燃烧，或在燃油中加入特殊添加剂，以减少烟迹；飞机在战术运用上不进入拉烟层等。

控制目标照明和信标灯光 如对夜间照明和信标灯光多的目标实行灯火管制；对必要的灯光在一定的角度范围内进行遮挡等。

控制目标运动构件的闪光信号 试验表明，飞机二叶旋桨的闪烁信号要高于四叶或多叶旋桨；高于16赫兹的桨旋频率可避免桨叶的明显闪光信号。这方面的研究正在深入。

反声波探测隐形技术 许多目标（如飞机、坦克和舰艇等）都会向周围介质（如空气、大地和水下等）辐射高能级噪声声波，极易被敌方噪声传感器、声纳等声波探测系统探测到。反声波探测隐形技术，就是控制目标声波辐射特征，降低声波探测系统探测概率的技术。目标的噪声源，主要是发动机等机械的工作噪声，目标体及其部件（如旋桨）运动和排气对周围介质的扰动噪声，以及目标体及其构件的振动噪声等。为降低目标向周围介质传播的噪声，目前研究的主要技术措施有：

改进发动机和辅助机的设计 如采用超低噪声发动机和辅助机等。

应用吸声和阻尼声材料 如使用橡皮、塑料等非结构形雷达吸波装置，既可降低雷达散射截面积，又可作为噪声阻尼器衰减机械振动等。

采用减振和隔声装置 采用双弹性支承基座、橡胶和软塑料座垫和履带等可以起减振作用；采用隔声罩、消声器、消声瓦等则可隔声。

减小旋桨运动对介质的扰动噪声 如增加旋桨叶数并降低旋速，舰艇采用主动气幕降噪法等。

合理进行目标整体设计 如避免目标体及其房具结构发生共振现象等。

值得指出的是，采用上述技术措施虽能降低噪声，但不能完全消除噪声。因此，消除目标噪声问题目前还未能从根本上解决。

隐形武器装备的发展情况 早在本世纪50年代美国就开始探索减小雷达散射截面积的途径，并在U－2等侦察机上使用，1975年以后一直对飞机、导弹、军舰和空间飞行器的隐形技术进行秘密研究。80年代以来，由于各种隐形技术的研究有了突破性进展，加之战场对武器装备的隐形要求，使隐形武器装备异军突起，武器装备的隐形化趋势便越来越明显。隐形武器装备的研制是各种隐形技术的综合运用。目前，一些隐形轰炸机、隐形战斗机、隐形侦察机、隐形巡航导弹等已相继研制成功，并投入战场使用；其他类型的隐形飞机和隐形导弹、隐形坦克、隐形舰艇、隐形火炮以及隐形电子装备等也在加紧研制，以使隐形武器装备向系列化方向发展。

迄今，美国在隐形武器装备发展上处于领先地位。美国三军花费巨额军费，竞相研制隐形武器装备，并取得了一些成果。美空军已研制成功一些隐形侦察机、隐形战斗机以及隐形战略轰炸机；并正在研制更先进的隐形飞机和巡航导弹（ACM）等。美海军正在研制SSN－21（海浪）隐形潜艇、隐形水面舰艇和远程隐形导弹等。美陆军也在秘密研制隐形坦克和车辆、隐形火炮、隐形直升机、隐形防空系统、隐形机器人、隐形作战服等。此外，美国还在研制使人体隐形的镭射弯曲光线折射器。苏联和以色列也在大力发展隐形武器；英国正在研制23型隐形护卫舰和隐形坦克；德国也在加紧研制SAR－2000型隐形导弹艇；瑞典研制成功的“司米奇”实验型隐形炮艇已经下水；日本虽然没有隐形武器，但在积极研制隐形材料，据报道美国的隐形飞机就使用了日本研制的隐形材料。

隐形飞机　隐形飞机是隐形武器装备研制、发展最快、取得成果最多的领域。飞机隐形技术的历史至少可追溯到50年代中期，30多年来已发展了多种隐形技术。早在60年代初美国就研制成功了SR－71隐形高空侦察机（U－2的后继型），目前正在研制取代它的远程侦察机。美国的B－1B隐形轰炸机已于1981年投产，1985年6月正式装备部队；1981年开始秘密研制的B－2隐形轰炸机已于1988年秋试飞，计划1992年开始装备部队；F－117A隐形战斗轰炸机的秘密也于1988年11月被揭开，当时已装备50余架。美国还正在实施先进技术轰炸机（ATB）、先进技术战斗机（ATF）、先进技术飞机（ATA）等隐形飞机的研制计划。此外，美国的HU－60直升机、R－4D无人机，苏联的米格－29、米格－31、苏－27、“海盗旗”战略轰炸机、安－124运输机，日本的TV无人侦察机，加拿大的CL－227“哨兵”隐形飞机，英、德、意联合研制的欧洲战斗机（EFA）等，都是综合运用各种隐形技术的飞机。

隐形飞机是根据探测飞机的各种探测系统的工作原理和性能，以及飞机作为目标的各种信息特征，综合运用各种隐形技术进行研制的。综合各国隐形飞机的设计情况，其采用的隐形技术途径主要有：(1)降低飞机的雷达散射截面积；(2)降低飞机的红外辐射特征；(3)降低飞机的电磁辐射特征；(4)控制飞机的可见光目视信息特征；(5)降低飞机噪声特征等。所以，要达到飞机隐形的目的，必须综合运用前面介绍的反雷达、反红外、反电子、反可见光、反声波探测等各种隐形技术。

目前已研制成功的隐形飞机，主要有SR－71隐形高空侦察机、B－1B隐形战略轰炸机、B－2隐形战略轰炸机和F－117隐形战斗轰炸机等。其中B－2和F－117A两种飞机隐形性能最好。

B－2型隐形战略轰炸机　美国第1架B－2型隐形战略轰炸机，是1988年11月研制成功并出厂的。机身长约21米，翼展达52.4米，高5.18米，起飞重量约为136.8吨，可载25吨重的核弹或常规炸弹，巡航时速970公里，中途不加油作战半径8045公里。该机于1989年上半年首次公开试飞。按1988年的美元价格计算单机造价为5亿美元，至1995年估计将达8.5亿美元。美空军计划采购134架，总计700亿美元。据报道，第1个B－2型隐形战略轰炸机联队将在美国中部的密苏里州怀特曼空军基地组建，编制34架，预计1992年具备初步作战能力。综合各方报道，该型飞机采用的隐形技术措施主要有：(1)独特的隐形外形设计。整机形似一个巨大的三角飞镖，无尾翼，飞机表面涂成暗蓝灰色，由复杂圆弧曲线构成。飞机正面呈V字形，外部曲线圆滑，后面为不规则的锯齿形。机身可向全方位散射电磁波，以减弱雷达散射截面积。驾驶舱在正前方，装有宽阔的曲面挡风玻璃，玻璃倾斜度较大，可为驾驶提供较宽阔的视野。(2)良好的隐形结构设计。该机将发动机、油箱、进气口及部分武器挂架安装在机体内。宽大的机翼内可装大量燃料以增大航程。4台F－118－GD－100S型发动机，无加力燃烧室，并置于机翼上面。机内装备的推力转向/反向二元喷管及其它新型设备，取代了普通飞机的襟翼和副翼等大部分功能。发动机尾口呈扁矩形，装有高速冷却系统和具有吸热能力的折流器。机内采用多项热辐射控制措施，将发动机产生的热量大多消化在机体内部。(3)广泛使用隐形材料。机体外壳全部采用重量轻、强度大、刚度高的隐形复合和聚合材料，如高级玻璃纤维钢板等。新型隐形材料用量约占飞机结构材料总重量的40%左右，具有较强的吸波性能。(4)具有超低空飞行能力。该机可进行超低空和中、高空作战，作战高度在100米至15000米之间。在超低空飞行时可降低雷达发现概率。由于该型机采用了上述隐形技术，其隐形性能有较大提高。例如其雷达散射截面积只有0.3平方米，比B－52轰炸机的100平方米和B－1B隐形轰炸机的1平方米都有大幅度减小。如果雷达对B－52轰炸机的发现距离为100公里，那么对B－2隐形轰炸机的发现距离将降为23公里。美空军参谋长称，B－2隐形轰炸机将主要用于空袭苏联腹地的高级地下指挥所和洲际弹道导弹基地等硬目标，重点打击苏联的SS－24和SS－25机动弹道导弹基地。

F－117A隐形战斗轰炸机　美国自1978年正式开始研制F－117A隐形战斗轰炸机，1981年6月首次试飞，1988年11月10日首次公开露面，已装备52架。该机身长7.9米，翼展11.6米，机高4.9米，全重约18吨，其中机载武器装备约1.8吨（AGM－65型或AGM－88型攻击导弹），以亚音速飞行，单机造价约1.1亿美元。该型机采用的隐形技术措施主要有：(1)隐形外形设计。整体呈椭圆尖塔形，外形下视图呈楔状。机体呈多面体，由多个用隐形复合材料制成的小平面构成，具有吸收雷达波和抗热能力。机身表面涂有吸波涂料。机翼和机身的结合部没有明显界线，呈光滑的弧面形状，机翼采用后掠翼（后掠角约45度），其前缘是机身前缘线的延伸。采用倾斜式双垂尾翼。(2)隐形结构设计。采用404型涡轮发动机。内舱很小，仅能容纳1名驾驶员、2台发动机和起落架。没有外挂武器。

机内不装载大功率有源传感器，以降低机内的电磁辐射和热辐射。(3)隐形进气口和排气口的设计。发动机进气口在飞机背部，稍后于座舱，并设吸波挡板。发动机喷管呈扁形并顺机身上侧向后延伸，热量通过喷管迅速消耗。喷口位于尾翼前方并使用吸波挡板，喷流绕过后机身，以利于降低雷达散射截面积和自身红外辐射。(4)飞机尾翼有翼缝，可吸收冷空气，降低红外辐射。(5)该机突防时，可进行超低空飞行，利用地形屏障，避开敌方地面预警雷达。采用上述隐形技术后，F—117A 型机具有较好的隐形性能。例如，其雷达散射截面积仅为 0.1 平方米，比 F—15 战斗机的 10 平方米下降 2 个数量级，这将使雷达发现距离缩短 68%。

其他隐形飞机 美国已研制成功的 SR—71 隐形高空侦察机、B—1A 和 B—1B 隐形战略轰炸机，以及正在研制的先进技术轰炸机(ATB)和先进技术战斗机(ATF)所采用的主要隐形技术见表 2。

表 2

型号 隐形技术	SR—71	B—1A	B—1B	ATB	ATF
反雷达探测隐形外形技术	无尾式翼身融合体，倾斜式双立尾，用加大弦长的外翼遮挡发动机短舱	有尾式翼身融合体，倾斜式进气口，后机身采用圆顶三角形剖面	在 B—1A 的基础上改进 S 形进气道，圆钝机翼，前缘取消了安装预警天线的背鳍，相控阵天线代替盘形天线	飞翼式气动布局，采用翼尖立尾，Z 形进气道	背负式发动机，倾斜式半圆形进气口，倾斜式双立尾，全部武器装在机身内
反雷达探测隐形材料技术	蒙皮全部使用不锈钢	铝合金蒙皮	局部使用雷达吸波材料，座舱风挡进行导电蒸镀	碳纤维、玻璃纤维结构及石墨纤维增强蒙皮	吸波复合材料用量可达 50%
电子对抗装置	有源电子干扰系统	多功能电子对抗系统，包括自动侦察及干扰部分使用的 AN/ALQ—161	多功能一体化防御电子系统 AN/ALQ—161，可自动探测、干扰敌方雷达和武器，并兼备预警功能		能干扰和诱骗敌方雷达和武器的电子对抗装置
反红外探测隐形技术				二元喷管，取消加力燃烧室	多功能二元喷管，不用加力燃烧室

隐形导弹 在研制隐形飞机的同时，各种巡航导弹、战术导弹乃至洲际弹道导弹的隐形技术也在加紧研究。研制隐形导弹的目的是降低其可探测概率，进而减小其被拦截概率以增强突防攻击能力。飞机的各种隐形技术大都可用来研制隐形导弹。近年来美国已研制成功的隐形导弹主要有 AGM—86B 型和 AGM—129 型隐形战略巡航导弹、AGM—137 型和 MGM—137 型隐形战术导弹等。

AGM—86B 型和 AGM—129 型隐形战略巡航导弹 AGM—86B 型隐形巡航导弹是一种空中发射的战略巡航导弹，由美国波音公司研制，于 1983 年正式投产。因其隐形措施不彻底，在其投产同时，美空军即开始研制下一代隐形巡航导弹。

AGM—129 型隐形战略巡航导弹，是美国通用动力公司从 1983 年 4 月开始按先进巡航导弹(ACM)计划研制的。1989 年 3 月 1 日，美国空军公布了其在 B—52H 战略轰炸机上载飞试验的照片。为达隐形目的，该导弹采用了有源冷却装置、红外抑制器和二元喷管等红外隐形技术；两个全动式腹部方向舵面和翼面均用全复合材料制成，以减小雷达散射截面积；其制导系统大体上与 AGM—86B 型采用的地形轮廓匹配系统相同，但用激光雷达取代了雷达高度表，由于激光波束比电磁波束更细，几乎无旁瓣，所以被敌发现的可能性显著减少，且因分辨率高而提高了命中精度。由于部件制造困难和质量管理不善等因素，该型导弹的研制进度可能有所推迟，其装备时间不会早于 1991 年。其生产数量尚未最后确定，美国空军打算订购 1300 枚以上，首先装备 B－52G 和 B－52H 各 95 架，此后也将装备 B－1B 隐形轰炸机。B－2 隐形轰炸机也很可能要装备这种巡航导弹。

AGM－137 型和 MGM－137 型隐形战术导弹 美国防部 1991 年 6 月披露，美军已研制成功一种“三军共用的远程攻击导弹”。该型导弹分为机载 AGM－137 型和地面发射 MGM－137 型，射程分别为 600 和 500 公里，可装载常规弹头或核弹头，全重约 1000 公斤，分别由空、海军各型作战飞机携载和陆军多管火箭炮发射。据报道，该型导弹广泛采用了隐形技术以及精确制导等最新技术，以亚音速飞行。其隐形性能比任何其它隐形导弹都好，即使在寻的飞行时，也不易被敌方雷达发现，能有效地突破敌防空系统。同时，该型导弹作为常规武器使用时，有单弹头和多弹头两种。单弹头穿透力强，能有效摧毁机场跑道、地下机库、地下指挥所、防空武器系统和舰船、飞机等；多弹头母舱可在目标区上空散射子弹头，分别打击运动中的坦克、车辆等固定或活动目标。该型导弹研制计划于 1986 年开始，飞行试验已完成 80%，目前正处于全面发展阶段，预计 90 年代中期具备初步作战能力，90 年代末开始装备美国三军部队。该计划共投资 151 亿美元，拟订购 8650 枚。

隐形舰船　随着各种侦察探测系统以及高精度雷达/红外寻的反舰导弹、新一代鱼雷和声/磁水雷的迅速发展，为了使舰船具有低可探测概率和高生存力，近年来提出了隐形舰船的概念。实际上，舰船隐形研究可以追溯到第二次世界大战期间，当时德国潜艇的通气管和潜望镜就开始采用吸波材料以达到反雷达探测的目的。近十多年来，各国都十分重视研究包括减少舰船的雷达散射截面积、噪声以及抑制舰船的红外辐射和电磁特征等在内的各种隐形技术。特别是新研制的舰船，如英国的 23 型护卫舰，法国的 C－70 级驱逐舰，美国的“阿利·伯克”级驱逐舰，苏联的“基洛夫”级巡洋舰，德国的“梅科”3 型护卫舰，法国的“拉菲特”级轻型护卫舰，德国的 WV－2000 型水雷战舰艇和 SAR－2000 型导弹艇，意大利的“萨埃蒂亚”号导弹艇，瑞典的“司米奇”号隐形试验艇，都不同程度地采用了各种隐形技术。美国海军正在研制的 SSN－21(海狼)隐形潜艇，90 年代末至下世纪将成为新一代核攻击潜艇，至 21 世纪上半叶预计订购 29 艘，总费用达 464 亿～870 亿美元；还在研制时速 60 节，掠海航行的非金属双船体的隐形舰船。

作为海上特定环境中的目标，舰船的可探测信息特征主要是探测雷达的散射回波、自身的红外辐射和噪声，舰载无线电台和雷达的电磁辐射、舰体的磁场、可见光散射和航迹等。所以，舰船的隐形就是控制舰船的上述可探测信息特征，以降低其可探测概率，提高生存力。综合各国隐形舰船的研制情况，其采用的隐形技术途径主要有：

减少舰船的雷达散射截面积　其主要技术措施是：(1)改进舰体及上层建筑形状。舰船上的雷达波散射源主要有平板、垂直圆柱体、角形反射体、雷达天线以及航迹等。据统计，排水量相同的舰船因外形不同，其雷达散射截面积可相差约 26000 倍。舰船隐形外形设计的核心是避免敌方雷达波的镜面反射和角反射。为此，一是外形用曲面板代替平面板。如美国“阿利·伯克”级“宙斯盾”驱逐舰的舰体和上层建筑都尽可能采用了圆弧形的表面和棱；二是各部结构设计成倾斜式侧面。如法国“拉菲特”级护卫舰采用了外倾式干舷和内倾式(10°)上层建筑侧面，德国 WV－2000 型水雷战舰艇和 SAR－2000 型导弹艇采用无磁材料建造圆锥形上层建筑；三是采用倒角连接。如英国 23 型护卫舰、法国 C－70 级驱逐舰、美国“阿利·伯克”级驱逐舰、苏联“基洛夫”级巡洋舰等，其舰体与上层建筑、甲板与舷顶列板、舰板与甲板以及列板间的连接处，普遍采用凸面圆滑过渡的倒角连接，可使雷达反射波强度降低 10 倍；四是避免电磁谐振。如敌雷达照射波经舰船各部件反射可能造成“聚焦”形成很强的反射波，舰船上的索具、天线、陡沿等的长度为入射雷达波波长若干倍数时也可成为谐振天线而辐射强电磁波，可以通过精心设计加以消除，德国建造的“梅科”3 型护卫舰就是较成功的例子；五是减少外露的武器装备和设备。如瑞典隐形试验艇“司米奇”号将所有通常外露的武器装备都尽量设计成可伸缩的，并使舱口盖与甲板齐平；等等。(2)采用吸波和透波材料。为达到隐形目的，造舰材料不仅应考虑强度等纯结构方面的特性，还应考虑电磁发射和反射、热导率、电阻率及介电常数等因素。可用于舰船的隐形材料包括轻金属、合金、化合物镶表层、贴面板和垫填物等结构材料及涂料。隐形材料和涂层可按要求设计成宽带或窄带型，通过合理配方来满足不同的需求。在海湾战争中，英国舰艇的上层建筑和武器装备就安装了吸波材料板，以减少雷达散射截面积。具有吸波、透波性能的石墨纤维增强塑料等隐形材料，将越来越多地被用作舰船的基本结构材料，特别是用于建造导弹艇等小型舰船。此外，随着舰船用玻璃、陶瓷和类似材料的改进，将来有可能将这些材料用于改变各种电磁波传播的方向，达到无源对抗的目的。(3)采取尾流隐蔽措施。舰船航行时产生的尾流，是比舰船本身更易发现的目标，甚至在舰船停泊、下潜或隐蔽后，其尾流特征仍然可见数小时之久。目前研究的尾流隐蔽技术包括使用油、乳化剂、聚合物等，来改变舰体周围水的粘度，或者使用附加物改变尾流成分或电磁能特性等，但迄今为止该项研究进展不大。

降低舰船的噪声辐射 舰船的主要噪声源是发动机、电动机、风机及各种机械部件的工作噪声和振动噪声，以及螺旋桨空泡噪声。当舰船航速小于15节时以振动噪声为主；当航速大于15节时以空泡噪声为主。这些噪声向空中和水下传播，极易被声测系统探测。降低噪声辐射的主要技术措施有：(1)采用超低噪声发动机、辅助机和传动机械部件。(2)采用降低振动噪声装置。如双弹性支承基座、隔声罩、消声器等已广泛用于各种战舰；降低机械振动噪声的主动控制技术也在研究之中。(3)舰体表面采用消声瓦。如加拿大已从英国采购去耦瓦装在“安娜波利斯”号驱逐舰上进行试验；美、苏、英等国有不少核潜艇已在壳体上安装了消声瓦，可将敌主动声纳的声能变为热能耗散掉。(4)减少螺旋桨空泡噪声。一是改进螺旋桨设计，如英国采用的大型低速螺旋桨增加了桨叶数目(护卫舰为5叶桨)，减少了项部涡流强度和桨叶负荷，从而抑制了空泡的形成；二是采用主动气幕降噪法(也适用降低振动噪声)，如美国DD－963舰利用舰船上的气源通过桨叶前缘的气孔向低压区吹气以阻止空泡产生，可明显减少水下噪声。

抑制舰船的红外辐射 舰船的红外辐射源主要是烟囱、主机舱及其排出的废气和热水、灯光、舰体表面的热辐射等。抑制舰船红外辐射的目的是降低舰体特别是其热点的温度，使其接近周围环境的温度，从而使红外探测系统和红外寻的导弹难以发现。目前研究的主要技术措施是：(1)降低发动机排气、排水温度。如将主排气口设置在水线以下，在废气管路四周加装冷空气管路进行冷却；设置从废水中回收热能装置等。(2)降低主机舱温度。如在发动机与其舱壁之间喷射冷空气层等。(3)降低烟囱温度。如在烟囱内加装隔热吸收装置和红外辐射挡板，或加装冷却系统。加拿大新近研制的用冷空气冷却羽烟的DRES系统已加装在“哈利法克斯”号护卫舰上，收到良好效果。(4)采用隔热垫。例如，海湾战争中英国舰载“飞鱼”导弹发射装置铺盖一种新研制的称作“弗列克塔卡姆”的隔热垫，可反射95%的热辐射。(5)涂敷绝热层。在舰体表面涂敷绝热层，可减弱对太阳能的吸收和辐射，等等。

控制舰船自身的电磁特征 舰船自身的电磁特征主要包括舰载雷达、无线电通信、信标等电子和电器设备的电磁辐射特征，以及舰船的磁性特征。为了防止敌方电子探测，必须控制舰船的电磁辐射特征。其主要技术措施是：采用低截获概率技术改进电子设备；减小电缆的电磁辐射；对电了设备进行屏蔽；用全球定位系统或天文惯导系统代替无线电导航系统等。为了防止敌方磁探测，必须降低舰船的磁性特征。其主要技术措施：一是利用专用消磁站和/或舰载主动消磁线圈进行消磁；二是采用非磁性或低磁性材料建造舰体和设备，如反水雷舰艇大都采用玻璃钢、木材等做壳体。

总之，控制舰船的可探测信息特征可以增加舰船的隐形性能，如果同时配合施放箔条、红外和声诱饵等，就可比较容易地对付来袭导弹和鱼雷，从而提高舰船的生存力。但目前的科技水平，尚不可能设计建造出完全消除可探测信息特征(特别是雷达散射截面积、热辐射和噪声)的舰船。所以隐形舰船的研究，主要是根据舰船的特点，适当选择并综合应用各种隐形技术，来最大限度地减少其可探测信息特征，以达隐形的目的。

隐形坦克 随着现代高技术反坦克武器的发展，坦克一旦被发现就难免被击毁。因此，提高坦克的隐形性能，使它不易被发现是提高坦克生存力的首要因素。80年代中期以来，美国国防高级研究计划局和陆军战车制造部门，一直秘密进行隐形坦克技术的研究。1989年美陆军确认隐形技术是“满足今后陆军最优先作战需求的不可缺少的”关键新兴技术，并把它列入“陆军基础技术总计划”。隐形飞机在海湾战争中卓有成效的应用，进一步激励了坦克隐形技术的发展。尽管隐形坦克要到2000年以后才可能部署，但美国陆军和工业界都致力于90年代初期在隐形坦克技术的研制与试验方面获得较大的进展。此外，英国陆军也在研制具有隐形特性的2000年主战坦克。目前研究的使坦克隐形的技术途径主要有：

采用复合材料制造坦克车体或炮塔外壳 美国已研制出一种由高强度S－2型玻璃纤维加热固性聚酯树脂模压而成的复合材料，并于1989年6月用它制成M－2“布雷德利”步兵战车的车体。其外侧还可镶嵌高硬度陶瓷以提高防弹能力。这种材料不仅比重小、强度高、防弹性能好，而且目标特征信号弱，可用以制造坦克车体或炮塔外壳。其隐形作用表现在：(1)对光波和雷达波的反射比金属弱，还可吸收部分雷达波；(2)可塑性好，可制成最佳隐形结构外形；(3)隔热性好，可减弱坦克的热辐射信号；(4)有消声作用，如M－2“布雷德利”步兵战车车体采用复合材料后，车内噪声比原来降低5～10分贝。

降低坦克红外辐射 坦克红外辐射主要来源于发动机及其排出的废气，射击时的炮管、履带与地面摩擦以及受阳光照射而产生的热。坦克自身的热辐射主要在8～14微米波段。减少其红外辐射的主要技术措施有：采用热损耗较小的发动机（如绝热式发动机）；改进发动机燃烧室结构，减少排气中的红外辐射成分；在燃油中加入添加剂，使排气的红外频谱大部分处于大气窗口之外；改进通风和冷却系统，降低坦克温度；降低发动机排气的温度，并用挡板改变其辐射方向；等等。

坦克表面涂敷迷彩或挂伪装网 试验表明，涂敷迷彩具有相当好的隐形效果，如用微光夜视仪观察1000米处坦克的发现概率，无迷彩时为75%，有迷彩时只有33%。现代迷彩，有的兼有吸波作用；有的不仅可降低坦克的目视发现概率，还可减弱坦克的红外辐射。伪装网不仅可使敌方看不清坦克外形，还能遮蔽处于大气窗口的0.3～1.1微米、3～5微米和8～14微米的红外辐射波。

降低坦克噪声 坦克噪声主要来源于发动机、悬挂系统和履带板，其波幅大、频率低、传播较远，并可绕山丘或障碍物传播，易被声传感器探测。降低坦克噪声的主要技术措施是：采用噪声较小的发动机（如M－1A1坦克采用的燃气轮发动机）；坦克结构设计引入隔音、消声技术；采用挂胶负重轮和装橡胶垫的履带；等等。

配备烟幕施放装置 施放烟幕也可达到坦克隐蔽目的。美国M－1A1坦克不仅有烟幕弹掷射筒，还有发动机热烟幕发生装置。由于高性能的热成像瞄准镜能透过普通烟幕发现目标，现代坦克使用的防红外探测的红外烟幕弹，可遮蔽0.3～14微米的红外波。

其他隐形技术装备 军事上的需要不仅对各种武器提出了隐形要求，而且对各种技术装备乃至其它军事目标也提出了隐形要求。所以，隐形技术不仅已应用于研制各种隐形武器，而且正在应用于通信系统、指挥系统、导弹发射基地等各种技术装备和军事目标的隐形研究。据目前已有的报道，美国正在研制隐形通信系统和隐形人体，而且隐形红外照明弹已基本上研制成功。

隐形通信系统 据美国《信号》杂志1991年11月报道，美国海军正在研制一种隐形通信系统。实现隐形通信的前提取决于低断面通信；通过扩展频谱和削减功率，并对产生的噪声进行编码，可使通信信号隐藏在噪声中，使敌方误以为是噪声。这种通信不易被敌方截获和探测，并能自动削弱电磁干扰。这种通信系统在超高频频段内的技术论证将在今后几年内取得成果。

隐形人体 为实现人体隐形，美国除研制隐形作战服和隐形机器人外，还研制一种能使人体隐形的镭射弯曲光线折射器。据称，这种镭射弯曲光线能穿透固体物体，如用这种光折射人或物，就能使之变成肉眼看不见的“隐形人”和“隐形物”。

红外隐形照明弹 为提高直升机现装（第一、二代）夜视镜的夜视能力，美国研制出一种由70毫米航空火箭发射的M－257型红外隐形照明弹，并于1989年2月用直升机进行了发射试验。该弹外形、硬件与M－257型白光照明弹相似，但其照明炬是由多种燃料、氧化剂和粘结剂混合而成，密度（达1.85～1.75克/厘米³）比白光照明炬大得多。该弹输出的可见光能量只有0.3万烛光，其可见光效应相当于悬挂在366米高空的一只100瓦电灯泡，因而不易被敌发现。它输出的红外光能量约为1060瓦/球面度，且集中于0.7～0.8微米近红外波段。它作为红外辅助光源，可使直升机驾驶员用M912A型第二代夜视眼镜看见吉普车那样目标的距离由原来的161米增至644米，即提高约4倍；识别吉普车的距离由32米增至483米，即提高至15倍。目前，美国西奥科尔公司正在继续改善该型弹照明炬的配方与结构。现已可在不减少红外光输出情况下，使可见光输出又减少10%；改用MK66火箭发动机推进，其射程可达4200米；改进降落伞使其下降速度减为4.26米/秒；照明炬在空中可燃时间由2分钟延长至3分钟。此外，还在发展迫击炮、榴弹炮发射和飞机空投的红外隐形照明弹。

反隐形技术的研究情况

隐形武器装备的发展，将大大降低侦察探测系统的威力，对侦察探测系统在现代战争中的作用带来严重威胁。例如现代飞机采用隐形技术后，其雷达散射截面积可减小2个数量级，使雷达探测距离缩短68%；预计到2000年隐形作战飞机的雷达散射截面积将减小3个数量级，雷达探测距离将缩短82%。由此可见，隐形武器系统的使用对侦察探测系统乃至整个战略和战役战术防御系统提出了严峻的挑战。所以，隐形技术的发展必然刺激反隐形技术的发展，二者的发展处于相克相促的局面。由于目前应用隐形技术研制武器装备的重点是各种隐形飞机、隐形导弹等隐形飞行器，而且它们已相继研制成功并可投入战场使用，同时这些隐形飞行器主要是采用了各种反雷达探测隐形技术；所以，目前研究的各种反隐形技术，主要是针对各种隐形飞行器的，并且主要是与反雷达探测隐形技术相克的反隐形技术。综合各方报道，目前研究的反隐形技术措施主要有：

扩展雷达工作频率，发展长波和毫米波雷达 目前研制的隐形飞行器，只能对抗工作频率在0.2～20千兆赫范围内的雷达。如果雷达工作频率超出此范围，即使用长波雷达和毫米波雷达，就可实现反隐形目的。

使用长波雷达，一方面可跳出隐形飞行器现在采用的隐形吸波材料的吸波波段；另一方面由于吸波材料结构和厚度与波长有密切关系，因此长波雷达使飞行器外形设计与吸波材料涂层厚度和重量受到很大限制，所以研制对付长波雷达的隐形飞行器目前还有很大困难。此外，研制诸如采用30千兆赫或94千兆赫的毫米波雷达，亦可跳出目前隐形技术所能对抗的波段，使现有隐形技术的效能大大降低或失效。

提高雷达的探测性能 采用先进的信号处理技术，充分利用目标的相位信息和极化信息，可以提高雷达探测性能。采用功率合成技术和大压缩比脉冲压缩技术，增大雷达发射功率，可以提高雷达的作用距离。例如，美国研制的FPS－108大型相控阵雷达，峰值功率为15.4兆瓦，平均功率为1兆瓦，作用距离为3600公里，在观测雷达散射截面积为0.1平方米的目标时，作用距离可达1500公里，可有效地对付B－2隐形轰炸机。另据美国《国际武装力量杂志》1991年10月报道，荷兰海军已投入2500万美元，用来为其新一代护卫舰研制和生产一批（8部）SMART－L雷达。该型雷达为多波束目标捕获雷达，综合了先进的远距离监视三坐标雷达的功能，并将采用高级的强智能信号处理技术，具有很强的探测和跟踪空中目标的能力，能探测400公里远的隐形目标（包括隐形飞机和隐形巡航导弹）。SMART－L雷达工作在L波段与一种改进的“海麻雀”新型导弹和一种新型火控雷达系统协同，将成为荷兰皇家海军下一代防空作战系统的组成部分。此外，美国正在实施“高灵敏度雷达”发展计划，研制能够利用特种目标的特性或特种技术（如较低工作频率、宽频带、多频谱、双极化、多基地、灵活扫描、多普勒效应及其它先进方法）来提取更有价值信息的一类雷达，用以对付未来各种先进的隐形目标。美国国防部1990、1991和1992财年的关键技术计划都列入了“高灵敏度雷达”项目。

研制和使用多基地雷达 目前研制的隐形飞行器主要是抑制其后向散射的电磁波能量，而双基地或多基地雷达可探测目标的非后向散射的电磁波能量。隐形飞行器的隐形能力相对于不同的观测空间是不同的。目标的雷达散射截面积随雷达视角的不同而不同，而且对于视角的变化非常灵敏。双基地或多基地雷达可充分利用隐形飞行器散射雷达波信号的空间特征，接收隐形飞行器的侧向或前向散射雷达波信号，达到探测隐形飞行器的目的。

研制和使用谐波雷达 在研究雷达技术中，人们发现雷达发射的电磁波照射到大多数自然物（如植物、大地和海面等）时，这些物体只散射基波能量，而不产生谐波再辐射。但是，当雷达波照射到人造金属物体时，除了散射基波能量外，还散射谐波能量。据此原理，可研制接收金属目标散射的谐波能量信号的谐波雷达。隐形飞行器虽然采用了雷达吸波材料，但仍属于人造金属物体，从理论上分析会产生谐波再辐射。因此，研制能接收隐形飞行器散射的谐波能量作为目标回波信号的谐波雷达，将可能成为探测隐形飞行器的一种新体制雷达。

研制和使用被动雷达和光电探测系统 隐形飞行器作为目标，除在雷达波照射下具有电磁波散射特征外，由于它载有无线电和红外等辐射源，还将具有自身的电磁和红外辐射特征。利用这种自身电磁辐射特征，可研制反隐形飞行器的无源雷达。使用单站无源雷达可通过探测隐形飞行器自身电磁辐射信号对它进行方位跟踪；使用双站或多站无源雷达系统可对目标进行定位。此外，利用隐形飞行器的红外辐射特性，采取红外探测设备特别是红外成像设备，可探测跟踪隐形飞行器。目前研制的凝视焦面阵红外成像探测系统的工作波长为8～14微米，具有高灵敏度和快速信号处理能力，可对隐形飞行器进行跟踪。此外，高性能电视摄像机经过改装，在夜间可放大星光来发现隐形飞机。

研制和使用微波束武器，摧毁隐形飞行器 微波束武器是一种能定向发射高能量密度电磁波波束对目标实施软、硬杀伤的武器。微波束武器的杀伤效果，取决于目标受照射时吸收其电磁波束能量的大小。由于隐形飞行器都采用了微波吸收材料和涂料，更容易吸收微波束能量，增强微波束武器的杀伤效果。因此，微波束武器将可成为对付隐形飞行器的有效武器。

隐形技术的发展趋势 鉴于隐形技术具有极其重要的军事意义，引起了世界上越来越多的国家的重视和研究。特别是美国已把隐形技术作为其竞争战略中优先发展的高技术，并在国防部1990～2000年17项优先发展的技术中列为第2位。到21世纪初美国共将投入1600亿美元发展隐形技术和隐形武器装备。军事上的需求，各国的重视，加之反隐形技术发展提出的挑战，必将促使隐形技术研究在现有基础上进一步向深度和广度发展。隐形技术的发展趋势是：

扩展隐形波段 目前隐形技术主要针对厘米波探测雷达。为了达到反隐形目的，探测雷达的工作波段正在向长波和毫米波、亚毫米波乃至红外、激光波段扩展。因此，隐形技术所能适应的波段也必须相应的扩展，例如研制新型宽频带吸波涂料和结构型材料，研制宽频带干扰机等，否则难以达到隐形目的。

提高目标信息特征测量技术水平 为了支援和保

证隐形技术的发展，必须详尽地研究目标信息特征，因此，提高目标信息特征的测量精度，建立可供隐形目标在逼真作战环境中进行研制试验和作战试验的试验场是十分必要的。目前美国至少有4家公司正在研制、生产雷达散射截面积测量标准设备，并已建立了几个室内和室外雷达散射截面积测量试验场，还在研制新型紧凑场测量试验设施和动态相干测量系统，并计划建立由多种型号雷达组成的隐形飞行器作战试验场。今后的雷达散射截面积测量试验场，将以测量宽频带情况下的目标雷达散射截面积为重点，深入研究宽频带波形的目标响应。目标其它信息特征的测量技术和试验研究也将得到重视和发展。

综合运用各种隐形技术，提高隐形效果 现代侦察探测系统应用了多种探测技术，这就决定了隐形技术是一项多学科的综合技术。要想使目标达到理想的隐形效果，只依靠某一单项隐形技术是不行的，必须综合运用各种隐形技术。一些隐形目标，不仅要综合运用反雷达、反红外、反电子、反声波、反可见光探测的隐形技术，而且在运用每项隐形技术时也要综合采用多种技术措施。例如，为降低飞行器的雷达散射截面积，采用隐形外形设计可降低5～8分贝，利用吸波材料可降低7～10分贝，其它措施(如阻抗加载、天线隐形等)可降低4～6分贝，综合起来，可获得降低约20分贝的隐形效果。目前，除了对前述各种隐形技术进行深入研究外，还在寻求更多的新的技术途径。例如，拟将仿生学的研究用于隐形技术。人们发现海鸥与燕八哥的体积相近，但海鸥的雷达散射截面积却比燕八哥大200倍；蜜蜂的体积小于麻雀，但它的雷达散射截面积反而比麻雀大16倍。

研制多种隐形武器装备，提高隐形性能 目前美国已研制成功SR－71和TR－3A隐形侦察机、B－1B和B－2隐形战略轰炸机、F－117A隐形战斗轰炸机，以及AGM－129隐形战略巡航导弹、AGM－137和MGM－137隐形战术导弹等；还正在实施先进技术轰炸机(ATB)、先进技术战斗机(ATF)、先进技术飞机(ATA)、先进巡航导弹(ACM)等隐形飞行器的研究计划，计划于21世纪初实现部署；同时研制HU－60和RAH－66直升机、R－40无人机等。苏联、加拿大、英国、德国、意大利、日本等国也都在研制各自的隐形飞机。预计到21世纪初，将出现一批隐形轰炸机、侦察机、战斗机和巡航导弹，以及有隐形特征的直升机和无人机，使隐形飞行器向系列化发展。例如美军到21世纪初将拥有2种200余架隐形轰炸机，3种2100余架隐形战斗机，2800余枚隐形巡航导弹等，从而形成具有常规威慑能力的空中力量。

隐形技术的发展与应用现已开始扩展到地面坦克、战车和火炮，水面舰艇，水下潜艇等各种武器，还将逐步扩展到防空武器系统、战略导弹系统乃至其它军事目标，并可发展到民用。

随着隐形技术研究的深入，各类隐形武器的隐形性能将逐步提高。例如，轰炸机的雷达散射截面积，无隐形措施的B－52型为100平方米；B－1B型为1平方米，B－2型为0.3平方米；到21世纪初可达0.1平方米。战斗机的雷达散射截面积，无隐形措施的F－15型为10平方米；F－117A型为0.1平方米；到21世纪初可达0.01平方米。隐形巡航导弹的雷达散射截面积到21世纪初也将小于0.01平方米。

降低隐形武器装备的成本 目前研制的隐形武器装备的成本很高，例如F－117A隐形战斗机单价达1.1亿美元，B－2隐形轰炸机单价已超过5亿美元。因此，只有降低隐形武器装备的成本，才能减轻军费负担，扩大装备数量。这也是今后隐形武器装备发展的重要方面。

(尹承魁)

轻 武 器

综述 1991年世界轻武器发展的主要特点是：

1.轻武器行业动荡，厂商兼并之风盛行。例如，比利时FN公司兼并了美国的勃朗宁公司和弹仓武器公司，买下了意大利伯莱塔公司部分厂家和法国马努林公司的武器弹药厂。现在，FN公司本身又被法国陆军武器工业集团兼并。德国把HK公司卖给了英国皇家兵工厂。瑞典的FFV公司将和博福斯公司合并。德国的莱茵金属公司和克虏伯公司合并。

2.提出发展轻武器的新措施、新构想。美国三军轻武器规划委员会根据未来新的作战环境，将轻武器定义为“徒步单兵或班组(三人以下)可携带的，以杀伤敌兵、压制其兵器为目的的近距离作战的兵器和弹药”。

据此，轻武器的发展范围将扩及到从气枪到激光枪的各种枪械，从手榴弹到各种弹药、瞄准具、枪架、试验装置、模拟器材等相关器具。现在，除提出现装武器系统的改进方案外，还对轻武器的超前技术进行招标，要求研制出一种能在各种作战环境下使用的包括单兵战斗与自卫以及班组战斗用的新型轻武器族。

欧洲各国对现役轻武器进行认真评估以后认为，现役单兵和集体防御武器的有效射程、命中概率和终点效能都太小，不足以提供令人满意的压制武器和反轻型装甲的小口径武器。为此，他们提出发展一种由单兵武器、轻机枪、中型机枪和狙击步枪等四种武器组成的轻武器族。但欧洲七国集团陆军参谋长联合委员会主张，目前主要是改进现役武器，重点减小口径，减轻重量。

3. 积极开发研制新型近战反坦克、反轻型装甲的步兵武器。海湾战争后，各国对自动榴弹发射器、手榴弹、枪榴弹的发展都更加重视。在考虑射程、精度和威力三者统一的同时，特别强调近爆武器的杀伤威力和破甲性能。

枪械 前几年开发的新型单兵自卫武器和远射程大口径步枪日趋成熟，新研制的品种相继问世；5.56毫米小口径步枪和班用轻机枪的装备范围有所扩大，4.7毫米无壳弹步枪仍受重视，两德统一后，原东德人民军装备的苏制5.45毫米班用枪族仍被留用；10毫米手枪登台亮相；大口径机枪的发展势头未减；军用霰弹枪正引人注目。

手枪 **美国改进9毫米M－9手枪** 改进的方法是由奈茨军械公司提供一种可靠的卡锁式消音器，取代原来的消音器。该消音器装有一个独特的连接和锁闭装置，装在M－9手枪经过改进的枪管上，可使手枪具有普通和微声两种用途。奈茨军械公司的消音器可使M－9手枪的噪声下降到32分贝。

美国改进9毫米P－85手枪 改进途径是：采用新式击针和待击解脱/保险杆。改进后称MK－Ⅱ。还有一种“待击解脱杆”式P－89DC手枪。此枪没有手动保险，代之以长行程扳机机构和击发机保险阻铁。P－85、MK－Ⅱ和P－89DC都采用蓝色抛光不锈钢套筒。

以色列新式9毫米手枪问世 这种名为“吉利乔”(jericho)的新手枪由以色列军事工业公司研制，试验工作已进入最后阶段。该枪全长204毫米，枪管长120毫米，空枪重906克，弹匣容量15发，发射9毫米派拉贝鲁姆枪弹。

英国订购9毫米P－226和P－228手枪 英国国防部已与瑞士工业公司（即SIG公司）签订购买P－226和P－228手枪合同。P－226为军、警两用手枪，既可单动，又可双动，弹匣容量15发。该枪全长196毫米，高139毫米，空枪重0.75公斤。它结构简单，全枪仅55个零部件，不用工具即可分解。

P－228是P－226的改进型，许多部件通用。不同的是，P－228比P－226更为紧凑，只可双动，自动保险，弹匣容量13发。

冲锋枪 **英国9毫米“布什曼”微型冲锋枪有新发展** 1990年英国陆军装备展览会上展出的“布什曼”微型冲锋枪是一种个人自卫武器。该枪现在的设计与原来有所不同。目前有四种长度不同的枪管可供选择：80、152、250、300毫米。后两种枪管装有散热衬套，衬套上可迅速安装两脚架，作为轻型支援武器使用。80和250毫米的枪管装有消音器。

“布什曼”肩托为骨架式，固定在小握把上，可向右折叠。电子控速器为密封式，可在－30℃～＋50℃温度范围内正常工作，使用寿命为25000至30000发。该枪采用枪机后坐原理，开膛待击，可避免高温引起的枪弹自燃。主要用于近战，加装一些加长枪管附件，也可作为卡宾枪或短突击步枪使用。

英国开始生产7.62毫米冲锋枪 该枪型号为MC－51。枪重3.5公斤，托缩时长720毫米，既可作超短型突击步枪使用，也可作大威力冲锋枪使用。从近距离发射北约穿甲弹可穿透3毫米厚钢板，用普通弹可对付任何类型的柔软避弹衣。枪口部可安装减震器，以减小枪口跳动。

比利时P－90单兵自卫武器列装 P－90结构简单，全枪共69个零部件，其中塑料件有27个。枪长500毫米，高210毫米，宽55毫米，重3.2公斤，弹匣容量50发。该枪采用5.7×28毫米SS－90新枪弹，弹长43.2毫米，重5.5克，弹头尖细，重1.5克，金属被甲内有复合弹心。此枪使用方便，左、右手均可扣发；穿甲性能较好，威力较大，能在150米距离上击穿头盔或柔韧的高质量防弹服。枪上可安装准直式光学瞄准具。现在，比利时一些特种部队已装备这种武器。另外，沙特军队首批订购5000支，计划于1992年交货。

步枪 **美国M－4卡宾枪定型** M－4卡宾枪是一种采用导气式工作原理、气冷式枪管、可单、连发射击的自动武器，其机械功能与M－16步枪族相同，85%的零部件与M－16A2步枪一样。该枪比M－16A2短254毫米，轻680克，射击精度和最大有效射程与M－16A2不相上下。

M－4卡宾枪已于1991年3月定型，计划在1994财年第二季度装备部队，目前在第82空降师替换M－16A2步枪。

美国试验G－11无壳弹步枪 该项试验由德国HK公司和诺贝尔火炸药公司在阿伯丁试验场用G－11无壳弹枪系统进行，并且包括用浸水的枪弹试验和用不浸水的枪弹试验。试验分两步进行。首先把浸水和未浸水的枪弹放在火中燃烧，测试其防潮性能及在膛外燃烧的无害性。然后用两支不同型号的最新G－11步枪进行试验射击。试验射击中只出现过一次供弹故障。实施立姿高速可控点射时，后坐力明显增加。每次点射后，都有枪口焰冒出。

美国继续研制12.7毫米反器材步枪 正在研制的反器材步枪共有3种。

美国巴雷特公司的12.7毫米M－82A1。该枪有托，长1549毫米，重14.7公斤，枪管长838毫米。改进后称M－82A2，无托，长1409毫米，重12.24公斤，枪管长736毫米，更适于抵肩射击。M－82A2的机动性更好，瞄准更容易，且可在城区或山地进行大射角射击。

美国佩瑞格思工业公司的12.7毫米50/12大口径步枪。该枪可发射苏制12.7毫米枪弹，能快速更换枪管，后坐力是巴特雷反器材步枪的60%。枪长1410毫米，枪管长737毫米，带空弹匣重15.2公斤。其主要用途是供轻步兵从远距离摧毁器材。

美国吉特公司的12.7毫米无托步枪。该枪为单发步枪，其特点是装、退弹不用拉枪机，枪口装有很大的制退器，带两脚架，配有20倍的瞄准镜，枪重14公斤。

美国削减M－24狙击步枪的采购与装备数量 美军于1988年11月开始发放7.62毫米M－24狙击步枪以后，已多次改变其订购数量。原计划订购4500支，后改为2510支，随着军队数量的削减，又减少到2010支。原计划发给特种部队和第75别动团，后扩大到现役陆军步兵营。此后，又把范围缩小到部分步兵营。采购M－24狙击步枪系统共需800万美元。

M－24狙击步枪长1092毫米，托底板完全伸出后长1161毫米，空枪重5.27公斤，枪管为不锈钢制作，长610毫米，弹仓容量5发。

日本推出5.56毫米89型自动步枪 89型自动

图1 日本89型自动步枪

步枪的原型是1981年开始研制的HR－10和HR－11两种5.56毫米自动步枪。89型步枪外观与HR－10相似，枪身为铝合金冲压而成，有两根枪机复进簧。防尘盖可前后移动，不射击时向前推上，射击时枪机拉柄后退将防尘盖向后拉开。该枪可半自动、3发点射、全自动发射，配有两脚架，可作为班用机枪使用。

印军将装备新式步枪 据印度《政治家报》1991年5月27日报道，印军近期将装备一种5.60毫米"伊沙波尔91"突击步枪。目前，该枪已在西孟加拉邦的伊沙波尔兵工厂投入批量生产。这种新式突击步枪比原来的7.62毫米半自动步枪短18厘米，轻1公斤，枪托可折叠，一次可连射3发枪弹，每颗枪弹重12克，仅为半自动步枪子弹重量的一半，射击时后坐力不大。据生产厂家称，该枪射击精度高、易操作，便于携带和隐藏，适于突击队和伞兵使用。印军计划在5年内用这种新式步枪代替原有旧式步枪。

意大利陆军装备5.56毫米突击步枪 该枪共有4种型号：基本型AR－70/90，有固定枪托，全长998毫米，枪管长450毫米，重3.99公斤；特种卡宾枪型SC－70/90，有折叠托，全长986毫米，枪托折叠时长751毫米，重3.99公斤，用于特种部队；特种短卡宾枪型SCS－70/90，短管，全长876毫米，枪托折叠时长647毫米，枪管长352毫米，重3.79公斤，用于装甲部队；伞兵型SCP－70/90，全长898毫米，重4公斤，装有特殊消焰器。消焰器可快速转换成枪榴弹发射装置。

AR－70/90突击步枪于70年代初由意大利伯莱塔公司开始研制。意大利陆军决定用15万支取代7.62毫米BM－59步枪。从1991～1993年先装备5万支，其余的在1994年后提供。该枪坚固耐用，性能可靠，便于操作，但结构并不新颖。

机枪

美国陆军决定用M－249换装M－60 换装的理由主要是：①5.56毫米M－249轻机枪比7.62毫米M－60通用机枪便宜2/3。②M－60机枪需两人操作，M－249只需一人。改用5.56毫米枪弹，每个机枪手的携弹量减轻一半，取消三脚架，士兵负重也减轻。③空出来的两人空间可用来加强排的火力。例如，可增配2具MK－19Ⅲ型40毫米自动榴弹发射器。

以色列研制成5.56毫米轻机枪 这种代号为"内格夫"的轻机枪于1985年开始研制。其主要部件有6个：枪管、机匣、枪机及枪机框、驱动簧、扳机、枪托。据以色列军事工业公司称，该机枪使用寿命可达6万发，即使采用长点射，也可达1.7万～2万发。

英国研制成12.7毫米机枪的快速更换枪管 这种枪管采用标准的枪管螺纹，可与普通枪管通用。快速更换枪管系统一人便可操作，无需进行间隙调整。利用这种枪管可迅速改造目前大量列装的勃朗宁重机枪。

榴弹武器和近程反坦克武器 1991年，美、法等西方国家十分重视近程反坦克武器的发展，同时还研制了榴弹发射器和枪榴弹的一些新品种。

美国研制近程反坦克武器 美国洛格尔公司正在为美国海军陆战队研制一种叫做"斯劳"(SRAW)的近程反坦克武器。它是一种单兵操作、用后即扔的武器，计划用来击毁有先进装甲防护的下一代坦克。这种武器可在车内、室内等封闭空间内发射，可用于城区作战。长不大于101毫米，重9.1公斤以下，最大射程400～500米，最小射程17米，属于空中飞越顶击型反坦克武器，其火箭弹由自动导航仪控制飞行。

美国研制枪射反坦克弹 一种称为"拉姆"(RAAM)的枪射反坦克弹，正由美国奥林公司研制。"拉姆"弹长564毫米，重1.65公斤，直射距离达250米，散布4密位。该弹可由不经任何改装的M－16A2步枪发射。发射前，要在枪口部夹住一根塑料接插管。发射后，步枪弹头进入"拉姆"弹头的捕捉器，推动后者离开枪口并点燃火箭发动机，飞向目标。这种枪射反坦克弹可在封闭空间发射。

美军试验30毫米半自动榴弹发射器 这种发射器由美国莱恩特技术系统公司提供6具，供美军试验，试验定于12月进行。这是一种10发装弹的自由枪机式发射器，装弹时重5.5公斤，射程400米。它所发射的高爆两用弹比目前的40毫米低速高爆两用弹轻30%，穿甲性能与破片杀伤半径则不相上下。

德国发展新型自动榴弹发射器 这种发射器口径40毫米，双程供弹，射速200发/分，弹鼓容量15发，重20公斤。据负责这项工作的HK公司声称，该发射器后坐力小，在100米射程上命中概率高，能配用各种容弹量不同的供弹系统。目前，该公司正在研制带弹道计算机及全天候激光测距机的火控系统。

法国发展各兵种通用的反坦克武器 目前法国正开发一种称为ACTTA的通用反坦克武器，参加竞争的有因斯塔拉萨公司的C－90、FFV公司的AT－4和马努林公司的AB－92。

C－90口径90毫米，不能从封闭空间发射。AT－4CS是84毫米火箭发射器的派生型，能从封闭空间发射。AB－92是专门为ACTTA计划研制的唯一武器。它是一种单发系统，长100毫米，最大重量6.9公斤，初速290米/秒，射程可达300米。它有一枚成形装药弹头，在300米距离上对静止目标射击，命中概率高于90%，对活动目标射击为80%。

防暴武器 **美国改进"卡利科"冲锋枪** 1989年11月在法国军警武器展览会上展出的"卡利科"冲锋枪，其枪机重量轻，理论射速高达2000发/分。这种射速只适用于样式奇特的冲锋手枪，而不适用于其他冲锋枪。因此，承包公司为冲锋枪族研制了一种有效的减速器，可将全自动射速调整在500～800发/分之间。这样，有经验的射手不用点射选择器，通过控制扳机扣力直接进行连发或3发点射。此外，公司还为该枪族生产了固定式肩托和折叠式肩托，配备了闪光灯、激光指示器、望远瞄准镜及各种光学瞄准镜，准备了夜视瞄准具座。还打算装配消音器。

法国制成新型手杖枪 这种称为"布雷通"(Bretton)的手杖枪由圣·艾蒂安兵工厂生产。该枪制作轻巧，机械性能可靠，大部分用硬铝制成，重665克，长910毫米，枪管长700毫米，握柄190毫米。可带弹，也可快速装弹，枪身可作自卫棍棒使用。它发射50毫米大威力马格南弹，具有较好的自卫能力。

意大利研制成双动霰弹枪 这是由贝内利公司研制的一种称作M－3型超级90的霰弹枪，其前身为M－1型超级90。两者外观一样，主要区别是：M－1型只能半自动击发，而M－3除半自动外，还可通过按动推杆改变为泵动击发，因而可发射多种弹药。M－3超级90重3.4公斤，枪管长356毫米。它采用简单的缺口、准星式瞄准具，在100码处能获得与常规步枪普通瞄准具相同的精度。

（卞荣宣）

装甲兵武器装备

综述 1991年，国际政治、军事格局发生了重大变化，全球性缓和与裁军趋势明显发展。在这种情况下，坦克装甲车辆的生产速度正在放慢，生产数量有所减少，但坦克、装甲车辆的研制与发展并未停顿。一年来，各主要军事大国发展坦克、装甲车辆的特点是：以新技术、新材料为物质基础，以新的“空－地一体”作战理论为依据，力求发展具有更大打击威力、更远作战距离、更快反应能力的装甲战斗车辆；遵循车族化、系统化、模块化、通用化的方针，提高坦克、装甲车辆的协同作战与配套能力，改进装备的效费比。在西方国家中，研制适应快速反应作战需要的新一代装甲车辆，已成为陆军现代化的优先发展项目之一。

在装甲兵装备技术的发展上，除继续改进传统的火力、防护、机动三大技术外，还加强了对坦克的指挥与控制技术的研制与运用。现代电子技术的大量应用正在给陆军机械化注入新的要素，呈现出机械化、电子化相结合的新特点。

在研制新装备的同时，各国都重视改装或完善老装备，实行新、老装备梯次列装。例如，美国在装备新的M－1A2坦克的同时，还考虑改进M－1型坦克，使之逐步达到M－1A2坦克的标准。

在海湾战争中，在诸军、兵种协同下，以坦克、装甲车辆为物质基础的装甲机械化部队作为地面作战的主体力量，发挥了不可替代的重要作用。在这场战争中，以美军为首的多国部队共投入坦克3500辆、步兵战车2200多辆；伊拉克在科威特战区部署了坦克4550辆、步兵战车及装甲车2880辆。在地面作战开始前，装甲机械化部队发挥了威慑作用。在100小时的地面作战中，装甲机械化部队是主要的突击力量，在空军协同下，装甲与反装甲作战是达成战争目的的最终手段。

主战坦克　1991年，各主要坦克生产国除继续执行90年代新型坦克的采购、生产、装备计划外，还继续研制下一世纪初装备的主战坦克。90年代列装的主战坦克普遍装有120毫米口径的高速加农炮及先进的火控系统；发动机功率达895～1103千瓦；采用新型复合装甲或反应装甲；多数坦克采用先进的自动化指挥与控制系统、火炮自动装填装置。据初步透露的下一世纪主战坦克的研制目标，主要是强调通用化和系统化，以部队编组为龙头，以通用底盘为基础，发展新一族用于战斗、战斗支援、工程与后勤支援的坦克装甲车辆。

苏联改进T－80坦克　据德国《士兵与技术》杂志1991年11期报道，苏联已把T－80坦克改进为T－80У坦克，以前曾报道为T－80M1989坦克。T－80У的主要战术技术性能是：战斗全重约46吨，乘员3人；车长（炮向前）9.60米，车宽3.58米，车高（至炮塔顶）2.20米；主要武器是一门125毫米的加农炮，同时可作为AT－11激光制导反坦克导弹发射管使用；发动机为6TД、二冲程、对置活塞柴油机，功率735千瓦，最大行驶速度70公里/小时；车首、炮塔正面及履带裙板前半部安装模块式、可更换的附加装甲板。

图1　苏联T－80坦克改进型

美国披露第4代坦克的主要性能　美国陆军“装甲系统现代化计划”项目负责人在《陆军》杂志1991年5期上披露：代号为“布洛克”（BLOCK）Ⅲ型的美国第4代坦克将安装一门140毫米的高速加农炮，身管长8.54米，比M－1A1坦克的M－256型120毫米加农炮加长56％；该炮发射的动能穿甲弹的穿甲威力增长50％，有效射程增加1/3；采用自动装填装置，每分钟可发射10～12发炮弹，比M－1A1坦克的射速提高75％。

“布洛克”Ⅲ型采用可更换模块化装甲，可以根据威胁特点及装甲技术发展情况更换装甲模块。为了空运还可减少挂装在车上的装甲模块。据称，该坦克的正面装甲防护力比现装备坦克提高了35％，侧面提高了48％。

“布洛克”Ⅲ型采用先进的综合式推进系统，其体积比现役坦克的推进系统减少40％，燃油消耗量降低50％。行动部分的悬挂装置为液气式的，它占用的车内体积比扭杆式悬挂装置减少0.48米^3。此外，由于乘员减至3人，也利于减小车内容积，使整车重量控制在51.7～56.2吨以内。

美国陆军调整“装甲系统现代化计划”进度　1991年11月，美国国会对陆军申请的“装甲系统现代化计划”1992财年拨款增加了0.2亿美元，达4.2亿美元。“装甲系统现代化计划”是陆军于1990年3月针对21世纪部队结构提出的装备发展计划，它包括在两种通用底盘的基础上研制6种装甲战斗车辆（主战坦克、自行火炮、步兵战车、工兵战车、炮兵弹药补给车、高速动能反坦克导弹发射车）和一种用于空降、空运作战的轻型坦克以及现役装甲车辆的改进计划。“装甲系统现代化计划”已列为美国陆军最优先的现代化发展计划之一。

1991年年中，美国陆军考虑到苏联新型坦克已放慢发展进度以及美军自行火炮落后于坦克发展的现状，于1991年10月向国会提出将原先列为第二位的自行火炮以及炮兵弹药补给车的发展进度提前。

美国陆军改进M—1坦克并继续装备M—1A2坦克 美国陆军获得1992财年2.25亿美元的拨款，用以改进现役M—1坦克，使之达到M—1A2坦克的标准。据估计，大量改装M—1的工作将历时6～7年，耗资达35亿美元。

据美国《武装部队杂志》1991年12期报道，美国陆军获得1992财年拨款2.4亿美元，用于购买60辆M—1A2主战坦克，这使美国陆军的M—1A2主战坦克采购量达到122辆。

美国关闭底特律坦克厂总装线 1991年8月底，美国国防部关闭了通用动力公司地面系统部底特律坦克厂总装线。以后的M—1系列坦克的总装生产将由利马陆军坦克厂承担，底特律坦克厂只生产坦克部件。在关闭总装线前，底特律坦克厂共生产了44649辆坦克，包括2102辆M—1坦克。

美国M—1A1在海湾战争中初露锋芒 在海湾战争中美国陆军共投入约2000辆M—1A1主战坦克，其中绝大多数用于美军第7军和第18军的大纵深迂回机动作战。M—1A1是M—1的改进型，1985年开始装备部队。装有1门120毫米滑膛炮，可发射XM—827和XM—829型尾翼稳定脱壳穿甲弹。战斗全重57吨，最大时速67公里，最大行程442公里。

由于装有热成像瞄准镜，M—1A1在夜间和沙尘环境下作战时能先敌发现装甲目标，作战距离通常达2000～3600米，在海湾战争中，击毁了大量伊军坦克、装甲车辆。但是，M—1A1的热成像瞄准镜在不良天候下的分辨目标能力尚不足，作战中曾误伤已方目标。在1991年2月27日的作战中，M—1A1曾误伤已方5辆坦克和5辆步兵战车，造成6人死亡、25人受伤。在整个战争期间，M—1A1显示了可靠的战斗性能，战备完好率达97%。

日本采购国产90型坦克 1991财年，日本陆上自卫队采购26辆90型坦克，累计采购量已达56辆。90型坦克于1990财年开始生产、采购，预计1992财年装备部队。90型坦克的装备时间比西方同代坦克晚了近10年，但其某些性能已赶上或超过美国M—1A1和德国“豹”2等先进坦克。

90型坦克战斗全重50吨，乘员3人，车高2.34米，发动机功率为1103千瓦，装有120毫米滑膛炮1门，由自动装填机供弹。自动装填机结构简单，性能可靠，把炮弹分上下两层排放在尾舱弹带上，弹带水平移动，保持装填位置，沿轨装填。该坦克采用的复合装甲是G装甲的强化改进型。其防护力约为均质装甲钢板的2～3倍。装备有先进的指挥仪式火控系统。炮长和车长的瞄准潜望镜为独立稳定式，火炮随动于瞄准线，稳定所需的能量少，精度高。坦克的火控系统、观察系统和自动装填机均由电子计算机进行系统控制，因此能保证90型坦克具备静止或行进间对固定或运动目标进行射击的能力和夜战能力，以及全天候作战能力。

90型坦克造价高，每辆约合850万美元，是世界上最昂贵的坦克。为避免在物质上、财政上造成不必要的浪费，日本决定只按陆上自卫队的需求限量生产，预计每年40辆，不搞库存储备。

印度生产出“阿琼”坦克样车 印度“阿琼”坦克的研制工作已历时17年，原定80年代中期列装，由于发动机的技术问题，拖延了进度。至1991年，已产出12辆样车，预计在1993年开始在部队试用，1995年装备部队。

英国准备改进现役“挑战者”1型坦克 英国国防部决定在“挑战者”2型坦克投产后，对现装备的420辆“挑战者”1型坦克进行现代化改造，使其主要性能达到“挑战者”2型坦克的标准。“挑战者”2型是正在研制的新型坦克。计划到1993年才正式投产。对现役“挑战者”1型的计划改进项目包括：用L—30型高膛压120毫米线膛炮更换L—11型120毫米线膛炮；改进车长的观瞄仪器及计算机控制的火控系统；或用“挑战者”2型的炮塔替换“挑战者”1型的炮塔。

英国“挑战者”坦克投入海湾战场 装备于英国陆军第1装甲师的176辆“挑战者”坦克随该师在海湾战场参战，参加了由美军第7军指挥的突破伊拉克西部边界的机动作战。“挑战者”是80年代中期列装的坦克。装有1门L—11A5型120毫米线膛炮，可发射尾翼稳定脱壳穿甲弹、高爆破甲弹和烟幕弹等。战斗全重62吨，最大时速60公里。该坦克的特点是：抗弹能力强，防碎甲弹的效果更好；射击精度高，炮口安装有标准装置，可随时校准瞄准线和火炮轴线。

开赴海湾后，英军组成一支15人的支援队，对“挑战者”坦克进行了14项改进：安装了备份燃油箱，增装了反作用装甲和陶瓷装甲等。作战中，每辆“挑战者”坦克平均行驶了350公里，有2辆坦克因故障掉队，更换14台动力传动装置，坦克战时出动率为95%。“挑战者”坦克的武器系统性能较好，曾在5100米距离上首发击毁伊军T—55坦克。

法国开始生产“勒克莱尔”坦克 第1辆“勒克莱尔”坦克于1991年末交付法国陆军。原计划采购1400辆，但由于法国陆军重新编组，采购数量将减至1000

辆以下。据初步计划,1992年度将继续生产3辆坦克,1993年度生产13辆,1994年为37辆,1995年为68辆。预计在1995年将装备第一个装甲团。

该坦克是1982年12月开始研制的,战斗全重54.5吨,乘员3人,有1门120毫米滑膛炮,由炮塔尾舱的自动装填机供弹,发动机功率为1100千瓦。该坦克采用先进的坦克指挥与控制系统及模块化装甲结构,后者允许在新的装甲技术发展后更换挂装在车身上的装甲。

意大利陆军订购"公羊"C—1坦克 意大利参议院军事委员会批准陆军购买200辆"公羊"C—1坦克,以代替现役M—60坦克和"豹"1坦克。采购计划将于1993年开始实施。"公羊"C—1坦克由奥托·梅莱拉公司与依维柯·菲亚特公司合作于1984年开始研制,战斗全重约48吨,乘员4人,安装1门120毫米滑膛炮,发动机功率895千瓦。

图2 意大利"公羊"C—1坦克

西班牙改进AMX—30坦克 西班牙正在采用特许生产的德国MTU MB833柴油机和ZF LSG3000全自动传动装置改进其现役AMX—30坦克。预期在1993年6月制成150台该型发动机。发动机功率为625千瓦,在1800转/分时的扭矩为2846牛顿米。LSG3000传动装置有4个前进档和2个倒档。改装后的AMX—30坦克能在4.5秒钟内原地旋转360°;在10秒钟内从起步行驶加速至35公里/时,30秒钟内加速至50公里/时。

轻型坦克 1991年,发展轻型坦克受到一些国家的重视。轻型坦克的发展特点是:既适应快速反应作战的要求,又具有与主战坦克作战的武器威力。

苏联以БМП—3步兵战车为基础研制轻型坦克 据美《武装力量杂志》1991年8期报道,苏联在БМП-3步兵战车的基础上研制了一种轻型坦克和一种变型车。新研制的轻型坦克安装1门100毫米火炮。变型车装有1门30毫米火炮和1具双管反坦克导弹发射器。两种车均已完成部队试验。

英国研制"风暴"105轻型坦克 英国阿尔维斯公司正在研制"风暴"105轻型坦克,该车将参加美国装甲火炮系统的竞争。"风暴"105轻型坦克以"风暴"2型高速导弹发射车的底盘为基础,采用铝合金装甲车体,双人炮塔,液气与扭杆混合悬挂;战斗全重为15吨,可用C—130"赫克力士"运输机空运与空投;发动机功率为224千瓦;主要武器是一门EX—35型105毫米低后坐力线膛炮,由炮塔尾舱的自动装填机供弹。

步兵战车 **苏联空降兵装备БМД—3伞兵战车** 据美《武装力量杂志》1991年9期报道,苏军空降兵部队装备了新型БМД—3伞兵战车,该车重12吨左右,主要武器为一门30毫米加农炮和一具反坦克导弹发射器。

美国披露未来步兵战车的主要性能 美国陆军"装甲系统现代化计划"中的未来步兵战车将具有与"布洛克"Ⅲ坦克相同的重型装甲防护,从而能保证搭载步兵伴随主战坦克在敌火下行动。与现役M—2步兵战车相比,未来步兵战车的正面防护能力将提高10倍以上,侧面防护增强2倍多。

在主要武器方面,未来步兵战车将选用35～60毫米机关炮,其作战效能将比M—2的25毫米机关炮提高1.5倍,穿甲威力提高1倍。还将采用一种能消灭近距离步兵的面积压制武器,其作战效能将比M—2步兵战车全部单兵武器的效能增强60%。

未来步兵战车采用与主战坦克相同的动力传动系统,最大行程比M—2增大70%,越野速度提高1/3。由于采用先进的电子设备,车内乘员将减至2人,搭载步兵人数还未最后确定。

美国陆军建议改进M—2步兵战车 美国陆军根据海湾战争经验,提出了改进M—2步兵战车的建议方案。该建议方案分为三个阶段。第一阶段方案在1993～1995财年实施,内容包括安装激光测距仪、全球定位系统、敌友识别装置、驾驶员热像仪等;第二阶段方案在1996～1998财年实施,内容包括采用车辆自身信号抑制与车间通信系统,改进驾驶员视场与观察能力,安装多发齐射榴弹发射器、车辆定位/导航系统、车辆综合防御系统;第三阶段方案将在本世纪末以后实施,内容包括采用全面三防系统以及火炮自动校正和全解式火控系统,提高武器系统威力。

日本继续生产89型步兵战车 日本陆上自卫队自1990年订购8辆89型步兵战车后,1991年又订购了9辆。该车用于装备陆上自卫队的装甲师——第7师。该车战斗全重为26.5吨,有3名乘员,可载步兵8名;双人炮塔上装有一门35毫米机关炮;最大时速为

70公里，最大行程达400公里。

德国改进前东德БМП—1步兵战车 德国陆军决定暂时保留764辆前东德陆军使用的БМП—1步兵战车，预期到1998年将由新的“黄鼠狼”2型步兵战车取代。同时，这些БМП—1步兵战车将按照德国陆军的人—机工程及安全标准加以改进：搭载步兵人数由8名减为6名；改进离合器，以提高工作平稳性；增强制动器的工作安全性；改进发动机的加温装置，消除排火现象；拆除火炮自动装填机；重新研制火炮及机枪弹药。改进后取名为БМП—1А1。

挪威试验“美洲虎”步兵战车 挪威陆军接受了一辆德国克劳斯·墨菲公司提供的“美洲虎”步兵战车，与美、英、瑞典提供的步兵战车进行对比试验。挪威陆军试验的“美洲虎”步兵战车有1门30毫米机关炮及先进的火控系统，动力装置为551千瓦的柴油机，车体及炮塔上装有附加装甲板。

图3 德国制“美洲虎”步兵战车

其他装甲车辆 **苏联研制9P—149型反坦克导弹发射车** 苏联在МТ—ЛБ多用途轻型装甲车基础上研制了9P—149型反坦克导弹发射车，该车又名“风暴”C，可发射AT—6反坦克导弹。导弹发射器瞄准方向角为左85°～右85°，高低角为－5°～＋15°。导弹的有效射程为400～5000米。该车有乘员2人，携带导弹12枚，每分钟可发射3～4枚导弹。

美国计划发展新的装甲指挥与控制车 根据海湾战争的经验，美国陆军计划在M—2步兵战车底盘的基础上发展新的指挥与控制车，以取代现装备的M—577指挥车，后者的战场机动性不能匹配于主战坦克等战斗车辆。这项计划将是修改美国陆军“装甲系统现代化计划”的一项内容。

美国LAV—105轻型装甲突击车开始射击试验 1989年，美国海军陆战队与卡迪拉克·盖奇达信公司签订的LAV—105研制合同，规定由公司在1992年5月以前提供3辆样车。海军陆战队计划从1992年5月至1993年1月对LAV—105进行研制试验，然后经过3个月的修改完善和3个月的使用试验，预定于1994年1月投产。LAV—105的主要结构特点在本年鉴90年版已有报道。1991年9月，承包商对LAV—105进行了第一次射击试验。试验内容主要是测试武器系统与LAV底盘的适配性以及测量毒性烟雾、噪音、应力、振动坡度和瞄准零线的稳定性等。试验将延续到1992年5月。

法国陆军接收首批VBL轻型轮式装甲车 法国陆军已装备首批3辆VBL轻型轮式装甲车。该车总采购量为1240辆，预计在1993～1994年间完成生产。VBL装甲车已销售到许多国外军队。它有多种变型车：人员输送车、防空战斗车、导弹发射车、雷达车等。该车战斗全重约3.6吨，乘员2～3人，发动机功率为77千瓦，最大时速100公里。主要武器按需配置，如反坦克导弹、机枪等。

新技术与新部件 80年代以来，新材料、新技术的发展日新月异，推陈出新。新材料的应用已使坦克装甲车辆的装甲防护、火炮性能、弹药威力发生了质的变化。以微电子为代表的新技术的开发则给坦克装甲车辆增添了新功能、新系统。据初步透露，1991年，贫铀装甲的研制又取得了新突破，“自动化瞄准/火控系统”、“车辆综合防护系统”也在顺利研究之中，预期将在90年代得到应用，从而使下一代坦克装甲车辆的发展进入一个新天地。

贫铀装甲的研制取得突破 1991年3月美国陆军宣布，一种新型贫铀装甲已研制成功。这种装甲将用于M—1A1主战坦克，取代原来的“乔巴姆”复合装甲，从而可满足90年代防御各种反坦克弹的要求。美国陆军用多种反坦克弹对这种装甲进行打靶试验后确信，这种装甲能抵御苏联现有的和正在研制的反坦克导弹和125毫米坦克炮弹的攻击，不仅防空心装药破甲弹有效，而且防尾翼稳定超速脱壳穿甲弹的效果也很好。

这种新装甲的构造和生产工艺是严格保密的。美国陆军仅透露：这种装甲是在钢内嵌入贫铀材料制成的；贫铀材料的硬度为钢的2.5倍，密度也是钢的2.5倍。M—1A1采用这种新装甲以后，其重量将增加1814公斤，但坦克的机动性不会受影响。贫铀材料虽有自然核辐射，但其辐射剂量不会危害坦克乘员的健康并不需要任何特殊的预防措施。

美国陆军计划生产装有这种新装甲的M—1A1坦克3000辆，并用以装备驻欧洲美军。

多传感器自动化瞄准/火控系统进入论证阶段 迄今为止，坦克火控系统捕捉目标，完全靠乘员本人对目标的检测与识别能力。虽然有光电传感器帮助乘员执行任务，但由于战场上的目标信息急剧增多，加上敌方实施伪装与欺骗等措施，因此乘员发现目标与正确处置情况的能力将受到严重影响。针对这种情况，美国陆军正在为未来坦克研制多传感器自动化瞄准/火控系统。这项研制计划始于1988年，目前，由美国休斯公司等设计的自动化目标识别与传感器综合装置已进入论证阶段，计划于1993年将把传感器、处理器、显示器综合到陆军先进部件试验台上。

由休斯公司设计的多传感器装置由热成像传感器和毫米波雷达传感器组成，两者在性能上相互补充，把获得的信息由各自的处理器处理，然后输入到中央处理器。经自动识别处理后，目标便被区别并显示在显示器上，同时，根据目标的类型及其信息的可信程度决定对各目标的先后毁伤次序。当目标被乘员认定后，火控系统便对目标进行跟踪并计算出射击诸元。

采用这种自动化火控系统，将提高坦克在复杂战场条件下捕捉、识别及与目标交战的能力，减轻乘员的工作负荷，并可为减少坦克乘员，提高坦克生存力提供可能。

美国设计“车辆综合防卫系统” 精确制导武器的发展给坦克的生存力造成了严重威胁。提高坦克的防护力、避免被敌方发现与毁伤是设计未来坦克的一个重要要求。80年代中期以来，美国就着手研制“车辆综合防卫系统”，目前该系统还处于设计之中。该系统的主要任务是在坦克乘员视距以外检测威胁己方坦克的敌反坦克武器，并采取相应的对抗措施。

“车辆综合防卫系统”由工作在各种频谱的传感器组、数据处理系统、人一机对话的显示装置组成。传感器组与数据处理系统负责检测、分类、定位敌反坦克武器；显示装置负责显示有关信息。该系统还可向乘员显示适宜的对抗措施建议，并在人一机对话后自动启动有关对抗措施。正在研制的传感器有激光信息报警器、来袭导弹信号报警器、敌直升机检测器、核生化检测器、毫米波雷达等。对抗措施包括施放假目标和多频谱烟幕，干扰敌反坦克导弹的制导系统，实施坦克的规避机动和以坦克炮实施反击等。

“车辆综合防卫系统”与坦克多传感器自动化瞄准/火控系统之间存在着密切的工作关系，后者依靠前者的工作效果。目前，“车辆综合防卫系统”正作为美国陆军“装甲系统现代化计划”的重要内容进行研制并将应用于新一代坦克和步兵战车上。

（李　鑫）

炮兵武器装备

综述 1991年国际政治和军事形势的变化、海湾战争的爆发对世界炮兵武器的发展影响较大。总体来说，苏联及东欧各国炮兵武器的发展进一步放慢，甚至停顿，但是，以前从未披露的武器装备通过公开展出等多种形式已为世界各国所了解。西方各国对原来的炮兵武器发展计划进行了审议和调整，对某些发展项目减少了投资、放慢了速度，更注重武器的质量发展。第三世界国家，尤其是一些经济比较发达的小国，则吸取科威特的教训，发展自己的炮兵装备，但他们多数都是从西方购买炮兵武器。因此，西方国家虽然调整了炮兵武器装备的发展速度，但并未停止它的发展。1991年新出现和新研制的炮兵武器装备型号仍有35种左右。

炮兵压制武器系统 1991年，炮兵压制武器系统发展的重点是榴弹炮、尤其是自行榴弹炮。除新出现和新研制的8种榴弹炮之外，西方国家对现装备的榴弹炮进行了现代化改装。改装的主要内容是采用新技术，挖掘原装备的潜力，使之适应现代战场的需要。同时，仍把火箭炮作为发展的重点。海湾战争以后，美国及西欧国家对MLRS多管火箭炮又提出了更高的要求，采取了一些新的技术措施。值得重视的是，1991年非传统武器系统的发展有了长足的进展：世界最大的轻气炮首次试验射击成功；液体发射药火炮和电磁轨道炮的研制均取得了可喜成果。

加农炮、榴弹炮和加榴炮 **苏联2A－36型152毫米加农炮详情披露** 苏联陆军早在1981年就开始装备2A－36型152毫米牵引加农炮。但是多年来人们一直不了解其详情。《简氏苏联情报评论》1991年2月号报道了该炮的情况。

2A－36炮于70年代开始研制，西方命名为M－1976型152毫米加农炮。苏联自己的型号为2A－36。2A－36炮的主要作战任务是毁伤距前沿较远的人员、武器和物质器材。除间瞄射击外，2A－36也具有较好的直瞄射击能力。

该炮由身管、反后坐系统、架体、辅助装弹系统、弹药系统和牵引车等组成。

2A—36 炮身管与苏联 2C—5 型 152 毫米自行榴弹炮相同；多室式炮口制退器重达 141 公斤；由驻退机和复进机组成的反后坐系统装在靠近炮身尾部上方；横楔式炮闩可自动向右开放。

炮尾下端装有辅助装弹系统，苏联称为快速发射装弹系统。装弹系统由 1 个液压气动式蓄能器来控制压弹机的动作。该系统不仅可以装填弹丸，也可装填药筒，从而减轻了炮手的工作量。

2A—36 炮可用 KPA3—255Б、AT—T、ATC 和 ATC—59等多种牵引车牵引。KPA3—255Б 车的最大时速为 80 公里(硬质路面)。

苏联研制成 2C—23 型 120 毫米自行榴弹/迫击炮 据英国《简氏苏联情报评论》1991 年 4 月号报道，苏联研制成一种称为榴弹/迫击炮的新型火炮系统。该炮 1984 年已装备部队，但一直未公布过它的实际情况。该炮的型号为 2C—23(见下图)。

该炮由炮塔和 БТР—80 型两栖装甲输送车底盘构成。炮塔是在 CO—120 型(即 2C—9)120 毫米自行榴弹迫击炮炮塔的基础上改进而成的。区别在于 2C—23 型的炮塔两侧各有一排向前发射的三管电控发烟弹发射器，在炮塔左后侧有一个指挥塔突出于炮塔，而 2C—9 型炮无此装置。此外，2C—23 炮的红外探照灯装在指挥塔的前部，而 2C—9 则装在指挥舱口前方的顶板上，且二者左右相反。

该系统的主炮是一门 2A—60 型 120 毫米榴弹/迫击炮，间瞄射击的最大射程 8700 米，直瞄射击为 7100 米，最大射速为 10 发/分。

图 1　苏联 2C—3 榴弹迫击炮

该炮发射 OФ—843 榴弹，配用 TBM3—7 型弹头着发引信。全弹重 16.02 公斤、弹丸装药 2.68 公斤。此外还发射 OФ—843A 迫击炮弹，弹丸装药 1.58 公斤。除上述苏制迫击炮弹外，该炮还能发射法国制 MO—120RT—61 型线膛迫击炮弹，包括榴弹、增程榴弹、照明弹和烟幕弹。

该炮采用 БТР—80(8×8)两栖装甲输送车底盘。整个火炮系统的战斗全重为 14.5 吨。2C—23 系统公路最大时速 80 公里，最大水上航速 20 公里/小时。该炮具有核、生、化防护能力，装有夜视器材和中央控制轮胎压力调节系统。

美国优先发展“先进野战火炮系统” 1991 年 9 月 20 日，美国参议院拨款委员会指出，相对来说，美国现有的野战身管火炮性能较差。就整体而言，在海湾战争中美军野战火炮的射程还没有伊拉克的火炮远。所以在修订陆军装甲现代化计划时，把发展“先进野战火炮系统”放在了优先地位。该系统是一种新型的 155 毫米自行榴弹炮，身管长度为 52 倍口径，装有自动供输弹系统和先进的火控系统。最大战斗全重为 56.2 吨，最大行驶速度为 64.34 公里/小时，最大射程为 40 公里，最大射速 12～16 发/分，持续射速 3～4 发/分。陆军打算采购 782 门这种火炮。

美国向印度出口 M—109A6 型 155 毫米自行榴弹炮 1991 年 9 月印度陆军参谋长罗德里格斯上将访问美国并表示希望购买美国 M—109 系列榴弹炮最新型号 M—109A6 自行榴弹炮。美国同意首批卖给印方 200 门 M—109A6 型榴弹炮。

M—109A6 炮与其先前型号 M—109A2/A3 相比，各项技术、战术指标均有较大提高。A6 采用 M—284 型身管和 M—182 型炮架。而 A2/A3 则采用 M—185 身管和 M—178 炮架。改进后的身管和炮架可使用威力更大的 M—203 和 M—203A1 型发射药。发射 M—549 型火箭增程弹时最大射程可达 30 公里。

M—284 身管和 M—185 相比，其药室、炮口制退器、闩体和击发装置均有所改进。

M—182 炮架和 M—178 相比，有如下改进：①重新设计了复进筒，安装了温度传感器；②改进了驻退筒的密封，增加了新的轴承。

总之，经过改进的新式 M—109A6 自行榴弹炮，比 M—109A2/A3 射程增加 30%，生存能力提高 50%、反应时间缩短 1/2，可靠性提高 40%，炮手工作效率提高 40%。野外机动射击试验和实验室计算表明，经过 5 天激烈的战斗后，M—109A6 的生存率可达 75%，而 M—109A3 只有 25%；M—109A6 的平均故障间隔时间可达 165 个小时，M—109A3 只有 75 个小时；M—109A6 的平均修复时间只需 2 小时，而 M—109A3 则需 4.5 小时；M—109A6 的最大射速可达 6 发/分，而 M—109A3 则只有 4 发/分。

M－109A6 型 155 毫米自行榴弹炮于 1991 年初正式投产，首批生产 44 门。美国陆军要求，到 1997 年需要装备 824 门 M－109A6 火炮。

德国 PZH－2000 型 155 毫米自行榴弹炮样炮进行最后试验 1991 年 1 月德国在麦彭试验场对 PZH－2000 型 155 毫米自行榴弹炮样炮进行了最后的试验。至此，PZH－2000 炮的研制工作进入一个新的阶段，即对样炮进行全面的分析、改进和提高的阶段。在这次试验之前(含本次试验)，所有的试炮均由非军人炮手完成。在此之后直到正式部队试用前将由现役军人炮手进行射击试验。

该炮是由德国独资研制的大口径新型自行榴弹炮，这与 14 年之前德、英、意 3 国合作研制的 SP－70 型 155 毫米自行榴弹炮的结局形成鲜明的对照。SP－70 于 1972 年提出，1986 年下马。而 PZH－2000 于 1987 年 11 月正式签订研制合同，到 1991 年 1 月，仅用了 3 年零 2 个月即完成了对样炮的设计、制造和各种试验工作。

在吸取 SP－70 炮研制失败教训的基础上，PZH－2000 炮将车体发动机前置，克服了后置发动机对弹药储存空间的限制。设在车体中央的弹仓与乘员舱是分开的，可容弹 60 发。而且这种布局使得在炮塔座舱下安装自动装填设备有了可能。全车布局如下：发动机在左前部，驾驶员在右前部，瞄准手和炮长在炮塔内右侧前后配置，弹丸装填手和装药装填手在炮内左侧也成前后配置。

该炮的火力部分提高了通用性，可发射北约集团所有制式 155 毫米弹药。该炮的炮闩采用半自动开闩方式，炮口制退器是一种多槽式新型装置，火炮采用新的扭力杆式机械平衡机代替了传统的液压筒式与气压弹簧式平衡机。半自动装填系统由输弹导轨、弹仓、供弹机、传送臂和气压式输弹机组成。非增程弹最大射程为 30 公里，增程弹为 40 公里。

该炮的火控系统比较先进，功能比较齐全。炮上装有数字式火控系统和惯性定位定向系统、弹道保障系统等。炮长还配备有多光谱变量组合式周视瞄准镜系统、激光测距机、弹道信息处理机、电视接收机和昼夜热成像观测系统、制式 PE－RI－19 型光学潜望镜。

PZH－2000 型自行炮的生存能力较强，其炮塔和其它部位均用装甲钢制成，可以抗击大口径机枪枪弹和炮弹破片的攻击。该炮具有核、生、化防护能力，乘员舱内装有防中子辐射的防护层。此外，其自卫武器还包括 1 挺 7.62 毫米机枪、4 组 4 发装发烟弹发射器。

其缺点是易受现代反坦克地雷的破坏，价格昂贵。1 门 PzH－2000 自行炮与 1 辆“豹”2 坦克的价钱大体相当。

主要战术技术性能

火炮身管长	52 倍口径
高低射界	-2.5°～＋65°
方向射界	360°
射速	3 发/10 秒(爆发)
行驶速度	60 公里/小时
最大行程	420 公里
发动机功率	736 千瓦
单位功率	18 马力/吨

英国 LTH155 毫米轻型牵引榴弹炮进行技术鉴定和部队试验 1991 年第一季度英国对其 LTH155 毫米轻型牵引榴弹炮进行了技术鉴定和部队试验。技术鉴定在美国阿伯丁靶场和尤玛靶场实施，共发射了 800 发炮弹；部队试验在西尔堡野战炮兵学校进行，共发射了 300 发炮弹。同时，还用 V－22 倾转旋翼机和 CH－53 直升机进行了空运试验。在尤玛试验时，由于复合材料制成的左大架不合格，在射击中发生断裂而导致失败，更换大架后恢复了试验。更换的大架为全钢结构，只是一项临时性措施，最终要用新型钛合金大架取代。1991 年 10 月在华盛顿哥伦比亚特区举办的美国陆军协会展览会上展出了这种轻型牵引榴弹炮。

该炮采用模块式结构，火炮重量和身管长度可以灵活变换。这为各种不同用户提供了极大的方便。身管长度选择范围从 23 倍口径～52 倍口径。其中 23 倍口径火炮最大射程为 19 公里，52 倍口径炮在使用增程弹的情况下射程可超过 40 公里。39 倍口径不使用增程弹最大射程为 30 公里，全炮重为 3180 公斤(钛合金大架)，而采用折叠式大架时全炮重 3900 公斤。

该炮由英国宇航公司的皇家军械公司自费研制，主要用来取代英现装备的 105 毫米和 155 毫米牵引榴弹炮，以适应快速部署和空运的要求。

该炮的主要部件包括炮身、后坐导轨及其支架、反后坐装置、摇架、上架、下架、二合一式平衡机兼高低机、运动装置、射击座盘、大架及其架尾装置。由于大量采用复合材料及其它低密度等强度材料，火炮全重不足 3850 公斤，便于空运和战场机动。火炮采用曲线形反后坐装置，从而大大提高了火炮的稳定性。

该炮的炮身是美国 M－284 型炮身的改进型。间瞄射击瞄准镜装在炮身左侧，直瞄射击瞄准镜在右侧。间瞄射击瞄准系统包括 M－137 型周视瞄准镜、M－171 型瞄准镜以及 M－17 型象限仪；直瞄射击瞄准镜包括 M－138 型曲管瞄准镜、M－172 型瞄准镜和 M－18 型象限仪。

主要战术技术性能(标准口径炮)

身管长	39倍口径
炮口制退器效率	30%(双室)
最大射程	24公里(普通榴弹)
	30公里(增程弹)
最小射程	3公里
最大射速	4发/分(6分钟内)
持续射速	1～2发/分(30分钟内)
高低射界	−5°～+72°
方向射界	±22.5°
牵引速度	72公里/小时(良好公路)
	48公里/小时(一般道路)
	8公里/小时(越野)

阿根廷研制VCA155毫米自行榴弹炮 日本《兵器技术》1991年第3期报道,阿根廷塔姆斯公司正在研制一种新的自行榴弹炮。

该炮由TAM轻型坦克底盘和意大利的"帕尔玛瑞"自行榴弹炮炮塔组成。炮塔重12吨,火炮身管长为5.4米。该炮配有自动装填机。该炮载车的发动机为MTUMB—833Ka500型六缸增压柴油机,功率530千瓦。传动装置为HSWL—204传动箱。车上共有5名乘员,携弹23发。VCA155毫米自行榴弹炮的战斗全重为37吨。

迫击炮 **日本计划从英法购进迫击炮** 据日本《战车》杂志1991年第4期报道,日本计划从英国宇航公司购进271门L—17型81毫米迫击炮,从法国汤姆逊·布朗特公司购进268门120毫米牵引迫击炮和6门120毫米自行迫击炮。预计用购进的545门迫击炮替代正在服役的517门本国制造的81毫米和107毫米迫击炮。上述两种迫击炮均可配用最新式的反坦克迫击炮弹,以摧毁对方坦克。

英国试验轻型装甲迫击炮系统 英国《简氏防务周刊》1991年11月16日报道,英国在靶场对装有120毫米迫击炮的轻型装甲战车进行了初步的试验。试验采取直瞄射击和间瞄射击两种方式,共发射了150发120毫米迫击炮弹。射击角度分为高角和低角两种。在直瞄射击中直接命中了750米处的静止目标。由于该迫击炮射击时的仰角比常规迫击炮低得多,所以用迫击炮定位雷达很难发现它。该炮的炮塔上装有高低和方向转动机构以及火控系统。

该炮的车体由加拿大通用汽车公司柴油机分部制造,即LAV—25式战车。LAV—25式战车炮塔不适于安装120毫米迫击炮。必须将原炮塔拆除,装上120毫米迫击炮炮塔。为此,英皇家兵工厂为迫击炮炮塔和车体顶部研制了一种适配连接装置。120毫米迫击炮炮塔系统加上60发120毫米迫击炮弹的战斗全重接近标准的LAV—25式战车重。皇家兵工厂对120毫米迫击炮还要作进一步的改进,包括改进半自动炮尾装置、抽烟机和弹药存贮装置,并采用自动或辅助装填系统以提高射速。

火箭炮 **美国M—270型多管火箭炮在海湾战场首次投入实战** 该火箭炮系统于1983年装备美国陆军,在1991年初的海湾战争中,第一次用于实战共发射大约1万多枚火箭弹,摧毁了伊军大量榴弹炮、火箭炮、地地导弹和防空武器阵地,以及许多指挥通信和后勤供应设施。实战证明,M—270型MLRS多管火箭炮是一种大威力现代压制武器。

美国陆军多管火箭炮第1—27营在海湾战争中先后参加了4次较大的作战行动。在第1次作战行动中,除个别火箭炮出现了小的机械故障外,全营顺利地完成了任务,共袭击了24个目标,目标距离在21～30公里。射击分两次齐射实施:第1次对15个目标发射了181发火箭弹;第2次对9个目标发射了106发火箭弹。整个射击时间不超过5分钟,但其火力强度相当于1个24门制身管炮兵营每炮发射71发炮弹的急促射所造成的火力威胁。

该系统在海湾战争的出色表现,为美国赢得了大量定货。截止1991年3月底,发射架定货总数已超过1000部,火箭弹约75万枚。

该火箭炮采用集装箱式定向器。两个发射箱各装6枚火箭弹,野战条件下采取整体吊装装填方式,省时省力。火箭弹重310公斤,战斗部内装644枚M—77式双用途子弹,既能杀伤有生力量,还能穿透100毫米厚的装甲。当火箭弹战斗部接近目标时,弹上的电子引信即引爆战斗部,在离目标760米的空中抛出子弹,飞向目标。一次齐射12枚火箭弹可抛射出7728枚子弹,形成面积为6万平方米的"弹雨"。

海湾战争后,美国军事专家根据战争中该炮暴露出的问题,提出了以下改进意见:进一步提高可靠性,减少故障率,缩短故障维修时间;加大射程,至少应达50公里;扩大编制,将目前的师属MLRS火箭炮连扩编为火箭炮营。

日本计划生产美国M—270型多管火箭炮 据日本《战车》杂志1991年第1～4期报道,日本已经决定以美国的M—270型227毫米12管火箭炮取代现装备的日产75型130毫米多管火箭炮。

日本打算在获得特许生产权之后生产这种火箭炮,并打算改进该炮使用的双用途子母弹头,将射程提高到70公里,并已确定日产汽车公司负责生产火箭炮发射装置,小松制作所生产运载发射车。然而美方提出了分3个步骤实施的方案：1.购进成品；2.购进零部件进行组装；3.转由日本生产。

战术导弹 **美国ATACMS陆军战术导弹首次用于实战** 该导弹的射程为241公里，由美国LTV公司研制生产。它用M－270式多管火箭炮发射，每部发射架配两枚导弹。导弹战斗部内装950个台球大小的子弹。美国陆军一直想把M－270式火箭炮的末制导战斗部用于战术导弹，但尚需进一步研究。

ATACMS是军一级火力支援武器。它的两枚导弹由导弹发射箱贮存、运输和发射。发射箱的尺寸与6发装火箭弹发射箱基本相同，外形上也极相似。所以敌方很难判断该系统发射的是火箭弹还是战术导弹。

新概念炮 **世界上最大的轻气炮试验成功** 1991年6月4日，美国亚拉巴马大学航空物理和推进研究室成功地进行了一次轻气炮发射试验。这次试验是美国陆军动能弹系统研制计划的一个组成部分。这次试验发射了一枚重312克的塑料弹丸，弹丸的飞行速度高达4583米/秒，击穿了6.35毫米厚的铝板。

美国试验液体发射药火炮 1991年4月，美国液体发射药火炮"防御者"2型炮在试验中发生意外。该炮装填系统的一个阀门不合格，导致液体发射药倒流回药室，随之发生了爆炸，炸毁了装填系统。当时发射药四处飞溅，但在大气中自动熄灭，火炮和人员未受损伤。尔后将"防御者"1型炮的装填装置换到2型炮上，并于1991年7月18日恢复了试验。到1991年8月中旬，2型炮一共发射了100发155毫米炮弹，并进行了最大初速试验。

"防御者"1型炮身管长为39倍口径，它以M－109型155毫米榴弹炮为基础研制而成。1990年完成射击试验，共发射了237发炮弹，取得了比较满意的结果。"防御者"2型炮同样以M－109型155毫米榴弹炮为基础，但其身管比1型炮加长了许多，采用52倍口径身管。尽管2型炮出现了事故，但美国参议院武装力量委员会对液体发射药的潜在优点深信不疑，所以1991年7月仍指示陆军继续这项研究工作。从1型炮和2型炮试验所取得的成果看，155毫米口径液体发射药火炮的最小初速为304米/秒，最大初速937米/秒，装填装置的测量精度为0.03%；两发爆发射速的试验已经取得成功。

美国军事专家认为，现有的固体发射药火炮不利于进一步实现火炮操作和弹药装填自动化，火炮发射速度及其总体作战效能很难进一步提高，炮手和后勤保障人员的负担比较重。因此人们力求以更新的技术，以全新的概念来发展炮兵武器。美国陆军正是在这种思想指导下研制液体发射药火炮的。据专家们测算，液体发射药的成本仅为固体发射药成本的1/4。此外，液体发射药火炮所需的发射药体积比固体发射药要小得多，连同液体发射药所必需的加压泵和管道，其总体积也只有固体发射药体积的80%。液体发射药的安全可靠性也高于固体药，从而提高了火炮的生存能力。目前采用的液体发射药属单元装药结构，便于实现装药选择、装填和发射自动化。

英、美共同研制电磁炮 据瑞士《国际防务评论》1991年第8期报道，英国皇家武器研究与发展院和美国国防高级研究计划局共同投资研制电磁炮(EM)试验装置。经过多年协商，研制合同已承包给英国马可尼指挥和控制系统有限公司，美国国际物理公司也参与这项工作。

这套电磁炮试验装置将建在苏格兰的柯尔库布里。试验所用的轨道式电磁炮可能采用90毫米口径，这是美国大多数研究轨道式电磁炮实验室所采用的口径。设计的弹丸能量为10兆焦，而提供发射能量的脉冲电源是一个电容器组，其输出能量为32兆焦。电容器组由29个模块组成，每个模块含1.11兆焦的能量。电容器拟从美国购进，由英国承包公司负责组装并生产电容器组的充电装置。柯尔库布里电磁炮试验装置建成后，不仅可进行轨道式电磁炮高速弹道研究，而且还可用于坦克电磁炮、电热化学炮的试验研究。

炮兵反坦克武器系统 1991年，反坦克导弹的发展最为明显，一年内新推出和新研制的型号共有8种，且多属高速和超高速反坦克导弹。美国LOSAT反坦克导弹和"先进动能导弹(ADKEM)"的飞行速度分别高达1600米/秒和1800米/秒。发展新的制导方式也受到重视，毫米波、激光、红外热成像等先进的制导技术得到应用。战斗部大多采用两级串联式空心装药技术。根据现代战争的要求，西方国家注重发展既能由单兵发射，又能用支架发射，既能从发射车上发射，又能从直升机上发射的通用型反坦克导弹。

苏联展出"风暴"C反坦克导弹发射车 1990年12月底，苏联在菲律宾马尼拉国际兵器展览会上首次展出了"风暴"C反坦克导弹系统。过去人们对它知之甚少。展出后有关该导弹的报道有所增加。导弹型号为9M－114(西方过去称为AT－6)，整个反坦克导弹发射车的苏联名称为"风暴"C。

据苏联专家介绍，该发射车具有两栖能力，战斗全重12.3吨，最大行程为500公里，最大公路行速61.5公里/小时。每辆导弹发射车可携带导弹12枚。导弹发射装置的方向瞄准范围左右各85°，高低瞄准范围为－5°～＋15°。

9M－114导弹采用半自动无线电传输指令制导

方式。从发出指令到开始发射所需时间不到1秒钟。该弹具有较强的抗红外干扰和抗无线电干扰能力。该导弹可在海拔0～3000米的高度使用，使用温度范围为±50℃。导弹可贮存10年(其中包括挂装在直升机上2年)，在此期间，导弹可靠率为98%。

主要战术技术性能

弹长	1830毫米
弹径	130毫米
发射重	35公斤
最小射程	400米
最大射程	5000米
起飞速度	55米/秒
平均飞行速度	350～400米/秒
射速	3～4发/分
破甲厚度	280毫米/60度

美国进行近程反坦克导弹选型试验 1991年8到9月，美国陆军对“龙”2反坦克导弹和“比尔”反坦克导弹进行对比射击试验，以便选择适于“过渡时期”使用的反坦克导弹。

美国陆军现役“龙”式反坦克导弹，由于射程近、威力小且操作困难，所以已不适应现代反坦克作战的要求。为此，美国正在研制“先进的中型反坦克导弹系统(即AAWS—M)”。由于AAWS—M系统的许多技术难题尚在研究之中，到1997年才能装备部队。为了解决“过渡时期”的近程反坦克问题，美陆军决定在现有导弹中选择比较合适的型号。

对“龙”式导弹改进型“龙”2和瑞典“比尔”的对比试验表明：“龙”2的射击精度明显高于“比尔”导弹，命中概率为75%，而“比尔”只有50%。

美国“标枪”中程反坦克导弹发射试验成功 1991年10月30日在美国亚拉巴马对“标枪”中程反坦克导弹系统进行了第4次发射试验。试验中，导弹从550米的距离上直接命中了1辆带有伪装的静止坦克。这证明，“标枪”导弹具有寻找隐蔽装甲目标的能力。在1991年7月2日进行的第3次发射试验也同样取得了成功。先用两枚导弹用固定发射架对两个静止目标进行射击；后用第3枚导弹对1200米以外的静止目标进行射击，3次射击全部命中目标。

“标枪”中程反坦克导弹是美国陆军和海军陆战队对AAWS—M先进中程反坦克导弹的命名。该导弹是一种新型“发射后不管”的导弹，具有隐蔽性好、反应速度快和杀伤力强的优点。“标枪”导弹采用昼夜用瞄准具、红外成像导引头、先进的战斗部和高性能弹体。攻击目标时，红外传感器和自动跟踪设备对目标进行探测和跟踪，尔后导弹战斗部即可准确地摧毁目标。该导弹在发展过程中遇到了技术上和经费上的困难。因此，陆军打算将该导弹的发展计划至少向后推迟1年。

美国陆军用“地狱火”反坦克导弹发射试验成功 1991年12月，美国马丁·玛丽埃塔公司在埃格林空军基地对改进型陆用“地狱火”反坦克导弹进行了发射试验，取得了3发3中的记录。试验的环境温度为63℃；3枚导弹的发射距离为2～7公里。

在这次试验前，美国陆军将空对地“地狱火”反坦克导弹改装在“哈默”高机动多用途轮式车上，并成功地进行了首次射击试验。试验中从6公里距离上发射了6枚导弹，全部命中目标。

此外，美国洛克韦尔公司还将该导弹装在M—113装甲输送车上。该车的导弹发射塔由艾默森公司制造，塔的两侧各装4枚“地狱火”导弹，塔上还配有激光目标指示器，车内可携带6枚导弹。为提高导弹在不良天候条件下的目标识别能力，洛克韦尔公司还为“地狱火”研制了一种热成像红外寻的头，其工作波长为3～5微米。这种导引头可提高导弹在大气扰动环境条件下的可靠性。

美国LOSAT超高速直瞄反坦克导弹试验失败 1991年3月29日，美国LOSAT反坦克导弹进行了第3次射击试验，共发射两枚导弹，第1枚脱靶，第2枚未能发射出去。按照计划该导弹系统要进行4次系列试验，这是系列试验中的第3次。在第1次试验中，LOSAT导弹及火控机构装在一种加长型“布雷德利”战车上。第3次试验的目的主要是检验导弹对两个不同目标射击的能力。

该导弹是美国陆军装甲系统现代化计划的内容之一，即直瞄反坦克导弹发射车计划。装甲系统现代化计划制定于1989年。由于近年来国际局势的巨大变化，美国陆军部于1991年10月3日对原计划进行了修订。修订后的计划仍然坚持发展LOSAT直瞄反坦克导弹发射车。它是一种最新式的高速动能反坦克导弹。导弹飞行速度高达1600米/秒，最大射程5000米。它装有最新式指令系统和前视红外装置，可在敌坦克炮有效射程之外先敌开火。最大战斗全重不超过32.7吨，最大车速61.5公里/小时。美陆军决定采购907辆发射车，计划投资102亿美元。

美国研制防空反坦克两用超高速导弹 据瑞士《国际防务评论》1991年第1期报道，美国正在实施一项“先进动能导弹”计划，即ADKEM计划。这种先进动能导弹不仅可用来对付21世纪出现的先进的主战坦克，也可以用来对付21世纪出现的新型直升机和固定翼飞机以及反辐射导弹。按照设计，这种导弹的动能比现有坦克炮动能弹高5倍，达到15～18兆焦，比现役

M—2/M—3 车载和 AH—1 直升机载"陶"式反坦克导弹的作战效能提高 1 倍。该弹计划采用毫米波雷达或二氧化碳激光制导技术。

该弹同地面目标作战时，最小射程 200 米，最大射程 5000～6000 米；对空最大射程可达 1 万米。导弹发射后可在 300 米之内加速到 1800 米/秒，并高速旋转。

美国机载"地狱火"反坦克导弹在海湾战争中初建战功 1991 年 1 月 17 日下午 2 点 38 分，8 枚"地狱火"反坦克导弹沿着激光波束同时飞向伊拉克西部两个地面雷达站。仅仅几秒钟，两个雷达站就失去作用，4 分钟被彻底摧毁。这 8 枚"地狱火"导弹是第 3 代机载反坦克导弹。这次发射导弹的直升机是美国先进的 AH—64"阿帕奇"直升机。一架 AH—64 直升机可以挂载多达 16 枚"地狱火"导弹。直升机驾驶员能在几秒钟内将激光照射器从一个瞄准点转到另一个瞄准点。在这次行动中发现目标的距离是 12 公里，识别目标的距离为 7 公里，发射导弹的距离为 3～6 公里。在整个"沙漠风暴"行动中，"地狱火"反坦克导弹充分发挥了远距离攻击的优势，在 5 公里之外摧毁了伊军大量坦克、装甲车辆和其他目标。

海湾战争后，承包公司又对该型导弹进行了一些改进，主要是改进激光导引头，以增强导弹的抗主动干扰的能力，提高导弹在烟尘环境条件下的工作能力。

导弹改进措施：一是在导弹前端的光电盘上使用了一种新的涂料，这种新涂料只允许离散的光信号进入敏感器系统；二是改变导弹自动驾驶仪的一组线路板，这组线路板用于传送使导弹实施机动的信号。承包公司还为该导弹发展了一种数字式驾驶仪，以代替原来采用的模拟式自动驾驶仪。

法国"艾利克斯"反坦克导弹进行靶场试验 1991 年第 3 季度，法国对"艾利克斯"导弹进行了靶场试验。该导弹从 1983 年开始研制，1986 年法国宇航公司正式接受研制任务。这次靶场试验的主要目的是为了试验制导系统的性能。

"艾利克斯"导弹属第 3 代反坦克导弹。它与近期内世界上装备的其他第 3 代中、近程反坦克导弹相比，有两个明显的特点：①它可以在密闭空间内发射；②具有较强的抗干扰能力。由于它的主要任务是对付 600 米之内的装甲目标，只装备步兵小分队，所以它采用了第 1 代和第 2 代反坦克导弹所特有的有线制导。由于采用这种制导方式，加上地面控制系统所采用的 CCD 式电视摄像机和弹上红外微型组件相结合，使该导弹的抗干扰能力大为提高。

"艾利克斯"的串联式战斗部由 1 个 25 毫米小战斗部和 1 个 135 毫米主战斗部组成。主战斗部和小战斗部的距离为导弹直径的 4 倍。

"崔格特"MR 中程反坦克导弹首次进行风洞试验 "崔格特"MR 是英、德、法、比利时和荷兰等国共同研制的反坦克导弹。1991 年上半年，欧洲导弹动力集团公司在法国航空公司的射击风洞中首次发射了"崔格特"MR 激光制导的中程反坦克导弹。试验中导弹飞行了 200 米，测得了有关激光锁定、空气动力和制导等方面的多种技术数据。

"崔格特"MR 导弹是一种用三角架支撑发射的反坦克导弹。

南非车载 ZT—3 反坦克导弹列装 据德国《士兵与技术》杂志 1991 年第 5 期报道，南非车载 ZT—3 反坦克导弹已交付南非陆军。该导弹从 70 年代末起由南非武器公司设计研制。导弹由聚能装药战斗部、续航发动机、有关的电子元件、弹载激光接收机、红外光源、起飞发动机和控制翼组成。弹径为 127 毫米，飞行速度为 330 米/秒，最大射程 4000 米，飞行 4000 米的时间约 18 秒，命中概率 95%，破甲厚度为 650 毫米。导弹采用半主动指令制导，由激光波束传递指令信号。导弹发射筒可兼作导弹包装筒。

导弹发射架为箱式结构，可装 3 枚待发弹。发射架安装在轮式车的发射塔上。车体内可容纳 12 枚备用导弹。发射塔和车尾部各有一挺自卫机枪。该车公路最大时速为 105 公里/小时，最大行程为 1000 公里，越野行程 600 公里。最大爬坡度 30°，涉水深 1.2 米，转弯半径 17 米，战斗全重 19 吨。发射车的驱动方式为 6×6，车上乘员 4 人：车长、瞄准手、装填手和驾驶员。ZT—3 反坦克导弹还可从地面三角架上发射或从直升机上发射。

防空武器系统 1991 年，防空武器系统的发展仍以导弹为主，新出现和新研制的导弹型号有 7 种。同反坦克导弹一样，防空导弹发展的技术重点是解决超高速飞行、制导和战斗部的杀伤威力问题，以及防空反坦克两用问题。美国的"长钉"、英法的 RM5、法国的 VT—1 和南非的 SAHV—3 型防空导弹均是新发展起来的高速或超高速导弹，其飞行速度均在 3.5～5 马赫；英国的"星光"、"星爆"、"轻剑"MK—2 等导弹均采用激光制导方式；在战斗部的发展方面美国新研制的"长钉"导弹最具特色，它的战斗部内装有 88 个钨制弹芯，被母弹抛撒出来之后，可形成一个直径 25 米的杀伤区，对低空目标很有威胁。

高射炮 **德国"里尔帕"35 毫米双管高炮首次露面** 1991 年第 1 季度，德国研制的"里尔帕"35 毫米双管轮式自行高炮系统在其东海的普特鲁斯部队训练场首次露面。该系统载车底盘是在"狐"式装甲输送车的基础上改进而成的。新研制的轻型炮塔安装了"猎豹"35毫米高炮系统。

意大利"奥托"76自行高炮进行鉴定试验 从1991年4月起，意大利陆军和空军对意大利奥托·米拉拉公司研制的76毫米自行高炮进行鉴定性试验。

"奥托"76自行高炮炮塔可装在多种履带车底盘上。该公司过去生产的样炮采用"帕尔马瑞"式155毫米自行榴弹炮底盘和OF—40型主战坦克底盘。而军方提出采用德国"豹"1主战坦克底盘。"豹"1坦克由军方提供，底盘改装由公司完成。底盘改装工作包括为车体装配一个辅助动力装置，将蓄电池移到车体后部的乘员室外部，在炮塔内新设空调系统，三防系统改在炮塔右突起部。由于战斗全重从40吨增加到41吨，所以对车的扭力杆进行了改进，并安装了新的减震器。

试验首先对各种固定翼飞机和直升机进行搜索和跟踪，检验其发现和跟踪空中目标的能力，尔后对遥控飞行目标进行实弹射击。该炮除使用制式76毫米弹之外，还配有尾翼稳定脱壳穿甲弹。该弹长径比为22：1，初速为1600米/秒。

以色列研制20毫米自行高炮 英国《简氏防务周刊》1991年8月3日报道，以色列正在利用其现有的履带式装甲车辆，经过改进，加装20毫米机关炮，制造出口型自行高炮。以色列拥有一批苏制ПТ—76式轻型水陆两用坦克。以色列尼姆达公司在ПТ—76坦克炮塔上改装1门20毫米炮，配以火控系统，制成自行高炮。火控系统的核心是一台计算机，还包括激光测距机等光电设备，从而提高了高炮的首发命中概率。

改装的第1辆自行高炮系统保持了ПТ—76的两栖性能。整个高炮系统有三名乘员：车长、炮手和驾驶员。

该公司认为，在该高炮系统上还可增装防空导弹，构成弹炮合一系统。为提高ПТ—76坦克底盘的性能，将改用美国底特律柴油机公司功率为270马力的6V—92T柴油机。

南非ZA—35型双管自行高炮曝光 英国《简氏防务周刊》1991年11月23日报道，过去，南非为其国防军秘密研制了多种机动防空武器系统，ZA—35型35毫米高炮就是其中一种。

ZA—35型高炮是肯特恩公司于1986年开始研制的一种自行高炮系统。该炮的主要作战任务是给南非机械化战斗群提供近距离空中掩护。

该系统主要由双管35毫米机关炮、炮塔、搜索雷达、光电火控系统、弹药及装填系统、装甲车底盘组成。

35毫米机关炮炮口初速为1175米/秒。炮塔为全钢焊接结构。炮塔的方向转动和机关炮炮管的高低转动由统一的电动系统控制。该电动系统由各自独立的高低转动和方向转动系统组成，通过火炮驱动控制器和电机驱动装置驱动。炮塔的方向转动为360°，高低射界为－8°～＋81°。此外还有手动控制装置，可作应急之用。双管机关炮分置炮塔两侧。

搜索雷达装在炮塔后部，型号为110型，工作在L波段，具有多目标跟踪能力。它可在强地物干扰环境中搜索12公里以内的飞机和6公里以内的悬停直升机，最大搜索高度为4000米。它所获得的目标信息可在显示器上显示，还可以提供音响警报，具有抗电子干扰能力。

火控系统包括AA—CS—300D稳定瞄准具、双轴稳定光电跟踪仪和火控计算机等。AA—CS—300D瞄准具装在炮塔顶部，方向视界为360°，高低视界为－15°～＋75°，具有3倍和10倍两种放大倍率。主要的火控数据可在瞄准具上显示。瞄准具的最大观察距离是10公里。光电跟踪仪装在炮塔前部，是一种模块式结构，可通过手控或自动方式，跟踪目标，并提供目标图像和距离。其最大跟踪距离为8公里。火控计算机系统是一种数字式计算机，可迅速处理和进行气象和弹道修正并实施记忆跟踪。

弹药可通过活动式或固定式输弹槽从水平或垂直方向上输送，既可以单向供弹，又可以双向供弹。

装甲车底盘是全钢焊接结构，驱动方式为8×8。车前部装甲可防23毫米穿甲弹，车的其它部分在50米内可防7.62毫米枪弹。

防空导弹

苏联"尖针"1M防空导弹详情披露 "尖针"1M是苏联自己给西方称作SA—16防空导弹的命名。过去，报刊一直没有有关这种导弹的报道。日本《军事研究》1991年第11期第一次报道了"尖针"1M的详情。

"尖针"1M有两种型号：一种型号与"箭"2M(SA—7B)和SA—14的外形相似，其头部装有锥形塑料护罩；另一种型号的头部塑料罩与第一种不同，且在发射筒的前端装有一个起隔热作用的马蹄形外壳，保证导弹寻的头处于低温环境。该导弹采用两级固体发动机，型号为9M313—1；发射机构型号为9P519—2。

主要战术技术性能

射高	10～3500米
射程	5000米
发射准备时间	5秒
展开和撤收时间	均为13秒
导弹飞行速度	570米/秒
弹重	10.8公斤

战斗部重	2公斤
制导方式	比例导引

苏联"菱形"防空导弹改为六联装 英国《简氏苏联情报评论》1991年第1期公布了苏联官方披露的有关"菱形"防空导弹的情况,其内容与西方过去的报道有差距。

"菱形"是苏联自已给导弹的命名,过去西方把它称作SA—8防空导弹。现役"菱形"导弹不是原型(A型),而是改进型,即Б型,它由原来的四联装改为六联装,并改外露式发射架为矩形箱式发射架。制导系统也有所改进,导弹飞行速度有提高,射程增大,其它各部分构成与A型相同。

主要战术技术性能

射程	1500~10000米
射高	25~5000米
搜索雷达作用距离	35公里
跟踪雷达作用距离	25公里
反应时间	26秒
公路行速	60公里/小时
最大行程	500公里

苏联披露"道尔"防空导弹详情 英国《简氏防务周刊》1991年1月5日对苏联"道尔"防空导弹作了比较详细的报道。"道尔"是苏联对导弹的命名,西方一直称为SA—15防空导弹。

"道尔"防空导弹主要用于攻击固定翼飞机、直升机、无人机、导弹乃至灵巧炸弹等。它由载车、搜索和跟踪雷达、导弹垂直发射箱(含导弹)和电视跟踪瞄准设备组成。

该系统采用改进型MT—C履带式装甲输送车作底盘。整车布局如下:炮塔位于中间,炮塔中部是导弹发射箱,后部是三坐标搜索雷达,前部是相控阵多普勒跟踪雷达。

导弹采用单级固体火箭发动机,最大飞行速度850米/秒。战斗部重15公斤,是一种高能破片杀伤战斗部,配用近炸引信。8枚导弹分成两组,装在密封箱里,不需进行维修。导弹的制导方式依需要而定,出口型采用指令制导,苏军自己用的采用主动雷达导引。

搜索雷达工作在C波段,可搜索25公里之外的目标。可传送48个目标信息,同时跟踪10批目标。跟踪雷达工作在K波段,可跟踪时速为700公里的两批空中目标,并指示导弹实施攻击。在跟踪雷达的左侧装有一个小型圆形天线用于跟踪发射后的导弹。在跟踪雷达旁边装有用于电子干扰条件下的辅助电视设备。

主要战术技术性能

弹长	3.5米
弹径	0.35米
发射重	170公斤
有效射程	1500~12000米
有效射高	10~6000米
机动过载	30g
命中概率	0.7~0.98/枚
展开时间	3~5分
反应时间	8~10秒

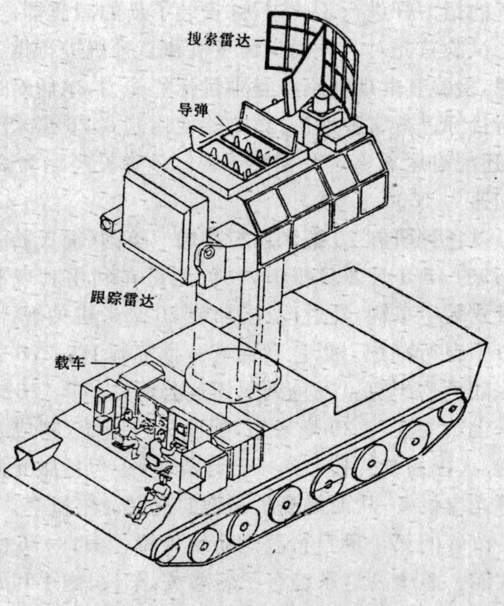

图2 苏联"道尔"防空导弹示意图

苏联展出C—300PMИ防空导弹 1991年6月在法国巴黎第39届国际航空航天博览会上,苏联展出了C—300PMИ防空导弹系统,从而澄清了过去对该导弹系统的某些误解。西方把它称为SA—10防空导弹,并拿它同美国"爱国者"防空导弹对比(见下表)。

该导弹的主要任务是对付超低空飞行的导弹,如美国BGM—109型"战斧"巡航导弹,拦截低空、中空和高空飞行的飞机和导弹。

C—3000PMИ由指挥控制车和导弹发射车组成。指挥控制车配备1部电子扫描多功能雷达和1个发射指挥控制中心。多功能雷达兼具预警、搜索和跟踪制导三种功能,从而大大减少了武器系统的设备。发射控制中心由控制台、计算机、监视器及其他电子设备组成,并全部配置在指挥控制车的一个舱内。

型号 / 战术技术性能	C-300PMИ	爱国者
制导雷达工作波段	X	X
雷达搜索距离	100 公里	140 公里
制导方式	TVM 复合制导	TVM 复合制导
导弹重	1500 公斤	1000 公斤
战斗部重	130 公斤	68 公斤
射程	90 公里	90 公里
射高	25 米～30000 米	90 米～30000 米
可同时拦截的目标数	6	9
可同时制导的导弹数	12	18
最大飞行速度	6 马赫	5～6 马赫
弹长	7010 毫米	5310 毫米
弹径	460 毫米	410 毫米

在战术编成上通常以 1 辆指挥控制车和 7 辆导弹发射车组成一个战术单位，配备 28 枚待发弹。一个齐装配套的战术单位，从进入发射阵地到全部展开并作好发射准备，只需 5 分钟，每两枚导弹的发射间隔时间只有 3 秒钟。

美国研制"长钉"式防空导弹 据瑞士《国际防务评论》1991 年第 1 期报道，美国正在研制超高速动能防空导弹。该导弹已装在一种多用途高机动轮式车上进行过射击试验。一辆发射车可装 6 个发射箱，每个发射箱可装 9 枚导弹。导弹直径为 480 毫米，重 2.1 公斤，射程为 3000 米。导弹发动机在 0.25 秒内可将导弹加速到 1450 米/秒。导弹尾翼倾角为 10°，在飞行中导弹旋转速度为 55 周/秒。导弹战斗部是一种弹芯可分离的子母弹。攻击空中目标的方式是：导弹飞行 2000 米后，战斗部内的 88 个钨制弹芯被抛撒出来，形成一个直径 25 米的毁伤区。每个钨制弹芯重 5 克可击穿 25 毫米厚的装甲。在密布高速穿甲弹芯的毁伤区内，低空直升机及其他空中目标极易被摧毁。

美国 PAC—3"爱国者"导弹进行初次试验 1991 年 7 月在美国白沙导弹靶场 PAC—3"爱国者"防空导弹进行了初次试验。"爱国者"防空导弹原有 PAC—1 和 PAC—2 两种型号，在海湾战争中，经过改进的 PAC—2 导弹曾多次成功地拦截了伊拉克发射的苏制 P—17Э 型地地战术导弹（"飞毛腿"B）和"侯赛因"导弹。但是由于拦截距离太近，导弹破片常造成建筑物被毁和人员伤亡。为克服这一缺点，美、德两国联合发展了 PAC—3"爱国者"防空导弹，主要用于战术反导。

这种导弹除采用电子扫描式雷达外，还在弹上增加了一个主动式毫米波导引头，提高了导弹的制导精度。对雷达也进行了改进，扩大了它的搜索范围，因而可以在更远的距离上实施拦截。PAC—3 导弹可以拦截比 P—17Э 和"侯赛因"更先进的地地战术导弹以及雷达反射信号较弱的巡航导弹。这次试验共发射 4 枚 PAC—3 导弹，分别对飞机和弹道导弹进行了射击。

美"霍克"防空导弹拦截战术导弹成功 日本《兵器与技术》1991 年第 3 期报道，美国陆军于 1990 年 11 月使用"爱国者"防空导弹的地面火控装置指挥"霍克"防空导弹，成功地拦截了战术弹道导弹，从而证明"爱国者"和"霍克"导弹装置之间是可以互换的。试验中没有使用"长矛"和"潘兴"战术导弹作靶弹，而是采用"爱国者"防空导弹作靶弹。试验中，使用"爱国者"的雷达探测系统向"霍克"导弹传递目标信息，尔后发射两枚导弹。第 1 枚命中目标，第 2 枚则由指令引爆。试验证明，"霍克"导弹所采用的软件可保障导弹有效地拦截战术弹道导弹。

美国和以色列联合研制新型防空系统 据英国《防务周刊》1991 年 7 月 13 日报道，美国和以色列联合为泰国开发了一种新型机动防空武器系统，主要用于低空防御。

该系统以 10 吨载重车为基础，加装导弹、机关炮和雷达。

该系统在理论上可采用载重量不小于 10 吨的任何一种车型，但美国倾向采用轮式车而不采用履带车。他们认为，轮式车既可减少震动，重量也轻。导弹则采用"巴拉克"1 型舰用导弹，经改造装在车上。火炮为 20 毫米"加特林"机关炮。车上计划安装搜索和跟踪雷达各 1 部，二者均工作在 Ku 波段。

该系统的防御范围为 500 米～12000 米。导弹对直升机的有效作用距离为 12 公里，对一般飞机为 10 公里，对导弹为 8 公里。其主要任务是保护重要地面目标，主要掩护机场、指挥和控制中心、雷达站、后勤补给中心等。

英国"星爆"便携式防空导弹参加海湾战争 1991 年 6 月在法国巴黎航空展览会上展出了英国新型便携式防空导弹系统。其公开名称为"星爆"，其研制代号为 S—15。该导弹由英国肖特兄弟有限公司研制，1989 年装备英国陆军。在海湾战争中该系统表现了良好性能，受到英国防部的高度评价。英国防部认为，"星爆"导弹的可靠性已远远超过国防部的要求，在整个海湾战争期间，其利用率达 100%。至今，英国陆军现装备的便携式防空导弹已有"吹笛"、"标枪"、"星光"、"星爆"4

个型号。对前3个型号，本《年鉴》1990、1991年版已陆续介绍过。

“星爆”导弹系统主要由发射筒、瞄准装置和导弹组成。导弹本身由一台两级固体火箭发动机、战斗部和新型引信、制导系统组成。瞄准装置可多次重复使用，它由制导和控制装置两部分组成。该导弹除单兵肩射外，还可用三角架多枚(3枚)发射。

与“标枪”相比，“星爆”导弹的制导系统的抗干扰能力有了很大提高，跟踪精度至少提高了10%。从1989年服役以来，该系统又进行了多项改进。主要改进是：更换了引信，采用了法国汤姆逊无线电公司的新型无线电近炸引信，该引信的引爆距离增加了400%，从而使破片战斗部实现了预定的杀伤半径；更换了电池，采用了克洛姆顿·威达公司的一次性锂硫电池组，一个电池组可保障连续1000余次发射。“星爆”导弹的存贮期为10年。

导弹的主要战术技术性能

弹径	197毫米
弹长	1394毫米
弹重	15.2公斤
战斗部重	2.74公斤(杀伤爆破)
最大射程	约5.5公里(对直升机)
	约4.5公里(对飞机)
射高	3000米

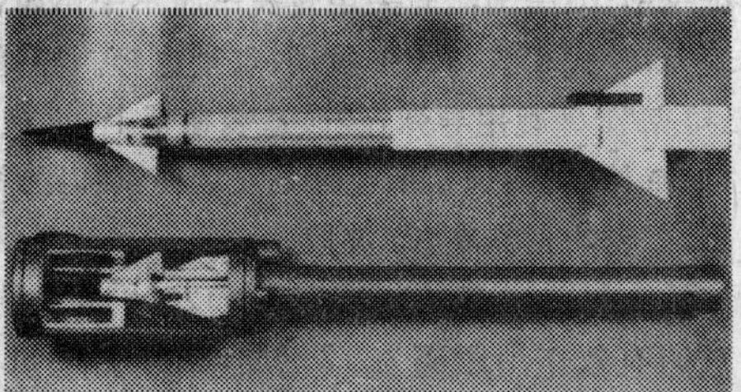

图3 英国“星爆”防空导弹

英国“轻剑”MK－2导弹投产 英国《防御》杂志1991年第6期报道，用于“轻剑”2000防空导弹系统的“轻剑”MK－2导弹已经投产。该弹由英国宇航动力公司设计生产。MK－2导弹在原型弹的基础上作了局部改进：更新了发动机，增配了近炸引信(红外近炸)，将光学和雷达跟踪及无线电指令制导改为主动红外和激光制导。MK－2导弹有两种型号：MK－2A和MK－2B。MK－2A保留了原型弹的半穿甲战斗部并配装了着发引信；MK－2B则配用双用途半穿甲破片杀伤战斗部，配近炸引信，专门用来对付高速和高机动小型目标，如遥控飞行器和巡航导弹等。

法国“响尾蛇”防空系统换用VT－1导弹 1991年8月份法国汤姆逊无线电公司决定用VT－1导弹对“响尾蛇”防空系统进行现代化改装。VT－1导弹是法汤姆逊无线电公司在美国投资研制和生产的，该弹从1991年7月开始在美国LTV公司导弹分部投产。VT－1导弹在3秒钟内可达到3.8马赫的飞行速度，在10秒内可对8公里外的飞机、直升机或战术导弹实施有效拦截。为了有利于市场竞争，法国汤姆逊无线电公司和欧洲导弹集团公司决定把VT－1导弹转移到欧洲生产。根据协议，在欧洲和在美国制造的VT－1导弹价格相同。这种导弹还将用来改造“罗兰”防空系统。新一代“响尾蛇”导弹系统把8枚VT－1导弹分置于炮塔两侧的四联装导弹发射箱内。汤姆逊无线电公司宣称，该导弹系统既可装在多种轮式或履带式车辆上，也可装在固定发射架上，还可装在舰船上。

RM－5防空导弹的研制工作不定期推迟 1991年8月份，法德两国的3家公司决定不定期推迟新型超高速“罗兰”M－5(即RM－5)防空导弹的发展计划。1990年上半年法、德两国的3家公司签署协议，共同发展该导弹系统。但考虑到海湾战争中的经验教训和经费上的原因，法国公司建议，对导弹的性能和研制费用再作进一步的论证。

推迟发展的原因之一是，作为一种中空防空导弹，“罗兰”M－5的射高还必须提高，要达到10000米，并增强其抗电子干扰的能力。这在技术上对导弹提出了更高的要求，加大了研制难度。推迟发展计划的另外一个原因是经费的问题。如果“罗兰”M－5防空导弹要进一步提高飞行速度、机动性和精度，使之超过法国新型“响尾蛇”NG防空导弹的性能的话，那么必须增加研制经费，使3家公司承担的费用各达10亿法郎。因此，他们决定无限期推迟发展计划。

瑞典RBS－70防空导弹系统具备夜战能力 自从1990年瑞典陆军装备RBS－90便携式防空导弹之后，瑞典对原装备的RBS－70导弹也进行了改造，使之具备夜战能力。1991年8月在维德塞尔试验中心，瑞典军械局对装有新型夜间火控装置的RBS－70便携式防空导弹进行了夜间发射试验，取得成功。此次试验除使用新型夜间火控装置之外，还将配用的MK－1导弹换成了MK－2导弹。MK－2比MK－1的发动机推力大，战斗部威力也大，其射程也从原来的6000米提高到7000米。试验中，对两种目标进行了射击：一种是装在桅杆上的固定目标，另一种是牵引的活动目标。这次发射是对挪威购买的首批MK－2导弹所进行的验收试验。世界上已有13个国家购买RBS－70导弹系统，其中发射架和RBS－70导弹分别为1000部和10000枚。

瑞典发展BAMSE防空导弹系统 据英国《简氏防务周刊》1991年11月30日报道，瑞典军械局拨款1500万美元发展新型BAMSE中程地空导弹系统。该系统将主要用来装备瑞典陆军，以填补RBS－70或90便携式防空导弹和"霍克"中程防空导弹之间的空白。陆军对该系统的主要要求是：便于在各种地形条件下使用；能对付各种目标；具有夜战和全天候作战能力；有较强的抗干扰和自卫能力；有效射程大于10公里。

典型的BAMSE系统由一个作战控制单元和2～4个火力火控单元组成。作战控制单元是1部车载改进型"长颈鹿"三坐标脉冲多普勒搜索雷达。该雷达可进行目标威胁判断，能自动跟踪目标，并通过电缆或无线电控制10公里外的火力单元。火力火控单元由1部"鹰"式火控雷达和1部四联装导弹发射架组成，装在1辆拖车上，由1辆越野车牵引。火控雷达工作在Ka波段。雷达天线装在1个可升降的支架上，上面装有2部电视摄像机和敌我识别器，对低空目标具有较好的搜索和跟踪能力。导弹采用破片杀伤战斗部，配用近炸和触发两种引信。

南非SAHV－3型高速防空导弹进行飞行试验 1991年11月，南非对其自行研制的SAHV－3型高速防空导弹进行飞行试验。该导弹是根据南非国防军的要求研制发展的。国防军对该导弹系统提出的要求是：射高6096米，射程10公里，能对付上仰投弹的轰炸机。

SAHV－3高速防空导弹是在法国"响尾蛇"防空导弹的基础上改进研制的。SAHV－3导弹仍采用指令瞄准线制导方式，以便同法国的"响尾蛇"导弹兼容。

SAHV－3高速导弹发射架上装有电视或红外跟踪外，弹上装有数字式自动驾驶仪。弹上的4个固定翼由机电伺服装置控制。导弹采用高级无烟发动机，导弹最大飞行速度可达3.5马赫，在10秒钟内可飞行12公里。在射高为6096米时，导弹可保持0.95马赫的飞行速度，并对距阵地8公里远的目标进行攻击。

导弹战斗部重22公斤，配用主动式电磁引信。该引信可根据不同的目标特性改变引爆距离，以达到最好的毁伤效果。在距空中目标10米时引爆战斗部，导弹的毁伤概率为95％。

弹炮结合的防空武器 **美国和以色列共同研制新型防空武器** 从1991年第2季度开始，美以两家公司联合研制一种掩护重要点状目标的新型机动防空武器系统。该系统由垂直发射的"布洛克"Ⅰ型导弹和"方阵"20毫米舰载高炮组成。美国的通用动力公司负责研制"方阵"20毫米火炮射击装置；以色列拉斐尔军械发展公司负责研制导弹和发射架，以色列飞机工业公司负责研制控制、通信和显示装置。每个火力单元的掩护距离为500～12000米，导弹对直升机的拦截距离为12000米，对固定翼飞机的拦截距离为10000米，对来袭导弹的拦截距离为8000米。

意大利新型弹炮合一系统问世 1991年上半年，意大利奥托·米拉拉公司完成了新型弹炮合一系统的研制工作。该系统是在原来的"西达姆"四联装自行高炮上加装2个三联装"西北风"防空导弹发射架，分置炮塔两侧。

"西达姆"高炮系统是为意大利陆军研制的，其主要任务是跟进掩护机械化部队，为前沿部队提供近距空中掩护。它装备KBA式25毫米机关炮，有效射程为1500～2000米，射速为4×600发/分。加装"西北风"导弹后可攻击较远距离的目标，扩大了整个系统的掩护范围。

"西达姆"系统没有雷达，只装备光电火控系统，因此不受电子干扰的影响。

波兰发展ZUR－23－2S弹炮合一的防空武器系统 据英国《简氏情报评论》1991年第12期报道，波兰正在发展一种型号为ZUR－23－2S的弹炮合一系统。该系统将苏联23毫米双管牵引高炮和"箭"2便携式防空导弹结合在一起，配用新的测速瞄准装置。瞄准装置包括1部激光测距机和其他光电设备，安装在导弹发射筒的右侧。加装导弹后可对原高炮最大射程以外的目标实施射击。

炮兵弹药 1991年，炮兵弹药的发展重点依然是反坦克弹药。除发展钼质药型罩，使弹头金属射流速度比铜质药型罩提高20～30％外，还在寻求制造钨质药型罩的技术和开发能量更高的炸药。智能迫击炮弹的出现尤为引人注目。美国研制的光纤制导迫击炮弹和瑞典研制的"斯特里克斯"智能迫击炮弹，在到达目标上空后可识别攻击目标，对装甲目标具有较高的攻击效果。

美陆军研制先进的战斗部 据瑞士《国际防务评论》1991年第10期报道，美国陆军正在为其反坦克武器研制先进的战斗部。经过试验研究，制造了一种钼质药型罩，其弹头射流速度达到12公里/秒。这种药型罩产生的射流穿过轧制均质钢甲的能力比铜质药型罩大20～30％。此外，还用热成形和热锻技术研制钨空心装药药型罩，并为空心装药战斗部和爆炸成型破片弹研制能量更高的炸药。

美国研制光纤制导迫击炮弹 据英国《简氏步兵

武器》1991～1992 年版载，美国波音公司研制了一种由光纤制导的迫击炮弹。它可用现装备的迫击炮直接发射。发射前，炮手需要目视选择目标和瞄准点，并给弹丸安装光纤指令控制通信线路。发射后，弹上翼片随即打开。弹丸上装有 1 个火箭发动机。当弹丸飞至弹道顶点时，火箭发动机点火。弹丸上的光纤通信线路与迫击炮阵地的控制站相连。弹上还装有 1 个微型电视摄像机，它拍摄的图像通过光纤线路传至地面控制站并显示出来。此时，炮手可根据所得到的图像选择所要攻击的目标。

该弹射程可达 8 公里，用于攻击装甲目标顶部。目前该弹的各个零部件已达到可实施演示的水平，光纤线路已经过了实弹射击的检验。

美国“蝙蝠”制导子弹进入样弹试制阶段 截止 1991 年 6 月，美国诺思罗普电子分公司研制的一种供战术导弹子母弹战斗部配用的制导子弹已进入样弹试制阶段。该弹称为“蝙蝠”试制导子弹，又称自主式分导导弹。从 1984 年起，陆军即与该公司签订合同，进行秘密研制。截止 1991 年 6 月，已对静止的和运动的目标进行了 30 多次飞行试验。

陆军打算用现役的 M－270 型 MLRS 火箭炮、ATACMS 战术导弹以及正在研制的 TSSAM 远程攻击导弹发射这种制导子弹，射程分别为 32、120 和 500 公里。“蝙蝠”弹直径 140 毫米，长 91.4 厘米，弹重 20 公斤，采用红外热敏双膜寻的头及串联式空心装药战斗部。4 个可折叠的弹翼翼端各有 1 个向前探伸的长杆，内装声敏寻的头。战斗部尾部有 4 个外形弯曲的尾翼。该弹攻击地面目标的过程如下：子弹脱离母弹后，即作自由落体运动，与此同时，双膜寻的头寻找并识别地面目标。发现目标后，弹头的高速微处理机迅速处理来自寻的头的各种信息并控制导弹飞向目标。

瑞典陆军将装备新型反装甲迫击炮弹 1991 年上半年瑞典国防器材部与萨阿伯导弹公司签订了为瑞典陆军生产“斯特里克斯”智能迫击炮弹的合同。该弹是一种末制导攻顶反装甲迫击炮弹，用 120 毫米迫击炮发射。该弹的研制成功是反装甲技术的一项重要成果。该弹重 18 公斤，射程 7 公里，其作用机制如下：当迫击炮把弹丸发射到目标区上方时，弹上的目标导引头即被激活并对整个目标区进行搜索。选定目标后，导引头自动将弹丸导引至目标上方并对目标实施攻击。该弹采用被动红外导引头，即使在夜间或严重干扰的环境中也能自动跟踪目标。

瑞士展出新一代近炸引信预制破片弹 1991 年 6 月，在法国巴黎航空展览会上瑞士展出了一种型号为 AHEAD 的 35 毫米可编程序的近炸引信预制破片弹。该弹主要用来对付各种现代化战斗机、直升机、无人机。对付精确制导炸弹、导弹、巡航导弹尤其有效。

图 4 瑞士 AHEAD 近炸引信预制破片弹

该弹核心部分是一个可编程序的弹底时间引信，而引信的核心则是一个高精度计时器。引信的工作机制是：当火炮发射时，炮口头两个传感器（炮口装有 3 个线圈）可精确测出弹丸的炮口初速。尔后，火控计算机把初速、目标的有关参数、武器的有关数据、气温和风速风向等环境信息一并处理，从而计算出弹丸飞抵目标的精确时间，为弹丸上的计时器编制程序。当弹丸通过第 3 个炮口传感器时，该程序即被传输给引信。这样，时间引信可在目标前的最佳距离上引爆炸药，弹丸内的“喷射装药”可使预制破片弹形成重金属破片锥形束高速攻击目标。

为了使用该弹，需要对原有高炮稍加改进。首先需要给每个炮管配装 3 个线圈（瑞士 35 毫米炮原有两个线圈），为火炮增配 1 个测速仪及 1 个电子装置。新型 AHEAD 弹的贮存、运输与其它防空弹药相似，不会增添任何麻烦。

（神 赋）

工程兵技术装备

综述 1991年,历时6周的海湾战争,反映了现代战争的许多特点,对各国军队建设和装备发展产生了重大影响;"华约"的解体和苏联的剧变,更影响了世界的政治经济格局,各国正根据这些变化制订新的国防政策,装备发展的总趋向是减少数量、提高质量。

"沙漠盾牌"开始,美、英派工兵部队携带建制工程装备先期到达战区,日以继夜地为实施海湾战争进行各项工程准备,同时针对作战对象、作战环境及伊拉克的设防特点,应急研制、采购了相应的工程装备器材;在"沙漠风暴"阶段,工程兵伴随主力部队长距离机动,实施工程支援和建立部队作战支撑点;"沙漠军刀"开始,多国部队的工程兵在空中和地面火力的支援下,率先对伊拉克以大量地雷为主的复合障碍物体系进行工程突破,支援作战部队实施突破、追击和围歼作战;地面战争结束后,工程兵又承担了大量的战场清除作业,以及科威特的初期恢复工程任务。在海湾战争中,多国部队的工程兵及其装备器材从始至终发挥了极其重要的作用。

海湾战争表明,决定战争胜负的最终手段是地面战斗,而地面战斗能否顺利进行,则取决于各军兵种的有效协同。长期来,美国很重视M—1主战坦克、M—2步兵战车等装备的发展,而对配套的工程装备的发展则有所忽视,导致在地面作战中难于有效地协同,以M—60(或M—48)坦克为基础的M—728战斗工程车、AVLB装甲架桥车、AVLM爆破扫雷车等,只是在预有准备的突破阶段起了作用,一俟突破并开始追击,它们就跟不上M—1和M—2,不能伴随进行工程支援。然而长时间得不到国会拨款并且采购量一减再减的M—9装甲工程车,在海湾战争中却获得了作战部队的一致好评。战争实践使美国重视了这一问题,1991年4月26日签订了CMV战斗机动车论证车的研制合同,这是美国装甲系统现代化计划中第一个签订论证车研制合同的项目;M—9的编配方案也发生变化,主要配备装甲、机械化部队。

地雷,在平时不大为人们所注意,但在海湾战争中却始终受到人们的关注。伊拉克在科威特布设了50万枚从各国购买的36种地雷,加上沙堤、壕沟及原有的输油管线等构成的复合障碍,一时间成了多国部队地面进攻的一个主要难题:作战部队着重训练各种突破方法,他们还应急仿制了苏式扫雷滚(英军);科研试验机构应急研制、采购了机械、爆破、电磁扫雷器材及扫雷车遥控装置;训练与学术部门探讨了突破复合障碍的最佳战术方案,等等。海湾战争突出了地雷的作用和地位,也反映了探雷扫雷能力的不适应。针对这一问题,美国已调整和加强了反地雷计划;1991年8月论证了能避开引信系统而感应起爆地雷主装药的双峰炸药弹药;开展了用高能微波扫除电子地雷的研究,并安排1992年进行可行性论证;开始进行降低目标磁特征的磁特征抑制系统的研究,以支援ASM装甲系统现代化计划;开始进行使广域地雷提前发火或朝向假目标的主动对抗系统的研究;还有化学和泡沫失效系统也在调研之中;加紧研制无线电探雷器材;等等。

海湾战争之前,伊拉克从法国、意大利等国购得先进的伪装网和假目标,加上自制的伪装器材,使多国部队在空袭中大量使用的常规炸弹的命中率很低,在保存自己、消耗敌人、赢得时间方面,发挥了重要作用。鉴于现代战争的特点及海湾战争的经验,美军进一步加强了伪装与欺骗器材的配发和研究,特别是加强了机动伪装器材的研究,以减少坦克在运动中的视觉特征,提高坦克部队攻击时的生存力。

一年来,各国的军事战略也在发生变化。美国的战略概念正从"前方部署的前方防御"向"前方部署的前方存在"过渡,提出未来战场是非线性的,战斗部队和武器系统的数量将减少而质量将更高。广阔的非线性战场,要求部队更加机动灵活,相对地也更依赖于机动保障和反机动保障;在几乎没有工事构筑的战场上,不仅伪装欺骗的作用更加突出,而且要求工程兵伴随先头部队建立作战支撑点。工程兵部队将较精干,但在合成军内的编制将升级,合成旅配工兵营,师配工兵团,这种编配在海湾战争中认为是成功的。工程兵将更专注于战斗工程保障,即把更多的工兵放在战区前方;工程装备的发展将主要集中在突破复合障碍、智能和自主雷场、多频谱伪装方面,近期的发展主要是战斗机动车、爆破扫雷车、重型冲击桥、改进型带式桥、改进型探雷器、线性爆破装药,改进常规地雷、反直升机雷和广域地雷、多频谱伪装器材等。

地雷 **苏联ПДМ—1М江河沉底水雷** 1991年11月西方刊物首次刊出一幅苏联ПДМ—1М江河沉底

水雷的实物照片(见图),它是ПДМ－1的改进型,可由人工、浮游器材或直升机设置于江河、湖海水底,以抗击浮游器材、战斗输送车辆克服水障碍。该雷呈半圆形,由雷壳、装药、ВПДМ－1引信、触发杆和压载板组成,其战术技术性能如下:

重量	60公斤
装药重量	10公斤
带压载板直径	0.8米
带引信的高度	1米
设置水深	1.1－2米
引信触发力	180－260公斤
离开相邻水雷的爆炸稳定性	不小于6米
包装箱尺寸	935×430×250毫米
每箱装雷量(不带压载板)	2枚

图1　苏联ПДМ－1М沉底水雷

苏联特种部队使用的MC－3诡雷　苏联特种部队装备有MC－1、MC－2、MC－3诡雷,也是一种多用途雷。MC－3如同香烟盒大小,内装有磁铁,可吸附在汽车或飞机上。雷上有开关(见图),在位置1是安全的;在位置2对任何移动均反应;而在位置3上,则仅对强振动反应,如汽车刹车时或飞机急转弯时。

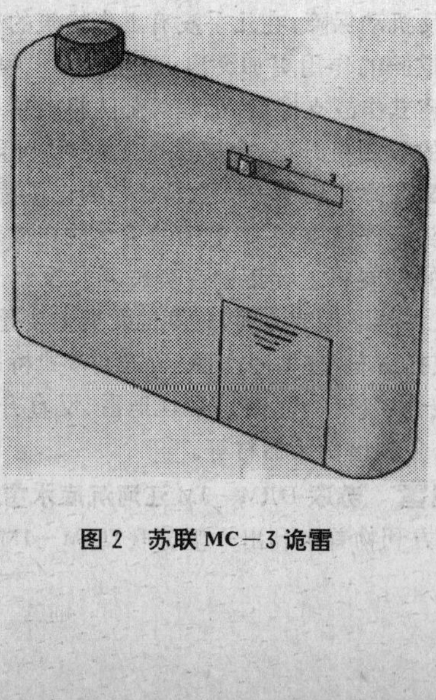

图2　苏联MC－3诡雷

美国"盖托"地雷系统在海湾战争中首次用于实战

海湾战争中,多国部队开始地面进攻时,美国空军低空投掷了数百枚布雷弹,以防伊拉克装甲部队反击;同时,美空军也在巴士拉附近的桥梁处布雷,以防伊军撤退。这是"盖托"地雷系统首次用于实战。美空军的这种地雷系统,1974年开始发展,1981年标准化。空军的布雷弹为CBU－89,使用SUU－64撒布器,投撒72枚BLU－91反坦克雷和22枚BLU－92反步兵雷,它们是M－74和M－75地雷的改型。反坦克雷配装磁引信,重1.95公斤,成形装药,可击穿坦克底甲。反步兵雷使用绊发引信,绊线作用距离12.2米,雷重1.678公斤,破片杀伤半径10－15米,用以杀伤下车人员。两种雷均具有反排和自毁装置,自毁时间为4小时、48小时或15天。用BLU布雷弹布成的雷场形状和尺寸,取决于飞机的俯冲角度、飞行速度和飞行高度,雷场每平方米的地雷数量取决于雷场尺寸。最佳的布雷参数是:俯冲角度为0,飞行高度182.8米,飞行速度740公里/小时,雷场尺寸106×116米,反坦克雷间距离为13米。一架飞机以最有利的俯冲角度、飞行高度和飞行速度投掷10枚CBU－89布雷弹,可布成1060×116米的雷场。

美国开始生产M－86阻止追击雷　M－86PDM阻止追击雷已列入美国陆军军备研究、发展和工程中心的可用武器清单中。从1991年1月开始,由西奥科尔有限公司的陆军弹药厂生产9500枚。

M－86是一种反步兵破片禁区雷,系采用155毫米榴弹炮的子弹药改进而成。该雷使用一种7根绊线自行展开的装置,绊线长6米,由它引发重量0.45公斤的地雷。引爆时,地雷跳起1～2米高爆炸并释放出反步兵破片。将雷投出一定时间后,如果未起作用,安全机构将自毁地雷;该雷还有一个外部解除保险装置。该雷按一个弹袋装两枚配发。

美国AHM反直升机地雷计划进入第2阶段　AHM反直升机地雷用以对付低飞的攻击直升机,一旦设置则自主运行,并可遥控进入战斗状态或保险状态,此外,还可识别敌我,高级引信系统能有效防范对抗措施。该项计划的第1阶段由三家厂商竞争,1991年初筛选后,得克萨斯仪器公司被淘汰。原定同年6月进入第2阶段。据1991年12月报道,美国特克斯特伦防务系统公司和英国费朗蒂仪器公司(与美国奥利安技术系统公司联合)联合获得1250万美元(每家600多万美元)的合同,继续进行AHM地雷的发展工作。合同期24个月,包括制造"形式、装配、功能"样品硬件,提供野外试验。第2阶段之后,将进入全尺寸研制阶段。

对于AHM地雷,两家竞争者采取了不同的技术途径:特克斯特伦公司的AHM地雷类似XM-93广域地雷,据称作用范围400米,重18公斤,采用被动声阵列地面传感器和双模态子弹药传感器,战斗部为多重EFP爆炸成形弹丸设计;费朗蒂-奥利安公司的AHM地雷,可对付航速达335公里/小时、高度从贴地到100多米变化的敌直升机,采用双模态声/红外引信系统,战斗部也是多重EFP爆炸成形弹丸设计。

图3 AHM反直升机地雷模型

法、英、德3国的MACPED目标效应地雷进入研制阶段 据1991年2月报道,在法、英、德3国联合发展的MACPED目标效应地雷的竞争中,由法国陆军军械工业集团牵头的3国集团的ARGES方案取胜,被选定为MACPED目标效应地雷的方案。ARGES的原意是带电子传感器的自动火箭卫兵。法国军备采办管理局与陆军军械工业集团牵头的3国集团签订了价值2580万美元的合同。合同分为两个阶段:12个月的技术设计阶段和20个月的全尺寸研制阶段,在1993年初完成。在研制完成后,可望90年代中期进入法、英、德3国武装部队中服役。MACPED目标效应地雷将补充现有地雷系统,用于掩护突破口和封锁道路,它装有联合传感器,以完成目标识别并确保对主战坦克侧甲的高攻击率。

英国HB-876禁区地雷在海湾战争中首次用于实战 海湾战争开始阶段,英军使用"旋风"式飞机携带JP-233跑道攻击武器系统空袭伊拉克的机场,据称"非常成功"。JP-233是一种炸弹和地雷撒布系统,1975年开始发展,1985年开始批量生产,在海湾战争中首次用于实战。

JP-233由炸弹撒布器和地雷撒布器串列而成,每机挂两个,每个装30枚SG-357小型跑道攻击炸弹和215枚HB-876禁区地雷,投撒高度一般在60米以下,航速约500公里/小时。地雷撒布器有90个投射管,每管分别装1枚、2枚或3枚HB-876地雷,由热气药筒投射。投射顺序由包含微处理机的分配器控制。

HB-876地雷由3个模块组成,直径10厘米,高15厘米,重2.5公斤。投射后,辅助伞稳定地雷,直到减速伞打开。地雷落地反弹时,雷下部柔曲钢爪弹出,将雷支起。雷顶部为凹形板,起爆后形成自锻弹丸,攻击目标;该雷的设计,能使雷朝向扫雷车辆倾斜,自锻弹丸可穿透铲刀及其后的发动机舱。雷身设有预制破片,爆炸时可在广阔的范围内攻击停放的或滑行的飞机、非装甲抢修车辆以及杀伤人员。该雷既在传感器感知目标时起爆,还按预选的不同延期时间定时起爆。

鉴于JP-233只能用于"旋风"式飞机,而不适用于其它飞机,没有国外订货,而英国军方则只用库存而不再采购,因而JP-233的生产线已经关闭。亨廷公司已另寻求出路,在JP-233的基础上,研制了HADES禁区武器系统。该系统是一种布雷弹,内装49枚HB-876禁区雷,已由英军和美国空军进行了试验。

海湾战争第1周,大约使用了100部JP-233武器系统。之后不久,英军便宣布停止"旋风"飞机遂行对伊机场的阻绝攻击任务。其原因是:"旋风"飞机挂装两具JP-233后,"飞起来像块砖头",无法灵活机动,更易遭防空火力的毁伤。

奥地利开始采购88型反坦克地雷 据1991年6月报道,经过小批量试制和成功的试验之后,奥地利已开始采购88型反坦克地雷。该雷是一种电子地雷,配装电子起爆系统。一旦处于战斗状态,无论车辆是从地雷上方通过还是从地雷旁边经过,它都可识别出坦克和轮式装甲车辆,根据测得的速度,计算出有利的起爆时间。该雷呈方形,主装药为空心装药,另有抛射药,重5.1公斤,尺寸为250×250×130毫米。配装机械保险装置,可用人工或机械(在布雷车中)方式解脱保险。解脱保险后,还有 12 分钟的安全期。该雷具有防诱爆和反排能力,只有使用专门的 DEAK 地雷探测失效器才能排除。

南非研制反坦克侧甲雷 在 1991 南非武器展示会上,南非展出了一种反坦克侧甲雷的模型。该雷通常称为智能水平作用地雷,能自主运行。它以自毁破片战斗部为基础,装有 1 个声警戒器和 1 个被动红外目标传感器,加上 1 个 1—9 辆车的计数器。如果在所选择的 5~75 米距离之间或 3~60 公里/小时的速度之间没有相应的目标通过,120 天后地雷自毁。11 公斤的铜衬穿甲破片具有 1.6 公里/秒的速度,在 35 米的距离上可穿透 120 毫米的装甲。

布雷器材

苏刊首次披露 ГМЗ—3 自动布雷车 1991 年 10 月出版的苏联军事刊物首次披露 ГМЗ 自动布雷车已改进为 ГМЗ—3。

ГМЗ 布雷车于 70 年代初列装。它采用高机动履带底盘作基础车,其装甲车体可防枪弹火力,具有防原子和热烟幕设备,装雷基数为 208 枚反坦克地雷,并有液压操纵的犁式伪装装置。这些特点使得 ГМЗ 布雷车在各种类型的作战中和在各种地形条件下均能有效地使用。其改进型 ГМЗ—2 和 ГМЗ—3 从结构上解决了初型存在的问题,改善了乘员防护系统,提高了布雷过程操纵的可靠性,缩短了设置雷场的时间,改进了伪装和方位判定。

ГМЗ 布雷车用以运输地雷和机械化布雷。其乘员组包括车长、驾驶员和作业手。

布雷车内部用隔墙分隔为动力舱、操纵舱、地雷舱和作业手舱。动力舱配置发动机和传动装置。操纵舱配置机械的操纵装置、专用仪表和乘员座椅。地雷舱占据车体的主要部份,配置有装地雷的雷匣、供雷机构、计数装置以及专用装置(系统)。作业手舱设置在车体尾部,在此控制配雷过程。在车尾外面装有设置地雷和进行伪装的设备。装甲车体是支承布雷车部件的基座,底部有孔口,以便检修内部机械和系统。

ГМЗ 布雷车的主要武器是 7.62 毫米机枪,配置在指挥塔的转动部份,弹药基数 1500 发。车上还有固定 2 支自动枪(600 发子弹)和 1 支 26 毫米信号枪(20 发信号弹)的位置。

布雷车的动力装置由 B—105B 发动机及其辅助系统组成,功率 300 千瓦。行走部份包括履带推进器和悬挂装置。布雷车的布雷设备包括传动机构、雷匣、犁式伪装设备、液压系统和操纵系统。

ГМЗ 布雷车是一种复杂的工程机械,其工作程序是:车长从电台受领布雷命令,布雷车随即向布雷地带开进。当布雷车临近布雷地带边沿时,作业手根据指令将溜送输送器降下呈半运输状态。然后布雷车开到作业地点,作业手指导驾驶员的动作,同时监视溜送输送器的出雷情况,并设定布雷速度。

英国在海湾战争中应急提供 VLSMS 车载抛撒布雷系统 1990 年 10 月,英国紧急采用“风暴”履带改装车和法国“怪物”抛撒布雷系统,组装成 VLSMS 的初期型式,以参加海湾作战。仅用 14 周时间即建造并交付了第一套器材,不过,到 1991 年 1 月中旬仅生产出 3 套器材。初型 VLSMS 车载抛撒布雷系统,经初步试验后,即用 C—130 运输机在地面战斗之前运交在沙特的英国参战部队。不过在作战过程中,它们没有被指派布设任何雷场。

初型 VLSMS 的底盘车由“风暴”式装甲车改装而成,采用相同的驱动部件,但全焊铝合金装甲车体是重新设计的,并且较长和较宽。车体边向外倾斜到车底,以减少车辆的雷达特征。车右前部为动力舱,安装 T6/3544 柴油机,功率 250 制动马力;车左前部为乘员舱,驾驶员在前,配有昼间广角潜望镜,也可换装被动夜视潜望镜;指挥员位置在后,操纵布雷控制装置和 7.62 毫米机枪,其右侧还有容纳第 3 名乘员的位置。驾驶、指挥舱设有空调和三防设施。车前部还装有 4 具烟幕发射器。车后部为荷载平台,装法国“怪物”抛撒布雷系统,共有 6 个模块,每个模块有 20 具发射管,每管装 5 枚反坦克雷,总装雷量 600 枚。在车辆行驶中按预定程序自动抛射地雷,射程可变化,最大约 300 米。地雷自毁时间是在发射前预设的,这个时间一过,地雷即起爆。

奥地利采购 90 型拖式布雷车 据 1991 年 6 月报道,奥地利即将采购 90 型拖式布雷车,用以布设 88 式反坦克雷。该布雷车是单轴拖车式,其上装 40 千瓦柴油发动机,为布雷作业提供动力;配备有计算机和打印机,按一下键钮,每一种雷带的雷数、雷距、地雷种类、雷带总长等重要数据即可打印出来;可放置布设和埋设布设,地雷在布设前采用机械方法直接解除保险,解除保险后地雷仍有 12 分钟时间处于保险状态;布雷车所有功能均由电子装置控制,一旦出现故障会立即显示并自动中止布雷。布雷车重约 6.1 吨,长 6.25 米,宽 2.43 米,高 2.7 米,布雷速度超过 200 枚/小时。布雷车用卡车牵引,整个布雷系统配备 3 名乘员:驾驶员、放雷手和车长。

西班牙购置 SEM—1 自动布雷车 西班牙陆军以 400 万美元购置 18 套 SEM—1 自动布雷车,首台样品预定 1991 年末交货。

SEM—1 自动布雷车采用 M—113 装甲车作基础,

配一台车载计算机以进行地雷配置的必要计算。布雷时开挖深 30 厘米、宽 50 厘米的沟,按预定间隔布雷,自动解除地雷保险,同时回填。SEM—1 可布设反坦克雷和反步兵雷,在 1.5 小时内能布设 1000 枚 C—5 反坦克雷或 2500 枚 P—5 反步兵雷。从布设反坦克雷转换为布设反步兵雷,需时不超过 1 小时。

南非研制抛撒布雷系统 南非正在研制一种可从车辆或直升机上撒布反坦克/反步兵地雷的抛撒布雷系统。该系统装在具有防地雷驾驶室的 SAMIL 卡车上,有 4 个发射模块,每个模块有 20 个发射管,每管装 10 枚反坦克雷或 84 枚反步兵雷。地雷的撒布在一个可编程序的驾驶员控制装置管理之下进行,射程约 50 米。该系统可程序地向左或向右抛撒,并考虑车辆速度以获得所要求的布雷密度。当地雷被扰动、电源开始衰落时,或自毁时间一过,地雷即起爆。反坦克雷呈圆柱形,包含一个自毁破片战斗部,发射时用降落伞稳定,落地后由伸出臂定向;采用触发杆和磁性传感器,可攻击目标全宽。这种抛撒布雷系统也可装在"美洲豹"直升机上。

图 4 南非抛撒布雷系统

探雷器材

美国 STAMIDS 远距离雷场探测系统先进技术过渡论证完成第 1 阶段试验 STAMIDS 远距离雷场探测系统是美国陆军工兵学校提议发展的,用以远距离发现地雷或雷场并实时报告有关信息。该系统将安装在无人飞行器中,获取雷场数据并传输给地面站进行实时图像处理和雷场检测,再经过全球定位系统(GPS)传送给作战部队。

先进技术过渡论证的目的是评估系统的能力和判定现有远距离雷场探测技术的成熟程序。先进技术过渡论证第 1 阶段试验于 1990 年 9～10 月在加利福尼亚的亨特—里格特堡进行。试验区设在丘陵草地的半干旱地形上。45 公里的飞行通道上有 25～30 个雷场。雷场有表面设置的和埋放设置的,地雷有金属和非金属的反坦克和反步兵雷,雷场样式有常规型、撒布型和低强度型。

参试系统有:

1. AMIDARS 机载雷场探测与侦察系统,是一种红外线性扫描装置,目前安装在小型固定翼飞机的机翼上。当飞行高度 304.8 米、俯视角 120°时,可获得投影地幅宽 350.5 米范围内的数据资料。

2. REMIDS 远距离雷场探测系统,是一种光学线性扫描装置,目前安装在 UH—60A 直升机上。它可实时收集、处理、存储 3 个通道凝合的成像数据,2 个是主动激光极化和反射通道,另 1 个是被动红外通道。

3. CMADS 反地雷机载探测系统,是一种热红外成像和图像处理装置,装在民用直升机上。试验中,当飞行高度 152.4 米时,在地幅宽 18.29 米的范围内收集了图像数据并记录在机载磁带上,然后地面站处理图像磁带并提供雷场探测及其位置的系统输出报告。

4. AMDAS 机载雷场探测系统,只在有限的程度上参加了论证试验。

第 1 阶段论证试验表明,REMIDS 远距离雷场探测系统在各种背景条件下具有良好的雷场探测性能,验证的雷场几乎全是常规的,放置布设的反坦克雷场由计算机显示。所有的系统都具有通过增加处理时间、使用照片判读的方法以发现某些撒布和埋设雷场的能力。无论如何,REMIDS 系统已成功地用于从 38.1～121.9 米高度和以 40～130 英里/小时 的速度发现雷场。

先进技术过渡论证第 2 阶段试验定于 1991 年 5 月进行,将着重路线侦察和区域搜索作业。

美国发展无线电频率探雷器材 在海湾战争中,美军遇到了比美国自己的地雷还高级的地雷。在探雷方面,美军尤其需要一种能探测非金属地雷的器材。据报道,美国通用动力公司电子部已获得国防高级研究计划署的一项发展这种器材的合同。该公司已选定采用无线电频率(RF)技术以探测埋设的目标。

第 1 种器材是手持式探雷器,探头上装有 4 个振子天线,由低功率无线电频率发送器通过天线向地面发射 3 种频率,同时量测和分析背向散射辐射,以判明目标。样机上使用了手携式液晶显示器以显示埋设的目标,并有耳机提供听觉信号。手持式探雷器重 5.4 公斤,装用的电池可连续工作 8 小时。

第 2 种形式是在探头上装配 40 微天线,它与背挎的系统电子设备在同样的方向上工作。该系统将在彩色屏幕上提供目标的图像显示。

通用动力公司电子部的无线电频率探雷系统,可探测埋深 305 毫米的大的非金属目标。

美国陆军选购奥地利 AN－19/2 探雷器 在对许多探雷器进行了广泛的试验之后，美国陆军部队支援司令部业已安排订购 1 万部奥地利 AN－19/2 金属地雷探测器。

AN－19/2 探雷器由奥地利电子仪器公司与瑞典军械集团联合研制，是 AN－19/1 探雷器的进一步发展。该探雷器主要由电子装置、带伸缩杆的探头、耳机、挎包和运输箱组成，全套设备仅重 6.2 公斤，在 10 厘米距离上，可探测金属含量 0.15 克的地雷；在 50 厘米距离上可探测标准反坦克雷；还可探测淡水和盐水下有限深度的地雷。环境适应温度从－40℃到＋55℃，据称，其平均故障间隔时间达 6 万小时(7 年)。

AN－19/2 探雷器的主要特点是：不受环境温度和电池状况影响的极好辨别力；不受探头移动速度(从静止到正常速度)影响的灵敏度；两部探雷器之间互相干扰小；探头重量小；辨别力控制简单；扫描电路可自动校验探雷器功能和电池状态。

奥地利采购 DEAK 地雷探测失效器 据 1991 年 6 月报道，奥地利即将采购 DEAK 地雷探测失效器，用以探测 88 型地雷并使之暂时失效。该器材由探雷器和无线电装置组成，探测时可不断显示探雷距离，并能立即显示所探测到的地雷是处于保险状态还是处于战斗状态。只要按一下键钮，发射无线电代码信号，便使单个地雷暂时失效，失效期为 12 分钟，过后地雷自动恢复到战斗状态。在失效期内，车辆可从地雷上面通过或将地雷取出，使用钥匙将它保险。88 型反坦克地雷与 DEAK 地雷探测失效器是相适应的，如用普通探雷器探测 88 型地雷，地雷将起爆。

扫雷器材 **美国在海湾战争中试用 AVLM 装甲爆破扫雷车** AVLM 是一个技术革新项目，属美军工兵中心的试验性计划。AVLM 是将一部 M－60AVLB 装甲冲击桥的桥梁部分卸去，在桥车后部临时安装两列 Miclic 扫雷装药，故称为 AVLM(M－Miclic)。试验结构是：在桥车后甲板上附加一个构架，构架由两个 I 形梁及各种零件构成；扫雷装药用夹板固定在构架上。使用工兵营的通用设备，安装时间不超过 1 小时。1989 年 9 月进行的试验表明：AVLM 较 Miclic 扫雷拖车更加机动，较 AVLB 装甲冲击桥提高了行驶速度，视界也有改善。其缺点是架桥机构妨碍 Miclic 的发射，发射时需将其降低，从而延缓了发射时间；同时，这种试验结构的扫雷装药暴露、易损，且妨碍架桥任务的执行。在“沙漠风暴”的地面作战中，AVLM 参加了战斗。

战后总结中，参战部队认为 AVLM 把扫雷装药装在装甲车辆上，是向正确方向迈进了一步，提高了生存力。但是，AVLB 系采用 M－48/M－60 坦克底盘，跟不上 M－1 主战坦克和 M－2 步兵战车的机动，只能用于预有准备的突破作战，不能用于追击。同时，Miclic 扫雷装药也只对表面置放或埋深 25.4 厘米的单次、短脉冲、压发引信地雷有效，对其它型式的引信不起作用。

美国在海湾战争中应急提供 CEVM 战斗工程车扫雷耙 1990 年 9 月，美国陆军工兵学校提出在海湾作战中需要一种具有全宽扫雷能力的扫雷系统，11 月初，陆军贝沃尔研究发展和工程中心研制出配装 M－728 战斗工程车(CEV)的扫雷耙样品，4 个月内即提交了 40 套成品。

CEVM 扫雷耙是 M－728 战斗工程车的附加装置，由呈 V 形排列的齿组成，挂装在 M－728 战斗工程车铲刀的前面，配有一个铝制滑板伸出在耙前，以保持扫雷耙一定的入土深度。扫雷耙重约 1814 公斤，通过升降铲刀来操纵扫雷耙。作业时，耙齿深入土中，将地雷挖出，并推移到车辆两边，清除出一条坦克和其它装甲车辆通行的通路。

CEVM 扫雷耙是专为“沙漠风暴”作战应急研制的，不是一个发展项目。该扫雷耙只适用于干沙环境，且只能扫除反坦克地雷，不能扫反步兵地雷，用途有限。使用中，通常在发射爆破扫雷装药后，用它来检验和清理通路。实战中，该耙的效能虽令人满意，但它需用 M－916 拖平车载运，并在使用前安装，影响机动。

图 5 美国 CEVM 战斗工程车扫雷耙

美国研制成 MCAP 拖拉机扫雷耙 在“沙漠风暴”作战期间，美国陆军向卡特皮拉公司发出一项紧急采购 MCAP 装置的合同。

MCAP 装置包括扫雷耙和装甲组件。扫雷耙有 20 个可换齿，挂装在拖拉机铲刀前面，呈右单斜，由液压操纵升降，可自由浮动；耙前装有滑板，以限制耙的入土深度，与液压系统的自由浮动相结合，成为一种自动地形随动装置。作业时，土沙可从耙齿间通过，反坦克雷和反步兵雷则被耙挖出并移向右侧。扫雷耙全重为 1770 公斤，2 人用 10 分钟可安装完毕。清扫深度 305

毫米，清扫宽度3.66米。装甲组件包括驾驶室周围及底部、发动机、燃油箱、液压缸的RHA装甲板，可防7.62毫米枪弹或炮弹及地雷破片。驾驶室有8个透明装甲孔口，以保证驾驶员的全视界。驾驶室设有两个通风换气扇和两扇进出门。装甲组件的总重量为3085公斤。

MCAP扫雷耙原本是为海湾战争研制的，但直到停火也未交付；后考虑作为一种长久性装备。它通常用于加宽线性扫雷装药或车辙扫雷犁在雷场中开辟的通路。1991年初，MCAP扫雷耙在干沙和湿沙地进行了成功的试验，按所要求的作业深度，可100%地清除放置的和埋设的反坦克雷和反步兵雷。

图6　美国MCAP拖拉机扫雷耙

美国在海湾战争中使用S—EOD警戒—爆炸物处理机器人　S—EOD警戒—爆炸物处理机器人是一种橡胶履带式小型机械，采用蓄电池作动力，由电动机驱动行走和工作装置，配有激光目标指示器和电视设备，全重90公斤，外形尺寸1.2×0.6×0.8米，工作速度0～1.6公里/小时，行驶和作业通过光缆或无线电控制，控制距离相应为100米或300米，在巴拿马作战期间首次用于实战，在海湾战争中用于处理沙漠中和科威特海滩的地雷。此次使用的S—EOD，增强了遥控操纵能力，从而显著减小了士兵处理未爆地雷和弹药的危险。

德国试验原民主德国遗留的综合扫雷车样车　该车是一种综合扫雷车样车，它集机械、爆破、电磁三种扫雷方式于一身，采用T—55坦克做基础，车前装KMT—6M2车辙扫雷犁，车前上斜甲板上装ЭMT—5电磁扫雷器，车后上方装波兰制WL—WD火箭爆破扫雷装置。

WL—WD火箭爆破扫雷装置系一船形舱，舱的外形尺寸为2.8×1.0×0.68米，净重为220公斤。舱内装线性扫雷装药，线性装药长100米，装药重500公斤，每米5公斤，用舱盖内侧的火箭发射，射程165±10米。对传统地雷的扫除宽度为4～5米；对耐爆地雷为2米。

图7　原民主德国综合扫雷车样车

英国为海湾战争应急提供JSFU链锤式联合勤务扫雷车　JSFU联合勤务扫雷车是英国于1985年研制的，它采用半履带底盘车，车尾装链锤式扫雷装置。该装置是在转轴上装72条钢链，链端为击锤，用135马力柴油机驱动旋转，转速为220转/分，可扫除埋深230毫米的所有反坦克雷。美国、瑞典、埃及各订购了1～2部，做试验用。海湾战争中，英国应急生产了16部，用于在海湾进行清除作业。经过实战使用证明，JSFU的速度低于10公里/小时，不适应它所承担的工作，只适用于非战术场合。但对付伊位克所使用的众多类型的地雷，它是唯一最有效的器材。在60秒内，它可清除出长45.7米、宽3.05米的通路。

英国为海湾战争应急提供MLI全宽坦克扫雷犁

在海湾战争期间，英国皮尔逊工程公司突击完成了24套MLI全宽坦克扫雷犁（见图），供海湾的第32装甲工兵团使用。

图8　英国MLI全宽坦克扫雷犁

MLI全宽坦克扫雷犁是在EMP工程扫雷犁的基础上研制的；两犁刀的外缘增加了可折叠的加宽刀，犁刀上加设了入土深度限制器，两犁刀间加设了有5个犁齿的中央犁刀，其上也装有入土深度限制器，从而实现了全宽度扫雷。这套工程器材能迅速装在坦克上，适应于未来战场的要求。

英国为海湾战争应急提供SMCD扫雷铲 SMCD扫雷铲是一种撒布地雷清除装置，1989年末被英国国防部选定，原安排在1997年服役。1991年10月应紧急作战要求批准购买12套，并立即送往驻海湾的英军作战部队，配装在FV－432装甲输送车上。SMCD是一种分段式铲刀，各段可随地面形状起伏，扫雷效率很高。实战使用表明，它在沙漠中也像在北欧环境中一样有效，已成功地用于清除MLRS多管火箭炮发射的子弹药；停战后，它在相当复杂的伊拉克雷场中清除了430米的通道。

图9　英国SMCD扫雷铲

英国为海湾战争应急提供MIMIC电磁扫雷器 海湾战争中，英军研究部门应急研制了MIMIC电磁扫雷器，据称相当成功。MIMIC是绕制成方形的独立线圈，向前倾斜地悬挂在AVRE装甲工程车和AVLB装甲架桥车前面，用以模拟坦克的磁场，引爆磁引信地雷。

捷克SVO爆破扫雷系统列装 据西方军事刊物报道，捷克军队装备一种SVO爆破扫雷系统。其车体上部装有24发火箭推进的扫雷装药，全部火箭扫雷装药可在雷场中开辟宽5米、长100米的通路。发射时从车右后部的小塔"瞄准"，射程200～500米。SVO爆破扫雷系统也可设置烟幕屏障。

图10　捷克SVO爆破扫雷系统

SVO扫雷系统的基础车由OT－90装甲输送车改装而成(OT－90由苏制БМП－1步兵战车改装而成)，装有三防系统。OT－90的战斗重量为12.4吨，功率220千瓦，最大速度65公里/小时，最大水上航速7.34千米/小时，爬坡能力：纵坡35°，横坡30°，越壕宽2.5米，越障高0.7米。

渡河架桥器材

日本新型舟桥制式化 日刊1991年11月首次刊出1991年8月在九州试验的新型舟桥图片，它是一种四折带式舟桥，已制式化，定名为91型，日本也称自行浮桥(陆上自行，入水后构成浮桥)，是70型自行舟桥的后继型。该器材从1989年开始研制，投入经费约28亿日元。

91型舟桥桥车采用74型6×6汽车改装而成，车上设荷载平台，平台可倾斜20°，以便桥节泛水和撤收。车左侧有操纵板，可在车下操纵泛水和撤收。该器材采用车载式架桥艇配套。艇的运载车及泛水、撤收方式与舟桥车相同。

南朝鲜K－1AVLB装甲架桥车结束部队试验 南朝鲜陆军已完成K－1AVLB装甲架桥车的试验。该架桥车采用K－1主战坦克的底盘，配装MTU MB－871柴油机和LSG－3000全自动传动装置，采用油气(前后)和扭杆(中间)混合悬挂以及履带紧度液压调节装置。底盘车上加装了液压架桥装置；桥梁为剪刀折叠式，从车前架设，可在横坡3°和纵坡±10°的情况下架设，架设时间3分钟，撤收时间10分钟。有两名乘员(车长和驾驶员)，在发动机部份和乘员室配装有自动灭火系统，并装有7.62毫米机枪、烟幕弹发射器、三防系统和加温系统。

K－1AVLB装甲架桥车整车重量53吨，行驶状态下的外形尺寸为12.5×4×4米，功率1200马力，最大公路行速65公里/小时，平均越野速度40公里/小时，爬坡能力：纵坡31度、横坡17度，越壕宽2.7米，越障高0.8米，涉水深1.2米。桥梁重12.9吨，有效跨度20.5米，最大通载能力60吨。

德国发展新型"鬣蜥"架桥系统 德国正在研制和生产的"鬣蜥"架桥车能运载和架设长42米的桥。底盘车仍为8×8 OAF汽车，功率272千瓦。

新的架桥系统可以用两节岸边桥节架成总长26米的桥，用两节岸边桥节和一节中间桥节可架34米的桥，用两节岸边桥节和两节中间桥节可架42米的桥。桥的荷载等级为：履带式70吨级和轮胎式100吨级。桥车通常运载两个长13米的岸边桥节，可架成26米的桥。每个长8米的中间桥节用桥件操纵机械手装在另一辆车上运载，用于组装34米和42米的桥。42米桥有一带拼接架设油缸的交叉段与桥一道装到车上。

当加长桥的长度时，该段就插入桥节在车上移动分开形成的空间，而不是通常那样加接在桥的末端。

新的架桥系统有 4 名乘员，两名在架设车上，两名在辅助车上。42 米桥的架设时间为 20 分钟，通过电子控制的架设程序也可在夜间架设在所需位置上。新的 42 米"鬣蜥"架桥系统的第一套样品将于 1991 年末完成，公司试验后可能由德国陆军评价。

德国试验 BLP－72 装甲架桥车样车 1991 年 7 月德国在施托尔科试验场试验了原民主德国遗留下来的 BLP－72 装甲架桥车样车。BLP－72 是原民主德国 80 年代研制的，采用 T－72 坦克作基础车，桥件由原民主德国研制，为三折式，采用高强度材料。重量 11 吨，全长 25 米，承载能力 70 吨。整车重量约 50 吨，行驶状态长 11 米，高 4 米，架设时的高度约 9 米。车前有 E 形刀作为架桥时的支撑。此外，车上还装有 8 个烟幕弹发射器。原民主德国在 1988 年首次试验，存在许多问题，如底盘车超重，桥体焊接处开裂，架设时视界不良等。

运动保障器材 **美国 M－9 装甲工程车在海湾战争中首次用于实战** M－9 装甲工程车是一种多用途工程机械，可担任推土、铲运、平整、运输、牵引和铰盘救援等作业，用于执行机动、反机动、生存力的支援任务。该车采用了压载原理，当铲斗装载时，其作业能力几乎增大 1 倍。M－9 的最初设计始于 1958 年，1977 年定型，直到 1986 年 7 月才由陆军与 BMY 公司签订了在 1986～1990 财年生产 566 辆的合同，但陆军没有行使 1990 财年的特权，到 1991 年 6 月初，才共完成了 250 辆。整个计划的费用约为 300 万美元。

1990 年 8 月，"沙漠盾牌"开始以后，120 多辆 M－9 被仓促运往海湾，在备件缺乏和训练时间很少的情况下，参加了拆除伊拉克的防御工事并为多国部队构筑工事的作业。实践证明，M－9 的速度、机动性、乘员防护和排障能力是符合装甲部队需要的，它能执行 M－728 战斗工程车、普通推土机和装推土铲的主战坦克所不能承担的许多任务。

"沙漠风暴"的经验加快了 M－9 列装的进度。美国陆军已计划给全部轻型师都配发 M－9，重型师的每个战斗工兵排配发 2 辆，1 个装甲师共装备 26 辆，1 个机步师共装备 20 辆。

M－9 装甲工程车的主要战术技术性能：

运输状态重	18 吨
压载后总重	27 吨
外形尺寸	6.25×3.20×2.99 米
发动机功率	217 千瓦
公路最大速度	48 公里/小时
水中浮游速度	4.8 公里/小时
最大行程	322 公里
越障高	0.457 米
越壕宽	1.58 米
涉水深	0.91 米
铲刀宽度	3.20 米
铲斗容量	6.65 立方米
铰盘牵引力	11.3 吨

美国研制 CMV 战斗机动车论证车 CMV 战斗机动车是美国装甲系统现代化计划的六个项目之一，是采用重防护通用底盘的四种车辆之一，也是最先签订研制论证车合同的项目。1991 年 4 月 26 日，美国陆军坦克自动车辆司令部选定 BMY 公司设计和建造 CMV 战斗机动车先进技术过渡论证车，初始合同价值约 2070 万美元。合同期 36 个月，1992 年末交货。现在的计划是 90 年代中期进行全尺寸工程研制，下个世纪初开始生产，初期产量 258 辆(一说 256 辆)，以取代 M－728 战斗工程车。

CMV 是下一代战斗工程车，用以快速清除雷场和复合障碍，配备自动控制深度的全宽扫雷铲和能挖掘、提升和抓取的液压挖掘臂，分别装在车前和车右上方，两类工具都是抗爆的，可为先头装甲分队在雷场开辟通路，也能清除像海湾战争中遇到的土墙和反坦克壕。扫雷铲入土深度 30 厘米，扫雷宽度 4 米，开辟通路速度为 8.4 公里/小时；挖掘臂工作半径 8 米，最大挖深 4 米，乘员两名。论证车采用 M－1 主战坦克的底盘。

英国制成"酋长"AVRE 装甲工程车样车 据 1991 年 4 月报道，英国维克斯防务系统公司正在制造首批两台"酋长"AVRE 装甲工程车样车。该项研制合同是 1989 年签订的，包括提供 2 台样车和 46 辆生产型车。两台样车将在 1991 年年中完成，1991 年末进行为期 8 周的国防部试验。样车试验一经完成，将修改成最终生产型，交付英国陆军，计划在 1993 年初开始服役。

该车虽采用"酋长"主战坦克底盘，但其底盘增装有液压履带张紧系统，驾驶员无需离开座位就可调节履带张力。车体上部结构设有车长塔，塔上有舱口盖和 7 部潜望镜，另有 5 部潜望镜，可提供 360 度全方位观察。上部结构前面有一侧向打开的盖，车长可观察前面的战斗区域。车长座椅有一特殊装置，在紧急时刻座椅可沿该装置快速降入车内。

AVRE 车体前可装工程扫雷犁或通用推土铲，车载绞盘和起重机可将推土铲换成扫雷犁。10 吨液压绞盘装在车体后部，可前后使用，使用长度分别为 35 米和45米。液压起重机装在车体上部，具有伸缩式吊臂，可伸长到5米，最大跨度时的起重量为3吨。不用时可缩放在后轨架下面。起重机也可摇控操纵。

车体顶部装有两个轨架，一个在上部结构前面，另一个在后面。轨架上放置工兵器材。典型的轨架荷载有：3捆大型管式束柴，5卷60吨级车辙路面，或9吨托板式工兵装备器材。

AVRE上部结构的左面装有7.62毫米机枪，侧斜面装6具电控烟幕发射器。此外，还可安装雷场标识系统。AVRE通常有4名乘员，但车内设有5个座位。

图11 英国"酋长"AVRE装甲工程车全尺寸模型

英国PFS管式束柴在海湾战争中首次用于实战 在海湾战争中，英军使用了PFS管式束柴。PFS管式束柴是一种克服窄沟的器材，大型束柴由75根高密度聚乙烯管构成，带有设置和撤收链。投置一捆大型束柴，时间不到架设AVLB冲击桥的一半，能保证作战部队快速越过深3.0米、宽4.0米的壕。美军拟采购英国的这种器材。

西班牙研制成VCZ战斗工程车 西班牙技术研究与特殊材料公司研制成VCZ战斗工程车。该车以M—113装甲输送车为基础，车前装液压操纵的短推架铲刀，用以排除路障，平整弹坑，开辟通路；车左前部装铰盘，牵引力7吨；车内装有布雷器，以布设地雷；车顶部装可360°回转的12.7毫米机枪。根据工程兵专家的建议，车内还将装设1个爆破装药发射器和1具火焰喷射器，使之成为一种多功能战斗工程车。西班牙国防部已订购60辆VCZ战斗工程车，在今后3年内装备工兵部队。

伪装器材 **美国研制成高反射率涂料** 美军贝沃尔研究发展和工程中心已研制出一种标准686化学防腐剂涂料的新变种，在近红外频谱具有较高的反射率(70%对45%)，至少太阳能的1/3在这个频谱段。这种新涂料保留了标准涂料的全部视觉和防化学腐蚀特性，并能涂刷在标准涂料颜色上。在车辆和掩体上使用这种新涂料，可使其内部温度降低15°F。

美国研制M—1A1坦克机动伪装网 M—1A1坦克机动伪装网由一块车体和炮管覆盖物组成，用类似飞机屏蔽的轻型材料制成，用于减少坦克运动时在可见光和近红外范围的视觉特征，使坦克部队攻击时的生存力提高一个数量级。该项计划于1990年财年末开始。

德国展出新型伪装布 在1990年的雅典防务装备展览会上，德国首次推出一种新的伪装布，它不同于伪装网，而如同一卷布匹，可按装备外形，自行剪裁成所需式样，直接粘贴在装备上，改变装备的暴露征候。这种伪装布可防红外、雷达侦察，并能防火，在伪装材料上是一个进步。

图12 德国贴在坦克上的伪装布

(王瑜瑰)

海军武器装备

综述 1991年是世界局势发生重大变化的一年。苏美关系的缓和、东欧国家的剧变、华约的解散、苏联的解体，导致了两极格局的结束，世界正朝着多极化方向发展。在这种情况下，一些军事大国在加快裁军步伐的同时，并未放松新技术的发展，一些发展中国家也在努力实现装备的现代化。这种世界格局使世界海军武器装备的发展呈现出以下趋势和特点。

(1)继续保持战略核威慑。虽然美苏一直就限制战略核武器进行谈判，但海基战略核武器仍然是三位一体战略力量的重要组成部分，各核大国都不会轻易放弃这支生存能力最强的战略力量，目前它仍呈稳定发展状态。

(2)发展适应性更强、应用范围更广的高性能常规武器。随着地区武装冲突和局部战争的增加，军事强国更注重发展打击威力大、精度高的高性能武器。

1991年1～2月的海湾战争，是一次现代化高新装备的大汇展、大检阅。它再一次显示了海军作战灵活，具有高效威慑力和打击力的特点。战后，各国都根据海湾战争的经验教训，调整本国武器装备的发展战略与计划，并把这种调整逐步落实到各国武器装备的发展中。

(3)发展中国家努力实现装备现代化。它们通过引进、仿造和自行研制等多种途径，发展越来越多的先进武器，使装备现代化水平有较大幅度提高，从而导致先进武器与技术的扩散日趋迅速。

潜艇 *弹道导弹潜艇* 1991年美国海基战略核武器发展的核心是继续试验"三叉戟"Ⅱ型(D－5)潜射弹道导弹。苏联继3万吨的"台风"级之后，又在D－IV潜艇基础上发展新的吨位可能更大的战略导弹潜艇；英、法也都在实施下一代战略导弹潜艇计划，分别建造"先锋"级和"凯旋"级潜艇。一年来，战略潜艇发展的特点是：

(1)潜艇排水量明显增大，携载的武器性能提高。美、英、法都在为其战略导弹潜艇发展射程更远，分导弹头更多，精度更高的潜射弹道导弹。

(2)老艇继续退役或改作他用。随着时间的推移，各国第一代弹道导弹潜艇已基本退役。还有一些年代较久的弹道导弹潜艇已被改装为攻击型潜艇，但这些潜艇设备陈旧，机动能力较差，不宜作攻击型潜艇，而只能作特殊用途的水下平台使用。海湾战争中，巡航导弹的使用，开辟了将部分弹道导弹潜艇作为战术对地攻击运载平台使用的新途径。

苏联建造新型弹道导弹核潜艇，停建"台风"潜艇 美国情报界通过卫星侦察和分析，再一次证实苏联正在建造新型弹道导弹核潜艇。虽然目前尚无法弄清新艇在技术上的重大突破，但却认为新艇不是"台风"级潜艇的后续型，而是D－IV的发展，其排水量可能比"台风"级大，该艇采用了双层壳体结构，并可能装备与D－IV级相同的SS－N－23型"轻舟"潜射弹道导弹。

此外，苏联海军已停止建造3万吨级"台风"弹道导弹核潜艇，并对该级艇进行现代化改装，以便用SS－N－23型导弹取代目前装备的SS－N－20型导弹。

苏联太平洋舰队淘汰部分核潜艇 英国《简氏防务周刊》报道，苏联太平洋舰队计划淘汰其69艘核动力潜艇中的29艘，其中包括4艘弹道导道潜艇、13艘巡航导弹潜艇和12艘攻击型潜艇(包括全部N级潜艇)，计划退役的潜艇年限大多在30年以上。这是苏联海军实施精兵减量，使作战舰艇年轻化的重要一步。此项工作自1989年开始，已退役的潜艇有的改为商用，有的报废拆除。

美国继续执行"三叉戟"弹道导弹潜艇计划 第9艘"俄亥俄"级"田纳西"号(SSBN－734)弹道导弹潜艇1988年底服役后，开始承担"三叉戟"Ⅱ(D－5)导弹的试验任务，并于1990年3月进入第1次作战部署；第11艘和第12艘"俄亥俄"级弹道导弹潜艇"西弗吉尼亚"号(SSBN－736)和"肯塔基"号(SSBN－737)已分别于1990年10月和1991年5月服役，并部署至大西洋舰队。第13艘"马里兰"号(SSBN－738)于1991年6月下水，计划1992年5月服役。

1989年以后服役的"田纳西"号(SSBN－734)和"宾夕法尼亚"号(SSBN－735)是初次部署至大西洋舰队的"俄亥俄"级弹道导弹潜艇，服役后以加西亚的金斯湾为基地。在这里专门为该级艇建造了新的潜艇基地。新基地配备有良好的潜艇维修设施，可进行相当全面和大规模的修理工作，以保证"俄亥俄"潜艇在完成例行的70天海上部署之后，在基地进行全面的维修保养，并在25天内重新进入海上部署。在新的基地维修保障条件下，"俄亥俄"级潜艇将每9年进厂大修一次。从而使该级潜艇在从入役到退役的全寿命期内，平均在航率(即海上部署时间)可达到66％。

按弹头数计算，目前美国水下核力量约占美国整个战略核力量的一半。除"俄亥俄"级外，美国其他战略导弹潜艇的服役期基本均已达到25年以上。

美国推迟"三叉戟"Ⅱ型潜射弹道导弹计划的进度 在1989年导弹潜射试验成功与失败的经验教训基础上，在对"三叉戟"Ⅱ型潜射弹道导弹进行改进和部分重新设计后，美国在1990～1991年继续对该型导弹进行作战飞行试验，并7次获得成功。自1987年1月17日首次进行陆上发射试验至1991年中，"三叉戟"Ⅱ型导弹已进行了33次飞行试验，共发射28枚研制用导弹，其中19枚由卡纳维拉尔角的发射台发射，另外9枚由"俄亥俄"级"田纳西"号核潜艇发射。

1991财年，美海军又为订购42枚该型导弹签署了近10亿美元的合同，其中7.57亿美元拨给该计划的主承包商——洛克希德导弹空间公司，1.22亿美元拨给负责导弹制导部分工作的雷西昂公司，另外6300万美元则拨给休斯飞机公司。

除了设计上需要继续完善外，导弹生产管理上的原因也将导致该型导弹不能按时装备。按美海军的计划，每艘“俄亥俄”潜艇应装备24枚含8个新型W—88型核弹头的导弹，但是负责生产钚芯件的洛基弗拉茨工厂因安全和管理上的原因而暂时关闭，致使美海军将首批4艘“俄亥俄”级战略潜艇在未按计划配足W—88型核弹头的情况下，编入大西洋舰队，同时宣布取消太平洋舰队8艘潜艇装备W—88型核弹头的“三叉戟”Ⅱ导弹计划，此外计划采购的另外6艘战略潜艇在该工厂重新开工之前，也只能装备老式的W—76型核弹头。

美海军考虑将部分弹道导弹潜艇改为巡航导弹潜艇 美国海军目前正在研究一项导弹改装计划，将部分携载C—3“海神”弹道导弹的“本杰明·富兰克林”级、“拉斐特”级和“詹姆斯·麦迪逊”级改装为携载“战斧”导弹的巡航导弹潜艇，以加强战术对地攻击能力。

4年前，美国海军便曾有此设想，并就这一设想进行了费用评估，当时的研究结果认为，其作用未必突出，而且海军也无法支付这笔费用。然而，“战斧”导弹在海湾战争“沙漠风暴”中的作用“打开了许多决策人的眼睛”，因而现在将改装设想旧话重提，似乎在作用上不会再有异议，唯一的问题就是能否有足够的经费。

美海军为弹道导弹潜艇研制新型消磁装置 为了进一步提高弹道导弹潜艇的隐蔽性、反探测能力以及防止碰撞水雷，雷西昂公司正为美海军研制一种新型的潜艇消磁装置。通常潜艇要在很高的直流电压下才能消去磁特征，且电压一撤去磁性便恢复。新装置包括1个拖曳测距装置，可以计划艇体的磁特征；1个磁力计，用聚氯乙烯包装后沉在海底，用以对潜艇特征进行三维分析，根据分析数据，系统能给出减小磁特征所需的直流电压强度，从而取得较好的消磁效果。

预计新装置将于1992年12月完成，1993年初投入生产，并首先装备弹道导弹潜艇。

英国海军继续实施“三叉戟”导弹潜艇计划 英国海军装备“三叉戟”Ⅱ型(D—5)导弹的“先锋”级战略潜艇的采购计划进展顺利，建造速度也符合计划进度。首艇“先锋”号(SSBN—06)艇体安装工作比进度略有提前，已于年内下水，计划1992年服役；第2艘“胜利”号(SSBN—07)的艇体组合工作正在进行，计划1992年下水，1994年服役；第3艘“警戒”(Vigilant)号(SSBN—08)艇的建造招标工作已经完成，海军为其拨款5亿英镑(合9.85亿美元)，但是由于拨款延误，原订1991年春季开工的计划至少要后推6个月。

“先锋”级战略导弹潜艇水下排水量1.5万吨，艇长149.9米、宽12.8米，吃水12米；主动力装置为1座PWR2型反应堆和涡轮机，功率为27500马力，水下航速可达25节，堆芯寿命约为8～9年。艇上装有16具弹道导弹发射管，4具533毫米鱼雷发射管，可发射射程65公里的“真旗鱼”鱼雷和射程29公里的“虎鱼”鱼雷。该艇在技术上将有两点新尝试：一是在弹道导弹潜艇壳体上首次敷设成型的吸音降噪敷层；二是采用新型的光学桅杆。

“先锋”级潜艇将装备射程为1.2万公里的美国“三叉戟”Ⅱ型(D—5)导弹，但配装英国制造的弹头。艇上战术武器系统的研制工作基本顺利，有关的训练设施也已按时交付。

英国战略导弹潜艇核动力系统出故障 近年来，英国战略导弹核潜艇接连发生故障，致使其水下核力量面临较严重的不足。问题主要出现在核动力系统的主冷却系统管道出现裂纹和损坏。目前现役的英国核潜艇(包括战略潜艇和攻击型潜艇)均使用PWR1型反应堆，其中又分为P—1型和P—2型，出问题的是P—1改进型，部分攻击型核潜艇也出现此类问题。目前，至少已有3艘弹道导弹核潜艇因此类故障而进厂修理或减少部署时间。

由于可部署的潜艇数量减少，海军不得不延长其他战略潜艇的海上巡逻时间。按原规定，每艘战略潜艇的每次正常部署时间为10～12周，而现在不得不延长至16周。与此同时，由于“先锋”级战略潜艇要到1995年后才能陆续服役，因而英国海军还需要继续维持这些已使用20余年的潜艇。

法国压缩新型“凯旋”级战略潜艇建造计划 法国于1989年首艇开工的第3代战略导弹潜艇“凯旋”级(亦称“胜利”级)的建造计划由原订的6艘减至4～5艘。按原计划，该级艇将每2～3年开工1艘，整个建造期将长达近20年，投资约700亿法郎。但是由于费用上涨，目前每艘艇价格约200亿法郎(约合34亿美元)，同时为了挤出费用来建造第2艘“戴高乐”级航母，法国只好压缩战略核潜艇的采购计划。按照目前的计划，“凯旋”级首艇应于1993年下水，1994年服役；第2艘“勇猛”号已于1991年开工，预计将在1997～2008年间服役。

法国第1艘导弹核潜艇退出第一线，同级其他艇陆续改装 法国海军第一艘弹道导弹潜艇，也是第一艘核动力潜艇“可畏”号，在服役20年后，于1991年2月上旬完成最后一次作战巡逻后退出一线。该艇将拆除原装备的16枚M—20弹道导弹，而暂时作为试验艇，用以进行“凯旋”级潜艇搭载的M—5型弹道导弹的水下发射试验。该艇的最终退役期将在1992年10月以后，退役后将作为纪念艇保留起来。

除“可畏”号之外的其他同级艇正在陆续接受改装，改装的主要内容是换装射程为5300公里的M—4型弹道导弹及相应的导弹系统，改进核动力反应堆的堆芯，增设降噪措施，并更换新型声纳，改装中还增设了SM—39型潜射“鱼叉”反舰导弹。目前，应接受改装的4艘艇中已有3艘改装完毕，另外1艘于1991年开始改装，计划1993年秋改装完毕。

攻击型核潜艇 攻击型核潜艇仍是各海军强国的主要水下作战力量。其中最引人注目的是代表本世纪水下技术最高水平的美国“海狼”级潜艇开工，但首艇在建造中出现严重的焊接问题，造成艇体报废。此外，印度海军已着手核潜艇的研制，若成功将成为世界上第6个拥有核动力潜艇的国家。

攻击型潜艇和反潜技术的发展特点是：(1)继续降低噪声和提高隐蔽性。目前美国“海狼”级潜艇使用HY—100高强度钢，还在试验强度和特性更好的HY—130钢，以使下潜深度进一步增大；苏联率先使用潜艇消音瓦，使西方探测设备效能明显降低后，又在发展新的双层消音瓦技术。(2)作战系统能力更强。为在潜艇和反潜战中获取优势，除提高潜艇本身性能外，利用“软件”夺取优势是近年潜艇发展的重要方面，美、英都在为其攻击型潜艇发展新一代“作战指挥系统”，美国神经网络系统引入反潜战，提高了系统的“分析判断”等智能化能力。(3)发展声学、非声学、主动与被动多种探潜手段。由于潜艇噪声的降低，被动声纳的使用受到一定限制，对此美国等国家在加大被动探测的声纳阵和增加探测器数目的同时，又开始加强主动声纳的研究并开展非声学探潜的基础研究。

苏联建造攻击型核潜艇的势头不减 继1990年苏联海军10艘潜艇服役之后，1991年又有9艘潜艇编入舰队。新服役的潜艇主要是攻击型核潜艇。正在建造和新服役的攻击型核潜艇有以下多种型级：

第7艘“奥斯卡”级潜艇(“奥斯卡”Ⅱ型第5艘)在北德文斯克船厂建成服役，第8艘仍在该厂建造，预计1992年交付使用。另有6艘还在建造中。随着太平洋舰队核潜艇的大量退役，为弥补该舰队潜艇反舰能力的下降，苏北方舰队的部分“奥斯卡”Ⅱ型潜艇已调至太平洋。目前太平洋舰队已拥有3艘装有24枚SS—N—19反舰导弹的“奥斯卡”潜艇。

“阿库拉”级潜艇继续以每年至少1艘的速度加入现役，目前已有6～7艘投入使用。另外第一艘“阿库拉”潜艇的改进型“阿库拉”Ⅱ年内将由北德文斯克船厂建成下水，其改进内容尚不清楚。

第3艘“塞拉”级攻击型核潜艇已经服役，第4艘下水。其中1991年服役的第3艘艇的长度比首制艇加长3米，因而亦称为“塞拉”Ⅱ型。目前还有3艘该级艇正在建造，到1995年将有7艘“塞拉”级潜艇投入使用。

另据西方通讯社报道，V—Ⅲ级攻击型核潜艇的生产仍在继续，目前总数已达到25艘，预计在最后少量在建的V级潜艇完工后，将停止继续生产。

苏联攻击型核潜艇采用双层消音瓦等新技术 苏联“塞拉”级和“阿库拉”级攻击型核潜艇准备采用一种新的双层消音瓦，来降低噪声和减少声纳反射信号。内层消音瓦是一种直径不同的多孔瓦，用以消除特定频率的噪声信号，减少敌方鱼雷被动声制导装置的探测能力。外层网则是整体的，用以吸收主动声纳的跟踪信号。两层网都用橡胶材料制成，对美国潜艇普遍装备的BQQ—5型声纳的被动式声频有衰减作用，使该声纳探测距离大为缩小。苏联海军60年代就已开始使用消音瓦，目前使用的新消音瓦面积比原装备的要大，每块约为85×91厘米，早期采用的是10×10厘米大小的网，苏美消音瓦厚度基本相当。据称这种瓦可使“阿库拉”级或“塞拉”级的声信号减小10～20分贝，使美BQQ—5声纳的探测距离减少25%～50%。

除上述消音瓦技术之外，据美国专家分析，苏联目前建造和设计的新型潜艇还具备以下高技术特点：(1)采用复合材料和高强度合金艇体，如钛艇体，使潜深达到600米，这在“阿库拉”级和“塞拉”级潜艇上均已实现；(2)装备先进的声学探测系统，包括先进多极阵列声纳；(3)改善磁特性，使之不易受到水雷的攻击；(4)新型潜艇采用装甲，以对付反潜武器的攻击。此外，低噪声和安静性也有明显提高。这些技术使苏联潜艇在保持武器携载量大、攻击能力强等特点的同时，还提高了隐蔽性和生存力，从而成为能攻能守的水下机动平台。

苏联披露核潜艇失事原因，打捞面临困难 1989年4月苏联“麦克”级“共青团员”号攻击型核潜艇因事故在挪威海沉没，经调查已基本证实当时推测的事故原因，即失事是由潜艇设计缺陷和安全措施不力造成的。该艇电气设备可靠性极差，工作时余热积累程度很高，达到600～700摄氏度的高温。潜艇使用的耐火设备大都是70年代生产的，耐火性能较差。潜艇的结构件、配件及涂料较多地采用了易燃材料，而工作通道的设计也很容易使火蔓延到艇舱，致使该艇在火势尚小时就已失去消防控制。

对该艇的打捞问题，苏联已与荷兰负责打捞作业的NODC公司签订打捞合同。原计划1992年中开始打捞，但由于苏方经费困难，已将计划推迟至1993年中期进行。据报道，打捞费为2.5亿美元。据有关部门分析，由于该艇已沉没近3年，核反应堆保护壁将失效，即使1992年中开始打捞，也会产生放射性物质的泄漏，如果1993年再打捞，泄漏就会更为严重。

美国“海狼”级潜艇生产规模缩小，首艇发生质量问题 由于国际局势变化和海军兵力规模的缩减，号称“21世纪潜艇”的美国“海狼”级首艇开工不到2年，便面临压缩规模的命运。“海狼”级潜艇单艘造价18亿(首艇)～12亿(后续艇)美元，原计划耗资360亿美元采购30艘，是美国海军史上耗资最大的一项潜艇发展计划。但规模压缩后，首批“海狼”潜艇的计划建造数量将减至12艘。由于计划的缩减，围绕第2艘“海狼”级潜艇(SSN－22)的承建问题，引起美国主要核潜艇建造厂商间的激烈竞争。

与此同时，由通用动力公司电船部承建的第一艘“海狼”级潜艇(SSN－21)在艇体的焊接上又出现质量问题。“海狼”级潜艇采用了HY－100高强度钢，在施工中厂方使用了金属－惰性气体焊接法对艇体进行焊接。由于焊料中的碳含量过高，焊接时的冷却速度过快，从而使焊接出现龟裂。为了保证艇体强度，已完成的艇体需要重焊，而这些钢材不能再用，因此很可能需将艇体报废，从而使该艇费用上涨，时间将比计划推迟一年。

美国调整“洛杉矶”级核潜艇计划 第45～47艘“洛杉矶”级潜艇“斯克兰特”号(SSN－756)、“阿历山德里亚”号(SSN－757)和“阿什维尔”号(SSN－758)应于1991年先后服役，但是由于“海狼”潜艇计划的实施及海军经费的削减，该级艇的生产计划改动较大，建造速度放慢。

自1989年“圣胡安”号服役起，“洛杉矶”级攻击型核潜艇便有了较大的改进，被称为改进型，改进的主要内容包括：1.进一步降低噪声，在艇体表面敷设消音瓦；2.提高水下作战能力，把原水平舵前移，并改为可收放式；3.提高指挥控制和信息处理能力。从SSN－571号起装备采用UYK43/44计算机的BSY－1型作战数据系统，经过试验，后续艇也将装备此系统。

美国研制潜艇艇体HY－130型钢 为进一步提高潜艇耐压壳体强度，使之具有更大的潜深和更高的隐蔽性，美国海军正在研制HY－130型高强度钢，并可能将其用于建造“海狼”级潜艇的耐压壳体。HY－130型钢的主要成分是铬、钼及微量镍和其他合金，具有耐压强度高和磁特征低等特点。目前世界上只有美、日和瑞典等国能生产该型钢，其中日本在生产和加工技术上比较成熟。据称，日本“春潮”级潜艇耐压壳体便是采用HY－130型钢制成的。采用HY－130型钢作为潜艇的耐压壳体，不能采用分块钢板焊接的传统方法，而需要采用分段锻造，然后再用特殊焊接工艺将各分段合拢、加工成形为耐压壳体的技术。经估算，每个壳体分段约需600吨HY－130钢，锻造的最小厚度为400毫米。

美国开展21世纪反潜探测研究 1991财年，反潜战计划在美国海军仍占有优先地位，但反潜战发展战略以及装备发展方向则有较大的变化。首先，从对付苏联的高性能潜艇威胁转向对付第三世界国家潜艇的多极威胁；其次，美国海军以前主要发展远洋反潜作战系统，这些装备不适宜在中东、东亚和南大西洋等海区使用；最后是新型不依赖空气的动力装置使常规潜艇的潜航时间和航程大大增加。上述变化，要求发展新的反潜探测手段。因此1991年，美国海军在反潜探测方面制定了新的发展重点。其一是继续挖掘被动声纳的潜力；其二是加强主动声纳的发展；其三是开展非声学探测研究。

(1)完善被动声纳。多年来，美海军始终把被动声纳作为反潜探测的主要手段，其优点是在使用声纳时不暴露本艇。但潜艇安静性的提高使潜艇噪声降至背景噪声以下，使被动声纳的探测距离大大降低，从而使美海军逐渐在反潜战方面失去优势。当前，美海军主要从三个方面继续挖掘被动声纳的潜力：一是发展极大型阵列声纳；二是通过增加探测器的数目来弥补探测距离的缩短；三是开发先进的信号处理和计算方法。

(2)发展先进的主动声纳。尽管主动声纳探测距离比被动声纳近，但可不受目标艇噪声降低的限制。经过对海洋噪声的调查与研究表明，大功率低频主动声纳将有较大的发展潜力，有助于提高系统性能和降低系统费用。

(3)探索非声学探测手段。这方面的探索是多方面的，主要包括以下非声学途径：蓝绿激光、电磁效应、生物发光、废气及化学放射性物质、无线电活动及热辐射，以及潜艇引起的水流与水温变化。但目前除利用电磁场变化的磁探仪已在使用外，其他非声学探测手段尚处于探索阶段，技术难度较高，但作为美海军反潜战装备和技术发展的长远规划，非声学探测无疑具有很大的潜力。

美国研究反潜战神经网络 自80年代后期，美国海军开始研究将神经网络系统应用于反潜战。目前这项工作仍在继续。随着潜艇噪声的降低，对海洋声学环境的研究显得日益突出。海洋背景噪声主要来源于海洋生物和海底地震活动，这些噪声产生很大的声学能量，能有效地掩盖潜艇的水下活动。把计算机神经网络系统与声学探测器相结合，能够侦听到物体残留的声音，并且将鲸鱼等海洋生物干扰和地质扰动等不需要的声信号过滤掉，实现对环境噪声和舰船噪声的自适应处理。美国国防高级研究规划局对此项研究十分关注，并投资1.18亿美元，希望能在1991～1995年间完成研制工作。

目前，格鲁曼公司通过使用一种称为“神经系统处理机”的计算机可对各种噪声进行智能化分析，据称，这种计算机具有同“克雷”计算机同样强的运算控制能力，其软件程序可根据不同的实验需求和环境条件进行修改。这种系统在正式使用前要经过“训练”，即向网络输入不同目标反射的（或产生的）声信号，通过分析鉴别，神经网络便能“学会”区分不同的目标。

美国修改中远程反潜武器计划　为提高反潜作战能力，美国海军近年来一直试图发展新一代中、远程反潜武器，但迄今为止尚未得到明确的成果，下一步的发展计划几经调整，目前的研究项目主要为“阿斯洛克”垂直发射反潜导弹和潜射“海长矛”导弹两项。

1991年8月，美国海军对垂直发射的“阿斯洛克”反潜导弹进行了试验，但试射10枚有6枚没有命中目标，1992年还计划进行30次垂直发射试验，如果不能提高命中率，该计划将被取消。迄今为止，垂直发射“阿斯洛克”反潜导弹计划已经耗资3亿8千万美元，除命中率低之外，射程也十分有限，仅15海里，不能满足远程反潜的要求。如果研制失利不能正式列装，美海军就只能继续用反潜直升机作为鱼雷的运载平台，从而大大限制水面舰艇远程反潜能力的提高。

在研的另一项反潜武器发展计划是潜射“海长矛”远程反潜导弹。由于计划延期和费用增长，美海军已于1990年1月停止了该项计划，并在1991财年未申请研究经费。但国会鉴于海军缺乏远程反潜武器，因而在1991财年仍为“海长矛”计划拨款5500万美元。该计划的主承包商波音宇航和电子公司正加快计划的实施，1991年进行了2次成功的导弹飞行试验。目前该项目进度已比计划推迟两年，费用增加9亿美元，使整个计划的总费用超过30亿美元。

美国酝酿下一代攻击核潜艇　美国“海狼”级首艇刚刚开工，美国海军又开始酝酿下一代攻击核潜艇的方案。目前已开始由负责水下作战的海军作战部部长助理培根中将抓总的高层研究，并计划在1991年12月国防采购委员会批准采购议案后便开始概念研究，确定作战需求和基本技术特点，并进行费用一作战效能评价。

美海军认为，下一代核潜艇的主要作战对象与“海狼”级不同，“海狼”级的主要作战任务是与高性能的原苏联潜艇对抗，实施大洋反潜作战，而新一代潜艇则主要实施区域作战。因此新潜艇的排水量应控制在6000吨左右，作战能力也低于“海狼”级，其主要作战任务和能力包括：发射巡航导弹，对岸上目标实施攻击；在武器最大有效射程上，对敌潜艇进行定位、追踪和打击；进行情报搜集和警戒，向敌战区派遣人员和进行电子情报侦察，为国家指挥当局提供信息和告警，为军事行动提供战术性电子辐射情报；实施反舰作战，定位、追踪并摧毁敌水面舰艇，实施封锁和破交作战；实施特种作战，插入敌后，投送特种登陆兵力及装备；实施水雷战，探测、销毁或避开敌雷场；对航母战斗群及美军兵力提供支援。

新一代攻击核潜艇计划的代号为N－SSN，潜艇暂时命名为“百人队长”。

印度发展攻击型核潜艇的长远计划　目前，印度核潜艇发展的主要目标是攻击型核潜艇。众所周知，印度海军于1987年与苏联签订了6艘核潜艇的租赁协议，并于1988年1月接收了首艘C－Ⅰ级巡航导弹核潜艇，租期为3年。在此之前，印海军已派艇员在苏联接受四年训练。租用C级潜艇的主要目的仍是使印度海军熟悉核潜艇的操作使用和维护修理。然而，由于该艇在租用期间连续发生反应堆泄漏事故，同时，使用维护费十分昂贵，致使印海军在3年租赁期满之前，于1990年1月将该艇提前退还，并中止了原先的租赁计划。

然而，印度并未就此放弃发展水下核力量的努力，在中止租赁计划的同时，向苏联提出购买攻击型核潜艇的要求。在提出购买苏联“塞拉”级和V－Ⅲ级潜艇以后，印度海军仍不满足，进一步提出购买“奥斯卡”Ⅱ型核动力巡航导弹潜艇的要求。

“奥斯卡”Ⅱ级水下排水量13400吨，居世界攻击核潜艇之首（美国“洛杉矶”级为6900吨）。该型艇装有24具射程450公里的SS－N－19超音速反舰导弹（垂直发射管），并有533毫米和650毫米鱼雷发射管各4具，可发射SS－N－15、SS－N－16反潜导弹和53型、65型鱼雷，是世界上攻击力量强的潜艇。若印度能实现购买4艘“奥斯卡”Ⅱ型潜艇计划，将大大提高其海军远洋作战和远程攻击能力。

更值得注意的是：印度水下核力量的发展不仅局限于租赁和购买外国二手装备，而且有更宏伟的长远计划，其最终目标是自行设计建造核潜艇。目前印度原子能部和国防部正通力合作，研制供新潜艇使用的加压重水反应堆。据报道，这级国产的攻击型核潜艇排水量约3500吨，原计划1996年下水，但从目前看，要到下世纪初才能交付使用。

英国继续建造“特拉法尔加”级攻击型核潜艇　第6艘“特拉法尔加”级攻击型核潜艇“天才”号（S－92）

服役，第7艘“凯旋”号(S－93)按计划已于1991年3月下水，1992年服役。

“特拉法尔加”号潜艇目前正在执行“真旗鱼”鱼雷的试验任务。“真旗鱼”是由英国马可尼公司发展的新型线导鱼雷，具有主、被动两种制导方式，航速为60节时，航程达65公里，并装有定向能杀伤弹头。该型鱼雷在“特拉法尔加”号艇试验完成后，将于1992年投入全面生产并装备部队，这将有助于提高英国潜艇的反潜、反舰能力。

在已订货的7艘“特拉法尔加”级建成之后以及英法联合发展的攻击型核潜艇投入生产之前，英国计划建造2～4艘“特拉法尔加”级改进型。其主要改装内容包括：加长艇体和换装PWR－2型核反应堆。

英国SSN－20攻击型核潜艇计划渺茫 1987年确定的SSN－20型(或称W型)潜艇发展计划目前看来前途渺茫，首艇开工时间已由1990年推迟至90年代中期以后。

根据已经完成的工程定义研究确定的指标，该型艇水下排水量6000吨，核动力装置采取与“先锋”级潜艇相同的PWR－2型反应堆，主机功率为27500马力，航速可达30节。艇上装备“鱼叉”Ⅱ型潜射反舰导弹，艇首6具发射管，其中2具为650毫米，其余为533毫米，可装30枚导弹或鱼雷，装备的反潜武器为“真旗鱼”鱼雷。

该型艇体积略大于“特拉法尔加”级，艇体进一步加强，能穿透约2.5米厚的冰层，从而具备冰下作战能力；此外该艇还有可能装备无须穿透艇体的新型光学桅杆。

目前，英国海军对新一代攻击型核潜艇的发展举棋不定，SSN－20计划有可能被取消，这样将使英国核潜艇发展因失去连续性而形成断层。为避免由此造成的英国核潜艇技术力量的损失，英国可能要扩大或延长“三叉戟”Ⅱ战略导弹核潜艇的生产规模。在攻击型核潜艇方面，则面临发展SSN－20型、改进“特拉法尔加”级或与法国联合研制等几种选择。

英国压缩攻击型核潜艇兵力规模 英国计划在近几年内，将其攻击型潜艇兵力作较大幅度的削减。削减的主要原因：一是战略的调整和经费的紧缩；二是现役部分攻击型核潜艇面临与战略导弹潜艇类似的动力系统主冷却回路管道问题。根据削减计划，到90年代中，英国海军的攻击型潜艇兵力(含核动力和常规动力)将由目前的27艘减至16艘，即核潜艇中所有“勇士”级和“邱吉尔”级，以及“快速”级中的头两艘都将退役，“奥伯隆”级常规潜艇全部将由2400型潜艇取代。届时，英海军的水下战术兵力将由7艘“特拉法尔加”级和4～5艘“快速”级核动力潜艇以及4艘“支持者”级2400型潜艇组成。

自英国海军制定潜艇兵力削减计划以来，至少3艘攻击型核潜艇已经退役。另外1艘核潜艇“征服者”号于1990年初退役。

英法联合发展攻击型核潜艇 在巴黎召开的“1991年水下防御展览会”上，英、法两国军界和工业界人士透露，英法两国将合作发展下一代攻击型核潜艇。

联合发展核潜艇可以大大减小设计、研制费用，同时又能综合利用两国各种潜艇的先进技术。英法两国有关人士透露，两国力求新一代核潜艇能充分体现潜艇技术最新发展，并希望新潜艇首艇能在2005～2010年间服役。而在此之前，英法两国主要的水下攻击力量将分别为“特拉法尔加”及其改进型和“红宝石”及其改进型“紫水晶”。

法国建造“紫水晶”级攻击型核潜艇 法国“红宝石”级攻击型核潜艇的改进型“紫水晶”级首艇完工；第2艘“珠剂”号(S－606)已经下水，计划1992年海试，1993年秋季服役。后续艇的建造可能将进行调整，其中第3艘“绿松石”号开工时间将推迟半年，而第4艘的采购计划可能被压缩。

与“红宝石”级潜艇相比，“紫水晶”级艇噪声更低，探测设备能力更强。具体改进包括：加装“锡拉库萨”Ⅱ卫星通信系统，用DMUX－20型声纳取代DSUV－22型声纳，并加装DSUV－62C拖曳阵列声纳和新的战术与攻击系统。此外改进型的艇体线型亦有所变化，艇长加长2.5米，艇首线型与上层建筑线型改善，更为流线型，以减小阻力和噪声。

除“紫水晶”潜艇正在建造外，“红宝石”潜艇正在按照“紫水晶”潜艇的标准进行改装。改装后，该级艇不但能执行反舰任务，而且还适于实施反潜作战。

常规潜艇 常规潜艇在各国越来越受到青睐。英国的“支持者”级，荷兰的“海象”级以及日本的“春潮”级等新型潜艇已陆续投入现役；德国的U－212、荷兰的“海鳝”、瑞典的A－19等在近年内将投入生产；一些第三世界国家也通过引进、仿造或许可证生产开始拥有性能先进的常规潜艇，并提高了本国的潜艇建造技术；印度先后购进了德国的209级和苏联的“基洛”级，并计划在本世纪建成一支由20艘潜艇组成的较先进的水下兵力；中国台湾海军继1987年购入荷兰潜艇后，又在四处寻觅，以求再购进4～6艘潜艇。

在常规潜艇技术上，最突出仍是不依赖空气的潜艇动力装置的发展。继瑞典“斯特林”闭式绝氧发动机，德国的燃料电池艇试验之后，美国、法国及日本也在积极开展不依赖空气的潜艇推进技术研究。

美国研制深潜器和水下运载器 为配合潜艇发展以及执行特种作战的需要，美国海军在60～80年代发展的各种深潜器的基础上，又发展了以下各种用于特种作战和潜艇救援的水下运载器。

突击队员输送潜艇，分为2人和6人两种，水下航速为6节，可由经过专门改装的攻击型核潜艇运载。

无人水下运载器，可用潜艇或水面舰艇遥控，主要用于探测和水声侦察(截听)。全长12米，直径1.2米，由电池供电。目前已生产3部试验型运载器。其中第2台样机壳体为钛金属，现正进行各种试验，并准备以“洛杉矶”级“孟菲斯”号潜艇作为母艇进行运载、收放和控制试验。

自主式水下平台(AUV)是一种可遥控的武器发射平台，可用鱼雷对各种水下、水面目标实施攻击，同时还可执行救援、通信和水雷战等任务。目前该项研究尚处于预研阶段。

日本“春潮”级潜艇头2艘服役 日本新一级潜艇头两艘“春潮”号(SS—583)和“夏潮”号(SS—584)已经完工交付，并编入第1潜艇大队第5分队服役。两艘新艇均由三菱重工业公司神户造船厂建造，同级共计划建6艘。该型艇是“夕潮”级潜艇的发展，排水量略有增大，标准排水量约2450吨，水下排水量2750吨，主尺度为80×10.8×7.8米；主动力装置为2台12V—25/25S型柴油机，功率为5520马力，水下航速达20节；人员编制为75人。该艇设有6具533毫米鱼雷发射管，可发射日本制89型鱼雷或美国“鱼叉”潜射反舰导弹；主要探测设备包括美国休斯公司的ZQQ—5型艇体声纳和拖曳阵列声纳。前者工作在中、低频，可执行主/被动搜索，后者工作在甚低频，主要用于被动搜索，下一步海军有可能在该级艇上敷设消音瓦。为了“春潮”级潜艇的建造，1991年日本海军约拨款253亿日元。

日本部分常规动力潜艇改装为特务艇 自1989年起，日本海军开始将部分“涡潮”级常规潜艇改装为执行特殊任务的潜艇，目前已改装3艘。其中“矶潮”号于1989年改装完毕，改装后主要执行实验任务。因此该艇指挥台围壳表面敷设了试验用消音瓦，艏部装了与“春潮”级相似的新型声纳导流罩；“鸣潮”号于1990年6月变更舰种，主要用于训练，外观无变化；“黑潮”号于1991年3月改为特种潜艇，其任务尚不清楚。

南朝鲜再次定购3艘209级潜艇 南朝鲜海军最近同德国签订了3艘209级常规动力潜艇的订货合同。1987年，南朝鲜已向西德订购了3艘209级潜艇。首批3艘中的首艇在德国建造，于1992年服役，后续2艇在南朝鲜组装，而第2批3艘艇将全部在南朝鲜建造，预计总的建造量为9艘。南朝鲜海军希望首艇于1992年服役，此后每年服役1艘。

南朝鲜海军订购的209级潜艇为1400型，其水下排水量为1400吨，主尺度62×6.2×5.5米，主动力装置为4台MTU12V—493型柴油机，水下航速达21.5节，人员编制30人。该型艇设有8具533毫米鱼雷发射管，携有14枚鱼雷，或28枚水雷。主要探测设备为克虏伯公司的CSV—83型声纳。如果技术成熟，南朝鲜海军有可能要求装备绝氧推进装置。

印度海军发展常规潜艇 印度海军从80年代初着手更新其潜艇力量，经过十年努力已有了较大的发展。1981年底首先与德国签订建造4艘209级1500型潜艇的合同。该项合作建造计划旨在提高印度的造船技术水平，使之具备潜艇生产能力。但在印度建造1500型潜艇已遭到严重失败。由于技术水平低和管理上的漏洞，第1艘自建的1500型艇压力艇体焊接存在严重问题，致使整个艇体报废，建造周期和费用都比德国建造的同级艇高出1倍以上。现在印度已取消了追加2艘1500型潜艇的计划。

在购买209级潜艇的同时，印度海军还在积极寻找其他采购途径和适用的潜艇型号。1983年印苏签订了建造6艘“基洛”级常规动力潜艇的合同，使印度成为继苏联之后，首先获得该级潜艇的国家。

从目前两型潜艇的发展情况看，苏联“基洛”级有可能成为印度海军常规水下兵力的主力潜艇。1990年底，印度海军对“基洛”级和209级潜艇进行了性能对比海上试验，试验结果表明：“基洛”级潜艇的噪声低于209级。加之209级潜艇在进度上一再拖延，因而印度已取消再采购2艘209级1500型潜艇的合同，同时将“基洛”级潜艇的采购量从1983年的6艘提高到目前的10艘。

从目前的发展进度看，到本世纪末印度海军将拥有一支由20艘现代化程度较高的常规潜艇所组成的水下攻击力量(包括16艘“基洛”级和4艘209级)，现役的8艘50年代设计的苏制F级潜艇将转入预备役，用作训练和为电池充电，战时则可执行部分沿海巡逻任务。

马来西亚购买瑞典潜艇 在对英、法、德、荷等国的现役潜艇和新潜艇方案进行全面的比较权衡后，马来西亚最后选购瑞典潜艇。此项采购计划包括新造2艘T—96型潜艇和改装2艘瑞典现役“天龙”级潜艇，全部建造和改装工作将由瑞典考库姆公司承担，合同额估计为3.72～5亿美元。

T—96潜艇系瑞典新型A—19潜艇的改型，即所谓A－19的"热带型"。该艇排水量1300吨，其武备携载量可达到现役2500吨级潜艇的水平。该级艇采用绝氧闭式循环的"斯特林"发动机，远距离潜航和战术机动性能优越，马来西亚海军称之为"远程深潜潜艇"。

以色列将购买德国1400型潜艇 为了替换70年代后期服役的英国造540级潜艇，以色列海军将在德国的资助下购买德国209级1400型(亦称"海豚"级)潜艇。

1400型潜艇是德国于80年代发展的一种潜艇，属209级，但德国海军并未装备，而是出口其他国家。据报道，德将为以色列购买此型潜艇提供5.11亿美元的援助(一说5.67亿美元)，该项资助系德国补偿以色列在伊拉克打击下遭受的损失而提供的。

中国台湾海军计划扩充潜艇兵力 继1987～88年购买2艘荷兰"海龙"级常规动力潜艇后，中国台湾海军一直积极寻找途径，扩充其水下力量。进入90年代以来，中国台湾海军先后考虑了购买目前由阿根廷建造、德国设计的2200吨TR－1700型潜艇和德国1200吨209型潜艇；1991年，又开始与美国及荷兰造船公司磋商购买第2批潜艇的事宜。第2批潜艇的计划采购量将多达6艘。与美国的合作有可能采取由美国按照欧洲的设计方案来建造，或由美国提供资金援助在第三国建造等方式。在同荷兰的谈判中，鹿特丹干船坞公司提出技术转让或技术支援，在台湾建造"海象"级、"海鳝"级或"旗鱼"MK－2型潜艇的方案。

为了使已经装备的2艘"海龙"级潜艇具备原设计的水下攻击能力，中国台湾海军从印度尼西亚购买了200枚德制SUT鱼雷。

英国"支持者"级潜艇首艇服役 英国海军订购的4艘"支持者"级潜艇首艇"支持者"号已于1990年12月服役，但其鱼雷发射管由于不水密，因而未被批准使用。为此，该艇于1991年底返回工厂修理。问题的主要原因是舰艇动力与武器处理装卸系统间机械接口设计不妥。

第2艘"幽灵"号和第3艘"厄休拉"号在交货后也要进行修改，而第4艘"长嘴鱼"号则要在建造期间修改方案。

动力系统亦发生了问题。1989年在苏格兰西海岸进行的"极限试验"中，推进控制系统出现故障。

由于上述问题，该级艇的进度已大大落后于计划，并严重超支，其中首艇比原计划拖延30个月，第2、3艘拖延18个月。超支数额目前已达4000万英镑，其中1/4是用于武器系统的研制，其余是首艇的设计与建造，而要解决已经出现的技术问题将还需要1800万英镑。

按照英国当前的计划，海军仅能保持一支20艘潜艇的水下力量，即4艘弹道导弹核潜艇，12艘攻击型核潜艇和4艘常规潜艇。

英海军改进"奥伯隆"级潜艇 英国皇家海军正在为"奥伯隆"级潜艇加装2051"特里顿"声纳和一种新型数字作战信息、火控系统。该系统可综合来自声纳和其他传感器的数据，为指挥人员提供完整的战术信息，并将上述信息的视频图像同时显示在3个多功能显控台上。每个显控台均可显示武器控制数据，如：目标指示、鱼雷和发射管准备情况、鱼雷发射以及中段制导等数据。

目前，加装了上述设备的"奥伯隆"级"袋鼠"号潜艇正在进行海上试验，该艇多次发射"虎鱼"MK－2型线导鱼雷，均取得了成功。在多枚鱼雷的齐射试验中，火控系统成功地控制了各枚鱼雷的攻击航道，保证实雷相互间不受噪声干扰，各自导向攻击目标，此次试验证明了火控系统的程序软件符合改型要求。

改进后的潜艇可同时引导2枚鱼雷，攻击2个目标。此外，英国还对该潜艇进行了装备"鱼叉"潜射反舰导弹的试验，虽证明可行，但英国海军没有对此潜艇加装导弹的计划。

英国生产微型特种作战潜艇 目前，英国正生产一种称为"水下掠水者"的微型特种作战潜艇。该艇带有可充气的纤维艇裙，水上航行时，2台90马力的发动机可使航速达30节以上，巡航速度为20～25节。该艇还具有通气管航行和水下航行状态。使用通气管航行时，气裙放气，压载水柜注水艇体下沉，其最高部分与水面平齐，航速为4节，此时艇员的头部可露在水面，以便进行观察和导航；水下潜航时则采用2台1.5千瓦的电动机推进，艇上装有12个1.25千瓦、12伏的铅酸电池，使水下航速为2～3节，最大潜航距离8公里。

该艇可载2名艇员，主要用于特种作战，由于该艇体小灵活，又可水下或半潜航行，因而特别适合于秘密投送突击队员或特种兵力。它可由距海岸数公里或十余公里外的潜艇或快速巡逻艇部署，在接近目标时潜航抵达岸边。

法国研制潜艇绝氧动力装置 法国舰船制造局目前正与伯丁公司合作，研制一种称为"自主式水下能源系统"的潜艇用绝氧动力装置。该系统燃烧甲醇和氧气，它不依赖空气的关键在于良好的燃烧和热循环。主要包括热生成回路和"兰金"循环系统两部分，前者包括燃烧室、产生循环热动力的锅炉、循环回路以及燃料、氧气和燃烧生成物的贮箱；"兰金"循环系统主要包括高/低压锅炉、高/低压抽气式涡轮机、冷凝器和回流换热器。与往复式发动机相比，“兰金”循环具有可靠性高、噪声低、工作温度和压力适中等优点。这种自主式发动机的工作效率约为25%，能量密度为300瓦特/公斤，每台发动机每小时消耗144公斤甲醇和216公斤氧。该系统对燃烧产生的废气和水不是排出艇外，而是以液态形式贮存，因此噪声小。

目前，此套系统已在陆上试验设施进行了试验，并计划装备“蝎子”号潜艇进行实艇试验。

德国设计新型潜艇 德国海军目前正在设计U－212级潜艇，用以取代较老的U－205和U－206级潜艇。新设计的U－212级潜艇特别适合于在波罗的海或此类浅水区以及北海海域作战。该艇的设计思想还着重考虑采用一些反潜战对抗措施，包括：采用闭氧动力系统，降低信号特征，艇体用防磁钢建造等措施，以躲避水雷攻击和防磁探测等。

U－212级潜艇水上排水量1280吨、水下1800吨，主尺度为51×6.9×6.4米，采用AIP燃料电池为动力源，人员编制22人。艇首设有6具533毫米鱼雷发射管。艇上装有先进的水声探测设备，包括克虏伯公司的艇首声纳、艇体板阵声纳和拖曳声纳等被动声纳和英国费伦迪公司的FMS－52型高频主动声纳。

荷兰海军“海狮”号潜艇服役 在经过约一年半的海试之后，荷兰海军“海象”级潜艇的第2艘“海狮”号于1990年4月先于首艇“海象”号率先服役；首艇“海象”号由于在舾装时控制室起火，电子设备严重损坏，遂进坞修理，1990年修复后进入海试初步获得成功，到1991年4月才服役；第3艘“海豚”号1990年4月25日下水；第4艘“勃维森”号计划1993年服役。4艘艇的平均造价为2.5亿美元。由于价格昂贵，荷兰海军对该级艇的采购计划可能只能限制在4艘。

该级艇原计划仅在“旗鱼”级潜艇基础上改进，但在设计过程中由于新技术发展迅速，方案多次修改，最终使“海象”成为一级全新设计的潜艇。

该级艇排水量2800吨；最大潜深300米，比“抹香鲸”级约深90米；艇体结构采用HY－100型钢；航速9节时续航力为1万海里；海上持续执行任务（海上巡逻）时间60天；水上最大航速13节，水下为20节；艇尾控制板采用X型布置，由计算机控制（类似于飞行控制系统）。

该艇动力系统在水面航行时采用3台法国SEMT12PA 4－V200型柴油机，总功率7000马力；水下航行时采用1台荷兰Holec型电机，3组铅酸电池，每组140个电池单元，总功率为5000马力，动力装置均采用减振抗冲击装置。

该艇控制装置可从中心控制面板控制4个自动化系统，即：推进控制系统（控制主电机转速）、电池充电系统、柴油机启动/停止系统（水面或通气管航行状态下，控制柴油机）和配平注水控制系统（提供注水或重要校正方面的建议）。各系统内广泛采用状态监视，自动化程度和预防性维修程度高。

该级艇的武器系统为4具533毫米鱼雷发射管，采用美国海军装备的MK－48－4型鱼雷和荷兰造NT－37C/E中型反潜鱼雷。除鱼雷武器外，该艇还可装载20枚“鱼叉”反舰导弹或40枚水雷。

“海象”级潜艇采用的SEWACO－Ⅷ作战系统，实现了全面的集中自动化控制。该系统由7套相同的显示器和显控台构成，通用性好，各多功能显控台功能可互换。每个中央控制单元包括2部SMR－MV处理机，执行显控台与传感器、武器之间的双向数据交换，其主要功能包括：声纳显示与控制；目标判断和目标分类；目标运动分析，自动判定目标的运动；提供不断更新的战术与导航态势图；验证系统的工作状态，辅助操作手训练。

荷兰考虑发展“海鳝”级潜艇 由于“海象”级潜艇价格昂贵，荷兰海军正在考虑是否发展体积较小的“海鳝”级潜艇，并与鹿特丹干船坞公司签订合同，对“海鳝”1800型潜艇进行工程定义研究。

“海鳝”级潜艇是鹿特丹干船坞公司发展的一个潜艇系列，1800型是其中最大型的，水下排水量为1200～1800吨。

荷兰海军要求造船公司在进行研究时考虑到今后加装新型绝氧动力装置时无须对原艇进行大的改装。目前，荷海军对潜艇绝氧动力装置的发展十分重视，由鹿特丹公司开发的闭式循环柴油机目前已装备“海豹”号试验潜艇进行试验，如果结果良好而且“海鳝”潜艇计划得以获准，荷兰海军可能将闭式循环柴油机正式装艇。

瑞典采购A－19型潜艇 为了更新潜艇力量，取代60年代末期服役的A－12型潜艇，瑞典海军订购了3艘A－19型潜艇，又名“哥得兰”级，其中首艇于1991年开工，计划1996年服役，后续艇将分别于1992～93年开工，1997～98年服役。

A－19型潜艇系在A－17基础上发展而来，其水下排水量为1250吨，主尺度为52.5×6×5.5米。该级潜艇的最大特点是动力系统将采用新技术，包括“斯特林”发动机或由考库姆公司发展的新型600KW V－12型发动机；电子系统将包括采用博福斯电子公司的火控系统和克虏伯公司的声纳。

加拿大现役“奥伯隆”级潜艇进行现代化改装 加拿大海军在寻找下一世纪主力潜艇方案的同时，还立足于对现役“奥伯隆”级潜艇进行现代化改装，并以此作为本世纪的主要水下兵力。目前，加海军正在着手为3艘服役多年的“奥伯隆”级改装进行准备。具体改装内容包括更新武器系统及发射装备，以便用MK－48鱼雷取代MK－37鱼雷，换装英国的“特里顿”声纳，下一步还准备用新的潜艇拖曳阵列声纳系统取代目前的2007宽带被动声纳。

潜艇拖曳声纳系统是一种新型窄带系统，包括板阵和拖曳阵。目前整个系统方案尚未最后确定，但已有来自德国、英国和加拿大的4家公司进行了投标，系统价格约为8700万美元，预计1993年装艇。

西班牙改装现役潜艇，筹划新一级潜艇 为使现役潜艇适应新的作战需求，西班牙海军计划对其60年代服役的“加莱纳”级（S－70型）潜艇进行现代化改装。改装内容主要涉及电子设备和动力装置，包括：装备被动式拖曳线列阵声纳，改进探测器，换装可发射法制F－172型鱼雷的发射管，为作战系统加装电子支援装置和采用光学电子潜望镜等；动力系统的改装则主要涉及加装减振装置，减小舰艇的辐射噪声并更换新式电池。

在对现役潜艇改装的同时，西班牙海军还在筹划新的S－80型潜艇，目前已同英国、法国、德国和荷兰的有关造船公司进行接触。新艇的初步方案尚未提出，但研究工作表明，西班牙海军对绝氧动力装置以及新型指挥控制系统表示兴趣。

阿根廷改装TR－1700型潜艇 由德国为阿根廷海军设计的TR－1700型潜艇是一种性能先进的远洋常规潜艇。该级艇水下航速达25节，是目前世界上航速最高的常规潜艇。通过采用高容量“瓦尔它”电池，使该艇能以低速连续在水下航行100小时；艇上设有6具鱼雷发射管，携载22枚鱼雷，艇上的火控系统能同时处理5个目标，并为3枚线导鱼雷提供制导。为进一步发挥该级艇的先进性能并扩大作战范围，近些年阿根廷海军一直在考虑为该级艇加装一小型核动力装置，使其具有更大的水下续航力。目前，阿根廷已与巴西就联合研制核动力装置问题进行磋商。

水面舰艇 航空母舰 1991年，世界航空母舰从数量上看呈下降趋势，但下一步中轻型航母的数量可能回升，其主要原因，一方面是在军事强国裁军、削减军费的浪潮中，航空母舰这种耗资大、占编制多的巨舰将成为削减的主要目标。美国“珊瑚海”号、“中途岛”号航母以及“列克星敦”号训练航母已相继退役，计划进一步将14艘航母削减至12艘；苏联第1艘大型航母“库兹涅佐夫将军”号服役，但由于政局变化，该舰的训练和使用都受到影响，而同级后两艘舰已暂时停工；英国继1981年后再次考虑出售其“无敌”号航空母舰，以解决舰载机不足的矛盾；法国“戴高乐”号目前进展比较顺利，但已比原计划推迟约2年。

另一方面，一批新的航母拥有国正在崛起，印度和日本都在考虑发展航空母舰，并且已着手航母的设计或预研。泰国发展了能搭载12架直升机的直升机母舰，将有助于提高其反潜、反舰和支援两栖作战能力。

苏联第1艘新型航母易名并服役 苏联第1艘大型航空母舰继“克里姆林宫”、“勃列日涅夫”、“第比利斯”3次命名后，在服役前再度易名为“库兹涅佐夫将军”号。苏联官方称该级舰为“重型载机巡洋舰”，其目的是减小世界舆论的影响，同时为该舰顺利通过土耳其海峡而回避称作航母。该舰大约经过1年的海试后已于1991年1月服役，并正式编入北方舰队。第2艘“瓦良格”号（原命名为“里加”号）原计划于1992～93年服役，现已被搁置。

西方国家的技术侦察表明，“库兹涅佐夫将军”号航母为常规动力航空母舰，主动力装置为8台蒸汽机和4台汽轮机，20万马力，最高航速达30节。舰上装有大大高于西方航母的武器设备，包括：舰首12具射程450公里的SS－N－19型反舰导弹发射装置，4套射程12公里的六联装SA－N－9防空导弹垂直发射装置（备弹192枚），8座由8管SA－N－11防空导弹和双30毫米“卡特林”炮组成的CADS－N－1型弹炮防空武器系统，6座30毫米6管速射炮；反潜武器主要为2座RBV12000深水炸弹投放装置。该舰装有“望天”相控阵雷达，4个平面阵天线安装在上层建筑的四周，还装有“杜勃朗”型电子战系统、“板舵”和“撑曲面”对海/对空搜索雷达、“棕榈叶”导航雷达、4部“叉刀”（SS－N－19）和SA－N－9制导雷达、“白铁工”光电跟踪系统和“矮碗”卫星通信数据链，以及电子支援/对抗设备。

“库兹涅佐夫将军”号航母可搭载60余架舰载机。目前，包括：12架苏－27B2型歼击机，12架米格－29歼击机或数目相同的苏－25强击机或雅克－38/－141型垂直短距起降飞机。舰载直升机包括15～18架卡－27直升机。

由于苏联的解体，目前第2、3艘该级舰已暂时停工。

美国计划削减航母数量，报废部分航母 根据美国颁布的1992财年“计划目标备忘录”，美国计划将海军现役14艘航母削减为12艘，具体内容包括：部署在日本横须贺的“中途岛”号航母退出现役，改由“独立”号航母驻泊该基地；目前的“列克星敦”号航母退役，而“福莱斯特”号航母由一线作战舰改为训练用航母。“福莱斯特”号是美海军在二次大战后建造的第一艘航空母舰，具有现代航母的模式，能起降美海军所有一线舰载飞机，并装有完整的两栖战通信设施。按计划该舰将在1992年完成训练舰的改装，改装后一旦情况需要，可随时转入一线部署。此外，“突击者”号航母有可能退役封存。

除上述航母削减计划外，政府还准备停止自1979财年起对现役常规动力航母实施的“延长服役期改装计划”。该计划实施12年来，美海军已对“萨拉托加”号、“福莱斯特”号、“独立”号和“小鹰”号4艘舰完成了改装；“星座”号（CV－64）于1990年6月进厂，计划1992年改装完毕。但取消下一步的延长服役期改装计划，将使尚未改装的“美国”号和“肯尼迪”号航母停止改装，并以目前的技术状态服役至第7～8艘“尼米兹”级航母投入使用之际，然后退出现役。据报道，终止这两项改装计划可节省15亿美元的改装费，同时减少2艘航母每年还可节省15亿美元的维持费。另外，原准备1993年初开始的“突击者”号改装计划也可能取消。

除此之外，为减小开支，美海军还决定解除4艘封存航母的预备役，并彻底报废。这4艘航母是二战时期服役的“好人理查德”号、“本宁顿”号、“大黄蜂”号以及1950年服役的“奥里斯坎尼”号。报废这批航母是为了节省定期整修的大量开支，同时也可为现役航母腾出4个大型综合泊位。

美国继续建造“尼米兹”级核动力航母　美国第6艘“尼米兹”级核动力航空母舰“华盛顿”号（CVN－73）于1990年7月下水，目前正在舾装，计划1992年7月服役；第7艘“斯滕尼斯”号（CVN－74）于1990年12月开工，计划1995年底服役；第8艘“合众国”号（CVN－75）已被列入采购计划，准备1992年秋季开工建造，计划1997年底服役；此外该级第9艘（CVN－76）也正在计划筹措之中，有可能列入1995财政年度的采购计划。

美国“企业”号航母改装并更换燃料　美国第1艘核动力航母“企业”号于1991年初进入纽波特纽斯船厂进行改装并更换核燃料，这是该舰自1961年服役以来第4次更换燃料。改装将持续42个月，计划投资13亿美元。

日本酝酿航母建造计划　围绕发展航母问题进行了舆论准备及宣传后，日本已进一步就航母的设计问题与美、英、法等国的造船公司及工业界进行了会谈，希望得到这些公司的技术援助，并且和航母拥有国进行接触，以解决政治敏感问题。预计日本将在1995年内订购第1艘航母，本世纪末进入现役，但获得某些国家政治上的许诺仍是日本航母发展计划所遇到的一个较大的问题。

日本尚未就所建造的航母类型作出决定，目前优先考虑的方案是：排水量为1.5～2万吨的轻型航母，搭载10架垂直/短距起降固定翼战斗机，以及10架反潜直升机。固定翼飞机则以装备远距搜索雷达的英国造“鹞”2改进型为首选型号。目前直升机的选型问题尚未作出决定。

印度继续航母的研究设计工作　自1989年印度公开宣布其航母发展计划以来，新航母的研究设计工作始终在继续，但是原订列入1991～1992年度预算的经费，因国内政治局势不稳和财政困难而未落实，尽管如此研究工作仍在继续，同时设计工作已由概念设计和初步设计转入工程设计阶段。

据称，由于受现有船台的限制，新航母的排水量将在2.8万吨左右，载机能力为30～40架，甲板设计与法国在建的“戴高乐”级航母类似，能够起降常规固定翼战斗机、攻击机和反潜/反舰直升机。印度称新航母的建造周期为7年，到本世纪末将投入使用。至2015年，印海军将需要4艘这样的航母。

泰国实施直升机母舰计划　1991年2月，泰国海军与德国不莱梅・富坎公司签订合同，由后者承担新的直升机母舰的建造工作，并计划于1994年交付使用。

该级舰在泰海军被称为直升机支援舰，其满载排水量为7800吨，舰长156米、宽32米、吃水5米；主动力装置为4台MTU20V－1163型柴油机，功率为26400马力，双轴推进，航速25节；12节航速下的续航力为1.2万海里，人员编制为350人。

该级舰的主要任务：一是利用所搭载的直升机实施反潜和反舰作战，二是支援两栖登陆作战。舰上设有艏、艉两个直升机起降平台，可搭载12架“海王”大小的直升机。在支援两栖作战时，可载运250名登陆兵。

舰上装有少量对海对空武器，包括“海麻雀”舰空导弹、MK－45型127毫米炮和“布列达”30毫米双管炮。

1991年，泰国海军按计划应订购6架直升机，其选型为美国的“海怪”或英国的“超级山猫”。

该级舰的另一种方案是采取首部滑橇式飞行甲板，这样该级舰便可携载“海鹞”一类垂直/短距起降飞机，这样将大大增加泰国海军的兵力投送、舰队防空、反舰作战和对陆攻击能力，并使海军陆战队的两栖攻击能力增加一倍。近年来，泰海军一直准备建立一支有12～18架攻击机组成的海军战术航空兵联队，以支援其1600人的海军陆战队。

英国“无敌”级航母继续改装　继“无敌”号之后，

该级第2艘“卓越”号(R－06)于1991年开始现代化改装和大修。改装的主要内容包括:加大滑橇式飞行甲板的倾角,使其从7°提高到12°,以便为“海鹞”飞机提供更有利的起飞条件;用荷兰“守门员”7管30毫米炮近防武器系统取代原来的美国“密集阵”6管20毫米炮近防武器系统;装设2部911型雷达和4管轻型“海狼”防空导弹发射装置;提高舰艇指挥控制能力和增设作为旗舰的指挥设施;改装舱室结构,增设120人的生活设施。“卓越”号航母改装后,将同“无敌”号一样,载机量由原来的12架增加到21架,作战效能明显提高。“卓越”号的改装将历时2年半,耗资1.7亿美元。

另据美国《世界武器评论》1991年9月报道,由于舰载机不足,英国国防部正在考虑将该级航母中最先服役的“无敌”号出售。预计,该项计划即使被批准,也要等到“卓越”号改装完毕后方能实施,以保证2艘航母处于作战部署。

法国继续建造核动力航母　法国“戴高乐”号(R－91)核动力航母的建造工作正在继续,但已比最初的计划推迟约2年,现计划1995年下水,1998年服役。第2艘“里舍利厄”号(亦可能取名“克莱蒙梭”)原计划1991～1992年订货,但现在可能推迟至1994年。

“戴高乐”级航母采取了分段建造法,体现了法国造舰技术的最高水平。该舰标准排水量34500吨,满载排水量36600吨,舰艇主尺度为238×31.5×8.5米,飞行甲板长261.5米,宽64.4米,机库面积为138.5×29.4米,高6.1米,可容纳20～25架飞机。目前舰上装设2部长75米的美海军C－13型弹射器,可弹射“超军旗”等重量在22吨以下的飞机,后续舰的弹射器将根据所搭载的飞机确定。舰上的动力装置为2台与“凯旋”级战略导弹潜艇相同的压水堆,因此航速较低,仅为27节。若舰艇以25节速度航行,可连续航行5年不更换燃料。

战列舰和巡洋舰　1991年,这两个舰种在数量上继续呈下降趋势。美国2艘“衣阿华”级战列舰在重新服役6～8年后,再度退出现役。

巡洋舰目前仅在美、苏等四五个国家服役,法国唯一的1艘巡洋舰也于1991年退出现役,现除美、苏外,其他国家已不再建巡洋舰。

美、苏目前在建的巡洋舰虽然级别不多(苏联为“基洛夫”级和“光荣”级,美国为“提康德罗加”级),但具有性能先进,攻击威力大,综合作战能力强的特点,既能作为航空母舰的护航兵力,又可组成水面舰艇编队,实施反潜、反舰和防空作战。美国装备有“战斧”巡航导弹的“衣阿华”级战列舰和“提康德罗加”级巡洋舰在海湾战争的对陆攻击中发挥了重要作用,体现了水面作战舰艇与巡航导弹结合所具有的巨大潜力。

苏联又1艘“光荣”级巡洋舰下水　1990年年底,苏联海军“光荣”级导弹巡洋舰第3艘“乌克兰”号和“现代”级导弹驱逐舰第11艘“贝斯特雷”(Bystry)号从波罗的海舰队里加基地启航,经地中海,顺利通过苏伊士运河,于1991年2月到达海参崴加入苏联海军太平洋舰队。

“乌克兰”号于1987年在北尼古拉耶夫船厂开工建造,1989年8月开始在黑海海试,这次由欧洲机动到太平洋是该级舰的第1次作战部署,成为太平洋舰队仅次于2.8万吨级“伏龙芝”号导弹巡洋舰的第二大水面作战舰艇。

该级第4艘“洛博夫将军”号于1990年秋季下水。

苏联海军第4艘“基洛夫”级巡洋舰海试　“基洛夫”级第4艘“安德罗波夫”号巡洋舰自1991年底开始在波罗的海进行海试。与首舰“基洛夫”号相比,“安德罗波夫”号与第3艘“加里宁”号一样,在武器系统的配置上有较大的改变:

	“基洛夫”号	“安德罗波夫”号
反潜导弹	1×RBV－6000(12管)	1×RBV－12000(10管)
防空武器	8×6管30毫米炮 2×100毫米炮	6×CADS－N－1(含2管30毫米炮和八联装SA－N－1导弹) 2×八联装SA－N－9垂直发射导弹和2×130毫米炮
对空搜索雷达	“顶舵”	“顶板”
火控雷达	2×“眼球”(SS－N－14)	2×“十字剑”(SA－N－9)

经改进后,防空能力进一步加强,用弹炮结合的近程防空系统取代了速射炮的近防系统。此外,内层反潜武器的覆盖范围扩大,由原来的6000米扩展到1.2万米。

美国海军2艘战列舰转入预备役　为了削减海军兵力,节省开支,美国海军2艘战列舰“衣阿华”号(BB－61)和“新泽西”号(BB－62)分别于1990年10月和1991年2月转入预备役。这两艘舰是启封和改装后分别于1984年4月和1982年12月重新服役的,为了重新启用这2艘舰,美国投入了约7.6亿美元的改装费,然而仅服役了6～8年。

剩下的2艘战列舰“密苏里”号(BB－63)和“威斯康星”号(BB－64)在1991年参加了海湾战争,并用“战斧”巡航导弹对伊拉克纵深目标实施了突袭,用

406毫米巨炮对科威特沿海的伊军目标进行了猛烈轰击，发挥了独特的作用。然而据估计，这2艘战舰仍可能成为美国海军裁军的对象，在近年内退役。

美国“提康德罗加”级巡洋舰继续在建，并参加海湾战争 美国第17～20艘该级舰已建成完工，并编入两洋舰队服役。它们是“考彭斯”(CG－63)号、“葛底斯堡”(CG－64)号、“邱辛”(CG－65)号和“顺化市”(CG－66)号。

“提康德罗加”级导弹巡洋舰的后续舰“夏洛”(CG－67)号1990年8月在巴斯钢铁公司下水后，进入海试；“安奇奥”(CG－68)号和“圣乔治角”(CG－71)号正在英格尔斯船厂舾装，“维克斯堡”号(CG－69)、“伊利湖”号(CG－70)、“韦拉湾”号(CG－72)和“罗亚尔港”号(CG－73)开工，由英格尔斯船厂和巴斯钢铁公司建造。

至此，计划建造的27艘“提康德罗加”级巡洋舰已全部开工，按计划这些舰将在90年代中期全部建成服役。

在1991年1～2月的海湾战争中，约有10艘“提康德罗加”级导弹巡洋舰随航母战斗群和战列舰水面战斗群部署至海湾。这些舰艇装备了“战斧”巡航导弹和“标准”防空导弹，用以执行对伊拉克纵深目标实施导弹攻击和为编队提供防空保护。与日常作战部署不同的是，该级舰的主要任务是执行对地攻击，大部分舰配备了“战斧”导弹，其中仅“圣·哈辛托”(CG－56)号一舰便携载了120枚“战斧”导弹。

海湾战争中，该级舰也遭受了一定损失。1991年2月18日晨，“普林斯顿”号(CG－59)巡洋舰正在为扫雷的美、英的反水雷舰艇护航，以防“蚕”式导弹的袭击时，其舰尾触雷。当时“普林斯顿”号是多国部队最靠近科威特海岸的舰艇。

“普林斯顿”号触发了2枚水雷，这2枚水雷前后相隔2秒钟爆炸。水雷爆炸引起的振动波和气浪将军舰托出水面，扭曲并折断了该舰第1号结构强度梁，并将13～20毫米厚的高强度钢板扯裂，使整个舰艇沿纵轴扭曲。

据了解，“普林斯顿”号触发的是意大利制造的“曼塔”型沉底感应水雷。该型雷重235公斤，主要用在2.5～100米水深的浅水区，它对1300吨以下水面舰艇的沉船率很高，而“普林斯顿”号是2年前才服役的“提康德罗加”级巡洋舰，满载排水量9500吨，但仍受到严重损伤。

除了对地攻击和防空作战外，“提康德罗加”级巡洋舰在海湾战争中还体现了它在导弹防御中的作用。据美国《防务新闻》报道，海湾战争中，该级舰上的SPY－1雷达4次探测和跟踪到伊拉克“飞毛腿”导弹的发射，体现了该系统在战区导弹防御中的潜力。

法国“科尔贝尔”号巡洋舰退役 在服役32年后，法国唯一的现役巡洋舰“科尔贝尔”号于1991年5月退役。“科尔贝尔”号是法国第1艘导弹巡洋舰，1953年底开工建造，1959年服役，曾作为地中海舰队的旗舰。在服役30余年中，该舰先后进行了2次较大规模的改装。在第1次改装中，“马絮卡”型防空导弹首次装备上舰，拆除了127毫米火炮，加装了直升机设施；在第2次改装中，对“马絮卡”导弹进行了改进，更换了电缆，改善了居住条件，装备了卫星通信系统，从而使该舰具备作为指挥舰所必需的通信及探测能力。法国海军原计划对该舰进行第3次改装，使其服役至1997年，后因经费以及威胁变化情况而取消了改装计划，并使该舰提前退役。

驱逐舰和护卫舰 1991年，世界各国驱逐舰、护卫舰有多型正在建造、下水或服役，其中最具代表性的有：代表新一代驱逐舰的美国“伯克”级驱逐舰首舰服役，日本“雪风”级驱逐舰下水，此外，意大利的“阿尼莫索”级驱逐舰、苏联的“波罗的海”8、英国的23型“公爵”级、荷兰的M级等新型护卫舰也先后服役。

在技术上，新一代驱逐舰、护卫舰具备以下特点：一是采用导弹垂直发射技术。其中新建、在建的驱逐舰已大部分采用垂直发射系统。如：美国的“伯克”级、日本“雪风”级、加拿大“部族”级，以及南朝鲜计划中的KDX驱逐舰均属此列。技术先进的高性能护卫舰也开始装备导弹垂直发射系统，如英国目前建造的23型、荷兰的“多尔曼”(M级)护卫舰等。值得注意的是，中国台湾海军也计划在其仿“佩里”的后续舰上装备导弹垂直发射装置。二是装备相控阵雷达。相控阵雷达技术复杂、体积重量大。但随着技术水平和元器件的发展，相控阵雷达已开始在中型水面舰艇上装备。美国8400吨的“伯克”、日本7200吨的“雪风”驱逐舰已装备了SPY－1D型相控阵雷达，中国台湾海军筹划在仿“佩里”级护卫舰上装备自行研制的“长白”相控阵雷达，从而将大大提高这些舰艇中远程防空和对付多目标的能力。三是采用隐形技术提高反探测能力。目前中型水面舰艇的隐形技术主要包括反电磁(雷达)、反红外和反声学探测三类。反电磁探测目前越来越普遍采用的措施是隐形外形设计，如意大利的“阿尼莫索”级、日本的“雪风”级驱逐舰，荷兰的M级、法国的“拉法耶特”和英国的23型护卫舰等都在舰形设计上采取减小雷达反射面积的外形。除此之外，雷达吸波涂料也在一些舰艇上使用。在降低红外特征方面，加拿大的“哈利法克斯”级护卫舰装备了DRES球体红外抑制系统，能对烟道和排气进行有效的冷却。意大利“阿尼莫索”级则是通过“气幕降噪”、降低水动力噪声，以减少舰艇受声制导鱼雷攻击的概率。

苏联“无畏”级新型护卫舰下水 原北约称为“波罗的海”8的苏联“无畏”级护卫舰首舰于1991年服役。该舰系1985年开工建造的，1989年进入海试；同级第2艘已经下水。

该舰满载排水量3800吨，舰长130米、宽15.5米、吃水5.6米；动力装置采取4台燃气轮机，11万马力，双轴推进，航速达30节；编制200人。

该级舰采取了与西方现代护卫舰相类似的标准武器配置。包括：6具新型SS－N－X反舰导弹发射管（舰艇艏部、两舷各3具），4组射程12公里的六联装SA－N－9防空导弹垂直发射箱和1门100毫米舰炮；舰上反潜武器为1座RBU－12000型10管反潜火箭发射装置。该舰还装备有由防空导弹和小口径炮组成的弹炮近防武器系统，并装有2座箔条发射装置，提高了近程反导能力。

舰上电子设备包括2部“罩钟”、2部“座钟”电子侦察机和干扰机；1部“顶盘”三坐标对海对空搜索雷达；舰壳主动搜索与攻击声纳、变深声纳或拖曳阵声纳。

美国“伯克”级驱逐舰首舰服役 作为美海军21世纪主战舰艇的“伯克”级驱逐舰首舰于1991年6月服役，比原计划推迟半年，后续舰第2艘“巴里”号（DDG－52）和第3艘“琼斯”号（DDG－53）也已下水舾装，第4～7艘舰已经开工。目前“伯克”级是美国唯一在建的驱逐舰。1989和1990年财年，美海军分别为6艘“伯克”级拨款，1991财年又拨款开工4艘，同级计划共建32艘，已列入计划的17艘分别由巴斯钢铁公司和英格尔斯造船厂承建。

该舰采用模块化结构设计，舰体共有47个分段（或模块）。据建造厂家称，该舰下水时仅完成了工作量的70%，大约还需18个月的时间进行电缆线路、武器系统、作战情报中心及其附属电子系统的安装调试。1990年8月，“伯克”级驱逐舰安装舰壳声纳后进行了适航性、推进驾驶系统的考察性试航。

该舰装备了SPY－1D型全方位相控阵雷达。该舰在两个位置装有垂直发射系统，首部为MK－41－0型，含29个发射箱，尾部为MK－41－1型，含61个发射箱。该系统能快速发射“标准”SM－2中程舰空导弹、“战斧”远程巡航导弹和“阿斯洛克”反潜导弹，目前正在研究将“标准”舰空导弹的射程增大，以提高该舰的区域防空能力。

“伯克”级驱逐舰装备有联合战术信息分布系统和高效战术数据链，可与航母舰载的F－14战斗机、E－2C预警机进行大容量、高保真、抗干扰的通信联络。

“伯克”级的另一重要改进是提高了各种条件下的生存能力。体现在：(1)抗攻击能力。全舰使用了70吨“凯夫拉”装甲材料，对舰艇关键部位进行装甲保护，电子设备经过抗“电磁爆炸”加强。(2)核、生、化防护能力。在设计上尽可能减少对外出入口，出入口均采取双层气密门，使舱室处于正压力以保证舱口气密，进气过滤，并加装了用于三防的收集保护系统。(3)防火耐高温性。所有居住舱室均加了喷淋系统，铝制舷梯改为钢质。(4)隐形能力。上层建筑采用斜面和圆弧舷角，以减小雷达反射面积。(5)带伤作战能力。重要的作战指挥舱室都设在水线以下，以减少受导弹攻击的机会，指挥系统采取分布式结构，即使一处受伤，系统仍能继续工作。

目前美海军设想“伯克”级有2种标准，第1～18艘为Ⅰ型，第19～32艘为Ⅱ型。如果追加计划，那么第32艘以后为Ⅲ型。Ⅲ型舰从第82号舰起，C^3I系统将有更大的改进，全方位搜索相控阵雷达由SPY－1D型改为SPY－1E型。SPY－1E型雷达比D型更先进，能对雷达散射截面小或信号特征低的多个威胁目标进行跟踪探测，能更有效地控制舰艏、艉配置的2座61单元垂直发射装置。

美国“基德”级导弹驱逐舰改装完毕 为提高舰艇作战能力，美国对4艘“基德”级导弹驱逐舰进行了现代化改装。改装工程从80年代开始，现已全部完成。

改装的目的在于以SM－2MR“标准”式防空导弹取代SM－1MR导弹，并为此更换和新设了部分电子探测设备。其配备的位置和桅杆形状也有变化。主桅强度有较大提高。

换装的SM－2MR防空导弹射程从过去的25海里增至40海里，新装备的SPS－49对空雷达装在前桅上部，SPG－60射击指挥雷达移到后桅。127毫米火炮的SPS－60火控雷达和“标准”式防空导弹的SPG－51雷达分别设在后桅上下，后桅上的SPS－48C三坐标雷达上移，并为此提高了桅杆的强度。

日本建造“改朝雾”级驱逐舰 该型驱逐舰是目前正在建造的“朝雾”级驱逐舰的改进型，排水量比“朝雾”略大，为4400吨，动力装置采用燃气轮机和蒸气轮机联合推进，航速达30节，编制人员仅是“朝雾”级的2/3，为160人。

“改朝雾”的最大特点是首次装备了2座日本自制的四联装SSN－1B反舰导弹，并准备装备垂直发射的防空导弹和“阿斯洛克”反潜导弹，舰炮武器包括1座76毫米炮和2套“火神/密集阵”近防武器系统。该舰具有较强的反潜能力，除垂直发射的反潜导弹外，还装备有2座三联装68型324毫米鱼雷发射管，并可搭载1架SH－60J“海鹰”直升机。

目前该级舰已于1991财年获准首舰的采购计划，预计将于1993年开工，1997年服役，计划共建8艘。

日本“雪风”级驱逐舰首舰下水 装备有“宙斯盾”武器系统的驱逐舰“雪风”级首舰（DD－173，亦称“金刚”号）已于1990年5月在三菱重工业公司长崎船厂下水，计划1993年服役。该舰是美国“伯克”级驱逐舰的改型，舰上装有美国提供的“宙斯盾”雷达（SPY－1D相控阵雷达）和武器系统，服役后将作为日本海上舰队的主要防空舰艇，有助于扩大日本海上自卫队的海上作战范围。

根据协议，日本公司负责建造舰体、动力装置、电子战系统、舰炮和直升机（美国许可证生产的SH－60J“海鹰”直升机等），而作战系统则主要由美国提供，其费用大约占整个费用的一半，包括“宙斯盾”系统约1亿美元，导弹垂直发射系统、“鱼叉”反舰导弹、“密集阵”近防武器系统以及“导航星”全球定位系统和敌我识别器等共计3.5亿美元。按照计划提供给日本的首套“宙斯盾”系统及有关武器于1991年8月交货。

在日本目前的五年防卫计划中，海军将采购4艘“雪风”级驱逐舰，1991年已获准采购第3艘舰。日本认为，为适应下世纪初的作战需求，需要有8艘该级舰编入舰队。

日本海上自卫队将首次装备舰载有源阵雷达 据《简氏防务周刊》报道，日本第5艘“朝雾”级驱逐舰“滨雾”号（DD－155）将装备世界上第1部舰用有源阵雷达OPS－24。

OPS－24系由日本三菱电气公司通信设备分公司根据美国技术研制发展的，工作在L波段，用于执行对海对空搜索。它采用八边形平面阵天线，可360°旋转。天线阵单元内有小型发射机和接收机，而不是像普通三坐标雷达那样采用中央发射机向天线阵馈电。该雷达具有良好的波形自适应能力，以适应不同的战术需求，并采用脉冲压缩技术来提高远程探测的分辨力。

目前装备的OPS－24雷达尚属验证型，但按计划自第5艘以后的4艘“朝雾”级驱逐舰都将装备此型雷达。

日本采购新的舰载直升机 1991年3月，日本海上自卫队对第1架SH－60J“海鹰”反潜直升机进行舰载使用试验。计划到1998年共采购100架，其中舰载型为50架。此后，日本还准备采购10架MH－53E“海上种马”扫雷直升机，目前这项工作已通过最后的使用试验。

南朝鲜实施驱逐舰更新计划 为了加强海军建设和提高现代化程度，南朝鲜正在实施“南朝鲜驱逐舰更新”（KDX）计划。计划内容包括建造2艘原型样舰（首舰）以及12～16艘后续舰。首舰的开工时间初步定在1992年。自1990年底起，南朝鲜考察评价组对西欧几个国家进行了技术考察，先后了解了英国23型护卫舰、荷兰M级护卫舰和德国F－123级护卫舰。

南朝鲜驱逐舰更新计划的焦点是采用什么样的指挥控制系统。到目前为止，主要的选择对象有3家，其中英国费朗蒂公司研制的最新“系统”500，最初虽未被南朝鲜选中，但该公司与南朝鲜三星电子公司共同生产的WSA－423系列指挥系统，已在最近10年内装备了南朝鲜20艘“蔚山”级护卫舰和“浦项”级轻型护卫舰。费朗蒂公司利用“系统”500的技术可发展驱逐舰用的WSA－423KD系统，从而使南朝鲜舰载指挥系统具有较高的模块化和通用化水平。

KDX驱逐舰包括8个指挥系统多功能显控台、火控与近防武器系统显控台、数据链、数据总线并与直升机的数据链有接口。费朗蒂的WAS－423KD将是一个半分布式系统，即部分信息处理在中央计算机上完成，而数据库则分布于全舰的所有显控台。

KDX舰上的主要反舰武器为八联装“鱼叉”反舰导弹和1座127毫米主炮，防空武器为MK－41垂直发射系统发射的“北约海麻雀”导弹或其他导弹及2套近防武器系统。

印度外购、自建驱逐舰 印度海军继购买5艘苏联“卡辛”Ⅱ级驱逐舰后，又提出购买满载排水量7300吨的“现代”级驱逐舰和3600吨的“克里瓦克”级护卫舰，并考虑逐步在防空、反潜和反舰等方面形成配套。

在继续寻找外国武器来源的同时，印度还自行建造驱逐舰（即15号工程）。1991年2月，印度在苏联技术支援下自行设计的“德里”级驱逐舰首舰在马扎冈船厂下水，计划1994年服役，同级第2艘于1991年2月开工。“德里”级驱逐舰标准排水量6500吨，主尺度160×17×6.5米，采用柴油机和燃气轮机联合动力装置，其中前2艘采用2台苏制AM－50型燃气轮机，后续舰将采用美国LM－2500燃气轮机和2台MTU柴油机，功率为5.4万马力。

舰上武器将为苏制与印度自行研制的结合体，包括4具SS－N－22反舰导弹发射装置、2座SA－N－7防空导弹发射装置、3座76毫米平高两用炮以及2座三联装324毫米鱼雷发射管，并有可能装备苏制CADS－N－1弹炮结合近防武器系统。

舰上的主要水下探测设备为印度自行研制的变深声纳或拖曳阵列声纳以及APSOH舰壳声纳。此外舰上还可搭载2架英国MK－42B型“海王”直升机。

印度继续自建护卫舰 自80年代中期印度自建“戈达瓦里”导弹护卫舰之后，1990年又开始建造该级第4艘；与此同时在总结该级舰的设计与建造经验教训之后，印度又在发展“戈达瓦里”Ⅱ型舰，包括进行结构的改变和更多地采用西方武器和电子设备，据称“戈达瓦里”级驱逐舰及设备的国产化程度为72%。

除“戈达瓦里”级外，印度目前还在实施一项称为25号工程的舰艇采购计划，即自行建造排水量1350吨的“库里克”(P－49)级轻型导弹护卫舰。1990～1991年该级舰头4艘服役，另外2艘尚在建造。该级舰舰长91米、宽10.5米，吃水2.5米；主动力为2台柴油机，16900马力，航速25节，编制人员79人。舰上装有射程80公里的SS－N－2C反舰导弹，射程6公里的SA－N－5防空导弹和76毫米炮。据称，该级舰头4艘为反潜型，但从目前看，这些舰既未装鱼雷发射管，也没有声纳。如实施反潜战，则靠舰上搭载的ALH直升机，机上挂载有吊放声纳和反潜鱼雷或深水弹。据报道，这级舰的国产化水平为65%，计划共建12艘。

土耳其采购“搜索”Ⅱ型护卫舰 土耳其于1990年1月向德国订购2艘“搜索”Ⅱ型护卫舰，该舰是80年代后期德国为土耳其建造的4艘“亚乌扎”级(MEKO－200)的改进型，因此也称为MEKO－200Ⅱ型护卫舰。其标准排水量3100吨，满载排水量3495吨，全长117.5米，水线长109.5米，吃水4.1米，最大宽/水线宽14.8/13.8米。主机采取柴油机与燃气轮机交替复合动力推进，双轴双桨，最大功率和巡航功率分别为6万马力和12000马力，最大航速31.8节，巡航速度20节。武备包括2座四联装“鱼叉”舰舰导弹发射装置和“海麻雀”舰空导弹发射装置。其它武器为127毫米单管炮，3座4管25毫米机关炮，2座三联装324毫米鱼雷发射管，舰载直升机为1架意大利AB－212反潜直升机，必要时可挂装“海上大鸥”反舰导弹。

此外，Ⅱ型舰加装了空调设施，改善了指挥控制装置，对空搜索雷达由DA－08改为AWS－9，船员从180人增至190人。

目前，土耳其已订购2艘Ⅱ型舰，首舰于1991年开工，建造时间为33个月，计划1995年服役；第2艘于1992年4月前后开工建造。

中国台湾海军建造PFG－2仿“佩里”级护卫舰 中国台湾海军称为“光华计划”的护卫舰更新计划已开始实施。该计划的核心包括建造8～12艘PFG－2仿“佩里”级护卫舰。目前首舰“成功”号(1101)和第2艘“郑和”号(1103)已经开工，计划于1993年和1994年服役。整个计划分两步实施：第一步计划建造PFG－2级Ⅰ型舰6艘，第二步计划建造Ⅱ型舰6艘。

PFG－2级Ⅰ型护卫舰轻载排水量2750吨，满载排水量4100吨，舰艇主尺度为138.1×13.7×4.5米。主动力装置为2台LM－2500燃气轮机，41000马力，单抽推进。舰艇最大航速29节，以20节航速巡航的续航力为4500海里。

与美国“佩里”级不同的是，台湾用部分自产设备取代了美国设备，如用2座台湾自产的四联装“雄风”Ⅱ反舰导弹取代了“鱼叉”导弹，舰上其他主要武器包括：1座MK－13导弹发射装置，用以发射SM－1“标准”中程防空导弹，备弹40枚；1座“奥托”76毫米炮、2座“博福斯”40毫米炮和1套“密集阵”近防武器系统；反潜装备为2具三联装MK－32鱼雷发射管，发射MK－46鱼雷。另外可搭载2架S－70型直升机，但服役初期将仅搭载1架。

主要探测设备为：美国SPS－49(V)2对空搜索雷达，SPS－55对海搜索雷达，以及SQS－56舰壳和SQR－18A被动拖曳阵声纳；电子战装备为“长风”1V雷达告警与干扰机(在许可证下生产的SLQ－32(V)2综合电子战系统)。

Ⅱ型舰更侧重于防空，将在基本相同的舰体上装备更先进的作战系统，探测设备将改装台湾在美国技术援助下自行研制的“长白”相控阵雷达和MK－41导弹垂直发射系统，并可能加装反潜导弹。作战指挥系统将Ⅰ型舰的SYS－2(V)作战情报自动化系统改为美国MCS－2000作战数据系统。

此外在舰艇结构与动力装置上亦可能改进，如舰艇作战情报中心从上甲板舱室移至主甲板以下；动力装置将由单轴推进改为双轴双桨，并增设巡航用发动机。Ⅱ型舰首舰将在2000年前服役。

英国23型护卫舰服役，后续舰继续建造 作为英国海军本世纪末至21世纪初主战舰艇的23型“公爵”级护卫舰已开始进入现役，其中首舰“诺福克”号曾在1989年海试时推进螺旋桨发生故障，经返修和重新海试后，于1990年6月服役；第2艘“阿基尔”号(F－231)和第3艘“马尔波罗”号(F－233)于1991年5月服役。该级第4～6艘“南卡斯特”号(F－229)、“艾恩公爵”号(F－234)和“蒙茅斯”号(F－235)已于1990年和1991年下水，计划1992年服役；第7～10艘“蒙特罗斯”号(F－236)、“威斯敏斯特”号(F－237)、“诺森伯尔兰”号(F－238)和“里士满”号按计划应于1991年开工。下一批6艘舰的采购计划尚在酝酿之中。

根据技术发展，23型护卫舰在建造中可能分成不同批型，当前考虑的改进包括舰体加长7米，增设2套“守门员”近防武器系统并提高“海狼”防空导弹的载弹量。此外，由于研制工作中途受阻，目前已服役的该级舰均未装备SSCS“水面舰艇作战数据系统”，因而不能充分发挥武器和探测系统的能力。预计1993～94年该系统将正式装舰，从而实现各种武器、传感器的自动信息交换与火力协调，提高快速反应力和对付多目标的能力。

目前23型护卫舰已有3艘建成服役，7艘在建，另外还有6艘正在计划之中。

英国考虑与法合作发展下一代护卫舰 由于NFR－90北约护卫舰计划中途停止，英国海军开始独立发展适合本国使用的下一代护卫舰。该型护卫舰将用于取代70年代后半期开始服役的42型驱逐舰，因此要求它是一型具有很强防空能力的多用途护卫舰。

该型舰将在23型护卫舰基础上发展改进，但由于作战能力要求提高，排水量将有较大增长，从23型的4200吨提高到今后的7000吨，区域防空导弹将采用垂直发射方案，备弹量从现在的32枚提高到96枚，另外两舷还要装设单舰防卫的“海狼”防空导弹和“守门员”近防武器系统。在反潜方面，该舰将装备2050型低频声纳和2057型拖曳声纳，并搭载2架EH－101“灰背隼”直升机

新护卫舰的发展也可能采取与法国合作的方式，1991年3月，两国已就联合发展护卫舰签定了“联合需求声明书”。英国新护卫舰将用于替换42型防空驱逐舰，而法国的需求也是防空型舰艇，用以为“戴高乐”级航母护航，因此在需求的基本方面是一致的。但是英国新护卫舰的排水量可能达7000吨，而法国护卫舰的排水量则小些，因此，联合发展的护卫舰不一定是同型舰，但包括作战指挥及信息处理系统在内的很多部分是通用的，从而将降低该级舰的研制设备费和成本，按计划该级舰将在10年内服役。

法国建造两型护卫舰 法国海军继续实施其两型护卫舰的建造工作。

排水量3500吨的“拉法耶特”级护卫舰首批3艘均已开工，它们是“拉法耶特”号(F－710)、“絮库夫”号(F－711)和“库尔博”号(F－712)，按计划首舰将在1992年末进行试航，1994年交付法海军使用。

“拉法耶特”级护卫舰满载排水量为3500吨，舰长125米，宽15.4米，吃水4米，持续航速25节，15节时续航力为7000海里，12节时的续航力为9000海里，额定舰员164人。舰体设计上强调了减小雷达反射面积，上层建筑采取10°倾斜，舰面设备尽可能采取隐蔽安装或低型面。为进一步减小反射强度，该舰广泛采用吸波涂料。此外为提高舰艇的生存力，该级舰的关键或敏感部位都采用了局部装甲，今后还将装备目前正在研制的SLAT反尾流制导鱼雷系统。

该舰主机是4台SEMT柴油机，总输出功率为17600轴马力。舰上武器系统包括：1座100毫米口径平高两用舰炮、2座四联装MM－40“飞鱼”舰舰导弹和“达盖”假目标干扰系统发射装置。第1艘舰的对空防御武器是“响尾蛇”导弹系统，后续舰将采用垂直发射的“紫菀”AS－15近程舰对空导弹系统。

舰上电子设备包括1部DRBV－15C型“海虎”对海对空搜索雷达，2部“阿拉贝尔”多功能雷达以及1台CARBR－17电子支援设备。

估计每艘“拉法耶特”级护卫舰的造价约为10亿法郎，其中仅作战系统就耗资4000万法郎。法海军计划将“拉法耶特”级的部分舰作为航母战斗群的护航舰使用。下一步还可能发展该级舰的反潜型，并装备拖曳阵声纳、轻型鱼雷发射管以及反潜型直升机等。

法海军现在正在建造的另一级为“花月”级护卫舰，计划分三批建造6艘，首舰已于1991年3月开始试航，年底交付法国海军。每艘舰造价约为4亿法郎。“花月”级护卫舰标准排水量2600吨，舰长93.5米，宽14米，吃水4.3米，动力装置包括4台单机功率为2200马力的SEMT型柴油机，双轴推进，2个调距螺旋桨。舰载武器包括1座新型100毫米口径舰炮，射速为80发/分，舰炮由“纳吉尔”光学指挥仪控制；2座“达盖”Ⅱ型假目标干扰系统和2座双联装“西北风”近程舰对空导弹发射装置(但目前暂装2座20毫米小口径炮)，舰上留有安装MM－40型飞鱼舰对舰导弹的位置，目前反舰作战武器为直升机机载的AM－39“飞鱼”空对舰导弹。舰上电子设备包括1部搜索雷达，1套ARBR－17电子支援设备，2部“塔康”导航雷达，其中1部用于舰载直升机的近距离控制。

目前首舰“花月”号(F－730)于1991年8月前往东南亚各地进行远航试验，11月底结束海试，计划1992年12月服役。同级另外3艘已经开工，其中第2艘在1991年7月进行了一周的短暂海试后，返回船厂进行武器和探测设备的舾装。

法德两国合作发展出口型护卫舰 最近，法国和德国两家造船公司已正式签约，联合发展用于出口的新型中小型舰艇，两家船厂推出了CRECA－C－20型轻型护卫舰，此型舰是专为亚太地区国家海军研制的。为了迎合不同的需求，舰上可装备各种武器系统，主要执行反潜和护航作战任务，并兼有一定的对海攻击和防空作战能力。该舰标准排水量2000吨，舰长90米、宽13米、吃水4米，航速为25～30节，舰员90名。

意大利推出3种型号的护卫舰 为了适应国际市场的需要，特别是第三世界国家海军近海防御的需要，

最近意大利推出3种型号的护卫舰方案。这些护卫舰吨位不大，但具有综合作战能力，火力配系较强，能适应不同的作战任务和战术使用。

(1)T—1400型多用途轻型护卫舰。该舰标准排水量约1400吨，武备包括1座“奥托”76/62毫米对海/防空多用舰炮、1座“布雷达”双管40毫米舰炮、1座八联装“蝮蛇”近程舰对空导弹发射装置、2座双联装B—515反潜鱼雷发射装置、2座三联装“奥托马特”舰对舰导弹，以及1座“斯科拉”SCLAR干扰火箭发射装置。

火控系统为2套NA—30装置，以及1套IPN—10作战指挥与武器控制系统。后一系统包括：1部RAN—10S目标搜索雷达、1部RAN—12L/X波段对空/对海警戒雷达、1部DE—1167型舰壳声纳以及1套电子支援/干扰设备。

(2)T—1500型多用途轻型护卫舰。该舰的标准排水量约1500吨，舰上搭载1架“山猫”反潜直升机。该型舰的推进系统有两种形式：一种为CODAD柴油机联合动力装置，另一种为CODOG柴燃交替复合动力装置，最大航速为28～30节。

该型舰的武器系统除没有安装双管40毫米炮外，其余与T—1400级舰相同，但在T—1400型的基础上加装反潜用的DE—1167变深声纳。

(3)T—3100型护卫舰。该型舰的标准排水量为3100吨，在舰艇设计上突出了雷达反射面积小的特点，其上层建筑较小，机库甲板低于主甲板，直升机着舰后由升降机送入机库，降低了上层建筑后段的高度，上层建筑及舷侧均采用弧形结构，避免采用直角连接。武器系统采用导弹垂直发射装置和舷侧隐蔽式鱼雷发射装置，减少了甲板辅助设备。

该型舰的武备包括：由24个发射单元组成的舰对空导弹垂直发射装置、2座四联装“奥托马特”舰舰导弹发射装置、3座76毫米舰炮、2座SCLAR干扰火箭发射装置、2座三联装反潜鱼雷发射装置以及1架“海王”或1架EH—101型舰载直升机。

意大利“阿尼莫索”级驱逐舰首舰海试 意大利海军5400吨“阿尼莫索”级防空型驱逐舰首舰已经完工，正在进行武器与电子系统的综合性海上试验，计划1992年6月服役；第2艘“冒险”号(D—561)于1991年4月13日下水，现正在舾装。

“阿尼莫索”级是具有综合作战能力的防空驱逐舰，具备完善的武器系统和分层防御的火力配系，与它所要替代的“大胆”级驱逐舰相比，作战能力有很大提高，与意大利海军70年代末的“狼”级和80年代的“西北风”护卫舰相比，该级舰除保持了火力强的特点外，还突出改善了该舰的生存力和适航性。

舰体采用方宽尾型，艉部半径较小，通过先进的计算机辅助设计，使得舰上空间得到了优化处理，为增加作战系统设备提供了足够空间。改进了舱室设计，共分16个水密舱，一舱受损，其他舱不受影响，有效地提高了抗损生存力。为降低噪声，一部分动力和机电设备安装在弹性支座上，舰体加装有气幕降噪系统。为减小雷达反射面积，所有上层建筑都略呈倾斜状布置。该舰有极强的适航性，可在任何海况下作战。

该级舰虽然性能先进，但由于经费原因，2艘后续舰将推迟采购，但届时可能装备意法联合研制的称为“舰空导弹平台”(SAMP/N)的新型舰艇防空系统。

荷兰“科雷尔·多尔曼”级护卫舰服役 荷兰海军新一代多用途护卫舰“科雷尔·多尔曼”首舰(F—827)于1991年6月服役，同级第2艘“威廉·扎安”号(F—829)也完工，并通过验收；第3艘“切克·希德斯”号(F—830)、第4艘“范·阿姆斯特尔”号(F—831)和第5艘“赫尔斯特”号(F—823)已经下水，计划1993～94年服役。另外3艘已经开工，计划共建8艘。

“科雷尔·多尔曼”级护卫舰服役后，将使荷兰水面舰艇兵力进一步年轻化。目前，荷兰现役护卫舰的平均舰龄为10年，是世界上舰艇平均舰龄最低，更新频度最快的国家之一。

加拿大海军“部族”级驱逐舰改装后服役 “部族”级(亦称“易洛魁”级)驱逐舰第1艘“阿尔冈金人”号自1987年11月起进行大规模改装，1990年12月完成改装，1991年进入海试，年内再次服役。此次现代化改装的对象是1972～1973年竣工的4艘“易洛魁”级反潜驱逐舰。改装的主要目的是加强防空能力。改装内容包括装备垂直发射的防空导弹系统，换装新一代情报处理系统和更换巡航用燃气轮机等。该舰改装后的战术技术性能如下：

满载排水量5100吨，全长128.8米，宽15.2米，功率5000马力，航速29节，改装后的武器有1座SM—2“标准”式舰空导弹垂直发射装置，1门76毫米单管炮，1套20毫米“密集阵”近防武器系统，2座三联装轻型鱼雷发射管，2架“海王”式直升机，射击指挥系统和雷达亦更换一新。

加拿大“哈利法克斯”级护卫舰首舰服役 加拿大近20年来自行设计建造的第一型护卫舰“哈利法克斯”级(亦称“城市”级)首舰，在比原计划推迟2年后，终于在1991年7月基本完成海试，后续舰正在建造。

该舰系加拿大海军最先进的一型舰艇，其突出特点有：

(1)首次采用了分布式计算机体系的指控与作战数据系统。布式计算机网络，用以对舰上的探测器、武器、通信设施以及机械电力进行控制。全系统共使用了约30台计算机，遍布全舰，如舰艇在作战中受损，系统可重新组网，继续工作或降低功能使用。

(2)可综合信息处理。舰上作战系统将来自声纳、电子支援设备以及搜索和火控雷达的数据集于一体，进行综合处理。系统软件用CMS－2计算机语言写成，含有100多万条指令，具有较强的信息处理、威胁判断和火力协调能力，有助于提高舰艇对付多目标和综合作战能力。

(3)降低红外信号特征。该舰首次装备了尚在试验的加拿大自行研制的DRES球体红外抑制系统，主要对烟道和燃气进行冷却。系统包括薄膜冷却外管、传导冷却、冷却中心球体以及冷却排放、扩散器几部分。试验表明，该系统具有良好的冷却作用，可使舰艇烟道的金属面和燃气冷却至接近环境温度。

尽管“哈利法克斯”级已比原计划的服役时间推迟近2年，但仍有一些设备未能在首舰上装备。这包括SQR－501拖曳声纳和CH－124A“海王”直升机的改进型，预计这些装备要在1993和1994年方能装舰。

(张召忠、刘海鹰)

辅助舰船 1991年，海军辅助舰船作为重要的海上机动保障力量，在许多国家的海军中均得到了积极稳步的发展。一些海军大国正在建造或计划建造新型辅助舰船，以替代即将超龄的旧式辅助船。更多的濒海国家也在发展作战舰艇的同时，相应地建造后勤辅助舰船。与此同时，各国都在充分利用现代技术，使辅助舰船向大型、高速、多功能、装备齐全的方向发展。

美国AOE－6级快速战斗支援舰首舰服役 1987年动工建造的AOE－6级快速战斗支援舰首舰“供应”号已于1991年服役，建造费为4.13亿美元。该级舰满载排水量4.88万吨，可装载油料1400吨、弹药1800吨、冷藏品400吨、其他干货250吨。美海军计划用新舰取代舰龄已愈28年的“萨克拉门托”号快速战斗支援舰。该级舰的后续舰“雷尼尔”号(AOE－7)和“北极”号(AOE－8)已相继开工，建造预算分别为3.64亿和3.56亿美元。

美国“锡马隆”级补给油船现代化改装完毕 该级船满载排水量3.7万吨，长216米，宽26.8米，吃水10.7米。动力装置采用1台蒸汽轮机，功率2.4万马力，航速20节。改装后油料装载量从12万桶增至18万桶，海上补给能力也有明显增强。最后1艘船的改装工程费为3970万美元。

美国发展小水线双体海洋监视船 美国造船公司坦帕船厂与海军签定了一项建造6艘T－AGOS－23级海洋监视船的合同。该船采用小水线双体结构，可为在狂涛海面上执行监视任务提供一个更为稳定的平台。该级船长85.79米，宽29.18米，吃水7.92米，设计排水量5368长吨。动力装置采用2台柴－电推进装置，功率5000马力。按合同要求1994年首船交付使用，到1997年6艘船全部完成。该级船建成后将由军事海运司令部管辖使用。

美国“利特尔海尔斯”号水文测量船下水 由霍尔特造船公司承建的美海军2艘水文测量船的第2艘“利特尔海尔斯”号(T－AGS－52)于1991年初下水并命名。该船长63.4米，宽13.7米，吃水6.85米，可携载2艘10.36米长的水文测量艇。该船可利用舰壳声纳和拖曳式声纳搜集1～4000米水深的水文资料，搜集的数据在转到国防制图署以前先在船上进行初步处理。

美国计划发展战略海运力量 1991年8月美国海军提出的一份报告指出，美海军军事海运船队应保持相当的规模，除包括现有的预置船和快速海运船外，要优先建造4～6艘滚装船；到1994年，把第一类预备役船队的干货船从现在的83艘增加到102艘。为此，美国会拨款2.25亿美元供1991年度维修现有船舶和增添5艘第一类预备役船。增拨9亿美元，同原拨出的3.75亿美元，共有12.75亿美元用于新的海运计划。海运计划的重点是建造装载陆军装备的海上预置船，建造航速为25节的滚装船，其中包括建造两种采用通用船体设计的内燃机船。一种是船长290米、装载量5.3万吨的大型货船；另一种是船长213米的中型货船。

美国海上预置船重建工作完毕 据美国《海军陆战队杂志》1991年11月报道，参加海湾战争的美海军陆战队的3支海上预置船中队已完成重建工作，满载装备和物资重新返回指定的基地履行海上预置任务。这次物资装载采用了军用模块的概念，即1个预置船中队所载的装备和物资要随时保障几种特殊作战的需要。尽管各中队仍保持支援1支陆战队远征旅部署的能力，但做为1艘或1组船，采用军用模块的装载方式可大大提高支援的机动性，增强单元模块的维持力。

日本“响”号海洋监视船即将服役 日本海上自卫队第1艘海洋监视船“响”号(AOS－5201)于1990年底开始海试。该船是世界上首批采用小水线面双体船的舰艇之一，船长67.0米，宽29.9米，吃水7.50米，标准排水量2800吨，采用柴—电推进装置，功率3200马力，航速11节，拖曳航速3节。该船两船体之间的桥楼甲板一直延伸到2个螺旋桨的后部，从而不必再安装螺旋桨防护装置。船顶甲板还构成一个面积相当大的直升机起降平台。船上的UQQ－2拖曳阵列声纳系统和卫星通信线路将在美国安装。日本海上自卫队还将订购第2舰海洋监视船。

越南海军首次装备国产千吨级运输船 越南海军为加强海上补给力量，协同邮电、交通运输部所属设计研究院及下龙造船厂，设计制造了新型千吨级运输船。首船“长沙”01号于1990年7月交付海军使用。后续船“长沙”02号于1990年10月下水。该船长70.7米，宽11米，采用双机双桨。船上装有冷藏设备和空调，甲板、船底均为双层设计，具有功率大、速度快、稳定性好的特点。该级运输船可满足偏远岛礁的后勤补给、建筑施工等各项需求。这二艘船的服役大大提高了越南海军在大风大浪条件下向偏远岛礁运送物资的能力。

泰国建造两栖船坞登陆舰 德国不莱梅·富坎造船公司获得为泰国海军建造一艘两栖船坞运输舰的2.25亿美元的合同。这艘新的两栖舰长151米，宽32米，吃水5米，排水量7800吨，动力装置采用4台MTU柴油机，航速25节。舰上可携运12架相当于“海王”大小的直升机，机库与飞行甲板间配备2部升降机，飞行甲板上有4个直升机降落区。该舰计划于1993年交付使用。

新加坡“木星”号潜水保障船服役 该船是按照德国海军的标准设计建造的，全长35.70米，型宽7.10米，吃水1.58米，推进系统采用TBD234V12型柴油机，功率965马力，最大航速14.5节。该船采用全焊接钢壳体，上层建筑为铝合金结构。为保持良好的低速航行性能及良好的机动性，船上安装一部不能伸缩的控制方位的电动推力器。主、辅机、发电机组和配电设备等均由驾驶室集中监控。船上的潜水工作保障系统包括精密导航系统、拖曳导航声纳、遥控潜水器以及带有2马力空压机和1个双人减压舱的水下信息系统。船上装有1座20毫米机关炮。该船除担负水下搜索、打捞及潜水工作保障等任务外，还具有水下测量的辅助作用。

德国建造多用途供应舰 德国海军将建造4艘404级多用途供应舰，以取代现役8艘30多年舰龄的老舰。新舰的主要参数为：全长100.46米，宽15米，吃水4.05米，排水量3450吨。动力装置将采用1台MWH型中速柴油机，功率2452千瓦，航速15节，续航力200海里，自持力14天。辅机为4台480千瓦柴油一交流发电机组。甲板上携载24个集装箱，直升机平台设在艉楼甲板。舰上的1部折叠式液压起重机横跨露天甲板的集装箱区。机舱、货舱和仓库布置在双层底顶面上，住舱设置在中间甲板、艉部主甲板上和上层建筑内。各种用途的工作车间设置在甲板上的集装箱内。新舰预计1992～1994年交付使用，用以支援远离基地执行任务的高速巡逻艇、布雷舰和扫雷艇。

德国研制“海盗”号双体气垫船 该船长34.6米，宽13米，由2台单机功率为2560千瓦的MTU16V396TB94柴油机驱动，通过一部减速齿轮箱带动2台尔埃舍—维斯公司研制的调距桨，最高航速60节。该船采用玻璃钢夹层结构船体和固定式侧壁，不仅具有航行阻力小、功耗低的优点，而且具有双体船稳定性好，可在大风浪中正常航行、航向稳定性佳、航行舒适和船容大等长处。该船可载20吨货物或标准集装箱。该船的主要用途是：快速运送货物和人员；为近海工程快速补给物资。

英国“乔治堡”号综合补给船下水 英海军“维多利亚堡”级第2艘综合补给船“乔治堡”号在英国斯旺·亨特造船厂下水，预计1992年11月试航。该船动力装置为SEMT“皮尔斯蒂克”16缸柴油机，2部定距桨，1台减速器。考虑到马岛海战的教训，该级船有较强的自卫能力，装备32个发射井的“海狼”舰空导弹垂直发射系统、4门30毫米炮、干扰照明弹发射装置及多功能诱饵、监视系统等。船上装有1部996型三坐标对空警戒雷达、1部1007型导航雷达和2部991型“海狼”对空导弹火控雷达。该级船的首船“维多利亚堡”号已推迟到1991年底服役，服役后将遂行作战舰艇的油料、弹药、军需品、淡水等海上补给任务，同时还可为护卫舰上的直升机提供维修保养设施。

法国“索姆”号综合补给船服役 “索姆”号是法国海军自行设计建造的“杜朗斯”级综合补给船中的第5艘。该船满载排水量1.78万吨，航速19节，可装载重油7500吨、柴油1500吨、航空燃料500吨、蒸馏水130吨、食品170吨、弹药150吨、后备品50吨。船上可搭载1架“山猫”直升机。海上航行补给采用干液货两用补给装置。

西班牙、荷兰联合研制新型补给船 这种新型补给船已于1991年在西班牙巴赞造船厂动工建造，预计1994年服役。该船满载排水量1.7万吨，装载量1.03万吨，可携载3架SH－3D型直升机，外形酷似荷兰海军的“普尔斯特”号补给船。按计划荷兰海军也将随后建造这种新研制的补给船。

（申健一）

空军武器装备

综述 1991年,世界上发生的两件大事对空军武器装备的发展有深远影响,一是海湾战争以多国部队的胜利而结束,二是苏联的解体和苏联武装部队面临支解,导致两极世界格局不复存在。美国在海湾战争中占了便宜,拿别人的钱打一场高技术战争,把伊拉克作为80年代研制的新武器的试验场,但战争并未解决中东问题,而美国的经济衰退,却动摇了它在西方世界的领导地位。苏联的威胁不复存在使得美国和它的西欧、日本伙伴之间原有的矛盾突出出来。世界爆发大战的可能性进一步减小,在缓和的大形势下,原有的一些热点问题正在解决,但新的问题又在产生。新的热点不仅在中东而且很可能在平静了40多年的欧洲,南斯拉夫的内战就是一个不祥之兆。

在上述这种新形势下,空军武器装备有如下的特点。

大国削减军费,调整新机研制计划 虽然海湾战争刺激了各国对高技术兵器的需求,但欧洲的缓和,使各国对战略武器的需求减少,加上资本主义世界的经济矛盾,使大国进一步削减军费。美国1992财年的国防预算为2873亿美元(不含能源部和其它部门与国防有关的125亿美元),扣除通货膨胀因素,比1991年减少1%,1993财年将进一步减为2779亿美元。美国1991年至1995年的平均国防费将在2780～2830亿美元之间,占国民生产总值3.6%,这是"二战"以来的最低点。德国1991年国防预算354亿美元,比上年减少1.4%。法国1992年国防预算330亿美元,比1991年增加0.9%,这是法国航空工业界强烈呼吁才增加的。苏联经济十分困难,国防预算并无保证,1991年在1989和1990年两次裁军70万人的基础上又宣布要将现存的370万人再减70万,但因独联体难于保持一支统一的军队,这种裁军计划并无任何意义。国防费削减,势必减少采购费。战略武器首当其冲,美国削减B－2战略轰炸机即是一例。战术武器也因研制和生产费十分高昂而一再削减采购量,如F－22和LH(即RAH－66)一再减少订购数,德国对欧洲战斗机的订购数由250架改为200架,现又改为160架。

美航空工业面临困境,苏航空工业急剧衰落 过去一年里美苏的航空工业都很不景气。美国的航空工业因军事订货减少,各大公司竞争剧烈,亏损严重。几家大公司都有巨额亏损。通用动力公司因军方取消A－12强击机的合同,不得不靠裁员来谋求生存。到1991年底美国军用飞机制造业的员工已比4年前减少16.5万人。目前美国军工企业有25%的过剩能力,近期内无望改善。但美国的航空工业毕竟历史较久,规模也大,所以摆脱危机的办法也多一些。他们过去生产的飞机销往全世界,这些飞机中许多型号具有改进和改型的潜力。美国正谋求改进这些老龄飞机,如把F－4、F－5、F－16等加以改进或改型也是一笔大生意。另外,美国加强民用飞机生产,加强国际合作开拓市场,寻求新的出路。

苏联航空工业面临的困难不同于美国。由于联盟解体,原来的航空工业部将于1992年解散,各个飞机设计局现正谋求私有化或与飞机制造厂组成工业联合体,或与西方合作生产民用飞机。但这些措施都属远水难解近渴。有人估计今后5年内独联体航空航天企业由于私有化和合并可能解散50%,500万员工将有半数失业。1991年,许多航空专业人员迫于生计,流向国外,这将根本上损害苏联航空工业的发展潜力。一个从数量上居世界首位,从技术上居世界前列的苏联航空工业正面临瓦解的局面。一年来,苏派出许多代表团参加各国航展,与西方频频接触,有几个设计局已与外国签订协议,共同研制新机,但这些零星的行动,挽救不了苏航空工业的衰落。可以预计苏联研制中的新机在本世纪内难以上天,飞机外销市场将逐渐被西方占领。原华约的几个国家正在打算出售苏联飞机,改装北约的飞机。过去大量采用苏联飞机的第三世界国家如印度等也在转向购买西方飞机。

海湾战争刺激高科技发展,第三世界谋求获取高技术兵器 海湾战争从1991年1月18日实施大规模空袭开始,到战争结束,历时42天。在42天中,有38天地面按兵不动,是只有空中作战的空中战争阶段。多国部队使用了56种精确制导武器,其中空对地和空对空武器有32种。80年代研制的新武器除战略轰炸机B－1B和B－2之外,几乎全部出动。45架隐形飞机F－117A就担任了多国部队攻击任务的41%,投弹命中率高达80～85%,在出动1271架次,总飞行时间6905小时中无一损失。空中作战的胜利使多国部队用极小的代价,取得了战争的胜利。海湾战争显示了现代战争的面貌，促使各国重视发展高技术航空兵器。战争结束后三周，美国政府在首次制定的《国家关键技术计划》中把航空技术列为六大关键技术领域之一。欧洲各国通过海湾战争深感缺乏预警机和运输机很不利于作战，因而加大了预警机的需求，并希望尽早实现 FLA 运输机计划。总之，这场战争对航空技术装备的发展起了强大的推动作用。

海湾战争为 80 年代研制的各种武器提供了试验场，美国和北约诸国都在战争中评估了自己的武器，提出改进计划。美国拟对 F－117A、AH－1W 等飞机和直升机作出改进，法国也拟对"阵风"作出改进。改进主要是电子设备，尤其是导航、火控和飞行操纵的一体化，增加电子对抗能力，改进隐形技术，使飞机适合复杂的空中作战环境。

海湾战争的另一个后果是海湾和中东其他地区的国家不惜重金加强国防力量，尤其是空中力量。沙特阿拉伯、阿联酋和科威特成了军火的大买主。

无人机在海湾战争中表现突出 无人机已有多年历史，但 80 年代发展迅速。微电子技术和复合材料的进步，使无人机重量减轻、留空时间长、探测手段多、通信效能好，成为空中战场的新兵器。陆海空三军都需要无人机配合作战。海湾战争中美国陆海军利用无人机执行侦察、搜索水雷及为火炮指示目标，评估战果等任务。无人机为强击机和强击直升机指示目标，侦察航路。无人机还可连续 24 小时监视战场敌情，成为陆军军和师指挥员的得力助手。无人机价格低廉，雷达特征面积很小，敌方雷达很难发现，战损率很小，海湾战争后美国及欧洲诸国均加快发展无人机。预计在军费压缩的情况下，无人机将更受重视，发展前景未可限量。

战略轰炸机 作为核威慑力量三支柱之一的战略轰炸机目前只有美、苏两家有。法国的"幻影"ⅣP 可携带空地导弹进行战略轰炸，但毕竟不是真正的战略轰炸机。

一年来，战略轰炸机发展缓慢，是限制发展的项目。B－1B 是 1986 年开始服役的，但有许多技术问题，如油箱漏油，雷达性能不好等，所以美国宁可使用 B－52，而不用 B－1B 参加海湾战争。B－2 只生产原型机，正在试飞，没有达到实战水平，更不能参战。苏联的图－160 则因国内情况不好，难于继续发展。战略轰炸机的发展处于低潮。

苏联图－160 生产面临困境 苏联的战略轰炸机图－160"海盗旗"自 1988 年公开展出后，1989 年已装备 15 架，1991 年航空节上作了飞行表演，但苏已于 1991 年宣布将停产，其总数不超过 100 架。

图－160 停产的原因是：(一)经济困难，军费大量削减，压缩采购。不仅图－160 停产，其它飞机也削减生产，如苏－24 就削减一半。(二)苏联解体后，飞机制造业面临困境。图－160 飞机有 9 个部门 830 家工厂参加生产，这些工厂遍布独联体各国。独联体将于 1992 年取消航空工业部，由独联体各国组成协作团体来从事航空工业生产，这样，独联体各国之间如发生任何矛盾，都可能影响生产。实际上按现有体制，不仅图－160，其他飞机都难以继续生产。

此外，图－160 的质量也有问题。据苏联空军总司令杰伊涅金上将 1991 年说，图－160 在部队试用时，由工厂派专家进行修改，已修改 3 年。他认为航空工业过去几十年都是在部队试用中完善飞机，这种办法应改进。苏联高级军官说，苏轰炸机设计很出色，但制造质量低劣，故使用中飞机良好率很低。图－22 的良好率只有 30～40%，图－160 的情况也差不多。

美国 B－2 原型机继续试飞，发展前景不容乐观

1991 年 B－2 飞机的发展计划进展并不顺利。一是飞行试验和地面试验中发现不少技术问题，影响试验进度；二是国会要求收缩计划，只保持 15 架的定额，使 B－2 计划濒临破灭。

试验情况　1990 年造出来的两架原型机(AV－1 和 AV－2)在 1991 年进行飞行试验。AV－1 年初完成第一阶段试飞后回厂整修，涂隐形材料，一季度完成整修工作，然后进行"低可见性"性能的试飞。AV－2 用于结构载荷和性能试验，故未装电子设备，也未进行"低可见性"表面加工。这两架原型机在试飞中因不断出现问题，进展迟缓，1991 年上半年一共只试飞了 53.9 小时。第三架原型机 AV－3 于 1991 年 6 月 24 日试飞，但因维修中在高压油管道中留下异物，造成紧急着陆。10 月 6 日该机在空军基地公开展出。

另一架 B－2 的地面试验机经过 1 万小时循环加载试验后，在机翼前承力盒的加强板上发现细小裂纹，再去检查已试飞的两架原型机未发现类似的裂纹。当然这两架飞机只飞了很少时间，不能与 1 万小时预期寿命相比。

第三架试飞的飞机，发动机在地面试车中发现有一套辅助传动装置有过热现象，被迫更换。诺思罗普公司正组织人力对试飞中发现的问题加以改进，但试飞计划将迟延。

除这些小问题外，更麻烦的是 AV－1 在 1991 年 7 月 26 日试飞"低可见性"时，发现隐形性能不符合要求。8 月将试飞结果进行计算机分析，发现该机在电磁波相当一段频谱中，包括红外频谱，都可被地面探测到。据两个专家组研究认为，产生这种现象的原因是 1983 年为解决低空高速飞行问题而修改了设计造成的。现在打算再回到原设计上去，这不仅要耽误时间，而且要增加费用。

实际上，即使不发生这个问题，B－2的隐形性能也并无把握。因为AV－1上并没有装上真正的机载雷达AN/APQ－181，只装了雷达天线，以供试验“低可见性”之用。B－2的机载雷达AN/APQ－181还在研制之中，计划在1993年初交付。这种雷达工作波段为K_u(12.5～18千兆赫)，有21种工作方式，包括地形跟踪、地形回避，目标搜索、定位、识别和捕获，武器投放等。雷达本身具有与B－2相适应的隐形性能，能使敌搜索雷达的截获装置效率下降，作用距离减小。每架飞机上装两套这种雷达以保证有安全余度。正因为这种雷达到1993年装上飞机后，还要在使用中检验，故B－2的作战效能究竟如何，到1996年才能确定。

限产问题　B－2的技术问题没有解决，前景很不妙。支持B－2的人声称这是下世纪唯一能突破苏防空系统并摧毁活动目标的飞机。又说美国1986年出动100多架飞机空袭利比亚的任务如改用B－2，则只需3～4架B－2，再加两架加油机就可完成。但目前苏联威胁已不存在，空袭利比亚这样的任务也非只有B－2不可，而B－2计划的巨大开支，又难以承受。所以美国国会每年讨论拨款时都要争吵几个月。1990年讨论时否定了花720亿美元购132架B－2的计划，改为611亿美元购75架，按1990年币值每架合8.15亿美元。1991年国会两院讨论多次，最后达成协议，修改国防授权法案，根据新的世界秩序，重新制定军事优先顺序。B－2将定购15架，包括5架原型机在内。1992年为B－2计划拨款28亿美元，包括购置1架B－2。

美国空军估算，头10架B－2需332亿美元，后5架再加60亿美元，最后60架需216亿美元(均按1991年币值计算)，也就是说，最后花35％的钱得到80％的飞机，故仍坚持要75架。美国空军1991年公布的空军90年代编制中B－2仍为75架。

使用问题　当B－2由132架改为75架时，空军说这是“最小生存力量”，后因遭反对，又改口说54～60架是“保持作战能力的最低数”，可用来应付海湾战争那样的危机。稍后参谋长联席会议主席又提出一个48架的最低数，参议院军事委员会则提出25～30架的方案。这些都是B－2计划拥护者的方案，结果都没有通过。

根据新的国际形势，B－2将不可能用于执行核打击任务，而用于常规作战。15架B－2中必须有5架用于训练及轮流维修，真正能用于作战的只有10架。10架飞机有什么用呢？据兰德公司的研究报告称，只可用于1986年空袭利比亚那样的“打了就跑”的作战行动，即使想用来突袭伊拉克的核设施也不够。

美国国防部官员原来设想，B－2可用来攻击高价值的固定目标，海、空军的战术多用途飞机，如F/A－18及F－16可用来攻击活动目标和低价值目标。故如拥有75架B－2编成2个联队，则可将航母由12艘减至9艘，空军战术联队由26个减至18～20个。如只有15架则毫无意义，因为1架B－2的费用已等于1个联队的F－117A的费用，不如发展F－117A了。

看来对B－2的争论还将继续下去。

歼击机(战斗机)　本年度歼击机(战斗机)的发展明显受到海湾战争和军费裁减的影响。海湾战争中，第三代战斗机首次大规模用于实践，技术战术性能得到证实。战后各国空军纷纷着手对现役和正在研制的歼击机(战斗机)进行改进。另一方面由于缩减军费，新机研制进度普遍不快，计划产量一减再减。为了不影响空军的作战能力，各国纷纷加紧现役歼击机(战斗机)的改进或延寿工作。

从质量来看，美国新一代战斗机技术上仍占优势地位，本世纪末无论欧洲还是独联体都不可能赶上或超过美国。从数量上来看，欧洲正在研制的下一代战斗机型号多于美国，目前有“阵风”、“欧洲战斗机”和JAS－39。欧洲自力更生研制新机有利于减少对美国的依赖，但也有不利之处，如资金和技术力量过于分散，影响了现役飞机的改进和延寿等。无论正在研制的或现役的歼击机(战斗机)，在研制和改进中都重视飞机的隐形性能。新机将从气动布局、动力装置、结构和材料上全面入手，实现隐形化；而现役飞机由于气动布局和整机结构无法大改，因此将以外敷吸波涂料，改装传感器等方式实现一定程度的低可探测性。

另外，未来歼击机(战斗机)的发展趋势已见端倪。首先，飞机的机动性能将基本维持现有水平，不会再作大的提高。今后将重点发展机载武器的性能，特别是空空导弹的自导引能力。由于发动机推重比有大幅度提高，未来歼击机(战斗机)将能携带更多的武器并有更大的航程。再次，由于机场是敌打击的目标，歼击机(战斗机)的垂直和短距起降能力也将是研制的重点。以前有人担心垂直起降飞机的飞行速度太慢，苏联研制的雅克－141已解决了这一问题。简言之，未来新研制的歼击机(战斗机)很可能是一代机动性能保持在目前ATF的水平上、具有隐形性能和自主电子战能力、能够垂直或短距起降、可载更多的精确制导武器、航程更远、航时更长的飞机。

美国研制F－22先进战术战斗机　1991年4月23日，美国空军选定洛克希德、波音和通用动力公司联合研制的YF－22原型机为ATF发展样机和普·惠公司研制的F－119发动机为ATF的制式发动机，并于当年8月2日与洛克希德公司和普·惠公司分别签订120亿美元的工程和制造合同，研制F－22型先进战术战斗机。原安装F－120发动机的第一架YF－22现正作为工程样机进行地面试验。从第二架开始，F－22将装配F－119发动机。第二架F－22于1991年11月底恢复试飞，计划试飞约100次。试飞中飞行包线将不再扩大，主要是开始试飞航空电子设备环境和继续试飞武器舱环境。除两架演示/验证样机外，洛克希德公司还将根据工程和制造发展合同生产11架F－22发展型用于试飞，其中包括2架双座教练机。首架发展型将于1992年12月开始制造，计划于1995年年中开始试飞。而普·惠公司则将根据合同生产33台F－119发动机。发展型F－22与YF－22原型机总体构造基本相同，仅稍作改动。如垂尾减小，水平尾翼加大，并修改了形状，座舱前移。该机座舱原位于起落架的正上方，现移到前起落架之前。另外进气道后移，机头形状与原型机有明显不同。发展型机长19.06米（原为19.6米），翼展13.57米（原为13米），机高5.03米（原为5.4米），平尾翼展8.9米（原为8.4米）。据称此项改动可改善飞机的平衡和扩大飞行员的视野。

虽然F－22尚未完全定型，生产型样机要到1995年才开始首飞，但美空军和生产厂家现已开始考虑该机的改进。据报道，经过改进，F－22的计算机能力将提高3倍，可适应F－22未来进一步改进和执行灵活多样的作战任务的需要。届时该机的作战能力将提高200%。现正重点研究如何增加多余的设备空间，改善冷却、动力系统和结构。其他可能改进的项目包括红外搜索与跟踪系统。该系统为一种远程红外传感器，可侦获目标而不致降低飞机的隐形能力；综合通信、导航与识别航空电子系统，该系统为1套由先进航空电子设备组成的通用系统，信号处理能力更大；侧方阵列天线雷达，该雷达安装在飞机头部前视雷达的两侧，可扩大雷达的视野，增加约90度的覆盖范围。另外据称此型F－22还可执行空对地攻击任务。美空军在设计F－22时就已经考虑到了该机载空对地武器的能力，未来的生产型F－22很可能具备或留有余地发展空对地作战能力。

美空军认为现在的F－22已经能够满足空军的作战需要。当务之急是完成该机的工程制造发展阶段的研制工作，按时装备部队，以取代现在的F－15战斗机。

日本FS－X战斗机发展进度一再推迟　日本与美国合作研制FS－X战斗机的计划实施已有5年，进度一推再推，本世纪末已无望批量生产，且很有可能夭折。据外刊报道，日防卫厅正考虑取消FS－X机的生产计划，仅制造几架样机用于研究。日本此举出于诸多原因，如日国防费用紧张，日周边地区的威胁发生变化，研制费用上涨，研制进度缓慢以及日美在技术转让方面发生磨擦等，其中最直接的原因是研制费用和技术转让问题。据日防卫厅估计，FS－X的研制费用原为13亿美元，现很可能为19亿美元，而日美两国在技术转让问题上的纠纷又给研制费上涨问题雪上加霜。令日本政府不满的是，虽然FS－X只有120架的计划产量，美国却仍坚持要在美国本土建造一条总装生产线，而且还要该机的所有装备和部件都要从美国生产厂家购买。最令日本政府不满的是，美国要求日本允许美国自由转移日本技术用于其他产品的生产，却禁止日本转移美国技术。

虽然FS－X发展前景尚有疑问，但日美两国目前仍未放弃该项计划，日本三菱重工业公司由美国通用动力公司提供设计和配装援助，计划制造4架试飞机和2架地面试验型样机。专门为FS－X研制的机载相控阵雷达已经生产出来，日航空自卫队计划于1991年11月装在C－1型飞机上试飞。全复合材料机翼也在加紧研制之中。如果近年内日本最终不取消FS－X生产计划，日本就可能仍计划生产120架FS－X，装备3个航空团，替换现役的F－1。若计划不再推迟，FS－X可能于1995年试飞，1999年开始装备部队。

印度加紧研制LCA飞机　LCA是单座单发全天候制空和近距空中支援飞机。印度新政府决定继续研制LCA。目前该机的设计和工程工作正在加紧进行，预计1995年底或1996年初可研制出2架技术验证机并开始试飞。1991年初，印度将一个1：6的LCA模型运至美国空军工程发展中心进行高速风洞试验。据印国防部长称，LCA的全尺寸工程样机的研制工作分两阶段进行。第一阶段研制出的基础样机将用来演示关键技术，第二阶段加装航空电子设备和武器系统，制成全装备飞机。据该国防部长称，技术验证机和随后的原型机将先装配美国通用电器公司的F－404－GE－F2J3型发动机，以便腾出时间研制国产发动机。印度空军目前尚未决定样机的数量。原计划曾决定生产6架，现可能只生产3架。如不再耽搁，首架LCA生产型飞机可望于下世纪初出厂，并于下世纪头5年首批交货。

法国“阵风”预生产型机首次试飞　法国独立研制的“阵风”战斗机预生产型于1991年5月19日开始试飞。首飞的“阵风”C－01为空军预生产型。试飞项目包括：不开加力将飞机加速至超音速，低、高速飞机操纵品质评估以及M88－2型涡扇发动机的性能初评。据试飞员称，“阵风”C－01的操纵品质极佳。飞机起飞爬高至1500米后收起落架，然后分阶段爬高至3050米、7600米，最后达到11000米。飞机分别在这3个高度进行了操纵品质验证。例如在7600米高度时，C—01先作了4g机动，然后进行速度为120节的收放起落架的低速飞行试验，降落时的迎角为10～13度，接地速度为125节，然后飞机用小至中等刹车力量减速，仅用不到1000米的滑跑距离便停稳。另外，试飞证明M—88型涡扇发动机的性能优秀。M—88不开加力就可提供足够的起飞推力，C—01起飞时使用全推力（不开加力），起飞距离约为400米。当时伴飞的“幻影”2000开加力也赶不上C—01的速度。C—01爬高至7600米时，M—88发动机通过调节油门作了空中慢车和全加力试验。在11000米时作了不开加力将飞机加速至超音速的试验，并且在加速飞行的末端将一台发动机开至加力状态使飞机加速至马赫数1.2。飞行员还在飞机返至亚音速下降前，测试了飞机的超音速操纵品质。在整个飞行过程中，双发动机工作良好，性能和油耗均达到预计标准。

“阵风”C—01与1986年首飞的“阵风”A演示型基本相似，但C—01体积稍小，内外结构有了改进，改进的部分原因是为了减少该机的雷达反射截面。另外C—01的空重为9吨多一点，超过了生产型的指标。原弹射座椅后倾32度，手臂较短的飞行员操纵飞机不便，现改为29度。该机总长由15.8米缩短为15.3米，翼展由11米缩短为10.9米。全动式鸭翼增大，可使该机以较小的进场速度降落，这对海军舰载型机十分重要。试飞时该机的着陆速度为120节，试飞员称速度还可以更小。另外该机的进气道也作了改进，机体和发动机的配装采用了最佳方案。据报道，C—01的试飞进展顺利，截至1991年10月底，该机已试飞50次。

另外，“阵风”第2架样机，海军单座舰载机M—01，已于1991年12月12日首飞。第3架样机B—01

图1　法国“阵风”原型机

为空军双座教练型，计划于1992年底开始首飞。海军的双座舰载型样机M—02将随后开始首飞。第5架C—02为空军单座型，为节省研制经费，已决定取消采购。这样，原计划采购的5架试飞样机现减为4架。第6架样机为用于地面试验的机体，正在进行最后组装，计划1991年度交货，1992年春开始地面静/疲劳试验。

“阵风”战斗机的原计划生产数量为：C式（空军用）225架，B式（双座教练机）25架，M式（海军舰载式）86架。现在可能有变。据说空军可能采购125架单座和125架双座强击机，新的具体采购数量尚未确定。

瑞典加快JAS—39试飞计划　1991年下半年，瑞典加快了JAS—39的试飞计划，截至年底，试飞进展顺利。近半年的试飞主要是扩大飞行包线。该机的试飞载荷也增至7g，马赫数达1.5，迎角达20度。试飞证明该机产生的阻力比预计的要小，飞控系统工作良好。由于改进了控制规律和飞控系统的计算机软件，因此改善了跨音速范围的操纵品质。如马赫数0.92～0.95时，升降舵效果极佳。关键的颤振试验业已完成，未发生任何事故。同时，该机还于1991年9月底首次空中试射了AIM—9导弹。翼尖发射时，导弹的脱离试验非常成功，其间还进行了航炮试验，效果令人满意。另外，试飞证明该机的雷达性能可望达标。瑞典计划于1991年底完成扩大包线的试飞任务和结构载荷及雷达性能的验证工作，空军将开始作战评估试飞。

目前，JAS—39共有3架样机，第4架可能于1991年底首飞。截止1991年10月21日，样机共完成试飞212次，累计试飞时间为152飞行小时。根据现定计划，首架生产型JAS—39将于1992年初首飞。第一批30架生产型飞机于1993年开始交货。另外，瑞典空军还计划发展一种JAS—39B双座战斗教练机及其支援系统，其中包括配件和维护设备。

EFA欧洲战斗机加快研制进度　法国“阵风”战斗机抢先试飞之后，EFA欧洲战斗机的研制工作也加快了进度。现EFA第1、2架原型机正分别在德国和英国总装。第3、4、5架原型机也已上组装线。原型机首飞可望于1992年中期开始。为了节约研制费用。原计划生产的8架原型机现已改为7架，分别由4个参研国的公司总装。德国的MBB公司总装P—01和P—08原型机，英国航空航天公司装P—02、P—03和P—05，意大利航空航天公司装P—04，西班牙飞机制造公司装P—07。试飞时间也减少了10%，现有7架原型机共计划试飞3500小时。另外，为了节省生产成本，总装生产线可能由参研国每国一条共4条减少为1条。关键设备的改进也准备暂缓进行，先装已定型的设备，等飞机交付部队使用后才逐步改进。尽管采取了这些措施，但 EFA 的单机成本仍高达 5700 万美元，德国认为难以承受，如果成本降不下来，德国将只能采购 150 架。

据欧洲战斗机联合公司称，该机的机体、航空电子设备、发动机等的研制工作进展顺利。各参研国可从 1993 年开始提供生产拨款，1994 年中开始批量生产，1997 年开始服役。EFA 的研制工作已进入关键阶段。从目前的情况看，虽参研国继续合作似乎已不会出现大的变故，但 EFA 的采购量则仍是一个未知数。原计划的 765 架已减少 100 架，单机总成本上升已成定局，因此，采购数量会进一步降低。单机成本进一步上升将是 EFA 研制工作中面临的最大难题。

强击机（攻击机）

苏－25 改进型公开展出 1991 年 11 月在迪拜航展上苏联展出了苏－25 强击机的最新改进型苏－25T 的出口型苏－25TK。该机已生产了 10 架，目前正处于试验和接收阶段。

苏－25 在阿富汗战争中与米－24 直升机协同作战，效果显著。但飞机生存力不够，易被肩射地空导弹击中。这次改进主要加强机身中段，并采取减小发动机红外特征的措施。飞机尾部装有红外干扰机用来干扰来袭的地空导弹。发动机仍是原来的 R－195 涡喷发动机，但经过改进，静推力为 4800 公斤，比原来增加 500 公斤。这种发动机可用汽油、柴油及战场上能找到的任何燃油。动力装置的雷达特征已有所减小。飞机载弹量为 5000 公斤，比原来增加 600 公斤。携带武器有：X－58 中程反雷达导弹，射程 15～100 公里，随发射时飞行高度而变；X－25ML 激光制导滑翔炸弹；还可携带 16 枚反坦克导弹，射程 8 公里。机身下部的领航与目标定位吊舱中有微光电视系统，但没有装前视红外系统。它具有夜间和全天候作战能力。

中央油箱加大了，故最大作战半径增加到：低空时为 650、高空时 1000 公里（基本型为 400 及 650 公里）。机上的导航系统可使飞机从低空自动飞往目标区，离目标 10 公里时自动打开光学电视系统。捕获目标后，飞机进入自动跟踪状态，最后飞行员按下武器按钮，飞机自动选择武器攻击目标。

TK 型是在 1984 年苏－25 达到全部作战能力后开始首飞的，一共是 5 架原型机，3 架用于飞行试验，一架用于静力试验，一架用于疲劳试验。

苏联设计苏－25 后继机苏－37 苏－25 的后继机苏－37 是 1990 年开始设计的。按照已公布的设计要求，这实际上是一种多用途飞机，它可执行侦察、截击和纵深突击任务。设计者意图使其具有苏－25 那样的对地攻击能力和生存力，又具有苏－27 那样的空战能力。

苏－37 使用常规鸭式布局。按推算数据：机长 17.5米，翼展 11.81 米（折叠后翼展 8.1 米），机翼面积 49.9 平方米，机高（停机时）5.7 米。重量：空重 12 吨，正常起飞重量 16～18 吨。最大起飞重量 25 吨时可载弹药 8.3 吨。它的发动机尚在研制中，最大静推力为 18367 公斤。最大飞行速度：海平面 1500 公里/小时，巡航高度上为马赫 2。理论升限 17000 米，实用升限 15240 米。

苏－37 的航程较大，当使用低－低－低剖面，飞行高度 100 米，载重 5 吨时，作战半径为 800 公里。

机上装有低重地形跟踪和地形回避雷达，还有具备多目标跟踪能力、在所有速度上都能对低空飞行的目标（包括直升机）进行侦察、跟踪和攻击的雷达。吊舱内的多通道热成像装置使飞机能在 100～150 公里外向目标发射导弹。飞机有多种自卫系统，包括干扰装置和施放假目标的装置。飞机还有降低红外和噪声的装置，并有装甲防护。

机翼下有 18 个挂点，能挂弹 8.3 吨。有一门 30 毫米的航炮，可挂空地导弹、反雷达导弹、85～370 毫米火箭弹，以及最多 1.5 吨的各种炸弹。

由于苏联经济困难，故一反过去做法，在飞机尚处于设计阶段就急于向国外推销或寻求合作研制。1991 年曾派出几个代表团去印度谈判，希望能卖给印度作为 LCA 的过渡飞机。

美国对 AX 计划提出初步要求，确定竞争集团 关于 A－12 替代机 AX 的几种方案，《世界军事年鉴 1991》已有报道。AX 计划于 1991 年 2 月由美国海军提出，现已批准了技术要求，内容如下：

中型舰载攻击机，有“低可见性”（A－12 为“极低可见性”，故 AX 的隐形性能低于 A－12），有高生存力，价格低于 A－12。飞机空重 19 吨，机体寿命 6000～7500 小时，能弹射起飞和拦阻着陆 2000～2500 次。载弹量 5443 公斤，能挂载空、海军现有的和计划生产的各类武器，但 AIM－5“不死鸟”导弹除外。空中不加油航程 1300 公里。飞机投弃副油箱和空地武器后，有一定的机动性能来对付空中威胁。能对有源和无源目标进行探测、定位和攻击，并能在空中评估轰炸效果。飞机还能作为加油机为同型飞机加油。

美海军拟采购 575 架 AX，单机出厂价（不含研制费）为 6300 万美元，整个计划费用为 470 亿美元，为期 10 年。

AX 是今后 10 年内在美国唯一可供竞争的项目，在军品生产能力供过于求的情况下，当然引起各大公司的竞争。它将关系到公司今后 20 至 30 年的命运，故均全力以赴。为了发挥各家公司的技术优势，每 2～3

家公司组成一个集团参加竞争，如通用动力公司和麦道公司原来合作参加A－12竞争，这次又合作，以利用A－12的设计经验，但在隐形性能上较有把握，又吸收诺思罗普公司参加，以发挥后者在设计B－2飞机上的经验。此外，还有3家公司各自分别参加两个对立的竞争集团，这是过去从来没有的。现在参加竞争的5个集团是：

(1)通用动力－麦道－诺思罗普集团提出A－12改型方案；

(2)洛克威尔－洛克希德集团提出新机方案；

(3)格鲁门－洛克希德－波音集团提出新机方案；

(4)洛克希德－波音－通用动力集团提出F－22派生型方案；

(5)麦道－LTV集团提出新机方案。

美国海军将与这5个集团分别订合同。1992年开始演示和验证阶段，1997年开始工程制造阶段，2002年开始生产，2005年开始装备部队。到2010年每个海军航空兵联队有40架F/A－18E/F和20架AX飞机。

但是AX计划的前景并不乐观，因为120亿美元的研制费几乎是A－12研制费的两倍。1991年因拨款问题国会提出8条意见，要海军提出保证。A－12因费用问题下马，AX计划花费也不小，很难说不会夭折。

美国提出改进海军现役攻击机的几种方案 美国海军为了顺利过渡到新机服役，拟延长现有飞机的寿命。一个方案是把A－6飞机更换机翼，使其能用到2005年。在320架现役A－6攻击机中，有60架准备换机翼。另一个方案是格鲁门公司自筹资金把F－14D改型为“超雄猫”21，使其能满足下世纪海军攻击机的要求，但比海军型先进战术战斗机NATF便宜得多。它能有NATF飞机90%的性能，但代价只是后者的60%。

又一个方案是把“超雄猫”21再改进，即加上ATF的技术，称为“先进超雄猫”14或ASF－14。

与此类似的方案是把F－14D改进为攻击超雄猫，即AST－21。它采用新的任务系统和电子设备以及ATF和A－12用的全景显示器、探测器和系统。座舱中央为152×457毫米的全景显示器，1台152×152毫米的活动地图显示器，另有两台显示“系统状态”信息和数据输入键盘的显示器。没有平视显示器，用头盔显示器代替。后座中央为305毫米见方的战斗管理显示器，为雷达截击员显示当时的战术情况。后舱也有与前舱同样的全景显示器和另外2台102毫米见方的显示器。在发动机短舱上增设2个武器挂点，能挂14枚454公斤的MK－83炸弹。它有1台地形回避雷达，供低空突防之用，并可挂载现有的各种空对地武器，执行中距攻击任务。

美国“鲁丹”151型近距支援飞机试飞 这是美国施科雷德公司自筹资金研制的“敏捷反应有效支援”飞机。它的高敏捷性使其能担任反直升机作战任务，又可执行近距空中支援任务。飞机完全用复合材料制成，重量很轻，空重只有1308公斤。该公司研制这种飞机完全为了出口，预期太平洋沿岸国家需要这种廉价的多功能飞机，用于对地作战、边界巡逻、反毒品走私和其他任务。

这种飞机是1985年开始设计的，1986年开始制造原型机。1990年2月首飞，目前处于全面试飞阶段。编号为N151SC的原型机上装1台加拿大普·惠公司的JT－15D－5涡扇发动机，推力1339公斤。试飞时没有装火控系统和军用航空电子设备，待第一阶段试飞完毕后再装电子设备，以试验生存力和可探测性。目前飞机上没有采用低可见性和红外抑制技术，以符合出口许可证的要求。但发动机用弯曲的进气道，以遮蔽涡轮叶片，不致产生过多的雷达反射波。

原型机采用鸭式布局。机翼内侧段后掠50°，外侧段后掠15°，前翼有10°前掠角，前翼上有升降舵。飞机采用双垂尾，机身右侧有1门内装式25毫米GAU－12/U五管速射炮，带弹220发。机身左侧为进气道。外挂架可挂2枚A1M－9L“响尾蛇”或4枚AIM－92“尾刺”空空导弹。飞机最大储油量为771公斤，也可挂1个227公斤的副油箱。飞机最大起飞重量带武器时为2767公斤，不带武器时为2179公斤。几何尺寸：翼展10.67米，前翼翼展5.84米，机长8.97米，机高3米，机翼面积17.49平方米，前翼面积3.19平方米。飞机极限速度为0.65马赫数，在10670米高度上最大平飞速度为695公里/小时。

生产型尺寸较原型机大10%，重量增大40%。低成本的多用途飞机是当前轻型飞机的发展方向，特别适合第三世界国家用于保障边界安全、保护经济权益和反暴乱作战。

侦察机

1991年海湾战争证明，使用电子侦察机对战场进行24小时不间断的侦察，对进行现代高技术战争十分重要。目前侦察机的发展对各国来说都属弱项，欧洲尤其不足。预计今后各国会加强战术侦察机，尤其是电子侦察机的研制与发展工作。

E－8A电子侦察机在海湾战争中初露头角 美国共有两架E－8A电子侦察原型机，1990年还在作试飞试验。海湾战争爆发前，美国空军匆匆把这两架原型机调到沙特阿拉伯，执行作战任务，战绩卓著，为世人所瞩目。

E－8A是1985年开始研制的，格鲁门公司接受了美国陆、空军“联合监视目标攻击雷达系统”(J-STARS)一笔5.657亿美元的全面研制合同。波音公司提供两架波音707-323C运输机作为试验平台，格鲁门公司负责安装各种子系统并进行飞行试验，包括一套诺顿公司的多工作方式侧视雷达。雷达以合成孔径工作方式能探测离前线150～175公里的敌后坦克，并确定其位置。交替使用合成孔径和多普勒雷达能测定低速移动目标。测定后，将目标信息通过联合战术情报分发系统由E-3A引导作战飞机或由地面站引导火炮和陆基导弹攻击目标。机上工作人员共17名，从事雷达情报处理及通信等工作。

两架原型机分别于1988年12月及1989年8月进行J-STARS改装后首飞。1990年起到欧洲进行试飞和演示，计划到1991年底才能完成演示计划。但海湾战争一开始就急忙把这两架飞机调到中东进行实战试验，随机前往的有美国陆、空军和澳大利亚、英国的专家151人。1991年1月12日两架飞机调到沙特，在战争期间天天出动，两架轮流，每架每天夜间执行12小时的任务，共执行任务54次，累计飞行时间600多小时，超过了在欧洲试验飞行的时间。飞行高度11500米，能在全天候条件下离前线100～200公里处监视150公里×180公里的战场面积。一架E-8在8小时飞行中可监视100万平方公里的地区。

在伊拉克作战时E-8A的任务是：(1)监视伊拉克地面军队和坦克的活动；(2)对轰炸效果进行评估；(3)探测“飞毛腿”导弹机动发射架和防御工事的位置；(4)确定空投区的直升机着陆场。E-8A获取情报后，通过联合战术情报分发系统与E-3A空中预警指挥机、战术空军控制中心及EC-130E战场指挥飞机联系，由它们分别指挥下属的武器系统打击指定的目标。两架E-8A能向15个机动式地面站传输信息，但在海湾战争中只配备了6个地面站，1个给海军陆战队战场指挥官，1个给利雅得的美空军战场司令部，另外4个分别给陆军主战场司令部、前线司令部、第7军和第18空降军使用。

E-8A经海湾战争的检验，证明非常有效，能大面积监视战场，识别高价值目标，对地面固定目标和活动目标都能精确定位和显示。在海湾战争中，它尚不能区别履带式战车和轮式战车，将来的生产型将具有这种能力。现在第3架原型机已在制造，1993年可开始试飞，1994年交付空军。格鲁门公司正在研制E-8A飞机的自卫装置，将在1996年交付。美国空军计划购置22架E-8A飞机，耗资69亿美元，另外还要用11亿美元采购90部地面站。第1架生产型E-8A将在1995年交付，预计1997年可达到初步作战能力。

图2 美国E-8A电子侦察机

美国TR-3A隐形侦察机参加海湾作战 在海湾战争中美国空军派出TR-3A“乌贼”高空战术侦察机协同F-117A隐形飞机作战。TR-3A也是隐形飞机，它为F-117A提供实时的侦察图像及资料。

TR-3A的前身是诺思罗普公司研制和战术高空突防飞机(THAP)，其验证机于1981年与F-117A几乎同时首飞。1982年美国空军与诺思罗普公司签订了以THAP飞机为基础研制TR-3A的合同。1989年起TR-3A与F-117A在夜间一起飞行，1990年白昼也开始出动。

TR-3A的隐形性能来自飞机的特殊气动设计，并采用大量的雷达吸波材料。其气动设计与诺思罗普公司设计的B-2飞机相类似，是飞翼式的翼身融合体，进气口和排气口都在机身上表面，在机翼后缘的前方，离后缘较远，故声音比F-117A还小。两台F-404涡扇发动机（单台额定推力5443公斤）内装在机翼翼根部。双垂尾，略向内侧倾斜。机翼后缘有升降副翼。

TR-3A的尺寸比THAP略大，翼展19.91米，机长12.8米，机高4.27米，航程5560公里以上。机上使用先进的数字传输技术，可通过空中的TR-1侦察机或军用卫星来中转数据，几分钟内电子光学资料就到达最终用户手里，而不象照像侦察系统要几小时以后才能获得照片。

美国已有25～30架TR-3A服役，并曾临时部署在阿拉斯加、英国、巴拿马和冲绳等地。

美国研制“曙光”未来远程侦察机 曙光(Aurora)是一种高超音速侦察机，1984年美国国防部在准备申请预算时透露出这种飞机的计划。当时美国有3种侦察机的研制计划，即SR-71、U-2和“曙光”。“曙光”是马赫数5的高超音速飞机，从研制发动机着手，需要较长的时间，故称为未来远程侦察机。进入90年代后，外刊透露了这种飞机的细节。它有一种翼身融合的小展弦比三角翼，前缘后掠角达75°。前翼是可收放的。动力装置是两台再生式涡轮冲压发动机，推力18557公斤。用液态甲烷为燃料。机上有高分辨力的合成孔径雷达，侧视距离150公里。它还可用数据链与侦察卫星联网。

机组人员2人。翼展20米，机长35米，机翼面积300平方米。飞机空重32.5吨，燃料重44吨，有效载荷2吨。最大起飞重量78.5吨。飞机能用5～6马赫的速度巡航，实用升限36600米，航程17000公里。

运输机 1991年度军用运输机的新机研制工作仍以美空军的C—17为主，除了欧洲拟新研制的C—130后继机FLA外，其他国家均未推出新型军用运输机的研制计划。海湾战争中空运能力不足是一个突出问题，尤以欧洲为甚。1991年2月，德国请求苏联用安—124飞机把“霍克”导弹和“爱国者”导弹从德国运往土耳其，遭苏拒绝后，请求美国用C—5A运送军队，再遭美拒绝，故欧洲深感缺乏运输机之苦。至于民用运输机，由于西方航空运输业近年来不景气和海湾战争的影响，民用运输机的研制和发展速度不像计划的那样快。下一代民用运输机的两种主导机：喷气式公务机和大型远程运输机都在作进一步的市场调查。虽然公务机已相继确定研制方案，有的甚至已推出样机，但由于市场原因，近年内不会大量生产。而大型远程运输机目前仍停留在概念研究阶段。

美国C—17进入试飞期 1991年9月15日，C—17原型机T—1号首次试飞，C—17运输机研制计划进入新阶段。据称C—17的试飞期计划2年，T—1号将参加全期试飞。T—1号为C—17基本飞行品质试飞机，另外还将有4架生产型，即P—1、P—2、P—3和P—4。4架生产型机均将参加试飞期的试飞。该4架生产型试验机在试飞结束后将根据试飞情况作出改进，然后正式交付空军使用。由于道格拉斯飞机公司和美空军担心C—17受到军费削减的影响，因此双方计划加紧试飞工作。从目前该机的试飞情况来看，其性能指标满足空军的需要似不成问题。

C—17作为美空军下一代先进技术运输机，其最主要的设计目标是既可取代C—5完成战区间的战略运输任务(即远程载运超体积装备)，又可代替C—130在作战地域的简易机场完成战术运输任务。因此该机除应具备战略运输的载运量和航程外，还应能在简易机场快速装卸和短距起降。从试飞效果看，C—17所采用的几项关键技术完全能使该机达到这一目标。第一，该机采用了“吹气襟翼”技术，发动机的废气从放下的襟翼上方和中间吹过，提高了升力，可使进场角比现有运输机的进场角几乎大一倍。另外该机装有超强度起落架，使该机能以每秒5米的下沉速度接地。第二，该机的平显系统可同时显示飞机的空速、高度和航向，便于飞行员操纵飞机以大进场角进场并准确落地，因此该机能在610米(重载时为915米)长的跑道上着陆。第三，该机发动机采用了定向流推力转向系统，在空中和地面都可使用反推力。另外此种导向系统还可使飞机在地面装卸时不必关闭发动机，从而可节省再起飞的时间。该机原计划装备风扇和主函道两种导向系统，为了减轻飞机重量和全寿命费用，生产厂家和空军目前正在研究在不降低该机短距起降性能的情况下，是否可以不用主函道推力导向系统，而只用风扇导向系统。第四，该机采用了先进的全权、4余度数字化电传操纵系统，包括4台飞行控制计算机，2台控制扰流板及襟翼的计算机，1个自动飞行控制系统和1个近地告警系统。如果4台飞行控制系统计算机同时出现故障，也可用应急机械操纵。目前，C—17的试飞进展顺利。在为期2年的试飞期中，该机计划每月试飞35～40小时，约每3天飞行一次。1991年年内的试飞主要用来测定该机颤振前的飞行包线和校准该机的大气数据系统。从1992年开始，C—17将在美本土和海外各地进行综合和专项发展、研究及评估试飞，其中包括在恶劣机场条件下的起降和装卸，高寒、热带等恶劣气候条件下的起降装卸，以及空投等。

C—17的采购数量已减至120架，还有可能再稍作削减。美空军提出1992年采购6架，国会只批准4架，因此C—17完成装备计划的时间可能会稍许延长。

图3.美国C—17运输机

欧洲各国联合研制FLA运输机 为了减少对美国军用运输机的依赖，实现各型军用飞机的自产配套，欧洲各国正计划联合研制欧洲的军用运输机FLA。该机原称“菲马”(FIMA)，现定名为FLA，即未来大型飞机。现已成立了一个由意大利航空公司、法国航空航天公司、英国航空航天公司、西班牙飞机制造公司和德国空中客车公司（前梅伯布公司）组成的欧洲大型飞机集团。土耳其和比利时两国的飞机制造公司也可能参加研究。该机为欧洲的C—130和C—160军用运输机的后继机，法、德、意、西班牙、土耳其和比利时等国空军将采购该机用于战术空运，英国也有此意向。从1992年起，各国政府将提供前期可行性研究资金。现在欧洲大型飞机联合研究小组正进一步确定该机的气动布局。目前尚未决定该机发动机的数量和种类。但安装涡扇发动机似乎已无疑问。根据目前的计划，该机将搞多种变型，如空中加油型、侦察/监视型、远程海上巡逻型和空中预警型。如果研制顺利，成本适宜，仅欧洲市场就可需要350～500架，总需求量可达1000架。

FLA采用跨世纪的先进技术。上单翼、T型尾翼布局；翼展42.7米，机长40.3米，机高13.9米；机翼面积190平方米；最大起飞重量111吨；最大有效载重25吨时，航程达5000公里，载重12吨时，航程7000公里；4台涡扇发动机（CFM—56型或V—2500型），单台推力8160公斤；巡航速度：高空741～833公里/小时、低空556～648公里/小时；货舱宽4米、长17米、高5.5米，几乎是C—160和C—130的两倍；尾部卸货跳板长5米、宽4米。它可载运欧洲生产的"虎"式直升机和NH—90直升机或140名全副武装的士兵。

FLA计划在1996年进入工程发展阶段，2000年可首飞，2002年开始交付。

教练机　1991年，各国教练机的研制和装备工作按计划进行，其中研制和采购规模最大的仍数美国的JPATS联合初级教练机系统。各国教练机的研制目标仍定在缩小教练机与在编作战飞机的性能差距上。新型教练机具备与在编歼击机（战斗机）相近的性能已成为教练机发展的明显趋势。从目前的情况来看，西方国家将继续依靠美国制造的教练机或参加美国的飞行员培训计划来培养一线飞行员。但值得注意的是，苏联一反过去利用原型机改装教练机的作法，也开始研制专用教练机。日本也开始考虑研制T—2高级教练机的后继机。随着新一代战斗机在本世纪末相继装备部队，各国将相继着手高级教练机的更新换代，以满足训练下一代飞行员的需要。

苏联推出米格—AT高级教练机研制方案　苏联米高扬设计局为满足训练下一代歼击机飞行员的需要，提出一种高级教练机研制方案，暂定名为米格—AT。该机为双座纵列、亚音速、高机动教练机，配装涡扇发动机，T型尾翼和低直翼，据称此机的机动飞行能力与一线歼击机如米格—29相当。该机可以8g的过载作持续转弯动作，起飞重量约4000公斤。海平面最大速度为每小时1000公里，起飞速度180公里/小时，海平面爬高率为每秒80米，升限为1.65万米，航程估计为1600公里，进场速度210公里/小时，着陆速度170公里/小时。设计寿命为1万飞行小时或25年，整个服役期间可飞行2～2.5万个起落。据估计该机的单机造价为550万美元，飞行费用为每小时800～900美元。

据称该机将装两台克里木夫设计局研制的1500公斤推力级涡扇发动机。该发动机装一组单级高压涡轮和一组2级低压涡轮。涵道比约为0.9。目前该发动机尚处于研制初期。该机目前仍处于理论研究阶段，具体发展计划尚未见报道。

美国公布JPATS联合初级教练机系统的性能指标　美国空、海军联合招标的JPATS联合初级飞机训练系统，为一种初级教练机及其地面辅助训练系统。该机的研制和生产将走国内外公司合作的路子，由美国公司与正在研制和生产新型初教机的外国公司合作推出该机的派生机参加竞争。美国空、海军已公布了该机的正式性能指标。其中主要指标为：低空150米飞行速度至少为463公里/小时，巡航高度为9100米，零速及零高弹射系统，加压舱，后座高于前座的纵列双座，单机价格不超过300万美元（1987年价格）。研制JPATS机的宗旨是在初级教练机上训练飞行学员掌握尽可能多的飞行技能，以便减少在高教机上的飞行时间，节省飞行训练费用。

目前已有多家联合研制小组准备参加竞争。各公司之所以热心，是因为美海、空军均延长了飞行学员的基本飞行训练时间，海军学员的初教机飞行训练时间从66小时延长到89小时，空军学员从81小时延长到89小时。另外，初教机平均每年要坠毁5架，库存需保持编制总数的5%，以备临时修理时需要，美空军后备役部队和空军国民警卫队的飞行员、以及参加欧洲—北约联合喷气式飞机飞行员训练计划的外军飞行员要进行大量的初教飞行训练，等等。所以估计采购数仍将是很大的。

日本研制T—2教练机的后继机AT—X　该机是日本川崎重工计划为航空自卫队研制的新型超音速喷气式教练机，以取代70年代中期服役的T—2高级战斗教练机。目前该公司正重点研究该机的高级座舱显示系统，其中包括HOTAS油门及操纵杆一体化系统，全息平显系统和3台综合阴极射线管式显示器。该座舱系统研制成后将置入一个圆顶形屏幕飞行模拟器中进行试验，以证实其用于空对空作战和其他战斗时的性能。据称日航空自卫队大约需要100架这种新型教练机。

预警机 海湾战争中再次证明预警机是现代战争中的力量倍增器，是军队的耳目，也是神经中枢。战争中多国部队用E－3A预警指挥系统对空中目标监视，引导己方飞机截击；用E－8A联合监视目标攻击雷达系统对地面目标监视，将情报传送给E－3A和EC－130E战场指挥控制中心，指挥空中飞机突击这些目标。美国空军共有35架E－3A（包括两架原型机），派出15架参加海湾战争；E－8A只有两架原型机，EC－130E只有刚完成第三次改进的两架飞机也用来参加战争。海湾战争后预警机成了抢手货，E－3的售价提高了一倍多，达到5亿多美元一架。除法国已在1990～1991年接收4架E－3F外，英国的7架E－3D已从1991年3月开始接收。日本、南朝鲜、新加坡都在积极购买预警机。

相控阵技术在预警机上的应用将促进预警机的大进步，大大提高其作战效能。美国目前已有制造相控阵预警机的计划，以色列也在研制，近年内将有巨大进步。

苏联A－50预警机在海湾战争期间出动监视 苏联A－50预警机是用伊尔－76改装的、北约称之为"大支柱"的飞机。它开始研制于70年代，用来替代作战效果不太好的图－126预警机。1984年开始服役，目前已有20架左右，年生产量约5架，最终可能组成一支50架A－50的机队。

A－50是相当于美国E－3A那样的大型机载预警控制系统，机身上部也有一个圆盘形天线罩。机翼前的前机身加长，有一个空中加油探头。它装有新型的敌我识别器，有一套综合电子对抗设备。它能探测和跟踪在陆地和水面上空高空或低空飞行的飞机或巡航导弹，并引导米格－29、米格－31和苏－27进行争夺制空权的斗争。

1991年海湾战争期间，苏派出A－50预警机在黑海上空作8字飞行，以监视美国从土耳其起飞去伊拉克作战的飞机，并监视美国的巡航导弹，防止其进入苏联领土。

由于苏制电子设备重量较大，A－50的机载电子设备要比E－3上的重50%；此外苏各军兵种与预警机配套使用的指挥系统不统一，交换数据的方式不同，敌我识别器回答的信号也不统一，所以预警机上要增加许多译码设备和各种接口，从而增大了飞机重量，减少了载油量，使飞机续航时间比E－3A约少30分钟。

据随机飞行的《真理报》记者报道，机上共有15名工作人员，工作环境不好。飞行中工程师不时更换电子组件，说明电子设备的可靠性很差。

A－50虽有空中加油探管，但当飞机位于加油机后方时，由于雷达天线罩的影响，飞机产生严重抖振，使受油探管无法伸进加油机的锥套，也就无法进行空中加油。

目前，苏正考虑研制A－50的改进型。

美国E－3A在海湾战争中立功，改进工作加快 E－3A是用波音707飞机装载一座机动灵活的、高生存力的、能抗干扰的高容量雷达站，又是指挥、控制和通信中心。它能在任何地形上空监视高空和低空飞行的目标。新改进的E－3A具有对海上目标探测能力。

海湾战争中，在沙特上空每天保持3架E－3A，进行昼夜不间断的巡逻。在土耳其上空部署3架。每架飞机上有约30名技术人员从事雷达搜索、情报处理、指挥控制等工作。每次出动，飞行时间为14～15小时。在海湾战争中共出动600余架次，累计飞行9000小时，任务有效率达99%。多国部队用它来发现空中目标，引导己方飞机截击。在战争中多国部队共击落伊拉克飞机39架，其中37架是在E－3A引导下击落的。

海湾战争后，美国空军加紧对E－3A的改进工作，改进的重点是提高雷达搜索跟踪能力，加装一个无源探测装置和改进联合战术情报分发系统。

提高雷达搜索跟踪能力是按照1989年实施的雷达灵敏度改进计划进行的，使APY－1和APY－2雷达能够探测到雷达特征面积只有2～3平方米的飞机和特征面积更小的巡航导弹。加装无源探测装置是根据敏捷性方案（Project Snappy）进行的，在1991年内已有15架飞机完成这项改装。改进战术情报分发系统是将一级系统改为二级，使情报传送速度提高6倍。此外还要装备全球定位系统（GPS），使导航精度从原来的3.7公里提高到10余米，这些改进都将在1993年完成。

美国推出E－2C后继机Ex的研制计划 美国海军目前使用3种海上反潜作战的飞机：预警机E－2C、反潜机P－3和电子干扰机EA－6B。这3种飞机在美国海军装备数量很多。E－2C有130多架，S－3有187架，EA－6B直到1991年共交付170架。这3种飞机都是舰载机。美国海军为了减少舰载机的机型以节省后勤保障费用，打算研究一种称为先进战术支援飞机（ATS）作为E－2C的后继机并用来替换P－3和EA－6。这一项目的研制费为100～150亿美元，也称为Ex计划，目前尚未透露详情。该计划的实现是下世纪的事。当前则加紧对E－2C、P－3和EA－6B的改进。

美国研制装备相控阵雷达的预警机 目前各国所用的预警机，其雷达天线多数装在机身上部，在巨大的天线罩中装一个可转动的天线。少数把雷达装在机身头部或分装在头部和尾部，形成所谓“哑铃式”布局，但仍摆脱不掉巨大的天线罩。这种雷达的天线靠机械传动，每分钟只能转几圈，扫描速度不大，且不能选择。天线正下方形成一个半径约15公里的盲区。天线罩在飞行中产生扰流，使尾翼发生抖振。当预警机在空中加油时这种抖振影响飞机操纵，甚至无法加油。为了克服上述缺点，各国都在研究把相控阵天线用于预警机。相控阵天线的优点是：天线尺寸可根据载机的大小而裁剪；扫描速度可以改变，针对不同扇区，选用不同的扫描速度，对重点探测扇区可加大扫描速度，也可延长扫描时间；可全方位跟踪目标，也可边扫描边跟踪；虚警率较小；探测距离比较远；由于不依靠机械传动，只有电子扫描，雷达无活动部件，可靠性较高。美国研制装备相控阵雷达的预警机是“空中防御倡议”计划的一部分。由通用电气公司和E系统公司联合承包，1989年与美国空军签订合同，已完成初步论证工作，即将开始设计和制造原型机。载机已选定，采用波音747—200飞机。1991年开始设计和试验雷达。1995年可提供全尺寸试验样机。飞行试验计划需化费8亿美元，预计到2005年或2010年交付。

根据已公布的飞机缩尺模型来看，这种预警机背上有一个长方形天线罩，但其后部是圆形的。天线罩用3根W形支架和4根连杆固定在机身上部。天线罩上表面离机身顶部8.38米，下表面离机身顶部4.57米。雷达采用L波段，有4个不等边阵列天线。雷达可360°全方位覆盖，能在高杂波、严重干扰和密集目标环境下探测到雷达反射面积很小(0.02平方米)的目标，因而可发现隐形飞机和巡航导弹。

美国EC—130E战场指挥飞机投入海湾战场 EC—130E是装备第3代C^3I设备的机载战场指挥控制中心，故称为EC—130E ABCCCⅢ。在此以前有过第二代机载战场指挥控制中心，即ABCCCⅡ，是用人工控制的，曾在越南战争中使用过。第三代设备是用电子计算机控制的。美国在海湾战争开始前的1991年1月5日刚把这种14米长的指挥控制舱装上C—130飞机，完成了两架飞机的改装，就送上海湾战场。

EC—130E的任务是指挥执行近距支援和空中阻滞任务的飞机进行对地面目标的攻击。在指挥控制舱内有15个控制台，组成战术空中指挥所。当E—8A飞机侦察到地面目标后，通过联合战术情报分发系统，把情报传送给EC—130E，EC—130E上的电子计算机显示出地图和彩色的数据，控制员根据这些数据，指挥对地攻击飞机采取应飞航向。战斗结束后，作战飞机向EC—130E报告战果，再由它把这些情报转发给地面部队和海上部队的指挥所。EC—130E的指挥控制舱内有23部电台及专用的调制解调器。

两架EC—130E在海湾战争中共出动40余次，飞行400余小时，飞机的良好率达到100%。据说，多国部队的空中突击任务约有一半是在这两架飞机指挥下完成的。

海湾战争结束后，美国空军又改进这种飞机，装上E—2C上用的APS雷达，并把大部分机载电子设备安装在机架上，以便于维修和在空中重新组合。改进后的飞机称为EC—130V，已于1991年7月首飞，并进行了为期3周的系统试验。

军用直升机 在过去一年里，尽管各大国压缩军费、裁减军队、国际形势明显缓和，但由于地区冲突、反暴乱、反恐怖活动的可能性增大，以及各国现役直升机有许多已面临更新换代，故对直升机需求反而增大，直升机的发展前景比固定翼飞机看好。

1991年，美国推出了“陆军航空兵现代化计划”AAM91，制定了未来10年直升机和无人机发展计划。计划立足于现有直升机的改型和改进，主要是提高直升机的空战和反直升机作战能力，增强自卫和系统干扰能力。关于新机研制，除了继续执行LH计划外，未来攻击飞行器(FAAV)是否上马，要到1997年才能决定。关于通用直升机，除了继续采购UH—60(到1996年共采购1427架)外，还考虑发展一种新机UH—X。

直升机和固定翼飞机一样，正朝着提高质量、减少型号的方向发展。美国陆军的直升机有几千架将退役，到2000年现役的13种型号将减为5种。

美国RAH—66轻型直升机进入全面研制阶段 美国陆军的轻型直升机计划原称LHX，1990年改称LH，并确定两个竞争集团。1991年5月在两个竞争集团中选定波音/西科尔斯基集团承包，确定这种直升机的型号为RAH—66，是一种能执行侦察和强击任务的轻型直升机。

这种直升机原来打算采购5000架，但要求最大速度为463公里/小时，这就迫使竞争者提出新原理的直升机方案。如贝尔公司的倾转旋翼机方案，西科尔斯基的前行桨叶原理的新旋翼方案和休斯公司的无尾桨方案等。这将成为直升机发展史中的一个里程碑，为举世所瞩目，本《年鉴》在过去4年中每年均有报道。

但是美国近年经济困难，军费紧缩，迫使不敢冒险进行大跨度的研制工作。1987年把速度指标定为巡航速度315公里/小时，从而不再需要冒风险采用新原理方案。RAH—66的各项指标如下：

旋翼为5叶超轻型全复合材料桨叶、无轴承旋翼系统。主旋翼直径11.89米，尾桨为8叶宽弦桨叶，涵道式。机身用90%的复合材料，长12.19米。动力装置为两台T800涡轮轴发动机，单台功率1250马力。燃油可供2小时30分续航时间之用。挂副油箱后，转场航程可达2335公里。机组两人，1名飞行员，1名武器系统控制员。飞机空重3402公斤，最大起飞重量5080公斤。机上设备有：夜视系统、头盔瞄准具显示器，第2代前视红外目标定位系统及数字地图显示器，"哈夫快"反干扰战术通信设备，机载目标交接系统、导航星及全球定位系统接收机等。最大速度328公里/小时，巡航速度315公里/小时。垂直上升率6米/秒，可在6.5秒钟内从巡航速度减速到157公里/小时。在侧风80公里/小时的情况下，用5秒钟完成180度悬停转弯，也可在6秒钟内用157公里/小时的速度进行90度转弯。

RAH－66的采购量至少为1292架，也可能增加到1681架，视未来美国陆军的编制而定，但比原计划的5000架和后来修改的2096架已减少许多。

美国AH－64A强击直升机发生质量问题 美国的强击直升机AH－64A"阿帕奇"是陆军先进强击直升机(AAH)计划的产物，1984年开始装备部队。它的采购数一再改变，最后才确定采购807架，迄今尚未交付完毕。AH－64A服役后，不断发现质量问题，主要是主旋翼桨叶分层剥落和目标探测系统发生故障。旋翼桨叶寿命原定1500小时，但大部分服役的旋翼使用1000小时就得更换。甚至有人主张用AH－1"眼镜蛇"强击直升机来代替AH－64A。1989年国会组织调查后认为该机完好率只有50%，远低于陆军规定的完好率75%的指标。国会建议取消807架采购量中的最后66架，把这笔采购费用来改进现有的AH－64A。1991年1月国会总审计局派人到沙特调查多种直升机的战备情况，麦道直升机公司不得不派出技术人员到沙特去帮助改善AH－64A的使用性能。经过一番努力，陆军航空兵司令帕克中将说：AH－64A的完好率在现有几种直升机中处于领先地位。据说最近生产的旋翼寿命已达1400小时。

AH－64A使用后不久，麦道直升机公司就提出改进计划，研制先进阿帕奇型，改进内容包括：加大发动机功率至2000马力，电传操纵，环形激光陀螺惯导系统、机载目标交接系统等。另外还拟实施"分阶段改进计划"，包括改进武器、传感器和火控系统、数字式数据总线等。但现在这两项计划都未实施，而是集中全力研究另一种称为"长弓"的改进型。改进内容是装备毫米波雷达和有雷达导引头的"地狱火"导弹。1990年起进行为期4年的全尺寸研制阶段。现在由于AH－64A质量有问题，国会总审计局建议在AH－64A完好率问题解决以前不要批准"长弓"计划。参议院指定陆军将1991年拨给"长弓"计划"的15.91亿美元中拿出一部分来改进AH－64A的可靠性。

美国对AH－1W直升机作重大改进 AH－1W"超眼镜蛇"强击直升机是AH－1T改进型"海眼镜蛇"的改型。主要改进是换了发动机，燃油系统可经受23毫米的炮击。AH－1W的任务是反装甲车，为运送兵员的直升机护航，担任近距火力支援、武装侦察和对地面目标搜索和定位等。它装有前视红外装置及激光测距仪，可全天候作战。美国海军陆战队共装备84架，在海湾战争中出动49架，共飞行8500小时，平均每天飞行31小时，战备完好率达72%以上。但在战争中也暴露出不少缺点，据说有7个方面的问题：夜间瞄准、作战副油箱、电气系统、振动分析系统、独立导航系统、地标领航的前视红外系统及其耐热性均有问题。为此要求在反坦克和反直升机能力，对己方近距支援飞机、地面火炮及舰载武器的控制能力和夜间及坏天气作战能力方面作出改进。

AH－1W的改进工作实际在海湾战争前就已开始，改进的主要部分是更换主旋翼，由原来的双叶旋翼改为无铰无轴承的四叶旋翼，这种改型称为AH－1(4B)W。新旋翼与原来相比，桨叶弦长缩短24%，旋翼转速下降6.5%，拉力增大25%。改进后飞机重量增加930公斤，最大作战总重由6700公斤增至7630公斤，从而使携带武器重量由755公斤增大到1780公斤。最大飞行速度由314公里/小时增至389公里/小时。飞行包线扩大了80%，机动过载为－0.5g～＋3.2g。当总重7270公斤时，能在2600米高度上作无地效悬停。新旋翼的振动很小，故旋翼使用寿命由原来的2200小时增大到1万小时，几乎与机体寿命相等。桨叶有抗战伤能力，可经受23毫米航炮的攻击。在传动箱无润滑的情况下，旋翼还可工作30分钟。

AH－1(4B)W将采用"玻璃"座舱，2名飞行员(1名副驾驶兼射击员)各有一对多功能下视显示器。机载设备有塔曼/科尔斯曼夜间瞄准系统，APN－127和GPS兼容的多普勒仪及头盔显示器。这种改型的新机可生产到1997年，使用到2020年。

德、法合制的"虎"式直升机原型机首飞 德、法合作研制的"虎"式直升机首架原型机PT－1号已于1991年4月27日在马赛附近首飞，历时1小时零5分钟。试飞中完成地效悬停及侧飞、后飞等试验，以及跳跃起飞和起伏着陆，也对MTR390涡轮轴发动机进行试验。首飞的任务重量为4500公斤(生产型为5300～5800公斤)，飞行速度222公里/小时。5月2日该机又进行两次试飞，速度增至297公里/小时，已达到设计最大速度。试飞表明，这种直升机有良好的安定性和操纵性。

按计划共生产5架原型机，第一架原型机PT－1是基本型，第二架和第三架PT－2、PT－3是基本系统试验型。这3架原型机都是不装备武器的气动力原型机，用来进行机体和各系统的飞行试验。第4架PT－4是HAP型(侦察和火力支援型，供法国使用)，第5架PT－5是PAH－2/HAC(反坦克型，供德法两国使用)。PT－2计划1992年首飞，以后每隔6个月试飞一架新的原型机。PT－2和PT－3在完成初步飞行试验后将分别改装成HAP型和PAH－2/HAC型参加武器试验计划。

PT－1于1991年6月参加巴黎航展并作有限的飞行表演。这种直升机的研制工作除法国航空航天公司和德国梅柏布公司外，还有26家欧洲著名的公司参加发动机、导弹、电子设备等的研制工作。

“虎”式直升机是世界上第一架全复合材料的直升机，空重只有3300公斤，任务重量原为5300～5600公斤，现为5300～5800公斤。旋翼为先进的无铰玻璃纤维弹性轴承旋翼系统，有四叶桨叶。尾桨是三片复合材料桨叶，它的钛合金桨轴和桨毂是一个整体结构，零件少，可靠性强。该机其它数据见《世界军事年鉴1991》。

法德两国的采购量不变，即HAP型法国购75架，HAC型法购140架，PAH－2型德购212架，总数427架。由于研制进展顺利，交付日期略有提前，HAP型由1997年中提前到1997年初交付，HAC和PAH－2型原定1998年交付，现提前到1997年年底。

图4 “虎”直升机原型机

P－120L多用途直升机有新进展 P－120是中、法和新加坡3国合作研制的军民两用多用途直升机。全部研制费1.6亿美元，其中法国航空航天公司占54%的份额，中国航空技术进出口公司占30%，新加坡航空航天公司占16%。经济型称为P－120L是民用直升机，用于运输及农业；高性能型称为P－120HP，主要是军用，用于运送兵员、侦察及对地支援，可在高温及高原地区使用。

研制工作第1阶段从1990年3月至1991年8月为方案论证，已经完成。1991年10月进入第2阶段，设计和制造3架原型机，计划1993年底第1架原型机首飞。第3阶段为批量生产。

图5 P－120L多用途直升机

该机将采用法国航空航天公司近年来开发的新技术。主旋翼为4叶高性能复合材料柔性旋翼，球形柔性桨毂，尾桨为涵道式高效尾桨。发动机：L型用一台透博梅卡公司的阿赫耶－1B(或PW206－8D－E)，HP型用阿赫耶－2(或PW208－8D－HP)，前者功率707轴马力，后者功率863轴马力。

主要技术数据如下(分子为L型，分母为HP型)：最大起飞重量2000/2300公斤；有效载荷900/1200公斤(载客4～5名)，HP型吊载能力1160公斤；最大巡航速度270/290公里/小时；航程800公里以上。旋翼直径10.2/10.7米，机长12.02米。采用滑橇式起落架。

无人驾驶飞机 无人驾驶飞机简称无人机，指的是地面或空中遥控的和预先装定程序的无人机，它的历史已超过50年。但只有到60—70年代，在航空材料、发动机和航空电子设备有了长足进步之后，它的功能逐步扩大，用途日益广泛，生存力大大提高，才有了实用价值。1964～1975年越南战争期间，美国空军的无人机战斗出动了2873架次，有84%都安全返回，其中1972年后投入的无人机由于采用了更先进的设备，回收率超过90%。但越南战争后，美国一度减慢了发展速度。美国1982年在黎巴嫩为了拍摄一个目标的照片损失掉一架价值数千万美元的舰载 F－14 飞机，牺牲两名飞行员。而同年以色列在黎巴嫩大量使用无人机对付叙利亚的萨姆导弹，有的放大雷达讯号伪装成作战飞机，有的直接攻击雷达，收到很好的效果，帮助有人驾驶飞机取得了胜利，而以色列飞行员竟无一人伤亡。贝卡谷地这一战，使各国军方对无人机的需求大增，1982 年以后无人机的研制和生产发展非常迅速，1977 年全世界大约有 120 种型号的无人机，到 1987 年增加到 250 种，现在则更多，估计又翻了一番。过去 20 年中，无人机的性能有很大改进，有效载荷由 2.5 公斤提高到 500 公斤，续航时间由 15 分钟，提高到 24 小时以上，能执行包括侦察、通信中转、战场监视、目标识别、电子对抗、投传单、搜集气象资料、轰炸效果评估以及反雷达、反坦克等进攻性任务。美国国防部制订的 1990～1994 国防计划中就有 15.5 亿美元为三军购置无人机的内容。美国国会在 1988 年成立了三军联合无人机计划局，监督全美的无人机研制工作。1989 年推出近程无人机计划。1991 年海湾战争中美国陆军和海军曾大量使用无人机，收到良好的效果。美国海军陆战队的司令说，当部队向科威特市逼近时，他从指挥车上直接收到无人机传来的图像，随时监视伊军的情况。1991 年 8 月无人机计划局召开会议，有 6 家厂商参加近程无人机的投标。美国国防部提出要在 1992 年国防预算中拨款 2.07 亿美元，1993 年国防预算中拨 2.9 亿美元用于采购无人机。北约也很重视无人机的发展，北约航空航天发展顾问组在一份研究报告中，甚至提出在下世纪要用无人机来夺取制空权，以适应日益复杂的作战环境。

美制“苍鹰”微型遥控飞机 “苍鹰”是美国研制周期最长，耗资最多的遥控飞机。早在 1975 年美国陆军就制订 XMQM－105 计划，同年 12 月首架 XMQM－105 验证机上天。1979 年与洛克希德公司签合同研制 YMQM－105“苍鹰”无人机及配套的地面站和遥控终端设备、发射装置、回收装置等。1982 年 YMQM－105 首飞。1985 年开始装备部队试用。1986 年试验证明，“苍鹰”无人机用激光器指示坦克目标，炮兵用“铜头”反坦克激光制导炮弹打坦克是有效的。1986 年进行的 330 次试飞中，成功次数达 306 次。这套装置在海湾战争中又装在“先锋”无人机上使用。1987 年进行第 2 阶段试验，飞行 143 次，310 小时，飞机上有电视摄像机、激光测距仪和激光照射器，也有前视红外装置。美国陆军计划购置 376 架“苍鹰”无人机及 88 座地面站。

“苍鹰”装一台 24 马力活塞式发动机，木质两叶螺旋桨是推进式的，安装在机尾环形涵道内。排气管向上，以减少红外信号。飞机装在 5 吨卡车上，用导轨发射，利用红外传感器自动回收进一个尼龙网内。

飞机基本数据为：翼展 3.88 米，机长 2.08 米，螺旋桨直径 0.66 米。有两种型号：A 型为目标探测、识别和空中侦察型；B 型为长航程型。最大有效载荷：A 型为 36.5 公斤，B 型 52 公斤；最大燃油重量：A 型为 15 公斤，B 型 40.5 公斤；最大发射重量：A 型 120 公斤，B 型 150 公斤；最大平飞速度 210 公里/小时，巡航速度 135～175 公里/小时，巡逻飞行速度 130 公里/小时；实用升限 4500 米；航时(留 40 分钟备份油料)：A 型 3 小时，B 型 10 小时。

美制“阿尔泰尔”遥控飞机 “阿尔泰尔”是“苍鹰”的派生型，专供出口。1987 年 7 月首飞。它与“苍鹰”不同之处是，在设备上略去激光目标探测器，数据链的抗干扰性也较差，但它增加一个机翼内的软油箱，这样使它的航时能达到 11 小时(带有效载荷 30 公斤，燃油 40 公斤)。它还可在直升机或舰艇上发射。最大速度 196 公里/小时，巡航速度 150 公里/小时。有效载荷是模块式的，更换传感装置可在外场进行；只需 15 分钟。执行任务时，在机载计算机和地面控制计算机的控制下，从起飞到回收均自动进行，不需要训练有素的地面控制员。自动回收的原理是，无人机头部有一红外源，回收网的支架上有方向传感器和高低角传感器来跟踪红外信号，然后发出回收的导航和飞行操纵信号，引导无人机进入网内。如回收失败，飞机会在预定高度上自毁。

执行任务时“阿尔泰尔”的高度为 1000 米，只能在 70 公里范围内进行实时传输侦察图像。在 250 公里范围内，有近实时传输能力，此时飞机对地面站来说已降到地平线之下，等到它获取到一定数量的资料后就爬升到一定高度，再向地面传送。

一个“阿尔泰尔”无人机小队，共 5 架无人机、7 辆卡车(发射、回收、地面站等)，13 名士兵，用 C－130 运输机装载，需 4 架次。

美制“鹧鸪”高空无人侦察机 “鹧鸪”原是美国海军研制的轻型靶机，用于飞机空中射击、地空导弹和空空导弹训练，也用于武器系统的评估。要求速度能达到 742 公里/小时。1964 年制成原型机 NV－105，是三角翼的，1965 年改成直机翼，型号也改成 NV－105A。正式生产时型号改为 MQM－74A，美国海军及其他国家共订购 1800 架。英国海军和意大利海军使用时称之为“鹧鸪”Ⅰ。1974 年美国海军要求把飞行速度提高到 926 公里/小时，新改型称为“鹧鸪”Ⅱ，型号 MQM－74C。这两种“鹧鸪”一共生产了 3200 多架。远销英、德、荷、希腊、西班牙等国。目前这种无人机仍在继续生产。

MQM－74C 已不再当靶机用，而作为侦察、电子对抗和攻击型无人机，美国海、空军都使用。海军还将另一种改型 BQM－74C 称为“鹧鸪”Ⅲ。这种无人机能在空中、地面和舰上发射，并按预先装定程序的飞行剖面飞行。可作为巡航导弹模拟器和空中射击训练的靶机，用来训练飞行员空战和高炮、地空导弹的操作人员。1977 年开始研制，1980 年起已生产 1000 多架。1986 年又生产 132 架 BQM－74 的侦察型，1987 年生产 70 架，并准备一直生产到 90 年代。侦察型的机头舱内装有电视摄像机，视频数据链发射机、录像机等设备，用降落伞回收。将来这种无人机可发展具有全息摄影和红外成像实时传送能力。当无人机在地面站视线之内就可收到实时图像，如在视线之外，则先储存，等飞到地面站视线之内时再重现。视频信号传输距离低空 80 公里，4500 米高度时 112 公里，指挥控制距离与Ⅰ型、Ⅱ型相同，为 48～80 公里。但它的航时太短，不足 1 小时。表 1 是 3 种“鹧鸪”的基本数据。

表 1. 美国“鹧鸪”高空无人侦察机基本数据

型号	鹧鸪Ⅰ MQM－74A	鹧鸪Ⅱ MQM－74C	鹧鸪Ⅲ BQM－74C
发动机	一台 55 公斤静推力的 WR24－6 涡轮喷气发动机	一台 82 公斤静推力的 WR24－7－2 涡轮喷气发动机	一台 WR24－7A 涡轮喷气发动机，静推力 82 公斤。1986 年后改用 J400－WR－404，静推力 109 公斤
燃油量(升)	39.75	61.3	61.3
制导与控制	无线电指令制导	同Ⅰ型	无线电指令制导。发动机油门、高度保持、回收用话音控制
翼展(米)	1.69	1.76	1.76
翼面积(米^2)	0.56	0.74	0.74
机长(米)	3.46	3.87	3.95
机高(米)	0.70	0.71	0.72
空重(公斤)	105.7	128.4	127(地面发射) 133(空中发射)
最大有效载荷(公斤)	——	——	78.5
最大发射重量(公斤)	143(无助推器) 193(有助推器)	182(无助推器) 223(有助推器)	233(地面发射) 199(空中发射)
最大平飞速度(公里/小时)	742(海平面) 787(高度 6100 米)	880(海平面) 954(高度 6100 米)	927(地面发射，高度 6100 米) 982(空中发射，高度 6100 米)
实用升限(米)	12200	12200	9150(地面发射) 12200(空中发射)
最大航程(公里)	264(海平面) 439(高度 6100 米)	380(海平面) 611(高度 6100 米)	833
最大过载(g)	＋7	＋10	＋2.3(地面发射) ＋4(空中发射)

美制“勇敢”200/3000 多用途无人机 “勇敢”是 Brave 一词的习惯译法，实际上，这个词是 Boeing Robotic Air Vehicle 的缩写词，意为波音公司无人驾驶飞行器。这是一种廉价的多用途程序控制无人机，有多种改型，著名的 YCGM－121A“宝石虎”即为其改型之一，可执行电子对抗、压制敌防空火力和侦察等任务。它可从火车、卡车或舰船上发射。如要求快速发射，可采用助推火箭。有效载荷装在飞机头部，中央电子设备是控制系统的心脏，位于燃油箱之前，与有效载荷(任务设备)接口。采用推测导航系统，但也可装其它导航

系统。执行正常任务时，爬高至2500～3500米，飞往目标区上空。

此种无人机可长期储存。地面操纵人员仅两名，如用程序控制，发射台可不要人控制。1986年西德国防部曾向波音军用飞机公司定购3000架这种无人机，作为反雷达飞机，型号定为“勇敢”210“人黄蜂”。

表2. “勇敢”200和3000基本数据对比

型号	“勇敢”200	“勇敢”3000（“大黄蜂”）
发动机	一台Cuyuna两缸两冲程活塞式发动机，功率28马力，推进式螺旋桨，有一台火箭助推发动机	英国NPT171涡轮喷气发动机，静推力77.2公斤
燃油量（公斤）	22.7	最小15.9，最大56.7
制导与控制	正常预定程序自动驾驶仪控制，也可由指挥员现场重新编程序	预定程序自动控制
翼　展（米）	2.57	2.26
前翼翼展（米）	1.12	无前翼
翼面积（米²）	0.93	0.56
机长（米）	2.12	3.44（不连助推器）
机高（米）	0.61	——
空重（公斤）	70	——
最大有效载荷（公斤）	约27	最小74.8，最大102
最大发射重量（公斤）	120	连助推器285 不连助推器238
最大巡航速度（公里/小时）	225	704
巡逻速度（公里/小时）	145	454
升限（米）	3960以上	7620
航程（公里）	805	415（有效载荷83.9公斤，燃料47.6公斤）

“勇敢”3000是波音公司1981年开始研制的一种新改型，发动机改为喷气式，用于战场侦察和电子对抗，是一种不可回收的廉价无人机，用固体火箭直接从集装箱内发射，然后打开进气道，展开机翼和垂尾，起动喷气发动机。

飞机装有三轴数字式自动驾驶仪。飞行前，所有任务数据全部预先编好程序，升空后不需要再引导和控制，飞机就自动完成任务。

1983年“勇敢”3000原型机首飞。以后经过几年的飞行试验和发射试验，曾试验过用封闭的集装箱放在一辆拖车上，每隔5～10秒发射一次。

美制“琥珀”耐航无人机　“琥珀”是美国国防高级研究计划局拟制的一个研究计划名称，其内容是研制一种能长时间留空的无人机，用来执行侦察监视、通信中转和电子对抗任务。1986年确定项目，1987年移交美国海军研制，原计划1989年进行作战试飞，到90年代初可装备部队，首批96架将交付海军和海军陆战队使用，尔后装备美国陆军和美国驻欧部队，打算用这种无人机来代替TR－1有人驾驶的侦察机。

这种无人机有1台KH－800型65马力活塞式发动机，使用推进式螺旋桨。翼展为8.7米，机长4.4米，空重127公斤，最大起飞重量340公斤，装有ARC－182型超高频和甚高频无线电中继系统和一套图像与信号综合系统，可以在指定地区上空巡逻飞行，遂行远程电子情报侦察和空中监视任务。美军称该机可使指挥部和作战部队指挥官看到远距离外的敌方战斗部署和战斗队形。“琥珀”的详细数据尚未披露，但据说它可留空几天至几个星期。

美制“天眼”系列多用途微型无人机　在无人机发展史中，“天眼”系统颇有代表性，而且使用甚广。它由美国开发科学公司于1973年开始设计和制造。最早设计的是两种实验性无人机“天眼”Ⅰ型和Ⅱ型，在此基础上发展为“天眼”R4D飞翼式无人机。1980年起，研制R4D的改型R4E，这是一种多用途无人机，可根据用户需要改变任务载荷，执行不同任务。R4E与R4D相比，在空气动力外形上有很大不同，增加了双尾梁、双垂尾和平尾。能昼夜执行实时监视、侦察、战术天气观察、陆海军火炮校射及航空火力支援、激光目标照射和测距、作战效果评估、海岸和海上巡逻、电子情报、信号情报、通信情报、电子对抗、通信中转及武器投放等。这种无人机系统的机动性很好，可用车辆、飞机和舰船运输。

R4E有多种改型，即R4E－5、10、30、40、50、70，连接号后面的数字代表发动机功率属于多少马力级，如R4E－30，即30马力级。在这些型号中R4E－40使用最广。外形为悬臂式高单翼，内侧机翼有大后掠角，后缘有副翼；外侧机翼前缘后掠，后缘平直。发动机装在机身舱尾后，机身用复合材料制成，并有密封，以防止高温、高湿度环境影响其使用时间。在机身上涂有吸波材料，以减少雷达特征面积。

发动机是一台改进型川崎400毫升双气缸两冲程发动机，功率38马力，带动双叶木质定距螺旋桨，翼内有软油箱。

发射用HP－3403型液压/气动弹射架，起落架为滑橇式，可收放。如在不平的地面上着陆可放出降落伞(60米高度以下放出)。制导方法为无线电/电视指令制导。由于R－4E－40是微型无人机中较大的一种，有效载荷舱较大，载重也较大，故可携带较多的设备，如陀螺稳定昼夜和微光电视系统、35毫米全景照相机、通信转播机、前视红外探测仪、红外扫描仪。翼下火箭发射架上可挂6枚10公斤重的70毫米的火箭弹，机关旋转塔内有摄像机。其它设备包括气象探测仪，激光探测跟踪仪吊舱等。两个翼下挂副油箱(载油33公斤)，或挂其它投放物(箔条、传单、照明弹等)吊舱。在R4E－50上有全球定位系统接收机。R4E－50是40型的加强型，70型则具有超视距武器投放能力，它的外形特点是机身十分细长。

表3. 各型"天眼"无人机基本数据

型号	R4E－5	R4E－10	R4E－30	R4E－40	R4E－50	R4E－70
翼展(米)	2.67	3.35	5.36	5.36	6.10	6.35
机长(米)	1.85	2.16	3.72	3.72	4.15	5.77
机高(米)	0.47	0.47	1.04	1.04	1.10	0.95
螺旋桨直径(米)	0.51	0.61	0.79	0.79	0.99	—
空重(公斤)	—	—	119	127	195	—
燃油量(公斤)	—	—	44	45.5	45.5	—
最大有效载荷(公斤)	—	—	—	63.75	90.7	—
最大发射重量(公斤)	22.7	77	204	236	331	308
最大平飞速度(公里/小时)	130	185	232	213	232	297
实用升限(米)	1525	3050	6100	4575	4575	6100
最大航程(公里)	5	40	150	250	—	162
续航时间(小时)	0.5	3	8	7.7(63.5公斤有效载荷) 9(27公斤有效载荷)	10	—

按美国陆军的要求，作为军一级使用的战术无人机，要能携带45.4公斤有效载荷飞行8小时，R4E－40已可满足上述要求，故美国陆军及其它国家都已采购。但是随着作战环境和作战理论的变化，上述要求可能要提高到有效载荷68～90公斤，续航时间12小时以上。R4E－50就是瞄准未来新要求的。该型的原型机是1986年11月首飞的，现仍在研制中。

一个装备R4E－40的中队，有2～14架无人机，视所需的任务载荷及预计战损率而定。目前的水平，大概每出动20～40架次就有一次"驾驶"事故而坠毁。另外要有一辆5吨载重的卡车装发射器，一辆2.5吨的卡车装指挥控制中心的小室，拖车上有一部2.4米直径的圆盘形天线，用来与无人机通信及跟踪。另外两台柴油发电机提供电源，其中一台作为备分。这一切由6个人管理，包括中队长、计划员、控制员、载荷管理员、电子技术员、机械员等。无线电的制导范围148公里。如果无人机在飞行中收不到地面信号，就会自动在原地盘旋上升，如果升高后仍收不到信号，就自动返航。

R4E－40的着陆速度为111公里/小时，着陆地带至少400米长。其雷达特征面积有0.15平方米，比"苍鹰"大得多，但红外信号很小。

美制CH－84"柏伽索斯"战场监视无人直升机

CH－84是美国艾罗达因系统工程公司将海军用的QH－50D侦察和反潜无人直升机加以改进而成。CH－84把QH－50上的T50发动机改为重量更轻，马力更大的艾利森250－C20F发动机(420轴马力)，并装上电子控制系统。1981年作出改进设计，1983年开始制造原型机，1984年首飞，同年造出了标准生产型CH－84无人直升机一架。该公司拟把这种无人直升机供三军使用，使其符合陆军采购现成电子侦察和电子对抗无人机的条件，又符合海军和海军陆战队急需的中程无人侦察机的要求。美国空军也可能采购，用来增加RF－4C侦察机中队的力量。

为延长航程，CH－84的油箱储油197升，另外还有一个303升的副油箱。它能像普通直升机那样起飞和降落。制导和控制方法是机上有4轴稳定系统，并有一台接收机和译码机，与地面目标跟踪系统接口。为了能做到超视距监视，利用一个系留气球作为转播站，同时控制两架CH－84。每架CH－84通过转播站发回电视信号给地面。另外气球也有两条特高频无线电指令通道与CH－84联系。有了气球，使无人机能观察到离气球系留点241公里远的地方。

旋翼是双桨叶的，共两副，共轴对转，旋翼直径6.1米。机身长2.04米，宽1.6米，机高2.79米。起落架为双滑橇式。飞机空重338公斤，有效载荷正常为661.7公斤，军用为463公斤。最大燃油量（标准油箱）为170公斤，最大起飞重量1179公斤。以最大起飞重量起飞后，海平面最大平飞速度213公里/小时，海平面正常巡航速度148公里/小时，海平面经济巡航速度102公里/小时。实用升限4875米。悬停升限，有地效4575米，无地效3355米。续航时间（海平面，速度102公里/小时）1小时45分钟，有副油箱时为5小时30分。

CH－84是一种大型无人机，其有效载荷大，所以机上的任务设备都不一定小型化，设备成本低。

美制"空中猫头鹰"无人机 "空中猫头鹰"是美国麦道公司和开发科学公司联合研制的无人机，是R4E－50无人机的派生型。重量为500公斤，巡航速度158公里/小时；留空时间可达8小时以上。飞机长5.5米，翼展7.3米，有一台90马力的转缸发动机。它可按预编程序自动飞行，也可由地面站控制作遥控飞行。飞机用车载的滑轨起飞，用自身的滑橇着陆，也可用翼伞回收。

1991年5月原型机首飞。这次试飞是在交陆军试验与评估之前要进行的一系列试飞之一。试验项目包括机体本身以及传感器、数据链、任务计划系统和地面控制站等。"空中猫头鹰"是美国国防部近程无人机计划的候选机之一。

以色列"猛犬"遥控飞机 "猛犬"是以色列70年代研制的第一代无人机，其MK－Ⅰ型在1978年首飞。其外形和普通飞机一样，螺旋桨装在机头。最新型号是MK－Ⅲ型。这种无人机的雷达特征面积很小，红外信号几乎没有，噪音也很小，故不易被敌发现，生存力较强。1982年在贝卡谷地之战中，以色列用"猛犬"和"侦察兵"对付叙利亚的地空导弹，取得举世瞩目的战果。Ⅲ型和Ⅰ、Ⅱ型的结构相同，只是尺寸略大一些。翼展由Ⅰ、Ⅱ型的4.2米增至4.25米，机长由2.6米增至3.3米。双缸两冲程活塞式发动机的功率也由14马力增至22马力。空重由52公斤增至77公斤。有效载荷由15公斤增至37公斤。机上的任务装备包括：电视摄像机、微型全景照相机、电子对抗装置，以及前视红外仪、激光照射器等电子光学设备。飞机速度很小，巡航速度只有98公里/小时，但航时很长，达7个半小时（Ⅰ型、Ⅱ型均为4小时），这种无人机可由地面站指令引导，也可用预定程序自动飞行。

以色列"先锋"近程遥控飞机 "先锋"是以色列在"猛犬"基础上研制的第二代无人机。"先锋"系统除无人机本身外，还包括电视摄像机等有效载荷、地面控制站、机动接收系统、气动式发射器或火箭助推器以及回收系统。1985年它和美国的"苍鹭"26无人机竞争美国海军的招标，双方均作飞行演示，"先锋"获胜。1986年美国海军定购3套系统，每套系统包括5～8架飞机，3套共21架无人机，还有地面发射、控制、回收、维修等设备。1987年又增购2套，1988年增购4套。

1991年海湾战争期间，美国陆、海军和海军陆战队共部署6个战术单位的"先锋"无人机，每个战术单位5架。从185公里外的地面站或74公里外的便携式地面站控制，共飞307架次，1011飞行小时。在307架次战斗出动中有2架"先锋"被击落，3架受伤返回基地。

"先锋"为长方形截面的箱形机身，两端有斜坡面。两侧机翼后面伸出两根细长的尾梁，后面是双垂尾，垂尾之间为平尾。整个飞机能在野外迅速分解成几大块，然后装车运输。前三点起落架，不可收放。机上有拦阻钩。一台26马力的双缸两冲程活塞式发动机，带动一副双叶推进式螺旋桨。

发射方法：正常机轮滑跑起飞，也可用双轨发射架弹射升空，弹射用压缩空气，可用卡车上和船上的压气机充气。回收可以正常机轮着陆，也可用拦阻钩钩住拦阻索降落，还可用拦阻网回收。制导方式是自动驾驶仪

图6 以色列"先锋"无人机

控制，地面站制导。任务设备有昼间电视摄像机，夜间红外传感器，电子对抗设备、假目标、通信中转设备、激光照射器、测距仪等。基本数据为：翼展 5.15 米，机长 4.26 米，机高 1 米，有效载荷 45 公斤，最大起飞重量 195 公斤，最大平飞速度 185 公里/小时，巡航速度 90～130 公里/小时，升限 4575 米，作战半径 185 公里，续航时间 6～9 小时。

英制"凤凰座"战场监视目标探测无人机 "凤凰座"又译"不死鸟"，是英国陆军第一架实时遥测目标和战场监视的无人机。它服役后可在保障远程炮兵射击上起重要作用。

根据英国陆军提出的要求，这种无人机是高度机动的，能迅速部署，灵活作战，适用于复杂的作战环境。整个系统包括 1 架无人机，1 套空地数据链，1 个机动地面站以及发射和回收设备。飞机在设计时减小了雷达、红外和声信号，故甚难探测到。

英国陆军经过招标，到 1985 年决定交给 GEC 集团研制。1986 年"凤凰座"A 原型机首飞，1987 年推出预生产型"凤凰座"B 型。A 型与 B 型在气动力方面有很大差别，回收时飞机先倒飞。生产型在 90 年代初交付英国陆军。

"凤凰座"的机体构造类似"先锋"，只不过螺旋桨不是推进式而是拉进式，故装在机头上。机身下的任务设备吊舱内有热成像设备，也可装电子对抗设备、压制防空火力设备、激光照射器、通信中转设备、假目标和核生化监控器。飞机用模块式结构，士兵在外场就可装配、发射和回收。机身后尾锥部分在开降落伞前可以投弃。飞机装 1 台 25 马力的两冲程活塞式发动机，带动两叶木质螺旋桨。

发射方法是在卡车斜板上用液压弹射起飞，回收用降落伞。在回收前，飞机先倒飞，用有抗坠毁能力的背鳍整流片来保护任务设备舱。制导方法是地面站指令制导。基本数据为：翼展 4.27 米，最大发射重量约 160 公斤，发射速度 130 公里/小时，续航时间 4 小时以上。

使用"凤凰座"无人机进行战场监视，32 架"凤凰座"，以每小时 200 公里/小时的速度飞行，能对敌后 15～45 公里的区域进行 24 小时的监视，在多管火箭炮射程范围内获取目标位置的数据，引导火箭炮击中目标。16～32 架"凤凰座"就能监视军属作战范围。

英制"斯普赖特"多用途无人直升机 "斯普赖特"是英国 ML 航空公司研制的多用途无人驾驶直升机。它具有监视、巡逻、侦察、情报搜集、目标指示和电子战等 6 项用途。该机 1981 年开始设计，1983 年作了系留飞行试验，以后制造了 3 架原型机，1987 年又造了 5 架进行飞行试验，飞行试验同时在英、美和欧洲举行。

飞机采用两副双叶旋翼共轴对转。桨叶及机身全用复合材料。外形做得尽可能减少雷达反射信号，并采取措施减少红外、光学信号和噪声，使其具有一定的隐形能力。两台 6 马力的 MLH2/88 两冲程活塞式发动机，油箱容积 8 升，内贮汽油和滑油混合液。用无线电指令制导，由机载全自动飞行控制系统实现。在控制链失效时，可依靠预定程序自主飞行返回基地。由于可垂直起落，不需要地面站和发射系统。

机上装备有稳定电视摄像机、红外照相机、微光电视、激光目标照射器、化学传感器、电子情报和电子对抗设备，该机空重仅 28 公斤，最大起飞重量 40 公斤，旋翼直径 1.6 米，有效载荷 6 公斤，最大平飞速度 130 公里/小时，巡航速度 110 公里/小时，续航时间 2 小时，战斗升限 2440 米，正常作战高度 250～500 米，作战半径 32 公里。

意制"奎宿九星"系列无人机 "奎宿九星"是意大利流星航空电子公司生产的无人机，包含 6 种型号，3 种是螺旋桨飞机，3 种是涡轮喷气式飞机。

"奎宿九星"10 型是三角翼双垂尾布局，用于目标探测、定位和标示，空中监视、自杀性攻击。装一台 22 马力的活塞式发动机，推进式螺旋桨。

20 型的俗名是"秃鹰"，用途和 10 型相同，不过改为平直机翼和双尾梁，双垂尾构型。其特点是水上降落后能在水面停留 24 小时。机翼可以拆卸。用一台 26 马力两冲程活塞式发动机，推进式螺旋桨，有火箭助推器供发射起飞，用降落伞回收。制导方法为无线电指令制导或预定程序自主飞行。机上有超视距搜索雷达、电视摄像机、红外传感器、激光测距和照射器、光学照相机等。机载 Sirah 自动导航设备可引导其使用航路点按预定程序飞行。使用欧米加/超低频导航系统来定位，如果此系统失效，能自动转换为推测领航，工作一段时间，等待地面站信号恢复。如不能恢复，则按预定程序返航。着落需用一块 10 米宽 200 米长的平地，如无平地，用降落伞回收。其他数据见附表。

20 型有一种改型，是全预定程序飞行的，称为"渡鸦"，可用于昼夜侦察，另一种用于通信中转、电子干扰和电子支援的改型称为"鹦鹉"(Parrot)。还一种改型由美国生产，称为"苍鹭"26。这种飞机升限能达 6000 米，续航时间 5～10 小时。

70 型用作靶机或电子战飞机或假目标，它有一台 70 马力的活塞式发动机，无线电指令制导。

100 型用作靶机或侦察监视、目标探测和定位、电子战，也可用于突 击地面目标。它装有一台静推力 182 公斤的涡轮喷气式发动机。该机在 1987 年就生产了

150 架，供意大利、伊拉克和利比亚等国使用。1988～1990 年为克里特岛的导弹试验靶场提供 15～20 架。100 型用于突防，作战半径达 400 公里，单程突防 900 公里，用降落伞回收。有一种远航程的改型 100ER 型，曾在 1986 年向美国海军中程无人机投标。100 型可和意大利的 A109 强击直升机结合使用，直升机上可携带 1～2 架“奎宿九星”100 型无人机，从直升机上放飞和回收，现已有几个国家这样使用了。意大利还拟把 100 型无人机发展成战术巡航导弹，用意大利 G222 飞机从空中发射，每架飞机可带 6 枚这种巡航导弹。

图 7　A－109 强击直升机携带两架“奎宿九星”100 型无人机

300 型的用途和 100 型一样，不同的是装一台推力更大的涡轮喷气发动机，静推力 378 公斤。制导方法亦和 100 型相同。此型无人机正在研制中。

表 4.　“奎宿九星”六种型号无人机基本数据表

型　号	10 型	20 型	70 型	100 型	300 型	600 型
翼展（米）	2.71	3.83	3.57	1.80	2.83	3.60
机长（米）	2.25	3.62	3.66	3.94	5.00	6.10
空重（公斤）	50	95	200	210	估计 400	估计 680
战斗载荷（公斤）	—	25	20	70	150	300～500
最大发射重量（公斤）	70	197	260	310	估计 800	估计 1000
最大平飞速度（公里/小时）	180	200	360	850	M0.92（估计）	M0.92（估计）
续航时间（小时）	3	3	1	1	估计 2	估计 2

600 型用于区域侦察、电子战、对地攻击和压制敌防空火力。装两台 378 公斤推力的涡轮喷气发动机。制导方法与 100 型相同，这种无人机现目前尚未制造。

加拿大制 CL－89 和 CL－289 无人侦察机　CL－89 是加拿大飞机公司研制的无人侦察机，北约给予型号为 AN/USD－501，在英国陆军的代名是“蠓”。它用来为战场指挥官搜集情报（照相和红外成像）和空中监视。

CL－89 是 1961 年开始研制的，1964 年首飞，1967 年开始生产，已向英、法、德、意四国交付 500 余架。

机身特点是圆柱形，用金属制成。在机身后部有一个十字型短翼（共 4 片机翼）。在机头锥之后又有两对前翼，用于俯仰和偏航。飞机装一台 WR2－6 涡轮喷气发动机，静推力 56.8 公斤，位于机翼后的机身内，进气道在机身两侧。机身上另有一台火箭助推器，平均推力 2270 公斤。发射方式为车载发射架发射，飞行 2 秒后助推火箭分离。用降落伞回收，在速度 575～815 公里/小时范围内，先放出 0.91 米直径的引导伞，然后放出 5.99 米直径的主伞。经地面引导站确定其位置后，飞机借引导伞把速度降至 61 米/秒，主伞张开，飞机倒飞，位于机身前后的两个着陆气囊自动充气，并自动张开，以减少接地的撞击。制导与控制方法：预定程序控制机构接收机载飞行距离测定器发出的信号，控制飞行轨道、高度和开关传感器，此信号与预定程序结合，可控制飞行路线。在飞行最后阶段，地面导航台确定飞机位置，以保证精确降落。

机上设备有两套主要传感器系统，一是照相机系统，另一套是红外扫瞄系统。这两套系统位于燃油箱之前。油箱之后是 12 枚照相用的照明弹。

其他基本数据：机翼翼展 0.94 米，前翼翼展 0.48 米，机长（不含机头探管）3.73 米（连助推火箭），及 2.6 米（不连助推火箭），机身直径 0.33 米，飞机干重（无燃油、滑油和任务设备）为 78.2 公斤。任务设备 17～20 公斤，最大发射重量：带助推器时为 156 公斤，不带助推器时为 108 公斤。最大速度 741 公里/小时，最大使用高度 3050 米，最大航程 120 公里，如带副油箱，可达 140 公里。

CL－289 是 CL－89 的改进型，因为 CL－89 原来供师指挥官搜集情报之用，CL－289 则供军指挥官搜集情报之用，故后者必须有较大的航程和更大的侦察范围。为此，CL－289 比 CL－89 尺寸大，翼展加大到 1.32 米，机长（不含机头飞行距离测定仪探管）为 3.52 米，如加上助推火箭为 4.98 米。发动机改为 T117 涡轮喷气发动机，推力 109 公斤，另有一最大推力 3269 公斤的火箭助推器。机载探测系统除照相机和红外扫描仪之外，还有实时数据链，导航系统也较复杂，CL－289原为1976年加拿大和西德合作研制的，1977年法国参加，1980年首架原型机上天，1981～1983年经过用户评估及军队试用。原来预计1987年开始全规模生产，但因经费困难，进展迟缓，到1991年才服役。

CL－289的使用方法与CL－89类似，不同的是具有多普勒导航系统，能提供准地形跟踪飞行控制工作方式，可低空突防。回收方法与CL－89基本相同。

加拿大制CL－227"哨兵"垂直起落遥控飞行器 加拿大飞机公司研制的CL－227"哨兵"是一种高生存力的实时监视和目标探测遥控飞行器。它能垂直起落，也可平飞和悬停。发射方式为地面发射或机动平台发射，也可在船上系留悬停。如系留索长200米，则该机的探测距离达48公里；如索长500米，则探测距离达80公里。回收方法是自动着陆，在舰上也可用拦阻网回收。

这种遥控飞行器所以称为高生存力是因为它的尺寸小（机身是个花生果状的双圆球，直径只有0.64米），噪声低（有发动机消音装置），雷达和红外特征很小（球形外形，发动机向上排气），故有一定的隐形能力。它可由地面人员控制，也可按预定程序自动飞行。

研制工作早在70年代就开始，1978年完成第1阶段工作，即制造一架原型机，用系留升空。第2阶段工作是飞行演示试验，于1981年12月完成不系留的飞行。1982年模拟战术环境作了飞行试验。1983年向美国陆军和北约代表作正式表演。第3阶段是全面发展阶段（1984～1988），其间1987年10月美国陆军曾参与评估工作。一共造了10架原型机，两套地面站和6套任务载荷设备，机身用复合材料制造，共分三节，发动机和燃油箱装在上面的圆球中，下面的圆球中装传感器和自动驾驶仪，两圆球之间的一节是旋翼和电子系统。在维修时可更换其中一节，只需半小时，故维修非常简单。起落架是滑橇式，但不能收放。旋翼系统是两副三桨叶的旋翼，共轴对转。桨叶用凯夫拉复合材料制成。

机上装备有昼间电视摄像机、激光照射器、微光电视传感器、热成像仪、辐射探测器、假目标装置等。任务设备最大重量45公斤，燃油重量最大54公斤，但两者相加不得超过88公斤。发动机为WTS－34涡轮轴发动机，50轴马力。其它基本数据为：旋翼直径2.8米，机高1.64米；最大起飞重量190公斤；最大平飞速度130公里/小时，最大使用高度3000米，作战半径50公里，500米高度续航时间3～4小时。

CL－227可供陆军旅一级作战使用。1个CL－227小队，包括4架飞机，3辆高机动多用途汽车（发射、回收、提供动力和地面控制之用），由6个人操作。1个连包括3个小队。

图8　CL－227无人机在军舰上降落

（华人杰　王立群）

战　略　导　弹

综述　1991年，美苏签署《削减战略武器条约》后，仍把战略核力量的威慑作用视为遏制战争的重要手段，继续实施战略进攻性核武器的现代化计划。随着苏联的解体，原苏联的战略导弹将由俄罗斯、乌克兰、白俄罗斯和哈萨克四国控制，今后的走向值得关注。法、英在坚持核威慑战略的前提下，加强核合作与联盟。

陆基弹道导弹　陆基弹道导弹是美苏"三位一体"战略进攻性核力量的重要组成部分，双方仍加紧实施其现代化计划；法国将逐步用海基弹道导弹来取代陆基弹道导弹；第三世界仍加紧研制陆基弹道导弹。

洲际弹道导弹　1991年洲际弹道导弹发展的特点是：继续以机动部署取代地下井部署；加固导弹地

下井提高其生存能力;加快导弹的更新换代步伐。

苏联将SS－24改装成运载火箭 苏联目前正将SS－24洲际弹道导弹改装成名为“航天快马”的运载火箭,这是一种新型三级运载火箭,可将500公斤重的有效载荷送入600公里的低地轨道。“航天快马”运载火箭装在安－124飞机货舱的发射斜轨上,在飞机飞到大约10500米的发射高度时,其后舱门便打开,运载火箭从飞机上释放出去,3～5秒钟后,运载火箭的第1级点火,将其送入轨道。

苏联研制新型洲际弹道导弹 据塔斯社1991年8月27日报道,苏联一直在研制一种类似于美国“民兵”导弹的新型洲际弹道导弹,这种导弹的射程为10000公里。美国国防部官员说,尽管苏联多年来一直在研制新级别的弹道导弹,但他们一点也不清楚苏联有这样一种导弹。有消息称,苏曾拟定于1991年5、6月间在普列谢茨克发射场对该型导弹进行首次试射,后来因故多次推迟,何时发射尚不得而知。

美国解除“民兵”Ⅱ导弹的戒备状态 美国战略空军司令部宣布,美于1991年12月起解除所有450枚“民兵”Ⅱ洲际弹道导弹的戒备状态。首批已解除戒备状态的是部署在南达科他州埃尔斯沃思空军基地的150枚“民兵”Ⅱ导弹,部署在蒙大拿州马姆斯特罗姆空军基地和密苏里州怀特曼空军基地的另300枚该型导弹也将解除戒备状态。

美国将减少“和平卫士”导弹的生产数量 美官方拟减少1992～1993财年预算中有关“和平卫士”洲际弹道导弹的生产数量。据报道,“和平卫士”导弹的生产数量将从173枚减少到114枚。如果此计划得以实施,可节约经费28亿美元。这114枚导弹中,只有50枚部署到美国本土的地下井中,15枚用于进行老化试验,剩下的49枚(已有4枚发射完毕)用于在2006年前进行作战训练,其中包括1枚用于试验铁路部署系统。

美国减少“和平卫士”导弹的发射试验次数 1991年2月,美国国防部决定减少“和平卫士”洲际弹道导弹的发射试验次数。今后,“和平卫士”导弹的发射试验次数每年将限制在3次。国防部一位官员明确表示经费是关键问题。他说,“只有钱多了才能进行更多的试验”。该项计划是根据原战略空军司令钱恩空军上将1990年4月的提议作出的。钱恩说,空军担负不起“用一种传统的统计飞行试验”对新导弹进行试验。据称,每枚“和平卫士”导弹的发射费用为8500万美元。

美国“侏儒”导弹第2次发射试验成功 1991年4月18日,美国空军对“侏儒”洲际弹道导弹进行了第2次发射试验,获得成功。这枚重17吨的导弹是从范登堡空军基地发射的,飞行7400公里后落到了太平洋中的夸贾林导弹靶场。1989年5月的首次试验由于导弹的第2级喷管发生故障而失败。第2次试验是对喷管进行了重新设计和对级间段仪器薄板重新研制后进行的。按计划,美国空军到1997年要对该型导弹进行16次试射。

美国空军重新研究“侏儒”导弹的部署方式 美国空军与波音公司签订了价值7.48亿美元的合同,用以重新研究“侏儒”洲际弹道导弹的部署方式,合同终止期为1998年9月。空军官员说,至于“侏儒”导弹今后是机动部署还是地下井部署,不必立即做出决定。只要研制工作能保证,如果需要就可改成机动式导弹。1991财年,除了拨给洲际弹道导弹的6.8亿美元经费外,空军还专为“侏儒”导弹拨款7000万美元。

美国空军恢复“侏儒”导弹的全面研制 美国空军决定恢复“侏儒”洲际弹道导弹的全面研制计划,主要包括研制加固的机动发射架和指挥控制设备。美国空军研制“侏儒”导弹计划主任说,按计划总共要部署500枚“侏儒”导弹,全部费用约为310亿美元,其中包括土建和采购费用。这500枚导弹将分别部署在3个“民兵”导弹基地上。2个基地各部署200枚,另1个基地部署100枚。据悉,美空军已打算将蒙大拿州的马姆斯特罗姆空军基地作为“侏儒”导弹的一个候选基地。

美国研制用于探测苏联机动导弹的毫米波雷达 美国空军正在研究用一些探测器来探测和识别苏联铁路和公路机动的SS－24和SS－25洲际弹道导弹,因为这些战略机动目标可以运动而且很容易隐蔽,所以用战略轰炸机进行攻击比较困难。因此,美国波音公司高技术研究中心的专家们正在研制一种灵敏度极高的毫米波雷达,它可用于确定战略机动目标。据称,这种雷达有效距离为0.1～10公里,能在各种气象条件下透过烟雾、尘埃甚至树叶进行观察,确定地面上的物体。从1990年6月起,美空军就成立了一个战略机动目标先进方案研制计划办公室,专门负责搜集有关跟踪和识别战略机动目标的所有方法的资料。

中程弹道导弹

1991年,美苏根据中导条约已销毁其全部中程和中短程导弹,双方这一类别的核武器已不复存在;法国逐步取消中程弹道导弹;第三世界国家加快中程弹道导弹的研制步伐。

美苏中导条约实施完毕 根据1987年12月8日签署的中导条约,美苏双方于1988年6月开始销毁各自射程在500～5500公里的中程和中短程导弹。1988年7月22日,苏联在卡普斯丁亚尔发射场销毁了第1枚SS－20中程弹道导弹,从当年8月起每月的15和30日在该发射场销毁两次,每次9枚,采用引爆方式。除此之外,还有72枚SS－20导弹在赤塔西南的德罗维亚纳亚导弹基地用发射法销毁。1988年9月8日，美国在其卡纳克朗霍恩陆军弹药厂销毁了第1枚“潘兴”Ⅱ中程弹道导弹。销毁的方法为用混凝土试验台点燃固体发动机。到1991年5月底，美苏双方2611枚中程和中短程导弹销毁完毕，其中苏联销毁1752枚，美国销毁859枚。

以色列“箭”式导弹拦截“杰里科”Ⅱ中程弹道导弹成功 1990年12月21日，以色列对其“箭”式反弹道导弹进行了试验。试验时，“杰里科”Ⅱ中程弹道导弹从特拉维夫市南20公里的帕尔马希姆发射场发射。几秒钟后，当“杰里科”Ⅱ导弹到达东地中海上空时，“箭”式反导试验弹对其进行拦截，由于“箭”式比“杰里科”Ⅱ导弹的速度快得多，所以拦截成功。这次试验的成功，为反导拦截中程弹道导弹提供了依据。

法国取消S—4导弹计划 法国国防部正式宣布取消S—4导弹计划。该计划旨在发展一种机动弹道导弹系统用以取代现役的18枚S—3中程弹道导弹，计划1995年后开始装备，最终部署30枚，耗资50亿美元。由于S—4导弹计划取消，S—3导弹将服役到2000年。到那时，法国陆基战略核力量将由M—5潜射弹道导弹取代。法国目前正对多弹头M—5潜射弹道导弹进行改进，使其能够使用现在的S—3导弹发射井。

表1. 现役陆基弹道导弹主要性能表

国家	导弹型号	级数	推进剂	长度(米)	直径(米)	弹头数×当量(万吨)	射程(公里)	数量(枚)
美国	“民兵”Ⅱ	3	固体	18.2	1.7	1×100	11250	450
	“民兵”Ⅲ	3	固体	18.3	1.7	3×33.5	11250	500
	“和平卫士”	3	固体	21.5	2.4	10×50	12000	50
苏联	SS-11	3	液体	20.0	2.5	1×100	13000	300
	SS-13	3	固体	20.0	2.0	1×100	10000	40
	SS-17	2	液体	24.0	2.5	4×75	11000	50
	SS-18	2	液体	35.0	3.0	10×50	11000	308
	SS-19	2	液体	25.0	2.7	6×50	10000	300
	SS-24	3	固体	21.0	2.0	10×50	10000	90
	SS-25	3	固体	18.0	1.8	1×50	10500	300

海基弹道导弹

海基弹道导弹是“三位一体”战略核力量中生命力最强的一种。美、苏、法、英都十分重视发展海基核力量。

美国海军订购“三叉戟”Ⅱ(D—5)导弹 美国海军签署了价值10亿美元的合同，订购52枚“三叉戟”Ⅱ(D—5)导弹。为此，美国海军在1992财年预算中，将拨专款改进老式潜艇以便与“三叉戟”Ⅱ(D—5)导弹相匹配。

美国“三叉戟”Ⅱ(D—5)导弹进行首次水下验证和实战射击试验 1991年4月15日，美国海军在佛罗里达海岸附近的“西弗吉尼亚”号潜艇发射了一枚“三叉戟”Ⅱ(D—5)导弹，这次试验是美海军对该型导弹进行的首次水下验证和实战射击试验。美海军曾于1987～1990年间对其进行过4次陆上验证和实战射击试验。此外，美海军还对该型导弹分别进行过19次陆上和9次水下性能鉴定试验。

法国发射M—4导弹改进型 1991年12月初，法国发射了一枚M—4改型M—45导弹。该型导弹可携带6个核弹头，其中有一个隐蔽性很强的新型核弹头，还装有一个帮助提高穿透力的系统。据称，从1995年开始将有16枚M—45导弹用来装备新一代“凯旋”号潜艇。

英国将购买美国“三叉戟”Ⅱ(D—5)导弹 1991年11月22日英国《每日电讯报》报道，英国国防部决定1992年度从美国购买23枚“三叉戟”Ⅱ(D—5)导弹，这批导弹将配置在4艘新式核动力潜艇上。英国国防部已经批准总计9.44亿英镑的军事预算用以购置新一代战略武器。这意味着英国1992年能购置60枚“三叉戟”Ⅱ(D—5)导弹(按1992年价格计算)。

表 2. 现役海基弹道导弹主要性能表

国家	导弹型号	级数	推进剂	长度(米)	直径(米)	弹头数×当量(万吨)	射程(公里)
美国	海神(C-3)	2	固体	10.36	1.88	14×5	4600
	三叉戟Ⅰ(C-4)	3	固体	10.36	1.88	8×10	7000
	三叉戟Ⅱ(D-5)	3	固体	13.59	2.11	8×47.5	11000
苏联	SS-N-6	2	液体	9.6	1.65	2×20	3000
	SS-N-8	2	液体	12.9	1.65	1×100	7800
	SS-N-18	2	液体	14.0	1.8	7×20	7000
	SS-N-20	3	固体	15.0	2.0	9×10	8300
	SS-N-23	3	液体	16.9	1.8	6×25	8500
法国	M-20	2	固体	10.7	1.5	1×100	3000
	M-4	3	固体	11.05	1.93	6×15	6000

战略巡航导弹 战略巡航导弹机动灵活，超低空突防能力强，美苏等国都十分重视其发展。

美国海射型“战斧”巡航导弹首次用于实战 海湾战争爆发后，美国首次使用了海射型“战斧”巡航导弹对伊拉克进行攻击，共发射该型导弹280枚，有80%的导弹准确地击中了目标。这次使用的导弹均携带常规弹头。

美国改进型“战斧”巡航导弹进行射击试验 1991年2月13日，美国海军对其改进型“战斧”巡航导弹进行射击试验，获得成功。此次试验对导弹的射程、导航和精度进行了演示验证。

美国继续生产先进巡航导弹 美国国防部已批准空军全面生产先进巡航导弹(ACM)，导弹的采购数量可能比原计划1992～1994财年生产的1000枚多出500枚，总金额也比6.4亿美元多。据悉，在这1500枚当中有120枚很可能携带核弹头。

法国展出ASLP导弹模型 据报道，法国宇航公司首次在布尔歇博览会上展出了ASLP导弹模型。但法国宇航公司未透露导弹的任何性能数据。有消息称，这种导弹具有隐形性能、机动性大、抗电子干扰力强，采用冲压发动机，能以高超音速自主飞行，末段可按编程飞行，还具有导航自主修正能力。

(任 杰)

战略防御武器系统

综述 1991年是美国“战略防御倡议”(SDI)计划发展至关重要的一年。这一年，美国再次对SDI计划作出重大调整，由重点发展针对苏联大规模弹道导弹攻击，保护美国战略核力量的第1阶段战略防御系统(SDS1)，转向重点发展针对苏联和第三世界国家有限弹道导弹攻击的全球保护系统(GPALS)；以海湾战争为契机，加速发展战区弹道导弹防御系统(TBMDS)，并增设了与SDI计划平行的战术导弹防御倡议(TMDI)计划；SDI计划经费经1990、1991财年大幅度削减后，可望从1992财年起开始回升；各项技术领域进行了大量研究和试验工作，并取得了一些重要进展。此外，苏联对美国SDI计划的态度发生了重大变化；苏联和西方一些国家重新考虑并重视发展有限防御特别是战术弹道导弹防御系统；弹道导弹防御领域的国际合作出现一些新动向，日本、以色列继续加强与美国合作，英国、法国和苏联等国已经开始或正在酝酿与美国联合发展针对有限攻击的反导系统和战区与战术弹道导弹防御系统。

美国SDI计划又作重大调整 美国总统布什在1991年1月29日发表的国情咨文中宣布：“我已经指

示调整SDI计划的重点，以提供防御有限弹道导弹攻击的保护系统，无论这些导弹来自何方。让我们继续推行一项可对付针对美国本土、我们的海外部队、友邦和盟国的任何威胁的SDI计划。”至此，美国SDI计划的发展重点，由第一阶段部署的战略防御系统正式转向防御有限攻击的全球保护系统。

美国SDI计划于1983年3月提出、1984年正式制定和实施以来，通过广泛的论证、研究和试验，虽已在各项技术领域取得了重要的进展，但在能否建立一个原来设想的先进的全面的战略防御系统方面也遇到了许多预想不到的困难。这些困难既有来自政治、军事、经济方面的，也有来自技术方面的。同时，国际政治形势的变化又对SDI计划提出了不同的军事需求。因此，美国不得不对SDI计划进行不断的修改和调整，研制起点不断降低。主要调整变化是：1986年，取消、推迟或压缩了20余个研究项目；1987年，提出分3个阶段部署，研究重点转向第1阶段部署的防御系统和动能武器；1988年，调整第1阶段系统方案，把天基拦截弹数量减少1/3～1/2，把地基拦截弹数量增加70%；1989年，布什执政后明确提出SDI计划的目的是保护美国的战略核力量，向依靠防御的方向转变只是长远的目标；1990年，国防部正式宣布，用“智能卵石”代替原来的天基拦截弹，作为第1阶段系统的天基助推段防御武器；1991年初，研究重点转向发展防御有限攻击的全球保护系统。这些调整变化可归结为两大转变：一是从1987年提出分阶段部署为标志，发展目标由开始时强调“消除战略核导弹的威胁”，使苏联的弹道导弹“无用和过时”的最终目标，转向强调用战略防御增强核威慑的近期目标；系统方案由谋求建立以定向能武器为主、多手段（包括数量很大的天基、机载和地基定向能和动能武器）、多层次（在目标弹道助推段、末助推段、中段和末段多次拦截）的先进的全面的反导系统，转向重点研究建立只采用天基和地基动能拦截弹的两层（助推段和末助推段、中段后段）性能有限的反导系统；军事要求由能拦截掉苏联大规模弹道导弹攻击弹头的95%以上（有的资料说99%），保护美国本土和盟国，改变为能拦截掉苏联第一轮核弹道导弹攻击所发射的4700个弹头的30%（其中要拦截掉SS－18导弹弹头的50%），保护美国战略核力量；发展途径由当初的梦想一步登天转为按照技术能力渐进式发展；研究重点从定向能武器转为动能武器。总之，是由最初的好高骛远向技术可行的方向转变。二是从1991年提出“防御有限攻击全球保护系统”方案为标志，发展的近期目标由增强核威慑退为用更小规模的防御系统保护美国及其盟国免受少量导弹的攻击；系统方案由建立天基和地基动能拦截弹构成的性能有限的反导系统，转为建立天基和地基动能拦截弹以及反战术弹道导弹系统构成的性能更为有限的反导系统；军事要求由能拦截苏联第一轮核导弹攻击弹头的30%，保护美国战略核武器，退为能拦截苏联意外发射或未经授权发射和第三世界国家发射的少量弹道导弹（最多200个弹头），保护美国本土、海外部队和盟国；发展途径由分三阶段部署，改为分更多阶段部署，部署计划由不受反导条约限制的反战术弹道导弹系统起步。总之，是由技术可行型向政治可行型转变。

这些转变虽然表明SDI计划发展目标、规模和进度的后退，但发展途径更为现实，对第三世界国家弹道导弹的威胁也更为实际。

美国SDI计划针对有限攻击的全球保护系统（GPALS）方案 美国SDI计划第一阶段部署方案虽然在技术上逐步走向可行，但是，美苏1972年签定的反导条约的限制以及美国国会内民主党的反对，仍是研制、试验和部署第一阶段系统难以逾越的政治障碍。特别是80年代以来，美苏关系日趋缓和，随着苏联从东欧撤军、东西德国统一和华约军事集团解体，美苏之间的冷战已结束，并由对抗转向合作。以防御苏联大规模导弹攻击作为推行SDI计划的理由已不合潮流。于是，美国又提出苏联意外发射或未经授权发射少量导弹的威胁，以及日益扩散的第三世界国家的弹道导弹的威胁。海湾战争的爆发正好为美国国防部继续推行SDI计划提供了有力的依据。美国国防部认为，海湾战争中伊拉克持续不断地用“飞毛腿”弹道导弹攻击沙特和以色列等国的主要城市，表明第三世界国家的战术弹道导弹是对美国及其盟国的现实威胁。美国中央情报局推测，到2000年至少有6个发展中国家可拥有洲际射程的弹道导弹，还有9个发展中国家可生产近程和中程弹道导弹。海湾战争还表明，机动发射的弹道导弹在发射前是很难被摧毁的，必须有反导系统防御它们。现有的“爱国者”导弹只是一种性能有限的反导武器，拦截距离近，不能对付携载化学弹头和核弹头的导弹，因此需要发展更先进的反导系统。正是在这样的背景下，美国在1991年1月决定将SDI计划的发展重点，由第一阶段部署的反导系统转为针对有限攻击的全球保护系统（GPALS）。

GPALS是针对有限攻击全球保护系统的英文缩写。所谓有限攻击，是指苏联意外或未经授权发射的弹道导弹攻击，或第三世界某国的弹道导弹攻击。这种攻击规模较小，最多200个弹头；所谓全球保护，是指保护美国本土和在全球范围内的美国海外部队、盟国和朋友。根据1991年美国战略防御计划局给国会的报告和其他报道，GPALS 方案由天基和地基探测器、天基和地基或海基动能拦截弹以及作战管理与指挥、控制系统等部分组成。其中包括 1000 枚“智能卵石”(BP)天基动能拦截弹，用于助推段防御；在 6 个地点部署 750～1200 枚地基拦截弹(GBI)，用于中段后段大气层外拦截和再入段大气层内高空拦截；针对战区和战术弹道导弹防御的地基或海基拦截弹(数量不详)；60 颗“智能眼”(BE)探测卫星、若干地基监视与跟踪系统(GSTS)和 6 部地基雷达(GBR)等。

GPALS 是一个由近及远、由易而难逐步发展的综合方案，拟分 3 步完成。第 1 步，先发展不受反导条约限制的针对战区和战术弹道导弹的防御系统，也称可运输的防御有限攻击的保护系统(T—PALS)，主要针对第三世界国家近程和中程弹道导弹的攻击，用以保护美国海外军事力量、盟国和朋友。该系统包括改进的爱国者导弹、增程拦截弹技术(ERINT)发展的拦截弹、战区高空区域防御(THAAD)计划发展的拦截弹、“箭”式(ARROW)导弹或其后继型，以及战术导弹防御用的地基雷达(TMD—GBR)。这些防御武器在紧急时可空运到战区，也可部署在水面舰艇上，其发射系统可与“战斧”巡航导弹的兼容；另外，美国空军正在研究从飞机上发射反战术弹道导弹的可能性。第 2 步，在美国本土上的几个地点部署针对有限攻击的美国本土保护系统(C—PALS)，主要针对第三世界国家远程即战略弹道导弹的攻击，保护美国本土。该系统包括地基拦截弹、大气层外和大气层内动能拦截弹(E2I)、地基监视和跟踪系统、末段地基雷达(GBRT)。该系统也称为 GPALS 的战略弹道导弹防御部分。部署该系统需要对反导条约进行适当修改。第 3 步，部署上述两系统外的战术和战略弹道导弹防御共用的部分，即“智能眼”探测卫星、智能卵石天基拦截弹和作战指挥控制中心，完成 GPALS 的部署。第 3 步部署需要对反导条约做更大修改。GPALS 的这 3 部分组成见图 1。这样，GPALS 既能防御近程、中程战术弹道导弹的攻击，又能防御远程战略弹道导弹的攻击；既能拦截末段目标，又能拦截中段、助推段和末助推段的目标；既能保护美国海外部队、盟国和朋友，又能保护美国本土。因此，它是一种针对有限弹道导弹攻击、进行全球范围防御的系统。该系统的作战示意见图 2。美国国防部估计，部署整个 GPALS 系统约需 410 亿美元，其中 100 亿美元用于研制和部署智能卵石天基拦截弹系统；220 亿美元用于研制和部署地基动能拦截弹和探测器；90 亿美元用于

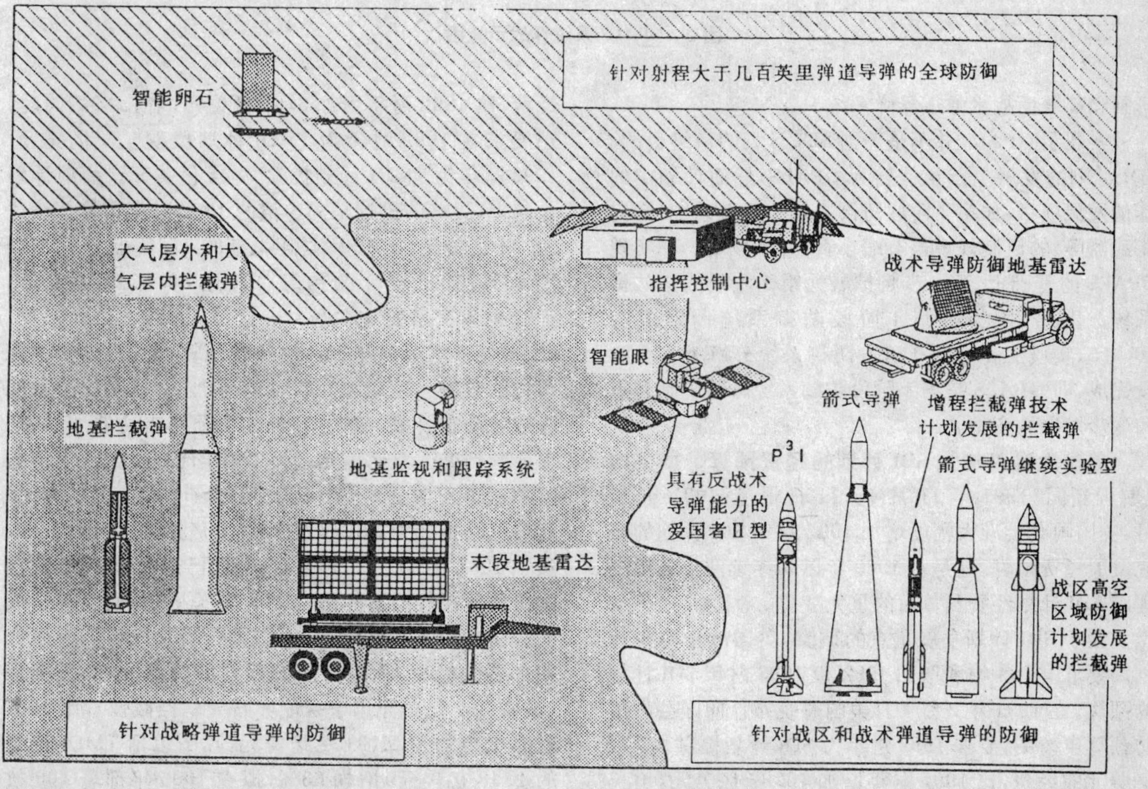

图 1　GPALS 系统组成示意图

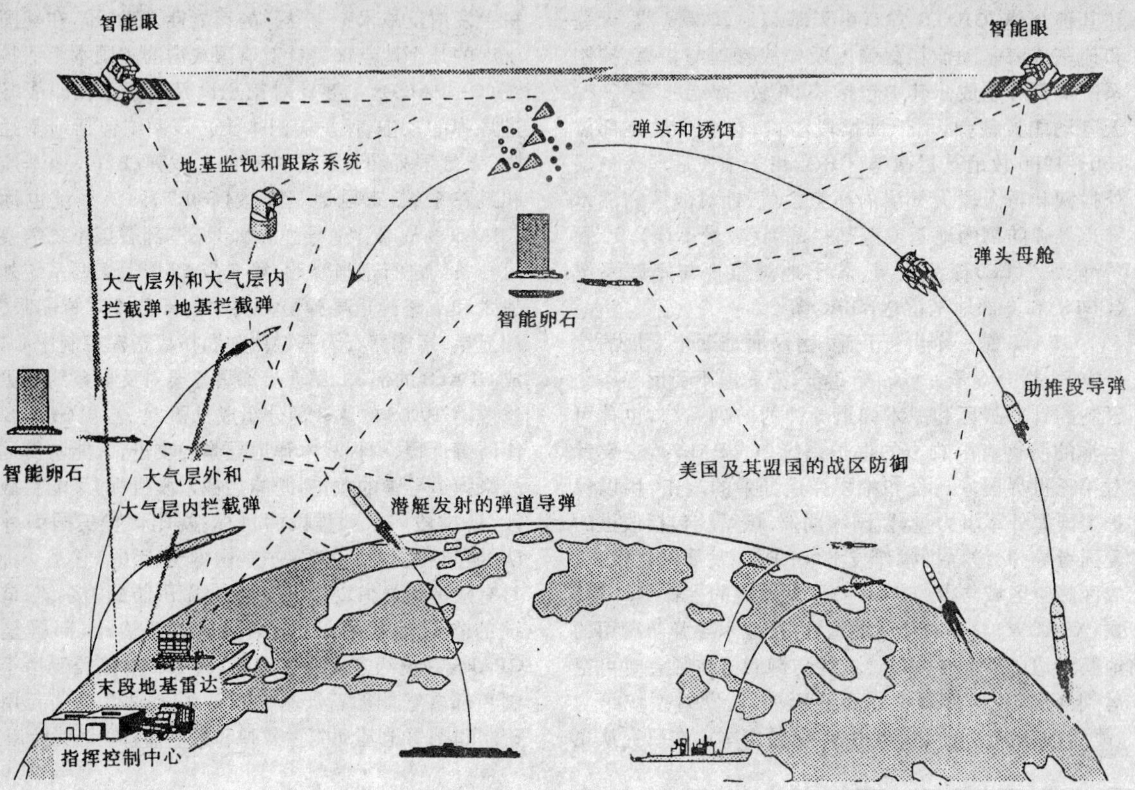

图 2　GPALS 系统作战示意图

研制和部署反战术弹道导弹系统。

实现了 GPALS 并不是美国 SDI 计划的最终目的。SDI 计划的发展重点虽然转为 GPALS,然而计划中的其他发展项目,如第 1 阶段防御系统和后继系统(定向能武器等)的研制规模虽有缩小,但并未取消。在实现 GPALS 的基础上,下一步将扩展为第 1 阶段战略防御系统。由此可见,由第 1 阶段防御系统调整成为 GPALS,实质上是将第 1 阶段防御系统分解为 4 个阶段完成,即 GPALS 是第 1 阶段防御系统降低研制起点和逐步发展的变型。

美国大幅度增加 SDI 计划的经费预算　据美国《航天新闻》1991 年 11 月 4～11 日报道,1991 年 11 月,美国国会批准大幅度增加 1992 财年 SDI 计划的研究发展经费预算。这是自 1989 年以来连续两年大幅度削减 SDI 计划经费预算后的重大变化。

鉴于 SDI 计划发展重点的调整,美国战略防御计划局要求国会大幅度增加 1992 和 1993 财年 SDI 计划的预算。在 1991 年 2 月 4 日美国总统布什向国会的国防预算申请中,要求 1992 财年为 SDI 计划提供 45.72 亿美元的经费,比 1991 财年增加 16.82 亿美元,增长 38%;要求 1993 财年为 SDI 计划提供 49.33 亿美元的经费,比 1992 财年增加 3.61 亿美元,增长 8%;同时,还要求在 1992 财年为 TMDI 计划拨款 6.03 亿美元,1993 财年为 TMDI 计划拨款 7.24 亿美元。两项计划合起来,战略防御计划局申请的 1992 财年预算总额达 51.84 亿美元,比 1991 财年批准的 31.19 亿美元增加了 66%;1993 财年的预算总额达 56.57 亿美元,比 1992 财年又增长 9%。

对于 1992 财年 SDI 的经费预算,美国众、参两院审批的数额差距较大。1991 年 5 月 22 日众议院批准为战略防御计划局的 SDI 计划拨款从申请的 45.8 亿美元减到 26. 6 亿美元,为 TMDI 计划拨款从申请的 6.03亿美元增至 8.575 亿美元,合计为 35.1 亿美元;而参议院批准为 SDI 计划拨款 46 亿美元。美国国会成员于 1991 年 11 月 1 日宣布,他们已拟定了 1992 财年国防预算授权法案的最后文本。在众、参两院折衷达成的国防预算授权法案中,要求大量增加战略防御研究和部署的经费,为战略防御计划局拨款 41.5 亿美元(其中 3.9 亿美元用于智能卵石天基拦截弹),比 1991 财年批准的预算(31.2 亿美元,其中包括 TMDI 计划的 2.18 亿美元)增加 33%,拟在 1996 年部署 100 枚地基反导拦截弹,其后还要再建 5～6 个同样的反导基地；同时，要求政府立即与苏联会谈修改现行反导条约，以放宽对SDI计划的限制。据最近报道，众、参两院已先后批准了这一法案，最后批准的1992财年SDI计划预算见表1。

表1. 众参两院最后批准的1992财年SDI计划预算

项 目	经费(亿美元)
有限保护系统	15.30
战区防御系统	8.48
天基拦截弹	3.90
其他后续系统	6.51
研究与支援工作	7.26
总计	41.45

美国优先发展战区和战术弹道导弹防御系统 发展反战术弹道导弹武器技术是美国SDI计划的一项内容，但一直不占重要地位。从1991财年起特别是海湾战争后，在国会的推动下，美国国防部开始加强反战术弹道导弹武器系统的研究，并予以优先发展。主要表现是：(1)增加反战术导弹研究经费。在过去的7年中，它的研究总经费仅占SDI计划总经费的2%(约4.5亿美元)。1991财年，国会在大幅度削减SDI计划总经费的情况下，却将用于反战术导弹的研究经费由申请的1.40亿美元增加到1.84亿美元，增长30%。1992财年，国会核准的战区和战术弹道导弹防御研究经费预算达8.48亿美元，远远超过申请额的2.79亿美元。(2)为了尽可能快地部署反战术导弹系统，国会还提出一项战术导弹防御倡议(TMDI)计划，重点研究在90年代中期可以部署的4种反战术导弹，即改进的“爱国者”导弹、增程拦截弹、战区高空区域防御拦截弹和美国与以色列联合研制的“箭”式导弹。1991财年，国会单独为TMDI计划拨款2.18亿美元。由于TMDI计划研究的4种拦截弹中有3种是原SDI计划之内的项目，为TMDI计划拨款实际上是额外增加SDI计划的研究经费。(3)国会初步确定在1995年开始部署反战术弹道导弹系统；国防部也把反战术弹道导弹系统作为GPALS系统的第1阶段部署的系统，优先发展。按照国防部的计划，在1992～1994年部署进一步改进的爱国者导弹系统；1995～1996年部署正在研制的增程拦截弹、战区高空区域防御拦截弹等更先进的系统。由于有国会的支持，又不违反反导条约，部署反战术弹道导弹系统将为SDI计划从研究阶段转入研制和部署阶段铺平道路。

美国加快有限保护系统(C—PALS)的发展步伐 有限保护系统是保护美国本土免受少量远程弹道导弹攻击的防御系统。该系统是GPALS第2阶段部署的系统，主要发展地基动能拦截弹，对攻击导弹弹头进行弹道中段、后段的大气层外拦截和再入段的大气层内高空拦截；此外，还发展作为探测系统的地基监视和跟踪系统和末段地基雷达。为此，已在竞争发展两种地基动能拦截弹：一种是地基拦截弹，由大气层外再入弹头拦截弹系统(ERIS)演变而来；另一种是大气层外/大气层内动能拦截弹(E2I)，由大气层内高空防御拦截弹(HEDI)演变而来。这一系统原来预计本世纪末才开始部署，现在美国国会要求，1996年开始在北达科他州大福克斯地区部署一个包括100枚地基拦截弹的C—PALS。国会还要求修改美、苏反导条约，以便增加C—PALS的部署场地数和部署的拦截弹数。为了加速研究工作，1992财年，国会核准为C—PALS拨款15.30亿美元，约为申请额6.74亿美元的2倍。

美国SDI计划1991年取得重要技术进展 进入1991年度以来，尽管美国SDI计划处于重大调整时期，但是各项关键技术的研究与发展工作却在加紧进行。据不完全统计，仅截止10月底，SDI计划就已进行了30次重大试验。其中，探测技术领域的试验14次，如“火塘”地基激光雷达试验、机载监视试验台试验、红外背景特征信号探测试验、紫外尾焰测量试验、低高度卫星试验、“红母虎”探测试验等；动能武器技术领域的试验13次，如大气层外弹头拦截弹系统试验、“智能卵石”试验、大气层外轻型射弹试验、“箭”式反战术弹道导弹试验等；定向能武器技术领域的试验3次，如中继反射镜试验、“阿尔法”化学激光试验、中红外先进化学激光试验等。与1990年同期相比，试验项目多、次数多，虽然一些试验也遭到挫折，但多数试验获得成功，而且在一些领域取得了重要技术进展。例如，大气层外弹头拦截弹系统首次成功的飞行试验表明，它能捕获、跟踪、识别和以直接碰撞方式摧毁来袭的洲际弹道导弹弹头，ERIS弹上长波红外寻的器捕获目标的距离比预计的增加1倍，弹头与目标的实际碰撞点与理论值只差几英寸，弹头重量比先前的减少9/10。此外，和1985年相比，弹上信号处理机重量减少了29/30，而处理能力却增加了3倍。1991年3月31日结束的中继反射镜试验证明，用低功率激光束瞄准和跟踪空间目标的精度比过去提高了两个数量级，达到了定向能武器的精度要求。“火塘”激光雷达试验证明了地基激光雷达能够探测和跟踪多个太空目标以及识别真假弹头。

苏、美高级官员都明确表示将联合发展弹道导弹防御系统 据美国《航天新闻》1991年10月14～20日报道，1991年下半年以来，苏联一些高级官员讲话和撰文，担心第三世界国家或邻国对苏联的导弹威胁，赞同美国的SDI计划，愿意与美国联合发展反弹道导弹预警系统和部署弹道导弹防御系统，支持对1972年的反导条约进行修改以放宽对导弹防御的限制。这表明苏联对美国建立反导防御系统的态度已发生了根本变化。1991年7月，苏联总统戈尔巴乔夫给西方7国领导人的信中，提出“发展联合反弹道导弹预警系统，以防止未经授权或恐怖主义者发射的弹道导弹。”1991年10月5日，他还在电视讲话中明确表示赞同美国的战略防御计划。苏军少将V·萨莫伊洛夫(俄罗斯共和国国防委员会的一个部门主任)10月7日赞扬美国采用非核拦截弹的反弹道导弹计划是现实可行的计划。他说，目前苏联首都莫斯科附近的反导系统只能保护苏联领土的15%，并且采用的是带核弹头的拦截弹。他估计，到2000年，15～20个国家将可能有弹道导弹，其中半数国家将会有射程5000英里(约8000公里)的导弹。他说，“这是个很严重的威胁源，因此，(美苏)联合努力达成一个反弹道导弹协议，既是有希望的，也是我们很感兴趣的。”苏联国防部长的军事改革顾问A·弗拉迪米洛夫少将说，他同意美国发言人的观点，即：反弹道导弹条约应予修改，以允许防御第三世界国家或恐怖主义者获得的导弹。

美国SDI计划支持者欢迎苏联对于弹道导弹防御态度的转变。美国总统布什在9月27日的电视讲话中表示，为推动美苏合作，他的政府将就美苏联合探测导弹发射问题提出新的建议。据美国官员称，美国可能向苏联提供其战略防御系统中的导弹预警卫星获得的数据，以帮助苏联改善防御而免受其邻国或独立出去的加盟共和国的攻击。但这种作法的先决条件是苏联同意修改1972年反导条约，允许美国部署战略防御系统中的“智能卵石”天基拦截弹和其它部件。10月5日，美国一反过去拒绝与苏联讨论限制SDI计划的立场，宣布美国准备在日内瓦与苏联谈判关于对部署战略防御系统的规模和时间进行限制的问题，寻求双方就制定一项符合两国安全利益的战略防御计划达成一定程度的相互谅解。

苏联莫斯科的反导系统正在更换 据《SDI监视器》1991年12月5日报道，由于对苏联的威胁主要来自其邻国北朝鲜、伊朗或中国、以色列发射的弹道导弹，而不是来自美国及其盟国发射的弹道导弹，苏联正在用雷达寻的导弹(SA—10及SA—12地空导弹)更换莫斯科的反导系统，这将加强莫斯科的防御能力。此外，苏联还在继续改进其粒子束武器、微波束武器和动能武器的能力。

西方国家联合发展弹道导弹防御系统 海湾战争中伊拉克动用弹道导弹的事实、弹道导弹的扩散趋势以及世界形势的动荡，使美国及其盟国越来越担心弹道导弹的威胁，因而加快了联合发展反导系统特别是反战术弹道导弹系统的步伐。同时也为美国扩大在SDI计划领域同盟国的合作创造了更多的机会。迄今，参与SDI计划的美国盟国主要有英、德、意、法、日、加拿大、以色列、荷兰、丹麦等国，他们主要是参与研究反战术弹道导弹的系统方案和技术。1991年以来这种合作又有了新的发展。

(1)美国和以色列继续合作发展“箭”式导弹。自1988年以来，美国和以色列一直合作研究和试验“箭”式反战术弹道导弹，并取得了较大进展。1991年又进行了3次飞行试验，结束了第1阶段的工作。最近两国又签署了第2阶段工作协议，即发展“箭”式导弹后继试验型(ACES)。第2阶段主要是将目前“箭”式导弹的尺寸减小1/4，并研究探测器、火控雷达和指挥控制网。预计，ACES将于90年代中期或末期部署。此外，两国还准备联合验证超高速技术用于反战术弹道导弹的可能性。

(2)美、日联合研究战区导弹防御。据美国《防御新闻》1991年8月15日报道，美国和日本1988年开始联合进行的“西太平洋战区导弹防御结构方案研究”已于1991年3月进入第3阶段，预计1992年4月完成。美国战略防御计划局在1988年11月提出的该防御体系的报告，分析了亚洲的导弹威胁和日本的需求。现有两个研究小组进行研究，一个是日本三菱重工业公司和美国科学应用国际公司组成的小组；另一个是美国LTV公司和日本川崎重工业公司组成的小组。他们研究意外发射和恐怖组织发射的导弹可能造成的威胁。上述研究小组提出的研究报告认为，日本应当依靠以海基导弹为重点的分层防御来保护其各岛屿免受亚洲战术弹道导弹的威胁。报告主张，初期的海基防御系统可构成第1层防御，由美国改进的“宙斯盾”雷达和美国海军“标枪”防空导弹组成，下一步可在海上部署“爱国者”导弹系统；第2层防御为地基防御系统，可采用美国正在发展中的战区高空区域防御拦截弹和增程拦截弹等。此外，美国雷西昂公司将和日本签定协议，由日本生产PAC—2“爱国者”导弹。日本还将和美国陆军合作研究军级地空导弹，以便进一步考虑反战术弹道导弹问题。

(3)美国和法国联合发展反战术弹道导弹系统。据美国《防务新闻》1991年9月2日报道，1991年初以来，法国和美国政府已进行高级接触，讨论联合发展反战术弹道导弹系统的可能性问题，并进行了高级双边会谈。1991年5月13日，法国CosyDe工业集团向政府提出，花费300～500亿法郎(50.3～84亿美元)可在10年内发展和部署一个反战术弹道导弹系统。该系统包括：2颗地球同步轨道导弹预警卫星，观测范围2500公里；2种反导武器系统，1种是机动式系统，拟部署10个连，防御范围200公里，1种是固定式系统，拟部署1～2个连，防御范围500～1000公里；还有指挥、控制网。按照美法两国的合作计划，法国负责研制机动的武器系统，美国则提供探测器和拦截弹。

(4)美国和英国联合研究战区导弹防御系统软件。1991年9月3日，美国和英国就继续合作研究采用人工智能探测导弹弹头和碎片的战区导弹防御识别系统进行了会谈。会谈主要涉及：完成识别系统最后阶段的工作，评价该系统规模对设想的天基和地基探测器信号及数据处理要求的影响，演示系统对改进战区导弹防御系统性能的作用。

(5)欧洲国家将联合研究反战术弹道导弹系统。据美国《防御新闻》1991年9月30日报道，1992年初法国将向工业界授予两项合同，用来进行反战术弹道导弹可行性研究。一项合同将授予法国CosyDe公司，研究建立一个能保护大面积区域的反战术弹道导弹系统的技术可行性及费用，合同经费为3660万美元。另一项合同将授予欧洲导弹公司，确定如何将法国与意大利联合研制的SAMP地空导弹改进为对付弹道导弹的点防御系统，合同经费为1.22亿美元，其中，该项合同的部分工作再转包给德国的MBB公司与西门子公司。法、意、德三国国防部的谈判已近完成，1991年底签署备忘录。此外，由法、意、英、西班牙等国公司组成的导弹工程集团，也开始联合研究海上点防御反导系统和陆上战区反弹道导弹系统。

此外，目前德国、荷兰、日本、以色列以及沙特等国已采购了“爱国者”导弹系统。意大利已与美国达成协议，决定部署“爱国者”导弹系统。土耳其也可能部署“爱国者”导弹。

动能武器　动能拦截弹是目前美国SDI计划中最为成熟的弹道导弹防御武器。1991年，随着SDI计划发展重点的转移，动能拦截弹技术得到了迅速发展。突出的表现是：(1)动能拦截弹成为目前SDI计划发展的重点，GPALS计划发展的拦截武器均为动能拦截弹，并增加了一些新的类型；(2)武器方案不断改进，由单一武器型向武器与探测器结合型发展，由半自主型(仅末段自主寻的)向全自主型(全程自主寻的)发展；(3)在关键技术设备小型化、低成本方面取得重要进展；(4)进行了多次试验，演示了动能拦截弹的技术可行性。此外，电磁炮的预研工作也取得了显著进展。

美国研制“爱国者”导弹的改进型　“爱国者”导弹是一种反飞机的地空导弹，弹长5.3米，弹径0.41米，重约1000公斤；采用一级固体火箭发动机，推进剂为高速燃高比冲的端羟基聚丁二烯；采用复合式制导，初始段为程序制导，末段为半主动雷达寻的制导。导弹装有碎片杀伤战斗部和无线电近炸引信。在典型的情况下，该弹的射高为5～12公里，射程为12～18公里。为了使其具有反战术弹道导弹能力，美国自1985年3月开始对它进行一系列改进。

第1阶段改进型称为PAC—1，主要改进了地基设备软件，提高了雷达搜索仰角(从45°增加到90°)，以捕获来袭导弹。1986年9月，PAC—1在白沙导弹靶场成功地拦截了“长矛”战术弹道导弹。第2阶段改进型称为PAC—2，主要改进有：战斗部的质量从70公斤增加到90公斤，战斗部的碎片从每块30克增至700克，改进战斗部引信使之实现最佳引爆，以增强对来袭导弹的杀伤力。1987年11月，PAC—2成功地摧毁了另一枚作为SS—23导弹代用品的PAC—2。

目前该弹正在研制第3阶段改进型，称为先进的“爱国者”，主要改进系统的雷达和导弹。正在为该型导弹研制一种新的多模主动式雷达导引头，使导弹发射后锁定目标，并能捕获和跟踪雷达散射截面积更小的目标。该型导弹将具备末段寻的能力，以提高拦截精度和灵敏度。导弹发动机尺寸将增至76厘米，以增大射程和拦截高度。据报道，经过第3阶段的改进，导弹将提高拦截具有小的雷达散射截面积、高末段速度和高攻角的战术弹道导弹的能力；射程将加倍，使防御面积增加7倍；最大拦截高度可达22公里，提高90%。

美国研制增程拦截弹(ERINT)　据美国《世界武装力量杂志》1991年7期等报道，美国增程拦截弹技术计划是以轻巧灵活制导实验(FLAGE)计划发展而来。它主要发展的是一种小型的高度灵活的反战术弹道导弹的拦截弹。和爱国者导弹的改进型相似，它也用于末段点防御系统，是全球保护系统的低层拦截弹。

增程拦截弹的尺寸约为“爱国者”导弹的1/3，弹长4.6米，弹径0.25米，发射时弹重301.5公斤，发动机工作结束时重140.4公斤。该弹装有1台固体火箭作主发动机和180个用于末段修正航线的小发动机。导弹从头部至尾部的主要设备有：整流罩、寻的雷达、姿态控制系统、制导控制电子设备、杀伤增强器、固体火箭主发动机、固定尾翼、空气动力机动系统。增程拦截弹的拦截高度为15公里，接近目标时速度为3.35公里/秒。它可以使用“爱国者”系统的地面雷达和导弹发射车，其拦截概率可能为90%。同改进的“爱国者”不同的是，增程拦截弹采用末段主动式雷达寻的，且用直接碰撞来摧毁目标；由于该弹尺寸小，每部发射车可安装16枚拦截弹，其火力约为“爱国者”导弹的4倍。此外，增程拦截弹虽然是一种“发射后不用管”的高自主式拦截弹，但在对付机动导弹时，发射后它也能接收地面雷达传给它的关于目标位置的修正数据。由于它在与目标碰撞前弹重140.4公斤，因此破坏能量大，也可摧毁化学或生物弹头。为了提高摧毁概率，弹上装有1个由高能炸药和钨球组成的杀伤增强器，当炸药起爆时，高速飞出的钨球能形成一个圆盘状的杀伤空域，其半径恰好等于该弹最大的脱靶量，即使在最大误差情况下也能摧毁目标。同FLAGE拦截弹相比，该弹上雷达功率已从22瓦增至50瓦。雷达用万向支架固定，且有开缝的KA波段阵列天线，并设法降低了接收机的噪音，相应地还改进了弹上的制导处理机。所以，弹上雷达不仅能跟踪目标，而且能计算到目标的距离，以确保杀伤增强器能在准确的时刻起爆。

从1992年1月～1993年6月，增程拦截弹将进行拦截雷达散射截面积小的机动的战术弹道导弹、飞机和巡航导弹试验。1993年后期，将进行拦截装载大量小型化学弹头的弹道导弹试验。如果1992和1993年的试验成功，美国陆军战略防御司令部计划于1994年将增程拦截弹从技术演示转入全面工程研制阶段，以便在90年代中期同“爱国者”的改进型一起进行部署。预计每枚拦截弹的成本为30万美元。

美国加速发展战区高空区域防御(THAAD)系统 据《世界武装力量杂志》1991年7期等报道，战区高空区域防御系统是全球保护系统中针对远程战术弹道导弹的防御系统，也作为“爱国者”的改进型和增程拦截弹的上层防御系统。该系统由20枚THAAD拦截弹、4部发射器、1部X波段的监视和发射控制雷达、作战指挥控制通信设备组成。发射器装在发射车上，每部发射车可装12～15枚拦截弹。整个系统可由1架C－130运输机运走。THAAD拦截弹发射后可接收制导数据，在末段可能采用中红外制导。其射程达200公里，拦截高度为100～150公里，均为“爱国者”导弹的10倍，防御面积比“爱国者”导弹大100倍。据美国战略防御计划局称，THAAD还打算与发射“战斧”巡航导弹的舰上系统兼容，以便使海军扩充反导能力。

鉴于海湾战争的影响和目标环境的变化，1991年1月美国国防部决定加速该计划的发展，以尽早提供一种可供近期部署的系统。为此决定从1991年后期到1995年进行演示验证试验，包括在场地上建立一种可供部署的验证系统，然后就开始全面工程研制。美国陆军1991年7月22日已向3家合同商组发出招标书，要求在演示验证阶段制造120枚拦截弹(10枚用于飞行试验，10枚用于系统试验，余下100枚供用户进行作战评价)、可装备40枚导弹的发射架、2部作战管理/指挥控制通信设备以及有关的地面保障设备。按计划，1994财年进行10次飞行试验，1995财年进行10次系统试验，全面工程研制在1994年同时开始。预定1997年开始生产，提供部署。

THAAD系统在作战时采取“打打看看”的战术，即若第1枚拦截弹未命中目标，则发射第2枚进行补拦；若第2枚又失败了，或者发射第3发，或者由低层的“爱国者”改进型和增程拦截弹进行拦截，这些低层拦截弹可以由THAAD的监视雷达导引至来袭目标处。这种两层防御系统，可将来袭的100枚导弹击落96枚。

美、以联合研制“箭”式导弹的进展情况 “箭”(ARROW)式导弹是美国和以色列共同研制的针对中东战区、欧洲战区的中短程战术弹道导弹的防御系统，用以保护人口中心和军事基地。该弹长约11米，弹体呈圆锥形，底部直径1.73米；动力装置为固体推进剂火箭发动机；采用混合制导，初始段为指令制导，末段为红外寻的制导；采用近炸引信和一串弹束的碎片杀伤战斗部。其射程为50～70公里，射高为30～50公里，是“爱国者”导弹的4倍。导弹的速度可达9M，最大加速度可达160g。它能防御从960公里以外发射的弹道导弹，但不能运输，也不能安装在机动发射架上。“箭”式导弹飞行试验照片见图3。

“箭”式导弹计划分3个阶段完成。第1阶段是原理验证阶段，从1988年至1991年夏季，完成设计、制造和试验“箭”式导弹。1990年8月25日，进行首次发射，试验了发动机和导弹的飞行特性，取得了部分成功。1990年12月21日，进行了第2次飞行试验，用模拟弹头摧毁了“杰里科”地地战术导弹。据英国《国际飞行》1991年4月3～9日报道，1991年3月25日，进行了舰载发射飞行试验，用来验证导弹的设计和部件总装。试验中，第1级火箭助推飞行时，飞行比较正常，但第2级火箭助推飞行中遥测通信中断，导弹未被炸毁，1分钟后飞完了全弹道。以色列国防部宣称此次试验取得成功。据美国《防御新闻》1991年11月4日报道，“箭”式导弹于1991年10月30日又进行了一次拦截导弹的试验，但在起飞后偏离了航线而告失败。以色列官员说，虽然这次试验失败，但获得了非常多的数据。这阶段的总经费为1.58亿美元，美国支付80%，其余由以色列承担。

据美国《航空航天技术周刊》1991年6月24日报道，“箭”式导弹第2阶段工作已定在1991年底开始，为期45个月，将研究“箭”式导弹后继试验型(ACES)，主要发展“箭”式导弹的武器系统。美、以已达成协议，美国承担该阶段3.4亿美元总研制费的72%,以色列负担28%。该阶段的关键目标是,将拦截弹的尺寸减少1/4,为此将进行11次试验,考查该系统是否符合设计要求,同时将决定是否使该计划进入全面生产阶段。ACES将能把1个"爱国者"导弹连防御面积增加10～100倍,可能与美国战区高空区域防御拦截弹在大面积战区防御的应用上竞争。预计,以色列可能在90年代中或后期进行部署。

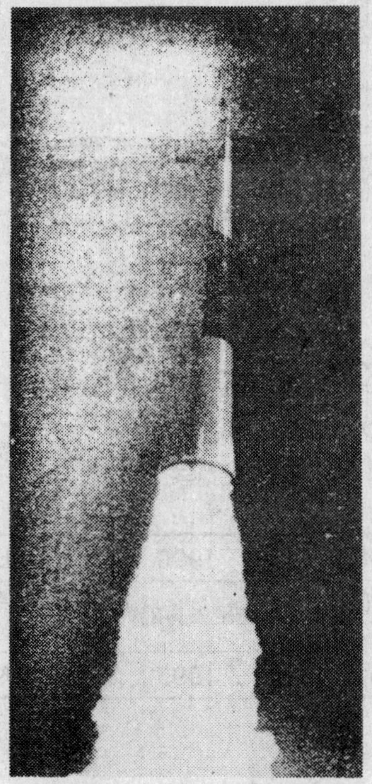

图3 飞行中的"箭"式导弹

美国进行大气层外弹头拦截弹系统(ERIS)试验

据《航空周刊和空间技术》1991年2月14日和《SDI监视器》1991年5月10日报道,1991年1月28日,美国大气层外弹头拦截弹系统首次拦截试验获得成功。试验中,作为拦截目标的"民兵"Ⅰ洲际弹道导弹从范登堡空军基地向夸贾林岛方向发射。弹上装有模拟弹头和气球诱饵,气球直径约2.2米,与模拟弹头相距约180米。在"民兵"Ⅰ导弹发射后,由GPS卫星和地面雷达探测和跟踪,并把获得的目标数据传给夸贾林岛地面控制中心,由中心通过计算选择ERIS的发射时刻和拦截点。在靶弹发射21分钟后,ERIS发射升空,此时距目标800公里。在ERIS的第2级发动机工作完毕后,释放弹头,第2级助推器载着过渡舱继续沿与弹头平行的路线飞行,以利用舱中的红外和无线电等观测仪器跟踪监视弹头的拦截过程。

ERIS的弹头与过渡舱共长4米,直径0.66米,弹头重90公斤。ERIS飞行7.5分钟后,其弹头在270公里高空处与"民兵"Ⅰ导弹弹头相遇并将其摧毁,此点距ERIS发射场500公里。拦截时两弹头的相对速度为6公里/秒,碰撞点与理论计算值仅差几英寸。为提高碰撞杀伤概率,弹头上装有一个7.65公斤重的可膨胀的八边形杀伤增强装置。该装置以自动充气袋为基础,在与目标碰撞前1秒钟张开,以扩大拦截面。弹头上还装有一张威胁目标地图,以便帮助识别真假目标。弹头上装有长波红外寻的器和离轴式光学成像望远镜。弹上计算机将获得的图象与目标地图进行比较,以找出真目标。这次试验,弹头在与目标碰撞前1秒钟,打开了杀伤增强装置;弹头与目标碰撞前的几毫秒时间,选准了正确的碰撞路线。

1991年5月11日,ERIS进行了第2次拦截飞行试验,但因遥测故障而失败。作为目标的"民兵"Ⅰ导弹从范登堡空军基地发射后,飞行尚正常,但后来遥测系统显示出目标发生翻滚现象,未处在正常位置上。于是在ERIS发射前1秒钟宣布停止发射。美国陆军战略防御司令部外事负责人威廉·康古说,"问题在于遥测出了故障"。这次试验的失败将影响ERIS计划。在第1次试验成功之后,陆军战略防御司令部的官员决定越过试验系列中的第2次试验,而把这次试验作为最后一次试验。如果这次试验成功,第3次试验可能转入更先进的下一代的地基拦截弹计划试验,或用来获取其他数据。若失败,则第3次试验将重复第2次试验。事实上将按后一安排进行。

美国地基拦截弹(GBI)发展计划 在全球保护系统方案提出以前,SDI计划研究的地基拦截弹主要有大气层外弹头拦截弹系统(ERIS)和大气层内高空防御拦截弹(HEDI)。由于后者的作战空域小且成本高,现已开始实施一项新的大气层外和大气层内拦截弹计划。而ERIS则将发展为未来的基本型地基拦截弹。

ERIS是从寻的覆盖实验(HOE)的基础上发展起来的,是大气层外弹头拦截弹系统功能技术验证型。按照计划,ERIS的下一步将发展、试验地基拦截弹的实验型(GBI—x);最后将可能在1998年研制成地基大气层外拦截弹的基本部署型号——GBI。从寻的覆盖实验到GBI,地基拦截弹技术将有很大发展,特别是拦截弹头的重量和尺寸有了大幅度减小。例如HOE拦截弹头重超过1吨,ERIS弹头则仅两百磅,GBI—x只有几十磅,而基本型GBI弹头可能只有10～20磅。地基拦截弹的技术发展如图 4 所示。

预计在 90 年代末进行部署的基本型 GBI 弹体积和重量虽小，但性能将很高。它使用多种控制器，具有自主识别真假弹头能力，可以拦截洲际和潜射弹道导弹弹头。该弹弹头构型特殊，一个环型管道将几个球型贮箱和若干个小型控制发动机连接在一起，环形的中央是惯性测量组件、电子设备和寻的器。

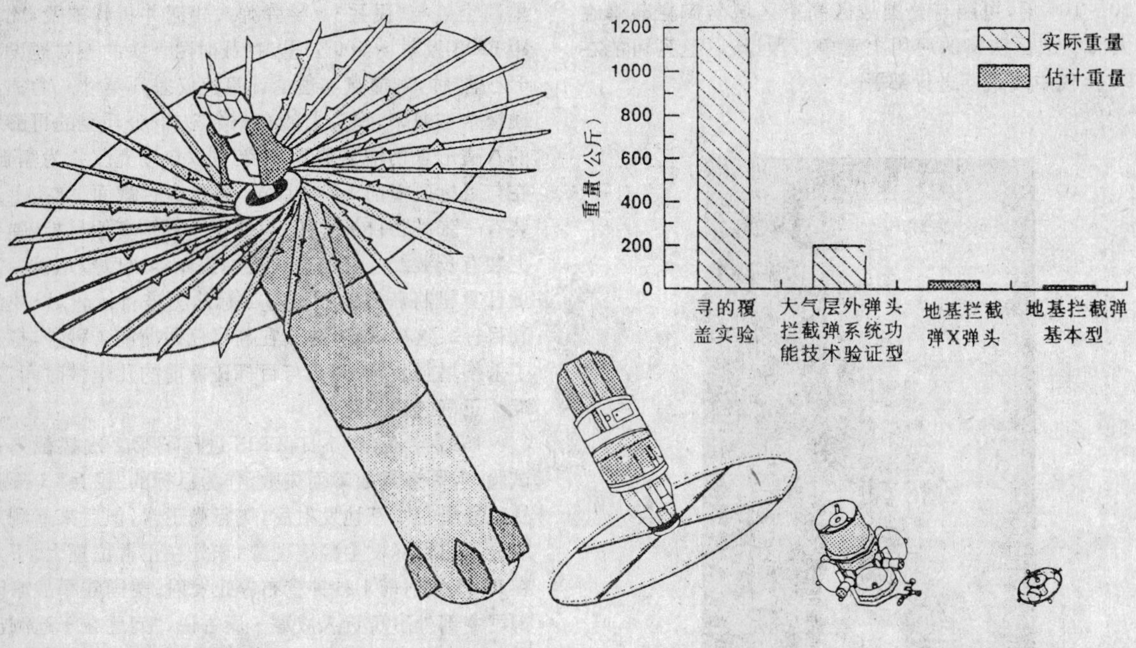

技术	1978	1986	1990	1994
地基拦截弹的进展	寻的覆盖实验拦截弹弹头	大气层外弹头拦截弹系统功能技术验证型弹头	地基拦截弹X弹头	地基拦截弹基本型弹头
验证和试验的时间	1984	1991	1995	1998

图 4　地基弹技术发展示意图

美国大气层内高空防御拦截弹第 2 次试验失败　据美国《航天新闻》1991 年 9 月 30 日报道，1991 年 9 月 23 日，美国在白沙导弹靶场进行的大气层内高空防御拦截弹(HEDI)的飞行试验，由于弹上自毁弹头过早爆炸而失败。这是该弹 3 次系列试验的第 2 次试验。1990 年 1 月 26 日进行的第 1 次飞行试验表明，冷却系统对头部鼻锥和红外窗口的冷却效果很好，但也是由于自毁弹头过早爆炸，未能取得更多的试验数据。

第 2 次试验旨在测试 HEDI 弹的红外探测器和冷却系统，原拟用改进的两级“斯普林特”火箭在 15 秒内把红外探测器发射到 15.2 公里高空，然后探测器对悬挂在降落伞下模拟再入大气层内的热弹头的曳光弹进行观测。但试验中，当火箭发射后不到 1 秒钟，在 100 米高的空中自毁弹头爆炸，炸毁了试验载荷和助推火箭。这次试验耗资约 2000～3000 万美元。

美国开始发展大气层外和大气层内拦截弹　大气层外和大气层内拦截弹(E2I)是全球保护系统方案中作为地基战略反导系统的候选者，它将与地基拦截弹竞争，也可能二者配合使用。据美国《防务日报》1990 年 12 月 17 日报道，E2I 发展计划由 1990 年库珀指示进行的“中段和末段防御层评审”的研究结果演变而来，是大气层内高空防御拦截弹(HEDI)计划的进一步扩充与发展。目前的 HEDI 方案对大气层内高空区域覆盖面小且成本高，而大气层外弹头拦截弹(ERIS)又有中段识别的难题。采用 E2I 这种高度自主的发射后不用管的系统，可以克服上述两种弹的缺陷。据称，E2I 可把 HEDI 的作战空域从几十公里扩大到几百公里，还可拦截潜射弹道导弹。目前，E2I 尚处于初步研究阶段，1991 财年得到的经费为 1.03 亿美元，1992 财年申请经费为 2.59 亿美元。

根据设想的方案，E2I 的基本结构由 1 个动能杀伤飞行器（弹头）和两级固体火箭发动机组成。其中第 2 级具有双脉冲药芯，一称 A 芯，另一称 B 芯。两个药芯可依次点火，也可同时点火。后者可使 E2I 有更高的加速度。与 HEDI 和 ERIS 采用单色寻的头不同，E2I 弹头将装有双色（长波与中波）红外寻的器，以便它在来袭目标再入大气层时能识别真假弹头。弹头上装有姿态控制、横向控制、纵向控制 3 种控制发动机，有镶嵌式窗口。E2I 根据形势和需要可有 2 种作战模式。第 1 种作战模式是大气层外捕获目标大气层内拦截。此种模式中，在"智能眼"卫星、地基监视与跟踪系统等预警系统探测到目标后的适当时刻，发射 E2I。发射后第 1 级火箭先工作，然后第 2 级的 A 药芯点火将 E2I 推到大气层外，而后伴随目标团一起再入大气层。在此过程中抛掉弹头保护罩，启动双色寻的头，锁定并识别目标。一旦找出真弹头，B 药芯点火，以消除弹头长时间飞行引起的大部分交接目标误差，并启动弹上控制发动机，以消除最后的交接误差。最后，以碰撞方式摧毁目标。如果发现真弹头不只一个，处于末段飞行的 E2I 可向地面站发出指令，以便再发射一枚 E2I 进行支援拦截。第 2 种作战模式是大气层内捕获目标大气层内拦截。此种情况下，E2I 第 2 级火箭上的 A 药芯和 B 药芯同时点火，以产生更高的加速度，因此能在较低的高度上拦截再入弹头。此外，还在考虑把 E2I 的作战空域扩展到大气层外进行低高度拦截的问题，如果能实现，则 E2I 就有可能有第 3 种作战模式。

美国陆军战略防御司令部已于 1990 年 12 月中旬向 350 多名工业界人士介绍了 E2I 计划简况，计划在 1991 财年中期为 E2I 招标，1992 财年第 2 季度和两家承包商签订研究合同，1994 财年进行杀伤飞行器原理试验，试验获胜的承包商，将在夸贾林导弹靶场进行下述 3 次飞行试验：第 1 次，基本上重复 40 公斤的杀伤飞行器发射原理试验；第 2 次，验证在大气层内接受目标和大气层内拦截的作战模式；第 3 次，验证在大气层外接受目标和大气层内拦截的作战模式。这 3 次试验预计在 1996 财年末完成。

美国"智能卵石"计划的调整与进展　"智能卵石"（BP）是近两年来美国 SDI 计划重点研究的一种天基拦截弹。它集探测、跟踪、识别和摧毁目标等多种功能于一身，重量轻，体积小，自主能力强，现已纳入全球保护系统中，成为该系统唯一的天基拦截弹。

原来的 BP 主要是用于拦截苏联在助推段和末助推段飞行的远程战略弹道导弹。随着 SDI 计划研究重点调整为发展全球保护系统，美国国防部对 BP 提出了新的要求。据《防御新闻》1990 年 12 月 10 日报道，在全球保护系统方案中，拟部署 1000 枚 BP 拦截弹，并要求它不仅要拦截助推段和末助推段的战略导弹，还要具备拦截中段弹头的能力；拦截时间从原来的来袭导弹发射后 3～10 分钟延长到 3～25 分钟。这要求它增加识别中段真假目标的能力和拦截中段目标的能力。而且为使其能拦截弹道低的战术弹道导弹，还要求它的机动速度要达到 10 公里/秒。为实现上述目标，必须使 BP 的结构更紧凑，重量更轻，控制发动机尺寸更小，提高中段探测能力，并要修改软件。

据《空军》1991 年 3 月 25 日报道，BP 的发展战略与计划已经做了修改：步伐放慢，部署推迟，改进设计，增加功能。按照修改后的计划，飞行试验由 12 次减为 6～8 次，取消两次亚轨道试验和两次拦截试验；1995 年 10 月前为型号预研阶段，由两个合同商组研制和试验可生产的软件；1995 财年结束后做出全面工程研制的决定。计划目标仍以每枚 140 万美元的成本生产 BP 拦截弹，同时也要降低系统的全寿命周期费用，包括发射、自主轨道控制和地面控制费用。

据美国《航天新闻》1991 年 5 月 27 日～6 月 2 日报道，1991 年 5 月 24 日，美国国防部战略防御计划局已选定了两个承包商组，以便在 51 个月内提出综合平衡的并得到验证的 BP 设计。以马丁空间防御与通信公司为首的承包商组的合同经费为 3.18 亿美元；以 TRW 公司航天技术集团为首的承包商组合同经费为 3.40 亿美元。据美国《SDI 监视器》1991 年 6 月 21 日报道，两个承包商组将在利弗莫尔 BP 方案的基础上，发挥各自的长处，充分吸收其它单位的研究成果，以提出更合理的设计。目前，两个承包商组的 BP 设计共同点：一是都采用利弗莫尔研制的跟踪器和微处理机；二是都采用双组元推进剂的推进系统，以使 BP 获得更高的速度；三是都采用泄洪式通信方式，即地面指挥中心将指令传给 2 或 3 枚 BP，它们再把指令传给其他 4 或 5 枚 BP，以此类推，直到所有的 BP 都收到指令为止；四是都在弹上增加 1 台接收机，以便 BP 能接收中段制导和控制指令；五是 BP 发射后，都靠救生衣提供监视信息。两组承包商设计的不同之处：一是有着不同的外形和结构。马丁公司设计的 BP 弹救生衣像肥皂盒一样可中间打开，以发射 BP 弹，有 1 个船帆式的太阳能电池板；TRW 公司设计的 BP 弹救生衣底部以两扇门式的向下打开，采用两翼形的太阳能电池板，BP 弹外形像个捆绑式助推器，将 5 个贮箱并列在一起，其上部和下部装有探测器。二是马丁公司采用了它设计的老式天基拦截弹的几种部件，而 TRW 公司则选用了休斯公司研制的先进轻型大气层外射弹(LEAP)技术。三是两种设计选用了不同的探测器和冷却方式,也使用了不同的通信技术,一个选用激光通信,另一个以无线电通信为主,以激光通信做备用技术。

据1991年美国战略防御计划局给国会的报告称,到目前为止,BP计划已参加了两次重大地下试验,鉴定核辐射对BP的材料和部件的影响。几个关键部件,如探测器、导航和通信分系统,已按"搭载"方式在"德尔它星"空间试验卫星上进行了试验。此外,还检验了天基拦截弹瞄准小型导弹弹体的能力;地面悬浮飞行试验已成功地演示了与BP相关的天基拦截能力。继1990年8月25日"智能卵石"首次飞行试验由于遥测中断而失败后,1991年4月17日进行了第二次飞行试验。试验装置由探测器、处理机和姿态控制系统等组成。试验中,BP弹与作为观测目标的Nihka火箭同时由"黑雁"10探空火箭发射到150公里高空,完成了星图匹配机动飞行,检验了姿态控制系统,弹上红外探测器观测到了头锥整流罩的分离,收集了空间和地球背景数据。但是,由于所用的陀螺产生漂移,致使弹上红外探测器未能跟踪观测到作为目标的Nihka火箭。整个试验共持续12分钟,BP有效载荷飞行了6分钟。试验耗资500万美元。战略防御计划局官员说,试验获得了90%的成功。预计在1992年底前,BP还将进行3次或更多次飞行试验。在最后两次试验中,BP将拦截一枚火箭发动机,以考察BP的寻的能力。

美国大气层外轻型射弹的研制取得进展 美国SDI计划研制的大气层外轻型射弹(LEAP)有两种,一种是休斯公司为美国陆军研制的地基型LEAP射弹,另一种是波音公司为空军研制的天基型LEAP射弹。两种射弹的研制均取得一些进展,1991年开始进行了飞行试验。

LEAP射弹是SDI计划中最小和最轻的动能拦截弹。美国陆军的LEAP射弹长约35.6厘米,直径约15.2厘米,重约5.5公斤。其中制导组件重0.855公斤,推进系统重3.15公斤,电子系统重0.17公斤,肼燃料重约1.325公斤。变轨发动机长12.7厘米,每台可产生15.75公斤推力;姿态发动机长约2.54厘米,重仅几克,每台可产生0.45公斤推力。据美国《航天航空技术周刊》1991年6月17日报道,4月23日陆军的LEAP射弹成功地完成了最初的捷联试验。试验中,LEAP射弹系在试验台上,模拟飞行10秒钟,变轨发动机点火约100次,姿控发动机点火约1400次。据《航空航天日报》1991年6月26日报道,6月18日该射弹又在爱德华兹空军基地进行了首次悬浮飞行试验,成功地演示了LEAP射弹推进、制导、控制、精确捕获和跟踪的能力。试验中,LEAP射弹在3米的高度悬浮飞行,弹上红外探测器一直跟踪了100米以外的热目标,试验持续了7秒钟。变轨发动机点火约100次,姿控发动机点火约1500次。

美国空军的LEAP射弹重9.5公斤,探测器不足366克,功率小于3.5瓦,并为其研制了直径12.7厘米、厚6.35厘米、重仅0.56公斤的微型计算机。据《航天新闻》1991年9月9~15日报道,8月22日该射弹也在爱德华兹空军基地成功地完成了一次悬浮飞行试验,演示了LEAP射弹的探测器和推进系统,证明了LEAP射弹能自动工作,试验持续了16.9秒。

美国电磁炮预研工作取得显著成绩 美国电磁炮研究与发展工作尚处于基础研究和应用研究阶段。1991年的主要进展是:(1)麦克斯韦尔实验室的90毫米口径单发轨道炮成功地发射了1.58公斤重的炮弹,初速达3.3公里/秒,出炮口时动能达8.6兆焦耳,刷新了原由得克萨斯大学机电中心创造的8兆焦耳的记录;(2)国防部和陆军已签定了9兆焦耳出炮口动能的90毫米实验室轨道炮合同;(3)陆军已公开征求研制电磁炮系统的建议,以设计可供"布雷德利"战车及海军陆战队两栖突击车使用的20毫米和40毫米电磁炮系统;(4)正在改进电源并建造可提供40~100兆焦耳射弹动能的电磁发射器。此外,据美国《SDI监视器》1991年10月11日报道,美国通用电气公司正在为电磁轨道炮研制一种D-2型射弹,并在9月份试验发射了4枚这种超高速动能射弹。该公司正在致力于使D-2射弹成为一种全天候、双模制导、重量轻、直接命中杀伤的射弹。其设计方案是:长73.7厘米,直径8.9厘米,重6.7公斤,能承受100000g轴向过载和5000g横向过载。这次试验的射弹出口速度为2公里/秒。该弹可用来摧毁100公里距离内的来袭导弹弹头。美国食品机械和化学公司正在设计一种新型电热炮。这种末段防御反导弹炮,可把3.5公斤的灵巧弹药加速到1.4公里/秒。

但是,由于经费的减少,美国战略防御计划局已把原准备在明年演示轨道炮能否用于为未来弹道导弹防御系统发射制导射弹的计划推迟。据美国《航空航天日报》1991年8月30日报道,这一高能轨道炮综合演示(HERID)计划原来安排在1992年进行,目的是获得全尺寸的性能要求,这个目标已推迟到1993~1994年或更晚。

定向能武器 定向能武器技术是SDI计划中最令人关注的先进防御技术。尽管理论上定向能武器有许多独特的优点,但技术难度大,何时能达到实用阶段还难以断定。1990年美国利弗莫尔实验室的研究报告认为，部署定向能武器将要到2016～2020年才能实现。美国战略防御计划局1991年给国会的报告说，虽然定向能武器技术仍然是最感兴趣的技术之一，但现在正以更慢的步伐研究。1991年调整后的SDI计划已将其纳入后续系统进行研究，研究经费已大幅度减少。SDI计划中包括定向能武器在内的后续系统的实际研究经费，1990财年为10.4亿美元，而1991财年仅为7.06亿美元；1992财年国会批准的SDI计划预算比1991财年增加33%，而分配给后续系统的研究经费只有6.51亿美元，比1991财年还少0.55亿美元。尽管如此，1991年定向能特别是激光武器技术仍取得了一些重要进展，例如美国SDI计划的中继反射镜试验、“阿尔法”化学激光试验和中红外先进化学激光反卫星试验等均获成功。

美国中继反射镜试验提前结束 1991年3月31日，美国中继反射镜试验(RME)卫星成功地进行了最后一次试验。RME卫星是1990年2月与低功率大气补偿试验(ALCE)卫星一起发射并开始试验的。其试验目的是演示验证地基激光武器发射的光束瞄准跟踪轨道上的中继反射镜和中继反射镜将此光束精确地反射到地面目标上的能力。该项试验自1990年6月25日首次试验成功以来，已完成14次成功的试验。3月31日的试验持续了80秒，是RME中继时间最长、最成功的一次试验。试验仍采用红、绿两束氩离子激光作为信标激光，采用Yd:YAG红外激光作为中继反射激光。RME卫星轨道高度为448公里，飞行速度为每小时27200公里。试验中除了进行闭路跟踪外，还演示了开路跟踪。首先建立闭路通信，再将地面靶场和中继反射镜之间的通信人为地中断，卫星在没有地面靶场反馈信息的情况下，依靠内部程序继续保持了精确的瞄准。此外，开路跟踪试验还在靶板上进行了2～3个几何图形扫描的试验，以研究大气和中继反射镜对激光束图像的影响。

至此，原计划两年半完成的RME全部使命提前完成。RME卫星所有试验共持续500秒。试验结果表明，激光瞄准精度达到误差<1微弧度，比80年代中期试验结果提高2个数量级，从而验证了地基激光乃至天基激光、中性粒子束武器可以精确地瞄准。此外，低功率大气补偿试验和缩比大气热晕试验的结果也表明，地基激光光束穿过大气产生的畸变可以补偿。

美国“阿尔法”天基激光器研究取得重要进展 “阿尔法”天基激光器是一种氟化氢化学激光器，是美国SDI计划定向能武器技术领域较为成熟的技术。该激光器继1990年11月首次成功地实现了兆瓦级全功率运转试验后，于1991年5月16日再次成功地演示验证了兆瓦级功率输出。这次高功率试验中运转4.6秒，输出功率约为1～2兆瓦。“阿尔法”的增益发生器长2米(是武器级设计的缩短型)，直径约1.1米。如果加长到5米，可产生10兆瓦功率的输出。据称，“阿尔法”激光器所产生的激光束质量已达到武器级要求，通过增加激光谐振腔的长度和化学反应物流量可将其功率再提高4倍，从而做成实用有效的天基激光武器。

美国高功率微波武器技术发展情况 据美国1990年出版的《军用技术发展》称，美国从70年代就开始发展高功率微波(HPM)武器技术，并取得了长足发展，现已达到在相当距离上可产生致命性杀伤能力的水平。单个装置能产生约100焦耳的微波辐射，工作频率在1千兆赫量级上，并计划今后一年内达到1千焦耳的辐射水平。

美国研制的HPM武器有两种类型：一种是通过弹头爆炸提供能量而产生单个脉冲；另一种是产生多个脉冲的重复频率装置。其中，弹头爆炸产生HPM方案的研究可能较早完成。目前美国已试验了一种弹头爆炸产生HPM方案所应用的高精度电枢和1/2比例的磁通量压缩发生器(MFCG)，已完成了MFCG的主功率源的研制工作，已设计出并开始制造全尺寸的MFCG，对调节MFCG(将用于微波管)所产生的电功率的技术研究正在积极进行中。此外，美国已研究出旁射虚阴极振荡器(SSVD)，瞬时峰值效率已达20%，脉宽超过250纳秒，峰值功率超过1千兆瓦，能产生高于100千焦耳的微波能量。但这些指标不是同时达到的。发展的目标是使脉宽达到500纳秒，同时实现高功率和高峰值功率。

对发展HPM武器美国国防部予以高度重视，各军种均积极参与。国防部给该项计划的经费现一年约为5000万美元，分别拨给陆海空军和能源部有关研究机构。国防部计划1992年将进行HPM武器的演示验证试验。到1992年，演示验证计划将耗资4550万美元。据报道，研制能使飞机丧失战斗力的HPM武器约需3亿美元。

美国继续开展核定向能武器概念评估工作 据《航空报告》1991年12月19日报道，美国能源部正在继续努力开展核定向能武器(NDEW)领域的研究工作，以评估那些有可能对战略威慑力量或未来战略防御结构产生潜在影响的概念。前几年，核定向能武器技术曾列为SDI计划中的重要项目研究，但由于诸多原因其研究经费已大幅度削减，使其研究范围和规模缩小。例如，1987财年拨给能源部和国防部的该项目经费为3.49亿美元，达到该项计划研究经费的高峰；1988财年为2.79亿美元，1989财年为2.55亿美元，

1990 财年为 2.2 亿美元。据美国《航空周刊》1990 年 11 月 12 日报道，美国国会把 1991 财年 SDI 计划用于能源部管理的核定向能武器技术研究的预算减少到 0.906 亿美元。国会虽然取消了能源部核定向能武器计划的在线项目，但是不限制用能源部的研究经费来研究核定向能武器技术，包括 x 射线激光技术，并且允许国防部从 SDI 计划经费中最多拨出 1 亿美元给能源部用于该项计划研究。这表明国会把核定向能武器技术看作是非重点项目，但又不明确禁止其开支。可能的影响是，该项计划的重要性大大降低，但又不放弃它。

反卫星武器 反卫星武器系统的研究，主要包括发展动能和定向能反卫星武器，还包括改进空间监视系统和作战管理、指挥、控制和通信系统。1990 年以来，尽管美国政府强调发展反卫星武器的重要性，而且制定并开始实施了各项反卫星武器研究计划，但由于国会的反对，经费大幅度削减，所以研究工作遇到困难。海湾战争中卫星的成功应用和其它国家成像卫星加速发展的威胁，为美国发展反卫星武器增加了动力，加之国防部的支持，美国反卫星计划将继续进行，但其研究、生产和部署的期限将大大推迟。

美国动能反卫星计划发展步伐放慢 美国动能反卫星计划要研究的是一种可以近期部署的地基直接上升式反卫星动能拦截弹。要求该弹反应迅速，能在 30 分钟内攻击一个目标，攻击的目标轨道高度在 170 公里以上。这种拦截弹可根据美国现有空间监视系统提供的目标信息和空间司令部作战指挥中心的命令进行发射。发射后，弹上设备可以提供初期的飞行制导，直到弹上寻的器捕获和跟踪住目标为止。拦截弹利用末段寻的可以和目标直接碰撞，以实现非核拦截。

美国国防采办委员会 1990 年 2 月批准这一动能反卫星计划后，1990 年 7 月 13 日，美国陆军选择了洛克威尔国际公司做为主承包商，来研究、设计和生产动能反卫星武器系统。1990 年 8 月，陆军与该公司签定了合同，开始了为期 2 年的第 1 阶段——演示验证阶段的工作。第 2 阶段为工程发展阶段，预计 1992 年 8 月开始。第 3 阶段为生产阶段，预计 1995 年开始。然而，由于经费的大幅度削减，原计划不可能实现。据美国《SDI 监视器》1991 年 3 月 15 日报道，预计该项计划今后 6 年中每年的经费只能维持在 6500～7000 万美元，因此，上述 3 个阶段的计划将依次后延。按照新的计划，反卫星动能武器的演示验证计划在 1994 年 3 月之前不能完成，针对卫星目标的飞行试验在 1999 年前不会开始，这比原计划的时间延迟了 4 年多。生产和部署的时间也将推迟 4 年，即从 2000 年开始。

据美国《航天新闻》1991 年 6 月 3～9 日报道，鉴于海湾战争确认美国需要反卫星武器，美国陆军战略防御司令部现在要求，在 1994 年把该项计划的研究经费从现在的 7000 万美元提高到 1.2 亿美元，以便提前两年开始飞行试验。

美国反卫星动能弹与地基反导动能弹的区别 美国动能反卫星计划是在美国陆军的“宙斯”和空军的“雷神”反卫星计划，空军的机载小型寻的反卫星拦截弹计划，以及 SDI 动能拦截弹计划经验的基础上发展起来的，并且充分利用了天基动能拦截弹研究的技术成果。然而，由于任务和工作条件不同，反卫星动能拦截弹与 SDI 的地基拦截弹之间仍有许多区别。据美国《SDI 监视器》1991 年 3 月 15 日报道，它们的主要区别是：(1)反卫星动能弹的自主能力强，它除了发射之前需要由空间监视系统提供目标信息外，其他完全自主，即发射后自行捕获和跟踪目标；而地基反导拦截弹起飞后，仍要不断地接受地面雷达和红外探测器提供的信息。(2)反卫星动能弹采用可见光探测器(寻的器)，只能在阳光照射下探测目标卫星，且不能识别弹头和诱饵；反导拦截弹使用长波红外探测器，能在各种光照条件下探测和区分目标的热信号。(3)反卫星动能弹采用突然伸出的叶片，来碰撞目标卫星的太阳能电池板和天线实现对卫星的杀伤，不会产生许多碎片；反导拦截弹则靠直接碰撞来摧毁目标。(4)反卫星动能弹通常部署一个场地即可；而反导动能弹要部署在多个场地上，以保卫美国全国。

美国准备 1996 年开始动能反卫星试验 据美国《航天新闻》1991 年 8 月 5～18 日报道，美国国防部计划从 1996 年下半年开始进行反卫星导弹飞行试验，共进行 7 次，其中两次是对在轨道上已失效的本国卫星进行实际拦截试验，另外 5 次将从近距离通过运行中的卫星。反卫星联合计划办公室现在正在对两个候选试验发射场(范登堡空军基地和卡纳维拉尔角空军站已停用的发射设施)进行评估。国防部已在研究反卫星试验对环境的影响问题，并计划在 1992 年 12 月完成该问题研究报告后 1 个月，最后选定试验发射场。

新设计的 3 级反卫星导弹是地面发射的，其准确的拦截高度保密，可能只对付低轨道卫星。该导弹可施放出一大片“迈拉”粘性物质，卫星接触它以后会失去作用，并不需要把卫星摧毁。

美国成功地进行了 1 次激光反卫星技术试验 1991 年 8 月 20 日，美国国防部对海军的中红外先进化学激光(MIRACL)反卫星系统成功地进行了打靶试验。试验中，用改进的 MIRACL 和与其配套的“海石”(SeaLite)光束定向器系统，发射激光束跟踪并击中了装有测量仪器的在约 13 公里高空飞行的无人靶机。此次试验的目的是试验激光束聚焦到目标上的能力，并测定对激光束可能存在的大气干扰。试验是在新墨西哥州白沙导弹靶场的高能激光试验设施上进行的，达到了演示验证该系统技术的试验目的。

目标监视与跟踪系统 随着SDI计划发展重点的调整，美国SDI计划在探测技术领域的研究重点也做了相应调整，同时对该领域关键技术的研究和试验在加紧进行。一年来其主要发展动向是：(1)原来重点研究的助推段监视与跟踪系统于去年转交陆军后被取消，空间监视与跟踪系统正在被“智能眼”卫星取代。(2)该领域的发展重点转为“智能眼”、地基雷达、地基监视与跟踪系统等全球保护系统方案所要部署的目标监视与跟踪系统以及与发展“智能卵石”有关的探测技术，战区和战术弹道导弹防御的目标监视与跟踪系统的发展研究得到重视和加强。(3)该领域重大的演示验证试验多达15次以上，占SDI计划1991年总试验次数约50%左右，试验的技术涉及红外探测技术、紫外探测技术、可见光探测技术和激光雷达等，其中重点是搜集有关目标和背景的特征信号。多数试验取得成功，并获得重要技术进展。

美国“智能眼”卫星进入方案确定阶段 据美国《航天新闻》1991年6月10～16日报道，1991年6月6日，美国战略防御计划局已与4家公司签定了“智能眼”卫星方案确定研究的60万美元合同，进行初始设计，合同期限为12个月。1992年夏，将从4家公司中选定两个合同商组竞争研制原型，然后进行地面与飞行试验以演示验证。如果顺利，1996年秋就可能做出全面工程研制和采购的决定。

“智能眼”卫星是在空间监视与跟踪系统(SSTS)简化和“智能卵石”方案的基础上提出的。它在全球保护系统中作为天基探测器，用来代替第1阶段部署方案中的SSTS。其主要任务是：(1)探测跟踪弹道导弹弹头(包括远程和近程的)；(2)识别真假弹头；(3)预计来袭弹头的命中点；(4)将目标分配给拦截弹；(5)引导BP、GBI和E2I拦截弹；(6)将目标的数据不断地传送给飞行中的拦截弹；(7)提供威胁目标图；(8)对拦截结果进行评价。

“智能眼”卫星重仅450公斤，其探测器尺寸仅为SSTS探测器的1/10。在防御有限弹道导弹的攻击中，“智能眼”卫星的轨道高度为900公里，需部署50～70颗，这将保证地面上任何一点都在两颗“智能眼”的探测空域之内。它装有长波和超长波红外探测器，能从空间背景中探测远程弹道导弹弹头；还装有可见光和中波红外探测器；还有1台激光雷达以精确测定目标的距离。正在为其研制一种包括长波红外、紫外和可见光波段的可见光探测器。“智能眼”的外形和结构如图5所示。为了降低“智能眼”卫星的重量，其探测器采取平时间歇式工作、交战时连续工作的工作方式。

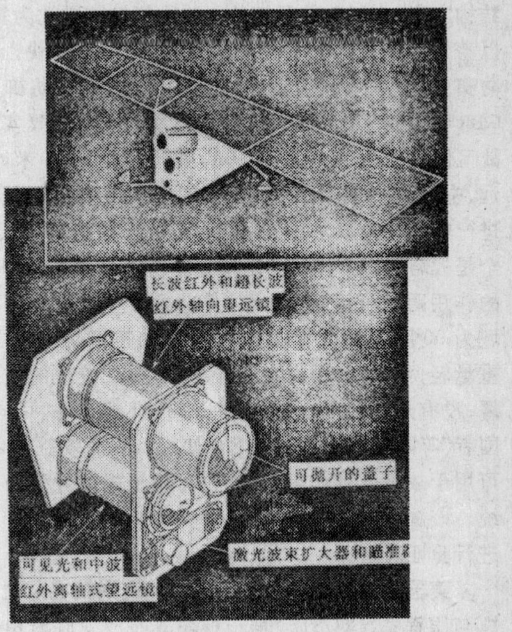

图5 “智能眼”外形和结构示意图

目前“智能眼”尚处于方案确定阶段，以后会不断变化。此外，它除了作为全球保护系统中防御战略和战术弹道导弹的一种共用的探测系统外，还有可能作为美国先进预警系统的一种方案。

美国地基雷达计划增加战区弹道导弹防御项目 美国SDI计划发展的地基雷达(GBR)是一种单阵面x波段相控阵雷达，其任务是搜索、捕获、跟踪和识别中段及末段目标。它根据预警系统和“智能眼”提供的目标信息进行搜索，并把探测到的目标数据传给地基拦截弹。为了验证GBR技术，发展了一种称为GBR－x的实验系统。GBR－x高9.15米，宽9.15米，重500吨，有一个11.28米×11.28米的“面”，面上有4.2万个小辐射器和许多小天线，该面安装在一个圆形的轨道和支架上，能灵活地探测任何一个方向。GBR－x将验证对信号处理机的要求，并提供首批宽频带成像的实时数据。GBR将验证实时跟踪多目标、对中段目标成像和对目标识别的能力等。作战用的GBR可能有数十万个辐射器，铁路机动是其基本部署方式。

随着SDI发展重点调整为全球保护系统，GBR计划现在又增加了新任务，即研制一种类似的但较小的地基雷达，用于战区导弹防御。据1991年《战区导弹防御指南》报道，美国战略防御计划局准备发展一种战略和战区防御用的公路机动的GBR。先发展战区防御用的GBR，其尺寸和功率为战略防御用GBR的1/4，而后将它扩展成战略防御用的GBR。这种雷达采用积木结构方案。它以以前研究的x波段相控阵雷达为基础，以普通的相控阵天线模块(PAAM)为基本模块。战区防御用的GBR只包括1个PAAM，而战略防御用的GBR则包括多个PAAM。美国陆军计划先发展实验型战区防御用公路机动的GBR，其尺寸为5×5米，且有远、中、近3个探测视场，准备在1994年6月对该雷达进行验证试验。尔后发展两个部署型的GBR，其中1个是战略防御末段用的末段地基雷达(GBRT)。GBRT的作用距离可达250公里(希望到500公里)，搜索空域为90度扇面的半球体。GBRT的特点是：雷达本身重量轻；可机动，因而生存能力强；能在较短的时间部署；没有永久性基地(可用C－130飞机运输，可同“爱国者”等防空系统的设备配合使用)，因而效益较高；既可用于战略导弹防御系统，也可用于战区导弹防御系统。该雷达准备在1995或1996财年在白沙导弹靶场进行验证试验。

美国地基监视与跟踪系统研究进展情况 地基监视与跟踪系统(GSTS)是一种在战时应急临时由火箭发送到大气层外进行探测的长波红外探测器，原是SDI第1阶段部署方案中的探测器之一，主要用于在中段识别真假目标，现已纳入全球保护系统方案中。在实战中，根据“智能眼”提供的目标信息，适时将其发射升空对来袭目标进行探测，其探测空域可弥补“智能眼”和GBR探测空域的间隙。它的任务：一是协助“智能眼”对中段目标进行识别；二是将目标信息传给GBR和地基拦截弹，帮助末段防御。据美国《SDI监视器》1991年7月19日报道，GSTS探测器有3万个探测元，包括3个长波红外段。1988年10月，GSTS已开始了演示验证工作。演示验证阶段还包括几次飞行试验，预计在1992和1993财年进行。美国计划部署3个GSTS发射场，每个场地有12个GSTS探测器。

美国“火塘”激光雷达试验又获成功 美国战略防御计划局积极发展用于中段目标识别的激光雷达。1990年3月在第1次“萤火虫”试验中，曾首次用“火塘”CO_2激光雷达观测了1个可充气的碳布气球；同年10月在第2次“萤火虫”试验中，用小得多的倍频YAG固体激光雷达观测了1个空间目标。据美国《SDI监视器》1991年4月26日报道，“火塘”激光雷达在1991年上半年又成功地进行了2次试验。

1991年1月，用“火塘”激光雷达测量了低功率激光大气补偿试验卫星的振动，这是首次利用地基激光雷达测量在轨道上运行的航天器的振动，获得了设计和控制大型天基设施的重要数据。

1991年4月在“火鸟”试验中，又用“火塘”激光雷达和YAG倍频激光雷达观测了由“火鸟”运载火箭投放的几种不同目标，演示了地基激光雷达对多个空间目标跟踪和探测的能力，验证了激光雷达识别弹头和诱饵的能力。这次试验中，“火鸟”两级探空火箭从弗吉尼亚州的沃洛普斯岛发射，2分钟后在400公里的高空投放了4个小锥形物和2个小球体目标，9分钟后又先后投放了3个锥形充气气球。随着每个目标的投放，1个火箭发动机尾焰发生器便排放尾焰，同时设在马萨诸塞州米尔斯通山上的激光雷达从约750公里以外的距离上对每个投放目标的动力特性进行测量。这次试验与以前测试单个目标的试验不同，测试了多个不同形状、不同重量的目标。试验同时收集了可见光和红外波段的激光雷达数据，也收集了微波成像、目标截面和动力特性数据。这些数据可用来验证从空间投放的物体在穿过火箭发动机尾焰时动力特性的识别模型，利用物体运动来区分弹头与诱饵。

美国机载监视试验台成功地进行两次试验 机载监视试验台(AST)的研究方向，是发展在大气层内从远距离捕获、跟踪和识别多个再入目标的光学探测器。1991年，该试验台又成功地进行了两次试验。

1991年2月9日，AST在新墨西哥州的白沙导弹靶场，成功地跟踪了1枚战术弹道导弹目标，试验进行了2～3分钟。此次试验的目的在于确定被动式光学探测系统能否用于战区防御。据称，AST在地面干扰下探测了战术弹道导弹目标，实现了全部试验目的。

据美国《航空和航天日报》1991年6月24日报道，6月20日，AST又在夸贾林群岛捕获了1枚带诱饵的“民兵”Ⅰ洲际弹道导弹，首次在大气层内实时地对多个再入目标进行了识别，验证了AST不仅具备捕获和跟踪目标的能力，还具有识别目标的能力。

另据美国《航空航天》1991年6月4日报道，AST原设计用于捕获与跟踪战略弹道导弹目标，由于海湾战争后更加强调战区导弹防御，现已给其增加了战术导弹防御中的目标捕获与跟踪任务。

美国SDI红外背景特征信号探测试验获得成功 据《航天新闻》1991年5月6～12日报道，1991年4月28日至5月6日，美国战略防御局和空军首次联合利用“发现号”航天飞机成功地进行了红外背景特征信号探测试验(IBSS)，目的在于验证火箭尾焰模型，提高弹道导弹防御天基探测器的监视能力。该项试验同以往大型探测试验相比有两个特点：(1)试验设备多。航天飞机除携带SDI计划的IBSS设备和空军试验平台

(AFP—675)设备外,还携带了4个次要试验设备。SDI计划的IBSS试验由3部分组成:①航天飞机平台卫星(SPAS—2)试验;②电离离子速度试验(CIV);③化学物质释放观测试验(CRO)。空军试验平台主要试验设备是航天飞机低温冷却红外辐射度探测器,此外还有超紫外线试验、地平紫外线计划试验、4极离子中性质谱仪试验、均匀冗余陈列试验等4个试验设备。(2)尾焰数据真实。与以往在大气层内进行的观测试验不同,这次试验是在无干扰的空间环境观测火箭的尾焰,使SDI计划能准确的测定出火箭尾焰的燃烧形状,以便研制出能瞄准来袭弹道导弹的探测器。

SDI计划的IBSS试验的首要任务,是利用航天飞机平台卫星从远距离(10公里)和近距离(2.5公里)观测航天飞机火箭发动机的尾焰,验证SDI的火箭尾焰模型。此外,还观测3个子卫星释放的一甲基肼、偏二甲基肼和四氧化二氮3种化学物质形成的烟幕,了解其对红外、紫外探测器的影响。离子电离速度试验是观测由航天飞机气体释放缸释放出的二氧化碳、一氧化二氮、氖气和氙气,了解这些可能被敌方用于中段飞行导弹伪装的电离特征。为了校定,还进行了地球背景观测试验,将地球边缘与地球背景区分开。对航天飞机周围污染产生的"辉光"的观测试验没有完成。空军试验平台上的航天飞机低温冷却红外辐射度探测器,用来观测地球大气边缘和极光的红外数据。据战略防御计划局称,此次试验非常成功,IBSS试验达到了全部17个目标,解决了在空间探测和跟踪弹道导弹的技术关键。

美国成功地进行了紫外尾焰测量试验　据美国《SDI监视器》1991年4月12日报道,美国作为发展"智能卵石"探测技术的紫外尾焰测量试验,继去年第1次试验后,1991年又进行了3次试验。2月6日,紫外尾焰测量仪跟踪了从沃洛普斯试验场发射的低成本运载火箭。2月18日对STRYPI三级助推火箭飞行中的尾焰进行了观测。试验中,紫外尾焰测量仪精细地观测了火箭尾焰的紫外辐射,测量了火箭尾焰的亮度和火箭周围的空气动力激波产生的辐射强度。试验数据表明,火箭尾焰的紫外辐射强度比预计的至少高10倍,导弹穿过稀薄大气产生的紫外辐射强度则比预计的高100倍。此外,5月5日该测量仪在红外背景特征信号探测试验中还对航天飞机火箭发动机的尾焰进行了观测。

美国"红母虎"试验失败　据美国《航空周报》1991年8月26日报道,1991年8月20日,美国战略防御计划局进行了代号为"红母虎"的试验,旨在为中段探测器提供跟踪和识别的目标。试验设备原计划用白羊座助推火箭发射到397～496公里高空投放,而后由机载和地面探测器监视。但助推火箭发射后突然向右飞行,偏航89度,进入非设计航线。发射23.3秒后被炸毁。初步分析,偏航原因是由于地面人员在火箭发射前向导航计算机输入了错误信息所致。

美国将实施"先进的战区偶发事件探测器"计划　据1991年《战区导弹防御指南》报道,美国"战术导弹防御倡议"(TMDI)计划将开始实施一项称为"先进的战区偶发事件探测器"(ACTS)的计划。1992财年,将用一两百万美元开始ACTS的方案确定研究,以考察战区探测器的必要性和结构方案,包括公路机动的地基雷达、全球保护系统预警探测器在战区防御的作用等。1993财年,为ACTS要求3400万美元经费,以便确定ACTS的方案和验证有关技术。对战区探测器的关键要求是:在1分钟内确定战区导弹发射点的位置,精度在数百英尺内;确定战区导弹的状态矢量参数,精度在几度之内。

(尹承魁)

军用航天技术

综述　1991年,世界各国共进行了89次航天发射活动,把144个航天器送入轨道,其中美国进行了19次发射,把31个航天器(包括航天飞机本身)发射入轨;苏联共进行了59次发射活动,将95个航天器发射上天;欧洲航天局共进行了8次商业航天发射活动,将15颗卫星送入轨道;日本发射了2次;中国发射了1次。这一年,美苏的航天发射活动均比1990年有所减少,美国减少8次,苏联减少16次,苏联的发射活动降到近20年来的最低点。1991年初多国部队的军用卫星和部分民用卫星在海湾战争中发挥了重要作用,引起各国的关注。美国和欧洲航天局的载人航天计划又有变动,规模将缩小,计划要推迟实施。

军用卫星 虽然东西方关系随着苏联解体而大大缓和，美苏之间的冷战宣告结束，然而，由于在海湾战争中各种军用卫星系统发挥了重要作用，使一些国家更加重视军用卫星，特别是侦察卫星的发展。

苏联发射大型地球资源卫星 3月31日苏联用“质子”号运载火箭从拜科努尔航天发射场发射了世界上第一颗载合成孔径雷达的商用地球资源卫星——“金刚石”。卫星重18.5吨，由“礼炮”号空间站的基础舱改建而成，其轨道高度为298公里，倾角78°。卫星具有变轨能力，可在1～3天内重复飞越地面同一地区。主要星载设备是合成孔径雷达，它具有全天候、全天时成像能力，工作波长10厘米，脉冲重复频率3000赫，地面分辨率15米，图像覆盖地域面积达40×300公里；备用雷达的地面分辨率30米。此外，卫星还载有1台多通道辐射仪，其工作频率6～37.5千兆赫，覆盖地域宽度600公里。图像数据经在轨的两颗数据中继卫星传送给设在莫斯科的图像处理中心，数据速率为每秒10兆比特。卫星设计寿命为两年。

“金刚石”卫星不仅可以全天候拍摄地表图像，还可以透过一定深度的海水，拍摄海底图像，并能透过某些地层，探测地下结构。据报道，苏联已用“金刚石”试验卫星探测到了掩埋在地下的石油管道。还公布了该试验卫星拍摄的华盛顿州普吉特海峡（海深174～267米）的海底图像和海床地貌。鉴于潜航中的潜艇产生的海水漩涡会传到海面这一原理，利用“金刚石”星载雷达观测技术，从太空探测水下潜艇有可能成为现实。

美国多种军用卫星在海湾战争中发挥作用 在海湾战争期间大约有60颗军用卫星和20颗民用卫星用于情报收集、通讯、导航、后勤管理和天气预报，这是卫星首次在实战中全面的、大规模的应用。

美国至少有6～7颗照相侦察卫星用于搜集情报，其中含2～3颗具有近实时侦察能力的KH－11卫星和2～3颗改进型KH－11数字图像传输型卫星（1991年11月7日美国又发射了1颗改进型KH－11卫星）；1颗能透过云层摄制图像的“长曲棍球”雷达成像卫星（1991年3月8日美国又发射1颗“长曲棍球”卫星）；5颗电子侦察卫星，其中含第2代“牧人小屋”卫星1颗，第3代“大酒瓶”卫星2颗，“折叠椅”卫星2颗；4组“白云”海洋监视卫星，共16颗母、子卫星。美国国防测绘局还利用陆地卫星和法国“斯波特”卫星的遥感图像更新已有25年的海湾地区的地图。此外，美国航天飞机飞行期间也曾对海湾地区拍照。

美国经常在轨道上保持有5颗“国防支援计划”导弹预警卫星，其中至少有2颗直接服务于海湾战争，1颗位于东经60°赤道上空；另1颗是1990年11月射入中东地区赤道上空的第3代国防支援计划卫星（1991年11月25日由美国“阿特兰蒂斯”号航天飞机又部署了1颗第3代预警卫星），以密切监视伊拉克可能发射的中短程导弹。在“飞毛腿”导弹发射后30多秒钟就能被这种导弹预警卫星上的大型红外望远镜探测到，从而赢得90～120秒钟的预警时间，可以保证“爱国者”导弹及时作出反应实施拦截。在历时42天的战争中，伊拉克共发射79枚“飞毛腿”导弹，其中80%以上被“爱国者”导弹拦截摧毁。

美国主要使用“国防通信卫星”系统和“舰队通信卫星”系统来确保美国当局与驻海湾部队的通信。前一系统包括2颗“国防通信卫星”Ⅱ和4颗“国防通信卫星”Ⅲ。第2个系统包括2颗“舰队通信卫星”和4颗“辛康”－Ⅳ通信卫星，这两种卫星中各有1颗完全用于海湾地区的通信，其他卫星部分承担有关通信任务。海军通信主要使用这个系统，为其提供舰船与舰船、舰船与岸站之间的多路抗干扰特高频通信。美海军陆战队还使用2颗低轨道的试验型轻型多址通信卫星，进行战术通信。此外，利用国际海事卫星的通信服务，能使美国国防部高级官员及时了解海湾战争的进展情况；国际通信卫星组织的5号卫星在转播有关“沙漠风暴”的新闻中起了主干线的作用。

美国驻海湾部队的飞机、舰船、坦克、车辆以及部队分队，都利用全球定位系统的导航卫星定位。该系统在海湾战争期间共有16颗卫星在轨工作（1991年7月8日又发射了1颗导航星）。导航星全球定位系统是一个无线电导航系统，可在全球范围内连续提供位置、速度和时间三维信息。单兵利用手握式接收机可以准确确定自身位置，精度约在18米以内。美军开赴海湾时就装备了一些这种接收机，后来又紧急采购数千台运往海湾。

美国空军有3颗“国防气象卫星”在轨道上工作，这些卫星有很强的监视和预报天气的能力。海湾危机发生后，美国首先增加了部队所装备的卫星云图接收机，以便及时了解当地气象变化情况。1991年11月28日美国又发射了1颗军用气象卫星。

英、法等国重视发展军用侦察卫星 海湾战争中，侦察卫星对多国部队快速战胜伊拉克军队起了很大作用，它促使英、法等国更加重视发展军用侦察卫星。法国国防部长认为，发展军用侦察卫星，战时可跟踪部队行动，平时可监视军备控制执行情况。目前，法国已决定将1992年的军用航天计划预算提高18%，达350亿法国法郎（合6.21亿美元）。除计划于1994年、1995年发射第1、2颗“太阳神”侦察卫星外，已开始研究争论多年的导弹预警卫星和装备雷达的监视卫星。英、法还在酝酿研制一种泛欧军用卫星通信网络，以接替英法的军用通信卫星。预计这种网络将于2000年投入运行，需投资12亿～13.8亿美元。

欧洲发射第1颗地球遥感卫星(ERS－1) 7月16日欧洲航天局用“阿丽亚娜”4火箭发射了第1颗地球遥感卫星。该卫星重2380公斤，设计寿命为2～3年。卫星轨道高度为785公里，轨道倾角98.2°，轨道周期100分，重复观测周期为3天，价值32亿法国法郎。它通过星上5种探测仪器获取全球范围的海浪、海流、海面风场、南北极冰结构以及海洋和大气的温度、湿度等信息；还可观测由“温室效应”产生的海洋和大气的污染、森林减少以及沙漠化等人类活动和自然灾害对地球环境造成损害的情况。

星上的5个探测仪器是：①C波段的有源微波仪，它是由合成孔径雷达和风散射仪装在一起的组合装置，这两种仪器可轮流对极帽区、海洋、海岸地带和陆地(宽100公里)进行高质量的雷达成像观测和测量海面风速和风向；②Ku波段雷达高度计，主要用于测量海面形貌、有效浪高、冰结构和冰海界面等；③由红外辐射仪和微波探测器组成的沿迹扫描辐射仪，前一仪器主要用于测量全球海洋表面温度，后一仪器测量整个大气层中的水含量；④激光后向反射器，对雷达高度仪作校准；⑤精确测距测速仪，对卫星进行准确跟踪，提供高精度跟踪信息。

目前欧洲航天局尚无设备完善的地面数据分发系统，图像数据的价格政策也尚未确定，因此，从欧洲遥感卫星传回地面的大量数据使欧洲航天局在技术和管理上面临前所未有的挑战。

小型卫星 一年来，小型战术军用卫星仍受到重视，对各种小型军用卫星仍在进行试验。苏联和欧洲航天局各发射了1颗雷达型遥感卫星。据美国运输部最近完成的一项研究表明，从1993年至1999年，各国每年平均要向低轨道发射10.4颗小型通信卫量，而从2000年至2005年间每年的平均发射量将增至16颗。与此相反，从1993年至2005年间大型地球同步卫星的发射量将一直保持在20颗以下，不会增长。

苏联发射战术通信卫星 苏联于1991年用中等运载能力火箭发射4次多颗卫星，1次为一箭8星，3次为一箭6星，它们均为战术通信卫星。

美国“飞马座”火箭发射7颗小型卫星 7月17日美继1990年4月发射第1枚“飞马座”火箭后从B－52轰炸机上发射了第2枚“飞马座”空射火箭，将各重22.5公斤的7颗小型卫星送入近极地低轨道。这枚火箭已在原来的三级全固体火箭基础上增加了1个液体的第4级，称为肼辅助推进系统，其低轨道运载能力从270公斤提高到300公斤。第4级发动机能多次点火，可使这种火箭将有效载荷送入更精确的轨道。这次发射由于第1、2级分离出现小故障，卫星未进入预定的高度为704公里的轨道，而是进入了一条高度为348×443公里的轨道，倾角82°。卫星寿命从3年减为1年。在这一年中将演示这些小型超高频通信卫星对美国大陆实现战术通信的军事用途，试验这些卫星能否增强战场上军事指挥员的卫星通信能力。

欧洲航天局发射4颗小型卫星 7月16日欧洲航天局的“阿丽亚娜”4火箭在发射遥感卫星的同时还附带部署了4颗小型科学卫星。

航天飞机与大型运载火箭 1991年美国共进行了6次航天飞机飞行，苏联仍未进行任何航天飞机飞行。欧洲和日本的小型航天飞机均未得到正式研制的批准。美国的主要军用大型运载火箭“大力神”4首次完成从范登堡空军基地发射极轨卫星的任务。美国还公布了新的航天运输政策。

美国航天飞机完成主要任务 美国6次航天飞机飞行中的主要任务如下表：

表1. 1991年美国航天飞机完成的主要任务

序号	时间	航天飞机	完成的任务
1	4.5	“阿特兰蒂斯”号	部署伽玛射线观测台
2	4.28	“发现”号	一系列“空间防御倡议”试验
3	6.5	“哥伦比亚”号	携带空间试验室进入轨道，完成综合性生命科学实验
4	8.2	“阿特兰蒂斯”号	部署第5颗跟踪和数据中继卫星
5	9.12	“发现”号	部署高层大气研究卫星
6	11.24	“阿特兰蒂斯”号	部署弹道导弹预警卫星

美国航天飞机除完成上述有效载荷的发射任务外，还进行了一系列有关人的作用的试验，有两次专用于军事试验，一次完成生命科学试验，3次完成其他试验。

“发现”号航天飞机的SDI试验 1991年4月28日至5月6日“发现”号航天飞机首次专门进行军事试验的载人飞行，目的是获得研制军事监视卫星和导弹拦截飞行器的重要数据。在实验中航天飞机完成了大量的机动飞行，如在头36个小时内7名宇航员完成了10次轨道机动点火和50次反作用控制系统的机动。在正常飞行中还部署了3颗小卫星。这次航天飞机飞行对于研制用于探测和跟踪敌方核导弹和弹头的传感器作出了重要贡献。完成的主要项目有：

①红外背景特性信号探测试验(IBSS)。该试验是把装有紫外和深冷的红外传感器的货架卫星(重1805公斤),用遥控机械臂送入轨道。随着航天飞机与货架卫星距离的变化,星上的传感器就观测航天飞机的轨道机动系统和反作用控制系统发动机点火的羽烟形状和光谱特性。这将会有助于研制出一种传感器,以探测被羽烟包围中的导弹。

②空军的AFP－675试验。它重4458公斤,装有5台仪器,放在航天飞机后舱内。主要仪器为低温红外辐射仪(CIRRIS),它装有红外传感器和辐射仪,以获取上层大气红外特性的数据,用于监视敌方可能出现的导弹。

③化学释放卫星试验。共3颗卫星,各重约78～85公斤,由宇航员在不同时间部署在轨道上。它们在离航天飞机150公里处,卫星将接收范登堡空军基地发送的指令,释放诸如单组元肼、四氧化二氮和偏二甲肼等化学物质。这些化学物质都是苏联导弹使用的推进剂,用IBSS和CIRRIS的仪器可测得这些化学物质在空间的光谱特性,这些数据可用于弹道导弹防御系统。

④气体释放罐试验。在航天飞机有效载荷舱内装有4个罐,用于释放二氧化碳、一氧化氢、氖气和氙气,进行离化速度的试验。在释放这些气体的过程中用IBSS拍摄图像,以了解这些可能被敌方用于中段飞行的导弹伪装物的电离特性。

"阿特兰蒂斯"号航天飞机的军事侦察试验 1991年11月24日至12月2日,"阿特兰蒂斯"号航天飞机上的6名宇航员进行了军事侦察试验,目的是研究宇航员能否给地面指挥员提供有用的军事情报。主要实验项目有:

①地面侦察试验。试验目的是弄清宇航员从360公里的轨道上能看清地面多小的目标,能否鉴别海上航行的军用和民用舰船以及从空间评估机场的主要特点。试验中,由1名陆军准尉用1台装在航天飞机窗口的望远镜观测地面目标。据这位军官说,云和雾阻挡了他观测南非比勒陀利亚、卡纳维拉尔角和美国驻菲律宾大使馆等目标。陆军情报中心的发言人说,陆军专家尚未对这些观测结果进行分析。

②M88－1试验。试验是用1台相机与电子装置相连,拍摄地面军事设施和部队活动的详细图像,目的是了解人的眼睛能从太空看到什么。据完成这项试验的1名美国海军中校说,他能识别在夏威夷附近5米长的小艇和波音747飞机以及古巴关塔那摩海湾的船只。

③通信试验。代号为"夜雾"的试验是用1台特高频电台,直接与地面指挥员通信。由于无线电台故障,实验无法进行。

④SDI观测试验。SDI使用装在低功率大气补偿实验卫星上的1台紫外仪器,观测航天飞机着陆时的发动机火焰。但由于航天飞机上的1台惯性测量装置出故障,航天飞机提前2天返回地面,失去了观测航天飞机着陆的最佳机会,实验没有取得结果。

"哥伦比亚"号航天飞机的生命科学实验 1991年6月5日至14日,"哥伦比亚"号航天飞机载着空间实验室,完成了内容极为广泛的生命科学实验,主要目的是全面研究微重力对人和动物的影响。航天飞机乘员组共有7人,其中3人是医学博士,1人是生物化学教授。在动物舱内有30只实验老鼠和2478只水母。在飞行中共完成了18项生命科学实验。实验中把宇航员作为试验对象,以探索他们的心脏、血管、肺、肾和激素分泌腺对微重力的反应,以及研究引起空间运动病的机理和飞行期间肌肉、骨骼和细胞发生的变化等。人和动物在同一航天器内进行实验,对全面了解微重力的生理学效应具有重要意义。实验取得的主要成果有:

①发现人对失重具有自适应反应能力。该项实验的主要研究人员加纳·布洛姆奎斯特说:"我们原认为人进入太空的第1天,心脏的压力将处在一个高于正常状态的水平上,然而,实际上我们发现从发射台点火发射后,随着失重引起的心脏压力上升人体就已经做出了大量自适应反应,进入微重力状态后心脏压力似乎很快就恢复到正常状态。"

②观察水母在失重条件下的生长发育过程。水母属无脊椎动物类,是一种海洋浮游动物。水母体内有1个可以感知重力的特殊器官——重力感受器,类似人内耳中能帮助大脑确定头部位置的耳石。在微重力环境下耳石功能受到影响,常常会造成运动病。参加实验的水母中有50只已长有重力感受器,被养在空间实验室的器皿中。1名宇航员每天定时观察它们的活动,并用摄像机拍摄它们在空间的活动状况,同时传送到地面控制中心。这批水母返回地面后,由科学家对其进行多项检查,特别要检查它们的重力感受器中钙含量有无减少,这将为人在空间活动中的钙损失提供参考数据。

美国"大力神"4大型运载火箭首次发射大型极轨军用卫星 1991年3月8日,美国空军从加里福尼亚州的范登堡空军基地首次用"大力神"4火箭发射"长曲棍球"雷达型侦察卫星。11月7日,美国空军又从同一基地发射1颗改进型KH－11大型侦察卫星。1990～1991年间的3枚"大力神"4火箭都是从东海岸卡纳维拉尔角发射的。这种火箭的极地低轨道运载能力为

14.4吨，地球同步轨道运载能力为4.5吨。空军负责空间事务的助理部长马丁·费甘（兼任国家侦察局局长）说："这对空军来说是一次（指3月8日的发射）非常重要的发射。""我们现在具有从东、西海岸两个靶场发射'大力神'4火箭的能力，这种能力对我们的空间发射战略和我们国家的军用航天计划是至关重要的。"美国空军计划用"大力神"4火箭作为整个90年代直至2010年发射大型军用卫星的主要运载工具，1991年的这两次发射标志着美国军方在发射大型航天器方面进一步摆脱对航天飞机的依赖。

美国空军于1991年8月底宣布了经修改的"大力神"4火箭计划。由于美苏关系的缓和以及军事预算的削减，预计在今后20年内只需进行71次"大力神"4火箭的发射，而1990年空军曾计划在90年代的10年内就要发射75～80枚"大力神"4火箭。8月24日美空军空间系统分部的"大力神"4火箭计划主任弗朗克·斯特林空军中将宣布了这项修订的计划，它是通过一项专门研究后得出的结论，即"大力神"4火箭可以安全地延长其使用期。这表明"大力神"4火箭计划已大大缩减，空军认为这种火箭可一直用到2010年，到那时国家发射系统（NLS）预计可接替"大力神"4火箭而投入使用。

美国批准新的航天运输战略 7月24日布什总统批准了一项新的航天运输战略，它是由奎尔副总统领导的国家航天委员会制订的，其要点有三：①美国不再制造新的航天飞机，定于1992年作首次飞行的"奋进"号是最后1架航天飞机；②新的航天发射战略"不是一个面面俱到的计划"，而是一个能满足军、民需要并"与我们的外国竞争者所拥有的差不多或更好的商用运载器计划"。"这项战略的目标是使国家发射系统（NLS）在可靠性、适应性和性能方面大幅度提高国家发射能力。"新的运载系统的设计是供发射不载人航天器的，以后经改进可发射载人航天器。这种新运载器将在10年内研制，费用为110～120亿美元。在研制期间将保留和改进航天飞机和一次使用运载火箭；③对于把多余的弹道导弹用作民用运载器的建议，政府希望采取审慎的态度。这项决定要从国家安全、对外政策及国防工业基础等方面考虑，还要考虑对商业部门的经济冲击。

日本"希望"号航天飞机的预研工作继续进行 日本"希望"号不载人小型航天飞机至今还未得到大藏省的最后批准。"希望"号计划将为日本下一世纪的有人驾驶航天飞机或空天飞机奠定技术基础。目前日本宇宙开发事业团仍未确定"希望"号是采用10吨方案，还是20吨方案。10吨级方案的运载能力太小，用它为日本实验舱运送货物的价格太昂贵。因此，他们正全力以赴为研制两架20吨"希望"号航天飞机寻求资金。目前看来，"希望"号的首次飞行不会早于1998年，可能在2001年左右，"希望"号1992财年申请的经费为20亿日元（合1400万美元）。

欧洲"海尔梅斯"航天计划推迟 欧洲航天局的"海尔梅斯"航天计划的总费用已达73.2亿欧洲货币单位（合88亿美元），比1987年的预算值高40%。首次不载人飞行已从原计划的1998年推迟到2002年，首次载人飞行将在2003年进行，为"哥伦布"计划的自由飞行实验室的服务飞行将推迟到2004年。

目前，"海尔梅斯"航天飞机长12.7米，能载3名宇航员和3吨货物进入倾角为28.5°的"哥伦布"自由飞行实验室的轨道，满载荷重量为24吨。现正在研制的"阿丽亚娜"5大型运载火箭只能发射减少有效载荷的、重22.4吨的"海尔梅斯"，用于鉴定飞行。满载有效载荷的"海尔梅斯"必须用改进的"阿丽亚娜"5火箭才能发射。对改进的"阿丽亚娜"5火箭预计在1994年才能做出决策，约在2000～2001年提供使用，改进的费用约需7.06亿美元。

"海尔梅斯"计划是欧洲长期规划中争议最大的项目。几个成员国代表担心费用太高，他们要求欧洲航天局对"海尔梅斯"的预算提出最高限额。德国还提出在1995年再评审一次"海尔梅斯"计划，然后做出是否进入全面研制的决策。在此之前，主要进行热防护、高超音速技术等关键技术的研究工作。德国政府官员说："在1995年设立最后一个评审点是必要的，因为'海尔梅斯'没有得到验证的技术太多，而且费用还要上涨。"法国同意对"海尔梅斯"再做3年的研究工作，但在3年后由成员国审查它的技术、进度和经费后就自动进入全面研制阶段，不同意德国提出的要再作决策的意见。

载人空间站 苏联"和平"号空间站是目前在轨道上运行的唯一载人空间站。1991年苏联对空间站未进行任何扩建活动，主要是为轮换宇航员、供给消耗性物资和维修空间站完成一些日常发射活动。美国"自由"号空间站再度1992年预算关，今后5年经费还要削减，规模进一步缩小。欧洲航天局因财政困难和看法不一，对14年的长远航天计划推迟一年决策。

苏联"和平"号空间站维持运行状态，完成一些维修任务 苏联政治和经济的混乱对其航天事业的发展产生了严重影响。1991年的航天器发射率降至近20年来的最低点，仅为59次。围绕"和平"号空间站的载人航天活动，仍是苏联航天活动的核心内容。1991年苏联向"和平"号共发射了7个航天器，其中有"进步"

M号货船5艘,"联盟"TM号载人飞船2艘。由于航天经费减少,原定11月的一次载人飞船的发射被迫取消。"和平"号空间站于5月18日和10月2日各接待了1名外国宇航员。英国女宇航员乘坐"联盟"TM－12飞船进入轨道,在站上生活和工作了8天后,乘"联盟"TM－11飞船返回地面。1名奥地利研究人员乘坐"联盟"TM－13飞船进入轨道,也在空间站上生活和工作了8天后,于10月10日乘坐"联盟"TM－12飞船返回地面。为此,英国和奥地利分别要向苏联支付1200万美元的费用。

苏联在"和平"号空间站上完成了大量医学实验、对地观测、微重力研究和材料加工试验。其间还发生了一起事故,"进步"M－7货船于5月脱离"和平"号空间站后,其回收舱在再入大气层后出故障而未回收,因而丧失了由空间站获得的宝贵生物实验资料。此外,宇航员的繁重任务是维护和修理空间站,站上的宇航员主要完成了下列维修任务:

①1月7日苏联宇航员出舱,花了5个小时修理了"晶体"号舱的舱门铰链。

②6月25日苏联"和平"号的2名宇航员进行了4小时58分钟的舱外活动,更换了位于"量子"1号天文物理舱尾部的交会雷达天线。原来的天线可能被1990年由"联盟"TM－11送上"和平"号空间站的宇航员在一次舱外活动中不小心撞坏了,这几乎造成1991年3月23日"进步"M－7号货船与"和平"号空间站相撞的事故。新的天线是由"进步"M－8号送上"和平"号空间站的。

③通过8次舱外活动将"晶体"舱上的两块太阳能电池板装到"量子"1号天文物理舱上。通过宇航员于1月23日和26日分别进行的5小时33分和6小时20分的舱外活动,安装了1个塔式起吊机和1个套筒式传送装置,以便用于拆卸、移动和吊装两块重500公斤(地面重量)的太阳能电池板;7月15日、19日、23日和27日2名宇航员各进行了5个多小时的舱外活动,用已装好的起吊机试装了1个高14米的空间桁架,同时进行了大型空间结构的装配操作试验。最后还要通过2次或更多的舱外活动才能把太阳能电池板从"晶体"舱移动到"和平"号空间站后部的"量子"1号天文物理舱上。

美国"自由"号空间站再度预算难关,规模缩小 美国国会众议院在审查航宇局1992财年预算时,负责监督航宇局工作的众议院拨款小组于5月15日对"自由"号空间站计划进行了表决,通过了取消空间站计划的决定。此决定引起了欧洲航天局、日本和加拿大等国的严重不安。后经美国总统布什的一系列活动,探讨在参议院通过空间站拨款的对策。6月6日在众议院的全体大会上展开了一场关于空间站计划的激烈辩论,最终以240票对173票通过了为空间站计划拨款19亿美元的修正案。后来参议院全体会议批准了空间站计划20.289亿美元的经费。国会虽然保留了空间站的全部费用,但对航宇局的其他项目作了大幅度削减。例如,航宇局与国防部联合研制的国家发射系统,航宇局申请1.75亿美元,削减了1.47亿美元;美国空天飞机计划也被大幅度削减,申请7200万美元,被削减到500万美元。

1990年10月美国国会认为"自由"号空间站的规模过大,要求航宇局重新设计,并在今后5年内减少研制经费60亿美元。航宇局于1991年3月完成重新设计的工作。空间站全长由130米缩短为107.6米,实验舱和居住舱的长度由13.3米缩小到8.2米,将科学实验机柜数由24个减少为15个。这样可以在地面将实验舱和居住舱完全装备齐全,分别由航天飞机一次发射入轨,这样就可以大大减少宇航员出舱活动的时间。宇航员人数由8人减为4人。为建造空间站所需的航天飞机飞行次数从34次减为23次。空间站将于1996年6月达到有人照料的能力,1999年9月达到永久载人的能力,比原计划推迟2年。

日本实验舱计划进展顺利 日本参加"自由"号空间站的日本实验舱正按预定进度顺利发展。日本实验舱将于1992年1月完成初步设计评审,比原计划只推迟几个月。延期的原因是美国航宇局对日本实验舱的要求发生变化。到1992年10月底将完成最后设计评审。

日本实验舱将于1995年开始飞行舱的装配,1997年完成装配和最后测试,1998年由美国航天飞机送入轨道。目前日本宇宙开发事业团还在筑波空间中心内建造指挥控制中心,计划于1995年建成。日本实验舱有效载荷的专家选拔工作正在进行,从247名申请者中筛选出53名,到1995年将最后确定1至2名。日本宇航员将在1998年进入空间协助装配日本实验舱,但在空间只停留10天。日本实验舱上天2－3年后日本宇航员才能在空间长期停留。

日本宇宙开发事业团已放慢实验舱内实验设备的选择工作。至今还未公开征求和接受实验的提案。但实验设备必须在1996年作好准备,才能按时装在实验舱内测试。

欧洲14年航天发展规划推迟1年决策 1991年10月18日至20日,欧洲航天局13个成员国的部长在德国慕尼黑召开会议,准备对1992～2005年欧洲14年航天发展规划逐项表决。会议的结果只是原则上同意规划的长远目标，并未对长期规划在财政上作出决定。会议要求欧洲航天局进一步修改规划，于1992年底在西班牙召开的下一次部长级会议上再作决策。

欧洲14年航天发展规划是对1987年制定的长期发展规划的修订。欧洲航天局经过4年的工作，一些成员国，特别是德国对欧洲载人空间站基础设施投资过大提出了意见，要求减少每年的投资。各成员国经过多次协调拟定了总费用达391亿欧洲货币单位(合480亿美元)的14年长期规划。该规划的主要项目有："海尔梅斯"航天飞机、"哥伦布"空间站。"阿丽亚娜"5运载火箭、数据中继卫星、地球观测计划、微重力研究计划、空间科学计划。现将"哥伦布"空间站情况作简要介绍。

"哥伦布"计划包括两个轨道实验舱，一个是永久对接在"自由"号空间站上的附设增压实验舱，另一个是有人照料的自由飞行实验舱。该计划的总费用为50.7亿欧洲货币单位(合60.8亿美元)，超过1987年罗马会议预计的费用14.2%。在1991年召开慕尼黑会议前，德国空间局曾向欧洲航天局建议，将附设在"自由"号空间站上的增压实验舱(简称欧洲舱)缩小至原设计的一半。德国空间局认为，缩小欧洲舱是重新评估载人空间计划规模和进程的重要一环，因为欧洲航天局需同时进行"海尔梅斯"航天飞机、"哥伦布"空间站、"阿丽亚娜"5火箭三项计划，经济上难以承受。欧洲舱缩小到现设计的一半后，就有可能将欧洲舱舱体及其携带的实验柜一起发射到空间站。原设计是将舱体与实验柜分开发射，然后到轨道上组装。当空间站进入应用阶段时，若因美国航天飞机运送能力不足，则会产生不良后果。据德国空间局空间基础结构部负责人K·伯奇认为，届时，欧洲航天局每年发射有效载荷舱的航天飞机只有1.4架次，因此很难维持现有这么大的欧洲舱的活动。

(周以蕴)

核武器

综述　1991年，美、苏核裁军谈判取得重大进展，7月31日，两国首脑在莫斯科签署了《削减战略武器条约》。该项条约规定，每方部署的洲际弹道导弹及其发射装置、潜射弹道导弹及其发射装置和重型轰炸机的总数不得超过1600件；每方部署的战略进攻武器的核弹头数量不得超过6000个，其中洲际弹道导弹和潜射弹道导弹的核弹头数量限制到4900个。

此外，美、苏关于削减战术核武器的问题也提到议事日程。1991年9月27日，美国总统布什宣布，美国将撤销所有陆基和部分海基战术核武器，撤回部署在世界各地的陆基战术核武器，并同部署在美国本土的这类核武器一起全部销毁；将从水面舰、潜艇和陆基海军飞机上拆除全部战术核武器，并销毁其中的一部分。他还提出与苏联就削减战术核武器的问题举行正式谈判。苏联前总统戈尔巴乔夫对此作出了反应，他于1991年10月5日宣布，苏联将销毁所有核炮弹、战术导弹的核弹头和核地雷；撤销各防空部队的防空导弹核弹头，集中储存并销毁其中的一部分；拆除水面舰和多用途潜艇上的全部战术核武器，这些核武器以及陆基海军航空兵的核武器将集中储存并销毁其中的一部分。他还宣布苏联从即日起暂停核试验1年。

战略核武器　美、苏不仅签署《削减战略武器条约》，而且都提出了核裁军新建议，但这并不意味着他们停止发展战略核武器系统，而是为了适应形势的变化来调整各自的军事战略。同时，美苏的核裁军也并不能影响其他国家的战略核武器现代化计划。例如，英国首相梅杰表示，英国将继续执行"三叉戟"核导弹计划，称这是对付苏联强大军事力量所"必需的最低限度的防御计划"。法国国防部长若克斯声称，法国只要拥有核武器就不会停止核试验。

苏联战略核武器的归属未定　截至1991年年中，苏联共拥有12300个战略进攻武器的核弹头。这些核弹头装备1334枚陆基洲际弹道导弹、914枚潜射弹道导弹，以及106架战略轰炸机携带的空射巡航导弹、近程攻击导弹和核航弹，此外，还有100个核弹头装备改进的"橡皮套鞋"和"小羚羊"反弹道导弹导弹、2700个核弹头装备地空导弹(见表1)。

苏联战略进攻核武器主要分布在俄罗斯、乌克兰、哈萨克和白俄罗斯这4个加盟共和国境内，核弹头的数量分别占73%、13%、13%和1%。据苏联《消息报》说，这4个加盟共和国境内部署的洲际弹道导弹分别为1035枚、176枚、104枚和72枚。苏联解体后，独联体于 1991 年 12 月 22 日在阿拉木图签署了对核武器采取共同措施的协定，但对某些核武器的归属问题尚未得到完全解决。俄罗斯、乌克兰、哈萨克斯坦和白俄罗斯四国都主张拥有战略武器的使用权，因此，安装了 4 个“核发射按钮”。

苏联老式核武器继续退役，新式核武器继续生产与部署　1991 年，苏联继续退役 SS—11、SS—13 和 SS—19 洲际弹道导弹；携带 SS—N—17 潜射弹道导弹的 1 艘 Y 级 Ⅱ 型潜艇和“熊”B/C 型战略轰炸机及其携带的 AS—3 空射巡航导弹已经退役。正在研制和部署的战略核武器有：部署 SS—18 Ⅴ 型和 SS—18 Ⅵ 型洲际弹道导弹，替换现装备的 SS—18 Ⅱ/Ⅲ 型和 Ⅳ 型导弹，其中 SS—18 Ⅴ 是多弹头导弹，SS—18 Ⅵ 是单弹头导弹；继续生产 SS—N—20 和 SS—N—23 潜射弹道导弹和建造携带 SS—N—23 潜射弹道导弹的 D 级 Ⅳ 型核潜艇，并研制 D 级 Ⅳ 型核潜艇的后继型，以便携带 SS—N—23 潜射弹道导弹的改进型；正在改装第一艘“台风”级核潜艇，使它携带 SS—N—23 潜射弹道导弹；以较慢的速度生产和部署“海盗旗”式战略轰炸机；还在研制与发展新型的 AS—X—19 空射巡航导弹。

苏联调整战略核武器作战值班与现代化计划　1991 年，苏联由于国内政局的动荡和经济形势的恶化，已被迫放慢战略核武器现代化计划的速度。根据戈尔巴乔夫提出的核裁军新建议，将停止研制小型机动洲际弹道导弹，不再增加铁路机动的洲际弹道导弹发射装置的数量，也不改进这类导弹，所有铁路机动的洲际弹道导弹都将存放在它们固定部署的地方；将取消 503 枚洲际弹道导弹的作战值班，其中包括 134 枚带分导式多弹头的洲际弹道导弹。已经从作战编队中撤出 3 艘拥有 44 个导弹发射管的潜艇，还将撤出 3 艘拥有 48 个导弹发射管的潜艇。战略轰炸机已不再进行作战值班，机上的核武器将安放在仓库里；停止研制战略轰炸机携载的改进型近程攻击导弹。

苏联宣布单方面削减战略进攻核弹头　根据戈尔巴乔夫宣布的苏联核裁军建议，苏联将单方面把战略进攻武器的核弹头削减到 5000 个，比《削减战略武器条约》规定的 6000 个限额还多削减 1000 个核弹头。

美国继续生产 5 种并改进 2 种核弹头　截至 1991 年年中，美国共拥有 12000 个战略武器核弹头。这些核弹头装备 1000 枚陆基洲际弹道导弹、592 枚潜射弹道导弹和 268 架战略轰炸机携带的核航弹、空射巡航导弹和近程攻击导弹(见表 2)。1991 年，美国继续生产 B61 和 B83 核航弹、“三叉戟”Ⅱ 潜射弹道导弹的 W88 核弹头、海射巡航导弹的 W80—0 核弹头，以及空射巡航导弹的 W80—1 核弹头。此外，B61—0 型核航弹和 B61—1 型核航弹已分别改成 B61—6 和 B61—7 核航弹。其中，有些 B61—7 核航弹可能改成 W61 型钻地核弹头。

美国调整战略核武器的现代化计划　由于美、苏关系的缓和，美国对其战略核武器现代化计划做了相应的调整。根据布什总统提出的核裁军新建议，美国将停止研制 MX 机动洲际弹道导弹和“侏儒”小型洲际弹道导弹；决定从 1991 年 10 月开始每年退役 75 枚“民兵”Ⅱ 洲际弹道导弹；装备“海神”导弹的潜艇到 1992 年全部退役；带 W62 核弹头的部分“民兵”Ⅲ 导弹将改装 W78 核弹头或 W87 核弹头；部分“三叉戟”Ⅱ 导弹将装备“三叉戟”Ⅰ 导弹的 W76 核弹头；取消为战略轰炸机研制新型近程攻击导弹的计划；所有已部署的战略轰炸机都解除戒备状态；削减 B—2 隐身轰炸机的生产数量。

美国调整核武器研究与发展计划　1991 年 2 月，能源部发表的《调整核武器综合企业结构的研究》报告指出，今后，研制和生产核弹头的综合企业应当是规模小、更安全、更清洁而且投资少。该报告提出的调整方案包括以下 3 个方面：①合并核武器研制与生产的有关厂、所，如劳伦斯·利弗莫尔研究所和洛斯·阿拉莫斯研究所可能合并成为一个研究所；②充分利用退役核武器的部件重新制造新型核弹头。目前，已研究成功利用退役核弹头的“钚板机”制造新弹头的技术，因此，可以继续关闭生产这种“钚板机”的罗基弗拉茨厂，而与其他生产厂合并；③缩小核武器综合企业的规模。该报告建议把核武器生产厂的每个生产单元变小，必要时把这些单元迅速组合起来增加产量。劳伦斯·利弗莫尔核武器研究所所长约翰·纳科尔斯说，该研究所分配给核武器研究与发展工作的经费份额已从 1988 年的 48%下降到 1991 年的 36%；洛斯·阿拉莫斯核武器研究所所长赫克说，该研究所的核武器研究与发展工作在过去 6 年中已减少 1/3。

此外，美国不仅停止了武器级铀的生产，而且在近期还可能停止武器级钚的生产。这是因为，美国库存的武器级铀和武器级钚足以满足其未来核武器发展计划的需要。与此同时，为了使核弹头更加安全可靠，将给越来越多的核弹头装上“增强核爆炸安全系统”、钝感高能炸药和防火弹芯。

英国继续执行战略核武器现代化计划　英国的战略核武器由 4 艘弹道导弹核潜艇及其携带的 64 枚“北极星”A3—TK 核导弹组成。每枚“北极星”A3—TK 潜射弹道导弹带 2 个集束式核弹头，每个核弹头的当量为 4 万吨，共储备 90～100 个核弹头(见表 3)。

1991 年，英国继续执行战略核武器现代化计划，即建造4艘新型弹道导弹核潜艇，替换目前装备的4艘弹道导弹核潜艇；从美国购买“三叉戟”Ⅱ潜射弹道导弹，以及为这种导弹研制核弹头。从1992年开始向美国购买23枚“三叉戟”Ⅱ潜射弹道导弹。计划装备“三叉戟”Ⅱ潜射弹道导弹的第一艘新型核潜艇将在1994年开始服役。

法国继续执行战略核武器现代化计划 法国的战略核武器系统由6艘核潜艇及其携带的96枚潜射弹道核导弹、18枚陆基弹道导弹和18架“幻影”Ⅳ—P轰炸机及其携带的空地核导弹组成。共储备452个核弹头(见表4)。

1991年，法国继续执行其战略核武器现代化计划，即建造5艘新型“凯旋”级弹道导弹核潜艇(比原计划少建1艘)，替换目前装备的核潜艇。第1艘“凯旋”级核潜艇已于1990年5月中旬下水，计划1994年开始服役，从1995年开始装备16枚M—4导弹的改进型M—45。M—45导弹的射程比M—4导弹远，而且带重量较轻的TN—75核弹头和突防装置。1991年12月初，首次试射了M—45导弹。计划到2008年，其余4艘新型弹道导弹核潜艇全部服役，头3艘装备M—45潜射弹道导弹，后2艘将在2005年以后装备M—5新型导弹。M—5可能携带10～12个TN—76分导式核弹头。

1991年，法国还决定放弃研制S—4陆基机动导弹的计划，原计划用S—4导弹替换现装备的S—3导弹。“狂风”战略轰炸机的研制工作仍在继续进行，计划从1998年开始取代现役“幻影”Ⅳ—P飞机。“狂风”轰炸机计划装备射程为300公里的ASMP空地导弹，同时研制射程为1500公里的ASLP空地核导弹。

战术核武器

苏联将拆除、销毁大部分战术核弹头 截至1991年中，苏联约拥有12200个战术武器的核弹头。这些核弹头装备于1300枚陆基导弹和火[illegible]7000门火炮的炮弹、2900多架飞机携带的空地导[illegible]核航弹、1100枚海射巡航导弹、反潜导弹、舰空导弹和海防导弹等(见表1)。按照戈尔巴乔夫提出的核裁军新建议，苏联将销毁所有核炮弹、陆基导弹和部分防空导弹的核弹头，拆除水面舰和多用途潜艇上的全部战术核武器，以及陆基海军航空兵飞机携带的战术核武器。这样一来，苏联销毁、拆除或封存的战术核弹头约有8000个。

美国将拆除、销毁部分战术核弹头 截至1991年年中，美国约拥有7000个战术武器的核弹头。这些核弹头装备于100枚“长矛”地地导弹、4700门火炮的核炮弹、325枚海射巡航导弹，以及2650架各种飞机携带的核航弹和深水核炸弹(见表2)。按照布什总统1991年9月27日提出的核裁军新建议，美国将销毁“长矛”导弹的核弹头和核炮弹；拆除水面舰、潜艇和陆基海军飞机上的全部战术核武器，其中包括“战斧”海射巡航核导弹、舰载飞机携带的核航弹和反潜飞机携带的深水核炸弹。这样，美国销毁和拆除的战术核弹头约有3000个。

英国空军计划用空地导弹替换WE—177核航弹 英国战术核武器包括皇家空军148架陆基飞机及其携带的核航弹和皇家海军158架舰载飞机、反潜直升机及其携带的深水核炸弹，共有200个核弹头(见表3)。目前，英国皇家空军计划用空地核导弹替换现装备的WE—177核航弹，但是，至于采用美国近程攻击导弹还是采用英、法共同研制的ASLP空地导弹，目前尚未作出最后决定。

法国决定生产30枚“哈得斯”近程核导弹 目前，法国大约拥有170个战术武器的核弹头。这些核弹头装备于“冥王星”陆基近程地地导弹、“幻影”2000N和“美洲虎”A陆基飞机，以及“超级军旗”舰载飞机(见表4)。

1991年9月13日，密特朗总统宣布，法国决定生产30枚“哈得斯”近程地地导弹，1992年交货，但暂不部署。现装备的“冥王星”地地核导弹计划到1994年全部退出现役。

表1. 苏联现役主要核武器系统

类别		型号	发射装置数量	核弹头数量
战略核武器系统	洲际弹道导弹	SS—11，SS—13，SS—17，SS—18，SS—19，SS—24，SS—25	1334	7100
	潜射弹道导弹	SS—N—6，SS—N—8，SS—N—17，SS—N—18，SS—N—20，SS—N—23	914	4000
	战略轰炸机	“海盗旗”，“熊”H(AS—15巡航导弹，AS—16近程攻击导弹，核航弹)	106	1200
	反弹道导弹 地空导弹	改进的“橡皮套鞋”，“小羚羊” SA—2，SA—5，SA—10	100 6000	100 2700

类	别	型号	发射装置数量	核弹头数量
战术核武器系统	陆基导弹与火箭	“飞毛腿”B,SS－21,“蛙”－3/－5/－7	1300	2800
	陆基攻击飞机	“逆火”,“眼罩”,“獾”,“鞭击者”,“剑术师”,“装配匠”,“熊”G(AS－4,AS－6,AS－11 空地导弹,核航弹)	2360	4000
	核大炮	152 毫米,203 毫米,240 毫米	7000	2000
	海军攻击飞机	“逆火”,“眼罩”,“獾”,“剑术师”,“鞭击者”,“装配匠”(AS－4,AS－5,AS－6,AS－11 空地导弹,核航弹)	600	1200
	海射巡航导弹	SS－N－3,SS－N－9,SS－N－12,SS－N－19,SS－N－21,SS－N－22	1100	600
	反潜飞机	“五月”,“熊”F,“激素”A,“蜗牛”A(深水核炸弹)	250	300
	反潜导弹和鱼雷	SS－N－15,SS－N－16,FRAS－1,65 型和 ET－80 型核鱼雷	534 *	1000
	舰空导弹	SA－N－1,SA－N－3,SA－N－6	47 *	200
	海防导弹	SSC-1b	100	100

注:指携带导弹、鱼雷的水面舰和潜艇的数量。

表 2. 美国现役主要核武器系统

类	别	型号	发射装置数量	核弹头数量
战略核武器系统	洲际弹道导弹	“民兵”Ⅱ,“民兵”Ⅲ,MX	1000	2510
	潜射弹道导弹	“海神”,“三叉戟”Ⅰ,“三叉戟”Ⅱ	592	5075
	战略轰炸机	B－1B,B－52 G/H,FB－111A(空射巡航导弹,近程攻击导弹,核航弹)	268	4300
战术核武器系统	陆基导弹	“长矛”	100	1280
	核大炮	155 毫米,203 毫米	4700	1540
	陆基飞机	F－4 D/E,F－16 A/B/C/D,F－111 A/D/E/F/G(核航弹:B43,B57,B61)	1300	1800
	舰载飞机	A－6E,A－7E,F/A－18 A/C(核航弹:B28,B57,B61)	850	1350
	海射巡航导弹	“战斧”	325	350
	反潜飞机	P－3 B/C,S－3 A/B,SH－3 D/H(B57 深水核炸弹)	500	850

表 3. 英国现役核武器系统

类	别	型号	发射装置数量	核弹头数量
战略核武器系统	潜射弹道导弹	“北级星”A3－TK	64	90～100

类别		型号	发射装置数量	核弹头数量
战术核武器系统	陆基攻击飞机	“旋风”GR－1,“海盗”S2B(核航弹:WE－177 A/B)	148	175
	舰载飞机和反潜直升机	“海鹞”FRS－1(核航弹 WE－177C) “海王”HAS－5,“大山猫”HAS－2/3(深水核炸弹 WE－177C)	42 116	25

注:不包括在德国的12枚“长矛”导弹和120门核大炮,这两种武器使用美国的核弹头。

表4. 法国现役核武器系统

类别		型号	发射装置数量	核弹头数量
战略核武器系统	潜射弹道导弹	M－20,M－4A,M－4B	96	416
	陆基弹道导弹	S3D	18	18
	轰炸机	“幻影”IV－P(ASMP 空地核导弹)	18	18
战术核武器系统	陆基导弹	“冥王星”	44	70
	陆基飞机	“幻影”2000N,“美洲虎”A(ASMP 空地导弹,核航弹)	75	75
	舰载飞机	“超级军旗” (ASMP 空地导弹)	36	24

(王连奎)

化学战装备

综述 1991年,海湾战争持续时间虽不长,但对世界军事的影响却十分深远。一场空前的“高科技”战争,展示了当今世界各种现代化武器装备。喧嚷一时的化学战虽未打起来,但参战双方都对化学战做了充分准备,各类先进的化学战防护装备云集海湾,对世界化学军备的发展和化学裁军谈判的进程产生了新的影响。

海湾战争展示出当今先进的化学战装备 海湾战争打响前,多国部队便把核生化防护装备急速运往海湾,不仅数量大,品种多,而且性能优良。突出的有快速报警、大面积检测和单兵化学侦察器材,如小区域点源式毒剂报警器M－8A1、扫描式区域(3～5公里范围)报警的遥感式毒剂报警器XM－21和海军舰用AN/KAS－1型远程毒剂报警器。它们互相取长补短,大大提高了警戒能力。数十辆先进的德国“狐”式核生化侦察车运往海湾,在战线前沿进行大面积核生化侦察。英制CAM毒剂监测器,体积小,重量轻,操作灵便,广泛装备于多国部队,能快速检测地面、武器装备和服装是否沾染神经性毒剂和糜烂性毒剂。各类简易、多功能单兵化学侦察器材,大大增强了作战部队的机动性和灵活性。只有香烟盒大小的微型毒剂报警器ICAD,净重230克,竟可侦检五类毒剂。依靠这些不同类型的侦毒装备,多国部队具备了第一流的报警、侦毒和化验检测能力。此外,数万件轻便、透气防护服,佩戴舒适的防毒面具,能确保部队在核生化条件下的生存和作战能力。

化学军备竞赛有所抬头,军控谈判仍在继续 1990年,化学裁军谈判,虽取得了可喜进展,但海湾战争又促进了化学军备竞赛的势头。军事大国竞相往中东倾销军火,使中东成了世界上最大的武器销售市场。东西方军控谈判,主要限制武器的数量,并未限制武器质量的发展，因此，一些军事大国仍利用其高技术优势，进一步发展现代化化学武器、防护装备的生产技术。

另一方面，为防止化学武器的扩散，西方国家自1991年3月进行了频繁的活动。美国总统布什提出“防止高技术扩散”的倡议，主张建立一个国际机构，专门负责控制和监督向第三世界国家出口可用于制造核生化武器的设备。1991年5月，美、日、澳及西欧20国达成了防止化学武器扩散的“澳大利亚集团”协议，把“限制”化学原料出口改为强制性措施。1991年7月8～9日，联合国安理会5个常任理事国在巴黎开会，会后发表公报指出，5个常任理事国支持在中东地区建立无大规模杀伤武器区，限制向该地区销售武器，促使该地区各国同意在1992年缔结的新的化学战公约上签字，要求在“全球和区域范围内采取公正、合理、全面、均衡的防止扩散和军控措施”。1991年7月15～17日，西方7国(法、意、日、美、英、加、德)首脑又在伦敦开会，通过了关于常规武器转让和不扩散核生化武器的《军备控制宣言》等4个文件，主张限制第三世界国家发展其军事潜力，限制向中东地区扩散各种大规模杀伤武器。

销毁化学武器的进度缓慢 1990年6月美苏首脑在华盛顿签定“销毁和不生产化学武器及促进多边禁止化学武器公约的措施”的协议后，美国总统布什于1991年5月13日又发表声明，声称美国在禁止化学武器条约生效之日，将不以任何理由对任何国家使用化学武器，并将在条约生效后10年内无条件地销毁它储存的所有化学武器。布什的这一声明，放弃了过去在化学裁军谈判中一贯坚持的“在所有拥有化学武器的国家加入禁止化学武器公约之前，美国将保留其全部化学武器的2%不予销毁”的立场，表明美国想以自己的让步来促使早日缔结全面禁止化学武器公约，以缓和世界各国对美国坚持化学威慑的舆论压力。

根据1990年6月美苏首脑华盛顿协议规定，1992年前两国开始销毁各自储存的约8万吨芥子气和神经性毒剂。美国已于1990年6月完成了BZ毒剂的销毁工作；1991年7月开始在太平洋约翰斯顿岛首座销毁工厂销毁1万枚火箭弹和2.5万多英磅化学毒剂。该厂主要销毁来自冲绳岛的30万枚化学炮弹和来自德国的约10万枚火箭弹及其他弹药，但这些销毁量还不足美国库存化学弹药的7%。美国近几年还将在本土建立8个销毁系统，用以销毁存放在美国8个州的化学弹药，约42%的化学武器将在图埃勒仓库销毁。目前，美国正在拟定到1998年的销毁计划。苏联在1989年初的巴黎国际禁止化学武器会议上保证在1989年底前开始销毁它的化学武器，但由于仅有的一座位于伏尔加河畔的恰帕耶夫斯克销毁工厂，因环境污染问题受到当地民众的强烈反对，至今迟迟未销毁，正谋求美国的帮助。

毒剂与化学武器 化学武器具有实战和威慑双重作用。两伊战争充分显示了化学武器的实战作用，而海湾战争则显示了化学武器的威慑作用。

伊拉克的化学武器 伊拉克拥有各类化学毒剂。1984年3月联合国调查小组证实伊拉克在两伊战争中使用了神经性毒剂塔崩(GA)和糜烂性毒剂芥子气(H)，美国政府官员在证词中提供了伊拉克生产神经性毒剂沙林(GB)的证据，并推断还拥有VX和GF，甚至还有梭曼，详见下表。

表1. 伊拉克拥有的化学毒剂

毒剂名称	类型	效应	作用时间
塔崩(GA)	神经性	致死	半持久性
沙林(GB)	神经性	致死	非持久性
硫芥子气(H或HD)	糜烂性	失能	持久性
梭曼(GD)	神经性	致死	半持久性
GF	神经性	致死	半持久性
VX	神经性	致死	持久性
氮芥气(HN)	糜烂性	失能	持久性
路易氏气(L)	糜烂性	失能	持久性
光气肟(CX)	糜烂性	失能	持久性
氢氰酸(AC)	血液性	致死	非持久性
氯化氰(CK)	血液性	致死	非持久性
光气(CG)	窒息性	致死	非持久性
CS	控暴剂	失能	非持久性

此外，据美国中央情报局透露，伊拉克尚拥有生物武器，其能力足以威胁整个中东地区。1991年7月联合国调查小组巡视了伊拉克萨勒曼帕克的细菌实验室，发现了从国外进口的炭疽杆菌和肉毒杆菌毒素的样品。伊拉克官员承认，生物武器的研制始于1986年，但目前未进行生物战剂和生物武器的生产。

伊拉克的化学弹药 1991年4月初，伊拉克外长给联合国安理会写信承认，伊拉克拥有500公斤级芥子气炸弹140枚，150公斤级芥子气炸弹900枚，155毫米芥子气炮弹105枚，二元沙林炸弹336枚，“侯赛因”导弹化学弹头30个，DB—2化学炸弹200枚。1991年7月，联合国特别委员会主席埃克乌斯称，联合国调查小组发现伊拉克拥有4.6万件化学武器，此数相当于伊拉克早先承认的4倍，包括化学炮弹、榴霰弹筒、枪榴弹和“飞毛腿”导弹化学弹头，并拥有毒剂3000

吨，详见表 2。

表 2. 伊拉克的化学弹药

弹药名称	投射系统	射程（公里）	装填毒剂	毒剂重量（公斤）
250 公斤级炸弹	FGA 地面攻击机	飞机航程	神经性、糜烂性	49
500 公斤级炸弹	FGA 地面攻击机	飞机航程	芥子气	—
150 公斤级炸弹	FGA 地面攻击机	飞机航程	芥子气	—
二元化学炸弹	FGA 地面攻击机	飞机航程	二元沙林	—
DB－2 化学炸弹	FGA 地面攻击机	飞机航程	—	—
90 毫米火箭弹	直升机	飞机航程	神经性、糜烂性	2－3
122 毫米火箭弹	BM－21 火箭炮	20	神经性、糜烂性	3.0
120 毫米迫击炮弹	M－43 迫击炮	5.7	神经性、糜烂性	2－3
130 毫米炮弹	M－46/T－59 加农炮	27	神经性、糜烂性	1.5
155 毫米炮弹	G－5，GHN－45，M－14，M－109A1/A2 火炮	15－39	神经性、糜烂性	2.7－4.5
“蛙”－7 化学弹头	吉尔－138 机动发射装置	70	可能神经性	215
“飞毛腿”－B 化学弹头	罗斯－543 机动发射装置	300	可能神经性	550
“侯赛因”导弹化学弹头	AL－Walood 机动发射装置	600	可能神经性	65
“阿巴斯”导弹化学弹头	AL－Walood 机动发射装置	800	可能神经性	550

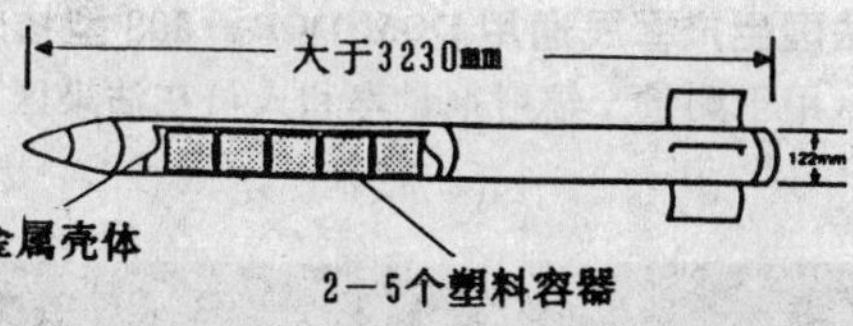

图 1 伊拉克 122 毫米化学火箭弹

化学侦察器材 1991 年，化学侦察器材又有新装备问世，其中尤以核生化侦察车进展最迅速。德国“狐”式核生化侦察车以其优良性能被多国部队用于海湾战场，致使尚没有核生化侦察车的美国也声称要以“狐”式车为蓝本来发展自己的同类车辆。

苏联 RKhB 核生化侦察车曝光 该车是在 BRDM－2 车的基础上改装而成的水陆两用车。车上装有探测空气染毒的 GSA－12 毒剂报警器、鉴定毒剂类型的 VPKhR 侦毒器、测量核辐射的 DP5V 剂量仪和 DP－3B X 射线仪、染毒警告旗撒布器、DK－4K 车辆消毒包、通讯装备（1 台对讲机和 1 台 R－123M 战术无线电台）、6 枚 RDG－2 型发烟手榴弹和 1 台惯性导航仪。乘员包括车长、1 名化学侦察员和 1 名驾驶员兼机械操作员。该车可用于野外快速大面积化学和核辐射侦察，标志染毒地域，土壤取样和环境监测。它能探测毒剂与核辐射对地面、水和食品的污染、辐射级和染毒程度以及毒剂类型。主要性能参数：车型为 4×4 轮式水陆两用车；车重 7090 公斤；外径 6.1×2.35×2.02 米；满载最大行速 100 公里/1 小时，水上最大行速 10 公里/小时；燃油容量 290 升；最大行程 750 公里；爬坡 31 度；竖直越障 0.4 米；跨越沟壕 1.25 米。

德国“狐”式核生化侦察车开赴海湾 德国给美军生产的 48 辆“狐”式核生化侦察车全部运往海湾战场。该车是在原西德“狐”1 型装甲输送车的基础上改装而成的。6×6 轮式车辆，车上装有 ASG－1 核辐射探测仪、MM－1 毒剂侦检机动质谱仪、污染取样装置、核生化污染标志器、M－43A1 毒剂报警器和 FOA－25 车用定位仪，可在野外进行快速大面积核生化污染侦察。其主要性能参数：车辆空重 15.3 吨；满载重 17 吨；外径尺寸 7.3×2.98×2.43 米；最大时速为 105 公里；最大行程 800 公里；燃油容量 390 升；回转半径 8.8 米；跨越沟壕 1.08 米；对毒剂的灵敏度同 MM－1 质谱仪；对 γ 辐射的灵敏度 20 毫拉德/时～1000 拉德/时；对 α－辐射的灵敏度 83 千电子伏～2 兆电子伏。

英国 GID－2 型固定式毒剂报警器 采用离子迁移率谱原理，可报警神经性毒剂和糜烂性毒剂。仪器外形似手提箱，内装一种自闪装置，高浓度毒剂蒸气能使这种自闪装置激活，使仪器连续工作，指示毒剂浓度的变化。在发出声光报警信号的同时，仪器显示屏还能通过 1～8 个方块显示毒剂的浓度、种类和故障情况。该报警器可安装在机场周围、飞机掩体和人防工事内，也可安装在车辆、舰艇、建筑物、野战司令部、医院和其他设施中，负责毒剂的报警。它既可作为单一报警器使用，也可通过1台中央控制装置（计算机），协调和控制由多台仪器构成的报警器网，负责预测某一地域的沾染程度和何时解除警报。

丹麦生产出1306型毒剂监测仪 该监测仪采用光声光谱法原理，能长期连续监测空气中的神经性毒剂和芥子气，既可作为固定的点源探测器使用，也可把若干台监测器布设成网状形式使用，用带有RS485接口转换器的中心个人计算机加以控制。1台计算机可以控制254台监测器，监测器和计算机之间的距离可达1.2公里，彼此以双股通讯电缆连接。监测器和报警系统是完全自动化的。在正常条件下，每台监测器每隔10分钟采集一次空气样品进行分析鉴定。战时，用1306型监测器构成监测网，可对大型设施或要塞地区进行长期不间断的化学监测。它对神经性毒剂的灵敏度为0.1毫克/米^3，对芥子气为1毫克/米^3。每台仪器重5.5公斤，外形尺寸为400×200×102毫米，正常工作的温度范围为−20°～＋50℃，使用12伏直流电作能源。

匈牙利研制成GVJ－2毒剂传感器 它是一种便携式手提仪器，重约1.8公斤（包括4节Nicd电池），最大外径40厘米。它利用离子迁移率谱技术通过分析微机控制下的电离室中的空气，能自动监测出空气中的神经性、糜烂性毒剂和多种工业有毒废气。GVJ－2只有两个操作按钮，即开关按钮和操作模式选择按钮。后一按钮有两种操作模式。一是单一测量式，即只有一个空气样品被抽入仪器，经分析后显示出结果；二是周期性测量式，即在预定时间间隔内，仪器重复相同的作业程序。分析结果通过8个方块显示在液精显示屏上。显示的方块越多，表明空气中的毒剂浓度越大。仪器对沙林、梭曼和VX的灵敏度为1×10^{-5}毫克/升，对芥子气为1×10^{-3}毫克/升。连续工作时间至少为6小时，可正常使用10小时。正常工作的温度范围为−25°～＋55℃，相对湿度95%以下。

核监测器材 1991年世界核格局发生了巨大变化。美苏在签署"削减战略武器条约"以后，又提出了进一步核裁军的新建议。这种形势对核监测防护产生了相应的影响，导致了新器材门类的产生。

核监测核查装置 到1991年6月1日，美苏中程和中短程核导弹已按中导条约的规定全部卸除和销毁。但为监督"中导条约"的彻底落实，预计核监测核查工作还要持续13年之久。为此，美苏两国都在加强这一领域的研制工作。

苏联研制核监测核查系统 该系统包括1架载有中子辐射探测器和信息处理设备的直升机以及其他相关的机载仪器，可用于探测钚^{240}自发裂变时发射的中子（钚^{240}是武器级钚中所含的一种组分）。借助这种探测系统，可探测到100～150米远的核弹头所产生的中子通量。

美国研制核监测核查装置 美国除发展卫星核爆炸监测系统和实用型地震核查系统外，近年来还研制了：①锗辐射探测器，可直接用于对苏联SS－20中程导弹的核查监督；②辐射扫描成像装置，可用于监督核武器装配厂，以核查出厂的产品。因苏联SS－20中导总装厂现已改为SS－25远程导弹总装厂，而两种导弹的发射装置彼此类似，故美国设计了此种辐射扫描成像装置，用以核实出厂导弹的类型；③红外成像装置，可借助红外探测技术，核查出厂产品的形象轮廓。

核辐射监测器材 近年来，核辐射监测器材继续向军民结合、小型化、通用化和多功能化方向发展。随着国际形势的缓和，各国更加注重军民通用型核辐射监测器材的研制。除德国KSMG1/1、芬兰DGM－1000、意大利EC－2000、美国监测4和监测5等多种监测器材外，90年代初，法国、芬兰等国也发展了新型通用核辐射监测器材。

法国生产军民通用DOM DOR－309型核辐射监测仪 用于测量γ辐射剂量率和人员在沾染区所受到

图2 法国DOM DOR－309型核辐射监测仪

的积累辐照剂量。当照射强度超过预定报警阈值时，监测仪便发出声光报警信号，并将剂量、率值和报警信号向远距离传输。

监测仪为自主式，测量时不必使用外接探头，若采用外接探头，便可实施区域性测量。该监测仪设有轻便的多节测量棒，用于测量地区、车辆和各种设备的受染情况。测量棒上设有旋转装置，可用于监测半径为1.7米的受染地区。监测仪的尺寸为91×171×45毫米，重580克；采用的外接探棒直径为58毫米，长280毫米，重480克。用4节1.5伏BA58型干电池供电，可保证仪器连续工作100小时。通常装放在1个防震、防水的盒子里，设有挂钩，可挂在车辆上。（见图2）

芬兰AAM－90型核辐射监测系统投产 它是一种γ和X射线区域监测系统，可用于环境监测站、科研机构、核电站、医院及其他可能遭受核辐射危害的场所，现已投产使用。该系统包括个人计算机、探测器、附属设备和地区显示装置，以及用于中心计算机获取和收集数据的应用软件。采用RD－02型辐射探测器，其探头为两个G－M计数管，其工作量程可从本底直至事故级辐射强度。可用电池组或市内电源供电，探测器可长时间连续工作，并可连续自检和指示误差。即使1个G－M计数管发生故障，测量工作仍可继续进行。

AAM－90型监测系统可以单个或多个与区域监测中心直接连接使用。与之连用的RDS－120型探测器（见图3）为便携式，连同电池共重650克，可用以探测γ和X射线，连接外接探头还可探测β射线，尺寸大小仅88×196×42毫米。

图3 芬兰RDS－120型探测器

化学防护器材 海湾战争后，各国加强了防护器材的研制与装备。美国增拨了7000万美元的研制和采购费，重点是研制和采购海空军的防护器材及装甲战斗车辆的移动式集体防护器材。

防毒面具 **美国空军新型防毒面具列装** 美国给进驻海湾的空军驾驶员装备了新型整体式头罩防毒面具。这种防毒面具由美国波音公司于1987年研制成功，海湾战争中投产约5300具，其性能优于MBU－13P面具。它由内部通话设备、C－2型滤毒罐、饮水装置、氧气面罩和滤毒鼓风装置组成。其鼓风装置与飞机上的电源系统相连接，可给飞行员持续提供冷却净化空气。

伊拉克军队装备双眼塑料镜片面具 这种面具有饮水装置，采用CF－4型滤毒罐，用头带固定。连滤毒罐重1.024千克，储存期3年，可防芥子气气溶胶至少6小时。

法国空军防毒面具投产 该面具主要由头盔和滤毒鼓风装置组成。头盔外壳用轻质复合材料制成，配有一副防核闪光和激光的护目镜；其外部有防毒面罩，接合部用橡胶垫密封。头盔上有两条导气管，一条用于提供清洁空气，在头盔的一侧；另一条在头盔的下方，用于提供人员所需的氧气。头盔还配有供氧面罩、耳机、送话器、防护披肩、防雾导流管和微压调节孔等。滤毒鼓风装置由两个滤毒鼓风单元组成，用两条导气管与之相连，上机后，放置在固定挂架上，通过一个连接器，与机上供氧系统相连。

意大利SGE－1000型防毒面具即将投产 该面具用硬透明聚碳酯制成，面罩表面涂有一层硅橡胶树脂，使之具有耐划伤、抗化学战剂、抗强冲击力和防导弹碎片性能。面罩光学性能好，佩戴后能操作光学器材和使用武器瞄准具，并有过滤紫外线和红外线的防护罩，使面部免受强光和核爆炸光辐射伤害。面具密合框用非常柔软的溴化丁基胶制作，波纹状结构，具有最佳的舒适性和气密性。面具两侧装有北约通用的标准滤毒罐。通话器是一个开环薄膜，也可作呼气活门用。饮水装置位于通话器与呼气活门中间。口鼻罩用医用硅橡胶制作，粘在面罩上，以保证吸气时的极度安全。面罩两侧装有两个吸气活门，下面的一个与排液阀相连。防毒头罩用防毒织物制作，有一双层搭接领圈，固定在肩部。预滤器位于滤毒罐和面具中间，便于安全更换滤毒罐。该面具主要优点是重量轻，视野宽，便于用肉眼观察。

防护服 **美国空军装备CWU－66P防毒飞行服** 此种新型防毒服系两截式，由内外两层材料组成。

外层是阻燃的诺梅克斯织物，内层是浸有球状活性炭的棉织物，洗涤12次后，仍保留其防毒性能，在海湾战争中装备了5万套。

（葛缘飒）

美海军陆战队采购新式防化服 据美国《海军时报》1990年10月22日报道，美国海军陆战队最近用2500万美元采购了上千套新式防化服。这种防化服是美、德两国共同开发的，称为"萨拉托加"防化服，其重量约比海军陆战队员现装备的防化服轻1.5磅。美国陆军已决定1991年全部换装"萨拉托加"防化服。经美国国防部试验后证实，这种防化服在世界上是一流的，其特点是：将活性炭加工成很小的球状，以最小面积接触衬里，最大限度地扩大污染物吸附面积；经几十次洗涤仍不降低性能；污染物被吸附在衬里后不能再往里渗透；重量很轻，易排汗，在热带、沙漠、北极均可以穿用。

英军新式化学战防护服列装 该服由英国帕顿道尔化学防护研究所研究设计，在海湾战争中投入使用。它包括防护罩衫、裤子和一顶密封、固定的弹性头罩。防护服的抗损性优于战斗服，一次充填过滤材料，其有效防护时间为24小时。过滤材料存放在罐内，防护服更换一次过滤材料只需10分钟。防护服外层用阻燃尼龙和丙烯酸纤维制成，内层充填活性炭和阻燃的化学物质，能在短时间洗消干净。头罩由可使毒剂中性化的活性炭过滤层及铬或铜制成。防护服上装有一支笔状皮下注射器，内有阿托品、奥赛明等药品。必要时，士兵在大腿上自行注射，可防止侵入人体的神经性毒剂的危害。

意大利单兵核生化防护包投产 据英国《简氏防务周刊》1991年4月6日报道，意大利SEBA公司正在为其武装部队批量生产一种MK－1/－90单兵核生化防护包。它不仅能用于核生化防护，而且还可用于缓解各种常见病的痛苦。

标准的核生化防护包内含有：可防止神经性毒剂的颠茄碱硫酸盐自动注射器；治疗食物中毒的活性炭；预防神经性毒剂的溴化物；减痛药片；防护耳塞；防震药；治疗烧伤、水泡和严重皮肤刺激的消炎敷料；消毒粉；洗眼液和液体毒剂侦毒纸。该防护包可由士兵随身携带。

（董新成）

法国热带用三防战斗服列装 全套服装包括上衣、裤子、袜子、靴套和手套，重1.84克，由内外两层材料组成。外层是经特殊处理的棉料和聚酯类混纺织物（190克/米^2），能防毒剂液滴；内层是浸有活性炭的合成泡沫塑料（厚1毫米），能防毒剂蒸气。该防护服防毒时间24小时，储存寿命10年。海湾战争中投入使用。

匈牙利M－89A1透气防护服投产 该防护服为两截式，由内外两层材料组成。内层是浸有活性炭的棉织物，外层是经防水处理的聚酯织物。可防毒剂气溶胶达6小时，防毒剂蒸气24小时。重1.7公斤。在气温低于25℃时，能穿着几天。在严重污染区再穿一件特制的外套（重0.7公斤），可使防毒时间延长到30小时。

集体防护器材 **美国空军继续使用移动式三防掩蔽部** 该掩蔽部为组装式硬壁结构，设有1个生命保障系统，可在化学战条件下作为指挥所使用，供168人居住4天。内设卫生间、食品间、燃料间、贮水和休息间，有1个防常规弹药碎片的防爆门和3个600立方英尺/分的滤毒通风装置。采用蒸气发动机和发电机作电源。该系统自1985年装备美国空军以来至今仍在使用。

荷兰滤毒通风装置投产 该装置装配在移动式掩蔽部内，与空调和加热设备一起使用，也可安装在装甲车、海军舰艇和永备工事中使用。它有1个旋风式预滤器和可更换的毒气微粒过滤吸收器。风量为90立方米/小时，使用双变速风机，24伏直流电，重约70公斤，尺寸为652×441×620毫米，过滤效率99.997%。

洗消器材 **德国生产两种新型车载洗消装置**

该装置安装在5吨卡车上，用于器材和地域洗消。主要设备有：MPDS－3200多用途洗消系统，带1至2个喷杆，用于高压预洗，以及用高压热水和蒸汽进行后处理，或用热泡沫处理辐射沾染；各种洗消乳化剂的直接使用系统（DADS），可用于洗消处理；2000升水箱，消毒剂，4盘软管，发动机及附件等。另一种洗消装置也安装在5吨卡车上，主要用于人员及单兵装备的洗消。主要构件有：2台多用途洗消系统，1台用于野外淋浴，另1台用于防护服和单兵装备的洗消；2个淋浴帐篷及Karcher淋浴装置；2000升水箱；洗消剂等。该装置用热空气发动机加热帐篷，用真空清洁器消除辐射沾染。5个可折叠的容器，用于对单兵装备进行蒸汽处理。这两种洗消装置正在生产，并用于装备奥地利武装部队。

法国CCSD－921车载洗消装置投产 该装置可用于野战核生化即时洗消，还可用于工业事故救援、地面消毒和灭火等。车上配置有辐射、化学侦检器材、乘员防护服及沾染地域标志牌。车高2.6米，车长6.91米，车重11800公斤，最大时速90公里，乘员3人。

（葛缘飒、张国昌、丁前星、常学强、陈让林、黎　云）

指挥控制通信情报系统

综述 1990～1991年，尽管世界五大国都相继裁减军备，压缩军费，但指挥控制通信情报系统(C^3I)仍得到了明显发展。C^3I系统发展的总趋势仍然是实现综合化、分布化、智能化和计算机模拟化，等等。发展的重点是作为C^3I系统基础的通信系统，尤其是低轨道小型卫星通信系统。同时，光子学技术已成为许多国家竞相发展的一个热点。在海湾战争中，以美国为首的多国部队的C^3I系统经受了全面检验，发挥了巨大作用，促进了各国对C^3I系统的关注与兴趣。

美国增加C^3I系统的经费预算 1990～1991年，美国为了扭转历年来的高额预算赤字，大幅度削减了国防经费，然而却连续增加了C^3I系统的研制、采购经费。在通信电子设备的采购方面，1992财年将从上一财年的42.2亿美元增加到58.9亿美元，增长了39%。在通信电子设备的研究、发展、试验和鉴定方面，1992财年将从上一财年的346亿美元增加到399亿美元，增长了15%。C^3I系统的发展经费在军费总预算中所占的比例也在增长。1991财年军费总预算为2730亿美元，而通信电子设备的研究、发展和采购经费为388.4亿美元，占15%；1992财年的军费总预算为2783亿美元，通信电子设备经费为458.9亿美元，上升到16.5%。

表1. 1991～1992财年通信电子设备经费预算对比

军种和设备	1992财年预算(单位:百万美元)	与1991财年比较
陆军:通信和电子设备	1594.6	上升43.7%
海军:通信和电子设备	2443.6	上升37.9%
陆战队:通信和电子设备	229.7	上升18.2%
空军:电子和电信设备	1629.7	上升39.0%

在海湾战争中C^3I系统发挥巨大作用 在海湾战争期间，以美国为首的多国部队广泛利用其战略和战术C^3I系统，有效地支援了战争，显示出C^3I系统在现代战争中的巨大作用。

在侦察预警系统方面，美国使用了照像侦察卫星、雷达成像侦察卫星、电子侦察卫星、海洋监视卫星、导弹预警卫星、国防气象卫星以及"导航星"定位系统等7类、11种、45颗轨道航天飞行器，为作战部队提供了情报、预警、气象、导航定位、判定作战效果以及作战损失方面的数据情报，最大限度地发挥了兵力、兵器和电子设备的效能。其中，国防支援计划卫星(DSP)可对全球保持不间断的监视，能在导弹发射后1.5～2分钟内探测其推进器排出的热羽烟。对陆基洲际导弹能提供25分钟左右的预警时间。"锁眼"KH－12侦察卫星具有机动变轨、实时信息传输和星上图像预处理功能，能在夜间辨别地面目标，分辨率为15～30厘米。据美国国防部宣称，在海湾战争中，美军最高当局决策所需要的情报，70%都来源于卫星侦察。

在通信保障方面，以美国为首的多国部队使用了卫星通信、高频通信、跳频通信、地域战术通信等多种先进的通信手段，建立了大容量的综合通信体系。

由于地理条件的限制，卫星通信成了多国部队与美国本土总指挥部和盟国指挥当局的主要战略通信手段。在海湾战争期间，多国部队共动用了14颗通信卫星，其中有美国的国防通信卫星6颗，舰队通信卫星3颗，"辛康"IV通信卫星4颗和英国"天网"IV通信卫星1颗。这些通信卫星构成了全球通信网，保证了巨量信息的传递。据美国国防部发言人声称，由美国国防通信局负责处理的从海湾到美国的通信业务中，有90%是经卫星传递的。

卫星通信一般工作在特高频和超高频频段，具有工作频带宽、覆盖空域广、不受地理环境限制、通信速度快、容量大、传输稳定和可靠等特点，可把战局变化及时准确地传送到有关指挥部门，并可同时承担战略、战区和战术通信任务。它能保障空中、海上和地面部队相互之间的通信联络，也能保障部队在运动中进行通信。

光子学技术已成为C^3I发展的新热点 光子学技术是利用光子进行信息重现、变换和传输的技术。它涉及的领域主要有：激光器件、纤维光学、光信号处理、集成光学。光子学技术在国防应用中占有重要地位，受到许多国家的重视。军用光子学技术是通过获取更快、更小、更可靠的光电系统，以提高战术和战略 C^3I 效能的一项高新技术。

在这项新技术的研究中，美国始终居于世界领先地位。1987～1991 财年美国国防部用于光子学技术的经费达 7.10 亿美元，1992～1997 财年的年预算在 1.8 亿美元左右。光子学技术在 1991 财年内已列为美国国防部关键技术计划项目之一。国防部有关光子学技术发展的重点项目有：激光器件技术、纤维光学技术、光信号/数据处理技术、集成光学技术。

在光子学技术研究方面，日本也和美国一样处于领先地位。日本已制造出相当数量的超低损耗光纤和有效使用光纤所需的辅助光子学器件。英、法、德、瑞典、瑞士、荷兰、以色列以及新加坡、南朝鲜也都投入相当强的研究力量，竞相开展光子学技术的研究并取得了一定的进展。

低轨道小型通信卫星出现新的发展势头　小型卫星研制周期短、价格低廉、易于发射，对满足突发事件或战时的通信需要具有独特作用，因此受到各国重视，并呈现出新的发展势头。

1990 年 5 月美国已将 2 颗各重 62 公斤的存储—转发型多址通信卫星发射入轨。1991 年还将发射 7 颗各重 22.7 公斤的小型星，供话音和数据通信。美国海军也计划发展一种供北纬 70 度以北地区舰艇通信的“北极卫星”通信系统。陆军则拟研制小型极高频通信卫星，供突发事件或战争期间应急发射，并由战场指挥员直接控制。

苏联自 1987 年以来已发展了第 2 代低轨道小型通信卫星，并已发射了 60 颗，经常保持 24 颗在轨工作。

英国国防部也拟用数百颗垒球大小、重量小到 1 公斤的微型卫星组成战术通信网。预计每颗星仅 1.7 万美元，整个系统也仅 1700 万美元，比现用的“天网”军用通信卫星便宜得多。据有关专家预测，在今后 10 多年内，低轨道小型卫星的增长趋势仍将持续下去。

战略 C^3I 系统

苏联战略 C^3I 系统　1990～1991 年间，苏联战略 C^3I 系统的发展主要表现在以下几个方面：普遍改组军事指挥机构；逐步换装雷达、通信和情报搜集设备；建立加固的地下指挥所。

发展地面移动指挥所，改进自动化指挥系统的保密设备　苏联国家指挥当局的指挥网主要由地下指挥所、机载指挥所、舰载指挥所和车载指挥所组成。地下指挥所主要配置在莫斯科周围半径约为 130 公里以内地区，一般建在地下数百米的深处并有核防护设施，在一些主要城市还建有备用指挥所。机载指挥所是用伊尔－18 型运输机改装的伊尔－22 型空中指挥机。舰载指挥所是用两艘“斯维尔德洛夫”级巡洋舰改装的指挥舰。1990～1991 年间苏联在指挥中心建设的重点相对集中在发展各种地面移动车载指挥所上，同时注重研究和改进自动化指挥系统的加密设备和控制设施。

扩大探测预警系统雷达网的覆盖范围　苏联探测预警系统主要由预警卫星、地面雷达、预警飞机和侦察卫星组成。预警卫星和地面雷达中的大型相控阵雷达用来对导弹预警，超视距后向散射雷达和预警飞机用来对战略轰炸机预警，侦察卫星用来收集战略和战术情报。苏联 1990～1991 年期间在探测预警系统方面主要是扩大其大型相控阵雷达网的覆盖范围及继续改进和更新其防空雷达系统。

新一代战略通信设备开始列装　苏联主要是依靠卫星进行战略通信，其中主要依靠“彩虹”、“宇宙”、“萤火屏”、“闪电”和“激流”等卫星进行战略通信。到 1989 年止，苏联约有 130 颗卫星在轨道上运行，其中一半用于指挥、控制和通信。苏联的各军兵种装备了几个系列的固定和移动卫星通信终端。据现有资料看，苏军已着手装备新一代的战略通信设备，其中包括民用/军用保密和非保密电话系统、电缆通信网以及极低频、低频/甚低频、高频、对流层散射、甚高频、特高频或微波等各种无线电通信系统。

美国战略 C^3I 系统　1990～1991 年间，美国战略 C^3I 系统发展的重点是战略通信系统，尤其是卫星通信系统；海湾战争中，战略 C^3I 系统经受了实战检验，战后根据暴露的问题继续改进和完善。

“导航星”全球定位系统用于海湾战争，战后增加拨款　“导航星”全球定位系统是美军最先进的全球导航与定位系统，空间部分由 15 颗卫星组成，另有 3 颗星在轨道上备份，轨道高 20187 公里，6 个等距离分开的圆形轨道上各部署 3 颗星，其性能见表 2。

表 2.　“导航星”全球定位系统技术性能

二维定位	24 小时(昼夜)
三维定位	19 小时
定位精度	10～15 米
测速精度	0.1 米/秒
定时精度	100 毫微秒

“导航星”全球定位系统的控制部分包括 5 个固定地面站，它们设在阿森松岛(大西洋)、迪戈加西亚岛(印度洋)、关岛、夏威夷和夸贾林岛(太平洋)。总控制

站设在美国科罗拉多州的科罗拉多斯普林斯。

在海湾作战中,美军使用的全球定位系统接收机有单通道、双通道及五通道多种类型。几乎每辆坦克、每架飞机、每艘舰艇、各级指挥部和陆军小分队都装备了全球定位系统接收机。美陆军主要使用了两种便携式接受机:一种是 PLGR,它采用精确编码技术,横向定位精度为 5~10 米,可迅速、准确地调动和协同集群火力,是海湾作战取胜的关键性设备;另一种是 SLGR 接收机,其定位精度为 25 米,可使机动部队在广阔的沙漠地域内进行协调一致的行动。此种接收机也用在直升机和固定机翼的飞机上。美军在海湾战争初期为部队配备了上万部全球定位系统接收机,随后又紧急增配了 3170 部便携式接收机,其中少数是定位精度高的 PLGR 接收机,大多数系定位精度较低一些的 SLGR。

美国陆军在 1992 财年对全球定位系统接收机的预算申请为 2370 万美元。由于受"沙漠风暴"作战经验的启示,美国国会已将预算经费增加到 5770 万美元。从已签订的合同看,到 90 年代中期,仅美国空军购买的全球定位系统接收机,就将达 10 万套。

国防部全球卫星覆盖计划进展顺利 据美国《卫星通信》杂志 1990 年 6 月号报道,根据国防部全球卫星覆盖计划,"飞马座"航天运载火箭在 1990 年夏季第 2 次飞行时成功地发射了由 7 颗卫星组成的纵向阵列星群。这个星群使得美军可以在部队之间直接进行超视距话音和数字通信。美国国防部计划用 3 个星群覆盖全球,卫星与卫星之间能传输战术通信信息,并通过下行线路指挥部队。

战略空军司令部和洲际弹道导弹基地之间兴建新的指挥线路 据英国《简氏防务周刊》1989 年 11 月 25 日报道,马萨诸塞州汉森科姆空军基地的美国空军电子系统处正在研制用来连接国家指挥当局和战略空军司令部轰炸机基地及洲际弹道导弹发射中心的最低限度应急通信网的双频接收机。根据合同,美国国防部要为 8 个研制系统和 199 个附加单元投资 1.29 亿美元。其中的甚低频/低频固定无线电设备将安装在洲际弹道导弹发射控制中心,而重量不到 400 公斤的便携式甚低频/低频无线电设备则安装在机载指挥中心。

为了改进洲际弹道导弹发射控制中心与发射井之间的通信,美国 GTE 系统公司已按 5000 万美元的合同,于 1990 年 2 月份前把 254 套中频无线电设备交付美国空军后勤司令部。

地波紧急通信网(GWEN)投入使用 据美国《航空周刊和空间技术》1990 年 7 月报道,美国空军正在进行最后 40 个中继节点的选址工作,可望在 1991 年 4 月使之初具工作能力并投入使用。该系统的总耗资预计达 4.28 亿美元。

美国地波紧急通信网是一个把国家指挥当局、战略空军司令部、北美防空防天司令部和战略轰炸机、陆基洲际导弹部队连接在一起的抗毁地面战略通信网。其设计要求是,在美国受到核攻击期间和攻击之后,保证国家指挥当局下达核报复命令的战略指挥。

地波紧急通信网工作在低频频段(150~175 千赫),其主要功能设施包括 96 个低频无线中继节点、30 个接收终端、8 个输入/输出站和 13 个机载输入/输出终端。中继节点的天线辐射功率为 2~3 千瓦。网内的低频信号可覆盖全国。每个中继地点有 3 个掩蔽所用来安放辅助发电机、收/发信机和天线调谐装置,可使之免受电磁脉冲辐射的危害,配套的其他电子设备也都进行了加固。

全球联合情报通信系统(JWICS)经过试用 据英《简氏防务周刊》1991 年 6 月号报道,美国国防情报局正在发展一个全球联合情报通信系统,以增强收集情报的能力。该系统采用辐射式结构,即以国防情报局为轴心向各节点提供信息。它沿用了数据点 Minx 台式终端和数据点软件等现代技术,传输信息用 T_1 质量的电话线路,最高速率为每秒 1.544 兆字节。发送端和接收端均采用加密装置。

全球联合情报通信系统曾在"沙漠风暴"作战中得到试用。美国国防情报局计划在今后 3~4 年内用该系统把美国各重要情报机构、军事情报司令部和联合/特种司令部连为一体。

美国国防数据网投入使用 美国国防数据网(DNN)是美国国防通信系统的重要组成部分,于 1982 年由美国国防部批准建设。到 1990 年底为止,已建起 500 多个交换节点,连接各种计算机 14400 台,其中 6400 台能同时工作。在网络内部,各节点之间利用现有信道以 64 千比特/秒~1.544 兆比特/秒的速率互通,并设有迂回路由,全网时延小于 1 秒。该网络遍布美国本土和全球各美国军事基地,配有便于部队机动的可移动交换设备,能向各军种的计算机提供 56 千比特/秒和向数据终端提供 9600 比特/秒的数据信道,可支持多种数据业务,网络内采用多级保密技术。

在海湾作战中,国防数据网为海湾战场作战指挥、后勤供应和情报处理等领域的数千台计算机、微机和各种数据处理终端提供了高速、可靠的数据信道。它利用卫星、微波、短波和各种有线信道组成了一个统一的、通达全球各战略要地的军用数据网络,在各军种间进行图像、数据和电子邮件的传送。国防数据网对外提供符合国际标准的通信协议和网间协议,从而使美军现用的IBM和VAX系列计算机均能在网上通信。

驻海湾美军大量使用卫星通信终端 在海湾作战中，美国各军兵种部队大量使用了固定式、车载式、机载式、舰载式和背负式等各种类型的卫星通信终端(见表3)。美国陆军装备有AN/MSQ—114可运式中心，它能监视并控制50多个SHF终端。美军第24步兵师、第7军、第82空降师、第101空中突击师则装备有AN/TSC—85A卫星通信终端。而海湾战场的前线部队还配备有TCS—9200便携式卫星通信终端(见图1)。通过这种卫星终端，美国参战部队可与美国国防部直接沟通联络。

图1 美国GCS—9200便携式卫星通信终端

表3. 海湾战争中美军使用的通信卫星终端

型号	工作频率	主要技术性能	备注
AN/TSC—85A 和 AN/TSC—93A	上行：7.9～8.4GHz 下行：7.25～7.75GHz	信道间隔100Hz，天线直径2.4米，发射功率500瓦。传输方式：PCM48kb/s信道，6/12/24/48/96路，单路数字输入：16kb/s，勤务FM，接收传输方式：PCM48路kb/s信道6/12/24路，单路数字输入：16kb/s，勤务FM	1976年通过鉴定现在尚生产。主要特点：抗干扰，可陆、海、空运，开通快。4人20分钟或3人30分钟即可开通
AN/SSR—1	240～320MHz	只用于接收舰队卫星通信系统卫星通播信号的UHF终端，接收卫星转发的FM和PSK调制信号。输出16路以上FM电传报或15路PSK电传报	经抗核加固，有抗腐蚀能力，适合在舰船电磁环境中工作，现已配备几乎所有美舰只
AN/WSC—3	225～399.975MHz	波道间隔25kHz，波道7000个，工作方式：宽带和窄带调幅，调频，FSK，PSK，Link II；输出功率30/100瓦，平均无故障时间大于1.5万小时，重量67.1公斤	海军标准UHF卫星终端，服役于其他军种，并销往加拿大等17个国家
AN/ARC—171 (V)	225～399.975MHz	调幅话，调幅密话，卫星接口，调频电话，调频数据，FSK，重158公斤	积木式结构，抗核效应，具有抗干扰能力
AN/PSC—3	225～399.975MHz	信道间隔5kHz，发射功率35瓦，300/1200/2400b/s数字数据，16kb/s明话，调频电话或16kb/s密话 重量11.3公斤(含电池)	1981年推出，频率、工作方式及接收频偏均由微机控制
AN/URC—101	100～174MHz 225～400MHz	波道7000个，间隔25kHz，工作方式：调频话/调幅话，调频/调幅加密报，调频/调幅应急信标。输出功率：5/1.5瓦，20/5瓦；平均无故障时间5000小时；工作温度－20～＋55℃，重7.26公斤	1979年投产，已装备美军和北约部队
TSC—9200		发射功率100瓦，传送话音数据和用户电报，重35公斤，能在－35～＋65℃的温度下工作	1989年投入使用

型号	工作频率	主要技术性能	备注
AN/VSC－7	与 AN/PSC－3 同	与 AN/PSC－3 同	是 AN/PSC－3 的车载型，野战配置时，可控制 13 部 PSC－3 便携式终端
LST－5C	视距	是 LST－5D 的改进型，增加了通信保密模块和 5KHz 的按需分配多址通信能力。	可按需要装配成背负式、车载式或固定台站

美国综合战术数据网演示成功 据美国《通信》杂志 1990 年 9 月号报道，美国国防部于 1989 年 3 月推出一种新的综合通信网体系结构，并于 1989 年底演示成功。该体系结构定名为综合战术数据网（ITDN）。其设计思想是，采用现有设备将各军种已装备的战术 C^3I 系统与现用的和新研制的战略网连接起来，以增强各军种和关键情报机构连通战略战术梯队通信设备和保密装置的能力。

1989 年 9 月，在由陆海空三军和海军陆战队的代表组成的领导小组的主持下进行了全球战术—战略网的综合通信网体系结构演示。此次演示将多个网络连成一个紧密结合的多级保密互连网，其中包括美陆军欧洲司令部的战术指挥控制系统、空军战术保密数据通信系统、海军战术数据交换系统、陆军移动用户设备系统、海军陆战队的 GYC－7 数据交换系统、三军战术通信系统、国防卫星通信系统、舰队卫星通信系统和国防保密网 1（DSNET－1）等。在演示过程中，对军以上联合战区地域网和军以及军以下地域网进行了信息流量测定。在实际测试期间，军以上梯队网络平时每秒钟传送 6.4 份电文，移动用户设备网络平均每秒传送 1.5 份电文。

美国国防部宣称，此次利用真实系统所作的演示表明，战略网与战术网可以完美地结合为一体。美国负责 C^3I 工作的助理国防部长安德鲁斯已于 1990 年 6 月签署了综合通信网体系结构方案的论证报告，并指示国防部参谋长联席会议指挥控制通信系统处和国防通信局确定完善该体系结构的下一步工作。

美国国防通信系统延伸至波斯湾地区 美国国防通信系统是为美军提供全球通信的系统，但它在中东和南亚的覆盖范围很小，西到土耳其，东止于菲律宾群岛。美国于 1986 年制订了波斯湾地区国防通信建设计划，旨在利用 3 个大型节点和 9 个小型节点组成固定式与机动式通信设备相结合，覆盖整个波斯湾地区的指挥控制通信系统。海湾战争爆发前，该系统已全部建成。它将该地区的所有指挥控制系统联入美国国防通信系统，并为全球军事指挥控制系统提供话音、图像和数据通信入口。在海湾作战期间，美国本土的指挥中心主要是通过该系统对海湾地区的美军指挥机构实施指挥。

其他国家的战略 C^3I 系统

南朝鲜采购第 1 颗通信卫星 《宇航日刊》1991 年 12 月 3 日报道，南朝鲜政府通过英国宇航公司选择以通用电气公司为首的一个合作小组制造价值 4 亿美元的南朝鲜第 1 颗通信卫星。合同要求制造 1 颗以 Ku 波段通信中继和直播的卫星。这个合作小组还包括英国马可尼公司、南朝鲜的金星公司等。

英国国防交换网招标 据《防御电子学》杂志 1990 年 2 月报道，英国国防部已就国防交换网（DPSN）发起招标。该网是供英国陆海空三军、国防部和作战指挥中心使用的，是未来固定式国防通信系统（DFTS）的主要部分。国防交换网有 1 个现用的保密信息传输网和 1 个非保密的信息传输网。后者将由约 21 个分组交换节点组成，每个节点的最大信息吞吐量为每秒 5000 组分组信息。1990 年初已建 4 个节点，其余节点预计到 1992 年投入运行。

法国计划发展小型侦听卫星 《航天新闻》1992 年 2 月 3～9 日报道，法国政府将在 1994 年发射一颗小型卫星，以试验电子侦听技术。这项计划是法国扩展航天项目的一部分。这颗叫做 Cerise 的卫星将由法国阿尔萨斯航天公司制造，并进入地球低轨道。

Cerise 是一颗微型卫星，重约 50 公斤。它主要用来监测一定频率范围内的电磁信号。

战术 C^3I 系统

美国战术 C^3I 系统

1990～1991 年，美国增加了战术 C^3I 系统的采购与研制经费，着重发展小型化电子通信设备，加速实现了战术通信的数字化和综合化。在海湾战争中，美军动用了多种通信手段，建立了多层次、远距离、大容量的综合通信体系，为作战部队提供了有效的通信保障。

美国陆军研制远距离光缆传输系统 据美《通信》杂志报道，美国陆军通信电子司令部与 AT&T 公司签订了远距离电缆系统研制合同。根据合同 AT&T 公司在 1992 年以前将向陆军提供 5600 套战术光缆装置。

美国陆军、空军和海军陆战队已达成协议，把AT&T公司研制的双纤战术光缆装置确定为标准装置，陆军将用这种战术光缆装置取代目前用于连接野战通信方舱的铜芯电缆。光缆的标准长度只有两种，分别为300米和1000米。它采用双锥形连接器，能承受高压、高张力负荷并能防尘、防水和防辐射。

美国陆军装备移动用户设备系统　移动用户设备系统（MSE）是美国与法国共同研制和生产的野战通信网，总投资约达42亿美元，其中2/3的设备由美国生产。该系统是美国陆军军/师级的主要通信系统，它把交换、无线电干线、通信加密和系统控制功能合为一体，可为战场上的数字无线电用户、交换系统用户、信息处理设施和战斗网无线电用户提供话音、数据、电传和传真通信业务。

MSE是一个以战术移动无线电话为主的系统，可提高指挥部与单个用户的机动性，具有泛搜索路由的战术地域覆盖，无需特殊接口即可提供互通能力，可与美国陆军和北约现有战术及战略通信网互通。

MSE是在150×250公里的作战地域内，配置42个干线节点来满足1个五师制军的需求而在空地一体战场上展开的地域通信网。1个MSE系统可为8100个用户服务，其中固定用户6200个，移动用户1900个。

MSE系统的设备都装在一种新型的高机动多用途轮式车的车厢内，车厢型号为S—250，重量轻，结构紧凑，仅重1.75吨，体现了美军在机动、快速方面的要求。

该系统从1988年开始投入野战试验，并陆续装备部队，到1991年已装备美国陆军30%的部队。

单信道地面和机载无线电系统用于海湾战场　单信道地面与机载无线电系统（SINCGARS—V）主要装备于师以下野战部队，是步兵旅的主要指挥控制手段。它是80年代初投产的美军最新型的甚高频跳频战术电台系列，由AN/ARC—201、AN/VRC—87、—88、—89、—90、—91、—92车载式电台和AN/PRC—119背负式电台组成。

SINCGARS—V频段宽、波道多；具有抗电子干扰功能，采用150次/秒左右的中速跳频；设备体积小、重量轻；能与有关的保密设备接口；能在核环境下工作，包括抗电磁脉冲、辐射、气流冲击波和热冲击波等效应；能与现装备的电台兼容并能在1个师的地域（50×30公里）电磁环境中，允许400个或更多的无线电网同时工作；具有可靠性和易维修性（其主要技术性能见表4）。据《通信》杂志1991年8月报道，该系统在海湾战争中表现了良好性能，平均无故障时间达7000小时以上。在海湾战争中，除美国陆军部队已装备该系统外，美国还紧急订购了2700部该系统的电台供海军陆战队使用。经实战检验证明，该类电台在相互距离较近时，仍会产生通信干扰。战后，美国决定为该电台配备高级天线共用器。

表4.　SINCGARS收发信机技术性能

频率范围	30～88兆赫
调制方式	调频
波道数	2320
波道间隔	25千赫
工作方式	定频和跳频（机内有ECCM模块）
预置波道数	定频为6个波道
预置跳频网	6个
频率稳定度	$\pm5\times10^{-6}$
数字能力	75比特/秒～16千比特/秒
体　积	4375立方厘米
重　量	5.84公斤

联合战术信息分发系统在海湾作战中投入使用　联合战术信息分发系统（JTIDS）是美国陆海空三军联合设计的一个时分多址、保密和抗干扰的数据分发系统，可提供综合通信、导航和识别能力，主要用于旅至战区级。它工作在960～1215兆赫频段，采用了时分多址和扩频技术，每个时元为12.8分钟，分为64帧，每帧12秒，有1563个时隙，每个时隙7.67秒。

JTIDS系统的网内用户，不分等级均以通播方式直接交换信息。网内用户均分配有一定数量的通信时隙，其数量取决于用户所担任的任务和对机动性的要求。该系统配有Ⅰ、Ⅱ两类终端机。Ⅰ类终端为AN/URQ—33（V）；Ⅱ类终端为AN/URC—107（其主要技术性能见表5）。

表5.　JTIDS设备性能

型号	功率（瓦）	重量（磅）	体积（立方英寸）
Ⅰ　类	200	3270	52
Ⅰ类A型	20	200	4
Ⅱ　类	200	100～110	1.5

JTIDS系统在海湾战争中已投入使用。例如，空军E—3远程预警机装备了Ⅰ类终端；F15、F16战斗机装备了Ⅱ类终端；海军舰艇装备了Ⅰ类终端；高级预警机

和海军陆战队装备了Ⅰ类A型终端;陆军指挥中心主要配备Ⅱ类M型终端。

美国陆军装备可迅速部署的卫星终端 据美《通信》杂志1991年7月号报道,美陆军开始装备专为海湾战争采购的快速可运式卫星通信设备。它包括1个抛物面天线、卫星终端电子装置和安装在1个单拖车方舱中的备用空调机(见图2)。这种设备是按照陆军与美国通用电话和电子公司签订的价值650万美元的合同购置的。

图2 美国可运式卫星通信系统

美国海军研制光纤数据网 据《防御电子学》杂志1991年6月号报道,美国海军海上系统司令部于1991年2月与美国洛克希德国际公司签订了一项价值100万美元的合同,研制舰载光纤数据转发系统。该系统将作为采用开放式结构的通信和控制综合网络,用于水面舰只和潜艇。它被定名为光纤数据复接系统(FODMS),并将用来取代海军现用的AN/USO－82(V)数据复接系统。经在几艘舰船上测试合格后,该系统现已投产。与原系统相比,它提高了数据处理能力和抗电磁干扰能力,同时还可降低功耗。

美国海军装备多路复用系统 据美《通信》杂志1991年9月号报道,美国海军主力战舰"伯克"号(DDG－51)导弹驱逐舰装备了新的舰载信息网络系统。该系统定名为AN/USQ－82(V)数据多路复用设备系统。它用5条线性同轴电缆连通各个舰载电子系统,可以处理来自这些系统和设备的4700种信号,其中包括导航、侦察、作战、武器控制和舰艇机载控制方面的信号。

美国海军订购新的通信卫星终端 据《国际防务评论》杂志1990年6月号增刊报道,美国海军根据EHF卫星通信计划,已与美国雷声公司设备部签订了价值8370万美元的合同,为海军生产21套AN/USC－38(V)卫星通信终端并于1992年初开始交付。这些终端将配置在水面舰只、潜艇和海岸通信站,通过美海军和空军的军用卫星通信网进行通信。

美海军陆战队装备新型个人计算机终端 据美《通信》杂志1990年10月号报道,美国海军陆战队新型AN/UYK－85A个人计算机终端已于1990年6月交付使用。海军航空兵第7远征旅是使用该计算机终端的第一个单位。这种计算机终端已在海湾作战中投入使用。

该计算机终端是由美国C^3公司制造的,采用了新式Intel486芯片。工作频率为25兆赫,存贮容量为16兆字节,还可扩大到200兆字节。它在设计上符合Tempest和加固标准,而且具有较好的耐热、防水和防沙尘的性能。

美海军陆战队在海湾战场建立指挥网 海湾前线的美国海军陆战队总部下设指挥中心以及各级指挥所。各指挥中心和指挥所共配置有近20个局域网(LAN),每个局域网可连接15个连、排级单位,构成陆战队各指挥中心(所)实施指挥的网络。它们通过无线电设备和陆基线路与战区总部以及本土的陆战队总部连通。

每个局域网通过两个安装在卡车上的自动数据处理中心,随战场形势的发展跟进和延伸,将战场情况和初步处理输送到已建立的海军陆战队数据网络的广域网上。该广域网再通过卫星通信链路,经由日本冲绳的美军数据处理中心和夏威夷数据处理中心把信息传送至美国本土的海军陆战队总部。由这些局域网和广域网构成的陆战队指挥网不仅连接有经过专门设计的防辐射微型机、便携机和台式计算机工作站,还连接了IBM9377小型计算机、IBM3720前端处理机以及专用的大型计算机。

美国海军在海湾战场建立指挥通信网 美海军驻海湾特遣舰队指挥中心(海湾战区海军司令部)下设战术旗舰指挥中心、海军战术数据系统和战斗情报中心。特遣舰队司令部设在特混舰队指挥舰"拉萨尔"号上。该舰装备有国防卫星通信系统终端,可利用特频舰队卫星通信系统与其他作战舰只通信。

战术旗舰指挥中心设在第7舰队旗舰"兰岭"号上,它是舰队战术指挥中心的核心,特遣舰队司令部通过它和24架E－2C飞机组成的空中预警和控制系统指挥参战部队和协同陆海空军作战。"兰岭"舰上除配置有数据显示、战术数据处理设备外，还使用了综合通信系统设备，其中包括70多台发信机、100多台收信机和3套卫星通信设备的电报中心。综合通信系统每分钟能发3000多字的电文。

在海湾战争中，海军有24架E—2C预警机参战，可为海军舰队和飞机提供空中预警信息，可同时引导30多架截击机空战。机上设有中央处理机和数据显控台。E—2C预警机用数字式甚高频无线电台与航空母舰及指挥舰保持通信联络。

海军战术数据系统是战术旗舰指挥中心的下级指挥控制通信系统，它使用双向、实时、加密的Link11高速数据链路和单向特高频或高频Link14高速数据链路。海军战术数据系统的下级是各舰的战术情报中心。

除使用上述高速数据链路交换战术信息外，作战部队还可借助通信卫星、岸基通信站和舰载通信设备等多种通信设施，进行岸对舰、舰对岸、舰对舰、舰对空和空对空等远、中、近距离通信。

美国空军装备新型战术空中指挥所 据美《通信》杂志1990年8月号报道，第1个机载指挥所——第3战场指挥控制中心已交付基斯勒空军基地第7空中指挥控制中队，另外7套这类系统正在生产中。

这种空中指挥所是一个长47英尺的方舱，可用EC—BOE型飞机运载。战时它通过其空中预警控制系统雷达来协调空中、地面和海上部队的行动。该空中指挥所具有微机制图和彩色显示功能，允许12个操作台的操作员察看全球任意地点的4个地图光盘。操作员只需2秒钟就可在2000平方英里到4平方英里的范围内把地图比例放大或缩小。机载数字交换系统可进行无线通信和电传通信(见图3)。

图3 美国新型机载战场指挥控制中心

美国空军订购AN/TRC—170对流层散射设备 据美《通信》杂志1990年4月号报道，美国空军电子系统司令部与美国雷声公司签订了价值7220万美元的合同。合同规定，雷声公司于1991年3月开始交付69套AN/TRC—170对流层散射通信设备，以替代正在使用的24套老式信道模拟无线电设备。AN/TRC—170对流层散射通信设备具有较强的抗干扰能力，通信距离可达150英里。

美国空军在海湾战场建立战术C^3I系统 海湾美国空军司令部下设战术指挥控制系统、战术空军控制中心和战术控制报知中心。战术指挥控制系统主要由战术空军控制部队负责，该部队是通信、雷达、指挥分队混编的专业C^3部队，装备有雷达、超短波地空通信设备、卫星通信设备、短波单边带电台、对流层散射与微波接力设备、计算机以及指挥控制台、显示设备和标图板等指挥器材，展开后可组成战术空军控制中心和控制报知中心。

在海湾战争中，美国战术空军出动2架EC—130E指挥飞机作为地面战术空军控制中心的空中延伸部分。除了已装备部队的E—3A预警机外，战术空军还使用了正处于试飞阶段的2架E—8A飞机，用于向地面指挥员通报敌后方部队和坦克的运动情况，指挥引导地、空火力对敌目标实施攻击。E—8A飞机用机载多功能雷达收集的目标数据经由联合战术信息分发系统的保密链路可传给陆军地面站或空军F—15和F—16等战斗机。

北约及其成员国的战术C^3I系统

北约研制未来战术C^3I系统 据《简氏防务周刊》1990年11月24日报道，为适应未来战争的需要，北约计划研制2000年后的标准陆基战术通信系统，作为北约内部的指挥控制信息传递媒介。

2000年后的战术通信系统将以综合业务数据网为基础，同时启用快速分组交换和采用光纤分配数字接口技术，是一种高容量的区域网络。该系统将由3个联系紧密的分系统组成：1个以光纤区域网为基础的指挥部；1个负责后方区域的可移式分系统；1个前方区域的机动式分系统。

北约各国对未来战术通信系统提出的要求是：具有很高的抗毁能力、应变能力和机动能力；采用民间标准设备以降低研制发展经费；具有话音和数字双重通信能力；可与北约战略通信系统、民用PTT网和邻国通信网联网。

由于北约现有的战术通信系统尚不能提供满意的话音和数字通信，而且在与其他系统联网方面也有一定困难。因此，对未来战术C^3I系统的结构设计，专家们着重研究了1个宽100公里、纵深200公里的防御区域内的通信。其中，前50公里纵深划为机动区域，后150公里划为可迁移区域。

机动区域需要高度的机动能力，设备常常需要在运动中操作，用户估计较少。若每套通信系统具备中继功能，就可获得较高的机动能力，从而构成一个高余度畅通网络。可迁移区域估计用户较多，除提供话音和数字通信外，还需提供影像服务。根据它距机动区域的距离，其中心台可为迁移型而不一定是全机动型。

德国研制成CHX－200系列高频电台 德国研制的新一代CHX－200系列电台采用积木式结构，只要将相应的功率放大器加到基本单元上，就可构成20、100、400、1000瓦4种功率的电台。该系列电台采用了微机控制、跳频和加密技术，不仅提高了指挥通信的自动化和智能化程度，而且增强了通信的可靠性、保密性和抗干扰性能。该系列电台包括话音、电报、数据和传真等业务，可进行短、中、远距离通信，既可用于战术通信网，也可用于战略网，且具有移动灵活、维修方便等特点。

德国研制成SEM－190车载战术电台 SEM－190是德国近年来新研制的甚高频调频车载战术电台，主要配备于"豹"Ⅱ坦克，以逐步替代SEM－25型电台。SEM－190全重15～20公斤，频率范围30～80兆赫，信道2000个，预置信道4个，间隔25千赫，发射机输出功率40瓦，通信距离可达25～30公里。

英国战术干线通信系统在海湾战场投入使用 战术干线通信系统（TACNET）是英国雷卡公司研制、用于军至旅各级指挥所的战术地域通信网，也可扩展到营级部队使用。该系统在海湾战争中投入使用。

战术干线通信系统的每一个节点都配有能进行话音、数据、传真业务交换和路由选择的智能交换机。其主要设备包括：RR－2710超高频接力机、LA－2731群路加密设备、LA－2732电路交换机和系统控制设备。

英国战术数据加密系统（TDES）交付使用 英国HUSKY计算机有限公司与科索公司联合研制的战术数据加密系统于1990年交付使用。该系统是一种战术用途的手提式保密数据输入系统，它能利用部队现有的战斗网无线电设备传输各种数据。数据经键盘输入，并能在液晶屏幕上显示出来。

法国PR4G跳频电台交付使用 PR4G通信系统是法国汤姆逊－CSF/RGS公司研制的第四代无线电台系列，用于取代法国陆军现用的TRPP－11和TRPP－13系列战术电台。该电台系列的发展计划于1980年提出，1989年4月决定批量生产，1991年已交付250部，计划于1992年初全部投入使用。法国陆军对PR4G系列电台的总需求量约为4.66万部，其中2.7万部为车载式电台，8600部为背负式电台，1万部为手持式电台，1000部为机载式电台。

该电台系列的主要特点是：既能以快跳频方式工作（跳频速率为300次/秒），又能以自由信道搜索方式工作；具有综合高保密度的数字加密能力；有用于数据传输的综合调制解调器和频率、密钥管理系统。

法国陆军计划扩充卫星通信终端 据《国际防务评论》杂志1990年6月号报道，法国陆军计划再订购25套方舱式卫星地面站，以配合新的Syracuse Ⅱ卫星通信系统工作。法国ATFH公司将提供Syracuse Ⅱ计划的1/4设备，此外还将提供9套T型和16套TL型卫星通信终端，以配合Telecom Ⅱ卫星通信计划。

T型终端安装在车载方舱中，使用直径为2.7米的天线，可提供12个同时工作的全双工信道。TL型终端也安装在车载方舱中，使用直径为1.3米的天线，可提供4个信道。

（宋鲁成）

电子对抗装备

综述 海湾战争是一场高技术、高强度的现代化局部战争。在这场战争中，电子对抗贯彻始终，对战争的进程和结局产生了重大影响。实践再次证实，电子对抗在现代战争中占有显著地位，起着巨大作用。

在C^3对抗行动中，电子对抗首先占有主导地位。它在削弱敌方C^3系统和保护已方C^3系统方面起重要作用。破坏敌方C^3系统有摧毁、干扰、欺骗和利用4种手段，其中后3种主要是采用电子对抗手段，即使采用摧毁手段，也要在电子支援条件下进行，而保护己方C^3系统也离不开反电子侦察和反电子干扰的支援。在海湾战争期间，多国部队在压制伊拉克防空系统的行动中，综合使用电子对抗飞机和反辐射导弹，有效地压制了伊拉克的关键雷达和通信联络，致使伊军通信中断、指挥失灵、雷达迷盲、兵器失控。虽有百万大军，也不能组织有效的作战，几百架飞机无法升空，上千枚导弹不能准确地发射。

其次，在现代战争中，电子对抗已是战斗力的重要因素。进攻性电子对抗又称软杀伤手段，它可以对付用硬杀伤手段难以攻击的目标，诸如未定位的通信中心，频繁移动的指挥所等。它的地位是不能用实体摧毁来代替的。海湾战争表明，电子对抗确是精密制导武器的克星。它可为高价值军事目标提供电子防护能力，大大提高了作战飞机和舰船的生存率。据统计，在海湾战争期间，多国部队共出动飞机10万余架次，只损失40余架，扣除保障飞机，实际战损率不足1‰。电子对抗是创造这一战绩的决定性因素。

在海湾战争之后，电子对抗已引起各国普遍重视，并把加速发展电子对抗装备列入军事科研、生产和采购计划之中。

地面电子对抗装备 1991年，地面电子对抗装备发展的重点仍是通信对抗装备，而其发展的关键则是实现通用化。通用化是指电子对抗系统采用通用传感器平台。这些平台具有标准化数据总线和标准化预处理器，可携带各种插入式传感器模块和干扰模块。一个通用平台能执行多种信息搜集任务，还能执行电子干扰任务。显然，这会降低对人力和平台数量的需求，简化后勤保障和训练程序。由于它能根据任务需要灵活地组成自适应系统，因此，能大大改善电子对抗系统的性能。美国陆军计划研制的通用平台有重型地面通用传感器系统——电子战斗车辆系统、轻型地面通用传感器系统——高机动性多轮车辆、“先进快定”空中通用传感器系统和“护轨”空中通用传感器系统。当这些地面和空中通用平台被插入通用传感器模块之后，将能互操作使用。空中系统视线长，而地面系统可24小时工作，为空中系统提供信息，使其能迅速到达热点地区上空。空地配合扬长避短，可充分挖掘设备的潜力。

地面通信侦察装备 **美国发展重型地面通用传感器系统** 该系统计划使用M—1070电子战斗车辆系统作为平台，取代现用的1015履带车。福特汽车公司已交付美国陆军1个电子战斗车辆系统试用，计划1991年再提供2个系统，从1994年可望投产169个M—1070系统。每个重型师将装备8个这种系统，取代现有的17辆电子战车。

该系统的插入式功能模块包括：

①由AN/TSQ—114通信侦察系统的最新改型AN/TSQ—138“开路先锋”发展而来的重型地面通用传感器模块。该功能模块能与“先进快定”空中通用传感器互操作，能与全信息源分析系统和战术控制分析中心接口，具有自定位装置和数字式中间存储记录仪。

②由AN/MLQ—34通信干扰系统的TACJAM—A改进计划提供的通用干扰机模块。1989年3月，美国电子实验室防御公司和洛克希德—桑德斯公司已被选定联合生产TACJAM—A的1个研制型和4个工程型样机，将于1992年中期完成。

③由AN/MSQ—103C雷达侦察系统发展而来的雷达侦察功能模块也将并入该系统。

这样，1个重型地面传感器系统将同时具有通信侦察、测向、干扰和雷达侦察的能力，从而可以取代AN/TSQ—114、AN/MLQ—34和AN/MSQ—103等3个系统。

美国发展轻型地面通用传感器系统 该系统计划采用高机动性多轮卡车作为平台，取代现用的民用通用货车。

该系统的插入式功能模块包括：

①由AN/TRQ—32(V)2“雄猫”发展而来的轻型地面通用传感器模块。该模块能与AN/PRD—12轻型便携式无线电测向系统、“先进快定”空中通用传感器系统互操作。具有高自定位精度，能完成更精确的接收、记录和测向任务。该计划将从1993财年开始实施。

②由AN/MLQ—34通信干扰系统的TACJAM—A改进计划提供的通用干扰机模块。

③由AN/MSQ—103B雷达侦察系统发展而来的雷达侦察功能模块。

这样，1个轻型地面通用传感器系统将同时具有通信侦察、测向、干扰和雷达侦察的能力，从而可以取代AN/TRQ—32、AN/TLQ—17A和AN/MSQ—103等3个系统。

英国研制成SAF—R21通信侦察系统 SAF—R21通信侦察系统是由英国费诺航空电子公司研制的车载射频搜索与监视系统。该系统由微机控制，采用模块化结构，可根据用户要求进行组装，也可将测向、数据记录和分析设备组装在一起。其技术性能是：工作模式有调幅、调频、脉冲、单边带/连续波；频率范围为20～2120兆赫；中频带宽为3千赫至5兆赫(多达7个中频模块衔接)；调谐分辨力为1千赫，最佳为100赫；搜索速度为每步1毫秒；存储能力达256个通道；控制方式有现场操作或遥控两种。

地面通信干扰装备 **美海军陆战队装备AN/MLQ—36机动式通信对抗系统** 美国研制的AN/MLQ—36车载通信对抗系统又称机动电子战支援系统(MEWSS)。其中包括雷卡公司生产的AN/ULQ—19

(V)高频/甚高频通信干扰机。它使用的天线安装在11米高的“魔术杆”天线架上。车上还安装有AN/PRD—10测向系统和2部WJ—8618B截获接收机。该系统已列为海军陆战队的主要电子对抗装备。

意大利研制战术通信干扰系统 据意大利埃尔默公司透露，该公司新研制了一种战术通信干扰系统。该系统是为地面固定站或地面移动站设计的。其频率覆盖范围为20～150兆赫，能手控、自动或遥控工作，可同时监听12条信道，并同时干扰其中的6条信道。系统平均工作周期为250毫秒，能提供各种调幅/调频的噪声和欺骗信号，其输出功率约2千瓦，系统完全由计算机控制。

机载电子对抗装备 机载电子对抗装备仍以电子对抗飞机、反辐射导弹和机载自卫电子对抗系统为主。目前发展的特点是利用微波集成电路和超高速集成电路技术，不断改善装备的性能，使其信号处理能力和到达角测量精度得到显著提高。自卫电子对抗系统向一体化、高辐射功率方向发展。

新一代作战飞机广泛采用了隐形技术。隐形飞机将采用灵巧的机外有源诱饵来对付末制导阶段的反飞机导弹，而把对付预警雷达和目标截获雷达的任务，交给执行支援干扰任务的电子对抗飞机来完成。另一方面，新型反飞机导弹已能根据不同的速度特征，区分出真假目标，并采用宽谱或多模制导技术。而灵巧的机外有源诱饵则具有与被保护目标极其相似的速度特征和信号特征，且能适用于整个电磁频谱，即能对付射频、红外和激光制导的反飞机导弹，因此受到各国重视。

机载雷达侦察装备 **美国海军加紧改进AN/ALR—67雷达告警系统** 休斯飞机公司雷达系统分部正在为海军航空系统司令部的AN/ALR—67系统研制先进专用接收机(ASR)。AN/ALR—67(ASR)系统拟装备F—14、F/A—18、A—6和AV—8B飞机。所采用的Intel80960MC新型微处理器的信息吞吐量比标准AN/ALR—67系统提高2个数量级，预计信号处理能力要提高几倍。它与1部信道化接收机组合运用，能在有大量脉冲多普勒雷达的情况下有效地工作，能覆盖更宽的频域，包括毫米波波段。AN/ALR—67(ASR)系统更新的内容包括新的射频和处理器部件、改进的象限接收机和取代象限天线的综合天线/下变频器。

1991年4月，该公司已向海军演示了一个实验模型，现正根据合同开始为1992年5月海军的试验交付14套试验设备。海军计划从1992年底到1993年中对AN/ALR—67(ASR)系统进行作战鉴定，1994年可望正式投产。

另外，美国海军已同利顿公司应用技术分公司签订一项价值2870万美元的合同，以改进117台AN/ALR—67雷达告警系统用的计算机。计算机采用专用集成电路芯片，将使AN/ALR—67系统的处理能力提高4倍，使之能在高密度信号环境中工作，对威胁信号的探测及信号到达角的测量精度也将得到改善。117台改进型计算机的生产将持续到1993年底。

法、日联合生产“阿斯泰克”电子情报系统 法国汤姆逊—通用无线电报公司和日本三菱电气公司联合生产的“阿斯泰克”战术电子侦察吊舱可安装在“幻影”F—1、“幻影”2000和日本17架F—4EJ飞机上。该系统的频率覆盖范围为500兆赫至40千兆赫，对威胁辐射源的方位角和仰角的测量误差小于1度。该系统安装在4米长、直径41厘米的吊舱内，其重量为400公斤。2个倾斜的高频段干涉仪天线阵列提供120度的方位覆盖，而第3个阵列用于测量仰角。另有2个低频段侧视天线各提供120度的方位覆盖。该系统采用1个宽带微扫接收机截获辐射源信号，另用1个窄带超外差压缩接收机对每个感兴趣的信号进行频谱分析。

机载雷达干扰装备 **日本研制APR—4A/ALQ—8雷达侦察/干扰系统** APR—4A雷达告警接收机是APR—4的改进型，由东京计器公司为日本航空自卫队F—15J飞机研制。它由软件驱动，其性能类似于美国AN/ALR—56系统，并与ALQ—8雷达干扰机组成系统。

ALQ—8雷达干扰机由三菱电气公司研制，其工作频率范围可覆盖1～4、4～8和7.5～18千兆赫频段。

英国展出“阿波罗”新式雷达干扰吊舱 在1991年法国恩伯勒航空博览会上，英国马可尼防御系统公司首次展出了“阿波罗”吊舱式自动雷达干扰系统。该系统也可机内安装，由分布式微处理机控制，可与雷达告警接收机和箔条、红外干扰弹投放器结合为一体。“阿波罗”系统由Ada软件驱动，产生调制响应，能应用转发干扰、噪声干扰或各种干扰技术组合，有效地干扰脉冲雷达和各种连续波雷达。“阿波罗”系统主要向中东和远东出口，第一批产品可于1992年年底之前提供。

意大利研制成“反射点”雷达干扰吊舱 意大利的主要电子公司最近公布了它最新研制的“反射点”欺骗式雷达干扰吊舱的基本情况。该系统是为“霍克”、MB—339、F—5和“幻影”F—1等飞机设计的，能有效地对付各种脉冲和连续波火控雷达。系统重140公斤，长3米，直径27厘米，装在ELT/555吊舱中，用直径34厘米的柱塞式空气涡轮机提供电源，压缩机冷却，并可挂在北约标准挂弹架上。“反射点”是一个全自动系统，具有宽频率范围，相关应答采用1个快速调节数字频率存储器，还能对告警和响应参数进行外场再编程序。

机载通信对抗装备　**意大利研制新的机载通信对抗系统**　意大利埃尔默公司透露了新研制的两种机载通信侦察/干扰系统。一种系统是为C—130飞机设计的。其通信侦察的工作频率范围为20～1000兆赫，且采用包括测向设备的天线阵。通信干扰部分在机载应用时可提供250瓦的白噪声/组合音频干扰，其工作频率范围为100～500兆赫；在地面应用时，干扰功率为1000瓦，工作频段为20～100兆赫和100～500兆赫。另一种系统是专为AB—412直升机设计的，已成功地进行了可行性研究。其通信侦察子系统频率覆盖20～1000兆赫，而通信干扰子系统当工作在20～100兆赫时，输出功率为500瓦；当工作在100～500兆赫时，输出功率为250瓦，皆采用白噪声或组合音频干扰信号。

电子对抗飞机　**美国计划改进EA—6B电子对抗飞机**　美国海军计划将现有130架EA—6B中的105架加以改装，使之能服役到2020年。迄今为止，格鲁曼公司已就这项改装计划得到了近6亿美元的全尺寸研制合同。该计划包括研制新型接收机处理器组、改进AN/ALQ—149战术C^3对抗系统和改进航空电子设备。格鲁曼公司定于1991年11月开始对上述3项改进内容进行技术和作战评估。预计到1993年中才能进行技术和作战鉴定。

利顿埃麦卡姆公司已先期进行了接收机处理器组的研制工作，其全尺寸研制合同额约为1.6亿美元。它将通过在密集信号环境中提高信号探测精度和定位精度来改善飞机无源探测系统的性能，对导弹到达角的测量精度可提高一个数量级。

洛克希德—桑德斯公司研制的AN/ALQ—149战术C^3对抗系统能够干扰通信和EA—6B现用工作频段以外的雷达。它采用改进的AN/ALQ—99吊舱。特里达因公司正在研制模块化发射机，便于在战场上根据通信或雷达干扰任务的要求装卸。控制数据公司已研制成功一种新的VPM插件板，单块插件板就能代替AN/ALQ—149系统用的AYK—14处理器的I/O、存储器和处理器3块插件板。航空仪表实验室系统公司提供的改进型ALQ—99激励器将用频率合成器取代现用的压控振荡器，因此，可以增加和改进激励器的干扰技术，并把频率覆盖扩展到通信频段。

总之，经过改进，可延长EA—6B在巡航条件下的使用寿命，能独立使用AGM—88反辐射导弹，能对抗最新的电子威胁。同时，在探测能力方面，可提供瞬时宽带的频率覆盖和精确的到达角测量。

美国改进EF—111电子对抗飞机　为了更新EF—111电子干扰飞机的某些电子对抗组件，提高现有42架EF—111飞机上ALQ—99E战术干扰机的工作性能，美国空军再次实施一项全尺寸工程研制计划。该计划要求研制新型编码器、变换同步装置、中央处理器和新型激励器。

空军航空系统分部最近已与格鲁曼航宇公司签订了一项价值达1.55亿美元的5年期全尺寸工程研制合同。合同规定在1995年以前研制出样机、完成样机安装，并进行全面试验。

同时，沃纳·罗宾斯空军后勤中心正在审议几家公司对改进ALQ—99系统中3个发射机部件的2个合同的投标。

ALQ—99系统用在空军EF—111和海军EA—6B电子对抗飞机上。频段4的改进是针对EF—111的，频段9/10的改进将使空军和海军都受益。

对9/10频段发射机的改进，要求有更高的输出功率和扩大频率覆盖范围。计划采购10部，其中空军6部，海军4部。对该计划已有4家公司投标。

空军对4频段发射机的改进，要求用固态方案取代现行的行波管结构，以提高系统的可靠性，计划生产100部。美国电子实验室、雷声公司和另外2个投标组已对该计划投标。投标的最后期限为1991年6月17日。

美国F—4G“野鼬”电子对抗飞机装备新型雷达寻的告警系统　美国空军在部署到海湾的F—4G飞机上装备了配有最新3/4型软件的AGM—88B高速反辐射导弹，其中多数F—4G飞机还装备了AN/APR—47雷达寻的告警系统。这种新型雷达寻的告警系统比AN/APR—38有很大改进，采用了“野鼬”攻击信号处理器，可使AGM—88B反辐射导弹的性能得到最佳发挥。空军已为F—4G部队定购了50部这样的处理器。

美国“护轨”空中通用传感器系统开始服役　“护轨”空中通用传感器系统兼有通信情报和电子情报搜集功能。机上载有新型“护轨”通信侦察系统、高精度机载通信定位系统和“先进快视”雷达侦察系统。其中通信定位系统接收全球定位系统的输入信息，利用相干定位技术。全部设备都安装在650公斤的设备箱内。

该系统共使用6架RC—12K型飞机作为平台。美国陆军计划采购53架RC—12K型飞机，以满足4个中队的作战编制（每个中队12架）需要。该系统于1991年开始服役，逐步取代“护轨”Ⅴ和“快视”Ⅱ电子对抗飞机。

反辐射导弹　**英国公布“阿拉姆”反辐射导弹的技术性能**　英国航宇公司在海湾战争结束后公开了

"阿拉姆"(ALARM)空射反辐射导弹的性能。

这种导弹弹长4.3米,弹体直径22厘米,最大翼展72厘米,重量(含发射导轨)264公斤,超音速飞行。导弹由以下部分组成:宽带被动雷达导引头、任务控制装置、前视测距引信、捷联惯导装置、高爆破片弹头、火箭发动机、电驱动控制翼伺服装置和尾部降落伞箱。

导弹工作时高度自主,在执行特定任务时可预先编制程序。作战软件程序(工作方式、目标特性、目标优先级、搜索中心和开伞)用一个辅助装置准备,在机场工作区装入导弹,有的飞机还可在飞行中更改程序。

导弹发射前不搜索信号,发射后用下述基本轨迹飞行:低空发射,动力推动爬高到辐射源搜索高度,中段导航、目标捕获和末端寻的。导弹有5种工作方式可供选择:

(1)直接攻击——优化导弹轨迹,可将发射至弹着之间的时间减至最短,用于突破已知重点目标的环形防御;(2)通道/区域压制——交叉射击的导弹可覆盖多威胁地区,而对该地区内各辐射源的位置并不清楚。这种交叉射击还适用于对付辐射源不断运动的海上舰群;(3)巡逻待机——导弹在其选择的向下跟踪距离上打开降落伞,扩大其搜索程序;(4)双重方式——优化基本轨迹,以对付迟开机雷达或其他辐射控制策略。若辐射源在辐射,则直接攻击;若辐射源不辐射,就巡逻待机;(5)通用方式——导弹发射到中空甚至高空,然后降到正常搜索高度,按通道/区域压制方式工作。

舰载电子对抗装备 由于海军的主要作战舰艇均为高价值目标,各国军界都把舰载自卫电子对抗装备作为反导作战的主要手段予以重视。在海湾战争期间,伊拉克各种舰艇先后被击沉40余艘,而美国海军的舰艇无一被毁,这一事实有力地说明,舰载自卫电子对抗装备在提高作战舰艇生存率方面具有重要作用。

目前,各国都把舰载电子对抗装备发展的重点放在增加中小型舰艇的有源电子干扰能力、加强舰艇的低空预警能力和发展舰外电子干扰器材方面。

美国海军更新"伙伴"雷达干扰设备 美国众议院武装部队委员会催促海军为对付反舰导弹而加速更新AN/SLQ－32(V)舰载电子对抗系统。

美国海军大型驱逐舰上装备的雷声公司的"伙伴"雷达干扰设备在海湾战争中已得到应用,它给只有无源接收能力的AN/SLQ－32(V)2系统增加了有源干扰能力。

该设备是根据应急程序生产的,现在许多这样的系统正在更新,以便采用改进的行波管和滚动稳定天线系统。雷声公司正在根据海军的第三个采购合同生产"伙伴"设备。最终要重新设计,定名为AN/SLQ－32(V)5舰载电子对抗系统。

美国海军研制下一代舰载电子对抗系统 美国海军计划从1992财年开始研制下一代舰载自卫电子对抗系统,定名为AN/SLQ－54先进一体化电子战系统,用于取代现役的AN/SLQ－32系统。海军作战主任办公室已拟定对系统工作性能的初步要求。这将是几年内海军最重大的电子对抗装备研制计划之一。由于AN/SLQ－32系统是美国海军的标准舰载电子对抗系统,所以取代它的系统会有很大的市场潜力。AN/SLQ－54将是真正的一体化系统,能与许多舰载和舰外系统交连,包括海军最优先考虑的快速反舰一体化防御系统、诱饵和密码电子支援设备,甚至包括无人驾驶飞行器。

美国海军高级官员已表示,AN/SLQ－54系统的设计将考虑未来舰船减小的雷达截面积,使之从一开始就是一个一体化系统,能自动选择和启动各种自卫机制,包括有源和无源投掷式干扰器材、干扰机或其他形式的诱饵。正在考虑采用可瞄准的发射器,它能将投掷式干扰器材迅速射向能给面临反舰导弹威胁的舰艇提供最佳保护效果的精确区域。同时正在评价的另一些技术是采用有源投掷式干扰器材和可回收的有源诱饵。

美国推出"双子星座"箔条/红外诱饵弹 "双子星座"(Gemini)箔条/红外诱饵弹是美国罗拉尔海科公司新研制的有专利权的电子干扰器材。这种组合干扰弹可快速产生大的雷达截面积,同时可在同一空域内产生红外诱饵,能有效地对付雷达和/或红外制导的反舰导弹。

该弹在机械和电气上很适合用MK－135快速舰外散开发射架发射。弹重4公斤、长45.1厘米、直径11.2厘米。能装载各种材料的箔条,可覆盖2～20千兆赫范围内的单频段、双频段或全频段。专用红外诱饵弹最小燃烧时间为45秒,使用降落伞的下降速度为每秒2米。箔条载荷主要装在弹体底部,红外诱饵弹、点火装置和折叠的降落伞占据了弹体上部的大部分空间。

由于采用了电磁感应原理,在发射架和弹体之间不需要任何电气连接。发射后,经过一段时间,弹被点燃,箔条被高速散布在一个大的空域内,同时弹出降落伞及其悬挂的红外诱饵弹,然后降落伞张开,红外诱饵弹点火。红外诱饵弹与箔条云同时运动,在同一空域形成雷达/红外诱饵,以对付反舰导弹的威胁。标称散开时间为3秒。

小型舰艇,例如快速巡逻艇用一发"双子星座"干扰弹就可保护，大型舰艇要用若干发来保护。单发"双子星座"干扰弹的红外能量输出，足以模拟一艘大型舰艇的辐射强度。

美国海军现装备标准水声对抗设备 AN/BLQ－5低频回声重发器和AN/BLQ－6高频回声重发器是70年代列装，现仍在美国海军服役的标准水声对抗设备。它们是漂浮式回声重发器，其外形是一个圆柱体，里面装有噪声发生器、接收/发射器。当受到敌方主动声纳照射或接收到水中兵器主动式自寻的系统的信号时，它便可重发回波，达到以假乱真、将威胁诱向假目标的目的。这两种回声重发器主要装备在"鳐鱼"、"鲣鱼"、"白鱼"、"大鲹鱼"、"豪斯顿"和"一角鲸"号等核动力攻击潜艇上。

日本NOLQ－1型舰载雷达对抗系统服役 NOLQ－1型舰载雷达对抗系统由先进的电子扫描雷达侦察接收机、2部能自动测向的OLT－2欺骗式雷达干扰机和美国MK－36Ⅱ型超高速舰外散开发射器组成。每部干扰机覆盖舰艇的一侧。现正在"初雪"、"白根"号直升机驱逐舰和"旗风"、"泽风"号导弹驱逐舰上服役。能有效地对付反舰导弹，其技术水平与美国的AN/SLQ－32(V)3系统相当。新型NOLQ－2型系统正在研制。

意大利透露新研制的通信对抗系统 意大利埃尔默公司新研制的舰载通信对抗系统是专为装备水面舰艇而设计的，具有计算机控制的信号搜索、分析、测向和干扰能力。其电子支援系统的频率覆盖范围为1.5～30兆赫(30条信道，测向精度为±2度均方根值)和20～1000兆赫(1000条信道，测向精度为±1度均方根值)。而与其配套的干扰机的有效工作频率范围为2～600兆赫，采用调幅/调频白噪声摆频或组合的音频信号。

(于信源)

后 勤 装 备

综述 1991年，各国后勤装备发展的主要趋势仍然是在发展作战装备的同时，平行、协调地发展后勤装备，重点是改进和加强后勤装备的机动性、快速性、可靠性和效用性。一年来，后勤装备的发展主要表现在以下几个方面：在研制新装备的同时，重视现有装备的现代化改造；实行装备的单元化、模块化，减少装备种类，提高装备的多功能化及其使用的灵活性；广泛采用新技术、新材料，降低装备造价，延长装备寿命，提高装备性能，完善并不断推广各种自动化系统，提高后勤指挥与后勤业务的效率。

在海湾战争中，以美国为首的多国部队把大量现代化后勤装备运往战区，把各种后勤自动化指挥管理系统投入使用。可以说，海湾战争是对新型后勤装备的一次大检阅。

在战略运输工具上，美军使用了数百架C－5、C－141、C－130等大型运输机，动用了以8艘快速海运船为代表的200余艘海运船和全部海上预置船队。在野战医疗装备上，美军建立了由医院船、舰队医院和野战医院组成的机动医疗保障系统。美军首次动用了2艘各有1000个床位，最大收治能力为每昼夜300人的医院船。在野战补给装备上，针对沙漠地区的特点配备了600加仑/小时反渗透式净水装置、单兵净水药片以及最新研制的3000加仑/小时反渗透式净水装置，设立了多个标准单元化燃料系统和前方地区加油站。在运输装备上，美军大量使用了M－998系列高机动多用途轮式车、M－939系列中型运输车和M－977系列重型运输车，同时还大量使用了UH－60多用途直升机、CH－47和CH－53运输直升机，实施立体后勤保障。在作战物资的管理上，使用了电脑管理、减少库存的先进方法。上万台电子计算机投入使用，各种自动化技术在物资供应、医疗救护、运输保障、装备维修等后勤各个领域发挥了重要作用。从后勤角度上，海湾战争已是一场后勤大战。

(张春山)

军需装备 1991年军需装备的发展突出地表现在被服装备和野战食品两个方面。

继日、苏、德等国先后提出服装改革计划之后，英、法两国陆军也展示或定型了新一代服装。各国新军服的共同特点是：实用、简便、美观，适穿性强，可在任何地点和任何情况下穿用；各种防护性能明显提高，能适应现在和未来的要求；多用途服装得到进一步发展。美国纳蒂克研究开发工程中心正在研制的"士兵整体防护系统"，集先进技术于一身，为未来世界军服的发展开创了新的局面。

随着野战食品的发展，软包装野战食品的比重进一步扩大，体积小、重量轻、热值高、方便、实用的新型野战食品已经出现，食品的营养成份更趋合理，品味越来越好。在野战食品的发展方面，美军居领先地位。美军最近几年已着手研制21世纪的新型野战口粮——营养模块，为解决未来战场上的吃饭问题开辟了一个新途径。

被服装备　美国研制新型士兵整体防护系统

1990年以来，美国纳蒂克研究开发工程中心正在实施一项士兵整体防护系统（SIPE）的研制计划。该计划的目标是为陆军士兵研制一套“积木”式的、从头到脚的作战防护系统。该系统由先进服装分系统、整体头盔分系统和微气候空调/能源分系统组成。

先进服装分系统可为士兵提供对多重威胁的均衡防护：可提供防破片和箭形弹的“积木”式模件和对液态、汽态和雾化化学和生物毒剂的防护模件。对生化毒剂的防护时间将从现在的24小时延长到36～48小时，或者更多。

整体头盔分系统装有一部保障官兵之间通话的装置，能使穿着防护服的士兵之间自如地通话，其方便程度不亚于未着防护服的士兵。因此，士兵即使分散在较大地幅内，也不影响指挥官向士兵下达命令和士兵向指挥官报告情况。整体头盔分系统还包含一个武器接口的输出部分。它以电子器件或光导纤维把装在步枪上的热像瞄具同装在头盔上的显像装置相连通，从而保障士兵瞄准射击时不像戴防毒面具时那样不便，并使士兵具有腰际射击的能力，以及改进捕捉目标与火控功能。

微气候空调/能源分系统拟接插在先进服装和整体头盔分系统上。它采用一个轻量动力源，以滤清和循环贴身的空气，维持士兵身体的热平衡并克服常造成体能下降的那种热应力。微气候空调可大大提高士兵的舒适度，延长执行任务的时间，消除士兵被防护服封裹所产生的心理压力。微气候空调能在系统内造成超大气压状态，从而能提高对化生毒剂的防护。

为了既能提高防护能力，又能减轻士兵的负荷，士兵整体防护系统将制成一种“积木”式系统，以便根据不同的任务和不同的威胁对该系统进行灵活“剪裁”和拼装。

美国改进沙漠迷彩作战服　据美国《海军时报》1991年4月8日报道，海湾战争结束后，美军根据沙漠作战的经验对沙漠迷彩作战服（DBDU）作进一步改进。首先是在选材和材料比例上提出了3种方案：一是聚酯纤维和棉纤维各占50%；二是尼龙纤维和棉纤维各占50%；三是采用100%的棉纤维。在式样和结构上，为了便于携带物品，准备在沙漠迷彩作战服上再增添一些兜袋。伪装服的颜色由原来的6种拟改为3种，即浅棕黄色、浅褐色和浅土黄色。按新样式印染的布料和服装曾在美国西部和埃及沙漠进行了评估，结果表明新式服装更难于被肉眼及望远镜发现，其伪装效果明显改进。

（董新成）

美国研制成飞行员新抗荷装备　据美国《安全杂志》1991年第1期和《航空周报和空间技术》1991年第3期报道，美国空军为改善高性能飞机飞行员抗高加速度的能力，经多年研究，现制成一种新的抗荷装备，称为“综合先进技术的抗高G防护装置”。该系统包括新的低剖面MBU－20/P氧气面罩，改进型HGU－55/P头盔，代偿背心及新设计的CRU－93呼吸调节器和CSU－13B/P抗荷服。其新颖处是用抗荷调压器出口压力激发呼吸调压器为飞行员提供加压呼吸。从＋4Gz开始按12mmHg/G的梯度增加余压，在＋8Gz和＋9Gz时达到最大压力60mmHg。性能优于单纯穿抗荷服。该系统将于1992年底以前列入F－16和F－15装备之内。

（张有谟）

美国研制出新型洗衣设备　据美《空军后勤杂志》1991年冬季号报道，美空军工程与服务中心研究出在简易基地条件下使用的新型洗衣设备。这种洗衣设备包括3个工业式的洗涤/脱水机、6个家用式烘箱、容量为3000加仑的洗衣桶，以及供水量为每分钟20加仑的水泵。整个设备放在一个20×32英尺的简易帐篷里，用美空军成套器材箱“丰收鹰”保证水、电的供应。这种设备适于个人洗衣，可为1100人每人每周洗衣27磅。在海湾战争中，美空军为前线部队送去了7套这种新型的洗衣设备。

（李殿选）

日本海上和航空自卫队试穿简易制服　继日本陆上自卫队配发简易制服之后，从1990年12月26日起，日本海上和航空自卫队也开始试穿简易制服（毛衣和运动服）。这种简易制服在室内外办公、作业、训练时均可穿用。

海上自卫队的简易制服与冬服颜色相同，为黑色。在左胸上，士兵佩戴红色军衔，士官和军官佩戴金色军衔。简易制服中的毛衣有两种：即圆领和“V”型领。圆领供穿水兵服的士兵穿用，“V”型领供戴领带的军官、士官和女军人穿用。与陆上自卫队相同，海上自卫队的毛衣上也有肩衬、肘衬和肩章，左上胸部有表示海上自卫队的金色字母“JMSDF”标志。材料为毛和丙烯（各50%）。男女式各有三种型号。海上自卫队简易制服中的运动服与陆上、航空自卫队相比，设计较简单，材料为100%的尼龙，型号有五种，男女通用。穿用时间与冬服相同，即从10月到来年5月。

航空自卫队简易制服中的毛衣和运动服颜色均为藏青色，左上臂佩戴“翅膀”和表示航空自卫队的字母“JASDF”标志。军官在两肩，士官在左胸佩戴白色或藏青色的军衔。

航空自卫队简易制服中的毛衣在编织方法上下了功夫，增强了弹性。肩衬和肘衬采用合成皮革，增加了华丽感。领子为“V”型领，里面穿衬衫和戴领带。材料为毛和丙烯混纺(毛占65%，丙烯占35%)。型号有五种，男女通用。简易制服中的运动服，材料为100%的经过防静电处理的丙烯，门襟使用钩扣。领子尺寸有五种，男女通用。穿用时间为10月到来年5月以及夏、冬服混穿的6月和9月。

法国陆军制服更新换代 据法国《国防》杂志报道，经过多年研究试验，法国陆军新一代制服已经定型，从1991年1月起装备部队。

新式制服实用、简单和美观，可在任何地点和任何情况下穿用，能适应现在和未来的要求。与旧式制服相比，新式制服有3个明显特点：

(1)颜色和式样均有变化。新式制服采用“法国土地色”，淘汰了沿用近50年的“土黄色”。大衣和雨衣为青铜色，式样为“罗登”式，配有缀军衔条纹的肩章。女制服包括1件六钮扣斜纹布短上衣和1条钳形裤或1条齐膝短裙。士兵夹克衫有一排暗扣。肩章改为肩套，领章由布领章改为金属领章。

(2)件数减少，着装灵活性增大。改革后，军官和士官制服由原来的9件减至6件，士兵制服由原来的5件减至3件。新制服取消了夏服和冬服之分，各件服装均可根据季节和气候变化由个人自行决定如何组合穿用。

(3)节省费用。由于军服件数减少和各兵种(轻骑兵除外)制服颜色一致，服装费每年可节省约2000万法郎。

野战食品 **美军研制出21世纪新型野战口粮** 这种新研制的高技术食品为一种营养模块。营养模块为软包装，内含奶制品、肉食、淀粉类食物和水果。除水果外，其余3种食品已不是原来意义上的食物，而是补充了其他营养物的强化奶制品、强化肉条、强化淀粉条。体积为144cm³的营养模块，热量达900大卡，一个衣袋可以装数块。

这种营养模块野战口粮在制作与构成上达到或部分达到了以下要求：(1)热量密度高。野战口粮的热量密度接近或达到7.1大卡/毫升。因此，士兵携带3～5天的口粮，既不影响战斗行动，又能满足每天3600大卡的热量需求。(2)营养价值高。在高强度作战条件下，能保证士兵的营养平衡。(3)接受性好。连续几天食用不会使人腻味，保证士兵的战斗力。(4)食用方便。不用烹调，不需要附加工具，在运动中就能食用。

美国在海湾战争中试用高科技食品 据美国《商业日报》1991年1月29日报道，自海湾危机以来，美国国防人事支援中心(DPSC)已采购了价值668.5万美元的快餐口粮(MRE)、通用快餐口粮(MORE)和T口粮。

快餐口粮是近几年研制的新型野战食品，海湾战争中第一次使用。它具有重量轻、味道好等特点，并有12种不同的菜单。食品都是做熟后封入小袋的，有效期3年。其主食有辣椒蔬菜汁鸡肉、肉汁细面条、面条金枪鱼、米饭和炖鸡块、猪肉米饭和烤肉汁、扇形土豆片和火腿、炖牛肉、咸牛肉丁等。主食袋内备有餐具。食品可放在热沙内加热，也可靠阳光照射汽车挡泥板和散热器加热，还可放入一个长形加热袋内加热。加热袋内装有化学加热剂，加入2盎司水，12分钟即可将食品加热到100度。

通用快餐口粮不是专为军方生产的，而是投放市场的商业性产品。其品种有鸡胸脯、细面条、炖熟肉、日本式火锅和米饭、辣椒和豆类以及通心粉和奶酪。

T口粮是一种钢容器包装的食品，容器长12.5英寸，宽10英寸，厚21.5英寸，一般存放在厨房附近。每份口粮可供18人食用，内装火鸡片、豆类或通心粉和奶酪。容器可放在开水中加热。

(董新成)

美国对第2代野战净水装备进行实战应用评价 据《陆军研究发展采办通报》1991年11～12月号报道，美军对时产3000加仑饮水的中型野战多用途反渗透净水单元(第2代野战净水单元)进行了实战应用评价，3000加仑是指净化淡水时的出水量，这是美军70年代中期批准研制的一级反渗透净水装置之一。为了解决军一级部队野战供水的需要、加速装备的研制进程，美军保障司令部于1990年10月至1991年4月中旬在沙特战场对3部3000加仑反渗透净水单元(原型)进行了实战使用验证，该净水系统包括离心式原水泵、加药装置、复合介质滤器、增压泵、过滤筒、高压泵、发电机组和反渗透膜系统，原水首先经复合介质滤器过滤去除水中大部分颗粒物；然后经滤筒滤器过滤除去遗留的颗粒物；最后通过反渗透膜件除去水中的离子。在7个多月的实验中共净化生产了1000多万加仑饮水，4月中旬以后在阿拉伯湾对这3部净化淡化单元进行了336小时连续淡化海水实验，表明这种原型净水系统具有良好的净化淡化性能，不过用于淡化海水时工作量将成倍增加。3000加仑的实战应用成功，使美军在原有净水装备系统中又增加了新的单元。目前美陆军已有大中小3种基本净水能力的移动式野战净水单元,最大型号的为日产15万加仑可饮水的滑橇式单元,适作大规模综合供水保障使用;中型的为时产3000加仑饮水的单元,适合军一级使用;小型号为时产600加仑饮水的单元,适合师一级使用。在1990年10月~1991年4月海湾战争期间,美军投入海湾战场的上述净水装备达数百部,每天为士兵提供数百万加仑的饮水。

(林水成)

西班牙现行军用野战食品 西班牙军队现行的野战食品,分陆军野战口粮、海军野战口粮、空军救生口粮三类。其中,陆军野战口粮分单兵野战口粮和集体野战口粮;海军野战口粮只有单兵口粮一种,供海军水面舰艇人员及海军陆战队使用,其质量比陆军单兵野战口粮稍好,营养也较高。

西班牙军用野战口粮的主要特点:一是以肉食为主,主食饼干:早餐只有80克,中、晚餐只有100克;二是配套包装,每份单兵野战口粮不但有主副食品,而且配有净水片、燃烧炉、燃烧片、火柴、开罐刀、卫生纸;三是营养价值高,特别是蛋白质含量多,每份单兵口粮蛋白质日补充量最少为135克,最多为176克。

(董新成)

运输装备 1991年,世界各国在积极研制、装备新型运输车辆的同时,重视现役运输车辆的现代化改造。美国陆军在实施中型战术汽车现代化计划时就采用了这种"两条腿走路"的发展方针。与此同时,各国还重视军用运输车辆的柴油机化。在海湾战争中,法、英军队将其"整装整卸"新型后勤运输车运往海湾,在战场长途后勤运输中经受了实战检验,发挥了重要的作用。

苏联积极发展新型军用运输车辆 苏联卡玛斯汽车厂新近研制出更现代化的卡玛斯43114型车,用以取代现生产的卡玛斯4310和卡玛斯43101全驱动军用汽车。该厂还为卡玛斯系列车规划了如下发展前景:在1991~1995年,使现生产的卡玛斯车现代化,下力气研制新型卡玛斯系列两轴、三轴和四轴车,使闻名于世界50多个国家的卡玛斯车在重型车市场上具有更大的竞争力。莫斯科的吉尔汽车联合企业目前已完成第5次(有史以来最大的一次)技术改造,该厂生产线已开始批量生产吉尔645型柴油车(功率165马力)、吉尔4421型鞍式牵引车(牵引改进型挂车时可运14吨物资)、吉尔4331两轴卡车(可运6吨物资,加挂车后可运8吨)。下诺夫戈罗德汽车厂新近研制出嘎斯3307型柴油车,并于1991年决定用该车取代现生产的嘎斯53-12型车。与嘎斯53-12型车相比,嘎斯3307型车在改善司机工作条件、提高车辆安全性能、减轻车辆维修工作量、增加车辆行驶里程等方面都有了很大改进。高尔基汽车厂目前正在进行技术改造,为生产柴油车作准备。该厂将生产嘎斯4301型自卸柴油车(载重量为3.5吨)、嘎斯6008型柴油载重车(载重量5吨以上)、嘎斯542型气冷式柴油车(功率为125马力)。明斯克汽车厂目前正在对玛斯6422型三轴鞍式牵引车、玛斯5432型二轴牵引车进行进一步改进,生产线上目前已生产出玛斯64227、玛斯54322、玛斯54323和玛斯5433改进型牵引车。该厂目前已着手研制2000年汽车,即单元化玛斯车。其新结构的基础是装配式单元化组件,采用这些单元化组件可迅速组配成由2、3、4、5组组成的任何轴数的汽车列车,其总重可达88吨。莫吉廖夫汽车厂目前正在生产莫阿斯529、莫阿斯547型牵引车及莫阿斯7405、莫阿斯7505型自卸汽车列车。克列明斯克汽车厂目前正在生产克拉斯260和克拉斯250型通用汽车、克拉斯644鞍式牵引车、克拉斯6510型自卸车,并在研制新系列的三轴和四轴车。乌拉尔汽车厂已开始生产新型乌拉尔5323型四轴车。

(巨文新)

苏联空军现装备的飞机牵引车 苏现装备的小型飞机牵引车基本都是普通载重卡车,如乌拉尔375T、克拉斯255Б和玛斯541等载重卡车。克拉斯255Б牵引车可牵引50吨以下的飞机,最大牵引速度40公里/小时,发动机功率176千瓦,车重12吨。牵引大型轰炸机和运输机时,使用专用飞机牵引车别尔36411,可牵引重200吨的飞机,最大牵引速度15公里/小时,柴油发动机功率525千瓦,车重30吨,另有8吨配重,车前后各有一个驾驶室。

(李维泽)

美国新一代中型战术汽车定型投产 美国陆军1991年经过对比试验后选中3家投标公司中的斯图尔特与斯蒂文森公司推出的2.5吨和5吨车为其新一代中型战术汽车,并签订了第1个总额为12亿美元的1.1万辆订购合同,计划1992年年底至1996年12月陆续装备部队。美国陆军原计划到2020年使其新一代中型战术汽车的总采购量达到11.2万辆,由于经费限制和部队裁减,1991年已将这一数量削减为8.9万辆。美国陆军新一代中型战术汽车的突出特点除了可靠性有很大提高外,部件通用性很高,2.5吨和5吨两种车型至少有40%的通用部件,这样不仅能保证后勤运输任务的有效实施,而且能大大减轻后勤负担,降低维修费用。据估算,新一代中型战术汽车在役期间,美国陆军至少可节省车辆维修费30亿美元。

美国陆军实施"中型战术卡车使用寿命延长计划"

美国陆军计划对现役的1.3万辆中型战术卡车(首批将是2.5吨车)进行现代化技术改造。目前,已有4家公司参加该计划的竞争。美国陆军将给每家公司16辆中型战术卡车,要求对其中的4辆实施"标准大修"(即安装新型发动机、变速器、刹车等),对另外4辆车实施"附加大修"(即在"标准大修"基础上再安装自动变速器和中央轮胎充气系统),其余8辆车用来拆卸后从中选择状况良好的可用底盘。为实施该计划,美国陆军已于1991年8月末发出了"中型战术卡车使用寿命延长计划征求意见书",并拨出资金供未来2年中大修2000辆中型战术卡车。

美国陆军实施轻型车加重计划 为了满足部队的需要,美国陆军正在实施轻型车加重计划,即加重其高机动多用途轮式轻型车,使其在自重与现行轻型车近似的情况下有效载荷提高1240磅,达到4400磅,从而能牵引M-119型105毫米榴弹炮。此计划将于1992年6月完成,届时首批加重轻型车便开始装备部队。美国陆军已于1991年10月签订了加重型轻型车订购合同,计划装备7000辆。

美国研制出通用装甲后勤运输车 美国FMC公司采用"布雷德利"M-2/M-3装甲战车的悬挂装置、发动机组和行走装置研制出FVS通用装甲后勤运输车,可适应广泛的军事任务。该车的"载货"部分位于装甲驾驶室(可容纳3人,有通风和超压系统,具有三防能力)之后。车重14604公斤,有效载荷10886公斤,车长6.97米,车宽2.97米,车高(驾驶室顶)1.02米。"载货"部分长3.96米,宽1.78米。VTA-903型柴油发动机(14.8升)和G.D.HMPT-500型液力机械自动传动装置能保证该车最高车速达到58公里/小时和具有良好的越野机动性。该车有多种变型车,其中装甲维修车装有1部起吊能力为4500公斤的起重机(可以拆卸M-1坦克的发动机)、1个装在后平台上的装甲控制方舱和1台四轮挂车(可运1部M-1坦克发动机)。

(巨文新)

美国空军开始使用大型电动牵引车 美国空军的大型飞机牵引车有柴油发动机和电动机两种。T-500牵引车为柴油发动机,输出功率253千瓦、最大牵引力22吨,牵引速度34公里/小时,外形尺寸7.9×2.7×2.0米,车重29吨,加上配重共重49吨。80年代末,美国空军开始装备大型电动飞机牵引车,牌号为K-1000,4台电动机,每台功率30千瓦,电瓶为2×720安时,最大牵引力23吨,外形尺寸7.5×3×1.6米、车总重54吨(其中配重9吨)。上述两种大型牵引车均可牵引大型轰炸机和运输机。

(李维泽)

巴基斯坦研制出第1种军用汽车 巴基斯坦为其陆军研制出了第1种军用汽车,取名为Yassob(6×6)型6吨车,目前已生产出2辆交巴陆军进行试验。该车用于运输物资或弹药,也可用作火炮牵引车。巴陆军计划装备1万辆。

德国第3代小吨位军用车辆系列投产 经过选型试验后,德军决定采用奔驰公司的MB-250GD越野车和大众公司的VW越野运输车组成其第3代小吨位车辆系列,并计划到1994年采购1.2万辆MB-250GD越野车和5000辆VW越野运输车。德军第3代小吨位车的特点:一是两种车型均为民用现成产品,零部件通用率高;二是全部采用柴油发动机,实现了军用越野车的全部柴油机化;三是车型结构为多轴距、多变型,用途广泛;四是功率、载荷、容积、性能等都有一定提高。

德国研制出Unimog(6×6)8吨新型军用越野运输车 德国默采戴兹—本茨公司研制出Unimog U 2150L(6×6)8吨新型军用越野运输汽车。该车长7.1米,宽2.5米,高2.59米(驾驶室顶)或3.38米(带篷布),离地间隙0.52米(未装载),满载最大重量1.6万公斤。发动机为OM-366型直列6缸水冷柴油机,功率为214马力/2600转/分。变速器为VG3/65型全同步式变速器,有8个前进档和8个倒档,能保证该车具有3~90公里/小时的车速。每个车轴上都装有差速锁,保证车辆在行驶过程中可以气动齿合或离合。转向装置为液压助力转向。金属驾驶室可乘3人,具有隔音、绝热等特点。

法军G-290(6×4)型整装整卸后勤运输车投入海湾战场 在实施海湾"幼鹿"行动中,法国陆军将其先进的G-290(6×4)型整装整卸车投入使用。在"幼鹿"行动中法军共投入了300辆重型运输车,其中大部分是G-290型车,装备参加海湾战争的第503、第511、第516、第519、第121运输团和第6、第17指挥保障团,主要担负从沙特阿拉伯的延布港到法军"幼鹿"作战师之间1000多公里的后勤整装物资(主要是托盘化弹药)的运输,有效地保障了"幼鹿"作战师的战备和作战行动,经受了实战检验。

(巨文新)

丹麦陆军研制出集装箱运载系统 据英国《简氏防务周刊》1990年7月7日报道,丹麦陆军后勤部研制出一种可很快改装成在公路上和越野条件下运输集装箱的集装箱运载系统。该系统可用于运载20英尺

(合 6.1 米)或 40 英尺(合 12.2 米)的 ISO 集装箱或平台,也可用于同样大小的油罐型集装箱、修理所或方舱。它可直接在地面进行卡车或铁路货车的集装箱装卸,也可当做集装箱运输拖车使用。当平台使用时,它可作为普通的载货拖车。大型轮胎使它在各种地形上都有良好的越野能力。该系统提升的最大高度为 1.8 米,最大提升量为 25 吨。集装箱运载系统可由卡车、牵引车或装甲输送车牵引,最高时速为 38 公里。

(李小彤)

南斯拉夫研制出新型军用越野汽车 南斯拉夫军工企业新近研制出 TARA(4×4)军用越野汽车,试验结果表明该车性能良好。该车满载总重 3500 公斤,最高车速达 105 公里/小时,涉水深度 600 毫米,行驶里程 500 公里。发动机为 IMR—54V 型 4 缸水冷式柴油机(汽缸工作容积为 2450 立方厘米)。变速器为全同步机械控制式,有 5 个前进档和 1 个倒档。机械式分动器有 2 个档,速比为 2.72。悬挂装置为 4 轮独立式,带有双横杆、螺旋弹簧(与橡胶弹簧结合)及双作用力式液压减震器。该车可以改装成救护车或指挥车。它可以在—30℃～+55℃的气候条件下使用。

(巨文新)

油料补给装备 1991 年,油料补给装备发展的重点是:研制用于各种作战环境的设备,提高油料装备的战场适应能力;实现装备器材的车载化、单元化、多功能化,提高油料装备的机动性和综合保障能力。在海湾战争中,以美国为首的多国部队动用了各种油料补给装备,保障了作战部队对油料的需求。

美军机动加油设备投入海湾战场 海湾战争期间,美军将 200 多套机动加油设备运往海湾战场,为保证装甲部队用油起到了关键性的作用。机动加油设备主要用于在前方地区开设机动加油站。机动加油装置基本上是采用 5000 加仑油罐车和前方地区组合式加油设备。组合式加油设备由 1 台 350 加仑/分泵组、1 台过滤分离器以及吸油和输油软管组成。其 400 英尺长的软管可开设 8 个加油点。加油时,该设备沿部队行进的路线展开,可迅速为装甲车辆加油,8 辆装甲战车的加油时间为 3～10 分钟。1 个坦克连只用 20 分钟即可完成加油,以前则需要 2 小时。

为保障飞机的用油,美国空军还在战区投入了大量野战场站机动加油装备。其主要种类有 R—9 加油车、R—14 加油设备、FFU—15 过滤分离器、R—22 泵组、PMU—27 加油设备,以及多种容积的软体油桶、油罐和油囊。R—9 加油车是美国空军制式加油车,容积为 5000 加仑。R—14 是一个集燃料接收、储存和分发功能为一体的小型机动设备,它包括 1 台 600 加仑/分离心泵、过滤分离器、控制阀、软管等,以及 2 个 5 万加仑软体油罐,全部设备均载于 1 台挂车上。FFU—15/E 是一种滑橇式过滤分离器,流量为 600 加仑/分。R—22 是一种载于挂车上的油泵装置。该装置由于没有过滤和压力控制系统,因此只能用于大批量油料传输,泵油率为 900 加仑/分。RUM—27 也由挂车运载,包括 1 台 50 加仑/分油泵、过滤分离器、软管等,可用于小型飞机加油或传输少量油料,也可用于地面装备的加油。

美国大批空中加油机投入海湾战争 美国空军共有 3 种型号的空中加油机,即 KC—130、KC—135 和 KC—10。其中 KC—10 为新型加油机。其供油量为 67900 升,供油速度为 5680 升/分,可昼夜同时为 3 架飞机实施空中加油。截至 1991 年,美国空军共有空中加油机 800 架,占世界加油机总数的 80%,海湾战争中,美国共出动 100 多架空中加油机担任战场支援。

美国新型油罐投产 据英国《简氏军用车辆与后勤年鉴(1991～1992)》报道,美国 GTA 容器公司为美国陆军研制生产了一种 GTA 超级油罐,主要用于运送燃料和饮水。该罐卸空时可以折叠,使用时可以滚、拖、车载、漂浮,也可由直升机空投。其主要规格有 55 加仑(208 升)、250 加仑(946 升)和 500 加仑(1893 升)3 种。该罐具有很高的耐磨损、抗穿刺性能,能从 4.5 米的高度空投,每个罐备有一套野外修理工具。除用作油罐和水罐之外,该罐还能用作水面或水下浮动装置、气动千斤顶、护船碰垫,以及水下贮油装置。

美军研制高强度输油软管 为减少软质输油管的储存和运输体积,满足海上锚定要求,美国海军土木工程研究所和美国安古斯公司共同研制了一种轻型可折叠的高抗拉强度输油软管。这种软管主要用作海军陆战队两栖登陆作战的船—岸管线,以取代现装备的 Mil—H82127A 输油软管。该软管在单位长度和纵向抗拉强度方面有较大提高,因而可以代替原漂浮型橡胶软管,用于海上船—船的横向和纵向加油。软管用单层增强的聚氨酯制作,经线选用高抗拉强度的开夫拉帘线,纬线采用高强度低伸聚酯帘线,软管纵向抗拉强度达 21319 公斤。

美国研制成新型轮式车辆加油站设备 据美国《步兵》杂志报道,美国陆军研制成一种新型加油站设备。该设备可与陆军现装备的 M—969、M—970 或 M—131 系列 5000 加仑(18927 升)半挂加油车相配套,组成一个能同时给 8 辆汽车加油的加油站。这种加油站由下述设备组成:1 条 121.92 米长的管线,管线中间有接头与加油车的出油阀连接;8 根带加油枪的 7.62米长的加油软管;以及 T 形接头。加油时,121.92 米长的管线在加油车前后约 60 米的地段展开,8 根加油软管分别用T形接头与管线相接，间隔15.24米，以便有足够的空间停放受油车辆。加油作业结束后，软管和连接件可拆下，放入一个专用设备箱内。

美国、加拿大联合研制新型塑料扁提桶 为改进扁体油桶的使用性能，美、加两国陆军联合研制了一种20升容量的塑料扁提桶，以取代两国陆军延用多年的金属扁提桶。这种塑料扁提桶用聚乙烯塑料制作，具有重量轻、不生锈、搬运方便和不产生响声等特点，比金属桶经久耐用。其形状与金属桶相同，可随车携带。1988年底，美陆军共接收了1500只塑料扁提桶进行环境试验。试验项目包括：投掷、水压、高低温性能，以进一步确定其耐用性、可堆放性和可携带性，以及在野战条件下的卸、注油能力。

德军制定90型油罐车发展计划 90年代初，德军推出了第3代军用车辆发展计划，其中提出的90型油罐车主要包括公路油罐车和机场油罐车两种。公路油罐车含：2万升8×8重型油罐车（装备陆军野战部队）、2万升8×4重型油罐车（装备空、海军及边防部队）和1.6万升双轴油罐挂车（装备同第2种车）。机场油罐车含：带卸油装置的1.3万升6×6重型油罐车（装备陆军航空兵）、不带卸油装置的1.3万升6×6重型油罐车（装备空、海军）和2.7万升重型载拖式油罐车。德军90型油罐车最早将于1997年开始服役。其底盘车将从相应有效载荷的载重车系列中选择。

南非生产新型集装箱式油罐 据英国《简氏军用车辆与后勤年鉴（1991～1992）》报道，南非TFM有限公司已开始生产TFM集装箱式油罐。该油罐由一个装在符合国际标准的坚固框架结构中的钢制或不锈钢制贮罐组成，可由国际标准物资搬运系统搬运。油罐设三个相同容积的舱室，总贮油达2.1万升。该油罐自重4250公斤，长60.058米，宽2.438米，高（钢罐）2.42米。

（杨立明）

卫生装备 1991年，各国都重视单元化机动医疗装备的发展，重视伤员后送工具的研制并积极发展三防医疗救护装备，继续完善野战卫勤保障所需的治疗、救护器材。

苏军研制成充气单元式野战救护所 该救护所由多个充气单元帐篷组成，包括分诊处、急救室、外科室（含手术室、复苏室、实验室、生活间以及设有22～24张病床的住院处）。根据需要，救护所的单元数还可增加，以扩大救治能力。

该救护所的特点是重量轻（每个单元的重量为100公斤。整个救护所的包装体积为8立方米，展开工作时，其体积为800立方米）、展开迅速（可用任何交通工具运输，包括空运、空投或用直升机运输）。

救护所配有1台1～8千瓦的发电机。通常使用一种特制的充气机充气，5～6分钟即可充好。各组合单元在其骨架容许范围内可自动保持稳定的压力。各单元配备的床、沙发、洗脸池、抽水马桶以及重伤员使用的便盆也均为充气式。

苏军在救灾中使用复苏—手术机动医疗单元设备

苏军莫斯科军区于1988年12月组建了编外机动医疗队。这是一支具有机动能力的医疗队。能在最短时间内，把医护人员和医疗设备开赴灾区。该机动医疗队由军区卫勤指挥部指挥。

复苏—手术医疗队全套装备安装在乌拉尔44201—862型汽车列车上。每辆汽车底盘的载重量为7吨，该车为厢式载重汽车，车内装有过滤通风设备、供暖、供水、照明、供氧系统，还有小型电站。

全套设备由4个单元（医疗组）组成：分诊单元（7个位置）、手术单元（2张手术台）、复苏单元（4个位置）、继续治疗单元（7个位置）。伤员通过量：工作16小时为94人，平均行驶速度50～60公里/小时，燃料储备为950公里。全部单元开展时间大约30～40分钟。每个单元都有独立工作职能。该组合单元能在完全独立的条件下工作3～5昼夜。

苏军配备制式消毒包 苏军每个作战人员都配有两种制式个人消毒包。其中一种是IPP消毒包，内含1小瓶氨胺B液（用作洗涤皮肤上的起泡毒剂）、1玻璃瓶解毒剂、4个防烟安瓶、防辐射药丸和一种阿托品注射剂。另一个是IDP消毒包，用于消除个人武器沾染，内含3种安瓿消毒液，用于消毒武器外表，另配有棉质擦棒。

军防化部队则配有较大的消毒包，ADK消毒包用于火炮消毒，PM—DK用于机枪、迫击炮消毒，IDK用于车辆消毒，RDP—4V用于建筑物、小范围地区以及大型车辆与武器消毒。

美军在海湾战争中首次使用“可部署医疗系统”

美军在海湾作战中，以“可部署医疗系统”取代了最早部署在沙特的可运输自给式医疗单元。这是目前美军最先进的医疗系统，三军通用，该系统由战术方舱和整套帐篷组成。其中有手术室、X光室、药房。手术室可以处理大量急性创伤病员，装配有气体麻醉机、手术台、心脏除颤机、X光机以及药品等。至今为止，美军共有50多套该型医疗系统，大约有19816张床位，大部分在后备役部队服务。可部署医疗系统有7种类型，每种类型都由不同的模式单元组合而成。包括手术室、化验室以及病房等。该系统的高技术核心部分装在可扩展式战术方舱内，该方舱由美军纳蒂克研究开发工程中心研制，是利用复杂医疗设备进行手术的理想环境，有多种先进的医疗辅助设备。该系统采用标准柴油机为动力，帐篷内光照设备条件好，室温控制也进一步得到改善。该医疗模式单元系统设备精良、展开使用和维修十分方便。具有可靠性好、使用经济等特点。在海湾战争中，陆军的野战医院、海军的舰队医院以及空军的空运医院都使用了“可部署医疗系统”。

①陆军野战医院。美国陆军在沙特部署的第1个“可部署医疗系统”是一个有60张床位的机动外科医院。至1990年10月美陆军已部署3所“可部署医疗系统”的野战医院。

②空军空运医院。美国空军使用“可部署医疗系统”在沙特设立了多个有50个床位的可空运医院。该医院由C－5“银河”运输机运输。这些医院的医疗设备和帐篷均是可部署医疗系统的模式单元组件，因此具有同样的救护能力。可为3000～5000人提供医疗服务。此外它还具有机动性强、展开迅速的特点。

③海军舰队医院。海军使用“可部署医疗系统”设有17个舰队医院，在海湾开设3个。设置在沙特海岸线附近的海军第5舰队医院，号称世界最大的海军野战医院，占地面积约28英亩(约合170亩)，由可部署医疗模式单元组成手术室、集中治疗室和X射线设备室、化验室、治疗室和许多监护室，可接收数百名伤员，并能提供后方医院同样的最佳医疗技术。

美军在海湾战争中使用医院船 美军于1990年9月首次运用并在海湾部署了2艘医院船，其任务是向美军各军种部队提供机动、灵活、迅速、有效的医疗救护。这两艘名为“仁慈”号和“舒适”号的医院船分别于1986年和1989年底装备美海军的。其排水量为69360吨，航速17.5节。船上各有1000个床位，12个手术室，4个X光室，80个集中治疗室和1个烧伤治疗室，医务人员800人。医院船每天可提供淡水7.5万加仑。每天供餐3次，能在2小时内为2500人供餐。船上设有直升机平台，可垂直接收伤病员并将其直接送入手术室。这两艘船最大收治能力为每昼夜300人。医院船另一个特点是具有化学战防护能力，并能对化学战伤员及时提供医疗救治。

美军在海湾战争中使用野战外科手术台和便携式外科洗消器 美军的野战外科手术台是专为特种部队和前方外科手术队设计的。它用一副标准野战担架作手术平台，并配有外科手术灯、输液架、托手板、手术器械盘等。使用时1人在5分钟内，不用任何工具就可将其组装就绪，此手术台全重85磅(38.5公斤)。

美军在海湾作战中使用的便携式外科洗涤器具有质轻、便于携带的特点。它由可折叠的铝框架、防水织物盆、脚踏操作开关、水流控制阀、电加热器等组成。既可使用加压水源，也可使用无压力水源。还可供应热水，该洗涤器较美军同类制式装备品重量轻一半，体积也小一半。

美军采用新型野战担架和微型X射线机 美军新型野战担架全部由聚丙烯材料制成，比木质帆布担架更易清洗和消除污染。此外还有一种轮式担架车。它主要用于运输病员和较重的装备，此车质轻、结实耐用，稳定性好，可折叠，存放时占空间少。

由美陆军牙科研究所研制的微型X射线机系统，重25磅(11.25公斤)，可用于对牙齿和肢体骨折进行观察诊断，用蓄电池作动力，既可用交流电源也可用车上蓄电池充电，采用无底片成像辅助系统。拍照片后可立即自行洗印成照片。

美海军探讨用气垫船进行医疗后送 据美国《海军陆战队》杂志1990年1月号报道，美海军目前正在探讨用气垫船进行医疗后送的3种方案。

第一种方案是使用现行结构的气垫船，运送伤势较轻的伤员，将他们从海滩后送到有医疗设备的围井甲板式舰船。此方案一项补充措施是在左舷乘客舱的指挥舱增设卧式担架，这样，就可以后送伤势较重的伤员。

第2种方案是利用卫生营的现有装备，例如利用救护车，先将伤员安置在救护车上，然后将救护车装上气垫船，再送到最近的围井甲板式伤员收容救治船上。

第3种方案要求在气垫船置于备用状态时，给担任医疗后送任务的气垫船装上软式(可折叠式)或硬式帐篷，目前有3种帐篷或集装箱房屋系统可装在气垫船的载货甲板上。

美海军两栖战斗编队于1989年1月在科西嘉海岸外进行了一次代号为“菲尼亚”89的两栖演习，在演习中突击登陆艇部队的1艘气垫船在载货甲板上安装2个海军陆战队的远征帐篷系统的集装箱房。共运送250余名伤员，分批后送。每次35～40人。这是有史以来第一次用气垫船进行医疗后送的成功尝试。目前该项研究仍在进行中。

法军在海湾战争中首次使用新型单元化机动医院 法军在海湾战争中首次使用了法国最新研究成果——新型单元化机动医院。它由技术方舱、互连方舱和勤务方舱、帐篷等组成。技术方舱为20英寸的集装箱，其特点是可以扩展、坚固耐用、轻便、密封、便于机动运输等。可用于手术、复苏、X线诊断、野战医疗救护工作。

法军装备机动外科手术队医疗设备 法军新组建的机动外科手术队医疗设备是由法国三军卫勤总局和

法国图卢兹空运试验中心共同设计的，全套设备称作ACP－80型机动外科手术队医疗设备。它能在48小时内对1200～3000人的部队提供卫勤保障。

ACP－80型全套装备由2顶帐篷、手术室全套设备、病房全套设备、2部发电机组等组成。运输时包装成87件、总重为3.5吨，体积12.4立方米。其中1顶帐篷用于开设带无影灯的手术室，另1顶用来开设拥有12个床位的病房，2部发电机组足以为手术队供电。

ACP－80型全套装备，可用“协和”式运输机、C－130、C－141运输机空运，也可空投和用直升机空运，用载重汽车运输更为简便。整个设备展开后占地面积为80平方米，1小时即可完成展开或撤收工作。

意大利研制新型外科方舱单元 据意大利《军事医学杂志》报道，1991年意大利“高山武装部队”与一家公司合作研制了一种新型外科方舱单元。该方舱单元由两个方舱组成，1个是手术室、1个是术后特护室。方舱由PVC材料蒙皮，可由CH－47直升机吊运，也可用CM－80卡车运输，机动性较强。单元采用自备电源，能在－20℃～＋40℃环境条件下工作。每个方舱展开前长4.3米，宽2.1米，高1.55米；展开后长4.3米，宽3.46米，高2.35米，展开后工作面积为15平方英尺。该医疗机动单元除军用外，还可用于灾害和突发事件。

（王玉勤）

机场抢修、抢险装备 **美国空军装备新型玻璃钢道面板** 美国空军现装备的跑道抢修器材基本上都是AM－2铝制道面板，每块尺寸为3600×600×38毫米、重64.8公斤。用100多块这种道面板，20个人在2小时内，可拼装成覆盖700磅炸弹所炸成的弹坑，用完可拆卸收起，以备再用。新装备的卷帘式道面板放在专用铺设车上，这种铺设车的车厢为平台式，道面板像手风琴风箱那样折叠放置在平台上，道面板长40米、宽3.6米。铺设时，道面板从车厢尾部拖出，横向联锁后可铺成弹坑覆盖板，或作为临时滑行道、停机坪等使用。这种新型道面板与AM－2道面板相比，修补同样弹坑可节省20％的抢修时间。其优点是重量轻、强度大、成本低、铺装速度快，1991年已开始装备部队。在海湾战争中，美国空军首次使用了这种新型折叠式玻璃钢（加玻璃纤维的聚氨基甲酸酯）活动道面板。

美国空军装备移动式拦阻设备 据苏联《外军评论》1991年9月报道，美国空军机场现装备的飞机拦阻设备共8种型号，其中BAK－12和BAK－14型占总量的70％。BAK－12拦阻设备由4个制动器、2个控制装置、拦阻索和电源等组成，可拦阻重70吨、速度为350～420公里/时的飞机。实施拦阻时，拦阻索升起，飞机放出的拦阻钩钩在绳索上，即可将飞机拦住，制动距离为360米。BAK系列亦可安装61QIS拦阻网，其支柱升起时间为1.7秒。拦阻大型飞机使用64型拦阻网，有单排网和双排网两种，前者可拦阻重180吨的飞机，后者可拦阻重360吨的飞机。1990年，美空军使用拦阻设备共拦阻飞机600架次，有效防止了大量飞行事故。美国空军新研制的移动式拦阻设备为MMAS型，由两辆牵引车组成，车上装有运输型BAK－12拦阻索，可在28分钟内快速展开，全套设备能用C－130运输机空运，1991年已开始装备霍洛曼空军基地。

英国研制成新型卷帘式道面板 英空军机场原来使用美制AM－2铝道面板，作为快速抢修跑道器材。80年代后期，英国开始使用本国研制的PSA－60卷帘道板，其长度13.5米，宽4.6米，每平米重34公斤，总重2400公斤。卷帘道面板成卷筒状固定在3吨铺设车车厢平台转盘上。车辆行驶时，转盘将卷筒转到与车厢平行的位置。铺设时，转盘转动90°，道面板利用驾驶室顶部的导向轨铺在弹坑上。撤收时，道面板从车厢后面卷到转盘的转轴上。目前，除英国外，德、日、美、加拿大等国空军也使用这种道面板。

法国空军大量使用国产拦阻设备 法国空军基地原装备美制BAK－12拦阻设备。从80年代起开始大量使用本国制造的30型和40型拦阻设备。这两种设备构造基本相同，均可安装拦阻网或拦阻索，其不同点是拦阻飞机的重量不同。40型拦阻网高3.7米，宽58米，升起时间为1秒，使用寿命4年；拦阻索长60米，升起时间为1.5秒；可拦阻重34吨、滑行速度360公里/时的飞机，制动距离为370米。拦面网（索）可自动、电动和遥控升起。全套飞机拦阻设备可用C－160或C－130飞机空运。

（李维泽）

后勤自动化系统 1991年，各国后勤自动化指挥管理系统有了明显的发展，原有的自动化系统得到改进，新的自动化系统正在研制，自动化系统的使用范围也在拓宽。一年来，苏联武装力量根据划区保障的需要，正在建立后勤划区保障自动化网络示范区。美军在已建成运输自动化指挥网络的基础上，研制了运输协调自动化指挥管理系统，以便更好地解决动员计划及部队部署的后勤运输工作。为了解决从事危险作业的人员安全问题，美军正积极研制后勤作业智能机器人，如野战物料装卸机器人、爆炸物处理机器人等。许多国家正在探索使后勤保障业务实现自动化的可能性。例如，日本正在探索在军械、通信仓库采用自动化系统的途径。

在海湾战争中，以美国为首的多国部队为保障其部队作战，将大量后勤自动化系统投入使用，从美本土，到战区，直到各师、团，构成了后勤自动化系统的完整神经网络，使运输、补给、维修、卫勤等诸方面形成了一条龙式的自动化指挥系统，对陆、海、空军后勤的决策与实施起了巨大作用。

苏军研究后勤划区保障后的自动化管理问题 苏军实施后勤划区保障后，各大基地和仓库的职能加重，自主权更大，为使这些单位更好地发挥计划、统计、监督等职能，正指定试点单位全方位研究计算机网络问题。为此，建立了一个后勤划区保障自动化网络示范区。在示范区内，划区保障中心基地的计算机网络安装了多台计算机。统计业务处装1～2台，各保管处各装1台，基地指挥部装1～2台。在实际使用时，中心基地通过现代信息技术，实现各单位之间的无文书传递信息和拟制必要的文件。

苏军探索军事交通管理自动化的途径 为提高军事运输的管理效能，苏军正将各类计算机使用于军交部门实施军事运输作业的自动化管理。实现自动化管理的重点办法是使用微机为交通沿线各军交部门建立自动化工作站。工作站分为两种：一种是自动化指挥工作站，一种是军交信息搜集与处理站。建立自动工作站正分步进行。最初只能单个设置，单独使用；第2步是建立局部网络；第3步是将各局部网连通。这样的综合系统可使各单位进行信息自动交换。

美军在海湾战场建立后勤自动化指挥体系 在海湾战争中，美军为实施快速有力的后勤保障，将其各种自动化管理系统首次投入实战，并在战争中得到了检验。在此次战争中，美军后勤自动化指挥管理系统是按军种分别设置的。在整个陆军中又按纵向和横向设置。在纵向上依指挥层次，分为基层部队、旅、师、军、战区、总部自动化系统；在横向上，则按补给、弹药、维修、运输分为不同功能的软件系统和保障网络。在补给方面：有分队级计算机系统、标准军用财产登记系统、陆军标准部队补给系统、直接支援部队标准补给系统、陆军标准中间级补给系统；在弹药保障方面有标准陆军弹药系统；在维修方面有标准陆军维修系统；在运输方面，有陆军部队标准港口增强型系统和自动化空运装载计划系统。其自动化指挥网络见下图。美陆军各级后勤自动化系统分布情况见下表。

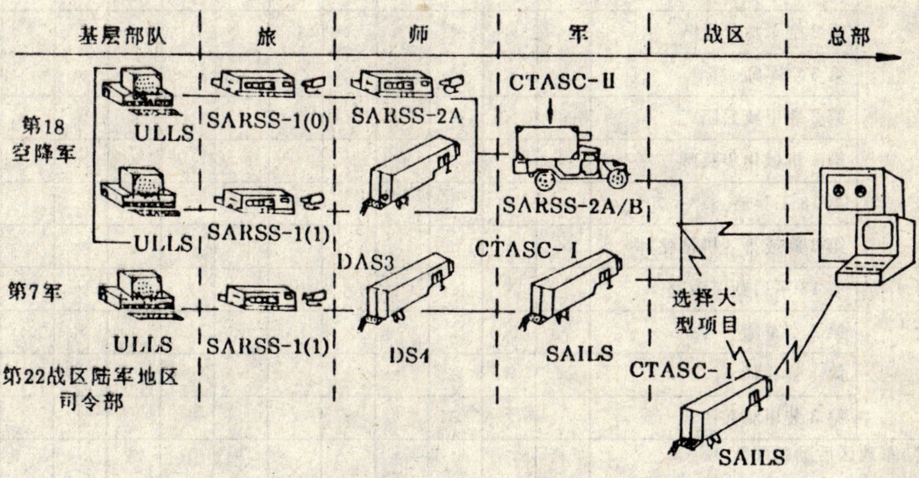

图1 海湾地区美陆军后勤自动化指挥网路

注：ULLS—分队级计算机系统。SARSS—陆军标准部队补给系统，由三个部分组成：SARSS—1负责补给业务，用于基层补给业务；SARSS—2负责物资管理，用于军、师两级；SARSS—3负责补给管理，用于战区。

DS4—直接支援部队标准补给系统，这是一种较老的师一级使用的补给系统，逐渐为SARSS软件取代。为解决过渡期两种软件的兼容和联网，陆军诸兵种联合武器保障司令部(CASCOM)和陆军信息系统软件开发中心(DCL)研制了专门接口。DAS3—分布式自动化勤务保障系统。SAILS—陆军标准中间级补给系统。CTASC—军、战区数据自动化处理中心。

海湾美陆军部队后勤自动化系统分布表

部队		补给：分队级计算机系统	补给：标准军用财产登记系统	补给：陆军标准部队补给系统 1	补给：陆军标准部队补给系统 0	补给：直接支援部队标准补给系统	补给：陆军标准中间级补给系统	弹药：标准陆军弹药系统 $\frac{1}{3}$	弹药：标准陆军弹药系统 4	弹药：标准陆军弹药系统师弹药办公室	维修：标准陆军维修系统 1	维修：标准陆军维修系统 2	运输：陆军部标准港口增强型系统	运输：自动化空运装载计划系统
第18空降军(第2物资管理中心)	第1军后勤保障部	×	×		×			×	×		×	×		×
	第82空降师	×	×		×						×	×		×
	第101空中突击师	×	×	×		×				×	×	×		
	第24机械化步兵师		×	×		×		×	×	×	×	×		
	第197步兵师		×	×		×		×	×		×	×		
	第12航空旅	×	×	×										
第7军(第800物资管理中心)	第2军后勤保障部	×	×	×		×	×			×	×			
	第1空军师	×	×	×		×				×	×			
	第2空军师分遣队	×	×	×		×				×	×			
	第3空军师	×	×	×		×				×	×			
	第2装甲骑兵团	×	×	×		×				×	×			
	第1机械化步兵师		×	×		×				×	×			
	第18工兵旅	×	×											
	第3旅或第3机械化师	×	×	×										
第3军(第4物资管理中心)	第13军后勤保障部		×	×		×	×	×	×		×	×		×
	第2空军师	×	×	×		×					×	×		
	第1骑兵师	×	×	×		×					×	×		
	第3装甲骑兵团		×	×		×					×	×		
第22战区陆军地区后勤部部队(第321物资管理中心)							×	×				×	×	

美军在海湾战争中使用自动化运输指挥系统 在海湾战争中，美军将军事交通管理司令部正在研制的运输协调自动化指挥与控制信息系统首次用于美国陆军的海湾行动，并取得成功。

该系统是为支援联合部署机构的动员计划和实施工作而设计的。它能使部署中的部队和动员站具有确定将部队运往启运港所需运送量的能力。在“沙漠盾牌”行动中，美军使用该系统协助制定部署装备的清单，确定所需的海运、空运和商运需求，同时各动员站也使用该系统自动地准备运输文件，制作条形码货运标签。

该系统还能提供部队调动数据，并将其传送给美军部队司令部和各地区的军交司令部，供制订战略和作战计划使用。各地区军交司令部将部队调动数据，作为制订装备运至启运港计划工作的数据库，以确定征用船只及港口的数量，并向启运港提供到货的日期。在海湾行动中实际运用表明，尽管运输协调自动化指挥与控制信息系统还处于研制阶段，但它已能满足陆军在部署兵力时的要求。

美国空军后勤在海湾部署计算机通信网络系统 这是美国空军花费2亿美元采购的一套电脑系统，它加速了飞机零件的补给工作。通过这套系统，美国空军只需1个小时就从海湾战区获得所需零部件。如果战区无货，可用该系统通过卫星将申请信息传到美国，再通过空军后勤司令部的计算机通信网络，经过劳里空军基地中央计算机系统处理，将信息传到有关后勤仓库，最后由空军军运司令部负责将所需零部件运到海湾战区。从发出需求申请到获得所需零部件，总的时间不超过24小时。在1990年12月末部署该系统之前，需将需求申请录制在计算机磁盘上，空运回美国，才能获得所需的补给。

美国陆军拟制计算机辅助采购与后勤保障计划 为使陆军武器装备达到全寿命自动化管理，美陆军主要自动化信息系统审查委员会于1987年10月批准了陆军拟制计算机辅助采购与后勤保障计划（CALS）。1988年5月国防部主审委批准了里程碑零号方案。该计划将达到下述6个目标：(1)建立一个可使各用户共享后勤技术信息的系统结构；(2)建立一个在武器系统全寿命周期内收集其数据的通用集成结构；(3)在部队基层单位和军队与厂家之间建立计算机信息交换接口；(4)执行国防部范围内通用的后勤技术信息标准；(5)为武器系统开发单位提供统一的综合后勤保障手段和具有可靠性、可用性和可维修性的检测手段；(6)建立一个在规模、范围和功能方面能适应21世纪初武器系统采购与后勤保障需要的弹性结构。该计划必备的信息资源包括：后勤保障分析纪录、供应技术文件、采购数据包、新装备训练计划、技术手册、仓库维修作业要求、仓库维修保障计划等。利用上述各种信息资源，CALS总体结构承包商制作基本功能模块的组成部分，使之结合成辅助与后勤保障自动化系统。1992年基本模块将首批配发全国5个陆军单位，并选定LHX直升机作为第一种武器系统，按CALS为其提供全寿命周期保障。该计划将于2003年实现目标系统结构。

美国陆军标准弹药系统列装 据美《陆军后勤》1991年3～4月号报道，美国陆军标准弹药系统取代师级弹药人工管理系统，于1991财年装备到美军现役和后备役部队。该系统是一个信息管理系统，可帮助师弹药主任控制和分发师、独立旅、装甲骑兵团的常规弹药、非核弹头的导弹和大型火箭。该系统将同库存品管理登记和战区、军物资管理中心的标准陆军弹药系统－1、标准陆军弹药系统－3、各弹药补给所的标准陆军弹药系统－4接口。

美军研究野战物料装卸机器人 美陆军人类工程研究所正与其他单位合作，研究野战条件下装卸炮弹托盘的大型机器人(FMR)。该机器人的主要任务是，从各种运输车辆上卸下弹药托盘，主要作业对象是155、105、50毫米的3种弹药托盘，最大有效负荷4000磅。它由两部分组成：操纵器(硬件)和控制软件。控制系统有4个主要元件：实时控制系统及传感器、操纵器控制器、手动控制系统、安全监测系统。该机器人具有机动能力，最大空载行驶速度为24公里/小时，可以4公里/小时的速度爬13度的斜坡。该机器人1988年研制完成，1989年进行调试和演示。

日本陆上自卫队推进军械补给业务的自动化 日陆上自卫队参谋部为了实现后勤保障业务自动化管理，计划于1991～1992年先将军械补给处的仓库进行自动化，尔后再向其他仓库推进。

目前，陆上自卫队的装备物资补给由军械、军需、通信、设施四个中央补给处和北海道、东北、关西和九州四个地区补给处实施。陆军后勤现用的计算机系统，除上述补给业务使用的计算机系统外，还包括约20套电子交换装置。由于1991年实施新中期防卫计划，人员状况更加紧张，使用自动化系统以弥补人员的不足便迫在眉睫。因此，陆上自卫队计划在1991—1992年度内先更新军械库的业务自动化设备，引进LAN系统，尔后，再推进通信补给处的自动化管理。

新加坡国防部研制成军需采购与财务管理网络 为简化军用物资采购程序，减轻后勤人员负担，新加坡国防部已研制成一个军需采购与财务管理网络。有了这一网络，国防部与武装部队后勤、采购和财务部门，以及和国防部进行交易的国内外各公司，将更迅速地交换信息，处理业务。它是新加坡研制的第1套采购和财务功能相结合的电子数据交换系统，也是国防部设计的第1个电子数据交换系统。1991年10月10日，国防部有关部门主持了验收仪式，并对自1990年12月至1991年8月间参加网络试用的10家公司颁发了纪念章。国防部在完成此项工作后，还计划将其扩展到国防部其他部门，如产业管理、人力、行政、工程、法律与医疗服务等领域。

德国研制军事装备自动化标准测试设备 近年来，德国克鲁勃·阿特拉斯电子公司研制出电子计算机控制的自动化标准测试设备。它能对军事装备的电子部件快速、准确地进行自动测试，找出故障并进行换件修理。

这种标准测试设备安装在一个方舱内，由1辆半挂车运载，机动性好。检修作业时，先用匹配器将军事装备电子部件与测试器连接起来，然后通过专用的软件就可以自动测试，测出故障后进行换件修理。

克鲁勃·阿特拉斯电子公司已研制出多种由计算机控制的自动测试设备，比较有名的有 RPP 主战坦克内装式自动测试系统，它可以与车辆所有的电子、光电和机电部件连接，进行自动检测。

（张春山）

建军方针、计划与方案

中国人民解放军建设方针原则 1991年，中国人民解放军围绕加强革命化、现代化、正规化建设的总任务，继续贯彻1990年确定的一系列方针原则，并在贯彻落实中不断总结经验，丰富和发展了这些方针原则；同时，根据形势的发展和军队建设实践的需要，提出了进一步贯彻这些方针原则的具体任务。

中央军委指导军队建设一系列指示、决策的基本精神 (一)批转一系列重要文件，分别就军队建设的重大问题作出决策、提出要求。先后批准颁发了《中国人民解放军政治工作条例》；颁发了《中央军委关于改进和加强军队财务管理的决定》；批转了总参谋部工作会议纪要《坚持战斗力标准，开创军事训练和管理工作的新局面，努力实现军事上过硬》，并发出通知要求全军齐心协力抓好军事工作；批转了三总部《关于军办企业实行集中归口管理的意见》；批准颁发了《总后勤部关于持续稳定发展军队农副业生产的意见》；与国务院联合批转了《全国拥军优属拥政爱民工作会议纪要》，并发出通知要求把双拥工作作为一件大事来抓；等等。

(二)印发或宣传军委主要领导人在视察、检阅部队时所作的指示和在一些重要会议上的讲话，及时向全军提出新形势下加强部队建设、做好各项工作的意见。这些指示和讲话主要是：军委主席江泽民1991年2月上中旬视察驻河南部队、3月中旬视察驻湖南部队、9月10日检阅北京军区军事训练、9月中下旬视察驻河北部队时所作的指示；军委副主席刘华清1991年3月27日在七届人大四次会议解放军代表团审议李鹏总理报告的分组会上的发言，5月25日在装甲兵工程学院建院30周年庆祝大会上的讲话，9月上中旬考察驻山东部队时所作的指示；等等。

上述文件和指示的基本精神，概括起来就是：继续围绕建设“一支强大的现代化、正规化的革命军队”的总任务，坚持战斗力标准，深入贯彻各项工作的既定方针原则，不断解决新问题，扎扎实实地做好各项工作，努力实现“政治合格，军事过硬，作风优良，纪律严明，保障有力”的基本要求，为有效地履行国家宪法赋予人民解放军的神圣职责，为实现国家社会主义现代化建设第二步战略目标，作出新的更大的贡献。

在这一基本精神的指导下，一年来人民解放军的各项工作继续深入地贯彻落实了既定的方针原则，并根据形势的发展和实践的需要，不断完善这些方针原则，提出新的任务。

政治建设的方针、原则和任务 1991年9月，军委秘书长、总政治部主任杨白冰在全军政治工作座谈会上的讲话中，要求全军政治工作干部“认清政治工作面临的新的形势，在加强军队政治建设上要有更高的标准，更大的作为。不管今后国际风云如何变幻，不管前进道路上会有多少困难和压力，我们都要紧密团结在以江泽民同志为核心的党中央、中央军委周围，上下一心，和衷共济，排除各方面的干扰，坚定不移、满怀信心地把我们自己的事情办好，把政治建设搞好，使军队在任何时候、任何情况下都能坚如磐石，稳如泰山，完成好党、国家和人民赋予的神圣使命”。在总政治部领导下，1991年全军的政治建设继续贯彻了如下方针原则：一是坚持党的绝对领导，保持军队的高度集中统一，一切行动听从党中央、中央军委的指挥；二是坚持四项基本原则，反对资产阶级自由化；三是抓好军队中各级党组织、特别是基层党支部的建设，提高党员的质量。为进一步加强政治建设，总政治部先后与国家民政部联合召开了全国拥军优属拥政爱民工作会议；发出了《关于认真学习和贯彻落实〈中国人民解放军政治工作条例〉的通知》，并召开了机关学习贯彻政工条例大会；召开了全军政治工作座谈会，讨论修改了《军队经常性思想工作要则》等。这些，都使军队政治建设的方针原则进一步具体化，并获得了新发展。其内容主要是：

坚持用政工条例规范全军政治工作。中央军委批准颁发的新的政工条例，对军队政治工作的地位作用、性质任务、方针原则、组织形式、职责制度以及需要处理好的重要关系，作了全面的阐述和明确的规定，是军队政治工作的根本法规，具有很强的规范性和权威性，必须坚持不懈地用它来规范全军的政治工作。当前特别要注意克服“运动式”的或带运动色彩的工作方式和作风。全军政治机关和政治干部在学习和贯彻条例中，要带好头，作表率。要结合工作实际深入学、反复学，做到知条例、懂条例、用条例；要按照条例规定，制定和完善有关的规章制度；机关各部门在办事程序、起草文件，特别是指导部队工作中，要严格按照条例的规定办。

加强和改进经常性思想工作。经全军政治工作座谈会讨论修改、即将颁发全军执行的《军队经常性思想工作要则》，是人民解放军思想工作长期以来实践经验和研究成果的集中体现，必须全面落实，努力实现经常性思想工作的新突破。一是要努力提高基层干部特别是政治指导员做好经常性思想工作的能力；二是要渗透到各项工作中去，保证教育训练等各项任务的完成；三是要在继承的基础上改进和创新；四是政治机关各部门要紧密配合，共同来抓。

深入开展拥政爱民活动。拥政爱民是人民解放军的优良传统和特有的政治优势。在新的形势下，深入开展拥政爱民活动，进一步密切军政军民关系，加强军政军民团结，对于保证国家的长治久安和社会主义制度的巩固，对于实现经济和社会发展的第二步战略目标，对于推进人民解放军的革命化、现代化、正规化建设，都具有十分重要的政治意义。因此，要把这项工作作为一件大事来抓，使之更加深入、更加扎实地开展，以实现国务院、中央军委批转的《全国拥军优属拥政爱民工作会议纪要》提出的当前和今后一个时期拥政爱民工作八个方面的基本任务。

军事工作的方针、原则和任务 1991 年，人民解放军总参谋部根据中央军委在批转《总参谋部工作会议纪要》时发出的通知的精神，先后部署了部队军事训练任务，抓紧了总参工作会议精神的贯彻落实，召开了全军训练、管理工作会议和全军武器装备工作会议。这些重要活动，具体地反映了 1991 年人民解放军军事工作继续贯彻落实并在实践中不断发展的方针原则和任务。主要是：

（一）加强军队质量建设，走有中国特色的精兵之路。人民解放军的质量包含三个方面：一是要有高度的政治觉悟、先进的军事思想和较高科学文化素养的指战员；二是要有精良的现代化武器装备；三是要把人和武器装备很好地结合起来，也就是要有科学的编成和严格的训练。质量建设不仅仅是提高武器装备的现代化水平，还要注重在提高人的军政素质和进一步理顺体制编制，优化军队组合等方面体现出来，向质量要效益，向质量要战斗力。

（二）坚持战斗力标准，实现军事过硬。军事过硬有六条基本标志，即战斗思想牢固，有强烈的职能意识，有随时准备打仗、随时准备执行紧急任务的思想，有旺盛的战斗意志；战备工作落实，包括各项制度、措施落实，武器装备处于良好状态，反应快速，保障有力，能随时执行紧急任务；军事技术精湛，能熟练掌握手中武器和技术装备，有效地实现现有武器装备的效能；战役战术灵活，能从实际出发，实施正确的组织指挥，诸军兵种密切协同，充分发挥部队的整体作战能力；组织纪律严明，执行条令坚决，一切行动听指挥，在任何情况下，都能保持高度集中统一；战斗作风顽强，不怕艰难困苦，不怕流血牺牲，经得起艰巨任务和复杂环境的考验。这六条基本标志是战斗力标准在军事工作上的具体化，必须用它指导军事工作的落实，检验军事工作的成效，不断朝着军事过硬的目标前进。

（三）始终抓住军事训练和管理工作不放，全面提高部队的军事素质。要以军事训练为中心，统筹安排各项工作，形成党委议军、主官上阵、机关合力抓训练的局面，保证部队训练任务的完成；要坚持从严训练，把组织领导训练的重心放在抓质量上，把训练质量的高低，作为检验部队训练水平、衡量工作实绩的基本尺度；要坚持依法治训，严格执行《军事训练条例》等新一代训练法规，逐步建立和完善正规的训练秩序，把军事训练引向严格、正规、扎实、过硬的轨道；要坚持求真务实，进一步端正训练作风，坚持练为战，反对练为看，坚持练硬功，反对摆花架子；要加强军队各级干部的在职训练，提高干部的组训能力；要重视研究新情况、新问题，坚持以毛泽东军事思想为指针，研究现代条件下的人民战争，研究以现有装备克敌制胜的战法，用以指导部队的训练实践。全军的军事训练工作，要坚持连续打几年基础的思想，扎扎实实练好基本功，要有重点地抓好单兵训练、分队训练、合同战役战术训练。在搞好军事训练的同时，要抓好部队的正规化管理，依照条令条例从严管理部队；要加强教导队的建设，使经过培训的班长、骨干能指挥打仗、能组织训练、能管理士兵，会讲、会做、会教、会做思想工作，把部队管理提高到一个新水平。

除了上述三个方面的方针原则和任务，总参谋部还提出了军事工作的其他一些着眼点：一是从军队质量建设的需要出发，切实做好武器装备的研制、生产和管理工作；二是努力提高部队的机动作战能力和部队的战备水平；三是加强后备力量建设，提高国防动员能力；四是抓好司令部机关建设，着力提高组织指挥和指导工作的能力。

后勤工作的方针、原则和任务 1991年12月，人民解放军总后勤部召开了以注重质量建设，提高综合保障能力为主题的全军后勤工作会议，中央军委委员、总后勤部部长赵南起作了重要讲话。这个讲话在总结1991年军队后勤工作贯彻既定方针原则、完成各项任务所取得的成果的基础上，提出了1992年和今后一个时期全军后勤工作的指导思想和任务。

1991年，全军后勤工作贯彻落实的方针原则和任务是：根据《中央军委关于改进和加强军队财务管理的决定》，通过完善事业经费"双轨"管理体制，清理银行帐户等，加强财务统管和资金的集中使用，提高军费使用效益；全军房地产清查整顿工作取得突破性进展；军办企业实行集中归口管理，并取得阶段性成果；按照《军队基层后勤管理暂行规定》，实行基层后勤规范化管理；加强对装备购置与维修的保障和重点部队的后勤保障；积极开展后勤科研，提高部队保障能力。

1992年和此后一个时期，全军后勤工作的指导思想是：注重质量建设，坚持勤俭建军，搞好调整改革，强化后勤管理，提高军事经济效益，提高综合保障能力。在后勤领域中坚持质量建设的方针，一定要从国情军情出发，以国家经济和科技实力的增强，求得军队建设的发展；以政治上的优势，弥补装备上的劣势；以调动人的积极因素，充分发挥物的作用；以结构的优化，谋求整体功能的增强；以管理的改善，取得效率效益的提高；做到以较少的投入，获得更高的战斗力。围绕贯彻注重质量建设的方针，后勤工作的任务是：统筹安排，保障重点；优化结构，提高功能；集中统一，加强管理；整顿生产，兴利除弊；改进作风，服务基层；艰苦奋斗，勤俭建军。

主要资料来源：

《解放军报》1991年1月1日、11日、23日，2月2日，3月6日、15日，9月4日、13日，12月9日、17日、22日第1版。

（吴子勇）

美国建军计划 1990年8月，美国总统布什提出了以"全球威慑，应急反应，前沿存在，部队重建"为基本内容的新军事战略。为了贯彻这一战略，美国防部长切尼在1991年的国防报告中，提出了美军建设的总计划和总设想。此后，陆、海、空三军领帅机构又制定了本军种的军队建设方案。总的来看，美军建设的指导思想是：减少数量，提高质量，优化结构，理顺关系，搞好训练，加强战备，继续发展高性能武器装备，以提高部队的应急反应能力、快速部署能力、战略机动能力和部队重建能力。

缩小军队规模，优化组织结构 鉴于原苏联的威胁已大大减轻，以及军事预算逐年减少等原因，美国决定从1990财年起大幅度削减军队员额。到1995财年，现役军人总数将由207万减至165.3万，减少25%。陆军减幅很大：现役师由18个，74.5万人，减至12个，53.5万人，减少近29%；预备役由10个师，77.6万人，减至8个师，55.1万人，减少29%。1991年，陆军已撤编2个现役师（即第2装甲师和第9步兵师）。空军现役军人减幅最大：从1990财年到1992财年底，由57.09万人减至51.4万人，到1995财年将减至41.5万人，共减少33.4%。在这5年间，24个现役战术战斗机联队将减至15个，12个后备役联队将减至11个，战略轰炸机由268架减至181架。1991年，空军撤销了中型轰炸机联队和战术战斗机联队各1个。从1990财年到1995财年，海军作战舰艇将由545艘减至451艘，其中航空母舰将由16艘减至13艘（含1艘训练航母），航母飞行联队由15个（其中现役13个）减至13个（现役11个）。到1991年年底，海军作战舰艇已减至465艘，比1990财年减少了80艘。

结构决定功能。美军十分重视利用这次裁减员额的机会，根据新军事战略的要求，优化组织结构，改革编制体制。

1. 调整全军性指挥机构。美军现行指挥机构是东西方"冷战"的产物，随着华约和苏联的解体，已不再适应新形势的需要。为此，美国防部决定将现直属参谋长联席会议的10个大司令部改编成8个大司令部。其具体做法是：撤销南方总部、大西洋总部、欧洲总部、中央总部、太平洋总部、特种作战司令部、战略空军司令部和部队司令部，保留航天司令部和军事运输司令部，新组建大西洋部队司令部、太平洋部队司令部、应急部队司令部、战略部队司令部、重组部队司令部和研究与发展司令部。在美军新组建的6个司令部中，前4个是美军作战力量的主体；后2个再加保留下来的2个司令部，主要起"支援作用"。组建战略部队司令部的工作已于1991年全面展开，预计于1992年6月1日全部完成。

2. 改革军种指挥体制。与全军性指挥机构调整相适应，各军种也在酝酿或已开始改革自身的指挥体制。在陆、海、空三个军种中，空军的指挥体制改革动手早，行动快，已全面铺开。按计划，空军将通过撤销、合并、降格等手段，将其13个大司令部减为10个。战略空军司令部、战术空军司令部和军事空运司令部合并后将组成空中机动司令部和空中作战司令部。这两大司令部于1992年年初开始组建，年底建成。将空军后勤司令部与空军系统司令部合并组成空军装备司令部。合并工作于1991年10月1日开始，于1992年7月1日完成。空军通信司令部将降格为空军通信局。空军情报局和空军电子保密司令部将合并组成空军情报司令部。其余6个司令部（即太平洋空军司令部、中央空军司令部、欧洲空军司令部、空军航天司令部、空军特种作战司令部和空军训练司令部）将保持不变。陆军也计划在1992～1993财年对其所辖各大司令部进行调整，初步确定撤销陆军南方司令部，并缩编5个司令部。海军因其独有的特点，指挥体制尚无多大变动。

3.改革部队编制。美军部队编制改革的出发点是：加强部队的合成性，使其更适于"对付在第三世界突然爆发的中、低强度冲突"。为此，陆军正在考虑进行两项改革：一是把旅编成拥有战斗分队、战斗支援分队和战斗勤务支援分队的基本作战部队，取代现在的师；二是平时分编战斗部队和支援部队，到战时再把支援部队临时配属给战斗部队。空军根据海湾战争中的经验教训，已决定组建混编联队。这种联队由战术战斗机、战略轰炸机、预警机、空中加油机等多机种组成，既能遂行远、近程打击任务，又能进行空中阻滞和夺取制空权，因而适于对付局部战争和突发事件。海军也在考虑在各舰队中组建由各种舰艇组成的混编战斗群。陆战队则计划将下辖4个连的步兵营改为下辖3个连，使其共减少8个步兵连。

提高人员素质，重视"领导"建设 美军高级领导人最近指出："进行战争离不开武器，但赢得战争则要靠人。"因此，美军在军队建设中十分重视提高官兵的素质。

为了拥有高质量的士兵，美军强调抓好征兵、培养、保留和退役4个环节。经过长时间的摸索，美军得出的结论是：把好征兵关是获得优秀士兵的关键；优秀的应征者一般都持有高中毕业文凭，在"武装部队合格测试"中成绩优良。为了吸引优秀青年入伍，美军采取了多种措施，并于去年设立了"大学基金"。凡在"武装部队合格测试"中成绩中等以上的高中毕业生新兵，服役2～4年后，均可得到25200美元，作为上大学的费用。现在，新兵的质量有了明显提高：1980～1991年，高中毕业生新兵由54%提高到98%，在"武装部队合格测试"中成绩中等以上的新兵由25%提高到75%，成绩劣等的新兵由57%下降到1%。

培养是指为士兵创造良好的学习环境，提高他们的文化素养。美军在750人以上的部队驻地都设有文化教育中心。士兵可在此学习高中、大学课程，也可参加各种技术培训班。此外，经批准，士兵还可以离职到地方院校学习，以取得学位。保留是指使优秀士兵超期服役。在陆军中，超期服役士兵已占1/3以上。保留优秀士兵的措施，主要是提高待遇和加强精神教育。

抓好退役这一环节，对吸引优秀青年入伍和使优秀士兵留队至关重要。为了使退伍士兵得到妥善安置，到地方后找到合适的工作，各军种不仅组织了各种就业培训班，还与地方官员和企业领导人联系，请他们多聘用退伍军人。1990年7月，国会还通过了退伍军人一揽子福利计划。该计划规定：凡服役5～20年因裁军而退役的军人，可得到金额为年薪10%乘以军龄的退役金；退伍军人及其家属享受半年公费医疗和1年医疗包干；各军种设立"帮助找工作办公室"，帮助退伍军人到地方找工作。

"领导"建设主要包括两项内容。一项是要求军事领导者（即军官、准尉和士官）必须具备应有的素质。陆军部第600－32号手册《培养领导者》规定，军事领导者应能：预见、驾驭和利用即将发生的变化；献身国防，品德高尚；精通战术，对先进技术求知若渴；善于教导、指导和疏导部属；能够把部属团结在自己的周围，形成一个凝集力很强的群体；善于交往，在同级和上下级之间培育相互信任的感情；善于解决难题；在逆境中行动果敢；勇于开拓创新，深思熟虑，敢于冒险，利用时机；不断为部属确定目标、提供指导、激发他们的积极性。另一项是要求各军种关心和培养军事领导者，使他们具备上述素质，掌握领导艺术。美军培养军事领导者的途径是，院校培训、工作实践和"自我发展"。院校培训在正规军事院校教育系统进行，目的是向军事领导者传授担任本级或上一级职务所必备的知识、技能和方法。工作实践是指各级军事领导者在各自的工作岗位上锻炼自己，增长才干，获取实际经验。"自我发展"要求军官或士官制定自学计划，坚持按计划读书、进修或进行学术研究。

加强部队训练，提高战备水平 1991年，各军种都根据新军事战略赋予本军种的作战任务，制定了部队训练计划。从这些计划看，美军十分强调进行下述训练：

1.快速反应训练。美军认为，未来战争具有突然性强、预警时间短的特点。美军必须重视快速反应训练，提高快速反应能力，使部队处于"随时可赴世界任何地区作战"的高度戒备状态。这一训练的基本要求是，战备部队接到命令后能做到：先头营在24小时内到达出事地点，旅在4～7天内到达危机地区，师在10～15天内、军在75天内到达战区。为了使部队能快速部署到海外作战，美军经常组织应急作战演习。

2.适应性训练。适应性训练是指为了使部队适应未来作战环境而进行的训练，有很强的目的性和针对性。陆军要求各步兵营每年都到"热带丛林作战训练中心”和“寒带作战训练中心”进行适应性训练。由于要准备打高、中、低不同强度的战争,美军在德国的霍恩费尔斯建立了“机动作战训练中心”,在本土阿肯色州建立了“联合战备训练中心”。装甲营和机械化步兵营每年要到“机动作战训练中心”,进行高、中强度战争条件下的演练,每期4天;步兵、空降兵和特种作战部队则要到“联合战备训练中心”进行中、低强度战争条件下的作战训练,每期12天。

3.联合演习。海湾战争后,美军更加重视各军兵种和有盟军参加的联合演习,认为这不仅可提高部队的协同作战能力,还有助于加强与盟军的合作和美军的“前沿存在”。根据参谋长联席会议的指示,陆军和空军都增加了年度联合演习的时间,驻本土的部分陆、空军部队也要到德国的“勇士战备中心”训练场,进行战术、战役、战区级联合演习。

研制高性能武器,保持“技术优势” 1991年年底,美国防部长切尼说,90年代将是“试制而不是生产的10年,美军在武器系统现代化建设中将采取“多研究,少生产”的方针。在这一方针指导下,美军在大幅度削减武器采购费的同时,逐年增加了武器研究与发展费。据1993财年国防报告提供的数字,1991、1992、1993财年,采购费分别为665亿、585亿、544亿美元,而研究与发展费则为361亿、369亿、388亿美元。

为了至少到下个世纪初仍保持“技术优势”,各军种都制定了武器发展规划,确定了武器发展重点。陆军确定的重点发展项目包括:新一代装甲车辆系列,轻装甲侦察/攻击直升机,联合监视目标攻击雷达系统,“萨达姆”反坦克导弹,高级野战火炮系统,以及战术导弹防御系统。海军将重点研究和发展反潜技术、舰艇防空技术、反水面舰艇作战武器系统、反水雷技术和作战支援系统。空军计划重点发展的4大技术是隐形技术、精确制导技术、电子干扰与抗干扰技术和C^3I技术。隐形技术将用于第四代战斗机和新式巡航导弹,精确制导技术用于新一代机载武器。

为了节约军费,美军在武器研制方面采取了两项措施。一是停止某些武器装备的生产与采购。在1990和1991年里,切尼已下令停止执行100多项武器生产计划,其中有“和平保卫者”洲际导弹、A－12隐形飞机、F－15和F－16战斗机、海军先进战术战斗机、“三叉戟”级潜艇、M－1坦克和“阿帕奇”直升机等。二是调整某些研制项目与采购计划。B－2隐形轰炸机的生产与采购数量将减至20架,这一调整将使美军节约145亿美元。为了弥补停止研制“侏儒”洲际导弹给美国战略核力量造成的损失,将改进“民兵”Ⅲ洲际导弹的研制系统,这样做将节约10亿美元。取消“海狼”级潜艇研制计划,继续使用SSN－688潜艇,设计一种费用较低且便于将来改进的潜艇,这可节约175亿美元。推迟“科曼奇”轻型直升机的生产,只制造样机;对“阿帕奇”直升机和OH－58D直升机加以改进,装先进的火控雷达系统和高性能发动机,可节约34亿美元。此外,推迟发展“布洛克”Ⅲ型坦克、停止设计和研究先进的空对空导弹,只研究不采购海军的水下监视系统,将分别节约4亿美元、6亿美元、7亿美元。总之,1993财年国防预算对各项研制与采购计划进行调整后,到1997财年可累计节约421亿美元。终止1993财年要求拨款的其他项目,可节省73亿美元。

美军之所以采取“多研究,少生产”的方针,除了军费拮据外,还有以下原因:(1)苏联解体后,许多针对苏军的武器研制项目已没有必要再执行下去。(2)美军在80年代大力扩军备战时,已研制、采购和贮存了大量武器装备。这些武器90年代依然是世界上最先进的,经过海湾战争后,美军对此更加深信不疑。(3)在今后几年,美军员额将大量削减,贮备的武器在数量上足够缩编后的美军使用。(4)鉴于武器发展周期的原因,美军于80年代前半期定购的武器,现在大多交货完毕,采购费自然下降。(5)研究比大量生产武器所需费用少得多。而且,只要有“技术贮备”,一旦需要就可投产各种先进武器装备,从而能长期保持“技术优势”。

主要资料来源:

①美国防部1992财年国防报告。

②美《武装部队杂志》1991年。

(王保存)

调整军事力量的构想 据英国《简氏防务周刊》1991年3月号报道,近两年来,美军方一直在讨论和研究新形势下的美军事力量调整问题。1990年上半年,美参联会提出了一份题为《1990年联合军事总体评估》的报告。该报告提出了调整美军事力量构成和部署的以下三个基本思想:(1)永久性前沿部署部队将减少,而持续时间不等的定期部署的地面、海上和空中部队将增多。(2)盟国必须承担更多的日常威慑和初期防御责任,而美国则应转向发展增援能力,并提供诸如战略威慑(包括核威慑)和用于力量投送的海、空及地面机动部队等自己独具的力量。(3)美国战略的实施将越来越依赖于盟国的支援,因为它要求为应付地区性不测事件需要提供能立即使用的应急作战力量。1991年美参联会主席鲍威尔在武装部队通信与电子协会华盛顿分会的讲演中,参联会副主席杰里迈亚在众议院武装部队委员会的听证会上,都就调整军事力量的构想做了一些说明。现将要点归纳如下:

*建立4支常备部队。*美计划在90年代逐步削减军

事力量，到 1996 年大约要削减 25%左右，未来武装力量将由慑止苏联的战略威慑力量、应付地区性冲突的常备常规力量和在必要时可迅速重建的常规力量构成。美军的常备力量将根据地区和任务的不同分为战略威慑、大西洋、太平洋和应急四支部队。

(1)战略威慑部队。其规模将由削减战略武器会谈的结果决定，任务是慑止仍然拥有强大核武器的苏联发动全球性核大战。美将继续依赖传统的“三位一体”的核力量，但对潜射弹道导弹的重视程度将会加强，并大力改进核部队的 C^3I 系统。战略防御计划系统的研制和发展也由战略威慑部队负责。战略核力量将包括 18 艘“三叉戟”导弹核潜艇，550 枚洲际弹道导弹和 181 架战略轰炸机，其中 75 架为 B－2 轰炸机，其余为 B－52H 和 B－1 轰炸机。

(2)大西洋部队。其任务是保持欧洲、中东和西南亚以及相关海域的安全与稳定，其兵力将大大低于原有水平。它的部队将包括：2 个重型陆军师，1 个航母编队，1 个陆战队两栖戒备大队(驻地中海地区)和 3 个战斗机联队。大西洋部队约有 7 万人驻扎在德国，3 万人驻扎在英国、意大利和土耳其。除此之外，还有驻扎在美国内的补充力量，包括 4 个现役陆军师、6 个后备役师、2 个架子师、5 个航母编队、2 个陆战队远征旅(含 1 支后备役部队)、2 个现役战斗机联队和 11 个后备役战斗机联队。

(3)太平洋部队。其地面力量会有所减少，大部分任务将由其海上力量来承担，陆空军部队将主要用作增援部队。太平洋部队的兵力构成如下：驻南朝鲜的 1 个陆军师，驻日本的 1 个航母编队和 1 个陆战队空地特遣部队，以及分别驻扎在日本和南朝鲜的 2 个战斗机联队。在美国内的增援部队有：驻夏威夷和阿拉斯加的 1 个轻型陆军师，5 个航母编队，2 个陆战队两栖旅(1 个驻西太平洋，1 个驻美本土)和驻夏威夷与阿拉斯加的 1 个战术战斗机联队。

(4)应急部队。其任务是对付世界各地可能出现的低强度冲突，这种冲突的规模类似于格林纳达、巴拿马、利比亚危机和海湾危机初期的规模。海湾战争已大大超出了这类低强度冲突的范围。对应急部队的要求是机动灵活，能快速调遣，并具有很强的战斗力。应急部队将由各军种可快速部署的轻型特种部队联合编成，包括陆军的轻型师和空降师，陆战队的远征旅，特种作战部队以及适用于海外部署的混合编成的空军联队。此外，应急部队还有相当于 4 个陆军师和 7 个战斗机联队的兵力，以及相应的空海运设施，同时配有轻便机动的 C^3I 系统。美认为今后需要对付的突发性危机的规模不会大于海湾战争，兵力的运用可以以“沙漠盾牌”行动为样板，即首先部署轻型师或空降师，然后派前沿部署的航母实施支援，如有必要则再派包括陆战队远征旅在内的第二批部队，最后再派遣重型装甲部队。

发展 4 种支援能力。除了建设 4 支部队以外，美军方还强调要发展 4 种支援能力。这 4 种支援能力是：运输、太空、重建和科研能力。首先，美军在全球范围内的展开部署使运输能力显得格外重要。空海运和海上预贮能力，港口、空降场和滩头处理货物的能力对保证美大西洋部队、太平洋部队和应急部队投送和维持前沿军事力量至关重要。其次，太空装置为世界各地的美军提供情报、监视与导航服务，还可以监督军备控制条约的履行情况，提供早期预警，实施战略防御。第三，所谓“重建”指的是在苏联威胁一旦恢复的情况下，美将其兵力迅速恢复到冷战时期水平的能力。但目前如何发展这一能力还存在很多问题，如在什么状况下开始重建步骤；在和平环境中如何保留国防工业基础；如何解决技术兵种(如坦克部队)要经过长时间的训练才能达到实战要求的矛盾；重建期间的训练时间是否充足等。美军方认为美不但要依赖现有兵力，还要具备“生成”新部队的能力，这一能力是慑止敌人进攻的重要组成部分。最后，军事科研能使美国保持其传统优势，即以先进的技术战胜数量优势的敌人。发达的军事科研可以保证美国在未来始终拥有具有威慑作用的先进武器。

(傅珠鞭)

陆军调整“装甲系统现代化”计划 据《解放军报》1991 年 12 月 5 日报道，美国陆军于 10 月上旬，向国防部长切尼提出了一项修订的“装甲系统现代化”计划，重点突出了先进的野战火炮系统的发展和对 M－1A1“艾布拉姆斯”坦克及“布雷德利”步战车(M－2A1)的改进，而将“布洛克”Ⅲ型新一代主战坦克的发展方案搁置起来。

“装甲系统现代化”计划，是美国陆军为适应未来空地一体战的需要，于年初提交给国会的。计划包括发展先进的“布洛克”Ⅲ型主战坦克，以取代现役的 M－1A1 型“艾布拉姆斯”主战坦克，并发展未来型步兵战车、先进的野战火炮系统和未来的装甲弹药补给车等，耗资达 590 亿美元。但是，由于世界军事形势的发展变化，来自苏联坦克的威胁减少，发展新一代主战坦克已显得不太紧要。而且，面对美国整个军事预算的削减，资金短缺，国会难于批准用于“布洛克”Ⅲ型主战坦克的研制经费。因此，美国陆军目前正在进行一系列的选择，以确定优先发展的项目。

美国陆军修订的“装甲系统现代化”计划，准备将

2000辆M－1A1型“艾布拉姆斯”坦克改进为M－1A2型，并将M－2A1“布雷德利”步兵战车改装成与新型M－1A2坦克通用同一重型底盘的M－2A2或M－3A3型。同时，也包括发展通用同一中型保护底盘的先进野战火炮系统和装甲弹药补给车（适应于多型火箭发射系统的支援保障）。

新型的M－1A2坦克将采用模式装甲、自动装弹的140毫米电热炮，并配有热成像夜视仪和二氧化碳激光测距仪，装有多路传输系统及信息系统（可显示战场态势和进行故障检测）。比现役的M－1A1坦克生存力更强、可靠性更好、攻击力更大。而新型的M－2A2步兵战车将加厚车体和顶装甲，并采用双销履带，配备激光测距仪、热成像仪和自动跟踪系统等，比现役的M－2A1型步兵战车性能更好。

（亦　尘）

日本防卫力量发展计划　1991年是日本自卫队新的“中期防卫力量发展计划”的第一年。计划的基本指导方针是：协调发展主要战斗装备和后勤装备，建设一支高质量的防卫力量；提高装备质量，并使之现代化；加强情报搜集和指挥通信等各种保障能力和教育训练；采取各种措施改善部队待遇，确保部队员额。

充实主要战斗装备并使之现代化　1.陆上自卫队　为推进师的现代化建设，重点增强反坦克火力、发展炮兵火力、打击海上目标火力以及机动力等。1991年计划采购46门FH－70型155毫米榴弹炮、8门87型自行高射炮、46部87型反坦克导弹发射系统、34辆90型坦克、19辆89型装甲战斗车、9辆73型装甲车、18辆82型通信指挥车、14辆87型侦察警戒车、12辆87型炮侧弹药车、4辆90型坦克回收车、1辆防化车、10架AH－IS反坦克直升机、半个群的“霍克”Ⅲ型防空导弹、13枚便携式防空导弹和16枚88型地舰导弹。另外，1991年将装备42挺62型机枪、7挺74型车载机枪、25挺12.5毫米重机枪、260门84毫米无坐力炮、28部87型反坦克导弹发射系统、43门FH－70型155毫米榴弹炮、6门203毫米自行榴弹炮、8门87型自行高射炮、30辆90型坦克、9辆89型装甲战斗车、24辆73型装甲车、24辆82型通信指挥车、16辆87型侦察警戒车、8辆87型炮侧弹药车、4辆90型坦克回收车、23辆78型雪地车、9架AH－IS反坦克直升机、15架OH－6D观测直升机、5架HU－IH多用途直升机、5架CH－47J运输直升机、2枚81型近程防空导弹、44枚便携式防空导弹和16枚88型地舰导弹。

2.海上自卫队　为加强护卫群的现代化建设，提高潜艇部队作战能力和排除高性能水雷的能力，增强大范围海域内的反潜侦察能力，以及更新舰载反潜直升机，1991年计划采购1艘“宙斯盾”导弹驱逐舰、1艘多用途驱逐舰、1艘2000吨级的潜艇、2艘490吨级的扫雷艇、1艘50吨级的导弹快艇、1艘4000吨级的训练舰、3架P－3C反潜巡逻机、7架SH－60J反潜直升机、4架UH－60J救护直升机、2架MH－53E扫雷直升机和9架T－5初级教练机。另外，1991年将有1艘2400吨级的潜艇、1艘420吨级的运输艇、1艘2800吨级的音响测定舰服役，并装备9架P－3C反潜巡逻机、1架U－36A训练支援机，1架EP－3电子对抗数据收集机、2架LC－90联络机、7架T－5初级教练机、12架SH－60J反潜直升机、3架UH－60J救护直升机、2枚81型近程防空导弹和2枚便携式防空导弹。

3.航空自卫队　重视加强防空能力和空运能力等。为此，要增加部分F－15战斗机飞行队的飞机编制数，由18架增加到22架，改进F－4EJ战斗机，提高其作战能力，部分F－4EJ战斗机改装成侦察机；将1个高射群的“奈基”防空导弹换装成“爱国者”防空导弹，以加强高空的防空能力；充实C－130H运输机和CH－60J运输直升机，提高空运能力。所以，1991年计划采购11架F－15战斗机、1架C－130H运输机、1架CH－47J运输直升机、4架UH－60J救护直升机、4架中级教练机、20架F－4EJ战斗机改进型、7架F－4EJ改装的侦察机、1个高射群的“爱国者”防空导弹、2枚81型近程地空导弹、24枚便携式防空导弹和19门高炮。另外，1991年将装备19架F－15战斗机、20架T－4中级教练机、2架CH－47运输直升机、2架UH－60J救护直升机、4枚81型近程防空导弹和48枚便携式防空导弹。

加强指挥通信和情报搜集能力　重视加强情报职能，提高通信网的抗毁能力，增强海上通信的可靠性和航空警戒监视能力。为此，大力发展作战情报处理系统，加强反潜作战中心，加快综合数字通信网的建设工作，推进方面队指挥所的现代化建设，增强潜艇使用的超长波发射台的能力和卫星通信能力，发展固定式三维雷达系统和移动式警戒监视系统。

部队新编、改编和编制员额　1991年陆上自卫队计划对第1、3师和第2混成旅等部队进行改编，海上自卫队将新编第39护卫队和第10扫雷队，并改编部分分队，航空自卫队也要对一些部队进行改编，并新编1名副司令官。

关于部队编制员额，由于招兵困难，准备通过合理调配、节省人力的办法解决人员短缺问题。因此，1991年不增加编制员额。

关于部队满员率，由于1990年度募兵环境恶化，三自卫队均下降2%。但1991年度，要努力募兵，使三自卫队均提高1.25%。这样，陆上自卫队的满员率可达85.75%；海上自卫队和航空自卫队均为95.25%。

关于任期制军人，将录用男兵22200人，女兵1800人。另外，战时后方警备、后勤保障和基地防空所需的预备役人员将逐渐增加。1991年，陆上自卫队增加1000人，海上自卫队增加200人，航空自卫队增加300人。1991年底预备役人数：陆上自卫队为49000人，海上自卫队为1800人，航空自卫队为1600人，合计52400人。

加强教育训练　为使部队熟练掌握现代化装备和战术、技术性能，提高部队训练素质，要充实战斗训练设备、轻武器射击评定装置、潜艇音响探测器、TC－90驾驶训练系统和“爱国者”防空导弹战术训练模拟装置等教育训练器材。1991年，陆上自卫队计划实施北方机动特别演习等，“霍克”防空导弹部队和地对舰导弹部队到美国进行年度射击训练；海上自卫队实施各种演习训练，并进行到欧洲的远洋训练，还要派出舰只和飞机到美军部队进行训练；航空自卫队实施综合训练，“奈基”和“爱国者”防空导弹部队到美国进行年度射击训练，C－130H运输机到美国进行训练。另外，三自卫队还要同美军进行联合演习训练。

改善部队待遇　1.修改营房修建标准，充实生活设施，增建食堂、浴池、游泳池、生活福利中心和体育馆。

2.新设夜间特殊业务津贴，提高舰艇乘员津贴。

3.新舰艇采用双层床，增设舰船使用的卫星广播电视接收系统。

加强研究开发工作　为在质量上维持和提高防卫力量的水平，将继续加强FS－X强击机的技术开发工作，并着手研制遥控观测系统和电波干扰机等，将F－104飞机改装成无人驾驶飞机。

（*袁孝华*）

南朝鲜建军措施　南朝鲜《1991～1992年国防白皮书》确定的国防政策基本方针是：加强综合安全态势，发展面向未来的国防力量，能动地为国家发展作出贡献，为遏制战争而努力。1991年，南朝鲜为实现军队现代化采取的措施如下：

确立军队建设方向　南朝鲜从自身建设实际出发，积极进行海湾战争研究。1991年1月30日，国防部长李钟九向出席国防部年度业务工作计划会议的卢泰愚总统汇报时强调，在深入研究朝鲜北方对南战略战术和海湾战争的基础上，完善战备态势，努力解决战略战术、武器编制和军队结构等问题，得到卢的赞同。在国防部的指令下，南朝鲜三军联合参谋本部于2月6日成立“海湾战争研究团”，由1名准将负责，20多名作战、情报、通信、兵站、装甲等方面专家参加，赶赴海湾地区研究战役战术、武器装备，特别是海空军尖端武器运用问题。海湾战争结束后，卢泰愚于3月5日在陆军士官学校第47届毕业典礼上，就借鉴海湾战争经验，确立军队建设方向问题发表了讲话，他指出现代战争是没有前后方之分的陆海空一体的战争，也是情报、通信、最尖端武器和精锐兵器的科学战。军队的发展方向要借鉴海湾战争的经验，面对现代战争，大胆地对军队体制和机构进行改革。在面向现代战争的指导思想下，南朝鲜三军分别拟制各自长期发展规划。12月18日，参谋长联席会议主席李弼燮在全军指挥官会议上，下达了“面向2000年新的军事战略方针和国军建设方案”。此后，海空军参谋部先后召开军种指挥官会议，分别研讨了走向21世纪的海军发展主要任务和空军建设业务规划。

实行内部调整改革　南朝鲜军队针对朝鲜半岛周边形势的发展和南北关系的变化，在军内着手一系列调整变革。

调整部分编制机构。将国防部“军备统制室”升格为“军备统制本部”，负责军备控制和处理北南军事协商事务；设立陆军兵站司令部，统一负责平、战时期物资管理和发放工作，使军需勤务规范化、系统化；增编一个野战工兵团，平时参加地方工业、公路和港口建设，战时担负对作战部队勤务支援；变更防空炮兵隶属关系，1991年7月1日将防空炮兵司令部及其部队由陆军改属空军，建立空中管制、防空炮兵、战斗航空兵“三位一体”的防空作战部队。

改变官兵比例结构。联合社1991年1月4日报道，国防部起草了“削减士兵人数，扩大军官队伍”计划。该计划拟定的“快速提高军事素质方案”是：自1991年起10年内，把军官比率由现在占军队总人数的10%增加到14～15%，并相应增加硕士生和博士生的数量，使有学位的军人比率由目前的6%提高到8%。通过人员结构调整，使军队成为一支“技术型”的“职业化军队”。

修订现行兵役制度。南朝鲜政府1991年9月5日决定，停止实行建设预备役部队的计划，废除防卫兵制度。在军事基地和治安部门服役的18.3万名防卫兵的勤务移交给现役部队、防暴警察和政府人员。同时还决定从1993年起，减少现役士兵服役时间，其中空军士兵服役期将由现在的35个月改为30个月，其他军种士兵服役期将由现在的32个月改为30个月。

引进先进武器装备　1991年9月25日《每日经济新闻》报道，南朝鲜国防部制定了面向21世纪中、长期国防政策战略发展方案。根据这一方案，1996 年以后南朝鲜军队将从现在的 65 万人减少到 50 万人，同时加强海空军的战斗力。南朝鲜国防部长李钟九声称，“国军”将由数量型向质量型转变，这一步骤将通过引进先进的武器装备来实现。对此，美《太平洋星条旗报》1991 年 10 月 23 日评论说，南朝鲜强调军队质量是吸取海湾战争经验，并为美国削减驻朝部队做必要准备。为提高部队战斗力，南朝鲜采取外购和自产相结合的办法，重点加强海空军现代化建设。

空军：经多方研究论证，决定将美制 F－16 战斗机作为下一代主力机。1991 年 5 月 30 日，南朝鲜与美国交换了购买飞机的备忘录。该备忘录规定，1994～1999 年期间，南朝鲜从美国引进 F－16 战斗机 120 架，总价值 52 亿美元。引进方法是：整机购买 12 架，部件组装 36 架，联合生产 72 架。海军：《简氏防务周刊》报道，南朝鲜从 1991 年起自行建造 17 艘 3800 吨的多用途 KDX 型驱逐舰、1 艘 3000 吨水下救援舰、12 艘燕级扫雷舰，购买 6 艘德制 F－209 型海豚级潜艇、8 架美制 P－3 巡逻机和 12 架英制山猫 MK－99 舰载直升机。陆军：1991 年从英国购进一批地对地导弹已部署完毕，并开始自行研制 300 公里以上的地对地导弹。为对付朝鲜北方的飞毛腿导弹，南朝鲜计划 1991～1993 年用 6 亿美元购买美国 4 套爱国者导弹系统。此外，南朝鲜还同美、英、法、意等西方国家签订了国防技术合作协议。

接管部分美军防务，修改联合防卫关系　1991 年 10 月 28 日发表的南朝鲜国防白皮书说：整个韩美联合防卫体制要维持目前状态，但要重新调整联合防卫关系。“国军”起主要防卫作用，美军起辅助作用。同时根据美军前沿部署战略增加韩国的防卫负担。作为移交指挥权的先期步骤，南朝鲜将军于 1991 年 3 月 29 日正式接任了朝鲜军事停战委员会联合国军首席代表一职，美国将军改任副代表。5 月 6 日南朝鲜国防部宣布，将接收浦项至议政府的长达 455 公里的具有战略意义的美军输油管道和 8 个重要油库的管理及保卫任务。10 月 10 日，南朝鲜军队又接管了美军步 2 师最后一个营在非军事区板门店共同警备区的防务。至此，军事分界线的警戒勤务全部由南朝鲜军队担任。11 月 20～22 日，双方举行第 23 次安全协商会议确认了“韩美联防关系”的变化，签署了《驻军地位修正协议书》和《战时东道国支援协定》，修改了军事装备支援计划。南朝鲜国防部宣布 1991 年负担美军驻屯费 1.53 亿美元，1992 年将增加 20%，到 1995 年将负担美军驻地费用的 1/3。同时，南朝鲜还同意支付“为应付战事而举行的联合训练费用，保障对美军部队的军需支援”。但是，双方强调在急剧变化的国际形势下加强军事合作的重要性，重申“韩美共同防御条约”中美国承担的安全义务，继续保持“联合威慑力量”。

发展与苏军事交流，加强双边技术合作　1991 年南朝鲜同苏联在军事上的合作与交流取得了引人注目的发展。4 月 30 日，南朝鲜国防部宣布已同苏联商定在双方首都设立武官处，并互派一名上校任武官。6 月 19 日，南朝鲜应苏联邀请，决定派观察团赴海参崴观摩苏海军 8 月 14～16 日举行的海上机动训练，外界认为这是对南朝鲜邀请苏观看“协作精神”演习的回报。11 月 4～8 日，南朝鲜国防研究院在汉城召开第 4 次“国际国防学术会”，专门邀请苏联科学院和军方代表参加。考虑到苏高级将领往访的敏感性，南朝鲜以韩国大学韩苏研究所的名义向苏远东军区司令维克托·诺沃西洛夫发出了请柬。在学术会议上，苏远东军区司令以“苏联军事政策变化、未来苏军结构、朝鲜半岛核问题以及军备控制”为内容发表了“基调演说”。苏科学院政治军事研究部部长以“苏联局势和战略环境变化”为题发表了论文。南朝鲜国防部代表朴英珏准将对苏联代表的发言表示欢迎，并指出朝鲜半岛的和平取决于南北方的“分阶段努力”和“周边大国的积极支持”。在军工领域，南朝鲜积极同苏联展开实质性合作，以寻求苏联的技术转让，提高自己的国防技术水平。联合社 1991 年 10 月 4 日报道，南朝鲜与苏联 2 月份就达成了联合生产用于制造飞机机身的碳复合材料的协议。此后，又商定在发展计算机、电子、光学、雷达、导弹、谍报及 C^3I 系统等方面进行技术交流。据联合社透露，南朝鲜国防部修改了 1974 年制定的长期军备建设计划，准备把部分购买武器的合同转向苏联、东欧国家，包括购买先进战斗机，以满足军队现代化的需求。但此举引起了美国的不满，只好放弃。9 月 24 日，国防部长李钟九公开宣布购买苏战斗机是“弊大于利”，掌握这些飞机不仅有“技术困难”，而且“会给韩美合作带来副作用”，显露了南朝鲜对苏关系的发展受到对美关系制约的影响。

调整高级将领职务　1991 年南朝鲜军队高层进行了大幅度人事变动。卢泰愚总统于 11 月 29 日首先调整了上将级军官职务：任命原第 2 集团军司令李弼燮为参谋长联席会议主席，原“韩美联合部队”副司令金振永为陆军参谋总长，原国防政策室主任金东振为“韩美联合部队”副司令，原陆军参谋次长金渊珏为第 2 集团军司令，原国防部机务司令部司令具昌会为第 3 集团军司令。12 月 5 日又对中将级军官职务作了调整：任命原陆军特战司令部司令徐完洙为国防部机务司令部司令，原首都防卫司令部司令金镇渲为陆军参谋次长，原陆军人事参谋部部长安炳浩为首都防卫司令部司令，原第2集团军参谋长金萤淀为特战司令部司令，原第2军副军长崔承浩为陆军人事参谋部部长。据南朝鲜银海社评论，这次军队高层人物变更有三重意义：一是卢泰愚安插亲信，提拔老部下和自己家乡人执掌军事大权；二是新任将领中，有的毕业于美国陆军指挥学院，有的曾在"韩美联合部队"任职，有利于密切同美国的军事关系；三是这些将领年富力强，具有"现代意识"，便于推进军队"文明化"和改革的步伐。

主要资料来源：

①南朝鲜《1991～1992年度国防白皮书》。

②南朝鲜1991年《中央日报》。

（孔国生　赵联敏）

越南建军方针　**综述**　1991年是越军新的五年（1991～1995）建军计划的第1年。越军在认真总结前几年部队建设经验教训的基础上，继续坚持政治建军、质量建军的基本方针：巩固精简整编成果；健全全民国防体制；修正军事战略；完善法规政策；落实规章制度等，并已初见成效。同时，根据所面临的内外形势，越军当局进一步明确了建设方针：

加强部队政治建设。为能有效地抵御外侵和制止内乱，必须把武装力量建设成为一支政治上过得硬的队伍，关键是加强军队的政治建设，即不断加强党建工作和党的基层组织建设，不断纯洁和壮大党员队伍，提高军队青年组织和工会组织的质量，坚持和巩固党对军队的领导。贯彻落实党的各项决议，使武装力量在任何情况下都能保持政治思想稳定，成为党的中流砥柱，成为保卫祖国，保卫社会主义的坚强堡垒。

提高军队战斗力。在加强军队政治思想建设的基础上，要集中精力提高军队综合质量和战斗力，使军队日趋合理化、正规化和现代化。当务之急是：稳定编制装备；提高训练质量，以及完善新时期国防战略、军事战略、军事艺术等基本问题。与此同时，加强管理，搞好保障，以确保常规军精锐，预备役和民兵强大。

搞好各项保障工作。装备保障和技术保障工作具有战略意义，必须加速装备规划建设和加强技术保障工作，努力完成对武器装备的回收、保管、封存、储备、维修等任务；提高武器装备的使用寿命；加强对国防工业的指导，提高产品质量，改进和生产轻武器零部件，与此同时，积极发展生产，改善生活。

加强干部队伍建设。干部队伍建设应从几个方面入手：一是提高政治素质，培养密切联系群众和扎实的工作作风；二是提高领导艺术和科学技术水平；三是从青年学生中发现提拔科技干部，为军队补充、输送技术骨干；四是认真落实干部政策。

主要资料来源：

越《全民国防》杂志1991年。

（刘桂兰　许　平）

炮兵建设方针　越炮兵司令阮南红少将在1991年第6期《全民国防》杂志上载文谈当前越南的炮兵建设方针时指出：(1)应确定炮兵在人民军队和人民武装力量中的作用及任务。目前，在保卫祖国的新条件下，无论军队增加了多少现代化武器装备，无论合成部队和地方武装力量的作战方式发展到何种地步以及对火力的要求提高到何种程度，炮兵仍将是陆军的主要火力和军队的主要地面火力。(2)应建设符合国家和人民武装力量环境、条件的炮兵力量。越南炮兵是在国家经济基础薄弱的条件下发展起来的，其建设必须适合国情。当前和今后炮兵力量建设要从各个方面协调发展。(3)炮兵力量建设要服从和平时期军队建设需要，不断提高战备能力，既提高现时战斗力，又着眼于未来。越南目前正处在社会主义建设的和平时期，但是应当认清"这个和平的基础尚不稳固，也不完全，还潜伏着一些容易引起局部武装冲突或战争的热点"。因此，炮兵建设要切实服从和平时期的建设需要，遵守和平时期军事组织规律，同时随时准备满足战争的需要，建设革命化、正规化和逐步现代化的炮兵。

工兵建设方针　越军工程兵司令阮友鞍少将在1991年第3期《全民国防》杂志上载文谈越南工程兵力量组织建设方针时指出：(1)越南工程兵必须常备不懈，随时抗击敌人的侵略，打赢小规模战争、武装冲突以及高技术兵器进行的"低强度冲突"类型的战争。在战争初期的战斗中，必须逐级完成自己的主要任务，要做到这一点，各武装力量中，工程兵必须占有一定的比例，并从上到下协调一致。工程兵部队必须得到适合的装备，经过严格的训练，特别是专业技术干部。关于组织，各院校、基础训练班训练的技术人员平均要占工程兵专业人员总数的35～40%。只有这样，当战争发生时，在战斗前期任何地方的工程兵都能为当地的武装力量和机动力量做好战斗保障。(2)当爆发大规模战争时，能迅速扩充力量，要做到这一点，必须做好各方面（干部、技术人员和物资技术基础）的准备，尤其是干部准备。(3)为工程阵势准备工作提供经常性的保障并参加经济建设。为了实现这一任务，应成立一些独立单位，完成任务后即解散；也可以常备工程兵单位为骨干，主要成分由步兵或预备役军人担任。(4)继续在三种武装力量中保持工程兵力量组织，即正规部队工程兵、地方部队工程兵和民军自卫队工程兵。正规部队工程兵要少而精，最合适的是组织满编单位。

民军自卫队建设方向和任务　越武文波少将在

1991年第3期《全民国防》杂志上载文谈新形势下的民军自卫队建设时指出：在目前复杂的形势下，民军自卫队具有更加重要的作用。在今后一个时期内，民军自卫队建设的方向和任务是：继续贯彻落实中央书记处55号指示和部长会议29号决议，彻底转变和深刻认识各级政府和党委的责任，使民军自卫队的综合质量尤其是政治质量有新的发展；健全和稳定基层军事干部队伍；注重政治教育、军事训练，加强全民国防教育，以便为对付敌人的全面破坏战略作出贡献；防止暴乱发生，牢固地保卫党、政府和基层的革命成果。必须集中解决好如下问题：(1)必须继续贯彻落实中央书记处55号指示和部长会议29号决议，转变各级党委、政府、各部门和各群众团体对民军自卫队建设的观念，增强责任感，适应新形势下的任务要求。(2)要在全民中大力开展各级、各部门民军自卫队建设运动的同时，巩固提高综合质量。(3)民军自卫队的建设必须与建设全面稳固的基础，建设战斗和安全的乡、坊阵势结合起来，做省、县防守区域的主人。(4)改革人民国防教育工作，其中改革的重点是大、中学生的教育内容和方法。国防教育必须成为各大、中专院校的必修课；国防教育的内容必须体现于各门课程；在培养青年一代过程中创造目的明确、和谐的教育气氛，为搞好人民国防教育作出贡献。(5)确保地方国防事业的财政预算和对民军自卫队政策的稳定。在国家处于战争状态下时，主要依靠群众的觉悟，但目前的实际情况已发生了变化，如果仍走老路子，只重政治动员，轻物质作用是行不通的。民军自卫队"吃家饭，穿妻衣，做国事"的时代已经过去，必须有使民军自卫队也享受适当待遇的政策。各军区、省、县必须对贯彻和组织落实财政部——国防部关于"地方国防事业财政预算和民军自卫队政策"的02和598号联合通知工作进行检查。(6)健全、培养干部队伍，巩固各级民军自卫队机关，这是决定民军自卫队活动效果的重要问题。

（刘桂兰　许　平）

泰国建军计划　80年代中期，泰军根据国内外形势的变化，确立了以应付外来威胁准备打一场常规战争为主的军事战略和以实现武器装备现代化、提高部队战斗力为核心的质量建军方针，分别制定了"泰军10年发展规划(1987～1996)"、"陆军现代化建设9年计划(1986～1994)"、"海军武器装备5年扩充计划(1987～1991)"、"发展空军新时代计划"。进入90年代以后，泰军又按照现代化战争的要求及特点不断对上述计划进行修改和完善，并加紧付诸实施。

陆军建设计划　**设立小军司令部，完善作战指挥体系**　泰陆军原有4个部域军，其中第1、2、3部域军担负着泰柬、泰老、泰缅边境一线的卫国戍边任务，并负责维护国内治安、"剿共"、兵力动员、后方基地保卫及支援地方经济建设等工作。由于日常事务繁多，无法有效地对本区域内的部队实施作战指挥。为适应未来合成兵团机动作战需要，泰陆军于80年代末分别在第1、2、3部域军区域内设立了第1、2、3小军，作为部域军下属的一级作战指挥机构。小军平时的主要任务是：1. 受部域军委托，在本区域内制定、修订、检验戒备计划；2. 按照部域军的作战预案，勘选、确定和建设预设战场；3. 负责解决边境线上发生的影响国家安全的问题。战时负责指挥5个以内的作战师，担负本区域内对敌作战任务。各小军自成立后遵照陆军司令素津达"开拓、快速、严谨"的指示，大力加强战备训练，以越南为主要假想敌，频繁举行军事演习，提高作战指挥能力和机动应变能力。

裁减地面部队员额，发展现代化技术兵种部队　1991年11月，泰陆军司令部宣布，自1992年开始，泰陆军计划在10年内将地面部队人数裁减25%，其中1992～1996年裁减15%，1997～2001年裁减10%，陆军总实力将减少20000人。为了提高部队的作战能力，自1989年以来，泰陆军还对部队的实力结构重新进行了调整，重点发展坦克、装甲和空中机动部队。到1991年，泰陆军已将步9师改编为轻装步兵师，步2、3、4师改编为装甲步兵师，第1御卫师和步5、6师改编为摩托化步兵师；为骑1、2师各增编了2～3个营；原陆军飞行中心扩编为飞行部队司令部，下属的飞行营扩编为飞行师；组建了1个航空登陆机械化团。为了满足现代化技术兵种部队发展的需要，泰陆军自1988年以来分别从美国、德国和澳大利亚等国购买或订购了350辆M－48和300辆M－60坦克、400辆装甲输送车、150辆吉普车、50多架武装直升机、20门255毫米远程火炮。同时更新了现役的340辆M－113装甲输送车的履带、炮塔及转动系统。

组建经济开发师，发挥军队在国家建设中的职能　泰军主张，在和平时期，军队建设要服从并服务于国家建设，积极参与国家的经济建设应成为军队的重要职能之一。按照这一原则，泰陆军于1989年分别在4个部域军内各组建了1个经济开发师。4个经济开发师自组建以来，先后参与或承担了"绿化东北计划"、"边境自卫村计划"、"新希望计划"、"东海岸工业开发计划"等国家重大项目的建设，重点是搞一些基础设施，如修建公路、机场、港口、码头、水坝、水库及植树造林等。

海军建设计划　**健全兵种**　泰海军认为，随着经济的迅速发展，泰国对海洋的依赖程度越来越深，今后因海洋权益引起的纠纷和冲突将更加突出。为了担负起保卫东、南部沿海工业区和暹罗湾石油、天然气基地的任务，泰海军正努力将其发展成为一支兵种齐全具有较强整体作战能力的近海防御力量。采取的措施是：1.扩充陆战队。1989年4月，将陆战团扩编为陆战师，师下辖陆战团3个，炮兵团、支援团及坦克营、巡逻营各1个，装备有14艘舰艇、25辆轻型坦克及部分战斗攻击机、直升机，主要遂行两栖作战、登陆作战及其他特种作战任务。同时，为了强化陆战队训练，还成立了陆战训练中心。陆战队总实力由20000人增至32000人。2.发展岸防部队。1990年组建了海岸部队司令部和1个高炮师。1991年又成立了岸防舰队，主要担负暹罗湾和安达曼海沿海一线的侦察巡逻、搜捕海上违法分子和保护渔民正常作业任务。3.加强航空兵力量。1991年新成立了一海军航空兵联队，主要任务是为两栖攻击部队提供近地空中支援、纵深打击、战斗飞行巡逻、海洋控制和监视。

更新武器装备　泰海军根据“武器装备5年扩充计划”，在1988～1991年4年时间里，先后从美、德、意及澳大利亚等国购买或订购直升机航母1艘、驱逐舰4艘、导弹护卫舰4艘、快速攻击舰6艘、巡逻艇35艘、中型登陆艇7艘；A－7E攻击机30架、SH－2反潜直升机6架、P－3反潜巡逻机3架和一批MK－6、MK－46反潜鱼雷、深水炸弹及岸防雷达。同时，自制4000吨级登陆舰1艘、小型护卫舰3艘、巡逻艇2艘；与意大利联合生产高速快艇5艘、扫雷艇9艘；在原装备的护卫舰上安装了“信天翁”舰对空导弹、自动火炮及电子通信系统。上述武器大部分已经或即将交付部队使用。

建设大型海军基地　自1989年9月开始，泰海军在南部洛坤府卡农县修建一大型海军基地。泰海军有关人士称，该基地距泰“乌龙”新兴工业区仅2公里，建成后将进驻大型舰只，成为泰海军在南部地区的主要基地，对保卫国家建设、发展南部地区的经济具有重要意义。

空军建设计划　**调整编制体制**　泰空军原有11个飞行大队，均由泰空司直接指挥。一方面各飞行大队缺少必要的权限，事事都要请示空司；另一方面又使空司难以从繁杂的日常事务中解脱出来，影响了指挥效率。为了改变这一状况，泰空军于1990年分别在泰中部的柯叻、东北部的北览坡、北部的彭世洛和南部的万伦组建了4个飞行师。每个师下辖2～3个飞行大队。平时由师负责协调各飞行大队的日常作战训练；战时泰空司通过飞行师实施对飞行大队的作战指挥。同时扩大各飞行大队的指挥权限，使其具有相对的独立性。这样既减少了不必要的工作程序，理顺了指挥关系，同时4个飞行师及所辖的大队又分别部署在4个陆军部域军辖区内，平时有利于陆空军的联合训练，战时有利于协同作战。1991年，泰空军4个飞行师的指挥设施已基本修建完毕，并已逐步担负起作战指挥任务。

购买先进飞机　泰空军认为，未来战争中能否保持空中优势，在很大程度上取决于武器装备的优良程度，而泰空军现装备的大部分飞机不能适应现代化战争的要求。为此，泰空军计划在90年代通过引进先进的机种逐步建成一支战斗力较强的空中防御力量。继1988～1990年先后从美国进口18架F－16战斗机后，泰空军计划1992年再从美国购买18架F－16战斗机；从意大利购买38架AMX型战斗机，以取代陈旧的A－37、OV－10飞机。同时，泰空军鉴于资金紧张及从国外购买飞机所需时间较长，为了缓解现装备不足的困难，1991年集中了一批专家和技术人员，开始对因技术故障或受伤等原因退役的飞机进行翻新或改装，通过更换零部件将2架飞机拆卸合并成1架或增装先进的武器和通信系统等措施使其重新服役，担负日常繁重的运输、救护和侦察巡逻任务，以减轻主要机种的负担，使其有更多时间用于训练和其他重大作战行动。

转移战略防御重点　进入90年代以后，泰空军开始将战略防御重点向南部沿海地区转移，并计划逐步建成空地一体的防御体系。该体系的主要内容是：1.部署1个中队的F－16型战斗机和部分空中预警机组成一道空中屏障。2.从1990年起用3～5年时间对甲米、拉农、合艾3个机场进行扩建和改造，在巴蜀府巴南武里县新建一个大型机场，使上述机场均能起降高性能战斗机和重型运输机。3.在各空军基地建立配套的雷达预警和航行管制系统，并使其连接成网覆盖整个南部地区，实现对空中目标的自动搜索、跟踪和识别。4.从法国购买20套“响尾蛇”防空导弹系统，从瑞士购买一批防空火炮，分别配置在工业区集中的战略要地。

加强人才培训　泰空军认为，先进的武器装备离不开人的指挥和操纵，只有人才是战争胜负的最后决定因素。因此，要求飞行员既要有丰富的现代科技知识，又要有较高战术技术水平。泰空军训练飞行人员的主要方式是：1.加强院校建设，增设计算机、电子对抗等课程。2.送飞行员特别是F－16战斗机的飞行员到美、英等西方军事强国学习深造。3.加强与美国及印度尼西亚、新加坡、马来西亚等东盟国家空军的联合演习，提高协同作战能力。

主要资料来源：

①印度尼西亚《武装部队报》1991年。

②泰国陆军电视台报道1991年。

（王传顺）

菲律宾建军计划 进入90年代以来，菲律宾军队鉴于国内的菲共游击队已被削弱这一现实，开始将战略重点由“安内”向“御外”转移。为了适应军队职能的这一调整，胜任维护国家主权与领土完整、防止外来威胁的任务，菲律宾军队通过加速实施军队现代化发展规划，力争在本世纪末或下世纪初达到周围邻国的军事实力水平。根据上述确立的目标，1991年，菲律宾军队建设的主要做法是：

调整陆军实力结构，增加特种作战部队实力 长期以来，菲陆军的主要任务是“清剿”菲共新人民军，维护国内和平与稳定。随着战略防御重点的转移，1991年3月，菲陆军司令宣布对陆军的实力结构进行调整，裁减总部各机关数额，撤销和合并一些重叠机构及非战斗建制，重点提高部队机动作战能力。菲律宾鉴于菲共新人民军仍在一些边远地区活动，计划在今后3年内将特种作战部队实力增加10000人，由特种作战部队领导和管理全国各地的武装民兵，共同对付菲共新人民军，维护边远地区的安全和正常的社会生活秩序。菲陆军司令阿巴迪亚强调，特种作战部队要成为陆军的精锐突击力量，因此新增加的士兵“必须具有良好的素质和伟大的献身精神”。菲陆军已决定今后在每个陆军排里配编3名特种作战部队官兵，由他们带领武装民兵具体执行与菲共新人民军游击队的作战任务。

购买先进舰艇飞机，更新海、空军装备 加强海、空军力量，实现武器装备现代化是菲律宾军队建设的重点。菲律宾总统科·阿基诺1991年7月1日在菲空军成立44周年大会上发表讲话时说，“随着全球力量对比发生的变化，现在的和平仍然是靠不住的”。“菲律宾的安全范围已扩大到菲西、南部的广阔水域。因此，菲必须保持一支可靠的空军力量和海军力量”。1990年，菲军分别制定了海、空军现代化10年计划，拟投资60～80亿美元购买一批先进的舰艇和飞机更新海空军装备。由于自1990年以来菲接连发生水灾、地震、火山爆发及受海湾战争影响，国内经济困难，资金严重缺乏，菲军不得不寻求其他途径来推进上述计划的顺利实施。一是为了节省资金，改变过去单一从美国购买武器的做法，扩大武器进口来源。如菲空军因价格太高已放弃了原先从美国购买F－16战斗机的计划。二是计划向国际金融机构或外国寻求一笔利率低、期限长的软贷款。三是采用易货贸易方式，即用出口商品换取所需的武器装备。1991年，菲海军分别向西班牙、澳大利亚订购了6艘巡逻艇。其中从西班牙订购的3艘巡逻艇每艘排水量为380吨，装备有舰对舰导弹；从澳大利亚订购的3艘巡逻艇每艘排水量为370吨，艇长57米，宽7米，装备有4门电脑控制的40毫米火炮和2个鱼雷发射器。预计1993年全部交付菲海军使用。菲空军继1990年从意大利订购了18架S－211教练机后，1991年，又从以色列订购了18架“幼狮”战斗机以取代放弃购买的美制F－16战斗机；从美国订购了24架双引擎涡轮螺旋桨式攻击机。该批飞机定于1992年全部交付菲空军，主要担负近距离空中支援任务。

发展国防工业，提高武器自给能力 菲律宾独立后的很长一段时期，由于经济比较落后，本国的国防工业几乎是一片空白。菲军的武器装备全部依赖进口或接受美国的援助，品种大都是美军淘汰下来的装备或“二手货”，既无先进性又受制于人，而且由于陈旧，每年还要花大量的维修保养费。80年代以来，随着经济的发展和国内民族意识的增强，菲律宾开始发展本国的国防工业，初期仅能生产步枪、机枪、迫击炮、各类弹药及对现有装备进行维修和小的改装，尔后逐步通过与外国公司联合，引进消化技术已能设计、生产或改装一些较大型的武器装备和高技术产品。进入90年代以后，菲律宾明确宣布，将发展国防工业、提高武器自给能力作为军队建设的一个组成部分，重点发展海空军装备。菲国防部长拉莫斯1991年3月在一次空中力量座谈会上发表讲话时说，“为了改善武装部队的空中力量，每个国家都需要发展自己的航空工业。对由许多岛屿组成的菲律宾来说，这种需要显得更为迫切。因此，要合理地改革国防工业体系，团结一切可以团结的力量，加快发展航空工业”。1991年，菲空军已开始与意大利奥古斯塔公司联合制造通用飞机和短程运输机，并决定组织力量自行研制喷气式战斗机和涡轮螺旋桨式教练机。菲海军同澳大利亚一造船公司签定了合同，计划联合建造6艘轻型导弹护卫舰，以替换现装备的部分老式护卫舰。菲陆军除继续大量生产反坦克导弹、地空导弹、火炮等武器满足部队需要外，其自行设计的“战争之王”装甲输送车也正在试验中，一旦试验成功将批量生产，逐步取代现装备的美制V－150装甲输送车。

借助美国力量，加快军队现代化步伐 菲军自组建后一直依赖美国的援助和支持，并同美国订有《军事基地协定》。1990年5月，菲律宾宣布菲将在1991年9月16日中止《军事基地协定》。1991年海湾战争结束后，菲律宾结合本国防务存在的问题及面临的国际和地区形势对这场战争进行了深入的研究探讨后认为，“东南亚地区仍存在许多潜在的爆发点，菲还没有满足外部安全最低程度需要的能力”。因此，菲美两国的“安全关系应维持一段时间，直至菲军自立”。根据上述原则，菲律宾同美国经过7轮谈判于1991年7月达成了新的军事基地协议。协议规定，美国继续租用苏比克海军基地，每年向菲交纳2.03亿美元的租金，基地使用期10年，克拉克空军基地和其他4个较小的军事设施归还菲律宾。菲军认为，菲美签定的新基地协议可以加快其现代化进程，具体有以下几点：(一)在菲军战略防御重点调整期间，驻菲美军可以承担菲的一部分对外防御任务，从而减轻菲军的负担。(二)新协议规定的每年2.03亿美元基地租金中的一半可用于购买先进的武器装备。(三)菲军“在一定程度上还要依赖美军帮助维修改造完成任务所需的关键设备”。(四)增加同美军联合训练和演习的机会。新基地协议签定后，菲军政领导人就此多次到菲参议院游说，呼吁参议院从国际及地区形势、国家利益和军队建设考虑，批准该协议。菲总统科·阿基诺1991年8月9日在参院作证时说，“若美放弃在菲的军事基地，将在很大程度上削弱菲的军事力量，并延缓军队现代化进程”。菲空军司令也声称，“不让美军留在菲律宾，菲将失去防空能力”。在菲参议院正式否决菲美新基地协议后，菲美双方又达成了美军在一年内从菲撤走的协议，科·阿基诺总统已指示菲军参谋长同美军就有关问题进行会谈，以便在今后继续争取美军的帮助，从而加快菲军的现代化进程。

主要资料来源：

①菲律宾《马尼拉公报》1991年。

②印度尼西亚《武装部队报》1991年。

（王传顺）

新加坡建军计划与方案　新加坡独立初期，防务上主要依赖英军。70年代中期驻新英军撤离后，新加坡即致力于建立独立的防御力量，按照精兵政策、重视质量的建军方针，协调发展陆海空力量，使部队装备逐步更新，官兵素质不断提高。进入90年代，特别是伊拉克入侵科威特后，新加坡的忧患意识进一步增强，积极调动内外因素研究解决本国防务方面存在的问题，在军队建设上出现了一些新的动向。

改编陆军师，提高机动和远程作战能力　新加坡军队按照现代化战争的要求制定了建立“2000型陆军”的长远计划并已开始实施。该计划的主要内容是：(一)将原陆军师改编成“综合武器师”。1991年3月，新陆军正式将第3步兵师改编为第1个“综合武器师”。该师下辖2个步兵旅、1个装甲旅和工兵营、炮兵营、无线电营、侦察营及后勤支援营。新陆军参谋长黄维彬准将在“综合武器师”成立仪式上说，“综合武器师”今后将成为新陆军中最大的作战单位，同原陆军师相比，“新的建制除了有利于正规军人与后备军人交流外，也提供了让军官了解其他兵种和多种武器性能及操作的机会，因而具有更大的效率和更强的作战能力”。新陆军计划在未来几年内将第6、9师也改编成“综合武器师”的建制。(二)在第21预备师的基础上组建空中机动快速部署师。组建后该师将下辖若干个精锐的突击营。为使这支即将成立的新部队战时具有较强的战斗力，新陆军1991年已为其订购了10架通用直升机、36门105毫米轻型火炮，还计划从法国购买AMX－13坦克和步兵战车。

加强海空军力量　新加坡军队根据本国地处海上交通要道和国土狭窄、纵深短浅的地理特点，确立了积极防御的战略方针，强调加强海空军力量，扩大海空控制区域，前推防御前沿，以达成御敌于国门之外的战略目标。从80年代末以来，新加坡逐年增加军费预算，1989年为10.5亿美元，1990年为15亿美元，1991年为20亿美元，大部分用于购买先进的舰艇和飞机装备海空军。其中新海军从英国购买了6艘“海狼”级导弹快艇，向德国订购了6艘小型导弹护卫舰(1990年已交付3艘)，向瑞典订购了4艘扫雷艇，从美国订购了部分P－3反潜巡逻机。其长远计划是在90年代中期购买大型战舰和微型潜艇。新空军80年代中期从美国订购的8架F－16战斗机和4架E－2空中预警机已于1990年正式服役。1991年又从荷兰订购了4架海上侦察和反潜飞机。今后2～3年的计划是：再从美国引进12架F－16战斗机以形成以该型机为主的空中防御力量；继续对F－5和“超级天鹰”飞机进行改装，为其安装新的发动机和电子、导航及侦察系统，装备空对空及反舰导弹。届时，新空军将拥有3个中队的“超级天鹰”战斗机并将一直服役到21世纪初；淘汰所有的“猎人”战斗机和侦察机，让改装的F－5飞机担负侦察巡逻任务。

提高军官队伍素质　提高军官队伍素质是新加坡质量建军的一个重要内容。新加坡军队领导人认为，由于现代化的军队事务是高度复杂的，不仅需要有专业技能的军人操作现代化武器，而且需要有高度才智的领导者去深入细致地、创造性地研究与处理问题，因此，在军官任职的初期阶段就必须进行培养。只有提高了军官队伍的素质才能提高整个军队的素质。新加坡军队主要从以下两个方面提高军官素质：(一)文化素养。新国防部为正规军官制定有一套完整的大专教育计划，要求军官都要攻读新加坡国立大学战略研究所文学士课程或其他大学的军事研究课程并必须通过毕业考试；对能进入国大学习的军官，只要攻读所批准的学科，国防部就提供奖(助)学金帮助其完成大学学业，特别优秀者将被选派到国外大学继续深造。目前,新军军官具有大专以上学历者已达40%。(二)军事专业技能。新加坡军队按照军种及不同的训练项目定期分批地将军官送到美、英及印尼、泰国、台湾受训,其中空军军官主要在美、英训练;陆军军官在台湾训练;海军军官在印尼、泰国训练。台湾和印尼分别建有新加坡军队的专用军事训练基地。进入90年代后,新加坡军队鉴于在海外训练军官受政治因素、经费和受训人数的限制,又开始自行筹建训练设施,其中陆军装甲模拟训练中心已于1990年底建成使用。该中心能通过电脑控制系统制造适合受训者技术程度的演习软件,并模拟各种在战场上可能出现的情况提高受训者的应变能力。综合军事学院也于1990年6月开始修建,计划于1994年建成后将成为新加坡军队培训各军兵种军官的中心。

发展后备役力量 新加坡军队领导人认为,新加坡作为一个城市国家,不可能维持一支庞大的正规部队,一旦发生战争必须实行全民防卫。因而将后备役力量的建设放在与常备军建设同等重要的位置上。退役的官兵均要编入后备役并作为骨干力量,凡后备役军人每年必须接受40天的军事训练,并经常举行防空、紧急征召、实弹打靶、战场救护等各类演习。到80年代末,新后备役军人已达21万多人,其中陆军17万人,海军4500人,空军7500人,计划到90年代末增至50万人。自80年代中期开始,新加坡军队还实行了一项后备役军官借用计划,即将在政府各部门任职的大学毕业生后备役军官借调到军队使用,借用期3年。借用的后备役军官直接被委任为上尉军官,先派到作战单位担任副连长或营副参谋长,尔后再进入国防部和各军兵种总部参与部队的人事、情报、作战、训练及军需等高层参谋工作。在受借用期间,他们原在政府部门的职位予以保留并继续享有晋升的机会,同时将其薪金提高20%。借用期满后,将其中适合在军队工作的人转成常备军官,其余仍回原单位。新加坡军队实施该项计划的主要目的是:(1)集中后备役中的优秀人才。(2)加强后备役军官和常备军官的交流,使后备役军官有机会了解军队事务,丰富军事知识,增强全民防卫意识。此外,新军还改革了征招预备役军人的方式,由过去的通知书征招改为用无线电通信征招。采用此种征招方式后,预备役军人公开动员时间由原来的12小时缩短为6小时,秘密动员时间由24小时缩短为8小时。

建立本国的国防工业体系 新加坡自英军从新撤走后即将建立本国的国防工业体系,逐步实现武器装备自给作为军队建设的重要组成部分。80年代以来,随着经济实力的不断增强,新加坡的国防工业也得到了迅速发展,基本建立起集中领导和分层次经营的国防工业组织结构,并形成以飞机、舰艇、兵器为主的生产结构。各军工企业通过加强与美、英、法、意等发达国家军火工业界的联系,引进先进技术,已能自行生产各类枪支、火炮、巡逻艇、直升机及许多进口装备的零部件,而且质量高、性能好,并能大修美制M—60坦克,改装或组装法制"美洲豹"直升机和轻型AMX—13坦克,通过提股合营方式与西方国家军火公司联合生产喷气式战斗机和导弹等高技术装备。在国防工业建立的初期阶段,新加坡研制生产的各类武器装备主要是满足本国军队的需要,随着生产规模的不断扩大,已有很大部分产品可以出口,其中80年代出口量仅占生产量的40%,90年代已达到60%。新加坡认为,通过出口武器除能保持本国国防工业生产的持续发展外,更重要的是可以换取大量资金,增强购买国外高性能武器的能力,加快军队武器装备现代化的进程。

保持和加强同盟国及邻国的军事合作 (一)继续执行同英国、澳大利亚、新西兰和马来西亚于1971年共同签定的《五国联防条约》。按照条约规定,五国每年举行1~2次联合演习,定期举行由五国国防部长参加的防务会议。海湾战争结束后,五国于1991年4、5月间接连举行了自该条约签定以来规模最大的空防演习和海上联合演习,五国国防部长重新商讨了五国联防的地位、作用及今后的发展问题,认为该条约在当前形势下不但仍有存在的必要,还应当进一步扩大联防范围和内容。(二)加强同东盟邻国的军事合作。自70年代以来,新加坡军队每年都要同印尼、泰国、马来西亚、菲律宾和文莱军队举行双边或多边的联合演习,其中大部分为海空联合演习。为提高和检验演习效果,新空军还先后于1989年和1991年同印尼空军在印尼的苏门答腊共同建立了射击演习场和空战演习实况监视场。除联合演习外,军事合作范围还包括军队高层领导定期会晤、派舰船互访、情报交流及武器装备一体化、规范化。(三)向美提供军事设施。1990年11月,新加坡同美国签署了向美海空军提供军事设施的协议。根据协议规定,新加坡海军的森巴旺基地和空军的巴耶利巴基地由美军使用,美空军以每2个月1次每次几周的方式定期派F—16战斗机来新执行训练任务,美海军增加其军舰访新的次数和时间,美常驻新加坡的军事人员由20人增加至95人。

主要资料来源

①印度尼西亚《武装部队报》1991年。

②越南《人民军队报》1991年。

(王传顺)

印度尼西亚建军计划 印度尼西亚根据国内外形势的发展变化，对其所处的安全环境进行了评估，认为在一个较长时期内印尼面临的主要威胁来自国内而不是国外，将军事战略重点由原来的以防止外来侵略为主调整为以应付国内"扰乱社会治安的歹徒集团活动为主"，进一步明确了武装部队的两大职能：对外防御侵略；对内维护社会治安和支援国家建设，并以此为依据确立了印尼武装部队和平时期的建军方针，即"建设一支有高度机动能力和威胁能力，兵力精干、机构合理、拥有现代化武器装备和专业化人员的军队"。为贯彻这一方针，印尼武装部队采取了以下措施：

调整编制体制 印尼武装部队为了减少指挥层次，使机构更加合理，职权更加明确，自1985年开始对编制体制进行了大规模的改革，先后将国防安全部改编为国防安全部和武装部队总部两部分，前者为最高军事行政管理机构，后者为最高军事指挥机构，撤销了全国4大区域司令部、国家战略司令部、全国防空司令部、近卫军老军官团，组建了西部、东部2个国土防空司令部；陆军将16个军区合并成10个军区，以便同10个行政区相对应，并增编了装甲、炮兵、防空及工兵等现代化技术兵种部队；海军撤销了8个地区性司令部和舰队司令部，分别成立了西部、东部2个舰队司令部；空军撤销了联合作战司令部和5个地区性司令部，分别成立了西部和东部2个作战司令部。同时组建了一支由武装部队总部直接指挥、陆海空三军兵力组成的快速反应部队作为战略预备队，担负支援各岛屿作战任务。

更新武器装备 印尼武装部队实现武器装备现代化的主要途径是：(一)从国外引进。其中印尼陆军1991年从美国购买了140辆V－150"突击队员"式和20辆"兰杰"式装甲输送车，从英国购买了25枚"轻剑"防空导弹和40组RBS－70导弹发射装置。印尼海军自1987年以来先后从荷兰、法国、南斯拉夫购买了护卫舰、扫雷舰等各型舰艇13艘、直升机4架。其中从荷兰购买的6艘"范斯皮克级"护卫舰已于1991年全部交付使用，成为印尼海军的主力舰只。该型护卫舰每艘排水量为2800吨，可载1架直升机，并装备有"鱼叉"舰对舰导弹、"海猫"舰对空导弹及反潜鱼雷、自动火炮和先进电子导航和通讯系统。印尼空军1990年从美国购买了12架F－16战斗机现已全部装备部队，并计划购买美制高级战术空中侦察系统安装在F－16机上。该系统包括低中空电光传感器、红外线扫描仪、2台数字录音机、1套侦察管理系统和数据传输装置，还可扩装1个远程电光传感器和人造孔径雷达。一旦装备该系统，将大大提高印尼空军的空中侦察能力。(二)发展国防工业，逐步实现武器装备国产化。1990年，印尼重新制定了"国防工业发展计划"，并成立了"国防工业委员会"。该委员会的主要任务是向政府争取财政预算，从宏观上指导企业的生产，向各军兵种介绍和提供企业生产的各类武器。印尼国防工业的主要特点是：(1)根据本国岛屿众多、部队机动困难的特点，重点发展航空运输和海军装备，现已能生产巡逻快艇、直升机、导弹等，首次自行研制的6架第一代"贝尔"105直升机已于1991年4月全部装备陆军，并计划在1995年以前自行研制2500吨级护卫舰、扫雷艇和潜艇。(2)努力学习和吸收外国的先进工艺技术。印尼为了促进国防工业的发展，极力鼓励各军工企业同美、德、比利时等西方工业发达国家合作，并在政策和资金上给予优惠，即使从国外购买武器，也要求在本国组装或制造部分零部件。

改善军官队伍年龄和知识结构 随着独立战争时期一大批高级将领在80年代纷纷退役和武器装备的更新换代，印尼武装部队按照建军方针中军官队伍年轻化和知识化的要求，自1990年以来对总部和各军兵种的高层领导进行了大规模调整，其中武装部队总部更换了行政作战助理、情报助理、政治事务助理、国家安全总监督官；陆军更换了战略后备司令及雅加达、爪哇、东爪哇、中爪哇军区司令；海军更换了作战副参谋长、后勤副参谋长、西部舰队司令、东部舰队司令及海军学院院长；空军更换了作战副参谋长、后勤副参谋长、第1作战司令部司令、计划预算助理。同时还更换了一大批中下层军官。经过调整，印尼武装部队军官队伍的年龄和知识结构大为改善。新上任的各级主官绝大部分在50岁以下，均比前任年龄降低了3～5岁，而且都是60年代在印尼陆海空各军事院校受过正规教育、年富力强的军官。

建造大型综合性海军基地 为加强对西部海域的控制，印尼武装部队根据1985年制定的计划，经过较长时间的可行性研究、勘察及各方面的准备后，自1991年开始在楠榜省的拉塔伊湾建造一个大型的综合性海军基地，总耗资将达27.7亿美元。该基地共占地22000公顷，分为中心地区和外围地区两部分，其中中心地区为克拉琴岛和梅特姆岛所环抱，面积7429.5公顷；外围地区由特加尔、普拉望和普廷角3个岛屿所环抱，面积14602公顷。根据预定方案，基地的生活设施及海军陆战队的部分专用设施将在1992年4月前完工；指挥设施和为舰艇和直升机服务的支援设施将在1994年3月前投入使用。在基地全部设施完工后，现驻雅加达普里奥克角的印尼海军西部舰队司令部将迁移至该基地。

设立海军战略情报研究机构 印尼是世界上最大的群岛国家，共有大小岛屿12000多个，海岸线长达35000公里，并扼守马六甲海峡这一重要国际航道。印尼的地理特点决定了印尼军队建设的重点是大力发展海军。为了使海军能适应现代化战争的要求，1991年1月3日，印尼海军东部舰队在泗水基地正式成立了战略与战术情报机构。该机构集情报搜集与学术研究为一体，其主要任务是全力搜集现代化海军战略、战术及技术发展的情报和信息特别是高科技在海军中运用情况，研究世界各国海军动态，与有关国家海军进行学术交流，定期出版杂志和为海军官兵作报告，介绍其研究成果特别是高科技在海军中的应用情况及未来海军发展趋向。

主要资料来源：

①越南《人民军队报》1991年。

②印度尼西亚《武装部队报》1991年。

（王传顺）

印度建军计划与方案

1991年，国际局势的变化，特别是海湾战争的爆发和苏联的解体，给印度的军队建设造成了较大的影响。面对新的世界形势，印当局在坚持现代化建军的总的前提下，根据自身实际，就具体措施进行了适当的调整和修改。新的建军计划与方案是：

适当减缓建军速度 由于国际局势的突变和国内政治等因素的影响，印度国内出现了严重的经济危机，1990～1991年度，印国防开支为1575亿卢比，比上一年增长了4%，然而通货膨胀率却高达12%，特别是本年度国防开支仅占政府财政支出的14%，大大低于以往的20%的比例。加之苏联国家解体，过去由卢比支付的购买军火款项改由外汇支付，这又使实际下降的军费开支雪上加霜。外汇不足，军费缩减，使印度国防现代化建设计划举步维艰。对此，印军及时采取了以下措施：

1.压缩或放弃一部分过去制定的大规模的基建项目。据外刊报道，印度国防预算委员会已向政府建议，放弃耗资1000亿卢比巨资的自制大型航空母舰的建造计划，代之以生产1艘专门用于反潜任务的13000～14000吨级的小型航母。同时放弃一些过去与外国签定的武器进口计划，尽量减少从外国直接进口武器装备。另外，归还从苏联租借的核潜艇。

2.综合安排，确保重点。印度新任国防部长谢拉德·帕瓦尔说，印度不能因军费紧张而在高技术和部队现代化建设方面行动迟缓。海军参谋长拉姆达斯上将强调，在资金紧缺的情况下，只要综合考虑计划，节省开支，确保重点，印度的国防现代化建设是能够按时实现的。为此，印军将通过两种途径最大限度地使用有限的国防经费：一个是制定长期的综合计划，尔后把长计划又划分成若干短过程，分期分批的实施。这样就能保证重点，同时又能实行长计划。另一个是减少维持现状所需费用，如降低人员的耗费，减少总员额，实行义务兵制等，以此增加用于现代化建设所需的资金。

3.扩大军火出口，赚取外汇收入。面对国防费用紧缺的实际困难，印当局及时作出扩大军火出口的决定。首先是对现有的国防企业和兵工厂进行调整整顿，将762项低技术和低产值的军品转给民用厂家生产，而国防厂矿则集中人力、设备生产高、精、尖的军工产品，以便在国际军火市场上具有更大的竞争力。其次是派团到世界各国游说或参加国际性的武器展销会，大力宣传自己的军用产品，以便扩大销路。据外电报道，印计划1991年出口价值3.84亿美元的军火，以后逐年增加。

优化部队整体功能 印军认为，现代科学技术的发展已使战争进入一个新的阶段，即高技术战争阶段。印度为了永远立于不败之地，就必须切实优化军队的整体功能，努力发展军内高技术。为适应未来高技术战争在武器系统、指挥系统、作战环境和作战样式等方面提出新要求，印度军队建设将着重抓好以下几个方面：

1.调整运行机制。印度的国防运行机制存在着诸多弊端，经过几年的改革有所好转，但仍存在着机构繁杂，条块太多的问题，仅国防部下设的咨询机构就有7个。再就是陆、海、空三军之间相互隔离，给最高当局的决策和指挥带来不便。随着现代科学技术的发展和战役战术理论的不断完善，印度国防运行机制的改革势在必行，其发展方向是精干化，统一化。拟采取的措施有：改组国防部，对有关机构进行撤、并、转，提高效率；设立国防参谋长，对三军实行统一指挥等。

2.优化部队整体结构。印军认为，现代战争因技术越来越复杂、精密，所涉及的部门越来越多，对部队构成的整体性要求也越来越强。这就要求建立科学的体制和不断提高协同作战能力，以避免在军队的结构与功能上出现薄弱环节。印军在90年代期间拟采取以下几项措施：(1)在总员额不变的情况下，加强特种作战部队建设。预计将从现有部队中抽调人员新组建4个装甲师，8个机械化步兵师。(2)将单一兵种军(军一般下辖3～4个步兵师)逐步改造成集团军。计划每个军增配1个独立装甲旅。同时在军的隶属关系上，减少1～2个步兵师，增编至少1个装甲师和1个机械化步兵师。(3)继续改编步兵师和山地步兵师。据外刊透露，到本世纪末，步兵师的番号将从印军的战斗序列中逐步消失掉。此外，适合未来高技术战争的电子战部队、战略导弹部队也将会大大加强，后勤保障部队将会适当减少。

3.发展高效率的作战指挥系统。印军认为，现代战争的一个基本特点是作战指挥和控制既复杂又困难，指挥系统的高效率是武器系统充分发挥威力的前提，是决定战争胜负的关键因素，而 C^3I 系统是高技术战争中的“效率之神”。因此，近年来，印军把 C^3I 系统作为军队重点建设项目，特别是战术 C^3I 系统的发展引人注目。仿照英国“松鸡”战术通信系统和法军“里达”战术通信系统研制的陆军无线电网络工程具有较高水平。印军在 1987 年 3 月的“铜钉”演习中试用的以 2 台 16 位的电子计算机为核心的 C^3I 系统，90 年代将大规模推广应用。

努力实现武器装备现代化、国产化 90 年代之前，印度的武器装备主要依靠直接从国外引进和特许仿造，其中苏联武器占 70%左右。苏联局势发生剧变后，印军的装备建设遇到较大困难。一是苏方取消了卢比对卢布的贸易结算方式，要求印度支付可兑换的硬通货；二是苏方大幅度提高了低廉的供货价格；三是苏联的彻底解体使印苏和平友好条约名存实亡，许多订货已很难兑现。由于关键零部件缺乏，印空军的许多飞机已停飞，其他苏式装备的维修、给养既困难又昂贵。对此，印军采取的对策是：

1.自力更生，加强国防科研和生产。印度尝过依赖别人的苦头，强调要在武装部队和国防科研部门建立一个制度化的合作互助体系，力争做到军队需要什么，国防科研和生产系统就研究和生产什么。印度著名防务专家、国防部长的首席科技顾问阿鲁纳查拉姆博士指出，印度在防务需要上要坚定不移地走自力更生的道路，努力实现武器装备的国产化，否则，印度是无法承受现代战争装备日益增长的高价压力的。1991 年，印当局将先进装备的来源作了战略性的调整，即由过去的直接进口为主，自行研制为辅改为自行研制为主，外国进口为辅。同时还及时增加国防科研经费，制订国防科研和生产的长远规划，调整国防产品结构，努力提高国防企业的生产和最大限度地发挥其潜能。

2.加强与美国等西方国家的交往，广辟先进武器装备来源。鉴于苏联解体和国内科研能力有限的现实，印当局及时向美国和西欧发达国家寻求新的武器来源，其中和美国在防务方面的交往尤为引人注目。1991 年 8 月和 11 月双方进行了 40 年来首次高级军事代表团的互访。同时，印还继续寻求与英国、法国、意大利、瑞典等国家的军事联系，以便挑选新的先进武器。

主要资料来源：

(1)印度《军事新闻》、《今日印度》、《前线》杂志 1991 年。

(2)印度《政治家报》、《印度时报》、《甘露市场报》1991 年。

（乔德春）

综合制导导弹发展计划取得重大突破 据印度《军事新闻》和《今日印度》杂志 1991 年 1 月刊报道，代表印度国防最高标志的“综合制导导弹发展计划”目前已经取得突破性进展。该计划是印度防务方面的一个大型研制计划，概括起来就是研制成功“大地”地对地战术导弹、“三叉戟”近程快速反应地对空导弹、“闪光”中程弹道导弹、“蛇”式先进反坦克导弹和“火神”中程弹道导弹。

该计划于 1983 年出台，预计 10 年内研制成功并装备部队。为了按期完成研制任务，印度政府从各方面为该计划大开绿灯。从投资上看，预计投资 40 亿卢比，而到 1989 年底实际花费 78 亿卢比，超出预计的 95%。有关方面人士预计，到 1993 年将达 120 亿卢比。从技术上看，该计划从一开始就组成了专门的研制机构，集中了国防研究、空间组织、研究院（所）以及国防公营企业、大专院校等 80 多个研制单位的 400 多位科学家和工程技术人员。为了切实加强领导，该计划实行三级管理体制。中央政府成立以国防部长的首席科技顾问阿鲁纳查拉姆博士为主席的“制导导弹委员会”，负责组织和协调整个研制工作；国防部成立以国防秘书为主席的“计划管理委员会”，负责该计划研制过程的资金预算、拨款和原材料的购买等工作；以下成立 5 种导弹研制管理委员会，具体负责本项目的研究和制造工作。各级领导机构定期召开协调会议和技术会议，及时研究和解决研制过程中遇到的各种困难和问题。迄止 1990 年底，列入计划的 5 种导弹都至少试飞过 1 次。其中“三叉戟”导弹已进入双飞阶段；“大地”导弹已经批量生产，计划 1992 年将装备部队；“蛇”式导弹和“闪光”导弹已进入研制的最后阶段。综合制导导弹计划虽已接近尾声，但印国防部权威人士透露，用于国防现代化建设的高精尖装备的研制工作是绝不会就此结束的。印国防科学家们又在为一种新的系统——“阿斯特拉”先进空对空导弹系统制订研制计划。

（乔德春）

缅甸建军计划 1988 年 9 月缅甸军队接管国家政权后，为了加强对国内局势的控制，维护缅甸联邦的统一和稳定，提高在东南亚地区防务体系中的地位，制定了“1990～1995 年扩军计划”，并按照重点发展陆军、相应发展海空军的建军原则加紧付诸实施。采取的主要做法是：

扩充编制实力 重新修改了《军队法》，增设了陆海空三军军种参谋部，将各军种司令兼任的副总参谋长分别改称军种参谋长，组建了1个军区、1个机动师和一批作战营及工兵营、通信营、炮兵营、运输营等勤务保障部队。缅军总人数已由1988年的18.5万增加到1991年的30万。为适应编制和实力增加的需要，缅军精减了总部、军区机关，将精减下来的军官充实到新建单位任职，增加每年新兵招收数额，放宽服役年限，重新征招已退役的技术军官，对军官的军衔进行了调整，增加了将军人数，首次设立了大将军衔，总参谋长苏貌成为缅军历史上的第一位大将，陆军司令由以往的中将军衔晋升为上将军衔，海空军司令由以往的少将军衔晋升为中将军衔，一大批中下级军官也提前晋职晋衔。缅军的军费也逐年增加，1987～1988年度为2.916亿美元，1988～1989年度为3.47亿美元，分别占该年度国民生产总值的3.8%，计划90年代将每年的军费开支逐步增加到占国民生产总值的5%。

改善和更新武器装备 长期以来，缅军由于国内经济困难、军费短缺，部队的武器装备十分落后，特别是防空力量极为薄弱。为改变这一状况，缅军自1990年起共耗资10多亿美元先后从南斯拉夫、捷克斯洛伐克、波兰、新加坡等国购买了6艘巡逻艇、12架米格—19歼击机、12架米格—21歼击轰炸机、20架G—4教练机、16架米—2武装直升机、100多辆中型坦克和装甲输送车、20～30门37和57毫米高射炮及一批导弹和火箭发射架。上述装备大部分已交付部队使用。自1991年8月开始，缅军还同苏联谈判，准备购买苏制米－8直升机、米格－17歼击机和安－20运输机。同时，缅军还根据进口与自制、改造相结合的方针，不断发展本国的军工生产，自制的30辆“马自达”侦察车和装甲输送车已于1991年编入现役，同时对已封存的部分老式飞机进行改装，重新启用，以弥补现装备的不足。

加强军官队伍建设 随着专业兵种的建立和武器装备的更新，缅军改变了过去在部队内部培训专业技术军官的不正规做法，新建了国防工业技术学校、坦克装甲兵学校、炮兵学校和工兵学校等多所专业学校，专门培训技术军官，并规定，在野战部队和领导机关任职的各级军官都必须参加不定期举办的短期军事训练班，学习现代军事专业知识，时间为3个月。缅海空军以往主要依赖外国代培军官，现在也改为以本国培养为主、适当选送到国外受训为辅。

主要资料来源：

①《解放军报》1991年。

②缅甸电台报道1990～1991年。

（王传顺）

马来西亚建军计划 马来西亚军队组建后的很长时期内一直将“清剿”马共武装作为主要任务，军队建设的重点是发展陆军。80年代末以来，马来西亚鉴于马共已停止武装活动，国内安全环境得到改善，而外部的安全形势则发生了很大变化，特别是维护海洋权益的斗争日渐突出，认为今后对马安全的威胁主要来自外部海上方向。根据这一判断，马来西亚军队逐渐将战略重点由“内卫”转向“外防”，军队建设也从以陆军为主转向以海、空军为主，并重新修订了军队武器装备现代化发展规划。同时，马来西亚经济实力的迅速增长又为军队的现代化建设提供了雄厚的物质基础。马政府在第6个5年计划(1991～1995)的财政预算中已将军费总额从上一个5年计划的18.65亿马元增加到60亿马元。增加的军费主要用于购买先进的武器装备。

陆军建设计划 90年代的发展计划重点是调整实力结构，更新武器装备，提高快速反应能力，发展预备役力量。1991年3月，马国防部长宣布在1993年前组建1个快速部署师。该师将由装甲部队和特种作战部队两部分组成，装备坦克、装甲输送车及武装直升机，主要参与保卫国家安全的重大军事行动。同时在2000年前组建一支训练有素的后备役部队。为提高国土防空能力，1991年，马陆军还从英国购买了48枚“标枪”式地空导弹和12组“轻剑”式导弹发射系统。

海军建设计划 根据1990年制定的20年(1991～2010年)防务发展规划，计划到21世纪初发展成为一支由水面舰艇部队、潜艇部队和航空兵组成的能遂行中、近海防御任务的海上武装力量。其中一线兵力将由潜艇、护卫舰、快艇和舰载直升机组成；二线兵力由扫雷艇、巡逻艇和补给船组成。采取的具体措施是：

加强水面舰艇力量 马海军现装备的水面舰艇大部分是60年代服役的，舰只陈旧、武器系统落后而且缺少攻击能力强的大型舰只。为了担负起保卫海上经济区及交通要道的任务，马海军决定从增加数量和提高质量两方面加强水面舰艇力量。一是计划从美、英等国选购数艘先进的导弹护卫舰。二是自1990年开始以每年2艘的速度自制新型巡逻艇，拟用10年时间取代现装备的21艘“帕卡萨”级巡逻艇。同时自造几艘导弹快艇。三是对现装备舰艇的武器系统进行改装，争取到2000年使主要水面舰艇均装备导弹和先进的防空火炮及通信设施。

组建海军航空兵部队 1989年，马海军在马六甲海峡北面的卢木基地正式组建了海军航空兵部队，现装备13架美制“黄蜂”式直升机。计划从1991年开始再从美国购买一批直升机，使直升机总数到2000年达到 30～40 架，并逐步实现直升机舰载化，使航空兵能担负起马来西亚周围海域的反潜和侦察巡逻任务。

筹建潜艇部队 1990 年，马海军已改装了 2 艘从英国进口的“欧贝仑”级潜艇。1991 年又同瑞典签定了购买潜艇的合同。按照协定，瑞典将于 1992～1993 年间把 4 艘 A－14 型和 2 艘 A－19 型潜艇交付马海军，同时派出一个由 85 名军官和专业军士组成的顾问团训练马海军潜艇部队人员和进行技术业务指导。届时，马来西亚将成为东南亚第 2 个拥有潜艇的国家。

扩充预备役人员 马海军现有 11000 人，其中尉官 200 人，士官 700 多人。除此之外，还需要 7000 多预备役军人。为了满足这一需要，马海军自 1988 年开始扩充预备役人员，先后在全国各战略要地建立了 15 个训练基地。这些基地除作为海军舰艇的停泊码头外，主要用于海军预备役人员的军事训练。

空军建设计划 在认真总结了美国入侵巴拿马、空袭利比亚及海湾战争的经验教训后认识到，马空军不论是武器装备还是战术技术水平都远远不能适应现代战争的要求，要确保在未来战争中的制空权就必须加快现代化的步伐。其主要做法是：

购买先进飞机 马空军继 1989 年从英国购买了 12 架“旋风”战斗轰炸机后，1990 年底又同英国签定了购买 10 架霍克－100 教练机、18 架霍克－200 战斗机及其附件、备件，总价值达 4 亿英镑的合同。其中霍克－100 教练机自 1993 年 10 月开始交货，霍克－200 战斗机自 1994 年 7 月开始交货。该批飞机全部交付使用后，马空军将具备全天候作战能力。

建设大型和专用机场 马空军自组建后除拥有巴特沃斯一个专用机场外，主要使用民航机场。此种做法虽能节省大量资金，但给训练和执行作战任务带来一些不利因素。为此，马空军决定在 90 年代在继续与民航共用机场并对机场设施进行扩建改造的同时，计划在贡吉达建一大型的空军专用基地。另外在其占据的南沙弹丸礁上修建一个拥有 1.5 公里跑道的机场。

改善配套系统 马空军已决定从 1991 年开始从美、英等国购买一批预警机、防空导弹、自动火炮和地面雷达，逐步改善其防空、导航、提前预警、通信指挥、情报保障等配套系统，建成空地一体的空防体系。

提高飞行人员的战术技术水平 随着大量武器装备的更新换代，马空军对飞行人员的培养也越来越重视，要求他们不仅具备良好的心理素质，而且要有较高的战术技术水平和在各种复杂条件下执行任务的能力。为此制定了一套严格的训练、考核、奖惩制度。马空军除经常选派飞行人员出国受训外，特别强调通过各种演练提高部队的整体作战能力，每年都要分别与英国、澳大利亚和印尼、泰国、新加坡等东盟国家举行双边或多边的联合演习，大部分演习均以阻击拦截外来之敌为主要科目。

主要资料来源：

越南《人民军队报》1991 年。

（王传顺）

沙特阿拉伯建军计划 1990 年 8 月发生的伊拉克入侵科威特事件，给沙特阿拉伯以“强烈的震撼”。沙特国王法赫德·本·阿卜杜勒·阿齐兹在海湾战争结束后说，海湾危机和海湾战争进一步坚定了沙特加强武装力量建设的决心，沙特要立即进一步采取行动，用世界上最强大、最现代化的武器装备和技术来扩充和重新装备武装力量，特别要加强和扩展海、陆、空三军力量，以增强国防。根据法赫德国王的号召和基本构想，沙特阿拉伯政府对其将来军队的形式、规模和装备等问题进行了细致的研究，并在此基础上制定了“几乎是全新的”建军计划。概括起来说，主要内容有以下几个方面。

大规模扩充兵力 近 10 多年来，沙特军队员额一直保持在 6 万人左右。海湾危机和海湾战争使沙特认识到，现有的军队规模不足以应付周边威胁，要形成足够的防御能力，必须大规模增加兵力。经过论证，沙特决定把军队规模扩大 1～2 倍，即增加到 12～18 万人。与此同时，国民警卫队也要由 5 万余人增加到 10 万余人，使其成为编成 11～12 个旅、拥有现代化轻型武器装备、具有高度机动性的一支部队。此外，边防部队、海岸警卫队等准军事部队也要扩充一定的兵力。这样，到 90 年代中期，沙特阿拉伯武装力量的总规模将由 13 万多人扩大到 25～30 万人左右。

大批购置各种现代化武器装备 沙特阿拉伯自推进军队现代化建设以来，武器装备主要靠进口。据统计，1966～1990 年，沙特购买武器装备的费用达近千亿美元，是“武器进口大国”。海湾战争“使沙特阿拉伯亲自目睹了现代化兵器的威力”，促使其“继续采取进口武器使本国军队现代化的方针”。海湾战争结束后，沙特向许多国家提出订购现代化武器装备的要求，总价值达数百亿美元。其中，拟从美国购买 72 架 F－15 战斗机、80～100 架 F－16 或 F/A－18 战斗机、400 辆 M－1A1 和 M－1A2 主战坦克、1117 辆“布雷德利”步兵战车、52 艘巡逻艇、100 多架“阿帕奇”武装直升机、50 门 M－109A6 榴弹炮、4000 辆适合在崎岖地形行驶的卡车、2000 枚 KM－48 和 2100 枚“集束”炸弹、770 枚“麻雀”空对空导弹和 2400 枚“小牛”空对地导弹、384 枚“爱国者”防空导弹及一批价值 30 亿美元的多管火箭炮；从英国订购 6 艘扫雷艇、120 架“旋风”战斗机、96架"隼"100型战斗机；从法国订购100枚"西北风"地对空导弹和数十架反潜直升机；从瑞士订购300辆轻型步兵战车；从巴西订购300余辆"奥索里奥"坦克；从加拿大购买393辆"比拉鱼"轻型装甲车；从比利时购买价值达2.86亿美元的轻型武器。这些新型武器装备绝大部分用于装备新组建的部队，小部分用于替换70年代以前装备部队的陈旧武器装备。

改革陆军部队编成 长期以来，沙特阿拉伯陆军的最大编成为旅，包括装甲旅、机械化旅、步兵旅和空降旅。海湾战争使沙特认识到，这种编成不足以应付大规模机动战争，只有像盟军那样以师为基本的战役单位，"才能在防御作战中具有进攻性"。因此，沙特计划将陆军的基本战役单位由旅改编为师。共编成5～8个装甲和机械化师，每个师的基本编制为15000人，少则12000人，多则18000人。

组建海军潜艇部队 两伊战争的教训使沙特阿拉伯认识到，要保证本国海上运输的安全，与以色列抗衡，就必须拥有装备现代化的强大的海军力量。为此，1988年以来，沙特加快了海军现代化建设，分别从英、法等国采购先进的护卫舰和扫雷艇等装备，其中包括3艘能搭载武装直升机、拥有较强防空能力的2000吨级护卫舰。海湾危机和海湾战争又促使沙特"全面发展海军"。经过反复论证，沙特决定在进一步发展水面力量的同时，组建一支潜艇部队。初步计划从西方国家购进8艘现代化的具有相当作战能力的潜艇，使沙特海军到90年代中期"形成具有一定保护和打击能力的水下力量"。

更新防空系统 早在海湾战争爆发以前，沙特阿拉伯军队为增强防空能力，就制定并开始执行代号为"鹰眼"的防空系统更新计划。海湾战争中，美军现代化防空系统的"出色表演"，给沙特"留下了深刻的印象"。沙特决定在美国的帮助下，加快推进这一计划。"鹰眼"计划主要是将沙特空军E－3A空中预警机上有关低空目标的数据与雷达信息结合起来，装备数部新式AN/TPS－70雷达及相应的计算机和通信设备，将雷达通过下行线路联接到为军事基地和其他关键军事设施提供保护的"空中卫士"防空系统上。AN/TPS－70为机动有效传真频带雷达，可跟踪450公里以外的目标。它带有特殊的天线，敌对抗系统很难发现并对其实施干扰。

加快军事设施建设 进入80年代后，沙特阿拉伯在大量购进各种现代化武器装备的同时，把国防费用的80%用在军事工程上，先后建设了一系列现代化军事设施，如机场、港口、雷达站、通信网、交通网、军火库等。在海湾战争中，这些设施为盟军的进驻使用提供了良好的条件，受到美国军方的高度赞扬。海湾战争结束后，沙特决定继续加强现代化军事设施的建设，把它作为提高国家整体防御能力的重要组成部分。一是计划修建一系列地下军火库，以增大武器弹药的储备能力。二是计划耗资50亿美元修建一系列地下油库，使之达到储存150万桶石油的能力，以作为战时急用。三是新建和扩建一些机场，以增大飞机的容纳量。据美国《武装力量》杂志报道，海湾战争结束后不久，沙特阿拉伯即开始在其东部边远地区修建1个世界上最大的军用直升机机场。该机场长2300米、宽340米，整个修建费用为2000万美元。四是修建一批军人生活基地，为军人提供良好的生活条件。据德国《明镜》周刊报道，英国准备为沙特阿拉伯在沙漠中建筑一座可驻扎25000名军人的"巨型军人城"。

加强军事训练 沙特阿拉伯对军事训练比较重视，除建立多所陆、海、空三军指挥和技术院校，聘请外国军事专家对官兵进行培训外，还经常与其他海湾合作委员会国家举行联合演习，以此提高军队的作战能力。海湾战争使沙特更进一步认识到平素加强军事训练对提高军队战时作战能力的重要性。为此，沙特决定在继续加强与其他海湾合作委员会国家军事训练的同时，大量雇佣美国军事专家，对本国军队进行全面战术技术培训，并选派大批军官到西方国家受训。此外，沙特还制定了专门的国防教育计划，要求年轻人必须接受一定的军事训练，使他们增强国防意识，掌握一定的军事技能，以适应战时军队迅速扩编的需要。

主要资料来源：

①英国《防务》月刊1991年10月。
②英国《观察家报》1991年4月28日。
③美国《华盛顿邮报》1991年4月21日。

（张连国）

伊拉克建军计划

1991年年初，伊拉克军队与以美国为首的多国部队进行了历时42天的战争（海湾战争）。战争结果，伊拉克军队遭到重创。战争结束后，联合国通过决议，继续对伊拉克实施武器禁运和经济制裁，并派出多个调查组赴伊拉克核查和监毁战略性武器。伊拉克反政府武装乘机频频向政府军发动攻势，危及萨达姆政权的生存。由于海湾战争和国际社会的制裁，伊军心涣散，不满情绪上升。在上述情况下，伊拉克一方面进行军内"整顿"和提高官兵待遇，以加强对部队的控制，另一方面对建军计划进行调整，强调军队建设由进攻性转为防御性。

大幅度裁减兵员，缩小军队规模 海湾战争结束时，伊军在编的部队已由战前的130万人减少到大约80万人。尽管如此，在中东地区，伊军的规模仍"相当庞大”。海湾战争结束后不久，伊拉克即着手大规模裁减军队。萨达姆·侯赛因总统先后发布命令，解散1990年8月2日以后组建的15个陆军师，同时命令军队中所有35岁以上应征入伍的士兵和31岁以上的预备役军人复员。据法新社和路透社反映，伊拉克计划复员50万名军人，到90年代中期将军队规模缩小到30万人左右，其中“共和国卫队”大约占1/2。在缩小正规军规模的同时，伊拉克“革命指挥委员会”还于1991年4月作出决定，解散1974年组建的庞大的准军事部队——“人民军”。伊“人民军”在海湾危机爆发前有85万人，海湾危机期间一度发展到500万人。

逐步向职业化军队过渡　据路透社报道，海湾战争使萨达姆“称雄中东”的企图破灭，维持现政权生存和恢复国家建设成为伊拉克当务之急。为“适应战后新的形势的需要”，伊拉克“革命指挥委员会”经过多次研究和论证，决定对兵役制度进行改革，逐步建立一支“量少质高”的职业化军队。作为过渡的办法，伊在大规模裁军的同时，已开始实施义务兵役制与志愿兵制相结合的制度，逐步增加军队中职业军人的比重。为吸引更多的专业技术人员签字成为志愿兵，伊拉克军方采取了许多措施，其中之一是提高志愿兵的物质待遇，如成倍地给他们增加工资，向他们廉价出售食品和衣物等。据估计，到90年代中、后期，伊拉克军队将完成从义务兵役制向职业化的过渡。

停止生、化武器的研究生产，力图保留部分核设施　联合国安理会1991年4月在海湾战争永久停火协议中规定，伊拉克不能拥有核、生、化武器和射程在150公里以上的弹道导弹。此后，联合国经常派出调查组，对伊拉克上述大规模杀伤武器进行核查和监毁。在这种情况下，伊拉克宣布停止生物武器的研究和各类化学武器的生产。但对于在海湾战争中没有被摧毁的核设施，伊拉克却力图保留。据联合国负责伊拉克核武器核查的人员反映，伊拉克共拥有30多个核设施（伊拉克自称有24个），其中相当一部分在海湾战争中没有被摧毁，“完整无损”或“损失不大”地保存下来。战后，伊拉克采取“半遮半露”和“化整为零”的策略，即一方面将部分核设施告诉联合国，另一方面将大量核设施拆迁转移，企图保住部分核设施和核原料，以便以后继续研制核武器。联合国调查伊拉克大规模杀伤武器的特别委员会负责人罗尔夫·埃科伊斯说，1991年9月缴获的伊拉克长达25000页的文件、19个小时的录相带和700幅照片表明，伊拉克不仅制定有“周密的核计划”，而且近年来一直致力于核武器的研究。到海湾战争爆发前，伊拉克已开始研究把核弹头投送到目标的方法。根据对伊拉克核区域的视察结果，可以确认，海湾战争后伊仍在“秘密地继续执行核武器研制计划”，且“在一些方面进展很快”。1991年10月，伊拉克政府在致国际原子能机构的一封信中承认，伊确有一个核武器研究计划，并已付诸实施，但伊尚未做出生产核武器的决定。同时，伊拉克还宣布，伊保留部分核设施不是为了继续研制核武器，而完全是为了和平利用原子能；这些核设施可以控制在国际原子能机构手中，也可以由其他阿拉伯国家代管。

为防止伊拉克在和平利用原子能的掩护下继续发展核武器，联合国安理会于1991年10月11日作出决定，禁止伊拉克从事原子能的研究，并无限期地对其实施监督。

主要资料来源：

①《日本经济新闻》1991年10月3日。

②美国《纽约时报》1991年10月15日。

（张连国）

以色列建军方案　为了建立一支以现代化武器装备的、有较强战斗力的军队，以色列修订了军队的发展计划，主要内容一是扩大征兵范围。为了保证充足的兵源，以色列决定从1991年起，开始在从他国移居以色列的犹太人中征兵。二是增加国防预算。以政府为1992年的国防预算增加2.12亿美元，使以国防费用总额达70亿美元。三是大力研制、购买高技术兵器，更新部队装备。

以色列为加速发展现代化高技术兵器、提高部队战斗力制定的主要方案是：

加强防御体系　以色列在海湾战争中遭到伊拉克39枚“飞毛腿”导弹的袭击，它充分暴露了以色列缺乏战略纵深、极易遭到攻击的脆弱性。这是以色列在海湾战争中吸取的严重的教训。海湾战争后，以色列把加强防御体系，研制反导导弹作为首要任务。1991年，以色列先后成功发射了“海兹”和“巴拉克”反导导弹。当前，以色列正在加紧研制“箭”式反导导弹系统，它的截击距离将大大超过“爱国者”导弹。“箭”式反导导弹系统的研制工作已进入第2阶段，计划将在45个月时间内进行11次试射。“箭”式反导导弹系统研制成功后，以色列的防御体系将得到很大加强。

发展海军力量　以色列被阿拉伯国家从东、南、北3个方向包围，其大部分生产原料和进出口产品都需通过西部地中海运输。以色列工业区和人口密集区也都集中在地中海东岸一线。因此，以色列的海洋战略是其国防政策的重要因素。为了担负起海上作战任务，以色列制定了进一步发展海军的计划：(1)组建潜艇部队。以色列海军现拥有3艘英国制造的常规鱼雷潜艇。为了组建潜艇部队，以色列决定再购买3艘潜艇，选型定为德国生产的海豚级潜艇。首艇定于1993年加入现役。(2)更新水面舰艇。以色列在1973年中东战争中使用的水面舰只大多已老化,“萨尔”2级导弹快艇已退役,取代它的是“4.5”级导弹快艇。1991年开始建造“萨尔”5级轻型护卫舰,计划首批建造3艘,由以色列与美国合作生产。第一艘“拉哈夫”号正在美船厂建造,计划1992年秋加入现役,其余2艘1993年可交付使用。(3)装备舰载直升机。以色列海军考虑到E—2C预警机不能随舰队远航,因而计划在舰艇上装载直升机。舰载直升机在作战行动中担负着为舰艇提供目标搜索和武器引导等任务。

提高空军质量 以色列空军在以军建设中占有特殊地位,在历次战争中,以色列空军都起到重要作用。海湾战争后,以色列更注重提高空军的质量:(1)增购先进飞机。以色列空军现拥有作战飞机655架。以色列空军计划再装备60架F—16C/D战斗机,20架F—15战斗机,18架“阿帕奇”直升机等。(2)改造旧型飞机。海湾战争表明,旧型飞机已不符合现代战争的要求。因此,以色列决定将一些陈旧机型进行改造。老式的F—15和F—16战斗机将安装机载电子系统。为了提高空军的远距离作战能力,以色列利用改进的“波音”707实施空中加油。现在,以色列空军已具备了远距离实施单一快速战略空袭任务的能力。(3)加强军事训练。以色列空军十分重视提高飞行人员的军事素质。以色列空军飞行员均经过飞行学校学习,学制2年,实行全程淘汰制,淘汰率高达90%。以色列空军的训练以严格、高效为要求,以提高执行境外惩罚性攻击能力为目的。年度训练分3个阶段,每个阶段4个月。每个阶段后期,举行空军基地规模演习。每个年度训练后期,通常举行由几个基地参加的演习。

主要资料来源:

①英国《独立报》1991年7月22日。

②美国《空军》杂志1991年11月。

(诸葛永松)

英国建军计划

英国政府认为,冷战结束后,欧洲的安全状况虽然已经得到改善并将继续改善,但是“不稳定的潜在因素”依然存在,目前及未来对英国安全的威胁“可能来自预料不到的方面”。为适应新的变化,梅杰政府于1991年对英国的防务政策进行了一定调整,并提出了90年代英国军队的建军计划与方案。新的计划与方案有两个基本点:一是强调继续依托北约和保持自己的核威慑力量,二是强调削减常规部队兵力,改善军队装备。英国国防部称,新的计划与方案落实后,英军将成为一支规模较小、装备精良、机动灵活和训练有素的现代化军队。

继续依托北约并保持自己的核威慑力量 英国在战后一直执行依托北约维护本国安全的防务政策。1991年,英官方人士在各种场合重申英国的这一政策不变,指出“北约对英国的安全仍然具有重要意义”,英国在北约中的作用仍然是“提供核力量、保卫联合王国、为欧洲大陆的防御作出贡献以及在东大西洋和英吉利海峡执行海上任务”。1991年5月,北约国防部长会议决定,以德国为基地建立一支5～7万人的快速反应部队,英国同意派2个师参加并担任这支部队陆军的指挥官。同年10月16日,英国外交大臣赫德针对法、德宣布将组建一支5万人的“欧洲军”一事指出:这支部队“毫无用处”,英国“不希望看到与北约正继续在欧洲做的事发生重叠”,强调欧洲防务必须首先依靠北约。

与此同时,英国一再宣称将保持自己的核威慑力量,继续搞导弹核潜艇更新换代计划。英国防大臣汤姆·金1991年9、10月间表示,英将削减自己的战术核武器,但建造“三叉戟”弹道导弹核潜艇的计划不变,以保持“最低限度的核威慑力量”。英《每日电讯报》1991年11月22日报道,英国防部决定1992年从美国购买23枚“三叉戟”导弹,以配置在4艘新式核动力潜艇上。这种新式潜艇是从80年代中期开始建造的,每艘可携导弹16枚,每枚有8个弹头,预计于1995年投入使用,取代目前在役的4艘“北极星”弹道导弹核潜艇。由于新式潜艇可携弹头数是现有潜艇弹头数的1.7倍,且精度高,威力大,届时英国的核威慑力量将大为增强。

大幅度削减常规部队员额,改善军队装备 1991年7月,英国防大臣汤姆·金发表《90年代英国防务》的白皮书,提出英国常规部队的削减方案。根据该方案,英军将在1995年之前压缩国防预算6%,裁减部队员额6.2万人,裁减幅度为20%,英军总兵力将从现有的30.8万人下降到24.6万人。陆军裁减的人数最多,将从15.6万人减至11.6万人,拟减少8个装甲侦察团、6个炮兵团、17个步兵营及一些工程、通信和后勤等部队。新编制规定团将由2～3个营组成,比原先减少1个营。海军将从6.3万人减少到5.5万人,潜艇数量从27艘减少到16艘,驱护舰数量从50艘减少到40艘。空军从8.9万人裁减到7.5万人,逐步撤销6个“鬼怪”式战斗机中队和3个“旋风”式战斗机中队。此外,文职人员将从14.1万人减少到大约12万人,预备役部队也将作一定裁减。

在裁军的同时,英国防部将努力使军队装备现代化。陆军将装备装有30毫米自行炮的“勇士”装甲输送车、150辆“挑战者”2新型坦克,并对400辆“挑战者”1

型坦克进行改装，引进"MLRS"多管火箭炮系统、155毫米"AS－90"新型自行火炮及一批新型反坦克直升机和战斗直升机。海军除重点执行"三叉戟"计划外，将在"海鹞"FRS－1飞机的基础上，改装一种先进的名为"海鹞"FRS－2的舰载垂直/短距起降攻击机，预计到1994年共改装29架。还将与法国联合建造防空护卫舰。空军将继续参加"欧洲战斗机"的研制工作，并拟订购250架。

英国防部认为，经过裁减整编后，英军虽数量有所减少，但战斗力将有一定提高，足以应付"未来的挑战"，对国内外的不测事件作出"反应"。

主要资料来源：

①《解放军报》1991年。

②《人民日报》1991年。

（张清文）

波兰建军计划 1989年，波兰组成了以团结工会为主的新政府，波军从此进入了"新的发展变化时期"。波新政府对过去的建军方针与计划进行了修订和调整，在推进军队"国家化"的同时，继续采取措施，加强军队现代化建设。

裁减军队员额，更新武器装备 波于1988年开始在"减少数量、提高质量"的思想指导下进行较大幅度裁军，以团结工会为主的新政府执政后加快了这一工作。迄1990年底，波军先后进行了3次较大规模裁减，撤销了4个摩托化步兵师、1个炮兵旅、6个飞行团，缩编了1个空降师和1个岸防师（缩为旅），解散了125个分队，改编了217个分队，将30多个军事单位移交民用，共裁兵员10.7万人（约占波军总兵力的1/4）。1991年初，波军宣布将继续采取各种措施裁减军队员额，到1995年，波军总人数将减到23～25万人，在编的将军将从172人减到80人。为进一步提高武器装备质量，波军于1991年初制定出此后一个时期陆、海、空三军武器更新方案：陆军逐步把大量过时的T－54、T－55坦克，OT－64装甲输送车和800余门牵引火炮全部淘汰，同时装备T－72坦克、БМП步兵战车和122毫米、152毫米自行火炮；海军继续执行小规模现代化计划，过时的作战舰艇将逐步退役，同时装备少量性能先进的新舰艇；空军逐步将300多架已延期服役的里姆－6和米格－21歼击机全部淘汰，同时装备苏制米格－29歼击机、米－24武装直升机，美制F－16战斗机和法制"幻影"2000战斗机。

实行新编制体制 1989～1991年，波除建立了由国家总统统帅武装力量的国防领导体制外，还本着优化、精干的原则对军队的体制编制作了部分调整。（一）设立新的军区。波原有3个军区，即波美拉尼亚军区（又称沿海军区）、西里西亚军区和华沙军区。波国防部计划在上述3个军区的基础上，新设立1个军区，即波美拉尼亚军区和西里西亚军区保持不变，将华沙军区划分为2个军区，1个叫小波兰军区，1个叫马祖尔军区。4个军区隶属的部队在种类、数量和装备等方面都不尽相同。（二）空军和国土防空军合并为1个军种。波兰军队以前仿效苏联建立了国土防空军，主要用以进行国土防空。1990～1991年，该军种已与空军合并为1个军种，称波兰空军（一说称波兰空军防空军）。原国土防空军下辖的战役战术军团改编为战役战术兵团。（三）陆军师实行新的合成师编制。波陆军师原有坦克师和摩托化步兵师2种编制。1个坦克师拥有坦克328辆，1个摩步师拥有坦克271辆。波军计划在这2种编制的基础上实行新的合成师编制。新的合成师编制是：每个师编有3个机械化团（每个团编有2个机械化营、2个坦克营）以及一定数量的支援部（分）队。新合成师只编有186辆坦克（每个团编有62辆，每个营编有31辆），比原来的坦克师和摩步师分别减少了142辆和85辆。执行新的合成师编制后，波军陆军师的总数将减少大约1/3。（四）增加职业军人的数量。为提高部队战斗力，近年来波军对部分官兵实行了职业化。据波统计年鉴材料，1990年，波军中职业军人有10万多人，约占总兵力的32%。1991年初，波国防部作出决定，继续增加职业化军人的比重，今后几年内，波军中职业军人的数量将逐渐增加到50%。此外，波军还计划建立文职人员制度，以保留技术骨干。

调整兵力部署 自50年代华约组织成立起，波兰就一直以北约国家为作战对象，并且奉行积极防御的战略方针，因而军事部署西重东轻，4/5的兵力部署在西部的波美拉尼亚军区（沿海军区）和西里西亚军区，东部的华沙军区只部署了总兵力的1/5。1990年，波制定了新的防御理论，宣称北约已不是波兰的敌人，而是一个应与之合作的机构；波军摒弃与华约各国共同制定的"联合防御理论"，转而奉行"武装力量中立防御理论"；波不再设假想敌，而准备防御来自各个方向的威胁。随着战略思想的转变，波军计划从1991年开始，根据全方位防御的原则进行部署大调整，在国内"均衡部署"武装力量。为此，决定将驻西部边境地区的部分部队东调，部署在东部边境地区的普舍梅希尔和卢布林等地。考虑到部队移防要花大量经费，波军决定在"西军东调"的同时，扩大东部地区一些部队的等级。波军重新部署后，1/3的兵力部署在西部边境，1/3的兵力部署在东部边境，另1/3的兵力部署在国内腹地。鉴于原苏联局势动荡不安，可能危及波国家安全，波军已制定计划，从1991年开始大力加强东部边境地区的防御，除加强该地区的兵力部署和防御工程设施的建设外，还准备建立一支由总参谋部直接指挥的“快速反应部队”，以便随时应付该地区可能出现的危机。

扩编预备役部队 波军认为，基于新的防御思想，同时考虑到国家经济建设的需要，常备军平时要少而精，但要有相当数量的预备役部队作为后备力量，以使战时能够迅速扩编。为此，波军在对现役部队进行精简整编的同时，采取了2项措施以增加预备役部队的储备：一是将精简整编中裁减下来的官兵转入预备役，作为骨干；二是从1990年1月开始将波军士兵的服役期限由24个月减为18个月，士兵复员后即转入预备役。此外，为提高预备役部队的质量，使其在战时扩编为正规军后能迅速投入战斗，波军还考虑进一步完善预备役部队的各项制度，包括训练制度、武器更新制度等。

主要资料来源：

①英国《詹氏苏军情报评论》1989年第7期。

②瑞士《国际防务评论》1990年第2期。

（张连国）

匈牙利建军计划

建立新的军事学说，实行军事改革 1989年以来，匈牙利根据国际形势的变化，对本国的防务政策进行了“认真的反思”，进而创立了第二次世界大战以来“第一个独立的防御性军事学说”。其主要内容是：（一）由于苏联推行新的防御性军事战略，国际形势由对抗走向缓和。虽然随着华约组织的解体和苏联从东欧撤军，东欧地区出现了“军事真空”，但这决不是军事危机。东欧各国都奉行新的军事原则，只建立防御性军队，因此在今后相当长的时期内，匈牙利不会遭到别国的军事侵略。在这种形势下，匈军队建设要更多地从国家经济建设需要出发，尽可能减轻国家的财政负担。（二）在华约时期，由苏联为匈牙利提供安全保障，而在新的国际形势下，匈牙利的安全是由本国的外交政策和军事防御来保证的，而“外交政策将起举足轻重的作用”。匈将与其他国家特别是邻国签订加强信任的双边或多边军事协定，使匈军与其他国家军队建立良好关系，以排除别国军队对匈牙利的“突然侵略”。（三）东欧地区还存在着不稳定因素，因此从长远观点看，匈牙利必须建立一支防御性军队。华约解体和苏军撤出后，匈军“获得了真正的独立”，“承担了更大的责任”，但过去匈军是苏军的“补充”，是从华约角度出发无比例地发展的，没有真正武装起来，因此要进行全面改革和调整。

在上述新的军事学说指导下，匈牙利在外交上采取“多个立足点”的方针，不断与世界各国特别是东欧和西欧国家发展友好关系，不仅与捷克和斯洛伐克、罗马尼亚、波兰、保加利亚和奥地利等相邻或相近的国家签订了加强信任的军事协定，还与法国等西欧国家达成一致意见，准备制订“详细的多年军事合作计划”。与此同时，对建军计划进行了调整，并据此实施军事改革。

改变指挥体制，削减指挥机构 1989年10月，匈国民议会通过宪法修正案，对匈军指挥体制作了改变，规定由共和国总统兼任武装部队总司令，总统通过国防部和国防军司令部对全军实施领导和指挥。1991年4月，匈国防部长菲尔·拉约什鉴于匈国防军指挥体制复杂，不利于领导和指挥，又提出了“简化”军事指挥体制的新方案，主要内容是：撤销国防军司令部，总参谋部由隶属于国防军司令部改为隶属国防部。在改变指挥体制的同时，匈军还计划削减各级指挥机构。长期以来，匈军各级指挥机构臃肿，人浮于事，如国防军司令部和总参谋部的人数竟超出需要的50%。80年代中期以来，匈军曾3次消肿，但指挥机构臃肿状况未得到根本改变。

缩小军队规模，更新武器装备 匈牙利国防部认为，匈军费开支较少，只占国民生产总值的1.9%，而由于军队规模大，军费的90%用于维持部队生存，只有10%用于军事发展。在今后一定时期内，由于国民经济状况的限制，匈军费开支不可能有大的增加，匈军要提高现阶段防卫能力，要“获得长远发展”，就必须“在形成足够的防务方面承担合理的安全风险”。为此，匈决定逐步裁军。1989～1990年，匈军撤销了1个坦克旅、1个航空中队及其他一些勤务部队，裁减坦克251辆、装甲输送车30辆、火炮430门、地地导弹发射架6个、作战飞机9架，使总兵力由10.68万人减少到8万人。1991年，匈军进一步加快了裁军步伐，大批部队和武器装备被裁减下来。8月17日，匈国防军总司令宣布，匈军总兵力在今后2年中将再度大幅度削减，最后要减少到3万人。在裁军的同时，匈军计划从西方国家购买先进的武器装备对部队进行换装。在未成交之前，准备向德国采购原东德军队的武器装备，作为一种过渡。据匈牙利国防部发言人捷尔吉·凯莱蒂1991年2月透露，匈初步计划购买原东德军队装备的360辆T—72坦克、350辆БМП步兵战车、1000余辆军用卡车、72门122毫米火炮和大批反坦克导弹及机枪、手榴弹等轻武器。

继续实行义务兵役制，不建立职业化军队 匈牙利认为，职业化军队的好处是能更好地掌握技术，便于管理，战斗力强。然而，建立职业化军队不是一个简单的决策问题。职业化军队人事开支费用大，没有一定的经济实力做基础是不行的。匈牙利目前国民经济困难，军费开支较少，实行军队职业化不现实。因此，匈国防军司令部1991年8月正式作出决定，匈军在大规模裁减之后，将继续实行义务兵役制，而不建立职业化军队。为了让更多的年轻人有机会到部队服役，接受一定的军事训练，同时为减轻服役人员的家庭困难，匈决定从1991年起，将士兵服役期限由18个月减为12个月。

引进先进技术，改善军事工业 过去，由于华约组织分工的限制，匈牙利没有建立独立的军事工业。尽管如此，匈约有40家工厂生产军工产品，其中80%是通信技术设备。在国民经济困难、无力增加军费开支的情况下，匈计划加强军事工业建设，主要生产军民两用产品，特别是通信器材，使其畅销国际市场，以赚取外汇"弥补军费开支之不足"，同时改进部队武器装备。为此，匈决定引进美国等西方国家的先进技术。1991年7月，匈邀请美国国防部第一副部长唐纳德·阿特伍德率团往访，详细研究了有关问题。据美国代表团成员、美通用电气公司的代表说，匈牙利发展军事工业具有较好的条件，因匈有较强的专家队伍、较高的技术水平和良好的企业经营精神。

主要资料来源：

①《匈牙利周刊》1991年第26期。

②匈牙利《人民自由报》1991年4月17日。

（张连国）

捷克斯洛伐克建军计划 1989年以来，随着国际形势的变化，捷克斯洛伐克放弃了原来奉行的"积极防御战略"，确定了根据"有足够防御能力原则"进行军队建设和"全面防御"的方针，并据此制订了新的建军计划。其主要内容是：

压缩军费开支 捷认为，由于苏联实施战略收缩，东欧各国都奉行"纯防御性"军事战略，大幅度裁减军事力量，东欧地区在今后一定时期内不会发生国家之间的战争。在这种情况下，捷保持庞大的军费开支无疑是给困难的国民经济"雪上加霜"，因此决定将军费开支在1989年284亿克朗的基础上压缩35%（1990年减少25%、1991年减少10%）。为节省军费开支，捷军除采取精简机构、压缩编制、减少员额和削减兵器等措施外，还决定将师、团级战术演习减少25～30%。

优化体制编制 捷军原体制编制在很大程度上是华约组织推行"积极防御战略"的产物。由于华约组织已经解散，苏军已从捷撤出，捷计划从1992年1月开始根据优化的原则对军队体制编制作如下调整：一是撤销原东部军区和西部军区两大军区建制，同时组建西部、中部、东部3个级别较低的"区域性司令部"（分别驻塔博尔、奥洛穆茨、特伦钦），分别负责捷克、摩拉维亚一西里西亚和斯洛伐克地区的保卫工作。原东部军区和西部军区的陆军部队精简后，分别由这3个司令部管辖。二是撤销集团军编制，"区域性司令部"下辖的最大战役单位为陆军师，而陆军师数量也将由10个减为5个（其中3个摩托化步兵师、2个坦克师）。三是改革陆军师编成，坦克师由过去编成3个坦克团和1个摩托化步兵团改为编成2个坦克团和1个摩托化步兵团，减少1个坦克团；摩托化步兵师基本编成不变，仍编成3个摩托化步兵团和1个坦克团，但勤务保障部队有所减少。四是改变一些部队的隶属关系：防空部队全部由全军防空指挥机构统一指挥；所有作战飞机由空军司令部直接控制；各战术导弹部队由独立的陆军战略部队司令部管辖。此外，炮兵部队、通信部队等也将根据优化的原则重新改编。

削减兵力兵器 捷决定到1993年底，取消和改组数百个军事部门，同时对军队员额和武器装备进行大幅度裁减。军队员额，初步计划裁减6万余人，分2批进行：第1批裁减3.2万人，到1991年底以前完成；第2批再裁减3万多人，到1993年完成。届时，捷军总兵力将由20.4万人减少到13.5万～14万人。武器装备计划首先减少主战坦克850辆、步兵战车165辆、作战飞机51架，而后再分期分批进一步削减。捷国防部1991年1月宣布，今后几年内，捷军将大批削减武器装备，如作战飞机，虽然1990年11月维也纳协定规定捷可拥有345架，但捷决定将其由原有的407架减少到270架。在压缩常备军规模的同时，捷还决定缩小预备役部队规模，计划到1993年将预备役部队员额从28万人削减到20万人左右。

"均衡部署"兵力 在华约时期，捷的主要假想敌是西德，因此捷军集中部署在西部的捷克地区，而在东部的斯洛伐克地区则没有部署兵力。根据新的全面防御理论，捷决定从1991年开始改变这种"一头重"的部署态势，在全国"均衡部署"兵力。1991年1月，捷国防部长卢博什·多布罗夫斯基宣布，1991年11月前，捷要从西部的捷克地区向东部的斯洛伐克地区调驻2个师，即1个坦克师和1个摩托化步兵师。继之，到1992年3月，还要在斯洛伐克地区部署1个防空军师。与此同时，捷还决定加强东部地区的边防军力量，使其由过去的370人逐步增加到800人（约占捷边防军总数的10%）。

实行混合兵役制 为了"靠拢西方"、"返回欧洲"，同时考虑到国民经济的承受能力和国防建设的长远需要，捷决定对兵役制度进行改革，不实行美国、加拿大和英国那样的职业化兵役制，而实行职业化兵役制和义务兵役制相结合的"混合型兵役制度"。一方面，分3个阶段逐步增加军队中职业军人的比重：第1阶段，到

1993年底，达到43%；第2阶段，到1997年，达到60%；第3阶段，到2000年，达到75～78%。另一方面，保留基本的义务兵役制，作为公民保卫祖国的权利和义务，但对其要进行改革，除将服役期限由2年缩短为1年外，还允许青年就近服役，以使他们增强保卫家乡的责任感，同时能帮助家庭解决困难。此外，捷还制定了文职兵役法，规定不愿到军队服兵役的人可以在地方服文职役，时间为2年零3个月。

主要资料来源：

①英国《简氏防务周刊》1991年11月26日。

②捷《人民报》1991年10月12日。

（张连国）

其他国家建军计划　**法国实施“2000年军队”计划**　据《解放军报》1991年9月23日报道，法国“2000年军队”计划自1990年开始实施。这个计划不仅是对紧缩国防预算的反应，也是出于对军队未来发展需要的考虑。其目的在于提高部队的作战能力，特别是提高部队的机动性，使法军到2000年能够真正成为一支更加训练有素、精干强大的军队。该计划的主要内容是：

第一，调整部队结构。根据这项计划，陆军总人数将减少，但“快速行动部队”要扩充。加强质量建设，提高部队作战能力。

第二，合并军事区域。目前法国有6个陆上军区，3个海上防区和4个空中防区。根据这项计划勾勒出的新的区域结构，6个陆上军区将合并为3个；3个海上防区将合并为2个；22个军事防御区将合并为10个。所有这些军事区域根据防务需要将划分为西－西北、地中海地区和大西洋（包括巴黎）3个大区。这样一旦南欧出现不稳定局势，中欧的安全将能得到保障，而且法国在大西洋上的交通补给线也可以受到保护。该计划将使目前的军事结构更加精简合理并易于指挥，可大大节省军费；部队的作战力，特别是国土防御作战能力将得到加强；每个战区可具备战时无需动员后备兵员便可迅速投入防御作战的能力。

第三，优化勤务协作。这项计划旨在使部队间实行联合勤务。后勤保障关系将被理顺，以加强部队间勤务的协同。比如所有物资装备将被集中管理，以避免物资供应和勤务职责的重复。此外，还计划建立一所三军高等军事学院，使来自各军种的军官能在一起进行综合指挥能力的培训，以便在今后的联合作战中更好地协同指挥。

“2000年军队”计划涉及面较广，需要5年的时间方能全部付诸实施。

荷兰军队未来10年的整编计划　荷兰1991年上半年公布的《国防白皮书》，披露了荷兰未来10年的国防和武装部队整编计划。在这期间，荷兰的国防预算将削减5.7%，约40亿美元；武装部队总兵力将裁减约4万人，约占武装部队总兵力的22%。

该白皮书称，在欧洲格局发生变化的情况下，荷兰的战略和防务概念也需作相应的调整。为在危机发生的各个阶段都能采取有效军事行动，荷需要建立一支包括三种类型的地面部队：快速反应部队、主要防御部队和增援部队。快速反应部队应该是一支装备有先进武器、保持高度戒备、具有高度机动能力的精锐部队。要求在危机发生时，可以立即作出适当的反应，而无需大规模地动员即能起到“控制”或“灭火”的作用。荷兰对这三种部队的建设构想是：

快速反应部队。将组建一个特别空中机动旅，由装备有40架PAH－1武装直升机和25架运输直升机的3个轻步兵营组成。它也将是北约快速反应部队的组成部分。

主要防御部队。将组建4～6个主要由后备役部队组成的军，每一个军都包括一支成建制的常备部队作为核心。

增援部队。需要较长的组建时间。必要时，可以达到20个师的规模。

《国防白皮书》还对陆、海、空三军在1996年底前的裁减和整编作了较为详细的规定：

陆军现由3个师构成的第1军将裁减一个师；装备的主战坦克将减少50%；装甲输送车、步兵战车和火炮将减少40%。现在的装甲步兵旅将改编成机械化步兵旅。现驻德国的第41装甲旅，将改编成轻侦察旅。陆军还将得到一个空中机动旅。

空军将有144架、而不是现在的165架F－16S战斗机。为加强空运能力，将拨款3.5亿美元购买加油机和运输机。

海军在这期间将有2艘S级护卫舰、9艘猎雷艇、2艘潜艇退出现役；另有4艘S级护卫舰将封存。同时，将得到1艘两栖舰、2艘快速补给舰、6艘新型的近海扫雷舰（艇）及若干新型的直升机。

澳大利亚提出10年裁军计划　中国《解放军报》1991年6月17日报道，澳大利亚国防部长1991年5月30日宣布，澳军将在今后10年内裁军1.4万余人，同时成立一支由4100人组成的“常备预备役部队”，作为“随时可投入作战的力量”。这项军队裁减计划是澳大利亚自第二次世界大战以来最大的一次，预计可节省经费约15.2亿美元。

澳大利亚军队现有约6.8万人，其中陆军3.1万人、海军1.57万人、空军2.21万人。根据该裁军计划，澳大利亚陆、海、空军将分别裁减5220人、1020人和4210人,并将裁减部分文职人员。

为了保证裁减军队后战备能力不受大的影响,澳大利亚将于1992年开始组建一支"常备预备役部队"。与一般预备役部队不同的是,这支常备预备役部队主要由社会青年和退役军人组成。社会青年先参加1年全训,而后连续4年每年训练50天;退役军人不参加全训,仅连续5年每年参训50天。预备役人员在参训期间享受现役军人的全部待遇,以及免交所得税等其他优惠待遇。 (傅珠鞭)

军 队 编 制

苏联军队编制 **组建战略遏制部队** 据苏《消息报》1991年11月19日报道,根据苏联总统的命令,苏联组建了一个新的军种——战略遏制部队,由前战略火箭军总司令马克西莫夫担任总司令。

战略遏制部队是在战略火箭军、导弹进攻预警系统、宇宙空间监督系统、反导弹防御系统、国防部宇宙部队的基础上建立起来的。空军和海军的战略核力量也将"灵活地"归战略遏制部队总司令指挥。

集团军航空兵将转隶陆军 据中国《解放军报》1991年3月4日报道,据苏联空军总司令沙波什尼科夫上将透露,苏军目前正在进行把集团军航空兵重新从空军编成内转隶陆军的工作。原因是,战时集团军航空兵将由合成指挥员领导,集团军航空兵的主要武器装备——直升机是强大的反坦克兵器,也是有效的前沿武器。因此,必须改变它的结构。

苏军集团军航空兵在空军编成内时,有利于提高直升机飞行员的素质,但也逐渐暴露了一个弊端,就是航空兵与陆军之间产生了脱节,特别是陆空联合演习减少,影响了陆空协同。集团军航空兵转隶陆军,将有助于克服这种脱节现象。目前,苏联空军正在对集团军航空兵的组织机构进行调整。

(亦 尘)

美国军队编制 **后备役部队的编成** 美军后备役部队是美国武装力量的组成部分,它训练有素并能迅速动员,平时是保卫美国本土安全的重要力量,战时是扩充现役部队兵力的首要来源。海湾战争期间,美国在很短的时间内就征召了23万多名后备役人员,其中有11.6万人被直接派往海湾地区支援联军作战。在现役部队大幅度削减的情况下,美军将更加重视后备役部队的建设和更多地依靠后备役部队完成各项任务,如陆军53%以上的战斗与勤务保障将由后备役部队承担。美军后备役部队分国民警卫队和联邦后备队两大类,主要由6部分组成,即陆军国民警卫队、空军国民警卫队及陆军后备队、空军后备队、海军后备队和海军陆战队后备队。其中,国民警卫队既是各州的地方部队,又是第一类后备役部队,因此它受各州州长和相应军种司令部有关机构的双重领导;联邦后备队则分别归各军种领导,战时集体或单个编入现役部队。

陆军后备役部队的编成 美陆军后备役部队由陆军国民警卫队和陆军后备队组成。它们受陆军部队司令部所辖陆军后备役部队司令部和第1、2、4、5、6集团军区的双重领导。截至1991财年末,陆军国民警卫队有一类精选人员44.1万人,主要编为10个师(5个步兵师、1个轻步兵师、2个装甲师和2个机步师)和20个独立旅(含5个现役部队"补充旅")。陆军后备队有一类精选人员约30万人,主要编为12个训练师及3个独立旅(含1个现役部队"补充旅")。按指挥序列,第1集团军区辖3个步兵师、1个轻步兵师、1个装甲师和4个训练师;第2集团军区辖2个训练师;第4集团军区辖2个步兵师和3个训练师;第5集团军区辖1个机步师、1个装甲师和1个训练师;第6集团军区辖1个机步师和2个训练师。陆军后备役部队上述各类师的编成情况如下:

步兵师的师直部队编有情报营、通信营、防空炮兵营、工兵营、宪兵连和防化连等;战斗部队编有2~3个旅(可含1个装甲旅);战斗支援部队编有师炮兵和战斗航空旅,其中师炮兵辖3~6个炮兵营,战斗航空旅编1个侦察营和1个航空营;战斗勤务支援部队即师支援司令部编有补给运输营、保养营、卫生营、行政连和财务连等。

轻步兵师、装甲师和机步师的编制与步兵师大体相同,不同的是轻步兵师辖2个轻步兵旅、2个炮兵营;装甲师辖3个旅(2个装甲旅、1个机步旅);机步师辖2个机步旅、2个炮兵营。其他编成均与步兵师相同。

陆军后备队训练师一般辖4个训练旅,其中2个基础训练旅、1个高级训练旅和1个战斗支援训练旅，有的还编有1个支援营。

附:步兵师编制

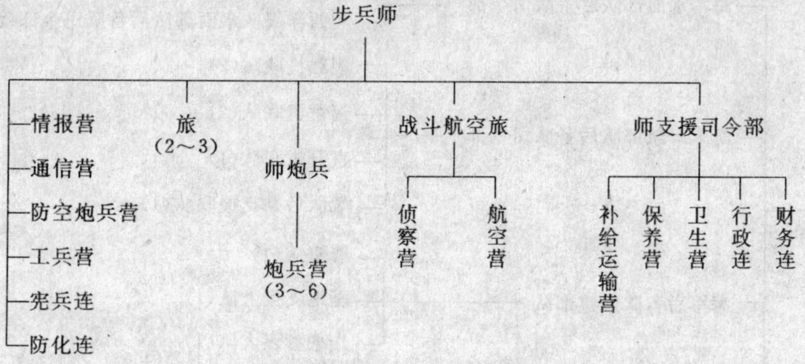

海军后备役部队的编成 海军后备役部队由海军后备队和海军陆战队后备队组成。截至1991财年末，海军后备队有一类精选人员15万名，归海军作战部下属的海军后备队司令部领导，主要编入该司令部下辖的海军水面部队后备队司令部、海军海航部队后备队司令部和海军后备队修建部队。其中，海军水面部队后备队司令部下辖太平洋舰队水面部队后备队司令部和大西洋舰队水面部队后备队司令部；两洋水面部队后备队司令部所属后备队部队，分别编成1个水面中队、1个扫雷舰中队和1个海岸江河中队。海军海航部队后备队司令部所属后备队部队编为2个舰载机联队、2个巡逻机联队、1个直升机联队和1个舰队后勤支援联队。海军后备队修建部队编有1个修建旅(由若干修建团和流动修建营组成)、1个基地支援大队(由2个舰只修建小队组成)和1个作战参谋大队(由2个固定通信小队组成)。此外，海军后备队司令部还辖有海军后备队战备司令部(下分16个战备区)、海军后备队反潜战训练中心和海军后备队分遣队管理学校等机构。

海军陆战队后备队有一类精选人员4.4万人，按行政编组编为1个陆战师、1个陆战航空联队、1个部队勤务支援大队及若干直属部队。陆战师下辖3个陆战团(每团3个营)、1个炮兵团和1个司令部与勤务营。航空联队下辖3个航空大队，每个航空大队编有1～3个攻击机或战斗攻击机中队、1个航空基地中队，有的大队还编有攻击直升机中队、直升机中队、观察机中队和战术电子战中队等。部队勤务支援大队下辖支援营、勤务营、反坦克营、补给营、摩托营、登陆营、海岸勤务营和保养营。按作战编组，陆战队后备队可编成2个陆战远征旅。陆战队后备队陆战远征旅的编成与陆战队现役部队陆战远征旅的相同，通常由1个加强步兵团、1个陆战航空大队和1个旅勤务支援大队组成。它的地面作战部队主要有:2～5个步兵营、1个炮兵营、1个坦克连、1个战斗工兵连、1个侦察连、1个两栖突击连和1个“陶”式导弹排。

海军后备役部队共装备水面舰只48艘，各型作战飞机约300多架，武装直升机80多架，加上其他作战支援飞机，总共装备飞机600多架。

空军后备役部队的编成 空军后备役部队由空军后备队和空军国民警卫队组成，是空军现役部队的主要后备力量。空军后备役部队可向现役空军提供60%的战术空运能力，35%的战术战斗机实力；可为战略运输机提供近60%的乘员组和40%的维修人员。此外，还可担负50%的战术侦察和20%的空中加油任务。截至1991财年末，空军国民警卫队有一类精选人员11.7万人，空军后备队有一类精选人员8.4万人。空军后备役部队的大致编成如下：

空军国民警卫队按联队、大队、中队三级编成，现编有24个联队、66个大队、92个中队，分别为战略空军、战术空军、军事空运和太平洋空军部队提供支援。美国的50个州和1个特区都辖有空军国民警卫队部队，少则辖1个大队，多则辖1～2个联队和2～4个大队，一般辖1个联队和1～2个大队。

空军后备队按航空队、联队、大队和中队四级编组，现编有3个航空队、21个联队、21个大队和58个中队，分别为军事空运、特种作战、战略空军和战术空军部队提供支援。其中第4和第14航空队负责支援军事空运和特种作战部队，第10航空队负责支援战术空军和战略空军部队。空军后备队航空队一般下辖6～8个联队，有的还直辖1个大队；联队一般辖1～2个大队和(或)1～4个中队；大队一般辖1～2个中队。

附:海军后备队编成

- 海军后备队司令部
  - 海军水面部队后备队司令部
    - 太平洋舰队水面部队后备队司令部(注)
    - 大西洋舰队水面部队后备队司令部(注)
  - 海军海航部队后备队司令部
    - 舰载机联队(2)
    - 巡逻机联队(2)
    - 直升机联队(1)
    - 舰队后勤支援联队(1)
  - 海军后备队修建部队
    - 修建旅(1)
    - 基地支援大队(1)
    - 作战参谋大队(1)
  - 海军后备队战备司令部
    - 战备区(16)
  - 海军后备队反潜战训练中心
  - 海军后备队分遣队管理学校

注:分别编有1个水面中队、1个扫雷舰中队和1个海岸江河中队。

美空军后备役部队共装备F—16、F—15、F—4E、A—10、A—7D/K战术战斗机和攻击机828架,战斗截击机216架,EC—130电子战飞机8架、RF—4C侦察机90架,KC—135E加油机145架,C—130、C—141B、C—5A/B型运输机362架,加上其他作战支援飞机,总共装备飞机1700多架。

附:空军后备队编成

- 空军后备队司令部
  - 第4航空队
    - 军事空运联队(4)
    - 战术空运联队(3)
    - 特种作战大队(1)
    - 航空救援联队(1)
  - 第10航空队
    - 战术战斗机联队(5)
    - 空中加油机联队(2)
  - 第14航空队
    - 空事空运联队(5)
    - 战术空运联队(1)
    - 航空医疗空运大队(1)

(刘小英)

其他部队、单位编制　战略防御计划局调整编制　据美《战略防御计划导报》1991年3月29日号报道,战略防御计划局最近根据任务重点的变化调整了组织机构,增设了战略防御处和战区导弹防御处,取消了原主管计划和工程的两个处。战略防御处全面负责"防御有限打击全球保护系统"(GPALS)和美国地基及全球天基系统的有关项目(这些项目原来由项目处负责)。战区导弹防御计划科原来隶属战区和国防计划处,现升为处级单位。新的战区导弹防御处除负责国会已批准的战术弹道导弹计划外,还负责战区导弹防御项目。据新任战区导弹防御处处长说,该处下设两个科——武器系统发展科和系统一体化科。武器系统发展科主管所有战区武器计划,如"爱国者"导弹、增程拦截系统、战区高空面积防御系统和美以合作的"箭"系统。此外,战区传感系统的发展和超高速弹道技术的研究也由该科负责。系统一体化科的职责是保证战区防御技术和发展工作确实符合"防御有限打击全球保护系统"的需要,并为战区系统发展必要的战斗管理和指挥、控制与通信系统。新编制已于1991年3月23日实行。

（姚云竹）

国防部增设国防财会局 据美国《空军时报》1991年1月21日报道，国防财会局将由4个军兵种、国防后勤局及有关机构的财会中心合并而成，全称为“国防财务与会计局”。设在劳里空军基地的空军财务与会计中心，将成为国防财会局所属一部分，改名为“国防财会局丹佛中心”。该中心现编制员额为2400人，绝大多数为文职。

陆军新组建后勤机构 据美国《陆军后勤》杂志1991年1～2月号报道，美国陆军在1990年中，先后新组建两个后勤机构。

战略后勤局于1990年7月在弗吉尼亚的贝尔沃堡成立，主管美国陆军“后勤战略计划”的制订，以保障未来陆军所执行的作战任务。其主要目标是在全球范围内提高对部队的后勤保障能力。

国防给养局成立于1990年5月15日，总部设在弗吉尼亚的利堡，编制员额为350人。组建该局是为了将陆、海、空军和海军陆战队分管的给养系统统一起来，以减少行政及人事费用开支。该局将统一管理遍布全球的400多个军事给养单位，其中包括175个陆军设施。据称，军队给养系统合并后，将取消各军兵种职能相同的重叠机构，统一政策和工作程序，并通过大批量采购，降低给养品的价格。根据合并计划，全军将撤销1700个职位。

陆军轻型步兵师后勤保障部整编 据美国《陆军后勤》杂志1991年3～4月号报道，1991年，陆军5个轻型步兵师的编制结构有一些改变。1990年8月29日，陆军参谋长批准了轻型步兵师后勤保障部的整编方案。新方案将目前轻型步兵师后勤保障部下辖各职能营和前方地区保障协调办公室的结构改成设1个主保障营、3个前方保障营、1个师卫生作业中心、1个师物资管理中心和1个飞机维修连的结构，以便于轻型步兵师所属部队分开或“交叉配属”时，加强对其指挥与控制。师物资管理中心集中进行物资管理。主保障营负责师保障地域内后勤资源的指挥与控制，为在师后方活动的师属部队提供直接保障，内容包括维修、补给、运输、卫勤和战场服务，同时还向前方保障营提供规定的加强性支援。师后勤保障部的3个前方保障营，均负责旅保障地域内的后勤资源的指挥与控制。原职能营（配置在师保障地域内）的前方补给连与前方卫生连划归前方保障营。新方案规定，由营长及其参谋机构对该营的业务分队实施指挥与控制。旅长可以只与前方保障营营长一人打交道，并得到反应快速的、多功能的后勤保障。新方案保留了飞机维修连，该连仍作为师后勤保障部下属的一个独立分队。1990年8月2日，陆军训练与条令司令部方案审查委员会批准了轻型步兵师后勤保障部的新方案。陆军部已命令5个轻型步兵师后勤保障部到1991年6月前进行初步整编。与此同时，陆军联合兵种后勤保障部的条令研究人员着手拟制有关文件，其中包括野战条令、任务训练计划与编制装备表等，同时还将制定试验与评估计划。联合兵种后勤保障部将在今后几个月内收集兵力组建数据，并进行评估。到1992年4月，轻型步兵师将全部按新方案改编完毕。

（周璞芬）

空军实行大规模改组 据美《空军时报》1991年2月18日报道，由于实行新的编制体制，美空军已开始进行大规模改组。到1991年10月1日，美空军将从53.2万人减少至50.8万人。空军参谋长赖斯说，首先将减少空军在国防部机关、各司令部的参谋人员。全空军参谋和管理人员将减少8600名，其中700名是空军在国防部机关的工作人员，在战术空军司令部、战略空军司令部及其他各大司令部，继去年减少4500人的编制后，又取消了900人的编制。空军直属机关，如空军安全与检查中心、法律事务部等机构将裁员2400人。拥有5.5万人的通信部将改名为通信局，人员将减少220名。后勤部与系统司令部已合并为物资部。1991年后3年中，现有的19个空军师将减为15个，并且每个师将减少人员500名。战术空军联队在1992年内由73个减为29个。一些驻海外的部队将撤回。空军军官人数将减少1.4万人。官兵比例将由现在的1∶4降到1∶4.29。1992年后，军官总数将减少8150名，到1993年底再减少550名。1991年后5年内，空军将官人数由目前的338名减少到279名。

（傅珠鞭）

柬埔寨军队编制 1990年9月，柬4派实现政治联合，成立了唯一代表柬主权的全国最高委员会，但未组成统一的军队。迄1991年底，柬仍存在4支独立的军队，其中金边政权军队（又称柬埔寨人民军）是由越侵柬扶植起来的、以民柬3派为敌的武装力量；柬民族政府（原称民柬联合政府）3派军队（即民柬国民军、西哈努克民族军和高棉人民民族解放军）是抗击侵柬越军和金边军队、拯救国家的武装力量。4派军队的编制各不相同。

民柬国民军编制 民柬国民军只有陆军，没有海、空军。陆军由总司令部直接指挥，编成指挥部（战区）、师、团、营、连、排、班。指挥部（战区）设指挥、政委各1名，副指挥、副政委若干名，编成师2～5个、独立团1

～4个，炮兵营、特工营各1个。师编制7000人，一般都不满员，只有3000人左右，师部设师长、政委各1名，副职4名，设有主管政治教育、军事技术、通信联络、后勤供给等工作的机关，编成步兵团3个，炮兵团、运输团各1个，直属单位数个，有的师还编有机动团1个。步兵团编制1500人，实有600～800人；团部设团长、政委各1名，副职4名，设有主管军事、群众、后勤等工作的机关；编成步兵营3个，突击营、炮兵营和运输营各1个。独立团、机动团编制均为800人，编成步兵营3个，特工营、炮兵营各1个。运输团编制900人。步兵营编制300人，设营长、政治教导员各1名，副营长2名，编成4个连。步兵连设连长、政治指导员各1名，副连长2名，编成3个排。排编制37人，设排长1名，编成3个班，每班12人。主要装备半自动步枪、冲锋枪、轻重机枪、12.7高射机枪，40火箭筒、M－79掷弹筒，双37毫米高射炮，60、82、100、120毫米迫击炮，82、75毫米无坐力炮，85毫米加农炮，107毫米火箭炮，SA－7地对空导弹。此外，国民军在控制区建有县、乡、村游击队(又称武工队)。县游击队编制400人，编成1个营或2个连，由县委指挥；乡游击队编制40人，编成1个排，由乡委领导；村游击队编制5人，编成1个班，由村委会领导。游击队的服装和武器弹药由部队供应，口粮由群众提供。

高棉人民民族解放军编制 高棉人民民族解放军是由陆军单一军种组成的武装力量，设有总司令部、总参谋部，编成军区、战区、团(又称旅)等，没有师的编制。总司令部设总司令、副总司令各1名，助理数名。总参谋部设总长1名、副总长4名(分管作战、训练、后勤、民事工作)，下设人事局、情报局、作战局、后勤局、心战局、机要通信局、装备局、卫生局和训练局，直接对军区实施指挥。军区设正、副司令各1名，分大、中、小三种，大军区编成7个战区，中等军区编成2个战区，小军区编成1个战区。战区设正副司令各1名，分大、中、小三类，大战区编成9个团、3个突击大队，中等战区编成5个团、2个突击大队，小战区编成3个团、1个突击大队。

西哈努克民族军编制 西哈努克民族军也是由陆军单一军种组成的武装力量，设有总司令部、总参谋部，编成旅、团、营等，没有师的编制。总司令部设总司令1名，直接领导总参谋部。总参谋部设总长1名、副总长2名，设有人事处、作战处、情报处、后勤处、政策处、民运处、军医处、通信处等，对旅、团实施直接指挥。旅的编制不固定，有的旅2100人，编成9个营；有的旅1300人，编成5个营；旅部设正副旅长各1名。团编成4个营，团部设正副团长各1名。

金边政权军队编制 金边军队分为陆军、海军和防空空军3个军种。中央军事委员会是军队的统帅机关，设书记1名、副书记若干名，对总参谋部、总政治局、总后勤局、总技术局实施统一指挥。总参谋部设总长1名、副总长2名，主管军队的作战和训练工作；总政治局设主任、副主任各1名，设有宣传教育局、干部局、保卫局、组织局和政策局等，负责全军的政治工作；总后勤局设局长1名、副局长3名，负责全军的后勤供应工作；总技术局设局长1名、副局长数名，负责全军的技术保障工作。

陆军分为正规军、地方军和准军事部队，分别称为主力部队、地方部队和民兵自卫队。主力部队由步兵、炮兵、装甲兵、通信兵和工程兵等诸兵种组成，其中步兵编成师、团、营、连、排、班。步兵师编制5000人，一般实有3000人；师部设师长、政委各1名，副职若干名，设有部分机关，编成3～4个步兵团。步兵团编制1200人。步兵装备步枪、冲锋枪、机枪等轻武器。炮兵编成团，装备76、122、130毫米牵引火炮，107、132、140毫米火箭炮，120、160毫米迫击炮，82、107毫米无坐力炮。装甲兵编成团，装备T－54、T－55、T－59和PT－76坦克，БТР－40、БТР－60、БТР－152和M－113装甲输送车。通信兵、工程兵均编成团。地方部队编成军区、省(县)军事指挥部、独立团、独立营、独立连。军区分大、中、小三类，大军区辖7个省军指，中等军区辖5个省军指，小军区辖3个省军指。省军指所属地方部队编成独立团或独立营，大省编成1个独立团，中等省编成2个独立营，小省编成1个独立营。县军指所属地方部队编成1个独立营或2个独立连。独立团编制不等，有的团1000人，有的团500人，有的团仅200人。独立营编制100人。地方部队主要装备轻武器。民兵自卫队以连为单位编成。

海军直属总参指挥，编成内河巡逻和沿海防御部队，装备"图利亚"级水翼鱼雷艇、"斯坚卡"级巡逻艇、小型巡逻艇。

防空空军隶属总参指挥，编成飞行团、防空团各1个。飞行团编有飞行员80人，装备米格－21战斗机，米－8、米－17直升机，米－24武装直升机，安－24运输机；防空团装备SA－7地对空导弹，37、57毫米高射炮。

主要资料来源：

①民柬电台新闻稿、金边政权通讯社新闻材料1991年。

②越南《人民军队》报、《全民国防杂志》1990～1991年。

(钟学良)

其他国家军队编制 **瑞典组建"90两栖海岸防御营"** 据中国《解放军报》1991年4月29日报道，

瑞典在海防建设中不仅引进了海岸防御专用的 C^3 系统，部署了新式海上布雷艇，而且组建了独具特色的“90两栖海岸防御营”，负责整个瑞典海岸线的防御任务。

“90两栖海岸防御营”除实现独立运输和部署外，还要在受令24小时内把滩头阵地构筑好。该营担负着繁重的作战任务，将配备相应的武器，以便完成对付中型登陆舰、直升机和两栖坦克的任务。

1个“90两栖海岸防御营”约有800名军官，分编成营指挥部和5个连(参谋连、两栖作战连、迫击炮连和2个海岸巡逻连)。共装备各类舰艇128艘。

为便于夜战，这个营的单兵AK—5冲锋枪上都配有夜视仪和激光瞄准具，并拥有胸甲、“90作战服”和核、生、化防护装备。作战期间，会得到陆军或海军连级力量的支援。

按计划，瑞典将组建6个“90两栖海岸防御营”。第1个营于1990年完成了一系列受训科目。同瑞典其他海防部队一样，队员绝大多数是义务兵，他们也由海军领导。

西班牙组成快速行动部队 据中国《解放军报》1991年12月16日报道，经西班牙国防部批准，西班牙快速行动部队(又称快速反应部队)于1991年建立。西班牙快速行动部队是一支常备力量，主要由陆、海、空三军的职业军人组成，共1.2万人。其中包括1个伞兵旅(4000人)、1个合成军团(5000人)、1个空军机动联队(3000人)、189架直升机和不同类型的运输舰、运输飞机等。为全面加强其快速行动作战能力，专门配编了电子战、工程技术、情报、通信、后勤等方面的专家。此外，1个山地旅、1个机械化旅和1个海军陆战队，可根据不同任务的需要，随时被派往有关地区执行紧急任务。

该部队由陆军参谋长指挥，司令由陆军参谋长任命，其作战计划由国防参谋长下达。姆尼奥斯·格兰德斯少将被委任为第一任司令。他过去曾担任联合参谋部组织计划处处长，在王室任过要职，系直升机驾驶员出身。为加强快速行动部队建设，西班牙国防部将在1992年的国防预算中拨出20亿比塞塔(约合2000万美元)，用于该部队的军事通讯系统和直升机现代化计划。

西班牙组建快速行动部队，是应北约的要求进行的。为对付意外军事危机，北约组织要求西政府尽快建立一支能在其领土以外实施快速部署的多功能部队。

(亦　尘)

北约对其军事结构进行重大调整 夏立平、石海毅在1991年7月8日的中国《解放军报》撰文指出，1991年5月底，在布鲁塞尔举行的北约组织国防部长年会达成一致意见，决定对北约的军事力量结构进行重大调整。其调整的主要特点是：

第一，缩小北约军队的规模。美国目前驻在欧洲的32万部队将有2/3撤回国内，北约在西欧的总兵力将削减30～50%；其中，驻在德国的40万北约军队将削减22%。

第二，增强北约军队的快速机动能力。北约将组建一支7～10万人的多国“快速反应部队”。

第三，实行多国部队混合编组。例如，美国将军指挥的1个军内将编有1个德国师，反过来，美国也将向德国指挥的1个军内派1个师。

北约军事力量结构的这次重大调整将从1992年开始进行，至90年代末完成。这次调整完成后，北约军队将由以下3部分组成：

(1)多国“快速反应部队”。该部队为1个军的编制，下辖5个师，由英、德、荷、比、意、土、希、美等8国部队组成，由1名英国将军担任指挥官。其中，第1个师由英国莱茵军的3个师缩编而成，部署在德国；第2个师也由英国部队组成，作为战略后备部队，部署在英国本土；第3个师为空中机动师，部署在中欧，由德国、英国、荷兰、比利时的3个旅组成；第4个师部署在北约南翼，由意大利、土耳其和希腊3国部队组成，由1名意大利将军担任指挥官；第5个师由美国军队组成。美国还将为这支部队提供大约100架战斗机、直升机和运输机。在出现危机的情况下，能在72小时内将5000人的一支机动部队迅速部署到欧洲的任何地方。其余部队在5～7天内也能部署到出事地区。

(2)主要防御部队。该部队将由7个军组成，每个军5～7万人。其中，第1个军由美国将军指挥，第2个军和第3个军是德国部队，第4个军和第5个军分别为比利时军和荷兰军，第6个军由德国将军和丹麦将军轮流担任指挥官，第7个军由原东德部队组成，它将在1994年苏军全部撤出德国东部后归北约指挥。

(3)增援部队。该部队编制不限，平时不满员，只由少数现役军人维持，一旦需要，可以随时由后备役兵员扩充。在出现危机的情况下，美国也将从国内派大批部队到欧洲增援。

(傅珠鞭)

军队政治工作

中国人民解放军政治工作　综述　1991年，中国人民解放军各级党委、政治机关和广大政治干部，认真贯彻党中央、中央军委的一系列指示，贯彻全军政治工作会议《纪要》、《军队基层建设纲要》和当年颁发的《政治工作条例》、《军队经常性思想工作要则》，全军政治工作紧紧围绕加强党的建设这条主线，大力加强党的思想建设和组织建设，推动了军队政治工作的全面发展，促进了以军事训练为中心的各项工作任务的圆满完成。主要特点是：

*突出加强党的建设，保证党对军队的绝对领导。*一年来，全军各部队按照军委、总政的部署，坚持以党的建设为主线，反复深入地进行党对军队绝对领导的教育和坚定社会主义信念的教育，使全军指战员明确了“没有共产党就没有新中国”，“只有社会主义才能救中国、才能发展中国”，“四项基本原则是立国之本、改革开放是强国之路”，“坚持党对军队的绝对领导是我军的建军之魂、立军之本”这四个基本结论，进一步增强了广大干部战士政治上的坚定性。在狠抓思想建设的同时，在全军范围内集中抓了基层党组织建设，各部队采取有效措施，解决基层党支部建设的薄弱环节，促进《纲要》的全面落实，使全军数万个党支部在贯彻执行党的路线、方针、政策和加强部队建设，完成各项任务中发挥了战斗堡垒作用；使共产党员的先锋模范作用明显增强。

*把握坚定正确的政治方向，保证部队的高度稳定和集中统一。*1991年，国际形势发生了许多重大而深刻的变化，全军各级党委、政治机关和广大政治干部密切注视这些发展变化，牢牢把握坚定正确的政治方向，认真贯彻党的基本路线，贯彻党中央、中央军委的一系列指示精神，始终坚持用马列主义、毛泽东思想武装干部战士的头脑，组织部队进行反腐蚀斗争，深入开展学习雷锋、学习“南京路上好八连”活动，引导干部战士进一步坚定政治信念，提高思想道德素质。在风云变幻的严峻国际形势面前，充分发挥政治工作的优势，及时用党中央、中央军委的指示精神统一广大干部战士的思想，保证了部队的高度稳定和集中统一，保证了全军在思想上、政治上、行动上与党中央、中央军委保持高度一致。

*扎扎实实抓好落实，保证军委、总部的大政方针和基本章法在部队的贯彻执行。*1991年，《政治工作条例》、《军队经常性思想工作要则》的颁发和近年来实施的全军政治工作会议《纪要》、《军队基层建设纲要》，使加强军队政治建设有了基本依据和章法，政治工作开始走上规范化、制度化轨道。一年来，全军各级领导和政治机关按照军委领导同志提出的“作风要扎实、工作要落实”的要求，把政治工作基本章法与本部队的实际工作结合起来，带领部队抓好落实。各级领导和政治机关不断改进领导作风，深入高山、海岛、边防，到边远、艰苦、困难大而又问题多的连队调查研究、解决问题。1991年，总政机关有3批工作组下基层，到连队蹲点，与战士同吃同住同娱乐，同执勤同生产，直接听取战士呼声，收到好的效果。各级通过狠抓落实，使部队呈现全面落实、全面建设的好势头。

（杨　鲁）

基层党支部建设取得显著成绩　1991年以来，全军各部队根据党中央关于全党要聚精会神抓党的建设的指示精神，按照军委领导提出的“着眼建设，贯穿教育，注重帮助，普遍提高”的总原则，紧紧围绕“健全组织、落实制度、坚强领导”三项任务，集中抓基层党支部建设，据统计，全军有1000多名军以上领导带着工作组深入部队搞调查，抓先行，指导“集中抓”工作。通过狠抓基础建设，使全军数万个党支部在贯彻执行党的路线、方针、政策和加强部队建设、完成各项任务中发挥了战斗堡垒作用。

（一）“党指挥枪”、“支部建在连上”的思想在广大党员的头脑中深深扎根。各单位把搞好坚持党对军队绝对领导的教育作为集中抓的中心环节，广大党员进一步明确了这是立军之本。（二）基层党支部组织更加健全。截止1991年底，全军建制连党支部组织健全的达到90%以上，有力地保证了党支部的集体领导。（三）组织生活制度进一步走上经常、规范的轨道。据北京、沈阳等7个大军区和海军、空军、二炮对2000多个连队党支部的检查，组织生活制度落实比较好的占90%。从全军来看，基层党支部正在实现由过去不会依靠制度做工作，到重视运用制度抓建设的转变；由注重形式上的落实，到重视发挥制度内在功能的转变。

(四)经常性思想工作呈现活跃的局面。基层党支部普遍建立了思想工作分析、汇报、谈心、骨干培训等制度,在及时发现、正确处理战士的现实思想问题方面有了较大进步。(五)基层党支部骨干得到培训、提高。全军基层党支部正副书记受训面占总数的95%以上,大多数党支部委员、党小组长也都进行了培训。(六)广大党员自觉做同党中央保持一致、团结群众、勤奋工作、练兵习武和廉洁奉公的模范。据统计,在全军授予荣誉称号和立功人员中,党员占87%以上。

经常性思想工作有了新突破 1991年,军队经常性思想工作进入了规范化、制度化轨道。9月2～8日,以研究如何加强和改进部队经常性思想工作为主要议题的全军政治工作座谈会在广州召开。全军各大单位政治工作的负责同志和部分基层干部代表共100多人参加了会议。会议讨论修改了《军队经常性思想工作要则》。《要则》共12条:(1)必须把经常性思想工作摆在重要位置;(2)围绕培养"四有"军人着力解决现实思想问题;(3)及时准确掌握干部战士的真实思想;(4)认真贯彻疏导方针;(5)紧密结合管理工作去做;(6)把解决思想问题与解决实际问题结合起来;(7)重视做好个别后进同志的思想转化工作;(8)坚持行之有效的制度;(9)采取灵活多样的方法;(10)建设一支坚强的骨干队伍;(11)基层干部特别是指导员要切实履行职责;(12)各级党委和政治机关要加强领导。代表们认为,即将颁发全军执行的《军队经常性思想工作要则》,是继全军政治工作会议《纪要》、《军队基层建设纲要》、《政治工作条例》之后,军队政治工作的又一个重要的指导性文件。《要则》的产生,标志着军队经常性思想工作进一步走上规范化、制度化的轨道。

军委秘书长、总政治部主任杨白冰在会上强调指出,经常性思想工作是我军的起家本钱、看家本领、传家法宝,是我们的一个重要的政治优势;经常性思想工作是我军政治工作的重要组成部分,是实现服务和保证作用的一项基础性工作;经常性思想工作有其自身的规律和特点,是一门必须下功夫才能掌握的学问。任何忽视和放松这项工作的想法和做法,对部队建设都是十分有害的。要清醒地认识政治工作面临的新形势,在加强军队政治建设上要有更高的标准,更大的作为。

10月,经会议讨论修改的《军队经常性思想工作要则》正式颁发。全军各部队在集中学习座谈会精神和《要则》的基础上,开展了各具特色的经常性思想工作:有的部队致力于基层干部尤其是指导员素质的提高,组织了"知兵、爱兵、育兵"的基本功培训;有的部队围绕军事训练这一中心研究思想工作与管理工作相结合,在"两个经常一起抓"上作了有益的尝试;有的部队针对改革开放地区特点,注重在继承传统的基础上,把文化娱乐与思想教育结合起来;还有的部队努力实现机关各部门的配合,发动人人做思想工作。

数万基层单位达标 1991年,全军各部队继续按照《军队基层建设纲要》规定的基层建设的6条指导原则、6条建设标准以及11项主要工作和领导机关抓基层的职责方法,大力加强基层建设,科学地开展达标活动。采取的主要方式是旅、团领导带工作组蹲到连队,上下一起重温《纲要》,掌握标准;对照检查,找准问题;分析原因,总结提高;制定措施,抓好落实。据《解放军报》报道,按照《纲要》的有关规定和达标细则,全军基层已评出数万个达标单位和达标先进单位。

学雷锋活动深入开展 1991年,全军各部队认真贯彻落实军委领导关于学雷锋主要是立足本职学的指示精神,紧密结合担负的任务,引导干部战士在本职工作中学习实践雷锋精神,使学雷锋活动在广度和深度上都有了新的进展。

各部队注重教育和引导干部战士把学雷锋活动的重点放在军营,把学习雷锋精神焕发出来的积极性和创造性用在做好本职工作上,争创一流工作成绩。为促进"岗位学雷锋,岗位建功业",不少部队开展了各具特色的学习活动。如全训部队围绕提高训练质量,开展了"学雷锋,练精兵"活动;施工、生产部队围绕提高经济效益,开展了"学雷锋,比贡献"活动;教学、科研单位围绕培养合格人才,多出科研成果,开展了"学雷锋,多读书,攻难关"活动,促进了部队训练和各项工作质量的提高。据总部有关部门统计,1991年全军新兵和预提班长训练的合格率达到95%以上,其他方面的训练成绩也好于往年。

各部队还重视通过宣传推广岗位学雷锋先进典型的事迹和经验,促进学习活动的深入发展。1991年,全军师以上单位表彰和树立的岗位学雷锋标兵有1.3万多个,军区以上机关表彰和树立的典型有680多个。

各部队在坚持岗位学雷锋的同时,从本单位所处的环境和条件出发,利用各种形式,继续大力为人民群众做好事,办实事,积极开展便民利民活动,促进岗位学雷锋向深层次、高水平发展。全军有15万多个学雷锋小组和便民服务队,经常活跃在军营内外,为群众排忧解难。据初步统计,仅1991年就为群众做好事650多万件。

改建团委工作基本完成 1991年8月,总政治部发出《关于做好改建共青团委员会工作的意见》的通知,要求全军认真做好改建团委工作。通知指出,新颁发的《政治工作条例》规定,在旅、团级单位建立共青团委员会。这是新形势下加强部队共青团建设的重要措施。全军旅、团级单位要把原设立团工委改建为团委。军、师级单位的司令部、政治部设立统一的团委，负责管理本机关和直属营以下单位的共青团工作；后勤部、技术部分别设立团委，负责管理本机关及直属营以下单位的共青团工作。中高级指挥院校和军、师级医院、科研等单位的团工委改建为团委的工作，参照上述精神执行。到1991年底，改建工作基本完成。团工委改建团委后，团委设立组织团务、思想教育、青年活动等职能部门，承办和落实团委决定的任务，利于增强团组织的活力。改建团委后，共产党和共青团组织之间的关系更加顺畅了，军队同地方共青团组织之间的联系和交往也更方便了。

开展“巾帼建功”活动 1991年3月，总政治部发出通知，要求在全军女同志中开展“巾帼建功”活动。通知指出，开展这一活动，主要是围绕促进国家的稳定发展和军队建设，不断激励全军广大妇女提高政治思想觉悟和各项业务技能，发挥献身国防的积极性和创造性，在全军各行各业中作出应有的贡献。全军妇女响应总政号召，积极参加这一活动，一年来为部队建设做出了新的贡献。1991年，有近3000人在“巾帼建功”活动中立功，上万人受奖。

解放军代表队获“1991全国台湾知识电视大赛”冠军 1991年11月9日，在中国东方文化研究会、全国台联、中央电视台等单位主办的“1991全国台湾知识电视大赛”决赛中，解放军代表队以总分第一夺得冠军。这是继参加全国“五四”青年智力竞赛、全国妇女知识竞赛和全国民族知识大赛夺冠后解放军代表队的第4次夺冠。11月12日，中央军委秘书长杨白冰接见了参加电视大赛的解放军代表队的6名代表。

纪念“南京路上好八连”命名28周年 1991年春，在上海警备区“南京路上好八连”被国防部命名28周年纪念日前夕，江泽民、邓小平、杨尚昆、李鹏等同志，分别为以艰苦奋斗著称的好八连亲笔题词和题字。总政治部也专门致信祝贺。“南京路上好八连”是在毛泽东、周恩来、刘少奇、朱德、邓小平等老一辈无产阶级革命家亲切关怀下成长起来的英雄连队，是保持和发扬中国共产党和中国人民解放军艰苦奋斗政治本色的一面旗帜。4月25日，“好八连”命名28周年纪念会在上海举行。4月26日，《解放军报》发表了题为《艰苦奋斗精神万岁》的评论员文章，号召全军都要向好八连学习，做艰苦奋斗的模范。

表彰奖励先进单位和个人 1991年，中央军委和三总部表彰奖励了一批在作战、训练、生产、抗洪救灾等方面做出突出成绩的单位和个人。与此同时，一些中央、国家机关也表彰奖励了部队的一些先进集体和模范人物。

1991年1月，中央军委为在战争年代被冀鲁豫军区授予“群众工作模范团”光荣称号，建国后继续发扬光荣传统，在拥政爱民活动中做出突出贡献的成都军区某团记集体一等功。

1991年1月，中央军委为在保卫和建设祖国西南边疆斗争中功勋卓著的成都军区某师记集体二等功。

1991年2月，中央军委授予南京军区某团一连“尊干爱兵模范连”称号。

1991年3月，中央军委为兰州军区农副业生产基地——华山基地记集体一等功。

1991年5月，中央军委授予总后勤部青藏兵站部司令部运输科科长张鼎全“青藏高原模范干部”称号。

1991年5月12日，中央军委授予沈阳军区某部指挥连政治指导员张子祥、北京军区某部卫生队医师李志军、广州军区某部司令部管理股政治协理员赵燕清、兰州军区某部军械修理所所长李润虎4名同志“学雷锋模范”荣誉称号。

1991年5月28日，中央军委授予空军某气象勤务站“爱民模范气象勤务站”荣誉称号。

1991年9月30日，中央军委授予南京军区某部一营三连见习排长周丽平烈士“抗洪救灾模范”荣誉称号。

1991年10月，国务院、中央军委授予钱学森“国家杰出贡献科学家”荣誉称号和一级英雄模范奖章。

1991年11月12日，中央军委授予南京军区工程兵舟桥某部二营“抗洪救灾模范营”荣誉称号；授予南京军区工程兵舟桥某部特务连“抗洪救灾模范连”荣誉称号；授予南京军区某部130火箭炮营三连“抗洪救灾模范连”荣誉称号；给南京军区某部炮兵团记集体一等功一次；给南京军区工程兵舟桥某旅记集体二等功一次。

1991年12月，中央军委授予广州军区政治部文工团战士杂技团“艺坛楷模”荣誉称号。

1991年3月2日，总政治部通报表彰全军17个学雷锋先进集体和83名学雷锋先进个人。

1991年6月，总政治部通报表彰在部队建设中充分发挥核心领导作用、战斗堡垒作用和先锋模范作用的全军17个单位的党委，100个基层党支部和200名党员。

1991年2月，总参谋部、总政治部、总后勤部通报表彰全军在土地详查中涌现出来的89个先进单位和101名先进个人。

1991年6月，总参谋部、总政治部、总后勤部表彰全军84个先进企业、118名劳动模范和26名优秀企业家。

1991年6月20日，总参谋部、总政治部、总后勤部表彰全军107个计划生育先进单位和80名先进个人。

1991年9月，总参谋部、总政治部、总后勤部表彰全军在教书育人工作中做出显著成绩的200名优秀军校教员。

1991年3月6日，总参谋部、总政治部表彰全军40个话务工作先进集体和104名先进个人。

1991年2月，总参谋部、总政治部通报表彰全军34个档案工作先进单位和48名先进个人。

1991年7月，总政治部通报表彰全军院校100名优秀政治理论教员。

1991年1月15日，在全国优秀新闻工作者和先进新闻集体表彰大会上，表彰了全军14名优秀新闻工作者和1个先进新闻集体。

1991年1月25日，在全国有突出贡献的博士硕士学位获得者，回国留学人员和优秀大学毕业生表彰大会上表彰了全军48名优秀知识分子。

1991年5月6日，在全国高等教育自学考试指导委员会召开的庆祝全国自学考试制度建立10周年大会上，解放军5名优秀毕业生受到表彰。

1991年5月9日，在中宣部、中国残联等单位联合举行的大会上，授予军队武警系统18名伤残官兵"自强模范"称号。

1991年7月7日，在"全国自学成才优秀人物评选活动"中，全军31名优秀人物获奖。

1991年9月，国家教委、人事部表彰解放军10名教员为全国优秀教师和教育工作者。

1991年10月7日，在第二届"中国十大杰出青年"评选活动中，北京军区某部军医李志军和南京军区某部排长张奇入选。

1991年12月10日，在中华全国新闻工作者协会和"范长江新闻奖"基金会主办的"中国新闻奖"和"范长江新闻奖"颁奖大会上，解放军新闻单位有3人分获首届"中国新闻奖"一等奖和"范长江新闻奖"。

召开全国军队转业干部安置工作会议和全国模范军转干部表彰大会　全国军队转业干部安置工作会议1991年3月16日在北京召开。会议的主要任务是，坚持从军队建设和国家经济发展的需要出发，研究部署1991年的转业干部安置工作。国务院军队转业干部安置工作小组组长赵东宛在会上作报告，总结了1990年全国转业干部安置工作，部署了1991年转业干部安置工作任务。总政副主任周文元在会上讲话，充分肯定了1990年军转安置工作取得的可喜成绩，对军队做好1991年干部转业安置工作提出了要求。到12月中旬，1991年军转干部安置工作圆满完成。全军2.7万多名转业干部和1.4万多名随调随迁家属得到比较妥善的安置，转业干部离队报到率占计划数的99%以上，是历年来最高的。

1991年10月21～24日，全国模范军转干部表彰大会在北京召开。江泽民、杨尚昆、李鹏、刘华清分别为大会和广大转业干部题了词。李鹏、宋平、刘华清、杨白冰会见了出席大会的全体同志。国务院军队转业干部安置工作小组组长、人事部长赵东宛在大会作报告时高度赞扬军队转业干部这些年来为社会主义现代化建设创建的新业绩。他说，大批军队干部转业到地方以后，不但给地方干部队伍增添了活力，而且在社会主义物质文明和精神文明建设中发挥了重要的作用，做出了突出的贡献。据不完全统计，1985年以来转业的军队干部，被各级评为劳动模范和先进工作者的有7.5万人，被评为优秀企业家的有5200多人，被评为优秀思想政治工作者的有1.4万人，有15.8万人担任了县处级以上领导职务，有15.4万人担任了科级职务。会议授予213人为全国模范军队转业干部荣誉称号。

在全军选拔贡献突出的中青年专家　1991年4月20日《解放军报》报道，为鼓励中青年专业技术干部奋发向上，立志献身于军队现代化建设，总政治部、国家人事部决定在全军开展选拔有突出贡献的中青年科学、技术、管理专家的工作。对被评选为有突出贡献的中青年专家，总政治部、人事部将发给专门证书，并将采取措施改善其工作、学习和生活条件。

召开全军计划生育工作会议　1991年6月18～20日，全军计划生育工作会议在北京召开。会议的议题是回顾总结"七五"期间计划生育工作的经验，分析存在的薄弱环节；着重研究"八五"期间军队计划生育工作的指导思想，主要目标和重点抓好的几项工作。会议指出，由于全军广大官兵带头执行基本国策，树立文明进步的生育观，使军队计划生育工作取得了显著成绩。"七五"期间，全军绝大多数师以上单位连续5年实现了国家提出的无计划外生育、无多胎生育、无大月份引产的要求；平均每年有上千个团以上单位被驻地人民政府评为计划生育先进单位，为全国做出了表率。计划生育干部队伍在全军逐步建立和发展起来，并发挥了越来越大的作用。5年来，先后有上百名计划生育工作干部立功，近千名受到军以上单位的奖励。

许多部队还把目标管理、岗位责任制等先进的管理方法，引入计划生育工作的实践，使广大官兵的人口忧患意识和人均观念大大增强，坚定了晚婚晚育和少生优育，树立了文明进步的生育观。全军有1000多个计划外怀孕者均及时采取了补救措施，基本上杜绝了近亲结婚，近8000名官兵自觉放弃了二胎生育指标。

全军依靠科技进步和优质服务，使计划生育工作有了新的进展。5年来，全军取得了一些较高水平的科技成果，组建了一批优生优育工作基地和3000多个部队计划生育指导站(室)，为群众开展计划生育技术服务数百万人次，受到社会各界的赞誉。

江泽民要求全军发扬优良传统，坚决贯彻中央的方针政策，切实把军队的计划生育工作做好。李鹏希望军队的计划生育工作走在全社会的前列。军委秘书长杨白冰在会议上强调，“七五”期间，全军计划生育工作取得了很大成绩，“八五”期间，军队还要争取拿金牌。会议表彰了全军107个计划生育先进单位和80名先进个人。

开展党对军队绝对领导的教育　1991年初，总政治部根据党中央、中央军委的指示精神，对全军部队开展坚持党对军队绝对领导的教育作出部署，并统一印发了教育要点。根据这个要点，各军区、军兵种为部队编发了教材，有的还制作下发了录像教学片。教育展开以来，全军有300多名军以上领导同志到基层单位授课，进行帮助指导。

各部队通过授课，开办讲座，组织参观近代史、党史展览、举办读书演讲会、英烈故事会、文艺汇演、党的知识竞赛等多种形式，对干部战士灌输党的基本知识，引导大家了解党的奋斗历史和丰功伟绩，使广大干部战士进一步加深了对党的认识，增进了对党的感情。按照总政治部的要求，全军团以上干部把马克思主义党的建设理论作为1991年理论学习的基本内容，重点研究在新的形势下如何更好地保证党对军队绝对领导原则的贯彻落实。全军军以上单位举办党建理论轮训班321期，有2.2万多名团以上干部参加了培训。军委领导同志还亲自给参加国防大学轮训班的高级干部讲党课。教育中，各部队组织基层干部战士学习中国人民解放军在党的领导下从无到有、从小到大、从胜利走向胜利的光辉历史，学习坚持党对军队绝对领导的一系列根本制度，加深对“党指挥枪”的理解。干部战士认识到，坚持党对军队的绝对领导，是实践马克思主义建党理论的必然要求，是我们的建军之魂、立军之本。无论形势怎样发展，世界风云怎样变化，都要始终不渝地坚持这一建军的根本原则。

1991年6月24日，《解放军报》发表了中央军委秘书长、总政治部主任杨白冰的文章《党的绝对领导是我们的建军之魂立军之本》，文章指出，在新的形势下坚持党的绝对领导仍然是军队建设的根本问题，坚持党的绝对领导是保护人民军队性质的必然要求。文章强调必须用马克思主义的立场、观点来认识我国的武装力量的领导体制，并且要把坚持党对军队的绝对领导的原则切实贯彻到部队建设的实际中去。

开展坚定社会主义信念教育　1991年，全军继续深入地开展了坚定社会主义信念的教育。总政制定了团以上干部在职学习的7项制度，委托国防大学轮训正军职以上领导干部，大军区一级轮训副军职和师职领导干部，军级单位轮训团职领导干部，从1989年下半年到1991年底，全军已举办1619期培训班，有92%的团以上领导干部参加了一到两次轮训。各部队对基层官兵坚持从科学社会主义的ABC讲起，帮助大家弄清什么是社会主义和资本主义。同时注意引导官兵站在人类社会发展规律这个“最高层”上，认清中国和世界发展的大势，弄清社会主义代替资本主义是一个反复较量的曲折过程。各部队坚持把学习中国近现代史，了解基本国情贯穿于信念教育的全过程。干部战士认识到，没有共产党就没有新中国；只有社会主义才能救中国，才能发展中国；四项基本原则是立国之本，改革开放是强国之路。全军广大官兵加深了对党和社会主义的感情，澄清了政治理论上的大是大非，进一步坚定了在党的领导下建设有中国特色社会主义的信心。

学习江泽民总书记在庆祝建党70周年大会上的讲话　中共中央总书记江泽民1991年7月1日在庆祝中国共产党成立70周年大会上发表重要讲话后，总政治部7月2日发出通知，要求全军把学习江总书记的讲话作为纪念建党70周年的一项重要内容，组织干部战士深入进行座谈讨论。着重抓好：认清只有在共产党的领导下，走社会主义道路，国家才能强盛，民族才能振兴，人民才能富裕；认清把马克思主义的普遍真理同中国革命和建设的具体实际相结合，是我们的胜利之本、成功之路等5个认清，并要求把学习讲话同全军正在开展的学习党的建设理论，坚持党对军队的绝对领导的教育紧密结合起来，把坚持党对军队绝对领导教育引向深入。全军各级机关、部队、院校广大官兵按照总政的要求，满怀政治热情，采取看录像、听广播、读报纸、座谈讨论等多种形式，认真学习江泽民的重要讲话。通过学习，使干部战士进一步了解了中国共产党70年来的伟大功绩和党领导中国革命和建设的基本经验和庄严使命；充分认识到坚持走有中国特色的社会主义道路的重要性；深深感到讲话对新时期军队建设提出更高的要求。决心以这一重要的马克思主义文献为指导，更加紧密地团结在以江泽民同志为核心的党中央周围，为实现十年规划和“八五”计划的宏伟蓝图贡献力量；继续深入搞好党对军队绝对领导的教育，进一步加强部队全面建设。

学习中共十三届八中全会精神 1991年11月，中共十三届八中全会召开之后，全军各部队按照中央的通知和总政的部署，将会议精神逐级向干部战士作了传达和宣讲。通过学习，广大干部战士对中国农村发生的历史性变化感到欢欣鼓舞，进一步明确了新形势下加强农业和农村工作的极端重要性。全军指战员衷心拥护全会关于加强农业和农村工作的一系列方针政策和措施。

部署全军"二五"法制宣传教育 1991年5月，总参谋部、总政治部、总后勤部联合发出《关于在全军深入开展法制宣传教育的通知》，就贯彻执行中共中央、国务院批转的中央宣传部、司法部《关于在公民中开展法制宣传教育的第二个五年规划》作出部署。

通知指出，全军法制宣传教育要紧紧围绕党、国家和军队的中心任务与发展目标，以宪法为核心，以国防、军队建设和与干部战士生活关系密切的法律法规为重点。教育的主要内容包括：宪法、国旗法、兵役法、军事设施保护法、集会游行示威法、治安管理处罚条例、惩治军人违反职责罪暂行条例等法律；内务条令、纪律条令、队列条令、现役军官服役条例、现役士兵服役条例、军事训练条例、政治工作条例、武器装备工作条例、保密条例等军事法律和法规。通知指出，法制宣传教育要突出重点对象，主要抓好团以上领导干部、执法人员、基层青年干部战士和院校学员的教育。

举办《人民军队忠于党》大型展览 为纪念建党70周年，《人民军队忠于党》大型展览于1991年6月24日在北京军事博物馆开幕。展览以800多件革命文物和659张图片，回顾了人民解放军64年来在中国共产党的领导下，为中国革命和建设建立卓著功勋的光辉历史。展览同时还介绍了总政"七一"前夕表彰的全军17个党委、100个党支部、200名优秀党员的先进事迹。展览展出一个月就接待国内外观众15万多人次。

推出《走向英特纳雄耐尔》等政治教育系列片 1991年6月17日，总政在人民大会堂举行9集政治教育系列片《走向英特纳雄耐尔》首映式。该片以坚定社会主义信念教育为主题，以生产关系与生产力、上层建筑与经济基础的社会基本矛盾运动为主线，在再现社会发展史的基础上，揭示人类社会发展的客观规律，以昭示资本主义必然灭亡，社会主义必然胜利的历史大趋势。总政将该片下发全军建制团和各院校，作为进行历史唯物主义和爱党爱社会主义教育的一部重要教材。该片在中央电视台播放后，引起了全国各地的强烈反响，中央电视台又进行了重播。同年10月，《走向英特纳雄耐尔》在中宣部批准进行的庆祝建党70周年文艺节目评选中获一等奖。

1991年9月，总政组织人员将12集电视系列片《边关军魂》首批录像带专程送抵边海防部队。该片热情讴歌了戍守边海防的解放军官兵卫国戍边、艰苦奋斗的动人事迹。全片从不同角度介绍了边海防部队的66个先进集体和102名先进个人。

1991年10月9日，由总政组织部组织制作的《共产党人的足迹》、《党旗下的誓言》两部电视系列片，作为对广大党员进行共产党人光辉形象和先锋模范作用教育的教材，发往全军各部队。《共产党人的足迹》热情讴歌了20多位革命先烈和老一辈革命家为共产主义事业英勇奋斗的精神和光辉业绩。《党旗下的誓言》着重宣扬了新时期军队21名优秀党员的高尚情操和先进事迹。

军队一批优秀电视节目获奖 1991年10月5日，在由中宣部批准进行的庆祝建党70周年电视文艺节目评选中，解放军共有7台节目获奖。它们是：专题片《走向英特纳雄耐尔》、文艺晚会《灯塔颂》、电视现场转播《冰山情》分获一等奖；专题片《壮士行》、文艺晚会《你是灯塔》获二等奖；文艺晚会《西藏之光》、电视现场转播《江姐》获三等奖。

1991年11月1日，总政宣传部和中央电视台联合举行第四届"人民子弟兵"优秀电视节目颁奖仪式，有167条军事新闻、50部军事专题节目和9部电视系列片分获一、二、三等奖。其中17个节目还获得了摄像单项奖。电视系列片《边关军魂》获特等奖。

全军近4万人通过自学获大专以上文凭 1991年5月7日《解放军报》报道，1981年～1991年10年间，全军通过国家高等教育自学考试获得大专、本科文凭和学士学位的毕业生累计近4万人。据统计，全军每年参加地方自学考试人数有3万左右，最高年份达10万余人。与此同时，经国家教委批准，解放军于1989年底还单独开设了军需管理、军械管理、航空工程机务维修三个试点专业。

政法工作取得新成绩 1991年，全军各级党委、政治机关，尤其是政法部门，认真贯彻总政《关于加强军队政法工作的意见》，围绕保证军队在政治上永远合格这个主题，坚定不移地抓好纯洁和巩固部队的工作。在海湾战争、苏联解体、国际形势发生重大变化的情况下，坚决维护了党对军队的绝对领导，维护了部队的高度稳定和集中统一，保证了各项任务的完成；预防为主、综合治理的方针日益深入人心，预防犯罪工作进一步落实，涌现出一大批无重大刑事案件的军、师级单位，特别是对小散远单位进行了卓有成效的综合治理；政法部门充分发挥职能作用，依法严厉打击严重刑事犯罪、严重经济犯罪活动，震慑了罪犯，教育了部队；法制宣传、法律服务活动广泛开展。据不完全统计，全军已建立法律顾问处80多个，有特邀律师和专(兼)职法律顾问500多人，建立基层法律咨询站、组近万个，法律咨询员达3.4万多人。

军队文艺事业繁荣兴旺 1991年，全军各级文化干部、广大文艺工作者认真学习和贯彻落实全军文艺创作座谈会精神，使部队的文艺工作在各方面都出现了好势头，以实际行动巩固了部队社会主义思想文化阵地。

为隆重纪念中国共产党建党70周年，总政文化部举办了影视宣传系列活动，包括举行以宣扬革命传统为主要内容的电影放映月、组织“赞颂银幕上的共产党员形象”影评征文评奖、宣传画展览活动等6项内容。与此同时，全军各文艺团体推出一大批讴歌党的丰功伟绩，抒发官兵爱党之情的文艺节目。“七一”期间，全军文艺团体演出大型民族音乐舞蹈史诗1台，歌舞11台，话剧7台，杂技2台，京剧、歌剧各1台，共23台节目。其中有总政主办、总政直属文艺团体及各军区、各军兵种和武警部队文艺团体联合编创、演出的大型民族音乐舞蹈史诗《灯塔颂》、海政歌舞团的大型歌舞《我们随太阳远航》、沈阳军区前进歌舞团的大型歌舞《献给“七一”的歌》等。

1991年5月，总政话剧团推出军事题材力作《冰山情》，受到各界好评。该剧歌颂了军人及军人家属对祖国和人民的忠贞之情。

1991年6月29日和8月8日，由解放军八一电影制片厂拍摄的大型革命战争历史题材故事影片《大决战》第一部《辽沈战役》、第二部《淮海战役》分别在北京举行首映式。江泽民同志为该片题写了片名。《大决战》按照历史唯物主义观点，艺术地再现了宏伟的历史画卷。江泽民、杨尚昆、李鹏等先后观看了该片，并称之为建国以来拍摄大场面的第一部，也是最成功的一部军事题材影片。

1991年7月10日，解放军艺术学院表演的话剧《天边有一簇圣火》获国家文化部举办的第一届文化新剧目大奖。

1991年9、10月间，南京军区前线话剧团编创的纪实话剧《抗天歌》在北京演出。这台再现华东地区军民在党的领导下团结一心，战胜自然灾害的纪实话剧，受到了各界的赞誉。

1991年11月29日，总政歌剧团演出的6场民族歌剧《党的女儿》在京汇报表演，该剧根据著名小说《党费》改编并以其深邃的思想内涵、精湛的表演艺术广受赞誉。12月4日，在《人民日报》文艺部、中国歌剧研究会联合主办的该剧座谈会上，来自军内外的与会专家一致认为它是军事文艺创作的重大收获，对振兴中国歌剧将起重要作用。

1991年11月，全军首次影评征文和电影宣传画评奖揭晓，有103篇影评文章和90幅电影宣传画获奖。

拨专款为全军基层部队添购新书 1991年初，中央军委决定拨专款为全军基层部队添购新书。这笔经费按团以下基层官兵编制数额分配，并适当照顾条件艰苦的边远地区部队，平均每人7.5元左右。这次拨款是历年来数额最多的一次。为确保部队买到干部战士喜爱的优秀读物，总政组织有关人员选出468种共700余册图书提供给部队选购。到9月底，全军多数旅团单位已经接到了总数超过百万册的新书。年底，中央军委还派专机给西藏边防部队送图书共110多个品种，10余万册。

军队体育战线成绩喜人 1991年1月26日《解放军报》报道，最近两年，解放军有11名运动员被国家体委授予国际级运动健将称号，至此，全军共有30名运动员获此称号。

1991年2月2～9日，在第七届全国冬运会上，解放军代表团在短跑道速滑、花样滑和冰球项目无人参加的情况下，夺得14枚金牌，列金牌总数第二位。解放军滑雪队共夺得9枚金牌，位居雪上项目榜首。同时解放军滑雪队还获高山滑雪、冬季两项、跳台滑雪3个项目的团体总分第一名。解放军速滑队获速滑金牌总数第一名。解放军滑雪队、速滑队和解放军代表团均获得“体育道德风尚奖”。此外，在冬运会高山滑雪比赛中，获得男子超级大回转和回转项目两枚金牌的解放军滑雪运动员侯健被评为本届冬运会最佳男运动员。

1991年5月3日《解放军报》报道，在1991年全国举重锦标赛上，解放军女子举重运动员3人13次超7项女子举重世界纪录，2人12次超6项女子举重亚洲纪录，女队和男队各1人先后5次打破5项全国纪录。解放军选手共获得7枚金牌，男子举重队获得“体育道德风尚奖”，成为运动成绩和精神文明双丰收的运动队。

1991年5月，总政文化部举行了全军建制旅、团长跑通讯赛(男子5000米)，经考核、验收，有16个单位获得团体优胜奖，50名个人获得个人优胜奖。11月18日，总政文化部对获奖单位和个人进行了通报表彰。

据1991年10月27日《解放军报》报道，解放军八一体工大队自1951年创建至1991年9月40年间，在世界比赛中获金牌25枚，在洲际比赛中获金牌742

枚，在全国比赛中获金牌720枚。在上述比赛中共获奖牌2078枚。另据统计，1991年，八一体工大队在国内外重大比赛中，获得金牌62枚、银牌37枚、铜牌33枚。所获奖牌是建队以来最多的一年。此外，该队有5人27次超12项世界纪录，6人27次超14项亚洲纪录，7人15次破9项全国纪录。

1991年2月27日《解放军报》报道，沈阳军区2月21日签发命令，授予速滑运动员叶乔波“勇攀高峰的运动员”称号，她是解放军第一个被授予荣誉称号的运动员。

1991年5月25日，国家体委对1990年为体育事业做出突出贡献的解放军等10个单位进行了表彰。

1991年10月22日，解放军冰雪运动员叶乔波、侯健在1990～1991年度全国冰雪十佳运动员评选中入选。

全力以赴参加抗洪救灾　1991年，全国有19个省市先后遭受严重洪涝灾害，特别是江苏、安徽、浙江和上海等省市部分地区发生了多年罕见的特大洪灾。驻灾区部队遵照中央军委和总部的指示，全力以赴参加抗洪救灾斗争，为抢救和保护国家与人民的生命财产安全作出了重大贡献。据统计，全军共出动75万多人次，各种车辆、机械7万多台次，飞机232架次，船、艇(舟)2958艘次，共抢救、转移被洪水围困的群众100多万人，护堤固坝1110多公里，抢修铁路、公路1855公里，抢救抢运各种物资177万多吨，先后派出医疗、防疫队(组)784个，医护人员5100多人次，为灾区群众看病52万多人次，受到党中央、国务院、中央军委领导同志的高度赞扬和灾区党政领导、广大群众的热情称赞。中央军委、总部还紧急调拨大批物资支援灾区，并向有关省市发了慰问电，同时派出工作组赴灾区慰问。仅7月份，就向安徽省支援帐篷1600顶，被装6万套和价值30万元的药品；给江苏省支援帐篷400顶、被装4万套和价值20万元的药品。据统计，全军共向灾区捐赠帐篷、粮食、药品、油料等救灾物资价值1500万元。

全军广大党员、干部、职工积极响应三总部的号召，踊跃捐款，支援灾区人民战胜困难、恢复生产、重建家园。据统计，全军个人共向灾区捐款4254万元。驻灾区部队还全力帮助灾区人民生产自救，为群众修理房屋12万多间，搭盖临时住棚8.5万多间，修理各种农机具4000多台(件)，排涝、补种、抢收农作物300多万亩，帮助近万家工厂、企业、商店和学校复产、复业、复课。解放军文艺工作者积极参加各种形式的赈灾义演，在北京组织的义演活动中，军队参加的演职员人数最多，节目也相当精彩。许多演员还向灾区捐赠了巨款。入秋以后，驻京部队又积极响应党中央、国务院、中央军委的号召，踊跃捐衣捐被，为灾区人民再送温暖。据统计，驻京各大单位向安徽灾区捐赠衣被979239件，其中棉被棉衣类62.7万件，占捐赠衣被总数的77.8%，并组织车队直接送达各受援县市。

召开全国双拥工作会议　1991年1月10～16日，全国拥军优属拥政爱民工作会议在福州召开。中共中央书记处书记、中央军委秘书长、总政治部主任杨白冰、国务委员陈俊生出席会议。各省、自治区、直辖市的负责同志，军队各大单位和各集团军、省军区政治部的负责同志，武警部队负责同志，以及军队和地方有关业务部门的同志，来自“双拥模范城”、“双拥模范县”的代表参加了会议。中央和国家机关有关部委的负责同志应邀出席了会议。总政副主任周文元、民政部副部长范宝俊分别在大会上作了报告，认为拥政爱民工作形势越来越好，拥军优属工作取得可喜成绩。1月15日，杨白冰、陈俊生在会议上发表重要讲话。他们讲话的主旨是：紧紧围绕“同呼吸、共命运、心连心”的总要求，进一步开创军政军民团结的新局面。会议闭幕时，民政部、总政治部授予河北省保定市等9个城市“双拥模范城”、四川省江津县“双拥模范县”荣誉称号，邓小平同志为双拥模范城(县)题字。会议讨论形成了《全国拥军优属拥政爱民工作会议纪要》。1991年3月，国务院、中央军委批转了该《纪要》，并发出通知，要求把双拥工作作为一件大事来抓。《纪要》从8个方面提出了今后一个时期双拥工作的基本任务：(1)做好新形势下的双拥工作，是促进国家和军队稳定与发展的战略任务；(2)深入进行全民国防教育，建立牢固的军政军民团结的思想基础；(3)服从大局，在经济建设和军队建设中互相支持；(4)持久开展军民共建活动，巩固发展社会主义思想文化阵地；(5)军地通力合作，切实做好优抚和安置工作；(6)坚持互相尊重、主动协商，不断改善和密切军政军民关系；(7)把工作重点放在基层，扎扎实实地开展群众性双拥活动；(8)在继承的基础上创新发展，把双拥工作提高到新的水平。

拥政爱民活动进入新阶段　全国双拥工作会议以后，全军各部队认真贯彻落实会议精神，广泛深入开展拥政爱民活动。全军各部队派出10万多个走访组到驻地党政机关、街道、乡村，征求意见，检查遵守国家政策法规和执行群众纪律的情况。各部队把义务支援国家经济建设作为拥政爱民工作的重点，一年来，共投入了3200多万个劳动日，参加急难险重工程和公益事业建设1500多项，共植树1037万株，植草坪200万平方米，成片造林15.7万亩，出动军工220万人日，支援地方植树1331万株，空军飞播造林种草310万亩。

各部队积极参加驻地的精神文明建设，军民共建的工作又有了新的进步。在全军3万多个共建点上，干部战士同人民群众一起开展坚定社会主义信念的教育。各部队还积极参加创建双拥模范城（县）活动，已有30多个市跨入省市双拥模范城行列。截至1991年底，全国各地被省、自治区、直辖市命名的双拥模范城（县）已达150多个。

（杨　鲁）

中国人民武装警察部队政治工作　1991年，中国人民武装警察部队的政治工作，着眼于适应新形势和部队建设的需要，遵照党中央、国务院、中央军委的一系列指示，根据公安部党委和武警部队党委的统一部署，坚持两手抓、抓两头的工作指导方针，认真贯彻全军政治工作会议《纪要》、《军队基层建设纲要》、《政治工作条例》和《军队经常性思想工作要则》，紧紧围绕加强政治建设，保证党对武警部队的绝对领导、保证部队在政治上永远合格这一主题，以党的建设为主线，在抓落实、打基础上做了大量工作，保证了部队高度稳定和集中统一，保证了执勤、训练和处置突发事件等各项任务的完成。

加强党风和廉政建设　1991年，武警部队各级党委、纪委认真履行职能，大力加强党风和廉政建设，取得了可喜的成绩。

（1）深入开展党风党纪教育，广大党员的党性党纪观念进一步增强。把纪检工作的着眼点放在从根本上提高广大党员干部的思想、作风素质，是1991年武警部队纪检工作的一个重要特点。各级党委、纪委认真学习领会江泽民同志“七一”讲话，深入传达贯彻全国纪检工作会议和全国公安系统党风廉政建设座谈会精神，普遍进行了政治纪律、理想宗旨和党规党法教育。广大党员特别是领导干部，从反和平演变的高度，进一步认清了大力加强党风和廉政建设的重大意义，增强了反腐败、防演变的紧迫感和廉政意识。

（2）坚持“领导抓、抓领导”，各级领导和机关的作风有了新的转变。1991年3月，武警部队党委和机关集中进行了以增强党性、端正风气为主要内容的学习教育。总部领导授课，发动群众查找问题，使总部机关面貌发生了明显变化。总部纪委总结的“领导带头抓、重点抓领导，促进部队党风和廉政建设深入发展”的经验，在全国纪检工作会议上作了介绍。据统计，1991年各级领导机关共派出5000多个工作组，深入基层倾听群众呼声，帮助基层解决实际困难，有的总队从生产收入或其他节余经费中拨出几十万元专款为基层办实事。

（3）解决群众关心的“热点”问题。1991年，许多单位的纪委组织力量对基层的党风状况进行了专题调查，针对存在的问题，研究对策，狠抓党风和廉政制度在基层的落实。北京总队等单位开展了“保持纯洁的同志式”的教育，一些单位对基层反映较大的违纪问题进行了严肃处理，并对个别单位进行了整顿，取得了一定成效。在战士入党、提干、院校招生、转志愿兵等方面的不正之风有所收敛，基层打骂体罚战士的问题和干部侵占士兵利益的现象逐渐减少。由于抓了党风和廉政建设，全武警部队党员的先锋模范作用普遍增强。1991年，总部纪委先后表扬了5个单位、6名个人的先进事迹；武警部队“双先会”树立的4位标兵全是党员；特别是在抗洪救灾中，“一个党员一根桩，一个支部一堵墙”，广大党员和基层党组织充分发挥了先锋模范作用和战斗堡垒作用；党员违法违纪案件下降幅度较大，由1990年的3‰下降到2.1‰。

广泛开展拥政爱民活动　1991年，武警部队在认真贯彻落实全国双拥工作会议精神中，广泛深入地开展拥政爱民活动，进一步密切了警政、警民关系。

武警部队点多、面广，遍布全国城乡。地方政府和人民群众，把武警作为创建双拥模范城（区县）的生力军。据统计，1991年武警部队基层单位受到县以上地方政府表彰的有1892个，为地方创建模范城（县）作出了应有的贡献。全武警部队共有警民共建点5791个。各部队在共建中抓了以下三方面：一是围绕抓思想道德建设，倡导文明新风，开展共建活动，把社会主义新道德、新思想、新风尚具体化和形象化；二是立足于驻地，开展“连片共建”，做到抓一点带一片，抓一片带一方。协助共建单位开展“五好家庭”、“文明楼院”，创建文明小区的活动；三是把国防教育作为共建点的基本内容，派辅导员、小教员到工厂、农村、学校去，对群众、学生进行国防知识、军事技能训练，许多单位还办了“青少年警校”、“青年之家”等教育阵地。全年共派出官兵12664人，训练学生43570人。

1991年夏季，江淮流域发生了特大洪涝灾害，驻灾区的武警部队，在地方党委和政府的领导下，全力以赴投入抗洪救灾工作。仅据不完全统计，武警部队共出动官兵178592人次，派出车辆76557台次，救出群众25265人，抢出各类器材、物资，价值3808万元，为保护国家财产和人民群众生命安全，减轻灾害损失作出了贡献。广大官兵在灾后帮助灾区恢复生产、重建家园时也作出了无私贡献。据统计，全部队官兵共向灾区捐献人民币437万元、粮食15万公斤、衣被198万件，并派专人专车送到灾民手中。

文化工作成绩突出　1991年，武警部队文化工作紧密配合中心，开展活动，抓得有声有色，成果累累。

围绕坚持党对武警部队绝对领导教育这个中心，在全部队广泛开展了以知党、爱党、信党、跟党走为主题的文化活动。总部组织的“党在我心中读书演讲”在支队以上单位演讲400余场，直接听众8万余人。“七一”期间，获一等奖的7名同志赴京，给总部机关和驻京部队进行了14场汇报演讲，受到了机关和部队的好评。总部组织排演的《人民武警忠于党》文艺晚会，以其突出的主题、鲜明的武警特色、良好的演技，在“庆祝中国共产党诞生七十周年全国电视文艺节目评比”中夺得三等奖。总部政治部文化处与安徽总队共同创作的大型歌舞《抗洪雕像》，在解放军三总部和武警部队“双先”会汇报演出，受到称赞。

在“1991年全国群众歌咏大赛”中，武警部队夺得119项奖。其中北京、河南、江苏三个总队获特级大奖；北京总队战士业余歌咏队代表武警部队参加团中央组织的“党在我心中”歌咏比赛，获得一等奖；在全国青年卡拉OK民族歌曲大奖赛上，武警歌手陈忆、马晓玲赢得这次大赛两个一等奖。在体育比赛中，武警拳击队实现全国锦标赛团体四连冠；散手队获全国团体冠军；男子篮球队荣获全国甲级联赛第七名；在意大利举行的第二届世界警察运动会上，中国武警选手奋力拼搏，夺得1枚金牌、5枚银牌、2枚铜牌。

基层文体基础建设有了明显加强。各总队分别成立了文工队、军乐队、拳击队、散手队、篮球队、腰鼓队等业余文体队伍。在此同时，各单位都注意抓了文体骨干和文体器材维修人员的培养。电影发行站为部队培养出一批幻灯制作骨干，文化站为基层培养了60多名视听器材维修骨干，解决了基层的一大难题。为解决基层看书难问题，总部选购了价值315万元的图书，直接寄发支队级单位。

表彰先进单位和先进个人 1991年2月26日，中国共产主义青年团中央委员会、中共中国人民武装警察部队委员会作出决定，表彰武警部队10名“学雷锋标兵”。10月13日，中国人民武装警察部队发布命令，为表彰在抗洪救灾中做出突出贡献的单位和个人，授予1个单位、1名个人荣誉称号；给24个单位、27名个人记功。10月14日，中国人民武装警察部队发布命令，表彰了一批先进单位和个人，授予10个中队、4名个人荣誉称号。

（贾巨善　胡嘉海）

越南军队政治工作　综述 1991年，苏联解体的影响和西方和平演变的威胁冲击着越南军队的稳定，使越军的思想政治工作面临着新的危机和挑战。如何稳定军心，安抚部队，是越军当局在新形势下的首要课题。为此，越军采取了一系列措施以确保党对军队的绝对领导。

总结经验教训。当前军队建设现状与所担负的任务相比差距很大。原因有国际阶级斗争复杂形势和各种敌人破坏行径的影响；有国内社会经济困难的影响。主观上，军内各级部门和主官对党的决议落实不力，效果较差；中央军事党委和国防部有时对敌人的演变破坏战略估计不足，对那些机会主义和右倾分子的破坏缺乏预见性，部队训练和干部培养的方法不当；装备规划不落实，指导管理方法陈旧，首脑机关各职能部门的职能作用不强；基层主官对部队管理不严，对上级指示、决议执行不坚决等。

强化思想教育。根据越党“七大”精神，当前越军抓部队思想教育的主要作法：一是坚持基本原则教育，使每个干部、党员、战士坚决贯彻党的路线、方针、政策，在思想与行动上与党中央保持一致，坚定社会主义目标、理想，坚持六项基本原则。克服幻想主义和糊涂观念，树立自立自强精神。二是坚持改革路线教育，使全体人员都能按照党的观点、原则以及所指引的道路进行改革，与一切错误的、反动的观念作坚决的斗争，以确保越南“沿着具有越南特色的社会主义道路前进”。三是坚持战备教育，认为国家战略重点的转移并不等于放松警惕，必须合理地调配力量，在边界地区形成一个符合全民国防和人民战争观点的防御体系，同时一直坚持把争夺海洋资源的斗争作为今后的国防重点。

严格内部管理。越共在新形势下要求“军队在任何时候都能服从党的指挥，成为保卫越南共产党、保卫社会主义的坚强柱石”。为了保证部队的高度集中统一，越军各大军区和各军兵种均制定、重申了对部队的管理制度；加强了军容、军纪整顿和人员、装备的管理；严肃处理了一些违法乱纪蜕化变质分子；加强了对驻地社情的了解并制订了相应的防暴预案。与此同时，各级部队狠抓了自身建设，特别是干部队伍的建设。据称，越军中的党员干部队伍通过教育和考核，绝大多数能做到在复杂的形势下立场坚定。

提高福利待遇。为了缓解由于社会经济危机给部队生活、战备带来的困难，一年来越军继续补充、调整部分军内政策，使之更符合部队生活和战备任务的实际。在继续鼓励、扶持各级单位在力所能及的范围内进行生产自救的同时，积极就一些急需解决的问题向党和政府提出建议，其中包括部队的伙食标准、补助津贴、后勤保障方式、国防企业和生产基地的安全、劳保政策、特殊军兵种及边海防军人的补助，以及退伍军人的待遇等。通过上述努力，越军内部不满情绪得到初步抑制，部队稳定状况较前改善。

主要资料来源：

①越《全民国防》杂志 1991 年。
②越《人民军队》报 1991 年。

（刘桂兰　许　平）

召开全军高级军政干部会议　据“越南之声”1991 年 12 月 9 日报道，12 月 5 日至 8 日，越共中央军事党委和国防部在河内召开全军军政干部会议，总结 1991 年度国防工作和研究下阶段国防任务。近 200 名越军各机关单位的高级干部出席了会议。12 月 8 日上午，越共总书记杜梅到会发表了讲话。在讲话中他赞扬了越各武装力量在执行国防任务中所取得的成绩。他说，未来形势发展还很复杂，敌人的破坏手段阴险毒辣，国防和治安部队的任务仍然十分重大和艰巨。他号召越军发挥人民武装力量的英雄传统，履行职责，克服困难，切实执行好保卫祖国、保卫社会主义制度、保卫党的任务，出色完成党交给的各项任务。

全军第五次党代会在河内召开　据“越南之声”报道，越全军第五次党代会于 1991 年 4 月 28 日在河内召开。来自各军区、军兵种、机关院校等单位的 324 名代表出席了会议。越党总书记阮文灵到会表示祝贺。中央书记处书记、军委常委委员阮决作了“关于军队对七大报告文件草案的意见报告”，越军总参谋长作了“关于实现国防任务的报告”。

召开各级党代会第 2 轮会议贯彻“七大”精神　据“越南之声”1991 年 7 月 31 日报道，最近，越共中央书记处发出 01 号指示，要求各地党组织集中组织党代会第 2 轮会议。会议的主要内容是：进一步贯彻落实“七大”决议和上级党委决议，检查和评价上届党委的领导作用和确定今后的目标、方向，并选举新的党委。军队各级党代会第 2 轮会议除上述内容外，还要组织贯彻越中央军事党委关于目前到 1995 年的国防任务的决议，制定奋斗目标。

越共总书记杜梅谈退伍军人问题　据“越南之声”1991 年 12 月 12 日报道，越共中央总书记杜梅在越南退伍军人中央临时执行委员会第 4 次会议上称：“当前世界形势复杂多变，越南的社会经济正在稳步发展。但是仍面临着许多困难，为此，同志们必须注重思想工作，向全体退伍军人和会员宣讲党的‘七大’提出的任务和主张，使认识和行动统一起来。在困难面前，大家要团结一心，保卫和巩固革命成果。越南退伍军人委员会是一个依靠人民、团结人民的团体，是越南祖国统一阵线的组成部分，是越南革命事业的重要力量。在各级党委和军队各级政权的帮助下，退伍军人委员会要与各人民团体紧密配合。各基层组织要积极参加地方建设及政治活动，特别是国防工作。为了稳定政治形势和维护正常的社会秩序，必须坚决同社会的消极因素作斗争，反对侵害人民群众利益的贪污行为，向年轻人宣讲革命传统。与此同时，胡志明共产主义青年团和教育部门要与退伍军人委员会相配合，以便统一行动。退伍军人委员会要关心政治思想教育活动，维护每个会员的正当权力，创造条件，为会员解决实际困难，逐步补充委员会的活动经费，发挥各级组织的职能作用，特别是各基层组织的职能作用。”最后，杜梅希望全体会员不断学习，提高政治、经济、文化科学技术水平，刻苦钻研业务，深刻领会党和国家的政策，发扬革命优良传统，提高革命觉悟。同时，还希望越南退伍军人委员会永远是社会主义制度的，党和国家的可靠组织，希望全体退伍军人和会员发扬军队的英雄传统，继续投入到保卫和建设祖国而进行的改革事业中去。

颁布有关提高军人待遇的规定　据越《人民军队》报 1991 年 5 月 3 日报道，1991 年 4 月 27 日，越南部长会议作出“关于越南人民军上校薪金和提高军官工资待遇及军龄补贴”的 144 号决定。决定规定，将部长会议 1985 年 9 月 18 日 233 号决定规定的大校第 2 档次工资作为上校的薪金档次。已达到所任职务最高军衔的军官到晋衔年限又不能提升职务的，则不能晋衔，只能加薪。上述工资可作为计算在职军官各种补贴和军官退休薪金的基础薪金。关于军官的军龄补贴，服役 25 年以上的军官，每年增加工资额的 1% 作为军龄补贴。具有 25 年军龄的退休军官，其军龄补贴可按此规定计算退休金。145 号决定对士官、士兵的有关待遇作了如下修改补充：服役期限为 3 年或 2 年，但按 1981 年 12 月 30 日颁布的《军事义务法》第 15 条延长服役期限的士官、士兵，从第 25 个月开始，津贴增加 100%。服役期间的士官、士兵从第 2 年开始，每年可休假 10 天（不含路途时间），可报销路费，并予以路途补助。士官、士兵退伍时，按部长会议 1985 年 9 月 18 日 236 号决议第 13 条规定的统一标准，每年补助 2 个月生活费，同时发放路费和途中补助。以上规定从 1991 年 4 月 1 日起生效。

军报呼吁采取措施解决军官长期安心军队工作问题　越《人民军队》报 1991 年 7 月 18 日载文指出，要建设正规的强大的军队，适应战略任务的要求，当前，关心军队干部的物质、精神生活，是个急待解决的问题。以前，军官这个词，对于后方家庭来说，是个非常自豪的概念。军官家庭得到了地方应有的关心和照顾，地方政府为军队干部家庭发展生产、克服困难、稳定生活创造了许多条件。在当前农村实行承包制的情况下，很多军人家庭遇到了不少困难。目前军官待遇又很低，一个少尉、中尉军官的军饷只能维持本人最低的生活开支，即便略有点节余，如果每年探亲一次，也只够到家的车船费和给亲人买点小礼物以及在家度假时的开支，假满归队时还得向父母、妻子讨钱。许多家庭父母、妻子为了让儿子、丈夫返回部队而卖粮卖猪等筹备路费。特别是一些单位较远，往返困难的军官，要两三年才能探亲一次。为减轻军官的部分困难，特提出以下一些具体意见：第一，在全国范围内制定一个统一的军队后方工作规定，以便各地方有章可循，避免一些地方目前存在着的重视不够、工作不力或者随意性大的现象。各地方应进一步关心军队后方工作，对本地区的军官和辖区内所有驻军的军官都应同等看待。第二，军官的待遇是个急待解决的问题。国家应该研究提高军官待遇问题，让军官的军饷能够赡养老人、抚育子女、修缮住宅。

组织讨论《越共纲领》 据"越南之声"1991年1月8日报道，越总参所属各支部组织校以上军官学习讨论《越共纲领》。军官们认为《纲领》应写进党的目标、路线、方针和政策，《纲领》在充分体现党领导全国人民取得伟大成绩的同时，还要写进党所犯的一些严重错误。如党在"六大"上过分强调了"集体精神"，而忽视了"个人利益"，又如在物价和货币改革中所犯的错误等，以便让全国人民和世界评价。

（刘桂兰　许　平）

老挝军队政治工作 1991年，老挝军队的政治工作比较活跃。一方面国际形势和地区形势发生了重大变化，特别是柬埔寨问题实现政治解决和中越关系正常化之后，其周边安全环境进一步好转，战争威胁减少，国内政治稳定，治安形势缓和，部队建设走上稳定发展的轨道；另一方面，深化改革给部队带来了许多新问题，敌对势力的和平演变阴谋也使部队面临着新的更为严峻的考验。对此，老挝军队下大力抓了政治思想教育，组织学习了人民革命党"五大"文件精神和第一部宪法，进一步确立党对军队的集中统一领导，从思想上、组织上、制度上保持军队的政治本色，特别强调在深入改革开放的形势下做好反和平演变的工作。同时，部队还进行了法制教育。由于政治教育重点突出，内容明确，方式得当，收到了较好的效果，保证了部队的稳定和各项任务的完成。

召开全军第三次党代会 据老挝国家广播电台1991年3月19日报道，老挝人民军召开了全军第三次党代会，全面分析了部队建设的基本形势，找出了存在的问题及其原因，提出了今后军队建设的任务，选举了出席党的"五大"的代表。党中央总书记凯山·丰威汉到会讲话。大会号召全军发扬优良传统，相信和支持党的领导，团结在党中央周围，反对敌人企图分裂党的阴谋，保卫社会安定，以实际行动迎接"五大"召开。

学习贯彻人民革命党"五大"文件 据老挝新闻机构1991年3～7月间报道，老挝人民革命党于3月27～29日召开了"五大"。大会通过了政治报告、新党章和决议，选举了新的中央领导机构，决定取消中央书记处，设立党的主席，上届总书记凯山·丰威汉改任党的主席。军队共有7人进入中委，2人进入中央政治局。会后，人民军总政治局要求各部队、机关、院校认真组织学习贯彻"五大"文件，主要学习内容是：(1)正确认识改革取得的成就与存在问题。(2)明确党的总方针总任务。(3)明确老挝革命发展阶段。(4)明确今后改革的方向。(5)明确党在国防领域的基本观点。

人民革命党新党章明确规定党对军队的领导地位 据老挝国家广播电台1991年4月报道，老挝人民革命党"五大"通过的新党章增写了"党对人民军队和人民安全保卫力量的领导"一章，明确规定"党直接地、集中统一地和全面地领导人民军和人民安全保卫力量。人民军是保卫老挝独立、主权和领土完整，保卫人民民主制度，保卫政治稳定及社会安宁的坚强柱石。人民军参加祖国建设和'政治基层'建设，并完成自己的国际义务。"为加强党对军队和内卫力量的统一领导，老挝人民革命党"五大"决定将原来的中央军委改为中央国防安全保卫委员会，并在省（直辖市）一级成立相应机构。新党章规定，中央国防安全保卫委员会由党的中央委员会任命，主席由党的主席担任，委员由中央政治局委员和有关的中央委员担任。省级国防安全保卫委员会由中央政治局任命，由省委书记任主席。

首次在党章中规定军队政治机关的任务 据老挝国家广播电台1991年4月报道，人民革命党首次在党章中规定，军队总政治局是全军的政治机关，其活动由党中央政治局和中央国防安全保卫委员会直接指导。其任务是进行军队的党组织建设工作、政治思想工作、干部工作、党的政策工作和群众工作。中央委员会授权军队总政治局和内政部党委研究部队和治安力量中党的组织体系，研究地方及中央主管部和中央、省（市）级国防安全保卫委员会的关系，并提交中央政治局批准。地方军事部门和地方部队的政治机关由同级党委和国防安全保卫委员会全面直接领导。这一规定将进一步加强军队政治机关的作用，更好地实现党对军队的领导。

对老泰边境地区反政府武装发动政治攻势 据美联社1991年6月12日报道，泰国为改善同老挝的关系，已下令驱逐在其境内的老挝反政府武装或将他们缴械后迁入难民营。在该地区活动达16年之久的反政府武装人心涣散，士气低落。老挝人民军抓住这一有利时机，大力开展政治攻势，通过各种手段瓦解敌军，并派出飞机在反政府武装营地及主要活动地区撒下数千份传单，宣传老泰两国政府已签定协议，将采取联合行动打击边境地区的各种犯罪活动，反政府人员亦在共同打击之列。但老挝政府对交出武器、返回家园、不与政府作对的人员将既往不咎。政治攻势取得较好效果，已有一些反政府人员投诚。

组织学习第1部宪法 据老挝新闻机构1991年8～11月间报道，老挝最高人民议会二届六次会议1991年8月13日召开，会上通过了老挝第1部宪法。会后，人民军各单位组织部属认真学习这一根本大法，明确老挝的国家体制是人民民主制度；人民革命党是政治体系的领导核心；国家机构的组织原则是民主集中制；国家执行平等和睦的民族政策；国家允许多种经济成分并存和竞争，经济管理按国家调控的市场经济机制运行。各单位特别注重学习宪法中规定的国防政策，即国家执行全民国防政策，国防安全保卫力量必须忠于祖国和人民，捍卫革命成果，保卫人民的生命财产和劳动生产，为祖国的发展做出贡献。 （王康胜）

军事训练与教育

中国人民解放军军事训练与教育 陆军（合成军队）部队训练 综述 1991年，中国人民解放军陆军（合成军队）各部队遵循中央军委坚持战斗力标准，实现军事过硬的要求，大力加强军事训练，全面落实训练法规，注重提高训练质量，圆满完成了年度训练任务，整体素质和作战能力得到进一步增强。(1)坚持以军事训练为中心，加强组织领导。各部队以训练为中心统筹安排工作，主官亲自上阵，机关形成合力，抓住计划、准备、施训和考核等主要环节进行全面指导和监督，保证了以质量为核心的训练的落实。(2)全面贯彻新一代训练法规，严格依法治训。各级领导和机关以身作则，率先示范，坚持把训练法规作为组织、指导、检查训练的准绳，训管一致，严格要求。各军区、各兵种还培养、树立了一批依法治训的典型，以点带面，有力地推动了部队训练正规化建设。(3)从实战需要出发，从难从严训练，努力提高训练质量。新兵和预提班长训练的合格率达到90%以上，基础训练的质量进一步提高；单兵和分队训练，突出了“三实”和夜间训练，增加了训练的难度和强度，缩短了训练和实战的差距；合同战役战术训练，着眼现代战斗特点，探讨以劣势装备战胜优势装备敌人的战法，普遍重视在近似实战条件下的对抗训练、野外综合性训练和实兵检验性演习，使部队得到全面的锻炼和检验。(4)采取积极措施，充分调动官兵练兵热情。各部队继承和发扬群众性练兵活动的优良传统，广泛开展评比竞赛，培养了大批“神枪手、神炮手、技术能手”和“四会”教练员典型，进一步掀起群众性练兵高潮，增添了训练的生机和活力。(5)加强训练保障，创造良好的训练环境。在训练保障配套建设已取得一定成绩的条件下，在抓好对训练保障投入的同时，突出了管理，进一步建立和完善训练保障的规章制度，坚持勤俭练兵，充分发挥保障效益，保证训练按现代化、正规化的要求健康发展。

训练指导思想和基本任务 据《解放军报》1991年1月23日报道，总参谋部在部署1991年度部队军事训练任务时指出，1991年的军事训练，要深入贯彻中央军委关于军队建设的方针原则和有关会议精神，坚持战斗力标准，坚定不移地把军事训练作为部队工作的中心，严格依法训练，按纲施训，建立正规的训练秩序，确保训练落实，提高训练质量，开创军事训练的新局面，不断增强部队现代条件下的作战能力，努力实现军事上过硬。单兵训练，要继续抓好共同科目和专业技术、战术训练，注重提高士兵的基本素质，增强遂行各种任务的能力；分队训练，要重点练好攻防战术，加强战斗勤务训练，突出“三实”和夜间训练，缩短训练与实战距离；合同战术和战役训练，要在练指挥、练协同、练战法上下功夫，提高使用现有武器装备作战的能力。要把训练质量的高低，作为检验部队训练水平的基本尺度，把组织领导训练的重心放在抓质量上，坚持从严训练，依法治训。要求各级领导机关，在年度训练的全过程中有计划不间断地进行检查监督，保证训练落实；结合训练进度组织严格正规的考核，使训练考核制度化；继续抓好军事训练先进单位和个人的评比表彰工作；发扬艰苦奋斗、勤俭练兵的传统，立足现有财力物力，统筹兼顾，面向基层，保障重点。

坚持依法施训 据《解放军报》1991年12月23日报道，各大军区、军兵种根据总部的统一部署，组织以师级建制部队为对象的正规化训练试点，探索从训练立法到执法、从训练法规到训练正规化的路子，对正规化训练的基本思路形成了共识，即以提高训练质量和部队战斗力为根本目的，以新一代训练法规为基本依据，以师级建制单位为整体对象，紧紧围绕训练全过程的组织领导和管理，按照组织领导分层次落实到位的要求，建立起内部机制活、外部关系顺的正规化训练秩序，保证以质量为核心的训练落实，全面提高部队战斗力。各军兵种还结合自身特点，形成了一整套训练组织领导和管理控制的细则，完成了对各层次各类参训人员的一系列正规化训练演示课目，直观形象地规范了从领导到机关、从战斗员到勤务人员的具体训练活动。正规化训练有效地提高了训练质量，增强了部队战斗力。

加强合同战役战术训练 据《解放军报》1991年7月12日报道，北京军区组织高级指挥员进行战役集训，着重研究了如何结合现代战争的特点，继承、运用和发展毛泽东军事思想克敌制胜的问题。一是分析在高技术武器大量运用于作战实践并影响战争全局的情况下，现代战争的样式和行动特点，回答和解决未来作战中可能遇到的新问题；二是研究在现有装备条件下如何从战区的高度考虑问题，在战役指导思想上贯彻以劣胜优的思路；三是研究如何在变化急剧、情况复杂的条件下，做到灵活地进行战役布势、独立自主地实施战役指挥、控制好战役行动节奏。参训的高级指挥员反映，通过集训，开阔了眼界，增强了立足现有装备打胜仗的信心，有助于在全局观念指导下提高部队训练质量。

据《解放军报》1991年11月20日报道，广州军区组织了抗登陆战役演习。这次战役演习体现了现代条件下战役行动的3个特点：一是在广阔的战场上，展开陆海空及诸兵种协同作战的宏大态势，体现了未来战场的广阔性、力量结构的立体性、诸兵种作战的合同性和远程机动能力。二是着重演练首长的谋略水平、决策能力以及对情况的判断和处理，突出了以提高决策能力为主的指挥训练。三是针对优势装备的作战对象，着眼抗击敌“空地(海)一体”的立体进攻，积极探索了立足现有装备打现代战争的新战法。副总参谋长韩怀智观看演习后评价说，这次演习为探索现代条件下战役行动的规律，提供了新的经验。

据《解放军报》1991年10月13日报道，1991年10月7日，南京军区在皖东山区某训练场首次组织战役炮兵、防空兵实兵实弹演习。在演习中，合成军首长、机关指挥果断，部队技术、战术素质表现良好，演习获得圆满成功。把战役炮兵、防空兵训练作为合同战役训练的重要组成部分，是南京军区组织部队训练的一个重要指导思想。他们根据未来战争的特点和要求，针对一些部队不能从战役范畴研究和训练炮兵的问题，狠抓了以合成军首长、机关为主要对象，以练思想、练协同、练指挥为主要内容的战役炮兵训练，现已逐步形成了一个由合成军首长指挥，合同战役指挥机关参与，战役炮兵指挥机关具体组织的战役炮兵、防空兵的训练格局。

重视机动和野营训练 据《解放军报》1991年12月25日报道，1991年全军各部队普遍开展机动和野营训练，从内容、方法到目的比过去的野营拉练有了很大变化。其特点是：(1)结合战术课目机动，课目全，内容多，机动距离大。南京军区某师全员全装长距离机动，并在长途奔袭中夜间强渡长江；北京军区某机械化师千里开赴内蒙古沙漠地域，其间以锻炼和提高带战术背景条件下的机动能力为主。野营驻训期间组织师、团合同战术演练，以检验和提高部队的机动能力和整体作战能力。(2)参加部队多，规模大。从分队战术到师、团合成战术的训练普遍在野外复杂天候和生疏地形上进行；各部队在进行战役训练时，也都有目的地带部分实兵到野外。(3)进行大面积的实兵实弹演练。据不完全统计，全军有80%的部队在机动和野营训练中，结合战术课目进行了实兵实弹演练。机动和野营训练，作为一种与实战最为接近的训练形式，增大了训练的难度和强度，带动和促进了战备和部队其他工作，对合成训练提出了更高的要求，锻炼了广大指战员，提高了部队整体作战能力。

（张卫新）

注重提高部队夜战能力 据《解放军报》1991年9月9日报道，天津警备区针对现代战争中夜战的特点，把提高诸兵种合成夜间作战能力作为夜训的重点。为此，他们首先在强化共同科目和专业技术训练上下功夫，使各兵种在夜暗和蔽光条件下的生存、作战和保障能力有了明显提高。各种武器对闪光靶射击，师团均打出了“满堂红”；3种轻武器夜间分解结合累计仅用60秒；机械车辆夜间过双轨成功率达到100%；蔽光散烟野炊仅用60分钟就做好四菜一汤。在此基础上，各部队广泛开展夜间诸兵种合成训练。他们组织部队充分利用地形、地物进行隐蔽伪装，通过数百次摸索实践，达到了利用国外先进夜视器材检测无破绽的标准。各级机关和团以上指挥员还摸索出在夜间组织指挥部队的方法，提高在无声、无光复杂情况下调动部队自如、各兵种协同密切的水平。

为确保夜训由点到面全面展开，他们先后培养50多个示范课目样板，编写近千份教案，以各兵种、专业的示范分队引路，带动了全员、全专业、全时间的训练。

警备区领导机关为解决夜训器材短缺等实际困

难，筹资15万余元，自制夜训器材近千件，使部队达到了夜训有教材、有器材、有场地的要求。

（亦　尘）

改善训练保障　据《解放军报》1991年2月19日报道，为切实保障部队训练的需要，总参装甲兵部组织全军坦克旅建设军官训练中心，还积极筹措各种专业器材下发部队。1991年度训练展开前，向各部队发放了近6000件（套）价值300余万元的专业训练器材，计算机辅助战术训练软件也将配发部队投入训练使用。他们还举办了两期培训班，为部队培养了训练器材管理、维修骨干，还生产、配发了一批用于维修的训练器材零配件。

据《解放军报》1991年1月24日报道，成都军区召集训练、军务、炮兵、装甲兵、工程兵、通信兵及后勤的油料、军械各部门统一规划，协调训练保障工作。年度训练开始前，由军训部牵头，各部门清仓查库，将150余种、180多万件（套）训练器材、10余万册教材陆续发往部队；各部门共集资100多万元，由军训部统一下拨部队使用；全区部队的训练用图、土工作业工具等训练急需用品的供应渠道已统一理顺；实弹、实爆、实投训练所需物资已全部落实。成都军区司令部还组成工作组，分赴全区团以上部队，具体检查督促训练保障的落实。

党和国家领导人检阅北京军区训练成果　据《解放军报》1991年10月11日报道，9月10日上午，中共中央总书记、中央军委主席江泽民，国家主席、中央军委第一副主席杨尚昆，中共中央政治局常委、国务院总理李鹏等党和国家领导人在总参谋长迟浩田、总后勤部长赵南起的陪同下，检阅了北京军区军事训练成果。北京军区司令员王成斌主持了军事训练成果汇报。参加军事训练成果汇报的部队，有机械化集团军和守备部队，有装甲兵、炮兵、工程兵、防化兵、通信兵等部队，还有预备役部队和民兵小分队。这次汇报设置了近30个课目，从步兵、坦克兵的单一兵种对抗射击到诸兵种合同战术演练；从分队共同课目到师团司令部参谋业务；从快速开设野战通信枢纽、火箭布雷、排雷等战斗保障到火炮抢修、野炊等后勤技术保障，目的在于检验部队基础训练质量、正规的训练秩序和诸兵种合成训练水平，进一步推动部队的军事训练沿着严格、正规、扎实、过硬的轨道发展和提高。军事训练成果汇报结束后，党和国家领导人亲切会见了参加汇报的全体官兵。江泽民代表党中央、国务院、中央军委对汇报获得圆满成功表示热烈祝贺，称赞指战员军政素质过硬，有很强的战斗力。总参、总政、总后、海军、空军、第二炮兵、国防科工委、军事科学院、国防大学、军委办公厅、武警总部和国务院有关部门、北京市、河北省的领导也观看了这次军事训练成果汇报。

纪念郭兴福教学法创立30周年　据《解放军报》1991年4月23日报道，4月18～22日，南京军区在皖东某地举行郭兴福教学法创立30周年纪念活动。中央军委副主席刘华清专程前往，代表军委江泽民主席、杨尚昆副主席、杨白冰秘书长向大会表示祝贺，并发表了重要讲话。他号召部队大力培养郭兴福式的教练员、指挥员、政治工作人员，开创训练工作新局面。总参谋长迟浩田，副总参谋长韩怀智，总政治部副主任于永波，总后勤部副部长李伦等出席了会议。纪念活动期间，与会的军、师（旅）军事主官就在新的历史时期，如何继承和发展郭兴福教学法，提高训练水平和推动部队全面建设的议题交流了经验，并作了理论上的研讨。来自南京军区部队、院校的21名优秀“四会”教练员、11个示范班进行了示范表演，显示出郭兴福教学法正在部队的群众性练兵活动中得到进一步发展。

表彰军事训练先进单位和个人　据《解放军报》1991年12月16日报道，12月15日，在全军训练、管理工作会议上，总参谋部通报表彰了15个军事训练先进师、旅和100名“四会”教练员。总参谋长迟浩田、副总参谋长韩怀智、何其宗到会并为获奖的先进单位和个人颁奖。获奖的15个训练先进单位的主要经验是：坚持军事训练以质量为核心，以干部为重点，全面落实训练法规，切实提高部队现代条件下的整体作战能力；主官亲自上阵，机关形成合力，保证以军事训练为中心指导各项工作；开展正规化训练，建立和坚持了正规的训练秩序；抓好训练保障的配套建设，优化训练环境。总参谋长迟浩田在听取了先进单位的经验介绍后讲话，要求全军部队向这些先进单位和个人学习，努力提高训练质量，进一步提高部队战斗力。

（张卫新）

建成第1个合同战术训练中心　据《解放军报》1991年5月29日报道，中国人民解放军第1个合同战术训练中心于1991年4月中旬基本建成。该训练中心是经中央军委批准，总参谋部委托南京军区组建的。1986年4月以来，按照5年建设规划，分两期工程展开全面建设，先后建成了导演系统、视频系统、通信系统、计算机、战场仿真等6大系统，并全面投入使用。同时完成了场区道路、桥梁、仓库、工事的修建等大量基础工程。现在该训练中心已具备了模拟实战、检验训练、科研试验、综合保障的能力，成为以合同战术实战化演练为主、多种训练功能兼备的现代化训练基地。

合同战术训练中心的建成，为全军组织合同战术演习、训练并考核部队，提供了现代化手段和理想的综合性场地。训练中心已实现了导演设施现代化、场地设置战场化、目标显示自动化、机构功能多用化，从而使演习部队从多方面接受近似实战的锻炼。训练中心不仅演练环境逼真、演习时直接与模拟部队对抗，评估客观，而且演习的导演也完全是随机性的。

（亦　尘）

召开全军炮兵部队正规化训练现场会　为贯彻《中国人民解放军军事训练条例》和炮兵、防空兵军事训练实施细则，推动全军炮兵部队依法治训，统一正规化训练的认识和做法，总参谋部于1991年10月中旬在某集团军驻地组织召开了全军炮兵部队正规化训练现场会。总参谋长迟浩田上将、副总参谋长韩怀智中将、北京军区司令员王成斌中将和全军各集团军领导、各炮兵部队、院校及总参机关代表近200人参加会议，某集团军首长机关率地高炮旅进行了单兵到群的示范作业。会议通过介绍训练法规，交流经验，观摩示范作业，全面系统地规范了炮兵部队的训练管理和组织实施训练的程序、步骤、方法，建立了合成军队首长、机关抓炮兵训练的正常秩序和炮兵部队自身正规化训练的正常秩序的基本模式。

组织合同战役炮兵防空兵实兵实弹演习　在全军试行炮兵防空兵战役作战训练指导法、组织想定作业的基础上，某军区于1991年8月在某合同战术训练中心组织了合同战役炮兵防空兵实兵实弹演习。主要抓了3个阶段。第1阶段组织某集团军炮兵防空兵战役作战训练试点，进行了以炮兵防空兵为主的集团军进攻战役室内作业和军、师、旅首长机关参加的合同战役炮兵防空兵作战专题研讨会，检验了集团军建制内所有地炮（高炮）群在战役战术条件下的实弹射击。第2阶段采取点面结合、以点带面的方法组织各大单位同步展开合同战役炮兵防空兵作战研究和想定作业，让合成军队首长机关参加研究和作业。第3阶段组织各军级单位首长机关和地高炮部队领导参加集训，系统地学习理论，交流想定作业，参观见学了某集团军进攻战役炮兵防空兵作战实兵研究性演习。演习由合成军队首长导演，演练了战役组织准备和战役实施的6个内容，探索了合同战役炮兵防空兵的“训法”和“战法”。通过演习，提高了参训指挥员和机关组织指挥炮兵作战与训练的能力。

组织集团军战役防空作战侦察与反侦察实兵对抗演习　1991年8月某军区在某炮兵靶场组织了陆军防空部队和空军航空兵部队举行的集团军战役防空作战侦察与反侦察实兵对抗演习。演习是在研究海湾战争空袭与反空袭作战经验的基础上，立足中国炮兵现有装备，重点探索集团军防空指挥、战役作战对空侦察的组织与实施、提高陆军防空兵对空侦察能力的途径与措施、战役防空作战实兵演练的方法和路子。

（何铁矛）

召开全军装甲兵部队正规化训练现场会　1991年4月22～27日，在某坦克师召开了全军装甲兵部队正规化训练现场会。全军各装甲机械化部队、集团军和部分军事指挥院校的领导参加了会议，总参谋长迟浩田上将、副总参谋长韩怀智中将出席会议并作了重要讲话。会议在认真总结1980年以来装甲兵训练改革经验的基础上，较系统地提出了装甲机械化部队实现正规化训练的基本程序、方法和标准。会议期间，代表们听取了某集团军和所属某坦克师的经验介绍，观摩了该坦克师正规化训练的示范教学和进攻战斗实兵演习。会议还探讨了装甲机械化部队在合成军队中的发展建设等有关问题。迟浩田在会议上着重强调要增强合成军指挥员和机关的机械化意识、合成意识和现代战争意识，要求各级要把装甲机械化部队建设成为合成军的“拳头”。这次会议，是继1986年全军装甲兵业务会议之后，又一次有总参谋部和全军各集团军领导参加的较大规模的装甲兵会议，对进一步推动全军装甲机械化部队军事训练的正规化、科学化进程和部队的全面建设具有十分重要的意义。

（王亦军）

工程兵部队训练正规化单位达标活动深入发展　1991年，全军工程兵部（分）队继续开展训练正规化单位达标活动。各单位从抓落实训练法规入手，对照《中国人民解放军工程兵军事训练正规化单位标准》，找出薄弱环节，研究改进措施，既重视“硬件”建设，又重视“软件”建设，一手抓训练场地、教室、设备、制度等基本建设，一手抓提高训练质量，想方设法创造训练条件，改变了长期无专业训练场地的状况。一些军区针对工程兵专业战术训练难度大的情况，从抓教案入手，逐个课题进行研究、试点，使训练难题得到解决。有的军区为改变一些军官不会组织指导训练的状况，结合推广郭兴福教学法，大力加强新时期组训法与教学法的研究、试验和骨干培训。一些新组建的工程兵部（分）队，严重缺乏懂专业的干部，就从抓干部在职训练做起，提高干部的素质。有的部队长期缺少实施按“纲”全面训练的场地，就将部分生产基地让出来改造成训练场地。还有的部队抓住地方大搞经济建设和国防教育的时机，与当地人民群众和人武部门协议，合建了共用的射击场、桥梁训练场、汽车训练场和道路，既满足了部队训练需要，又支援了地方建设，在军事训练经费和用地极为紧张的情况下，走出了一条军民共建、双向受益的道路。据不完全统计，近一两年，工程兵部队共新建训练场地近6000亩、专业教室300多个，并购置了大量训练设备，总投资近2000万元。

举办战役工程保障集训 总参工程兵部于1991年9月10～22日，举办了一期全军工程兵战役工程保障集训。参训人员研讨了国际战略格局和周边环境，学习了军事战略、合同战役基本理论和战役工程保障理论，重点进行了方面军和集团军防御战役组织准备阶段的工程保障想定作业和运动战战役实施阶段的工程保障想定作业。集训中，始终把增强参训人员的战役意识作为首要任务，不论是理论学习还是想定作业都突出了战役意识的培养，使受训者认识到：要增强战役意识，就必须树立战略观念、全局观念、谋略观念、把握战役重点和关节的观念。参训人员置身于“合同”、“全局”的宏观环境，以战役组织指挥者的身份去观察、分析问题，进行运筹、谋划，为战役指挥员定下决心提出战役工程保障建议，拟制战役工程保障计划和指示，从而加深了对合同战役理论和战役工程保障理论的理解，提高了谋划与组织指挥战役工程保障的能力。通过集训还使参训者明确了战役工程保障训练的主要对象是，战役军团指挥员及其指挥机构人员，就工程兵来讲，就是军区工程兵部和集团军工兵处的领导及其参谋人员；战役工程保障训练的目的是，提高战役理论素养和谋划、组织指挥战役工程保障的能力；战役工程保障训练的内容是，军事理论、军事战略、战区和主要作战方向的战役任务及其工程保障；战役工程保障训练的基本方式是，自修、参加战役集训、参观战役演练。

（于守诚）

举行全军通信教学法集训 全军通信教学法集训于1991年3月9日在某集团军结束。参加集训的有各军区、军兵种等单位的通信训练处（科）长。集训从探索改革训练方法，总结经验，提高训练质量入手，着重研究了通信兵技术、战术训练中带有全局性的问题，统一了训练方法，规范了训练程序，使训练更接近实战要求。会议通过了中国人民解放军《通信部队军事训练正规化标准》，该标准为全军通信训练正规化建设提供了依据，对建立正规化训练秩序，提高部队整体通信保障能力具有十分重要的意义。

召开教导队训练工作座谈会 总参通信部教导队训练工作座谈会于1991年9月11日在总参某通信团召开。来自总参各通信团（站）的参谋长、教导队长参加了会议。会议集中研究解决加强教导队建设和训练问题，总结交流了经验，并强调，教导队作为部队培养人才的基地，必须坚持面向基层，服务连队的方向；必须把培养任务的重点放到培训通信专业预提班长上来；必须高质量地为部队输送“三能四会”的合格班长和技术骨干；必须要用全面过硬的标准建设教导队。会议还研讨了《关于加强教导队建设的意见》，与会同志认为，这个意见汲取了近年教导队建设、训练的经验，体现了总部关于教导队建设的指导思想和方针原则，反映了部队对教导队工作的要求，是教导队建设、训练的重要依据。

（徐跃军）

加强防化训练保障配套建设 1991年6月，总参防化部在济南军区某集团军召开全军集团军防化分队训练保障配套建设现场观摩会。会议以“学习贯彻新一代训练法规，建立健全正规化训练秩序，全面提高防化训练水平”为指导，坚持训练保障为部队正规化建设打基础，为提高训练质量服务的思想，确立了“统筹兼顾，突出重点，分批建设，逐步配套，勤俭节约，注重效益”的基本原则和以防化训练器材、综合训练场地、电化教学系统为核心的配套内容，制定了《全军集团军防化分队训练保障配套建设标准》，研究了今后防化训练保障工作在建设、使用、管理及建立健全各项规章制度等方面的方法和措施。这次会议后，计划在3～5年内使全军各防化部、分队训练保障配套建设提高到一个新的水平。

（方川汉）

召开炮兵院校“三防”教学研讨会 1991年11月11～14日，总参炮兵部和防化部在长沙炮兵学院联合召开了“炮兵院校三防教学研讨会”。会议总结交流了炮兵院校多年来三防教学的经验，研究探讨了炮兵院校三防教学的基本规律，审定通过了有关三防教学的4份法规性文件和6部三防教学插播录像片，观看了长沙炮兵学院三防教学汇报表演等教学活动，参观了该学院三防专业教室和防护装备管理状况等。会议建立健全了三防课程教学的主要法规，使炮兵院校三防教学在指导思想、教学内容、教学要求、检查标准、教学与教学设施建设及教学组织等方面，得到了比较全面、系统的规范，为按纲施训、依法治训确立了基本依据。

（肖爱群）

海军部队训练 **综述** 1991年，中国人民海军坚持以军事训练为中心，依法从严治训，狠抓了以质量为核心的训练落实，较好地完成了年度训练任务。

加强训练指导。各部队普遍制定了保证训练落实的措施，注重摆正位置，突出重点，妥善处理军事训练内外部的关系。很多军以上单位建立了议训制度，军政一把手亲自领导重大训练活动，师团主官深入一线，调查研究，现场解决问题。舰艇部队师以上领导随舰艇出海天数比1990年增加了64.1%，飞行部队大多数师团主官飞行时间都名列部队之首。各级机关业务部门坚持齐抓共管，紧密围绕训练开展业务工作。锚地集训、实兵演练和一些重大训练活动，司令、政工、后勤、装修部门积极派人组织指导，进行深入的思想政治工作和搞好各项保障。涌现出一批训练工作落实好，训练成绩突出，质量优良的单位，其中有两个单位被评为1991年度全军军事训练先进单位，14个单位被评为海军军事训练先进单位。

狠抓训练质量。各部队坚持以干部骨干为重点，严格按纲施训，采取骨干集训、量化指标、严格考核等措施，较好地保证了训练质量。潜艇海上鱼雷实际攻击次数和优良率、水面舰艇海上实际攻潜次数和成功率，都比1990年有所增加和提高。部队在训练中，紧密结合实际，认真开展“四会”教学活动，培养了一大批优秀“四会”教练员，有13人被评为1991年度全军优秀“四会”教练员，36人被评为海军优秀“四会”教练员。一些已完成单舰艇科目全训的部队，积极创造条件进行编队科目训练，并取得了新的突破。海军还组织了战役集训、实兵演习、正规化训练集训、参谋业务竞赛等。通过这些重大训练活动的组织实施，锻炼了机关和部队，带动和促进了其他各项军事工作。

严格依法治训。各单位认真组织部队学习军委、总部和海军颁发的条令、条例、大纲等有关训练法规，熟悉法规的内容，牢固树立依法治训、按纲施训的观念。做到严格按训练计划控制部队训练的全过程；严格按正规的施训程序进行分步细训；严格按大纲进行检查验收；严格按有关规定搞好训练保障。海军还陆续下发了一些军事训练条例、军事训练计划和登记统计规定等训练法规和有关教材，基本形成了一套比较完整的训练法规体系，做到训有大纲，学有教材，考有标准，为实施正规化训练打下了基础。

加强战役战术训练和新装备训练。各部队紧密结合使命任务，普遍加强了针对性训练及检验性实兵对抗演练，着重提高应急机动、快速反应作战能力和保障能力。注意从战役全局和战役全过程上锻炼各级指挥机关的组织指挥能力，摸索组织部队训练的新路子。认真抓好主战舰艇和飞机的新武器装备训练，抓紧进行人员的技术培训，教材的编写和技术难题的攻关，采取集中训练、走出去、请进来和抓典型等方法，加强了对新武器装备使用和管理的训练。

（叶信荣）

海军航空兵舰载直升机首次搭载战斗舰艇赴远海合练 据《解放军报》1991年5月28日报道，海军航空兵舰载直升机首次搭载导弹驱逐舰等战斗舰艇，在太平洋参加了合同战术演练，圆满地完成了核化条件下和超视距引导舰艇实施导弹攻击以及援潜救生、垂直补给、多机种协同等9个战术课目的训练，它标志着人民海军航空兵舰载直升机已具备了依靠战斗舰艇在海上长期生存和作战的能力，为海军未来作战增加了新的手段，提高了海军整体合成作战能力。同时，还为海军航空兵舰载直升机部队培养了一批随战斗舰艇在远海条件下执行战斗任务的骨干力量，积累了一套在战斗舰艇甲板上维护保障直升机的经验。

大深度大规模饱和潜水训练成功 据《解放军报》1991年8月15日报道，海军在东海某海区组织的大深度、大规模饱和潜水训练取得圆满成功。饱和潜水是80年代初才在中国兴起的新型重潜水方式，它由潜水员乘坐在重8吨、外形似吊钟的潜水钟内，下潜到大深度海底，水、电、气等通过多种高强度尼龙管道组成的“脐带”输送到钟内。潜水员出钟作业时，身着热水加热潜水服，有一条“脐带”与钟相连。饱和潜水具有安全系数大、水下工作时间长、作业深度大、工作效率高等特点，是在大深度海洋进行援潜救生、打捞作业和海洋开发工作的先进手段。在1991年4月底开始，历时62天的实海潜水训练中，共下潜86个钟次，346人次，4人次创造了“钟式”饱和潜水100米，巡回潜水112米两项全国新纪录。饱和潜水训练的成功，标志着中国已具有独立完成深海救捞工作的能力，对国防和经济建设具有重要意义。

舰艇部队步人依法治训轨道 据《解放军报》1991年12月3日报道，海军于10月中旬组织了近年来规模最大的舰艇部队正规化训练集训。140多名舰艇支队长、大队长和训练行家在集训中系统地学习了训练法规，现场观摩了舰艇部队各主要专业，从单兵、战位、部门，到全舰、编队和首长机关共37个舰艇正规化训练项目的示范，通过对照法规条文，听理论讲解，看现场示范等，掌握组织正规化训练的基本程序和方法。这次集训，是在海军舰艇部队的各种训练法规已基本配套完善的情况下进行的，标志着舰艇部队开始了全面依法治训的新阶段。

东海舰队航空兵所有战斗团全部实现“全天候” 据《解放军报》1991年12月8日报道，海军东海舰队航空兵敢抓险难课目，严格质量监控，继1990年所有战斗团达到甲类作战标准之后，1991年所有战斗团全部实现了“全天候”，严重事故万时率连续3年保持零的纪录。从甲类团到“全天候”，所飞的都是险难课目。东海舰队航空兵要求所有师、团长必须率先飞出“全天候”长机和教员。各师、团组织的30多个险难课目训练，都由师、团长第一个驾机上天试飞。为提高训练效益，他们建立了严格的质量监控机制，从舰队航空兵到师、团、大队形成4级监控网。一年来，各级监控网实施监控纠察32次，有效地杜绝了漏训、跳训现象，抓出了一批全年飞行无低质量架次、无事故征候的团队。“全天候”战斗团的普及，大大提高了舰队航空兵的整体作战、应急机动和特殊情况处置能力。

（叶信荣）

空军部队训练　**综述**　1991年，空军部队坚持以战斗力为标准，以正规化建设为重点，注重训练质量和效益，大力加强干部骨干队伍的建设，军事训练取得了明显的成绩，巩固提高了部队战斗力。

全面均衡地完成了各项训练任务。航空兵部队超额完成年度时间指标，训练课目的深度和广度有进展。全年完成年度计划时间的109.9%。战斗团积极组织了高难课目训练，大多数团进行了夜间、本区和跨区战斗转场、空地靶、导弹实弹射击训练。航空兵训练基地承训能力有增强，新飞行员改装训练的质量、期限符合大纲要求。达到4种气象训练水平的飞行员数量，是空军历史上最高的。

地面部队按计划完成训练任务，训练成绩比较好。空降兵部队组织跳伞训练次数大幅度增加，保证了质量和安全。高炮部队实弹打靶优秀连队率达96%。地空导弹部队实弹打靶训练，优秀营次率和命中率分别比1990年提高3.6%和2.7%。雷达兵部队各课目总评考核成绩良好。通信部队新兵先训后补率比1990年有提高。

部队正规化训练水平有明显进步。深入贯彻训练法规，加强正规化训练是1991年空军军事训练工作上的一项重点任务。各部队着力抓了训练法规的深化、普及和提高，广泛开展了以训练法规为依据、以整顿飞行团（场站）为主要形式的训练秩序整顿活动。整顿工作在各级党委统一领导下，主官亲自上阵，司、政、后、工机关密切配合，按照全面整顿、全员整顿、全程整顿、全面落实的指导思想进行，收到较好的效果。在各部队普遍整顿试点的基础上，空军召开了飞行训练正规化现场会，总结经验，树立样板，带动全盘。一年来，通过学法、执法，提高了领导、机关和部队对正规化训练的认识，增强了依法治训的观念，进一步建立起正规的训练秩序，推动了以质量为核心的训练落实。部队出现了一大批“百问不倒”的法规通，训练中违章违纪的问题比以往明显减少。

部队整体训练水平有提高。各部队认真贯彻军委关于注重质量建设的方针，紧密结合部队实际，在提高训练质量和效益上下功夫。一是严格按大纲施训，扎实打牢技术理论基础。严格把好新飞行员训练单飞质量关，未达到大纲要求不进行新课目训练，扎实练好基本功。战斗团老飞行员全部按新大纲要求进行了“补差”训练，经检查考核达到质量要求。为进一步加强航空理论教育，各部队狠抓了基础理论知识的学习和教育。有的单位成立了飞行学院与部队航空理论教育协作区，定期组织院校教员到部队讲课；普遍组织了技术理论骨干进行巡回教学，从理论和实际操作上，解决了部队训练中的疑难问题。二是积极组织高难课目训练，在近似实战条件下锻炼、摔打部队。进行高难课目训练的团数和架次均比1990年有增加。三是抓好训练典型，加强检查考核。空军总结推广了航空兵某师抓训练质量的做法，并树立了加强正规化训练的样板。为检验部队训练质量，各军区空军组织了对甲类战斗团的考核，航空兵师以上单位年底均组织了机关带动部队的检验性实兵演习，部队受到了很大的锻炼，促进了整体训练水平的提高。

干部骨干训练取得明显成绩。各部队十分重视干部骨干队伍建设，重点抓了机关组织管理训练的能力和飞行指教长训练水平的提高。空军组织了航空兵师、飞行院校参谋长集训，军区空军组织了团参谋长集训，航空兵师组织了部分军训参谋集训。各部队普遍加强了飞行指教长在职培训和提高，采取多种形式组织集训，师以上机关对飞行指教长普遍进行了检查考核。全空军涌现出一大批“四会”教练员和上百名一级技术能手。

飞行安全继续保持了好形势。各部队认真贯彻空军飞行安全工作指导原则，狠抓各项安全措施的落实，普遍开展了“安全月”、“百日安全”及无违纪、无事故等多种形式的安全竞赛，坚持了安全课教育和经常性的飞飞整整，取得了较好的效果。1991年全空军严重飞行事故万时率是历史上较低的年份，特别是全空军曾连续保证了205天的飞行安全，创空军组建以来连续保证飞行安全的最长纪录。

（冯爱旺）

第二炮兵部队训练　**综述**　1991年，二炮部队认真贯彻落实全军军事工作会议精神，以军事训练为中心，严格依法治训，按纲施训，狠抓了训练质量和效益，全面加强了部队的正规化训练和配套建设，进一步巩固和深化了训练改革成果，推动了军事训练工作的稳步协调发展。

加强训练指导，促进了训练落实。各部队围绕“坚持战斗力标准，努力实现军事过硬”这一总目标，采取多种形式，学习文件，宣传教育，制定措施，狠抓落实。军政主官深入基层抓训练，及时发现和解决训练中出现的问题，训练落实好于往年。连队参训率100%，人员参训率86.5%；超额完成了规定的训练时间；训练内容得到较好落实；训练成绩总评优秀；实弹发射成功率达100%。

*加强训练法规建设，提高了正规化训练水平。*为加强军事训练领域的法制建设，继1990年颁发4个战役训练法规后，1991年又颁发了新一代军事训练大纲，并在部队试行了7个训练法规文件。这些训练法规具有覆盖面广，可操作性强，内容新等特点，基本包括了二炮军事训练工作的方方面面，形成了一个比较完整配套的训练法规体系。为切实做到依法治训、按纲施训，各单位都组织了训练法规集训，抓了正规化训练试点，较大幅度地扭转了偏训、漏训现象，有效地规范了训练秩序。

*强化干部骨干训练，提高了部队军事素质。*根据年度训练任务重点和干部骨干状况，各级举办了各类集训班350期，轮训近2万人次，收到了明显的效果。一是突出战法研究。通过组织中高级干部集训，机关干部战役集训和举办系列讲座，较系统地研究了战役理论、指挥、协同和保障等问题，有效地强化了首长机关战役意识，提高了组织指挥能力。二是抓了基层干部在职培训。按照"严格、正规、扎实、过硬"的要求，有重点地培养和增强了基层干部管兵、带兵和练兵的能力。三是抓骨干训练。根据二炮装备技术复杂的特点，把院校培训与部队轮训有机结合，组织了导弹专业、作战保障专业、后勤专业、共同科目、军体等多种类型的集训班，为合成训练打下了坚实的基础。1991年，有8名干部骨干被总参评为全军优秀教练员，发射营的建设上了新的台阶，作战能力有了进一步增强。

*广泛开展军事技术比武竞赛活动。*1991年各部队掀起了学军事，练技术战术，争先创优的群众性练兵热潮。多种形式的军事技术比武竞赛，涉及作战指挥、作战保障、导弹专业技术、政治工作、后勤业务、技装保障和共同科目7大类45种专业，近3万人次参加。项目之全，覆盖面之宽，参加人数之多，在二炮历史上尚属空前。比武竞赛活动的开展，使争先创优、苦练精兵、争当训练标兵成为部队训练的主旋律，各类技术能手和训练尖子脱颖而出。有熟练背诵导弹全武器系统数千个数据的"活参数"，背诵导弹操作规程的"活规程"，熟练默画、跑活分系统电原理图、气路、液路图，分析排除常见故障的"活三路"。有300名干部骨干因在比武竞赛中取得优异成绩而受到军及二炮的表彰。初步形成了一支门类齐全、比较过硬的尖子队伍，起到了示范和样板的作用，为军事训练注入了新的生机和活力。

*加强训练保障，进一步改善了训练条件。*在训练保障与实际需要的缺口较大的情况下，各部队坚持统筹兼顾、保障重点、强化管理、提高效益的原则，充分发挥主观能动性，使训练条件有了较大的改观。一是训练保障配套建设又有新发展。部分旅团陆续建起了军官训练室、新兵训练中心、分队训练室、合成操作场、器材资料库（室）等5大项7种训练场所，实现了训练有场地、操作有器材、物资存放有库室、管理检查有制度。二是大型训练模拟系统投入部队实际应用。荣获国家科技一等奖的大型综合性战略导弹技术训练模拟系统在部队、院校投入使用，解除了操作次数、场地、天候和保密条件的限制，提高了训练效益。三是补充了训练经费、教材和器材。二炮统一下发数十万册的基础教材和配套的示教器材，达到了人有一套书，营有一套示教器材的标准；同时，电化教学也有了较大幅度的发展，解决了部队训练急需。

（卫福成　魏丕立）

某部训练团建设试点成功　为深化二炮部队训练体制改革，提高导弹专业新兵训练质量和部队战斗力，根据上级部署，某部进行了以原教导机构为基础改建训练团的试点，两年多来取得了丰硕成果。1991年10月，由总参军训部和二炮首长机关组成的验收组，对该训练团的试点建设进行了检查验收。验收组认为，该训练团改建试点两年多来，以军事训练为中心，以提高部队战斗力为标准，为把训练团建设成具有二炮特点的、正规的、院校式的专设训练机构，做了不懈地努力。在政治教育、教学训练、行政管理、装备配套和后勤建设等方面，取得了显著成绩。两年多来，完成了3个年度的新兵从老百姓到合格军人正规训练的任务，为部队培养和输送了合格的导弹操作手；并承担了多种类型的干部骨干集训。该训练团所完成的训练体制改革试点任务，为在二炮部队建立具有院校教学和部队管理特点的训练机构提供了经验。这一试点成果在二炮各部队推广后，战略导弹部队的指挥军官、技术军官、士官和导弹操作手的四级训练体制，将得到进一步完善。

二炮新一代军事训练大纲颁发部队施行　1991年3月，第二炮兵颁发了新一代训练大纲。新大纲包括首长机关、合成战术、作战及保障部队和新兵4个方面，从指导思想到具体内容，都体现了以军事训练为中心和精兵合成的原则，融汇了多年来部队训练改革的成果。与其他训练法规配套，形成了二炮部队完整的军事训练法规体系。对于进一步规范部队的训练秩序，提高依法治训、按纲施训水平，将起到积极的作用。

战略导弹技术训练模拟系统用于部队训练　国家级重大科技成果——大型战略导弹技术训练模拟系统，应用于部队训练，为实现二炮部队训练手段的现代化展现出了广阔的前景。年度训练中，该系统由部队指战员操作，多次模拟战略导弹从进场到发射成功的全过程，由此演练技术训练课题。训练实践表明，用该系统进行训练，既能随机加大训练难度，弥补实装难以进行的一些难度高、危险性大的课目，又能随时查找训练薄弱环节。不仅如此，模拟系统造价低，而寿命是实装的上百倍，扩大使用范围后，训练将不受操作次数、场地、天候和保密条件的限制。

军体达标创历史最好成绩　1991年二炮部队广泛开展《军人体育锻炼标准》达标活动，作战部队全部实现达标，其中良好率达80%，有5个单位受到总参表彰。达标活动的开展有效地增强了广大官兵的身体素质，保证了战备、训练、施工等各项任务的完成。

战士王世东熟背导弹参数7500多个　二炮某部战士王世东专心研究导弹装备的功用、组成特点及其技术性能参数变化规律，摸索出一套科学记忆法，熟记导弹技术性能参数7500多个。在上级组织的军事技术比武和训练考核中，考官任意点题，轮流提问，王世东对答如流，不差丝毫，被誉为“活参数”。

（卫福成　魏丕立）

陆军（合成军队）院校教育　综述　1991年中国人民解放军陆军（合成军队）各级院校认真贯彻中央军委的办学方针、原则和各项指示，坚持正确的办学方向，努力提高教学质量，围绕培养高质量建军人才这个根本任务，从严治校，严谨治学，在落实上狠下功夫，取得了长足的进步。其主要特点：一是严格学员选拔标准、程序，加强学员学籍管理，切实把优秀士兵选送军校学习。二是以教学为中心，向管理要效益，加强对教学质量的全面控制，保证人才培训质量。三是深化教学改革，坚持开门办学，理论与实践紧密结合，运用多种方式搞好教学工作。四是加强院校与部队的交流，合力育人，促进教学和科研协调发展。五是积极作好教学保障工作，以适应教学的学科、专业发展的需要。

刘华清强调贯彻军委办校方针　据《解放军报》1991年5月26日报道，中央军委副主席刘华清上将在视察装甲兵工程学院教学科研成果展览时强调指出：院校担负着为军队培养人才的重任，起着重要作用。院校建设首要的是坚决贯彻中央军委的办校方针，坚定正确的政治方向，培养政治上合格、军事上过硬的人才。要认真贯彻邓小平同志关于“科学技术是第一生产力”的思想，搞好教学和科研，并将成果转化为战斗力。

总部领导提出办学要求　据《解放军报》1991年7月21日报道，总政治部副主任周文元、副总参谋长徐信在国防大学应届毕业生毕业典礼上对军队院校提出了办学要求。他们指出，中央军委、总部希望国防大学和全军其他各院校为部队培养和输送大批优秀人才，加强部队的政治建设，培养好革命事业的接班人。各院校要认真学习毛泽东军事思想，探索解决现代战争和当前军队建设中遇到的新情况、新问题，以新的工作姿态和扎扎实实的作风抓好教学工作的落实。

召开招生工作会议　据《解放军报》1991年3月31日报道，军队院校1991年度招生工作会议在驻杭某部召开。会议要求全军各部队进一步严格学员选拔标准，统一选拔程序，真正把优秀士兵送进军校。会议肯定了部队优选学员苗子、严格军事课目考核和文化统考、院校复试的招生工作一条龙制度。会议要求在本年度招生工作中，从选拔程序入手，纠正招生工作中的不正之风，进一步提高选送学员苗子的军政素质，保证招生的质量。

注重学员军事素质　据《解放军报》1991年5月9日报道，为确保入校学员合格的军事素质，总参系统一改过去分散组考的方法，从今年起对本系统学员苗子按照统一的标准，分设考点统一组织考核，有效地克服了少数士兵只重文化，轻视军事科目的倾向。

据《解放军报》1991年8月29日报道，沈阳军区保送30名“武状元”进军校，成都军区某团也将13名训练尖子送入学校深造。这些士兵都是训练场的“小老虎”，人人有一手过硬的军事技术，是军事训练中考不倒、比不败的尖子。他们的入学极大地鼓舞了广大士兵，激发了他们爱军习武的积极性。

开展教学比武　据《解放军报》1991年10月7日报道，9月17～19日全军炮兵院校举行了教学比武，22名各门学科的“尖子”教员的激烈角逐，把全军炮兵院校的教学比武活动推向高潮。全军炮兵院校重视教学方法的研究，既注重搞好教学的总体设计，又扎扎实实地从每一堂课抓起，普遍开展了以精心设计一堂课为主要内容的教学法竞赛、技能竞赛、尖子比武、岗位练兵等活动。总参有关部门的负责同志在总结中指出，炮兵院校开展“精心设计一堂课”的教学比武活动，是贯彻落实全军军事工作会议精神的一个实际步骤，对促使院校的教学质量跨上一个新台阶发挥了重要作用。

进行现地教学　据《解放军报》1991年5月4日报道，国防大学校长兼政委张震上将率该校300名中高级干部和部分研究生，于4月26日～5月3日赴延安进行了为期8天的现地教学，研究“三战三捷”战例，学习毛泽东军事思想，进行革命传统教育。学员参观了枣园、杨家岭和王家坪，更加坚定了人民军队忠于党的信念。在南泥湾，学员们回忆当年大生产的场面，受到自力更生、艰苦创业精神的激励。在抗日军政大学前身红军大学的旧址，张震校长回忆“抗大”走过的光荣历程，使学员更感肩负的重任。学员们冒着高原的春寒，顶着飞扬的黄沙，奔行在青化砭、羊马河、蟠龙等地，研究毛泽东军事思想在战争中的灵活运用，对毛泽东军事思想有了更深的理解。

加强“四会”训练 据《解放军报》1991年7月17日报道，西安陆军学院正确处理“会做”与“会讲、会教、会做思想工作”关系，教员坚持按照“四会”要求教，学员全面按“四会”内容学，毕业时按“四会”的标准考，有效地培养了学员带兵和组织训练的能力。兰州军区领导、机关对西安陆军学院665名应届毕业学员进行了包括战术、技术、军事理论在内的15个课目23项内容的毕业考核后，各级军政主官一致认为，应届毕业学员军事动作准确，组织教学熟练，能胜任第一任职。

开展野营拉练 据《解放军报》1991年10月2日报道，桂林陆军学院组织毕业学员进行野营拉练，在复杂、艰苦的条件下严格摔打，走打吃住藏管能力得到明显提高。野营拉练中，有1/3的行程是在没有道路的条件下进行的，有1/3的时间是强行军、夜行军；14个夜晚，露营7次，住猫耳洞3次；15天打了13“仗”，有山林地坚固阵地防御，也有热带山岳丛林地进攻，还有穿插、遭遇、伏击战等；在组织指挥与管理上，人人轮流当连排长，轮流指挥各种“战斗”，还设置20多次“残局”、“败局”，让每个学员独立处置。

抓好研究生教学 据《解放军报》1991年1月30日报道，国防大学研究生院走过了5年的创业和发展历程，已招收了4届共13个专业、35个研究方向、142名硕士研究生。建设了一支学术水平较高的导师队伍，初步建立了有国防大学特色的、正规的、比较稳定的培养体制和管理机制，获得了硕士学位的授予单位和13个学科、专业点硕士学位的授予权，已毕业的研究生受到用人单位的欢迎。他们的主要体会是：从军队指挥院校的特点着眼，科学确定招生条件，把好选材质量关；从军队研究生的地位作用着眼，把政治合格摆在培养工作的首位；从保证研究生的质量着眼，把“高、新、宽、深”的教学指导思想贯彻到培养的全过程；从提高研究生为我军现代化建设服务的适应性着眼，改进教学方法，注重能力培养；从研究生自身学习特点着眼，坚持管理育人，服务育人。

据《解放军报》1991年综合消息，中国人民解放军首批军事专业研究生在1991年度内相继毕业：军事科学院首批1名军事历史学科和7名合同战术学科研究生于1991年7月20日毕业；第二炮兵工程学院首批战略导弹专业女研究生于1991年4月10日毕业；第一批炮兵、防空兵作战指挥硕士研究生2人通过论文答辩，并由国防大学授予学位；南京政治学院首批8名马克思主义理论研究生6月15～18日进行了硕士学位论文答辩会。

开展轮训、进修和函授教学 据《解放军报》1991年4月8日报道，国防大学受总政治部委托，举办了高级干部党建轮训班。被选调入学的53名将军学员在就读期间，围绕加强党对军队的绝对领导这一根本问题，学习马克思主义党建理论，着重学习研究毛泽东建党思想。

据《解放军报》1991年12月22日报道，全军后勤师以上领导干部进修班在国防大学结业。这期进修班，是国防大学根据军委和总部的指示举办的。进修班学员重点学习研究了端正后勤工作指导思想，改进领导工作作风的问题，还学习研究了当代世界经济政治和军事形势、毛泽东军事思想、战略战役理论和后勤理论，强化了战略观念和战役意识，较好地解决了军事效益与经济效益的统一问题。

据《解放军报》1991年10月30日报道，军事教育学院开办的全军教导队长轮训班，首期学员经过两个月的学习，于10月24日结业。举办这个班是总部为提高教导队依法施训的水平采取的重要措施。

据《解放军报》1991年9月18日报道，军事教育学院举办函授教学7年，为全军培养了专业人才2300余名。1991年9月该院开始招收军事理论、合同战术专业的本科函授生。

加强教学管理 据《解放军报》1991年10月27日报道，全军初级院校教学管理工作会议在南京结束。这次会议总结了坚持以教学为中心，向管理要效益，不断提高教学质量的经验。副总参谋长韩怀智在会议期间发表讲话，要求各院校深入贯彻军委、总部的办学方针、原则和办学思想，加强教学管理，在现有条件下挖掘院校内部潜力，为部队培养更多的高质量人才。

据《解放军报》1991年5月1日报道，为了促进院校教学管理的现代化，总参军训部委托电子技术学院举办了“院校教学管理系统”学习班。来自全军75所院校的教学组织和管理干部从4月20日起在郑州参加了学习。

发挥军队院校协作中心的作用 据《解放军报》1991年11月3日报道，从1980年起，全军先后成立了石家庄、郑州、南京等12个军队院校协作中心，并吸收了部分部队、省军区和军事科研单位参加。11年间，各协作中心共组织各类活动6000余次，培训教员1.1万余人，编写书籍、教材400余种。在11月1日结束的军队院校协作中心工作经验交流会上，副总参谋长韩怀智指出：“从军队院校协作中心走过的11年历程来看，院校开展的协作显示了强大的生命力，今后10年，我们要力争把军队院校协作中心建设成为能够适应我军建设需要，在军内外有一定影响的地区性横向联合组织”。

加强教学保障 据《解放军报》1991年10月13日报道，全军各院校采取有效措施，以有限投入获得最佳效益，使教学保障充满活力。全军院校在有限的财力物力基础上，积极做好教学保障工作，以适应教学和学科、专业发展的需要，为培养合格建军人才服务。经过不断探索和不断总结，逐步形成了一整套系统、规范的条例和方法，实行教学效益与投资效益的统一。按照突出重点、梯次进入、抓好配套的投资原则，优先考虑受益面大的教学设施、重点专业和骨干学科的试验室建设以及新学科的发展，满足了教学需要。

目前，多数院校具备了比较完善的教学设施，各类教室、实验室比较齐全，为提高教学质量提供了物质基础。此外，图书馆、电教中心、计算机中心等内部教学设施基本配套，全军院校教学手段现代化水平逐步提高，特别是模拟训练器材的广泛使用，解决了制式设备不能进行教学的难题，为院校教学提供了新手段。大多数院校都研制开发了教保管理的软件系统，大大提高了教保工作的效益和质量。

表彰优秀教员 据《解放军报》1991年9月5日报道，国家教委、人事部表彰的全国优秀教师和教育工作者中，军校10名教员金榜题名；同时三总部发出通报，表彰在教书育人工作中作出显著成绩的200名优秀军校教员。另据《解放军报》1991年7月28日报道，总政治部通报表彰了百名军校优秀政治理论教员。

（袁　耀）

海军院校教育　综述 1991年，中国人民解放军海军院校全面落实《中央军委关于军队院校教育改革的决定》，以提高培训质量为核心，并把提高学员的政治素质放在首位，以加强课程建设为重点，不断深化教学改革，比较圆满地完成了全年教育训练任务。

*加强院校政治建设，着力提高学员政治素质。*10月下旬，海军召开了院校政治工作会议。会议在学习贯彻全军政治工作会议《纪要》和《军队政治工作条例》、分析海军院校政治建设现状的基础上，讨论并通过了海军党委《关于新形势下进一步加强海军院校政治建设的决定》，对促进和加强院校政治建设起到了重要推动作用。各院校牢牢把握办学的政治方向，始终坚持把提高学员的政治素质放在首位，重视加强和改进马克思主义理论课教学。海军勤务学院政治教研室被授予“教书育人模范教研室”荣誉称号。广州舰艇学院探索形势教育新途径和潜艇学院深化“教书育人、管理育人、服务育人”工作的改革经验得到推广。

*重视教育理论研究和改革实践。*为学习贯彻全军第二次院校长集训班精神，海军在5月初举办了有各院校训练部领导参加的第4次海军院校教育理论集训班，研究探讨了海军院校的办学特色，即培养目标上的军事应用型、培养体制上的多层次多规格和人才素质上的双重性。初步形成了新时期海军院校办学思想的基本思路。在理论学习的同时，各院校在深入部队调查研究的基础上，积极进行教学改革的实践，并把改革的重点放在解决学员第一任职的需要方面，不断优化教学计划、教学内容和教学过程，突出加强实践性教学环节，学员的指挥、训练和管理部队的能力明显提高。

*深入进行院校课程建设。*各院校按照海军司令部《关于进一步加强课程建设的意见》的要求，从清理课程设置、修订课程目录着手，认真制定课程建设规划，并把规划重点放在主要基础课和专业主干课程上，同时确定分期分批达到院校级和海军级优秀合格课程的具体时限和目标。为使课程建设有章可循，各院校依据上级有关规定，制定了《合格课程补充标准》、《新课程建立暂行规定》和《编制教学大纲规范》一系列规章制度。

*加强教学基本建设，着力提高保障能力。*在重视搞好规划建设的同时，各院校普遍抓了教学基本建设。重视加强教员队伍建设，突出对中青年教员的培养和提高。为鼓励和调动广大教员的积极性和创造性，海军首次进行了优秀教学成果的评选活动；重视加强实验室建设。按照总部统一部署，大连舰艇学院和潜艇学院提前完成了17个军事专业教室的改建任务，海军工程学院和电子工程学院进行了基础实验室的更新试点工作；重视加强图书馆建设，图书馆的文献情报中心作用得到了较好发挥，服务水平明显提高，各院校图书馆在采购、分编、检索等方面都采用了微机管理，并开始建立数据库和馆内计算机网络工作。

（顾　辉）

顺利完成首次海军优秀教学成果的评审和奖励工作 为鼓励和调动广大教学人员从事教学和教学管理工作的积极性、创造性，推动海军院校教学改革不断发展，海军于1991年3～9月初，进行了海军优秀教学成果的申报、评审和奖励工作。海军优秀教学成果奖励评审委员会共收到经各院校逐级评比和严格筛选后申报的教学成果项目40个，评审结果有21个项目获得首次海军优秀教学成果奖，其中海军指挥学院的“海军战役战术指挥计算机模拟训练”等9个项目获得一等奖，广州舰艇学院的“形势政策教育改革”等12个项目获得二等奖。获奖项目涉及教学思想、教学改革、教学管理、教书育人、学科与课程建设、教学与科研相结合、部队训练与院校教学相结合等方面。海军对获奖者进行了通报表彰，颁发荣誉证书，并使用海军优秀教学成果奖励基金实施奖励。

（翁全祥）

召开首次研究生工作座谈会 1991年11月中旬，海军首次研究生工作座谈会在南京海军指挥学院召开。参加会议的有海军7所院校和装备论证研究中心主管研究生工作的领导以及特邀的研究生导师代表。会议紧紧围绕总结海军10年研究生教育的经验、统一研究生教育的指导思想、加强研究生教育的质量建设这个中心议题，交流了经验，审议修改了《关于改进和加强海军研究生工作的意见》和有关规章制度。会议认为，研究生教育是海军人才培养体系中的重要组成部分。海军10年研究生教育的实践表明，它对改善和提高海军干部队伍，特别是科技干部队伍的结构和素质，起到了积极的推动作用。

（顾　辉）

部分院校实验室受到国家教委表彰 “七五”期间，特别是1988年海军第二次实验室工作会议以来，海军各院校在实验室建设及管理工作中取得了突出成绩。广大实验室工作人员努力工作，在提高实验教学质量、改善教学设施、提高实验室综合效益、进行实验教学与科学研究等方面都取得了可喜的成果。其中海军工程学院内燃机维修实验室、海军航空工程学院导弹末制导雷达实验室、海军医学专科学校神经生物实验室，在1991年10月召开的第2次全国高等院校实验室工作会议上，被评为国家教委表彰的先进集体。

（龙信国）

两所院校参加全国物理竞赛取得好成绩 1991年12月8日，海军电子工程学院和海军勤务学院90级本科班部分学员参加了由中国物理学会组织的第四届非物理专业的大学物理竞赛。海军两所院校的参赛选手成绩突出。

海军电子工程学院90级工程班有8名选手参赛，有6名获奖，其中一等奖1名（全省设7个名额），三等奖5名，该院的获奖率为75%（全省为13.6%）、总平均分为65.9分，这两项都居江苏省各高等院校之首。这次江苏全省共有56所高校1241名选手参赛。海军勤务学院90级军港工程班有12名学员参赛4名获奖，其中有1名获一等奖（仅设10个名额），1名获三等奖，2名获四等奖，该院获奖率居天津市之首。

（翁全祥）

空军院校教育　综述 1991年，中国人民解放军空军院校贯彻中央军委的办校方针、原则和总部的办学思想，坚持以教学为中心，以正规化建设为重点，进一步发扬艰苦奋斗、有所作为的精神，狠抓教员队伍建设和训练法规落实，提高了教学质量，圆满完成了全年教育训练任务。

坚持并保证了教学工作的中心位置。各院校按照中央军委关于“党委议军，主官上阵，机关合力”的要求，较好地处理了教学工作与其他工作的关系，协调一致地抓好教学落实。院校党委建立了“议车”制度，坚持分析教学形势，制定落实措施；各级军政主官，以主要精力抓教学，坚持深入教学第一线，亲自组织和参与整顿飞行团，飞行指挥员、教员考核，学员毕业、结业工作等重要的教学活动，及时研究解决教学中存在的问题。院校领导和机关干部听课、查课、跟班飞行等制度比较落实。

在教学保障条件困难的情况下，各院校认真贯彻空军军事训练指导思想，强调积极克服困难，积极完成任务，积极保证安全，较好地完成了既定任务。飞行、领航学院完成全年飞行时间指标的113.3%；院校共毕业各类学员愈万名，超过培训规划30%；抓紧了新增博士、硕士专业点的建设，较好地落实了研究生培训计划。

学员训练质量有新的提高。各院校进一步增强了质量观念，在扎实打好基础，全面提高质量上下了很大功夫。空军召开了院校把德育放在首位经验交流会，11所院校介绍了经验，空军党委做出了《关于进一步加强空军院校德育工作的决定》。通过加强和改进学员的政治思想教育，使学员树立正确的人生观、价值观，增强社会主义、共产主义信念，打牢学员的思想理论根基，保证在政治上合格。加强了教学质量控制，严格按大纲组织教学，严格考核验收。空勤学员全部按照新大纲施训，毕业的飞行、领航学员首次全部达到昼、夜间简单气象和昼间复杂气象的飞行技术水平。各院校普遍坚持了到部队跟踪调查制度，听取部队对教学质量的意见。航空兵部队反映，执行新大纲后，毕业飞行学员的质量有明显提高。地面院校强化了新学员入伍入校教育，提高了新学员军政训练的起点；普查考核了6000余名毕业学员的军事素质，空军在第一航空技术专科学校组织了学员军事素质考核现场观摩；气象学院接受了总部机关的检查，学员的军事素质获得好评。雷达学院和高炮学院进行了毕业学员第一任职能力标准化、具体化试点，学员的管理能力、带兵能力、实际操作能力有较大提高。注意总结推广典型经验，空军和军区空军总结了飞行学院《坚持质量办校，向航空兵部队输送全面合格的飞行员》的经验和试行飞行学员航空理论“双语”教学（汉语为主，英语为辅）的经验，得到总部机关的肯定。

教员干部队伍整体素质得到加强。按照空军《关于加强飞行指挥员、教员、长机队伍建设的决定》的要求，采取空军统一办班和各飞行院校组织集训相结合的方法，把新指挥员、新教员全部轮训了一遍。空军还举办6期教学骨干集训班，为飞行院校培训骨干200名。严格教员干部考核，空军通过试点，把所有飞行训练团的指挥员、教员全部考核了一遍。飞行院校普遍落实了飞行指挥员、教员队伍建设三年规划目标，在1990年达到历史最好水平的基础上，又有所提高，能够在昼、夜间简单气象和昼间复杂气象条件下完成飞行训练任务的指挥员和教员，分别比1990年增加10.6%和1.1%。加强了航空理论学科专业建设，首次建立了6个航空理论骨干学科点。加强了青年教员的培养，广泛开展了教学基本功竞赛，空军通报表彰了60名优秀青年教员。地面院校加强了学科带头人的培养，并组织教员下部队锻炼，熟悉部队、接触实际，增强了为部队服务的观念。

*全面贯彻落实训练法规取得明显成效。*空军和军区空军分别集训了飞行院校参谋长和飞行训练团参谋长，各院校进行了训练法规普训和骨干集训，通过学习、检查、考核、改进等步骤，普及了法规知识，增强了法规意识和纪律观念，严肃查处了飞行中违章违纪问题，提高了依法治训的自觉性。飞行院校连续5年坚持整顿飞行团，空军机关组织了整顿飞行团试点，规范了整顿的内容、程序和标准。加强了实施新法规的配套建设，基本完善了训练法规体系，新编修了24本飞行训练法规，已全部下发院校使用。飞行院校编修各类教材48本，按照新的训练大纲充实了教学设备，保证了完成新大纲教学的基本需要。地面院校进一步完善了教学计划、课程大纲，抓紧了教材的配套建设。

*教学基本条件有所改善。*各院校按照总部关于“勤俭办校，加强管理，努力提高保障效益”的要求，坚持自力更生，立足现有条件，努力搞好教学保障工作。以改善飞行团教学条件为重点，组织了飞行教学准备车的设计制造，已开始配发到初教机训练团。改建了6所学院的22个军事专业教室、电化教学标准教室和基础实验室，新建了2个训练靶场。对院校的电化教学设备和飞行学院的飞行训练模拟器组织了巡回检修，提高了设备良好率和利用率。组织了电化教学观摩评比和优秀教材评选，有20部电化教材被评为全军优秀教材。

（王　京）

第二炮兵院校教育　综述　1991年，二炮院校教育工作贯彻全军军事工作会议精神，坚持“一个服务，两个适应”的办学指导思想，不断加强对教学与管理工作的领导；强调依法治训，依法治校，院校训练机构的正规化训练水平有所提高；不断深化教学改革，教学内容，教学过程得到了进一步的优化；树立为二炮部队建设服务的思想，增强了为部队建设服务的针对性和有效性，院校教学质量和办学水平有了较大的提高。

*以教学训练为中心。*各院校普遍确定了教学日，要求军政主官到教学第一线去，集中精力抓教学。机关合力体现在对教学工作的统一管理，对计划外办学严格审查，进行有效的监督和控制，确保其教学质量。

*强化对学员军政素质的培养。*各院校相继进行了新生入学政治教育，专题形势教育，传统教育，马列主义毛泽东思想教育和大量的经常性的思想政治工作。注重用文艺、歌咏、广播和板报等形式，广泛开展热爱祖国，热爱共产党，热爱社会主义的教育，用积极的、向上的思想占领院校的思想文化阵地，坚持教书育人，管理育人，服务育人，把政治思想工作贯穿到人才培养的全过程。

5月份二炮组织了院校招生军事科目考核工作，对战士考生进行了统一的考核，淘汰了655名不合格的考生，较好地把住了学员的入学关。二炮指挥学院调整了教学时间，对入学新生进行了为期两个月的共同科目强化训练，取得了明显的效果；二炮工程学院对应届毕业学员进行了全面的军事共同科目复训，系统总结了共同科目课教学工作。7月，二炮组织对二炮工程学院应届毕业学员进行了军事素质考核。

*加强院校和部队教育训练工作的衔接。*院校教学改革紧紧围绕着为部队现代化建设服务的思想，培养学员具有为国防献身的精神的同时，还要使学员具有管理部队的能力，实际动手的能力，增强学员到部队后适应第一任职需要的能力。年度内广泛开展了调查研究工作，及时了解毕业学员工作情况，针对性地调整了教学计划，优化教学内容。学院分别组织了以院、部、系首长为组长的调研小组，到部队进行实地考察，积极探索二炮部队指挥、技术干部培训工作的内在规律，以加强人才培养工作的有效性。请在部队做出显著成绩的毕业学员返校介绍经验体会，引导学员加速成才。部队把选拔考生、做好学员实习和在职干部函授工作，作为共同办学的重要组成部分。1991年，二炮淘汰了600多名军事科目考核和身体、文化复试、复查不合格的考生。各部队还针对院校学员管理能力不强的弱点，相继对应届毕业学员进行了上岗前集训，创造一个类似于连队的环境，增强了院校毕业学员的任职能力。

*深入进行教学改革。*确立了以培养学员“具有为国防事业献身精神，组织管理能力和实际动手能力”为教学改革的主攻方向，推出了新的教学改革方案。拓宽政治理论课教学内容，把培养学员具有献身精神、良好的政治素质和会做思想政治工作等内容纳入政治教育范

畴；加强非课程性教育，对在校期间第二课堂活动进行系统规划；强化学员共同科目训练，增强学员第一任职的适应性；开展实习基地建设，增强院校与部队的联系；改革招生方法，扩大士兵考生入学比例；注重对中级指挥教育进行系统论证。教学改革增强了办学活力，调动了教学人员的积极性，促进了教学质量的提高。指挥学院参加地区性院校学员英语竞赛，获得团体和个人总分两个第1名；二炮工程学院88级学员参加全国大学英语4级统考通过率为68.9%。

*研究生教育向深层次发展。*加强对学位工作的领导，进行了学位评定委员会的换届选举；狠抓重点学科的建设，先后制定了硕士招生专业学科的建设规划、重点学科建设方案等；学院召开了研究生教学工作总结会，对研究生教学进行了全面的总结；完善研究生教学管理制度，先后制定了《研究生工作规章制度》和《研究生工作细则》等。

*对教员、教学管理人员进行规范化训练。*学院采取传帮带、集训、考核评比等方法，大力加强教员和教学管理队伍建设。二炮指挥学院组成专家组，制定了教员授课质量评比细则，对教员进行评教活动。规定凡考评不合格的教员不得上岗授课，考评优秀的教员，及时给予奖励。二炮工程学院主办了一期二炮青年教员教学法集训班，邀请了地方专家教授讲授了教育理论知识，组织了现场观摩教学，对教员实施规范化训练，使青年教员较好地掌握了教学基本功。

（卫福成　刘明涛）

召开院校业务工作会议　1991年3月二炮在山东省青州市召开了由机关、院校和部队领导参加的院校业务工作会议。围绕注重宏观控制，强化计划管理，深化教学改革，狠抓任务落实等问题进行了讨论研究。总结了近年来二炮院校办学经验，明确了院校严格按部队需求办学，坚持院校教育与部队建设相结合，建立人才共育、训用共管机制的必要性和迫切性，讨论修改了《二炮院校训练机构学员淘汰制度》和《二炮院校训练机构请示报告制度》，会议还确定了1991年二炮院校业务工作的重点。

一批优秀士兵作为预提干部对象进入院校集训　1991年，二炮部队200名优秀士兵作为预提干部对象进入院校集训。这些预提对象是经过部队层层选拔出来的，都是共产党员，不少同志还代理过排长、连长，70%的同志荣立过三等功，有10名同志还荣立过一等功或二等功，有的同志被树为全军和二炮先进典型，或军师级单位的训练标兵。

战略导弹技术训练模拟系统获国家级科技成果一等奖　由二炮工程学院主持研制的“战略导弹技术训练模拟系统”在10月9日闭幕的“1991年度国家级科技成果进步奖、发明奖国防专用项目评审会”上，被评为国家级科技成果一等奖。

（卫福成　刘明涛）

预备役部队训练

综述　1991年，中国人民解放军预备役部队根据中央军委和总部指示精神，进一步加强了军事训练。预备役部队继续坚持把军事训练作为工作重点，认真贯彻“两严”方针、按照正规化要求，进一步建立健全训练组织机构和各项规章制度，注重新补入士兵的技术、战术训练，加强师团首长机关训练和分队战术演练，并根据现代战争特点和部队担负的任务组织不同规模的检验性演习，部队的快速动员能力和遂行作战任务能力明显提高。

举办全军预备役部队主官集训　据《解放军报》1991年10月18日报道，总参谋部在山西某地首次举办全军预备役部队主官集训。这次集训紧紧围绕“组织落实、政治合格、训练有素、装备良好、设施完善、制度健全、动员快速”的标准，认真研究预备役部队的特点，探索与之相适应的加强训练和管理的途径。强调坚持按纲施训，确保课目、时间、内容和质量的落实，同时在开训时机、人员编组等方面作灵活安排，从实际出发，建立健全训练运行机制。集训期间，副总参谋长何其宗前往指导并讲话，要求预备役部队在加强政治建设的基础上，围绕训练、管理和基层建设等重点，狠抓各项工作的落实。

开展训练改革　据《解放军报》1991年3月5日报道，北京军区实行预备役部队训练与驻地现役部队挂钩制度。根据总部关于预备役部队建设的重点要放到抓军事训练上来的要求，在预备役部队与现役部队之间建立固定的挂钩联系，使预备役部队开展训练的教员来源稳定，有利于干部的组织指挥和训练管理能力的提高，有利于缩短战时转入现役的距离，也便于双方共同摸索战时动员扩编的一系列具体程序。

组织战术演习　据《解放军报》1991年11月5日报道，山东省军区某预备役炮兵师于10月20日进行快速反应实弹战术演习。演习包括快速动员集结、行军开进、进入阵地展开、实弹射击等课目。由于改革了传统的训练手段和方法，实现了指挥系统自动化，在演习中，火力反应速度由过去的几分钟提高到数十秒，命中率94%，首群覆盖率达到100%。这次演习的成功，标志着预备役部队的训练正在向高层次迈进。

据《解放军报》1991年11月24日报道，广东省军区某预备役师在广州市郊某地进行步兵团进攻实兵演习。整个演习，计划得当，组织严密，思路清晰，实战感强，取得了圆满成功。这个师还接受了总部、广州军区首长和广东省、广州市党政军领导的检阅。副总参谋长何其宗在演习和阅兵后评价说，这次演习的成功，表现出了相当水平的整体作战能力，并为今后搞好预备役部队的战术训练和演习走出了一个好路子。

加强训练基地管理 据《解放军报》1991年10月24日报道，国务院、中央军委批转了总参谋部《关于加强民兵、预备役部队军事训练基地使用管理工作的意见》，并要求各地认真贯彻执行。国务院办公厅、中央军委办公厅为转发总参的《意见》发出的通知说，民兵、预备役部队军事训练基地，是民兵、预备役部队实施军事理论教育，进行军事技术、战术教练的场所。已建有训练基地的地方，各级人民政府和军事机关要切实加强领导，采取有效措施，搞好训练基地的使用和管理，使其发挥应有的作用。总参谋部的《意见》指出了训练基地的性质，明确了使用和管理训练基地的程序、方法，并提出了具体要求。

（张卫新）

中国人民武装警察部队军事训练 综述

1991年，中国人民武装警察部队认真贯彻全军军事工作会议和武警部队贯彻落实条令条例现场会精神，把军事训练工作当作落实《军队基层建设纲要》，提高部队战斗力，实现军事上过硬的根本途径，加强领导，以质量为核心，积极训练，从执勤和处置突发事件的需要出发，使整个训练工作呈现出可喜局面。

形成促进训练发展的良好环境。武警总部党委、首长对军事训练工作十分重视，经常听取训练汇报，分析训练形势，研究训练任务，及时解决训练难题。1991年2月，总部召开了有5000多人参加的开训动员电话会。为学习和弘扬郭兴福教学法，推动部队训练的深入开展，总部部门以上领导同志分别参加了北京总队组织的郭兴福式优秀“四会”教练员教学观摩活动和表彰大会。不少总队专门成立了以主要领导挂帅的训练领导小组，加强了对训练工作的领导、监督和检查。各级主官还注重以自己的形象带动部队，当好部队训练的“排头兵”。许多主官担任三级主官集训队长任教和参加训练，不少主官带领机关人员到训练现场办公，解决训练中遇到的难题，抓试点，组织部队训练考核，组织大型训练活动。绝大多数总队机关形成合力，树立“一盘棋”思想，积极参加训练，认真做好训练保障工作。

加强警官、骨干训练。各单位坚持以警官、骨干训练为重点，把着眼点放在提高警官、骨干和组训能力上。一是组织了军事主官教学法集训。根据总部贯彻落实条令条例现场会的要求，各总队都组织了中队以上军事主官教学法集训。通过集训，保证了条令条例现场会精神的贯彻落实，提高了军事主官自身的任教和组织能力。二是组织首长机关训练，以机关带部队，有10个总队专门组织了16期参谋业务集训，共集训699人。三是开展了学习郭兴福教学法活动。5月，总部在北京总队组织了郭兴福式“四会”教练员教学观摩活动，总部及时转发了北京总队的做法和录像片，有效地推动了学习郭兴福教学法活动的开展。四是函授作业。一些总队组织了大队以上干部和机关干部函授作业。比如，山东总队在函授作业中，由总队统一命题，支队统一组织，采取集中教学与分散自学相结合的方法组织实施，对重点难点问题统一组织辅导，并对作业情况进行通报讲评，促进了干部在职训练的落实。五是抓了指挥学校和轮训队建设试点。为规范院校和轮训队的教育训练，总部在广东总队抓了指挥学校和轮训队建设试点，摸索了为基层培养合格排长、班长的经验。

加强基础训练。各单位纠正了忽视基本理论、基础动作训练的倾向，坚持按纲施训，重点抓了单兵到班的基础训练。机动分队根据处置突发事件的实际，主要进行了队列、体育、战场自救互救、通信常识、识图用图、射击、擒敌技术、防暴器材使用及单兵和班组战术训练。执勤分队按照专勤专训的原则，重点进行了队列、体育、射击、擒敌技术和执勤业务训练。许多单位针对执勤分队的实际，充分利用小块时间，开展小群练兵活动，促进了训练的落实。不少总队为提高参训率，清理了各级超编人员，保证了更多的人员参加训练。

训练保障环境明显改善。各总队把训练保障工作作为提高训练效益的重要措施，努力开创良好的保障环境。广大政工干部坚持做好训练场上的思想政治工作。后勤人员服务到训练场。大多数支队派出医疗组，巡回到训练场送医送药、传授卫生知识，组织军械修理组深入训练场检修武器、维修训练器材。许多中队坚持把开水、饮料送到训练场，同时注意改善伙食，增加营养，保证了部队有充沛的体力参加训练。各单位从生产经营中挤出经费，整修、扩建训练场地。一些无场地的单位，积极与地方政府、当地驻军联系，临时借用、租用场地。除总部下发外，各总队自购、自制和维修了部分器材，购买了部分教材。各总队自编了统一的教案，制发了有关录像片，较好地保障了部队训练。一些总队根据总部条令条例现场会要求，由总队、支队集资，建立了训练器材库，购买配发了训练资料柜、资料盒、器材架，按照箱子化、架子化、标签化的要求，加强了训练器材的管理，提高了器材的使用效率。

考核验收训练正规化试点支队圆满成功。1991年10月，总部司令部根据总部党委的部署，组织人员对27个总队的训练正规化试点支队进行考核验收。考核结果中，北京、天津、内蒙古、山西、河北、上海、浙江、山

东、江西、广东、广西、贵州、福建、甘肃、河南和北京第二总队的试点支队取得了优秀成绩，占受考单位的59%；抽考162名干部骨干教学程序、步骤、方法，都比较规范、统一，其中82人取得了优秀成绩，占受考人员的50.6%。

（贾巨善　胡嘉海）

苏联军队军事训练　陆军训练　**综述**

1991年，苏联陆军在训练中继续贯彻"防御性"军事学说和"质量建军"方针，突出防御作战演练，并继续探索军事训练改革。但由于国内局势动荡、军队思想极度混乱，致使军事训练受到严重干扰和削弱，训练成效明显下降。

加强防御作战训练。自苏联提出"防御性"军事学说以来，苏军强调，在训练中，不论在战略、战役和战术范围内，防御都应放到首位。1991年，苏陆军训练中完全贯彻了这一精神。陆军演练大部分为防御性质，其想定大都将部队置于较为困难的防御态势。海湾战争后，苏联陆军还吸取海湾战争的经验和教训，对高精度武器攻击下如何加强防御的稳定性和通信、侦察、伪装以及反空降在未来战争中的作用给予高度重视，演练中增加了侦察课目，有的还重点演练了伪装。为探索防御训练改革，苏陆军根据新颁发的战斗条令，首次进行了"机动防御"演练。例如，在1991年夏季训练中，波罗的海沿岸军区即组织了一次营一级"机动防御"战术演习。演习中，部队在"敌人"强大的攻势面前主动放弃阵地，从而为尔后实施有效反击保存了实力并重新部署了兵力、兵器。在演练退却时，使用了烟幕施放连。为歼灭楔入防御之"敌"坦克，专门组建了装甲群。营防御战斗中组建装甲群是根据新的陆军战斗条令的规定进行的。1991年，苏陆军用较多时间进行团以下分队战术集训，主要演练课目有：陆军部队战术行军、反坦克分队昼夜间射击、坦克分队快速机动和实弹射击等。

举行军官大比武。为推动军官的训练，苏国防部决定，从1989年起每逢单数年份进行一次全军性军官大比武。1991年，苏陆军继1989年后，举行了第2届军官大比武。现役营以下军官及在校学员自愿报名参加比武。比赛内容包括技术、战术、分队指挥与体育，既有理论，也有实际操作。比武按排、连、营级军官分为3大组，并分3个阶段进行。第1阶段由兵团、部队和军校一级组织，于1991年2月下旬结束。第2阶段由军区、军队集群一级组织，于5月初结束。第3阶段由国防部各总部和军兵种组织，于7月份结束。1991年陆军参加第3阶段决赛的有20名军官，最后决赛出5名冠军。按规定，在第2阶段比赛和决赛中取得前3名的连级军官可提前晋级、晋衔，在第3阶段比赛中获得冠军的营、连级军官均可提前晋级、晋衔或保送军校深造。1991年，陆军大比武较之1989年参赛人数多，比赛成绩有所提高。但部队重视不够、参赛人员理论基础薄弱的问题仍然存在。

全面进行院校训练改革。1991年，苏军对院校训练进行了较大改革，主要是修订训练计划和训练大纲。据1991年9月17日《红星报》报道，伏龙芝军事学院在教学计划和大纲中增加了与苏联军事学说的防御性有关的教学内容和现代战斗行动的内容。布琼尼军事通信学院修订了原有的教学计划，将全部教学过程分为3个阶段：第1阶段为基础训练；第2阶段为专业训练；第三阶段根据各人将来担负的职务进行有目的的培训。

各种不利因素严重影响军事训练的组织和效果。1991年度，苏联陆军训练受到极大干扰，组织混乱，计划不落实，训练质量下降。主要原因是：(1)国内局势动荡，军队思想混乱，致使军事训练组织不力。(2)部队生活保障工作薄弱，使官兵无法集中精力进行训练。据后贝加尔军区司令B·特列季亚克透露，为解决过冬问题，该军区抽调了7000在训军人，影响了军区训练计划的完成。(3)部队缺员问题突出，影响了训练的正常进行。据1991年10月22日《红星报》介绍，苏陆军有的部队新兵补充员额只达到25～30%，给指挥员训练造成很大困难。有的团由于缩编，实际人数不到一个营，军事训练根本无法进行。(4)部队劳动负担过重，训练时间难以保证。1991年，为收获庄稼和为部队建造营房，抽调了大批人力和车辆，打乱了训练计划，不得不缩短训练时间。

主要资料来源：

①苏《红星报》1991年。

②苏《军事通报》1991年。

（赵学真）

海军训练　**综述**　1991年度，苏联海军在国内局势动荡，军队建设面临一系列困难的情况下，采取各种措施稳定部队，按照年度训练计划实施训练。

以提高训练质量为中心，继续推进训练改革。1991年度，苏联海军继续贯彻以提高质量为中心的训练指导思想，要求各部队按照防御性军事学说的要求，根据现代战争的新特点，针对海军训练长期存在的问题，继续推进训练改革。改革的重点是：采取各种措施，使各级指挥员和司令部军官成为军事训练的带头人，在此基础上，提高其组织部属在各种复杂条件下完成作战任务的素质；加强舰艇指挥员和兵团、部队指挥员训练，使他们掌握海战新战术；克服简单化、走过场现象，普遍采用对抗性战术演习的方式，提高训练有效性，使

之最大限度地符合实战要求；加强训练保障工作，进一步完善各兵种训练的方式和方法；努力实现训练微机化，提高指挥员训练和专业技术训练的质量；推广自1990年开始试验的示范月、周、日训练法。通过训练改革，在一定程度上提高了部分指挥员的责任心，提高了训练强度，部分部队较为顺利地举行了对抗性战术演习、首长司令部演习和飞行战术演习，完成了射击训练，各种新武器和技术兵器的训练，以及同其他军兵种部队的合练。但是，由于苏军正在逐步向职业化过渡，军人各项物质福利待遇得不到充分保障，新的军官服役条例又规定，军官服役满10年可根据本人意愿转入预备役，以及其他各种原因，使部分海军官兵服役思想动摇，在很大程度上影响了他们的训练积极性，致使改革措施未能收到预期效果。

重视微机的开发使用。苏联海军训练部门和部分院校的军官认为，目前海军训练存在两个较为突出的矛盾，一个是训练要求的不断提高和训练经费的日益紧张；另一个是，一方面提出要贯彻"最好的课堂是大海"的训练原则，另一方面大海实际上并不能完全代表战时情景。在这种情况下，他们提出，解决上述矛盾，节约经费，强化训练过程的最好办法就是开发使用微机，通过这一途径，建立以微机为中心的新型的系统化的练习器。在这一思想指导下，1991年度部分部队和院校已开始这方面的工作。这类练习器的功能在于：(1)可以制造假想敌，模拟敌方战术；(2)可以提供逼真的对抗环境；(3)可分节练习或反复研练，以领会条令，掌握各种战术手段；(4)可引入各种事故和意外因素，增加训练难度；(5)可记录训练过程，分析成功和失误的原因，并可自动评分。从实际情况看，各部队和院校在开发使用微机方面发展很不平衡，多数单位仍处于试验阶段。

针对海军事故多的状况，加强防救事故训练。近十多年来，苏联海军事故频发，特别是1989年"共青团员"号核潜艇的沉没，引起了海军领导人和全体官兵的震动。苏联海军有关部门分析认为，海军事故多的原因主要有两个：一是舰艇设计思想老化，一味追求舰(艇)载武器装备的数量，系统性差，安全系数低；再一就是舰艇人员训练水平，尤其是安全操作水平和事故发生后的处置能力较低。为此，在1991年度，防止各种事故成为海军训练的一项重要内容。训练的重点是：学习、熟知舰艇安全规定和操作规范；研练规范化操作；同时，正确地判断舰艇受损状况，采取有效处置措施；研练在不同事故发生情况下的行动方案和处置顺序；进行堵漏、扑灭火灾、隔绝有害气体、防止爆炸和使用救生装置等训练。

主要资料来源：

苏《海军文集》1991年。

（梁月槐）

空军训练　综述　1991年"8·19事件"前苏空军全体官兵克服裁军、经费不足、设备老旧等困难，完成了赋予的各项任务，尤其是在冬季训练中较好地达到了作战训练的指标。事件后则由于苏联的解体、军队归属未定、军官调整等因素的困扰，在作战训练中只保证了日常和计划内的作战训练。

研究海湾战争，加强训练的针对性。海湾战争结束后，苏联空军、防空军对海湾战争中空军的使用、作战特点、防空特点等作了大量的研究分析，在各种报刊上发表了许多有关空军在现代化战争中作战使用、航空兵部、分队作战训练等文章，号召利用海湾战争中的经验教训，完善和改进自己的作战训练。如相应增加师以上规模的演习，在规模和次数上都比1990年有所上升；加强了轰炸航空兵常规条件下远程奔袭和远程支援作战能力的训练；防空军加强了预警、防空作战演练、演习；演习中电子战作战、反卫星侦察、反隐形飞机、反巡航导弹攻击等防卫性训练科目的比重有所增大。

完成空军团的减编。空军司令部根据国防部的实际预算，有计划地调整空军战斗编成的均衡状态，使兵力对比既满足防御的要求，又能适应空军的财力。按此原则，空军仍需裁减6～8%。为此，空军对航空兵团的编制进行了调整。航空兵团装备飞机的数量由40架减为30～32架。航空兵团和直升机团的数量也进行了裁减，解散了一些航空兵团，其中有的是优秀航空兵团。远程航空兵的重型轰炸机团减少1/3，前线航空兵歼击和歼击轰炸机团减少1/4。并采取一切可能的措施保留各专业的飞行员。

增大训练强度，探索新的作战训练方式。借鉴海湾战争的经验，针对作战飞机数量减少、撤军、减编后飞行人员过剩、飞行员年飞行时间减少等因素，苏空军探索新的作战训练的组织形式和作战训练方法，制订出双机、中队和大队飞行战术训练计划，利用战术靶场、地形模型、各种训练技术设备实施训练。重点增加了飞行人员在复杂条件下训练、夜间训练和战术科目训练的比重，远程航空兵的夜航训练突破了昼、夜航训练各为50%的比例，达到总训练目的80%。航空兵的训练日和飞机出动架次也增多。空战、截击、电子干扰、反干扰、空中加油和空中指挥等战术训练内容有所增加，而基础科目训练则相应减少，训练强度明显大于1990年。在首长司令部演习和飞行战术演习中，指挥员和司令部广泛使用电子计算机。

保证飞行安全，提高战斗力。飞行事故率高，一直困扰着空军，影响战斗力的提高。这主要是由于指挥员指挥水平低；飞行人员飞行时间少，技术水平下降；新老装备可靠性低，工程技术保障差，零备件不足。1991年第一季度飞行事故上升，引起空军司令部的严重关注，为此而采取了一系列措施：如增加指挥、教学法训练；补充新的武器装备；加强工程技术维护质量；增加飞行时间，提高飞行人员的飞行技能和战术技能；认真学习贯彻有关安全文件，各种指南、守则和教程，采取综合措施等，各级机构和业务部门分工负责，从而保证了全年的飞行安全，达到了全年的飞行安全指标，较好地完成了作战训练任务，尤其是冬季训练，达到了训练指标要求。

主要资料来源：

①苏《航空与航天》杂志1991年。

②苏《防空通报》杂志1991年。

（董科军）

组建两支特技飞行表演队　据英国《国防飞行》杂志报道，苏联空军在莫斯科近郊库宾卡基地组建了两支特技飞行表演队，一支装备米格—29、一支装备苏—27。这两支表演队的名称苏联空军尚未公布，根据杂志载文中的英文译名，由4架米格—29组成的表演队叫“雨燕”(Swift)，由6架苏—27组成的表演队叫“蓝色闪电”(Blue lightning)。过去相传苏联空军有一支由米格—21组成的“红星”特技飞行表演队，但至今尚未得到官方证实。

“雨燕”表演队于1991年5月8日正式成立。弗拉基米尔·比丘科夫上校任队长。5月13日该表演队首次出访了法国的兰斯基地。

执行新的航空兵战斗训练教程　在《航空与航天》杂志1991年第7期报道的苏联空军主管训练的副总司令博尔苏克空军上将答记者问中透露，空军将从1992训练年起执行新的航空兵战斗训练教程，以激发部属训练的主动性和独立性，提高训练质量和战备水平。该教程是指挥和勤务部门研究近年来军事训练情况后制订的指导性文件。新教程给基层军官以更大的自主性。但在试行中，该教程受到一些航空兵部队指挥员的反对。

（董科军）

美国军队军事训练　陆军训练　**美陆军参谋长谈训练原则**　美陆军参谋长沃诺上将在《军事评论》1991年11月刊发表文章指出，为适应冷战后的形势，必须把陆军建设成一支训练有素、能随时准备作战的总体部队，必须保持在“正义事业”行动和“沙漠风暴”行动中显示的作战优势。这一作战优势是陆军20年来根据6项基本要求加强建设的结果。这6项基本要求是：保持人员的高质量；培养有才干的领导人和指挥员；武器装备不断现代化；加强严格而逼真的训练；运用最新作战理论；重型部队、轻型部队和特种作战部队编配得当。这6项要求互相促进、互相补充。而训练则是联结其他5项要求的纽带，是日常工作的重点，也是保持作战优势的关键。简言之，训练是和平时期的头等大事。

美陆军训练体系的核心是美陆军第25—100《部队训练》野战手册中指出的各项训练原则：

1.按诸军兵种合成作战需要进行训练。最近的作战行动证明这一原则的重要性。各种作战能力能否协同作战是战场能否取得胜利的关键。很难想像，未来作战行动不需要诸军兵种之间的协作。合成作战是规律，必须按照这一规律进行训练。美陆军必须进一步加强现役部队和后备役部队之间的联系并利用一切机会与盟军共同训练。现役部队和后备役部队担负着共同的使命。应该加强相互理解、信任和尊重。而现役部队和后备役部队在一起训练就是加强相互理解、信任和尊重的最好途径。通过“沙漠盾牌”和“沙漠风暴”行动，已取得后备役充实旅如何进行动员后训练的经验。下一步行动就是加强现役师与充实旅的联系，提高充实旅的战备状态以便在战争动员时能顺利地完成平战转换。鉴于重点改为应急作战，部署在海外的陆军部队将要裁减，与盟军共同作战比以往更为重要。要与盟军共同作战就必须从现在起抓好与盟军的共同训练。

2.按实战需要进行训练。没有一个字眼比“练为战”更能抓住训练指导思想的实质。“练为战”是过去20年进行训练改革的出发点。在过去20年里，陆军制定了完成任务所需的训练课目表，建立了作战中心。要保持作战优势，就必须突出“练为战”。美军已改变了原来的一般防务计划。这一新的现实要求陆军能遂行多种作战任务。训练应包括海外部署活动以对意想不到的应急事件作出反应并能在各种气候条件下作战。

3.采用着眼于应用的实践性训练方法。过去20年训练改革的一个重要内容是加强着眼于应用的实践性训练。简单地说，美国陆军通过“干”来学习。由于预算削减，美陆军必须寻求创造性的有效的途径继续进行着眼于应用的实践性训练。训练器材、模拟器和计算机辅助的作战指挥模拟训练将继续在训练中发挥作用。制定训练计划时必须考虑到安全、经费、时间和环境影响。总结评估制度化也是最重要的训练改革措施之一。今后必须更加严格地进行总结评估。

4.训练富有挑战性。训练富有挑战性可使军人树立信心、使部队增强凝聚力。作战训练中心的一个重要任务是根据未来战场的特点对轮训部队进行富有挑战性的训练。美陆军将继续把作战训练中心作为重点，优先拨款，使其继续成为严格逼真的训练场所。

5.通过训练保持熟练的作战技能。军人和部队的作战技能往往在重大行动时达到最高水平，过后又会下降。训练计划的目的就是保持高水平的作战技能、防止低谷的出现。由于重点已放在从美本土对世界各地的危机作出应急反应上，因此，保持高水平作战技能极为重要。训练与条令司令部正在制定的诸兵种训练战略将有助于保持战备水平。诸兵种训练战略规定总体陆军各种部队的训练标准、训练项目、要求及所需资源。各级指挥官根据诸兵种训练战略制定切合本单位实际的训练计划，提高和保持部队熟练的作战技能。

6.采用多级同时训练的方法。各级指挥官必须采用多级同时训练的方法以充分利用有限的训练资源，特别是时间、经费和设施。在这方面，模拟训练特别奏效。例如，营指挥参谋人员进行计算机作战模拟训练时，下级连、排实施炮火射击训练或机动训练。但是，多级训练必须事先作好周密的准备，因为要同时做好几件事是不容易的。

7.通过训练学会武器保养。训练和保养是不可分割的。部队应在平时学会保养作战所需的各种武器装备并且达到保养手册规定的标准。

8.指挥官应成为主要的施训者。各级指挥官负有训练的职责。陆军的训练指导思想是统一制定训练计划、分散执行训练计划。统一制定训练计划就是连以上各级指挥官必须根据单位实际统一制定计划；分散执行计划意味着各级指挥官应根据统一计划保证下级指挥官得到训练所需的资源，有效实施训练。各级指挥官必须负责培训下级指挥官。培训未来的领导人是陆军和国家的传统。

推广小组教学法　美陆军步兵中心司令兼步兵学校校长卡夫查少将在美《步兵》杂志1991年3～4月刊撰文指出，美陆军院校主要采用小组教学法。小组教学法依赖学习小组的凝聚力和生动活泼的教学环境，促进教学效果。小组教官是经过严格挑选的，他们必须具备以下条件：通晓作战理论和诸兵种协同作战战术，有成功的战术指挥经验、善于领导和训练管理，能在战术、技术和领导方面成为学员的典范和良师益友。

小组教学法与大班讲课法不同：把打仗作为整个教学活动的出发点；每个学员对自己的学业负责；教学重点是“怎样思考”而不是“思考什么”。小组教学法要求学员在课外阅读绝大部分基础教材，尔后在研讨会上交流学习心得、经验和知识，切磋战术和技术技能，研讨的重点是陆军作战理论、预测和决策。

选送军官到高等军事学院学习　据美《陆军时报》1991年1月21日报道，1991～1992学年，美陆军选送近380名中、上校级军官到高等军事学院学习。陆军军事学院160人；武装部队工业学院51人；国防研究院37人；海军军事学院32人；空军军事学院17人；地方院校和政府机构研究员计划55人；美洲间防务学院1人；加拿大国防学院1人；日本国防研究学院1人。

陆军指挥和参谋学院改革军官课程　据美《军事评论》1991年1月报道，美陆军指挥和参谋学院将于1991～1992学年实施改革后的指挥和参谋军官课程。

第二次世界大战以来，欧洲防务一直是美陆军的一项重要任务，因而，陆军指挥和参谋学院的教学重点也一直放在欧洲，以使毕业生具有在中欧与入侵苏军作战的知识和技能。80年代末以来世界发生的重大变化，改变了美陆军对其在欧洲和世界其他地区作用的看法。1990年1月，美陆军参谋长沃诺上将在题为“90年代以及90年代以后的战略部队”白皮书中指出，应把陆军建设成为一支能随时部署、遂行多种作战任务、战斗力很强的部队。其核心是保持一支规模较小的前沿部署部队，在美本土保持一支由重型部队、轻型部队和特种作战部队组成的战略预备队。他们必须随时准备部署到世界各地对各种应急事件作出反应。

根据沃诺上将的白皮书以及空地一体作战理论，陆军指挥和参谋学院从1990年10月开始改革指挥和参谋军官课程，旨在使毕业军官能应付90年代以及90年代以后的各种挑战。教改共分3步：1.分析陆军发展方向（亦称环境分析）；2.审查学院的任务和目标；3.分析人才培训目标，明确新生入学要求和毕业生应具备的知识和技能。陆军指挥和参谋学院规定：新生必须达到2级军事合格标准；1991年招收的新生必须有一半是诸军兵种参谋学校毕业生；从1992年起，新生必须全都是诸军兵种参谋学校毕业生。陆军指挥和参谋学院毕业生必须具有广博的世界知识；不仅对陆军在有些地区特别是潜在的危机地区的任务和作用有深入的了解，而且对陆军在直接行动、非直接行动和特别行动中的任务和作用也有深入的了解。改革后的指挥和参谋课程既重视欧洲防务也重视在世界其他地区的军事行动；更加突出战争准备和动员、战略部署和应急计划的制定；注重多军种联合作战、与盟军联合作战、增援前沿部署部队、应急作战和低强度冲突并把重点放在师、军级诸兵种联合作战。

指挥和参谋军官课程分预备、核心课程教学和高级应用3个阶段。在预备阶段，学员必须在入学前学完指定的必读书；其他军种和外国军官需进修预备课程；所有新生在入学后第1周学习介绍性课程。核心课程教学阶段共分 6 个单元。第 1～2 单元是基础课程,第 3～6 单元为高级课程,亦称应用课程。

第 1 单元学时为 170 个小时,学习内容包括作战力量的投送和运用、战场情报准备、指挥和参谋工作程序、拟写诸兵种合成旅命令。

第 2 单元学时为 67 个小时,学习内容包括联合作战计划的制定、训练、动员、部队开进、后勤支援、拟写作战命令。

第 3 单元学时为 79 个小时,学员运用前 2 个单元所学的作战理论和基础知识,分析重型师增援中欧前沿部署部队作战任务、制定开进和作战计划。

第 4 单元学时为 63 个小时,学员以中美洲战场为立案背景,分析军应急作战和低强度作战任务,制定轻、重型混编军在特种作战部队支援下的开进、作战和回调计划。

第 5 单元学时为 81 个小时,要求学员从美本土向中东部署一支由轻型部队、重型部队和特种作战部队组成的陆军部队与其他军种和盟军部队协同作战。威胁来自发展中世界的一支装备优良、战斗力强的部队。学员制定战术和战役作战计划。

第 6 单元学时为 90 个小时,学员分析菲律宾发生的暴乱、制定对付暴乱的战略,进一步提高低强度冲突作战技能。

80%的核心课程采用小组教学法:每个学习小组 16 名学员,配 1～2 名教官。其目的是创造主动学习的环境,通过讨论和实践性演习,使学员深入领会和掌握学习材料。为了保证学员在课外有足够的时间进行独立研究、参加体育锻炼和其他活动,学院对学习时间作了限制;教官组织指导的学习时间不超过 6 小时;课堂学习时间(教官组织指导的学习时间加实验时间)不超过 8 小时;每天学习时间(课堂学习时间加家庭作业时间)不超过 10 小时。

陆军指挥和参谋学院 1991～1992 学年的重点是实施高级应用计划,使学员不仅能胜任毕业后担任的新职务而且有助于军官的长期发展。

高级应用阶段为期 20 周。在此期间,学员需完成 7 项高级应用选修课程,参加为期 1 周的作战指挥训练计划"战斗员"演习。选修课程紧密结合核心课程、所属兵种和专业,重点放在三军联合作战、与盟军联合作战、诸兵种联合作战、作战勤务支援。学员在"战斗员"计算机模拟演习中,综合运用一年来所学知识,与世界级假设敌部队作战,提高作战和指挥能力。

西点军校培养 1 名军官经费高达 22 万美元 据美《陆军时报》1991 年 8 月 12 日报道,1991 年 7 月 6 日,美参议院武装部队委员会人力和人事小组委员会主席约翰·格伦发布了总会计局的一份报告。该报告指出,美陆、海、空三军军官学校培养一名学员的费用是后备军官训练团的 3～4 倍,是预备军官学校的 15 倍。西点军校、空军军官学校和海军军官学校 4 年培养一名军官的费用分别为 228500 美元、225500 美元、153200 美元;后备军官训练团的培训经费仅为 53000～58000 美元;预备军官学校的培训经费只有 15000～20000 美元。

陆军后备军官训练团减少招生人数 据美《武装部队杂志》1991 年 6 月号与《陆军时报》1991 年 7 月 8 日反映,美陆军后备军官训练团将减少招生人数。

1991 年 6 月 3 日是美陆军后备军官训练团成立 75 周年纪念日。每年,美陆军后备军官训练团培训的少尉占美陆军新任命少尉的 70%以上。据美陆军后备军官训练团学员司令部统计,1990 财年,美陆军新任命少尉 10504 名,其中后备军官训练团毕业生为 7878 名,占总数的 75%;国民警卫队预备军官学校毕业生为 1163 名,占总数的 11%;西点军校毕业生为 923 名,占总数的 9%;联邦预备军官学校毕业生为 540 名,占总数的 5%。1991 年,后备军官训练团培训的少尉有 6600 人,其中 2800 人分配到现役陆军任职,其余 3800 人分配到陆军后备队和陆军国民警卫队任职。自 1992 年起,后备军官训练团少尉培训人数将减少到 5200 人,因此,后备军官训练团每年招生人数也将相应减少到 20800 人。

步兵学校修订别动队员课程教学大纲 据美《步兵》杂志 1991 年 9～10 月刊反映,美步兵学校于 1991 年 7 月修订了别动队员课程教学大纲。

目前,美军战术十分强调小分队行动。因此,美陆军步兵部队非常需要经过别动队员课程严格训练的小分队领导人。

美步兵学校实施别动队员课程已有近 40 年的历史。这期间,该课程训练目标一直是:培训富有自信心、能带领小分队战斗并能克服一切障碍和困难完成作战任务的小分队领导人。最近,步兵学校对别动队员课程进行了审查和分析,对该课程教学大纲进行了修订:

1. 在第 1 阶段,实施为期 4 天的别动队员评估计划,对学员进行体能、战时水上救生、昼夜地面导航、别动队员必备技能等课目的考核。考核达标者才能参加后续课程。第 1 阶段的重点仍放在班巡逻活动技能上,但更加突出导航和救生训练。

2. 把原来安排在第 4 阶段的沙漠训练提前到第 2 阶段。为节省经费,加强训练保障,训练场地也从达格韦试验场改到布利斯堡。在沙漠训练阶段,别动队员先由飞机运送到训练场上空实施敌后空降训练,尔后进行沙漠生存和作战训练，重点放在排作战活动。沙漠训练结束后，别动队员由飞机运回本宁堡，再度实施敌后空降训练。

3.学员经过短期休整后，空运至佐治亚州北部的弗兰克·麦里尔兵营进行第3阶段爬山基本技能训练和排作战训练。第3阶段训练内容稍作调整，基本不变。

4.学员空运至佛罗里达州进行第4阶段也是最后阶段的训练。在为期13天的野外训练演习中，除了进行水上训练、夜间跳伞、通过沼泽地等课目外，还要进行新增加的城市地形作战和空降训练。

别动队员课程难度大，学员淘汰率高达2/3以上。为提高毕业率，学员选送单位狠抓挑选和预训两个环节。预训由选送单位组织实施，预训课目根据别动队员课程要求和本单位实际自行确定。据统计，参加过预训的学员与未参加过预训的学员相比，毕业率高出13%。

试行自我发展考核 据美《陆军时报》1991年5月6日报道，美陆军现役部队将于1992财年（1991年10月1日～1992年9月30日）对中士、技术军士和下士试行自我发展考核。美陆军国民警卫队和陆军后备队将于1993财年（1992年10月1日～1993年9月30日）试行自我发展考核。

自我发展考核是正式书面考核。考核内容包括军事专业技能、施训和领导知识，军事专业技能占60%，施训和领导知识各占20%。现役陆军每年考核1次，后备役部队每2年考核1次。考核命题范围不超过《士兵手册》、FM22－100《领导》、FM22－101《领导忠告》、FM22－102《士兵和分队发展》和FM25－101《营和营以下部队训练》4本野战手册。自我发展考核要求军士通过自学和钻研上述教材提高专业技能。陆军已印刷50万套教材，迄今已下发40多万套，但未发给参加“沙漠风暴”行动的部队。自我发展考核最终将影响军士的晋升、任命和选送入学。鉴于许多军士参加“沙漠风暴”行动，因此，美陆军决定，在1992财年，考核结果将不作为军士晋升和其他人事行动的依据。

改进共同课目考核方法 据美《陆军时报》1991年5月6日报道，美陆军共同课目训练将于1991年10月1日起采用按级考核方法。

共同课目考核是美陆军训练和鉴定单兵作战和救生技能的主要手段。考核内容包括单兵武器、通信、地面导航、急救、核生化防护措施以及核生化防护装备的使用。

美陆军单兵训练和考核计划有3项考核：共同课目考核、自我发展考核和领导人评估。自我发展考核是考核上士、技术军士和下士军事专业技能、施训和领导知识的正式书面考核；领导人评估是领导人对军士技能熟练程度的鉴定；共同课目考核则是实际操作技能考核，现役部队每年举行1次、后备役部队每2年举行1次。目前美陆军共同课目训练不是按技术级别分别考核，不论是上士还是二等兵，考核内容完全相同。自1991年10月1日起，将对技术1、2、3、4级人员分别进行考核，技术级别增加1级，则增考2项课目。技术1级人员（下士、一等兵、二等兵）考核1990年10月《士兵共同课目手册》中所列的12项课目。技术2级人员（中士）除考核技术1级人员12项课目外，还增考2项；技术3级人员（技术军士）除考核技术2级人员14项课目外，还增考2项；技术4级人员（上士）除增考技术3级人员16项课目外，还增考2项。

加紧“沙漠风暴”行动战前训练 美陆军训练与条令司令部司令弗雷德里克·弗兰克斯上将在美《陆军》1991年10月刊撰文指出，美军取得海湾战争胜利的原因在于，坚持用空地一体作战理论指导部队训练、领导人培训、武器研制和部队编制的调整。多年来，美陆军战术部队在善于施训、精通战术的指挥官和军士的领导下，在加利福尼亚州莫哈维大沙漠、德国霍恩费尔斯的泥地、阿肯色斯州的松树林以及利文沃思堡作战指挥训练计划指挥所演习中，进行了严格、逼真和艰苦的训练。

为了提高第24机械化步兵师和第1骑兵师的作战能力，美陆军把预置在德国的612辆M－1A1坦克运抵沙特阿拉伯装备这两个重型师。陆军装甲兵中心新装备训练处从第194装甲旅和驻德部队中抽调了最好的坦克车长和副排长，组成机动训练小组对这两个师进行M－1A1坦克换装训练。陆军训练与条令司令部还派出各种新装备训练小组帮助在沙特阿拉伯的前线部队进行M－2A2“布雷德利”步兵战车、滚雷器以及其他新装备的换装训练。1991年1月，利文沃思堡作战指挥训练中心机动训练小组对第7军指挥官和参谋人员进行了“战斗员”指挥所演习。机动训练小组不仅建立了伊军数据库，使第7军指挥和参谋人员深入了解和掌握伊军情况而且还帮助分析第7军在演习中的行动方针和协调问题。这次演习是第7军在“沙漠风暴”行动前的最后一次练兵，大大提高了指挥和参谋人员的作战技能。

陆军国民警卫队第124步兵团3营到丛林作战训练中心轮训 据美《陆军时报》1991年9月9日报道，佛罗里达州美陆军国民警卫队第124步兵团3营于1991年6月在巴拿马谢尔曼堡丛林作战训练中心进行训练。

丛林作战训练中心建于1951年，占地23000英亩。该中心配有1个训练营，每年训练10000人，每次轮训1个营。轮训部队不仅有美陆军现役和后备役轻型步兵、工兵和特种作战部队，而且还有盟军部队以及政府机构包括缉毒机构的非军事部队。

轮训营在训练开始前2天来到谢尔曼堡以适应热带丛林环境。丛林作战训练为期3周。第1周的训练课目是：丛林地生存、渡河、游击战、地雷和饵雷、地面导航、丛林作战技能、班侦察、快速实弹打靶、实弹射击控制演习。每一项训练课目结束后都要进行总结讲评，但不进行笔试。第2周进行排、连进攻和伏击训练。第3周轮训营与来自193轻型步兵旅的假设敌部队进行野外训练演习。

陆军国民警卫队2个野炮营互换训练场地和武器装备进行年度训练 据美《国民警卫队》杂志1991年7月刊报道，地处怀俄明州中部丘陵地区的格恩西兵营是该州国民警卫队的一个周末训练场，内有面积很大的演习和弹着区可供野炮部队训练。最近，该兵营已成为地区炮兵中心。在纽约州北部森林地区的德鲁姆堡是新罕布什尔州陆军国民警卫队的一个训练场。怀俄明州陆军国民警卫队第49野炮团1营和新罕布什尔州陆军国民警卫队第197野炮团3营交换训练场地和武器装备，在迥然不同的气候和地形条件下进行年度训练。

新罕布什尔州陆军国民警卫队第197野炮团3营是以新罕布什尔州到德鲁姆堡全程370英里的行军开始其年度训练的。该营抵达德鲁姆堡后立即投入装备移交准备工作。怀俄明州陆军国民警卫队第49野炮团1营把装备放置在格恩西兵营后，乘坐密西西比州空军国民警卫队第172军事空运大队的飞机抵达纽约州格里菲斯空军基地，尔后乘汽车抵达德鲁姆堡。49野炮团1营进入戒备状态、领取197野炮团3营移交的装备。该营先进行预训，最后进行连续72个小时的野外训练演习。第197野炮团3营移交装备后在格里菲斯空军基地搭乘等候在那儿的密西西比州空军国民警卫队第172军事空运大队的飞机飞往怀俄明州夏延机场，转乘怀俄明州空军国民警卫队第153战术空运大队C—130飞机抵达格恩西兵营。该营先进行连级训练，最后进行连续48个小时的野外训练演习。

重视勇士准备中心计算机模拟演习 据美《防务》杂志1991年7～8月刊报道，美驻欧陆司和驻欧空司非常重视勇士准备中心。在其他领域纷纷削减经费之际，这两个司令部一致同意要对模拟训练投入更多的资金，以使勇士准备中心每年可举行更多的演习。

勇士准备中心是美驻欧陆司和驻欧空司在德国拉姆斯泰因空军基地建立的一个联合训练设施，也是世界上最大的计算机演练设施。该中心共有138名军职和文职人员，每年可举行10次演习。演习根据参演单位的实际设计，演习进程和最终结局事先不作规定。因此，要求参演的指挥和参谋人员精通作战理论和战役作战艺术。欧洲盟军最高司令、美驻欧陆司、驻欧空司以及盟军的高级将领都曾先后到勇士准备中心参加过演习。

勇士准备中心最初是作为空军的防空中心于1983年建立的。该中心仅用一年时间就发展了能模拟作战系统和演练空地一体作战理论的计算机系统，并于1984年举行了首次大规模计算机模拟演习。勇士准备中心现配备了先进的大型计算机和各种软件，如地面作战软件、空中作战软件、电子战软件、情报收集软件和工兵软件。这些软件是各军种、国防机构、研究和发展中心、政府的思想库以及私人公司的演练专家制作并经勇士准备中心参谋人员完善的。上述软件都有交互能力，空中作战软件中的飞机可攻击地面作战软件中的目标、地面作战软件中的地对空导弹可击落空中作战软件中的飞机。

勇士准备中心建有分布式演练系统网络，可与分布在世界各地的18个参演单位联网。参演单位可在原驻地也可在作战阵地同时参加演习。分布式演练系统的核心是制式军用通信车。车上载有终端、调制解调器、电话、电视电话等各种通信设备和VAX系列计算机。演习前，通信车用卡车、飞机、舰船运到参演单位。计算机数据和通信信号经数字化加密处理后由通信卫星传送。1989年11月，北约举行了“欧洲盟军司令部89”演习。在这次演习中，欧洲盟军最高司令部通过分布式演练系统网络与盟军9个军级司令部、英国空军、北欧盟军司令部、中欧盟军司令部和南欧盟军司令部联网，同时参加演习。1990年12月，盟军1个集团军群、1个战斗航空队、2个战术作战中心和2个分区作战中心近20万人参加了勇士准备中心举行的“沙漠·魔术师90”演习。演习中，飞机出动架次多达1万架次。这次大规模计算机模拟演习费用不到100万美元，如果采用实兵演练的话，需耗资数亿美元。

欧洲盟军最高司令高尔文上将最近在国会指出，“在减少大规模实兵演习之际，勇士准备中心是提高训练质量和逼真性的关键。” （洪锦珠）

海军训练 **综述** 1991年，美国海军提出了节约并充分利用训练经费，提高训练质量的口号，突出强调提高人员素质，重视实战训练，坚持联合作战等。

*提高人员素质，使有限经费发挥最大效益。*美海军认为，训练与教育是最主要兵力“增殖器”，一支训练有

素的部队将使海军的投资收到最大的效益。因此,美海军始终把建设一支作战技能和精神素质均属一流的部队做为重点,为全体官兵拟定了各种训练与教育计划,提倡自学与院校教育并重,要求官兵们努力提高自己的专业水平。在提高部队官兵的总体素质的同时,特别注重军官队伍的培养。海军领导人认为,领导核心对保持美国的海上优势来说,其重要程度超过了任何武器系统或投射平台。目前,美国海军军官全都具有一个或一个以上的学位。水面作战军官80%达到了训练计划规定的合格标准;潜艇人员虽仅占海军人数的7%,但均经过严格的院校训练,并经过淘汰与筛选后才能进入部队;陆战队员则不仅在作战技能方面接受训练,在智力方面亦受到严格的锻炼,以求能在战斗中夺取并始终保持主动。

重视实战训练。经过海湾战争,美国海军对在实战条件下的训练更为重视。美海军参加了三军联合参谋部实习计划,向联合参谋部的各个机构派出初级军官,在资深军官的帮、带下进行为期1年的实习,熟悉中、高级军官的日常工作。

在部队训练中,美海军力求模拟实战,加大了训练难度。水面作战军官的初级海上勤务训练时间由原来的30个月增加到36个月,受训军官至少要在舰上两个部门进行锻炼,以便熟悉该部门的工作并胜任水面作战军官的职责。海军航空兵则利用各种技术手段及实际环境模拟实战条件与真实威胁,并利用A－4、F－5、F－16N飞机扮演假想敌,以假想敌的飞行战术对部队进行各种天候条件下的飞行训练,提高飞行员的作战水平。陆战队不仅在国内各训练基地,还在巴拿马、地中海、澳大利亚、挪威及日本等国家与地区进行昼夜间各种气象条件下的核生化作战、丛林作战、沙漠作战、寒带作战及特种作战的训练。

坚持合练。1991年度,美国海军在训练中强调了与世界各地区国家军队进行合练。除与其盟友——日本、南朝鲜等国家与地区的海军举行例行的年度演习,进行反潜、防空和扫雷战等方面的训练外,还采取海湾战争中的作法,在认为重要却又没有长期防务协定或条约的地区,与当地国家的军队举行联合演练。美国海军与沙特海军进行了海上登陆联合训练,并与科威特达成协议,在其境内进行短期训练,又与科威特海军举行联合演习。通过上述作法,美国海军既达到了减轻防务负担的目的,又促进了双方部队的合作与协调,还保证了美军熟悉可能发生冲突的地区的作战环境。

主要资料来源:

①美《海军学会学报》1991年。

②美《水面作战》1991年。

(陈燕平)

第5舰载机联队赴菲律宾训练 据美《星条报》1991年9月2日报道,美海军第5舰载机联队于1991年9月11日由"中途岛"号航母拨归"独立"号航母并增加了2个F－14"雄猫"战斗机中队和1个S－3"海盗"反潜机中队。日本人口稠密,不允许美国在其天空进行大规模的飞行训练,所以第5舰载机联队1200人、60多架飞机离开日本厚木海航站前往菲律宾库比岬进行为期3周的训练。该联队根据法龙海军攻击作战中心的训练计划拟定了训练方案。训练分为两个阶段。第1阶段训练时间从10月1日至10月中旬,各中队单独训练,训练重点为基本战术、空对空武器发射以及空对地武器发射。第2阶段为期10天,进行联队合成训练,训练期间,每天出动飞机140架次。

"福莱斯特"号航母成为训练航母 据美《海军时报》1991年4月8日报道,"福莱斯特"号航母将于1992年1～2月接替"列克星敦"号航母成为一艘专职的训练航母,对飞行员进行飞机起降训练。紧急情况时该舰仍将出海值勤。

"列克星敦"号训练航母于1991年3月退役。退役前,该舰一直担负繁重的训练任务,每个月有10天在海上,每天平均有125到150架次飞机起降,最多时高达200架次。

加强高危险训练安全措施 据美《海军时报》1991年7月22日和9月2日报道,美国会批评海军在实施高危险课目训练时安全措施不力:(1)训练前未对受训者进行认真的甄别,让生理和心理不合格人员参加高危险课目训练,有时还强迫他们参加力不能及的活动;(2)使用不合格的教官从事未经许可的训练课目;(3)不向海军安全中心和有关司令部报告训练事故,因而未能及时采取纠正措施。

为此,美海军已采取下述各种措施以保证训练安全:(1)采用空军行之有效的甄别考核方法以确定受训者能够圆满完成高危险课目训练。海军航空医疗研究所验证甄别程序。(2)加强对教官的考核,必要时可对教官进行心理分析;注意听取学员对教官和训练课目提出的批评意见。(3)加强训练事故报告制度,成立训练评估委员会负责检查147项高危险课目训练方法。

海军教育和训练司令部司令费特曼中将说,海军高危险训练课目是针对战时高危险作战任务设置的,对战备至关重要。在"沙漠风暴"行动中,许多特种作战人员在战区活动,但无人阵亡;航母舰载机参加了激烈的夜战但损失极少,这都是特种作战人员和飞行员平时加强高危险课目训练的结果。

拟采购联合初级飞行训练系统飞机 据美《海上力量》杂志1991年12月刊报道,海军作战部副部长约翰逊上将和空军参谋长麦克皮克上将已就联合初级飞行训练系统飞机的航速、高度和航程达成一致意见并签署了联合性能要求文件。

联合初级飞行训练系统飞机是一种“阶梯式串座座舱”飞机。教官坐在学员后面，由于教官的座椅高，所以教官视线不受阻挡。联合初级飞行训练系统飞机主要用于新飞行员初级飞行训练。初级飞行训练结束后，飞行员还要接受高级飞行训练。T—45a 高级飞行员教练机用于训练海军战斗机飞行员；TH—57 直升机教练机用于训练海军直升机飞行员；巡逻机和 E—2c 飞行员在 T—44 教练机上受训。

联合初级飞行训练系统飞机将替代空军 T—37 教练机和海军已服役 20 多年的 T—34 单引擎涡轮螺旋桨教练机。海军在科珀斯克里斯蒂、彭萨拉、怀廷海航站和帕塔克森特河海航试验中心现有 300 多架 T—34 飞机用于训练新飞行员。T—34c 是一种“串座式座舱”飞机，教官座位在学员后面，因而教官的视线部分受到阻挡。

海军大约购买 350 架联合初级飞行训练系统飞机，计划于 2000～2002 年开始部署。空军计划于 1996 年或 1997 年开始部署此型飞机。

海航军械学校培训专业技术人员　据美《海航新闻》杂志 1992 年 1～2 月刊报道，田纳西州米灵顿海航技术训练中心海航军械学校是一所专门培训导弹、炸弹、火箭炮和电子装备专业技术人员的学校。每期学习班招收约 280 名学员，学制 10 周，分两个阶段。

第 1 阶段设置基础电学课和高等电学课。学习内容包括武器装配和测试、线路故障检修。

第 2 阶段开设技术出版物课和防腐控制课，学习内容包括军械防腐和保养、故障预防、查找和排除。

（徐　丽）

宣布撤销设在 5 所大学的海军后备军官训练团单位　据《海军时报》1991 年 5 月 27 日反映，1991 年 2 月海军宣布，将撤销设在新墨西哥大学、得克萨斯大学、明尼苏达大学、密苏里大学和犹他大学的海军后备军官训练团单位。从 1991 年 9 月 30 日起，这五个海军后备役军官训练团单位不再接纳新生。1992 财年，另外 16 个海军后备役军官训练团单位将按地区合并成 8 个。

海军后备军官训练团是美国海军军官的重要来源之一，也是士兵提升军官的重要途径。海军目前有 66 个海军后备役军官训练团单位，近年来，每年向海军输送 1700～1800 名军官，其中陆战队占 300～400 名。1991 财年向海军输送了 1553 名军官，向陆战队输送了 321 名军官。

随着冷战的结束和国防费用削减，海军后备军官训练团将进行重大裁减。根据这一方针，到 1995 年海军后备军官训练团计划的目标是每年培训 900 名新的海军少尉和中尉，按照 1/6（正负 10%）的比例，陆战队占 135～165 名。

海军内部对后备军官训练团计划持不同看法。有人认为通过海军后备军官训练团培训的军官数量太多。另一些人认为，海军后备军官训练团这种训练方式更灵活更省钱。据统计，海军院校培养 1 名军官的经费可供培养 10 名海军后备军官训练团学员，后者在质量上并不比前者差多少，因此他们呼吁不要大力压缩海军后备军官训练团计划。

强调海航部队应在各种地形条件下进行低空飞行训练　据美《海军学会报》1991 年 10 月反映，“沙漠风暴”行动说明战术飞行员应在各种地形条件下进行低高度训练飞行。低高度训练飞行一般认为是在 3000 英尺以下。联邦航空局要求低空飞行要避开人口稠密地区，尽量不要在低于 2000 英尺的高度飞行。海军规定，海军飞机在人口稠密地区不得在低于 3000 英尺的高度飞行，除非得到航空港的允许，或者是进场、在军事训练航线和专门保留的空间飞行。由于环境的因素，越来越多的人反对低空飞行训练，对海军航空训练提出了挑战。海军正力争再建立一些专门使用的空间和军事训练航线，为其飞行员提供在各种环境下的低空飞行训练机会。

实施“西非训练巡航”　据《水手》1991 年 3 月反映，每年 7～8 月间，美国海军大西洋舰队派一至数艘水面战舰到西非进行训练性巡航活动，美军称之为“西非训练巡航”活动。参加巡航的舰艇有驱逐舰、护卫舰、坦克登陆舰、船坞登陆舰等。巡航舰艇上载有陆战队和海岸警卫队的人员以及“握手计划”捐赠物资。巡航途中，乘员们在舰上进行一般维修、队列训练、体能训练和演练；访问西非沿岸国家的港口时，与东道国海军进行联合训练，为他们讲课，进行军事技术表演。但是，军事训练不是西非训练巡航的唯一目的。每访问一个港口，在舰上举办招待午餐，招待当地政府官员，接待上舰参观的当地居民，进行友好访问和体育表演，为当地居民做好事，分发“握手计划”物资。其目的是使美军熟悉西非国家的风土人情，建立友好感情，扩大美国的影响，为美军提供一个提高军事技能的环境。

美国防部长谈陆战队教育与训练　美国防部长在 1991 年国防报告中指出，在相当长的时期内，特别是在部队规模缩减的情况下，为防止因部队编制结构缩小造成素质降低的不良影响，逼真的和有针对性的训练对提高部队战斗力是极为重要的。指挥员及其所指挥的部队必须熟悉对方的军事条令、战术和技术以及在战斗中可能遇到的各种武器系统。各种训练演习及计划必须强调军种间和国家间的联合作战，必须检验现役和后备役部队间的有效协作。为增强部队的生存能力与战斗力，士兵尤其是陆战队员，还必须具有在核、生、化与定向能武器(如激光、微波武器)条件下的昼夜连续作战能力。我们将不断加强部队的机动与部署训练，提高部队的社会和文化意识及语言技巧，加强能够充分体现我们技术成果优势的训练；同时，还必须研制费用较低的模拟器来用于耗资巨大的野外演习，以确保各级指挥官及其参谋人员保持高度的战备状态。

陆战队专业军事教育采取正规院校训练与自学相结合的办法 据美《陆战队杂志》1991年4月反映，陆战队总司令格雷上将强调说，陆战队的战斗力是国家军事能力的组成部分。陆战队通过必要的和广泛的训练和教育计划作好战斗准备。这些训练和教育计划的实施保证了陆战队的质量，造就了有创新精神的有思想的领导人。这些计划包括正规院校训练和自学。正规院校包括陆战队大学、指挥与参谋学院、军士学校、参谋军士学校、基础学校、通信学校、两栖学校；自学课程包括函授课程、专业知识阅读、专题讨论会。指挥与参谋学院为期1年的函授班将更好地为联合军种和盟国的高级参谋职位上的关键位置造就军官。匡蒂科陆战队大学负责研究和协调全陆战队的专业军事教育。

海湾战争为陆战队提供了训练机会 据美《陆战队杂志》1991年8月反映，美陆战队总司令格雷上将称，海湾战争为部署在那里的陆战队提供了前所未有的实战训练机会。陆战队担负的任务，沙漠地区的气候和复杂的地形，为陆战队空地特遣部队提供了真实的、有意义的、挑战性的训练环境。陆战队空地特遣部队各单位都把综合性的广泛的训练计划与作战计划密切结合起来。最初的工作是准备防御阵地和执行安全任务。在防御计划拟定和战斗阵地建好以后，陆战队空地特遣部队的主要任务是训练和安全保卫。

每个单位按照担负的任务和配备的装备进行训练。部队对任务、资源和地形熟悉后，就分配新的任务，移防到一个新的阵地。随着阵地的变换，训练的重点也有所变换。尽管气候恶劣、超高温、沙漠和大风，陆战队空地特遣部队取得了相当好的装备戒备率。例如，沙漠部署三个月后，地面装备的戒备率平均达到96%。陆战队空地特遣部队主动制定了武器多能训练课程，并与沙特陆军和陆战队以及来自英国、卡塔尔、巴林和阿联酋的部队一起进行了4天的实兵演习。美军向阿拉伯部队学习沙漠战战术、沙漠环境下的生存、沙漠导航技术；阿拉伯部队向美军学习作战战术和领导艺术，观看美军反坦克和迫击炮武器表演。

陆战队两栖部队在海湾战争中施训 据《海军时报》1991年5月6日反映，在海湾战争中，第2两栖大队(上载第4陆战队远征旅)和第3联合两栖大队(上载第5陆战队远征旅和第13陆战队远征小队)的43艘舰，在乔·B·拉普拉特少将的指挥下，在中东沿岸进行了4次港口访问。在航行途中，陆战队员们坚持体能训练、武器发射训练和专业军事教育课程。每到一港口，陆战队员上岸10天，进行军事演习，其中一次在沙特宰赫兰正北，一次在阿曼。每到一港口，陆战队卸载小队还进行卸载装备和补给品的实战训练。据悉第4陆战队远征旅接到部署到海湾地区的命令时，已装载准备到挪威参加寒冷天候演习，但在1周内就重新装载完毕，为陆战队提供了极好的实战训练机会。

在海湾部署期间，两栖大队的6架UH－1N“休伊”和3架“眼镜蛇”直升机飞行了2000个训练小时，其中400小时是使用夜视镜飞行的。驾驶员们听有关的战术课、伊拉克的防御系统和核生化武器方面的课程。

采用突击训练法以减少飞行训练时间 据《陆战队杂志》1991年5月反映，目前陆战队飞行员平均每月飞行20小时，一年飞行240小时。由于削减预算，陆战队航空兵将减少飞行训练时间。目前的航空训练方法是直线训练法，飞行员们认为，实际上不需要20小时就能保持熟练水平。采用另一种训练方法，即飞行员在加入一个舰队中队后集中突击训练3个月就能达到高熟练水平，然后每月用较少的时间进行训练，就能保持高熟练水平。在陆战队航空兵器和战术训练中队以及海军战斗兵器学校参加过集中训练的飞行员强调，用集中突击训练方法可减少飞行训练时间。目前一个中队在3年中需飞行10800小时，按突击训练法，只需要7590小时，每个陆战队飞行训练中队可减少飞行时间1000小时。

陆战队进行冷天气作战训练 据美《武装部队杂志》1990年5月和《陆战队杂志》1992年1月反映，1990年12月～1991年4月，大西洋舰队陆战队和太平洋舰队陆战队各派出2个营，到设在内华达山区的陆战队山地作战训练中心接受冷天气训练。

陆战队把冷天气分成4种类型：湿冷、干冷、严寒和极寒。湿冷的特征是温度变化频繁，一会儿结冰，一会儿溶化。干冷是指温度低于华氏14度，严寒是指华氏－5～－25度之间。这4种天气都影响陆战队的作战行动，但绝大多数的战斗活动发生在湿冷和干冷天气。在这种气候条件下，部队的训练水平和配备的特种服装以及装备的优劣会决定一支战斗部队的效能。严寒和极寒天气会直接影响装备的性能。

内华达山区山高、雪深、道路崎岖不平。设在这里的陆战队山地作战训练中心，每年12月到来年的4月间提供冷天气生存和战术作战训练条件。陆战队派出4个现役营和1个后备役营先后在此训练，每个营训练28天。训练的主要课目有：基本生存、越野滑雪、雪崩搜索、战术机动、山地作战和部队撤退等。陆战队员们使用挪威式帐篷，穿着宽松的服装，这种服装系统包括聚丙烯内衣、聚酯纤维绒上衣和裤子、中间装填了聚酯的上衣和裤子、带兜帽的伪装风雪衣。最初两周的训练，5天在山上，2天在营地。营地设在海拔6700英尺的山地，陆战队员们在营地维修装备、休息，准备进行山地行军。山地行军开始后，先走4英里山路，不带背包，到达8500英尺的营地（装备由雪撬运上山）。1周以后，开始第2段6英里的行军，携带30～40磅重的背包。在渡过最初两周的难关以后，第3和最后一段行军路程差不多有9英里就到达海拔9200英尺的目的地，携带的背包重50～70磅。在那里，部队要积极地适应高山和严寒的环境，学习生存、机动和山地作战。

山地作战训练中心的施训人员一致认为，冷天气训练是他们遇到过的最困难的训练。据军医说，在训练中，最大的伤病是冻坏手脚，红肿、疼痛，严重的需住院治疗。由于山高，登山速度快和体力消耗大，往往引起严重的高山反应。在这种条件下保持健康的最好办法是每天至少吃4200卡路里，喝4升水。

山地作战训练中心目前依靠10辆BV—206履带车辆进行后勤支援和雪上机动，准备向美国陆军再借15辆，用于训练驾驶员，代替在挪威的训练。训练存在的问题是，时间短经费少，限制了训练的质量和数量。

陆战队士兵的专业军事教育改革　据美《陆战队杂志》1991年2月反映，陆战队的士兵专业军事教育学校系统不久将发生某些重大变化。在1992财年，原来分散在17个地方的军士基本课程，将由在匡蒂科、李鸠因兵营、布特勒兵营和爱尔托罗兵营的四个军士长学校承担。据陆战队即将发布的关于专业军事教育的命令，军士基础课程将扩大招收名额以满足日益增加的需求。爱尔托罗军士长学校将开设高级军士课程。在1993年，爱尔托罗军士长学校将把其全部工作交给彭德尔顿兵营。

随着教改的继续，匡蒂科军士长学校将采用积木式教育方法，即根据军衔、职务及其需要的战术知识设置各级的课程。军士基础课程、军士专业课程和高级课程都把战斗技能训练作为基础。通过这些课程，学生可学习火力组/班级战术决策到连/营级战术决策。这些课程将增加战术决策演练、沙盘演习、战斗作战中心演习和各种模拟演练等新内容。军士基础课程和专业课程的学生将更多地参加实兵演习。作为体能训练计划的一部分，学员还将接受肉搏战训练。这种积木式教学方法的意图是使毕业生回到原单位后能担任小分队领导人（军士）、施训人员（参谋军士）和监督员（射击军士）。

在1991财年余下的时间，匡蒂科军士长学校将继续估价和研究这些课程的教材，把专业课程从6周延长到7周，高级课程由10周缩短到8周，以便每年增办一期训练班。其目的是使学生的毕业率与每年的晋升率相等，使每个军士都能获得进入专业军事教育学校学习的机会。

陆战队指挥与参谋学院开设战争艺术研究生班

据《陆战队杂志》1991年1月报道，陆战队指挥与参谋学院于1990年8月开设了战争艺术研究生班。首届研究生班共有6名学员。这些研究生完成学业后将成为具有特殊作战才能、良好的军事判断能力和战略思维能力的高级指挥和参谋军官。

战争艺术研究生班的课程包括战争政策和战略、作战方针、联合作战、2000年的作战、地区研究。学制1年。

战争政策和战略课程（1990年8月13日～11月8日）：主要研究军事理论和战略，包括国家政策和战略之间的关系、军事战略、作战艺术和美国的战争方式。

作战方针课程（1990年12月10日～1991年1月25日）：军事领导人和教员必须对本军种和陆战队的作战宗旨有透彻的了解，必须具有讲解和应用军事理论、部队结构和条令的能力，必须能使用陆战队空地特遣部队。教学内容将紧紧围绕陆战队指挥与参谋学院的教学核心——陆战队空地特遣部队这个题目。教学方法包括大量的阅读，高级司令官研讨会、小组讨论会和学术辩论。

联合作战课程（1991年2月19日～4月19日）：探讨与联合作战有关的基本问题和高级问题。首先研究美国的国家安全环境和美国武装部队的职责、任务、条令和能力。然后集中研究诸如指挥关系、通信情报和后勤等。重点研究如何制定和执行多军种部队支援国家目标的军事战略计划。

学员须利用其学到的知识和对理论、条令、联合能力、部队结构、财政拨款和国家安全事务的理解，针对现实世界的情况，进行情况研究，制定战役计划，开展政治—军事学术辩论和地区研究。

2000年作战课程（1991年4月22日～6月7

日）:学员须利用其敏捷的思维技巧、历史洞察力和战略才干，对未来的国家安全政策、军事战略和美国部队的职责和任务，进行分析和估价。强调鼓励学员借鉴政府机构领导人和公众及个人的研究成果，研究未来战略，以加深对国家安全战略的发展和构成的理解。

地区性研究课题是一门贯穿于全学年的综合课程，重点研究世界关键性地区的文化、政治、经济、军事能力和国家的现实目标。

1991～1992 学年将扩大战争艺术研究生班的规模。

陆战队指挥与参谋学院开设高级作战与战备研究生班 据美《陆战队杂志》1991 年 1 月介绍，陆战队指挥与参谋学院于 1990 年 7 月开设了高级作战研究生班，该班重点研究作战与制定作战计划、作战与战备之间的关系，目的是为美国武装部队培养跨世纪的高级作战指挥官。

第 1 期研究生班包括 12 名陆战队军官和来自其他任一军种的 2 名军官，由指挥与参谋学院院长和相应的军种司令部共同挑选，条件是指挥与参谋学院的住读课程毕业生，具有从事高级军事研究的才能、专业背景和事业心，本人自愿。

研究生班学制 1 年，课程包括作战基础、当代法规和战备、未来作战。

作战基础课程：分析近代军事史，强调重点分析美国军事领导人遇到过的问题，以及解决这些问题对美国军事法规产生的影响；同时还研究欧洲和亚洲的一些冲突。

当代法规和战备课程：该课程集中了美国当代军政法规，但研究的重点放在不久以前是如何利用这些法规解决实际问题的，这些经验对解决当前问题的方法有何影响。

未来作战课程：要求学生能利用其学到的有关作战和战备关系的知识，制定美国未来的军事计划。高级作战研究生班主课的教学方法是，通过引导解决问题，教会学生综合研究的方法。由于研究生班的目的是培养能及时作出可行的决定的领导人，所以教学方法是先把复杂的情况交给学生，要求他们分析问题，然后提出实际的解决办法。学生分析情况的方式多种多样，包括举行战例讨论会，通过系统的战斗分析研究各种战役，模拟演习来检验决策的可行性。在全部课程结束时，要求学生更广泛地利用所学到的技能，以书面研究的形式，分析世界秩序中某种假定的变化对军事领域可能产生的影响。

由于军事领导人必须对未知的将来作准备，因此，高级作战研究生班将研究各个不同时期和不同地区的战例，如研究法印（度）战争（1754～1763）以及拿破仑、温菲尔德·斯科特和埃尔德·莫尔特遇到过的问题。

（陈素贞）

空军训练　**综述**　1991 年是美国军事战略进行调整的第 3 年。本年度空军的实际经费为 1009 亿美元，比原计划减少 59 亿。战术空军 1990～1994 年经费将压缩 29.7%。这对部队训练带来严重影响。面对国防经费逐年压缩的严峻形势，以及从海湾战争经验教训中提出的挑战，美国空军不得不采取相应的对策：一是继续调整组织机构，适当压缩部队规模；二是根据美空军“全球到达、全球力量”的新概念，积极进行混编联队组建工作；三是强调“高质量装备”，继续发展高技术武器，同时压缩部分武器的采购和改进计划；四是加快调整和改革飞行训练体制，继续注重日常战备训练，改革合同训练演习，调整战术训练重点，提高实战能力。在 1991 财年，不包括海湾战争中的 65000 战斗飞行架次，美国空军总飞行时间达 369 万小时，比 1990 年增加了 9.8%；飞行事故万时率为 0.111，创造了历史最高安全记录。一年来，美空军在仿实战训练，尤其是在训练体制改革方面出现或正在出现令人瞩目的变化。

强化飞行筛选，提高选飞质量。　美国空军的飞行员培训正处在向双轨制专业化训练体制转换阶段。为适应新的训练体制，美空军训练司令部制定了新的飞行筛选制度，该制度分几个部分，其核心部分称为“强化飞行筛选计划”。凡申请飞行的人员均要接受飞行适应性检查。该计划拟于 1992 年春在里斯空军基地付诸实施。新的飞行筛选计划提出了更高的要求。首先，要求使用性能较高的飞机进行飞行筛选，它必须在一定范围内能做战斗机的大部分机动动作，通过适应性检查飞行，判断待选者在高性能飞机上能否适应飞行，是否具备飞战斗机的良好素质。然而，长期以来美国空军使用的 T—41 飞机远远不能满足这些要求。为此，美空军训练司令部提出了选定飞行筛选飞机的条件，并对 8 家航空公司推出的样机进行了全面考察。空军计划采购 125 架新式筛选飞机，于 1992 年 5 月开始接收。为论证“强化飞行筛选计划”，1991 年 7 月开始在洪多机场对 4 个学员班（每班 15 名）进行了试验。学员使用几架 SF—260 飞机，飞行 21.5 小时，进行包括改出失速的全部标准机动动作的飞行。通过试验，加深了对强化飞行筛选的认识，了解了此种飞行筛选的程序和方法。试验效果较好，4 个班淘汰了 8 名不适合飞行的学员，特别是晕机病，不通过这种严格的筛选飞行很难发现。强化飞行筛选计划对提高学员质量，树立学员进取心，降低淘汰率，节省训练经费具有不可低估的作用。

加快调整训练体制，提高训练效益。(一)航校实行双轨制专业化训练。美空军现行大学程度飞行员训练(相当航校)期限为1年，各类飞行学员首先用T－37教练机进行初级训练，然后上T－38接受高级训练。按1991年拟定的新双轨制专业化训练计划，学员统一完成T－37初级训练后，就分成战斗/轰炸机飞行员和运输/加油机飞行员两条"轨道"分别施训。该计划将于1993年1月付诸实施。为适应新的训练体制，美空军正在对使用寿命将尽的T－37初教机进行改装，使其寿命延长到2000年。同时，美空军和海军已达成协议，共同采购新的初级教练机。T－38高教机将用新的侦察/攻击/空战多用途教练机取代。运输/加油机飞行学员将使用新型的T－1A教练机，空军已订购43架。按合同，第一架T－1A已于1991年10月装备空军训练司令部里斯空军训练基地，1993年1月正式用于训练。

按双轨制专业化训练计划，完成T－37训练的战斗/轰炸机飞行学员在装备新式教练机前仍使用T－38飞机，但训飞时间有所增加，以便为战术空军司令部削减的训飞时间作出补偿。据1991年10月16日美国《空军时报》称，专业化大学程度飞行员训练所增加的训飞架次大体相当于战术空军司令部削减的过渡训练(指从航校毕业后到部队改装前的训练，又称预先改装训练)飞行架次。目前使用的训练大纲规定：T－37训飞80.9小时；T－38为108.8小时。新的专业化训练大纲将T－37训飞时间增至89小时；分机种训练后，T－38学员训飞时间增至119.2小时。因为T－38教练机专门从事战斗/轰炸机方面的训练，不必把更多的时间用在通用课目的训练，因此在训练内容上侧重战斗机、(战斗)轰炸机和攻击机的训飞课目，将较多的时间用来提高学员的战术技术水平。运输/加油机训练系统将是美国空军训练司令部今后30年第一个全新的专业化训练系统。首批飞行学员将于1992年9月开始在T－1A新式教练机上进行试验性训练。

(二)在保证质量前提下缩短部队训练期限。美空军原来培养战斗机飞行员的道路是，先进行大约1年的大学程度飞行员训练，接着进行2个半月的战斗机过渡训练和6个月的改装训练，然后分往作战部队。改革后，战斗机过渡训练将由战斗机基础改装训练班所取代，训练期限减为1个月，训练飞行减少13架次。1991年初，在霍洛曼空军基地举办了第1期战斗机基础训练班，试用了新的训练大纲。新大纲与旧的过渡训练大纲相比，除训练期限缩短50%外，训飞时间大大减少，由25架次减至11架次，其中战斗机基本机动动作训练6架次(旧大纲为8架次)，编队飞行2架次(旧大纲5架次)，对地攻击2架次(旧大纲6架次)，飞机操纵1架次(旧大纲1架次)，旧大纲还包括5架次的低空领航训练。从训练的重点看，新大纲特别突出了战斗机的基本机动动作训练，同时重视使用小型教练弹进行对地攻击程序训练。据空军训练司令部跟踪调查说明，缩短训练期限没有降低训练标准，在新的训练体制下可以造就出完全胜任的优秀飞行员。战术空军司令部官员称，缩短过渡训练期限之所以可行，不仅因为大学程度飞行员训练进行了改革，而且在过去20年里空军的飞机装备及其训练也有了明显改进。同时，经改进的新一代战斗机性能更好，安全性更强。如F－15、F－16飞机具有高度的机动性，良好的操纵品质，并装备计算机化的飞行操纵系统。

按旧的训练体制，战斗机飞行员在完成过渡训练掌握基本战斗技术之后，必须在指定的作战飞机上进行6个月的改装训练，然后派往作战部队。在作战部队通常再经过1.5～2个月的训练才能成为完全胜任作战的飞行员。由于预算紧缩，战斗机改装训练时间亦被削减10%。在调整部队训练体制过程中，为新飞行员设立专门的训练基地(专业化训练部队)重新受到肯定和重视。尽管存在争论，但美国空军不赞成将训练任务由专业化训练部队转交给作战部队。因为作战部队不能像训练部队那样有效地运用训练法。

吸取海湾实战经验，改革合同训练。(一)重申并确定90年代空军训练的指导思想。海湾战争对世界各主要国家空军尤其美国空军产生了巨大影响，美国五角大楼组成专门班子研究分析海湾战争的经验教训。作战结果证明，高技术在这场战争中发挥了重要作用。然而，五角大楼的军事家认为，高技术的重要性不可说得过分。美国空军一些高级军官警告说，训练的重要性并不亚于先进技术。多国部队从高强度的仿实战演练和联合作战演习中受益匪浅，训练成为制胜的重要因素。美空军参谋长麦克皮克将军说："先进技术装备要能实际发挥最大效能，还得靠训练，靠熟练使用这些装备的人。"海湾空中战役再次证明，着眼于战时作战任务的需要，"仗怎么打兵就怎么练"这条训练格言是有效的。美国空军通过海湾战争又流行了另一条格言："在什么地方作战就在什么地方训练"。美空军部队抵达海湾地区后，之所以较快地适应了中东炎热、干燥的沙漠环境，以惊人的出动强度和有效的战术手段投入空袭作战，主要是进行了模拟中东环境下的仿实战训练和紧张、有效的临战训练。美空军部队临战准备的口号是"训练、训练、再训练"。麦克皮克将军指出，海湾战争的一大教训是，二流空军战时就要付出巨大代价。伊拉克空军的装备还是相当好的，战争证明，他们的训练素质和实战能力差，是二流的空军。他声称，美国永远也不会用二流的装备和二流的飞行员去打仗。为此，美空军参谋部重申并确定了90年代空军训练的指导方针，认为“高强度、仿实战训练是提高作战效能和战时所需要的合成作战能力的一种手段”。“只有通过酷似实战条件下的训练，使飞行员掌握实战所必需的战斗技能，才能适应现代战争的需要。”

（二）改革以“红旗”为代表的合同训练演习。1991年，美国空军继续注重日常战备演练，驻美本土的部队重点演练向海外派遣的能力，加强部队的快速出动、空中加油、跨区转场和环境适应能力；同时，更加重视与其他军兵种联合举行的各种合同训练演习，如本年内仅以“旗”为名的大型演练共6次，其中“红旗”演练4次，以电子战为主的“绿旗”演练1次，“枫叶旗”演练（在加拿大）1次。驻海外的部队重点加强了与盟国部队的联合训练演习，重点是保持战备水平，提高战区内的应急作战和远程奔袭支援作战能力。海湾战争后，美空军更加重视以“红旗”演练为代表的仿实战合同训练演习，并根据海湾实战经验，开始对此类演习进行改革：

1. 训练演习假想敌目标发生了变化。由针对苏军转向针对第三世界国家和地区，增加了沙漠战、丛林战、特种作战等课目的训练，训练中尽可能地创造以第三世界国家和地区为背景的各种逼真的实战环境。

2. 引进更逼真的模拟系统，在演习中真实模仿敌人目标（区）及敌人使用的武器。美空军内利斯“红旗”战术靶场内设有1400个目标和阵地，为使其更加逼真地模拟中东战场环境，1991年初，美空军对其中许多目标和阵地进行了改建，如增设相互连通的滑行道，为模拟飞机和弹药库增设护墙和掩体，设置储油设施、石油钻井架、“飞毛腿”导弹阵地、大工业建筑群、地对空导弹和高炮阵地，等等。许多目标和防空阵地是按综合防空体系设置的，部署在早期警戒雷达和导弹引导雷达周围。这些雷达发射的信号可以启动飞机上的威胁警报系统，为飞行员提供即将遭到导弹或高炮攻击的警告信号，以便飞行员适时采取对抗措施和规避动作。此外，改用F－16C战斗机模拟米格－25、29和苏－27等，进行空中对抗训练。为使演习更加逼真，美空军正在研制红外制导和雷达制导空对空模拟导弹。

3. 组建空军混编联队，开展多机种协同作战训练。从海湾战争可以看出，争夺制空权的斗争，已经越发趋向于多机种、多兵种协同进行进攻作战，这已是现代空中作战发展的基本趋势。为加强合同训练，适应现代空中作战的需要，美空军在1991年度继续在战术空军组建混编联队。此种联队是一种高度机动的多重任务部队，由多种飞机混编而成，现已组建起2个混编联队，预计需要3～5年时间才能全部完成。由于混编联队装备不同机种的飞机，平时便于组织多机种协同作战训练，以联队为单位经常组织所谓小“红旗”演练；战时则便于实施统一指挥与控制，可大大提高快速机动能力和集中指挥下的整体作战能力。

4. 吸取近期空袭作战经验，改变训练演习重点。首先，加强了夜战训练。“红旗”演习已恢复了中断8年之久的夜间飞行训练。在本年举行的“红旗”演练中，F－117A、F－15E、F－16C和B－52飞机的夜间训飞时间占2/3，也就是说，在6周的“红旗”演练中，有4周进行夜战训练，包括“红”、“蓝”军之间的夜间对抗空战训练。美国空军已决定，“红旗”演习从1992年开始，全部时间均用于夜战飞行训练。许多国家的空军将参加此种演习。利用先进夜视器材实施有效的夜间作战训练标志着当今现代化空军战术训练的革命性变化。其次，美空军在继续重视低空作战的同时，开始强调中空作战形式。在海湾战争中，伊防空高炮对美机所造成的威胁最大。由此，美空军已打算在今后的演习中，将大约1/3的时间用于中空作战训练。

5. 改进对抗飞行演练效果的评估手段。1991年，美空军开始采用评价性能更先进的“空战情况分析与评价系统”，过去使用的“空战机动监视系统”已被逐步淘汰。新系统可同时监视和录制在靶场空域活动的100多架飞机空战、地靶射击轰炸和各种目标的情况，并如实地再现出来，供飞行人员对抗演练后总结讲评使用。该系统已与美国海军法龙战术靶场的系统连网配套，并计划于1992年6月与陆军训练中心连网。

主要资料来源：

①美国《空军时报》1991年10月16日。

②美国《航空周刊》1991年2月25日。

（李荣怀）

演　　习

演习简表

演习名称	演习时间	演习地点	参演人员及单位	演习目的、内容及特点
“协作精神91”（TEAM SPIRIT 91）	1991年1月24日～4月中旬	南朝鲜	约14万人，其中南朝鲜10万人，美军4万人，包括：第7航空队、步2师、第5水面中队，导弹巡洋舰“斯特雷特”号、导弹护卫舰“蒂斯代尔”号、“科普兰”号和“戴维斯”号、驱逐舰“休伊特”号、两栖货船“圣路斯”号、两栖船坞运输舰“杜布克”号和打捞船“打捞者”号。	正值海湾战争激烈交战期，演习规模缩小，首次没有美海军航母参加。
“沙漠旗”（Desert Flag）	1991年1月底～2月初	内华达州中南部的内利斯空军靶场	美空军、陆军、海军和陆战队部队，以及加拿大的F/A18参加。	1. 美空军对“红旗”训练演习做了修改，突出多国空军部队在“沙漠风暴”行动中遇到的作战背景目标和战术内容，并将“红旗”演习暂时改名为“沙漠旗”演习。 2. 增加了夜航训练，训练夜战战术，“红”“蓝”两军的夜间空战也成为例行训练内容。 3. 与“红旗”演习一样也有盟国军队，美陆军，海军，陆战队部队参加。如加拿大的F/A18参加了1月底进行的演习。 4. 每次历时6周，约有12～17支不同部队的90架飞机参加，每单位派出6～10架飞机约20名飞行员和70～80名保养人员。
“对抗雷91·4”（COPE THUNDER 91·4）	1991年2月18日～3月1日	菲律宾克拉克西北12英里乌鸦谷轰炸与射击靶场	驻群山第35战术战斗机中队；驻三泽第13战术战斗机中队；驻克拉克第3和第90战术战斗机中队；驻埃尔门多夫第54战术战斗机中队；驻库比岬第5舰队混合机中队；驻岩国第513陆战队战斗攻击机中队和第332陆战队战术电子战中队；驻库比岬第152陆战队空中加油运输机中队；驻嘉手纳第961机载警戒与控制机中队，后者负责指挥和控制任务。	1976年7月开始此类演习，每年在克拉克空军基地举行7次，每次为期2周。

续表

演习名称	演习时间	演习地点	参演人员及单位	演习目的、内容及特点
“北风91”（NORTH WIND 91）	1991年2月下旬～3月7日	日本北海道泷川兵营和上富良野训练场	美军400名；日军约500名。	年度性营规模训练演习，目的是训练美日两国部队协同作战及在寒冷气候中的行动、作战和生存。
“花冠套索”（Coronet Lariat）	1991年3月13日开始，为期2周	德国	美空军国民警卫队第128战术战斗机联队的12架A－10飞机及330名人员。	驻威斯康星州的空军国民警卫队飞机和人员，先转场至缅因州，然后进行不着陆飞行穿越北大西洋到英格兰，最后前往设在德国莱普海姆的前进活动站。在为期2周的转场期间，与英国和德国伙伴进行紧密空中支援，A－10飞越北大西洋时由1架C130飞机进行途中支援。该联队的装备由1架C5A载运，人员由民航机运送。
“对抗西91”（COPE WEST 91）	1991年4月	新加坡地区	美驻日本第432战术战斗机联队第13战术战斗机中队派出6架F-16战斗机；新加坡空军部队。	这是美国于1990年11月同意每年若干次派出飞机赴新加坡进行训练并促进地区稳定以来的首次活动。
“奥林匹克竞技场”（Olympic Arena）	1991年4月25日～5月2日	加利福尼亚州范登堡空军基地	美战略空军6个战略导弹联队均派部队参加。	这是美战略空军第24次年度性导弹战斗竞赛活动。
“有效救援行动”（Operation Productive Effort）	1991年5月11日～6月6日	孟加拉国	7500名美军（含7艘美舰组成的美两栖特遣部队和1支陆战队应急部队）。	前往孟加拉国帮助受4月30日旋风之害的灾民。美海军第5陆战队远征旅也参加救灾活动。后活动代号改为“海上天使行动”于6月6日结束。
“海上天使行动”（Operation Sea Angel）	1991年5月11日～6月6日	孟加拉国	7500名美军。	原称“有效救援行动”后改称“海上天使行动”受命去孟加拉国进行救灾活动。
“山樱花树XX”（YAMA SAKUKA XX）	1991年5月15～22日	夏威夷德鲁西堡	大约200名美军和140名日军。	联合参谋演习，由两军参谋人员参加一系列研讨会，演习期间没有野外实兵活动。
“眼镜蛇金子91”（COBRA GOLD 91）	1991年5月15～28日	泰国南部的那空是贪玛叻府地区	美军670人，泰军9000名。	演习目的：“确保地区和平”，强调泰国睦邻政策，加强泰国武装部队保卫泰国的能力。 演习内容有模拟海军入侵两栖作战和空中攻击。5月26日营规模登陆小队在滩头强行攻击。 1991年度美军参演部队大幅度减少。1990年度美军有9000人参加，1991年因海湾战争影响，只派了670人参加。

续表

演习名称	演习时间	演习地点	参演人员及单位	演习目的、内容及特点
“对抗北 91—4”(COPE NORTH 91-4)	1991 年 7 月 23 日～8 月 1 日	日本冲绳那坝和嘉手纳训练区	来自驻那坝和百里空军基地的 2 支日本航空自卫队部队;大约 200 名美空军和陆战队官兵;约 35 架飞机参演(其中日航空自卫队 13 架)。	旨在加强保卫日本的空中活动。自 1978 年开始“对抗北”计划以来的第 47 次演习。每次演习在日本不同基地进行。
“尤尼塔斯 32”(UNITAS32)	1991 年 7 月开始,为期 6 个月	靠近波多黎各的加勒比海海域进行为期 10 天的多国活动,后沿南美洲海岸巡航一周。	美国和南美国家(阿根廷、巴西、智利、哥伦比亚、厄瓜多尔、巴拉圭、秘鲁、乌拉圭和委内瑞拉)的海军部队。 参演的美海军单位有:驱逐舰“奥班农”号(任“尤尼塔斯”特混部队的旗舰)、导弹驱逐舰“达尔格伦”号、坦克登陆舰“巴伯郡”号、护卫舰“艾尔温”号。	演习目的:提高美国和南美洲国家海军部队的有效协作和战备能力。
“和平维持者·挑战 91”(Peace Keeper Challenge 91)	1991 年 9 月 22～28 日	新墨西哥州柯特兰空军基地	来自美国、英国和澳大利亚空军的 15 个小组参赛。 美空军各大司令部和野外活动机构均派出小组参赛。	在全球各美空军基地负责保卫核武器和其他设施的美空军保安警察及盟军的保安警察人员进行的战斗武器和体能适应竞赛活动。1981 年开始,1991 年是第 10 次(1990 年因承担“沙漠盾牌”任务而取消)。澳大利亚皇家空军首次派出保安警察小队参加。
“对抗北 92—1”(COPE NORTH 92-1) 美日战术空军联合演习	1991 年 10 月 3～18 日	日本三泽空军基地和千岁空军基地	95 架飞机和 400 多名士兵,参演美军从三泽空军基地、岩国海军陆战队航空站和嘉手纳空军基地抽调。	这是自 1978 年以来的第 48 次。它是支援日本航空自卫队的全国性年度战备演习,旨在增强保卫日本的空战能力。
“炮烟 91”(Gunsmoke 91) 空对空炮火射击竞赛活动	1991 年 10 月 6～19 日	内华达州内利斯空军基地	美空军现役部队及空军国民警卫队和空军后备队的战术战斗机部队派出参赛小组参加。	1. 每 2 年举行 1 次,由战术空军司令部主办,空军现役部队,空军国民警卫队和空军后备队中最优秀的部队进行为期 13 天的飞行比赛。 2. 美空军 A—10 型机首次参加。
美科联合军事演习	1991 年 10 月中旬	乌姆艾什(科伊边界以南 20 英里处)	300～400 名科威特军人及 35 辆 M—84 坦克; 200 名美军及 14 辆 M—1A1 坦克。	模拟演习,没有使用实弹,美科军队自海湾战争以来的第 1 次联合军事演习。
“瀑布·顶峰 91”演习(Cascade Peak 91)	1991 年 10 月底	华盛顿州路易斯堡		美陆军训练演习。南朝鲜国防部称,由 1 名四星上将带队的 70 名南朝鲜军官前往观看演习。

续表

演习名称	演习时间	演习地点	参演人员及单位	演习目的、内容及特点
“雏鹰 91”(FOAL EAGLE 91)美韩联合诸兵种野外演习	1991 年 11 月 1～8 日	南朝鲜汉城以南地区	驻南朝鲜的美陆、海、空军及陆战队和韩国部队。其中大部分来自南朝鲜的 420 万后备役部队。另有消息说:参演人数约 320 万。	演习旨在训练美国、南朝鲜部队为保卫南朝鲜而进行后方作战及特种作战。 演习内容包括:救生、规避、抗审、逃跑及返回训练,医疗支援,撤运及大量伤亡演练。 参演人数多,据称该演习是世界上规模最大的演习。 此演习为自 1965 年以来该类年度性系列演习的第 26 次。
“英勇闪击”(VALIANT BLITZ)	1991 年 11 月 1～9 日	南朝鲜东海岸浦项附近	南朝鲜现役和后备役部队 200 多万及美军 4 万人。其中美海军“独立”号航母作战大队的 9 艘舰;驻冲绳的美海军陆战队 4 个营,及南朝鲜的 1 个陆战队旅。	目的:提高参演部队实战战备能力。演习内容包括空中和水面两栖攻击登陆演练、反水面舰艇及防空演练。
“渴望权杖”(EAGER MACE)	1991 年 11 月 11～21 日	科威特吉布斯靶场	美军 2300 名,含“艾森豪威尔”号航母作战大队舰船 6 艘;美海军“塞班”号两栖戒备大队;第 22 陆战队远征小队;美空军人员;美陆军人员。	“塞班”号两栖戒备大队进行两栖登陆演习。美陆军负责提供后勤支援。
“东方盾牌 91”(ORIENT SHIELD 91)	1991 年 11 月 11～25 日	日本九州别府市日出生台演习区	来自夏威夷斯科菲尔德兵营的美陆军步 25 师 22 团 4 营 500 名士兵及日本西部军区第 4 师 41 团的 1400 名陆上自卫队队员。	演习目的是提高美日协同作战,保卫日本的能力。通常参演美军达 2000 人、日军 2500 人;这次美军 500 人和日军 1400 人。通常耗资 400 万美元,1991 年仅耗资 130 万美元。这是该类演习中规模最小的一次。
“肩并肩 91”(BALIKATAN 91)	1991 年 11 月 14 日～12 月 14 日(为期 1 个月)	菲律宾	菲律宾武装部队。850 名美海、陆、空军和陆战队人员。	演习目的:检验美菲部队联合作战能力,提供双方交叉训练机会。演习内容包括 1 次指挥所演习和在吕宋岛进行的几项民事活动计划,诸如掘井、修复学校和派出医疗队。
“彩色金子 92—1”(IRIS GOLD 92-1)	1991 年 12 月 8～12 日	科威特	科威特武装部队以及美陆军、海军、陆战队和空军特种作战部队。其中美军特种作战司令部所属约 900 人参演。	根据 1991 年 9 月签署的科威特—美国防务合作协定条款进行。演习包括一次空中攻击。
“壮观的卦”(GAGAH KOA)	1991 年	马来西亚	美国和马来西亚部队。	为美国和马来西亚双边训练与教育合作(计划)演习。

(徐国权　施建叔　徐法林)

美陆军军纵深火力突击演习想定 美陆军“未来空地一体作战”十分重视在非线式战场上打击敌纵深内的后续梯队，以配合正面近战部队粉碎敌进攻。美《野战炮兵》杂志1991年2月号刊登的下面这份演习想定比较具体地说明了未来作战中美陆军军运用建制的和加强的陆、空兵器打击敌后续梯队和实施地面反击、粉碎敌进攻的程序和方法。

情况想定

1997年×月×日，美第10军奉命在××地区指定地带进行防御。经过几周努力，该军完成了作战部署，做好了各种防御准备。至×日，经侦察发现，敌军一支大部队出现在己方部队前锋线前方约300公里处，并正在向军的防御地带接近。军长估计，按敌军的推进速度，战斗很可能在最近4天(96小时)内爆发。军长密切注意情况的发展，对防御部署做了必要调整，命令各部队加紧临战准备。

演习准备

1. 敌情判断。随着敌军的接近，军长利用现有的各种侦察手段对敌进行了侦察。这些手段包括：联合监视目标攻击雷达系统、“警卫轨”共同用户遥感系统、无人驾驶侦察机、远程侦察部队、侦察卫星和上级情报机构的侦察手段。军长迅速查明了敌军主力的编成、兵力和动向，至战斗开始前72小时，还查明了敌企图。

军长判断，敌计划以2～3个师沿A、B两条路线向军的左翼实施主攻，以至少1个师向军的右翼实施助攻，另约1个师担任预备队，企图迅速达成突破，尔后向纵深发展，攻占军的整个防御地带。

2. 作战方案。根据上述判断，军长决心采取下述方案粉碎敌进攻：(1)采取有力措施诱逼沿A路线进攻之敌进入军预定的“交战地域”，并在敌接近过程中以火力杀伤敌人；集中火力突击沿B路线进攻之敌，迫其向A路线靠拢，并进入另一“交战地域”。(2)与此同时，以猛烈火力歼灭助攻之敌或阻止其接近军防御地带。(3)最后，集中火力和机动兵力(2个师)对敌主攻部队发起“铁锤与铁砧”式合击，粉碎其进攻。

军长认为，地面反击成功的关键在于充分运用纵深突击火力削弱和迟滞敌军。他要求：首先要在打击敌纵深目标的同时运用适度的火力打击敌主攻部队的前方梯队，并尽可能将敌诱逼进“交战地域”，以便军机动强大的地面部队实施反击；第二，纵深火力突击要特别注意尽快压制和摧毁敌远程炮兵和随伴炮兵；第三，纵深火力突击一定要阻止助攻之敌前进，防止其突入军的前沿阵地或转移兵力支援敌主攻部队。

军长确定，1997年×月×日为D日(纵深火力突击发起日)。

3. 战斗编成及任务分配。美第10军辖1个装甲师、1个机步师、1个摩托化师、2个装甲骑兵团、3个战斗航空旅、3个野战炮兵旅。装甲师与机步师配置在左翼和中央，其任务是依命令反击和歼灭进入预定“交战地域”之敌主攻集团，摩托化师担任军预备队，配置在右翼纵深地区，准备依命令攻歼进入预定“交战地域”之残敌，或协同主力歼灭敌主攻集团；2个装甲骑兵团的任务是担任军的正面掩护，迟滞接近之敌；第66、67、68野战炮兵旅(每旅编3个多管火箭炮营、2个“普拉丁”式155毫米榴炮营、1个战术导弹营)，在军的防御正面由左至右依次展开，其任务是以纵深突击火力打击和消灭敌纵深内开进的部队及其他重要目标，遂行全般火力支援任务，以密集火力支援地面部队反击作战；3个战斗航空旅的任务主要是随时准备派出攻击直升机部队参加纵深火力突击，打击敌后续部队。支援美第10军的空军飞机可大量出动，按预定计划遂行战场空中遮断袭击任务及提供近距离火力支援。

4. 纵深突击火力的组织。纵深突击火力是军用来打击敌纵深目标的一种单独的火力，主要打击目标是敌开进中的装甲纵队、炮兵、战斗支援和后勤支援部队，目的在于为最后的地面机动(决定性反击)创造有利条件，即杀伤、削弱进攻之敌，打乱其进攻队形，保障地面机动部队最终粉碎敌进攻。纵深突击火力由军炮兵指挥官根据军长的指示进行计划和组织。其主要内容是：以各战术导弹营的导弹火力打击敌纵深内的关键目标，以大量“灵巧”反装甲火力配合其他火力打击和消灭敌助攻部队，各多管火箭炮营以“缄默彩虹”式精确制导弹打击敌电子战系统、防空系统，压制敌炮兵，削弱其反炮兵火力，以末制导火箭弹攻击开进中的装甲坦克、自行火炮及其他半固定目标，各榴炮营以改进型常规炮弹、末制导炮弹、“萨达姆”式反装甲弹打击敌战斗队形纵深内的C^3I系统、装甲车辆及其他软目标。其火力分工是：以榴炮和多管火箭炮火力构成30～40公里内的近程打击火网；以战术导弹和“缄默彩虹”式制导弹火力及空军飞机构成70～100公里以外范围内的中、远程突击火网，各战斗航空旅的攻击直升机营依命令参加对各路敌军纵深(50～100公里范围内)的火力突击。为了加大火炮的射击距离，军炮兵的3个炮旅从一开始即在各师的前方约20公里处展开，遂行纵深火力突击任务，各师投入战斗时为师提供加强火力和全般支援火力。

至D日前一天，军野战炮兵指挥官与各炮旅旅长根据最新情报沿敌接近路线选择了具体的纵深火力突击目标和火力打击区，规定了开火时机。

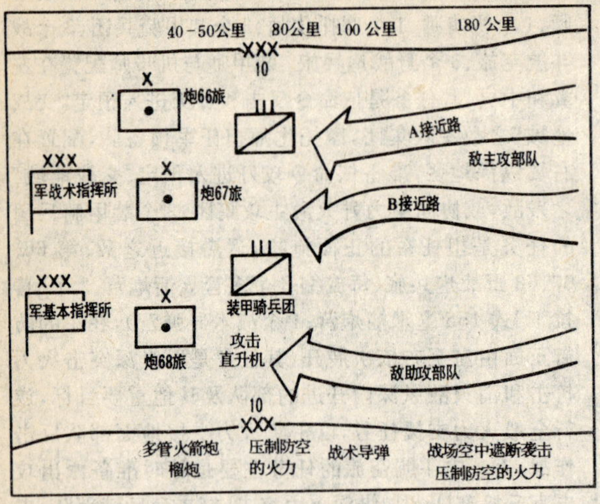

图 1　纵深突击火力范围区分

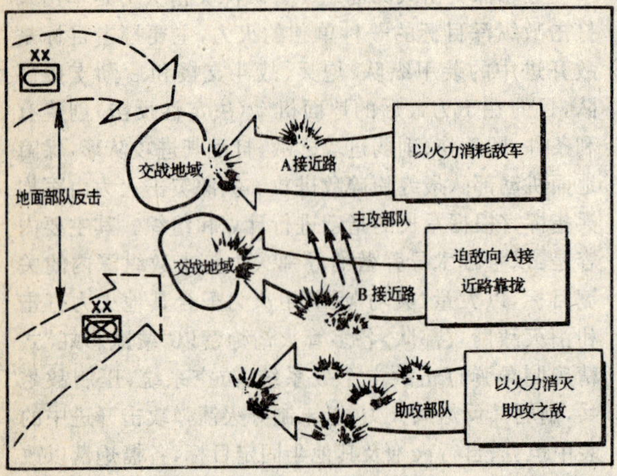

图 2　纵深火力突击与反击示意图

演习实施

D 日 2 时整，当敌军在距美第 10 军基本指挥所 200 公里处越过××线时，战斗打响。美第 10 军军长下令出动大量空军飞机对敌实施战场空中遮断袭击。经过奋战，空军部队很快取得了制空权，使敌遭受了一定损失。

D 日 2 时 15 分，在空军的 A－16 攻击机投入攻击之前，指定的多管火箭炮部队对敌防空系统实施了“缄默彩虹”式精确制导弹火力突击，将敌防空雷达系统大部摧毁。

D 日 5 时 30 分，据侦察，战场空中遮断袭击取得了以下战果：敌集结地域内的几个机步连和坦克连遭到歼灭性打击，敌 1 个坦克营被歼灭。

D 日 6 时整，军的电子战部队实施强烈的电子干扰。第 67 野战炮兵旅根据“警卫轨”雷达系统提供的情报发现并经无人驾驶侦察机证实，敌在××地区展开了数部战术导弹发射架，于是立即下令导弹营发射装有子母弹头的陆军战术导弹，将其消灭。

D 日 9 时整，在过去 7 小时内军主要以陆、空火力袭击敌纵深内的桥梁、开进中的敌军纵队、后勤设施、集结地域、C^3I 系统、导弹发射系统等。联合监视目标攻击雷达系统发现，敌军正在全力组织大规模进攻，其先头部队已开始展开成战斗队形。

D 日 9 时 30 分，军的全来源情报分析系统和炮兵高级战术数据系统提供的大量情报表明，敌正在组织进攻，并可能沿 2 条轴线发起突击，敌整个进攻布势向纵深延伸达 100 公里以上，对敌主攻集团实施纵深火力突击的时机已经成熟。

1. 对敌主攻集团的纵深火力突击与反击。D 日 10 时整，军长下令实施纵深火力突击。根据计划，对战术导弹射程以外的敌军后续梯队营级单位和预备队，主要以 A－16 攻击机等实施了战场空中遮断袭击；战术导弹部队集中火力打击 80 公里到 A－16 攻击机攻击范围之间的敌军目标；AH－64 攻击直升机对进入 50～70 公里范围内的目标进行了猛烈攻击；对进入 50 公里范围以内的目标，则以多管火箭炮和“普拉丁”式 155 毫米榴炮火力进行了袭击。为了确保陆、空兵器实施火力突击，军的火力支援机构在 60～120 公里之间的区域内规定了必要的空域协调区。

D 日 11 时整，配置于左翼的第 66 野战炮兵旅的各多管火箭炮营采取阵地机动方式对进入指定地区的敌军目标连续实施猛烈的火力急袭，配置在中央和右翼的第 67、68 野战炮兵旅也向敌猛烈开火。沿 A 路线进攻的敌先头部队约 1 个营遭战术导弹“灵巧”反装甲子母弹的袭击，伤亡惨重，而穿过火网继续前进的小股敌人，又遭到攻击直升机和装甲骑兵团的火力袭击。A 路线上的敌主攻部队的推进势头受挫。

D 日 11 时 20 分，军炮兵指挥官命令第 67 野战炮兵旅集中火力猛袭沿 B 路线推进的敌军。据无人驾驶侦察机报告，现在敌进攻队形完全暴露，出现了大量目标。但第 67 野战炮兵旅无力发射足够的反装甲战术导弹将其摧毁。该旅旅长遂与军炮兵指挥官与军航空兵部队取得协调，出动攻击直升机配合攻击这些目标。与此同时，他下令 2 个多管火箭炮连和 1 个 155 毫米榴炮连使用末制导弹药打击这些目标。在装甲骑兵团的掩护下，该旅的炮连迅速进入发射阵地，集中火力猛烈袭击沿 B 路线前进的敌军运动目标，同临空的攻击直升机一起击毁了敌大批装甲车辆，迫使该路敌军向A路线之敌靠拢。美第10军军长认为，现在出动机动部队对敌主攻集团实施反击的时机已经来到，遂命令位于野战炮兵后方约20公里处的装甲师和机步师及其直接支援炮兵出击。这些部队行动后立即展开成战斗队形，进抵预定的反突击地区，在上级的火力支援下向进入预定“交战地域”的敌主力部队发起猛烈攻击，取得了决定性战果。

2. 对敌助攻集团的纵深火力突击。D日10时15分，几乎在军主要防御方向上发起纵深火力突击的同时，配置在右翼的第68野战炮兵旅也对敌助攻集团实施了猛烈的火力突击。炮兵部队与战术空军飞机、攻击直升机部队紧密配合、互为补充，在己方部队前锋线前方80公里以外的地区制止了敌助攻部队的推进。猛烈的战术导弹、反装甲子母弹和末制导火箭弹火力，使该敌装甲战斗车辆遭受重大损失；战术导弹发射的子母弹、自动寻的反装甲弹及榴炮发射的多用途常规炮弹火力有效摧毁了敌人的炮兵、C^3I系统及其他重要的软目标。猛烈的火力突击持续了约2个多小时，最后解除了敌助攻集团的威胁。

到当日12时30分，军长确认在己方纵深突击火力打击和地面反击下，敌进攻已遭到失败，遂命令部队变更部署，休整补充，准备抗击敌军的下一次进攻。整个演习至此结束。

从演习中可以看出，美军未来空地一体作战十分重视从远距离上打击敌军，高技术兵器、精确制导弹药、先进的C^3I系统、侦察与支援系统将成为美军战场指挥官打击和消灭纵深之敌的主要手段。美军将广泛结合使用高技术遥感侦察系统与远程精确打击兵器，来阻止敌方集中兵力实施进攻，或迫使敌军向己方选定的“歼灭地域”集中，尔后集中作战部队一举挫败进攻之敌。演习表明，为了充分发挥高技术兵器的作用，灵活运用火力打击敌军，美军将进一步强调贯彻机动战思想，强调各级指挥官的积极主动性、灵活性及熟悉运用各种战斗力的艺术。

（姜绍宗）

附：　北约演习简表

演习名称	演习时间	演习地点	参演人数及单位	演习目的、内容及特点
“大篷车卫兵”(CARAVAN GUARD)	1991年7月	德国	美陆军第5军。	该演习以波罗的海沿岸3个共和国为立案背景：波罗的海沿岸A、B、C共和国即将脱离“戈德兰德”国(模拟苏联)，“戈德兰德”国害怕北约支援这3个共和国，进攻和占领了“诺伊特利亚国”(模拟波兰)这一缓冲地带。北约部队予以反击，并收复失地。
“北星·91”(North Star 91)	1991年9月10～19日	北大西洋海域挪威外海	来自北约成员国的55艘舰只和17000名人员参演，参演国为：加拿大、德国、荷兰、挪威、英国、美国、西班牙和葡萄牙。	以美国号航母(CV－66)为首的10艘美舰在挪威外海海域展开演练活动。

续表

演习名称	演习时间	演习地点	参演人数及单位	演习目的、内容及特点
“回师德国/可靠的盾91” (Reforger-Certain Shield 91)	1991年9月10～20日	德国中部地区	28000人(来自美国、比利时、德国、荷兰和英国的部队)。其中美军8800人(来自驻德国的第5军和驻胡德堡的第3军),德国的第8步兵师,北约多国空中机动师的8000人(来自英国、德国、比利时和荷兰)。	1.该联合军种演习旨在检验作战部队从美本土快速调往欧洲的能力。 2.鉴于欧洲地区事态的发展,“回师德国”演习的规模在近10年内缩小了50%以上。 3.北约多国空中机动师首次参加该实兵演习,北约首次在“回师德国”演习中,试用快速反应部队。 4.将多国空中机动师的野战实兵演习与野外指挥所演练和迄今为止欧洲地区的北约演习中规模最大的计算机模拟演习结合为一体。 5.如同1990年1月进行的“回师德国/百人队长盾牌”演习一样,将没有坦克参演,参演的其他装备也将大大减少,不进行大规模部队调动。 6.野外实兵演练几乎仅限于多国空中机动师及1支敌对部队,后者主要由荷兰第12装甲旅扮演,美军参演的地面部队只有来自第10山地师的第14步兵团3营。
“冷火91” (Cold Fire 91)	1991年9月	德国中部地区		北约组织“秋季熔炉”演习的一部分,是多国参加的中等规模的陆空联合作战演习。与“可靠的盾牌”演习结合进行。
“可靠的盾牌” (Certain Shield)	1991年9月,为期2周	德国中部地区	美国、比利时、英国、荷兰和德国的部队参演。	1.旨在检验小规模快速反应防御部队中固定翼和旋转翼两种飞机混合部队的作战方案。 2.这是“可靠的盾牌”演习自1987年以来首次成为“回师德国”训练演习的组成部分。 3.由北约北部集团军群司令英国的英奇上将主持策划。 4.1991年的演习并不集中对付苏联,演习中的“敌人”不是历年的“红”队而是“金队”,其规模约为北约“蓝”队的1/8。 5.与“冷火91”演习结合进行。
“显示决心91” (Display Determination 91)	1991年10月1～15日	地中海	美国、法国、土耳其、意大利、德国、西班牙、英国和荷兰的陆海空军部队参演。 参演美舰有“福莱斯特”号航母、“贝尔纳普”号导弹巡洋舰、“约克敦”号导弹巡洋舰和“黄蜂”号两栖攻击舰。	1.进行防御和增援能力演练。 2.演习总指挥为驻意大利那不勒斯南欧盟军司令部司令豪上将。

(施建叔　徐国权)

日本自卫队军事训练综述 陆上自卫队训练 1991年版日本《防卫白皮书》在谈到日本自卫队教育训练时指出:“为了有效地遂行我国防卫的任务,自卫队不仅要努力充实武器装备,而且更重要的是要提高官兵的素质和能力,并使部队保持高度的训练水平。通过维持和提高部队的训练水平,增强全军的战斗力,强化应急态势,确立牢固的防卫体制。为此,自卫队从平时就要严格地实施教育训练,努力培养高训练水平的军人和造就精强的部队。”

1991年,日本陆上自卫队继续贯彻全军平时要以教育训练为中心的指导方针。一年来,重视军人的使命感教育和部队的基础训练,以强化每个军人的国防意识,打牢坚实的军事基础;为了使军事院校和教导部队能够为一线培养出适应现代军事作战的合格军人,新的军事技术和武器装备优先保证其教学和训练的需要;不断探索和运用新的训练方式,提高部队的现代化训练水平;作为实现陆上自卫队由“内陆持久战略”向“水际歼敌战略”转变的一大支柱,SSM－1地对舰导弹教育部队首次赴美国实施实弹射击训练;利用高技术装备实施大规模救灾救护训练,提高应付紧急事态的能力;继续改革现行师的编制体制结构,以适应部队训练和作战需要。一年来,通过各种练兵活动以及新的训练设施投入使用,部队的军事素质和训练的现代化水平又有新的提高。

*强化军人的使命感教育,开展基础性练兵活动。*近年来,日本陆上自卫队在征召新兵问题上遇到了各种困难。日本男青年不愿参军的现象日趋严重。为了改变这种局面,1991年日本陆上自卫队扩大女性在军队中的服务领域,干部候补生学校首次招收2名女指挥军官。另一方面,通过地方联络部积极向地方宣传自卫队存在的意义,提高地方青年的国防意识。教育部队对应召入伍的新兵大力开展精神教育,使新兵牢固地确立军人的使命感。一年来,施训部队抓住新兵训练的有利时机,召开有新兵亲戚参加的各种“激励会”,以使新兵安心服役,献身国防事业。

1991年元旦过后,日本陆上自卫队的各种训练逐步展开。1～3月份主要为单个人员训练,4～6月份为分队训练。其主要训练内容有:冬季滑雪、队列训练、射击打靶、野营拉练和磨练军人意志的柔道、剑道比赛以及检验军事专业技能掌握情况的各种小型专业比赛等。通过各种训练和比赛及其表彰活动等,激发部队的练兵习武热情,以打牢过硬的军事基础。

*新技术装备优先保证教学和训练的需要。*1991年,日本陆上自卫队将采购的师防空情报处理系统和野战炮兵情报处理系统(FAOS)分别优先装备给通信学校和富士教导旅,以保证学校和教导部队的教学使用。另外,1991年,陆上自卫队在继续为教育部队装备90型新型坦克射击训练用模拟器和交战训练用装置的同时,还从当年的防卫经费中拨款2.4亿日元为东富士基本射击场引进“轻兵器射击评价系统”。拟于1992年正式设立并启用。

*采用新的训练方式提高部队的现代化训练水平。*1991年,日本陆上自卫队为了推进部队训练的“现代化和魅力化”,首先在北部方面队试点,实施以开设“训练评价支援中心”方式的部队训练。北部方面队分别在春、夏、秋三季各实施了一次这样的训练。先后有33个步兵连和第7坦克师所属的全部坦克连参加了此种方式的训练。运用这种方式进行训练的优点在于:方面队所属的各师把统一编成的步兵连按事先计划,送到“训练评价支援中心”,灵活运用交战训练装置实施训练科目。运用这个训练评价支援中心,不仅能够将训练结果及数据详细记录于电子计算机内,以便在训练后进行彻底分析、研究,对训练成果做出更为客观的评价,而且能够使统裁部和对抗部队的编成一次性完成,大大推进了训练的省力化、效率化。在部队训练后召开的事后研究会上,电子计算机能够将整个训练情况详细地再现于画面,从命令、指示、传达的正确与否到支援射击的效果均能做出具体的评价。指挥人员能够具体地掌握各连队在全军总体中的实际水平及其各自的优、缺点等,使各训练部队能及时发现不足,制定新的训练目标。

*利用高新技术装备实施大规模救灾救护训练。*1991年,日本陆上自卫队训练中的一个突出特点是,救灾救护训练与往年相比明显增多。仅在秋季日本陆上自卫队先后实施的较大规模的救灾救护训练有:东部方面队的应付大规模地震救灾训练、北部方面队的地震灾害后的大规模实战救护训练和西部军的火山喷发后的救灾训练。这些训练均利用了高新技术装备进行救灾支援。如北部方面队在北海道大演习场实施的大规模实战救护训练,9天出动各种车辆1000余辆,不同功能、型号的直升机45架。训练现场建立起完整配套的后勤保障系统,包括世界一流水平的现代化野外手术系统和200个床位的野战医院,1小时能净化、消毒52吨水的净化装置,2小时能做出供3600人就餐的野外餐车,等等。这次训练展现了日本陆上自卫队的众多高技术装备,是一次综合立体训练。日本防卫厅人士私下表示,这也是检验日本自卫队有无参与处理国际危机的能力的训练。

主要资料来源:

①日本《防卫白皮书》1991年版。

②日本《防卫日报》1991年。

（张洲军）

防卫大学改革招生方法 据日本《读卖新闻》报道，日本防卫大学从1992年起对招生对象和考试方法实施重大改革，考生的入学将采用推荐制。

日本防卫大学是三军最高学府。近年来，该校领导最大的烦恼是无法确保优秀人才。加之人口出生率低下，独生子女增多和企业招工竞争等原因，造成军队普遍缺编。以1991年毕业的第35届毕业生为例，4年前入校学生为591人，中途退学者为85人，降级12人，实际毕业生为494人。在这些毕业生中，有94人拒绝担任军职，有2人转入其他行业，实际担任军职的毕业生只剩398人。报考防卫大学的考生也逐年减少。1990年秋季入学考试人数较上年减少1100名。

为了增强防卫大学的吸引力，克服逐年严重的离队倾向，确保优秀拔尖人材，防卫大学和防卫厅决定改变入学考试办法。各高中校长将以内部呈报的形式向防大推荐品学兼优学生。被推荐者将免除笔试。考试科目减少。具体设想是将理工科所考的国语、数学、外语中，去掉国语；人文、社会科考生可从目前国语、外语、数学和社会学4门中把数学和社会学做为选择科目。

防卫大学首次招收女学员 据《解放军报》1991年12月12日报道，日本防卫大学是日本唯一一所学制同于一般地方大学的军官学校，负责培养日本自卫队三军军官。根据日本自卫队向妇女敞开军官大门的决定，该校1991年将招收女生。这是该校创校38年来的首次。

日本防卫大学设在横须贺，1991年共招收500名学员，其中女学员35名。该校1991年首次采取以推荐为基础的考试方法。目前，日本各中学校长推荐的450多名学生中，已有84人通过特别考试，其中女生有13人。还有1321名报考的女生，11月参加了另外一场考试。

（亦　尘）

组建第1个地对舰导弹教育部队 据日《防卫日报》1991年4月15日报道，为了强化教育研究支援态势，提高遂行防卫任务的能力，日陆上自卫队富士学校于1991年3月29日新编了陆上自卫队第一个SSM－1地对舰导弹教育中队。该中队由82人组成，担负着此种装备的教育和训练任务。

引进轻兵器射击评价系统 据日《朝云》1991年10月10日报道，日陆上自卫队从1991年度防卫经费中拨款2.4亿日元引进轻兵器射击评价系统。该系统由标靶驱动控制装置、射手解析/表示装置和射击指挥监视装置等构成。轻兵器射击评价系统装备后能大大提高部队训练的效率。射场的管理人员可由过去的80人减至30人；射击所需要时间，1人可由过去的2小时减至40分钟，1个步连(80人)可由过去的2天减至1天。

实施冬季游击行动集合教育训练 据日《朝云》1991年4月18日报道，日陆上自卫队1990年度冬季游击行动集合教育训练于1991年2月22日结束。冬季游击行动集合教育训练是为了培养在积雪寒冷的极限状态下能够进行作战的自卫队军人。这次训练毕业的30名学员都是从北部军所属的步兵、侦察兵、炮兵、装甲兵、工兵等各兵种选拔出的优秀人员。冬季游击行动集合教育训练包括雪洞过夜、雪地潜伏、雪地袭击、雪地伏击等各种科目。日陆上自卫队从1961年开始对部队进行此种训练，目前已培养了1600名军人。

开设训练评价支援中心实施部队训练 据日《朝云》1991年4月报道，日陆上自卫队北部军于1991年4月9～27日在北海道驹之岳演习场开设陆上自卫队第1个“训练评价支援中心”开展部队春季训练。这次训练从第2、5、7、11师中抽出9个步兵连，共计1300人参加了训练。据日《朝云》1991年7月18日报道，日陆上自卫队第7坦克师于1991年5月29日～6月11日在北海道大演习场、千岁地区首次开设训练评价支援中心实施坦克部队训练。第7坦克师称这次训练将坦克部队的训练现代化向前推进了一大步，它是在部队满员率低下、训练时间减少的严重训练环境下一线部队有效地维持训练水平的重要训练方式。据日《朝云》1991年10～11月报道，日陆上自卫队北部军于1991年10月15日至11月8日在北海道大演习场实施了第二次“训练评价支援中心”方式训练。共计24个步兵连3600人参加了训练。

导弹部队赴美实施射击训练 据日《朝云》1991年12月12日报道，日陆上自卫队富士学校炮兵教导队实弹射击训练队于1991年10月28日～1992年2月1日在美国加利福尼亚州美海军穆古角太平洋导弹中心实施89型SSM－1地对舰导弹射击训练。10月30日实弹发射一枚导弹。导弹越过1000米的高山后贴海面水平飞行，两次转换方向后通过自动雷达寻的击中目标(假想为敌舰)。

“霍克”导弹部队进行年度射击训练 据日《防卫日报》1991年8～12月报道，日陆上自卫队“霍克”导弹部队1991年度射击训练于1991年8月下旬至11月下旬在美国新墨西哥州麦克格雷高尔射场举行。日陆上自卫队各导弹群、导弹教导队共计23个中队790人先后参加了训练。“霍克”导弹部队一年一度的赴美训练已达27次。

（张洲军）

航空自卫队训练 综述 1991年是日本执行新的"中期防卫力量发展计划"(1991～1995)的第1年。为建成一支精强的空中力量，日本航空自卫队在"质量建军"思想指导下，在努力完成各项战备任务的同时，继续贯彻平时以教育训练为中心的方针，加强教育训练体制，提高效率并使之趋于合理；充实T－4中级教练机和各种教育训练器材；努力改进训练设施和改善训练环境。自1989年3月开始进行大规模的组织机构改革以来，经过近3年的调整和完善，训练系统的各级组织机构职能更加分明，关系更加顺畅。纵观航空自卫队1991年教育训练情况，可以看出以下几个特点。

*改革教育训练体系，加速飞行员培养。*为加速非战斗机飞行员的培养，使运输机、救难机、早期空中预警机、多用途支援飞机等机种的飞行员尽早接受相应的专门教育，经过4～5年时间的调查论证，日本航空自卫队于1991年拿出了教育体系改革方案。

现行飞行员教育体系是：第1初级驾驶课程(使用T—3教练机，期限6.5个月，飞行70小时)；第2初级驾驶课程(使用T－1教练机，期限6.5个月，飞行85小时)；基本驾驶课程(使用T－4教练机，期限6.5个月，飞行100小时)；然后，经战斗机驾驶课程(使用T－2教练机，期限7.25个月，飞行100小时)，再分开渠道，或是改装战斗机，或是改装运输机等其他机种。

改革后的教育体系规定，T－3阶段飞行60小时，比原来缩短10小时；T－1阶段飞行80小时，比原来缩短5小时；T－4阶段飞行115小时，比原来增加15小时。这一减一增，主要是为了把T－3和T－1阶段的编队和仪表飞行课目移到T－4阶段。改飞战斗机以外其他机种的学员不再进入T－4阶段，而进入新设的T－400阶段(使用T－400教练机，期限10个月，飞行150小时)。

新的教育体系计划在1995年正式执行。它可以提高非战斗机飞行员的培训质量，缩短培养周期。每年可培养运输机等非战斗机飞行员30名，占航空自卫队飞行员年培养人数的33%左右。

*开辟训练新路，弥补国内训练能力不足。*近年来，航空自卫队装备的机种逐渐增多，飞行员的需要量相应增大。但是，由于国内的训练能力不足，飞行员培养数量的增长赶不上部队的实际需要。因此，日本航空自卫队1991年共选送13名飞行学员在美国进行委托教育。受托单位是美国空军训练司令部。学习内容是先进修英语，后用T－38高级喷气教练机进行驾驶训练。13名飞行学员的委托教育先后分三批完成；首批4名，二批6名，三批3名。在美国实施委托教育计划进行多年。1992年选送的学员数量为10名左右。

*突出训练重点，提高整体作战能力。*1991年，日本航空自卫队研究海湾战争经验教训后认为，确保空战成功的关键为：1.高技术优势；2.高质量的训练；3.准确的情报。这三大要素的中心是高质量的训练。

1991年，航空自卫队除完成年度训练计划外，把演习视为部队训练的"最高形式"，并逐步制度化、系列化和规范化。1991年共组织各类演习和日美联合训练60余次。演习内容包括航空方面队间的攻防对抗、部队的快速机动与展开、对各种飞行目标的拦截、空中格斗、空地(海)协同、攻击舰船、对地支援、基地防空、空运空投、电子对抗、后方支援等等。重点突出空防和不同机种的空战。通过演习，有效地检验了航空自卫队的作战指挥能力和整体作战能力，达到了"演练空中作战的各种行动，提高作战遂行能力和战术技术水平"之目的，增强了部队的战斗力。

注重日美联合训练，加强与美军的交流。日本航空自卫队非常重视与驻日美国空军的联合训练，认为这种形式的训练不仅具有高度的临场感、实战感，可以有效地提高部队的战术技术水平，还可以增进与美军的交流，学习美军的用兵思想，开阔视野。1991年1～12月共举行较大规模的联合训练9次，训练时间不等，少则1日，多则12天。训练内容包括不同机种的空战、防空战斗、截击、空中支援和战术空运等。其中主要是不同机种的空战和防空战斗。

*重视模拟机训练，提高飞行训练效果。*航空自卫队培养飞行员非常重视模拟机的使用，认为模拟是提高飞行训练效果不可缺少的设备。其优点是：1.可真实地模拟飞行；2.可任意设定特殊情况，使飞行员掌握应急处置措施；3.可根据飞行员的要求随时中止或开始训练，对重点课目反复练习；4.可任意设定训练环境(昼间、夜间、气象、空域等)；5.可通过记录装置，使飞行员对自己的操作作出正确评价；6.经济(可不用燃料进行飞行训练)。因此，航空自卫队在飞行训练的各阶段都使用模拟机配合训练。第1初级驾驶阶段使用T－3模拟机；第2初级驾驶阶段使用C－11型林克机配合T－1教练机进行训练；基本驾驶训练阶段使用T－4模拟机；战斗驾驶训练阶段使用T－2模拟机。

*加紧训练效果检测系统的建设。*电子战在现代空中作战中占有极其重要的地位。但是，由于电子战实施于无形之中，所以很难对其训练效果作出正确的判断。为解决这个问题，日本航空自卫队耗资约120亿日元，于1990年在岐阜基地建成了电子战能力检测系统。该

系统可将电子战的训练效果用数字方式显示出来，是仅次于美国空军爱德华基地的第2大系统。航空自卫队1991年着手建设的还有两个系统：飞行试验控制系统和战斗机空战能力检测系统。两个系统建成需耗资170亿日元。计划1993年完工，1994年投入使用。

主要资料来源：

①日《自卫队年鉴》1991年版。

②日《航空爱好者》1991年第6期。

（王全永）

1991年培养1名战斗机飞行员所需费用 据日本《航空爱好者》1991年第6期报道，应众议院预算委员会的要求，日本防卫厅根据1991年度预算案，计算出了1991年培养1名战斗机飞行员所需的费用。

机　种	培养时间	所需费用（日元）	
		1991 年	1990 年
F－1	4年6.5个月	417307000	399693000
F－4EJ	4年6.5个月	481343000	458929000
F－15	5年1.5个月	558470000	559800000

费用的计算标准是从飞行学员开始接受飞行教育起到成为能担负战备值班任务的战斗机飞行员止。费用中包括：1991年度的人事费（薪金和各种补贴等）、住房费、被装费、伙食费、器材费、油料费等。

增加招飞员额 据日本《航空爱好者》1991年第2期报道，作为弥补飞行员不足的一项措施，日本航空自卫队1991年增加了招飞员额，由例年的90名增加到110人。其中部分人在美国训练。另据防卫厅公布，日本陆、海、空三自卫队现有飞行人员共4400名。

中止1991年度战术技术比赛 据日本《航空爱好者》1991年第12期报道，由于航空总队对战术技术比赛的现行规则和比赛内容意见不一致，航空自卫队决定中止1991年度的战术技术比赛。航空总队的战术技术比赛以前每年举办1次。它对于部队之间进行战术技术交流，提高部队的战斗力，鼓舞部队的士气曾起到积极的作用。另外，航空支援集团1991年度的战术技术比赛也一并中止。

战术空运部队赴美施训 据日《飞行周刊》1991年第1744期报道，1991年11月，日本航空自卫队派遣一支由41人，2架C－130H运输机组成的小型战术空运部队赴美国进行了训练。训练期限是11月26日～12月19日。训练地点是在美国北卡罗莱纳州波普空军基地。训练内容是低空领航、物资空投、在不平整的野战机场起飞着陆等。

（王全永）

演　　习

演习（训练）简表

演习名称	时　间	地　点	实施单位及参加兵力	指挥官	演习目的、想定及实施概况	备　注
陆上自卫队“北方机动特别演习”	1991年6月25日～7月6日。	日本本州至北海道的途中。	东北部军区第6步兵师等部队，约5200人。各种车辆1200辆，火炮36门，坦克28辆。航空自卫队C－1、C－130H型运输机共50架飞机，海上自卫队3艘输送舰以及部分民用渡船。	陆上自卫队东北部军区司令吉崎格中将。	提高部队远距离立体机动作战能力。演习部队从东北部军管区至北海道长距离机动约1200公里。在长途机动中，陆海空军实施了想定为实战状况下的协同训练。海上自卫队输送舰到达北海道浜大树登陆演习场后实施了登陆演习。第6步兵师到达北海道后，在矢臼别演习场实施了战斗团训练和师规模的演习。	北方机动特别演习始于1983年，每年举行一次。由驻日本本州以南的步兵师轮流实施。本次演习为第9次。

续表

演习名称	时间	地点	实施单位及参加兵力	指挥官	演习目的、想定及实施概况	备注
陆上自卫队“富士综合火力演习”	1991年9月5、7、8日。	日本静冈县东富士演习场。	富士教导旅为骨干，共计约1800人。东北部军区、东部军区、中部军区、第1空降旅、第1直升机旅、航空学校、工兵学校、航空自卫队派出部队。出动90型坦克等80辆，203毫米自行榴弹炮等71门，反坦克直升机等20架，航空自卫队的运输机、F4EJ战斗机共约10架。	陆上自卫队富士学校校长久保正住中将。	向陆上自卫队各学校的学生展示步兵、炮兵、装甲兵的火力效果和现代化作战的火力战斗等。	
1991年度军区综合机动演习	1991年10月22～24日。	日本南九州各地区和雾岛、大矢野原演习场。	西部军区第8步兵师、西部军区直升机队和第3反坦克直升机队。海上自卫队和航空自卫队分别派出1艘输送舰和2架F—15战斗机。	陆上自卫队西部军区司令重松惠三中将。	提高陆地、海上、空中的机动能力，演练地面作战时的空地协同要领。演习部队从陆、海、空三路机动至指定的地点后进入攻击作战。	
1991年度海上自卫队综合演习	1991年11月5～15日。	日本周边海域。	自卫舰队，横须贺地方队、吴地方队、大凑地方队，共约20000人。出动舰艇约100艘，飞机约150架。航空自卫队80架飞机。美海军1艘航母、20艘舰艇、300架飞机。	海上自卫队自卫舰队司令伊藤达二中将。	实兵演练旨在保卫日本的海上作战。演习期间，与航空自卫队在日本周边海域实施了防空战等联合演习；与美海军在日本本州的南方海域和东方海域共同演练了反潜战、防空战、反水面战和电子战等。	

续表

演习名称	时间	地点	实施单位及参加兵力	指挥官	演习目的、想定及实施概况	备注
1991年度航空总队综合演习	1991年9月27日～10月12日。	日本各空军基地和训练空域。	航空总队、支援集团、教育集团(部分)、中央通信群、资料作业队等,共计32000人,约520架飞机。海上自卫队10艘舰艇,美空军60架飞机。	航空自卫队航空总队司令石冢勋中将。	实兵综合演练实施防空作战时的一系列活动。演习分两个阶段进行,即:作战准备阶段和实兵演练阶段。作战准备阶段主要演练了部队的机动展开、快速锻炼、快速整备等;实兵演习阶段主要演练了防空战斗、空中拦截和基地防卫。演习期间,陆上自卫队派出导弹部队和地面对抗部队予以协同演练。10月7、8日,在日本周边海空域同海上自卫队自卫舰队和地方队演练了防空作战时的海、空自卫队的配合要领。10月3～11日,在千岁、三泽、府中、那坝各航空自卫队基地和美军嘉手纳基地同美第5空军司令部、第432战斗航空团、第18、132战术战斗航空团演练了日美空军保卫日本联合实施空中作战时的调整要领和部队运用。	
日美共同联合指挥所演习	1991年1月22日～2月1日。	日本自卫队陆海空军演习实施部队所在地和驻日美军演习实施部队所在地。	日本自卫队参谋长联席会议,陆、海、空自卫队各参谋部,陆上自卫队北部军区、东北部军区各司令部,中央输送业务队,海上自卫队自卫舰队,各地方队司令部,航空自卫队航空总队,支援集团,补给本部,约3400人;驻日美军司令部,驻日美陆海空军各司令部,陆军第9军,海军第7舰队,海军陆战队第3机动展开部队,第5航空队约1300人。	日本自卫队参谋长联席会议主席寺岛泰三上将和驻日美军司令戴维斯上将。	演习是在设想日美双方共同实施保卫日本作战的情况下进行的。目的在于演练日本自卫队与美军实施联合作战时的指挥参谋活动。其特点是,首次将日美海军联合指挥所演习纳入本演习中同时进行。	由于海湾战争的爆发,美第25轻型步兵师和第47步兵师两个司令部没能按计划参加。美参加人员由计划的2200人减至1300人。

续表

演习名称	时间	地点	实施单位及参加兵力	指挥官	演习目的、想定及实施概况	备注
日美联合军区级指挥所演习	1991年1月22日～2月1日。	日本北海道的札幌、真驹内和东千岁各驻地。	日方陆上自卫队北部军区司令部，第2、5、7、11师各司令部，第2混成旅、第1空降旅各本部，北部军区直辖部队的指挥机关，约1700人；美方第9军司令部，第25轻型步兵师、第47独立步兵旅、第3海军陆战队机动展开部队的指挥机关，约500人。	日本陆上自卫队北部军军长志方俊之中将和驻日美陆军司令杰克·D·伍德奥尔中将。	演习分两个阶段进行。第一阶段在真驹内和札幌两驻地实施，主要进行了人事、情报、作战等机动演练；第二阶段在东千岁驻地实施，指挥部和演习部队集结在一起进行了综合演练。	由于海湾战争的爆发，美军参演人数比原计划减少了1000人。
日美联合军区级指挥所演习	1991年5月14～23日。	美国夏威夷州奥德堡。	日方陆上自卫队参谋部，北部军区，海上自卫队参谋部，航空自卫队参谋部，自卫队参谋长联席会议，共计139人；美方陆军第9军，海军陆战队，海军，空军，共约300人。	日本陆上自卫队北部军副参谋长和美第9军参谋长。	演练日陆上自卫队和美地面部队实施联合作战时方面军级的指挥参谋活动。	本演习始于1981年，目前已举行20次。其中有8次在美国夏威夷举行。
日美陆军实兵演习	1991年11月11日～12月4日。	日本日出生台演习场、相马野演习场、汤布院驻地和今津驻地。	日陆上自卫队第4步兵师，美陆军第25轻型步兵师；日陆上自卫队第3步兵师，美第3海军陆战师，共计3200人。	日陆上自卫队第4步兵师师长内田十允中将；日陆上自卫队第3步兵师师长隅部正则中将。	目的在于实兵演练日美陆军联合实施作战的相互配合要领。演习分两部分进行。11月11～25日，日陆上自卫队第4步兵师和美陆军第25轻型步兵师实施了实兵演习，共计1700人参加。11月22日～12月4日，日陆上自卫队第3步兵师和美第3海军陆战师实施了实兵演习，共计1500人。	
日美海军联合指挥所演习	1991年3月18～28日。	美国罗得岛州新港美海军大学。	日方海上自卫队参谋部、自卫舰队、地方队、需给统制队和干部学校，共20人。	日海上自卫队参谋部防卫部长村中寿雄少将和驻日美海军司令D·R·萨凯特少将。	本演习使用了"美海军图上演习系统"。日美双方按照各自的指挥系统演练了联合保卫日本实施海上作战时的指挥参谋活动。	

续表

演习名称	时间	地点	实施单位及参加兵力	指挥官	演习目的、想定及实施概况	备注
日美海军反潜特别训练	1991年1月19～25日	房总半岛以南至小笠原群岛以东海域	日海上自卫队横须贺第1护卫队群第46护卫队2艘驱逐舰，第48护卫队2艘驱逐舰、第61护卫队1艘驱逐舰；补给舰“浜名”号；第2潜艇队群等。美海军第7舰队第15驱逐舰队所属“斯普鲁恩斯”级驱逐舰和“佩里”级护卫舰各1艘；“洛杉矶”级潜艇1艘、反潜巡逻机和直升机若干架。		演练在实施反潜战、防空战、反水面舰艇作战、电子战时舰艇的常规性使用。	反潜特别训练始于1957年，此次为第71次。
日美海军扫雷特别训练	1991年2月15～27日	周防滩	日海上自卫队扫雷母舰、布雷舰、扫雷艇、特务船等30艘；P－3C飞机21架、P－2J飞机2架、MH－53E飞机4架。美海军P－3C飞机2架、A－6飞机2架、F/A－18飞机2架，水下排雷人员15名。		布设各种水雷及排除这些水雷。	

（张洲军　王　萍）

越南军队军事训练　综述　1989～1990年，越军根据“全面、基本、系统、统一”的训练方针，对基层建设和部队训练进行了改革，并已初见成效。但与任务、要求相比，尚存在着“不协调、转变慢、不稳定”等问题。1991年越军训练工作针对上述薄弱环节狠抓了“新形势下军队训练指导思想的转变”，提出了“基本、实际、扎实”的新的训练方向，要求部队以基本技术为基础，把传统打法运用到训练中去，使训练适合战场条件，切合战斗实际。

提高训练认识。近年来，社会经济危机给越军部队建设和训练带来了严重冲击，一些单位的主官及部门放松了部队训练，把训练工作全部推给训练机关和分队指挥员，没有将必要的人力、物力和财力投入训练。在训练中，新内容和老经验脱节，组织方法不适应训练对象和保障条件。为此，越军当局强调“必须创造性地贯彻和运用党的军事路线，以适应新时期新形势”，要以越军军事党委关于1991年军事任务的精神为指针，指导和推动部队的建设和训练工作，使部队充分认识到教育、训练是部队的一项经常性工作，其内容和方式应随着形势、任务的变化而不断更新。训练的组织指导应力避一味沿袭僵化、机械的旧模式，在思想认识、领导指挥和组织方法等方面应具体、实在并发挥主观能动性。

改革训练内容。越军当局强调，军队训练必须从国家的现实条件、军队任务以及武器装备现状出发，教育和训练部队懂得如何打，并利用现有装备和打法克敌制胜。不能片面追求大兵团和诸军兵种合成作战训练，要善于适应环境和不断变化着的保障条件，牢牢把握现实可能性与行动方向。应采取训练内容与作战任务相结合的针对性训练，在训练科目和时间安排上总部只作大的规定和制定一些基本技术教程，各部队应根据自身任务和所处环境制定施训内容。其中，主力部队要在现有编制、装备基础上搞好集中作战及高强度机动行军训练，以适应作战需要。地方部队则侧重区域防守训练，重点演练省市防御，学习掌握战术和技术。

改进组织方法。随着训练内容的改革，越军训练的组织方法也相应发生变化。训练工作实行逐层负责、等级管理，上级教下级，干部教部队，反对包办代替。越军强调在训练过程中运用多种机制，不同训练内容结合进行。具体训练方法较前有两点变化：一是把新兵入伍训练由原来的先分配后训练改为集训后统分；二是从实战出发，改变程式化组训方法，即单兵训练加强针对性，分队组训在加大难度的同时，融战术、技术为一体，全面训练。

加强管训结合。越军当局认为，新时期部队建设的一个新特点是"训练必须与加强管理相结合"，必须贯彻"以训促管，以管促训，训管相长"的思想。目前造成训练质量不高，战斗力下降的主要原因是条令、条例的教育、训练不够。只有教育、训练部队自觉遵守条令，才能制止违纪犯罪，改善军民关系，提高军队威信。1991年越军总参颁布的条令规定，部队的管理要从人员、武器装备、物资财产、财政等方面入手，对每个军人的工作、学习、生活等进行全方位管理。同时管理工作也要与政治教育、思想引导同步进行。

立足全面建设。越军为提高部队训练质量和效果，必须狠抓基层全面建设。所谓全面建设，包括组织编制的稳定，物质精神生活的保障等。越军强调，单位建设不可偏废，不能以点代面，团级单位如此，战役战略级单位也应如此。要以政治建设为基础，以单位训练为中心，否则无法提高战斗力。

主要资料来源：

①越《全民国防》杂志1991年。

②越《人民军队》报1991年。

（刘桂兰　许　平）

越炮兵副司令兼参谋长谈炮兵训练　1991年1月3日越《人民军队》报刊载炮兵副司令兼参谋长杜国恩大校就炮兵训练问题的答记者问。他说，在1990年的训练中，为贯彻"基本、牢固、切实"的方针，炮兵部队注重单兵技术训练和炮兵分队的训练，开展争创"炮兵训练优秀连"的竞赛活动，这是基层炮兵单位全面奋斗的目标。进入第二阶段的训练后，各炮兵分队重点进行野外训练、长途拉练及与步兵一起参加协同演习等。1991年各炮兵部队均在实地组织演习，并在南、北两个区域评选出"炮兵训练优秀连"。在炮兵训练中要注重已装备的各类武器的全面训练，以保证干部、战士熟练使用现有武器，提高作战水平。炮兵司令部已指导各炮兵单位注重进行抵近射击、直接瞄准射击、夜间射击等。为提高训练质量，炮兵必须建立健全保障系统，完善训练计划，调整训练内容，使之更切合实际，提高干部训练质量，尤其要提高班、排、连基层干部和专业技术人员的素质；另一方面要真正关心部队的训练和训练方法，逐科目地提高干部和部队的集训质量，确保教具和其他训练物资的供给。要重视武器保养训练，使现有装备能长期使用。科学研究工作要集中解决当前的问题，同时注意长期研究，特别是已确认的一些研究项目，要尽快普及并用于训练。

创办"海军舰船中级技术学校"　据"越南之声"1991年5月15日报道，近日越海军司令部在胡志明市举行了"海军舰船中级技术学校"成立大会。出席开学仪式的有越国防部、海军司令部技术总局的代表及胡志明市政府的部分干部。该校的任务是培养海军舰船技术干部。现有100多名学员到校学习。学制3年（1991～1993年）。这些学员将成为专业技术干部长期为海军服务。

313步兵师进行综合行军训练　据越《人民军队》报1991年11月18日报道，为了检查1991年第二阶段训练的质量，进一步提高单位指挥员实施组织指挥的能力，按照"基本、牢固、切实"的方针训练部队，二军区313师结合袭击、伏击敌人和实弹射击等基本科目的内容，组织部队进行了一次综合行军训练。行军安排在地形十分复杂的地区进行，路途长60多公里，部队平均负重20公斤。行军中，指挥员跟随部队行进，并结合实战要求下达训练科目和情况，由分队指挥员组织处理。各单位每天总结行军经验，如部队纠正技术动作等。在训练中，313师指挥机关帮助分队干部总结实践经验，通过帮助指导战士处理各种平时训练中难以遇到的情况，缩短了学校理论与部队实践的差距，及时发现了分队干部的优缺点，为拟定训练计划提供了依据。训练中暴露了不少问题，如分队指挥员处理复杂情况时手忙脚乱；战士的技术动作欠准确；进攻敌人和行军过程中敌情意识不强等。

海军军官学校积极进行教改　据越刊反映，近两年来，越南海军军官学校的毕业学员无论在专业水平还是在组织、指挥、管理部队的能力方面都存在着许多不足，"不少基层单位不很乐意接受这些毕业生"。为扭转这种局面，该校积极进行教学改革，制定了一系列具体的措施，以逐步提高教学质量。

改革教学大纲，合理调整教学布局。该校领导认为，"更新教学大纲的内容是提高教育质量的第一突破口"。因此，他们在重新审查原教学大纲，认真研究并广泛征求军种内各单位和有关部门意见的基础上，对各专业教学大纲的内容和结构进行了调整，删除了不必

要的课目,增加与学员毕业后所担负的职责、工作联系密切的课目,把部分课程安排在见习期训练中进行。新教学大纲在编写指导思想上,力求“深入贯彻、明确体现党的军事路线”;结构上,突出了实战训练和实际操作的内容,其比例在各科中均占 40～60%;内容上,“密切联系海军的作战实际,按照基本、专深的方针,在多种海情条件下组织训练”。1989～1990 学年初,该校完成了第一轮各专业教学班的 11 个教学计划和两个海军战役战术级指挥、参谋军官教学计划的编写及调整工作。在教改过程中,该校还立足于未来,合理地调整教学布局,增设了海洋经济管理信息学、货物装卸、社会学、民族学、音乐、武术等课程,以“提高海军军官的文化层次和适应军种与社会生活发展的新趋势”。

抓好教员队伍素质的提高。该校现有教员中,具有大学毕业以上学历的不足 70%,与“高等级教学大纲”的要求极不相符。因此,该校把“培养一支一流水平的教员队伍”作为该校工作的目标,积极采取多种形式提高教员和干部的业务水平。其中主要有:(1)送出去。根据上级的计划,选送部分教员到外地深造。(2)就地学。鼓励在校教员到各在职大学本科班和研究生班跟班学习和参加信息学、教育心理学等专业学习班,并在时间和经费上给予支持;组织教员、干部集中学习外语。(3)下基层。有计划地安排教员轮流到基层单位任职,从而充实他们的实践知识,提高授课质量。(4)制定和坚持一系列促进和保证教学质量的规章。该校长期坚持“校长、系主任、专业教研组组长听课;教员集训;总结训练经验等”,“所有新教员正式讲课前都必须经过研究教材、编写教案、教研组通过和试讲程序”。

积极开展科研活动,以科学促教学。越海军军官学校积极与军内外院校建立联系,开展各种形式的科研活动,如组织科学研讨会、报告会和专题研究会等。最近,该校在各兵器专业教学中开始与越军事技术学院建立合作关系。此外,该校还拿出上百万盾作为资金,鼓励开展科研活动,该校已完成了不少“有价值、及时、很好地为教学服务”的研究项目,如“导弹发射脉冲控制原理图”、“水下武器系统潜艇攻击(教学)室的安装”、“运用电子计算机解答航海教学题”等。

研制成功可多次发射的 82 毫米迫击炮训练弹

据越刊反映,越炮兵军官学校裴决进中校和技师武明民大尉改进了 82 毫米迫击炮的爆炸管、引信及发火发射装药,研制出可反复发射的迫击炮训练弹。这种炮弹弹线稳定,炮弹触地时有爆炸声,白天可看到烟尘,夜间爆炸点有火光,与实弹相似;弹体不粉碎也不变形,射击完毕可将炮弹收回,供再次射击时使用。指挥员和迫击炮分队的动作也与实弹射击一样,操作简便。经过 10 次试射和 2 次实地鉴定,发射了 300 发炮弹(有的炮弹反复发射达 30 次),所有炮弹体均不粉碎也不变形,各项技术参数都达到了设计要求,而价格比实弹减少了 130%,是一项既安全又节约的科研成果。各炮兵、步兵及民兵的 82 毫米迫击炮分队均可使用该成果提高训练质量,尤其适应在狭窄地面进行射击,射击指挥和战术演习的训练。越炮兵司令已命令各军区、军团的炮兵主任学习并普及该成果。

(刘桂兰　许　平)

印度军队军事训练　陆军训练　综述

1991 年,印度陆军训练因受海湾战争的影响而有所改进。年内,由于经费和油料紧张,一些大的训练项目和计划不得不放弃,特别是像“铜钉”和“棋盘”一类的大规模军事演习几乎没有搞过,而代之以理论学习和新技术的掌握。

注重各级指挥官的理论学习和组织指挥能力的提高。印军认为,一支部队作战能力的强弱,看其指挥官就知道了。一个无能的指挥官,是绝对无法指挥部队战胜敌人的。为此,印军要求,各级指挥官务必加强理论学习和实际工作锻炼,努力提高组织指挥能力、分析判断能力和预测谋略能力。1991 年,印度陆军各院校和专业训练中心均加强了对各级指挥官的理论培训,有些院校还增开了海湾战争经验教训研讨课。为了进一步提高高级指挥官对未来现代化战争的组织指挥能力,印莫县战斗学院还特别增设了联合作战研讨班,重点培训少将级以上的高级军官。

注重诸军(兵)种的协同作战训练。印度防务专家认为,海湾战争中多国部队陆军的快速推进,得力于空海军飞机和导弹的先期轰炸和运动中的火力支援。如果没有诸方的协同动作,就不可能如此快的取得这场战争的胜利。根据这一经验,印陆军及时改变了过去那种单一军(兵)种训练多、诸军(兵)种联合训练少的做法。特别是 1991 年下半年,陆军系统单一兵种的训练或演习明显减少,步坦协同、步炮协同、陆空协同和陆海空三军联合作战的训练或演习明显增多。为了更好地做好诸军(兵)种的协同作战训练,印军还专门成立了“全军训练指导委员会”,具体负责诸军(兵)种的联合训练工作和探讨联合训练中的一些理论问题等。

注重对官兵进行高技术装备的操作使用训练。近年来,随着各种先进武器装备陆续装备部队,印军强调,无论官兵都要抓紧时间尽快熟悉各种新式装备,力争做到灵活使用和熟练操作。为此,印军采取了多种形式。一是在职训练,利用正常的操课时间进行一般性的训练。二是举办短期轮训班,对那些技术性较强、在职训练又无模拟设备的较难掌握的部分,一般采用办短

训班的形式。每期轮训1～2个专题，时间1～3个月不等。分期分批，轮流参训。三是派人到军事院校、国防科研机构或国内生产厂家学习。经过上述不同形式的训练，印军无论官兵，对新式装备的操作和使用都达到比较熟练的程度。

主要资料来源：

①印《军事新闻》、《前线》、《今日印度》杂志1991年。

②印《印度时报》、《政治家报》1991年。

（乔德春）

成立全军训练指导委员会 据印度《军事新闻》杂志和《政治家报》1991年1～3月报道，为了适应未来高技术联合作战的需要，进一步加强对印度陆海空三军训练工作的协调领导，改进落后过时的训练方法，印军方经过反复论证和研究，决定成立全军性的训练指导委员会。该委员会主席由荣获过一级、二级、三级卓越服役勋章和海军勋章的海军第一副参谋长纳德卡尼中将担任。主要任务是搜集世界各国军队在军事训练工作中的经验材料，研究印陆海空三军在训练工作中的成功经验和失败教训，制定当前印三军协同作战的方法和措施以及探讨各种专业训练和联合训练中的学术理论问题等。

莫县战斗学院增设联合作战研讨班 据印度《联系》杂志1991年第1期报道，为适应未来诸军（兵）种联合作战的需要，不断提高军队中高级指挥官的组织指挥能力，印军特在莫县战斗学院为少将以上级别的高级军官开设了联合作战评价和评估研讨班。该班于1990年招收了首批23名学员，其中15名陆军军官、5名空军军官和3名海军军官。该班主要学习在现代战争条件下诸军（兵）种的协同指挥和协同行动以及国防战略、高级战争指导、地缘政治研究等课程。

海军训练 **采取新的训练措施** 据印度《国防》和《军事新闻》杂志1991年4～5月刊报道，海湾战争使印度海军受到极大的震动。印海军当局认为，海军的发展除高技术的先进装备外，还必须进行适合未来作战的强化训练。为此，印度南部海军司令部（兼管全体海军训练）及时对过去的海军训练工作进行了回顾，并全面审查了以往的《训练大纲》，同时根据新形势的需要采取了一系列改进训练工作的措施：(1)取消了《训练大纲》中那些不适合现代战争的训练条目，相应增添了新的训练条目。(2)在海军的基础训练中尽量缩短训练周期，挤出时间进行新技术新知识的训练。(3)各训练院校的教员每年必须抽出一定的时间到技术学院接受最新教学方法和教学内容的训练。(4)在训练中，广泛采用现代教具，包括电子计算机、录音机、录像机以及其他模拟器材，进行形象化的训练。(5)对全体海军官兵，除正常的技术训练外，还必须增设核战、生物战和化学战的防御训练以及损伤控制等训练。(6)为防止事故和确保安全，每舰出海前必须进行出海前的适应训练。

对全体海军官兵进行计算机操作训练 据印度《军事新闻》杂志1991年1～3月刊报道，印度海军十分重视对全体海军官兵的计算机操作训练。其方法是分期分批，分阶段分层次进行。军官训练，主要在印度海战学校、战术训练中心和训练舰部进行。训练内容除计算机操作外，还要进行计算机程序设计等较高层次的专业技术训练。士兵训练，主要是在职训练，必要时派人到有关训练机构轮训。训练内容主要是计算机操作和保养。据印海军人士透露，目前，所有海军士兵都参加过二级计算机训练。

新建1所大型海军学院 据印度《政治家报》1991年报道，随着海军地位的提高和装备的更新，印度海军系统对人才的需求十分迫切。为此，印度政府决定在第8个五年计划期间新建1所大型海军学院，校址选在南部喀拉拉邦的坎努斯，预计耗资750万卢比。修建工程由军事工程机构承包，限定在1994年前完工。印军政当局对该工程的建设十分重视，印国防部长和喀拉拉邦首席部长等高级官员亲往视察和督导。

强化特种部队训练 据印度《军事新闻》杂志1991年4月报道，印度海军当局对海军陆战特种部队的训练十分重视，要求十分严格，强调每个队员不仅要有敏锐的头脑、强健的体魄，更要具备果断处置复杂情况的能力。为此，必须经过20个月强化训练，完成全部训练科目的队员才能遂行作战任务。

训练一般分为两个部分实施。第一部分是在科钦潜水训练学校接受潜水训练。队员每天的例行性训练，首先是跑步12公里，浮游3～4公里，潜游7～8公里，徒步泥泞冲刺400米，然后才开始一天8小时的潜水训练。训练考核合格的队员将获得一枚潜水证章。这期间受训者淘汰率近50%，留下的也还不能算及格，因为一旦在此后的训练科目中不及格，将随时被淘汰。

第二部分是进行海、陆军军事科目训练。这些训练除要求队员达到潜训时的体能强度外，还要求受训队员进行心理测验，以检验其意志能力。队员们要学习爆破术，学会使用AK－47和MP－5枪械及多种非常规武器，接受丛林生存训练，学会生食蛇和树根等。单兵战术训练，主要是掌握如何有效地进行突破和潜逃技能。此外，队员们还要苦练柔道和徒手自卫。

修建舰载装备训练基地 据印度《国际防务评论》和《军事新闻》杂志1991年第一季度刊报道，印度海军有关部门于80年代末期拨出专款，开始在南部沿海地区修建一座专供海军舰艇舰载装备训练的基地。该基地代号叫“维加特工程”。内部将安装现代化的训练设施，其中包括由印国防公营企业巴拉特电子有限公司承包研制的模拟训练系统。该基地目前已接近完工，有关部门和使用单位正在进行验收，不久将投入使用。

油料紧张影响海军训练 据印度《政治家报》1991年报道，印度海军强调近似实战的实兵演练，尽量使海军官兵和海军院校学员适应海上生活和保持海上感觉。海湾战争以后，由于油料相对减少，原定的实兵训练时间减少了，内容也相对压缩了。目前，印海军已经开始在模拟器和类似设备上进行训练。西部舰队的一个战术训练辅助设备已经在孟买启用，另一个战术训练辅助设备也将在东部舰队的维沙卡帕特南投入使用。

西部舰队进行实兵演习 据印度《政治家报》1991年7月21日报道，印度海军西部舰队于7月20日在阿拉伯海上举行了一次海上实兵演习。演习由西部舰队司令指挥，参加演习的有西部舰队的航空母舰“维拉特”号，卡辛级导弹驱逐舰、导弹护卫舰和国产多功能护卫舰等。演习中进行了舰对舰和舰对空导弹射击；驱逐舰“拉纳”号和“兰维杰”号进行了RDX－6000VVR导弹射击；“恒河”号和“兰维杰”号进行了SA导弹射击；进行了海航机垂直起降和空中攻击演练；进行了两舰间运送人员和物品的海上补给演练。印国防部长谢拉德·帕瓦尔，海上运输国务部长杰迪希泰特勒和海军参谋长拉姆达斯上将等高级官员观看了演习全过程。海军部队的各项射击表演，特别是超音速“海鹞”战斗机从航母甲板上起飞升空后对预定目标实施的及时而准确的火箭攻击，获得了在场军政要员的大声喝彩。演习结束后，印国防部长等接见了海军西部舰队的各级指挥官，并向参演官兵发表了讲话。

空军训练 采取切实的飞行安全措施 据印度《军事新闻》和《印度空军季刊》1991年1～3月刊报道，为了把飞行事故降低到最低限度，印度空军采取了一系列提高飞行安全的措施：(1)在各种科目的飞行训练前进行严格的安全检查，如发现疑问，立即停飞检修。(2)对过去训练大纲中不利于飞行安全的规定和要求进行必要的修改。(3)严格各项规章制度。技保和维修人员要切实按照程序办事，对业务技术精益求精。(4)在运输机和后勤支援飞机上安装录音机。这项工作完成后将有助于确定事故原因。

加强特殊制导武器的操作使用训练 据印度《军事新闻》杂志和《政治家报》1991年1月报道，随着印度国产“闪光”、“大地”、“三叉戟”、“火神”、“蛇”式等导弹的研制成功并陆续装备部队，印空军当局更加重视对有关人员的操作使用训练。90年代初印空军专门举办了“特殊制导武器的操作使用训练班”。第1期训练班有244名空军人员参加，开设课程包括：各类导弹的结构、工作原理、操作使用和管理、维护等。经过理论学习和模拟操作，上述学员已于1990年12月28日全部通过印度制导武器训练研究院的考试。印空军当局声称，目前印度在导弹国产化技术领域内已经跨入了世界先进国家行列，印空军将进一步对有关人员进行新式武器管理和维护的训练。

组建“防空地面环境系统训练学校” 据印度《军事新闻》杂志1991年1～2月刊报道，印度空军为了训练操作和维护防空地面环境系统雷达和通信网络的专业技术人员，特在南部班加罗尔附近的贾纳哈尼组建了一个现代化的训练基地，命名为“防空地面环境系统训练学校”。该校拥有引导系统和模拟设施的最现代化的实验室和最新式的训练辅助设备，如电子计算机辅助训练和评价系统、视频记录和放映系统等。该校开设雷达操作、电子通信、数据处理、发电和空气调节等课程。防空地面环境系统训练学校被公认为目前印度最现代化的技术型训练基地之一。

（乔德春）

老挝军队军事训练 综述 老挝人民军在初创时期就投入频繁的战斗，由于人员文化素质低、武器装备来源庞杂，因此在1975年以前，部队的军事训练，主要进行简便易学、实用性强的轻武器操作、单兵和班排战术动作等课目，以“急用先学”为原则，保证部队能遂行基本战斗任务。当时尚不正规的军队指挥学校也只能培训一些初级战术指挥员，远不能适应部队发展的需要。老挝人民革命党取得政权后，十分重视军队建设，1976年5月召开的二届三中全会决定，迅速加强军事专业和其他技术后勤保障专业的训练工作，“把训练作为部队建设的中心工作”，其中又以干部培训和机关建设作为主要环节，重点提高军官的作战指挥能力、管理部队的能力与专业技能，同时不断提高干部战士的文化水平，扫除部队中的文盲，逐步将部队建成一支训练有素的正规化革命军队。80年代中期以来，陆续新建或扩建了若干正规的指挥院校与特种兵专业技术学校，部队训练也逐步走向正规。1990～1991年，军事训练重点是提高军官的全面指挥能力，要求中高级军官努力克服单一兵种思想，积极学习诸军兵种合成知识，增强合成作战能力，在部队普遍进行反坦克训练和炮兵知识训练。由于老挝军队的正规化程度还不高，军事院校专业设置不齐全，训练经费不足，军事训练工作受到很多限制，其训练水平的提高还需要付出较大努力。

训练方针 坚持以训练工作为中心，要求训练工作为提高军队正规化、现代化水平服务；训练工作要由低级到高级、由浅入深、边训练边实践，不断提高质量和水平。1991年继续采取部队训练、院校培养和出国深造相结合的方式，重点提高干部的组织指挥能力、合成作战水平以及空军、导弹、炮兵、装甲、通信等部队的专业化水平。

训练体制 由总参谋局专设的训练部门主管全军的训练计划制订、经费管理和检查评比；负责领导全军性指挥院校，并决定专业技术院校的专业设置、培养目标、培训内容；负责选拔出国培训的指挥军官与专业技术人员。该部门通常由1名将军领导，总参还分工1名副总参谋长主管训练工作。空军司令部、陆军各师和内河水兵部队均设有主管训练的专门机构；团以下部队和省军事指挥部机关因编制小，没有专门的训练机构，但都有专门的训练主管人员。全军十余所专业技术院校分属总参谋局、总政治局、总后勤局和总技术局各相应业务部门领导。一般情况下，特种兵的技术训练以院校训练和出国培训为主，部队主要进行战术训练。干部训练分层次进行，以院校培训为主，在职训练为辅；初级指挥军官和部分中级指挥军官在国内军校培训，多数中高级指挥军官出国训练；专业技术军官多数出国培训，少数在国内自训。

陆军部队训练 新兵训练：新兵入伍后先集中进行为期3～6个月的入伍教育和共同课目训练后再补入建制连队。共同课目训练内容主要有队列操练、轻武器的构造与使用及各种条令条例学习等。步兵训练：按内容通常分为技术训练和战术训练。单兵技术训练主要内容有连队各种轻武器构造原理与使用、射击、投弹、工事构筑、排布雷、火箭筒使用等，与新兵训练内容有重复，但侧重于熟练掌握。战术训练主要进行单兵战术、班排连攻防战术、游击战术、清剿战术与反袭扰战术。合成训练：老挝军队长期以营连为单位执行任务和驻防，极少进行大规模的会操和战术演练，由于经费困难也极少举行实兵军事演习。但执行较大规模清剿作战任务较多，指挥员对合成战术指挥有一定基础，积累了一些经验。合成训练主要靠指挥所图上推演和沙盘作业。地面炮兵部队训练：主要进行操炮、放列、固定目标射击、打坦克等项技术训练和炮兵连、炮兵排集火射击训练。为提高部队在清剿作战中的炮火支援能力，战术训练课目侧重于连、排步炮协同演练，特别是山地步炮协同。防空部队训练：主要进行高炮、雷达、单兵地空导弹的兵器原理、武器操纵训练和空中目标识别、快速捕捉目标、对空快速射击等项训练。装甲部队训练：主要进行坦克、装甲车的操练、车载武器射击等项技术训练，步坦协同训练主要进行单车和坦克连、排支援步兵山地作战课目。

内河水兵部队训练 老挝内河水兵部队1978年成立时，成员主要来自地面炮兵和高射炮兵部队，从军官到士兵都不熟悉船艇。为尽快提高部队的战斗力，内河水兵部队大力开展军事训练，在初期侧重于船艇操纵、武器装备的运用以及水上航行能力等技术性训练，以单兵、单艇训练为主。同时选派一批文化基础较好，有一定实战经验的陆军干部出国学习海军指挥专业和船艇技术保障专业，这些干部80年代中期学成毕业后，大大充实了技术骨干队伍。自1986年以来，内河水兵部队的军事训练重点转向提高船、艇编队的水面协同作战能力，提高与地面炮兵及空军的协同作战能力，指挥员的组织指挥能力与船艇操纵水平有较大提高，水兵的技术素养也有相当提高，技术保障力量明显增强。1991年，内河水兵部队除继续重点提高协同作战能力外，还结合本国船小兵少的实际开展一兵多能训练。

空军部队训练 空军飞行人员、飞行指挥干部、导航人员及雷达、机务等主要的地勤保障专业人员均出国培训，1975年以来，先后有数千名空军专业人员学成回国。1991年8月，又有16名空军军官在越南空军技术指挥军官学校接受3年的飞行技术或参谋指挥专业培训后毕业回国。空军部队训练主要进行单机、双机昼间简单气象飞行，课目有航线起落、小编队飞行、对地攻击等，因条件所限，飞行训练条件差，保障水平较低，加之飞机老化，飞行事故时有发生。

院校训练 老挝共有十余所军事院校，其中指挥学校4～5所，包括“库马丹”中级、初级军官学校及2所合成军兵种学校，主要培养中、初级军事指挥干部和参谋人员，学制1～2年。理论学校和文化学校4～5所，前者主要培训政工领导干部，后者负责全军的文化轮训，初期负责扫盲，近期负责将轮训军官的文化水准提高到初中水平。1975～1980年，就有上万名干部战士驻校学文化，摘掉文盲帽子。此外还有炮兵学校、装甲学校、通信学校、汽车技校、中初级医校、财务学校等，负责培养专业技术人员，学制2～3年。各级军校一般都从部队中招收有一定文化水平和作战经验的干部战士，也少量从地方院校招收学员学习专业技术。为提高教学水平，军校的教员多数都曾分期分批出国学习过。为弥补师资不足，各院校还先后聘请了一些苏联、越南的军事教员或顾问。

出国训练 根据总参训练部门的统一安排，每年都派出相当数量的指挥军官和专业技术人员到前苏联、越南受训。70年代末至80年代中期，出国培训的课目侧重于战术指挥、侦察、通信、财会、军械修理及飞机、坦克、汽车、战艇的驾驶与维修专业等。此后增加了中高级指挥专业、参谋专业以及中高级医务人员的培训。出国培训的人员在越南为多，仅越南陆军学院就为老挝培养了数十届上千名指挥干部。米格飞机飞行人员和维修人员多在前苏联受训，越南空军技术指挥军官学校也先后为老挝培养了数百名飞行指挥干部和专业技术人员。越防空军技术指挥军官学校和士官学校先后为老挝培训了防空导弹、高炮和防空雷达等兵种的干部1000余人。老挝军队的各类技术干部绝大多数都在国外受过训，在国外学成回国的指挥干部现已成为老挝军队的领导骨干。

民兵自卫队训练　老挝军队为加强后备兵员建设，十分重视民兵训练，规定民兵组织平时活动以军事训练为主，训练原则与部队大致相同，有专门的经费预算，如特种专业民兵脱产训练时间较长，还要发给月薪和服装。一些省设立了军事学校，专门训练地方专职军事干部和民兵骨干。

主要资料来源：

①老挝《新万象报》1976年。

②老挝《人民报》1985～1991年。

（王康胜）

法国军队军事训练　空军训练　**飞行训练时间减少**　据英国《国际飞行》杂志1991年12月18日报道，法国空军为其战斗机飞行员制定的最低年平均飞行时间为180小时，但法国空军1991年的总训飞时间实际为36.4万小时，每名飞行员平均仅为165飞行小时，比最低标准还少15小时。甚至还有人提议就是降至155小时也不为过。

在1989年之前，法国空军平均飞行训练总时间一直保持在40万小时，平均每名飞行员每年至少可飞180小时。正常情况下，法国战术空军每天出动350架次；演习期间，每天出动400～450架次。日常每架飞机每个飞行日出动2.5架次。

限制法国空军飞行训练的主要有3个因素：经费、空间和“噪音公害”。其中最重要的是经费。

法国空军飞行训练时间1991年之所以减少，主要原因就是经费紧张。以往每名飞行员年均飞行180小时需耗用价值12亿法郎（2.23亿美元）的燃油。但由于油价在海湾战争前后猛涨，使1991年的飞行训练费用增长了20%，法国空军不得不减少飞行训练时间。

飞行需要空间。法国战术空军飞行员有75%的飞行任务需在低空或超低空完成。经常使用的高度层为75～300米。但在这一高度层常有轻型飞机或用于娱乐和体育的飞机飞行，因此，为了避免军用战斗机与这些轻型飞机相撞的危险，法国空军开辟了一些空中走廊。当战斗机使用着这些走廊时，就禁止其他飞机通过，不使用时就马上通知有关方面，让他们使用。

高速喷气飞机在低空飞行会给当地居民带来“噪音公害”。为了减轻这种公害，法国空军规定战斗机低空飞行速度不得超过834公里/小时，而且要避免飞越居民点。此外就是对居民们多宣传、多联系，以取得他们对低空飞机噪音的谅解。

法国空军非常重视演习，曾多次派人和飞机参加在美国内利斯空军基地举行的“红旗”演练。他们认为“红旗”演练逼真性强，参演者经受的心理考验可与实战相比。假若战术空军没有参加“红旗”演练，特别是在电子战、自我防护和进攻方面，就不可能达到今天的水平。再者，仅是一个建制部队向美国实施1万公里以上的远程机动转场就是一项很好的训练。不过，法国空军认为，由于保障经费过高，空中加油技术复杂，因此参加“红旗”演练的飞机数量应当减少。同时可以考虑每两年参演1次，将参演期限延长1倍，这样，在参演飞机数量相同的情况下，可使参演飞行员增加1倍。

（刘礼全）

军　事　后　勤

中国人民解放军后勤　**综述**　1991年，是执行“八五”期间军队建设计划纲要的第一年。全军后勤在完成各项正常保障任务的同时，重点抓了6项工作，取得了明显成效。

*认真贯彻军委颁发的《关于改进和加强军队财务管理的决定》，提高了军费使用效益。*事业经费“双轨”管理体制进一步完善，调动和发挥了事业部门与财务部门管家理财的两个积极性。建立健全财务管理中的激励和约束机制，加强了审计和财务监督。经对全军团以上单位和部门年度预算的审计，核减不合理的预算开支2.5亿多元，优化了经费的投向与投量。对师以下建制部队进一步实行标准化供应，使19项公务事业费

标准比 1989 年普遍提高 70%以上。增加经费供应的透明度和及时性，避免了分配使用的随意性。对全军银行帐户进行认真清理，共撤并帐户 1.7 万多个，提高了资金周转率，加强了财务统管和对经费收支的控制。

*全军房地产清查整顿成效显著。*根据中央军委的指示，经全军上下共同努力，房地产清查整顿工作取得显著成果。全军共清查出问题 8 万多个，已纠正处理 99%，可获直接经济效益 10 亿元以上。通过房地产清查整顿，有效地纠正了多年来房地产使用管理上自行其是的现象，为房地产建、管、用走上标准化、制度化、规范化管理的轨道打下了基础。

*军办企业集中归口管理取得阶段性成果。*遵照中央军委批转的三总部《关于军办企业实行集中归口管理的意见》，开始将作战部队师一级所办企业归口到军管理。各大单位现已初步完成了师以下作战部队军办企业集中归口管理任务。1991 年，全军生产经营年产值比 1990 年增长 10%，利税增长 5%。农副业生产在大灾之年，仍然取得好收成，全年生产粮食 63700 万公斤、肉禽鱼蛋 20900 万公斤、蔬菜 63100 万公斤。这对缓解粮油调价对部队生活带来的影响，改善部队伙食，起到了积极作用。

*基层后勤走上规范化管理的轨道。*总后勤部制定颁发了《军队基层后勤管理暂行规定》，为基层后勤实现规范化管理提供了基本依据和衡量标准。在全军掀起的大抓基层后勤规范化管理的热潮中，涌现出了一批整师、整旅、整团达标的先进典型。通过贯彻《规定》，基层的生产、生活、卫生和军械、车辆管理等设施逐步配套，部队住房条件逐步改善，生活水平稳中有升，群众性节约活动广泛开展。据不完全统计，全军各部队共节约油料 108000 吨、煤炭 106000 吨、粮食 24000 吨，回收废旧金属 69000 吨。利用报废车辆进行拆件利用和修旧利废，节约车辆器材 1900 万元。

*加强了对装备购置与维修的保障和重点部队的后勤保障，应急保障能力进一步提高。*1991 年全军装备购置和维修费用比 1990 年有较大增长，部队装备完好率有所提高。对陆海空三军应急机动作战等重点部队，在油料、药材供应，后勤装备配发，以及战备物资储备等方面，作了优先安排，还和国家有关部门共同研究了依靠国家运力，加强交通保障，搞好部队紧急输送问题。各大单位结合战役、战术训练，进行了开设野战兵站、海上机动保障和飞行应急保障的演练。驻南京、济南等战区的部队，圆满地完成了部队抗洪救灾的后勤保障任务。

*后勤自身建设取得新的进展。*后勤保障体制改革继续推进，三军油料划区供应、伤病员互相代医的试点经验，已在全军较大范围内推广；首次召开的全军后勤分部工作会议，进一步明确了分部的地位、作用和发展方向；围绕提高后勤人员的称职水平，狠抓了后勤训练的落实，1991 年全军轮训各类后勤干部近 5 万人，专业兵岗前培训率比 1990 年提高 3 个百分点，新训合格率达到 98%，涌现出等级技术能手和一专多能人才近 10 万名；1991 年，后勤科研又上新台阶，全军后勤系统共获国家级科技奖励 34 项，军队科学技术进步一、二等奖 260 项，是历年来获奖最多的一年，许多科技成果已推广应用，产生了很好的效益。

（李　铭）

全军后勤工作会议在京召开　1991 年 12 月 8～12 日，全军后勤工作会议在北京召开。会议总结了 1991 年全军后勤工作，部署了 1992 年任务，并研究了后勤系统如何进一步贯彻落实“八五”期间军队建设计划纲要问题。

赵南起部长在会上作了题为《注重质量建设，坚持勤俭建军，在调整改革中提高后勤保障能力》的报告。报告中强调，我们注重质量建设，当然也要发展现代科技和装备，但是要有中国特色。要从我们的国情出发，扬长补短，以国家经济和科技实力的加强，求得军队建设的发展；以政治上的优势，弥补装备上的相对劣势；以调动人的积极因素，充分发挥物的作用；以结构的优化，谋求整体功能的改善；以管理的加强，取得效率效益的提高；做到以较少的投入，获得更高的战斗力。报告指出，后勤工作贯彻质量建设的方针，必须抓好 6 个方面的工作：(1)统筹安排，保障重点；(2)优化结构，收缩精简；(3)集中统一，加强管理；(4)整顿生产，兴利除弊；(5)改进作风，服务基层；(6)艰苦奋斗，勤俭建军。

会议还讨论修改了《关于加强军队财务管理的若干规定》、《关于全军团以上单位经费收支决算审计的实施方案》、《军队住房制度改革实施方案》等文件。

（杨国华）

部署后勤分部建设任务　总后勤部于 1991 年 9 月 15～22 日，在北京军区后勤某分部，召开了全军后勤分部工作会议。会议明确了分部的地位作用，研究部署了今后分部建设与工作的任务，组织现场学习了北京军区后勤某分部全面建设的经验，观看了后勤应急保障装备展示。会议确定，加强分部建设的指导思想是：深化改革，强化管理，提高军事经济效益，提高应急机动保障能力，以适应后勤保障体制向联勤发展的需要，适应应付局部战争和突发事件的需要。近期内，要着重在深化改革中求发展，在加强管理和战备上下功夫，在加强政治建设上抓根本。

（张　伟）

召开全军后勤训练工作座谈会 1991年8月12～16日，全军后勤训练工作座谈会在北京召开。这是建国以来总后召开的第一次全面系统研究训练问题的会议。会议在分析形势的基础上，重点解决了以下问题：(1)加深和统一了对后勤训练地位作用的认识。会议强调，加强后勤训练对促进后勤人才成长、提高后勤保障能力、推动部队全面建设，具有基础和长远作用。必须用战略的眼光正确认识和对待。会议明确了后勤训练摆位的五条标准：一是思想上形成共识，真正树立起"只有训练好，才能保障好"的观念；二是各级后勤领导和机关，抓训练尽职尽责；三是把后勤训练切实纳入合成训练的轨道，既要服从合成训练，又要体现后勤特点；四是训练骨干得力，舍得把最得力的干部放在抓训练的岗位上，让最优秀的人才去组织训练；五是保质保量地完成训练任务，做到训练人员、时间、内容和质量的落实。(2)明确和把握了后勤训练的基本思路。即：坚持战斗力标准，以提高后勤人员称职水平和单位整体素质为重点，依法治训，提高强度，全面提高现代条件下作战的后勤保障能力。根据这个思路，按照后勤单个人员和单位整体两类对象，作战部队和后勤部队两个系列，分别提出了相应的训练目标和训练路子：专业兵训练实行专设机构培训与岗位训练相结合，着重打牢专业基础，提高专业技能；干部在职训练，实行院校教育与部队训练相结合，着重加强应用训练，提高实际工作能力；作战部队后勤训练，纳入合成训练轨道，与本级部(分)队同步施训，增强综合保障能力；后勤部队训练，围绕战役后勤保障课题，由下而上逐级合成，提高支援保障能力。(3)研究和提出了抓好后勤训练落实的措施。会议认为，抓好训练落实，保证训练质量，必须处理好五个关系：一是合成训练与后勤训练的关系。后勤训练必须服从和服务于军事训练，同时又要体现自身的特点。二是理论提高与实践锻炼的关系。坚持实践—认识—再实践—再认识的路子，培养合格人才。三是平时与战时的关系。着眼战时，带动平时，在促进平时工作水平提高的基础上，适应战时工作的需要。四是稳定与改革的关系。在保持总体稳定的前提下，以渐进的方式搞好后勤训练体制、内容和方法的改革。五是投入与产出的关系。力求以较少的投入，培养出较多、较好的人才。会议还讨论修改了《中国人民解放军后勤训练暂行规定》。

(张成名)

召开全军后勤科技奖励大会 全军后勤科技奖励大会于1991年5月28日在北京召开。军委刘华清副主席在会上充分肯定了后勤科技工作取得的重大成就，代表中央军委和三总部向获奖科技人员、后勤战线上的广大科技人员表示祝贺和问候。他指出，要实现质量建军的目标，很重要的一条就是依靠科学技术，依靠科技进步。因此必须进一步增强科技意识，重视科技队伍建设，加强团结协作和联合攻关，促进后勤科技事业的发展。

总后勤部刘明璞副部长指出，军队后勤科技发展的方针和原则是继续贯彻"后勤建设必须依靠科学技术，后勤科技必须面向后勤建设"的方针，坚持为部队服务、为战备服务、为后勤现代化建设服务、为国家经济建设服务的方向，缩短战线，突出重点，注重质量，加强基础和前沿，高度重视成果转化，强化宏观决策管理。

中央军委、三总部、国家科委的领导同志和总后评委会副主任委员在会上为获得1990年度国家级科技奖励和总后勤部1991年度军队科技进步一、二等奖的获奖项目代表颁了奖。

(丁建华)

后勤系统科技成果斐然 1991年，全军后勤系统294项优秀成果分别获得国家和军队科技奖励，是历年来获奖总数最多的一年。其中国家发明奖4项，国家科技进步奖27项，国家星火奖3项，军队科技进步奖一、二等奖260项。

这批获奖成果的特点之一是研究起点高，实用性强，在国家和军队后勤建设中发挥出了重要作用。如解放军总医院完成的获得国家科技进步一等奖的项目《骨水泥固定及珍珠面无骨水泥固定人工关节的实验及临床的系列研究》，突破了传统观念，根据人体生物力学要求，研制成功了新型人关节替代材料，在结构、性能上达到了国际水平。总后军械研究所完成的《HJ保障工程》在工军械技术保障研究方面取得了突破性进展。军事医学科学院完成的国家"863"计划课题《光敏生物素核酸探针标记和检测试剂盒的研制和应用》，为遗传病、乙型肝炎、癌症等的临床诊断提供了新一代的制剂，并达到小批量生产，获军队科技进步一等奖。特点之二是适用于部队，解决了部队实际问题，对提高部队后勤保障能力产生了积极影响。如获得国家科技进步二等奖的《军用船艇磁罗经导航系统》，把古老的磁罗经与自动操舵仪、雷达等现代化导航设备匹配组合成完全自主式的导航系统，能够在短时间内发出真航向信息。获军队科技进步一等奖的《登革势病毒单克隆抗体的研究及其应用》，解决了检测登革病毒的有效试剂和方法问题；《高强钢管混凝土新技术及高抗力防护拱门》、《铁路运输坦克无方木加固装载方法研究》、《冲击波—脉冲噪声对人耳致伤机理和安全标准的研究》等项目都产生了显著的军事效益。特点之三是军民通用性强，尤其是医疗卫生、农牧等专业，2/3的成果可军民通用。广州军区翠竹企业集团研制的《翠竹植物生长剂》，是一种专供农作物根外施肥用的新型多功能、广谱型植物生长调节剂，已在全国20多个省市使用，获国家星火二等奖。《建筑工程概算系统软件》较好地解决了工程量计算难题，受到了国家建设部的好评。

（卜寒奇）

总后决定编纂《中国军事后勤百科全书》 根据中央军委关于军事百科系列化的要求，总后勤部1991年1月24日发出通知，决定编纂《中国军事后勤百科全书》，制定了较详细的编纂工作计划。《全书》是中国人民解放军第一部完整、全面、系统地介绍军事后勤领域各专业知识的专题性百科全书，拟收条目5000余个，释文500万字左右，配图2000余幅。《全书》按军事后勤知识的科学体系分为后勤综合、后勤理论、后勤历史、后勤指挥、后勤各专业勤务、后勤政工、后勤人物等19卷。整个编纂工作6年完成，1991年开始，1996年结束。目前，各卷的编纂工作已陆续展开。

（李　铭）

中央军委批准转发总后《关于持续稳定发展军队农副业生产的意见》 经中央军委批准，1991年2月15日，中央军委办公厅转发了总后勤部《关于持续稳定发展军队农副业生产的意见》。《意见》强调全军在新的历史时期继承优良传统，发扬南泥湾精神，进一步搞好部队农副业生产，力争到1995年再上一个新台阶，为保障部队生活，促进部队建设做出贡献。在"七五"的基础上，"八五"期间计划全军粮食和肉禽蛋鱼产量增长26%，平均年递增4%，农作物单产和肉禽鱼蛋产出率达到或超过当地平均水平；果品和木材产量要有较快增长；农林牧副渔生产总收益增长34%，平均年递增5%；全军力争有70%的连队，肉菜自给率达到70%。各单位要根据这一总体目标的要求，按照"全面规划、长期建设、因地制宜、集约经营、依靠科技、提高效益"的发展方针，结合本单位实际，制订出具体发展规划。

中央军委给兰州军区华山基地记集体一等功 1991年3月3日，中央军委主席江泽民签署命令，给兰州军区华山基地记集体一等功。4月10日在陕西省华阴县举行庆功大会，总政治部副主任周文元代表中央军委、三总部到会宣读了军委江泽民主席签署的命令。

华山基地经过20多年的努力，走出了一条具有自身特色的种植、养殖、加工业一条龙，农业、工业、贸易一体化发展的军农生产路子。华山基地现有固定资产价值2518万元。有日产量2.5万公斤的面粉加工厂，月产量1.5万公斤的快餐面生产线、1万公斤的饼干厂，年产量5000吨的啤酒厂；有800亩精养渔塘、千头养猪场、千亩果园、千亩泡桐林各一个。年产粮食1000万公斤，总产值3042万元，总收益700万元以上。为弥补军费不足、改善部队生活、促进部队建设作出了贡献。

（王　峰）

全军装备87夏作训服 中央军委决定，从1991年5月1日起，全军官兵装备87夏作训服。87夏作训服是中国人民解放军87系列服装的组成部分，分为普通夏作训服和迷彩作训服两种，用料均为14×2/28涤棉平布。官兵作训服式样、用料、颜色一致。普通夏作训服，陆军为草绿色，海军为藏蓝色，空军上衣为草绿色、裤子为藏蓝色；迷彩作训服为林地型四色迷彩图案，三军通用。夏作训服的帽子式样为大帽檐、高帽墙，帽口可调节大小；上衣为夹克式，翻领，前面有6个兜适合携带物品，右袖有臂袋可放急救包，左袖侧有标志袢，袖肘加护压布，袖口大小可调节；裤子为宽松式西裤，前后各两个兜及护臀、护膝布，裤口大小可调节。夏作训服帽子设7个号，1号最小，7号最大；衣服分5个号，每个号有三个型。着作训服佩戴软肩章、小帽微。

（李俊锁）

三总部表彰全军先进企业、农场和劳动模范、优秀企业家 党的十一届三中全会以来，特别是"七五"期间，全军生产经营取得可喜成绩，涌现了一大批事迹突出、具有时代特征的先进单位和个人。他们为改善部队生活，保障部队供应，提高部队战斗力作出了积极贡献。三总部对全军84个先进企业、48个农(牧、养殖)场、148名劳动模范和26名首届优秀企业家给予通报表彰；并于1991年6月4～7日在北京召开表彰大会。江泽民、刘华清、杨白冰、秦基伟、迟浩田、赵南起等军委领导同志接见了与会全体代表。赵南起同志在会议结束时，代表三总部作了题为《发挥优良传统，争取更大成绩》的讲话，指出受表彰的先进单位和个人是当之无愧的，是"两个文明"建设的带头人；号召全军指战员向他们学习，并希望他们进一步发挥模范带头作用。

（杨国华）

全军卫生工作成绩显著 1991年，全军卫生工作以开展优质服务，加强基层卫生建设，发展医学科技为重点，各项工作取得了较好的成绩。

*优质服务活动取得初步成效。*全军医院、疗养院广泛开展"白求恩杯"优质服务竞赛活动，进一步端正了服务方向，提高了广大医务人员重服务、求质量的积极性。全军共派出医疗队2934批，深入基层、边海防诊治81400多人次。一些驻大中城市医院积极支援艰苦地

区部队卫生单位，开展帮、带、建活动，促进了基层卫生建设。

基层卫生建设有新的发展。在巩固和发展师、团卫生建设成果的基础上，突出了营连卫生建设。总部为师以下部队和干休所增加卫生事业费和医疗设备费9700多万元，改善了卫生工作条件，使全军72%的营卫生所、66%的连卫生室达到了总部规定的建设标准，较好地解决了官兵的看病吃药问题。

应急卫勤保障能力得到明显增强。对全军卫生战备工作进行了总体规划，突出抓了应急机动作战部队的卫生战备建设。建立健全了各项战备工作制度，强化了战备训练，落实了战备物资，使卫生战备工作做到了组织、思想、技术、装备四落实。在抗洪救灾卫勤保障中，全军紧急组织医疗、防疫队686批，为群众防治病52万人次，支援医药卫生器材400多万元，圆满完成了抗洪救灾卫勤保障任务。

医学科研和人才培养取得新成绩。论证下达了41个科研项目的指令性计划，落实了26项协作攻关课题、183项重点课题和292项青年基金课题。获得105项国家自然科学基金、14项国家"863"计划科研项目。全军卫生成果获奖201项，其中国家级奖21项。有针对性地抓了骨干培养、继续教育和岗位练兵，并取得初步成效。继续开办了硕士学位课程班和专修班，培训骨干981名，并首批组织了17名中医师带徒，摸索了培养高层次中医人才的新途径。

四项专题调查论证取得阶段性成果。经过两年对全军卫生工作体制、人才、装备、经费的四项专题调查论证，提出了卫生工作改革和建设的基本思路，制订了全军卫勤体制改革方案、医院经费分配管理改革方案和"八五"人才培训规划，为加快卫生装备的列装、列编做了准备。

（李青堂）

全军物资系统坚持走自筹自补之路 据《解放军报》1991年1月24日报道，全军物资系统已开辟出一条物资自筹自补之路，1990年同1985年相比，自筹钢材由8.7万吨增加到14万吨；木材由16.7万立方米增加到24万立方米；水泥由81.3万吨增加到100万吨；机电产品由2800万元增加到1.29亿元，对于缓解物资供需矛盾、保障军队各项任务的顺利完成，起到了重要作用，为部队节约开支上亿元。全军物资系统的自筹自补，一是扩大军内自产，二是组织物资自运，三是开展补偿贸易。其中，各级物资部门还开展了联供联销和建立稳定的供货关系。

（亦　尘）

全军开始实行油料联供 在1990年沈阳、济南战区试行陆、海、空三军油料联合供应并取得经验的基础上，1991年，南京、广州、北京、成都、兰州战区先后召开油料联供会议，建立了战区内陆、海、空三军油料部门领导参加的油料联供领导小组，划分了油料供应保障区域，明确了保障责任，制订了配套措施，对供应手续制度、经费补助标准、指标划拨结算等提出了具体要求。至此，各战区相继开始实行油料联供。

（夏　兵）

全军进行房地产清查整顿 中央军委决定，1991年在全军进行房地产清查整顿。为搞好这次清查整顿，江泽民、杨尚昆、刘华清、杨白冰等军委领导作了重要批示，成立了以军委委员、总后勤部部长赵南起为组长，副总参谋长徐惠滋、总政治部副主任李继耐、总后勤部副部长刘明璞为副组长的领导小组及其办公室，总参谋部、总政治部、总后勤部印发了《全军房地产清查整顿工作实施方案》、《核定营房面积实行限额住用规定》、《关于军队家属住房有关问题的处理规定》、《军队房地产经营管理规定》等6个法规性文件，派出了10个由三总部有关二级部领导为组长的工作组分赴各大单位检查指导。经全军上下共同努力，这项工作取得了多方面成果：查清了全军现有房地产的底数，核定了住用单位的营房面积，为在全军实行营房限额住用打下了基础；清退、调整了在职人员和离休、退休、转业干部以及烈属、遗属等不合理住用、占用的住房，其中两处以上超标准住房清退出200多万平方米；处理了超标准建房、擅自处理和违章经营房地产以及军地互占房地产等问题。中央军委对全军房地产清查整顿工作给予了充分肯定，杨白冰秘书长指出："房地产清查整顿很有成效，使一大批老大难问题得到了较好解决"。

（成义民）

海军水雷自动检测和故障诊断系统问世 由海军4307工厂和海军工程学院联合研制的多功能水雷自动检测和故障诊断系统，年初通过专家技术鉴定。该系统可对多种水雷进行检测和故障诊断，并打破了每次检测一枚水雷的传统方式，可同时检测20枚水雷的继电装置，比过去提高工效20倍。专家认为，这一研究成果达到了国际80年代中期水平，对提高海军水雷技术保障的快速反应能力具有重要意义。

海军舰船水下抢修工程技术研究课题通过鉴定 由海军后勤技术装备研究所和某基地共同承担的《舰船水下抢修工程技术研究》课题，1991年7月5日通过专家鉴定。其水下电位测量仪，属国内首次研制，主要性能指标达到国际同类产品的先进水平；水下湿法焊接、氧—弧切割等工艺，技术先进；加改装后的水下修理船功能较全，属国内首创，适用于在近海、港湾等海域对舰船实施水下修理与抢修作业。该成果对加强海军舰船平、战时水下检测、修理与抢修能力，恢复舰船性能，提高在航率，具有重要意义。

珊瑚海水混凝土开发应用研究成效显著 以珊瑚礁和珊瑚砂为集料、用海水拌和养护混凝土的开发应用研究，经过海军工程设计研究局有关科技人员5年的反复试验和试用，已经获得成功，并于1991年10月15日通过专家鉴定。这项研究成果，为混凝土家族增加了一个新的品种。在远离陆岸的珊瑚礁岛工程建设中可以就地取材，大大减少砂石集料和淡水的运输量，带来了显著的军事经济效益。专家认为，该成果在国内处于领先地位，达到了国际先进水平。

（张瑞泉）

空军颁发《飞行后勤保障条例》 1991年1月7日，空军王海司令员、朱光政委签发命令，正式颁发《中国人民解放军空军飞行后勤保障条例》。该《条例》是空军创建40年来飞行后勤保障工作经验的科学总结，是飞行后勤保障方面的第一本法规。全文分6章4节89条，围绕提高飞行保障质量和效能，详细地阐明了飞行后勤保障的基本任务和要求、组织指挥、保障程序和方法、奖励和处分等内容。重点明确了五个问题：一是明确了飞行后勤保障指挥的组织实施及其与飞行指挥的关系；二是明确了场站飞行保障指挥班子的人员组成；三是将使用多年的“外场值班室”改称为“场站飞行保障指挥室”，比较确切地反映了这个机构所担负的工作内容；四是规范了飞行四个阶段场站飞行保障指挥和各项勤务保障工作的程序和内容；五是对与飞行安全和地面安全相关的10个方面的工作，分别作出了具体规定。

空军提出后勤人员应具备“八项基本素质” 1991年1月18日，在北京召开的空军后勤工作会议上，空军后勤部长杨德春根据中央军委关于军队建设要努力实现政治合格、军事过硬、作风优良、纪律严明、保障有力的要求，结合空军后勤工作实际，把大力加强后勤自身建设，全面提高后勤人员素质作为一项重要工作，提出了空军后勤人员必须具备“高度的政治觉悟、严明的组织纪律、过硬的业务技术、扎实的工作作风、主动的服务精神、高尚的职业道德、广博的军事知识、健康的体质体魄”八项基本素质。“八项基本素质”，比较科学地概括了培养合格的空军后勤人员的标准，体现了加强后勤自身建设的客观要求，对全面加强后勤队伍建设，提高空军综合保障能力具有重要现实意义。

（杨抗美　梁朝晖）

军事医学科学院召开纪念建院40周年庆祝大会

据1991年9月29日《人民日报》、《光明日报》、《解放军报》等报道，军事医学科学院建院40周年之际，党、国家、军委领导人江泽民、聂荣臻、刘华清、王平、洪学智、迟浩田、赵南起等为大会题词。其中江泽民题词是：“发展军事医学研究，为我军现代化建设服务”；聂荣臻题词是：“加强军事医学研究是提高我军战斗力的重要保障”；刘华清题词是：“救死扶伤，无私奉献，为国防现代化服务”。迟浩田、赵南起、陈敏章、钱信忠、于永波等出席9月28日庆祝大会。军事医学科学院是1951年8月1日成立的。40年来共取得1000多项科研成果，有600多项分别获得国家级和军队级奖励，为军队现代化建设做出了重要贡献。

（詹正嵩）

兰州军区率先实行医院制剂规范化管理 据《解放军报》1991年10月23日报道，医院制剂规范化管理（即GMP），是世界卫生组织1969年向全世界推荐的，是保证药品质量，把差错事故、混药、各类污染发生的可能性降至最低程度的最可靠的办法。兰州军区从1989年开始，成立了“医院制剂规范化管理执行小组”，收集学习外国有关的知识和经验，投资数百万元改（新）建制剂室，绘制了制剂室工艺布局图，建立了有关的规章制度，研究制定《医院制剂生产质量管理办法》等，经试点后推广。目前，全区有32个医疗单位和一些地方医院实行《医院制剂规范化管理办法》，已取得显著效果，医院制剂质量合格率由过去的84%上升为现在的95%以上，人员素质、管理水平均有明显提高。

国家卫生部和总后卫生部对兰州军区在国内率先实行的医院制剂规范化管理，通过了国家级鉴定。据悉，总后已将兰州军区的这一经验转发全军推广。

四医大首创早期肝癌快速诊断法 据《解放军报》1991年5月10日报道，一种可快速诊断肝癌的血清检测盒，经第四军医大学科研人员和有关协作单位近10年的潜心研究，已经问世。用这种检测盒诊断肝癌，只需采患者0.3毫升血液，滴入少许盒内试剂，然后用自来水冲洗，半小时后即可出结果。这一研究成果，1991年4月11日在北京通过了总后卫生部的鉴定，被专家们认为是肝癌研究领域的重大突破；经国际联机检索，居国际领先水平。

为攻克肝癌的早期诊断这一世界性的医学难题，第四军医大学病理学教研室讲师陈志南和同事们一起将世界医学的高技术——单克隆抗体引入肝癌的研究。经过反复的实验，终于研究出这种目前理想的早期肝癌诊断方法。在此基础上，他们与某研究所合作，又采用国际最新的酶标技术，研制成功新型肝癌快速检测盒。经对 2080 例病人的临床检测，肝癌诊断检出率达 73.3%。

受体研究成果运用于临床明显提高疗效 据《解放军报》1991 年 4 月 3 日报道，从 4 月 2 日开幕的全国受体研究学术会议获悉，军队系统在受体研究领域取得突破性进展，特别在创伤受体研究等方面已达到世界先进水平。

生命科学被誉为是 21 世纪的科学，而受体研究是生命科学领域中一个极富活力的重要分支。受体担负着接受外界信息的特殊使命，探明其机理及功能等具有重要的科学价值。

全军创伤外科中心 304 医院率先在国内建起了医院级受体研究机构，其创伤治疗已达到分子水平，他们的雌激素受体测定在乳腺癌的治疗与后果预测中已广泛用于临床，在创伤医学领域研究 5 种受体取得了国内外瞩目的成就，结合临床病人研究治疗已逾百例；军事医科院在高原缺氧、成人呼吸窘迫综合症等受体研究领域居世界先进水平；第二军医大学等在受体研究中也取得了显著成果。这些科研成果对于提高中国军事医学发展水平和部队战斗力具有重要价值。

在本次全国受体研究学术会议宣读的论文中，军队占 65%以上。

“全军高山病防治研究中心”治愈上万名高山病患者 据《解放军报》1991 年 6 月 25 日报道，西藏军区总医院“全军高山病防治研究中心”经过近 40 年的探索，研究出诊断治疗高山病的一整套医疗措施，先后使 1.3 万多名高山病患者起死回生。其中，有 33 项科研成果获得全军科技进步奖和科研成果奖，有 3 项科研成果被世界医学界推广运用。

西藏高山病发病率居世界首位。1962 年，西藏军区总医院成立高山病科，初步组建了一支科研队伍。1982 年该医院正式成立“全军高山病防治研究中心”，从而形成了自己的科研体系。为了攻克高山病，军队一批又一批医务工作者奉献了毕生心血。前任西藏军区总医院院长、高山病医学专业组组长邹恂达从事高山病科研工作 20 年，成功地运用烯雌酚治疗高原多发症——高原红细胞增多症，治愈率达 83.7%，居国际领先水平。目前，全军高山病科研工作已取得举世瞩目的成就，其中死亡率极高的高原肺水肿、高原脑水肿、高原昏迷症等急性高山病均能治愈，其他慢性高山病也有了良方妙药。

（亦 尘）

研究出战创伤所致多脏器功能损伤与衰竭的救治对策 据《人民军医》1991 年第 7 期报道，解放军军医进修学院创伤中心傅小兵等对某一线医院 1300 多例战伤治疗回顾性研究发现，其中 27 例典型多脏器功能损伤与衰竭伤员（男性，平均年龄 24.5 岁，地雷、炮弹与手榴弹的弹片伤、枪伤）中的 23 例死于重度失血性休克或 2～3 个脏器功能衰竭。多脏器功能损伤和衰竭伤员原发性较重，这 27 例为多发伤和多部位伤，颅脑和腹部伤伤员占 63.45%。受环境与救治条件所限，伤员伤后低血容量休克持续 2～4 小时，入院紧急手术使休克继续加重。腹部火器伤的投射物贯穿肝、脾、肾、肠等脏器造成直接伤，而胃肠道破裂后粪便等外溢所致感染性休克，又加重多脏器功能的破坏及其衰竭。为此，早期伤员救治中要重点抓住抗休克与抗感染两大基本环节，以提高救治成功率。

高速投射物直接或间接使脏器破裂、出血和血肿等所致脏器解剖形态改变与其后继发性功能改变，是多脏器功能损伤及其衰竭的两大特点。一线医院的医生对投射物所致间接伤和非投射物直接伤的脏器功能改变作出准确诊断较为困难。为此，实验室检验要全面、认真、细致，有助于确诊。

体表创面感染和腹部枪伤空腔脏器内容物外溢所致腹膜炎，是促发多脏器功能衰竭的直接诱因。严重创伤又复合感染，机体对入侵细菌清除力削弱。为此，初期外科处理的同时要抗感染，防治感染对降低多脏器功能衰竭发生率有重要作用。

（詹正嵩）

《飞行保护头盔规范》通过审查 1991 年 12 月底，中国人民解放军空军标准化办公室通过了空军第四研究所制定的《飞行保护头盔规范》国家军用标准。该标准是通过对国外飞行保护头盔标准的调研，对中国空军现行装备 TK－2A 头盔防碰撞性能的检测和对飞行事故的分析，参照该所制定的国家《摩托车乘员头盔标准》而制定的。该标准规定了飞行保护头盔的外观、重量、防碰撞、防穿透、视野和佩戴装置等要求。

研制成功歼击机飞行参数记录系统 空军航空医学研究所 1991 年研制成功一种可以记录飞机飞行航迹和姿势的磁记系统。该系统由机载部分和地面部分组成，利用普通盒式磁带可将 3 小时以内飞行中多种参数记录并打印出来，绘制成曲线，或在微机荧屏上显示出 6 种飞行仪表盘面的动态变化。能够连续、稳定、真实、精确地记录下飞机的飞行高度、座舱高度、飞行速度等参数。该系统的技术先进点表现在：用计算机技术实现飞机俯仰角、倾斜角、航向角测量；用高密度数字记录技术达到每英寸磁带记录 10600 位信号的水平；以固态储存形式实现“黑盒子”的功能。该系统可作飞行员驾驶质量检查，飞机性能检查和飞行事故记录器。

（张廷藏）

中国人民武装警察部队后勤 综述 1991年，武警部队的后勤工作，以深化改革、强化管理为主线，以确保部队生活、狠抓基层后勤建设和机动部队后勤建设为重点，艰苦奋斗，厉行节约，使后勤建设跃上了一个新台阶，圆满完成了各项保障任务。

基层后勤建设有了长足进步。全部队已有70%的中队达到《纲要》规定的“六个一”，700多个中队交通、吃水、照明、洗澡难问题得以解决。数百个中队基本上完善了生活设施，部分中队达到“住房、设施配套齐全，猪满圈，菜满园，营院赛花园”。全部队狠抓了基层后勤管理《实施细则》的落实，规范化管理在深层次上得到体现。据统计，1991年全部队基层后勤设施完好率达92%以上，财务管理“三好五无”中队占76.4%，中队先进食堂占56%，军械管理“四无”中队占76%。

机动部队基建工作卓有成效。1991年全部队机动部队落实建设用地数千亩，筹集资金数亿元。营房建设开工面积数十万平方米，竣工面积52%以上。机动部队保障网络进一步完善，紧急物资有了一定数量的储备，为完成应急保障任务提供了必要条件。

后勤改革成效显著。各级后勤部门落实了事业费“双轨制”管理，实现了财务统管，加强了宏观调控，提高了保障效能，全年财务收支基本平衡，90%的中队伙食钱粮双节；人员发病率控制在指标以下；计划生育“四率”全部达标；武器、车辆完好率分别达到98.1%和91.4%。

（贾巨善　胡嘉海）

后勤自身建设有明显进步 1991年，武警部队各级后勤部门，认真抓自身建设，提高了工作效率和保障效益。各级采取短期集训、竞赛比武和在职学习等形式开展训练。陕西、上海、西藏、山东、青海、北京第二总队开展了专业比武活动，收到了“比武一次带动一年”的效果。山西总队开展岗位练兵活动，提高了后勤干部战士的业务素质。内蒙古、新疆总队依托“后勤基地”育才，实现了后勤训练基地化。据统计，支队以上共举办各类干部、专业兵集训班2444期，训练4.93万人；新训各类专业兵2.22万人，其中有6371人获得厨师或厨工证书；有494个支队组织了后勤专业比武活动，参赛代表达8600多人。各单位还抓了应急保障训练，有23个总队、317个支队组织了专项和综合演练。新疆、贵州、吉林、云南、湖南等总队采用单兵自练、小群合练、整体演练、“实战”检验的“层次训练法”，有效地提高了应急保障技能。

生产经营持续稳步发展 1991年，武警部队各级后勤部门认真落实第二个生产经营三年规划，部队生产经营在治理整顿中持续稳步发展，总收益比1990年增长27%，上交国家税收2112万元。为提高实物自补能力，各单位认真贯彻总部《关于持续稳定发展武警部队农副业生产的意见》，确立了农副业生产的“重点”位置，从多方面积极创造条件。为解决生产用地问题，采用垦、征、租等办法，使部队耕地和牧场由1990年的25万亩发展到54万亩，农场和副食品基地由1990年的224个发展到238个。有40%的中队年收益过万元，比1990年增加9%；有61%的中队人均收益150元以上，超过年初计划11%。全部队在大灾之年产粮3438万斤，蔬菜6840万斤，肉类1374万斤，鱼禽蛋虾697万斤，粮、肉、鱼类分别比1990年增长2%、22%和45%。

为使经营性生产在调整中健康发展，提高经费自补能力，各单位按照总部的统一部署，较好地完成了年初确定的集中归口管理工作，狠抓了企业清理整顿，进一步完善了经营承包责任制，使企业增添了活力，经营性生产收益比1990年增长25%。全部队收益在30万元以上的项目达到132个，其中100万元以上的24个。生产经营的发展，促进了部队生活的改善。各级从生产收益中拿出3958万元补助基层伙食，使92%的中队达到“斤半加四两”。

运输保障工作取得新成绩 1991年，武警部队运输部门以武警部队《车辆管理条例》为依据，制定下发了《武警部队车公里限额制度》、《“两队一所”业务管理规定》等多项法规性文件，使车辆管理做到了有章可循、有据可依。为加强车勤人员的专业技能训练，总部分别举办了油库主任培训班、车管干部大专函授班、四通打字机打字员培训班和部队优秀志愿兵驾驶员提干学习班，各总队运输部门也分别举办了油料保管员、车辆监理干部、汽车修理工等各类培训班40余期。各级运输部门认真抓油料设施建设，多方筹款，超额完成了油库和加油站的新建、扩建和改建任务，油料保障能力进一步提高。为搞好车辆的维修保养工作，各单位共投资322.7万元，扩建修理车间1.2万平方米，添置修理设备698台（套、件），提高了修理能力和修理水平。据统计，1991年各总队大修车辆1344台，为部队修理车辆1.8万台次，车辆完好率由1990年的90.8%上升为91.4%。

（贾巨善　胡嘉海）

苏联军队后勤 综述 1991年，对苏军后勤来说，是比较困难的一年。这一年，苏联的国家经济状况急剧恶化，用于国防的开支进一步减少，军队的社会保障程度日益下降。此外，国家向市场经济的过渡也给军队后勤带来一系列新问题。在此情况下，苏军后勤采取措施，以保障部队的正常生活、训练和战备。

加强市场经济条件下对后勤工作的宏观控制。为建立一个与市场经济相适应的后勤保障体制，苏联武装力量后勤部长亲自领导一批经济和法律专家，制订了“武装力量进入市场经济”的规划，以加强对后勤的宏观控制。如，该规划确定成立以自筹资金、自负盈亏为原则的控股公司——商业中心；进一步加强对军企转产和销售积压、过时物资的组织领导；在物资供应方面，向以依靠市场经济为主过渡等。

继续探索新的后勤保障体制。实行划区保障体制是苏军“彻底改革”后勤体制的一个中心任务。1991年，除油料勤务进一步实行划区保障体制外，卫勤、给养、运输、修理等勤务仍在继续试验，探索划区保障体制的可行性，并不断总结经验教训。

重视人员生活保障。近年，苏联国防经费逐年下降，1991年又比上年减少30%(按可比价格计算)。在此情况下，为尽量满足部队生活需要，苏军进一步提高国防经费中用于改善军人生活条件所需费用的比例。主要有：(1)为发展农副业生产，向部队下拨大批农业机械等生产资料，增强部队农副业生产的实力。从1991年开始，更加积极地引进国内外先进技术，大力推行承包等形式。(2)改善给养设备，新建或改建一批部队食堂，进一步提高其“自我服务”水平。(3)继续加强现有住房管理，大量投资新建或改建军官和准尉住房。(4)加强医疗保健机构的物质技术基础，提高医疗设施的自动化、现代化程度。(5)部队伙食和官兵工资津贴标准在原有基础上进一步提高。1991年，军官工资人均达420卢布，士兵津贴达40～50卢布。

努力提高后勤管理水平。其具体措施是：加强对过时和多余物资的管理；扩大部队指挥员的财务自主权，包括自行支配年终剩余经费、组织部队内的有偿服务等；加强后勤工作的监督检查，强调克服各种形式主义，改革监督检查办法；加强对未来后勤管理人员的培养教育，从1991训练年度开始，把经济课和商业课列入后勤院校训练大纲；对后勤专业人员进行普及经济教育，强调用经济分析方法考虑所有后勤工作等。

主要资料来源：

苏联《武装力量后勤》杂志1990～1991年。

(李庚起)

国防费的分配使用　苏《红星报》1990年12月13日公布了苏联1991年国防费的数额及分配使用方案。

国防费拨款原则。1990年底，苏联最高苏维埃国防与国家安全问题委员会、苏联政府以及国防部确定1991年度国防费的拨款原则是：(1)鉴于国内经济情况和履行裁军、削减军备义务的需要，1991年度应继续削减国防费；(2)国防费的削减应符合“合理够用”的原则；(3)在削减武器装备采购费和科研实验费的同时，提高军人薪金、住房建设、社会保障和退休金的费用；(4)确保用于从国外撤军、安置退役军人的费用。

国防费拨款数额。1991年1月11日，苏联最高苏维埃正式批准1991年度苏联的国防预算总额为965.6亿卢布，占国家财政预算总支出(2768亿卢布)的35%。与1990年相比，1991年度国防预算的绝对值增加了256亿卢布。对绝对值增加的现象有两种解释：一种是官方的解释，认为扣除价格上涨的因素，965亿卢布仅相当于上一年度的650亿卢布，1991年度的国防预算比上一年的709亿卢布实际还减少近60亿卢布。俄罗斯总统叶利钦在1992年1月致联合国秘书长的信中也称：苏联国防费按可比价格计算比上一年降低20%。另一种是非官方解释，认为1991年度的国防费并未削减。如苏联《新时代》杂志1991年第11期撰文认为，按照苏联最高苏维埃批准的计划，1989～1991年苏联的国防费本应减少100亿卢布，而按现行价格计算实际上是增加了，那种“按固定价格计算国防费已经减少”的说法并不可靠。《红星报》发表的读者来信还认为，苏联公布的965亿卢布的国防费并不能包括全部实际国防开支，实际国防开支还应包括给国家安全委员会的拨款49亿卢布，给内卫军的拨款56亿卢布，对外无偿援动4亿卢布(其中2.8亿卢布援助阿富汗，5570万卢布援助古巴，1500万卢布援助蒙古，638万卢布援助毛里塔尼亚，460万卢布援助柬埔寨，410万卢布援助越南)，德国补偿苏军撤军的费用78亿马克，认为如果再把其他与国防有关的开支计算进去，实际国防费远比官方公布的要高。

国防费项目分配。1991年度国防费中，武器装备采购费395亿卢布；军队维持费310亿卢布；军队生活安置保障费62亿卢布；军队社会保障费33亿卢布；科研实验费124亿卢布。据苏联官方称，武器装备采购费比上一年度减少了30%，而军队维持、生活安置和社会保障3项费用加在一起超过了武器装备采购费。国防费中专门用于军人社会保障的拨款是首次。

1991年度苏军人均军费为25679卢布。

(韩生民)

加强市场经济条件下的后勤建设　据苏联《海军文集》杂志1991年第1期和1990年12月7日《红星报》报道，为保障部队生活水平在向市场经济过渡情况下不致明显下降，苏军加强了后勤建设，把向市场经济过渡分为3个阶段：第1阶段，有限度地注入市场因素，但主要物资仍以国家计划供应为主。第2阶段，国防所需产品由国家订购方式逐步转向订购单位与厂家直接联系、协商，按合同供应的方式，即减少中央集权，增大军队各级企业和经济部门的独立生产和经营职能。第3阶段,将国家的计划供应控制在最低范围内。为克服目前的困难,苏军还采取以下措施:(1)制定适应市场经济条件的规划;(2)努力提高农副业生产水平;(3)与军内外有关单位挂钩;(4)调整军企生产计划;(5)积极培养具有丰富经济知识的骨干;(6)加强物资经费管理;(7)军队独立销售过时和多余物资。

制定1991～1995年军企转产计划 据1991年4月15日苏联《红星报》报道,苏军制定出1991～1995年军企转产计划。该计划要求国防工业自1991年起大规模生产12大类民用产品。国防部所属各部局要自选其一。这12类产品是:普通耐用商品;农业机械设备;轻工、食品工业、商品及公共食堂设备;医疗卫生设备;电子产品;计算器材;通信器材;电视和无线电器材;民用船舶和飞机;宇航设备(非军用);新材料和新工艺等。按照该计划,1995年国防工业部门所生产的民用产品占其生产总量的比重将由1990年的40～50%增加到60～65%,其价值将由1990年的30亿卢布增加到1995年的700亿卢布。

(赵　畅)

国防部物资部的任务发生变化 苏联《武装力量后勤》杂志1991年第4期发表了苏联国防部物资部部长M·阿曼少将的文章,介绍苏联国防部物资部的任务发生变化的情况。

苏联国防部物资部的前身是物资局,成立于1941年4月1日。当时该局的任务是:计划和分配由国家计划部门和人民委员部拨给的用于满足生产技术需要、生产经营需要的物资、用于国防施工与基本建设的物资;对物资使用实施监督检查,对物资的接收和合理使用加以指导;查清、计划和处理国防人民委员部不堪用、不需要和非制式的物资器材。

在目前市场经济条件下,物资部的任务是:对签订产品供应协议事宜提供帮助并实施监督检查;组织部队同产品供应厂家及苏联国家供应局地区性机构建立联系;对武器和技术装备修理实施物质保障;生产民用商品;向地方销售积压物资。物资部的业务范围还包括统计工作、保管与合理使用贵重金属,收集和上交废旧黑色、有色与贵重金属。物资部每年计划和分配大约13万种生产和技术用的物资器材,其中1250种属稀缺品种。

建立国防部商业中心 据苏联《红星报》1991年11月14日和12月7日报道,苏军于1991年12月前后成立了隶属于国防部的商业中心,B·利特维诺夫上将出任经理。商业中心是一个坚持自筹资金、自负盈亏原则的控股公司。其成立背景:一是苏联实行防御性军事战略、从国外撤军、军企转产及向市场经济过渡等,对苏军人力、物力、财力资源的筹措提出了新的课题;二是目前国家主管这些资源分配的机构工作效率下降,一些机构或者被解散,或者被改组。商业中心的主要职能及任务是:(1)为资助维护军人利益的社会经济计划寻找补充财源;(2)销售国防部已注销的动产和不动产;(3)对国防部商业机构及所属企业在销售上述物资方面的业务工作及资金收入实施协调和监督检查;(4)组织向外国销售技术装备和过时武器的军事经济活动;(5)组织商业运输;(6)创建合资企业等。商业中心有权通过发行股票,采取合股或租赁方式使国防部企业私有化,并在此基础上建立股份公司。在组织机构方面,商业中心将设后勤物资、武器和军用技术装备销售商业部、基本建设和固定资产及不动产销售部、计划处、销售处、许可证办理处、财务经济处、合同管理处、销售研究处等。苏联武装力量各军兵种、国防部各总(中央)部(局)、军区、舰队、集团军和区舰队亦将建立商业部(处)。

另外,正在研究组建军用技术装备及物资交易所和专业银行。军区和集团军的商业机构,可以独立销售注销技术装备,唯一的条件就是要有国防部商业中心签发的装备出售许可证。所获收入,一部分由军区司令员掌握,另一部分交国防部商业中心。据报道,苏联海军已成立一家控股公司,海军后勤副司令兼后勤部长马霍宁海军中将任经理。

商业中心将大部分使用地方人员,包括退役军官,但各部部长和一些处长由现役军官担任。

(王凤才)

军队口粮结构存在问题 据苏《武装力量后勤》1990年11～12月刊报道,苏军口粮所含能量与人体生理要求不相符。士兵每份口粮含蛋白质110克(其中动物蛋白30克)、脂肪105克、碳水化合物653克、热量4130千卡。士兵伙食不如居民,更比不上美军。苏军士兵每年只供给肉类64公斤,没有奶制品,鸡蛋122个,面包219公斤,土豆200公斤,主要依靠土豆和面包制品增加体内热量,实际上土豆和面包的比例已超过生理需要。如舰艇上每个水兵一天供给140～620克食品,其中面包占35～50%。飞行员和潜水员每日口粮总热量规定为3500千卡,但实际摄入量已达5000千卡,因此因体重越重或疾病提前停飞的飞行员和调到岸上工作的潜水员逐渐增多,不少技术干部退役。据《武装力量后勤》1989年第11期报道,苏军中肥胖型军官已达35%。口粮结构不合理不仅造成物质浪费,而且造成人才浪费。主要原因有以下几点:

经济条件限制了食品的种类和数量。部队要求增加动物食品的基本定额遭到国家计划的反对，国防部中央财政局只好追加拨款，而食品价格悄悄上涨，所以近十年来战士生活变化很小，每日伙食标准仅1卢布。

指令性的伙食定额规定方法造成具体执行者不负责任。迄今为止，苏军还没有一个经过科学论证的理想的伙食定额作为必须遵循的标准。

缺乏灵活的伙食配给制度。不能按季节价格变化调整伙食，只能按《配给表》规定数量供给，不准超过每日伙食费限量。

鉴于上述情况，苏军提出以下改进方法：

(1)加强科学研究。重点是口粮的质量和成分。给养专家和营养学医生要深入研究口粮各种成分的营养价值和医疗作用，进行科学配给，既要研究现在的口粮结构还应研究将来的口粮结构，拟定出最佳口粮标准，为增加拨款提供充足的理论根据；

(2)不断改善伙食组织系统。按规定每个宇航员的伙食必须根据医生鉴定进行“个别处理”。这种“个别处理”方法也应适用于飞行员、水兵和其他军人。每个军人一年至少要进行两次身体检查，查明体重发展趋势和发病症状，医生根据检查结果提出饮食意见，由给养勤务部门执行；

(3)学习外军经验。在美军舰艇上，舰长按伙食费标准把伙食费发给水兵，其中一部分，根据完成任务的条件由舰长自行支配。对既能保证水兵伙食质量，又能节约经费的舰长给予奖励。另外，美军规定身高1.75米，体重超过76公斤，30岁以下的军官，允许在半年内把体重控制在76公斤以下，不然就令其退役。上述方法苏军正在学习。

（于　玲）

实行军人住房新规定　据苏联《武装力量共产党人》杂志1990年第22期报道，苏军实行了住房新规定。按新规定，军人同其他社会公民一样，如想买房、建房或大修住房，可以向国家贷款。贷款数额限于1000～2000卢布。根据贷款的用途及住房的地形和位置不同，偿还期限分别为3、10、25和50年。如在城市和类似城市的农村建造具有全套设施的私人住房，就可以向国家贷款2万卢布，偿还期为25年，从贷款后的第3年起开始偿还。

苏军规定，部队可以向需要修房和购买住房的军人提供部队无偿财务援助，数额为可贷款总额的50%，但只有服役15年以上且出色完成各项任务的军人才能享受这种特殊待遇。

（赵　畅）

加强后勤院校的建设与改革　苏联《武装力量后勤》杂志1991年第9期发表了苏军总后干部院校部部长P·别尔德尼科夫中将的文章，介绍了苏军后勤院校的建设与改革情况。(1)目前苏军后勤院校仍保持原有编制，在校学员人数不减，只减少新学员招收名额，以后再根据新招学员人数减少部分教员教量。(2)延长学制，提高军官的教育训练水平。所有工程指挥院校将于1995年前改为5年制。(3)采取加强院校之间联系，开展青年就业指导，开设预科和军事爱国班，提高社会福利待遇等办法，扩大后勤院校的生源。(4)完善院校师资选拔制度。主要作法：一是首先由院校领导机关挑选，然后派到部队实习。二是每所院校都与后勤与运输学院保持密切联系，以选拔该院优秀毕业生作教员。三是直接从部队选拔教员。一般后勤院校只能挑选营以上军官任教，后勤与运输学院只能挑选团以上军官任教。(5)改善后勤院校学员的伙食，对学员口粮给予补贴。凡不在食堂就餐的学员，可领取钱和食品，但退伙的学员只能领到钱。(6)所有后勤院校均设立特别教学区，旨在使不能下部队的院校人员能真实地研究和演练各种条件下组织部(分)队后勤保障的方法以及实施后勤技术装备的展开及维修。(7)在部队服役期满的士兵，如果将来仍在部队作医务工作和兽医工作，那么到军事医学系学习时即授予少尉军衔；未在部队服过役的学员，只能在最后学年才授予此衔。

（王凤才）

黑海舰队重视培训后勤专业人员　苏《武装力量后勤》1991年第3期刊登黑海舰队后勤副司令瓦西里耶夫少将“舰队需要专业人员”一文，介绍了黑海舰队如何培训后勤专业人员。

1.炊事员的培训：舰队设训练中队，每个中队设一个教学观摩厨房。炊事员分配到部队后，首先需送到教学观摩厨房，按照舰队军需官制订的规划进行3个月训练，其中50%的时间用于实际操作。学员需经常研究伙食定额、进行实际操作、学习安全使用和维修各种厨房设备的知识。

2.其他后勤专业人员的训练采取每年“集中训练”的方法，一年两次。面包师、舰艇司务长、非编缝纫师和鞋匠每次培训5天，其中非编缝纫师、鞋匠和理发师还需进行3天实际操作；军需班长培训10天。参训人员提前报名，在有关勤务主任(处长)或岸基指挥官的领导下进行集训。

3.初级卫勤专业人员(医士)的训练在基地医院进行，1年2次，1次1.5～3个月。主要任务是提高医士的理疗、X射线透视和实验室技术。

随着舰员对组织远航给养、生活和休息要求的不断提高，研制了一个专业化训练系统，即在舰艇出海前1个月，面包师在舰队面包房里进行10天见习；由工艺实验室主任、工艺师、微生物学家、舰队勤务工程师等指导并介绍经验;同时还要训练非编外科医疗队的卫生员,除在舰上进行实际手术训练和学习外科知识外,还要和军官一起到医院暂时定位工作2周,学会处理海上可能发生的急救病人。

目前每艘舰艇均配备了2名初级专业人员,1名炊事员教官和1名上士炊事员(炊事学校毕业生)。舰员的伙食得到改善,口粮达到了标准定额。如"奥恰科夫"号导弹巡洋舰的军需副官、炊事员教官和司务长为减轻舰员的远航疲劳,做到"预约分餐",通常可预约2个一道菜和2个二道菜。饭菜多样,美味可口,使舰员感到如同在岸基餐厅就餐一样。

目前初级军需专业人员的训练还不能完全满足要求,个别舰艇还没有研究和确定缝纫师、鞋匠、理发师和面包师的编制定额。今后从总部到舰艇都必须考虑远航的特殊性,改革海军后勤专业人员的训练系统。后勤专业人员的初期训练应在专业训练队里进行,并应达到海军和舰队的训练水平。第一阶段最适合在舰队建立编内训练分队;训练中队设后勤专业人员训练连,舰队医院设医疗队。有了编内训练分队,就可以建立流动小分队,并可在编队和舰队海上航行时组织训练。

必须改变舰队后勤初级专业人员的配备原则。在地方院校培训阶段就可以选拔舰队后勤主要专业技术人员。舰队和各市中等技术学校根据双方需要和毕业人数签定合同,可以部分解决舰艇后勤初级专业人员编制问题。针对部队、分队和机关只能配备炊事学校和商业技术学校的毕业生,而且在上述学校中男学员仅占15%这一现象,为了弥补海军和舰队后勤专业技术人员的不足,应有计划地增加后勤专业人员中女兵的比例。

为帮助舰艇指挥官组织专业人员训练,必须制订本舰队的训练方法和组织原则,规定小组和个人的训练方法、时间和内容。如在塞瓦斯托波尔,初级给养员1个月训练2次,被装员1个月训练1次。训练题目由处和部门专业人员确定。

(于　玲)

继续进行卫勤工作改革　据苏联《军事医学杂志》1991年第1期报道,苏军在坚持和继续完善卫勤划区保障体制的同时,深入研究适应防御战役的卫勤保障体制。所采取的具体措施是:(1)进一步发展与卫勤划区保障原则相适应的医院网(建立医院基地)。(2)建立一套完善的急救组织(建立特种医疗队,设立全军急救中心)。(3)对1991~1992学年军事医学院校的新学员实施新教学计划和教学大纲,把战术专业演习作为充实卫勤人员军事、专业知识,提高野战技能的一条主要途径。(4)采取措施,改善卫勤干部状况。提高部队口腔室主任和药剂师的职务级别,提高医务人员和医务科研人员的工资待遇,落实军人及其家属社会保障纲要。(5)继续研究灾害医学,研制新型大规模杀伤武器医疗防护器材。(6)总结阿富汗战争中的工作经验。(7)改革、完善在新的管理体制条件下的科研组织形式和科研基层单位的编制体制。(8)集中精力研究制定防御战役卫勤保障的基本原则、卫生减员率和伤类构成预计。(9)研究划区保障体制全面引入市场经济的理论和机制。

(赵　畅)

组建机动医疗机构——特种医疗队　据苏联《军事医学杂志》1991年第1期报道,苏军已组建若干个新式机动医疗机构——特种医疗队,作为军队快速反应医疗力量,为灾区和战争初期提供优良医疗救护和专科医疗救护。

特种医疗队平时依托军区总医院或其他中央级军队医院,一般有几十辆载重汽车组成,在开进到达指定地点后开展医救工作。

分类哨。剂量测定卫生员借助ДП—5A和ПХР—MB仪测定伤员核化污染程度,凡超过容许剂量者送洗消组,其余伤员送分类场。

分类后送组。分类工作通常由2个医护小组负责,每一小组有军医、护士、登记员各1名和担架卫生兵2名,各有一台AП—2换药汽车,一台车负责中度伤员的初步医生救护,另一台车给轻伤员救护。该组还配备汽车以及制式药材医疗箱等。

移动式复苏手术复合方舱。方舱内可展开2个手术室和2个监护病房,同时作3台手术和为17名伤员进行监护。方舱可依伤员伤情调整专业性质,还可进行化验、x线诊查等。

高压氧舱组。配2台轻便式高压氧舱,安装在汽车车厢内,每昼夜可通过40名重伤员和中毒缺氧伤员。可在3分钟内从运输状态转到工作状态。

解毒组。安装在汽车底盘的车厢内,配有双人用人工肾,轻便型人工肾以及3台血液吸附机。2小时内即可展开工作。必要时还配有发电设备和3吨储水拖车。

x线室。配有移动式x线机,安装在汽车和拖车内,备2座电站(各4千瓦)。此外还有x线诊断机,手提式x线机和静电x线机。3小时内全部x线设备均可在帐篷内展开。每小时通过6~8人,16小时工作日总共通过96~128人。

临床诊断化验室和药房。展开在汽车底盘的车厢内。

住院组。共40张床位,分设在2个帐篷内,收治2

～3 日内不宜运送的伤员。

研制移动式医疗诊断组合方舱 据苏联《军事医学杂志》1991 年第 1 和 11 期报道，1990 年新成立的苏军医技研究所在苏军卫生部长指导下正在研制并试装名为“医神”的移动式医疗诊断组合方舱。第一套组合方舱将于 1992 年交付特种医疗队（快速反应医疗力量）试用。这是苏联国内和军内首次研制的供灾害医学用的移动式组合方舱。

“医神”方舱是苏军的一种新式移动分队，主要用于灾区对不宜运送的外科伤员进行紧急救护，包括医学分类，优良外科救护，术中和术后早期的麻醉复苏，体外解毒，暂时留治和准备继续后送等；也适用于边远部队和居民的定期防治检查和医疗预防工作。它既可配属于特种医疗队，也可作为独立分队自主活动 3 天。

“医神”共有 5 个功能方舱，即诊断、绷带交换、手术、监护治疗和解毒，还配有移动电站。每个方舱分别安装在 MA3－543A 型长轴距越野汽车底盘上，车厢体积加宽，备有供热、供水、空调、通风（进气式和特殊通风）、照明、备用发电和通讯系统。

在单独开展工作时还配备充气帐篷，可展开收容分类组，后送组，野战制药室（配备灭菌蒸馏装置），野战厨房，水车，无线电台，加油车，工作人员和药材转运汽车以及其他技术装备。

各方舱装备各种现代诊疗设备，可进行化验，x 线检查，超声诊断，内窥镜检查；还装备特殊设计的手术台和无影灯，心脏监护仪以及供人工呼吸，输血输液，血液透析等设备。

“医神”既可自行移动，移动范围为方圆 500 公里；也可陆运（铁路）、水运和空运。4 小时内即可出发，每昼夜可为 100～120 名伤员提供优良和专科医疗救护。编制工作人员人数为 93 人。

军用卫生列车采用新编组 据苏联《军事医学杂志》1991 年第 4 期报道，根据当前要求，军用卫生列车改作如下编组。必需编挂的车厢有：电站－消毒间－洗衣间车厢；手术换药车厢（设 4 个手术台）；药房－临床化验室－理疗车厢；监护治疗和 x 线室车厢；炊事车厢；水罐车（40T）；柴油罐车等，以保证列车在自给条件下长期独立工作。其他车厢可按需编挂。用于平时救灾的卫生列车不超过 10～12 节，后送总力为 150～200 名伤病员；战时卫生列车可编挂 24 节。军用卫生列车平时还可到边远地区开展居民的疾病防治检查，这样既锻炼和培养了工作人员，还可发现装备上的不足等。

军用卫生列车可按特种医疗队那样划区组织，由所在地区的军区卫生部门负责警卫和照料，一旦有灾情需要出动，可召集列车工作人员开往现场救护伤病员，直到灾区有足够的卫生人力物力为止，此后可将伤病员迅速撤离灾区。

卫生部副部长呼吁重视武器系统中人的可居性问题 据苏联《军事通报》1991 年第 4 期报道，苏联国防部卫生部副部长维亚济茨基军医中将等撰文呼吁重视武器系统中人的可居性问题。苏联直到 80 年代才就此问题制定 12 项国防部医技要求，28 项标准技术文书和 48 项国家标准，但在陆军战车系列中并未完全落实。影响人的可居性的主要原因有 5 条：(1)三防装备要求武器系统密闭，如可居环境微气候条件不佳，车手的行进速度将减慢 19%，火力发射时间延长 35%，差错率增加 40%；演习结果表明，在密闭条件下展开进攻战，每延长 1 天，部队战斗能力将降低 7～10%。(2)武器系统规格变小，装甲变厚，人均占有空间变小（见附表）。活动受限连续 3 天后，乘员工作能力将下降 30%，多数车手在长途行车后诉述全身无力和腓肠肌剧痛。(3)火力加强，弹药气中高毒成份增加。步兵战车在密闭条件下全部武器齐射 1 分钟，半数乘员会发生中毒；在阿富汗，苏军 152mm 自行榴弹炮发射 10～15 发后，某些炮手因毒气浓度上升而不能继续发射。1982～1984 年苏军共发生 1225 例弹药气中毒。(4)发动机功率加大，行进速度加快，因而噪声和振动作用增强。坦克装甲车辆噪声超标 10～35 分贝，工程车内噪声超标 20 分贝，坦克通话设备语辨率下降 5～25%。人们难以忍受 11～25 赫兹（尤其是 16 赫兹）的振动，长此以往个别军人会发生肾和膀胱结石。(5)武器系统多功能性强，信息过荷，造成乘员情绪紧张，心血管系统和中枢神经系统发生功能变化，进而出现冠心病。

附表 坦克乘员所占空间(m^3)

坦克乘员 \ 车型	所占空间(m^3)			
	T－54	T－62	T－72	豹－1
车长	0.828	0.920	0.615	1.096
射手	0.395	0.860	0.495	0.810
机械手	0.621	1.475	0.864	1.083

据统计，坦克兵服役 2 年期间，与坦克打交道的时间不超过全部工作时间的 12～15%，其中直接进入坦克的时间不过 3～5%，但足以引起肾炎、膀胱炎、神经根炎和肌炎，以及五官科和心血管系统疾病。由于人的可居性问题未充分解决，武器系统也不能充分发挥效益。资料表明，炮兵武器有 40%，高炮系统有 20～

30%,坦克有30～50%未发挥效益。

出版两卷集《伟大卫国战争中苏军历次战役的卫勤保障》 据苏联《军事医学杂志》1991年第3期报道,由苏联国防部卫生部长涅恰耶夫军医中将主编的两卷集的《伟大卫国战争(1941～1945)中苏军历次战役的卫勤保障》一书第1卷于1991年由苏联"军事出版社"出版,第2卷定于1992年出版。

第1卷分3篇和附录。第1篇:伟大卫国战争前军事政治情况分析和苏联武装力量几次战斗卫勤保障总结;第2篇:战争第1阶段(1941.6.22～1942.11.18)苏军卫勤保障特点;第3篇:战争第2阶段(1942.11.19～1943.12)苏军卫勤保障,附录集中了战时各卫勤分队、部队、机构和指挥机关的名称编写和图例。

第2卷介绍战争第3阶段和对日本军国主义的战争中苏军卫勤保障的组织。

(白　琼)

美国军队后勤　综述 1991年,美军的后勤工作方针、政策做了某些调整。

*成功地实施了海湾战争的后勤保障,并针对海湾战争中暴露出的后勤问题,继续对后勤进行改革。*在海湾战争中,美军后勤部门在短短5个多月,跨越1万多公里(空中)到2万公里(海上)的距离,把55万军队和750万吨物资装备运到中东,并建立了源源不断的补给线,从而赢得了战争主动权。虽然美军在这场战争中的后勤保障是相当成功的,但也暴露了许多问题。其中最大的问题是战略运输能力不足。据美总统的一个研究机构透露,要在海外打一场较大规模的战争,美海运司令部控制的远洋船只,加上商船队现有的船只,只能满足美军海运需求的60%。美军现有的战略空运能力在运输高峰阶段只能满足80%的需要。美军认为,快速展开能力是其新战略的"核心",而后勤则是"关键"。为此,美军将继续把提高海运和空运能力放在重要位置,并进一步发展海上和陆上的物资预置储备。美军计划在1995年以前正式装备一批采用最新科技成果的C—17重型运输机(载重量为78吨),以替换已到退役期的C—141运输机。

*在国防费减少的情况下,探讨加强后勤建设的新途径。*目前,美国正在采取各种措施压缩军费开支,如关闭一些国内外军事基地,裁减军事人员、整顿后勤和管理部门、削减原子武器研制与生产计划等。国防经费的减少,不仅对美军的整个战略计划产生影响,而且会严重地限制美军后勤的发展。美军认为,在未来几年中,美军后勤面临以下几个方面的挑战:(1)如何建设好后勤的各种勤务系统,以提高部队的持续作战能力;(2)在资源减少的情况下,如何提高后勤保障水平;(3)如何改变后勤工作程序,以保证未来的空地一体作战;(4)减轻部队在战场上的后勤负担,使其有更多的时间用于训练和重点考虑战斗任务。针对这种情况,美军在1990年底制定了后勤战略计划,列出了美军后勤近期(到1995年)、中期和长期发展目标。近期的目标是:把目前独立的批量保障系统和零星保障系统合并为一个统一的综合系统;通过国防管理审议制度提高近期效益。中期目标包括:制订进行后勤决策时的保障措施,建立单一储备基金;制定加强"战术作战勤务支援控制系统"的理论。长期目标是:对2010年以及以后的后勤需求进行广泛而全面的分析,制定未来后勤系统所需要的职能条款。

*加强后勤装备现代化建设,提高后勤持续保障和快速保障能力。*1991年,美军仍然把加强后勤的现代化和提高后勤的持续保障及快速反应能力放在中心位置。美陆军制定了"物资搬运装备现代化计划","陆军弹药现代化综合计划","2000年的卫生部队"计划,"陆军水运工具现代化计划"等。美军认为,海湾战争证实了军队现代化程度的高低对战争结局有重大影响;军队现代化程度越高,取胜的速度越快,而且人员伤亡越小。海湾战争中后勤表现的高度灵活性和反应及时性应成为今后后勤发展的模式。为此,美军在后勤现代化建设方面正在做以下工作:一是提高战区内的后勤保障能力,如发展大型高机动性运输车,重型装备运输、后勤通信装备及定位系统等;二是改进后勤自动化系统;三是提高工业和科学水平,以便有能力应付突发事件时作战物资需要量的骤增和长期战争所需的工业转产。

海湾战争以后,美军更清楚地认识到,后勤的持续保障能力和反应速度来自强大的战略运输能力、在海外预置充足的补给品和后勤装备的现代化。据美国防部长切尼在其1991年的国防报告中透露,美国防部计划在欧洲预置6个陆军师及其保障分队所需的物资,现已完成一半以上。美军还将为在危机时可能部署到欧洲战区的空军预置1.3万吨物资;在挪威为一个陆战队远征旅预置2.7万吨物资;在印度洋迪戈加西亚岛的海面上预置了24.9万吨装备、补给品和油料。

主要资料来源:

①美《陆军后勤》杂志1991年。

②美《陆军》杂志1991年。

(刁望钦)

国防费的分配使用 据美国《武装部队杂志》1990年12月号报道,根据1990年11月5日美国总统布什签署批准的美国国防预算方案,美国1991财年国防预算的申请数额为2962亿美元,最后核准的拨款数额为

2776亿美元，约占美国国民生产总值的5%。按军种分配：陆军636亿美元，海军833亿美元，海军陆战队98亿美元，空军764亿美元，后备队与国民警卫队112亿美元，军事工程建筑部门87亿美元，其他47亿美元，合计2776亿美元。按职能领域分配：军事人事费781亿美元，作战与维持费835亿美元，采购费672亿美元，研究、发展、试验与鉴定费360亿美元，军事工程建筑费87亿美元，其他41亿美元，合计2776亿美元。

本年度美国国防预算的特点是：(1)美国政府15年来第一次提出在美元实际购买力大大下降的情况下削减国防预算，本年度的国防预算也是50年来在联邦预算中占的比重最低的一个国防预算，本年度国防预算拨款额比申请额削减了6.4%(达190亿美元)。(2)采购费比申请数额削减了13.1%，原计划采购的新项目大大压缩，若干不重要的采购项目或者被取消，或者推迟采购。(3)继续重点投资发展战略导弹、战略轰炸机和战略防御系统，以及某些重要的常规高技术兵器。

(姜绍崇)

陆军制定后勤战略计划 据美国《陆军研制与采购》杂志1991年1～2月号报道，陆军部长批准了后勤副参谋长1990年秋提交的后勤战略计划。该计划的总目标是，设计一个提高战备和确保持续保障能力的后勤系统，以改进后勤管理和提高后勤工作质量，提高后勤工作和后勤训练的效率和效益。其具体项目包括：把批量保障和零星保障的后勤系统合并成一个统一的系统，并为战斗后勤制订持续保障的理论原则；把后勤管理和战场管理融为一体；减少库存量；提高战备状态和持续保障能力。后勤战略计划的近期目标(到1995年)是，把目前独立的批量保障系统和零星保障系统合并为一个统一的综合系统。其另一近期目标是，通过国防管理审议制度提高近期效益。在后勤战略计划中，国防管理审议制度的一个主要目标是，把仓库级堪修品的费用由采购基金开支转为由储备基金开支。陆军正在分阶段实现这一目标：从1990年10月起，陆军器材部开始用储备基金购买这些堪修品，到1991年7月，仓库级堪修品的维修费也开始由储备基金支付。从1992年1月起，所有用户的堪修品费用都必须开始用储备基金支付。按后勤战略计划，实行这种方法，后勤工作费最终将节省10%。后勤战略计划的中期目标是，制订进行后勤决策时的保障措施，建立单一储备基金，制定加强"战术作战勤务支援控制系统"的理论，研究并提出"国防部部长共同信息管理办公室"所要求的后勤原则和对系统的改造措施。后勤战略计划的长期目标是，对2010年及以后的后勤需求进行广泛而全面的分析，制订未来后勤系统所需要的职能条款，以促进下一代后勤管理信息系统合乎逻辑的发展。这些系统将成为国防部统一后勤机构的一个有机组成部分。

陆军弹药管理将实现自动化 据美国《陆军后勤》杂志1991年3～4月号报道，美国标准陆军弹药系统不久将取代师级弹药人工管理系统。标准陆军弹药系统是一个信息管理系统，它能帮助师弹药主任更好地控制和分发师、独立旅和装甲骑兵团的常规弹药、非核弹头的导弹和大型火箭。新系统在1991财年装备到世界各地的美军现役及后备役部队。

运输部长强调增强陆军海运能力 据美国《国际武装力量杂志》1991年6月号报道，1991年4月16日，美军运输部长约翰逊上将在众议院武装力量委员会海上力量、战略物资和短缺物资小组委员会上就"沙漠盾牌"和"沙漠风暴"行动的海运支援作证时，提出陆军应建立一支可靠的、快速的、自给的海运力量。他认为，尽管海上预置船，快速海运船和后备船队的效能令人满意，但仍有必要建造更多的更现代化的船只，即战略海运船。他还建议，至少给后备船队增加20艘滚装船，并淘汰数量大致相同的散装船；大大提高后备船队的战备程度和维修水平；预定用于快速运兵的船只，任何时候都要保留基干船员；增加陆军的浮动预置船；"以某种方式"增强美国商船业的力量，以缓和后备船队的船员短缺。

(周瑛芬)

民用后备运输力量在海湾战争中发挥巨大作用 由于单靠美军现役力量只能完成70～80%的军运任务，因此，美军从海湾危机一开始便动用了后备战略运输力量。在战略空运方面，美国除动用了空军后备队和国民警卫队的战略运输机中队外，还动员了民间后备航空队的50架远程民航机。另外，军事空运司令部采取订合同的方式租用了55架民航机，作救急之用。经动员投入使用的后备民航机或合同民航机发挥了重大作用，仅在最初3个多月中就出动1237架次，运送部队12.64万人，2.52万吨物资，完成16.7亿吨英里的运输任务。在海运方面，先后动员使用了一类后备役远洋船65艘，并租赁了100多艘外国船。在国内陆运方面，除动员其预备役中的几十个终端作业队外，还动员了"国防铁路货运联队"备用的2600节车皮，共完成1.5万节车皮的运输量。此外，美军还通过订合同的方式使200家汽车运输公司参加联运，共使用6700辆运货卡车。

(刁望钦)

军事交通管理局建立现代化管理系统 据美国《国防运输杂志》1990年2月号报道，美陆军军事交通管理局正投资建设运输管理自动化系统，以便更有效地完成平时和战时的任务。

*全球港口系统*可为陆军提供一种方便用户、可靠、能独立操作的港口计算机系统。其功能是简化训练和维修过程,减少保障港站作业所需的资源。从1991年开始,61个港站和港站分队配发这种系统。

*联合预订系统*可把平时和战时为部队及通用货物预定运输位置的工作组合在一个系统里,提高军事交通管理局采用标准程序和步骤完成平转战的能力。

*运输作业个人财务标准系统*将使运输审议工作,出入境运输、非临时性储存以及质量保证等各项职能实现自动化。该系统投入使用后,整个运输作业个人财务工作过程不再需要文书,免除了行政手续和邮寄,从而为军方和运输公司节省时间和经费。

*美国本土运费管理系统*将取代以手工为主的劳动密集型系统。它储存了约500万种国内运费价目,与1200家发运单位有业务联系,每年能够处理240万张运货单。该系统可使各军种财务中心能够预先审计来自商业运输公司的单据,从而减少或消除超支现象。

*战略展开系统*旨在实现军事交通管理局总部及地区分局数据自动处理能力的合成化,可使军事交通管理局能以与平时程序不冲突的方式快速遂行战时任务。该系统定于1992财年全面投入使用。

*国防运输跟踪系统*是海军军械运输跟踪系统的发展,可对弹药和其他某些危险货物进行实时跟踪。

*运输协调自动指挥和管理信息系统*研制是为了支援动员计划和部署部队,可使动员站能够确定把部队运送到上船港口所需的运输量。该系统还能提供部队调动数据,军事交通管理局地区司令部正使用这些部队调动数据作为其数据库,以此来制定运送部队装备到启运港的路线,决定船舶需求量和停靠港口的需求;同时还能给启运港提供预测物资需求量的信息。

增加薪金4.1% 据美国《海军时报》1990年11月5日报道,美军从1991年10月1日起将增加薪金4.1%,包括基本薪金、基本住房津贴和基本给养津贴。三军高级将官的津贴也将增加4.1%。但是,根据1990年10月底国会通过的法案,他们的基本薪金将增加34%之多。二星、三星、四星将军的薪金有较大幅度的增长。这些高级军官的基本薪金已获准可以超过他们多年来由于受行政官员工资最高限额的限制。从1991年1月起,最高限额将从每月6291.60美元提高到8441.60美元,因此而调资的将军大约有500人。服役26年的四星将军的基本薪金将增长34%。其他人员薪金的增长幅度因军衔和服役年限的不同而各异。

采取措施使伙食合理化 据苏联《外国军事评论》1990年第1期报道,美军为使伙食合理化采取了一系列措施,从1989年起,限制用诱发各种疾病的食品与调料。从菜单中部分或全部去掉了一些传统菜肴,如腊肠或香肠煎鸡旦。在食品组成中规定每1000卡热量应含的盐限制在1.4~1.7克之内,要有足够的非脂肪食品(瘦肉、乳品、鱼)、蔬菜、水果、果汁、少量甜食。军人所需碳水化合物主要取自粗粉面包和杂粮。此外,美军还特别注意食物的均衡与多样化。

(周璞芬)

海湾战争中的美军食品费用 据美《空军时报》报道,海湾战争中,美军每天的食品费用平均为450万美元。美军的食品总费用为8.5亿美元。其中购买面粉510万磅,价值209万美元;糖680万磅,价值250万美元;咖啡240万磅,价值340万美元;巧克力1200万块,价值560万美元;食盐2.991亿袋,价值93万美元;无奶干酪5100万袋,价值47万美元。美国有4大公司为军方提供食品,其食品总值约占美军食品预算的1/3。

(刁望钦)

海军陆战队在挪威储备武器 据苏《外国军事评论》1991年第4期报道,为了实施联合国关于"在危险时期加强对北约集团北部国家的领导"规划,80年代初美国开始在挪威为海军陆战队远征军储备武器和物资技术器材。同时决定,在欧洲局势趋于紧张时,通过空运从美国大陆调遣配备轻武器和物资器材的远征队,然后再装备预先储备的重武器,以加强该地区集团军的力量。上述任务在必要时由大西洋舰队的陆战队组成的4个远征队(大约13000人)来承担。

1981年美、挪签定协约,在斯堪的那维亚半岛的韦尔达地区建立地下军械、弹药库和其他仓库,以保证海军陆战队远征军支援混合航空小队作战30天之需要。协约规定,在多石地段建造6座仓库,其中3座为弹药库。1982年开始在地下库储存重武器和物资技术器材,首批储备弹药2250吨;1983年储存24门155毫米M198型榴弹炮和57辆5吨级M923型载重卡车;1986年储存重型工程技术设备;现在库内存有火炮、反坦克武器系统、作战运输辅助车辆、工程车、固定通讯设备、浮桥设备、弹药、燃料和粮食。此外,美军指挥部门认为,远征队的活动将由航空兵来支援,因此还储备了飞机技术设备的地上技术保养设备和起降保障设备以及航空弹药和燃料。

协约规定,当4个远征队调至挪威时,挪军应向远征队转交371辆运输车,其中有150辆BV—202型履带式雪地汽车、180辆货车、35辆医疗车和6辆加油车、机场技术保养设施和其他军事技术设备。

在储备武器和物资技术器材的同时,美军决定在挪威建立2个改进型"霍克"式全套防空火箭设施(有12个发射装置),以加强国家防空兵力对驻有远征队的附属混合航空小队的航空基地的掩护。

1980年末～1990年初,美海军陆战队完成了武器和物资技术器材的全部储备任务,仓库日常技术保养由美、挪组成的保养小队负责。

美海军陆战队的4个远征队从1984年开始建立自己的作战演习区,每年根据联合国制定的"训练任务"、"寒冷的冬天"和"特别快车"计划进行训练,同时广泛使用已储备的武器演练重武器和军事技术设备的接收和储存。据外军报道,美军在挪威储备武器已消耗约4亿美元。

(于　玲)

"沙漠盾牌"行动中的血源保障　据美《海军时报》1990年11月12日报道,按美军军事医学原则规定,备用血源的标准应按战场可能出现的伤员人数,每人备用4单位血源计算,在"沙漠盾牌"行动部署中,为保障战场医疗救护的血源供应,美军从欧洲向沙特运送了两个血液处理中心,每个血液处理中心可贮藏7200单位的鲜血。当战时鲜血血源供应不足时,美军计划大量使用备用冷冻血源。这是美军首次在大规模军事行动中使用这种备用血源。在越南战场上,这种血源作过基础性试验,曾发挥了一定效能。据美海军血源负责人透露,在波斯湾地区,除陆地作战部队已配备了冷冻血源外,海军的两艘医院船"仁慈"号和"舒适"号,两栖攻击舰"纳索"号也携带了冷冻血源。美军储存的20万单位的冷冻血,大部分储存在新泽西州的麦圭尔空军基地。这些血源,可在24小时内运送到沙特地区。新鲜血液的保存期为35天,沙特地区的备用血源在接近期限的前一星期需运回美国进行再生或作为冷冻血源储存,全部血源使用前必须经过爱滋病、肝炎及其他传染病毒的严格检查。

当部队急需大量血源时,美军将采取以下几种紧急措施:(1)美军作战指挥司令部将直接向军队血源保障中心发出申请,该中心则依次与有关服务机构联系,这些机构将收集到的血源送到麦圭尔空军基地的血源保障中心,经过检验和处理的血源由飞机空运到波斯湾地区的美军基地,全过程仅需用7天时间即可完成。(2)一旦军队血源保障发生困难时,可通过美国红十字会或全美血源协会提供保障。(3)当陆地血源运输受到威胁时,美军将采取一些援助运送措施。如用直升机将血液箱从1200英尺的高空实施空投等。

为使作战部队能有充足的血源保障,美军医疗保障部门还准备向沙特运送4台血液稀释解冻机和1台能够储存500单位血液的冷冻设备。

海军的流动舰船商店　据美《军种之间》1991年夏季刊介绍,美国海军在世界各地约有350个舰船商店,其中96%的商品都来自经营公司。为满足舰船需要,经营公司在各主要港区都有仓库。

当一艘舰船准备启航时,它要为舰上的商店订购大量物品,并以最大携载量加以储存。这些物品的再补给要通过海军的"载货船"或"补给船"来进行。一般携带约140～150种最基本的并且销路好的生活必需品。这种船在作战展开时随战斗群一起离港,并经常轮换以保证供应的不间断。

舰船在订购物品时可根据自己的情况订购物品。不必考虑最低数额的限制。不像军人服务社订购的物品种类不得少于2000～8000种。

舰船商店设有专门的采买中心,每条舰上都有自己的订购单和存货单。海军转卖系统通过每艘舰船的商店合同法登记品种名称,与厂家签定合同。舰船商店能够订购到合同上15000种物品中的任何一种。

根据舰船种类的不同,一艘舰船可以贮存300～2000种物品。这些物品可以庞杂到诸如快餐、饮料、服装系列、烟草、健康美容用品、鞋油、珠宝、电子产品、照相设施、文具杂志和书籍等。一艘小型舰船只能库存10种糖果,而一艘大型舰船则可库存到21种。海军转卖系统还提供能满足四五百或更多人员所需品种的订购模式。例如,香烟最多可达10种;手表则可能只带一种,而类似瓶装饮料的物品则不允许带上船。

舰船商店不同于军人服务社。它是一种拨款资金系统,在经营上必须进行严格的审查。如果某种货物滞销,舰船将反馈给公司,并购买所需商品。

舰船商店由擅长经营的船员来管理,同时也负责洗衣和售卖业务。这些船员受训于阿森斯的海军供应学校,也有征召并受训于分设在诺福克、圣迭戈和默里迪恩的海军学校。同时,他们还得到位于世界各地的舰队支援队的帮助。这些人员能够上船进行非正式的协助性访问,并教范诸如资料保存、商品推销以及洗衣技术等等。

经营公司销售代理人所要执行的任务有:介绍新品种,跟踪国家广告,通知专门订购的买主和公布未来的计划等。关注商店的需求情况,并协助收回库存剩余物品。

舰上商店占用的甲板十分狭小。一艘220人的护卫舰,其商店只拥有9～18平方米的空间;一艘航母也只有90平方米;中型舰船一般为35～65平方米。舰上商店大都用较笨重器具来装载物品,有些货架还装有专门的围栏以防物品滑落。任何装置都必须拴在甲板上。由于存储空间十分紧张,舰船商店对销售量的预测，主要是根据消费资料和部署日程以及最大库存量来决定。一般每年有四次库存周转。

舰上商店必须每年3次向舰队决算办公室提交财务报告，并实行审计和检查。一般一年或一年半检查一次。舰船商店资金采用的是一种拨款的形式，其中有些资金来自国会，但并非一种年度拨款，其库存资金是常海军库存基金或循环基金。因此，其存货是以美元相兑换。给养部门也使用同样的资金。与给养部门不同的是舰船商店要盈利。平均毛利为15%。在1990财年，其盈利为1890万美元。这些利润，大部分作为舰上娱乐资金，同时也用于支付洗衣设施的购置、干洗或理发店等的开支。1990年，国会一再要求舰船商店要更加自给自足，用无拨款资金的方式来经营。随后，国防法令也要求海军对如何将舰船商店变为无拨款形式的可行性进行研究。

驻海湾地区的美海军军人服务社 据美《海军时报》1991年1月21日透露，美海军和海军陆战队服务社以独特的销售方法向部署在中东地区的海军和海军陆战队士兵提供生活用品。

在巴林，海军设立了第一个"沙漠盾牌"舰艇岸上小卖部，为进港的大量舰船船员提供岸基购物服务。该小卖部面积约1600平方英尺，可为海军人员提供与舰上小卖部相同的物品，例如，肥皂、牙膏、牙刷、洗发剂、夹克衫、半导体、录音带、糖果、苏打等日用品。该小卖部由海军舰上小卖部进行再补给。11个服务点中有4个设置在已腾空的沙特商店内。7个位于帐篷内，销售服务点从陆、空军消费合作社驻沙特地区转卖服务部得到所需物品。

海军陆战队服务点用于购买物品的预付基金由陆、空军消费合作社(AAFES)确定，海军陆战队用这些基金购买各类保障品，然后再用销售后所得资金购买所需要增加的储备品。

大量销售的商品是糖果、食品和一些受欢迎的物品包括录音带、电池、录相带和几万份圣诞卡，销售量最大的是香烟。 （于 玲）

建立一个基地、一个联队、一个司令的管理体制 据美《空军杂志》1991年8月号报道，自1991年秋季，美空军要在基地级建立一个基地、一个联队、一个司令的管理体制。美空军以前的联队大多是单机种的。今后要建立多机种的混合联队。每个混合联队由一个作战大队、一个后勤大队和一个支援大队组成。后勤大队包括一个维修中队、一个供应中队、一个运输中队和一个后勤支援中队。支援大队包括一个任务支援中队、一个保安警察中队、一个土木工程中队、一个士兵福利与娱乐中队以及一个基地通讯中队。联队长同时也是基地司令，由准将担任。联队长不但要负责作战指挥，还要负责基地管理、后勤保障等任务。基地改组后，将保障勤务的控制权从服务单位转交给了使用单位。

调整空军工程与服务中心的任务 据美《空军时报》1991年8月19日报道，为适应美军精简整编的需要，美空军调整了原驻佛罗里达州廷达尔空军基地的空军工程与服务中心的职责与任务，并根据调整后的工作任务将工程与服务中心改称空军土木工程支援局。调整后的土木工程支援局的主要任务是负责空军土木工程的支援保障工作。新的土木工程支援局从1991年8月1日开始履行新的工作职责。

为了更好地对空军总部的要求和作战部队的需要及时作出反应，美空军将原辖各个独立工作机构改名为野战工作机构。新的土木工程支援局也由原来的独立工作机构改为野战工作机构，受空军总部土木工程部门的直接领导。另据美《空军时报》1991年1月21日和美《空军杂志》1991年5月号报道，为减少管理层次，精简人员，美空军原独立工作机构财务与会计中心并入了美国防财务与会计局，改名为国防财务与会计局丹佛中心，地点仍设在科罗拉多州劳里空军基地；空军给养局则并入美国防部给养局。

成立工程与服务战备中心 据美国《空军杂志》1991年5月号与美《空军后勤杂志》1991年冬季号报道，为支援"沙漠盾牌"行动，美空军工程与服务中心组建了工程与战备中心，为美中央司令部派去了570多名工程与服务支援人员，指导各个土木工程保养、检查、修理与训练小组设立了35个配电中心。并在埃格林空军基地对派往海湾地区的工程与服务人员就如何使用在"沙漠盾牌"行动中部署的设备进行了专门训练。此外还成立了车辆、设备、供应分队，直属该中心作战计划处领导，负责工程与服务物资器材的采购，如跑道抢修设备、折叠式玻璃钢道面板、除冰机、洗衣机等。

提高空军后勤工作质量 据美《空军杂志》1991年5月号与美《空军后勤杂志》1991年春季号报道，美空军后勤司令部积极推行"全面质量管理"法，荣获了1991年总统质量奖。为了提高工作质量，美空军后勤司令部对从事飞机、导弹维护工作的38000多名文职专业技术人员提出了全面的训练规划，重点是专业分析与个人技术的再鉴定，并制定了长期的训练计划。另外美空军后勤司令部还利用现代化的计算机方便了用户，提高了工作质量。空军后勤司令部耗资17亿美元的计算机现代化信息系统10年规划现已进入了中期阶段，到1994年全部完成。奥格登空军后勤中心第一个将自己的计算机供应主系统完全改装，可与空军后勤司令部的计算机库存控制与分发系统相连接，因而改进了该中心的供应方法，加快了工作速度。库存控制与分发系统是后勤司令部计算机信息现代化九大系统之一，可使空军后勤司令部更加迅速、灵活地确保在准确的地点、准确的时间提供出准确的部件。

（李殿选）

提供多样化口粮 据1991年美《空军杂志》5月号和《商业日报》2月19日报道，在“沙漠盾牌”行动中，美空军给养局派遣支援人员，为部队提供食品、厨房设备，并开设野战服务社。在海湾危机期间，给养局为战区运送、储存、分发了价值5510万美元的食品，其中包括快餐口粮(MRE)、A－口粮、B－口粮和T－口粮。快餐口粮由C－口粮发展而成，具有体积小、重量轻、味道好的特点。快餐口粮装在箔面作衬里的塑料袋里，采用大袋套多个小食品袋的包装方式，小袋中装有各种肉、奶、水果、面、米制品和饮料冲剂等。除小食品袋外，大袋还带有一个附属袋，里边装有咖啡、奶油代制品、糖、盐、火柴、口香糖、小手帕、餐纸等。快餐口粮可用开水或晒热的沙子加热，也可利用车辆散热器或化学剂加热，必要时还可冷食。一份快餐食品重1.5磅，可产热量1300大卡。快餐口粮约10多种，每种保存期均为3年。作为快餐口粮的一种补充是“快餐定购口粮”(MORE)。它是一种市场商业食品，在快餐口粮的基础上增加了些新花样，主要有鸡胸、实心面条、煮肉卷、意大利式卤汁面条、日本式火锅米饭、辣椒豆、通心粉、干酪等，可用微波或开水加热食用。A－口粮是部队最喜欢的热食，主要由当地提供鲜肉、蔬菜、水果、粮食等原料，经野战厨房制做而成。B－口粮也是一种热食，主要是罐头食品和脱水的肉、蛋，也有鲜肉和各种肉制品，可在简易餐室或野战厨房制做。T－口粮是一种盘装或浅盘口粮，包装在一个大食品盘里。盘子都是钢制品，长12.25英寸，宽10英寸，深2.125英寸。主要装有火鸡条、菜豆、巧克力布丁、奶油土豆、花生酱、果冻、通心粉、干酪等。一套盘装食品可供18人吃一餐。T－口粮有20多种，一般存放于厨房式房子里，可用开水加热食用。

（石之英）

低强度冲突中的卫生工作要点 据美国《军事医学》杂志1991年第2期报道，低强度冲突是时间持久的军事斗争，将外交、经济斗争，社会心理压力，恐怖活动和暴力行动溶为一体，有孤立的小规模战斗或蓄意使用有限的杀伤力量。低强度冲突中的军队卫生工作，就是在绥靖时期从事卫生医疗工作，其要点是：协助而不是取代当地卫生工作；推广简便、易行、面向农村的卫生支援工作；消灭流行病媒介动物；推行口服液防治脱水和免疫接种计划；计划生育工作；利用初级卫生设施及其人员。应具体实施的工作包括：(1)饮用水供应；(2)粪便处理；(3)媒介动物防治；(4)垃圾处理；(5)免疫接种；(6)杀虫剂使用；(7)个人卫生与环境卫生贯彻、落实和卫生教育；(8)初级卫生人员培训；(9)卫生物资器材供给与伤病员后送；(10)计划生育宣传教育工作；(11)家畜饲养管理；(12)其他与预防医学相关事项的宣传工作。

（余志佳）

在海湾战争中做好大规模杀伤武器的医学防护 据美国《军事医学》杂志1991年第6期报道，伊拉克拥有生化武器，其中最可能使用的生物武器是炭疽孢子气溶胶，化学武器有芥子气和神经性毒剂。美军原有的炭疽疫苗需皮下注射6次，新研制的炭疽孢子活疫苗只需皮下注射1次。美军士兵备有个人防化两件式外衣，其外层是防化尼龙和棉的交织物，内层充填木炭的聚氨基甲酸酯泡沫塑料、橡胶手套、套靴和防毒面具。每个士兵配有神经性毒剂解毒盒，其中有装柠檬酸阿托品(2mg)和氯磷定(600mg)的自动注射器。新研制的注射器是1个针头的分隔式自动注射器，两个分隔中分别装着阿托品和氯磷定，可穿通防化服注射。单兵还配有神经性毒剂预防药物溴化吡啶斯的明，1小管装21片，接到指令才服用，1日3次，每次1片。溴化吡啶斯的明有增强阿托品或氯磷定的效力。单兵皮肤沾染消毒盆内有两块小毛巾，用于擦净皮肤，也可擦拭面具、手套、头盔和个人武器。实施医治前，毒剂伤员应在洗消站检查、洗消、分类和急救。由身着全包式防化服的人施行伤员洗消；脱去伤员衣服，只留防毒面具，用稀次氯酸钠溶液洗消皮肤和面具。毒剂伤员治疗包括人工呼吸，给阿托品、氯磷定、安定。芥子气伤员应先脱去衣服，用生理盐水冲洗眼睛后用防腐溶液洗，再用含麻醉剂的抗生素软膏。皮肤和头发用25%有效氯制剂除污染，再用肥皂和水冲洗。单端孢霉烯中毒伤员应用生理盐水或盐水洗消眼睛，肥皂和水洗消皮肤，口服吸附肠内毒素的活性炭、维生素C和地塞米松。

（詹正嵩）

实施军地联合勤务卫生战备训练 据美国《军事医学》杂志1991年第2期报道，为了应付战时和灾害情况下紧急医疗救治工作需要，美国实施军地联合勤务卫生战备训练。训练内容除医疗任务外，有三防装具使用，伤病员洗消消毒，野外生存救援，直升机伤员后送等。1988年，美公共卫生部门的1个灾害卫生援助队和美陆军1个卫生连、2个地面救护车队及1个小型公共卫生工作指挥部联合举行一次“联合医疗行动”卫生战备训练，对在某地进行模拟实战训练的陆军后备士兵提供24小时医疗服务，持续3周，有常规门诊和急诊。伤病员按实际需要可全休，收容在野战病房72小时，转送陆军保健医院或地方医院。

军地联合勤务卫生战备训练为期3周，每周轮训一批卫生人员。在野战卫生设施内训练的有来自美公共卫生部门的医生、护士、药剂师及其他卫生人员和来自第702卫生连急救医学技术员、其他卫生专业人员及辅助支援人员。参加训练的部队有8000人，伤病员由训练地区的医生或护士施行救护。伤病员和卫生人员由第440地面救护车队运送。3周野战演练中治疗376人，其中23%为肌肉与骨骼伤，18%为皮肤病，13%为牙病和五官科疾病。

（余志佳）

强调加强全速跑体能训练 据美《海军陆战队杂志》1991年12月号报道，美海军陆战队根据其作战任务的特殊要求，强调重视增强部队人员全速跑能力体能训练。文章指出，指导现代海军陆战队体能训练的概念与越南战争前没有大的变化，但随着海军陆战队步兵营武器数量的增加和复杂化，以及占用训练时间越来越多，需要有更符合部队任务需要的体能训练方法。在现代机动作战中，海军陆战队在地面接敌运动时需要有高强度的暴发力和疾跑能力。用于培养耐力的每日10公里跑不可能最大限度地发展这种运动能力，因为海军陆战队登陆接敌快速移动靠的是三磷酸腺苷（ATP）供能，而长跑耐力锻炼不能使单位肌肉组织里ATP的含量增加，但通过全速跑训练和阻力训练可以促使肌肉体积增大（肥大）从而增加肌肉组织ATP的总量，作者认为以全速跑训练代替长跑训练不仅不会影响海军陆战队正常作业能力还能增强实际战斗力，此外还可节省许多体能锻炼时间，而有更多时间用于进行军事技术训练。澳军的研究也表明，参加长跑的士兵与不参加长跑而携带澳军782装备从事各项训练的士兵10公里速度竞赛所用时并无差别，说明携带装备进行活动不仅能增强耐久力而且可改善全速跑能力，最近的研究还证明，力量训练可增强耐久作业能力。总之，全速跑训练可采取多样的训练方式如足球、篮球运动，可避免产生单调厌倦情绪。另外，阻力训练可在体育馆里用制式器材进行训练也可以在户外用就便器材进行锻炼。

采取措施预防热损伤 据美《海军陆战队杂志》1991年1月号报道，美海军陆战队为适应在酷热环境下的生存条件，采取了7项措施预防热损伤：（1）保证部队充分饮水，防止脱水。（2）应用三球温度指数实行环境热强度卫生监督，并根据环境热强度补水和调整劳动作业与休息时间，特别强调穿盔甲和穿4级防护服人员的防暑。美海军陆战队装备有三球温度测量装备和环境热强度监督指南卡，该卡列出了各种环境热强度条件下的补水和劳动与休息要求。（3）确保海军陆战队热带口粮的供应和食用，这种精心配制的平衡口粮，含有足够的盐，适合大部分人的口味，没有医生批准不需额外给盐片。（4）对新兵和无热习服力的海军陆战队员进行热习服锻炼，并且要遵循循序渐进训练原则，即开始热暴露强度小时间短，而后逐渐增加热暴露强度和热暴露时间，至少需要2星期时间才能获得充分热习服。（5）未热习服的海军陆战队员剧烈的体能训练要安排在凉爽的早晨和黄昏进行。（6）热习服以后海军陆战队员仍需按三球温度指数指南的要求补水，因为热习服的人靠出汗调节体温，所以要补足失去的水。（7）及时更换服装，例如在极热时要留在遮荫处、脱去长裤，用柔软的头罩替代头盔，去掉多用伪装服，防止直接太阳曝晒烧伤。对热损伤病员应视损伤类型和病情轻重程度给予补水补盐或静脉注射生理盐水，移至荫凉处，脱去衣服，在身体表面洒水吹风冷却降温，对中暑患者，必须作为医学急症进行抢救，但不得将病人泡在冷水里或冰浴降温，因这样做会造成皮肤血管收缩阻止体热放散或引起发抖增加产热使体温进一步升高，危及病人生命。

战术徒步行军保存体能的措施 据美《步兵》杂志1991年1～2月号报道，美军强调战术徒步行军保持体能的重要性，并提出6条保证体能不耗竭的措施。战斗徒步行军是战斗的准备。随着轻步兵师的组建，战斗徒步行军问题重新引起美军的重视，事实上不惜任何代价的徒步行军速度对部队作战没什么价值，因为士兵到达目标地已筋疲力竭失去作战能力。指挥员必须确定大部分士兵所能达到的可行的行军速度，使部队在适当的体力和脑力负荷条件下行军，以便到达目的地后能投入战斗。战术移动概念的核心是要把士兵的注意力集中到行军后的执行任务上而不是行军本身。战斗徒步行军保存体能的措施是：（1）规定部队的具体战术任务即行军所要到达的位置及任务。（2）确定行进程序，不允许互相超越或比赛速度。（3）规定行军速度，指挥员要根据部队人员的体能水平和到达目标地的时间要求决定部队实际可行的行进速度，既要能走完规定路程又要能进行战斗，这种决定必须在整个行进过程中不断进行评估，必要时调整行进速度。（4）指示每行军45～50分钟休息10或15分钟，休息时检查脚部和处理其他医学问题。（5）确定战斗行军负荷量，部队战斗行军时必须携带战斗和生存所需的物品，包括口粮、服装、武器弹药、防护装备。（6）对不能同部队一道完成行军任务的人员提供指导或用其他办法将其运抵目标地。

（林水成）

海军飞行员在海湾战争中使用生物和化学防护装备 据美国《航空周报和空间技术》1991年第1期报道，美国海军和海军陆战队的战术固定翼飞机飞行员过去没有防护装备。当伊拉克入侵科威特后，海军用2个月的时间突击完成了研制、生产和把装备运到“沙漠盾牌”部队的任务。该装备是以英国AR—5防护帽为基础，全套装备包括AR—J基橡胶防护帽，能呼吸氧气和空气的面罩，网眼背心，浸炭衬衣和丁基橡胶手套，最外层是Nomex飞行服和手套。帽子有一个除雾系统，可以为头部降温。戴上防护帽后还可以饮水。有一根专门的软管连接在网眼背心上，取下帽子左边的孔盖，把管子插入孔中，挤压一个小囊，水便通过塑料吸管流入飞行员口中。

（张有谟）

日本自卫队后勤　全面加强部队后勤建设

据日本《防卫日报》(1991年)、日本《防卫天线》杂志(1991年各期)及《后勤科技与装备》杂志1991年第1期报道，日本自卫队在1991年通过改进师后勤体制、改进后勤管理、更新后勤装备等，继续加强部队后勤建设。

继续改编师后勤机构。日本陆上自卫队为加强师后勤的集中统一指挥，提高其综合保障能力，自1987年开始，将陆军师(除坦克师外)逐步改编为5种不同类型(A、B、C、D、E)的装甲摩托化师，并对师后勤保障部队进行改编。师后勤的具体改编方案是，增设后勤保障团，下设补给队、军械队、运输队和卫生队等。这一改编，克服了原师属后勤分队领导多头、力量分散的弊端，有效地加强了对师后勤分队的指挥控制，提高了师后勤的综合保障能力。

加强后勤管理自动化建设。日本自卫队十分重视后勤管理自动化建设，1991年度安排的电子计算机租金、消耗品采购费、软件开发费等费用总额为96亿日元，比1990年度增加9亿日元，增长10%。1991年度共租借新型计算机14套，用于取代海上自卫队木更津航空补给所和空中自卫队补给本部、三津基地等7个部门的现用计算机，同时还为东京防卫设施局、横滨防卫设施局等后勤单位配备电子计算机，以提高后勤指挥与业务管理水平。

加速后勤装备的科研和现有装备的更新。1991年，日本自卫队为提高对作战的后勤保障能力，继续研究或新开发新型坦克浮桥、高机动中型运输车、新型洗消车、新型工程作业车、防弹衣、新型野战炊事车等。在后勤装备更新方面，日本自卫队采购87型弹药补给车12辆、90型新型装甲修理后送车4辆、78型雪地车19辆、新型坦克桥4辆、87型化学侦察车1辆、各型直升机31架、水陆两用救生机1架，建造各种保障船8艘。此外，日本自卫队还从1991年开始发放第三代新式服装。

（王通信）

防卫费的分配使用 据日《防卫天线》杂志1990年第9期报道，日本1991年度国防预算为44023.41亿日元，比上年度增加了2430亿日元，增长率为5.8%，具体分配情况如下：陆上自卫队为15485亿日元，比上年度增加736.48亿日元；海上自卫队为11038.59亿日元，比上年度增加1178.37亿日元；航空自卫队为11285.67亿日元，比上年度增加68.61亿日元；内部部局为83.26亿日元，比上年度增加4.05亿日元；参谋长联席会议为28.68亿日元，比上年度增加2.63亿日元；防卫大学为134.2亿日元，比上年度增加5.99亿日元；防卫医科大学为165.46亿日元，比上年度增加7.01亿日元；防卫研究所为10.25亿日元，比上年度减少0.46亿日元；技术研究本部为1158.29亿日元，比上年度增加125.88亿日元；采购实施本部为57.03亿日元，比上年度增加0.03亿日元；防卫设施厅为4574.97亿日元，比上年度增加201.34亿日元；安全保障会议为2亿日元，比上年度增加0.09亿日元。

（袁孝华）

改善部队生活保障 据1991年日本《防卫日报》报道，第二次世界大战后，日本重新组建军队，但兵员的招募一直较困难。为此，日本自卫队除加强宣传，改善军民关系外，不断改善自卫队的各项生活保障，作为增强自卫队吸引力的重要措施。

改善居住条件。为改善居住条件，1990年8月日本防卫厅制订了新的营房标准，并从1991年开始实行。新的营房标准要求：(1)住房小型化；(2)增加住房面积；(3)房间空调化。在新五年扩军计划期间(1991～1995年)，日本自卫队计划将现行11人大房间(面积为40.9平方米，住军士4人、士兵7人)改为7人两居室标准房间(军士3人、士兵4人)，同时新建5人两居室标准房间(面积为30平方米)。1991年度，日自卫队计划按标准改建营房11万平方米，新建标准营房14万平方米。

改善军人待遇。1991年度，日本自卫队用于改善军人待遇的预算为614.93亿日元，比1990年度增长30.8%。这项费用主要用于改进室内设备、换发新被装和改善医疗卫生条件及增加提前退休人员特别供给金。此外，1990年12月，日本政府提出军人薪金标准修订案，将军人薪金平均提高4.7%。从1991年开始，日本自卫队还提高了船员的待遇，在增设夜间特种作业津贴的同时，提高船员津贴标准。如护卫舰乘员津贴

由本人月薪金的27.5%提高到33.0%;潜艇乘员由本人月薪金的40%提高到48%。

增建体育、卫生和福利设施。1991年度,日军计划重建大凑自卫队医院,增建体育馆(100人以上驻屯地)120处,游泳池12处,福利中心(500人以上驻屯地)25处。

国防经费向后方建设倾斜 据日本《防卫天线》杂志1990年第9期报道,日本新五年扩军计划——《中期防卫力量整备计划》(1991~1995年)所需经费总额为22.75万亿日元,较上个五年计划的18.4万亿日元增加4.35万亿日元,增长率为23.6%。从新五年计划经费的具体分配情况看,后方建设所占比重最大,为40.2%。日本新五年扩军计划经费明显向后方倾斜的原因:一是出于国际形势趋于缓和的大判断,避免因大量增添作战装备而遭受在野党和社会舆论的抨击;二是通过经费向后方倾斜,确保经费从整体上不致大幅度减少;三是通过加强后方建设,改变日本自卫队目前前重后轻、前后方明显不协调的状况。

1991年度日本自卫队的国防预算申请为44023亿日元,比1990年度增加5.8%,其中人事与给养费为17094亿日元,约占预算总额的39%,后方建设经费为16064亿日元,占总额的36.5%,作战装备采购费为10865亿日元,占总额的24.6%。1991年,在后方建设方面,日自卫队强调建设"前后方均衡的、高质量的防卫力量",大力充实作为自卫队战斗力基础的"各种保障能力",继续执行有关改善军人生活待遇的各项政策。

1. 增加军事、后勤设施建设投资。日本自卫队1991年度国防预算申请中,用于军事、后勤设施建设的投资为1516.79亿日元,比1990年增加187.77亿日元,增长率为14.13%。该项经费的分配情况是:机场、港口、弹药库等军事设施费474.53亿日元,占31.29%,宿舍等生活设施费578.95亿日元,占38.17%;教育、训练、通信、物资补给等后方设施费449.04亿日元,占29.60%;污水处理等环境保护设施费14.27亿日元,占0.94%。

2. 大幅度增加装备维修费。日本自卫队1991年度预算申请中,装备维修费为4875.25亿日元,比1990年度增加230.25亿日元,增长率为5%。装备维修费除用于飞机、舰船、坦克、火炮等武器的日常维修外,主要用于20架F－4EJ战斗机的改装,以提高其作战性能。

3. 增加油料采购费。近年来,由于日本陆上自卫队的步兵逐步改编为装甲师和摩步师,以及飞机、军舰等耗油装备的数量增加,油料需要量越来越大。据透露,日自卫队平时的年油料需要量约100万立方米。为维持自卫队的日常训练及生活需要和一定数量的战时储备,日自卫队逐年增加油料采购费:1990年度为509.46亿日元,比1989年度增长30.95%;1991年度预算申请为590.81亿日元,比1990年度增长15.97%。

4. 弹药采购费继续维持去年水平。多年来,弹药储备不足一直是日本自卫队的一个薄弱环节,因此,1990年日本自卫队适当增加了弹药采购费,其金额达1662.74亿日元,比1989年度增长10.34%。1991年度,日本自卫队仍安排了弹药采购费1660.86亿日元,基本上维持了上一年的水平。

探讨战时的后勤供应问题 1990年,日本《国防》杂志第6、7期分别发表文章,探讨未来战时的有关后勤供应问题。

设想在国外生产武器装备。日本《国防》杂志1990年第6期发表的一篇文章认为,鉴于当前日本国内的军工生产体制存在着许多问题,不能适应国防的要求,日本可设想在国外生产武器装备,以满足战时自卫队对武器装备的需要。对于在国外生产武器装备的方式,日本的设想是:在国外预先建立军工企业,确立平时、形势紧张时和战时生产武器装备的三种体制。具体做法是由日本提供资金、技术和技术人员,建立合资企业,开办批量生产武器装备的工厂。对于可供选择的国家和地区,日本认为首先应重视北美及西欧,因为这些国家是西方阵营的中心,是日本重要的贸易伙伴,而且,这些国家政局稳定,拥有日本需要的先进技术和雄厚的军工生产基础。其次,日本认为周边的南朝鲜、台湾、菲律宾、印度尼西亚、泰国、马来西亚等,也可以作为考虑对象,但认为这些国家和地区的基础工业还有待于进一步发展。此外,日本还认为,南太平洋的澳大利亚和新西兰也可作为预选国家。对于国外生产的武器装备的运输方法,日本的设想:一是平时扩充运输航空团,配备几十架大型运输机和发展民间国际空运能力;二是建造大型潜水运输船。

设想建立粮食和燃料长期储备。日本《国防》杂志1990年第7期发表的一篇文章认为,日本粮食和燃料进口所占比例很大,为抗击军事侵略和经济封锁,完成防卫作战任务,日本必须从平时起就采取粮食和能源储备措施。

粮食储备的具体设想是:(1)在农水省等部门的参加下,依靠民间有识之士和民间企业的协助,制订切实可行的粮食储备方案。(2)由国民分散储备1年份粮食,在世界主要粮食出口国——澳大利亚、美国、加拿大、新西兰、阿根廷等海外产地储备1年份粮食。(3)海外的粮食储备，需要外务省、农水省、通产省等积极配合，以确保粮食的获得、管理和运输等能顺利地实施。

燃料储备的具体设想是：(1)由主管部门通产省在经济计划厅等部门的协助下，制定储备方案。(2)在海外建设正式的储备基地，储备1年份的石油。(3)认真研究国内石油储备方式，如采用大量小型油轮系泊的方式、小规模的地下储油设施及建设很深的地下储油基地。(4)可在菲律宾、印度尼西亚、文莱、澳大利亚等友好国家的协助下，储备大量石油，此外，还可与美国、中美洲、东南亚及南美洲等地区的产油国签订原封不动地利用其油田储备石油的合同。

（王通信）

海上自卫队提高艇员补贴 据日《世界舰船》1990年12月刊报道，日海上自卫队为减少艇员要求离队的倾向和缓和招兵难的状况，已采取了一些措施以改善舰艇艇员的生活待遇。如修建用于潜艇艇员住宿和休养的"岸上待命所"；新造的舰艇(除潜艇外)由三层铺位改成双层铺位，配备船用卫星广播电视接收装置等。最近又计划提高艇员补贴。

目前日海上自卫队舰艇艇员的薪金由下述三部分组成：(1)基本薪金；(2)艇员补贴(这项补贴不出海也发)。水面舰艇艇员的补贴为基本薪金的27.5%，潜艇艇员的补贴为基本薪金的40%。(3)航海补贴。舰艇出海时，根据每人的军衔和航海水域发放。此外，潜艇艇员在潜航15日以上时发给潜航补贴。每日潜航补贴标准如下：军官750日元、准尉675日元、士兵600日元。

根据提高艇员补贴率的草案，新的舰艇艇员的补贴率分别是：水面舰艇艇员将从27.5%提高到33%，潜艇艇员将从40%提高到48%(据1991年防卫特信报道为45.5%)。这样舰艇艇员的收入将有较大幅度的提高。

（于　玲）

越南军队后勤

召开全军经济工作会议 据越南中央电视台1991年7月28日报道，越国防部近日召开全军经济工作会议，会议总结并肯定了5年来的经济工作成就，提出了下一个五年的方向和任务。越共中央委员、国防部副部长陶庭练上将主持会议，到会的代表有各军区、野战军、各兵种、国防部直属各公司以及国防工业和经济总局的各工厂经理、厂长。会议肯定了军队参与经济工作是保障国防力量和巩固部队战斗力所必需的。1990年，从事经济工作的各单位创利润几百亿越盾，为各直属单位改善部队生活、修建车库、炮房等设施提供了大量经费。下一个五年的任务是解决好国防生产能力、税收、法规、竞争问题。

重点保障战备值班单位的武器装备 据越《人民军队报》1991年8月2日报道，越军总技术局近召开了全军上半年武器技术装备保障工作会议。会议称，1991年上半年，越军有关部门重点是保障担负战备值班任务单位的武器技术装备，为其补充了一批武器装备和零部件，使武器装备技术指数达到95～98%。在库房建设方面也取得了较大成就，完成全年计划的130%。当前越军在武器装备工作中存在的主要问题：一是管理不严，武器、技术装备及物资时有丢失。二是仓库建设缺乏总体规划，经费不足，不少弹药库，尤其是省、县军指所属弹药库达不到技术指标要求。三是武器装备及物资的保养、修理、封存情况较差，仅完成全年计划的30～40%。四是车辆使用频繁，不少单位车公里数已超过全年指标。

"吃饭问题"仍是1991年的一大难题 1991年1月，越军后勤总局在南方组织召开了越全军后勤工作会议，总结越军1990年的后勤保障工作。会议上提出最多和最为集中的问题仍是如何解决部队的吃饭问题，该问题仍是1991年越军后勤保障工作中一个十分突出和棘手的问题。1990年，越军采取按照货币化机制方式进行后勤保障的办法，取得一定成效，为安排部队生活提供了许多便利，加之不少单位积极主动、想方设法搞好后勤工作，因此较好地保证了部队每日伙食定量和质量。尽管如此，不稳定的市场价格却在严重威胁着部队的生活，使部队伙食费不断上涨。例如：1990年6月期间，战士每人每日的伙食费是863盾，其中大米300盾(占总数1/3)，其他食品还剩563盾(占2/3)；而到1990年12月时，每人每日伙食费已达1643盾，其中大米就占1080盾(占总数2/3)，其他食品费则仅剩563盾(占1/3)。为此，1991年越军后勤保障工作的重点仍是设法解决部队的吃饭问题。会议提出了1991年越军生活费按以下方式给予补贴：以上一季度的平均补贴额作为下一季度的补贴系数，同时按地区差额重新确定地区补助费。此外，对5种必需品(大米、燃料、肉、鱼、蔬菜)不管困难多大也要保证补足。

（刘桂兰　许　平）

首次配备国产千吨级运输船 据越南《人民军队报》和《人民报》1990年9月报道，为加强越南海军海上补给力量，国防部设计制造了新型千吨运输船。

运输船现已制成2艘，分别命名为"长沙－01"号和"长沙－02"号。"长沙－01"号船长70.7米，宽11米，船上装有冷藏设备和空调房间，具有功率大、速度快、稳定性好的特长。"长沙－02"号在前者的基础上稍加改进，安装2台主机、2台推进器，而且甲板、船底均为双层设计。

这2艘运输船均具有"在大风大浪条件下向偏远

岛礁运送物资”的能力。目前，往偏远岛礁的后勤补给、建筑施工等各项需求愈来愈大，新型千吨级运输船正式配备海军，可弥补海军运输船只吨位小、技术落后、设备陈旧、抗风浪性能差等不足。

（李红炬）

印度军队后勤　综述　印军后勤保障工作进行了必要的调整和改革，逐步建立和完善了后勤体制，制订了各项规章制度，根据未来战争的需要加强各类后勤设施建设。其基本做法和特点是：

适应自身特点，完善后勤体制。印度军队经过调整和改革，后勤体制更臻完善。

一是高层指挥体系相互制约，军种以下则根据需要设置。印度陆海空三军相互独立，彼此平等，没有设置统一的总后勤部。军队后勤工作由国防部领导、协调和管理。国防部主管后勤的非常设性权力机构主要有国防部生产与供应委员会和国防研究发展委员会，这两个委员会均以国防部长为主席，成员包括三军首脑和国防部高级官员，他们定期召开会议，就重大后勤事宜制订政策或作出决定。国防部的国防局、生产局、供应局、科研局、财政局、财会局和物资局等机构，具体负责军队日常后勤事务。印度陆海空三军的后勤工作在国防部和军种总部的双重领导下进行，机构不尽一致，根据各自的特点和需要而设置。

陆军司令部设军需局、军械局、军务局医务处和工程局，分别负责陆军各部队的物资、军械、医疗卫生和工程等业务的计划、组织和领导工作，同时还要负责全军（包括海军和空军）通用弹药、给养、油料、生活日用品的供给等。军区司令部设军务军需局，负责本军区内各部队的后勤管理和供应工作。军司令部设军务军需处，负责组织军后勤保障。师设军需、营地、军务科，编有勤务营、电机工程营、医务营、野战医院、军械分队等，担负后勤保障任务。

海军的后勤保障工作由海军司令部所属的物资局和人事局负责。主要任务是制定本军种年度的物资计划、采购和发放本军种所需的各类后勤物资以及基地、营房修建、粮食和副食品供应等。海军地区司令部设物资处和人事行政处，分别负责本地区司令部范围内的各种后勤管理和后勤保障等工作。

空军的后勤保障工作由空军司令部的行政局和保养局负责。其中行政局主要负责本军种的后勤预算、决算、会计、医务、福利和工程技术方面的工作；保养局主要负责本军种的技术设备的维修、保养和调拨等工作。空军地区指挥部设行政处和保养处，具体负责本部范围内的各种后勤管理和后勤供应等工作。

二是全国划分成若干后勤区，陆空军实行统一的区域性后勤保障。印度根据陆军和空军部署的需要，将全国划分成许多供应区，设有交通区、交通分区和交通小区机构，实行统一的区域性后勤保障。交通区受陆军总部和军区司令部领导，设在集团军（即平时的军区）战区的后方，负责陆军野战部队和空军飞行部队的后勤保障。交通分区分后方区和前方区两类，前者管辖港口、海滩、转运站、后方保养区及有关机场，后者管辖前方保养区及有关机场。交通小区，一部分设在重要仓库地区，一部分设在军事设施较集中的地区，负责当地陆空军部队的后勤供应。这样做，既有利于提高效率，也可以减少运输费用。此外，印度海空军虽然有自己的后勤体系，但通用弹药、油料和给养等目前均由陆军供应，海空军后勤机构在一定程度上也接受陆军相应后勤部门的业务指导。

三是有一支由各后勤兵种组成的专门的后勤部队。为了加强野战后勤保障工作，印军编有勤务、军械、医务、工程、军邮、农场和兽医等 10 余种专业后勤部队。其中，勤务部队又分成供应部队、运输部队和油料部队，最高编制为营，行政上归总部领导，通常配属师以上各级部队。军械部队分为后方和野战两种，由总部领导，配属军区以上单位及军以下军械、弹药和被装库。其他各后勤兵种的最高编制一般也是营，行政上受总部有关业务处领导，通常配属各级部队。印度陆海空三军后勤部队人数所占比例各异，空军为最高，海军次之，陆军步兵部队占 15%左右。

根据实战需要，严格规章制度。印军对后勤保障要求很高，强调平时也要像战时那样对待。

1. 后勤保障要有预见性。印军强调，后勤保障工作应走在作战进程之前，即在作战之前就制定好后勤保障计划和进行准备，并尽可能估计各种因素可能对后勤保障造成的影响。在制定作战方案时，首先应预测人力、畜力和物资等方面的要求，并及时筹划调运和储备。后勤指挥官必须了解合成部队指挥官的作战意图、战斗进程以及发展趋势，不能因为物资供应不足或延误而影响到整个战役的进程。

2. 后勤保障必须做到经济和节约。印军要求后勤工作应最充分地利用人力、物力和运力，杜绝各种不必要的浪费和降低无效消耗。应合理区分当前作战和未来作战的需要，准确计算和适量储备物资并尽可能充分利用当地资源。后勤保障工作应周密计划和合理调运，并精心维护和保养武器装备，有效地利用现代化设备和手段。

3. 后勤保障部门必须具有较强的快速反应和灵活应变能力。印军强调，各后勤保障部门必须熟悉各自战区内的地形和补给线路，合理确定补给地域，制定多种保障方案，并控制必要的应急物资，一旦需要时应能够迅速调整补给组织和立即启用备用线路。充分发挥空中运输的作用，在最短时间内为作战部队提供良好的后勤保障。

4. 后勤保障工作必须密切协同。印军要求，后勤保障部门和勤务部队之间，勤务部队与战斗部队之间，联合作战中的三军后勤部队与地方政府部门之间必须密切合作。在联合制定后勤保障计划及实施过程中，有关各方应互相协商，通力合作，努力确保作战任务的顺利完成。

为了达到上述要求，印军对生活保障、物资保障、技术保障以及卫生勤务保障等都作了严格的规定。如印军对物资保障采取了后勤基地、交通区和部队后勤区等三级管理，每一级都有明确的任务和要求。后勤基地负责战区的后勤物资保障；交通区负责各类军人、物资的运送和交通线的保卫；各部队的后勤区则负责本部队所需物资的储备等。同时各级机构和各类物资都规定了起码的标准。如陆军军(集团军)一级储备的给养必须在 90 天以上，油料必须在 180 天以上，军械装备中的野战弹药库必须维持 4 个月以上的 B 类(主要包括装备、车辆、弹药、被服以及有关零配件等)物资供应。此外，印军还制定了在特殊条件下的物资保障应急方案，并要求各后勤机构严格按照有关规定办事，确保一旦战争爆发，各种保障工作有条不紊，各类物资能源源不断地运到前线。

*加强边境地区的后勤建设。*印军认识到，边境北部和西北部山高路陡，气候寒冷，将给战时的后勤供应带来很大困难。为此，自 80 年代以来，印度已把北部和西北部边境地区的后勤建设作为重点来抓。主要采取了以下措施：

1. 加强道路交通建设。印军认为，目前边境地区现有道路的稀少是后勤保障的主要制约因素，因此必须特别重视道路交通建设，争取在 10 年左右时间内建成一个较为发达的、基本能适应战时需要的公路交通网络。为加速道路建设进程，印军决定 5 级以上道路的大规模修筑由边境公路组织承担；其他道路的修建及已有道路的保养和维护，由前沿作战部队负责。

2. 发展畜力、人力和直升机相结合的运输方式。目前，印军山地部队均配有专门的畜力运输分队。一般情况下，1 个畜力运输班一天在 12～15 公里的距离内能运输 500 公斤物资；1 个连则能运输 4000 公斤。这相当于 2.5 架米－17 直升机的运输量。在骡马车难以通行的小道上，印军使用人力运输。直升机运输机动性强，适用于其他运输工具难以接近的地区。在紧急情况下，印军则以直升机空运与空投的方式进行补给。据悉，印军将继续增建畜力运输分队，组建人力运输分队，发展适用于高海拔地区作战的全天候运输直升机分队。

3. 重视装备的保养与修理。虽然高寒山区部队机械装备没有平原部队多，但由于地形和气候的原因，装备极易受损，维修任务繁重。为此，印军采取了维修分队分散配置，要求将零配件准备充足。在作战地区，每 10 公里交通线配置一辆交通车；在其他地区，每 50 公里交通线配置一辆维修车。为及时补充和更换，各类装备应有 10%的储备。

4. 建立高效能的伤病员后送系统。为确保伤病员及时救治，拟建立高效能的后送系统，最大限度地使用直升机从前沿后送伤病人员，使步兵联队救护所和前方包扎站的位置尽量靠前配置。由于天气条件不好，以往伤病员经常不能由直升机后送，因此，必须做好充分的通过陆路后送的准备。此外，印军将在边境地区建立军需物资、弹药、油料和零备件等各类物资储备网，以便对巡逻分队、前沿哨所分队和参战部队实行就地供应。

主要资料来源：

①印度《军事新闻》杂志 1991 年。

②印度《国防》、《国际防务评论》、《前线》杂志 1987～1991 年。

(乔德春)

国防费的分配使用　据外刊报道，印度 1991～1992 年度的国防预算(不含国防部本部的开支和军人退休金)为 1685 亿卢比，约合 84 亿美元，与 1990～1991 年度的 1575 亿卢比相比增长了 6.7%。但如果把通货膨胀和货币贬值等因素考虑进去，1991～1992 年度的军费实际下降了 10%左右。本年度的军费占中央政府开支的 13%。在军费预算分配中，陆军分配数为 838 亿卢比，占军费的 49.88%；空军为 212 亿卢比，占 12.58%；海军为 229.5 亿卢比，占 13.62%；其余的军费用于兵工厂和科研等项目的开支。另据报道，本年度的军费修正预算为 1635 亿卢比，比原预算减少了 50 亿卢比。

(杜　健)

制定“八五国防计划”预算方案　据印度《前线》杂志 1991 年第 8 期报道，以前国防国务部长阿鲁·辛格为首的印度国防预算委员会经过广泛地调查研究和系统分析，于 1991 年初向印政府呈交了一份“建议书”。该建议书由七大部分组成，其中第 1 部分阐述了印度第 8 个国防五年计划期间的国防开支的预算情况。此前印陆海空三军曾向国防预算委员会提出在第 8 个五年计划期间为其提供 14000～15000 亿卢比的费用(而

“七五计划”期间印军仅申请了4500亿卢比)。国防预算委员会经过反复论证后将三军的申请削减到10000亿卢比。具体方案是:以1989～1990年度的1495亿卢比(实际上是1550亿卢比)预算为起点,“八五计划”的第1年(1990～1991)的国防预算为1658亿卢比(实际上得到1575亿卢比);第二年(1991～1992)的国防预算应该是1838.7亿卢比,但被限制在1635亿卢比;第3年(1992～1993)的国防预算为2020亿卢比;第4年(1993～1994)的国防预算为2260亿卢比;第5年(1994～1995)的国防预算为2500亿卢比。此外,该方案还列出了313.7亿卢比的计划外开支,这不包括第7个五年计划期间还未偿还的贷款。

按照国防预算委员会的方案,第8个五年计划期间已决定分配给陆海空三军的外汇额为1916亿卢比。其中陆军567亿卢比(拨给它的总预算为5400亿卢比),海军463亿卢比(总预算为1600亿卢比),空军886亿卢比(总预算为2500亿卢比)。给国防研究和发展组织的外汇分配额为67亿卢比(总预算为450亿卢比),给国防生产局的外汇分配额为117亿卢比(总预算为300亿卢比)。

此外,国防预算委员会还对现有的国防工厂进行了深入调查,发现各兵工厂均面临着资金不足、销路不畅等重大困难。如年生产能力为250辆的T－72坦克生产厂,现在只有很少的订货。考虑到目前印度国防经费紧张和7.5%的通货膨胀率,国防预算委员会建议放弃耗资1000亿卢比巨资的第三艘大型航空母舰的建造计划,代之以生产一艘专门用于反潜任务的13000～14000吨级的小型航母。

采取军品民产措施 据印度《军事新闻》杂志1991年1月刊报道,为了利用国防公营企业的先进设备生产更多的尖端产品出口创汇,印国防生产部门已决定放弃低技术和低价值的军品生产。经过三军深入调查和仔细分析,目前已筛选出762种军用产品从兵工厂转到民用企业生产。预计下一步还将把БМП步兵战斗车和T－72坦克的大量生产线和分生产线转交给民用企业管理和生产。

组建雷达和通信维修保养基地 据印度《军事新闻》杂志1991年1～2月刊报道,随着雷达和通信系统的日趋现代化和复杂化,为了加强上述设备的保养和维修,印度空军系统在帕拉姆组建了一个现代化的修理基地。该基地拥有最先进的维修设备和一个标准的实验室,具有库级分系统维修能力和校对标准能力。据有关人士透露,印空军系统还将组建两个类似的基地,以便对东部和南部地区的雷达和通信设备进行维修和保养。

加强舰船维修与保养基地建设 据印度《国际防务评论》和《军事新闻》杂志1991年1～3月刊报道,随着引进装备和国产先进舰船的逐步增多,印海军系统在舰船维修和保养方面显得十分薄弱。为此,印海军有关部门从80年代中期开始,采取措施加强舰船维修和保养基地的建设。迄止1990年底,印海军系统新修和扩建有关基地10多处,使海军舰船维修和保养工作有了较大改观,其中位于南部沿海的柯钦修理基地比过去扩大了2倍多,并且改建了滑台,增设了现代化的维修设施,可以进行任何级别的大型舰船的维修和保养工作。

加强军事医学研究 据印度《军事新闻》和《联合勤务学会杂志》1991年1～4月刊报道,为提高全体官兵的身体素质,印军设立了多种医学研究机构,专门负责对各种疾病进行分门别类的研究,并培养出大批医务人员。主要医学研究机构有:

1.陆军医疗专家组——印陆军医疗部队中业务研究层次较高的一个机构。其成员业务水平较高,可随时被指派到国内任何一个军队驻地指导医学研究工作,并参与空、海军医学研究活动。

2.国防生理研究联合会——主要研究影响人的生理变化的各种因素。目前这里进行的研究科目有:瑜珈功对提高高原适应能力的作用,各种环境对装甲车乘员的影响等。

3.浦那武装部队医学院——印军医务训练的最高学府,三军许多重大医学研究科目都在这里进行。

4.航空医学研究机构——印空军培训航空医务人员的主要基地。这里主要从事持续高空飞行对空勤人员的体力和心理影响的研究。

5.海军医学研究机构——在担负海军医务军官训练的同时,着力研究影响船员和舰艇乘员身体健康的主要因素。

6.核医学研究机构——既是一个医疗单位,又是一个科研机构。目前的主要研究科目是:对放射同位素所致多种疾病的分析与探讨。这里还配有一台印度独一无二的核医学诊断仪。

此外,印陆、海、空三军、各军区还设立了各自的医学研究单位,分别就本地区、本单位的疾病状况和人员职业方面可能会出现的疾病进行研究和预防。

(乔德春)

采取措施提高军费效益 据印度《政治事件》周刊和《印度时报》1990年7～12月报道,印度政府为缓解军费不足,采取了一些新措施:

(1)成立国防开支委员会对军费实行监督。该委员会是个权力很大的常设机构,由原国防部长阿龙·辛格担任主任委员，成员包括原陆军第一副参谋长哈贾里退役中将、原国防部长财政顾问乔杜里、原陆军北部司令南达退役中将、原海军第一副参谋长纳亚退役中将和原空军东部军区司令查达退役中将等。它直接向总理负责。该委员会的任务有3项：一是对国防部和陆海空三军的财务部门实施有效的监督；二是对目前的国防财务体制进行研究并提出改革方案；三是对国防费使用情况作定期回顾和研究。

(2)调整军队装备发展政策。为改善军队的武器装备，从80年代中期起，印度从苏联和英、法、德等国购买了大批重装备。这些巨额开支，既加重了国家负担，也使国防费的使用失去了平衡。从1990年开始，印度政府强调要调整军队装备发展政策。印总理指出，军队武器现代化的“真正出路在于自力更生”。为此，印度加紧了武器研究工作。为研制各种导弹，印度聘用了2.5万名科学家和工程技术人员，有19个国家研究所和26家国营和私营企业参与了研制工作，耗费资金约2亿多美元。

在努力减少进口，提高军队装备国产化程度的同时，印度已开始重视武器的出口工作。1988～1989年度，印度出口武器价值4.5亿卢比，1989～1990年度增加到了8亿卢比。

(3)对国防预算进行改革。印度的国防预算主要由消耗性开支和基本建设开支两部分组成。近年来，印度军队经费之所以日益紧张，主要原因是消耗性支出不断增加。如陆军官兵的薪金与津贴约占整个陆军经费的70%。为解决这一问题，印度对国防预算进行了改革。具体措施是将国防人员的退休金单列，不再包括在每年的国防预算之内。对于那些平时为国民经济发展服务，战时为国防服务的工程项目，政府决定其建设资金和维持费用不再由国防部负担。此外，现有的国防设施，如机场和海港等，也已陆续转为军民两用，以充分发挥其经济效益。

制定军官伙食新标准 据《后勤学术（外军后勤版）》1991年第4期报道，印军在1990年制定了新的军官伙食标准。标准规定印军军官每日的主要食品为：大米或面粉450克；豆类130克；食油80克（普通地区）或85克（高海拔地区）；食糖80克（普通地区）或158克（高海拔地区）；鲜奶250毫升；鲜肉260克；新鲜蔬菜170克；土豆110克（普通地区）或138克（高海拔地区）；洋葱60克；鸡蛋2（普通地区）～3（高海拔地区）个；鲜柠檬110克或其他新鲜水果230克；玉米粉7克；黄油20克；调味品20克；盐20克。新标准的制定将大大提高印军军官的健康水平。

（李红炬）

老挝军队后勤 **综述** 老挝中央军委在建国初期制定的军事后勤工作方针是：加强后勤工作，保障部队的生活、建设与活动，保障新时期武装力量的战斗与发展。1991年3月，老挝人民革命党“五大”政治报告要求军队“必须发扬自力更生精神，就地搞好后勤建设，部分解决本部队需要并为社会经济的发展和建设作出贡献”。国防工作报告也将“搞好生产支援国家经济建设”列为军队当前三大任务之一。因此，老挝军队的后勤工作，当前主要立足于在国家经济落后、军费很少、供应困难的具体条件下，尽最大努力保障部队建设的基本需要；在深化改革，集中力量搞好国家经济建设的背景下，强调根据经济不发达的国情，恰当处理好国防建设与经济建设的关系，既要在经济建设中充分考虑国防建设的需要，保证军队能够有效地执行保卫国防的任务，又要在国防建设中最大限度地厉行节约，减少军费开支，腾出资金用于国家经济建设，并以适当数量的部队直接参加国家经济建设。

后勤供应体制。老挝军队实行总部、师、团三级后勤保障体制，由总后勤局统一负责军需物资的筹措与补给、军费的预算与使用、车辆和油料的管理以及医疗卫生保障。总后勤局下设职能部门分别负责财务、军需、粮秣、医疗卫生、车辆运输和生活管理，同时辖有若干保障部队和直属单位，如汽车运输营、油料管道部队、修理营、工厂、医院、兵站和仓库等。各军兵种、各步兵师、各省军事指挥部均设后勤部（局），下设的职能处（科）与总后勤局各职能部门相对应，步兵师还辖有若干后勤保障分队，如汽车连、运输连等。步兵团与各特种兵团级单位一般设精干的后勤处和汽车连（排）、运输连、修械所等后勤保障分队。步兵营、炮兵营、防空营、坦克营等作战部队无专门后勤机构，只设有后勤保障分队。老挝军队的军械装备生产、储存、运输、管理与计划调拨，由总技术局统一负责，各步兵师、步兵团均对应设置技术部（处）。

部队军需供应。老挝经济基础薄弱，农业相当落后，粮食生产商品率低，工业基础差，又受到多年的经济封锁，因而部队军需供应十分困难。1989年以前，军队不仅被服供应困难，而且粮食供应也十分困难。老挝国家广播电台承认，军人平时的日生活费很低，“有的部队甚至有什么吃什么，没有就不吃，一日三餐都得不到保证”。为保障部队战斗力，新闻机构曾呼吁各有关方面想方设法增加军粮供应，让军人吃得上饭。1990年以来，随着老挝经济改革日见成效，粮食已经基本实现自给，军队粮食供应问题随之解决，被服供应亦明显好转。与此同时，各部队大搞生产经营，也显著改善了军需供应。目前，老挝军队的军需供应还不能全部由国

家包下来，仍采取国家供应与部队生产自给相结合的方式，军队自行保障部分还占相当比重。

部队经费管理。由总后勤局的财务部门负责全军的经费预算与管理。各级财务部门都由本级军政领导人和上级财务部门实行双重领导。经费实行按预算计划下拨和年终决算制度，尚未实行审计制度。目前，老挝军队正努力建立健全财务制度和有关法规，完善预算和决算制度，减少浪费，加强财务监督。但是，当前军队经费紧张仍是突出问题。1991年12月24日老挝国家广播电台透露，由于国家财政困难，一年中军人往往有好几个月领不到军饷，给军人及其家属的生活带来了很大的困难。

医疗卫生保障。老挝军队对医疗卫生保障较重视，组织系统较健全。总后勤局设有卫生局，各军种、步兵师、省军事指挥部设有卫生处（科）。总部设有若干军队医院，并有初级、中级医校各1所。各团级单位编有医疗队，各营、连均有经过专门训练的医生或卫生员，负责有效地完成初级救护、战场处置和完成部队日常防病治病任务。在军队执行清剿作战任务时，还时常动员地方医院救治部队伤员。一年来，各部队广泛开展了清洁卫生运动，卫生部门注意发挥草医草药的作用，大力加强卫生干部队伍建设，取得一定成效。

部队生产经营。鉴于国家财政拨出的军费严重不足，部队的训练、执勤甚至日常生活都有不少困难。为此，老挝军队积极开展生产经营，努力弥补军费不足。经政府批准，军队于1990年成立了国防部山区开发总公司，下设十余个分公司，主要组织部队在山区和边远地区从事伐木、造林、采矿和种植橡胶、可可、砂仁等经济作物，并负责修筑道路、桥梁、机场、电站等项工程。与此同时，各建制部队一边训练，一边广泛开展工业和农副业生产，其收益主要用于补充国家供应的不足部分，改善部队及其家属的生活。1991年4月，老挝《人民报》针对美国国防禁毒委员会指责老挝国防部山区开发总公司从事毒品种植、生产与贩卖活动一事，明确宣布该公司的宗旨是“在边远地区发展社会经济、从事合法生产经营”，一切活动都在政府控制下进行，绝对不会生产和经营毒品。为消除影响，老挝1991年9月在联合国禁毒委员会参与下与缅甸签署了联合禁毒条约，并多次出动部队在金三角地区扫毒禁毒。

军事交通建设。老挝是多山内陆国家，军事交通基础设施很差。老挝现政府一成立就制定了“国防建设与经济建设相结合”的方针，突出了“交通先行，优先投资”的精神，在经济困难的情况下，一方面国家先后挤出2.1亿美元资金投入交通事业，一方面发动群众和动员部队义务修路架桥。1990年以来，还争取到外国或国际组织提供的6700万美元交通贷款，据老挝官方1991年2月宣布，1975年以来已新修公路2615公里，其中国家公路440公里；修复原有公路10000多公里，全国公路通车里程达到13900公里，其中柏油路面增加了30%；同时修筑各种桥梁667座。军事交通上具有重要意义的7号、8号、9号和13号公路优先得到修复。在一些重要交通枢纽如万象、琅勃拉邦、沙湾拿吉、桑怒、丰沙湾等地修建了大型油库和车辆修理厂。上述交通设施在为经济建设服务的同时，也极大地改善了军事交通状况，而且其中不少设施和边境公路就是直接为国防服务的。老挝的航空部门和重要的水路运输部门都由国家控制，部分实行军民两用。多数机场都由军队控制，空中交通管制由军队负责。1988年以来，老挝军队总技术局在越南帮助下造出了用于湄公河运输的60吨铁壳船，结束了老挝不能造铁壳船的历史。目前，老挝已开始进一步全面整修重要的交通干线，重点提高通车质量，提高公路等级。计划1991～1995年将纵贯南北的战略公路——13号公路全面整修完毕，并拟将上寮1号公路与13号公路连接起来。一旦计划完成，老挝的军事交通状况将有新的改观。

主要资料来源：

①老挝国家广播电台新闻稿1989～1991年。

②老挝《人民报》1991年。

（王康胜）

其他国家军队后勤　德国国防费的分配使用

据德国《欧洲安全》双月刊1991年第5期报道，联邦德国1991年度的国防预算为526亿德国马克，占当年国家财政预算总数3997亿马克的13.2%。1991年度的预算方案是在1990年中期拟订的，当时德国尚未统一。1990年10月3日两德统一后，联邦德国政府拨款43亿马克用于改编前东德人民军。于1990年中期拟订的联邦德国1991年度国防预算方案包括下述两类费用：

一是行政管理费，385.49377亿马克，占国防预算总额的71.92%。其中：人员开支费256.14963亿马克，占国防预算总额的47.79%；物资保养和运转费51.29946亿马克，占国防预算总额的9.57%；其他行政管理费（如给养费、燃料费、不动产管理费等）78.04468亿马克，占国防预算总额的14.56%。

二是防务投资费，150.50623亿马克，占国防预算总额的28.08%。其中：研究、研制与试验费（包括给各研究所的各种补助费和贷款）31.27569亿马克，占国防预算总额的5.84%；军事采购费95.08411亿马克，占国防预算总额的17.74%；军事设施费（含德国分担的属北约组织的那部分永备设施的建筑费）21.59600

亿马克,占国防预算总额的 4.03%;其他投资费(如地产购置费、矿藏开采费等)2.55043 亿马克,占国防预算总额的 0.48%。在预算方案中,规定要从 150.50623 亿马克的防务投资费中减少 10 亿马克,但没有具体规定每个防务投资项目的费用要相应减少多少。

在国防预算方案中,一些主要项目的费用分配情况如下:

物资保养费

医疗卫生器材	0.20 亿马克
军备控制(含要销毁的军用物资)	0.503 亿马克
服装	0.59 亿马克
工程器材	0.50 亿马克
通信器材	3.40 亿马克
军械器材	3.00 亿马克
弹药	0.38 亿马克
车辆	16.0 亿马克
三防器材	0.26 亿马克
营房物资	0.50 亿马克
军用数据处理设备	0.045 亿马克
舰船	5.2 亿马克
飞机	18.48 亿马克
物资保养费总计	49.058 亿马克
+物资运转费	2.241 亿马克
合计	51.299 亿马克

研究、研制与试验费

军备控制(含数据处理)	0.081 亿马克
军用数据处理设备	0.43 亿马克
国防技术研究与工艺	5.50 亿马克
国防医学、心理学和其他军事研究	0.13 亿马克
作战研究	0.64 亿马克
国防技术研制与试验	12.00 亿马克
其他领域的研制与试验	0.09 亿马克
研制多用途作战飞机	1.70 亿马克
指挥系统方面的技术研制和试验	0.60 亿马克
研制 90 型歼击机	8.00 亿马克
各研究所	2.105 亿马克
合计	31.276 亿马克

采 购 费

战时东道国支援部队的装备和服装	0.05 亿马克
医疗卫生器材	0.95 亿马克
药品	0.55 亿马克
军备控制设备(含数据处理设备)	0.11 亿马克
给养	0.52 亿马克
服装	4.39 亿马克
工程器材	0.35 亿马克
通信器材	8.79 亿马克
车辆(含轿车)	4.30 亿马克
战斗车辆	10.40 亿马克
弹药	21.00 亿马克
军械器材	11.20 亿马克
三防器材	0.50 亿马克
营房物资	0.68 亿马克
军用数据处理设备	0.81 亿马克
舰船	11.80 亿马克
飞机(含多用途作战飞机)	15.70 亿马克
机载预警与控制系统	0.30 亿马克
其他	0.114 亿马克
小计	92.514 亿马克
外援采购费	1.37 亿马克
因取消订货而支付的赔偿费	1.20 亿马克
总计	95.084 亿马克

建筑投资费

大型建筑项目	10.51 亿(含东部地区 0.75 亿)马克
小型建筑项目	1.30 亿(含东部地区 0.20 亿)马克
重点工程的永备设施	1.92 亿马克
战时东道国支援部队用的永备设施	0.06 亿马克
属北约组织的永备设施	7.80 亿马克
小计	21.59 亿(含东部地区 0.95 亿)马克
通讯设施维修费	9.29 亿(含东部地区 2 亿)马克
建筑投资费总计	30.88 亿(含东部地区 2.95 亿)马克

(王文昌)

德国提出 90 年代军事医学科研任务 据德国《军事医学月刊》1991 年第 1～3 期报道,德国提出了 90 年代军事医学科研任务。德军卫生部门领导强调:(1)由于世界政治形势的变化,在军事医学研究领域,可能出现课题重要性及需求的变化，但总的卫勤保障任务没有变，一些重要的研究领域，如军队卫生、微生物学、药理毒理学及放射医学并没有失去其重要的意义，只要有核、生、化武器存在，三防医学仍是军事医学不能放弃的任务领域；(2)九十年代政治军事形势的变化，要求继续加强一些与病人治疗无直接关系的领域科研工作，如环保、劳保等学科；(3)应大力利用现代生物技术开辟解决军事医学问题的新途径。

(李小彤)

德国对严重潜水事故伤员采取紧急救治措施 据德国《军事医学与军事药物学》杂志 1991 年第 1 期报道，潜水上浮减压阶段典型事故是肺扩张引起气栓，纵隔积气，气胸，减压病及其合并症。事故伤员可发生心肌梗塞、中风或动脉瘤破裂，也有淹溺危险。出现上述情况原因是惊慌或紧急上浮减压使肺内空气扩张，不能均匀由肺呼出，肺压力超过外压发生肺破裂，造成气胸和动脉气栓。而减压病是人减压上浮时溶解在组织内氮气达到饱和，血管内外生成气泡，组织损伤和血管阻塞所致局部循环障碍，关节、肌肉疼痛。为此，应火速从水中救出伤员，取适当姿势(意识不清者侧卧，清醒者仰卧)，戴面具吸纯氧，促使氮排出以减少氮气泡。立即进加压舱加压治疗，因为气泡表面有血小板聚集和多层纤维蛋白包膜，这种机化气泡复合物导致的血流阻塞和组织损伤只能用高压氧治疗。

英军对海湾战争中出现的战斗精神创伤者及时处治 据苏联《军事医学杂志》1991 年第 6 期报道，海湾战争战地气候条件恶劣、环境复杂，战斗行动高度紧张，精神负担沉重，加之伊拉克一再声称动用大规模杀伤武器，尽管英军士兵经过战斗应激耐受性训练，战斗精神创伤发生率仍较高。参加海湾战争的英军建立了专门医疗组织，设有战斗精神创伤士兵恢复战斗力分队和野战精神医疗队。医疗队有 1 名精神病医生，数名护士和卫生员，数辆汽车。野战精神医疗队尽可能接近战斗地区，就地对战斗精神创伤伤员实施医疗救护。因为战斗精神创伤伤员不是精神病患者，是战斗应激下失去精神平衡，因此需让他们长时间安静睡眠、休息，喝热饮料，对症性给予药物治疗。约有一半的人在 48 小时间内精神恢复正常，归队参战。其余的人送到离战地较远地区进行优良医疗救护，大部分伤员在较短时间内精神恢复正常。

海湾战争再次证明，战争对参战人员的精神心理有应激、创伤作用，对战斗精神创伤伤员在不完全脱离战斗情况下医疗救护效果最好。

英国医生谈芥子气损伤伤员的治疗经验 据《英国医学杂志》1991 年第 1 期和《柳叶刀》杂志 1991 年第 8735 期报道，两伊战争中一些伊朗芥子气损伤伤员空运英国治疗。芥子气为挥发性液体，染毒后无症状潜伏期可达 6 小时，皮肤、眼、口、上呼吸道和肺等易于损伤。芥子气中毒主要是对症治疗。皮肤损伤与热烧伤治疗类似，可在无菌条件下抽去水泡液，这种水泡液无毒，经生理盐水浸洗(2 次/天)，涂磺胺嘧啶银乳膏并用石蜡纱布包扎，4～6 月愈合，给予卡巴咪嗪缓解烧灼痛。眼经冲洗后，用散瞳药缓解睫状肌痉挛导致剧痛，给予地塞米松眼药水滴眼，4～6 周复原。呼吸道感染(肺脓肿和细菌性支气管炎)用抗生素治疗。口服褐霉素和静注万古霉素，重度染毒者予以辅助呼吸与吸氧。

(詹正嵩)

法军在海湾危机中积极开展战地救护工作 据《解放军报》1991 年 4 月 22 日报道，法国在海湾危机中采取了名为“幼鹿”的军事行动。在 1 万多人的部队、2500 辆战车、120 架直升机和 50 架战斗机开赴海湾的同时，1000 名医护人员及各种设备也陆续抵达沙特，很快按计划部署完毕，准备就绪。在战斗行动开始后的 24 小时内，医护人员随即增加了 1 倍，使其中的医生人数达到 200 名。作为支援手段，专门为快速反应部队改装的“哈喇味号”活动医院式卫生舰和配有 30 张床位及 2 个手术间的“霹雳号”登陆运输艇也驶向战区。

在实地，卫生部门配备了 15 套外科手术设施及器械，其中大部分固定在沙特的利雅得。在这里不仅有较强的收住伤员的能力，而且它的机场能很快改变成疏散场所，以保证尽快将伤员送回国内。在机场上，还设立了 1 所航空转运外科医院。

在正面战线上的接触区内，由医生和护士组成的团卫生队负责组织和实施最初的救护工作。随后，用装甲输送救护车将伤员送往师里的救护中心。在中心附近，还配备了 1 支空运医疗队和 2 个外科手术分队，随时待命出发。

这次法军在海湾地区为其部队设置的野战医院，是一种新型的医院，具有模块化、机动性强、独立运作等特点。法军卫生部门认为，在使用现代常规武器的战争中，会出现大量烧伤、各种外伤及需要作外科处理的损伤等伤情。因此，一所野战医院便主要由外伤救治、烧伤救治、放射、化验、药房和血库等 6 个模块式结构的不同技术部分组成。因为是模块结构，用集装箱拖车或大卡车便可运走，在战场上易于设置、运输和转移。而且每个技术部分的供电、温度调节、空气的过滤和增压，由所属野战医院的另一附属部分予以保证，因而医院能独立地完全自由地开展工作。

法军卫生部门认为，地面战场上最让人担心的是生物、化学武器的威胁。尽管为每人都配发了防护器材,但放射性物质可能造成的危害会给部队产生较大的压力。在这方面,法军采取了相应措施,如在野战医院设置去除放射性污染室等。一旦医护设施的安全受到轰炸和化学武器危害,"哈喇味号"活动医院式卫生舰和"霹雳号"登陆运输艇将提供补充的救护。这2艘舰艇当时就在红海中离延布港几链地的水域游弋。

在前线的救护系统可以一直延伸到法国国内。在法国本土,法军卫生部从航运及医疗设施的实力出发,选中巴黎、里昂、马赛和土伦四座城市中的7家军队医院,收治从前线运来的伤员。还有珀西医院这家全国烧伤病中心,尽管只有300张床位,但在冲突严重化的情况下也将被征用。

最后,还有一个负责治理和安置伤员的小单位,设置在作为支援法国三军的历史性象征的巴黎残老军人院里。

(亦　尘)

法军施行单价伤寒疫苗接种方案　据《国际卫勤杂志》1991年4～6期报道,1983年以来,法军停止使用三价伤寒副伤寒疫苗,改用单价伤寒疫苗。这些年来实际使用结果证实,接种单价伤寒疫苗的效果至少与注射三价伤寒疫苗时相等,而且至今从未发现不良的全身或局部反应,耐受性好。单价伤寒疫苗接种日程分两种:0、14和28天各注射1次,或0、28和72天各注射1次。所使用的疫苗是热灭活的伤寒菌悬液,每剂含5亿个伤寒菌,混悬于0.5毫升等渗盐水并加有0.05毫克邻乙汞硫苯酸钠。上述两种接种日程疫苗抗体效果没有明显差异。如按0、14和28天各注射1次,整个接种日程可缩短为1个月之内。

瑞士军队的供水标准　据《瑞士军事医学杂志》1991年第3期报道,瑞士军人多年以来未参加作战。按规定要求,目前平时每天每人需水量10～15升,紧急情况下2.5～5升,伤病员130～150升,军队基地医院200升。上述规定的用水量低于瑞士居民每天每人180升的标准,但高于法国民防每天每人用水量(紧急情况下3升,温带6升,热带10升,野战医院60升,厨房30升,收容所20升)。饮用水基本上由自来水提供,对微生物的限值为:每毫升水细菌总数少于10个,每100毫升水大肠杆菌总数为0。从1981年起,瑞士各地军队医院和军队药厂采用反向渗透装置取高洁度净水。这种高洁度净水的制备步骤是:滤除细菌、软化、经活性炭吸附胶体物质、微过滤除颗粒物质及反向渗透。因天候和环境所限的特殊条件下,为部队提供的地面水不符合规定的饮用水质量标准,对此处理水的方法是:(1)过滤清除颗粒物质,吸附消除部分微生物及胶体物质;(2)化学灭菌消除病原体。

(詹正嵩)

西班牙国防费的分配使用　据《外国军事学术》1991年第4期报道,1991年西班牙国防预算为8581亿比塞塔,由1990年占政府总预算的6.86%下降为6.37%,由占国民生产总值的1.74%下降为1.57%,是近10年来的最低点。

1991年西国防预算的具体分配是:军队人员开支费4249亿比塞塔,占预算额的49.52%,比1990年增加6.68%;用于医疗卫生、文化教育和专业培训的费用为179.6亿比塞塔,比上年增加31.5%;机动费用为79.56亿比塞塔,增加了20.71%;用于武器装备的研制和维修费用占47.46%,用于国防公共事业的费用占2.09%,其他费用占0.93%。

西军总部和各军种获得的预算分配额:总部为2365亿比塞塔,占总额的27.56%;陆军为2985亿比塞塔(1990年为3066亿),占34.79%;海军为1635亿比塞塔(1990年为1848亿),占19.05%;空军为1596亿比塞塔(1990年为1601亿),占18.60%。

武器装备的研制、开发和维修费用的分配额是:总部占该项费用的21.88%,陆军占31.48%,海军占23.4%,空军占23.24%。西陆海空三军1991年现代化计划的费用为904.7亿比塞塔,三军分别占其中的30.90%、30.38%和38.72%。

总部和各军种的人员开支费用占该项预算的比例分别是:总部为33.35%,陆军为38.16%,海军为14.62%,空军为13.87%。

西国防预算中人员开支费用之所以占很大比例,是因为从1991年起,将大幅度增加因公伤亡人员的补贴。

西国防部认为,要使国防现代化并不断增强国家的整体防御能力,就必须优先发展国防科研。因此,尽管1991年的国防预算总额比1990年有所压缩,但给军事科研开发项目的拨款不仅没有减少,反而增加了17.79亿比塞塔,达418.7亿,增加了4.44%。

西班牙军队实行住房改革　中国《解放军报》1991年5月13日报道,西班牙政府颁布了军队住房法,并于1991年年初开始实行。西国防部结合本国军队的现实情况,又制定了军队住房改革的若干规定和措施。

为使军队住房改革得以顺利进行,西国防部首先成立了军队住房改革领导委员会。该委员会由三军总部领导机关和有关部门的负责人组成,在国防部军事行政国务秘书直接领导下工作。其所属的军队住房研究所负责拟定具体的住房改革方案,经批准后付诸实施。

为配合军队住房改革，西国防部已颁布了军人房租新标准和住房补贴标准。由于军队流动性大，每当换防到一个新地方，不可能所有军人都同时住上营房，必然有一部分军人要住民房，而民房的房租比住营房要贵得多。况且，民房有大有小，房租各异。这就带来了军人经济负担不均的矛盾。为解决这一问题，西国防部参照各地区的市场房租价格，将军营内的房租标准划为三个类别：大城市为一类，房租标准每月为4.5万比塞塔；中等城市为二类，房租为3.5万比塞塔；小城镇和乡村为三类，每月房租为2.5万比塞塔。士官的房租标准，分别比上述一、二类每月少交1万比塞塔，比三类每月少交2万比塞塔。根据规定，目前住军队营房的军人，每月房租比原来大约提高2000比塞塔。国防部将把这部分提租资金，用于补助目前无房或住民房的军人，并拟在8年内，将住军队营房军人的房租与住民房军人每月所付的房租逐渐拉平，以克服现有的矛盾。

对那些在提租后经济上确有困难的军人，部队将给予适当照顾。享受房租补贴的条件主要是根据军官的职务、年龄、在同一个地区居住时间的长短、变更服役地区的次数、无住房或居住地方单位房子时间的长短以及家庭人口的多寡等，来确定对每个军官的房租补贴额。同时，西国防部还规定，对目前无房或在服役期间变动过一次服役地区的军人，每月将享受1.5万比塞塔的房租补贴。

此外，西国防部正采取措施，鼓励军人自己买房。具体办法有二：一是给予优惠贷款。凡自己买房或建房暂时有困难者，可向军队住房研究所申请贷款。该研究所根据申请者的不同情况，给予不同数额的优惠贷款。二是成立军人住房协会或合作社，军人个人入股，分期分批解决购房问题。据说，西军住房改革后，近1万套长期被一些人占用的营房将被腾出来，公开出售。其售款仍将用于军队的住房建设。

（傅珠鞭）

西班牙军队重视军人伙食保障 据《后勤学术（外军后勤版）》杂志1991年第1期报道，西班牙军队目前使用的野战口粮分三类：单兵口粮（4种不同食谱）、急救口粮、集体口粮。单兵口粮分两套：一是早餐、中餐和辅助口粮，二是晚餐。单兵急救口粮为密封罐头，加上压缩干肉片、速溶汤粉和其他含高热量的干粮。每份野战口粮都配固体燃料片、火柴、开罐头刀片等，全套体积小，携带方便。每份集体口粮可供36人食用，以排为单位携带，分发方便。由于价格昂贵，部队一般不储存大批野战口粮，需要时直接向厂家或军需供应站订货。单兵口粮和集体口粮常在部队战术演习时食用。此外，西班牙军队还设置专门机构，统一负责食品质量检验，采购及供应。士兵每人每天伙食费为325比塞塔。在兵营，每人每天的热量标准为3000大卡，部队演习、高原部队和船艇部队每人每天食品热量标准为3500大卡，特种部队进行滑雪、登山运动和军舰进行海上演习时为4000大卡。西班牙军队还十分重视野战食品的质量和卫生，食品从生产到供应都经过严格的质量和技术检验，以保证士兵身体健康。

（李小彤）

孟加拉国军队重新调整军官福利待遇 据孟加拉《孟加拉国观察家报》1990年12月21日报道，孟加拉重新调整了军官的福利待遇。

在薪金方面，规定陆、海、空三军同级指挥军官的基本薪金相同。医务等专业军官的薪金略高于其他军官；上校以下军官从起点基本薪金开始每年增加100～150塔卡（约26塔卡合1美元）；准将以上军官基本薪金固定不变。

在补贴方面，三军统一的补贴达20多种，其中主要的有：岗位补贴、职称补贴、服装补贴、家庭补贴、子女补贴和物价补贴等。此外，专业技术人员有专业补贴，飞行员有飞行补贴，海军有特种补贴、出海补贴和潜水补贴，作战部队有危险补贴，不住公房者有住房补贴（约占基本薪金的30～45%），准将以上军官有招待补贴。

其他福利也有所改善。军官住房（准将以上军官住单独小楼）的水电及军官本人、直系亲属和佣人的医疗均免费；中、高级军官可用公费雇请2～3名佣人；准将以上军官和上校衔主官配有专车；地方大学生入伍，可一次性领取2.5万塔卡的入伍费；飞行员飞机失事身亡，其家属除按规定每月领取抚恤金外，还可得到保险赔偿费20万塔卡。

（李红炬）

军　事　法　制

中国军事法制　综述　1991年全军积极贯彻中央军委提出的依法治军的军队建设方针，军事法制建设在保持军队高度稳定集中统一，保证军队政治合格，军事过硬，纪律严格，保障有力以及在维护国家军事利益，促进军队各项建设中，发挥了重要作用，其主要特点是：

*加强了思想政治工作方面的立法，促进了部队的思想政治建设。*为加强和改进中国人民解放军的政治工作，中央军委于1991年年初批准颁发了《中国人民解放军政治工作条例》。这是新时期军队政治工作的基本法规，它为全军开展政治工作提供了依据。为贯彻落实这个条例，加强军队经常性的思想工作，中央军委于同年10月，又颁发了《军队经常性思想工作要则》，这对于充分发挥政治工作的服务保证作用，更好地促进军队各项任务的完成，巩固和提高部队战斗力具有重要的意义。

*重视新法规的贯彻执行，依法治军的方针进一步深入人心。*1991年全军狠抓了1990年制定的新法规的贯彻执行。为了认真落实《军事训练条例》，各军兵种依据训练条例修改、制定了各类规章制度，使训练法规初步配套；各大单位还抓了一批依法训练、管理的试点单位，取得了很好的经验。为了检查《军事设施保护法》的执行情况，1991年10月16日～11月17日，由全国人大常委会法制工作委员会、国务院法制局、中央军委法制局和总参谋部有关部门组成联合检查组，对11个省、(直辖)市的15个地、市的所属28个区、县以及当地的陆、海、空驻军部队执行军事设施保护法的情况进行了检查，结果表明，该法颁布后在绝大部分地区得到了认真贯彻，并发挥了巨大作用。

*法律服务纳入军队政治工作范畴，司法行政工作得到重视和加强。*新的政工条例从部队建设的客观需要出发，以法规的形式把法律服务工作规定为新时期军队政治工作的组成部分，明确了这项工作在军队建设中的地位、作用和领导关系。各级政治机关就加强法律服务工作开展了多种活动。1991年9月中旬，解放军军事法院召开了首次全军法律工作研讨会。11月上旬，总政治部就加强军队司法行政工作发出通知，并批转了解放军军事法院关于加强部队法律服务工作的意见。据统计，截止1991年底，全军已有85个军以上单位在政治机关建立了法律顾问处，有特邀律师、法律顾问400多名；师以下部队建立法律咨询站、组11000多个，有法律咨询员34000多人。有一半以上的部队初步形成了法律服务网络，法律服务工作正在蓬勃发展。

*加强军事法学理论研究，进一步促进和推动军事法学的繁荣和发展。*1991年军事科学院先后三次邀请军内外法学专家、学者，分别对中国历代军事法、战争法、法理和现行军事法的条目进行了会稿审查，为1992年出版《中国军事百科全书》“军事法”学科分册，打下了良好的基础。北京军事法学会于1991年6月召开了军事法基础理论讨论会，集中探讨了军事法的概念、特征、调整范围等问题，讨论会的成果引起了法学界的关注，对促进军事法学的繁荣发展起了一定的作用。1991年年底，中国法学会军事法学研究会在北京成立，它标志着中国军事法学研究步入新的发展阶段，标志着军队法制建设的发展进步和国家法制建设的日臻完善。

主要资料来源：

①1992年1月13日《解放军报》。

②1991年《军事法学通讯》。

（钱寿根）

中央军委批准颁发《中国人民解放军政治工作条例》　据《解放军报》1991年1月1日报道，《中国人民解放军政治工作条例》经中国共产党中央军事委员会批准，于1991年1月1日正式颁发全军执行。新的政治工作条例共11章125条。第1章，总则；第2章，中国人民解放军政治工作的主要任务和内容；第3章，中国人民解放军总政治部；第4章，中国人民解放军中的各级党组织和共产党员；第5章，中国人民解放军中的政治委员；第6章，中国人民解放军部队各级政治机关；第7章，中国人民解放军院校、科研单位和医院政治机关；第8章，中国人民解放军中的政治教导员、政治指导员和政治协理员；第9章，中国人民解放军中的共产主义青年团组织；第10章，中国人民解放军中的军人代表会议和军人委员会；第11章，附则。新的政工条例，明确规定了政治工作的方针、原则、任务和方法，规定了各级党委、政治机关和政治工作干部的职责，规定了共青团组织和军人代表会议及连队军人委员会的组织构成、主要任务和工作制度。　（钱寿根）

中央军委颁发《关于改进和加强军队财务管理的决定》 为适应国家经济体制改革和军队建设发展的需要，防止和纠正财务管理上的分散主义倾向，加强集中统一管理，发挥军费的整体效益，中央军委于1991年1月19日颁发《关于改进和加强军队财务管理的决定》。主要内容为：调整经费管理分工，完善双轨制；逐步实行经费供应标准化，提高经费分配透明度；建立和办好财务结算中心，加强资金的集中统一调度；适当加大各级机动财力，增强宏观调控能力；加强综合财务计划，完善经费包干管理责任制；明确经费审批权限，从严控制经费支出；统一财务立法，健全财务法规；严肃财经纪律，加强财务监督。

（聂和兴）

中央军委批转三总部《关于军办企业实行集中归口管理的意见》 为使军队生产经营健康发展，中央军委于1991年1月19日批转了总参谋部、总政治部、总后勤部《关于军办企业实行集中归口管理的意见》，要求全军认真贯彻执行。《意见》明确了集中归口管理的意义和范围，提出了健全归口管理体系、归口管理与清理整顿结合进行、搞好财务处理和收益分配、加强组织领导等项要求。

（杨国华）

试验并审定《中国人民解放军军事训练条例炮兵、防空兵实施细则》 为了规范和统一全军炮兵部（分）队的训练方法，在1963年版炮兵训练规程的基础上，总参炮兵部在1986～1990年期间先后指定地高炮部队试点，研究单兵训练到群教练4个层次的训练路子，产生了陆军地面炮兵、高射炮兵军事训练实施细则试行本，在全军进行试行和审修。

《中国人民解放军军事训练条例》颁发后，为使细则充分贯彻和体现条例的精神，总参炮兵部于1991年2月根据条例和总参有关规定，结合几年试验论证情况，重新进行了编修，并再次指定部队试行。试行期间，总部、军区两度组织有关部队人员讨论修改，并提交于10月召开的全军炮兵部队正规化训练现场会上讨论。总参炮兵部又于1991年12月组织召开了审查会，正式形成了第一代《中国人民解放军军事训练条例炮兵、防空兵实施细则》，随后以总参名义正式发全军施行。

中国人民解放军军事训练条例炮兵、防空兵实施细则是军事训练条例在炮兵训练领域的具体落实和补充，主要内容包括3个方面：一是训练的基本任务、职责，二是训练的组织实施，三是训练保障、奖惩等。细则具体地规范了单兵专业技术训练、班（排、台、站）教练、连（营）教练、群教练和军官司令部训练的程序、步骤和方法，符合炮兵部队编制装备和作战使用特点，具有较强的可操作性。

（何铁矛）

转业军官预备役登记制度试行 据《解放军报》1991年1月9日报道，对转业军官进行预备役登记，是为了落实《兵役法》的有关规定，进一步完善预备役制度而进行的。1991年转业军官预备役登记统计工作已开始在北京市和辽宁、陕西、山东、江苏、四川、广东等省试行。以往复员转业军人的预备役登记工作仅限于在退伍战士中进行。随着军队干部制度的完善和与地方各方面关系的理顺，实行这一制度的条件已经成熟。为此，中组部、人事部、总参谋部、总政治部于1990年底联合发出通知，确定从1991年起，逐步开展转业军官预备役登记统计工作，并对1988年9月1日以后，被授予中国人民解放军军官军衔的转业干部和武警部队的转业警官，进行预备役登记的范围、年龄、手续、时间等作了具体规定。总部要求用两三年时间，逐渐摸索和完善这一制度。

（亦　尘）

总参谋部颁发预备役部队训练大纲 据《解放军报》1991年2月7日报道，为适应预备役部队工作重点转移到军事训练上来的需要，《中国人民解放军预备役部队军事训练大纲》近日由总参谋部颁发施行。

新颁发的《大纲》由总则，师（团）首长、机关训练，分队训练和附则4个部分组成。总参谋部要求，全军预备役部队要按照新颁发的训练大纲，加强对军事训练的领导，建立健全组织机构，严格教员备课试教、考核验收、生活管理和连队一日生活等各项规章制度，提高训练效果，以进一步提高预备役部队的快速反应能力和作战能力。

军队基建审计暂行规定颁发施行 据《解放军报》1991年2月26日报道，军队基建审计工作的第一个法规性文件，《中国人民解放军基本建设审计暂行规定》，日前已由中央军委委员、总后勤部部长赵南起签署命令，颁发全军团以上单位施行。

《规定》强调，加强基本建设的审计监督，有关部门和单位必须严格按基建程序办事，认真贯彻“先审计、后建设”的原则。《规定》还具体指明了哪些做法属于违法违纪行为，并规定了进行处罚的依据。

国防大学法律顾问处成立 据《解放军报》1991年3月23日报道，国防大学于1991年3月22日正式成立法律顾问处。法律顾问处由校政治部领导管理，同时接受上级政法部门的业务指导。

国防大学担负着草拟和参与制定全军有关教育、科研、训练等方面的法规、规章的任务；同时，学校在教学科研、行政管理、生产经营等方面经常涉及大量的法律问题。在成立大会上，该校领导明确规定了法律顾问处的 9 项任务，并要求法律顾问处在法制建设中发挥参谋、服务和教育作用。

后勤立法成绩斐然 据《解放军报》1991 年 4 月 1 日报道，全军后勤立法工作在逐步健全后勤法规体系方面，取得了较好的成绩。1990 年的后勤立法项目共 60 项，其中报中央军委审批颁发的法规共 5 项，已有 3 项颁发施行，2 项正在审查修改；由总后勤部审批颁发的后勤规章 55 项。后勤立法工作有以下特点：

(1)根据物价的变化和国防费供应情况，调整了部分公务事业费的供应标准。全年共制定和颁发这方面的法律规范 18 项，占总数的 30%。主要有：《营房管理费标准》、《卫生事业费标准》、《水电费标准》、《训练费标准》、《院校教育费标准》、《特支费标准》、《建制团(含旅)以下部队公务事业费标准》等。这些法律规范的施行，使部队公务事业费的供求矛盾有所缓解，促进了部队后勤建设。

(2)加强后勤管理，深化后勤改革。全年共制定和颁发这方面的法律规范 30 项，占总数的 50%。主要有：《军队房地产管理条例》、《加强军队物资管理工作若干问题的规定》、《军队与地方换建、合建房屋管理规定》、《军队营区建设暂行规定》、《军队企业工资总额同经济效益挂钩实施办法》、《军队后勤装备定型工作暂行规定》、《后勤专利管理暂行规定》等。这些法律规范的施行，加强了后勤工作的责任制，明确了法律责任；理顺了后勤工作纵向的管理关系和横向的协调关系；把后勤改革成果用法律规范形式固定下来。这对于提高后勤管理水平，增强保障能力具有重要意义。

(3)适应军队生产经营的发展，加强生产经营中财务管理的立法。全年共制定和颁发这方面的法规 5 项，占总数的 8.3%。主要有：《军办工厂财务管理和会计核算办法》、《军需被装品价格管理规定》等。这些法律规范的施行，对于加强生产经营的财务管理，减少损失浪费，提高经济效益，发挥了很大作用。

(4)加强后勤监督工作的立法，确保严格执法，有法可依。全年共制定和颁发这方面的法律规范 4 项，占总数的 7%。主要有：《基本建设审计暂行规定》、《军队节能监测实施规定》、《军队医学计量监督管理办法》等。这些法律规范的施行，为军队基本建设的财务管理、节约能源、医学计量等方面的监督，创造了适宜的社会环境和法制环境，使后勤监督工作逐步走向制度化、规范化。

总后勤部颁发《军队基层后勤管理暂行规定》 据《解放军报》1991 年 4 月 15 日报道，总后勤部最近颁发了《军队基层后勤管理暂行规定》。

《暂行规定》共 11 章 49 条，其主要内容包括：(1)明确了基层后勤管理的基本原则、主要任务、组织领导、职责分工和队伍建设等；(2)对基层财务管理、伙食管理、装备管理、卫生管理、营产管理、生产管理、设施设备和物资管理，以及执行特殊任务的后勤管理等作出了具体规定；(3)提出了《暂行规定》实施的考评和奖惩办法。

《暂行规定》是全军基层后勤管理的基本法规和依据，适用于连队、舰艇、飞行大队及其他相当于连队的后勤管理。

(钱寿根)

总政治部颁布《军队发展党员工作暂行规定》 1991 年 5 月，总政治部颁布了《军队发展党员工作暂行规定》。《规定》强调要认真贯彻党的“坚持标准，保证质量，改善结构，慎重发展”的方针，同时从全党发展党员工作总的要求和军队的实际出发，阐明了军队发展党员工作应遵循的指导思想和具体原则，对如何做好要求入党的积极分子的培养考察工作，入党介绍人的责任，吸收审批预备党员的手续和程序，预备党员的教育、考察和转正工作等，均作了明确规定。

(杨 鲁)

三总部联合发出《关于在全军深入开展法制宣传教育的通知》 据《解放军报》1991 年 5 月 31 日报道，总参谋部、总政治部和总后勤部最近联合发出《关于在全军深入开展法制宣传教育的通知》，就贯彻中共中央、国务院批转的中央宣传部、司法部《关于在公民中开展法制宣传教育的第二个五年规划》作出部署。

通知指出，全军法制宣传教育要紧紧围绕党、国家和军队的中心任务与发展目标，以宪法为核心，以国防、军队建设和与干部战士生活关系密切的法律法规为重点。教育的主要内容包括：宪法、国旗法、兵役法、军事设施保护法、集会游行示威法、治安管理处罚条例、惩治军人违反职责罪暂行条例等法律；内务条令、纪律条令、队列条令、现役军官服役条例、现役士兵服役条例、军事训练条例、政治工作条例、武器装备管理工作条例、保密条例等军事法律和法规。

通知指出，法制宣传教育要突出重点对象，主要抓好团以上领导干部、执法人员、基层青年干部战士和院校学员的教育。

中国首次派代表团参加国际军事法与战争法大会 据《解放军报》1991 年 6 月 7 日报道，应国际军事法与战争法学会的邀请，由中国人民解放军 4 名军事法专家组成的中国军事法代表团于 1991 年 5 月 27～31 日参加了在布鲁塞尔举行的国际军事法与战争法学会的第 12 次国际大会。

这是中国军事法学家首次参加该国际军事法团体的学术大会。此次大会的主题是：和平与战争时期的军民法律关系。中国代表团向大会提交了题为《中华人民共和国军民法律关系》的论文报告，并作了发言。大会在主报告中引用了中国军队支援国家建设的数据资料。

（钱寿根）

中央军委颁发《中国人民解放军工程建设管理条例》 1991 年 7 月 2 日，中央军委主席江泽民签发命令，正式颁发《中国人民解放军工程建设管理条例》。《条例》分总则，项目划分和程序，项目审批权限，计划管理，投资包干和招标承包制，设计、施工、财务、物资管理，统计工作，奖励与处罚，附则，共 12 章 51 条。对军队工程建设应遵循的指导思想、建设方针和安排原则；工程建设包括的范围，项目划分标准和建设程序；建设项目的地点、规模、任务书的审批权限；工程建设计划管理的原则；投资体制，中长期计划和三年滚动计划的编报、审批要求；投资包干责任制和招标承包制；设计和施工管理工作；工程建设财务、物资管理和统计工作；有关奖惩问题和授权事项等作了明确的规定。该《条例》是指导、规范军队工程建设管理工作的基本法规。

（陈廷宪）

颁发《中国人民解放军驻交通沿线军事代表办事处兼职领导工作暂行办法》 驻交通沿线军事代表办事处是军队派出遂行军事交通任务的代表机构，在军队主管部门和驻在单位的双重领导和管理之下开展工作。由驻在单位党政主要领导分别兼任军代处的党委第一书记和第一主任。为进一步完善兼职制度，更好地发挥兼职领导在军事交通工作中的重要作用，1991 年 7 月，国家铁道部、交通部和军委三总部联合颁发了《中国人民解放军驻交通沿线军事代表办事处兼职领导工作暂行办法》，对兼职领导工作的地位、作用和兼职领导的任免、工作职责、工作制度、工作关系以及兼职待遇等作出了规定。进一步明确了兼职领导对军代处建设和完成军事交通任务等负有领导、检查、督促之责，理顺了军代处与驻在单位、军事代表工作与驻在单位的工作、军代处兼职领导与专职领导的关系，将兼职范围由原来的师、团级军代处扩大到营级军代处，使兼职工作走上了制度化、正规化的轨道。

（陈光荣　刘剑飞）

军队 10 项财务管理规定颁布施行 据《解放军报》1991 年 7 月 31 日报道，中央军委委员、总后勤部部长赵南起签署命令，将《预算经费管理规定》、《预算外经费管理规定》等 10 项财务管理规定颁布全军施行。

这 10 项财务管理规定，是军队财务改革的重要成果，体现了军委关于“统一领导，按级负责，分工管理，财务归口”的财务管理原则，加快了全军完善财务管理“双轨制”，加强经费的集中统一管理，实现财务管理制度化、经费供应标准化。

新的财务管理规定，要求财务管理工作在党委统一领导下，各项事业经费由事业部门和后勤财务部门共同管理，进一步调整、理顺了财务部门和事业部门的职责范围和管理分工。规定对各项经费的领报、事业部门的预算资金和预算外资金存款，以及对生产经营财务管理等也作出了全面系统规定。

全军法律咨询工作成绩显著 据《解放军报》1991 年 9 月 29 日报道，在全军普法教育和法制建设中涌现出来的数以万计的法律咨询员，正在成为加强基层建设的一支重要力量。他们被誉为军营“小律师”、“小顾问”，深受基层官兵的欢迎和信任。据有关部门的不完全统计，到 1991 年全军各部队已建立起近万个基层法律咨询站、组，法律咨询员达 34000 多人。

解放军军事法院于 1991 年 9 月中旬在济南召开了首次全军法律服务工作研讨会，对几年来的全军法律服务工作进行总结和交流。出席会议的各大单位的代表都提供了论文。据调查，随着改革开放的深入，商品经济的发展和法制建设的加强，近年来基层官兵遇到的涉法纷争日益增多。军事法制建设的逐步健全，使广大官兵依法审视和处理工作、生活中的各种问题的自觉性大大增强。法律咨询员既解决干部战士的涉法难题，又做了大量的经常性思想工作，对减少和预防案件及事故起了积极作用。据解放军军事法院对 50 个连队的调查，这些连队的法律咨询组织 3 年来共解答涉法问题 3536 个，消除事故苗头多起。

中国第 1 部军事法规汇编出版发行 由中央军委法制局编辑的《中华人民共和国军事法规汇编》（1949～1988），于 1991 年 9 月由中国民主法制出版社出版发行。这是中国第一部军事法规汇编。

《军事法规汇编》辑录了自 1949 年 10 月 1 日起至 1988 年 12 月 31 日止，由全国人大及其常委会、国务院（含政务院）、中央军委（含国防部）发布或批准发布的可向社会公开的现行有效的军事法律、法规 150 多件，计 60 多万字。内容涉及综合、兵役制度、军事行政管理、人民防空、国防交通、工程、通讯、军事设施保护、国防后备力量建设、人事制度（包括：现役军人人事制度、军队文职干部人事制度、军人退役安置、军队离退休干部管理、优待与抚恤）、国防教育、国防后勤、国防科技、国防内卫、军事司法行政及其他等 14 个门类，是中国目前最具权威性、实用性的军事法规汇编标准文本。

中央军委批准颁发《军队经常性思想工作要则》 1991年10月7日，中央军委正式批准《军队经常性思想工作要则》，并颁发全军贯彻执行。该《要则》是军队政治工作又一个重要的指导性文件。

《要则》共12条：(1)必须把经常性思想工作摆在重要位置；(2)围绕培养“四有”军人着力解决现实思想问题；(3)及时准确掌握干部战士的真实思想；(4)认真贯彻疏导方针；(5)紧密结合管理工作去做；(6)把解决思想问题与解决实际问题结合起来；(7)重视做好个别后进同志的思想转化工作；(8)坚持行之有效的制度；(9)采取灵活多样的方法；(10)建设一支坚强的骨干队伍；(11)基层干部特别是指导员要切实履行职责；(12)各级党委和政治机关要加强领导。

批准下发《关于加强民兵、预备役部队军事训练基地使用管理工作的意见》 据《解放军报》1991年10月24日报道，国务院、中央军委最近批准了总参谋部《关于加强民兵、预备役部队军事训练基地使用管理工作的意见》，要求各地认真贯彻执行。

国务院办公厅、中央军委办公厅为转发总参谋部的《意见》发出的通知说，民兵、预备役部队军事训练基地，是民兵、预备役部队实施军事理论教育，进行军事技术、战术教练的场所。已建有训练基地的地方，各级人民政府和军事机关要切实加强领导，采取有效措施，搞好训练基地的使用和管理，使其发挥应有的作用。

总参谋部的《意见》指出，训练基地使用的土地属国家所有。所属的营房、营具及各种设施的所有权和训练基地的使用权属于建设训练基地的军事单位。任何单位和个人不得随意改变其用途，不得随意侵占、买卖、出租或以其他形式非法转让。因国家建设需占用训练基地土地时，须征得原使用单位同意，并经省军区(卫戍区、警备区)批准后，依法办理有关手续。地方人民政府应为另建训练基地划拨相应的土地。原训练基地受到的损失，由建设单位予以补偿。训练基地是用于保障民兵、预备役部队军事训练的场所，不得因开展其他活动，影响完成民兵、预备役部队军事训练任务。训练基地应建立健全各项规章制度，使训练基地的使用和管理制度化、规范化。

颁发《关于加强空军科学技术工作的决定》 据《解放军报》1991年11月5日报道，《关于加强空军科学技术工作的决定》日前已由空军党委颁发施行。这是全军各大单位颁发的第一个此类法规性文件。

当前世界各国竞相运用高科技成果加速发展现代化的航空和空防武器装备，空军科技工作正面临严峻挑战。《决定》要求必须把发挥科学技术的作用作为空军建设的长期发展战略，加速空军现代化建设进程。

《决定》对新时期空军科技工作的指导原则和主要任务作了明确具体的规定，强调必须把现代科技知识学习纳入部队的教育训练，要求各单位紧密结合工作任务、装备使用、本职业务实际制订学习计划，着重学习和研究世界高科技的现状和发展趋势、高科技应用于武器装备的情况、现代化武器装备对作战方式的影响等内容。

中国法学会军事法学研究会在北京成立 1991年12月30日，军事法学研究会在北京成立。

经总政治部和中国法学会批准成立和命名的中国法学会军事法学研究会，为中国法学会的学科研究会，是全国性军事法学的学术团体。该会的宗旨是：坚持四项基本原则，贯彻“百花齐放、百家争鸣”的方针，繁荣中国军事法学，促进军事法制建设的发展，为国防和军队建设服务。该会从事的主要活动有：(1)召开全国性或地区性军事法学学术讨论会；(2)组织军事法专题调查和研究；(3)编辑出版军事法学书籍、资料，主办军事法学刊物；(4)培训军事法学研究骨干；(5)开展军事法宣传教育活动；(6)开展法律服务。大会一致通过了《中国法学会军事法学研究会章程》，选举产生了由39人组成的中国法学会军事法学研究会的第一届理事会和10人组成的常务理事会。大会推举周文元为名誉会长，选举杨福坤任会长。

(钱寿根)

苏联军事法制 **综述** 1991年是苏联政治生活急剧动荡、重大事件连续发生、经济形势不断恶化、民族冲突此起彼伏、整个联盟最终解体的一年。所有这些，无不影响到苏联军事法制建设的速度、面貌乃至性质。军事立法和司法的预期目的远未实现。

几大军事法律反复加工，但最后均未通过。 国防法、军人地位法、普遍义务兵役制和兵役法是涉及苏联每个军人及家属，甚至每个公民的重要法律，是决定军事建设方向和进程的重要法律，也是酝酿已久，早有草案的几大军事法律。苏联最高苏维埃国防与安全事务委员会等有关机构，为了上述法律的尽早通过，进行了大量的修改、准备与宣传，并制定出国防法等法案从1992年1月1日生效的初步计划。《1990～1992年苏联国防部法案工作计划》根据军事改革基本方针确定了法案范畴。“8.19事件”后，国防部仍认为国防法等法案是符合客观要求的，并加快修改与加工。但是，由于各加盟共和国“独立化”进程的加快及联盟与加盟共和国“法律战”的激化，新联盟条约迟迟未能签署。结果，导致一系列军事法律，特别是国防法、军人地位法

等,一直无法通过。待到加工完毕,即可生效的时候,联盟却宣布解体,立法机关解散,不少法律被迫废止。

*军事司法工作发挥一定作用,但困难重重。*军事司法部门和军法官在法制机构遭到破坏的某些地区,担负起对地方案件实施侦查的任务,发挥了一定的作用。

由于军内犯罪现象严重;由于对待军队及军人的违法行为增多,军内外司法部门审理保护军人荣誉和尊严的诉讼案也急剧增多。军事司法工作遇到的主要困难是:独立性受到损害,经常面临各种各样的威胁。鉴定、检查、监督所需经费不足。特别是在有关军事司法的辩论中,"武装力量不需要军事检察官"等观点有一定市场。联盟解体后,军事检察院的归属、编制和职能出现新的问题。

*军人的社会和法律保护引起广泛重视,但任务艰巨。*从总统、内阁到议会、军队,陆续颁发了许多加强军人及其家属社会和法律保护的命令、法令、决议、措施。从事解决这一问题的机构应运而生,地方和军内致力于此项工作的社会组织也纷纷成立。但实际情况表明,军人及家属的社会和法律保护这一巨大工程,绝非几项法律和几个组织所能解决的。建立这方面高效能的保障体系是一长期而繁重的任务。

主要资料来源:

①苏《红星报》1991年。

②苏《消息报》1991年。

(吕志英)

颁布《苏军事政治机关概则》 据苏《红星报》1991年1月23日报道,1991年1月11日,苏联总统戈尔巴乔夫签发命令,正式批准了《苏军事政治机关概则》。《概则》规定了军事政治机关的建立原则、工作组织原则及其任务。

军事政治机关的建立原则。在苏联武装力量、国家安全委员会部队、内务部部队、铁道兵中,均应根据各自的组织编制、遂行任务的性质,分别建立各自的军事政治机关。军事政治机关是军事指挥机关的一个组成部分。

各级军事政治机关分别由苏联国防部长、国家安全委员会主席、内务部长、铁道兵司令员及相应的指挥员(首长)实施领导。军事政治机关负责在军队中开展军事政治工作,并对全体人员的教育、军纪、政治思想和心理状况负责。军事政治机关应对军队的战斗准备、动员准备、战斗任务的完成实施政治保障,对全体军人、军队职工及其家属进行社会保障。

军事政治机关工作的组织原则。各级军事政治机关均应共同遵循苏联法律,共同依据苏联人民代表大会、苏联最高苏维埃、苏联总统、苏联内阁所颁布的法令,并分别按照苏联国防部长、国家安全委员会主席、内务部长、铁道兵司令员和相应的指挥员(首长)所下达的命令和指示,以及根据本概则,开展各自的工作。

苏联武装力量、国家安全委员会部队、内务部队、铁道兵军事政治机关的组织编制、权利、义务和工作程序,应分别由苏联国防部长、国家安全委员会主席、内务部长、铁道兵司令加以确定。各级军事政治机关的主管人员,应分别由苏联总统、内阁、国防部长、国家安全委员会主席、内务部长、铁道兵司令员和相应的指挥员(首长),按规定程序加以任命。

各级军事政治机关主任分别为各级司令员、指挥员和首长的第一副职。

军事政治机关的任务。1.同军事指挥机关一起共同贯彻落实苏联在国防与安全方面所制定的政策,保证战斗准备、动员准备和战斗训练任务的完成,并同政府机关和管理机关协调一致。2.根据全体人员的政治观点、民族特点及对宗教的态度,负责对全体人员的政治教育、法制教育和精神心理教育;使军人切实履行宪法所规定的义务,忠于社会主义选择,培养其爱国主义和国际主义精神,使其作好保卫苏维埃社会主义共和国联盟的准备。3.制定并切实采取各种措施,来加强全体人员的军纪,防止其违法行为的发生,增强多民族军人集体的团结,并为军人安全服役创造必要的条件。4.参与组织对苏联公民的役前训练工作,在军队中切实贯彻国家青年政策,关心全体人员的思想进步及其文化水平的提高。5.同依法成立的各级党组织、群众运动组织及其他社会团体保持协调关系;使军内新闻媒介工作协调一致,并取得国家及其他新闻媒介的密切配合。6.在社会科学中组织对有关军事课题的研究,在军事院校中组织社会政治学和人文科学的教学工作,负责组织对军事政治机关干部的培养、训练、教育、分配工作,参与干部政策的贯彻落实工作。7.保证社会公正性原则在全体军人、军队职工及其家属中的贯彻执行,保证军人关系实现民主化,同军法机关一起切实组织对全体人员的法律保护工作,对各种法律包括军人社会保障法的贯彻落实情况实施检查。

(杨少云)

颁布新的给养保障条例 据苏《武装力量后勤》杂志1991年第3期报道,苏联国防部1990年12月15日发布第445号命令,颁布新的《苏军平时给养保障条例》,并从1991～1993年分阶段实行。新条例规定,全军实行统一的人员口粮标准;口粮由原来的15种改为6种;各种补充口粮标准列入人员基本口粮标准。条例共分17章。新条例对原来的条例作了补充和修改,其中第20条作了重大修改。如新条例规定,军事院校学员在学习期间不在营区就餐以及离开学校驻地时，可发给本人代金或实物；有家属的学员可领取全部或部分口粮及代金。

新条例除规定6个基本给养标准外，还为在劳动条件特别有害地区工作的苏军职工单设医院预防口粮标准和第8号标准——“献血补充口粮”标准。

新条例还制订了新的食物代用标准。根据新条例，在条文范围内，所有食品均允许代用。

（王凤才）

军法局局长谈司法工作中的问题 据苏《红星报》1991年5月21日报道，军法局局长、司法中将穆拉诺夫在接受记者采访时，介绍了苏联军事司法急需解决的一些问题。

穆拉诺夫认为，苏联的法律改革正在相互矛盾地进行。军人及其家属得到的保护程度较他人更小。这里不仅是指日常生活方面的困难。对军人的体罚实际在增加。在遭受殴打、诬陷、污辱的情况下，只有军人向检察院或法庭起诉时，方能立案。地方的诉讼程序亦然。荣誉与尊严受到损害的军队，不作为法人或具体的个人进行起诉，军事司法机关是无能为力的。

谈及法官也需要保护时，司法中将引用了法官们经常受到威胁，诉讼程序遭受破坏，军事法庭发生爆炸和纵火的典型事例。在案件审理过程中，经常接到说情电话和书面辩护，有些来自人民代表。

军法局局长对军事法庭法的迟迟不能通过表示不满。穆拉诺夫披露：早在1988年8月4日苏联最高苏维埃就已通过决议，要求必须在10月1日前做好该法案的起草。但结果是：按时提交了草案，军事法庭法却至今没有通过。这便给军事法庭的工作带来一系列严重后果。例如：1990年10月5日苏联总统签发了《关于加强军人社会和法律保护若干措施的命令》，但各种各样损害军人权利的起诉，军事法庭有时竟没有进行审理的法律根据。倘若军事法庭法生效，便可帮助解决士兵母亲委员会提出的许多问题。

军法官参加军人普法学习 据苏《红星报》1991年5月25日报道，苏联司法部举行部务会议，对军事法庭的法官们参加军人普法学习问题进行了审议。

军法局局长，司法中将穆拉诺夫在报告中指出，军法官可在组织指挥官、司令部、政治机关的普法学习时给予尽可能的帮助。穆拉诺夫介绍，军法官们已用了1年半时间，在部队开展教学活动，发放了500多种教学参考资料。1990年与1989年相比，军事检察机关对法庭判决提出异议的命令数量下降20%，被非法追究物质责任的军人数量也明显减少。

军事检察院经费奇缺 据苏《红星报》1991年5月25日报道，经过长期侦查总算逮捕了特别危险的犯罪团伙，但两天后又将其释放，因为没有资金支付监狱生活费、进行各种技术鉴定并聘请律师。远东军区军事检察院目前正处于这种状况。

远东军区军事检察长，司法少将古里诺夫取出的文件证实：彼得罗巴甫洛夫斯克—堪察加卫戍区军事检察院对一蓄意谋杀案实施侦查过程中，在法医鉴定局曾进行法生物学、法技术学、法医学、笔迹学鉴定。由于该局已经转入经济核算和自筹资金，便向检察院索要鉴定费6000卢布。但负责军事检察院财政支出的部队财政处无力负担。军区亦无这笔经费。

报道披露，包括犯有杀人罪在内的一些犯罪军人正在受到侦查，对他们必须进行法精神病学鉴定。平均一个鉴定程序持续3周，需270～330卢布的住院鉴定费，250～300卢布的犯罪侦查鉴定费，1000～1500卢布的法生物学鉴定费，900卢布的会计费。仅1991年各种形式的鉴定费就需追加45万卢布。

律师的劳务费没有任何条文规定。按照不久前颁发的法律，被捕者被捕后应立即得到律师保障。根据去年资料，70%被追究刑事责任的军人因无力承担律师费用，而提出了相应的申请，只好依靠国家为其聘请律师。此项支出不少于60万卢布。为保证军区军事检察院的正常工作，1991年需追加100多万卢布。

国防部长签发保护环境命令 据《红星报》1991年5月30日报道，苏联国防部长亚佐夫得出结论：部队尚未在保护环境、遵守环保法律方面采取足够措施。鉴此，国防部长签发226号命令，要求采取补充措施，克服上述不足，并制定了1991～1995年的活动计划。

苏联总统签发《关于苏联武装力量军人津贴的命令》 据苏《红星报》报道，1991年9月9日，苏联总统签发了《关于苏联武装力量军人津贴的命令》。为保障军人及其家属的社会保护，提高服兵役的威望，命令规定从1991年10月1日起提高军人的职务津贴。同一命令规定：军人从10月1日起免交所得税，未婚、独身（少子女）公民税。

成立军人社会和法律保护委员会 据《红星报》报道，在1991年10月24日举行的新闻发布会上，苏联国防部新闻局局长马尼洛夫中将宣布，计划在苏联国防部成立军人社会和法律保护委员会。该委员会将掌握可以使用的一切权力，有可能在最大限度的公开性条件下，解决首都以及最偏僻卫戍区面临的问题。还规定成立苏联国防部长下属的军人及其家属事务委员会。这两个组织将与军人父母委员会、士兵母亲委员会等组织，甚至与不久前成立的苏联总统下属军人及其家属事务委员会协调工作。

《逃避服兵役军人大赦法》生效 据《红星报》1991年11月2日和5日报道，新组成的联盟议会批准的第一个法令便是《逃避服兵役军人大赦法》。联盟院立法委员会主席尤·卡尔梅科夫强调指出，这一文件是对军队中"老头子作风"、非条令关系及其他消极现象的独特应付方法。按照多数议员的意见，监督该法律执行工作中的"主要角色"应是苏联检察机关与国家议会。

几千名士兵的母亲及她们逃避服兵役的孩子急切等待这一法令的颁布。11月1日，苏联总统戈尔巴乔夫正式签署《逃避服兵役军人大赦法》，规定3个月执行完毕。

苏联总检察长制定军事检察机关改革构想 据苏《红星报》1991年11月12日报道，苏军总军事检察长，苏联副总检察长雅·泽尼蒂斯在接受塔斯社记者采访时证实，苏联总检察长尼·特鲁宾制定的军事检察院改革构想已经提交苏联国务委员会审批。据介绍，改革旨在帮助军事检察院既得到诉讼上的独立，又得到物质上的独立。计划在保留苏联检察院和统一的武装力量情况下，撤销总军事检察院及其机构，取而代之的将是规定成立的直接编入联盟检察院的苏联武装力量法律监督总局。

泽尼蒂斯强调，保留军事护法机关，可以给予至今仍驻扎在世界其他国家或者退出苏联的共和国的军人以必要的法律保障。在军人发生军事犯罪时，他们作为公民，其案件将由军事司法部门按照法律进行侦查和审查。

颁发《关于武装力量的地位及保证秋季征兵的法令》 据《红星报》报道，1991年11月14日苏联国务委员会颁发《关于苏联武装力量的地位及保证1991年秋季公民服现役的法令》。《法令》指出，为了保持苏联武装力量的统一，遵守苏联军事领域的国际法义务，稳定地指挥部队并保证其职能，苏联国务委员会决定：

(1)在主权共和国(国家)的领土上保持现行苏联法律所规定的苏联武装力量的地位。

(2)赞同关于苏联国防部成立咨询机构——主权共和国(国家)国防部会议(国防事务委员会的代表)的建议。

(3)苏联国防部及主权共和国(国家)执行权力机关应按苏联武装力量总参谋部与主权共和国(国家)政府达成协议的征兵数额，保证在各自领土上有组织地进行1991年秋季征召公民服现役的工作。

(4)委托苏联国防部制定关于将苏联民防部队和机关、地方军事指挥(兵役局)机关、国防体育技术组织、隶属地方部门的军事建筑工程队(部队)转归所驻主权共和国(国家)管辖的提案。此外，转归俄罗斯管辖的还有道路建筑部队，同时责成有关的共和国对其供给资金、实施保障、进行补充。规定苏联国家政权和管理机关有权使用上述部队(在战时)。

苏联国防部长应就上述问题与主权共和国(国家)签署协定。

(5)赞同"关于对苏联《普遍义务兵役法》实施修改"的苏联法案并提交苏联最高苏维埃。

成立军事社会、心理和法律研究中心 据《红星报》1991年11月14日报道，苏联武装力量总军事政治部下设的社会和心理问题研究中心改为苏联国防部军事社会、心理和法律研究中心。该研究中心具备科研机关的职能和地位，它拟议中的基本任务有：在军内进行卓有成效的实用研究，对管理方案的通过实行科学鉴定，对军事管理机关制定的法令可能产生的社会后果加以分析。

从法律角度抨击反军活动 据苏《红星报》1991年11月20日报道，苏联国防部与内务部新闻中心发表联合声明，猛烈抨击某些加盟共和国对待军队问题上的反宪法和违法行动。声明指出，与加盟共和国商定的集体安全和防御，保留统一的武装力量，对核武器及其他大规模杀伤武器实施统一领导的原则，本已在军事改革过程中加以制定并得到法律确认。但某些加盟共和国却采取了旨在摧毁国防体系，破坏武装力量统一，动摇集中指挥和一长制原则的行动。

声明强调，在特别复杂的社会政治形势下，对军人态度上频繁发生的不负责任，违反纪律，有时则是公开犯罪的事实是绝对不能容忍和异常危险的。许多地方围绕军人玩弄卑鄙的政治把戏，而军人及其家属则成为歧视、迫害、污辱和威胁的对象。

在许多加盟共和国不只一次发生试图擅自控制武器、军事技术装备和物资仓库、部队营房和设施的事件，并用停止供水、供暖和供应能源威胁军队。某些地区部队的武器装备和财产遭到抢夺。

声明最后明确声称：军人拥有必要自卫，直到使用武器的全部权利。法律和条令对此已有规定。在这种情况下，整个责任应由违法行动的策划者、组织者和执行者承担。

又据《红星报》1991年11月21日报道，鉴于苏联国防部和内务部新闻中心发表联合声明，苏联国防部新闻局局长马尼洛夫中将向塔斯社记者发表了谈话，他明确指出，苏联武装力量的全部财产均属整个国家所有，任何人无权宣布其中的部分为自己的财产并将军事设施、战斗技术装备和武器收归共和国。某些加盟共和国还企图进行部队及其他军事设施的军事财产的造册登记。从法律观点说，这是绝对不能允许的。马尼洛夫声称:"谁也不应忘记,苏联武装力量有能力保护自己的,按现行法律属于整个国家的所有财产,也有能力维护军人的荣誉和尊严。"

卫国战争老战士依法享受新优惠 据苏《红星报》1991年11月21日报道,来自苏联国防部总干部部的消息证实:苏联内阁曾于1991年8月5日颁发567号法令,以便进一步改善过去参加反法西斯抵抗运动的老战士的日常物质生活。法令规定,凡伟大卫国战争的参加者,不论是在现役部队服役过的军人,还是游击队员,都享有法律规定的优惠。这也适用于第二次世界大战期间,在国外以游击队、地下工作组和其他反法西斯队伍成员的身份,参加反对法西斯德国及其同盟者的战斗行动的苏联公民。

军内社会组织关注军人及其家属的社会和法律保护 据苏《红星报》1991年11月26日报道,在形成市场关系,建立主权共和国、裁减武装力量情况下,军人保护自己及家属的意向十分明显。军内众多社会组织纷纷成立。乌克兰近期便出现了《乌克兰军官联合会》、《军官独立协会》、《"创造者"基辅联合会》等。据报道,这些组织的主要目的是保护军人的社会利益,提高军官服役的威望,为军官及其家属创造较其他地区和共和国更好的社会生活条件。

成立军事法学家协会 据苏《红星报》1991年11月26日报道,旨在对军人,包括由于裁减武装力量而转入预备役的军人实施社会帮助的各种基金会、中心不断增多。不久前成立的军事法学家协会便是这样的组织之一,其使命是团结法学家及其他公民,以实现和保护军人、伟大卫国战争参加者及其家属的经济、政治、社会和文化的权利与自由。军事法学家协会的任务还有关于法案及法律鉴定工作;对武装力量中的军官会和工会实施法律帮助;参加对退役军人法律专业的重新培训。

俄罗斯总统签发关于提高军人等有关人员工资的命令 据苏《红星报》报道,1991年12月5日俄罗斯总统叶利钦签发《关于提高军人工资、苏联国防部企业和组织工作人员的薪金和工资率的命令》,主要内容有:

(1)从1992年1月1日起,将苏联国防部军人的工资提高90%。

(2)从1992年1月1日起,将部队、机关、军校、苏联国防部企业和组织及军事指挥机关工作人员的现行工资率和职务薪金提高90%。

(3)临时位于国外的军人、部队、机关、院校,苏联国防部企业和机关工作人员,从工资、工资率和薪金中支付外汇时,不将本命令规定的提高额计算在内。

(4)规定苏联国防部在拨款范围可独立确定:个别范畴军人的职务薪金额,甚至还有刺激性及与服役特点、物质保障水平、家庭就业有关的补加费种类;工资形式与制度,附加额、补贴额、奖金额及其他按照所属企业、院校和机关发放的带刺激性津贴额。

(5)原来对边远地区及气候恶劣地区服役军人规定的附加比例最高额从1992年1月1日取消。

总统签发《关于修改苏联武装力量纪律条令的命令》 据《红星报》1991年12月17日报道,为在苏联武装力量中加强法纪,提高军人执行命令的责任感,并遵照苏联最高苏维埃1991年8月30日《关于防止政变的首要措施的决定》,苏联总统戈尔巴乔夫签发命令,决定将1975年7月30日苏联最高苏维埃主席团颁令批准的苏联武装力量纪律条令第6条修改如下:

"第6条。保卫祖国的利益责成指挥官(首长)坚决果断地要求军人遵守纪律和秩序,对下属的任何一种过失均不能放任不管。指挥官(首长)的命令应该绝对、准确、按时完成。指挥官(首长)对其下达的每个命令的合法性和执行命令的后果负责,对不采取执行命令的措施负责。接受命令后,军人有权进一步明确其内容及执行方式。没有执行指挥官(首长)命令的军人承担法律规定的责任。"

签署决定武装力量未来的文件草案 据《红星报》报道,1991年12月26~27日,主权共和国全权代表在莫斯科举行了例行的跨共和国协商会晤,其主要目的是制订决定武装力量未来的文件草案。

会晤参加者签署了独立国家联合体国家间关于驻扎在联合体领土上的联合武装力量的地位;关于国防;关于军人宣誓;关于协商机关——国防部长(议会委员会主席)理事会暂行条例等4个协议草案。12月30日独立国家联合体各国总统聚会莫斯科时,将对上述文件予以讨论、通过。

军人及其家属的退休金将重新审定 据《红星报》1991年12月31日报道,从国防部领取退休金的转入预备役军人和退休军人,对无止境的提高物价和通货膨胀条件下的生活水平及物质保障非常关心。根据苏联国防部长1991年12月24日颁发的585号命令,军人及其家属过去的退休金将从1992年1月1日重新审定。新退休金的数额要考虑到1992年1月1日军人薪金的提高及1992年1月1日共和国规定的最低工资(按军龄计算退休金)。关于对军人退休金进行换算工作的组织问题将向兵役局下达必要的指示。

(吕志英)

美国军事法制 **美国国防部颁布有关海湾战争新闻报道的修正规定** 美国国防部于1991年1月7

日颁布了有关在海湾爆发战争的情况下新闻界报道美军情况的修正规定。该规定限制对作战活动和伤亡情况进行报道，禁止对美军的规模、地点和番号以及使用的武器型号和数目进行报道。

根据修正规定，有关受伤或死亡士兵、水兵、飞行员和海军陆战队员的照片只有在其直系亲属接到伤亡通知后才可使用。

报道地点只能用"沙特阿拉伯东部"或"海湾"之类的大范围的地点。军舰的名字可以引用。

布什发布行政命令将参与海湾战争后备役人员服役期延长到2年 美国总统布什于1991年1月18日发布行政命令，将参与海湾战争作战的美国后备役人员服现役的期限延长到2年，并授权国防部在必要的时候征召100万后备役人员。这项命令将有助于保留那些具有专业技能的后备役人员，如饮水净化专家和懂阿拉伯语的人员。

扩大停止退役的范围 美陆军于1991年1月下达命令，停止现役军人的自愿退役和退休，并立即生效，直至得到进一步的通知为止。停止退役涉及的对象包括那些已服满现役的人员，但必须退休者、情况特殊者、非自愿退役者除外，这些人的退役将继续下去。

停止退役的命令最初实施于1990年9月1日。停止退役范围扩大后，停止退役涉及的对象包括大部分现役官兵及服联邦现役不满30年的官兵的自愿退役。

这一命令是为了保持部队的规模和部队的待命状态，以应付海湾事态的发展。这一命令将暂时影响到人员的晋升，如果这一政策持续较长时间的话，晋升缓慢的情况将会出现，但晋升仍将在各级部队继续下去。

禁止军官进行自由撰稿等有关活动 根据美国政府新颁布的一项法律，美军军官及高级文职人员从1991年1月起，凡从事自由撰稿和演讲的将不再领取酬金。

美国国防部军法总署陆军军法官解释说，该法禁止军官收取双份收入，但此规定不限于士兵。

布什发布命令"沙漠风暴"参战人员免交部分所得税 美国总统布什于1991年1月21日发布行政命令，免征海湾战区参战官兵的所得税，直至战争结束。战争期间，月收入为500美元的人员也免交所得税。这一命令适用于在下列地区服役的人员：(1)伊拉克、科威特、沙特、阿曼、巴林、卡塔尔、阿拉伯联合酋长国；(2)波斯湾、红海、亚丁湾；(3)北纬10度以北、东经60度以西的阿拉伯海部分地区。

该命令也免除了参战官兵必须在4月15日之前进行所得税登记的最后期限。

通过支付部分海湾战争费用等两项开支法案 美国国会于1991年3月22日通过两项开支法案，一项是51亿美元的政府追加开支法案，另一项是150亿美元以支付"沙漠盾牌"和"沙漠风暴"行动部分费用的法案。其中追加开支法案给以色列和土耳其分别额外增加6.5亿和2亿美元的援助，其理由是这两个国家在海湾战争期间都站在以美国为首的多国部队一边。给以色列提供的美元是帮助其弥补在战争中为保持军队处于高度戒备状态的费用。开支法案还提供大约5亿美元用于给参加海湾战争的退伍军人增加各种津贴。

在法案的总数中，有26亿美元是用于强制性计划，其中约15亿用于食品检验，1亿用于牛痘接种损害补偿，9.626亿用于退伍军人的补偿、养老金和重新调整津贴。

修改军士制度 据美《太平洋星条旗报》1991年3月24日报道，为在今后几年内裁军做准备，美空军对其军士制度进行了部分修改，其主要内容包括：(1)取消下士军衔，一等兵服役满12个月(原为6个月)后可直接晋升为中士；(2)军士的晋升将采用选晋的办法，士兵不再定期晋升为军士，而是根据其能力等标准从中进行挑选；(3)简化军士职业培训体系和层次，从1992年10月起，士兵晋升军士所必须接受的军士准备教育和军士指挥课程将合并进行，军士培训由4级变为3级。

布什签署海湾战争参战军人优待法 据美《陆战队员》杂志1991年第5期报道，美国总统布什于1991年4月6日签署了《1991年海湾冲突补充授权及人员优待法》。该法规定，1991～1992年，美将拨款4亿美元用于军人福利待遇。其具体内容包括：

(1)置身敌炮火下和危险中津贴：从1990年8月1日起至海湾战争结束后180天止，该津贴由每月110美元临时提至150美元。

(2)家庭分居补贴：从1991年1月15日起至海湾战争结束后180天止，每月分居补贴提高至75美元(无子女双军人例外)。

(3)后备役军人住房补贴：凡应召转入现役的后备役军人可得到一定数目的住房补贴。

(4)专业人员特别津贴：应召服现役时间在1990年11月5日至海湾战争结束后180天内领取特别津贴。

(5)军人集体生命保险费：该类保险费的最高限额将翻一番，达10万美元，而最低额则由1万美元提高到1.5万美元。军队抚恤金也加倍提高至6000美元。

(6)医疗保健费：因参加"沙漠盾牌"和"沙漠风暴"行动而进入现役的后备役人员及其家属可在脱离现役之日起接受30天的免费医疗保健。

该法案还取消了原来出具学历证书领取有关津贴的规定，改为自1990年8月2日后服现役在领取津贴时无需出具学历证书。

该法案还授权拨款2000万美元用于军人托幼服务，拨款3000万美元用于参战军人的家庭教育和家庭服务。同时，还提高了退役老兵上大学的助学金数额。

通过士兵非自愿退役解职费议案 据美《士兵》杂志1991年第4期报道，美国国会通过一项为非自愿退役提供解职费的议案，以作为国防授权法的一部分。过去，美军只有非自愿退出现役的军官及后备役人员才享有解职费，而现在凡服役6个月以上、20年以下的士兵均可获得一批数目可观的解职费。

修改女兵体重标准 据美《士兵》杂志1991年第7期报道，美陆军对陆军法规第600条第9款进行了修改，将女兵的体重标准加以提高，其4个年龄组的变化分别为：17～20岁，体重标准可提高28～30%；21～27岁可提高32%；28～29岁可提高34%；40岁以上可提高36%。4个年龄组之间相差为2个百分点。目前在册的女兵若超过体重标准将被除名。

提议废除禁止妇女驾机法律 据美《武装部队杂志》国际版1991年8～9月号报道，美参议院武装部队委员会于1991年7月份提出建议，要求废除1948年制定的禁止妇女驾驶战斗飞机的法律。该委员会还通过一项修正案，要求总统成立一个由15人组成的委员会，专门研究妇女执行作战飞行任务的问题。该委员会将在1992年11月15日之前完成此项研究，期间，国防部将对妇女进行各种作战飞行检验，然后由总统向国会递交其最后意见。

修改士兵服役制度 据美《太平洋星条旗报》1991年10月5日报道，为了更好地完成5年裁军计划，美陆军对士兵服役制度进行了部分修改。其具体修改内容为：凡服现役已满3年者，不论其服役合同是否期满，均可自愿提出退役申请，经其所在部队主官批准后便可退出现役。据此，未服满合同的士兵可免除剩余的服役期。退役的具体时间由申请提前退役的士兵自己决定，最终日期为1992年8月31日。但是，被授权批准士兵退役的主官可根据实际情况推迟士兵的退役日期，其具体期限国内为90天，国外为120天。不鼓励军队急需的专业人员和在重要单位服役的士兵提前退役，但特殊情况例外，凡因违法受到军事法庭审判或因违纪受到处分而被提前退役的士兵不在此类。此外，根据新的规定，提前退役的士兵不得领取退役费。

（封长虹）

越南军事法制

越总政副主任谈《军官法》修改补充条款 越总政副主任邓武协上将在1991年1月《人民军队报》上载文谈军官法修改补充条款时指出：第一、关于军官的军衔级别：军官的军衔系统共有3等12级，即尉官4级（少、中、上、大尉）、校官4级（少、中、上、大校）、将官4级（少、中、上、大将）。第二、关于军衔等级晋升年限规定：经过修改、补充的军衔晋升时间规定是：一名18岁入伍的军人，在部队锻炼一年，入军校深造3～4年，离校时22～23岁，一般授予少尉军衔，如果发展正常，20年后可晋升为上校军衔（42～43岁），24年后可晋升为大校军衔（46～47岁）。第三、关于职务和各级军衔之间的关系：每一级职务由可授2级军衔改为可授3级军衔。其中大约10～15%为刚授衔的低级军衔者；60～70%为中级军衔者；15～20%是高级军衔者。例如，连长职务可授的3级军衔是中尉、上尉、大尉；团长为少校、中校、上校。第四、关于军官服役年限：尉级军官现役年龄38岁，一级预备役年龄43岁，二级预备役年龄48岁；少校军官现役43岁，一级预备役48岁，二级预备役52岁；中校军官现役48岁，一级预备役52岁，二级预备役55岁；上校军官现役52岁，一级预备役55岁，二级预备役58岁；大校军官现役55岁，一级预备役58岁，二级预备役60岁；少将和海军准将都督现役60岁，一级预备役63岁，二级预备役65岁。对于中将和海军副都督以上的军官，不规定服役年龄；在健康或能力原因不能保证完成任务时，实行退休制度。第五、关于延长军官服役年限：根据军队的要求和每个军官的品质、能力、健康状况，现役军官的在职年限可延长到一级预备役年限；对于从事科学研究和教员工作的军官可延长到二级预备役年限，其他特殊条件下可延长至二级预备役年限以上。具有对哪级军官的授衔权者便有权延长其在职服役的年限。第六、关于军官的薪金和补助：对有关方面作了如下修改、补充："在职军官可享受部长会议规定的薪金和补助。根据军官的军衔等级和职务级别，军官的薪金规定应与军队的性质相符合。军龄补助应按军官在职服役时间计算，对于执行具有特殊任务的军官还可享受其他各种补助款项。"

（刘桂兰　许　平）

修改补充《兵役法》和《军官服役条例》 据《越南之声》电台1991年报道，1990年12月召开的越南八届八次国会对《兵役法》和《军官服役条例》的一些条款作了修改补充。

《兵役法》共73条，以下几条作了修改补充：

（1）减少现役士官士兵的服役时间（由3年改为2年，专业人员由4年改为3年）；减轻预备役男性士官士兵的服役年龄（由50周岁改为45周岁）。

（2）扩大暂缓征兵的对象：全体烈士的儿女；一、二等伤兵或一等残疾人的一个儿子；现役士官士兵家庭中的同胞兄弟姐妹，正在边远地区工作的教师、卫生人员、青年突击队员。

(3)具体地规定了士官士兵服役、退伍及其家庭享有的待遇。如：入伍满2年后，每年可探亲1次，每月津贴增加100%；退伍时供给退伍费、差旅费补贴；退伍后暂免参加公益义务劳动(服役1年暂免1年)；其家庭确有困难，经过乡、街道一级证明，家庭主要成员可暂免参加公益义务劳动，遇到意外困难，可在国营医院治病、入学免收费等。

(4)具体规定了地方各级政府、军队领导机关在征兵、退役工作中的职能与责任。

《军官服役条例》共45条，以下几条作了修改补充：

(1)在军衔级别中恢复上校军衔。

(2)修改补充一些军官制度，主要有：重新调整晋升军衔年限；重新规定每一职务三级军衔(原规定每一职务两级军衔)；重新规定军官延长服役的年限。

(3)具体规定了军官的工资、补贴制度。如：军官的工资除了考虑军衔、职务两个因素之外，还要考虑部队的性质任务；军龄补贴按服役时间计算，不限于25年之内(含离退休军官)；执行特殊任务的军官可另享受其他补贴等。

修改《警察力量法》 据《解放军报》1991年11月11日报道，1991年9月，越南国务委员会讨论通过了修改补充《警察力量法》部分条款的决定，并经国务委员会主席签署执行。

越南《警察力量法》是1989年1月28日颁布执行的。这次修改补充主要涉及军衔等级、军衔晋升年限、同一职务的军衔幅度以及工资补助等内容。

修改后的《警察力量法》规定，将官、校官、尉官分别设大、上、中、少4个等级；士官设上、中、下3级；士兵有一等兵、二等兵。军衔晋升期限为：少尉晋升中尉2年；中尉晋升上尉、上尉晋升大尉3年；大尉晋升少校、少校晋升中校、中校晋升上校、上校晋升大校4年；晋升将级军衔的年限不作规定。每个职务的军衔幅度最多为3个连续军衔级别，当军官达到所任职务最高军衔后，不再晋升军衔，只按规定提升工资级别。

(亦　尘)

印度军事法制

综述 印军重视法制建设，不仅制定了各种较为完善的法规和条例条令，而且执行较为严格。其主要做法是：

制定各类法规、法纪。印军针对军队内部民族、教派问题复杂，种姓、官兵矛盾尖锐等特点，制定出相互都能接受的统一法规法纪。印军的法规法纪大体可分为法规和条令条例两大系统。

法规：主要是依据印度宪法和其国家利益的需要而定的具有法律性质的法令，如《陆军法》、《海军法》、《空军法》、《海岸警卫队法》、《地方军法》和《新兵招募法规》、《复员退役人员安置规定》等。这些法规的主要内容就是确定军(兵)种的性质、任务、体制、编制和某一关系全军范围的重大事项。这类法规一般由国防部制定，经议会审议通过，最后经总统批准颁布。据印刊报道，目前，印正规军和准军事部队(海岸警卫队、中央后备警察部队、边境保安部队、阿莎姆步枪队等)都有各自的法规。这类法规的制定，不仅为各部队的活动和相互关系提供了法律依据，而且为军人的地位和享受的权利提供了法律保证。

条令条例：就是在法规的基础上，制定全军或军(兵)种统一的行为规范，如《内务条令》、《军官晋职(衔)规定》和《官兵休假规定》等。这类条令条例一般由国防部或军(兵)种司令部制定。印军认为，各种条令条例是军人勤务的法律规范，它有助于培养军人严守纪律的作风，锻炼军人雷厉风行的性格，同时还能帮助军人预防各种事故和犯罪。因此，印军制定的条令条例较多较细，比如《军官晋职(衔)规定》就包括军官的种类(正式委任军官、非委任军官、低级委任军官)、来源、遴选、培养、考核、晋升、福利和待遇等10多项。其中仅福利中的薪金标准就有许多规定：一般军官由军衔工资、军龄工资和补贴三大部分组成，而仅补贴一项又有各种名目。其中陆军有40多种，海军和空军也有20多种。主要有物价补贴、地区补贴、服装补贴、房租水电补贴、夫妻分居补贴、子女就学(业)补贴、鼓励节育补贴、招待补贴和各种技术补贴等。

印军在制定和执行法规法纪过程中，注意总结自身工作中的经验教训和吸收外军先进经验，并根据实际需要，不断对过去已制定的法规和法纪进行修改、补充，使之更加完善。如《陆军新兵(新学员)招募法规》从50年代初制定到80年代中期已进行了多次修改和补充。1986年印陆军又根据新形势的需要在对老的法规进行大幅度修改的基础上，制定出新的新兵招募“试行规定”。尔后经过几年的试行和修正，才于1989年正式颁布执行。

完善各级执法机构。印军在具体执行过程中，除各级指挥官属于执法者外，还组建了各种不同类型的执法机构。根据职能划分，印军的执法机构大体可分为以下3种：

执法机关：这是设在从各军种司令部到师司令部(海、空军相应的机关)的业务部门和业务指导部门。陆军司令部在军务局，海军司令部在人事局，空军司令部在行政局均设有军法处，主官称处长（或宪兵司令），军衔为准将或少将，主要负责本系统各重大刑事案件的审理和一般案件的复审以及查处少将以上高级军官的违法乱纪事件等工作。陆军军区司令部、海军地区司令部、空军地区指挥部一级设军法处，处长为上校或准将军衔。主要负责本辖区范围内的各类刑事案件的侦破、审理以及查处校官以上军官的违法乱纪事件等工作。军司令部（海、空军相应级别的机关，下同）在军务军需处内设助理军法处长（或称助理宪兵司令），军衔为中校或上校，主要任务是负责本军内各类刑事案件的侦破、审理和查处尉官以上军官的违法乱纪等工作。师司令部则在军务军需科内设助理宪兵科长，中校衔。主要任务是协助军务军需科长抓好本师范围内的法纪教育，协助上级机关侦破或缉拿犯罪分子以及查处士兵的违法乱纪等工作。上述各级军法行政长官一般兼任宪兵部队的司令官。

军事法庭：印军的军事法庭分为4级：(1)高级军事法庭。由印度中央政府派员和陆海空三军参谋长以及有关法官组成。主要任务是审理重大刑事案件，如叛变投敌、里通外国，临阵出逃等。有权判处任何官兵死刑。(2)高级简易军事法庭。一般由三军参谋长或其委托的军官与军区级的司令官和有关法官等组成。主要任务是审理仅次于里通外国等罪行的大案要案。有权判处官兵死刑和14年以下有期徒刑。(3)地区军事法庭。由高级军事法庭召集者或受其委托者与有关法官等组成。主要任务是审理较为严重的刑事案件，如强奸妇女、贪污盗窃等。有权判处官兵2年以下有期徒刑。(4)简易军事法庭。由军以上部队或部门主官和有关法官等组成。主要任务是审理一般性刑事案件，如违抗命令、殴打上级等。有权判处官兵3个月～1年的徒刑。

宪兵部队：这是印军为维护军纪，确保军队内部稳定的一支特殊部队。其主要任务是在同级军法长官的领导下，具体从事侦破、缉拿犯罪分子和搜集内部军官和士兵的反印反军言论，以及颠覆政府等非法活动情况等。宪兵部队编制为宪兵队、宪兵分队、宪兵班三级。宪兵队相当于连，编配在军种司令部、军区和军一级单位。宪兵分队相当于排，配属师、旅一级单位。宪兵班编制18名士兵，配属营一级单位。

严肃各种法规法纪。印军认为，加强法制建设，必须抓好两手：一是加强教育，使官兵知法懂法；二是严格执法，违法必究。为此，印军首先是采取多种形式，搞好法纪教育。(1)入伍时进行法纪教育。即在新兵入伍时的基础训练中，安排一定的法纪教育课。组织新兵进行各种条令条例的学习考试，从而使士兵从一入伍就知书、懂法。(2)在职课堂教育。即以营、连、排为单位，由本级指挥官或同级军法主官上法纪教育课。定期宣读有关违法违纪通报，分析典型案件，表彰遵纪守法先进个人，开展课堂讨论等。(3)举办法纪教育短训班。印军经常利用有关院校，招收部队中的法律骨干进行短期培训。时间通常为2～5周，每期1～2个专题。(4)组织官兵参加公审、公判大会。印军对犯罪军人的公审或公判一般到罪犯所在的部队进行，除就近方便人证、物证、旁证外，更主要的是达到教育或警告他人预防犯罪的目的。

在加强法纪教育的基础上，印军还十分注意执法过程中的严肃性，即有功则奖，有过必罚。按照印军奖惩条令规定，印军勋章、奖章等证章种类多达30多种。其中主要有英雄勋章、阿索卡勋章、卓越服役勋章、三军服役勋章、陆军奖章、海军奖章、空军奖章、地方军奖章以及通令嘉奖、奖杯和口头表扬等。相反，印军对那些违法乱纪的行为也给予了应有的惩罚。按违法的性质一般采取以下两种实施办法：

军法审判：即官兵犯有通敌叛变、临阵出逃、违抗命令、隐匿逃兵、强奸妇女、殴打上级、贪污盗窃等罪行者，交由军事法庭审判，给予军法制裁。印军的军法制裁十分严厉，且规定的相当具体：(1)临阵脱逃、丢弃武器投敌、谎报军情、扰乱军心等，均判处死刑。(2)战时违抗命令、威胁殴打上级、泄露口令、伪造文件、发现通敌而不举报者，判处10～14年徒刑。(3)平时对上级使用威胁性语言、吵架、拒绝规劝者或殴打规劝者、克扣官兵薪金和津贴等，判处7～10年徒刑。(4)平时开小差、企图自杀、对部属使用暴力或虐待、虚报冒领口粮等，判处5～7年徒刑。(5)因疏忽丢弃武器、企图越狱、出卖或典当勋章与奖章等，判处3～5年徒刑。(6)经常无故缺席、在假期中奉召不归、不服从当地法令等，判处2～3年徒刑。此外，印军法规还规定，同样性质的案件，战时比平时处理得更重。

纪律处分：平时官兵不假外出、逾假不归、吵架斗殴、酗酒赌博、小偷小摸等均作违犯纪律论处。军官违犯纪律，一般只受罚款和扣发薪金的处分。而对低级委任军官以下人员的纪律处分主要有扣押、反省和禁闭，另有额外勤务、扣除服役“良好”津贴、扣发14天以内的薪金、警告、严重警告等。扣押反省是将受处分者另拘一处，每天听2小时的条令课，中午还要背石头或行装15～20公斤行走2小时；禁闭是将处分者囚于禁闭室，外有卫兵看守。禁闭期间，除罚负重行走或劳役外，还停发薪金。纪律处分权主要由营、连长行使。营长可给士兵28天以下的扣押反省或禁闭处分，给低级委任军官以下人员其他几种纪律处分；连长可给士兵28天以下扣押反省或3～7天的禁闭处分；在营长授权下，指挥一个分队的低级委任军官也可给士兵 28 天以下的扣押反省处分。

印军对违法违纪的处罚规定虽然严厉，但在具体执行中却有所保留。据印《今日印度》杂志报道，印军法规对军官和士兵违法违纪的处理不大合理，特别是军队人事部门对军官一般采取"保护政策"，一旦军官尤其是高级军官违犯了法规或犯了错误，多进行内部批评教育，最重也不过是降级、推迟晋升或调换工作岗位等。但近几年来，印军经过法纪整顿，法制建设较为健全。该杂志记者从印陆军司令部获悉，在 1990～1991 年中，已有包括 3 名高级将领在内的 150 多名校官以上的军官因渎职、腐败和不称职等原因而被判处徒刑和受到了开除军籍、降职等不同程度的纪律处分。从而改变了过去那种只纠下不纠上，同一性质的问题却出现截然不同的处理结果的偏向，使大多数官兵拍手叫好。

主要资料来源：

①印度《军事新闻》杂志 1988～1991 年。

②印度《印度防务评论》、《今日印度》、《前线》杂志 1988～1991 年。

（乔德春）

国际组织、会议、条约

国 际 组 织

联合国　*概况*　1945年10月24日，在中、苏、美、英、法和其他多数签字国递交批准书后，《联合国宪章》开始生效，联合国正式成立。根据宪章规定，联合国的宗旨是：维护国际和平与安全；发展国际间以尊重人民平等权利及自决原则为根据的友好关系；促成国际合作。截至1991年底，联合国拥有会员国166个。联合国的主要组织机构包括：(1)大会，由全体会员国组成，是联合国的主要审议机构，每年举行一次。大会主席由全体会员国选举产生，任期一年。第45届大会主席为马耳他副总理兼外交和司法部长吉多·德马尔科，第46届大会主席为沙特阿拉伯常驻联合国代表萨米尔·希哈比。(2)安全理事会，简称安理会，系联合国唯一有权采取行动以维持国际和平与安全的机构。安理会决议对联合国全体成员国具有约束力。安理会由5个常任理事国，即中、苏(苏联解体后，由俄罗斯联邦于1991年12月24日取代了原苏联在安理会的常任理事国席位)、美、英、法和10个非常任理事国组成。非常任理事国由大会选举产生，任期两年，每年改选5个，任满不能连任。1991年的10个非常任理事国是：奥地利、比利时、厄瓜多尔、印度、津巴布韦、也门、罗马尼亚、古巴、科特迪瓦、扎伊尔。安理会主席由成员国代表按英文字母顺序轮流担任，任期一个月。(3)经济及社会理事会，由54个理事国组成，每年开会两次，讨论国际经济、社会、文化、教育和卫生等问题。(4)国际法院，设在荷兰海牙，由15名法官组成。法官由大会和安理会分别选出，任期9年。(5)秘书处，联合国的行政机构，设秘书长1人，作为联合国的行政首长。秘书长由安理会推荐，经大会任命，任期5年，可以连任。1991年担任秘书长的是佩雷斯·德奎利亚尔。联合国总部设在美国纽约。

主要活动　**一、联合国大会**　1991年9月17日，第46届大会在纽约联合国总部开幕。列入大会的临时议程共145项，其中包括裁军、发展与经济合作、地区性问题、环境保护和社会发展等重要问题。会议于1991年12月中旬休会。

1991年9月17日，在46届联大开幕式上，沙特阿拉伯常驻联合国代表萨米尔·希哈比以83票的多数当选为本届联大主席。大会根据安理会的推荐，接纳朝鲜民主主义人民共和国、大韩民国、密克罗尼西亚、马绍尔群岛、爱沙尼亚、拉脱维亚、立陶宛为联合国成员国。

1991年9月23日～10月10日，大会举行一般性辩论。包括中国在内的162个国家的代表在会上相继发言，就当前重大国际事务阐述了各自政府的立场和政策。发言涉及的主要是国际形势、南北对话、裁减军备、中东和谈、国际新秩序以及进一步加强联合国的作用等重大问题。

1991年9月25日，出席46届联大的中国代表团团长、国务委员兼外交部长钱其琛在大会上发言，着重阐述中国政府对建立国际新秩序的立场和主张。钱其琛指出，建立和平、稳定、公正、合理的国际新秩序是人心所向，也是时代发展的需要。因此，中国政府认为，未来的国际新秩序应符合联合国宪章的宗旨和原则，也应符合为国际社会普遍接受和行之有效的和平共处五项原则。维护世界和平的关键在于：各国应互相尊重国家主权，平等相待，求同存异，友好合作，和睦相处。任何国家都不应谋求霸权、操纵国际事务，不得推行弱肉强食的强权政治。各国不分大小、强弱、贫富，都应当作为国际社会的平等成员，参与国际事务的讨论和解决。各国有权根据各自的国情独立自主地选择本国的社会、政治、经济制度和发展道路，任何国家尤其是大国不应把自己的意识形态、价值观念和发展模式强加于别国。国家之间发生争端，应当通过和平方式合理解决，在国际关系中不得使用武力或以武力相威胁。

1991年10月中旬至12月中旬，大会审议预定议题，并通过了一系列相应的决议。

1991年12月3日，联合国大会根据安理会11月21日的推荐，一致通过决议，任命埃及副总理布特罗斯·加利为下届联合国秘书长，任期自1992年1月1日至1996年12月31日。

二、安理会 1991年，国际形势风云变幻，海湾战争，柬埔寨、西撒哈拉、安哥拉、阿富汗、萨尔瓦多、南斯拉夫等问题使安理会维护国际和平与安全的任务空前繁重。

(一)关于海湾战争 1991年1月14～15日，安理会就日趋紧张的海湾危机进行磋商。由于1990年11月29日安理会部长级会议通过的678号决议中规定的伊拉克从科威特撤军的最后期限——1991年1月15日已经逼近，海湾战争有一触即发之势。会上，法国提出了一项包括6点建议的和平方案。但因美国的反对，磋商未获结果。1991年1月16～17日，安理会5个常任理事国就海湾战争举行紧急磋商，但未能就海湾局势发表一项一致同意的声明。

1991年1月24日、25日、28日，应阿尔及利亚、利比亚等5个马格里布国家的要求，安理会就海湾局势三度举行非正式磋商。5国不仅要求安理会举行紧急会议，而且提出了无条件停火、年内召开中东问题国际会议和伊拉克从科威特撤军等3点建议。由于美、英、法、苏及其他一些理事国的反对，正式会议未能举行。安理会本月份主席、扎伊尔驻联合国大使恩增盖亚在1991年1月24日的非正式磋商后发表声明，呼吁伊拉克从科威特撤军。

1991年2月14～15日，安理会就海湾战争举行非公开正式会议，中国、古巴等24个国家的代表在会上发了言。中国常驻联合国代表李道豫在会上再次呼吁交战各方采取最大限度的克制，防止战火蔓延和扩大，并提出了和平解决海湾局势的5个要素：伊拉克表示立即从科威特撤军，有关各方同意和平解决，交战各方采取克制态度使战争降温并防止扩大和升级，将解决中东问题提上议事日程，海湾战后安排以本地区国家为主，外国军事力量撤出海湾地区。古巴向会议提交了解决海湾战争的3项决议草案。由于与会各国意见分歧，这次会议没有作出任何决定。

1991年2月23日和25日，应苏联代表的紧急要求，安理会两次举行非公开正式会议，讨论海湾战争停火问题。2月23日的会议是在美国等多国部队提出的伊拉克无条件撤军最后期限已到、多国部队即将发动地面进攻的情况下召开的。苏联代表在会上宣布，伊拉克对苏联的和平建议作出了积极的响应，表示愿意无条件从科威特撤军。中国常驻联合国代表李道豫在会上呼吁安理会就海湾战争的和平解决审议和通过适当方案。美国代表则认为，苏联的和平建议在涉及撤军期限和条件等主要问题上存在着不足。在1991年2月25日的会议上，苏联代表沃龙佐夫转达了伊拉克总统萨达姆决定从科威特撤军的声明，并要求安理会立即采取行动，对此作出适当的决定。然而，2月24日凌晨，以美国为首的多国部队已经对伊拉克发动了地面进攻，会议未获任何结果而休会。

1991年2月28日，在伊拉克总统萨达姆于26日宣布从科威特撤军、28日海湾战争已经结束的情况下，安理会全体成员国代表就伊拉克接受关于海湾危机的全部12项安理会决议一事进行了非公开磋商，但未作任何决定。其后，安理会5个常任理事国的代表又就美国提出的一项有关海湾战争停火的提案进行了秘密磋商。

1991年3月2日，安理会以11票赞成、1票(古巴)反对、3票(中国、印度、也门)弃权通过686号决议，重申安理会在伊拉克入侵科威特后通过的12项决议继续有效，并要求伊拉克采取进一步的行动以结束海湾地区的敌对状态。在表决前的磋商中，中国、古巴、也门和其他一些国家的代表指出，鉴于伊拉克已经从科威特撤出了全部军队，他们反对由美国拟定，由美、英、法、比利时等国联合提出的决议案中关于继续允许对伊拉克使用武力的条款，古巴代表还提出了18条修正意见，但都没有被采纳。3月3日，伊拉克宣布接受686号决议。

1991年4月3日，安理会以12票赞成、1票(古巴)反对、2票(也门、厄瓜多尔)弃权通过687号决议，即关于在海湾地区正式停火的决议。决议要求伊拉克承认它和科威特于1963年签订的两国边界协议；要求伊拉克无条件接受在国际监督下销毁、拆除所有生物和化学武器以及射程超过150公里的弹道导弹；规定伊拉克不准拥有或研制核武器以及制造核武器所需的材料，并将其拥有的核材料完全置于国际原子能机构的控制之下；规定在1963年伊科商定边界的伊拉克一侧10公里和科威特一侧5公里的范围内建立一个非军事区，并在该区域派驻一支联合国军事观察员部队；取消对伊拉克的食品和其他生活必需品的禁运，但继续禁止向伊拉克出售武器和有关军事技术。该决议还规定，需待伊拉克正式通知联合国秘书长和安理会表示接受该决议的所有条款后，正式停火才能生效。1991年4月6日，伊拉克外长致函联合国秘书长和安理会主席，表示伊拉克"别无选择只能接受这一决议"；4月10日，伊拉克驻联合国大使向安理会主席转交了由伊拉克议长签署的伊拉克国民议会关于同意接受687号决议的决议文本。据此，安理会于1991年4月11日宣布海湾实现正式停火。

1991年4月5日，安理会以10票赞成、3票(古巴、也门、津巴布韦)反对、2票(中国、印度)弃权通过688号决议,要求伊拉克立即停止对伊拉克平民,特别是对库尔德族人的镇压。中国常驻联合国代表李道豫在表决后发言指出,伊拉克国内局势,以及由于大批伊拉克的库尔德族人和什叶派穆斯林逃往土耳其和伊朗而造成的形势,是一个复杂的问题,同时涉及一个国家的内政。根据《联合国宪章》第2条第7款,安理会不应审议任何一国内政问题并就此采取行动;至于这一问题涉及的国际方面,应通过适当途径加以解决,中国支持秘书长通过有关机构向难民提供人道主义援助。

1991年4月9日,安理会一致通过689号决议,决定组建联合国伊、科观察团,以便对伊拉克和科威特接壤处的非军事区实施监督。观察团将由1440人组成,其中包括300名军事观察员。中、苏、美、英、法5个安理会常任理事国各派20名军事观察员参加伊科观察团,这是在联合国历史上5个常任理事国首次共同派员参加联合国维持和平部队。该观察团于5月6日完成在伊科边界非军事区的部署,开始执行监督和观察任务。

1991年5月20日,安理会通过692号决议,为伊拉克赔偿在占领科威特期间所造成的损失规定了总的轮廓,即最高数额为伊拉克石油收入的40~50%。

1991年6月17日,安理会一致通过第699号和700号决议。699号决议规定伊拉克必须承担联合国销毁其大规模杀伤性武器所需的费用。700号决议规定了对伊拉克实行武器禁运的指导原则,要求各国政府在45天内向联合国秘书长提出保证履行禁止向伊拉克出口武器决议的措施。

1991年9月19日,安理会通过712号决议,同意伊拉克在今后6个月内出售最高限额为16亿美元的原油,用以购买食品、药物,并为联合国检查小组提供经费。

1991年10月11日,安理会通过决议,规定联合国负责监督伊拉克销毁武器的特别委员会将继续负有在伊拉克境内指定新的检查地点和进行检查飞行的职责,要求伊拉克无条件地履行联合国特别委员会和国际原子能机构在计划中规定它应承担的义务。

(二)关于柬埔寨问题 1991年2月1~2日,根据安理会1990年8月28日通过的解决柬埔寨冲突框架文件精神,柬埔寨问题巴黎会议两主席印尼官员阿里·阿拉塔斯和法国官员埃德维格·阿维斯以及联合国秘书长代表斐丁·艾哈迈德访问河内,与越南领导人就全面政治解决柬埔寨冲突方案进行广泛讨论。2月2日发表的联合声明宣布,越南方面重申,接受安理会常任理事国1990年8月28日通过的框架文件作为解决柬冲突的基础;各方一致认为,柬埔寨的主权必须得到尊重。

1991年7月17~18日,安理会5个常任理事国的代表在北京举行磋商会议,并发表声明,欢迎西哈努克当选柬全国最高委员会主席,赞扬柬各方朝全国和解方向采取的新步骤。

1991年8月29~30日,安理会5个常任理事国的代表和柬问题巴黎会议两主席之一的印尼代表以及联合国秘书长代表在曼谷举行磋商会议。会议发表的公报肯定了柬全国最高委员会帕塔亚会议取得的积极进展,认为达成柬全面政治解决协议的时机已经成熟,希望巴黎国际会议10月底召开部长级会议,签订全面政治解决协议。

1991年9月20~21日,安理会5个常任理事国和联合国秘书长代表、柬埔寨问题巴黎国际会议两主席和所有参加国、柬埔寨全国最高委员会成员,在纽约联合国总部举行会议,就柬埔寨问题的政治解决达成最后框架协议。

1991年10月21~22日,安理会5个常任理事国和东盟6国、印支3国、南斯拉夫、津巴布韦、澳大利亚、加拿大、日本等20国在巴黎举行柬埔寨问题协调委员会工作会议。会议通过了《柬埔寨冲突全面政治解决协定》等项文件,并通过了新起草的《巴黎会议最后文件》。1991年10月23日,柬埔寨问题巴黎国际会议第2次会议在巴黎举行。柬全国最高委员会12名成员和与会各国外长在《柬埔寨冲突全面政治解决协定》、《关于柬埔寨主权、独立、领土完整及其不可侵犯、中立和国家统一的协定》、《柬埔寨恢复与重建宣言》、《最后文件》以及协定的5个附件上签了字。

1991年10月31日,安理会举行会议并一致通过决议,对10月23日签署的柬埔寨和平协定表示赞成。决议要求联合国秘书长为柬埔寨指定一位特别代表,并由联合国尽快向柬埔寨派遣一个视察小组为和平协定的实施作好准备。

根据安理会的有关决议,柬埔寨过渡时期联合国权力机构先遣团已于1991年11月中旬进驻柬埔寨,并正式开始工作。

(三)关于西撒哈拉问题 1991年4月29日,安理会一致通过关于实施和平解决西撒哈拉问题计划的690号决议,批准了联合国秘书长关于在西撒举行公民投票的修正案。

根据上述决议,在联合国秘书长德奎利亚尔的安排下,摩洛哥和西撒人阵于1991年6月30日在联合国总部签署了停火协定,同意从1991年9月6日起正式停火,并同意在联合国的监督下举行公民投票,以决定西撒的归属。

(四)关于南斯拉夫问题　1991年9月25日，鉴于南斯拉夫武装冲突逐步升级，安理会举行会议并一致通过决议，禁止向南斯拉夫冲突各方运送武器。决议敦促南冲突各方严格遵守业已达成的停火协定；紧急呼吁冲突各方以和平方式解决其争端；决定遵照《联合国宪章》的有关规定，立刻执行全面禁止向南斯拉夫运送一切武器和军事装备的措施，直到安理会另作决定为止；呼吁所有国家勿采取可能加剧南紧张局势、妨碍和平谈判的任何行动。

安理会对纯属南斯拉夫内政问题进行审议并通过相应的决议，这在联合国历史上尚属首次。因此，中国国务委员兼外交部长钱其琛在安理会表决后发言指出，基于安理会的这次讨论是在南斯拉夫政府明确同意的特殊条件下进行的，决议也是为了制止南内部武装冲突和及早恢复和平所期望的，中国采取了支持的态度；中国政府一贯主张每个国家的内部事务应由这个国家的人民自己解决，联合国包括安理会不应该介入和干涉任何成员国的内政，中国政府的这一原则立场仍然不变。

1991年11月27日，应南斯拉夫政府关于由联合国向南派遣维持和平部队的要求，安理会一致通过721号决议，同意派驻维持和平部队。但同时强调，如果已经达成的停火协议得不到冲突各方的充分遵守，联合国就不可能向南派遣维持和平部队。

1991年12月15日，安理会在接到德奎利亚尔秘书长关于南斯拉夫有关各方执行安理会721号决议情况的报告并经连日紧急磋商后，举行正式会议，会议一致通过决议，决定向南斯拉夫派遣一个包括军事人员在内的观察组。该观察组由21人组成，其中非军事人员11名，军官10名，其使命是在南斯拉夫实地考察联合国向南派驻维持和平部队的可能性。

(五)关于军备控制问题　1991年7月8～9日，安理会5个常任理事国就中东军备控制问题在巴黎举行会议。中、苏、美、英、法5国代表与会。中国代表团团长、外交部副部长刘华秋在发言中强调，中东军备控制应遵循公正、合理、全面、均衡原则，向中东地区出售武器最多的国家应承担特殊责任和义务。会议经过反复协商和讨论，原则通过了一项《关于中东军控、军品转让及武器不扩散问题》的文件。

1991年10月17～18日，安理会5个常任理事国关于军备控制问题会议在伦敦举行。会议通过了关于常规武器转让的准则，并发表了公报。5个常任理事国拟议中的武器转让原则是：(1)能否增强受援国满足其进行合法自卫需要的能力；(2)能否起到对受援国面临的安全和军事上的威胁适当作出相应反应的作用；(3)能否增强受援国参加地区性安排或其他集体安排、或者符合联合国宪章的或者联合国所要求的其他安排的能力。5个常任理事国将避免有可能出现如下情况的武器转让：(1)延长或加剧现有的武装冲突；(2)加剧某个地区的紧张关系或造成地区不稳定；(3)可使某个地区拥有导致局势不稳定的军事能力；(4)违背禁运规定或者国际社会商定的其他有关限制；(5)用于除受援国进行合法自卫和安全方面需要以外的目的；(6)支持或鼓励国际恐怖活动；(7)用于干涉主权国家内政；(8)严重破坏受援国经济。会议公报指出，5个常任理事国同意将在不影响对接受国所作的承诺的情况下，相互通报对中东地区的常规武器转让；欢迎在联合国就建立常规武器转让登记制度进行磋商；承诺按照公平、合理、全面、均衡的原则，寻求防止大规模毁灭性武器扩散的有效措施；将继续讨论在武器转让方面采取自我克制的措施。5个常任理事国同意，1992年在美国再次举行会议，继续讨论常规武器转让和防止扩散大规模毁灭性武器问题。

(六)关于巴勒斯坦问题　1991年3月26～27日，应巴勒斯坦解放组织常驻联合国副代表利雅得·曼苏尔的要求，安理会就阿拉伯被占领土上的局势问题举行磋商，并发表声明，对以色列当局3月24日决定驱赶4名巴勒斯坦人表示遗憾，呼吁以色列当局停止驱赶巴勒斯坦人的行动，保证已被其驱逐的巴勒斯坦人安全返回。

1991年5月24日，安理会举行会议并一致通过695号决议，要求以色列当局立即停止从它所占领的巴勒斯坦领土上驱赶巴勒斯坦人，指出以色列的行动违反了安理会以往通过的有关决议以及《关于战时保护平民的日内瓦公约》。

(七)关于塞浦路斯问题　1991年10月11日，安理会就塞浦路斯问题举行会议，并通过决议，敦促塞浦路斯希、土两族以及希腊和土耳其恢复对话，以达成解决塞浦路斯问题的全面协议。决议支持联合国秘书长德奎利亚尔1991年11月初恢复与塞浦路斯希、土两族领导人以及土耳其、希腊两国代表的磋商；认为召开一个由联合国秘书长担任主席的高级别国际会议，由塞浦路斯希、土两族和希腊、土耳其代表参加，是拟定一项关于解决塞浦路斯问题全面协议的有效办法。

三、其他专题性会议与活动　1991年，为了促进国际和平与合作，联合国除大会和安理会外，还举行或参与了其他一些专题性会议和活动。

1991年5月21日，联合国秘书长德奎利亚尔在纽约联合国总部发表声明，提出政治解决阿富汗问题的5点建议，并派出私人代表塞万加紧在巴基斯坦、伊朗、阿富汗和苏联之间进行调解活动，沟通各方意见，力促阿富汗问题的政治解决。

1991年5月27～30日，联合国裁军会议在日本京都举行。澳大利亚、菲律宾等国的外长及部长级官员，南北朝鲜的代表，以及37个国家的裁军问题专家共约120人出席会议，就武器系统的扩散与裁军等问题展开讨论。

1991年5月31日，在包括联合国代表在内的各有关方面的共同努力下，安哥拉和平协议在葡萄牙首都里斯本正式签署并立即生效。协议规定，安哥拉政府军和安哥拉争取独立全国联盟双方在联合国监督下实现停火。协议标志着长达16年的安哥拉国内战争的结束。联合国核查团已于1991年6月中旬进驻安哥拉。

1991年12月16日，根据德奎利亚尔秘书长的建议，萨尔瓦多交战双方在纽约联合国总部继续举行和平谈判。这是继1991年9月16日至25日双方在联合国总部会谈并达成《纽约协议》之后，联合国和萨尔瓦多冲突双方为争取和平而作出的重大努力。在德奎利亚尔秘书长的亲自调解下，萨尔瓦多政府和游击队双方终于在1992年到来之际达成了永久停火协议并举行了签字仪式。德奎利亚尔主持了这一庄严的仪式，从而完成了他在联合国秘书长这一重要岗位上的崇高使命。

1991年10月25日，是恢复中国在联合国合法席位20周年纪念日。为此，《人民日报》发表了题为《继续促进世界和平与发展》的社论。社论指出："20年来，中国忠实维护联合国宪章的宗旨和原则，积极参与联合国各个领域的工作。在联合国事务中，中国一贯奉行独立自主的和平外交政策，主持正义，反对霸权主义和强权政治，为维护世界和平与安全，作出了自己应有的贡献。""通过与联合国及其有关机构的合作，中国与联合国各成员国之间多边的政治、军事、经济、科技、社会、文化等方面的合作和互助有了较大的发展，促进了我国经济的发展，增进了同各国人民之间的友谊。"社论最后表示："今后，中国将一如既往，积极参加、支持联合国的工作，严格遵循联合国宪章的宗旨和原则，认真履行自己的职责，同广大会员国一起，为维护世界和平与安全，促进共同发展，争取建立国际新秩序，加强各国人民之间的友好合作，做出更大的努力和贡献。"

（孙叔林）

不结盟运动 概况 不结盟运动正式诞生于1961年9月1～6日在南斯拉夫首都贝尔格莱德举行的第一次不结盟国家元首和政府首脑会议，其成员共102个(1991年9月4日，不结盟运动第10次部长级会议接纳蒙古为新成员国；9月19日，阿根廷宣布退出不结盟运动)，其中包括101个国家和西南非洲人民组织。不结盟运动的宗旨是：反对帝国主义、新老殖民主义、种族隔离、包括犹太复国主义在内的种族主义；反对一切形式的征服、依赖，直接、间接、公开或隐蔽的干涉和干预；反对在国际关系中使用政治、外交、经济、军事和文化等一切形式的压力。不结盟运动的主要组织机构和活动形式有：(1)不结盟国家元首和政府首脑会议，每3年召开一次，主要任务是讨论共同关心的重大国际政治经济问题，加强不结盟国家的团结和统一，维护国际和平与正义。1991年担任主席的是南斯拉夫联邦主席团主席梅西奇。(2)不结盟国家外长会议，基本职能是为首脑会议进行准备工作，并就重大国际问题进行协商。1991年担任主席的是南斯拉夫外长隆查尔。(3)不结盟国家协调局，这是首脑会议的常设机构，其代表通常由各成员国常驻联合国纽约总部的代表兼任。它原则上每年举行一次部长级会议，由应届外长会议主席主持。

主要活动 1991年1月4日，现任不结盟运动外长会议主席、南斯拉夫外长隆查尔受不结盟国家委托，在沙特阿拉伯的塔伊夫会见了遭到伊拉克侵略的科威特国埃米尔贾比尔，向他介绍了为争取和平解决海湾危机而进行的斡旋工作情况，特别是在巴格达同伊拉克总统萨达姆、外长阿齐兹会谈的情况。

1991年2月12日，根据南斯拉夫的倡议，有南斯拉夫、印度、印尼、伊朗、古巴、塞浦路斯、加纳、赞比亚、津巴布韦、埃及、阿根廷、阿尔及利亚、尼日利亚、斯里兰卡、委内瑞拉以及巴勒斯坦和伊斯兰会议组织的代表参加的不结盟国家外长协商会议在贝尔格莱德举行，旨在寻求结束海湾战争的途径。不结盟运动外长会议主席、南斯拉夫外长隆查尔在致词时提出了解决海湾问题的四个步骤：第一步，恢复科威特的独立、主权和领土完整；第二步，结束敌对状态；第三步，通过和平与政治手段解决冲突；第四步，开辟整个中东地区的和平进程。他建议不结盟国家再次呼吁伊拉克接受安理会第660号决议。他还强调指出，不结盟运动正在面临着巨大的挑战，不结盟运动必须为在海湾地区实现真正的和平而继续努力。经过充分磋商，会议决定组成两个和平使团，一个到巴格达同伊拉克领导人进行磋商，另一个同美国和欧洲共同体国家领导人进行磋商。

中国政府支持不结盟国家的这一和平努力。钱其琛外长于1991年2月11日向会议发出的贺电指出，正当海湾战争面临升级、局势更趋严峻的关键时刻，不结盟运动前任和现任主席国以及部分不结盟国家举行外长会议，探求和平解决海湾危机的办法和途径，必将对恢复并维护该地区及世界的和平与安全，产生深远影响。

1991年4月2日，在联合国安理会讨论由美国提出的海湾永久停火草案时，以也门为代表的7个安理会不结盟成员国提出一项修正案，要求伊拉克和科威特两国在联合国秘书长斡旋下，根据安理会660号决议第3款举行谈判，划定两国边界；在边界会谈期间，在1990年8月2日伊拉克入侵科威特前的现存边界线伊拉克一侧10公里和科威特一侧5公里的范围内建立一个非军事区，并由联合国派出观察团进驻该地区；在联合国观察团完成在非军事区的部署之后，以美国为首的多国部队应立即撤出伊拉克；取消对伊拉克除武器和军事技术以外所有物品的禁运。但是，由于美国和其他西方国家的反对，该修正案未获通过。

1991年9月4～7日，不结盟运动第10次部长级会议在加纳首都阿克拉举行。来自96个成员国的65位外长和400多名代表出席了会议。9月4日，正是不结盟运动诞生30周年，与会代表举行隆重的纪念会。印尼外长阿拉塔斯、南斯拉夫外长隆查尔、尼日利亚外长恩瓦楚库分别代表亚、欧、非地区成员国讲话，强调不结盟运动的潜力远未枯竭，现在比以往任何时候都更加需要不结盟国家在思想和行动上为建立确保公正和平、安全稳定以及为所有的人带来同样繁荣的国际新秩序作出贡献。东道主、加纳国家元首罗林斯也在会上发表讲话，驳斥美国关于“世界新秩序”的构想，指出这是“超级大国垄断的翻版”，决不能让它摆布世界各国的命运。

这次会议着重讨论了如何在世界事务中发挥不结盟运动的作用和加强南南合作的方法。会议最后通过了《阿克拉宣言》。宣言强调，不结盟运动正进入一个新时代，在这个新时代中，不结盟运动的原则、目的和宗旨继续有效；不发达和贫穷是造成威胁世界和平与安全的冲突的根源，因此，必须致力于根除贫穷、饥饿、营养不良和文盲。宣言敦促不结盟国家加强南南合作。会议决定组成一个15国集团，具体研究建立不结盟运动银行以加强南南合作的建议；由15国集团就重新开展南北对话问题同西方7国进行联系。会议一致决定，1992年在印度尼西亚首都雅加达召开不结盟运动第10届首脑会议；印度尼西亚从1992年起将接替南斯拉夫担任不结盟运动主席。

1991年11月21日，中国外交部发言人吴建民在北京举行的新闻发布会上宣布，中国已于1991年11月上旬申请成为不结盟运动观察员。中国是发展中国家，一贯奉行独立自主的和平外交政策，不依附任何大国和国家集团，不同它们结盟或建立战略关系。中国一贯支持不结盟运动的基本宗旨和原则，高度评价它在国际事务中的积极作用，与不结盟国家的友谊与合作逐步加深。中国成为不结盟运动的观察员，将有助于加强彼此合作，促进不结盟运动目标的实现。

（孙叔林）

北大西洋条约组织 **概况** 1949年4月4日，美国、加拿大、英国、法国、荷兰、比利时、卢森堡、意大利、葡萄牙、丹麦、挪威、冰岛等12国在华盛顿签署了《北大西洋条约》，1949年8月24日条约正式生效。1949年9月17日召开第一次理事会，决定成立北大西洋条约组织的各种机构，北大西洋条约组织从此建立。希腊、土耳其（1952年2月18日）、联邦德国（1955年5月5日）、西班牙（1982年5月30日）先后加入北约，现有成员国16个。

北约的主要机构有：(1)北大西洋理事会，即部长理事会，为北约最高权力机构，由各成员国的外交部长组成，必要时政府首脑、国防部长、财政部长也可参加。每年举行两次会议，主要负责审定政治、军事方面的重大问题。(2)防务计划委员会，由参加北约防务一体化指挥系统的13国（法国于1966年7月1日退出一体化机构；冰岛因无军队未参加）和西班牙（未参加北约军事一体化机构，但于1986年5月29日参加防务计划委员会）的国防部长组成，每年开会两次，主要负责制定统一的军事计划。(3)常设理事会，为部长理事会和防务计划委员会休会期间的最高执行机构，由各成员国派大使级常任代表组成，北约秘书长任主席，常设理事会下辖政治、经济、军事等各种专业委员会，其中包括核防务委员会及其所属的核计划小组等。(4)国际秘书部，负责北约会议的准备、组成和联络工作，由秘书长直接领导。秘书长也是部长理事会、防务计划委员会、核计划小组的主席。(5)军事委员会，为北约最高军事指挥机关。由参加北约防务一体化指挥系统的总参谋长组成（法国派联络官参加、冰岛派文官参加、西班牙派常驻代表参加），负责拟订军事政策和战略方针，向部长理事会和防务计划委员会提出建议并领导北约部队各战区司令部。军事委员会下辖欧洲盟军最高司令部、大西洋盟军最高司令部、海峡盟军最高司令部、美国一加拿大地区盟军计划小组。各国向上述战区司令部提供的部队接受军事委员会和本国政府的双重领导。

北约现任秘书长为曼弗雷德·韦尔纳（德国人）。军事委员会主席为维格雷克·埃德上将（挪威人，1989年10月1日出任现职）。欧洲盟军最高司令为约翰·罗杰斯·高尔文上将（美国人）。

主要活动 1991年1月4日，北大西洋议员大会年会在伦敦举行。除北约组织成员国外，苏联、波兰、匈牙利、捷克斯洛伐克和保加利亚的代表团也应邀与会。会议虽然显示了北约与华约国家关系的变化，但并未根本改变北约组织对苏联意图的怀疑。此次会议就北约的前途展开辩论，出现了 3 种不同的意见：(1)北约已完成了它的历史使命，没有敌对势力，因此北约组织也没有必要继续存在下去；(2)欧安会有 34 个成员国，其中既有欧洲国家，也有北美洲的美国和加拿大，因此，它可以接管北约组织的责任；(3)北约组织不但要继续行使其极其重要的军事职责，而且要变得更加灵活，更加政治化，并密切注意北约地区以外的形势。大部分与会者支持第 3 种观点，理由是：第一，苏联仍然是一个核大国，具有超过北约组织的常规兵力；第二，只有北约组织有能力在现场核查裁减武器的进程；第三，西欧仍然需要一体化的防御体系，而欧安会不可能承担这一任务。至于卷入该地区以外的活动，甚至充当“世界警察”，并不适合北约许多成员国的需要。他们同意必须对付东欧和苏联日益增长的民族主义力量，必须限制“穆斯林恐怖活动的蔓延”。这次会议大多数与会者的结论是，在这样的时刻，北约组织一体化的指挥部是一种“极为宝贵的财产”，但不应滥用。

1991 年 2 月 7 日，北约组织成员国大使秘密会议在布鲁塞尔举行。着重研究在苏联军事威胁减退的形势下，北约应在多大程度上介入像海湾战争一类的区域性战争。这是北约组织改革中面临的一个特殊领域的重大问题。北约秘书长韦尔纳对此次会议作了总结，形成了一项秘密的内部备忘录。备忘录承认现在冷战已经结束，北约成员国普遍认为，需要把北约组织作为对付苏联及东欧不稳定的“保险政策”；北约的军事力量应该减小规模，增加灵活性，并能处理任何方面对北约成员国领土的威胁。但是，各成员国对北约组织未来应发挥何种作用的看法分歧很大。据北约官员反映，一些国家如法国和西班牙认为，北约组织必须仅限于保卫自己成员国的领土，强烈反对介入海湾一类的战争；另一些国家如美国和英国则希望北约组织发挥广泛的作用，关心并且能够对付新的威胁。尽管没有一个国家建议北约部队直接介入北约地区之外的战斗，但美英两国都表示过，他们对北约盟国没有大力帮助在海湾地区的军事集结感到失望。尽管备忘录本身未提到存在分歧的国家名称，但北约人士说，美国与法国关系的紧张是许多问题的根源，两国在建立一个比较强大的欧洲防务组织问题上看法相反，法国希望在有 12 个成员国的欧共体内建立一个这样的组织；而美国以及英国则希望由北约组织承担这项工作；其他成员国包括德国在内态度暧昧。

1991 年 4 月 11～12 日，北约组织军事委员会会议在布鲁塞尔举行。会议研究并通过了建立一支新的快速反应部队的计划，将提交 5 月底召开的北约国防部长会议审议。计划规定，北约应有 3 种主要的军队：(1)主要的防御部队；(2)反应部队；(3)增援部队。其中，反应部队将包括立即反应部队和快速反应部队，前者可以在一周之内调往受威胁的地区，后者可以晚一点调动。反应部队的建制可以大到军的建制，1 个军可以包括 2 个师到 5 个师，1 个师通常有 1.5 万名官兵。

据美国报刊 5 月 13 日报道，北约组织驻欧部队最高司令、美国上将约翰·高尔文在北约总部同各成员国大使举行了一次秘密会议，一些欧洲官员称这次会议是“历史性的”。高尔文在会上说，一旦苏联履行了裁减常规武器新协议规定的条件，他们就再也没有对西欧发起全面进攻的能力了。北约和苏联今后或许会把他们自己看作是“面对某些共同敌人的朋友，而不是对手”。高尔文说：“我们都面临着来自南方(有巨大武器库的原教旨主义的和极权主义的政权)的同一威胁。”因此，他主张西方应支持苏联解决其国内问题，还应避免任何可能被误认为是某种威胁的行动；北约有必要“与苏联各层次的军方沟通”，例如可考虑向苏联和其他东欧国家的军官开放北约设在联邦德国奥伯拉梅尔高的训练学校。高尔文向记者证实，出席这次会议的北约官员所叙述的情况同他的看法接近一致，并说：(1)“北约必须研究欧洲安全的整体情况，北约和苏联之间的良好关系具有头等重要的意义”，必须用新的眼光来看待苏联。(2)他不是在号召同苏联“协同作战”或最终使北约的结构向东扩展，他只不过是在帮助使北约所作的关于苏联已不再是一个敌手的声明具有实际内容罢了；他的军事计划仍要求他把苏联军队的实力作为制定他自己军队的有关计划的尺度。(3)一旦苏联从东欧全部撤军，他们将需要 30 天来动员 30 个师和 15 天补充 15 个师，这将使苏联不可能发动一场全面战争；多年来北约一直是以这种担心为主导思想制定有关计划。(4)美国必须在欧洲保留一支有 2 个师的陆军部队和 3～4 个战术空军联队，并使整个第 6 舰队发挥更多的作用，而不仅仅是在欧洲象征性的存在；这将是一支人数大大超过 10 万人的军事力量。高尔文还特别坚持要在意大利的克罗托内修建一个新的空军基地，以供必须在 1997 年之前离开西班牙的第 401 战术战斗机联队使用。为此，美国将支付大约 28%，即 1.88 亿美元的费用，但它尚待提交参议院审批。(5)尽管北约未作为一个集团正式参加海湾战争，但它的经验使它的成员国得以在一个特殊的基础上达到了目的，也可以说，海湾战争恰恰是“运用了北约的投入法则、北约的作战程序和北约空军基地的整体设施”。

1991年5月27日，北约组织中12个欧洲国家的国防部长会议于北约国防部长会议的前一天在布鲁塞尔举行，共同商定努力建立一支自己的防务力量。欧洲集团主席、德国国防部长施托尔滕贝格说：一个更加强大的欧洲可以加强北约组织的力量；“加拿大和美国的常规力量以及美国的核力量以适当水平在欧洲的重大存在对我们的安全仍至关重要”。在这次会议期间，挪威的一位外交官说，挪威的安全将继续有赖于美国在欧洲的强大存在，挪威反对建立想把美国排除在外的“欧洲支柱”。挪威和土耳其不是欧共体成员，美国担心，位于北约组织南北两翼的这两个国家会由于欧共体的“防务野心”而有受轻视的危险。

1991年5月28～29日，北约组织国防部长会议在布鲁塞尔举行。会议宣布，欧洲和北约已经开始进入一个“新时代”，并着重研究了新的国际形势和北约组织调整军事部署问题。会议认为：苏联、东欧正在发生的变化是“重要的事态，这将进一步加强欧洲的安全与稳定”；新的政治形势和欧洲大大改善的安全环境使东西方发生冲突的可能性大为减少。但不稳定因素和危险依然存在：(1)苏联仍然保持着强大的核武器和常规武器的能力。(2)苏联和东欧国家在政治、社会、经济和少数民族等方面面临巨大的压力，这有可能导致影响整个欧洲稳定的危机。(3)正如海湾战争突出表明的那样，危险还可能来自世界其他地区。因此，北约组织需要继续作出努力，保持战略均势、保持可靠的威慑力量和有效的共同防务，以对付“对盟国领土构成的任何威胁”。为此，北约组织正在改变集体防务安排，即将完成制定新的战略的工作，它将为重新形成北约组织核力量和常规力量态势而提供牢固的基础。这次会议已商定建立新的力量结构的基础，即编成主要防御部队、反应部队和增援部队，其中包括各种类型的多国部队——陆军、空军和海军：(1)会议商定了各国应派多少部队加入由主要防御部队组成的多国部队，现正制定详细计划。(2)会议一致商定，反应部队应分成立即和快速反应部队，由绝大多数北约国家派出的部队组成，包括国家部队和多国部队。作为快速反应部队的一部分，经会议商定为欧洲盟军司令部建立一支快速反应部队，在英国指挥下，设立一个多国部队总部。这些部队加上空军和海军部队，将为北约组织根据形势的变化灵活部署一系列军队提供基础。(3)北约组织期待减少依赖核武器和大量削减核武器；同时还注意到，在可预见的将来，核武器在“维护和平战略”中将起重要作用。(4)在谋求同北约集团安全需要相适应的最低水平的核力量的同时，北约组织还正在研究采取必要的措施以确保那些留存下来的部队仍然是有效的、灵活的和能经受核袭击的考验的，而且具有必要的通讯联络能力。

1991年9月12日，北约成员国高级官员研究制定冷战后新战略的会议在布鲁塞尔举行。据北约组织官员说，在苏联发生“8·19”事件后，北约成员国在制订新战略方面出现很大分歧。美国主张只对规定北约今后的政治和军事目标的政策文件作些“微调”；而法国主张作大的修改，德国则希望删去文件中“指名苏联是西方头号军事威胁的那一部分”。讨论结果将提交11月北约首脑会议审议。

1991年10月17～18日，北约组织核计划小组会议在意大利西西里岛陶尔米纳举行。参加会议的有美、英、德、意4国国防部长，北约组织秘书长韦尔纳和北约组织欧洲盟军最高司令、美国上将约翰·高尔文。会议决定，北约组织将削减部署在欧洲的战术核武器的80%左右，即：约3500枚核弹头，其中包括约1400枚炮弹和700枚短程“长矛”式导弹。此外，还有准备销毁的约900～1300枚机载核炸弹。北约战术核武器的大多数部署在德国，其余的分别部署在英国、意大利、比利时、荷兰、希腊和土耳其。削减工作约需3年才能完成。会议公报表示，“核武器在无限期的将来将继续在北约的总战略中发挥其必不可少的作用”，北约组织将继续在欧洲部署具有有效作战能力的、最新技术的战区核力量。

1991年11月7～8日，北约组织首脑会议在罗马举行。在会议的第1天就围绕欧共体一些国家要建立独立防御能力等问题爆发了尖锐的争论。法国总统密特朗再次宣称法国仍厕身于北约一体化军事指挥之外，并坚持认为“联盟并非是神圣不可侵犯的”。美国总统布什在听了密特朗的发言之后，在他已经准备好的发言之外又插进了一些话，说：“美国不会——因为不可能——放弃它在欧洲的责任、利益及地位”；“如果你们的最终目的是独立地建立自己的防御能力，那么今天就是该讲出来的时候了”；“我们认为，不可能有别的组织能取代联盟为我们的防御和欧洲的安全提供保护”。

会议最后通过了两个重要文件：《罗马和平与合作宣言》和《联盟新战略概念》。

这次北约首脑会议还就苏联局势发表声明，表示：“热烈欢迎”苏联及各共和国之间关系“发生根本变化的历史性事件”，准备根据以下基本原则同苏联和各共和国建立关系：(1)苏联各族人民“要通过和平和民主手段决定他们的未来关系”。各级当局“应当尊重国际准则和国际义务”，“必须保障不可剥夺的人权，包括充分尊重个人和保护属于少数派的个人权利”。(2)苏联和各共和国采取一切必要行动确保苏联所签署的国际协议,尤其是减少战略武器条约、欧洲常规力量条约、防止核扩散条约和生物武器公约受到尊重、批准和实施是个关键;各有关当局“不要采取可能导致核武器或造成大规模破坏的其他手段扩散的任何措施”,“应采取坚决措施防止核技术或可能使局势不稳定的其他军事技术的出口”,同时要“限制常规军事力量的发展”。(3)伴随政治变化的应是“经济自由和建立市场经济”;所有共和国“负起他们对苏联的国际义务的适当责任”极为重要。北约成员国“随时准备支援”苏联各共和国实行“朝向建立市场经济的改革”,并将向他们“提供人道主义支援”。(4)希望苏联和各共和国的各级领导人与当局表明,对这个声明中所重申的价值观念和原则的“承诺”。与会的法国总统密特朗不同意发表上述声明,认为这是一份“令人吃惊、从天而降的文件”,其中大部分问题“并不属于北约的权限”。他说:“我们不是联盟以外国家的总督或教师。我们没有一项福音主义的使命”。

1991年12月12～13日,北约组织国防部长会议在布鲁塞尔举行。会议主要议程有三:(1)关于苏联和南斯拉夫形势。对正在解体的苏联可能出现未来的权力斗争表示关注,对苏联军队和巨大的核武库今后如何控制也表示关注。会议同意美国的建议,鉴于冷战已经消失,北约国防部长应同前华约国的国防部长举行会议,帮助改编后者所属的军队。由于南斯拉夫危机和苏联的解体,北约组织必须仍然作好戒备。(2)关于精简北约军事机构。北约现有3个最高指挥机构:欧洲盟军司令部(驻比利时)、大西洋盟军司令部(驻美国弗吉尼亚州诺福克)和海峡盟军司令部(驻英国诺思伍德)。每个司令部下设几个指挥机构,在欧洲主要有北欧盟军司令部(驻挪威)、中欧盟军司令部(驻荷兰)和南欧盟军司令部(驻意大利)。拟定的主要方案是撤销海峡盟军司令部和北欧盟军司令部,取而代之的是建立西北欧盟军司令部,其总部设在诺思伍德。北约军事专家将进一步研究这一方案,最后提交1992年5月召开的北约国防部长会议决定。(3)关于制定在北约成员国以外军事行动的“全面应急计划”。会议同意拟定这一计划,在今后发生类似海湾战争的危机时,使用北约的机场、输油管和补给品堆集所等设施,但不包括使用北约军队。比利时国防大臣居伊·科梅说,制定这一计划“将更有效地保护西方在北约边界之外的重要利益”。北约组织秘书长韦尔纳说,在今后发生危机时关于使用北约财产的决定需要得到所有16个成员国的一致同意,并且要根据具体情况作出。

1991年12月20日,北大西洋合作委员会第1次会议在布鲁塞尔举行。与会者有北约组织16国外长和东欧9国(俄、保、罗、波、匈、捷、立陶宛、爱沙尼亚、拉脱维亚)外长(代表)。这次会议是根据11月北约首脑会议的决定,为使北约组织与前华约组织成员国的接触制度化而举行的。会议发表宣言:(1)强调了控制核武器和常规武器的必要性和“以最低的武器水平谋求安全”的必要性。一致同意要防止扩散核武器或其他大规模毁灭性武器。指出苏联各共和国已保证将使核武器置于中央控制之下。(2)北约组织与东欧国家的合作领域将包括:制定防务计划,武器控制,以民主的方式领导军队,空中交通管理,使国防工业转为民用生产以及科学和环境计划方面。(3)合作委员会将力图使北约组织同东欧国家之间建立真正的伙伴关系,并力图建立一种“欧洲持久的和平新秩序”。(4)强调安全除取决于防务因素外,还取决于“政治、经济、社会和环境”因素;成功地建立现代具有竞争力的市场经济对清除严重的经济不平衡现象和加强共同的安全和稳定,是至关重要的。(5)合作委员会将每年召开一次部长级会议,每两个月举行一次大使级会议。下次部长级会议将于1992年6月在奥斯陆举行。

(刘　杉)

华沙条约组织　**概况**　1955年5月14日,苏联、阿尔巴尼亚、保加利亚、民主德国、波兰、罗马尼亚、捷克斯洛伐克、匈牙利等8国在波兰首都华沙缔结《友好合作互助条约》,根据此条约结成军事政治同盟,即华沙条约组织,简称华约,以同1949年成立的北大西洋条约组织相抗衡。1968年华约对捷克斯洛伐克进行军事干预后,阿尔巴尼亚宣布退出华约。1990年9月24日,民主德国因与联邦德国合并,其裁军和国防部长赖纳·埃佩尔曼与华约联合武装部队总司令卢舍夫签订民主德国退出华约组织的议定书。此后,华约组织剩下苏联、保加利亚、波兰、罗马尼亚、捷克和斯洛伐克、匈牙利等6个成员国。1962年以前,中国曾派观察员出席华约政治协商委员会会议。1976年以后,蒙古、越南、老挝派观察员参加上述会议。

政治协商委员会是华约最高决策机构,由各成员国派一政府代表团或特派代表参加,“就一切有关它们的共同利益的重要国际问题彼此磋商”和“审查由于条约的实施所引起的问题”,下设常设委员会(负责拟定有关外交政策的建议)和联合秘书处。国防部长委员会是华约最高军事机构,协调成员国之间的军事行动,向各成员国党政首脑提出报告。此外,华约还设有外交部长委员会、联合武装力量司令部、联合武装力量军事委员会、联合武装力量参谋部等机构。华约的联合武装力量由苏联在原民主德国、波兰、捷克斯洛伐克和匈牙利的驻军以及各成员国根据协议拨归联合武装力量司令部指挥的部队组成。华约最后一任联合武装力量总司令是苏联的彼得·卢舍夫大将，最后一任参谋长是苏联的弗·洛博夫大将。华约常设机构均设在莫斯科。

主要活动　1991年2月下旬和7月初，华约组织先后举行了外交部长和国防部长级政治协商委员会特别会议与首脑级政治协商委员会会议，分别决定解散华约军事组织和整个华约组织。有关这两次会议的主要情况如下：

外交部长和国防部长级政治协商委员会特别会议　1991年2月25日，政治协商委员会在匈牙利首都布达佩斯举行特别会议。出席会议的有苏联、保加利亚、匈牙利、捷克和斯洛伐克、罗马尼亚、波兰的外交部长和国防部长，及华约联合武装力量总司令卢舍夫大将、参谋长洛博夫大将。会议一致通过关于从1991年3月31日起终止在华沙条约范围内签订的军事协定的效力和取消华沙条约的军事机构和结构的议定书。

会议还通过了华沙条约缔约国的声明。声明说：考虑到欧洲发生的深刻变化，为了实施政治协商委员会1990年6月7日莫斯科会议的决议，华沙条约缔约国作为主权和平等的国家，决定在1991年3月31日以前取消华约组织的军事机构和结构。这将促使本着欧安会巴黎最高级会晤所达成的协议精神，进一步降低欧洲军事潜力，并从集团安全结构过渡到全欧安全结构。与会国主张，通过共同努力，来确保迅速实现1990年11月巴黎最高级会晤所确定的目标。在新的形势下，与会国之间将在双边基础上不断发展关系。这既符合彼此对建立建设性的友好关系的愿望，也符合当前的欧洲现实。与会国强调指出，严格执行欧洲常规武装力量条约和维也纳信任措施文件，是加强欧洲稳定与安全和进一步发展赫尔辛基进程的极为重要的前提。

1991年3月31日，华约联合武装力量参谋长洛博夫对塔斯社记者发表谈话，希望各成员国继续以新的形式进行合作，以便“进一步发展睦邻关系”。他说：华约军事机构的解散，绝不意味着我们不再是伙伴了。希望我们的关系将首先在双边基础上其中包括在安全和军事技术合作问题上得到发展。他指出：东西方之间军事对抗水平的降低，才使华沙条约缔约国作出这项决定成为可能。只有在这种条件下才出现了着手建立全欧安全新模式、拟定出彻底走上非集团结构的途径的可能性，从而也就开辟了把军事政治同盟彻底改造成政治同盟、以致完全取消集团的前景。

首脑级政治协商委员会会议　1991年7月1日，政治协商委员会在捷克和斯洛伐克首都布拉格举行首脑级会议。参加会议的有：保加利亚总统热柳·热列夫、部长会议副主席兼外交部长沃尔科夫，匈牙利总理安托尔·约瑟夫、外交部长耶森斯基、外交部国务秘书邵莫吉，波兰总统莱赫·瓦文萨、部长会议主席别莱茨基、外交部长斯库比舍夫斯基，罗马尼亚总统杨·伊利埃斯库、外交部长纳斯塔塞，苏联副总统根纳季·亚纳耶夫、外交部长别斯梅尔特内赫，捷克和斯洛伐克总统瓦茨拉夫·哈韦尔、政府总理恰尔法、政府副总理兼外交部长丁斯特比尔，及华约组织常设协商委员会秘书长、捷克斯洛伐克外交部副部长马杰伊卡等。

会议签署了解散华约组织的议定书，并通过了一项联合公报。

议定书说：作为华沙条约缔约国，注意到欧洲发生的、意味着结束欧洲的对抗和分裂的深刻变化。考虑到新的局势，打算积极发展在双边基础和在多边基础上的彼此间的关系，指出签署欧洲常规武装力量条约并声明它们不再是敌人并将建立新的伙伴和合作关系的22个国家的联合宣言的意义，决定促进向全欧安全结构逐步过渡，根据1990年11月欧安会巴黎最高级会晤的协议，达成下述协议：1955年5月14日在华沙签署的友好合作互助条约和1985年4月26日在华沙签署的关于延长友好合作互助条约效力的议定书，在本议定书生效之日起停止其效力；本议定书各方声明，它们彼此之间没有同华沙条约有关的任何财产要求。

会议通过的联合公报说：与会者一致认为，与会各平等主权国家之间崭新的睦邻、伙伴、相互尊重和友好合作关系符合欧洲当今的形势。从这一点出发，主张在革新的双边条约法律基础上发展各个领域的联系，根据1990年11月在欧洲安全与合作会议最高级会晤上达成的协议进一步推进全欧进程，以便在欧洲建立新的安全与合作结构，像巴黎宪章确定的那样，建立全欧范围的安全、经济、法律、文化、生态和人文领域的合作。中欧和东欧国家的稳定、繁荣和进一步发扬建立在人权和基本自由之上的民主，符合欧洲安全与合作会议进程所有参加国的利益。本次华约组织政治协商委员会首脑会议与会国愿意在“特殊情况”下，就共同关心的迫切问题，其中包括有关签署欧洲常规武装力量条约问题进行双边或多边磋商。

在此次会议上，捷克和斯洛伐克总统哈韦尔、苏联副总统亚纳耶夫等先后发表讲话。

（弓全贝）

东南亚国家联盟

概况　1967年8月8日，泰国、菲律宾、印度尼西亚、马来西亚和新加坡等5国外长会议发表《东南亚国家联盟成立宣言》，正式宣告东南亚国家联盟成立。1984年1月文莱独立后随即加入东盟。巴布亚新几内亚为观察员。

宗旨是本着平等和合作的精神，通过共同努力来加速本地区的经济增长、社会进步和文化发展，奠定一个繁荣、和平的东南亚国家共同体的基础，并促进地区的和平与稳定，增进地区的组成合作和相互援助，同国际组织和区域性组织保持紧密和有益的合作。

东盟的基本方针政策由东盟首脑会议讨论确定，首脑会议不定期举行。外长会议是重要磋商和决策机构。常务委员会由当年主持外长会议的东道国外长任主席。

主要活动 1991 年 3 月 15～16 日，东盟高级官员会议在印尼万隆举行。会上讨论了马来西亚总理马哈蒂尔提出的成立一个东亚地区贸易集团的计划。还讨论了签订一项东盟经济条约、参加亚太经济合作以及实现地区贸易自由化的可行性。

1991 年 5 月 30～31 日，东盟和欧共体外长会议在卢森堡举行，5 月 31 日发表联合声明表示：(一)对于 1980 年签署的合作协议需要进行修改，以反映它们之间“日益增长的经济联系和双方不断增长的经济实力”。今后应通过在科技、工业合资企业和投资领域更多的合作来扩大相互之间的贸易和经济合作。(二)希望能早日结束目前这一轮全球贸易谈判。这次会议主席、卢森堡外交大臣雅克・普斯说，“欧洲将不会向内看”，新的协议“将比从前更具体地阐明”欧共体关于“尊重人权是所有东盟 6 国经济发展之关键”的观点。

1991 年 7 月 19～20 日，东盟外长会议在吉隆坡举行。中国外交部长和苏联副总理首次应邀与会。马来西亚总理马哈蒂尔在开幕词中呼吁东盟国家加强地区合作，为建立正义、公正和平等的国际新秩序而努力。他表示支持泰国总理阿南提出的建立东盟自由贸易区的主张。5 月 20 日会议发表联合公报表示：(一)在地区安全问题上，本地区国家应经常进行建设性的磋商。(二)关于柬埔寨问题，呼吁柬全国最高委员会尽快与联合国一道，制订出监督停火、停止接受外国军火供应的措施。(三)在地区合作方面，讨论了有关东盟经济合作条约、建立东盟自由贸易区的建议，要求有关官员进一步研究，将报告呈交 1992 年 1 月东盟首脑会议。(四)呼吁东亚国家增加本地区的贸易和投资，以提高该地区的经济活力，为改善世界经济作出贡献。(五)应当努力寻求解决通货膨胀、债务过重、贸易保护主义抬头等问题的途径，刺激世界经济增长。发达国家应向发展中国家开放农产品市场。(六)对于把人权带倾向性地运用在国家之间关系中“表示关注”；人权和环境问题不应被当作提供援助和发展基金的条件。(七)本次会上，东盟国家外长同中国外长及苏联副总理进行了广泛的讨论，“这标志着一个磋商过程的开始”。(八)下届东盟外长会议将于 1992 年 6～7 月在菲律宾举行，仍将邀请中、苏代表出席。此外，东盟还决定成立一个常设委员会，以研究中、苏和其他一些国家提出的把它们的地位提高为对话伙伴关系的申请。

7 月 19 日，马来西亚总理马哈蒂尔在参加东盟外长会议开幕式后会见记者时强调：“日本不仅发挥经济作用，而且发挥政治作用，这是理所当然的。但是断然反对日本在这一地区发挥军事作用。”

1991 年 7 月 22～24 日，东盟外长与对话伙伴国外长及欧共体代表会议在吉隆坡举行。关于冷战结束后亚太地区安全问题首次成为会议的重要课题，但各方看法不一。据日本时事社报道：在东盟内部，与美国在军事方面关系密切的菲律宾和泰国同坚持不结盟的印尼和马来西亚之间立场有“微妙的差异”。东盟在研究地区安全这个问题时，不仅考虑到美国和日本这些现有的对话国，而且也要把苏联和中国“纳入其中”。但美国对中苏两国成为东盟对话国一事“持消极态度”，说“要慎重地进行研究”。澳大利亚外长埃文斯曾表示：“世界已经发生显著变化。亚太地区的力量均衡也正在发生变化。因此我们要更加积极地推进对话。”美国则重视双边关系，因此对日本关于“设置高级事务级协商机构”的提案也持消极态度，说要慎重地进行研究。美国国务卿贝克在会上试图号召外长们支持西方促使缅甸“走向民主制的努力”，但遭到与会外长们的拒绝。东盟国家外长表示，他们倾向于促使缅甸领导人参加“建设性对话”，因为这样做“比较有效”。

1991 年 9 月 19 日，马来西亚《南洋商报》认为：近年来，马来西亚将防务政策重心转向海洋，并与英国签订价值 28 亿美元的海上作战装备协议，这个方向“值得其他东盟国家参考”。同日，法国《世界报》透露：东盟国家泰国正与法国商谈购买总金额近 10 亿美元的 20 组“响尾蛇”防空导弹系统，可能在 1991 年 10 月 1 日前签署协议，这将是法国首次打入由美国控制的泰国军火市场。泰国还正在商谈购买总金额近 8 亿美元的意大利、巴西合制的 38 架 AMX 地面攻击机。美国仍是泰国军事装备的主要供应者：泰国空军可能要给第 2 中队配备 12 架美国 F－16 战斗机；泰国海军将购买 30 艘 A－7 型“海盗”潜艇；泰国陆军订购了 480 辆“M－48”和“M－60”坦克。

1991 年 10 月 7～8 日，东盟经济部长会议在吉隆坡举行。会议经过讨论，淡化了关于建立东亚地区经济组织这个有争议的建议，一致同意把印尼和泰国的建议结合起来，签署有关今后 15 年建立东盟自由贸易区的协议。随着自由贸易区的建立，要把制成品的关税降到5%以下。这项议案将提交1992年1月召开的东盟首脑会议审议决定。

1991年10月10日，印尼武装部队司令苏特里斯诺说：(1)东盟的安全将通过建立双边和三边关系网，而不是通过6个成员国达成防务协议来得到适当的保障。(2)关闭美国在菲律宾的军事基地不会危及东南亚的安全，因为该地区的国家可以自己维持地区的稳定。(3)东南亚国家可以建立不会导致签订军事条约的双边军事合作；防务条约是“旧时代的遗物”。(4)印尼不反对在马来西亚、新加坡、英国、澳大利亚和新西兰之间达成防务协议，因为这种安排是“该地区历史和传统的一部分”。

同日，菲律宾海军发言人说：菲海军正从法国购买“飞鱼”式导弹，以装备由西班牙制造的3艘快速巡逻舰。这3艘舰只将从1993年底起陆续开始服役。菲律宾空军还从意大利购买了“阿古斯塔”S—211型教练机。

1991年10月11日，印尼负责政治和安全事务的统筹部长苏多莫说：印尼“不再认为危险来自北方”，并且不准备考虑在东盟成员国之间签订军事或安全条约，签订这样的条约“将只会引起某些国家的猜疑”。印尼“当前担心的是国内事务”，“在发展经济中所遇到的挫折可能将使这个国家局势不稳定”。

1991年11月2日，东盟的一位发言人说，如果越南申请加入东盟，东盟将不得不考虑这样“将会有助于还是阻碍东盟发展的问题”。他认为，东盟成员国将会得出这样的结论，即越南“必须首先进一步发展国内经济，然后才有可能参加东盟的经济合作计划而又不拖累其他成员国”。

1991年11月4日，泰国总理阿南在为1992年1月东盟首脑会议作准备的“90年代东南亚地区安全合作前景”的会议上讲话指出：加强东盟国家之间的经济伙伴关系以及同该地区非东盟国家建立更良好、更牢固的联系等“定将加强东南亚和平与安全”；“单靠军事力量不再足以保障国家的安全”。泰国外长阿沙·沙拉信在该会议上致开幕词中说：随着冷战的结束，越南与其邻国实现和解以及上月签署了结束柬埔寨战争的协议，“本地区对抗的气氛已经减小”；经济繁荣与合作“应取代军事力量成为东南亚安全的最佳保障”。

（刘　杉）

阿拉伯国家联盟　*概况*　阿拉伯国家联盟简称“阿拉伯联盟”或“阿盟”。1945年3月22日，埃及、沙特阿拉伯、约旦、叙利亚、黎巴嫩、伊拉克和阿拉伯也门共和国7国代表在开罗举行会议，通过《阿拉伯国家联盟宪章》，阿盟正式成立。现有成员国21个。阿盟的宗旨是加强成员国之间的紧密联系，协调彼此间的政策和行动，捍卫阿拉伯国家的主权和独立，谋求阿拉伯国家的一致利益和共同繁荣。成员国相互尊重其国家和政治制度，成员国之间有争端不得诉诸武力解决，成员国与其他国家或组织缔结的条约和协定对该联盟的其他成员国无约束力。

首脑会议是阿盟的最高权力机构，自1964年起不定期举行，主要商讨阿拉伯国家和地区共同关心的重大问题。截至1991年底共举行了17次首脑会议。

理事会由全体成员国代表组成，每年举行两次例会，规定也可应由两个以上成员国的要求随时召开特别会议，会议通过的决议只对投赞成票的成员国有约束力，秘书处负责执行理事会议的决议，原秘书长谢德利·卡利比（突尼斯人）于1990年9月3日辞职后由阿萨德（黎巴嫩人）代理秘书长。现任秘书长伊斯马特·阿卜杜勒·马吉德（埃及人）于1991年5月15日就任。

其他还设有联合防御理事会等十几个组织。

主要活动　1991年3月30日，阿盟理事会第95次会议在开罗举行。这次阿盟理事会为弥补海湾战争造成的阿拉伯内部的分裂带来一线希望。这次会议当日休会后又于1991年4月30日在开罗复会，继续为5月中旬召开的外长会议作准备。这次会议是1990年8月海湾危机爆发后，第一次全部21个成员国都参加的阿盟会议，也是自1990年10月阿盟总部从突尼斯迁回开罗后，伊拉克第一次派代表出席的会议。会议一致批准于1991年5月15日在开罗举行阿拉伯联盟外交部长会议，并批准了部长会议的各项议程。科威特代表、本次理事会主席阿卜杜勒·吉扬主持了会议，包括伊拉克在内的21个成员国的代表们在会议上讨论了阿盟的财政预算和管理问题，以及在开罗重建阿盟总部等问题。

1991年5月6日，阿拉伯联盟和非洲统一组织在开罗举行联席会议，讨论阿盟同非洲国家进行全面合作的问题。阿盟助理秘书长乌姆兰在会后发表的一项声明中说，会议讨论建立一个非洲—阿拉伯投资组织来促进非洲和阿拉伯国家的合作，另外，会议还讨论了关于成立非洲—阿拉伯优惠贸易区的协议草案。

1991年5月15日，阿拉伯联盟第95届部长级会议在开罗召开。会议在装修一新的阿盟开罗总部会议厅举行，共20个成员国的代表出席了会议（除索马里以外）。会议一致选举埃及副总理兼外长马吉德为阿盟第5任秘书长。新任秘书长在讲话中强调了阿拉伯团结是民族的最高利益所在，内部分歧应该通过协商解决。他指出，阿拉伯国家现在面临的挑战和威胁，包括巴勒斯坦问题和阿、以争端、内部分歧和粮食水源缺乏等问题。这是海湾战争后,阿盟各国代表第一次召开部长级全体会议,显示了阿拉伯国家重建民族团结的愿望。

1991年9月10～12日,阿拉伯联盟理事会第96届例会在开罗举行,阿盟理事会现任主席黎巴嫩外长布维兹主持了会议,21个阿盟成员国的外长出席了会议。会议通过了两项决议:一、呼吁有关国家立即停止支持和帮助犹太移民移居以色列。决议说,犹太移民浪潮是一个帮助以色列巩固其对阿拉伯领土的占领的"阴谋"。二、表示阿拉伯世界继续向在被占领土上进行斗争的巴勒斯坦人民提供"物质上的和道义上的"支持。会议还谴责了以色列对黎巴嫩的占领。阿盟秘书长马吉德就美国倡议召开中东和会问题称,阿拉伯各国欢迎召开中东和平会议,但同时强调这种和平应该是公正的和平,在召开拟议中的中东和会之前,阿拉伯各国应该加强协调,形成统一的立场。

(王文龙)

海湾阿拉伯国家合作委员会 **概况** 海湾阿拉伯国家合作委员会简称海湾合作委员会,成立于1981年5月,由阿拉伯联合酋长国、阿曼、巴林、卡塔尔、科威特和沙特阿拉伯6个海湾国家组成。宗旨是:实现成员国之间在一切领域内的协调、联合和一体化,以达到它们的统一。其中尤以加强防务合作和区域经济合作为中心。其主要组织机构有:一、最高理事会,即6国首脑会议,主席由成员国元首轮流担任,现任主席为科威特埃米尔贾比尔。二、部长理事会,由6国外交大臣(部长)或代表他们的其他大臣(部长)组成。每3个月举行一次例会。三、总秘书处为常设机构。现任秘书长为阿卜杜拉·比沙拉(科威特人,1981年上任)。总部现设在沙特阿拉伯首都利雅得。四、专门委员会有经济社会发展委员会、商业金融合作委员会、工业合作委员会、石油委员会、文化委员会和防务委员会。

自1981年至1990年12月,该组织先后共召开过11次首脑会议。

主要活动 1991年3月4～6日海湾合作委员会6国和埃及、叙利亚在叙利亚首都大马士革举行外长会议。会后发表的声明被称为《大马士革宣言》。8国外长在声明中表示,他们尊重阿拉伯联盟宪章和阿拉伯共同防御条约的精神,同时强调要加强阿拉伯联盟成员国之间的经济合作。声明宣布海湾战后新的经济和安全合作的大门向所有阿拉伯国家敞开,欢迎其他国家加入。强调逐步消除阿拉伯世界的贫富差距,以实现本地区的安全和政治稳定。宣言指出,新的安全体系不是针对任何人的,是防御性的组织。宣言同时呼吁,通过与有关国际机构的合作,在中东地区消除大规模杀伤性武器,特别是核武器。会议同意建立1支海湾维持和平部队,并呼吁加强本地区的经济合作。外长们还表示支持伊拉克人民,并呼吁召开1次中东问题国际会议,解决巴勒斯坦问题。

1991年4月22～23日,海湾合作委员会6个成员国的财政大臣(部长)在沙特阿拉伯首都利雅得召开会议。会议讨论了海湾合作委员会成员国和埃及、叙利亚在政治、经济和财政领域的协调问题,会议还讨论了包括制订广泛的海湾战后重建计划和海湾合作委员会政治、经济、财政和安全计划等问题。

1991年5月5日,海湾合作委员会6国在科威特首都科威特城举行了为期1天的外长会议。这次会议讨论了海湾地区未来的安全安排问题以及贯彻《大马士革宣言》精神和与埃及、叙利亚的关系及巴勒斯坦问题的新发展等。会议还协调了6国于5月中旬在开罗召开的阿盟外长会议上的立场。会议发表声明表示,欢迎联合国军事观察员部队执行联合国安理会687号决议,开始在伊拉克和科威特之间非军事区进行部署。声明强调,必须对伊拉克继续进行制裁,直到它全部释放被扣押的科威特人质,保证赔款,销毁一切毁灭性武器,无条件同意不生产核武器。声明指出,必须在中东地区消除一切"毁灭性武器"。声明还指出,海湾合作委员会对科威特恢复安定与和平表示满意,并呼吁国际组织和机构为消除科威特油井大火造成的严重环境污染作出贡献。

1991年5月7日,海湾合作委员会在阿曼首都马斯喀特举行最高安全委员会会议,讨论海湾战争后该地区的安全安排问题。会议由阿曼国家元首苏丹卡布斯主持,会议草拟了1个海湾合作委员会同伊朗合作的《原则宣言》,以加强同伊朗的政治关系。

1991年5月15日,海湾合作委员会6个成员国外长和埃及、叙利亚的外长在开罗举行了为期1天的会议,讨论海湾地区未来的安全安排问题。会议还涉及了8国加强经济合作的问题。科威特外交大臣萨利赫在会议上否定了有关埃及与海湾国家存在分歧的报道,指出埃及将帮助维护本地区的安全。

1991年6月1日,海湾合作委员会6国外交大臣(外长)会议在沙特阿拉伯的宰赫兰举行,再次讨论海湾战后地区安全安排问题。会议讨论了有关召开阿以和平会议和控制中东军备问题。同意派海湾合作委员会秘书长阿卜杜拉·比沙拉以观察员身份出席拟议中的中东和会。会议发表声明对美国总统布什1991年5月下旬宣布对中东国家生产和购买核武器、化学武器及生物武器实行冻结的建议表示欢迎。

1991年7月15～16日，海湾合作委员会的6个成员国和埃及、叙利亚在科威特召开为期两天的8国外长会议，讨论建立海湾安全体系，并呼吁伊拉克全面履行联合国关于海湾战争停火协议。外长们同意在对1991年3月签署的《大马士革宣言》作一些修改后，继续执行这一文件，并决定于9月在开罗进一步讨论实施细节。会议认为执行《大马士革宣言》是阿拉伯内部事务，反对伊朗参与海湾安全安排，至于伊朗参与地区合作的方式问题将留待以后讨论。会议发表的最后公报强调必须在国际法的基础上，公正、全面地解决阿、以冲突，公报欢迎叙利亚总统阿萨德对美国总统布什召开中东和会建议作出的积极反应。

1991年8月27～28日，海湾合作委员会6国军队参谋长会议在阿曼首都马斯喀特举行。会议就加强海湾国家军事合作问题提出了一些建议，并讨论了海湾安全计划问题。海湾合作委员会秘书长比沙拉说，这次会议是成功的，在关于海湾集体安全部队的计划形成之前，还将举行更多的会议进行讨论。

1991年9月14～15日，海湾合作委员会6国外长在沙特阿拉伯的吉达举行了第40次外长会议。6国外长9月14日会见了来访的联合国秘书长德奎利亚尔，双方讨论了根据联合国关于海湾战争停火决议实现地区和平的问题。会议结束时发表的一项公报说，发展同海湾地区非阿拉伯国家的关系“符合该地区所有国家的共同利益，有利于这一地区的安全与稳定。”公报说，6国外长同意“寻求与伊朗伊斯兰共和国进行建设性合作的共同基础”。他们将在1991年9月下旬召开的联大全会期间与伊朗外长韦拉亚提会晤。公报说，6国希望发展自己国家的军事力量和6国之间的军事合作。6国同埃及、叙利亚1991年3月签署的《大马士革宣言》将“采取阿拉伯联合行动的可行方式”。具体实施的有关事宜将在1991年11月在开罗8国外长会议上讨论。公报说海湾合作委员会国家对以色列继续执行顽固政策和为和平进程设置障碍感到不安，并谴责以色列继续巩固和扩大在阿拉伯被占领土上的非法定居，从而阻碍和平进程，破坏地区的安全与稳定的基础。公报还说海湾合作委员会十分关心注视国际社会为在安理会242号和338号决议基础上公正、全面地解决阿、以冲突和巴勒斯坦问题的和平努力，表示希望这些努力会导致拟议中的和平会议的召开。公报敦促安理会向伊拉克施加压力，使其履行包括释放被扣押的科威特人质、划定伊科边界在内的联合国关于海湾战争停火决议的条款。

1991年11月20日，海湾合作委员会第10次国防大臣（部长）会议在卡塔尔首都多哈召开。会议主要就海湾战后安全问题交换了意见，讨论了组成联合部队以保卫这个地区安全的建议，并为即将在科威特召开的海湾合作委员会首脑会议提出有关加强安全防御的方案和建议。会议东道主、卡塔尔王储兼国防大臣哈马德·哈利法在开幕式上重申了加强国防，以保障海湾地区战后的进步与发展所必需的安全与稳定的重要性。与会各方一致强调，在当前复杂多变的国际形势下，应吸取科威特惨遭侵略占领的教训，大力加强各成员国本身的防务力量并加强各国之间的军事合作与协调。但会议在建立海湾联合部队及处理同伊朗关系等具体问题上仍未取得一致意见。

1991年11月24～25日，海湾合作委员会6国在科威特召开财政部长和外交部长会议，为12月召开海湾合作委员会首脑会议制定议事日程。但是会议未能就向埃及、叙利亚提供100亿美元的援助计划作出任何决定。

1991年12月23～25日，海湾合作委员会第12届首脑会议在科威特召开。这是海湾合作委员会海湾战后第1次首脑会议，6国元首均出席了会议。科威特埃米尔谢赫·贾比尔·艾哈迈德·萨巴赫主持了会议开幕式。他呼吁要认真研究海湾各国进行合作的问题，强调海湾合作委员会成员国必须加强团结，以对付这个地区面临的挑战。会议结束后发表公报指出，在伊拉克总统萨达姆·侯赛因执行联合国安理会关于海湾战争停火决议的所有条款以前，海湾合作委员会不会与伊拉克关系正常化。公报说，海湾合作委员会“极为关切地”注意到，在执行有关决议方面，巴格达行动迟缓。伊拉克仍然扣押着科威特人，科威特与伊拉克的边界还没有确定，伊拉克没有对由它入侵科威特造成的物质和人员损失进行赔偿。公报说，海湾合作委员会对成员国与伊朗关系的积极发展感到满意，表示迫切希望与这个伊斯兰共和国扩大双边关系。公报表示海湾合作委员会6国决心“在军事和安全方面进行协调和合作，在统一的战略框架内加强防御潜力，以防止再次出现侵略。”公报感谢阿曼苏丹卡布斯作为安全委员会主席准备的有关将快速部署力量从1万人增加到10万人的报告，但是没有宣布任何决定。公报赞扬了《大马士革宣言》是“阿拉伯新秩序的基础”，但是在根据宣言制订同叙利亚和埃及部队组织海湾安全部队的计划方面没有取得突破。

（王文龙）

非洲统一组织　**概况**　非洲统一组织，简称非统组织，成立于1963年5月25日。成员国由成立时的31个发展到51个。其宗旨是：促进非洲国家在政治、经济、文化、军事等方面的合作，保卫和巩固非洲国家的独立、主权和领土完整，从非洲根除一切形式的殖民主义，促进国际合作。组织机构有：国家和政府首脑会议为最高机构；部长理事会，由成员国的外交部长或其他部长组成；秘书处为常设机构。此外，还有解放委员会（又称非洲解放运动协调委员会）；调解、和解和仲裁委员会；经济和社会委员会；教育、科学、文化和卫生委员会；防务委员会。总部设在埃塞俄比亚首都亚的斯亚贝巴，现任执行主席是尼日利亚总统易卜拉欣·巴班吉达，秘书长是萨利姆·阿哈迈德·萨利姆（坦桑尼亚人）。

主要活动　1991年2月8日，非统组织南非问题特别委员会在哈拉雷举行会议，主要讨论对南非的制裁问题。会议发表的一项公报说，放松对南非制裁可能影响联合国关于废除种族隔离制度决议的实施效果。尽管南非德克勒克当局表示要按照联合国决议去做，但南非仍然没有释放所有政治犯和无条件允许政治流亡人员回国。会议呼吁国际社会继续对南非实行制裁，直到它同意起草和通过一部新宪法，实行真正的公正平等的选举。

1991年2月25～3月1日，非统组织部长理事会第53次会议在亚的斯亚贝巴举行，这次会议主要讨论了非统组织本年度的预算和行政管理问题，以及非洲的政治、经济和社会事务问题。会议通过了一系列决议。关于建立非洲经济共同体问题，理事会号召非统组织各成员国做出必要的安排，为定于1991年6月在尼日利亚举行的第27届非统组织首脑会议通过和签署建立非洲经济共同体条约作好准备。关于南非问题，理事会谴责南非当局继续监禁反种族隔离运动组织领导人和积极分子，煽动黑人城镇的暴力活动。决议对南非非洲人国民大会、泛非主义者大会和其他反种族隔离运动组织之间的关系有所改善表示欢迎，要求国际社会保持对南非的制裁和其他形式的压力。关于利比里亚问题，理事会欢迎利交战各方在洛美达成的正式停火协定。关于中东问题，决议重申立即召开有巴解组织参加的中东和平国际会议，谴责以色列在占领的阿拉伯领土上建立犹太人定居点，要求以色列从被占领土上撤走。

1991年3月13日，非统组织执行主席、乌干达总统穆塞韦尼在欧洲议会全体会议上呼吁欧共体继续对南非实行制裁。他说，南非总统德克勒克的“良好愿望”尚需具体行动来证实。制裁必须持续到南非种族隔离制度被彻底摧毁，建立起公正、平等的制度为止。

1991年5月29～6月1日，非统组织第54届部长理事会在尼日利亚新都阿布贾举行，本届部长理事会会议共通过了14项决议草案，这些决议草案将提交即将举行的非统组织首脑会议讨论批准。尼日利亚外长恩瓦楚库还倡议建立非洲边界委员会。他说，非洲国家应通过对话、谈判而不是战争解决边界问题。1983年非统组织就成立非洲边界委员会问题达成过协议，但迄今未付诸行动。

1991年6月3～6日，非统组织第27届首脑会议在阿布贾隆重举行。34位国家元首、3位政府总理、12位部长级代表团出席了本届首脑会议。联合国秘书长佩雷斯·德奎利亚尔出席开幕式并致词，即将卸任的第26届会议主席、乌干达总统穆塞韦尼，新当选的第27届首脑会议主席、尼日利亚总统巴班吉达，赞比亚总统卡翁达等发表了讲话。他们在讲话中强调这次会议的重要历史意义，指出面对世界经济区域化、集团化方向发展的趋势，非洲国家应当组织起来，在建立世界新秩序中发挥作用。

随后，新当选的非统组织主席巴班吉达邀请非洲各国元首、政府首脑以及他们的代表在关于建立非洲经济共同体的条约上签字。这个条约的签署标志着非统组织将把争取政治独立的斗争逐步转移到争取经济独立上来。条约共22章106条。条约指出，建立非洲经济共同体的目的是：促进非洲社会经济的发展和非洲经济一体化，以增强经济上的自力更生和促进内在的自我持久的发展；开发、动员和利用非洲资源，促进非洲国家间的全面合作，提高生活水平和加强安定与和平。

条约在经非统组织2/3的成员国批准30天后即生效。从条约生效之日起，非洲经济共同体将在未来的34年中分6个阶段逐步建立，到21世纪30年代建立非洲共同市场。前3个阶段分别为5年、8年和10年，集中加强现有的地区性经济共同体或根据需要建立新的地区性经济共同体，开始拆除地区间的关税和非关税壁垒，建立地区性的自由贸易区和共同的对外关税。为期两年的第4阶段，将为建立一个大陆消费联合会打下基础。在第5阶段的4年里，一个非洲共同市场逐步形成。在第6阶段的5年中，全面的经济联盟建立起来，资金、人员、货物等自由流通，还允许自由移居和兴办企业，非洲将拥有一个内部市场，一个中央银行和统一的货币。

会议的另一个主要议题是非洲的安全与稳定问题。与会的非洲领导人强调指出，内战和国与国之间的冲突给非洲人民带来无穷灾难，也给非洲大陆的发展造成不可估量的障碍。会议就利比里亚、埃塞俄比亚和索马里局势分别通过了3项决议，呼吁这3个国家的人民消除分歧，进行对话，使国家早日恢复和平和正常秩序。会议组成包括尼日利亚、肯尼亚、苏丹、索马里和吉布提在内的调解委员会，帮助埃塞俄比亚和平解决内部危机。

会议还通过了关于南非问题的声明。声明说，非洲领导人认为保持对南非的制裁十分重要，它有助于推动南非朝着民主国家方向前进，非洲各国人民将继续支持南非的解放运动，继续向南非人民提供必要的财政和物质援助。声明要求南非当局立即采取行动结束暴力冲突并尽一切可能保护南非所有人的生命财产安全。声明呼吁南非所有政治组织停止派别冲突，结束暴力活动。

中国总理李鹏代表中国政府和人民，于1991年6月3日致电祝贺非统首脑会议的召开，贺电对非洲国家发扬集体自力更生精神，积极创建非洲经济共同体以实现非洲经济一体化的宏伟目标表示高度赞赏，深信非洲国家和人民加强团结合作、奋发图强、不畏艰难，一定能够勇敢地迎接挑战，抓住机遇，把非洲的和平与发展事业不断推向前进。贺电重申中国政府和人民坚决支持南非人民把反对种族隔离的正义斗争进行到底。

1991年6月25日，非统组织秘书长萨利姆呼吁非洲国家结束国内冲突，加速地区经济合作和一体化。他指出，只有和平、稳定与安全，经济繁荣才会成为可能，和平、稳定与安全是任何社会经济发展的基本条件。为实现建立经济共同体这一目标，必须加强非洲现有的地区性经济组织。

1991年7月12日，非统组织执行主席、尼日利亚总统巴班吉达在阿布贾发表声明，批评美国总统布什取消对南非经济制裁的决定是不受欢迎的举动。他说，在目前情况下取消制裁，只能促使南非当局放慢改革步伐。他指出，南非目前仍处于沉重的压迫、不平等和不统一的政治实体中。

1991年7月29～30日，非统组织南非问题特别委员会在阿布贾举行会议。这次会议应本届非统组织执行主席、尼日利亚总统巴班吉达的要求召开的，所有前线国家和7个其他非洲国家领导人或代表出席会议，南非非国大领导人纳尔逊·曼德拉和泛非大代表也参加了会议。会议发表的公报对一些国家单方面过早地解除对南非的制裁表示遗憾，对那些尚未取消制裁的国家表示赞赏，希望他们继续保持制裁。公报敦促欧共体、美国和日本向南非当局施加压力，以便尽快制订出在南非实现民主化的计划。

1991年7月31日，非洲工业部长第10次会议在达喀尔闭幕。会议通过了非洲工业发展第2个10年计划（1990～2000年）和关于非洲工业化和经济一体化的宣言，宣言指出，非洲经济一体化将是非洲工业化进程的一个重要因素，建立一个国家、小地区和地区性的工业基地将有助于加速经济一体化进程。

1991年10月4日，非统组织执行主席、尼日利亚总统巴班吉达在联合国大会发表讲话，呼吁债权国免除非洲各国所欠债务。在非洲实行“马歇尔计划”，要求发达国家为其提供经济援助。

1991年11月19日，非统组织秘书长萨利姆在内罗毕出席国际公共关系协会大会发表讲话指出，非洲不仅需要改革，而且更需要和平与稳定。如果改革带来的是动荡、不安全和分裂，那么这种改革则是毫无意义的。他说，多党制不是解决非洲大陆问题的灵丹妙药，非洲国家应根据本国的情况和历史逐步发展自己的民主制；提供援助的国家不应该利用经援作为威胁手段，向非洲国家强加一种不符合现实的政治结构。

（王达余）

拉美里约集团（即原“拉美8国集团”）

概况 拉美里约集团源于70年代以来成立的两个拉美孔塔多拉集团和支持第2个孔塔多拉集团的利马集团。第1个孔塔多拉集团在巴拿马与美国就巴拿马运河问题达成协议后，即因完成使命而宣告解散。1983年1月8～9日，墨西哥、委内瑞拉、哥伦比亚和巴拿马4国外长在巴拿马的孔塔多拉讨论中美洲紧张局势，从而形成第2个孔塔多拉集团，其宗旨是促进中美洲国家通过和谈和对话方式，在没有外国干涉的情况下，由本地区国家自己解决存在的矛盾或冲突，并加强经济和社会发展合作，以求得本地区的发展。1985年7月29日，阿根廷、秘鲁、巴西和乌拉圭4国在利马发表新闻公报，表示愿为孔塔多拉集团斡旋中美洲问题提供合作。这4国称为利马集团。1986年12月17～18日，墨西哥、委内瑞拉、哥伦比亚、巴拿马、阿根廷、秘鲁、巴西和乌拉圭8国外长在巴西首都里约热内卢举行会议，决定建立1个常设政治磋商和协商机构，以便定期商讨拉美地区面临的重大问题，从此形成拉美8国集团。此后又有其他国家陆续加入该集团，因此称该集团为拉美里约集团。

宗旨是就拉美国家面临的问题建立持久的政治协商、全面推动拉美国家的一体化。

成员国有阿根廷、巴西、玻利维亚、巴拉圭、厄瓜多尔、智利、墨西哥、哥伦比亚、乌拉圭、委内瑞拉、秘鲁、巴拿马等国。

主要活动 （一）1991年1月28日，里约集团外长会议在加拉加斯举行。会议发表新闻公报强调：（1）重申支持安理会关于海湾局势的各项决议。海湾地

区新的和平秩序应建立在有关各方的全部参与、联合国各项决议的实施，包括巴勒斯坦问题解决的基础上。(2)会议听取了拉美经委会、拉美经济体系和拉美能源组织关于海湾战争对拉美地区所产生影响的报告，对这场冲突对世界经济、尤其是对拉美地区经济造成的后果“深表关切”。会议决定建立与加强拉美与加勒比经济安全体制，对突发性的经济问题作必要的安排。在能源方面决定研究石油和其他能源的供应与价格中的问题，并加速建立用于推动一体化投资方面的战略基金。(3)应召开一次里约集团国家能源部长会议，建立一个常设委员会，跟踪那些可能对本地区经济形成冲击的外部事件，并落实对应措施。(4)支持委内瑞拉总统佩雷斯提出的召开石油生产国与石油消费国磋商会议的建议。

(二)1991年4月3～4日，里约集团外长会议在波哥大举行。这次会议主要是研究里约集团即将与欧共体举行联席会议时应采取的共同立场。哥伦比亚总统加维里亚在会议开幕词中指出，为了参加到正在建立的国际新秩序中去，拉美国家必须“把自身的联合和团结作为主要的任务”。哥伦比亚外长哈拉米略在讲话中说，拉美应当“适应世界形势的变化”；拉美在世界新秩序形成的过程中“不应只是充当旁观者，里约集团应当成为这一新秩序形成中的一个主要角色”。会议通过了一项向联席会议提出的建议，呼吁欧共体国家在贸易、金融和投资、科学、技术及教育等领域同拉美国家进行更多的合作。这次外长会议还发表了几项声明：支持秘鲁的经济稳定政策和为重返国际金融市场而进行的努力；支持海地为解决国内的政治、经济和社会问题而作出的努力；强调拉美一体化协会在地区和小地区一体化中所起的重要作用。

(三)1991年4月26～28日，里约集团国家和欧共体国家部长级会议在布鲁塞尔举行。会议明确了双方进一步加强政治经济合作的方向，标志着合作关系制度化的开端。会议发表的联合声明表明：(1)欧共体将全力支持拉美国家旨在从根本上减缓债务危机而进行的经济结构调整。(2)1992年欧共体统一市场的实现应扩大双方贸易。(3)欧共体将在1992～1996年期间大幅度增加对拉美国家的援助。(4)欧共体原则上同意由欧洲投资银行参与拉美项目的共同投资。(5)欧共体同意考虑接纳拉美国家参与科研计划，并向拉美国家提供科研援助，发展联合科研项目。(6)欧共体协助拉美国家培训人员。(7)欧共体欢迎并支持拉美国家实现一体化的努力，并将对此给予必要的技术和财政支援。(8)双方下次部长级会议将于1992年春季在圣地亚哥举行。

(四)1991年12月2～3日，里约集团第5次首脑会议在卡塔赫纳举行。12月3日就古巴和海地局势发表声明，通过了一份关于拉美经济形势、地区一体化、中美洲问题、“美洲倡议”、国际贸易、禁毒和环境保护等问题的文件。(1)关于古巴问题的声明，未采纳阿根廷总统卡洛斯·梅内姆等强硬主张，如要求古巴领导人卡斯特罗紧急举行“自由选举”，而是表示：“对古巴的局势和未来深感忧虑”，“愿为古巴实现和平、公正、自由和民主、人权问题及自由与开放的经济发展提供全面合作”。同时强调：“在尊重不干涉和自决的原则基础上，支持拉美各国人民为实现民主、自由和进步而采取的一切重大行动。”(2)关于海地军事政变后的局势发表的声明，未提及阿根廷提出的对它实行“全面封锁”的建议，只是要求“坚决地”实施美洲国家组织两个月前实行的禁运措施，并同意在适当的时候考虑对海地采取进一步行动，以及特别要求欧共体国家“全面支持禁运”。(3)对萨尔瓦多政府与游击队达成和平协议表示满意，并赞扬联合国为解决冲突所进行的斡旋。(4)强调“一体化进程已取得重要成果”，表示“愿意继续推进一体化进程，最终在2000年以前，在美洲大陆建成自由贸易区”。(5)指出“工业化国家单方采取的保护主义限制性措施带来的严重危害。这种措施阻碍了发展中国家的产品进入这些国家的市场”。对于影响发展中国家出口的障碍和不正常的生态条件“感到忧虑”。(6)关于禁毒问题，决定通过签署在法律上的相互支持与情报交流协议，加强法律方面的合作，以及采取措施防止非法贸易和使用化工产品制造毒品。(7)决定1992年12月1日在阿根廷举行下届首脑会议。

(刘　杉)

国 际 会 议

军备控制会议 1991年，在战后传统的军备控制领域中，除美苏削减战略武器谈判取得突破，签订了削减战略武器条约外，在其他方面，如欧洲常规裁军谈判、禁止化学武器会谈、限制核试验会谈等，都没有取得重大进展。但由于海湾战争和苏联解体的影响，武器扩散问题引起了国际社会特别是西方国家的普遍关注，已成为军备控制领域的优先课题。因此，在1991年举行的联合国第2届京都裁军会议、阻止化学武器扩散的20国会议、联合国常任理事国军备控制会议、莫斯科核裁军会议等军备控制会议上，突出地讨论了武器扩散问题。

联合国第2届京都裁军会议 1991年5月27～30日，在日本京都国际会馆举行了第2届联合国京都裁军会议。参加这次会议的有日本、澳大利亚、菲律宾等40余个国家的大约120名裁军问题专家。日本首相海部俊树在会上发表了主旨演讲。他强调指出，对拥有制造导弹技术的国家要进行严格的出口管理，对常规武器的出口要确立和加强各国自我限制原则，对导弹扩散和常规武器的国际转让需要国际社会一致行动加以解决。他还指出，应尽早达成全面禁止化学武器条约。会议就武器系统的扩散问题，一般安全保障、裁军和地区问题，因实施裁军而产生的诸如和平红利等问题，进行了讨论。

阻止化学武器扩散的20国会议 1991年5月下旬，美国、加拿大、英国、法国、意大利、德国、奥地利、瑞士、澳大利亚、新西兰和日本等20个西方工业国家，在巴黎举行会议，讨论控制可制造化学武器的化工产品的出口问题。会议就严格控制50种能用以制造化学武器的化工产品出口问题达成一项协议。西方国家召开这次会议的主要目的是，防止化学武器扩散，阻止第三世界国家生产化学武器。参加这次会议的美国代表团成员麦肯蒂说："我们已经赢得多边的一致意见这一事实将使其他国家制造化学武器更加困难。"西方舆论认为，由于伊拉克的化学武器在两伊战争和平息库尔德人的动乱中发挥了重大作用，且化学武器造价低廉，容易发展，促使越来越多的第三世界国家把化学战视为一种可能的选择，化学武器逐渐成为它们军火库的重要组成部分。因此，化学武器扩散引起人们极大的关注。达成这项协议，对消除人们的这种担忧具有深远意义。

联合国常任理事国军备控制会议 在美国倡议下，联合国5个常任理事国中国、美国、英国、苏联和法国于1991年7月8～9日在巴黎举行军备控制会议，研究常规武器转让和大规模杀伤武器扩散问题。会议通过了一项关于"武器转让和不扩散"的文件，其主要内容有4个方面。

（一）联合国5个常任理事国焦虑地注意到军事潜力过分积累的危险。它们确认，在常规武器转让可能危害稳定时，它们将不转让这些武器。它们注意到，核武器、化学和生物武器以及导弹扩散对和平与稳定构成的危险。它们试图在世界和地区范围内公正、合理、全面和均衡地制定不扩散和控制军备的具体措施。

（二）5国就控制军备问题深入和积极地交换了看法。它们同意支持继续开展在联合国秘书长主持下建立武器转让登记簿的工作。它们强调，对军备扩散的真正回答是有关各方之间达成可核实的裁军和军控协议。它们对现有军控制度的全面实施表示坚决支持。它们坚决支持在中东建立无大规模杀伤武器的目标。

（三）5国重申《联合国宪章》第51条保证每一个国家正当防御的权利。这个权利意味着各国也有权获得其防御手段。它们承认，不加区别地实行武器和军事工业的转让，会促使地区不稳定。它们充分意识到为防止这种危险而应尽的特殊责任。

（四）5国表达了下述愿望：一旦它们根据各自国家的控制手续对武器转让表了态，就遵守限制规定。在此基础上，它们将设法就制定指导原则达成谅解。考虑到中东地区的紧张局势和特殊情况，将确定一些交换向该地区转让武器的信息的方法。将定期举行会晤，研究军备控制问题。

据报道，参加会议的5国都对这次会议的结果表示了不同程度的满意。但舆论普遍认为，这次会议只是"长期的、复杂的和微妙的过程"的一个起点，这次会议之后是否会制定有力的控制军备的措施，人们还要拭目以待。

莫斯科核裁军会议 1991年8月下旬，45个国家"调解运动"代表在莫斯科举行核裁军会议。这次会议讨论的问题不仅包括核裁军问题，而且还涉及苏联问题、地区问题、生态问题及军事集团问题。会议没有就上述问题通过任何文件，但与会者高度重视大规模杀伤武器失去控制的问题。普遍认为，苏联是统一的相互联系的世界的一个相当重要的组成部分，苏联一旦解体，就有使大规模杀伤武器失去控制的危险。与会者还提请国际社会注意，冷战结束后，必须尽快确定在加强欧洲和世界安全的事业中，各国人民合作的具体道路。

（继　先）

国　际　条　约

柬埔寨冲突全面政治解决协定　1991年10月23日柬埔寨问题巴黎会议通过的《柬埔寨冲突全面政治解决协定》全文如下。

柬埔寨问题巴黎会议与会国澳大利亚、文莱达鲁萨兰国、柬埔寨、加拿大、中华人民共和国、法兰西共和国、印度共和国、印度尼西亚共和国、日本国、老挝人民民主共和国、马来西亚、菲律宾共和国、新加坡共和国、泰王国、苏维埃社会主义共和国联盟、大不列颠及北爱尔兰联合王国、美利坚合众国、越南社会主义共和国和南斯拉夫社会主义联邦共和国，

联合国秘书长列席，

旨在维持、维护和捍卫柬埔寨的主权、独立、领土完整及其不可侵犯、中立和国家统一，

期望恢复和维护柬埔寨和平，促进民族和解和保证柬埔寨人民通过自由公正的选举行使自决权利，

确信柬埔寨冲突只有全面政治解决才将是公正和持久的，并有利于地区及国际和平与安全，

欢迎1990年8月28日框架文件，该文件已被柬埔寨各方全面接受为解决柬埔寨冲突的基础，亦被一致通过的1990年9月20日安理会第668号决议和1991年10月15日联合国大会第45/3号决议所确认，

注意到柬埔寨全国最高委员会1990年9月10日在雅加达成立，它作为柬埔寨的唯一合法机构和权力来源，在整个过渡时期体现柬埔寨的国家主权和统一，对外代表柬埔寨，

欢迎柬埔寨全国最高委员会1991年7月17日于北京一致推选诺罗敦·西哈努克亲王殿下为主席，

认识到需要建立一个柬埔寨过渡时期联合国权力机构以发挥强化的联合国作用，该机构由文职和军事部门组成，其行动将充分尊重柬埔寨的国家主权，

注意到1990年9月9日至10日在雅加达、1990年12月21日至23日在巴黎、1991年6月24日至26日在帕塔亚、1991年7月16日至17日在北京、1991年8月26日至29日在帕塔亚举行的会议所发表的声明，以及1991年6月4日至6日在雅加达和1991年9月19日在纽约举行的会议，

欢迎联合国安理会于1991年10月16日通过的关于柬埔寨问题的决议，

认识到柬埔寨最近的悲惨历史需要采取特别措施保护人权并保证不回到过去的政策和实践，

兹达成协议如下：

第一章

过渡时期的安排

第一节

过渡时期

第1条

为本协定之目的，过渡时期应于本协定生效之日开始，至联合国所组织并确认的自由公正的大选选出制宪会议、通过宪法并转为立法议会，其后成立新政府时为止。

第二节

柬埔寨过渡时期联合国权力机构

第2条

一、签署国请求联合国安理会成立一个柬埔寨过渡时期联合国权力机构（以下简称“联合国权力机构”），该机构由文职和军事部门组成，直接对联合国秘书长负责。为此目的，联合国秘书长将指定一名他的特别代表。

二、签署国进而请求联合国安理会向联合国权力机构授予本协定所载明的权力，并且根据秘书长定期提交的报告不断审议其授权的实施情况。

第三节

柬埔寨全国最高委员会

第3条

柬埔寨全国最高委员会（以下简称“最高委员会”）是柬埔寨的唯一合法机构和权力来源，在整个过渡时期体现柬埔寨的国家主权、独立和统一。

第4条

最高委员会的成员应承诺举行由联合国所组织并主持的自由公正的大选，在此基础上成立一个新的合法政府。

第5条

在整个过渡时期，最高委员会对外代表柬埔寨，占据柬埔寨在联合国及其专门机构和其他国际机构和国际会议的席位。

第6条

如附件1所述①，最高委员会授予联合国所有必要的权力，以保证本协定的执行。

为了保证有利于自由公正大选的中立政治环境，应将可能对大选结果产生直接影响的行政机构、组织和机关置于联合国的直接监督或控制之下。在这方面，应特别注意外交、国防、财政、公安和宣传。鉴于这些领域的重要性，联合国权力机构有必要对其实施必要的控制，以保证负责上述事务的机构能严守中立。联合国经与最高委员会协商，将确定哪些机构、组织和机关可继续运转，以保证柬埔寨的正常生活。

第7条

最高委员会、联合国权力机构与现存行政机构之间的关系在附件1中规定。

第四节

外国武装力量的撤出及其核查

第8条

一俟本协定生效，任何仍在柬埔寨的外国武装力量、顾问、军事人员及其武器、弹药和装备应立即撤出柬埔寨，并且不得重返。联合国权力机构将根据附件2对撤离和不重返进行核查。

第五节

停火及停止外来军事援助

第9条

自本协定生效之日起，停火即告生效。所有武装力量都应立即脱离接触，不得采取任何敌对行动，并且不得从事任何旨在扩大其控制的地盘或可能导致重开战火的任何部署、调动或行动。

签署国请求联合国安理会要求秘书长进行斡旋，以协助这一进程，直至联合国权力机构的军事部门可以开始对停火实施监督、监察和核查。

第10条

自本协定生效之日起，外界应立即停止对柬埔寨所有各派提供一切军事援助。

第11条

过渡时期军事安排的目的是稳定安全局势，并在冲突各方之间建立信任，以实现本协定的目标，避免重开战火的危险。

关于联合国权力机构监督、监察和核查停火和有关措施，包括核查外国武装力量的撤出、过渡时期内所有柬埔寨武装力量及其武器的重新集结、进驻营地以及最终处置等措施的详细规定在附件1第三节和附件2中载明。

第二章

大选

第12条

柬埔寨人民有权通过自由公正大选产生的制宪会议决定自己的政治前途，制宪会议将根据协定第23条，起草并通过一部柬埔寨新宪法，并自行转为立法议会，由其建立柬埔寨新政府。大选将由联合国在中立的政治环境中并在充分尊重柬埔寨国家主权的情况下主持进行。

第13条

联合国权力机构应根据附件1第四节和附件3的规定负责组织和主持大选。

第14条

签署国承诺，尊重经联合国证实为自由和公正的大选的结果。

第三章

人权

第15条

一、所有在柬埔寨的人和所有柬埔寨难民及流离失所者均应享有《世界人权宣言》和其它有关的国际人权文书中规定的权利和自由。

二、为此目的，

(一)柬埔寨承诺：

——保证在柬埔寨尊重和遵守人权和基本自由；

——支持所有柬埔寨公民享有进行旨在促进和保护人权和基本自由活动的权利；

——采取有效措施，保证永不允许回到过去的政策和实践；

——遵守有关的国际人权文书。

(二)本协定其它签署国承诺在柬埔寨促进和鼓励尊重和遵守有关国际文书和联合国大会有关决议规定的人权和基本自由，尤其旨在防止侵犯人权现象再度发生。

第16条

联合国权力机构负责在过渡时期内根据附件1第五节的规定创造一个保证尊重人权的环境。

---

① 本协定的附件未译。——编者注

第 17 条

过渡时期结束之后，联合国人权委员会应继续密切监督柬埔寨的人权状况，包括必要时任命一名特别报告员，每年向人权委员会和联合国大会报告。

第 四 章

国际保证

第 18 条

如另一单独协定所规定，柬埔寨承诺维持、维护和捍卫柬埔寨的主权、独立、领土完整及其不可侵犯、中立和国家统一，其它签署国承诺承认并尊重上述各点。

第 五 章

难民和流离失所者

第 19 条

本协定生效后，将尽一切努力在柬埔寨创造政治、经济和社会条件，以利于柬埔寨难民和流离失所者自愿返回并融洽地纳入社会。

第 20 条

一、在柬埔寨境外的柬埔寨难民和流离失所者有权返回柬埔寨，享受安全的、有保障和体面的生活，免受任何形式的恐吓或胁迫。

二、签署国要求联合国秘书长协助柬埔寨难民和流离失所者安全、体面地返回，此事项应作为全面政治解决的一个组成部分，并由秘书长特别代表根据附件 4 规定的遣返难民和流离失所者的指导方针和原则全权负责。

第 六 章

释放战俘和被拘禁的平民

第 21 条

应在红十字国际委员会指导下，通过与秘书长特别代表协调，并在其他有关的国际人道主义组织和签署国的必要协助下，尽早释放所有战俘和被拘禁的平民。

第 22 条

"被拘禁的平民"指所有非战俘、曾因以某种方式服务于武装或政治斗争而被任何一方逮捕或拘禁者。

第 七 章

柬埔寨新宪法原则

第 23 条

附件 5 规定了柬埔寨新宪法将包含的基本原则，其中包括有关人权和基本自由以及柬埔寨中立地位的基本原则。

第 八 章

恢复与重建

第 24 条

如另一单独宣言所述，签署国敦促国际社会为柬埔寨的恢复和重建提供经济和财政支持。

第 九 章

最后条款

第 25 条

签署国应本着诚意与合作精神，以和平方法解决任何有关执行本协定的争端。

第 26 条

签署国请求其他国家、国际组织及其他机构为本协定的实施以及联合国权力机构完成其授权任务予以合作和协助。

第 27 条

签署国应与联合国充分合作，以保证完成其授权任务，包括给予特权与豁免、为在各自境内的和过境的行动和通讯自由提供便利。

联合国权力机构在执行其授权时，应对柬埔寨所有邻国的主权予以应有的尊重。

第 28 条

一、签署国应一秉诚意，履行在本协定中承担的一切义务，并与联合国充分合作，包括向联合国权力机构提供履行其授权所需的情报。

二、由最高委员会各成员代表柬埔寨的签字，将使柬埔寨所有各方及各武装力量承诺对本协定的规定承担义务。

第 29 条

如果发生或威胁发生违反本协定的情况，柬埔寨问题巴黎会议两主席应联合国秘书长的要求，并在不损害联合国安理会权力的情况下，将立即进行适当的协商，包括与柬埔寨问题巴黎会议成员国协商，以期采取适当步骤保证这些承诺得到遵守。

第 30 条

本协定自签字之日起生效。

第 31 条

本协定应开放，听由任何国家加入。加入书应交存于法兰西共和国政府和印度尼西亚共和国政府。本协定应于每一加入本协定的国家交存加入书之日起对其生效。加入国应承担与签署国同样的义务。

第 32 条

本协定同等作准的中文、英文、法文、高棉文和俄文正本应交存于法兰西共和国政府和印度尼西亚共和国政府，保存国应向柬埔寨问题巴黎会议其他与会国政府和联合国秘书长分送核正无误的副本。

为此，下列全权代表经各自政府正式授权，在本协定上签字，以资证明。[①]

---

① 在协定上签字的各国全权代表名单略译。——编者注

关于柬埔寨主权、独立、领土完整及其不可侵犯、中立和国家统一的协定 1991年10月23日柬埔寨问题巴黎会议通过的《关于柬埔寨主权、独立、领土完整及其不可侵犯、中立和国家统一的协定》全文如下。

澳大利亚、文莱达鲁萨兰国、柬埔寨、加拿大、中华人民共和国、法兰西共和国、印度共和国、印度尼西亚共和国、日本国、老挝人民民主共和国、马来西亚、菲律宾共和国、新加坡共和国、泰王国、苏维埃社会主义共和国联盟、大不列颠及北爱尔兰联合王国、美利坚合众国、越南社会主义共和国和南斯拉夫社会主义联邦共和国，

联合国秘书长列席，

确信柬埔寨问题的全面政治解决对维持东南亚地区和平与安全的长远目标至关重要，

忆及各与会国根据《联合国宪章》及其他国际法规定所承担的义务，

考虑到充分遵守不干涉和不干预别国内部及外部事务的原则对维护国际和平与安全具有最重要意义，

重申各国根据本国人民意志，在排除任何形式的外来干涉、颠覆、胁迫或威胁的情况下自由决定本国政治、经济、文化和社会制度的不可剥夺的权利，

期望根据《联合国宪章》及其他有关国际文书促进尊重和遵守人权和基本自由，

兹达成协议如下：

第 一 条

一、柬埔寨在此庄严承诺维持、维护和捍卫其主权、独立、领土完整及其不可侵犯、中立和国家统一；自由公正大选后通过的柬埔寨宪法应宣布并载明柬埔寨永久中立。

二、为此目的，柬埔寨承诺：

（一）不采取任何可能危害其他国家主权、独立、领土完整及其不可侵犯的行动；

（二）不与其他国家缔结任何军事联盟或签订其他军事协定从而违反其中立地位，但这不影响柬埔寨有权获得必要的军事装备、武器、弹药和援助，使其有能力行使自卫和维持治安的固有权利；

（三）不以任何形式，直接或间接地干涉其他国家的内部事务；

（四）终止与其主权、独立、领土完整及其不可侵犯、中立和国家统一不相符的条约和协定；

（五）不使用或威胁使用武力，或以与联合国宗旨不符的任何其他方法侵害任何国家的领土完整或政治独立；

（六）以和平方法解决与其他国家的一切争端；

（七）不利用本国领土或其他国家领土侵害其他国家的主权、独立、领土完整及其不可侵犯；

（八）不允许以任何方式向柬埔寨引入或在柬埔寨驻扎外国武装力量，包括军事人员；并防止在柬埔寨建立或维持外国军事基地、据点或设施；但根据联合国授权旨在实施全面政治解决协定的情况除外。

第 二 条

一、本协定其他签署国庄严承诺全面承认并尊重柬埔寨的主权、独立、领土完整及其不可侵犯、中立和国家统一。

二、为此目的，上述国家承诺：

（一）不与柬埔寨缔结任何军事联盟或签订其他军事协定从而违反柬埔寨中立地位，但不影响柬埔寨有权获得必要的军事装备、武器、弹药和援助，使其有能力行使自卫和维持治安的固有权利；

（二）不以任何形式，直接或间接地干涉柬埔寨的内部事务；

（三）不使用或威胁使用武力，或以与联合国宗旨不符的任何其他方法，侵害柬埔寨的领土完整与政治独立；

（四）以和平方法解决与柬埔寨的一切争端；

（五）不利用本国领土或其他国家领土侵害柬埔寨的主权、独立、领土完整及其不可侵犯、中立和国家统一；

（六）不利用柬埔寨领土侵害其他国家的主权、独立、领土完整及其不可侵犯；

（七）不以任何方式向柬埔寨引入或在柬埔寨驻扎外国武装力量包括军事人员，不在柬埔寨建立或维持军事基地、据点或设施，但根据联合国的授权旨在实施全面政治解决协定的情况除外。

第 三 条

一、在柬埔寨的所有人应享有《世界人权宣言》和其他有关国际人权文书中规定的权利和自由。

二、为此目的，

（一）柬埔寨承诺：

——保证在柬埔寨尊重和遵守人权和基本自由；

——支持所有柬埔寨公民进行旨在促进和保护人权和基本自由活动的权利；

——采取有效措施，保证永不允许回到过去的政策和实践；

——遵守有关国际人权文书；

（二）本协定其他签署国承诺促进和鼓励在柬埔寨尊重和遵守有关国际文书规定的人权和基本自由，特别要防止重新出现侵犯人权的现象。

三、联合国人权委员会应继续密切监督柬埔寨的

人权状况，包括必要时任命一名特别报告员，每年向人权委员会和联合国大会报告。

第　四　条

本协定签署国呼吁所有其他国家全面承认并尊重柬埔寨的主权、独立、领土完整及其不可侵犯、中立和国家统一，不得采取任何不符合上述原则及本协定其他规定的行动。

第　五　条

一、如果出现或威胁出现侵犯柬埔寨主权、独立、领土完整及其不可侵犯、中立和国家统一，或违反或威胁违反本协定中任何其他承诺的情况，本协定签署国将立即进行协商，以采取一切适当步骤保证对这些承诺的尊重，并通过和平方法解决一切此类问题。

二、这些步骤中可包括提请联合国安理会注意或诉诸《联合国宪章》第33条所载的和平解决争端的方法。

三、本协定签署国还可吁请柬埔寨问题巴黎会议两主席的协助。

四、如果柬埔寨出现严重侵犯人权的情况，本协定签署国将吁请联合国主管机构，根据有关国际文书，采取其他适当措施，防止并制止这类侵犯情况。

第　六　条

本协定自签字之日起生效。

第　七　条

本协定应开放，听由任何国家加入。加入书应交存于法兰西共和国政府和印度尼西亚共和国政府。本协定应于每一加入本协定的国家交存加入书之日起对其生效。

第　八　条

本协定同等作准的中文、英文、法文、高棉文和俄文正本应交存于法兰西共和国政府和印度尼西亚共和国政府，保存国应向柬埔寨问题巴黎会议其他与会国政府和联合国秘书长分送核正无误的副本。

为此，下列全权代表，经各自政府正式授权，在本协定上签字，以资证明。①

联盟新战略概念　1991年11月7～8日在罗马举行的北大西洋条约组织理事会和政府首脑一致通过的《联盟新战略概念》全文如下。

1. 在1990年7月在伦敦举行的北约国家和政府首脑会议上，他们一致同意需要改革大西洋联盟，以反映欧洲出现的新的、更充满希望的时代。他们在重申这个联盟自从成立以来所依据的基本原则的同时，认识到欧洲正在发生的变化对它今后要达到的目标将产生深远的影响。他们着手对基本战略作了回顾。下面就是由此而产生的新战略概念。

第一部分——战略背景

新的战略环境

2. 自从1989年以来，中欧和东欧的政局发生了深刻变化，它使北大西洋联盟为实现其目的所处的安全环境有了彻底的改善。苏联过去的卫星国已完全恢复它们的主权。苏联及其加盟共和国也在发生彻底的变化。波罗的海三个共和国已重新获得独立。苏联军队已撤离匈牙利和捷克斯洛伐克，并将于1994年以前完成撤出波兰和德国的任务。过去是北约的对手的所有国家已使华沙条约瓦解，并且不再在意识形态上敌视西方。它们在不同程度上接受或开始执行旨在实行多元化民主、法治、尊重人权和市场经济的政策。冷战时期的军事上对峙的根源——欧洲政治上的分歧已经消除。

3. 西方也发生了重大变化。德国已经统一并且仍然是北大西洋联盟和其他欧洲机构的正式成员。欧洲共同体的成员国正致力于实现政治联盟的目标，包括发挥欧洲安全特点和加强西欧联盟的作用，这些对欧洲安全来说都是重要因素。在实现欧洲一体化的过程中加强安全的作用和加强这个联盟的欧洲成员国的作用与责任是积极的和互利的。在加强欧洲在这个联盟里的柱石作用所反映出来的发挥欧洲安全特点和防御作用不仅有利于欧洲国家，而且也加强了这个联盟作为一个整体的完整性和作用。

4. 在武器控制方面取得的重大进展促进了稳定和安全，原因是武器的水平降低了，军事上的透明度和互相信赖程度提高了。1991年的削减战略武器条约的执行将使局势进一步稳定，因为战略核武器大大地、均衡地削减了。在布什总统1991年9月提出的倡议之后，美苏两国的核力量将发生深远的变化和大大削减。1990年巴黎首脑会议签订的欧洲常规武器条约也具有重大意义。它的执行将改变北约在主要常规武器系统在数量上处于劣势的状况并采取有效的核实措施。所有这些事态发展还将使欧洲军事上的透明度达到前所未有的地步，从而提高了可预见性和互相信任。这种透明度将由于执行开放领空的规定而得到进一步提高。在常规力量和核力量的武器控制方面取得进一步进展、实现全世界禁止化学武器以及限制破坏稳定的武器出口和某些武器技术的扩散的前景喜人。

5. 1975年在赫尔辛基开始的欧洲安全和合作会

---

① 在协定上签字的各国全权代表名单略译。——编者注

议进程对消除欧洲的分歧已作出重大贡献。由于巴黎首脑会议的举行，这个进程现在包括一些新的体制安排，并为磋商与合作打下了基础。作为北约所起的作用和欧洲一体化进程的补充，这种基础可以对维护和平发挥建设性作用。

6. 欧洲发生的历史性变化——它实现了阿梅尔报告提出的一些目的——使盟国的安全大为改善。这个联盟在头 40 年所担心的潜在的、巨大的威胁已不复存在。另一方面，对这个联盟的安全的前途和风险仍有许多捉摸不透之处。

7. 新战略概念期待着出现这样的安全环境：上述积极的变化将在那种环境中结出硕果。特别是，这种概念所假设的是苏联从中欧和东欧撤军的计划已完全实现，1990 年签订欧洲常规力量条约得到各方的贯彻实施。因此，鉴于安全环境不断演变，特别是在实现上述假设方面所取得的进展，把这种战略概念付诸实施问题需要不断加以研究。今后将按照需要进一步作调整。

安全面临的挑战和风险

8. 现在北约在安全问题上所面临的挑战和风险同过去的性质不同了。对北约的欧洲所有前线同时发动大规模进攻的威胁实际上已不复存在，因此，无需再为盟国的战略规定重点。尤其是在中欧，发动奇袭的危险已大大减少，盟国最低限度的警报时间相应地增加了。

9. 同过去的主要威胁形成对照的是，盟国的安全所面临的危险仍然是多层次、多方面的。因此，这使人们难以预料的估计。如果要维护欧洲的稳定和这个联盟成员国的安全，北约必须能够对这种危险采取对策。这种危险可能以多种方式出现。

10. 对盟国安全构成的威胁不大可能来自对盟国领土的蓄意入侵，而是来自不稳定造成的有害后果，如中欧和东欧许多国家所面临的严重的经济、社会和政治难题，包括民族对立和领土纠纷。由此可能产生的紧张关系——只要它们仍然是有限度的——不应直接威胁到这个联盟成员国的安全和领土完整。可是，它们可能导致不利于欧洲稳定的危机，甚至引起武装冲突，这种冲突可能把外面的国家卷进去或波及北约国家，从而对这个联盟的安全产生直接影响。

11. 至于苏联，看待随着变革进程而出现的冒险和捉摸不定的局面决不能脱离这样的事实，即它的常规力量比任何其他欧洲国家的常规力量都要大得多，而它的巨大的核武库只有美国的核武库能够同它相比。如果要维护欧洲的稳定和安全，必须考虑到这些能力。

12. 盟国也希望同地中海南部和中东的国家保持和平和非敌对关系。正如 1991 年海湾战争所表明，欧洲南端各国的稳定与和平对这个联盟的安全是很重要的。由于这个地区军事力量加强和武器技术的扩散，包括大规模破坏性武器和能够发射到这个联盟某些国家领土上的弹道导弹，这就更加显示出其重要性。

13. 对于盟国的领土遭受来自不管何方的武装进攻，都将按照华盛顿条约的第五、第六两条办理。但是这个联盟的安全还必须从全球的情况来考虑。联盟的安全利益可能受更广泛的其他危险的影响，包括大规模破坏性武器的扩散、重要资源运输的中断和恐怖活动与破坏活动。根据华盛顿条约第 4 条的规定，盟国之间有进行磋商的安排，在适当的时候协调它们的活动，包括它们对这种危险作出的反应。

14. 从这个联盟的战略来看，对这些不同的危险应给予不同的看待。即使在非敌对和合作的关系上，苏联的军事能力和加强力量的潜力，包括它的巨大的核武库在内，仍然是这个联盟在保持欧洲的战略均势时必须考虑的最重要因素。但是，东西方对抗的结束使在欧洲发生大规模冲突的危险大大减少了。另一方面，出现其他危机的危险增加了，它可能迅速形成并需要迅速作出反应，但是其重要性可能要小一些。

15. 从对战略背景所作的分析可以得出两个结论。首先是新的环境并不改变这个联盟的目的或安全职能，而是突出它们永久的有效性。其次是环境的改变为这个联盟从广泛的角度看待安全的原则制定其战略提供新的机会。

第二部分——联盟的目标和安全职能

联盟的目的

16. 按照华盛顿条约的规定，北约的主要目的是根据联合国宪章的原则，采取政治和军事的手段保卫其所有成员国的自由与安全。这种目的在伦敦宣言里得到了重申。根据民主、人权和法治的共同价值观，这个联盟自从成立以来就致力于在欧洲建立公正与持久的和平秩序。这个联盟的目的仍然不变。

联盟的性质

17. 北约体现了跨越大西洋的联系。它把北美的安全同欧洲的安全永久地联在一起。这是其成员国支持它们的共同利益所作的有效集体努力的实际表现。

18. 这个联盟的基本行动原则是各主权国共同承担责任和互相合作，以支持其所有成员国的安全不可分割性。这个联盟的内部团结确保没有一个盟国必须单独依靠它自己的努力来对付安全方面的基本挑战。这个联盟在没有剥夺成员国在防御方面承担其主权责任的权利和义务的情况下，使它们能够通过集体努力提高它们实现其必不可少的国家安全目的的能力。

19. 由此产生的联盟各成员国的同样的安全感——不管它们的环境有什么不同或它们的国家军事能

力有什么差异——都有助于在欧洲内部实现全面的稳定，从而有助于创造有利于加强盟国之间和盟国同其他国家的合作的条件。正是在这种基础上，这个联盟的成员国同其他国家一起才能够着手为完整和自由的欧洲建立合作性的安全机构而努力。

联盟的根本任务

20. 联盟为维护和平而奉行的安全政策的手段仍然包括以下几方面：维持足以防止战争和提供有效防御的军事力量；具有成功地对付影响到成员国安全的危机的全面能力；进行有利于同其他国家对话的努力；积极寻找实现欧洲安全的共同方针，包括武器控制和裁军在内。

21. 为实现联盟的主要目的，它将执行下述根本性的安全任务：

Ⅰ、在民主体制得到加强和决心通过和平手段解决争端的基础上，为欧洲稳定的安全环境提供必不可少的基础，任何国家都不得威胁或强制任何欧洲国家或通过使用武力的威胁来称霸。

Ⅱ、根据北大西洋条约第四条的规定，为盟国之间就影响到它们切身利益的任何问题——包括可能对成员国安全构成的威胁——进行磋商提供一个跨越大西洋的论坛，并为它们在共同关心的领域所作的努力进行适当的协调。

Ⅲ、遏制对任何北约成员国的领土的侵略威胁并保护它们不受到这种威胁。

Ⅳ、维持欧洲内部的战略均势。

22. 其他欧洲机构，如欧共体、西欧联盟与欧洲安全与合作会议，按照它们各自的责任和宗旨，也都可以在这些方面发挥作用。欧洲在安全和防务问题上取得一致将突出说明欧洲人随时准备对他们的安全承担更多的责任并将帮助加强大西洋两岸的团结。由于北约的成员国之多和能力之大使它处于特殊地位，因此，它能够执行上述所有四种主要职能。北约是盟国之间磋商的必不可少的论坛，是就华盛顿条约规定的与成员国承担的安全和防务义务有关的政策达成协议的论坛。

23. 在按照上述规定确定联盟的主要职能的时候，各成员国确认联盟的范围和华盛顿条约规定的它们的权利和义务仍然不变。

第三部分——一项维护安全的广泛的方针

保卫新欧洲的和平

24. 联盟一向通过政治和军事手段谋求实现其维护成员国的安全和领土完整以及建立公正和持久和平的欧洲秩序这些目标。这项全面的方针仍然是联盟安全政策的基础。

25. 但是新的情况是，鉴于安全形势发生了急剧变化，以政治手段实现联盟目标的机会比以往任何时候都要多。因此现在从这一事实得出下述结论是可能的。安全和稳定除了关系到必不可少的防务外，还有政治、经济、社会和环境方面的因素。要应付联盟面对的各种挑战需要有一项广泛的安全方针。这反映在盟国安全政策三个互为加强的方面：对话、合作和保持一种集体的防务能力。

26. 联盟在保证拥有一种集体的有效防务能力的支持下积极谋求对话与合作，是为了设法减少由于误解或图谋而发生冲突的危险；为了增强所有欧洲国家之间的相互了解和信任；为了帮助处理影响盟国安全的危机；以及为了增加所有欧洲国家在解决共同的安全问题时建立一种真正的伙伴关系的机会。

27. 在这个方面，联盟的军备控制和裁军政策既有助于对话又有助于与其他国家的合作，因此在实现联盟的安全目标方面将继续发挥主要作用。盟国设法通过军备控制和裁军以符合防务需要的可能最低的军力水平来加强安全和稳定。鉴此，联盟将继续确保防务与军备控制和裁军目标始终协调一致。

28. 在实现基本目标和发挥主要安全作用时，联盟将继续尊重其他国家合法的安全利益，并按照联合国宪章所提出的，谋求和平解决各种争端。联盟将促进国际间的和平与友好关系，支持民主制度。在这方面，联盟承认诸如欧洲共同体和欧洲安全与合作会议这样一些其他机构所作的宝贵贡献，并且认识到这些机构和联盟所起的作用是相互补充的。

对　　话

29. 欧洲的新形势使得联盟同苏联和中欧、东欧其他国家之间出现了多样化的对话机会。联盟根据伦敦宣言同中欧、东欧国家已经建立了正式的外交联系和军事联系。联盟将通过经常的外交联系进一步促进对话，就对外政策问题积极交换意见和信息。通过这样一些手段，盟国，不管单独还是集体，将设法充分利用整个欧洲中自由和民主增长所提供的前所未有的机会和鼓励增进彼此之间对各自关注的安全问题的了解，以便增加在安全事务方面的透明度和预测能力，从而加强局势的稳定。军事机构可以帮助消除过去的分歧，而通过加强军事联系和增加透明度所给予的帮助是不小的。联盟谋求对话的努力将为加强整个欧洲内的合作奠定基础并提供了通过和平手段解决分歧和冲突的能力。

合　　作

30. 盟国还保证在建立新欧洲巴黎宪章规定的原则基础上寻求与欧洲所有国家的合作。它们将设法在所有与欧洲安全有关的领域中形成广泛和富有成效的双边和多边合作格局，其特别目的在于防止危机的发生，或是如果发生了危机，确保对它们予以有效的控制。联盟成员国和其他国家之间在处理具体问题中所形成的这种伙伴关系将是消除过去的分歧、实现一个整体而自由的欧洲的一个基本因素。这项合作政策表明欧洲国家间的安全是不可分的。它基于联盟成员国下述这种共同的认识：整个欧洲大陆继续存在新的政治、经济或社会分歧可能导致局势进一步不稳，因此必须减少这些分歧。

集体防务

31.安全的政治方针将因此而变得越来越重要。然而，军事方面仍然是必不可少的。在共同防务中保持足够的军事能力和为采取集体行动而作的充分战备努力仍然是联盟安全目标的核心。为了防止以高压或恫吓手段实行的任何企图得逞，为了保证对联盟的军事侵略永远不被视为可能获得成功的一种选择，需要这样一种能力以及政治上的团结一致。因此同样不可缺少的是，充满信心地去进行对话和合作，才能取得它们想要取得的成果。

对危机的控制和防止冲突的发生

32.在欧洲这种新的政治和战略环境中，联盟维护和平和防止战争的政策能否成功，甚至比过去都更加取决于从事先发制人的外交是否奏效和控制影响其成员国安全的危机是否成功。在欧洲发生大规模侵略的可能性比过去小得多了，而且在发生前会有很长的警报时间。然而在规模少得多的情况下，联盟面临的其他潜在危险的范围和形式比过去则更加难以预测。

33.在这些新情况下，成功地解决处于初期阶段的危机的机会增加了。联盟政策的成功将需要联盟政治当局确定一项前后一致的方针，根据一系列政治和其他措施——包括军事领域的那些措施——的要求，决定和协调控制危机的适当措施。联盟的政治当局从危机一开始和所有各个阶段都要进行严密控制。为做到这一点，制订适当的磋商和作出决定的程序至关重要。

34.必须充分发挥在整个欧洲内部进行对话与合作的潜力，以便有助于消除危机发生的可能性和防止发生冲突，因为盟国的安全与欧洲所有其他国家的安全是不可分割地连在一起的。为此，盟国将支持欧安会进程及其机构所发挥的作用。包括欧共体、西欧联盟以及联合国在内的其他机构也可以发挥重要作用。

第四部分——防务的指导方针

联盟战略的原则

35.联盟目前面对的各种挑战需要制订一项广泛的安全方针。已经变化了的政治和战略环境使联盟能够改变其军事战略的若干重要的内容，并能制订一些新的指导方针，与此同时，再次肯定经过检验的基本原则。据此，各国在伦敦首脑会议上商定，准备制订一项新的军事战略和修订力量态势以适应变化了的形势。

36.联盟战略将继续反映若干基本原则。联盟的作用纯粹是防御性的：除了进行自卫外从未动用过它的任何武器，它也不认为自己是任何人的敌人。盟国保留的军事力量将足以使潜在的侵略者确信，对任何一个盟国的领土使用武力都会遭到它们所有国家集体采取的有效行动，并使他们确信，挑起冲突所遭致的危险会超过任何可以预见的好处。因此，盟国的军事力量必须能够保卫联盟的前线国家，在尽可能远的前方制止侵略者的前进，保持和恢复盟国的领土完整，以及通过使侵略者重新考虑他的决定，停止进攻并撤退来迅速结束战争。联盟军事力量的作用是确保其成员国的领土完整和政治独立，从而促进欧洲的和平与稳定。

37.所有盟国的安全是不可分的：对一国的进攻就是对所有盟国的进攻。因此，联盟的团结一致和战略统一是集体安全极为重要的先决条件。能否实现联盟的目标，关键不仅取决于公平地获得共同防务的好处，还取决于公平地分担共同防务的作用、风险和责任。北美的常规力量和美国的核力量在欧洲的存在对欧洲安全仍然至关重要，因为欧洲的安全与北美的安全是紧密连在一起的。在形成一种欧洲安全体系和防务作用的进程正在运转并反映在加强联盟内部的欧洲支柱的时候，联盟的欧洲成员国将对欧洲防务承担较大份额的责任。

38.联盟防务的集体性质体现在一些实际安排中，这些安排使盟国能够享受集体防务带来的至关重要的政治、军事和资源方面的好处并能在不剥夺盟国主权的情况下防止防务政策重新民族主义化。这些安排是在建立一个一体化的军事机构和在达成一些合作及协调协议的基础上作出的。主要内容包括，制订集体军事力量计划；制订共同作战计划；进行多国编队；在彼此都感到适宜的基础上在本土以外驻扎军队；处理危机和增援部队的安排；进行磋商的程序；提供装备、培训和后勤的共同标准和程序；举行联合军事演习；以及在基础结构、军备和后勤方面的合作。

39.为保卫和平和防止战争或任何形式的威胁，联盟将在可以预见的未来保持驻在欧洲的有适当比例的核力量和常规力量并在必要时适应最新情况的要求，虽然是在力量大大降低的水平上。这两种力量对联盟安全都必不可少，不能以一种力量取代另一种力量。由于常规力量可以确保任何潜在的侵略者无法期望通过常规手段迅速或轻而易举地取胜，或夺占领土，因此这种力量有助于防止战争的发生。考虑到联盟可能面临的各种危险，它必须保留为提供以常规力量作出反应的广泛选择所需要的力量。但是仅仅联盟的常规力量无法确保防止战争的发生。核武器对消除令人难以预测和令人无法接受的侵略危险可以作出独一无二的贡献。因此，它们对维护和平仍然是必要的。

联盟的新力量态势

40. 在伦敦首脑会议上，有关盟国商定在适当情况下抛弃前方防御概念，转而采用减少前方存在的做法，并且为了表明减少对核武器的依赖，修改作出灵活反应的原则。由于新的战略环境而产生的变化和联盟现在面对的改变了的危险，盟国军事力量的使命和它们的态势可以进行重大修改。

联盟军事力量的使命

41. 联盟军事力量的首要作用是保证成员国的安全和领土完整，这一作用仍未改变。但是这个作用必须把新战略环境考虑在内，在这个环境中唯一大规模和全球的威胁已经消失，代之以各种各样和多方位的危险。联盟的军事力量在和平、危机和战争中发挥着不同的作用。

42. 在和平时期，联盟军事力量的作用是防止联盟成员国的安全遭到危险；为保持欧洲的稳定和均势作出贡献以及确保和平受到维护。它们除参加核查军备控制协议外，还参加建立信任的活动，其中包括增加透明度和加强交往。它们通过这些行动可以促进整个欧洲的对话与合作。还可以进一步要求盟国提供军队去执行联合国使命来促进全世界的稳定与和平。

43. 一旦发生可能导致产生对联盟成员国安全的军事威胁的危机，联盟的军事力量可以在一项广泛的安全方针范围内成为政治行动的补充和支持，从而有助于对这种危机的处理和危机的和平解决。这就要求这些力量具有在这种情况下作出慎重而及时的反应的能力；具有遏制侵犯任何盟国的行动的能力；以及一旦发生侵略，对其作出反应和击退侵略并恢复成员国领土完整的能力。

44. 虽然在新的安全环境中欧洲极不可能爆发一场全面的战争，但不能最终排除这种可能性。联盟的军事力量除了作为其基本使命必须保卫和平外，还必须提供防止发生潜在危险的必要保证，而这种保证是防止任何类型的战争和（如果发生侵略）恢复和平所需要的最低程度的保证。因此需要上述的各种能力和适当比例的力量。

为北约军队态势制订的指导方针

45. 为了在新环境下实现安全目标和实行战略原则，北约所有缔约国的军队必须改编，以便具有能力可以对保卫和平、处理涉及北约成员国安全的危机和防止战争作出贡献，还可以始终保留在必要时保卫一切成员国的领土和恢复和平的手段。威员国军队的态势要符合下面几段提出的指导方针。

46. 北约军队的规模、备战、调动和部署将继续反映出完全的防御性，并要作相应的改变，以适应新的战略环境，包括军备控制协议。这尤其意味着：

a、盟国军队的总人数，在许多情况下还有它们的战备，都要削减；

b、不再需要在中部地区保持全面的原地线式防御态势。和平时期军队的地理分布将确保本联盟各地区，包括有必要在前沿部署适当的部队的地方，都驻有充足的军队。地区的考虑，尤其是本联盟内部地理战略的差别，必须予以重视，包括与中部地区相比，北部地区和南部地区得到警报的时间会较短，南部地区有可能出现不稳定局势，邻近的一些地区具有军事能力。

47. 为了保证盟国军队在人员减少的情况下能够在处理危机和对付对任何一个盟国的侵略方面发挥有效的作用，盟国军队需要提高灵活性和机动性，需要确保能够在必要时扩充队伍。理由如下：

a、可以动用的部队将包括能够对付各种各样意外事件——其中许多是不可预见的事件——的海陆空立即快速反应部队，它们所占的比例有限，但在军事上可起重大作用。这些部队将具有相当高的质量和充足的数量，并作好备战。它们可以慑止有限的进攻，必要时还可以保卫盟国的领土，反击外来的进攻，尤其是那种没有及早得到警报的进攻。

b、盟国军队的组建要达到具有使自己在必要时可以进行扩充的军事能力的目的。这种通过增援、动员预备役人员或整编部队的方法来扩充队伍的能力必须与联盟的安全可能受到的威胁成适当的比例，这种威胁还包括发生重大冲突的可能性，虽然这种可能性不大，但是从谨慎的角度来要求，不应当排除这种可能性。具有从欧洲内部和北美得到及时增援和再补给的能力是极为重要的。

c、适当的部队结构和程序，包括提供迅速地和有区别地扩充、部署和缩减部队的能力的结构和程序，将要制订出来，以便能够作出有分寸、灵活和及时的反应来缓和紧张局势和消除紧张局势。和平时期必须经常实行这些安排。

d、一旦使用部队，包括部署反应部队和其他可以调动的增援部队，作为处理危机的手段，本联盟的政治当局将像以前那样对各个阶段使用这些部队实行严密的控制。将参照联盟军队的新使命和态势对现有的程序作重新审议。

常规部队的特点

48.盟国军队必须具有可以信赖的能力用适应新的安全环境的办法履行在和平、危机和战争时期的职能。这将反映在部队和装备的水平上,反映在战备和可以调动上,反映在训练和演习、部署和使用抉择以及部队扩充能力上,这一切将作相应的调整。盟国常规部队,除立即快速反应部队之外,还将包括主要防卫部队和扩编部队。主要防卫部队将成为确保本联盟领土完整和毫无阻碍地使用其交通线所需要的部队的主体。扩编部队将成为在某一个地区增援现有部队的手段。主要防卫部队和扩编部队将组成现役部队和有机动性的部队。

49.海陆空军必须在旨在实现既定目标的行动中密切进行合作,联合起来并互相援助。这些军队将由以下一些部队组成:

a、地面部队。地面部队是守住领土或收复领土所必需的。大多数地面部队通常将处于较低的备战状态,总的来说,将在更大程度上依靠动员工作和预备役人员。各类地面部队需要能显示出来的战斗力,还需要适当提高灵活部署的能力。

b、海上部队。海上部队由于固有的机动性、灵活性和耐力,因而是本联盟在处理危机时选择对策的一个重要的有利因素。它们的根本任务是确保海上的控制,以便保障盟国的海上交通线,支援地面作战行动和两栖作战行动,保护本联盟的海基核威慑力量的部署。

C、空军。空军在独立的空中作战行动和联合作战行动——防空、空中截击和进攻性空中支援——中执行其根本任务的能力以及对监视、侦察和电子作战行动作出贡献的能力,对于盟国军队的全面战斗力来说是非常必要的。它们在支援陆地上和海上的行动方面所担负的任务要求具有适当的长途空运能力和空中重新加油的能力。为了确保安全的防空环境,需要有防空部队,包括现代化的对空指挥和控制系统。

50.鉴于弹道导弹和大规模毁灭性武器的扩散可能造成的危险,对这种扩散应该予以特别的考虑。这个问题的解决要求采取补充性措施,举例来说,包括出口管制和导弹防御。

51.联盟战略并不依靠化学战能力。盟国仍然决心要尽早促使颁布一项实际上可以核实的在世界范围内全面禁止一切化学武器的禁令。但是,甚至在一项全球性禁令付诸实施之后,也需要保持纯防御性的预防措施。

52.在新的安全环境中,在总兵力将来减少的情况下,进行密切合作的能力对于完成盟国军队的使命来说特别重要。密切合作将有利于节约他使用联盟的人力物力。在这个方面,联盟的集体防御安排是十分重要的。在联盟的集体防御安排中,对有关的方面来说,一体化军事机构,包括多国部队在内,是起关键作用的。按照新出现的欧洲防务体系进一步发展起来的欧洲一体化多国结构,在提高盟国在共同防务上的合作能力方面,也越来越有相似的重要作用可以发挥。盟国实现最大合作的努力将以上述防卫的共同指导方针为基础。将要作出实际的安排,以确保欧洲安全和防务体系同本联盟之间必要的互相透明性和互补性。

53.为了能够对可能发生的各种各样意外事故作出灵活的反应,有关的盟国将需要有效的监视和情报、灵活的指挥和控制以及各个地区之内和各个地区之间的机动性,还需要适当的后勤支援能力,包括运输能力。后勤的库存品必须足以供养各类部队,以便可以实现有效的防御,直至能够得到再补给的物资。有关的盟国具有能力建立更大的、装备充足和训练有素的部队,使其达到与联盟安全受到的任何危险相适应的水平,这也将对处理危机和防务作出不可缺少的贡献。这种能力将包括增援盟国领土的任何有风险的地区的能力和必要时在必要的地方派驻一支多国部队的能力。所有这三类部队将能够予以灵活的使用,作为欧洲国家之间的增援和派到大西洋彼岸去增援的军队的一部分。要恰当地利用这些能力,那就需要控制必要的交通线,还需要适当的支援和演习安排。在这个方面,民防力量会有越来越大的影响。

54.对有关的盟国来说,集体防御安排将越来越依靠多国部队,从而补充各国对北约组织承担的义务。多国部队表明本联盟决心保持可靠的集体防御,提高联盟的凝聚力,巩固大西洋两岸的伙伴关系,加强欧洲支柱。多国部队,尤其是反应部队,是加强团结的。多国部队还可以提供办法来进行比纯属一国的部队更有战斗力的编队,从而有助于更有效地使用难得的防御力量。这可能包括用高度一体化的多国部队履行具体任务和职能的方针。

核力量的特点

55.盟国核力量的根本目的是政治目的,即维护和平,防止和抑制任何一种战争。盟国核力量将继续起一项重要的作用,使任何侵略者心中对于盟国对军事侵略作出反应的性质捉摸不定。盟国核力量显示,任何一种侵略都不是合理的抉择。本联盟的战略核力量,尤其是美国的战略核力量为盟国的安全提供最大的保证,联合王国和法国的独立核力量有助于盟国总的威慑作用和安全,联合王国和法国的独立核力量有自己的威慑作用。

56.要有可靠的联盟核态势并显示联盟团结和共

同决心防止战争，那就仍然需要与集体防御计划工作有关的欧洲盟国普遍参加扮演核角色，和平时期把核力量部署在本国领土上，还需要这些欧洲盟国参加指挥、控制和磋商安排。驻在欧洲并对北约组织承担义务的核力量提供本联盟欧洲成员国和北美成员国之间十分重要的政治联系和军事联系。本联盟将因此在欧洲保持足够的核力量。这些核力量需要具有必要的特点和适当的灵活性和生存能力，才能被看作是盟国战略中防止战争的一个可靠和有效的因素。这些核力量将保持在足以维护和平与稳定的最低水平上。

57.有关的盟国认为，由于安全情况出现根本性变化，包括在欧洲的常规部队人数保持在相对的水平上和作出反应的时间加快了，北约组织通过外交手段或其他手段消除危机，或者必要的话进行成功的常规防御的能力会大大提高。也许不得不由它们考虑使用核武器的情况，因此更不可能出现。由此看来，它们能够大大削减亚战略核力量。它们将保持驻在欧洲的足够的次战略力量，这种力量将提供同战略核力量的十分重要的联系，并加强大西洋两岸的联系。这些力量将完全由双重能力飞机组成。必要时，这种飞机可以用海上武器系统来补充。不过，亚战略核武器在通常情况下将不部署在水面舰艇上或攻击型潜水艇上。不需要核火炮或地面发射的短程核导弹，这些武器将要销毁。

第五部分——结论

58.这个战略概念重申本联盟的防御性和本联盟成员国决心捍卫自己的安全、主权和领土完整。本联盟的安全政策的基础是把对话、合作和有效的集体防御作为维护和平、互相加强关系的工具。本联盟要充分利用现有的新机会，按照防御的需要用尽可能少的部队维护安全。本联盟这样做就是对促进持久的和平秩序作出重大的贡献。

59.盟国将在军备控制和建立信任的措施方面继续积极地追求进一步的进展，其目的是增强安全和稳定。盟国还将在巴黎宪章阐述的原则基础上促进各国之间的对话和合作方面发挥积极的作用。

60.北约战略将保留灵活性来反映政治—军事环境的进一步发展，包括在走向建立欧洲安全体系方面的进展，还要反映联盟安全受到的危险的新变化。对有关的盟国来说，这个战略概念将成为本联盟防御政策、作战概念、常规力量和核力量态势以及集体防御计划安排的进一步发展的基础。

罗马和平与合作宣言

1991年11月8日北大西洋条约组织首脑会议发表的罗马声明全文如下。

罗马和平与合作宣言

由参加1991年11月7日至8日在罗马举行的北大西洋理事会的国家和政府首脑发表

1.我们，北大西洋联盟成员国的国家和政府首脑，在罗马相聚，为我们联盟的历史掀开新的一页。我们在这里作出的意义深远的决定标志着我们去年在伦敦开始的改造北约组织的工作进入了一个重要的阶段。

2.世界发生了引人注目的变化。联盟作出了重大贡献。北美和整个欧洲的人民现在可以加入到具有以自由、民主、人权和法制为基础的共同的价值观的社会之中。作为推动变化的力量、稳定之源以及成员国安全必不可少的保障，我们的联盟将继续在建立欧洲持久的和平新秩序——合作与繁荣的欧洲——方面发挥重要作用。

新的安全结构

3.我们在建设这样一个新欧洲方面面临的难题不是哪一个组织所能全面解决的，只能通过互相紧密联系从而把欧洲和北美国家连结在一起的组织框架来解决。因此，我们正在努力建造欧洲安全的新结构，使北约组织、欧安会、欧洲共同体、西欧联盟和欧洲委员会互相弥补。地区合作框架也是重要的。这种互相作用对于防止由各种因素，如经济发展不平衡和强烈的民族主义造成不稳定和分裂是最重要的。

联盟未来的作用：我们新的战略构想

4.昨天，我们发表了新的战略构想。我们的安全大大改善：我们不再面临过去那种大规模攻击的威胁。然而，谨慎的态度要求我们保持整个战略平衡，随时准备对付可能因为不稳定或局势紧张而造成对我们安全的任何潜在威胁。我们的联盟是连结大西洋两岸的重要纽带，北美在欧洲部署的重要力量表明了这一点。在形势捉摸不定和挑战难以预料的环境之中，我们的联盟具有持久的价值。我们新的战略构想重申北约组织的核心作用，使我们在欧洲急剧变化的形势下充分意识到，我们对稳定与安全的全面的处理不仅包括必不可少的防务方面，而且包括政治、经济、社会和环境方面。根据华盛顿条约第2条和第4条通过政治途径达到联盟目标的机会，从来没有像现在这样大。因此，我们的安全政策现在可以基于3个互相支持的因素：对话、合作和保持集体防御能力。适当地利用这些因素对于防止或者处理影响我们安全的危机特别重要。

5.我们联盟的军事方面仍然是一个必不可少的因素，但是，新的情况是，它将服务于比以往任何时候都要广泛的安全概念。联盟将保持纯粹防御的目的，保持以一体化军事结构以及合作与协调协议为基础的集体安排，在可预见的未来把常规力量与核力量适当结合起来。我们的军事力量将根据新的任务作出调整，缩小规模，加强灵活性。因此，我们的常规力量将大大削减，在许多情况下，它们的戒备状态也将降低。它们还将加强机动性，以便对各种紧急情况作出反应；它们的组织将适于在必要时灵活集结以处理危机和进行防御。多国编队将在一体化的军事结构内起到更大的作用。由北约组织掌握的核力量将大大减少：目前北约组织在欧洲库存的亚战略武器将根据核计划小组在陶尔米纳作出的决定削减约80%。联盟核力量的根本目的是政治性的：维持和平，防止战争或任何强压。

欧洲安全特性与防务作用

6.我们重申我们的外长在哥本哈根发表的一致意见。欧洲支柱在联盟内的进一步加强反映了欧洲安全特性和防务作用的发展。这方面的发展将加强大西洋联盟的一体化和战斗力。欧洲成员国的作用和责任的加强是联盟改造的一个重要基础。这两个积极的进程是互相促进的。我们一致同意，在欧洲安全特性与防务作用开始出现并得到发展的同时，加强联盟保证的大西洋两岸必不可少的联系，充分保持我们所有成员国的战略一致性和安全的不可分割性。联盟是成员国进行磋商的不可缺少的论坛，是根据华盛顿条约就关系到盟国的安全和防务承诺的政策达成协议的渠道。承认需要以什么安排来表现欧洲共同的对外政策和安全政策以及防务作用应由有关欧洲盟国决定，我们进一步认为，随着这两个进程的发展，我们将作出切实可行的安排，以保证在欧共体12国和西欧联盟出现的欧洲安全与防务特性和北约联盟间必要的透明度和互补作用。

7.那些同时也是欧共体12国和西欧联盟的成员国的盟国，经常向联盟其他成员国通报它们不断进行的关于发展欧洲特性的讨论的进展情况和诸如它们在南斯拉夫的和平努力等问题的情况，我们欢迎这种精神。应该在欧共体12国和西欧联盟以及北约之间建立适当的联系和磋商程序，以确保目前尚未参与在外交、安全政策和防御方面发展欧洲特性的北约联盟适当地参与可能会影响它们的安全的决策。北约联盟的新的战略概念，作为所有盟国力量的概念基础，将加强联盟与欧洲一体化进程正在形成中的防务部分之间必要的互补作用。在联盟的变化过程中，我们打算保持我们现在具有的和我们的防务所依赖的在军事行动方面的一致性。我们欢迎加强西欧联盟的作用的观点，不仅把它作为欧洲一体化进程的不可分割的防务部分，也把它作为加强北约联盟中的欧洲支柱的手段，同时还要考虑到它与北约联盟和它与欧洲政治联盟的关系的不同性质。

8.我们注意到，在关于发展欧洲安全特性和与我们的北约联盟已有的共同防务政策相一致的防务作用的讨论中，观点已逐渐集中。我们相信，根据在哥本哈根会议上取得的一致看法，结果将有利于通过加强在改变后的北约联盟中的欧洲成分而建立一种大西洋两岸的牢固的新伙伴关系。我们将促进这种发展。

与苏联以及中欧和东欧国家的关系：迈出质的一步

9.我们一贯鼓励在苏联和其他中欧及东欧国家中发展民主。因此，我们赞赏这些国家在它们的人民推翻极权主义统治后作出的政治和经济改革的保证。我们欢迎波罗的海国家新近恢复的独立。我们将对中欧和东欧国家所有的改革步骤予以支持，将给予实际援助以帮助它们顺利度过这段艰难的过渡期。我们这样做是基于我们深信：我们自身的安全与欧洲其他所有国家的安全紧密相连，是分不开的。

10.联盟可为在这些国家中培养安全感和信心提供援助，从而加强它们履行欧安会成员国义务的能力和使民主改革不可逆转的能力。怀着为建立一个统一的和自由的欧洲多作贡献的希望，我们的联盟在伦敦首脑会议上向中欧和东欧国家伸出了友谊之手并建立了经常性的外交联系。我们一起签署了巴黎联合声明。6月在哥本哈根，联盟进一步采取行动以发展同这些国家的伙伴关系。我们制定了内容广泛的计划，包括高级官员出访，就安全及其他有关问题交换意见、增加军方接触以及交流各方面技能知识等，这表明了联盟的价值，表明联盟为在北约和这些国家之间建立一种新的关系而作出了巨大的努力。这是一个不断变化的进程：在整个中欧和东欧，民主制度正在成长，出现了令人鼓舞的合作现象以及这些国家希望进一步密切（同北约的）关系的情景，现在，形势要求我们之间的关系进一步扩大、加强并提高到一个质的新水平。

11.因此，下一步，我们打算发展一种比较制度化的就政治与安全问题进行磋商与合作的关系。我们打算在这一进程的这个阶段邀请保加利亚共和国、捷克和斯洛伐克联邦共和国、爱沙尼亚共和国、匈牙利共和国、拉脱维亚共和国、立陶宛共和国、波兰共和国、罗马尼亚共和国以及苏联的外交部长参加1991年12月在布鲁塞尔举行的北约外长会议，发表一项联合政治宣言，以表示这一新的伙伴关系时代开始，并进一步确定这个进程的形式与内容。我们特别提出以下活动可以参加：

——北大西洋理事会部长级年会，或许可称之为北大西洋合作理事会；

——北大西洋理事会常驻代表定期会议；

——北大西洋理事会在特殊情况下召开的部长级或常驻代表级特别会议；

——同北约下属的委员会(包括政治委员会和军事委员会)以及军事委员会及其领导下的其他北约军事组织按照双方商定的间隔时间举行定期例会。

这一进程将有助于实现欧安会的目标而又不使欧安会的能力和机制受到损害。这一进程将根据联盟的核心功能进行。

12.我们的协商与合作将集中在安全及有关的问题上,北约盟国可在这方面提供经验与技术知识,例如制订防务计划、培养平民与军人之间关系的民主概念、协调民用和军用空中交通管理以及把国防生产转为民品生产等。我们这些新的行动将会促进我们的伙伴们参与我们联盟的科学环境计划的“第三方面”;还将允许通过外交联络渠道和我们的大使馆在中欧和东欧国家尽可能广泛地传播有关北约的信息。我们将提供适当的人力物力以支持我们的联络处的活动。

欧洲安全与合作会议

13.我们坚决致力于加强欧安会进程。在一个发生历史性变化的时期,它可在促进欧洲的稳定与民主方面发挥重要作用。我们将加倍努力增强欧安会的作用,首先同欧安会其他参与国一道努力确保1992年的赫尔辛基后续会议将是建立一个新欧洲的另一个重大步骤。欧安会有一个突出优势:它是根据关于人权、根本自由、民主、法制、安全和经济自由的共同准则使所有欧洲国家以及加拿大和美国集聚一堂的唯一讲坛。我们在伦敦首脑会议上提出的、在巴黎首脑会议上创立的欧安会体制和结构,必须得到巩固和进一步的发展,以便使欧安会能够帮助确保赫尔辛基最后文件、巴黎宪章和其他有关欧安会文件的全面实施,从而使欧安会能够应付欧洲将面临的新挑战。我们在联盟内部的磋商将继续为加强欧安会提出各种倡议。

14.因此,我们将积极支持欧安会的发展,加强其作为所有参与国中的磋商与合作机构的作用,使之能根据其新的和已经扩大的责任有效地采取行动,特别是在人权问题和安全问题方面,其中包括军备控制和裁军;并使之能够有效地进行危机处理,并根据国际法和欧安会的原则和平解决争端。为此,我们建议:

——继续由欧安会理事会——主要的政治协商论坛——对同欧安会有关的问题和欧安会各机构的职能与结构作出决定;

——高级官员委员会应作为理事会会议之间的协调与管理机构,为确保各项决定的贯彻执行,它应获得更大的行动能力,并要更经常地召开会议;

——欧安会的防止冲突和处理危机的能力应该加强:办法之一是——除了巴黎宪章赋于它的职能之外——加强防止冲突中心可利用的手段,并使它们更加灵活,以便使它能够完成欧安会理事会和高级官员委员会指派的特定任务;

——以欧安会理事会或高级官员委员会明确授权为基础的特定任务可能授予专设的小组;

——在赫尔辛基后续会上作出的决定确保欧安会在安全方面的活动的互补性,特别是在防止冲突、军备控制和安全问题磋商等方面;

——应在欧安会内部考虑,进一步加强在出现明显、严重和错误地违反欧安会有关承诺的情况时通过和平手段保卫人权、民主和法治的能力,在必要时,可不经当事国同意;

——自由选举办公室应变成注意广泛问题的民主机构,以促进在人权、民主和法治方面的合作;

——继续以就明确规定的问题举行短期会议来监督和促进人的方面的进步;

——进一步从政治上促进在经济、科学和环境方面的合作,为稳定和民主的环境加强繁荣的基础。

军备控制

15.我们坚决支持布什总统1991年9月27日提出的倡议。它为削减核军备开辟了新的前景。我们还对戈尔巴乔夫总统作出的反应表示欢迎。我们特别赞赏双方作出的销毁地面发射短程武器系统的核弹头的决定。通过磋商,有关盟国在布什总统作出的决定中起了重要作用。这项决定达到了伦敦宣言提出的对短程核力量实行军备控制的目标。它们将继续就销毁陆基短程核力量弹头的进程进行密切的磋商,直到这个进程完成为止。我们将继续用足以维护和平与稳定的最低限度的核军备来争取实现安全。我们期待着早日批准最近签署的减少战略武器条约。

16.我们满意地注意到最近在常规军备控制和裁军领域取得的进展。我们重申我们高度重视欧洲常规力量条约,并呼吁欧洲常规力量条约的所有签字国迅速批准和执行这项条约。我们敦促我们的谈判伙伴同我们一道在关于欧洲常规力量条约和建立信任与安全措施的谈判中努力达成实质性的协议,我们仍然决心在欧安会赫尔辛基后续会议开幕之前取得具体结果。我们欢迎恢复开放天空谈判;我们期望在赫尔辛基会议开幕前就一项开放天空制度取得一致意见,认为这是在军事领域增强开放性和建立信任的一个新的重要因素。

17.赫尔辛基会议将是欧洲军备控制和裁军进程的一个转折点,所有欧安会成员国都将出席会议。这将提供一个有力地向前推动这一进程的独特机会。我们的目标将是建立一种新的合作秩序,在这种秩序中,任何国家都不必为它的安全担心。我们采取的做法是:

——以数量尽可能少的并与欧洲内外的个别安全需要相称的武装力量加强安全与稳定；

——在一个持久的框架内加强安全对话，并在武装力量和防务政策上实行新的透明度与合作；

——建立防止冲突的有效机制和手段。

18. 大规模毁灭性武器及其投掷手段的扩散削弱国际安全。由于将超出正常防务需要的常规军事装备转让给局势紧张的地区，和平解决争端的可能性已经变小。我们支持联合国对常规武器转让进行普遍的非歧视性登记。我们支持为解决其他扩散问题采取的步骤以及旨在建立信任和加强国际安全的其他倡议。我们还认为，有必要在明年(1992 年)达成一项禁止化学武器的全球性的、全面的和可以有效地核查的协议。我们欢迎生物和毒性武器公约第三次回顾会议取得的积极结果，特别是探索核查可行性的决定。

范围较广的挑战

19. 我们的战略概念强调，联盟的安全必须考虑全球背景。它指出了范围较广的危险，其中包括大规模毁灭性武器的扩散、重要资源流动的中断以及可能影响联盟安全利益的恐怖主义和破坏行动等。我们重申，联盟应该作出安排，使盟国之间根据华盛顿条约第 4 条进行磋商，还应在适当的情况下协调我们的努力，其中包括我们对上述危险作出的反应。我们将继续同其他国家进行尽可能广泛的合作，在我们的磋商和适当的多边论坛中应付范围较广的挑战。

20. 北大西洋联盟成立时有两个目的：保卫其成员国的领土，捍卫和促进它们的共同价值观念。在一个仍然捉摸不定的世界里，仍有必要进行防御。但是，在一个我们坚持的价值观念更加普及的世界里，我们高兴地借此机会将我们的防御力量作相应的调整，同我们的新伙伴进行合作与磋商，帮助巩固一个现已破镜重圆的欧洲大陆，使我们的联盟对建立一个充满信任、稳定与和平的新时代作出贡献。

21. 我们对意大利共和国对我们的盛情款待深表感谢。

独联体成员国关于战略力量地位的协定

俄通社—塔斯社明斯克 1992 年 2 月 15 日报道，独联体成员国关于战略力量地位的协定，全文如下。

阿塞拜疆共和国、亚美尼亚共和国、白俄罗斯共和国、哈萨克斯坦共和国、吉尔吉斯斯坦共和国、俄罗斯联邦、塔吉克斯坦共和国、土库曼斯坦共和国、乌兹别克斯坦共和国和乌克兰(以下称为“联合体成员国”)，

遵循独立国家联合体成员国战略力量协议，

考虑到联合体战略力量在保证联合体成员国安全方面的作用，

重申遵循国际法各项原则与准则。

同时同意以下各点：

第 1 条　术语的使用

对于本协定，以下术语系指：

1.“战略力量”——归统一指挥的各个军事建制和设施。其详表由每个国家同战略力量司令部协商确定并交国家元首理事会批准。

2.“军事建制和设施”——军队、军事机构、军校、军工企业、军事组织、军事代表处、军用机场、试验场、指挥所及战略力量其他设施。

3.“驻在国”——战略力量部署在其境内的联合体成员国。

4.“部署(驻扎)地点”——拨给战略力量使用的地区。

5.“战略力量的不动产”——位于提供临时使用地区内的军营、机场、海军基地、港口、铁路专线、各战斗阵地的设施、训练场、试验场、射击场、固定指挥所和通讯器材以及归战略力量使用并保证其运转的住房及其他设施。

6.“战略力量的动产”——各种武器弹药、军事技术设备，包括必要的交通工具及归战略力量使用的其他物质技术资源。

7.“纳入战略力量的人员”——在战略力量建制中服役或工作的军人和文职人员。

8.“纳入战略力量人员的家属”——配偶、子女以及归其赡养的其他亲属。

第 2 条　总则

1. 任何一个联合体成员国都可以成为本协定的参加国，不管其境内是否部署有战略力量的军事建制和设施。

2. 战略力量的使命是保障所有协定参加国的安全，并依靠这些国家的财政拨款而存在(战略力量的财产是协定所有参加国的共同财产——这是亚美尼亚提出的特殊意见)。

3. 联合体每个成员国都表示，同意战略力量的军事建制和设施长期或临时部署在本协定签字时它们已部署并发挥作用的驻扎地(基地)并使其发挥作用。更换驻地要按本协定成员国间的协议进行。

4. 联合体各成员国境内战略力量的军事建制和设施的部署在任何国家都不能侵犯该国的主权。战略力量不能干涉驻在国的内部事务。

驻扎在联合体各成员国境内的战略力量的军事建制和设施及其组成人员有义务尊重和遵守该国的法律。

5.如果战略力量的职能不违反主权国家的立法，联合体各成员国不得采取妨碍战略力量履行自己职能的行动。

第3条 战略力量的补充

战略力量根据单独协定补充官兵。

第4条 战略力量的指挥

1.战略力量作为独立的战略联合体发挥作用。

2.联合体战略力量由战略力量司令指挥，后者服从于独立国家联合体国家元首理事会和联合武装力量总司令。

3.战略力量司令部：

制定战略力量军团、兵团和部队的作战计划；

组织战斗执勤(战斗勤务)，计划并实施战役和战斗训练，采取其他措施使战略力量保持必要的战备状态；

直接负责战略力量军团、兵团和部队的战斗指挥；制定并采取措施，确保核武器在部署区和运输线上的安全和平民安全，保护环境；

在禁止未经许可使用核武器的总体措施中，履行指派给它的职能；

根据在联合体成员国的科学和工业组织达成的协议，依照所批准的武器计划，分配战略武装力量的武器装备的研制和供应任务，在为此目的划拨预算款的范围内，为所作工作提供资金；

采取措施，遵守有关核武器和其他大规模毁灭性武器的国际条约。

4.关于要使用核武器的决定按独立国家联合体成员国1991年12月30日有关战略力量的协定第4条规定的办法作出。

第5条 参加战略力量的人员及其家属的法律地位

参加战略力量的人员及其家属的法律地位由独立国家联合体成员国有关军人、军事部门退职人员及其家属的社会与法律保障协定协调。

第6条 战略力量与独联体成员国国家机关、企业和团体的相互关系

1.独联体战略力量军事指挥机关同独联体成员国国家机关、企业和团体协作进行其活动。

2.独联体战略力量同独联体成员国的企业和团体签订履行制造武器和军事技术装备样品、使之现代化和销毁的合同和保证战略力量活动的其他问题的合同的工作。独联体成员国帮助签订这样的合同。

3.战略力量的兵团与部队的调动、战略力量在其常驻地(基地)以外的演习、其他战役训练和战斗训练要根据同计划在其境内进行此类活动的独联体参加国政府的全权机构商定的计划进行，或是在此情况下征得这个国家的政府或它的全权代表机构的同意进行。

独联体成员国根据上述计划向战略力量提供用于调动的军事部队和设施所必要的运输工具、地面、空间和海域。

4.要征得打算在其境内建设新设施的独联体参加国主管机关的同意，才能在战略力量驻扎地区建设新公路、桥梁、楼房、使用一定频率与功率的常用无线电电台和电台设施，以及建设战略力量的其他不动产设施。

5.如不再使用战略力量原先使用的土地，要将土地归还给驻在国。有关用战略力量的资金在这些土地上建成的不动产设施的问题要根据驻在国的法律或根据相应的协定解决。

第7条 对战略力量的拨款及物资技术保障

1.联合体成员国参加对战略力量的份额拨款，参与履行削减和撤销战略力量方面的国际义务。用于指定用途的费用数额和拨款程序由单独协定确定。

2.战略力量的物质技术保障和用驻在国货币结算的程序由联合体成员国政府首脑理事会确定。

第8条 战略力量的财产

1.驻在国为战略力量保留其在本协定签字之前所有的不动产，并保证向它们提供电力、公用设施和其他服务。战略力量使用划分给它们的地段程序，以及向战略力量提供各种服务的程序要根据驻在国立法确定。

2.战略力量的动产由战略力量自己掌握和使用。其支配程序由联合体政府首脑理事会确定。

联合体成员国根据同驻在国达成的协定，保证不妨碍战略力量将动产转移到国外。

3.战略力量的军事建制的运输工具有登记号码和特殊标志。统一的登记号码和标志由联合体联合武装力量总司令部确定。

第9条 司法权问题

对战略力量组成人员或其家属犯下的罪行和过失，应按其犯罪或过失所在的联合体成员国境内实施的法律行事。

第10条 退出本协定的程序

每个联合体成员国都可以以实现其主权的方式退出本协定。打算退出本协定的联合体成员国都以书面的形式向交存国和所有其他成员国通知其所做出的这种决定。这种通知至少要在打算退出本协定一年前发出。

第11条 协定的生效

1.本协定应由联合体各成员国根据自己的宪法程序批准。批准文本交本协定规定的保存国——白俄罗斯共和国政府保存。

2. 本协定自联合体所有成员国将文本提交保存之日 10 天以后生效。

3. 本协定保存国务必迅速向联合体各成员国通报以下情况：

(1)关于每份批准文本提交保存的情况；

(2)关于本协定生效的信息；

(3)关于联合体各成员国根据第十条退出本协定和退出日期的任何通知；

(4)关于需要重新审议或修订的本协定条款的任何问题。

协定自签署之时起生效。

本协定 1992 年 2 月 14 日在明斯克市用俄语写就，正本一份。正本交白俄罗斯共和国政府档案馆保存。白俄罗斯共和国政府将向签署本协定的各国呈送准确无误的副本。

在本协定上签字的有阿塞拜疆、亚美尼亚、白俄罗斯、哈萨克斯坦、吉尔吉斯斯坦、俄罗斯、塔吉克斯坦、土库曼斯坦、乌兹别克斯坦及乌克兰。

阿塞拜疆代表还注明："仅限于向阿塞拜疆境内的战略部队拨款，到 1994 年底这些部队撤出时止。"

亚美尼亚代表注明："保留特殊意见"。哈萨克斯坦代表指出，"关于试验场问题同哈萨克共和国另外签署协定。"吉尔吉斯斯坦代表对"加入第二条第 2 款"持保留意见。乌克兰代表注明"除第二条，第十条第 2 款以外(根据明斯克协议，乌克兰退出时间为 1994 年底)。

独联体关于向成员国军队供应武器装备等问题的原则协定 俄通社—塔斯社明斯克 1992 年 2 月 15 日报道，关于向独立国家联合体成员国武装力量供应武器、技术装备、物资，组织维修企业的生产活动、科学研究与试验设计工作原则的协定，全文如下。

独立国家联合体(下称独联体)成员国本着把独联体战略力量和独联体国家武装力量的战斗准备保持在应有的水平上、改进向部队供应必要的物资、为现有生产能力的运行创造条件、保持科研潜力的意愿，就以下各点达成一致：

第 1 条

在解决独联体成员国部队物资技术供应和后勤保证的问题上，供应武器、技术设备和物资以及军用品生产厂家的合作联系，无条件地维持长期的生产经营合同和直接合同中相互协作。

第 2 条

在独联体国家政府一级实现对各种重要军用产品供应与研制的国家间协调。通过独联体国家相应的管理机关实现对相互供货合同的签订和履行。

第 3 条

为了共同的利益，独联体国家武装力量的武器、技术装备、企业军事技术财产的维修与制造要根据协商一致的计划和价格、按相互结算与维持现有生产联系的原则进行。

第 4 条

以向独联体国家有关管理机关提出的各项协商一致的订货为依据，在按商定的价格进行相互结算的原则基础上提供武器、技术装备以及供应军事技术用品、生产技术用产品和其他物资。

第 5 条

属于独联体战略力量和独联体国家武装力量的武器和技术装备在其处于国境以外的修理厂时不得单方面改变其隶属关系，不得改变其用途，不得使其私有化。就这个问题单方面通过的文件应予以废除。

第 6 条

在各方按份额参加和自愿的基础上，确保过去开始的科研和实验设计工作继续进行。

第 7 条

经常相互交流有关正在开发的武器和技术设备样品的技术信息。

第 8 条

位于联合体国家境内并负责开发、生产、安装和供应武器、军事技术设备和器材的工业企业的军事代表机构，归这些企业和组织所在国武装力量所有。

第 9 条

军队和军需品的跨国运输，根据联合体国家运输机构之间的专门协定进行。保证军用运输的计划、手续及管理，由联合体国家武装力量的军事运输机构预先约定。

第 10 条

联合体国家武装力量的军人在有证明的情况下，可以免费前往联合体国家军事医疗机构接受检查和治疗。

联合体国家的军人及其家属、职工可以按协议接受疗养治疗和休养。

第 11 条

本协定各类保障条款的具体执行办法，由联合体国家政府首脑或全权管理机构的单独协定确定。

第 12 条

协定自签署之时起开始生效。

协定于 1992 年 2 月 14 日在明斯克用俄文制订正本一份。正本将保存在白俄罗斯共和国政府档案馆内，之后由白俄罗斯政府将协定副本准确无误的送交本协定的签字国。

阿塞拜疆、白俄罗斯、吉尔吉斯斯坦、摩尔多瓦、土库曼斯坦、乌兹别克斯坦、乌克兰的代表在协定上签了字。

1991年世界军事大事记

1991年世界军事大事记

1 月

1月1日

△《中国人民解放军政治工作条例》经中国共产党中央军事委员会批准，于1991年1月1日正式颁发在全军执行。

1月2日

△北大西洋条约组织决定今后几天内向土耳其派遣50多架作战飞机，以防御来自伊拉克方面可能的进攻。德国政府决定派遣18架“阿尔法”喷气式战斗机参加北约机动部队前往土耳其。

1月3日

△埃及、利比亚、叙利亚、苏丹4国元首晚上在利比亚米苏拉塔举行3个小时的小型首脑会议，“寻求避免海湾战争爆发的出路”。

1月4日

△南朝鲜外务部长官李相玉和美国驻南朝鲜大使格雷在汉城签署了驻南朝鲜美军地位协定的修正协议书。

1月5日

△伊拉克外长阿齐兹拒绝了欧共体提出的同他就海湾问题在卢森堡举行会谈的邀请。

1月6日

△埃及、叙利亚和沙特阿拉伯在一项公报中谴责伊拉克企图“利用巴勒斯坦问题为其入侵科威特辩解”。

1月7日

△忠于海地政府的军队粉碎了一起政变，政变头目拉丰唐被逮捕，局势趋于正常。

1月9日

△伊朗和伊拉克同意9日中午前，将各自军队从目前占领的对方领土全部撤回各自边界之内。

△波兰计划在今后5～7年中进一步裁军5～8万人。

△南斯拉夫联邦主席团发布由约维奇主席签署的命令，解散南斯拉夫境内所有非法武装力量，并将其武器装备上缴南人民军。

1月10日

△中国外交部发言人李肇基再次敦促伊拉克采取现实态度，响应国际社会的呼吁，立即无条件从科威特撤军，以恢复海湾地区的和平和稳定。

1月11日

△中国外长钱其琛在与坦桑尼亚外长迪亚举行会谈中，一致表示反对伊拉克侵占科威特并表示支持国际社会为和平解决海湾危机，避免战争而作的最后努力。

△苏联内务部所属部队占领了在立陶宛首都维尔纽斯隶属于苏共中央的该共和国出版社大楼。

△以苏联国防部第一副部长科切托夫大将为团长的苏联军事代表团抵达平壤，开始进行为期5天的友好访问。

1月12日

△美国参众两院分别以52对47票的多数和250票对183票的多数，授权布什总统必要时对伊拉克使用武力。

△以色列总理沙米尔说，以色列坚持进行自卫的权利，一旦以色列遭到伊拉克的攻击，它将对伊进行报复。

1月13日

△经中央军委批准，中国军事科学学会在北京成立。成立大会选举刘华清为中国军事科学学会名誉会长，军事科学院院长蒋顺学为会长，聘请王平、伍修权、李德生、杨得志、肖克、余秋里、洪学智等14人担任学会高级顾问。

△联合国秘书长德奎利亚尔在巴格达与伊拉克总统萨达姆举行会谈，劝说伊拉克在安理会规定的期限内从科威特撤军，避免海湾地区爆发一场大规模战争。

△美国国务卿贝克在抵达英国奥尔肯伯里空军基地时说，美国及其盟国已经做好了联合国规定的1月15日期限以后对伊拉克开战的准备。

△伊朗在与伊拉克接壤的西部地区举行代号为“黎明”的军事演习。

1月14日

△联合国秘书长德奎利亚尔在巴黎说，他的巴格达之行未取得任何进展，通过外交努力和平解决海湾危机已经无望。

△伊拉克国民议会紧急会议一致通过决议，授予萨达姆总统解决海湾危机所需的一切必要权力，支持他在科威特问题上不做任何退让的立场。

△美国总统布什签署了美国国会参众两院于12日通过的第77号法案，即“授权对伊拉克使用军事力量方案”。

△巴解组织执委会副主席阿布·伊亚德、巴解组织安全机构主任、巴解执委会成员阿布·胡勒以及伊亚德的卫士长午夜在突尼斯总部别墅中被叛变卫士枪杀。

1月15日

△英国议会以534票赞成通过政府准备在海湾动武的提案。法国议会经过表决，授权密特朗总统和罗卡尔总理使用武力将伊拉克军队赶出科威特。

1月16日

△美国白宫发言人菲茨沃特说，美国总统布什召集高级助手商讨海湾局势，并已作出可能导致海湾战争的“严峻决定”。

△伊拉克国民议会议长马赫迪·萨利姆在巴格达说，“萨达姆总统从现在起直接指挥战斗”。

△法国总理罗卡尔表示，法国驻海湾的部队将接受美国的指挥。

1月17日

△以美国为主的海湾多国部队在北京时间7时40分左右向伊拉克发动了代号为“沙漠风暴行动”的大规模空袭。在已进行的两轮空袭中，多国部队共出动上千架飞机，发射了上百枚“战斧”巡航导弹。伊拉克向沙特阿拉伯境内发射了数枚“飞毛腿”式导弹。

△中国外交部发言人发表谈话说，中国政府对海湾地区战争爆发深表焦虑和不安。中国政府强烈呼吁，交战双方采取最大限度的克制，防止战火的蔓延和扩大。

△伊拉克总统萨达姆通过电台发表讲话说，“圣战”已经开始，伊拉克将“打败异教徒和他们的盟友”。

△海湾战争爆发后，国际社会反响强烈。联合国秘书长德奎利亚尔对此表示“悲痛”。作为不结盟国家主席的南斯拉夫呼吁伊拉克接受安理会决议，立即撤出科威特。许多国家呼吁交战双方保持克制，防止战争扩大，尽快寻求和平解决途径。

△土耳其大国民议会下午应政府要求，召开紧急会议通过了同意政府为履行联合国第678号决议而派遣军队出国，允许外国军队驻扎土耳其。

1月18日

△以美国为首的多国部队4时对伊拉克和科威特境内伊军目标发动了第3次空袭。美军出动B—52轰炸机对伊军阵地进行了“地毯式轰炸”。

△以色列核心内阁召开紧急会议，研究伊拉克导弹袭击特拉维夫和海法之后的对策。美国总统布什和国务卿贝克要求以色列保持克制。

△伊拉克向巴格达市民发放数十万支各类型武器，以抗击多国部队的进攻。

△大约40枚美制“爱国者”地对空导弹从荷兰运抵土耳其，另从挪威运来的另外100多枚“响尾蛇”导弹也已部署在土耳其东南部。

1月19日

△中国国务院总理李鹏强烈呼吁有关各方采取最大限度的克制态度，防止海湾战争升级和战火蔓延。

△苏联外交部副部长别洛诺戈夫对记者说，苏联将继续支持反对伊拉克的联盟，但不打算军事上卷入海湾战争。

△以色列沙米尔总理的发言人宣布，以色列保留对伊拉克报复的权利，但他强调以色列的利益站在美国一边，不能阻挠反伊联盟的行动，以色列“不打算卷入战争”。

△美国国防部宣布再征召20万后备役军人和国民警卫队队员。

1月20日

△以美国为首的多国部队仍在不断对伊拉克目标进行大规模空袭。与此同时，美军快速反应部队正在向靠近伊科边界前沿阵地移动。敌对双方数千辆坦克已摆开决战架势，但仍未发生大规模地面战斗。

△科威特驻埃及大使艾尔金达里说，科威特部队将在“解放科威特”的战斗打响时作为先头部队打回去。

1月21日

△凌晨伊拉克用导弹首次袭击了沙特阿拉伯首都利雅得。

△伊拉克军方发言人说，伊将被俘的20多名美国及其盟国的飞行员送往伊拉克的军事、经济、科技等战略目标关押。

△伊拉克总统萨达姆拒绝了苏联总统戈尔巴乔夫

向他提出的关于从科威特撤军、立即实现海湾战争停火的和平建议。

△伊拉克宣布废除同沙特阿拉伯签署的包括伊沙互不侵犯条约在内的所有双边条约和协定。

△捷克斯洛伐克和匈牙利两国政府军事合作协定在布拉格签字。

1月22日

△多国部队对伊拉克目标进行不间断的空袭。

△伊拉克从中午开始炸毁科威特境内的石油开采和储油设施。

△中国第1枚120公里高空低纬度探空运载火箭——"织女"3号在海南探空发射场首次试验成功,这标志着中国探空火箭研制跃上了一个新台阶。

△苏联新建成的一艘可载60架歼击机的重巡洋舰"苏联海军元帅库兹涅佐夫"号投入现役。

△美国参议院军事委员会主席萨姆·纳恩说,海湾战争每打一天,美国就要耗费近10亿美元的军费。

1月23日

△卡塔尔空军参加了以美国为首的多国部队袭击伊拉克在科威特的"飞毛腿"导弹库的行动。

△伊拉克总统萨达姆视察伊军南部阵地。

△美国海军陆战队和两栖部队从23日开始在海湾进行大规模两栖作战演习。

1月24日

△伊拉克空军首次主动出击,试图袭击美国军舰,但未成功。美海军潜水艇从地中海和红海的深处向伊拉克境内发射"战斧"式巡航导弹。

△法国"美洲虎"轰炸机在"幻影"战斗机掩护下攻击伊拉克共和国卫队营地。

△苏联国防部新闻中心发表公告说:西方舆论工具最近关于苏联在伊拉克仍有军事专家以及苏联继续向伊提供军事装备的报道是"挑衅"和"恶意中伤"。

1月25日

△伊拉克于晚间第5次向以色列发射"飞毛腿"导弹,共4枚,3枚射向特拉维夫,1枚射向海法。

△伊拉克7架战斗机在伊朗机场紧急迫降。

△科威特政府提供135亿美元,用于支付多国部队"沙漠风暴行动"的部分费用。

△伊朗总统拉夫桑贾尼表示,伊朗在海湾战争中坚持中立立场。

1月26日

△美国国务卿贝克和苏联外长别斯梅尔特内赫在美国务院举行会谈,双方讨论的议题是海湾战争、核谈判和两国首脑会晤问题。

△伊朗最高国家安全委员会决定。扣留交战双方在伊朗降落的飞机。

△沙特阿拉伯决定拨款135亿美元,以帮助支付美国同伊拉克作战所需的费用。

△民主朝鲜外交部发表声明,严厉谴责美国和南朝鲜继续举行"协作精神"91军事演习。

△来自美国各地民众约10万人在华盛顿举行反战集会并示威抗议美国政府发动的海湾战争。

1月27日

△索马里联合大会党宣称,该党武装已控制首都摩加迪沙,总统西亚德·巴雷已逃离首都。

1月28日

△伊拉克6架军用和非军用飞机27日、28日飞入伊朗境内。其中两架坠毁。伊朗向伊拉克提出抗议。

1月29日

△美国总统布什晚间在国会发表国情咨文。布什说,美国军队在海湾作战不仅是为了"确保这一关键地区的稳定和安全",而且也是为了实现美国建立一个"新的国际秩序"的理想。

△法国国防部长让-皮埃尔舍韦内芒因在海湾战争问题上同政府持不同态度而辞职。

△伊拉克军方宣布,被关押在一些战略设施中的一些多国部队空军战俘,25日和29日遭到多国部队空袭。

△哥伦比亚游击队"人民解放军"与政府签署了和平协议,将从1991年3月1日放下武器。

△据外电报道,自海湾战争以来,已有100多架伊拉克飞机飞抵伊朗避难。美方认为大量伊拉克飞机逃到伊朗旨在保存军事实力。伊朗驻法大使阿里·阿哈尼声称,伊朗和伊拉克没有达成任何秘密协议。

1月30日

△美国驻海湾部队司令施瓦茨科普夫在沙特首都利雅得说,多国部队已掌握了制空权。

△南朝鲜军队在军事分界线附近向北方开枪射击,并非法将重武器运进非军事区。

△苏联总参谋长莫伊谢耶夫大将说,苏联过去和现在都没有向美国提供任何有关伊拉克军事潜力的秘密情报。

1月31日

△沙特阿拉伯军队完全收复了曾被伊拉克军队攻占的沙特边城海夫吉。

△苏联外交部新闻局长丘尔金说,苏联希望海湾冲突不要越过目前已经十分危险的界限。

△中苏两国政府边界谈判代表团工作小组1月17～31日在莫斯科举行了第7次会谈。双方在认真、求实的气氛中讨论了中苏边界线走向问题,并取得了

一定进展。

2 月

2月1日

△美国副总统奎尔在英国广播公司发表讲话说，美国在反对伊拉克的战争中将不排除使用核武器。

△美军方发言人称，多国部队 1 日在多云情况下仍出动 2500 多架次飞机对伊拉克实施空袭，其中 600 架次攻击了伊拉克在科沙边境一带的步兵和装甲部队。

2月2日

△中国国务院总理李鹏表示，中国政府对包括印度在内的各国旨在推动海湾危机和平解决的努力表示赞赏并给予支持。

△以色列空军司令说，如果约旦企图阻止以色列飞机飞越其领空对伊拉克进行报复，以色列将摧毁约旦空军。约旦外交部官员回答说，“任何侵犯约旦领空的行为都将遭到抵抗。”

△印尼外长阿里·阿拉塔斯与法国副外长、联合国秘书长代表等 1 日和 2 日就解决柬埔寨问题在河内同越南外长阮基石举行两次会谈，会谈发表联合声明说：“越南方面接受安理会 5 个常任理事国 1990 年 8 月 28 日通过的框架文件作为解决柬埔寨冲突的基础。”

2月3日

△美国总统布什向国会递交 1992～1993 财政年度的国防预算，要求把“战略防御计划”(星球大战)的费用增加到 46 亿美元。

△法国军方发言人说，多国部队对伊拉克化学武器设施的轰炸已使这些设施中的神经毒气泄漏到大气中。

2月4日

△巴基斯坦总理谢里夫在议会讨论海湾危机时提出以伊拉克从科威特撤军为前提的 6 点和平建议。

△土耳其总统厄扎尔说，土将不会在反对伊拉克的战争中开辟第二战线。

2月5日

△以色列战斗机袭击巴解组织法塔赫游击队在黎巴嫩南部港口西顿东南的基地。

△哥伦比亚两支游击队——哥伦比亚革命武装部队和民族解放军向政府军和各种基础设施发动强大攻势。

2月6日

△伊拉克电台晚间广播，伊政府决定从 2 月 6 日起与美国、英国、法国、意大利、沙特阿拉伯和埃及断绝外交关系。

△美国军方发言人凯利说，美国在海湾地区总兵力已增加到 50.3 万余人。3 周来，多国部队出动空袭的飞机已超过 4.9 万架次。

△一支由 2 万多人组成的英国坦克部队在靠近沙特和科威特边界的前沿阵地举行大规模军事演习，约有 160 辆坦克和 2000 辆装甲车参加演习。

△伊朗和土耳其一致认为，海湾安全问题要依靠本地区国家解决。反对任何想利用战争肢解伊拉克的图谋。

2月7日

△美国参议员沃洛普在“90 年代石油与外交”研讨会上说，美国在海湾是为石油作战。

△黎巴嫩武装部队总司令拉胡德说，黎武装部队已完成在黎巴嫩南部和贝卡地区的部署。

2月8日

△安哥拉政府和反政府的“安盟”自 6 日起在里斯本举行第 6 轮和平谈判，8 日中止，双方未能就停火日期达成协议。

2月9日

△苏联总统戈尔巴乔夫就海湾局势发表声明，呼吁在联合国安理会决议基础上调动一切政治解决问题的杠杆，尽快熄灭战火。并说他将派私人代表赴巴格达会晤萨达姆。

△埃及总统穆巴拉克重申，伊拉克从科撤军是使海湾战争停火的唯一途径。

2月10日

△伊朗总统拉夫桑贾尼会见各国驻德黑兰使节时指出，美国和伊拉克对海湾战争的爆发都负有责任。同日，拉夫桑贾尼在与意大利总理通电话时强调危机的任何解决办法都要保证伊拉克和科威特的领土完整。

△法国外长迪马在接受《星期日》周刊记者采访时说，法国反对在海湾战争中使用核武器。

2月11日

△苏联最高苏维埃国际事务委员会主席扎索霍夫在记者招待会上说，苏联领导特别不安的是：在海湾冲突扩大的同时，卷入冲突的有关方面没有作出排除使用大规模杀伤武器的声明。

△苏联总统戈尔巴乔夫在致捷克斯洛伐克总统哈维尔信中建议在 1991 年 4 月 1 日取消华约军事机构。捷接受建议，匈牙利表示欢迎。

2月12日

△中国国务院总理李鹏会见巴勒斯坦国外长卡杜米时说，在海湾战争面临扩大和升级情况下，中国支持

各种有关和平解决海湾危机的努力。中国要求伊拉克从科威特撤军。

△李鹏会见柬埔寨主席西哈努克亲王，希望尽早公正合理政治解决柬埔寨问题。

△寻求和平解决海湾危机的不结盟国家外长会议，于 12 日晚结束。会议决定派两个和平使团前往巴格达和华盛顿以及其他国家首都，进行调解。

△印度海军归还向苏联租用的“查理二世”号核潜艇。这艘潜艇租用期 3 年，租用期间完成了 8000 多小时的航行，其中包括在印度洋连续航行 3 个月。

2 月 13 日

△伊拉克国防部官员说，多国部队 13 日凌晨投下的导弹或炸弹击中一座大型地下防空掩体，炸死 500 名平民，其中多半是妇女和儿童。联合国秘书长德奎利亚尔对此表示悲痛。世界舆论反应强烈。美国承认空袭使数百名伊拉克平民死亡，但坚持认为所击中的是军事目标。

2 月 14 日

△联合国安理会就海湾战争举行非公开正式会议。中国常驻联合国代表李道豫在发言中对美空袭伊拉克造成几百平民死亡深感痛心，同时提出和平解决海湾危机 5 点要素：伊拉克表示立即从科威特撤军；有关各方同意和平解决；交战各方采取克制态度，使战争降温并防止扩大和升级；将解决中东问题提上议事日程；海湾战后安排以本地区国家为主，外国军事力量撤出海湾地区。

△欧洲常规裁军谈判第 2 阶段会谈在维也纳举行。

2 月 15 日

△伊拉克革命指挥委员会宣布接受联合国安理会 1990 年通过的 660 号决议，同意从科威特撤军。同时提出多国部队撤出海湾、以色列撤离被占阿拉伯领土等条件。

△一些国家对伊拉克同意从科威特撤军迅速作出反应。美国总统布什说，声明看来只是一场“骗局”。苏联总统的新闻发言人说苏联对来自伊拉克的积极消息感到满意并抱有希望。英首相梅杰指责伊撤军建议是虚假的，难以被接受。地面战争不可避免。也门、巴勒斯坦、约旦等国对伊建议表示欢迎。

2 月 16 日

△美国防部长切尼重申，美国不接受伊拉克有条件撤军建议，多国部队不会停止对伊的打击。英军方也称只有用武力才能把伊军赶出科威特。

△菲律宾和美国第 5 轮军事基地谈判结束，双方在一系列重大问题上达成一致意见，但在美国租用菲军事基地的期限及补偿费用问题上仍存在重大分歧。

2 月 17 日

△美国总统布什在接受记者采访时说，推翻萨达姆政权是美国发动海湾战争的目标之一。

2 月 18 日

△苏联总统戈尔巴乔夫会见伊拉克外长阿齐兹，提出政治解决海湾冲突的“具体行动计划”，并将该建议通报美国及其他国家领导人。苏官员说，该和平建议要求伊无条件撤军，停火后苏将承担维护伊国家结构和边界的义务。

2 月 19 日

△美国总统布什否定苏联和平建议。他在会见美国会领导人时对记者说，苏联提出的建议“离所要求的相差甚远”，“就我来说，不会有谈判，也不会有让步”。

△科威特副首相兼外交大臣萨巴赫对记者说，即使伊拉克撤军科也不同它谈判。

△据伊朗《伊斯兰共和国报》刊载，伊拉克副总理哈马迪透露，在海湾战争的头 26 天里，伊拉克共有 2 万人死亡，6 万多人受伤，各种财产损失达 2000 亿美元。

2 月 20 日

△美国务卿贝克在为丹麦女王举行的宴会上说，伊拉克必须立即完全、无条件地撤离科威特，同时必须完全履行安理会的其他决议。

2 月 21 日

△正在维也纳举行的欧洲常规裁军谈判，由于美国等西方国家对苏联履行裁军条约的疑虑日益加重而陷入停顿状态。与会的 16 个北约成员国和 6 个华约成员国决定今后不再举行每周例会。

△南斯拉夫联邦议会通过决议，解除南境内所有的非法武装组织。

2 月 22 日

△苏联总统新闻发言人宣布，伊拉克外长阿齐兹 21 日午夜到莫斯科，转达伊总统萨达姆对苏联 6 点和平建议的答复。双方达成 8 点协议。

△美国政府宣布，如伊拉克在纽约时间 2 月 23 日中午 12 时前公开宣布接受下列条件，美国及其盟国将不发动地面进攻。条件为：1. 伊拉克从 23 日中午 12 时起撤军，一周内撤完；2. 开始的 48 小时内全部撤离科威特城。还应撤出其在科沙、科伊边境的所有防御力量；3. 在 48 小时内完成释放战俘及第 3 国侨民、交还尸体工作；4. 消除所有爆炸物及陷阱、提供所有雷区资料；5. 停止使用防空炮火及在科、伊上空的飞机活动；停止一切对科公民和财产的破坏活动；释放所有被关押的科威特人。

2月23日

△在美国提出要求伊拉克撤军最后期限前1个半小时，联合国安理会应苏联要求召开紧急会议。

△美国总统布什在晚间10时(北京时间24日11时)在白宫宣布，美国为首的多国部队向伊拉克军队的地面进攻已经开始。

△泰国武装部队最高司令顺通，陆、海、空三军总司令及警察总监组成国家治安委员会，上午接管国家政权。总理差猜和副总理阿铁被拘留。军方宣布将在6个月内举行大选。

△苏联举行庆祝建军节大会，莫斯科30多万人集会支持国家统一和军民团结。

2月24日

△中国外交部发言人就海湾战争升级发表谈话，表示深为遗憾，强烈呼吁交战各方采取克制态度以免造成更大损失。

△塔斯社发表题为《关于海湾战争》的观察家文章，认为战争升级是为了完全摧毁伊拉克的军事潜力和国家结构，以确保美在战后享有特权。

2月25日

△华沙条约组织政治协商委员会特别会议宣布，将从1991年4月1日起全部解散华约的所有军事机构，同时停止一切军事行动。

2月26日

△中国外长钱其琛在西班牙外交政策研究中心发表重要讲话。讲话强调，当前世界正进入新旧格局交替、动荡不定的过渡时期，世界人民面临许多严峻的挑战。他呼吁应在政治和经济两方面建立以和平共处五项原则为指导原则的公正合理的国际新秩序。

△伊拉克总统萨达姆通过电台正式宣布，伊拉克军队已开始从科威特撤军，撤军将在26日完成。

△美国总统布什在白宫发表声明，公开拒绝伊拉克宣布撤军的决定，声称只有在伊军队放下武器时，才能停止流血。戈尔巴乔夫发表讲话说已接到萨达姆关于撤军的电报，并呼吁停止战争。

△伊拉克宣布撤军后，多国部队仍在加紧地面战斗。美参谋长联席会议作战部主任举行记者招待会说，虽然尚有一些零星战斗，但伊军已全面撤退。27日上午，科威特军队率先开进科威特城。

△泰国王普密蓬·阿杜德正式任命武装部队最高司令顺通为国家安全委员会主席。

2月27日

△据巴格达电台消息，伊拉克宣布接受安理会有关海湾危机的第662号和674号决议，伊拉克同意考虑向科威特支付战争赔款的原则，放弃对科威特领土要求，作为交换条件要求海湾战争停火。如果多国部队同意停火，伊准备释放扣押的多国部队战俘。

△中国总理李鹏在同巴基斯坦总理谢里夫会谈中强调国际新秩序应建立在和平共处五项原则的基础上，表示中国愿同国际社会一道为早日结束海湾危机继续努力。28日与谢里夫话别时谈及海湾事态最新发展，并说，欢迎交战双方宣布和实行停火，海湾最终实现和平还要做大量工作。

2月28日

△美国总统布什在27日晚上(北京时间28日上午)向全国宣布科威特的独立已经恢复，海湾战争基本结束。布什还说，多国部队停止进攻是有条件的，即伊拉克不再对多国部队开火，不对任何其他国家发射“飞毛腿”导弹。

△伊拉克外长阿齐兹在给联合国秘书长和安理会主席信中说，伊拉克政府已同意无条件接受安理会12项决议。在安理会通过停火决议的情况下，伊准备短期内尽快释放战俘。

△科威特外交大臣表示，科将不同伊拉克现在的或未来的政府进行边界问题谈判。

△沙特阿拉伯宣布支持并遵守布什宣布的海湾战争停火决定。伊朗驻联合国大使说，海湾地区的安全应由该地区国家自己确立。

△华约联合部队总司令卢舍夫对塔斯社记者说，他已下令解散华约的军事机构。到3月31日前，华约的国防部长委员会、联合司令部、参谋部、军事委员会和军事科技委员会都将不复存在。

3 月

3月1日

△非洲统一组织部长理事会会议闭幕，在一项关于南非问题的决议中，谴责南非政权继续监禁反对种族隔离的领导人，煽动暴力活动，要求国际社会保持对南非的制裁。

△美国防部通知国会，计划向埃及出售46架F—16C和F—16D型战斗机以及炸弹、火箭，总值约16亿美元。

3月2日

△联合国安理会通过一项由美国提出的海湾问题新决议，要求伊拉克进一步采取行动来结束海湾地区的敌对行动。中国代表李道豫在决议表决后作解释性发言，呼吁在海湾确立正式稳定停火。发言说，刚刚通过的决议没有规定安理会在安排和核查停火方面的重要作用，实际上反而延长了第678号决议生效的期限。

3月3日

△多国部队同伊拉克军队的代表在伊南部边境地区空军基地就安排停火、交换战俘等问题进行第1轮会谈。

△伊拉克外交部长阿齐兹致信联合国秘书长和安理会主席，表示伊拉克接受安理会2日通过的第686号决议，要求安理会致力于通过一项宣布正式停火的决议，使外国军队立即撤出伊拉克，并敦促安理会尽快考虑取消对伊拉克的经济制裁。

3月4日

△海湾合作委员会部长理事会会议闭幕。会议发表公报要求执行安理会有关伊拉克的13个决议，认为这是消除伊拉克侵略科威特造成的后果和影响，阻止将来再次发生类似侵略事件的唯一途径。

△苏联最高苏维埃举行秘密会议批准了3项苏德关系条约：《关于最终解决对德关系的条约》、《关于建立苏联和德意志联邦共和国睦邻、伙伴和合作关系的条约》以及苏德《关于在经济、工业和科技领域发展大规模合作的条约》。

3月5日

△苏联驻德军队集群总司令布尔拉科夫大将在柏林举行的记者招待会上宣布，苏联方面已作好1994年底前从德国撤走苏联驻军的安排。布尔拉科夫说，苏在德国驻军共36.8万人，拥有5000辆坦克、620架作战飞机、790架直升机和250万吨军火，苏联打算在1991年撤走其驻军的25%到30%，1992和1993年分别撤走30%，1994年撤完。

3月6日

△斯里兰卡政府宣布，由总理J·班·维杰通加兼任国防国务部长。斯前任国防国务部长维杰拉特纳在3月2日科伦坡发生的大爆炸中身亡。

△伊拉克电台广播，伊革命指挥委员会宣布废除伊拉克自入侵科威特后制定的一切法律和决定。

△美国总统布什在国会两院联席会议发表讲话说，美国要在海湾部署一支“有能力的海军力量，美国的重大国家利益有赖于一个稳定和安全的海湾。另据美空军部长赖斯8日说，美拟在海湾长期部署一批作战飞机。

△巴格达电台报道，伊拉克南部发生骚乱，有人“阴谋反对国家统一”。

△越南外交部发言人说，越南6日又交给美国7具在越战中失踪的美国军人的遗骸。至今越南已交给美国452具失踪美国军人遗骸。

3月7日

△伊朗副总统哈比比同叙利亚总统阿萨德会谈时强调，海湾战争以后，以美国为首的西方国家的军队必须全部撤出海湾地区，本地区安全应由本地区国家自己负责。

3月8日

△伊拉克军方发言人宣布，伊将解散1991年8月2日以后建成的5个师。

3月10日

△阿拉伯8国外长会议闭幕。会上8国同意建立一支常设的、以埃及和叙利亚部队为骨干的阿拉伯维持和平部队，而美国的陆、海、空部队要为这支维持和平部队做出贡献。

3月11日

△阿拉伯马格里布联盟5国首脑会议结束，会议强调在海湾地区重建和发展的过程中加强同伊拉克和科威特人民的团结，呼吁尊重阿拉伯国家独立，要求安理会取消对伊拉克的封锁。

△以色列军方宣布，以军和阿拉伯武装人员11日拂晓前在以色列—约旦边界附近发生冲突，6名阿拉伯武装人员被打死，3名以色列士兵受伤。

△泰国国防部发表公报，泰空军与美国武装部队于11日开始在泰中部举行代号为“轨道标帜91”的军事演习。

3月12日

△美军和南朝鲜军队12日起在南朝鲜境内举行“协作精神91”联合军事演习中的大规模野外机动训练。参加这次野外机动训练的共有14万多人，训练将持续到3月21日。15日，朝鲜军事停战委员会朝中方面首席委员崔义雄少将写信给美方首席委员雷科德，对军事演习表示抗议。

△据来自泰柬边境的消息说，金边政权的军队12日向柬埔寨西部的高棉人民民族解放阵线前沿阵地发起猛烈进攻，持续3个小时。

△南非非洲人国民大会和英卡塔自由党支持者发生暴力冲突，造成28人死亡，50人受伤。

3月13日

△美国国防部长切尼说，多国部队目前仍占领着约15%的伊拉克领土，在达成正式停火协定前不会撤出这些领土。

3月14日

△以色列总理沙米尔在美国国务卿贝克结束对以访问后说，以色列反对用土地换取和平的原则。沙米尔在18日说，以不会放弃戈兰高地，该高地不能列入谈判议题。

3月15日

△苏联总统戈尔巴乔夫与美国国务卿贝克举行近

4 个小时的会谈，讨论了海湾和中东形势、双边关系等问题。同日，苏外长与贝克举行第 2 轮会谈，会谈中对军控问题未取得重大进展。

3 月 16 日

△美国总统布什和英国首相梅杰在百慕大会谈，双方就战后的海湾安全、中东和平等问题交换了意见。布什称，如果伊拉克违反停火协议，美将不排除再对伊采取军事行动的可能性。

△法国国防部长皮埃尔·若克斯访问科威特，与科王储兼首相萨阿德和国防大臣纳瓦夫就海湾局势举行会谈。

3 月 17 日

△扎伊尔通讯社报道，卢旺达政府和卢旺达爱国阵线(反政府武装)的代表就停火协议条款达成一致意见。

3 月 18 日

△据黎巴嫩国防部证实，美国已恢复向黎巴嫩提供武器。自 1984 年以来向黎政府军提供的第 1 船武器 18 日在特里波利港卸货。

△欧安会建立预防冲突中心秘书处，其工作范围是分析和掌握欧洲地区总的军事局势，促进各国军事情报的交流。

3 月 19 日

△南斯拉夫武装力量司令部在全面估计国家局势后发布公告，申明南人民军将履行宪法赋予的义务，决不允许南斯拉夫发生民族武装冲突和内战。

3 月 20 日

△匈牙利国防部长菲尔·拉约什和波兰国防部长科沃杰伊奇克在布达佩斯签署了为期 5 年的两国军事合作协定。匈牙利已分别同罗马尼亚和捷克斯洛伐克签订军事协定，还表示希望同苏联也签署类似的协定。

3 月 21 日

△黎巴嫩政府决定"解散所有私人武装集团"，规定各民兵组织一个月内放下武器。

3 月 22 日

△联合国安理会制裁委员会取消对伊拉克的食品禁运。

△巴拿马外长利纳雷斯表示，巴拿马决不同美国重谈巴拿马运河条约。美国必须不折不扣地履行 1977 年签署的《巴拿马运河条约》。根据该条约，美国必须在 1999 年 12 月 31 日之前将巴拿马运河和运河区归还给巴拿马，并关闭它在运河区的 14 个军事基地。

3 月 23 日

△柬埔寨国家主席西哈努克亲王在北京发表声明，呼吁巴黎和会两主席和联合国安理会对越南施加压力，促使其立即全部从柬埔寨撤军，并全部接受安理会的和平计划。

3 月 24 日

△马里首都巴马科 22～24 日发生流血冲突。一批军官 25 日晚发动兵变，逮捕了总统穆萨·特拉奥雷，成立了以杜尔中校为首的全国和解委员会。

3 月 25 日

△日本首相海部俊树在参议院预算委员会上说，解决北方领土问题是日本和苏联进行经济合作的大前提。

△截至 25 日，驻捷克斯洛伐克的苏联军队已按计划撤出 6.4 万人，占全部驻捷苏军的 87%。

3 月 26 日

△巴勒斯坦解放组织领导人阿拉法特表示，巴解同意在以色列和未来的巴勒斯坦共和国共同边界的巴勒斯坦一侧建立一个缓冲区，由联合国维持和平部队在该地区无限期驻军。他还表示，巴解可以在领土问题上向以色列做出重大让步。

△美国全部撤走在意大利西西里岛科米索军事基地上的巡航导弹，并把它们运回美国予以拆毁。至此，美已撤走驻在欧洲的全部巡航导弹。

△据阿联酋《宣言报》报道，埃及、叙利亚和海湾合作委员会 6 成员国已同意组建一支阿拉伯维持和平部队，沙特阿拉伯哈立德亲王将任该部队司令。

3 月 27 日

△泰国国防部宣布，一年一度的泰国武装部队高级军官调职工作已完成。

3 月 28 日

△美国前司法部长拉姆齐·克拉克在纽约宣布，负责调查美国在海湾战争中罪行的国际调查委员会已经成立。

3 月 29 日

△卢旺达外长比齐穆恩古和卢爱国阵线(反政府武装)副主席卡卡梅在金沙萨郊区签署停火协定，规定 3 月 29 日午夜起实行停火。

3 月 30 日

△苏联总统戈尔巴乔夫致电格鲁吉亚最高苏维埃主席加姆萨胡尔季阿，建议立即采取措施制止南奥塞梯流血事件，制止武装人员企图夺取并摧毁当地居民点的行动，并着手进行谈判。

△马里政变后成立的全国和解委员会与一些民主党派组织参加的协调委员会举行联席会议，会议决定成立人民救国过渡委员会，以负责组建临时过渡政府。

△科威特战俘遣返工作至 30 日已结束，伊拉克的战俘遣返工作尚未完成。

4 月

4月1日

△中国国务院总理李鹏会见国际原子能机构总干事布利克斯时重申，中国不搞核扩散，也反对其他国家扩散核武器。

△埃及总统穆巴拉克和叙利亚总统阿萨德在开罗结束两天的会谈，会谈中就海湾战争后该地区的安全等问题交换了意见。

△印度和巴基斯坦就两国边界问题自4月1日起在新德里举行为期3天的会谈，这是10年来双方第1次举行这种会谈。经过会谈，达成了有关预先通报军事行动和互不侵犯领空两项协议。

△据喀布尔电台广播，阿富汗总统纳吉布拉承认，反政府武装已控制阿东部重镇霍斯特。

4月2日

△根据古巴和刚果政府达成的协议，决定撤回驻刚果长达14年之久的1500名古巴士兵。第1批古巴士兵2日晚回国。

4月3日

△联合国安理会以12票赞成、1票反对和2票弃权通过由美国提出的关于在海湾地区正式停火的第687号决议。

4月5日

△中苏两国关于在中苏边境地区裁减军事力量的第2阶段第3轮谈判在莫斯科开始。

△联合国安理会以10票赞成、3票反对、2票弃权通过第688号决议，要求伊拉克立即停止对伊拉克平民、特别是对库尔德族人的镇压。

△苏联总统戈尔巴乔夫会见罗马尼亚总统伊利埃斯库，双方签署《苏罗合作睦邻友好条约》。

△苏军总参谋长莫伊谢耶夫大将在5日发行的《消息报》上撰文，指责北大西洋条约领导人“实际上在推行加强北约军事组织的方针”。

△美国“阿特兰蒂斯”号航天飞机5日格林尼治时间14时23分从佛罗里达州卡纳维拉尔角肯尼迪航天中心发射升空。这架航天飞机将发射伽玛射线探测器并进行宇航员空中行走。

△美科学家联合会透露，为执行“星球大战”计划，美国军方正在秘密研制推力远远超过常规火箭的核动力火箭，以便将大负荷巨型激光器、传感器等天基反导弹武器带入太空。

4月6日

△伊拉克总统萨达姆宣布改组内阁，任命侯赛因·卡迈勒·哈桑为国防部长，原国防部长萨阿迪·图马·阿巴斯被任命为总统军事顾问。

△伊朗内政部长努里说，过去几天里进入伊朗的伊拉克难民超过30万。

△菲律宾总统科·阿基诺任命陆军司令利桑德罗·阿巴迪阿为菲律宾武装部队参谋长，以取代鲁道夫·比亚松。

4月10日

△法国外交部发言人贝尔纳在回答记者提问时说，法国政府认为，召开中东国际会议是解决中东地区问题的“必要和最终”手段。但他同时提出，召开地区性会议解决阿以冲突的设想与召开中东国际会议的主张并不矛盾。

△英国首相梅杰和美国总统布什就在伊拉克北部地区为伊拉克库尔德难民建立安全区问题取得一致意见。

4月11日

△联合国安理会宣布，由于伊拉克已同意接受安理会687号决议，海湾实现正式停火。同日，驻海湾美军司令施瓦茨科普夫将军说，由于正式停火开始生效，约10万美军正在撤离伊拉克南部，但在接到美国总统布什的命令之前不会完全撤走。

4月12日

△黎巴嫩总统赫拉维宣布，历时16年的内战结束，黎巴嫩已进入头一个和平之年。

△美国国防部长切尼说，计划在今后5年内陆续关闭国内31个大型军事基地和12个规模较小的军事基地。

4月13日

△联合国维持和平部队司令冈特·格赖因德尔少将与这支部队的先遣人员从安曼抵达科威特。这支部队将执行监督海湾停火的使命，包括5个安理会常任理事国在内的31个国家已同意派军队参加。

4月14日

△美军第1装甲师14日已从其占领的伊拉克南部撤走。这是美从伊南部撤出的第1支师规模的部队；英国防大臣说英已在13日完成从海湾撤出战斗部队的工作，但尚有数千名英军需滞留海湾半年左右以运回军车、弹药等物资，英军舰也将继续在海湾巡逻；法国最后一批部队15日撤离伊拉克。

△伊拉克通讯社14日援引伊外长的话说，海湾战争中，伊拉克共有148架军用和民用飞机飞往伊朗。伊朗外交部长同日向伊拉克提出抗议，指责伊拉克提出的数字耸人听闻。伊朗总统拉夫桑贾尼在4月10日宣布的数字为22架。

△朝鲜祖国和平统一委员会发表声明指出：南朝鲜国防部长官李钟九12日声称“将投入特工部队，偷袭破坏北方的原子反应堆设施”，此事不能不引起朝鲜的严重关注，因为它“事实上是对我们的战争宣言”。当前朝鲜半岛的和平正面临严重挑战。

4月15日

△联合国维持和平部队司令格赖因德尔访问伊拉克。

△菲律宾和美国就美在菲空军基地达成协议。据美方发言人说，菲内阁提出把克拉克空军基地分成4部分，其中有两部分由菲、美共同使用，另外两部分由菲、美分别使用。

△沙特阿拉伯国王法赫德说，加强军事力量和建立一个更加开放的政府是沙特阿拉伯从海湾战争中得出的教训之一，他决定立即用世界上最新尖端技术来装备部队。

4月16日

△联合国同伊拉克讨论建立库尔德难民营问题，伊表示同意在北部建立。美国防部宣布美地面部队17日进入伊拉克北部寻找建立难民营的适当地点。伊外长称此举是干涉伊内政的继续。

4月17日

△在联合国印度洋特别委员会会议上，中国代表沙祖康指出，建立印度洋和平区反映了印度洋地区绝大多数国家的正义主张和合理要求，中国一贯支持印度洋地区国家为维护独立、主权和安全所进行的努力。

△苏联驻蒙古大使西特尼科夫向记者宣布，苏驻蒙军队将于1992年上半年全部撤出蒙古。现在仍留在蒙古的苏军主要负责将苏军武器装备运回苏联。驻蒙苏军撤出后将向蒙古无偿移交价值约3亿美元的兵营和军事设施。

4月18日

△日本首相海部俊树和苏联总统戈尔巴乔夫在东京签署《日苏联合声明》。在《声明》中首次写入“领土问题”字样，而且双方在领土问题上互有妥协。

△4月4～18日，中苏两国外交和军事专家代表团为落实两国政府关于在中苏边境地区相互裁减军事力量和加强军事领域信任的指导原则协定，在莫斯科举行第3轮谈判。谈判取得了一定进展，双方商定下轮谈判在北京举行。

△中国外交部发言人吴建民在记者招待会上宣布，中国将派20名军事观察员参加联合国伊拉克－科威特观察团，上述人员将根据联合国的要求，尽快赴任。

△苏联国家安全委员会后贝加尔边防区和中华人民共和国内蒙古自治区公安厅在赤塔签订关于双方军人密切合作的协定。苏中两国边防人员已经商定将在一起调查边境事件、共同完善人员和货物的过境手续。

4月19日

△苏联总统戈尔巴乔夫访问南朝鲜，与南朝鲜总统卢泰愚就海湾战争后国际形势、东北亚地区形势、缓和朝鲜半岛紧张形势以及增进双方交流与合作等问题进行会谈。

△朝鲜民主主义人民共和国主席金日成在答记者问时说，解决朝鲜统一问题，北方的一贯立场是：按照自主、和平统一、民族大团结三大原则，以一个民族、一个国家、两种制度、两个政府的联邦制方式来实现。

△美苏在日内瓦重开关于削减战略核武器的谈判。

△加拿大和美国政府决定将两国关于北美防空联合司令部的协定再延长5年。北美防空联合司令部成立于1958年，当时的主要任务是对付来自苏联的军事威胁。

△苏联俄罗斯联邦境内的北奥塞梯共和国最高苏维埃决定，4月19日～5月19日对该共和国首都弗拉季高加索及其郊区实行紧急状态。据报道，该地区最近局势发生急剧变化，印古什族和奥塞梯族人之间频繁发生武装冲突。

4月22日

△巴勒斯坦通讯社报道，巴勒斯坦解放组织主席阿拉法特拒绝了美国提出的中东和平计划，这项计划没有提出召开由巴解代表巴勒斯坦人参加的国际会议问题。

4月23日

△泰国国家安全委员会主席顺通最近签发通告，调整该委员会成员职位。主席仍由顺通担任，原来的4名副主席只保留1名，即陆军总司令素臣·卡巴允。

△据孟加拉国通讯社报道，孟加拉国和印度23日在达卡举行边界安全问题会议，双方同意，孟加拉国步枪队和印度的边境安全部队将加强合作，维护各自边境地区的治安，以保证两国边界地区的安全与安宁。

4月24日

△中国人民解放军驻福建部队发言人奉命宣布，从即日起停止对驻金门等岛屿国民党军官兵的广播喊话，以进一步缓和台湾海峡局势，创造祥和气氛，保障两岸同胞的正常工作和生活。希望台湾当局采取实际行动，为全面结束海峡两岸的对峙状态，实现“三通”，完成祖国和平统一大业作出努力。

△日本政府发表声明，声称日本决定向海湾地区派遣日本海上自卫队扫雷舰队。舰队由4艘最新式扫

雷艇、1艘补给舰和1艘供应船共6艘舰船和500名自卫队官兵组成。这是二次大战以来日本第1次向海外武装冲突地区派遣自卫队。

△泰国军方发言人说，根据泰国和老挝达成的协议，两国军队在边界有争议地区脱离接触的工作业已完成。

4月25日

△苏联外长别斯梅尔特内赫同美国国务卿贝克在苏联北高加索山城基斯洛沃茨克会晤，讨论了海湾战争后的中东局势和召开解决中东国际和平会议问题。

4月26日

△4月22日开幕的1991年裁军审议会议讨论"军事情况的客观情报"的议题时，中国代表团在会议上呼吁拥有最大武库的国家应率先公开其军事情况，并通过停止军备竞赛和大幅度裁军来增进其他国家和地区的安全感，从而促进国际社会的和平和安全。

△柬埔寨抵抗力量在曼谷发表声明说，柬抵抗力量三方同意接受在柬实行临时停火的建议。

△伊拉克通讯社报道，伊拉克革命指挥委员会发布命令，立即解散伊拉克阿拉伯复兴社会党的民兵组织——伊拉克人民军。这支军队是70年代组成的，约有85万人，在海湾危机期间曾一度扩充到数百万。

4月27日

△泰国外交部发表声明，拒绝越南提出的关于停止经越南、老挝和泰国领土向柬交战双方运送武器的建议。

△萨尔瓦多政府和游击队法拉本多·马蒂民族解放阵线在墨西哥就实现国内和平达成重要协议。

4月28日

△欧共体12国外长在卢森堡举行的非正式会议上作出决定，建议派联合国警察部队去伊拉克北部地区，以取代目前驻守在那里的美、英等国部队。

△载有7名宇航员的美国"发现"号航天飞机于28日格林尼治时间11时33分从佛罗里达州卡纳维拉尔角的肯尼迪航天中心升空。这是美国航天飞机的第40次发射。

4月29日

△罗马尼亚政府进行重大改组。约一半部长被更换。国防部长由原国防部国务秘书康·尼·斯皮罗尤接任。

△各国议会联盟第85届大会在平壤开幕。朝鲜国家主席金日成在开幕式上发表讲话，呼吁建立公正平等的国际新秩序，并说实现裁军、销毁核武器等大规模毁灭性武器，是当前保障和平的最迫切问题。

△第5轮中苏边界谈判于4月25～29日在莫斯科举行。中国政府代表团团长为外交部副部长田曾佩，苏联方面为外交部副部长罗高寿。双方一致同意，根据1989年《中苏联合公报》有关原则和精神继续加紧讨论中苏边界东段和西段尚未协商一致的地区，草签了两国《关于中苏边界东段的协定》。

△叙利亚、伊朗两国总统经过会谈发表联合公报，强调国际新秩序应以尊重主权独立、互不干涉内政为基础。

4月30日

△中国台湾当局宣布，自5月1日起终止所谓"动员戡乱时期"，同时废除"动员戡乱时期临时条款"。"动员戡乱时期"和"动员戡乱时期临时条款"是40多年前国民党统治集团为挽救它在内战中的败局和加紧对人民的镇压而实施的，中国共产党被列为"叛乱团体"和"戡乱"的对象。国民党统治集团逃到台湾后，继续实行"动员戡乱"体制，在反共的名义下对台湾实施军事独裁统治。

△莱索托发生一起不流血的军事政变，军政府领导人贾斯廷·莱哈尼耶被迫辞职。

△卢旺达政府和爱国阵线签署停火协议一个月后，4月30日又发生武装冲突。

5 月

5月1日

△在联合国裁军审议委员会上，中国代表侯志通大使介绍中国关于在全球安全范围内采取区域性裁军方式的基本立场，指出"中国一贯重视区域裁军问题，并历来主张双边、区域和多边裁军应相互促进。"

△联合国秘书长佩雷斯·德奎利亚尔任命一个专门委员会负责现场核查伊拉克销毁生化武器情况。

△伊朗总统拉夫桑贾尼访问土耳其时重申，伊朗反对外国在海湾陈兵并主张海湾的问题应由海湾地区国家来解决。

5月2日

△安哥拉政府和反政府组织安盟在里斯本签署实现国内和平的4项协议。

5月3日

△联合国秘书长佩雷斯·德奎利亚尔决定成立两个委员会，分别负责划分伊拉克—科威特边界和监督伊向科支付战争赔偿事宜。

△美国国防部宣布，美海军已决定耗资18亿美元，订购第2艘"海狼"级攻击潜艇。

5月4日

△第85届各国议会联盟大会闭幕。会议通过了3

项决议:关于裁军的决议,关于禁止对妇女儿童使用暴力的决议和关于中近东及海湾问题的决议。

△南斯拉夫联邦主席团和政府分别举行扩大会议和紧急会议,研究克罗地亚共和国最近发生的一系列武装冲突和紧迫的国家政治安全形势。会议指出,南面临着大规模民族冲突和内战的危险,要求人民军采取行动制止民族冲突。

5 月 5 日

△海湾合作委员会 6 个成员国外长在科威特城举行会议。会议发表的声明强调必须对伊拉克继续进行制裁,直到它全部释放被扣押的科威特人质,保证赔款,销毁一切毁灭性武器,无条件地同意不生产核武器。

5 月 6 日

△根据 1987 年美苏两国达成的中导条约的规定,美国于 6 日销毁了最后一批中程导弹。苏联最后一枚 SS—20 中程导弹 12 日在伏尔加格勒州卡普斯金亚尔销毁。至此,属于苏美中导条约规定范围的苏联中程导程全部被销毁。

5 月 7 日

△海湾合作委员会最高安全委员会在阿曼首都马斯喀特开会,讨论战后这个地区安全安排问题。

△安哥拉人民解放军总司令部透露,2～7 日政府军在安哥拉西部的莫希科省首府卢埃纳郊区同反政府的武装部队发生数次战斗,打死打伤反政府军 400 余人。100 余平民丧生,3000 多人受伤。

5 月 8 日

△埃及总统穆巴拉克决定撤回驻扎在沙特阿拉伯和科威特的全部埃及部队。他说,埃及军队已在海湾"完成预定任务"。

△南斯拉夫联邦政府举行会议讨论国家安全形势,会议公报指出,为了制止局势进一步恶化,防止冲突扩大和新的伤亡,联邦政府决定采取 11 条最紧急的措施,首先通过法律手段为和平民主地解决问题确保时间和条件。

5 月 9 日

△联合国制裁委员会决定解冻伊拉克在国外的资产,以便伊拉克购买人民所需的食品。

△联合国秘书长佩雷斯·德奎利亚尔宣布,根据安理会 687 号决议,在伊—科边境建立的非军事区已于 9 日在格林尼治时间 20 时正式生效。

△南斯拉夫主席团经过两昼夜的紧张协商,于 9 日早晨一致通过了关于以和平方式解决民族冲突的 6 项具体措施和行动纲领。

5 月 10 日

△洪都拉斯游击队组织"辛乔内罗"阵线在一次群众活动中宣布停止在全国开展的武装斗争。

5 月 11 日

△罗马尼亚和匈牙利政府关于两国间建立"开放领空"制度的协定在布加勒斯特签字。

△印度和巴基斯坦达成一项协议,双方在克什米尔的克兰地区互不进行越线攻击。

△黎巴嫩总统赫拉维又派遣一支 650 人的部队前往黎巴嫩南部,部署在联合国维持和平部队附近的据点。

5 月 12 日

△美国总统布什表示,愿早日缔结禁止化学武器条约。美将在条约生效 10 年内无条件销毁它储存的一切化学武器。

△非洲前线国家举行首脑会议,讨论南非黑人之间暴力冲突升级和一些西方国家缓和对南非的经济制裁等问题。

5 月 13 日

△中国代表侯志通在联合国裁军委员会会议上发言表示,希望联合国在推动裁军进程、维护世界和平以及建立新的国际政治新秩序方面发挥更大作用。

5 月 14 日

△中国国务委员、外交部长钱其琛与泰国外长阿沙·沙拉信会谈。钱外长认为全面政治解决柬埔寨问题已有了坚实的基础,那就是联合国 5 个常任理事国的框架文件和协定草案。沙拉信外长说,泰国支持以上文件和草案。双方希望越南和金边方面能接受上述文件、草案。

△英国首相梅杰说,联合国安理会的第 242 号和 338 号决议是解决阿以冲突的最佳基础,巴勒斯坦解放组织在中东和平进程中的作用不应被忽视。

△正在埃及访问的黎巴嫩外长布埃兹同埃及总统会谈时说,黎巴嫩应是中东和平计划的重要方面。黎对两个问题感兴趣,即:执行联合国安理会 425 号决议,迫使以色列从黎南部撤军,以及解决阿以冲突问题。

5 月 15 日

△埃及、叙利亚和海湾合作委员会 6 个成员国的外长在开罗开会,讨论海湾地区未来的安全安排问题。

5 月 16 日

△中苏东段边界协定在克里姆林宫签署。中国外交部长钱其琛和苏联外交部长别斯梅尔特内赫分别代表本国政府在协定上签字。

5 月 20 日

△美国总统布什和德国总理科尔在白宫会谈,就欧洲安全、乌拉圭回合等国际问题交换意见。

5月21日

△印度总理拉吉夫·甘地下午到泰米尔纳德邦首府马德拉斯进行竞选活动，当晚10时20分，在马德拉斯以南40公里的斯里佩鲁姆普杜尔被炸弹炸死。

5月22日

△苏联边防军第一副司令布里特文中将指出，苏中两国国家关系正常化后，苏中边界形势大为改善，双方边防军人互助互谅，共同维护国界的正常秩序。

△国际原子能机构称，它已控制了伊拉克用于制造核武器的原料，并且开始对伊的核设施实行核查、控制和监督的步骤。

△伊朗强烈抗议美国海军舰只21日在海湾水面击坏一艘代号为"胜利"2的伊朗舰只。

5月23日

△朝鲜劳动党中央委员会在纪念朝鲜祖国和平统一委员会成立30周年的贺信中说，朝鲜的统一必须通过对话，用和平的方法来实现，而不能用战争手段来解决。

△联合国秘书长发言人说，联合国和伊拉克已就派遣联合国保安人员赴伊保护库尔德难民一事达成协议。

5月24日

△联合国安理会通过第695号决议，要求以色列立即停止从它所占领的巴勒斯坦领土上驱赶巴勒斯坦人。

△美、英部队进入伊拉克北部杜胡克市，开始对库尔德难民的救援工作。

5月25日

△叙利亚外交部同意联合国驻戈兰高地脱离接触部队的驻扎期自6月1日起再延长6个月。

5月26日

△5月1日开始的代号为"金眼镜蛇91"的泰美联合军事演习作战部分宣告结束。美军700多人、泰军1万人参加演习。

5月27日

△阿尔及利亚总统沙德利·本·杰迪德同摩洛哥国王哈桑二世就西撒哈拉争端问题举行会谈。

△法国在沙特阿拉伯的最后一批部队回国。

△哥伦比亚政府和由土著人组成的"金廷·拉梅"游击队签署一项和平协议。

5月28日

△埃塞俄比亚反政府武装占领首都亚的斯亚贝巴，并宣布24小时宵禁。

5月29日

△埃塞俄比亚厄立特里亚人民解放阵线(厄人阵)宣布在厄立特里亚省建立临时政府。

△北约国防部长会议结束，会议通过了建立多国快速反应部队的军事部署计划，讨论了北约今后的战略部署。根据会议公报，北约未来的军事力量由快速反应部队、主要防务部队和增援部队构成。

△法国总统密特朗在内阁会议上重申，法国"忠于"北约及其盟友，但同时需要维护自己的"独立自主"地位。因此，对北约内部正在进行的军事战略调整持自己的看法，认为西欧组建快速反应部队为时尚早。

△美国总统布什在斯普林斯空军学院发表讲话时提出在中东实行军备控制的倡议。其要点是：限制向中东国家转让常规武器、大规模毁灭性武器及有关技术；冻结中东国家购买、生产和试验地地导弹；要求中东国家禁止生产和购买核武器材料，并将该地区所有核设施置于国际安全控制之下。他还要求该地区所有国家保证最先成为禁止化学武器国际公约的签字国。

5月30日

△美国国防部长切尼与以色列国防部长阿伦斯等讨论美以军事合作关系。据报道，美国将向以色列提供10架F－15战斗机。

△为期4天的第2届联合国裁军会议闭幕。会议期间，来自40个国家和地区的110名政府或民间和平组织的代表及学者纷纷就裁军问题发言，绝大多数与会者认为，裁军不应是一个遥远的目标，而是世界各国面临的一个现实的课题。

△美国政府在一份法院的文件中承认，巴拿马前领导人诺列加曾向美国提供过有关巴拿马政府在同美国谈判巴拿马运河前途问题时的立场的情报。

△据贝鲁特新闻媒介报道，黎巴嫩内阁已批准分批吸收2万名民兵加入政府军和政府机关的计划。

5月31日

△安哥拉政府和反政府组织争取安哥拉彻底独立全国联盟(简称安盟)签署和平协议，从而结束了安哥拉长达16年的国内战争。

△叙利亚外长向记者说，叙反对美国提出的中东武器控制的建议，此建议只会增强以色列军事优势。

△德国基督教民主联盟通过决议称，德军应参加北约以外的军事行动。德国社会民主党表示反对。

6 月

6月1日

△美国国务卿贝克与苏联外交部长别斯梅尔特内赫会谈，就执行裁减欧洲常规武器条约的问题达成原则协议。

△非洲统一组织第54届部长理事会会议闭幕，会议呼吁援助非洲难民，召开中东国际和会。

6月3日

△法国总统密特朗提出一项“控制军备及裁军的总体方案”。方案涉及5大类武器：禁止与消除化学武器，禁止生产生化武器，削减核武器使之降到保持核威慑的最低水平，通过卫星监测弹道导弹技术，控制常规武器的出售。同时声称，法国遵循防止核扩散协议，将正式签字批准这项条约。法国外长迪马4日称，法不放弃核试验政策。

6月4日

△历时3天的柬埔寨全国最高委员会第2次会议结束。乔森潘在会后批评越南和金边政权拒绝接受联合国文件。同日金边政权军队在距泰国边界12公里的柬境内向民柬国民军发动进攻，双方发生炮战。

6月5日

△美“哥伦比亚”号航天飞机因技术故障两度延迟之后，5日上午在肯尼迪航天中心发射升空。

△以色列总理沙米尔说，以色列在其占领的约旦河西岸和加沙地带所实行的统治是可以讨论的，但他拒绝关于让联合国在中东和平会议上发挥作用的要求。

△以色列空军在过去36小时里不断侵犯黎巴嫩领空，对黎巴嫩南部巴解组织和黎巴嫩抵抗组织的目标进行自1982年以来的最猛烈的轰炸。

6月6日

△中国外交部发言人在记者招待会上指出，外国停止向柬埔寨各派提供援助，是全面解决柬问题的一个重要组成部分。中国愿意在柬问题实现全面政治解决的框架内同有关国家一道停止向柬各派的军援。关于法国提出的全球裁军倡议，中国一贯主张全面禁止和彻底销毁核武器、化学武器以及生物武器这些大规模毁灭性武器。在实现这些目标之前，我们原则上赞成采取公平、合理、全面、均衡的措施，防止这些武器的扩散，并且为此制定了有关的政策和措施。

△民柬国民军和宋双派决定自6日起停止执行1991年5月1日实施的临时停火协议，继续打击侵柬越军及金边政权军队。

△非洲统一组织第27届首脑会议闭幕。出席会议的非洲领导人认为有必要结束南非的暴力活动，并鼓励南非的反对种族隔离的力量组成爱国阵线。

6月8日

△中国外交部发言人说，中国赞同美国总统布什提出的由中、美、苏、英、法5国派出高级别代表参加中东军控会议的建议。

△苏联总理帕夫洛夫同南斯拉夫总理马尔科维奇会谈时表示，苏联支持南的领土完整及其边界不可侵犯，反对任何外来干涉以及使南国内事务国际化的企图。

6月9日

△英国官员说，根据1985年签署的“鸽子”计划的第1阶段安排，英国已向沙特提供了72架“旋风”式战斗机、30架“霍克”式飞机和30架瑞士制造的螺旋桨教练机。

△伊朗宣布在历时8年的两伊战争中损失约9340亿美元。伊朗一直要求伊拉克赔偿其战争损失。

6月11日

△苏联外交部发言人宣布，苏将参加美国总统布什提议召开的中东军备控制会议。

6月12日

△南斯拉夫联邦国防部长卡迪耶维奇大将在向第3军区将领讲话时强调指出，南斯拉夫人民将自己决定自己的命运，决不允许任何形式的外来干涉。

△古巴全部完成从安哥拉的撤军。据联合国派出的核查古巴从安哥拉撤军的核查团团长称，联合国将派核查团赴安哥拉，监督安政府与“安盟”达成的和平协定执行情况。

6月14日

△苏联内务部刑事调查总局宣布，根据1990年5月戈尔巴乔夫发布的取缔非法武装、没收非法收藏的武器的命令，一年来，苏联国内自愿交出和收缴的火器达5.2万多件，爆炸物品4.5吨，枪支弹药136万多发。

△美国“哥伦比亚”号航天飞机经过9天的太空飞行，于14日格林尼治时间15时39分在加州爱德华空军基地着陆。此次飞行主要目的是搜集人体在失重条件下所受影响的数据。

△西撒人阵发表公报称，西撒人阵将采取与摩洛哥相同的措施（摩洛哥国王最近决定释放西撒战俘），以实施联合国提出的西撒和平计划。

6月17日

△联合国安理会通过第699号决议，规定伊拉克必须承担联合国销毁其大规模杀伤性武器所需的费用。同日还通过第700号决议，规定各国对伊实行武器禁运的指导原则。

△德国、波兰签署《睦邻和友好合作条约》，条约首次确立了在波兰的德国少数民族的权益，并最终确定奥得—尼斯河为波兰西部的边界。

6月19日

△最后一批驻捷克斯洛伐克的苏联军队启程回

国。捷、苏两国代表于25日签署了关于苏军已从捷克斯洛伐克撤离完毕的议定书。另据报道苏联从匈牙利撤军工作也于19日全部结束。

6月20日

△据巴格达一家周刊报道，伊拉克总统萨达姆任命共和国卫队司令伊亚德·拉维中将为武装部队总参谋长，以接替已被革职的侯赛因·拉希德。

△欧安会外长会议在柏林闭幕。会议决定接纳阿尔巴尼亚为欧安会第35个正式成员。这样，所有欧洲国家都加入了欧安会进程。35国外长确定了在危机情况下进行协商和合作的机制。

△美国国会公布的一项报告中说，尽管布什总统呼吁控制与中东的武器交易，美国仍在从事中东武器贸易。该报告透露，布什政府已经提出向中东一些国家出售260亿美元的武器。

6月21日

△匈牙利、法国签订军事合作协定，规定两国军队在军官培训及人员交往方面进行合作。

6月22日

△苏联总统、议会和苏共中央书记处分别发表呼吁书纪念卫国战争开始50周年。

6月23日

△西哈努克亲王在曼谷宣布，柬埔寨4方领导人同意在柬埔寨举行大选前，保持两个政府，即以乔森潘、宋双为首的柬埔寨民族政府和以洪森为首的柬埔寨国政府，柬埔寨全国最高委员会为柬最高权力机构。

6月24日

△西哈努克亲王宣布，柬全国最高委员会会议已达成一致意见，自6月24日起在柬全国范围内实现无限期停火，并停止接受一切外国军援。

△美国白宫发言人宣布，美政府已向盟国建议在伊拉克北部或土耳其南部保留一支快速攻击部队，以“帮助巩固库尔德人的安全”。英国首相梅杰25日说，英国部队将继续留在伊拉克北部直到库尔德人安全得到保证为止。

6月26日

△英国皇家空军关闭了设在巴林的穆哈拉克空军基地。至此，英国在巴林的驻军全部撤离。

6月27日

△南斯拉夫国防部发表声明指出，斯洛文尼亚和克罗地亚两共和国议会通过的独立文件是非法和违宪的，是对南斯拉夫领土完整的威胁。

6月28日

△南斯拉夫总理马尔科维奇宣布，南联邦政府要求全国各地立即停止一切武装冲突，以和平民主方式解决危机。

△法国国防部发言人宣布，法国派往海湾参战部队已全部撤回法国。

6月29日

△南斯拉夫武装力量最高指挥部成员内戈瓦诺维奇中将以最高指挥部名义发出最后通牒，要求斯洛文尼亚共和国领导人必须遵守他们28日晚同联邦国防部达成的停火协议，否则南人民军将采取“坚决的军事行动”。30日晨，斯洛文尼亚共和国议会发表声明，拒绝了该最后通牒。

7 月

7月1日

△黎巴嫩政府军进驻黎巴嫩南部的赛达市及其周围地区。赛达市在黎16年内战中成为各民兵力量之间武装较量的战场和以色列入侵和空袭的重要目标。

△南斯拉夫联邦主席团主席梅西奇召开有联邦总理、内务部和国防部领导人参加的主席团扩大会议，要求在斯洛文尼亚共和国停止一切武装冲突，确保联邦机构正常工作。

△阿尔及利亚戒严当局凌晨宣布，策划动乱的反对党伊斯兰拯救阵线主席阿巴希·迈达尼和副主席阿里·贝勒哈吉在6月30日被逮捕。

△华沙条约组织6国领导人在布拉格签署议定书宣告华约有效期结束。

7月2日

△伊拉克根据海湾战争停火协议销毁第1批12枚弹道导弹。

△由安哥拉政府和“安盟”组成的政治和军事联合委员会决定在7月底之前释放所有战俘。

7月4日

△巴勒斯坦解放组织同黎巴嫩政府达成协议，同意停止对黎政府军进驻黎巴嫩南部地区的抵抗，并将其全部重武器运往国外。另据来自以色列的消息，在黎政府军进驻黎南部地区之后，以色列将不放弃它在那里设立的所谓“安全区”。

△据德国裁军代表团发言人透露，在欧洲常规裁军谈判会议中，卢森堡代表北约提出了限制军队人数的新建议，即给每个国家规定一个最高限额，而不再按迄今为止两大军事集团规定军队人数的最高限额的建议裁军。

△苏联外交部发言人丘尔金表示，苏联对于北约国家准备在土耳其部署其“快速反应部队”的计划表示不安。

7月8日

△中国总理李鹏同伊朗总统拉夫桑贾尼举行正式会谈，就国际新秩序、海湾地区形势、双边关系等国际问题进行了广泛深入的讨论。双方对这些问题立场、看法一致或相似。双方表示应在和平共处五项原则基础上建立国际政治经济新秩序。

△在欧共体代表团斡旋下，参加布里俄尼岛谈判的南斯拉夫联邦领导人、斯洛文尼亚共和国代表团以及塞尔维亚、克罗地亚的代表达成了和平解决国家危机的新协议。

△联合国一位发言人说，伊拉克已向联合国递交了它的核计划和核设施清单。11日，伊拉克副总理阿齐兹否认美国总统布什对伊隐瞒核能力的指责。

△美国防部宣布，美打算以直接出口和合作生产方式向南朝鲜提供120架F－16战斗机，其价值为38.1亿美元。

△多国部队的扫雷舰队已在科威特附近海域清除了1239枚水雷。将在基本完成了海湾水域的扫雷任务之后于7月20日解散。

7月9日

△英国国防大臣汤姆·金宣布，在今后3年内，英国将裁军6.2万人，约占目前全国总兵力30.8万人的20%。

7月10日

△埃及政府表示，埃及欢迎安理会5个常任理事国提出的使中东成为无核区的建议。

△美国总统布什批准一项在今后5年内关闭25个国内军事基地的计划，以节省国防开支。

7月11日

△英国首相府官员说，英首相梅杰同美国总统布什在电话上讨论了空袭伊拉克核设施的计划。他们同意将用一切手段阻止伊拉克重建核武库。

7月14日

△叙利亚总统阿萨德复信美国总统布什，宣布接受美国提出的以联合国242和338号决议为基础，以“土地换取和平”为原则，政治解决中东争端的中东和平倡议。以色列沙米尔政府一方面表示叙利亚的积极反应是“令人鼓舞”的，另一方面又宣称“以色列不改变其立场和原则”。

7月15日

△以美国为首的多国部队已从伊拉克北部撤至土耳其。美国防部宣布，多国部队将组成一支“迅速打击部队”，部署在伊—土边界的土耳其一侧，以保护伊拉克的库尔德人。

△苏联驻原民主德国萨斯尼茨军港的最后两艘战舰驶回苏联。至此，二次大战以后驻德的苏联海军已全部撤离德国。

7月17日

△第17届西方7国首脑会议在伦敦闭幕。会议以“加强国际秩序”为题发表的《政治宣言》主张加强以联合国及其宪章为中心的“国际体系”，认为应继续发挥联合国在维护和平方面的作用。

△美菲第7轮军事基地谈判达成美国继续租用苏比克海军基地的协议。协议规定美国每年交租金2亿美元，基地使用期10年。同时，由于皮纳图博火山造成毁灭性破坏，美国宣布放弃租用克拉克空军基地，并于1992年9月之前将其归还菲律宾。

△6架以色列军用飞机上午对黎巴嫩南部的游击队基地进行闪电式空袭。

△美国国防部用B－52战略轰炸机和“飞马座”号火箭发射的7颗微型卫星未能进入预定轨道。

7月18日

△吉布提外交和合作部长巴敦·法拉赫说，在吉布提举行索马里全国和解会议的索6个政治团体已同意实现永久停火，维护索马里的统一。

7月19日

△伊拉克库尔德民主党领袖迈苏德·巴尔扎尼在记者招待会上说，库尔德游击队和伊拉克政府军在伊北部城市苏莱曼尼亚发生冲突，造成100多人伤亡。

7月20日

△美国总统布什在安卡拉说，他同土耳其总统厄扎尔一致同意“在加强政治、安全和经济联系的基础上建立两国新的战略关系”。

7月22日

△日本防卫厅官员说，派到海湾地区担任扫雷任务的日本海上自卫队负有确保日本商船安全的职责，在扫雷任务完成后，派遣部队还将同美军共同拓展已确定的航路。

7月23日

△黎巴嫩军队向在黎南部巴勒斯坦难民营上空飞行的以色列战斗机发射防空导弹。这是16年来黎军首次向以飞机开火。

7月26日

△日本内阁会议批准1991年度《日本防卫白皮书》，强调日本自卫队要发挥更大作用。

△巴拿马总统恩达拉发表谈话，重申巴决不同美国谈判延长美在巴拿马军事基地的期限问题。

△危地马拉政府和“危地马拉全国游击队联盟”在墨西哥克雷塔罗结束第3轮谈判，签署了加强国内民主的“克雷塔罗协议”。

7 月 27 日

△联合国和国际原子能机构派出的第 4 批赴伊核查小组抵巴格达，核查伊拉克生产浓缩铀设施情况。

7 月 28 日

△南斯拉夫国防部发表声明，谈克罗地亚地区武装冲突真相。声明说，从 5 月 6 日到 7 月 25 日，克罗地亚共和国警察部队和国民卫队对南人民军及军事设施发动了 126 次暴力行动。在任何一次冲突中，南人民军部队从未首先开火，只是被迫还击。在此期间，南人民军 6 名战士牺牲，89 名战士受伤。

7 月 29 日

△美苏两国削减战略核武器谈判代表团在日内瓦草签了削减战略核武器条约。

△美国防部宣布拟向沙特阿拉伯出售价值 3.65 亿美元的先进武器，其中包括激光制导炸弹。加上近几周宣布的一系列向中东出售武器计划，总金额将近 42 亿美元。一些议员认为这与美中东和平计划相悖。

7 月 30 日

△民主朝鲜外交部发表声明，提出在朝鲜半岛实现无核区的 3 项建议。

7 月 31 日

△苏美在莫斯科克里姆林宫举行苏美《削减进攻性战略武器条约》签字仪式。苏联总统戈尔巴乔夫和美国总统布什代表两国在条约上签了字。

△朝中社谴责美国军用飞机对朝鲜北方不断进行军事侦察活动。该社说，7 月份美军各种军事侦察机对北方进行空中侦察活动达 200 多次。

8 月

8 月 2 日

△曼谷报纸报道，柬埔寨全国最高委员会秘书处最近成立。秘书处由 6 人组成，他们是：西哈努克派代表翁萨里胡，民柬方面代表麦彬，宋双派代表宾托，金边政权代表素克安、萨宋帕和春文龙。

△阿根廷总统梅内姆和智利总统艾尔文在布宜诺斯艾利斯签署边界协议，从而结束了两国之间长达 180 年之久的边界争端。

△波兰、捷克斯洛伐克及匈牙利 3 国国防部长会晤，讨论了欧洲常规裁军条约签订后 3 国军队面临的一些问题。

△美国航天飞机“阿特兰蒂斯”号 2 日发射升空。11 日返回地面。

△美国参议院通过一项法案，规定 1992 财政年度军事预算为 2911 亿美元。该法案还赞同五角大楼订购更多的 B—2 隐形轰炸机和 F—117 隐形战斗机，开始部署陆基反导弹防御系统（“星球大战”的组成部分）。

8 月 3 日

△科摩罗发生未遂政变，科国家元首穆罕默德·乔哈尔仍掌握国家权力。

8 月 6 日

△南斯拉夫联邦主席团在冲突各方同意的基础上一致通过了关于克罗地亚地区无条件停火的决定。

8 月 7 日

△阿尔巴尼亚政府就 8 月 6 日以来在发罗拉和都拉斯海港发生大批公民夺船出走事件举行紧急会议，决定由国防部接管阿所有海港。

8 月 8 日

△印、苏发表联合声明宣布，印度和苏联 1971 年签订的和平、友好和合作条约将延长 20 年。

8 月 9 日

△南美洲 8 国（秘鲁、厄瓜多尔、乌拉圭、巴西、阿根廷、智利、哥伦比亚、委内瑞拉）高级将领参加讨论会，讨论在国际局势变化情况下如何面对南美洲安全遇到的新挑战。

△欧安会布拉格紧急会议结束，会议通过的最后文件强调，不允许南斯拉夫使用武力达到政治目的，有关各方应充分尊重包括少数民族在内的各民族的权利。

8 月 11 日

△美国会图书馆研究中心发表的最新报告称，1990 年，美国再次替代苏联成为最大的武器出口国。对第三世界出口武器的销售额创历史纪录，达 185 亿美元（1989 年为 78 亿）。

8 月 13 日

△美国政府提出国家安全战略报告。布什总统在递交这一报告时发表声明，强调要按美国价值观建立“世界新秩序”。

△美国国防部官员说，在海湾战争中有 107 名美国军人被误伤，其中死 35 人，伤 72 人。

△玻利维亚武装部队总司令豪尔赫·莫雷拉将军宣布辞职。

8 月 14 日

△科威特和伊拉克的警察巡逻队在科伊边境非军事区内发生冲突。

8 月 15 日

△联合国安理会以 13 票赞成、1 票反对和 1 票弃权通过第 706 号决议。允许伊拉克在半年内出售价值 16 亿美元的石油和石油产品，以购买急需的食品和药品。

8 月 17 日

△由 177 人组成的泰国王家国防学院代表团 14～17日访问了越南。

8 月 19 日

△塔斯社报道，苏联国家紧急状态委员会凌晨发表《告苏联人民书》，说苏联目前“面临着致命的危险”，戈尔巴乔夫倡导的改革政策已经“走入死胡同”。国内“出现了以毁灭苏联、瓦解国家和不惜任何代价夺取政权为方针的极端主义者势力”。“苏联日益加深的政治和经济形势的不稳定正在破坏国家在世界上的地位”。呼吁公民支持该委员会使国家摆脱危机。下午，发布第 2 号命令，暂时允许《真理报》、《消息报》等 9 家报纸发行。苏联代总统亚纳耶夫发表致各国领导人和联合国秘书长书，强调紧急措施旨在稳定局势使社会经济生活正常化，不涉及苏联按照现行条约和协定承担的国际义务，希望得到各国人民和政府及联合国的应有理解。

8 月 20 日

△中国外交部发言人就苏联局势发表谈话，表示：苏联发生的变化是苏联内部事务；中国政府反对干涉别国内政，尊重各国人民自己的选择；相信苏联人民能够克服困难自己解决自己的问题；中苏关系不会受到影响，将继续得到发展。

8 月 21 日

△塔斯社报道，苏联国防部在上午召开部务会议，讨论了由于苏联部分地区实行紧急状态所形成的局势，会议决定把部署在实施紧急状态地区的部队撤回原驻防地区。

△塔斯社播发苏联中央电视台报道，戈尔巴乔夫在 21 日 20 时(莫斯科时间)发表声明，宣布他已完全控制了局势。

8 月 22 日

△中国国务委员兼外交部长钱其琛应约会见苏联驻华大使时说，苏联内部事务应由苏联人民自己处理。相信在戈尔巴乔夫总统恢复履行职责以后，中苏睦邻友好关系将继续得到发展。

△苏联总统戈尔巴乔夫凌晨从克里米亚返回莫斯科，并发布总统令，宣布撤销由国家紧急状态委员会或其个别成员颁布的一切决定。

△联合国化学武器核查小组在伊拉克进行 6 天调查后离开巴格达，表示没有发现伊拉克违反联合国关于海湾战争的停火决议。

△捷克斯洛伐克联邦政府总理恰尔法在记者招待会上说，“捷希望加入欧安会的所有组织，包括北大西洋公约组织在内，这样捷克斯洛伐克会感到更加安全”。

8 月 23 日

△塔斯社报道，苏联总统戈尔巴乔夫任命瓦·巴卡京为国家安全委员会主席，维·巴兰尼科夫为内务部长，叶·沙波什尼科夫上将为国防部长。卢基扬诺夫被解除最高苏维埃主席职务。外交部长别斯梅尔特内赫辞职。

△苏丹武装部队的一名高级官员宣布，苏丹政府近日粉碎了一起部分退役军人和文人参与的未遂政变，已有 10 名军官被逮捕。

8 月 24 日

△据塔斯社报道，戈尔巴乔夫发表声明宣布辞去苏共总书记职务，建议苏共中央“自行解散”。

8 月 25 日

△苏联新任国防部长沙波什尼科夫发表电视讲话时说，将设法撤换 80% 的苏联高级军官。据报道，莫斯科军区司令加里宁上将和波罗的海沿岸军区司令库兹明上将已被撤职。苏联国家安全委员会第一副主席格鲁什科已被拘留。

8 月 26 日

△秘鲁和厄瓜多尔两国政府宣布，两国决定在亚马孙地区两国边界附近建立“共同安全区”，以避免发生武装冲突。

8 月 27 日

△柬埔寨全国最高委员会主席西哈努克发表声明说，柬全国最高委员会一致同意将柬 4 派的军队和武器装备都裁减 70%，各方剩下的 30% 的军队和武器装备由联合国临时机构控制。各方被裁减的军队全部解散，被裁减的武器装备全部没收，由联合国临时机构掌握。

△菲律宾和美国政府正式签署“菲美友好、合作和安全条约”。条约规定，在菲美军事基地协定于 1991 年 9 月 16 日期满之后，美国有权继续使用苏比克湾海军基地 10 年；并规定美国于 1992 年 9 月将克拉克空军基地交还给菲律宾。

8 月 28 日

△巴拿马外交部长利纳雷斯最近说，巴拿马政府要求美国归还它 1989 年 12 月入侵巴拿马时掠走的武器。

△伊拉克和科威特在边境上的布延比岛发生交火事件。这是两周来伊科边界发生的第 3 次较大规模交火事件。

△黎巴嫩前武装部队司令奥恩离贝鲁特去法国寻求政治避难。

△据尼加拉瓜《新日报》报道，原桑地诺民族解放

阵线的一批成员最近在尼北部成立了名叫“丹托－91消灭复仇主义”的游击队。

8月29日

△苏联最高苏维埃非常会议通过决定：“暂时中止苏联共产党在苏联全境的活动。”

△莫斯科时间9时48分，苏联利用“东方”号运载火箭从拜科努尔发射场为印度发射“IRS－1B”号卫星。

8月30日

△安理会5个常任理事国、巴黎国际会议两主席、柬埔寨全国最高委员会举行磋商会议。会议对柬全国最高委员会会议所取得的进展表示满意，认为加速完成全面政治解决协议的时机已经到来。中国外交部发言人在31日发表谈话，祝贺柬全国最高委员会会议取得成功。

9 月

9月1日

△英国首相梅杰访问苏联。他在记者招待会上说，他向戈尔巴乔夫总统和俄罗斯联邦总统叶利钦明确表示，苏联必须消除西方在核武器问题上的不安心理。戈、叶均表示要把核武器控制在中央的手中。

9月2日

△南斯拉夫联邦主席团扩大会议签署在克罗地亚停火协议以及同意扩大欧共体在南观察团活动范围的备忘录。

△巴基斯坦公共关系服务部发布消息说，巴基斯坦和印度武装部队已就沿克什米尔控制线实行全面停火达成协议。

△美国总统布什表示，尽管苏联最近发生了一系列变化，但他不会同意大规模削减美国的防务预算。他说，只有在苏联对美国及其盟国的威胁减少的情况下，美国才能考虑大规模削减军费开支。

9月3日

△美国拒绝俄罗斯联邦总统叶利钦关于停止核试验的建议。美国防部发言人称，“只要我们拥有核武器，就必须保持试验它们的能力。”

9月4日

△科威特内阁举行特别会议，原则上批准了同美国拟定的防务协议。

△芬兰外长韦于吕宁说，芬兰依靠自己的中立政策有力地维护了自己的民族利益。

9月6日

△摩洛哥和西撒人阵根据协议于6日起实现停火。联合国秘书长德奎利亚尔表示满意，并说将努力实施和平计划。

△阿根廷、巴西和智利3国外长在阿根廷门多萨签署一项禁止生物、化学武器的协议。

△苏联总统戈尔巴乔夫在电视节目中说，苏联严格控制着核武器，人们“对此不必担心”。

△匈牙利国防部发言人说，匈不想参加任何军事集团，它将致力于建立欧洲集体安全体系。

9月7日

△不结盟运动第10次部长会议闭幕。会议通过《阿克拉宣言》，强调继续遵循原来的原则和宗旨。

△海湾合作委员会秘书长阿卜杜拉·比沙向记者说，估计在5年内将建立起一支海湾威慑部队，作为实现保卫海湾6国免遭侵略的第一步。

9月9日

△美国总统布什说，美国不会对美菲(律宾)基地租约作出进一步的让步。

9月10日

△北约于9月10～20日在德国帕德博恩—明斯特地区举行代号为“可靠盾牌”的军事演习。该演习是“91熔炉”大型军事演习的陆上部分，由来自美、英、德、荷兰和比利时的近3万士兵参加，在北方集团军群司令的监督下进行。

△据《泰晤士报》报道，美苏双方在莫斯科就美国购买苏联“和平”2号轨道站一事开始会谈。

9月11日

△苏联总统戈尔巴乔夫在同美国务卿贝克会谈中说，苏联准备从古巴撤出军事教练旅。古巴外交部发表声明说，戈尔巴乔夫宣布准备从古巴撤军事先未同古巴磋商。

△苏联国防部长沙波什尼科夫对塔斯社记者说，苏联国防部领导人已同各共和国全权代表就国防问题举行了协商，参加者同意“武装力量应该统一，而导弹核武器应由中央控制”。

9月12日

△出席《禁止生物武器公约》缔约国第3次审议会议的中国代表侯志通说，中国坚决支持禁止生物武器的目标，奉行不发展、不生产、不储存生物武器的政策，并反对生物武器扩散。

△苏联外交部长潘金在记者招待会上呼吁美国对苏联确定从古巴撤军采取“对应步骤”，以缓和围绕古巴形成的紧张局势。

△萨尔瓦多游击队(法拉本多·马蒂民族解放阵线)总部司令在墨西哥宣布，为有利于联合国秘书长同萨双方举行谈判，游击队从13日零时起实行单方面停火。

△美国"发现"号航天飞机在佛罗里达州卡纳维拉尔角宇航中心发射升空。该航天飞机将于14日在太空施放一颗用于环境保护的大气层探测卫星。

9月13日

△苏联和美国就阿富汗问题发表联合声明，宣布从1992年1月起两国停止向敌对双方提供武器。

9月14日

△南非政府和20多个党派、组织在约翰内斯堡签署了一项谋求结束黑人城镇暴力冲突的和平协议。

△印尼外长阿拉塔斯向记者表示，印尼反对在其领土或在东南亚任何地方建立外国军事基地。

9月15日

△海湾6国外长会议结束。会议发表公报表示要加强同伊朗的关系，以便有利于海湾地区的安全。

9月16日

△苏联国防部副部长罗季奥诺夫中将说，苏联国防部17名部务委员最近已有9名因各种原因离职或被解职，其中有前苏军总参谋长莫伊谢耶夫大将，国防部第一副部长什利亚加上将、国防部副部长阿恰洛夫上将等。

△美国参议院批准美苏白令海疆界条约。

9月17日

△第46届联合国大会开幕，接纳了朝鲜北南双方等7个新成员，并选举沙特阿拉伯常驻联合国代表萨米尔·希哈比为第46届联大主席。

△菲律宾参议院16日否决了菲律宾和美国签署的《菲美友好、合作和安全条约》。

9月19日

△欧共体外长举行紧急会议，就向南斯拉夫派遣和平部队问题达成一致。

△美国和科威特签订防务合作条约。这是海湾战争后美国同海湾国家签订的第1个军事条约。

9月20日

△美国防部长切尼在接受《简氏防务周刊》记者采访时说，美不会放弃它设在古巴的关塔那摩海军基地。

△朝鲜劳动党中央书记金容淳发表谈话，要求美国根据朝鲜已加入联合国的新情况，采取实际措施缓和朝鲜半岛的紧张局势，指出美应解散设在朝鲜南部的联合国军司令部。

△危地马拉政府和游击队"全国革命联盟"的代表在墨西哥城开始第4轮谈判，以求结束长达30年的内战。

9月21日

△根据戈尔巴乔夫总统的命令，苏联成立了筹备和实施军事改革委员会。

9月24日

△最近苏联格鲁吉亚局势紧张，反对派指责格鲁吉亚总统加姆萨胡尔季阿独裁，国内多次发生冲突。格总统宣布自25日起首都第比利斯进入紧急状态，全境实行宵禁。

△扎伊尔首都金沙萨23日发生军人骚乱事件，24日已恢复平静。25日，蒙博托总统主持内阁特别会议，通过了一系列稳定局势的措施。

△美国防部根据布什总统指令，从德国基地空运两个营的"爱国者"导弹部队前往沙特阿拉伯。

9月25日

△日本最高法院判决政府阁僚等正式参拜靖国神社为违反宪法。

△联合国安理会通过决议，呼吁南斯拉夫各方以和平方式解决争端，并呼吁所有国家立即全面和彻底禁止向南斯拉夫各方运送武器装备。中国国务委员兼外长钱其琛在安理会会议上发言说，中国真诚希望南各方早日结束冲突。

△萨尔瓦多政府和该国法拉本多·马蒂民族解放阵线代表在联合国签署了一项保证民族解放阵线成员"重返社会"的协议。

△阿根廷和英国政府签署关于马尔维纳斯群岛军事安全的新协议。该协议将使南大西洋局势更加正常。

9月27日

△美国总统布什发表电视讲话，就销毁短程战术核武器问题提出新倡议。布什宣布，美国将撤回部署在世界各地的所有陆基短程核武器，并同美国本土的这类核武器一起销毁。但他又说，在欧洲，在美国仍将保留一支"有效的空中核力量"。他还宣布，美国将从水面舰艇、攻击型潜艇以及以陆地为基地的海军飞机上拆除所有战术核武器，销毁其中一部分，剩余部分则存放在美国中部地区，以备将来之需。布什呼吁苏联采取相应的措施。

9月28日

美国防部长切尼下令解除40架远程轰炸机和450枚"民兵"式导弹的战备状态，并宣布美国将销毁2000枚核炮弹和"长矛"式短程导弹，从军舰上拆下100枚携有核弹头的"战斧"式导弹和另外500件战术核武器，并销毁其中的一半。

△苏联总统戈尔巴乔夫在电视台发表讲话，说他对布什提出的核裁军建议给予"最积极的评价"。但同时认为现在全面地或具体地评价这些建议为时尚早，需要弄清楚建议的实质所在。

△日本《每日新闻》述评说，布什建议旨在针对苏联的变化，以谋求维持美国在战略核武器方面的绝对

优势。

9月29日

△中国外交部发言人表示，中国欢迎美国总统布什提出的核裁军计划。中国政府一贯主张核裁军，主张全面禁止和彻底销毁核武器。希望布什总统的计划有助于实现上述目标。中国认为拥有最庞大核武库的美国和苏联对核裁军负有特殊责任，应率先大幅度削减各类型核武器。

△海地发生军事政变，阿里斯蒂德总统及其助手被扣押。

△开罗消息，美一艘驱逐舰在红海拦截一艘驶往约旦的苏联货船，美方称这艘货船上载有运往伊拉克的军事物资。

9月30日

△安理会通过一项决议，敦促萨尔瓦多冲突双方尽快实现停火，并根据在纽约签署的协议的框架尽早解决武装冲突。

△波兰和匈牙利决定进行“开放空间”试验，即两国可任意从空中检查对方的领土实况。这项决定是两国国防部长在华沙举行工作性会谈后决定宣布的。

10　月

10月1日

△海地军事政变后，总统阿里斯蒂德去委内瑞拉避难，并表示将在美洲国家组织支持下重返海地。军事政变领导人拉乌尔·塞德拉斯将军发表电视讲话说，他仍担任武装部队总司令，将向议会交权，但不会让阿里斯蒂德总统回国。

△黎巴嫩总理卡拉米重申，在以色列撤出黎南部问题上，将不作任何妥协，并强调决不允许以色列分享黎巴嫩的水资源。

10月3日

△南斯拉夫人民军再次封锁克罗地亚共和国海岸所有港口。南政府再次呼吁冲突双方承担停火义务，制止局势恶化。

10月4日

△南斯拉夫联邦国防部长在欧共体关于南局势问题的海牙会议上同意停止联邦军队对克罗地亚的攻势，以换取对方取消对联邦军队兵营的封锁。双方达成新的停火协议。同日，南联邦主席团宣布实行局部动员。

△意大利和英国建议西欧联盟建立一支“独立于北约”并能在“北约范围以外”采取行动的“欧洲快速反应部队”。

10月5日

△苏联总统戈尔巴乔夫在电视台发表声明，宣布苏联将对美国总统一周前的核裁军倡议采取“对应步骤”。在战术核武器方面，苏联将销毁所有核炮弹、核地雷、战术导弹核弹头，从军舰和潜艇上拆除所有战术核武器并建议美国完全销毁海军战术核武器，呼吁其他核大国采取同样步骤。在战略核武器方面，将尽快批准削减战略武器条约。重型轰炸机将不进行战斗值勤，停止研制短程现代化核导弹和小型机动洲际导弹，不增加厢轨式洲际导弹发射架数量，将503枚洲际导弹退出战斗值勤，6艘核潜艇(共有92个导弹发射架)将退役，7年内战略核弹头减至5000枚。

10月6日

△南斯拉夫克罗地亚地区又发生武装冲突，所有塞族居民区、克罗地亚与黑山共和国以及波黑共和国交界地区都有激烈战斗。7日下午，克罗地亚共和国总统府遭空袭，使战争急剧升级。

△尼加拉瓜政府军和新组成的反政府游击队在尼北部交火。

△联合国弹道导弹调查小组称，在伊拉克发现5处尚未建成的弹道导弹基地。

10月7日

△捷克斯洛伐克同德国草签两国睦邻友好合作条约。

10月8日

△海地议会推举约瑟夫·内雷泰为临时总统，8日宣誓就职。内雷泰明确表示塞德拉斯仍为武装部队司令。美洲国家组织和美国拒绝承认海地新政府。美洲国家组织决定对海地实行严厉经济制裁。

△南斯拉夫克罗地亚和斯洛文尼亚两共和国分别宣布脱离南斯拉夫成为独立国家。南联邦政府表示反对。

△3艘正在进行环球训练航行的日本军舰抵亚历山大港对埃及进行为期4天的访问。这是日本海上自卫队首次访问埃及。

10月9日

△保加利亚和德国签署两国友好、合作和伙伴关系条约。

10月10日

△秘鲁和厄瓜多尔边境在9月份曾出现紧张局势，10日，秘鲁部长会议主席宣布局势已得到缓和，两国将就边境问题举行谈判。

10月11日

△中国代表杨纪柯在各国议会联盟大会上说，各国的发展，人类的进步都离不开和平的国际环境。中国

认为应在和平共处五项原则基础上建立国际新秩序。

△南斯拉夫联邦主席团举行会议讨论克罗地亚和斯洛文尼亚两个共和国宣布独立后的国家局势，认为南人民军不能撤离克罗地亚。

△联合国大会通过决议，谴责海地日前发生的军事政变，并呼吁立即恢复被推翻的阿里斯蒂德总统的职务。

△安理会通过决议，敦促塞浦路斯希土两族、希腊和土耳其恢复对话，以达成解决塞浦路斯问题的全面协议。

△土耳其总理耶尔马兹说，土8架飞机轰炸了伊拉克北部境内7公里处的库尔德游击队。并对该地区进行空中侦察，以弄清轰炸结果。

10月12日

△约旦和巴勒斯坦解放组织同意组成一个最高机构，以指导安排约巴联合代表团参加美国倡导的中东和会。

10月14日

△联合国政治和安全委员会主席罗伯特·姆罗切维奇在辩论裁军问题时表示，希望苏美加速削减战略核武器。并指出，即使苏美双方实现承诺削减它们1/3的核武器，他们所储存的核武器仍足以毁灭地球上的人类和文明。

10月15日

△以色列外长利维发表谈话称，美以双方已就召开中东和会达成17点协议。以色列电台透露协议要点为：和会无权作出决定和强加某种解决方案；美国不打算让以色列同巴解组织进行对话或谈判；代表团中的巴勒斯坦人将是被占领的约旦河西岸和加沙地带的居民，任何一方都不会被强迫与它所不接受的代表坐到一处；美国不支持建立独立的巴勒斯坦国。

△正在莫斯科访问的南斯拉夫联邦塞尔维亚和克罗地亚两共和国总统在苏联总统戈尔巴乔夫调停下达成停火和进行和平谈判协议。

△法国和德国向欧共体提出一项建立欧洲联合军队的建议。两国建议首先建立一支约5万人的法德联军，之后逐步接纳西欧联盟其他成员国加入。

10月17日

△苏联格鲁吉亚南奥塞梯自治州发生武装冲突。苏内务部已向该地区增派部队和装甲设备。自格鲁吉亚总统加姆萨胡尔季阿执政以来，在南奥塞梯发生多次冲突，已有250人死亡，400人受伤，112人失踪。

10月18日

△安理会5个常任理事国军控会议通过关于常规武器转让的准则，并发表了一项公报。

△北约国防部长会议结束，会议发表公报说，尽管他们同意大幅度削减北约部署在欧洲的核武器，欧洲不可能成为无核区。（国防部长们17日决定减少部署在欧洲的80%的核武器，其中包括减少50%的机载核炸弹。）

10月19日

△美国《华盛顿邮报》报道，美国政府在同南朝鲜政府协商后已决定从南朝鲜撤走所有核武器。但南朝鲜外务部官员于21日否认了上述消息。

10月21日

△柬埔寨问题巴黎国际会议协调委员会通过《柬埔寨冲突全面政治解决协定》等文件，为会议复会及和平协定的签字完成了最后的准备工作。

△中国负责裁军事务的侯志通大使在联大发言指出，和平、安全与裁军同建立国际新秩序密切相关，并阐述中国对裁军问题的一贯立场，重申坚持不扩散核武器原则。

△南朝鲜国防部官员说，1993～1995年美国将从南朝鲜撤走6000名美军。

△法国快速行动部队举行一年一度的军事演习。这次演习名为“达摩克利斯”，有3000士兵，185架战斗直升机和850辆军车参加。

10月23日

△柬埔寨问题巴黎国际会议（部长级）复会，签署柬埔赛和平协定。中国国务委员兼外交部长钱其琛在开幕式上发言说，柬和平协定的签署标志着延续了13年之久的柬埔寨的战火终于熄灭。柬实现和平是解决国际争端的范例。中国愿以和平共处五项原则同柬发展友好合作关系。

10月24日

△中国和老挝签署边界条约。双方签字后，中国总理李鹏说，我们完成了一个历史性事件；老挝总理坎代说，相信双方今后的交往会更加密切。

△朝鲜第4次北南高级会谈结束，双方达成协议，签署了《关于北南间和解和互不侵犯及合作交流协议书》。

△南斯拉夫联邦主席团决定不出席25日在海牙召开的解决南斯拉夫危机的和平会议。

10月26日

△委内瑞拉总统佩雷斯在记者招待会上说，美国和古巴应停止敌对状态。要求美国停止对古巴经济封锁。

△南斯拉夫人民军根据7月份的布里俄尼岛停火协议全部撤出斯洛文尼亚。

10月27日

△巴林外交部宣布，巴林和美国签署一项联合防务合作协定。

10月28日

△俄罗斯联邦总统叶利钦在第5次人民代表大会上发表讲话，要求扩大其总统的权力，使其能够“独立地改变最高执行机关的结构，独立解决领导班子的人选问题”。

△扎伊尔总统蒙博托要求比利时政府立即撤走它在扎伊尔的全部军队。

△匈牙利总理安托尔应邀访问北大西洋条约组织总部，他说此行主要目的是为了表明，匈、波、捷等东欧国家迫切希望同北约进一步发展政治关系。

10月29日

△联合国举行特别会议纪念“裁军周”(10月24～30日)。会上，联合国秘书长呼吁国际社会继续努力，以促进进一步削减战略核武器。

10月30日

△法苏两国总统在法国会晤，就西方向苏联提供援助、马德里中东和会以及欧洲安全等问题进行会谈。

△叙利亚人民议会批准叙利亚—黎巴嫩安全协议。协议规定叙有权击退针对黎巴嫩的任何军事活动，黎也拥有对等的权利。

△扎伊尔组成以蒙古尔·迪亚卡为首的危机时期政府。本届政府由27名部长和7名国务秘书组成。

10月31日

△联合国安理会通过决议，对新签署的柬埔寨问题和平协定表示赞成，呼吁柬各界予以“全面合作”，并敦促柬所有各方充分遵守停火协定。

△西非国家经济共同体特别委员会会议闭幕。会议就实现利比里亚和平计划的一些具体细节进行了深入的探讨，并达成一致意见。

11 月

11月1日

△在马德里举行的中东和会第1阶段会议结束。会议无明显成果，所以双方立场仍尖锐对立。

△古巴外交部发表声明，抗议美国军用飞机多次侵犯古巴领空。

11月2日

△朝鲜祖国和平统一委员会发表声明，要求南朝鲜和美国立即停止代号为“秃鹫91”的联合军事演习。该演习时间为11月1～8日，参加演习的军队有美军驻海外的特种部队及核动力航空母舰。

11月4日

△伊朗第一副总统兼政府发言人哈比比在记者招待会上否认伊朗正试图发展核武器。

11月5日

△苏联武装力量总参谋长洛博夫对记者说，根据苏联国务委员会会议达成的协议，苏联将保留统一的武装力量，共和国不建立自己的军队，但可以建立国民卫队。

△英国中东事务助理外交大臣表示，英国坚决支持安理会关于要求以色列从黎巴嫩南部撤军的425号决议。

11月6日

△伊拉克总统萨达姆颁布法令，解除侯赛因·卡迈勒·哈桑的国防部长职务，由现内政部长阿里·哈桑·马吉德接任。

11月7日

△西哈努克亲王宣布，他已下令解散柬埔寨原来由他担任最高统帅的武装力量，并把武器交给联合国使团，以保证执行柬和平协定。

11月8日

△北约首脑会议闭幕，会议通过了《北约战略新概念》、《关于和平与合作的罗马声明》、《关于苏联的声明》以及对南斯拉夫采取经济制裁措施的决定。

△现任欧共体部长理事会主席、荷兰外长范登布鲁克在罗马宣布，欧共体决定中止同南斯拉夫的合作协议，对南斯拉夫实行经济制裁。

△科威特和美国最近开始军事演习，有步兵、装甲部队在炮兵和空军配合下进行实战训练。演习将持续到12月中旬。

△保加利亚国民议会批准以菲利普·迪米特洛夫为总理的新政府。国防部长为迪·鲁杰夫。

△赞比亚于8日午夜结束实施了27年的紧急状态。

△德国联邦参议院通过《德波(兰)睦邻和友好合作条约及德波边界条约》。

11月9日

△日本《朝日新闻》社最近在全国进行舆论调查表明，58%的日本国民反对自卫队参加联合国维持和平部队。

11月11日

△俄罗斯总统叶利钦8日宣布对车臣—印古什自治共和国实行紧急状态以来，那里的局势更加紧张。据塔斯社报道，俄罗斯联邦最高苏维埃11日否决了叶利钦的上述命令。

△南斯拉夫联邦主席团副主席科斯蒂奇通过电视台就南危机发出警告说，南联邦主席团9日要求联合

国派和平部队到南斯拉夫，是以和平方式解决南危机的最后一次尝试。

11月12日

△中国代表沙祖康在第46届联大政治和安全问题委员会上发言指出，外层空间军备竞赛质的升级危及国际和平与安全，因此，防止外空军备竞赛已是当前的一项紧迫任务。中国一贯主张建立具有谈判职能的特设委员会，并尽早缔结全面禁止外空武器的国际公约。

△苏联格鲁吉亚和阿塞拜疆两共和国宣布接收在其境内的苏军财产。

11月13日

△苏联代表团抵古巴谈判撤走苏驻古教练旅问题。教练旅约有2800人，在古巴负责军事技术训练等问题。卡斯特罗15日重申，苏美应同时从古撤军。

11月14日

△萨尔瓦多游击队法拉本多·马蒂民族解放阵线总部宣布，游击队将从11月16日起单方面停止一切作战行动，直到萨尔瓦多彻底停火。萨总统克里斯蒂亚尼对此表示欢迎，并宣布政府方面也将采取相应态度。16日，萨游击队如期单方面停火。

△俄罗斯通讯社报道，叶利钦最近表示，“在解决同日本的领土问题时我们遵循的原则是公正和人道主义，坚决捍卫俄罗斯人，首先是南千岛群岛居民的利益和尊严”。

11月15日

△苏联和阿富汗游击队代表团经过4天谈判发表联合声明，对苏联派兵进入阿富汗的决定进行了谴责。18日，喀布尔政府发表声明，对阿游击队和苏联的联合声明表示欢迎。

11月18日

△朝鲜《劳动新闻》发表文章说，美国试图对朝鲜进行强制性单方面核调查是“不能接受的”。并说美国在亚太地区部署了大量的军队和核武器，对这一地区的国家进行核威胁。要求美国按照布什总统9月27日宣布的削减战术核武器计划，从南朝鲜撤走核武器。

△西欧联盟决定向南斯拉夫水域派遣3艘战舰，以“限制南斯拉夫内战”。

11月19日

△苏联国防部和内务部发表声明指出，一些共和国采取的破坏苏联国防体系和武装力量统一的行动是“反宪法和非法的”。

△根据苏联总统的命令，苏联组建了一个新的军种——战略遏制部队，由前战略火箭军总司令马克西莫夫担任总司令。

△忠于索马里临时总统迈赫迪的部队同忠于索马里联合大会主席、议长法拉赫的部队在首都摩加迪沙再次发生战斗。

11月20日

△朝鲜外交部发言人说，布什表示要从南朝鲜撤走美国的核武器，南朝鲜当局也表示要使朝鲜半岛无核化，如果这一承诺付诸实践，对朝鲜半岛成为无核区将是一个进步。

△巴勒斯坦国总统阿拉法特就以色列袭击伊斯兰法院事呼吁耶路撒冷委员会召开紧急会议。伊斯兰会议组织也谴责以色列的野蛮行径。

△海湾合作委员会6国国防大臣在卡塔尔的多哈举行会议，讨论组成联合部队以保卫这个地区的安全。这次会议将确认由该组织参谋长会议制定的计划，将联合快速部署部队从1万人扩大到10万人。

△法国和罗马尼亚两国总统在巴黎签署了《友好谅解与合作条约》。

△埃塞俄比亚报纸报道，流亡苏丹的46000名埃塞俄比亚前政府军士兵已被全部遣返回国。

11月22日

△美国参议院批准1992财政年度军费开支法案。根据这项法案，美军费开支总计2910亿美元，在排除通货膨胀因素后比上一年度减少2%，但仍保留许多战略武器的发展计划。

△日本首相宫泽会见来访的美国防部长切尼。切尼表示美日安全体制和北约组织的同盟关系必须继续维持。宫泽赞同切尼关于美军将继续维持在亚太地区的存在的意见。

△据英《每日电讯报》报道，英国将向美购买23枚D--5型“三叉戟”式弹道导弹，配置在4艘新式的核动力潜艇上。

△科威特国防大臣阿里·萨巴赫最近说，科威特边界将由科威特本国军队和海湾国家组建的一支名叫“半岛盾牌”的快速部署部队共同守卫。

11月23日

△苏联阿塞拜疆和亚美尼亚两个共和国矛盾再度尖锐。阿塞拜疆方面关闭了通向亚美尼亚的天然气管道，并认为20日一架军用直升机失事是亚美尼亚当局造成的。

△南斯拉夫塞尔维亚、克罗地亚两共和国在日内瓦达成第14次停火协议。协议将在24日生效。

11月25日

△朝鲜外交部副部长田仁彻阐述朝鲜政府就建立朝鲜半岛无核区问题提出的4点最新主张。

11月26日

△中国常驻联合国副代表金永健在46届联大政治与安全问题委员会发言时，就一系列国际安全问题阐述了中国的立场，指出制止军备竞赛、实现有效裁军以及建立国际经济新秩序是消除军事威胁、缓和国际紧张局势、维护国际和平与安全的重要因素。

△美国正式将美军克拉克空军基地移交给菲律宾政府，结束了美军自1901年以来一直使用这个基地的历史。

△苏联南奥塞梯自治州宣布建立南奥塞梯共和国，同时在全境实行紧急状态。另，阿塞拜疆共和国议会通过决议，取消纳戈尔诺一卡拉巴赫自治州的建制。

11月27日

△联合国安理会应南斯拉夫政府要求，通过向南派驻维持和平部队的决议。中国常驻代表李道豫在安理会发言指出，联合国向南斯拉夫境内派遣维持和平部队"是在特殊情况下采取的特殊措施，不应为今后造成先例"。

△金边发生侵犯柬全国最高委员会成员乔森潘、宋成住所，打伤最高委员会成员的严重暴力事件。中国外交部发言人吴建民说，这一事件干扰和平协定的执行，违背柬人民的利益，"国际社会有理由要求金边方面采取措施，确保全国最高委员会在金边正常工作"。

△苏联总统戈尔巴乔夫在回答日本共同社负责人的问题时指出，新的联盟不仅应是一个共同的经济环境，而且也意味着"统一的防卫政策和统一的武装力量，意味着对核武器和其他战略武库绝对的、统一的控制"；并说联盟中央对核武器的控制是有保障的。

△英国国防大臣宣布，英将向北爱尔兰增派一个营兵力，以控制那里不断升级的带有政治色彩和教派之争的暴力事件。在本月早些时候，英国已向该地增派近2000名士兵。

△以色列电台广播，以色列拒绝参加定于12月4日在华盛顿举行的阿以双边会谈。

11月28日

△罗马尼亚和希腊两国总理在布加勒斯特签署两国友好、睦邻与合作条约。

△意大利国防部决定对意武装部队进行大幅度整编，以适应调整后的北约新战略。根据国防部长罗尼奥尼向议会参众两院提交的军队改革方案，将裁减义务兵9万人，其中陆军裁减28%，空军减少13%，海军减少12%。义务兵服役期仍为12个月。

11月30日

△索马里首都摩加迪沙再次发生炮战，造成数以百计的平民伤亡。

△驻扎在英国的美国作战飞机开始举行可能针对利比亚的轰炸演习。在轰炸演习中美军使用了包括F—111战斗轰炸机在内的军用飞机。

△多哥军队应总统埃亚德马的要求返回兵营，首都洛美局势开始恢复正常。

△匈、波、捷3国签署联合声明说，目前3国军队内部变革的目的是加强安全和适应国内外形势，3国军队领导人都同意加强合作、交流和人员往来。

12 月

12月1日

△大约由400辆军车和普通车辆组成的南斯拉夫人民军车队从克罗地亚共和国首府萨格勒布撤出。

12月2日

△11月11日至12月2日，中苏两国外交和军事专家代表团为落实两国政府关于在中苏边境地区裁减军事力量和加强军事领域信任的指导原则协定，在莫斯科举行第5轮谈判。俄罗斯联邦和塔吉克外交部派代表参加会议。

12月3日

△日本众议院通过协助联合国维持和平活动法案和国际紧急援助队派遣法修正案，各界人士表示强烈反对。

12月4日

△乌克兰外长兹连柯表示，乌克兰致力于成为无核国家，忠于不使用、不生产和不拥有核武器3项原则。同时指出，在当前过渡阶段，由部署有核武器的俄罗斯、乌克兰和哈萨克3个共和国的代表组成核武装力量联合司令部是合适的。乌克兰准备参加一切有关核裁军的条约。他还说，乌克兰将建立自己的军队和国民卫队。

12月5日

△叙利亚总统阿萨德同来访的黎巴嫩总统赫拉维就黎巴嫩局势发展和阿以和谈问题举行会谈。

12月6日

△联合国秘书长向安理会提出建议，将派驻塞浦路斯的联合国维持和平部队的托管权再延长6个月。

△苏联和俄罗斯分别同匈牙利签订友好合作条约。

12月8日

△俄罗斯、白俄罗斯和乌克兰宣布成立"独立国家联合体"，同时宣称苏维埃社会主义共和国联盟"已不存在"。

△美国务卿贝克指出，苏联存在着类似南斯拉夫内战的危险，而且由于苏联拥有核武器，情况将更为复

杂。

△美国和科威特举行联合军事演习。从美国亨特军用机场起飞的C—141大型运输机将550名美特种兵部队空降在科威特城以北的空军基地，与大约700名科威特士兵和已在科的350名美军一道参加演习。

12月9日

△白宫发言人菲茨沃特重申美国对苏政局的5点方针，并呼吁苏联将其核武器的指挥权保持在一个统一的控制之下。欧共体决定派特使前往乌克兰，谋求乌克兰当局对其掌握的核武器作出紧急保证。乌克兰总统克拉夫丘克在记者招待会上说，"独联体"将集体控制战略核武器。

12月10日

△美国防部长切尼结束对匈牙利的访问，表示美愿同匈、捷、波3国加强双边安全关系，帮助改造匈牙利军队。

12月11日

△北约秘书长韦尔纳发表声明说，欧共体第1次确定西欧联盟是欧洲政治联盟的组成部分，在欧共体范畴内发挥防务作用，但仍与北约保持密切联系，这是加强"欧洲安全和防务特性的一个重要步骤"。

12月12日

△伊斯兰会议组织第6次首脑会议闭幕，会议发表《达喀尔宣言》，并通过了30多项决议。宣言谴责以色列以武力侵占巴勒斯坦领土，呼吁"以实现巴勒斯坦人民回归祖国的不可剥夺的权利以及包括建立独立的巴勒斯坦国在内的自决权为基础"，公正解决巴勒斯坦问题。

12月13日

△朝鲜北南会谈取得突破性进展，双方在汉城签订了《关于北南和解、互不侵犯和合作交流协议书》。

△第11次中美洲国家首脑会议闭幕并发表"特古西加尔巴声明"。声明指出，洪都拉斯、萨尔瓦多、危地马拉、尼加拉瓜、哥斯达黎加和巴拿马等中美洲国家的总统决定建立中美洲一体化体系，以促进本地区的和平、民主和发展。

△据塔斯社报道，摩尔多瓦警察与德涅斯特河沿岸共和国地方卫队发生武装冲突，5人死亡，15人受伤。

12月16日

△中国总理李鹏应印度总理纳拉辛哈·拉奥的邀请，于12月11～16日对印度进行正式访问。两国发表联合公报：双方重申愿在中印共同倡导的和平共处五项原则基础上继续发展两国之间的睦邻、友好和互利合作；重申将通过友好协商早日达成双方都能接受的边界问题解决办法。

△俄罗斯总统叶利钦同美国国务卿贝克讨论有关美国承认俄罗斯作为独立国家、核武器控制以及俄罗斯参加联合国取代苏联成为安理会成员国等问题。

12月18日

△苏联总统戈尔巴乔夫在接受美国广播公司采访时表示，他将在"联盟时代"结束和"联合体时代"开始时辞职。另，叶利钦18日说，联合体内没有戈的位置。

12月19日

△俄罗斯联邦总统叶利钦签署命令，决定在撤销联盟和俄罗斯内务、安全机构的基础上成立俄罗斯联邦安全和内务部，同时任命巴兰尼科夫为安全和内务部部长。

12月20日

△中国总理李鹏同来访的巴勒斯坦国总统阿拉法特会谈，表示中国准备参加中东和会第3阶段会议，希望中东问题早日获得公正合理的政治解决。

△北大西洋合作理事会举行首次外长会议，来自北约16国、苏联、东欧5国及波罗的海3国的外长及代表参加。会议主要讨论了欧洲安全及核武器的控制等问题，通过了北约罗马会议提出的建立一种联系体制的有关措施，指出今后在委员会内的磋商将主要围绕安全、防务计划、军控、军工生产转为民用等问题。俄罗斯联邦总统叶利钦向会议发了祝贺信，信中提出俄罗斯加入北约的要求。

△南斯拉夫联邦政府总理马尔科维奇宣布辞职，原因是由于南政府对1992年的联邦预算不能达成一致意见，马尔科维奇拒绝接受所谓"战争预算"而决定"光荣离职"。

12月21日

△莫斯科时间下午3时，俄罗斯等11个独立国家领导人在哈萨克首都阿拉木图联合举行记者招待会，正式宣告建立独立国家联合体，1922年12月30日成立的苏维埃社会主义共和国不复存在。会议就前苏联武装力量指挥问题通过的决定规定："核按钮"只有一个。任命沙波什尼科夫为前苏联武装力量总司令，并免除其国防部长职务。会议通知戈尔巴乔夫，苏总统设置已停止存在。

△金边市民举行大规模示威活动反对金边当局官员贪污腐化行为，到21日形成高潮，大批学生卷入示威活动，警察开枪，致使原定21日上午举行的柬全国最高委员会会议延期。

12月22日

△朝鲜外交部发言人表示，朝鲜将签署核保障协定，并通过有关程序，接受检查。

12月23日

△德国政府宣布正式承认南斯拉夫克罗地亚和斯洛文尼亚两共和国为独立国家。

12月24日

△格鲁吉亚首都第比利斯自22日起发生大规模武装冲突,交战一方是原格鲁吉亚部长会议主席西古阿为首的反对派,另一方是格鲁吉亚总统加姆萨胡尔季阿的支持者。武装冲突不断升级,至24日晚已造成约80人死亡,170人受伤。

△乌克兰总统克拉夫丘克评论阿拉木图会晤时说,有人企图把自己的观点强加给乌克兰,乌克兰永远不会同意把所有武装力量都置于统一指挥之下的做法。

△土耳其安全部队和库尔德人在土耳其的迪亚巴克尔省发生冲突,4人死亡。

△朝鲜劳动党召开六届十九中全会,高度评价第5次北南高级会谈的成果,并决定了今后争取促进自主和平统一的任务。会上选举朝鲜劳动党中央政治局常委、党中央书记金正日为朝鲜人民军最高司令官。

12月25日

△莫斯科时间晚7时,戈尔巴乔夫宣布辞去苏联总统及武装力量统帅职务,并把核按钮交给了叶利钦。

△海湾合作委员会首脑会议闭幕。会议公报说,海湾合作委员会成员国科威特、沙特阿拉伯、阿联酋、巴林、卡塔尔和阿曼6国首脑讨论了科威特遭受伊拉克入侵、海湾合作委员会的发展进程、阿拉伯局势、成员国同伊朗关系和国际形势等问题。

△《纽约时报》报道,加拿大科学家制成一种用微波从地面供给能量的电动飞机,这种飞机被称为"静止高度中转平台"。

12月26日

△民主柬埔寨领导人、柬埔寨全国最高委员会成员乔森潘在曼谷发表声明,要求联合国驻柬过渡权力机构立即进驻柬埔寨。

△朝鲜中央人民委员会和最高人民会议常设会议批准《北南和解、互不侵犯和合作交流协议书》。

12月27日

△俄罗斯联邦在联合国取代前苏联的席位。

△塔斯社报道,乌克兰开始组建约3万人的国民卫队。

12月29日

△中国和俄罗斯联邦在莫斯科签署两国关系会谈纪要。双方同意将中俄关系应该遵循的基本原则载入纪要,例如两国关系应建立在和平共处五项原则基础之上;1989年和1991年中苏两个联合公报所确定的各项原则今后仍是发展中俄关系的指导原则;中俄双方都表示愿意承担中苏之间签订的条约和协定所规定的义务并享有相应的权利等。

12月30日

△独立国家联合体11个成员国首脑会议在联合体协调机构所在地白俄罗斯首都明斯克开幕。会议将讨论独联体的章程、协调机构、国家首脑会议和政府首脑会议的地位以及协调机构的经费等问题,并就过渡时期的国防问题进行协商。

△柬埔寨全国最高委员会在金边举行的第1次会议结束。与会成员一致要求联合国派特别代表到柬协助执行巴黎和平协定。

12月31日

△在索马里首都摩加迪沙,忠于索临时总统迈赫迪的军队同忠于议长法拉赫的军队发生激烈战斗。

△萨尔瓦多政府和游击队签署永久停火协议。正式停火过程将从1992年2月1日开始,同年10月31日结束。

(郑明哲　陆　章)

特 辑

专 文

近年来世界军火贸易形势浅析

军火贸易是军事工业发达国家的国防发展战略的一个重要组成部分，历来受到这些国家的重视。由于国际形势的剧烈动荡和各国军费的大幅度削减，它已成为这些国家保护和发展本国军事工业的主要手段之一。现将近年来世界军火贸易形势作一肤浅的分析。

一、世界军火贸易概况

(一)世界军火贸易市场萎缩，海湾战争后出现转机。

70年代曾经是世界军火贸易的兴旺发达时期，主要是因为第三世界国家大量购买军火，世界军火贸易额急剧增长，年均军火贸易额约为450亿美元。80年代世界军火贸易形势出现徘徊状态：初期有所降落，年均军火贸易额减至400亿美元，占世界年贸易总额的2%左右；中期又进一步下降，年均军火贸易额为300多亿美元；1987年显现回升，世界年军火贸易额达到398亿美元，比1986年的314.6亿美元增长26%；后期再次衰落，1989年降至335亿美元。进入90年代第1年即1990年，世界军火贸易市场继续萎缩，年销售总额仅达217亿美元，比1989年下降35%。

但是，海湾战争后，世界军火贸易出现转机，武器交易再次红火，且有上升趋势。其主要原因是：

1.美国发动了“武器大推销运动”。美国武器在海湾战争中赢得了声誉，给武器制造商带来了机遇，他们开始在中东等地发动了一场“武器大推销运动”，积极向这些地区出口先进的武器装备。据美国一家民间组织——“军备控制协会”披露，自1990年8月至1991年12月，美国向发展中国家的武器出口已增加138%，使美国自1984年以来第1次成为向第三世界出口武器最多的国家。在这17个月里，美国已向中东推销了价值190亿美元的武器。其中，向巴林出售了主战坦克27辆及其他武器，价值2700万美元；向埃及输出了战斗机46架、空地导弹80枚、反坦克和杀伤士兵用的集束炸弹240枚，计约27.7亿美元；向以色列转让了“爱国者”导弹64枚和足够装备2个连的发射装置，共约4.7亿美元；向科威特出口了一批先进装备，价值3.5亿美元，供科改善其空军基地；向摩洛哥出售了战斗机20架，价值2.5亿美元；向阿曼转让了装甲输送车199辆，共值1.5亿美元；向沙特阿拉伯输出战斗机72架、主战坦克150辆、“爱国者”导弹384枚(可装备12个导弹连)，共约148亿美元；向阿拉伯联合酋长国提供了主战坦克120多辆、直升机20架及空地导弹640枚，计值7.37亿美元。据称，这笔交易比美国在1984～1988年期间向该地区提供的武器总额还多。1991年初美国政府向国会提交了一份报告，计划该年向在海湾战争中支持美国的国家出售330亿美元的武器，其中2/3以上出售给沙特阿拉伯、埃及、土耳其、以色列和阿拉伯联合酋长国。

2.俄罗斯等国不愿意在武器销售竞赛中落后。过去数年，苏联在武器销售竞赛中名列榜首。今后，俄罗斯和独联体其他成员国也不会甘于落后。他们急需硬通货，而国内军工厂普遍面临开工不足的问题，且又丧失了东欧市场和第三世界的某些买主，这迫使他们改变武器出口政策，愿意拿出高技术产品(如米格－29飞机)投放市场，并指定专门的军工厂从事出口武器的生产。此外，俄罗斯等国还积极开展销售活动，既竭力保持前苏联传统市场，如印度、叙利亚、利比亚等国，又多方寻求新的顾客，如巴基斯坦、菲律宾、伊朗等国。俄罗斯等国的先进武器装备还第一次在希腊、马来西亚等国举办的贸易展览会上公开展出，进行兜售。

3.法、英、捷等国也在大力争取武器买主。海湾战争中，法国武器也“露了脸”，特别是法国航空航天公司制造的“米兰”反坦克导弹、马特拉公司生产的“西北风”防空导弹和汤姆森无线电报总公司生产的“响尾蛇”导弹等武器系统战果卓著，颇受顾客青睐，成为海湾国家争相购买的抢手货。英国的武器制造厂商也已向沙特阿拉伯和阿拉伯联合酋长国等国出售“挑战者”坦克400辆和“狩猎”式飞机数百架。捷克和斯洛伐克已向伊朗出售其多余的苏联制造的T—72型坦克300辆。南斯拉夫也已向科威特和叙利亚分别出售了T—72型坦克300～400辆。

4.中东、亚太地区出现新的武器采购热。自海湾战争结束以来，一些中东国家已着手准备下一场战争，加紧采购先进的武器装备。1991年，沙特阿拉伯、埃及和以色列已分别向美国订购价值210亿、16亿和10亿美元的武器。此外，沙特阿拉伯、埃及、土耳其、伊朗、叙利亚等国还分别向法国、苏联、德国订购了大量武器。与此同时，一些亚洲国家也在大量购买武器，如南朝鲜1991年已拨款240亿美元加强其武装力量，并向美国订购防空导弹等武器系统；新加坡继1990年与法国签订购买自行火炮和坦克合同之后，1991年又向美国申请购买防空导弹系统；马来西亚已与英国签订价值10亿美元的武器订货合同；泰国1990年向美国购买了价值4.56亿美元的坦克，1991年又向美国和欧洲国家订购价值2.58亿美元的海军装备。

(二)世界武器出口国增多，但美、苏一直领先。

世界武器出口国队伍不断扩大，70年代为32个国家，80年代增至44个国家，90年代达到50多个国家。近年来，尤其是海湾战争后，某些第三世界国家在引进西方先进的武器装备时，往往要求卖主同时提供制造武器的技术。例如，南朝鲜向美国购买F/A—18战斗机120架，交易额达50亿美元，只要求美国通用动力公司提供其中的12架，余者皆由南朝鲜三星公司制造，美方则负责提供全套的管理和生产技术。这种方法将被其他的第三世界国家效仿。随着时间的推移，第三世界国家的军事工业将有相当的发展，而武器出口国也将随之增多。

但是，多年来，苏、美过去一直是，今后美、俄也很可能仍将是世界上两个最大的武器出口国。据美国《新闻周刊》等杂志报道，1985～1989年期间，苏联武器出口总额高达660亿美元，出口武器种类主要为米格战斗机、火箭发射器、坦克、弹道导弹、防空导弹、直升机、潜艇等，销往地区为华约成员国、叙利亚、伊拉克、阿富汗、印度、安哥拉、埃塞俄比亚、利比亚等。而1990年，由于向华约成员国和印度、伊拉克、阿富汗等老主顾的武器出口额大幅度下降，苏联出口大型常规武器仅63亿美元，约占世界军贸总额的30%，比1989年的122亿美元减少了48%。苏联1990年向第三世界国家出口武器价值43亿美元，约占第三世界国家武器进口总额的36%，居世界前茅。斯德哥尔摩国际和平研究所统计显示，1986～1990年期间，苏联向世界38个国家出口了总价值608亿美元的武器，居世界第1位，仅向印度、伊拉克、阿富汗和叙利亚等国的出口额就占其军贸总额的77%。

在1985～1989年期间，美国武器出口总额为530亿美元，出口的武器计有战斗机、坦克、火箭发射器、空空导弹、防空导弹等类，主要销往北约成员国、以色列、埃及、沙特阿拉伯、南朝鲜、日本和台湾地区。1990年，美国自1984年以来第1次取代苏联，成为世界最大的武器出口国。由于美国国防经费和军队人员的削减及“海湾效应”对军火贸易的刺激，美国1990年出口大型常规武器总额高达87亿美元，虽比上一年减少25%，但占世界武器出口总额的比例却由1989年的34%提高到40%，首次超过苏联，居世界第1位。令人注目的是，美国1990年向工业发达国家的输出额占其武器出口额的比例为65%，远远超过向发展中国家输出的比例，后者仅为35%。据斯德哥尔摩国际和平研究所统计，在1986～1990年期间，美国向世界77个国家(地区)销售的武器价值540亿美元，其中向工业发达国家出口额为320亿美元，约占发达国家武器进口总额的一半；向发展中国家出口武器价值220亿美元。在工业发达国家中日本一直是美国武器的最大买主，所购武器约占美国出口武器总额的20%。美国出口武器素以航空航天产品为主。

在可预见的未来，美国、俄罗斯仍有可能在世界军火贸易中占据领先的地位。两国都在裁军，有大量剩余的武器装备需要向外国推销，此其一。两国都在削减军费，国内订货有限，军工企业难以饱腹，以武器换取外汇，何乐而不为，此其二。美国武器质量先进，俄罗斯武器价格低廉，在军贸市场拥有很大的竞争优势，此其三。

值得注意的是，欧洲军事工业大国法、英、德已牢牢占据世界军火贸易的第3、4、5位。法国一直是世界武器出口第3大国。据美国统计，1985～1989年期间，法武器出口总额达160亿美元。出口种类主要是战斗机、轻型坦克、反坦克导弹、空空导弹、护卫舰、侦察机等，销往地区为北约成员国、沙特阿拉伯、伊拉克、卡塔尔、巴西、肯尼亚、委内瑞拉等。英国长期是世界武器出口第4大国。1985～1989年期间，其武器出口总额为80亿美元。出口种类有战斗机、直升机、雷达、火箭发射器、潜艇、反舰艇导弹等，主要销往北约成员国、马来西亚、印度尼西亚、印度、沙特阿拉伯、科威特等。德国在1990年世界武器出口中上升为第5位，出口了价值

9.63亿美元的武器,占世界军贸总额的4%。据美国报道,德国在1985~1989年期间共出口武器约50亿美元,出口种类包括导弹巡逻艇、潜艇、坦克、雷达、反舰艇导弹、空空导弹等。其出口武器的一半销往第三世界国家,如阿根廷、秘鲁、埃及、文莱等;另一半则销往北约成员国。根据斯德哥尔摩国际和平研究所统计,德国1986~1990年期间曾向31个国家出口武器,价值为47.45亿美元。近年来,德国将敏感的军事技术转让给一些国家的做法引起了全世界的关注,如将潜艇设计图纸转让给南非,将化学武器技术转让给利比亚,将导弹技术转让给伊拉克。

(三)第三世界国家历来是世界上主要的武器进口国。

很长时间以来,第三世界国家进口的武器约占世界军火贸易总额的70%,其中的一半是在中东地区,如伊拉克、埃及、叙利亚、沙特阿拉伯、利比亚、伊朗、约旦等国。

近年来,由于多数国家国内经济面临严重困难,整体看来,第三世界国家武器进口额一降再降,但其在世界军贸总额中所占的比例则略有回升。1990年第三世界国家武器进口额为118亿美元,比1989年减少了35%,但占世界军贸总额的比例却由1989年的52%提高到55%。主要进口国的前5名是:沙特阿拉伯、印度、阿富汗、伊拉克、泰国,共进口武器价值63亿美元,超过第三世界国家进口总额的一半;第6~10名为:朝鲜、安哥拉、巴基斯坦、南朝鲜和埃及。这10个国家1990年共计进口武器价值82亿美元,占第三世界国家进口武器总额的70%。1990年沙特阿拉伯武器进口额急剧上升,成为世界第1位武器进口国。这一年沙特阿拉伯输入武器总值为25.5亿美元,比1989年增加近79%,是1986年以来进口武器最多的一年。沙特阿拉伯武器进口量骤增的原因,主要是在伊拉克入侵科威特后,沙特阿拉伯不愿做"第二个科威特",遂凭借自己强大的经济实力,从美国采购了很多的武器装备。印度1990年武器进口额为15.4亿美元,比1989年减少了22.1亿美元,由1986~1989年期间的世界第1位降为世界第3位,仅次于沙特阿拉伯和日本,但占据了第三世界武器进口大国的第2位。

中东一直是世界上最大的武器进口地区。仅以1989年为例,这一年中东武器进口额高达121亿美元,约占当年世界军火贸易总额的27%。前苏联曾是中东地区的头号武器供应国,在1985~1989年期间共提供大约240亿美元的武器。其中,销售给伊拉克的武器共价值130亿美元,给叙利亚的共价值61亿美元,给北也门的共价值16亿美元,给南也门的共价值14亿美元,给约旦的共价值12亿美元。而美国则紧步苏联后尘,占据第2位,在同一期间输入中东价值154亿美元的武器;其中,主要买主为以色列(61亿美元)、沙特阿拉伯(50亿美元)和埃及(29亿美元)。

二、当前世界军火贸易的特点

(一)军火贸易市场由卖方市场转变为买方市场,竞争十分激烈。

70年代中期以来,越来越多的国家加入武器输出国行列,造成武器供应大于需求的局面,导致军火贸易转向买方市场,竞争日趋激烈。新兴的武器出口国在市场、价格等方面向传统的武器出口国提出严峻的挑战,并夺占了部分市场。其中比较突出的是巴西。它每年的武器出口额高达十几亿至二十多亿美元,输出的武器种类很多,巴西武器已在中东战场上大量使用。据西方统计,70年代初期,第三世界国家武器出口额在世界军火贸易总额中所占的比例不到1%,而目前则已上升到6%以上。海湾战争期间和战后,美国在中东地区军火市场称雄,加剧了美国与该地区传统的武器供应国(法、苏、英等)之间的矛盾与竞争。美、英、法在亚洲军火市场的争夺也更加激烈了。

(二)在武器出口中,经济目的已明显地居于首要地位。

武器出口向来与政治因素分不开,至今仍受其制约,但越来越多的国家已把经济因素放在首要的地位。不仅法国、意大利、比利时等西欧国家如此,甚至历来以政治目的推行军火输出的苏联也已改弦更张,把获取外汇放在首位,以致有些新武器在本国部队尚未全部换装的情况下,却优先保证出口。如向利比亚提供"米格-25"战斗机,向印度提供"米格-29"战斗机等就是明显的例证。

(三)武器出口政策更加灵活。

为了倾销更多军火,联邦德国于1982年后期修改了以往"不得向局势紧张地区输出军火"的规定。法国则大胆地向交战双方出售武器。美国一面将伊朗、叙利亚列入"制止武器输入的国家"的名单,一面又采取"个案"处理的方法,准许向他们出售有双重用途的高技术产品,例如用于导弹制导系统的重力仪和地磁炮等。据美国军备控制协会透露,自从1991年5月布什总统要求限制向中东出售武器以来,美国已向该地区转让了价值60亿美元的武器。此外,一些国家不惜出口本国最先进的武器装备,以争夺市场,例如法国的"幻影"2000战斗机和英法意联合研制的"旋风"战斗机都争先恐后地争着向第三世界国家出口。

(四)军火贸易形式和途径更加多样。

当前,军火贸易除出口武器装备成品外,还有以下几种形式：

1. 按许可证生产；

2. 转让武器生产技术或设备（包括全套工厂设备）；

3. 以民用产品形式输出用于军事目的的装备，等等。

另外，军火贸易的途径也更加多样化，除了合法交易外，秘密的军火“黑市”逐渐增多。例如两伊战争中交战双方的不少武器装备就是通过秘密渠道获得的。

三、世界军火贸易的发展趋势

根据目前情况，预计今后世界军贸形势将向以下几个方向发展：

（一）世界军火贸易总额将可能继续下降。

由于近年来世界主要武器出口国签订的军火贸易合同额一直在下降，如法、英已下降30～50%，苏联、捷克斯洛伐克已下降50%，估计在今后若干年内，世界军火贸易将继续处于徘徊停滞状态，其贸易总额在中东和东盟国家“武器采购热”过去后，很可能继续下降。但在总的停滞形势中，也不排除有时会出现一些回升，因为，国际形势仍在动荡，某些局势紧张地区的国家仍将相应地输入武器。

（二）世界军火贸易市场的争夺将可能继续加剧。

俄罗斯、捷克斯洛伐克及其他一些国家出于对硬通货的需求，西方国家为弥补国内军费削减对军工企业带来的影响，都要求扩大武器出口；而第三世界国家经济困难，工业化国家大部分缩减武器装备采购的经费开支，同时为了保护本国的军事工业，不可能大量购买国外武器，因此这种供大于求的趋势必将使世界军火贸易市场的争夺变得更加激烈，竞争将进一步白热化。在竞争中首先是以质取胜，但价格也起着重要作用。

（三）世界军火贸易中的经营与支付方式将更加多样和灵活。

为了提高竞争能力，不少国家将进一步发展以下各种军火贸易经营和支付方式：

1. 以货易货；

2. 补偿贸易；

3. 低息贷款；

4. 提供银行担保；

5. 提供其他优惠条件，等等。

此外，有些国家还将更多地组织跨国公司，实行合资联营，提高在世界军火贸易中的生存和发展能力。

（四）对全球武器扩散实行政治控制的问题将日益突出。

鉴于近年来军贸地区变得更加分散，武器扩散问题日益严重，对全球武器出口实行有效的政治控制的问题将会更加突出。

（王 羊）

北约安全战略的重大调整

北约第12届首脑会议及其以后召开的国防部长会议对北约安全战略作出了重大调整，其组织指挥体制、军事战略、军事力量结构、部队建设方针以及核武器运用等方面随之发生了一系列重大变化。北约秘书长韦尔纳称，北约战略的调整标志着“北约自1949年以来最根本的变革”。从北约会议的讨论情况及发表的有关文件看，北约安全战略作了以下六个方面的重大调整。

一、对联盟性质的重大调整

北约《伦敦宣言》宣称，由于东西方冷战结束，北约对联盟的性质进行了重大调整，即由原来的军事政治组织调整为政治军事组织。这是北约42年来在联盟性质上所作的重大调整。以往北约主要依靠军事力量维持同苏联和华约组织的军事政治均势，以此确保欧洲和大西洋的安全与稳定。现在北约战略的内容发生了深刻变化。北约认为，未来欧洲和大西洋的安全与稳定，不仅要依靠军事力量，更重要的是要依靠政治、经济、外交、科技综合国力来保障。今后北约将以军事实力为后盾，通过对话、合作来发展与原苏联和东欧国家的政治、经济、贸易以及科技关系，以此减少爆发战争的可能性，确保美国和北约在欧洲的战略地位，确保欧洲和大西洋的安全与稳定。经过这次调整，北约与原苏联、东欧国家的关系将由以往的互相防范关系转变为相互合作关系。为了“化敌为友”，北约采取了3项重大行动，第一，建立北大西洋合作委员会（有人称为“东西方合作委员会”），进一步发展与原苏联、东欧国家关系。第二，今后将邀请原苏联、东欧等国家参加北约召开的某些会议。第三，给予原苏联、东欧国家一定的经济、技术援助并提供有关安全问题上的经验和技术知识，传播北约的有关信息。

二、对联盟军事战略的重大调整

北约组织根据欧洲安全新形势、北约联盟新性质和新任务要求，对其 1967 年以来所奉行的“灵活反应”战略和“前沿防御”战略进行了重大调整，代之以新的军事战略，即用“前沿存在”、“对话、合作”、“控制”、“防止战争”等新概念代替了“前沿防御”、“逐步升级”、“打赢战争”等旧概念。鉴此，有人把新的军事战略概括为“消防队战略”或“重建战略”，还有人称它为“快速反应”或“危机控制”战略。不管如何命名，新旧两个战略相比，确有很大不同：一是战略指导思想不同。“灵活反应”战略和“前沿防御”战略以“威慑”原则为基础，以常规力量为“剑”，以核力量为“盾”，实行“逐步升级”战略，准备打各种类型的战争，即从常规战争开始，到有限核战争，直至全面核战争，以赢得战争为目的。而新的军事战略则不同，它主张在坚持核威慑思想前提下，以防止、控制和消除危机和冲突为主要目的，它依靠一支精干的、灵活的、机动的、反应迅速的常规力量来对付欧洲各个方向的危机和冲突，以防止战争发生。二是作战对象不同。从主要对付苏联和华约进攻转变为在以原苏联为潜在威胁的前提下主要对付欧洲地区的危机事件和局部冲突，即由防范东方改为“监视多方来敌”。用德国国防部长施托尔腾贝格的话来说，就是“多方位防御”。三是战争样式不同。从旧军事战略早打、打各种规模常规战争乃至各种规模核战争转变为侧重对付中小规模以下的以常规武器为主的危机事件和局部冲突。四是作战地域不同。从以中欧为重点转变为以中、南欧为重点。鉴此，兵力部署也将作相应调整，即由前沿部署为重点转变为以中、南欧为重点的靠前部署。五是作战兵器运用不同。从常规武器开始直至动用核、生、化武器转变为以常规武器为主，将核武器列为发挥威慑作用的“最后手段”。六是战争打法不同。从主要依靠单一的军事手段转变为政治、经济、军事等多种手段综合运用。具体来说，旧的军事战略主要依靠军事手段解决问题，把未来战争划分为三个阶段进行。第一阶段是前沿防御，如果防御失败，敌人进攻扩大，战争转入第二阶段，即战争升级阶段。若不能遏止战争发展，就转入第三阶段，即全面核战争。而新的战略则强调多种手段的综合运用，当其他手段无效时，才采用军事手段。据英国人士透露，新的战略设想了 3 种不同程度的“危机”反应。第一阶段采取所谓“说服措施”，即既向“危机”国家发出军事信号，也发出政治信号。军事信号包括派出快速反应部队，以便在局势紧张地区“显示力量”，表明北约对待这一威胁的认真态度。如果“说服”失败，第二阶段就是“战前和战争期间的威慑”，包括有限使用核武器，以设法阻止对方不要使冲突升级。如果第一、二阶段的努力都失败，第三阶段将发动全面核战争。

三、对联盟组织指挥体制的重大调整

北约军事委员会为北约最高军事指挥机构，下辖三个战区性司令部，即欧洲盟军司令部、大西洋盟军司令部及海峡盟军司令部。每个司令部都下设有几个地区性指挥机构，如欧洲盟军司令部就辖有北欧盟军司令部、中欧盟军司令部和南欧盟军司令部。根据北约国防部长会议提议经首脑会议批准，拟对北约军事指挥体制进行大规模调整，由以往的 3 个战区性司令部削减为 2 个战区性司令部；地区性司令部由以往美国统一指挥改为在美国统一领导下由盟国分担领导责任；管辖重点由过去以中欧和海上为重点改为以中欧和南欧为重点。其具体调整内容有四：一是撤销海峡盟军司令部，对欧洲盟军司令部、大西洋盟军司令部进行精简整编；二是撤销北欧盟军司令部，组建西北欧盟军司令部，由该司令部负责北海、波罗的海、英吉利海峡广大海域及英国、挪威本土广大地域的作战指挥任务，丹麦及德国海上作战部队亦归其指挥；三是扩大中欧盟军司令部辖区，将丹麦及德国全境划为中欧战区，交由中欧盟军司令部管辖，并拟恢复中欧陆军司令部，这样，该司令部将辖陆、空军两个司令部；四是组建海上快速反应部队司令部。该司令部辖两支多国常备海军特遣部队。这两支部队将由现在的大西洋常备海军部队驻地中海海军应急待命部队改组而成，其中一支将部署在大西洋，另一支将部署在地中海。部署在地中海的部队司令部将设在意大利，司令由有关成员国轮流派人担任。根据北约海上军事力量结构计划，在正常情况下将由 6～8 艘现代化驱逐舰、护卫舰、后勤支援舰只以及水雷战舰只组成；在“危机”不断发展情况下，将增编一艘巡洋舰和几艘护卫舰；如果局势进一步升级，将再增编一艘航空母舰或增编一支由陆战队登陆队组成的两栖部队。

四、对联盟军事力量结构的重大调整

北约根据会议的决定，对其军事力量进行了结构性重大调整，即由以往的“三位一体”军事力量结构调整为以快速反应部队为核心的多国部队混合编组军事力量结构。经过调整，西欧盟军将在常规力量方面上升为北约的主力，而美国虽仍为北约盟主，但其驻欧兵力将显著减少。新旧两种力量结构相比，有着本质不同。旧的军事力量结构是根据“灵活反应”战略要求组建的，即北约拥有比例得当的常规力量、战术核力量和战略核力量，简称为“三位一体”力量结构。北约依靠这支力量威慑敌人，使战争不致发生。一旦威慑失败，又准备运用这支力量进行各种规模战争，进而打赢战争。而新的力量结构则以快速反应部队为核心。北约依靠这支力量防止、控制、消除危机和冲突，进而达到阻止战争发生的目的。这支新的力量按任务分为以下四支部队。第一支为"快速反应部队"，为北约常备部队，以欧洲盟军为主体组成，美国负有提供战略支援任务。这支部队平时总兵力为7万人，编为1个军，下辖4个师和100架飞机，主要实施跨战区、多方向机动作战，由英国人担任总指挥，司令部设在德国。在4个师中，第1、2师分别为装甲师和机械化步兵师，由英国派出，1个部署在英国，另1个部署在德国；第3个师为空中机动师，由德国、英国和荷兰—比利时派出(各出1个旅组成)，部署在中欧；第4个师为多国混编师，由意大利、土耳其、西班牙、希腊四国派出(各出1个旅组成)，部署在南欧。另据英国称，美国还将派出1个空军师。这样，总兵力将可能增至10万人左右。这支部队平时保持高度戒备状态，编制满员，精干，灵活，装备精良，机动性强，可在72小时内派出首批5000人的"立即反应部队"，其余后续部队可在5至7天内派往欧洲发生危机的任何地方遂行任务。该部队一部分将在1994年原苏联从德国撤军完毕后部署到位，另一部分由于土耳其与希腊关系不和，到位时间可能稍晚一点。第二支为"主要防御部队"，为北约各战区常驻部队，主要用来保卫成员国领土完整和各战区交通补给线安全。该部队总兵力为30～40万人，编为7个军，每个军由5至7万人组成，下辖3个师。这7个军主要部署在德国各地，其中，3个军由德国和丹麦派出；另3个军分别由美国、荷兰、比利时三国派出；还有1个军虽由德国派出，但平时不属这支"主要防御部队"指挥。主要防御部队平时虽处于低戒备状态，但部队指挥通信系统完善，装备齐全，情况紧急时，一经动员短期内即可参战。第三支为"增援部队"，人数未定，主要由美国、加拿大本土部队和西欧国家后备役部队组成。这支部队准备在一场危机或冲突演变为战争时动用，主要用来支援上述两支部队作战。第四支为核力量部队，又称为"次战略核部队"。这支部队由削减后的欧洲核力量组成，它包括由空基战术核导弹和海基潜射战略导弹组成。在未来危机和冲突中，北约将首先依靠快速反应部队，特别是由快速反应部队组成的"立即反应部队"，控制危机和冲突发生，一旦事态扩大，再动用后三支力量，以阻止战争发生。

五、对联盟部队建设方针的重大调整

北约对其部队建设方针亦进行了重大调整，变"向上均衡"为"向下均衡"。以往，北约从抗衡苏联和华约国家需要出发，为与苏联和华约国家保持高水平对峙，推行"数质并重"、"向上均衡"建军方针，保持庞大兵力和高额的军费。以1989年为例，这一年北约国家总兵力高达560万，军费高达4349亿美元，其中"一体化"部队为180万人，部署在欧洲的核武器达3500件之多。新的军事战略要求从应付危机和局部冲突事件出发，"以质代量"、"向下均衡"方针建设部队。鉴此，北约决定从1991年起大力削减兵力，降低军费开支，进一步减少对核武器依赖。据北约人士称，北约计划到本世纪末，把"一体化"部队常规力量由现在的180万人减至90万人左右，其中驻欧美军计划由32万人减至15万人；德国总兵力由49.5万人减至37万人；英国总兵力计划由30.8万人减至24.6万人；其他北约成员国也计划大幅度削减，约裁减10%至38%。与此同时，还计划削减80%的核武器，即从现在的3500件减至750件，主要削减的战术核武器有陆基短程核武器和核炮弹。在削减部队和军费的同时，北约将加强部队现代化建设，加速实现北约成员国之间的武器装备标准化和通用化。

六、对联盟核武器战略运用的重大调整

北约根据战略调整方案，对其核武器战略运用也作了重大调整，将北约"先期使用"核武器的"绊索"战略调整为将核武器作为发挥威慑作用的"最后手段"的"劝阻"战略。这两种新旧战略相比，既有相同之处，亦有不同的地方。其相同之处是，都强调核力量是军事力量组成中不可缺少的成分，都强调发挥核武器的威慑作用，都强调继续发展新型核武器，加速核武器的更新换代。不同的地方有三，一是新战略强调减少对核武器的依赖，不再强调以核武器为主要威慑手段；二是新战略强调核武器的"政治目的"，即防止和遏制战争的作用，不再强调核武器的"先期打击"能力；三是新战略强调依靠由飞机来投放的战术核武器，把潜艇发射的核武器作为补充手段，不再强调建设"三位一体"核力量。

总之，经过上述调整，北约联盟战略特别是其军事战略发生了令人瞩目的变化。但是，同时也应该看到，变中亦有不变，分析起来，至少在以下三个方面并没有发生实质性变化：其一，对北约所负的战略使命并没有作出实质性调整，该组织仍以维护欧洲和大西洋地区的安全与稳定，保卫西方资本主义政治体系为其战略目标；其二，组成北约战略的三根支柱也未发生任何实质性变化，该组织继续坚持推行"以集体防务为基础的联盟战略"，"以核武器为核心的威慑战略"，"以集体自卫为原则的防御战略"；其三，北约军事力量虽作了重大的调整，部队数量虽有了明显减少，但其战备水平以及机动能力不但没有降低，反而有进一步的提高。因此，对北约的战略调整，应作出全面而客观的估量。

(温味儿)

美、英、德、法、日、印武器装备发展特点

一、美国

美国近年来武器装备发展具有下述几个主要特点：

1. 不断更新战略核力量，大力实施“战略防御倡议”(SDI)计划，确保和增强核威慑的有效性和可靠性。

从50年代以来，美、苏推行核威慑战略，进行以核武器为中心的军备竞赛，大力发展战略、战术核武器，相继形成了陆基、海基、空基(战略轰炸机)“三位一体”的战略核力量和战术核力量。80年代以后，美、苏冷战状态逐渐缓和，并于1987年5月和1991年7月两国先后签订了“中导”条约和《削减战略武器条约》，销毁和削减双方的中程、中短程和战略核武器。至1991年6月1日，美国的3种中程、中短程导弹，即“潘兴”1A、“潘兴”Ⅱ和BGM－109导弹(共896枚)和苏联的SS－12(含SS－22)、SS－23、SS－4、SS－5、SS－20、SS－CX－4等7种中程和中短程导弹(共1842枚)都已全部销毁。截至1991年6月为止，美国核武库中拥有陆基、海基、空基战略、战术核导弹共18940枚。从1991年10月，美国的“民兵”Ⅱ洲际弹道导弹开始以每年75枚的速度退出现役。从1992财年开始，美国的“海神”导弹核潜艇和B－52战略轰炸机也将逐渐退出现役，FB－111战略轰炸机将改为战术使用。根据美国国防部的裁军计划，到1995财年，美国的弹道导弹核潜艇将由1991年的34艘减到21艘，战略轰炸机总数将由1991年的293架减到207架，陆基洲际弹道导弹将由1991年的1000枚减到700枚。

另外，1991年9月27日，总统布什宣布，美国将单方面大量削减战术核武器，包括拆除和销毁部署在国内外的所有陆基短程战术核武器，拆除水面舰只、攻击型潜艇上的所有战术核武器，以及陆基海军飞机上的战术核武器。从上述情况看来，今后美国核武器的数量将会减少，尤其是核炮弹、核炸弹、战术核导弹等数量将大大减少。然而，就战略核武器而言，虽然数量有所减少，但其质量和现代化程度将越来越高。目前，美国正在对其战略核武器实施一系列的现代化措施。如美国现役的450枚“民兵”Ⅱ型和500枚“民兵”Ⅲ型洲际弹道导弹将分别从1991年10月和90年代后期开始退役，但同时美国空军又部署了50枚新的能带10个弹头的MX战略核导弹并计划将该导弹由地下井发射改为铁路机动发射。还将部署500枚正在发展中的单弹头陆地机动发射的“侏儒”战略核导弹。还准备发展部署一种比“侏儒”导弹稍大，比“民兵”Ⅲ型导弹稍小的、采用新的制导系统的、既可机动发射又可地下井发射的新的战略核导弹，并准备为该导弹的核弹头研制一种能对付光学探测的新的突防装置。还将采购75架新的B－2隐形战略轰炸机。美国海军，一方面老的“海神”核导弹在快速地退出现役，另一方面又在加速发展部署新的“三叉戟”Ⅱ核导弹，首批4艘“三叉戟”Ⅱ型导弹核潜艇不久将编入大西洋舰队。

在对战略核武器进行现代化的同时，对庞大的“战略防御倡议”(SDI)计划又作了调整，至1991年美国在SDI计划方面已投资240亿美元。目前SDI计划在目标探测器技术、拦截弹技术、定向能技术等方面的开发研究已取得了重大进展。为了适应未来战争的需要，在海湾战争后，SDI计划的发展重点已被调整到提供针对有限攻击的全球保护系统(GPALS)方面，即调整到防御“意外发射”或“第三世界国家发射”的导弹攻击，加快反战术导弹及其技术的发展方面。这种新系统将在90年代后期开始部署。从上述情况看出，美国的战略核威慑力量并没有因武器数量的减少而受到削弱，反而因新武器系统的性能更先进，防御系统更有效而使其战略核威慑更可靠了。

2. 利用SDI计划，加速国防高技术的研究与开发，积极地将其科研成果用于发展先进的武器装备和新概念武器。

SDI计划是一项综合性的国防高技术的研究、开发与应用计划，其研究开发的重点是目标探测技术、动能武器技术和定向能武器技术。至1991年年底，这三大技术领域的研究开发都已取得了重大进展。例如，在探测技术方面，已研制出重量只有366克的碲镉汞红外寻的探测器；天基“中继反射镜”于1990年2～9月已进行地面发射的低功率激光束反射试验，同年3月29日还进行了精密激光雷达跟踪、识别真假弹头的试验等。动能武器技术方面已研制出重量小于450克的光纤陀螺惯性测量装置；重量只有540克、运算速度达25亿次/秒的弹上并行处理机和重量为75克、运算速度5亿次/秒的弹上微处理机；“智能卵石”拦截弹于

1990 年 8 月 25 日已进行首次亚轨道飞行试验等。定向能武器技术方面，为天基激光武器系统研制的“天顶星”化学激光器的平台概念设计已经完成，工程设计已经开始；高功率自由电子激光器实验中已获得 40 兆瓦的峰值功率输出；美国防部于 1991 年 8 月 20 日用先进的中红外化学激光(MIRACL)反卫星试验系统成功地击落了约在 13000 米高空飞行的无人靶机等。另外，根据 SDI 计划进行的信息系统、计算机软件以及半导体、通信、控制、新材料等的研究也都取得了许多重要成果。目前这些科研成果正在被广泛用于发展美国陆、海、空三军先进的武器装备。例如，空军正在发展的 ATF 先进的战斗机就采用了 SDI 计划开发出来的 300 多项科研成果。陆军正在利用 SDI 计划中的“智慧眼”系统发展一种新的拦截弹，即“大气层内和大气层外拦截弹”(E2I)等。

3. *在发展武器的同时，大力发展、部署现代化的 C^3I 系统和电子战系统。*

现代化的高性能的通信、指挥、控制、情报系统(C^3I)和电子战系统是进行高技术战争必须具备的手段，它已经成为现在和将来进行高技术战争的双方总体作战能力不可分割的重要组成部分。美国长期以来都把 C^3I 系统与电子战系统的发展与武器的发展放在同等重要的位置上。目前，美国已经建成立体化、多层次、多功能的自动化 C^3I 系统和电子战系统，它由天基、空基、陆基、海基的 C^3I 系统和电子战系统组成。这种系统在海湾战争中发挥了巨大作用。战争期间，美国国防部调用和新发射各种通信卫星、侦察卫星、预警卫星、导航卫星等就达 70 多颗，使用各种通信、侦察、预警、电子战和指挥用飞机以及无人机等约 100 多架，紧急采购装备“全球定位系统”(GPS)机动接取机 2 万台，海军陆战队紧急装备背负式、车载式、机载式可提供保密、抗干扰话音和数据通信的新一代野战跳频电台 2700 多部，部署超高频卫星终端 100 多个。美、英、法部队还分别装备了“移动用户设备”通信系统、地域战术通信系统和综合自动传输网等设备。由这些天基、空基、陆基、海基的通信、指挥、侦察、预警、电子干扰等手段组成的现代化的 C^3I 系统和电子战系统，成功、有效地保证了战争的顺利进行，成功、有效地对伊拉克的通信、指挥、控制和各种雷达系统等进行了侦察、干扰和压制，及时准确地为多国部队的陆、海、空军高技术武器的攻击提供了精确的目标信息。因此，这次战争可以说是美国(也包括多国部队)现代化的战略 C^3I 和战术 C^3I 及电子战系统与高技术武器配合使用的一次实战演练。事实证明，现代化的战略、战术 C^3I 和电子战系统对进行高技术战争来说是至关重要的。

目前，美国还在继续使其战略、战术 C^3I 系统和电子战系统进一步现代化。例如，为提高对隐形飞机、隐形巡航导弹等目标的探测能力，美国空军正在发展一种采用 L 波段的相控阵雷达的预警飞机。该雷达可提供 360°全方位覆盖，可在高杂波、强干扰、目标密集的情况下探测小型目标。它于 1990 年初开始系统方案设计，1995 年将提供全尺寸试验样机。空军还在研制一种把 E－3 预警机的空中目标监视能力和 E－8A 联合监视与目标攻击雷达系统(J－STARS)的地面目标跟踪能力综合在一起的新型机载战场监视雷达系统。通用电气公司和马可尼空间系统公司正在研制一种新型的星载导航系统，它将装在 1994 年发射的 4 颗“国际海事卫星”Ⅲ上，用于监视美国全球定位系统和苏联全球导航卫星系统的信息。环球卫星公司正在研制消除图象重复数据、简化地面站设备、重量仅 18 公斤的小型遥感卫星等。

4. *在常规武器发展中将精确制导武器和隐形武器的发展放在第一位。*

从 70 年代中期，美国开始把常规武器发展的重点转向精确制导武器和隐形武器方面，相继开始了一系列精确制导武器和隐形武器及其技术的研究与开发计划。技术开发的重点是被动红外成像、激光、毫米波雷达、双模式(红外加激光或红外加毫米波等)寻的头和惯性加地形匹配，惯性加雷达区域相关等精确制导技术。至 1991 年，这些技术的研究与开发已取得重大进展，应用这些技术的武器已经装备或即将开始装备部队。譬如，采用激光制导的“狱火”反坦克导弹和“铜斑蛇”反坦克炮弹，采用红外成像制导的“先进的近距离空空导弹”，采用惯性加指令加 TVM 复合制导的“爱国者”地空导弹以及采用地形匹配加数字景像相关制导的“战斧”BGM－109C 舰地巡航导弹等，都于 80 年代先后装备部队。近两年来美陆、海、空军又有一批精确制导武器已经装备或即将装备部队。近两年开始装备的有采用电磁辐射制导的 AGM－136/RGM－136 反辐射导弹，采用半主动雷达制导的 AIM－7/RIM－7P 型空空导弹，采用红外成像制导的“斯拉姆”(SLAM)空地巡航导弹和采用惯性加地形匹配和光学景像相关制导的 BGM－109D 巡航导弹等。即将装备和开始发展的有采用雷达和红外导的器制导的 AAAM 型“先进的中程空空导弹”，采用雷达导的器制导的“哈姆”C(AGM－88C)高速反辐射导弹，采用毫米波寻的器制导的 AGM－65“小牛”地空导弹，采用红外成像制导的 AIWS“先进的遮断导弹系统”，采用惯性加激光制导的 AGM－129“先进的巡航导弹”以及采用红外焦平面阵列探测器制导的 AAWS－M“先进的中型反坦克导弹”

和供B—52、B—1、B—2战略轰炸机携带的，采用全球定位接收机加惯性制导的“恶劣气候精确制导炸弹”等。

由于空中目标探测技术的发展、多基地和相控阵这类高性能雷达的出现和使用以及防空武器性能的提高，使一般飞机的突防能力受到严重限制。于是从70年代开始，美国就积极研究和开发隐形技术，至最近两年这方面的研究也取得了重要进展。例如F—117A隐形战略轰炸机、TR—3A“黑曼塔”三角翼隐形侦察机、“阿利·伯克”级隐形驱逐舰等已开始装备部队，而更多的隐形武器目前正在发展中或已列入发展计划。譬如，AGM—129“先进的隐形常规战略巡航导弹”和三军防区外发射的TSSAM隐形巡航导弹，空军的ATF“先进的隐形战术战斗机”、MRF隐形多功能战斗机、“先进的B—2隐形战略轰炸机”。海军的AX隐形攻击机（原A—12型隐形攻击机计划已于1991年1月7日被国防部取消）。陆军的AH—64“阿帕奇”后继型隐形重型直升机和隐形坦克等。

5. *在常规武器发展中广泛采用“预先筹划产品改进”(P^3I)法，缩短研制周期，加快更新换代。*

“预先筹划产品改进”法，即通过对基本型武器系统多次局部的改进，使武器性能逐步达到最佳化的方法。这种方法在美国常规武器，尤其是陆军武器和各种战术导弹的发展中使用极为普遍。例如，陆军1962年装备的M—109型155毫米自行榴弹炮，从70年代初至1991年先后已经过6次改进，生产并装备了4种改进型，即M—109A1/A2/A3/A6，这4种改进型的性能一个比一个更先进，M—109A6于1991年开始装备部队。又如M—1“艾布拉姆斯”主战坦克于1982年开始装备部队，至1989年已进行了两次改进，第1次改进型M—1A1于1985年开始装备部队，第2次改进型M—1A2于1989年开始改进，1991年M—1A2的样车已交付试验。

在战术导弹方面，如BGM—71“陶”式(TOW)反坦克导弹，在开始研制时就预先考虑了9种改进型方案（不含其他装备这种导弹的国家的改进方案），其中已有3种改进型于80年代相继装备部队，第4种改进方案，BGM—71F“陶”—2B于1991年开始装备部队。再譬如，MIM—104“爱国者”防空导弹，最初方案，即PAC—1，只作反飞机用，后对其制导系统进行改进，发展成PAC—2方案，它既可反飞机又可反常规战术弹道导弹，目前又在对PAC—2的制导系统和动力系统进行改进，将发展成PAC—3方案，使其不仅具有反飞机、反常规弹头的战术弹道导弹的能力，而且还具有反化学弹头和核弹头战术弹道导弹的能力。PAC—3方案已被美国国防部列入防御有限攻击的全球保护系统(GPALS)计划。其他如“小牛”空地导弹，MLRS火箭炮用火箭弹等也都采用了P^3I方法。

二、英国、德国、法国

英、德、法3国在武器装备发展方面有些特点与美国相似，如在常规武器发展中特别重视精确制导武器（含各种战术导弹、制导炮弹、制导炸弹、灵巧弹药等）的发展；在发展武器的同时积极发展战略、战术C^3I系统和电子战系统等，但它们也都各有自己的特点。

（一）英国武器装备发展特点：

1. 战略、战术核力量以外购与自研相结合。

英国的战略核力量主要有4艘“北极星”A3—TK弹道导弹核潜艇，共携带64枚“北极星”A3—TK型核导弹。这些导弹是向美国采购的，而其核弹头和核动力潜艇则是英国自行研制的。1991年英国决定再建造3艘“先锋”级“三叉戟”Ⅱ型导弹核潜艇，1992年再从美国购23枚“三叉戟”Ⅱ型导弹，其核弹头和核潜艇也由英国自行研制。战术核武器主要有核航弹、深水核炸弹、战术核导弹和核炮弹，其中核航弹和深水核炸弹是英国自行研制的，而战术核导弹和核炮弹是美国提供的。英国空军还打算从美国购买近程攻击核导弹或与法国联合研制ASLP空地核导弹。

2. 三军常规武器以自行研制为主，积极参与国际间协作研制。

英国的常规武器研制能力很强，一些大型武器系统，例如中、轻型航空母舰、护卫舰、常规潜艇，“鹞”式短距离/垂直起降多用途战斗机，“大山猫”武装直升机，即将装备部队的“挑战者”2型主战坦克和AS—90型155毫米自行野战炮，超轻型155毫米牵引野战炮（为美国陆军研制）以及“星烁”地空导弹等都是英国自行独立研制的，且性能都十分先进。目前又开始自行研制采用红外和电视复合制导系统制导的机载“马蒂斯”巡航导弹，即“人—机目标遮断导弹系统”和“翠菊”地空导弹及“灰背隼”机载反潜导弹系统等。

在自研为主的同时，英国也积极参加国际间协作研制。例如，英军现役中的“旋风”战斗机，MLRS式227毫米12管火箭炮和FH—70型155毫米牵引榴弹炮等都是与其他国家联合研制的。另外，目前已经参加和准备参加的多国联合研制项目有：英、法将联合研制一种通用的护卫舰，英、法、德、美将联合研制下一代采用140毫米滑膛炮的主战坦克，英、法、德将联合研制一种遥控军用机器人，英、美将恢复联合研制先进的短距离起飞垂直降落的战斗机技术等。

（二）德国（原西德）武器装备发展特点：

核武器依靠美、英等国的保护伞，常规武器自行研制与国际间协作研制并重。

部署在原西德领土上的战略、战术核武器都是美国和英国的或者是由美、英提供的。但是原西德却有一支装备精良的常规力量。这些常规武器有的是原西德自行研制的，例如 122 型“不来梅”级护卫舰，209 型“海豚”级常规潜艇，“豹”Ⅰ/Ⅱ/Ⅲ型主战坦克，“貂”1A3 型步兵战车，1990 年开始装备的 AS－034“卡莫兰”空舰导弹和目前正在研制的排水量为 1280 吨级 212 型常规潜艇和排水量为 4490 吨级的 123 型护卫舰，正在发展的模块式 PUMA 型装甲战车族、P_2H2000 型 155 毫米自行榴弹炮、“独眼巨人”潜空导弹、MNL 轻型反舰导弹等都是原西德自行研制的。然而现役中的战斗机（含直升机）、各种战术导弹和野战炮等大部分都是买的美国或与其他国家联合研制的。例如，F－4F 战斗机（美），M－$109A_2$、M－$110A_2$ 野战炮（美），“旋风”战斗机（德、英、意），“罗兰”地空导弹（德、法），“米兰”Ⅰ/Ⅱ反坦克导弹（德、法），227 毫米 12 管火箭炮（美、德、英、法、意）等。目前正在联合发展的项目有防空区外发射的超音速反舰导弹（德、法）和西欧未来的模块系列防空导弹，即舰空反弹道导弹、地空导弹、舰空导弹、局部面防御导弹，以及下一代主战坦克等。

（三）法国武器装备发展特点：

1. 战略、战术核力量自行研制，自成体系。

法国不接受美国的核保护，在战略、战术核力量方面独立于北约而自行研制、自成体系。目前，法国拥有导弹核潜艇 6 艘，带 96 枚战略核弹道导弹，陆基战略核导弹 18 枚，“幻影”Ⅳ－P 战略轰炸机 18 架，已形成“三位一体”的战略核力量。另外，还有“普鲁东”地地战术核导弹和可携核武器的陆基“幻影”2000N 型和“美洲虎”A 型飞机及海基“超级军旗”飞机。

1991 年法国政府决定再建造 5 艘“凯旋”级导弹核潜艇，其中第 1 艘将于 1994 年开始服役。该新潜艇将装备原 M－4 的改进型 M－45 型战略核导弹，M－45 导弹已于 1991 年 12 月初进行了第 1 次试飞。同年 9 月法政府决定生产 30 枚新研制的、具有携带核和常规弹头双重能力的“哈得斯”地地战术导弹。与 M－45 导弹同时发展的 S－45 型陆基机动发射的战略核导弹因经费不足被迫下马，但法政府决定对可带远程空地核导弹的“暴风”战略轰炸机将继续研制。由此看出，法国今后将会继续保持和不断使之现代化的“三位一体”的战略核力量。

2. 常规武器系统开始由自行研制为主向国际合作研制为主方向转移。

法国三军现役的常规武器装备，例如“克莱蒙梭”级和正在发展的“戴高乐”号航空母舰，“凯旋”级导弹核潜艇，1990 年底下水的“珍珠”号“红宝石”级攻击型核潜艇，“幻影”系列作战飞机，AMX 系列主战坦克以及“斯特里达”防空系统和即将开始研制的反战术弹道导弹系统（含导弹预警卫星、反弹道导弹、指挥和控制系统）等都是法国自行研制的，只有“罗兰特”地空导弹、“米兰”反坦克导弹等少数的武器系统是国际合作研制的。然而由于国防预算的下降、武器系统成本上升，各种武器完全靠自行研制越来越困难，于是近些年来，法国武器装备发展开始向国外采购和国际协作研制为主方向转移。例如，空军决定向美国采购 4 架 E－3F 预警机（1991 年已交货），向洛克希德公司购买 12 架 C－130H“大力士”运输机，向巴西采购 50 架“巨嘴鸟”教练机等。已参加和准备参加的国际合作研制计划有：下一代核动力潜艇（英、法），通用护卫舰（英、法），“虎”式反坦克/战斗支援直升机（法、德），“霍特”2T 和“霍特”3 反坦克导弹（法、德），以及下一代主战坦克、超音速反舰导弹、地（舰）空系列导弹等。另外还准备将法国的 C^3I 系统计划纳入国际合作研制计划，同时也准备参加北约 C^3I 系统发展计划中的“北约识别系统”和“多功能信息分配系统”计划，甚至连目前已在发展中的“旋风”战斗机计划也准备改为国际合作发展计划。这些都说明法国三军的主要武器装备今后将向国际协作研制为主的方向转移。

三、日本、印度

日本是世界上经济强国、科技力量雄厚，武器装备发展很快。印度是发展中国家，重视增强军事力量。他们在三军武器装备方面各具特色。

（一）日本武器装备发展特点：

1. 积极支持和鼓励军民两用高技术的开发研究，适时地将其成果转化为高质量的武器装备。

日本从 60 年代中期以后，便加强投资支持和鼓励民用、军用及私营科研机构从事军民两用技术及其产品的开发研究，取得了很大的成功。目前，日本在微电子、集成电路、半导体、计算机软件、信息系统以及机器人、数控机床、复合材料等方面的开发研究已处于世界领先地位。这些技术除用于开发民品以外，正在被用于为三自卫队发展新一代高技术武器装备。例如，它们已被用于为陆上自卫队发展 90 型主战坦克和“惠子”地空导弹、新一代 XATM－4 重型反坦克导弹，为航空自卫队发展第 4 代 FS－X 战斗机和 XAAM－4 雷达寻的空空导弹，为海上自卫队发展“宙斯盾”级导弹驱逐舰、新型潜艇、登陆舰和航空母舰以及用于更新和改进三自卫队的 C^3I 系统、电子战系统及开发航天技术等。

2. 强调自行研制为主、引进仿制为辅，积极开展国际间的协作研制。

日本的三自卫队武器装备发展已走过了维修、引进、仿制、自行研制或合作研制的阶段，目前已进入高技术武器装备的发展阶段。

早在70年代初，日本在制定武器装备基本政策时，就要求要"从国内的开发和生产中获得武器装备"。80年代后期，在制定武器装备发展与生产5年计划时再次强调"在和平时期要扶植防卫工业，在建设、运输、通信、科学技术等领域都要考虑国家防卫问题"。对国内的武器装备生产始终采取保护政策并给以经费上的支持。目前，日本自卫队国产武器装备率，舰船达到99%，飞机达到89%，枪炮达到83%，弹药达到87%，战术C^3I系统基本上全部为本国产品。但在强调自研的同时，也很重视引进、仿制和国际间协作研制，以便为自行研制高技术武器装备积累经验。例如，1991年决定引进美国的"爱国者"地空导弹系统和美、英、法、德、意联合研制的MLRS式227毫米12管火箭炮系统，现役中的航空自卫队主力战斗机F－15J/D就是美国F－15战斗机的仿制和改进型，目前又在与美国联合研制日本第4代FS－X战斗机等。

3. 根据防卫战略的需要及时调整武器装备的发展重点，在保证重点装备发展的同时，进行旧装备的改造和更新。

随着国际形势的变化，日本已把防空、抗登陆、保卫海上安全作为它防卫战略的重点。在武器装备方面，今后的重点是发展新一代战斗机、地空导弹，新一代导弹驱逐舰，新型潜艇和航空母舰等。在保证重点装备发展的同时，也对现役中的主要装备进行改进和更新，例如F－15J/D战斗机将改用美国ATF先进战术战斗机的发动机和日本FS－X战斗机的航空电子设备并将装备新的AMRAAM或AHAAM型空空导弹；现役中的护卫舰也将采用新的电子设备和装备新的武器等。

(二)印度武器装备发展特点：

1. 陆、海、空三军主要装备由依靠整系统引进、仿制或按许可证生产，逐渐向自行研制方向过渡。

80年代初以前，印度空军的飞机、海军的舰艇、陆军的坦克、装甲车辆、火炮、反坦克导弹和防空导弹系统等基本上都从苏联采购或仿制，或引进其生产线自行生产。80年代中期，印度的国防工业初具规模，加之国际形势的变化，印度在三军主要武器装备方面，除继续向前苏联采购外，也开始向西方国家采购。例如，向法、德采购"米兰"反坦克导弹，向瑞典采购FH－77B型155毫米野战炮，向英国采购"鹞"式垂直起降战斗机，1991年又向美国采购200门新的M－109A6型155毫米自行榴弹炮等。另外也开始自行研制，例如，目前正在研制"阿尔琼"主战坦克、LCA式轻型战斗机、5000吨级的驱逐舰和1200吨级的导弹驱逐舰，1990年已开始建造新的20000～30000吨级的航空母舰等。

2. 在三军武器装备发展中将导弹及有关技术的发展放在首位，并以自行研制为主。

在印度三军武器装备发展中，唯独导弹是主要依靠自己的科研力量研制的。在70年代后期，印度曾制定过导弹发展计划，后因研制经费和科研力量不足才被迫取消。1983年初，在英·甘地总理的亲自主持下又制定并执行包括地地战术导弹、地空导弹、反坦克导弹的"导弹发展综合计划"。目前这项计划进展顺利，已多次成功地对"普里特维"地地战术导弹、"阿卡什"和"特里舒尔"地空导弹、"纳格"反坦克导弹进行了试验，90年代中期之前，这些导弹将相继装备部队。另外，在"普里特维"导弹的基础上又发展了代号为"火"的射程为2500公里的中程弹道导弹，并于1990年5月22日首次试射成功，该导弹有携带核弹头的能力，它将于90年代中期装备部队。

(张维德)

日本提出研制机器人兵器的设想

日本大平忠在日《海上力量》杂志1991年2月号撰文提出研制机器人兵器的设想。现将该文译载如下。

随着技术不断进步，今后，某些武器必然向无人化和机器人化方向发展。美国防部从1984～1993年拨出6亿美元预算，用于开发人工智能自动行驶车辆和战斗控制系统等装备。日本研制机器人兵器有许多有利条件。日本是高技术大国，有雄厚的技术力量，曾研制出许多不同用途的工业机器人，这种基础技术将对研制机器人兵器发挥重要作用。

一、研制机器人兵器的必要性

1. 节省兵员 日本出生人口日趋减少，18 岁的人口从 1992 年起，每年约减少数万至 10 万人。另外，现在青年人在选择职业时，不愿挑选危险、艰苦的职业。因此，今后自卫队招募兵员将日益困难。为解决这一问题，有必要加紧研制一些机器人兵器，以取代一部分士兵执行某些任务。

2. 提高军事技术水平 由于冷战已经结束，今后，主要军事力量的规模将逐步缩小。但不重视军事力量是极其危险的。要将军事力量维持在一定水平上，在很大程度上要依靠技术力量，技术力量已成为国力和安全保障的一个重要因素。因此，各国将从长远的观点出发，大力研究、开发新式武器，继续改进武器质量，而使兵器实现无人化和机器人化，有可能成为今后兵器发展的趋势之一。

二、研制机器人兵器的方案

在选定机器人兵器时，应优先考虑用机器人来取代士兵执行侦察、作战等危险任务以及执行某些后勤支援任务，以减少士兵伤亡。根据这一观点，可优先研制出如下一些机器人兵器：反水雷战机器人、防御反舰导弹的机器人、战斗机器人和排雷机器人。

1. 反水雷战机器人 水雷造价低且效果好，因此局部战争中经常使用。两伊战争时，仅使用漂雷就造成海上交通瘫痪，在今后的局部战争中必然继续使用。此外，水雷具有抗扫功能，很难对付，而且布设方式较多。为清除水雷，可采取扫雷法和破雷法。从这两种方法看，可选定扫雷机器人和破雷机器人作为反水雷战机器人。

(1)*扫雷机器人* 在水雷中，通常大量使用的有磁性水雷和声磁水雷。这两种水雷都具有抗扫功能，要扫除它并非易事。因此，扫雷机器人要采用气垫船形状，速度要快，抗爆力要强，安装音响信号控制装置、磁性信号控制装置、音响扫雷具、磁性扫雷具和 1 台遥控用收发报机等。这种收发报机可用于机器人同母舰的通信联络。当发生异常情况时，机器人可利用收发报机向母舰报告；母舰也可通过收发报机向机器人下达指示。整个机器人依靠综合控制部门预先编排的程序进行控制。

机器人的扫雷宽度不要太宽，因为其航速快，可用增加其航行次数的办法来弥补扫雷宽度不足的缺陷。这样，能缩小磁性扫雷具、扫雷发电机和音响扫雷具的体积，减轻其重量，从而缩小整个机器人的体积，并降低其油料消耗。

(2)*破雷机器人* 采用飞机形状，任务是炸毁用扫雷机器人无法清除的水雷。这种机器人在水下要有较好的运动性能，为此，可考虑在其稳定翼两端各安装 1 个主推进器，机体两侧各安装 1 个用于上下、左右运动的推进器。

为搜索、探测、识别、确认并炸毁水雷，破雷机器人要装备侧扫声纳、前方搜索声纳、用于识别及聚光的控制器、水下电视摄影机、磁性传感器、基准声波发射器、测位装置和深水炸弹等。

破雷机器人的运用设想是，先用前方搜索声纳和侧扫声纳搜索水雷。当探测到水雷图像时，便进行图像处理，之后传送到人工智能部门。人工智能部门抽取其图像数据特征，并进行格式化，同储存在知识库的水雷图像进行比较，确认是水雷后投下声波发射器。破雷机器人以声波发射器为基准点，向水雷靠近，使用水下电视摄影机、磁性传感器，并通过人工智能部门最后确认水雷，然后投射深水炸弹将其炸毁。

2. 防御反舰导弹的机器人 今天，反舰导弹已对水面舰只构成了严重威胁。为对付这种威胁，我们一直在研制反导弹雷达、电子干扰装置和红外探测装置。目前，正在开发近战武器系统，作为最后阶段对付反舰导弹的近战防御系统；还在研制使导弹失灵的软杀系统。但反舰导弹体积小，速度快，而且紧贴海面飞行，因此难以发现，至今还没有研制出对付反舰导弹的有效系统，使用机器人对付反舰导弹是一种有效的方法。

对付反舰导弹的机器人采用同轴反转双旋翼式小型直升机形状。它装备的导弹靠红外制导，从反舰导弹的后面进行跟踪。因此，这种导弹的速度必须比反舰导弹快。

作战时，机器人部署在距己方水面舰只 20～30 公里处的 2000～3000 米上空，从空中监视敌反舰导弹。机器人装备的摄像机拍摄的反舰导弹红外图像，经过处理后传送给人工智能部门，该部门抽取其图像数据特征，进行格式化，并同知识库储存的反舰导弹红外图像进行对比，当判定是反舰导弹时，便通过导弹发射器发射导弹将其摧毁。由于导弹从反舰导弹后方实施攻击，所以能准确命中目标。

3. 战斗机器人 采用坦克形状，安装履带上下驱动装置、激光扫描器、激光测距仪、电视摄影机、红外感应耦合摄影机、毒气检测装备和光纤电缆等。装备的武器是反坦克导弹。

战斗机器人的运动，依靠激光扫描器检测出前面的起伏地形和障碍物，经过信号处理传送到人工智能部门，该部门接到信号后对起伏地形和障碍物的程度进行判断，决定能否一直前进，然后通过运动控制装置和履带控制装置，使履带上下移动，这样，机器人便向前运动。

战斗机器人靠红外感应耦合摄影机来捕捉目标。这种摄影机装备2部,一部负责监视前方,另一部负责监视左右方,发现敌坦克等目标后进行拍照,将拍摄的目标图象进行处理,并传送到人工智能部门,该部门抽取其图象数据的特征,进行格式化,并同知识库储存的坦克图象进行对比,以确认目标。

在运用战斗机器人时应注意以下两点:(1)在未察明敌我双方部署情况时不要使用。(2)为全面掌握敌情(敌车种和数量)和己方战斗机器人的配置和行动,应在空中部署监视系统。使用导弹攻击目标,主要由后方指挥员指挥。但机器人同敌人处于对峙状态时,如自己能进行攻击判断,也可自动对敌实施攻击。

4. 排雷机器人 地雷是阻止或迟滞敌进攻的一种障碍武器,分为防步兵地雷和反坦克地雷。由于地雷埋在地下,发现和排除都很困难。为排除危险的地雷,利用机器人是有效的方法。这种机器人采用装甲车形状,车体前部安装用于排雷的振动发生器、磁场发生器和激光扫描器,前部监视探头上安装爆炸闪光传感器、气压传感器,中部安装1具排雷弹发射架。

排雷时,排雷机器人发射的排雷弹在其一定距离上爆炸,通过爆炸的气浪产生的对地压力使地雷爆炸。机器人的运动、磁力信号和振动信号的发出以及排雷弹的发射,均依靠综合控制部门编排的程序进行。

(袁孝华 译编)

1990～1991年新上任军界要人简介

苏联国防部长叶·伊·沙波什尼科夫元帅 1991年8月23日至12月25日任此职。1942年2月3日生于罗斯托夫州一工人家庭。60年代初入伍,1963年毕业于哈尔科夫高等空军飞行学校。历任飞行员、飞行组长、飞行中队长。1969年从加加林空军学院毕业后被任命为飞行大队长。1973年任歼击航空兵团长,1976年任歼击航空兵师长。1979年先后任喀尔巴阡军区和敖德萨军区空军副司令。1984年于苏军总参军事学院毕业。1985年升任敖德萨军区空军司令。1987年调任苏驻德集群司令。1988年任空军第一副司令。1990年7月出任国防部副部长兼空军总司令。于1963年加入苏联共产党,在苏共28大上当选为苏共中央委员,他主张将苏军改造成为职业化军队,废除征兵制,实行志愿兵役制,主张军队不参与政治事件。

苏联国防部第一副部长帕·谢·格拉乔夫少将 1991年8月23日至12月25日任此职。1991年8月23日同日被任命为俄罗斯国防会议主席。1948年1月1日生于图拉州列宁格勒区尔瓦村。先后毕业于梁赞空降兵指挥学校、伏龙芝军事学院和总参军事学院。历任侦察排长,学员连连长,伞兵训练营营长,伞兵副团长、团长、师参谋长、师长,空降兵第一副司令、司令。曾在阿富汗作战5年,并因此获"苏联英雄"称号和6枚勋章,其中包括2枚"列宁勋章"。回国后曾在高加索、纳戈尔诺一卡拉巴赫、亚美尼亚、中亚等民族矛盾尖锐的地区任职。于1972年加入苏联共产党。1986年晋升少将军衔,属苏军少壮派。他不赞成在民族冲突中使用空降兵。

苏联武装力量总参谋长弗·洛博夫大将 1991年8月23日任此职,1991年12月7日被解职。生于1935年7月19日,1954年入伍,1959年加入苏联共产党。先后毕业于梁赞炮校、伏龙芝军事学院和苏军总参军事学院。历任排长、连长、营长、团长、师长、集团军司令。1981年11月任列宁格勒军区第一副司令,中将军衔。1984年9月任中亚军区司令,11月晋升为上将。1987年5月7日升任总参谋部第一副总参谋长。1989年2月15日晋升大将,同年2月25日,被任命为华约武装力量参谋长。是苏共28大代表,苏联军事科学博士,属苏军少壮派,是苏军传统军事思想的捍卫者,其作战思想大胆,敢于冒险。他重视军事理论研究,经常在报刊上发表研究论文。他治军较严,对指挥人员要求更甚,有一套管理部队、抓军事训练的方法。

苏联国防部第一副部长兼总参谋长维·尼·萨姆索诺夫上将 1991年12月7日至12月25日任此职。1941年11月10日生于萨拉托夫州杜霍夫尼茨基区杜霍夫尼茨基国营农场。1964年于远东高级合成指挥学校毕业,在太平洋舰队海军陆战独立团中担任排长、连长。1972年于伏龙芝军事学院毕业后被任命为摩步团参谋长。尔后担任团长和坦克师参谋长。1981年于苏军总参军事学院毕业后被任命为外高加索军区某摩步师师长。尔后担任该军区集团军参谋长、集团军司令、军区参谋长。1990年被任命为列宁格勒军区司令。是苏军历史上最年轻的总参谋长之一。

苏联武装力量后勤部长伊·瓦·富任科上将 1991年12月7日至12月25日任此职。1937年6月5日生于基洛夫格勒州兹纳缅卡区苏博特齐村。1957年于敖德萨军校毕业，历任步兵排长、连长、副营长。1970年于伏龙芝军事学院毕业后任步兵团长。1976年入总参军事学院学习，当时任摩步师长，1978年毕业后被任命为波罗的海沿岸军区副参谋长。尔后担任列宁格勒军区第一副参谋长、集团军司令、西部集群第一副总司令、土耳其斯坦军区第一副司令等职。1989年任土耳其斯坦军区司令。

苏联国防部副部长兼陆军总司令弗·穆·谢苗诺夫上将 1991年8月31日至12月25日任此职。1940年7月8日生于斯塔夫罗波尔边疆区卡拉恰耶夫－切尔克斯自治州卡拉恰耶夫斯克区胡尔祖克山村。1962年毕业于巴库高级合成指挥学校，先后担任排长、连长。1970年于伏龙芝军事学院毕业后，被任命为摩步营营长，后担任团参谋长。1973年任团长，1975年任副师长兼师参谋长。1979年以优异的成绩毕业于苏军总参军事学院，同年任师长。1982年任陆军军长。1984年任集团军司令。1986年任外贝加尔军区司令。曾获"在苏联武装力量中为祖国服务"勋章和奖章多枚，是苏首届人代会代表。

苏联国防部副部长兼防空军总司令维·阿·普鲁德尼科夫上将 1991年8月31日至12月25日任此职。1939年2月4日生于顿河河畔的罗斯托夫市。1959年毕业于阿尔马维尔空军飞行学校，后在空军教导团担任飞行教员。1967年于加加林空军学院毕业后被任命为航空兵大队副大队长。1968年晋升为大队长。1970年任歼击航空兵团主管飞行训练的副团长，1971年晋升为歼击航空兵团长。1973年任防空军某师副师长，1975年任师长。1978年任防空军独立集团军副司令。1981年于苏军总参军事学院毕业后被任命为防空军独立集团军第一副司令，1983年任司令。1989年起任莫斯科军区防空军司令。

苏联国防部副部长兼空军总司令彼·斯·杰伊涅金上将 1991年8月31日至12月25日任此职。1937年12月14日生于罗斯托夫州莫洛佐夫斯克市。1957年毕业于巴拉绍夫空军飞行学校，历任飞行员、远程航空兵机长。1969年于加加林空军学院毕业后任航空兵团长、师长。1982年于苏军总参军事学院毕业，获金质奖章，被任命为空军集团军副司令，1985年任司令。1988年被任命为远程航空兵司令。1990年任空军第一副司令。任飞行员期间能驾驶多种作战飞机，其中包括图－160战略轰炸机，飞行时间总计达4500小时，获"苏联功勋军事飞行员"称号。

苏联空降兵司令叶·尼·波德科尔津中将 1991年9月至12月25日任此职。1936年4月18日出生于塔尔迪库尔干州安德烈耶夫区列普辛斯克村。1958年毕业于空降兵学校，历任排长、近卫空降师独立侦察连连长、伞降营营长。1973年于伏龙芝军事学院毕业后被任命为伞降团团长。1974年任近卫空降师副师长，1976年任师长。1982年于苏军总参军事学院毕业，被任命为空降兵第一副参谋长，1986年任空降兵第一副司令兼参谋长。

苏联波罗的海沿岸军区司令瓦·伊·米罗诺夫中将 1991年9月初至12月25日任此职。1943年12月19日生于莫斯科市。1965年毕业于俄罗斯联邦最高苏维埃高级合成指挥学校，历任排长、连长。1973年于伏龙芝军事学院毕业后被任命为副团长兼团参谋长，1975年任团长。1977年任副师长，1979年任师长。1979～1982年参加了侵阿富汗战争。1984年于苏军总参军事学院毕业，被任命为集团军副司令。1989年任列宁格勒军区副司令。

苏联伏尔加河沿岸－乌拉尔军区司令阿·伊·谢尔盖耶夫中将 1991年9月初至12月25日任此职。1940年11月6日生于鄂木斯克州大列琴斯克区伊瓦诺沃克村的一工人家庭。1963年以优异的成绩毕业于远东坦克学校，历任坦克排长、教导连连长、教导营副营长。1973年任团长。1978年任师长。1982年于苏军总参军事学院毕业后被任命为集团军第一副司令兼参谋长。1986年任集团军司令。1988年任敖德萨军区第一副司令兼参谋长。1983～1986年参加过侵阿富汗战争。

苏联莫斯科军区司令弗·米·托波罗夫中将 1991年9月初至12月25日任此职。1946年2月7日生于巴拉诺维奇市。1968年毕业于敖德萨炮兵学校，历任反坦克排长、伞兵连长。1975年于伏龙芝军事学院毕业后被任命为副团长，1977年任团长，1979年任副师长。1984年于苏军总参军事学院毕业，同年任师长。1987年任某集团军第一副司令，1988年任该集团军司令。从1989年起任远东军区第一副司令兼参谋长。

苏联外贝加尔军区司令瓦·斯·特烈季亚科夫中将 1991年9月初至12月25日任此职。

1941年12月24日生于古比雪夫州塞兹兰市。1963年毕业于塔什干高级合成指挥学校。历任摩步排长、连长、营参谋长。1972年于伏龙芝军事学院毕业后被任命为团参谋长。1975年任团长，1977年任师参谋长，1979年任师长。1985年于苏军总参军事学院毕业后被任命为某集团军第一副司令，1987年任该集团军司令。1988年被任命为外贝加尔军区第一副司令。

苏联西伯利亚军区司令维·安·科佩洛夫中将 1991年9月初至12月25日任此职。1940年9月生于阿穆尔斯克州扎维塔亚镇。1962年毕业于哈尔科夫近卫坦克指挥学校，历任坦克排长、连长。1970年于马利诺夫斯基装甲坦克学院毕业，先后任坦克营长、团参谋长、团长、副师长。1979年于苏军总参军事学院毕业后被任命为坦克师长。1983～1985年任某集团军参谋长，1985～1988年任该集团军司令。1988年被任命为中亚军区第一副司令。1988～1991年在国外任职。

苏联土耳其斯坦军区司令格·格·孔德拉季耶夫中将 1991年12月7日至12月25日任此职。1944年11月17日生于布良斯基州克林齐市。1965年以优异的成绩于哈尔科夫近卫坦克指挥学校毕业，历任坦克排长、连长。1973年于马利诺夫斯基装甲坦克学院毕业后任团参谋长，1974年任团长，1978年任副师长，后升任师长。1985年于苏军总参军事学院毕业，并获金质奖章，被任命为土耳其斯坦军区某集团军第一副司令。1987年任集团军司令。1989年起担任土耳其斯坦军区第一副司令。曾获“红旗”勋章、“红星”勋章以及二级和三级“在苏联武装力量中为祖国服务”勋章等多枚。

苏联列宁格勒军区司令谢·帕·谢列兹尼奥夫中将 1991年12月7日至12月25日任此职。1944年7月10日生于敖德萨州俄罗斯伊万诺夫卡村一农民家庭。1965年于敖德萨高级合成指挥学校毕业，任独立摩步教导团排长。1974年于伏龙芝军事学院毕业后被任命为摩步团副团长，1978年任团长，后任副师长、师长。1985年于苏军总参军事学院毕业后被任命为集团军第一副司令，1989年任司令。1991年任列宁格勒军区第一副司令。曾获“红旗”勋章、“红星”勋章以及二级和三级“在苏联武装力量中为祖国服务”等勋章多枚。

苏联莫斯科防空区司令阿·米·科尔努科夫中将 1991年9月底至12月25日任此职。1942年1月10日生于卢甘斯克州斯塔汗诺夫市。1964年于切尔尼戈尔高级飞行学校毕业后开始在防空军服役，任一级飞行员。1974年任歼击航空兵团长。1980年于朱可夫防空学院毕业，先后担任歼击航空兵师长、军长。1988年于苏军总参军事学院毕业，先后担任防空军歼击航空兵第一副司令、防空军军团第一副司令。1989年任防空军军团司令。

苏联波罗的海舰队司令弗·格·叶戈罗夫中将 1991年9月底至12月25日任此职。1938年11月26日生于莫斯科市。1962年于伏龙芝高级海军学校毕业，历任舰艇战斗部门长、大型防潜舰艇副舰长和舰长、舰艇支队参谋长、舰艇支队长。1985年从海军学院毕业后被任命为某海军基地司令。1986年任区舰队司令。1988年任波罗的海舰队第一副司令。1990年于苏军总参军事学院毕业。

苏联黑海舰队司令伊·弗·卡萨托诺夫中将 1991年9月底至12月25日任此职。1939年2月10日生于海参崴。1960年毕业于纳希莫夫黑海海军学校，历任舰艇炮兵连长、战斗部门长、大型防潜舰艇副舰长和舰长。1975年于海军学院毕业后被任命为舰艇总队参谋长。1979年于苏军总参军事学院毕业。1980～1982年任舰艇总队队长。1982年任区舰队司令。1988年被任命为北方舰队第一副司令。

苏联国防部副部长兼总干部部部长尤·罗季奥诺夫中将 1991年9月至12月25日任此职。1938年3月12日生于罗斯托夫州塔甘罗格市。1958年于梁赞炮校毕业后开始在喀尔巴阡军区服役。1976年于捷尔任斯基军事学院毕业后，在苏国防部某科学研究所任职。1972年起先后担任国防部计算机中心副处长和处长。1976年在总干部部任职。1991年4月借调到俄罗斯联邦部长会议工作，任俄罗斯联邦国家防御问题委员会主席兼防御与安全委员会副主席。

苏联国防部总干部部第一副部长瓦·阿·雅科夫列夫中将 1991年10月至12月25日任此职。1942年5月7日生于马里自治共和国新托里亚村。1965年毕业于列宁格勒基洛夫高级合成指挥学校，历任海军陆战团排长、连长。1972年于伏龙芝军事学院毕业后被任命为黑海舰队海军陆战独立团副团长兼团参谋长，1974年任团长。1978年任敖德萨军区摩步师副师长兼师参谋长，1979年任师长。1980年任太平洋舰队海军陆战师师长。1984年于苏军总参军事学院毕业，同年任敖德萨军区陆军军长。1988年被任命为国防部总干部部某部部长。

苏联国防部中央财务部部长瓦·瓦·沃罗比约夫少将 1991年11月至12月25日任此职。1946年5月11日生于高尔基州巴拉赫宁斯基区吉特罗托尔夫镇。1966年以优异的成绩于雅罗斯拉尔夫赫鲁廖夫军事财务学校毕业。1974年于莫斯科财政学院军事系毕业,先后在西伯利亚军区和远东军区部队、兵团和集团军的财务部门工作20年。1982年任南部集群财务部副部长。1986年任乌拉尔军区财务部部长。1987年任远东军区财务部部长。1990年6月被任命为国防部中央财务部第一副部长。

苏联国防部长助理兼军人工作委员会主席尼·谢·斯托利亚罗夫少将 1991年12月2日至12月25日任此职。1947年1月3日生于戈梅利州亚历山大罗夫斯卡村一工人家庭。16岁参加工作,1969年于叶伊斯克空军高级飞行学校毕业后在空军中任参谋。1977年于加加林空军学院毕业,1980年于该学院研究生班毕业;1980～1990年从事教员工作,获哲学副博士学位和副教授职称。1990年被选为俄共中央监察委员会主席。1991年任克格勃副主席。

(黄殿伟)

美国海湾部队总司令诺曼·施瓦茨科普夫上将 1934年8月22日出生于美国新泽西州特伦顿市的一个军人世家。其父是西点军校1917年毕业生,参加过第二次世界大战,并担任过伊朗国王警察部队指挥官和新泽西州警察局长。受其父影响,施瓦茨科普夫自小就对军事产生了浓厚的兴趣。少年时代,他被送进了美国军校学习。1952年考入被称为美国陆军军官摇篮的西点军校学习,4年之后以优秀的成绩毕业,并开始了漫长的军事生涯。他经历了一个美国职业军官所必须经历的成长与磨练过程,即院校培训、部队带兵及机关轮流任职相结合的3级培训和锻炼。1957～1964年,他曾在美陆军部队任排长、连长等职。1965～1966年,他在越南战场任南越某空降师的美军顾问。1969～1970年,再赴越南战场,在美军作战部队任营长。此后12年,在美陆军部队中任旅长、副师长等职。其间曾先后在陆军步兵学校、陆军指挥与参谋学院、陆军军事学院深造,并获导弹工程硕士学位。1983年任美陆军第24机械化步兵师师长,晋升陆军少将,并出任美军入侵格林纳达军事行动副总指挥。1985年任美陆军负责作战的副参谋长帮办。1986年任美军第1军军长,晋升中将。1987年4月任美陆军作战副参谋长。1988年8月任美军中央总部司令,晋升为上将,成为美军中最年轻的上将之一。1990年任美军海湾部队总司令。1991年退役。

施瓦茨科普夫身材魁梧、体格健壮。他在多年的军旅生涯中,养成一种坚韧不拔,甚至暴躁的性格。他熟悉美军情况,处事果断。在制定作战方案时,善于利用部下的专业知识和经验去寻找最佳的方案。在侵越战争中,由于积极指挥作战,赢得了"敢冒险者"的称号,并获得2枚紫心勋章和3枚银星奖章。1983年美军入侵格林纳达时,作为副总指挥官,他曾参与制定作战计划和战场作战指挥。

自1988年任美军中央总部司令后,施瓦茨科普夫有针对性地对地区性冲突、中低强度作战、沙漠地作战和特种部队作战进行了广泛的研究。他曾指挥美军第24机械化步兵师在美国加利福尼亚州的沙漠地进行训练,并经常带领美军部队去埃及沙漠地带同埃及军队进行大型联合军事演习。对中东发生武装冲突,他有一定的预见性。在伊拉克入侵科威特的数月前,他曾预言:"地区性的冲突将成为近期石油供应最有可能的威胁,而挑起这冲突的将是伊拉克"。他和他的参谋部曾起草一份应急作战计划,以后即成为美国"沙漠盾牌"行动的基础。在伊拉克入侵科威特的前几天,他组织了几百名美军军官进行了一次以中东一国侵略另一国而威胁美国利益为背景的军事模拟演习。美国国防部长切尼称,"沙漠风暴"行动实际上是施瓦茨科普夫的计划,基本上由他来执行的。在海湾战争中,他强调首先要加强对伊拉克的空袭,然后才发动地面进攻,并认为多国部队的空中优势不会使战争很快结束,闪电战不一定会决定沙漠战的胜负。他说:"我不希望这场战争持续很久,但它却有可能持续很久。正像我们当初没有料到朝鲜战争和越南战争会持续很久,但都持续了很长时间。"针对美军中一些指挥官因伊拉克军队士气低落而对作战产生乐观估计的情况,他强调指出:仅仅得到伊军士气低落的报告,绝不能做出一旦战斗打响,整个伊军就会垮掉的判断,士气低落的部队有时也会打得很出色。

在海湾战争中曾名噪一时的施瓦茨科普夫将军现在美国疗养地佛罗里达州的坦帕别墅过着退役后的平静生活。其实,他的生活并不平静。据外刊报道,他经常被邀请到电视台录像,到各地讲演,并正在紧张撰写回忆录。这位将军并不满足于作报告、写文章,还准备走向政界。

(钱俊德)

越南共产党中央军事党委第一副书记黎德英大将 1920年生于越南平治天省的一个工人家庭,京族。1945年入伍并加入印度支那共产党(今越南共产党)。1951年任南部东区指挥部参谋长。1956年任总参谋部作战局副局长。1958年被授予上校军衔。1960年任总参谋部军力局局长,后调任总参谋部民兵动员局局长,并晋升为大校。1963年10月升任副总参谋长。抗美战争中,历任南部平原战场参谋长、第9军区副司令兼参谋长。1972年任第9军区政委。1974年破格由大校晋升为中将，并调任第7军区司令兼政委。1975年初任胡志明战役南方指挥部副司令兼参谋长、232兵团(西贡西南路纵队)司令。1975年5月任西贡市军事管制委员会委员。1976年任第9军区司令兼政委。1978年底率第9军区部队参加侵柬作战，担任侵柬越军总指挥(第478兵团司令)。1980年2月晋升为上将，并任国防部副部长、副总参谋长。1984年12月22日晋升为大将。1986年12月中旬接替黎仲迅出任总参谋长，补选为越共中央军事党委常委。1987年2月接替文进勇任国防部长，9月任中央军事党委副书记。1991年6月任中央军事党委第一副书记(书记由越共总书记兼任)，全面掌管军事工作。

黎德英1976年12月当选为越共第四届中央委员。1982年3月、1986年12月连续当选为越共第五、第六届中央政治局委员。1987年6月当选为越南第八届国会代表。1991年6月当选为越共第七届中央政治局委员、书记处书记。先后获"军功勋章"、"抗战勋章"、"战胜勋章"、"决胜军旗奖章"各1枚，"战功勋章"2枚，"光荣战士勋章"、"解放战士勋章"各3枚。

驻越外国新闻界称，黎德英是一位著名的政治家、军事家和理论家，但在超凡魅力方面比阮文灵略逊一筹。他在南方战场与阮文灵共事多年，两人关系密切。近几年来，在抨击越共内部"自由化"思潮、抵制西方"和平演变"、谋求解决柬埔寨问题、开拓对华关系等方面，黎德英是阮文灵、杜梅的坚定有力的支持者。在1991年3月的越共六届八中全会上，黎德英积极支持前越共总书记阮文灵同"自由化"代表人物展开针锋相对的斗争。在越共七大组成的新领导班子中，黎德英成为仅次于总书记杜梅的第二号人物，主管军事、安全和外交事务。目前，黎德英在政治上持强硬的正统立场，一些驻越观察家也认为，黎德英在党内的地位稳固，作用日益突出。

据越军报刊报道，黎德英主张，越南在进行政治、经济改革的同时，还应在国防、军事领域进行改革。他认为，越国防、军事改革要继承过去已取得的成果和民族精华，抛弃错误(包括过去曾是正确的而现在已落后于形势的东西)，发现、发展和创造新事物；要坚持社会主义道路，反对资产阶级自由化；要发扬民主，反对官僚主义、军阀作风、独断专行、欺压群众和以权谋私；要坚持同各社会主义国家的全面团结和合作，坚持同世界革命、和平力量的团结和合作，坚持同所有国家发展友好关系，积极吸收国外先进的科学技术。他强调：为适应新形势的需要，越必须正确解决与邻国的边界、领海争端问题，避免武装冲突，特别要防止爆发战争，为经济建设创造安全的环境；必须大量裁减常备军队员额，不断提高军队质量，加强党对军队的领导，全面开展政治思想工作，增强部队的政治思想威力；必须重新部署"人民战争的战略阵势"，在全国范围内大力加强全民国防建设，集中力量建设省市防御区域，保证全国能随时准备战斗，坚决挫败敌对势力对越实施的"和平演变和侵略战争"，"保卫民族独立、保卫人民、保卫社会主义制度"。

越南国防部长段奎大将 1922年生于富农家庭，1945年6月加入印度支那共产党(今越南共产党)，8月入伍。1948年后历任步兵营教导员、团政委、步兵师副政委等职。1955年任炮兵师政委。1958年任步兵师政委，并被授予上校军衔。1960年任第4军区副政委。1960年至1961年曾两次到中国军事学院学习军事理论。抗美战争时期，在南部地区指挥作战，曾任战役指挥长。1974年晋升为少将。1976年10月任第5军区政委。1977年任第5军区司令兼政委。1978年底指挥第5军区部队参加侵柬作战。1980年1月晋升为中将。1986年接替黎德英任侵柬越军司令，并晋升为上将。1987年2月升任国防部副部长、总参谋长、中央军事党委常委。1990年晋升为大将。1991年8月10日接替黎德英任国防部长，并任中央军事党委副书记。

段奎1976年12月当选为越共第四届中央候补委员，1982年3月当选为越共第五届中央委员，1986年12月、1991年6月连续当选为越共第六、第七届中央政治局委员；1981年4月、1987年6月连续当选为越南第七、第八届国会代表。曾获"战胜勋章"、"抗战勋章"、"决胜军旗奖章"各1枚，"光荣战士勋章"3枚。

段奎近年来多次在报刊杂志上发表有关越安全环境、国防政策和军队建设的文章。他认为，越周边环境虽已处于和平状态，但还不稳固。"帝国主义没有根本改变侵略本质，对越侵略、扩张的危险依然存在"；越党内部的机会主义分子也竭力促使军队脱离党的领导。目前，越社会主义正面临着"和平演变"的考验。

段奎强调，越必须把建设祖国和保卫祖国的两项战略任务紧密结合起来，既要加速发展经济，又要促进国防建设；必须贯彻全民国防和人民战争观点，动员国家的一切力量建设牢固、强大的国防体系，特别是要加强重点防御区域建设；巩固和加强党对军队的领导，保证军队在任何情况下都处于稳定状态，忠于祖国、忠于党、热爱人民，永远是党和社会主义的可靠支柱；各种武装力量必须提高警惕，时刻准备战斗，"坚决挫败一切敌对势力的侵略、颠覆和破坏活动，保卫国家独立、主权和领土完整，保卫社会主义事业。"

段奎主张，在新形势下，越武装力量建设要向减少数量，提高质量，增强战斗力的方向发展。首先，要建立一支数量适当、编制合理、战斗力强的正规军。特别是要根据战略发展的需要，集中建设一些合成兵团和强大的海军、空军和防空军兵团。这些兵团要有较强的突击能力，能组成强大的火力网，担负各战场的机动作战任务。要把现代化武器装备集中和优先装备给现阶段担任战斗任务的部队。其次，要建立一支实力雄厚、随时能战的预备役力量。其成份不仅是步兵，还要有现代化技术军兵种。预备役部队必须加强内部管理，经常组织演练，提高战备水平，达到集中快、能立刻投入战斗的要求。再次，要建立符合新形势的坚强和广泛的民兵自卫队。特别要重视边境、沿海、海岛和政治基础薄弱地区的民兵自卫队建设。民兵自卫队必须努力提高政治、军事素质，积极完成保卫祖国、巩固国防、维持治安、发展生产的任务。

段奎强调，越军在新时期必须加强部队训练，增强战备意识，精通各种武器装备的使用，准确掌握战术要领，提高综合能力，随时准备接受和完成各种战斗任务。训练要从实际出发，切实同本部队的具体任务相结合。有的部队主要训练山地作战，有的部队重点开展平原、沿海、海岛作战训练；主力部队着重训练合同和机动作战，地方部队主要进行区域防御作战训练，其它武装力量着重提高技术水平。要加强基层干部队伍建设，把他们培养成为训练和管理部队的合格军官。团级指挥干部要加强学习，努力掌握技术、战术，熟悉训练和作战业务；营以下干部重点掌握分队战术、技术。要把现代新军事思想、理论与过去战争的经验、传统、“秘诀”紧密结合起来；积极发扬民主，启发参训者的责任感和主动性、创造性，提高训练效果。

越南人民军总参谋长陶庭练上将 1928年1月生于越南太平省平定县一个中农家庭，京族，受过8年文化教育。1945年8月入伍，1946年4月加入印度支那共产党(越南共产党前身)。抗法战争时期，历任步兵营长、团政治处主任、副团长、团长、团政委、步兵师副参谋长和参谋长等职。参加过奠边府战役。1958年3月至1963年8月在中国接受飞行训练。1958年被授予少校军衔。1964年晋升为中校，同年2月任越空军第一个飞行团团长。抗美战争时期，多次参加空战。1967年升任航空师师长，后任防空一空军航空兵副司令。1972年晋升为大校。1973年5月任防空一空军航空兵司令，同年底至1974年底在苏联空军学院深造。1975年4月任防空一空军副司令兼航空兵司令。1976年6月空防分立后，任空军司令兼政委。1978年晋升为少将。1982年越军实行“一长制”后，任空军司令，同年底曾一度离职。1984年11月晋升为中将。1987年任副总参谋长，主管空军工作。1988年7月晋升为上将。1989年8月任国防部副部长。1991年9月10日接替段奎任总参谋长、并任中央军事党委常委。

陶庭练1986年12月、1991年6月连续当选为越共第六、第七届中央委员。曾获“战功勋章”、“胡志明纪念章”多枚。他指挥的飞行团曾获越南政府、国会授予的“人民武装力量英雄”称号。

陶庭练能说流利的俄语和汉语，并懂法语；思想活跃，爱好运动，但说话谨慎。其妻是医生，有一养女。

据越南《全民国防》杂志报道，陶庭练认为，越南军事工作必须适应新形势的需要，确保军队在任何情况下“既能抵御外来侵略，又能粉碎国内敌对势力的颠覆和破坏活动”。为此，他强调，越必须加强全民国防建设，进行全民国防教育，建立一支日益现代化和正规化的军队；必须保证武装力量拥有足够的、质量日益提高的武器装备；要在加强社会主义技术物质基础上，逐步建设现代化的国防工业，同时争取外国帮助和合作；要提高武器装备的保障能力，保持现有武器装备处于良好状态，增加武器装备储备；要全力发扬自力自强、勇于创造的精神，重视生产和改进武器装备，使之多样化、操作简便、战斗效率高、能广泛装备各军兵种；要把国防与经济、科技力量结合起来，挖掘全国物质、科技和人的综合潜力为军工生产服务。

越南人民军总政治局主任黎可漂中将

曾任步兵师副政委、政委。1974年晋升为大校，后升任军区副政委。1978年底率第9军区部队参加侵柬作战。1982年晋升为少将，任第9军区副司令兼侵柬979司令部(第9军区前指)司令，主管第9军区侵柬部队的政治思想和党委工作。1989年任总政治局副主任。1990年晋升为中将。1991年9月10日接替阮决任总政治局主任、并任中央军事党委常委。

黎可漂1991年6月当选为越共第七届中央委员。

据越南《人民军队报》报道，黎可漂认为，当前国际形势仍动荡不安，一些西方国家和敌对势力继续对越推行“和平演变”战略，特别是在东欧和南斯拉夫局势的冲击和影响下，越国内敌对势力继续加紧反党反社会主义活动，使军队建设受到严重影响。因此，他强调，越必须认真贯彻越共“七大”制定的路线、方针和政策，坚持六项基本原则(即坚持共产党领导、坚持社会主义道路、坚持无产阶级专政、坚持马列主义、坚持爱国主义、坚持国际主义)，建设一支政治坚定、组织纯洁、战斗力强的军队；军队必须对国内外敌对势力的阴谋活动保持高度警惕，认清当前思想斗争的复杂性和重要性；加强政治思想工作和党组织建设，保证党对军队的绝对领导，确保军队对党、对祖国、对人民绝对忠诚，坚决粉碎敌人的"和平演变"阴谋，保卫越南社会主义制度和改革事业，维护和巩固政治稳定，实现发展经济的国家战略。

越南人民军总后勤局主任阮仲川中将 于抗法战争后期入伍，曾任步兵连长，参加过奠边府战役。1958年被授予少校军衔。抗美战争中，任步兵师副师长、师长。1974年晋升为上校，在第3军区参谋部任职。1982年晋升为少将，任第3军区副司令。1985年曾兼任第3军区政治局主任。1986年下半年任第3军区司令。1988年任国防部副部长兼总后勤局副主任，并晋升为中将。1990年接替阮政任总后勤局主任、中央军事党委常委。

阮仲川1986年12月当选为越共第六届中央委员，1987年6月当选为越南第八届国会代表，1991年6月再次当选为越共第七届中央委员。

越南人民军国防工业和经济总局主任潘秋中将 京族，大学本科毕业，长期从事军事科学技术研究工作。1978年曾到苏联学习，获工程师职称。1980年晋升为大校，任国防部军事技术研究院副院长，主管电子对抗技术工作。1986年晋升为少将，接替黄庭夫任军事技术研究院院长，同时被授予教授职称。1989年3月接替潘克希任越军国防工业和经济总局主任。1991年晋升为中将。曾在军内杂志发表多篇有关电子战、电子对抗的研究论文。

潘秋1986年12月当选为越共第六届中央候补委员，1991年6月当选为越共第七届中央委员。

越南海军司令黄友泰都督 1925年3月生于越南宁顺省一个中农家庭，京族，受过6年文化教育，当过民夫、教员、火车修理厂文书。1945年8月加入印度支那共产党(今越南共产党)，在塔站工人革命委员会任联络员；11月入伍后，在宁顺省武装部队侦察股当侦察员。1946年1月至7月先后在第6战区2支队任队员、班长、指导员，8月任宁顺省第2区民兵游击队指挥员。1947年至1948年任宁顺省南部民兵游击队指挥员、支部书记、省委候补委员。1952年任宁顺省地方武装部队副队长。1954年8月任第5联区营教导员、营党委书记，9月任第5联区南部战场联合组组长，后任省队委员会干事。1955年7月任总参谋部海军局作战科科长，10月到总政治局文化学校学习。1956年9月到中国海军指挥学校深造。1958年被授予大尉军衔，1959年晋升为少校。1962年毕业回国后任海军学校第一副校长。1964年晋升为中校。1966年2月至8月在中国海军学院学习。1972年晋升为上校。1973年升任海军副司令。1975年5月负责组建海军第一支舰队，11月兼任舰队司令。1977年晋升为大校，同年6月随武元甲率领的越军事代表团访华。1981年晋升为少将。1975年以来，多次组织指挥海军舰艇部队侵犯柬埔寨领海、侵占中国南沙群岛部分岛礁，1979年1月曾指挥数十艘舰船和海军陆战队在金边登陆。1982年被改授海军准都督，1986年晋升为海军副都督。1990年接替甲文纲任海军司令，并晋升为海军都督。

黄友泰1987年6月当选为越南第八届国会代表。曾获"军功勋章"、"战功勋章"、"战胜勋章"、"决胜军旗奖章"各1枚，"光荣战士勋章"3枚。

据越南《人民军队报》报道，黄友泰强调，在新形势下，越南要实现国防战略和海洋经济战略，必须建设一支拥有现代化武器装备、能在水面、空中和水下活动的强大海军。越海军必须加强党的组织建设，积极开展政治思想工作，发扬自力自强精神，加强战备训练，改善武器装备，提高综合作战能力，"坚决完成保卫海疆和海岛的任务"。

越南空军司令范青银少将 1940年生于越南北太省阜平县，京族，本人成分学生。1959年3月入伍。1961年9月调入防空－空军航空兵部队。后赴苏联空军航校接受飞行训练。1964年成为越军首批米格－21型机飞行员。1966年晋升为中尉。参加过抗美战争，共击落美军飞机8架；其驾驶的飞机曾两次被击落。1974年晋升为少校。1975年在空司参谋部帮助工作。1976年晋升为中校，同年底任飞行团团长。1977年升任航空师副师长。1978年晋升为上校。1980年6月任航空师师长。1981年初晋升为大校。1982年任空军副参谋长。1986年12月任空军副司令兼政治局主任。1989年8月接替陈亨任空军司令，并晋升为少将。

范青银1969年6月18日获越南国会授予的"人民武装力量英雄"称号。1991年6月当选为越共第七届中央委员。曾获"军功勋章"、"战功勋章"、"战胜勋章"、"决胜军旗奖章"各1枚，"光荣战士勋章"3枚。

越南防空军司令陈文忍中将 1930年生于越南海兴省，京族。1953年入伍，在步兵师当战士。1954年参加过奠边府战役，任排长。1958年被授予上尉军衔。1960年调防空导弹部队任营长。1963年11月任越军第一批导弹团团长。后参加抗美战争，指挥的导弹团多次击落美军飞机。1972年12月下旬在保卫河内反空袭作战中立大功，被送往苏联防空军院校深造。1973年结业回国后，升任防空师师长，并晋升为上校。1977年晋升为大校，调任防空军副司令兼参谋长。1982年晋升为少将。1984年1月接替黄文庆任防空军司令。1991 年晋升为中将。

陈文忍 1987 年 6 月当选为越南第八届国会代表。先后获“战功勋章”、“军功勋章”、“决胜军旗奖章”各 1 枚，“光荣战士勋章”3 枚。

（钟学良）

印度国防部长沙拉德·帕瓦尔 1940 年 12 月 12 日生于浦那附近巴拉马提的一个农场主家庭。1967 年当选为马哈拉斯特拉邦议员。1973 年任该邦内政部长。1978、1988、1990 年三次当选为该邦首席部长。1991 年 6 月 26 日接替拉奥任印度国防部长。

印度空军参谋长 N·C·苏里上将 1952 年 3 月 15 日加入印度空军，任飞行员。以后历任中队长、联队长、空司空防处长和情报处长，中部空军司令部参谋长、空司人事处长、中部空军司令部司令和印度空军第一副参谋长等职。1991 年 7 月 31 日起任印度空军参谋长。曾就读于印度国防学院和行政参谋学院，获理科硕士学位。参加过 1965 年和 1971 年两次印巴战争，获印度一级、二级、三级“服役卓越勋章”。

（李诗海）

1991 年中外军事交往

●1991 年 3 月 17 日至 4 月 9 日，由中国人民解放军副总参谋长徐信上将率领的军事友好代表团一行 5 人，应巴基斯坦、尼日利亚和冈比亚军队邀请，先后访问了巴、尼、冈三国。访问期间，代表团会见了三国的国防部长、三军参谋长等高级将领近百人，参观了军兵种部队和一些军事项目，受到了巴基斯坦伊沙克·汗总统和谢里夫总理，冈比亚贾瓦拉总统和奥马尔·赛外长的接见，代表团应邀参加了巴基斯坦的国庆活动，巴总统为徐信上将授勋。代表团与三国军队领导人就双边关系等问题交换了意见，增进了相互了解和友谊。

●1991 年 3 月 26 日至 4 月 5 日，中国人民解放军空军司令员王海上将一行 5 人，应智利空军司令马太上将和秘鲁武装部队联合指挥部主席兼空军司令贝拉尔德上将的邀请，对智、秘两国进行了友好访问。访智期间，智利总统艾尔文、国防部长罗哈斯分别会见了王海司令员，中智两国空军领导人进行了友好交谈，王海司令员一行参观访问了智空军部队、院校，游览了麦哲伦海峡、火地岛峡谷中的千年冰川和瑞胡恩火山风光。访秘期间，秘鲁总统藤森、国防部长阿西戈分别会见了王海司令员，中秘两国空军领导人进行了友好交谈，王海司令员一行参观了秘鲁空军部队、院校，游览了皮斯科附近的地貌奇观。这是中国高级军事代表团首次正式访问智、秘两国，两国空军分别授予王海司令员“大十字级航空勋章”。

●1991 年 4 月 15～23 日，蒙古人民共和国国防部长沙嘎勒·扎丹巴中将率高级军事代表团一行 11 人应中华人民共和国国防部长秦基伟上将邀请访华。秦基伟部长为扎丹巴举行欢迎仪式、宴会，国务院总理李鹏和中央军委副主席刘华清上将分别会见了扎丹巴一行，蒙客人访问了北京、杭州、南京、上海等地，参观了人民解放军部队、院校和工农业项目。

●1991 年 4 月 25 日至 5 月 1 日，孟加拉国陆军参谋长努鲁丁·汗中将夫妇一行 10 人，应中国人民解放军总参谋部邀请，对中国进行友好访问。徐信副总参谋长到机场迎接，并为努鲁丁中将举行欢迎仪式和宴会。中华人民共和国国务院总理李鹏、中央军委副主席刘华清、国防部长秦基伟、总参谋长迟浩田分别会见了努鲁丁陆军参谋长一行，努鲁丁中将还分别拜会了中国人民解放军海军张连忠司令员和空军王海司令员。孟客人访问了北京、西安、杭州、上海等地，参观了部队、院校，游览了风景名胜。

●1991 年 5 月 3～7 日，苏联国防部长亚佐夫一行 23 人，应中国国防部长秦基伟上将邀请，对中国进行正式友好访问。中国人民解放军徐信副总参谋长及夫人、海军司令员张连忠、空军司令员王海、北京军区司令员王成斌等到机场迎接，秦基伟部长为亚佐夫部长访华举行了欢迎仪式和宴会，中共中央总书记、军委主席江泽民，国家主席杨尚昆，国务院总理李鹏，军委副主席刘华清、秘书长杨白冰等分别会见了亚佐夫部长及主要随行人员。亚佐夫部长夫妇一行在秦基伟部长和夫人的陪同下，访问了北京、广州、深圳、上海等地，参观了中国人民解放军部队、院校和工农业项目，游览了风景名胜。

●1991 年 5 月 9～17 日，泰国空军司令甲社上将一行 20 人应中国人民解放军空军王海司令员邀请访华。王海司令员为甲社上将举行了欢迎仪式和宴会，秦基伟国防部长会见了甲社上将一行。泰客人访问了北京、成都、昆明、西双版纳、广州等地，参观了空军部队、院校，游览了风景名胜。

●1991年5月20～28日，委内瑞拉海军参谋长丹尼尔斯中将一行3人，应中国人民解放军海军邀请，对中国进行友好访问。迟浩田总参谋长、张连忠海军司令员分别会见了丹尼尔斯参谋长，丹一行先后访问了北京、上海、广州等地，参观了海军部队、院校，游览了风景名胜。

●1991年5月20日至6月3日，由人民国防军司令基亚罗上将率领的坦桑尼亚人民国防军代表团一行7人，应中国人民解放军总参谋长迟浩田上将的邀请，对中国进行友好访问。韩怀智副总参谋长到机场迎接，迟浩田总参谋长为基亚罗司令举行欢迎仪式和宴会，迟总参谋长与基亚罗司令进行了会谈。中华人民共和国中央军委副主席刘华清、国防部长秦基伟分别会见了基亚罗上将一行。坦客人访问了北京、柳州、桂林、厦门、南京等地，参观了部队、院校和工农业项目，游览了风景名胜。

●1991年6月2～9日，巴基斯坦参联会主席赛罗希海军上将及夫人一行6人，应中国人民解放军迟浩田总参谋长邀请，访问了中国。何其宗副总参谋长到机场迎接。迟浩田总参谋长为赛访华举行了欢迎仪式和宴会，中华人民共和国中央军委副主席刘华清、国防部长秦基伟分别会见了赛罗希上将，赛分别拜会了中国人民解放军海军张连忠司令员和空军王海司令员。巴客人访问了北京、西安、桂林、广州等地，参观了部队、院校，游览了风景名胜。

●1991年6月20～25日，苏联国防部副部长兼总后勤部部长弗拉基米尔·米哈伊洛维奇·阿尔希波夫大将一行7人，应中华人民共和国中央军委委员、总后勤部部长赵南起上将邀请，对中国进行访问。赵南起部长到机场迎接并设宴欢迎阿尔希波夫部长。中华人民共和国中央军委副主席刘华清、国防部长秦基伟、总参谋长迟浩田分别会见了阿尔希波夫部长一行。苏客人访问了北京、南京、广州、深圳等地，参观了中国人民解放军部队和后勤院校、工厂等，游览了风景名胜。

●1991年6月22～28日，以国防部第一副部长、党中央政治局委员朱马里·赛雅颂中将为团长的老挝高级军事代表团一行15人，应中华人民共和国国防部邀请，对中国进行友好访问。中国人民解放军徐信副总参谋长到机场迎接老挝客人并为其举行欢迎宴会。秦基伟国防部长、迟浩田总参谋长分别会见了老挝高级军事代表团成员。老挝客人先后访问了北京、南京、广州、深圳、昆明等地，参观了部队、院校，游览了风景名胜。

●1991年6月24日至7月2日，莫桑比克国防部副部长兼军队总政委尼赫亚少将一行2人，应中华人民共和国国防部邀请，对中国进行友好访问。中国人民解放军韩怀智副总参谋长到机场迎接并设宴欢迎尼赫亚少将，韩副总参谋长与尼赫亚总政委进行了会谈，中国人民解放军总政治部于永波副主任向尼赫亚总政委介绍了中国军队有关情况，秦基伟国防部长、迟浩田总参谋长分别会见了尼赫亚少将。莫客人访问了北京、南京、上海等地，参观了部队、院校和工农业项目，游览了风景名胜。

●1991年6月24日至7月4日，由中国人民解放军南京军区政治委员史玉孝中将率领的友好参观团一行8人，应朝鲜人民军邀请，对朝进行了友好访问。朝军总政治局副局长元明均中将到机场迎接，人武部副部长全文燮大将为友好参观团访朝举行了欢迎宴会，国家主席金日成、军队总参谋长崔光大将分别会见了史玉孝政委一行。根据金日成主席签署的政令，国家副主席李钟玉为友好参观团成员授勋。史玉孝政委一行参观访问了朝人民军部队、院校，游览了风景名胜。

●1991年7月16～19日，泰国陆军司令、维护国家安全委员会副主席素金达上将一行11人，应中国人民解放军总参谋部邀请，访问了中国。徐信副总参谋长到机场迎接并主持了欢迎仪式和宴会，国务院总理李鹏、国防部长秦基伟分别会见了素金达上将，宾主进行了亲切友好的交谈。泰客人访问了北京、杭州、上海等地，参观了部队，游览了风景名胜。素金达上将应邀出席了在人民大会堂举行的泰国向中国移交部分救灾物资的交接仪式，并向中国民政部长、国际减灾10年委员会副主任崔乃夫递交了食品、药品等物资清单。

●1991年7月23日至25日，泰国武装部队最高司令顺通·空颂蓬上将一行14人，应中国人民解放军迟浩田总参谋长邀请，对中国进行友好访问。迟浩田总参谋长、韩怀智副总参谋长到机场迎接。迟浩田总参谋长为顺通上将访华举行了欢迎仪式和宴会。国务院总理李鹏、国防部长秦基伟分别会见了顺通最高司令，顺通代表泰国政府将第二批捐赠中国的救灾物资清单递交给中国民政部长、国际减灾10年委员会副主任崔乃夫。

●1991年7月23日至8月1日，玻利维亚陆军参谋长埃斯科瓦尔中将一行4人，应中国人民解放军总参谋部邀请，对中国进行友好访问。何其宗副总参谋长举行欢迎宴会并同埃进行了会谈，秦基伟国防部长、迟浩田总参谋长分别会见了埃斯科瓦尔中将一行。玻客人访问了北京、大连和沈阳，参观了部队、院校，游览了名胜古迹。

●1991年8月1～11日，由成都军区司令员张太恒中将率领的中国人民解放军友好参观团一行5人应邀访问了罗马尼亚。罗布加勒斯特集团军司令波利瓦诺夫少将迎送、宴请，国防部长斯皮洛尤中将会见了张太恒司令员一行。中国友好参观团访问了罗首都等6个城市，参观了部队、院校，游览了风景名胜。

●1991年8月5～12日，中国人民解放军总参谋长迟浩田上将一行8人，应苏联军队总参谋长莫伊谢耶夫大将邀请，访问了苏联。苏国防部长亚佐夫元帅、总参谋长莫伊谢耶夫大将同迟浩田总长分别进行了会晤，苏副总统亚纳耶夫以代总统名义会见了迟浩田总参谋长一行。迟总参谋长访问了莫斯科、伏尔加格勒、塞瓦斯托波尔、基辅、列宁格勒等城市，瞻仰了列宁遗容，参观了苏军部队、院校，游览了风景名胜。

●1991年8月19～26日，秘鲁国防部长豪尔赫·托雷斯中将和夫人一行11人，应中国国防部长秦基伟上将邀请，对中国进行友好访问。秦基伟部长举行了欢迎仪式和宴会，中秘两国国防部长进行了会谈。李鹏总理会见了托雷斯部长一行。秘客人访问了北京、石家庄、青岛、成都、上海等地，参观了部队、院校，游览了风景名胜。

●1991年9月13～19日，土耳其海军司令伊尔方·特纳兹上将和夫人一行4人，应中国人民解放军海军张连忠司令员邀请，对中国进行友好访问。张连忠司令员为特纳兹司令访华举行了欢迎仪式和宴会，中土两国海军司令进行了会谈。中国人民解放军总参谋长迟浩田会见了特纳兹上将一行。土客人访问了北京、青岛、上海等地，参观了海军部队、院校，游览了风景名胜。

●1991年9月19～26日，埃及海军司令艾哈迈德·阿里·费德尔中将一行5人，应中国人民解放军海军张连忠司令员邀请，对中国进行了友好访问。张连忠司令员主持欢迎仪式并陪同费德尔中将检阅了海军仪仗队，中埃两国海军司令进行了会谈。张连忠司令员设宴欢迎费德尔中将一行，中国人民解放军总参谋长迟浩田会见了费德尔海军司令。埃及客人访问了北京、上海、杭州、广州等地，参观了海军部队、院校，游览了风景名胜。

●1991年9月27日至10月8日，由蒙古人民军副总参谋长嘎拉桑少将率领的蒙人民军休假团一行10人访问了中国。中国人民解放军副总参谋长徐信为蒙人民军休假团访华举行了欢迎宴会，总参谋长迟浩田会见并设便宴招待了蒙古客人。嘎拉桑副总参谋长等应邀出席了中华人民共和国总理李鹏举行的国庆招待会。蒙军休假团访问了北京、上海、唐山等地，参观了人民解放军部队和工农业项目，游览了名胜古迹。

●1991年10月3～11日，孟加拉国海军参谋长穆哈默德·穆海曼努尔·伊斯拉姆少将及夫人一行5人，应中国人民解放军海军张连忠司令员邀请，对中国进行友好访问。海军张连忠司令员为伊斯拉姆海军参谋长举行了欢迎仪式和宴会，中华人民共和国中央军委副主席刘华清、国防部长秦基伟、总参谋长迟浩田分别会见了伊斯拉姆一行，宾主进行了亲切友好的交谈。孟客人访问了北京、上海、杭州、广州等地，参观了海军部队、院校，游览了风景名胜。

●1991年10月12～21日，以朝鲜人民军副总参谋长李钟山上将为团长的朝军友好参观团一行13人应邀访华。中国人民解放军副总参谋长徐惠滋到机场迎接并设宴欢迎朝鲜同志。国防部长秦基伟、总参谋长迟浩田分别会见朝军友好参观团。朝客人访问了北京、昆明、上海、厦门等地，参观了部队、院校、工厂、农村。

●1991年10月14～21日，中国人民解放军海军司令员张连忠中将率海军代表团一行6人访问朝鲜。朝人民军海军司令金镒哲上将到机场迎接并设宴欢迎张连忠司令员一行。朝国家主席金日成、副主席李钟玉，人民武装力量部部长吴振宇次帅，人民军总参谋长崔光大将分别会见张连忠司令员。张连忠司令员一行访问了平壤、西海、开城等地，参观了朝海军部队和建设项目，游览了风景名胜。朝海军还举行了隆重的军人集会，金镒哲司令员和张连忠司令员先后讲话，双方互赠锦旗。

●1991年10月17日至11月2日，由中国人民解放军总后勤部李伦副部长率领的后勤代表团一行5人，应伊朗国防和武装力量后勤部和埃及军队总参谋部后勤供应部的邀请，对伊朗、埃及分别进行了友好访问。这是中国人民解放军后勤代表团首次访问伊、埃两国。伊朗国防和武装力量后勤部部长、埃及军队总参谋长等军方领导人分别会见了代表团，并就中伊、中埃两军的友谊和合作关系进行了友好交谈。代表团参观访问了伊、埃两军后勤部队、院校和设施，并游览了风景名胜。

●1991年10月24～30日，巴基斯坦陆军参谋长阿希夫·纳瓦兹上将和夫人一行7人应邀对中国进行友好访问。中国人民解放军副总参谋长徐信到机场迎接，在军事博物馆广场主持欢迎仪式，陪同检阅了三军仪仗队，并设宴欢迎纳瓦兹上将一行。国务院总理李鹏、国防部长秦基伟分别会见了纳瓦兹陆军参谋长。巴客人访问了北京、桂林、广州等地，参观了部队、院校，游览了风景名胜。

●1991年10月25～31日，保加利亚国防部长穆塔夫奇耶夫大将一行7人，应中国国防部长秦基伟上将邀请，访问了中国。秦基伟部长为穆塔夫奇耶夫部长访华举行了欢迎仪式和宴会，中保两国国防部长进行了会谈。中华人民共和国副主席王震、总参谋长迟浩田分别会见了保国防部长。保客人访问了北京、西安、杭州、上海等地，参观了中国人民解放军部队、院校和工厂，游览了风景名胜。

●1991年11月9～12日，罗马尼亚国防部国务秘书兼军队总参谋长杜米特鲁·乔弗利纳中将一行5人，应中国人民解放军总参谋长迟浩田上将邀请，访问了中国。迟浩田总参谋长为乔弗利纳总长举行了欢迎仪式和宴会，两国总参谋长进行了会谈。中华人民共和国副主席王震、中央军委副主席刘华清分别会见了乔弗利纳总长。罗客人访问了北京、西安、石家庄等地，参观了部队、院校，游览了名胜古迹。

●1991年11月12～23日，以朝鲜党中央民防部部长金益铉大将为团长的人民军老干部代表团一行7人应邀访问了中国。中国人民解放军副总参谋长韩怀智到机场迎送代表团并设宴欢迎朝鲜同志。中华人民共和国中央军委副主席刘华清、总参谋长迟浩田分别会见了代表团。朝客人访问了北京、南京、无锡、杭州、厦门等地，参观了部队、工厂、农村。

●1991年11月13～25日，由中国人民解放军副总参谋长何其宗中将率领的军事代表团一行5人，应缅甸、泰国和孟加拉国的邀请，先后访问了缅、泰、孟三国。缅甸政府主席兼国防军总司令苏貌大将会见何其宗副总长一行，武装部队副总司令兼陆军司令丹瑞上将会见并宴请中国客人。泰国安维会副主席、武装部队最高司令兼陆军司令素金达上将会见了何其宗副总参谋长一行，安维会秘书长兼政府内政部长、陆军副司令伊沙拉蓬上将，最高副司令汉上将会见、宴请了中国客人。孟加拉国总统比斯瓦斯、总理卡萨达·齐亚、空军参谋长乔杜里少将等分别会见了何其宗副总长，陆军参谋长努鲁丁中将、海军参谋长伊斯拉姆少将分别会见并宴请了中国客人。何其宗副总参谋长一行与缅、泰、孟三国军政官员进行了广泛接触，参观、访问了部队、院校，游览了风景名胜。

●1991年11月17～24日，埃及防空军司令拉赫曼中将及夫人一行7人，应中国人民解放军空军王海司令员邀请，对中国进行了正式友好访问。王海司令员为拉赫曼司令访华举行了欢迎仪式和宴会，中国人民解放军总参谋长迟浩田会见了埃及客人。拉赫曼中将一行访问了北京、西安、上海、桂林、广州等地，参观了空军部队、院校，游览了名胜古迹。

●1991年11月25日至12月15日，朝鲜劳动党中央政治局常委、人民武装力量部部长兼人民军总政治局局长吴振宇次帅偕夫人等一行7人，应中华人民共和国国务委员兼国防部长秦基伟上将邀请，来中国休假和访问。中国人民解放军总参谋长迟浩田到机场迎接。中华人民共和国中央军委副主席刘华清设宴欢迎吴振宇部长一行。秦基伟部长在广州、深圳同吴部长晤面和交谈。中共中央总书记江泽民、国家主席杨尚昆分别会见了吴振宇部长。朝客人访问了北京、桂林、西安、海南、广东等地，参观了工厂、农村，游览了名胜古迹。

●1991年12月11～18日，由中国人民解放军总政治部副主任李继耐少将率领的友好参观团一行5人应邀访问了阿尔及利亚。阿尔及利亚人民军副总监哈赫尔将军到机场迎送，并以国防部名义设宴欢迎友好参观团；阿人民军参谋长格奈齐亚将军会见了李继耐副主任一行，并进行了亲切友好的谈话。中国客人访问了阿尔及尔、迈萨乌德、瓦格拉、加达亚和奥兰等地，参观了阿部分军事单位。

●1991年12月23日至1992年1月5日，以人民军总后勤部部长宋披上校率领的老挝后勤代表团一行7人，应中国人民解放军总后勤部邀请，访问了中国。中国人民解放军总后勤部部长赵南起设宴欢迎宋披上校一行，总参谋长迟浩田会见了宋披部长。老挝客人访问了北京、南京、广州、昆明等地，参观了部队、院校和后勤工厂、仓库，游览了风景名胜。

●1991年12月24～31日，前苏联国防部第一副部长兼总参谋长、前华约总司令、苏联元帅库利科夫一行5人应邀访华。库一行访华的主要目的是调查了解在战争年代苏军在华阵亡人员名单。中国人民解放军副总参谋长徐信设宴欢迎库利科夫一行，总参谋长迟浩田也与库一行会见。中国人民解放军军事科学院蒋顺学院长和中国民政部优抚司负责人就战争年代苏军在华阵亡人员名单等与库利科夫进行了座谈。库利科夫元帅一行访问了北京、大连、上海等地，参观了纪念馆和工厂、农村。俄罗斯联邦驻华大使为库利科夫访华举行了答谢宴会，徐信副总参谋长等应邀出席。

（张邦栋）

部分新式冲锋枪

①南斯拉夫MG V —176 型冲锋枪
②芬兰 J A T I 微型冲锋枪
③比利时P —90轻型冲锋枪
④以色列“盖尔—泰克”201 微型冲锋枪
⑤葡萄牙“芦萨”轻型冲锋枪

图片提供　封长虹

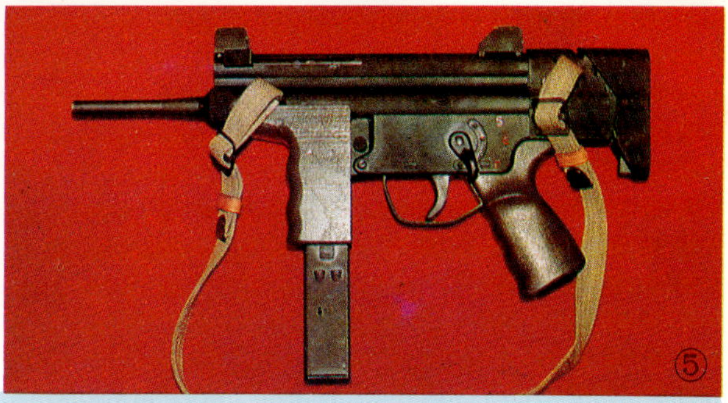

部分多管火箭炮

①（日）75式130毫米自行多管火箭炮
②（巴西）LM—07牵引式多管火箭炮
③（南非）VALKIRI 5 牵引式多管火箭炮
④（德）110毫米轻型火箭炮

图片提供：夏学华 何小东

部分多管火箭炮

① （比利时）LAU—97型车载式多管火箭炮
② （意）FIROS 6 车载式多管火箭炮
③ （美）M270型227毫米多管火箭炮
④ （苏）БМ—21式40管122毫米火箭炮

图片提供：夏学华　何小东

①

③

④

部分工程兵装备

①（英）战斗工程车

②（北约）直升机撒布雷器

③（法）A MX－30战斗工程车

④（以）T WMP 坦克扫雷犁

图片提供 刘书礼

部分工程兵装备

①法国“怪物”抛散布雷车
②德国 FSG 折叠路面器材

③德国 M—3 自行舟桥架设的浮桥
④日本设障作业车
⑤加拿大“獾”式装甲工程车
（王瑜瑰　供稿）

潜艇集锦

①美海军“田纳西”号战略弹道导弹核潜艇
②美海军“密执安”号战略弹道导弹核潜艇
③美海军“奥林匹亚”号攻击核潜艇

④美海军“迈阿密”号攻击核潜艇
⑤苏海军“阿库拉”级攻击核潜艇
⑥美海军“波士顿”号攻击核潜艇

图片提供　肖鸿恩　高绍林　于大娟

潜艇集锦

①美海军“明尼阿波利斯/圣保罗”号攻击核潜艇
②英 皇家海军 “特拉法尔加”号攻击核潜艇

③英皇家海军“狂暴”号攻击潜艇
④英 皇家海军 “支持者”号潜艇
⑤意大利海军“萨尔托瓦·皮洛西”号潜艇
⑥日本海上自卫队“春潮”号潜艇

图片提供 肖鸿恩 高绍林 于大娟

海湾战争中的多国部队

①正在进行战前准备的科威特战斗机部队

②开赴海湾途中的巴基斯坦部队

③地面战斗发起之前待命的英国部队

④正在实施战斗的法国炮兵部队

⑤在前线散兵坑中的埃及士兵

⑥沙特阿拉伯部队正在清除通往科威特城道路上的炸弹

⑦1991 年 1 月 17 日多国部队开始空袭巴格达

⑧1991 年 2 月 24 日美一陆军上校向部属下达战斗任务
⑨美国“威斯康星”号战列舰向巴格达发射巡航导弹
⑩美军发射“爱国者”导弹

⑪美军 B-52 轰炸机对伊军阵地实施『地毯』式轰炸
⑫1991 年 2 月 25 日多国部队向伊拉克纵深推进
⑬1991 年 2 月 27 日美空军对从科威特向巴士拉撤退的伊军轮番轰炸，图为轰炸后的场面

图片提供　王　晋

海湾战争中的伊拉克部队

①在巴格达的伊军部队整装待发

②伊拉克工兵部队正在构筑防御工事

③伊拉克炮兵部队在实施战斗

④伊军向敌方发射导弹

⑤1991 年 1 月 23 日伊军发射“飞毛腿”导弹袭击以色列的特拉维夫市

⑥伊军向巴格达方向撤退

图片提供　王　晋

海湾战争中的空军后勤

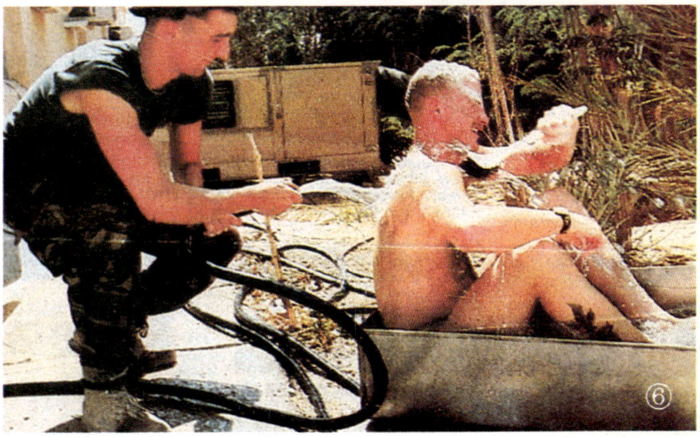

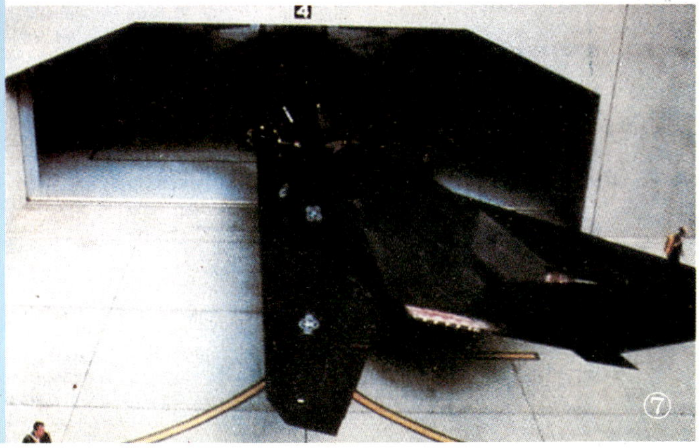

①美空军基地帐篷
②准备好氧气、冷气，接待“幻影”飞机
③英军车载卷帘式道面板
④沙特 TFK—250 野战炊事车
⑤连接消火栓，扑灭 F—16 飞机大火
⑥英军因陋就简进行冲澡
⑦美空军 F—117 飞机掩蔽库

海湾战争造成的破坏

①伊军撤退时引燃的科威特炼油厂
②遭伊军“飞毛腿”导弹破坏的特拉维夫市房屋
③被伊军引燃的科威特油井
④被空袭炸毁的伊拉克工厂
⑤被炸毁的伊拉克城市巴士拉
⑥遭空袭的伊拉克国防部升起滚滚浓烟

图片提供　王　晋